Pfeiffer

Strafprozessordnung

Strafprozessordnung

Kommentar

von

Prof. Dr. Gerd Pfeiffer

Präsident des Bundesgerichtshofes a. D.

5., neu bearbeitete Auflage

Verlag C. H. Beck München 2005

Zitiervorschlag:
Pfeiffer StPO § 200 Rn. 2

Verlag C. H. Beck im Internet:
beck.de

ISBN 3 406 52869 4

© 2005 Verlag C. H. Beck oHG
Wilhelmstraße 9, 80801 München
Druck: Clausen & Bosse, Birkstr. 10
25917 Leck

Gedruckt auf säurefreiem, alterungsbeständigem Papier
(hergestellt aus chlorfrei gebleichtem Zellstoff)

Vorwort zur 1. Auflage

Dieser Kommentar soll der schnellen Information in allen Stadien des Strafverfahrens dienen. Ziel des Strafprozesses ist die materiell richtige, prozeßordnungsmäßig zustande gekommene, Rechtsfrieden schaffende Entscheidung über die Strafbarkeit des Beschuldigten. Hierfür sind die in der Rechtsprechung entwickelten Grundsätze von besonderer Bedeutung. Dieser Kommentar präsentiert in gedrängter Form die maßgeblichen Gerichtsentscheidungen, insbesondere die der Oberlandesgerichte, des Bundesgerichtshofs und des Bundesverfassungsgerichts. Zur Vermeidung von Fehlinterpretationen und im Interesse der Zeitersparnis für den Rechtsanwender werden vielfach Teile dieser wichtigen Erkenntnisse wörtlich wiedergegeben. Das Schrifttum wird nur begrenzt berücksichtigt; jedoch werden Hinweise auf größere Kommentare und die Literatur zur weiteren Durchdringung von Problemen gegeben, vor allem dort, wo höchstrichterliche Rechtsprechung fehlt. Der Anhangteil enthält die Texte aller einschlägigen Vorschriften in aktueller Fassung.

Um die Übersichtlichkeit zu gewährleisten und dem oft unter Zeitdruck stehenden Strafrichter, Staatsanwalt und Verteidiger sowie auch dem Polizeibeamten und dem Finanz- und Verwaltungsbeamten ein längeres Suchen und Blättern in den Erläuterungen zu ersparen, wird auf überflüssige Zitatenketten und breite Ausführungen verzichtet. Vor allem werden unnötige Wiederholungen des Gesetzestextes vermieden; denn Voraussetzung einer praktischen Rechtsanwendung ist stets das Lesen der einschlägigen Vorschrift.

Karlsruhe/Leipzig, im Juli 1995

G. Pfeiffer   T. Fischer

Vorwort zur 5. Auflage

Das Gesetz zur Verbesserung der Rechte von Verletzten im Strafverfahren (Opferrechtsreformgesetz – OpferRRG) v. 24. 6. 2004 (BGBl. I S. 1354) und das erste Gesetz zur Modernisierung der Justiz (1. Justizmodernisierungsgesetz) v. 24. 8. 2004 (BGBl. I S. 2198) haben vor allem umfangreiche und grundlegende Änderungen im Strafverfahrensrecht bewirkt.* Die Modifikationen der StPO machten eine aktualisierte Neuauflage erforderlich.

Schon frühzeitig hat Roxin in seinem Lehrbuch darauf hingewiesen, dass das Strafprozessrecht von der Verfassung abhängig ist. Im materiellen Strafrecht gilt das strenge Gesetzlichkeitsprinzip. Dagegen wird das Strafverfahrensrecht durch das Grundgesetz geprägt und weiter entwickelt. Präjudizien des Bundesverfassungsgerichts, des Bundesgerichtshofs und auch der Oberlandesgerichte bringen verfassungsrechtliche Grundsätze (zB Menschenwürde, Schuldprinzip, Verhältnismäßigkeitsgrundsatz, fairtrial-Gebot, Verteidigerkonsultation, Beschuldigter ist nicht Objekt, sondern Subjekt des Verfahrens) zur Geltung und erweitern oder beschränken

---

* Die Änderungen in § 484 Abs. 1; § 488 Abs. 1; § 491 Abs. 1, Abs. 2, Abs. 3; § 492 Abs. 2, Abs. 4; § 493 Abs. 1, Abs. 4; § 494 Abs. 4; § 495 StPO durch das Gesetz zur effektiveren Nutzung von Dateien im Bereich der Staatsanwaltschaften vom 10. 9. 2004 (BGBl. I 2318) treten nach Artikel 4 erst am 1. 3. 2005 in Kraft.

Vorwort

und ändern einzelne gesetzliche Vorschriften der StPO, und zwar unabhängig von der gebotenen Auslegung.

Niemand kann heute nur an Hand des bloßen Gesetzestextes der StPO stets entscheiden, ob im Strafverfahren Verstöße gegen das durch die vielen Präjudizfälle geprägte geltende Strafverfahrensrecht erfolgt oder nicht erfolgt sind und vor allem mit welchen Konsequenzen. Denn das Strafverfahrensrecht hat sich teilweise durch die rechtliche und tatsächliche Bindung an die Präjudizien zu einem case-law entwickelt.

Der Rechtsanwender muss aber heute eine lückenlose Kenntnis von diesem umfangreichen und sofort geltenden Richterrecht auf diesem Gebiet besitzen oder jedenfalls in der Lage sein, sich hierüber sofort zu informieren. In der Hauptverhandlung, in Beratungen, in Mandantenbesprechungen usw. ist regelmäßig keine Zeit, die Literatur, elektronische Dateien, das Internet oder größere Kommentare zu Rate zu ziehen.

In dieser 5. Auflage ist unter Beachtung der vielen gesetzlichen Änderungen daher besonderes Gewicht auf die Darstellung der höchstrichterlichen Präjudizien gelegt. Sie sind nicht lediglich mit der Fundstelle zitiert, sondern sie sind so – teilweise wörtlich – wiedergegeben, dass sie mit einem Blick erfasst werden können und sich auch weitgehend ein zeitaufwendiges Nachlesen des Präjudizfalles erübrigt.

Die Herausstellung des Richterrechts hat nicht die erforderliche Kommentierung der einzelnen (auch neu eingefügten) Vorschriften der StPO beeinträchtigt. Gekürzt wurde beim sog. Beiwerk: bei Begleittexten, bei Ausführungen über die Entstehungsgeschichte der einzelnen Bestimmungen und Änderungen sowie bei nicht erforderlichen wissenschaftlichen Erörterungen. Aber aufgeführt und erläutert sind die Vorschriften des Gerichtsverfassungsgesetzes, die den störungsfreien und fairen Verfahrensablauf sichern: §§ 175 (Versagung des Zutritts zu öffentlichen Verhandlungen) bis 183 GVG (Straftaten in der Sitzung). Auch die maßgeblichen Vorschriften der Konvention zum Schutze der Menschenrechte sind abgedruckt.

Mit dieser 5. Auflage sollen dem Rechtsanwender im Strafprozessrecht die aktuellen und maßgeblichen Gesetzesänderungen sowie die wichtigen Präjudizien zur Verfügung stehen, und zwar in einem handlichen und übersichtlichen echten Kurzkommentar, der ohne weiteres mitgeführt und daher jederzeit benutzt werden kann.

Karlsruhe, im November 2004

G. Pfeiffer

Inhaltsverzeichnis

Vorwort V
Einleitung 1

Strafprozessordnung

v. 1. 2. 1877
(RGBl. 253) idF v. 7. 4. 1987 (BGBl. S. 1074, 1319), letztes ÄndG v. 10. 9. 2004
(BGBl. I S. 2318)

Erstes Buch. Allgemeine Vorschriften

	§§	Seite
1. Abschnitt. Sachliche Zuständigkeit der Gerichte	1–6 a	15
2. Abschnitt. Gerichtsstand	7–21	21
3. Abschnitt. Ausschließung und Ablehnung der Gerichtspersonen	22–31	30
4. Abschnitt. Gerichtliche Entscheidungen und ihre Bekanntmachung	33–41	47
5. Abschnitt. Fristen und Wiedereinsetzung in den vorigen Stand	42–47	64
6. Abschnitt. Zeugen	48–71	74
7. Abschnitt. Sachverständige und Augenschein	72–93	126
8. Abschnitt. Beschlagnahme, Überwachung des Fernmeldeverkehrs, Rasterfahndung, Einsatz technischer Mittel, Einsatz Verdeckter Ermittler und Durchsuchung	94–111 p	170
9. Abschnitt. Verhaftung und vorläufige Festnahme	112–130	269
9 a. Abschnitt. Weitere Maßnahmen zur Sicherstellung der Strafverfolgung und Strafvollstreckung	131–132	344
9 b. Abschnitt. Vorläufiges Berufsverbot	132 a	350
10. Abschnitt. Vernehmung des Beschuldigten	133–136 a	352
11. Abschnitt. Verteidigung	137–149	368

Zweites Buch. Verfahren im ersten Rechtszug

1. Abschnitt. Öffentliche Klage	151–157	425
2. Abschnitt. Vorbereitung der öffentlichen Klage	158–177	468
3. Abschnitt. *(weggefallen)*		
4. Abschnitt. Entscheidung über die Eröffnung des Hauptverfahrens	199–211	544
5. Abschnitt. Vorbereitung der Hauptverhandlung	213–225 a	573
6. Abschnitt. Hauptverhandlung	226–275	591
7. Abschnitt. Verfahren über die Entscheidung des Vorbehalts der Sicherungsverfahrens	275 a	769
8. Abschnitt. Verfahren gegen Abwesende	276–285	771

Inhalt

Drittes Buch. Rechtsmittel

	§§	Seite
1. Abschnitt. Allgemeine Vorschriften	296–303	777
2. Abschnitt. Beschwerde	304–311a	789
3. Abschnitt. Berufung	312–332	800
4. Abschnitt. Revision	333–358	827

Viertes Buch.
Wiederaufnahme eines durch rechtskräftiges Urteil abgeschlossenen Verfahrens 359–373a   891

Fünftes Buch. Beteiligung des Verletzten am Verfahren

1. Abschnitt. Privatklage	374–394	916
2. Abschnitt. Nebenklage	395–402	935
3. Abschnitt. Entschädigung des Verletzten	403–406c	948
4. Abschnitt. Sonstige Befugnisse des Verletzten	406d–406h	956

Sechstes Buch. Besondere Arten des Verfahrens

1. Abschnitt. Verfahren bei Strafbefehlen	407–412	963
2. Abschnitt. Sicherungsverfahren	413–416	980
2a. Abschnitt. Beschleunigtes Verfahren	417–420	987
3. Abschnitt. Verfahren bei Einziehungen und Vermögensbeschlagnahmen	430–443	993
4. Abschnitt. Verfahren bei Festsetzung von Geldbuße gegen juristische Personen und Personenvereinigungen	444	1010

Siebentes Buch. Strafvollstreckung und Kosten des Verfahrens

1. Abschnitt. Strafvollstreckung	449–463d	1013
2. Abschnitt. Kosten des Verfahrens	464–473	1068

Achtes Buch. Erteilung von Auskünften und Akteneinsicht, sonstige Verwendung von Informationen für verfahrensübergreifende Zwecke, Dateiregelungen, länderübergreifendes staatsanwaltschaftliches Verfahrensregister

1. Abschnitt. Erteilung von Auskünften und Akteneinsicht, sonstige Verwendung von Informationen für verfahrensübergreifende Zwecke	474–482	1097
2. Abschnitt. Dateiregelungen	483–491	1111
3. Abschnitt. Länderübergreifendes staatsanwaltschaftliches Verfahrensregister	492–495	1121

Inhalt

Anhang 1.
Gerichtsverfassungsgesetz (Auszug)

v. 27. 1. 1877
(RGBl. S. 41) idF v. 9. 5. 1975 (BGBl. I S. 1077), letztes ÄndG v. 24. 8. 2004
(BGBl. I S. 2198)

	§§	Seite
Versagung des Zutritts zu öffentlichen Verhandlungen	175	1127
Die Aufrechterhaltung der Ordnung in der Sitzung obliegt dem Vorsitzenden	176	1128
Ungehorsamsfolgen	177	1130
Ordnungsmittel wegen Ungebühr	178	1131
Vollstreckung der Ordnungsmittel	179	1133
Befugnisse außerhalb der Sitzung	180	1134
Beschwerde gegen Ordnungsmittel	181	1134
Protokollierung	182	1135
Straftaten in der Sitzung	183	1135

Anhang 2.
Konvention zum Schutze der Menschenrechte und Grundfreiheiten (Auszug)

	Art.	Seite
Geschützte Rechte	1–18	1137

Sachverzeichnis 1143

Abkürzungen

AA	Auswärtiges Amt
AbgG	Gesetz über die Rechtsverhältnisse der Mitglieder des Deutschen Bundestages idF vom 21. 2. 1996 (BGBl I 326; III 1101–8)
ABl	Amtsblatt
AfP	Archiv für Presserecht (zitiert nach Jahr und Seite)
AG	Amtsgericht, Ausführungsgesetz
AK	Kommentar zur Strafprozessordnung in der Reihe Alternativkommentare
AktG	Aktiengesetz vom 6. 9. 1965 (BGBl I 1089; III 4121–1)
ANM	Alsberg/Nüse/Meyer, Der Beweisantrag im Strafprozess (5. Aufl, 1983)
AnwBl	Anwaltsblatt (zitiert nach Jahr und Seite)
AO	Abgabenordnung (Anh 6)
AöR	Archiv des öffentliches Rechts (zitiert nach Band und Seite)
ArchKrim	Archiv für Kriminologie (zitiert nach Band und Seite)
ArchPF	Archiv für das Post- und Fernmeldewesen (zitiert nach Jahr und Seite)
AsylVfG	Asylverfahrensgesetz idF vom 27. 7. 1993 (BGBl I 1361)
AuslG	Gesetz über die Einreise und den Aufenthalt von Ausländern im Bundesgebiet (Ausländergesetz) vom 9. 7. 1990 (BGBl I 1354)
AWG	Außenwirtschaftsgesetz vom 28. 4. 1961 (BGBl I 481, 495, 1555; III 7400–1)
BAG	Bundesarbeitsgericht; Entscheidungen des Bundesarbeitsgerichts
BAnz	Bundesanzeiger
BÄO	Bundesärzteordnung
BayVerf	Verfassung des Freistaates Bayern vom 2. 12. 1946 (BayBS I 3) – Ziegler/Tremel Nr 850 –
BayVerfGH	Bayerischer Verfassungsgerichtshof
BB	Betriebs-Berater (zitiert nach Jahr und Seite)
BBG	Bundesbeamtengesetz idF vom 31. 3. 1999 (BGBl I 675; III 2030–2)
BDG	Bundesdisziplinargesetz vom 9. 7. 2001 (BGBl I 1510; III 2031-4)
BDiszH	Bundesdisziplinarhof
BDSG	Bundesdatenschutzgesetz vom 20. 12. 1990 (BGBl I 2954; III 204–1)
BerlVerfGH	Berliner Verfassungsgerichtshof
Beulke StP	Beulke, Werner, Strafprozessrecht (5. Aufl, 2001)
BFH	Bundesfinanzhof
BGBl I, II, III	Bundesgesetzblatt Teil I, Teil II, Teil III
BGH	Bundesgerichtshof; Entscheidungen des Bundesgerichtshofs in Strafsachen
BGHR	BGH-Rechtsprechung in Strafsachen (zitiert nach Paragraph und Stichwort)
BGHZ	Entscheidungen des Bundesgerichtshofs in Zivilsachen
BGSG	Bundesgrenzschutzgesetz idF vom 19. 10. 1994 (BGBl I 2978)

Abkürzungen

BinSchVfG	Gesetz über das gerichtliche Verfahren in Binnenschifffahrtssachen vom 27. 9. 1952 (BGBl I 641; III 310–5)
BKA	Bundeskriminalamt
BKAG	Gesetz über die Einrichtung eines Bundeskriminalpolizeiamtes (Bundeskriminalamtes) idF vom 7. 7. 1997 (BGBl I 1650; III 2190–1)
BMI	Bundesminister des Innern
BMJ	Bundesminister der Justiz
BNotO	Bundesnotarordnung vom 24. 2. 1961 (BGBl I 98; III 303–1)
BPräs	Bundespräsident
BRAGO	Bundesgebührenordnung für Rechtsanwälte vom 26. 7. 1957 (B 368–1)
BRAO	Bundesrechtsanwaltsordnung vom 1. 8. 1959 (BGBl I 565; III 303–8)
BRat	Bundesrat
BR-Drucks	Drucksache des Bundesrates
BReg	Bundesregierung
BRep	Bundesrepublik Deutschland
BSG	Bundessozialgericht
BStBl	Bundessteuerblatt (zitiert nach Jahr und Seite)
BT-Drucks	Drucksache des Bundestages (die erste Zahl bezeichnet die Wahlperiode)
BT-GeschO	Geschäftsordnung des Deutschen Bundestages idF vom 2. 7. 1980 (BGBl I 1237)
BtMG	Betäubungsmittelgesetz idF vom 1. 3. 1994 (BGBl I 359; III 2121–6–24)
BVerfG	Bundesverfassungsgericht
BVerfGE	Entscheidungen des Bundesverfassungsgerichts
BVerwG	Bundesverwaltungsgericht
BVerwhE	Entscheidungen des Bundesverwaltungsgericht
BZR	Bundeszentralregister
BZRG	Bundeszentralregistergesetz
Calliess/Müller-Dietz	Calliess/Müller-Dietz, Strafvollzugsgesetz, Kurzkommentar (7. Aufl, 1998)
CR	Computer und Recht
Dahs	Dahs, Hans, Handbuch des Strafverteidigers (6. Aufl, 1999)
Dahs/Dahs	Dahs/Dahs, Die Revision im Strafprozess, NJW-Schriftenreihe Heft 16 (6. Aufl, 2001)
DAR	Deutsches Autorecht (zitiert nach Jahr und Seite)
DB	Der Betrieb (zitiert nach Jahr und Seite)
Detter	Detter, Klaus, Revision in Strafsachen (2001)
Diss	Dissertation
DJT	Deutscher Juristentag
DÖV	Die Öffentliche Verwaltung (zitiert nach Jahr und Seite)
DRB	Deutscher Richterbund
DRiZ	Deutsche Richterzeitung (zitiert nach Jahr und Nummer, ab 1950)
DVBl	Deutsches Verwaltungsblatt (zitiert nach Jahr und Seite)
EbSchmidt	Eberhard Schmidt, Lehrkommentar zur Strafprozessordnung und zum Gerichtsverfassungsgesetz (Teil I – 2. Aufl – 1964; zitiert nach Randnummer; Teil II 1957, Teil III 1960)

Abkürzungen

EDV	Elektronische Datenverarbeitung
EG	Europäische Gemeinschaften
EGGVG	Einführungsgesetz zum Gerichtsverfassungsgesetz (Anh 2)
EGH	Ehrengerichtshof
EGMR	Europäischer Gerichtshof für Menschenrechte
EGStPO	Einführungsgesetz zur Strafprozessordnung (Anh 1)
EGV	Vertrag zur Gründung der Europäischen Gemeinschaft vom 25. 3. 1957 (BGBl II 766) idF des Vertrags über die Europäische Union vom 7. 2. 1992 (BGBl II 1253/1256)
Eisenberg	Eisenberg, Ulrich, Jugendgerichtsgesetz mit Erläuterungen (10. Aufl, 2004)
Eisenberg BR	Eisenberg, Ulrich, Beweisrecht der StPO (4. Aufl, 2002)
EKMR	Europäische Kommission für Menschenrechte
ER	Ermittlungsrichter
erg	ergänzend
EStG	Einkommensteuergesetz idF vom 16. 4. 1997 (BGBl I 821)
EU	Europäische Union
EuAlÜbk	Europäisches Auslieferungsübereinkommen vom 13. 12. 1957 (BGBl 1964 II 1371; 1976 II 1778)
EuGH	Europäischer Gerichtshof (Gerichtshof der Europäischen Gemeinschaften)
EuGRZ	Europäische Grundrechte (Zeitschrift; zitiert nach Jahr und Seite)
EuRAG	Gesetz zur Umsetzung von Richtlinien der Europäischen Gemeinschaft auf dem Gebiet des Berufsrechts der Rechtsanwälte vom 9. März 2000 (BGBl I 182)
EuRHÜbk	Europäisches Übereinkommen über die Rechtshilfe in Strafsachen vom 20. 4. 1959 (BGBl 1964 II 1369, 1386; 1976 II 1799)
EV	Einigungsvertrag (Vertrag zwischen der Bundesrepublik Deutschland und der Deutschen Demokratischen Republik über die Herstellung der Einheit Deutschlands) vom 31. 8. 1990 (BGBl II 889)
EWG	Europäische Wirtschaftsgemeinschaft
FA	Finanzamt
FAG	Gesetz über Fernmeldeanlagen idF vom 3. 7. 1989 (BGBl I 1455; III 9020–1)
FamRZ	Ehe und Familie im privaten und öffentlichen Recht (zitiert nach Jahr und Seite)
FGG	Gesetz über die Angelegenheiten der freiwilligen Gerichtsbarkeit idF vom 20. 5. 1898 (RGBl 771; BGBl III 315–1)
FGO	Finanzgerichtsordnung vom 6. 10. 1965 (BGBl I 1477; III 350–1)
FinB	Finanzbehörde
FlRG	Flaggenrechtsgesetz idF vom 26. 10. 1994 (BGBl I 3140; III 9514–1)
Frowein/Peukert	Frowein/Peukert, EMRK-Kommentar (2. Aufl, 1996)
FS	Festschrift
Fülber	Fülber, Thorsten, Die Hauptverhandlulngshat (2000, Diss.)
G 10	Gesetz zur Beschränkung des Brief-, Post- und Fernmeldegeheimnisses
GA	Goltdammer's Archiv für Strafrecht (zitiert nach Jahr und Seite)

Abkürzungen

GABl	Gemeinsames Amtsblatt
GBA	Generalbundesanwalt
GBl	Gesetzblatt
GeschOBGH	Geschäftsordnung des Bundesgerichtshofes vom 3. 3. 1952 (BAnz Nr 83 vom 30. 4. 1952)
GewO	Gewerbeordnung idF vom 22. 2. 1999 (BGBl I 202; III 7100–1)
GG	Grundgesetz für die Bundesrepublik Deutschland vom 23. 5. 1949 (BGBl 1; III 100–1)
GKG	Gerichtskostengesetz idF vom 15. 12. 1975 (BGBl I 3047; III 360–1)
GMBl	Gemeinsames Ministerialblatt
GmS-OGB	Gemeinsamer Senat der obersten Gerichtshöfe des Bundes
GnO	Gnadenordnung
Göhler	Göhler, Erich, Gesetz über Ordnungswidrigkeiten (13. Aufl, 2002)
GrS	Großer Senat
GStA	Generalstaatsanwalt
GSSt	Großer Senat für Strafsachen
GüKG	Güterkraftverkehrsgesetz idF vom 3. 11. 1993 (BGBl I 1839; III 9241–1)
GÜV	Gesetz zur Überwachung strafrechtlicher und anderer Verbringungsverbote vom 24. 5. 1961 (BGBl I 607; III 12–2)
GVG	Gerichtsverfassungsgesetz
GVNW	Gesetz und Verordnungsblatt für das Land Nordrhein-Westfalen
GWB	Gesetz gegen Wettbewerbsbeschränkungen idF vom 26. 8. 1998 (BGBl I 2547; III 703–1)
GwG	Gesetz über das Aufspüren von Gewinnen aus schweren Straftaten (Geldwäschegesetz) vom 25. 10. 1993 (BGBl I 1770; III 7613–1)
Heghmanns	Heghmanns, Michael, Das Arbeitsgebiet des Staatsanwalts (3. Aufl, 2003)
Hellebrand	Hellebrand, Johannes, Die Staatsanwaltschaft (1999)
Hennsler/Prütting	Hennsler/Prütting, Bundesrechtsanwaltsordnung (2. Aufl, 2004)
Hentschel	Hentschel, Peter, Trunkenheit, Fahrerlaubnisentziehung, Fahrverbot (9. Aufl, 2003; zitiert nach Randnummer)
Hentschel	Hentschel, Straßenverkehrsrecht (37. Aufl, 2003)
HESt	Höchstrichterliche Entscheidungen. Sammlung von Entscheidungen der Oberlandesgerichte und der Obersten Gerichte in Strafsachen (1948–49; zitiert nach Band und Seite)
HK	Heidelberger Kommentar zur Strafprozessordnung (3. Aufl, 2001)
Horn	Horn, Wieland, Berufsrecht der Anwaltschaft (5. Aufl. 2004)
HRR	Höchstrichterliche Rechtsprechung (zitiert nach Jahr und Nummer)
InsO	Insolvenzordnung vom 5. 10. 1994 (BGBl I 2866; III 311–13)
IntKommEMRK	Internationaler Kommentar zur Europäischen Menschenrechtskonvention

Abkürzungen

IRG	Gesetz über die internationale Rechtshilfe in Strafsachen idF vom 27. 6. 1994 (BGBl I 1537)
IStGH	Internationaler Strafgerichtshof
IStGHG	Gesetz über die Zusammenarbeit mit dem Internationalen Strafgerichtshof vom 21. 6. 2002 (BGBl I 2144)
JA	Juristische Arbeitsblätter (zitiert nach Jahr und Seite)
Jäger	Jäger, Christian, Beweisverwertung und Beweisverwertungsverbot im Strafprozess (2003 Diss.)
JBl	Justizblatt
Jessnitzer/Frieling	Jessnitzer/Frieling, Der gerichtliche Sachverständige. Ein Handbuch für die Praxis (11. Aufl, 2001)
Jostes	Jostes, Christion Veränderungen der Hauptverhandlung durch die Neuregelung des beschleunigten Verfahrens
JMBl	Justizministerialblatt
JP	Juristische Person
JR	Juristische Rundschau
JuMoG	Justizmodernisierungsgesetz
Jura	Juristische Ausbildung
JurBüro	Das Juristische Büro (zitiert nach Jahr und Spalte)
JuS	Juristische Schulung
JVA	Justizvollzugsanstalt
JVBl	Justizverwaltungsblatt (zitiert nach Jahr und Seite)
JW	Juristische Wochenschrift
JZ	Juristenzeitung
Karow	Karow, Andreas, Der Experimentalbeweisantrag im Strafprozess (2002)
Katholnigg	Katholnigg, Oskar, Strafgerichtsverfassungsrecht (3. Aufl, 1999)
Kissel	Kissel, Otto Rudolf, Gerichtsverfassungsgesetz, Kommentar (3. Aufl, 2001)
KK	Karlsruher Kommentar zur Strafprozessordnung (5. Aufl, 2003), Herausgeber Gerd Pfeiffer
KK/OWiG	Karlsruher Kommentar zum Gesetz über Ordnungswidrigkeiten (2. Aufl, 2000)
KMR	Loseblattkommentar zur Strafprozessordnung, begründet von Kleinknecht/Müller/Reitberger, 7. Aufl, 1980
KonsG	Gesetz über die Konsularbeamten, ihre Aufgaben und Befugnisse vom 11. 9. 1974 (BGBl I 2317; III 27-5)
Krack	Krack, Rolf, Die Rehabilitierung des Beschuldigten im Strafverfahren, 2002
Kramer	Kramer, Sören, Die Zurückweisung von Rechtsanwälten und deren zwangsweise Entfernung aus dem Sitzungssaal (2000 Diss.)
KrG	Kreisgericht
Kühne	Kühne, Hans Heiner, Strafprozessrecht (6. Aufl, 2003)
Kummer	Kummer, Peter, Wiedereinsetzung in den vorigen Stand (2000)
Kurzrock	Kurzrock, Julia, Die Zulässigkeit politische Einflussnahme auf Strafverfahren, Zur verfassungsrechtlichen Einordnung der Staatsanwaltschaft (2003 Diss.)
KWKG	Gesetz über die Kontrolle von Kriegswaffen vom 20. 4. 1961 (BGBl I 444)

Abkürzungen

Lackner/Kühl	Lackner, Karl und Kühl, Kristian, Strafgesetzbuch mit Erläuterungen (25. Aufl, 2004)
Lange	Lange, Nicole, Vorermittlungen (1999)
LK	Strafgesetzbuch Leipziger Kommentar (11. Aufl)
LKA	Landeskriminalamt
LMBG	Lebensmittel- und Bedarfsgegenständegesetz idF vom 9. 9. 1997 (BGBl I 2296; III 2125–40–1–2)
Loddenkemper	Loddenkemper, Florian, Revisibilität tatrichterlicher Zeugenbeurteilung (2000 Diss.)
LPartG	Gesetz über die Eingetragene Lebenspartnerschaft (Lebenspartnerschaftsgesetz) vom 16. 2. 2001 (BGBl I 266)
LPG	Landespressegesetz
LR	Löwe/Rosenberg, Die Strafprozessordnung und das Gerichtsverfassungsgesetz mit Nebengesetzen, Großkommentar, (25. Aufl, 1997 ff)
LuftVG	Luftverkehrsgesetz idF vom 27. 3. 1999 (BGBl I 550; III 96–1)
Marxen/Tiemann	Marxen, Klaus und Tiemann, Frank, Die Wiederaufnahme in Strafsachen (1993)
Maunz/Dürig	Grundgesetz, Kommentar von Maunz/Dürig ua, Loseblattausgabe
MDR	Monatsschrift für Deutsches Recht
MedR	Medizinrecht
Mende	Mende, Boris, Grenzen privater Ermittlungen durch den Verletzten einer Straftat (2002 Diss.)
Meyer-Goßner	Meyer-Goßner, Lutz, Strafprozessordnung, GVG (47. Aufl. 2004)
Meyer-Goßner/Appl	Meyer-Goßner, Lutz, Appl, Ekkehard, Die Urteile in Strafsachen
MiStra	Anordnung über Mitteilungen in Strafsachen idF vom 29. 4. 1998 (bundeseinheitlich)
MRK	Konvention zum Schutze der Menschenrechte und Grundfreiheiten
MSchrKrim	Monatsschrift für Kriminologie und Strafrechtsreform
MünchKommStGB	Münchner Kommentar zum StGB (2003)
NdsRpfl	Niedersächsische Rechtspflege
NJ	Neue Justiz
NJW	Neue Juristische Wochenschrift
NStZ	Neue Zeitschrift für Strafrecht
NStZ-RR	NStZ-Rechtsprechungs-Report
NTS	NATO-Truppenstatut (Anh 10)
NTS-AG	Gesetz zum NATO-Truppenstatut und den Zusatzvereinbarungen
NTS-VP	Unterzeichnungsprotokoll zum NATO-Truppenstatut
NTS-ZA	Zusatzabkommen zum NATO-Truppenstatut
NVwZ	Neue Zeitschrift für Verwaltungsrecht
NZV	Neue Zeitschrift für Verkehrsrecht
ObLG	Oberstes Landesgericht
OEG	Gesetz über die Entschädigung für Opfer von Gewalttaten idF vom 7. 1. 1985 (BGBl I 1; III 86–8)
ÖstVerfGH	Österreichischer Verfassungsgerichtshof

Abkürzungen

OLGSt	Entscheidungen der Oberlandesgerichte zum Straf- und Strafverfahrensrecht
OpferRRG	Opferrechtsreformgesetz
Opferschutzgesetz	Erstes Gesetz zur Verbesserung der Rechtsstellung des Verletzten im Strafverfahren vom 18. 12. 1986 (BGBl I 2496)
OrgKG	Gesetz zur Bekämpfung des illegalen Rauschgifthandels und anderer Erscheinungsformen der Organisierten Kriminalität vom 15. 7. 1992 (BGBl I 1302; III 450–23)
OrgStA	Anordnung über Organisation und Dienstbetrieb der Staatsanwaltschaften (bundeseinheitlich)
OVG	Oberverwaltungsgericht
OWiG	Gesetz über Ordnungswidrigkeiten
Pfeiffer	Pfeiffer, Gerd, Strafprozessordnung, Kommentar (5. Aufl, 2005)
Polizei	Die Polizei
PostG	Postgesetz idF vom 22. 12. 1997 (BGBl I 3294; III 900–4)
Pr	Preußen oder preußisch
PV	Personenvereinigung
PVG	Polizeiverwaltungsgesetz
Ranft	Ranft, Otfried, Strafprozessrecht (2. Aufl, 1995; zitiert nach Randnummer)
Rackow	Rackow, Peter, Das DNA-Identitätsfeststellungsgesetz und seine Probleme (2001 Diss.)
RAK	Rechtsanwaltskammer
RBerG	Rechtsberatungsgesetz vom 13. 12. 1935 (RGBl I 1478; BGBl III 303–12)
RdErl	Runderlass
RDV	Recht der Datenverarbeitung (zitiert nach Jahr und Seite)
Rebmann/Roth/ Herrmann	Rebmann/Roth/Herrmann, Gesetz über Ordnungswidrigkeiten, Loseblattkommentar
Reinhardt	Reinhardt, Jörg, Der Ausschluss und die Ablehnung des befangen erscheinenden Staatsanwalts (1987)
RG	Reichsgericht. Mit Zahlen. Entscheidungen des Reichsgerichts in Strafsachen
RiStBV	Richtlinien für das Strafverfahren und das Bußgeldverfahren
RiVASt	Richtlinien für den Verkehr mit dem Ausland in strafrechtlichen Angelegenheiten vom 18. 9. 1984 (bundeseinheitlich) – Piller/Herrmann Nr. 2 f –
RMBl.	Reichsministerialblatt
Rönnau	Rönnau, Thomas, Vermögensabschöpfung in der Praxis (2003; zitiert nach Randnummer)
Roxin	Roxin, Claus, Strafverfahrensrecht. Ein Studienbuch (25. Aufl, 1998)
Roxin	Roxin, Imme, Die Rechtsfolgen schwerwiegender Rechtsstaatsverstöße in der Strafrechtspflege (3. Aufl. 2000)
RpflEntlG	Gesetz zur Entlastung der Rechtspflege vom 11. 1. 1993 (BGBl I 50)
Rpflege	Der Deutsche Rechtspfleger (zitiert nach Jahr und Seite)
RPflG	Rechtspflegergesetz
RSAG	Gesetz vom 21. 6. 2002 zur Ausführung des Römischen Statutes des IStGH vom 17. 7. 1998 (BGBl I 2144)

Abkürzungen

Sarstedt/Hamm	Sarstedt/Hamm, Die Revision in Strafsachen (6. Aufl, 1998; zitiert nach Randnummer)
Sartorius I	Verfassungs- und Verwaltungsgesetze der Bundesrepublik, Loseblattausgabe, begründet von Sartorius, Band I (zitiert nach Gliederungsnummern)
Schätzler/Kunz	Schätzler/Kunz, Gesetz über die Entschädigung für Strafverfolgungsmaßnahmen, Kommentar (3. Aufl, 2003)
SchG	Schöffengericht
Schilken	Schilken, Eberhard, Gerichtsverfassungsrecht (3. Aufl., 2003)
SchlHA	Schleswig-Holsteinische Anzeigen
Schlüchter	Schlüchter, Ellen, Das Strafverfahren (2. Aufl, 1983)
Schlüchter StP	Schlüchter, Ellen, Strafprozessrecht (2. Aufl, 1995)
Schmidt-Hieber	Schmidt-Hieber, Werner, Verständigung im Strafverfahren (1986)
Schmidt-Räntsch	Schmidt-Räntsch, Günther, Deutsches Richtergesetz (5. Aufl, 1995)
Schomburg/Lagodny	Schomburg/Lagodny, Internationale Rechtshilfe in Strafsachen (3. Aufl, 1998)
Sch/Sch	Schönke/Schröder, Strafgesetzbuch
Schünemann	Schünemann, Bernd, Unternehmenskriminalität und Strafrecht (1997)
Schüssler	Schüssler, Mark, Polygraphie im deutschen Strafrecht (2002 Diss.)
SDÜ	Übereinkommen zur Durchführung des Übereinkommens von Schengen vom 14. Juni 1985 zwischen den Regierungen der Staaten der Benelux-Wirtschaftsunion, der Bundesrepublik Deutschland und der Französischen Republik (Schengener Durchführungsübereinkommen)
Seyfi	Seyfi, Natascha, Das Sicherungsverfahren (§§ 413–416 StPO) (2001 Diss.)
SGG	Sozialgerichtsgesetz idF vom 23. 9. 1975 (BGBl I 2535; III 330–1)
SJZ	Süddeutsche Juristenzeitung (zitiert nach Jahr und Spalte)
SK	Systematischer Kommentar zur Strafprozessordnung und zum Gerichtsverfassungsgesetz
SoldG	Soldatengesetz idF vom 15. 12. 1995 (BGBl I 1738; III 51–1)
Sowada	Sowada, Christoph, Der gesetzliche Richter im Strafverfahren, 2002
Spelthahn	Spelthahn, Das Zeugnisverweigerungsrecht von Angehörigen eines Mitbeschuldigten (1997 Diss.)
StBerG	Steuerberatungsgesetz idF vom 4. 11. 1975 (BGBl I 2735; III 610–10)
StGB	Strafgesetzbuch
StGH	Staatsgerichtshof
StraFo	Strafverteidiger Forum
StrÄndG	Strafrechtsänderungsgesetz
StrEG	Gesetz über die Entschädigung für Strafverfolgungsmaßnahmen
StS	Strafsenat
StV	Strafverteidiger, Juristische Fachzeitschrift
StVÄG 1979	Strafverfahrensänderungsgesetz 1979 vom 5. 10. 1978 (BGBl I 1645; III 312–10)
StVÄG 1987	Strafverfahrensänderungsgesetz 1987 vom 27. 1. 1987 (BGBl I 475)

Abkürzungen

StVÄG 1999	Strafverfahrensänderungsgesetz 1999 vom 2. 8. 2000 (BGBl I 1253)
StVG	Straßenverkehrsgesetz idF vom 19. 12. 1952 (BGBl I 837; III 9231–1)
StVO	Straßenverkehrs-Ordnung vom 16. 11. 1970 (BGBl I 1565, 1971 I 38; III 9233–1)
StVollstrO	Strafvollstreckungsordnung idF vom 1. 11. 1987 (bundeseinheitlich) – Piller/Herrmann Nr 2 b –
StVollzG	Strafvollzugsgesetz (Anh 13)
1. StVRG	Erstes Gesetz zur Reform des Strafverfahrensrechts vom 9. 12. 1974 (BGBl I 3393, 3533; III 312–8–1)
1. StVRGErgG	Gesetz zur Ergänzung des Ersten Gesetzes zur Reform des Strafverfahrensrechts vom 20. 12. 1974 (BGBl I 3686)
StVZO	Straßenverkehrs-Zulassungs-Ordnung idF vom 28. 9. 1988 (BGBl I 1793; III 9232–1)
TDSV	Telekommunikations-Datenschutzverordnung vom 18. 12. 2000
Tiedemann	Tiedemann, Klaus, Wirtschaftsstrafrecht (2004)
TKG	Telekommunikationsgesetz vom 22. 7. 2004 (BGBl I 1190)
TKO	Telekommunikationsordnung idF vom 16. 7. 1987 (BGBl I 1761; III 9028–1)
TOA	Täter-Opfer-Ausgleich
Toepel	Toepel, Friedrich, Grundstrukturen des Sachverständigenbeweises im Strafprozessrecht, 2002
Tröndle/Fischer	Tröndle/Fischer, Strafgesetzbuch und Nebengesetze (52. Aufl, 2004)
UKG	Gesetz zur Bekämpfung der Umweltkriminalität
UrhG	Gesetz über Urheberrecht und verwandte Schutzrechte vom 9. 9. 1965 (BGBl I 1273; III 440–1)
UrkB	Urkundsbeamter der Geschäftsstelle
uU	unter Umständen
UVollzO	Untersuchungshaftvollzugsordnung idF vom 1. 1. 1977 (bundeseinheitlich) – Piller/Herrmann Nr 2 a –
UWG	Gesetz gegen den unlauteren Wettbewerb vom 7. 6. 1909 (RGBl 499; BGBl III 43–1)
UZwG	Gesetz über den unmittelbaren Zwang bei Ausübung öffentlicher Gewalt durch Vollzugsbeamte des Bundes vom 10. 3. 1961 (BGBl I 165; III 201–5)
UZwGBw	Gesetz über die Anwendung unmittelbaren Zwanges und die Ausübung besonderer Befugnisse durch Soldaten der Bundeswehr und zivile Wachpersonen vom 12. 8. 1965 (BGBl I 796; III 55–6)
VereinhG	Gesetz zur Wiederherstellung der Rechtseinheit auf dem Gebiete der Gerichtsverfassung, der bürgerlichen Rechtspflege, des Strafverfahrens und des Kostenrechts vom 12. 9. 1950 (BGBl I 455; III 300–6)
VereinsG	Gesetz zur Regelung des öffentlichen Vereinsrechts vom 5. 8. 1964 (BGBl I 593; III 2180–1)
VersR	Versicherungsrecht
VerwA	Verwaltungsakt
VerwB	Verwaltungsbehörde

Abkürzungen

VG	Verwaltungsgericht
VGH	Verwaltungsgerichtshof
VGO	Vollzugsgeschäftsordnung idF vom 1. 7. 1980 (bundeseinheitlich) – Piller/Herrmann Nr 2 p –
VollstrB	Vollstreckungsbehörde
VOR	Zeitschrift für Verkehrs- und Ordnungswidrigkeitenrecht (zitiert nach Jahr und Seite)
VRS	Verkehrsrechts-Sammlung (zitiert nach Band und Seite)
VStGB	Völkerstrafgesetzbuch vom 26. 6. 2002 (BGBl I 2254)
VwGO	Verwaltungsgerichtsordnung idF vom 19. 3. 1991 (BGBl I 685; III 340–1)
VwVfG	Verwaltungsverfahrensgesetz vom 25. 5. 1976 (BGBl I 1253; III 201–6)
WaffG	Waffengesetz idF vom 8. 3. 1976 (BGBl I 432)
WDO	Wehrdisziplinarordnung idF vom 4. 9. 1972 (BGBl I 1737, 1906; III 52–2)
WehrDiszH	Wehrdisziplinarhof
WeimRV	Verfassung des Deutschen Reichs vom 11. 8. 1919 (RGBl 1383)
Wichmann	Wichmann, Herrmann, Das Berufsgeheimnis als Grenze des Zeugenbeweises (2000 Diss.)
WiStG 1954	Gesetz zur Vereinfachung des Wirtschaftsstrafrechts idF vom 3. 6. 1975 (BGBl I 1313; III 453–11) – Schönfelder Nr 88 –
wistra	Zeitschrift für Wirtschaft, Steuer, Strafrecht
WStG	Wehrstrafgesetz idF vom 24. 5. 1974 (BGBl I 1213; III 452–2)
WÜD	Wiener Übereinkommen vom 18. 4. 1961 über diplomatische Beziehungen (BGBl 1964 II 957; 1965 II 147)
WÜK	Wiener Übereinkommen vom 24. 4. 1963 über konsularische Beziehungen (BGBl 1969 II 1585; 1971 II 1285)
ZKA	Zollkriminalamt
ZollG	Zollgesetz idF vom 18. 5. 1970 (BGBl I 529; III 613–1)
ZRP	Zeitschrift für Rechtspolitik
ZS	Zivilsenat
ZSchG	Gesetz zur Änderung der Strafprozessordnung und der Bundesgebührenordnung für Rechtsanwälte (Gesetz zum Schutz von Zeugen bei Vernehmungen im Strafverfahren und zur Verbesserung des Opferschutzes; Zeugenschutzgesetz) vom 30. 4. 1998 (BGBl I 820)
ZSEG	Gesetz über die Entschädigung von Zeugen und Sachverständigen idF vom 1. 10. 1969 (BGBl I 1756; III 367–1)
ZStW	Zeitschrift für die gesamte Strafrechtswissenschaft (zitiert nach Band und Seite)
ZVG	Gesetz über die Zwangsversteigerung und die Zwangsverwaltung idF vom 20. 5. 1898 (RGBl I 369, 713; BGBl III 310–14)

Einleitung

Übersicht

Zur Durchsetzung des Strafanspruchs	1
Anklageprinzip	2
Offizialprinzip	3
Legalitätsprinzip	4
Opportunitätsprinzip	5
Ermittlungsgrundsatz	6
Grundsatz der Mündlichkeit	7
Grundsatz der Unmittelbarkeit	8
Konzentrationsprinzip	9
Beschleunigungsgebot	10
Grundsatz der freien Beweiswürdigung	11
Grundsatz im Zweifel für den Angeklagten	12
Grundsatz der Öffentlichkeit	13
Beweisverbote	14
Verfahrensvoraussetzungen u. -hindernisse	15
Verhandlungsfähigkeit	15 a
Absprachen/Verständigungen	16 ff.
Verfassungsrechtliche Grundsätze	17 ff.
Richterliche Unabhängigkeit	18
Gesetzlicher Richter	19
Rechtliches Gehör	20
Faires Verfahren	21
Grundsatz der Verhältnismäßigkeit	22
Übermaßverbot	23
Fürsorgepflicht	24
Unschuldsvermutung	25
Ne bis in idem	26
Missbrauch prozessualer Rechte	26 a

Unser **Rechtsstaat** hat die Pflicht, die Sicherheit seiner Bürger und deren **1** Vertrauen in die Funktionstüchtigkeit der staatlichen Institutionen zu schützen; auch die Gleichbehandlung aller im Strafverfahren Beschuldigten erfordert grundsätzlich die Durchsetzung des staatlichen Strafanspruchs (BVerfGE 51, 343 = NJW 1979, 2349). Zwischen dem Strafanspruch des Staates und dem Opferschutz wird es immer einen gewissen Konfliktbereich geben. Aber der Staat ist heute mehr als früher gehalten, den Strafanspruch opferfreundlich zu gestalten. Das Strafverfahren liefert die Grundlagen, um für Zwecke der Strafverfolgung in Rechte der Bürger eingreifen zu dürfen; umgekehrt werden diese Eingriffsbefugnisse ihrerseits durch die wertsetzende Bedeutung der Grundrechte begrenzt. Dabei muss ebenfalls auch aus rechtsstaatlichen Gründen darauf geachtet werden, dass die Unschuldigen vor ungerechtfertigter Verfolgung und übermäßiger Freiheitsbeschränkung geschützt und dem Schuldigen die Wahrung aller Verteidigungsrechte gesichert werden (KK-Pfeiffer Einl. Rn. 1). Aus diesem Grund wird unser Strafverfahren von bestimmten allgemeinen Grundsätzen beherrscht:

– Nach dem **Anklageprinzip** (Akkusationsprinzip) kann das Gericht nicht von **2** Amts wegen vorgehen. Die Verfahrensinitiative liegt nicht beim Gericht. Es besteht vielmehr eine Rollenverteilung: Nachweis eines hinreichenden Tatverdachts und Anklageerhebung sind Aufgaben der StA, die die Herrin des Ermittlungsverfahrens ist (KK-Pfeiffer Einl. Rn. 3).

Einleitung

3 – Das **Offizialprinzip** bedeutet, dass die Strafverfolgung grundsätzlich dem Staat obliegt und nicht dem einzelnen Bürger. Hiervon gibt es Ausnahmen und Einschränkungen (zB die sog. Antragsdelikte oder die sog. Ermächtigungsdelikte).

4 – Nach dem **Legalitätsprinzip** ist die StA gemäß § 152 grundsätzlich verpflichtet, wegen aller verfolgbaren Straftaten einzuschreiten, sofern zureichende tatsächliche Anhaltspunkte vorliegen. Es gebietet die Einleitung eines Ermittlungsverfahrens gegen jeden, bei dem dieselbe Verdachtslage besteht (BVerfG NStZ 1982, 430). Das Legalitätsprinzip bedeutet also **Verfolgungszwang** gegen jeden Verdächtigen; es stellt insoweit eine Aktualisierung des Willkürverbots als allgemeinem Rechtsgrundsatz des Grundgesetzes dar. Anderenfalls würde die Einheit der Rechtsanwendung zerstört, die Gleichheit vor dem Gesetz beseitigt (BGH 15, 159 = NJW 1960, 2346). Es gilt auch für die Polizei; sie hat gemäß § 163 einzuschreiten (BGH 15, 159).

5 – Unter der Bezeichnung **Opportunitätsprinzip** werden alle Ausnahmen vom Legalitätsprinzip zusammengefasst. Sie folgen aus dem **Verhältnismäßigkeitsgrundsatz**, dh. aus dem Gedanken, dass im Einzelfall auf eine Bestrafung verzichtet werden kann, wenn präventive Gründe sie nicht fordern. Der heutige Ausnahmekatalog der §§ 153 bis 154 e, § 45 JGG ist eine abschließende Regelung. Die gegenwärtige Bewertung des Verhältnisses von Strafverfolgungspflicht und Strafverfolgungsverzicht geht aus von einem „ja-aber-Zustand" der Verfahrensprinzipien: Strafverfolgungspflicht und Anklagezwang ja, aber nicht ohne Ausnahmen. Diese Verhältnisbestimmung wird mit der Formulierung in § 152 Abs. 2 „**soweit nicht gesetzlich etwas anderes bestimmt ist**" begründet. Sie ist bereits in der Reichsprozessordnung enthalten und verdeutlicht, dass an eine ausnahmslose Geltung des Legalitätsprinzips nicht gedacht war (Pott, Die Außerkraftsetzung der Legalität durch das Opportunitätsdenken, 1996, S. 41).

6 – Der **Ermittlungsgrundsatz** (Untersuchungsgrundsatz) gilt im deutschen Strafprozess. Er bedeutet, dass das Gericht den Sachverhalt selbst ermittelt und dabei grundsätzlich an Anträge und Erklärungen der Prozessbeteiligten nicht gebunden ist (vgl. § 155 Abs. 2 und § 244 Abs. 2). Die **Amtsaufklärungspflicht** begründet für die Prozessbeteiligten einen unverzichtbaren Anspruch darauf, dass die Beweisaufnahme auf alle Tatsachen und alle tauglichen und erlaubten Beweismittel erstreckt wird, die für die Entscheidung von Bedeutung sind (BGH 1, 94; 32, 122 = NJW 1984, 247). Die Ermittlung des **wahren Sachverhalts** ist das zentrale Anliegen des Strafprozesses (BVerfGE 63, 61 = NJW 1983, 1043). Allerdings ist die Wahrheit nicht um jeden Preis zu erforschen (BGH 31, 309 = NJW 1983, 1570). Dem stehen rechtsstaatliche Grundsätze und die Beweisverbote entgegen.

7 – Der **Grundsatz der Mündlichkeit** gilt für die Hauptverhandlung, der sich eng mit dem Prinzip der Unmittelbarkeit berührt; er besagt, dass nur der mündlich vorgetragene und erörterte Prozessstoff dem Urteil zugrunde gelegt werden darf (vgl. BGH NStZ 1990, 229). Werden den Schöffen in der Hauptverhandlung zum besseren Verständnis der Beweisaufnahme aus den Akten stammende Protokolle über diese Beweismittel (zB Tonbandprotokolle) als Begleittext zur Verfügung gestellt, so ist dies zulässig und verstößt nicht gegen die Grundsätze der Mündlichkeit und der Unmittelbarkeit (BGH 43, 36 = NJW 1997, 1792). Die heute **hM** im Schrifttum hält die Gewährung von Akteneinsicht für Schöffen für **zulässig** (§ 31 Rn. 1).

8 – Der **Grundsatz der Unmittelbarkeit** (§ 250) bedeutet vor allem: ein Gericht, das ein Urteil fällt, muss selbst wahrnehmen. Es darf grundsätzlich die Beweisaufnahme nicht anderen Personen überlassen; Ausnahme ist die kommissarische Beweisaufnahme nach §§ 223 bis 225. Dieses Prinzip ergibt sich aus § 250 und dem Fragerecht nach § 240 (BGH 29, 111 = NJW 1980, 464). Der Unmittelbarkeitsgrundsatz bedeutet grundsätzlich den **Vorrang des Personalbeweises**

Einleitung

vor dem Urkundenbeweis (BGHSt 15, 254 = NJW 1961, 327) und dem Augenscheinsbeweis. Das Gesetz lässt aber vom Grundsatz der Unmittelbarkeit zahlreiche **Ausnahmen zu,** vgl. zB §§ 49, 50, 232, 233, 249, 251, 253, 254, 255 a, 256, 325 und auch §§ 49, 50 sowie im **beschleunigten Verfahren** nach § 420. Problem in Bezug auf den Grundsatz der **Unmittelbarkeit mit Geheimhaltungsinteresse** entstehen dadurch, dass die Behörde, die sich entsprechende Personen zur Informationsbeschaffung bedient, ein Interesse an der **Geheimhaltung der Identität** derselben hat, sei es, weil sie diesen Personen die Vertraulichkeit zusichern musste, oder sie weiterhin für ihre Zwecke einsetzen möchte, sei es zum Schutze dieser Personen selbst. Dies ist besonders geregelt.

– Nach dem **Konzentrationsprinzip** soll die ganze Hauptverhandlung möglichst 9
in einem Zug durchgeführt werden. Das Verfahren muss straff geführt werden, um dem Gericht zu einem frischen unvermittelten Eindruck von den urteilsbildenden Faktoren zu verhelfen (BGH 23, 226 = NJW 1970, 767). Wichtig ist die Unterscheidung zwischen **Unterbrechung** (§§ 228 Abs. 1 1. Alt. 2, 229 Abs. 1) und **Aussetzung** (§§ 228 Abs. 1 1. Alt., 229 Abs. 4) der Hauptverhandlung. Eine Hauptverhandlung darf **nur bis zu drei Wochen** unterbrochen werden (§ 229 Abs. 1). Alles bisher Verhandelte bleibt bei der Unterbrechung existent. Eine Hauptverhandlung darf auch bis zu einem Monat unterbrochen werden, wenn sie davor jeweils an mindestens zehn Tagen stattgefunden hat (§ 229 Abs. 2).

– Das **Beschleunigungsgebot** dient dem Interesse des Beschuldigten und dem 10
öffentlichen Interesse. Dieser Grundsatz folgt aus der allgemeinen Fürsorgepflicht (BGH 26, 4 = NJW 1975, 63) sowie aus Art. 6 MRK und verstärkt für Haftsachen aus Art. 5 Abs. 3 S. 2 MRK sowie aus Art. 2 Abs. 2 S. 2 GG (BVerfGE 20, 45 = NJW 1966, 1259). Nach der gefestigten Rspr. des BGH hat das **Tatgericht** Art und Ausmaß der Verzögerung zunächst **festzustellen** und sodann das zu berücksichtigende Maß der **Kompensation** im Rahmen der Strafmessung zu **begründen** (BGH 45, 308 = NJW 2000, 748). Dieses Maß der Kompensation „**für das konventionswidrige Handeln**" muss im Urteil gesondert zum Ausdruck gebracht werden (BGH 45, 321 = NJW 2000, 1123). In Fällen rechtsstaatswidriger Verfahrensverzögerungen muss das Ausmaß der vorgenommenen **Herabsetzung** der Strafe **exakt** kenntlich gemacht werden. Die Verpflichtung des Tatrichters, im Falle einer rechtsstaatswidrigen Verfahrensverzögerung das Maß der gebotenen Kompensation durch Vergleich der an sich verwirkten mit der tatsächlichen Verhängten Strafe **ausdrücklich und konkret bestimmen** (BGH NJW 1999, 1198), gilt nicht nur für die Gesamtstrafe, sondern für **alle Einzelstrafen**. Die Reduzierung von Einzelstrafen und Gesamtstrafe darf nicht in Form „doppelten Rabatts" durchgeführt werden. Für die Urteilsgründe empfiehlt es sich, sowohl für die Einzelstrafen wie auch für die Gesamtstrafe jeweils die an sich verwirkte und die nach Durchführung der Kompensation schließlich verhängte Höhe **konkret** anzugeben (BGH NJW 2003, 2759). Entscheidend ist, dass die **Gesamtdauer des Verfahrens nicht unangemessen** lang wird. Dabei beginnt die „angemessene Frist" i. S. der Konvention, wenn der Beschuldigte von den Ermittlungen in Kenntnis gesetzt wird; sie endet mit dem rechtskräftigen Abschluss des Verfahrens. Neben der gesamten Dauer vom Beginn bis zum Ende der Frist kommen für die Frage der Angemessenheit die Schwere und die Art des Tatvorwurfs, der Umfang und die Schwierigkeit des Verfahrens, die Art und Weise der Ermittlungen, das Verhalten des Beschuldigten sowie das Ausmaß der mit dem andauernden Verfahren verbundenen Belastungen für den Beschuldigten als maßgebende Kriterien in Betracht (BGH NStZ 2004, 504). Kommt es in einem Strafverfahren zu einem außergewöhnlich langen Abstand zwischen Tat und Urteil oder einer sehr langen Dauer des Verfahrens, so hat der Tatrichter grundsätzlich drei unterschiedliche Strafmilderungsgründe zu bedenken:

Einleitung

a) langer zeitlicher Abstand zwischen Tat und Urteil
b) Belastungen durch lange Verfahrensdauer
c) Verletzung des Beschleunigungsgebotes nach Art. 6 Abs. 1 Satz 1 MRK (BGH NJW 1999, 1198).
Bei der Bestimmung des Zeitpunktes, mit dem die Frist beginnt, innerhalb welcher ein Verfahren in angemessener Dauer durchgeführt werden muss, ist für das verfassungsrechtliche Beschleunigungsgebot darauf abzustellen, wann eine zusätzliche **fühlbare Belastung** des Beschuldigten tatsächlich eintritt (BVerfG NJW 1993, 3254; EGMR NJW 2002, 2856). Eine von der Justiz zu vertretenen rechtwidrige Verfahrensverzögerung muss von Amts wegen auf die Revision berücksichtigt werden (BGH wistra 2000, 176).

11 – Der **Grundsatz der freien Beweiswürdigung** prägt das geltende Strafverfahrensrecht. Er bedeutet, dass dem Richter nicht allgemein vorgeschrieben wird (vgl. § 261), unter welchen Voraussetzungen er eine Tatsache für bewiesen bzw. nicht bewiesen zu halten habe (BGH 18, 20 = NJW 1979, 2318). Entscheidend für die freie richterliche Beweiswürdigung ist die persönliche Überzeugung des Richters von der Schuld des Angeklagten. Es kommt darauf an, ob der Tatrichter ohne Bindung an Beweisregeln die Überzeugung von einem bestimmten Sachverhalt gewonnen hat. Diese persönliche Gewissheit ist für die Verurteilung notwendig, aber auch genügend. Da der menschlichen Erkenntnis ein absolut sicheres Wissen über den Tathergang wesensimmanent verschlossen bleibt, verhindert die lediglich **theoretische Möglichkeit** eines abweichenden Geschehensablaufs die Verurteilung **nicht** (BGH 10, 208 = NJW 1957, 1039, BGH StV 1999, 5). **Vernünftige Zweifel** des Richters an der Tatbegehung durch den Angeklagten schließen aber die Verurteilung aus (BGH NJW 1999, 1562; BGH NStZ-RR 1999, 332). Die Beweiswürdigung ist Sache des **Tatrichters**. Das **Revisionsgericht** hat die Entscheidung des Tatrichters hinzunehmen und sich auf die Prüfung zu beschränken, ob die Urteilsgründe Fehler enthalten (vgl. § 337). Das ist in **sachlich-rechtlicher Hinsicht der Fall,** wenn die Beweiswürdigung **widersprüchlich, unklar** oder **lückenhaft** ist, wenn sie gegen Denkgesetze oder gesicherte Erfahrungssätze verstößt (st. Rspr. BGH NStZ-RR 2000, 171; BGHR StPO § 161 Überzeugungsbildung 33 mwN). Der Tatrichter ist an die formale Grenze der **Logik** gebunden. Die Argumentation des Richters muss klar, folgerichtig und frei von Widersprüchen sein. Es gibt Rechtssätze und positive gesetzlichen Bestimmungen, welche den Grundsatz durchbrechen oder die Berücksichtigung bestimmter Beweistatsachen verbieten; das gilt zB für die Beweistatsachen, die durch Verletzung von Beweisverboten erlangt sind oder für das Schweigen von Auskunftspersonen, denen die StPO solche Passivität konzediert (KK-Pfeiffer Einl. Rn. 17). Es ist auch nicht Aufgabe des Angeklagten, das **Nichtvorliegen der subjektiven Tatbestandsmerkmale nachzuweisen** (KG StV 2002, 412). Zum **Schweigen** des Beschuldigten s. ausführlich § 261 Rn. 5 ff. Besonders strenge Anforderungen werden an die Beweiswürdigung gestellt, wenn **Aussage gegen Aussage** steht; hierzu ausführlich in § 261 Rn. 8.

12 – Der **Grundsatz im Zweifel für den Angeklagten** (in dubio pro reo) ist im Gesetz nicht ausdrücklich formuliert, lässt sich jedoch aus dem Schuldgrundsatz iVm. § 261 und Art. 6 Abs. 2 MRK ableiten; denn wenn danach eine Verurteilung erfordert, dass das Gericht von der Schuld des Angeklagten überzeugt ist, muss jeder Zweifel an dieser Voraussetzung den Strafausspruch verhindern (BVerfGE 22, 265 = NJW 1967, 2151; BVerfG NJW 1988, 477: „Die Entscheidungsregel ‚in dubio pro reo' ist nicht schon dann verletzt, wenn der Richter nicht zweifelte, obwohl er hätte zweifeln müssen, sondern erst dann, wenn er **verurteilt,** obwohl er zweifelt" (BVerfG NJW 2002, 3015). Dieser Grundsatz gilt aber nicht für Rechtsfragen und Fragen der Rechtsanwendung (BGH 14, 73

Einleitung

= NJW 1960, 540). „Der Zweifelssatz ist nicht auf einzelne Beweiselemente, sondern erst bei der abschließenden Gewinnung der Überzeugung auf Grund der **gesamten Beweissituation** anzuwenden" (BGH NStZ 1999, 205); er gilt uneingeschränkt auch für die Feststellung der **Strafzumessungstatsachen** (BGH StV 2000, 656). S. § **261 Rn. 16**.

– Der im Gerichtsverfassungsrecht enthaltene **Grundsatz der Öffentlichkeit** 13 mündlicher Verhandlungen ist ein Bestandteil des Rechtsprinzips. Auch entspricht er dem allgemeinen Öffentlichkeitsprinzip der Demokratie (vgl. BVerfGE 70, 324, 358 = NJW 1986, 907). Er gewährleistet, dass sich die Rspr. der Gerichte grundsätzlich nicht hinter verschlossenen Türen abspielt (BGH 9, 281 = NJW 1956, 1647). Der Verfassungsgrundsatz der Öffentlichkeit gilt aber nicht ausnahmslos (vgl. BVerfGE 4, 74 [94] = NJW 1955, 17); die Öffentlichkeit kann aus zwingenden Gründen des Gemeinwohls auch dort ganz oder teilweise ausgeschlossen werden, wo sie nach der Verfassung grundsätzlich geboten ist (vgl. BVerfGE 70, 324, 358 = NJW 1986, 907). Der Grundsatz der Öffentlichkeit besagt insbesondere noch nichts zu den Modalitäten, unter denen die Öffentlichkeit zugelassen wird. Gerichtsverhandlungen sind Informationsquellen. Über ihre öffentliche Zugänglichkeit entscheidet der Gesetzgeber im Rahmen seiner Befugnis zur Ausgestaltung des Gerichtsverfahrens. Der gesetzliche Ausschluss von **Ton- und Fernseh-Rundfunkaufnahmen** in Gerichtsverhandlungen durch § 169 S. 2 GVG ist verfassungsgemäß (BVerfG NJW 2001, 1633; vgl. § 16 GVG). Die Öffentlichkeit kann **ausgeschlossen** werden. Liegen die im Gesetz bestimmten Voraussetzungen für den Ausschluss der Öffentlichkeit nicht vor, darf dieser Ausschluss auch **nicht auf freiwilliger Basis** erfolgen (BGH NStZ 1993, 450). Der Öffentlichkeitsgrundsatz hat eine wichtige Bedeutung; beginnt zB die Hauptverhandlung, bevor auf Grund von Einlasskontrollen alle rechtzeitig anwesenden Zuhörer den Sitzungssaal betreten haben, liegt ein Verstoß gegen diesen vor (BGH NJW 1995, 3196). S. ausführlich § 338 Abs. 1 Nr. 6 Rn. 23 ff.

– **Beweisverbote** führen zu einer Einschränkung der Beweisführung. Sie zerfallen 14 in Beweiserhebungsverbote und in Beweisverwertungsverbote. Die **Beweiserhebungsverbote** gliedern sich in vier Gruppen: (1) bei den **Beweisthemaverboten** dürfen bestimmte Tatsachen nicht zu Gegenstand der Beweisführung gemacht werden (vgl. §§ 61 f. BBG; § 39 BRRG); (2) bei **Beweismittelverboten** dürfen bestimmte Beweismittel nicht verwendet werden (vgl. §§ 52 bis 55, 81 c Abs. 3); (3) bei **Beweismethodenverboten** dürfen bei der Beweiserhebung bestimmte Methoden nicht angewendet werden (vgl. 136 a); (4) bei den **relativen Beweisverboten** darf die Beweisgewinnung nur von bestimmten Personen angeordnet oder durchgeführt werden (vgl. §§ 81 a, 98, 100, 105, 111 e, 111 n). Die **Beweisverwertungsverbote** schließen die Berücksichtigung bestimmter Beweisergebnisse und Sachverhalte aus, die also nicht zum Gegenstand der Beweiswürdigung und Urteilsfindung gemacht werden dürfen (BGH 31, 269 = NJW 1983, 1569; 31, 304 = NJW 1983, 1570). Sie folgen aber nicht notwendig aus Beweiserhebungsverboten. Ein ausdrückliches Verwertungsverbot statuiert § 136 a Abs. 3 S. 2, der die Verwertung auch dann untersagt, wenn der Beschuldigte der Verwertung zustimmt (vgl. insgesamt KK-Pfeiffer Einl. Rn. 117 ff.). Aus dem **Grundgesetz** abzuleitende Verwertungsverbote bestehen für Beweismittel, die unter Verletzung von Grundrechten, insbesondere dem Rechtsstaatsprinzip (BGH 31, 304 = NJW 1983, 1570) oder der nach Art. 1 und 2 GG geschützten Menschenwürde und dem Recht auf Persönlichkeitsentfaltung erlangt sind. Die **rechtswidrige** Erlangung eines **Beweismittels durch Privatpersonen** schließt eine Verwertung im Strafverfahren grundsätzlich (nicht automatisch, nicht ohne weiteres) nicht aus (BGH 27, 355 = NJW 1978, 1390; 36, 172 = NJW 1989, 1760; KK-Senge vor § 48 Rn. 52). Aber aus dem verfassungsrechtlich gesicherten Grundsatz, dass niemand gezwungen werden darf, durch

Einleitung

eigene Aussage die Voraussetzungen für eine strafgerichtliche Verurteilung zu liefern, lässt sich kein Beweisverbot für die Angaben herleiten, die der Angeklagte als **Versicherungsnehmer** gegenüber seinem Kfz-Haftpflichtversicherer gemacht hat (BVerfG NStZ 1995, 599).

15 — **Verfahrensvoraussetzungen** und **Verfahrenshindernisse** sind in der StPO nicht definiert (BGH 26, 88 = NJW 1975, 885). Sie bedeuten das Gleiche. Zum Inhalt gehört, dass es sich um einen Umstand handelt, der nach dem ausdrücklich erklärten oder aus dem Zusammenhang ersichtlichen Willen des Gesetzes so schwer wiegt, dass von seinem Vorhandensein oder Nichtvorhandensein die **Zulässigkeit des Verfahrens** im ganzen abhängig gemacht werden muss (BGH 32, 350 = NJW 1984, 2300; 36, 295 = NJW 1990, 920; 41, 75; BGH NStZ-RR 2003, 17). Fehlt es an einer Verfahrensvoraussetzung, so ist das Verfahren **einzustellen;** das gilt für das Haupt-, Zwischen- und Rechtsmittelverfahren und auch für das Ermittlungsverfahren. Ein **vorübergehendes** Prozesshindernis hat nur eine einstweilige Einstellung zur Folge. Im **erstinstanzlichen** Verfahren sind Verfahrenshindernisse **von Amts wegen** zu beachten, im **Berufungsverfahren** nur bei Zulässigkeit der Berufung und bei Erscheinen des Angeklagten in der Hauptverhandlung, im **Revisionsverfahren** nur bei Zulässigkeit der Revision (Meyer-Goßner NStZ 2003, 173). **Verfahrenshindernisse** sind vor allem: **Strafunmündigkeit** des Beschuldigten (§ 19 StGB); für die **Privatklage** ein Lebensalter unter 18 Jahren (§ 80 JGG); **Tod** des Beschuldigten; dauernde **Verhandlungsunfähigkeit** (s. Rn. 15 a); wenn das Leben des Beschuldigten **ernstlich gefährdet** würde oder bleibende erhebliche Gesundheitsschäden zu befürchten sind (BVerfGE 51, 346); **Immunität** der parlamentarischen Abgeordneten gemäß Art. 46 Abs. 2, 4 GG (vgl. § 152 a Rn. 1 ff.) vor Genehmigung der Strafverfolgung durch das Parlament; **Fehlen der deutschen Gerichtsbarkeit** wegen diplomatischer Immunität (§§ 18 bis 20 GVG); Niederschlagung des Verfahrens durch ein **Straffreiheitsgesetz;** Beschränkung bei der Auslieferung eines Beschuldigten an die BRep. (§ 72 IRG) nach dem **Spezialitätsgrundsatz** (BGH 22, 307 = NJW 1969, 995; 31, 51 = NJW 1982, 1954); Eintritt der **Verfolgungsverjährung** nach § 78 Abs. 1 S. 1 StGB; Fehlen eines wirksamen **Strafantrags** oder sein späterer Wegfall bei der Verfolgung der Antragsdelikte (zB §§ 183 Abs. 2, 194, 232, 248 a, 294 StGB); das Fehlen des **behördlichen Strafverlangens** (§ 104 a StGB), der **behördlichen Ermächtigung** (§§ 90 Abs. 4, 90 b Abs. 2, 97 Abs. 3, 104 a, 194 Abs. 4, 353 a Abs. 2, 353 b Abs. 4 StGB); das Fehlen der Erklärung der StA über die **Bejahung des besonderen öffentlichen Interesses** (vgl. § 232 Abs. 1 S. 1, 303 c StGB); Fehlen eines wirksamen **Eröffnungsbeschlusses** (BGH 10, 279; NJW 1957; BGH NStZ 1986, 276; 1987, 239, 1994, 227); das Verbot der **Doppelbestrafung** nach Art. 103 Abs. 2 GG; der Grundsatz **ne bis in idem** (s. Einl. Rn. 26), der jedoch nicht für ausländische Verurteilungen gilt (BVerfG 12, 66; BGH 24, 57 = NJW 1971, 521); **Verbrauch der Strafklage** durch gerichtliches Urteil, durch unanfechtbar gewordene gerichtliche Einstellungsbeschlüsse nach §§ 153 Abs. 2, 153 a Abs. 2, 153 b oder durch staatsanwaltschaftliche Einstellungsverfügungen nach § 153 a Abs. 1 S. 4; einer Verwarnung mit **Strafvorbehalt** mit erfolgreichem Ablauf der Bewährungszeit (§§ 59 bis 59 c StGB); die anderweitige **Rechtshängigkeit** (BGH 22, 235 = NJW 1968, 2387); Fehlen oder wesentliche Mängel der Anklage und des Eröffnungsbeschlusses (s. §§ 200 Rn. 8 ff.; 260 Rn. 20). **Keine Verfahrenshindernisse** sind zB Verstöße gegen die Grundsätze eines **fairen Verfahrens** oder die Anwendung **verbotener Methoden** iS des § 136 a (BGH 33, 283 = NJW 1985, 2838; 37, 10 = NJW 1990, 1924); ihnen ist grundsätzlich auf andere Weise zu begegnen, zB durch Verwertungsverbote (BGH NJW 1996, 3018). Bei **Verfahrensverzögerung** nur in außergewöhnlichen Ausnahmefällen ein Verfahrenshindernis s. Einl. 10. Besteht die nahe

Einleitung

liegende, konkrete Gefahr, dass der Beschuldigte bei der **Durchführung der Hauptverhandlung sein Leben einbüßen** oder einen schwerwiegenden, irreparablen Schaden an seiner Gesundheit nehmen werde, so verletzt ihn die Durchführung des Verfahrens in seinem Grundrecht aus Art. 2 Abs. 2 S. 1 GG. Allerdings kann nur eine hinreichend sichere Prognose über den Schadenseintritt die **Einstellung des Verfahrens** vor der Verfassung rechtfertigen. Die Grenze, bis zu der aus verfassungsrechtlicher Sicht in Kauf genommen werden kann und muss, dass die Durchführung der Hauptverhandlung das Leben oder die Gesundheit des Beschuldigten gefährden würde, wird sich regelmäßig einer genauen Quantifizierung entziehen, aber jedenfalls nicht unerheblich innerhalb einer mit an Sicherheit grenzender Wahrscheinlichkeit liegen (BVerfG StV 2001, 659).

– **Verhandlungsfähigkeit** im strafprozessualen Sinn bedeutet, dass der Beschuldigte in der Lage sein muss, seine Interessen in und außerhalb der Verhandlung vernünftig wahrzunehmen, die Verteidigung in verständiger Weise zu führen sowie Prozesserklärungen abzugeben und entgegenzunehmen (BVerfG NJW 1995, 1951; BGH 41, 18 = NJW 1995, 1973; BGH NStZ 1996, 242; OLG Düsseldorf NJW 1998, 395; KK-Pfeiffer Einl. Rn. 126). Sie setzt aber nicht Geschäftsfähigkeit voraus (BGH NStZ 1983, 280). „Dabei geht die StPO – jedenfalls bei erwachsenen Angekl. – grundsätzlich vom Vorliegen der Verhandlungsfähigkeit aus, und die Rspr. der Strafgerichte zieht einen (dauernden) Ausschluss der Verhandlungsfähigkeit idR nur bei schweren geistigen, psychischen oder körperlichen Mängeln in Betracht" (BVerfG NStZ-RR 1996, 38). Ist die Verhandlungsfähigkeit des Angekl. zu beurteilen, so hat das Gericht regelmäßig ein Sachverständigengutachten einzuholen, das sich mit den konkreten Umständen des Einzelfalles auseinanderzusetzen hat (BVerfG NJW 1995, 1951). An die Verhandlungsfähigkeit in den **verschiedenen Verfahrensabschnitten** unterschiedliche Anforderungen zu stellen; sie sind für die Hauptverhandlung im Allgemeinen größer als für das Ermittlungsverfahren (KK-Pfeiffer Einl. Rn. 126). Für das Revisionsverfahren reicht es aus, dass der Angekl. um die Bedeutung des Revisionsverfahrens weiß und zu einer Grundübereinkunft mit seiner Verteidigung über die Fortführung oder die Rücknahme des Rechtsmittels in der Lage ist (BVerfG NJW 1995, 1951; BGH 41, 18 = NJW 1995, 1973). Ist der Beschuldigte nur **vorübergehend** verhandlungsunfähig, so stellt das Gericht das Verfahren **zeitweilig** ein (vgl. § 205); ist mit einer Wiederherstellung der Verhandlungsfähigkeit nicht zu rechnen, wird das Verfahren **endgültig** eingestellt (§§ 206 a, 260 Abs. 3). Ein Angeklagter ist nicht verpflichtet, zur Herstellung seiner Verhandlungsfähigkeit einen keineswegs unerheblichen Eingriff bei sich vornehmen zu lassen (BVerfGE 89, 120 = NStZ 1993, 598). Im **Sicherungsverfahren** braucht der Betroffene nicht verhandlungsfähig zu sein (§§ 413 ff.).

15 a

Absprachen im Strafprozess (Verständigung, Vergleich, „Handel mit der Gerechtigkeit") zwischen Gericht, StA und Verteidiger/Angeklagten haben vor allem in den Fällen der Wirtschafts- und Steuerkriminalität sowie den BtM-Strafsachen eine erhebliche Bedeutung erlangt. Die Zulässigkeit solcher Absprachen ist im umfangreichen Schrifttum diskutiert worden und auch heute noch (vgl. Meyer-Goßner Einl. 119; Tröndle/Fischer § 46 StGB Rn. 107; KK-Pfeiffer Einl. 29 a ff.; Schünemann, Gutachten z. 58. DJT Bd. I B 9; derselbe FS für Rieß 525 f. und FS für Baumann 361; Tiedemann Wirtschaftsstrafrecht Rn. 91; Weigend NStZ 1999, 57).

16

Im **Ermittlungsverfahren** ist eine Absprache zwischen StA und Verteidiger, ggf. mit dem Richter, nicht ausgeschlossen. Eine Verständigung wird häufig von beiden Seiten angestrebt (Schaefer AnwBl. 1998, 263). **Verfahrensfördernde** Absprachen sollen die Durchführung des Ermittlungsverfahrens erleichtern, zB durch Abtrennung von Verfahren, Einstellung gemäß § 154 (Landau DRiZ 1995, 134; Sinner S. 183). **Verfahrensbeendende** Absprachen ergeben sich im Bereich der §§ 153 ff. für Fälle kleiner und mittlerer Kriminalität; dies ist ein Verfahrensweg, der weit-

16 a

Einleitung

gehend positiv geregelt ist. Häufig ergeben sich Verständigungen darüber, ob ein Strafbefehl beantragt werden kann (Sinner S. 182; Schmidt-Hieber Rn. 74). Die Absprache sollte aktenkundig gemacht werden (Landau DRiZ 1995, 141).

16 b Von besonderer Bedeutung sind Absprachen im Hauptverfahren. Der 4. Strafsenat des BGH hat in der Grundsatzentscheidung vom 28. 8. 1997 (BGHSt 43, 195 = NJW 1998, 86) eine Verständigung in der Hauptverhandlung unter bestimmten Voraussetzungen für zulässig erklärt und zugleich den Verfahrensablauf im Wesentlichen geregelt. Alle Probleme sind noch nicht geklärt. Es ist nicht zu bestreiten, dass Absprachen im Strafprozess zur Entlastung der Justiz führen. Aber dem BGH fehlt die Kompetenz, in der Hauptverhandlung eine das Strafverfahren abschließende Verständigung zwischen Gericht, StA, Angeklagten und Verteidiger zu regeln.

Als Rechtsgrundlage für die Entscheidung des BGH (BGHSt 43, 195) kommt nur zulässiges Richterrecht in Betracht. Nach der st. Rspr. des BVerfG gehört die Fortbildung des Rechts wegen der Justizgewährungspflicht und dem Entscheidungszwang zu den Aufgaben insbesondere der obersten Gerichte des Bundes. Diese Absprachenregelung ist aber keine Rechtsfortbildung von Vorschriften oder rechtsstaatlichen Grundsätzen der StPO. Sie ist vielmehr eine Sonderverfahrensordnung (Tröndle/Fischer, StGB § 46 Rn. 107 a; Schünemann, FS für Rieß S. 534) für den Verfahrensablauf der Hauptverhandlung für eine Absprache. Sie steht in krassem Widerspruch zum Gang der Hauptverhandlung nach der StPO, vor allem ohne Amtsermittlungspflicht, ohne Aufklärungspflicht ohne Vernehmung von Zeugen und Sachverständigen, ohne Ermittlung des wahren Sachverhalts und ohne die Gleichheit aller Beschuldigten und ihre Aussagefreiheit zu beachten. Die Einführung einer derartigen Sonderverfahrensordnung ist insoweit eine unzulässige „Umschreibung" der StPO (vgl. Hirsche/Gerhardt ZRP 2004, 29) und ist von dem Befugnis zur Rechtsfortbildung nicht gedeckt und daher verfassungswidrig.

16 c Diese Sonderverfahrensordnung steht auch im Widerspruch zu **rechtsstaatlichen Grundsätzen** des Strafverfahrensrechts.

Sie zerstört vor allem die Einheit der Rechtsanwendung und beseitigt die **Gleichheit vor dem Gesetz** (BGHSt 15, 159 = NJW 1960, 2326; vgl. Tiedemann, Wirtschaftsstrafrecht Rn. 93). Die Sonderverfahrensordnung steht nur den Angeklagten zur Verfügung, die mit einem ausgesuchten Verteidiger, der idR gemäß § 3 Abs. 1 S. 1 BGAGO honoriert wird, in dem Aushandlungsprozess der Verständigung die Chance nutzen kann, einen erheblichen Strafnachlass zu erhalten. Nach den gemachten Erfahrungen bekommt er ihn in der Regel. Schünemann, der die Probleme des deals seit dem DJT untersucht, spricht von „gigantischen" Strafnachlässen (Schünemann aaO S. 540).

Die Verfassungswidrigkeit der Sonderverfahrensordnung ergibt sich insbesondere daraus, dass nicht der **wahre Sachverhalt** ermittelt wird. Aber die Ermittlung des wahren Sachverhalts unter Ausschöpfung aller Erkenntnisquellen (BGHSt 34, 210 = NJW 1987, 660) ist das zentrale Anliegen des Strafprozesses (BVerfGE 57, 275 = NJW 1981, 1722; 63, 61 = NJW 1983, 1043). Hierzu sind Gerichte und StA gleichermaßen verpflichtet (BVerfG NJW 1987, 2663). Da in der Hauptverhandlung nur Inhalt und Ergebnis der Vorgespräche offengelegt werden, steht fest, dass in diesen die unterschiedlichen Interessen und Ziele verhandelt werden. Das Gericht zB möchte sich oft im Hinblick auf den Beschleunigungsgrundsatz aufwendige und schwierige Beweiserhebung – zuweilen mit ungewissem Ergebnis – ersparen. Dem Angeklagten geht es nicht um Reue und Sühne. Er will für seine Straftaten möglichst geringe Rechtsfolgen erreichen. Außerdem will er oft die öffentlichen Verhandlungen vermeiden, die eine Hauptverhandlung nach der StPO mit sich bringt. Der (ausgesuchte) Verteidiger, der sich bei Verständigungen seines Verhandlungsgeschicks bedienen kann, strebt idR den kurzen Aushandlungsprozess an. Die StA hat oft das Ziel aus einem möglichst umfangreichen Geständnis und aus der Einlassung des Angeklagten Hinweise auf Hintergründe, Hintermänner oder sons-

Einleitung

tige Informationen zu erhalten. Jeder der Beteiligten versucht, seine Ziele vollständig zu erreichen – unter Nachgeben der anderen Seite. Besonders vorteilhaft ist es für den Angeklagten, wenn er viel „Verhandlungsstoff" in dem Aushandlungsprozess einbringen kann (Tröndle/Fischer, StGB § 46 Rn. 107a). Diese Auseinandersetzungen führten mitunter zu Versprechungen, Behauptungen, Drohungen, teilweise auch durch das Gericht (vgl. den Fall BGH StV 2004, 471). Der Vorgang wird mitunter als „schäbiger" Parteienschacher bezeichnet (Schünemann aaO S. 541). Er prägt die gesamte Verständigung und wird insgesamt zu einem rechtsstaatswidrigen **„Handel mit der Gerechtigkeit"** (BVerfG NStZ 1987, 419). Auch die Absprachenpraxis zeigt deutlich, dass die Sonderverfahrensordnung völlig ungeeignet ist, den wahren Sachverhalt unter Ausschöpfung aller Erkenntnisquellen zu ermitteln.

Die Sonderverfahrensordnung und die Abspracheeepraxis missachten die **Schuld** als Voraussetzung der Strafbarkeit mit Verfassungsrang (BVerfGE 9, 169; 96, 140; st. Rspr.). Wenn der wahre Sachverhalt nicht ermittelt wird, fehlt es an einer sicheren Grundlage für die Schuld und damit für die schuldangemessene Strafe; denn die Schuld des Täters ist Grundlage für die Strafzumessung. Von ihrer Bestimmung als gerechter Schuldausgleich darf sich die Strafe weder nach oben noch nach unten lösen (BGHSt 29, 321; vgl. BVerGE 45, 260; 50, 12). Für eine Absprache ist die Zustimmung des Angeklagten unentbehrlich. Gleichzeitig steht seine Einlassung oder sein Geständnis im Mittelpunkt des Aushandlungsprozesses. Das Geständnis oder die Einlassungen des Angeklagten bedeuten nicht den Beweis für die Existenz eines bestimmten Tatgeschehens: sie haben für sich keinen sicheren Beweiswert (Schünemann, FS für Baumann, S. 373; Roxin, Strafverfahrensrecht, § 15 Rn. 19). Das Geständnis kann aus den verschiedensten Gründen falsch sein (s. die Beispiele bei Roxin aaO § 15 Rn. 19). Es kann bewusst oder unbewusst geschönt sein, zB bei der Zahl der Einzeltaten, der Schadenshöhe, der Bewaffnung, über den Umfang der Gewalt. Vor allem kann es sich um ein gut ausgefeiltes Geständnis aus prozesstaktischen Erwägungen handeln (Tröndle/Fischer, StGB, § 46 Rn. 50). Hierfür spricht alles. Der Angeklagte will in dem Aushandlungsprozess einen Strafnachlass erreichen. Bei einem Strafverfahren gemäß StPO wäre der Richter gezwungen, über die Richtigkeit und vor allem über die Vollständigkeit Beweis zu erheben. Nach der Sonderverfahrensordnung ist dies bei einer Verständigung nicht möglich. Das Geständnis des Angeklagten (oder Einlassung) bei der Absprache hat keinen sicheren Beweiswert und kann die erforderliche Ermittlung des wahren Sachverhalts nicht ersetzen. Die Sonderverfahrensordnung bietet keine Grundlage für die schuldangemessene Strafe, die von Verfassung garantiert wird. Auch aus diesem Grunde sind Verständigungen in der Hauptverhandlung unzulässig.

Allein der Gesetzgeber kann entscheiden, ob und in welchem Umfang eine Verständigung im Hauptverfahren eingefügt werden kann, und zwar unter Beachtung der im Strafverfahren geltenden rechtsstaatlichen Grundsätze. Mag auch die Justiz überlastet sein, das Erste Gesetz zur Modernisierung der Justiz vom 24. 8. 2004 zeigt gute Ansätze dafür, dass auch ohne Absprachen Massnahmen zur Beschleunigung des Strafverfahren angeordnet werden können.   **16 d**

Die Probleme um eine Verständigung im Strafprozess sind Gegenstand eines Verfahrens vor dem Großen Senat für Strafsachen des BGH. Mit einer Entscheidung kann wohl Ende des Jahres 2004 gerechnet werden.

Der **Rechtsstaat** kann nur verwirklicht werden, wenn sichergestellt ist, dass Straftäter im Rahmen der geltenden Gesetze abgeurteilt und einer gerechten Strafe zugeführt werden. Aber mitunter entsteht zwischen der Pflicht des Staates zur Gewährung einer funktionsfähigen Rechtspflege und dem Interesse des Beschuldigten an der Wahrung seiner verfassungsmäßig verbürgten Rechte, zu deren Schutz das Grundgesetz den Staat ebenfalls verpflichtet, ein **Spannungsverhältnis.** Keiner dieser Belange genießt schlechthin den Vorrang vor dem anderen. Es ist unverkennbar, dass unser Grundgesetz das Strafverfahrensrecht durch verfassungsrechtliche   **17**

Einleitung

Grundsätze prägt und die Rechtsprechung an der Ausgestaltung mitwirkt (KK-Pfeiffer Rn. 23):

18 – Die **richterliche Unabhängigkeit** ist die Grundlage unserer Gerichtsbarkeit. Die Richter sind in Ausübung ihrer Rechtsprechungsfunktion persönlich und sachlich unabhängig nach Art. 97 Abs. 1 GG (vgl. auch §§ 25, 45 Abs. 1 DRiG). Die Gewährleistung der sachlichen Unabhängigkeit der Richter gemäß Art. 97 Abs. 1 GG wirkt auch innerhalb der Gerichtsbarkeit und im Innenverhältnis einer Gerichtskammer (BVerfG NJW 1996, 2149).

19 – Das **Verbot der Entziehung des gesetzlichen Richters** (§ 16 S. 1 GVG und Art. 101 Abs. 1 S. 2 GG) gewährleistet den gesetzlichen Richter als ein Kernstück des Rechtsstaats (BVerfGE 40, 356, 361 = NJW 1976, 283). Es soll verhindert werden, dass im Einzelfall durch eine gezielte Auswahl von Richtern das Ergebnis der Entscheidung beeinflusst wird (BVerfGE 82, 286 = NJW 1991, 217, BVerfG NJW 2003, 345). Es gilt für **jede Art richterlicher Tätigkeit** (BVerfGE 4, 412 = NJW 1956, 545), zB auch in Angelegenheiten der freiwilligen Gerichtsbarkeit (BVerfGE 21, 139 = NJW 1967, 1123) sowie für den Ermittlungsrichter (vgl. BVerfGE 25, 336 = NJW 1969, 1104). „**Gesetzlicher Richter**" ist sowohl der jeweilige Spruchkörper als auch jeder an der gerichtlichen Entscheidung mitwirkende einzelne Richter (BVerfGE 17, 294, 298 = NJW 1964, 1020; 40, 356, 361 = NJW 1976, 283). Auch der **EuGH** ist gesetzlicher Richter iS des Art. 101 Abs. 1 S. 2 (BVerfGE 73, 339 = NJW 1987, 577; BVerfG NJW 1988, 2173). Der in Art. 101 Abs. 1 S. 2 GG normierte Anspruch auf den gesetzlichen Richter gebietet auch, dass die richterliche Tätigkeit von einem nichtbeteiligten Dritten ausgeübt wird, der in Neutralität und Distanz gegenüber den Verfahrensbeteiligten entscheidet. Das gilt nicht nur für den erkennenden Richter, sondern auch für richterliche Handlungen, die die Hauptverhandlung vorbereiten (BGHSt. 31, 3, 5 = NJW 1982, 1655). Das Recht auf den gesetzlichen Richter betrifft aber nur eine bestimmte **Zusammensetzung** der jeweiligen Richterbank; er erstreckt sich nicht darauf, dass ein bestimmter Richter zum **Berichterstatter** bestellt wird (BGHSt. 21, 350, 254 = NJW 1967, 1622). Ein Verstoß gegen das **Verbot des gesetzlichen Richters kann gerügt werden**, auch mit der Revision, wenn sonst die Entscheidung nicht fehlerhaft ist (BGH 46, 238, 246 = NJW 2002, 1359).

20 – **Rechtliches Gehör** (Art. 103 Abs. 1 GG) muss jedermann vor Gericht erhalten. Dieser Anspruch bedeutet, dass dem Betroffenen Gelegenheit gegeben werden muss, sich dem Gericht gegenüber zu den gegen ihn erhobenen Vorwürfen zu äußern (BVerfG 60, 210 = NJW 1982, 1579), Anträge zu stellen und Ausführungen zu machen (BVerfGE 36, 87 = NJW 1974, 133). Das Gericht muss diese Ausführungen zur Kenntnis nehmen und in Erwägung ziehen (BVerfGE 65, 307 = NJW 1984, 1026; BGH 28, 46 = NJW 1978, 1984; BGH NJW 1996, 3292). „Art. 103 Abs. 1 GG verpflichtet die Gerichte nicht, sich in den Entscheidungsgründen auch mit **abwegigem Sachvortrag** auseinanderzusetzen" (BVerfG NJW 1996, 2785). Art. 103 Abs. 1 GG gewährt auch keinen Anspruch auf ein **bestimmtes Beweismittel** (BGH NJW 1998, 1939; vgl. BVerfE 63, 60 = NJW 1983, 1043). Die nähere Ausgestaltung des rechtlichen Gehörs ist den einzelnen Verfahrensordnungen überlassen (BVerfGE 74, 233 = NJW 1987, 2067). Aber Art. 103 Abs. 1 GG gebietet auch, dass eine **richterliche Selbstanzeige** wegen möglicher **Ablehnungsgründe** den Verfahrensbeteiligten mitgeteilt wird und diese Gelegenheit zur Stellungnahme erhalten; denn es handelt sich nicht um einen dienstlichen Vorgang (BVerfGE 89, 28 = NJW 1993, 2229). Dieser Verfassungsgrundsatz gewährt grundsätzlich zwar das rechtliche Gehör als solches, nicht aber gerade durch Vermittlung eines **Rechtsanwalts** (BayObLGSt 1988, 4 mwN der Rspr. des BVerfG; BayObLG NJW 1995, 3134). Der Anspruch auf rechtliches Gehör ist aber nicht verletzt, wenn in der

Einleitung

Hauptverhandlung, in der der Betroffene **weder erschienen noch vertreten** ist, Bundeszentralregister- und Verkehrszentralregisterauszüge des Betroffenen sowie Eintragungen betreffende Straf- und Bußgeldakten verwertet werden, ohne dass der Betroffene hierauf zuvor hingewiesen wurde; auch die prozessuale Fürsorgepflicht gebietet einen entsprechenden Hinweis grundsätzlich nicht, da jeder Betroffene damit rechnen muss, dass seine aktenkundige Vergangenheit im Verfahren Berücksichtigung findet (BayObLG NJW 1995, 2800). Die **StA** hat bei Gesprächen des StrK-Vorsitzenden mit dem Verteidiger (keine „Absprache"!) außerhalb der Hauptverhandlung über die Straferwartung im Falle eines Geständnisses des Angeklagten grundsätzlich keinen formellen Anspruch auf rechtliches Gehör; sie kann auch nicht ohne weiteres einen Verstoß gegen Prinzipien eines fairen Verfahrens herleiten (BGH 42, 46 = NJW 1996, 1763).

– Das Recht auf eine **faires, rechtsstaatliches Verfahren** gewährleistet das Rechtsstaatsprinzip (Art. 20 Abs. 3 GG) iVm. dem allgemeinen Freiheitsrecht nach Art. 2 Abs. 1 GG (BVerfGE 63, 390 = NJW 1983, 1599; 66, 318 = NJW 1984, 2403; vgl. auch Bottke in FS-Meyer-Goßner 2001, S. 73). Für den Strafrichter ist das Gebot des fair trial in erster Linie Auslegungsrichtlinie. Aus dem Rechtsstaatsprinzip ergibt sich der Anspruch auf ein faires, dh. an den Grundsätzen der Gerechtigkeit und Billigkeit orientiertes Verfahren, wie es in Art. 6 MRK seinen besonderen Ausdruck gefunden hat (BGH 24, 131 = NJW 1971, 1097). **Geheimhaltungsinteressen** des Staates dürfen sich im Strafprozess nicht nachteilig für den Angeklagten auswirken. Eine hierdurch bedingte „Verkürzung der Beweisgrundlage und der Verteidigungsmöglichkeiten des Angeklagten ist zur Sicherung einer **fairen Verfahrensgestaltung** durch eine besonders vorsichtige Beweiswürdigung und gegebenenfalls die Anwendung des **Zweifelsatzes** auszugleichen" (BGH NJW 2004, 1259). Auch unter dem Gesichtspunkt fairer Verfahrensgestaltung ist in der Hauptverhandlung ein Zwischenverfahren, in dem sich das **Gericht** zu Inhalt und Ergebnis einzelner **Beweiserhebungen** erklären müsste, **nicht** vorgesehen (BGH 43, 212 = NJW 1997, 3182; KK-Pfeiffer Einl. Rn. 28 mwN). Wird eine unverdächtige und zunächst nicht tatgeneigte Person durch die von einem Amtsträger geführte Vertrauensperson in einer dem Staat zuzurechnenden Weise zu einer Straftat verleitet und führt dies zu einem Strafverfahren, so liegt darin ein Verstoß gegen den Grundsatz des fairen Verfahrens gemäß Art. 6 Abs. 1 S. 1 MRK. Dieser Verstoß ist in den **Urteilsgründen** festzustellen. Er ist bei der Festsetzung der Rechtsfolgen zu kompensieren. Das Maß der Kompensation für das konventionswidrige Handeln ist gesondert zum Ausdruck zu bringen (BGH 45, 321 = NJW 2000, 1123; fortgeführt in BGH 47, 44 = NJW 2001, 2981; BVerfG NStZ 1999, 181). Die gerichtliche Verwertung von Erkenntnissen polizeilicher Scheinaufkäufer verletzt jedenfalls dann das Recht des Angeklagten auf ein faires Verfahren (Art. 6 Abs. 1 S. 1 MRK), wenn dieser vor der provozierten Tat **nicht verdächtig** war und die verdeckte Ermittlungstätigkeit der Polizei nicht von einem **Gericht kontrolliert** war (EGMR NStZ 1999, 47). Zur **Tatprovokation** und dem **Grundsatz des fairen Verfahrens** s. vor § 48 Rn. 4.

– Der **Grundsatz der Verhältnismäßigkeit** ist mit Verfassungsrang ausgestattet (BVerfG NJW 1986, 769). Er besagt, dass das Ob und das Wie staatlicher Strafverfolgung grundsätzlich in einem angemessenen Verhältnis zur Schwere und Bedeutung der Straftat stehen, dass die Intensität des Verdachts die jeweilige Maßnahme rechtfertigen, dass diese erforderlich sein und dass sie insgesamt als zumutbar erscheinen muss (BVerfGE 16, 194; 17, 108, 20, 187; LR-Rieß Einl. Abschn. H Rn. 92). Er verlangt, dass eine Maßnahme unter Würdigung aller persönlichen und tatsächlichen Umstände des Einzelfalles zur Erreichung des angestrebten Zwecks geeignet und erforderlich ist, was nicht der Fall ist, wenn ein milderes Mittel ausreicht, und dass der mit ihr verbundene Eingriff nicht

Einleitung

außer Verhältnis zur Bedeutung der Sache und zur Stärke des bestehenden Tatverdachts steht (BVerfGE 30, 1 = NJW 1971, 275; 67, 173 = NJW 1985, 122). Er ist inzwischen in einigen gesetzlichen Bestimmungen ausdrücklich aufgenommen, zB in §§ 81 Abs. 2 S. 2, 112 Abs. 1 S. 2, 120 Abs. 1 S. 1, 163b Abs. 2 S. 2, 163d Abs. 1 S. 1; §§ 62, 74b Abs. 1 StGB; § 24 Abs. 1 OWiG (Meyer-Goßner Einl. Rn. 20).

23 – Das **Verbot des Übermaßes** setzt der Zulässigkeit eines sonst zulässigen Eingriffs bei dessen Anordnung, Vollziehung und Fortdauer eine Grenze (BVerfGE 32, 379 = NJW 1972, 1123; 34, 246 = NJW 1973, 891), zB bei körperlichen Eingriffen, bei Beschlagnahme und Untersuchungen (Meyer-Goßner Einl. Rn. 21).

24 – Der **Grundsatz der Fürsorgepflicht des Gerichts** ergibt sich aus dem Bekenntnis zum sozialen Rechtsstaat (Art. 20 Abs. 1, 28 GG). Es ist anerkannt, dass das unabhängige und unparteiliche Gericht gegenüber dem Angeklagten zu prozessualer Fürsorge gehalten ist, was sich ua. in Hinweispflichten (§ 265 Abs. 1 und 2) sowie der Pflicht, eine angemessene Vorbereitung auf veränderte Prozesslagen zu gewähren (vgl. §§ 145 Abs. 3, 265 Abs. 3 und 4), gesetzlich verdichtet hat (BVerfGE 57, 280 = NJW 1981, 1719; BGH 22, 122 = NJW 1968, 1485; KK-Pfeiffer Einl. Rn. 32). Wird ein fristgebundener Rechtsmittelschriftsatz bei dem dafür unzuständigen OLG eingereicht, ist dieses im Rahmen seiner prozessualen Fürsorgepflicht nur gehalten, diesen im ordentlichen Geschäftsgang an das zuständige Gericht weiterzuleiten (OLG Hamm NJW 1997, 1829; s. auch § 44 Rn. 3). Verfahrensmängel sind möglichst zu heilen (Beulke Rn. 383).

25 – Die **Unschuldsvermutung** ist positives Recht in der Bundesrepublik durch Aufnahme in einigen Landesverfassungen (Pfeiffer, FS für Geiß 2000 S. 147) und vor allem durch Art. 6 Abs. 2 MRK geworden. Nach der Rspr. des BVerfG folgt die Unschuldsvermutung bereits aus dem Rechtsstaatsprinzip. „Die Unschuldsvermutung ist eine besondere Ausprägung des Rechtsstaatsprinzips und hat damit Verfassungsrang. Sie ist auch kraft Art. 6 II MRK Bestandteil des positiven Rechts der Bundesrepublik Deutschland im Range eines Bundesgesetzes" (BVerfGE 74, 358 = NJW 1987, 2427). Die Unschuldsvermutung nach Art. 6 Abs. 2 EMRK ist ein besonderer Aspekt des in Art. 6 Abs. 1 EMRK garantierten fairen Verfahrens. Die Unschuldsvermutung wird verletzt, wenn in einer **gerichtlichen** Entscheidung oder in der Erklärung eines **Vertreters des Staates** Aussagen zur Schuld einer Person getroffen werden, die noch nicht verurteilt worden ist. Dabei ist der Wortlaut der Entscheidung oder der Erklärung von besonderer Bedeutung" (EGMR NJW 2004, 43). Der Angeklagte hat ein Recht auf ein Strafverfahren, in dem er bis zur abschließenden Entscheidung über den Schuldspruch wie ein Unschuldiger zu behandeln ist. **„Bis zum gesetzlichen Nachweis der Schuld wird seine Unschuld vermutet"** (BVerfGE 74, 358 = NJW 1987, 2427). Die Unschuldsvermutung hat mit dem Grundsatz „im Zweifel zugunsten des Angeklagten" Berührungspunkte (IntKommMRK-Vogler Art. 6 Rn. 418). Es gibt aber wesentliche Unterschiede. **„In dubio pro reo"** setzt einen bei freier Beweiswürdigung teilweise unaufgeklärten Sachverhalt voraus und weist dann den Richter an, die unaufgeklärten Tatteile zugunsten des Angeklagten zu werten. Die Anwendung des Zweifelsatzes setzt also stets eine abgeschlossene Beweiswürdigung voraus (BGH NStZ 1999, 205; Ranft Strafprozessrecht Rn. 1649). Die **Unschuldsvermutung** gilt dagegen für das ganze Strafverfahren (IntKommMRK-Vogler Art. 6 Rn. 390) und gibt dem Betroffenen das subjektive Recht, bis zum ordnungsgemäßen Nachweis der Schuld als unschuldig behandelt zu werden (LR-Gollwitzer Art. 6 Rn. 104; Pfeiffer, FS für Geiß 2000, S. 148). Die Unschuldsvermutung wird als subjektives Recht garantiert. Diesen Schutz muss niemand in Anspruch nehmen. Wer die Tat als selbstverantwortliches Verfahrenssubjekt den staatlichen Organen gegenüber zugibt,

Einleitung

kann sich auch später nicht darauf berufen, die Unschuldsvermutung sei verletzt worden, wenn diese bereits im Verfahren von seiner Schuld ausgehen und an sein **Geständnis** Rückwirkungen knüpfen (OLG Köln NJW 1991, 505; LR-Gollwitzer Art. 6 Rn. 110). Bei einem **Widerruf des Geständnisses** kommt die Unschuldsvermutung im weiteren Verfahren wieder voll zum Tragen. Dem Grundsatz nach gilt die Unschuldsvermutung für das gesamte Strafverfahren. Aber die **Konsequenzen,** die aus ihr gezogen werden, sind für die **einzelnen Verfahrensabschnitte verschieden** (IntKommMRK-Vogler Art. 6 Rn. 390). Im **Ermittlungsverfahren** verbietet die Unschuldsvermutung willkürliche Untersuchungsmaßnahmen. Die **Zulässigkeit von Strafverfolgungsmaßnahmen** hängt von einem vernünftigen Anknüpfungspunkt ab, zB einem bestimmten **Verdachtsgrad** oder drohender **Gefahr des Beweisverlustes** (IntKomm MRK-Vogler Art. 6 Rn. 392; Pfeiffer, FS für Geiß 2000 S. 149). Die Unschuldsvermutung verwehrt es also den Strafverfolgungsorganen nicht, schon vor Abschluss der Hauptverhandlung verfahrensbezogen den Grad des Verdachts einer strafbaren Handlung eines Beschuldigten zu beurteilen (BVerfGE 72, 358 = NJW 1987, 2427; 82, 106 – NJW 1990, 2741).

– **Ne bis in idem** (Grundsatz der Einmaligkeit der Strafverfolgung) macht eine neue Strafverfolgung gegen denselben Täter wegen derselben Tat unzulässig (Art. 103 Abs. 3 GG; BGH 20, 292 = NJW 1966, 114). Der **Verbrauch der Strafklage** ist die wichtigste Wirkung der materiellen Rechtskraft. Sie hat eine Doppelfunktion: Sie schafft ein Verfahrenshindernis (s. Rn. 15) und sie gewährleistet auch ein subjektives verfassungsmäßiges Recht, nicht wegen derselben Tat mehrfach bestraft zu werden (BGH 5, 328; BVerfG NJW 1983, 1600; 1984, 1675). Das aus Art. 103 GG folgende **Verbot der Doppelbestrafung** – ne bis in idem – gilt nur im Verhältnis zwischen deutschen Gerichten. Es steht deshalb der Auslieferung eines Verfolgten – vorbehaltlich abweichender **internationaler Vereinbarungen** – nicht entgegen, wenn dieser wegen der gleichen Tat bereits durch einen Drittstaat verurteilt worden ist (OLG Frankfurt NJW 1997, 1937). Auch ein **rechtskräftiger Freispruch** bewirkt Strafklageverbrauch iSv Artikel 54 SDÜ und Artikel 1 EG-ne bis in idem-Übk. (BGH 46, 307 = NJW 2001, 2270). Erfolgt eine **Auslieferung** auf Grund einer nach Ausschreibung im Schengener Informationssystem erfolgten Festnahme und/oder nach festgestelltem Verzicht auf den Spezialitätsschutz durch den Auszuliefernden, ist bei Fehlen gegenteiliger Anhaltspunkte ohne weiteres davon auszugehen, dass sich die Auslieferung auf die in der Ausschreibung bezeichnete Tat ohne jede Einschränkung durch den ersuchten Staat bezieht (BGH NJW 2000, 370). **26**

– Ein **Missbrauch prozessualer Rechte** ist dann anzunehmen, wenn ein Verfahrensbeteiligter die ihm durch die StPO eingeräumten Möglichkeiten zur Wahrung seiner verfahrensrechtlichen Belange dazu benutzt, gezielt verfahrensfremde oder verfahrenswidrige Zwecke zu verfolgen (BGH 38, 111, 113 = NJW 1992, 1245; vgl. Herdegen NStZ 2000, 1 ff.). So ist es rechtsmissbräuchlich, wenn ein Antrag nur zum Schein für die Sachaufklärung gestellt wird, mit ihm in Wahrheit aber verfahrensfremde Zwecke verfolgt werden. Macht also der Angeklagte zwecks Verhinderung des ordnungsgemäßen Abschlusses der Hauptverhandlung in exzessiver Weise von seinem Recht, **Beweisanträge** zu stellen, Gebrauch, kann das Gericht anordnen, dass er in Zukunft Beweisanträge nur noch über seinen Verteidiger stellen darf (BGH 38, 111 = NJW 1992, 1245; BGH StV 1991, 100). Ein Beweisantrag kann auch als missbräuchlich und unzulässig abgelehnt werden, wenn er nur den Sinn hat, dem Gericht eine unzulässige **Absprache „anzubieten"** (BGH NJW 1995, 603). S. auch Fischer NStZ 1997, 212. Entfernt sich zB der Verteidiger eigenmächtig vor der Urteilsverkündung, so ist eine hierauf gestützte Rüge nach § 338 Nr. 5 **verwirkt** (BGH NStZ 1998, 209). Der Auftrag des **Verteidigers** liegt nicht ausschließlich im **26 a**

Einleitung

Interesse des Beschuldigten, sondern auch im Interesse der am Prinzip des Rechtsstaats ausgerichteten Strafrechtspflege. Er hat demnach Sorge zu tragen, dass das Verfahren sachdienlich und in prozessual geordneten Bahnen durchgeführt wird. Ein die Entpflichtung des Verteidigers nach sich ziehender **Missbrauch** prozessualer Befugnisse ist jedoch auf Ausnahmefälle beschränkt. Ein **Rechtsanwalt** darf die Interessen seiner Mandanten gegenüber Gerichten und Behörden mit Nachdruck, unter Umständen auch mit **drastischen Worten,** vertreten. Der Grundsatz der **Verhältnismäßigkeit** ist jedoch zu beachten; **missbräuchliches Vorbringen** ist durch § 193 StGB nicht gerechtfertigt (OLG Bremen NStZ 1999, 621). Auch widersprüchliches Verhalten „verdient keinen Rechtsschutz" (BGH StV 2001, 100). Nach der st. Rspr. des BGH darf der **Verteidiger** grundsätzlich alles tun, was **in gesetzlich nicht zu beanstandender** Weise seinem Mandanten nutzt (BGHSt 38, 345; 46, 53 = NJW 2000, 2433; Senge NStZ 2002, 225). Er kann unter Umständen sogar wider besseres Wissen mit **prozessual zulässigen Mitteln** auf Freispruch seines schuldigen Mandanten hinwirken (BGH StV 2002, 506). Es ist ihm aber **nicht erlaubt,** von seinen Rechten in einer Art und Weise Gebrauch zu machen, die sich als Angriff auf die Funktionstüchtigkeit des Strafverfahrens darstellten. Handelt er diesem Verbot zuwider, so handelt er **missbräuchlich** (Senge NStZ 2002, 225; vgl. OLG Hamburg NStZ 1998, 586). „Insoweit gilt, dass im Strafverfahren – wie in jedem Prozess – der Gebrauch prozessualer Rechte zum Erreichen rechtlich missbilligter Ziele untersagt ist; auch hier besteht ein allgemeines Missbrauchsverbot (KG JR 1971, 388 . . .). Ein Missbrauch prozessualer Rechte ist dann anzunehmen, wenn ein Verfahrensbeteiligter die ihm durch die Strafprozessordnung eingeräumten Möglichkeiten zur Wahrung seiner verfahrensrechtlichen Belange dazu benutzt, um gezielt verfahrensfremde oder verfahrenswidrige Zwecke zu verfolgen" (BGH 38, 113 = NJW 1992, 1245; vgl. Hassemer, FS für Meyer-Goßner 2001, S. 143). Für den Missbrauch des Verteidigerverkehrs und dem inhaftierten Beschuldigten gilt § 138a Abs. 1 Nr. 2. Zum Rechtsmissbrauch des Strafverteidigers s. Kühne NJW 1998, 3027. Der Aufhebung der Beiordnung muss immer eine **Abmahnung** prozeßordnungsgemäßen Verhaltens vorausgehen (OLG Hamburg NJW 1998, 621; 1998, 1328).

Erstes Buch. Allgemeine Vorschriften

Erster Abschnitt. Sachliche Zuständigkeit der Gerichte

§ 1 [Sachliche Zuständigkeit]

Die sachliche Zuständigkeit der Gerichte wird durch das Gesetz über die Gerichtsverfassung bestimmt.

Es wird zwischen **sachlicher, örtlicher** und **funktioneller** Zuständigkeit unterschieden. Die **sachliche** Zuständigkeit ist die Verteilung der Strafsachen nach Art und Schwere unter den erstinstanzlichen, unterschiedlich besetzten Gerichten verschiedener Ordnung. Die **örtliche** Zuständigkeit – der Gerichtsstand – ist maßgebend dafür, welches Gericht im 1. Rechtszug sich unter mehreren sachlich zuständigen Gerichten (vgl. §§ 7 ff.) mit der Sache zu befassen hat. Zur Prüfung der örtlichen Zuständigkeit vgl. § 16. Unter den Begriff **funktioneller** (geschäftliche) Zuständigkeit werden alle Zuständigkeitsregelungen zusammengefasst, die nicht zur sachlichen oder örtlichen Zuständigkeit gehören (z. B. geschäftsplanmäßige Zuständigkeit). 1

Die **sachliche** Zuständigkeit der Gerichte bestimmen für das AG die §§ 24 bis 29 GVG, für die StrK die §§ 73 bis 74 e GVG, für das OLG § 120 GVG. Der Rechtsmittelzug ist in den §§ 73 Abs. 3, 121 Abs. 1 und 135 GVG geregelt. Das GVG bestimmt auch die **Rangordnung**. Höheres Gericht gegenüber dem Strafrichter (§ 25 GVG) ist das SchG (§§ 24, 28 GVG), gegenüber beiden Gerichten die StrK, gegenüber AG und LG das OLG. Das erweiterte SchG (§ 29 Abs. 2 GVG) ist gegenüber dem einfachen SchG kein höheres Gericht. Die StrKern mit **besonderer** Zuständigkeit (§§ 74 Abs. 2, 74 a, 74 c, 74 d GVG) stehen nach § 209 für bestimmte Entscheidungen Gerichten höherer Ordnung gleich. Den Vorrang untereinander regelt § 74 e GVG. Bei den Jugendgerichten gilt § 209 a ebenfalls. Rangordnung: Jugendrichter, JugSchG, JugK. 2

§ 2 [Verbindung und Trennung zusammenhängender Sachen] RiStBV 114

(1) ¹**Zusammenhängende Strafsachen, die einzeln zur Zuständigkeit von Gerichten verschiedener Ordnung gehören würden, können verbunden bei dem Gericht anhängig gemacht werden, dem die höhere Zuständigkeit beiwohnt.** ²**Zusammenhängende Strafsachen, von denen einzelne zur Zuständigkeit besonderer Strafkammern nach § 74 Abs. 2 sowie den § 74 a und 74 c des Gerichtsverfassungsgesetzes gehören würden, können verbunden bei der Strafkammer anhängig gemacht werden, der nach § 74 e des Gerichtsverfassungsgesetzes der Vorrang zukommt.**

(2) **Aus Gründen der Zweckmäßigkeit kann durch Beschluß dieses Gerichts die Trennung der verbundenen Strafsachen angeordnet werden.**

Mit einer **Verfahrensverbindung** soll nicht nur unnötige Doppelarbeit erspart, sondern vermieden werden, dass derselbe Sachverhalt von mehreren Gerichten verschieden beurteilt wird (BGH 11, 133 = NJW 1958, 470). Sie dient der Funktionsfähigkeit der Strafrechtspflege (BVerfGE 45, 354 = NJW 1977, 1767). Nachteilig kann sein, dass ein Mitangeklagter nicht Zeuge ist und die Verbindung zur Rechtszugverkürzung und Großverfahren führen kann. Die Verbindung (oder Trennung) zusammenhängender Strafsachen steht im **pflichtgemäßen Ermessen** des Gerichts (BGH 18, 238 = NJW 1963, 869; vgl. RiStBV Nr. 114 und § 4 Rn. 3). In einer im Ermessen des Gerichts stehenden Verfahrensverbindung kann 1 dann eine **unzulässige staatliche Einflussnahme** auf das in besonderem Maße schutzbedürftige Vertrauensverhältnis zwischen Verteidiger und Beschuldigtem liegen, wenn die Verfahrensverbindung dazu führt, dass (im Hinblick auf das Verbot der Mehrfachverteidigung) der Beschuldigte den Verteidiger seines Vertrauens verliert. Bei einer im Ermessen des Gerichts stehenden Entscheidung über eine Verfahrensverbindung ist zu bedenken, ob diese zu einer erheblichen Verzögerung des Verfahrensabschlusses für den Beschuldigten führt, dessen Verfahren zu einem umfangreichen und langwierigen Strafverfahren hinzuverbunden wird (BVerfG StV 2002, 578).

2 Erste Voraussetzung ist, dass es sich um **zusammenhängende** Strafsachen handelt. „Zusammenhang" wird in § 3 erläutert. Sind Gerichte **verschiedener Ordnung** im 1. Rechtszug zuständig, kann die StA die zusammenhängenden Sachen nach Abs. 1 S. 1 verbunden bei dem höherem Gericht anhängig machen. Wenn verschiedene Gerichte **gleicher Ordnung** zuständig sind, kann die StA mehrere miteinander verbundene Sachen bei einem von ihnen anklagen. Das ist eine Frage der örtlichen Zuständigkeit, die in § 13 Abs. 1 geregelt ist. Bei Zuständigkeit **desselben** Gerichts für mehrere iS des § 3 zusammenhängende Strafsachen kann die StA – obwohl nicht ausdrücklich bestimmt – die Sache in einer gemeinsamen Anklage bei Gericht anhängig machen. Die StA kann also die iS des § 3 zusammenhängende Sachen gemäß § 2 Abs. 1 S. 2 verbunden bei dem höheren Gericht anhängig machen, **nicht** aber eine zur Zuständigkeit des AG gehörende Sache nur deswegen beim LG anklagen, weil dort ein Berufungsverfahren anhängig ist (BGHSt 38, 172 = NJW 1992, 1775; BGH NStZ 1992, 397). Die **StA** kann also, wenn dafür Gerichte verschiedener Ordnung zuständig sind, zusammenhängende Sachen schon im **Ermittlungsverfahren** – formlos durch interne Verfügung in den Sachakten – verbinden. Entscheidend ist, dass die Sachen so rasch wie möglich aufgeklärt werden. Die **vorgesetzte StA** kann die der nachgeordneten zugeteilten Sachen ohne weiteres an sich ziehen (§ 145 Abs. 1 GVG). Ein Fall eines positiven Kompetenzkonflikts ist damit ausgeschlossen; der negative Kompetenzkonflikt (die untere StA hält die obere für zuständig) wird durch das Weisungsrecht (§ 146 GVG) verhindert. Will eine höhere StA Sachen einer niederen StA aus einem **fremden Bezirk** übernehmen, hat sie sich mit dieser zu einigen. Kommt keine Einigung zustande, so entscheidet ggf. der Generalbundesanwalt, § 143 Abs. 3 (Wendisch-LR Rn. 33 ff.).

3 Nach §§ 42, 64 OWiG kann mit einem Strafverfahren auch die Verfolgung von **Ordnungswidrigkeiten** verbunden werden. Strafsachen gegen **Jugendliche und Erwachsene** können verbunden anhängig gemacht werden, wenn die Voraussetzungen des § 103 Abs. 1 JGG vorliegen; das gilt auch für die Verbindung von Strafsachen gegen Heranwachsende und Erwachsene (§ 112 S. 1 JGG). Zuständig ist das JugG (§ 103 Abs. 2 S. 1 JGG), sofern nicht die Zuständigkeit des BGH oder OLG begründet ist (§ 102 JGG) oder für die Erwachsenenstraftat die Wirtschafts- oder StaatsschutzStrK zuständig ist (§ 103 Abs. 2 S. 2 JGG). Diese Grundsätze gelten ebenfalls, wenn mehrere Taten eines Angeklagten verbunden anhängig gemacht werden, die er in **verschiedenen Altersstufen** begangen hat. Aber weder im JGG noch in anderen Bestimmungen ist vorgeschrieben, dass alle Straftaten, die ein Beschuldigter in verschiedenen Altersstufen begangen hat, gleichzeitig abgeurteilt werden (KK-Pfeiffer Rn. 10). Zur Anwendung von Jugend- oder Erwachsenenstrafrecht bei einem **Heranwachsenden**: Ob ein Heranwachsender bei seiner Tat iS des § 105 Abs. 1 Nr. 1 JGG noch einem Jugendlichen gleichstand oder ob Erwachsenenstrafrecht anzuwenden ist, ist im Wesentlichen **Tatfrage,** wobei dem Jugendrichter ein erheblicher Beurteilungsspielraum eingeräumt ist (BGH 36, 37; BGH NJW 2002, 73). „Das JGG geht bei der Beurteilung des Reifegrads nicht von festen Altersgrenzen aus, sondern es stellt auf eine dynamische Entwicklung des noch jungen Menschen in dem Lebensabschnitt vom 18. bis zum 21. Lebensjahr ab.

Einem **Jugendlichen** gleichzustellen ist der noch ungefestigte, in der Entwicklung stehende, noch prägbare Heranwachsende, bei dem Entwicklungskräfte noch in größerem Umfang wirksam sind. Hat der Täter dagegen bereits die einen jungen Erwachsenen kennzeichnende Ausformung erfahren, dann ist er nicht mehr einem Jugendlichen gleichzustellen und auf ihn ist das **allgemeine Strafrecht** anzuwenden. Dabei steht die Anwendung von Jugend- oder Erwachsenenstrafrecht nicht im Verhältnis von Regel und Ausnahme. § 105 Abs. 1 Nr. 1 JGG stellt keine Vermutung für die grundsätzliche Anwendung des einen oder anderen Rechts auf. Nur wenn der Tatrichter nach Ausschöpfung aller Möglichkeiten Zweifel nicht beheben kann, muss er die Sanktionen dem Jugendstrafrecht übernehmen" (BGH NJW 2002, 73; BGH 36, 37).

Die **Trennung** verbundener Strafsachen steht ebenfalls im **pflichtgemäßen Ermessen** des Gerichts (BGH 18, 238 = NJW 1963, 869). Der Trennungsbeschluss darf erst nach Anhörung des Beschuldigten ergehen (BGH NStZ 1982, 188); eine stillschweigende Trennung ist nicht möglich. Die **Einstellung** eines der Verfahren nach § 205 enthält keine Trennung, und auch in dem bloßen Abschluss eines Verfahrens liegt keine Sachtrennung (OLG Köln VRS 53, 130; LR-Wendisch Rn. 46). Die **Anklageerhebung** nach Abs. 1 ist **unanfechtbar**. Allgemein ging die hM davon aus, dass mit der Trennung die abgetrennte Sache in die alte Zuständigkeit zurückfällt. Der BGH hat nun festgestellt: „Die §§ 2 Abs. 2, 4 Abs. 1 ermöglichen die Trennung von Verfahren, treffen aber keine Regelung über die danach bestehenden Zuständigkeiten; eine solche lässt sich vielmehr allein aus § 269 herleiten, der das höhere Gericht verpflichtet hat, die Sache, mit der es **nach Eröffnung des Hauptverfahrens** bereits befasst war, auch zu verhandeln." „Die Verfahrenstrennung nach Eröffnung des Hauptverfahrens lässt die einmal begründete Zuständigkeit des höherrangigen Gerichts nicht entfallen; einer Abgabe der Sache an ein Gericht niederer Ordnung steht § 269 StPO entgegen" (BGH 47, 116 = NJW 2002, 526; s. § 4 Rn. 3). Der Trennungsbeschluss nach Abs. 2 kann von der StA und von dem von der Trennung betroffenen Angeklagten mit der **Beschwerde** nach § 304 Abs. 1 angefochten werden. Das **Beschwerdegericht** prüft den Beschluss in vollem Umfang und nicht nur auf Ermessensfehler (OLG Düsseldorf NStZ 1991, 145 mwN). Der Beschluss, mit dem der Antrag auf Trennung **abgelehnt** wird, ist nach § 305 S. 1 **unanfechtbar**. 4

Mit der **Revision** können Ermessensfehler nicht gerügt werden; sie kann nur auf Ermessens**missbrauch** und andere Verfahrensfehler gestützt werden (BGH 18, 239 = NJW 1963, 869; KK-Pfeiffer Rn. 15). 5

§ 3 [Begriff des Zusammenhanges]   RiStBV 17, 114

Ein Zusammenhang ist vorhanden, wenn eine Person mehrerer Straftaten beschuldigt wird oder wenn bei einer Tat mehrere Personen als Täter, Teilnehmer oder der Begünstigung, Strafvereitelung oder Hehlerei beschuldigt werden.

Der Begriff „Zusammenhang" wird in dieser Vorschrift als Voraussetzung für die Verbindung definiert. Er gilt für die §§ 2, 4 und 13. „Der Begriff des Zusammenhangs in § 3 ist zwar nicht auf die Teilnahme iS des materiellen Strafrechts beschränkt. Es genügt vielmehr eine strafbare, in dieselbe Richtung zielende Mitwirkung an einer Tat (BGH NJW 1988, 150). Dabei entspricht der in dieser Vorschrift verwendete Tatbegriff dem des § 264 Abs. 1" (BGH 38, 379 = NJW 1993, 672). 1

Es gibt einen **persönlichen**, einen **sachlichen** und einen **kombinierten** Zusammenhang. **Persönlicher** (subjektiver) Zusammenhang liegt vor, wenn **einem und demselben** Beschuldigten vorgeworfen wird, **mehrere** Taten begangen zu 2 haben. **Sachlicher** (objektiver) Zusammenhang ist gegeben, wenn bei **einer** Tat (einem einheitlichen geschichtlichen Vorgang) **mehrere** Personen als Täter, Teilnehmer usw. beschuldigt werden (BGH NJW 1988, 150). Täter sind auch Mittäter und Nebentäter. Stehen mehrere rechtshängige Strafsachen in **persönlichem** Zusammenhang (§ 3 Alt. 1), ist es regelmäßig sachgerecht, sie zu einem Verfahren zu verschmelzen (§ 4 Abs. 1), sofern nicht überwiegende Nachteile einer solchen Sachverbindung dazu drängen, die Verfahren getrennt – sei es auch in gemeinsamer Verhandlung gem. § 237 – weiterzuführen (OLG Stuttgart NStZ 1995, 248). Der **kombinierte** persönliche **und** sachliche Zusammenhang ist im Gesetz nicht erwähnt; er berechtigt aber auch zur Verbindung. S. auch RiStBV Nr. 17 und § 4 Abs. 1.

§ 4 [Verbindung rechtshängiger Sachen]

(1) **Eine Verbindung zusammenhängender oder eine Trennung verbundener Strafsachen kann auch nach Eröffnung des Hauptverfahrens auf Antrag der Staatsanwaltschaft oder des Angeklagten oder von Amts wegen durch gerichtlichen Beschluß angeordnet werden.**

(2) [1] **Zuständig für den Beschluß ist das Gericht höherer Ordnung, wenn die übrigen Gerichte zu seinem Bezirk gehören.** [2] **Fehlt ein solches Gericht, so entscheidet das gemeinschaftliche obere Gericht.**

1   § 4 erweitert § 2 und regelt die Verbindung **nach Eröffnung des Hauptverfahrens.** Vor Eröffnung unterliegt das Verfahren der Disposition der StA, die die Anklage jederzeit wieder zurücknehmen kann (BGH NJW 1991, 27). Vgl. auch § 3 Rn. 2.

2   Voraussetzung ist, dass für mehrere Strafsachen Gerichte **verschiedener Rangordnung** sachlich zuständig sind (BGH 4, 153 = NJW 1953, 1273). Für mehrere Verfahren verschiedener Gerichte **gleicher Ordnung** ist dagegen § 13 Abs. 2 maßgebend (OLG Düsseldorf MDR 1985, 1048). „Die Verbindg kann vor Aburteilung in jeder Lage des Verfahrens nach pflichtgemässem gerichtlichen Ermessen erfolgen" (BGH 45, 351 = NJW 2000, 1274), also auch in der Hauptverhandlung. Bei der Verbindung oder Trennung handelt es sich um eine **Ermessensentscheidung** des Gerichts (BGH 18, 238 = NJW 1963, 869). Wegen der Änderung des § 76 Abs. 1 GVG durch das RpflEntlG v. 1993 ist die frühere Rspr. zur Möglichkeit der StrK, erstinstanzliche und Berufungsverfahren in entsprechender Anwendung von § 4 Abs. 1 StPO zu einem einheitlichen Verfahren zu verbinden (vgl. BGH 34, 204 = NJW 1987, 1212; 37, 15 = NJW 1992, 2644), **überholt.** Da die gr. Strkn für Berufungen gegen Urteile des SchöffG oder des Strafrichters **nicht mehr zuständig** sind (§ 76 Abs. 1 GVG), kommt eine Verfahrensverbindung mit bei ihnen anhängigen Sachen grundsätzlich nicht mehr in Betracht. Eine Verbindung kommt aber vor allem im Bereich des **JGG in Betracht.** Denn die gr. Jugendkammer ist sowohl als Gericht des 1. Rechtszuges als auch für **Berufungen** gegen Urteile des Jugendschöffengerichts (§§ 33 ff. JGG) zuständig. Die Verbindung ist aber ausgeschlossen, wenn horizontale Teilrechtskraft eingetreten ist (BGH 37, 17 = NJW 1991, 239; BGH NStZ-RR 1997, 171). „Die Verbindung eines Berufungsverfahrens mit einem erstinstanzlichen Verfahren entsprechend § 4 Abs. 1 StPO, die zu einer **Verschmelzung** beider Verfahren und damit insgesamt zu einem **erstinstanzlichen** Verfahren führt (BGH 36, 348 = NJW 1990, 1490), kann **nur dann** in Betracht kommen, wenn für das LG bereits eine **erstinstanzliche** Zuständigkeit besteht. Nur dann kann das LG **weitere bei ihm anhängige** (erst- oder zweitinstanzliche) Verfahren hinzuverbinden. Für die **Revision** gegen dieses Urteil ist der BGH zuständig (BGH 37, 15 = 1991, 239; vgl. KK-Pfeiffer § 4 Rn. 2). Auch die Verbindung von **bei Strkn. verschiedener Art desselben** LGs anhängigen Straf-

sachen ist idR zulässig, wobei sie auch in verschiedenen Rechtszügen (BGH NStZ 1998, 628; BGH NStZ-RR 1998, 257 und bei Spezial-Strkn. anhängig sein können (Meyer-Goßner Rn. 8 a). Die Anwendbarkeit des § 4 auf Sachen, in denen bereits **ein Urteil ergangen** ist, ist grundsätzlich ausgeschlossen (BGH 25, 53 = NJW 1973, 204; BGH NStZ 1986, 564). Die Verbindung kann **vor Aburteilung** in jeder Lage des Verfahrens nach pflichtgemäßem gerichtlichem Ermessen erfolgen. Dass die Hauptverhandlung gegen einen Mitangeklagten lief, hindert die Verbindung nicht. In dem anschließenden Verfahren ist allerdings besonders Betracht zu nehmen auf das Recht des neuen Mitangeklagten aus §§ 230, 231 iVm 338 Nr. 5 auf Anwesenheit während der Urteilsfindung gegen ihn betreffende Teile der Hauptverhandlung und entsprechend auf die Beachtung des § 261, wonach bei der Urteilsfindung gegen ihn kein Verfahrensstoff aus der noch ohne seine Mitwirkung durchgeführten Hauptverhandlung verwertet werden darf (BGH 45, 351 = NJW 2000, 1274). Verbindung und Trennung erfolgen in Form eines **Gerichtsbeschlusses,** der bekanntzugeben ist (§ 35), der aber keiner Begründung bedarf (BGH NStZ 2000, 211) und grundsätzlich **unanfechtbar** ist (§ 305 S. 1). Vor Erlass ist **rechtliches Gehör** zu gewähren (BGH NJW 1989, 2407). Zuständig (Abs. 2) für die Verbindung ist das Gericht **höherer Ordnung.** § 209 a ist zu beachten. Sind die Verfahren, über deren Verbindung zu entscheiden ist, bei **gleichrangigen erstinstanzlichen** Spruchkörpern desselben Gerichts (im organisatorischen Sinne) anhängig, ist **§ 4 Abs. 2 nicht anwendbar.** In einem solchen in der StPO nicht ausdrücklich geregelten Fall können zwar die Verfahren außer nach § 237 auch in entspr. Anwendung von § 4 Abs. 1 mit der dann eintretenden Rechtsfolge einer sog. Verschmelzung zu einem einheitlichen Verfahren verbunden werden, wenn der dazu vorausgesetzte Zusammenhang nach § 3 besteht. Eine derartige zu einer Verfahrenseinheit führende Verbindung geschieht jedoch nicht in dem Verfahren nach § 4 Abs. 2, sondern durch eine unter den beteiligten gleichrangigen Spruchkörpern einverständliche Abgabe und Übernahme des hierzu zu verbindenden Verfahrens (BGH NJW 1995, 1689). Die Verbindung, die nicht nur die örtliche, sondern auch die sachliche Zuständigkeit betrifft, kann nicht durch Vereinbarung der beteiligten Gerichte (§ 13 Abs. 2), sondern nur durch Entscheidung des gemeinschaftlichen oberen Gerichts (§ 4 Abs. 2) herbeigeführt werden, und zwar für alle verbundenen Verfahren (BGH NStZ 2000, 436). Ein hiergegen verstoßender Verbindungsbeschluss ist **unwirksam** (BGH 22, 232; BGH NStZ 2000, 435). „Die Verbindung kann vor Aburteilung in jeder Lage des Verfahrens nach pflichtgemäßem gerichtlichen Ermessen erfolgen" (BGH 45, 351 = NJW 2000, 1274), also auch in der Hauptverhandlung. Der BGH kann die Verbindung mehrerer Verfahren vornehmen, wenn nur in Ansehung eines dieser Verfahren eine Zuständigkeit nach § 4 Abs. 2 begründet (BGHN NStZ 2001, 656). Die **Revision** führt – in Abweichung von BGH NStZ 1982, 294 – nicht zur Verfahrenseinstellung, sondern zur Urteilsaufhebung und Zurückverweisung (BGH NStZ 1996, 47), eine hiergegen verstoßende Verbindung kann aber im Revisionsverfahren nachgeholt werden, wenn das Revisionsgericht Spruchkörper des gemeinschaftlichen oberen Gerichts ist (BGH NStZ-RR 1997, 170). Über die **Trennung** entscheidet das Gericht, bei dem die verbundenen Sachen anhängig sind bzw. das „gemeinschaftliche obere Gericht".

Durch die Verbindung endet die **Rechtshängigkeit** bei dem Gericht niederer 3 Ordnung; sie führt zu einer verfahrensrechtlichen **Verschmelzung** der Straffälle zu einem einheitlichen (§ 5) Verfahren (BGH 36, 348 = NJW 1990, 1490; BGH NJW 1995, 1689). Durch die Trennung wird die Wirkung des § 5 aufgehoben. Jedes Verfahren ist wieder prozessual selbstständig. Der Trennungsbeschluss bedarf keiner besonderen Begründung (BGH NStZ 2000, 211). „Die Verfahrenstrennung **nach Eröffnung des Hauptverfahrens** lässt die einmal begründete Zuständigkeit des **höherrangigen** Gerichts nicht entfallen; einer Abgabe der Sache an ein Gericht niederer Ordnung steht § 269 entgegen" (BGH 47, 116 = NJW 2002,

526; s. näher § 2 Rn. 4). Zur **Revision** s. § 2 Rn. 5. Vor dem Verbindungsbeschluss ist rechtliches Gehör zu gewähren (BGH NJW 1989, 2407). Der Angeklagte hat keinen Rechtsanspruch darauf, dass alle gegen ihn anhängige Sachen in einer Hauptverhandlung erledigt werden. Ein entspr. Antrag kann daher ohne Begründung abgelehnt werden (RG 57, 44; Meyer-Goßner Rn. 10). Zum Trennungsbeschluss s. § 2 Rn. 4.

§ 5 [Maßgebendes Verfahren]

Für die Dauer der Verbindung ist der Straffall, der zur Zuständigkeit des Gerichts höherer Ordnung gehört, für das Verfahren maßgebend.

1   Die **Verbindung** führt zu einer verfahrensrechtlichen **Verschmelzung** (BGH 36, 348 = NW 1990, 1490). Das weitere Verfahren richtet sich nach den Vorschriften, die für das höhere Gericht maßgebend sind. Das gilt zB für die notwendige Verteidigung (§ 140). Der **Ausschluss eines Richters** erstreckt sich auf alle Straffälle (BGH 14, 222 = NJW 1960, 301).

2   Die verbundenen Straffälle bleiben in mancher Hinsicht **selbstständig:** so bei Verfahrenshindernissen (zB Verjährung, Antragserfordernis) oder bei der Rechtsstellung Dritter; außerdem gilt § 104 JGG.

§ 6 [Prüfung von Amts wegen]

Das Gericht hat seine sachliche Zuständigkeit in jeder Lage des Verfahrens von Amts wegen zu prüfen.

1   Die sachliche Zuständigkeit ist **Prozessvoraussetzung** (BGH 18, 81 = NJW 1963, 60). Das Gericht ist zB sachlich unzuständig, wenn es die eigene Strafgewalt überschreitet und in den Strafbann eines Gerichts höherer Ordnung eingreift. Wenn die sachliche Zuständigkeit – Prüfung von Amts wegen (BGH 18, 83) – fehlt, darf keine Sachentscheidung ergehen. Das Gericht ist aber verpflichtet, das Verfahren an das zuständige Gericht zu bringen, wenn das Gesetz diese Möglichkeit vorsieht; andernfalls muss das Verfahren nach § 206 a oder § 260 Abs. 3 eingestellt werden. Das unzuständige Gericht, bei dem Anklage erhoben ist, eröffnet das Hauptverfahren gemäß § 209 Abs. 1 vor dem zuständigen niederen Gericht oder legt die Sache gemäß § 209 Abs. 2 dem höheren Gericht vor. In der Rspr. des BGH war streitig, wie bei Willkür zu verfahren ist. Der 1. Strafsenat des BGH hat nun mit einer ausführlichen Begründung entschieden, dass die Frage einer (objektiv) willkürlichen Zuständigkeitsbegründung durch das Gericht höherer Ordnung nur auf Grund einer entsprechenden **Verfahrensrüge zu prüfen** ist; denn auch dann, wenn Verfahrensverstöße zugleich Verfassungsverstöße beinhalten, müssen diese mit einer Verfahrensrüge geltend gemacht werden und dürfen nicht vom Revisionsgericht von Amts wegen berücksichtigt werden (BGH 43, 55 = NJW 1997, 2689). Eindeutig geklärt ist auch, wenn das sachlich zuständige Berufungsgericht das Verfahrensrecht – hier § 328 Abs. 2 – verletzt hat. Dies hat das Revisionsgericht nur auf entsprechende Verfahrensrüge zu prüfen (BGH 42, 205 = NJW 1997, 205). Zur Rechtshängigkeit bei zwei Gerichten mit gleicher örtlicher, aber unterschiedlicher sachlicher Zuständigkeit s. § 12 Rn. 1.

2   Für die sachliche Zuständigkeit der **Jugendgerichte** im Verhältnis zu anderen Jugendgerichten gelten die §§ 6, 269 ebenfalls. Im Verhältnis zu den Erwachsenengerichten gleicher Ordnung haben die Jugendgerichte einen **Vorrang,** der nicht zur sachlichen Zuständigkeit gehört, aber grundsätzlich auch in jeder Lage des Verfahrens zu beachten ist, in der Revisionsinstanz jedoch nur auf Rüge gemäß § 338 Nr. 4 (BGH 18, 79 = NJW 1963, 60). S. auch § 2 Rn. 3 und § 6 a Rn. 1.

§ 6 a [Zuständigkeit besonderer Strafkammern]

¹Die Zuständigkeit besonderer Strafkammern nach den Vorschriften des Gerichtsverfassungsgesetzes (§ 74 Abs. 2, §§ 74 a, 74 c des Gerichtsverfassungsgesetzes) prüft das Gericht bis zur Eröffnung des Hauptverfahrens von Amts wegen. ²Danach darf es seine Unzuständigkeit nur auf Einwand des Angeklagten beachten. ³Der Angeklagte kann den Einwand nur bis zum Beginn seiner Vernehmung zur Sache in der Hauptverhandlung geltend machen.

Diese Vorschrift regelt die Frage, ob auf der LG-Ebene eine allgemeine oder 1 besondere StrK zuständig ist. § 74 e GVG stellt unter besonderen StrKen eine **Rangfolge** auf. Dabei ist auch § 209 a zu beachten. Er ordnet an, dass iS der §§ 4 Abs. 2, 209 und 210 Abs. 2 vorrangige Spezialkammern und Jugendgerichte wie Gerichte **höherer Ordnung** zu behandeln sind. Das Gericht prüft von Amts wegen die Zuständigkeit besonderer StrKn nur bis zur **Eröffnung des Hauptverfahrens**, danach nur noch auf Einwand des Angeklagten, der diesen nur bis zum Beginn seiner Vernehmung zur Sache (§ 243 Abs. 4) geltend machen kann, und zwar jedes einzelnen Angeklagten, auch wenn der Mitangeklagte seinen Einwand durch Säumnis verloren hat.

Die Form des Einwandes ist nicht vorgeschrieben. Die Frist nach S. 3 ist eine 2 **Ausschlussfrist**. Stellt das Gericht **im Eröffnungsverfahren** (oder vorher) fest, dass eine andere StrK zuständig ist, verfährt es nach § 209. Nach Eröffnung, aber **vor Beginn der Hauptverhandlung** ist § 225 a und **nach Beginn der Hauptverhandlung § 270** maßgebend, falls der Einwand des Angeklagten berechtigt ist. Für eine Beschwerde des Angeklagten gegen die Zurückweisung des Einwandes ist kein Raum (KK-Pfeiffer Rn. 12). Mit der **Revision** kann der Angeklagte die Zurückweisung des Einwands im Eröffnungsverfahren nicht rügen (§ 336 S. 2). Ist aber der Einwand nach Eröffnung des Hauptverfahrens ohne Erfolg vorgebracht worden, kann die Rüge nach § 338 Nr. 4 erhoben und dargelegt werden, dass der Einwand rechtzeitig erhoben wurde (Lemke in HK-StPO § 6 a Rn. 15).

Zweiter Abschnitt. Gerichtsstand

§ 7 [Gerichtsstand des Tatortes] RiStBV 2, 250

(1) **Der Gerichtsstand ist bei dem Gericht begründet, in dessen Bezirk die Straftat begangen ist.**

(2) ¹**Wird die Straftat durch den Inhalt einer im Geltungsbereich dieses Bundesgesetzes erschienenen Druckschrift verwirklicht, so ist als das nach Absatz 1 zuständige Gericht nur das Gericht anzusehen, in dessen Bezirk die Druckschrift erschienen ist.** ²**Jedoch ist in den Fällen der Beleidigung, sofern die Verfolgung im Wege der Privatklage stattfindet, auch das Gericht, in dessen Bezirk die Druckschrift verbreitet worden ist, zuständig, wenn in diesem Bezirk die beleidigte Person ihren Wohnsitz oder gewöhnlichen Aufenthalt hat.**

Die örtliche Zuständigkeit ist eine **Prozessvoraussetzung.** Aber das Gericht 1 prüft sie von Amts wegen gemäß § 16 S. 1 nur bis zur Eröffnung des Hauptverfahrens. Der Gerichtsstand des **Tatortes** ist einer der 3 Hauptgerichtsstände (neben Wohnsitz und Ergreifungsort). Er ergibt sich für Täter und Teilnehmer aus § 9 StGB. Eine Straftat ist nicht nur an dem Ort begangen, wo der Täter gehandelt hat, sondern auch dort, wo der zum Tatbestand gehörende **Erfolg** eingetreten ist (BGH

45, 100 = NJW 1999, 2908). Wenn nach den §§ 7 ff. mehrere Gerichtsstände örtlich zuständig sind, **kann die StA wählen,** bei welchem Gericht sie Anklage erheben will (BGH 26, 374 = NJW 1976, 2172). Diese Wahl darf aber nicht auf von den gesetzlichen Maßstäben völlig entfernten Erwägungen beruhen (OLG Hamm NStZ 1999, 16). Eine bereits getroffene Wahl kann bis zur Eröffnung der Hauptverhandlung durch Zurücknahme der Anklage bei einem anderen Gericht geändert werden (BGH NJW 1967, 1046; 1976, 2172). Die getroffene Auswahl kann das Gericht, bei dem Anklage erhoben worden ist, im Rahmen der ihm obliegenden Prüfung der eigenen örtlichen Zuständigkeit prüfen (OLG Hamm NStZ-RR 1999, 16).

2   **Abs. 2 S. 1** enthält den besonderen Gerichtsstand für **Presseinhaltsdelikte.** Der Gerichtsstand des Erscheinungsortes für Presseinhaltsdelikte (§ 7 Abs. 2) setzt voraus, dass sich der Erscheinungsort der Druckschrift feststellen lässt. Ist dies nicht der Fall, insbesondere wegen eines fehlenden oder falschen Impressums, so gilt der allgemeine Gerichtsstand des Tatortes (§ 7 Abs. 1) mit der Folge, dass jedes Gericht örtlich zuständig ist, in dessen Bezirk das Presseinhaltsdelikt – zB durch Verbreiten – begangen wurde (BGH 43, 122 = NJW 1997, 2828). Der Gesetzgeber hat eine Anwendung auf Ton- und Fernsehrundfunkanstalten nicht vorgesehen. Für eine **Privatklage wegen Beleidigung** nach §§ 185 bis 187 a, 189 StGB erweitert Abs. 2 S. 2 die örtliche Zuständigkeit. Für eine im **Ausland** erschienene Druckschrift gilt § 7 nicht. Kann ein **Erscheinungsort nicht festgestellt** werden, so gilt der allgemeine Gerichtsstand des Tatortes (BGH NStZ 1997, 447).

§ 8 [Gerichtsstand des Wohnsitzes oder Aufenthaltsortes]

(1) **Der Gerichtsstand ist auch bei dem Gericht begründet, in dessen Bezirk der Angeschuldigte zur Zeit der Erhebung der Klage seinen Wohnsitz hat.**

(2) **Hat der Angeschuldigte keinen Wohnsitz im Geltungsbereich dieses Bundesgesetzes, so wird der Gerichtsstand auch durch den gewöhnlichen Aufenthaltsort und, wenn ein solcher nicht bekannt ist, durch den letzten Wohnsitz bestimmt.**

1   Der Gerichtsstand des **Wohnsitzes** gehört zu den primären Gerichtsständen, unter denen die StA wählen kann (vgl. § 7 Rn. 1). Der „Wohnsitz" ergibt sich aus den §§ 7 bis 11 BGB, bei Berufssoldaten aus § 9 BGB; er kann an mehreren Orten bestehen. Der Täter kann auch in einem **Hotel** oder längere Zeit abwesend sein; es kommt nur darauf an, dass er sich an dem Ort niedergelassen hat, gleichviel, ob er sich dessen bewusst war, damit im Rechtssinn einen Wohnsitz zu begründen (BVerfGE 8, 86).

2   Der Gerichtsstand des **gewöhnlichen Aufenthalts** ist ein Nebengerichtsstand für den Fall, dass ein Wohnsitz in der BRep. nicht besteht (Abs. 2). Ein „Zwangsaufenthalt" (zB im Krankenhaus, in der Strafvollzugsanstalt) ist kein gewöhnlicher Aufenthalt. Der Gerichtsstand des **letzten Wohnsitzes** ist Ersatzgerichtsstand für den Fall, dass kein Wohnsitz besteht und der gewöhnliche Aufenthalt unbekannt ist. **Maßgeblicher** Zeitpunkt für die Ermittlung des Gerichtsstandes ist die „Erhebung der Klage"; spätere Veränderungen sind unbeachtlich. Die Verneinung der örtlichen Zuständigkeit setzt voraus, dass das Gericht unter keinem Gesichtspunkt örtlich zuständig ist (BGH NStZ 1988, 371).

§ 9 [Gerichtsstand des Ergreifungsortes]

Der Gerichtsstand ist auch bei dem Gericht begründet, in dessen Bezirk der Beschuldigte ergriffen worden ist.

Der Gerichtsstand der **Ergreifung** gehört zu den primären Gerichtsständen (§ 7 **1**
Rn. 1), unter denen die StA wählen kann. „Für die Begründung des Gerichtsstandes
nach § 9 ist unerheblich, ob gegen den Betroffenen ein **Haftbefehl** besteht. Ausreichend ist, dass er wegen Verdachts einer strafbaren Handlung kontrolliert und
umgehend gegen ihn als Beschuldigter ein Ermittlungsverfahren eingeleitet wird"
(BGH 44, 347 = NJW 1999, 1412). Er hat vor allem Bedeutung bei Auslandstaten
und bei Taten, bei denen der Tatort nicht feststeht. Der Gerichtsstand des Ergreifungsorts ist vom Gesetzgeber geschaffen worden, um Kosten für unnötige Transporte des – inhaftierten – Beschuldigten zu ersparen (BT-Drucks. 1/13717, S. 46;
OLG Hamm NStZ-RR 1999, 16). So widerspricht es zB „dem oben angegebenen
Sinn und Zweck des § 9, wenn, nachdem inzwischen alle Angeschuldigten wieder
auf freien Fuß sind, dennoch die örtliche Zuständigkeit des LG bejaht wird, in
dessen Bezirk (nur) einer der Angeschuldigten vor mehr als 2 Jahren festgenommen
worden ist", aber alle Angeschuldigten ihren Wohnsitz im LG-Bezirk Siegen haben,
und dort auch die Tatorte liegen (OLG Hamm NStZ-RR 1999, 16). Bei „Kriegsverbrechen im Bosnienkonflikt" kommt für Täter (zB Asylbewerber) vor allem die
Gerichtsstände nach § 9 oder § 8 Abs. 2 in Betracht. Eine Gerichtsstandsbestimmung nach § 13 a scheidet grundsätzlich aus (BGH NStZ 1994, 139).

Ergreifung ist jede gerechtfertigte Festnahme durch Beamte oder Privatpersonen **2**
zum **Zwecke der Strafverfolgung.** Für die Begründung des Gerichtsstandes nach
§ 9 StPO ist unerheblich, ob gegen den Betroffenen ein Haftbefehl ergeht oder
besteht. Ausreichend ist, dass er wegen des Verdachts einer strafbaren Handlung
kontrolliert und umgehend gegen ihn als Beschuldigten ein Ermittlungsverfahren
eingeleitet wird (BGH 44, 347 = NJW 1999, 1412). Vorübergehendes Festhalten
im Identitätsfeststellungsverfahren genügt nicht.

§ 10 [Gerichtsstand bei Straftaten auf Schiffen oder Luftfahrzeugen]

**(1) Ist die Straftat auf einem Schiff, das berechtigt ist, die Bundesflagge
zu führen, außerhalb des Geltungsbereichs dieses Gesetzes begangen, so ist
das Gericht zuständig, in dessen Bezirk der Heimathafen oder der Hafen
im Geltungsbereich dieses Gesetzes liegt, den das Schiff nach der Tat zuerst
erreicht.**

**(2) Absatz 1 gilt entsprechend für Luftfahrzeuge, die berechtigt sind, das
Staatszugehörigkeitszeichen der Bundesrepublik Deutschland zu führen.**

Für Straftaten auf **deutschen Schiffen und Luftfahrzeugen** gilt nach § 4 StGB **1**
das deutsche Strafrecht, unabhängig vom Recht des Tatorts.

Luftfahrzeuge sind Flugzeuge, Hubschrauber, Luftschiffe, Segelflugzeuge, Motor- **2**
segler, Ballone und sonstige für die Benutzung des Luftraums bestimmte Geräte.

§ 10a [Gerichtsstand bei Straftaten gegen die Umwelt]

**Ist für eine Straftat, die außerhalb des Geltungsbereichs dieses Gesetzes
im Bereich des Meeres begangen wird, ein Gerichtsstand nicht begründet,
so ist Hamburg Gerichtsstand; zuständiges Amtsgericht ist das Amtsgericht Hamburg.**

Diese Vorschrift bestimmt für **Straftaten gegen die Umwelt** nach §§ 324 bis **1**
330 d StGB in besonderen Fällen einen subsidiären Gerichtsstand.

Der Bereich der der BRep. vorgelagerten Küstengewässer gehört bis zu 12 See- **2**
meilen zum Gebiet der BRep. (Bek. der BReg. über die Ausweitung des deutschen
Küstenmeeres v. 11. 11. 1994 (BGBl. I S. 3428).

§§ 11, 12

§ 11 [Gerichtsstand für deutsche Beamte im Ausland]

(1) ¹Deutsche, die das Recht der Exterritorialität genießen, sowie die im Ausland angestellten Beamten des Bundes oder eines deutschen Landes behalten hinsichtlich des Gerichtsstandes den Wohnsitz, den sie im Inland hatten. ²Wenn sie einen solchen Wohnsitz nicht hatten, so gilt der Sitz der Bundesregierung als ihr Wohnsitz.

(2) **Auf Wahlkonsuln sind diese Vorschriften nicht anzuwenden.**

1 Der mit dieser Bestimmung geschaffene Gerichtsstand bedeutet eine Ergänzung zu § 8 Abs. 2. Maßgebend ist der strafrechtliche Beamtenbegriff nach § 11 Nr. 2, 4 StGB. Für die im Ausland wohnenden Familienangehörigen des Beamten bleibt es bei § 8 Abs. 2. Die Geltung des deutschen Strafrechts für die in Betracht kommenden **Auslandstaten** kann sich aus § 5 Nrn. 12, 13 StGB ergeben. Ein Gerichtsstand nach § 11 Abs. 1 S. 1 ist – mangels eines bestimmten Beschuldigten – nicht ermittelt. Das reicht für eine Gerichtsstandsbestimmung nach § 13 a (BGH NStZ 1998, 257; vgl. BGHSt 10, 255 = NJW 1957, 1118).

§ 12 [Zusammentreffen mehrerer Gerichtsstände]

(1) **Unter mehreren nach den Vorschriften der §§ 7 bis 11 zuständigen Gerichten gebührt dem der Vorzug, das die Untersuchung zuerst eröffnet hat.**

(2) **Jedoch kann die Untersuchung und Entscheidung einem anderen der zuständigen Gerichte durch das gemeinschaftliche obere Gericht übertragen werden.**

1 Die **Konkurrenz** mehrerer örtlich zuständiger Gerichte löst **Abs. 1** im Sinne der **Priorität** des die Untersuchung zuerst eröffnenden Gerichts mit der Wirkung, dass das Gericht des Vorrangs grundsätzlich **ausschließlich zuständig** ist (BGH 36, 175 = NJW 1989, 2403; BGH NStZ-RR 2000, 332). Die Eröffnung ist ua vor allem die Eröffnung des Hauptverfahrens (§§ 203, 207) und des Sicherungsverfahrens (§ 413). „Ist eine Tat im verfahrensrechtlichen Sinn bei zwei Gerichten mit gleicher örtlicher, aber unterschiedlicher sachlicher Zuständigkeit rechtshängig geworden, führt die **doppelte Rechtshängigkeit** im Falle der Revision gegen das Urteil des später eröffneten höheren Gerichts dann nicht zur Verfahrenseinstellung, sondern zur Zurückverweisung der Sache, wenn das höhere Gericht auf Grund seiner sachlichen Zuständigkeit für eine umfassende Aburteilung (noch) in der Lage ist, das Verfahrenshindernis anderweitiger Rechtshängigkeit zu beseitigen, indem es das Verfahren des unteren Gerichts an sich zieht" (BGH NJW 1995, 2500 im Anschluss an BGH 36, 175 = NJW 1989, 2403).

2 **Abs. 2** gestattet dem gemeinschaftlichen oberen Gericht aus Zweckmäßigkeitsgründen (zB Reiseunfähigkeit von Prozessbeteiligten), aber nicht allgemein, eines von mehreren zuständigen Gerichten als das zur Untersuchung und Entscheidung berufene Gericht zu bestimmen. Es macht aber die Befugnis von der Voraussetzung des Abs. 1 abhängig, dass von mehreren nach den §§ 7 bis 11, 13 a örtlich zuständigen Gerichten eines die Untersuchung bereits eröffnet hat. Das Verfahren kann auch nur einem Gericht übertragen werden, das bereits bei **Eröffnung** des Hauptverfahrens **zuständig gewesen wäre** (BGH 16, 392 = NJW 1962, 499). Abs 2 gilt nur bis zum **Erlass des Urteils,** also nicht im Rechtsmittelverfahren, auch nicht, wenn die Sache auf Grund der Entscheidung des Rechtsmittelgerichts in den 1. Rechtszug zurückgelangt (BGH 18, 261 = NJW 1983, 1848; 33, 112 = NJW 1985, 1848). Im **Strafbefehlsverfahren** ist nach st. Rspr. die Übertragung eines Verfahrens gemäß § 12 Abs. 2 auf ein anderes Gericht erst zulässig, wenn die auf rechtzeitigen Einspruch anberaumte Hauptverhandlung begonnen hat. Dieser Grundsatz gilt auch für das Bußgeldverfahren (BGH NStZ 2003, 558). Im **beschleunigten Verfahren,** das keine Verzögerungen duldet, ist eine Übertragung nach Abs. 2 unzulässig (BGH 15, 314 = NJW 1961, 789). Aus ähnlichem Grund ist im **vereinfachten Jugendverfahren** des § 76 JGG eine Änderung der örtlichen Zuständigkeit durch Abgabe nach § 42 Abs. 3 JGG unzulässig (BGH 12, 180 = NJW 1959, 397). Ein Antrag für die Übertragung ist nicht erforderlich. Der Beschluss, der unanfechtbar ist (BGH StraFO 2003, 272), kann von Amts wegen ergehen.

§ 13 [Gerichtsstand des Zusammenhanges]

(1) **Für zusammenhängende Strafsachen, die einzeln nach den Vorschriften der §§ 7 bis 11 zur Zuständigkeit verschiedener Gerichte gehören würden, ist ein Gerichtsstand bei jedem Gericht begründet, das für eine der Strafsachen zuständig ist.**

(2) ¹**Sind mehrere zusammenhängende Strafsachen bei verschiedenen Gerichten anhängig gemacht worden, so können sie sämtlich oder zum Teil durch eine den Anträgen der Staatsanwaltschaft entsprechende Vereinbarung dieser Gerichte bei einem unter ihnen verbunden werden.** ²**Kommt eine solche Vereinbarung nicht zustande, so entscheidet, wenn die Staatsanwaltschaft oder ein Angeschuldigter hierauf anträgt, das gemeinschaftliche obere Gericht darüber, ob und bei welchem Gericht die Verbindung einzutreten hat.**

(3) **In gleicher Weise kann die Verbindung wieder aufgehoben werden.**

Dieser Gerichtsstand steht den Gerichtsständen nach §§ 7 bis 11, 13 a gleich. Er entsteht nicht erst durch die Verbindung der Strafsachen, er geht aber unter, wenn der Zusammenhang im Ermittlungsverfahren wieder entfällt. Erst wenn wegen der verbundenen Sachen Anklage erhoben und das Hauptverfahren eröffnet worden ist, lässt der spätere Wegfall des Zusammenhangs die Zuständigkeit nach Abs. 1 unberührt (BGH 16, 393 = NJW 1962, 499). § 13 bezieht sich aber nur auf örtlich verschieden zuständige Gerichte **gleicher Ordnung** (BGH 37, 17 = NJW 1991, 239; BGH NStZ 1982, 294). Er setzt jedoch voraus, dass für jede der Sachen bereits ein inländischer Gerichtsstand besteht (BGH NJW 1992, 1635).

Nach **Abs. 2** ist die von der StA unterlassene Verbindung der Sachen durch das Gericht schon nach Erhebung der Anklage zulässig (BGH 21, 248 = NJW 1967, 1720). Der Zusammenhang muss noch bestehen, also nicht auch die sachliche Zuständigkeit geändert wird (dann gilt § 4), so dass eine gleichwohl nach § 13 Abs. 2 vorgenommene Verbindung unwirksam ist (BGH NStZ 1996, 232; BGH NStZ 2000, 435) und noch kein Urteil ergangen ist (Meyer-Goßner Rn. 4). Die Verbindung erfolgt auf **übereinstimmenden** Antrag der beteiligten StAen (oder des vorgesetzten GStA) nach vorangegangener formloser Abklärung durch förmliche Abgabe- und Übernahmebeschlüsse der beteiligten Gerichte (BGH NStZ 1982, 294). „Durch die Entscheidung des **gemeinschaftlichen oberen Gerichts** kann die Übereinstimmung der zuständigen Staatsanwaltschaften **nicht ersetzt** werden (BGH 21, 247, 249; BGH NStZ 1993, 27), von den **beteiligten Gerichten** kann das gemeinschaftliche obere Gericht nicht angerufen werden" (BGH NStZ-RR 2003, 97). Eine Entscheidung gem. § 13 Abs. 2 S. 2 kommt aber nur in Betracht, wenn eine Vereinbarung der Gerichte nicht zu Stande kommt und Übereinstimmung der beteiligten Staatsanwaltschaften besteht (BGH NStZ-RR 2003, 173). Die Verbindung, die nicht nur die örtliche, sondern auch die sachliche Zuständigkeit betrifft, kann nicht durch Vereinbarung der beteiligten Gerichte (§ 13 Abs. 2), sondern nur durch Entscheidung des gemeinschaftlichen oberen

1

2

§ 13 a Erstes Buch. 2. Abschnitt

Gerichts (§ 4 Abs. 2) herbeigeführt werden; ein hiergegen verstoßender Verbindungsbeschluss ist **unwirksam** (BGH NStZ 2001, 435). Die **Revision** führt – in Abweichung von BGH NStZ 1982, 294 – nicht zur Verfahrenseinstellung, sondern zur Urteilsaufhebung und Zurückverweisung (BGH NStZ 1996, 47); eine hiergegen verstoßende Verbindung kann aber im Revisionsverfahren nachgeholt werden, wenn das Revisionsgericht Spruchkörper des gemeinschaftlichen oberen Gerichts ist (BGH NStZ-RR 1997, 170). Die **Trennung** nach **Abs. 3** erfolgt in gleicher Weise wie die Verbindung nach Abs. 2. Nur im Fall Abs. 2 S. 1, Abs. 3 ist die **Beschwerde** nach § 304 Abs. 1 gegen die Abgabe- und Übernahmebeschlüsse gegeben, solange nicht ein erkennendes Gericht vorliegt.

3   Kann eine abgetrennte Strafsache den Gerichtsstand des Zusammenhangs begründet haben, so ist die Rüge der örtlichen Unzuständigkeit nur dann zulässig erhoben, wenn die **Revisionsrechtfertigung** die Abtrennung und die zuständigkeitsrelevanten Umstände der abgetrennten Strafsache mitteilt (BGH NJW 1993, 2819).

§ 13 a [Zuständigkeitsbestimmung durch den BGH]

Fehlt es im Geltungsbereich dieses Bundesgesetzes an einem zuständigen Gericht oder ist dieses nicht ermittelt, so bestimmt der Bundesgerichtshof das zuständige Gericht.

1   Die Bestimmung eines Gerichtsstandes gemäß § 13 a „setzt voraus, dass ein der deutschen Gerichtsorganisation angehörendes Gericht allgemein für Strafsachen der in Frage stehenden Art sachlich zuständig sein kann. Andernfalls fehlt ein **Rechtsschutzinteresse** für diese Bestimmung" (BGH 12, 3260 = NJW 1959, 779; 33, 98 = NJW 1985, 639; KK-Pfeiffer Rn. 3 mwN). Dieser Gerichtsstand steht dem nach §§ 7 bis 11, 13 gleich. Ein im Wege der Zuständigkeitsbestimmung durch den BGH gem. § 13 a begründeter Gerichtsstand steht den anderen auf den §§ 7 ff. beruhenden Gerichtsständen gleich. Er wird nicht hinfällig, wenn nach seiner Bestimmung durch den BGH ein von vorneherein bestehender anderer Gerichtsstand ermittelt wird; grundsätzlich kann er vom BGH auch nicht wieder beseitigt oder „geändert" werden (BGH, NStZ-RR 2003, 268). Ist die Sache bereits bei Gericht anhängig, kann sie entsprechend § 12 Abs. 2 von dem nach § 13 a bestimmten Gericht auf ein anderes der in §§ 7 bis 10 bezeichneten Gerichte übertragen werden (BGH 10, 255 = NJW 1957, 1160). Die Vorschrift bietet keine Grundlage für die abstrakte Klärung von Zuständigkeitsfragen. Sie setzt vielmehr die Existenz eines **konkreten** Verfahrens voraus (BGH NStZ 1992, 27). Die Benennung eines Gesamtkomplexes („Kriegsverbrechen im Bosnienkonflikt"), der eine Vielzahl lediglich allgemein nach der Art des Verbrechens umschriebener Taten umfasst, genügt für die Gerichtsbestimmung nach § 13 a **nicht** (BGH NStZ 1994, 139). Es wird – ebenso wie in den sonstigen Vorschriften über den Gerichtsstand – eine bestimmte, nach Sachverhaltsmerkmalen (wie Ort, Zeit, Ausführung und Täter) **konkretisierte und individualisierte** Tat als Bezugsgegenstand des Verfahrens vorausgesetzt (s. auch § 9 Rn. 1).

2   Bereits im Ermittlungsverfahren bestimmt der BGH (zB auf Anregung) durch unanfechtbaren Beschluss das zuständige Gericht und damit zugleich die zuständige StA (BGH 32, 160). Dabei wird – ebenso wie in den sonstigen Vorschriften über den Gerichtsstand – eine bestimmte, nach **Sachverhaltsmerkmalen** (wie Ort, Zeit, Ausführung und Täter) konkretisierte und individualisierte Tat als Bezugsgegenstand des Verfahrens vorausgesetzt (BGH NStZ 1994, 139; 1999, 577). Die Geltung des deutschen Strafrechts für in Betracht kommende Auslandstaten kann sich aus § 5 Nrn. 12, 13 StGB ergeben. Ein Gerichtsstand nach § 11 Abs. 1 S. 1 ist – mangels eines bestimmten Beschuldigten – nicht ermittelt. Dies reicht für eine Gerichtsstandsbestimmung gem. § 13 a bei Auslandstaten aus (so BGH NStZ-RR

Gerichtsstand **§ 14**

1998, 257). Zur Begründung der deutschen Gerichtsbarkeit für die Verfolgung von Straftaten, die von **Ausländern im Ausland an Ausländern** verübt worden sind, reicht das Weltrechtsprinzip nach § 6 Nr. 1 oder 9 StGB nicht ohne weiteres aus; vielmehr bedarf es hierzu regelmäßig eines legitimierenden inländischen Anknüpfungspunkts. Der inländische Aufenthalt des Tatopfers ist kein tauglicher Anknüpfungspunkt für die Begründung der deutschen Gerichtsbarkeit (BGH NStZ 1999, 236). Die Geltung des deutschen Strafrechs für die in Betracht kommenden **Auslandstaten** kann sich aus § 5 Nrn. 12, 13 StGB ergeben. Ein Gerichtsstand nach § 11 Abs. 1 S. 1 ist – mangels eines bestimmten Beschuldigten – nicht ermittelt. Das reicht für eine Gerichtsstandsbestimmung nach § 13 a (BGH NStZ 1998, 257; vgl. BGHSt 10, 255 = NJW 1957, 1118). Geht es um die Verfolgung von **Katalogtaten** iSd § 120 Abs. 1 GVG, sind die Ermittlungszuständigkeit des **GBA** gemäß §§ 142 a Abs. 1 S. 1, 120 Abs. 1 GVG und die Zuständigkeit des Ermittlungsrichters beim BGH gemäß § 169 Abs. 1 S. 2 gesetzlich festgelegt, so dass es der Bestimmung eines OLG gemäß 13 a nicht bedarf (BGH NStZ 1999, 577).

§ 14 [Bestimmung bei Zuständigkeitsstreit]

Besteht zwischen mehreren Gerichten Streit über die Zuständigkeit, so bestimmt das gemeinschaftliche obere Gericht das Gericht, das sich der Untersuchung und Entscheidung zu unterziehen hat.

Die Vorschrift behandelt den **örtlichen** Kompetenzkonflikt, und zwar den positiven und den negativen (Roxin § 7 B II). Es geht aber nur um **richterliche** Tätigkeit. § 14 ist auch entsprechend auf einen negativen sachlichen Kompetenzkonflikt anwendbar, wenn sich kein anderer Ausweg findet (BGH 18, 381 = NJW 1963, 1747). Bei einem Zuständigkeitsstreit zwischen 2 Gerichten muss die Anrufung des gemeinschaftlichen oberen Gerichts grundsätzlich durch einen **förmlichen Vorlagebeschluss** erfolgen. Davon kann abgesehen werden, wenn das vorlegende Gericht nach der Gerichtsverfassung aus einem Richter besteht (OLG Düsseldorf NStZ 2000, 609). Bei einem **negativen Kompetenzkonflikt** zwischen der WirtschaftsStrK und der allgemeinen StrK im Berufungsverfahren hat nicht das OLG in entsprechender Anwendung der §§ 14, 19 die zuständige StrK zu bestimmen. Vielmehr steht in diesem Fall auf Grund entsprechender Anwendung der §§ 209, 209 a, 225 der WirtschaftsStrK gegenüber der allgemeinen StrK die Kompetenz-Kompetenz zu (OLG Düsseldorf wistra 1995, 362 unter Aufgabe der bisherigen Rspr. in wistra 1993, 318). Aber zur Entscheidung des internen Streites zwischen **Berufungs- und Beschwerdekammer** desselben LG über die Zuständigkeit für die **Haftfortdauer** ist das OLG zuständig (OLG Frankfurt NStZ-RR 1996, 302). 1

Jedes der **beteiligten** Gerichte kann das gemeinschaftliche obere Gericht anrufen, aber nicht der Rechtspfleger (BGH NStZ 1991, 27). Die Entscheidung, die unanfechtbar ist, kann auch auf Antrag der StA, eines Prozessbeteiligten oder von Amts wegen ergehen. Als zuständig kann nur eines der **streitenden** Gerichte bestimmt werden; anderenfalls ist der Antrag zurückzuweisen (BGH 26, 164 = NJW 1975, 1846; BGH NStZ 1995, 218; 2001, 110). Der Antrag auf Gerichtsstandsbestimmung ist zurückzuweisen, wenn **keines** der streitenden Gerichte zuständig ist (BGH NStZ 1997, 255). „Die Voraussetzungen für die Bestimmung eines Gerichts nach Maßgabe des § 14 liegen nicht vor, weil sich die beteiligten Gerichte nicht über die Zuständigkeit streiten. Das vorlegende LG **zieht lediglich in Zweifel**, ob das OLG als BeschwGer. zur Zurückverweisung der Sache befugt war. **Im Streit** steht deshalb nur die **inhaltliche Richtigkeit** über die sofortige Beschwerde. Solches kann nicht Gegenstand eines Verfahrens nach § 14 sein" (BGH NStZ 1994, 23). Das OLG kann mit bindender Wirkung das LG für zuständig erklären, wenn Streit darüber besteht, ob gegen eine Entscheidung des AG die Rechtsbeschwerde 2

27

oder die sofortige Beschwerde gegeben ist; eine Zuständigkeitsbestimmung durch das gemeinschaftliche obere Gericht kommt in diesem Falle nicht in Betracht (BGH 39, 162 = NJW 1993, 1808 im Anschluss an BGH 31, 183 = NJW 1983, 1437; gegen BGH 31, 361 = NJW 1983, 1918). Eine **Beschwerde** gegen die Übertragungsentscheidung ist unzulässig.

§ 15 [Verhinderung des zuständigen Gerichts]

Ist das an sich zuständige Gericht in einem einzelnen Falle an der Ausübung des Richteramtes rechtlich oder tatsächlich verhindert oder ist von der Verhandlung vor diesem Gericht eine Gefährdung der öffentlichen Sicherheit zu besorgen, so hat das zunächst obere Gericht die Untersuchung und Entscheidung dem gleichstehenden Gericht eines anderen Bezirks zu übertragen.

1 Der Gerichtsstand der **Übertragung** will verhindern, dass der schuldige Täter nicht bestraft oder der unschuldige Angeklagte nicht freigesprochen wird (BGH 22, 252 = NJW 1969, 105). Die Übertragung der Untersuchung und Entscheidung in einer Strafsache nach § 15 Alt. 2 an ein anderes als das an sich zuständige Gericht kommt nur dann in Betracht, wenn die Gefährdung der öffentlichen Sicherheit ihren Ursprung in der Durchführung der Verhandlung gerade vor dem zuständigen Gericht hat und nicht auf andere Weise als durch einen Eingriff in das gesetzliche Zuständigkeitssystem beseitigt werden kann (BGH 47, 275 = NJW 2002, 1589). § 15 gilt auch in der Revisionsinstanz und dann, wenn bei der Übertragung über die Landesgrenzen hinausgegangen werden muss (BGH 22, 255 = NJW 1969, 105).

2 Die Übertragung hat die Wirkung, dass das beauftragte Gericht örtlich zuständig wird (auch bei eingetretener Rechtshängigkeit). Auch bei Wegfall der Verhinderung bleibt es zuständig. Der Übertragungsbeschluss ist unanfechtbar.

§ 16 [Einwand der Unzuständigkeit]

[1] Das Gericht prüft seine örtliche Zuständigkeit bis zur Eröffnung des Hauptverfahrens von Amts wegen. [2] Danach darf es seine Unzuständigkeit nur auf Einwand des Angeklagten aussprechen. [3] Der Angeklagte kann den Einwand nur bis zum Beginn seiner Vernehmung zur Sache in der Hauptverhandlung geltend machen.

1 Die örtliche Zuständigkeit ist eine **befristete Prozessvoraussetzung.** Erhebt die StA (trotz des Wahlrechts, s. § 7 Rn. 1) vor einem örtlich unzuständigen Gericht die Anklage und nimmt sie diese nicht zurück (§ 156), so spricht das Gericht seine Unzuständigkeit aus und lehnt damit die Eröffnung des Hauptverfahrens ab (§ 210 Abs. 2). Auch bei einer irrtümlichen Entscheidung verbleibt es bei der Unzuständigkeit (BGH 18, 1 = NJW 1962, 1972).

2 Für den **Einwand** des Angeklagten gelten die bei § 6 a angeführten Grundsätze. Nach Eröffnung des Hauptverfahrens wird das Verfahren auf Grund des berechtigten Einwandes nach § 206 a und in der Hauptverhandlung nach § 260 Abs. 3 eingestellt. Eine **Abgabe oder Verweisung an ein örtlich zuständiges Gericht** (anders bei §§ 6, 6 a) ist im 1. Rechtszug **ausgeschlossen** (BGH 23, 82 = NJW 1969, 1820). Die Rechtsmittelgerichte können die Sache nach § 328 Abs. 2 und § 355 an das örtl. zuständige Gericht verweisen, allerdings nur, wenn der Beschuldigte den Einwand der örtlichen Unzuständigkeit in der 1. Instanz erhoben hat (BGH 11, 131 = NJW 1958, 469).

3 Eine **Beschwerde** gegen den Verwerfungsbeschluss im Hauptverfahren ist unzulässig (§ 305). Gegen den Beschluss, durch den sich das Gericht im **Eröffnungsverfahren** für örtlich unzuständig erklärt, soll die einfache Beschwerde nach § 304

gegeben sein (so Meyer-Goßner Rn. 7; vgl. auch LR-Wendisch Rn. 17). Ist die Beschwerde begründet, verweist das Beschwerdegericht die Sache an das Erstgericht zurück (BGH 43, 122 = NJW 1997, 2828). Bei der Einstellung des Verfahrens auf Grund des Einwandes des Angeklagten ist die sofortige Beschwerde gegeben (§ 206 a Abs. 2). Das Einstellungsurteil nach § 260 Abs. 3 ist wie jedes andere Urteil anfechtbar. Im **Revisionsverfahren** kann der Angeklagte lediglich, wenn er den Einwand (erneut) im Hauptverfahren rechtzeitig erhoben hat, eine Nachprüfung gemäß § 338 Nr. 4 herbeiführen.

§§ 17, 18 (weggefallen)

§ 19 [Bestimmung bei negativem Zuständigkeitsstreit]

Haben mehrere Gerichte, von denen eines das zuständige ist, durch Entscheidungen, die nicht mehr anfechtbar sind, ihre Unzuständigkeit ausgesprochen, so bezeichnet das gemeinschaftliche obere Gericht das zuständige Gericht.

Zunächst ist § 14 maßgebend. Wenn aber kein „Streit" mehr besteht, d. h. wenn alle beteiligten Gerichte durch **nicht mehr anfechtbare** Entscheidung ihre örtliche Unzuständigkeit ausgesprochen haben, greift § 19 ein. Das gemeinschaftliche obere Gericht muss aber die Bestimmung des örtlich zuständigen Gerichts ablehnen, wenn keines der Gerichte zuständig ist (BGH 27, 330 = NJW 1978, 835). Bei einem negativen sachlichen Kompetenzstreit sind die §§ 14, 19 entsprechend anwendbar, wenn sich kein anderer Ausweg findet (BGH 18, 184 = NJW 1963, 1747). Die Entscheidung des gemeinschaftlichen oberen Gerichts ist unanfechtbar (vgl. § 304). Bei einem **negativen Kompetenzkonflikt** zwischen der WirtschaftsStrK und der allgemeinen StrK im Berufungsverfahren hat nicht das OLG in entsprechender Anwendung der §§ 14, 19 die zuständige StrK zu bestimmen. Vielmehr steht in diesem Fall auf Grund entsprechender Anwendung der §§ 209, 209 a, 225 der WirtschaftsStrK gegenüber der allgemeinen StrK die Kompetenz-Kompetenz zu (OLG Düsseldorf wistra 1995, 362 unter Aufgabe der bisherigen Rspr. in wistra 1993, 318). „Hat das LG das Verfahren gemäß § 270 Abs. 1 an das für Staatsschutzsachen erstinstanzlich zuständige OLG verwiesen, hält aber dieses den Verweisungsbeschluss wegen objektiver Willkür für unwirksam, ist der BGH analog §§ 14, 19 zur Bestimmung des sachlich zuständigen Gerichts berufen. In diesen Fällen sind an die Annahme des hinreichenden Tatverdachts hinsichtlich einer die Bundesgerichtsbarkeit begründenden Staatsschutzstrafsache strenge Anforderungen zu stellen. Dazu wird in der Regel die Einholung einer Stellungnahme des GBA gehören" (BGH 45, 26 = NJW 1999, 1876 in Fortführung von BGH 18, 381 = NJW 1963, 1747). 1

„Das OLG kann mit bindender Wirkung das LG für zuständig erklären, wenn Streit darüber besteht, ob gegen eine Entscheidung des AG die Rechtsbeschwerde oder die sofortige Beschwerde gegeben ist; eine Zuständigkeitsbestimmung durch das gemeinschaftliche obere Gericht kommt in diesem Fall nicht in Betracht" (BGH 39, 162 = NJW 1993, 1808 im Anschluss an BGH 31, 183 = NJW 1983, 1437; gegen BGH 31, 361 = NJW 1983, 1918). 2

§ 20 [Handlungen eines unzuständigen Gerichts]

Die einzelnen Untersuchungshandlungen eines unzuständigen Gerichts sind nicht schon dieser Unzuständigkeit wegen ungültig.

Die Vorschrift betont einen allgemeinen **Prozessgrundsatz**. Gemeint sind **einzelne** Untersuchungshandlungen, zB Beweiserhebungen, Zwangsmaßnahmen. 1

§§ 21, 22

§ 20 ist entsprechend anwendbar auf Entscheidungen in Strafvollstreckungs- und Strafvollzugssachen (BGH 27, 331 = NJW 1978, 835). Eine Wiederholung der Handlung ist zulässig. Ungültigkeit ist aber gegeben bei krassem Widerspruch zu wesentlichen Prinzipien unserer rechtsstaatlichen Ordnung (BGH 29, 353 = NJW 1981, 133; BGH NStZ 1984, 279).

§ 21 [Befugnisse bei Gefahr im Verzug]

Ein unzuständiges Gericht hat sich den innerhalb seines Bezirks vorzunehmenden Untersuchungshandlungen zu unterziehen, bei denen Gefahr im Verzug ist.

1   § 21 gibt dem örtlich unzuständigen Gericht (vor allem dem AG) in Eilfällen für gewisse Untersuchungshandlungen eine **Notkompetenz.** Gefahr im Verzug bedeutet Gefährdung des Untersuchungserfolges.

Dritter Abschnitt. Ausschließung und Ablehnung der Gerichtspersonen

§ 22 [Ausschließung eines Richters]

Ein Richter ist von der Ausübung des Richteramtes kraft Gesetzes ausgeschlossen,

1. **wenn er selbst durch die Straftat verletzt ist;**
2. **wenn er Ehegatte, Lebenspartner, Vormund oder Betreuer des Beschuldigten oder des Verletzten ist oder gewesen ist;**
3. **wenn er mit dem Beschuldigten oder mit dem Verletzten in gerader Linie verwandt oder verschwägert, in der Seitenlinie bis zum dritten Grad verwandt oder bis zum zweiten Grad verschwägert ist oder war;**
4. **wenn er in der Sache als Beamter der Staatsanwaltschaft, als Polizeibeamter, als Anwalt des Verletzten oder als Verteidiger tätig gewesen ist;**
5. **wenn er in der Sache als Zeuge oder Sachverständiger vernommen ist.**

1   Die Ausschließung des Richters nach §§ 22, 23 und auch die Richterablehnung nach §§ 24 ff. sollen die Unparteilichkeit und Objektivität des zur Entscheidung berufenen Richters sichern (BVerfGE 21, 145 = NJW 1967, 1123). Die Ausschließungsgründe sind in den §§ 22, 23 **erschöpfend** aufgeführt (BVerfGE 46, 38). Sie sind eng auszulegen (BGH 44, 7 = NJW 1998, 1234). Sie gelten für richterliche Handlungen **jeder Art.** Der Ausschließungsgrund hat die Wirkung, dass der Richter einer Person **außerhalb** des Gerichts gleichsteht (BVerfGE 4, 417 = NJW 1956, 545); er ist **von Amts wegen** zu beachten. Die Mitwirkung eines ausgeschlossenen Richters führt aber nur zur **Anfechtung** der Entscheidung durch Rechtsmittel, zB in der Revision nach § 338 Nr. 2.

2   **Zu Nr. 1: Verletzt** ist nur, wer durch die abzuurteilende Tat **unmittelbar** betroffen ist (BGH 1, 298). Ein **Richter,** der zum getäuschten Verbraucherkreis gehört, ist nicht nach Nr. 1 von der Mitwirkung in einem Verfahren wegen irreführender Kennzeichnung von Lebensmitteln ausgeschlossen (BayOBLG NStZ 1993, 347). Die Beleidigung eines Richters während der Verhandlung führt also nicht zum Ausschluss (BGH MDR 1954, 628). Durch eine **Kollektivbeleidigung** ist nur der Richter verletzt, der persönlich getroffen werden sollte (BVerfG NJW 1995, 2913) und auch derjenige, der einen Strafantrag stellt und damit die Beleidigung auf sich bezieht (BVerfG NJW 1992, 2471). „Die strafbare Handlung muss sich als **Eingriff in Rechte** des Richters erweisen. Die Androhung einer **Sprengstoffexplosion** (§ 308 StGB im LG-Gebäude richtet sich (aber) ganz allgemein an die Justizbehörden als Drohungsadressat iSd § 241 Abs. 1 StGB, dh an die verant-

wortlichen Organwalter. Nur diese kamen deshalb als Verletzte in Frage" (BGH NStZ-RR 2002, 66). Die **Nrn. 2 und 3** schließen den Richter sowohl aus, wenn er zu dem Beschuldigten als auch wenn er zu den Verletzten in einem besonderen Verhältnis steht. In **Nr. 1** dagegen ist nur auf seine Verletzung durch die Straftat abgestellt. Den Parallelfall hierzu, dass der Richter selbst Beschuldiger ist, erwähnt das Gesetz nicht. Denn es ist selbstverständlich, dass niemand Richter über sich selbst sein kann. Daher ist der Richter nicht nur ausgeschlossen, wenn er **Angeklagter** ist, sondern auch wenn er zufolge einer Anzeige als **Beschuldigter** geführt wird (vgl. OLG Stuttgart MDR 1971, 67). Der Richter ist aber auch ausgeschlossen, wenn er ohne beschuldigt worden zu sein, **Täter** ist, gleichviel ob er das weiß oder nicht (Wendisch-LR Rn. 21). **Zu Nr. 2, 3: Ehegatte** ist, wer nach deutschem Recht eine gültige Ehe geschlossen hat. **Verwandtschaft** und **Schwägerschaft** sind nach §§ 1589, 1590 BGB zu beurteilen. **Zu Nr. 4, 5** (frühere Strafverfolgungs- oder Verteidigertätigkeit Nr. 4 und Vernehmung als Zeuge oder Sachverständiger Nr. 5): Der **Polizeibeamte** ist nur ausgeschlossen **(Nr. 4),** wenn der durch sein Amt zur **Verfolgung** von Straftätern kraft Gesetzes (§ 163) oder kraft Auftrags der StA (§ 161 Abs. 1 S. 2), § 152 Abs. 1 GVG berufen ist (BGH MDR 1958, 785). Der Begriff **Tätigkeit in Nr. 4** umfasst **jede Art** amtlichen Handelns in der Sache, die geeignet ist, den Sachverhalt zu erforschen oder den Gang des Verfahrens zu beeinflussen (BGH NStZ 1982, 78). Auch der Begriff **Sache** ist weit auszulegen; denn es soll ihre Verdachts der Parteilichkeit vermieden werden (BGH 9, 194 = NJW 1956, 1246). Zur „Sache" gehören alle Verfahrensabschnitte von der Vorermittlung über die Hauptverhandlung bis zum Wiederaufnahmeverfahren (BGH 28, 264 = NJW 1979, 2160). Ein **erkennender Richter** ist **nicht** „in der Sache" als **StA** tätig gewesen und deshalb von der Mitwirkung ausgeschlossen, weil er in seinem früheren Amt als StA im Rahmen von Todesermittlungen die **Obduktion** der Leiche eines vor der Hauptverhandlung verstorbenen Zeugen und Tatgeschädigten angeordnet hat (BGH NJW 2004, 865). Bei **verbundenen Sachen** ist das gesamte Verfahren als eine Sache iS der Nr. 4 anzusehen (BGH 14, 219, 222 = NJW 1960, 301; 28, 262, 263; OLG Düsseldorf StV 1983, 361). **Sachgleichheit** iSd Vorschrift setzt jedoch nicht Verfahrensidentität voraus; sie kann auch vorliegen, wenn der Richter in derselben „Sache", aber in einem anderen Verfahren tätig war und dadurch der **Anschein der Parteilichkeit** aufkommen kann (BGH 9, 193; 28, 265; 31, 358). Es besteht aber keine Sachgleichheit, wenn nur die frühere Strafe, an deren Zustandekommen der Richter als StA mitgewirkt hat, nach § 55 StGB in eine nunmehr zu bildende Gesamtstrafe einbezogen wurde (BGH 28, 262 = NJW 1979, 2160). Wer aber als Sitzungsvertreter der StA an der mit der Verurteilung des Angeklagten zu Strafe zu Ende gegangenen Hauptverhandlung teilgenommen hat, ist als **Mitglied einer StrVollstrK** auch dann von der Ausübung des Richteramtes kraft Gesetzes ausgeschlossen, wenn diese über die Aussetzung der Vollstreckung des Restes einer Gesamtstrafe zu entscheiden hat, in die in der früheren Hauptverhandlung verhängte Strafe einbezogen worden ist (OLG Stuttgart NStZ 1988, 375). Beim **Richter** liegt der Ausschlussgrund vor, wenn er als Zeuge vernommen ist, die Ladung allein genügt nicht (BGH 14, 220 = NJW 1960, 301). Eine Vernehmung liegt aber nicht in der **dienstlichen Erklärung** des als Zeugen benannten Richters, über das Beweisthema „nichts zu wissen" (BGH 7, 331 = NJW 1955 1239; vgl. auch BGH 39, 239 = NJW 1993, 2758). Ein erkennender Richter ist nicht Zeuge iSd § 22 Nr. 5, wenn er sich **dienstlich** über Vorgänge äußert, die den Gegenstand des bei ihm anhängigen Verfahrens betreffen und die er im Zusammenhang mit seiner **amtlichen Tätigkeit** in dieser Sache wahrgenommen hat (BGH NJW 44, 4 = 1998, 1234 im Anschluss an BGH 39, 239 = NJW 1993, 2758). Zur Bescheidung eines Beweisantrags auf Vernehmung von Mitgliedern des erkennenden Gerichts als Zeugen: Da die Richter in ihren dienstlichen Erklärungen die Angaben der beiden Zeugen bestätigt und die Beweisbehauptung verneint hatten, durfte ein auf das selbe Beweisthema gerichteter Beweisantrag des die Erklärungen kennenden Verteidigers im Hinblick auf § 22 Nr. 5 StPO wegen Verschleppungsabsicht zurückgewiesen werden (BGH NStZ 2003, 558). **Vernehmung** nach **Nr. 5** ist die Anhörung durch ein Strafverfolgungsorgan in irgendeinem Verfahrensabschnitt. „Es kommen auch schriftliche Erklärungen in Betracht" (BGH 44, 9 = NJW 1998, 1234).

3   Für die Ausschließung eines **StA** gibt es in der StPO keine Grundlage (BVerfGE 25, 345 = NJW 1969, 1106; BGH NJW 1984, 1907). S. § 24 Rn. 3. Die Prozessbeteiligten haben an sich **kein Recht** auf Ablehnung eines ausgeschlossenen oder befangenen StA (OLG Hamm NJW 1969, 808; OLG Karlsruhe MDR 1974, 423; s. auch § 24 Rn. 3 u. § 226 Rn. 1). Nach der Rspr. des BGH gilt aber der Grundsatz: Ein StA, bei dem ein Grund vorliegt, der bei einem Richter zur Ausschließung führt, kann ersetzt werden (§ 145 Abs. 1 GVG). Geschieht dies nicht, kann die Mitwirkung mit der Revision nach § 337 gerügt werden (s. Rn. 4). Die Vernehmung des **Sitzungsvertreters der Staatsanwaltschaft** steht grundsätzlich seinem weiteren Einsatz in der Hauptverhandlung entgegen, insbesondere ist ihm verwehrt, das Schlussplädoyer zu halten. Dies gilt jedoch nicht, wenn seine Aussage nur die Durchführung des staatsanwaltschaftlichen Ermittlungsverfahrens betraf und sich in der Schilderung einer schlichten Übergabe eines angeblichen Beweisstückes erschöpfte. Der Staatsanwalt hat sich in diesem Falle lediglich der Würdigung seiner eigenen Aussage zu enthalten (BGH NStZ-RR 2001, 107). Die Grundsätze über den Ausschluss eines als Zeugen vernommenen StA gelten nicht, wenn der StA nicht in der dem angefochtenen Urteil zugrunde liegenden Hauptverhandlung, sondern in einer früheren Hauptverhandlung als Zeuge vernommen worden ist (BGH NStZ 1994, 194).

4   **Wirkung der Ausschließung:** Der Richter ist bei Vorliegen eines der Gründe der Nrn. 1 bis 5 kraft Gesetzes ausgeschlossen. Er steht einer Person außerhalb der Gerichte gleich (BVerfGE 4, 417 = NJW 1956, 545). Ob der Richter oder einer der Beteiligten den Ablehnungsgrund kennt, ist gleichgültig (RGSt 33, 309). Auch ein Verfahrensirrtum entschuldigt nicht (BVerfGE 30, 167 = NJW 1971, 1033). Der Ausschluss beginnt in dem Zeitpunkt wo er entsteht. Sobald der Richter von einem Ausschließungsgrund Kenntnis erhält, hat er sich jeder Ausübung des Richteramts zu enthalten. Die Folge einer Mitwirkung des ausgeschlossenen Richters ist nicht die Unwirksamkeit der Entscheidung, sondern nur die **Anfechtbarkeit** durch Rechtsmittel, insbesondere mit der Revision nach § 338 Nr. 2. Auch ein Eröffnungsbeschluss ist grundsätzlich nicht unwirksam (BGH NStZ 1985, 464). Das Beschwerdegericht verweist die Sache zurück. Entsteht ein Ausschließungsgrund **während der Hauptverhandlung,** so muss sie wiederholt werden (vgl. KK-Pfeiffer Rn. 17; Lemke in HK-StPO Rn. 24, 25; LR-Wendisch Rn. 45 ff.). **Verletzt der StA** seine Pflicht zur Objektivität (vgl. § 160 Abs. 2) schwer und nachhaltig, so gebieten der **Grundsatz des fairen Verfahrens** sowie die gerichtliche **Fürsorgepflicht** das Eingreifen des Gerichts, ohne dass eine ablehnende Entscheidung des Dienstvorgesetzten des StA nach § 23 EGGVG angreifbar wäre (Lemke in HK-StPO § 22 Rn. 5). Jedoch kann, sofern das Urteil darauf beruht, dass der StA nicht nach § 145 Abs. 1 GVG ersetzt worden ist, diesen **Verfahrensfehler** mit der Revision gerügt werden (vgl. BGH NJW 1980, 845; Lemke in HK-StPO § 22 Rn. 5).

5   Mit der **Revision** kann die Mitwirkung eines ausgeschlossenen **Richters** gerügt werden. Urteile unterliegen bei ordnungsgemäß erhobener Revision der Aufhebung nach § 338 Nr. 2, ohne dass vorher eine Ablehnung des Richters wegen Ausschließung kraft Gesetzes (§ 24 Abs. 1) erfolgt sein muss. Sie erwachsen aber bei Nichtanfechtung in Rechtskraft (BGH 29, 355 = NJW 1981, 133). In der Revisionsbegründung muss der ausgeschlossene Richter **namentlich** bezeichnet werden (BGH NJW 1962, 500). Mit der Revision kann auch die unzulässige Mitwirkung eines „ausgeschlossenen" StA in der Hauptverhandlung gerügt werden. Es liegt

jedoch nicht der unbedingte Revisionsgrund iS des § 338 vor, sondern nur ein solcher nach § 337. Die Revision ist nur begründet, wenn nicht auszuschließen ist, dass das Urteil auf der Mitwirkung des StA beruht (BGH 14, 265 = NJW 1960, 1358; BGH NStZ 1983, 135; 1990, 24).

§ 23 [Ausschließung bei Mitwirkung in früheren Verfahren]

(1) **Ein Richter, der bei einer durch ein Rechtsmittel angefochtenen Entscheidung mitgewirkt hat, ist von der Mitwirkung bei der Entscheidung in einem höheren Rechtszuge kraft Gesetzes ausgeschlossen.**

(2) ¹**Ein Richter, der bei einer durch einen Antrag auf Wiederaufnahme des Verfahrens angefochtenen Entscheidung mitgewirkt hat, ist von der Mitwirkung bei Entscheidungen im Wiederaufnahmeverfahren kraft Gesetzes ausgeschlossen.** ²**Ist die angefochtene Entscheidung in einem höheren Rechtszug ergangen, so ist auch der Richter ausgeschlossen, der an der ihr zugrunde liegenden Entscheidung in einem unteren Rechtszug mitgewirkt hat.** ³**Die Sätze 1 und 2 gelten entsprechend für die Mitwirkung bei Entscheidungen zur Vorbereitung eines Wiederaufnahmeverfahrens.**

Zum Normzweck s. § 22 Rn. 1. § 23 enthält zwei scharf begrenzte **Ausnahmetatbestände** für den Fall der richterlichen Vortätigkeit. Er ist eng und nicht über den Wortlaut hinaus auszulegen (BVerfGE 30, 155 = NJW 1971, 1030; BGH 9, 234 = NJW 1956, 1246). Daher ist zB **kein** Ausschlussgrund, dass der erkennende Richter in derselben Sache als Ermittlungsrichter tätig war, dass er eine kommissarische Vernehmung oder andere Beweiserhebung (§ 202) angeordnet oder durchgeführt hat (BGH St 9, 233) oder dass er an Haftentscheidungen (BGH MDR 1972, 387) oder am Eröffnungsbeschluss oder als Ergänzungsrichter mitgewirkt hat (BVerfGE 30, 149 = NJW 1971, 1029). 1

Der Ausschlussgrund des **Abs. 2** erstreckt sich im Wiederaufnahmeverfahren nicht nur auf das neue Erkenntnisverfahren (§ 373), sondern auch auf die Entscheidung, ob der Antrag zulässig (§ 367) und ob er begründet (§ 370) ist. S. auch § 140 a GVG. Auch auf den **Revisionsrichter** trifft Abs. 2 zu; das gilt ebenfalls bei der Beschlussverwerfung der Revision nach § 349 Abs. 2 (BVerfGE 63, 80 = NJW 1983, 1900). Dagegen sind diejenigen Revisionsrichter in dem neuen Revisionsverfahren **nicht** ausgeschlossen, die die frühere Revision gegen das per Wiederaufnahme angefochtene Urteil verworfen hatten (BVerfG bei Sieg NJW 1984, 1519; KK-Pfeiffer Rn. 4). Keine Wiederaufnahme ist die Verhandlung und Entscheidung nach **Zurückverweisung.** Daher kann ein Richter, der an der aufgehobenen Entscheidung mitgewirkt hat, bei der neuen Hauptverhandlung im Fall des § 328 Abs. 2 vor dem Gericht des ersten Rechtszuges oder in den Fällen des § 354 Abs. 2 vor der anderen Abteilung oder Kammer dieses Gerichts, wenn er ihr inzwischen nach der Geschäftsverteilung angehört, teilnehmen, auch an dem anderen Gericht teilnehmen, wenn er dorthin versetzt worden ist (BGH 21, 142 = NJW 1967, 62; BGH NStZ 1994, 447). Ein Richter, der nach Aufhebung eines Urteils im **Strafausspruch** und Zurückverweisung an der neuen Entscheidung zum **Straffolgenausspruch** mitgewirkt hat, ist bei der Entscheidung im Wiederaufnahmeverfahren gegen dieses Urteil nicht ausgeschlossen. Er gehört nicht zu den unmittelbar beteiligten Richtern iSd § 23 Abs. 2, denen der **Schuldspruch** zuzurechnen ist (so OLG Nürnberg NStZ-RR 1999, 305). In Betracht kommen kann aber eine Ablehnung wegen Besorgnis der Befangenheit (BGH 24, 336 = NJW 1972, 1288). Die Mitwirkung eines kraft Gesetzes ausgeschlossenen Richters ist absoluter Revisionsgrund gemäß § 338 Nr. 2; der Richter muß in der Revisionsbegründung **namentlich** benannt werden (BGH NJW 1962, 500). Zur **Wirkung** der Ausschließung nach § 23 s. auch § 22 Rn. 1. 2

§ 24 [Ablehnung eines Richters]

(1) Ein Richter kann sowohl in den Fällen, in denen er von der Ausübung des Richteramtes kraft Gesetzes ausgeschlossen ist, als auch wegen Besorgnis der Befangenheit abgelehnt werden.

(2) Wegen Besorgnis der Befangenheit findet die Ablehnung statt, wenn ein Grund vorliegt, der geeignet ist, Mißtrauen gegen die Unparteilichkeit eines Richters zu rechtfertigen.

(3) ¹Das Ablehnungsrecht steht der Staatsanwaltschaft, dem Privatkläger und dem Beschuldigten zu. ²Den zur Ablehnung Berechtigten sind auf Verlangen die zur Mitwirkung bei der Entscheidung berufenen Gerichtspersonen namhaft zu machen.

1   Die Ablehnung eines Richters wegen eines **Ausschlussgrundes (Abs. 1)** hat den Sinn, über die Ausschließung in einem geordneten Verfahren zu entscheiden (s. auch §§ 22, 23). Die „Besorgnis der Befangenheit" kann nur aus Tatsachen, nicht aus Vermutungen des Angeklagten abgeleitet werden (BGH NJW 1998, 2459). **Befangenheit** iS des Abs. 2 ist die innere Haltung eines Richters, die eine erforderliche Neutralität, Distanz und Unparteilichkeit gegenüber den Verfahrensbeteiligten störend beeinflussen kann (BGH 45, 353 = NJW 2000, 1274). Entscheidend ist, ob der Ablehnungsberechtigte von seinem Standpunkt aus bei verständiger Überlegung Grund zu einer solchen **Besorgnis** haben konnte (BGHSt 24, 338 = NJW 1972, 1288). Es ist ein „individuell-objektiver Maßstab anzulegen". Nur auf die subjektive Sicht des Ablehnenden abzustellen kommt schon wegen der Bestimmung des Art. 101 Abs. 1 S. 2 GG nicht in Betracht, die es verbietet, dass der an sich zuständige Richter ohne zureichend objektivierbaren Grund in einem Einzelfall von der Mitwirkung an der Entscheidung ausgeschlossen wird (BGH NStZ 1997, 559). „Besorgnis der Befangenheit besteht, wenn ein am Verfahren Beteiligter bei vernünftiger Würdigung aller Umstände Anlass hat, an der Unvoreingenommenheit des Richters zu zweifeln" (BVerfG NJW 1995, 1277; BVerfGE 88, 1, 4 = NJW 1993, 2231 st. Rspr.). Erweckt das Gericht nach **Vorberatung** über die Strafobergrenze, die es im Fall eines Geständnisses nicht überschreiten wolle, den Eindruck, sich insoweit ohne Rücksicht auf den Umfang des Geständnisses und den weiteren Verlauf der Hauptverhandlung vorbehaltlos und endgültig **festgelegt** zu haben, so kann dies für einen Verfahrensbeteiligten die Besorgnis der Befangenheit begründen (BGH 45, 312 = NJW 2000, 965). Zur Besorgnis der Befangenheit, wenn die Vorsitzende Richterin während der Hauptverhandlung, in der über sexuelle Übergriffe des Angeklagten gegen seine minderjährige Tochter Beweis erhoben wird, sich bei der Betreuerin der Geschädigten erkundigt, ob sich diese wegen der Geschehnisse bereits in einer Therapie befindet (BGH NStZ 1999, 629). Nach st. Rspr. ist die Mitwirkung eines Richters an einer **früheren Entscheidung** in gleicher Sache grundsätzlich kein Ablehnungsgrund. Dies gilt auch, wenn es sich bei der früheren Entscheidung um die Verurteilung eines Mittäters wegen derselben Tat gehandelt hat und hierbei auch die Teilnahme des jetzigen Angeklagten erörtert wurde (BGH NStZ 1996, 323 mwN). Die **unterbliebene Anhörung** des Angeklagten vor Bestellung eines Pflichtverteidigers begründet trotz Verstoßes gegen **§ 142 Abs. 1 S. 2** für sich allein nicht die Besorgnis der Befangenheit (BGH StV 1998, 416; Egon Müller NStZ-RR 2001, 39). Es kommt nicht darauf an, ob sich der Richter selbst für befangen hält oder ob er für Zweifel an seiner Unbefangenheit Verständnis aufbringt (BVerfGE 32, 290). Aber es müssen Anhaltspunkte für die Voreingenommenheit vorgebracht und erkennbar sein und es muss gewährleistet sein, dass der **zuständige Richter** (vgl. § 101 Abs. 1 S 2 GG) nicht ohne Grund in einem Einzelfall von der Mitwirkung ausgeschlossen wird, da sich der Ausschluss auf **Mitangeklagte** erstreckt (BVerfGE 46, 200; BGH MDR 1955, 271). Nach der Rspr.

des BVerfG (NJW 1999, 2801) kann angenommen werden, dass die **Richter des BVerfG** hinsichtlich der Besorgnis der Befangenheit eine Sonderstellung einnehmen (vgl. Lamprecht NJW 1999, 2791). Abgelehnt werden können nur einzelne Richter, nicht das **Kollegialgericht** als Ganzes (BVerfGE 46, 200; BGH MDR 1955, 271; BGH NStZ 1995, 18). Statthaft ist es jedoch, jedes Mitglied des Gerichts in einem oder mehreren Gesuchen als **Einzelpersonen** abzulehnen, auch mit derselben Begründung (BGH 23, 200 = NJW 1970, 478; OLG Stuttgart Justiz 1994, 188).

Zugehörigkeit des Richters zu einer politischen Partei, einer Religion, Weltanschauung, Rasse, einem anderen Geschlecht oder einem bestimmten Familienstand berechtigt grundsätzlich nicht zur Ablehnung (BVerfGE 2, 297 = NJW 1953, 1097; KK-Pfeiffer Rn. 8). Wegen richterlicher Vortätigkeit kann nur unter besonderen Umständen eine Ablehnung erfolgreich sein (BGH 24, 336 = NJW 1288; s. § 23 Rn. 1, 2). So darf ein Richter, der an einem vom RevGer. aufgehobenen Urteil mitgewirkt hat, erneut in der zurückverwiesenen Sache mitentscheiden, ohne grundsätzlich als befangen zu gelten (BGH NStZ 1994, 447 mwN). Der 2. Strafsenat des BGH vertritt allerdings die Auffassung, „ein Richter dürfe über ein **Befangenheitsgesuch,** mit dem geltend gemacht wird, die abgelehnten Richter hätten ein gegen ihn gerichtetes Befangenheitsgesuch fehlerhaft abgelehnt, grundsätzlich nicht sachlich entscheiden; entscheide er dennoch, so begründe dies in der Regel die Besorgnis der Befangenheit ... Dieser Grundsatz gilt jedoch ... nicht stets und ausnahmslos" (BGH NStZ 1994, 448; vgl. auch BVerfG NJW 1995, 2914). In der Rspr. des BGH ist anerkannt, dass **Zwischenentscheidungen** selbst dann keinen Grund zur Ablehnung geben, wenn sie auf einer unrichtigen oder unhaltbaren Rechtsansicht beruhen (BGH NJW 1962, 749; BGH NStZ 1995, 218; Kusch NStZ-RR 1999, 257). Aus dem **eigenen Verhalten** kann der Ablehnende (zB Vorwurf der Rechtsbeugung) regelmäßig keinen Ablehnungsgrund herleiten (BGH NJW 1952, 1425; 1962, 749); es kann aber anders liegen, wenn der erkennende Richter gegen den Angeklagten Strafantrag stellt (BGH NStZ 1992, 290). Eine **Vorverurteilung durch die Medien,** ist als solche nicht geeignet, die Richter – auch die Laienrichter – befangen zu machen (BGH 22, 294 = NJW 1969, 703). Eine Ablehnung kann also nur dann Erfolg haben, wenn der Richter auf Grund der Vorverurteilung ein befangenes Verhalten an den Tag legt (KK-Pfeiffer Rn. 4). Spannungen **zwischen Richter und Verteidiger** begründen grundsätzlich nicht die Ablehnung (BGH MDR 1971, 897; BGH NStZ 1987, 19). Das **Verhalten des Richters** vor und während der Hauptverhandlung führt vielfach zu Ablehnungsanträgen (vgl. KK-Pfeiffer Rn. 7). Dabei sind die Umstände zu berücksichtigen. So rechtfertigen drastische und volkstümlich formulierte **Unmutsäußerungen** des erkennenden Richters über Beweisanträge des Verteidigers, die nach mehrmonatiger Hauptverhandlung erst kurz vor dem beabsichtigten Schluss der Beweisaufnahme gestellt werden, keine Besorgnis der Befangenheit (BGH NStZ-RR 1996, 200). Unmutsäußerungen eines abgelehnten Richters dürfen nicht isoliert betrachtet werden, sondern müssen in dem Gesamtzusammenhang gesehen werden, in dem sie gefallen sind. Es liegt nahe, für die Zulässigkeit einer auf § 338 Nr. 3 iVm § 24 gestützten Rüge iSd § 334 Abs. 2 S. 1 zu verlangen, dass von der Revision hierzu alle Einzelheiten konkret dargelegt werden (BGH NStZ 2000, 325). Äußerungen eines Richters, die nicht unverzüglich zu einem Ablehnungsgesuch geführt haben, kann noch Bedeutung zukommen, wenn dieses frühere, am Folgetag präkludierte Geschehen dem weiteren, grundsätzlich berechtigten Ablehnungsgrund ein erhöhtes Gewicht verleiht (BGH wistra 2004, 251). Ein Richter kann aber in der Reichweite seiner zutage getretenen Voreingenommenheit abgelehnt werden, selbst wenn das in der Sache einen praktischen Ausschluss von **bestimmten Tätigkeitsfeldern** führt und Anlass zu einer **Änderung der Geschäftsverteilung** gibt. Zur Ablehnung eines Richters wegen Befangenheit können auch Äußerungen führen, die in einer **wissenschaftlichen Fachpublikation** gemacht werden. Es kommt dabei nicht darauf an, ob der Richter diese Folge seiner Äußerungen hätte erkennen müssen und ob ihm der Vorwurf einer Verletzung seiner richterlichen Dienstpflichten (§ 39 DRiG) zu machen ist (BVerfG NJW 1996, 3333). Grundsätzlich können Spannungen **zwischen Sachverständigem und Richter** nur ganz ausnahmsweise – also in krassen Fällen – dann die Ablehnung begründen, wenn der Angeklagte daraus die Besorgnis ableiten kann, der Richter sei **ihm** gegenüber nicht unparteiisch (BGH NJW 1998, 2458). Zur Befangenheit des **Schöffen** s. BGH NStZ 1997, 559. Für das Verfahren der **Gegenvorstellung** ist die Ablehnung der an der **Ursprungsentscheidung** beteiligt gewesenen Richter ausgeschlossen (BGH NStZ-RR 2001, 333).

3   Für die **Ablehnung eines StA** wegen Befangenheit gibt es in der StPO keine rechtliche Grundlage (BVerfGE 25, 345 = NJW 1969, 345; Pfeiffer, FS für Rebmann, 1989, S. 365 ff.). S. § 22 Rn. 3. Es ist auch dem Missbrauch vorzubeugen, den informierten StA, der die Ermittlungen geleitet hat, in der Hauptverhandlung auszuschalten. Ein Antrag des Verteidigers auf Ablösung des Sitzungsvertreters der StA rechtfertigt grundsätzlich **nicht** die **Aussetzung** der Hauptverhandlung (OLG Zweibrücken NStZ-RR 2000, 348). Im Einzelfall kann die unzulässige Mitwirkung des StA mit der Revision als Verfahrensfehler gerügt werden (§§ 337, 344 Abs. 2 S. 2). Auch ein Anzeigeerstatter und Verletzter iSd § 172 Abs. 1 StPO hat keinen Rechtsanspruch auf Ersetzung des ermittelnden StA durch einen anderen StA. Aus diesem Grund kann er die Ablehnung seines Befangenheitsantrags nicht mit einen Antrag auf gerichtliche Entscheidung anfechten (OLG Frankfurt NStZ-RR 1999, 81). Verfahrensrecht ist nicht verletzt, wenn der StA als Sitzungsvertreter tätig wird, der in einer vorangegangenen Hauptverhandlung in gleicher Sache von einer anderen StrK als Zeuge vernommen worden ist (BGH NStZ 1994, 194).

4   Über die in **Abs. 3 S. 1 Genannten** sind im Rahmen ihrer Beteiligungen **ablehnungsberechtigt:** der Nebenkläger, der Beschuldigte im Sicherungsverfahren, der Verfall- und Einziehungsbeteiligte, der Antragsteller im Klageerzwingungsverfahren, Beteiligte im Verfahren bei Festsetzung von Geldbußen gegen jur. Personen, und selbstverständlich der Verteidiger im Namen des Mandanten.

5   Die **Namhaftmachung** nach **Abs. 3 S. 2** kann für jede richterliche Maßnahme verlangt werden (OLG Koblenz NStZ 1983, 470). Sie obliegt dem Vorsitzenden und muss so rechtzeitig erfolgen, dass der Ablehnungsberechtigte ermitteln kann, ob Ablehnungsgründe vorhanden sind (BayObLG NStZ 1990, 201). Nach der Mitteilung über die Besetzung des Gerichts muss dem Angeklagten eine **angemessene Frist** verbleiben, einen Befangenheitsantrag zu stellen und zu begründen (BVerfG NJW 1991, 2758). Auskünfte über die Person des Richters im Einzelnen kann nicht verlangt werden (OLG Koblenz NStZ 1983, 470). Für die LG- und OLG-Strafsachen im 1. Rechtszug ergibt sich eine Mitteilungs**pflicht** aus § 222 a. Die Verweigerung der Namhaftmachung kann mit der **Beschwerde** angefochten werden (§ 304 Abs. 1). Die **Revision** kann nur darauf gestützt werden, wenn der Antrag in der Hauptverhandlung wiederholt und Aussetzung beantragt worden ist (BayObLG MDR 1988, 339; BayObLG NStZ 1990, 201). Bei einer auf §§ 24, 338 Nr. 3 gestützten Verfahrensrüge ist es erforderlich, dass die Revision die gemäß § 26 Abs. 3 vom abgelehnten Richter abgegebene dienstliche Äußerung geschlossen und **im Wortlaut** mitteilt. Die Mitteilung dessen, was im Rahmen des Ablehnungsverfahrens auf die dienstliche Äußerung erwidert wurde, ersetzt deren Mitteilung nicht (BGH StV 1996, 2).

§ 25 [Letzter Ablehnungszeitpunkt]

(1) ¹**Die Ablehnung eines erkennenden Richters wegen Besorgnis der Befangenheit ist bis zum Beginn der Vernehmung des ersten Angeklagten über seine persönlichen Verhältnisse, in der Hauptverhandlung**

über die **Berufung oder die Revision** bis zum Beginn des Vortrags des Berichterstatters, zulässig. ²Alle Ablehnungsgründe sind gleichzeitig vorzubringen.

(2) ¹Nach diesem Zeitpunkt darf ein Richter nur abgelehnt werden, wenn
1. die Umstände, auf welche die Ablehnung gestützt wird, erst später eingetreten oder dem zur Ablehnung Berechtigten erst später bekanntgeworden sind und
2. die Ablehnung unverzüglich geltend gemacht wird.

²Nach dem letzten Wort des Angeklagten ist die Ablehnung nicht mehr zulässig.

Die **zeitliche** Grenze für die Ablehnung nach **Abs. 1 S. 1** (s. auch § 243 Abs. 2 **1** S. 2) gilt auch bei Abwesenheit des Ablehnungsberechtigten (Rieß/Hilger NStZ 1987, 148). Bis zu diesem Zeitpunkt kann aber auch mit der Ablehnung gewartet werden (BGH 4, 270 = NJW 1953, 1358). Nach Aussetzung der Hauptverhandlung oder Zurückverweisung der Sache entsteht die zeitliche Grenze erneut, dabei ist ohne Bedeutung, ob früher eine Ablehnung erklärt wurde (BGH 23, 278 = NJW 1970, 1513). Bei **mehreren Angeklagten** beginnt die zeitliche Grenze **für alle** mit der Vernehmung des **1. Angeklagten**. In der **Berufungs- und Revisionsverhandlung** ist die Ablehnung nur bis zum **Beginn des Vortrags** des Berichterstatters zulässig. Nach der in Abs. 1 S. 2 niedergelegten Konzentrationsmaxime müssen **alle** zurzeit der Ablehnung bekannten Gründe (zur Verhinderung missbräuchlicher Verzögerung) **gleichzeitig** vorgebracht werden. Bei Verstoß hiergegen ist das Ablehnungsgesuch unzulässig (vgl. § 26 a Abs. 1 Nr. 1).

Nach **Abs. 2 S. 1** kann die Ablehnung nur noch erklärt werden, wenn es sich **2** um **nach** dem in Abs. 1 S. 1 bestimmten Zeitpunkt **neu aufgetretene oder bekanntgewordene** Umstände handelt. Maßgebend ist die Kenntnis des Angeklagten; beim Nebenkläger ist die Kenntnis des bevollmächtigten Vertreters entscheidend (BGH 37, 264 = NJW 1991, 1900). „**Unverzüglich**" bedeutet „sobald als möglich, ohne eine nicht durch die Sachlage begründete Verzögerung" (BGH 21, 339 = NJW 1968, 711; 45, 315 = NJW 2000, 965). Zwar muss die Ablehnung eines Richters nach Beginn der Vernehmung des Angeklagten über seine persönlichen Verhältnisse **unverzüglich** geltend gemacht werden. Das bedeutet aber nicht, dass dem Angeklagten keine Überlegungsfrist einzuräumen wäre und dass er keinen Anspruch auf vorherige Beratung mit seinem Verteidiger hätte. Ihm ist vielmehr eine gewisse Zeit zum Überlegen und zum Abfassen seines Gesuchs zu bewilligen (vgl. BGH StV 1991, 49) und es ist ihm ausreichend zu ermöglichen, die Berechtigung seiner Bedenken gegen die Unvoreingenommenheit des betreffenden Richters mit seinem Verteidiger zu erörtern (BGH NStZ 1992, 290). Vom Erfordernis der Unverzüglichkeit der Stellung eines Befangenheitsantrags ist der Antragsteller auch bei einer Verhandlungsunterbrechung nicht freigestellt. Die ihm zur Verfügung stehende Überlegungsfrist verkürzt sich, wenn seinem Verteidiger die Ablehnungsgründe schon länger bekannt sind (BGH StV 1995, 396). Entsteht der Ablehnungsgrund **während** einer Beweiserhebung, kann er deren Beendigung abwarten (BGH StV 1986, 281). „Ergibt sich **während einer Zeugenvernehmung** ein Umstand, der die Besorgnis der Befangenheit eines Richters begründet, ist der Ablehnungsberechtigte nicht verpflichtet, auf eine umgehende Unterbrechung der Vernehmung hinzuwirken, um sein Ablehnungsgesuch anzubringen" (BGH NStZ 1996, 48). Das Erfordernis, das Ablehnungsgesuch **unverzüglich** geltend zu machen, gilt auch im Falle einer **Verhandlungsunterbrechung** (BGH NStZ 1993, 141; 1996, 48). **Nach dem letzten Wort** des Angeklagten (§§ 258 Abs. 2 (nicht Abs. 3), 326, 351 Abs. 2) ist gemäß dem verfassungsrechtlich unbedenklichen **Abs. 2 S. 2** (BVerfG NJW 1988, 477) die Ablehnung unzulässig. Wird **außerhalb** der Hauptverhandlung entschieden, ist die Ablehnung zeitlich nicht beschränkt. Aber **nachträglich** kann der Richter, auch wenn die Entscheidung anfechtbar ist, nicht mehr abgelehnt werden. Das gilt auch für den **Verwerfungsbeschluss nach § 349** Abs. 2 (BGH NStZ 1993, 600; BGH NStZ-RR 2001, 130).

§ 26 [Ablehnungsverfahren]

(1) ¹**Das Ablehnungsgesuch ist bei dem Gericht, dem der Richter angehört, anzubringen; es kann vor der Geschäftsstelle zu Protokoll erklärt werden.** ² **§ 257 a findet keine Anwendung.**

(2) ¹**Der Ablehnungsgrund und in den Fällen des § 25 Abs. 2 die Voraussetzungen des rechtzeitigen Vorbringens sind glaubhaft zu machen.** ²**Der Eid ist als Mittel der Glaubhaftmachung ausgeschlossen.** ³**Zur Glaubhaftmachung kann auf das Zeugnis des abgelehnten Richters Bezug genommen werden.**

(3) **Der abgelehnte Richter hat sich über den Ablehnungsgrund dienstlich zu äußern.**

1   Das Gesuch **(Abs. 1)** kann in jeder **Form** angebracht werden (RG 13, 304). Das Ablehnungsverfahren ist nicht Teil der Hauptverhandlung, für die das Gesetz Öffentlichkeit verlangt (BGH NStZ 1982, 188). „Auch wenn ein Richter in einer Hauptverhandlung abgelehnt wird, gelten für das Ablehnungsverfahren weder der Grundsatz der Öffentlichkeit noch das Gebot der Anwesenheit des Angeklagten" (BGH NJW 1995, 2382). Der Antrag muss den Richter eindeutig benennen, der abgelehnt wird, und es sind entsprechende Tatsachen (Ablehnungsgrund) anzuführen; bloßes Behaupten genügt nicht (BayObLG 1952, 188; BGH MDR 1970, 899).

2   „Zur **Glaubhaftmachung (Abs. 2)** gehört, dass das Gericht durch die beigebrachten Beweismittel in die Lage versetzt wird, ohne den Fortgang des Verfahrens verzögernde Ermittlungen über das Ablehnungsgesuch zu entscheiden; dazu reicht die bloße Benennung eines Zeugen idR nicht aus. Es genügt, dass dem Gericht die Wahrscheinlichkeit der Richtigkeit der behaupteten Tatsache dargetan wird" (BGH 21, 334 = NJW 1968, 710; BGH NStZ 1991, 144). **Mittel** der Glaubhaftmachung sind vor allem: Schriftliche Erklärungen oder eidesstattliche Versicherungen von Zeugen, Berufung auf das Zeugnis des abgelehnten Richters, Urkunden, Bescheinigungen; der **Verteidiger** versichert relevante eigene Handlungen, Beobachtungen usw. idR „anwaltschaftlich" (OLG Köln NJW 1964, 1038). Teilt ein RA als Verteidiger die den Ablehnungsantrag begründenden Tatsachen als **eigene Wahrnehmungen** mit, bedarf es für die Zulässigkeit des Antrags grundsätzlich nicht der ausdrücklichen Angabe des Mittels der Glaubhaftmachung (BayObLG StV 1995, 7). Eid oder eidesstattliche Versicherungen des **Antragsberechtigten** sind ausgeschlossen. Einer Glaubhaftmachung bedarf es nicht, wenn sich die Richtigkeit des Vorbringens aus den Akten ergibt oder dies gerichtsbekannt ist (KK-Pfeiffer Rn. 4). Die Glaubhaftmachung ist nicht in ein förmliches Beweisverfahren eingebunden (BGH MDR 1972, 17), daher ist es auch nicht Sache des Gerichts, von sich aus Zeugen zu hören (OLG Düsseldorf NJW 1985, 2207).

3   Die dienstliche Äußerung des Richters **(Abs. 3)** hat **schriftlich** zu erfolgen (im Verfahren nach § 26 a entfällt sie). Zur Wichtigkeit dieser Mitteilung s. § 24 Rn. 5. Sie ist zur Gewährung des rechtlichen Gehörs dem Antragsteller (und den übrigen Beteiligten) mitzuteilen; diesem ist nach § 33 Abs. 2 und 3 Gelegenheit zur Stellungnahme zu geben (BVerfGE 24, 62 = NJW 1968, 1621; BGH 21, 87 = NJW 1966, 2321); andernfalls ist das Verfahren fehlerhaft (BGH NStZ 1983, 354) und das Urteil kann darauf bestehen (OLG Hamm StV 1996, 11). Das Urteil wird aber idR nicht darauf beruhen, weil das Ablehnungsgesuch erneuert werden kann (BGH 21, 85).

Ausschließung und Ablehnung der Gerichtspersonen   § 26 a

§ 26 a [Unzulässige Ablehnung]

(1) **Das Gericht verwirft die Ablehnung eines Richters als unzulässig, wenn**
1. **die Ablehnung verspätet ist,**
2. **ein Grund zur Ablehnung oder ein Mittel zur Glaubhaftmachung nicht angegeben wird oder**
3. **durch die Ablehnung offensichtlich das Verfahren nur verschleppt oder nur verfahrensfremde Zwecke verfolgt werden sollen.**

(2) ¹**Das Gericht entscheidet über die Verwerfung nach Absatz 1, ohne daß der abgelehnte Richter ausscheidet.** ²**Im Falle des Absatzes 1 Nr. 3 bedarf es eines einstimmigen Beschlusses und der Angabe der Umstände, welche den Verwerfungsgrund ergeben.** ³**Wird ein beauftragter oder ein ersuchter Richter, ein Richter im vorbereitenden Verfahren oder ein Strafrichter abgelehnt, so entscheidet er selbst darüber, ob die Ablehnung als unzulässig zu verwerfen ist.**

Zur Beschleunigung des Verfahrens bestimmt § 26 a, dass die Ablehnung unter 1
Mitwirkung des abgelehnten Richters – im Gegensatz zu § 27 – in den in Abs. 1
Nrn. 1 bis 3 genannten Fällen als **unzulässig** zu verwerfen ist. Der Katalog ist
unvollständig; denn die Ablehnung eines Gerichts als Ganzes (s. § 24 Rn. 1) und
die Ablehnung eines Richters, der mit der Sache nicht (mehr) befasst ist, sind
ebenfalls unzulässig. „Die Verwerfung **einzelner** von mehreren Ablehnungsgründen
als unzulässig ist ebenso ausgeschlossen wie im Rahmen des § 346 Abs. 1 die
Verwerfung einzelner Revisionsgründe" (BGH 37, 105 = NJW 1990, 3030).

Abs. 1 Nr. 1: dieser Unzulässigkeitsgrund ergibt sich aus § 25. **Abs. 1 Nr. 2:** 2
eine völlig ungeeignete Begründung ist wie das Fehlen einer Begründung zu
behandeln (BGH NStZE Nr. 1 zu § 26 a). Unzulässigkeit liegt auch vor, wenn ein
bereits abgelehntes Gesuch mit derselben **verbrauchten** Begründung wiederholt
wird; es ist insoweit auch kein Ablehnungsgrund angegeben (OLG Hamm NJW
1966, 2073; BT-Drucks. IV/178 S. 35). Eine „sich in bloßen Anwürfen ergehende
Schmähung ist aus zwingenden rechtlichen Gründen zur Rechtfertigung eines
Ablehnungsgesuches völlig ungeeignet; sie ist rechtlich wie das Fehlen der Begründung (§ 26 a I Nr. 2 StPO) zu behandeln" (BGH NStZ 1997, 331). Der Befangenheitsantrag ist auch gemäß § 26 a Abs. 1 Nr. 2 **unzulässig,** wenn sich die Ausführungen in pauschalen und in weiten Teilen abstrusen Vorbehalten gegenüber Angehörigen einer bestimmten Bevölkerungsgruppe (**Konfessionsmitgliedern**) erschöpft und die Darlegung konkreter Anhaltspunkte fehlt, die auf eine Voreingenommenheit bestimmter zur Entscheidung berufener Richter schließen lassen könnten (BGH NStZ-RR 2002, 66). Auch ein Ablehnungsgesuch, das mit einer völlig ungeeigneten Begründung versehen ist, ist unzulässig iSd **§ 26 a Abs. 1 Nr. 2** (BGH NStZ 1999, 311; BGH NStZ-RR 2002, 66). **Abs. 1 Nr. 3:** die **Verschleppungsabsicht** muss **offensichtlich,** dh ohne weitere Nachforschungen feststellbar sein. **Verfahrensfremde Zwecke** werden zB verfolgt, wenn mit dem Gesuch nur Demonstrationszwecke oder die Verunglimpfung des abgelehnten Richters erreicht werden sollen (BT-Drucks. IV/178 S. 35; OLG Koblenz MDR 1977, 425).

Abs. 2. In der Hauptverhandlung trifft das Gericht die Entscheidung unter Mit- 3
wirkung der Schöffen (und des abgelehnten Richters). Außerhalb der Hauptverhandlung ergeht die Entscheidung in der Beschlussbesetzung. Die Beteiligten sind
vorher zu hören (§ 33). Der Beschluss ist zu begründen (§ 34). Die Begründung
muss so **ausführlich** sein, dass sie dem Beschwerdegericht (vgl. § 28) eine sachliche
Nachprüfung ermöglicht (OLG Köln StV 1991, 292). Im Fall des Abs. 1 Nr. 3
müssen in dem **einstimmig** gefassten Verwerfungsbeschluss die tragenden Um-

stände ausführlich dargetan werden, auch wenn diese offensichtlich sind. Der Beschluss ist zu verkünden bzw. zuzustellen. Zur Anfechtbarkeit s. § 28.

§ 27 [Entscheidung über die Ablehnung]

(1) **Wird die Ablehnung nicht als unzulässig verworfen, so entscheidet über das Ablehnungsgesuch das Gericht, dem der Abgelehnte angehört, ohne dessen Mitwirkung.**

(2) **Wird ein richterliches Mitglied der erkennenden Strafkammer abgelehnt, so entscheidet die Strafkammer in der für Entscheidungen außerhalb der Hauptverhandlung vorgeschriebenen Besetzung.**

(3) [1] **Wird ein Richter beim Amtsgericht abgelehnt, so entscheidet ein anderer Richter dieses Gerichts.** [2] **Einer Entscheidung bedarf es nicht, wenn der Abgelehnte das Ablehnungsgesuch für begründet hält.**

(4) **Wird das zur Entscheidung berufene Gericht durch Ausscheiden des abgelehnten Mitglieds beschlußunfähig, so entscheidet das zunächst obere Gericht.**

1 Mit „**Gericht**" (Abs. 1) ist der zur Entscheidung berufene Spruchkörper (StrK, Strafsenat usw.) gemeint (BGH NJW 1959, 1141; OLG Zweibrücken NJW 1968, 1439). Da der abgelehnte Richter – im Gegensatz zu § 26 a – nicht mitwirken darf, ist die Hauptverhandlung zu unterbrechen (BGH 15, 384 = NJW 1961, 1077); hierbei ist § 29 Abs. 2 zu beachten.

2 Da das Ablehnungsverfahren **nicht Teil** der Hauptverhandlung ist (BGH NStZ 1982, 188; 1996, 398), entscheidet die StK (**Abs. 2**) ohne Schöffen (§ 76 Abs. 1 S. 2 GVG), das OLG und das BayObLG (auch erstinstanzlich) mit 3 Richtern (§ 122 Abs. 1 GVG), und der BGH mit 5 Richtern (§ 139 Abs. 1 GVG). S. auch § 26 a Rn. 1 bis 3. Zur **Reihenfolge** der Ablehnungsentscheidungen: Über die Ablehnung mehrerer Richter ist grundsätzlich in der Reihenfolge der Ablehnungen zu entscheiden; werden sie gleichzeitig abgelehnt, in der Reihenfolge, in der sie aufgeführt sind. Werden alle Richter der StK abgelehnt, ist in der Reihenfolge zu entscheiden, die in der Geschäftsverteilung aufgeführt ist (KK-Pfeiffer Rn. 6). „Jedenfalls in Fällen **nacheinander** eingehender und unterschiedlich begründeter Ablehnungsgesuche gebietet der Grundsatz des gesetzlichen Richters nach Art. 101 GG eine sukzessive Entscheidung in der Reihenfolge der Ablehnungsgesuche" (BGH NStZ 1996, 144; vgl. BVerfG NJW 2004, 2514). Zu der nicht einfachen Rechtslage führt BGH 21, 334 = NJW 1968, 710 ua aus: „Werden erkennende Richter und außerdem ein Richter abgelehnt, der zur Entscheidung über die Ablehnungsgesuche gegen sie berufen wäre, so ist über das Ablehnungsgesuch gegen ihn vorab zu entscheiden und, wenn es für unbegründet erachtet wird, mit ihm die Kammer zu bilden, die dann über Ablehnungsgesuche gegen die erkennenden Richter zu beschließen hat". Das gilt auch für das obere Gericht (OLG Frankfurt NStZ 1981, 234). Es kommt auf die einzelnen Umstände an, ob die Befangenheit eines Richters zu besorgen ist, wenn dieser über ein **Befangenheitsgesuch entscheidet,** mit dem geltend gemacht wird, die abgelehnten Richter hätten ein gegen ihn gerichtetes Befangenheitsgesuch fehlerhaft abgelehnt (BGH NStZ 1994, 447; BVerfG NJW 1995, 2914). Der BGH hat neuerdings den in der Literatur vorgesehenen Lösungen über die **Reihenfolge** der Entscheidungen kein derartiges Gewicht beigemessen, dass sich danach der jeweilige **gesetzliche Richter** bestimmen sollte. Gesetzlicher Richter für einen solchen Beschluss ist nicht der im Zeitpunkt der Antragstellung, sondern der im **Zeitpunkt der Entscheidung berufene Richter.** Die Entscheidung über die Ablehnung eines Richters findet in Form eines schriftlichen Verfahrens außerhalb der Hauptverhandlung statt. Eine entsprechende

Anwendung des Grundsatzes der Einheitlichkeit der mündlichen Verhandlung und damit der Notwendigkeit einer unveränderten Gerichtsbesetzung, ist hierbei nicht möglich. Über die Ablehnung eines erkennenden Richters muss nicht alsbald entschieden werden (§ 29 Abs. 2 S. 1), die für die Ablehnungsentscheidung zuständige Gerichtsbesetzung kann sich also zwischen Antragstellung und Entscheidung ändern – sei es durch Krankheit, Urlaub, sonstige Verhinderung oder durch deren Wegfall. Müßte der im Zeitpunkt der Antragstellung berufene Richter jedenfalls bei der Entscheidung mitwirken, könnte über ein Ablehnungsgesuch unter Umständen nicht mehr innerhalb der gesetzlichen Frist während des Laufs der Hauptverhandlung entschieden werden; dh., ein (eventuell unbegründetes) Ablehnungsgesuch könnte schon aus Fristgründen zur Aussetzung der Hauptverhandlung führen. Wird ein Ablehnungsgesuch **zugleich gegen mehrere erkennende Richter** eingereicht, ist eine einheitliche Beschlussentscheidung jedenfalls dann veranlasst, wenn die Ablehnungsgründe **in Verbindung** stehen (BGH 44, 26 = NJW 1998, 2458).

Beim AG **(Abs. 3)** entscheidet stets, auch wenn ein von einem höheren Gericht **3** **ersuchter Richter** abgelehnt wird, ein anderer Richter des AG, bei einem **einstelligen** AG der nach § 22 b Abs. 1 GVG bestellte Vertreter (Meyer-Goßner Rn. 5). Für den **Ermittlungsrichter** des OLG und des BGH fehlt es in Abs. 3 an einer ausdrücklichen Regelung. Wird dieser abgelehnt, so entscheidet ein im Geschäftsverteilungsplan zu bestimmender anderer Ermittlungsrichter (KK-Pfeiffer Rn. 4). Der **Strafsenat** des BGH oder OLG entscheidet in der für Entscheidungen außerhalb der Hauptverhandlung vorgeschriebenen Besetzung, beim OLG mit 3 Richtern (§ 122 Abs. 1 GVG), beim BGH mit 5 Richtern (§ 139 Abs. 1 GVG, Meyer-Goßner Rn. 6).

Das **zunächst obere Gericht (Abs. 4),** dh das LG für das AG, das OLG für das **4** LG und der BGH für das OLG, hat nur insoweit zu entscheiden, wie es zur Wiederherstellung der Beschlussfähigkeit erforderlich ist.

Auch im Verfahren nach § 27 kann das Gesuch als unzulässig verworfen werden **5** (BGH 21, 337 = NJW 1968, 710). Ist der Antrag zulässig, wird er durch Beschluss als unbegründet zurückgewiesen (§ 28 Abs. 2 S. 1) oder für begründet erklärt (§ 28 Abs. 1). Der **stattgebende** Beschluss kann ohne Begründung ergehen (§ 34). Der rechtskräftig (vgl. § 28) **zurückweisende** Beschluss hat die **Wirkung,** dass der Zustand eintritt, der vor der Ablehnung bestanden hat. Der zu Unrecht abgelehnte (erkennende oder nicht erkennende) Richter hat sofort wieder an der Untersuchung und Entscheidung mitzuwirken (BGH 21, 338). Der **stattgebende** Beschluss hat die **Wirkung,** dass der Richter einem ausgeschlossenen Richter gleichsteht (§ 338); er hat sich **jeder** Tätigkeit zu enthalten; eine Rückwirkung auf frühere richterliche Akte tritt aber nicht ein (OLG Koblenz NStZ 1983, 471). Der Ausschluss erstreckt sich auf das gesamte Verfahren, auch gegen **Mitangeklagte.** Der Beschluss muss dem abgelehnten Richter und den Prozessbeteiligten bekanntgemacht werden. Er kann bei Fortsetzung der unterbrochenen Hauptverhandlung verkündet werden (§ 35 Abs. 1), auch unter Beteiligung durch den erfolglos abgelehnten Richter, nachdem diesem der Beschluss (formlos) zur amtlichen Kenntnisnahme zugegangen war (BGH 15, 386 = NJW 1961, 1078). Im Übrigen wird der Beschluss schriftlich mitgeteilt, im Fall des § 28 Abs. 2 S. 1 durch förmliche Zustellung, im Fall des § 28 Abs. 2 S. 2 formlos. Eine Kostenentscheidung ergeht nicht. Zum Verfahren s. auch bei § 28 und § 26.

§ 28 [Rechtsmittel]

(1) **Der Beschluß, durch den die Ablehnung für begründet erklärt wird, ist nicht anfechtbar.**

§ 28

(2) ¹Gegen den Beschluß, durch den die Ablehnung als unzulässig verworfen oder als unbegründet zurückgewiesen wird, ist sofortige Beschwerde zulässig. ²Betrifft die Entscheidung einen erkennenden Richter, so kann sie nur zusammen mit dem Urteil angefochten werden.

1   Der stattgebende Beschluss **(Abs. 1)** kann nicht widerrufen werden. Die sofortige Beschwerde **(Abs. 2)** ist nur bei erfolgloser Ablehnung des **nicht erkennenden Richters** (s. Rn. 3) gegeben, sofern dieses Rechtsmittel nicht bei OLG-Beschlüssen nach § 304 Abs. 4 ausgeschlossen ist (BGH 27, 96 = NJW 1977, 1829).

2   Das Beschwerdegericht hat den angefochtenen Beschluss voll nachzuprüfen, also auch hinsichtlich der Begründetheit, wenn das Gesuch zu Unrecht als unzulässig verworfen worden ist; die Möglichkeit der Zurückverweisung bei fehlender tatsächlicher Beurteilungsgrundlage wird dadurch nicht ausgeschlossen (BGH 23, 267 = NJW 1970, 1558; KG NStZ 1991, 401). Die **Revision** gegen die Entscheidung des Beschwerdegerichts ist nach § 336 S. 2 ausgeschlossen.

3   **Erkennender Richter (Abs. 2 S. 2)** ist jeder Richter, der zur Mitwirkung in der Hauptverhandlung berufen ist (auch Ergänzungsrichter nach § 192 Abs. 2 GVG, auch wenn der Eintritt erst bevorsteht, OLG Celle NJW 1973, 1054, ebenso beim Ergänzungsschöffen, OLG Schleswig StV 1994, 641). Die Eigenschaft als „erkennender Richter" beginnt mit Erlass des Eröffnungsbeschlusses (BGH NJW 1952, 234; OLG Köln NJW 1993, 608; OLG Hamm NStZ-RR 2002, 238). In anderen Verfahren: im Berufungs- und Revisionsverfahren mit Aktenvorlage durch die StA; im Strafbefehlsverfahren mit Erlass des Strafbefehls oder mit der Anberaumung der Hauptverhandlung; im beschleunigten Verfahren mit der Anordnung des Vorsitzenden, dass die Hauptverhandlung sofort durchgeführt wird, oder mit der Anordnung eines Termins dazu. Mit dem Eingang der Akten bei der **Berufungsstrafkammer** gemäß § 321 sind erkennende Richter iSd § 28 Abs. 2 auch die Richter, die nach § 27 berufen sind, über **Ablehnungsgesuche** gegen einen in der Hauptverhandlung mitwirkenden Richter zu entscheiden (OLG Karlsruhe NStZ-RR 1998, 144). Bei Verfahren ohne Eröffnungsbeschluss beginnt also diese Eigenschaft mit jeder gerichtlichen Verfügung, die erkennen lässt, dass die Hauptverhandlung stattfinden soll und vor welchem Gericht. Die Eigenschaft als erkennender Richter endet mit der Urteilsfällung. § 28 Abs. 2 S. 2 führt zur Unzulässigkeit einer **sofortigen Beschwerde** gegen einen ein Ablehnungsgesuch zurückweisenden Beschluss nur dann, wenn der abgelehnte Richter im Zeitpunkt der Beschwerdeentscheidung noch erkennender Richter ist (OLG Hamburg NStZ 1999, 50).

4   **Anfechtung mit dem Urteil** bedeutet: „Es ändert sich insoweit aus Gründen der Zweckmäßigkeit nur der Instanzenzug. Die Sache selbst bleibt die gleiche. Das Rechtsmittel bleibt seiner Natur nach auch Beschwerde" (BGH 27, 98 = NJW 1977, 1829). Ist das Urteil unanfechtbar, kann auch der Ablehnungsbeschluss nicht angefochten werden (OLG Köln MDR 1976, 774). Ist die sofortige Beschwerde nach § 304 Abs. 4 S. 2 ausgeschlossen, so gilt dies auch für die Anfechtung mit dem Urteil. Die Anfechtung hat die **Formen und Fristen** der Berufung und Revision zu wahren (BGH 21, 340 = NJW 1968, 710; OLG Köln MDR 1976, 775). Der Wille, den Verwerfungs- oder Zurückweisungbeschluss anzufechten, muss zum Ausdruck gebracht werden (BayObLG NJW 1957, 599).

5   Bei der **Berufung** ist zwar eine Begründung nicht zwingend vorgeschrieben, aber die Anfechtungsgründe müssen in der Frist des § 317 dargetan werden. Die Anfechtung kann nur auf **Tatsachen** gestützt werden, die dem Ablehnungsgrund zugrunde gelegen haben. Neue Beweismittel zur Glaubhaftmachung eines Ablehnungsgrundes dürfen beim Rechtsmittelgericht – wegen der zeitlichen Grenze des § 25 – nicht nachgebracht werden (BGH 21, 88 = NJW 1966, 2321).

6   Bei der **Revision** wird die Anfechtung nach **§ 28 Abs. 2 S. 2** wie eine **Verfahrensrüge** behandelt, für die § 344 Abs. 2 S. 2 gilt (BGH 21, 340). In der Revi-

sionsbegründung muss also der Wortlaut des Ablehnungsantrages und des verwerfenden bzw. zurückweisenden Beschlusses sowie ev. der Inhalt der dienstlichen Äußerung des abgelehnten Richters genau mitgeteilt werden (BGH NStZ 1995, 462) sowie sonstiges zum Verständnis der Rüge erforderliches Vorbringen (BGHR § 344 Abs. 2 S. 2 Befangenheitsrüge 1). Allein auf den Umstand, dass das Ablehnungsgesuch nicht als unzulässig hätte verworfen werden dürfen, kann die Revision nicht gestützt werden. Es sind auch die **Tatsachen** vorzubringen, aus denen sich ergeben soll, dass das Gesuch sachlich gerechtfertigt war (BGH MDR 1979, 637). Der in einer früheren, ausgesetzten Hauptverhandlung ergangene Beschluss, durch den ein Ablehnungsgesuch verworfen wurde, kann (ohne Wiederholung in der neuen Hauptverhandlung) mittels der Revision mit dem Urteil angefochten werden (BGH 31, 15 = NJW 1982, 1712). Eine **besondere** sofortige Beschwerde neben der Revision braucht nicht eingelegt zu werden.

§ 29 [Unaufschiebbare Amtshandlungen]

(1) **Ein abgelehnter Richter hat vor Erledigung des Ablehnungsgesuchs nur solche Handlungen vorzunehmen, die keinen Aufschub gestatten.**

(2) ¹**Wird ein Richter während der Hauptverhandlung abgelehnt und würde die Entscheidung über die Ablehnung (§§ 26 a, 27) eine Unterbrechung der Hauptverhandlung erfordern, so kann diese so lange fortgesetzt werden, bis eine Entscheidung über die Ablehnung ohne Verzögerung der Hauptverhandlung möglich ist; über die Ablehnung ist spätestens bis zum Beginn des übernächsten Verhandlungstages und stets vor Beginn der Schlußvorträge zu entscheiden.** ²**Wird die Ablehnung für begründet erklärt und muß die Hauptverhandlung nicht deshalb ausgesetzt werden, so ist ihr nach der Anbringung des Ablehnungsgesuchs liegender Teil zu wiederholen; dies gilt nicht für solche Handlungen, die keinen Aufschub gestatten.** ³**Nach Anbringung des Ablehnungsgesuchs dürfen Entscheidungen, die auch außerhalb der Hauptverhandlung ergehen können, unter Mitwirkung des Abgelehnten nur getroffen werden, wenn sie keinen Aufschub gestatten.**

Keinen Aufschub (Abs. 1) dulden solche Handlungen, die nicht bis zum Eintritt des Ersatzrichters aufgeschoben werden können (zB Vernehmung eines todkranken Zeugen, Festsetzung von Ordnungsmitteln nach § 177 GVG). Der Grund sollte aktenkundig gemacht werden. **Aufschiebbar** ist zB die Entscheidung über die Eröffnung des Hauptverfahren (BGH 4, 208 = NJW 1953, 1114) oder die Verwerfung nach § 346 Abs. 1 oder Vernehmungen von Schuldigen oder Zeugen je nach den Umständen (BGH NStZ 2002, 429). Die **unaufschiebbar** gewesene Handlung bleibt **wirksam,** auch wenn die Ablehnung später für **begründet** erklärt wird; aber anders, wenn ein **Ausschließungsgrund** gemäß §§ 22, 23 festgestellt wird (LR-Wendisch Rn. 8, 20). Durch ein Ablehnungsgesuch wird der abgelehnte Richter – vorbehaltlich unaufschiebbarer Handlungen – gemäß Abs. 1 vorläufig **amtsunfähig.** Außerhalb der Hauptverhandlung tritt dieser Rechtszustand bereits mit dem Eingang des Ablehnungsgesuchs bei Gericht ein; auf die Kenntnis des abgelehnten Richters von diesem Gesuch kommt es demgegenüber nicht an (OLG Frankfurt NJW 1998, 1238). Der Meinung, dass **aufschiebbar** gewesene Handlungen, die der wegen Besorgnis der Befangenheit abgelehnte Richter vorgenommen hat – bevor über das Ablehnungsgesuch entschieden worden ist – **unwirksam** sind, und zwar unabhängig davon, ob das Ablehnungsgesuch begründet, unbegründet oder sogar unzulässig war (so OLG Düsseldorf StV 1994, 528), ist nicht zu folgen. Die Unwirksamkeit einer gerichtlichen Entscheidung mit der Folge rechtlicher Unbeachtlichkeit wird in der StPO nur in seltenen Ausnahmefällen angenommen. Hier ist bereits aus § 338 Nr. 3 eindeutig zu entnehmen, dass eine

1

§ 30 Erstes Buch. 3. Abschnitt

richterliche Entscheidung, die unter Verletzung des § 29 Abs. 1 ergangen ist, nur fehlerhaft und **nicht unwirksam** ist (vgl. BGH 4, 210 = NJW 1953, 114; RG JW 1902, 249). Daher wird vor allem ein Verstoß gegen die Wartepflicht des § 29 Abs. 1 geheilt, wenn das Ablehnungsgesuch erfolglos bleibt (OLG München NStZ 1993, 354). S. auch Rn. 4. Es kommt also eine Korrektur oder die Heilung der getroffenen Entscheidung im weiteren Verfahrensgang in Betracht (KK-Pfeiffer Rn. 5).

2   Die Möglichkeit der Fortsetzung der Hauptverhandlung nach **Abs. 2 S. 1** betrifft nur die Ablehnung des **erkennenden Richters** einschließlich der Schöffen **während der Hauptverhandlung.** Hauptverhandlungsunterbrechungen sind einbezogen; die Vorschrift gilt auch, wenn das Ablehnungsgesuch in dieser Zeit außerhalb der Hauptverhandlung angebracht wird. Bei Vorliegen der Voraussetzung kann die Hauptverhandlung **zeitlich** begrenzt fortgesetzt werden. Zu beachten sind hierbei eine **relative** und zwei **absolute** Grenzen. **Absolut** begrenzt ist die Weiterverhandlungsbefugnis, je nachdem welcher Zeitpunkt der **frühere** ist, durch das **Ende der Beweisaufnahme** oder den **Beginn des dem Ablehnungsgesuch folgenden übernächsten Verhandlungstags.** Doch darf dieser Zeitraum nicht ausgewertet werden, wenn unter Anwendung aller zumutbaren organisatorischen Maßnahmen eine vorherige Entscheidung möglich ist (Rieß NJW 1978, 2268). Die **relative** Grenze liegt darin, dass die Entscheidung getroffen werden muss, wenn sie ohne Verzögerung der Hauptverhandlung möglich ist. Eine **weitere Sperre** kann sich aus **Abs. 2 S. 3** ergeben. Sobald Entscheidungen erforderlich werden, die – wie etwa Haftentscheidungen oder Beschlagnahmen – auch während einer Hauptverhandlung außerhalb dieser ergehen können, darf der Abgelehnte außer im Fall der Unaufschiebbarkeit nicht mitwirken (Rieß NJW 1978, 2268).

3   Wird die Ablehnung nach Fortsetzung der Hauptverhandlung für begründet erklärt, so wird dies in aller Regel den Neubeginn der Verhandlung erfordern. Dies erübrigt sich nur, wenn für den Abgelehnten ein **Ergänzungsrichter** eintreten kann. Für diesen Ausnahmefall ordnet Abs. 2 S. 2 die Wiederholung des Teiles der Hauptverhandlung an, der nach der Anbringung des Gesuchs stattgefunden hat; dies gilt nicht für solche Teile, die iS des Abs. 1 unaufschiebbar waren.

4   Die **Revision** kann auf die Verkennung des Begriffs Unaufschiebbarkeit und auf die Überschreitung der absoluten Grenzen nach Abs. 2 S. 1 gestützt werden (BGH NStZ 1996, 398); ebenso auf die Mißachtung des Wiederholungsgebots nach Abs. 2 S. 2, denn der nicht wiederholte Teil ist nicht „Inbegriff der Hauptverhandlung" iS des § 261 (KK-Pfeiffer Rn. 14). „Ob eine Amtshandlung unaufschiebbar iS des § 29 Abs. 1 ist, unterliegt indes nur einer **eingeschränkten revisionsrechtlichen** Überprüfung. Dem Richter ist bei der Beurteilung des Begriffs der Unaufschiebbarkeit ein Spielraum einzuräumen; es genügt, dass seine Entscheidung vertretbar und nicht ermessensfehlerhaft ist" (BGG NStZ 2002, 430). Steht für das Revisionsgericht fest, dass der abgelehnte Richter zu keinem Zeitpunkt befangen war, so vermag der bloße formale Verstoß gegen die Wartepflicht des § 29 Abs. 1 die Revision nicht zu begründen (BGH 48, 264 = NJW 2003, 2396).

§ 30 [Selbstablehnung; Ablehnung von Amts wegen]

Das für die Erledigung eines Ablehnungsgesuchs zuständige Gericht hat auch dann zu entscheiden, wenn ein solches Gesuch nicht angebracht ist, ein Richter aber von einem Verhältnis Anzeige macht, das seine Ablehnung rechtfertigen könnte, oder wenn aus anderer Veranlassung Zweifel darüber entstehen, ob ein Richter kraft Gesetzes ausgeschlossen ist.

1   § 30 sieht keine Selbstablehnung vor, sondern nur eine **Selbstanzeige.** Zur **Besorgnis der Befangenheit** s. § 24 Rn. 1. Die Entscheidung hierüber dient auch der Bestimmung des gesetzlichen Richters. Erst und nur durch sie kann der Richter,

der Umstände angezeigt hat, die seine Ablehnung rechtfertigen können, die Eigenschaft des gesetzlichen Richters verlieren, wenn er nicht zweifelsfrei kraft Gesetzes nach §§ 22, 23 **ausgeschlossen** ist (BGH 25, 125 = NJW 1973, 861). **Von Amts wegen** hat das Gericht Ausschließungsgründe nach §§ 22, 23 zu beachten. Liegen sie ohne Zweifel vor, so bedarf es keiner Entscheidung. Bestehen an ihrem Vorliegen Zweifel – auf die jeder Richter hinzuweisen hat, auch wenn sie andere Richter betreffen –, so muss das Gericht so entscheiden, als seien die Ausschließungsgründe von einem Prozessbeteiligten geltend gemacht oder von dem Richter angezeigt worden (Meyer-Goßner Rn. 3). Zuständig ist das Gericht nach § 27; § 27 Abs. 4 ist auch anwendbar. Die Anzeige ist **Dienstpflicht** des Richters (BGH MDR 1866, 24) und während des **gesamten Verfahrens** möglich.

Bis zur gerichtlichen Entscheidung über seine Selbstanzeige darf der Richter grundsätzlich im Verfahren nicht weiter tätig werden; das gilt auch für vorbereitende Handlungen, zB die Entbindung vom Schöffenamt (BGH 31, 5 = NJW 1982, 1655). § 29 Abs. 1 (unaufschiebbare Amtshandlungen) ist anwendbar, aber nicht § 29 Abs. 2. Die Entscheidung ergeht durch **Beschluss.** Wird der Richter von der Mitwirkung entbunden, ist er von jeder **Art richterlicher** Tätigkeit in dieser Sache **ausgeschlossen;** hierunter fällt zB nicht die Auslosung der Schöffen, weil sie eine reine Maßnahme der **Justizverwaltung** ist (BGH 3, 68 = NJW 1952, 1265). 2

Der Beschluss ist entsprechend § 28 Abs. 1 **nicht anfechtbar,** wenn das Gericht die Besorgnis der Befangenheit als begründet erachtet oder das Vorliegen eines Ausschließungsgrundes festgestellt hat (BGH GA 1962, 338). Die hM, wonach der Vorgang um die Selbstanzeige eine **interne** Angelegenheit des Gerichts ist und daher die Verfahrensbeteiligten nicht gehört zu werden brauchen (Meyer-Goßner Rn. 5 mwN), **ist überholt.** Der Anspruch auf rechtliches Gehör (Art. 103 Abs. 1 GG) verlangt, dass die Verfahrensbeteiligten hinsichtlich der Selbstanzeige **Gelegenheit zur Stellungnahme** erhalten müssen (BVerfG 89, 28 = NJW 1993, 2229). Liegt eine Verletzung des Grundsatzes des rechtlichen Gehörs vor, ist die sofortige Beschwerde nach § 28 Abs. 2 S. 1 zulässig. Betrifft sie einen erkennenden Richter, kann der Beschluss gemäß § 28 Abs. 2 S. 2 nur zusammen mit dem Urteil angefochten werden. Die **Revision** kann nicht darauf gestützt werden, dass der Richter eine Anzeige nach § 30 unterlassen habe (BGH MDR 1966, 24). Das Revisionsgericht kann grundsätzlich den Beschluss, durch den die Selbstanzeige für begründet oder unbegründet erklärt wird, nicht überprüfen (BGH 25, 127 = NJW 1973, 861); es kann aber ein Verstoß gegen Art. 101 Abs. 1 S. 2 GG in Form von Willkür gerügt werden. Wird der Richter schon vor der Entscheidung über die Selbstanzeige durch einen Vertreter ersetzt, ist die Revision nach § 338 Nr. 1 gerechtfertigt (BGH 25, 122 = NJW 1973, 860). Die Nichtbeachtung eines **Ausschließungsgrundes** kann nach § 338 Nr. 1 mit der Revision gerügt werden, auch wenn im Beschluss „Zweifel" verneint wurden (KK-Pfeiffer Rn. 8). 3

§ 31 [Schöffen, Urkundsbeamte]

(1) **Die Vorschriften dieses Abschnitts gelten für Schöffen sowie für Urkundsbeamte der Geschäftsstelle und andere als Protokollführer zugezogene Personen entsprechend.**

(2) ¹**Die Entscheidung trifft der Vorsitzende.** ²**Bei der großen Strafkammer und beim Schwurgericht entscheiden die richterlichen Mitglieder.** ³**Ist der Protokollführer einem Richter beigegeben, so entscheidet dieser über die Ablehnung oder Ausschließung.**

Die **Schöffen** üben grundsätzlich während der Hauptverhandlung das Richteramt wie die Berufsrichter aus (§§ 30 Abs. 1, 77 Abs. 1, 192 ff. GVG). Daher gelten für sie auch die **Ausschließungsgründe** der §§ 22, 23, ergänzt durch die von Amts 1

§ 31

wegen zu beachtenden **Unfähigkeitsgründe** nach §§ 32, 77 GVG. Die Vorschriften über die **Richterablehnung** (§§ 24 ff.) gelten ebenfalls entsprechend (BGH 21, 85 = NJW 1966, 2321); ausgenommen der durch Abs. 2 ersetzte § 27 Abs. 1 und der für Schöffen nicht zutreffende § 27 Abs. 2 bis 4. Ein Ablehnungsgrund kann zB darin liegen, dass der Schöffe während der Hauptverhandlung unsachliche Bemerkungen macht (BGH NStZ 1991, 144) oder Bediensteter der geschädigten Behörde ist (BGH MDR 1954, 151). Aber ein Schöffe, der Mitglied der Vertreterversammlung einer **Genossenschaftsbank** ist, wird in einem Verfahren gegen ein Vorstandsmitglied dieser Bank wegen eines Sexualdelikts zum Nachteil einer Angestellten nicht befangen sein (BGH 43, 16 = NStZ 1997, 55). Der Schöffe hat auch selbst darüber zu entscheiden, ob er von einem Verhältnis **Anzeige nach § 30** macht, das seine Ablehnung rechtfertigen könnte. Zeigt ein Schöffe Umstände an, die seine Ablehnung rechtfertigen können, so darf das nicht als innerdienstlicher Vorgang behandelt werden. Der Grundsatz des **rechtlichen Gehörs** (Art. 103 Abs. 1 GG) gebietet, dass die Anzeige den Verfahrensbeteiligten mitgeteilt wird und diese Gelegenheit zur Stellungnahme erhalten (BVerfGE 89, 28 = NJW 1993, 2229; vgl. § 30 Rn. 3). Die **Gewährung von Akteneinsicht für Schöffen** ist gesetzlich nicht geregelt. Die Rspr. hat sich bisher nur mit dem Sonderfall der Überlassung einer schriftlichen Darstellung der StA über das Ergebnis der Ermittlungen an die Schöffen befasst und sie für unzulässig erklärt. Das RG hat hierzu unter Berufung auf den sich aus der Entstehungsgeschichte ergebenden Willen des Gesetzgebers ausgeführt, dass eine solche Überlassung den Grundsätzen der Mündlichkeit und Unmittelbarkeit zuwiderlaufe, weil bei Schöffen die Gefahr bestehe, dass sich ihre Eindrücke aus dieser Darstellung mit denen aus der Hauptverhandlung vermischen könnten, während der Berufsrichter im Allgemeinen auf Grund ihrer Schulung und beruflichen Erfahrung zwischen beiden Erkenntnisquellen unterscheiden könnten (RG 69, 120, 124). Der BGH ist bisher dieser Rechtsauffassung gefolgt (BGH 5, 261 = NJW 1954, 483; 13, 73). Ähnliches gilt für die **Anklageschrift.** Nr. 126 Abs. 3 RiStBV bestimmt: „Die Anklageschrift darf den Schöffen nicht zugänglich gemacht werden. Ihnen kann jedoch, namentlich in Verfahren mit einem umfangreichen oder schwerwiegenden Sachverhalt, für die Dauer der Hauptverhandlung eine Abschrift des Anklagesatzes nach dessen Verlesung überlassen werden". Aber von **Schriftstücken,** von deren Verlesung abgesehen werden soll, müssen die Schöffen Kenntnis nehmen (§ 249 Abs. 2 StPO). Dies darf vor Verlesung des Anklagesatzes oder Vortrag des Berichterstatters erfolgen (Katholnigg Rn. 2). **Demgegenüber** hält die heute **hM** in der Literatur die Gewährung von Akteneinsicht für Schöffen im Hinblick auf eine gleichberechtigte, sachlich fundierte Entscheidung generell **für zulässig,** wenn nicht sogar im Einzelfall für geboten (Kissel § 30 Rn. 2 bis 4; Rieß JR 1987, 389, 391; Terhorst MDR 1988, 809; Atzler DRiZ 1991, 207; Hanack JZ 1972, 314). Der **BGH** hat nun in einem Sonderfall entschieden: „Werden den Schöffen in der **Hauptverhandlung** zum besseren Verständnis der Beweisaufnahme aus den Akten stammende Protokolle über diese Beweismittel (hier: Tonbandprotokolle) als Begleittext zur Verfügung gestellt, so ist dies zulässig und verstößt nicht gegen die Grundsätze der Mündlichkeit und der Unmittelbarkeit" (BGH 43, 36 = NJW 1997, 1792: großzügiger BGH 43, 360 = NJW 1998, 1163).

2 Dem Protokoll der Hauptverhandlung kommt nach § 274 eine besondere Beweiskraft zu. Daher soll mit Abs. 1 grundsätzlich sichergestellt werden, dass der **Protokollführer/UrkB** weitgehend unparteiisch ist. Die §§ 22 ff. gelten entsprechend. Aber ausgenommen sind § 23 – der UrkB kann in allen Rechtszügen tätig werden –, § 27 Abs. 1 – an dessen Stelle tritt Abs. 2 – und die §§ 27 Abs. 2 bis 4, 29 – diese Vorschriften passen nicht für den UrkB –. Für **selbstständige Amtshandlungen,** wie zB die Aufnahme von Rechtsmittelerklärungen, gelten die §§ 22 ff. nicht. Der UrkB ist nicht kraft Gesetzes ausgeschlossen (so der Gerichts-

Gerichtliche Entscheidungen und ihre Bekanntmachung §§ 32, 33

vollzieher nach § 155 GVG); er darf aber entsprechend § 20 VwVfG bei Vorliegen von Ausschließungsgründen nicht tätig werden (Meyer-Goßner Rn. 3, 4).

Das **Rechtsmittel** gegen die Entscheidungen richtet sich bei Schöffen – wie sich 3 auch aus § 338 Nr. 2. 3 ergibt – nach § 28. Vgl. hierzu § 28 Rn. 1 ff. Die Entscheidung über die Ablehnung eines **Protokollführers** in der Hauptverhandlung ist unanfechtbar. Ein Urteil **beruht** auf der Hauptverhandlung und grundsätzlich nicht auf der Tätigkeit des UrkB und dem Sitzungsprotokoll (BGHR Protokollführer 1). Aber die Folge der Mitwirkung eines „ausgeschlossenen" oder mit Erfolg abgelehnten UrkB ist das Fehlen der Beweiskraft seines Protokolls nach § 274; die Verlesung nach § 251 Abs. 1 ist nicht zulässig. Das kann gegebenenfalls mit der Revision geltend gemacht werden (KK-Pfeiffer Rn. 6). Wegen der Revision gilt für **Schöffen** § 338 Nr. 2 und 3. Auf der Mitwirkung eines ausgeschlossenen oder befangenen **Protokollführers** kann das Urteil nicht beruhen (RG 68, 272; BGHR Protokollführer 1).

§ 32 (weggefallen)

Vierter Abschnitt. Gerichtliche Entscheidungen und ihre Bekanntmachung

§ 33 [Anhörung der Beteiligten]

(1) **Eine Entscheidung des Gerichts, die im Laufe einer Hauptverhandlung ergeht, wird nach Anhörung der Beteiligten erlassen.**

(2) **Eine Entscheidung des Gerichts, die außerhalb einer Hauptverhandlung ergeht, wird nach schriftlicher oder mündlicher Erklärung der Staatsanwaltschaft erlassen.**

(3) **Bei einer in Absatz 2 bezeichneten Entscheidung ist ein anderer Beteiligter zu hören, bevor zu seinem Nachteil Tatsachen oder Beweisergebnisse, zu denen er noch nicht gehört worden ist, verwertet werden.**

(4) [1]**Bei Anordnung der Untersuchungshaft, der Beschlagnahme oder anderer Maßnahmen ist Absatz 3 nicht anzuwenden, wenn die vorherige Anhörung den Zweck der Anordnung gefährden würde.** [2]**Vorschriften, welche die Anhörung der Beteiligten besonders regeln, werden durch Absatz 3 nicht berührt.**

Mit §§ 33, 33 a wird das Grundrecht auf das **rechtliche Gehör** (Art. 103 Abs. 1 1 GG) vor Gericht gesichert. Ein Anspruch auf einen rechtlichen Dialog wird jedoch nicht gewährleistet (BGH NJW 1989, 2407). **Entscheidungen** iS von **Abs. 1** sind Urteile, Beschlüsse, Verfügungen des erkennenden und beschließenden Gerichts. Vorherige Anhörung ist zB geboten bei: Ausschluss der Öffentlichkeit (172 GVG), Absehen von einer antragsgemäß beschlossenen Beweisaufnahme (BGH NJW 1983, 2397), Trennung gemeinsam anhängiger Verfahren (BGH NStZ 1982, 188), Mitteilung an den Angeklagten über Inaussichtstellen eines bestimmten Strafrahmens (BGH 38, 102 = NJW 1992, 519). **Keine Entscheidung** sind prozeßleitende Verfügungen, Mitteilungen und Belehrungen. **Beteiligte** iS von Abs. 1 sind Angeklagter, StA, Privatkläger, Nebenkläger und jeder andere, in dessen Rechte die Entscheidung eingreift (BGH 19, 15 = NJW 1963, 1988). Es genügt grundsätzlich nicht, nur den Beschuldigten, nicht aber den **Verteidiger** zu hören (BGH 25, 252 = NJW 1974, 371). Andererseits kann bei schriftlicher Anhörung die Äußerung des Verteidigers zugleich als eine solche des Beschuldigten behandelt werden (BGH 26, 379 = NJW 1976, 860). Die Anhörung in der **Hauptverhandlung** (Abs. 1) oder

47

§ 33

in sonstigen mündlichen Verhandlungen erfolgt dadurch, dass die Beteiligten Gelegenheit zur Äußerung haben. Eine ausdrückliche Aufforderung zur Äußerung ist grundsätzlich nicht erforderlich (BGH 17, 340 = NJW 1962, 1873); dies kann aber die Fürsorgepflicht gebieten. Ist der Angeklagte mit Verteidiger erschienen, so genügt grundsätzlich dessen Anhörung (BGH MDR 1974, 367). Zur notwendigen Anhörung der Verfahrensbeteiligten in der Hauptverhandlung über eine **Absprache** (Verständigung im Strafverfahren) s. grundlegend BGH 43, 195 = NJW 1998, 86 u. Einl. Rn. 16. Die Anhörung ist im Protokoll nach § 273 Abs. 1 nach bisher hM zu **beurkunden;** aber es genügt zB der Vermerk, dass von keiner Seite gegen die Entscheidung etwas „erinnert" worden ist (BGH 1, 349). Zur **Protokollierung** ist eine einschränkende Tendenz erkennbar. „§ 33 StPO stellt die Form der Anhörung der Verfahrensbeteiligten vor einer gerichtlichen Entscheidung in das Ermessen des Gerichts. Einer ausdrücklichen Aufforderung zur Äußerung bedarf es – jedenfalls bei einem verteidigten Angeklagten – nicht. Es genügt, wenn die Beteiligten erkennbar Gelegenheit zur Äußerung gehabt haben (BGH 17, 337, 340 . . .). Dies ist auch sachgerecht. Der Grundsatz des rechtlichen Gehörs beherrscht die ganze Hauptverhandlung. Ihm kann in vielfältiger Weise Rechnung getragen werden (vgl. BGHSt 36, 354, 359). Die Anhörung vor einer im Laufe der Hauptverhandlung ergehenden Entscheidung über das weitere Verfahren stellt deshalb grundsätzlich auch keine protokollpflichtige wesentliche Förmlichkeit iS der §§ 273, 274 StPO dar" (BGH NStZ 1993, 500). Außerdem hat der BGH festgestellt, dass die Erörterung gerichtskundiger Tatsachen in der Hauptverhandlung nicht zu den wesentlichen Förmlichkeiten gehört, deren Beobachtung das Protokoll ersichtlich machen muss (BGH 36, 354 = NJW 1990, 1740). Für das rechtliche Gehör ist es ausreichend, wenn sich aus dem Hauptverhandlungsprotokoll ergibt, dass entsprechend verhandelt wurde und die Verfahrensbeteiligten erkennbar Gelegenheit zur Äußerung hatten; einer ausdrücklichen Aufforderung ist jedenfalls für den **verteidigten** Angeklagten nicht erforderlich. Bei einem **nicht verteidigten** Angeklagten kann im Hinblick auf die Fürsorgepflicht, eine ausdrückliche Aufforderung zur Äußerung notwendig sein. Anders als nach § 275 Abs. 2 bei Urteilen sieht das Gesetz die **Unterzeichnung der Beschlüsse** nicht vor (BGH NStZ 1985, 492).

2 Vor Entscheidungen **außerhalb der Hauptverhandlung (Abs. 2, 3)** ist mindestens die StA schriftlich zu hören. Sie hat bei Gesprächen des StrK-Vorsitzenden mit dem Verteidiger (keine „Absprache") außerhalb der Hauptverhandlung über die Straferwartung im Falle eines Geständnisses des Angeklagten grundsätzlich keinen formellen Anspruch auf rechtliches Gehör; sie kann auch nicht ohne weiteres einen Verstoß gegen Prinzipien eines fairen Verfahrens herleiten (BGH 42, 46, 48 = NJW 1996, 1763). Sie kann nur in den gesetzlich geregelten Fällen (vgl. §§ 118 a Abs. 3 S. 1, 124 Abs. 2 S. 3, 138 d Abs. 4 S. 1) verlangen, mündlich gehört zu werden. Die StA nimmt auf Grund ihrer Aktenkenntnis Stellung; sie ist zur Mitwirkung verpflichtet. Andere Beteiligte sind zu hören, soweit es sich um die Verwertung ihnen **nachteiliger** Tatsachen und Beweismittel handelt. Dem **Verteidiger** kann Gehör auch durch **Akteneinsicht** gewährt werden. Die Setzung einer Äußerungsfrist ist zweckmäßig. Die **besonderen Regelungen** über die Anhörung der Beteiligten bleiben unberührt (vgl. §§ 81 Abs. 1 S. 1, 122 Abs. 2 S. 1, 175 S. 1, 201 Abs. 1, 225 a Abs. 2 S. 1, 453 Abs. 1 S. 2, 454 Abs. 1 S. 2, 3 und 462 Abs. 2). **Beschlüsse,** die – wie der Beschluss nach § 349 Abs. 2 – unmittelbar die Rechtskraft der angefochtenen Entscheidung herbeiführen, sind bereits dann mit Außenwirkung erlassen und damit auch der Abänderung durch die entscheidenden Richter entzogen, wenn sie mit deren Unterschriften versehen in den Geschäftsgang gegeben wurden (BGH NStZ 1994, 96).

3 Eine **Ausnahme** von der Anhörung ist in **Abs. 4 S. 1** für die **Notwendigkeit überraschender Maßnahmen** vorgesehen. Eine Gefährdung des Zweckes der Anordnung ist gegeben, wenn es naheliegt, dass der Beteiligte bei vorheriger Anhö-

Gerichtliche Entscheidungen und ihre Bekanntmachung § 33 a

rung den Zugriff vereiteln würde. Neben dem Abs. 4 zählen hierzu ua. Eingriffe nach: §§ 81 a, 99, 100 a, 102 bis 104, 132, 134 (Meyer-Goßner Rn. 15). Die **nachträgliche Anhörung** erfolgt im Rechtmittelzug, ansonsten von Amts wegen, wenn und soweit nach der Vollziehung der Maßnahme noch ein Nachteil für den Betroffenen fortbesteht (BVerfGE 18, 304 = NJW 1965, 1171). Über das Recht auf nachträgliche Anhörung ist der Betroffene in der nicht anfechtbaren Entscheidung zu belehren (BVerfGE 9, 107 = NJW 1959, 427). Zur Beschwerdemöglichkeit trotz prozessualer Überholung s. § 304 Rn. 1.

Wird mit der **Revision** eine Verletzung des § 33 geltend gemacht, wird sie nur 4
Erfolg haben, wenn das Urteil darauf beruht. Das wird grundsätzlich zu verneinen sein, wenn die Nichtanhörung hingenommen worden ist (KK-Maul Rn. 16).

§ 33 a [Nachträgliche Anhörung]

¹Hat das Gericht in einem Beschluß zum Nachteil eines Beteiligten Tatsachen oder Beweisergebnisse verwertet, zu denen er noch nicht gehört worden ist, und steht ihm gegen den Beschluß keine Beschwerde und kein anderer Rechtsbehelf zu, so hat es, sofern der Nachteil noch besteht, von Amts wegen oder auf Antrag die Anhörung nachzuholen und auf einen Antrag zu entscheiden. ²Das Gericht kann seine Entscheidung auch ohne Antrag ändern.

Diese Vorschrift soll das BVerfG entlasten und ist daher so auszulegen, dass sie 1
jeden Verstoß gegen den Anspruch auf **rechtliches Gehör** (Art. 103 Abs. 1 GG) im **Beschlussverfahren** erfasst (BVerfGE 42, 250 = NJW 1976, 1839), also auch im Berufungs-, Revisions- und Rechtsbeschwerdeverfahren. Eine entsprechende Anwendung auf **Urteile** verbietet sich, weil diese auf Grund einer mündlichen Verhandlung ergehen (BGH NStZ 1992, 27). Von diesem Rechtsbehelf ist mithin Gebrauch zu machen, **bevor die Verfassungsbeschwerde** gegen eine gemäß § 310 Abs. 2 nicht mehr anfechtbare Beschwerdeentscheidung mit der Rüge erhoben wird, der Anspruch auf Gewährung rechtlichen Gehörs sei verletzt – Subsidiarität der Verfassungsbeschwerde – (BVerfGE NStZ-RR 2000, 110). Im Gegensatz zu einem Antrag nach § 33 a gehört der formlose Rechtsbehelf der **Gegenvorstellung** grundsätzlich nicht zum Rechtsweg nach § 90 Abs. 2 S. 1 BVerfGG (BVerfG NJW 2000, 273). **Nachteil** (bei Verwertung nach § 33 Abs. 3) bedeutet das Gleiche wie Beschwer; er muss noch bestehen und darf nicht in der Zwischenzeit weggefallen sein (BVerfGE 49, 329). Es genügt, dass eine Kausalität des Verfahrensfehlers für das ungünstige Ergebnis besteht (BVerfGE 42, 257). § 33 a betrifft an sich nur Beschlüsse, die kraft ausdrücklicher gesetzlicher Bestimmung von **jeder Anfechtung ausgeschlossen** sind (KG NJW 1966, 991; BGH 26, 127 = NJW 1975, 2211). Bei der Kontrolle **strafprozessualer Eingriffe** trifft die Fachgerichte eine besondere Verpflichtung, auslegungsfähige Anträge nicht daran scheitern zu lassen, dass die Rechtslage unübersichtlich ist. Mit einer rechtsstaatlichen Verfahrensweise ist es unvereinbar, einen Rechtsbehelf allein deshalb anzusehen, weil die Erklärung unzulänglich formuliert ist (BVerfG NStZ 2000, 44). Beschlüsse, die – wie der Beschluss nach § 349 Abs. 2 – unmittelbar die Rechtskraft der angefochtenen Entscheidung herbeiführen, sind bereits dann mit Außenwirkung erlassen und damit auch der Abänderung durch die entscheidenden Richter entzogen, wenn sie mit deren Unterschriften versehen in den Geschäftsgang gegeben werden (BGH NStZ 1994, 96). Ein Beschluss des **Revisionsgerichts** nach § 349 Abs. 2 kann gemäß § 33 a überprüft werden, sofern bezüglich von Verfahrensrügen der Grundsatz des rechtlichen Gehörs verletzt worden ist (BGH MDR 1976, 634; 1997, 108; KK-Maul Rn. 2). Auf eine **Gegenvorstellung** kann das Revisionsgericht seine Entscheidung nur aufheben oder ändern, wenn diese unter Verletzung des Grund-

§ 33 a

satzes des rechtlichen Gehörs ergangen ist (BGH wistra 1999, 28). Für das Verfahren der Gegenvorstellung ist die Ablehnung der an der **Ursprungsentscheidung** beteiligt gewesenen Richter ausgeschlossen (BGH NStZ-RR 2001, 333). Ist der Antrag der StA dem Verteidiger ordnungsgemäß zugestellt worden, kann sich der Angeklagte nicht auf mangelnde Kenntnis berufen (BGHR StPO § 33 a S. 1 Anhörung 1). Anders, wenn die Zustellung an einen von mehreren unterblieben ist (BGHR StPO § 33 a S. 1 Anhörung 4), vorausgesetzt der Verteidiger hat sich am Revisionsverfahren beteiligt (BGH NStZ 1989, 16; KK-Maul Rn. 2). Es besteht jedoch Einigkeit, dass die Vorschrift zB auch anwendbar ist, wenn dem Verurteilten ohne vorherige Anhörung die Strafaussetzung widerrufen und der Widerrufsbeschluss öffentlich zugestellt worden ist, weil sein Aufenthalt nicht zu ermitteln war (OLG Düsseldorf NStZ 1992, 453; BGH 26, 127). Die Entscheidung über die Nachholung des **rechtlichen Gehörs** in einem Fall, in dem der ohne Anhörung des Verurteilten ergangene **Widerrufsbeschluss** vor dessen Aufnahme in eine Strafanstalt ergangen war, obliegt dem Gericht, das die Sachentscheidung getroffen hat (BGH NStZ 1999, 362). Als andere **Rechtsbehelfe** kommen zB Anträge nach §§ 44, 45, 319 Abs. 2, 346 Abs. 2 in Betracht.

2   Auf **Antrag** des Betroffenen, der keiner Form bedarf, ist das rechtliche Gehör nachzuholen. Er darf nicht beliebig hinausgezögert werden; durch längeren Zeitablauf wird er unzulässig (OLG Koblenz wistra 1987, 357). Eine Stellungnahme des Betroffenen muss das Gericht zur Kenntnis nehmen und darf sie nicht auf Grund willkürlicher Erwägungen zurückweisen (BVerfG NJW 1990, 3191). **Von Amts wegen** ist die Anhörung geboten, wenn das Gericht selbst den Verstoß bemerkt oder auf andere Weise davon erfährt. Das Gericht entscheidet durch **Beschluss,** ob die frühere Entscheidung aufgehoben, abgeändert oder bestätigt werden muss (OLG Düsseldorf NStZ 1992, 453). Das **Verschlechterungsverbot** ist zu beachten (BayObLG NJW 1973, 1140). Dieses Nachverfahren dient ausschließlich der Nachholung rechtlichen Gehörs und eröffnet keinen neuen Rechtszug zur Nachprüfung der Sachentscheidung (OLG Düsseldorf NStZ 1992, 453). Die nach nachträglicher Gewährung rechtlichen Gehörs nach § 33 a StPO ergangene **sachliche Überprüfungsentscheidung ist nicht anfechtbar** (OLG Frankfurt NStZ-RR 2003, 79). Das gilt selbst dann, wenn sie nicht (ausreichend) begründet wird und/oder die vom Beschuldigten nachträglich vorgebrachten Umständen in ihr nicht ausreichend „verarbeitet" werden (OLG Frankfurt aaO). Die **Beschwerde** nach § 304 Abs. 1 ist jedoch zur Nachprüfung des **Verfahrens** nach § 33 a gegeben (OLG Hamburg NJW 1972, 219). § 33 a dient auch und gerade dazu, im **Beschwerdeverfahren** erstmals erfolgte sowie vom Beschwerdegericht perpetuierte Verstöße gegen den Anspruch auf Gewährung rechtlichen Gehörs zu beheben und – in den Grenzen des § 304 IV StPO – dem Betroffenen die Möglichkeit zu geben, hierzu auch eine weitere Instanz anzurufen. Diese gesetzliche Zielsetzung darf nicht dadurch unterlaufen werden, dass die Beschwerdekammer des einen Antrag des Beschwerdeführers auf Nachholung des rechtlichen Gehörs mit der Begründung zurückweist, ein solches Verfahren komme ausschließlich für den Beschwerdegegner in Betracht, für den Beschwerdeführer sei ein Nachverfahren nur (zunächst) vor dem Amtsgericht eröffnet (OLG Frankfurt NStZ-RR 2002, 306). Im Strafverfahren ist – im Gegensatz zu der im Zivilprozessrecht entwickelten Rspr. zur Zulässigkeit eines außerordentlichen Rechtsmittels wegen „greifbarer Gesetzeswidrigkeit" der angefochtenen (rechtskräftigen) Entscheidung, vgl. BGHZ 109, 43; BGH NJW 1993, 135 und 1865 – eine **„außerordentliche Beschwerde"** nicht anzuerkennen (BGH 45, 37 = NJW 1999, 2290). Im Verfahren **nach §§ 23 ff. EGGVG** ist § 33 a entsprechend anwendbar (OLG Koblenz NStZE Nr. 2 zu § 33 a). Die **Verfassungsbeschwerde** wegen Verletzung des rechtlichen Gehörs ist erst nach erfolgloser Durchführung des Verfahrens nach § 33 a zulässig (§ 90 Abs. 2 BVerfGG, BVerfGE 42, 250 = NJW 1976, 1839); sie ist sonst wegen **Nichterschöpfung** des Rechtswegs unzulässig

(BVerfG NStZ 1994, 498). Einem **Revisionsführer** bleibt es unbenommen, auch nach Ablauf der Begründungsfrist Ausführungen nachzuschieben und die bereits erhobenen Rügen zusätzlich zu erläutern. Der Bf. kann aber nur dann beanspruchen, dass seine weiteren Ausführungen von dem Revisionsgericht mitberücksichtigt werden, wenn diese dem Revisionsgericht vor dessen Entscheidung zugehen (BGH NStZ 1993, 552). Durch die Verwerfung eines Antrags nach § 33a, mit dem die Möglichkeit einer anderen Interpretation der entscheidungserheblichen Tatsachen vorgetragen wurde, ist auch nachträglich rechtzeitig Gehör nicht gewährt (BVerfG StV 1994, 3; KK-Maul Rn. 13).

§ 34 [Begründung]

Die durch ein Rechtsmittel anfechtbaren Entscheidungen sowie die, durch welche ein Antrag abgelehnt wird, sind mit Gründen zu versehen.

Durch die **Begründung** wird dem Betroffenen ermöglicht zu prüfen, ob und auf welche Weise er sich gegen etwaige ein Nachteil angenommene Tatsachen wenden und somit das Rechtsmittel gehörig begründen kann (OLG Oldenburg NJW 1971, 1098); außerdem wird dem Rechtsmittelgericht die Nachprüfung ermöglicht (OLG Düsseldorf StV 1991, 521). So muss die Entscheidung des Richters, mit der er dem Einsatz eines VE nach **§ 110b Abs. 2** zustimmt, in ihrer nach § 34 erforderlichen Begründung erkennen lassen, dass eine **Abwägung** auf der Grundlage sämtlicher im Einzelfall **relevanter Erkenntnisse** stattgefunden hat (BGH 42, 103 = NJW 1996, 2518). Die Gerichte sind jedoch nicht verpflichtet, sich mit **jedem** Vorbringen **ausdrücklich** zu befassen (BVerfGE 47, 187 = NJW 1978, 989). **Anfechtbare Entscheidungen** iS von § 34 sind die mit Beschwerde, Rechtsbeschwerde, Berufung und Urteil angreifbaren Sachentscheidungen, unabhängig davon, ob sie sich auf verfahrensrechtliche oder sachlich-rechtliche Fragen beziehen. Zu begründen ist zB die Anordnung der Unterbringung gemäß § 81 (OLG Oldenburg NJW 1971, 1098). Auch Entscheidungen der **StA** bedürfen grundsätzlich einer Begründung (OLG Hamburg NStZ-RR 1999, 123). Die 2. Alternative des § 34 bezieht sich nur auf Entscheidungen, die einen **Antrag voraussetzen**, nicht auf solche, die **vom Amts wegen** zu treffen sind (BGH 15, 253 = NJW 1961, 327). Für die Begründung genügen nicht formelhafte Wendungen oder die bloße Wiederholung des Gesetzeswortlauts (OLG Köln StV 1988, 336). **Ermessensentscheidungen** bedürfen idR keiner weiteren Begründung, als dass aus dieser ersichtlich ist, welchen Fall, für den das Gesetz eine auf das richterliche Ermessen gegründete Entscheidung zulässt, das Gericht für gegeben erachtet hat, und dass das Ermessen auch die Grundlage der Entscheidung ist (BGH 1, 177 = NJW 1951, 671). **Nicht zu begründen** sind die lediglich **prozessleitenden Verfügungen** (KK-Maul Rn. 3 mwN). 1

Besondere Bestimmungen enthalten: § 267 für Urteile, § 26a Abs. 2 S. 2 für die Richterablehnung, § 114 Abs. 2, 3 für den Haftbefehl, §§ 204, 207 für den Eröffnungsbeschluss, § 225a Abs. 3 für den Vorlagebeschluss und § 270 Abs. 2 für den Verweisungsbeschluss. Bei **Urteilen** führt das **Fehlen einer Begründung** zur Aufhebung (§ 338 Nr. 7). Bei **Beschlüssen** entscheidet idR das Beschwerdegericht. Ausnahmsweise ist eine Zurückverweisung notwendig und zulässig, wenn das Beschwerdegericht aus Rechtsgründen nicht in der Lage ist, den Fehler auszubessern. Fehlt eine Begründung, so führt der Mangel bei **Urteilen** auf die **Revision** zur Aufhebung (§ 338 Nr. 7). **Beschlüsse des erkennenden Gerichts,** die nicht oder mangelhaft begründet sind, können mit der Revision beanstandet werden, wenn das Urteil auf dem Verfahrensfehler beruht (BGH 1, 32; 2, 286 = NJW 1952, 714); das Gleiche gilt für mangelhaft begründete Urteile (KK-Maul Rn. 11). 2

§ 34 a [Rechtskraft durch Beschluß]

Führt nach rechtzeitiger Einlegung eines Rechtsmittels ein Beschluß unmittelbar die Rechtskraft der angefochtenen Entscheidung herbei, so gilt die Rechtskraft als mit Ablauf des Tages der Beschlußfassung eingetreten.

1   Diese Vorschrift fingiert aus Gründen der Rechtssicherheit, dass die Rechtskraft mit Ablauf **des Tages der Beschlussfassung** eingetreten ist; das ist der Tag, den der unterschriebene Beschluss als **Datum** trägt (vgl. OLG Frankfurt NJW 1965, 1725). Wird im **Umlaufverfahren** entschieden, ist die Entscheidung erst getroffen, wenn der Letzte mitwirkende Richter unterschrieben und das Datum eingesetzt hat.

2   Für Beschlüsse, die in einer Verhandlung **verkündet** werden (§ 35 Abs. 1 S. 1), gilt § 34 a nicht; ebenso nicht bei Rechtsmittelverwerfung nach §§ 319 Abs. 1 oder 322 Abs. 1 sowie nach § 346 Abs. 1 oder § 349 Abs. 1 wegen verspäteter Einlegung, weil hier die Rechtskraft bereits durch Ablauf der Rechtsmittelfrist eingetreten ist.

§ 35 [Bekanntmachung]

(1) ¹**Entscheidungen, die in Anwesenheit der davon betroffenen Person ergehen, werden ihr durch Verkündung bekanntgemacht.** ²**Auf Verlangen ist ihr eine Abschrift zu erteilen.**

(2) ¹**Andere Entscheidungen werden durch Zustellung bekanntgemacht.** ²**Wird durch die Bekanntmachung der Entscheidung keine Frist in Lauf gesetzt, so genügt formlose Mitteilung.**

(3) **Dem nicht auf freiem Fuß Befindlichen ist das zugestellte Schriftstück auf Verlangen vorzulesen.**

1   **Entscheidungen** iS von § 35 sind alle gerichtlichen Entscheidungen einschließlich der prozeßleitenden Verfügungen, die für den Verfahrensverlauf von Bedeutung sind; **betroffen** ist jeder Verfahrensbeteiligte, auch wenn er nicht beschwert ist (OLG Braunschweig JZ 1953, 641). Die **Verkündung (Abs. 1)** erfolgt durch den **Richter,** bei Kollegialgerichten durch den Vorsitzenden oder einen anderen Richter. Für **Urteile** gilt § 268 Abs. 2 (im Jugendgerichtsverfahren eingeschränkt durch § 54 Abs. 2 JGG). Beschlüsse in der Hauptverhandlung brauchen nicht durch Verlesen verkündet zu werden; es genügt Mitteilung des wesentlichen Inhalts (RG 44, 54). Der Mangel wirksamer Verkündung kann bei Beschlüssen (nicht bei Urteilen) durch schriftliche Bekanntmachung geheilt werden. **Abschrift** kann nur von der Entscheidung verlangt werden, nicht von sonstigen Aktenteilen (BGH MDR 1973, 371). Sie ist **unverzüglich** zu erteilen. Der Betroffene kann bei entsprechendem Interesse von Entscheidungen, die in der Sitzungsniederschrift zu protokollieren sind, **vor** Fertigstellung des Protokolls eine auszugsweise Abschrift verlangen. Daher ist es zweckmäßig, alle bedeutsamen Beschlüsse bei mehrtägigen Hauptverhandlungen sofort abzusetzen und später dem Protokoll beizufügen (RG 25, 248). **Zuständig** für die Erteilung von Abschriften ist bis zur Rechtskraft der Vorsitzende Richter und nach diesem Zeitpunkt die die Akten verwahrende Behörde. Das öffentliche **Geheimhaltungsinteresse** kann zu einer Beschränkung führen (RiStBV Nr. 213); es kann zB dem Verteidiger unter Auflagen die Abschrift erteilt werden (BGH 18, 369 = NJW 1963, 1462).

2   Die Bekanntmachung durch (förmliche) **Zustellung (Abs. 1)** ist (vgl. §§ 37 bis 41) „das vom Gesetz bereitgestellte und allgemein als ausreichend angesehene Mittel, um den Zugang zu bewirken und nachzuweisen" und dient „generell als Mittel der Gewährleistung und Kontrolle des rechtlichen Gehörs" (BGH 27, 88 = NJW

1977, 723); sie gewährleistet, dass der Adressat „Kenntnis von dem zuzustellenden Schriftstück nehmen und seine Rechtsverteidigung oder Rechtsverfolgung darauf einrichten kann" (BGH NJW 1978, 1858). Die Zustellung **(Abs. 2)** ist nicht nur erforderlich, wenn eine **Frist** in Lauf gesetzt wird, sondern auch, wenn die Kenntnis der Entscheidung für den Betroffenen wegen seines Verhaltens im Verfahren wichtig ist oder die Vornahme einer Prozesshandlung nachzuweisen ist (KK-Maul Rn. 17). Bei **Urteilen**, die nicht anfechtbar sind, genügt die formlose Mitteilung; eine Zustellung ist aber erforderlich, wenn es auf die Kenntnis des Verurteilten zu einem nachweisbaren Zeitpunkt ankommt, zB Berufsverbot, Fahrverbot, Entziehung der Fahrerlaubnis. Die **formlose Mitteilung** iS von Abs. 2 S. 2 bedarf der **Schriftform**, der entweder durch Aushändigung einer Beschlussausfertigung oder einer Beschlussabschrift oder durch schriftliche Mitteilung des Beschlussinhalts genügt werden kann. Die fernmündliche Eröffnung des Beschlusses genügt nicht (LG Hildesheim NsRpfl. 1988, 251). Die förmliche Verkündung **ersetzt** die formlose Mitteilung (BGH 15, 385 = NJW 1961, 1077).

Nicht auf freiem Fuß Befindlicher (Abs. 3) ist jeder, der „**durch behördliche Anordnung** in seiner Freiheit und in der Wahl seines Aufenthaltsortes beschränkt ist" (BGH 13, 212 = NJW 1959, 1835). Nur das **zugestellte** Schriftstück ist auf **Verlangen** vorzulesen. Wird das Verlangen nicht gestellt, obwohl geboten (zB bei einem Analphabeten), wird der Leiter der verwahrenden Einrichtung aus Fürsorgepflicht das Verlesen von Amts wegen veranlassen. Wird das Verlesen verweigert, begründet das nicht die Unwirksamkeit der Zustellung, aber es kann die Wiedereinsetzung in den vorigen Stand rechtfertigen (KK-Maul Rn. 20). 3

Die Beifügung einer **Übersetzung** bei zuzustellenden oder sonst mitzuteilenden Schriftstücken soll von einem der deutschen Sprache nicht mächtigen **Ausländer** nicht verlangt werden können (KK-Maul Rn. 22; Meyer-Goßner § 184 GVG Rn. 4). Dieser – allgemein gehaltenen – Meinung kann nicht gefolgt werden. Gemäß § 184 GVG ist zwar die Gerichtssprache deutsch. Diese Vorschrift ist zwingender Natur und dem Verfügungsrecht der Beteiligten nicht unterworfen. „Sie gilt nicht nur für die gerichtlichen Verhandlungen und Entscheidungen, sondern für den gesamten Schriftverkehr mit dem Gericht" (BGH 30, 182 = NJW 1982, 532). Nur die **Sorben** haben das Recht, in den Heimatkreisen der sorbischen Bevölkerung vor Gericht sorbisch zu sprechen (EV Anl. I Kap. III Sachgebiet A Absch. III Nr. 1 r). § 184 GVG ist aber im Zusammenhang mit § 185 GVG zu sehen, wonach nicht deutschsprachige Personen für **Verhandlungen** das Recht auf Zuziehung eines **Dolmetschers** haben. Diese Rspr. im Einzelnen iVm. Art. 6 Abs. 3 MRK muss zu dem Ergebnis führen, dass das Gericht **mindestens** allen zuzustellenden oder mitzuteilenden Schriftstücken eine **Übersetzung** beizufügen hat (vgl. RiStBV Nr. 181 Abs. 2), sofern dem Beschuldigten kein Dolmetscher beigegeben wurde. Denn er muss in die Lage versetzt werden, die ihn betreffenden wesentlichen Verfahrensvorgänge verstehen und sich im Verfahren verständlich machen zu können. „Deshalb sind ihm in weitem Umfang Verständigungshilfen zu gewähren" (BVerfGE 64, 135 = NJW 1983, 2763; Pfeiffer, Festgabe für Kleinert, 1992, 156 mwN). 4

§ 35a [Rechtsmittelbelehrung]

¹**Bei der Bekanntmachung einer Entscheidung, die durch ein befristetes Rechtsmittel angefochten werden kann, ist der Betroffene über die Möglichkeiten der Anfechtung und die dafür vorgeschriebenen Fristen und Formen zu belehren.** ²**Ist gegen ein Urteil Berufung zulässig, so ist der Angeklagte auch über die Rechtsfolgen des § 40 Abs. 3 und der §§ 329, 330 zu belehren.**

§ 35 a

1 **Bekanntmachung** ist die Verkündung nach § 35 Abs. 1 S. 1 und die Zustellung nach § 35 Abs. 2 S. 1 (s. dort). **Befristete Rechtsmittel** sind sofortige Beschwerde (§ 311), auch im Kostenfestsetzungsverfahren gemäß § 464 b S. 1 iVm. § 104 Abs. 3 S. 5 ZPO, Berufung (§§ 312 ff.) und Revision (§§ 333 ff.). Bei **freisprechenden Urteilen** ist aber eine Rechtsmittelbelehrung nicht geboten (BVerfGE 6, 7 = NJW 1956, 1833; BGH 13, 77 = NJW 1959, 1449; KK-Maul Rn. 3). Für Anträge auf Entscheidungen des Rechtsmittelgerichts (§§ 319 Abs. 2 S. 3, 346 Abs. 2 S. 3) wird auf § 35 a Bezug genommen. Die Frist zur Einlegung des Rechtsbehelfs des § 44 ist keine Rechtsmittelfrist iS des § 35 a (BGH NStE Nr. 20 zu § 44 StPO). § 35 a ist aber auch für die Wiedereinsetzung gegen **Abwesenheitsurteile** (§§ 235 S. 2, 329 Abs. 3, 412) anwendbar (RiStBV Nr. 142 Abs. 3). Zu **belehren** ist der **Betroffene,** dh der Anfechtungsberechtigte (BayObLG NJW 1967, 122), auch wenn er durch einen RA vertreten wird. Gegenüber der StA und anderen Staatsorganen ist die Belehrung nicht erforderlich. Im **Bußgeldverfahren** besteht aber diese Pflicht auch gegenüber der zu Rechtsbeschwerde befugten Verwaltungsbehörde (BayObLG NJW 1967, 123). Für Erziehungsberechtigte und gesetzliche Vertreter von **Jugendlichen** gilt § 67 Abs. 2 JGG, jedoch keine Belehrungspflicht bei Nichterscheinen in der Hauptverhandlung (BGH 18, 25 = NJW 1962, 2262). Die Belehrung obliegt dem **Gericht;** denn sie ist Nebenbestandteil der Entscheidung (OLG Hamm NJW 1954, 812). Auf eine Rechtsmittelbelehrung kann **verzichtet** werden; allerdings setzt dies Verhandlungsfähigkeit voraus. Der Verzicht eines nicht verteidigten Ausländers kann unwirksam sein, wenn er sich der Tragweite der Erklärung nicht bewusst ist (OLG Hamm NJW 1983, 531). Auch der **Verteidiger** kann den Verzicht erklären, wenn dieser ausdrücklich ermächtigt ist, Rechtsmittel zurückzunehmen und auf sie zu verzichten (OLG Zweibrücken MDR 1978, 861). Ein Verzicht ist zu **protokollieren** (s. Rn. 2). Ein Betroffener, der die Erteilung der Belehrung **bewusst vereitelt,** verzichtet damit (OLG Düsseldorf MDR 1990, 625).

2 Die erteilte Belehrung muss **klar, unmißverständlich und vollständig** sein (BGH 24, 25 = NJW 1971, 389), dh sie muss erkennen lassen, bei welchem Gericht, innerhalb welcher Frist sie bei Gericht eingegangen (BGHSt 8, 105 = NJW 1955, 1526) und in welcher Form (OLG Hamm NJW 1965, 1572) das Rechtsmittel einzulegen ist. Die Belehrung muss sich auch auf den **Beginn der Frist** erstrecken; die konkrete Berechnung des Laufs der Frist bleibt dem Betroffenen überlassen (BVerfGE 31, 390 = NJW 1971, 2217). Bei **Verkündung** einer Entscheidung erfolgt sie **mündlich,** wobei auf ein auszuhändigendes Merkblatt verwiesen werden kann. Zwar schreibt § 35 a für Rechtsmittelbelehrungen **keine bestimmte Form** vor. Es entspricht jedoch stRspr., dass ein nicht anwaltlich vertretener, rechtsunkundiger Angeklagter ergänzend durch Aushändigung eines Merkblatts zu belehren ist, wenn es sich um eine schwierige Rechtsmittelbelehrung handelt; dies folgt aus der **richterlichen Fürsorgepflicht** (OLG Saarbrücken NJW 2003, 2182; BVerfG NJW 1996, 1811). Bei **Zustellung** einer Entscheidung ist **schriftlich** zu belehren (vgl. RiStBV Nr. 142 Abs. 3 S. 1). Der **Nachweis** der Rechtsmittelbelehrung erfolgt bei mündlicher Belehrung durch den entsprechenden Protokollvermerk (§§ 273, 274); in anderen Fällen durch einen Vermerk in der Zustellungsurkunde über die Beifügung des Merkblattes, die in RiStBV Nr. 142 Abs. 3 S. 1 vorgesehen ist (OLG Düsseldorf 1986, 233). Bei einem der deutschen Sprache **nicht mächtigen** Betroffenen ist ihm die in der mündlichen Verhandlung erteilte Rechtsmittelbelehrung durch den Dolmetscher (§ 185 Abs. 1 GVG) zu übersetzen. Zu den Rechten des fremdsprachigen Beschuldigten **s. § 35 Rn. 4.** Zu einer ordnungsgemäßen Rechtsmittelbelehrung gehört der Hinweis, dass die schriftliche Rechtsmitteleinlegung in deutscher Sprache erfolgen muss (BGH 30, 182 = NJW 1982, 532). Das **Fehlen** oder die unvollständige Belehrung führt zur Anwendung des § 44 S. 2 – Wiedereinsetzung in den vorigen Stand – (BGH 30,

185). Aber „der Lauf der Revisionsfrist ist von einer Rechtsmittelbelehrung unabhängig" (BGH NStZ 1984, 181). Beruht die Versäumung einer Rechtsmittelfrist auf einer **unzureichenden Belehrung** des anwaltlich nicht vertretenen Betroffenen durch das Gericht, verwehrt es der Grundsatz des fairen Verfahrens, diese Säumnis im Wiedereinsetzungsverfahren als Verschulden anzulasten (BVerfG NJW 1996, 1811). Wird zwar die mündliche Belehrung richtig erteilt, aber zusätzlich eine unrichtige schriftliche Belehrung ausgehändigt, ist die Belehrung insgesamt mangelhaft (OLG Saarbrücken NJW 1965, 1031).

§ 36 [Zustellung und Vollstreckung]

(1) ¹**Die Zustellung von Entscheidungen ordnet der Vorsitzende an.** ²**Die Geschäftsstelle sorgt dafür, daß die Zustellung bewirkt wird.**

(2) ¹**Entscheidungen, die der Vollstreckung bedürfen, sind der Staatsanwaltschaft zu übergeben, die das Erforderliche veranlaßt.** ²**Dies gilt nicht für Entscheidungen, welche die Ordnung in den Sitzungen betreffen.**

Während § 35 die Bekanntmachung von Entscheidungen regelt, befasst sich § 36 **1** mit der **Zustellung und Vollstreckung. Zustellung (Abs. 1)** ist die **beurkundete** Übergabe, bei der die gesetzlich vorgeschriebene Zustellungsurkunde aufgenommen werden muss (BGHZ 8, 316 = NJW 1953, 422). Dem **Vorsitzenden** stehen gleich: der Strafrichter, der Richter beim AG im vorbereitenden Verfahren sowie der beauftragte oder ersuchte Richter, wenn sie die Entscheidungen getroffen haben. In der vom Richter nach Abs. 1 zu treffenden Anordnung müssen Zustellungsort und Zustellungsempfänger grundsätzlich **eindeutig** bestimmt werden, insbesondere wem und in welcher Form zugestellt werden soll (OLG Düsseldorf NStZ-RR 1997, 332; OLG Düsseldorf NStZ 1996, 403). Aber neuerdings: Der Vorsitzende (Richter) hat nach **Abs. 1** lediglich anzuordnen, dass und an wen eine Entscheidung zuzustellen ist. Wie die Zustellung erfolgen soll, braucht er dagegen nicht zu bestimmen; dies ist nach **Abs. 1 S. 2** grundsätzlich Sache der Geschäftsstelle (OLG Düsseldorf NStZ-RR 2000, 335). Der Vorsitzende der StK kann gemäß § 36 Abs. 1 S. 1 anordnen, dass die Zustellung des Urteils durch Übergabe in der **JVA** zu bewirken ist. „Das ist nach § 37 Abs. 1 S. 1 iVm §§ 208, 211, 170 Abs. 1 ZPO zulässig und bei Zustellungsempfängern, die sich **in Haft** befinden, allgemein zulässig. Die Zustellungsurkunde muss dann gemäß §§ 211 Abs. 1 S. 1 Halbs. 2, 212 Abs. 1, 195 Abs. 2 S. 1, 191 Nr. 7 ZPO die **Unterschrift** des Beamten der JVA enthalten, der die Zustellung vollzieht. Fehlt die Unterschrift, so ist die Zustellung unwirksam" (OLG Düsseldorf NStZ-RR 2000, 371; vgl. BGH NJW 1981, 874). Der Gerichtswachmeister der JVA hat seiner Unterschrift auf der Zustellungsurkunde regelmäßig seine **Dienstbezeichnung** beizufügen (OLG Düsseldorf NStZ-RR 2000, 371). Eine für den Einzelfall getroffene **allgemein gehaltene Anordnung** reicht nur dann ausnahmsweise aus, wenn sich ohne jeden Zweifel feststellen lässt, an wen in welcher Form zugestellt werden soll. Bei unvollständiger Anordnung, insbesondere fehlender oder nicht feststellbarer Bestimmung von Zustellungsadressat oder Zustellungsart, ist die Zustellung unwirksam (OLG Düsseldorf NStZ-RR 1997, 332; vgl. BGH NStZ 1983, 325). Bei mehreren Verteidigern reicht die Anordnung „Zustellung an Verteidiger" nicht aus (OLG Celle NdsRpfl. 1984, 173). Eine **mündliche Anordnung** genügt nur, wenn sie im Zeitpunkt der Zustellung aktenkundig ist (OLG Zweibrücken MDR 1986, 1047).

Die **Ausführung** der Anordnung obliegt grundsätzlich der Geschäftsstelle. Über **2** die Art der Zustellung entscheidet der Urkundsbeamte selbst. Siehe hierzu auch § 37. **Unwirksam** ist die Zustellung, wenn sie ohne Anordnung erfolgt (BGH MDR 1976, 814) oder wenn sich der Ausführende nicht im Rahmen der Anordnung hält, wenn zB nicht an den Verteidiger, sondern an den Betroffenen zugestellt

§ 37

wird oder umgekehrt (BayObLGSt 1989, 1). Wirksam ist sie aber, wenn nur gemäß der Anordnung an den bevollmächtigten Verteidiger zugestellt wird. Das Gericht ist jedoch nicht verpflichtet, an den Verteidiger, dessen Vollmacht sich bei den Akten befindet, zuzustellen (OLG Düsseldorf NStZ 1989, 88; vgl. auch § 145 a und RiStBV Nr. 154). Der Betroffene kann auf die Zustellung **nicht wirksam verzichten,** wenn das Gesetz förmliche Zustellung verlangt.

3   Während Abs. 1 von dem Grundsatz ausgeht, dass der Vorsitzende die Zustellung anordnet, bringt **Abs. 2 S. 1** eine **Sonderregelung** für gerichtliche Entscheidungen, die der **Vollstreckung** bedürfen, und schaltet die StA ein (die selbstverständlich ihre eigenen Entscheidungen selbst zustellt). Denn Zustellung und Vollstreckung müssen in einer Hand liegen, damit die Vollstreckung nicht durch vorherige Bekanntmachung **gefährdet** wird (OLG Düsseldorf NStZ 1988, 150). **Abs. 2 S. 1** ist wie folgt zu lesen: „Die Zustellung von nicht rechtskräftigen Entscheidungen, die der Vollstreckung bedürfen, ordnet der Vorsitzende nicht an; solche Entscheidungen sind vielmehr der StA zu übergeben, die alsdann das Erforderliche veranlasst" (Wendisch JR 1978, 446). **Vollstreckung** ist in dem gewöhnlichen Wortsinn von zwangsweiser Durchführung zu verstehen (KK-Maul Rn. 11 mwN). Der **Vollstreckung bedürfen** ua.: Ordnungsmittelbeschlüsse nach §§ 51 Abs. 1 S. 2, 3, 70 Abs. 1 S. 2, 77 Abs. 1 S. 1, Anordnungen nach § 81 a Abs. 2, 81 c Abs. 5, 98 Abs. 1, 100 Abs. 1, 100 b Abs. 1 S. 1, 105 Abs. 1, Haftbefehle nach §§ 112 ff., 230 Abs. 2, 236, 329 Abs. 4, 453 c; Unterbringungsbefehle nach § 126 a und Widerrufsbeschlüsse nach § 116 Abs. 4. **Keiner Vollstreckung** bedürfen ua.: Beschlüsse, durch die Zwangsmaßnahmen (Haftbefehle, Unterbringungsbefehle, Beschlagnahmebeschlüsse usw.) **aufgehoben** werden oder durch die der Vollzug eines Haftbefehls nach § 116 ausgesetzt wird, auch Beschlüsse des 1. Rechtszugs oder der StVollstrK über den Widerruf der Strafaussetzung zur Bewährung (OLG Düsseldorf NStZ 1988, 150) oder auch die erst nach Rechtskraft der Entscheidung wirksame Aussetzung des Strafrestes nach § 454 iVm. § 57 StGB (Meyer-Goßner Rn. 12).

4   Eine **Ausnahme** von der Sonderregelung enthält **Abs. 2 S. 2.** Entscheidungen, die die Ordnung in den **Sitzungen** betreffen (§§ 169 ff. GVG), vollstreckt der Richter (Vorsitzender) selbst; er hat die Vollstreckung unmittelbar zu veranlassen (§ 179 GVG). Die gerichtliche Vollstreckung ist nach § 31 Abs. 3 RPflG dem Rechtspfleger übertragen, soweit sie sich der Richter nicht im Einzelfall ganz oder teilweise vorbehält. „Zur Vollstreckung von **Erzwingungshaft** gegen einen Zeugen, der im vorbereitenden Verfahren vor der StA aussagen soll, ist nicht der Ermittlungsrichter, sondern die StA zuständig. Diese entscheidet daher zuvörderst über etwaige Vollstreckungshindernisse". Zuständig ist jedoch der Richter, soweit er „den Zeugen – sei es in der Hauptverhandlung, sei es im vorbereitenden Verfahren – selbst vernehmen will" (BGH 36, 155 ff. = NJW 1989, 1740).

5   Gegen Zustellungs- und Vollstreckungsmaßnahmen der StA ist der Antrag auf gerichtliche Entscheidung nach **§ 23 EGGVG** zulässig (KK-Maul Rn. 18).

§ 37 [Verfahren bei Zustellungen]

(1) [1]**Für das Verfahren bei Zustellungen gelten die Vorschriften der Zivilprozeßordnung entsprechend.**

(2) **Wird die für einen Beteiligten bestimmte Zustellung an mehrere Empfangsberechtigte bewirkt, so richtet sich die Berechnung einer Frist nach der zuletzt bewirkten Zustellung.**

1   Zugestellt wird von Urteilen und ihnen gleichstehenden Beschlüssen (zB nach §§ 346, 349) eine **Ausfertigung,** dh. eine Abschrift mit dem Ausfertigungsvermerk der Geschäftsstelle, der vom UrkB **unterschrieben** und mit dem **Dienstsiegel** versehen wird. Die Zustellung einer vom UrkB – auch von der StA – **beglaubigten**

Gerichtliche Entscheidungen und ihre Bekanntmachung § 37

Abschrift des Urteils reicht aus (BGH 26, 141 = NJW 1975, 1612). Eine einfache Abschrift genügt nicht. Der Beglaubigungsvermerk bedarf der handschriftlichen **Unterzeichnung** (BGH NJW 1976, 2263). Eine **beglaubigte Ablichtung** steht einer beglaubigten Abschrift gleich. Beschlüsse werden auch in Ausfertigung oder beglaubigter Abschrift zugestellt. Ausfertigung oder beglaubigte Abschrift müssen das zuzustellende Schriftstück **„wortgetreu und vollständig"** wiedergeben (BGH NJW 1978, 60). Wesentliche Fehler machen die Zustellung unwirksam (BGH MDR 1967, 834), zB fehlende Wiedergabe der richterlichen Unterschriften (KG JR 1982, 252). „Kleine Fehler schaden freilich nicht, wenn der Zustellungsempfänger aus der Abschrift oder Ausfertigung den Inhalt der Urschrift genügend entnehmen kann" (BGH NJW 1978, 60; vgl. Meyer-Goßner Rn. 1, 2, 3).

Zustellungsadressat ist derjenige, für den die Zustellung bestimmt ist. „Die 2 Zustellungen können an jedem Ort erfolgen, wo die Person, der zugestellt werden soll, angetroffen wird" (§ 180 ZPO). Auch an den **Zustellungsbevollmächtigten** kann zugestellt werden, insbesondere an Pflicht- und Wahlverteidiger, dessen Vollmacht sich bei den Akten befindet (§ 145 a); die Zustellung an den Betroffenen genügt stets (OLG Düsseldorf NStZ 1989, 88). Bei **Mehrfachverteidigung** ist die Zustellung an **einen** Verteidiger ausreichend (BGH 34, 372 = NJW 1987, 2824; BGH NStZ-RR 1997, 364; BVerfG NJW 2001, 2532). Im Blick auf § 138 Abs. 1 kann eine Zustellung gemäß § 37 Abs. 1 S. 1 in entsprechender Anwendung des § 212 a ZPO auch an einen Wahlverteidiger, der **Rechtslehrer** an einer deutschen Hochschule ist, durch Empfangsbekenntnis bewirkt werden (BGH NStZ 1997, 245). An den **gewählten Verteidiger** kann nur dann wirksam zugestellt werden, wenn sich eine Urkunde über die Bevollmächtigung als Verteidiger bei den Akten befindet – sei es in Form einer schriftlichen oder einer zu Protokoll erteilten Vollmacht. Das (bloße) Auftreten des Verteidigers in der Hauptverhandlung genügt nicht (BGH NStZ 1996, 97). Bei **mehrfacher** Zustellung an denselben Empfangsberechtigten ist nur die Erste maßgebend (BGH NJW 1978, 60; KK-Maul Rn. 9). Aber im Falle der Zustellung an **mehrere** Empfangsberechtigte richtet sich die Berechnung einer Frist nach der zuletzt bewirkten Zustellung (§ 37 Abs. 2; BGH NStZ 1991, 217). Die Zustellung muss jedoch **bewirkt** sein; bloße Anordnung genügt nicht (BGH 34, 371 = NJW 1987, 2824; KK-Maul Rn. 10). Die Zustellung an den **Sozius** des bestellten Verteidigers ist unwirksam (BGHR StPO § 37 Abs. 1 Pflichtverteidiger). Die Zustellung an einen RA aus einem **Mitgliedsstaat der EU** wird nach § 5 RADG in erster Hinsicht an den Zustellungsbevollmächtigten bewirkt. Ist jedoch keiner benannt, so gilt der RA, mit dem einvernehmlich gehandelt wird, als Zustellungsbevollmächtigter. Kann nicht an einen RA zugestellt werden, erfolgt Zustellung an die Partei. Bei einem gegen den Gemeinschuldner gerichteten Strafverfahren ist der **Konkursverwalter** (auch bei angeordneter Postsperre) nicht Zustellungsbevollmächtigter (BayObLG JZ 1979, 318). Für die Zustellung an **Minderjährige** bringt die StPO keine Bestimmung. Bei Kindern bis 13 Jahren geht die Zustellung zu Händen ihrer gesetzlichen Vertreter, aber für Jugendliche ab 14 Jahre an diese persönlich (Schweckendieck NStZ 1990, 170). Es gibt Fälle, in denen die Zustellung an den Betroffenen selbst erforderlich ist: bei dem in Abwesenheit des Angeklagten ergangenen Urteil (BGH 15, 265 = NJW 1961, 419); dem Beschluss, durch den der Angeklagte seinem Antrag gemäß vom Erscheinen in der Hauptverhandlung befreit wird oder ein solcher Antrag abgelehnt wird (RG 63, 11; BayObLG NJW 1970, 1055) oder einer Ladung zur Hauptverhandlung nach § 323 Abs. 1 (RG 63, 10). Doch gelten diese Beschränkungen nicht in Fällen, in denen die Voraussetzungen der §§ 116 a Abs. 3, 127 a Abs. 2 oder 132 Abs. 1 Nr. 2 vorliegen (KK-Maul Rn. 9).

Die Vorschriften der ZPO über Zustellungen (§§ 166 bis 213 a) gelten entspre- 3 chend, soweit sie sich für die Anwendung im Straf- und Bußgeldverfahren eignen. Es kommen in Betracht: § 170 Abs. 1 ZPO (Ausführung der Zustellung); § 180 ZPO (Zustellungsort), § 181 bis 185 ZPO (Ersatzzustellung); § 188 ZPO (Zeit der

§ 37 Erstes Buch. 4. Abschnitt

Zustellung); § 191 ZPO (Notwendiger Inhalt der Zustellungsurkunde); §§ 193 bis 195 ZPO (Zustellung durch die Post). – Auch nach der **Privatisierung der Deutschen Bundespost** sind die von den Postzustellern bewirkten Zustellungen wirksam. Die von ihnen ordnungsgemäß erstellten Zustellungsurkunden haben die **Beweiskraft öffentlicher Urkunden** (vgl. OLG Frankfurt NJW 1996, 3159); §§ 199, 200, 202 ZPO (Auslandszustellung); §§ 209, 210, 211, 212 ZPO (Bewirkung der Zustellung durch Geschäftsstelle und Beurkundung); § 212 b ZPO (Zustellung durch Aushändigung an der Amtsstelle); für die unmittelbare Ladung nach § 38: §§ 166, 167, 170, 190 ZPO (Zustellung durch den Gerichtsvollzieher); ferner §§ 203 bis 207 ZPO (Zulässigkeit der öffentlichen Zustellung); die Sonderregelung des § 40 greift ein, daher gelten diese Vorschriften nicht für **Privat- und Nebenkläger** sowie Sicherheitsleistende nach § 124 Abs. 2, 3. Von der Beweiskraft der **Postzustellungsurkunde** wird nicht umfasst, dass der Adressat zum Zustellungszeitpunkt tatsächlich unter der Zustellungsadresse wohnhaft war. Insoweit wird durch die Erklärung des Zustellungsbeamten nur ein beweiskräftiges Indiz begründet; dieses kann entkräftet werden (BVerfG NStZ-RR 1997, 70). Das **Haager Abkommen** über den Zivilprozess ist für die Zustellung in Strafsachen nicht anwendbar (KK-Maul Rn. 1 bis 5).

4 Die **Ausführung** der Zustellungsanordnung obliegt der Geschäftsstelle. Der **Vollzug** erfolgt grundsätzlich durch die **Post,** auf besondere Anordnung auch durch den **Gerichtsvollzieher.** An eine **Behörde** oder an einen **RA** kann durch einfachen Brief oder durch Ablage in einem **Abholfach** zugestellt werden. Als Nachweis gilt nach § 212 a ZPO das mit „Datum und Unterschrift" versehene **Empfangsbekenntnis.** Es erbringt Beweis für den Empfang und seinen Zeitpunkt; der Gegenbeweis ist zugelassen (BGH NJW 1974, 1470). Die Zustellung ist auch dann wirksam, wenn zB das Empfangsbekenntnis des RA ein unrichtiges Datum ausweist. Der RA kann es berichtigen. Für einen Fristbeginn ist das berichtigte Datum maßgebend. Das gilt jedenfalls dann, wenn dessen Richtigkeit zur Überzeugung des mit der Prüfung befassten Gerichts bewiesen ist (BGH NJW 1991, 709). Das Empfangsbekenntnis kann auch nachträglich ausgestellt werden (BGHZ 35, 236).

5 Die **Ersatzzustellung** (§§ 181 bis 185 ZPO) ist die wichtigste Form der Zustellung. Eine derartige Zustellung ist auch dann wirksam, wenn der Betroffene davon keine persönliche Kenntnis erlangt; der Anspruch auf rechtliches Gehör wird hierdurch nicht beschnitten (BGH 27, 88 = NJW 1977, 723; BVerfGE 26, 318 = NJW 1969, 1531). In manchen Fällen ist die Ersatzzustellung ausgeschlossen (s. Rn. 2). So hat vor allem eine Ersatzzustellung nach § 185 ZPO an die Person zu unterbleiben, die durch die dem Angeklagten vorgeworfene Straftat unmittelbar verletzt ist (OLG Hamburg NJW 1964, 678). § 181 Abs. 1 ZPO geht davon aus, dass die Zustellung in der **Wohnung** des Zustellungsempfängers erfolgt (OLG Frankfurt NStZ-RR 1997, 138). Die Vorschriften der §§ 181, 182 ZPO regeln die Fälle, in denen bei der Zustellung der Empfänger selbst **nicht angetroffen** wird. Sie bestimmen, dass dem Empfänger auch bei Abwesenheit grundsätzlich in **seiner Wohnung** zugestellt werden kann, und zwar entweder im Wege der Ersatzzustellung an einen Hausgenossen oder an den Hauswirt (§ 181 ZPO), oder – falls auch das nicht möglich ist – durch Niederlegung bei der Postanstalt (oder dem AG, dem Gemeindevorsteher, dem Polizeivorsteher), wobei unter der Anschrift des Empfängers eine Benachrichtigung hinterlassen werden muss (§ 182 ZPO). Diese gesetzliche Regelung beruht auf der Erwägung, dass die Wohnung der Ort ist, wo am ehesten damit gerechnet werden kann, dass das zuzustellende Schriftstück den Empfänger erreicht. „Dementsprechend kommt es für den Begriff der ‚Wohnung' iS der §§ 181, 182 ZPO auf das **tatsächliche** Wohnen an, nämlich darauf, ob der Zustellungsempfänger hauptsächlich in den Räumen lebt und insbesondere, ob er dort schläft. Unwesentlich ist dagegen, ob sich in dieser Räumlichkeit auch der Wohnsitz des Adressaten iS des § 7 BGB befindet oder ob der Adressat in dieser

Wohnung polizeilich gemeldet ist" (BGH NJW 1978, 1858). Bei **länger** dauernder **Abwesenheit** ist die Ersatzzustellung nach § 181 Abs. 1 ZPO unzulässig, zB bei längerem beruflichen Auslandsaufenthalt (OLG Karlsruhe 1981, 471), bei mehrmonatigem Aufenthalt in einer Therapieeinrichtung (OLG Hamm NStZ 1982, 521; bei längerer Straf- oder U-Haft (BGH NJW 1978, 1858). Wird bereits beim erfolglosen Versuch, die Sendung gemäß §§ 180, 181 ZPO zuzustellen, eine Mitteilung über die beabsichtigte Niederlegung bei der Postanstalt in den Hausbriefkasten eingeworfen, so muss der Empfänger nicht nur zu diesem Zeitpunkt, sondern auch bei der nachfolgenden Niederlegung noch unter der Niederlegungsadresse **wohnhaft** sein; andernfalls ist die Zustellung unwirksam. Gleiches gilt, wenn sich nicht mehr feststellen lässt, ob der Adressat zum Zeitpunkt der Niederlegung noch unter der Zustellungsadresse wohnhaft oder bereits an einen anderen Ort umgezogen war (OLG Frankfurt NStZ-RR 1997, 138). Die **Aufgabe einer Wohnung** setzt einen vom Willen getragenen Aufgabeakt voraus, der in dem Verhalten des Wohnungsinhabers seinen Ausdruck finden und jedenfalls für einen mit den Verhältnissen vertrauten Beobachter erkennbar sein muss. Nicht erforderlich ist, dass alle Merkmale beseitigt werden, die den Anschein erwecken könnten, die Wohnung werde behalten (BGH NJW 1988, 713). Eine **mehrmonatige** Abwesenheit lässt die Wohnung im ladungsrechtlichen Sinn entfallen (OLG Karlsruhe NJW 1997, 3183).

Die Ersatzzustellung nach § 181 Abs. 1 Alt. 1 ZPO kann auch an die Mitglieder **6** des rechtlich geordneten Familienverbandes sowie an Dritte, die als **Hausgenossen** in diesen Familienverband aufgenommen sind, erfolgen (OLG Düsseldorf StV 1993, 400). Eine Ersatzzustellung an den **Lebensgefährten des Zustellungsadressaten**, der **allein** mit diesem in eheähnlicher Gemeinschaft zusammenlebt, ist unwirksam (BGH 34, 250 = NJW 1987, 1562). Aber eine an einen nichtehelichen Lebensgefährten bewirkte Zustellung ist dann wirksam, wenn der Adressat **mit einer Familie zusammenlebt.** Dabei kommt es nicht entscheidend darauf an, ob es sich bei dieser Familie um Verwandte des Adressaten, seines Lebensgefährten oder um gemeinschaftliche Kinder handelt (BGHZ 111, 4 = NJW 1990, 1666). **Erwachsener Hausgenosse** ist auch ein **Minderjähriger,** wenn er „körperlich genügend entwickelt ist" (OLG Hamm NJW 1974, 1150) oder nach der äußeren Erscheinung den Eindruck eines Erwachsenen macht (BSG MDR 1977, 82); unwirksam ist aber die Übergabe zB an einen 14-Jährigen (OLG Schleswig SchlHA 1980, 214). **Dienende Person** ist auch eine **Verwandte,** „die aus ‚Gefälligkeit' für längere Zeit hindurch regelmäßig täglich etwa zwei Stunden lang im Haushalt des Zustellungsempfängers tätig ist und dessen Wohnung sauber hält" (OLG Hamm NJW 1983, 694). **Hauswirt** (§ 181 Abs. 2 ZPO) ist auch der Dienstherr, der **Hausangestellten** Wohnung gewährt (RG 64, 239). Die Zustellung an die Ehefrau des Hauswirts genügt nicht.

Durch Niederlegung bei der Post (§ 182 ZPO) ist die Ersatzzustellung nur **7** zulässig, wenn die Zustellung in der **Wohnung** des Empfängers **versucht** worden ist. Es sind zwei Vorgänge notwendig: die Niederlegung am Wohnpostamt und eine schriftliche Mitteilung über die Niederlegung unter der Anschrift des Empfängers. Ist bei einer Zustellung durch Niederlegung beurkundet, dass die Sendung bei der Postanstalt niedergelegt wurde, fehlt aber der **Ort** und die Kennzeichnung des **Postamts,** so stellt dies jedenfalls dann keinen Zustellungsmangel dar, wenn der Ort, an dem die Sendung zuzustellen war, eine Postanstalt hat (BayObLG NStZE Nr. 4 zu § 37). Die **schriftliche Mitteilung** soll auf den Platz abgestellt werden, an dem der jeweilige Empfänger seine Post regelmäßig vorfindet; dann kann diese im Einzelfall vor der Tür abgelegt werden (BVerwG NJW 1985, 1179) oder durch den Briefschlitz geworfen (OLG Hamm JMBlNW 1981, 68) bzw. unter der Wohnungstür durchgeschoben werden (OLG Koblenz NStE Nr. 10 zu § 37). Es genügt aber nicht, dass die Mitteilung in einem **Postfach** des Zustellungsempfängers abgelegt wird (BFH NJW 1984, 448). Die Ersatzzustellung durch Niederlegung bei der Post

§ 37   Erstes Buch. 4. Abschnitt

ist **unwirksam** und setzt die Frist zur Einlegung der sofortigen Beschwerde nicht in Lauf, wenn in der Zustellungsurkunde lediglich der vergebliche Zustellungsversuch an der Anschrift des Empfängers und die Mitteilung der Niederlegung beurkundet sind, der die tatsächliche Niederlegung des zuzustellenden Schriftstücks und deren Ort und Zeit betreffende Teil des Urkundenformulars aber von dem Postbediensteten **weder ausgefüllt noch unterschrieben ist** (OLG Düsseldorf NJW 2000, 3511).

8   Für **Gewerbetreibende mit Geschäftslokal** (§ 183 Abs. 1 ZPO) kann, wenn sie dort nicht angetroffen werden, die Zustellung an einen anwesenden Gehilfen erfolgen. Ähnliches gilt nach § 183 Abs. 2 ZPO für **Rechtsanwälte, Notare und Gerichtsvollzieher.** Auch an **minderjährige** Anwaltsgehilfen kann zugestellt werden (BVerwG NJW 1962, 70). Nach einem lediglich im Geschäftslokal des Empfängers vorgenommenen Zustellungsversuch ist eine Ersatzzustellung durch Niederlegung bei der Post unzulässig (BGH NJW 76, 149). Die Zustellung an **Behörden, Gemeinden usw.** regelt § 184 ZPO.

9   An **Binnenschiffer** und **Seeleute** kann kraft Gewohnheitsrecht auf allen Wasserstraßen und Häfen der Bundesrepublik durch die Wasserschutzpolizei gegen Empfangsbescheinigung zugestellt werden (OLG Hamm NJW 1965, 1613; OLG Bremen Rpfleger 1965, 48; Blankenheim MDR 1992, 926 mwN). Bei **Gefangenen** ist die Zustellung in der Wohnung unwirksam (s. Rn. 5). Durch Gerichtswachtmeister soll zugestellt werden. Der Anstaltsleiter oder dessen Vertreter oder der zur Postannahme ermächtigte Beamte gilt als Hauswirt iS des § 181 Abs. 2 ZPO (Meyer-Goßner Rn. 24). Für die Zustellung an **Soldaten** gelten die allgemeinen Regeln (Arnold NJW 1957, 1220). Die Zustellung kann an den Kompaniefeldwebel oder dessen Vertreter als wirksame Form der Ersatzzustellung angesehen werden (KK-Maul Rn. 22). Die **öffentliche Zustellung** ist in § 40 geregelt. Die Vorschriften §§ 203 bis 207 ZPO sind grundsätzlich nicht anwendbar.

10   **Zustellung im Ausland:** Für das Strafverfahren hat Art. 52 Abs. 1 des SDU die Möglichkeit unmittelbarer Urkundenübersendung eröffnet (vgl. Heß NJW 2001, 20). Diese Vorschrift lässt für das Strafverfahren als besondere Zustellungsart in das Ausland auch die Übersendung durch **Einschreiben mit Rückschein** zu, sofern eine **völkerrechtliche Vereinbarung** besteht. Dies ist zB vereinbart nach Art. 52, 53 des **Schengener Abkommens** v. 19. 6. 1990 (BT-Drucks. 12/2453; BGBl. 1993 II 1047). **Vertragsstaaten** sind (bisher): Deutschland, die Beneluxstaaten, Frankreich, Griechenland, Italien, Österreich, Portugal und Spanien. Auf dem an die absendende Stelle zurücksendenden Rückschein wird vermerkt, an wen die Sendung übergeben worden ist. **Kosten** für diese vereinfachte Zustellungsart werden nach Nr. 9013 KVKG erhoben. Daneben bleibt auch in diesen Fällen der **Rechtshilfeweg** eröffnet (vgl. RiVASt 115, 116). Dieser ist für Zustellungen zu beschreiten, wenn eine entsprechende völkerrechtliche Verbarung **nicht besteht** (Böttcher/Mayer NStZ 1993, 153). In diesen Fällen erfolgen **Zustellungen im Ausland** mittels Ersuchen der zuständigen Behörden des fremden Staates oder des in diesem Staate residierenden Konsuls oder Gesandten des Bundes (§ 199 ZPO). „Der Konsul oder der zuständige Konsulatsangehörige soll bei der Leistung der Rechtshilfe zwar die deutsche Strafprozessordnung beachten, sofern ihre Anwendung möglich ist und nicht im Widerspruch zu den Vorschriften des Aufenthaltsstaates steht. Die Übereinstimmung der bei der Rechtshilfehandlung angewandten Förmlichkeiten mit dem deutschen Verfahrensrecht ist aber nicht Voraussetzung für die Rechtsgültigkeit der Amtshandlung (Grützner aaO I D 1 § 1 Konsulargesetz Anm. 5 mit Hinweis auf BGHSt 2, 303, 304). Es bleibt deshalb auch dem Konsul überlassen, in welcher Form er die Zustellung bewirkt. Dies kann ua. dadurch geschehen, dass das Schriftstück dem Empfänger am Amtssitz des Konsuls übergeben wird" (BGH 26, 142 = NJW 1975, 1613). Für den Nachweis genügt nach § 16 Abs. 2 KonsG das schriftliche Zeugnis des Konsuls, aus dem sich ergibt, „auf wessen

Ersuchen, in welcher Strafsache und wann welches Schriftstück zugestellt worden ist" (BGH 26, 143). Für die Mitglieder des **Europarats** gilt Art. 7 EuRHÜbk. Wenn nicht ein vom Empfänger unterschriebenes Empfangsbekenntnis vorliegt, wird die Zustellung durch ein schriftliches Zeugnis der ersuchten Stelle nachgewiesen. Die Urkunde des ausländischen Zustellungsbeamten über die Zustellung genügt nicht (BayObLG StV 1981, 224; Meyer-Goßner Rn. 25 a). Am 31. 5. 2001 ist die Europäische Zustellungsordnung (EG) Nr. 1348/2000 – **Zustellung von Schriftstücken im europäischen Justizraum** – in Kraft getreten. Es besteht weiterer Harmonisierungsbedarf im europäischen Zustellungsrecht. Denn die VO regelt in ihrem Kern lediglich die Übermittlung von Schriftstücken im Rechtshilfeverkehr, ohne die Zustellung selbst anzugeben (Heß NJW 2001, 15).

Die **Wirksamkeitsvoraussetzungen** der Ladung sind positiv nachzuweisen, **11** nicht deren Fehlen vom Angeklagten glaubhaft zu machen. Der Angeklagte trägt kein Beweisrisiko (OLG Karlsruhe NJW 1997, 3183). **Wesentliche Zustellungsmängel** begründen die Unwirksamkeit, zB: Zustellung durch einen nicht zum Wachtmeister des Gerichts bestellten Gefängnisbeamten (BayObLG NJW 1965, 1612); Aushändigung durch den StrK-Vorsitzenden gegen Empfangsbekenntnis; wenn nach der Zustellungsurkunde eine unmittelbare, in Wahrheit aber eine Ersatzzustellung vorgenommen wurde (BGH BB 1956, 58; OLG Karlsruhe MDR 1976, 161); wenn der Empfänger falsch angegeben ist (OLG Celle NdsRpfl. 1985, 173) oder wenn auf dem zurückgeleiteten Empfangsbekenntnis nach § 212 a ZPO die Unterschrift des Verteidigers fehlt (BGHR § 37 Abs. 1 Wirksamkeit 3). „Die Urteilszustellung ist auch dann **wirksam,** wenn das Empfangsbekenntnis des Anwalts ein **unrichtiges Datum** aufweist. Der Anwalt kann es berichtigen. Für den Fristbeginn ist das berichtigte Datum maßgebend. Das gilt jedenfalls dann, wenn dessen Richtigkeit zur Überzeugung des mit der Prüfung befassten Gerichts feststeht." (BGH, NStZ-RR 2004, 46). Die Zustellungsurkunde genießt die **Beweiskraft** des § 418 Abs. 1 ZPO; der Gegenbeweis ist zwar zulässig (§ 418 Abs. 2 ZPO), aber nicht durch das bloße Behaupten des Gegenteils unter Benennung des Postbeamten als Zeugen (BVerwG NJW 1985, 1180). Eine **Heilung** von Zustellungsmängeln tritt nach Abs. 1 S. 1 iVm. § 187 S 1 ZPO ein, wenn dem Adressaten das Schriftstück trotz des Mangels zugegangen ist (BGHSt 10, 63). Sie ist ausgeschlossen, wenn durch die Zustellung gesetzliche Fristen in Gang gesetzt werden (§ 187 S. 2 ZPO), zB die Revisionseinlegungsfrist (BayObLG MDR 1965, 596). Wird **mehrfach** zugestellt, so ist nur die erste Zustellung maßgebend (s. § 37 Rn. 2).

§ 38 [Unmittelbare Ladung]

Die bei dem Strafverfahren beteiligten Personen, denen die Befugnis beigelegt ist, Zeugen und Sachverständige unmittelbar zu laden, haben mit der Zustellung der Ladung den Gerichtsvollzieher zu beauftragen.

Befugt sind der Angeklagte (§§ 220 Abs. 1, 323 Abs. 1 S. 1, 386 Abs. 2), Privat- **1** kläger (§ 368 Abs. 2), Nebenkläger (§ 397 Abs. 1), Beschuldigte im Sicherungsverfahren (§ 414 Abs. 1), Verfalls- und Einziehungsbeteiligte (§§ 433 Abs. 1, 440 Abs. 3, 442 Abs. 1) sowie juristische Personen und Personenvereinigungen (§ 444 Abs. 2 S. 2, Abs. 3 S. 1). Nur durch den **Gerichtsvollzieher** kann die vom Auftraggeber unterschriebene Ladung bewirkt werden, nicht durch Vermittlung der Geschäftsstelle oder unmittelbar durch die Post (BGH NJW 1952, 836). Der Gerichtsvollzieher kann die Zustellung nach §§ 193 bis 195 ZPO durch die Post ausführen lassen; hierzu kann ihn der Auftraggeber anweisen. Selbst zustellen kann nur der am Bestimmungsort ansässige Gerichtsvollzieher. Für die Zustellung durch Ersuchen der Post ist jeder Gerichtsvollzieher in der Bundesrepublik (vgl. § 160 GVG) zuständig.

2 **Zum Erscheinen verpflichtet** ist der unmittelbar Geladene nur unter den Voraussetzungen des § 220 Abs. 2, (wenn ihm „bei der Ladung die gesetzliche Entschädigung für Reisekosten und Versäumnis bar dargeboten oder deren Hinterlegung bei der Geschäftsstelle nachgewiesen wird", § 220 Abs. 2). Fehlen diese, so ist die Ladung zwar durch den Gerichtsvollzieher zulässig, jedoch darf die Ladung den sonst gebotenen Hinweis (§ 48) auf die gesetzlichen Folgen des Ausbleibens nach § 51, 77 nicht enthalten (Meyer-Goßner Rn. 4).

3 Zur Frage, ob der Geladene wegen **Missbrauchs des Selbstladungsrechts** das Erscheinen verweigern darf: Nach der Neufassung des § 245, wonach das Gericht zur Erstreckung der Beweisaufnahme auf die **vom Angeklagten vorgeladenen** und erschienenen Zeugen und Sachverständigen nur auf einen diesbezüglichen **Beweisantrag** hin verpflichtet ist, ist ein Verweigerungsrecht des Geladenen zu **verneinen**, weil im Rahmen der Entscheidung über den Beweisantrag über die prozessuale Berechtigung der Ladung mitentschieden wird (KK-Maul Rn. 4; vgl. KG JR 1971, 338).

§ 39 (weggefallen)

§ 40 [Öffentliche Zustellung]

(1) [1]Kann eine Zustellung an einen Beschuldigten, dem eine Ladung zur Hauptverhandlung noch nicht zugestellt war, nicht in der vorgeschriebenen Weise im Inland bewirkt werden und erscheint die Befolgung der für Zustellungen im Ausland bestehenden Vorschriften unausführbar oder voraussichtlich erfolglos, so ist die öffentliche Zustellung zulässig. [2]Die Zustellung gilt als erfolgt, wenn seit dem Aushang der Benachrichtigung zwei Wochen vergangen sind.

(2) **War die Ladung zur Hauptverhandlung dem Angeklagten schon vorher zugestellt, dann ist die öffentliche Zustellung an ihn zulässig, wenn sie nicht in der vorgeschriebenen Weise im Inland bewirkt werden kann.**

(3) **Die öffentliche Zustellung ist im Verfahren über eine vom Angeklagten eingelegte Berufung bereits zulässig, wenn eine Zustellung nicht unter einer Anschrift möglich ist, unter der letztmals zugestellt wurde oder die der Angeklagte zuletzt angegeben hat.**

1 **Abs. 1 und 2** sind durch das 1. Justizmodernisierungsgesetz neu gefasst worden. Die Voraussetzungen für die Ladung des Beschuldigten zur Hauptverhandlung sind nun genau bestimmt. Bei einem **Ausländer** darf die öffentliche Zustellung regelmäßig erst angeordnet werden, wenn auch eine Anfrage beim Bundesverwaltungsamt – Ausländerzentralregister – Köln, Habsburgerstr. 9, erfolglos war (OLG Düsseldorf NStZ 1999, 476). Im **Jugendstrafverfahren** ist die öffentliche Zustellung ausgeschlossen (OLG Stuttgart NStE Nr. 1 zu § 40).

2 Abs. 3 (**Erleichterte Voraussetzungen bei Berufungen**) will es dem Gericht ersparen, aufwändige Ermittlungen nach dem Angeklagten anzustellen, der das Berufungsverfahren dadurch verzögern will, dass er seinen Wohnsitz aufgibt und sich an dem Gericht nicht bekannten Ort aufhält. Die auf Abs. 3 gestützte öffentliche Zustellung eines die Berufung gemäß § 329 Abs. 1 verwerfenden Urteils an den Angeklagten ist auch dann zulässig, wenn dieser entgegen § 35 a S. 2 zuvor nicht über die Rechtsfolgen der §§ 40 Abs. 3, 329 f. belehrt worden ist. Eine Zustellung an den Angeklagten ist unter der Anschrift eines **Geschäftslokals** jedenfalls dann nicht möglich iSd § 40 Abs. 3, wenn Zustellungsversuche schon mehrfach gescheitert sind, weil weder der Angeklagte noch ein Gewerbegehilfe in dem

Gerichtliche Entscheidungen und ihre Bekanntmachung § 41

fortbestehenden Geschäftslokal angetroffen worden sind, und Anhaltspunkte für eine künftige Anwesenheit fehlen; eine Aufgabe des Geschäftslokals ist nicht erforderlich (OLG Hamburg NStZ-RR 2000, 238). Hat der Angeklagte **Revision** eingelegt, die als Berufung behandelt wird, ist Abs. 3 nicht anwendbar (BayObLG NStZ 1991, 598; OLG Bremen StV 1991, 150). **Zulässigkeitsvoraussetzung** für eine öffentliche Zustellung nach Abs. 3 ist die Belehrung nach § 35a (OLG Köln NStE Nr. 4 zu § 40).

Die **Anordnung** der öffentlichen Zustellung ist zwingend, wenn die Voraussetzungen nach § 40 vorliegen. Sie erfordert einen **Gerichtsbeschluss.** Fehlt er, so ist die Zustellung unwirksam (OLG Hamm JMBlNW 1958, 262). Zuständig ist das Instanzgericht, bei dem der Prozess anhängig ist oder anhängig werden soll. Im Vollstreckungsverfahren ist Gericht des 1. Rechtszugs iSv. Abs. 2 das jeweils zur erstinstanzlichen Vollstreckungsentscheidung berufene Gericht (OLG Karlsruhe MDR 1981, 159). 3

Die **Durchführung** der Zustellung hat sich genau an § 40 zu halten. Die Anheftung des zuzustellenden Schriftstücks an der Gerichtstafel des falschen Gerichts kann die öffentliche Zustellung nicht bewirken (OLG Hamm GA 1960, 152). Eine ordnungsgemäß angeordnete und damit zunächst wirksame öffentliche Zustellung wird nur dann im Nachhinein unzulässig und damit unwirksam, wenn dem Gericht die Anschrift bzw. der Aufenthalt eines Betroffenen zu einem Zeitpunkt **positiv bekannt** wird, zu dem das öffentlich zuzustellende Schriftstück noch gemäß Abs. 1 und 2 an der Gerichtstafel angeheftet und die Zweiwochenfrist noch nicht abgelaufen ist (OLG Düsseldorf MDR 1992, 985). **Unwirksam** ist die öffentliche Zustellung, wenn ihre Voraussetzungen fehlten oder wesentliche Förmlichkeiten nicht beachtet wurden (OLG Celle MDR 1976, 335). Gegen die Anordnung der öffentlichen Zustellung ist **einfache Beschwerde** zulässig. Die Aufhebung eines Beschlusses, durch den die öffentliche Zustellung angeordnet worden ist, ist jedenfalls dann, wenn die öffentliche Zustellung bereits vollzogen worden ist, nicht zulässig (LG Aachen NStZ 1992, 143 m. Anm. Wendisch). Nicht statthaft ist die Beschwerde, wenn die Anordnung durch das erkennende Gericht erfolgt (KG JR 1995, 38; KK-Maul Rn. 12). 4

§ 41 [Zustellungen an die Staatsanwaltschaft] RiStBV 159

¹ **Zustellungen an die Staatsanwaltschaft erfolgen durch Vorlegung der Urschrift des zuzustellenden Schriftstücks.** ² **Wenn mit der Zustellung der Lauf einer Frist beginnt, so ist der Tag der Vorlegung von der Staatsanwaltschaft auf der Urschrift zu vermerken.**

Diese **vereinfachte Zustellung ist auf die StA beschränkt** und bei anderen Behörden unwirksam (Franke NStZ 1985, 355). Für die Anordnung der Zustellung gilt § 36 Abs. 1 S. 1 und für das Bewirken § 36 Abs. 1 S. 2. Die Vorlegung einer Ausfertigung oder beglaubigten Abschrift reicht nicht aus (OLG Düsseldorf RPfleger 1983, 325; RG 61, 352). Die Mitsendung der Akten ist nicht vorgeschrieben. Es bedarf zwar keines Hinweises auf § 41, aber die Vorlegung hat in einer der StA erkennbaren Weise **zum Zweck der Zustellung** zu geschehen (OLG Hamm JMBlNW 1977, 254). 1

Die Zustellung ist **bewirkt** nicht mit dem Eingang in der Geschäftsstelle des Dezernats der StA, in dem die Sache bearbeitet wird, sondern mit dem durch den **Eingangsstempel** ausgewiesenen Eingang bei der StA. Der vorgesehene **Vermerk** des Eingangs auf der Urschrift ist eine bloße Ordnungsvorschrift, die den **Fristbeginn** unberührt lässt (OLG Braunschweig NStZ 1988, 514). Auch auf die Kenntnis des Behördenleiters oder Sachbearbeiters, der StA kommt es nicht an; auch eine entgegenstehende Anordnung des Behördenleiters ist bedeutungslos 2

63

§§ 42, 43

(RG 72, 320). Die erfolgte Zustellung kann nicht durch eine Vereinbarung zwischen Gericht und StA **rückgängig** gemacht werden (RG 57, 56). Vgl. auch RiStBV Nr. 159).

Fünfter Abschnitt. Fristen und Wiedereinsetzung in den vorigen Stand

§ 42 [Tagesfristen]

Bei der Berechnung einer Frist, die nach Tagen bestimmt ist, wird der Tag nicht mitgerechnet, auf den der Zeitpunkt oder das Ereignis fällt, nach dem der Anfang der Frist sich richten soll.

§ 43 [Wochen- und Monatsfristen]

(1) Eine Frist, die nach Wochen oder Monaten bestimmt ist, endet mit Ablauf des Tages der letzten Woche oder des letzten Monats, der durch seine Benennung oder Zahl dem Tag entspricht, an dem die Frist begonnen hat; fehlt dieser Tag in dem letzten Monat, so endet die Frist mit dem Ablauf des letzten Tages dieses Monats.

(2) Fällt das Ende einer Frist auf einen Sonntag, einen allgemeinen Feiertag oder einen Sonnabend, so endet die Frist mit Ablauf des nächsten Werktages.

1   Unter **Frist** ist ein Zeitraum zu verstehen, innerhalb dessen ein Verfahrensbeteiligter eine Prozesshandlung vornehmen kann oder muss, wenn diese fristgebunden zulässig sein soll **(Handlungsfrist)**, zB §§ 45 Abs. 1 S. 1, 235 S. 1, 311 Abs. 2 S. 1, 314 Abs. 1, 341 Abs. 1, 346 Abs. 1. Eine **Zwischenfrist** ist der Zeitraum, den Richter oder StA in der Weise einzuhalten haben, dass er eine Handlung nicht vor Fristablauf vornehmen darf; insbesondere Ladungsfristen, zB § 217 Abs. 1. Die **gesetzlichen Fristen** ergeben sich unmittelbar aus dem Gesetz, zB §§ 45 Abs. 1, 311 Abs. 2, 314 Abs. 1, 349 Abs. 3 S. 2, 439 Abs. 2 S. 1. Diese können nicht verlängert werden, jedoch ist bei unverschuldeter Versäumnis Wiedereinsetzung in den vorigen Stand zu gewähren (§ 44), sofern es sich nicht um eine absolute **Ausschlussfrist** handelt, zB §§ 16, 25, 303 S. 1, 388 Abs. 1, 391 Abs. 1 S. 2. Beginn und Dauer **richterlicher Fristen** (zB §§ 123 Abs. 3, 201 Abs. 1) werden auf Grund gesetzlicher Ermächtigung oder im Rahmen der Prozessleitung vom Gericht festgesetzt. Sie können, außer bei zwingenden Säumnisfolgen (zB 379 a Abs. 3), auf Antrag oder von Amts wegen ausgedehnt oder neu gewährt werden. Für **staatsanwaltschaftliche Fristen** gelten die §§ 42, 43 entsprechend. **Keine Fristen** iS der §§ 42, 43 sind Fristen, innerhalb deren ein Rechtspflegeorgan eine Handlung vornehmen soll oder muss, zB §§ 98 Abs. 3, 111 a Abs. 2 S. 1, 115 Abs. 2, 115 a Abs. 2, 122 Abs. 1, 129, 275 Abs. 1 S. 2. Die §§ 42, 43 regeln nur **prozessuale Fristen** und nicht Fristen des materiellen Rechts (vgl. KK-Maul Rn. 1).

2   Der Betroffene darf die bestehende Frist **voll ausschöpfen. Mündliche Erklärungen** sind wirksam, wenn sie innerhalb der Frist von einem UrkB des zuständigen Gerichts niedergeschrieben werden. Bei Abgabe einer Erklärung **während der Hauptverhandlung** erstreckt sich die Beweiskraft des § 274 auf diese Erklärung. Bei **fernmündlichen Erklärungen** ist die schriftliche Form an sich nicht gewahrt. Beim Einspruch gegen einen Bußgeldbescheid gemäß § 67 S. 1 OWiG ist die telefonische Erklärung aber zulässig (BGH 29, 175 = NJW 1980, 1290), bei der Berufungseinlegung ist (wenig konsequent) diese Form jedoch nicht ausreichend (BGH 30, 64 = NJW 1981, 1627). Die Fristwahrung setzt keine Mitwirkung des Gerichts voraus (BVerGE 41, 328 = NJW 1976, 747). Maßgebend ist allein, dass das Schriftstück innerhalb der Frist **ordnungsgemäß** (zB nicht durch

Fristen und Wiedereinsetzung in den vorigen Stand **§ 43**

Abgabe an die Putzfrau) in die Verfügung des zuständigen Gerichts gelangt. Die Übergabe an einen empfangsberechtigten Beamten außerhalb der Dienstzeit reicht aus. Der Einwurf in ein im Gerichtsgebäude befindliches Brieffach (**Hausbriefkasten**) genügt für die Fristwahrung auch dann, wenn mit einer Leerung des Fachs am selben Tag nicht zu rechnen ist (BGH NJW 1984, 1237). Der **Nachtbriefkasten** ermöglicht die Kontrolle darüber, ob der Einwurf vor 24 Uhr erfolgte (BVerfGE 42, 131 = NJW 1976, 1255); beim Versagen des Mechanismus wird von einem rechtzeitigen Eingang ausgegangen (BayObLG NJW 1969, 202). Bei **gemeinsamer Briefannahmestelle** (auch Nachtbriefkasten) mehrerer Justizbehörden wird die Frist durch den Eingang bei dieser Stelle gewahrt. Fristgebundene Schriftstücke, die am letzten Tag der Frist in ein **Postschließfach** des Gerichts einsortiert werden, sind nur rechtzeitig zugegangen, wenn üblicherweise mit der Abholung an diesem Tag zu rechnen war. Beim Eingang des Schriftstücks bei einem **unzuständigen Gericht** kommt es darauf an, ob es dem zuständigen Gericht innerhalb der Frist zugeht (OLG Karlsruhe JR 1992, 302) oder telefonisch übermittelt und über den Inhalt ein Protokoll aufgenommen ist (OLG Zweibrücken MDR 1982, 166). **Einschreibsendungen** sind zugegangen, wenn dem Gericht die Benachrichtigung über den bei der Post hinterlegten Brief übergeben wird. Ein **fernmündlich** zugesprochenes **Telegramm** wahrt die Frist dann, wenn der zuständige Beamte eine amtliche Notiz fertigt, die den Wortlaut des Telegramms wiedergibt, und vor der Ausfertigung des Telegramms bei Gericht eingeht; die amtliche Notiz tritt nur vorübergehend an die Stelle des Ankunftstelegramms (BGH 30, 69 = NJW 1981, 1627). „Die Übermittlung fristwahrender Schriftsätze **per Telefax** ist in allen Gerichtszweigen uneingeschränkt zulässig". Wird dieser Übermittlungsweg durch ein Gericht eröffnet, so dürfen die aus den technischen Gegebenheiten dieses Kommunikationsmittels herrührenden besonderen Risiken nicht auf den Nutzer dieses Mediums abgewälzt werden (BVerfG NJW 1996, 2857). Beim **Fernschreiben** und beim **Telefax** kommt es auf den Zeitpunkt an, in dem das Schriftstück am Empfangsgerät ausgedruckt wird, auch wenn dieses nicht besetzt ist und auch nach Dienstschluss (BGHZ 101, 276 = NJW 1987, 2586). Ein Rechtsmittelschriftsatz, der durch Telefax eingelegt wird, ist verspätet, wenn die Übermittlung der letzten Seite mit der Unterschrift des RAs im 00:02 Uhr am Tage nach Fristablauf erfolgt. Der Eingangszeitpunkt bestimmt sich nach dem Uhrzeitaufdruck des Telefaxgeräts des Gerichts (BGH NJW 1997, 1864). Bei **Zweifeln** an der Fristwahrung sind tatsächliche Feststellungen erforderlich. Bleibt die Frage offen, ist fristgerechter Eingang anzunehmen (BGH 11, 395 = NJW 1958, 1307).

Die **Berechnung** einer Frist, die **nach Tagen bestimmt** ist (§ 42), erfolgt in **3** der Weise, dass die Frist mit Beginn (0 Uhr) des Tages zu laufen beginnt, der dem Tag folgt, an dem das Ereignis (zB Zustellung) stattgefunden hat, das den Fristbeginn auslöst. Die in § 212 a Abs. 3 S. 3 vorgesehene **24-Stundenfrist** ist keine Tagesfrist; der Zustellungstag ist bei der Berechnung mitzuzählen (KK-Maul Rn. 23). Im § 43 Abs. 1 wird für **Wochen- und Monatsfristen** der Gedanke des § 42 fortgeführt, dass bei der Fristberechnung der Tag nicht mitgerechnet werden soll, auf den der Zeitpunkt oder das Ereignis fällt, nach dem sich die Frist richtet (BayObLG NJW 1968, 904). Folgen **zwei Fristen** derart einander nach, dass die zweite sich ohne ein neues Ereignis der Ersten anschließt (vgl. § 345 Abs. 1 S 1), ist der Tag des Beginns der zweiten Frist ebenfalls nicht mitzuzählen (BGH 36, 241 = NJW 1990, 460). Die Fristverlängerung des § 43 Abs. 2 gilt für die Tagesfrist sowie für Wochen- und Monatsfristen. **Allgemeine Feiertage** sind die **staatlich anerkannten** Feiertage, nicht diejenigen, die „staatlich geschützt" sind (BayObLGSt 1957, 131). Die Rechtsmittelbelehrung braucht nicht den Hinweis zu enthalten, dass eine Rechtsmittelfrist sich um einen Tag verlängert, wenn ihr Ablauf auf einen gesetzlichen Feiertag fällt (BVerfGE 31, 388 = NJW 1971, 2217).

§ 44

4   Gegen **Gefangene,** die von Maßnahmen nach § 33 EGGVG betroffen sind, werden laufende Fristen gehemmt (§ 34 Abs. 2 EGGVG).

§ 44 [Wiedereinsetzung in den vorigen Stand]

¹ War jemand ohne Verschulden verhindert, eine Frist einzuhalten, so ist ihm auf Antrag Wiedereinsetzung in den vorigen Stand zu gewähren. ² Die Versäumung einer Rechtsmittelfrist ist als unverschuldet anzusehen, wenn die Belehrung nach den §§ 35 a, 319 Abs. 2 Satz 3 oder nach § 346 Abs. 2 Satz 3 unterblieben ist.

1   Die Wiedereinsetzung ist als **außerordentlicher Rechtsbehelf** vom Gesetz mit der Macht ausgestattet, das Verfahren unter bestimmten Voraussetzungen in einen Abschnitt vor der Fristversäumnis zurückzuversetzen (BGH 25, 91 = NJW 1973, 521). Die Rechtskraft der Entscheidung steht der Wiedereinsetzung nicht entgegen, sondern soll durch sie beseitigt werden (RG 53, 288). Die Wiedereinsetzung ist jedoch ausgeschlossen, wenn das Verfahren durch eine Sachentscheidung des **Revisionsgerichts** nach § 349 Abs. 2 oder 5 (nicht nach Abs. 1) rechtskräftig abgeschlossen ist (BGH 17, 94 = NJW 1962, 818); dann ist nur die Wiederaufnahme nach §§ 359 ff. zulässig. „Wird auf Grund einer unzulässigerweise vor Erlass des Urteils im Rahmen einer verfahrensbeendenden **Absprache** getroffenen Vereinbarung **Rechtsmittelverzicht** erklärt, kann dies zur Wiedereinsetzung in den vorigen Stand nach Versäumung der Rechtsmittelfrist führen" (BGH 45, 227 = NJW 2000, 526 in Ergänzung zu BGH 43, 195 = NJW 1998, 86). Die Wiedereinsetzung dient unmittelbar der Realisierung der grundrechtsgleichen Gewährung des **rechtlichen Gehörs;** deshalb dürfen die Anforderungen nicht überspannt werden (BVerfG NJW 1991, 2277). Sie verfolgt aber nicht den Zweck, dem Säumigen Vorteile zu verschaffen, die er ohne Säumnis nicht erhalten hätte (BGH NStZ 1988, 17). Die Wiedereinsetzung ist unzulässig, wenn keine Frist versäumt ist (BGH 17, 96 = NJW 1962, 818); sie kann jedoch dem gewährt werden, der keine Frist versäumt hat, aber so behandelt worden ist (BGH NStZ 1988, 210). Wiedereinsetzung und Rechtsmittel schließen sich grundsätzlich gegenseitig aus; jedoch können sie nebeneinander eingelegt werden, was zuweilen zu empfehlen sein wird; in diesen Fällen ist zunächst über den Wiedereinsetzungsantrag zu entscheiden (BGH 11, 154 = NJW 1958, 509). Versäumt ein Betroffener die Frist für den Zulassungsantrag, weil er die mündlich erteilte Rechtsmittelbelehrung missverstanden hat, so ist Wiedereinsetzung in den vorigen Stand zu gewähren, wenn dem Betroffenen entgegen RiStBV Nr. 142 kein **Merkblatt** ausgehändigt ist (OLG Köln NStZ 1997, 404). Aber es ist im Hinblick auf ein **eigenes Verschulden** des Antragstellers an der Fristversäumung immer auch noch zu prüfen, ob der Antragsteller gegebenenfalls Anlass hatte, den Verfahrensfehler durch eine **Rückfrage** bei Gericht oder die Einholung anwaltlichen Rats innerhalb der Rechtsmittelfrist aufzufangen (OLG Hamm NJW 2001, 3279). „Eine wirksame **Rücknahmeerklärung** führt zum Verlust des Rechtsmittels. Damit sind eine erneute Einlegung des Rechtsmittels und ein entsprechender Wiedereinsetzungsantrag rechtlich ausgeschlossen" (BGH NStZ 1995, 357). Es fehlt bereits an einer Fristversäumung iSd. § 44 S. 1, wenn von einem befristeten Rechtsbehelf **bewusst kein Gebrauch** gemacht wird (BGH NStZ 2001, 160). Das gilt auch, wenn ein Angeklagter nach Beratung durch seinen Verteidiger die Erfolgsaussichten eines Rechtsmittels – möglicherweise – falsch einschätzt (BGH NStZ 2001, 160). Das **Bekanntwerden neuerer gerichtlicher Entscheidungen** – etwa zu den Anforderungen an eine verfahrensbeendende Absprache – wie auch eine andere rechtliche Bewertung kann eine Wiedereinsetzung in den vorigen Stand **nicht** begründen (BGH, NStZ 2004, 162).

Fristen und Wiedereinsetzung in den vorigen Stand **§ 44**

Jeder Verfahrensbeteiligte ist **antragsberechtigt,** für den Angeklagten sein 2
Verteidiger (auch ohne Vollmacht) analog § 297. Der gesetzliche Vertreter ist
antragsberechtigt, wenn er nach § 298 Abs. 1 tätig geworden ist (BayObLG NJW
1954, 1378); auch sonstige Verfahrensbeteiligte (Zeuge, Sachverständige, Zuhörer),
wenn gegen sie eine Maßnahme verhängt wurde (§§ 51, 70; §§ 178, 181 GVG).
Der StA kann für die Versäumung eigener Fristen, nicht aber zugunsten anderer
Verfahrensbeteiligter Wiedereinsetzung verlangen; doch kann ein derartiger Antrag
als Anregung behandelt werden, von Amts wegen Wiedereinsetzung nach § 45
Abs. 2 zu gewähren.

Für jede **gesetzliche und richterliche** Frist kommt die Wiedereinsetzung in 3
Betracht, die keine Ausschlussfrist ist. § 44 gilt auch für die Frist des § 45 Abs. 1
S. 1 und des § 172 Abs. 2; **nicht** aber für Erklärungsfristen im Ermittlungsverfahren, auch nicht für Fristen der §§ 6 a S. 3, 16 S. 3, 222 a, 222 b, für die Frist, die das
Gericht für die Begründung einer Beschwerde gesetzt hat (OLG Karlsruhe MDR
1983, 250), für die Strafantragsfrist nach § 77 b Abs. 1 S. 1 StGB und für die
vereinbarte Frist zum Widerruf eines Privatklagevergleichs. Bei Versäumung der
Berufungs- und Revisionsfristen sind neben § 44 die Rechtsbehelfe nach §§ 319
Abs. 2, 346 Abs. 2 zulässig (Meyer-Goßner Rn. 3). **Adressat** des Antrags ist das
Gericht, bei dem die Frist wahrzunehmen gewesen wäre; es genügt nach § 45
Abs. 1 die Antragstellung bei dem Gericht, das entscheidet. Die Frist hat **versäumt,**
wer sie einhalten wollte, aber nicht einhalten des Rechtsmittel irrig beurteilt werden (OLG
nicht vor, wenn die Erfolgsaussichten des Rechtsmittel irrig beurteilt werden (OLG
Düsseldorf NStE Nr. 30 zu § 44). Die **Versäumung der vorgeschriebenen
Form** steht der Fristversäumung gleich (BGH 26, 335 = NJW 1976, 1414). Wird
ein **fristgebundener Rechtsmittelschriftsatz** bei dem dafür **unzuständigen
OLG** eingereicht, ist dieses im Rahmen seiner prozessualen Fürsorgepflicht nur
gehalten, diesen im ordentlichen Geschäftsgang an das zuständige Gericht weiterzuleiten. Es ist aber nicht verpflichtet, ggf. auch außerordentliche Maßnahmen zu
ergreifen, um einen fristgerechten Eingang der Rechtsmittelschrift bei der zuständigen Stelle zu gewährleisten. Ein Unterlassen derartiger Maßnahmen rechtfertigt
daher bei einem verspäteten Eingang der im ordentlichen Geschäftsgang weitergeleiteten Rechtsmittelschrift bei der zuständigen Stelle keine Wiedereinsetzung in
den vorigen Stand (OLG Hamm NJW 1997, 2829).

Zur **Nachholung von Verfahrensrügen** der bereits formgerecht begründeten 4
Revision kann dem Angeklagten, der mit seinem Verteidiger in der Hauptverhandlung anwesend war, Wiedereinsetzung grundsätzlich nicht bewilligt werden (BGH
26, 338 = NJW 1976, 1414). In zahlreichen Fällen (ohne Systematik) wurden
Ausnahmen gemacht; bei Erkrankung des Verteidigers (BGH NStZ 1985, 204);
bei Verzögerung der Postbeförderung (BGH NStZ 1981, 110); Fehlen der Unterschrift des Verteidigers (BGH 31, 161 = NStZ 1983, 132); bei Absendung der
Revisionsbegründung in zwei Schriftsätzen, von denen nur einer fristgerecht eingeht (BGH 14, 330 = NJW 1960, 1775; BGH NStZ-RR 2001, 259); bei verspäteter Beiordnung des Verteidigers (BGH StV 1983, 225); bei Weigerung des Pflichtverteidigers, mehr als die Sachrüge zu erheben (BayObLG MDR 1974, 247); bei
Weigerung des Protokollführers, notwendiges Vorbringen aufzunehmen (BGH wistra 1992, 148); bei Verweigerung rechtzeitiger Akteneinsicht (BGH NStZ 1984,
418); bei Hinderung des Angeklagten, seine Revision zu Protokoll zu begründen,
obgleich der Verteidiger bereits eine Revisionsbegründung eingereicht hat (BGH
MDR 1966, 25). Wird geltend gemacht, „die **fehlende Akteneinsicht** habe die
formgerechte Formulierung einer Verfahrensrüge verhindert, muss die Rüge im
Wiedereinsetzungsantrag so genau mitgeteilt werden, wie dies dem Beschwerdeführer ohne Akteneinsicht möglich ist" (BGH NStZ-RR 1996, 140). Der Beschwerdeführer muss für jede Rüge ausreichend darlegen, dass er gerade durch die
fehlende Akteneinsicht an einer ordnungsgemäßen Begründung gehindert war.

§ 44 Erstes Buch. 5. Abschnitt

Nach Gewährung der Akteneinsicht sind die Verfahrensbeschwerden grundsätzlich innerhalb der Wochenfrist des § 45 Abs. 1, 2 formgerecht nachzuholen (BGH NStZ-RR 1997, 302). War der Angeklagte in der Hauptverhandlung ohne Verteidiger, so ist ihm zur Nachholung von Verfahrensrügen durch den später gewählten Verteidiger idR Wiedereinsetzung zu bewilligen (BayObLG MDR 1984, 773). Ein Wiedereinsetzungsantrag nach Versäumung der Frist zur **Begründung** der Revision ist nur zulässig, wenn die nachgeholte Handlung den **Formerfordernissen** der §§ 344 Abs. 1, Abs. 2 S. 1, 345 Abs. 2 genügt. Ob die ausgeführte Revisionsbegründung auch § 344 Abs. 2 S. 2 entspricht, ist hingegen nur im **Revisions- und nicht im Wiedereinsetzungsverfahren** zu prüfen (BGH NJW 1997, 1516). **Keine Wiedereinsetzung** wurde gewährt: wegen Nichtmitgabe der Akten ins Büro des Verteidigers (BGH NStZ 1985, 13); bei Unterlassen des Verteidigers, die Erledigung des Akteneinsichtsgesuchs anzumahnen (BGH NStZ 1985, 492); zur Ergänzung einer bereits erhobenen Verfahrensrüge (BGH NStZ 1985, 181; BGH wistra 1992, 28). Erfährt der Angeklagte durch die Antragsschrift des GBA von formalen Mängeln der Begründung seiner Verfahrensrügen, darf ihm nicht zwecks Nachbesserung Wiedereinsetzung in den vorigen Stand gewährt werden (BGH NStE Nr. 10 zu § 44).

5   Voraussetzung der Wiedereinsetzung ist, dass der Antragsteller **ohne Verschulden** (etwa durch Unfall, Erkrankung, Naturereignisse) an der Einhaltung der Frist **verhindert** war. Erkrankungen können aber das Verschulden ausschließen, so **krankhafte Störung der Geistestätigkeit** (BayObLG NStZ 1989, 131), akuter Diabetikerschock (BGH NJW 1975, 593), **Suizidversuch** (OLG Hamburg MDR 1983, 152), ebenso unmittelbar bevorstehende **Niederkunft der Ehefrau** (OLG Celle, MDR 1966, 949). „Die Versäumung einer Rechtsmittelfrist ist jedenfalls dann als **nicht selbstverschuldet** anzusehen, wenn sich das Gericht gegenüber einem **schwerhörigen** Angeklagten auf die Erteilulng einer lediglich mündlichen Rechtsmittelbelehrung beschränkt hat" (OLG Saarbrücken NJW 2003, 2182). Vorsätzliche oder fahrlässige Versäumung der Frist schließt die Wiedereinsetzung aus. **Vergessen** der Frist ist grundsätzlich als schuldhaft anzusehen (BGH VersR 1975, 40; OLG Düsseldorf NStZ 1996, 169). Zum Verschulden gibt es in der Rechtsprechung eine weit gefächerte Kasuistik (vgl. Walchshöfer JurBüro 1989, 1482). Das BVerfG hat die enge Betrachtung des Verschuldens unter dem Gesichtspunkt des rechtlichen Gehörs korrigiert, insbesondere zur Rechtzeitigkeit des Eingangs fristwahrender Schriftstücke bei Gericht (BVerfG NJW 1991, 2076 m. Beispielen). So ist ein Fristversäumnis auch unverschuldet, wenn jemand während seines Urlaubs ein **unerwartetes** fristbegründendes amtliches Schreiben erhält (BVerfGE 26, 318 = NJW 1969, 1531); wer seine ständige Wohnung nur vorübergehend nicht benutzt, braucht für seine Abwesenheit keine besonderen Vorkehrungen hinsichtlich Zustellungen zu treffen, allerdings darf er zB die Abholung von Terminsnachrichten nicht vernachlässigen (BVerfG NJW 1993, 847). Wenn aber bereits ein Strafverfahren läuft und der Betroffene mit Zustellungen zu rechnen hat, insbesondere der des Berufungsurteils, sind entsprechende Maßnahmen zu treffen (vgl. OLG Frankfurt MDR 1987, 76). Der **Nachweis,** dass ein Betroffener einen fristgebundenen Rechtsmittelschriftsatz rechtzeitig abgesandt hat, lässt sich idR dem Briefumschlag mit dem **Poststempel** entnehmen. Wird der Briefumschlag vom Gericht nicht aufbewahrt, darf dies bei der Prüfung eines Wiedereinsetzungsantrags nicht zu Lasten der Partei gehen, wenn deren Erklärung zur (rechtzeitigen) Absendung des Schriftstücks nicht von vornherein unglaubhaft ist (BVerfG NJW 1997, 1770). Wer die Versäumung einer Frist mit einer unvorgesehenen **Verzögerung der Postzustellung** begründet, muss die Umstände der Aufgabe der Sendung nach Zeit und Ort so genau darlegen, dass das Gericht hinreichend zuverlässig beurteilen kann, ob ein Verschulden oder Mitverschulden des Betroffenen an dem verspäteten Eingang des Rechtsmittels bei Gericht in Betracht kommt (OLG Frankfurt NStZ-RR 2002,

12). Bei einem **Ausländer** mit unzureichenden Sprachkenntnissen dürfen die Anforderungen für eine Wiedereinsetzung nicht überspannt werden. Ist aber zB der der deutschen Sprache nicht mächtige Angeklagte bei der mit Hilfe eines Dolmetschers erteilten Rechtsmittelbelehrung infolge Aufregung über das verkündete Urteil unaufmerksam, ist es ihm zuzumuten, sich nach Abklingen der Aufregung zu vergewissern, ob er die Belehrung über die Rechtsmittelfrist richtig verstanden hat (OLG Karlsruhe NStE Nr. 18 zu § 44). Der Ausländer, dem ein **Strafbefehl** oder ein Bußgeldbescheid in deutscher Sprache ohne eine verständliche Belehrung über den Rechtsbehelf des Einspruchs zugestellt worden ist, muss sich um eine Übersetzung bemühen (BVerfGE 42, 120 = NJW 1976, 1021 in Ergänzung von BVerfGE 40, 95 = NJW 1975, 1597); aber entscheidend sind die Umstände des Einzelfalles (BVerfG NStZ 1991, 446; BVerfG StV 1995, 394). Zur Rechtsmittelbelehrung gehört der Hinweis, dass das Rechtsmittel in deutscher Sprache erfolgen muss; sonst Wiedereinsetzung (BGH 30, 182 = NJW 1982, 532). Der Wiedereinsetzungsantrag der **StA** bei verspäteter Revisionseinlegung bleibt dann erfolglos, wenn die Verspätung der mangelhaften Organisation bei der Postabsendung oder einem Fehler von Bediensteten der Postabsendestelle zuzurechnen und damit von der Revisionsführerin zu vertreten ist (BGH NStZ 1988, 446).

Verschulden des gewählten oder bestellten **Verteidigers** und ein Verschulden **6** der Anwaltskanzlei, das zur Fristversäumnis führt, rechtfertigt für den Betroffenen Wiedereinsetzung (BGH 14, 309 = NJW 1960, 1774). Der **RA** darf in einfach gelagerten Fällen die Feststellung des Beginns der Revisionsbegründungsfrist und die Berechnung der Frist gut ausgebildeten und sorgfältig **überwachten Büroangestellten** überlassen (BGH NStZ 2000, 545). Der Angeklagte ist grundsätzlich nicht zur Überwachung des Verteidigers verpflichtet (BGH NStZ 1990, 25). Der Gesuchsteller darf aber nicht durch **eigenes Verschulden** zur Versäumung der Frist beigetragen haben (BGH 14, 308). An der Versäumung der Frist zur Begründung der Revision trifft den Angeklagten eigenes Verschulden, wenn dieser keine Vorsorge getroffen hat, dass er für den mit der Revisionseinlegung beauftragten Verteidiger für möglicherweise **notwendige Rücksprachen** erreichbar ist (BGH NStZ 1997, 95). Ein Angeklagter, der seinen Verteidiger mit der Einlegung der Revision beauftragt hat und auf Grund der erteilten Rechtsmittelbelehrung weiß, dass eine Rechtsmittelbegründungsfrist zu beachten ist, hat dafür Sorge zu tragen, dass er für seinen Verteidiger erreichbar ist (BGH NStZ 2000, 83). Uneingeschränktes Vertrauen in die Prozessführung kann Verschulden ausschließen; aber der Betroffene darf nicht untätig bleiben, wenn ihm die Unzuverlässigkeit des Verteidigers bekannt ist (BGH 25, 92 = NJW 1973, 521). Besondere Umstände können ein Eingreifen nahelegen (BGH NJW 1983, 1138; OLG Frankfurt NJW 1991, 1191). Unterbleibt die nach § 145a Abs. 3 S. 2 vorgeschriebene **Benachrichtigung des Verteidigers** und wird deshalb die Begründungsfrist versäumt, so kann Wiedereinsetzung gewährt werden, wenn dem Angeklagten kein Vorwurf zu machen ist, dass er seinen Verteidiger nicht von der an ihn erfolgten Zustellung unterrichtet hat (OLG Frankfurt NJW 1982, 1297). Es ist jedoch eine Sachlage denkbar, in welcher der Betroffene nicht untätig sein darf, weil er nicht darauf vertrauen kann, der Verteidiger werde von sich aus die erforderliche Maßnahme treffen (BayObLG NJW 1993, 150). Dem Antragsteller im **Klageerzwingungsverfahren** kann wegen der von seinem Verfahrensbevollmächtigten verschuldeten Fristversäumnis Wiedereinsetzung nicht gewährt werden. Für das Verschulden seines Bevollmächtigten hat er vielmehr – wie der **Privatkläger** und der **Nebenkläger** – selbst einzustehen (BGH 30, 310 = NJW 1982, 1544; OLG Düsseldorf NJW 1993, 341). „Dem **Nebenkläger** wird Wiedereinsetzung gegen die Versäumung einer Frist nicht bewilligt, wenn sein bevollmächtigter Vertreter die Frist schuldhaft versäumt hat (BGH, NStZ-RR 2003, 80; BGH NStZ 1982, 212). Diese Verfahrensbeteiligten bedürfen nicht des gleichen Schutzes wie ein Beschuldigter. **Amtliches Verschul-**

§ 44

den ist dem Betroffenen **nicht** zuzurechnen (RG 70, 188; KK-Maul Rn. 25). Ein beim **unzuständigen Gericht** eingelegtes Rechtsmittel muss im **normalen** Geschäftsgang weitergeleitet werden. Eine außerordentliche Maßnahme, wie Weiterleitung per Telefax, ist nicht geboten (OLG Naumburg NStZ-RR 2001, 272 mwN). Für die amtlichen Beteiligten gilt das aber nur, wenn das Verschulden eine **andere** Behörde trifft. Die **StA** kann Wiedereinsetzung verlangen, wenn sie die Frist ohne eigenes Verschulden versäumt. Ist aber zB die Verspätung der mangelhaften Organisation bei der Postabsendung oder einem Fehler eines Bediensteten in der Postabsendungsstelle zuzurechnen, hat dies die StA als Behörde zu vertreten, und Wiedereinsetzung kann nicht gewährt werden (BGH wistra 1988, 198; OLG Frankfurt NStZ-RR 1997, 176).

7 Die gesetzliche Vermutung bei **unterbliebener Rechtsmittelbelehrung** (S. 2) hebt nur das Erfordernis des fehlenden Verschuldens des Antragstellers auf; ein ursächlicher Zusammenhang zwischen Belehrungsmangel und Fristversäumnis ist auch in diesem Fall erforderlich (BGH NStZ 2001, 45). Den **ursächlichen** Zusammenhang zwischen Belehrungsmangel und Fristversäumnis setzt die Wiedereinsetzung auch hier voraus (OLG Düsseldorf NStZ 1986, 233 mwN). Eine Rechtsmittelbelehrung, die in **wesentlichen** Punkten **unvollständig, unklar** oder **unrichtig** ist, steht einer unterbliebenen Rechtsmittelbelehrung gleich (OLG Hamburg NJW 1962, 602). Einem **ausländischen** Angeklagten ist nicht schon deshalb Wiedereinsetzung in die versäumte Berufungsfrist zu gewähren, weil er geltend macht, die mündliche Rechtsmittelbelehrung sei **fehlerhaft übersetzt** worden. Ist ihm zugleich ein inhaltlich zutreffendes Merkblatt über die zulässigen Rechtsmittel in deutscher Sprache übergeben worden, muss er darüber hinaus darlegen, warum er von dessen Inhalt nicht innerhalb angemessener Frist hat Kenntnis erlangen können (OLG Dresden, NStZ-RR 2002, 171). Der Grundsatz, dass eine Fristversäumnis nach **Erteilung einer Rechtsmittelbelehrung** als **verschuldet** angesehen werden muss, gilt nicht, wenn die aufklärende Wirkung der erteilten Rechtsmittelbelehrung durch nachfolgende unrichtige Zuschriften des Gerichts wieder aufgehoben wird (BGH NStZ 1994, 194). Die Rechtsmittelbelehrung wird nicht von dem Übersetzungserfordernis des Art. 6 Abs. 3 MRK umfasst; auch nach der Rspr. des BVerfG haben **Ausländer** keinen verfassungsrechtlichen Anspruch auf Belehrung in einer ihnen verständlichen Sprache (BVerfGE 42, 120 = NJW 1976, 1021; vgl. auch § 35 Rn. 4). Der Ausländer muss sich bei dem Strafbefehl und Bußgeldbescheid hinsichtlich der Belehrung über den Rechtsbehelf des **Einspruchs** um eine Übersetzung bemühen. Versäumt ein der deutschen Sprache nicht hinreichend mächtiger Ausländer, dem ein Strafbefehl in deutscher Sprache ohne eine ihm **verständliche Belehrung** über den Einspruch zugestellt worden ist, die Einspruchsfrist, so verbieten es die Rechtsschutzgarantien der Art. 19 Abs. 4, 103 Abs. 1 GG, die Versäumung der Einspruchsfrist, soweit sie auf den unzureichenden Sprachkenntnissen des Ausländers beruht, als verschuldet iS des Rechts auf Wiedereinsetzung anzusehen (BVerfG NStZ 1991, 446). Zu einer ordnungsgemäßen Belehrung gehört auch der **Hinweis,** dass die schriftliche Rechtsmitteleinlegung in deutscher Sprache erfolgen muss. Das Unterbleiben begründet für den Angeklagten den Anspruch auf Wiedereinsetzung nach S. 2 (BGH 30, 185 = NJW 1982, 533). Wiedereinsetzung wegen der versäumten Frist **zur Einlegung der Revision** kann unter besonderen Umständen gewährt werden, wenn der Rechtsmittelverzicht des Angeklagten unwirksam ist, wenn ihm vom Vorsitzenden unzulässigerweise abgegebene und alsbald nach der Urteilsverkündung **nicht eingehaltene Zusage** zugrunde liegt (BGH NJW 1995, 2568). „Nach st. Rspr. des BGH kann das Institut der Wiedereinsetzung in den vorigen Stand gegen die **Versäumung der Revisionsbegründungsfrist** nicht dazu dienen, die Form- und Fristgebundenheit der Revisionsbegründung nach den §§ 344 Abs. 2 S. 2, 345 StPO zu unterlaufen (BGHR StPO Verfahrensrüge 1). Nur im Ausnahmefall kann ein Wiedereinsetzungsantrag zur Nachholung einzelner Verfahrensrügen Erfolg haben, wenn dargelegt wird, welche Verfahrensrügen erhoben werden sollten und inwieweit der Revisionsführer ohne sein Verschulden konkret daran gehindert war" (BGH wistra 1995, 347; BGH NStZ-RR 1996, 201).

Die **gewährte Wiedereinsetzung** versetzt das Verfahren in den Abschnitt vor der Fristversäumung zurück dergestalt, dass sie die Rechtslage herstellt, die vor der Versäumung bestanden hätte, wenn die Handlung rechtzeitig vorgenommen worden wäre – also keine Wiedereinsetzung „in den vorigen Stand" (OLG Köln NJW 1987, 80). Die infolge der Säumnis eingetretene Rechtskraft der Entscheidungen sowie Beschlüsse und Urteile, durch die ein Rechtsmittel wegen Versäumung als unzulässig verworfen worden ist, fallen ohne weiteres weg, ebenso das Urteil, das infolge der Versäumung ergangen war. Die förmliche Aufhebung der Entscheidung ist nicht erforderlich (RG 61, 180); ihr Wegfall sollte aber wenigstens in den Gründen des Wiedereinsetzungsbeschlusses festgestellt werden. Ist die Einlegung eines Rechtsmittels mit dem Wiedereinsetzungsantrag nachgeholt worden (vgl. § 45 Abs. 2 S. 1), so wird mit der Wiedereinsetzung zugleich die Rechtzeitigkeit der Anfechtung festgestellt (Meyer-Goßner Rn. 24). 8

§ 45 [Antrag auf Wiedereinsetzung]   RiStBV 155

(1) ¹**Der Antrag auf Wiedereinsetzung in den vorigen Stand ist binnen einer Woche nach Wegfall des Hindernisses bei dem Gericht zu stellen, bei dem die Frist wahrzunehmen gewesen wäre.** ²**Zur Wahrung der Frist genügt es, wenn der Antrag rechtzeitig bei dem Gericht gestellt wird, das über den Antrag entscheidet.**

(2) ¹**Die Tatsachen zur Begründung des Antrags sind bei der Antragstellung oder im Verfahren über den Antrag glaubhaft zu machen.** ²**Innerhalb der Antragsfrist ist die versäumte Handlung nachzuholen.** ³**Ist dies geschehen, so kann Wiedereinsetzung auch ohne Antrag gewährt werden.**

Für den Antrag **(Abs. 1)** genügt die **Schriftform.** Wird zugleich die versäumte Handlung nachgeholt **(Abs. 2 S. 2),** so muss diese der für sie vorgeschriebenen Form entsprechen. Die **Wochenfrist** ist nach § 43 zu berechnen. Sie beginnt mit dem Wegfall des Hindernisses, zB der Unkenntnis, auf der die Fristversäumnis beruht (OLG Karlsruhe MDR 1993, 564). Maßgebend ist die Kenntnis allein des **Betroffenen selbst** und nicht die des Verteidigers (BayObLG NJW 1956, 154; 1957, 1307). Ein Angeklagter kann dann nicht von der Verantwortung für die Versäumung einer Frist im Rechtsmittelverfahren durch Wiedereinsetzung freigestellt werden, wenn er **untätig** bleibt und sich auf einen **Verteidiger** verlässt, obwohl besondere Gründe die Besorgnis nahelegen, der Anwalt werde nicht in ausreichendem Maße tätig (BGH NStZ 1997, 560). Bei Zweifeln an der Fristeinhaltung (zB Aktenverlust) ist zugunsten des Antragstellers zu entscheiden (vgl. BGH 11, 394 = NJW 1958, 1307). Wird die Frist des Abs. 1 S. 1 versäumt, so ist Wiedereinsetzung nach § 44 möglich (OLG Düsseldorf NJW 1982, 60). **Zulassungsvoraussetzung** für den Antrag ist die Schilderung des konkreten Sachverhalts mit Angaben über die **versäumte Frist,** den **Hindernisgrund** sowie über den **Zeitpunkt des Wegfalls des Hindernisses** (BGH NStZ 1991, 295). Wird die Versäumung der Frist mit einer **Verzögerung der Postzustellung** (ein häufiger Fall) begründet, müssen die Umstände der Einlieferung der Sendung nach Zeit und Ort so genau dargelegt werden, dass das Gericht die Frage des Verschuldens zuverlässig beurteilen kann (OLG Hamm MDR 1977, 948). Bei einer Adressierung ohne **neue Postleitzahl** kann der Absender nicht von der üblichen **Beförderungsdauer** ausgehen und auch nicht annehmen, sein Rechtsmittel werde noch in der zur Verfügung stehenden Restlaufzeit der Frist von 2 Tagen und 6 Stunden bei Gericht 1

§ 45

eingehen (OLG Frankfurt NStZ-RR 1997, 137). Ist ein Revisionsführer zunächst gehindert, seine **Revision** fristgerecht zu begründen, so führt die Wochenfrist des § 45 Abs. 1 iVm. § 45 Abs. 2 S. 2 grundsätzlich dazu, dass sich die Revisionsbegründungsfrist des § 345 Abs. 1 auf eine Woche ab Wegfall des Hindernisses verkürzt. Allerdings kann die Überlagerung beider Fristen in Ausnahmefällen auch dazu führen, dass dem Antragsteller für ein Wiedereinsetzungsgesuch die Monatsfrist eingeräumt wird (BGH NStZ-RR 1997, 267). Eine Wiedereinsetzung in den vorigen Stand **nach Eintritt der Rechtskraft der Sachentscheidung** ist nicht mehr zulässig (BGH NStZ 1999, 41).

2   **Glaubhaftmachung (Abs. 2 S. 1)** „hat den Sinn, dem Gericht die Versäumnisgründe sogleich wenigstens wahrscheinlich zu machen" (BVerfGE 26, 319 = NJW 1969, 1531). Sie ist Zulassungsvoraussetzung für den Antrag (BGH NStZ 1991, 295), obwohl sie nach Ablauf der Wochenfrist nachgeholt werden kann. Gerichtsbekannte und aktenkundige Tatsachen brauchen nicht glaubhaft gemacht zu werden, die Rechtsunkenntnis des Betroffenen bedarf grundsätzlich auch keiner Glaubhaftmachung. Als **Mittel** kommen alle Mittel in Betracht, die geeignet sind, die Wahrscheinlichkeit des Vorbringens darzutun (BVerfGE 38, 35 = NJW 1974, 1903), zB eidesstattliche Versicherungen oder schriftliche Erklärungen von Zeugen (BayObLG NJW 1954, 204), auch fremdsprachige und Telekopien hiervon (OLG Bamberg NStZ 1989, 335), Fahrkarten, Briefe, ärztliche Atteste und sonstige Urkunden. Teilt der **Verteidiger** die Versäumnisgründe **als eigene Wahrnehmung** mit, so sollte er diese anwaltlich versichern. **Keine Mittel** der Glaubhaftmachung: die **eigene eidesstattliche Versicherung** des Betroffenen (BayObLG NStZ 1990, 340 mwN); die **eigene Erklärung** des Antragstellers (BGH NStZ 1985, 493; BGH NStZ-RR 2002, 66), jedoch dann, wenn er außerstande ist, Beweismittel beizubringen, so bei unvertretbarem Beweismittelverlust (OLG Düsseldorf NStZ 1990, 149). Ist es einem Antragsteller im Wiedereinsetzungsverfahren objektiv nicht möglich, Mittel für die Glaubhaftmachung seines fehlenden Verschuldens beizubringen, so kann seine eigene Erklärung jedenfalls dann nicht genügen, wenn er es schuldhaft unterlassen hat, geeignete Beweismittel zu sichern, als dies noch möglich und zumutbar gewesen ist (OLG München NStZ 1988, 377). Für die Glaubhaftmachung bedarf es **nicht der vollen Überzeugung** des Gerichts; „es reicht aus, dass durch die beigebrachten Beweismittel in einem hinreichenden Maße die Wahrscheinlichkeit ihrer Richtigkeit dargetan wird" (BGH NStZ 1991, 144). Die Beweiskraft der **Postzustellungsurkunde** erstreckt sich (auch nach der Postreform) darauf, dass der Postzusteller die Benachrichtigung über die erfolgte Niederlegung in den Hausbriefkasten eingeworfen hat. Sie ist noch nicht dadurch erschüttert, dass der Zustellungsempfänger eine eidesstaatliche Versicherung (seiner Ehefrau) des Inhalts vorlegt, die Benachrichtigung nicht vorgefunden zu haben. Vielmehr muss er idR Einzelheiten vortragen und glaubhaft machen, aus denen sich ergeben kann, dass auf Grund der konkreten Umstände ein Abhandenkommen des Benachrichtigungszettels möglich erscheint (BVerfG NStZ-RR 1998, 73).

3   Bei bloßer Verspätung der Prozesshandlung ist die **Nachholung der versäumten Handlung (Abs. 2 S. 2)** überflüssig. Es genügt, dass auf sie (stillschweigend) Bezug genommen wird. Ist jedoch die Handlung bisher versäumt oder nicht formgerecht vorgenommen worden, so muss sie innerhalb der Frist des Abs. 1 S. 1 formgerecht nachgeholt werden (BGH NStZ 1989, 15); anderenfalls ist der Antrag unzulässig. Die Wochenfrist wird durch die Monatsfrist des § 345 Abs. 1 ersetzt, wenn Wiedereinsetzung gewährt wird, weil der Verteidiger nach § 146 zurückgewiesen worden ist (BGH 26, 339 = 1976, 1414) oder weil der Angeklagte keine Rechtsmittelbelehrung (OLG Koblenz NStZ 1991, 42) oder erst verspätet Kenntnis von dem schriftlichen Urteil erhalten hat (OLG Zweibrücken MDR 1980, 869) und die Revisionsanträge und ihre Begründung nunmehr in gesetzmäßiger Weise angebracht werden müssen (Meyer-Goßner Rn. 11).

Fristen und Wiedereinsetzung in den vorigen Stand § 46

Wiedereinsetzung ohne Antrag (Abs. 2 S. 3) kommt zB in Frage, wenn ein 4 noch innerhalb einer Frist eingelegter Rechtsbehelf (vom Beschwerdeführer zunächst unbemerkt) verspätet bei Gericht eingeht und sich aus den vorhandenen Unterlagen ergibt, dass ein Verschulden daran nicht vorliegt, etwa wenn sich aus dem Poststempel des verspätet eingegangenen Schreiben ergibt, dass die Beförderung über den normalen Postlauf gedauert hat oder wenn ein in einer Vollzugsanstalt aufgegebener Schriftsatz eine unverhältnismäßig lange Laufzeit gehabt hat (KK-Maul Rn. 16). Bei Fristversäumnis setzt die Wiedereinsetzung ohne Antrag voraus, dass alle anderen Voraussetzungen des § 45 vorliegen, insbesondere die versäumte Handlung frist- und formgerecht nachgeholt worden ist, oder eine Nachholung überflüssig ist und der ursächliche Zusammenhang zwischen Versäumnisgrund und Säumnis ohne weiteres erkennbar ist (OLG Saarbrücken NStZ 1986, 472). Das fehlende Verschulden muss **offensichtlich** und die Glaubhaftmachung wegen Offenkundigkeit überflüssig sein (OLG Düsseldorf JurBüro 1992, 255; Meyer-Goßner Rn. 12). Bei Versäumung der Hauptverhandlung kommt Wiedereinsetzung von Amts wegen nicht in Betracht, da sie in § 235 nicht vorgesehen ist. Vgl. auch RiStBV Nr. 155 f.

§ 46 [Entscheidung und Rechtsmittel]

(1) Über den Antrag entscheidet das Gericht, das bei rechtzeitiger Handlung zur Entscheidung in der Sache selbst berufen gewesen wäre.

(2) **Die dem Antrag stattgebende Entscheidung unterliegt keiner Anfechtung.**

(3) **Gegen die den Antrag verwerfende Entscheidung ist sofortige Beschwerde zulässig.**

Zuständig ist bei Versäumung der Einspruchsfrist gegen einen Strafbefehl das AG 1 (BGH 22, 57 = NJW 1968, 557), bei Versäumung einer Rechtsmittelfrist das Rechtsmittelgericht (Abs. 1). Für die Entscheidung über den Antrag auf Wiedereinsetzung in die Revisionsbegründungsfrist ist das Revisionsgericht auch dann zuständig, wenn die Wiedereinsetzung nur zwecks Übergangs von der Revision zur Berufung begehrt wird (OLG Schleswig MDR 1981, 251). Das **Revisionsgericht** ist – nach Vorlage der Akten gemäß § 347 Abs. 2 – nicht befugt, über einen vom AG übergangenen Antrag auf Wiedereinsetzung gegen die Versäumung der Einspruchsfrist im Strafbefehls- oder Bußgeldverfahren selbst zu entscheiden (BGH 22, 52). Das in § 46 Abs. 1 bezeichnete Gericht bleibt auch dann für die Entscheidung über einen Wiedereinsetzungsantrag zuständig, wenn es fehlerhaft, trotz Fristversäumung, ein Sachurteil erlassen hat und gegen dieses Urteil Rechtsmittel eingelegt wird (BayObLGSt 1987, 102). Doch kann, wenn das AG auf einen verspäteten, mit einem Antrag auf Wiedereinsetzung verbundenen Einspruch Termin zur Hauptverhandlung bestimmt, darin eine stillschweigende Gewährung von Wiedereinsetzung liegen, insbesondere dann, wenn das AG eine Stellungnahme der StA zum Wiedereinsetzungsgesuch einholt und nach deren Eingang den Termin bestimmt (OLG Stuttgart NJW 1976, 1905). Über die Wiedereinsetzung auf Antrag oder von Amts wegen wird durch Beschluss entschieden (aber stillschweigend möglich). Die StA und andere betroffene Verfahrensbeteiligte sind nach § 33 Abs. 2, 3 zu hören; im Privatklageverfahren der Privatkläger bzw. der Angeklagte (BVerfGE 14, 10 = NJW 1962, 580). Die Entscheidung lautet auf Verwerfung als **unzulässig,** wenn ein formelles Erfordernis fehlt, als **unbegründet,** wenn die Voraussetzungen des § 44 nicht vorliegen, oder auf Gewährung der Wiedereinsetzung.

Der Beschluss, durch den **Wiedereinsetzung gewährt** wird, wird nach **Abs. 2** 2 „sofort rechtskräftig". Er unterliegt weder der Beschwerde, noch kann er zusammen mit dem Urteil angegriffen werden; auch das erkennende Gericht ist an ihn gebunden (BVerfGE 14, 10 = NJW 1962, 580). Dabei ist unerheblich, ob die Wiedereinsetzung sachlich zu Unrecht gewährt worden ist oder ob der Beschluss von einem unzuständigen Gericht erlassen wurde (OLG Düsseldorf NStZ 1988, 238). Hat die **Verwaltungsbehörde** im Bußgeldverfahren Wiedereinsetzung gewährt, ist dies für das weitere Verfahren bindend (OLG Hamm MDR 1983, 688). Gegen den **verwerfenden Beschluss** ist die **sofortige Beschwerde** (Abs. 3) zulässig, auch wenn er **ohne Antrag** ergangen ist (OLG Schleswig SchlHA 1983, 107). Die sofortige Beschwerde steht ebenfalls der StA zu, auch zugunsten des Betroffenen. Nach § 304 Abs. 4 unterliegen Verwerfungsbeschlüsse des OLG und des BGH nicht der Anfechtung (BGH NJW 1976, 525).

§ 47 [Keine Hemmung der Vollstreckung]

(1) Durch den Antrag auf Wiedereinsetzung in den vorigen Stand wird die Vollstreckung einer gerichtlichen Entscheidung nicht gehemmt.

(2) Das Gericht kann jedoch einen Aufschub der Vollstreckung anordnen.

1   Der Wiedereinsetzungsantrag bewirkt **keine Vollstreckungshemmung;** sie tritt erst ein, wenn die Wiedereinsetzung bewilligt ist (vgl. BGH 18, 36 = NJW 1962, 2359). Für die Zeit von der Antragstellung bis zur Gerichtsentscheidung ist eine Unsicherheit gegeben. Einen **Aufschub der Vollstreckung** darf das Gericht nur anordnen (Abs. 2), wenn der Wiedereinsetzungsantrag **zulässig** ist und **Erfolg versprechend** erscheint. Der bloße Antrag auf Wiedereinsetzung gegen die Versäumung der Berufungseinlegungsfrist beseitigt die Wirksamkeit eines in der ersten Instanz rechtskräftig verhängten **Fahrverbots nicht.** Der Verurteilte darf bis zum Erlass des die Wiedereinsetzung gewährenden Beschlusses kein Kraftfahrzeug führen (OLG Köln NJW 1987, 80).

2   Der Beschluss kann nicht vom Vorsitzenden des Kollegialgerichts allein erlassen werden. Das Gericht entscheidet auch dann, wenn die Vollstreckung Sache der StA ist. Die Entscheidung ist mit der Beschwerde nach § 304 Abs. 1 anfechtbar.

Sechster Abschnitt. Zeugen

Vorbemerkungen

1   **Der Beweis durch Zeugen** ist auch heute noch nicht nur die häufigste, sondern auch die „idealtypische" Form der Beweisführung im deutschen Strafverfahren. Aber es gibt einzelne Felder, auf denen neuartige naturwissenschaftliche Methoden oder kriminalpolizeiliche Erfassungssysteme den Zeugenbeweis zumindest zurückgedrängt haben, so etwa die **DNA-Analyse** zur Täteridentifizierung (§§ 81 e bis 81 g) oder die Herstellung von Bewegungsbildern durch **Schleppnetz- und Rasterfahndung, Datenabgleich** und **technische Observation** des Beschuldigten (§§ 98 a bis c, 163 d bis f, 483). Aber in unserem modernen Strafprozess sind auch neue Formen des mittelbaren Zeugenbeweises etabliert worden, namentlich (§§ 110 a bis e) in Bezug auf **Verdeckte Ermittler** und private **Vertrauensmänner** (V-Leute) der Polizei (Schünemann in FS – Meyer-Goßner 2001, S. 385; vgl. BGH 41, 42 = NJW 1995, 2236; 41, 64 = NJW 1995, 2237). Der Zeuge ist ein **persönliches Beweismittel.** Er hat idR „über **Vorgänge** zu berichten, die abgeschlossen in der **Vergangenheit** liegen. Er gibt aber nicht die Vorgänge selbst wieder, sondern nur die Wahrnehmungen, die er über sie gemacht hat. Hierbei kommt es ganz wesentlich auf das Auffassungsvermögen, das Urteil und die Gedächtnisstärke des Zeugen an sowie auf seine Fähigkeit, streng sachlich zu berichten, auf seine persönliche Zuverlässigkeit und Glaubwürdigkeit und dgl. Das Ergebnis

der Wahrnehmungen und ihrer Weitergabe sind mit anderen Worten regelmäßig durchaus persönlicher Art. Ein Zeuge kann daher in der Regel nicht durch einen anderen Zeugen und zumeist auch nicht durch ein anderes Beweismittel beliebig ersetzt werden, ist in diesem Sinne vielmehr unersetzbar" (RG 47, 104; vgl. BGH 22, 348 = NJW 1969, 1219; 32, 127 = NJW 1984, 247). **Gegenstand** des Zeugenbeweises sind Tatsachen, nicht bloße Meinungen, Schlussfolgerungen, Werturteile oder Rechtsfragen. „Gegenstand eines Beweisantrags auf Vernehmung eines Zeugen können nur solche Umstände oder Geschehnisse sein, die mit dem benannten Beweismittel unmittelbar bewiesen werden sollen. Soll aus den Wahrnehmungen des Zeugen auf ein bestimmtes weiteres Geschehen geschlossen werden, ist nicht dieses weitere Geschehen, sondern nur die Wahrnehmungen des Zeugen tauglicher Gegenstand des Zeugenbeweises" (BGH 39, 251 = NJW 1993, 2881). Oder mit anderen Worten: „Ein Zeuge kann grundsätzlich nur über seine eigenen Wahrnehmungen vernommen werden" (BGH 40, 6 = NJW 1994, 1294). „Zur **Individualisierung** im Sinne des Beweisantragsrechts reicht grundsätzlich die bloße Namensnennung von Zeugen mit der Angabe eines Wohnortes nicht aus. Ein Zeuge, der erst aus einem Personenkreis herausgefunden werden soll (hier aus den Bewohnern der genannten Ortschaften), ist noch nicht individualisiert" (BGH 40, 6 = NJW 1994, 1294). „Bei der Entscheidung über einen Beweisantrag, mit dem die Vernehmung eines **im Ausland zu ladenden Zeugen** beantragt wird, ist das Gericht vom **Verbot der Beweisantizipation** befreit. Lehnt es einen solchen Beweisantrag ab, so sind die Erwägungen, auf die sich die Überzeugung stützt, die beantragte Beweiserhebung werde keinen Einfluss auf die Feststellungen haben, in ihrem tatsächlichen Kern darzulegen" (BGH 40, 60 = 1994, 1484). Der Zeuge hat grundsätzlich die **Pflicht,** auf ordnungsgemäße Ladung vor dem Richter und der StA (§ 161 a) zu **erscheinen, auszusagen,** und, sofern es sich um eine Aussage vor dem Richter handelt, diese zu **beeiden** (s. auch § 161 a Rn. 2 ff.). Die Zeugenpflicht ist eine allgemeine **Staatsbürgerpflicht** (BVerfG NJW 1988, 898). Sie trifft alle deutschen Staatsangehörigen, auch im Ausland; Ausländer und Staatenlose nur, wenn sie sich im Inland aufhalten (OLG Hamburg MDR 1967, 686). Mit der Zeugenpflicht ist die **Nebenpflicht** verbunden, Wahrnehmungen zur Prüfung der Glaubwürdigkeit zu machen und zu bekunden, Gegenüberstellungen zu dulden (§ 58 Abs. 3), an Augenscheinseinnahmen teilzunehmen (BGH GA 1965, 108) und unter bestimmten Voraussetzungen einzelne Untersuchungshandlungen zu dulden (§ 81 c). Der Zeuge darf nicht zum bloßen Verfahrensobjekt gemacht werden (BVerfGE 38, 114 = NJW 1975, 104). Das Gericht ist ihm gegenüber zur **Fürsorge** verpflichtet. Der Zeuge muss vor einer Lebens- und Leibesgefahr geschützt werden, in die er durch die Mitwirkung in einem Strafverfahren geraten kann (BVerfGE 57, 284 = NJW 1981, 1724). Von der Vernehmung eines **gefährdeten Zeugen** kann abgesehen werden, „soweit durch die Vernehmung Gefahr für Leib und Leben des Zeugen droht. Dies prüft das Gericht in eigener Verantwortung" (BGH 39, 142 = NJW 1993, 1214); ebenso bei Gefahr für Leib oder Leben der Familie (BGH NStZ 1993, 350; s. Rn. 5). Er hat das Recht, einen **Rechtsbeistand** zu der Vernehmung hinzuzuziehen, wenn er das für erforderlich hält, um von seinen prozessualen Befugnissen (zB **Zeugnisverweigerungsrecht**) sachgerecht Gebrauch machen zu können (BVerfGE 38, 112 = NJW 1975, 103; s. **ausführlich** § 161 a Rn. 2). Zur Zulässigkeit von **Video-Vernehmungen** von nicht im Gerichtssaal anwesenden schutzbedürftigen Zeugen (zB Kinder) s. das Zeugenschutzgesetz v. 30. 4. 1998 bei Einl. Rn. 31. Der Verzicht auf einen **geladenen und erschienenen Zeugen** ist ein wesentlicher Teil der Hauptverhandlung, der nicht in Abwesenheit des Angeklagten stattfinden darf. Seine Abwesenheit begründet eine Verletzung des § 338 Nr. 5 (BGH NStZ-RR 1996, 108).

Jeder Mensch, der Wahrnehmungen machen und über sie Auskunft geben kann, ist **zeugnisfähig,** also auch Geisteskranke, Kinder, Verwandte, Personen, die mit 2 ihm befreundet oder verfeindet sind oder wirtschaftlich von ihm abhängig sind; auch Personen, die übel beleumdet oder wegen Meineids verurteilt sind. „Die Vernehmung **geistig erkrankter Zeugen** in der Hauptverhandlung ist auch nicht generell ausgeschlossen. Wollen sie nicht zur Verhandlung kommen, so können sie notfalls gemäß § 51 Abs. 1 S. 3 zwangsweise vorgeführt werden, da die Vorführung nicht die Ahndung eines Verstoßes gegen einen Gesetzesbefehl bezweckt, sondern dazu dient, das Erscheinen des Zeugen vor Gericht sicherzustellen" (BGH NStZ 2001, 47). Bei der Würdigung **belastender kindlicher Zeugenaussagen** kommt der Entstehungsgeschichte der Beschuldigung besondere Bedeutung zu (BGH NStZ 1995, 558). Bei der Beurteilung der Frage, ob eine **Erkrankung** Auswirkungen auf die **Aussagetüchtigkeit hat,** werden grundsätzlich medizinische und nicht aussagepsychologische Kenntnisse verlangt, so dass zur Begutachtung der Glaubwürdigkeit des Geschädigten auch die Zuziehung eines Psychiaters veranlasst erscheint (BGH NStZ 1995, 558). Der BGH hat Mindestanforderungen an die **Begutachtung der Glaubhaftigkeit** von Zeugenaussagen aufgestellt, die zu beachten sind (BGH 45, 164 = NJW 1999, 2746; vgl. auch KK-Herdegen § 244 Rn. 31; Offe NJW 2000, 929). S. vor allem § 244 Rn. 42. Die Beurteilung der Glaubwürdigkeit von Zeugenaussagen ist seit jeher die ureigenste Aufgabe des Tatrichters (BGH StV 1999, 307). Sie gehört zum „Wesen richtlicher Rechtsfindung" und ist daher grundsätzlich dem Tatrichter anvertraut (BGH NStZ 1985, 420; Loddenkemper S. 7). **Richter** können Zeugen sein, auch wenn sie schon an der Verhandlung mitgewirkt haben; sie sind aber nach § 22 Nr. 5 von der weiteren Mitwirkung ausgeschlossen (BGH 7, 46 = NJW 1955, 152). Das gilt auch für **Schöffen** und entsprechend nach §§ 22 Nr. 5, 31 Abs. 1 für den **Protokollführer.** Der StA kann in der Hauptverhandlung, in der er als Sitzungsvertreter tätig ist, als Zeuge vernommen werden; seine Funktion als Sitzungsvertreter übernimmt in dieser Zeit ein anderer StA. Nach seiner Vernehmung ist er idR von der weiteren Anklagevertretung ausgeschlossen, (BGH 14, 265 = NJW 1960, 1358), weil er zB bei den Schlussausführungen nicht mehr unbefangen sein kann, wenn seine eigene Person und seine eigene Aussage in Frage steht (BGH NStZ 1983, 135). Der StA ist jedoch an der weiteren Sitzungsvertretung nicht gehindert, wenn seine Zeugenbekundung nur Wahrnehmungen betraf, die nicht in unlösbarem Zusammenhang mit dem im Übrigen erörterten Sachverhalt standen und Gegenstand einer abgesonderten Betrachtung und Würdigung sein können (BGH NStZ 1989, 583). Die Grundsätze über den Ausschluss eines als Zeugen vernommenen StA gelten nicht, wenn der StA nicht in der dem angefochtenen Urteil zugrunde liegenden Hauptverhandlung, sondern in einer früheren Hauptverhandlung als Zeuge vernommen worden ist (BGH NStZ 1994, 194). Der **Verteidiger** gerät in eine ähnliche Konfliktlage, wenn er seine eigene Zeugenaussage würdigen soll. Im unlösbaren Konfliktfall gebietet ihm das Standesrecht, die Vertretung niederzulegen (BVerfGE 16, 217 = NJW 1963, 1771). Vom Gericht kann er jedoch nicht ausgeschlossen werden (vgl. BGH NJW 1967, 404). Bei notwendiger Verteidigung muss für die Zeit der Vernehmung des Pflichtverteidigers ein anderer Verteidiger beigeordnet werden (BGH NJW 1986, 78; BGH StV 1996, 469; KK-Senge vor § 48 Rn. 12; vgl. vor § 338 Rn. 17). Als **Zeuge vernommen** werden kann: der Nebenkläger, Beistand, Dolmetscher, Erziehungsberechtigte, gesetzliche Vertreter und Sachverständige. Auch der gemäß § 407 AO an der Hauptverhandlung teilnehmende Vertreter der **Finanzbehörde** kann gleichzeitig als Zeuge geladen und gehört werden. Es steht im pflichtgemäßen Ermessen des Vorsitzenden, dem auch als Zeugen geladenen Vertreter der Finanzbehörde auch schon vor seiner Vernehmung als Zeugen die Teilnahme an der Hauptverhandlung im Gerichtssaal zu gestatten (LG Dresden NJW 1998, 3509 mwN). Das **Recht auf Zuziehung eines Rechtsbeistandes** oder einer **Vertrauensperson** sowie die Vertretung des Nebenklägers durch einen RA ist bei der Vernehmung für den durch die Straftat verletzten Zeugen in §§ 406 f, 406 g geregelt.

Als Zeuge **ausgeschlossen** ist: der Privatkläger, der Einziehungs- und Verfall- 3
beteiligte. Der **Beschuldigte** kann sich zur Sache einlassen, und seine Angaben sind
in der Entscheidung zu berücksichtigen. Als Zeuge **in eigener Sache** darf er nicht
vernommen werden (BGH 10, 10 = NJW 1957, 230). **Mitbeschuldigte** können,
auch wenn sie nach § 231 c vorübergehend beurlaubt sind, nicht Zeuge sein,
solange die Verfahren nach den §§ 2 ff., 237 verbunden sind. Diese prozessuale
Gemeinsamkeit steht der Zeugenvernehmung entgegen, und zwar hinsichtlich der
gemeinschaftlich begangenen Tat und auch über selbstständige Strafsachen, die nur
einem anderen Mitbeschuldigten zur Last gelegt werden (BGH 3, 142 = NJW
1952, 1265; BGH NJW 1964, 1034). Die vorübergehende **Trennung** der verbundenen Sachen ermöglicht die Zeugenvernehmung des Mitbeschuldigten, dessen
Verfahren abgetrennt worden ist. Sie ist **zulässig,** wenn sich die Vernehmung auf
eine Tat beziehen soll, die dem Mitbeschuldigten nicht selbst zur Last gelegt wird
(BGH NJW 1964, 1034). Dagegen ist sie **unzulässig,** wenn sie nur deshalb
geschieht, um den Mitangeklagten zu demselben Tatgeschehen, das auch ihm zur
Last liegt, gegen den anderen als Zeugen zu hören; denn damit würde der Grundsatz
umgangen, dass ein Angeklagter in dem gegen ihn gerichteten Strafverfahren nicht
zugleich Zeuge sein kann (BGH MDR 1977, 639). **Ohne** die Klammer der
prozessualen Gemeinsamkeit oder bei späterem Wegfall, etwa durch Verurteilung,
Einstellung gegen den Mitbeschuldigten, entfällt auch das Hindernis für seine
Zeugenrolle (BGH NJW 1985, 76). Der Mitbeschuldigte kann und muss, wenn es
die Aufklärungspflicht erfordert, als Zeuge vernommen werden (BGH NJW 1964,
1034; KK-Senge vor § 48 Rn. 8). Der Zeuge hat nach Feststellung seines Erscheinens in der Hauptverhandlung nach § 243 Abs. 2 den **Sitzungssaal** zu verlassen.
Diese Bestimmung ist nur eine **Ordnungsvorschrift.** Deshalb darf der Antrag,
einen Zeugen zu vernehmen, nicht mit der Begründung abgelehnt werden, die
benannte Person – zB der **Prozessbeobachter** – sei während des vorangegangenen
Teils der Beweisaufnahme im Sitzungssaal anwesend gewesen (RG 1, 367).

Der **Zeuge vom Hörensagen** ist ein nach der StPO zulässiges Beweismittel 4
(BGH 36, 159 = NJW 1989, 3291; BGH NStZ 1999, 578; KK-Pfeiffer Einl.
Rn. 98; Detter – Bestandsaufnahme – NJW 2003, 1). Dabei ist unerheblich, ob er
seine Wahrnehmungen zufällig, im Auftrag der Polizei, oder als gerufener Zeuge im
Auftrag des Gerichts gemacht hat. Es ist deshalb grundsätzlich zulässig, Verhörspersonen über die Angaben zu vernehmen, die ihnen für das Gericht unerreichbare
Polizeifahnder bzw. **verdeckt tätige Polizeibeamte** oder Gewährsleute bzw. **V-Leute** bei einer Vernehmung gemacht haben (BGH 33, 181 = NJW 1985, 1789
mwN). Das Recht des Angeklagten auf ein faires rechtsstaatliches Strafverfahren
(Art. 2 Abs. 1 iVm Art. 20 Abs. 3 GG) gebietet, wegen der nur begrenzten Zuverlässigkeit der **Zeugnisse vom Hörensagen** besondere Anforderungen an die
Beweiswürdigung zu stellen. Zum Einsatz verdeckter Ermittler s. §§ 110 a bis 110 e.
Als **V-Mann** (V-Leute) wird ein nicht fest abgegrenzter Personenkreis bezeichnet,
der der Polizei regelmäßig oder gelegentlich, nicht nur im Einzelfall (vertrauliche
Anzeige, einzelner Hinweis) aus unterschiedlichen Motiven, mit oder ohne Bezahlung Informationen beschafft, die der Verhinderung oder/und Aufklärung von
Straftaten dienen, und dessen Identität von der Behörde **geheimgehalten wird**
(BGH 32, 121 = NJW 1984, 247). „Der Einsatz von **Vertrauenspersonen** (VP)
und **verdeckt ermittelnden Polizeibeamten** (VE) ist zur Bekämpfung besonders
gefährlicher und schwer aufklärbarer Kriminalität, zu der insbesondere auch der
Rauschgifthandel gehört, grundsätzlich **zulässig.** Dies gilt auch dann, wenn diese
Person als **Lockspitzel** tätig wird" (BGH NJW 2000, 1123; BVerfGE 57, 284 =
NJW 1981, 1719; BVerfG StV 1995, 171; BGH 40, 215 = NJW 1994, 2904; 41, 43
= NJW 1995, 2236). S. vor allem § 110 a Rn. 1 ff. Zeugnis- und Auskunftspflicht
mit Verweigerungsrecht der V-Leute s. § 53 Rn. 4 a. „Nach der Rspr. des BGH ist
bei der Beurteilung der Aussage eines **Zeugen vom Hörensagen** besondere Vor-

sicht geboten. Handelt es sich bei den von ihm bezeugten Angaben um diejenigen eines anonymen Gewährsmannes, so darf darauf eine Feststellung regelmäßig nur dann gestützt werden, wenn diese Angaben durch andere wichtige Beweisanzeichen bestätigt worden sind" (BGH NStZ 1997, 72; BGH 42, 25 = NJW 1996, 1947; BVerfG NJW 1996, 449; BGH NStZ-RR 2002, 176; s. vor allem § 261 Rn. 8). In der Zurückweisung eines Antrags, einer gesperrten polizeilichen Vertrauensperson, deren Wahrnehmungen durch Zeugen vom Hörensagen in die Hauptverhandlung eingeführt worden waren, einen vorbereitenden **Fragenkatalog** zur Beantwortung vorzulegen, liegt ein Verstoß gegen Art. 6 Abs. 3 d MRK (BGH NStZ 1993, 292). Setzt zB die Polizei zur Aufklärung eines Mordes einen **V-Mann im Umfeld des Angeklagten** ein, so ist die **Zeugenaussage** des V-Mannes über Äußerungen von Angehörigen des Angeklagten auch dann **verwertbar**, wenn diese in der Hauptverhandlung von ihrem Zeugnisverweigerungsrecht Gebrauch gemacht haben (s. § 52 Rn. 1). Die **verdeckt tätigen Polizeibeamten** unterliegen den besonderen beamten- oder dienstrechtlichen Pflichten und den Vorschriften aus der StPO. Ihr Einsatz und ihre Befugnisse sind durch das OrgKG in den §§ 110 ff. geregelt. Unter den weit gefassten Begriff fällt auch der verdeckt tätige **agent provocateur bzw. Lockspitzel.** Die Einschaltung von Lockspitzeln mit dem Ziel, stärkere Beweise zu gewinnen, ist aber grundsätzlich zulässig (BVerfGE 57, 250 = NJW 1981, 1719; BVerfG NJW 1987, 1874; BGH 32, 115 = NJW 1984, 247; „Wird eine **unverdächtige** und zunächst nicht tatgeneigte Person durch die von einem Amtsträger geführte Vertrauensperson in einer dem Staat zuzurechnenden Weise zu einer Straftat verleitet und führt dies zu einem Strafverfahren, liegt darin ein Verstoß gegen den Grundsatz des fairen Verfahrens gemäß Art. 6 Abs. 1 S. 1 MRK. Dieser Verstoß ist in den **Urteilsgründen** festzustellen. Er ist bei der Festsetzung der Rechtsfolgen zu **kompensieren.** Das Maß der Kompensation für das konventionswidrige Handeln ist gesondert zum Ausdruck zu bringen" (BGHSt 45, 321 = NJW 2000, 1123; 47, 44 = NJW 2002, 1981; BayObLG NStZ 1999, 527; s. auch § 110 a Rn. 1; § 110 a Rn. 2; § 206 Rn. 4). Er hat im Bereich der Rauschgiftkriminalität und in anderen Bereichen der organisierten Kriminalität erhebliche Bedeutung (BGH 41, 43 = NJW 1995, 2236). Die Rechtmäßigkeit seines Einsatzes setzt aber voraus, dass sich das „tatprovozierende Verhalten" des Lockspitzels innerhalb der durch das Rechtsstaatsprinzip gesetzten Grenzen hält (BGH NStZ 1984, 78 mwN). Überschritten sind diese Grenzen, wenn das Verhalten des Lockspitzels so geartet ist und solches Gewicht erlangt, dass demgegenüber der Tatbeitrag des Verlockten ganz in den Hintergrund tritt (BGH NStZ 1982, 156). Ist der Angeklagte erst durch den verdeckten Ermittler auf den Gedanken des unerlaubten Betäubungsmittelhandels gebracht worden, so muss dieser Umstand bei der Strafzumessung wesentlich ins Gewicht fallen (BGH NStZ 1994, 289). „Ein polizeilicher **Lockspitzel** darf auch eingesetzt werden, wenn es darum geht, Mittäter oder Hintermänner von Rauschgiftgeschäften – etwa die Lieferanten – ausfindig zu machen oder größere Mengen von Betäubungsmitteln aus dem Verkehr zu ziehen. In einem solchen Fall liegt jedoch ein **schuldunabhängiger Strafzumessungsgrund** vor, der im Rahmen der erforderlichen Gesamtwürdigung zugunsten des Angeklagten zu berücksichtigen ist" (BGH NStZ 1994, 335). „Wird eine **unverdächtige** und zunächst nicht tatgeneigte Person durch die von einem Amtsträger geführte Vertrauensperson in einer dem Staat zuzurechnenden Weise zu einer Straftat verleitet **(Lockspitzeleinsatz)** und führt dies zu einem Strafverfahren, liegt darin ein Verstoß gegen den Grundsatz des **fairen Verfahrens** gemäß Art. 6 Abs. 1 S. 1 EMRK. Dieser Verstoß ist in den Urteilsgründen festzustellen. Er ist bei der Festsetzung der Rechtsfolgen zu kompensieren. Das Maß der Kompensation für das konventionswidrige Handeln ist **gesondert** zum Ausdruck zu bringen" (BGH 45, 321 = NJW 2000, 1123; BVerfG NStZ 1999, 181). „Der Grundsatz des fairen Verfahrens (gemäß Art. 6 Abs. 1 S. 1 MRK) kann verletzt sein, wenn das im Rahmen einer **Tatprovokation** durch eine von der Polizei geführte Vertrauensperson (VP) angesonnene Drogengeschäft nicht mehr in einem angemessenen, deliktsspezifischen Verhältnis zu dem jeweils individuell gegen den Provozierten bestehenden Tatverdachts steht" (BGH 47, 44 = NJW 2001, 1981 Fortführung von BGH 45, 321 = NJW 2000, 1123). Erreicht die Intensität der Einwirkung durch den polizeilichen Lockspitzel das Maß einer Tatprovokation, so ist diese nur zulässig, wenn die VP (bzw. ein VE) gegen eine Person eingesetzt wird, die in einem den §§ 152 Abs. 2, 160 vergleichbaren Grad verdächtig ist, an einer bereits begangenen Straftat beteiligt gewesen zu sein oder zu einer zukünftigen Straftat bereit zu sein; hierfür müssen also zureichende tatsächliche Anhaltspunkte vorliegen. Dies gilt unabhängig davon, ob der VP-Einsatz ursprünglich (bis zur Tatprovokation) der präventiven Gefahrenabwehr diente oder von Anfang an repressiven Charakter hatte. Die Rechtmäßigkeit des Lockspitzeleinsatzes ist selbst im Falle einer „Gemengelage" einheitlich an den Regelungen der StPO zu messen (BGH 45, 321, 337 = NJW 2000, 1123). Eine unzulässige Tatprovokation ist dem Staat im Blick auf die Gewährleistung des fairen Verfahrens dann zuzurechnen, wenn diese Provokation mit Wissen eines für die Anleitung der VP verantwortlichen Amtsträgers geschieht oder dieser sie jedenfalls hätte unterbinden können. Erteilt die Polizei einen Auftrag an eine VP, hat sie die Möglichkeit und die Pflicht, diese Person zu überwachen. Eine Ausnahme von der sich daraus ergebenden Zurechnung kann nur dann gelten, wenn die Polizei mit einem Fehlverhalten der VP nicht rechnen konnte (BGH 45, 321, 336 = NJW 2000, 1123). Nur in **Ausnahmefällen** kann mit Blick auf die Menschenwürde des einzelnen und das Rechtsstaatsprinzip ein **Verfahrenshindernis** in Betracht kommen (BVerfG NJW 1987, 1874; NJW 1995, 651). Die Tatprovokation durch einen polizeilichen **Lockspitzel** führt jedenfalls dann nicht zu einem **Verfahrenshindernis,** wenn die Verurteilung des Täters nicht auf der Aussage dieser polizeilichen Vertrauensperson beruht (BGH NStZ 1999, 527). Auch die Tatsache, dass durch den Einsatz eines Lockspitzels zugleich die **Gebietshoheit eines anderen Staates** verletzt worden sein mag, führt zu keiner anderen Beurteilung" (BVerfG NJW 1995, 652). Auf das vom Gericht an die Behörde gerichtete Ersuchen um Mitteilung des Namens und der ladungsfähigen Anschrift des von der Behörde geheimgehaltenen Zeugen ist **§ 96 entsprechend** anzuwenden (BGH 32, 123 = NJW 1984, 247; s. auch § 96 Rn. 1 ff.). Eine auch nach Überprüfung aufrechterhaltene Verweigerung der Freigabe und damit endgültige Sperrung des Zeugen durch die Verwaltungsbehörde muss das Gericht hinnehmen (BGH 32, 126 = NJW 1984, 274; 35, 85 = NJW 1988, 2187). Dieser Zeuge ist sodann ein „unerreichbares" Beweismittel iSv § 244 Abs. 3. Aber das Gericht muss auch dann, wenn eine Sperrerklärung vorliegt, sich bemühen, den Namen des V-Mannes festzustellen und seine Vernehmung in der Hauptverhandlung zu ermöglichen, wenn sich die Identität des V-Mannes **aus den Akten oder anderweitig Anhaltspunkte** ergeben (BGH NStZ 1993, 248).

Der **Zeuge** nimmt nach allem im Strafprozess eine wichtige Aufgabe wahr. Das 5 Strafpozessrecht hat daher die Aufgabe, den grundgesetzlich garantierten **Schutz gefährdeter Zeugen** zu gewährleisten (vgl. BVerfGE 74, 358, 372; Griesbaum NStZ 1998, 434; s. Rn. 1). **Gefährdet** ist ein Zeuge dann, wenn bei Erfüllung der Zeugenpflichten mit einem Angriff auf Leib, Leben, Entschließungsfreiheit oder ein anderes verfassungsrechtlich geschütztes Rechtsgut des Zeugen oder anderer ihm nahe stehender Personen zu rechnen ist (Griesbaum NStZ 1998, 434). Unannehmlichkeiten oder Nachteile im zwischenmenschlichen Bereich begründen keine Gefährdungslage. Die StPO enthält keinen eigenen Abschnitt über den **Zeugenschutz,** vielmehr wurden die einschlägigen Regelungen jeweils in den Verfahrensabschnitt eingefügt, in dem sie wirksam werden sollen (Griesbaum NStZ 1998, 436). Der Gesetzgeber hat mit dem Gesetz zur Bekämpfung des illegalen Rauschgifthandels und anderer Erscheinungsformen der Organisierten Kriminalität (OrgKG) vom 15. 7. 1992 (BGBl. I 1302) durch neue Regelungen den Zeugenschutz verbessert.

§ 48

Als zentrale Vorschrift befasst sich § 68 mit dem Zeugenschutz bei gerichtlichen und staatsanwaltschaftlichen Vernehmungen. Die Regelungen über Zeugenschutz im OrgKG sind nicht als abschließend gedacht (BT-Drucks. 12/989 S. 35). Sie werden auch ergänzt durch das **Zeugenschutzgesetz** vom 30. 4. 1998 (BGBl. I S. 820), in Kraft ab 1. 12. 1998. Von seinem Inhalt her regelt das Gesetz mehrere selbstständige Einzelfragen:
– Möglichkeit der Video-Dokumentation (Aufzeichnung) von Vernehmungsinhalten ergänzend zur herkömmlichen Protokollierung der Aussage und deren Verwertung (§§ 58 a, 255 a, 247 a S. 4);
– zeitgleiche Video-Übertragung von Vernehmungen (vor allen § 247 a, für Vernehmungen außerhalb der Hauptverhandlung auch 168 e);
– Regelungen über Zeugenbeistand (vor allem § 68 b) und den Beistand nebenklageberechtigter Verletzter (§ 397 a Abs. 1 und § 406 g Abs. 3, 4 idF des Gesetzes);
– Erweiterung des Katalogs der zum Ausschluss als Nebenkläger berechtigenden Straftaten (Änderung des § 395 Abs. 1. Nr. 1 lit a);
– Gebührenregelung für den als Nebenklägerbeistand bestellten RA (§ 102 Abs. 1 BRAGO idF des Gesetzes) (vgl. Rieß NJW 1998, 3240).

Das ZschG vom 30. 4. 1998 bringt also ua erstmalig eine gesetzliche Grundlage für **Video-Vernehmungen** von nicht im Gerichtssaal anwesenden **Zeugen.** Auf diese Weise brauchen besonders schutzbedürftige Zeugen – zB Kinder – nicht mehr im Gerichtssaal anwesend zu sein, sondern können an dem Gerichtsverfahren über eine „Video-Standleitung" teilnehmen. Dem **Persönlichkeitsschutz des Zeugen** dienen auch die Vorschriften der §§ 171 b, 172 Nr. 2 und 3 GVG, die unter bestimmten Voraussetzungen die Möglichkeiten eröffnen, Zeugen unter Ausschluss der Öffentlichkeit zu vernehmen. **Zum Schutz gefährdeter Zeugen** können auch nach Maßgabe des **Gesetzes zur Harmonisierung des Schutzes gefährdeter Zeugen** v. 11. 12. 2001 mit ihrem Einverständnis in besonderer Weise geschützt werden.

§ 48 [Ladung der Zeugen] RiStBV 64 bis 66

Die Ladung der Zeugen geschieht unter Hinweis auf verfahrensrechtliche Bestimmungen, die dem Interesse des Zeugen dienen, auf vorhandene Möglichkeiten der Zeugenbetreuung und auf die gesetzlichen Folgen des Ausbleibens.

1   Zeugen sollen nicht nur – wie bisher – auf ihre Pflichten, sondern auch auf ihre **Rechte** hingewiesen werden. Ein frühzeitiger, mit der Ladung zu verbindender Hinweis auf pProzessuale Rechte und auf vorhandene Möglichkeiten der Betreuung soll es ihnen erleichtern, ihre Rolle im Strafverfahren aktiv wahrzunehmen. So können (je nach Einzelfall) etwa Hinweise auf die Regelungen zum Schutz vor entehrenden Fragen (§ 68 a), zum Ausschluss der Öffentlichkeit zum Schutz der Intimsphäre (§ 171 b Abs. 1 GVG) oder zur vorübergehenden Entfernung des Angeklagten (§ 247 S. 2) veranlasst sein (BT-Drucks. 15/1876 S. 10).
2   Die Ladung ist eine an den Zeugen gerichtete **Aufforderung,** an einem bestimmten Ort zu einer bestimmten Zeit als Zeuge zu erscheinen. Der Inhalt muss erkennen lassen, dass der Geladene vernommen werden soll. Der Name des Beschuldigten und der Gegenstand der Beschuldigung sind anzugeben, wenn dies für die Vorbereitung der Aussage erforderlich ist (RiStBV Nr. 64 Abs. 1). Abgesehen von § 38 ist eine Form nicht vorgeschrieben. Für die Ladung genügt ein einfacher Brief (RiStBV Nr. 64 Abs. 3). Sie kann über eine Mittelsperson (Polizei) und mündlich oder fernmündlich erfolgen. Der Hinweis auf die **gesetzlichen**

Folgen nach § 51 ist bei jeder Ladung erforderlich, auch bei der wiederholten und mündlichen (zB in einer unterbrochenen Hauptverhandlung).

Die **Anordnung** der Ladung trifft der Richter oder StA, der die Vernehmung 3
durchführen will. § 36 Abs. 1 S. 2 ist entsprechend anwendbar. Für Ladungen zur Hauptverhandlung gilt § 214. **Kinder** werden im Anschreiben „zu Händen" ihrer gesetzlichen Vertreter geladen (OLG Hamm NJW 1965, 1613). Jugendliche über 14 Jahre können grundsätzlich persönlich geladen werden (Schweckendiek NStZ 1990, 171). **Soldaten** sind wie Zivilpersonen zu laden. Zur Ladung von **Seeleuten und Binnenschiffern** s. § 37 Rn. 2. Deutsche und ausländische Zeugen, die im **Ausland** wohnen, werden nach RiVASt Nr. 151, 152, 172 geladen (s. auch § 37 Rn. 10) und Exterritoriale nach RiStBV Nr. 196, 197. Zur Ladung von **Auslandszeugen** im Strafprozess s. Rose wistra 1998, 11. Sie werden entsprechend den RiVASt über die ausländischen Behörden (RiVASt Nr. 151, 152) oder die deutsche Auslandvertretung (RiVASt Nr. 172) und **Exterritoriale** (§§ 18 bis 20 GVG) werden nach RiStBV Nr. 196, 197 geladen.

§ 49 [Vernehmung des Bundespräsidenten]

¹**Der Bundespräsident ist in seiner Wohnung zu vernehmen.** ²**Zur Hauptverhandlung wird er nicht geladen.** ³**Das Protokoll über seine gerichtliche Vernehmung ist in der Hauptverhandlung zu verlesen.**

Dieses Privileg gilt nur für die **Amtszeit** und nicht für den Vertreter 1
(Art. 57 GG). Zur Wohnung rechnen auch Dienstsitz und Urlaubsort. Die Prozessbeteiligten haben kein Anwesenheitsrecht. Die §§ 168 c Abs. 2, 223, 224 gelten nicht, wohl aber § 70 Abs. 1 und 2.

Auf das Vorrecht kann verzichtet werden. Dann gelten die üblichen Vorschriften. 2
Ein **besonderes Zeugnisverweigerungsrecht** hat der BPräsident nur gemäß § 54 Abs. 2.

§ 50 [Vernehmung von Abgeordneten und Ministern]

(1) **Die Mitglieder des Bundestages, des Bundesrates, eines Landtages oder einer zweiten Kammer sind während ihres Aufenthaltes am Sitz der Versammlung dort zu vernehmen.**

(2) **Die Mitglieder der Bundesregierung oder einer Landesregierung sind an ihrem Amtssitz oder, wenn sie sich außerhalb ihres Amtssitzes aufhalten, an ihrem Aufenthaltsort zu vernehmen.**

(3) **Zu einer Abweichung von den vorstehenden Vorschriften bedarf es**

für die Mitglieder eines in Absatz 1 genannten Organs der Genehmigung dieses Organs,

für die Mitglieder der Bundesregierung der Genehmigung der Bundesregierung,

für die Mitglieder einer Landesregierung der Genehmigung der Landesregierung.

(4) ¹**Die Mitglieder der in Absatz 1 genannten Organe der Gesetzgebung und die Mitglieder der Bundesregierung oder einer Landesregierung werden, wenn sie außerhalb der Hauptverhandlung vernommen worden sind, zu dieser nicht geladen.** ²**Das Protokoll über ihre richterliche Vernehmung ist in der Hauptverhandlung zu verlesen.**

Diese **Sonderregelung** gilt für alle Verfahrensabschnitte (RG 26, 255). Da es 1
sich um ein Sonderrecht der **Institution** handelt, ist der Verzicht des einzelnen Mitglieds unwirksam. Die Vernehmung findet an der **Gerichtsstelle** des Parlaments

statt. In der sitzungsfreien Zeit entscheidet der Richter nach pflichtgemäßem Ermessen unter Berücksichtigung der Arbeitsbelastung des Zeugen, ob die Vernehmung am Aufenthaltsort stattfindet (BGH NStZ 1982, 158).

2 **Regierungsmitglieder** (Abs. 2) sind nicht die beamteten und parlamentarischen Staatssekretäre; in Bayern gehören die Staatssekretäre zum Kabinett (Art. 43 Abs. 2 BayVerf.). Ist der Zeuge nicht richterlich vernommen und findet die Hauptverhandlung an dem in Abs. 1, 2 vorgesehenen Vernehmungsort statt oder ist eine **Sondergenehmigung** erteilt, kann er zur **Hauptverhandlung** geladen und dort vernommen werden. § 51 gilt dann bei Nichterscheinen mit den Einschränkungen für Abgeordnete, die sich aus Art. 46 Abs. 3 GG und den Länderverfassungen ergeben.

§ 51 [Folgen des Ausbleibens] RiStBV 64 Abs. 3, 117 Abs. 1

(1) ^{1}Einem ordnungsgemäß geladenen Zeugen, der nicht erscheint, werden die durch das Ausbleiben verursachten Kosten auferlegt. ^{2}Zugleich wird gegen ihn ein Ordnungsgeld und für den Fall, daß dieses nicht beigetrieben werden kann, Ordnungshaft festgesetzt. ^{3}Auch ist die zwangsweise Vorführung des Zeugen zulässig; § 135 gilt entsprechend. ^{4}Im Falle wiederholten Ausbleibens kann das Ordnungsmittel noch einmal festgesetzt werden.

(2) ^{1}Die Auferlegung der Kosten und die Festsetzung eines Ordnungsmittels unterbleiben, wenn das Ausbleiben des Zeugen rechtzeitig genügend entschuldigt wird. ^{2}Erfolgt die Entschuldigung nach Satz 1 nicht rechtzeitig, so unterbleibt die Auferlegung der Kosten und die Festsetzung eines Ordnungsmittels nur dann, wenn glaubhaft gemacht wird, daß den Zeugen an der Verspätung der Entschuldigung kein Verschulden trifft. ^{3}Wird der Zeuge nachträglich genügend entschuldigt, so werden die getroffenen Anordnungen unter den Voraussetzungen des Satzes 2 aufgehoben.

(3) **Die Befugnis zu diesen Maßregeln steht auch dem Richter im Vorverfahren sowie dem beauftragten und ersuchten Richter zu.**

1 „Die Pflicht eines Zeugen, vor Gericht zu erscheinen, ist eine von der StPO vorausgesetzte allgemeine Staatsbürgerpflicht (vgl. BVerfGE 49, 284 = NJW 1979, 32), bei deren Nichterfüllung § 51 verfassungsrechtlich unbedenklich die Möglichkeit gibt, dem ordnungsgemäß geladenen und nicht genügend entschuldigten Zeugen die durch sein Ausbleiben verursachten Kosten aufzuerlegen und gegen ihn ein Ordnungsgeld festzusetzen" (BVerfG NJW 2002, 955). Der Zugang der Ladung (s. § 48 Rn. 1, 2) muss festgestellt werden. **„Nicht erschienen"** ist der Zeuge, der körperlich nicht anwesend ist oder in einem schuldhaft herbeigeführten Zustand der Vernehmungsunfähigkeit (zB Trunkenheit) auftritt (BGH 23, 334 = NJW 1970, 2253). Beruft sich ein geladener Zeuge allgemein auf die Notwendigkeit einer terminlichen Abstimmung und macht er im Übrigen keine dringenden beruflichen Hinderungsgründe für einen bestimmten Vernehmungstermin geltend, sind die Gerichte aus verfassungsrechtlicher Sicht nicht gehindert, im Falle seines Nichterscheinens die in § 51 vorgesehenen Rechtsfolgen anzuordnen (BVerfG NStZ-RR 2002, 11). Das Recht des Zeugen, einen Rechtsbeistand hinzuzuziehen (s. § 161a Rn. 2), entbindet nicht vom Erscheinen (BGH NStZ 1989, 484). Das Ausbleiben hat keine Folgen, wenn der Zeuge schuldunfähig ist; die Prüfung der Zurechnungsfähigkeit ist jedoch nur notwendig, wenn sich Auffälligkeiten zeigen, die insoweit Anlass zu Zweifeln geben (OLG Düsseldorf NStE Nr. 2 zu § 51). Auch den erheblich zu spät erscheinenden Zeugen treffen die Ausbleibensfolgen; ebenso das **vorzeitige Weggehen** vor der endgültigen Entlassung nach § 248. Erklärt der

Zeuge, er werde **nicht erscheinen,** kann der Richter, wenn eine Terminsverlegung notwendig wird, die Vorführung zum neuen Termin anordnen und Ordnungsmittel festlegen (OLG Stuttgart NJW 1956, 840). Eine genügende Entschuldigung iSv Abs. 2 S. 1 setzt zumindest voraus, dass das Gericht oder der StA keinen Anlass sehen, an der Richtigkeit der vorgebrachten Gründe zu zweifeln. Mißachtet der (ständig kranke) Zeuge ein nach den Umständen des Falles gerechtfertigtes Verlangen nach einem amtsärztlichen Attest zum Nachweis seiner Erkrankung, so ist sein Fernbleiben nicht genügend entschuldigt (BGH NStE Nr. 12 zu § 51). Ein in der Bundesrepublik lebender **ausländischer Staatsangehöriger** ist grundsätzlich verpflichtet, auf ordnungsgemäße Ladung als Zeuge vor einem deutschen Gericht zu erscheinen. Dies gilt allerdings nur, solange er sich tatsächlich im Inland aufhält. Befindet er sich im Ausland und erscheint er deshalb nicht vor Gericht, dürfen gegen ihn grundsätzlich keine Maßnahmen nach § 51 angeordnet werden (OLG Düsseldorf NJW 1999, 1647).

Zu den **Kosten gehören die Verfahrenskosten** und die notwendigen Auslagen 2 des Angeklagten (OLG Karlsruhe 1980, 423). **Ordnungshaft** (bis zu 6 Wochen, Art. 6 Abs. 2 EGStGB) kann nur ersatzweise, nicht neben oder anstelle des **Ordnungsgeldes** angeordnet werden. Die Bemessung des Ordnungsgeldes (5 bis 1000,–) regelt Art. 6 Abs. 1 EGStGB. Das Ordnungsmittelverfahren kann in entsprechender Anwendung der § 153, § 47 Abs. 2 OWiG bei geringer Schuld des ausgebliebenen Zeugen **eingestellt** werden; die Einstellung erfasst nicht lediglich das verhängte Ordnungsgeld, sondern das gesamte Ordnungsmittelverfahren, also auch die Auferlegung der Säumniskosten (OLG Düsseldorf NJW 1993, 546). Der Zustimmung der StA bedarf es dazu nicht (OLG Düsseldorf MDR 1990, 174), auch nicht der des Zeugen (OLG Düsseldorf wistra 1994, 77). Die **Vorführung** kann neben der Festsetzung von Ordnungsmitteln angeordnet werden.

Zuständig für die Festsetzung der Ordnungsmittel und die Anordnung der 3 Vorführung ist das **Gericht** (nicht der Vorsitzende), in der Hauptverhandlung mit Schöffen (§§ 30 Abs. 1, 77 Abs. 1 GG), im Vorverfahren der Ermittlungsrichter usw. Die zwangsweise **Vorführung** eines Zeugen darf **außerhalb** der Hauptverhandlung jedenfalls nicht vom Vorsitzenden der StrK allein angeordnet werden (KG NStZ-RR 2000, 145). Die zwangsweise Vorführung **bezweckt** nicht die Ahndung eines Verstoßes gegen einen Gesetzesbefehl, sondern dient dazu, das Erscheinen des Zeugen vor Gericht sicherzustellen (BGH NStZ 2001, 47). Der StA ist zuständig, wenn der Zeuge vor ihm aussagen soll; die Einschränkung ergibt sich aus § 161a Abs. 2 S. 2. Der Zeuge braucht nicht gehört zu werden (vgl. Abs. 2 S. 1); die StA nur, wenn sie anwesend ist. Der Gerichtsbeschluss ist zu **begründen.**

Eine **Entschuldigung,** die rechtzeitig vorgebracht und begründet ist, schließt die 4 Folgen nach Abs. 1 aus. Sie ist **rechtzeitig,** wenn sie dem Gericht in einem Zeitpunkt zugeht, in dem die Aufhebung des Termins und die Abladung anderer Prozessbeteiligter im gewöhnlichen Geschäftsgang noch möglich ist. Eine **genügende** Entschuldigung liegt vor, wenn bei Würdigung aller Umstände dem Zeugen das Erscheinen nicht zugemutet werden kann. Private und berufliche Pflichten haben grundsätzlich zurückzutreten; die Angst vor dem Angeklagten ist idR kein Entschuldigungsgrund (OLG Hamm MDR 1974, 330). Das **Zeugnisverweigerungsrecht** entschuldigt nicht; jedoch kann der Tatrichter unter Umständen auf dem Erscheinen des Zeugen nicht bestehen (BGH 21, 13 = NJW 1966, 742). Ein **Irrtum** über den Terminstag ist idR verschuldet (OLG München NJW 1957, 306). Fehlt es an der entsprechenden **Glaubhaftmachung** (Meyer-Goßner Rn. 25), so ist der **Aufhebungsantrag** als unzulässig zu verwerfen. Die nachgebrachte Entschuldigung wird sodann nicht sachlich geprüft (OLG Düsseldorf MDR 1986, 778). Die StA ist anzuhören (§ 33 Abs. 2); sie hebt auch die eigene Ordnungstitelverfügung auf.

Dem Zeugen steht gegen die Anordnung und die Ablehnung der Aufhebung die 5 **Beschwerde** nach § 304 Abs. 2 zu; der StA nach § 304 Abs. 1 auch gegen die

Ablehnung und Aufhebung der Anordnung. Die **Revision** kann auf Rechtsverstöße im Ordnungsmittelverfahren nicht gestützt werden. Geprüft werden kann jedoch die Verletzung der **Aufklärungspflicht**, wenn diese geboten hätte, auf dem Erscheinen und der Aussage des Zeugen zu bestehen (KK-Senge Rn. 25).

6   Bei **Abgeordneten** steht die **Immunität** (Art. 46 Abs. 2 bis Abs. 4 GG; § 152a) der Anwendung des § 51 nicht entgegen (LR-Dahs Rn. 34). Ersatzordnungshaft kann auch bei einem Abgeordneten festgesetzt werden. Ihre Vollstreckung bedarf aber ebenso wie die zwangsweise Vorführung der Genehmigung des Parlaments (LR-Dahs Rn. 34; Anl. 6 Abschn. A Nr. 14c BT-GeschO). **Exterritoriale** sind den Ordnungsmaßnahmen des § 51 **nicht unterworfen**; denn sie unterstehen nicht der deutschen Gerichtsbarkeit.

§ 52 [Zeugnisverweigerungsrecht aus persönlichen Gründen]   RiStBV 65

(1) **Zur Verweigerung des Zeugnisses sind berechtigt**
1. der Verlobte des Beschuldigten;
2. der Ehegatte des Beschuldigten, auch wenn die Ehe nicht mehr besteht;
2a. der Lebenspartner des Beschuldigten, auch wenn die Lebenspartnerschaft nicht mehr besteht;
3. wer mit dem Beschuldigten in gerader Linie verwandt oder verschwägert, in der Seitenlinie bis zum dritten Grad verwandt oder bis zum zweiten Grad verschwägert ist oder war.

(2) ¹**Haben Minderjährige wegen mangelnder Verstandesreife oder haben Minderjährige oder Betreute wegen einer psychischen Krankheit oder einer geistigen oder seelischen Behinderung von der Bedeutung des Zeugnisverweigerungsrechts keine genügende Vorstellung, so dürfen sie nur vernommen werden, wenn sie zur Aussage bereit sind und auch ihr gesetzlicher Vertreter der Vernehmung zustimmt. ²Ist der gesetzliche Vertreter selbst Beschuldigter, so kann er über die Ausübung des Zeugnisverweigerungsrechts nicht entscheiden; das gleiche gilt für den nicht beschuldigten Elternteil, wenn die gesetzliche Vertretung beiden Eltern zusteht.**

(3) ¹**Die zur Verweigerung des Zeugnisses berechtigten Personen, in den Fällen des Absatzes 2 auch deren zur Entscheidung über die Ausübung des Zeugnisverweigerungsrechts befugte Vertreter, sind vor jeder Vernehmung über ihr Recht zu belehren. ²Sie können den Verzicht auf dieses Recht auch während der Vernehmung widerrufen.**

1   Das **Zeugnisverweigerungsrecht** trägt der besonderen Lage eines Zeugen Rechnung, der als Angehöriger des Beschuldigten der Zwangslage ausgesetzt sein kann, seinen Angehörigen belasten oder die Unwahrheit sagen zu müssen. „Dieser Widerstreit der Pflichten, auf den das Gesetz in den §§ 52, 252 StPO Rücksicht nimmt, besteht nicht, soweit sich jemand **außerhalb einer Vernehmung anderen gegenüber aus freien Stücken äußert**" (BGH 40, 211 = NJW 1994, 2904). Es besteht auch ein allgemeines Interesse daran, dass der an sich aussagepflichtige Zeuge ohne seine bewusste Zustimmung nicht zur Aussage gegen einen Angehörigen gezwungen wird. Deshalb setzt das Verweigerungsrecht nur die äußere Konfliktlage voraus, und es kommt nicht darauf an, ob der Zeuge den Widerstreit empfindet und ob er sich durch ihn zur Weigerung veranlasst sieht (BGH 12, 239 = NJW 1959, 445). Es ist ein **höchstpersönliches** Recht (BGH 21, 305 = NJW 1967, 2273). Es „darf die Zeugnisverweigerung eines **Angehörigen** nicht gegen den Angeklagten verwendet werden, auch dann nicht, wenn der Angehörige die von § 52 eingeräumte Entscheidungsfreiheit später **später Angaben** macht, weil nur so dem Angehörigen die von § 52 eingeräumte Entscheidungsfreiheit verbleibt, ob und wann er Angaben zur Sache machen will, ohne hierdurch Schlüsse

des Gerichts zu Lasten des Angeklagten befürchten zu müssen" (BGH NStZ 2003, 443; vgl. BGH NStZ 1989, 281; BGH 34, 324 = NJW 1987, 2027). Die Geltendmachung, des Zeugnisverweigerungsrechts hindert den Zeugen nicht, nach ordnungsgemäßer Belehrung die **Verwertung** der bei einer **nichtrichterlichen Vernehmung gemachten Aussage zu gestatten** (BGH NJW 2000, 496). Angaben zur Person (§ 68) hat aber **jeder** Zeuge zu machen. Die Pflicht, der Zeugenladung zu folgen, wird durch § 52 grundsätzlich nicht berührt (s. § 51 Rn. 4). § 52 wird durch § 81 c Abs. 3 für Untersuchungen und durch § 97 Abs. 1 Nr. 1 für Beschlagnahmen ergänzt. Das Zeugnisverweigerungsrecht wird auch ergänzt durch das **Verbot** der Protokollverlesung gemäß § 252 (vgl. dort Rn. 1 ff.). Aber Äußerungen **außerhalb** einer Vernehmung werden auch von § 252 nicht erfasst. Setzt also zB die Polizei zur Aufklärung eines Mordes einen V-Mann im Umfeld des Angeklagten ein, so ist die Zeugenaussage des V-Mannes über Äußerungen von Angehörigen des Angeklagten auch dann verwertbar, wenn diese in der Hauptverhandlung von ihrem **Zeugnisverweigerungsrecht Gebrauch** machen (BGH 40, 211 = NJW 1994, 2904). Droht dem Zeugen oder seiner Familie bei wahrheitsgemäßer Aussage **Gefahr für Leib oder Leben,** kann darin grundsätzlich einer der Fälle gesehen werden, in denen Rechtsgründe der Vernehmung entgegenstehen können. An die Erforschung der tatsächlichen Grundlagen der Weigerung sind jedoch strenge Maßstäbe anzulegen. Das Vorliegen dieser Voraussetzungen prüft das Gericht in eigener Verantwortung (BGH 39, 142 = NJW 1993, 1214; BGH NStZ 1993, 350; s. vor §§ 48–71 Rn. 1, 5). Das Grundgesetz gebietet es nicht, bei einer **engen freundschaftlichen Beziehung** außerhalb einer noch bestehenden Ehe, die keinen verfassungsrechtlichen Schutz beanspruchen kann, weil sie der durch Art. 6 Abs. 1 GG geschützten Ehe zuwider läuft, ein über die strafprozessualen Vorschriften hinausgehendes Zeugnisverweigerungsrecht zu gewähren (BVerfG NJW 1999, 1622). Verweigert ein umfassend **schweigender** Angeklagter die Entbindung eines **Zeugen** von der Schweigepflicht, darf hieraus kein belastendes Indiz gegen ihn hergeleitet werden (BGH NJW 2000, 1426 in Ergänzung zu BGH 20, 298 = NJW 1966, 209). Auch wenn der Zeuge in der Hauptverhandlung von seinem Zeugnisverweigerungsrecht Gebrauch macht, dürfen Angaben, die er zuvor bei einer „Vernehmung" durch den **Verteidiger** gemacht hat, **nicht verwertet** werden (BGH 46, 1 = NJW 2000, 1277). Im Übrigen – das ist in diesem Zusammenhang wichtig – enthält § 252 nach st. Rspr. des BGH nicht nur ein **Verlesungsverbot**, sondern über den Wortlaut hinaus – auch ein **Verwertungsverbot.** Dieses schließt auch jede andere Verwertung der bei einer **nichtrichterlichen** Vernehmung gemachten Aussage aus; insbesondere ist die Vernehmung von Verhörspersonen nicht gestattet (BGH 30, 384 = NJW 1990, 1859; 42, 391 = NJW 1997, 1790). Damit sind die Ergebnisse einer früheren Vernehmung des nunmehr die Aussage befugt nach § 52 verweigernden Zeugen **unverwertbar,** wobei es unerheblich ist, ob er damals als Zeuge oder als Beschuldigter vernommen wurde (BGH 20, 384 = NJW 1966, 740); im letzteren Fall dürfte im Übrigen nicht einmal der vernehmende Richter als Zeuge gehört werden (BGH 42, 391 = NJW 1997, 1790; BGH NJW 2000, 1274). **Verweigert** eine Tatzeugin – Enkelin – in der Hauptverhandlung das Zeugnis, dürfen ihre Angaben, die sie bei der Exploration für die Glaubhaftigkeitsprüfung zum Tatgeschehen gemacht hat (Zusatztatsachen), **nicht** für Feststellungen zum Tathergang verwertet werden, indem die Sachverständige als Zeugin gehört wird; das gilt auch für die **erneute Hauptverhandlung** nach der Wiederaufnahme des Verfahrens (BGH 46, 190 = NJW 2001, 528). Die **gezielte Nachfrage** seitens staatlich beauftragter Vertrauensleute bei einer zeugnisverweigerungsberechtigten Zeugin stellt eine heimliche Befragung einer Aussageperson durch V-Personen dar, die jedenfalls ohne gesetzliche Ermächtigungsgrundlage nicht zulässig ist (BVerfG StV 2000, 466). „Ein Tatrichter ist – auch auf der Grundlage der Entscheidung BGHSt 45, 203 (208) = NJW 2000, 596 regelmäßig nicht verpflichtet, einen das

§ 52

Zeugnis verweigernden Zeugen zu befragen, ob er gleichwohl in die Verwertung früherer Aussagen einwilligt, sofern nicht im Einzelfall besondere Hinweise auf eine solche Bereitschaft gegeben sind." (BGH NStZ 2003, 498).

2 Weigerungsberechtigt ist der **Verlobte (Abs. 1 Nr. 1).** Aber den Verlobten **einer Verwandten** des Beschuldigten steht ein Zeugnisverweigerungsrecht nicht zu (OLG Düsseldorf StV 2001, 105). Das Verlöbnis ist ein (ohne besondere Förmlichkeiten) **gegenseitiges** und von **beiden Seiten ernst gemeintes Eheversprechen** (BGH NJW 1972, 1334; BGH NStZ 1986, 84; KK-Senge Rn. 10). Daher ist das Versprechen eines Heiratsschwindlers un**wirksam** (BGH 3, 216 = NJW 1952, 1422). Unwirksam ist auch ein Eheversprechen, das gegen die guten Sitten verstößt, zB bei noch bestehendem anderen Verlöbnis oder bei noch bestehender Ehe (BGH NStZ 1983, 564; BVerfG NJW 1987, 2807); daran ändert nichts, dass ein Mandat zur Stellung eines Scheidungsantrags erteilt wurde (BGH NStZ 1994, 227). Auf die zivilrechtliche Gültigkeit des Eheversprechens (zB bei Minderjährigkeit) kommt es dagegen nicht an (BGH LM § 222 StGB Nr. 25). Das Verlöbnis muss nicht zurzeit der Tat, aber **zurzeit der Vernehmung** bestehen; die frühere Verlobte hat kein Weigerungsrecht (BGH 23, 17 = NJW 1969, 1633). Bezweifelt das Gericht das Bestehen des Verlöbnisses, muss es die **Glaubhaftmachung** nach § 56 verlangen (BGH NJW 1972, 1334).

3 Weigerungsberechtigt ist auch der **Ehegatte (Abs. 1 Nr. 2).** Die Ehe muss im Inland geschlossen oder nach deutschem Recht als gültig anzuerkennen sein (Meyer-Goßner Rn. 5). Nichtigkeits- oder Auflösungsgründe spielen keine Rolle (BGH 9, 38 = NJW 1956, 679), auch nicht, dass es sich um eine **Scheinehe** handelt; denn Voraussetzung ist lediglich eine **formell gültige** Ehe (BayObLG NStZ 1990, 188). Maßgebend ist der Zeitpunkt der **Vernehmung** und nicht der der Tat. Maßgeblich für das Weigerungsrecht ist, wie beim Verlöbnis, der Zeitpunkt der **Vernehmung,** nicht der Tat, jedoch gilt im Unterschied zum Verlöbnis auch für die in diesem Zeitpunkt nicht mehr bestehende Ehe (Tod des Ehegatten, Nichtigkeit, Aufhebung, Scheidung) das Weigerungsrecht (BGH NStZ 1990, 22; KK-Senge Rn. 14). **Abs. 1 Nr. 2 a** gilt für **Lebenspartner** nach dem Gesetz über die eingetragene Lebenspartnerschaft iSd Lebenspartnerschaftsgesetzes (LPartG) v. 16. 2. 2001 (BGBl. I S. 266). Die Lebenspartnerschaft wird nach Form und Voraussetzungen von **zwei Personen gleichen Geschlechts** begründet (§ 1) und hat eheähnliche Wirkungen. So sind Lebenspartner einander zu Fürsorge und Unterstützung sowie zur gemeinsamen Lebensgestaltung verpflichtet, die denen aus § 1353 BGB für die Ehe nicht unähnlich sind. Daher ist das strafprozessuale Zeugnisverweigerungsrecht selbstverständlich (Lemke in HK-StPO Rn. 14); es besteht auch nach Beendigung der Lebenspartnerschaft infolge des Todes eines Partners oder Aufhebung der Partnerschaft (§ 15 I PartG) fort. Die Lebenspartnerschaft begründet in Bezug auf die Verwandten des anderen Lebenspartners eine Schwägerschaft, (§ 1 Abs. 2 I PartG; Meyer-Goßner Rn. 5 a).

4 Weigerungsberechtigt sind auch **Verwandte** und **Verschwägerte (Abs. 1 Nr. 3).** Verwandtschaft und Schwägerschaft sind nach §§ 1589, 1590 BGB zu beurteilen. Einem **Cousin** des Angeklagten steht als einem in der Seitenlinie im 4. Grad Verwandten kein Zeugnisverweigerungsrecht nach Abs. 1 Nr. 3 zu (BGH NStZ 1996, 324). Bei der **Adoption** behalten die als Kind Angenommenen trotz der Auflösung des Verwandtschaftsverhältnisses (vgl. § 1755 Abs. 1 S. 1) das Zeugnisverweigerungsrecht zugunsten ihrer bisherigen Verwandten, ihre Kinder nur, wenn sie schon zZ der Adoption geboren waren. Gegenüber den Annehmenden und deren Verwandten haben die als Minderjährige angenommenen Kinder das Zeugnisverweigerungsrecht wie deren eigene Kinder, auch nach Auflösung des Adoptionsverhältnisses. Als volljährige Adoptierte haben Sie es nur gegenüber den Adoptierenden, nicht aber (vgl. § 1770 Abs. 1 S. 2 BGB) gegenüber deren Verwandten. **Pflegeeltern** und **Pflegekinder** haben kein Zeugnisverweigerungsrecht (Meyer-

Zeugen **§ 52**

Goßner Rn. 8). Setzt die Polizei zur Aufklärung eines Mordes einen V-Mann im Umfeld des Angeklagten ein, so ist die **Zeugenaussage des V-Mannes über Äußerungen von Angehörigen** des Angeklagten auch dann verwertbar, wenn dieses in der Hauptverhandlung von ihrem **Zeugnisverweigerungsrecht** Gebrauch machen (BGH 40, 211 = NJW 1994, 1904).

Beschuldigter ist nicht bereits jeder Tatverdächtige. Er wird es, wenn gegen ihn 5 ein Ermittlungsverfahren nach § 160 eingeleitet wird; es muss ein Willensakt hinzutreten, in dem zum Ausdruck kommt, dass die Strafverfolgungsbehörde das Strafverfahren gegen den Verdächtigen als Beschuldigten betreiben will (BGH 10, 12 = NJW 1957, 231; 37, 51 = NJW 1990, 2633; BGH NStZ 1997, 398). S. vor allem § 163a Rn. 1. Im Wiederaufnahmeverfahren ist der rechtskräftig Verurteilte Beschuldigter. Im Privatklageverfahren wird der Beklagte mit der Anklageerhebung nach § 381 und der Privatkläger mit der Erhebung der Widerklage Beschuldigter. Richtet sich ein einheitliches Verfahren gegen **mehrere Beschuldigte,** steht der Zeuge aber nur zu einem von ihnen in einem Angehörigenverhältnis nach § 52 Abs. 1, so ist er zur Verweigerung des Zeugnisses hinsichtlich **aller Beschuldigten** berechtigt, sofern der Sachverhalt, zu dem er aussagen soll, auch seinen Angehörigen betrifft. „Verweigert ein Zeugnisverweigerungsberechtigter in der Hauptverhandlung gemäß § 52 I Nr. 3 das Zeugnis, so darf auch seine Einlassung in einem **früheren,** gegen ihn **selbst gerichteten Verfahren** nicht gegen den nunmehr angeklagten Angehörigen verwendet werden. Das Verwertungsverbot aus § 252 StPO erstreckt sich auch auf den wegen Beteiligung an der selben Tat **Mitangeklagten.**" (BGH, NStZ 2003, 217). Das Zeugnisverweigerungsrecht erlischt nicht dadurch, dass der Angehörige des Zeugen später ausscheidet (BGH 34, 139 = NJW 1987, 1955), zB durch Einstellung nach § 170 Abs. 2 (BGH NStZ 1984, 176) oder nach § 205 (BGH 27, 141 = NJW 1977, 116), oder das Verfahren gegen ihn abgetrennt ist (BGH NStZ 1988, 18). Ein solches mit Wirkung für den Angeklagten bestehendes Zeugnisverweigerungsrecht des Angehörigen eines früheren Mitbeschuldigten setzt voraus, dass mindestens zeitweise ein einheitliches zusammenhängendes Verfahren gegen den Angeklagten und den Angehörigen des Zeugen geführt worden ist. Insoweit muss eine **prozessuale Gemeinsamkeit** in dem Sinne bestehen, dass beide in Bezug auf das Gleiche historische Ereignis nach prozeßrechtlicher Betrachtungsweise förmlich Mitbeschuldigte gewesen sind. Nur dann ist es dem Tatrichter möglich, verlässlich festzustellen, ob und aus welchem Grunde ein Weigerungsrecht in Betracht kommt (BGH 34, 139). Das Zeugnisverweigerungsrecht **erlischt,** wenn das gegen den Angehörigen geführte Verfahren **rechtskräftig abgeschlossen** (BGH 38, 96 = NJW 1992, 1116) oder wenn der Angehörige **verstorben** ist (BGH NJW 1992, 1118). Das Zeugnisverweigerungsrecht, das der Angehörige eines Beschuldigten im Verfahren gegen den **Mitbeschuldigten** hat, erlischt mit dem rechtskräftigen Freispruch des Angehörigen eines Beschuldigten (BGH NJW 1993, 2326 im Anschluss an BGH 38, 96 = NJW 1992, 1116).

Der Zeuge braucht für die **Ausübung** des Zeugnisverweigerungsrechts **keine** 6 **Begründung** zu geben (BGH NJW 1984, 136). Der Richter muss jede **zielgerichtete Einflussnahme** auf den Zeugen unterlassen (BGH NStZ 1989, 440). Die Entscheidung darüber **(Abs. 2),** ob der **minderjährige Zeuge** schon die nötige **Verstandesreife,** oder der **geistesschwache** noch die erforderliche **Verstandeskraft** besitzt, um die Bedeutung und Tragweite seines Verweigerungsrechts zu erfassen, hat der Richter bzw. der StA, in der Hauptverhandlung das Gericht zu treffen (BGH 14, 160 = NJW 1960, 1396). Bei **Zweifeln** ist von mangelndem Verständnis auszugehen (BGH 23, 222 = NJW 1970, 766). Das Alter des Minderjährigen ist nur ein Anhaltspunkt für die Verstandesreife. Bei 7jährigen wird sie idR fehlen (BGH 14, 162 = NJW 1960, 1396), die Entscheidung des gesetzlichen Vertreters ist erforderlich; bei 14jährigen mit normaler Intelligenz kann sie grundsätzlich vorausgesetzt werden (BGH 20, 235 = NJW 1965, 1870). Erklärt in einem Verfahren wegen **sexuellen Missbrauchs eines Kindes** der Vormund einer zehnjährigen Zeugin für diese die Zeugnisverweigerung nach § 52 Abs. 2 S. 3, so darf das Verfahren nicht in entsprechender Anwendung von § 205 S. 1 StPO vorläufig eingestellt werden, bis **die Zeugin die nötige Verstandesreife** für eine eigene Entscheidung über die Zeugnisverweigerung erlangt hat. Vielmehr ist dem Verfahren durch Durchführung der Hauptverhandlung Fortgang zu geben, weil das Beschleunigungsgebot zugunsten eines Angeklagten auch dann fortgilt, wenn wichtige Zeugen im Hauptverfahren nicht zur Verfügung stehen, ohne dass der Angeklagte dies zu vertreten hätte (OLG Stuttgart StV 2001, 667). In den Fällen des **Abs. 2** (bei **Verstandesunreifen**) ist „auch" der gesetzliche Vertreter zu belehren; „zu belehren sind also sowohl der (verstandesunreife) Zeuge selbst wie auch sein Vertreter. Das hat seinen Sinn darin, dass in Ansehung des **Zeugnisverweigerungsrechts** der Zeuge selbst (mit-)entscheidet, ob er aussagt oder nicht (§ 52 Abs. 2), und der gesetzliche Vertreter ebenfalls ein Mitentscheidungsrecht hat; deshalb ist er auch zu belehren. **Anders** ist es beim **Untersuchungsverweigerungsrecht** nach § 81 c Abs. 3: Hier entscheidet der gesetzliche Vertreter alleine. Gleichwohl auch den Zeugen zu belehren, wäre ohne praktische Bedeutung und sinnlos" (BGH 40, 336, 338 = NJW 1995, 1501).

7 Die **Belehrung (Abs. 3 S. 1)** obliegt dem Richter, der den Zeugen vernimmt, in der Hauptverhandlung dem Vorsitzenden; einem Dritten darf sie nicht überlassen werden (BGH 9, 195 = NJW 1956, 1288), auch nicht dem Sachverständigen (BGH NJW 1991, 2432). Ob ein Zeuge oder eine Beschuldigter in der Lage ist, die ihm erteilte **Belehrung zu verstehen,** richtet sich nach den Grundsätzen, die für die Beurteilung gelten, ob der Erklärende verhandlungsfähig ist. Diese Fähigkeit wird idR nur durch schwere körperliche oder seelische Mängel oder Krankheiten ausgeschlossen. Die Frage hat „der Tatrichter im Wege des Freibeweises zu prüfen. Dabei gilt der Grundsatz in dubio pro reo nicht" (BGH NStZ 1993, 395). Der StA (§ 161 Abs. 1 S. 2) oder der Polizeibeamte (§ 163 a Abs. 5) sind bei nichtrichterlichen Vernehmungen belehrungspflichtig. Vgl. auch RiStBV Nr. 65. Die Belehrung muss **mündlich** erfolgen und „dem Zeugen genügende Vorstellung von der Bedeutung seines Weigerungsrechtes vermitteln" (BGH 32, 32 = NJW 1984, 621). Vor **jeder neuen** Vernehmung muss die Belehrung wiederholt werden, auch wenn der Zeuge in einer früheren Vernehmung auf sein Weigerungsrecht verzichtet hatte (BGH 13, 399 = NJW 1960, 584). Eine neue Vernehmung liegt stets vor, wenn der Zeuge in verschiedenen Verfahrensabschnitten vernommen wird, aber auch in demselben Abschnitt, wenn eine ausgesetzte oder über die Frist des § 229 Abs. 1 und 2 hinaus unterbrochene Hauptverhandlung erneuert werden muss (KK-Senge Rn. 35); anders bei Fortsetzung einer unterbrochenen Hauptverhandlung innerhalb der Fristen, es sei denn, dass der Zeuge schon entlassen worden war und zu einem anderen Termin neu geladen wird (BGH NStZ 1984, 418). Eine **ergänzende** Befragung des Zeugen ist aber nicht als zur wiederholten Belehrung verpflichtende neue Vernehmung iS des § 52 Abs. 3 zu betrachten, wenn der Zeuge nach ununterbrochener Anwesenheit in der Hauptversammlung wieder hervorgerufen wird und erneut aussagt (BGH NStZ 1987, 373). „Entschließt sich aber die **StA** aus sachlich vertretbaren Gründen, gegen einen schon früher wegen einer Tat in Verdacht geratenen Beschuldigten bei neuerlichem Tatverdacht und anderer Beweislage förmlich ein neues, selbstständiges Ermittlungsverfahren einzuleiten, so liegt hinsichtlich früherer in einem andern Verfahren wegen derselben Tat Mitbeschuldigten **keine prozessuale Gemeinsamkeit** vor. Ein naher Angehöriger eines solchen früheren Mitbeschuldigten muss in dem neuen Verfahren gegen den Beschuldigten nicht nach § 52 Abs. 3 S. 1 belehrt werden" (BGH NJW 1998, 3363). Der **Verzicht auf das Weigerungsrecht** ist zulässig. Er kann auch stillschweigend dadurch erklärt werden, dass der Zeuge aussagt (RG 12, 404). Aus dem vom Zeugen angegebenen Motiv, „er habe Angst, sich selbst zu belasten, (darf) nicht der Schluss

Zeugen **§ 52**

gezogen werden, er wolle auf sein Zeugnisverweigerungsrecht nach § 52 verzichten" (BGH NJW 1984, 136). Die **Heilung des Unterlassens** der Belehrung ist zulässig, wenn es vor Urteilserlass bemerkt wird (BGH NStZ 1989, 484); erforderlich ist aber die Erklärung des Zeugen, dass er auch bei rechtzeitiger Belehrung von seinem Weigerungsrecht keinen Gebrauch gemacht hätte (BGH 20, 234 = NJW 1965, 1870). Das **Protokoll** muss die Belehrung bezeugen; der Vermerk „Zum Zeugnis bereit" genügt nicht. Für Vernehmungen durch die StA gilt § 168 b Abs. 2 (KK-Senge Rn. 38). Eine die **Belehrungspflicht** nach § 81 c Abs. 3 S. 1, § 52 auslösende Untersuchung **liegt nicht vor,** wenn der **Sachverständige** den Zeugen nur **während der Hauptverhandlung beobachtet** und ein Gutachten erstattet (BGH StV 1995, 622).

Ist die Belehrung nach **Abs. 3** S. 1 oder die Einholung der Zustimmung des 8 gesetzlichen Vertreters nach Abs. 2 **unterblieben,** so ist die Aussage **unverwertbar.** Es besteht ein **Verlesungs- und Verwertungsverbot** im selben Umfang wie bei § 252 (BGH NStZ 1990, 25; Meyer-Goßner Rn. 32). Über Aussageverweigerungsrechte muss aber nur im Rahmen von **Vernehmungen** belehrt werden. Wird die Verlobte des Angeklagten in der Hauptverhandlung vereidigt, ohne zuvor über ihr **Recht belehrt** worden zu sein, als Verlobte die Beeidigung **zu verweigern** (§§ 52 Abs. 1 Nr. 1, 63), liegt ein Verfahrensfehler vor; auf ihm kann das Urteil beruhen (BGH StV 2001, 604). **Private Äußerungen** außerhalb von Vernehmungen unterliegen auch dann keinem **Beweisverwertungsverbot,** wenn sie gegenüber heimlich (verdeckt) agierenden Personen gemacht werden, deren Einsatz von der Polizei gesteuert war; solche Personen führen keine Vernehmungen (BGH NStZ 1995, 557). Das **Unterbleiben der Belehrung** eines zeugnisverweigerungsberechtigten Zeugen über sein Zeugnisverweigerungsrecht ist auch dann ein **Rechtsfehler,** wenn sich der Zeuge fälschlicherweise als „mit dem Angeklagten nicht verwandt und nicht verschwägert" bezeichnet, weil es für die Frage der gerichtlichen Belehrungspflicht auf die **Kenntnis des Gerichts** von dem bestehenden Angehörigenverhältnis nicht ankommt. Fehlt im Sitzungsprotokoll der Hinweis auf die Belehrung über ein Zeugnisverweigerungsrecht, so wird dieser Fehler durch das Protokoll bewiesen und kann nicht durch nachträgliche dienstliche Äußerungen entkräftet werden (BGH wistra 2004, 349). Das Beruhen des Urteils auf diesem Fehler kann nur dann ausgeschlossen werden, wenn auf Grund von bestimmten Umständen vor oder in der Hauptverhandlung davon auszugehen ist, dass der Zeuge auch nach Belehrung über sein Zeugnisverweigerungsrecht ausgesagt hätte (BGH StV 2002, 3). Ausnahmsweise **entfällt das Verwertungsverbot,** wenn feststeht, dass der prozeßwidrig nicht belehrte Zeuge sein Weigerungsrecht gekannt hat und davon auch bei ordnungsgemäßer Belehrung keinen Gebrauch gemacht hätte. Das gilt auch dann, wenn die nach Abs. 2 erforderliche Zustimmung des gesetzlichen Vertreters unterblieben ist (BGH NStZ 1990, 549). Ist der Zeuge vor der Hauptverhandlung **verstorben,** so darf die Niederschrift über seine frühere Vernehmung nach § 251 Abs. 1 Nr. 1, Abs. 2 S. 2 verlesen werden, auch wenn die Belehrung nach Abs. 3 S. 1 fehlt (BGH 22, 35 = NJW 1968, 559). „Beruft sich ein Zeuge in der Hauptverhandlung zunächst auf sein Zeugnisverweigerungsrecht als Verlobter und sagt später gleichwohl **zur Sache aus,** um eine frühere richterliche Vernehmung zu entkräften, so macht er die früheren Vernehmungsinhalte zum Gegenstand seiner unter Verzicht auf sein Zeugnisverweigerungsrecht erfolgten Aussage in der Hauptverhandlung; diese **sind verwertbar,** auch wenn er früher nicht über sein Zeugnisverweigerungsrecht belehrt wurde." (BGH 48, 294 = NJW 2003, 2619). Wer von seinem Zeugnisverweigerungsrecht Gebrauch macht, scheidet als **Zeugen-Beweismittel** aus. Der Tatrichter verletzt auch grundsätzlich seine **Aufklärungspflicht** nicht, wenn er auf dem Erscheinen des Zeugen, der nach Erhalt der Ladung schriftlich mitteilt, dass er von seinem Zeugnisverweigerungsrecht Gebrauch machen wollte, nicht besteht, sofern nicht ein Motivirrtum des Zeugen

§ 52

naheliegt (BGH 21, 13 = NJW 1966, 742). Aus dem berechtigten Aussageverweigerungsrecht dürfen bei der Beweiswürdigung keine Schlüsse zum **Nachteil des Angeklagten** gezogen werden (BGH 32, 141 = NJW 1984, 1829). „Macht ein Zeuge in der Hauptverhandlung von seinem Zeugnisverweigerungsrecht Gebrauch, so darf über den Inhalt seiner Aussage, die er bei einer **früheren richterlichen** Vernehmung **nach Belehrung** über sein Zeugnisverweigerungsrecht gemacht hat, durch Vernehmung des **Richters** Beweis erhoben werden (vgl. BGH 2, 99 = NJW 52, 356) – keine andere Person BGH NStZ 1993, 294 –. Ist eine Belehrung **nicht** erfolgt (vgl. BGH 14, 159 = NJW 1960, 1396; 23, 223 = NJW 1970, 766) oder ist das ein Zeugnisverweigerungsrecht begründenden Rechtsverhältnis erst **später entstanden** (BGH 27, 231 = NJW 1952, 356), so darf auch die Bekundung vor einem Richter nicht in das Verfahren eingeführt und verwertet werden (BGH 48, 294 = NJW 2003, 2620). Etwas anderes gilt nur dann, wenn der Zeuge in der Hauptverhandlung nach Belehrung gem. § 52 Abs. 3 S. 1 aussagt oder zumindest konkludent zu erkennen gibt, dass er mit dem Rückgriff auf die frühere Aussage einverstanden ist – BGH 20, 234; BGH NStZ 1999, 91 –" (BGH NJW 2003, 2620). Der **Richter,** der im Verfahren der freiwilligen Gerichtsbarkeit ein Kind **gemäß § 50 b FGG** zur Vorbereitung einer sorgerechtlichen Entscheidung angehört hat, darf nach Aussageverweigerung des Kindes nach § 52 im späteren Strafverfahren gegen einen Elternteil jedenfalls dann nicht als Zeuge in der Hauptverhandlung vernommen werden, wenn bei der früheren Anhörung ein Hinweis auf das später aktuelle Aussageverweigerungsrecht unterblieben ist (BGH NJW 1998, 2229). „Ist jedoch ein Zeuge im Laufe eines Verfahrens einmal von einem **Richter** über sein Zeugnisverweigerungsrecht belehrt worden, dürfen nachfolgende Äußerungen des Zeugen **gegenüber dem Sachverständigen** dem Gutachten und damit ggf. auch dem Urteil selbst dann zugrundegelegt werden, wenn der Zeuge in der Hauptverhandlung das Zeugnis verweigert" (BGH NStZ 1996, 145). **Nichtrichterliche** Vernehmungspersonen dürfen in der Hauptverhandlung so lange nicht über den Inhalt früherer Angaben eines zur Zeugnisverweigerung berechtigten Zeugen gehört werden, wie Ungewissheit darüber besteht, ob der Zeuge von seinem Weigerungsrecht Gebrauch macht oder darauf verzichtet (BGH NStZ-RR 1996, 106). Daher dürfen **Schriftstücke,** die ein Zeuge bei seiner polizeilichen Vernehmung überreicht hat und zum Bestand seiner Aussage gemacht hat, nicht verlesen werden, wenn der Zeuge in der Hauptverhandlung von seinem Zeugnisverweigerungsrecht Gebrauch macht (BGH NStZ-RR 1996, 106). Der durch **Telefonüberwachung** bekanntgewordene Inhalt eines Gesprächs des Angeklagten mit seinem **Bruder** ist nicht deshalb unverwertbar, weil der Bruder in der Hauptverhandlung die Zeugenaussage gemäß § 52 verweigert (BGH NStZ 1999, 416).

9   Die **Verfahrensrüge** wird wegen Verstoßes gegen § 52 begründet sein, wenn das Gericht aus dem Zeugnisverweigerungsrecht eines Angehörigen **unzulässige Rückschlüsse** auf die hierfür maßgeblichen Motive zieht (BGH NStZ 2000, 546; BGH 22, 113 = NJW 1968, 1246). Der Angeklagte kann mit der **Revision (§ 337)** das Unterlassen der Belehrung des Zeugen nach Abs. 3 S. 1 rügen (BGH 11, 216 = NJW 1958, 557); das Urteil beruht jedoch nicht auf der Nichtbelehrung, wenn der Zeuge in Kenntnis seines Weigerungsrechts aussagt (s. Rn. 8). Ebenso kann die mangelnde Belehrung des gesetzlichen Vertreters mit der Revision geltend gemacht werden (BGH 14, 160 = NJW 1960, 1396). Ob dem Gericht das Angehörigkeitsverhältnis bekannt war, spielt keine Rolle (BGH StV 1988, 89). Das Rügerecht hat auch der **Mitangeklagte,** zu dessen Ungunsten die Aussage des Zeugen verwertet wurde (BGH 33, 154 = NJW 1985, 1173; KK-Senge Rn. 49). Die **unrichtige Belehrung,** dass der Zeuge weigerungsberechtigt sei, kann ebenfalls der Angeklagte rügen, wenn der Zeuge daraufhin die Aussage verweigert (BGH NStZ 1983, 354). Ein Verstoß gegen das Verbot, aus der berechtigten Zeugnisverweigerung Schlüsse zu ziehen (s. Rn 8), ist auf die **Sachrüge** hin zu beachten (BGH NStZ 1981, 70).

Bei einer **unrichtigen Belehrung,** die zur Zeugnisverweigerung eines präsenten Zeugen geführt hat, ist § 245 verletzt (BGH StV 1993, 235) sonst § 244 Abs. 2. Die Erhebung dieser Verfahrensrüge muss dem § 344 Abs. 2 S. 2 genügen. Die Rüge, die Angaben des Zeugen gegenüber dem **Sachverständigen** hätten nicht verwertet werden dürfen, ist nur dann zulässig erhoben, wenn vorgetragen wird, ob der Zeuge zum Zeitpunkt seiner Angaben bereits richterlich über sein Zeugnisverweigerungsrecht belehrt worden war (BGH NStZ 1996, 145; s. Rn. 8). Der eindeutigen Vorschrift des § 171 b Abs. 3 GVG kann nicht mit der auf §§ 244 Abs. 2, 245 gestützten Behauptung der Boden entzogen werden, ein nach § 52 Abs. 1 zur Verweigerung des Zeugnisses berechtigter Zeuge, der nicht Verletzter ist, hätte bei vollständigem **Ausschluss der Öffentlichkeit** von seinem Zeugnisverweigerungsrecht keinen Gebrauch gemacht und so weiter zur Sachaufklärung beigetragen (BGH NStZ 1996, 243). Soll im Fall der Aussageverweigerung eines Zeugen nach § 52 mit der Verfahrensrüge als Verstoß gegen § 244 Abs. 2 oder 3 beanstandet werden, dass kein Beweis über **frühere spontan,** aus freien Stücken gegenüber einer Amtsperson gemachten **Äußerungen** dieses Zeugen erhoben worden sei, müssen zur Wahrung der Darlegungsanforderungen nach § 344 Abs. 2 S. 2 der genaue Inhalt und die näheren Umstände der früheren Angaben in der Revisionsbegründung mitgeteilt werden (BGH NJW 1998, 2229). „Das den Ermittlungsbehörden im Rahmen des erteilten Auftrags zuzurechnende Vorgehen der **Vertrauensleute** (vgl. BGH StV 2000, 57, 61) stellt sich nicht nur als eine rein passive Informationserlangung ohne Eingriffscharakter, sondern spätestens mit der Nachfrage bei der Zeugin nach ihrer spontanen Äußerung als eine heimliche Befragung einer Aussageperson durch V-Personen und damit als eine Maßnahme dar, die jedenfalls ohne spezielle gesetzliche Ermächtigungsgrundlage nicht zulässig war. Die darin liegende Mißachtung des Vertrauensverhältnisses zwischen einem Beschuldigten und seinen Angehörigen iSd § 52 enthält einen Verstoß gegen das **Prinzip eines fairen Verfahrens,** da der in verschiedenen Vorschriften des Strafverfahrensrechts garantierte Schutz eines Angehörigenverhältnisses (vgl. §§ 52 Abs. 1 und 2, 97 Abs. 1, 100 d Abs. 3 S. 3, 252) in seinem Kernbestand zu den rechtsstaatlich unverzichtbaren Erfordernissen eines fairen Verfahrens zählt" (BVerfG 2000, 216). Kann im Wege der Gesamtschau des Prozessverhaltens einer Zeugin und Nebenklägerin davon ausgegangen werden, dass sie auch nach einer Belehrung ausgesagt hätte, so **beruht das Urteil nicht auf der fehlenden Belehrung der Zeugin** über ihr Aussageverweigerungsrecht (BGH NStZ-RR 2004, 18).

§ 53 [Zeugnisverweigerungsrecht aus beruflichen Gründen]

(1) Zur Verweigerung des Zeugnisses sind ferner berechtigt

1. **Geistliche** über das, was ihnen in ihrer Eigenschaft als Seelsorger anvertraut worden oder bekanntgeworden ist;
2. **Verteidiger** des Beschuldigten über das, was ihnen in dieser Eigenschaft anvertraut worden oder bekanntgeworden ist;
3. **Rechtsanwälte, Patentanwälte, Notare, Wirtschaftsprüfer, vereidigte Buchprüfer, Steuerberater und Steuerbevollmächtigte, Ärzte, Zahnärzte, Psychologische Psychotherapeuten, Kinder- und Jugendlichenpsychotherapeuten, Apotheker und Hebammen** über das, was ihnen in dieser Eigenschaft anvertraut worden oder bekanntgeworden ist, Rechtsanwälten stehen dabei sonstige Mitglieder einer Rechtsanwaltskammer gleich;
3 a. **Mitglieder oder Beauftragte einer anerkannten Beratungsstelle** nach den §§ 3 und 8 des Schwangerschaftskonfliktgesetzes über das, was ihnen in dieser Eigenschaft anvertraut worden oder bekanntgeworden ist;

§ 53 Erstes Buch. 6. Abschnitt

3 b. Berater für Fragen der Betäubungsmittelabhängigkeit in einer Beratungsstelle, die eine Behörde oder eine Körperschaft, Anstalt oder Stiftung des öffentlichen Rechts anerkannt oder bei sich eingerichtet hat, über das, was ihnen in dieser Eigenschaft anvertraut worden oder bekanntgeworden ist;
4. Mitglieder des Bundestages, eines Landtages oder einer zweiten Kammer über Personen, die ihnen in ihrer Eigenschaft als Mitglieder dieser Organe oder denen sie in dieser Eigenschaft Tatsachen anvertraut haben sowie über diese Tatsachen selbst;
5. Personen, die bei der Vorbereitung, Herstellung oder Verbreitung von Druckwerken, Rundfunksendungen, Filmberichten oder der Unterrichtung oder Meinungsbildung dienenden Informations- und Kommunikationsdiensten berufsmäßig mitwirken oder mitgewirkt haben.

² Die in Satz 1 Nr. 5 genannten Personen dürfen das Zeugnis verweigern über die Person des Verfassers oder Einsenders von Beiträgen und Unterlagen oder des sonstigen Informanten sowie über die ihnen im Hinblick auf ihre Tätigkeit gemachten Mitteilungen, über deren Inhalt sowie über den Inhalt selbst erarbeiteter Materialien und den Gegenstand berufsbezogener Wahrnehmungen. ³ Dies gilt nur, soweit es sich um Beiträge, Unterlagen, Mitteilungen und Materialien für den redaktionellen Teil oder redaktionell aufbereitete Informations- und Kommunikationsdienste handelt.

(2) ¹ Die in Absatz 1 Satz 1 Nr. 2 bis 3 b Genannten dürfen das Zeugnis nicht verweigern, wenn sie von der Verpflichtung zur Verschwiegenheit entbunden sind. ² Die Berechtigung zur Zeugnisverweigerung der in Absatz 1 Satz 1 Nr. 5 Genannten über den Inhalt selbst erarbeiteter Materialien und den Gegenstand entsprechender Wahrnehmungen entfällt, wenn die Aussage zur Aufklärung eines Verbrechens beitragen soll oder wenn Gegenstand der Untersuchung

1. eine Straftat des Friedensverrats und der Gefährdung des demokratischen Rechtsstaats oder des Landesverrats und der Gefährdung der äußeren Sicherheit (§§ 80 a, 85, 87, 88, 95, auch in Verbindung mit § 97 b, §§ 97 a, 98 bis 100 a des Strafgesetzbuches),
2. eine Straftat gegen die sexuelle Selbstbestimmung nach den §§ 174 bis 176, 179 des Strafgesetzbuches oder
3. eine Geldwäsche, eine Verschleierung unrechtmäßig erlangter Vermögenswerte nach § 261 Abs. 1 bis 4 des Strafgesetzbuches

ist und die Erforschung des Sachverhalts oder die Ermittlung des Aufenthaltsortes des Beschuldigten auf andere Weise aussichtslos oder wesentlich erschwert wäre. ³ Der Zeuge kann jedoch auch in diesen Fällen die Aussage verweigern, soweit sie zur Offenbarung der Person des Verfassers oder Einsenders von Beiträgen und Unterlagen oder des sonstigen Informanten oder der ihm im Hinblick auf seine Tätigkeit nach Absatz 1 Satz 1 Nr. 5 gemachten Mitteilungen oder deren Inhalts führen würde.

1   Ein Angeklagter ist im Strafverfahren grundsätzlich nicht verpflichtet, aktiv zur Sachaufklärung beizutragen (BGH 34, 326 = NJW 1987, 2027). So steht es ihm frei, sich zu den Beschuldigungen zu äußern oder nicht zur Sache auszusagen, §§ 136 Abs. 1 S. 2, 243 Abs. 4 S. 1. Macht er von seinem Aussageverweigerungsrecht umfassend Gebrauch, so ist anerkannt, dass daraus für ihn keine nachteiligen Schlüsse gezogen werden dürfen (BGH 32, 144 = NJW 1984, 1829). Verweigert daher ein **umfassend schweigender Angeklagter** die Entbindung eines **Zeugen von seiner Schweigepflicht,** darf hieraus **kein** belastendes Indiz gegen ihn hergeleitet werden (BGH NJW 2000, 1426 in Ergänzung zu BGH 20, 298 = NJW

1966, 209). § 53 **bezweckt** in erster Linie den Schutz des Vertrauensverhältnisses zwischen der Vertrauensperson und demjenigen, der vertrauensvoll ihre Hilfe in Anspruch nimmt, liegt aber auch im öffentlichen Interesse daran, dass der Rat- und Hilfesuchende sich an rückhaltloser Offenbarung nicht durch die Besorgnis behindert fühlt, die Vertrauensperson könnte das ihr Anvertraute als Zeuge einmal preisgeben müssen (KK-Senge Rn. 1 mwN). Andererseits soll auch die Vertrauensperson aus der Zwangslage eines Pflichtenstreits – Wahrung des Vertrauens und Berücksichtigung des Allgemeininteresses an der Aufklärung von Straftaten – befreit werden (BGH 9, 61 = NJW 1956, 599). Der Kreis der Zeugnisverweigerungsberechtigten ist auf die in Abs. 1 bezeichneten Berufsangehörigen **beschränkt.** Er muss wegen der Notwendigkeit, eine funktionsfähige Rechtspflege zu erhalten, auf das unbedingt notwendige Maß begrenzt werden. Nur ausnahmsweise und unter ganz besonderen Umständen kann mit Rücksicht auf Art. 1 Abs. 1, 2 Abs. 1 GG ein solches Recht unmittelbar aus der Verfassung folgen (BVerfGE 33, 374).

Das Zeugnisverweigerungsrecht des § 53 und die Strafdrohung des § 203 StGB   2
wegen Verletzung von **Privatgeheimnissen** korrespondieren zwar, decken sich aber nicht. Strafbar ist nur der Geheimnisbruch, das Zeugnisverweigerungsrecht betrifft dagegen auch anvertraute oder bekanntgewordene Tatsachen ohne Rücksicht darauf, ob sie ein „Geheimnis" beinhalten (KK-Senge Rn. 3). Ein Zeuge, der **Geheimnisträger** iS des § 203 StGB ist, hat **kein Zeugnisverweigerungsrecht** hat, ist wie jeder andere zur Aussage verpflichtet; die Offenbarung eines fremden Geheimnisses ist dann nicht „unbefugt" (§ 203 StGB). Hat er dagegen ein Weigerungsrecht, so verstößt die Offenbarung des Geheimnisses nur dann nicht gegen § 203 StGB, wenn der Zeuge dafür einen **Rechtfertigungsgrund** hat. Die **Abwägung** nimmt der Zeuge selbst vor, nicht das Gericht (BGH MDR 1957, 527). Das Gericht muss dem Zeugen Gelegenheit geben, die Entscheidung zu treffen (BGH 15, 202 = NJW 1961, 279), darf aber auf seine Entschließung nicht in unzulässiger Weise einwirken (BGH 20, 299 = NJW 1966). Es besteht **keine Belehrungspflicht** (BGH NJW 1991, 2846); denn das Gericht kann davon ausgehen, dass der Zeuge seine Berufsrechte und -pflichten kennt (BGH 42, 73 = NJW 1996, 2435). Im Einzelfall kann die Fürsorgepflicht eine Belehrung gebieten (BGH MDR 1980, 815). **Zusammenfassend:** Das RG und der BGH stimmen darin überein, dass es vom Standpunkt des Prozessrichters gleichgültig ist (RG 19, 365), ob der Arzt, Anwalt usw. befugt oder unbefugt Geheimnisse preisgibt, wenn er sich zeugenschaftlich vernehmen lässt. **Verfahrensrechtlich** ist allein entscheidend, ob er von seinem Zeugenverweigerungsrecht **Gebrauch** macht oder nicht (RG, 365; Wichmann Berufsgeheimnisse S. 71). Ob und inwieweit die Berufsperson von ihrem Zeugnisverweigerungsrecht Gebrauch machen will, liegt nämlich in **ihrem Ermessen,** allein der Zeuge hat, solange er nicht von der Verpflichtung zur Verschwiegenheit entbunden ist, darüber zu entscheiden, ob und inwieweit er Angaben machen will (BGH 9, 59, 61 = NJW 1956, 599; 18, 147 = NJW 1963, 723; 42, 73, 76 = NJW 1996, 2435). Weder für das Gericht noch für die Prozessbeteiligten noch für den Geheimnisgeschützten gibt es ein verfahrensrechtliches Mittel, etwa den Arzt, der aussagen will, zu einer Zeugnisverweigerung zu zwingen (RG 71, 21; BGH 18, 147 = NJW 1963, 723; 42, 71, 76 = NJW 1996, 2435). Erklärt also der Zeuge, dass er das Zeugnis nicht verweigern will, so steht prozessual auch niemandem eine Befugnis zur Nachprüfung der Gründe einer solchen Entschließung zu. Da es sich nämlich allein um ein **Recht des Zeugen** handelt, kann eine Verfahrensnorm nicht verletzt sein (RG 57, 65; BGH 15, 2000 = NJW 1961, 279). Vielmehr **muss** der Zeuge verfahrensrechtlich sogar vernommen werden, wenn er von seinem Zeugnisverweigerungsrecht keinen Gebrauch machen will (RG 57, 84; LR-Dahs Rn. 10; Wichmann Berufsgeheimnis S. 72). Das strafrechtliche Verbot des **Geheimnisbruchs** hat auf die verfahrensrechtliche Behandlung der Geheimnisoffenbarung keinen Einfluss. Eine etwaige sachlich-rechtliche Rechtswidrigkeit zieht deshalb nicht die prozes-

§ 53

suale Unverwertbarkeit des Zeugnisses nach sich (BGH 9, 61 = NJW 1956, 599; 18, 147 = NJW 1963, 723; Meyer-Goßner Rn. 6). Das gilt selbst dann, wenn gerade der Angeklagte der Geheimnisgeschützte ist; denn die prozeßrechtliche Stellung des Angeklagten hat als solche mit dem persönliche Schweigeanspruch gegenüber Zeugen nichts zu tun (RG 57, 65; Wichmann Berufsgeheimnis S. 72). Zudem darf die etwaige materielle Rechtswidrigkeit der Zeugenaussage seine verfahrensrechtliche Zulässigkeit und Verwertbarkeit auch deshalb nicht berühren, weil der vernehmende Richter die mitunter schwierige Frage, ob der Zeuge sachlichrechtlich befugt oder unbefugt ausgesagt hat, „gar nicht rasch und sicher entscheiden kann" (BGH 9, 62 = NJW 1956, 599; Eisenberg Beweisrecht Rn. 1265). Wird daher ein zur Hauptverhandlung als Zeuge geladener Arzt, RA usw. von seinem Patienten, Mandanten usw. nicht von der Verpflichtung zur Verschwiegenheit entbunden, so darf das Gericht ihn nicht ohne weiteres von der Vernehmung zur Sache entlassen. Er muss ihn vielmehr **fragen,** ob er von der prozessualen Möglichkeit, dennoch zur Sache auszusagen, Gebrauch machen will (BGH 15, 2000 = NJW 1961, 279; Wichmann Berufsgeheimnis S. 72). Diese Frage stellt sogar eine für die Hauptverhandlung wesentliche Förmlichkeit iSd § 273 dar (BGH 15, 202). Die Rspr. interpretiert also das Aussageverweigerungsrecht als **bloße Berechtigung,** zu deren Wahrnehmung der Zeuge aber verfahrensrechtlich nicht verpflichtet ist. Da also § 53 weder ein Vernehmungsverbot noch eine prozessuale Zeugnisverweigerungspflicht enthält, fehlt es von vornherein an einer Verfahrensverletzung, wenn die Auskunftsperson sich gleichwohl unbefugt zur Aussage entschließt (Wichmann Berufsgeheimnis S. 73). Von einer **Verfahrensverletzung** kann aber dann gesprochen werden, wenn das Gericht unzulässig Einfluss nimmt (BGH 42, 73 = NJW 1996, 2435).

3 Der **Umfang** des Zeugnisverweigerungsrechts erstreckt sich auf die bei der Berufsausübung anvertrauten oder bekanntgewordenen Tatsachen. **Anvertrauen** ist das Mitteilen von Tatsachen unter Umständen, aus denen sich eine Pflicht zur Verschwiegenheit ergibt (OLG Köln NStZ 1983, 412). **Bekanntgewordene** Tatsachen sind diejenigen, die der Berufsausübende von dem Beschuldigten oder von Dritten erfahren hat, ohne dass sie ihm anvertraut wurden (Meyer-Goßner Rn. 9). Entscheidend ist das Bekanntwerden kraft Berufsausübung (BGH 33, 150 = NJW 1985, 1173). **Geistliche (Nr. 1);** darunter fallen alle Geistlichen der christlichen Kirchen und die Religionsdiener der anderen staatlich anerkannten Religionsgemeinschaften. Mitglieder der **Sekten** sind keine Geistlichen iS der Nr. 1 (KK-Senge Rn. 11). Unter **Verteidiger (Nr. 2)** fallen die vom Beschuldigten gewählten (§§ 137, 138) und die vom Gericht bestellten Verteidiger; im Hinblick auf Nr. 3 sind vor allem Verteidiger gemeint, die keine RAe sind, Hochschullehrer, Referendare und „andere Personen" iS der § 138 Abs. 2 (KK-Senge Rn. 13). Was der Verteidiger nur **gelegentlich** seiner Berufsausübung erfährt, wird vom Weigerungsrecht ebenso wenig erfasst wie privat erlangtes Vorwissen. „Das Zeugnisverweigerungsrecht aus § 53 Abs. 1 Nr. 2 und 3 erstreckt sich nicht dadurch, dass einem RA bei Gelegenheit einer Strafverteidigung dadurch bekanntgegeben worden ist, dass er eine strafbare Handlung begangen hat, die ohne jeden sachlichen Zusammenhang mit denkbaren Verteidigungszielen ist" (BGH 38, 7 = NJW 1992, 123). **Rechtsanwälte (Nr. 3)** sind die nach der BRAO bei einem deutschen Gericht zugelassenen, ihre bestellten Vertreter (§ 53 BRAO) und die Abwickler (§ 55 BRAO), nicht aber die Rechtsbeistände (KK-Senge Rn. 15). Das **strafbare Tun** des Verteidigers, das dieser bei Gelegenheit seines Mandates jenseits aller denkbarer Verteidigungszwecke entfaltet, unterfällt nicht dem Schutz des § 53 (BGH MDR 1991, 881; Egon Müller NStZ 1994, 120). Das Weigerungsrecht als **Arzt** usw. **(Nr. 3)** setzt die Approbation im Inland oder die Berechtigung zur vorübergehenden Berufsausübung voraus (KK-Senge Rn. 17). **Ärzte als Sachverständige.** Als vom Gericht oder der Strafverfolgungsbehörde bestellter Sachverständiger kann der Arzt in dem Verfahren, für das er das Gutachten erstatten soll, die **Aussage über**

Zeugen **§ 53**

Befundtatsachen nicht verweigern (BGHZ 40, 294 = NJW 1964, 449; OLG Hamm NJW 1968, 1202; KK-Senge § 78 Rn. 3) Auch hinsichtlich der sog. **Zusatztatsachen,** die er nicht als Sachverständiger, sondern als Zeuge bekundet (BGH 18, 108 = NJW 1963, 401), hat er kein Weigerungsrecht, weil sie ihm nicht iS des § 53 **anvertraut,** dh mit dem ausdrücklichen oder stillschweigenden **Verlangen nach Geheimhaltung** mitgeteilt worden sind (RG 61, 384; Detter, FS für Meyer-Goßner, 2001, S. 437; KK-Senge Rn. 19). Auch im Falle der **einstweiligen Unterbringung nach § 126 a** steht dem Arzt, der vom Gericht zum **Sachverständigen** für die Frage des Vorliegens der Voraussetzungen der §§ 20, 21 StGB und zur Erforderlichkeit der Unterbringung nach § 63 StGB bestimmt worden ist, **kein** Zeugnisverweigerungsrecht zu (BGH NStZ 2002, 214). Ein **Arzt** hat in einem Strafverfahren ein Zeugnisverweigerungsrecht nach allgemeinen Grundsätzen auch über Tatsachen, die ihm als **Sachverständigen** in einem **anderen** Verfahren bekannt worden waren (BGH 38, 369 = NJW 1993, 803); aber in dem Verfahren, in dem er zum Sachverständigen bestellt würde, hat er eine **Aussagepflicht.** Beim **Arzt** umfasst das Verweigerungsrecht auch die Identität des Patienten und die Tatsache seiner Behandlung einschließlich der Begleitumstände, zB mit welchem Fahrzeug und in welcher Begleitung er gekommen ist (BGH 33, 151). Dem die **Leichenschau vornehmenden Arzt** steht strafprozessual kein Recht zu, die Weitergabe der von ihm erhobenen **Daten** an die StA zu verweigern (LG Berlin NJW 1999, 878). Die Entbindung eines **Wirtschaftsprüfers (Nr. 3)** von seiner Verschwiegenheitspflicht kann nach Eintritt der Insolvenz der jur. Person, für die er seine Tätigkeit entfaltet hat, nur durch den **Insolvenzverwalter** erfolgen. Einer zusätzlichen Befreiung durch den ehemaligen gesetzlichen Vertreter der jur. Person bedarf es nicht (LG Hamburg NStZ-RR 2002, 12). Weigerungsberechtigt sind als **Schwangerschaftsberater (Nr. 3 a),** dh. nur die Mitglieder und Beauftragten der anerkannten Beratungsstellen iS von §§ 3, 8 des Schwangerschaftskonfliktgesetzes vom 27. 7. 1992 (BGBl. I 1398) idF des Gesetzes vom 21. 8. 1995 (BGBl. I 1050); auch nicht wenn angeklagte früheren Geschäftsführer (OLG Oldenburg NJW 2004, 2176). Das Zeugnisverweigerungsrecht für **Drogenberater (Nr. 3 b)** gilt nur für die Beratung hinsichtlich der im BtmG erfassten Suchtformen und -gefahren (KK-Senge Rn. 21 a). **Abgeordnete (Nr. 4).** Für Bundestagsabgeordnete gilt Art. 47 Abs. 1 GG. Für Abgeordnete der Länderparlamente vereinheitlicht **Abs. 1 Nr. 4** die entsprechenden Bestimmungen der Länderverfassungen. Für Mitglieder des Europäischen Parlaments gilt Nr. 4 entsprechend (§ 6 EuAbgG). Das Zeugnisverweigerungsrecht erstreckt sich auf alle Tatsachen, die dem Abgeordneten **anvertraut** sind, nicht lediglich bekanntgewordene (KK-Senge Rn. 24). Es ist aber **zeitlich nicht begrenzt** (Jarass/Pieroth, GG, Art. 47 Rn. 2). Der Abgeordnete entscheidet nach freiem Ermessen darüber, ob er aussagen oder schweigen will. Weisungen können ihm hierüber nicht erteilt werden (Magiera, in Sachs, GG, Art. 47 Rn. 3). § 54 gilt nicht entsprechend (Meyer-Goßner Rn. 24). Das normierte Zeugnisverweigerungsrecht der **Medienmitarbeiter (Nr. 5)** beruht auf der Eigenart der Institutionen der **freien Presse, des Rundfunks und des Fernsehens,** die bestimmter Sicherungen bedürfen. Sie sind die wichtigsten Instrumente der öffentlichen Meinungsfreiheit. Die Medienmitarbeiter benötigen die Sicherungen, damit sie „ihre in der modernen Demokratie unabdingbare Aufgabe wahrnehmen können" (BVerfGE 36, 193, 204 = NJW 1974, 356). Das Zeugnisverweigerungsrecht der Medienmitarbeiter ist mit **Gesetz v. 15. 2. 2002** (BGBl. I S. 682) durch Änderungen von Abs. 1 Nr. 5 und Abs. 2 maßgeblich umgestaltet. Damit ist das Verhältnis zwischen freier Presse, Rundfunk, Fernsehen und Strafverfolgung näher geklärt. Die Presse-, Rundfunk-, Filmfreiheit aus Art. 5 Abs. 1 S. 2 GG ist nicht schrankenlos gewährleistet. Vielmehr wird die Belange einer funktionstüchtigen Strafrechtspflege, die durch Einräumung eines **Zeugnisverweigerungsrechts** und ein **Beschlagnahmeverbot** erheblich berührt werden, in angemessener Weise

§ 53

zu berücksichtigen (BVerfGE 77, 76). Mit den Änderungen wird vor allem die Aufhebung der problematischen Unterscheidung zwischen **selbsterarbeiteten** und von **Dritten** stammenden Unterlagen beim Zeugnisverweigerungsrecht für Medienmitarbeiter erreicht; dies gilt auch für andere Medienzeugnisse als periodische Druckwerke und Rundfunksendungen, insbesondere für Monographien, Iuk-Dienste und Filmberichte. In **Abs. 1 S. 1 Nr. 5** ist nun der **Personenkreis** der Zeugnisverweigerungsberechtigten **erweitert** und **abschließend** geregelt. In den folgenden (eingefügten) Sätzen ist umfangreich und eindeutig bestimmt, **worüber** die Aussage verweigert werden darf. In **Abs. 2** nF ist bestimmt, dass nur die in **Abs. 1 S. 1 Nr. 2 bis 3 b** genannten Personen von der Verschwiegenheit **entbunden** werden können, aber u. a. nicht die in Abs. 1 S. 1 Nr. 5 genannten **Medienmitarbeiter.** Dies heißt, dass die Medienmitarbeiter ihr Zeugnisverweigerungsrecht – trotz einer Entbindung durch denjenigen, zu dessen Gunsten die Verschwiegenheitspflicht gesetzlich begründet ist – behalten und nach freiem Ermessen entscheiden können, ob sie davon Gebrauch machen wollen (BVerfG NStZ 1982, 253; s. Rn. 4). Nach der Ausnahmeregelung in **Abs. 2** entfällt die Berechtigung zur Zeugnisverweigerung über den Inhalt **selbst erarbeiteter** Materialien und den Gegenstand entsprechender Wahrnehmungen, wenn die Aussage zur Aufklärung eines **Verbrechens** beitragen soll oder wenn Gegenstand der Untersuchung eine der aufgeführten **Katalogtaten** ist und die Erforschung des Sachverhalts oder die Ermittlung des Aufenthaltsortes des Beschuldigten aussichtslos oder wesentlich erschwert wäre. Der Zeuge **kann** jedoch in diesen Fällen die **Aussage verweigern, soweit** sie zur Offenbarung der Person des Verfassers oder Einsenders von Beiträgen und Unterlagen oder des sonstigen Informanten oder der ihm im Hinblick auf seine Tätigkeit nach Abs. 1 S. 1 Nr. 5 gemachten Mitteilungen oder deren Inhalts führen würde.

4 Zur **Entbindung von der Schweigepflicht (Abs. 2)** ist jeder berechtigt, zu dessen Gunsten die Verschwiegenheitspflicht gesetzlich begründet ist (BGH 15, 202 = NJW 1996, 279; RG 57, 64). S. auch Rn. 1. Eingeschränkt ist aber die Ermessensfreiheit für die in Abs. 1 Nr. 2, 3 und 3 a genannten Berufsgruppen (Verteidiger, Anwälte, Ärzte, Schwangerschaftsberater ua.); sie müssen aussagen, wenn sie von der Verschwiegenheitspflicht entbunden werden (BGH 18, 147 = JW 1963, 723). Bei den Weigerungsberechtigten der Nr. 1, 4 und 5 ist die Entbindung rechtlich wirkungslos, sie kann lediglich die Entschließung des Zeugen beeinflussen (KK-Senge Rn. 45; Meyer-Goßner Rn. 45). Es handelt sich um ein **höchstpersönliches** Recht. Geschäftsfähigkeit ist nicht erforderlich, es genügt die natürliche Willensfähigkeit und die hinreichende Vorstellung von der Bedeutung des Rechts. Unter diesen Voraussetzungen können auch **Minderjährige** und Geistesgestörte dieses Recht rechtswirksam ausüben. Mit dem **Tod** des Trägers des Geheimhaltungsinteresses endet das Recht auf Entbindung; Erben usw. können nicht von der Schweigepflicht befreien (KK-Senge Rn. 48, 49). Die Entbindung hat zur Folge, dass die Entschließungsfreiheit der nach Abs. 1 Nr. 2 bis 3 a berufsweigerungsberechtigten Zeugen entfällt; sie müssen aussagen. Eine Entbindung von der Schweigepflicht durch schlüssiges Verhalten ist möglich (OLG Karlsruhe NStZ 1994, 141). Eine Beschränkung der Befreiung auf bestimmte Vorgänge ist zulässig (OLG NJW 1962, 690). Ein **Widerruf** der Entbindung ist zulässig (BGH 18, 149 = NJW 1963, 723). Zur Unzulässigkeit der Verwertung der Aussage eines zeugnisverweigerungsberechtigten Arztes **nach Widerruf der Entbindung von der Schweigepflicht** (BGH 42, 73 = NJW 196, 2435). Der **falsche** Hinweis des Richters auf eine angeblich fortbestehende Entbindung von der Schweigepflicht gegenüber einem nach § 53 zeugnisverweigerungsberechtigten Zeugen führt zu einem **Beweisverwertungsverbot,** dessen Nichtbeachtung bei der Urteilsfindung auch ohne entsprechenden Gerichtsbeschluss gerügt werden kann (BGH 42, 73). Das Zeugnisverweigerungsrecht **endet nicht** mit Erledigung des Auftrags und dauert entspr § 203 Abs. 4 StGB auch nach dem Tod desjenigen fort, dessen Vertrauen zu dem Berufsausübenden geschützt wird (RG 71, 21; OLG Düsseldorf NJW 1959, 821). Es erlischt auch nicht dadurch, dass der Zeuge inzwischen aus seinem Beruf ausgeschieden ist; § 54 Abs. 4 gilt entsprechend (LR-Dahs Rn. 16).

Zeugnis- und Auskunftspflicht mit Weigerungsrecht der V-Leute: Die 4a Einführung des Wissens von V-Leuten in das Strafverfahren ist **zulässig** (BGH 32, 122 = NJW 1984, 247 mwN). S. vor § 48 Rn. 1. Der V-Mann hat, wie jedermann, die Zeugenpflichten und ebenfalls gegebenenfalls das Zeugnis- und das Auskunftsverweigerungsrecht. Soweit er dem öffentlichen Dienst (Polizei) angehört oder als solche Person anzusehen und nach dem **Verpflichtungsgesetz** (Art. 42 EGStGB idF des Gesetzes v. 15. 8. 1974, BGBl. I S. 1942) förmlich zur Verschwiegenheit verpflichtet worden ist, bedarf er jedoch der **Aussagegenehmigung.** Wird sie versagt, ist er von der Aussagepflicht entbunden (KK-Senge vor § 48 Rn. 56). Zuständig zur Erteilung der Aussagegenehmigung ist der Dienstvorgesetzter, für den nach dem Verpflichtungsgesetz zur Verschwiegenheit verpflichteten V-Mann der **Leiter der Dienststelle,** der die Verpflichtung vorgenommen hat. Für die **Versagung** der Aussagegenehmigung ist idR die oberste Dienstbehörde zuständig (BGH 36, 161 = NJW 1989, 3291), also grundsätzlich der **Innenminister** (BGH 41, 36 = NJW 1995, 2569). Die Aussagegenehmigung kann versagt werden hinsichtlich der Umstände, auf die sich die Verschwiegenheitspflicht erstreckt und unter den in § 54 iVm § 62 Abs. 1 BBG § 39 Abs. 1 BRRG umschriebenen Voraussetzungen: Nachteile für das Wohl des Bundes oder eines Landes oder ernstliche Gefährdung oder erhebliche Erschwerung der Erfüllung öffentliche Aufgaben (BGH 30, 35 = NJW 1981, 1052; 35, 85 = NJW 1988, 2197; KK-Senge vor § 48 Rn. 58). Von der Aussage des V-Mannes musste aber auch abgesehen werden, wenn der Zeuge glaubhaft macht, dass er im Falle seiner Enttarnung in konkrete Gefahr für Leib und Leben geraten würde. „Gefahr für Leib oder Leben des Informanten ist anerkanntermaßen Grund, der die Geheimhaltung seiner Identität rechtfertigt" (BGH 36, 164 = NJW 1989, 3291 st. Rspr.). Für einen **Verdeckten Ermittler** gilt nunmehr eine besondere Regelung: „Bei einem Verdeckten Ermittler kommt die Spezialregelung des **§ 110 b Abs. 3** zur Anwendung, wonach die Geheimhaltung der Identität eines Verdeckten Ermittlers im Strafverfahren nur nach Maßgabe des § 96 zulässig ist. Damit wollte der Gesetzgeber klarstellen, dass behördliche Sperrentscheidungen, die die **Geheimhaltung der Identität** des Verdeckten Ermittlers nicht nur zu seinem eigenen Schutz, sondern auch zum Schutz für die Verweigerung der Aussagegenehmigung nach § 54 StPO getroffen werden dürfen. Nur damit ist eine sachgerechte Handhabung, bei der die Belange der sachbearbeitenden Dienststelle nicht überbewertet werden, gewährleistet, BT-Drucks. 12/989 unter Bezugnahme auf BVerfGE 57, 250, 289" (BGH 42, 178 = NJW 1997, 2738; s. auch § 96 Rn. 3). Zu den Voraussetzungen und dem Verfahren für die Zusicherung der Vertraulichkeit/Geheimhaltung – **Vertraulichkeitszusage** – sind „Gemeinsame Richtlinien" ergangen (vgl. KK-Senge vor § 48 Rn. 59). Die Versicherung der **Vertraulichkeit bindet nur die StA und die Polizei.** Für das gerichtliche Verfahren hat sie keine Bedeutung (BGH StV 2002, 214; BGH 35, 85 = NJW 1988, 2187). Auf das vom Gericht an die Behörde gerichtete Ersuchen um Mitteilung des Namens und der ladungsfähigen Anschrift – **Auskunftsverlangen** – des von der Behörde geheimgehaltenen Zeugen sind die gleichen Grundsätze anwendbar. Mit der schlichten Weigerung der Behörde, eine Aussagegenehmigung zu erteilen oder die Personalien eines namentlich nicht bekannten Zeugen mitzuteilen, darf sich das Gericht im Hinblick auf die Aufklärungspflicht nicht ohne weiteres zufrieden geben. Ist die Weigerung nicht oder nicht verständlich begründet, muss das Gericht von der Verwaltungsbehörde eine Überprüfung und Begründung ihrer Auffassung verlangen (BGH 32, 126 = NJW 1984, 1719; 36, 49 = NJW 1989, 1228). Eine nach Überprüfung aufrechterhaltene Verweigerung muss das Gericht hinnehmen (32, 126 = NJW 1984, 1719; KK-Senge vor § 48 Rn. 63).

5 Mit der **Revision** kann nicht gerügt werden, dass der Zeuge sich zu Unrecht für die Zeugnisverweigerung oder den Verzicht darauf entschieden hat (BGH 9, 59 = NJW 1956, 599; s. näher § 53a Rn. 3). Revisibel sind aber die unrichtige Belehrung und der unrichtige Hinweis darauf, dass eine Entbindung nach Abs. 2 erfolgt ist (BGH 42, 73 = NJW 1996, 2436; Meyer-Goßner Rn. 50). Auch derjenige Angeklagte, der selbst nicht zu den durch das Zeugnisverweigerungsrecht unmittelbar geschützten Personen gehört, kann eine Verletzung dieses Rechts mit der Revision rügen (BGH 33, 148 = NJW 85, 1173). Wird die Befragung eines Zeugen, der in **unsubstantiierter Weise ein Zeugnisverweigerungsrecht** aus beruflichen Gründen geltend macht, mit Rücksicht darauf ausgeschlossen, so liegt hierin ein Verfahrensfehler (BGH NStZ 1994, 94). Bei **unrichtiger Belehrung,** die zur **Zeugnisverweigerung** eines präsenten Zeugen geführt hat, ist § 245 verletzt (BGH StV 1993, 235), sonst § 244 Abs. 2. Die Erhebung der Verfahrensrüge muss § 344 Abs. 2 S. 2 genügen.

§ 53a [Zeugnisverweigerungsrecht der Berufshelfer]

(1) **¹Den in § 53 Abs. 1 Satz 1 Nr. 1 bis 4 Genannten stehen ihre Gehilfen und die Personen gleich, die zur Vorbereitung auf den Beruf an der berufsmäßigen Tätigkeit teilnehmen. ²Über die Ausübung des Rechtes dieser Hilfspersonen, das Zeugnis zu verweigern, entscheiden die in § 53 Abs. 1 Satz 1 Nr. 1 bis 4 Genannten, es sei denn, daß diese Entscheidung in absehbarer Zeit nicht herbeigeführt werden kann.**

(2) **Die Entbindung von der Verpflichtung zur Verschwiegenheit (§ 53 Abs. 2 Satz 1) gilt auch für die Hilfspersonen.**

1 Berufshelfer sind auch ständig oder gelegentlich mithelfende **Familienmitglieder** des Arztes oder RA. Unter § 53a fallen jedoch nicht **selbständige Gewerbetreibende,** die für den Berufsausübenden Einzelaufträge erledigen, zB der für einen Zahnarzt selbständig tätige Zahntechniker oder der für einen RA beauftragte Detektiv (LBerufsG Stuttgart NJW 1975, 2255). Zur Stellung des Berufshelfers iSd § 53a i.e.s. auch Krekeler/Schonard wistra 1998, 137.

2 Die Berufshelfer haben kein selbständiges, sondern ein von dem **Hauptberufsträger abgeleitetes** Weigerungsrecht (vgl. BGH 9, 60f. = NJW 1956, 599); dieser entscheidet verbindlich. Eine **Ausnahme** gilt, wenn die Entscheidung nicht in absehbarer Zeit herbeigeführt werden kann. Die Entscheidung des Hauptberufsträgers kann **uneinheitlich** sein; er selbst kann das Zeugnis verweigern, den Berufshelfer zur Aussage anweisen oder umgekehrt. Im **Verfahren gegen den Hauptberufsträger** steht der Hilfsperson ein Zeugnisverweigerungsrecht zu (SK-Rogall Rn. 30; aM Meyer-Goßner Rn. 5; KK-Senge Rn. 9).

3 Zur **Revision** kann auf die Ausführungen in § 53 Rn. 5 verwiesen werden. Insbesondere ist auch hier BGH 9, 59 = NJW 1956, 599 einschlägig: „Gibt eine der in § 300 StGB aufgeführten Vertrauenspersonen vor Gericht eine Zeugenaussage ab, durch die sie sich eines Bruchs des Berufsgeheimnisses schuldig macht, so berührt das die verfahrensrechtliche **Verwertbarkeit der Aussage nicht.** Dasselbe gilt für das Zeugnis des **Berufsgehilfen,** den die Vertrauensperson unter Verletzung des § 300 StGB zur Aussage ermächtigt hat" (für § 300 StGB jetzt § 203 StGB).

§ 54 [Aussagegenehmigung für Richter und Beamte] RiStBV 159

(1) **Für die Vernehmung von Richtern, Beamten und anderen Personen des öffentlichen Dienstes als Zeugen über Umstände, auf die sich ihre Pflicht zur Amtsverschwiegenheit bezieht, und für die Genehmigung zur Aussage gelten die besonderen beamtenrechtlichen Vorschriften.**

Zeugen § 54

(2) **Für die Mitglieder des Bundestages, eines Landtages, der Bundes- oder einer Landesregierung sowie für die Angestellten einer Fraktion des Bundestages und eines Landtages gelten die für sie maßgebenden besonderen Vorschriften.**

(3) **Der Bundespräsident kann das Zeugnis verweigern, wenn die Ablegung des Zeugnisses dem Wohl des Bundes oder eines deutschen Landes Nachteile bereiten würde.**

(4) **Diese Vorschriften gelten auch, wenn die vorgenannten Personen nicht mehr im öffentlichen Dienst oder Angestellte einer Fraktion sind oder ihre Mandate beendet sind, soweit es sich um Tatsachen handelt, die sich während ihrer Dienst-, Beschäftigungs- oder Mandatszeit ereignet haben oder während ihrer Dienst-, Beschäftigungs- oder Mandatszeit zur Kenntnis gelangt sind.**

Diese Vorschrift schafft ein **Beweiserhebungsverbot**. Mit Erteilung der Aussa- 1
gegenehmigung gilt wieder die allgemeine **Zeugenpflicht**. Eine **Belehrung** kann unterbleiben (RG 13, 154). § 54 gilt für richterliche, staatsanwaltschaftliche und polizeiliche Zeugenvernehmungen. Bei einem Verstoß bleibt die Aussage verwertbar. Die **einschlägigen Gesetze**, in denen die Amtsverschwiegenheit und der Genehmigungsvorbehalt festgelegt sind oder in denen auf solche Gesetze Bezug genommen wird, sind vor allem die §§ 61, 62 BBG, § 39 BRRG, § 45 Abs. 1 S. 2, 46, 71 Abs. 1 DRiG. Für Angestellte des öffentlichen Dienstes ergibt sich ihre Verschwiegenheitspflicht aus § 9 Abs. 1 des Bundes-Angestelltentarifvertrages iVm § 62 Abs. 1 BBG und § 39 Abs. 3 S. 1 BRRG. Da Soldaten keine Angehörigen des öffentlichen Dienstes sind, gilt für sie § 14 SoldG. Zu den Gesetzestexten s. Meyer-Goßner Rn. 5 ff. Vgl. auch RiStBV Nr. 66. Der **beschuldigte Amtsträger** steht zwischen **Aussagefreiheit und Verschwiegenheitspflicht**. Grundsätzlich wirkt seine Verschwiegenheitspflicht in seinem Strafverfahren fort. In einem Fall **nichterteilter Aussagegenehmigung** für den beschuldigten Amtsträger hat der BGH nicht die Nichtigkeit des Genehmigungsvorbehalts angenommen, sondern entschieden, dass das Strafverfahren nicht durchgeführt werden darf, wenn „staatliche Geheimhaltungsinteressen von großem Gewicht nicht anders als durch Beschneidung wesentlicher Verteidigungsmöglichkeiten gewahrt werden können". Das bedeutet wohl die Annahme eines Verfahrenshindernisses (BGH 36, 44 = NJW 1989, 1228; Bohnert NStZ 2004, 301; vgl. BVerwGE 46, 307).

Beamter ist, wer unter Berufung in das Beamtenverhältnis in einem öffentlichen 2
Dienst- und Treueverhältnis zur Bundesrepublik, einem ihrer Länder, einer Gemeinde oder einer Körperschaft, Anstalt oder Stiftung des öffentlichen Rechts steht (§ 2 BBG, § 2 Abs. 1 BRRG). Die „Verschwiegenheitspflicht der Beamten gehört zu den hergebrachten Grundsätzen des Berufsbeamtentums" (BVerwGE 66, 39 = NJW 1983, 638). Auch die **Ehrenbeamten** (§§ 5 Abs. 3, 177 BBG, § 115 BRRG) werden von der Verschwiegenheitspflicht erfasst. Für die **Berufsrichter** gilt auf Grund Verweisung die beamtenrechtliche Verschwiegenheitspflicht. Streitig ist, ob das Genehmigungserfordernis auch besteht, wenn ein Richter über seine strafprozessualen Untersuchungshandlungen als Zeuge vernommen wird, auch in dem Verfahren, in dem er tätig geworden ist (KK-Senge Rn. 4). Für **Schöffen** und andere **ehrenamtliche Richter** – außer für Beisitzer in Landwirtschaftssachen – besteht keine entsprechende Verschwiegenheitspflicht; sie haben aber das Beratungsgeheimnis zu wahren (§ 45 Abs. 1 S. 2 DRiG). Der **Bundesverfassungsrichter** muss mangels gesetzlicher Regelung die Entscheidung selbstständig treffen. Zu den „**anderen Personen des öffentlichen Dienstes**" gehören vor allem die **Angestellten** des öffentlichen Dienstes. Auch die Personen **des öffentlichen Dienstes**, die weder Beamte noch Angestellte sind und nicht nur eine bloß mechanische untergeordnete Tätigkeit verrichten, unterliegen der Amtsverschwiegenheitspflicht (vgl.

§ 54 Erstes Buch. 6. Abschnitt

OLG Hamm NJW 1968, 1440). Für **Soldaten** ist ihre Pflicht zur Dienstverschwiegenheit in § 14 SoldG entsprechend § 61 BBG geregelt. **V-Leute** der Nachrichtendienste und der Polizei sind Personen des öffentlichen Dienstes, wenn sie hauptberuflich angestellt sind, aber auch dann, wenn sie nebenberuflich einzelne Aufträge ausführen und nach dem VerpflichtungsG wirksam förmlich zur Verschwiegenheit verpflichtet worden sind (BGH NStZ 1981, 70; vgl. auch BGH 31, 156 = NJW 1983, 1005). Erteilt eine Behörde einem nach dem **Verpflichtungsgesetz** verpflichteten Zeugen nur eine (wirksam) eingeschränkte Aussagegenehmigung, so bestimmt sich der Umfang seines Zeugnisverweigerungsrechts allein nach dieser, und es ist unerheblich, ob der Verpflichtungserklärung **rückwirkende** Kraft zukommt (OLG Hamburg NStZ 1994, 98). Auch **EU-Bedienstete** bedürfen einer entsprechenden Zustimmung der Anstellungsbehörde. Es gilt Art. 19 der VO Nr. 31 (EWG) 11 (EAG) über das Statut der Beamten und über die Beschäftigungsbedingungen für die sonstigen Bediensteten der EWG und der EAG vom 18. 12. 1961 (BGBl. 1962 II 953, 997) idF der VO (EWG) des Rates vom 29. 2. 1968 (ABl. EG Nr. L 56 S. 1).

3 Zur **Einholung der Aussagegenehmigung** ist das Gericht, die StA oder die Polizei verpflichtet, die den Zeugen vernehmen will (RiStBV Nr. 66). Der **Zeuge** ist nicht verpflichtet, diese Genehmigung zu beschaffen. Diejenigen Prozessbeteiligten können ebenfalls die Genehmigung beantragen, die sich auf die Zeugen berufen, auch den Nebenkläger; aber nicht der Privatkläger mit Rücksicht auf § 384 Abs. 3 (BVerwGE 34, 259 = NJW 1971, 160). Es ist unzulässig, „von einer Zeugenvernehmung wegen fehlender Aussagegenehmigung abzusehen, ohne deren Einholung auch nur **zu versuchen**" (BGH 29, 392 = NJW 1981, 355). Im **Antrag** auf Erteilung der Aussagegenehmigung müssen die Vorgänge, über die der Zeuge vernommen werden soll, kurz aber erschöpfend angegeben werden (RiStBV BNr. 66 Abs. 3 S. 1). Der Dienstvorgesetzte soll beurteilen können, ob Versagungsgründe vorliegen. **Zuständig** für die Erteilung ist der gegenwärtige Dienstvorgesetzte, bei Beendigung des Dienstverhältnisses der Letzte (§ 61 Abs. 2 S. 2 BBG, § 39 Abs. 2 S. 2 BRRG). „Die Genehmigung, als Zeuge auszusagen, darf **nur versagt werden, wenn** die Aussage dem Wohle des Bundes oder eines deutschen Landes Nachteile bereiten oder die Erfüllung öffentlicher Aufgaben ernstlich gefährden oder erheblich erschweren würde" (so § 62 Abs. 1 BBG; § 39 Abs. 3 S. 1 BRRG). Das gilt auch, wenn ein **V-Mann** einer Lebens- oder Leibesgefahr ausgesetzt wird (BVerfGE 57, 250, 285 = NJW 1981, 1723 ff.; BGH 33, 83 = NJW 1985, 2904). Die Behörde muss die **Gründe ihrer Weigerung verständlich** machen, damit das Gericht in die Lage versetzt wird, auf die Beseitigung etwaiger Hindernisse hinzuwirken und auf die Bereitstellung des bestmöglichen Beweises zu dringen (BGH 29, 112 = NJW 1980, 64; Meyer-Goßner Rn. 21 mwN). Erhebt ein Gericht gegen die Versagung einer Aussagegenehmigung Einwendungen, so ist die Entscheidung der **obersten Dienstbehörde** auch dann herbeizuführen, wenn das Landesrecht die Ausübung der Entscheidungsbefugnis **generell** delegiert hat (BGH 42, 175 = NJW 1996, 2738). Der Polizeipräsident ist zB nicht berechtigt, die Auskunft über einen polizeilichen Gewährsmann zu verweigern oder von Bedingungen abhängig zu machen (BGH NStZ 1982, 42; s. vor § 48 Rn. 4). Die Aussagegenehmigung kann auch **beschränkt** auf bestimmte Vorgänge erteilt, für andere versagt werden (KK-Senge Rn. 17 mwN). „**Geheimhaltungsinteressen** des Staates dürfen sich im Strafprozess nicht nachteilig für den Angeklagten auswirken. Kann ein Beweis, der potenziell zur Entlastung des Angeklagten hätte beitragen können, auf Grund von Maßnahmen der Exekutive nicht in die Hauptverhandlung eingeführt werden, obwohl seine Erhebung ein Gebot der Aufklärungspflicht gewesen wäre, ist die hierdurch bedingte Verkürzung der Beweisgrundlage und der Verteidigungsmöglichkeiten des Angeklagten zur Sicherung einer fairen Verfahrensgestaltung durch eine besonders vorsichtige Beweiswürdigung und gegebenenfalls die Anwendung des Zweifelssatzes auszugleichen" (BGH, NJW 2004, 1259).

Die behördliche Entscheidung ist für Gericht, StA und Polizei grundsätzlich **bindend** (BGH 17, 384 = NJW 1962, 1876). Die Genehmigung kann jederzeit **widerrufen** werden. Was der Zeuge vorher in der Hauptverhandlung ausgesagt hat, ist verwertbar; während hingegen die Aussage im Vorverfahren nicht durch Vernehmung der Verhörsperson eingeführt werden darf (OLG Celle MDR 1959, 414). Im Interesse der **Wahrheitsforschung** (§ 244 Abs. 2) kann das Gericht verpflichtet sein, gegen die Versagung der Genehmigung **Gegenvorstellungen** zu erheben (BGH NStZ 1981, 70), insbesondere bei einer nicht ausreichenden Begründung (BGH 32, 126 = NJW 1984, 247; 35, 85 = NJW 1988, 2187). Als **Verwaltungsakt** ist die Versagung oder Beschränkung der Aussagegenehmigung von den Verfahrensbeteiligten – nicht aber von Gericht, StA und Polizei – im Verwaltungsrechtsweg **anfechtbar** (BVerwGE 34, 254 = NJW 1971, 170); der Rechtsweg nach § 23 EGGVG ist auch dann nicht gegeben, wenn die Aussagegenehmigung für einen Justizangehörigen versagt wurde (OLG Hamm NJW 1968, 1440). Eine **Aussetzung** des Verfahrens bis zur Entscheidung über die Klage, Gegenvorstellungen usw. ist nicht vorgesehen. Mit der Versagung der Aussagegenehmigung fällt der Zeuge als Beweismittel weg. Eine Vernehmung ist unzulässig. Beweisanträge können nach §§ 244 Abs. 3 S. 1, 245 Abs. 2 S. 2 als unzulässiges Beweismittel abgelehnt werden (BGH 30, 37 = NJW 1981, 1052; 32, 126). 4

Für Mitglieder der **Bundesregierung (Abs. 2)** gelten die §§ 6, 7 BMinG, die inhaltlich den §§ 61, 62 BBG gleichen, und für die Mitglieder der **Landesregierungen** sind die entsprechenden Vorschriften einschlägig; die maßgebenden Vorschriften gelten auch für die Angestellten der Fraktionen des Bundestages und der Landtage (KK-Senge Rn. 23). Der **Bundespräsident** entscheidet – vom Gericht nicht nachprüfbar – selbstständig. Die Abs. 2 und 4 sind durch das 17. Gesetz zur Änderung des Abgeordnetengesetzes und 14. Gesetz zur Änderung des Europaabgeordnetengesetzes v. 4. 11. 1994 (BGBl. I, 3346) neu gefasst worden. Nach Abs. 2 gelten die besonderen Vorschriften auch für die Mitglieder des Bundestages, eines Landtages und für die Angestellten der Fraktion. Nach Abs. 4 wird die Geltung dieser Vorschriften auf die Zeit nach Beendigung des Angestelltenverhältnisses bei einer Fraktion sowie des Mandats erstreckt. 5

Mit der **Revision** kann ein Verstoß gegen § 54 nicht gerügt werden; denn die Vorschrift dient allein dem Interesse des Bundes und der Länder, und nicht dem des Beschuldigten. Von den Verfahrensbeteiligten kann nur die **Aufklärungsrüge** erhoben werden, die darauf gestützt werden kann, dass sich das Gericht nicht ausreichend um die Erteilung der Aussagegenehmigung bemüht habe. 6

§ 55 [Auskunftsverweigerungsrecht] RiStBV 65

(1) **Jeder Zeuge kann die Auskunft auf solche Fragen verweigern, deren Beantwortung ihm selbst oder einem der in § 52 Abs. 1 bezeichneten Angehörigen die Gefahr zuziehen würde, wegen einer Straftat oder einer Ordnungswidrigkeit verfolgt zu werden.**

(2) **Der Zeuge ist über sein Recht zur Verweigerung der Auskunft zu belehren.**

Als Folge des **Persönlichkeitsrechts** gewährt § 55 Abs. 1 dem Zeugen das Recht, die Auskunft auf solche Fragen zu verweigern, deren Beantwortung ihm die Gefahr zuziehen würde, wegen einer Straftat oder Ordnungswidrigkeit verfolgt zu werden (vgl. BVerfGE 38, 113 = NJW 1975, 103). In eine solche Gefahr geriet der Zeuge bereits dann, wenn eine Ermittlungsbehörde aus einer wahrheitsgemäßen Aussage Tatsachen entnehmen könnte – und müsste – die gemäß § 152 Abs. 2 zur **Einleitung eines Ermittlungsverfahrens** veranlassen könnten (vgl. BGH NJW 1999, 1413). Da die Schwelle eines Anfangsverdachts iSd § 152 Abs. 2 niedrig 1 liegt, ist auch das Bestehen einer entsprechenden Gefahr bereits weit im Vorfeld einer direkten Belastung zu bejahen (BVerfG NJW 2002, 1411; vgl. BGH NJW 1999, 1413). Hat der Zeuge angekündigt, von dem ihm zustehenden Auskunftsverweigerungsrecht gemäß § 55 im Falle seiner Vernehmung in Anwesenheit des Angeklagten Gebrauch zu machen, darf das Tatgericht im Interesse der Wahrheitsfindung den Angeklagten gemäß § 247 S. 1 während der Einvernahme dieses Zeugen aus dem Sitzungssaal entfernen (BGH NStZ-RR 2004, 116). Das Auskunftsverweigerungsrecht schützt nicht nur den Angeklagten, sondern ist ein Ausfluss des allg. rechtsstaatlichen Grundsatzes, dass niemand gezwungen werden kann, **gegen sich selbst auszusagen** (BVerfG NStZ 1985, 277). Ist also über die Berechtigung einer auf § 55 gestützten Auskunftsverweigerungsrechts zu entscheiden, muss das Gericht den verfassungsrechtlichen Grundsatz, dass niemand gezwungen werden kann, gegen sich selbst auszusagen, berücksichtigen und sich in den Gründen der Entscheidung mit der Glaubhaftigkeit der vom Betroffenen abgegebenen Erklärungen auseinandersetzen (BVerfG NJW 1999, 779). Zur Reichweite des § 55, wenn der Zeuge möglicherweise als Mitglied einer **terroristischen Vereinigung** gehandelt hat, deswegen aber nicht verurteilt worden ist. Für die Frage der Konkurrenzen und des Strafklageverbrauchs kommt es nicht auf die konkrete rechtliche Bewertung durch ein Gericht, sondern auf die tatsächliche Rechtslage an. Der Grundsatz „ne bis in idem" reicht so weit, wie bei der früheren Entscheidung das Gericht die Befugnisse hatte, die Strafklage umzugestalten (BGH NStZ 1999, 415; vgl. auch NStZ 1999, 386). Es ist beschränkt auf **verfängliche** Fragen bzw. Teile des Beweisthemas. Unter Umständen kann die gesamte in Betracht kommende Aussage eines Zeugen mit seinem vielleicht strafbaren Verhalten in so engem Zusammenhang stehen, dass das Recht zur Verweigerung des Zeugnisses im vollen Umfang in Betracht kommt (BGH 10, 105 = NJW 1957, 551). „Diese Vorschrift soll den Zeugen davor bewahren, durch wahrheitsgemäße Aussage ein früheres strafbares Verhalten aufdecken zu müssen und sich dadurch selbst oder einen Angehörigen der Strafverfolgung auszuliefern" (OLG Zweibrücken wistra 1994, 357). „Ist über die Berechtigung einer auf § 55 gestützten Auskunftsverweigerung zu entscheiden, muss die Möglichkeit einer **Bejahung und einer Verneinung** der an den Zeugen gerichteten Frage in gleicher Weise in Betracht gezogen werden. Bringt auch nur eine dieser Möglichkeiten den Zeugen (oder dessen Angehörigen) in die Gefahr einer Strafverfolgung, ist die Auskunftsverweigerung in der Regel berechtigt (so schon RGSt 36, 114, 117). Andernfalls würde der (schuldige) Zeuge durch den Gebrauch des Auskunftsverweigerungsrechts einen Verdachtsgrund gegen sich (oder seinen Angehörigen) schaffen, was dem Schutzzweck von § 55 zuwiderliefe" (BGH StV 1993, 340). „Ein Auskunftsverweigerungsrecht nach dieser Vorschrift **setzt voraus,** dass der Zeuge sich oder einen der in § 52 Abs. 1 bezeichneten Angehörigen der Gefahr der Strafverfolgung aussetzt, wenn er bei wahrheitsgemäßer Aussage bestimmte Angaben machen müsste, die einen prozessual ausreichenden Anfangsverdacht iSd § 152 Abs. 2 begründen würden. Dabei muss die Möglichkeit einer Bejahung oder Verneinung der an den Zeugen gerichteten Frage in gleicher Weise in Betracht gezogen werden. Bringt auch nur eine dieser Möglichkeiten den Zeugen (oder dessen Angehörigen) in die Gefahr der Strafverfolgung, ist die Auskunftsverweigerung idR gerechtfertigt. Dabei genügt es, wenn über Fragen Auskunft geben müsste, die den **Verdacht gegen ihn mittelbar** begründen, sei es auch nur als Teilstück in einem mosaikartig zusammengesetzten Beweisgebäude" (BGH NJW 1999, 1413). **Bloße Vermutungen** oder rein denktheoretische Möglichkeiten reichen für die Annahme der Gefahr einer Strafverfolgung nicht aus (BGH NJW 1994, 2839; OLG Hamburg NJW 1984, 1635). Ein Verweigerungsrecht besteht aber nicht (mehr), wenn die Gefahr der Verfolgung **zweifellos ausgeschlossen** ist, also zB dann, wenn der Zeuge **wegen Rechtskraft** nicht erneut verfolgt werden darf. Wenn und solange die Frage des **Strafklageverbrauchs** mit

Zeugen **§ 55**

vertretbarer Argumentation auch verneint werden kann, steht dem Zeugen ein Auskunftsverweigerungsrecht zu (BGH NJW 1999, 1413). Bei **zweifellos ausgeschlossener Gefahr** besteht kein Auskunftsverweigerungsrecht (BGH 9, 35 = NJW 1956, 680), zB bei Strafunmündigkeit des Täters, bei rechtskräftiger Verurteilung (OLG Celle NJW 1962, 2315), Vorliegen offensichtlicher Rechtfertigungs- oder Entschuldigungsgründe. „Die **Gefahr der Verfolgung** muss sich auf eine **vor** der Vernehmung begangene Tat beziehen" (BVerfG NStZ 1985, 277). Darauf, welche Ahndung die Tat erwarten lässt, kommt es nicht an. Auch die Verhängung von Zuchtmitteln (§ 13 JGG) genügt (vgl. BGH 9, 34 = NJW 1956, 680), ebenso Erziehungsmaßregeln nach § 9 JGG (KK-Senge Rn. 5). Entsprechend anwendbar ist die Vorschrift bei der Gefahr einer Abgeordneten- oder Ministeranklage (BGH 17, 136 = NJW 1960, 1960), der Präsidentenanklage (Art. 61 GG) und Richteranklage nach Art. 98 Abs. 2 GG (KK-Senge Rn. 6). Für die Anwendung des § 55 **genügen nicht** die Gefahr von **Vermögensnachteilen,** der Offenbarung von Betriebsgeheimnissen oder die Gefahr disziplinarrechtlicher oder ehrengerichtlicher Verfolgung (OLG Hamburg MDR 1984, 335). Ob eine Gefahr der Verfolgung besteht, entscheidet auf Grund bestimmter Tatsachen das vernehmende Gericht (BGH 1, 40 = NJW 1951, 323) und nicht der Zeuge oder gar der Angeklagte (OLG Hamburg NJW 1984, 1635).

Der Zeuge muss sich auf sein Auskunftsverweigerungsrecht ausdrücklich **berufen:** er darf belastende Tatsachen nicht einfach verschweigen (BGH 21, 171 = NJW 1967, 893). Die Entscheidung über die Selbstbelastung trifft auch der verstandesunreife oder verstandesschwache Zeuge selbstständig; bei Belastung eines Angehörigen ist § 52 Abs. 2 entsprechend anwendbar (KK-Senge Rn. 12). Bevor der Zeuge von seinem Aussageverweigerungsrecht Gebrauch macht, muss er grundsätzlich zunächst abwarten, welche Fragen an ihn gestellt werden (BGH NStE Nr. 4 zu § 55). Die Erklärung über die Verweigerung kann bis zum Schluss der Vernehmung abgegeben werden (OLG Celle NJW 1958, 74). Sieht sich der Zeuge einer rechtlich oder tatsächlich schwierigen Situation gegenüber, insbesondere im Hinblick auf § 55, erfordert es das Rechtsstaatsprinzip sowie das Gebot des fairen Verfahrens, ihm Prozesskostenhilfe unter Beiordnung eines Anwalts seiner Wahl zu bewilligen (OLG Stuttgart StV 1992, 262; Egon Müller NStZ 1994, 479). Wenn ein Zeuge in der Hauptverhandlung erschienen ist und unter Berufung auf sein Recht nach § 55 Abs. 1 nicht zur Sache ausgesagt hat, ist eine **Verlesung** der Niederschriften über frühere Vernehmungen **ausgeschlossen.** Die bisherigen Angaben sind vielmehr durch die Vernehmung der **Verhörspersonen** einzuführen (BGH NStZ 1996, 96). Die Auskunftsverweigerung führt zur **Unzulässigkeit** der weiteren Befragung zu diesem Punkt. Fragen können nach § 241 Abs. 1 und Beweisanträge nach §§ 244 Abs. 3 S. 1, 245 Abs. 2 S. 2 als unzulässig abgelehnt werden. Wenn der Zeuge (teilweise) ausgesagt hat, ist er auch zum Eide verpflichtet (BGH 6, 383 = NJW 1955, 31). Bei der **Beweiswürdigung** können nach der hM aus der Auskunftsverweigerung zum Nachteil des Angeklagten – anders wie bei § 52 – Schlüsse gezogen werden, weil § 55 nicht dem Schutz des Angeklagten dient (KK-Senge Rn. 16 mwN). Macht der Zeuge von seinem Auskunftsverweigerungsrecht Gebrauch, so dürfen daraus keine Schlüsse zu **seinem Nachteil** gezogen werden, wenn er wegen derselben Sache später als **Beschuldigter** vor Gericht steht; denn das würde dazu führen, dass sein Schweigerecht umgangen werden könnte (BGH 38, 302 = NJW 1992, 2304; OLG Stuttgart NStZ 1981, 272). Hat ein Zeuge, dem nach § 55 ein umfassendes Auskunftsverweigerungsrecht zugebilligt wird, berechtigterweise die Beantwortung von **Fragen der Verteidigung verweigert,** bleiben seine **übrigen Angaben** bei gebotener kritischer Würdigung seines Aussageverhaltens verwertbar (BGH 47, 221 = NJW 2002, 1508).

Die **Belehrung** des Zeugen ist eine **Muss**-Vorschrift (BayObLG NJW 1984, 1246). Die StA ist nach § 161 a Abs. 1 S. 2 und Polizei nach § 163 a Abs. 5 zur

2

3

Belehrung verpflichtet. Vgl. auch RiStBV Nr. 65. Die Belehrung sollte möglichst frühzeitig erfolgen (auch vorsorglich). Die Belehrung entfällt, wenn nur der beschuldigte Angehörige verfolgungsgefährdet und der Zeuge nach § 52 Abs. 3 S. 1 belehrt worden ist; aber umgekehrt ersetzt die Belehrung nach § 55 nicht die nach § 52 (BGH NJW 1980, 67). Eine überflüssige Belehrung ist jedoch niemals gesetzwidrig (BGH MDR 1953, 402). Die Entscheidung über die Belehrung trifft der Vorsitzende; das Gericht nur im Fall des § 238 Abs. 2. Nach §§ 168a Abs. 1, 273 Abs. 1 ist die Belehrung zu protokollieren (BayObLG JZ 1965, 291). Ob ein Zeuge (oder ein Beschuldigter) in der Lage ist, die ihm erteilte **Belehrung zu verstehen**, richtet sich nach den Grundsätzen, die für die Beurteilung gelten, ob der Erklärende verhandlungsfähig ist. Die Fähigkeit wird idR nur durch schwere körperliche oder seelische Mängel oder Krankheiten ausgeschlossen. Die Frage hat der „Tatrichter im Wege des Freibeweises zu prüfen. Dabei gilt der Grundsatz in dubio pro reo nicht" (BGH NStZ 1993, 395).

4 Auf das **Unterbleiben der Belehrung** kann die **Revision** nicht gestützt werden, weil § 55 nicht dem Schutz des Angeklagten dient (BGH 11, 213 = NJW 1958, 557; 38, 304 = NJW 1992, 2304). Rechtswidrige unrichtige oder unvollständige Belehrung kann die Revision nicht begründen, wenn der Zeuge ausgesagt hat (BGH NStZ 1981, 93). Verweigert aber der Zeuge auf Grund **falscher Belehrung** die Aussage, kommt die Verletzung der §§ 244, 245 in Betracht, auf die eine Revision gestützt werden kann (BGH MDR 1953, 402). Die **unzutreffende Beurteilung der Verfolgungsgefahr** in tatsächlicher Hinsicht ist als Ermessensentscheidung der Revision nicht zugänglich (BGH 10, 105 = NJW 1957, 551); anders, wenn eine Strafverfolgung zweifelsfrei ausgeschlossen ist (BGH 9, 35 = NJW 1956, 680; KK-Senge Rn. 21).

§ 56 [Glaubhaftmachung des Verweigerungsgrundes]

¹ **Die Tatsache, auf die der Zeuge die Verweigerung des Zeugnisses in den Fällen der §§ 52, 53 und 55 stützt, ist auf Verlangen glaubhaft zu machen.** ² **Es genügt die eidliche Versicherung des Zeugen.**

1 Diese Vorschrift gilt auch für § 53a, nicht aber für § 54. Auch die StA kann Glaubhaftmachung – ausgenommen die eidliche Versicherung – verlangen (§ 161a Abs. 1 S. 2, 3), jedoch nicht der polizeiliche Vernehmungsbeamte (vgl. § 163a Abs. 5). **Glaubhaftmachung** bedeutet, dass „in einem nach Lage der Sache vernünftigerweise zur Entscheidung hinreichenden Maße die Wahrscheinlichkeit ihrer Richtigkeit dargetan wird" (BGH 21, 350 = NJW 1968, 710). Es bleibt dem Gericht unbenommen, der einfachen Erklärung des Zeugen über Tatsachen zu glauben, dass sein Zeugnisverweigerungsrecht begründet ist (BGH NJW 1972, 1334). Es handelt sich also um eine **Ermessensentscheidung** (BGH MDR 1971, 188). Der Satz in dubio pro reo gilt hier nicht (BGH NStZ 1983, 354). **Eidliche Versicherung** bedeutet Ableistung des Eides nach §§ 66c, d, e, 67. Der Vernehmende kann sich mit einer eidesstaatlichen Versicherung begnügen; § 65 gilt nicht; aber § 60 Nr. 1 ist zu beachten, während § 60 Nr. 2 nicht zur Anwendung kommen kann, weil sonst die Glaubhaftmachung im Falle des § 55 unmöglich ist (KK-Senge Rn. 6). In der Hauptverhandlung entscheidet der Vorsitzende, bei Beanstandungen nach § 238 Abs. 2 das Gericht (BGH MDR 1971, 188).

2 Das Absehen von der Glaubhaftmachung kann mit der **Revision** nur gerügt werden, wenn das Gericht nach § 238 Abs. 2 angerufen wurde (BGH 3, 369 = NJW 1953, 673) und ein offensichtlicher **Rechtsirrtum** geltend gemacht werden kann. Die Handhabung des Ermessens kann nicht beanstandet werden (BGH MDR 1971, 188; OGH 2, 173). Die Revision setzt die Beanstandung nach § 238 Abs. 2 voraus (BGH 3, 369 = NJW 1953, 673).

Zeugen **§§ 57, 58**

§ 57 [Zeugenbelehrung] RiStBV 130

¹Vor der Vernehmung werden die Zeugen zur Wahrheit ermahnt, auf die Möglichkeit der Vereidigung hingewiesen und über die strafrechtlichen Folgen einer unrichtigen oder unvollständigen Aussage belehrt. ²Im Falle der Vereidigung sind sie über die Bedeutung des Eides sowie über die Möglichkeit der Wahl zwischen dem Eid mit religiöser oder ohne religiöse Beteuerung zu belehren.

Diese Vorschrift wurde wegen der Abschaffung der Regelvereidigung (§ 59) 1 geändert. Die Belehrung erfolgt **mündlich**. Die **gemeinsame** Belehrung aller erschienen Zeugen (vgl. § 243 Abs. 1 S. 1) ist zulässig (RG 54, 297). Die Form ist dem Richter überlassen. Der Richter darf, um einer unrichtigen Zeugenaussage entgegenwirken, auch während der Vernehmung den in § 57 vorgeschriebenen Hinweis wiederholen und ihn mit **eindringlichen Vorhaltungen** verbinden (BGH 3, 199 = NJW 1953, 192). Für die zur Eidesabnahme nicht befugte StA kommt nur eine Ermahnung zur Wahrheit in Betracht (vgl. 161 a Abs. 1 S. 2). Für die polizeiliche Vernehmung ist eine Belehrung nicht vorgeschrieben (§ 163 a Abs. 5); eine Ermahnung kann auch hier ausgesprochen werden. Im Protokoll wird zwar die Belehrung regelmäßig vermerkt; sie ist aber keine wesentliche Förmlichkeit iS von §§ 168 a Abs. 1, 273 Abs. 1 (RG 56, 67).

Die **Revision** kann nicht auf die Verletzung von § 57 gestützt werden, weil es 2 sich lediglich um eine **Ordnungsvorschrift** handelt, die nur dem Schutz des Zeugen dient (BGH NStZ 1983, 354; KK-Senge Rn. 7 mwN).

§ 58 [Vernehmung; Gegenüberstellung] RiStBV 18

(1) ¹**Die Zeugen sind einzeln und in Abwesenheit der später zu hörenden Zeugen zu vernehmen.** ²**§ 406 g Abs. 1 Satz 1 bleibt unberührt.**

(2) **Eine Gegenüberstellung mit anderen Zeugen oder mit dem Beschuldigten im Vorverfahren ist zulässig, wenn es für das weitere Verfahren geboten erscheint.**

Die **Einzelvernehmung** ist die Regel (Abs. 1). Sie bezweckt die Erhaltung der 1 **Unbefangenheit** des Zeugen (BGH 3, 388 = NJW 1953, 712); sie gilt in allen Verfahrensabschnitten und auch für Vernehmungen durch StA (§ 161 a Abs. 1 S. 2) und Polizei (§ 163 a Abs. 5). Abs. 1 ist aber eine **Ordnungsvorschrift**, daher steht die **Reihenfolge** der Zeugenvernehmungen im pflichtgemäßen **Ermessen** des Gerichts (BGH NJW 1962, 261). Kinder und Jugendliche sollten möglichst vor den anderen Zeugen vernommen und sodann entlassen werden (RiStBV Nr. 135). Personen, die ein **Anwesenheitsrecht in der Hauptverhandlung** haben (Beistände, Erziehungsberechtigte, gesetzliche Vertreter, Nebenkläger, Verteidiger) sollten ebenfalls zuerst vernommen werden, damit sie ihre Rechte wahrnehmen können; einen Anspruch auf alsbaldige Vernehmung haben sie aber nicht (BGH 4, 206 = NJW 1953, 1233). Die Vernehmung von **Verhörspersonen** über die Aussage eines nach § 52 weigerungsberechtigten Zeugen ist erst dann zulässig, wenn Gewissheit darüber besteht, dass der Zeugnisverweigerungsberechtigte zur Aussage bereit ist; anders aber bei nicht erreichbaren Zeugen (BGH 25, 177 = NJW 1973, 1139). Die Abwesenheit eines Zeugen bis zu seiner Vernehmung kann das Gericht nach § 176, 177 GVG erzwingen. Wer als **Zuhörer** Zeugenvernehmungen mit angehört hat, kann gleichwohl noch als Zeuge vernommen werden; das Gericht muss dann die Glaubwürdigkeit der Aussage (§ 261) genau prüfen (OGH 2, 21). **Nach der Vernehmung** hat sich der Zeuge bis zu seiner Entlassung zur Verfügung des Gerichts zu halten (§ 248). Das Gericht kann seine Anwesenheit auch nach der Entlassung dulden, kann ihn aber auch entfernen (BGH NJW 1962, 260). Ob die

Zeugenvernehmung in Gegenwart oder Abwesenheit schon **vernommener Zeugen** erfolgen soll, unterliegt richterlichen Ermessen (BGH MDR 1955, 396; BGH NJW 1962, 260).

2   **Gegenüberstellungen (Abs. 2)** in der Hauptverhandlung erfolgen im Rahmen von § 244 Abs. 2. Der Beschuldigte hat keinen prozeßrechtlichen Anspruch darauf, dass eine Gegenüberstellung erfolgt (BGH MDR 1974, 724), denn sie ist kein Beweismittel iS des § 244 Abs. 3 bis 6 (BGH NStZ 1981, 96) und er hat auch keinen Anspruch auf die Art und Weise ihrer Durchführung; er muss sie aber dulden (BGH 34, 49 = NJW 1986, 2261). Die Gegenüberstellung zur Klärung von **Widersprüchen** in Zeugenaussagen stellt sich für die beteiligten Zeugen als eine, wenn auch besondere Art der Vernehmung dar; Widersprüche können durch Rede und Gegenrede, Fragen und Vorhalte geklärt werden (KG NJW 1979, 1668). Wer das Zeugnis nach § 52 verweigern kann, kann auch diese Mitwirkung ablehnen, und darüber ist er zu belehren (BGH NJW 1960, 2156). Die Gegenüberstellung zum **Zwecke der Identitätsfeststellung** ist für den Zeugen, die sie feststellen soll, eine Vernehmung mit der Verweigerungsmöglichkeit nach § 52. Der Beschuldigte, an dem sie festgestellt werden soll, muss sie dulden, auch wenn er keine Angaben zur Sache macht (BGH 34, 49 = NJW 1986, 2261). Zum Zwecke der Identifizierung des Beschuldigten ist auch eine zwangsweise Veränderung seiner Haar- und Barttracht zulässig. Dem Zeugen, der einen Täter identifizieren soll **(Wahlgegenüberstellung),** sind regelmäßig **mehrere Personen** gegenüberzustellen (BGH 40, 68 = NJW 1994, 1807; OLG Karlsruhe NStZ 1983, 377; KK-Senge Rn. 9). Aufnahmen mit einem Video-Gerät sind zulässig (BVerfG NStZ 1983, 84). „Für die Gegenüberstellung zum Zwecke der Identifizierung eines Tatverdächtigen durch einen Augenzeugen ist allgemein anerkannt, dass dem Zeugen nicht nur der Beschuldigte, sondern zugleich auch eine Reihe anderer Personen gleichen Geschlechts, ähnlichen Alters und ähnlichen Erscheinungsbildes gegenüberzustellen sind" (BGH 40, 68 = NJW 1994, 1817). Das Ergebnis einer **Einzelgegenüberstellung** ist zwar nicht unverwertbar. Ihm kommt aber regelmäßig ein wesentlich geringerer Beweiswert zu als dem einer vorschriftsmäßig durchgeführten Wahlgegenüberstellung. Daher müssen im Falle einer Verurteilung der Urteilsgründe erkennen lassen, dass sich das Gericht der Mängel und der durch sie bedingten Beeinträchtigung des Beweiswertes bewusst ist (BGH 40, 68 = NJW 1994, 1807). „Für die Identifizierung eines Tatverdächtigen auf Grund eines **Stimmenvergleichs** müssen diese Grundsätze entsprechend gelten" (BGH 40, 69). Es ist sicherzustellen, dass der Zeuge die Stimme des Verdächtigen nicht isoliert, sondern neben anderen Stimmen hört und dass die Vergleichsstimmen eine gewisse Klangähnlichkeit aufweisen (BGH 40, 68 = NJW 1994, 1807). Die Identifizierung eines Verdächtigen **ausschließlich** an seiner Stimme wird selten möglich sein (Meyer-Goßner Rn. 14). Unzulässig ist die **„Stimmenfalle",** bei der Beschuldigte durch Zwang oder Täuschung zum Sprechen gebracht wird, um ihn zu überführen (BGH 34, 39 = NJW 1986, 2261; Beulke Strafprozessrecht Rn. 138; s. auch § 81 b u. § 136 a Rn. 8). Unter Auswertung der Rechtsprechung hat das OLG Köln (NStE Nr. 1 zu § 58) zutreffend noch **folgende Grundsätze** aufgestellt: „Lichtbildvorlagen und Gegenüberstellungen zur Identifizierung eines Tatverdächtigen durch Zeugen sind grundsätzlich in Form der Wahlvorlage bzw. der Wahlgegenüberstellung durchzuführen, wobei sich die Auswahlpersonen in ihrem Erscheinungsbild nicht wesentlich vom Tatverdächtigen unterscheiden dürfen. Damit das Gericht in den Stand versetzt wird, den Beweiswert dieser ‚vorweggenommenen Beweisaufnahme' zu beurteilen, sind alle maßgebenden Umstände möglichst umfassend zu dokumentieren. Dem **erneuten Wiedererkennen** nach einer Lichtbildvorlage kommt nach den gesicherten Erkenntnissen der kriminalistischen Praxis nur ein eingeschränkter Beweiswert zu, weil es durch das vorangegangene Wiedererkennen beeinflusst werden kann. Mißt der Tatrichter dem wiederholten Wiedererkennen oder dem Wiedererkennen bei fehlerhaft durchgeführter Lichtbildvorlage

Zeugen § 58 a

oder Gegenüberstellung entscheidenden Beweiswert bei, muss das Gericht sich der Fehlerquellen und der möglichen Beeinträchtigungen des Beweiswertes bewusst sein und dies auch im Urteil deutlich machen" (vgl. auch RiStBV Nr. 18 und § 261 Rn. 7). Hat ein Zeuge den ihm **zuvor unbekannten Täter** anlässlich der Tat **nur kurze Zeit beobachten** können, so darf sich der Tatrichter nicht ohne weiteres auf die subjektive Gewissheit des Zeugen beim (ersten) Wiedererkennen anlässlich einer polizeilichen Lichtbildvorlage verlassen, sondern er muss anhand objektiver Kriterien die Beweisqualität dieser Wiedererkennung **nachprüfen** (OLG Düsseldorf StV 2001, 445). Zum **„wiederholten Wiedererkennen"** s. § 261 Rn. 7 und zum Wiedererkennen auch auf Grund von Lichtbildern s. § 261 Rn. 3, § 267 Rn. 4.

Da Abs. 1 eine **Ordnungsvorschrift** ist, kann deren Verletzung die **Revision** 3 nicht begründen (BGH NJW 1962, 260; BGH NStZ 1981, 93), eine rechtsirrige oder missbräuchliche Handhabung kann aber § 244 Abs. 2 verletzen. Entsprechendes gilt für Abs. 2; das Unterbleiben einer Gegenüberstellung kann als Verletzung der Aufklärungspflicht gerügt werden (KK-Senge Rn. 12). Ein **sachlich-rechtlicher Mangel** (unzureichende Beweiswürdigung) liegt vor, wenn sich aus dem Urteil nicht ergibt, dass sich das Gericht des **eingeschränkten Beweiswerts** einer Einzelgegenüberstellung, eines wiederholten Wiedererkennens oder eines unzureichenden Stimmenvergleichs bewusst war (BGH 40, 66 = NJW 1994, 1807; BGH NStZ 1982, 342; OLG Köln StV 1994, 67).

§ 58 a [Zeugenvernehmung auf Bild-Ton-Träger] RiStBV 19, 19 a

(1) ¹Die Vernehmung eines Zeugen kann auf Bild-Ton-Träger aufgezeichnet werden. ²Sie soll aufgezeichnet werden

1. bei Personen unter sechzehn Jahren, die durch die Straftat verletzt worden sind, oder
2. wenn zu besorgen ist, daß der Zeuge in der Hauptverhandlung nicht vernommen werden kann und die Aufzeichnung zur Erforschung der Wahrheit erforderlich ist.

(2) ¹Die Verwendung der Bild-Ton-Aufzeichnung ist nur für Zwecke der Strafverfolgung und nur insoweit zulässig, als dies zur Erforschung der Wahrheit erforderlich ist. ²§ 100 b Abs. 6 gilt entsprechend. ³Die §§ 147, 406 e sind entsprechend anzuwenden, mit der Maßgabe, dass den zur Akteneinsicht Berechtigten Kopien der Aufzeichnung überlassen werden können. ⁴Die Kopien dürfen weder vervielfältigt noch weitergegeben werden. ⁵Sie sind an die Staatsanwaltschaft herauszugeben, sobald kein berechtigtes Interesse an der weiteren Verwendung besteht. ⁶Die Überlassung der Aufzeichnung oder die Herausgabe von Kopien an andere als die vorbezeichneten Stellen bedarf der Einwilligung des Zeugen.

(3) ¹Widerspricht der Zeuge der Überlassung einer Kopie der Aufzeichnung seiner Vernehmung nach Absatz 2 Satz 3, so tritt an deren Stelle die Überlassung einer Übertragung der Aufzeichnung in ein schriftliches Protokoll an die zur Akteneinsicht Berechtigten nach Maßgabe der §§ 147, 406 e. ²Wer die Übertragung hergestellt hat, versieht die eigene Unterschrift mit dem Zusatz, dass die Richtigkeit der Übertragung bestätigt wird. ³Das Recht zur Besichtigung der Aufzeichnung nach Maßgabe der §§ 147, 406 e bleibt unberührt. ⁴Der Zeuge ist auf sein Widerspruchsrecht nach Satz 1 hinzuweisen.

Abs. 1 S. 1 gestattet als „Kannvorschrift" **vorbehaltlos** die Aufzeichnungen der 1 gesamten Vernehmung eines Zeugen auf Bild-Ton-Träger („Video-Vernehmung") im **Ermittlungsverfahren** – nicht in der Hauptverhandlung, s. § 247 a S. 4 –

§ 58 a
Erstes Buch. 6. Abschnitt

durch Polizei, StA und Richter (KK-Senge Rn. 3). Allerdings ist der Grundsatz der Verhältnismäßigkeit zu beachten. Die Soll-Vorschrift des **Abs. 1 S. 2** erfasst zwei Fälle: Nach **Abs. 1 S. 2 Nr. 1** ist die Vernehmung der durch die Straftat Verletzten, die im Zeitpunkt ihrer Anhörung noch **nicht 16 Jahre** alt sind, regelmäßig aufzuzeichnen. Maßgeblich ist also das Alter des Zeugen zum **Zeitpunkt der Vernehmung** (KK-Senge Rn. 5). Nach **Abs. 1 S. 2 Nr. 2** soll die Vernehmung eines Zeugen auch aufgezeichnet werden, wenn auf Grund bestimmter Anhaltspunkte die Prognose gerechtfertigt ist, der Zeuge könne in der Hauptverhandlung nicht vernommen werden, und wenn die Aufzeichnung zur Erforschung der Wahrheit erforderlich ist.

2   **Abs. 2 S. 1** enthält geringe Beschränkungen für die spätere Verwendung der Video-Aufzeichnung, nur für Zwecke der **Strafverfolgung** und nur soweit zur **Wahrheitserforschung** erforderlich. Damit verbunden ist eine **Vernichtungsregelung,** wenn die Notwendigkeit der Verwendung entfällt – infolge der Verweisung auf § 100 b Abs. 6 in **Abs. 2 S. 2**. Durch die Verweisung auf §§ 147 und 406 e wird klargestellt, dass die Video-Aufzeichnungen wie Vernehmungsprotokolle der Akteneinsicht unterliegen (Rieß NJW 1998, 3241).

3   Die **Duldung der Bild-Ton-Aufnahme** ist Bestandteil der Zeugenpflicht. Die Einwilligung des zu Vernehmenden bzw. seines gesetzlichen Vertreters ist also nicht erforderlich (Meyer-Goßner Rn. 8; KK-Senge Rn. 8; Eisenberg Beweisrecht Rn. 1328 h; BT-Drucks. 13/7165 S. 6). Bei Zeugen, die das Zeugnis nach § 52 **verweigern** können, ist die Bild-Ton-Aufzeichnung erst nach Belehrung über das Zeugnisverweigerungsrecht und nach der Erklärung des Zeugen, das Recht nicht in Anspruch nehmen zu wollen, zulässig (KK-Senge Rn. 8). Im Interesse der Gewinnung einer brauchbaren Aussage sollte der Vernehmende sich um eine kooperatives Verhalten des Zeugen bemühen. Die **Anordnungskompetenz** liegt beim Vernehmenden (Meyer-Goßner Rn. 8). Verweigert der Zeuge **berechtigt** in der Hauptverhandlung das Zeugnis, darf die Aufzeichnung seiner Vernehmung nach §§ 252, 255 a Abs. 1 nicht abgespielt werden (Meyer-Goßner Rn. 8). „**Die Kopie des Videobandes,** auf dem die Vernehmung eines Zeugen aufgezeichnet ist, ist Bestandteil der Akten; sie stellt **kein Beweismittel** iS von § 147 Abs. 4 S. 1 dar. Eine Bescshwerde gegen die Verfügung des Vorsitzenden, Akteneinsicht an den Verteidiger durch Mitgabe einer Kopie des Videobandes zu gewähren, ist deshalb unzulässig" (OLG Stuttgart NJW 2003, 767).

4   **Abs. 2 S. 2** bezweckt eine Verbesserung des Schutzes gegen die missbräuchliche Verwendung von Bild-Ton-Aufzeichnungen. Es ist zwar die Möglichkeit geschaffen, einem beschränkten Personenkreis auch **ohne Einwilligung** des Zeugen Kopien auszuhändigen. Aber um Missbräuche zu verhindern, ist ein Verbot der Weitergabe und der Vervielfältigung der Kopien durch die zur Akteneinsicht Berechtigten ausreichend aber auch erforderlich. Die Zentralisierung der Vervielfältigung und der Weitergabe bei der aktenführenden StA-Stelle wahrt die Möglichkeit des Überblicks über Zahl und Verbleib der Kopien. Sie verhindert die eigenmächtige Schaffung von Reproduktionen (BT-Drucks. 15/1976 S. 10).

5   **Abs. 3** soll die Persönlichkeitsrechte des Zeugen schützen, ohne die Möglichkeiten der Verteidigung oder die Rechte anderer Verfahrensbeteiligter unangemessen zu beeinträchtigen. Diesem Zweck dient auch die auf § 100 b Abs. 6 verweisende Regelung über die Vernichtung von Aufzeichnung und Kopien, sowie die zu ihrer Sicherung geschaffene Pflicht, ausgehändigte Kopien an die StA zurückzugeben. Von der Vernichtung auszunehmen sind die Niederschriften, die auf der Grundlage einer Videoaufzeichnung gefertigt wurden (vgl. §§ 168, 168 a, 168 b Abs. 2). Solche Schriftstücke sind nicht anders zu behandeln, als andere Vernehmungsniederschriften (BT-Drucks. 15/1976 S. 10).

6   **Beschwerde** kann der Zeuge gegen die Anordnung, die Vernehmung aufzuzeichnen, erheben (§§ 304 ff., nicht aber gegen das Absehen von einer Aufnahme

108

(Meyer-Goßner Rn. 12). „**Die Kopie des Videobande,** auf dem die Vernehmung eines Zeugen aufgezeichnet ist, ist Bestandteil der Akten; sie stellt **kein Beweismittel** iS von § 147 dar. Eine Beschwerde gegen die Verfügung des Vorsitzenden, Akteneinsicht an den Verteidiger durch Mitgabe einer Kopie des Videobandes zu geähren, ist deshalb unzulässig" (OLG Stuttgart NJW 2003, 767). Mit der **Revision** kann beanstandet werden, dass eine vorhandene Bild-Ton-Aufzeichnung nicht verwertet worden ist.

§ 59 [Vereidigung]

(1) ¹Zeugen werden nur vereidigt, wenn es das Gericht wegen der ausschlaggebenden Bedeutung der Aussage oder zur Herbeiführung einer wahren Aussage nach seinem Ermessen für notwendig hält. ²Der Grund dafür, dass der Zeuge vereidigt wird, braucht im Protokoll nicht angegeben zu werden, es sei denn, der Zeuge wird außerhalb der Hauptverhandlung vernommen.

(2) ¹Die Vereidigung der Zeugen erfolgt einzeln und nach ihrer Vernehmung. ²Soweit nichts anderes bestimmt ist, findet sie in der Hauptverhandlung statt.

Abs. 1 bestimmt, dass die uneidliche Vernehmung die **Regel** ist, die Vereidigung 1 also Ausnahme zu bleiben hat. Dem Gericht wird ein großer Entscheidungsspielraum eingeräumt, ohne dass es zu einer Vereidigung gezwungen wird (BT-Drucks. 15/999 S. 21). Der Tatrichter muss eine Entscheidung treffen und diese als wesentliche Förmlichkeit des Verfahrens im **Protokoll festhalten.** Eine Begründung dieser Entscheidung wird **nicht gefordert.** Ausnahmsweise ist eine Begründung allerdings dann erforderlich, wenndie Eidesleistung bei einer Vernehmung **außerhalb der Hauptverhandlung** verlangt wird. In diesem Fall können die Gründe, die den vernehmenden Richter zur Vereidigung des Zeugen bewogen haben, bei einer späteren Würdigung der Aussage von Bedeutung sein (BT-Druck. 15/1508 S. 23).

Abs. 2 regelt die Vereidigung des Zeugen einzeln und **nach** der Vernehmung 2 kein Voreid. Die Entscheidung über die Vereidigung kann auch erst am Schluss der Beweisaufnahme für **alle vernommenen Zeugen** ergehen. Sie trifft der Vorsitzende im Wege der Sachleitung; die Entscheidung des Gerichts wird notwendig, wenn eine Beanstandung gemäß § 238 Abs. 2 erfolgt. „Wird ein Zeuge in einem späteren Abschnitt der Hauptverhandlung **noch einmal vernommen,** bedarf es einer neuen Entscheidung über die Vereidigung. Diese umfasst grundsätzlich die **gesamte** bisherige Aussage des Zeugen" (BGH NJW 2003, 2107). Dabei bindet den Tatrichter „die Vorentscheidung nicht, vielmehr kann der zunächst unvereidigt gebliebene Zeuge nach einer erneuten Vernehmung wiederum unvereidigt bleiben oder vereidigt werden" (BGH NJW 2003, 2107). „Durch eine Vereidigung wird **nicht der Rechtsschein** erweckt, die Aussage werde ohne Vorhalt geglaubt werden" (BGH NStZ 1994, 227).

Eine Revision scheidet aus. 3

§ 60 [Verbot der Vereidigung]

Von der Vereidigung ist abzusehen

1. **bei Personen, die zur Zeit der Vernehmung das sechzehnte Lebensjahr noch nicht vollendet haben oder die wegen mangelnder Verstandesreife oder wegen einer psychischen Krankheit oder einer geistigen oder seelischen Behinderung vom Wesen und der Bedeutung des Eides keine genügende Vorstellung haben;**

§ 60

2. **bei Personen, die der Tat, welche den Gegenstand der Untersuchung bildet, oder der Beteiligung an ihr oder der Begünstigung, Strafvereitelung oder Hehlerei verdächtig oder deswegen bereits verurteilt sind.**

1   Die **Vereidigungsverbote** schränken die Freiheit der **Beweiswürdigung** (§ 261) nicht ein; das Gericht ist nicht gehindert, der Aussage des **unvereidigt** gebliebenen Zeugen zu glauben (BGH NStZ 1983, 354). Der Beweiswert der Aussage ist jedoch besonders gewissenhaft zu prüfen (BGH 17, 134 = NJW 1960, 1960). § 60 enthält **zwingende Vereidigungsverbote,** also Ausnahmen von der Regel des § 59. Zeigen sich Anhaltspunkte für ihr Vorliegen, so muss das Gericht die Frage erörtern (BGH StV 1988, 325) und ggf. im Freibeweis Ermittlungen führen (RG 51, 69; 56, 102; Meyer-Goßner Rn. 1). Der objektive Verstoß gegen das Vereidigungsverbot stellt einen **Strafmilderungsgrund** dar, der die Annahme eines minder schweren Falls i. S. des § 154 Abs. 2 StGB nahe legt. Hierbei ist unerheblich, ob der Verdacht gegen die Angekl. schon zum jeweiligen Zeitpunkt der Abnahme des Eides bestand und dem Richter demzufolge subjektiv der Vorwurf eines Verfahrensfehlers gemacht werden kann; denn der entscheidende Grund für die Strafmilderung ist nicht die Tatsache, dass dem vernehmenden Richter ein Verfahrensfehler zur Last fällt, sondern die Erwägung, dass die Beeidigung – auch ohne Verfahrensfehler – den Intentionen des Gesetzes objektiv widersprach. Das Vereidigungsverbot will drohende **Meineide verhindern;** das vorherige Sichbereiterklären zu einem Meineid hindert aber die Zeugen an einer unvoreingenommenen Aussage und birgt die Gefahr der unwahren Aussage (OLG Frankfurt NStZ-RR 2001, 299; vgl. BGH 8, 186 [190 f.] = NJW 1955, 1933; BGH 23, 30 [32 f.] = NJW 1969, 2154). Wenn sich nicht klären lässt, ob der Verbotstatbestand gegeben ist, ist § 60 **nicht anzuwenden** (RG 47, 297); die Voraussetzungen der Vereidigungsverbote müssen also **feststehen** (KK-Senge Rn. 3). **Eidesunmündig** (Nr. 1) ist der Zeuge (vgl. § 187 Abs. 2 BGB) bis zum Beginn des Tages, an dem er 16 Jahre alt wird (RG 35, 41). Maßgebend ist das Alter am Tag der Vernehmung, nicht der Tag des Geschehens. Fallen Tag der Vernehmung und Tag der Vereidigung auseinander, kommt es auf den letzteren Zeitpunkt an. Nach Möglichkeit ist in den Fällen des § 251 und 325 die Vereidigung nachzuholen, wenn der Zeuge noch vor Schluss der Beweisaufnahme eidesmündig wird (KK-Senge Rn. 4). Zur **Begründung** der Nichtvereidigung genügt der Hinweis auf die Gesetzesstelle; denn das Alter des Zeugen ist seinen Angaben zur Person zu entnehmen (BGH VRS 41, 186). **Eidesunfähigkeit** liegt **nicht** vor bei bloßer Unwissenheit, Unglauben oder Gedächtnisschwäche, auch **nicht** bei einer Behinderung, die die Vorstellung vom Wesen des Eides nur unwesentlich beeinträchtigt. Daher zwingen die Anordnung einer Betreuung nach §§ 1896 ff. BGB oder eine Freisprechung wegen Schwachsinns nach § 20 nicht ohne weiteres zur Nichtvereidigung. Vorübergehende Beeinträchtigung der Geistestätigkeit (Alkohol, Drogen) führen nur zur Aufschiebung der Vereidigung (Meyer-Goßner Rn. 4). Ob der Zeuge eidesunfähig ist, „muss der Tatrichter jeweils prüfen und nach pflichtgemäßem Ermessen entscheiden," (BGH 22, 267 = NJW 1969, 61). In der Hauptverhandlung entscheidet der Vorsitzende und bei Beanstandungen das Gericht (§ 238, Abs. 2). In der **Begründung** muss klargestellt werden, ob der Zeuge wegen fehlender Verstandesreife oder wegen Verstandesschwäche nicht vereidigt worden ist. Die allgemeine Bemerkung, dass der Zeuge von der Bedeutung des Eides keine genügende Vorstellung hat (RG 53, 136) und der bloße Hinweis auf den Gesundheitszustand (RG HRR 34, 453), genügen nicht.

2   Der Gesetzgeber verbietet **(Nr. 2)** die Vereidigung eines **tatbeteiligten Zeugen** ausnahmslos; denn dieser besitzt bei seiner Bekundung nicht diejenige **Unbefangenheit** gegenüber dem Angeklagten, wie sie Voraussetzung eines einwandfreien Zeugnisses bildet (BGH 4, 370 = NJW 1953, 1925). Für die Frage, ob ein **Beteiligungsverdacht** iS d. § 60 Nr. 2 besteht, ist entscheidend, dass das Verhalten des Zeugen ein tatbestandsmäßiges, rechtswidriges und schuldhaftes und deswegen an

Zeugen **§ 60**

sich strafbares Tun darstellt (BGH 4, 131; 9, 73; BGHR StPO § 60 Nr. 2 Tatbeteiligung 31). Darauf, dass eine Bestrafung des **Täters** im Einzelfall erfolgen kann, kommt es hingegen nicht an. Demzufolge entfällt ein Beteiligungsverdacht iS dieser Vorschrift nicht, wenn der Zeuge lediglich wegen eines **Verfahrenshindernisses** strafrechtlich nicht verfolgt werden kann (BGH 4, 130: Straffreiheitsgesetz; RG 55, 233: Militäramnestieverordnung; BGH NJW 1952, 1146: Verfolgungsverjährung), oder wenn ein persönlicher Strafaufhebungs- oder Strafausschließungsgrund eingreift, der aber die Rechtswidrigkeit und Schuld grundsätzlich unberührt lässt, wie etwa die Selbstbegünstigung (BGH 9, 73), der Rücktritt vom Versuch nach § 24 StGB bzw. § 31 StGB (BGH GA 1962, 370; BGH MDR 1973, 191; BGH NStZ 1982, 78; BGHR StPO § 60 Nr. 2 Tatbeteiligung 3) oder die Möglichkeit, nach § 31 BtMG von der Bestrafung abzusehen (BGH NStZ 1983, 516; vgl. zum Ganzen BGH 43, 321 = NJW 1998, 1723). Daher steht das vom BVerfG aus der Verfassung abgeleitete Verfahrenshindernis für ehemalige **DDR-Spione** der Annahme eines Beteiligungsverdachts iSd. § 60 Nr. 2 an einer durch Dritte begangenen geheimdienstlichen Agententätigkeit nicht entgegen (BGH 43, 321 = NJW 1998, 1723). Der Begriff der **Tat** ist nicht sachlich-rechtlich, sondern verfahrensrechtlich iS des § 264. „Er umfasst den ganzen geschichtlichen Vorgang, innerhalb dessen der Tatbestand verwirklicht worden ist" (BGH 4, 256 = NJW 19 53, 1402). **Gegenstand der Untersuchung** ist die angeklagte Tat, wie sie sich nach dem Ergebnis der **Hauptverhandlung** – nicht nach dem Eröffnungsbeschluss (§ 207) – darstellt (BGH 13, 321 = NJW 1960, 110). Wird dem Beschuldigten eine Beihilfehandlung vorgeworfen, ist Gegenstand der Untersuchung auch die Haupttat (BGH 21, 148). Bei einer **fortgesetzten Handlung** sind es auch die in der Anklage nicht aufgeführten Einzelhandlungen. Auch eine **Vortat** kann in die Untersuchung einbezogen sein (KK-Pelchen Rn. 10. 11). **Tatverdacht** ist gegeben, wenn Anhaltspunkte dafür vorliegen, dass nicht der Angeklagte, sondern der Zeuge der Täter ist (BGH MDR 1961, 1031). Gemäß § 64 muss zwar nur das **Absehen von der Vereidigung begründet** werden. Anders verhält es sich jedoch, wenn der **Beteiligungsverdacht** nach den Gesamtumständen **so nahe liegt,** dass ohne eine für das Revisionsgericht überprüfbare Begründung der Nichtanwendung des § 60 Nr. 2 nicht auszuschließen ist, dass das Tatgericht die Voraussetzungen des Eidesverbots verkannt hat (BGH StV 2001, 213; s. auch § 64 Rn. 1). Als Verdacht der Beteiligung an der Tat eines Angeklagten iSv § 60 Nr. 2 ist auch der Verdacht eines Vergehens nach **§ 138 StGB (Nichtanzeige geplanter Verbrechen)** anzusehen (BGH NStZ 2000, 494). „Der Verdacht braucht nicht hinreichend oder dringend zu sein; es genügt ein entfernter Verdacht, zB beim Vorgesetzten eines Mauerschützen (BGH NStZ 1993, 445). Wird eine Zeugin, die der Beteiligung an der Tat verdächtig ist, in der Schweiz durch den beauftragten deutschen Richter – nach den Schweizer Rechtshilfevorschriften – nach **deutschem Recht** vernommen, so steht einer Vereidigung der Zeugin § 60 Nr. 2 entgegen (BGH NStZ 1996, 609). Ansonsten gilt, dass **ausländische Vernehmungen** verwertbar sind, wenn bei der Durchführung die am Vernehmungsort geltenden Verfahrensvorschriften eingehalten worden sind. Liegt dabei aber ein Vereidigungsverbot aus § 60 Nr. 2 StPO vor, darf die Aussage nur als **uneidliche Aussage** verwertet werden; eines entsprechenden Hinweises an die Verfahrensbeteiligten bedarf es nicht (BGH NStZ 2000, 547; Rose wistra 2002, 290). Das Gericht darf also der Aussage „wegen des Eides" eine besondere Glaubwürdigkeit nicht beimessen. S. § 59 Rn. 2.

„Der Begriff der **Beteiligung an der Tat** ist weit auszulegen. Er umfasst nicht 3 nur die Teilnahmeformen der §§ 25 ff. StGB, sondern erstreckt sich auf jeden, der bei dem abzuurteilenden Vorgang in strafbarer Weise und in **derselben Richtung** wie der Angekl. mitwirkt (BGH 4, 255, 256; 4, 368, 370, 371), gleichgültig, ob dabei bewusst und gewollt mit diesem zusammengewirkt hat" (BGH NStZ 1983, 516). **Anstiftung, Tat und Beihilfe** sind ein einheitlicher Vorgang, an dem Anstifter, Täter und Gehilfe in derselben Richtung mitwirken (BGH NStZ 1981, 93; KK-Senge Rn. 13). Tatbeteiligt iSd Vereidigungsverbotes des § 60 Nr. 2 ist nicht nur der Teilnehmer iSd §§ 25 ff. StGB, sondern jeder, der bei dem zur Aburteilung anstehenden Vorgang in strafbarer Weise in derselben Richtung wie der Beschuldigte mitgewirkt hat, so etwa auch der Abnehmer der von dem Beschuldigten vertriebenen Betäubungsmittel (OLG StV 2001, 224). Das Vereidigungsverbot nach Nr. 2 besteht nur, wenn der Zeuge in **strafbarer Weise** an der Tat des Beschuldigten beteiligt gewesen ist. Es genügt das Vorhandensein des äußeren und inneren Tatbestandes, gleichgültig, ob eine Bestrafung im Einzelfall herbeigeführt werden kann (KK-Senge Rn. 14). War der Zeuge – wenn auch durch andere Handlungen zu anderer Zeit – an der angeklagten Tat in strafbarer Weise beteiligt, so schließt Nr. 2 jede Vereidigung des Zeugen wegen einer mit dieser Tat zusammenhängenden Aussage aus; dabei ist ohne Belang, ob die Beteiligung des Zeugen an den Handlungen, die seine Aussage betreffen, für sich strafbar war (BGH StV 1988, 419). Hat zB ein Zeuge bei seiner polizeilichen Vernehmung für den Angeklagten ein falsches Alibi angegeben, besteht zumindest der Verdacht der versuchten Strafvereitelung gemäß § 258 StGB mit der Folge des Vereidigungsverbots nach § 60 Nr. 2. Ein strafbefreiender Rücktritt, der in der alsbaldigen Richtigstellung der Angaben liegt, lässt das Vereidigungsverbot nicht entfallen (BGH NStZ 2000, 546). Ist die Tatbeteiligung **an sich strafbar,** so stehen **Rechtsgründe, die der Verurteilung im Einzelfall hindern,** der Anwendung des Nr. 2 nicht entgegen (BGHSt 43, 321 = NJW 1998, 1723); das gilt vor allem auch für Verfahrenshindernisse (s. Rn. 4). Bleibt ein Zeuge gemäß **Nr. 2** unvereidigt, so ändert sich, anders als in den Fällen, in denen der Verdacht der Tatbeteiligung im späteren Verlauf des Verfahrens **entfallen** ist, durch eine **nachträgliche Einstellung gemäß § 154 Abs. 2** an der Eignung des Zeugen als Beweismittel **nichts.** Eine Korrektur der Vereidigungsentscheidung ist daher in diesen Fällen nicht geboten (BGH NStZ 2000, 45). Der „notwendige" Teilnehmer (wenn die Tatbestandsverwirklichung die Mitwirkung mehrerer begrifflich voraussetzt) ist zu vereidigen, wenn er nicht der strafbaren Anstiftung oder Beihilfe verdächtig ist (BGH 19, 108 = NJW 1963, 2238). Das gilt auch für die **straflose Teilnahme** als **Lockspitzel** (BGH NStZ 1982, 127). Der Zeuge muss **in derselben Richtung** wie der Beschuldigte an der Tat mitgewirkt haben (BGH NStZ 1983, 516); dabei kommt es auf die **Vorstellungen des Zeugen** über die Tat des Beschuldigten an (BGH 4, 371 = NJW 1953, 1925).

4 **Rechtfertigungsgründe** (zB Notwehr, rechtswirksame Einwilligung des Verletzten) und **Schuldausschließungsgründe** (zB Schuldunfähigkeit nach § 20 StGB oder Notwehrüberschreitung) schließen eine strafbare Mitwirkung und damit die Anwendung von Nr. 2 aus. **Persönliche Strafaufhebungs- und Strafausschließungsgründe** lassen das Vereidigungsverbot der Nr. 2 grundsätzlich unberührt (BGH NStZ 1982, 78; 1983, 516; BGH JR 1991, 246), zB wenn der Zeuge wegen Rücktritts vom Versuch nach § 24 StGB oder nach § 31 StGB nicht bestraft werden kann, wegen freiwilliger Offenbarung der Tat nach § 31 BtMG oder wegen Strafvereitelung gegenüber einem Angehörigen nach § 258 Abs. 6 StGB. Ein **freiwilliger Rücktritt von der versuchten Strafvereitelung** lässt das Vereidigungsverbot nach § 60 Nr. 2 nicht entfallen. Das gilt auch dann, wenn die Richtigstellung der falschen Angaben noch vor der Hauptverhandlung erfolgt, in der der Zeuge vereidigt wird (BGH NStZ-RR 1998, 335). Auch **Verfahrenshindernisse** (zB Verjährung) stehen der Annahme strafbarer Beteiligung nicht entgegen und schließen daher die Anwendung von Nr. 2 nicht aus (BGH 4, 130 = NJW 1953, 915; OLG Hamburg NStZ 1983, 516; vgl. Meyer-Goßner Rn. 14 mwN).

5 Der Tatbeteiligung stehen **Begünstigung** und – auch versuchte – **Strafvereitelung** gleich (BGH NJW 1992, 1055). Die **Vortat** braucht nicht erwiesen zu sein; es genügt der Verdacht (OLG Celle MDR 1966, 605). Voraussetzung ist jedoch, dass der Zeuge bei der Tat nach **§§ 257, 258 StGB** die dem Beschuldigten vorgeworfene

Tat in ihrem Unrechtsgehalt erkannt und keine tatsächlich oder rechtlich völlig abweichenden Vorstellungen gehabt hat (BGH 4, 368 = NJW 1953, 1925). Das Vereidigungsverbot greift nur ein, wenn sich der Zeuge **außerhalb** der Hauptverhandlung strafbar gemacht hat (BGH NStZ 1989, 384). Wegen des Verdachts, dass der Zeuge erst bei seiner **gegenwärtigen** Vernehmung falsch aussagt, um den Beschuldigten sachlich zu begünstigen oder der Bestrafung zu entziehen, hindert die Vereidigung nicht (BGH NStZ 1981, 308; BayObLG NStZ 1991, 203). Bei der sachlichen Begünstigung nach § 257 StGB besteht das Vereidigungsverbot, wenn die begünstigende Aussage schon **vor der Hauptverhandlung** versprochen war oder sogar eine entsprechende Vereinbarung bestand (BGH NStZ 1981, 268). Anders liegt es bei der Strafvereitelung nach § 258 StGB. Die bloße Zusage der uneidlichen Falschaussage ist nur eine straflose Vorbereitungshandlung dieser Tat und steht daher der Vereidigung nicht entgegen (BGH 31, 10 = 1982, 1600; 34, 68 = NJW 1986, 2121; BGH NStZ 1992, 181). Stellt sich im maßgeblichen Zeitpunkt der Urteilsberatung heraus, dass der zunächst angenommene Beteiligungsverdacht nach Nr. 2 nicht mehr begründet ist, muss die **Vereidigung** des Zeugen **nachgeholt** werden. Der Grundsatz erleidet jedoch eine Ausnahme, wenn das Gericht aus anderem Grunde von der Vereidigung absehen muss oder darf (BGH NStZ 1993, 341 mwN; 1995, 244).

Hehlerei steht der Tatbeteiligung ebenfalls gleich; Anstiftung oder Beihilfe 6 hierzu reicht aus (BGH StV 1990, 484). Es genügt der Verdacht der Hehlerei an einer Sache, die der Beschuldigte von einem Zwischenhehler erworben hat. Die Vereidigung ist ebenfalls unzulässig, wenn der hehlereiverdächtige Zeuge in dem Verfahren gegen den zweiten Hehler vernommen werden soll, dem er die gehehlte Sache weiter verkauft hat (RG 42, 248). Auch im Verfahren gegen einen der Begünstigung des Vortäters Beschuldigten darf der Hehlereiverdächtige nicht vernommen werden (RG 58, 374).

Der **Verdacht** wegen Tatbeteiligung oder Täterschaft muss zZ der **Urteilsver-** 7 **kündung** vorliegen (BGH NStZ 1981, 110). Ein entfernter Verdacht genügt; aber ein Vereidigungsverbot besteht nur dann, wenn das Gericht „einen solchen Verdacht nicht nur für möglich hält, sondern ihn tatsächlich hegt" (BGH NJW 1985, 638). Der Verdacht wird **nicht dadurch ausgeschlossen,** dass der Angeklagte freigesprochen wird (RG JW 1925, 998), dass das Ermittlungsverfahren gegen ihn (BGH StV 1990, 145) oder gegen den Zeugen schon eingestellt (BGH NJW 1955, 1488) oder der Zeuge bereits freigesprochen worden ist (OLG Stuttgart 1970, 163). Andererseits kann das Gericht den Verdacht verneinen, wenn der Zeuge sich selbst der Beteiligung bezichtigt oder gegen ihn ein Ermittlungsverfahren anhängig ist (RG 16, 209). Die **Verurteilung** des Zeugen wegen Tatbeteiligung begründet eine unwiderlegliche Verdachtsvermutung, auch wenn das Urteil noch nicht rechtskräftig ist (KK-Pelchen Rn. 32). Auch eine **Teilvereidigung** kann notwendig sein. „Hat der Zeuge zu mehreren Taten der Anklage ausgesagt und steht er nur hinsichtlich einzelner von ihnen im Verdacht der Beteiligung, so ist er zwar insoweit unvereidigt zu lassen, muss jedoch auf seine Aussage zu denjenigen Taten, hinsichtlich derer er nicht beteiligungsverdächtig ist, vereidigt werden" (BGH NStZ 1987, 516). Außerdem ist zu beachten, dass **Nr. 2** auf die Beteiligung an der **Tat** abstellt. „Zwar hat die Rechtsprechung das dahin erweitert, dass die Vereidigung schon dann verboten ist, wenn Gegenstand der Aussage ein nicht oder nur schwer trennbares Gesamtgeschehen ist (BGH bei: Pfeiffer/Miebach, NStZ 1984, 15), mag die Aussage auch verschiedene Taten i. S. des § 264 StPO betreffen (BGH, NStZ 1987, 616 = StVert 1987, 90), doch hat nie Zweifel bestanden, dass es für die Frage der **Teilvereidigung** auf den **inneren Zusammenhang der Taten,** nicht auf die Glaubwürdigkeit des Zeugen im Einzelfall ankommt" (BGH NJW 1989, 844).

Die Vereidigung des Zeugen ist der Regelfall (s. § 59 Rn. 1). Die **Entscheidung** 8 über die Nichtbeeidigung trifft der Tatrichter bzw. der Vorsitzende nach pflichtgemäßem Ermessen (BGH 9, 72 = NJW 1956, 879), bei Beanstandungen das

§ 60

Gericht (§ 238 Abs. 2). Ist das Gericht im maßgebenden Zeitpunkt der **Urteilsfindung** überzeugt, dass ein Zeuge, den es zunächst wegen Verdachts der Teilnahme unvereidigt gelassen hat, **nicht der Teilnahme verdächtig** sei, so muss es dessen **Vereidigung nachholen** (BGH NStZ 1993, 341; 3. Rn. 5). Ergibt die Beratung, dass ein vereidigter Zeuge teilnahmeverdächtig ist, muss die Aussage **als uneidlich gewertet** werden und dies muss den Prozessbeteiligten unter **Wiedereintritt** in die Verhandlung kundgetan werden, damit diese gegebenenfalls Beweisanträge stellen können; diese Unterrichtung ist im Protokoll zu vermerken (BGH 4, 130 = NJW 1953, 915; BGH NStZ 1981, 309; NStZ 1994, 227). **Unterbleibt** die Vereidigung, so ist nach § 64 die Angabe des Grundes vorgeschrieben. Die bloße Anführung des Gesetzes genügt nur ausnahmsweise in den Fällen, in denen für die Verfahrensbeteiligten die Art des Verdachts offensichtlich ist (BGH NJW 1953, 232). Grundsätzlich muss klargestellt werden, **welchen Verdacht** das Gericht gehabt hat; es genügt, diesen mit den Worten des Gesetzes, zB Verdacht der Begünstigung, zu bezeichnen. Auf welches Geschehen und auf welche Tatsachen sich der Verdacht stützt, braucht nicht im Gerichtsbeschluss und auch nicht in den Urteilsgründen dargelegt zu werden (BGH NJW 1952, 273). „Die **Verneinung eines Vereidigungsverbots** nach § 60 Nr. 2 StPO muss der Tatrichter **nur begründen,** wenn sein Schweigen Anlass zu der Befürchtung böte, er habe sich die Frage überhaupt nicht vorgelegt oder sie rechtsfehlerhaft beantwortet" (BGH NJW 1985, 638; s. auch Rn. 9).

9 Mit der **Revision** kann eine fehlerhafte Nichtvereidigung nur gerügt werden, wenn auf Beanstandungen eine Entscheidung des Gerichts (§ 238 Abs. 2) herbeigeführt wurde (BGH NStZ 1991, 227). Bei der Rüge der fehlerhaften Vereidigung ist nicht erforderlich, dass die Entscheidung des Gerichts herbeigeführt wurde (BGH 20, 99 = NJW 1965, 115). Die Vereidigung eines **eidesunmündigen** wie die eines **eidesunfähigen** Zeugen begründet die Revision ohne Rücksicht darauf, ob das Gericht die die Eidesuntauglichkeit begründenden Umstände kannte oder kennen musste. Ebenso kann gerügt werden, dass der Tatrichter einen Zeugen infolge irrtümlicher Annahme der Eidesunmündigkeit (oder -unfähigkeit) unvereidigt gelassen hat. Im Falle der Eidesunfähigkeit (Nr. 1, 2. Alt.), deren Beurteilung in tatsächlicher Hinsicht der Revision unzugänglich ist, kann ein revisibler Fehler auch darin liegen, dass der Tatrichter in Unkenntnis von Umständen, die die Eidesfähigkeit des Zeugen in Frage stellen können, eine Prüfung in dieser Richtung überhaupt nicht vorgenommen hat (BGH 22, 266 = NJW 1969, 61). Die **Ermessensentscheidung** (Nr. 2) des Tatrichters, ob ein Beteiligungsverdacht besteht, kann vom Revisionsgericht nur daraufhin geprüft werden, ob sie frei von **Rechtsfehlern** ist (BGH 9, 72 = NJW 1956, 879). In einer neueren Entscheidung hat der BGH festgestellt: „Allein der Umstand, dass weder die Sitzungsniederschrift noch die Urteilsgründe erkennen lassen, aus welchen Erwägungen heraus § 60 Nr. 2 StPO nicht angewendet worden ist, begründet allerdings für sich noch keinen Rechtsfehler. Doch kann dann, wenn die Gesamtumstände eine solche Erörterung nahelegen, aus dem Fehlen jeglicher Begründung geschlossen werden, dass der Tatrichter sich der Frage nach dem Vereidigungsverbot des § 60 Nr. 2 StPO überhaupt nicht bewusst geworden ist oder den Begriff des Verdachts der Tatbeteiligung – für den schon ein entfernter Verdacht genügt – zu eng ausgelegt hat" (BGH NStE Nr. 11 zu § 60). Für die Frage, ob das Urteil auf einer Verletzung des § 60 **beruhen** kann, ist entscheidend, ob ein unter Einhaltung der Vorschrift durchgeführtes Verfahren zu demselben Ergebnis geführt haben würde. Im Regelfall wird sich nicht ausschließen lassen, dass einem **vereidigten Zeugen größere Glaubwürdigkeit** beigemessen wird und ein unvereidigter unter Eid etwas anderes ausgesagt hätte; doch kann es im Einzelfall anders liegen (BGH 4, 131 = NJW 1953, 915; BGH NStZ-RR 2002, 77). Aber „durch die Vereidigung wird nicht der Rechtsschein erweckt, der Aussage werde ohne Vorbehalt geglaubt werden" (BGH NStZ 1994, 227). Das Urteil wird darauf beruhen, wenn die eidliche Aussage als uneidlich behandelt wird, ohne die Prozessbeteiligten vorher zu unterrichten (s. Rn. 9). Die Nichtvereidigung und Vereidigung sind **wesentliche Förmlichkeiten** nach § 273, für die das Protokoll ausschließliche Beweiskraft hat (§ 274). Ist die Aussage eines vereidigten Zeugen nur als uneidliche gewertet worden, muss die dann grundsätzlich gebotene **Unterrichtung der Prozessbeteiligten** darüber im Protokoll vermerkt werden (BGH 4, 132 = NJW 1953, 915). Auf einem Verstoß gegen § 60 Nr. 2 kann ein Urteil auch dann **beruhen,** wenn das Tatgericht dem **fehlerhaft vereidigten Zeugen** nicht auszuschließen ist, dass der Angeklagte bei Ablehnung der Vereidigung weitere Anträge gestellt hätte, die das Urteil noch zu seinen Gunsten hätten beeinflussen können. Einer Darlegung, welche Anträge bei einer Ablehnung der Vereidigung gestellt worden wären, ist zur Substantiierung der Verfahrensrüge nicht erforderlich (OLG Frankfurt NStZ-RR 2003, 141).

§ 61 [Eidesverweigerungsrecht]

Die in § 52 Abs. 1 bezeichneten Angehörigen des Beschuldigten haben das Recht, die Beeidigung des Zeugnisses zu verweigern; darüber sind sie zu belehren.

Über das **Eidesverweigerungsrecht** ist der Zeuge **besonders zu belehren,** 1 auch wenn er auf sein Zeugnisverweigerungsrecht hingewiesen worden ist (BGH 4, 218 = NJW 1953, 1193). Es kann nicht als allgemein bekannt vorausgesetzt werden, dass die Rechte auf Verweigerung der Eidesleistung einen **anderen Regelungsgehalt** haben als die Rechte auf Verweigerung des Zeugnisses bzw. der Auskunft (OLG Düsseldorf NStZ-RR 1996, 169; s. auch § 70 Rn. 1). Die Belehrung ist bei einer neuen Vernehmung zu wiederholen. Der Zeuge kann die Bereitschaft zur Eidesleistung bis zur Vereidigung (RG 62, 144) und auch die zunächst erklärte Bereitschaft (BayObLSt 1951, 74) **widerrufen.** Nach der (endgültigen) Weigerung bedarf es für die Nichtvereidigung keines Beschlusses. **Geheilt** werden kann das Unterlassen der Belehrung durch Nachholung, wenn der Zeuge daraufhin erklärt, er hätte von seinem Recht auch dann keinen Gebrauch gemacht, wenn er vor Ablegung des Eides darüber belehrt wäre; andernfalls muss die Aussage als uneidlich gewertet werden und dies den Prozessbeteiligten mitgeteilt werden (KK-Senge Rn. 7). Die Belehrung muss als wesentliche Förmlichkeit im **Protokoll** (§§ 168a Abs. 1, 273 Abs. 1) vermerkt werden.

„Das Unterlassen der Belehrung über das Recht zur Eidesverweigerung ist ein 2 (bedingter) **Revisionsgrund**"; bei Tatgleichheit im selben Verfahren kann die Rüge jeder Mitangeklagte erheben (BGH 4, 217). Wird die Verlobte des Angeklagten in der Hauptverhandlung vereidigt, ohne zuvor über ihr **Recht belehrt** worden zu sein, als Verlobte die Beeidigung **zu verweigern** (§§ 52 Abs. 1 Nr. 1, 63), liegt ein Verfahrensfehler vor; auf ihm kann das Urteil beruhen (BGH NStZ 2001, 604). Das Urteil kann nicht auf dem Unterlassen der Belehrung **beruhen,** wenn es die Aussage gar nicht oder nicht zuungunsten des Beschwerdeführers oder nur als uneidliche Aussage gewertet hat (OLG Düsseldorf 1984, 182; vgl. auch zu Einzelfällen BGH NStZ 1992, 224; 1989, 84; 1987, 84).

§ 62 [Vereidigung im vorbereitenden Verfahren]

Im vorbereitenden Verfahren ist die Vereidigung zulässig, wenn
1. **Gefahr im Verzug ist oder**
2. **der Zeuge voraussichtlich am Erscheinen in der Hauptverhandlung verhindert sein wird.**
und die Voraussetzungen des § 59 Abs. 1 vorliegen.

§§ 63, 64 Erstes Buch. 6. Abschnitt

1 **§ 62 idF des ersten Justizmodernisierungsgesetzes schränkt die Vereidigung** im vorbereitenden Verfahren gegenüber dem bisherigen Recht ein. Eine Vereidigung kann nur noch dann erfolgen, wenn einer der in **1 oder Nr. 2** bezeichneten Gründe vorliegt **und** wenn der Vernehmende zusätzlich die Abnahme des Eides wegen der ausschlagenden Bedeutung der Aussage oder zur Herbeiführung einer wahren Aussage (§ 59 Abs. 1 für notwendig erachtet. Der Umstand allein, dass die Vereidigung zur Herbeiführung einer wahren Aussage erforderlich erscheint, kann die Entscheidung, einen Zeugen im Vorverfahren zu vereidigen, nicht mehr rechtfertigen. Vielmehr muss zusätzlich einer der in § 62 Nr. 1 oder Nr. 2 genannten Gründen hinzutreten. Durch die Einschränkung der Möglichkeiten zur Vereidigung im vorbereitenden Verfahren folgt die Neufassung der allgemeinen Tendenz den Eid als Mittel der Wahrheitsfindung auf das unabdingbare Maß zurückzunehmen (BT-Drucks. 15/1508 S. 23).

§ 63 [Vereidigung bei kommissarischen Vernehmungen]

Wird ein Zeuge durch einen beauftragten oder ersuchten Richter vernommen, muss die Vereidigung, soweit sie zulässig ist, erfolgen, wenn es in dem Auftrag oder in dem Ersuchen des Gerichts verlangt wird.

1 Grundlegend vereinfacht werden die Bestimmungen über die Vereidigung bei kommissarischen Vernehmungen durch den (neuen) § 63. Ob die Eidesleistung verlangt wird, steht **künftig** grundsätzlich im Ermessen des vernehmenden Richters. Nur dann, wenn dies in dem Auftrag oder in dem Ersuchen des Gerichts verlangt wird, ist er im Rahmen des rechtlich Möglichen zur Vereidigung verpflichtet.

§ 64 [Eidesformel]

(1) Der Eid mit religiöser Beteuerung wird in der Weise geleistet, dass der Richter an den Zeugen die Worte richtet:
„Sie schwören bei Gott dem Allmächtigen und Allwissenden, dass Sie nach bestem Wissen die reine Wahrheit gesagt und nichts verschwiegen haben"
und der Zeuge hierauf die Worte spricht:
„Ich schwöre es, so wahr mir Gott helfe."

(2) Der Eid ohne religiöse Beteuerung wird in der Weise geleistet, dass der Richter an den Zeugen die Worte richtet:
„Sie schwören, das Sie nach bestem Wissen die reine Wahrheit gesagt und nichts verschwiegen haben"
und der Zeuge hierauf die Worte spricht:
„Ich schwöre es."

(3) Gibt ein Zeuge an, dass er als Mitglied einer Religions- oder Bekenntnisgemeinschaft eine Beteuerungsformel dieser Gemeinschaft verwenden wolle, so kann er diese dem Eid anfügen.

(4) Der Schwörende soll bei der Eidesleistung die rechte Hand erheben.

1 Diese durch das 1. Justizmodernisierungsgesetz gefasste Vorschrift führt die verschiedenen Möglichkeiten auf, in denen eine Vereidigung erfolgen kann **(Abs. 1, 2)**. **Mohamedaner** schwören bei Allah, dem Allmächtigen. **Ausländer** leisten den Eid in ihrer Heimatsprache (§ 188 GVG). Dabei spricht der Dolmetscher die Eidesnorm in der Fremdsprache vor (RG 45, 305) und übersetzt die vom Zeugen gesprochene Eidesformel. **Beteuerungsformeln** einer Religions- oder Bekenntnisgemeinschaft kann der Zeuge anfügen **(Abs. 3)**. Das Erheben der rechten Hand **(Abs. 4)** ist

kein wesentlicher Bestandteil der Eidesleistung und kann nicht erzwungen werden. Andere symbolische Handlungen (zB Niederknien) sind dem Zeugen nicht zu verwehren.

§ 65 [Eidesgleiche Bekräftigung]

(1) ¹Gibt ein Zeuge an, dass er aus Glaubens- oder Gewissengründen keinen Eid leisten wolle, so hat er die Wahrheit der Aussage zu bekräftigen. ²Die Bekräftigung steht dem Eid gleich; hierauf ist der Zeuge hinzuweisen.

(2) ¹Die Wahrheit der Aussage wid in der Weise bekräftigt, dass der Richter an den Zeugen die Worte richtet:
„Sie bekräftigen im Bewusstsein Ihre Verantwortung vor Gericht, dass Sie nach bestem Wissen die reine Wahrheit gesagt und nichts verschwiegen haben"
und der Zeuge hierauf spricht:
„Ja"

(3) § 64 Abs. 3 gilt entsprechend.

Eine **einfache Erklärung** des Zeugen genügt für die Anwendung dieser Vorschrift; es müssen jedoch Glaubens- oder Gewissensgründe geltend gemacht werden, andere Gründe genügen nicht. Die für den Zeugeneid einschlägigen Vorschriften gelten auch hier. Für das materielle Rechte ist § 155 Nr. 1 StGB maßgebend. Im **Protokoll** ist zu vermerken, dass der Zeuge die Wahrheit seiner Aussage bekräftigt hat; der Hinweis auf die Vorschrift ist sinnvoll. 1

Mit der **Revision** kann gerügt werden, dass sich das Gericht mit der Bekräftigung begnügt hat, obwohl der Zeuge Glaubens- und Gewissensgründe nicht geltend gemacht hat. Auf dem Verstoß beruht das Urteil aber idR nicht, wenn der Zeuge solche Gründe hatte und das Gericht auch davon ausgegangen ist. 2

§ 66 [Eidesleistung hör- oder sprachbehinderter Personen]

(1) ¹Eine hör- oder sprachbehinderte Person leistet den Eid nach ihrer Wahl mittels Nachsprechens der Eidesformel, mittels Abschreibens und Unterschreibens der Eidesformel oder mit Hilfe einer die Verständigung ermöglichenden Person, die vom Gericht hinzuzuziehen ist. ²Das Gericht hat die geeigneten technischen Hilfsmittel bereitzustellen. ³Die hör- oder sprachbehinderte Person ist auf ihr Wahlrecht hinzuweisen.

(2) Das Gericht kann eine schriftliche Eidesleistung verlangen oder die Hinzuziehung einer die Verständigung ermöglichenden Person anordnen, wenn die hör- oder sprachbehinderte Person von ihrem Wahlrecht nach Absatz 1 keinen Gebrauch gemacht hat oder eine Eidesleistung in der nach Absatz 1 gewählten Form nicht oder nur mit unverhältnismäßigem Aufwand möglich ist.

(3) Die §§ 64 und 65 gelten entsprechend.

Abs. 1 gibt dem Zeugen das Recht, unter drei Formen der Eidesleistung zu wählen. Darüber ist er zu **belehren**. Bei noch vorhandenem Spechvermögen kann er sich für ein Nachsprechen der Eidesformel entscheiden. Er kann aber auch die Eidesformel **abschreiben und unterschreiben**. Abs. 1 räumt ihm ebenfalls das Recht ein, den Eid mit Hilfe einer die Verständigung ermöglichenden Person zu leisten, die vom Gericht hinzuzuziehen ist. Als Sprachmittler kommen zB Gebärden-, Schrift- oder Oraldolmetscher in Betracht. Diese sind nicht nach § 189 GVG zu vereidigen, da diese Bestimmung nicht für Personen gilt, die in der Hauptverhandlung nur dolmetscherähnliche Funktionen ausüben, doch steht eine Verfah- 1 renweise entsprechend § 189 GVG im Ermessen des Gerichts (BGH NJW 1997, 2336).

2 **Abs. 1 S. 2** bestimmt, dass das Gericht bei entsprechender Wahl des Zeugen die hierfür zweckdienlichen Hilfsmittel zur Verfügung zu stellen hat. Als solche Hilfsmittel kommen zB Höranlagen in Betracht (BT-Drucks. 14/9266).

3 **Nach Abs. 2** entscheidet das Gericht, wenn der behinderte Zeuge von seinem Wahlrecht keinen Gebrauch macht oder eine Eidesleistung in der gewählten Form nicht oder nur oder mit unverhältnismässigen Aufwand möglich ist. Gemäß **Abs. 3** gelten die §§ 64 und 65 entsprechen.

§ 67 [Berufung auf den früheren Eid]

Wird der Zeuge, nachdem er eidlich vernommen worden ist, in demselben Vorverfahren oder in demselben Hauptverfahren nochmals vernommen, so kann der Richter statt der nochmaligen Vereidigung den Zeugen die Richtigkeit seiner Aussage unter Berufung auf den früher geleisteten Eid versichern lassen.

1 Diese Vorschrift hat an Bedeutung verloren, da die Vereidigung Ausnahme ist (§ 59). Eine **nochmalige Vernehmung** liegt vor, wenn der Zeuge nach Beeidigung seiner Aussage oder ihrer Bekräftigung nach § 66 d erneut zur Sache vernommen wird, auch wenn dies noch am selben Verhandlungstage und ohne vorherige Entlassung (§ 248) geschieht (BGH 4, 142 = NJW 1953, 996). **Dasselbe** Verfahren ist gegeben, wenn es sich gegen denselben Beschuldigten richtet. Der **Hinzutritt** neuer von der Aussage betroffener Mitbeschuldigter schließt § 67 aus (RG 49, 252). Nach Verfahrenstrennung kann sich der Zeuge in jedem der weitergeführten Verfahren auf den **vor** der Trennung geleisteten Eid berufen (Meyer-Goßner Rn. 3). Nur innerhalb desselben Vor- **oder** Hauptverfahrens ist § 67 anwendbar. Die Vereidigung in der Hauptverhandlung darf daher nicht durch die Bezugnahme auf den im Vorverfahren geleisteten Eid ersetzt werden (BGH MDR 1953, 722). Unter **Vorverfahren** ist das von der StA betriebene Ermittlungsverfahren einschließlich der Anklageerhebung zu verstehen; das Zwischenverfahren nach § 202 ist zur Hauptverhandlung zu rechnen (KK-Senge Rn. 4). Das **Hauptverfahren** umfasst „den ganzen Zeitraum vom Eröffnungsbeschluss bis zur Rechtskraft" (BGH 23, 285 = NJW 1970, 1614); hierzu gehört zB die Erneuerung der Hauptverhandlung nach Unterbrechung oder Aussetzung, nach Verweisung nach § 270 Abs. 1, nach Zurückverweisung durch das Berufungs- oder Revisionsgericht (§§ 328 Abs. 2, 354 Abs. 2, 3, 355) und das Berufungsverfahren (BGH 23, 284). Das **Wiederaufnahmeverfahren** ist jedoch nicht mehr dasselbe Hauptverfahren (RG 18, 419).

2 Ob von der Möglichkeit nach § 67 Gebrauch gemacht werden soll, liegt im **Ermessen** des Vorsitzenden; bei Beanstandungen entscheidet nach § 238 Abs. 2 das Gericht (OLG Braunschweig NJW 1957, 513). Wird ein Zeuge in einem späteren Abschnitt einer Hauptverhandlulng **noch einmal vernommen,** bedarf es einer **neuen Entscheidung** über die Vereidigung. Diese umfasst grundsätzlich die gesamte bisherige Aussage des Zeugen. (BGH NJW 2003, 2107; § 59 Rn. 2). Die Versicherung **unter Berufung auf den früheren Eid** muss der Zeuge selbst abgeben; der Hinweis des Richters auf den früher geleisteten Eid reicht nicht (BGH 4, 141 = NJW 1953, 996). Der Zeuge muss vorher entsprechend § 57 S. 2 belehrt werden. Diese Versicherung ist als wesentliche Förmlichkeit im **Protokoll** zu beurkunden (BGH 4, 141): „Der Zeuge versichert die Richtigkeit seiner Aussage unter Berufung auf den früher geleisteten Eid" (Meyer-Goßner Rn. 8). Wenn der Zeuge die Richtigkeit seiner Aussage unter Berufung auf einen Eid versichert, den er gar **nicht geleistet hat,** liegt ein Verfahrensfehler vor. Das Urteil beruht nicht auf dem Verfahrensfehler, wenn das Gericht die Aussage irrtümlich als beeidigt

Zeugen **§ 68**

angesehen und gewürdigt und der Zeuge seine Vernehmung als eidlich betrachtet hat (vgl. RG 64, 380; BGH NStZ 1984, 328). Die Vorstellungen des Zeugen über die Frage, ob er seine Aussage als eidlich angesehen hat, sind im Wege des Freibeweises zu ermitteln; bringt dieser keine Klärung, ist das Urteil aufzuheben (OLG Köln NJW 1963, 2333; Dahs LR Rn. 22). Mit der **Revision** kann die Verletzung des Ermessens nicht gerügt werden. Die Revision kann auf sonstige Rechtsfehler gestützt werden; es kommt darauf an, ob das Urteil auf dem Verstoß beruht (KK-Senge Rn. 10).

§ 68 [Vernehmung zur Person] RiStBV 130 a

(1) ¹Die Vernehmung beginnt damit, daß der Zeuge über Vornamen und Zunamen, Alter, Stand oder Gewerbe und Wohnort befragt wird. ²Zeugen, die Wahrnehmungen in amtlicher Eigenschaft gemacht haben, können statt des Wohnortes den Dienstort angeben.

(2) ¹Besteht Anlaß zu der Besorgnis, daß durch die Angabe des Wohnortes der Zeuge oder eine andere Person gefährdet wird, so kann dem Zeugen gestattet werden, statt des Wohnortes seinen Geschäfts- oder Dienstort oder eine andere ladungsfähige Anschrift anzugeben. ²Unter der in Satz 1 genannten Voraussetzung kann der Vorsitzende in der Hauptverhandlung dem Zeugen gestatten, seinen Wohnort nicht anzugeben.

(3) ¹Besteht Anlaß zu der Besorgnis, daß durch die Offenbarung der Identität oder des Wohn- oder Aufenthaltsortes des Zeugen Leben, Leib oder Freiheit des Zeugen oder einer anderen Person gefährdet wird, so kann ihm gestattet werden, Angaben zur Person nicht oder nur über eine frühere Identität zu machen. ²Er hat jedoch in der Hauptverhandlung auf Befragen anzugeben, in welcher Eigenschaft ihm die Tatsachen, die er bekundet, bekanntgeworden sind. ³Die Unterlagen, die die Feststellung der Identität des Zeugen gewährleisten, werden bei der Staatsanwaltschaft verwahrt. ⁴Zu den Akten sind sie erst zu nehmen, wenn die Gefährdung entfällt.

(4) Erforderlichenfalls sind dem Zeugen Fragen über solche Umstände, die seine Glaubwürdigkeit in der vorliegenden Sache betreffen, insbesondere über seine Beziehungen zu dem Beschuldigten oder dem Verletzten, vorzulegen.

Die Vorschrift ist eine Ordnungsvorschrift (BGH 23, 245 = NJW 1970, 1197) und 1 dient dem Zweck, **Personalverwechslungen** zu vermeiden und soll auch eine verlässliche Grundlage für die Beurteilung der **Glaubwürdigkeit** eines Zeugen schaffen, dh. den Verfahrensbeteiligten die Einholung von Erkundigungen über den Zeugen ermöglichen (BGH 33, 87 = NJW 1985, 984). Für diese Angaben gilt das Zeugnisverweigerungsrecht **nicht**. **Vor- und Zunamen** sind festzustellen, gegebenenfalls sind auch Geburtsname, Künstlername und alle Vornamen anzugeben. Die **Altersangabe** kann auch im Hinblick auf §§ 60 Nr. 1, 61 Nr. 1 bedeutsam sein; grundsätzlich genügt die Angabe des Lebensjahres. Unter **Stand oder Gewerbe** ist der gegenwärtige Beruf gemeint; die Arbeitslosigkeit rechnet aber nicht hierzu (Göhler, OWiG, § 111 Rn. 14). Fragen nach der früheren Berufstätigkeit sind regelmäßig unzulässig (BGH MDR 1966, 383). Beim **Wohnort** ist – wie sich aus Abs. 2 ergibt – normalerweise die postalische Anschrift gemeint (BGH NJW 1990, 1125; OLG Stuttgart Justiz 1991, 333) und nicht lediglich die Ortsangabe. Zeugen ohne festen Wohnsitz sind nach ihrem Aufenthaltsort (§ 222 Abs. 1) zu fragen. An Stelle des Wohnorts kann der **Dienstort** in bestimmten Fällen nach **Abs. 1** angegeben werden.

Nach **Abs. 2** bestehen **Ausnahmen** von der Verpflichtung zur **Wohnungsan-** 2 **gabe für gefährdete Personen.** Ist ein Zeuge im Rahmen von polizeilichen

119

§ 68

Zeugenschutzmaßnahmen an einem geheimgehaltenen Ort wohnhaft, so ist für seine ermittlungsrichterliche Vernehmung das AG örtlich zuständig, in dessen Bezirk sich die Polizeidienststelle befindet, über die der Zeuge geladen werden kann. Nur auf diese Weise ist ein effektiver Zeugenschutz zu gewährleisten (LG Karlsruhe NJW 1997, 3183). Es muss sich um eine **erhebliche Gefährdung** handeln (BGH NStZ 1989, 238). Anlass zur Besorgnis für eine Gefährdung kann auch auf Grund allgemeiner Erkenntnisse und Erfahrungen bestehen (OLG Koblenz NStZ 1992, 95). Auf die **anderen Personalangaben** ist die Vorschrift bei gerichtlichen Vernehmungen nicht anwendbar (BGH 32, 128 = NJW 1984, 247); anderes gilt für polizeiliche Vernehmungen (KK-Senge vor § 48 Rn. 70; BGH 33, 86 ff. = NJW 1985, 984). Die Entscheidung über die Anwendung trifft der Vorsitzende unter Abwägung des Persönlichkeitsschutzes gegen das Aufklärungs- und Verteidigerinteresse (BGH NJW 1989, 1230; Hilger NStZ 1992, 459). Über Beanstandungen entscheidet das Gericht nach § 238 Abs. 2. Abs. 2 schränkt das **Fragerecht** nach § 240 ein (Meyer-Goßner Rn. 13). Vgl. auch RiStBV Nr. 130 a.

3   Abs. 3 erlaubt einen **weitergehenden Schutz** (über Abs. 2 hinausgehend), wenn Umstände (zB kriminalistische Anhaltspunkte, Erfahrungen) vorliegen, die Anlass zu einer entsprechenden Besorgnis (für Leben, Leib, Freiheit) geben. Ausreichend ist – wie im Fall des Abs. 2 – eine noch nicht konkretisierte Gefährdungslage (s. Rn. 2). Dem Zeugen kann sogar gestattet werden, Angaben zur Person nicht oder nur über seine frühere Identität zu machen. Erforderlich ist jedoch, dass Maßnahmen nach Abs. 1 und 2 nicht ausreichen, um die betroffenen Personen und die genannten Rechtsgüter zu schützen. Mit dem Begriff **Identität** (Name, Anschrift, sonstige die Person kennzeichnende Angaben wie zB Beruf, Familienstand) ist nicht nur die gegenwärtige Identität des Zeugen gemeint, sondern auch eine frühere, falls er inzwischen eine neue Identität erhalten hat. Die Geheimhaltung der wahren Identität, falls der Zeuge als Verdeckter Ermittler über eine Legende eine zeitweilige neue Identität erhalten hat, regelt sich nach § 110b Abs. 3. Die Regelung über die Befragung nach S. 2 hat im Wesentlichen nur Bedeutung für den **Verdeckten Ermittler.** Da die Anwendbarkeit des Abs. 3 – anders als Abs. 2 S. 2 – nicht auf die Hauptverhandlung beschränkt ist, gilt die Vorschrift nach für Vernehmungen vor bzw. außerhalb der Hauptverhandlung (Hilger NStZ 1992, 459; Möhrenschlager wistra 1992, 332). **Ausgeschlossen** ist aber die Vernehmung eines optisch oder akustisch **abgeschirmten** Zeugen, zB eines vermummten oder unkenntlich gemachten Zeugen (BGH 32, 124 = NJW 1984, 247). Der Zeuge muss vielmehr körperlich anwesend und sichtbar sein (Meyer-Goßner Rn. 18). Für polizeiliche Vernehmungen gelten diese Grundsätze nicht (BGH 33, 83 = NJW 1985, 984).

4   Fragen zur **Glaubwürdigkeit** sind nach Abs. 4 grundsätzlich unzulässig, soweit dadurch Schutzmaßnahmen nach Abs. 1 bis 3 unterlaufen würden. Dem Gericht ist es jedoch unbenommen, in solchen Fällen – unbeschadet der Aufklärungspflicht zur Glaubwürdigkeit von Amts wegen – dem Verteidiger auf Verlangen geeignete, **nicht gefährdende** Angaben zu machen, damit dieser Erkundigungen zur Glaubwürdigkeit des Zeugen einziehen kann (Hilger NStZ 1992, 459). Zunächst entscheidet der Vorsitzende nach pflichtgemäßem Ermessen, und auf Beanstandungen entscheidet – wie in den Abs. 1 bis 3 – das Gericht nach § 238 Abs. 2. Die Vernehmung des Zeugen zur Person muss nach §§ 168a, 273 im **Protokoll** beurkundet werden (RG 3, 102).

5   Die **Revision** kann allein auf die Verletzung der **Ordnungsvorschrift** des § 68 **nicht** gestützt werden (BGH 23, 244 = NJW 1970, 1197). Gerügt werden können andere im Zusammenhang mit § 68 begangene Rechtsverletzungen, zB unzulässige Beschränkung der Verteidigung oder des Fragerechts oder der Aufklärungspflicht (KK-Senge Rn. 12). So kann die Verletzung der **Abs. 2 und Abs. 3** gerügt werden, wenn die Voraussetzungen für eine Geheimhaltung des Wohnortes nicht

vorlagen und der Angeklagte dadurch in seiner Verteidigung beschränkt worden ist (BGH NStZ 1989, 238; Dahs LR Rn. 23).

§ 68 a [Fragen nach entehrenden Tatsachen und Vorstrafen]

(1) Fragen nach Tatsachen, die dem Zeugen oder einer Person, die im Sinne des § 52 Abs. 1 sein Angehöriger ist, zur Unehre gereichen können oder deren persönlichen Lebensbereich betreffen, sollen nur gestellt werden, wenn es unerläßlich ist.

(2) Der Zeuge soll nach Vorstrafen nur gefragt werden, wenn ihre Feststellung notwendig ist, um über das Vorliegen der Voraussetzungen des § 60 Nr. 2 zu entscheiden oder um seine Glaubwürdigkeit zu beurteilen.

Die Vorschrift dient dem Ehrenschutz und dem Schutz des persönlichen Lebensbereichs des Zeugen (BGH 13, 254 = NJW 1959, 2075; BVerfGE 38, 114 ff. = NJW 1975, 103). Zur **Unehre** gereicht eine Tatsache, wenn sie den guten Ruf gefährdet (BGH 13, 254). Zum **persönlichen Lebensbereich** gehört vor allem die Intimsphäre; es sollen namentlich die durch Straftaten gegen die sexuelle Selbstbestimmung Verletzten vor detaillierter Befragung über ihr Sexualleben ohne erkennbaren Zusammenhang mit der zu verhandelnden Tat geschützt werden (BT-Drucks. 10/5385 S. 10). **Unerlässlich** ist die Befragung, „wenn sie zur Wahrheitserforschung notwendig ist. Kann also das Gericht seiner Pflicht, die Wahrheit zu ergründen, nicht uneingeschränkt nachkommen, ohne Fragen an den Zeugen zu richten, deren Beantwortung ihm oder einem Angehörigen zur Unehre gereichen kann, geht die Pflicht zur Erforschung der Wahrheit dem Interesse des Zeugen an der Erhaltung seines Ansehens und dessen seiner Angehörigen vor" (BGH 21, 360 = NJW 1968, 710; BGH NStZ 1982, 188). Dabei spielt es keine Rolle, ob die Befragung sich auf unmittelbar erhebliche Tatsachen oder nur auf Hilfstatsachen bezieht (BGH 13, 255). 1

Nach **Vorstrafen** und auch nach noch nicht rechtskräftigen Verurteilungen darf nur in dem eng begrenzten Rahmen gefragt werden. Im Erziehungsregister eingetragene und im Strafregister getilgte oder tilgungsreife Verurteilungen scheiden aus. Der Zeuge kann sich als unbestraft bezeichnen (§§ 53, 64 Abs. 1 BZRG). 2

Die **Entscheidung** über die Unerlässlichkeit der Frage trifft der Vorsitzende und nach Beanstandungen gemäß § 238 Abs. 2 das Gericht nach pflichtgemäßem Ermessen (BGH 13, 255 = NJW 1959, 2075). § 68 a beschränkt auch das **Fragerecht der Prozessbeteiligten.** Eine Frage kann nach § 241 Abs. 2 als ungeeignet zurückgewiesen werden (BGH 21, 360 = NJW 1968, 710). § 68 a ist eine **nicht revisible Ordnungsvorschrift,** deren Verletzung die **Revision** nicht begründet. Wird aber eine **Frage** nach § 68 a zu Unrecht zurückgewiesen und ist darüber ein Gerichtsbeschluss (§ 238 Abs. 2, 242) ergangen, kann dieser Verfahrensverstoß nach § 338 Nr. 8 zur Aufhebung des Urteils führen (BGH NStZ 1982, 170; Dahs LR Rn. 10). Auch die unberechtigte Zurückweisung von Fragen nach Vorstrafen kann die Revision begründen, wenn ein Beruhen des Urteils auf diesem Verfahrensfehler nicht auszuschließen ist (BGH StV 2001, 435; KK-Senge Rn. 6). 3

§ 68 b [Beiordnung eines Rechtsanwalts]

¹Zeugen, die noch keinen anwaltlichen Beistand haben, kann für die Dauer der Vernehmung mit Zustimmung der Staatsanwaltschaft ein Rechtsanwalt beigeordnet werden, wenn ersichtlich ist, daß sie ihre Befugnisse bei der Vernehmung nicht selbst wahrnehmen können und ihren schutzwürdigen Interessen auf andere Weise nicht Rechnung getragen werden kann. ²Hat die Vernehmung

§ 68 b

1. ein Verbrechen,
2. ein Vergehen nach den §§ 174 bis 174 c, 176, 179 Abs. 1 bis 4, §§ 180, 180 b, 182, 225 Abs. 1 oder 2 des Strafgesetzbuches oder
3. ein sonstiges Vergehen von erheblicher Bedeutung, das gewerbs- oder gewohnheitsmäßig oder von einem Bandenmitglied oder in anderer Weise organisiert begangen worden ist,

zum Gegenstand, so ist die Beiordnung auf Antrag des Zeugen oder der Staatsanwaltschaft anzuordnen, soweit die Voraussetzungen des Satzes 1 vorliegen. ³Für die Beiordnung gelten § 141 Abs. 4 und § 142 Abs. 1 entsprechend. ⁴Die Entscheidung ist unanfechtbar.

1   Die Bestimmung zielt auf eine Verbesserung bestimmter schutzbedürftiger Zeugen in Vernehmungssituationen. Durch die Unterstützung eines anwaltlichen Beistandes sollen sie in die Lage versetzt werden, ihnen zustehende Abwehr- und Schutzrechte geltend zu machen (KK-Senge Rn. 1). Der gemäß § 68 b bestellte Zeugenbeistand hat keine weiter gehenden Befugnisse als ein anderer RA, über den gemäß § 475 Abs. 1, 2 ein Auskunfts- bzw. Akteneinsichtsrechts des Zeugen wahrzunehmen ist. Folglich ist die eine Auskunfserteilung bzw. Akteneinsicht an den Zeugenbeistand betreffende Entscheidung des Vorsitzenden unanfechtbar (OLG Hamburg NJW 2002, 1590). Ein **Recht** auf Akteneinsicht steht ihm aber nicht zu (OLG Düsseldorf NJW 2002, 2806). **Anwendbar** ist die Vorschrift bei richterlichen Vernehmungen in und außerhalb einer Hauptverhandlung, ebenso bei staatsanwaltschaftlichen (161 a Abs. 1 S. 2). Nach der hM soll diese Bestimmung mangels einer Verweisung in § 163 a Abs. 5 nicht bei polizeilichen Vernehmungen anwendbar sein (Rieß NJW 1998, 3242; Meyer-Goßner Rn. 2). Aber vor allem bei polizeilichen Vernehmungen könnte ein anwaltlicher Beistand für einen schutzbedürftigen Zeugen erforderlich sein.

2   Die **Beiordnung nach S. 1** eröffnet die Ermessensentscheidung (Kannvorschrift), dem Zeugen für die **Dauer der Vernehmung** einen anwaltlichen Beistand beizuordnen. Die Entscheidung kann von Amts wegen, aber auch auf Antrag der StA oder des Zeugen ergehen, wenn ersichtlich ist, dass der Zeuge seine Befugnisse nicht selbst wahrnehmen kann und (Subsidiaritätsklausel) seinen schutzwürdigen Interessen nicht auf andere Weise Rechnung getragen werden kann (vgl. Seitz JR 1998, 310). Außerdem muss der StA dem Verfahren zustimmen (Rieß NJW 1998, 3242). Beantragt die StA die Beiordnung des RA, liegt darin zugleich die Zustimmungserklärung. Die Annahme, ein RA könne als **Zeugenbeistand** nach pflichtgemäßem Ermessen durch die StA **ausgeschlossen** werden, verletzt Art. 12 Abs. 1 GG (BVerfG NJW 2000, 2660).

3   In den in **S. 2** aufgezählten Fällen – alle Verbrechen, Vergehen gegen die sexuelle Selbstbestimmung und nach § 225 StGB sowie Vergehen von erheblicher Bedeutung, die Merkmale der Organisierten Kriminalität aufweisen – ist die Bestellung unter den gleichen Voraussetzungen **zwingend vorgeschrieben**, wenn der Zeuge oder die StA sie beantragt. In diesem Fall ist die **Zustimmung der StA** nicht erforderlich, wenn der Zeuge den Antrag stellt (Rieß NJW 1998, 3242 Fn. 1; Meyer-Goßner Rn. 6).

4   Nach **S. 3** iVm 141 Abs. 4 ist **zuständig** stets – auch bei der staatsanwaltschaftlichen Vernehmung – der Vorsitzende des Gerichts, das für das Hauptverfahren zuständig oder bei dem das Verfahren anhängig ist. Der Vorsitzende entscheidet nach Anhörung der StA, in der Hauptverhandlung auch der übrigen Beteiligten, § 33 Abs. 1, 2. Für die Auswahl des zu bestellenden Rechtsanwalts gelten § 141 Abs. 4 und § 142 Abs. 1 entsprechend (Meyer-Goßner Rn. 7).

5   Nach **S. 4** ist die Entscheidung des Vorsitzenden **unanfechtbar**. Das gilt nach Wortlaut und Entstehungsgeschichte (BT-Drucks. 13/7165 S. 9) auch für die Ablehnung der Beiordnung (OLG Hamm NStZ 2000, 220; OLG Celle NStZ-RR

2000, 336). Die Entscheidung des Vorsitzenden ist daher – soweit Revisibilität nach § 336 S. 1 überhaupt in Frage kommt – gemäß § 336 S. 2 insgesamt der Revision entzogen (Meyer-Goßner Rn. 8).

Auch nach Einfügung des § 68 b ist die **Gebühr** für die Tätigkeit des einem Zeugen beigeordneten **anwaltschaftlichen Zeugenbeistands** im Gesetz nicht ausdrücklich geregelt. Die Gebühren bestimmen sich weiterhin in analoger Anwendung des § 95 Halbs. 2 BRAGO (OLG Hamm NStZ-RR 2000, 383). Die **Vergütung** eines gerichtlich beigeordneten Zeugenbeistands richtet sich nach §§ 97 I, 91 Nr. 1 BRAGO. Ihm kann im Einzelfall unter den Voraussetzungen des § 99 I BRAGO eine Pauschvergütung gewährt werden, wenn seine Mühewaltung nur so angemessen abgegolten werden kann (OLG Düsseldorf NStZ-RR 2001, 96). 6

§ 69 [Vernehmung zur Sache]

(1) ¹**Der Zeuge ist zu veranlassen, das, was ihm von dem Gegenstand seiner Vernehmung bekannt ist, im Zusammenhang anzugeben.** ²**Vor seiner Vernehmung ist dem Zeugen der Gegenstand der Untersuchung und die Person des Beschuldigten, sofern ein solcher vorhanden ist, zu bezeichnen.**

(2) **Zur Aufklärung und zur Vervollständigung der Aussage sowie zur Erforschung des Grundes, auf dem das Wissen des Zeugen beruht, sind nötigenfalls weitere Fragen zu stellen.**

(3) **Die Vorschrift des § 136 a gilt für die Vernehmung des Zeugen entsprechend.**

Die Vorschrift gilt für **alle richterlichen** Vernehmungen von Zeugen **in und außerhalb der Hauptverhandlung** (BGH NJW 1953, 231); für die StA ist sie nach § 161 a Abs. 1 S. 2 entsprechend maßgebend und soll auch für **polizeiliche Vernehmungen** aus Zweckmäßigkeitsgründen beachtet werden. Bei konsularischen und ausländischen Vernehmungen ist § 69 nicht anwendbar (BGH MDR 1981, 632). Die Vernehmung ist **mündlich** zu vernehmen (Ausnahmen bei Tauben und Stummen nach § 186 GVG. Zur Zulässigkeit der Zuziehung eines Dolmetschers oder einer Hilfsperson bei tauben oder stummen sowie geistig retardierten Zeugen (BGH 43, 62 = NJW 1997, 2335; s. § 186 GVG Rn. 1). Die Verlesung oder die Entgegennahme schriftlicher Erklärungen ist grundsätzlich unzulässig; nur im Vorverfahren können schriftliche Erklärungen zweckmäßig sein. Die Vernehmung hat mit der **Unterrichtung** nach **Abs. 1 S. 2** zu beginnen. Sodann ist der Zeuge zu einem **Bericht** zu veranlassen **(Abs. 1 S. 1);** er hat Anspruch darauf, sein „Wissen zur Sache im Zusammenhang vorzutragen" (BVerfGE 38, 117 = NJW 1975, 104), also unbeeinflusst von Fragen. Dies ist eine zwingende Vorschrift; bei einem Verstoß darf die Niederschrift nicht gemäß § 251 Abs. 1 Nr. 4 verlesen werden (BGH NStZ 1983, 212). Ist trotz Bemühungen eine zusammenfassende Darstellung **nicht zu erlangen,** muss der Richter zur Vernehmung durch Vorhalte und Fragen übergehen; auch eine **abschnittsweise** Vernehmung ist zulässig (BGH MDR 1966, 25). 1

Das **Verhör (Abs. 2)** des Zeugen dient der „Aufklärung und Vervollständigung der Aussage sowie zur Erforschung des Grundes, auf dem sein Wissen beruht" (BGH 3, 284 = NJW 1953, 115). Die „**Fragen**", die vielfach in der Form von **Vorhalten** gestellt werden, sind erst zulässig, nachdem deutlich geworden ist, was der Zeuge ohne einen solchen Vernehmungsbehelf zu bekunden vermag (BGH 3, 284; KK-Senge Rn. 6). Dem Zeugen können vor allem **vorgehalten** werden: Beweisgegenstände, frühere eigene Aussagen und Angaben anderer Auskunftspersonen, Beweisergebnisse jeder Art, eigenes Wissen des Vernehmenden und offenkundige Tatsachen (Meyer-Goßner Rn. 7; vgl. BGH 14, 312 = NJW 1960, 1630). **Vernehmungshilfen** sind zulässig, zB die Verwendung von Lichtbildern, Zeich- 2 nungen (BGH 18, 53 = NJW 1962, 2361). Unterlagen in den Akten oder Protokolle über frühere Vernehmungen können dem Zeugen vorgelesen oder zur Einsicht vorgelegt werden (BGH 1, 8). Ein Recht auf **Akteneinsicht** hat aber der Zeuge nicht. Auch ein von einer früheren Vernehmung aufgenommenes Tonband kann abgespielt werden (BGH 14, 340 = NJW 1960, 1582).

3   Es ist selbstverständlich **(Abs. 3)**, dass **unzulässige Vernehmungsmethoden** verboten sind (§ 136a). Bei **richterlichen** Vernehmungen im Vorverfahren ist nach §§ 168, 168a ein **Protokoll** mit den Angaben des Zeugen zu erstellen; bei staatsanwaltschaftlichen Vernehmungen **soll** so verfahren werden (§ 168b), und bei der Polizei gibt es keine gesetzliche Vorschrift insoweit. Für die **Hauptverhandlung** ist §§ 273 Abs. 2, 3 maßgebend.

4   Die **Revision** kann auf die Verletzung von Abs. 1 S. 1 – zwingendes Recht – gestützt werden (BGH NJW 1953, 35; BGH NStZ 1983, 212; s. Rn. 1). Abs. 1 S. 2 ist eine Ordnungsvorschrift und nicht mit der Revision anfechtbar (RG 6, 267). Ein Verstoß gegen Abs. 2 – das Unterlassen von Fragen – könnte an sich als Verletzung der Aufklärungspflicht gerügt werden, wird aber erfolglos sein, weil kein Beweis für die Richtigkeit der Behauptung erbracht werden kann (BGH 17, 353 = NJW 1962, 1832).

§ 70 [Grundlose Zeugnis- oder Eidesverweigerung]

(1) ¹Wird das Zeugnis oder die Eidesleistung ohne gesetzlichen Grund verweigert, so werden dem Zeugen die durch die Weigerung verursachten Kosten auferlegt. ²Zugleich wird gegen ihn ein Ordnungsgeld und für den Fall, daß dieses nicht beigetrieben werden kann, Ordnungshaft festgesetzt.

(2) Auch kann zur Erzwingung des Zeugnisses die Haft angeordnet werden, jedoch nicht über die Zeit der Beendigung des Verfahrens in dem Rechtszug, auch nicht über die Zeit von sechs Monaten hinaus.

(3) Die Befugnis zu diesen Maßregeln steht auch dem Richter im Vorverfahren sowie dem beauftragten und ersuchten Richter zu.

(4) Sind die Maßregeln erschöpft, so können sie in demselben oder in einem anderen Verfahren, das dieselbe Tat zum Gegenstand hat, nicht wiederholt werden.

1   Diese Vorschrift gilt für richterliche und (mit Ausnahme der Beugehaft) staatsanwaltschaftliche Vernehmungen (§ 161a Abs. 2) Sie **ergänzt** § 51 für den Fall, dass der Zeuge zwar „erscheint", aber das Zeugnis oder die Eidesleistung verweigert. **Gesetzliche** Gründe für die **Zeugnisverweigerung** ergeben sich aus §§ 52 bis 55, ferner aus § 34 StGB (BGH NStZ 1984, 31) und bei Verstoß gegen § 169 S. 2 GVG (Dahs LR Rn. 5; KK-Senge Rn. 2). Da die Vereidigung nunmehr die Ausnahme ist, hat § 70 insoweit an Bedeutung verloren (vgl. §§ 59ff. mit Erläuterungen).

Gegen **Kinder** dürfen Ordnungsmittel und Beugehaft nicht angeordnet werden. Der Zeuge verweigert **ohne gesetzlichen Grund** die Aussage, wenn ihm kein Weigerungsrecht nach §§ 52ff. zusteht. Das Weigerungsrecht kann aber nach § 34 StGB gerechtfertigt sein (BGH NStZ 1984, 31). Eine Verweigerung liegt auch vor, wenn nur einzelne Fragen nicht beantwortet werden. Aber „Maßnahmen gegen einen Zeugen nach § 70 StPO sind unzulässig, wenn er zwar aussagt, dabei aber nach Ansicht des Gerichts die Unwahrheit sagt oder mit der Aussage zurückhält" (BGH 9, 362 = NJW 1956, 1807). Zu einer ordnungsgemäßen Belehrung im Rahmen des § 70 gehört nicht nur die Bekanntgabe des Gesetzesinhalts durch Verlesung der Vorschrift, sondern auch der Hinweis auf bestehende **Unterschiede** zwischen Zeugnisverweigerungsrecht und Eidesverweigerungsrecht und eine entsprechende Erläuterung. Es kann nicht als allgemein bekannt vorausgesetzt werden, dass die Rechte auf Verweigerung der Eidesleistung einen anderen Regelungsinhalt haben als die Rechte auf Verweigerung des Zeugnisses bzw. der Auskunft. Es fehlt an einem **Verschulden** im Rahmen des § 70, wenn der Zeuge mangels ausreichend umfassender Belehrung nicht erkennen konnte, dass ihn eine von ihm subjektiv angenommene Möglichkeit strafrechtlicher Verfolgung nicht zur Verweigerung der Eidesleistung berechtigt (OLG Düsseldorf (NStZ-RR 1996, 169). Ein Verdächtiger erlangt die Stellung eines **Beschuldigten,** wenn die StA Maßnahmen gegen ihn ergreift, die erkennbar darauf abziehlen, gegen ihn wegen einer Straftat strafrechtlich vorzugehen. Will ihn die StA gleichwohl zum Verdachtskomplex nur als **Zeugen** vernehmen, so steht ihm die Äußerungsfreiheit nach Maßgabe der §§ 136, 163 a zu, so dass auch bei genereller Aussageverweigerung Maßregeln nach § 70 nicht angeordnet werden dürfen (BGH NJW 1997, 1591).

Die **Auferlegung der Kosten (Abs. 1 S. 1)** ist für jeden einzelnen Fall **zwingend** vorgeschrieben. Das **Ordnungsgeld** (von 5 bis 1000,–, Art. 6 Abs. 1 EGStGB) muss der Richter festsetzen, wenn die Voraussetzungen vorliegen (LG Mainz NJW 1988, 1744). **Ordnungshaft (Abs. 1 S. 2)** von 1 bis 42 Tagen (Art. 6 Abs. 2 EGStGB) darf nur für den Fall verhängt werden, dass das Ordnungsgeld nicht beigetrieben werden kann. **Beugehaft (Abs. 2)** darf entgegen dem Gesetzeswortlaut auch bei der Eidesverweigerung angeordnet werden; die Dauer ist auf sechs Monate begrenzt und steht im richterlichen Ermessen. Eine Ordnungsstrafe darf nur verhängt werden, wenn der Zeuge **schuldhaft** gegen die Zeugenpflicht verstoßen hat. Das Gleiche gilt für die Auferlegung der Kosten (BGH 28, 295 = NJW 1979, 1212). Parlamentarische Untersuchungsausschüsse können ebenfalls die Maßnahmen nach Abs. 1 und 2 verhängen (BVerfG NStZ 1988, 138). **Vor Anordnung** der Maßnahmen hat das Gericht den Zeugen auf die Folgen der Weigerung **hinzuweisen** (BGH 28, 258; LG Düsseldorf NStZ-RR 1996, 169). Die Begründungsanforderungen für das über die **Haftfrage** (hier: gemäß **§ 70 Abs. 3**) entscheidende Gericht sind erhöht, wenn im Rahmen eines zweigliedrigen Instanzenzuges eine vorangegangene richterliche Entscheidung auch gegen das Vorliegen der Voraussetzungen der Freiheitsbeschränkungen ausgesprochen hatte und das entscheidende Gericht davon abweichen will (BVerfG NStZ 2002, 103). 2

Die **Vollstreckung** der Ordnungsmittel obliegt nach § 36 Abs. 2 S. 1 der StA. **Beschwerde** nach § 304 Abs. 1, 2 können die StA und der betroffene Zeuge einlegen, der Angeklagte nur, wenn dem Zeugen die Kosten nicht auferlegt werden (Meyer-Goßner Rn. 20). Gegen den Beugehaftbeschluss des Ermittlungsrichters des BGH und des OLG ist (entgegen BGH 30, 52) die Beschwerde zulässig (BGH 36, 192 = NJW 1989, 2702); aber die **Ablehnung** der Anordnung von Erzwingungshaft nach Abs. 2 durch den Ermittlungsrichter eines OLG oder des BGH unterliegt nicht der Anfechtung nach § 304 Abs. 5 – im Anschluss an BGH 36, 192 = NJW 1989, 2702 (BGH 43, 262 = NJW 1998, 467). Die **Revision** kann grundsätzlich nicht auf eine Verletzung des § 70 gestützt werden; denn der Angeklagte ist weder durch Anordnung dieser Maßnahmen noch durch ein Unterlassen betroffen (RG 73, 34; BGH NJW 1966, 211). Nur mit der Aufklärungsrüge kann geltend gemacht werden, dass das Gericht die Möglichkeiten des § 70 nicht ausgeschöpft hat (BGH GA 1968, 305; Meyer-Goßner Rn. 91). Wendet der Tatrichter die Maßregel **rechtsirrig** an, beruht das Urteil auf dem Rechtsverstoß nicht, wenn der Zeuge bei seiner bisherigen Aussage verblieben ist oder die Aussage den Angeklagten nicht belastet (RG 73, 34); sonst würde die Rüge der Verletzung des §§ 69 Abs. 3, 136 a durchgreifen (Meyer-Goßner Rn. 21, KK-Senge Rn. 18). Ordnungshaft und Beugehaft dürfen gegen **Abgeordnete** festgesetzt, aber ohne Genehmigung des Parlaments nicht vollstreckt werden (vgl. BT-Geschäftsordnung). Gegen von der deutschen Gerichtsbarkeit befreite Zeugen ist § 70 nicht anwendbar (vgl. § 18 GVG; Meyer-Goßner Rn. 22). 3

§ 71 [Zeugenentschädigung]
Der Zeuge wird nach dem Justizvergütungs- und -entschädigungsgesetz entschädigt.

1 Das ZSEG idF vom 1. 10. 1969 – zuletzt geändert durch Art. 9 Ges. vom 24. 6. 1994 (BGBl. I 1392, 1355) – ist auf Zeugen anzuwenden, die vom Gericht oder der StA geladen wurden. Für die vom Angeklagten unmittelbar geladenen Zeugen gilt § 220 Abs. 2 und 3.

2 Das StrEG ist „auf Entschädigungsansprüche eines Zeugen wegen zu Unrecht erlittener Erzwingungshaft (§ 70 II StPO) weder unmittelbar noch entsprechend anzuwenden" (BGH NStZ 1989, 535).

Siebenter Abschnitt. Sachverständige und Augenschein

Vorbemerkungen

1 Der **Sachverständige** ist nicht Zeuge (aber auch persönliches Beweismittel), „sondern der auf seinem Wissensgebiet sachkundige Gehilfe des erkennenden Gerichts" (BGH 9, 293 = NJW 1956, 1526). Der Sachverständige hat ebenso wie die StA (Polizei) oder das Gericht die Bevorzugung eines Verfahrensbeteiligten und insbesondere ohne inhaltliche Bindung an etwaige Ergebniserwartungen seines Auftraggebers nach **Wahrheit** zu streben; wenn auch seine Aussagen im Allgemeinen leichter zu überprüfen sind als Zeugenaussagen, ist er ein **Beweismittel** wie jedes andere auch (so Eisenberg, Beweisrecht Rn. 1506). Der Sachverständige im heutigen Strafverfahren ist weder Richter in Weiß noch der Herr des Verfahrens, er ist aber sicher mehr als nur Gehilfe des Richters. Seine Stellung ist durch die Komplexität der von den Gerichten zu entscheidenden Fragen erheblich gewachsen. Die letzte sachliche Entscheidung muss aber in der Hand des Gerichts bleiben, das dazu Selbstständigkeit zu bewahren hat, gestützt auf Kenntnisse der zu beurteilenden Fragen, verbunden mit einer gewissen Selbstbeschränkung des Sachverständigen (Detter NStZ 1998, 61). Zu seinen **Aufgaben** – s. § 244 Rn. 41 u. § 261 Rn. 9 – gehören: bloße **Verrichtungen,** zB Blutprobenentnahmen; Übermittlung von **Fachwissen,** dh den Richter vertraut zu machen mit Forschungsergebnissen, bestimmten Erfahrungssätzen usw.; **Tatsachenfeststellungen,** zB ob im Körper des Getöteten Giftstoffe enthalten sind; **Beurteilungen von Tatsachen,** dh auf Grund seines Fachwissens bestimmte Tatsachen festzustellen (der häufigste Fall); Vermittlung von **Rechtskenntnissen,** weitgehend beschränkt auf ausländisches Recht. **Anknüpfungstatsachen,** das sind die Tatsachen, von denen der Sachverständige bei seinem Gutachten auszugehen hat, werden ihm regelmäßig durch das Gericht mitgeteilt (KK-Senge vor § 72 Rn. 3). **Befundtatsachen** sind die Tatsachen, die der Sachverständige bei Ausführung seines Auftrags auf Grund seiner Sachkunde festgestellt hat; diese werden durch das Sachverständigengutachten in die Hauptverhandlung eingeführt (BGH 18, 108, = NJW 1963, 401; § 79 Rn. 3). Verwendet ein Sachverständiger bei seinem Gutachten Tatsachen, die ihm aus einer **früheren** Sachverständigentätigkeit und aus einer zwischenzeitlichen privatärztlichen Behandlung bekannt geworden sind, so handelt es sich auch dabei um Befundtatsachen (BGH NStE Nr. 1 zu § 79). **Zusatztatsachen** sind solche Tatsachen, die auch die Strafverfolgungsorgane ohne besondere Fachkunde feststellen könnten (BGH 13, 3 = NJW 1959, 828; 20, 166 = NJW 1965, 827). „Nach ständiger Rechtsprechung des BGH sind Zusatztatsachen, welche ein Sachverständiger im Rahmen seiner Tätigkeit gezielt erhebt oder zufällig erfährt, nicht durch Erstattung des Sachverständigengutachtens, sondern durch anderweitige Beweisaufnahme, in der Regel **durch Vernehmung des Sachverständigen** als

Zeugen, in die Hauptverhandlung einzuführen" (BGH NStZ 1993, 246; s. § 79 Rn. 3). Der Sachverständige darf auch Wahrnehmungen verwerten, die er bei einer früheren gutachterlichen Tätigkeit mit gleichem Auftrag selbst gemacht hat und die für seine aktuelle Gutachtererstattung wesentlich sind (BGH NStZ 1995, 44). „Ein Sachverständiger ist schon dann kein völlig ungeeignetes Beweismittel, wenn er zwar ganz sichere und eindeutige Schlüsse nicht ziehen kann, wenn seine Folgerungen die unter Beweis gestellte Behauptung aber doch als mehr oder weniger wahrscheinlich erscheinen lassen und deshalb unter Berücksichtigung des sonstigen Beweisergebnisses Einfluss auf die Überzeugungsbildung des Gerichts erlangen können" (BGH NStZ 1994, 24; BGH NJW 1983, 494 mwN).

Der **Gutachter** kann für seine Stellungnahme weitere Sachverständige zuziehen **2** und ihre „Hilfsgutachten" verwerten, „wenn der Hauptsachverständige kraft seiner Sachkunde die Verantwortung auch für die Ergebnisse des Hilfsgutachten übernimmt" (BGH 22, 269 = NJW 1969, 196). Das **Gericht** darf das Gutachten des Sachverständigen nicht unkontrolliert in das Urteil übernehmen. Es muss sich vielmehr „von der Richtigkeit des Ergebnisses der Beurteilung" durch den Sachverständigen überzeugen und dies im Urteil zum Ausdruck bringen (BGH 12, 314 = NJW 1959, 780). Folgt aber der Richter den Ausführungen des Gutachtens **nicht**, so ist erforderlich, dass es „die Ausführungen des Sachverständigen in nachprüfbarer Weise wiedergibt, sich mit ihnen auseinandersetzt und seine abweichende Auffassung begründet" (BGH NStZ 1983, 377). Diese Auseinandersetzung ist erforderlich, damit dem **Revisionsgericht** eine Nachprüfung möglich ist (BGH NStZ 1994, 503). Der Sachverständige hat daher hinsichtlich der **Ausdrucksform** die Grundlagen dafür zu schaffen, dass das Gericht das Gutachten selbstständig würdigen kann (vgl. Eisenberg, Beweisrecht Rn. 1508). Vom **Zeugen** unterscheidet sich der **Sachverständige** grundsätzlich dadurch, dass dieser **auswechselbar** ist, der Zeuge dagegen nicht. Ob eine Person Zeuge **oder** Sachverständiger ist, bestimmt sich nicht nach der Ladung, sondern nach dem „Inhalt der Bekundung" (BGH NStZ 1985, 182).

Zum **sachverständigen Zeugen** s. § 85 und zum **Augenschein** s. § 86. Die **3** Aufgabe des **Dolmetschers** besteht darin, den Prozessverkehr zwischen dem Gericht und den der deutschen Sprache nicht mächtigen Beteiligten (§ 185 GVG) zu vermitteln (BGH 1, 7). Mit Hilfe des **Übersetzers** soll durch Übertragung „der Sinn einer nicht im Verfahren, sondern außerhalb des Prozesses abgegebenen fremdsprachigen Äußerung ermittelt werden" (BGH NJW 1965, 643). Die Übersetzung von **fremdsprachigen Urkunden** in die deutsche Sprache erfolgt nach deutschem Prozessrecht, nicht durch den Dolmetscher. Dies ist Aufgabe eines Sachverständigen (BGH NStZ 1998, 158).

§ 72 [Anwendung der Vorschriften für Zeugen]

Auf Sachverständige ist der sechste Abschnitt über Zeugen entsprechend anzuwenden, soweit nicht in den nachfolgenden Paragraphen abweichende Vorschriften getroffen sind.

Entsprechend anwendbar: §§ 48 ff., 247 S. 3, aber nicht §§ 243 Abs. 2, 252. **1** **Anwendbar** sind vor allem: §§ 52 bis 53 a, 55, 56; § 63; § 67 für den nicht allgemein vereidigten Sachverständigen; §§ 68, 68 a, der Sachverständigeneid bezieht sich nur auf das erstattete Gutachten und **nicht auf die Angaben zur Person;** 69; § 136 a gilt über § 69 Abs. 3 auch für den Sachverständigen (BGH NJW 1958, 679). Ein **Arzt** hat in einem Strafverfahren ein **Zeugnisverweigerungsrecht** nach allgemeinen Grundsätzen auch über Tatsachen, die ihm als **Sachverständigen** in einem anderen Verfahren bekannt geworden waren (BGH 38, 369 = NJW 1993, 803). **Nicht anwendbar** sind: § 51 Abs. 1; § 54 im Hinblick auf § 76 Abs. 2; § 58, denn § 80 ist insoweit eine Sondervorschrift; § 59, da § 79 die

§ 73

Vereidigung regelt; § 64, da beim Sachverständigen die Nichtvereidigung die Regel ist (BGH 21, 227 = NJW 1967, 1520); § 70 Abs. 1 und 2 werden durch § 77 Abs. 1 S. 1 ersetzt, Abs. 3 und 4 finden entsprechende Anwendung; § 71, da der gleich lautende § 84 gilt (KK-Senge Rn. 1 bis 3).

2 Für **Angehörige des öffentlichen Dienstes,** die als Sachverständige vernommen werden, gilt anstelle des § 54 die ähnliche Regelung des § 76 Abs. 2 iVm. § 61 Abs. 1 BBG oder § 39 Abs. 2 BRRG, für Soldaten iVm § 14 Abs. 1 SoldG (Meyer-Goßner Rn. 2). Kann der vom **Angeklagten beauftragte Sachverständige** ohne Beeinträchtigung der Arbeit des gerichtlich bestellten Sachverständigen und ohne Verzögerung der Hauptverhandlung sich vorbereiten, darf Untersuchungshaft einer solchen Vorbereitung nicht entgegenstehen (BGH 43, 171 = NJW 1997, 3180).

§ 73 [Auswahl]   RiStBV 70

(1) ¹**Die Auswahl der zuzuziehenden Sachverständigen und die Bestimmung ihrer Anzahl erfolgt durch den Richter.** ²**Er soll mit diesen eine Absprache treffen, innerhalb welcher Frist die Gutachten erstattet werden können.**

(2) **Sind für gewisse Arten von Gutachten Sachverständige öffentlich bestellt, so sollen andere Personen nur dann gewählt werden, wenn besondere Umstände es fordern.**

1 Die Vorschrift bezieht sich auf das gerichtliche Verfahren; aber auch die StA und Polizei können im Ermittlungsverfahren einen Sachverständigen zuziehen (RiStBV Nr. 70 Abs. 1). Das Gericht kann jedoch einen anderen bestellen. Die **Auswahl** der Sachverständigen und die Bestimmung ihrer **Anzahl** ist allein Sache des Gerichts (BGH NStZ 1993, 357). Es kann jederzeit eine weitere oder neue Begutachtung anordnen (BayObLG NJW 1956, 1001; BGH 34, 355 = NJW 1987, 2593). Sie bezieht sich auf das Fachgebiet und die persönliche Eignung des Sachverständigen (vgl. Detter NStZ 1998, 57 ff.). Die **Auswahl** der Person eines Sachverständigen und die Anzahl der heranzuziehenden Sachverständigen steht im Ermessen des Gerichts bzw. der StA (BGH 34, 355). Die diesbezüglichen Entscheidungen können weder im Ermittlungsverfahren noch nach der Anklageerhebung mit der Beschwerde angefochten werden (OLG Schleswig StV 2000, 543). Immer häufiger wird auch von der Möglichkeit der **Selbstladung** eines Sachverständigen durch die **Verteidigung** gemäß den §§ 220, 245 Abs. 2 Gebrauch gemacht. Dies führte zu Entscheidungen des BGH, mit der die Stellung des von der Verteidigung geladenen (psychiatrischen) Sachverständigen gestärkt, seine Rechte aber auch eingegrenzt wurden (BGH 43, 171 = NJW 1997, 3180; 44, 26 = NJW 1998, 2458; BGH NStZ 1999, 632; vor allem Detter in FS-Meyer-Goßner 2001, S. 431). Nach den Vorgaben des Gesetzes ist jedenfalls der selbstgeladene Sachverständige kein „Sachverständiger zweiter Klasse", kein „Gutachter der Verteidigung" und damit kein „Parteigutachter" (bestr.; Bedenken bei Rasch StV 1999, 513). Er muss sich auch nicht auf die Rolle eines Kontolleurs beschränken (BGH 44, 32 = NJW 1998, 2458; BGH NStZ 1998, 94). Wie der vom Gericht zugezogene Gutachter ist er **unabhängiger** Sachverständiger innerhalb der im StPO vorgesehenen Möglichkeiten, eingeschränkt dadurch, dass er „präsentes Beweismittel" ist (BGH NStZ 1993, 397; 1993, 397; BGH 43, 172 = NJW 1997, 3180; 44, 32 = NJW 1998, 2458; Detter in FS-Meyer-Goßner 2002, S. 440). **Verweigert** ein Angeklagter dem gerichtlich bestellten Sachverständigen die **Untersuchung,** so verfügt ein weiterer Sachverständiger nicht deswegen über überlegene Forschungsmittel, weil sich der Angeklagte von diesem untersuchen lassen würde. Ein Angeklagter kann also nicht durch Untersuchungsverweigerung einen weiteren Sachverständigen erzwingen (BGH NJW 1998, 2458). Bei **Ausländern** bedarf es nicht der Auswahl von Sachverständigen,

die dem Kulturkreis des Beschuldigten angehören und die dessen Sprache beherrschen (BGH MDR 1973, 19; KK-Senge Rn. 6). Zur Auswahl des Sachverständigen s. Detter NStZ 1998, 57. Die Verfahrensbeteiligten brauchen **vor** Beiziehung des Sachverständigen nicht gehört zu werden; dies ist aber zweckmäßig, zumal für die StA RiStBV Nr. 70 Abs. 1 gilt. **Verweigert** der gesetzliche Vertreter eines minderjährigen Opfers einer Sexualstraftat dessen **notwendige Untersuchung** durch einen bestimmten Sachverständigen, kann das Gericht ungeachtet der in § 73 Abs. 1 S. 2 getroffenen Regelung in Erfüllung der ihm obliegenden Aufklärungspflicht gehalten sein, einen anderen Sachverständigen auszuwählen (KG NJW 1996, 69). „Kann der vom Angeklagten beauftragte Sachverständige ohne Beeinträchtigung der Arbeit des gerichtlich bestellten Sachverständigen und ohne Verzögerung der Hauptverhandlung sich vorbereiten, darf U-Haft einer solchen Verbreitung nicht entgegenstehen" (BGH NJW 1997, 3180; vgl. BGH NStZ 1993, 395, 397). Die Namhaftmachung des bestellten Sachverständigen ergibt sich aus § 74 Abs. 2 S. 2, § 222 Abs. 1 S. 1. **Hilfskräfte** (zB Laboranten) darf der Sachverständige beiziehen (s. § 75 Rn. 2). Das **Fachgebiet** des Sachverständigen richtet sich nach der **Beweisfrage** (BGH 34, 357 = 1987, 2593). Das Gericht wird sich idR mit **einem** Sachverständigen begnügen; es kann aber mehr als einen bestellen (OLG Düsseldorf wistra 1994, 78; BayObLG NJW 1956, 1001, insbesondere bei einer schwierigen Gutachtenfrage, um verschiedene Fachrichtungen zu hören (LR-Dahs Rn. 21). Nach §§ 214 Abs. 2, 220 geladene Sachverständige muss das Gericht unter den Voraussetzungen des § 245 Abs. 2 hören. Maßgebend ist die Aufklärungspflicht nach § 244 Abs. 2. Bei der **Blutalkoholbestimmung** ist grundsätzlich jeder als Sachverständiger geeignet, der in diesem Fachgebiet die entsprechenden Erfahrungen hat (OLG Hamm VRS 36, 290 und 434). „Die Heranziehung eines **psychologischen oder psychiatrischen** Sachverständigen bei der Beurteilung der **Glaubwürdigkeit** einer Zeugenaussage kann dann geboten sein, wenn der zur Aburteilung stehende Sachverhalt ausnahmsweise solche **Besonderheiten** aufweist, dass Zweifel daran aufkommen können, ob die Sachkunde des Gerichts auch zur Beurteilung der Glaubwürdigkeit unter den gegebenen besonderen Umständen ausreicht" (BGH NStZ 1982, 42). Zu den **wissenschaftlichen Anforderungen an aussagepsychologische Begutachtungen (Glaubhaftigkeitsgutachten)** s. BGH 45, 164 = NJW 1999, 2746; BGH NStZ 2001, 45. Ein Pädagoge ist ungeeignet (BGH 7, 85 = NJW 1955, 599). Der besonderen Sachkunde des **Psychiaters** bedarf es, wenn die Glaubwürdigkeit des Zeugen dadurch in Frage gestellt ist, dass er an einer geistigen Erkrankung leidet (BGH 23, 12 = NJW 1969, 2293). Die Beurteilung der Frage, ob eine **Erkrankung** Auswirkungen auf die **Aussagetüchtigkeit** hat, verlangt medizinische und nicht aussagepsychologische Kenntnisse, so dass zur Begutachtung der Glaubwürdigkeit des Geschädigten auch die Zuziehung eines **Psychiaters** veranlasst erscheint (BGH NStZ 1995, 558). „Die Frage, ob zur Beurteilung der **Schuldfähigkeit** eines Angeklagten bei nicht krankhaften Zuständen ein Psychiater oder ein Psychologe hinzuzuziehen ist, bleibt nach feststehender Rechtsprechung des Bundesgerichtshofs dem pflichtgemäßen Ermessen des Tatrichters überlassen" (BGH 34, 357 = NJW 1987, 2593). Bei **Hirngeschädigten** muss ein auf diesem Gebiet besonders erfahrener Facharzt herangezogen werden (BGH NStZ 1985, 14; 1987, 16). Zur Erstellung eines **psychiatrischen Gutachtens** können auch **Gefängnis- oder Gerichtsärzte** befähigt sein (BGH 23, 312 = NJW 1970, 1981).

„Die **Beauftragung eines Sachverständigen** ist nach § 78 c Abs. 1 Nr. 3 StGB **2** zwar an keine bestimmte Form gebunden, sie kann daher **auch mündlich** oder durch **schlüssige Handlung** geschehen. Voraussetzung ist aber immer, dass sie den Verfahrensbeteiligten nach ihrem Inhalt und dem Zeitpunkt ihres Ergehens erkennbar ist und von diesen in ihrer Wirkung auf das Verfahren abgeschätzt werden kann" (BGH NStZ 1984, 215; BGH 28, 382 = NJW 1979, 2414). Bei Beauftragung müssen die Anhaltspunkte (Beweisanzeichen) im Zeitpunkt der Erteilung des Auftrags **aktenkundig** sein (BGH 30, 220). Die Zugehörigkeit zur StA oder Kriminalpolizei für sich allein steht einer Tätigkeit als Sachverständiger in den bei ihr anhängigen Strafsachen nicht grundsätzlich entgegen, sofern er das Gutachten eigenverantwortlich und frei von jeder Beeinflussung zu einem bestimmten Beweisthema erstatten kann (BGH 28, 384; BGH NStZ 1984, 215). Die **Fristabsprache** (**Abs. 1 S. 2**) ist eine bloße Sollvorschrift, deren Nichtbeachtung ohne Folgen bleibt. **Öffentlich bestellte Sachverständige (Abs. 2)** sind Personen (zB Gerichtsärzte), aber auch Behörden, die durch Verwaltungsakt für ein bestimmtes Sachgebiet für eine bestimmte Zeit bestellt sind.

3   Eine **Beschwerde** (§ 305) gegen die richterliche Auswahl des Sachverständigen ist nicht zulässig (OLG Hamburg MDR 1972, 1048). Mit der **Revision** kann die **Ungeeignetheit** des Sachverständigen nur gerügt werden, wenn sie sich aus dem Urteil ergibt (BGH NStZ 1994, 228); insoweit kann die Aufklärungsrüge erhoben werden oder die Sachrüge auf Verletzung der Denkgesetze bzw. Erfahrungssätze gestützt werden (KK-Senge Rn. 9). Welche Untersuchungsmethode der Sachverständige anwendet, bleibt grundsätzlich ihm überlassen und kann daher nicht mit der Revision beanstandet werden (BGH NStZ 1992, 27).

§ 74 [Ablehnung]

(1) ¹Ein Sachverständiger kann aus denselben Gründen, die zur Ablehnung eines Richters berechtigen, abgelehnt werden. ²Ein Ablehnungsgrund kann jedoch nicht daraus entnommen werden, daß der Sachverständige als Zeuge vernommen worden ist.

(2) ¹Das Ablehnungsrecht steht der Staatsanwaltschaft, dem Privatkläger und dem Beschuldigten zu. ²Die ernannten Sachverständigen sind den zur Ablehnung Berechtigten namhaft zu machen, wenn nicht besondere Umstände entgegenstehen.

(3) **Der Ablehnungsgrund ist glaubhaft zu machen; der Eid ist als Mittel der Glaubhaftmachung ausgeschlossen.**

1   Die **Ausschließungsgründe** nach § 22 Nr. 1 bis 4 sind beim Sachverständigen **nur Ablehnungsgründe** und erfordern einen **Antrag** (BGH 18, 214 = NJW 1963, 821). Sie sind aber zwingender Natur. Eine **Ausschließung** ist nur in § 87 Abs. 2 S. 4 (Leichenschau) bestimmt. Bei einem **Polizeibeamten** besteht ein zwingender Ablehnungsgrund, wenn er in dem Verfahren **gegen den Beschuldigten** tätig geworden ist (BGH 18, 216). Der Umstand, dass der Sachverständige **organisatorisch** zur Polizei gehört, führt allein nicht zur Ablehnung, sofern er eigenverantwortlich und frei das Gutachten erstatten kann (BGH 28, 384 = NJW 1979, 2414; s. § 73 Rn. 2). Das gilt erst recht, wenn der Beamte zu einer organisatorisch von den Strafverfolgungsbehörden getrennten Dienststelle der Polizei oder anderen Behörden (Verfassungsschutzamt) gehört (BGH 18, 216). Der Ausschließungsgrund des § 22 Nr. 5 ist durch Abs. 1 S. 2 ersetzt; er gilt auch dann nicht, wenn der Sachverständige bereits im Vorverfahren oder im 1. Rechtszug tätig geworden ist (RG 33, 200; BGH MDR 1972, 18). Die sinngemäße Anwendung des § 23 kommt nicht in Betracht (Meyer-Goßner Rn. 3).

2   **Sonstige Ablehnungsgründe** entsprechen den Gründen der **Besorgnis der Befangenheit** eines Richters. „Demgemäß muss der Antragsteller vernünftige Gründe für sein Ablehnungsbegehren vorbringen, die jedem unbeteiligten Dritten einleuchten" (BGH NStZ 1991, 28; s. hierzu auch § 24 Rn. 1 und 2). Mehrere Gründe müssen in ihrer Gesamtheit gewürdigt werden (BGH 8, 235 = NJW 1956, 271). Ohne Bedeutung ist, ob sich der Sachverständige für befangen fühlt (BGH MDR 1952, 409). **Abgelehnt** kann zB der Sachverständige werden: wenn er für

Sachverständige und Augenschein § 74

den Verletzten (BGH 20, 45 = NJW 1965, 2017), für den Nebenkläger (OLG Hamm VRS 26, 365) oder für eine am Ausgang des Verfahrens interessierte Versicherungsgesellschaft ein Privatgutachten erstattet hat (RG 72, 252); wenn er für die **Brandversicherung** beruflich tätig geworden und bezahlt worden war (BGH NStZ 2002, 215); wenn er Angestellter der geschädigten Firma (RG 58, 262) oder eines Unternehmens war, mit dem der Angeklagte im Wettbewerb stand (RG JW 1938, 512); wenn er ohne gerichtliche Ermächtigung gegen den Willen des Beschuldigten körperliche Eingriffe vorgenommen (BGH 8, 144 = NJW 1955, 1765) oder wenn er den Beschuldigten ohne dessen Einwilligung vor Studenten exploriert (BGH MDR 1980, 456) hat; wenn er das Tatopfer ärztlich behandelt hat (BGH MDR 1972, 925) oder wenn er äußert, er hoffe nicht, dass gegen den Angeklagten nur eine Strafe zur Bewährung verhängt werde (BGH NStZ 1982, 188). Auch ein Sachverständiger, der im Auftrag der StA ein Kind in einem gegen seine Eltern wegen sexuellen Missbrauchs geführten Verfahren auf dessen Glaubwürdigkeit untersucht, kann wegen Besorgnis der Befangenheit abgelehnt werden, wenn er dem Kind gegenüber sein Tätigwerden für die Justizbehörden bewusst verschweigt, weil er sicher ist, dass das Kind andernfalls keine Angaben zum Tatgeschehen machen würde (BGH NStZ 1997, 349). **Nicht abgelehnt** werden kann zB der Sachverständige: wenn er in seinem Gutachten Beweise zum Nachteil des Beschuldigten gewürdigt hat (BGH MDR 1972, 18); wenn er Polizeibeamter ist oder im Auftrage der Polizei oder StA im Vorverfahren oder in der 1. Instanz tätig war (s. Rn. 1); wenn das Gutachten das Strafverfahren veranlasst hat (BGH GA 1968, 305); der Beschuldigte kann **aus eigenem Verhalten** während des Verfahrens oder mit Bezug darauf keinen Ablehnungsgrund herleiten (BGH MDR 1972, 18), grundsätzlich auch dann nicht, wenn der Sachverständige gegen ihn Strafantrag stellt, es kommt auf die Umstände an (BGH NStZ 1992, 290, s. § 24 Rn. 2). **Unzulässig** ist das Ablehnungsgesuch, wenn es unter einer **Bedingung** gestellt ist (OLG Stuttgart NJW 1971, 1090; KK-Senge Rn. 9).

Ablehnungsberechtigt sind außer den in **Abs. 2 S. 1** genannten Prozessbeteiligten der Nebenkläger (§ 397 Abs. 1 S. 3), die Verfalls- und Einziehungsbeteiligten (§ 433), gesetzliche Vertreter und Erziehungsberechtigte (§ 67 JGG), Privatkläger (§ 385) und Antragsteller im Adhäsionsverfahren nach §§ 403 ff. Im Rahmen der Entscheidung nach § 172 Abs. 2 ist der Verletzte nicht zur Ablehnung des Sachverständigen berechtigt (RG 52, 292). Die **Namhaftmachung (Abs. 2 S. 2)** ist zwingend, es sei denn, es liegen besondere Umstände vor (Gefahr im Verzuge). Diese Vorschrift gilt nicht für die StA und Polizei. 3

Für das **Ablehnungsgesuch** ist keine Form vorgeschrieben. Es muss **in der Hauptverhandlung** gestellt oder dort wiederholt werden. Der Ablehnungsantrag kann erst gestellt werden, wenn der Sachverständige ernannt worden ist (BGH VRS 29, 26) und die Sache gerichtlich anhängig ist. Die von der StA oder der Polizei im Ermittlungsverfahren beigezogenen Sachverständigen können erst von diesem Zeitpunkt an abgelehnt werden (OLG Düsseldorf MDR 1984, 71). Gemäß § 83 Abs. 2 ist der Antrag auch **nach** Erstattung des Gutachtens **bis zum Beginn der Urteilsverkündung zulässig.** Im Ablehnungsgesuch müssen die Tatsachen, die den Ablehnungsgrund bilden, angegeben und **glaubhaft (Abs. 3)** gemacht werden. Zu Glaubhaftmachung s. § 26 Rn. 2. Die **Zurücknahme** des Antrags ist **jederzeit** – auch nach Begründeterklärung – möglich. 4

Zuständig ist der Richter, vor dem der Sachverständige tätig werden soll. Über das Ablehnungsgesuch wird durch **Beschluss** entschieden, und zwar außerhalb der Hauptverhandlung ohne Schöffen, in der Hauptverhandlung mit Schöffen. Der Sachverständige sollte zur Ablehnung gehört werden (vgl. OLG Stuttgart NJW 1977, 395 zu § 406 ZPO; aA Meyer-Goßner Rn. 17 mwN). Der Beschluss ist nach Anhörung der Prozessbeteiligten (§ 33) mit **Gründen** zu versehen. Das Gericht kann ihn aufheben und ändern. Der **abgelehnte** Sachverständige darf nicht weiter 5

§ 74 Erstes Buch. 7. Abschnitt

vernommen werden und sein bereits erstattetes Gutachten nicht verwertet werden (OLG Düsseldorf MDR 1984, 72); das Gericht darf aus dem Gutachten auch nicht seine eigene Sachkunde herleiten (KK-Senge Rn. 14). Das Gutachten darf der abgelehnte Sachverständige weder als sachverständiger Zeuge erstatten (BGH 20, 224 = NJW 1965, 1492) noch darf es von einem anderen Sachverständigen vorgetragen werden. Der abgelehnte Sachverständige darf aber als **Zeuge** über Tatsachen gehört werden, die Gegenstand seiner Wahrnehmungen über **Zufallsbeobachtungen** und **Zusatztatsachen** (s. hierzu vor § 72 Rn. 1) sind. Als **sachverständiger Zeuge** (§ 85) kann er auch über die bei der Vorbereitung seines Gutachtens ermittelten **Befundtatsachen** vernommen werden (BGH 20, 224 = NJW 1965, 1492; BGH NStZ 2001, 44). Es ist jedoch verboten, „ihn als Zeugen zu **Schlussfolgerungen** zu hören, die er aus jenen Tatsachen auf Grund seiner Sachkunde gezogen hat und auf die das Gericht für die Urteilsfindung angewiesen ist" (BGH 20, 222). Die erfolgreiche Ablehnung eines Sachverständigen hindert also nicht, „ihn als Zeugen oder als sachverständigen Zeugen über die von ihm im Rahmen seines Auftrags ermittelten Tatsachen zu vernehmen; sie verbietet nur, dass er weiterhin als Sachverständiger im Verfahren mitwirkt" (BGH 20, 224).

6 Die Verweisung in Abs. 1 S. 2 bezieht sich nur auf die **Ablehnungsgründe,** nicht auf das Verfahren. § 28 gilt daher nicht (OLG Koblenz VRS 71, 200; Meyer-Goßner Rn. 20). Mit der **einfachen Beschwerde** nach § 304 Abs. 1 (OLG Hamburg NJW 1967, 2274) sind **alle** auf den Antrag ergehenden Entscheidungen anfechtbar; damit auch der Beschluss, der die Ablehnung für **begründet** erklärt (OLG Celle NJW 1966, 415). Die weitere Beschwerde ist nach § 310 Abs. 2 ausgeschlossen. Beschlüsse des BGH und der OLGe sind unanfechtbar (§ 304 Abs. 4). Auch das Unterlassen einer Entscheidung ist anfechtbar. Nach Eröffnung der Hauptverhandlung entfällt gemäß § 305 S. 1 die Beschwerdemöglichkeit. Das Beschwerdegericht prüft nicht nur die rechtlichen, sondern auch die tatsächlichen Grundlagen der Entscheidung; es kann sein eigenes Ermessen an die Stelle des ersten Richters setzen (KK-Senge Rn. 16).

7 Mit der **Revision** müssen der Ablehnungsantrag und der ihn zurückweisende Gerichtsbeschluss mitgeteilt werden (OLG Düsseldorf JMBlNW 1987, 102). Die den geltend gemachten Verstoß enthaltenden Tatsachen müssen so genau und umfassend dargelegt werden, dass das Revisionsgericht aus ihnen das Vorhandensein des Verfahrensmangels feststellen kann (BGH NStZ 1988, 211). Zu den Anforderungen an die Rüge, der Tatrichter habe über einen Antrag auf Ablehnung eines Sachverständigen **fehlerhaft** entschieden (BGH NStZ 1999, 632). Die Revision kann darauf gestützt werden, dass der Ablehnungsantrag nicht beschieden wurde (OLG Hamm NJW 1966, 1880). Anders als bei einer Richterablehnung prüft das Revisionsgericht **nicht nach Beschwerdegrundsätzen,** sondern nach **revisionsrechtlichen Grundsätzen,** ob das Ablehnungsgesuch ohne Verfahrensfehler, insbesondere mit zureichender Begründung abgelehnt worden ist; es gilt nicht § 338 Nr. 3, sondern § 337 (BGH 8, 232 = NJW 1956, 271; BGH StV 1990, 389; KK-Senge Rn. 18). Wenn es um die Beurteilung der Ablehnung eines Sachverständigen geht, ist das Revisionsgericht an die Tatsache **gebunden,** die der Tatrichter seiner Entscheidung zu Grunde gelegt hat. Eigene Ermittlungen kommen – anders als bei der Richterablehnung – nicht in Betracht (BGH NStZ-RR 2002, 66; BGH NStZ 1999, 633). Ob das tatsächliche Vorbringen in dem Ablehnungsgesuch zutreffend ist, entscheidet allein der **Tatrichter.** Das Revisionsgericht prüft, ob das Ablehnungsgesuch ohne Verfahrensfehler und mit ausreichender Begründung zurückgewiesen worden ist (BGH NStZ 1994, 388). Aber die Frage, ob **Besorgnis der Befangenheit** bestanden hat, ist eine Rechtsfrage, die der revisionsrechtlichen Nachprüfung unterliegt (BGH 8, 233; 20, 246 = NJW 1965, 2071; BGH NJW 1969, 2293; KK-Senge Rn. 18). Soweit Bedenken gegen die **Unparteilichkeit** eines Sachverständigen bestehen, müssen sie sich aus dem **gegenständlichen Ver-**

fahren ergeben. Bestimmte Verhaltensweisen oder Vorkommnisse im Rahmen eines anderen Verfahrens genügen nicht (BGH NStZ 1999, 633). Mit der Revision kann auch ein Verstoß gegen Abs. 2 S. 2 geltend gemacht werden; aber idR wird das Urteil hierauf nicht beruhen (OLG Köln JMBlNW 1962, 202; Meyer-Goßner Rn. 22). Eine Verfahrensrüge kann nicht darauf gestützt werden, dass der in der Hauptverhandlung nicht wiederholte Befangenheitsantrag gegen den Sachverständigen vor der Hauptverhandlung nicht beschieden oder zurückgewiesen wurde (BGH NStZ-RR 2002, 110).

§ 75 [Pflicht zur Erstattung des Gutachtens]

(1) **Der zum Sachverständigen Ernannte hat der Ernennung Folge zu leisten, wenn er zur Erstattung von Gutachten der erforderten Art öffentlich bestellt ist oder wenn er die Wissenschaft, die Kunst oder das Gewerbe, deren Kenntnis Voraussetzung der Begutachtung ist, öffentlich zum Erwerb ausübt oder wenn er zu ihrer Ausübung öffentlich bestellt oder ermächtigt ist.**

(2) **Zur Erstattung des Gutachtens ist auch der verpflichtet, welcher sich hierzu vor Gericht bereiterklärt hat.**

Für die in dieser Vorschrift genannten Personen besteht eine **Begutachtungspflicht**, soweit ihnen nicht ein Weigerungsrecht nach § 76 zusteht. Sie gilt auch gegenüber der StA im Vorverfahren (§ 161a Abs. 2), aber nicht gegenüber der Polizei. Sie besteht aber auch, wenn der Sachverständige von einem Prozessbeteiligten nach §§ 214 Abs. 3, 220 Abs. 1 unmittelbar geladen worden ist. 1

Die **öffentliche Bestellung** muss sich auf die Erstattung bestimmter Gutachten beziehen, sie betrifft zB Gerichtsärzte, Ärzte der staatlichen Gesundheitsämter, öffentlich bestellte Buchsachverständige und Wirtschaftsprüfer. **Öffentliche Ausübung** zum Erwerb erfolgt gegenüber einem unbestimmten Personenkreis, gilt zB für den Arzt, Apotheker, Handwerker sowie jeden berufstätigen Künstler und Schriftsteller. **Öffentlich bestellt zur Ausübung** sind Beamte und vor allem Hochschullehrer (BayObLG JZ 1978, 482). Unter die **öffentliche Ermächtigung zur Ausübung** fällt zB die Lehrtätigkeit (venia legendi) und die ärztliche Approbation. Die **Bereiterklärung** kann nur eine bestimmte Strafsache betreffen; sie kann auch stillschweigend durch Beginn der Gutachtertätigkeit erfolgen. Die **Zumutbarkeit** ist eine Voraussetzung für die Begutachtungspflicht. Die **Sachverständigenpflicht** ergibt sich aus dem Auftrag und umfasst auch die Vorarbeiten (zB Aktenstudium). Auf Verlangen des Gerichts muss der Sachverständige sein Gutachten **schriftlich** vorbereiten (LR-Dahs Rn. 8). Er muss es **persönlich** erstatten und kann keine Ersatzpersonen stellen. Allgemein wird es für zulässig gehalten, bei der Vorbereitung des Gutachtens geschulte und zuverlässige **Hilfskräfte** zu beteiligen (Dahs-LR § 73 Rn. 6); das gilt vor allem für Laboruntersuchungen, EKG und Röntgenaufnahmen. **Haftung:** Erstattet ein vom Gericht ernannter Sachverständiger vorsätzlich oder grob fahrlässig ein unrichtiges Gutachten, so ist er zum Ersatz des Schadens verpflichtet, der einem Verfahrensbeteiligten durch eine gerichtliche Entscheidung entsteht, die auf diesem Gutachten beruht (§ 839a BGB). 2

§ 76 [Gutachtenverweigerungsrecht]

(1) ¹**Dieselben Gründe, die einen Zeugen berechtigen, das Zeugnis zu verweigern, berechtigen einen Sachverständigen zur Verweigerung des Gutachtens.** ²**Auch aus anderen Gründen kann ein Sachverständiger von der Verpflichtung zur Erstattung des Gutachtens entbunden werden.**

§ 77 Erstes Buch. 7. Abschnitt

(2) ¹Für die Vernehmung von Richtern, Beamten und anderen Personen des öffentlichen Dienstes als Sachverständige gelten die besonderen beamtenrechtlichen Vorschriften. ²Für die Mitglieder der Bundes- oder einer Landesregierung gelten die für sie maßgebenden besonderen Vorschriften.

1 Nach dieser Vorschrift kann der nach § 75 zur Begutachtung **verpflichtete** Sachverständige das Gutachten nach den §§ 52, 53, 53 a **verweigern. Abs. 2** tritt an die Stelle von § 54. Das **Auskunftsverweigerungsrecht** (§ 55) ist gemäß § 72 entsprechend anwendbar. Die **Belehrungspflichten** (§§ 52 Abs. 3 S. 1, 55 Abs. 2) und die Pflicht zur **Glaubhaftmachung** (§ 56) gelten ebenfalls nach § 72 entsprechend. Dem **ärztlichen Sachverständigen** steht kein Schweigerecht nach § 53 Abs. 1 Nr. 3 zu (KK-Senge Rn. 3; vgl. auch § 53 Rn. 3); er hat auch wegen der **Befundtatsachen** (s. vor § 72 Rn. 1) kein Schweigerecht, unabhängig davon, ob der Angeklagte oder Zeuge die Untersuchungen freiwillig geschehen lässt oder nicht (BGHZ 40, 294 = NJW 1964, 449; Meyer-Goßner Rn. 2). „Hat der Sachverständige sein Gutachten in der **Hauptverhandlung** erstattet, kommt eine Entpflichtung nach § 76 Abs. 1 S. 2 nicht mehr in Betracht. Für eine Anwendung dieser Vorschrift auf Fallgestaltungen, bei denen sich die **mangelnde Sachkunde** erst **nach Erstattung** des Gutachtens herausstellt, besteht kein Raum, weil hierfür § 83 Abs. 1 gilt" (BGH NStZ-RR 2004, 34). Den ernannten Sachverständigen kann das Gericht nach freiem Ermessen (zB bei Überlastung, hohem Alter) von der Gutachterpflicht **entbinden (Abs. 2 S. 1).** Für **Angehörige des öffentlichen Dienstes** gelten die Grundsätze zu § 54 entsprechend.

2 Die **Beschwerde** kann der Sachverständige gegen den Entbindungsbeschluss mangels Beschwer nicht einlegen. Im Vorverfahren gelten die §§ 304, 305. Der Sachverständige kann die Beschwerde gegen die Ablehnung seines Entbindungsantrags einlegen; den Prozessbeteiligten steht die Beschwerde gegen die Entbindung zu. Entscheidungen des erkennenden Gerichts kann nur der Sachverständige gemäß § 305 S. 2 anfechten. Beschwerden gegen Beschlüsse des BGH und der OLGe sind nach § 304 Abs. 4 S. 2 unzulässig. Die weitere Beschwerde ist gemäß § 310 ausgeschlossen (KK-Senge Rn. 5). Mit der **Revision** kann eine Verletzung der Aufklärungspflicht (§ 244 Abs. 2) gerügt werden, wenn dem Sachverständigen rechtsirrtümlich ein Verweigerungsrecht zu- oder abernannt wird (vgl. OGH 2, 173; RG JW 1928, 414) oder wenn er rechtsfehlerhaft nach **Abs. 1 S. 2** entbunden oder nicht entbunden wird und das Urteil hierauf beruht. Die Verletzung der in Abs. 2 bezeichneten Vorschriften kann nicht mit der Revision gerügt werden, da hierdurch der Rechtskreis des Angeklagten nicht berührt wird (KK-Senge Rn. 6).

§ 77 [Folgen des Ausbleibens oder der Weigerung]

(1) ¹Im Falle des Nichterscheinens oder der Weigerung eines zur Erstattung des Gutachtens verpflichteten Sachverständigen wird diesem auferlegt, die dadurch verursachten Kosten zu ersetzen. ²Zugleich wird gegen ihn ein Ordnungsgeld festgesetzt. ³Im Falle wiederholten Ungehorsams kann neben der Auferlegung der Kosten das Ordnungsgeld noch einmal festgesetzt werden.

(2) ¹Weigert sich ein zur Erstattung des Gutachtens verpflichteter Sachverständiger, nach § 73 Abs. 1 Satz 2 eine angemessene Frist abzusprechen, oder versäumt er die abgesprochene Frist, so kann gegen ihn ein Ordnungsgeld festgesetzt werden. ²Der Festsetzung des Ordnungsgeldes muß eine Androhung unter Setzung einer Nachfrist vorausgehen. ³Im Falle wiederholter Fristversäumnis kann das Ordnungsgeld noch einmal festgesetzt werden.

Sachverständige und Augenschein **§ 78**

Diese Befugnisse stehen auch der StA (§ 161a Abs. 2) zu, nicht aber der Polizei. **1** Der Ungehorsam durch **Nichterscheinen (Abs. 1 S. 1 erste Alternative)** setzt – wie bei § 51 – eine **ordnungsgemäße** Ladung voraus. Das Gutachtenverweigerungsrecht (§ 76 Abs. 1 S. 1) **befreit** vom Erscheinen. Bei **rechtzeitiger** und **genügender** Entschuldigung ist Abs. 1 nicht anwendbar. Abs. 1 gilt aber auch dann, wenn der Sachverständige, ohne ein Verweigerungsrecht **anzukündigen**, zum Termin nicht erscheint und deshalb der Termin aufgehoben werden muss (OLG Stuttgart NJW 1956, 840). Zur **Gutachtenverweigerung (Abs. 1 S. 1 zweite Alternative)** gehört auch die Weigerung, **einzelne** Fragen zu beantworten, die notwendigen **Vorbereitungsarbeiten** zu erledigen, den **Eid** zu leisten sowie bei fehlender Fristabrede die Nichtablieferung des schriftlichen Gutachtens trotz Mahnung nach angemessener Frist. Eine Entschuldigung kann akzeptiert werden (Meyer-Goßner Rn. 4). Eine **Verweigerung der Fristabsprache** (Abs. 2 S. 1 erste Alternative) kann auch das Beharren auf einer unangemessen langen Frist sein. Bei **Versäumung der abgesprochenen Frist** (**Abs. 2 S. 1** zweite Alternative) kann das Ordnungsgeld nur festgesetzt werden, wenn der Sachverständige die Frist **schuldhaft** versäumt hat. Überlastung, Krankheit usw. können entschuldigen, wenn die Gründe für die Säumnis **unverzüglich** dem Gericht mitgeteilt werden (OLG Celle NJW 1972, 1524).

Die **Auferlegung der Kosten** sieht **Abs. 1** für jeden Fall des Ungehorsams – **2** aber nicht Abs. 2 – ohne Rücksicht auf die Zahl der Fälle **zwingend** vor. Zur Höhe der Kosten s. § 51 Rn. 1. Die Festsetzung von **Ordnungsgeld** sieht **Abs. 1** nur für den ersten Ungehorsamsfall zwingend vor. Beim zweiten Fall steht sie im Ermessen des Gerichts, im weiteren Fall ist sie unzulässig. Bei **Abs. 2** liegt die Festsetzung des Ordnungsgeldes – ohne Wiederholungsmöglichkeit – im Ermessen des Gerichts. Eine Festsetzung von **Ordnungshaft** ist unzulässig. Die **Höhe** des Ordnungsgeldes regelt Art. 6 Abs. 1 EGStGB (5 bis 1000,–).

Die **Entscheidung** ergeht durch **begründeten** Beschluss (§ 34). Wegen Verwei- **3** gerung des Gutachtens oder der Fristabsprache ist der Sachverständige vorher anzuhören, nicht dagegen bei seinem Nichterscheinen, da er sich nachträglich entschuldigen kann (vgl. § 51 Abs. 2 Satz 2, 3). Der Beschluss kann jederzeit geändert oder aufgehoben werden, wenn sich das Fehlen der Voraussetzungen herausstellt. Er wird gemäß § 36 Abs. 2 S. 2 von der StA vollstreckt. Den Beschluss können der Sachverständige und die StA – auch den des erkennenden Gerichts (§ 305 S. 2) – mit der **Beschwerde** (§§ 304 Abs. 1 und 2) anfechten. Der Beschuldigte kann nur Beschwerde einlegen, wenn er durch den die Auferlegung der Kosten ablehnenden oder aufhebenden Beschluss beschwert ist (BGH 10, 128 = NJW 1957, 550). Die Beschlüsse des BGH und der OLGe sind unanfechtbar (§ 304 Abs. 4 S. 2). Die weitere Beschwerde ist ausgeschlossen (§ 310). Die **Revision** kann **nicht** darauf gestützt werden, dass gegen den Sachverständigen ein Ordnungsgeld **nicht** festgesetzt wurde, und auch nicht darauf, dass die Eidesleistung **nicht** erzwungen wurde. Eine **Verletzung der Aufklärungspflicht** (§ 244 Abs. 2) kann gegebenenfalls vorliegen, wenn das Gericht den ungehorsamen Sachverständigen nicht zur Erstellung des Gutachtens gezwungen und daher den Sachverhalt ohne oder mit einem anderen Sachverständigen festgestellt hat (KK-Senge Rn. 11).

§ 78 [Richterliche Leitung]

Der Richter hat, soweit ihm dies erforderlich erscheint, die Tätigkeit der Sachverständigen zu leiten.

Die **Leitungspflicht** bezieht sich auf die Vorbereitung des Gutachtens; denn in **1** der Hauptverhandlung ergibt sie sich aus § 238 Abs. 1. Der Richter hat dem Sachverständigen den **Auftrag eindeutig** zu erteilen und die **Anknüpfungstatsachen**

(s. vor § 72 Rn. 1) bekanntzugeben, von denen er auszugehen hat. Im Übrigen hat der Sachverständige in **eigener Verantwortung** zB zu entscheiden, welche Unterlagen er für die Erstattung seines Gutachtens benötigt; ihm bleibt es grundsätzlich überlassen, welche Untersuchungsmethoden er anwendet, ob er etwa eine stationäre Beobachtung oder eine ambulante Untersuchung in Verbindung mit Beobachtungen in der Hauptverhandlung zur Grundlage seines Gutachtens macht (BGH NStZ 1992, 27). Die **Beobachtung und Befragung** des Angeklagten durch den Sachverständigen während der Hauptverhandlung ist keine Untersuchung iSd **§ 246 a**. Die Untersuchung muss „maßnahmespezifisch" sein, der bloße Kontakt während der Hauptverhandlung reicht dafür nicht aus (BGH NStZ 2000, 215). Der Richter hat den Sachverständigen im Einzelfall über die **verfahrensrechtlichen** (§§ 80, 80 a, 81, 81 a, 87, 246 a) und **sachlichen** (zB 20, 21 StGB) Vorschriften aufzuklären. „In einem Fall, in dem das Gericht auf einer abweichenden Tatsachengrundlage zu einem anderen Ergebnis als der Sachverständige kommt, muss diesem Gelegenheit gegeben werden, sich mit den vom Gericht festgestellten Anknüpfungstatsachen auseinanderzusetzen und sie in seine Beurteilung einzubeziehen" (BGH NStZ 1985, 421). „Stellt das Gericht auf Umstände ab, die dem gehörten Sachverständigen **unbekannt** waren und zu denen sich dieser deshalb nicht äußern konnte, so ist es grundsätzlich im Interesse einer **umfassenden Sachaufklärung** verpflichtet, dem Sachverständigen Gelegenheit zu geben, sich mit den abweichenden Anknüpfungstatsachen auseinanderzusetzen und sie in seine Begutachtung einzubeziehen" (BGH NStZ 1995, 201). Wenn der Tatrichter eine Frage, für die er geglaubt hat, des Rates eines Sachverständigen zu bedürfen, im **Widerspruch zu einem Gutachten lösen** will, dann muss er die maßgeblichen Darlegungen dieses Gutachtens wiedergeben und unter Auseinandersetzung mit diesem seine Gegenansicht begründen, damit dem **Revisionsgericht** eine Nachprüfung möglich ist (BGH NStZ 1994, 503).

2 Die **Revision** kann auf eine Verletzung des § 78 nicht unmittelbar gestützt werden. Mangelnde Leitung kann aber zu einem Verstoß gegen andere Verfahrensvorschriften (§§ 136 a, 244 Abs. 2, 252, 261) oder der §§ 20, 21 StGB führen. Ein Verstoß gegen die Aufklärungspflicht kann in Betracht kommen, wenn das Gericht dem Sachverständigen keine Gelegenheit gibt, sich mit neuen Anknüpfungstatsachen zu befassen, bevor es wegen veränderter Tatsachengrundlagen von dem erstatteten Gutachten abweicht (OLG Zweibrücken NStZ-RR 2000, 47; KK-Senge Rn. 5).

§ 79 [Sachverständigeneid]

(1) Der Sachverständige kann nach dem Ermessen des Gerichts vereidigt werden.

(2) Der Eid ist nach Erstattung des Gutachtens zu leisten; er geht dahin, daß der Sachverständige das Gutachten unparteiisch und nach bestem Wissen und Gewissen erstattet habe.

(3) Ist der Sachverständige für die Erstattung von Gutachten der betreffenden Art im allgemeinen vereidigt, so genügt die Berufung auf den geleisteten Eid.

1 „**Nichtvereidigung** des Sachverständigen ist die gesetzliche Regel. Es bedarf keines ausdrücklichen oder stillschweigenden Beschlusses, wenn das Gericht nach dieser Regel verfährt" (BGH 21, 227 = NJW 1967, 1520). **Im Ermessen des Gerichts** steht die Vereidigung des Sachverständigen dann, wenn sie von keinem Prozessbeteiligten beantragt wird (BGH 21, 227 = NJW 1967, 1520). Das gilt auch dann, wenn dem Gutachten des Sachverständigen **ausschlagende** Bedeutung zukommt (BGH MDR 1955, 651; KK-Senge Rn. 1). Der **Vorsitzende** entscheidet zunächst über die Nichtvereidigung (BGH NJW 1952, 233); eine Anhörung der Prozessbeteiligten ist nicht erforderlich (OLG Hamm VRS 41, 123). Hiergegen

Sachverständige und Augenschein **§ 80**

kann das Gericht angerufen werden (§ 238 Abs. 2). Das früher nach **Abs. 1 S. 2** geltende Antragsrechts ist aufgehoben. Der **Nacheid** umfasst **nicht die Personal- und Generalfragen** (RG 20, 235; LR-Dahs Rn. 16). Die **Form** ergibt sich aus Abs. 2 iVm §§ 66c, 66d, 67. Mehrere Sachverständige sind einzeln zu vereidigen. Die Vereidigung ist zu **protokollieren** (§ 273), zB mit den Worten: „Der Sachverständige leistete den Sachverständigeneid" (Meyer-Goßner Rn. 4).

Die **allgemeine Vereidigung** ist im Bundes- und Landesrecht geregelt. Die **Berufung** hierauf **ersetzt den Eid;** der Sachverständige kann ihn daher verweigern. Er muss sich selbst auf diesen Eid berufen. Der **Beamte,** zu dessen Dienstpflichten die Erstattung von Gutachten gehört, kann sich auf seinen **Diensteid** berufen (RG 45, 375). Bei mehrmaligen Vernehmungen muss sich der Sachverständige jeweils erneut auf den allgemein geleisteten Eid berufen. Das Gericht stellt die allgemeine Vereidigung – sofern nicht gerichtsbekannt – im Freibeweis fest. Bei Zweifeln ist zu vereidigen. Die Berufung nach **Abs. 2** ist ebenfalls zu protokollieren (§ 273 Abs. 1). 2

Der Eid umfasst auch die **Befundtatsachen** (s. vor § 72 Rn. 1). Solche Tatsachen sind zB Wahrnehmungen bei der Leichenöffnung (BGH VRS 32, 433) oder am lebenden Körper (BGH 18, 108 = NJW 1963, 401), bei Besichtigung des Tatorts (RG HRR 1932, 213) oder der Unfallstelle (BGH VRS 10, 287), bei Untersuchungen von Lebensmitteln oder Kraftfahrzeugen (BGH VRS 65, 140) oder bei der Einsicht in Handelsbücher und Buchungsunterlagen (BGH NJW 1951, 771); **nicht aber Schriftproben** (OLG Hamm StV 1984, 457), Fahrtschreiberdiagramme (vgl. Meyer-Goßner Rn. 10). **Zusatztatsachen** (s. vor § 72 Rn. 1) werden nicht vom Gutachten umfasst; zu denen insbesondere auch das vor dem Sachverständigen abgelegte Geständnis des Angeklagten zählt (BGH 18, 108 = NJW 1963, 401; BGH NStZ 1993, 245); das gilt auch für **Zufallsbeobachtungen,** die in keinem unmittelbaren Zusammenhang mit dem Gutachten stehen. Diese Tatsachen sind in der Regel durch Vernehmung des Sachverständigen als **Zeugen** in die Hauptverhandlung einzuführen (BGH NStZ 1993, 246). 3

Die **Revision** kann grundsätzlich nicht auf Fehler bei der Ermessensentscheidung (Abs. 1 S. 1) gestützt werden (BGH 21, 228 = NJW 1967, 1520). Ist der Sachverständige auch als Zeuge vernommen und vereidigt worden, ist das Fehlen des Sachverständigeneids ohne Bedeutung; denn der Zeugeneid deckt immer das Sachverständigengutachten (BGH GA 1976, 78). 4

§ 80 [Vorbereitung des Gutachtens]

(1) Dem Sachverständigen kann auf sein Verlangen zur Vorbereitung des Gutachtens durch Vernehmung von Zeugen oder des Beschuldigten weitere Aufklärung verschafft werden.

(2) Zu demselben Zweck kann ihm gestattet werden, die Akten einzusehen, der Vernehmung von Zeugen oder des Beschuldigten beizuwohnen und an sie unmittelbar Fragen zu stellen.

Hält der Sachverständige die mitgeteilten Anknüpfungstatsachen für die Erstattung des Gutachtens nicht für ausreichend, muss er sich wegen einer Vervollständigung an den Auftraggeber (Gericht, StA, Polizei) wenden. Zur **Vernehmung von Zeugen und Beschuldigten** ist der Sachverständige nicht befugt (BGH JR 1962, 111). Er kann lediglich Personen **vorbereitend** (informatorisch) befragen, wenn er sachdienliche Auskünfte erwartet (BGH 9, 296 = NJW 1956, 1526). Einer von ihm gleichwohl durchgeführten „Vernehmung" kommt keinerlei Bedeutung zu (BGH 13, 1 = NJW 1968, 828). Das Gericht muss sie gegebenenfalls ordnungsgemäß wiederholen. Der Sachverständige darf aber bei der Untersuchung einzelne Fragen an den Beschuldigten und Zeugen richten, wenn sie für das Gutachten notwendig 1

§ 80 a

sind und keine strafprozessuale Vernehmung darstellen (BGH NJW 1968, 2297). Er darf bei der Untersuchung nur die für eine Gutachtenerstattung erforderlichen **Fragen stellen** (BGH NJW 1968, 2297). Der Sachverständige ist zwar befugt, aber nicht verpflichtet, Beschuldigte über ihr Recht, die Aussage zu verweigern (§ 136 Abs. 1 S. 2), oder Zeugen über ihre Weigerungsrechte zu belehren (BGH JR 1969, 231; BGH NStZ 1996, 146). Führt er eine „Vernehmung" im prozessualen Sinne durch, kommt dieser keine Bedeutung zu (BGH 13, 1 = NJW 1959, 828); eine „Niederschrift" kann nicht nach § 251 Abs. 2 verlesen werden, sie muss ordnungsgemäß wiederholt werden. Als Zeuge darf der Sachverständige aber darüber vernommen werden, was ihm der Beschuldigte oder Zeuge über die Tat mitgeteilt hat (KK-Senge Rn. 2).

2   **Akteneinsicht (Abs. 2)** kann dem Sachverständigen schon zur Vorbereitung des Gutachtens gewährt werden. In welchem Umfang der Sachverständige der **Hauptverhandlung beiwohnen** soll, steht im Ermessen des Gerichts (BGH 2, 25). „Abgesehen von einer ausdrücklichen Weisung des Gerichts hat der Sachverständige selbst darüber zu befinden, ob das Gutachten seine ständige Anwesenheit erforderlich macht" (BGH NStZ 1981, 297). Die Teilnahme kann gemäß § 244 Abs. 2 erforderlich sein (BGH 19, 367 = NJW 1964, 2431). Der Sachverständige darf unmittelbar **Fragen stellen** (§ 80 Abs. 2). Bei der Gestattung von Fragen an Beweispersonen ist der Vorsitzende an eine bestimmte Reihenfolge der Verhandlungsbeteiligten nicht gebunden (BGH NJW 1969, 437). War der Sachverständige bei einem Teil der Hauptverhandlung deren Ergebnis er in seinem Gutachten verwerten soll, nicht zugegen, ist er hiervon zu unterrichten; die Unterrichtung kann auch außerhalb der Hauptverhandlung geschehen (BGH 2, 29; KK-Senge Rn. 4). Abs. 2 schließt **sonstige Beweiserhebungen** zur Vorbereitung des Gutachtens nicht aus. Urkunden und Akten können beigezogen werden, auch die Vorlegung von Augenscheinsobjekten ist zulässig (OLG Karlsruhe Justiz 1963, 36). Der Sachverständige ist aber gehalten, zur Vorbereitung des Gutachtens gemäß § 80 Abs. 2 ggf. die **Vernehmung** von Zeugen oder des Beschuldigten durch das Gericht oder die StA zu veranlassen. Nach Abs. 2 kann er bei solchen Vernehmungen anwesend sein und selbst und unmittelbar **Fragen** stellen (BGH NJW 1969, 2297). Die Besichtigung von Örtlichkeiten, die Einholung von Auskünften und die **Heranziehung von Unterlagen** (Krankengeschichten) ist dem Sachverständigen ohne Mitwirkung des Gerichts gestattet. Nimmt er eine Ortsbesichtigung vor, braucht er den Beschuldigten und der Verteidiger nicht zu benachrichtigen (Meyer-Goßner Rn. 4). Das **Recht** des Beschuldigten, sich in jeder Lage des Verfahrens **anwaltlicher Hilfe zu bedienen,** führt nicht zu einem Anwesenheitsrecht des Verteidigers bei der **Exploration durch einen Sachverständigen,** der mit der Erstellung eines Gutachtens (hier zur Frage der Schuldfähigkeit und Gefährlichkeit des Beschuldigten) beauftragt ist (BGH NStZ 2003, 101).

3   Die **Revision** kann nur darauf gestützt werden, dass das Gericht durch die Nichtunterrichtung des Sachverständigen seine Aufklärungspflicht (§ 244 Abs. 2) verletzt hat oder dass dies dazu geführt hat, dass der Sachverständige von unrichtigen Tatsachen ausgegangen ist (KK-Senge Rn. 6). Abs. 2 ist eine **Ordnungsvorschrift;** auf ihre Verletzung kann die Revision nicht gestützt werden (KK-Senge Rn. 6; LR-Dahs Rn. 11).

§ 80 a [Zuziehung im Vorverfahren]

Ist damit zu rechnen, daß die Unterbringung des Beschuldigten in einem psychiatrischen Krankenhaus, einer Entziehungsanstalt oder in der Sicherungsverwahrung angeordnet werden wird, so soll schon im Vorverfahren einem Sachverständigen Gelegenheit zur Vorbereitung des in der Hauptverhandlung zu erstattenden Gutachtens gegeben werden.

Sachverständige und Augenschein **§ 81**

Diese **Soll**vorschrift gilt für das Vorverfahren, also für das staatsanwaltschaftliche 1
einschließlich des polizeilichen Ermittlungsverfahrens (§§ 161, 163) gegen einen
schuld- und verhandlungsfähigen Beschuldigten. In der Hauptverhandlung gilt
§ 246 a und im Sicherungsverfahren nach §§ 413 f. ist § 414 Abs. 3 maßgebend.
Der Sachverständige muss idR ein **Psychiater** sein; sein Gutachten muss sich auf
den psychischen und körperlichen Zustand des Beschuldigten und auf die Behandlungsaussichten erstrecken (KK-Senge Rn. 3). Bei **Weigerung des Beschuldigten,** sich untersuchen zu lassen, ist er vor das Gericht oder die StA zu laden und
gegebenenfalls nach § 133 Abs. 2 vorzuführen sowie unter Beteiligung des Sachverständigen (§ 80) zu vernehmen (Meyer-Goßner Rn. 3). Die körperliche Untersuchung kann auch nach § 81 a erzwungen werden, auch eine Unterbringung nach
§ 81 ist möglich (BGH NJW 1972, 348).

Die Anordnung nach § 81 oder nach § 81 a ist mit der **Beschwerde** anfechtbar, 2
nicht aber die Zuziehung des Sachverständigen. Die **Revision** kann nicht auf den
Verstoß gegen § 80 a gestützt werden, sondern nur auf die Verletzung des § 246 a
(BGH NStZ 1984, 134).

§ 81 [Unterbringung zur Beobachtung des Beschuldigten] RiStBV 61, 62

(1) **Zur Vorbereitung eines Gutachtens über den psychischen Zustand des Beschuldigten kann das Gericht nach Anhörung eines Sachverständigen und des Verteidigers anordnen, daß der Beschuldigte in ein öffentliches psychiatrisches Krankenhaus gebracht und dort beobachtet wird.**

(2) ¹**Das Gericht trifft die Anordnung nach Absatz 1 nur, wenn der Beschuldigte der Tat dringend verdächtig ist.** ²**Das Gericht darf diese Anordnung nicht treffen, wenn sie zu der Bedeutung der Sache und der zu erwartenden Strafe oder Maßregel der Besserung und Sicherung außer Verhältnis steht.**

(3) **Im vorbereitenden Verfahren entscheidet das Gericht, das für die Eröffnung des Hauptverfahrens zuständig wäre.**

(4) ¹**Gegen den Beschluß ist sofortige Beschwerde zulässig.** ²**Sie hat aufschiebende Wirkung.**

(5) **Die Unterbringung in einem psychiatrischen Krankenhaus nach Absatz 1 darf die Dauer von insgesamt sechs Wochen nicht überschreiten.**

„Art. 2 I GG gewährleistet i. V. mit Art. 1 I GG das **allgemeine Persönlich-** 1
keitsrecht. Dieses Recht schützt grundsätzlich vor der Erhebung und Weitergabe
von Befunden über den Gesundheitszustand, die seelische Verfassung und den Charakter eines Menschen (vgl. BVerfGE 32, 373, 378 ff. = NJW 1972, 1123; BVerfGE
44, 353, 372 f. = NJW 1989, 2119; BVerfGE 65, 1, 41 f. = NJW 1984, 419; BVerfGE
78, 77, 84 = NJW 1988, 2031; BVerfGE 84, 192, 194 f. = NJW 1991, 2411). Der
Schutz ist umso intensiver, je näher die Daten der Intimsphäre des Betroffenen stehen,
die als unantastbarer Bereich privater Lebensgestaltung gegenüber aller staatlichen
Gewalt Achtung und Schutz beansprucht (vgl. BVerfGE 32, 373, 378 f. = NJW 1972,
1123; BVerfGE 65, 1, 45 f. = NJW 1984, 419). Das allgemeine Persönlichkeitsrecht
ist allerdings nicht absolut geschützt. Vielmehr muss jeder Bürger staatliche Maßnahmen hinnehmen, die im überwiegenden **Interesse der Allgemeinheit** auf gesetzlicher Grundlage unter Wahrung des **Verhältnismäßigkeitsgebots** getroffen werden, soweit sie nicht den unantastbaren Bereich privater Lebensgestaltung beeinträchtigen" (BVerfG NStZ 2002, 98. Die **Beobachtungsunterbringung** kann im
Strafverfahren und im Sicherungsverfahren (§ 413 f.) angeordnet werden, nicht jedoch im Privatklageverfahren und im Vollstreckungsverfahren nach Rechtskraft des

139

§ 81

Erstes Buch. 7. Abschnitt

Urteils (OLG Düsseldorf NStZ 1985, 575). Sie dient der **Vorbereitung** eines Gutachtens über den psychischen Zustand des Beschuldigten. Sie kommt insbesondere in Betracht zur Klärung der **Schuldfähigkeit** (§§ 20, 21 StGB), der **Gemeingefährlichkeit** is der §§ 63, 66 StGB, der **Verhandlungsfähigkeit** und des **Entwicklungsstandes** eines Jugendlichen oder Heranwachsenden (§§ 73, 104 Abs. 1 Nr. 12, 109 Abs. 1 JGG); nicht aber zur Prüfung der Glaubwürdigkeit (BGH JR 1955, 472) und auch nicht zur Rekonstruktion einer vorübergehenden Bewusstseinsstörung infolge Alkohol- oder Medikamentengenusses (BGH MDR 1966, 383; KK-Senge Rn. 2). Die Anordnung der **psychiatrischen Untersuchung** des Angeklagten (auf seine **Verhandlungsfähigkeit**) durch das erkennende Gericht führt nicht zu einem Eingriff in dessen körperliche Unversehrtheit und rechtfertigt ihre Gleichstellung mit den in § 305 S. 2 genannten Maßnahmen nicht. Sie unterliegt daher als eine der Urteilsfällung vorausgehende Entscheidung gemäß § 305 S. 1 nicht der Beschwerde. Anders ist es, wenn zur Durchführung der Untersuchung der Angeklagte in ein psychiatrisches Krankenhaus verbracht werden soll, und zwar auch dann, wenn er sich in Untersuchungshaft befindet (OLG Düsseldorf StV 2001, 156). Bei einer Unterbringung zur Feststellung der **Verhandlungsfähigkeit** ist neben einer strikten Beachtung des Verhältnismäßigkeitsprinzips auch notwendig, dass die Unterbringung unerlässlich ist, dh. dass ohne sie die Verhandlungsfähigkeit nicht beurteilt werden kann (BVerfG StV 1995, 617). Ist der Beschuldigte bereits **inhaftiert**, bedarf es keiner Anordnung. Es reicht hier die Verlegung in die psychiatrische Abteilung eines Vollzugskrankenhauses aus (OLG Stuttgart NJW 1973, 1426; die 6-Wochenfrist des Abs. 5 gilt hier nicht, OLG NJW 1961, 2077). Etwas anderes gilt aber für den inhaftierten Beschuldigten dann, wenn die Beobachtung in einem psychiatrischen Krankenhaus außerhalb der Vollzugsanstalt durchgeführt werden soll (OLG Stuttgart 1973, 1426). Der **Unterbringungsbefehl** nach § 126 a macht die Anordnung nach § 81 grundsätzlich überflüssig (KK-Senge Rn. 3).

2 Die Anordnung ergeht durch **Beschluss** von Amts wegen nach pflichtgemäßem Ermessen. Ein **Prozessbeteiligter** kann auch die Unterbringung beantragen (BGH JR 1955, 472; OGH 2, 207). Der Antrag ist nach § 244 Abs. 4 zu behandeln; hat die Untersuchung bereits stattgefunden, ist der Antrag auf Heranziehung eines weiteren Sachverständigen nach § 244 Abs. 4 S. 2 zu verstehen (BGH 8, 77 = NJW 1955, 1407; KK-Senge Rn. 4). Der erforderliche **dringende Tatverdacht (Abs. 2 S. 1)** ist wie bei §§ 112 Abs. 1 S. 1, Abs. 2, 112a Abs. 1 zu beurteilen. Die Anordnung der Unterbringung steht unter dem rechtsstaatlichen Gebot der **Verhältnismäßigkeit des Mittels** (BVerfGE 63, 410 = NJW 1983, 1179; KK-Pfeiffer Einl. Rn. 30). Sie ist daher zB in **Bagatellstrafsachen** ausgeschlossen und im **Bußgeldverfahren** gemäß § 46 Abs. 3 OWiG unzulässig. Sie kann zB auch entbehrlich sein, wenn sich der Beschuldigte freiwillig in eine geeignete Anstalt zur Untersuchung begibt oder die Möglichkeit einer ambulanten Exploration besteht (KK-Senge Rn. 6). **Vor der Anordnung** hat das Gericht einen **Sachverständigen anzuhören**, der ein **Psychiater oder Neurologe** sein muss (OLG Frankfurt 1967, 689). Er muss sich einen **persönlichen Eindruck** vom Beschuldigten verschaffen und sich zur Notwendigkeit und zur voraussichtlichen Dauer der Beobachtung äußern (OLG Karlsruhe 1973, 573). An die Stellungnahme des Sachverständigen ist das Gericht nicht gebunden. Die Anhörung eines **weiteren Sachverständigen** zur Frage der Unterbringung des Beschuldigten in einem psychiatrischen Krankenhaus kann dann geboten sein, wenn der zunächst angehörte Sachverständige auf die Notwendigkeit der Stellungnahme eines Sachverständigen mit Spezialkenntnissen hinweist (hier: Epileptologe neben Arzt für Psychiatrie). Die Unterbringung gem. § 81 darf nur angeordnet werden, wenn sie **unerlässlich** ist. Dies ist nicht der Fall, wenn durch eine **ambulante Untersuchung** ein Sachverständiger ein genügend sicheres Bild gewinnen kann. Hierzu muss sich der im Rahmen der Anhörung tätige Sachverständige ebenso äußern wie zu der Frage der voraussichtlich notwendigen

Dauer einer stationären Beobachtung (OLG Hamm StV 2001, 156). Ob die Unterbringung **notwendig** ist, hat es selbst zu beurteilen. Will es aber diese Notwendigkeit entgegen der Ansicht des Sachverständigen **bejahen,** wird es idR einen weiteren Sachverständigen anhören müssen (OLG Hamm NJW 1957, 1290). Erscheint der Beschuldigte nicht freiwillig vor dem Sachverständigen, so ist seine **Vorführung** vor das Gericht zu veranlassen. **Körperliche Untersuchungen** sind ohne Einwilligung des Beschuldigten bei der Beobachtung nur zulässig, wenn sie nach § 81 a besonders angeordnet worden sind (BGH 8, 144 = NJW 1955, 1765). Auch die **StA** ist nach § 33 Abs. 2 und vor allem der **Verteidiger** (Abs. 1 S. 2) zu **hören.** Hat der Beschuldigte noch keinen Verteidiger, muss er nach § 140 Abs. 1 Nr. 6 vom Gericht bestellt werden.

Die **Auswahl des Krankenhauses** trifft das Gericht in dem Anordnungsbeschluss (OLG Frankfurt NJW 1967, 689; OLG Stuttgart NJW 1961, 2077). Es muss sich um ein **öffentliches** psychiatrisches Krankenhaus handeln; Träger muss der Staat, eine Gemeinde, ein Gemeindeverband oder ein anderer Hoheitsträger sein (OLG Frankfurt NJW 1967, 689; Meyer-Goßner Rn. 19). **Angerechnet** wird die Zeit der Unterbringung auf Strafhaft entsprechend der U-Haft gemäß § 51 Abs. 1 S. 1 StGB (BGH 4, 325 = NJW 1953, 1679). Wird nur Freiheits- oder nur Geldstrafe verhängt, bedarf es keines Anspruchs im Urteil (BGH 24, 29 = NJW 1971, 290), sofern nicht beide Strafen nebeneinander verhängt werden (BayObLG NJW 1972, 1632). Die **Gründe** des Beschlusses (§ 34) müssen ergeben, welche Zweifel an der Schuld- oder Verhandlungsfähigkeit des Beschuldigten bestehen und warum sie die Beobachtung nach § 81 erfordern (OLG StV 1986, 51). Die **Vollstreckung** des Beschlusses obliegt nach § 36 Abs. 2 S. 1 der StA. Der auf freiem Fuß befindliche Beschuldigte wird zu dem mit der Anstalt verabredeten Zeitpunkt zum Erscheinen geladen, gegebenenfalls mit der Vorführungsdrohung (RiStBV Nr. 61 Abs. 2). Den Vorführungsbefehl erlässt die StA; er kann nach § 23 EGGVG angefochten werden (Meyer-Goßner Rn. 27). Vgl. auch RiStBV Nr. 61, 62. Der Beschuldigte darf nur **festgehalten und beobachtet** werden. **Körperliche Untersuchungen jeder Art** sind ohne Einwilligung des Beschuldigten bei der Beobachtung nur zulässig, wenn sie nach § 81 a – ggf. iVm § 81 – besonders angeordnet worden sind (BGH 8, 144 = NJW 1955, 1765; BGH NJW 1968, 2297; Meyer-Goßner Rn. 20). Der Sachverständige darf den Beschuldigten über dessen Zustand befragen, Antworten aber nicht erzwingen (BGH 1968, 2297). Weigert sich der Untergebrachte, an einer Exploration mitzuwirken, so muss die Unterbringung aufgehoben werden, wenn die Beobachtung allein keine Erfolgsaussichten bietet (OLG Celle StV 1985, 224; 191, 248). Zur **Briefkontrolle** ist nur bei inhaftierten Beschuldigten der Richter befugt – sonst niemand, auch nicht der Anstaltsarzt (BGH NJW 1961, 2069; KK-Senge Rn. 8).

Die **sofortige Beschwerde** ist nach **Abs. 4 S. 1** (als Sonderregelung) entgegen § 305 S. 1 auch gegen den **Unterbringungsbeschluss** des erkennenden Gerichts zulässig. Dies gilt nach § 304 Abs. 4 S. 2 Nr. 1 auch dann, wenn der Beschluss vom OLG im ersten Rechtszug erlassen wurde. Der Verteidiger kann sie gegen den Willen des Beschuldigten einlegen; denn § 297 gilt wegen der zweifelhaften Verhandlungsfähigkeit nicht. Eine weitere Beschwerde ist nach § 310 Abs. 2 ausgeschlossen. Das Beschwerdegericht prüft auch die Zweckmäßigkeit der Anordnung (OLG Hamburg MDR 1972, 1048). Die Auswahl der Sachverständigen (OLG Hamburg MDR 1972, 1048) oder der Anstalt (OLG Celle NJW 1966, 1881) ist nicht anfechtbar (KK-Senge Rn. 12). Der die Unterbringung **ablehnende Beschluss** ist nicht anfechtbar; denn nach Abs. 4 ist die sofortige Beschwerde nur gegen die Unterbringung gegeben (OLG Stuttgart Justiz 1972, 18; KK-Senge Rn. 13 mwN str.). Die **Revision** kann nicht auf die Rechtswidrigkeit der Unterbringung gestützt werden; denn nach Abs. 4 ist die sofortige Beschwerde zulässig (§ 336 S. 2). Die Ablehnung der Unterbringung kann mit der Aufklärungsrüge beanstandet werden, aber mit wenig Erfolg; denn der Beschluss kann nur auf Rechtsfehler, aber nicht darauf überprüft werden, ob das Gericht von dem ihm eingeräumten Ermessen richtig Gebrauch gemacht hat (BGH 8, 77 = NJW 1955, 1407); die Beobachtungsunterbringung stellt auch grundsätzlich kein überlegenes Forschungsmittel dar (BGH 23, 186 = NJW 1970, 523). § 244 Ab. 2 kann im Einzelfall verletzt sein, wenn zB das Gericht eine Unterbringung nach § 81 unterlassen hat, obwohl der Sachverständige selbst diese Zwangsmaßnahme angeregt hat (RG JW 1937, 3101; KK-Senge Rn. 14).

§ 81 a [Körperliche Untersuchung; Blutprobe]

(1) ¹**Eine körperliche Untersuchung des Beschuldigten darf zur Feststellung von Tatsachen angeordnet werden, die für das Verfahren von Bedeutung sind.** ²**Zu diesem Zweck sind Entnahmen von Blutproben und andere körperliche Eingriffe, die von einem Arzt nach den Regeln der ärztlichen Kunst zu Untersuchungszwecken vorgenommen werden, ohne Einwilligung des Beschuldigten zulässig, wenn kein Nachteil für seine Gesundheit zu befürchten ist.**

(2) **Die Anordnung steht dem Richter, bei Gefährdung des Untersuchungserfolges durch Verzögerung auch der Staatsanwaltschaft und ihren Ermittlungspersonen (§ 152 des Gerichtsverfassungsgesetzes) zu.**

(3) **Dem Beschuldigten entnommene Blutproben oder sonstige Körperzellen dürfen nur für Zwecke des der Entnahme zugrundeliegenden oder eines anderen anhängigen Strafverfahrens verwendet werden; sie sind unverzüglich zu vernichten, sobald sie hierfür nicht mehr erforderlich sind.**

1   Diese Vorschrift macht den Körper zum „**Augenscheinsobjekt**" und erlaubt Eingriffe in das Grundrecht der körperlichen Unversehrtheit (Art. 2 Abs. 2 S. 1 GG). Sie ist nur bei Beachtung des Grundsatzes der **Verhältnismäßigkeit** verfassungskonform (BVerfGE 27, 211 = NJW 1970, 505). Sie genügt auch dem Bestimmtheitsgebot (BVerfGE 47, 248 = NJW 1978, 1149). Der Verhältnismäßigkeitsgrundsatz verlangt, dass die Maßnahme zur Erreichung des angestrebten Zweckes geeignet und erforderlich ist und dass der mit ihr verbundene Eingriff nicht außer Verhältnis zur Bedeutung der Sache und zur Stärke des bestehenden Tatverdachts steht (BVerfG NJW 1996, 3071). Der Umstand, dass die Ermittlungsbehörden ihre Ermittlungen auf einen verhältnismäßig großen Kreis potentiell Tatverdächtiger erstreckt haben, führt für sich noch nicht zur Verfassungswidrigkeit einer Maßnahme nach § 81 a, wenn dadurch ein Tatverdacht iS von § 152 Abs. 2 gegen den von der Anordnung Betroffenen nicht entfällt (BVerfG NJW 1996, 3072 m. Anm. Benfer NStZ 1997, 397). Der Begriff **Beschuldigter** umfasst nicht nur den Angeschuldigten und Angeklagten, sondern auch den **Verurteilten** im Rahmen von Weisungen nach § 56 c StGB zur Vorbereitung der Prognoseentscheidung nach §§ 57 Abs. 1, 67 d Abs. 2 S. 1 StGB (BVerfG NStZ 1993, 482). Beschuldigter ist vor allem auch derjenige, gegen den das **Ermittlungsverfahren** mit der Anordnung nach § 81 a beginnt, zB durch Blutentnahme eines einer Verkehrsstraftat Verdächtigen (BVerfG NJW 1996, 3071). S. auch § 52 Rn. 5; § 163 a Rn. 1. Die **Einwilligung des Beschuldigten** macht die Anordnung nach § 81 a entbehrlich und erlaubt auch nach **Abs. 1 S. 2** unzulässige körperliche Eingriffe, sofern sie nicht wegen besonderer Gefährlichkeit gegen die guten Sitten verstoßen. Auf § 81 a Abs. 1 S. 2 gestützte Maßnahmen begegnen auch im Hinblick auf die durch Art. 1 Abs. 1 GG geschützte Menschenwürde und den in Art. 2 Abs. 1 iVm Abs. 1 GG enthaltenen Grundsatz der Selbstbelastungsfreiheit keinen grundsätzlichen Bedenken (BVerfG NStZ 2000, 381). **Schwerwiegende Eingriffe** dürfen nur auf richterliche Anordnung vorgenommen werden. Die Einwilligung

Sachverständige und Augenschein **§ 81 a**

muss freiwillig und **ausdrücklich** nach vorheriger Belehrung erteilt werden (Meyer-Goßner Rn. 4 mwN). Der Beschuldigte muss die Sachlage sowie sein Weigerungsrecht kennen (BGH NJW 1964, 1172; Eisenberg Beweisrecht Rn. 1626). Der Beschuldigte muss die Untersuchung **dulden;** zum aktiven Tun darf er nicht gezwungen werden (BGH 34, 46 = NJW 1986, 2261). Er ist allerdings verpflichtet, sich selbst für die Untersuchung zu stellen, zB sich zu entkleiden (KK-Senge Rn. 4). Das zwangsweise Verabreichen von **Brechmittel** bei Verdacht des Drogenschmuggels (zB Mitführen von Kokainbömbchen im Magen) ist nach Maßgabe des § 81 a Abs. 1 S. 1 grundsätzlich zulässig; Voraussetzung ist aber, dass der Verhältnismäßigkeitsgrundsatz beachtet wird und ein Nachteil für die Gesundheit des Beschuldigten ausgeschlossen ist (KG NStZ-RR 2001, 204; Rogall NStZ 1998, 66; KK-Senge § 81 a Rn 14; s. auch § 136 a Rn. 7).

Zweck der Untersuchung ist die Erlangung **verfahrenserheblicher Tatsachen,** 2 wie die Beschaffenheit des Körpers und seiner Bestandteile, des Blutes, des Magensaftes und des Vorhandenseins von Fremdkörpern (BGH 5, 336 = NJW 1954, 649). Verfahrenserheblich sind auch die Tatsachen für die Täterschaft, die Schuld und Rechtsfolgen sowie für die Reise- und Verhandlungsfähigkeit des Beschuldigten (BVerfGE 27, 219 = NJW 1970, 505; OLG Düsseldorf NStZ 1990, 430; KK-Senge Rn. 5 mwN).

Die **einfachen körperlichen Untersuchungen (Abs. 1 S. 1)** dienen dem 3 Zweck, die vom Willen des Beschuldigten unabhängige Beschaffenheit seines Körpers, auch das Vorhandensein von Fremdkörpern in den natürlichen Körperöffnungen, oder den psychischen Zustand des Beschuldigten und die Arbeitsweise des Gehirns, auch die körperbedingten psychischen Funktionen, durch sinnliche Wahrnehmungen **ohne** körperliche Eingriffe festzustellen. Dieser Zweck **unterscheidet** die Untersuchung von der körperlichen **Durchsuchung nach § 102,** bei der nach **Gegenständen,** die in oder unter der Kleidung sowie auf der Körperoberfläche und in natürlichen Körperöffnungen **versteckt** sind, gesucht wird. Die Durchsuchung beschränkt sich also auf eine Suche am bekleideten Körper, die Untersuchung hingegen macht den unbekleideten Körper zum „Augenscheinsobjekt"; hierzu zählt auch die nervenärztliche Untersuchung auf eine strafrechtliche Verantwortlichkeit (OLG Düsseldorf NJW 1964, 2217). Der Beschuldigte muss die körperliche Untersuchung **dulden.** Er ist auch verpflichtet, sich zu **entkleiden.** Die bei einer Untersuchung üblichen Befragungen und Testungen (OLG Köln NJW 1962, 692) sowie Blutdruckmessungen und Elektrokardiogramme ohne körperliche Belastung usw. (OLG Schleswig NStZ 1982, 81) sind zulässig. Zu einer **aktiven Beteiligung** kann jedoch der Beschuldigte nicht gezwungen werden (s. Rn. 1). Er braucht kein Kontrastmittel für eine Röntgenuntersuchung einzunehmen oder bei einem Trinkversuch und einem Belastungs-EKG mitzuwirken (OLG Schleswig NStZ 1982, 81; Meyer-Goßner Rn. 11 mwN). Bei einer freiwilligen aktiven Beteiligung ist eine entsprechende vorherige Belehrung erforderlich.

Bei der **Blutprobenentnahme (Abs. 1 S. 2)** handelt es sich – auch bei zwangs- 4 weiser Vornahme – um „einen ungefährlichen, vergleichsweise unbedeutenden Eingriff" (OLG Köln NStZ 1986, 234). Die Anordnung ist regelmäßig mit einem umfassenden Untersuchungsauftrag nach Abs. 1 S. 1 verbunden, der insbesondere der Feststellung des Blutalkoholgehalts zur Tatzeit und oft auch der Schuldfähigkeit dient. Sie ist auch zum Zwecke einer Analyse **nichtcodierender DNA-Teile** mit Spurenmaterialvergleich zulässig (BGH 37, 158 = NJW 1990, 2944; BVerfG 1996, 771; 1996, 3071). Eine dem verletzten Beschuldigten zur **Operationsvorbereitung** im Krankenhaus entnommene Blutprobe ist für die Feststellung der Tatzeit-BAK verwertbar, wenn eine Anordnung nach § 81 a zwar fehlte, deren Voraussetzungen aber vorgelegen hätten (OLG Celle NStZ 1989, 385; OLG Zweibrücken NJW 1994, 810). Der „Gemeinsame Erlass über die Feststellung von Alkohol im

§ 81 a

Blut bei Straftaten und Ordnungswidrigkeiten" der Bundesländer, nach dem bei Verdacht auf eine Tat nach § 316 StGB oder § 24 a StVG zB eine Blutentnahme grundsätzlich anzuordnen ist, stellt rechtlich keine Voraussetzung für diese Maßnahme dar (OLG Köln NStZ 1986, 234). Alleinige Rechtsgrundlage für die **Anwendung unmittelbaren Zwangs** zur Durchsetzung einer rechtmäßig angeordneten Blutentnahme ist § 81 a. Die Polizeigesetze der Länder sind insoweit weder direkt noch entsprechend anwendbar (OLG Dresden NJW 2001, 3643). Bei der Bestimmung der **Alkoholkonzentration** iSv § 24 a Abs. 1 StVG unter Verwendung eines Atemalkoholmessgeräts, das die Bauartzulassung für die amtliche Überwachung des Straßenverkehrs erhalten hat, ist der gewonnene Messwert ohne Sicherheitsabschläge verwertbar, wenn das Gerät unter Einhaltung der Eichfrist geeicht ist und die Bedingungen für ein gültiges Messverfahren gewahrt wird (BGH NJW 2001, 1952, s. auch § 267 Rn. 10). Liegt einer Verurteilung nach § 24 a Abs. 1 StVG die Feststellung einer Atemalkoholkonzentration zugrunde, müssen im Urteil neben dem Mittelwert auch die zugrundeliegenden Einzelwerte der Atemalkoholkonzentration mitgeteilt werden (BayObLG NJW 2001, 3138). Die **DNA-Analyse** beruht auf dem Umstand, dass die gesamte Erbinformation eines Menschen in einem Molekül jeder Zelle festgeschrieben wird. Man kann daher durch einen Vergleich von Blut- oder Samenspuren mit den Erbinformationen des Verdächtigen (dem **„genetischen Fingerabdruck"**) ggf. Schlüsse auf seine Täterschaft ziehen. Ein Verstoß gegen Art. 1, 2 GG ist darin nicht zu sehen (Roxin § 33 Rn. 7); im Gegenteil führt die Nichtvornahme einer ggf. zur Überführung des Täters geeigneten **DNA-Analyse** wegen Verstoßes gegen die gerichtliche Aufklärungspflicht des § 244 Abs. 2 zur Aufhebung des Urteils (BGH NStZ 1991, 399; s. auch Rn. 10). „Der Tatrichter muss berücksichtigen, dass die DNA-Analyse lediglich eine statistische Aussage enthält, die eine **Würdigung aller Beweisumstände** nicht überflüssig macht" (BGH 38, 320; BGH NStZ 1994, 554; vgl. BVerfG NJW 1996, 45). Ein Beweisantrag auf Durchführung einer Gen-Analyse zum Beweis, dass der Beschuldigte **nicht der Täter** sein könne, kann beim Vorhandensein von Spurenmaterial die Gen-Analyse gebieten (BGH NStZ 1991, 399; s. auch Rn. 10). S. auch Einl. Rn. 33, vor 81 e und §§ 81 e ff.

5   **Andere körperliche Eingriffe (Abs. 1 S. 2)** liegen vor, wenn dem Körper Liquor, Samen und Urin (BVerfGE NStZ 1993, 482) entnommen, wenn ihm Stoffe zugeführt werden oder wenn in das Innere des Körpers eingegriffen wird. Im Gegensatz zur einfachen Untersuchung geht es hier um die Beibringung von – wenn auch nur geringfügigen – **Verletzungen** des Körpers. Dagegen sind Untersuchungen der natürlichen Körperöffnungen (Mund, Scheide, After) oder Veränderungen der Haar- oder Barttracht nur einfache Untersuchungen (KK-Senge Rn. 6). Zulässige **„andere"** Eingriffe sind zB: Magenaushebung, Computer-Tomographie, Röntgenuntersuchungen (OLG Schleswig NStZ 1982, 81), Szintigraphie (Eisenberg Beweisrecht Rn. 1639). **Kein körperlicher Eingriff** iSd § 81 a Abs. 1 S. 2 sind das **EEG**, das **EKG,** und **Blutdruckmessung,** weil der Beschuldigte nicht verpflichtet ist, an Belastungstests mitzuwirken (OLG Schleswig NStZ 1982, 81; LR-Dahs Rn. 37; Eisenberg Beweisrecht Rn. 1639). Der Eingriff muss nach den **Regeln der ärztlichen Kunst** vorgenommen werden; neuartige Untersuchungsmethoden dürfen an dem Beschuldigten ohne sein Einverständnis nicht erprobt werden (BGH 8, 148 = NJW 1955, 1765). **Gesundheitliche Nachteile** müssen ausgeschlossen sein. Eine Maßnahme darf nur angeordnet werden, wenn sie unerlässlich ist und in angemessenem **Verhältnis** zur **Schwere der Tat** steht (BVerfGE 17, 117 = NJW 1963, 2370; BayObLG NJW 1964, 459). Die „anderen körperlichen Eingriffe" und auch die Blutentnahmen dürfen nur durch einen **Arzt** vorgenommen werden. § 81 a Abs. 1 enthält „auch die Rechtsgrundlage für die zur Untersuchung erforderliche Freiheitsentziehung, die allerdings kurzfristig sein und am Grundsatz der Verhältnismäßigkeit gemessen werden muss; die hier festgesetzte

Dauer von längstens 5 Tagen ist in der Rechtsprechung und überwiegend auch im Schrifttum für hinnehmbar angesehen worden" (BayVerfGH NJW 1982, 1583). Dass **Hypnose, Elektroschock** und **Narkoanalyse** zur Herbeiführung von Aussagen verboten sind, ergibt sich schon aus § 136 a.

Für die **Anordnung** der Untersuchung ist **primär** der Richter zuständig 6 (Abs. 2); im Vorverfahren (§§ 162, 169) der Ermittlungsrichter (BGH 8, 146 = NJW 1955, 1765). Bei **Gefahr im Verzuge** entscheidet auch die StA (§ 142 GVG) oder ein Hilfsbeamter der StA (§ 152 GVG). Die Anordnung **schwerer Eingriffe** ist allein dem Richter vorbehalten (BVerfGE 16, 194 = NJW 1963, 1597). Führt die Anordnung zu einem **Freiheitsentzug,** ist eine richterliche Anordnung nach § 81 a unverzüglich zu erwirken (BayObLG NJW 1957, 272; KK-Senge Rn. 8). Einer Anhörung des Beschuldigten bedarf es nur unter den Voraussetzungen des § 33 Abs. 3; das gilt nicht bei „Gefahr im Verzug" (KK-Senge Rn. 8). Notwendig ist eine **ausdrückliche Anordnung.** Der Richter erlässt sie durch Beschluss; die StA und Polizei auch mündlich. Sie muss den Eingriff und die festzustellenden Tatsachen bezeichnen. **Vollstreckt** wird die Anordnung durch die **StA** (§ 36 Abs. 2 S. 1). Im Übrigen darf die **Anordnung der StA** und ihrer **Hilfsbeamten** (**§ 81 a Abs. 2 Halbs. 2)** von diesen, auch wenn die Vorschrift ihnen dieses Recht nicht ausdrücklich zugesteht, nach allgemeiner Meinung **sofort vollzogen,** also im Wege des unmittelbaren Zwangs durchgesetzt werden (OLG Köln NStZ 1986, 235; OLG Schleswig SchlHA 1966, 43; Eisenberg Beweisrecht Rn. 1646). Als **unmittelbarer Zwang** ist jede Maßnahme zulässig, die in den Grenzen des Verhältnismäßigkeitsgrundsatzes geeignet ist, den Widerstand des Beschuldigten gegen die Vollstreckung der angeordneten Maßnahme zu überwinden (Eisenberg Beweisrecht Rn. 1647). Die Rechtmäßigkeit der polizeilichen Zwangsmaßnahmen ist am allgemeingültigen **Verhältnismäßigkeitsgrundsatz** zu bemessen. Als Orientierungsmaßstab können in der Praxis die für das jeweilige Handeln der besonderen Beamtengruppe erlassenen Vorschriften herangezogen werden (OLG Dresden NJW 2001, 3643). Der Beschuldigte wird zur Untersuchung oder zur Vornahme des Eingriffs vor den Arzt geladen. Erscheint er nicht, so darf die StA eine **Vorführungsverfügung** erlassen, die von der Polizei vollstreckt wird. Auf die Strafe wird die Zeit der zwangsweisen Vorführung nach § 51 Abs. 1 S. 1 StGB nicht angerechnet (Meyer-Goßner Rn. 28). Die Anordnungen der StA und ihrer Hilfsbeamten sind auch **zwangsweise durchsetzbar** (OLG Köln NStZ 1986, 234). Vor allem bei Anordnung der **Blutprobenentnahme** darf der Beschuldigte, auch wenn die Voraussetzungen des § 127 Abs. 2 nicht vorliegen, **vorübergehend** festgenommen werden (s. Rn. 5), bis zum Eintreffen des für den Abtransport bestellten Kraftfahrzeugs festgehalten, zwangsweise dem erreichbaren Arzt zugeführt oder zu einem Polizeirevier gebracht und dort bis zum Eintreffen des Arztes festgehalten werden. Zur Entnahme der Blutprobe darf er festgehalten oder festgeschnallt werden (Meyer-Goßner Rn. 29). Abs. 3 regelt, dass dem Beschuldigten oder anderen Personen (§ 81 c Abs. 5 S. 2) entnommene Blutproben oder sonstige Körperzellen unverzüglich **zu vernichten** sind, sobald sie für das Ausgangsverfahren oder ein anders anhängiges Strafverfahren nicht mehr erforderlich sind (Hilger NStZ 371). **Eingriffsbefugnis.** Nur ein **Arzt** ist befugt, den **körperlichen Eingriff** – hierzu gehört auch die **Blutentnahme** – vorzunehmen. Med.-techn. Assistenten, Sanitäter, Krankenschwestern dürfen derartige Eingriffe nicht vornehmen. Arzt in diesem Sinn ist derjenige, der als Arzt approbiert oder zur vorübergehenden Ausübung berechtigt ist (BGH 24, 127 = NJW 1971, 1097; KK-Senge Rn. 7). **Besonders gefährliche Eingriffe** dürfen nur von einem **Facharzt** durchgeführt werden unter strenger Berücksichtigung des **Verhältnismässigkeitsgrundsatzes** und nur bei starkem Tatverdacht sowie bei schwerem strafrechtlichem Vorwurf (BVerfGE 16, 194; KK-Senge Rn. 7). Das gilt zB bei der sog. **Hirnkammerlüftung, Angiographie, Ballondilation** (KK-Senge Rn. 7).

§ 81 a

Erstes Buch. 7. Abschnitt

6 a **Abs. 3** enthält ausdrücklich das **Verbot,** die entnommenen Blutproben oder sonstigen Körperzellen (zB Harn, Liquor, Samen) für andere Zwecke als für ein anhängiges Strafverfahren zu verwenden. Zulässig ist also die Verwendung auch zur Erforschung einer anderen prozessuellen Tat. Halbs. 2 enthält eine **Vernichtungsregelung;** sie bezieht sich auf das gesamte entnommene Material. Auch für wissenschaftliche Forschungszwecke darf es nicht weiterverwendet werden (BT-Drucks. 13/667 S. 6). Die Vernichtung betrifft nur das Material, nicht die Ergebnisse der Untersuchung; diese werden Bestandteil der Akten. **Aufbewahrt** wird das Material idR bis zur Urteilsrechtskraft (bzw. des anderen Strafverfahrens), falls es nicht vorher (zB wegen Bedeutungslosigkeit) vernichtet werden kann. Geht das Strafverfahren in ein Bußgeldverfahren über, so bleibt das entnommene Material nach Maßgabe des (ergänzten) § 46 Abs. 4 OWiG anwendbar. Es fehlt zwar eine § 100 b Abs. 6 ähnliche Regelung; aber die StA sollte die Vernichtung überwachen und schriftlich festhalten. Abs. 3 gilt auch für die Untersuchung anderer Personen gemäß dem ergänzten § 81 c Abs. 5 S. 2.

7 Gegen **Abgeordnete,** die Immunität genießen (Art. 46 Abs. 2 GG), kann eine Untersuchung und auch eine Blutprobe bei auf frischer Tat Betroffenen ohne Genehmigung des Parlaments angeordnet werden (OLG Bremen NJW 1966, 743; OLG Oldenburg NJW 1966, 1764). Die **Verbringung zum Arzt** ist keine freiheitsentziehende Maßnahme iS von RiStBV Nr. 191 Abs. 3 c. Gegen **Exterritoriale** (§§ 18, 20 GVG) darf nach § 81 a nicht vorgegangen werden, wohl aber gegen Konsularbeamte, § 19 GVG (KK-Pelchen Rn. 12).

8 Die **einfache Beschwerde** (§ 304 Abs. 1) ist gegen richterliche Anordnungen zulässig, sofern diese nicht im Eröffnungsverfahren ergehen (§ 202 S. 2) und nicht vom OLG erlassen werden (§ 304 Abs. 4 S. 2). Die Beschwerde ist jedoch unzulässig, wenn sie erst nach der Untersuchung oder dem Eingriff **eingelegt wird** (vgl. BGH 28, 58 = NJW 1978, 1815). Anordnungen des **erkennenden Gerichts** können mit der Beschwerde nur angefochten werden bei **Eingriffen** in die körperliche Unversehrtheit und bei kurzfristigen **Freiheitsentziehungen** (OLG Schleswig NStZ 1982, 81; KK-Senge Rn. 13 mwN). Die Anordnung einer körperlichen Untersuchung des Beschuldigten gemäß § 81 a ist allenfalls mit der Beschwerde anfechtbar (analog § 305 Abs. 2), wenn eine **nicht unerheblicher Eingriff in die körperliche Unversehrtheit** mit der Untersuchung verbunden ist (OLG Koblenz NStZ 1994, 355; aA OLG Hamburg NStZ-RR 1998, 337: Die Anordnung einer körperlichen Untersuchung durch das erkennende Gericht ist stets mit der Beschwerde anfechtbar, wenn die Untersuchung mit einem Eingriff verbunden ist. Auf die **Erheblichkeit** dieses Eingriffs kommt es **nicht an**). Die Entnahme einer **Blutprobe** ist lediglich ein unbedeutender Eingriff und ist daher nicht anfechtbar (OLG Hamm MDR 1975, 1040; OLG Köln NStZ 1986, 234). In der Anordnung einer psychiatrischen Untersuchung – bestehend aus allgemeiner Exploration und gesundheitlicher Allgemeinuntersuchung – liegt kein Eingriff iSd. § 305 S. 2 (OLG Nürnberg NStZ-RR 1998, 242). **Anordnungen der StA und Polizei,** die nur bei Gefahr im Verzuge zulässig sind (Abs. 2), werden sofort vollzogen. Mit dem Antrag nach § 23 EGGVG kann daher nur die nachträgliche Feststellung ihrer Rechtswidrigkeit erreicht werden; der Antrag ist jedoch unzulässig, wenn keine konkreten Tatsachen für ein berechtigtes Interesse hieran vorgetragen werden (BGH 37, 82 = NJW 1990, 2758). Das hat auch für die Vorführungsanordnung der StA zu gelten (Meyer-Goßner Rn. 31).

9 Verstöße gegen § 81 a machen die Untersuchungsergebnisse grundsätzlich **nicht unverwertbar,** zB: bei fehlender Anordnungsbefugnis; bei unzutreffender Bejahung von Gefahr im Verzug; bei unterlassener Belehrung über die Mitwirkung; bei Anordnung durch einen Polizeibeamten, der nicht Hilfsbeamter der StA ist; Eingriff durch einen Nichtarzt. **Fehler** bei der Untersuchung oder der Auswertung (der Blutprobe) begründen kein Verwertungsverbot, sondern sie sind bei der Beweiswür-

Sachverständige und Augenschein § 81 b

digung zu berücksichtigen (OLG Stuttgart DAR 1984, 294; Eisenberg Beweisrecht Rn. 1657); Dies soll auch bei groben Mängeln zB dann gelten, wenn die erforderliche Zahl der Untersuchungen nicht eingehalten wurde (OLG Hamm NJW 1974, 2064; OLG Hamburg DAR 1968, 334; Eisenberg Beweisrecht Rn. 1657). **Unverwertbarkeit** liegt zB vor: wenn ein körperlicher Eingriff ohne Anordnung und ohne Einwilligung vorgenommen worden ist; bei Anwendung von Methoden, die gegen die Grundsätze der Gerechtigkeit und Billigkeit verstoßen; wenn der Polizeibeamte bewusst vortäuscht, dass die Blutprobe von einem Arzt entnommen wird oder wenn er unerlaubten Zwang ausübt (BGH 24, 131; OLG Hamm NJW 1965, 1090).

Die **Revision** kann auf die Verletzung des § 81 a nur gestützt werden, wenn im 10 Urteil ein Untersuchungsergebnis verwertet worden ist, obwohl es unverwertbar war. Mit der Aufklärungsrüge kann in der Revision beanstandet werden, dass **kein DNA-Fingerprinting** erstellt wurde (s. Rn. 4); dabei muss aber dargelegt werden, dass das dafür erforderliche Zellmaterial zur Verfügung stand (BGHR StPO § 344 Abs. 2 S. 2 Aufklärungsrüge 5). Die Verwertung **fehlerhaft** durchgeführter Untersuchungen im Urteil kann ggf. die Revision begründen, wenn hierdurch die Beweiswürdigung mit Grundsätzen der Wissenschaft nicht mehr zu vereinbaren ist und gegen Erfahrungs- und Denkgesetze verstößt. Die Fehlerhaftigkeit muss jedoch mit den Mitteln des Revisionsrechts feststellbar sein.

§ 81 b [Lichtbilder und Fingerabdrücke]

Soweit es für die Zwecke der Durchführung des Strafverfahrens oder für die Zwecke des Erkennungsdienstes notwendig ist, dürfen Lichtbilder und Fingerabdrücke des Beschuldigten auch gegen seinen Willen aufgenommen und Messungen und ähnliche Maßnahmen an ihm vorgenommen werden.

Diese Vorschrift ist Rechtsgrundlage für strafrechtliche **Ermittlungshandlun-** 1 **gen** und ferner für polizeiliche **Präventivmaßnahmen**. Sie ist aber nur anwendbar gegen **Beschuldigte**, nicht gegen Zeugen oder andere Personen, wenn diese nicht einverstanden sind. Gegen die bloß Verdächtigen können Identitätsfeststellungen nach § 163 b Abs. 1 angeordnet werden. Beschuldigter ist nicht bereits derjenige, gegen den ein **vager Verdacht** besteht; es müssen tatsächliche Anhaltspunkte vorliegen. Regelmäßig wird ein Ermittlungsverfahren förmlich eingeleitet; es genügen jedoch auch andere nach außen erkennbare Zeichen des Verfolgungswillens (BGH 10, 12 = NJW 1957, 230; 38, 227 = NJW 1992, 1463). **Beschuldigte** iS der 1. Alt. sind auch Schuldunfähige (§ 20 StGB) im Sicherungsverfahren (§ 414 Abs. 1); nicht aber Kinder (vgl. § 19 StGB), gegen sie sind nur Maßnahmen nach § 163 b Abs. 2 zulässig. Aus präventivpolizeilichen Gründen (2. Alt.) sind erkennungsdienstliche Maßnahmen auch bei Verfahrenseinstellung (§§ 170 Abs. 1, 153) und bei rechtskräftiger Verurteilung zulässig (KK-Senge Rn. 2). Vorschriften der Polizeigesetze der Bundesländer, die erkennungsdienstliche Maßnahmen **über** § 81 b hinaus zulassen, sind im Hinblick auf Art. 72 Abs. 2 GG nur gültig, soweit sie andere Personen als Beschuldigte iS des § 81 b betreffen (Meyer-Goßner Rn. 4 mwN). Ferner sind erkennungsdienstliche Maßnahmen nach Bundesrecht zulässig nach: § 15 Abs. 2 Nr. 7 AsylVfG, § 41 AuslGG, § 19 BGSG, § 6 Abs. 3 S. 3 PassG, § 86 StVollzG, § 24 BGSG.

Aus der **Aufzählung** der in § 81 b „**beispielhaft** genannten Maßnahmen ergibt 2 sich, dass nur solche Identifizierungsmöglichkeiten in Betracht kommen, die – ohne dass es einer körperlichen Untersuchung iS des § 81 a Abs. 1 bedarf – der Feststellung der körperlichen Beschaffenheit dienen. Nicht unter § 81 b fallen Registrierungen des jeweiligen Ausdrucks des Beschuldigten, zB Messungen der Atem- und

147

Pulsbewegungen, um die innere Erregung der Aussageperson zu ermitteln. Dagegen dürfen das Aussehen, Körperteile und -merkmale sowie sonstige für die Individualität einer Person signifikante ‚dauerhafte Persönlichkeitsgegebenheiten' (Peters aaO) auch gegen seinen Willen fotografiert, vermessen oder in anderer Weise registriert werden, um durch einen Vergleich mit bereits vorliegenden Erkenntnisse feststellen zu können, ob sie auf den Beschuldigten als Täter hindeuten" (BGH 34, 45 = NJW 1986, 2261). Fingerspurenmaterial, das in der **DDR** vor der Vereinigung gesammelt worden war, kann ohne Rechtsverstoß jedenfalls zur Ermittlung der Person des Beschuldigten verwandt werden, und zwar auch dann, wenn es in einem Verfahren erhoben worden war, das zu einer inzwischen tilgungsreifen Verurteilung geführt hat (OLG Brandenburg NJW 1997, 1794). Zulässig ist auch die Aufnahme der Gegenüberstellung des Beschuldigten mit Zeugen mittels **Videogerät** (BVerfG NStZ 1983, 84). Die Maßnahme kann auch bereits am **Tatort** getroffen werden; so darf der Beschuldigte fotografiert werden, wie er bei einer Demonstration festgenommen wird (OLG Köln MDR 1976, 67). Nach § 81 b können **Vergleichsaufnahmen** des Beschuldigten mit der Raumüberwachungskamera am Tatort notfalls auch gegen seinen Willen angefertigt werden (BGH NStZ 1993, 47). Das Erscheinungsbild des Beschuldigten darf verändert werden (Perücke, Brille, Haartracht usw.). Die heimliche Aufnahme **nichtöffentlicher** Gespräche des Beschuldigten zwecks Stimmanalyse ist dagegen nicht als „ähnliche Maßnahme" nach § 81 b zu beurteilen (BGH 34, 44 = NJW 1986, 2261). Jedoch kann die mit Zustimmung des Angeklagten hergestellte Tonbandaufnahme von seiner Stimme verwertet werden (BGH StV 1985, 397). Zur Zulässigkeit und Unzulässigkeit einer Stimmengegenüberstellung und der Verwendung einer Hörfalle s. § 58 Rn. 2.

3   Auch bei den Maßnahmen nach § 81 b ist der **Grundsatz der Verhältnismäßigkeit zu beachten** (s. auch § 81 a Rn. 1). Im Strafverfahren ergeben sich Notwendigkeiten und Grenzen von Zwangsmaßnahmen aus der Aufklärungspflicht nach § 244 Abs. 2. Erkennungsdienstliche Maßnahmen zu präventivpolizeilichen Zwecken kommen nicht nur bei gewerbs- oder gewohnheitsmäßigen Tätern in Betracht, sondern auch bei anderen Beschuldigten, bei denen wegen der Art und Schwere ihrer Straftaten ein besonderes kriminalistisches Interesse besteht (Meyer-Goßner Rn. 12). Maßgebend ist, ob Anhaltspunkte dafür vorliegen, dass der Beschuldigte in ähnlicher oder anderer Weise erneut straffällig werden könnte, und ob die erkennungsdienstlichen Unterlagen zur Förderung der dann zu führenden Ermittlungen geeignet erscheinen (BVerwGE 66, 192 = NJW 1983, 772). In **Bagatellsachen** ist § 81 b nicht anwendbar; bei **Bußgeldverfahren** wegen Ordnungswidrigkeiten sind erkennungsdienstliche Maßnahmen nur ausnahmsweise zulässig (vgl. Göhler, § 46 OWiG Rn. 9). Dies gilt nicht nur für die Anordnung, sondern auch für die **Durchführung** an sich zulässiger Zwangsmaßnahmen (BVerfGE 42, 219 = NJW 1976, 1735).

4   **Zuständig** sind für die Anordnungen der strafrechtlichen Maßnahmen im Ermittlungsverfahren die StA und die Beamten des Polizeidienstes (§ 163), nach Anklageerhebung das befasste Gericht. Für erkennungsdienstliche Maßnahmen ist ausschließlich die Kriminalpolizei zuständig (OVG Münster NJW 1972, 2147). Die Maßnahmen – auch für erkennungsdienstliche Zwecke – dürfen ohne vorherige Androhung unter **Anwendung unmittelbaren Zwangs** durchgeführt werden. § 81 b „gibt darüber hinaus die Befugnis, den Beschuldigten notfalls **mit Zwang** in einen solchen Zustand zu bringen, dass die bezeichneten Maßnahmen gegen seinen Willen durchgeführt werden können, zB mit Gewalt die Handschuhe auszuziehen, sowie seinen Arm und seine Finger zu strecken, damit ein Handflächenabdruck genommen werden kann" (BGH 34, 45 = NJW 1986, 2261).

5   Hinsichtlich der **Aufbewahrung der Unterlagen** gelten für die zum Zwecke der Durchführung des Strafverfahrens gewonnenen Unterlagen keine Besonderheiten; sie sind Bestandteil der Akten, und ihre Entfernung kann nicht verlangt

Sachverständige und Augenschein § 81 c

werden. Die für erkennungsdienstliche Zwecke hergestellten Unterlagen bewahrt die Kriminalpolizei auf; das Recht und die Grenze für die Berechtigung zur Aufbewahrung unter Beachtung des **Verhältnismäßigkeitsgrundsatzes** ist aus § 81 b herzuleiten (BVerwGE 26, 172 = NJW 1967, 1192; 66, 202 = NJW 1983, 1338). **Unzulässig** ist die Aufbewahrung, wenn der Tatverdacht **völlig ausgeräumt ist.** Im Übrigen kommt es darauf an, ob nach kriminalistischer Erfahrung Anhaltspunkte dafür vorliegen, dass der Beschuldigte künftig strafrechtlich in Erscheinung treten wird und dass die angefertigten Unterlagen dann die Ermittlungen der Polizei fördern können (BVerwGE 26, 172; 66, 192). Dem Beschuldigten gibt die Unzulässigkeit der Aufbewahrung keinen Anspruch auf Herausgabe, sondern auf **Vernichtung** (Meyer-Goßner Rn. 18).

Gerichtliche Anordnungen können mit der **Beschwerde** nach § 304 Abs. 1 angefochten werden, sofern nicht die §§ 202 Abs. 2, 304 Abs. 4, 305 S. 1 entgegenstehen; eine weitere Beschwerde ist ausgeschlossen (§ 310 Abs. 2). Das Rechtsmittel ist unzulässig, wenn es erst nach der Durchführung der Maßnahmen eingelegt wird, es sei denn, dass ein nachwirkendes Bedürfnis für die richterliche Überprüfung besteht (BGH 28, 58 = NJW 1978, 1815; KK-Senge Rn. 8). Gegen **Maßnahmen der StA und der Polizei** kann nach hM entsprechend § 98 Abs. 2 das Gericht angerufen werden (BGH 44, 265 = NJW 1999, 730). Auch eine von der StA in einem **laufenden Ermittlungsverfahren** angeordnete und vollzogene **erkennungsdienstliche Maßnahme** (zB Anfertigung von Lichtbildern), ist nicht nach §§ 23 ff. EGGVG, sondern entsprechend **§ 98 Abs. 2 S. 2** überprüfbar (OLG Koblenz StV 2002, 228 mwN). Eine Beschwerde ist nicht zulässig, wenn der Ermittlungsrichter des BGH die vom GBA angeordneten erkennungsdienstlichen Maßnahmen (zB Aufnahme von Finger- und Handflächenabdrücken) in entsprechender Anwendung des § 98 Abs. 2 bestätigt hat (BGH NJW 1994, 465). Für **Anordnungen von Maßnahmen für erkennungsdienstliche Zwecke** „ist nicht der Rechtsweg zu den ordentlichen Gerichten, sondern der Verwaltungsrechtsweg gegeben" (BGH 28, 209 = NJW 1979, 882). Die Anfechtungsklage nach § 42 VwGO ist auch gegen die Aufforderung zulässig, sich zum Zweck der erkennungsdienstlichen Behandlung bei der Polizei einzufinden (BVerwG 66, 192 = NJW 1983, 772). Da dem Beschuldigten vielfach die Anordnung vorher nicht mitgeteilt wird, geht der Antrag regelmäßig auf Vernichtung der erkennungsdienstlichen Unterlagen. Die Ablehnung dieses Antrags ist ein Verwaltungsakt, der nur vor dem Verwaltungsgericht angefochten werden kann (BVerfGE 16, 94 = NJW 1963, 1819; BGH NJW 1975, 2076; BVerwGE 26, 169 = NJW 1967, 1192; KK-Senge Rn. 10 mwN). 6

§ 81 c [Untersuchung anderer Personen]

(1) **Andere Personen als Beschuldigte dürfen, wenn sie als Zeugen in Betracht kommen, ohne ihre Einwilligung nur untersucht werden, soweit zur Erforschung der Wahrheit festgestellt werden muß, ob sich an ihrem Körper eine bestimmte Spur oder Folge einer Straftat befindet.**

(2) [1]**Bei anderen Personen als Beschuldigten sind Untersuchungen zur Feststellung der Abstammung und die Entnahme von Blutproben ohne Einwilligung des zu Untersuchenden zulässig, wenn kein Nachteil für seine Gesundheit zu befürchten und die Maßnahme zur Erforschung der Wahrheit unerläßlich ist.** [2]**Die Untersuchungen und die Entnahme von Blutproben dürfen stets nur von einem Arzt vorgenommen werden.**

(3) [1]**Untersuchungen oder Entnahmen von Blutproben können aus den gleichen Gründen wie das Zeugnis verweigert werden.** [2]**Haben Minderjährige wegen mangelnder Verstandesreife oder haben Minderjährige oder Betreute wegen einer psychischen Krankheit oder einer geistigen oder see-**

§ 81 c   Erstes Buch. 7. Abschnitt

lischen Behinderung von der Bedeutung ihres Weigerungsrechts keine genügende Vorstellung, so entscheidet der gesetzliche Vertreter; § 52 Abs. 2 Satz 2 und Abs. 3 gilt entsprechend. ³Ist der gesetzliche Vertreter von der Entscheidung ausgeschlossen (§ 52 Abs. 2 Satz 2) oder aus sonstigen Gründen an einer rechtzeitigen Entscheidung gehindert und erscheint die sofortige Untersuchung oder Entnahme von Blutproben zur Beweissicherung erforderlich, so sind diese Maßnahmen nur auf besondere Anordnung des Richters zulässig. ⁴Der die Maßnahmen anordnende Beschluß ist unanfechtbar. ⁵Die nach Satz 3 erhobenen Beweise dürfen im weiteren Verfahren nur mit Einwilligung des hierzu befugten gesetzlichen Vertreters verwertet werden.

(4) Maßnahmen nach den Absätzen 1 und 2 sind unzulässig, wenn sie dem Betroffenen bei Würdigung aller Umstände nicht zugemutet werden können.

(5) ¹Die Anordnung steht dem Richter, bei Gefährdung des Untersuchungserfolges durch Verzögerung, von den Fällen des Absatzes 3 Satz 3 abgesehen, auch der Staatsanwaltschaft und ihren Ermittlungspersonen (§ 152 des Gerichtsverfassungsgesetzes) zu. ²§ 81 a Abs. 3 gilt entsprechend.

(6) ¹Bei Weigerung des Betroffenen gilt die Vorschrift des § 70 entsprechend. ²Unmittelbarer Zwang darf nur auf besondere Anordnung des Richters angewandt werden. ³Die Anordnung setzt voraus, daß der Betroffene trotz Festsetzung eines Ordnungsgeldes bei der Weigerung beharrt oder daß Gefahr im Verzuge ist.

1   Die Vorschrift betrifft „andere Personen" als Beschuldigte, für die die §§ 81 a, 81 b gelten. **Duldungspflichtig** sind auch diejenigen, bei denen nur die Möglichkeit besteht, als **Zeuge** vernommen zu werden. Die freiwillige und ernstlich gemeinte **Einwilligung** des Betroffenen in eine Untersuchung hebt – soweit sie nicht sittenwidrig ist – die Einschränkungen des § 81 c auf. Verpflichtet ist die Person nur, die Untersuchung zu **dulden,** wozu auch gehört, zu ihr zu erscheinen und sich für die Untersuchung zur Verfügung zu stellen. Über die Duldung hinaus besteht keine Verpflichtung zu aktiver Mitwirkung (KK-Senge Rn. 6; Meyer-Goßner Rn. 16. Zur Zumutbarkeit s. Abs. 4. **Untersuchung** (Abs. 1) bedeutet in Anschluss an § 81 a **körperliche** Untersuchung am unbekleideten Körper. Körperliche **Eingriffe** sind verboten. Untersuchungen der natürlichen Körperöffnungen sind möglich (BGH NStZ 1991, 227), zB auch Scheidenabstriche, das gewaltsame Öffnen des Mundes zur Besichtigung der Zähne (Meyer-Goßner Rn. 16). Erscheint zB eine Person, die von der Polizei zu einem **Speicheltest** für eine molekulargenetische Untersuchung geladen wird, – anders als andere, ebenfalls vorgeladene Personen – im **Beistand eines Anwalts,** so darf dies in einem späteren Strafverfahren gegen sie nicht als belastendes Indiz verwertet werden (BGH 45, 367 = NJW 2000, 1962). Unzulässig sind zB Magenauspumpen, Röntgenaufnahmen sowie Untersuchungen unter Narkose (BGH NStZ 1991, 227). **Spuren** iS von Abs. 1 sind unmittelbar durch die Tat verursachte Veränderungen am Körper, die – ohne immer Verletzungen zu sein – Rückschlüsse auf den Täter oder die Tatausführung ermöglichen, zB Stichwunde, Einschusskanal, Blutspuren, Spermienreste, Hautreste unter den Fingernägeln. **Tatfolgen** sind alle mittelbar oder unmittelbar durch die Tat eingetretenen Veränderungen am Körper des Opfers. Spuren und Tatfolgen brauchen nicht dauerhaft zu sein, es genügt auch, dass sie für die Rechtsfolgen von Bedeutung sind. Es müssen jedoch bereits **vorher** bestimmte Vorstellungen und Anhaltspunkte über die Spuren und Tatfolgen bestehen, um deren Auffindung es geht (Meyer-Goßner Rn. 11 bis 14). Untersuchungen **anderer Art,** zB hinsichtlich

Sachverständige und Augenschein   § 81 c

der Glaubwürdigkeit des Zeugen, sind nur mit Einwilligung zulässig (BGH 36, 219 = NJW 1989, 2762).

Bei den **Abstammungsuntersuchungen** und **Blutprobenentnahmen** 2 **(Abs. 2)** ist es gleichgültig, ob der Betroffene als Zeuge in Betracht kommt. Die Blutprobenentnahme ist nicht nur zum Zwecke der Abstammungsuntersuchungen möglich, sondern auch für andere Zwecke, zB in Verkehrsstrafsachen am Unfallopfer. Die Anordnung von Abstammungsuntersuchungen verpflichtet zur Duldung von Blutentnahmen (Bestimmung der Blutgruppe usw), Lichtbildaufnahmen und Fingerabdrücken (Meyer-Goßner Rn. 18).

Das **Untersuchungsverweigerungsrecht (Abs. 3)** knüpft nur an § 52 an, nicht 3 an die §§ 53, 53 a, 54, 55. Der Betroffene kann nach § 52 Abs. 1 das Zeugnis oder nach Abs. 3 S. 1 die Untersuchung oder beides Verweigern. Das Weigerungsrecht steht der Einnahme des richterlichen Augenscheins an der Person des Weigerungsberechtigten nicht entgegen (OLG Hamm MDR 1974, 1036). Es besteht auch dann weiter, wenn das Verfahren gegen den Angehörigen abgetrennt worden ist (BGH MDR 1973, 902). Es gilt auch, wenn sich das Verfahren gegen **mehrere Beschuldigte** richtet und nur zu einem von ihnen ein Angehörigenverhältnis besteht (s. § 52 Rn. 2). Aus der Weigerung eines Angehörigen, an der Untersuchung zur Feststellung der Abstammung durch Entnahmen von Blutproben mitzuwirken, dürfen – ebenso wie aus der Zeugnisverweigerung (s. § 52 Rn. 8) – keine dem Angeklagten nachteiligen Schlüsse gezogen werden (KK-Pelchen Rn. 10); sagt der Zeuge aber zur Sache aus, verweigert jedoch die zur Überprüfung seiner Aussage erforderliche Blutprobe, dann kann dies bei der Würdigung seiner Aussage berücksichtigt werden (BGH 32, 140 = NStZ 1984, 377).

Zu **belehren** ist der Betroffene über sein Weigerungsrecht nach **Abs. 3 S. 1** bzw. 4 nach **Abs. 3 S. 2** iVm § 52 Abs. 1. Er ist selbst zu belehren (BGH 14, 24 = NJW 1960, 586), auch wenn er bereits über sein Recht nach § 52 belehrt worden ist (BGH 13, 399 = NJW 1960, 584; BGH NStZ 1996, 275). Der **Richter** hat zu belehren, wenn er die Untersuchung angeordnet hat (BGH 36, 220 = NJW 1989, 2762); die **StA** und die **Polizei,** wenn sie die Maßnahme nach Abs. 5 angeordnet haben (§§ 161 a Abs. 1 S. 2, 163 a Abs. 5). Der Richter kann die StA bei der Übergabe der Anordnung nach § 36 Abs. 5. 1 ersuchen, für die Belehrung vor der Untersuchung zu sorgen. Der Sachverständige ist zur Belehrung nicht befugt. Das Unterlassen der Belehrung wird dadurch **geheilt,** dass das Untersuchungsergebnis nicht berücksichtigt wird oder dass der **Betroffene** nach nachgeholter Belehrung seiner Verwertung zustimmt (BGH 12, 242 = NJW 1959, 445). Der spätere Verzicht auf das Zeugnisverweigerungsrecht heilt den Mangel der Belehrung (BGH 20, 234 = NJW 1965, 1870). „Hat ein Zeuge von der Bedeutung seines Untersuchungsverweigerungsrecht als **Angehöriger des Beschuldigten mangels Verstandesreife** keine genügende Vorstellung, so entscheidet über die Einwilligung zur Untersuchung allein sein gesetzlicher Vertreter; nur dieser ist über das Verweigerungsrecht zu belehren. Ist der gesetzliche Vertreter über dieses Recht nicht belehrt worden, darf das auf der Untersuchung beruhende Gutachten über die **Glaubwürdigkeit** des Zeugen nicht verwertet werden. Das gilt nicht, wenn feststeht, dass der gesetzliche Vertreter in Kenntnis des Rechts, die Untersuchung zu verweigern, in diese eingewilligt hat" (BGH NJW 1995, 1501). Eine die **Belehrungspflicht** nach § 81 c Abs. 3 S. 1, § 52 auslösende Untersuchung **liegt nicht vor,** wenn der Sachverständige den Zeugen nur **während der Hauptverhandlung beobachtet** und ein Gutachten erstattet (BGH StV 1995, 622).

Die Untersuchung muss **zumutbar** sein **(Abs. 4).** Diese Forderung ist im Hin- 5 blick auf den Verhältnismäßigkeitsgrundsatz selbstverständlich. Wesentlich ist dabei, in welchem Verhältnis die Untersuchung zur Bedeutung der Straftat steht; das an der Strafsache bestehende Aufklärungsinteresse und das Persönlichkeitsrecht des Betroffenen müssen gegeneinander abgewogen werden (BGH MDR 1956, 527;

§ 81 c

BVerfG NJW 1996, 3071). Eine körperliche Untersuchung wird regelmäßig nur dann zumutbar sein, wenn sie nach den anerkannten Regeln der Wissenschaft, idR von einem **Arzt** vorgenommen wird. Blutentnahmen, auch zwecks Feststellung der AIDS-Infizierung, sind idR zumutbar (KK-Senge Rn. 7; Meyer-Goßner Rn. 17). Für die Untersuchung von Frauen gilt § 81 d.

6 Die Regelung über die **Zuständigkeit der Anordnung (Abs. 5)** entspricht § 81 a Abs. 2 (s. dort Rn. 6). Eine vorherige **Anhörung** des Betroffenen oder seines Vertreters ist nicht erforderlich; denn § 33 Abs. 3 ist bei § 81 c nicht einschlägig (KK-Senge Rn. 19). Ein **Verwertungsverbot** hinsichtlich des entnommenen Materials für **andere Zwecke** als für ein anhängiges Strafverfahren enthält **Abs. 5 S. 2,** indem er auf die Regelung in § 81 a Abs. 3 verweist. Ebenso wie für entnommene Körperzellen des Beschuldigten gilt auch hier die **Vernichtungsregelung** (Meyer-Goßner Rn. 29 a und b). Die **Vollstreckung** der richterlichen Anordnung ist Aufgabe der StA (§ 36 Abs. 2 S. 1).

7 Der **Zwang** wird in **Abs. 5** geregelt. Ordnungsgeld und -haft darf nur der **Richter** festsetzen; § 163 a Abs. 2 ist nicht anwendbar. Das **Nichterscheinen** zur Untersuchung wird grundsätzlich als Weigerung angesehen. Gegen den gesetzlichen Vertreter dürfen die Ordnungsmittel des § 70 Abs. 1 nicht festgesetzt werden. Auch Beugehaft nach § 70 Abs. 2 darf gegen den Betroffenen nicht verhängt werden, sondern wird durch den unmittelbaren Zwang nach **Abs. 6 S. 2** ersetzt. Dieser Zwang darf bei Gefahr im Verzug nicht ohne weiteres, sonst erst dann angewendet werden, wenn der Betroffene trotz Festsetzung der Ordnungsmittel auf seiner Weigerung **(Abs. 6 S. 3)** beharrt (Meyer-Goßner Rn. 30).

8 Mit der einfachen **Beschwerde** (§ 304 Abs. 2) kann der Betroffene die richterliche Anordnung anfechten, sofern nicht § 304 Abs. 4 dem entgegensteht. Sie ist unzulässig, wenn sie nach Abschluss der Untersuchung oder der Blutentnahme eingelegt wird (BGH 10, 99 = NJW 1957, 637). Gegen die Ablehnung der beweissichernden Anordnung nach Abs. 3 S. 3 hat nur die StA die einfache Beschwerde (§ 304 Abs. 1). Gegen Anordnungen der StA und ihrer Hilfsbeamten ist der Antrag auf gerichtliche Entscheidung nach § 23 EGGVG nicht statthaft. Da für Zwangsmaßnahmen nur der Richter zuständig ist, kann der Betroffene eine (anfechtbare) gerichtliche Entscheidung dadurch herbeiführen, dass er der Anordnung keine Folge leistet (KK-Senge Rn. 23).

9 Die **Revision** kann der Angeklagte nicht auf das Fehlen der Voraussetzungen des Abs. 1 und Abs. 2 stützen; denn diese dienen ausschließlich dem Schutz des Betroffenen. Die **fehlerhafte** oder **unterlassene** Belehrung über das Weigerungsrecht nach Abs. 3 S. 2 iVm § 52 Abs. 3 S. 1 kann die Revision begründen, wenn ein **Kausalzusammenhang** zwischen dem Fehler der Belehrung und der Gewinnung des Untersuchungsergebnisses besteht, der Mangel nicht geheilt (s. Rn. 4) worden ist und das Urteil auf der Verwertung beruht (BGH 12, 243 = NJW 1959, 445; 13, 399 = NJW 1960, 584). An der Kausalität fehlt es regelmäßig dann, wenn die Person **gewusst** hat, dass sie zur Duldung der Untersuchung **nicht verpflichtet ist** oder wenn sie nachträglich auf ihr Weigerungsrecht **verzichtet** oder wenn sie erkennen lässt dass sie die Untersuchung auch nach Belehrung über ihre Rechte geduldet hätte (BGH 5, 133 = NJW 1954, 323; 20, 234 = NJW 1965, 1870). Entsprechendes gilt bei fehlender Belehrung des gesetzlichen Vertreters (BGH 40, 336 = NJW 1995, 1501). Die unterlassene Belehrung eines Angehörigen des Angeklagten kann auch von dem **Mitangeklagten** gerügt werden (BGH MDR 1973, 902). Die Revision kann auch darauf gestützt werden, dass der Betroffene auf Grund **irrtümlicher Belehrung** über ein angebliches Untersuchungsverweigerungsrecht die Untersuchung verweigert hat und dadurch als Beweismittel ausgeschieden ist, ebenso im umgekehrten Fall, wenn der Richter irrig ein Weigerungsrecht verneint (KK-Senge Rn. 24).

§ 81 d [Untersuchungsperson]

(1) ¹Kann die körperliche Untersuchung das Schamgefühl verletzen, so wird sie von einer Person gleichen Geschlechts oder von einer Ärztin oder einem Arzt vorgenommen. ²Bei berechtigtem Interesse soll dem Wunsch, die Untersuchung einer Person oder einem Arzt bestimmten Geschlechts zu übertragen, entsprochen werden. ³Auf Verlangen der betroffenen Person soll eine Person des Vertrauens zugelassen werden. ⁴Die betroffene Person ist auf die Regelungen der Sätze 2 und 3 hinzuweisen.

(2) Diese Vorschrift gilt auch dann, wenn die betroffene Person in die Untersuchung einwilligt.

Der bisher auf die Untesuchung von Frauen beschränkte § 81 d ist auf die Untersuchung von Personen beiderlei Geschlechts ausgedehnt und hat zugleich eine geschlechtsneutrale Fassung erhalten. 1

Absatz 1 Satz 1 stellt für körperrliche Untersuchungen, die das **Schamgefühl** 2 verletzen können, den Grundsatz der Vornahme durch eine nichtärztliche Untersuchungsperson gleichen Geschlechts oder eine ärztliche Untersuchungsperson beiderlei Geschlechts auf. **Satz 2** erweitert die Rechte der Betroffenen dahin gehend, dass bei berechtigtem Interesse ein grundsätzliches Wahlrecht hinsichtlich des Geschlechts der Untersuchenden besteht. Damit wird den individuellen Befindlichkeiten derjenigen Betroffenen Rechnung getragen, für die im Einzelfall die Durchführung der Untersuchung durch eine Person – sei es ein Arzt ode eine nichtärztliche Untersuchungsperson – des von ihnen bestimmten Geschlechts am wenigsten schamverletzend ist. Dies kann zB nach vorausgegangenem Missbrauch durch eine Person gleichen Geschlechts der Fall sein (BT-Drucks. 15/1946 S. 10).

Die **Revision** kann auf einen Verstoß gegen § 81 d nicht gestützt werden 3 (Meyer-Goßner Rn. 6 mwN).

Vorbemerkungen (§§ 81 e–81 g)

Die Entdeckung der Möglichkeiten der **DNA-Analyse** biologischer Spuren für forensische Zwecke in der Mitte der achtziger Jahre verschaffte der Kriminaltechnik in der Folgezeit eine neuartige und ihrem hohen Beweiswert nach besonders wirkungsvolle Methode der Zuordnung von Tatspuren, deren Einsatz zu überraschenden Erfolgen bei der Überführung des Straftäters führten. Die Zuordnung einer aus analysegeeignetem zurückgebliebenem Körpermaterial menschlichen Ursprungs bestehenden Spur zum Spurenleger kann dabei in einer Vielzahl von Fallgestaltungen durch die DNA-Analyse geleistet werden. Dies zeigen Beispiele aus unterschiedlichen Deliktsbereichen: Im Falle eines Einbruchs hat sich der Täter beim Einschlagen einer Fensterscheibe verletzt und Blutspuren am Tatort hinterlassen. Aus dem Aschenbecher des Fluchtfahrzeuges (bei Bankraub benutzt) werden zurückgelassene Zigarettenreste mit Speichelhaftungen gesichert. Nach einer Vergewaltigung wird der Geschädigten ein Scheidenabstrich entnommen. In dem Präparat werden Beimengungen von Sperma nachgewiesen. In einem Mordfall wurde ein Mensch erschlagen. Das Opfer weist zahlreiche, stark blutende Verletzungen auf. An der Bekleidung eines Tatverdächtigen werden mehrere, spritzspurenförmige Bluthaftungen festgehalten (Schmitter in FS-Herold 1998, 397; Rackow S. 15).

Der Einsatz der DNA-Analyse für Zwecke aktueller Strafverfolgung wurde in unserem Strafverfahren bis 1997 auf § 81 a Abs. 1 gestützt. Wegen der den Kern der Persönlichkeit berührenden Eingriffe war eine spezielle gesetzliche Grundlage erforderlich (Senge NJW 1997, 2409). Am 22. 3. 1997 trat das Strafverfahrensänderungsgesetz – DNA-Analyse („genetischer Fingerabdruck") in Kraft (BGBl. I 53).

§ 81 e

Der neu geschaffene § 81 e ermöglicht seitdem ausdrücklich die molekulargenetische Untersuchung von nach § 81 a Abs. 1 gewonnenen Körpermaterial **"zur Feststellung der Abstammung oder der Tatsache, ob aufgefundenes Spurenmaterial von dem Beschuldigten oder dem Verletzten stammt"**, wobei die ebenfalls neueingefügte Regelung des § 81 a Abs. 3 die Möglichkeit der Körperzellentnahme begrenzt auf **"Zwecke des der Entnahme zugrundeliegenden oder eines anderen anhängigen Strafverfahren"** (Senge NJW 1997, 2409; Rackow S. 17). Am 17. 4. 1998 erfolgte die Errichtung einer zentralen deutschen DNA-Analyse-Datei beim BKA (Rackow S. 17). Durch das **DNA-Identitätsfeststellungsgesetz (DNA-IFG)** v. 7. 9. 1998 (BGBl. I 2646) wurde der neu geschaffene § 81 g in die StPO eingefügt. Auf der Grundlage dieser Norm können – in den sog. "Neufällen" Beschuldigten, die einer Straftat von erheblicher Bedeutung verdächtig sind, Körperzellen entnommen werden, um diese dann molekulargenetisch zu untersuchen, d. h. ein individuelles „DNA-Identifizierungsmuster" zum Zweck der Identifizierung in künftigen Strafverfahren zu erheben, soweit Grund zu der Annahme besteht, dass gegen den Beschuldigten künftig erneut Strafverfahren wegen derartiger Taten zu führen sein werden (Senge NJW 1999, 253). Das DNA-IFG hat durch das Gesetz v. 2. 6. 1999 (BGBl. I 1242) und durch das StVÄG v. 2. 8. 2000 (BGBl. I 1253) die jetzige Fassung erhalten (vgl. vor allem § 81 g). Dabei wurden u. a. andere Möglichkeiten angestrebt, solche Personen systematisch ausfindig zu machen, die für Maßnahmen nach der „Abfallregelung" grundsätzlich in Betracht kommen (BT-Drucks. 14/445, S. 5; Rackow S. 19). Die Vorschriften des DNA-IFG lassen sich einteilen in Normen, welche die Gewinnung von DNA-Identifizierungsmustern betreffen und anderen Regelungen, die sich auf die Verwendung der erhobenen Daten beziehen (Rackow S. 21; s. i. e. die §§ 81 e bis 81 g).

§ 81 e [Molekulargenetische Untersuchungen]

(1) ¹An dem durch Maßnahmen nach § 81 a Abs. 1 erlangten Material dürfen auch molekulargenetische Untersuchungen durchgeführt werden, soweit sie zur Feststellung der Abstammung oder der Tatsache, ob aufgefundenes Spurenmaterial von dem Beschuldigten oder dem Verletzten stammt, erforderlich sind; hierbei darf auch das Geschlecht der Person bestimmt werden. ²Untersuchungen nach Satz 1 sind auch zulässig für entsprechende Feststellungen an dem durch Maßnahmen nach § 81 c erlangten Material. ³Feststellungen über andere als die in Satz 1 bezeichneten Tatsachen dürfen nicht erfolgen; hierauf gerichtete Untersuchungen sind unzulässig.

(2) ¹Nach Absatz 1 zulässige Untersuchungen dürfen auch an aufgefundenem, sichergestelltem oder beschlagnahmten Spurenmaterial durchgeführt werden. ²Absatz 1 Satz 3 und § 81 a Abs. 3 erster Halbsatz gelten entsprechend.

1   Die **DNA-Analyse** („genetischer Fingerabdruck" = molekulargenetische Untersuchung der Desoxyribonukleinsäure aus den menschlichen Zellen) ist als zuverlässige naturwissenschaftliche Untersuchungsmethode zur Identifizierung oder zum Ausschluss von Spurenverursachern seit vielen Jahren im Strafrecht anerkannt. Umstritten ist aber noch, ob den gewonnenen Ergebnissen ein absolut sicherer Beweiswert zukommt. Soweit nur eine PCR-Analyse vorliegt, kann die Verurteilung darauf allein jedenfalls nicht gestützt werden (BGH 38, 320 = NJW 1992, 2976). Der Richter muss sich bewusst sein, dass die DNA-Analyse lediglich eine statistische Aussage enthält, die eine Würdigung aller Beweisumstände nicht überflüssig macht (BGH NStZ 1994, 554). Einem Beweisantrag auf Durchführung einer Gen-Analyse zum Beweis, dass der Beschuldigte nicht der Täter sein könne, wird idR stattzuge-

ben sein (BGH NJW 1990, 2328) und die Aufklärungspflicht wird beim Vorhandensein von Spurenmaterial die Gen-Analyse gebieten (BGH NStZ 1991, 399; Meyer-Goßner Rn. 2).

§ 81 e regelt die **Eingriffsvoraussetzungen** und Grenzen für die Zulässigkeit molekulargenetischer Untersuchungen beim Beschuldigten und anderen Verletzten im Strafverfahren. Diese Vorschrift verdeutlicht, dass diese Untersuchung als zusätzliche neue Untersuchungsmethode eine ausdrückliche Regelung erfahren soll (BT-Drucks. 13/667; HK/StPO Rn. 1). Der Gesetzgeber hat bewusst auf eine besondere Einsatzschwelle für die DNA-Analyse im Strafverfahren verzichtet (BT-Drucks. 13/667 S. 6, 7). Diese Untersuchungsmethode verlangt keinen dringenden Tatverdacht. Sie kann zB auch bei nur **einfachem „Anfangsverdacht"** eingesetzt werden, um den Beschuldigten aus den Kreis der Verdächtigen auszuscheiden (Senge NJW 1997, 2411). Die DNA-Analyse ist als Untersuchungsmethode **nicht subsidiär**; sie ist auch dann zulässig, wenn andere Erkenntnisquellen noch nicht ausgeschöpft sind (KK-Senge Rn. 3; Meyer-Goßner Rn. 7). Für die **Anordnung** der molekulargenetischen Untersuchung der von dem Beschuldigten zur Verfügung gestellten **Speichelprobe** zum Zwecke des Spurenvergleichs (§ 81 e) ist der **Ermittlungsrichter** desjenigen AG zuständig, in dessen Bezirk die Körperzellenentnahme stattgefunden hat (OLG Düsseldorf NJW 2002, 1814, im Anschluss an BGH 45, 376 = NJW 2000, 1204). 2

Abs. 1 lässt molekulargenetische Untersuchungen an nach §§ 81 a Abs. 1, 81 c **Abs. 2** erlangten Blutproben oder Körperzellen nur **insoweit** zu, als eine Untersuchung zur Feststellung der Abstammung oder der Tatsache erforderlich ist, ob aufgefundenes Spurenmaterial vom Beschuldigten oder vom Verletzten stammt. **Abs. 1 S. 3 verbietet ausdrücklich,** weitergehende Feststellungen zu treffen. Die Bestimmung verbietet damit im Strafverfahren angefallenes DNA-analysefähiges Material auf psychische, charakter- oder krankheitsbezogene Persönlichkeitsmerkmale oder Erbanlagen zu untersuchen (BT-Drucks. 13/667 S. 11). Aus dem Regelungszusammenhang der §§ 81 e Abs. 1, 81 a Abs. 3 ergibt sich, dass die Frage der Abstammung oder die Aufklärung der Tatsache, ob Spurenmaterial dem Beschuldigten oder dem Verletzten zuzuordnen ist, in dem im Sinn von § 81 a Abs. 3 zugrunde liegenden oder einen anderen, gegen den Beschuldigten **anhängigen Strafverfahren** von beweismäßiger Relevanz sein muss (KK-Senge Rn. 5). 3

Nach **Abs. 2** dürfen an aufgefundenem, sichergestelltem oder beschlagnahmten Spurenmaterial in den Grenzen des Abs. 1 molekulargenetische Untersuchungen durchgeführt werden. Erst damit wird der molekulargenetische Abgleich zwischen dem Spurenmaterial und dem nach §§ 81 a Abs. 1, 81 c Abs. 2 angefallenen Material ermöglicht. Auch das Spurenmaterial darf nur im Rahmen der von § 81 a Abs. 3 gezogenen Grenzen untersucht und verwendet werden (KK-Senge Rn. 6; Meyer-Goßner Rn. 9), also **nur für Zwecke eines anhängigen Strafverfahrens.** Es darf deshalb auch nicht dateimäßig erfasst werden, unterliegt allerdings nicht der Vernichtungsregelung des § 81 a Abs. 3 (KK-Senge Rn. 6). 4

Ein Verstoß gegen das **Beweiserhebungsverbot** des Abs. 1 S. 3 Halbs. 2 führt zu einem Beweisverwertungsverbot (Begr.-RegEntw., BT-Drucks. 13/667 S. 7); Meyer-Goßner § 81 f Rn. 9; aA KK-Senge: auf den Einzelfall abstellend unter Hinw, auf BGH 37, 32 = NJW 1990, 1801). S. vor § 81 e. 5

§ 81 f [Anordnung und Durchführung]

(1) ¹**Untersuchungen nach § 81 e dürfen nur durch den Richter angeordnet werden.** ²**Dies gilt auch dann, wenn ein Beschuldigter noch nicht ermittelt werden konnte.** ³**In der schriftlichen Anordnung ist der mit der Untersuchung zu beauftragende Sachverständige zu bestimmen.**

§ 81 f

(2) ¹Mit der Durchführung der Untersuchung nach § 81 e sind Sachverständige zu beauftragen, die öffentlich bestellt oder nach dem Verpflichtungsgesetz verpflichtet oder Amtsträger sind, die der ermittlungsführenden Behörde nicht angehören oder einer Organisationseinheit dieser Behörde angehören, die von der ermittlungsführenden Dienststelle organisatorisch und sachlich getrennt ist. ²Diese haben durch technische und organisatorische Maßnahmen zu gewährleisten, daß unzulässige molekulargenetische Untersuchungen und unbefugte Kenntnisnahme Dritter ausgeschlossen sind. ³Dem Sachverständigen ist das Untersuchungsmaterial ohne Mitteilung des Namens, der Anschrift und des Geburtstages und -monats des Betroffenen zu übergeben. ⁴Ist der Sachverständige eine nichtöffentliche Stelle, gilt § 38 des Datenschutzgesetzes mit der Maßgabe, daß die Aufsichtsbehörde die Ausführung der Vorschriften über den Datenschutz auch überwacht, wenn ihr keine hinreichenden Anhaltspunkte für eine Verletzung dieser Vorschriften vorliegen und der Sachverständige die personenbezogenen Daten nicht in Dateien verarbeitet.

1 Diese Bestimmung enthält Verfahrensvorschriften. Die **Anordnung** ist nach **Abs. 1 S. 1** ausschließlich dem **Richter** vorbehalten; eine Eilzuständigkeit für die StA oder ihre Hilfsbeamten ist nicht vorgesehen. Die Untersuchung von Spurenmaterial, das (noch) keiner konkreten Person zugeordnet werden kann, setzt nicht zwingend eine richterliche Anordnung voraus (LG Hamburg NJW 2001, 530). Die vorherige Anhörung des Betroffenen ist nicht erforderlich. Die **Entnahme des Materials** kann allerdings nach § 81a Abs. 2 bzw. nach § 81c Abs. 5 S. 1 unter den dort genannten Voraussetzungen auch von der StA und ihren Hilfsbeamten angeordnet werden (Meyer-Goßner Rn. 2). Der Gutachtenauftrag hat nach Abs. 1 S. 2 **schriftlich** zu erfolgen und in diesem ist zugleich der mit der Begutachtung zu beauftragende Gutachter zu benennen, nicht aber die zu wählende Untersuchungsmethode (BT-Drucks. 13/667 S. 7; KK-Senge Rn. 3). Aus § 81f Abs. 1 S. 3 folgt, dass es nicht gerechtfertigt ist, für aufgefundenes Spurenmaterial eine Zuständigkeit des Ermittlungsrichters anzunehmen (BGH wistra 2004, 350).

2 Nach **Abs. 2** müssen die **Gutachter,** die mit der Erstellung von molekulargenetischen Gutachten beauftragt werden, besondere persönliche und organisatorische Voraussetzungen erfüllen, die einem **Datenmissbrauch** ausschließen. Der Gutachter muss ein öffentlich bestellter oder nach dem Verpflichtungsgesetz verpflichteter Sachverständiger sein, oder ein sachverständiger Amtsträger, der der ermittlungsführenden Behörde entweder nicht angehören oder aber von ihr organisatorisch und sachlich getrennt sein muss. Als Behörde in diesem Sinne kommen im Regelfall in Betracht: Das Bundeskriminalamt, Landeskriminalämter und gerichtsmedizinische Institute der Universitäten (HK/StPO Rn. 2). Die zu beauftragenden Sachverständigen müssen durch technische und organisatorische Maßnahmen gewährleisten, dass keine nach § 81e Abs. 1 S. 3 unzulässigen molekulargenetischen Untersuchungen durchgeführt werden und dass Dritte von den Untersuchungsergebnissen und Zwischenergebnissen nicht unbefugt Kenntnis nehmen können (KK-Senge Rn. 4). Aus Gründen des Geheimschutzes schreibt **Abs. 2 S. 3** vor, dass dem Sachverständigen das zu untersuchende Material ohne Mitteilung der persönlichen Daten zu übergeben ist (KK-Senge Rn. 4). Abs. 2 S. 4 regelt die Kontrolle der in den S. 2 und 3 normierten Schutzvorschriften bei der Durchführung der Untersuchung. Sofern der Sachverständige eine nichtöffentliche Stelle ist, gilt § 38 BDSG (HK/StPO Rn. 4).

3 Gegen die Anordnung steht dem Betroffenen das **Beschwerderecht** zu (§§ 304 Abs. 2, 305 S. 2). Auch der StA kann gegen die Ablehnung der Anordnung Beschwerde einlegen (Meyer-Goßner Rn. 8). Die Auswahl des Sachverständigen ist unanfechtbar (KK-Senge Rn. 6). Mit der Aufklärungsrüge kann die **Revision**

begründet werden, wenn keine DNA-Analyse vorgenommen wurde; es muss jedoch dargelegt werden, dass das erforderliche Zellmaterial zur Verfügung stand (BGHR § 344 S. 2 Aufklärungsrüge 5). Zur ordnungsgemäßen Erhebung der Aufklärungsrüge muss das vom Sachverständigen anzuwendende **Untersuchungsverfahren** nicht bezeichnet werden. Hierüber hat der Sachverständige in eigener Verantwortung zu entscheiden (BGH NStZ-RR 2002, 145). Die Ergebnisse einer ohne richterliche Anordnung vorgenommenen Untersuchung von Spurenmaterial des Beschuldigten sind **unverwertbar** (s. § 81 e Rn. 5); ihre Verwertung als Beweismittel kann daher die Revision begründen (Meyer-Goßner Rn. 9). Auf einen Verstoß gegen das Verbot der Teilanonymisierung in 81 f Abs. 2 S. 3 kann die Revision nicht gestützt werden (OLG Zweibrücken NStZ 1999, 209).

§ 81 g [DNA-Analyse]

(1) **Zum Zwecke der Identitätsfeststellung in künftigen Strafverfahren dürfen dem Beschuldigten, der**

1. **einer Straftat von erheblicher Bedeutung, insbesondere eines Verbrechens, einer gefährlichen Körperverletzung, eines Diebstahls in besonders schwerem Fall oder einer Erpressung, oder**
2. **einer Straftat gegen die sexuelle Selbstbestimmung (§§ 174 bis 184 f des Strafgesetzbuches)**

verdächtig ist, Körperzellen entnommen und zur Feststellung des DNA-Identifizierungsmusters sowie des Geschlechts molekulargenetisch untersucht werden, wenn wegen der Art oder Ausführung der Tat, der Persönlichkeit des Beschuldigten oder sonstiger Erkenntnisse Grund zu der Annahme besteht, dass gegen ihn künftig Strafverfahren wegen einer der in Nummer 1 genannten Straftaten zu führen sind.

(2) ¹**Die entnommenen Körperzellen dürfen nur für die in Absatz 1 genannte molekulargenetische Untersuchung verwendet werden; sie sind unverzüglich zu vernichten, sobald sie hierfür nicht mehr erforderlich sind.** ²**Bei der Untersuchung dürfen andere Feststellungen als diejenigen, die zur Ermittlung des DNA-Identifizierungsmusters sowie des Geschlechts erforderlich sind, nicht getroffen werden; hierauf gerichtete Untersuchungen sind unzulässig.**

(3) ¹**§ 81 a Abs. 2 und § 81 f gelten entsprechend.** ²**In der schriftlichen Begründung des Gerichts sind einzelfallbezogen darzulegen**

1. **im Fall des Absatzes 1 Nr. 1 die für die Beurteilung der Erheblichkeit der Straftat bestimmenden Tatsachen,**
2. **die Erkenntnisse, aufgrund derer Grund zu der Annahme besteht, dass gegen den Beschuldigten künftig Strafverfahren wegen Straftaten von erheblicher Bedeutung zu führen sein werden, sowie**
3. **die Abwägung der jeweils maßgeblichen Umstände.**

1) Für eine **DNA-Analyse-Datei,** die beim BKA eingerichtet worden ist, hat die durch das DNA-Identitätsfeststellungsgesetz vom 7. 9. 1998 (BGBl. I 2646) eingefügte Vorschrift die gesetzliche Grundlage geschaffen. Das DNA-IFG (zuletzt geändert durch Ges. vom 27. 12. 2003 [BGBl. I 3007]) lautet neben § 1, der den § 81 g enthält, wie folgt:

§ 2 Regelung bezüglich Verurteilter

(1) Maßnahmen, die nach § 81 g der Strafprozeßordnung zulässig sind, dürfen auch durchgeführt werden, wenn der Betroffene wegen einer der in § 81 g Abs. 1 der Strafprozeßordnung genannten Straftaten rechtskräftig verurteilt oder nur wegen erwiesener oder nicht auszuschließender Schuldunfähig-

§ 81 g   Erstes Buch. 7. Abschnitt

keit, auf Geisteskrankheit beruhender Verhandlungsunfähigkeit oder fehlender oder nicht ausschließbar fehlender Verantwortlichkeit (§ 3 des Jugendgerichtsgesetzes) nicht verurteilt worden ist und die entsprechende Eintragung im Bundeszentralregister oder Erziehungsregister noch nicht getilgt ist.

(2) Für Maßnahmen nach Absatz 1 gelten § 81 a Abs. 2, §§ 81 f, 81 g Abs. 3 Satz 2, 162 Abs. 1 der Strafprozeßordnung entsprechend.

(3) Bezüglich der in Absatz 1 genannten Personen gelten die §§ 131 a und 131 c der Strafprozessordnung entsprechend.

§ 2 a *Antragsbefugnis zur Feststellung der Verurteilten gemäß § 2*

(1) Die Staatsanwaltschaften dürfen für Zwecke des § 2 bis zum 30. Juni 2001 um Auskünfte über die in § 2 c genannten Eintragungen im Zentralregister und im Erziehungsregister ersuchen, ohne daß es dabei der Angabe der Personendaten der Betroffenen bedarf.

(2) Das Bundeskriminalamt darf zum Zweck des Abgleichs mit der Haftdatei nach § 2 e um Auskünfte in dem in Absatz 1 bestimmten Umfange ersuchen.

§ 2 b *Übermittlungsbefugnis des Bundeszentralregisters*

Die Registerbehörde darf für die in § 2 a genannten Zwecke Auskünfte über die in § 2 c genannten Eintragungen an die Staatsanwaltschaft, in deren Zuständigkeitsbereich die letzte Eintragung wegen einer Katalogtat erfolgte, und das Bundeskriminalamt übermitteln.

§ 2 c *Umfang der Auskunft*

Die Ersuchen nach § 2 a und die Übermittlung nach § 2 b dürfen sich nur auf Eintragungen beziehen, welche die in der Anlage aufgeführten Straftatbestände betreffen.

§ 2 d *Verwendung und Löschung*

Die Staatsanwaltschaften dürfen die nach § 2 b übermittelten Daten nur für den in § 2 a Abs. 1 genannten Zweck verwenden. [Hinweis: Die Überschrift beruht auf einem Redaktionsversehen; § 2 d enthielt zuvor einen im Gesetzgebungsverfahren gestrichenen Satz zur Löschung.]

§ 2 e *Abgleich mit der Haftdatei*

(1) Das Bundeskriminalamt darf die Registerauskünfte nur für einen Abgleich mit den Daten der Haftdatei nach § 9 Abs. 2 des Bundeskriminalamtgesetzes verwenden, um festzustellen, welche wegen einer Straftat nach § 2 c abgeurteilten Straftäter in dieser Datei gespeichert sind. Das Bundeskriminalamt übermittelt die Angaben in der Haftdatei und die dazugehörigen Registerauskünfte an das zuständige Landeskriminalamt zur Vorbereitung von Maßnahmen nach § 2. Dieses übermittelt die Angaben an die zuständigen Staatsanwaltschaften für Zwecke des § 2 weiter.

(2) Das Bundeskriminalamt hat die Registerauskünfte und die Daten, die sich aufgrund des Abgleichs ergeben haben, innerhalb von zwei Wochen nach der Übermittlung zu löschen. Das Bundeskriminalamt löscht alle übrigen Registerauskünfte unverzüglich nach dem Abgleich.

(3) Die sonstigen Empfänger dürfen die übermittelten Daten nur für den in § 2 genannten Zweck verwenden. Die Daten sind unverzüglich zu löschen, soweit sie für den Zweck des § 2 nicht mehr erforderlich sind.

§ 3 *Verwendungsregelung*

Die Speicherung der gemäß § 2 dieses Gesetzes gewonnenen DNA-Identifizierungsmuster sowie des Geschlechts beim Bundeskriminalamt ist zulässig. Die gemäß § 81 g der Strafprozeßordnung oder gemäß § 2 dieses Gesetzes gewonnenen DNA-Identifizierungsmuster sowie das Geschlecht können nach dem Bundeskriminalamtgesetz verarbeitet und genutzt werden. Das gleiche gilt unter den in § 81 g Abs. 1 der Strafprozeßordnung genannten Voraussetzungen für die gemäß § 81 e der Strafprozeßordnung gewonnenen DNA-Identifizierungsmuster sowie das Geschlecht eines Beschuldigten; im Fall eines unbekannten Beschuldigten genügt der Verdacht einer Straftat gemäß § 81 g Abs. 1 der Strafprozeßordnung. Auskünfte dürfen nur zu Zwecke eines Strafverfahrens der Gefahrenabwehr und der internationalen Rechtshilfe hierfür erteilt werden.

Anlage *(zu § 2 c)*

1. Bildung terroristischer Vereinigungen (§ 129 a StGB),
2. sexueller Mißbrauch von Schutzbefohlenen (§ 174 StGB),

Sachverständige und Augenschein § 81 g

3. *sexueller Mißbrauch von Gefangenen, behördlich Verwahrten oder Kranken und Hilfsbedürftigen in Einrichtungen (§ 174 a StGB),*
4. *sexueller Mißbrauch unter Ausnutzung einer Amtsstellung (§ 174 b StGB),*
5. *sexueller Mißbrauch unter Ausnutzung eines Beratungs-, Behandlungs- oder Betreuungsverhältnisses (§ 174 c StGB),*
6. *sexueller Mißbrauch von Kindern (§ 176 StGB),*
7. *schwerer sexueller Mißbrauch von Kindern (§ 176 a StGB),*
8. *sexueller Mißbrauch von Kindern mit Todesfolge (§ 176 b StGB),*
9. *sexuelle Nötigung; Vergewaltigung (§ 177 StGB),*
10. *sexuelle Nötigung und Vergewaltigung mit Todesfolge (§ 178 StGB),*
11. *sexueller Mißbrauch widerstandsunfähiger Personen (§ 179 StGB),*
12. *Förderung sexueller Handlungen Minderjähriger (§ 180 StGB),*
13. *Menschenhandel (§ 180 b StGB),*
14. *schwerer Menschenhandel (§ 181 StGB),*
15. *sexueller Mißbrauch von Jugendlichen (§ 182 StGB),*
16. *Herstellung und Verbreitung kinderpornographischer Schriften (§ 184 Abs. 3 StGB),*
17. *Mord (§ 211 StGB),*
18. *Totschlag (§ 212 StGB),*
19. *gefährliche Körperverletzung (§ 224 StGB),*
20. *Mißhandlung von Schutzbefohlenen (§ 225 StGB),*
21. *schwere Körperverletzung (§ 226 StGB),*
22. *Körperverletzung mit Todesfolge (§ 227 StGB),*
23. *Menschenraub (§ 234 StGB),*
24. *Verschleppung (§ 234 a StGB),*
25. *Entziehung Minderjähriger (§ 235 StGB),*
26. *Freiheitsberaubung (§ 239 StGB),*
27. *erpresserischer Menschenraub (§ 239 a StGB),*
28. *Geiselnahme (§ 239 b StGB),*
29. *besonders schwerer Fall des Diebstahls (§ 243 StGB),*
30. *Diebstahl mit Waffen; Bandendiebstahl; Wohnungseinbruchdiebstahl (§ 244 StGB),*
31. *schwerer Bandendiebstahl (§ 244 a StGB),*
32. *Raub (§ 249 StGB),*
33. *schwerer Raub (§ 250 StGB),*
34. *Raub mit Todesfolge (§ 251 StGB),*
35. *räuberischer Diebstahl (§ 252 StGB),*
36. *Erpressung (§ 253 StGB),*
37. *räuberische Erpressung (§ 255 StGB),*
38. *Brandstiftung (§§ 306 bis 306 c StGB),*
39. *räuberischer Angriff auf Kraftfahrer (§ 316 a StGB),*
40. *Vollrausch (§ 323 a StGB),*
41. *Körperverletzung im Amt (§ 340 StGB),*
sowie entsprechende Straftaten, die zu Verurteilungen durch Gerichte der ehemaligen Deutschen Demokratischen Republik geführt haben.

In einem anhängigen Strafverfahren werden nach §§ 81 e, 81 f **molekulargeneti-** 2
sche Untersuchungen durchgeführt. § 81 g erlaubt sie zur **Identitätsfeststellung** in künftigen Strafverfahren. Die Sammlung der Ergebnisse molekulargenetischer Untersuchungen erweitert die durch die DNA-Analyse geschaffenen Möglichkeiten, da ein Abgleich gespeicherter DNA-Identifizierungsmuster mit vorgelegten Mustern zu einer schnellen Identifizierung führen kann (vgl. Rackow). § 81 g regelt die **Entnahme und die Untersuchung** von Körperzellen. Die Entnahme wird idR durch einen Arzt nach den Regeln der ärztlichen Kunst vorgenommen (vgl. § 81 a Abs. 1). Diese erfolgt auch in der Form der **Speichelprobe.** Ist der Beschuldigte zur Mitwirkung nicht bereit, muss eine Blutprobe entnommen werden (OLG Köln Strafo 2001, 104; Meyer-Goßner Rn. 3). Nur zur **Identifizierungsfeststellung** sind die Entnahme der Körperzellen und die Untersuchung zulässig, Abs. 2 S. 2; andere Untersuchungen (zB Erstellung eines „Persönlichkeitsprofils") sind nicht statthaft. Die Maßnahmen sind nur beim **Beschuldigten zulässig, auch bei Schuldunfähigen, Jugendlichen, aber nicht bei Kindern** (Meyer-Goßner Rn. 4).

§ 81 g
Erstes Buch. 7. Abschnitt

3 Nur bei **zwei Gruppen von Straftaten** wir die molekulargenetische Untersuchung für zulässig erklärt: Bei einer **Straftat von erheblicher Bedeutung, Abs. 1 Nr. 1**. Dazu zählen alle Verbrechen und schwere Vergehen, bei denen der Täter Körperzellen absondern könnte. Die Straftat muss mindestens dem Bereich der mittleren Kriminalität zuzurechnen sein (LG Mannheim StV 2001, 266); dazu gehören der Verdacht des strafbaren Versuchs, der Teilnahme sowie der im Rausch begangenen Tat, § 323 a StGB (Meyer-Goßner Rn. 7 a). Die Untersuchung ist auch bei einer **Straftat gegen die sexuelle Selbstbestimmung (§§ 174 bis 184 f StGB) zulässig, Abs. 1 Nr. 2**. Hier braucht die Anlasstat nicht von besonderer Bedeutung zu sein (Meyer-Goßner Rn. 7 b).

4 Es muss weiter die **Gefahr neuer, einschlägiger Straftaten** bestehen (Wiederholungsgefahr); dies ist nach den Erkenntnissen bei der vorliegenden Straftat zu beurteilen (Meyer-Goßner Rn. 8). Zwar berechtigt nach dem Gesetzeswortlaut bereits der – nicht zwingend dringende – Tatverdacht der Begehung einer Katalogtat im Sinne der Vorschrift zur Feststellung des genetischen Musters des Betr. Darüber hinaus ist aber die sog. **Negativprognose** zu stellen, dh es muss aufgrund der in § 81 g Abs. 1 StPO genannten persönlichen, tatbezogenen oder sonstigen Kriterien „**Grund zu der Annahme**" bestehen, dass gegen den Angeschuldigten in der Zukunft erneut Strafverfahren wegen der Anlasstaten oder vergleichbarer Straftaten von erheblicher Bedeutung zu führen sein werden Der Gesetzeswortlaut eröffnet im Interesse einer effektiven Strafverfolgung künftige erheblicher Straftaten einen vergleichsweise **weiten Anwendungsspielraum** für die Anordnung der Maßnahme. So ist es etwa nicht erforderlich, die konkrete Gefahr weiterer Straftaten durch den Beschuldigten festzustellen. Auch hat sich die Prognoseentscheidung nicht an den Kriterien der §§ 63, 64, 66 StGB zu messen (OLG Karlsruhe, NStZ-RR 2002, 45) oder an die Annahme der Widerholungsgefahr iS des Haftgrundes des § 112 a StPO geknüpft (so aber Schneider, iA zu OLG Jena, StV 201, 5 ff.). Maßstab ist entsprechend der identischen Regelung in § 8 Abs. 6 Bundeskriminalamtsgesetz (vgl. BT-Dr. 13/10 791, S. 5) das Vorhandensein schlüssiger, verwertbarer und in der Entscheidung nachvollziehbar dokumentierter Tatsachen, auf deren Gundlage die richterliche Annahme der Wahrscheinlichkeit künftiger Straftaten von erheblicher Bedeutung belegt wird, für die das DNA-Identifizierungsmuster einen Aufklärungsansatz durch einen (künftigen) Spurenvergleich bieten kann (BVerfG NJW 2001, 878; OLG Karlsruhe, StV 2002, 62; vgl. auch LG Frankfurt StV 2001, 9; Meyer-Goßner, § 86 g Rn. 8). Dabei bedarf es positiver, auf den Einzelfall bezogener Gründe für die Annahme der Wiederholungsgefahr, BVerfG, NStZ 2001, 330 (OLG Köln NStZ-R 2002, 306); vgl. auch OLG Karlsruhe StV 2002, 612.

5 Beim **BKA** werden die gewonnenen DNA-Identifizierungsmuster gespeichert; einen Richtervorbehalt hierfür gibt es nicht (LG Hamburg NJW 2001, 2563). Die entnommenen **Körperzellen** sind nach der zweckgebundenen (Abs. 2 S. 2) Untersuchung „unverzüglich **zu vernichten**", **Abs. 2 S. 1**. Die gewonnenen DNA-Identitätsmuster können beliebig aufbewahrt werden (Meyer-Goßner Rn. 13).

6 **Verfahren.** Die **Anordnung** für die Entnahme der Körperzellen richtet sich nach § 81 a Abs. 2. Sie kann auch durch die StA und ihre Hilfsbeamten vorgenommen werden, einer nachträglichen Bestätigung durch den Richter bedarf es nicht. Die **Untersuchung** des entnommenen Materials muss gemäß **Abs. 3** iVm § 81 f Abs. 1 auf Anrag der StA immer der **Richter anordnen. Eine vorherige Anhörung des Beschuldigten** ist erforderlich (Volk NStZ 1999, 170; aA Meyer-Goßner Rn. 15). **Sachlich** zuständig ist der **Ermittlungsrichter** (BGH StV 1999, 302), bei Jugendlichen der **Jugendrichter** (Eisenberg NStZ 2003, 131). **Örtlich** zuständig ist der Richter desjenigen AG, in dessen Bezirk die Entnahme stattfinden soll; denn Entnahme und Untersuchung der Körperzellen bilden zusammen eine einheitliche Untersuchungshandlung (BGH 45, 376 = NJW 2000, 1204; OLG Düsseldorf NJW 2002, 1814). Nach Erhebung der Klage ist – wie üblich – das erkennende Gericht zuständig (OLG Celle NStZ-RR 2000, 174). Die Bestellung eines **Verteidigers** ist von Fall zu Fall zu entscheiden (BVerfG NStZ 2001, 328). Einer **gerichtlichen Entscheidung** über die Entnahme und die Untersuchung der Körperzellen bedarf es nicht, wenn der Beschuldigte nach Belehrung sein Einverständnis erklärt (Meyer-Goßner Rn. 17).

Abs. 3 S. 2 schreibt im Einzelnen die **Beschlussbegründung** vor. Der Beschluss berechtigt die zwangsweise Durchsetzung (OLG Jena NStZ 2000, 635). Die Kosten der Entnahme und Untersuchung trägt die Staatskasse (Meyer-Goßner Rn. 20). 7

Rechtsbehelfe: Die Anordnung der Entnahme von Körperzellen und deren molekulargenetische Untersuchung zur Feststellung des DNA-Identifizierungsmusters einer Person kann auch bei weitestem Verständnis des Wortsinns nicht mehr unter dem Begriff einer der in § 304 genannten Maßnahmen subsumiert werden. Sie wird auch nicht nach Sinn und Zweck der Vorschrift erfasst, so dass eine **Beschwerde** gegen solche Maßnahmen des Ermittlungsrichters nicht ausnahmsweise gem. § 304 zulässig ist. Eine außerordentliche Beschwerde gegen rechtskräftige Entscheidungen ist im Strafverfahren, zu dem im weiteren Sinne auch das DNA-Identitätsfeststellungsverfahren nach §§ 2 ff. DNA-IFG zählt, nicht anzuerkennen. Dies gilt selbst dann, wenn die rechtskräftige Entscheidung Grundrechte des Betroffenen verletzt (BGH, NJW 2002, 765). Aber für die **nachträgliche Überprüfung** der Vollstreckung einer gemäß § 2 DNA-IFG iVm § 81 g richterlich angeordneten **Entnahme von Körperzellen** ist die Vorschrift des § 98 Abs. 2 S. 2 entsprechend anwendbar (OLG Karlsruhe NJW 2002, 3117; BGH 45, 183 = NJW 1999, 3499).

Mit der **Revision** kann der Angeklagte Maßnahmen nach § 81 g im anhängigen Verfahren rügen, weil das Urteil auf ihnen nicht beruhen kann (KK-Senge § 81 g Rn. 17). Im künftigen Strafverfahren wegen der erneut begangenen Straftat kann mit der Revision nicht geltend gemacht werden, zum Zeitpunkt der Entscheidung nach § 81 g habe der Verdacht einer Straftat von **erheblicher Bedeutung** nicht vorgelegen. Aber bei **Willkür** kann die Revision begründet sein. Wurde die molekulargenetische Untersuchung ohne richterliche Anordnung nach § 81 g Abs. 1 durchgeführt ist das Gutachten **unverwertbar** und die Revision kann begründet sein. Wenn das DNA-Identifizierungsmuster zum Nachteil des Angeklagten verwertet worden ist, obwohl Gegenstand des Verfahrens **keine** Straftat von **erheblicher Bedeutung** war, kann die Revision erhoben werden (KK-Senge § 81 g Rn. 17). Soweit mit der **Aufklärungsrüge** beanstandet wird, dass keine DNA-Analyse vorgenommen worden sei, ist der **Revisionsführer** darlegungspflichtig, dass das hierfür erforderliche Zellmaterial zur Verfügung stand (BGHR § 344 Abs. 2 S. 2 Aufklärungsrüge 5). Dies wird im Allgemeinen wohl nicht gelten, soweit es um die Körpersubstanz des Beschuldigten geht, dessen Zellmaterial regelmäßig zur Verfügung steht (Eisenberg Beweisrecht Rn. 1687 p). S. vor § 81 e. 8

§ 82 [Gutachten im Vorverfahren]

Im Vorverfahren hängt es von der Anordnung der Richters ab, ob die Sachverständigen ihr Gutachten schriftlich oder mündlich zu erstatten haben.

Im **Ermittlungsverfahren** können auch die StA und die Polizei Sachverständige beiziehen. Die **schriftliche** Gutachtenerstattung ist hier die Regel; denn alle Beweisergebnisse sind zu den Akten zu bringen (§ 168 b). Bei einer **mündlichen** Gutachtenerstattung muss Protokollierung (§§ 168 a, 168 b) unter Zuziehung eines Protokollführers (§ 168) und Wahrung des Anwesenheitsrechts (§ 168 c) erfolgen (KK-Senge Rn. 1). 1

2 Im **Eröffnungsverfahren** (§ 202) ist es oft zweckmäßig, eine schriftliche Gutachtenerstattung anzuordnen, um eine Entscheidung über die Eröffnung des Hauptverfahrens treffen zu können. In der **Hauptverhandlung** muss der Sachverständige im Hinblick auf die Grundsätze der Mündlichkeit und Unmittelbarkeit das Gutachten – ohne Bezugnahme auf das schriftliche Gutachten – mündlich erstatten. Ausnahmen lassen nur die §§ 256, 251 Abs. 1 und 2 zu, ebenso beim Freibeweis.

§ 83 [Neues Gutachten]

(1) **Der Richter kann eine neue Begutachtung durch dieselben oder durch andere Sachverständige anordnen, wenn er das Gutachten für ungenügend erachtet.**

(2) **Der Richter kann die Begutachtung durch einen anderen Sachverständigen anordnen, wenn ein Sachverständiger nach Erstattung des Gutachtens mit Erfolg abgelehnt ist.**

(3) **In wichtigeren Fällen kann das Gutachten einer Fachbehörde eingeholt werden.**

1 Diese Vorschrift schränkt die Befugnis, **mehrere** Sachverständige zu bestellen (§ 73 Abs. 1), nicht ein (s. hierzu § 72 Rn. 1). **Ungenügend (Abs. 1)** ist ein Gutachten, wenn es dem Richter nicht die erforderliche Sachkunde vermittelt (s. hierzu § 71 Rn. 1). Aber auch bei einem nur **mangelhaften** Gutachten ist es regelmäßig geboten, ein neues Gutachten einzuholen; **zwingend** ist dies aber unter den Voraussetzungen des § 244 Abs. 4 S. 2 Hs. 2. Bei einander **widersprechenden Gutachten** muss eine neue Begutachtung erfolgen, wenn die Sachverständigen auf Grund des gleichen Sachverhalts und übereinstimmender wissenschaftlicher Auffassungen zu widersprechenden Ergebnissen kommen (KK-Senge Rn. 2). „Hat der Sachverständige sein Gutachten in der **Hauptverhandlung** erstattet, kommt eine Entpflichtung nach § 76 Abs. 1 S. 2 nicht mehr in Betracht. Für eine Anwendung dieser Vorschrift auf Fallgestaltungen, bei denen sich die **mangelnde Sachkunde** erst **nach Erstattung** des Gutachtens herausstellt, besteht kein Raum, weil **hierfür § 83 Abs. 1 gilt**" (BGH NStZ-RR 2004, 34). Das Gutachten eines **abgelehnten** Sachverständigen **(Abs. 2)** darf nicht verwertet werden.

2 Das Gutachten einer **Fachbehörde (Abs. 3)** kann auch eingeholt werden, wenn die Voraussetzungen von Abs. 1 und 2 nicht gegeben sind. Fachbehörden sind zB: Fakultäten der Universitäten, Industrie- und Handelskammern, Handwerkskammern. Ihre Gutachten können verlesen werden (§ 256). Für das Gutachten trägt die Behörde die Verantwortung (KK-Senge Rn. 4).

§ 84 [Sachverständigenvergütung]

Der Sachverständige erhält eine Vergütung nach dem Justizvergütungs- und -entschädigungsgesetz.

1 **Anspruchsberechtigt** ist, wer in der **Funktion** als Sachverständiger **vernommen** worden ist und nicht, wer als solcher geladen oder vereidigt worden ist. Die Höhe regelt das ZSEG. Die **Höchstgrenze** gemäß § 3 Abs. 2 S. 2 ist nicht verfassungswidrig (BVerfGE 33, 240 = NJW 1972, 1991). **Maßgeblich für die Entschädigung** eines Sachverständigen ist § 3 Abs. 2 S. 1 ZSEG, wonach für jede Stunde der erforderlichen Zeit entschädigt wird. Erforderlich ist der Zeitaufwand, den ein Sachverständiger mit durchschnittlicher Fähigkeit und mit durchschnittlichen Kenntnissen benötigt, um die Beweisfrage vollständig und sachgemäß zu beantworten. Das Gericht hat deshalb nachzuprüfen, ob der vom Sachverständigen angegebene Zeitaufwand tatsächlich erforderlich war. So sind Kürzungen vorzunehmen, wenn bei Anlegen eines objektiven Maßstabs die Angaben des Sachverständigen, denen in aller Regel als richtig gefolgt werden kann, zum aufgewendeten Zeitbedarf auch bei Anlegung eines großzügigen Maßstabs den Rahmen sprengen. Im Rahmen dieser Prüfung sind auch der Umfang des dem Sachverständigen unterbreiteten Streitstoffs, der Schwierigkeitsgrad, seine Sachkunde, der Umfang des Gutachtens und die Bedeutung der Sache sowie das Hinzuziehen von Hilfskräften mit zu berücksichtigen. Hat der Sachverständige etwa seinen Gutachtenauftrag überschritten, ist eine entsprechende Vergütung zu versagen ... (OLG Hamm wistra 2001, 40).

Eine **Versagung** der Entschädigung kommt zB in Betracht: bei unberechtigter 2 Weigerung (§ 77); bei schuldhaft verspätetem Erscheinen mit der Folge, dass der Sachverständige nicht mehr vernommen wird; bei schuldhaft herbeigeführter Unverwertbarkeit des Gutachtens; bei Ablehnung des Gutachters, wenn er bewusst oder durch grobes Verschulden gegen seine Pflicht zur Unparteilichkeit verstoßen hat (BGH NJW 1976, 1154).

Bei Vernehmung als Sachverständiger **und** als Zeuge besteht nach hM nur Anspruch auf die Entschädigung als Sachverständiger, die höher ist (KK-Senge Rn. 1; Eisenberg Rn. 1594). Der **sachverständige Zeuge** wird idR als Zeuge entschädigt – § 2 ZSEG, nur in Ausnahmefällen § 5 ZSEG – (Eisenberg Beweisrecht Rn. 1594). Wegen der Kosten für die **Telefonüberwachung gilt § 17a** ZSEG. Die Deutsche Telekom AG ist für ihre Tätigkeit nach § 17a ZSEG wie ein **Zeuge** zu entschädigen. Dabei ist der Entschädigungsanspruch des Zeugen erst mit der Beendigung seiner Zuziehung entstanden und die aufgewendete Arbeitszeit für den gesamten Zeitraum exakt zu ermitteln (OLG Oldenburg NJW 1997, 2693; LG Landshut NStZ 1998, 202; Eisenberg Beweisrecht Rn. 1594a).

§ 85 [Sachverständige Zeugen]

Soweit zum Beweis vergangener Tatsachen oder Zustände, zu deren Wahrnehmung eine besondere Sachkunde erforderlich war, sachkundige Personen zu vernehmen sind, gelten die Vorschriften über den Zeugenbeweis.

Der **sachverständige Zeuge** unterscheidet sich von **anderen Zeugen** dadurch, 1 dass er Wahrnehmungen auf Grund besonderer **Sachkunde** gemacht hat. **Sachverständiger** hingegen ist nur, wer über Wahrnehmungen aussagt, die er im **Auftrag** des Gerichts, der StA oder der Polizei auf Grund seiner Sachkunde gemacht hat (Meyer-Goßner Rn. 1 ff.). Oder anders ausgedrückt: Der sachverständige Zeuge ist seiner prozessualen Stellung nach ausschließlich Zeuge, da er über Tatsachen Auskunft gibt, die er „zufällig", dh im Gegensatz zum Sachverständigen ohne vorherigen Auftrag des Gerichts wahrgenommen hat, wenngleich er seine Beobachtungen nur auf Grund seiner eigenen Sachkunde machen konnte (Eisenberg Beweisrecht Rn. 1006). Der **Sachverständige** trifft also Feststellungen **im Auftrag** der StA (oder der Hilfsbeamten) oder des Gerichts und **anlässlich** eines Verfahrens, während der (bloße) **Zeuge** über (idR vergangene und) außerhalb des Verfahrens gemachte Wahrnehmungen (Ausnahme: Augenscheinsgehilfe) aussagt. Diese Abgrenzung ist zwar ein Kompromiss, jedoch am ehesten handhabbar (Eisenberg Beweisrecht Rn. 1510). Die erfolgreiche Ablehnung eines Sachverständigen hindert aber nicht, ihn **als sachverständigen Zeugen** (oder als Zeugen) „über die von ihm im Rahmen seines Auftrags ermittelten Tatsachen zu vernehmen" (BGH 20, 224 = NJW 1965, 1492). **Maßgebend** für den sachverständigen Zeugen sind die Vorschriften über den Zeugenbeweis. Er ist also grundsätzlich zu vereidigen (§ 59); er kann nicht wegen Besorgnis der Befangenheit abgelehnt werden (§ 74); ein Antrag auf Vernehmung kann nur aus den Gründen des § 244 Abs. 3 und nicht

§ 86

bereits im Hinblick auf die eigene Sachkunde des Gerichts abgelehnt werden (§ 244 Abs. 4). Wird der sachverständige Zeuge **gleichzeitig** als Sachverständiger vernommen, erfasst der **Zeugeneid** auch den Sachverständigeneid (KK-Senge Rn. 2, 3). Er wird nur dann zum Sachverständigen, wenn die sachverständige Beurteilung gegenüber der unmittelbaren Wahrnehmung überwiegt (BGH NStZ 1984, 465). Vgl. KK-Pfeiffer Einl. Rn. 109.

2 Der **Arzt** ist sachverständiger Zeuge hinsichtlich seiner Diagnose, die er ohne entsprechenden Auftrag gestellt hat und ebenso bei Blutprobenentnahmen, wenn er nur seine Wahrnehmungen bei der Entnahme bekunden soll; er ist aber Sachverständiger, wenn er dabei auch das Verhalten und das Erscheinungsbild des Betroffenen schildern soll (OLG Hamm NJW 1967, 1524) oder als Obduzent, wenn er sachkundige Äußerungen zur Todesursache abzugeben hat. Ein Polizei-/Zollbeamter, der bei einer Vernehmung gedolmetscht hat und deswegen als Dolmetscher wegen Besorgnis der Befangenheit abgelehnt worden ist, kann zu den von ihm übersetzten Angaben Dritter als (sachverständiger) Zeuge gehört werden (BayObLG NStZ 1998, 270). Bei einer **Schriftvergleichung** (§ 93) handelt es sich um eine Sachverständigentätigkeit (OLG Schleswig SchlHA 1949, 88; KK-Senge Rn. 4).

3 Eine Verletzung der Aufklärungspflicht (§ 244 Abs. 2) liegt vor und kann mit der **Revision** begründet werden, wenn das Gutachten zu einem anderen Anlass bzw. in anderem Zusammenhang erstellt worden ist und daher möglicherweise zu Fehlverständnissen gereichen könnte (BGH NStZ 1993, 397).

§ 86 [Richterlicher Augenschein]

Findet die Einnahme eines richterlichen Augenscheins statt, so ist im Protokoll der vorgefundene Sachbestand festzustellen und darüber Auskunft zu geben, welche Spuren oder Merkmale, deren Vorhandensein nach der besonderen Beschaffenheit des Falles vermutet werden konnte, gefehlt haben.

1 Der **Augenschein** ist ein sachliches Beweismittel. Er ist jede sinnliche Wahrnehmung durch „Befühlen, Abhören, Schmecken oder Riechen. Zur Augenscheinseinnahme im engeren Sinne gehört auch die Vornahme einer Ortsbesichtigung, bei der durch das Betrachten von Häusern, Straßen, Verkehrseinrichtungen usw. die Verhältnisse an einem Tatort aufgeklärt werden sollen" (BGH 18, 53 = NJW 1962, 2361). Er umfasst also alle Beweisaufnahmen, die nicht als Zeugen-, Sachverständigen- oder Urkundenbeweis gesetzlich besonders geregelt sind (Meyer-Goßner Rn. 1). Der Einnahme des richterlichen Augenscheins nach § 86 an **seiner Person** darf der Betroffene sich nicht widersetzen (OLG Hamm MDR 1974, 1036), und zwar unabhängig davon, ob er schon über sein Zeugnisverweigerungsrecht nach § 52 belehrt worden ist oder gar schon nach Belehrung als Zeuge ausgesagt hat (Eisenberg Beweisrecht Rn. 1670 a). Betrachten der äußeren Erscheinung und der Körperbeschaffenheit des Angeklagten ist keine Augenscheinseinnahme, sondern Teil der Vernehmung (BGH MDR 1974, 368).

2 § 86 regelt nur den **richterlichen** Augenschein (vgl. KK-Pfeiffer Einl. Rn. 110 ff.). Die **Einnahme** steht im **pflichtgemäßen Ermessen** des Gerichts (§ 244 Abs. 5); es kann daher von ihr absehen, wenn es die notwendigen Feststellungen auf andere Art und Weise zuverlässig treffen kann (BGH NStZ 1985, 206). „Ein **Ermessensfehlgebrauch** und damit eine Verletzung des § 244 Abs. 5 kann nur dann angenommen werden, wenn es sich aufdrängte, dass (zB) eine Besichtigung der Örtlichkeit zu Ergebnissen führen würde, die über das hinausgehen, was Modellen, Skizzen oder Fotografien zu entnehmen war" (BGH NStZ 1981, 310). Das Gericht kann in und außerhalb der Hauptverhandlung die Augenscheinseinnahme einem **beauftragten oder ersuchten Richter** übertragen, da § 249 Abs. 1 S. 2 die Verlesung der entsprechenden Protokolle zulässt.

Sachverständige und Augenschein **§ 86**

Da für den Augenschein die Unmittelbarkeit **nicht** vorgeschrieben ist, kann er 3 auch nichtrichterlichen Personen als **Augenscheinsgehilfen** übertragen werden (BGH 27, 136 = NJW 1977, 1545). Diese Beauftragung kommt insbesondere in den Fällen in Betracht, in denen der Richter aus tatsächlichen Gründen (zB Besichtigung eines Gegenstandes unter Wasser) außerstande ist, deren Augenschein selbst einzunehmen. Für den Augenscheinsgehilfen sind die Sachverständigenvorschriften über Auswahl, Ablehnung wegen Befangenheit und Pflicht zum Tätigwerden anwendbar. Über ihre Wahrnehmungen werden sie als **Zeugen** vernommen (KK-Pfeiffer Einl. Rn. 112). **Sachverständiger** ist hingegen diejenige vom Richter beauftragte Person, deren Augenscheinsnahme (vgl. §§ 81 a, 81 c) eine sachkundige Beurteilung erfordert (BGH 9, 293 = NJW 1956, 1526). **Erläuternde** Angaben, die eine „**Auskunftsperson**" beim gerichtlichen Augenschein macht, dürfen, wenn sie dem besseren Verständnis des Augenscheins dienen, protokolliert und in der Hauptverhandlung mit verlesen werden. Zur richterlichen Überzeugungsbildung dürfen sie nur herangezogen werden, wenn die Auskunftsperson als Zeugin vernommen ist (BGH 33, 217 = NJW 1986, 390). **Informatorische Besichtigungen** kennt die StPO nicht. Der Richter kann oder muss Augenscheinsgegenstände in den Akten (Lichtbilder, Skizzen usw.) und Örtlichkeiten (Tatort, Unfallstelle usw.) informatorisch besichtigen, um sich auf die Hauptverhandlung vorzubereiten (BGH MDR 1966, 383). Auf Grund der dabei erworbenen Kenntnisse dürfen Angeklagten, Zeugen und Sachverständigen in der Hauptverhandlung Vorhalte gemacht werden (Meyer-Goßner Rn. 6). Zur **Urteilsgrundlage** dürfen diese außerhalb der Hauptverhandlung gemachten Wahrnehmungen des Richters nicht gemacht werden (BGH 2, 3 = NJW 1952, 478; BGH MDR 1966, 383; Eisenberg Beweisrecht Rn. 2221).

Als **Augenscheinsgegenstände** kommen in Betracht: **Abbildungen, Licht-** 4 **bilder, Filme und Videoaufnahmen.** Sie können ihren eigenen strafbaren Inhalt beweisen oder unmittelbar Beweis über andere Straftaten erbringen, wie zB die Aufnahmen automatischer Kameras in Banken (OLG Celle 1965, 1679), bei Krawallen, heimlich hergestellten Filmaufnahmen von Straftaten (OLG Schleswig NJW 1980, 352, Aufnahmen von Gegenüberstellungen (BGH NStZ 1983, 84; Meyer-Goßner Rn. 10 mwN). **Schallplatten und Tonbandaufnahmen** sind Augenscheinsgegenstände und beweisen nicht nur ihre äußere Beschaffenheit, sondern auch den Inhalt der auf ihnen festgehaltenen Gedankenäußerungen (BGH 14, 341 = NJW 1960, 1582; 27, 136 = NJW 1977, 1545). **Skizzen und Zeichnungen** dürfen nur zum Beweis ihrer Existenz und Herstellung in Augenschein genommen werden. Kommt es auf den gedanklichen Inhalt an, so verlangt § 250 die Vernehmung des Herstellers (BGH DAR 1969, 152); sie können aber als Vernehmungshilfen benutzt werden (BGH 18, 53 = NJW 1962, 2361). **Tatort- und Unfallskizzen,** die für das Verfahren angefertigt wurden, können Augenscheinsobjekt sein, soweit sie Land- und Straßenkarten und amtliche Lagepläne enthalten (Meyer-Goßner Rn. 12). **Urkunden** sind Augenscheinsgegenstände, wenn es nicht auf den Inhalt ankommt, sondern auf ihre Beschaffenheit oder wenn sie nicht verlesbar sind, wie zB technische Zeichnungen, Fahrtschreiberdiagramme, Papierstreifen von Registrierkassen (Meyer-Goßner Rn. 13 mwN). **Vorgänge und Experimente** können Gegenstand des Augenscheinsbeweises sein, wenn sie nicht Bestandteil eines Sachverständigengutachtens oder einer Zeugenaussage sind; in Betracht kommen die Rekonstruktion des Tatverlaufs (BGH NJW 1961, 1586); Fahrversuche (BGH VRS 35, 266), Bremsversuche, Schießversuche (Meyer-Goßner Rn. 15 mwN). Um einen **mittelbaren** Augenscheinsbeweis handelt es sich zB, wenn in der Hauptverhandlung Aufnahmen von einer Gegenüberstellung (BVerfG NStZ 1983, 84) oder dem Geständnis des Angeklagten (BGH MDR 1976, 634) oder den Tat- oder Unfallort gezeigt werden (Meyer-Goßner Rn. 10; Eisenberg Beweisrecht Rn. 2305). Ob der Hersteller über Aufnahmezeit oder -ort als Zeuge vernommen werden muss, beurteilt sich nach den Grundsätzen der freien Beweiswürdigung (RG 36, 57; OLG Stuttgart DAR

1977, 328; Meyer-Goßner Rn. 10). Die Vorführung der Bild-Ton-Aufzeichnung einer Zeugenvernehmung in der Hauptverhandlung regelt § 255 a.

5 **Landkarten und Stadtpläne** enthalten allgemeinkundige Tatsachen über die örtlichen Verhältnisse (OLG VRS 14, 454); sie bedürfen keines Beweises. Das Ergebnis eines **nichtrichterlichen Augenscheins** wird durch Vernehmung der ihn durchführenden Person (StA, Polizeibeamter) als Zeuge in die Hauptverhandlung eingeführt (KK-Senge Rn. 11). Den **richterlichen Augenschein außerhalb der Hauptverhandlung** (§§ 162, 165, 202, 225) regelt § 86. § 249 Abs. 1 S. 2 ermöglicht die Verlesung des Protokolls in der Hauptverhandlung. Die **Augenscheinseinnahme in der Hauptverhandlung** ist ein **Teil** von ihr (BGH 3, 188 = NJW 1952, 1306), und in der Niederschrift ist die Tatsache des Augenscheins, nicht aber das Ergebnis als Förmlichkeit (§ 273 Abs. 2) zu protokollieren. Sie findet im Gerichtssaal statt oder dort, wo sich das Augenscheinsobjekt befindet, und zwar unter Teilnahme aller Richter und Prozessbeteiligten (BGH StV 1989, 187). § 87 gilt hier nicht (RG 26, 277). Zur **Herausgabe der Augenscheinsgegenstände** ist der Beschuldigte nicht verpflichtet. Durchsuchungen und Beschlagnahme sind zulässig (§§ 94 Abs. 2, 102, 104). Für die Einnahme des Augenscheins am lebenden Menschen gelten die §§ 81 a, 81 c (KK-Senge Rn. 10). Das Ergebnis des **nichtrichterlichen Augenscheins** wird durch zeugenschaftliche Vernehmung der ihn durchführenden Person (StA, Polizeibeamter) in die Hauptverhandlung eingeführt. Kein nach § 169 S. 1 GVG, § **338 Nr. 6** revisibler **Verstoß** gegen den Grundsatz der Öffentlichkeit liegt vor, wenn der Eigentümer des Grundstücks, auf dem der Augenschein durchgeführt wird, die **Öffentlichkeit dazu nicht zulässt** (BGH 40, 191 = NJW 1994, 2772).

§ 87 [Leichenschau, Leichenöffnung] RiStBV 33 bis 38

(1) ¹Die Leichenschau wird von der Staatsanwaltschaft, auf Antrag der Staatsanwaltschaft auch vom Richter, unter Zuziehung eines Arztes vorgenommen. ²Ein Arzt wird nicht zugezogen, wenn dies zur Aufklärung des Sachverhalts offensichtlich entbehrlich ist.

(2) ¹Die Leichenöffnung wird von zwei Ärzten vorgenommen. ²Einer der Ärzte muß Gerichtsarzt oder Leiter eines öffentlichen gerichtsmedizinischen oder pathologischen Instituts oder ein von diesem beauftragter Arzt des Instituts mit gerichtsmedizinischen Fachkenntnissen sein. ³Dem Arzt, welcher den Verstorbenen in der dem Tod unmittelbar vorausgegangenen Krankheit behandelt hat, ist die Leichenöffnung nicht zu übertragen. ⁴Er kann jedoch aufgefordert werden, der Leichenöffnung beizuwohnen, um aus der Krankheitsgeschichte Aufschlüsse zu geben. ⁵Die Staatsanwaltschaft kann an der Leichenöffnung teilnehmen. ⁶Auf ihren Antrag findet die Leichenöffnung im Beisein des Richters statt.

(3) Zur Besichtigung oder Öffnung einer schon beerdigten Leiche ist ihre Ausgrabung statthaft.

(4) ¹Die Leichenöffnung und die Ausgrabung einer beerdigten Leiche werden vom Richter angeordnet; die Staatsanwaltschaft ist zu der Anordnung befugt, wenn der Untersuchungserfolg durch Verzögerung gefährdet würde. ²Wird die Ausgrabung angeordnet, so ist zugleich die Benachrichtigung eines Angehörigen des Toten anzuordnen, wenn der Angehörige ohne besondere Schwierigkeiten ermittelt werden kann und der Untersuchungszweck durch die Benachrichtigung nicht gefährdet wird.

1 Die **Befugnis** zur Leichenschau und Leichenöffnung ergibt sich aus §§ 159, 160 Abs. 1. Vgl. hierzu vor allem RiStBV Nr. 33. Verfassungsrechtliche Bedenken

Sachverständige und Augenschein § 87

bestehen grundsätzlich nicht (BVerfG NJW 1994, 783). Zwingend vorgeschrieben ist die Leichenöffnung nicht; sie kann bei einer feststehenden Todesursache unterbleiben. Eine Leichenschau ist idR dann **notwendig** wenn eine strafbare Handlung nicht von vornherein ausgeschlossen werden kann (Eisenberg Beweisrecht Rn. 1945; vgl. § 159 Abs. 1). Der **Verhältnismäßigkeitsgrundsatz** ist zu beachten (KK-Senge Rn. 2). **Leichenschau (Abs. 1)** ist die Einnahme eines Augenscheins durch Besichtigung einer Leiche ohne deren Öffnung. **Leichenöffnung (Abs. 2)** – von zwei Ärzten (Abs. 2 S. 1) – ist die nach Identifizierung des Toten (vgl. § 88) nach Maßgabe der §§ 89 bis 91 durchgeführte Untersuchung des Inneren der Leiche zur Klärung von Todeszeit und Ursache. Sie muss mit größter Beschleunigung durchgeführt werden, weil die ärztlichen Feststellungen hierüber schon durch geringe Verzögerungen an Zuverlässigkeit verlieren können (BVerfG NJW 1994, 783; vgl. RiStBV Nr. 36); insbesondere im Falle von Elektrizität und bei Wasserleichen (Eisenberg Beweisrecht Rn. 1946). Zuständig für die Anordnung ist grundsätzlich der **Richter** (§§ 87 Abs. 4 S. 1, 162, 165); unter den Voraussetzungen des **Abs. 4 S. 1** zweiter Halbs. auch der StA, jedoch **nicht die Hilfsbeamten der StA**. Die Angehörigen des Verstorbenen haben an der Leiche ein Totensorgerecht (KG FamRZ 1969, 414). Sie sind vor der Anordnung – uU telefonisch – zu hören (BVerfG NJW 1994, 783), sofern dies nicht den Untersuchungszweck gefährdet. Bei Weigerung kann die Leiche nach § 94 beschlagnahmt werden (KK-Senge Rn. 4). Ein **Anwesenheitsrecht der sonstigen Verfahrensbeteiligten** (zB Verteidiger, Beschuldigter) besteht **nicht**, auch wenn der Richter mitwirkt; § 87 geht der allgemeinen Vorschrift des § 168 d vor (Meyer-Goßner Rn. 15). Der behandelnde Arzt darf aufgefordert werden, bei der Leicheneröffnung anwesend zu sein **(Abs. 2 S. 4)**. In einem solchen Fall ist er sachkundiger Zeuge, ohne dass es ausgeschlossen wäre, ihn – auch über das Ergebnis der in seiner Gegenwart vorgenommenen Leicheneröffnung – in der Hauptverhandlung als Sachverständigen zu vernehmen (Eisenberg Beweisrecht Rn. 1953; LR-Dahs Rn. 23). Die Anordnung der Leicheneröffnung ist nach § 34 zu begründen (BVerfG NJW 1994, 783). Sind die Voraussetzungen einer **Obduktion** gegeben, steht ihrer Durchführung eine Verfügung des **Verstorbenen,** wonach auf eine Obduktion „verzichtet werden soll" nicht entgegen (LG Mainz NStZ-RR 2002, 43; vgl. BVerfG NJW 1994, 784).

Das Ergebnis der **staatsanwaltschaftlichen Leichenschau** ist aktenkundig zu 2 machen (§ 168 b Abs. 1). Bei der **richterlichen** Leichenschau ist unter Hinzuziehung eines UrkB (§ 168) ein Protokoll aufzunehmen, (§ 86), das auch von dem zugezogenen Arzt zu unterschreiben ist; fehlt dessen Unterschrift, steht dies der Protokollverlesung nach § 249 Abs. 1 S. 2 nicht entgegen, weil seine Mitwirkung nicht zwingend vorgeschrieben ist (KK-Senge Rn. 3). Bei der **Leichenöffnung** ist die Niederschrift der von den Sachverständigen festgestellten Befunde erforderlich. Wirkt ein **Richter** mit, so gelten die §§ 168, 168a und für den Protokollinhalt § 86. Es handelt sich um eine Niederschrift, die teils Augenscheins-, teils Vernehmungsprotokoll ist. Das Protokoll muss auch von den Ärzten unterschrieben werden (§ 168a Abs. 3 S. 3). In der Hauptverhandlung kann es nach § 249 Abs. 1 S. 2 verlesen werden, soweit es richterlichen Augenschein beurkundet. Die ärztlichen Befunde und ihre Begutachtung sind nur unter den Voraussetzungen der §§ 251, 253, 256 verlesbar. Sonst müssen die Ärzte – nicht notwendig beide – als Sachverständige vernommen werden, auch über ihre Wahrnehmungen bei der Obduktion (Meyer-Goßner Rn. 16 mwN). Zur **Exhumierung** (Abs. 3 und 4) vgl. RiStBV Nr. 34.

Mit der **Beschwerde** nach § 304 können die totensorgeberechtigten Angehö- 3 rigen die Anordnung der Leichenöffnung anfechten (BVerfG NJW 1994, 783). Die **Revision** kann grundsätzlich nicht mit Verstößen gegen § 87 begründet werden, auch nicht bei Verletzung der Benachrichtigungspflicht gemäß Abs. 4

167

§§ 88–90   Erstes Buch. 7. Abschnitt

S. 2, die nicht zur Unverwertbarkeit der Ergebnisse der Untersuchungshandlungen führt (KK-Senge Rn. 8). Sie kann darauf gestützt werden, dass ein nach Abs. 2 S. 3 ausgeschlossener Arzt an der Leichenöffnung mitgewirkt hat (Meyer-Goßner Rn. 19); denn insoweit handelt es sich um einen Verfahrensfehler.

§ 88 [Identifizierung]

(1) [1]**Vor der Leichenöffnung soll die Identität des Verstorbenen festgestellt werden.** [2]**Zu diesem Zweck können insbesondere Personen, die den Verstorbenen gekannt haben, befragt und Maßnahmen erkennungsdienstlicher Art durchgeführt werden.** [3]**Zur Feststellung der Identität und des Geschlechts sind die Entnahme von Körperzellen und deren molekulargenetische Untersuchung zulässig; für die molekulargenetische Untersuchung gilt § 81 f Abs. 2 entsprechend.**

(2) **Ist ein Beschuldigter vorhanden, so soll ihm die Leiche zur Anerkennung vorgezeigt werden.**

1   Andere **Identifizierungsmöglichkeiten** sind auch zulässig: zB erkennungsdienstliche Maßnahmen nach § 81 b. Als Methode von hohem Beweiswert für die Identität des Verstorbenen gelten die Daktyloskopie (zum Verfahren s. Eisenberg Beweisrecht Rn. 1936 ff.) und die Röntgenidentifikation des Skeletts (vor allem bei Brandleichen) bzw. an Zähnen. Unabhängig von der Notwendigkeit der Leichenöffnung ist zulässig, der Leiche Blutproben zu entnehmen (Eisenberg Beweisrecht Rn. 1950). Steht die Identität fest, bedarf es keiner Identifizierung. **Abs. 2** ist eine Sollvorschrift. Steht die Identität der Leiche fest, ist sie dem Beschuldigten nicht mehr zur Anerkennung vorzuzeigen (BGH NStZ 1981, 94). Bei Verfolgung anderer Ziele als der Anerkennung kann ein Verstoß gegen § 136 a vorliegen (BGH 15, 189 = NJW 1961, 84).

2   Die **Revision** kann auf einen Verstoß gegen S. 2 nicht gestützt werden, wenn kein Zweifel über die Person des Verstorbenen besteht (KK-Senge Rn. 3).

§ 89 [Umfang der Leichenöffnung]

Die Leichenöffnung muß sich, soweit der Zustand der Leiche dies gestattet, stets auf die Öffnung der Kopf-, Brust- und Bauchhöhle erstrecken.

1   Weitere Untersuchungen kommen in Betracht, vor allem Entnahme von Blut- und Harnproben, Mageninhalt oder Leichenteilen (RiStBV Nr. 35). Bei Verdacht auf Vergiftungstod gilt § 91.

2   Die **Revision** kann auf einen Verstoß gegen § 89 nicht gestützt werden.

§ 90 [Neugeborenes Kind]

Bei Öffnung der Leiche eines neugeborenen Kindes ist die Untersuchung insbesondere auch darauf zu richten, ob es nach oder während der Geburt gelebt hat und ob es reif oder wenigstens fähig gewesen ist, das Leben außerhalb des Mutterleibes fortzusetzen.

1   Diese Vorschrift hat Bedeutung für Tötungsdelikte (§§ 217, 211 ff., 222 StGB), bei Anzeichen für Vergehen einer strafbaren Abtreibung und bei Verdacht geburtshilflicher Kunstfehler (KK-Senge Rn. 1). Auf die Durchführung dieser Untersuchungen wirken Richter oder StA hin, § 78 (KK-Senge Rn. 1).

§ 91 [Verdacht einer Vergiftung] RiStBV 35

(1) **Liegt der Verdacht einer Vergiftung vor, so ist die Untersuchung der in der Leiche oder sonst gefundenen verdächtigen Stoffe durch einen Chemiker oder durch eine für solche Untersuchungen bestehende Fachbehörde vorzunehmen.**

(2) **Es kann angeordnet werden, daß diese Untersuchung unter Mitwirkung oder Leitung eines Arztes stattzufinden hat.**

Die Vorschrift ergänzt § 87. Sie gilt nicht nur für die Tötungsdelikte nach §§ 211, 212, 222 StGB, sondern auch für Straftaten nach §§ 219, 324, 326 StGB. Der **Richter oder StA,** der die Leichenöffnung leitet, ordnet die Untersuchung durch einen **von ihm ausgewählten** Chemiker oder eine von ihm ausgewählte Fachbehörde an (Meyer-Goßner Rn. 2). Wird das Gutachten durch eine Fachbehörde erstattet, kann es verlesen werden (§ 256). 1

Der mitwirkende Arzt **(Abs. 2)** kann ein anderer sein als jener, der bei der Leichenöffnung tätig wird. Er ist sachverständiger Zeuge (§ 85), wenn er nur Anknüpfungstatsachen mitteilt, die er als behandelnder Arzt festgestellt hat. Aber er ist Sachverständiger, wenn er die Untersuchungsergebnisse des Chemikers (Fachbehörde) medizinisch bewertet oder wenn er durch sein Fachwissen den Chemiker (Fachbehörde) bei der Begutachtung unterstützt (KK-Senge Rn. 2). 2

§ 92 [Gutachten bei Geld- oder Wertzeichenfälschung]
RiStBV 215 bis 219

(1) **¹Liegt der Verdacht einer Geld- oder Wertzeichenfälschung vor, so sind das Geld oder die Wertzeichen erforderlichenfalls der Behörde vorzulegen, von der echtes Geld oder echte Wertzeichen dieser Art in Umlauf gesetzt werden. ²Das Gutachten dieser Behörde ist über die Unechtheit oder Verfälschung sowie darüber einzuholen, in welcher Art die Fälschung mutmaßlich begangen worden ist.**

(2) **Handelt es sich um Geld oder Wertzeichen eines fremden Währungsgebietes, so kann an Stelle des Gutachtens der Behörde des fremden Währungsgebietes das einer deutschen erfordert werden.**

Gemeint sind Straftaten nach §§ 146 ff., 151 StGB. Zur Verfolgung vgl. im einzelnen RiStBV Nr. 215 ff. Die Vorlegungspflicht besteht jedoch nicht, wenn die Fälschung und ihre Art bereits durch bloßen Augenschein festgestellt werden kann (KK-Senge Rn. 1; LR-Dahs Rn. 2; Eisenberg Beweisrecht Rn. 1964). 1

Wegen der **Zuständigkeit der Behörde,** die sich nach dem jeweiligen mutmaßlichen Fälschungsobjekt bestimmt s. RiStBV Nr. 216. Stammen **Wertpapiere** (§ 151 StGB) von einer **privaten** Ausgabestelle, so kommt eine Begutachtung auch durch diese in Betracht, wobei der private Gutachter als Sachverständiger vernommen werden muss (§ 256 also nicht gilt). Bei **fremden Währungsgebieten** s. § 152 StGB (Eisenberg Beweisrecht Rn. 1964). 2

§ 93 [Schriftgutachten]

Zur Ermittlung der Echtheit oder Unechtheit eines Schriftstücks sowie zur Ermittlung seines Urhebers kann eine Schriftvergleichung unter Zuziehung von Sachverständigen vorgenommen werden.

Die **Auswahl** des Sachverständigen liegt im Ermessen des Richters oder der StA. Der Beweis durch Schriftvergleichung ist schwierig. Die Bestellung mehrerer Sachverständiger und die Anhörung eines Experten des BKA kann erforderlich sein 1

(BGH 10, 119 = NJW 1957, 598). **Vergleichsschriften** braucht der Beschuldigte nicht abzugeben (BGH 34, 46 = NJW 1986, 2261; 40, 71 = NJW 1994, 1807), auch nicht der Zeuge. Notfalls müssen sie nach § 94 beschlagnahmt werden (BGHR StPO § 94 Beweismittel 1). Durch Täuschung erlangte Schriftproben sind gemäß 136 a unverwertbar (Meyer-Goßner Rn. 2; vgl. auch BGH 40, 72 = NJW 1994, 1807). Das Gutachten hat sich auf **Originalschriftstücke** zu stützen, auf **Fotokopien** nur, wenn keine Originale verfügbar sind (BGH NJW 1982, 2875; OLG Celle StV 1981, 608; OLG Düsseldorf StV 1986, 376). Wertvoll ist es, wenn das Vergleichmaterial einen möglichst weiten Überblick über die Variationsbreite der jeweiligen Handschrift gibt (Eisenberg Beweisrecht Rn. 1977). Aber wenige vom Beschuldigten geschriebene Worte können gegebenenfalls ausreichen (OLG Düsseldorf NStZ 1990, 506).

2 Der Schriftvergleichung durch einen erfahrenen Sachverständigen kommt voller **Beweiswert** zu und sie findet nicht nur als zusätzliches Beweisanzeichen Anwendung. Der Tatrichter muss jedoch den Beweiswert sorgfältig prüfen. „Die Urteilsgründe müssen erkennen lassen, dass die Beweiswürdigung auf einer tragfähigen, verstandesmäßig einsichtigen Tatsachengrundlage beruht" (BGH NJW 1982, 2883; KK-Senge Rn. 4 mwN). Aus der Weigerung zur Abgabe einer Schriftprobe dürfen keine für den Beschuldigten nachteiligen Schlüsse gezogen werden (KK-Senge Rn. 3; vgl. BGH 34, 46 = NJW 1986, 3262). Durch Drohung oder Täuschung erlangte Schriftproben sind **nicht verwertbar** (Eisenberg Beweisrecht Rn. 1977; vgl. auch BGH 34, 46; 40, 72 = NJW 1994, 1807).

Achter Abschnitt. Beschlagnahme, Überwachung des Fernmeldeverkehrs, Rasterfahndung, Einsatz technischer Mittel, Einsatz Verdeckter Ermittler und Durchsuchung

Vorbemerkung

1 In diesem Abschnitt sind die wichtigsten **Zwangsmaßnahmen** zusammengefasst, die der Sicherung von Beweisen, der Sicherstellung von Beweismitteln und der künftigen Vollstreckung der Anordnung des Verfalls oder der Einziehung dienen; es handelt sich insoweit um eine abschließende Regelung (BGH 31, 304, 306 = NJW 1983, 1570). Bei diesen Zwangsmaßnahmen handelt es sich um **Eingriffe in Grundrechte,** insbesondere um Einschränkungen nach Art. 2 Abs. 1, Art. 10 Abs. 1 und Art. 13 Abs. 1 GG. Zur Beschlagnahme und Auswertung von **Tagebüchern** im Hinblick auf Art. 2 Abs. 1 iVm Art. 1 Abs. 1 GG s. BGH NStZ 1994, 350; § 94 Rn. 4. Die Befugnisse der Strafverfolgungsbehörden sind, soweit sie diese Materie betreffen, als **abschließende Regelung** anzusehen (BGH 31, 298 = NJW 1983, 1560). Vor allem durch das OrgKG v. 15. 7. 1992 (BGBl. I 1302; III 450–23) sind **neue Zwangsmaßnahmen** in die StPO eingefügt worden: Rasterfahndung (§ 98a), Datenabgleich (§ 98c), Einsatz technischer Mittel nach § 100c, Einsatz eines Verdeckten Ermittlers (§§ 110a ff.) und die Polizeiliche Beobachtung (§ 163c). Zur ausführlichen Übersicht s. Bernsmann StV 1998, 224. Durch das Gesetz zur Änderung der Strafprozessordnung vom 20. 12. 2001 (BGBl. I 3879; Inkrafttreten 1. 1. 2002) wurden die §§ 100g und 100h **(Telekommunikationsauskunft)** eingefügt. Das Gesetz zur Änderung der Strafprozessordnung vom 15. 2. 2002 (BGBl. I 682) erweiterte das **Presseprivileg** in § 97 um das selbstrecherchierte Material. Das Gesetz zur Einführung des **Völkerstrafgesetzbuches** vom 26. 6. 2002 (BGBl. I 2254) änderte in §§ 100a und 100c die Katalogtat „Völkermord". Durch das Gesetz zur Änderung der Strafprozessordnung vom 6. 8. 2002 (BGBl. I 3018 wurde § 100i **(IMSI-Catcher)** eingefügt und die Zuständigkeit in § 100f Abs. 3 S. 1 geändert. Das 34. StrÄndG vom 22. 8. 2002 (BGBl. I 3390)

Beschlagnahme, Überwachung, Durchsuchung § 94

fügte § 129 b StGB in den Katalog der §§ 100 c, 103 und 111 ein (KK-Nack vor § 94 Rn. 1). Bei allen Maßnahmen dieses Abschnitts ist der **Verhältnismäßigkeitsgrundsatz** zu beachten. Es ist jeweils eine Abwägung zu treffen, die die Schwere der Straftat und Stärke des Tatverdachts, aber auch die Erforderlichkeit der Maßnahme berücksichtigt. An der **Erforderlichkeit** fehlt es, wenn weniger einschneidende Maßnahmen zur Verfügung stehen (BVerfGE 20, 186 ff. = NJW 1966, 1603). Problematisch ist, ob und in welchen Fällen **Verfahrensverstöße** bei Anordnungen von Zwangsmaßnahmen nach dem 8. Abschnitt zur **Unverwertbarkeit** dabei gefundener Beweise führen. Die StPO enthält keine ausdrückliche Bestimmung darüber, ob und unter welchen Umständen ein rechtswidrig gewonnenes Beweismittel im Strafverfahren verwertet werden darf. „Ein allgemeines Beweisverwertungsverbot, wie es sich für bestimmte Fälle aus § 136 a Abs. 3 S. 2 StPO ergibt, lässt sich dem Gesetz nicht entnehmen" (BGH 31, 307 = NJW 1983, 1530). Deshalb sind Beweismittel, die bei ordnungsgemäß angeordneten und durchgeführten Zwangsmaßnahmen hätten gefunden werden können, grundsätzlich, von speziellen, etwa aus § 97 folgenden Verwertungsverboten, abgesehen, auch **verwertbar** (BGH 24, 130 = NJW 1971, 1097; vgl. BGH NStZ 1989, 375). Ein **Verwertungsverbot** besteht jedoch dort, wo das Interesse des Bürgers auf Schutz seiner grundrechtlich geschützten Rechte den Strafverfolgungsinteressen vorgeht. Die Grenzen richten sich jeweils nach der Sachlage und der Art des bei der Beweiserhebung verletzten Verbots. Dies erfordert eine Abwägung aller Umstände des Einzelfalls (BGH 24, 130; BGH NStZ 1992, 294; BGH NStZ 1996, 200; KK-Nack vor § 94 Rn. 8). **Unverwertbar** sind Beweismittel, die durch unzulässige Maßnahmen staatlicher Organe erst geschaffen werden (KK-Nack vor § 94 Rn. 9 mwN).

Beschlagnahme ist die amtliche Verwahrung oder sonstige Sicherstellung eines 2 Gegenstandes auf Grund ausdrücklicher Anordnung (Roxin § 34 Rn. 6). Die **Durchsuchung** dient der Auffindung von Gegenständen, die der Beschlagnahme unterliegen, sowie der Ergreifung des Beschuldigten. Die **Überwachung des Fernmeldeverkehrs** nach §§ 100 a ff. ist ein beschlagnahmeähnlicher Vorgang, der für bestimmte schwere Straftaten die Ermittlungsmöglichkeiten erweitert. Die **Vorläufige Entziehung der Fahrerlaubnis** nach § 111 a ist eine Vorwegnahme der Urteilsfolgen zur Sicherung der Allgemeinheit wie die Maßnahmen nach §§ 112 a, 126 a, 132 a (Meyer-Goßner vor § 94 Rn. 2 ff.).

§ 94 [Gegenstand der Beschlagnahme] RiStBV 74, 75, 251

(1) Gegenstände, die als Beweismittel für die Untersuchung von Bedeutung sein können, sind in Verwahrung zu nehmen oder in anderer Weise sicherzustellen.

(2) Befinden sich die Gegenstände in dem Gewahrsam einer Person und werden sie nicht freiwillig herausgegeben, so bedarf es der Beschlagnahme.

(3) Die Absätze 1 und 2 gelten auch für Führerscheine, die der Einziehung unterliegen.

Sicherstellung ist der Oberbegriff für die Beschlagnahme und die sonstige Her- 1 stellung eines öffentlich-rechtlichen Verwahrungsverhältnisses. Erfasst werden alle **körperlichen** Gegenstände (zB Magnetbänder, Datenträger, Computerausdrucke, Leichenteile, Grundstücke, Akten). **Beweismittel (Abs. 1)** sind alle beweglichen und unbeweglichen Sachen, die unmittelbar oder mittelbar für die Tat oder die Umstände ihrer Begehung Beweis erbringen (OLG Düsseldorf JMBlNW 1979, 226). Es genügt aber auch, wenn das Beweisstück auf die Strafzumessung oder einen sonstigen Rechtsfolgenausspruch Einfluss haben kann (OLG Hamm NStE Nr. 5 zu § 94). Solange sich eine vom Empfänger (noch) nicht abgerufene **E-Mail-Nachricht** auf dem Server des Providers befindet, ist eine Durchsuchung und Beschlagnahme in analoger Anwendung der §§ 94, 98, 99 zulässig (LG Ravensburg NStZ 2003, 325). Die **potentielle Beweisbedeutung** des Gegenstandes ist erforderlich, aber für welche Beweisführung er im Einzelnen in Frage kommt, braucht noch nicht festzustehen (BGH NStZ 1981, 94; BVerfG NJW 1995, 2839). Ein **Anfangsverdacht** reicht aus; die Sicherstellung wird oft die erste Maßnahme des Ermittlungsverfahrens sein (BGH BGHR StPO § 94 Beweismittel 2; OLG Celle NJW 1963, 407; KK-Nack Rn. 8). Es kommt nicht darauf an, ob ein zu beschlagnahmender Gegenstand im Eigentum, Besitz oder Gewahrsam des **Beschuldigten oder eines Dritten** steht (BGH NStZ 1981, 94).

2   Der Beweisgegenstand muss **für die Untersuchung** von Bedeutung sein. Zur Untersuchung gehört **jede** Tätigkeit im Strafverfahren, die der Aufklärung des Tatbestandes oder sonst der Vorbereitung des gerichtlichen Verfahrens dient; hierzu gehören zB die Anordnung der U-Haft, ihre Fortdauer, die Aufenthaltsermittlung, das Sicherungsverfahren nach §§ 413 ff., das Einziehungsverfahren nach §§ 440 ff., das Privatklageverfahren, das Wiederaufnahmeverfahren (Meyer-Goßner Rn. 8, 9 mwN). Der **Verhältnismäßigkeitsgrundsatz** ist zu beachten (s. vor § 94 Rn. 1). Dieser Grundsatz gebietet es, bei der Beschlagnahme von Urkunden zu prüfen, ob der Zweck der Beschlagnahme durch Anfertigung von **Fotokopien** und Freigabe des Originals erreicht werden kann (BGH NStE Nr. 4 zu § 94; KK-Nack Rn. 4 mwN). So wird die Sicherstellung von Geschäftsbüchern unzulässig sein, wenn eine Auskunft des Inhabers den Beweiszwecken genügt. Zur Beschlagnahme eines „Bekennerschreibens" einer terroristischen Vereinigung in den Räumen des Presseunternehmens s. § 97 Rn. 10. Bei **Beweisbedeutung** besteht die Verpflichtung, Maßnahmen nach § 94 zu ergreifen; dies folgt aus dem Legalitätsprinzip (KK-Nack Rn. 12).

3   Die **förmliche Beschlagnahme** nach Abs. 2 ist auch dann zulässig, wenn die **formlose** Sicherstellung nach Abs. 1 möglich wäre (BGH StV 1992, 308). Der Gewahrsamsinhaber braucht nicht gefragt zu werden, ob er mit der Herausgabe einverstanden ist (KK-Nack Rn. 15). Beschlagnahmen als solche – auch in fremder Wohnung – berühren nicht den Schutzbereich des **Art. 13 Abs. 1 GG** (BVerfG NJW 1995, 2839). Diesen Schutzbereich berühren nur solche Eingriffe, durch die die Privatheit der Wohnung ganz oder teilweise aufgehoben wird (BVerfGE 89, 1, 12 = NJW 1993, 2035). Dass zum Zweck der Beschlagnahme in Ausführung richterlicher Durchsuchungsanordnungen in die Räume des Betroffenen als dessen „Wohnung" iS des Art. 13 Abs. 1 GG eingedrungen wird, stellt einen von der Beschlagnahme unabhängigen Grundrechtseingriff dar, der aber idR keinen verfassungsrechtlichen Bedenken begegnet (BGH NJW 1995, 2839; vgl. auch BVerfG NJW 1994, 2079). Auch Unterlagen in den Räumen einer **Bank** können beschlagnahmt werden, wenn diesen eine zentrale Bedeutung im Strafverfahren zukommt (BVerfG NJW 1995, 2839; s. § 95 Rn. 1). **Bewirkt** wird die Sicherstellung durch **Inverwahrnehmung** oder auf **andere Weise**. Notwendig ist eine amtliche Handlung, die erkennbar zum Ausdruck bringt, dass die Sache der amtlichen Obhut untersteht; es muss durch Inbesitznahme oder sonstige Sicherstellung ein Herrschaftsverhältnis begründet werden (BGH 15, 149 = NJW 1960, 2300). Die **amtliche Verwahrung** ist die Überführung der Sache in den Besitz der Behörde (StA, Asservatenkammer) oder einer beauftragten Behörde oder Person. Die **Sicherstellung in anderer Weise** ist nur bei **förmlicher** Beschlagnahme möglich. Sie ist notwendig, wenn Gegenstände nicht in Verwahrung genommen werden können, zB Grundstücke, Räume (Meyer-Goßner Rn. 16). Es kommen auch Verfügungsverbote in Betracht (BGH 15, 150), bei Kraftwagen die Wegnahme der Schlüssel mit dem Verbot an den Besitzer, Veränderungen vorzunehmen (BGH JZ 1962, 609; KK-Nack Rn. 16). Die Beschlagnahme von **gespeicherten Daten** kann auch durch Übermittlung von dem Datenträger des Betroffenen in den Computer des StA ohne Beschlagnahme des Datenträgers erfolgen (Möhrenschlager wistra 1991,

329; Meyer-Goßner Rn. 16 a). Bei der Beschlagnahme ist zwischen **Anordnung** (§§ 98, 33 Abs. 4) und deren **Vollstreckung** (§ 36 Abs. 2) zu unterscheiden.

Die **Beschlagnahmeverbote** sind in § 97 bestimmt. Sie können sich auch aus Art. 1 Abs. 1, 2 Abs. 1 GG ergeben (BVerfGE 34, 238), aber nur aus einem engen Kernbereich privater Lebensgestaltung (Intimsphäre), der der öffentlichen Gewalt schlechthin entzogen ist und bei dem auch eine Abwägung nach Maßgabe des Verhältnismäßigkeitsgrundsatzes (s. vor § 94 Rn. 1) nicht stattfindet, zB **tagebuchartige Aufzeichnungen** (BVerfGE 80, 367 = NStZ 1990, 89; BGH 34, 397 = NJW 1988, 1037; BGH NStZ 1994, 350); BGH 43, 300 = NJW 1998, 840). Nach den durch das BVerfG und den BGH zur strafprozessualen Verwertbarkeit von **Tagebucheintragungen** entwickelten Grundsätzen (BVerfGE 80, 376 = NStZ 1990, 89; BGH 19, 325 = NJW 1964, 1139; 34, 397 = NJW 1988, 1037), die auch auf die Verwertung von Tagebüchern eines Zeugen oder sonstigen **Dritten** übertragbar sind, dürfen Tagebucheintragungen im Strafverfahren unabhängig vom Willen des Verfassers verwertet werden, wenn bei Abwägung aller Umstände dem Erfordernis einer wirksamen Strafrechtspflege gegenüber dem allgemeinen Persönlichkeitsrecht des Verfassers das größere Gewicht zukommt (BGH wistra 1998, 314). S. auch § 97 Rn. 6 u. § 249 Rn. 3. Aber auch schwerwiegende Verstöße gegen das **Betäubungsmittelgesetz** gebieten nicht zwingend das Zurücktreten des Grundrechtsschutzes der Persönlichkeitssphäre. Das in ihnen liegende strafrechtliche Unrecht rechtfertigt keine Beschlagnahme und Verwertung von Tagebuchaufzeichnungen (OLG Schleswig NStZ-RR 2000, 112). Jedoch ist die Beschlagnahme von **Notiz- und Taschenkalendern** in einem Ermittlungsverfahren, wegen des Verdachts der Mitgliedschaft in einer terroristischen Vereinigung unter entsprechenden Umständen zulässig (BGH NStZ 2000, 383). Aber der **Abschiedsbrief eines Angeklagten,** den dieser anlässlich eines Suizidversuchs an das Tatopfer schreibt, gehört nicht zu dem durch Art. 2 Abs. 1 iVm Abs. 1 Abs. 1 GG absolut geschützten Bereich persönlicher Lebensgestaltung und kann grundsätzlich sichergestellt und als Beweismittel verwertet werden (BGH NJW 1995, 269). Wird Anklage zum LG erhoben, bevor über die Beschwerde eines inhaftierten Beschuldigten gegen vom Ermittlungsrichter zu Beweiszwecken angeordnete Beschlagnahme einer **Briefsendung** entschieden ist, ist das Rechtsmittel als Antrag auf Aufhebung der **Maßnahme** anzusehen, über das das erkennende Gericht zu entscheiden hat (OLG Karlsruhe wistra 1998, 76). Zur Zulässigkeit der Anordnung der **Leicheneröffnung** s. BGH NStZ 1994, 246.

Führerscheine unterliegen als normale Beweismittel (zB wegen Tatspuren) der Sicherstellung und Beschlagnahme nach Abs. 1 und 2. **Abs. 3** erstreckt die Vorschrift systemwidrig auf Führerscheine, die der **Einziehung** unterliegen, s. hierzu § 111 a.

Sichergestellte Gegenstände sind **herauszugeben,** sobald der Grund der Sicherstellung entfallen ist. Mit einer zivilrechtlichen Klage kann die Herausgabe beschlagnahmter Unterlagen nicht erzwungen werden (OLG Stuttgart wistra 1984, 240). Aus der schuldhaften Verletzung der Obhutspflicht auf Grund des öffentlich-rechtlichen Verwahrungsverhältnisses kann der Betroffene **Entschädigungsansprüche** herleiten. Werden aber sichergestellte Gegenstände durch vorsätzliche Fremdeinwirkung (Vandalismus) beschädigt, steht dem Eigentümer keine Entschädigung zu (BGHZ 100, 335 = NJW 1987, 2573). Die sichergestellten Beweismittel sind **Bestandteile der Akten;** der Verteidiger hat daher **Akteneinsichtsrecht.** Nicht unmittelbar Beteiligte haben kein Akteneinsichtsrecht in beschlagnahmten Unterlagen (OLG Koblenz NJW 1986, 3093; KK-Nack Rn. 25). Bei tatunbeteiligten **Abgeordneten** ist die Beschlagnahme ohne Einschränkung zulässig; bei Tatverdächtigen nur, wenn die Einleitung des Ermittlungsverfahrens genehmigt ist. Sind Abgeordnete nach Art. 46 Abs. 1 GG nicht verfolgbar, dann ist auch die Beschlagnahme unzulässig (RiStBV Nr. 191 bis 192 a; Meyer-Goßner Rn. 24). In den Räumen des Parlaments bedarf die Beschlagnahme der Genehmigung des Präsidenten (Art. 40 Abs. 2 S. 2 GG).

§§ 95, 96

§ 95 [Herausgabepflicht]

(1) Wer einen Gegenstand der vorbezeichneten Art in seinem Gewahrsam hat, ist verpflichtet, ihn auf Erfordern vorzulegen und auszuliefern.

(2) ¹Im Falle der Weigerung können gegen ihn die in § 70 bestimmten Ordnungs- und Zwangsmittel festgesetzt werden. ²Das gilt nicht bei Personen, die zur Verweigerung des Zeugnisses berechtigt sind.

1   Die Vorschrift gilt in allen Verfahrensarten und Abschnitten, in denen die Beschlagnahme nach § 94 angeordnet werden kann. Sie betrifft **Beweisgegenstände** nach § 94 Abs. 1, 2 sowie nach Abs. 3 den Führerschein. Die **Pflicht** zur Vorlage und Auslieferung hat **jeder Gewahrsamsinhaber,** unabhängig von einer Zustimmung des Eigentümers. Wegen des Verbots des Selbstbelastungszwangs trifft diese Pflicht nicht den **Beschuldigten. Zeugnisverweigerungsberechtigte** können zwar zur Herausgabe aufgefordert werden, aber eine Herausgabe ist nach Abs. 2 S. 1 nicht durchsetzbar. Die Beschlagnahmeverbote des § 97 gelten auch für § 95. Eine **Bank** hat grundsätzlich Kreditunterlagen vorzulegen und darf die Herausgabe nicht unter Berufung auf das „Bankgeheimnis" oder auf ein etwa dem Kunden zustehendes Zeugnisverweigerungsrecht ablehnen (KG NStZ 1989, 192; Bittmann wistra 1990, 325; vgl. BVerfG NJW 1995, 2839). Im Strafrecht gibt es kein „Bankgeheimnis" (s. § 161 Rn. 3; Roxin Strafverfahrensrechts § 26 B II). Im Hinblick auf den Verhältnismäßigkeitsgrundsatz kann die Herausgabe einer **Fotokopie** ausreichen (s. § 94 Rn. 2). Für eine Erstattung der Sach- und Personalkosten, die beim Ablichten entstehen, fehlt es an einer Rechtsgrundlage (BGH NStZ 1982, 118). „**Zuständig für das Herausgabeverlangen** ist, wer im konkreten Fall nach §§ 94 Abs. 2, 98 StPO zur Beschlagnahme befugt wäre" (KG NStZ 1989, 192), also Richter, StA aber nur bei Gefahr im Verzug (LG Düsseldorf wistra 1993, 199 mwN), Polizei sowie gleichgestellte Organe wie etwa Steuerfahndung. Ein **mündliches** Herausgabeverlangen (aktenkundig zu machen) ist wirksam (KG NStZ 1989, 192).

2   **Ordnungs-** und **Zwangsmittel (Abs. 2)** kann nur der **Richter** festsetzen. Parlamentarische Untersuchungsausschüsse sind hierzu auch berechtigt (BVerfGE 76, 363 = NJW 1988, 897). Voraussetzung für die Anordnung ist, dass der Gewahrsam der betreffenden Person feststeht. Die Festsetzung des Ordnungsgeldes ist als Folge der Weigerung endgültig. Die Beugehaft wird mit der Herausgabe der Sache oder mit dem Wegfall der Beweiserheblichkeit des Gegenstandes unzulässig (KK-Nack Rn. 4). Gegen **Zeugnisverweigerungsberechtigte (Abs. 2 S. 2)** ist Zwang unzulässig. Dies gilt im Fall des § 52 ohne Beschränkung auf Schriftstücke, im Fall des § 53 nur, wenn der Gegenstand dem Gewahrsamsinhaber in der dort bezeichneten Eigenschaft übergeben worden ist. Nach Entbindung von der Verschwiegenheitspflicht (§ 53 Abs. 2) ist **Abs. 2 S. 1** anwendbar. Für Personen, die nach § 55 zur **Auskunftsverweigerung** berechtigt sind, gilt **Abs. 2 S. 2** entsprechend (Meyer-Goßner Rn. 10). Ein **Verwertungsverbot** besteht grundsätzlich **nicht** für Beweismittel, die nicht ordnungsgemäß erlangt wurden, die jedoch bei Anwendung eines legalen und ordnungsgemäß durchgeführten Zwangsmittels hätten gefunden und erlangt werden können (BGH NStZ 1989, 375; s. vor § 94 Rn. 1). Die **Beschwerde** (§ 304) ist gegen richterliche Anordnungen zulässig. Das Herausgabeverlangen der StA ist unanfechtbar; jedoch ist der Antrag auf gerichtliche Entscheidung entsprechend §§ 98 Abs. 2 S. 2, 161a Abs. 3 gegeben (Meyer-Goßner Rn. 12; vgl. Bittmann wistra 1990, 331).

§ 96 [Amtliche Schriftstücke]

¹Die Vorlegung oder Auslieferung von Akten oder anderen in amtlicher Verwahrung befindlichen Schriftstücken durch Behörden und öffentliche

Beamte darf nicht gefordert werden, wenn deren oberste Dienstbehörde erklärt, daß das Bekanntwerden des Inhalts dieser Akten oder Schriftstücke dem Wohl des Bundes oder eines deutschen Landes Nachteile bereiten würde. ²Satz 1 gilt entsprechend für Akten und sonstige Schriftstücke, die sich im Gewahrsam eines Mitglieds des Bundestages oder eines Landtages beziehungsweise eines Angestellten einer Fraktion des Bundestages oder eines Landtages befinden, wenn die für die Erteilung einer Aussagegenehmigung zuständige Stelle eine solche Erklärung abgegeben hat.

Die Einflussnahme einer Behörde gemäß § 96 auf ein Strafverfahren mittels einer **Sperrerklärung** stellt einen Eingriff in den Gang der Rechtspflege dar; sie muss deshalb auf Ausnahmefälle beschränkt bleiben (BGH 35, 82 = NJW 1988, 2187; BGHR StPO § 96 Sperrerklärung 1; s. auch Rn. 3). „Die Sperrerklärung soll, wie die Vorschrift unmißverständlich zeigt, nur unter engen formellen und materiellen Voraussetzungen und aus schwerwiegenden Gründen zulässig sein" (BGH 38, 237 = NStZ 1992, 395). Liegt aber eine **ordnungsgemäße** Sperrerklärung nach § 96 vor, dürfen zB Urkunden nicht als Beweismittel eingeführt werden, und auch eine Beschlagnahme ist **unzulässig** (BGH 38, 237 = NStZ 1992, 395; Eisenberg Beweisrecht Rn. 350 mwN). Ein **„in camera"-Verfahren** – eine Überlassung der geheimhaltungsbedürftigen Akten nur an das auf Geheimhaltung verpflichtete Gericht, ohne dass der Betroffene Akteneinsicht erhalte – wie es nach der Entscheidung des BVerfG v. 27. 10. 1999 – 1 BvR 385/90 – zu § 99 Abs. 1 S. 2 VwGO zulässig ist, kommt im Bereich des Strafverfahrens zu § 96 S. 1 StPO **nicht** in Betracht (BGH NJW 2000, 1661). Aus dieser Vorschrift „lässt sich also ein allgemeines und ausnahmsloses **Beschlagnahmeverbot** für Behördenakten **nicht** herleiten" (BGH 38, 241 = NJW 1992, 1973). **Zur Durchsuchung von Behördenräumen und Beschlagnahme von Behördenakten** s. vor allem § 110 Rn. 2. Liegen Akten anderer Gerichte der Behörden dem Gericht vor, gehören sie zu den Akten iSd § 147 (BGH 42, 71 = NJW 1996, 2171). Die **Vertraulichkeitsbitte** einer aktenführenden Stelle, die ihre Akten nicht gemäß § 96 für das Strafverfahren **sperren** lässt, sondern sie dem Strafgericht vorlegt, ist für dieses unbeachtlich. Sie kann eine Begrenzung des Akteneinsichtsrechts nicht begründen. Eine gleichwohl vorgenommene Versagung der Akteneinsicht führt nicht zu einem Beweisverwertungsverbot (BGH 42, 71; s. auch § 147 Rn. 3). Die **Sperrerklärung** der obersten Dienstbehörde muss eine **Begründung** enthalten, die dem Gericht die Gründe der Sperre verständlich macht und es in die Lage versetzt, auf die Beweismittel zu drängen (BGH 29, 112 = NJW 80, 464; vgl. BVerfGE 57, 290 = NJW 1981, 1725). Bei einem Fehlen der Begründung oder bei einer offensichtlich fehlerhaften Begründung müssen gegebenenfalls zunächst bei der obersten Dienstbehörde **Gegenvorstellungen** erhoben werden (BGH 36, 161 = NJW 1989, 3291). Das Gericht muss auf eine Änderung der Entscheidung der obersten Dienstbehörde drängen (BGH NStZ 1989, 282). Hat aber die oberste Dienstbehörde eine Sperrerklärung endgültig **nicht** oder **ohne hinreichende** Begründung – und deshalb **ohne Bindungswirkung für das Gericht – abgegeben**, „so bleibt die aktenführende Behörde verpflichtet, die Akten auf Verlangen der Staatsanwaltschaft oder des Gerichts herauszugeben" (BGH 38, 245 m. Anm. Anmelung NStZ 1993, 48; Meyer-Goßner Rn. 2). Die Behördenakten können sodann auch beschlagnahmt werden; denn „die Einflussnahme einer Behörde auf ein Strafverfahren mittels einer Sperrerklärung stellt einen Eingriff in den Gang der Rechtspflege dar; sie muss deshalb auf Ausnahmefälle beschränkt bleiben" (BGH 38, 246). Im Übrigen ist die Erklärung der obersten Dienstbehörde für das Gericht **bindend;** sie schließt weitere Erörterungen aus (BGH 29, 112; BGH NStZ 1989, 282). **Beweisanträge** sind nach § 244 Abs. 3 S. 2 wegen Unerreichbarkeit des Beweismittels abzulehnen. Nach st. Rspr. des BGH rechtfertigt eine Sperrerklärung nur dann die Annahme der

§ 96 Erstes Buch. 8. Abschnitt

Unerreichbarkeit eines Zeugen iSd § 251 Abs. 2 und ermöglicht nur dann den Rückgriff auf eine sachfernere Beweiserhebung, wenn sie „nachvollziehbar, überzeugend und einleuchtend" (BGH NStZ 2000, 265) begründet, dass der **Zeuge** durch eine der Beweisaufnahme in der Hauptverhandlung dienende Vernehmung einer konkreten, aus bestimmten Umständen ableitbaren Gefahr für Leib oder Leben ausgesetzt würde (BGH NStZ-RR 2002, 44; vgl. BGH NJW 1980, 464; 1985, 984). Das Gericht kann aber bei der **Beweiswürdigung** berücksichtigen, dass es die Exekutive ist, die eine erschöpfende Beweisaufnahme verhindert hat (BGH NStZ 1989, 282; BVerfG NJW 1981, 1726). **Geheimhaltungsinteressen** des Staates dürfen sich im Strafprozess nicht nachteilig für den Angeklagten auswirken. Eine durch Geheimhaltungsinteressen bedingte Vekürzung der Beweisgrundlage und der Verteidigungsmöglichkeiten des Angeklagten ist zur Sicherung einer fairen Verfahrensgestaltung durch eine besonders vorsichtige Beweiswürdigung und ggf. die Anwendung des Zweifelsatzes auszugleichen (BGH NJW 2004, 1259).

2   **Oberste Dienstbehörde** ist idR der zuständige **Fachminister,** also bei Gemeinden der Innenminister (BGH NJW 1989, 3294), bei Parlamenten der Präsident (BGH 20, 189 = NJW 1965, 922). Über die Abgabe einer Sperrerklärung zur Identität eines von der Polizei zur Aufklärung begangener Straftaten eingesetzten VE (entspr. § 96) oder eines von ihr eingesetzten V-Mannes hat nicht (auch) der Justiz-, sondern (nur) der **Innenminister** zu entscheiden (BGH 41, 36 = NJW 1995, 2569). Allerdings „braucht der Minister (Senator) die Entscheidung nicht persönlich zu treffen. Es genügt, wenn ein Mitarbeiter seines Hauses entscheidet, für dessen Handeln er die politische Verantwortung trägt. Dagegen reicht es nicht aus, wenn eine nachgeordnete Behörde entscheidet; das gilt auch für die Staatsanwaltschaft" (BGH 35, 86 = NJW 1988, 2187). Bei Einwendungen gegen Aussagegenehmigung s. auch Rn. 3. Der in § 96 enthaltene unbestimmte Rechtsbegriff **„Nachteile für das Wohl des Bundes und der Länder"** eröffnet der obersten Dienstbehörde keinen Beurteilungsspielraum und unterliegt der gerichtlichen Überprüfung im vollem Umfang (OLG Stuttgart NStE Nr. 1 zu § 96). Der Begriff **„von Akten oder anderen in amtlicher Verwahrung befindlicher Schriftstücke"** ist weit zu verstehen. Er umfasst auch private Unterlagen, die wegen ihres Inhalts in amtliche Verwahrung genommen worden sind. Unter diese Vorschrift fallen auch Ermittlungsakten der StA in anderer Sache und ebenso polizeiliche Vorgänge, nicht jedoch Bestandteile der in der anhängigen Sache entstandenen Akten. **Behörde** (hierzu rechnet auch das Gericht) ist ein ständiges, von der Person des Inhabers unabhängiges, in das Gefüge der öffentlichen Verwaltung eingeordnetes Organ der Staatsgewalt mit der Aufgabe, unter öffentlicher Autorität nach eigener Entschließung für Staatszwecke tätig zu sein (BGHZ 25, 186; BVerfGE 10, 48; Tröndle, StGB, § 11 Rn. 35). Für gesetzgebende Körperschaften gilt § 96 entsprechend (BGH 20, 189). Für den Verkehr mit ausländischen Behörden gilt aber diese Vorschrift nicht. **Öffentliche Beamte** sind solche, die selbst eine behördenähnliche Funktion haben; jedoch nicht Beamte, die in einer Behörde tätig sind (KK-Nack Rn. 6). S. 2 ist durch das 17. Gesetz zur Änderung des Abgeordnetengesetzes und 14. Gesetz zur Änderung des Europaabgeordnetengesetzes v. 4. 11. 1994 (BGBl. I, 3346) eingefügt worden.

3   Bei **V-Leuten, Verdeckten Ermittlern** (zu ihrem Einsatz s. §§ 110a bis 110e) und **Hinweisgebern** ist § 96 entsprechend anwendbar, wenn es um Auskunft über Namen und Anschrift behördlich geheimgehaltener Zeugen geht (BGH 32, 123 = NJW 1984, 274; 35, 85 = NJW 1988, 2187; s. auch vor § 48 Rn. 4). Der **Verdeckte Ermittler** kann nunmehr nach § 110b Abs. 3, der auf § 96 verweist, auch dann **gesperrt** werden, wenn die Offenbarung die Möglichkeit der weiteren **Verwendung** gefährdet würde. Diese Spezialregelung bedeutet auch, dass die (auch) auf die weitere Verwendung gestützte Sperrerklärung nur noch auf dem Wege des § 96 und nicht mehr über die Verweigerung der **Aussagegenehmi-**

gung nach § 54 getroffen werden kann (BGH 42, 175 = NJW 1997, 2738; KK-Nack Rn. 20). Damit ist zugleich die Übertragung solcher Sperrerklärungen auf nachgeordnete Behörden eng begrenzt (BGH 42, 175). Aus der Bezugnahme auf § 96 ergibt sich, dass die besondere Abwägung gilt und eine pauschale Begründung nicht ausreicht (KK-Nack Rn. 20). Es ist dabei zu beachten, dass alle Behörden verpflichtet sind, dazu beizutragen, dass dem Gericht möglichst gute Beweismittel zur Verfügung stehen (BVerfGE 57, 283 = NJW 1981, 1723; Meyer-Goßner Rn. 12). „Die Sperrerklärung behindert die Erforschung der Wahrheit und stellt daher einen Eingriff in den Gang der Rechtspflege dar. Sie muss deshalb auf Ausnahmefälle beschränkt bleiben. Das Gesetz sieht deshalb in § 96 StPO die Zuständigkeit der obersten Dienstbehörde vor" (BGH 35, 85 = NJW 1988, 2187). Mit § 110 b Abs. 3 S. 3 idF des OrgKG ist aber der Anwendungsbereich des § 96 erweiternd auszulegen; die Beschränkung der Auskunftsversagung auf Lebens- und Leibesgefahr ist entfallen. Hierfür spricht auch die Neufassung des § 68 Abs. 3 S. 1. Die **Gefährdung des Zeugen** ist in der StPO nunmehr als **Geheimhaltungsgrund** anerkannt (Arloth NStZ 1993, 468). Ein **Informant** darf solange nicht als unerreichbares Beweismittel angesehen werden, als nicht eine **Sperrerklärung** der obersten Dienstbehörde **entsprechend § 96** vorliegt. Die Versicherung der Vertraulichkeit bindet nur die StA und die Polizei. Für das gerichtliche Verfahren hat sie keine Bedeutung (BGH NStZ 2001, 333; vgl. BGH 35, 85 = NJW 1988, 2187). Erhebt ein Gericht gegen die Versagung einer Aussagegenehmigung, Einwendungen, so ist die Entscheidung der **obersten Dienstbehörde** auch dann herbeizuführen, wenn das Landesrecht die Ausübung der Entscheidungsbefugnis **generell delegiert** hat (BGH 42, 175 = NJW 1996, 2738). „Über die Abgabe einer Sperrerklärung entsprechend § 96 zur Identität eines von der Polizei zur Aufklärung begangener Straftaten eingesetzten **Verdeckten Ermittlers** oder eines von ihr eingesetzten **V-Mannes** hat nicht (auch) der Justiz-, sondern (nur) der **Innenminister** zu entscheiden" (BGH 41, 30; s. auch Rn. 2). Begnügt sich das Tatgericht zB mit der Sperrerklärung einer **unzuständigen Behörde** für die Mitarbeiterin des Sozialdienstes und nimmt sie deren Nichterscheinen in der Hauptverhandlung hin, obwohl es sich im Hinblick auf die Beweislage um eine wichtige Zeugin handelte, ist die Aufklärungspflicht verletzt (BGH StV 2001, 549). „Bezeichnet ein Beweisantrag eine bestimmte Person, so ist deren Vernehmung nicht schon deshalb unzulässig, weil diese Person mit jemandem identisch sein kann, dessen Identität die Exekutive unter Berufung auf § 96 nicht preisgeben will. Von der Vernehmung eines solchen Zeugen kann aber abgesehen werden, soweit durch die Vernehmung Gefahr für Leib oder Leben des Zeugen droht. Dies prüft das **Gericht in „eigener Verantwortung"** (BGH 39, 141 = NJW 1993, 1214). Es kommen **Beweissurrogate** in Betracht. Der Angeklagte kann dem gesperrten Zeugen – unter Wahrung der Anonymität – grundsätzlich Fragen (Fragenkatalog) stellen (BGH 39, 141 = NJW 1993, 1214; BVerfG NStZ 1991, 445; EuGHMR EuGRZ 1992, 300; BGH NStZ 2001, 212; BGH NStZ-RR 2002, 176). Auch eine rechtmäßige Sperrerklärung führt **nicht** zu einem Beweisverbot, sondern bedeutet nur, dass das mit der Sache befasste Gericht die Weigerung der Behörde, die Identität eines Zeugen zu offenbaren, hinnehmen muss. Kennt das Gericht aber **aus sonstigen Erkenntnisquellen die Identität** des Zeugen, steht seiner Ladung und Vernehmung die Sperrerklärung nicht entgegen (BGH NStZ 2003, 610).

Entscheidungen nach § 96 können vom Gericht und der StA **nicht angefochten** werden. Die Sperrerklärung kann aber das Recht des Beschuldigten und der Prozessbeteiligten auf ein rechtsstaatliches, faires Verfahren verletzen (BVerwGE 69, 192 = NJW 1984, 2233). Bisher wurde angenommen, dass die Sperrung ein Justizverwaltungsakt der §§ 23 ff. EGGVG mit der entsprechenden Zuständigkeit der ordentlichen Gerichte sei. Nach der jetzt wohl hM sind Sperrerklärungen der 4

§ 97 Erstes Buch. 8. Abschnitt

obersten Dienstbehörde Staatsakte, die von Organen der Exekutive getroffen werden; hierfür ist der **Verwaltungsrechtsweg** zuständig (BVerwGE 69, 192 = NJW 1984, 2233; BVerwG NJW 1987, 202). „Für Streitigkeiten, die eine vom **Innenminister** als oberste Dienstbehörde nach Maßgabe des § 96 erlassene Sperrerklärung zum Gegenstand haben mit dem Ziel, die geheimgehaltene Identität einer Auskunftsperson in dem betreffenden Strafverfahren aufzudecken, ist der **Verwaltungsrechtsweg** gegeben" (BGH 44, 107 = NJW 1998, 3577). Nur für Sperrerklärungen des Justizministers, die Akten der StA betreffen, gilt § 23 EGGVG (OVG Münster NJW 1977, 1790; Meyer-Goßner § 23 EGGVG Rn. 2a). Will ein Verfahrensbeteiligter gegen die Sperrerklärung vorgehen, so hat das Gericht nach § 244 Abs. 2 alle Schritte zu unternehmen, die zur weiteren Sachaufklärung führen. Eine generelle Pflicht zur **Aussetzung des Strafverfahrens** besteht nicht (KK-Nack Rn. 13 mwN). Steht das Beweismittel nicht zur Verfügung, so hat das Gericht die „besonderen Gefahren der beweisrechtlichen Lage" (BVerfG NJW 1981, 1726) bei der Beweiswürdigung zu beachten (s. Rn. 1).

5 Die **Revision** kann nicht darauf gestützt werden, dass ein gesperrtes Beweismittel verwertet worden ist; dies berührt nicht den Rechtskreis des Angeklagten (Meyer-Goßner Rn. 15). Lehnt das Gericht auf Grund einer unwirksamen Sperrerklärung die Beiziehung eines Beweismittels als unerreichbar ab, kann die Verletzung des § 244 Abs. 3 gerügt werden (BGH 35, 85 = NJW 1988, 2187; BGH NStZ 1989, 282). Unterlässt es das Gericht, auf eine korrekte Sperrerklärung hinzuwirken, kann die Aufklärungsrüge nach § 244 Abs. 2 erfolgreich sein (BGH NStZ 1987, 518; BGH 36, 159 = NJW 1989, 3291; BGH NStZ 2000, 265; 2001, 656). Die Rügevoraussetzungen des § 344 Abs. 2 S. 2 müssen jedoch vorliegen, insbesondere muss vorgebracht werden, was der Zeuge bekundet hätte, wenn er freigegeben worden wäre (vgl. BGH NStZ, 1993, 340; KK-Nack Rn. 37). Nimmt das Gericht keine kritische Beweiswürdigung vor, so kann dies mit der Sachrüge gerügt werden (BGH 36, 159 = NJW 1989, 3291; BGH NStZ 2000, 607).

§ 97 [Beschlagnahmefreie Gegenstände]

(1) **Der Beschlagnahme unterliegen nicht**
1. **schriftliche Mitteilungen zwischen dem Beschuldigten und den Personen, die nach § 52 oder § 53 Abs. 1 Satz 1 Nr. 1 bis 3 b das Zeugnis verweigern dürfen;**
2. **Aufzeichnungen, welche die in § 53 Abs. 1 Satz 1 Nr. 1 bis 3 b Genannten über die ihnen vom Beschuldigten anvertrauten Mitteilungen oder über andere Umstände gemacht haben, auf die sich das Zeugnisverweigerungsrecht erstreckt;**
3. **andere Gegenstände einschließlich der ärztlichen Untersuchungsbefunde, auf die sich das Zeugnisverweigerungsrecht der in § 53 Abs. 1 Satz 1 Nr. 1 bis 3 b Genannten erstreckt.**

(2) [1] Diese Beschränkungen gelten nur, wenn die Gegenstände im Gewahrsam der zur Verweigerung des Zeugnisses Berechtigten sind, es sei denn, es handelt sich um eine Gesundheitskarte im Sinne des § 291 a des Fünften Buches Sozialgesetzbuch. [2] Der Beschlagnahme unterliegen auch nicht Gegenstände, auf die sich das Zeugnisverweigerungsrecht der Ärzte, Zahnärzte, Psychologischen Psychotherapeuten, Kinder- und Jugendlichenpsychotherapeuten, Apotheker und Hebammen erstreckt, wenn sie im Gewahrsam einer Krankenanstalt oder eines Dienstleisters, der für die Genannten personenbezogene Daten erhebt, verarbeitet oder nutzt, sind, sowie Gegenstände, auf die sich das Zeugnisverweigerungsrecht der in § 53

Abs. 1 Satz 1 Nr. 3 a und 3 b genannten Personen erstreckt, wenn sie im Gewahrsam der in dieser Vorschrift bezeichneten Beratungsstelle sind.
³Die Beschränkungen der Beschlagnahme gelten nicht, wenn die zur Verweigerung des Zeugnisses Berechtigten einer Teilnahme oder einer Begünstigung, Strafvereitelung oder Hehlerei verdächtig sind oder wenn es sich um Gegenstände handelt, die durch eine Straftat hervorgebracht oder zur Begehung einer Straftat gebraucht oder bestimmt sind oder die aus einer Straftat herrühren.

(3) Soweit das Zeugnisverweigerungsrecht der Mitglieder des Bundestages, eines Landtages oder einer zweiten Kammer reicht (§ 53 Abs. 1 Satz 1 Nr. 4), ist die Beschlagnahme von Schriftstücken unzulässig.

(4) Die Absätze 1 bis 3 sind entsprechend anzuwenden, soweit die in § 53 a Genannten das Zeugnis verweigern dürfen.

(5) ¹Soweit das Zeugnisverweigerungsrecht der in § 53 Abs. 1 Satz 1 Nr. 5 genannten Personen reicht, ist die Beschlagnahme von Schriftstücken, Ton-, Bild- und Datenträgern, Abbildungen und anderen Darstellungen, die sich im Gewahrsam dieser Personen oder der Redaktion, des Verlages, der Druckerei oder der Rundfunkanstalt befinden, unzulässig. ²Absatz 2 Satz 3 gilt entsprechend; die Beschlagnahme ist jedoch auch in diesen Fällen nur zulässig, wenn sie unter Berücksichtigung der Grundrechte aus Artikel 5 Abs. 1 Satz 2 des Grundgesetzes nicht außer Verhältnis zur Bedeutung der Sache steht und die Erforschung des Sachverhaltes oder die Ermittlung des Aufenthaltsortes des Täters auf andere Weise aussichtslos oder wesentlich erschwert wäre.

Diese Vorschrift dient dem Zweck, „die Umgehung des **Zeugnisverweigerungsrechts** zu verhindern" (BGH 38, 146 = NJW 1992, 763; BVerfGE 32, 373 = NJW 1972, 1123; BGH NJW 1998, 840; OLG Frankfurt NJW 2002, 1135). Sie gilt nur für **Beweisgegenstände**. Das **Beschlagnahmeverbot** ist bei der Beschlagnahmeanordnung zu beachten, sonst bei der Durchführung. Eine Sicherstellung ist zulässig, wenn der zur Verweigerung des Zeugnisses Berechtigte den Beweisgegenstand **freiwillig** herausgibt; „denn das Verbot ist eine Folge seines Zeugnisverweigerungsrechts, über dessen Ausübung er entscheiden kann" (BGH 18, 230 = NJW 1963, 870). Der Gewahrsamsinhaber ist über sein Zeugnisverweigerungsrecht und das darauf beruhende Beschlagnahmeverbot zu **belehren** (s. § 52 Abs. 3); das gilt auch für eine **spontane** Herausgabe. Die Belehrung kann nachgeholt werden. Der **Widerruf** des Verzichts nach § 52 Abs. 3 S. 2 führt zur Rückgabe des Beweisgegenstandes (KK-Nack Rn. 3). Mit der freiwilligen Herausgabe ist der Beweisgegenstand in dem Verfahren, **in dem er herausgegeben worden ist,** grundsätzlich **unbeschränkt** verwertbar. Das Verbot entfällt, wenn das Zeugnisverweigerungsrecht **nicht mehr besteht,** zB nach Entbindung von der ärztlichen Schweigepflicht (BGH 38, 145; OLG Hamburg NJW 1962, 689). Die Beschlagnahme der an sich durch § 97 geschützten Beweismittel ist bei **Beschuldigten** zulässig, zB auch bei einem **Arzt oder Rechtsanwalt** (BGH 38, 146; LG Berlin NStZ 1993, 146; Meyer-Goßner Rn. 24 mwN); denn diese Vorschrift gilt nur für Zeugen. Eine **Treuhandtätigkeit** unterfällt nicht bereits deshalb einem Geheimhaltungsschutz, weil sie von einem **RA oder Notar** ausgeübt wird. Das Beschlagnahmeverbot des § 97 Abs. 1 besteht nicht, wenn ein **Berufsgeheimnisträger** mit Tätigkeiten betraut wird, die für seine Qualifikation und Stellung nicht kennzeichnend sind (OLG Frankfurt NJW 2002, 1135). Das aus § 97 folgende Verwertungsverbot gilt nicht, **wenn der Zeugnisverweigerungsberechtigte selbst Beschuldigter ist.** Ein **Verwertungsverbot** besteht dann, wenn der beschlagnahmte Gegenstand sich auf eine **andere Tat** der geschützten Person bezieht, als die, derentwegen beim

1

§ 97 Erstes Buch. 8. Abschnitt

Zeugnisverweigerungsberechtigten beschlagnahmt wurde (BGH 18, 229; 25, 169 = NJW 1973, 1289; Eisenberg Beweisrecht Rn. 380 c; s. auch Rn. 11). Im Verfahren gegen einen **Mitbeschuldigten** ist die Beschlagnahme bei dem **anderen Mitbeschuldigten,** zugunsten dessen das Verbot gemäß Abs. 1 besteht, auch dann **unzulässig,** wenn das Verfahren getrennt wurde (BGH 43, 300 = NJW 1998, 840; Eisenberg Beweisrecht Rn. 380 b; s. auch Rn. 11). Befindet sich der Beweisgegenstand im **gemeinsamen Gewahrsam** eines Tatverdächtigen und eines Zeugnisverweigerungsberechtigten, so greift das Beschlagnahmeverbot nicht ein (BGH 19, 374). Bei **Verteidigungsunterlagen** in der Hand des Beschuldigten gilt wiederum das Beschlagnahmeverbot. „Unterlagen, die sich ein **Beschuldigter** erkennbar zu **seiner Verteidigung** in dem gegen ihn laufenden Strafverfahren anfertigt, dürfen weder beschlagnahmt noch gegen seinen Widerspruch verwertet werden" (BGH 44, 46 = NJW 1998, 2066; s. auch Rn. 6). **Beschlagnahmeverbote können sich unmittelbar aus dem Grundgesetz ergeben,** wenn wegen der Eigenart des Beweisthemas in grundrechtlich geschützte Bereiche unter Verstoß gegen den Grundsatz der Verhältnismäßigkeit eingegriffen wird. Jedoch bedarf es im Einzelfall besonderer Gründe dafür, warum ausnahmsweise über das geschriebene Strafprozessrecht hinaus unmittelbar von Verfassungs wegen ein Zeugnisverweigerungsrecht oder ein dieses Recht flankierendes Beschlagnahmeverbot bestehen soll.

2   **Schriftliche Mitteilungen** iS von **Abs. 1 Nr. 1** sind **alle Gedankenäußerungen,** die eine Person einer anderen zukommen lässt, damit sie davon Kenntnis nimmt, zB Briefe, Telegramme, Mitteilungen durch Zeichnungen und Skizzen, auch Mitteilungen auf Ton- oder Bildträgern (vgl. § 11 Abs. 3 StGB; BGH NJW 2001, 3793). Bei dem in § 52 genannten Personenkreis sind Zweck und Inhalt der Mitteilungen gleichgültig. Bei dem in § 53 genannten Personenkreis kommt es darauf an, dass die Mitteilung nach ihrem Aussagegehalt (BGH NStZ 1981, 94) einen Inhalt hat, der nach § 53 zur Verweigerung des Zeugnisses berechtigt. Aber Abs. 1 Nr. 1 ist unanwendbar bei Schriftstücken, die (zB notarielle Urkunden) keiner besonderen Geheimhaltung unterliegen, sondern für die Kenntnisnahme Dritter bestimmt sind (LG Stuttgart wistra 1988, 245). „Das Beschlagnahmeverbot des § 97 Abs. 1 gilt auch für den Verteidiger im Zusammenhang mit der Vorbereitung des Wiederaufnahmeverfahrens als **Zeugenbeistand** für den Verurteilten tätig ist" (BGH NJW 2001, 3793). Der **Abschiedsbrief eines Angeklagten,** den dieser anlässlich eines Suizidversuchs an das Tatopfer schreibt, gehört nicht zu dem durch Art. 2 Abs. 1 iVm Art. 1 GG absolut geschützten Bereich persönlicher Lebensgestaltung und kann grundsätzlich sichergestellt und als Beweismittel verwertet werden (BGH NJW 1995, 269).

3   Der Begriff **Aufzeichnungen** iS von **Abs. 1 Nr. 2** ist weit zu verstehen. Hierunter fallen Wahrnehmungen und Überlegungen des Zeugnisverweigerungsberechtigten auf Papier oder anderem Material, die keine Mitteilungen an Dritte enthalten, zB Karteien (BGH 38, 146 = NJW 1992, 763), Krankenblätter, Handakten (insbesondere der rechts- und steuerberatenden Berufe), Entwürfe von Verträgen und Schriftsätzen, Lochkarten, Disketten, Tonträger. Wer sie aufgezeichnet hat, ist unerheblich, aber die Wahrnehmungen müssen vom Zeugnisberechtigten stammen (OLG Köln NStZ 1991, 452; Meyer-Goßner Rn. 29). Das Beschlagnahmeverbot des Abs. 1 Nr. 2 gilt auch für Aufzeichnungen über die dem **Arzt** von **einem Patienten** gemachten Mitteilungen, wenn dieser bis zur Abtrennung des dieselbe Tat betreffenden Verfahrens Mitbeschuldigter war (BGH 43, 300 = NJW 1998, 840). Zu der **Beziehung der Krankenunterlagen** stellt der BGH fest: „Unverhältnismäßig ist der mit einer Beschlagnahme zu Beweiszwecken verbundene Eingriff in das Persönlichkeitsrecht des Betroffenen aber nur dann, wenn diesem gegenüber den Bedürfnissen einer nach dem Rechtsstaatsprinzip gebotenen wirksamen Strafverfolgung und Verbrechensbekämpfung das größere Gewicht zukommt.... Auch einer Beschlagnahme von Krankenunterlagen **Dritter** steht das Persönlich-

Beschlagnahme, Überwachung, Durchsuchung § 97

keitsrecht nicht von vornherein entgegen. Vielmehr ist auch insoweit die Schwere der Tat bei der vorzunehmenden **Abwägung** zu berücksichtigen, so dass in Fällen **schwere Kriminalität** die Beschlagnahme von Krankenakten Dritter zulässig sein kann" (BGH 43, 303 = NJW 1998, 840).

Auch der Begriff der **anderen Gegenstände** iS von **Abs. 1 Nr. 3** ist weit 4 gefasst. Dies ergibt sich bereits aus den vom Gesetz einbezogenen „ärztlichen Untersuchungsbefunde(n)". Hierunter fallen zB Fremdkörper, die der Arzt aus dem Körper des Beschuldigten entfernt hat, Röntgenaufnahmen, Kardiogramme, anatomische Präparate, Blutbilder, Alkoholbefunde, Buchungs- und Geschäftsunterlagen (Meyer-Goßner Rn. 30 mwN). „Dem Beschlagnahmeverbot des Abs. 1 Nr. 3 iVm § 53 Abs. 1 Nr. 3 unterliegen auch die von einem Dritten **zum Zwecke der Verteidigung** an einen RA übergebenen Unterlagen" (OLG Koblenz StV 1995, 570 mwN). Das Beschlagnahmeverbot des § 97 Abs. 1 bezieht sich auf alle Unterlagen, die einem **Wirtschaftsprüfer** im Rahmen seiner Berufstätigkeit als Wirtschaftsprüfer übergeben worden sind, ohne dass insoweit zwischen einer Prüfungstätigkeit oder einer sonstigen Tätigkeit differenziert werden kann. Von dem Beschlagnahmeverbot nicht erfasst sind lediglich Unterlagen, die ohne Bezug auf ein Mandat **privat** erlangt worden sind oder die bei einer Tätigkeit erlangt worden sind, die nicht dem Berufsbild des Wirtschaftsprüfers zuzuordnen sind (LG Bonn NJW 2002, 2261). Das Verwertungsverbot des **§ 393 Abs. 2 S. 1 AO** gilt unabhängig davon, in welchem Konkurrenzverhältnis die Steuerstraftat zu dem Verstoß gegen die allgemeinen Strafgesetze steht (BayObLG NJW 1997, 600).

Abs. 2 S. 2 enthält eine **Sonderregelung für Angehörige der Heilberufe.** 5 Gegenstände, auf die sich das Zeugnisverweigerungsrecht der dort genannten Personen erstreckt, dürfen nicht beschlagnahmt werden, wenn sie sich im **Gewahrsam** einer **Krankenanstalt** befinden; erfasst werden auch unter ärztlicher Leitung stehende Genesungsheime, Krankenreviere des Strafvollzuges und der Bundeswehr (KK-Nack Rn. 12). Ähnliches gilt für die **anerkannten Beratungsstellen.**

In **verfassungskonformer** Auslegung ist § 97 erweiternd zB auch dann anzu- 6 wenden, wenn sich die Unterlagen, auf die sich das Zeugnisverweigerungsrecht des Arztes erstreckt, im Gewahrsam des **Praxisnachfolgers** befinden (BVerfGE 32, 373 = NJW 1972, 1123). Das gilt auch für den **Rechtsanwalt** und den **Steuerberater** und die sonst in § 53 Abs. 1 Nr. 2, 3 genannten Personen und ferner **dann, wenn** ein **Kollege zu Rate** gezogen und diesem der Beweisgegenstand übergeben wird. Diese Auslegung des § 97 führt weiter zu einem Beschlagnahmeverbot, wenn das Geheimhaltungsinteresse das Strafverfolgungsinteresse **eindeutig überwiegt,** zB bei **privaten Tonbandaufzeichnungen** (BGH 36, 167 = NJW 1989, 2760) oder bei **Tagebucheintragungen,** die nicht zur Kenntnis Dritter bestimmt sind (BVerfGE 80, 367 = NStZ 1990, 89; vgl. § 94 Rn. 4; § 249 Rn. 3). Auch die Beschlagnahme von **Notiz- und Taschenkalendern** in einem Ermittlungsverfahren, wegen des Verdachts der Mitgliedschaft in einer terroristischen Vereinigung ist unter entsprechenden Umständen zulässig (BGH NStZ 2000, 383). An sich gilt § 97 nur für Beweisgegenstände, die sich im Gewahrsam des Zeugnisverweigerungsberechtigten und nicht beim Beschuldigten befinden (s. Rn. 1). Handelt es sich aber um **Verteidigungsunterlagen, so dürfen diese** in der Hand des Beschuldigten nicht beschlagnahmt werden (BGH 44, 46 = NJW 1998, 2066; s. auch Rn. 1); denn der freie Verkehr zwischen Verteidiger und Beschuldigtem muss gewährleistet bleiben (§ 148 Abs. 1). Das gilt aber dann nicht, wenn der Verteidiger einer Teilnahme iS des Abs. 2 S. 3 verdächtig ist (BGH NJW 1982, 1508). Werden bei einem Kreditinstitut **Anderkonten** geführt, die ein **Notar oder RA** von Gesetzes wegen einrichten muss, sind die entsprechenden Unterlagen nach Maßgabe des § 97 iVm § 53 a nicht beschlagnahmefähig (so AG Münster wistra 1998, 237). Im Rahmen der Überwachung nach § 148 Abs. 2 können jedoch Schriftstücke, die der Kontrollrichter im Zusammenhang mit einer Strafanzeige nach

§ 148a Abs. 1 vorläufig in Verwahrung zu nehmen hat, als Beweismittel in einem Ermittlungsverfahren beschlagnahmt werden (BGH NStZ 1990, 93).

7 Nach **Abs. 2 S. 3** entfallen bei **Tatverdacht** und bei bestimmter **strafrechtlicher Verstrickung** die **Beschlagnahmebeschränkungen**. Nicht erforderlich ist, dass gegen den Zeugnisverweigerungsberechtigten bereits ein Ermittlungsverfahren eingeleitet ist (BGH NJW 1973, 2035). **Tatbeteiligung** ist im weiten Sinn zu verstehen; maßgebend ist die Tat im verfahrensrechtlichen Sinn (§ 264) „als zusammengehöriges einheitliches Ereignis" (BGH 18, 229). Die Teilnahme braucht nicht strafbar zu sein; es genügt die rechtswidrige Tat iS des § 11 Abs. 2 Nr. 5 StGB (Meyer-Goßner Rn. 19). Bei der Strafvereitelung kann sie nach § 258 Abs. 6 StGB straflos sein (BGH 25, 168 = NJW 1973, 1006). **Einfacher Verdacht** genügt. Aber je schwerwiegender der Eingriff ist, desto größere Anforderungen sind nach dem **Verhältnismäßigkeitsgrundsatz** an die **Konkretisierung** des Verdachts durch bestimmte Tatsachen zu stellen (KK-Nack Rn. 29). Die **Patientenkartei** eines beschuldigten Arztes kann grundsätzlich beschlagnahmt werden (BGH 38, 144 = NJW 1992, 763). Gewisse Einschränkungen gelten beim **Verteidiger** (vgl. BGH 33, 347 = NJW 1986, 1183) im Hinblick auf § 148. An sich können auch beim Verteidiger gemäß Abs. 2 S. 3 iVm § 94 Beweisgegenstände beschlagnahmt werden (BGH NStZ 1983, 85). Verlangt werden aber **gewichtige Anhaltspunkte** für eine Tatbeteiligung (BGH NJW 1973, 2035). Dem Spannungsverhältnis zwischen Abs. 2 S. 3 und § 148 ist ausreichend Rechnung getragen, wenn die Schwelle für das Erlaubtsein der Beschlagnahme durch die Anforderungen an den Verdachtsgrad so gesteigert ist, dass Abs. 2 S. 3 nur in Ausnahmefällen zur Anwendung kommt (vgl. BGH NJW 1982, 2508; KK-Nack Rn. 33). **Deliktsgegenstände** (Abs. 2 S. 3), dh Tatwerkzeuge und durch die Tat hervorgebrachte oder erlangte Gegenstände, können unbeschränkt beschlagnahmt werden. Zur Beseitigung des Beschlagnahmeverbots für Gegenstände nach Abs. 2 S. 3 letzter Halbs. s. auch §§ 74, 73 Abs. 1 S. 1 StGB.

8 Nach **Abs. 3** iVm § 53 Abs. 1 Nr. 4 sind bei **Abgeordneten** nur **Schriftstücke** beschlagnahmefrei, auf deren Inhalt sich ihr Zeugnisverweigerungsrecht erstreckt. Zum Begriff Schriftstücke s. Rn. 2. Voraussetzung ist ebenfalls der Gewahrsam des Zeugnisverweigerungsberechtigten am Schriftstück. Die Beschlagnahmefreiheit besteht auch dann, wenn der Abgeordnete teilnahmeverdächtig ist; denn Abs. 2 S. 3 gilt nicht. Ist er aber selbst als Beschuldigter verfolgt, so ist die Beschlagnahme zulässig (Meyer-Goßner Rn. 43). Für Abgeordnete des Europäischen Parlaments gilt das Beschlagnahmeverbot des § 6 S. 2 EuAbG.

9 Die Beschlagnahmefreiheit bei der **Hilfsperson** nach Abs. 4 iVm § 53 setzt die Entscheidung des Hauptberufsträgers voraus, dass diese nicht aussagt (§ 53a Abs. 1 S. 2).

10 In Abs. 5 ist das Beschlagnahmeverbot bei Mitarbeitern von **Presse, Rundfunk und Fernsehen** gesondert geregelt. Diese Vorschrift ist verfassungsgemäß (BVerfG NStZ 2001, 43). Durch **Gesetz v. 15. 2. 2002** (BGBl. I S. 682) ist § 53 neu umgestaltet und das **Zeugnisverweigerungsrecht** für Medienmitarbeiter **erweitert worden**. Dies hat Folgen für das **Beschlagnahmeverbot** gemäß § 97. In § 97 Abs. 1, 2 und 3 handelt es sich um bloße redaktionelle Änderungen. Die in § 97 Abs. 5 S. 1 (idF des Gesetzes v. 15. 2. 2002) enthaltene Verweisung auf § 53 Abs. 1 S. 1 mit dem **erweiterten** Zeugnisverweigerungsrecht für Mitarbeiter von Presse-, Rundfunk und Fernsehen wirkt sich auch entsprechend auf das Beschlagnahmeverbot aus; ohne dass der Wortlaut der Vorschrift insoweit über eine redaktionell bedingte Anpassung hinaus geändert werden musste (BTDrucks. 14/5166 S. 10). Mit § 97 Abs. 5 Satz 2 wird der besonderen Bedeutung des **Verhältnismäßigkeitsgrundsatzes** für das Beschlagnahmeverbot im Rahmen der Abwägung zwischen den sich aus Artikel 5 Abs. 1 Satz 2 GG ergebenden Grundrechten und dem Strafverfolgungsinteresse für die Fälle Rechnung getragen, in denen der **Zeugnisverweigerungsberechtigte** der Teilnahme an der zu verfolgenden Straftat oder aber der Begünstigung, Strafvereitelung oder Hehlerei **verdächtig** ist oder bei denen die Beschlagnahme „deliktsverstrickter" Gegenstände, also von Gegenständen, die durch eine Straftat hervorgebracht oder zur Begehung einer Straftat gebraucht oder bestimmt sind oder die aus einer Straftat herrühren, angestrebt wird. Außerdem wird die Beschlagnahme nur streng **subsidiär** zugelassen, nämlich nur dann, wenn die Erforschung des Sachverhalts oder die Ermittlung des Aufenthaltsortes des Täters auf andere Weise aussichtslos oder wesentlich erschwert wäre. Wie die Erfahrung zeigt, können die Medien nämlich für die Strafverfolgungsbehörden von besonderem Interesse sein, weil gerade sie häufig über besonders brisante Unterlagen verfügen. Der Gefahr einer Überbetonung des Strafverfolgungsinteresses soll daher bereits auf der Ebene des einfachen Verfahrensrechts wirksam begegnet werden können. Dies wird mit der ausdrücklichen Erwähnung des **Verhältnismäßigkeitsgrundsatzes** und der Verwendung der bereits an anderer Stelle – nämlich bei der Überwachung der Telekommunikation gemäß § 100 a – verwendeten **Subsidiaritätsklausel** bewirkt. Mit der **Verschärfung** der Voraussetzungen für Beschlagnahmemaßnahmen ist mittelbar auch eine Anhebung der Voraussetzungen für **Durchsuchungen** verbunden, denn nach allgemeinen Grundsätzen setzt eine Durchsuchung voraus, dass die Gegenstände, zu deren Auffindung sie dienen soll, einer Beschlagnahme unterworfen sind (BTDrucks. 14/5166 S. 10).

Ein Verstoß gegen das Beschlagnahmeverbot hat ein **Verwertungsverbot** zur **11** Folge (BGH 18, 227 = NJW 1963, 870; BGH NStZ 1998, 309; s. auch Rn. 1). Es umfasst nicht nur die Verwertung des unzulässig beschlagnahmten Gegenstandes im Wege des Urkunden- und Augenscheinsbeweises, sondern darüber hinaus auch jede **andere Form der Verwertung** wie zB die Vernehmung des auswertenden Polizeibeamten über den Inhalt des unzulässig beschlagnahmten Beweismittels oder die Verwendung unzulässig beschlagnahmter Schriftstücke zum Zwecke der Schriftvergleichung (LR-Schäfer Rn. 103; SK-Rudolph Rn. 64; Eisenberg Beweisrecht Rn. 380 a). Es entfällt, wenn nach der Beschlagnahme das Verbot entfällt (BGH 25, 168 = NJW 1973, 1289). Ist ein Beweisgegenstand zulässig beschlagnahmt worden, so darf er **nicht** in einem Verfahren wegen einer **anderen Tat** (§ 264; s. auch Rn. 7) verwertet werden, für deren Untersuchung er aus Gründen des § 97 nicht hätte beschlagnahmt werden dürfen, selbst wenn die mehreren Taten Gegenstand desselben Verfahrens sind (BGH 18, 227). Ein **zulässig** beschlagnahmtes Beweismittel wird nicht deshalb unverwertbar, weil die Voraussetzungen später nicht mehr gegeben sind, zB weil der Teilnahmeverdacht nach Abs. 2 S. 3 entfallen ist (BGH NStZ 1983, 85). Ein **zulässig** beschlagnahmter Gegenstand ist im Übrigen nur **in dem Umfang verwertbar,** in dem die Beschlagnahmevoraussetzungen vorgelegen haben (LR-Schäfer Rn. 108). Er darf insbesondere nicht zum Beweis für eine **andere Tat** iSd § 264 verwertet werden (s. auch Rn. 1), für deren Untersuchung er nicht hätte beschlagnahmt werden dürfen, selbst wenn die mehreren Taten Gegenstand desselben Verfahrens sind (BGH 18, 227; Meyer-Goßner Rn. 49). War die Beschlagnahme **ursprünglich unzulässig, entfällt** aber das **Beschlagnahmeverbot nachträglich,** zB weil der Zeugnisverweigerungsberechtigte wirksam von seiner Verschwiegenverpflichtung entbunden wird oder nachträglich ein Teilnahmeverdacht entsteht, so ist der zunächst unrechtmäßig beschlagnahmte Gegenstand **verwertbar** (BGH 25, 169 = NJW 1973, 1289; KK-Nack Rn. 9; Eisenberg Beweisrecht Rn. 380 d). Es ist allerdings zu beachten, dass ein Beschlagnahmeverbot dann **nicht entfällt,** wenn der Teilnahmeverdacht erst durch die unzulässige Beschlagnahme hervorgerufen wurde, da andernfalls ein rechtswidriger Eingriff durch den erhofften Erfolg belohnt würde (LG Saarbrücken; LG Koblenz StV 1985, 9; KK-Nack Rn. 35; Eisenberg Beweisrecht Rn. 380 d). **Einschränkungen** gelten für **Verteidiger** (BGH 33, 347 = NJW 1986, 1183; BGH NStZ 2001, 604). Im Hinblick auf § 148 verlangt die Rspr. „**gewichtige Anhaltspunkte**" für eine **Tatbeteiligung** (BGH NJW 1973, 2035; BGH NStZ 2001, 604; KK-Nack Rn. 39).

12 Mit der **Revision** kann gerügt werden, dass im Urteil ein Beweisgegenstand verwertet worden ist, obwohl er einem Verwertungsverbot nach § 97 unterliegt (BGH 18, 231 = NJW 1963, 870). Zur Rügevoraussetzung gilt folgendes: „Beanstandet die Revision, dass Beweismittel entgegen dem Verbot des § 97 Abs. 1 StPO beschlagnahmt worden sind (hier: Beschlagnahme von Geschäftsunterlagen bei einem zeugnisverweigerungsberechtigten Steuerberater), so erfordert die Zulässigkeit der Verfahrensrüge nach § 344 Abs. 2 S. 2 StPO Ausführungen dazu, dass die Voraussetzungen für einen Fortfall der Beschlagnahmefreiheit wegen Deliktsbezogenheit nach § 97 Abs. 2 S. 3 StPO nicht vorliegen, wenn diese Möglichkeit ernsthaft in Betracht zu ziehen ist" (BGH 37, 245 = NJW 1991, 1764). Bei der Revision wegen Beschlagnahme von ärztlichen Karteikarten beim Angeklagten und bei der Auswertung gehört zum Revisionsvortrag, „die betroffenen Patientinnen hätten den Angeklagten nicht von seiner Schweigepflicht entbunden (der Verwertung nicht zugestimmt)" (BGH 38, 146 = NJW 1992, 763).

§ 98 [Anordnung der Beschlagnahme]

(1) ¹Beschlagnahmen dürfen nur durch den Richter, bei Gefahr im Verzug auch durch die Staatsanwaltschaft und ihre Ermittlungspersonen (§ 152 des Gerichtsverfassungsgesetzes) angeordnet werden. ²Die Beschlagnahme nach § 97 Abs. 5 Satz 2 in den Räumen einer Redaktion, eines Verlages, einer Druckerei oder einer Rundfunkanstalt darf nur durch den Richter angeordnet werden.

(2) ¹Der Beamte, der einen Gegenstand ohne richterliche Anordnung beschlagnahmt hat, soll binnen drei Tagen die richterliche Bestätigung beantragen, wenn bei der Beschlagnahme weder der davon Betroffene noch ein erwachsener Angehöriger anwesend war oder wenn der Betroffene und im Falle seiner Abwesenheit ein erwachsener Angehöriger des Betroffenen gegen die Beschlagnahme ausdrücklichen Widerspruch erhoben hat. ²Der Betroffene kann jederzeit die richterliche Entscheidung beantragen. ³Solange die öffentliche Klage noch nicht erhoben ist, entscheidet das Amtsgericht, in dessen Bezirk die Beschlagnahme stattgefunden hat. ⁴Hat bereits eine Beschlagnahme, Postbeschlagnahme oder Durchsuchung in einem anderen Bezirk stattgefunden, so entscheidet das Amtsgericht, in dessen Bezirk die Staatsanwaltschaft ihren Sitz hat, die das Ermittlungsverfahren führt. ⁵Der Betroffene kann den Antrag auch in diesem Fall bei dem Amtsgericht einreichen, in dessen Bezirk die Beschlagnahme stattgefunden hat. ⁶Ist dieses Amtsgericht nach Satz 4 unzuständig, so leitet der Richter den Antrag dem zuständigen Amtsgericht zu. ⁷Der Betroffene ist über seine Rechte zu belehren.

(3) Ist nach erhobener öffentlicher Klage die Beschlagnahme durch die Staatsanwaltschaft oder eine ihrer Ermittlungspersonen erfolgt, so ist binnen drei Tagen dem Richter von der Beschlagnahme Anzeige zu machen; die beschlagnahmten Gegenstände sind ihm zur Verfügung zu stellen.

(4) ¹Wird eine Beschlagnahme in einem Dienstgebäude oder einer nicht allgemein zugänglichen Einrichtung oder Anlage der Bundeswehr erforderlich, so wird die vorgesetzte Dienststelle der Bundeswehr um ihre Durchführung ersucht. ²Die ersuchende Stelle ist zur Mitwirkung berechtigt. ³Des Ersuchens bedarf es nicht, wenn die Beschlagnahme in Räumen vorzunehmen ist, die ausschließlich von anderen Personen als Soldaten bewohnt werden.

1 Diese Vorschrift betrifft die Beschlagnahme zu Beweiszwecken und die förmliche Sicherstellung von Führerscheinen, § 94 Abs. 3 (KK-Nack Rn. 1). Die **richterli-**

che Beschlagnahmeanordnung ergeht regelmäßig **ohne** vorherige Anhörung des Betroffenen (§ 33 Abs. 4 S. 1) in Form eines Beschlusses, der **schriftlich zu begründen** (§ 34) und zu den Akten zu bringen ist. Das gilt auch, wenn er zunächst mündlich zur **Vollstreckung** (§ 36 Abs. 2) herausgegeben wird. Die Anordnung muss **hinreichend bestimmt** sein, insbesondere hinsichtlich des Zwecks der Sicherstellung, der Bezeichnung des Beweisgegenstandes und des Umfangs der Maßnahme. Ein Durchsuchungsbeschluss, der den Tatverdacht nur schlagwortartig erwähnt, darüber hinaus aber keinerlei tatsächliche Angaben über die aufzuklärenden Straftaten enthält, den denkbaren Inhalt der zu durchsuchenden Beweismittel nicht erkennen lässt und zB die neben der Wohnung zu durchsuchenden „anderen Räume" nicht bezeichnet, ist unzulässig; ebenso die pauschale Anordnung der Beschlagnahme „aller aufgefundener Gegenstände als Beweismittel" (BVerfG NStZ 1992, 91). Der **Ermittlungsrichter** darf die Beschlagnahme – abgesehen von § 165 – nur auf Antrag der StA und nicht darüber hinausgehend anordnen. Nach **Anklageerhebung** entscheidet von Amts wegen das mit der Sache befasste Gericht (nicht der Vorsitzende), das **Berufungsgericht** nach Vorlegung der Akten gemäß § 321 S. 2, im **Revisionsverfahren** das Gericht, dessen Urteil angefochten ist. Für die Beschlagnahme von **Briefen U-Gefangener** für das anhängige Verfahren ist das Gericht (nicht der Vorsitzende) zuständig (Meyer-Goßner Rn. 4); **persönliche Briefe** von Angehörigen fallen unter den Schutz der Privatsphäre.

Bei **Gefahr im Verzuge** sind – abgesehen von Abs. 1 S. 2 – die StA und neben ihr die Hilfsbeamten zuständig. Gefahr im Verzuge liegt vor, wenn der Erfolg der Beschlagnahme durch die Verzögerung, welche die Erwirkung der richterlichen Entscheidung mit sich bringen würde, gefährdet wäre (BGH JZ 1962, 609; BVerfGE 51, 111 = NJW 1979, 1540; BVerfG NStZ 2001, 382). Die Entscheidung hierüber trifft der Beamte nach **pflichtgemäßem Ermessen** (BGH JZ 1962, 610; KG NJW 1972, 171; BGHR StPO § 98 Feststellungsinteresse 3); irrt er insoweit, so ist die Beschlagnahme nicht unwirksam, sie ist es jedoch, wenn eine **willkürliche** Annahme von Gefahr im Verzug vorliegt (BGH NStZ 1985, 262). Die **Ermittlungsbehörden** dürfen nicht so lange zuwarten, bis die Gefahr eines Beweisverlustes eingetreten ist (BVerfG NStZ 2001, 382). Bei **Führerscheinen** liegt eine Gefahr im Verzug nicht nur dann vor, wenn der Verlust des Führerscheins als Beweismittel zu befürchten ist, vielmehr auch dann, wenn die Gefahr besteht, der Inhaber werde weitere **Trunkenheitsfahrten** begehen oder sonst irgendwie in schwerwiegender Weise gegen Verkehrsvorschriften verstoßen (BGH 22, 385 = NJW 1969, 1181; KK-Nack Rn. 14). Die Anordnungen der StA und der Hilfsbeamten können mündlich/telefonisch getroffen werden. In der Beschlagnahme durch einen Hilfsbeamten liegt regelmäßig auch die Anordnung (Meyer-Goßner Rn. 8). Die **Gründe** für eine Gefahr im Verzug sollten aktenkundig gemacht werden (Schnarr NStZ 1991, 214; Kris/Wehowsky, Verfassungsrechtliche Leitlinien zur Wohnungsdurchsuchungen, NJW 1999, 683); denn das Vorliegen von Gefahr im Verzug ist überprüfbar, wenn der Betroffene das rügt (s. Rn. 9). Nach **Abs. 1 S. 2** gilt ein **besonderer Richtervorbehalt** für die Beschlagnahme nach § 97 Abs. 5 S. 2 in den Räumen einer Redaktion, eines Verlages usw. „Der besondere Richtervorbehalt, der für Beschlagnahmen in Redaktionsräumen gilt und auch bei Gefahr im Verzug die Notfallkompetenz der Staatsanwaltschaft ausschließt, gilt entsprechend für Durchsuchungen solcher Räume. Zu diesen Räumen gehört nicht das gegenüber der Redaktion räumlich und sachlich getrennte Büro eines freien journalistischen Mitarbeiters. Insoweit besteht bei Gefahr im Verzug die allgemeine Notfallkompetenz der Staatsanwaltschaft und ihrer Hilfsbeamten." (BGH NJW 1999, 2051). „Der von einer vom Ermittlungsrichter des Bundesgerichtshofs angeordneten abgeschlossenen Durchsuchung Betroffene kann für die Überprüfung der Art und Weise des Vollzugs der Durchsuchung die richterliche Entscheidung

§ 98

entsprechend § 98 Abs. 2 Satz 2 StPO jedenfalls dann beantragen, wenn die beanstandete Art und Weise des Vollzugs nicht ausdrücklicher und evidenter Bestandteil der richterlichen Anordnung war." (BGH NJW 2000, 84 im Anschluss an BGH NJW 1999, 3499). S. auch § 105 Rn. 6.

3   Die gerichtliche Beschlagnahmeentscheidung ist den Betroffenen und den Verfahrensbeteiligten **bekanntzugeben** (§ 33 Abs. 2). Die Anhörung kann unterbleiben, wenn die Sicherung gefährdeter Interessen dies erfordert (§ 33 Abs. 4 S. 1), und auch die Bekanntmachung kann entsprechend § 101 Abs. 1 zurückgestellt werden (BVerfG NJW 1981, 2112; Meyer-Goßner Rn. 10). Eine **Belehrung** des Betroffenen schreibt **Abs. 2 S. 7** vor, wenn die **StA und ihre Hilfsbeamten** die Beschlagnahme anordnen. **Betroffen** ist jeder, dessen Rechtsposition durch die Beschlagnahme berührt ist. Die Belehrung obliegt der die Beschlagnahme durchführenden Behörde. Es genügt, dass der Betroffene darüber belehrt wird, dass er sich an das AG wenden kann, in dessen Bezirk die Beschlagnahme stattfindet (Meyer-Goßner Rn. 11).

4   Bei der **Bestätigung der nichtrichterlichen Anordnung** nach **Abs. 2 S. 1** wird der Hilfsbeamte den Antrag über die StA stellen. Der Beschlagnahmetag wird bei der Berechnung der **3-Tagesfrist** nicht mitgerechnet (§ 42). Das Versäumen der Frist macht die Beschlagnahme (Sollvorschrift) nicht unwirksam (KG VRS 42, 210). Zum Begriff **Betroffener** s. Rn. 3. Der **Angehörige** ist in § 11 Abs. 1 Nr. 1 StGB definiert. **Erwachsen** ist der Volljährige (KK-Nack Rn. 14). Mit Abs. 2 S. 4 wird eine Beschleunigung angestrebt. Daher tritt bei mehreren Beschlagnahmen in verschiedenen Bezirken eine **Konzentration** bei dem AG am Sitz derjenigen StA ein, deren Verfahren die größere Bedeutung hat; bei Zuständigkeitsstreit gilt § 14 (BGH 26, 214 = NJW 1976, 153). Vor der gerichtlichen Entscheidung ist rechtliches Gehör zu gewähren (§ 33). Nach hM prüft der Richter nur, **ob die Beschlagnahmevoraussetzungen im Zeitpunkt seiner Entscheidung vorliegen** (Meyer-Goßner Rn. 17 mwN). Zur **Belehrung** s. Rn. 3.

5   Das **Zurverfügungstellen** der beschlagnahmten Gegenstände dem Gericht iS von **Abs. 3** bedeutet nicht die Übergabe der Beweismittel an das Gericht, für dieses müssen sie nur verfügbar sein. Durch ein Verbleiben der Beweismittel zum Zweck der Auswertung bei der StA wird auch nicht das **Einsichtsrecht** der Angeklagten und ihrer Verteidiger verletzt. Diese können jederzeit Einsicht in diese Beweismittel verlangen (LG Bochum NJW 1988, 1534).

6   **Abs. 4** bringt eine **Sonderregelung** für die **Bundeswehr. Dienstgebäude** sind zB Kasernen und Werkstätten, nicht aber Offizierswohnungen. **Allgemein zugänglich** iS von Abs. 4 sind Kasernenhöfe, Übungsplätze, Schießstände und Lazarette. Die **vorgesetzte Dienststelle** ist diejenige, der die dienstliche Gewalt über das Gebäude, die Einrichtung oder Anlage zusteht, in der sich die Sache befindet, das ist oft der Kommandeur (Meyer-Goßner Rn. 27). **Ersuchende Stelle** ist die, welche die Beschlagnahmeanordnung durchzuführen hat.

7   Die **Durchführung** von Beschlagnahmeanordnungen obliegt grundsätzlich der StA (§ 36 Abs. 2 S. 1), die der Polizei Weisungen erteilen kann (§ 161 S. 2). Nach Anklageerhebung ist die StA an die Beschlagnahmeanordnung des mit der Sache befassten Gerichts gebunden. Bei der Durchführung darf **unmittelbarer Zwang** angewendet werden, vor allem in Wohnungen und andere Räume eingedrungen werden. Gewalt darf sowohl gegen Personen, die sich widersetzen, als auch gegen Sachen angewendet werden, zB Aufbrechen von Türen und Umhüllungen (Meyer-Goßner Rn. 24).

8   Die Beschlagnahme **erlischt** automatisch mit der **rechtskräftigen Beendigung des Verfahrens** (OLG Karlsruhe Justiz 1977, 353) ohne förmliche Aufhebung. Die Sache ist grundsätzlich an den letzten Gewahrsamsinhaber herauszugeben (OLG Düsseldorf NStZ 1990, 202); das gilt auch für **Fotokopien** (OLG Stuttgart NJW 1977, 2276). Die Herausgabe ist Sache der StA (OLG Celle NJW 1973, 863). Eine

Aufhebung der Beschlagnahmeanordnung ist jedoch erforderlich, wenn für die Sache bereits vor Verfahrensbeendigung die Voraussetzungen für die Beschlagnahme nicht mehr gegeben sind (OLG Düsseldorf NStZ 1990, 202). Bis zur Anklageerhebung kann die StA ihre Beschlagnahmeanordnung – auch wenn sie richterlich bestätigt ist – selbst aufheben. Die Hilfsbeamten sind nur dann zuständig, wenn sie die Beschlagnahme angeordnet haben und den Vorgang noch nicht nach § 163 Abs. 2 S. 1 der StA zugeleitet haben (BGH 5, 158). Eine richterliche Beschlagnahmeanordnung ist vom Richter aufzuheben, und zwar vor Erhebung der öffentlichen Klage auf Antrag der StA in entsprechender Anwendung des § 120 Abs. 3 S. 1 ohne sachliche Prüfung; zuständig ist der Richter, der zu diesem Zeitpunkt eine Beschlagnahmeprüfung treffen müsste. Die **Aufhebung** ordnet die StA durch **Verfügung** an, das Gericht durch **Beschluss,** in dem die Gegenstände und der Berechtigte zu bezeichnen sind (OLG Düsseldorf JMBlNW 1982, 258). Die StA hat den Beschluss auszuführen.

Die **Beschwerde** (§ 304) ist zulässig gegen die noch nicht erledigte richterliche Beschlagnahmeanordnung, gegen die Bestätigung nach Abs. 2 S. 1 und auch gegen die Ablehnung des Antrags nach Abs. 2 S. 2. Die Beschwerde gegen eine Beschlagnahmeanordnung wird durch einen zwischenzeitlich ergangenen **Beschlagnahmebestätigungbeschluss gegenstandslos** (BGH NStZ 2000, 154). Solange die Durchsicht der bei einer Durchsuchung sichergestellten Geschäftsunterlagen **nicht abgeschlossen** ist, ist die Durchsuchungsmaßnahme nicht abschließend vollzogen (OLG Karlsruhe NStZ 1995, 48). Die Entscheidungen des erkennenden Gerichts sind ebenfalls anfechtbar (§ 305 S. 2), des OLG im ersten Rechtszug (§ 304 Abs. 4 Nr. 1) sowie des Ermittlungsrichters beim OLG und beim BGH (§ 304 Abs. 5). Eine weitere Beschwerde ist nicht statthaft (§ 310 Abs. 2). Beschwerdeberechtigt sind die StA, deren Antrag auf Erlass der Beschlagnahmeanordnung abgelehnt worden ist, und auch der Angeklagte, dessen Beschlagnahmeantrag erfolglos war sowie der Gewahrsamsinhaber (Meyer-Goßner Rn. 31). Beschwert ist auch der Inhaber einer Urkunde, die in Fotokopie zu den Akten genommen worden ist (OLG Hamburg NJW 1967, 166; OLG München NJW 1978, 601). Auch gegen die Aufhebung der Beschlagnahmeanordnung kann die StA Beschwerde einlegen. Nach der bisherigen Rspr. – vom BVerfG gebilligt (BVerfGE 49, 329 = NJW 1979, 154) – war eine Beschwerde gegen eine richterliche Durchsuchungsanordnung **nach ihrem Vollzug** wegen Wegfalls des erforderlichen Rechtsschutzbedürfnisses (**prozessuale Überholung** der Beschwerde) grundsätzlich unzulässig (BGH NStZ 1993, 27 mwN). Das BVerfG ist nun von BVerfGE 49, 329 abgewichen und hat **zur prozessualen Überholung** entschieden: „Danach darf die Beschwerde nicht allein deswegen, weil die richterliche Anordnung vollzogen worden sei und die Maßnahme sich erledigt habe, unter dem Gesichtspunkt prozessualer Überholung als unzulässig verworfen werden". Vielmehr ist ein Rechtsschutzinteresse auch in Fällen tiefgreifender Grundrechtseingriffe gegeben, in denen die direkte Belastung durch den angegriffenen Hoheitsakt sich nach typischen Verfahrensablauf auf eine Zeitspanne beschränkt, in welcher der Betroffene die gerichtliche Entscheidung in der von der Prozessordnung gegebenen Instanz kaum erlangen kann. Ein solches Interesse ist zB „bei Durchsuchungen von Wohnungen schon wegen des Gewichts des Eingriffs in das Grundrecht des Art. 13 GG zu bejahen" (BVerfGE 96, 27 = NJW 1997, 2163; vgl. BVerfG NJW 1998, 2131 und § 105 Rn. 6). **Effektiver Grundrechtsschutz** gebietet es auch in Fällen einer erledigten **vorläufigen Festnahme nach § 127 Abs. 2** (oder **vergleichbarer Eingriffe,** insbesondere in die körperliche Unversehrtheit und in die persönliche Freiheit), dass der Betroffene Gelegenheit erhält, die Berechtigung des schwerwiegenden – wenn auch tatsächlich nicht mehr fortwirkenden – Grundrechtseingriffs in entspr. Anwendung des **§ 98 Abs. 2** gerichtlich klären zu lassen. Die Beschwerde darf also nicht wegen prozessualer Überholung als unzulässig verworfen werden. Der subsidiäre Rechtsweg nach § 23 EGGVG scheidet aus

§ 98 a

(BGH 44, 171 = NJW 1998, 3653). Wenn die **Rechtmäßigkeit oder die Art und Weise einer abgeschlossenen Beschlagnahme, Durchsuchung, vorläufigen Festnahme oder vergleichbarer Eingriffe in Grundrechte des Betroffenen** beanstandet werden, lässt die nunmehr geltende Rspr. den Antrag in entsprechender Anwendung des § 98 Abs. 2 S. 2 zu, wobei gleichgültig ist, ob die Maßnahme **nicht richterlich** (BGH 44, 265 = NJW 1999, 730) oder **richterlich** (BGH 45, 183 = NJW 1999, 3499; BGH NJW 2000, 84) angeordnet war. Bei **nicht richterlich** angeordneten Durchsuchungen (oder vergleichbarer Eingriffe) ist auch das Vorliegen **von Gefahr im Verzug** überprüfbar, wenn der Betroffene das rügt (BVerfG 96, 54 = NJW 1997, 2165; vgl. Kruis/Wehowsky, Verfassungsrechtliche Leitlinien zur Wohnungsdurchsuchung (NJW 1999, 682). Fehlen nach freibeweislicher Erhebung der nahe liegenden Beweise Anhaltspunkte dafür, dass zur Zeit der behördlichen Durchsuchungsanordnung tragfähige Gründe für eine **zutreffende Annahme von Gefahr im Verzug** vorgelegen hatten, muss davon ausgegangen werden, dass Gefahr im Verzug zu Unrecht angenommen war (BVerfG NStZ 2003, 319). **Zuständig** ist der mit der Sache befasste Richter. „Entscheidungen des Ermittlungsrichters des Bundesgerichtshofs oder eines erstinstanzlich zuständigen Oberlandesgerichts über Einwendungen gegen **die Art und Weise des Vollzugs** einer Durchsuchung sind – anders als die Anordnung der Durchsuchung selbst – nicht mit der Beschwerde anfechtbar." (BGH NJW 2000, 86). S. zu dieser neuen Rspr. vor allem BGH 44, 171 = NJW 1998, 3653; BVerfGE 96, 27 = NJW 1997, 2163; BVerfG NJW 1999, 273; BVerfG StV 1999, 293; BGH 45, 183 = NJW 1999, 3499; BGH NJW 2000, 84; § 105 Rn. 6.

10 Die **Revision** kann auf Verstöße gegen § 98 nicht gestützt werden, gegebenenfalls darauf, dass das Beweismittel nicht hätte (zB wegen Verletzung des Verhältnismäßigkeitsgebots) verwertet werden dürfen (vgl. BVerfGE 44, 383).

§ 98 a [Maschineller Abgleich und Übermittlung personenbezogener Daten]

(1) ¹Liegen zureichende tatsächliche Anhaltspunkte dafür vor, daß eine Straftat von erheblicher Bedeutung
1. auf dem Gebiet des unerlaubten Betäubungsmittel- oder Waffenverkehrs, der Geld- oder Wertzeichenfälschung,
2. auf dem Gebiet des Staatsschutzes (§§ 74 a, 120 des Gerichtsverfassungsgesetzes),
3. auf dem Gebiet der gemeingefährlichen Straftaten,
4. gegen Leib oder Leben, die sexuelle Selbstbestimmung oder die persönliche Freiheit,
5. gewerbs- oder gewohnheitsmäßig oder
6. von einem Bandenmitglied oder in anderer Weise organisiert

begangen worden ist, so dürfen, unbeschadet §§ 94, 110, 161, personenbezogene Daten von Personen, die bestimmte, auf den Täter vermutlich zutreffende Prüfungsmerkmale erfüllen, mit anderen Daten maschinell abgeglichen werden, um Nichtverdächtige auszuschließen oder Personen festzustellen, die weitere für die Ermittlungen bedeutsame Prüfungsmerkmale erfüllen. ²Die Maßnahme darf nur angeordnet werden, wenn die Erforschung des Sachverhalts oder die Ermittlung des Aufenthaltsortes des Täters auf andere Weise erheblich weniger erfolgversprechend oder wesentlich erschwert wäre.

(2) Zu dem in Absatz 1 bezeichneten Zweck hat die speichernde Stelle die für den Abgleich erforderlichen Daten aus den Datenbeständen auszusondern und den Strafverfolgungsbehörden zu übermitteln.

Beschlagnahme, Überwachung, Durchsuchung § 98 a

(3) ¹Soweit die zu übermittelnden Daten von anderen Daten nur mit unverhältnismäßigem Aufwand getrennt werden können, sind auf Anordnung auch die anderen Daten zu übermitteln. ²Ihre Nutzung ist nicht zulässig.

(4) Auf Anforderung der Staatsanwaltschaft hat die speichernde Stelle die Stelle, die den Abgleich durchführt, zu unterstützen.

(5) § 95 Abs. 2 gilt entsprechend.

Die §§ 98 a bis 98 c befassen sich mit der **Rasterfahndung** (Rf). Sie schaffen 1 damit für diese bisher lediglich auf die allgemeinen Vorschriften der §§ 161, 163 Abs. 1 gestützten Fahndungsmaßnahmen eine genaue gesetzliche Grundlage. Die Rf ist ein **automatisierter** (maschineller) Vergleich (Abgleich) personenbezogener Daten, die – für andere Zwecke als Strafverfolgung erhoben – in Dateien anderer Stellen als denen der Strafverfolgungsbehörden gespeichert sind, mit Hilfe fallspezifischer kriminalistischer (tätertypischer) Prüfkriterien (Raster) (Hilger NStZ 1992, 460).

Nach Abs. 1 S. 1 ist die Rf nur zulässig bei **schwerwiegenden,** in einem 2 generalisierenden Katalog erfassten Straftaten; es genügt das Vorliegen des **Anfangsverdachts** (§ 152 Abs. 2), auch eines Tatversuchs, einbegriffen sind alle Formen von Täterschaft und Teilnahme (Hilger NStZ 1992, 460). **Nr. 1** erfasst hauptsächlich die in § 100 a Abs. 1 S. 1 Nr. 3 und 4 aufgeführten Straftatbestände sowie die §§ 146 bis 152 a StGB. **Nr. 2** verweist auf die Kataloge in §§ 74 a, 120 GVG, also insbesondere auf §§ 129, 129 a StGB. **Nr. 3** meint §§ 306 bis 323 c StGB. Hier gewinnt die Einschränkung, dass es sich um Straftaten von **erheblicher Bedeutung** handeln muss, besonderes Gewicht, indem geringfügige (fahrlässige) Verstöße etwa gegen § 316 StGB eine Rf nicht rechtfertigen könnten. **Nr. 4** erfasst §§ 174 bis 184 a StGB sowie §§ 211 bis 241 a StGB. **Nr. 5** nimmt alle gewerbs- oder gewohnheitsmäßig begangenen Straftaten in den Katalog auf. **Nr. 6** bezieht in seiner 1. Altern. die Bandendelikte (zB §§ 244 Abs. 1 Nr. 3, 244 a, 260 Abs. 1 Nr. 2, 260 a, 284 Abs. 3 Nr. 2 StGB) mit ein (§§ 30 Abs. 1 Nr. 1, 30 a BtMG werden bereits durch Nr. 1 erfasst); die 2. Altern. enthält einen Auffangtatbestand für alle die Fälle, die nicht unter Nr. 1 bis 4 fallen und in denen auch nicht die Kriterien der Nr. 5 und Nr. 6 1. Altern. vorliegen, aber zureichende Anhaltspunkte dafür bestehen, dass hinter der Tat eine „Organisationsstruktur" steht (Hilger NStZ 1992, 460 Fn. 51; Meyer-Goßner Rn. 6).

Abs. 1 S. 2 schränkt die Zulässigkeit der Maßnahmen durch eine **Subsidiari-** 3 **tätsklausel** ein. Damit wird der Ausnahmecharakter der Rf betont. Sie ist weiter gefasst als in § 100 a S. 1: Statt „Aussichtslosigkeit" genügt hier **„weniger Erfolg versprechend".** Danach ist eine am Aufklärungserfolg und den Aufklärungsschwierigkeiten orientierte Prognose erforderlich. Ergibt diese, dass mit Hilfe anderer zur Verfügung stehender Ermittlungsmaßnahmen die vollständige Aufklärung der Straftat nicht annähernd in demselben Maße erreicht werden kann, wie dies mit einer Rf möglich erscheint, so darf diese eingesetzt werden (Hilger NStZ 1992, 460). Außerdem ist auch beim Einsatz der Rf der **Verhältnismäßigkeitsgrundsatz** zu beachten (s. vor § 94 Rn. 1). Die **Polizeigesetze** der Länder enthalten auch ausdrückliche gesetzliche Regelungen für den Datenabgleich von polizeilichen und externen Dateien im **präventiven** Bereich. Die Einsatzvoraussetzungen sind nicht so eng gefasst wie in der StPO (s. KK-Nack Rn. 5). Die Anordnungsbefugnis steht idR dem Behördenleiter oder einem von ihm beauftragten Beamten zu.

Ziel dieses **automatisierten** Datenabgleiches – Fahndungsmaßnahmen mit 4 Handabgleich ist ein einfacher Ermittlungsvorgang nach §§ 161, 163 – ist es, aus einer Vielzahl überwiegend tatunbeteiligter Personen diejenigen herauszufiltern, auf die bestimmte, charakteristische Merkmale nicht passen oder die nicht auf den Täter passende Merkmale aufweisen (negative Rf), andererseits wird die Zahl der verdäch-

§ 98 b	Erstes Buch. 8. Abschnitt

tigen Personen durch das Herausfiltern derjenigen mit tätertypischen Merkmalen beschränkt (positive Rf). Die §§ 98 a, 98 b gelten auch, wenn die Daten den Strafverfolgungsbehörden freiwillig herausgegeben worden sind (BT-Drucks. 12/989, S. 54). Sie gelten nicht, wenn Daten abgeglichen werden, die die Strafverfolgungsbehörden über die §§ 94, 110, 161, 163 erhalten haben, zB über Auskünfte zu speziellen Täter-Daten, ohne rastergeordneten Einsatz von Daten einer Vielzahl Tatunbeteiligter, oder über Beschlagnahme/Auswertung, wenn also die Daten insgesamt beweisgeeignet waren (Hilger NStZ 1992, 460).

5 **Abs. 2 und 3 verpflichten** die (private oder öffentliche) Speicherstelle, die **Daten zu übermitteln.** Die Daten sind grundsätzlich **auszusondern,** dh die speichernde Stelle hat die Datensätze oder Dateien – oder relevante Teile hiervon – herauszufiltern und zu einer separaten Datei zusammenzufassen. Diese Datei wird den Strafverfolgungsbehörden regelmäßig auf einem Datenträger übermittelt. „Andere Daten" dürfen gemäß Abs. 3 nur nach **besonderer Anordnung** (§ 98 b) bei aufwändiger Trennung übermittelt werden. Die **Unterstützungspflicht** gemäß **Abs. 4** wird idR die Recherche und die Übermittlung in einem lesbaren Dateiformat betreffen. Nach **Abs. 5** ist § 95 Abs. 2 entsprechend anwendbar (s. § 95 Rn. 2). Diese Mittel dürfen aber gemäß § 95 Abs. 2 S. 2 nicht gegen Zeugnisverweigerungsberechtigte festgesetzt werden.

6 Die **Revision** kann darauf gestützt werden, dass das Urteil auf unverwertbaren Erkenntnissen beruht, dh wenn die Erkenntnisse unter völliger Umgehung des § 98 erlangt worden sind, wenn der Datenabgleich vorgenommen wurde, obwohl von vornherein keine Anhaltspunkte für das Vorliegen einer Katalogtat von erheblicher Bedeutung gegeben waren (Meyer-Goßner Rn. 11) oder wenn der Verhältnismäßigkeitsgrundsatz und die Subsidiaritätsklausel mißachtet worden sind.

§ 98 b [Anordnung der Rasterfahndung]

(1) ¹**Der Abgleich und die Übermittlung der Daten dürfen nur durch den Richter, bei Gefahr im Verzug auch durch die Staatsanwaltschaft angeordnet werden.** ²**Hat die Staatsanwaltschaft die Anordnung getroffen, so beantragt sie unverzüglich die richterliche Bestätigung.** ³**Die Anordnung tritt außer Kraft, wenn sie nicht binnen drei Tagen von dem Richter bestätigt wird.** ⁴**Die Anordnung ergeht schriftlich.** ⁵**Sie muß den zur Übermittlung Verpflichteten bezeichnen und ist auf die Daten und Prüfungsmerkmale zu beschränken, die für den Einzelfall benötigt werden.** ⁶**Die Übermittlung von Daten, deren Verwendung besondere bundesgesetzliche oder entsprechende landesgesetzliche Verwendungsregulierungen entgegenstehen, darf nicht angeordnet werden.** ⁷**Die §§ 96, 97, 98 Abs. 1 Satz 2 gelten entsprechend.**

(2) **Ordnungs- und Zwangsmittel (§ 95 Abs. 2) dürfen nur durch den Richter, bei Gefahr im Verzug auch durch die Staatsanwaltschaft angeordnet werden; die Festsetzung von Haft bleibt dem Richter vorbehalten.**

(3) ¹**Sind die Daten auf Datenträgern übermittelt worden, so sind diese nach Beendigung des Abgleichs unverzüglich zurückzugeben.** ²**Personenbezogene Daten, die auf andere Datenträger übertragen wurden, sind unverzüglich zu löschen, sobald sie für das Strafverfahren nicht mehr benötigt werden.** ³**Die durch den Abgleich erlangten personenbezogenen Daten dürfen in anderen Strafverfahren zu Beweiszwecken nur verwendet werden, soweit sich bei Gelegenheit der Auswertung Erkenntnisse ergeben, die zur Aufklärung einer in § 98 a Abs. 1 bezeichneten Straftat benötigt werden.**

(4) ¹**§ 163 d Abs. 5 gilt entsprechend.** ²**Nach Beendigung einer Maßnahme gemäß § 98 a ist die Stelle zu unterrichten, die für die Kontrolle der**

Beschlagnahme, Überwachung, Durchsuchung § 98 c

Einhaltung der Vorschriften über den Datenschutz bei öffentlichen Stellen zuständig ist.

Diese Vorschrift enthält **Verfahrensregeln** zur Rf. **Zuständig** ist – wie bei § 111 Abs. 2 oder § 163 d – grundsätzlich der **Ermittlungsrichter**, der auf Antrag der StA tätig wird. Bei **Gefahr im Verzug** (s. hierzu § 98 Rn. 2) kann die StA mit der Bestätigungsverpflichtung die Maßnahme anordnen, nicht aber können es die Hilfsbeamten. Die Anordnung bedarf der **Schriftform** (Abs. 1 S. 4). Anders als bei der Telefonüberwachung wird bei der Anordnung der Rf eine vorherige Anhörung des Gewahrsamsinhabers der Speicherstelle möglich und erforderlich sein (§ 33 Abs. 3 und 4). Den **Inhalt** der Anordnung regelt Abs. 1 S. 5. Außerdem sind die allgemeinen Anforderungen an eine richterliche Beschlagnahme zu beachten, dh die Tat und der Anordnungszweck sind zu bezeichnen. Im Fall des § 98 a Abs. 3 ist die Anordnung entsprechend zu ergänzen (Meyer-Goßner Rn. 2). **Anordnungsverbote** (Abs. 1 S. 6) ergeben sich zB aus § 30 Abs. 1 AO, § 10 FAG, § 5 PostG, § 35 SGB I, §§ 67 ff. SGB X, dh aus dem Steuer-, Fernmelde-, Post- und Sozialgeheimnis. Auf die **Beschlagnahmeverbote** der §§ 96 und 97 wird in Abs. 1 S. 7 verwiesen. 1

Abs. 2 regelt die Anordnungskompetenz für **Ordnungs- und Zwangsmittel**. **Abs. 3 und 4** bringen Vorkehrungen im Interesse Betroffener. Eine notwendig gewordene **Löschung** von personenbezogenen Daten liegt in der Verantwortung der StA, erfolgt auf deren Anordnung und ist erforderlichenfalls von ihr zu überwachen (Hilger NStZ 1997, 371). Die Errichtung eines **Löschungsprotokolls** empfiehlt sich im Hinblick auf Abs. 4 S. 2 (Hilger NStZ 1992, 461). **Abs. 4** regelt die **Benachrichtigung der Betroffenen** (§ 163 d Abs. 5), gegen die nach der Rf weitere Ermittlungen geführt worden sind. Abs. 4 S. 2 schreibt nach Beendigung der Rf die Unterrichtung des zuständigen **Datenschutzbeauftragten** vor, der aber nicht die Rechtmäßigkeit der Rf zu prüfen hat, sondern nur, ob die Schutzvorschriften eingehalten wurden (Hilger NStZ 1992, 461). 2

Beantragt die StA wegen Zweckerreichung keine richterliche Bestätigung (Abs. 2 S. 2) oder lehnt sie der Richter deswegen ab, steht dies einer **Verwertung** der gewonnenen Erkenntnisse zunächst nicht entgegen (Meyer-Goßner Rn. 11). Die **Kontrolle,** ob die Eilanordnung rechtmäßig war, erfolgt durch das Gericht im weiteren Verlauf des Verfahrens. War die Eilanordnung rechtswidrig, etwa weil die Voraussetzungen der Rf bei ihrer Anordnung nicht vorlagen, so unterliegen die durch die Maßnahme erlangten Erkenntnisse grundsätzlich einem **Beweisverwertungsverbot** (Hilger NStZ 1992, 460 Fn. 66 mwN). 3

Die **Beschwerde** (§ 304) ist gegen die richterliche Anordnung zulässig, solange sie noch nicht durchgeführt worden ist; sie ist aber auch gegen die bereits **erledigte** Maßnahme ggf. möglich (s. § 98 Rn. 9). Die **Revision** kann auf Verstöße gegen § 98 b grundsätzlich nicht gestützt werden (Meyer-Goßner Rn. 12). S. auch § 98 a Rn. 6. 4

§ 98 c [Datenabgleich zur Aufklärung einer Straftat]

¹ **Zur Aufklärung einer Straftat oder zur Ermittlung des Aufenthaltsortes einer Person, nach der für Zwecke eines Strafverfahrens gefahndet wird, dürfen personenbezogene Daten aus einem Strafverfahren mit anderen zur Strafverfolgung oder Strafvollstreckung oder zur Gefahrenabwehr gespeicherten Daten maschinell abgeglichen werden.** ² **Entgegenstehende besondere bundesgesetzliche oder entsprechende landesgesetzliche Verwendungsregelungen bleiben unberührt.**

Diese Vorschrift regelt keine Rf, sondern stellt klar, dass der maschinelle Abgleich, dh die automatisierte vergleichende Auswertung von Daten zulässig ist, die die **Strafverfolgungsbehörden** durch die in der StPO geregelten Ermittlungsmaß- 1 nahmen gewonnen haben (justizinterner Datenabgleich), zB über Auskünfte (§§ 161, 163), Beschlagnahmen (§§ 94, 110) oder Kontrollstellen (§§ 111, 163 d). Zulässig ist weiter die Auswertung einer beschlagnahmten Buchhaltungsdatei in einer Wirtschaftsstrafsache, ein Abgleich verschiedener Fahndungsdateien sowie ein Abgleich von Fahndungsdateien mit Daten aus Melderegistern, die den Strafverfolgungsbehörden auf Anforderung von den Meldebehörden gemäß § 18 MRRG übermittelt wurden (Hilger NStZ 1992, 461 Fn. 76). Zulässig ist weiter der Abgleich solcher Daten mit Präventivdateien. Unerheblich ist, mit welchen Mitteln die Polizei diese Daten erhoben hatte, sofern sie dazu befugt war.

2 Der maschinelle Abgleich ist **ohne** Bindung an einen Straftatenkatalog, **ohne** Subsidiaritätsregel und **ohne** richterliche Anordnung zulässig, da nur **bevorratetes Wissen** genutzt werden wird. Selbstverständliche Voraussetzung ist, dass die Auswertung der Daten aufklärungsgeeignet ist. § 98 c darf nicht zu einer Umgehung der speziellen, einschränkenden Voraussetzungen der §§ 98 a, 98 b herangezogen werden (Hilger NStZ 1992, 461). S. 2 stellt klar, dass **einschränkend** bundesgesetzliche und ihnen entsprechende landesgesetzliche Verwendungsregeln zu beachten sind (s. hierzu § 98 b Rn. 1). Hierzu gehören auch die strafprozessualen Schutzvorschriften: §§ 52 ff., 96, 97, 136 a, 148 (Hilger NStZ 1992, 461 Fn. 79).

§ 99 [Postbeschlagnahme] RiStBV 77 ff, 84, 85

[1] **Zulässig ist die Beschlagnahme der an den Beschuldigten gerichteten Postsendungen und Telegramme, die sich im Gewahrsam von Personen oder Unternehmen befinden, die geschäftsmäßig Post- oder Telekommunikationsdienste erbringen oder daran mitwirken.** [2] **Ebenso ist eine Beschlagnahme von Postsendungen und Telegrammen zulässig, bei denen aus vorliegenden Tatsachen zu schließen ist, daß sie von dem Beschuldigten herrühren oder für ihn bestimmt sind und daß ihr Inhalt für die Untersuchung Bedeutung hat.**

1 Diese Vorschrift gestattet einen **Eingriff in das Post- und Briefgeheimnis** (Art. 10 GG) und regelt einen Unterfall des § 94; sie betrifft nur **Beweismittel**. Das **Briefgeheimnis** schützt die Vertraulichkeit individueller Kommunikation, soweit sie schriftlich übertragen wird (BVerfGE 67, 171). Als **Brief** ist jede schriftliche Nachricht von Person zu Person anzusehen, unabhängig von der Schrift- oder Vervielfältigungsart. Es muss sich aber um eine individuelle Kommunikation handeln; Sendungen an einen unbestimmten Personenkreis (zB Postwurfsendungen), fallen nicht darunter (Jarass/Pieroth, GG, Art. 10 Rn. 3). Das **Postgeheimnis** schützt den gesamten durch die Post vermittelten Verkehr (BVerfGE 67, 171). Darunter fallen nicht nur Briefe, sondern auch alle anderen der Post übergebenen Sendungen, wie Pakete, Päckchen, Warenproben. Der Schutz bezieht sich nicht nur auf den Inhalt der Sendungen, sondern auch auf den Übermittlungsvorgang, also auf die Tatsache der Übermittlung zwischen bestimmten Personen, auf Ort, Zeit usw. (Jarass/Pieroth, GG, Art. 10 Rn. 4). Geschützt sind auch Sendungen im Postfach (BVerwGE 79, 115). **Träger des Grundrechts** ist jedermann, auch der Minderjährige und jur. Personen und Personenvereinigungen des Privatrechts, nicht aber ausländischen Vereinigungen (Jarass/Pieroth, GG, Art. 10 Rn. 6). „§ 99 lässt die Beschlagnahme nur zu, wenn das Verfahren gegen einen **Beschuldigten** betrieben wird, nicht dagegen im objektiven Einziehungsverfahren" (BGH 23, 331 = NJW 1970, 2071). Eine **freiwillige Herausgabe durch die Post** oder eine andere Behörde (Zoll) ist unzulässig; denn darin würde eine Verletzung des Art. 10 GG liegen (OLG Karlsruhe NJW 1973, 208). § 138 StGB kann den Bruch des Geheimnisses rechtfertigen. Aber die **Einwilligung des Betroffenen** berechtigt zur Herausgabe (BGH 19, 278 = NJW 1964, 1234), dh Absender und Empfänger von

Postsendungen sind gegeneinander nicht zur Wahrung des Postgeheimnisses verpflichtet und sie können unabhängig von dem anderen in die Aushändigung einwilligen (OLG Hamm MDR 1988, 605; Meyer-Goßner Rn. 3).

Der Begriff **Post** ist weit zu ziehen, hierzu gehören alle Einrichtungen im Machtbereich der Postverwaltung und auch die Sendungen, die noch im Besitz der Briefträger sind (KK-Nack Rn. 6). Ab 1. 1. 1995 sind an die Stelle der Bundespost drei formell selbstständige Post-Aktiengesellschaften getreten (s. § 100a Rn. 1). Daher die Änderungen im Gesetzestext (S. 1). Der Begriff **Sendungen** ist ebenfalls weit zu ziehen; er umfasst auch solche, die keine Nachrichten enthalten (zB Pakete, Streifbandzeitungen). Der Beschlagnahme unterliegen **an den Beschuldigten gerichtete** Sendungen, auch wenn sie für einen anderen bestimmt sind; dies setzt voraus, dass der Name, mindestens der Deckname und die Anschrift des Beschuldigten bekannt sind. Die Beschlagnahme betreffen ferner **vom Beschuldigten herrührende Sendungen** und solche, die, obwohl nicht an ihn adressiert, **für ihn bestimmt sind.** Das muss aus Tatsachen geschlossen werden; bloße Vermutungen reichen nicht aus. Es müssen Tatsachen vorliegen, aus denen gefolgert werden kann, dass der Inhalt der Sendung **für die Untersuchung Bedeutung hat.** (Meyer-Goßner Rn. 11). Im **selbstständigen Einziehungsverfahren** nach § 440 ist die Postbeschlagnahme unzulässig (BGH 23, 329 = NJW 1970, 2071). Aber ein vorher im subjektiven Verfahren durch Beschlagnahme gewonnenes Beweismittel bleibt verwertbar (KK-Nack Rn. 2; Meyer-Goßner Rn. 7).

2

Das **Auskunftsrecht** über Verkehrsdaten bereits abgewickelter Teilkommunikation war in dem – noch bis 31. 12. 2002 geltenden (BGBl. 1999 I S. 2492) – § 12 FAG geregelt (dazu RiStBV 85). Die Überwachung künftiger Telekommunikation richtet sich nach § 100a; § 12 FAG ist insoweit außer Kraft getreten. S. auch die eingefügten §§ 100g bis 100h. In der Beschlagnahmebefugnis ist das geringere Recht enthalten, von einem Postunternehmen **Auskunft über Postsendungen** zu verlangen, und zwar im selben Umfang und unter denselben Voraussetzungen (§ 100 Abs. 1), unter denen die **Postbeschlagnahme zulässig** wäre (Meyer-Goßner Rn. 13). Zur Beschlagnahme einer E-Mail-Nachricht s. § 94 Rn. 1.

3

Nach dem **Verhältnismäßigkeitsgrundsatz** (s. vor § 94 Rn. 1) ist von der Postbeschlagnahme abzusehen, wenn die Bedeutung der Sache in keinem angemessenen Verhältnis zum Eingriff steht. Nach hM ist in der Beschlagnahmebefugnis gemäß § 99 (vgl. auch § 100) nach dem Grundsatz der Verhältnismäßigkeit das geringere Recht enthalten, von der Post **Auskunft** über Sendungen zu verlangen, und zwar im selben Umfang, wie die Beschlagnahme zulässig wäre. Sie kann sich regelmäßig nur auf die **äußeren Merkmale** der Sendung (zB Absender, Empfänger, Art des Postgutes, Daten des Postverkehrs) beziehen; auf den **Inhalt** aber auch dann, wenn die Post rechtmäßig von ihm Kenntnis erlangt, wie bei Telegrammen; Meyer-Goßner Rn. 13 je mwN; RiStBV Nr. 84 und Nr. 85).

4

Beweismittel, die erlangt werden, ohne dass die Voraussetzungen des § 99 vorlagen und hinsichtlich derer somit gegen Art. 10 GG verstoßen wurde, sind grundsätzlich **unverwertbar** (BGH 23, 331 = NJW 1970, 2071; OLG Karlsruhe NJW 1973, 209). Unverwertbarkeit liegt aber nicht schon dann vor, wenn die an sich zuständigen Justizorgane Fehler begehen, wenn zB der für die Anordnung nach § 99 zuständige Richter oder StA **irrig** die Voraussetzungen des § 99 bejaht oder wenn der StA zu Unrecht Gefahr im Verzug annimmt – aber anders bei **Willkür** (KK-Nack Rn. 12). Die **Revision** kann darauf gestützt werden, dass das Urteil auf einem Verwertungsverbot beruht.

5

§ 100 [Zuständigkeit]

(1) **Zu der Beschlagnahme (§ 99) ist nur der Richter, bei Gefahr im Verzug auch die Staatsanwaltschaft befugt.**

§ 100

(2) Die von der Staatsanwaltschaft verfügte Beschlagnahme tritt, auch wenn sie eine Auslieferung noch nicht zur Folge gehabt hat, außer Kraft, wenn sie nicht binnen drei Tagen von dem Richter bestätigt wird.

(3) ¹Die Öffnung der ausgelieferten Gegenstände steht dem Richter zu. ²Er kann diese Befugnis der Staatsanwaltschaft übertragen, soweit dies erforderlich ist, um den Untersuchungserfolg nicht durch Verzögerung zu gefährden. ³Die Übertragung ist nicht anfechtbar; sie kann jederzeit widerrufen werden. ⁴Solange eine Anordnung nach Satz 2 nicht ergangen ist, legt die Staatsanwaltschaft die ihr ausgelieferten Gegenstände sofort, und zwar verschlossene Postsendungen ungeöffnet, dem Richter vor.

(4) ¹Über eine von der Staatsanwaltschaft verfügte Beschlagnahme entscheidet der nach § 98 zuständige Richter. ²Über die Öffnung eines ausgelieferten Gegenstandes entscheidet der Richter, der die Beschlagnahme angeordnet oder bestätigt hat.

1   Die **Zuständigkeit** liegt grundsätzlich beim **Richter.** Hilfsbeamte der StA sind niemals zuständig; sie dürfen auch nicht mit dem Vollzug beauftragt werden. Zur **Gefahr im Verzuge** s. § 98 Rn. 2. Die Beschlagnahme durch den Richter erfolgt grundsätzlich durch **Beschluss.** Die Anordnungen der StA können mündlich/telefonisch ergehen; sie müssen aber sodann schriftlich niedergelegt werden. Die **vorherige Anhörung** des Betroffenen scheidet regelmäßig aus (§ 33 Abs. 4 S. 1). Die Beschwerdemöglichkeit bleibt im Hinblick auf die Benachrichtigungspflicht nach § 101 erhalten. Die Anordnung muss **inhaltlich** erkennen lassen, von wem sie stammt und dass sie in einem Ermittlungs- oder Strafverfahren gegen einen bestimmten Beschuldigten erlassen worden ist (Meyer-Goßner Rn. 4). Sie hat die der Postbeschlagnahme unterliegenden Sendungen so zu bezeichnen, dass für die vollziehende Post keine Zweifel über den Umfang entstehen können (BGH NJW 1956, 1806). Zum Inhalt s. näher RiStBV Nr. 77 ff.

2   Die für die **gerichtliche Bestätigung (Abs. 2)** bestimmte 3-Tagesfrist wird nach § 42 berechnet. § 43 Abs. 2 gilt nicht. Trifft die richterliche Bestätigung nicht bis zum Fristablauf bei der Post ein, so **erlischt** die Beschlagnahmeanordnung der StA ohne weiteres, jedoch nicht rückwirkend; bereits ausgelieferte Sendungen bleiben beschlagnahmt (Meyer-Goßner Rn. 7). Die gerichtliche Prüfung hat denselben Umfang wie bei § 98 Abs. 2 (s. § 98 Rn. 4). Die Beschlagnahmeanordnung wird von der **Post durchgeführt** (RiStBV Nr. 79). Sie sortiert die entsprechenden Sendungen aus und leitet diese dem nach Abs. 3 zuständigen Richter oder StA zu. Bei der mündlichen übermittelten Anordnung hält die Post die ausgesonderten Sendungen bis zum Eingang der schriftlichen Bestätigung zurück; sie hat die Rechtmäßigkeit der Anordnung nicht zu überprüfen (Meyer-Goßner Rn. 8). Die dem **Richter** zustehende Befugnis **zur Öffnung** der Sendungen **(Abs. 3 S. 1)** kann auf die StA übertragen werden (Abs. 3 S. 2 bis 4). Soweit Sendungen als **Beweismittel zurückbehalten** werden sollen, hat die **eigentliche Beschlagnahme** nach §§ 94, 98 zu erfolgen. Hat der Richter die Sendung geöffnet, so hat er vor der Beschlagnahmeanordnung die StA zu hören (§ 33 Abs. 2). Ist die StA zur Öffnung befugt, so hat sie bei dem nach § 98 zuständigen Richter die Beschlagnahme zu beantragen. Gefahr im Verzuge ist idR auszuschließen (KK-Nack Rn. 9).

3   Die Postbeschlagnahme **endet** automatisch mit dem Ablauf der in der Anordnung angegebenen Frist oder mit dem **rechtskräftigen Abschluss** des Verfahrens. Sie ist **aufzuheben,** wenn ihr Grund entfallen ist, auch wenn sich herausstellt, dass sie nicht zur Gewinnung von Beweismitteln geeignet ist oder ihre Verhältnismäßigkeit nicht mehr gegeben ist. Die StA kann die von ihr angeordnete Postbeschlagnahme trotz richterlicher Bestätigung selbst aufheben. Im Übrigen ist der Richter zuständig (KK-Nack Rn. 14). Die **Freigabe** von Sendungen, deren Öffnung nicht

Beschlagnahme, Überwachung, Durchsuchung § 100 a

angeordnet oder deren Zurückhaltung nicht erforderlich ist, und die Erteilung von Abschriften bestimmt § 101 Abs. 2 S. 1 und Abs. 3. Für **Zufallserkenntnisse** gilt § 108 entsprechend.

Die **Beschwerde** (§ 304) gegen richterliche Anordnungen und Bestätigungen 4 können die Prozessbeteiligten und der Absender oder Empfänger der Sendungen einlegen, solange die Anordnung besteht. Anordnungen der StA sind **unanfechtbar**, da sie nur bis zu ihrer richterlichen Feststellung wirksam bleiben (Abs. 2); jedoch ist eine nachträgliche Feststellung der Rechtswidrigkeit entspr. § 98 Abs. 2 S. 2 möglich. Zur nachträglichen Feststellung der Rechtswidrigkeit richterlicher Anordnungen s. § 98 Rn. 9; 3105 Rn. 6. Die **Revision** kann auf Verstöße gegen § 100 nicht gestützt werden.

Für das **Auskunftsverlangen,** das an die Stelle der Postbeschlagnahme tritt 5 (§ 99 Rn. 3), ist § 100 entsprechend anwendbar (KK-Nack Rn. 15). Da das Ersuchen nur eine gewöhnliche Ermittlungshandlung ist, entfallen die Gewährung des rechtlichen Gehörs, die Bekanntmachung und die Möglichkeit der Anfechtung. § 1001 gilt nicht entsprechend. Eine richterliche Bestätigung (Abs. 2) ist für Auskunftsersuchen der StA erforderlich. Das Postunternehmen erteilt die Auskunft schriftlich oder durch die Zeugenaussagen ihrer Bediensteten (Meyer-Goßner Rn. 11).

§ 100 a [Voraussetzungen der Überwachung des Fernmeldeverkehrs]
RiStBV 85 Abs. 5

¹Die Überwachung und Aufzeichnung der Telekommunikation darf angeordnet werden, wenn bestimmte Tatsachen den Verdacht begründen, daß jemand als Täter oder Teilnehmer

1. a) Straftaten des Friedensverrats, des Hochverrats und der Gefährdung des demokratischen Rechtsstaates oder des Landesverrats und der Gefährdung der äußeren Sicherheit (§§ 80 bis 82, 84 bis 86, 87 bis 89, 94 bis 100 a des Strafgesetzbuches, § 20 Abs. 1 Nr. 1 bis 4 des Vereinsgesetzes),
   b) Straftaten gegen die Landesverteidigung (§§ 109 d bis 109 h des Strafgesetzbuches),
   c) Straftaten gegen die öffentliche Ordnung (§§ 129 bis 130 des Strafgesetzbuches, § 95 Abs. 1 Nr. 8 des Aufenthaltsgesetzes),
   d) ohne Soldat zu sein, Anstiftung oder Beihilfe zur Fahnenflucht oder Anstiftung zum Ungehorsam (§§ 16, 19 in Verbindung mit § 1 Abs. 3 des Wehrstrafgesetzes),
   e) Straftaten gegen die Sicherheit der in der Bundesrepublik Deutschland stationierten Truppen der nichtdeutschen Vertragsstaaten des Nordatlantikvertrages oder der im Land Berlin anwesenden Truppen einer der Drei Mächte (§§ 89, 94 bis 97, 98 bis 100, 109 d bis 109 g des Strafgesetzbuches, §§ 16, 19 des Wehrstrafgesetzes in Verbindung mit Artikel 7 des Vierten Strafrechtsänderungsgesetzes),
2. eine Geld- oder Wertpapierfälschung (§§ 146, 151, 152 des Strafgesetzbuches),
   einen schweren sexuellen Missbrauch von Kindern nach § 176 a Abs. 1 bis 3 oder 5 des Strafgesetzbuches oder einen sexuellen Missbrauch von Kindern mit Todesfolge nach § 176 b des Strafgesetzbuches,
   einen schweren Menschenhandel nach § 181 Abs. 1 Nr. 2, 3 des Strafgesetzbuches,
   eine Verbreitung pornografischer Schriften nach § 184 b Abs. 3 des Strafgesetzbuches,

§ 100 a   Erstes Buch. 8. Abschnitt

einen Mord, einen Totschlag (§§ 211, 212 des Strafgesetzbuches) oder einen Völkermord (§ 6 des Völkerstrafgesetzbuches),
eine Straftat gegen die persönliche Freiheit (§§ 234, 234 a, 239 a, 239 b des Strafgesetzbuches),
einen Bandendiebstahl (§ 244 Abs. 1 Nr. 2 des Strafgesetzbuches) oder einen schweren Bandendiebstahl (§ 244 a des Strafgesetzbuches),
einen Raub oder eine räuberische Erpressung (§§ 249 bis 251, 255 des Strafgesetzbuches),
eine Erpressung (§ 253 des Strafgesetzbuches),
eine gewerbsmäßige Hehlerei, eine Bandenhehlerei (§ 260 des Strafgesetzbuches) oder eine gewerbsmäßige Bandenhehlerei (§ 260 a des Strafgesetzbuches),
eine Geldwäsche, eine Verschleierung unrechtmäßig erlangter Vermögenswerte nach § 261 Abs. 1, 2 oder 4 des Strafgesetzbuches,
eine gemeingefährliche Straftat in den Fällen der §§ 306 bis 306 c oder 307 Abs. 1 bis 3, des § 308 Abs. 1 bis 3, des § 309 Abs. 1 bis 4, des § 310 Abs. 1, der §§ 313, 314 oder 315 Abs. 3, des § 315 b Abs. 3 oder der §§ 316 a oder 316 c des Strafgesetzbuches,
3. eine Straftat nach §§ 51, 52 Abs. 1 Nr. 1, 2 Buchstabe c und d, Abs. 5, 6 des Waffengesetzes, § 34 Abs. 1 bis 6 des Außenwirtschaftsgesetzes oder nach § 19 Abs. 1 bis 3, § 20 Abs. 1 oder 2, jeweils auch in Verbindung mit § 21, oder § 22 a Abs. 1 bis 3 des Gesetzes über die Kontrolle von Kriegswaffen,
4. eine Straftat nach einer in § 29 Abs. 3 Satz 2 Nr. 1 des Betäubungsmittelgesetzes in Bezug genommenen Vorschrift unter den dort genannten Voraussetzungen oder eine Straftat nach §§ 29 a, 30 Abs. 1 Nr. 1, 2, 4, § 30 a oder § 30 b des Betäubungsmittelgesetzes oder
5. eine Straftat nach § 96 Abs. 2 oder § 97 des Aufenthaltsgesetzes oder nach § 84 Abs. 3 oder § 84 a des Asylverfahrensgesetzes,

begangen oder in Fällen, in denen der Versuch strafbar ist, zu begehen versucht oder durch eine Straftat vorbereitet hat, und wenn die Erforschung des Sachverhalts oder die Ermittlung des Aufenthaltsortes des Beschuldigten auf andere Weise aussichtslos oder wesentlich erschwert wäre.
²Die Anordnung darf sich nur gegen den Beschuldigten oder gegen Personen richten, von denen auf Grund bestimmter Tatsachen anzunehmen ist, daß sie für den Beschuldigten bestimmte oder von ihm herrührende Mitteilungen entgegennehmen oder weitergeben oder daß der Beschuldigte ihren Anschluß benutzt.

1   Diese Vorschrift rechtfertigt einen **erheblichen Eingriff** in das durch Art. 10 GG geschützte **Post- und Fernmeldegeheimnis**. Die Befugnis der **Strafverfolgungsbehörden** zur Überwachung und Aufzeichnung der Telekommunikation (TU) ist in den §§ 100 a, 100 b (zur Telekommunikationsauskunft, §§ 100 g, 100 h; zum IMSI-Catcher s. § 100) nach Voraussetzung, Umfang und Zuständigkeit **abschließend** geregelt (BGH NStZ 2002, 107; KK-Nack Rn. 1). Das **Fernmeldegeheimnis** schützt die Vertraulichkeit aller mit Mittel des Fernmeldeverkehrs weitergegebenen Mitteilungen. Dazu zählt der Telegramm-, der Telefon- und der Fernschreibverkehr, aber auch die Übertragung von Daten über Standleitungen zwischen Computern uä., wie Teletext, Telefax und Bildschirmtext (Jarass/Pieroth GG Art. 10 Rn. 5). Sachlich erfasst das Fernmeldegeheimnis den Inhalt der Kommunikation und auch das ob und das wie (BVerfGE 67, 172). Es ist unerheblich, ob der Fernmeldeverkehr von der Post oder von Privaten abgewickelt wird (KK-Nack Rn. 1; Jarass/Pieroth, GG, Art. 10 Rn. 5). Der **Grundrechtsschutz endet** am Endgerät des Fernsprechteilnehmers (BGH 42, 139, 154 = NJW 1996, 2940).

Beschlagnahme, Überwachung, Durchsuchung § 100 a

Daher liegt kein rechtswidriger Eingriff vor, wenn auch nur einer der Teilnehmer am Fernmeldeverkehr damit einverstanden ist, dass **ein Dritter mithört,** gleichgültig, ob es sich um eine Privatperson oder einen Polizeibeamten handelt (BGH 42, 139, 154; 39, 335 = NJW 1994, 496). **Träger des Grundrechts** ist jedermann (s. § 99 Rn. 1). Die Auslegung des Merkmals Fernmeldeverkehr muss sich an dem Grundrecht des Fernmeldegeheimnisses des Art. 10 GG orientieren (s. Rn. 3). Das Fernmeldegeheimnis ist auch fernmelderechtlich von den §§ 10 ff. FAG und strafrechtlich von § 354 StGB sowie von § 18 FAG geschützt. Vgl. auch RiStBV Nr. 85. Dem **Verhältnismäßigkeitsgrundsatz** hat der Gesetzgeber durch die **Auswahl der Katalogtaten** sowie dadurch Rechnung getragen, dass der **Tatverdacht konkretisiert** sein muss (s. Rn. 5, 6). An dieser Rechtslage hat sich nichts dadurch geändert, dass ab 1. 1. 1995 an die Stelle der Bundespost drei formell selbstständige Post-Aktiengesellschaften getreten sind: die Deutsche Telekom AG, die Deutsche Post AG und die Deutsche Postbank AG. Über den drei Post-AGs thront ein öffentlich-rechtliche Holding, die Bundesanstalt Deutsche Bundespost. Sie koordiniert die Unternehmen „durch Beratung". Eingriffe in die unternehmerische Tätigkeit sind ihr verboten. Der Regulierungsrat, der als selbstständige Einrichtung beim Postminister angesiedelt ist, hat darauf zu achten, dass der im Grundgesetz verankerte Infrastrukturauftrag von den Postunternehmen erfüllt wird. Sie müssen damit auch künftig für eine gleichmäßige Versorgung der Bevölkerung mit Postdiensten sorgen. Der Regulierungsrat hat auch darauf zu achten, dass private Konkurrenten diese Pflicht erfüllen. Ihm gehören je 16 Mitglieder des Bundestages und der Länderregierungen an. An der Spitze dieser Posthierarchie steht weiterhin das Postministerium. Eine nach §§ 100 a, 100 b angeordnete Überwachung und Aufzeichnung des Fernmeldeverkehrs eines **Mobilfunktelefons** umfasst auch die Verpflichtung des Betreibers, den Ermittlungsorganen Informationen darüber bereitzustellen, in welcher Funkzelle sich der Mobilfunktelefonbesitzer befindet, unabhängig davon, ob dieser telefoniert oder nicht (LG Ravensburg NStZ-RR 1999, 84). Die Strafverfolgungsbehörden können im Rahmen einer nach §§ 100 a, 100 b angeordneten Überwachung und Aufzeichnung der Telekommunikation mit einem **Mobilfunktelefon** von dem Netzbetreiber die Bereitstellung von Informationen darüber, in welcher Funkzelle sich das Telefon befindet, auch dann verlangen, wenn mit diesem nicht telefoniert wird (BGH NJW 2001, 1587). Im Bereich des Mobilfunks werden die Anschlüsse über die den einzelnen Kunden zugewiesenen Karten verkörpert. Das Mobilfunk selbst ist kein Anschluss. Eine Geräteüberwachung ist im Gesetz nicht vorgesehen, so dass Gespräche, die durch Dritte geführt werden, nicht mitzuteilen sind (LG Hamburg NStZ-RR 1999, 82). § 12 FAG ermächtigt auch zur Auskunftserteilung über solche Gesprächsverbindungsdaten, die erst zukünftig aufgezeichnet und gespeichert werden (LG München NStZ-RR 1999, 85). Ist im **Auslieferungsverfahren** zur Ermittlung des Aufenthaltsortes des Verfolgten die Überwachung eines Telefonanschlusses des Verfolgten erforderlich, so ist das **OLG** für die Anordnung der Telefonüberwachung sachlich zuständig. Insoweit bedarf es auch keines darauf besonders gerichteten Rechtshilfeersuchens des ersuchenden ausländischen Staates (OLG Hamm wistra 1999, 37).

Neben Art. 1 § 1 G 10 ist die **Befugnis** der Strafverfolgungsbehörden zur Überwachung und Aufzeichnung des Fernmeldeverkehrs in den § 100 a und § 100 b nach Voraussetzung, Umfang und Zuständigkeit **abschließend** geregelt (s. Rn. 1). Eine erweiternde Auslegung scheidet aus (BGH 31, 298 = NJW 1983, 1530; Meyer-Goßner Rn. 1). „**Strafprozessuale Eingriffsbefugnisse**" für die ‚Überwachung' des Fernmeldeverkehrs enthält das geltende Recht in den §§ 100 a, 100 b und in den neu eingefügten § 100 g und § 100 h. Diese Regelung ist **abschließend**. Eingriffe, die in keinem der beiden Tatbestände eine Grundlage finden, sind daher unzulässig" (BGH NStZ 1994, 294). **Richterliche Anordnungen** gegenüber Telekommunikationsunternehmen, im Rahmen der Strafverfolgung 2

§ 100 a

Auskunft über die für Abrechnungszwecke bereits vorhandenen oder in Durchführung einer Zielwahlsuche zu ermittelnden Verbindungsdaten zu erteilen, greifen in das Fernmeldegeheimnis des von der Auskunft Betroffenen ein. Derartige Eingriffe sind nur **gerechtfertigt,** wenn sie zur Verfolgung einer Straftat von erheblicher Bedeutung erforderlich sind, hinsichtlich der ein konkreter Tatverdacht besteht und wenn eine hinreichend sichere Tatsachenbasis für die Annahme vorliegt, dass der durch die Anordnung Betroffene mit dem Beschuldigten über Telekommunikationsanlagen in Verbindung steht (BGH NStZ, 2003, 241). Auch Art. 5 Abs. 5. GG verbietet die Überwachung der Kommunikation von **Journalisten** nicht; vielmehr treten die Belange der Strafverfolgung nicht generell hinter diesem Grundrecht zurück (BGH NStZ 2003, 241). Die Verwertung eines vom Beschuldigten mit Dritten in einem Kraftfahrzeug geführten Raumgesprächs kann auf eine schon bestehende, rechtsfehlerfrei ergangene Anordnung nach § 100 a StPO gestützt werden, wenn der Beschuldigte eine zuvor von ihm selbst hergestellte Telekommunikationsverbindung beenden wollte, diese jedoch auf Grund eines Bedienungsfehlers fortbesteht. Ob § 100 a in diesem Fall auch gegenüber einem am Raumgespräch beteiligten Dritten eine hinreichende Eingriffsgrundlage bietet, dann offen bleiben, wenn die Aufzeichnung jedenfalls auf eine Eilanordnung nach §§ 100 c I Nr. 2, 100 d I hätte gestützt werden können und die Abwägung im Einzelfall ergibt, dass die Persönlichkeitsinteressen des Betroffenen gegenüber dem staatlichen Interesse an der Verfolgung einer Katalogtat nach § 100 a I zurücktreten (BGH NStZ 2003, 669). Vor allem gestattet § 100 a nicht das heimliche Abhören eines nichtöffentlichen Gesprächs **außerhalb des Fernmeldeverkehrs** (BGH 34, 50) oder die Verwertung von **Raumgesprächen,** deren Abhören bei der Telefonüberwachung durch das versehentliche Nichtauflegen des Hörers ermöglicht wurde (BGH 31, 296). Die bisher mögliche **akustische Überwachung von Wohnräumen** ist **verfassungswidrig** (BVerfG NJW 2004, 999). Aber die Aufzeichnung eines zwischen dem Anwählen des Telefonanschlusses und dem Zustandekommen der Verbindung geführten Raumgesprächs ist „im Rahmen des Fernmeldeverkehrs iS von § 100 a erfolgt" (OLG Düsseldorf NJW 1995, 975). Die Überwachung nach Art. 1 § 100 a II wäre diejenige nach § 100 a oder überflüssig, noch schließt sie aus (Meyer-Goßner Rn. 1). Es ist allgemein anerkannt, dass das Fernmeldegeheimnis zwischen den **Kommunikationspartnern** nicht gilt (BVerfGE 85, 386 = NJW 1992, 1875; BGH 39, 335 = NJW 1994, 597). Es begründet in ihrem Verhalten zueinander **keine Ansprüche auf Vertraulichkeit oder Geheimhaltung.** Es schützt keinen Beteiligten vor Handlungen, mit denen der andere den sonst geschlossenen Bereich der Kommunikation öffnet. Das Post- und Fernmeldegeheimnis endet am **Endgerät** des Fernsprechteilnehmers (BGH NJW 1996, 2940, 2943). Daher hindert es keinen der Partner daran, **Außenstehende,** auch ohne Einverständnis des jeweils anderen Teilnehmers, vom Inhalt der Kommunikation, namentlich eines zwischen ihnen geführten Telefongesprächs zu unterrichten (BVerfGE 85, 386; OLG Hamm NStZ 1988, 515). „Ein Polizeibeamter, der im Rahmen eines Ermittlungsverfahrens ein Telefongespräch über einen **Zweithörer** mitverfolgt, handelt in der Regel nicht rechtswidrig, falls ihm dies vom Benutzer des Anschlusses, der die Mithörmöglichkeit bietet, gestattet ist; das gilt auch dann, wenn er das Gespräch ohne Wissen des anderen Teilnehmers mithört" (BGH 39, 335 = NJW 1994, 596). Unter das Fernmeldegeheimnis fallen aber auch die mit dem Telefonieren notwendig verbundenen Vorgänge (BGH 35, 23 = NJW 1988, 1223); es erstreckt sich somit auch auf die **äußeren Umstände** des Kommunikationsvorgangs, zB die Häufigkeit, die Dauer und den Zeitpunkt von Gesprächen sowie auf die Tatsache, ob überhaupt ein Gespräch mit einem Anschlussinhaber versucht worden ist (BVerfGE 67, 172; BVerfG NJW 1992, 1875; OLG Karlsruhe NStZ 1992, 401 mwN). Nach § 46 Abs. 3 S. 1 OWiG darf im **Bußgeldverfahren** in das Post- und Fernmeldegeheimnis nicht eingegriffen werden; unzulässig sind die Be-

Beschlagnahme, Überwachung, Durchsuchung § 100 a

schlagnahme von Postsendungen und Telegrammen (§§ 99, 100; § 13 FAG) sowie Auskunftsersuchen über Umstände, die dem Post- und Fernmeldegeheimnis unterliegen (§ 161; § 12 FAG) und auch die Überwachung des Fernmeldeverkehrs nach § 100 a (Göhler, OWiG, § 46 Rn. 18).

Fernmeldeverkehr ist die Übermittlung oder der Empfang von Nachrichten, 3 Zeichen, Bildern oder Tönen auf Fernsprech-, Telegrafen-, Funkanlagen, § 1 FAG (Meyer-Goßner Rn. 2). Sämtliche der Post bzw. der TELEKOM (vgl. § 1 Abs. 5 FAG) zur Beförderung oder Übermittlung anvertrauten Kommunikationsvorgänge- und inhalte genießen den Schutz des Art. 10 Abs. 1 GG (BVerfG NJW 1992, 1875; s. Rn. 1). § 100 a kommt nicht zur Anwendung bei privaten Nebenstellenanlagen und den Notrufsäulen an Autobahnen und ähnlichen Einrichtungen der Polizei (KK-Nack Rn. 3). Die Beschlagnahme von **Telegrammen** ist bereits nach § 99 zulässig (s. dort). § 100 a ist insoweit nicht anwendbar, gilt aber − wie sich aus § 100 b Abs. 3 ergibt − über § 1 FAG hinaus auch für den **Fernschreibverkehr** und für die Übermittlung durch **Telefax** (Meyer-Goßner Rn. 2).

§ 100 a lässt die **Überwachung und Aufzeichnung** zu. Bei der Fernsprech- 4 überwachung muss beides angeordnet werden. Die Zulässigkeit der Telefonüberwachung ist auch insoweit zu bejahen, als sie die Informationsübermittlung von oder zu einer angeschlossenen **Mailbox** und den − heimlichen − Zugriff auf deren Datenbestände betrifft. § 100 a lässt die Überwachung des Fernmeldeverkehrs in jeglicher Art Nachrichtenübermittlung zu (BGH NJW 1997, 1934). Die Überwachung des Fernschreibverkehrs erfolgt durch Mitlesen; zu diesem Zweck darf er ohne besondere Anordnung auf Schriftträger übertragen werden (Meyer-Goßner Rn. 3). Auch die Schaltung einer **Zählervergleichseinrichtung,** durch die Telefonanschlüsse in der Weise überwacht werden, dass die jeweils angewählten Telefonnummern mit Zeitpunkt und Dauer der Telefonverbindung festgestellt und diese Daten auf einem Leseband automatisch ausgezeichnet werden, so dass der Telefonverkehr des überwachten Telefonanschlusses festgehalten wird, unterliegt dem richterlichen Anordnungsgebot nach §§ 100 a, 100 b (BGH 35, 33 = NJW 1988, 1223). Es fehlt zwar bisher an einer entsprechenden gesetzlichen Grundlage; aber dieser Zustand wird vorübergehend hingenommen (BVerfGE 85, 386 = NJW 1992, 1875; BGH NJW 1993, 1213). Auch die auf richterliche **Auskunftsersuchen** nach § 12 FAG zur Verfügung gestellten Daten dürfen verwertet werden (BGH NJW 1993, 1212; Meyer-Goßner Rn. 3).

Die Anordnungen nach § 100 a greifen in Grundrechte ein. Der Gesetzgeber hat 5 daher dem **Verhältnismäßigkeitsgrundsatz** Rechnung getragen und die Eingriffe auf bestimmte, in S. 1 **abschließend** aufgeführte Katalogtaten beschränkt (LR-Schäfer Rn. 10). S. 1 stellt Teilnahme und Täterschaft gleich, so dass die strafprozessuale Zwangsmaßnahme auch anwendbar ist, wenn der Beschuldigte im Hinblick auf eine der in S. 1 Nr. 1 bis 4 genannten Straftaten nur der **Anstiftung** oder **Beihilfe** verdächtig ist. Ausdrücklich erwähnt ist im Gesetz auch der Fall des **Versuchs**. Die Überwachung des Fernmeldeverkehrs ist auch zulässig, wenn jemand eine der in S. 1 genannten Katalogtaten „durch eine Straftat vorbereitet hat". Darunter fallen sowohl der Fall, dass irgendein Delikt − Diebstahl der Tatwaffe, § 242 StGB − zur Vorbereitung einer Katalogtat − Mord nach § 211 StGB − begangen wird, als auch die strafbaren Vorbereitungshandlungen nach § 30 StGB − Verabredung zur Begehung von Mord − (BGH 32, 16 = NJW 1983, 2396; Schnarr NStZ 1990, 259).

In der **Begründung** des **ermittlungsrichterlichen** Beschlusses, durch die die 5 a Überwachung der Telekommunikation angeordnet oder bestätigt wird, ist die Verdachts- und Beweislage, die die Maßnahme rechtfertigt, darzustellen. Dabei kann im Einzelfall eine konkrete Bezugnahme auf Aktenteile genügen. Ist die **Darstellung** der Verdachts- und Beweislage im ermittlungsrichterlichen Beschluss **plausibel,** kann sich der **erkennende Richter,** der die Verwertbarkeit der Überwa-

§ 100 a Erstes Buch. 8. Abschnitt

chungsergebnisse zu beurteilen hat, in der Regel hierauf verlassen. Fehlt es jedoch an einer ausreichenden Begründung oder wird die Rechtmäßigkeit der Maßnahme konkret in Zweifel gezogen, hat der erkennende Richter die Verdachts- und beweislage, die im **Zeitpunkt der Anordnung** gegeben war, anhand der Akten zu rekonstruieren und auf dieser Grundlage die Verwertbarkeit zu untersuchen (im Anschluss an BGHSt 41, 30 = NJW 1995, 1974). War die Überwachung der Telekommunikation in einem anderen Verfahren angeordnet worden, **hat er hierzu die Akten** dieses Verfahrens **beizuziehen.** Unterlässt der erkennende Richter eine erforderliche Beiziehung von Akten und verhindert er dadurch die gebotene Prüfung der Rechtmäßigkeit der Überwachungsmaßnahme, liegt hierin ein **eigenständiger Rechtsfehler,** der im Einzelfall zur Aufhebung des tatricherlichen Urteils in der Revision führen kann (BGH 47, 302 = NJW 2003, 368).

6   Der **Tatverdacht** muss weder hinreichend iSd § 203 noch dringend iSd § 112 Abs. 1 S. 1 sein. Er hat aber auf **bestimmten Tatsachen** zu beruhen; Gerüchte oder Gerede reichen nicht aus. Es müssen vielmehr Umstände vorliegen, die nach der Lebenserfahrung, auch der kriminalistischen Erfahrung, in erheblichem Maß darauf hindeuten, dass jemand als Täter oder Teilnehmer eine Katalogtat begangen hat (BGH 41, 30 = NJW 1995, 1974; KK-Nack Rn. 22); dieser „einfache Tatdacht" muss jedoch auf bestimmten Tatsachen beruhen (OLG Hamm NStZ 2003, 179). Nach dem **Subsidiaritätsgrundsatz** ist die Überwachung nur zulässig, wenn sie **unentbehrlich** ist, weil andernfalls die Erforschung des Sachverhalts wesentlich erschwert ist (Meyer-Goßner Rn. 7; Roxin § 34 Rn. 26). „Der eine Telefonüberwachung Anordnende hat bei der Prüfung, ob ein auf bestimmte Tatsachen gestützter **Tatverdacht** gegeben ist und der Subsidiaritätsgrundsatz nicht entgegensteht, einen Beurteilungsspielraum. Insofern ist die Nachprüfung durch den Tatrichter und das Revisionsgericht, ob die Ergebnisse der Telefonüberwachung **verwertbar** sind, auf den Maßstab der **Vertretbarkeit** beschränkt" (BGH 41, 30 = NJW 1995, 1974).

7   **Betroffener** der Maßnahme nach § 100 a ist vor allem der **Beschuldigte,** also der **Tatverdächtige,** gegen den bereits ein Ermittlungsverfahren eingeleitet ist oder gegen den es mit der Anordnung nach § 100 a erfolgt. Unter den Voraussetzungen von S. 2 kann sich die Maßnahme auch gegen **Nichtverdächtige** richten (vgl. BVerfGE 30, 22 = NJW 1971, 280; BGH 29, 25 = NJW 1980, 67). Es geht dabei vor allem um sog. **Nachrichtenmittler.** Es muss dabei die durch bestimmte Tatsachen begründete Annahme bestehen, dass durch die Überwachung des Fernmeldeverkehrs des Unverdächtigen der Sachverhalt aufgeklärt oder der Aufenthaltsort des Beschuldigten ermittelt werden kann (KK-Nack Rn. 9). Sie können **gutgläubig** sein. Auch die Überwachung von Personen ist zulässig, deren **Anschluss der Beschuldigte benutzt** (zB Nachbarn, Freunde, Gastwirte), selbst wenn sie keine Kenntnis haben (Meyer-Goßner Rn. 11 mwN). Auch der Anschluss einer **öffentlichen Fernsprechzelle** kann unter diesen Voraussetzungen überwacht werden. Es ist dabei unvermeidbar, dass ein unbeteiligter Dritter mitbetroffen werden (BVerfGE 30, 22; BGH 29, 25). Es ist aber nicht zulässig, „den nicht tat- oder teilnahmeverdächtigen **Verteidiger** als Gesprächspartner seines Mandanten einer Überwachung des Fernsprechverkehrs zu unterwerfen", und zwar im Hinblick auf § 148 (BGH 33, 350 = NJW 1986, 1764). Mit anderen Worten: Auch Gespräche zwischen dem **überwachten** Verdächtigen und seinem Verteidiger sind von der Überwachung frei (BGH NStZ 1988, 562). Für RAe, die den Beschuldigten **nicht** verteidigen, gilt dies nicht. Sind sie aber einer Katalogtat **verdächtig,** so darf ihr Anschluss auf Grund einer Anordnung nach § 100 a überwacht werden, wenn sie sich als Strafverteidiger betätigen (BVerfGE 30, 32 = NJW 1975, 275; BGH 33, 348; Rieß JR 1987, 75). Aber „der gegen einen Strafverteidiger bestehende Verdacht der **Strafvereitelung** eines Mandanten, der einer Katalogtat iSv § 100 a verdächtig ist, berechtigt nicht zur Überwachung seines Telefonanschlusses" (BGH 33, 347).

Auch gegen nichtverdächtige Personen, die nach §§ 52 ff. **zeugnisverweige-** 8
rungsberechtigt sind, ist die Überwachung zulässig (Meyer-Goßner Rn. 10; einschr. für § 53 KK-Nack Rn. 12). Maßnahmen nach § 100 a können gegen **Abgeordnete** nur gerichtet werden, wenn diese selbst Beschuldigte sind. Art. 40 Abs. 2, 46 GG und entsprechende landesrechtliche Vorschriften sind zu beachten. Die generelle Genehmigung des Bundestages erstreckt sich nicht auf die Durchführung von Überwachungsmaßnahmen, da diese freiheitsbeschränkenden Charakter haben (KK-Nack Rn. 13). Die Überwachung des Fernmeldeverkehrs von **Behörden** ist im Hinblick auf den Schutz von Amtsgeheimnissen nicht gestattet (KK-Nack Rn. 15).

Verwertet werden können die Überwachungsergebnisse in dem Verfahren gegen 9
den Beschuldigten und alle Tatbeteiligten. Die Art der Verwertung regelt das Gesetz nicht. Es ist dem an der Aufklärungspflicht des § 244 Abs. 2 ausgerichteten Ermessen des Tatrichters überlassen. In Betracht kommen: Vernehmung der Überwachungsbeamten als Zeugen, die Ton- und Schriftträger durch Abspielen in Augenschein nehmen, die Verlesung von Niederschriften der Tonaufzeichnungen im Wege des Urkundenbeweises (BGH 27, 135 = NJW 1978, 1390). **Fremdsprachige Äußerungen** müssen in die deutsche Sprache übersetzt werden. In Fällen, in denen es sich um außerhalb des Prozessverkehrs abgegebene fremdsprachige Äußerungen handelt, ist die Übertragung keine Dolmetschertätigkeit, sondern **Sachverständigentätigkeit.** „Allerdings kann dafür der Dolmetscher eingesetzt werden, ohne dass er von jener Aufgabe abgelöst werden müsste" (BGH NStZ 1985, 466). Aber § 147 begründet keinen Anspruch darauf, dass das Gericht **sämtliche** in einer fremden Sprache geführten **Telefongespräche,** die gemäß §§ 100 a, 100 b aufgezeichnet worden sind, **übersetzen** lässt. Der Zulässigkeit einer Beschwerde gegen einen Beschluss, der einen dahingehenden Antrag abgelehnt hat, steht § 305 S. 1 entgegen (OLG Koblenz NStZ 1995, 611). Die Erkenntnisse dürfen auch zur **Ermittlung** anderer Straftaten verwendet werden (BGH 27, 358 = NJW 1978, 1390), jedoch nicht in diesbezüglichen Verfahren zur Beweisführung benutzt werden (KK-Nack Rn. 25). War die Anordnung der Überwachung wegen einer bestimmten Katalogtat rechtmäßig, so steht es der Verwertung der Erkenntnisse nicht entgegen, dass eine andere Begehungsform dieser Tat vorliegt oder dass nach weiteren Ermittlungen nur noch der Verdacht einer Nichtkatalogtat besteht (Meyer-Goßner Rn. 16; BGH 28, 122 = NJW 1979, 990). „Eine Telefonüberwachung nach § 100 a S. 1 Nr. 2 kann aber dann nicht auf den Verdacht der **Geldwäsche** gestützt werden, wenn eine Verurteilung wegen Geldwäsche auf Grund der Vorrangklausel des § 261 Abs. 9 S. 2 StGB nicht zu erwarten und die der Geldwäsche zu Grunde liegende Tat **keine Katalogtat** iSd § 100 a ist. Ein entsprechender Verstoß ist grundsätzlich dann heilbar und führt **nicht zu einem Verwertungsverbot** für die aus der Telfonüberwachung gewonnen Erkenntnisse, wenn die zum Zeitpunkt des ermittlungsrichterlichen Beschlusses bestehende Beweislage den Verdacht einer **anderen Katalogtat** des § 100 a – insbesondere eines Vergehens der Mitgliedschaft in einer kriminellen Vereinigung nach § 129 StGB – gerechtfertigt hätte" (BGH 48, 240 = NJW 2003, 1880).

Für **Zufallserkenntnisse** gilt folgendes: **Zufallserkenntnisse** aus einer Tele- 10
fonüberwachung dürfen nur dann als Beweismittel verwertet werden, wenn sie eine andere als die in der Anordnung bezeichnete Katalogtat nach § 100 a betreffen. Etwas anderes gilt nach st. Rspr. für die Verwertung von Zufallserkenntnissen bei ordnungsgemäß angeordneter Überwachung im Hinblick auf Nichtkatalogtaten nur dann, wenn ein enger Bezug zu der in Anordnung aufgeführten Katalogtat besteht, sei es dass eine andere Begehungsform der Katalogtat vorliegt, sei es dass Tateinheit vorliegt oder aus einer solcher Zusammenhang mit der Katalogtat, dass Tatidentität iSv 264 anzunehmen ist (BGH NStZ 1998, 426). Aber zur **Strafverfolgung gegen dritte Personen** dürfen Zufallserkenntnisse uneingeschränkt verwertet werden, die

§ 100 a

sich auf irgendeine Katalogtat beziehen (BGH 28, 129; 32, 15; Meyer-Goßner Rn. 20). Für die Verfolgung von Nichtkatalogtaten ist auch hier eine unmittelbare Verwertung als Beweismittel unzulässig (BGH 26, 303 = NJW 1976, 1425), nicht aber die mittelbare Verwertung in der Weise, dass die Zufallserkenntnisse zur Grundlage weiterer Ermittlungen gegen den Dritten gemacht werden (Meyer-Goßner Rn. 20). Macht zB eine Zeugin in einem wegen einer Katalogtat nach § 100 a geführten Strafverfahren trotz Vorhaltes von Erkenntnissen aus einer rechtmäßig angeordneten Telefonüberwachung unrichtige Angaben, so können die Erkenntnisse aus der Telefonüberwachung in einem gegen die Zeugin wegen dieses Aussagedeliktes geführten Strafverfahren gegen sie verwertet werden (OLG Karlsruhe NStZ 1994, 201). Erkenntnisse aus einer Telefonüberwachung, die wegen einer Katalogtat nach § 129 StGB angeordnet worden ist, können gegen einen an der kriminellen Vereinigung nicht beteiligten Dritten nicht schon deswegen verwertet werden, weil dieser **als Hehler** die von den Verdächtigen in strafbarer Weise beschaffte Ware absetzt oder abzusetzen hilft. Die unmittelbare Verwertung von Zufallserkenntnissen über Anschlussdelikte zu einer Katalogtat gegen Dritte ist unzulässig (OLG Düsseldorf StV 2001, 388).

11 **Verwertungsverbot.** Eine ausdrückliche Regelung, welche die Verwertung der unter Verstoß gegen §§ 100 a ff. erlangten Beweise ausschlösse, enthält die StPO nicht (BGH NJW 1999, 960). Auch ist dem Strafverfahrensrecht ein allgemein geltender Grundsatz, dass jeder Verstoß gegen Beweiserhebungsvorschriften ein strafprozessuales Verwertungsverbot nach sich zieht, fremd. „Vielmehr ist diese Frage nach inzwischen gefestigter Rspr. jeweils nach den Umständen des Einzelfalls, insbesondere nach der Art des Verbots und des Gewichts des Verstoßes unter Abwägung der widerstreitenden Interesses zu entscheiden" (BGH NJW 1999, 961; vgl. BGH 38, 219 = NJW 1992, 1463; 37, 31 = NJW 1990, 1001 mwN). In einem rechtstaatlichen Strafverfahren dürfen Erkenntnisse aus einer **rechtswidrig angeordneten Telefonüberwachung** nicht als Beweismittel verwertet werden. Dies gilt insbesondere in Fällen, in denen es an einer wesentlichen sachlichen Voraussetzung für die Maßnahme nach § 100 a fehlt. So hat es die **Unverwertbarkeit** zur Folge, wenn der Verdacht einer Katalogtat des § 100 a S. 1 von vornherein nicht bestand (vgl. BGH 31, 304 [308 f.] = NJW 1983, 1570; BGH 32, 68 [70] = NJW 1984, 2727; BGH 41, 30 [31] = NJW 1995, 1974 = NStZ 1995, 510). Bei der Prüfung eines hinreichenden, auf bestimmte Tatsachen gestützten Tatverdachts und des Fehlens oder der Erschwernis anderer Ermittlungsmöglichkeiten räumt das Gesetz dem zur Entscheidung berufenen Ermittlungsrichter oder Staatsanwalt (§ 100 b I StPO) jedoch einen **Beurteilungsspielraum** ein. Als rechtsstaatswidrig – **mit der Folge eines Verwertungsverbots** – stellt sich die Anordnung der Überwachungsmaßnahme nur dann dar, wenn die Entscheidung diesen Spielraum überschreitet und daher nicht mehr vertretbar ist. Allein unter diesem Blickwinkel hat im weiteren Verfahren sowohl das erkennende wie das Rechtsmittelgericht die Rechtmäßigkeit der Maßnahme zu beurteilen (BGH NJW 2003, 368). Im Falle von **Abhörmaßnahmen** ist das im Schutz der Privatsphäre und im Recht am eigenen Wort konkretisierte Persönlichkeitsrecht des einzelnen und damit ein verfassungsrechtlich geschützter Bereich betroffen (Art. 2 Abs. 1 iVm Art. 1 Abs. 1 S. 1 GG). So gesehen kommt Verfahrensverstößen bei Abhörmaßnahmen nach **§§ 100 a und 100 c StPO** besonderes Gewicht zu, das es nahe legt, ein Beweisverwertungsverbot anzunehmen, wenn der Abhörmaßnahme ohne richterliche Anordnung durchgeführt wird (BGH 35, 34 = NJW 1988, 1223; 31, 306 = NJW 1983, 1570); es können jedoch **Besonderheiten** vorliegen, die das Gewicht des Verfahrensverstoßes so weitgehend mindern, „dass dem im Rechtsstaat wichtigen Allgemeininteresse an der Aufklärung und gerechten Ahndung schwerwiegender Taten, zumal wenn diese – wie hier – auch in ihrer konkreten Ausführung nach verursachtem Schaden und krimineller Intensität besonders gefährlich sind, der Vorrang im Sinne der Verwertbarkeit der Beweise zukommen muss" (BGH NJW 1999, 960). So liegt ein **Verwertungsverbot** nicht vor. Der durch **Telefonüberwachung bekanntgewordene** Inhalt eines Gesprächs des **Angeklagten mit seinem Bruder** ist nicht deshalb unverwertbar, weil der Bruder in der Hauptverhandlung die Zeugenaussage gemäß § 52 verweigert (BGH NStZ 1999, 416). Ein **Verwertungsverbot liegt nicht vor,** wenn gegen Formvorschriften verstoßen wurde oder Fehler bei der Anordnung der Maßnahme gemacht sind; etwas anderes gilt bei **willkürlich** angeordneten Maßnahmen (BGH 28, 124 = NJW 1979, 990). Ein Beweisverwertungsverbot ist zwar idR anzunehmen, wenn die Abhörmaßnahme ohne **richterliche** Anordnung durchgeführt wird (oder bei Überschreitung der Dreimonatsfrist), aber es kann in Ausnahmefällen anders sein, wem zB die materiellen Eingriffsvoraussetzungen erfüllt waren und die Ermittlungsbehörde lediglich auf Grund eines Versehens (und nicht aus Willkür) unterlassen hat, die richterliche Anordnung einzuholen (BGH NJW 1998, 959). **Unverwertbar** sind Erkenntnisse, die unter Umgehung des § 100 a erlangt sind, zB die durch die Polizei angeordneter Telefonüberwachung (BGH 31, 304 = NJW 1983, 1570), bei Schaltung einer Zählervergleichseinrichtung ohne richterliche Anordnung (BGH 35, 32 = NJW 1988, 1223), wenn der Verdacht einer Katalogtat von vornherein nicht bestanden hat (BGH 32, 70 = NJW 1984, 2772; s. Rn. 6). Eine **Fernwirkung** hat ein Verstoß gegen § 100 a grundsätzlich nicht (BGH 32, 70; LR-Schäfer Rn. 49).

Mit der **Revision** (zur Beschwerde s. § 100 b Rn. 6) können Fehler des Tatrichters bei der Verwertung von Erkenntnissen aus Maßnahmen nach § 100 a als Verfahrensfehler gerügt werden (BGH 19, 275 = NJW 1964, 1234). Sie kann insbesondere darauf gestützt werden, dass die Beweiswürdigung auf unverwertbaren Erkenntnissen beruht (BGH StV 1994, 169). Der eine Telefonüberwachung Anordnende hat bei der Prüfung, ob ein auf bestimmte Tatsachen gestützter Tatverdacht gegeben ist und der Subsidiaritätsgrundsatz nicht entgegensteht, einen **Beurteilungsspielraum.** Insofern ist die Nachprüfung durch den Tatrichter und das **Revisionsgericht,** ob die Ergebnisse der Telefonüberwachung verwertbar sind, auf den Maßstab der **Vertretbarkeit** beschränkt (BGH 41, 30 = NJW 1995, 1974). Die Rüge muss die Voraussetzungen des § 344 Abs. 2 erfüllen (BGH 19, 276). Wird zB mit der Revision geltend gemacht, eine Aussage beruhe auf dem Vorhalt unzulässig gewonnener Erkenntnisse (s. Rn. 19), so ist vorzutragen, welchen Inhalt der Vorhalt hatte und welche Aussage der Zeuge im Zusammenhang mit dem Vorhalt gemacht hat (BGH MDR 1979, 108; KK-Nack Rn. 54, vgl. auch BGH 34, 42 = NJW 1986, 2261). Die Beanstandung der Verwertung der Erkenntnisse aus einer Telefonüberwachung setzt einen **in der Hauptverhandlung** erhobenen **Widerspruch** voraus, was in einer späteren Revisionsbegründung darzulegen ist (BGH StV 2001, 546). Zum notwendigen **Revisionsvorbringen:** Verfahrenstatsachen; vollständige Mitteilung der Überwachungsbeschlüsse: die dagegen erhobenen Widersprüche, mit den diese zurückweisenden Beschlüssen; Antragsschrift der StA (BGH 47, 365 = NJW 2003, 368).

§ 100 b [Zuständigkeit für Anordnung der Überwachung der Telekommunikation]   RiStBV 85 Abs. 5

(1) ¹**Die Überwachung und Aufzeichnung der Telekommunikation (§ 100 a) darf nur durch den Richter angeordnet werden.** ²**Bei Gefahr im Verzug kann die Anordnung auch von der Staatsanwaltschaft getroffen werden.** ³**Die Anordnung der Staatsanwaltschaft tritt außer Kraft, wenn sie nicht binnen drei Tagen von dem Richter bestätigt wird.**

(2) ¹**Die Anordnung ergeht schriftlich.** ²**Sie muß Namen und Anschrift des Betroffenen gegen den sie sich richtet, und die Rufnummer oder eine**

§ 100 b

andere Kennung seines Telekommunikationsanschlusses enthalten. ³In ihr sind Art, Umfang und Dauer der Maßnahmen zu bestimmen. ⁴Die Anordnung ist auf höchstens drei Monate zu befristen. ⁵Eine Verlängerung um jeweils nicht mehr als drei weitere Monate ist zulässig, soweit die in § 100 a bezeichneten Voraussetzungen fortbestehen.

(3) ¹Auf Grund der Anordnung hat jeder, der geschäftsmäßig Telekommunikationsdienste erbringt oder daran mitwirkt, dem Richter, der Staatsanwaltschaft und ihren im Polizeidienst tätigen Ermittlungspersonen (§ 152 des Gerichtsverfassungsgesetzes) die Überwachung und Aufzeichnung der Telekommunikation zu ermöglichen. ²Ob und in welchem Umfang hierfür Vorkehrungen zu treffen sind, ergibt sich aus § 110 des Telekommunikationsgesetzes und der auf seiner Grundlage erlassenen Rechtsverordnung zur technischen und organisatorischen Umsetzung von Überwachungsmaßnahmen. ³§ 95 Abs. 2 gilt entsprechend.

(4) ¹Liegen die Voraussetzungen des § 100 a nicht mehr vor, so sind die sich aus der Anordnung ergebenden Maßnahmen unverzüglich zu beenden. ²Die Beendigung ist dem Richter und dem nach Absatz 3 Verpflichteten mitzuteilen.

(5) Die durch die Maßnahmen erlangten personenbezogenen Informationen dürfen in anderen Strafverfahren zu Beweiszwecken nur verwendet werden, soweit sich bei Gelegenheit der Auswertung Erkenntnisse ergeben, die zur Aufklärung einer der in § 100 a bezeichneten Straftaten benötigt werden.

(6)* ¹Sind die durch die Maßnahmen erlangten Unterlagen zur Strafverfolgung nicht mehr erforderlich, so sind sie unverzüglich unter Aufsicht der Staatsanwaltschaft zu vernichten. ²Über die Vernichtung ist eine Niederschrift anzufertigen.

1 Diese Vorschrift regelt das **Verfahren** bei der Überwachung des Fernmeldeverkehrs nach § 110 a. Die Anordnung der Maßnahme ist grundsätzlich dem **Richter** vorbehalten. Nur **bei Gefahr im Verzug** (s. hierzu § 98 Rn. 2) ist die StA – aber nicht ihre Hilfsbeamten –, zuständig, deren Anordnung aber Kraft tritt, wenn sie nicht binnen 3 Tagen **richterlich** bestätigt wird. Die Frist beginnt **mit der Anordnung** (Schnarr NStZ 1988, 483). Die rechtmäßig erlangten Erkenntnisse bleiben auch bei Außerkraftsetzung nach **Abs. 1 S. 3 verwertbar** (Schnarr NStZ 1991, 214). Zum **Verwertungsverbot** s. § 100 a Rn. 11.

2 Die Anordnung muss in jedem Fall **schriftlich** (telegraphisch) ergehen (**Abs. 2 S. 1**), und zwar idR ohne vorherige Anhörung des Betroffenen (§ 33 Abs. 4). „In der **Begründung** des ermittlungsrichterlichen Beschlusses, durch den die Überwachung der Telekommunikation angeordnet oder betätigt wird, ist die Verdachts- und Beweislage, die die Maßnahme rechtfertigt, darzustellen. Dabei kann im Einzelfall eine konkrete Bezugnahme auf Aktenteile genügen. Ist die Darstellung der **Verdachts- und Beweislage** im ermittlungsrichterlichen Beschluss **plausibel** kann sich der erkennende Richter, der die Verwertbarkeit der Überwachungsergebnisse zu beurteilen hat, in der Regel hierauf verlassen. Fehlt es jedoch an einer ausreichenden Begründung oder wird die Rechtmäßigkeit der Maßnahme konkret in Zweifel gezogen, hat der erkennende Richter die Verdachts- und Beweislage, die im Zeitpunkt der Anordnung vorlag, anhand der Akten zu rekonstruieren und auf dieser Grundlage die Verwertbarkeit zu untersuchen (im Anschluss an BGH 41, 30 = NJW 1995, 1974). War die Überwachung der Telekommunikation in einem anderen Verfahren angeordnet worden, hat er hierzu die Akten dieses Verfahrens

---

* Siehe Vorbemerkung Vor Rn. 1 zu § 100 c.

beizuziehen. **Unterlässt** der erkennende Richter eine erforderliche Beiziehung von Akten und verhindert er dadurch die gebotene Prüfung der Rechtmäßigkeit der Überwachungsmaßnahme, liegt hierin ein eigenständiger Rechtsfehler, der im Einzelfall zur Aufhebung des tatrichterlichen Urteils in der Revision führen kann" (BGH, NJW 2003, 368). Die Anordnung muss **enthalten (Abs. 2 S. 2 ff.):** Namen und Anschrift des Betroffenen, gegen den sie sich richtet; die dem Beschuldigten zur Last gelegte Straftat; den Grund der Überwachung, Erforschung des Sachverhalts oder Aufenthaltsermittlung; Darlegung der Unentbehrlichkeit; Art, Umfang und Dauer der Maßnahmen, die Dauer auch, wenn die **Höchstdauer** nach **Abs. 2 S. 4** festgesetzt wird; bei Fernsprechüberwachung sind die Tel.Nr. und evtl. die NRn. der Nebenanschlüsse zu bezeichnen sowie anzugeben, ob und in welchem Umfang die Gespräche aufzuzeichnen, welche von mehreren Anschlüssen zu überwachen sind und ob dies durchgehend oder nur zu bestimmten Tageszeiten geschehen soll. Die Entscheidung des Richters, mit der er den Einsatz eines VE „nach § 110b Abs. 2 zustimmt, muss in ihrer nach § 35 erforderlichen Begründung erkennen lassen, dass eine Abwägung auf der Grundlage sämtlicher im Einzelfall relevanter Erkenntnisse stattgefunden hat" (BGH 42, 103 = NJW 1996, 2518). Die zum Abhören befugten Personen werden nicht angegeben (Meyer-Goßner Rn. 3). Die gesetzliche **Dreimonatsfrist,** innerhalb derer das nicht öffentlich gesprochene Wort mit technischen Mitteln abgehört werden kann, beginnt mit Erlass der richterlichen Anordnung und nicht erst mit dem Vollzug der Abhörmaßnahme (BGH 44, 243 = NJW 1999, 959). Die Maßnahme **dauert** so lange **(Abs. 2 S. 4, 5),** – mit der Möglichkeit der **Wiederholungen** – bis die Ermittlungen ohne sie weitergeführt werden können oder der Aufenthalt des Beschuldigten ermittelt oder die Erfolgsaussichten entfallen ist (s. Rn. 3).

Die **Durchführung** obliegt der StA (§ 36 Abs. 2 S. 1). Sie hat dem Betreiber 3 der Fernmeldeanlagen die schriftliche Anordnung mitzuteilen. In Eilfällen genügt zunächst ein mündliches Ersuchen; die schriftlichen Unterlagen sind nachträglich zuzuleiten. Die bisher mögliche Durchführung einer akustischen Überwachung von **Wohnräumen** ist **verfassungswidrig (BVerfG NJW 2004, 999).** Der Betreiber ist verpflichtet, die notwendigen Schaltungen vorzunehmen. Das Vorliegen der rechtlichen Voraussetzungen für die angeordnete Maßnahme hat er nicht nachzuprüfen. Die StA benachrichtigt auch die Polizei, von der die Abhörstellen usw. eingerichtet werden. Das Abhören, Mitlesen usw. ist nur der StA, dem Richter und den polizeilichen Hilfsbeamten gestattet (Meyer-Goßner Rn. 5). Vgl. auch RiStBV Nr. 85 Abs. 5. Das Fortbestehen der Voraussetzungen der Maßnahme muss ständig überwacht werden. Die Maßnahme ist **unverzüglich zu beenden (Abs. 4),** wenn eine der Voraussetzungen weggefallen ist, insbesondere auch dann, wenn sich ihre **Unverhältnismäßigkeit** oder ihre Entbehrlichkeit ergibt (KK-Nack Rn. 8). **Verlängerungen** der Maßnahme, die jeweils – mit der Möglichkeit der Wiederholung auf höchstens **drei Monate** zu befristen sind, sind nach **Abs. 2 S. 5** zulässig. Soweit die Berechnung der Frist in Frage steht, **beginnt die Frist grundsätzlich mit dem Tag der Anordnung,** nicht erst mit dem Tag der Durchführung (BGH 44, 243 = NJW 1999, 959; KK-Nack Rn. 9). Die Entscheidung über die Beendigung trifft idR die StA; denn sie ist für die Durchführung zuständig.

Abs. 5 bringt eine Regelung über **Zufallsfunde.** Erkenntnisse, die eine andere 4 Katalogtat betreffen, können verwertet werden. Zur grundsätzlichen Unverwertbarkeit von Zufallserkenntnissen über Nichtkatalogtaten s. § 100a Rn. 10. Unterlagen, die für das Strafverfahren **ohne Bedeutung** sind oder deren Bedeutungslosigkeit sich nach Prüfung herausstellt, sind unter Aufsicht der StA unverzüglich **zu vernichten (Abs. 6 S. 1).** In der Niederschrift nach Abs. 6 S. 2 sind Anzahl und Art der vernichteten Unterlagen anzugeben, der Inhalt aber nur in allgemeiner Form (Hilger NStZ 1997, 371).

§ 100 c   Erstes Buch. 8. Abschnitt

5   Die **Kosten**, die dem Betreiber der Fernmeldeanlage nach Art. 4 § 11 G 10 von
    der Justiz zu erstatten sind, werden gemäß § 17 a ZSEG iVm Nr. 1904 KVGKG
    vom verurteilten Angeklagten erhoben (OLG Celle NdsRpfl. 1992, 202; OLG
    Zweibrücken NJW 1997, 2692; Meyer-Goßner Rn. 9).
6   Die **Beschwerde** (§ 304) ist gegen die richterliche Anordnung zulässig; Ent-
    scheidungen der Ermittlungsrichter des BGH und der OLGe sind nach § 304
    Abs. 4, 5 unanfechtbar (BGH NStZ 2002, 274; Meyer-Goßner Rn. 10). Gegen die
    erstmalige Anordnung der Telefonüberwachung in der **Beschwerdeinstanz** ist die
    weitere Beschwerde nicht statthaft (OLG Frankfurt NStZ-RR 1996, 78). Da der
    Betroffene im Hinblick auf § 33 Abs. 4 und § 101 Abs. 1 in der Praxis über die
    Maßnahme nicht unterrichtet ist, scheidet diese Beschwerdemöglichkeit idR aus.
    Gegen eine bereits **erledigte** Maßnahme ist nach der neuen Rspr. möglich (s. § 98
    Rn. 9; § 100 Rn. 4). Zur Anfechtung **berechtigt** wären an sich der Betroffene
    (und nicht der Beschuldigte) und bei Ablehnung einer gerichtlichen Anordnung
    allein die StA (LR-Schäfer Rn. 13).
7   Die **Revision** wird grundsätzlich darauf gestützt werden können, dass der Tat-
    richter Erkenntnisse aus einer Telefonüberwachung als Beweismittel verwertet hat,
    obwohl die Voraussetzungen für die Anordnung der Überwachung nach §§ 100 a,
    100 b nicht vorgelegen haben (vgl. BGH 31, 304 = NJW 1983, 1570). Bei **Über-
    schreitung** der gesetzlichen Dreimonatsfrist kommt es auf die Umstände des Ein-
    zelfalles an, ob Revision gegeben ist (BGH 44, 243 = NJW 1999, 959).

§ 100 c [Maßnahmen ohne Wissen des Betroffenen]

(1) **Ohne Wissen des Betroffenen**

1. **dürfen**
   a) **Lichtbilder und Bildaufzeichnungen hergestellt werden,**
   b) **sonstige besondere für Observationszwecke bestimmte technische
      Mittel zur Erforschung des Sachverhalts oder zur Ermittlung des
      Aufenthaltsortes des Täters verwendet werden, wenn Gegenstand
      der Untersuchung eine Straftat von erheblicher Bedeutung ist,
      und**
      **wenn die Erforschung des Sachverhalts oder die Ermittlung des Auf-
      enthaltsortes des Täters auf andere Weise weniger erfolgversprechend
      oder erschwert wäre,**
2. **darf das nichtöffentlich gesprochene Wort mit technischen Mitteln abgehört und aufgezeichnet werden, wenn bestimmte Tatsachen den Verdacht begründen, daß jemand eine in § 100 a bezeichnete Straftat begangen hat, und die Erforschung des Sachverhalts oder die Ermittlung
   des Aufenthaltsortes des Täters auf andere Weise aussichtslos oder wesentlich erschwert wäre,**
3.* *darf das in einer Wohnung nichtöffentlich gesprochene Wort des Beschuldigten
    mit technischen Mitteln abgehört und aufgezeichnet werden, wenn bestimmte Tat-
    sachen den Verdacht begründen, daß jemand*
    a) *eine Geldfälschung, eine Wertpapierfälschung (§§ 146, 151, 152 des Strafge-
       setzbuches) oder eine Fälschung von Zahlungskarten mit Garantiefunktion
       und Vordrucken für Eurochecks (§ 152 b des Strafgesetzbuches),
       einen schweren Menschenhandel nach § 181 Abs. 1, Nr. 2, 3 des Strafgesetz-
       buches,
       einen Mord, einen Totschlag (§§ 211, 212 des Strafgesetzbuches) oder einen
       Völkermord (§ 6 des Völkerstrafgesetzbuches),*

---

* Siehe Vorbemerkung von Rn. 1.

eine Straftat gegen die persönliche Freiheit (§§ 234, 234a, 239a, 239b des Strafgesetzbuches),
einen Bandendiebstahl (§ 244 Abs. 1 Nr. 2 des Strafgesetzbuches) oder einen schweren Bandendiebstahl (§ 244a des Strafgesetzbuches),
einen schweren Raub (§ 250 Abs. 1 oder Abs. 2 des Strafgesetzbuches), einen Raub mit Todesfolge (§ 251 des Strafgesetzbuches) oder eine räuberische Erpressung (§ 255 des Strafgesetzbuches),
eine Erpressung (§ 253 des Strafgesetzbuches) unter den in § 253 Abs. 4 Satz 2 des Strafgesetzbuches genannten Voraussetzungen,
eine gewerbsmäßige Hehlerei, eine Bandenhehlerei (§ 260 des Strafgesetzbuches) oder eine gewerbsmäßige Bandenhehlerei (§ 260a des Strafgesetzbuches),
eine Geldwäsche, eine Verschleierung unrechtmäßig erlangter Vermögenswerte nach § 261 Abs. 1 bis 4 des Strafgesetzbuches,
eine Bestechlichkeit (§ 332 des Strafgesetzbuches) oder eine Bestechung (§ 334 des Strafgesetzbuches),
b) eine Straftat nach §§ 51, 52 Abs. 1 Nr. 1, 2 Buchstabe c und d, Abs. 5, 6 des Waffengesetzes, § 34 Abs. 1 bis 6 des Außenwirtschaftsgesetzes oder nach § 19 Abs. 1 bis 3, § 20 Abs. 1 oder 2, jeweils auch in Verbindung mit § 21, oder § 22a Abs. 1 bis 3 des Gesetzes über die Kontrolle von Kriegswaffen,
c) eine Straftat nach einer in § 29 Abs. 3 Satz 2 Nr. 1 des Betäubungsmittelgesetzes in Bezug genommenen Vorschrift unter den dort genannten Voraussetzungen oder eine Straftat nach § 29a, 30 Abs. 1 Nr. 1, 2, 4, § 30a oder § 30b des Betäubungsmittelgesetzes,
d) Straftaten des Friedensverrats, des Hochverrats und der Gefährdung des demokratischen Rechtsstaates oder des Landesverrats und der Gefährdung der äußeren Sicherheit (§§ 80 bis 82, 85, 87, 88, 94 bis 96, auch in Verbindung mit § 97b, §§ 97a, 98 bis 100a des Strafgesetzbuches),
e) eine Straftat nach § 129 Abs. 4 in Verbindung mit Abs. 1, § 129a, jeweils auch in Verbindung mit § 129b Abs. 1, des Strafgesetzbuches oder
f) eine Straftat nach § 96 Abs. 2 oder § 97 des Aufenthaltsgesetzes oder nach § 84 Abs. 3 oder § 84a des Asylverfahrensgesetzes
begangen hat und die Erforschung des Sachverhalts oder die Ermittlung des Aufenthaltsortes des Täters auf andere Weise unverhältnismäßig erschwert oder aussichtslos wäre.

(2) ¹Maßnahmen nach Absatz 1 dürfen sich nur gegen den Beschuldigten richten. ²Gegen andere Personen sind Maßnahmen nach Absatz 1 Nr. 1 Buchstabe a zulässig, wenn die Erforschung des Sachverhalts oder die Ermittlung des Aufenthaltsortes des Täters auf andere Weise erheblich weniger erfolgversprechend oder wesentlich erschwert wäre. ³Maßnahmen nach Absatz 1 Nr. 1 Buchstabe b, Nr. 2 dürfen gegen andere Personen nur angeordnet werden, wenn auf Grund bestimmter Tatsachen anzunehmen ist, daß sie mit dem Täter in Verbindung stehen oder eine solche Verbindung hergestellt wird, daß die Maßnahme zur Erforschung des Sachverhalts oder zur Ermittlung des Aufenthaltsortes des Täters führen wird und dies auf andere Weise aussichtslos oder wesentlich erschwert wäre. ⁴Maßnahmen nach Absatz 1 Nr. 3 dürfen nur in Wohnungen des Beschuldigten durchgeführt werden. ⁵In Wohnungen anderer Personen sind Maßnahmen nach Absatz 1 Nr. 3 nur zulässig, wenn auf Grund bestimmter Tatsachen anzunehmen ist, daß der Beschuldigte sich in diesen aufhält, die Maßnahme in Wohnungen des Beschuldigten allein nicht zur Erforschung des Sachverhalts oder zur Ermittlung des Aufenthaltsortes des Täters führen wird und dies auf andere Weise unverhältnismäßig erschwert oder aussichtslos wäre.

§ 100 c

(3) **Die Maßnahmen dürfen auch durchgeführt werden, wenn Dritte unvermeidbar betroffen werden.**

Vorbemerkung:
Aus dem Urteil des Bundesverfassungsgerichts vom 3. März 2004 – 1 BvR 2378/98, 1 BvR 1084/99 – wird folgende Entscheidungsformel veröffentlicht:
Unvereinbar nach Maßgabe der Gründe sind von den Vorschriften der Strafprozessordnung in der Fassung des Gesetzes zur Verbesserung der Bekämpfung der Organisierten Kriminalität vom 4. Mai 1998 (Bundesgesetzblatt I Seite 845) und in der Fassung späterer Gesetze
– § 100 c Absatz 1 Nummer 3, § 100 d Absatz 3, § 100 d Absatz 5 Satz 2 und § 100 f Absatz 1
mit Artikel 13 Absatz 1, Artikel 2 Absatz 1 und Artikel 1 Absatz 1 des Grundgesetzes,
– § 101 Absatz 1 Satz 1 und 2 darüber hinaus
mit Artikel 19 Absatz 4 des Grundgesetzes,
– § 101 Absatz 1 Satz 3
mit Artikel 103 Absatz 1 des Grundgesetzes und
– § 100 d Absatz 4 Satz 3 in Verbindung mit § 100 b Absatz 6
mit Artikel 19 Absatz 4 des Grundgesetzes.
... Soweit die angegriffenen Vorschriften der Strafprozessordnung unvereinbar mit dem Grundgesetz sind, ist der Gesetzgeber verpflichtet, einen verfassungsgemäßen Rechtszustand bis spätestens zum 30. Juni 2005 herzustellen. Bis zu diesem Termin können die beanstandeten Normen unter Berücksichtigung des Schutzes der Menschenwürde und des Grundsatzes der Verhältnismäßigkeit weiterhin angewandt werden. Für § 100 d Abs. 3 Satz 5 StPO gilt während dieser Zeit die Maßgabe, dass das in § 100 d Abs. 2 Satz 1 StPO genannte Gericht von Amts wegen über die weitere Verwertbarkeit der Erkenntnisse im vorbereitenden Verfahren entscheidet. Die Entscheidungen nach § 100 d Abs. 4 Satz 1 und § 101 Abs. 1 Satz 2 StPO liegen auch nach Erhebung der öffentlichen Klage ebenfalls bei dem in § 100 d Abs. 2 Satz 1 StPO genannten Gericht.
Die vorstehende Entscheidungsformel hat gemäß § 31 Abs. 2 des Bundesverfassungsgerichtsgesetzes Gesetzeskraft (BGBl. I 2004 S. 470).

1 Der Einsatz **technischer Mittel (TM)** war in der StPO nur vereinzelt geregelt, zB in §§ 81 b, 100 a, 163 d; im Übrigen wurde ihr Einsatz auf die §§ 161, 163 gestützt. Durch die §§ 100 c, 100 d und Änderungen in § 101 durch das OrgKG sind weitere spezielle gesetzliche Grundlagen für den ermittlungsbedingten Einsatz derjenigen TM geschaffen worden, die tiefer in die persönliche Sphäre Betroffener eindringen. § 100 c regelt nur den Einsatz von TM für **Observationszwecke.** Nicht unter diese Vorschrift fällt die sog. **Spurensicherung,** insbesondere nicht die nachträgliche Herstellung von Lichtbildern am Tatort für Zwecke der Beweissicherung und Auswertung (Hilger NStZ 1992, 461 f.). Der **Betroffene** ist grundsätzlich der Beschuldigte. Die Videoüberwachung von **Kaufhauskunden** verstößt nicht gegen deren Persönlichkeitsrecht, soweit die Besucher bei Betreten der Verkaufsräume darauf hingewiesen werden (BayObLG NJW 2002, 2893).

2 § 100 c erlaubte bisher nur Maßnahmen, durch die das Grundrecht auf **Unverletzlichkeit der Wohnung nicht beeinträchtigt wird.** Nachdem durch Gesetz v. 26. 3. 1998 (BGBl. I S. 610) Art. 13 GG (Unverletzlichkeit von Wohnungen) eingeschränkt wurde und die **akustische Wohnraumüberwachung** in bestimmten Fällen zulässig ist, wurde § 100 c umgestaltet. Denn Art. 13 Abs. 2 GG erlaubte bisher eine Durchbrechung des Grundsatzes des Art. 13 Abs. 1 GG nur für offene Durchsuchungen (Hilger NStZ 1992, 462). Die bisherige Rspr. zu § 100 c ist also

weitgehend überholt. „Nicht jede akustische Überwachung von Wohnraum verletzt den Menschenwürdegehalt des Art. 13 Abs. 1 GG", **Großer Lauschangriff,** (BGH NJW 2004, 999 mit Ausführungen). Aber schon bisher unterlag der vom Beschuldigten benutzte **Pkw** nicht dem Schutzbereich des Art. 13 GG, so dass Maßnahmen nach § 100 c möglich sind (LG Stendal NStZ 1994, 556 m. zust. Anm. Mahnkopf/Döring). Ein **Kfz** darf auch heimlich geöffnet werden, um ein technisches Mittel nach § 100 c Abs. 1 Nr. 2 einzubauen; es darf jedoch nicht zu diesem Zweck heimlich in eine Werkstatt verbracht werden (BGH NJW 1997, 2189). „Der **Besuchsraum** einer Untersuchungshaftanstalt ist keine Wohnung iSd Art. 13 GG. Gespräche des Untersuchungsgefangenen mit Angehörigen dürfen jedenfalls dann unter den Voraussetzungen des § 100 c Abs. 1 Nr. 2, Abs. 3 abgehört werden, wenn der Besuch erkennbar von einem Beamten überwacht wird, der Verdacht einer schweren Straftat gegeben und auch im Übrigen der Grundsatz der Verhältnismäßigkeit gewahrt ist (BGH 44, 138 = NJW 1998, 3284). Beim Einsatz der TM ist auch – wie allgemein bei Eingriffen in grundrechtlich geschützte Bereiche – der **Verhältnismäßigkeitsgrundsatz** (s. KK-Pfeiffer Einl. Rn. 30) zu beachten.

Nach **Abs. 1 Nr. 1 a** dürfen **Lichtbilder und Bildaufzeichnungen** (Video, Film) hergestellt werden; in nicht allgemein zugänglichen Wohnungen ist eine solche Maßnahme aber nicht zulässig (s. Rn. 2), auch wenn sie von außen gefertigt wird. Es ist unerheblich, ob ein Katalog vorliegt oder nicht. Auch bei längerfristigen Observationen von Beschuldigten ist der Einsatz technischer Mittel zur Herstellung von Lichtbildern und Bildaufzeichnungen nach § 100 c Abs. 1 Nr. 1 a außerhalb von Wohnungen zulässig (BGH 44, 13 = NJW 1998, 1237). **Einfacher Tatverdacht** genügt. Die Maßnahme unterliegt der einfachen **Subsidiaritätsklausel** (s. Rn. 2), wenn sie sich gegen den Beschuldigten richtet, bei einem Dritten ist die qualifizierte Subsidiaritätsklausel maßgebend (Abs. 2 S. 2). Nach **Abs. 1 Nr. 1 b** dürfen für **Observationszwecke** bestimmte TM außerhalb von nicht allgemein zugänglichen Wohnungen (s. Rn. 2) eingesetzt werden. „Die Beweisgewinnung unter Verwendung des satellitengestützten Navigationssystems **„Global Positioning System"** („GPS") ist **§ 100 c Abs. 1 Nr. 1 Buchst. b gedeckt.** Diese Vorschrift gestattet den Strafverfolgungsbehörden im Wege der Annexkompetenz unter Beachtung des Verhältnismäßigkeitsgrundsatzes auch die Vornahme der für den Einsatz des technischen Mittels notwendigen Begleitmaßnahmen. Trifft der Einsatz des „GPS" mit anderen je für sich zulässigen Eingriffsmaßnahmen zusammen und führt dies zu einer **umfassenden Überwachung der Person,** so kann das gegen den Grundsatz der Verhältnismäßigkeit verstoßen. Bei der insoweit erforderlichen Abwägung kommt dem Gewicht der aufzuklärenden Straftat besondere Bedeutung zu. Werden für **langfristige Observationen technische Mittel im Sinne des § 100 c** Abs. 1 Nr. 1 Buchst. b verwendet, so sind zusätzlich die Anordnungsvoraussetzungen des **§ 163 f** zu beachten. Bis zum Inkrafttreten dieser Vorschrift (1. November 2000) bestand keine richterliche Anordnungskompetenz (BGH 46, 267 = NJW 2001, 1658). Die „Kumulation" verschiedener Observationsmaßnahmen stellt keinen weiteren, eine besondere gesetzliche Ermächtigungsgrundlage erfordernden Eingriff in den Schutzbereich des Rechts auf informationelle Selbstbestimmung dar (OLG Düsseldorf NJW 1998, 3579). Auch bei **längerfristigen Observationen** von Beschuldigten ist der Einsatz technischer Mittel zur Herstellung von Lichtbildern und Bildaufzeichnungen nach § 100 c Abs. 1 Nr. 1 a außerhalb der Wohnungen zulässig (BGH 44, 13 = NJW 1998, 1237). Einfacher Tatverdacht genügt, der sich aber auf eine Straftat von **erheblicher Bedeutung** (vgl. BVerfGE 57, 284 = NJW 1981, 1719; BGH 32, 122 = NJW 1984, 247) beziehen muss. Richtet sich die Maßnahme gegen den Beschuldigten, so ist die einfache Subsidiaritätsklausel maßgebend; bei einer Anordnung gegen einen Dritten als Zielperson gilt die strenge Subsidiaritätsklausel nach **Abs. 2 S. 3.**

§ 100 d

4 **Akustische Überwachung: Abs. 1 Nr. 2** erlaubt das Abhören und **Aufzeichnen des nichtöffentlich** gesprochenen Wortes, nach **Abs. 1 Nr. 2** allerdings nur **außerhalb** des von Art. 13 GG geschützten Bereichs (vor allem Wohnung). Dabei geht es grundsätzlich um eine heimliche Maßnahme, die sich auf das nicht zur Kenntnis des Abhörenden bestimmte nicht öffentlich gesprochene Wort bezieht (KK-Nack Rn. 10). Das **Abhören des in einer Wohnung** nicht öffentlich gesprochenen Wortes, **(bisherige Abs. 1 Nr. 3) ist verfassungswidrig** (BVerfG NJW 2004, 999). **Bestimmte Tatsachen** müssen den **Verdacht** einer der in § 100a bezeichneten Straftat begründen (Meyer-Goßner Rn. 9). Zu beachten ist die **Subsidiarität**. Die Maßnahmen nach **Abs. 1 Nr. 1 und Nr. 2** unterliegen insoweit unterschiedlichen Voraussetzungen. Bei **Nr. 1** reicht es aus, dass das Ermittlungsergebnis auf andere Weise weniger Erfolg versprechend oder erschwert zu erreichen wäre. Demgegenüber verlangt **Nr. 2,** dass die Ermittlung auf andere Weise aussichtslos oder wesentlich erschwert wäre.

5 **Ohne Wissen** des Betroffenen werden die Maßnahmen angeordnet. IdR ist der **Beschuldigte der Betroffene.** Entgegen der Formulierung in **Abs. 2 S. 2** („nur gegen den Beschuldigten") und **Abs. 2 S. 3** („nur in Wohnungen des Beschuldigten") lassen **Abs. 2 S. 2, 3 und 5** aber auch gegen **andere Personen (Nichtbeschuldigte)** die Maßnahmen zu (Meyer-Goßner Rn. 17). Hierbei ist die Subsidiaritätsklausel besonders zu beachten. Gegen **Strafverteidiger,** die nicht selbst Beschuldigte einer Katalogtat nach § 100a sind, dürfen die Maßnahmen nach Abs. 1 Nr. 1 und 2 wegen § 148 Abs. 1 nicht angeordnet werden (Meyer-Goßner Rn. 18). Es ist also unzulässig, Verteidigergespräche in der Haftzelle oder auf dem Gerichtsflur zu überwachen (KK-Nack Rn. 29).

6 **Abs. 3.** Es lässt sich nicht ausschließen, das **Dritte** von der Maßnahmen betroffen werden, zB Straßenpassanten bei einer Bildaufzeichnung oder der Gesprächspartner beim Abhören des nichtöffentlich gesprochenen Wortes (BGH 44, 141 = NJW 1998, 3284).

7 Die **Vernichtungsklausel** des § 100b Abs. 6 S. 1 gilt kraft Verweisung in § 100d Abs. 1 S. 2 sinngemäß für Unterlagen, die durch Maßnahmen gemäß § 100c Abs. Nr. 2, das Abhören und Aufzeichnungen des außerhalb der Wohnung nichtöffentlich gesprochenen Wortes mit technischen Mitteln, erlangt wurden (Hilger NStZ 1997, 371). Das Aufzeichnen des **öffentlich** gesprochenen Wortes ist gemäß §§ 161, 163 **zulässig.**

8 Die **Revision** kann darauf gestützt werden (s. auch § 100a Rn. 12), dass der Tatrichter bei der Beweiswürdigung unverwertbare Erkenntnisse verwertet hat. Erkenntnisse sind **unverwertbar,** die unter Verletzung des § 100c erlangt worden sind (BGH 34, 39 = NJW 1986, 2261), wenn zB im Fall des Abs. 1 Nr. 2 kein Verdacht einer Katalogtat bestand (Meyer-Goßner Rn. 15) oder wenn zB die Anordnung unter bewusster Überschreitung der gesetzlichen Befugnis getroffen worden ist (BGH 42, 372 = NJW 1997, 1018). Die Rüge muss nach § 344 Abs. 2 in bestimmter Form erhoben und durch Angabe der den vorgeblichen Mangel enthaltenden Tatsachen begründet werden (BGH 29, 276 = NJW 1964, 1234; BGH 34, 42 f.; s. auch § 100a Rn. 12). Zum **Verwertungsverbot** s. § 100a Rn. 11.

§ 100 d [Zuständigkeit]

(1) ¹**Maßnahmen nach § 100 c Abs. 1 Nr. 2 dürfen nur durch den Richter, bei Gefahr im Verzug auch durch die Staatsanwaltschaft und ihre Ermittlungspersonen (§ 152 des Gerichtsverfassungsgesetzes) angeordnet werden.** ²§ 98b Abs. 1 Satz 2, § 100b Abs. 1 Satz 3, Abs. 2, 4 und 6 gelten sinngemäß.

(2) ¹**Maßnahmen nach § 100 c Abs. 1 Nr. 3 dürfen nur durch die in § 74a des Gerichtsverfassungsgesetzes genannte Strafkammer des Landgerichts**

Beschlagnahme, Überwachung, Durchsuchung § **100 d**

angeordnet werden, in dessen Bezirk die Staatsanwaltschaft ihren Sitz hat. ²Bei Gefahr im Verzug kann die Anordnung auch durch den Vorsitzenden getroffen werden. ³Dessen Anordnung tritt außer Kraft, wenn sie nicht binnen drei Tagen von der Strafkammer bestätigt wird. ⁴§ 100 b Abs. 2 Satz 1 bis 3 gilt sinngemäß.

(3)* ¹In den Fällen des § 53 Abs. 1 ist eine Maßnahme nach § 100 c Abs. 1 Nr. 3 unzulässig. ²Dies gilt auch, wenn zu erwarten ist, daß sämtliche aus der Maßnahme zu gewinnenden Erkenntnisse einem Verwertungsverbot unterliegen. ³In den Fällen der §§ 52 und 53 a dürfen aus einer Maßnahme nach § 100 c Abs. 1 Nr. 3 gewonnene Erkenntnisse nur verwertet werden, wenn dies unter Berücksichtigung der Bedeutung des zugrundeliegenden Vertrauensverhältnisses nicht außer Verhältnis zum Interesse an der Erforschung des Sachverhaltes oder der Ermittlung des Aufenthaltsortes des Täters steht. ⁴Sind die zur Verweigerung des Zeugnisses Berechtigten einer Teilnahme oder einer Begünstigung, Strafvereitelung oder Hehlerei verdächtig, so ist Satz 1 unanwendbar; außerdem muß dieser Umstand bei der Prüfung der Verhältnismäßigkeit berücksichtigt werden. ⁵Über die Verwertbarkeit entscheidet im vorbereitenden Verfahren das in Absatz 2 Satz 1 bezeichnete Gericht.

(4) ¹Eine Anordnung nach § 100 c Abs. 1 Nr. 3 ist auf höchstens vier Wochen zu befristen. ²Eine Verlängerung um jeweils nicht mehr als vier Wochen ist zulässig, solange die Voraussetzungen für die Maßnahme fortbestehen. ³*§ 100 b Abs. 4 und 6 gilt sinngemäß.*

(5) ¹Personenbezogene Informationen, die durch die Verwendung technischer Mittel nach § 100 c Abs. 1 Nr. 2 erlangt worden sind, dürfen in anderen Strafverfahren zu Beweiszwecken nur verwendet werden, soweit sich bei Gelegenheit der Auswertung Erkenntnisse ergeben, die zur Aufklärung einer in § 100 a bezeichneten Straftat benötigt werden. ²*Personenbezogene Informationen, die durch eine Maßnahme nach § 100 c Abs. 1 Nr. 3 erlangt worden sind, dürfen in anderen Strafverfahren zu Beweiszwecken nur verwendet werden, soweit sich bei Gelegenheit der Auswertung Erkenntnisse ergeben, die zur Aufklärung einer in § 100 c Abs. 1 Nr. 3 bezeichneten Straftat benötigt werden.*

(6) ¹Auch nach Erledigung einer Maßnahme nach § 100 c Abs. 1 Nr. 3 kann der Beschuldigte, in den Fällen des § 100 c Abs. 2 Satz 5 auch der Inhaber dieser Wohnung, die Überprüfung der Rechtmäßigkeit der Anordnung sowie der Art und Weise des Vollzugs beantragen. ²Vor Erhebung der öffentlichen Klage entscheidet das in Absatz 2 Satz 1 genannte, danach das mit der Sache befaßte Gericht. ³Dieses kann über die Rechtmäßigkeit in der Entscheidung befinden, die das Verfahren abschließt.

S. § 100 c vor Rn. 1.
Diese Vorschrift befasst sich mit dem Verfahren. Anordnungen zu Maßnahmen **1** nach **§ 100 c Abs. 1 Nr. 1** trifft die StA kraft ihrer Verfahrensleitung (§ 161) und die Polizei gemäß § 163. Erkenntnisse aus diesen Maßnahmen sind in Strafverfahren grundsätzlich unbeschränkt verwertbar (Hilger NStZ 1992, 463 Fn. 117). Maßnahmen nach **§ 100 c Abs. 1 Nr. 2** bedürfen idR nach Abs. 1 S. 1 **richterlicher** Anordnung; nur bei **Gefahr im Verzug** (s. hierzu § 98 Rn. 2) besteht für die StA und ihre Hilfsbeamten eine **Eilkompetenz**. Aber Hilfsbeamte sind nur anordnungsberechtigt, wenn keine Anordnung keinen Aufschub gestattet, also zB die StA nicht erreichbar ist (Hilger NStZ 1992, 463 Fn. 118).

Nach **Abs. 1 S. 2** gelten die §§ 98 b Abs. 1 S. 2, 100 b Abs. 1 S. 3, Abs. 2, 4, 6 **2** sinngemäß: Das bedeutet: Im Falle einer Anordnung des Einsatzes dieser TM per

---

* Siehe Vorbemerkung vor Rn. 1 zu § 100 c.

§ 100 e

Eilkompetenz ist unverzüglich eine **richterliche Bestätigung** zu beantragen; erfolgt diese Bestätigung nicht binnen 3 Tagen, so tritt die Anordnung **außer Kraft.** Bei Berechnung der 3-Tage-Frist zählt der Einsatztag gemäß § 42 nicht mit. Die Anordnung ergeht **schriftlich,** muss **Namen und Anschrift** des Betroffenen enthalten, gegen den sich dieser Einsatz richtet, sowie **Art, Umfang und Dauer** der Maßnahme bestimmen, zB ob nur abgehört oder ob und in welchem Umfang auch aufgezeichnet werden soll; Orte, wo abgehört werden soll, ob alle Gespräche oder nur solche mit bestimmten Personen und zu bestimmten Themen abgehört werden sollen, und ob die Maßnahme nur auf bestimmte Tageszeiten beschränkt ist. Welches technische Gerät zu benutzen ist, ist jedoch nicht Gegenstand der richterlichen Entscheidung; diese Anordnung unterliegt der StA kraft ihrer Verfahrensleitung (§§ 161, 36 Abs. 2), der Polizei gemäß § 163 in Eilfällen. Die Anordnung ist auf höchstens 3 Monate **zu befristen,** eine Verlängerung um jeweils nicht mehr als 3 Monate ist zulässig, soweit die in § 100 c Abs. 1 Nr. 2 bezeichneten **Voraussetzungen fortbestehen.** Liegen die Voraussetzungen nicht mehr vor, so sind die angeordneten Maßnahmen **unverzüglich zu beenden;** die Beendigung ist dem Richter anzuzeigen. Die durch Maßnahmen erlangten Unterlagen sind unverzüglich unter Aufsicht der StA **zu vernichten,** wenn sie für die Strafverfolgung nicht mehr erforderlich sind. Über die Vernichtung ist eine **Niederschrift** anzufertigen (Hilger NStZ 1992, 463).

3 Da die akustische Wohnraumüberwachung **rechtswidrig** ist, sind Erörterungen über die Durchführung überflüssig geworden.

4 Nach **Abs. 5** dürfen **ebenso** wie in §§ 98b Abs. 3 S. 3, 100b Abs. 4 Erkenntnisse **(Zufallsfunde),** die bei Abhörmaßnahmen nach § 100 c Abs. 1 Nr. 2 und Nr. 3 gewonnen worden sind, in anderen Strafverfahren zu Beweiszwecken nur begrenzt verwendet werden, und hier nur, wenn sie zur Aufdeckung einer **Katalogtat** nach § 100 a benötigt werden (s. Abs. 5). Erkenntnisse aus Beobachtungsmaßnahmen nach § 100 c Abs. 1 Nr. 1 sind aber grundsätzlich uneingeschränkt verwertbar (Meyer-Goßner Rn. 11).

5 Die Regelung des **Abs. 6** ist § 33 a nachgebildet. Sie eröffnet dem Beschuldigten und – bei der akustischen Überwachung einer anderen Person (§ 100 Abs. 2 S. 5) – auch dem Inhaber dieser Wohnung die Überprüfung nicht nur der Rechtmäßigkeit der Anordnung, sondern auch der Art und Weise des Vollzugs, wenn die Maßnahme erfolgt ist. Ein betroffener **Dritter,** der nicht Inhaber der Wohnung ist, kann gerichtliche Überprüfung nach dieser Bestimmung nicht beantragen. Er kann aber bei Rechtsschutzinteresse Beschwerde einlegen (§ 304 Abs. 2). Die Antragsberechtigten haben stets ein Rechtsschutzinteresse (KK-Nack Rn. 33). **Zuständig** ist vor Erhebung der Klage die anordnende Strafkammer, danach das mit der Sache befasste Gericht (Abs. 6 S. 2).

6 **Beschwerde: Gegen die richterliche** Anordnung kann Beschwerde nach § 304 erhoben werden. Bei Erledigung der Maßnahmen nach § 100 c Abs. 1 und 2 gelten die Regeln über die nachträgliche Feststellung einer Rechtswidrigkeit (vgl. § 100 b Rn. 6; § 98 Rn. 9).

7 **Revision:** Die Ausführungen zu § 100 c gelten entsprechend (§ 100 c Rn. 8). Wurde trotz Bestehens eines Beweiserhebungs- oder Beweisverwertungsverbotes abgehört oder aufgezeichnet, sind die gewonnenen Ergebnisse an sich unverwertbar. Aber der Beschuldigte kann über die Verwertung **disponieren;** sie kann in seinem Interesse liegen. Deshalb muss er in der Hauptverhandlung spätestens bis zu dem in § 257 genannten Zeitpunkt **widersprechen** (BGH NStZ 1997,502; BGH 42, 15 = NJW 1996, 1547 mwN; KK-Nack Rn. 23).

§ 100 e [Berichtspflicht]

(1) ¹**Die Staatsanwaltschaft berichtet der jeweils zuständigen obersten Justizbehörde spätestens drei Monate nach Beendigung einer Maßnahme**

nach § 100 c Abs. 1 Nr. 3 über Anlaß, Umfang, Dauer, Ergebnis und Kosten der Maßnahme sowie über die erfolgte Benachrichtigung der Beteiligten oder die Gründe, aus denen die Benachrichtigung bislang unterblieben ist und den Zeitpunkt, in dem die Benachrichtigung voraussichtlich erfolgen kann. ²Nach Abschluß des Verfahrens wird der Bericht entsprechend ergänzt. ³Ist die Benachrichtigung nicht innerhalb von vier Jahren nach Beendigung der Maßnahme erfolgt, ist die Staatsanwaltschaft jährlich zur erneuten Vorlage eines entsprechenden Berichtes verpflichtet.

(2) **Die Bundesregierung unterrichtet den Bundestag auf der Grundlage von Ländermitteilungen jährlich über die durchgeführten Maßnahmen nach § 100 c Abs. 1 Nr. 3.**

Mit dieser durch Gesetz v. 4. 5. 1998 (BGBl. I S. 845) eingestellten Vorschrift wird für die StA eine Berichtspflicht über vorgenommene akustische Wohnraumüberwachungen eingeführt mit einer Unterrichtung des Bundestages durch die Bundesregierung. Die Landesjustizverwaltungen unterrichten gemäß Art. 13 Abs. 6 S. 3 GG ein parlamentarisches Kontrollgremium, die Bundesregierung unterrichtet ihrerseits auf Grund der von den Landesjustizverwaltungen enthaltenen Mitteilungen den BT. Damit ist eine parlamentarische Kontrolle für die den Art. 13 GG einschränkenden Maßnahmen gegeben, wie sie ähnlich im G 10 für die Überwachung und Aufzeichnung des Fernmeldeverkehrs besteht. Die Kontrolle wird nach Art. 13 Abs. 4 S. 2 GG durch ein vom BT ausgewähltes Gremium ausgeübt. Eine wirksame Kontrolle erfordert auch Angaben über die Zahl der Verhaftungen, Anklageerhebungen und Verurteilungen als Folge der Abhöraktionen (Meyer-Goßner Rn. 3). 1

§ 100 f [Verwendung personenbezogener Informationen]

(1)* Personenbezogene Informationen, die durch eine Maßnahme nach § 100 c Abs. 1 Nr. 3 ermittelt worden sind, dürfen nur für Zwecke eines Strafverfahrens (§ 100 d Abs. 5 Satz 2) und zur Abwehr einer im Einzelfall bestehenden Gefahr für Leben, Leib oder Freiheit einer Person oder erhebliche Sach- oder Vermögenswerte verwendet werden.

(2) **Sind personenbezogene Informationen durch eine polizeirechtliche Maßnahme erlangt worden, die der Maßnahme nach § 100 c Abs. 1 Nr. 3 entspricht, dürfen sie zu Beweiszwecken nur verwendet werden, soweit sich bei Gelegenheit der Auswertung Erkenntnisse ergeben, die zur Aufklärung einer in § 100 c Abs. 1 Nr. 3 bezeichneten Straftat benötigt werden.**

Auch **Abs. 2** ist gegenstandslos geworden. 1

Vorbemerkungen zu § 100 g und § 100 h
idF des Gesetzes zur Änderung der Strafprozessordnung v. 20. 12. 2001 (BGBl. I S. 3858)

Die mit dem Ablauf des 31. Dezember 2001 **außer Kraft** getretene Regelung des § 12 des Gesetzes über Fernmeldeanlagen (FAG) gestattete es den Strafverfolgungsbehörden, von den verpflichteten Diensteanbietern Auskunft über Telekommunikationsverbindungen zu verlangen. Insbesondere bei der Beschaffung von Beweismitteln (Indizien) für tatbestandsmäßiges Verhalten, zur Bestimmung des Standortes eines Beschuldigten zur Tatzeit oder zur Ermittlung seines gegenwärtigen Aufenthaltsortes und zur Abklärung, ob und bezüglich welcher Personen eine Telekommunikationsüberwachung Erfolg versprechend erscheint, hat sich die Aus- 1

---

* Siehe Vorbemerkung vor Rn. 1 zu § 100 c.

§ 100 g

kunftsanordnung als wichtiges Ermittlungsinstrument erwiesen. Ihre Bedeutung bei der Bekämpfung von Datennetzkriminalität ist hoch. Im Interesse einer effektiven Strafverfolgung ist es daher unabdingbar, dass den Strafverfolgungsbehörden diese Ermittlungsmaßnahme auch nach dem 31. Dezember 2002 zur Verfügung steht. **Daher wurden §§ 100 g, 100 h eingefügt.**

2   Gleichzeitig ist wegen des mit entsprechenden Auskünften verbundenen Eingriffs in das Fernmeldegeheimnis (Artikel 10 des Grundgesetzes) sowie in das Recht auf informatielle Selbstbestimmung (Artikel 2 Abs. 1 iVm Artikel 1 Abs. 1 des Grundgesetzes) bei der Neugestaltung der Vorschrift verfassungsrechtlichen Bedenken Rechnung getragen, die gegen die Vorschrift des § 12 FAG unter dem Blickwinkel des Bestimmtheitserfordernisses erhoben wurden. Diese Nachfolgeregelung trägt sowohl dem Schutz der betroffenen Grundrechte als auch den Geboten von Rechtssicherheit und -klarheit und den im Rechtsstaatsprinzip verankerten Belangen einer wirksamen Strafrechtspflege angemessen Rechnung.

3   Aus systematischen Gründen wurde die Befugnis der Strafverfolgungsbehörden, Auskunft über Telekommunikationsverbindungsdaten zu verlangen, in die Strafprozessordnung eingestellt. Der Auskunftsanspruch ist insgesamt mit den Regelungen zur Telekommunikationsüberwachung in den §§ 100 a, 100 b StPO harmonisiert. Insbesondere bedarf es in Zukunft in Fällen, in denen die Auskunftserteilung wegen Gefahr im Verzug durch die Staatsanwaltschaft angeordnet worden ist, binnen einer Frist von drei Tagen der Bestätigung der Maßnahme durch den Richter.

4   **Die Neuregelung ist bis zum Ablauf des 31. Dezember 2004 befristet** (Artikel 4 des Gesetzes), weil auf der Grundlage gegenwärtig erstellter Gutachten bis dahin insbesondere hinsichtlich der Berücksichtigung von Zeugnisverweigerungsrechten ein den Besonderheiten aller heimlichen Ermittlungsmaßnahmen gerecht werdendes Gesamtkonzept erarbeitet und umgesetzt werden wird (BT-Drucks. 14/7008).

§ 100 g [Auskunft über Telekommunikationsverbindungen]

(1) ¹Begründen bestimmte Tatsachen den Verdacht, dass jemand als Täter oder Teilnehmer eine Straftat von erheblicher Bedeutung, insbesondere eine der in § 100 a Satz 1 genannten Straftaten, oder mittels einer Endeinrichtung (§ 3 Nr. 3 des Telekommunikationsgesetzes) begangen, in Fällen in denen der Versuch strafbar ist, zu begehen versucht oder durch eine Straftat vorbereitet hat, darf angeordnet werden, dass diejenigen, die geschäftsmäßig Telekommunikationsdienste erbringen oder daran mitwirken, unverzüglich Auskunft über die in Absatz 3 bezeichneten Telekommunikationsverbindungsdaten zu erteilen haben, so weit die Auskunft für die Untersuchung erforderlich ist. ²Dies gilt nur, soweit diese Verbindungsdaten den Beschuldigten oder die sonstigen in § 100 a Satz 2 bezeichneten Personen betreffen. ³Die Auskunft darf auch über zukünftige Telekommunikationsverbindungen angeordnet werden.

(2) Die Erteilung einer Auskunft darüber, ob von einem Telekommunikationsanschluss Telekommunikationsverbindungen zu den in Absatz 1 Satz 2 genannten Personen hergestellt worden sind, darf nur angeordnet werden, wenn die Erforschung des Sachverhalts oder die Ermittlung des Aufenthaltsortes des Beschuldigten auf andere Weise aussichtslos oder wesentlich erschwert wäre.

(3) Telekommunikationsverbindungsdaten sind:
1. Im Falle einer Verbindung Berechtigungskennungen, Kartennummern, Standortkennung sowie Rufnummer oder Kennung des anrufenden und angerufenen Anschlusses oder der Endeinrichtung,

Beschlagnahme, Überwachung, Durchsuchung § 100 g

2. Beginn und Ende der Verbindung nach Datum und Uhrzeit,
3. vom Kunden in Anspruch genommene Telekommunikationsdienstleistung,
4. Endpunkte festgeschalteter Verbindungen, ihr Beginn und ihr Ende nach Datum und Uhrzeit.

Die §§ 100 g und 100 h sind durch das Gesetz zur Änderung der Strafprozessordnung v. 20. 12. 2001 (BGBl. I S. 3879) eingefügt worden (s. Vorbemerkung). **Abs. 1 Satz 1** regelt **Voraussetzungen und Inhalt des Auskunftsverlangens über Telekommunikationsverbindungsdaten.** Gegenüber der Regelung des § 12 FAG wird die Eingriffsschwelle für den künftigen Auskunftsanspruch maßvoll angehoben. Hintergrund ist, dass mit dem Auskunftsverlangen in das Grundrecht des Fernmeldegeheimnisses eingegriffen wird, dieser Eingriff aber in seiner Schwere regelmäßig hinter der Überwachung von Telekommunikationsinhalten (§ 100 a) zurückbleibt. Verlangt wird nunmehr, ähnlich wie im Falle einer Telekommunikationsüberwachung nach § 100 a, mit **„bestimmten Tatsachen"** eine objektivierbare Verdachtslage, die sich auf eine Straftat von erheblicher Bedeutung beziehen muss. Durch die ausdrückliche beispielhafte Erwähnung der in § 100 a Satz 1 genannten Straftaten werden die Anordnungsvoraussetzungen des Auskunftsanspruchs weiter **präzisiert**, gleichwohl bleibt aber die für eine sachgerechte Anwendung der Vorschrift erforderliche Flexibilität erhalten. Naturgemäß keine erhebliche Bedeutung der Straftat wird in den Fällen verlangt, in denen die Straftat mittels einer Endeinrichtung im Sinne des Telekommunikationsgesetzes (TKG) – insbesondere mittels Telefon oder Computer (Internet) – begangen wurde. Hier müssen auch bei weniger schweren Delikten wie z. B. beleidigenden Anrufen oder E-Mails Auskunftsersuchen möglich sein, weil diese Taten ohne eine Auskunft über die Verbindungsdaten (Nummer des anrufenden Anschlusses) regelmäßig nicht aufklärbar sind. Generell **keinen Auskunftsanspruch** gibt es weiterhin nach § 46 Abs. 3 Satz 1 **OWiG bei Ordnungswidrigkeiten,** wobei sich dies für eine Straftat von erheblicher Bedeutung voraussetzenden Befugnisse bereits unmittelbar aus § 46 Abs. 1 OWiG iVm dem Verhältnismäßigkeitsprinzip ergibt. §§ 100 g und 100 h erlauben Ermittlungen **gegen unbekannt** unter den strengen Voraussetzungen des § 100 h Abs. 1 S. 2 (vgl. Wolff/Neumann NStZ 2003, 404). 1

Durch die Verweisung auf die in **Abs. 3** der Vorschrift genannten Telekommunikationsverbindungsdaten wird der Auskunftsanspruch gegenüber der bisherigen Rechtslage, nach der pauschal Auskunft über die Telekommunikation verlangt werden kann, **präzisiert.** Der Kreis der Auskunftspflichtigen erfasst diejenigen, die **geschäftsmäßig** Telekommunikationsdienste erbringen oder daran mitwirken, und entspricht damit im Wesentlichen der Regelung des § 12 FAG. Ein Auskunftsanspruch nach Absatz 1 besteht nur, soweit die Auskunft für die Untersuchung **erforderlich** ist. Als strafprozessuale Eingriffsbefugnis unterliegt auch der Auskunftsanspruch nach § 100 g dem **Grundsatz der Verhältnismäßigkeit**. Es darf nur dann und nur soweit Auskunft über Verbindungsdaten verlangt und in das Grundrecht des Artikels 10 GG eingegriffen werden, wie dies im konkreten Einzelfall zu Zwecken der Strafverfolgung erforderlich ist. 2

Abs. 1 Satz 2 bestimmt, dass Auskunft nur über Verbindungsdaten des Beschuldigten oder der sonstigen in § 100 a Satz 2 bezeichneten Personen verlangt werden kann. Das Abstellen auf den in § 100 a genannten Personenkreis (neben dem Beschuldigten sind das Personen, von den auf Grund bestimmter Tatsachen anzunehmen ist, dass sie für den Beschuldigten bestimmte oder von ihm herrührende Mitteilungen entgegennehmen oder weitergeben oder dass der Beschuldigte ihren Anschluss benutzt) bedeutet eine weitere wünschenswerte Harmonisierung mit der Regelung zur Überwachung der Telekommunikation in § 100 a. Praktisch relevante Veränderungen gegenüber § 12 FAG sind damit nicht verbunden. Bei „Hacker- 3

§ 100 g

Angriffen", in denen sich der Täter unerlaubt, häufig unter Ausnutzung einer Vielzahl von Computernetzwerken einwählt, sind Betreiber von dazu missbrauchten, zwischengeschalteten Computernetzwerken als Personen im Sinne von § 100 a Satz 2 anzusehen.

4 **Abs. 1 Satz 3** ermöglicht es den Strafverfolgungsbehörden, Auskunft über solche Telekommunikationsverbindungsdaten zu verlangen, die erst **zukünftig** aufgezeichnet und gespeichert werden. Bislang kann nach überwiegender Auffassung auf Grund des § 12 FAG nur Auskunft über zum Zeitpunkt des Ersuchens bereits gespeicherte Verbindungsdaten verlangt werden. Zwar können die Strafverfolgungsbehörden bereits heute in kurzen Zeitabständen wiederholt in die Vergangenheit gerichtete Auskunftsverlangen nach § 12 FAG stellen. Hierbei besteht aber die Gefahr, dass sie mit ihren Auskunftsverlangen „zu spät" kommen, weil die zunächst rechtmäßig gespeicherten Verbindungsdaten zwischenzeitlich gelöscht oder gekürzt worden sind (vgl. z. B. § 6 Abs. 2, § 7 Abs. 3 und 4 TDSV). In Zukunft wird die Auskunftsverpflichtung nach Satz 3 auf Grund des in § 3 Abs. 1 TDSV enthaltenen allgemeinen Vorbehalts zugunsten anderer Rechtsvorschriften bis zur Übermittlung der geforderten Informationen den Löschungspflichten nach der Telekommunikations-Datenschutzverordnung vorgehen. Eine Verpflichtung zur Speicherung von Verbindungsdaten nur für Zwecke der Strafverfolgung, wie sie § 100 a StPO ermöglicht, ist mit der Regelung jedoch nicht verbunden. Auch Auskünfte über Aktivmeldungen von Mobiltelefonen in „stand-by"-Funktion sind entsprechend der bisherigen Regelung durch § 12 FAG im Anwendungsbereich des § 100 g nicht möglich.

5 **Abs. 2** regelt ausdrücklich den Einsatz der schon nach § 12 FAG zulässigen **Zielwahlsuche** im Rahmen des Auskunftsanspruchs über Telekommunikationsverbindungsdaten; hiermit sollen vor allem unbekannte Anschlussnummern ermittelt werden. Diese darf nur angeordnet werden, wenn die Erforschung des Sachverhalts oder die Ermittlung des Aufenthaltsortes des Beschuldigten auf andere Weise **aussichtslos oder wesentlich erschwert** wäre. Die durch diese **Subsidiaritätsklausel** erhöhte Eingriffsschwelle beruht darauf, dass im Rahmen der Ermittlung der herauszugebenden Verbindungsdaten auch viele Telekommunikationsverbindungen Unverdächtiger einbezogen und, ähnlich einer Rasterfahndung, abgeglichen werden müssen. Die Subsidiaritätsklausel entspricht derjenigen des § 100 a Abs. 1 Satz 1. Die **Zielwahlsuche** im Rahmen eines Auskunftsersuchen ist aber nicht wie eine Rasterfahndung nach § 17 Abs. 4 ZSEG zu entschädigen (OLG Stuttgart NStZ 2001, 158; OLG Köln NStZ-RR 2001, 31); denn hier handelt es sich gerade nicht um einen für eine Rasterfahndung maßgeblichen Abgleich von Daten bei unterschiedlichen Speicherstellen (KK-Nack Rn. 12).

6 In **Abs. 3** werden die dem Auskunftsanspruch unterfallenden Telekommunikationsverbindungsdaten **abschließend aufgezählt.** Diese Präzisierung des Auskunftsanspruchs orientiert sich – mit kleinen sprachlichen Abweichungen – an § 6 Abs. 1 Nr. 1 bis 4 der Telekommunikations-Datenschutzverordnung (TDSV) in der Fassung vom 18. Dezember 2000 und erfasst damit diejenigen Verbindungsdaten, die grundsätzlich erhoben, verarbeitet (gespeichert) und genutzt werden dürfen, also legal zur Verfügung stehen. Mit der „Kennung" in Nr. 1 werden insbesondere auch die IMEI-Nummern (elektronische Gerätekennung von Mobiltelefonen, die im Rahmen der Telekommunikation übertragen wird) sowie die IP-Adressen von Computern erfasst, die Zugang zum Internet haben. Nicht erfasst werden dagegen Auskünfte über den Namen einer „hinter einer" IP-Adresse oder E-Mail-Adresse stehenden Person. Hierbei handelt es sich jedoch um Bestandsdaten im Sinne des § 2 Nr. 3 TDSV, die gegenwärtig von den Strafverfolgungsbehörden in der Praxis über § 89 Abs. 6 TKG abgefragt werden (vgl. Drucks. 14/7008 S. 6 ff.).

§ 100 h [Anordnung zur Auskunftserteilung von Telekommunikationsverbindungen]

(1) ¹Die Anordnung muss den Namen und die Anschrift des Betroffenen, gegen den sie sich richtet, sowie die Rufnummer oder eine andere Kennung seines Telekommunikationsanschlusses enthalten. ²Im Falle einer Straftat von erheblicher Bedeutung genügt eine räumlich und zeitlich hinreichend bestimmte Bezeichnung der Telekommunikation, über die Auskunft erteilt werden soll, wenn andernfalls die Erforschung des Sachverhalts aussichtslos oder wesentlich erschwert wäre. ³§ 100 h Abs. 1, 2 Satz 1 und 3, Abs. 6 und § 95 Abs. 2 gelten entsprechend; im Falle der Anordnung der Auskunft über zukünftige Telekommunikationsverbindungen gilt auch § 100 b Abs. 2 Satz 4 und 5, Abs. 4 entsprechend.

(2) ¹Soweit das Zeugnisverweigerungsrecht in den Fällen des § 53 Abs. 1 Satz 1 Nr. 1, 2 und 4 reicht, ist das Verlangen einer Auskunft über Telekommunikationsverbindungen, die von dem oder zu dem zur Verweigerung des Zeugnisses Berechtigten hergestellt wurden, unzulässig; eine dennoch erlangte Auskunft darf nicht verwertet werden. ²Dies gilt nicht, wenn die zur Verweigerung des Zeugnisses Berechtigten einer Teilnahme oder einer Begünstigung, Strafvereitelung oder Hehlerei verdächtig sind.

(3) Die durch die Auskunft erlangten personenbezogenen Informationen dürfen in anderen Strafverfahren zu Beweiszwecken nur verwertet werden, soweit sich bei Gelegenheit der Auswertung Erkenntnisse ergeben, die zur Aufklärung einer der in § 100 g Abs. 1 Satz 1 bezeichneten Straftaten benötigt werden, oder wenn der Beschuldigte zustimmt.

Die §§ 100 g und 100 h sind durch das Gesetz zur Änderung der Strafprozessordnung v. 20. 12. 2001 (BGBl. I S. 3879) eingefügt worden (s. Vorbemerkung). §§ 100 g und 100 h erlauben Ermittlungen **gegen unbekannt** unter den strengen Voraussetzungen des § 100 h Abs. 1 S. 2 (vgl. Wolff/Neumann NStZ 2003, 4004). **Abs. 1** führt zur weiteren Harmonisierung mit den Regeln der Telekommunikationsüberwachung (vgl. insbesondere die Bezugnahme auf § 100 b). Er enthält ausdrücklich formelle und inhaltlichen Anforderungen an den **schriftlichen Anordnungsbeschluss**. Anders als nach § 12 FAG bedarf ein wegen **Gefahr im Verzug** von der StA gestelltes Auskunftsverlangen wegen der Bezugnahme auf § 100 b Abs. 1 Satz 3 der Bestätigung des vorrangig für die Anordnung der Maßnahme zuständigen Richters binnen 3 Tagen. Auch die anderen Bezugnahmen auf die Bestimmungen des § 100 b und § 95 Abs. 2 sind genau zu beachten, insbesondere die Pflicht zur unverzüglichen Vernichtung der erlangten und nicht mehr erforderlichen Unterlagen unter Aufsicht der StA.

Hat ein Anbieter von Telekommunikationsdiesten an einem anderen Ort als am Sitz der Gesellschaft eine Niederlassung oder Abteilung errichtet, welche die feststellung und den abruf von Telekommunikationsdaten technisch umsetzt, und steht im Einzelfall der Ort fest, an welchem sich diese Niederlassung befindet, so folgt aus § 162 Abs. 1 S. 1 diesem Fall nicht das AG für die Anordnung gemäß §§ 100 g, 100 h zuständig ist, in dessen Belzirk der Sitz der (Verwaltungs-)Zentrale des Diesteanbieters befindet, sondern dasjenige AG, in dessen Bezirk die verbindungsdaten zu erheben und die Auskünfte zu erteilen sind (BGH NStZ 2003, 163).

Abs. 2 begrenzt die Zulässigkeit des Verlangens einer Auskunft über Telekommunitätsverbindungen in den Fällen des Zeungisverweigerungsrechts nach § 53 Abs. 1 Nr. 1 (Geistliche), des § 53 Abs. 1 Nr. 2 (Verteidiger) und des § 53 Abs. 1 Nr. 4 (Abgeordnete usw.) Verstöße führen zur Unzulässigkeit der Anordnung und zu einem Verwertungsverbot.

§ 100 i Erstes Buch. 8. Abschnitt

3 **Abs. 3** regelt die Verwendung der durch die Auskunft erlangten personenbezogenen Informationen in anderen Strafverfahren zu Beweiszwecken.
4 **Anfechtung.** Es gelten entsprechend die Ausführungen hinsichtlich Beschwerde und Revision § 100 b Rn. 6, 7 und § 100 d Rn. 9, 10).

§ 100 i [Einsatz technischer Mittel]

(1) Durch technische Mittel dürfen
1. zur Vorbereitung einer Maßnahme nach § 100 a die Geräte- und Kartennummer sowie,
2. zur voläufigen Festnahme nach § 127 Abs. 2 oder Ergreifung des Täters auf Grund eines Haftbefehls oder Unterbringungsbefehls der Standort eines aktiv geschalteten Mobilfunkendgerätes ermittelt werden.

(2) ¹Die Maßnahme nach Absatz 1 Nr. 1 ist nur zulässig, wenn die Voraussetzungen des § 100 a vorliegen und die Durchführung der Überwachungsmaßnahme ohne die Ermittlung der Geräte- oder Kartennummer nicht möglich oder wesentlich erschwert wäre. ²Die Maßnahme nach Absatz 1 Nr. 2 ist nur im Falle einer Straftat von erheblicher Bedeutung und nur dann zulässig, wenn die Ermittlung des Aufenthaltsortes des Täters auf andere Weise weniger erfolgversprechend oder erschwert wäre; § 100 c Abs. 1 Satz 2 gilt entsprechend. ³Die Maßnahme nach Absatz 1 Nr. 2 ist im Falle einer Straftat von erheblicher Bedeutung auch zulässig, wenn die Ermittlung des Aufenthaltsortes des Täters zur Eigensicherung der zur vorläufigen Festnahme oder Ergreifung eingesetzten Beamten des Polizeidienstes erforderlich ist.

(3) ¹Personenbezogene Daten Dritter dürfen anlässlich solcher Maßnahmen nur erhoben werden, wenn dies aus technischen Gründen zur Erreichung des Zwecks nach Absatz 1 unvermeidbar ist. ²Über den Datenabgleich zur Ermittlung der gesuchten Geräte- und Kartennummer hinaus dürfen sie nicht verwendet werden und sind nach Beendigung der Maßnahme unverzüglich zu löschen.

(4) ¹§ 100 b Abs. 1 gilt entsprechend; im Falle der Anordnung zur Vorbereitung einer Maßnahme nach § 100 a gilt auch § 100 b Abs. 2 Satz 1 entsprechend. ²Die Anordnung ist auf höchstens sechs Monate zu befristen. ³Eine Verlängerung um jeweils nicht mehr als sechs weitere Monate ist zulässig, soweit die in den Absätzen 1 und 2 bezeichneten Voraussetzungen fortbestehen. ⁴Auf Grund der Anordnung nach Absatz 1 Nr. 2 hat jeder, der geschäftsmäßig Telekommunikationsdienste erbringt oder daran mitwirkt, dem Richter der Staatsanwaltschaft und ihren im Polizeidienst tätigen Ermittlungspersonen (§ 152 des Gerichtsverfassungsgesetzes) die für die Ermittlung des Standortes des Mobilfunkendgerätes erforderliche Geräte- und Kartennummer mitzuteilen.

1 § 100 i (eingeführt durch Gesetz v. 6. 8. 2002, BGBl. I 3018) regelt den Einsatz des sog. **IMSI-Catchers.** Er hat nach **Abs. 1** eine zweifache Zweckbestimmung. Zum einen kann so die IMSI (International Mobile Subscriber Identity = die auf der im **Mobiltelefon eingelegten SIM-Karte gespeicherte Teilnehmeridentifikationsnummer**) ermittelt werden. Da die IMSI weltweit nur einmal vergeben wird, können beim Netzbetreiber die zu einemMobiltelefon gehörige **Rufnummer und der Name** des Teilnehmers erfragt werden, **Abs. 1 Nr. 1.** Zum anderen ermöglicht der IMSI-Catcher die **Lokalisierung** eines aktiv geschalteten Mobiltelefons, so kann der **Verdächtigte** ergriffen werden **Abs. 1 Nr. 2** (KK-Nack

Rn. 2). Sogar der Standort eines Mobiltelefons innerhalb einer Funkzelle kann eingegrenzt werden.

Abs. 2 enthält die weiteren Einsatzvoraussetzungen, die zur Zweckverfolgung 2 nach Abs. 1 hinzukommen müssen. **Abs. 2 S. 1** betrifft den Einsatz zur Vorbereitung der TÜ nach Abs. 1 Nr. 1. Es müssen die Voraussetzungen für eine TÜ nach § 100 a vorliegen, und die Maßnahme ist **subsidiär**; denn es müssen auch Daten Unverdächtiger abgeglichen werden. **Abs. 2 S. 2** betrifft den in Abs. 1 Nr. 2 bezeichneten Zweck. Es muss sich um eine Straftat **von erheblicher Bedeutung** handeln, und es gilt die einfache Subsidiaritätsklausel. Durch den Verweis auf § 100 c Abs. 2 S. 2 wird der Einsatz des IMSI-Catchers unter erhöhten Voraussetzungen auch gegen Kontaktpersonen des Täters zugelassen. **Abs. 2 S. 3** ermöglicht den Einsatz auch zum Zweck der vorläufigen Festnahme oder Ergreifung des Täters zur Eigensicherung der eingesetzten Polizeibeamten (KK-Nack Rn. 8).

Abs. 3 stellt sicher, dass personenbezogene Daten **Dritter** (ausgenommen sind 3 die Kontaktpersonen) ausschließlich in dem aus technischen Gründen zur Errichtung des Zwecks nach Abs. 1 unvermeidbaren Umfang erhoben werden dürfen. Darüber hinaus dürfen sie, insbesondere bei **Zufallsfunden,** nicht verwendet werden (Verwertungsverbot). Nach Beendigung der Maßnahme sind sie unverzüglich zu löschen (KK-Nach Rn. 9).

Abs. 4 S. 1 verweist für die Anordnungskompetenz auf die Regelung für die TÜ 4 nach § 100 a und § 100 b Abs. 1. Zuständig ist danach grundsätzlich der Richter, bei Gefahr im Verzug der StA (nicht deren Hilfsbeamte), deren Anordnung aber außer Kraft tritt, wenn sie nicht binnen drei Tagen richterlich bestätigt wird, **Abs. 4 S. 1 iVm § 100 b Abs. 1.** Besonders im Fall Abs. 1 Nr. 2 kann ein rasches Handeln der StA notwendig sein (Meyer-Goßner Rn. 9). Im Fall Abs. 1 Nr. 1 muss die **Anordnung schriftlich** ergeben, **Abs. 4 S. 1 iVm § 100 Abs. 2 S. 1.** Im Fall des Abs. 1 Nr. 2 genügt auch eine **mündliche Anordnung,** die aber aktenkundig gemacht werden sollte (Meyer-Goßner Rn. 10).

Die Maßnahme soll grundsätzlich länger als **sechs** Monate **andauern.** Soweit 5 aber Voraussetzungen fortbestehen, kann **jeweils** um nicht mehr als sechs Monate **verlängert** werden, **Abs. 4 S. 2 und S. 3. Abs. 4 S. 4** begründet eine **Auskunftspflicht** des Dienstanbieters über die Geräte- und Kartennummer zur Ermittlung des Standorts für den in Abs. 1 Nr. 2 bezeichneten Anordnungszweck. Auch wenn § 95 Abs. 2 nicht ausdrücklich erwähnt ist, dürfte diese Vorschrift entsprechend anwendbar sein. Im Übrigen kann die Auskunft über Kundendaten nach §§ 89 Abs. 6 und 90 Abs. 3 TKG erlangt werden (KK-Nack Rn. 12).

Beschwerde. Vgl. § 100 b Rn. 6. 6

§ 101 [Benachrichtigung]

(1)* ¹Von den getroffenen Maßnahmen (§§ 81 e, 99, 100 a, 100 b, 100 c Abs. 1 Nr. 1 Buchstabe b, Nr. 2 und 3, §§ 100 d, 100 g und 100 h) sind die Beteiligten zu benachrichtigen, sobald dies ohne Gefährdung des Untersuchungszwecks, der öffentlichen Sicherheit, von Leib oder Leben einer Person sowie der Möglichkeit der weiteren Verwendung eines eingesetzten nicht offen ermittelnden Beamten geschehen kann. ²Erfolgt in den Fällen des § 100 c Abs. 1 Nr. 3 die Benachrichtigung nicht binnen sechs Monaten nach Beendigung der Maßnahme, bedarf die weitere Zurückstellung der Benachrichtigung der richterlichen Zustimmung. ³Vor Erhebung der öffentlichen Klage entscheidet das in § 100 d Abs. 2 Satz 1 genannte, danach das mit der Sache befaßte Gericht.

---

* Siehe Vorbemerkung vor Rn. 1 zu § 100 c.

§ 101

(2) ¹Sendungen, deren Öffnung nicht angeordnet worden ist, sind dem Beteiligten sofort auszuhändigen. ²Dasselbe gilt, soweit nach der Öffnung die Zurückbehaltung nicht erforderlich ist.

(3) **Der Teil eines zurückbehaltenen Briefes, dessen Vorenthaltung nicht durch die Rücksicht auf die Untersuchung geboten erscheint, ist dem Empfangsberechtigten abschriftlich mitzuteilen.**

(4) ¹Entscheidungen und sonstige Unterlagen über Maßnahmen nach § 100 c Abs. 1 Nr. 1 Buchstabe b, Nr. 2 und 3 werden bei der Staatsanwaltschaft verwahrt. ²Zu den Akten sind sie erst zu nehmen, wenn die Voraussetzungen des Absatzes 1 erfüllt sind.

1   Der **Schutzzweck** dieser Vorschrift besteht darin, den Beteiligten, deren vorherige Anhörung den Zweck der Maßnahme idR gefährden, wenn nicht vereiteln würde, nachträglich rechtliches Gehör zu verschaffen, um ihnen die Möglichkeit zu eröffnen, sich gegen den Eingriff zur Wehr zu setzen (BGH 36, 311 = NJW 1990, 584). Die **Benachrichtigungspflicht** bezog sich auf alle in **Abs. 1** genannten Maßnahmen, unabhängig davon, ob sie Erfolg hatten oder nicht. **Beteiligte** sind alle von den Maßnahmen unmittelbar Betroffenen, zB auch Zielpersonen und ihre Gesprächspartner; jedoch nicht die zufällig unvermeidbar betroffenen **unbeteiligten Dritten** (§ 100 c Abs. 3), zB der Passant bei einer Bildaufnahme auf einer belebten Straße (Hilger NStZ 1992, 463). Nachforschungen zur Ermittlung unbekannter Beteiligter brauchen nicht angestellt zu werden (KK-Nack Rn. 3). Abs. 1 ist jedoch **aufgehoben** (s. Vorbemerkung zu § 100 c).

2   Die Benachrichtigungspflicht wird aber bei allen von § 101 erfassten Maßnahmen **eingeschränkt.** Die Benachrichtigung **erfolgt erst,** wenn dies ohne Gefährdung des Untersuchungszwecks, der öffentlichen Sicherheit, von Leib und Leben einer Person usw. geschehen kann. Damit kann insbesondere die Gefährdung des eingesetzten Beamten (versteckter Ermittler und sonstige nicht erkennbar als Polizei, zB durch Zivilkleider getarnte, ermittelnde Beamte) und ihre Angehörigen gemindert werden. Die Entscheidung über die Benachrichtigung trifft die StA soweit erforderlich (zB im Hinblick auf die Gefährdungslage oder wegen der Weiterverwendung eines Verdeckten Ermittlers) im Benehmen mit der Polizei. Die Beteiligten werden auch nur soweit benachrichtigt, wie sie vom Einsatz betroffen wurden (Hilger NStZ 1992, 463).

3   **Abs. 2 und 3** beziehen sich nur auf die **Postbeschlagnahme** nach § 99. Sendungen, die nicht geöffnet werden, sind auszuhändigen, und zwar idR dadurch, dass sie in den Postweg zurückgegeben werden. Geöffnete Sendungen, die für den Zweck der Strafverfolgung nicht mehr benötigt werden, sind entweder mit einem Vermerk über die Öffnung oder in neuer Verpackung als Sendung der Strafverfolgungsbehörde zuzustellen (KK-Nack Rn. 5).

4   **Abs. 4** bestimmt, dass Entscheidungen und sonstige Unterlagen über Maßnahmen nach **§ 100 c Nr. 1 b, Nr. 2 und 3** bei der **StA verwahrt** werden und zu den Akten erst dann zu nehmen sind, wenn die Voraussetzungen von § 101 erfüllt sind, also eine Benachrichtigung erfolgt (Hilger NStZ 1992, 463). **Das bedeutet,** dass sie dem Gericht und den Verfahrensbeteiligten längere Zeit verborgen bleiben können (Meyer-Goßner Rn. 7 mwN).

5   **Zuständig** für die Benachrichtigung nach Abs. 1 ist die StA, wenn sie die Postbeschlagnahme angeordnet hat; der Richter nur, wenn ihm Sendungen ausgeliefert worden sind oder wenn er die Anordnungen selbst getroffen hat. Die Weiterleitung von Sendungen nach Abs. 2 ordnet der Richter an, sofern er seine Befugnisse nach § 100 Abs. 3 S. 2 auf die StA übertragen hat. Auch im Fall des Abs. 3 ist der Richter zuständig, wenn er die Sendung geöffnet hat (Meyer-Goßner Rn. 8). Zur Zuständigkeit für die Benachrichtigung s. auch BGH 36,

310 f. = NJW 1990, 584). „Der Grundsatz des fairen Verfahrens verpflichtet das Tatgericht, dem Angeklagten und seinem Verteidiger Gelegenheit zur Kenntnisnahme vom Ergebnis verfahrensbezogener Ermittlungen zu geben, die es **während,** aber außerhalb der Hauptverhandlung angestellt hat (hier: Telefonüberwachung). Dies gilt auch dann, wenn das Tatgericht dieses Ergebnis nicht für entscheidungserheblich hält" (BGH 36, 305).

§ 102 [Durchsuchung beim Verdächtigen]

Bei dem, welcher als Täter oder Teilnehmer einer Straftat oder der Begünstigung, Strafvereitelung oder Hehlerei verdächtig ist, kann eine Durchsuchung der Wohnung und anderer Räume sowie seiner Person und der ihm gehörenden Sachen sowohl zum Zweck seiner Ergreifung als auch dann vorgenommen werden, wenn zu vermuten ist, daß die Durchsuchung zur Auffindung von Beweismitteln führen werde.

Voraussetzung für eine Durchsuchung ist die **Wahrscheinlichkeit,** dass eine 1 bestimmte **Straftat** begangen worden ist. Hierfür müssen tatsächliche Anhaltspunkte vorliegen. Der Richter hat die gesetzlichen Voraussetzungen der §§ 102, 103 genau zu prüfen; durch geeignete Formulierungen des Beschlusses hat er sicherzustellen, dass der Grundrechtseingriff angemessen begrenzt wird, messbar und kontrollierbar bleibt. Er muss Rahmen, Grenzen und Ziel definieren (Schoreit NStZ 1999, 173). Der **Tatvorwurf** muss so weit wie möglich konkretisiert werden (BVerfGE 42, 212 = NJW 1976, 1735; BVerfG NStZ 1992, 91; BVerfG; NStZ-RR 2004, 206). Er ist mit **tatsächlichen Angaben** zu belegen, dh es ist der Tatvorgang zu beschreiben, so dass er unter ein Strafgesetz subsumiert werden kann (BVerGE 44, 353, 371). Zum notwendigen Inhalt der Durchsuchungsanordnung gehören nach der verfassungsrechtlichen Rspr. (vgl. BVerfG NJW 1976, 1736; BVerfG NStZ 1992, 92; Schoreit NStZ 1999, 173) auch **Angaben über die Beweismittel, denen die Durchsuchung gilt.** Dadurch soll verhindert werden, dass sich die Maßnahme auf Gegenstände erstreckt, die vom Durchsuchungsbeschluss nicht erfasst werden, und es soll eine weitere Schutzwirkung zugunsten der Grundrechte des Betroffenen erreicht werden. Weiter ist die **möglichst genaue Bezeichnung der zu durchsuchenden Räume** in einer Durchsuchungsanordnung nach der Rspr. des BVerfGE notwendig (BVerfG NStZ 1992, 92; BVerfG NJW 1994, 2079). Die Anordnung der Durchsuchung muss entsprechend dem **Verhältnismäßigkeitsgrundsatz** (BVerfG 42, 220 = NJW 1976, 1735; 59, 95) ein angemessenes Verhältnis zur Stärke des bestehenden Tatverdachts wahren. Sie verstößt gegen Art. 3 Abs. 1 GG, „wenn sich für sie sachlich zureichende plausible Gründe nicht finden lassen, so dass ihr Ergebnis bei verständiger Würdigung der das Grundgesetz beherrschenden Gedanken nicht mehr verständlich ist und sich somit der Schluss der Willkür aufdrängt" (BVerfG NStZ 1994, 349). Es ist Aufgabe des Richters, von vornherein für eine angemessene **Begrenzung** der Durchsuchungsmaßnahme Sorge zu tragen; als Kontrollorgan der Strafverfolgungsbehörden trifft ihn die Pflicht, durch geeignete Formulierungen des Durchsuchungsbeschlusses sicherzustellen, dass die Ermächtigung den rechtsstaatlichen Mindestanforderungen genügt. Die **Eingrenzungsfunktion** des Durchsuchungsbeschlusses für Zwecke der durch die richterliche Entscheidung begrenzten Vollziehung der Maßnahme ist bereits durch knappe, aber aussagekräftige Tatsachenangaben gewahrt. Dabei ist zu berücksichtigen, dass einzelne Umgrenzungsmerkmale des Tatvorwurfs, wie Tatzeit, Tatort oder Handlungsabläufe, von Fall zu Fall **unterschiedliches Gewicht haben** (BVerfG NStZ 2002, 212). In **schriftlicher Durchsuchungsbeschluss** ist dem Betroffenen nach § 35 grundsätzlich durch Aushändig einer Ausfertigung mit vollständiger Begründung **bekannt zu machen.** Die Übung, dem Betroffenen nur die

§ 102 Erstes Buch. 8. Abschnitt

„Durchsuchungsanordnung", also lediglich die Beschlussformel der Entscheidung des Ermittlungsrichters, nicht aber den vollständigen Durchsuchungsbeschluss mit Gründen auszuhändigen, unterliegt verfassungsrechtlichen Bedenken. Zum weiteren Verfahren, wenn ausnahmsweise die Bekanntmachung der Gründe zulässigerweise (ganz oder teilweise) zurückgestellt worden ist (BGH NStZ 2003, 273). Die Durchsuchung von **Presseunternehmen** kann unverhältnismäßig sein, wenn sie schwer in den Betrieb eingreift, um einen wenig wahrscheinlichen Tatbestand aufzuklären (BVerfGE 20, 204 = NJW 1966, 1611). Aber der Durchsuchung eines Presseunternehmens, dessen Angehörige in den Verdacht der Bestechung geraten sind, steht das Interesse am Schutz des Informanten nicht entgegen (BVerfG AfP 1976, 123; Meyer-Goßner Rn. 16). Der aus Art. 2 Abs. 1 GG beanspruchte Schuss des Vertrauensverhältnisses zwischen **RA und Mandat** ist nicht darauf gerichtet, den RA im Falle des Verdachts einer bei Gelegenheit seiner **Berufsausübung** begangenen Straftat vor staatlichen Strafverfolgungsmaßnahmen zu schützen. Daher ist die Durchsuchungsbeschluss einer **Rechtsanwaltskanzlei** mit einer tragfähigen Begründung des Anfangsverdachts eines Vergehens zulässig (BVerfG NJW 2002, 2090). Die Durchsuchung muss der **Verdächtige** dulden, der noch nicht Beschuldigter zu sein braucht. Der Tatverdacht darf nicht vage sein und nicht auf bloßen Vermutungen beruhen. Es müssen vielmehr **Tatsachen** unter Vermittlung kriminalistischer Erfahrungswerte eine gewisse Wahrscheinlichkeit für die Täterschaft des Betroffenen begründen (LR-Schäfer Rn. 15). Teilnehmer (§§ 25 ff. StGB) stehen den Tatverdächtigen gleich. **Strafunmündige** können keine Verdächtigen sein, bei ihnen kommt nur eine Durchsuchung nach § 103 in Betracht (OLG Bamberg NStZ 1989, 40; s. § 103 Rn. 1). Bei Vorliegen von offensichtlichen Rechtfertigungs- und Entschuldigungs- oder persönlichen Strafausschließungsgründen ist die Durchsuchung nicht statthaft (Meyer-Goßner Rn. 4).

2   **Durchsuchungsgegenstände** sind Wohnungen, andere Räume, die Person des Verdächtigen und die ihm gehörigen Sachen. **Wohnungen und Räume** iSv § 102 „sind alle Räumlichkeiten, die der Verdächtige tatsächlich innehat, gleichgültig ob er Allein- oder Mitinhaber ist" (BGH NStZ 1986, 85). Zur **Durchsuchung von Wohnungen** s. bei § 105 Rn. 1. Dieser Begriff umfasst auch die **Unterkunft,** in welcher sich der Verdächtige, wenn auch nur zeitweise, mit eigenen, von Fremdeinflüssen freien Gestaltungsmöglichkeiten aufhält, wie im **Hotelzimmer oder in Arbeits-, Betriebs- oder Geschäftsräumen,** auch solchen, die im Eigentum des Arbeitgebers stehen, soweit dieser die Räume dem Verdächtigen zur Arbeitsausübung überlassen hat – auch Hofräume und Heimgärten (BVerfG NJW 1997, 2165; 1995, 385; BGH 40, 193 = NJW 1994, 2773; BayObLG NJW 1993, 744; OLG Stuttgart StV 1996, 655; KK-Nack Rn. 8). Die Anordnung der Durchsuchung „anderer Räume" eines Hochschullehrers erstreckt sich auch auf dessen Diensträume in der Universität; dasselbe gilt für die Anordnung der Beschlagnahme von Gegenständen, die in diesen Räumen aufgefunden werden (BayObLG NStE Nr. 8 zu § 102). Von der Raumdurchsuchung ist die sog. **Nachschau** zu unterscheiden, bei der es darum geht, den Betroffenen, dessen Anwesenheit in der Wohnung bekannt ist, festzunehmen und zu diesem Zweck die Wohnung gegen seinen Willen zu betreten (Meyer-Goßner Rn. 8). Die Durchsuchung der **Person des Verdächtigen** gestattet nicht die körperliche Untersuchung, deren Zulässigkeit sich ausschließlich nach den §§ 81 a ff. richtet. Sie besteht im Suchen nach Sachen und Spuren in und unter der Kleidung sowie auf der Körperoberfläche und ohne med. Hilfsmittel in natürlichen Körperöffnungen. Dabei ist § 81 d (Untersuchung einer Frau) zu beachten. Aber bei einem Anfangsverdacht auf Handel mit im Munde verborgenen Betäubungsmitteln ist die Durchsuchung der Person einschließlich der Besichtigung der **Mundhöhle** durch Polizeibeamte – notfalls unter Anwendung körperlichen Zwangs – zum Auffinden von Beweismitteln und zur Verhinderung ihres Beiseiteschaffens durch Verschlucken rechtmäßig. Der Zuziehung eines Arztes

Beschlagnahme, Überwachung, Durchsuchung § 102

bedarf es nicht, weil der Umfang der Suche den Einsatz medizinischer Mittel nicht erfordert (OLG Celle NJW 1997, 2463). Zur grundsätzlichen Zulässigkeit des zwangsweisen Verabreichens von **Brechmittel** bei Verdacht des Mitführens von Kokain im Magen s. § 136a Rn. 7 str. Dem **Verdächtigen gehörende Sachen** sind solche, die in seinem (Mit-)Gewahrsam stehen. Auf das Eigentum kommt es nicht an. Hierzu rechnen zB Kleidungsstücke, Koffer, Firmenwagen und auch der Schreibtisch am Arbeitsplatz (LR-Schäfer Rn. 35). Hierzu gehören auch **EDV-Anlagen**; grundsätzlich ist auch die Inbetriebnahme solcher Anlagen zulässig, um an bisher noch nicht aufgefundene Beweismittel zu gelangen (s. hierzu § 94 Rn. 3). Bei Hinzuziehung **sachkundiger Personen** bei einer Durchsuchung durch die Ermittlungsbehörden muss deren Pflicht zur Unparteilichkeit genügen (OLG Hamm NStZ 1986, 326).

Durchsuchungsziele sind Ergreifen des Verdächtigen und Auffinden von Beweismitteln. Es muss zumindest die **Vermutung,** die durch tatsächliche Anhaltspunkte oder durch kriminalistische Erfahrung belegbar ist, bestehen, dass der Zweck der Durchsuchung erreichbar sein kann (BGH StV 1988, 90; BVerfG NJW 1991, 690; BVerfG StV 1994, 353). Die **Ergreifungsdurchsuchung** setzt keinen Haftbefehl voraus. Ergreifen iSd § 102 ist jede Festnahme zur Durchführung einer **gesetzlich zugelassenen Maßnahme;** zB vorläufige Festnahme nach § 127, die Verhaftung nach § 112 oder nach § 126a Abs. 1, die Festnahme auf Grund eines Vorführungs- oder Haftbefehls nach §§ 134, 163a Abs. 3, 230 Abs. 2, 236, 329 Abs. 4, Festnahme zur Verbringung in ein psychiatrisches Krankenhaus zur Beobachtung nach § 81, zur Vornahme körperlicher Eingriffe nach § 81a (insbesondere einer Blutprobenentnahme), einer erkennungsdienstlichen Behandlung für Zwecke der Strafverfolgung nach § 81b, oder wenn der Betroffene zur Durchführung von Identifizierungsmaßnahmen gesucht wird (§§ 163a, 163b), die Festnahme zur Einlieferung in Widerrufshaft nach § 453c, in Strafhaft oder in den Maßregelvollzug nach § 463 Abs. 1 (vgl. Meyer-Goßner Rn. 12; LR-Schäfer Rn. 21). Die **Ermittlungsdurchsuchung** ist zulässig zum Auffinden von beschlagnahmefähigen Beweismitteln, aber auch von Spuren, die nicht der Beschlagnahme fähig sind. Für das Auffinden von **Verfalls- und Einziehungsgegenständen** gilt § 102 entsprechend (§ 111b Abs. 3). 3

Die **Anordnung der Durchsuchung** (s. § 105) muss Angaben über den Inhalt des Tatvorwurfs, die zu suchenden Beweismittel und die zu durchsuchenden Räume enthalten (BVerfG NJW 1992, 551). Ein Durchsuchungsbeschluss, der keinerlei tatsächliche Angaben über den Inhalt des Tatvorwurfs enthält und der zudem weder die Art noch den denkbaren Inhalt der Beweismittel, denen die Durchsuchung gilt, erkennen lässt, wird den von Verfassungs wegen gebotenen Anforderungen jedenfalls dann nicht gerecht, wenn solche Kennzeichnungen nach dem Ergebnis der Ermittlungen ohne weiteres möglich und den Zwecken der Strafverfolgung nicht abträglich sind. Die nur **schlagwortartige Bezeichnung** der mutmaßlichen Straftat und die Anführung des Wortlauts des § 102 genügen in einem solchen Fall **nicht** (BVerfG NStZ 2000, 601). Bei Durchsuchung eines **Bankinstituts** bestehen keine verfassungsrechtlichen Bedenken, wenn die zu durchsuchenden Räumlichkeiten nur sehr allgemein beschrieben werden können (BVerfG NStZ 1994, 349). Es muss auch angegeben werden, ob sie der Ergreifung des Verdächtigen oder der Auffindung von Beweismitteln dient. So müssen Art und Inhalt der Beweismittel, nach denen gesucht wird, entsprechend den Umständen möglichst genau bezeichnet werden (KK-Nack Rn. 6), dh am Stand des Verfahrens in ausreichender Weise (BVerfG NStZ 1994, 349). Der Richter hat auch bei Erlass des Durchsuchungsbefehls von vornherein für eine angemessene Begrenzung der Zwangsmaßnahmen Sorge zu tragen und durch eine geeignete Formulierung sicherzustellen, dass der Eingriff in die Grundrechte messbar und kontrollierbar bleibt (BVerfG NStE Nr. 7 zu § 102). 4

§ 103

5 Bei **Abgeordneten** ist die Durchsuchung im selben Maße zulässig wie die Beschlagnahme (s. § 94 Rn. 6; s. auch Elf NStZ 1994, 375). **Zufallsfunde** werden nach § 108 Abs. 1 sichergestellt, wenn sie für eine andere Untersuchung von Bedeutung sind. **Angetroffene Personen,** bei denen Identifizierungsmaßnahmen nach § 163 b erforderlich erscheinen, können zu diesem Zweck festgehalten werden. Wird jemand aufgefunden, bei dem Anhaltspunkte dafür bestehen, das sich an seinem Körper Spuren befinden, so werden die erforderlichen Maßnahmen nach § 81 c veranlasst (Kleinknecht/Meyer-Goßner Rn. 17).

6 Hat eine Durchsuchung ohne einen sie anordnenden richterlichen Durchsuchungsbefehl stattgefunden, so löst dieser Mangel jedenfalls dann kein **Verwertungsverbot** aus, wenn dem Erlass der Durchsuchungsanordnung rechtliche Hindernisse nicht entgegengestanden hätten und die tatsächlich sichergestellten Gegenstände als Beweismittel rechtlich zugänglich waren (BGH NStZ 1989, 375). Das Rechtsschutzbedürfnis für die **Beschwerde** des Betroffenen gegen eine Durchsuchungsanordnung des Ermittlungsrichters des **BGH** entfällt grundsätzlich, wenn der **GBA** die richterliche Beschlagnahme der bei der Durchsuchung sichergestellten Gegenstände beantragt hat (BGH NJW 1995, 3397). Zur proz. Überholung s. § 98 Rn. 9 und § 105 Rn. 6. Richterliche Durchsuchungs- und Beschlagnahmeanordnungen, die den **verfassungsrechtlichen Mindestanforderungen** an die Konkretisierung des Tatvorwurfs nicht genügen, vermögen die **Verjährung** nicht zu unterbrechen (BGH NStZ 2004, 275).

§ 103 [Durchsuchung bei anderen Personen]

(1) ¹Bei anderen Personen sind Durchsuchungen nur zur Ergreifung des Beschuldigten oder zur Verfolgung von Spuren einer Straftat oder zur Beschlagnahme bestimmter Gegenstände und nur dann zulässig, wenn Tatsachen vorliegen, aus denen zu schließen ist, daß die gesuchte Person, Spur oder Sache sich in den zu durchsuchenden Räumen befindet. ²Zum Zwecke der Ergreifung eines Beschuldigten, der dringend verdächtig ist, eine Straftat nach § 129 a, auch in Verbindung mit § 129 b Abs. 1, des Strafgesetzbuches oder eine der in dieser Vorschrift bezeichneten Straftaten begangen zu haben, ist eine Durchsuchung von Wohnungen und anderen Räumen auch zulässig, wenn diese sich in einem Gebäude befinden, von dem auf Grund von Tatsachen anzunehmen ist, daß sich der Beschuldigte in ihm aufhält.

(2) Die Beschränkungen des Absatzes 1 Satz 1 gelten nicht für Räume, in denen der Beschuldigte ergriffen worden ist oder die er während der Verfolgung betreten hat.

1 **Andere Personen** sind solche, die nicht tat- oder teilnahmeverdächtig sind oder die wegen Vorliegen von Schuld- oder Strafausschließungsgründen nicht verfolgt werden können. Der Begriff „andere Personen" ist weit zu fassen; er umfasst auch (strafunmündige) **Kinder** (OLG Bamberg NStZ 1989, 40; s. auch § 102 Rn. 1) sowie **jur. Personen,** bei Verdacht gegen ihre Organe kann auch nach § 102 durchsucht werden (KK-Nack Rn. 1). „Die Durchsuchung und die Beschlagnahme sind **getrennte** Entscheidungen; das Gesetz stellt kein grundsätzliches Beschlagnahmeverbot auf für fehlerhafte Durchsuchungen, die zur Sicherstellung von Beweisgegenständen führen". Wird ein **Verwertungsverbot** geltend gemacht, muss daher substantiiert dargelegt werden, ob ein geltend gemachter formaler Fehler bei der Durchsuchung die Beweiserlangung bei hypothetisch rechtmäßiger Vorgehensweise gehindert hätte und ob dies verfassungsrechtlich zu beanstanden ist (BVerfG NStZ 2004, 216). Der Eingriff ist in engerem Umfang zulässig als in § 102. Eine Durchsuchung nach § 103 ist aber grundsätzlich nicht deshalb rechtswidrig, weil sie

auch nach § 102 zulässig gewesen wäre (BGH 28, 60 = NJW 1978, 1815). Die Durchsuchungsanordnung gegen einen **Nichtverdächtigen** setzt voraus, dass hinreichend individualisierte Beweismittel gesucht werden. Diese müssen im Durchsuchungsbeschluss so weit konkretisiert werden, dass weder bei dem Betroffenen noch bei dem die Durchsuchung vollziehenden Beamten Zweifel über die zu suchenden und zu beschlagnahmenden Gegenstände entstehen können (BGH NStZ 2002, 215). Der **Verhältnismäßigkeitsgrundsatz** ist zu beachten (s. § 102 Rn. 1 und 4). Er kann es mitunter gebieten, dem Betroffenen die Gelegenheit zu geben, die bestimmten Beweismittel **freiwillig herauszugeben** oder die Durchsicht seiner Räume sowie Sachen zu gestatten und dadurch die Durchsuchung abzuwenden (LG Kaiserslautern NStZ 1981, 439; LR-Schäfer Rn. 8). Voraussetzung ist, dass gegen eine nicht notwendig bekannte Person ein **Tatverdacht** besteht (s. § 102 Rn. 1). Erkenntnisse, die durch den Einsatz besonderer **technischer Mittel** gewonnen werden, dürfen zur Begründung strafprozessualer Maßnahmen, wie Durchsuchungs- und Beschlagnahmeanordnungen, herangezogen werden (BGH NJW 1996, 405).

Durchsuchungsobjekte sind die Wohnung und andere Räume des Unverdächtigen sowie seine Person und die ihm gehörenden Sachen (s. hierzu § 102 Rn. 2); denn aus der Verwendung des Begriffs „Durchsuchung" in Abs. 1 S. 1 folgt, dass § 103 die Durchsuchung iS des § 102 und damit dieselben Objekte wie § 102 meint (LR-Schäfer Rn. 13). Die **Durchsuchungszwecke** sind grundsätzlich die gleichen wie in § 102. Bei der **Ergreifung des Beschuldigten** muss der Tatverdacht so weit konkretisiert sein, dass gegen diesen Maßnahmen ergriffen worden sind, die ihn zum **Beschuldigten** machen. Die Anordnung der Durchsuchung kann die erste Maßnahme hierzu sein. Beim **Auffinden von Spuren und Beweismitteln** muss auf Grund bestimmter Tatsachen – Vermutungen reichen nicht aus – die Annahme gerechtfertigt sein, dass die Durchsuchung zum Auffinden der gesuchten Spur oder des Beweismittels führen werde. Ein **Zeugnisverweigerungsrecht** bei der Person, bei der durchsucht werden soll, steht der Anordnung und Durchführung nicht entgegen (Meyer-Goßner Rn. 6). Jedoch dürfen Durchsuchungen nicht zu dem Zweck vorgenommen werden, Gegenstände aufzuspüren, die nach § 97 von der Beschlagnahme ausgenommen sind (BGH NJW 1973, 2055; KG NJW 1984, 1133 mwN). § 103 findet für das Auffinden von dem Verfall oder der Einziehung unterliegenden Gegenständen entsprechende Anwendung. 2

Die **Gebäudedurchsuchung (Abs. 1 S. 2)** dient der Ergreifung eines Beschuldigten, der **dringend** einer Straftat nach § 129 a StGB oder einer in § 129 a StGB bezeichneten Straftat **verdächtig** ist. Wenn die sonstigen Voraussetzungen nach **Abs. 1 S. 1** gegeben sind, können sämtliche Wohnungen oder Räume eines Gebäudes durchsucht werden. **Gebäude** ist eine räumlich abgegrenzte selbstständige bauliche Einheit, innerhalb deren der Beschuldigte sich bewegen kann. Auf die Größe des Gebäudes oder die Zahl der Treppenhäuser kommt es nicht an. Reihenhäuser sind jeweils einzelne Gebäude (LR-Schäfer Rn. 20). Die Durchsuchung kann nicht auf einen Gebäudekomplex (BT-Drucks. 8/1482 S. 9) und auch nicht auf 2 Gebäude erstreckt werden (KK-Nack Rn. 10). Zu beachten ist, dass die Durchsuchung auf die **Ergreifung des Beschuldigten beschränkt** ist. 3

Der Grund für die Regelung der **Durchsuchung von Räumen bei Ergreifung oder Verfolgung des Beschuldigten (Abs. 2)** liegt in der Erfahrung, dass ein Verfolgter in den von ihm betretenen Räumen Spuren zu hinterlassen und sich der Beute oder sonstiger Beweisstücke zu entledigen pflegt. Auch der entflohene Verurteilte ist Beschuldigter iSv Abs. 2. **Ergreifung** ist jede Gestellung durch Strafverfolgungsorgane und auch die Festnahme durch eine Privatperson nach § 127 (LR-Schäfer Rn. 21). 4

Durchsuchungen bei **unverdächtigen Abgeordneten** sind zulässig (RiStBV Nr. 191 Abs. 3 d). Aber Durchsuchungen, die der Auffindung von Beweismitteln 5 dienen, für welche die Beschlagnahmebeschränkungen des § 97 Abs. 3 gelten, sind unzulässig (s. § 97 Rn. 8). Zur Proz. Überholung s. § 105 Rn. 6 und § 98 Rn. 9.

§ 104 [Nächtliche Hausdurchsuchung]

(1) Zur Nachtzeit dürfen die Wohnung, die Geschäftsräume und das befriedete Besitztum nur bei Verfolgung auf frischer Tat oder bei Gefahr im Verzug oder dann durchsucht werden, wenn es sich um die Wiederergreifung eines entwichenen Gefangenen handelt.

(2) Diese Beschränkung gilt nicht für Räume, die zur Nachtzeit jedermann zugänglich oder die der Polizei als Herbergen oder Versammlungsorte bestrafter Personen, als Niederlagen von Sachen, die mittels Straftaten erlangt sind, oder als Schlupfwinkel des Glücksspiels, des unerlaubten Betäubungsmittel- und Waffenhandels oder der Prostitution bekannt sind.

(3) Die Nachtzeit umfaßt in dem Zeitraum vom ersten April bis dreißigsten September die Stunden von neun Uhr abends bis vier Uhr morgens und in dem Zeitraum vom ersten Oktober bis einunddreißigsten März die Stunden von neun Uhr abends bis sechs Uhr morgens.

1   Diese Vorschrift regelt eine **Einschränkung** der Raumdurchsuchung nach §§ 102, 103. Da die Durchsuchungsanordnung eindeutig zu formulieren ist (s. § 102 Rn. 4), sollte möglichst schon vom Richter klargestellt werden, ob die Durchsuchung (zB wegen Gefahr im Verzuge) zur **Nachtzeit** durchgeführt werden kann; im Übrigen hat der vollstreckende Polizeibeamte die Entscheidung zu treffen (BGH MDR 1964, 71). Bei **Einwilligung** des Betroffenen entfallen die Einschränkungen nach **Abs. 1**. Durchsuchungen nach **verbotenen Fernmeldeanlagen** zur Nachtzeit sind in § 21 Abs. 1 FAG geregelt.

2   **Nächtliche Haussuchungen** sind in 3 Fällen zulässig. Bei der **Verfolgung auf frischer Tat** braucht der Täter nicht bei der Tat betroffen worden zu sein. Es genügt, dass die Verfolgung unmittelbar nach der Tatentdeckung aufgenommen wird (Meyer-Goßner Rn. 3). **Gefahr im Verzug** liegt vor, wenn der Zweck der Durchsuchung gefährdet wäre, wenn mit der Durchführung bis Tagesanbruch gewartet würde. Ein Irrtum über diese Voraussetzung macht die Anordnung nicht unwirksam (BGH MDR 1964, 71). Bei der **Wiederergreifung eines Gefangenen** deckt sich der Begriff „Gefangener" mit dem des § 120 StGB. Statthaft ist dabei auch das Suchen nach Anhaltspunkten für den Verbleib des Gefangenen (LR-Schäfer Rn. 12).

3   Nach **Abs. 2** gelten für **bestimmte Räumlichkeiten** die Durchführungs**beschränkungen** des Abs. 1 **nicht**. Aber es dürfen dabei zB Räume, die dem Gastwirt, der Prostituierten oder dem Waffenhändler als **Wohnraum** dienen und deutlich abgetrennt sind, bei dieser Anordnung nicht betreten werden (KK-Nack Rn. 4). Ein **nächtlicher** Bereitschaftsdienst des **Ermittlungsrichter** ist erst dann gefordert, wenn hierfür ein praktischer Bedarf besteht, der über den Ausnahmefall hinaus besteht (BVefG NJW 2004, 1442).

4   Die **Nachtzeit** ist in Abs. 3 abschließend definiert. Eine vor der Nachtzeit begonnene Durchsuchung kann grundsätzlich fortgesetzt werden (BVerfGE 44, 369 = NJW 1977, 1489); sie sollte aber frühzeitig beginnen, so dass dieser Fall nicht eintritt.

§ 105 [Anordnung; Ausführung]

(1) ¹Durchsuchungen dürfen nur durch den Richter, bei Gefahr im Verzug auch durch die Staatsanwaltschaft und ihre Ermittlungspersonen (§ 152 des Gerichtsverfassungsgesetzes) angeordnet werden. ²Durchsu-

Beschlagnahme, Überwachung, Durchsuchung § 105

chungen nach § 103 Abs. 1 Satz 2 ordnet der Richter an; die Staatsanwaltschaft ist hierzu befugt, wenn Gefahr im Verzug ist.

(2) ¹Wenn eine Durchsuchung der Wohnung, der Geschäftsräume oder des befriedeten Besitztums ohne Beisein des Richters oder des Staatsanwalts stattfindet, so sind, wenn möglich, ein Gemeindebeamter oder zwei Mitglieder der Gemeinde, in deren Bezirk die Durchsuchung erfolgt, zuzuziehen. ²Die als Gemeindemitglieder zugezogenen Personen dürfen nicht Polizeibeamte oder Ermittlungspersonen der Staatsanwaltschaft sein.

(3) ¹Wird eine Durchsuchung in einem Dienstgebäude oder einer nicht allgemein zugänglichen Einrichtung oder Anlage der Bundeswehr erforderlich, so wird die vorgesetzte Dienststelle der Bundeswehr um ihre Durchführung ersucht. ²Die ersuchende Stelle ist zur Mitwirkung berechtigt. ³Des Ersuchens bedarf es nicht, wenn die Durchsuchung von Räumen vorzunehmen ist, die ausschließlich von anderen Personen als Soldaten bewohnt werden.

Eine **Durchsuchungsanordnung** (§§ 102 bis 104) ist notwendig, wenn der 1
Betroffene die Maßnahme nicht freiwillig gestattet. Sie ist grundsätzlich dem **Richter** vorbehalten, der das Vorliegen eines Tatverdachts selbstständig zu prüfen hat (OLG Düsseldorf MDR 1978, 78). Sie muss aus rechtsstaatlichen Gründen tatsächliche Angaben über den Inhalt des **Tatvorwurfs** enthalten (s. § 102 Rn. 1). „Der Richter darf eine Durchsuchung nur anordnen, wenn er sich auf Grund eigenverantwortlicher Prüfung der Ermittlungen überzeugt hat, dass die Maßnahme verhältnismäßig ist. Seine Anordnung hat die Grundlage der konkreten Maßnahme zu schaffen und muss **Rahmen, Grenzen und Ziel der Durchsuchung** definieren. Der Zweck des Richtervorbehalts hat Auswirkungen auch auf den Zeitraum, innerhalb dessen die richterliche Durchsuchungsanordnung vollzogen werden darf. Spätestens nach Ablauf eines **halben Jahres** verliert ein Durchsuchungsbeschluss seine rechtfertigende Kraft" (BVerfG NJW 1997, 2165; vgl. BGH NStZ 1997, 147). Nur bei **Gefahr im Verzuge** (s. § 98 Rn. 2) kann die Durchsuchung durch die StA oder ihre Hilfsbeamten angeordnet werden. Die Durchsuchung einer **Wohnung wegen Gefahr im Verzug** ist an enge Voraussetzungen geknüpft. Der Begriff „Gefahr im Verzug" in Art. 13 Abs. 2 GG ist eng auszulegen; die richterliche Anordnung einer Durchsuchung ist die Regel, **die nichtrichterliche die Ausnahme** (BGH NStZ 2004, 449). „Gefahr im Verzug" muss mit **Tatsachen** begründet werden, die auf den Einzelfall bezogen sind. Reine Spekulationen, hypothetische Erwägungen oder lediglich auf kriminalistische Alltagserfahrungen gestützte fallunabhängige Vermutungen reichen nicht aus. Gericht und Strafverfolgungsbehörden haben im Rahmen des Möglichen tatsächliche und rechtliche Vorkehrungen zu treffen, damit die in der Verfassung vorgesehene Regelzuständigkeit des Richters auch in der Masse der Alltagsfälle gewahrt bleibt. Auslegung und Anwendung des Begriffs „Gefahr im Verzug" unterliegen einer unbeschränkten **gerichtlichen Kontrolle**. Ist die durchgeführte Durchsuchung auf Anordnung der StA wegen Gefahr im Verzug ohne den Versuch, einen Richter zu erreichen, rechtsfehlerhaft, aber auf Grund der gegebenen Umstände jedenfalls nicht willkürlich und auch nicht mit einem besonders schwerwiegenden Fehler behaftet, so steht eine rechtsfehlerhafte Durchsuchung der Beschlagnahme und Verwertung der sichergestellten Beweismittel nicht entgegen (BGH NStZ 2004, 449). Die Gerichte sind allerdings gehalten, der besonderen Entscheidungssituation der nichtrichterlichen Organe mit ihren situationsbedingten Grenzen von Erkenntnismöglichkeiten Rechnung zu tragen. Eine wirksame gerichtliche **Nachprüfung** der Annahme von „Gefahr im Verzug" setzt voraus, dass sowohl das Ergebnis als auch die Grundlagen der Entscheidung in unmittelbarem zeitlichen Zusammenhang mit der Durchsuchung in den **Ermittlungsakten dargelegt** werden (BVerfG NJW 2001, 1121). Die Durch-

§ 105   Erstes Buch. 8. Abschnitt

suchung von **Presseräumen** darf entsprechend § 98 Abs. 1 S. 2 aber allein der Richter anordnen (Roxin § 35 Rn. 7). In den Fällen der **Gebäudedurchsuchung** nach § 103 Abs. 1 S. 2 steht den Hilfsbeamten der StA keine Eilzuständigkeit zu. „Wegen der grundrechtssichernder Funktion des **Richtervorbehalts,** die in der sachlichen und persönlichen Unabhängigkeit des Richters begründet ist, ist die **Anordnung durch den Richter der Regelfall.** Deshalb müssen die Strafverfolgungsbehörden regelmäßig wenigstens den **Versuch** unternommen haben, den zuständigen Richter zu erreichen. Nur in Ausnahmesituationen, wenn nämlich schon der Versuch, den Richter zu erreichen, den Erfolg der Durchsuchung gefährden würde, dürfen die Strafverfolgungsbehörden selbst die Durchsuchungsanordnung treffen" (BbgVerfG NStZ-RR 2003, 303; BVerfG NJW 2004, 1121; OLG Koblenz NStZ 2002, 6607). „Aber die StA ist wegen **Gefahr im Verzug** zur Anordnung einer Wohnungsdurchsuchung regelmäßig auch dann zuständig, wenn zu befürchten ist, dass der vorübergehend festgenommene Verdächtige vor dem Erlass der richterlichen Durchsuchungsanordnung die in der Wohnung zu vermutenden Beweismittel beseitigt haben wird. In einem solchen Fall wird das Grundrecht der Unverletzlichkeit der Wohnung nicht durch die verfassungsrechtlich gebotene Gewährleistung einer wirksamen Strafverfolgung beschränkt" (BayObLG NStZ-RR 2003, 142).

2   Eine **Form** ist nicht vorgeschrieben; aber die richterliche Durchsuchungsanordnung ist schriftlich abzufassen. Im Übrigen kann sie mündlich, telefonisch und uU auch stillschweigend ergehen, wenn der anordnende Hilfsbeamte sie sofort ausführt (Meyer-Goßner Rn. 3). Von der **vorherigen Anhörung** des Betroffenen kann nach § 33 Abs. 4 abgesehen werden (BVerfG NJW 1981, 2111). Da die Durchsuchung ein Eingriff in Grundrechte darstellt, ist es verfassungsrechtlich geboten, die Anordnung **inhaltlich** nach den einzelnen Voraussetzungen möglichst eindeutig zu formulieren und damit für eine angemessene Begrenzung der Maßnahme zu sorgen und gleichzeitig sicherzustellen, dass der Eingriff messbar und kontrollierbar bleibt (vgl. ua. BVerfGE 42, 220 = NJW 1976, 1735; 56, 247 = NJW 1981, 971; BGH NStZ 1991, 91; BGH NStE Nr. 7 zu § 102). Der **Verhältnismäßigkeitsgrundsatz** ist zu beachten. Für **Räume des Beschuldigten** oder Verurteilten enthalten **stillschweigende Anordnungen** zur Durchsuchung zwecks Ergreifung des Beschuldigten ua. Haftbefehle nach §§ 112, 453 c, Unterbringungsbefehle nach § 126 a, Vorführungsbefehle nach §§ 134, 230 Abs. 2, 236, 329 Abs. 4 S. 1; auch rechtskräftige Strafurteile und Strafbefehle gestatten auf Grund des Haftbefehls zu ihrer Vollstreckung (§§ 457 Abs. 2, 436 Abs. 1) ohne weiteres die Ergreifungsdurchsuchung, nicht aber zur Vollstreckung von Ersatzfreiheitsstrafen (Meyer-Goßner Rn. 6 mwN). Die richterliche Anordnung der Freiheitsentziehung enthält aber **nicht die Genehmigung zur Durchsuchung der Räume Dritter** (OLG Celle StV 1982, 561). Die stillschweigende Anordnung der Durchsuchung der Wohnung des Verurteilten – nicht der eines Dritten – zur Ingewahrsamnahme des auf Grund eines **Fahrverbots** nach § 44 StGB ausgesprochenen **Führerscheins** enthält das Urteil oder der Strafbefehl, in dem das Fahrverbot ausgesprochen ist (Meyer-Goßner Rn. 6). Auch die **Verbindung** mit einer Beschlagnahmeanordnung ist zulässig.

3   Die **Durchführung** der richterlichen Durchsuchungsanordnung obliegt der StA (§ 36 Abs. 2), die vor allem die Polizei beauftragen kann. Im Ermittlungsverfahren kann die StA von der Durchführung der richterlichen Anordnung absehen, wenn sie zB der Ansicht ist, der Durchsuchungszweck werde nicht (mehr) erreicht. Die Polizei kann jedoch nicht anstelle der StA eine abweichende Ermessensentscheidung treffen. Nach der Anklageerhebung trifft das Gericht die **verbindliche** Entscheidung über die Durchführung der Durchsuchung. Die Zuziehung von **Sachverständigen,** die aber unparteiisch sein müssen, ist zulässig (OLG Hamm NStZ 1986, 326).

4   Nach **Abs. 2** „müssen **Durchsuchungszeugen** erst zu Beginn der eigentlichen Durchsuchungshandlung", dh zB zu Beginn der Nachforschung nach Beweismitteln, zugezogen werden (BGH NJW 1963, 1461). Die Zuziehung muss **„möglich"**

Beschlagnahme, Überwachung, Durchsuchung § 105

sein; dies ist zB zu verneinen, wenn der eintretende Zeitverlust den Erfolg der Durchsuchung vereiteln würde (BGH NStZ 1986, 84; RG 55, 165). Diese Entscheidung trifft der Beamte nach **pflichtgemäßem Ermessen** (OLG Karlsruhe NStZ 1991, 50). Der Inhaber der nach § 103 zu durchsuchenden Räume kann nicht zugleich Zeuge sein (OLG Celle StV 1985, 137). Die Zuziehung ist eine **wesentliche Förmlichkeit** der Durchsuchung (OLG Hamm NStZ 1986, 327; OLG Karlsruhe NStZ 1991, 50). Der **Verzicht** auf die Zeugenzuziehung ist zulässig (BGH NJW 1963, 1461; OLG Celle StV 1985, 1985, 139; Meyer-Goßner Rn. 12). Die Verwertbarkeit der Durchsuchungsergebnisse hängt aber von der Beachtung des Abs. 2 nicht ab (KG NJW 1972, 170; OLG Stuttgart NJW 1971, 629). Die Durchsuchungsanordnung berechtigt dazu, die Durchsuchung mit **unmittelbarem Zwang** – allerdings unter Beachtung des Verhältnismäßigkeitsgrundsatzes – durchzusetzen (OLG Stuttgart MDR 1984, 249); zB die Wohnung gewaltsam zu öffnen, Schränke aufzubrechen, Flüssigkeit abzulassen. Bei der Personendurchsuchung ist körperlicher Zwang zulässig, und der Betroffene kann kurzfristig festgenommen und auf das Polizeirevier durchsucht werden (Meyer-Goßner Rn. 4).

Die **Durchsuchung ist beendet,** wenn der Durchsuchungszweck erreicht ist, 5 dh wenn die gesuchte Person ergriffen, die gesuchte Sache in Verwahrung genommen, die gesuchte Spur gesichert ist oder die Durchsuchung erfolglos war. Einer ausdrücklichen Erklärung oder Aufhebung bedarf es nicht. Eine erneute Durchsuchung erfordert eine neue Durchsuchungsanordnung. Der richterliche Durchsuchungsbeschluss tritt nach Ablauf eines **halben Jahres** außer Kraft (s. Rn. 1). Die Durchsuchung bei der Bundeswehr (Abs. 3) stimmt mit § 98 Abs. 4 überein (s. § 98 Rn. 6). Solange die Durchsicht der bei einer Durchsuchung sichergestellten Geschäftsunterlagen **nicht abgeschlossen** ist, ist die Durchsuchungsmaßnahme nicht abschließend vollzogen und **nicht beendet** (OLG Karlsruhe NStZ 1995, 48). **Zur Durchsuchung von Behördenräumen und Beschlagnahme von Behördenakten** s. vor allem § 110 Rn. 2.

Die **Beschwerde** ist gegen die richterliche Durchsuchungsanordnung und ihre 6 Ablehnung gegeben (§ 304), auch gegen die des erkennenden Gerichts (305 S. 2 gilt entsprechend). Erforderlich ist eine **unmittelbare Beschwer.** Grundsätzlich sind der StPO Entscheidungen fremd, die sich in der **nachträglichen** Feststellung der Rechtswidrigkeit einer Verfahrensmaßnahme erschöpfen (BGH NJW 1978, 1815). Aufgrund dieser Auffassung wurden Rechtsmittel/Rechtsbehelfe gegen **erledigte** Maßnahmen, die vom Gericht oder StA (oder deren Hilfsbeamte) angeordnet wurden, wegen **prozessualer Überholung** als unzulässig verworfen. Nach der neuen Rspr. ist aber zB bei **Durchsuchungen von Wohn- oder Redaktionsräumen** schon wegen des Gewichts des Eingriffs in das Grundrecht des Art. 13 Abs. 1 sowie des Art. 5 Abs. 1 S. 2 GG ein Rechtsschutzinteresse des Betroffenen für eine **nachträgliche Beschwerdeentscheidung** zu bejahen (BVerfGE 96, 27 = NJW 1998, 2131 im Anschluss an BVerfGE 96, 27 = NJW 1997, 2163); s. auch § 98 Rn. 9). Das ist auch bei anderen Maßnahmen anzunehmen, insbesondere bei **Eingriffen** in die körperliche Unversehrtheit oder in die persönliche Freiheit (zB bei erledigter Vorführung, bei beendeter vorläufiger Festnahme oder Verhaftung und bei beendeter in Gewahrsam nehmen). **Zusammenfassend** ist festzuhalten: Bei Beanstandungen der Rechtmäßigkeit oder der Art und Weise der **abgeschlossenen** Durchsuchung oder Beschlagnahme, vorläufige Festnahme sowie Eingriffe in Grundrechte des Betroffenen –, lässt nunmehr die geltende Rechtsprechung den Antrag nach § 98 Abs. 2 in entsprechender Anwendung zu, wobei es gleichgültig ist, ob die Untersuchung (bzw. der Grundrechtseingriff) **nicht richterlich** (BGH 44, 265 = NJW 1999, 730) oder **richterlich** (BGH 45, 183 = NJW 1999, 3499; BGH NJW 2000, 84) angeordnet wurde. S. auch § 98 Rn. 9; § 105 Rn. 6.

Mit der **Revision** kann die Aufklärungsrüge erhoben werden, mit der geltend 7 gemacht wird, das erkennende Gericht habe eine Durchsuchung unterlassen und konnte daher bestimmte Beweismittel nicht verwerten. Durchsuchungen sind keine Beweismittel; Fehler können daher die Revision nicht begründen. Aber Fehler können zur **Unverwertbarkeit** der bei der Durchsuchung aufgefundenen Beweismittel führen, so zB ein Verstoß gegen den Verhältnismäßigkeitsgrundsatz (s. Rn. 2) oder die willkürliche Annahme von Gefahr im Verzug (vgl. BGH 31, 304 = NJW 1983, 1570; LR-Schäfer Rn. 52).

§ 106 [Zuziehung des Inhabers]

(1) ¹**Der Inhaber der zu durchsuchenden Räume oder Gegenstände darf der Durchsuchung beiwohnen.** ²**Ist er abwesend, so ist, wenn möglich, sein Vertreter oder ein erwachsener Angehöriger, Hausgenosse oder Nachbar zuzuziehen.**

(2) ¹**Dem Inhaber oder der in dessen Abwesenheit zugezogenen Person ist in den Fällen des § 103 Abs. 1 der Zweck der Durchsuchung vor deren Beginn bekanntzumachen.** ²**Diese Vorschrift gilt nicht für die Inhaber der in § 104 Abs. 2 bezeichneten Räume.**

1   Inhaber ist, wer die zu durchsuchenden Räume **tatsächlich innehat** und wer an den Gegenständen **Gewahrsam** hat; bei mehreren ist jeder berechtigt. Der Durchsuchungsbeamte ist nicht verpflichtet, auf ihr Erscheinen zu warten oder sie herbeiholen zu lassen; dies sollte er aber tun, wenn der Inhaber in der Nähe ist oder keine erhebliche Verzögerung zu befürchten ist. Ein **Verzicht** auf das Anwesenheitsrecht ist zulässig. Der Inhaber kann aber auch einen anderen mit der Wahrnehmung beauftragen. Eine **Verletzung** des Anwesenheitsrechts begründet **kein Verwertungsverbot** (BGH NStZ 1983, 375). Weder der Strafgefangene noch der Untersuchungsgefangene ist Inhaber seines **Haftraumes.** Sie und auch die Verteidiger haben kein Recht auf Anwesenheit bei Durchsuchung der Zelle (OLG Stuttgart NStZ 1984, 574). Das gilt auch für den **Beschuldigten,** der nicht Inhaber der Räume oder Gegenstände ist, und ebenso seinen Verteidiger. Der Inhaber kann aber ihre Anwesenheit gestatten; sie können aber unter den Voraussetzungen des § 164 entfernt werden (Meyer-Goßner Rn. 2). Der Beschuldigte, der Inhaber ist, kann selbstverständlich anwesend sein und sein Verteidiger ebenfalls nach § 137; dieser kann auch als „Vertreter" iSv Abs. 1 S. 2 der Untersuchung beiwohnen. Das Anwesenheitsrecht der StA folgt in jedem Fall aus § 36.

2   Die **Zuziehung Dritter (Abs. 1 S. 2)** – in der gesetzlichen Reihenfolge – soll „wenn **möglich**" (s. hierzu § 105 Rn. 4) erfolgen. **Verzichtet** der anwesende Vertreter auf eine Teilnahme an der Durchsuchung, braucht kein weiterer Vertreter zugezogen zu werden.

3   Die **Bekanntmachung** nach Abs. 2 sollte nach der hM – aus verfassungsrechtlichen Gründen, der Beschuldigte ist nicht Objekt des Verfahrens – auch in den Fällen des § 102 erfolgen, es sei denn, der Durchsuchungszweck wird dadurch gefährdet (Meyer-Goßner Rn. 5).

§ 107 [Mitteilung, Verzeichnis]

¹**Dem von der Durchsuchung Betroffenen ist nach deren Beendigung auf Verlangen eine schriftliche Mitteilung zu machen, die den Grund der Durchsuchung (§§ 102, 103) sowie im Falle des § 102 die Straftat bezeichnen muß.** ²**Auch ist ihm auf Verlangen ein Verzeichnis der in Verwahrung oder in Beschlag genommenen Gegenstände, falls aber nichts Verdächtiges gefunden wird, eine Bescheinigung hierüber zu geben.**

Die Bestimmung ist eine **Ordnungsvorschrift,** deren Verletzung die Durchsuchung selbst nicht rechtswidrig macht (OLG Stuttgart wistra 1993, 122). Die **Durchsuchungsbescheinigung** (S. 1) ist dem Betroffenen, dh dem verdächtigen oder unverdächtigen Inhaber der Räume oder des Gewahrsams an den Sachen, auf Verlangen **nach** der Durchsuchung zu erteilen. Es genügt die abstrakte Angabe; die tatsächlichen Einzelheiten brauchen nicht angegeben zu werden (Meyer-Goßner Rn. 2). Eine **Negativbescheinigung** oder ein **Beschlagnahmeverzeichnis** (S. 2) kann ebenfalls verlangt werden. Die formlos sichergestellten oder beschlagnahmten Gegenstände brauchen nur nach Art und Zahl aufgeführt zu werden (Krekeler wistra 1983, 46). Schriftstücke sind lediglich so zu kennzeichnen, dass sie identifizierbar sind (KK-Nack Rn. 4). Diese schriftlichen Mitteilungen sollten möglichst an Ort und Stelle angefertigt werden (OLG Stuttgart wistra 1993, 122). **Zuständig** für die Mitteilung ist die Behörde, welche die Durchsuchung angeordnet hat, also idR die StA. 1

Wird die verlangte Mitteilung nicht oder nicht ordnungsgemäß erteilt, kann der Betroffene entsprechend § 98 Abs. 2 den **zuständigen Richter anrufen** (KK-Nack Rn. 5; aA Meyer-Goßner Rn. 5 mwN, der den Rechtsweg nach § 23 EGGVG als eröffnet ansieht). Solange die Durchsicht der bei einer Durchsuchung sichergestellten Geschäftsunterlagen **nicht abgeschlossen** ist, ist die Durchsuchungsmaßnahme nicht abschließend vollzogen. Wendet sich in diesem Verfahrensstadium der Betroffene gegen die angebliche **Unvollständigkeit** des ihm übergebenen Verzeichnisses der sichergestellten Schriftstücke, ist bereits aus diesem Grund der Rechtsweg über §§ 23 ff. EGGVG nicht eröffnet (OLG Karlsruhe NStZ 1995, 48). 2

§ 108 [Beschlagnahme anderer Gegenstände]

(1) ¹**Werden bei Gelegenheit einer Durchsuchung Gegenstände gefunden, die zwar in keiner Beziehung zu der Untersuchung stehen, aber auf die Verübung einer anderen Straftat hindeuten, so sind sie einstweilen in Beschlag zu nehmen.** ²**Der Staatsanwaltschaft ist hiervon Kenntnis zu geben.** ³**Satz 1 findet keine Anwendung, soweit eine Durchsuchung nach § 103 Abs. 1 Satz 2 stattfindet.**

(2) **Werden bei einem Arzt Gegenstände im Sinne von Absatz 1 Satz 1 gefunden, die den Schwangerschaftsabbruch einer Patientin betreffen, ist ihre Verwertung in einem Strafverfahren gegen die Patientin wegen einer Straftat nach § 218 des Strafgesetzbuches ausgeschlossen.**

Diese Vorschrift erweitert das Beschlagnahmerecht und ermächtigt aber nur zu einer **einstweiligen** Beschlagnahme eines **Zufallsfundes** (BGH 19, 376). Sie berechtigt nicht, systematisch nach Gegenständen zu suchen, auf die sich die Durchsuchung nicht bezieht (OLG Karlsruhe StV 1986, 10; Meyer-Goßner Rn. 1). Geschieht dies doch, dann sind die so gefundenen Unterlagen **unverwertbar,** wenn der prozessuale Verstoß so schwerwiegend ist, dass nach Abwägung aller Umstände das Interesse des Staates an der Tataufklärung zurücktreten muss (KK-Nack Rn. 1 mwN). Die einstweilige Beschlagnahme ist von dem **durchsuchenden** Beamten **anzuordnen; Gefahr im Verzuge** (§ 98) braucht **nicht** vorzuliegen (BGH 19, 376). § 108 ist **entsprechend anwendbar,** wenn der Richter bei der **Briefkontrolle** Beweismittel findet, die für ein anderes Strafverfahren von Bedeutung sein können (BGH 28, 349 = NJW 1979, 1418). Der die Briefkontrolle ausübende Richter ist befugt, einen ein- oder ausgehenden Brief im Hinblick auf dessen strafrechtliche Relevanz gem. § 108 analog für einen angemessenen Zeitraum, in dem die StA eine Prüfung bezüglich §§ 94, 98 vornehmen kann, einstweilen zu beschlagnahmen (OLG Düsseldorf NStE Nr. 1 zu § 108). 1

§§ 109, 110

2 „§ 108 geht davon aus, dass sich die StA, der von der einstweiligen Beschlagnahme Kenntnis zu geben ist, in angemessener Frist darüber schlüssig macht, ob ein neues Strafverfahren einzuleiten und für dieses die Beschlagnahme aufrechtzuerhalten ist, und dass sie insoweit rechtlich etwa erforderliche Entscheidungen des für das **neue Verfahren** zuständigen Richters herbeiführt" (BGH 19, 376). Unterlässt es die StA auf Grund des neuen Tatverdachts, „in angemessener Frist ein Verfahren" einzuleiten, so „ist die Beschlagnahme aufzuheben" (BGH 19, 374), und zwar von dem Richter, der für das Verfahren zuständig ist, in dem die einstweilige Beschlagnahme angeordnet worden ist. Dieser Richter kann von dem Betroffenen nach § 98 **Abs. 2 S. 2** angerufen werden (KK-Nack Rn. 9).

3 Nach **Abs. 1 S. 3** ist bei **Gebäudedurchsuchungen,** die nach § 103 Abs. 1 S. 2 nur der Ergreifung des Beschuldigten dienen, Abs. 1 S. 1 nicht anwendbar. Damit soll sichergestellt werden, dass Gebäudedurchsuchungen nicht dazu dienen, allgemein nach belastenden Gegenständen zu suchen. Beschlagnahmen nach § 94 werden aber dadurch nicht ausgeschlossen (KK-Nack Rn. 8 mwN).

4 In **Abs. 2** ist ein **Verwertungsverbot** eingefügt worden, um das Vertrauensverhältnis zwischen **Arzt und Patientin** nicht zu beeinträchtigen.

5 Mit der **Beschwerde** können richterliche Maßnahmen nach § 108 angefochten werden; nicht jedoch Entscheidungen des OLG und des Ermittlungsrichters des BGH (BGH 28, 349 = NJW 1979, 1418). Gegen die einstweilige Beschlagnahme kann der Richter angerufen werden (s. Rn. 2).

§ 109 [Kennzeichnung beschlagnahmter Gegenstände]

Die in Verwahrung oder in Beschlag genommenen Gegenstände sind genau zu verzeichnen und zur Verhütung von Verwechslungen durch amtliche Siegel oder in sonst geeigneter Weise kenntlich zu machen.

1 Diese Bestimmung ist eine **Ordnungsvorschrift** und enthält eine **generelle Regelung** für alle Fälle der Sicherstellung (§§ 94 ff., 116 b ff.) und der vorläufigen Beschlagnahme (§ 108). Ein Verstoß gegen diese Vorschrift hat auf die Rechtswirksamkeit der Beschlagnahme keinen Einfluss, kann aber bei Schadensersatzforderungen von Bedeutung sein (KK-Nack Rn. 1).

2 Das Verzeichnis hat **keine Beweiskraft** für und gegen jedermann (KK-Nack Nr. 2).

§ 110 [Durchsicht von Papieren]

(1) Die Durchsicht der Papiere des von der Durchsuchung Betroffenen steht der Staatsanwaltschaft und auf deren Anordnung ihren Ermittlungspersonen (§ 152 des Gerichtsverfassungsgesetzes) zu.

(2) ¹**Im Übrigen sind Beamte zur Durchsicht der aufgefundenen Papiere nur dann befugt, wenn der Inhaber die Durchsicht genehmigt.** ²**Andernfalls haben sie die Papiere, deren Durchsicht sie für geboten erachten, in einem Umschlag, der in Gegenwart des Inhabers mit dem Amtssiegel zu verschließen ist, an die Staatsanwaltschaft abzuliefern.**

1 Der Begriff **Papiere** ist zum Schutz des Betroffenen weit auszulegen. Die Vorschrift erfasst alle Gegenstände, die wegen ihres Gedankeninhalts Bedeutung haben, namentlich alles private und berufliche Schriftgut, aber auch Mitteilungen und Aufzeichnungen aller Art, gleichgültig auf welchem Informationsträger sie festgehalten sind, somit auch alle elektronischen Datenträger und Datenspeicher (BGH NStZ 2003, 670). Es braucht nicht der Werkstoff „Papier" verwendet worden zu sein. **Andere Materialien,** die der Aufzeichnung oder Speicherung von menschlichen Äußerungen dienen, sind den Papieren iS von § 110 gleichgestellt, dh Tonträger, Filme, Lochkarten, auch EDV-Daten im Arbeitsspeicher des Rechners und auf Massenspeichern wie Festplatten, Disketten und Magnetbändern und Notebooks (BGH StV 1988, 90; BGH NJW 1995, 3397; 202, 1410). **In welchem Umfang** die inhaltliche Durchsicht des unter Umständen umfangreichen und komplexen Materials notwendig ist, wie sie im Rahmen von § 110 im Einzelnen zu gestalten und wann sie zu beenden ist, unterliegt der **Entscheidung der StA** (BGH NJW 1995, 3397). Die Prüfung der Einhaltung dieser Entscheidungsgrenzen obliegt in erster Linie den dafür allgemein zuständigen Fachgerichten. Insoweit steht dem Betroffenen der Antrag nach § 98 Abs. 2 S. 2 analog offen (BVerfG NStZ-RR 2002, 144; s. § 98 Rn. 9). **Ausgenommen** sind der Vorlage bei Behörden bestimmten Urkunden (zB Personalausweis, Führerschein), die im Handel erhältlichen Bücher und die Werke der schönen Künste (Meyer-Goßner Rn. 1). Erfasst sind die Papiere **des von der Durchsuchung Betroffenen.** Entscheidend sind nicht die Eigentums-, sondern die **Gewahrsamsverhältnisse.**

Die **Durchsicht** bedeutet Kenntnisnahme vom Inhalt der Papiere zur Prüfung, **2** ob sie als Beweismittel in Betracht kommen und die Beschlagnahme zu erfolgen hat oder ob sie zurückzugeben sind (OLG Frankfurt NStZ-RR 1997, 74; OLG Jena NJW 2002, 1290). **Zuständig** ist vor allem die **StA** mit einem eigenverantwortlichen Ermessensspielraum (BGH NJW 1995, 3397) und auf deren Anordnung ihre Ermittlungspersonen (§ 152 GVG) in Steuerstrafverfahren ist § 404 S. 2 AO zu beachten. Der Richter ist auch zuständig, wenn er die Durchsuchung leitet. Der StA kann die Papiere an Ort und Stelle durchsehen. Er kann sich der Hilfe anderer Personen bedienen, zB eines Dolmetschers bei fremdsprachigen Papieren oder von Sachverständigen bei EDV-Daten (OLG Düsseldorf NStZ 1986, 326). Anderen Beamten darf der StA die Durchsicht nur überlassen, „wenn der Inhaber die Durchsicht genehmigt." (Abs. 2 S. 1). Die der StA vorbehaltene Durchsicht von Papieren des von einer Durchsuchung Betroffenen ist das Mittel, die als **Beweismittel** in Betracht kommenden Papiere inhaltlich darauf zu prüfen, ob eine **richterliche Beschlagnahme** zu beantragen oder ggf. die Rückgabe bereits zur Durchsicht mitgenommener Papiere zu veranlassen ist. Beschränkungen nach § 110 entfallen mithin spätestens zu dem Zeitpunkt, zu dem die von der StA angeordnete Beschlagnahme richterlich bestätigt worden ist (OLG Frankfurt NStZ-RR 1997, 74). **Zur Durchsuchung von Behördenräumen und Beschlagnahme von Behördenakten:** „1. Die Durchsuchung von Behördenräumen ist grundsätzlich nur zulässig, wenn zuvor die Herausgabe des Schriftguts erfolglos versucht und keine Sperrwirkung abgegeben worden ist. Von diesem Grundsatz gibt es jedoch Ausnahmen (hier: vorangegangenes widersprüchliches Verhalten der Verwaltungsbehörde). 2. Vor Durchführung der Durchsuchung der Behördenakten nach § 110 ist eine Beschlagnahme nicht möglich. 3. Ist Anklage erhoben und die Durchsuchung vom Gericht vorgenommen worden, ist nur der Richter zur Durchsicht gem. § 110 befugt. 4. Die Verteidiger haben kein Recht zur Einsicht in vorläufig sichergestelltes Schriftgut und damit kein Teilnahmerecht an der Durchsicht gem. § 110. Sichergestelltes Schriftgut wird erst mit Erlass der Beschlagnahmeanordnung zum Beweisstück gem. § 147 (OLG Jena NJW 2001, 1290). Der **Grundsatz der Verhältnismäßigkeit** verlangt, dass die Durchsicht **zügig durchgeführt** wird, um abhängig von der Menge des vorläufig sichergestellten Materials und der Schwierigkeit seiner Auswertung in angemessener Zeit zu dem Ergebnis zu gelangen, was als potenziell beweiserheblich dem Gericht zur Beschlagnahme herausgegeben werden soll (BGH NStZ 2003, 670).

Die **Mitnahme** ungesichteter Papiere durch **nicht einsichtsbefugte Beamte 3** zur Ablieferung an die StA ist an bestimmte Voraussetzungen geknüpft, **vor allem an eine Versiegelung (Abs. 2 S. 2, Abs. 3).** Für die **Entsiegelung** ist die Aufforderung zur Teilnahme nur an den Inhaber selbst zu richten, und dies lediglich, wenn es **möglich** ist, dh wenn der Betroffene erreichbar ist und keine Gefahr

§ 110 a

im Verzuge vorliegt. Die Aufforderung hat auch zu erfolgen, wenn der Inhaber sein Siegel nicht nach **Abs. 3 Halbs. 1** beigedrückt hat. Bei Nichtteilnahme des Betroffenen kann die Entsiegelung vorgenommen werden. Die StA kann die Papiere ohne die Versiegelung nach **Abs. 2 S. 2** zur Durchsicht mitnehmen. Im Übrigen führen Verstöße gegen **Abs. 3** nicht zur Unwirksamkeit der weiteren Maßnahmen.

4 Die **Mitnahme** der Papiere durch „andere Beamte" nach **Abs. 2 S. 2** ist keine Beschlagnahme (OLG Jena NJW 2001, 1290; BGH NStZ 2003, 670), sondern ein Teil der Durchsuchung, die erst mit der Durchsicht abgeschlossen ist (BGH NJW 1973, 2035; OLG Karlsruhe NStZ 1995, 48; LR-Schäfer Rn. 17). Aber das gesamte Vorgehen der StA unterliegt der Kontrolle durch den zuständigen Richter; dieser kann gemäß § 98 Abs. 2 S. 2 angerufen werden (BVerfG NStZ-RR 2002, 144 N; s. § 98 Rn. 9). Dessen Entscheidung ist mit der **Beschwerde** anfechtbar (LG Oldenburg wistra 1987, 38). Die **Revision** kann nur darauf gestützt werden, dass einem Verwertungsverbot unterliegende Beweismittel verwertet wurden (LR-Schäfer Rn. 20).

§ 110 a [Verdeckte Ermittler]   RiStBV Anl D II

(1) ¹ **Verdeckte Ermittler dürfen zur Aufklärung von Straftaten eingesetzt werden, wenn zureichende tatsächliche Anhaltspunkte dafür vorliegen, daß eine Straftat von erheblicher Bedeutung**

1. **auf dem Gebiet des unerlaubten Betäubungsmittel- oder Waffenverkehrs, der Geld- oder Wertzeichenfälschung,**
2. **auf dem Gebiet des Staatsschutzes (§§ 74 a, 120 des Gerichtsverfassungsgesetzes),**
3. **gewerbs- oder gewohnheitsmäßig oder**
4. **von einem Bandenmitglied oder in anderer Weise organisiert**

begangen worden ist. ² **Zur Aufklärung von Verbrechen dürfen Verdeckte Ermittler auch eingesetzt werden, soweit auf Grund bestimmter Tatsachen die Gefahr der Wiederholung besteht.** ³ **Der Einsatz ist nur zulässig, soweit die Aufklärung auf andere Weise aussichtslos oder wesentlich erschwert wäre.** ⁴ **Zur Aufklärung von Verbrechen dürfen Verdeckte Ermittler außerdem eingesetzt werden, wenn die besondere Bedeutung der Tat den Einsatz gebietet und andere Maßnahmen aussichtslos wären.**

(2) ¹ **Verdeckte Ermittler sind Beamte des Polizeidienstes, die unter einer ihnen verliehenen, auf Dauer angelegten, veränderten Identität (Legende) ermitteln.** ² **Sie dürfen unter der Legende am Rechtsverkehr teilnehmen.**

(3) **Soweit es für den Aufbau oder die Aufrechterhaltung der Legende unerläßlich ist, dürfen entsprechende Urkunden hergestellt, verändert und gebraucht werden.**

1 Die §§ 110 a bis 110 e regeln den Einsatz **Verdeckter Ermittler** (VE). Damit ist diese Tätigkeit im Bereich der Strafverfolgung ausdrücklich beschrieben (s. auch Schneider NStZ 2004, 359). „Nach der Rspr. des BGH dürfen Angaben von **Gewährspersonen,** deren Identität dem Gericht nicht bekannt ist, regelmäßig nur Grundlage einer Verurteilung werden, wenn sie zum einen besonders kritischen Prüfungen unterzogen und zudem durch andere Beweisanzeigen bestätigt werden" (BGH NJW 2000, 1661; vgl. BGH 42, 25 = NJW 1996, 1547; s. auch vor §§ 48–71 Rn. 4; § 261 Rn. 13). Zur Unterscheidung: **Verdeckte Ermittler** sind **Beamte des Polizeidienstes,** die unter einer ihnen verliehenen, auf Dauer angelegten, veränderten Identität (Legende) ermitteln (§ 110 a Abs. 2). **V-Männer** (= Vertrauenspersonen) sind Personen, die, ohne einer Strafverfolgungsbehörde anzugehören, bereit sind, diese bei der Aufklärung von Straftaten auf längere Zeit vertraulich zu

unterstützen, und deren Identität grundsätzlich geheimgehalten wird. **Informanten** sind Personen, die im Einzelfall bereit sind, gegen Zusicherung der Vertraulichkeit den Strafverfolgungsbehörden Informationen zu geben (KK-Nack Rn. 9). Ähnlich der „Augenblickshelfer" (BGH 42, 139 = NJW 1996, 2940). Ein Informant darf solange nicht als unerreichbares Beweismittel angesehen werden, als nicht eine Sperrerklärung der obersten Dienstbehörde entsprechend § 96 vorliegt. Die Versicherung der **Vertraulichkeit bindet nur die StA und die Polizei.** Für das gerichtliche Verfahren hat sie keine Bedeutung (BGH StV 2001, 214; vgl. BGH 35, 85 = NJW 1988, 2187). „Der zulässige Einsatz von V-Leuten ist gerade durch Heimlichkeit und dadurch geprägt, dass die polizeiliche Steuerung nach außen nicht offenbar wird" (BGH NJW 1994, 2905). Zeugnis- und Auskunftspflicht mit Weigerungsrecht der V-Leute s. § 53 Rn. 4a. Aber „die Regelungen der §§ 110a ff. über Verdeckte Ermittler sind auf Vertrauenspersonen der Polizei nicht entsprechend anzuwenden. Dies gilt auch dann, wenn sich deren Einsatz gegen einen bestimmten Beschuldigten richtet" (BGH 41, 42 = NJW 1995, 2236). **Kein VE,** weil nicht „unter einer Legende" ermittelnd, ist ein Polizeibeamter, der nur gelegentlich verdeckt auftritt und seine Funktion nicht offenlegt (BGH 41, 64 = NJW 1995 2237; BGH NStZ 1996, 450; BGH NJW 1997, 1516), zB ein – gelegentlicher – Scheinaufkäufer, der nicht weiter in die Ermittlungen eingeschaltet ist. Sein Einsatz richtet sich grundsätzlich nach §§ 161, 163 (BGH NJW 1997, 1516; vgl. auch Rn. 2). Bereits zuvor war anerkannt, dass der Einsatz von VE verfassungsrechtlich zulässig und zur Bekämpfung besonders gefährlicher und schwer aufklärbarer Kriminalität notwendig ist (BVerfG NJW 1985, 1767; 1992, 168; BGH 32, 115 = NJW 1984, 247; s. auch vor § 48 Rn. 4). **Abs. 1** regelt die **Einsatzvoraussetzungen,** das Vorliegen des **Anfangsverdachts** (§ 152 Abs. 2) – der VE darf also nicht im Vorfeld eines Anfangsverdachts eingesetzt werden – einer schwerwiegenden **Katalogtat,** sowie daran anknüpfend unterschiedlich enge **Subsidiaritätsklauseln.** Der Einsatz kann auch zur Fahndung nach dem Beschuldigten einer Katalogtat erfolgen; denn „Aufklärung" der Straftat umfasst die Erforschung des Sachverhalts und die Ermittlung des Aufenthaltsortes des Beschuldigten (Hilger NStZ 1992, 523). **Abs. 1 S. 1 Nr. 1 und Nr. 2:** Bei den in **Nr. 1** genannten Straftaten auf dem Gebiet des unerlaubten Betäubungsmittelverkehrs sollte man sich an § 100a S. 1 Nr. 4 orientieren. Ähnliches gilt für Straftaten auf dem Gebiet des Waffenverkehrs, vgl. § 100a S. 1 Nr. 3. Die Geld- oder Wertzeichenfälschung erfasst die Straftaten des 8. Abschnitts des Besonderen Teils des StGB. **Nr. 2** enthält eine Verweisung auf die §§ 74a, 120 GVG. **Abs. 1 S. 1 Nr. 3: Gewerbsmäßig** handelt, wer sich durch wiederholte Tätigkeit eine fortlaufende Einnahmequelle von einiger Dauer und einigem Umfang verschaffen will (BGH 1, 383; BGH NStZ 1995, 85; KK-Nack Rn. 18). **Gewohnheitsmäßig** handelt, wer einen durch Übung erworbenen, ihm aber vielleicht unbewussten Hang zu wiederholter Tatbegehung besitzt (RG 59, 142; BGH 15, 379; Tröndle/Fischer, StGB, vor § 52 Rn. 38). **Abs. 1 S. 1 Nr. 4:** Eine **Bande** „setzt den Zusammenschluss von mindestens drei Personen voraus, die sich mit dem Willen verbunden haben, künftig für eine gewisse Dauer mehrere selbstständige, im Einzelnen noch ungewisse Straftaten des im Gesetz genannten Deliktstyps zu begehen. Ein ‚gefestigter Bandenwille' oder ein ‚Tätigwerden in einem übergeordneten Bandeninteresse' ist nicht erforderlich" (BGH 46, 321 = NJW 2001, 2266). Das Merkmal **„in anderer Weise organisiert"** enthält eine **Auffangklausel.** In erster Linie ist damit gemeint, dass sich mehrere Beteiligte auf längere oder unbestimmte Dauer arbeitsteilig gewerblicher oder geschäftlicher Strukturen bedienen (KK-Nack Rn. 20). **Straftat von erheblicher Bedeutung (Abs. 1 S. 1)** meint die besonders gefährliche Kriminalität (BVerfGE 57, 284 = NJW 1981, 1719; BGH 32, 122). Der VE kann **mehrere Aufträge** gleichzeitig erfüllen, auch zugleich nach § 110a sowohl zur Aufklärung von Straftaten als auch nach den Polizeigesetzen zu deren Verhinderung tätig werden, soweit jeweils die gesetzlichen Voraussetzungen

§ 110 a

gegeben sind und ein Tätigwerden in beiden Funktionen durchführbar ist (Meyer-Goßner Rn. 14). Erkenntnisse aus präventiver Tätigkeit dürfen grundsätzlich auch im Strafverfahren verwertet werden (Hilger NStZ 1992, 523). Im Übrigen ist der VE nach § 163 Verfolgung aller Straftaten verpflichtet, von denen er **bei Gelegenheit seines Einsatzes** Kenntnis erlangt. Er untersteht der **Sachleitungsbefugnis der StA** (BGH 41, 42 = NJW 1995, 2230). Mit den **Subsidiaritätsklauseln** hat der Gesetzgeber den Einsatz des VE beschränkt. Während es bei einer Katalogtat nach **Abs. 1 S. 1** genügt, dass deren Aufklärung auf andere Weise aussichtslos oder wesentlich erschwert wäre **(Abs. 1 S. 3),** muss bei einem Verbrechen nach **Abs. 1 S. 2** eine andere Maßnahme aussichtslos sein, und es muss hinzukommen, dass die besondere Bedeutung der Tat den Einsatz des VE **(Abs. 1 S. 4)** gebietet. Ein polizeilicher **Lockspitzel** darf zwar auch eingesetzt werden, wenn es darum geht, Mittäter oder **Hintermänner** von Rauschgiftgeschäften – etwa die Lieferanten – ausfindig zu machen oder größere Mengen von Betäubungsmitteln aus dem Verkehr zu ziehen. In einem solchen Fall liegt jedoch ein schuldunabhängiger Strafzumessungsgrund vor, der im Rahmen der erforderlichen Gesamtwürdigung zugunsten des Angeklagten zu berücksichtigen ist (BGH NStZ 1994, 355). Also auch die Einschaltung von **Lockspitzeln** mit dem Ziel, stärkere Beweise zu gewinnen, ist grundsätzlich zulässig (BVerfGE 57, 250 = NJW 1981, 1719). Wird eine **unverdächtige** und zunächst nicht tatgeneigte Person durch die von einem Amtsträger geführte Vertrauensperson in einer dem Staat zuzurechnenden Weise zu einer Straftat **verleitet** und führt dies zu einem Strafverfahren, liegt darin ein Verstoß gegen den Grundsatz des fairen Verfahrens gemäß Art. 6 Abs. 1 S. 1 MRK. Dieser Verstoß ist in den **Urteilsgründen** festzustellen. Er ist bei der Festsetzung der Rechtsfolgen zu **kompensieren.** Das Maß der Kompensation für das konventionswidrige Handeln ist gesondert zum Ausdruck zu bringen (BGH 45, 321 = NJW 2000, 1123; 47, 44 = NJW 2002, 1981; s. vor § 48 Rn. 7). Nach st. Rspr. des EGMR (vgl. zB EGMR NJW 1992, 3088) bestimmt sich die Zulässigkeit von Beweismitteln in erster Linie nach innerstaatlichem Recht, dessen Auslegung den nationalen Gerichten vorbehalten bleibt. Der EGMR prüft aber, ob das Verfahren in seiner Gesamtheit gesehen den in Art. 6 Abs. 1 EMRK niedergelegten fair-trial-Grundsätzen gerecht wird, wobei das Verfahren bei der Vernehmung eines **anonymen Zeugen** besonders an der Spezialvorschrift des Art. 6 Abs. 3 d EMRK gemessen wird (BGH NJW 2003, 75). Die **audiovisuelle** Vernehmung von **Vertrauenspersonen der Polizei** oder **Verdeckten Ermittlern** gemäß § 247 a kann mit einer die Identifizierung der Vernommenen verhindernden technischen Veränderung der Bild- und Tonübertragung stattfinden, wenn die Vernehmung ohne die Sperrerklärung der zuständigen Stelle entgegenstünde (BGH NJW 2002, 74).

2   Abs. 2 S. 1 definiert den **Begriff des VE.** Das „sind **Beamte des Polizeidienstes,** die unter einer ihnen verliehenen, **auf Dauer** angelegten, veränderten Identität (Legende) ermitteln" (BGH NStZ 1997, 294). Ein **nicht offen** eingesetzter Polizeibeamter wird als VE iS des Abs. 2 tätig, wenn er über einen längeren Zeitraum unter Benutzung seiner Legende mit einer oder mehreren Personen über den Erwerb von Betäubungsmitteln verhandelt, mag auch der Kontakt zu einzelnen Verhandlungspartnern nur kurz sein (BGH 41, 64 = NJW 1995, 2237; BGH NStZ 1997, 448; s. auch Rn. 1 und § 10 b Rn. 2). Nach **S. 2** dürfen die VE unter dieser Legende am Rechtsverkehr teilnehmen, auch nach Beendigung ihres Einsatzes (§ 110 b Abs. 3 S. 1). § 110 b Abs. 3 enthält zudem eine Sonderregelung für den Gebrauch der Legende im Strafverfahren (Hilger NStZ 1992, 523). **Legende** ist die veränderte Identität des VE; der wahre Name und Beruf, die richtige Anschrift, sonstige familiäre und persönliche Umstände werden durch erfundene Angaben ersetzt. Zum Aufbau der Legende dürfen entsprechende Urkunden hergestellt, verändert und gebraucht werden **(Abs. 3).** So darf der VE mit den entsprechenden Dokumenten (Ausweis, Pass) ausgestattet werden. § 110 a regelt nicht die Tätigkeit von **V-Personen,** Lockspitzeln und Informanten (s. hierzu vor § 48 Rn. 4). Daraus darf aber nicht geschlossen werden, dass deren Heranziehung unzulässig wäre (BT-Drucks. 12/989 S. 41).

Zu den Problemen von **Verwertungsverboten** und der Begründung der **Revision,** kann auf die Erläuterungen zu § 110 b verwiesen werden. Zur Bewertung der Mitwirkung eines VE im Rahmen der **Strafzumessung** s. ua. (BGH NStZ 1992, 488; 1994, 335; BGH 32, 345 = NJW 1984, 2300). Die Regelung zum Einsatz VE (§§ 110 a bis 110 c) zur sog. polizeilichen Beobachtung (§ 163 e) und zum einfachen Datenabgleich (§ 98 c) enthalten **keine Vernichtungsregelungen** (wie zB 100 b Abs. 6 S. 1, § 163 d Abs. 4 S. 2, § 98 b Abs. 3 S. 2, § 81 a Abs. 3), obwohl solche Maßnahmen gleichfalls Erkenntnisse aus dem höchstpersönlichen Lebensbereich der Betroffenen erbringen können (Hilger NStZ 1997, 371). Zum berechtigten Interesse an der Feststellung der **Rechtswidrigkeit** des Einsatzes des VE s. BVerwG NJW 1997, 2534). 3

§ 110 b [Zustimmung der Staatsanwaltschaft, des Richters; Geheimhaltung der Identität]

(1) ¹Der Einsatz eines Verdeckten Ermittlers ist erst nach Zustimmung der Staatsanwaltschaft zulässig. ²Besteht Gefahr im Verzug und kann die Entscheidung der Staatsanwaltschaft nicht rechtzeitig eingeholt werden, so ist sie unverzüglich herbeizuführen; die Maßnahme ist zu beenden, wenn nicht die Staatsanwaltschaft binnen drei Tagen zustimmt. ³Die Zustimmung ist schriftlich zu erteilen und zu befristen. ⁴Eine Verlängerung ist zulässig, solange die Voraussetzungen für den Einsatz fortbestehen.

(2) ¹Einsätze,

1. die sich gegen einen bestimmten Beschuldigten richten oder
2. bei denen der Verdeckte Ermittler eine Wohnung betritt, die nicht allgemein zugänglich ist,

bedürfen der Zustimmung des Richters. ²Bei Gefahr im Verzug genügt die Zustimmung der Staatsanwaltschaft. ³Kann die Entscheidung der Staatsanwaltschaft nicht rechtzeitig eingeholt werden, so ist sie unverzüglich herbeizuführen. ⁴Die Maßnahme ist zu beenden, wenn nicht der Richter binnen drei Tagen zustimmt. ⁵Absatz 1 Satz 3 und 4 gilt entsprechend.

(3) ¹Die Identität des Verdeckten Ermittlers kann auch nach Beendigung des Einsatzes geheimgehalten werden. ²Der Staatsanwalt und der Richter, die für die Entscheidung über die Zustimmung zu dem Einsatz zuständig sind, können verlangen, daß die Identität ihnen gegenüber offenbart wird. ³Im übrigen ist in einem Strafverfahren die Geheimhaltung der Identität nach Maßgabe des § 96 zulässig, insbesondere dann, wenn Anlaß zu der Besorgnis besteht, daß die Offenbarung Leben, Leib oder Freiheit des Verdeckten Ermittlers oder einer anderen Person oder die Möglichkeit der weiteren Verwendung des Verdeckten Ermittlers gefährden würde.

Der **Einsatz des VE** kann gegen den Willen der Polizei nicht erfolgen, so dass keine Anordnung, sondern nur eine **Zustimmung** der StA gegenüber der Polizei in Betracht kommt (BT-Drucks. 12/989); denn die Justiz kann nicht die Verantwortung für eine einsatzbedingte Gefährdung des VE übernehmen. Daher kann die StA auch nicht den Einsatz eines anderen VE fordern, jedoch ggf. die Zustimmung verweigern (Hilger NStZ 1992, 524 Rn. 145). Das ändert nichts an der Sachleitungsbefugnis und der Verantwortung der StA für die Ermittlungen. Abgesehen von dem Richtervorbehalt (Abs. 2) genügt die Zustimmung, die grundsätzlich **vor** dem Einsatz eingeholt werden muss, die der Behördenleiter oder ein von ihm besonders 1

§ 110 b

bezeichneter StA erteilt (KK-Nack Rn. 1). Nur wenn **Gefahr im Verzuge** besteht (s. § 98 Rn. 2) **und** (zusätzlich) die Entscheidung der StA nicht rechtzeitig eingeholt werden kann, kann **die Polizei den Einsatz anordnen.** Die Zustimmung der StA ist dann unverzüglich herbeizuführen und der Einsatz ist zu beenden, wenn nicht die StA binnen 3 Tagen zustimmt. Erkenntnisse, die bis dahin erlangt sind, dürfen grundsätzlich **verwertet** werden, weil bis dahin die Polizei zuständig war. Das gilt vor allem dann, wenn die Zustimmung unterbleibt oder versagt wird, weil der Zweck der Maßnahme inzwischen erreicht ist (KK-Nack Rn. 2). Bei der 3-Tages-Frist zählte der erste Einsatztag nach § 42 nicht mit. „**Unverzüglich**" heißt, **dass die 3-Tage-Frist nicht ausgeschöpft** werden darf, wenn vorher eine Entscheidung der StA möglich ist (KK-Nack Rn. 2).

2   **Verdeckte Polizeieinsätze,** also auch das Verschweigen der Tätigkeit als Ermittlungsbeamter, **sind zulässig** (BGH NJW 1996, 2108; vgl. auch BGH 39, 335, 346 = NJW 1994, 596). Unter welchem Namen der Beamte dabei auftritt, ist – auch für den Beschuldigten – zunächst unerheblich." Dass eine **Einzelmaßnahme** wie das einmalige Auftreten als Scheinaufkäufer in **Abs. 2 Nr. 1** nicht gemeint ist, folgt auch aus **Abs. 2 S. 4.** Danach ist der Einsatz zu **beenden,** wenn der Richter nicht binnen drei Tagen zustimmt (Zaczik StV 1993, 490, 494). Die Anforderungen des **Abs. 2 S. 1** finden ihren Grund also nicht in einem gelegentlichen und kurzen Auftreten unter einem Decknamen, sondern in einem gravierenden Eingriff in die Belange des Beschuldigten. Ein solcher liegt erst vor bei einer durch veränderte Identität bewirkten Gefährdung des allgemeinen Rechtsverkehrs und der erheblichen Beeinträchtigung der Rechte des Betroffenen durch schwerwiegende Täuschung, wie sie sich bei einem auf Dauer nach außen angelegten Auftreten gegenüber einem konkret Beschuldigten ergeben kann. Die erhöhten Anforderungen stellt das Gesetz an den Einsatz, der den Beschuldigten in seinem Umfeld oder in seiner Privatsphäre erfasst und begleitet, **ihm auf Dauer vorspiegelt,** mit einer ganz anderen Person zu tun zu haben, die ihn so in seiner Lebensführung ausforscht. Zum Schweregrad der erforderlichen Beeinträchtigung kann **Abs. 2 Nr. 2** – Beeinträchtigung der vom Grundgesetz geschützten Unverletzlichkeit der Wohnung als weiterer Einsatz, der richterlicher Zustimmung bedarf – zum Vergleich herangezogen werden" (BGH NJW 1996, 2108). Zur Zulässigkeit der **akustischen Überwachung von Wohnräumen** s. Einl. Rn. 30. Nach Abs. 2 muss der **Richter** (Ermittlungsrichter §§ 162, 169) seine Zustimmung erteilen, wenn der Einsatz des VE gegen einen **bestimmten Beschuldigten** erfolgen (Abs. 2 S. 1 Nr. 1) oder der VE befugt sein soll, eine anderen zugängliche **Wohnung** zu betreten. Beschränkt sich die Tätigkeit eines unter seinem Decknamen (einer Legende) auftretenden Polizeibeamten **im Umfeld des Beschuldigten** auf eine **Einzelaktion,** bedarf es dazu keiner richterlichen Zustimmung. Für die Beurteilung ist nicht bedeutsam, ob und inwieweit der Beamte auch innerdienstlich an den Ermittlungen beteiligt ist" (BGH NJW 1996, 2108; s. auch § 110 a Rn. 2). Die Zustimmung des StA ist jedoch nicht entbehrlich (Meyer-Goßner Rn. 3). Nur bei Gefahr im Verzuge genügt die der StA. Kann diese nicht rechtzeitig eingeholt werden, so darf die Polizei – ggf. auch der VE selbst – diesen Einsatz genehmigen, hat jedoch die Zustimmung der StA unverzüglich herbeizuführen. Außerdem hat die StA die Zustimmung des Richters herbeizuführen; und die Maßnahme ist zu beenden, wenn der Richter nicht binnen 3 Tagen zustimmt (Hilger NStZ 1992, 524).

3   Die Zustimmung der StA und des Richters sind **schriftlich** zu erteilen. Aus der Anordnung des Einsatzes eines VE durch die Polizei und der Zustimmung der StA und des Richters müssen sich die **Anordnungsgrundlagen** (§ 110 a Abs. 1 S. 1 oder S. 2 oder S. 4) und der **Umfang** des Einsatzes (zB gegen eine bestimmte Person oder Betreten von Wohnungen) ergeben. Im Fall des **Abs. 2 S. 1 Nr. 1** sind die Personalien des Beschuldigten – wenn bekannt – zu bezeichnen (Meyer-Goßner Rn. 6). Eine Höchstfrist ist nicht vorgesehen; die Frist richtet sich nach den

Umständen des Einzelfalls. Außerdem ist die Verlängerung einer angegebenen Frist zulässig, solange die Voraussetzungen für den Einsatz fortbestehen (Hilger NStZ 1992, 524). Die Entscheidung des Richters, mit der er dem Einsatz eines VE nach Abs. 2 zustimmt, muss in ihrer **nach § 34 erforderlichen Begründung** erkennen lassen, dass eine Abwägung auf der Grundlage sämtlicher im Einzelfall relevanter Erkenntnisse stattgefunden hat (BGH 42, 103 = NJW 1996, 2518). Eine aus **Abs. 2 S. 2, 3** erteilte Zustimmung der StA zum Einsatz eines VE gegen einen bestimmten Beschuldigten wird nicht dadurch von vornherein unwirksam, dass die **nachträgliche Zustimmung des Richters** nach Abs. 2 S. 4 unterbleibt (BGH 41, 64 = NJW 1995, 2237). Zur **Verwertung** s. Rn. 5.

Abs. 3 regelt – § 68 ergänzend – Fragen der **Geheimhaltung der Identität des** 4 **VE,** speziell in Strafverfahren. Abs. 3 ist eine **Spezialregelung,** damit wollte der Gesetzgeber klarstellen, dass behördliche Sperrentscheidungen, die die Geheimhaltung der Identität des VE nicht nur seinem eigenen Schutz, sondern auch zum Schutz für seine weitere Verwendung bezwecken, nur auf dem Wege des § 96 und nicht mehr über die Verweigerung der **Aussageverweigerung** nach § 54 getroffen werden. Nur damit ist eine sachgerechte Handhabung, bei der die Belange der sachbearbeitenden Dienststelle nicht überbewertet werden, gewährleistet, BT-Drucks. 12/989 S. 42 unter Bezugnahme auf BVerfGE 57, 250, 289 (BGH 42, 175, 178 = NJW 1996, 2238). Neben den Sperrerklärungen sind aber auch **Zeugenschutzmaßnahmen** nach dem Zeugenschutzgesetz v. 30. 4. 1998 (BGBl. I S. 820), möglich, mit dem die StPO mit den Vorschriften §§ 58 a, 68 b, 168 e, 247 a, 255 a, 397 a, 406 g und 406 h neu eingefügt bzw. ergänzt wurde. **Abs. 3 S. 1** enthält den Grundsatz, dass die Identität des VE auch **nach** Beendigung des Einsatzes geheimgehalten werden kann. Gemeint ist hier die wahre Identität sowie, dass er VE war bzw. ist. Der VE kann also weiterhin unter seiner Legende im Rechtsverkehr, auch **vor Gericht,** auftreten. Die Entscheidung zur Geheimhaltung liegt im einzelfallabhängigen Ermessen der **Polizei. Abs. 3 S. 2 und 3** enthalten Ausnahmen von diesem Grundsatz für Strafverfahren. Nach **Abs. 3 S. 2** können StA und der Richter, die für die Entscheidung über die Zustimmung zum Einsatz zuständig sind, also im Einsatzverfahren, verlangen, dass die wahre Identität ihnen gegenüber offenbart wird, insbesondere vor ihrer Entscheidung. Gemäß **Abs. 3 S. 3** ist im Übrigen, also abgesehen von Abs. 3 S. 2, in einem Strafverfahren (Einsatzverfahren oder anderen Strafverfahren), in dem der VE – zB als Zeuge – auftreten soll, die Geheimhaltung der wahren Identität nach Maßgabe des § 96 zulässig, insbesondere dann, wenn Anlass zu der Besorgnis besteht, dass die Offenbarung Leben, Leib oder Freiheit des VE oder einer anderen Person oder die Möglichkeit der weiteren Verwendung des VE gefährden würde; die Entscheidung richtet sich also nach § 96, wobei gleichzeitig durch **Abs. 3 S. 3** klargestellt wird, welche Gründe für eine Geheimhaltung bestehen (vgl. zur bisherigen Rspr. BGH 42, 175, 178 = NJW 1996, 2738; 36, 159 = NJW 1989, 3291; OLG Stuttgart NJW 1991, 1071; OLG Celle NStZ 1991, 145). Die Entscheidung der **obersten Dienstbehörde** ist unter Berücksichtigung aller Umstände des Einzelfalls zu treffen (vgl. ua. BVerfGE 57, 250). **Zuständig** für die Abgabe der Sperrerklärung ist der **Innenminister** (BGH 41, 36 = NJW 1995, 69). Eine pauschale, generelle Geheimhaltung ist nicht zulässig, weil jede Geheimhaltung der Identität des VE und auch die entsprechende aktenmäßige Behandlung (§ 110 d Abs. 2) den Rechtsschutz des Betroffenen verkürzen kann. Dem Strafgericht ist, soweit die geheimhaltungswürdigen Vorgänge dies erlauben, mit der Sperrerklärung Auskunft zu erteilen, damit ihm die Überprüfung der Rechtmäßigkeit der Sperre zumindest auf offensichtliche Fehler möglich ist. Gründe der Sperre müssen erläutert werden. Wird die wahre Identität des VE nicht gemäß Abs. 3 S. 3 iVm § 96 durch Entscheidung der obersten Dienstbehörde geschützt, so muss der VE grundsätzlich unter seinem wirklichen Namen als Zeuge in einem Strafverfahren aussagen und kann notfalls über

§ 110 b

§ 68 geschützt werden (Hilger NStZ 1992, 524). Vgl. auch vor § 48 Rn. 4 und § 96 Rn. 1 ff. Wird der VE für die Vernehmung in der Hauptverhandlung als Zeuge **endgültig gesperrt,** und sind die durch § 244 Abs. 2 gebotenen Bemühungen des Gerichts zur Vernehmung gescheitert, so ist dieser Zeuge **unerreichbar** iSv § 244 Abs. 3 S. 2 (BT-Drucks. 12/989 S. 36; BGH 36, 159 = NJW 1989, 3291; Eisenberg Beweisrecht Rn. 1041). Auch eine rechtmäßige Sperrerklärung führt nicht zu einem Beweisverbot, sondern bedeutet nur, dass das mit der Sache befasste Gericht die Weigerung der Behörde, die Identität eines Zeugen zu offenbaren, hinnehmen muss. Kennt das Gericht aber aus sonstigen Erkenntnisquellen die Identität des Zeugen, seht seiner Ladung und Vernehmung die Sperrerklärung nicht entgegen (BGH NStZ 2003, 610).

5 Ein **Verwertungsverbot** für Erkenntnisse ist gegeben, die der VE **ohne** die vorherige oder nachträgliche, nach **Abs. 1 oder 2** erforderliche Zustimmung von StA oder Richter erlangt; denn ohne die erforderliche Zustimmung ist der Einsatz **unzulässig** (vgl. BGH 31, 304 = NJW 1983, 1570). Allerdings muss der Verwertung der Aussage in der Hauptverhandlung widersprochen worden sein (BGH StV 1996, 529). Jedoch besteht ein Verwertungsverbot, wenn die Entscheidung über den Einsatz des VE bei einer ex-ante-Betrachtung **willkürlich** oder unvertretbar war (BGH 42, 103, 107 = NJW 1996, 2518 f.), wenn es zB von vornherein an dem Verdacht einer Katalogtat fehlt (vgl. AG Koblenz StV 1995, 518). Das Fehlen der nachträglichen richterlichen Zustimmung macht die erteilte Zustimmung der StA aber – wie sich aus Abs. 2 S. 2 – ergibt, nicht unwirksam, sondern entzieht lediglich ihrer Fortdauer die rechtliche Grundlage (BGH 41, 64 = NJW 1995, 2237). Dass die Zustimmung nur **mündlich** statt schriftlich (Abs. 1 S. 3) erteilt wurde, steht der Verwertung nicht entgegen (BGH StV 1995, 398). Ist die Maßnahme des VE „gegen einen Beschuldigten **rechtmäßig**, so führt dies zur Verwertbarkeit der in unmittelbarem Zusammenhang gewonnenen Erkenntnisse über einen **weiteren Beschuldigten** jedenfalls dann, wenn – unter dem Gesichtspunkt eines ‚hypothetischen Ersatzeingriffs' (vgl. dazu BGH 31, 304, 306; Jähnke in FS Odersky, 1996, S. 433) – auch gegen den anderen die Voraussetzungen für eine richterliche Zustimmung nach § 110 b Abs. 2 S. 1 Nr. 1 vorlagen" (BGH NStZ 1997, 295). Aber der Irrtum über das Vorliegen von Gefahr im Verzug sowie darüber, dass die Einholung der Entscheidung der StA nach Abs. 1 S. 2, Abs. 2 S. 3 nicht rechtzeitig möglich gewesen sei, steht einer Verwertung nicht entgegen (Meyer-Goßner Rn. 11). Die bei einem unzulässigen Einsatz des VE erlangten **anderen Beweismittel** (zB Tatspuren, Fingerabdrücke usw.) dürfen grundsätzlich verwertet werden (Zaczyk StV 1993, 497). Der durch **Telefonüberwachung** bekanntgewordene Inhalt eines Gesprächs des Angeklagten mit seinem **Bruder** ist nicht deshalb unverwertbar, weil der Bruder in der Hauptverhandlung die Zeugenaussage gemäß § 52 verweigert (BGH NStZ 1999, 416).

6 **Abs. 3** ist eine Spezialregelung. Der Gesetzgeber hat damit klargestellt, dass behördliche Sperrentscheidungen, die die Geheimhaltung der Identität des VE nicht nur zu seinem eigenen Schutz, sondern auch zum Schutz für seine weitere Verwendung bezwecken, nur auf dem Wege des § 96 und nicht mehr über die **Aussageverweigerung** nach § 54 getroffen werden dürfen. Damit ist eine sachgerechte Handhabung gewährleistet, bei der die Belange der sachbearbeitenden Dienststelle nicht überbewertet werden (BGH 42, 175 = NJW 1996, 2738; s. § 96 Rn. 3). Neben der Sperrerklärung sind auch **Zeugenschutzmaßnahmen** nach § 68 möglich (KK-Nack Rn. 18).

7 **Anfechtung.** Während des Laufs der Maßnahme ist die richterliche Zustimmung nach Abs. 2 S. 1 sowohl hinsichtlich ihrer **Rechtmäßigkeit** als auch bezüglich der **Art und Weise** ihres Vollzuges anfechtbar (BGH 42, 103 = NJW 1996, 2518; Meyer-Goßner Rn. 12). Hinsichtlich der Zustimmung der StA nach Abs. 1 S. 1 und 2, Abs. 2 S. 2 ist § 98 Abs. 2 entsprechend anwendbar. **Nachträglich** nach beendeter Maßnahme kann bei tiefgreifenden Eingriffen ggf. entsprechend § 98 Abs. 2 die Feststellung der **Rechtswidrigkeit** nach der neuen Rspr. geltend gemacht werden (vgl. BVerfGE 96, 27 = NJW 1997, 2163; BVerfG NJW 1999, 273; BVerfG StV 1999, 295; BGH 44, 171 = NJW 1998, 3653; § 98 Rn. 9; § 105 Rn. 6). Die **Revision** kann darauf gestützt werden, dass der Tatrichter einem Verwertungsverbot unterliegende Beweismittel verwertet hat. Die Revision muss – wenn möglich – das der richterlichen Anordnung vorausgegangene Verhalten der Polizei und StA darlegen (BGH NStZ 1997, 294). Nach § 344 Abs. 2 muss diese Verfahrensrüge in bestimmter Form erhoben und durch Angaben der den vorgeblichen Mangel enthaltenden Tatsachen begründet werden (BGH 19, 276 = NJW 1964, 1234).

§ 110 c [Betreten einer Wohnung]

¹ **Verdeckte Ermittler dürfen unter Verwendung ihrer Legende eine Wohnung mit dem Einverständnis des Berechtigten betreten.** ² **Das Einverständnis darf nicht durch ein über die Nutzung der Legende hinausgehendes Vortäuschen eines Zutrittsrechts herbeigeführt werden.** ³ **Im übrigen richten sich die Befugnisse des Verdeckten Ermittlers nach diesem Gesetz und anderen Rechtsvorschriften.**

Diese Vorschrift regelt die **Befugnisse** des VE. Er darf unter Verwendung seiner **Legende** fremde Wohnungen mit dem Einverständnis des Berechtigten, also trotz des Irrtums über die Identität des VE, betreten. Sonstige Täuschungen sind nicht zulässig; das schließt also aus, dass der VE behauptet, er sei in zum Betreten der Wohnung berechtigter „Stromableser". **Heimliches** Betreten der Wohnung ist ihm untersagt. Er darf die Wohnung auch nur betreten, wenn es sein Einsatz erfordert (Hilger NStZ 1992, 525). **Wohnung** iSd § 110 c sind alle von Art. 13 GG geschützten Räume, also nicht nur Privaträume, sondern auch beruflich genutzte Räume (BVerfG NJW 1997, 2165). Zur Zulässigkeit der **akustischen Überwachung von Wohnräumen** s. Einl. Rn. 30. 1

Die **sonstigen** Befugnisse des VE (S. 3) ergeben sich ua. aus der StPO (zB 102, 103, 127 Abs. 2 unter den jeweiligen Voraussetzungen), den Polizeigesetzen und weiteren Gesetzen wie § 4 Abs. 2 BtMG. Der VE ist also nicht gehindert, im Rahmen seiner strafprozessualen Ermittlungen auch präventivpolizeilich tätig zu werden. Für ihn gelten auch während seines Einsatzes die **allgemeinen polizeilichen Verpflichtungen und Befugnisse** fort (§ 110 c S. 3). Von der Verpflichtung des § 163, auch solche Straftaten zu verfolgen, von denen er nur bei Gelegenheit seines Einsatzes Kenntnis erlangt hat, ist er nicht befreit. Er kann unter den Voraussetzungen der §§ 100 c, 100 d besonders für Observationszwecke bestimmte technische Mittel verwenden und das nichtöffentlich gesprochene Wort abhören und aufzeichnen (BGH 41, 45 = NJW 1995, 2236). **Straftaten** darf der VE grundsätzlich nicht begehen, auch nicht sog. milieubedingte (Meyer-Goßner Rn. 3). Nur in Ausnahmefällen können Straftaten nach §§ 32, 34 StGB gerechtfertigt oder nach § 35 StGB entschuldigt sein. Aus dem Auftrag des VE kann sich ergeben, dass manche Straftatbestände nicht tatbestandlich erfüllt werden, zB Teilnahme am Glücksspiel oder die §§ 258, 158 a (Meyer-Goßner Rn. 3). Bei schwerwiegenden Gesetzesverstößen des VE können seine gewonnenen Erkenntnisse **unverwertbar** sein (Meyer-Goßner Rn. 2). Der VE muss bei seiner Tätigkeit **§ 136 a beachten.** Seine Einwirkung auf den Täter ist ggf. im Rahmen der Strafzumessung zu würdigen (BGH NStZ 1992, 488; s. § 110 a Rn. 3). Von den **Belehrungspflichten** nach §§ 136 Abs. 1, 163 a Abs. 5 ist der VE **befreit**, so dass für die durch Befragung ohne Belehrung erlangten Aussagen eines Beschuldigten oder Zeugen auch kein Verwertungsverbot besteht (BGH 40, 211, 218 = NJW 1994, 2904; 2

Meyer-Goßner Rn. 2). Bei der Tätigkeit des VE kann es auch zu einer Tatprovokation kommen. Der BGH erkennt eine **polizeiliche Tatprovokation** nur als **Strafzumessungsgrund** an; er nimmt grundsätzlich **kein Verfahrenshindernis** an und sieht auch nicht von Strafe ab (BGH NStZ 1982, 156; BGH 45, 321 = NJW 2000, 1123; 47, 44 = NJW 2002, 1981; s. Vor §§ 48 bis 71 Rn. 4; § 110a Rn. 4; 110b Rn. 2; § 206 Rn. 4). Beim Einsatz von besonderen technischen Mitteln unterliegt er zB auch den Voraussetzungen der §§ 100c, 100d (vgl. BGH 41, 45 = NJW 1995, 2236).

§ 110 d [Benachrichtigung des Berechtigten]

(1) Personen, deren nicht allgemein zugängliche Wohnung der Verdeckte Ermittler betreten hat, sind vom Einsatz zu benachrichtigen, sobald dies ohne Gefährdung des Untersuchungszwecks, der öffentlichen Sicherheit, von Leib oder Leben einer Person sowie der Möglichkeit der weiteren Verwendung des Verdeckten Ermittlers geschehen kann.

(2) [1]Entscheidungen und sonstige Unterlagen über den Einsatz eines Verdeckten Ermittlers werden bei der Staatsanwaltschaft verwahrt. [2]Zu den Akten sind sie erst zu nehmen, wenn die Voraussetzungen des Absatzes 1 erfüllt sind.

1   Der Zweck dieser **Benachrichtigungspflicht** besteht darin, den Betroffenen, „deren vorherige Anhörung den Zweck der Maßnahme in aller Regel gefährden, wenn nicht vereiteln würde (§ 33 Abs. 4 S. 1), nachträglich rechtliches Gehör zu gewähren, um ihnen die Möglichkeit zu eröffnen, sich gegen diesen Eingriff zur Wehr zu setzen" (BGH 36, 311 = NJW 1990, 584; vgl. auch die Grundsätze von BVerfG NJW 1997, 2163). Dies setzt voraus, dass der VE entsprechende Aufzeichnungen über das Betreten fremder Wohnungen macht. Im Übrigen erfolgt **keine Benachrichtigung** über den Einsatz eines VE.

2   **Abs. 2** bestimmt – entsprechend § 101 Abs. 4 – die Aktenführung der StA. Entscheidungen und sonstige Unterlagen (zB Vermerke des VE) über den Einsatz des VE sind nicht zu den Strafakten, sondern in die Sammelakten der StA zu nehmen. Das bedeutet eine (bedenkliche) Beschränkung des Grundsatzes der Aktenwahrheit und des Akteneinsichtsrechts (KK-Nack Rn. 5). Ist eine Benachrichtigung nach Abs. 1 erfolgt, so bedarf es – jedenfalls idR – der Geheimhaltung des Einsatzes des VE als solcher nicht mehr. Die entsprechenden Unterlagen sind zu den **Verfahrensakten** zu nehmen. § 68 Abs. 3 S. 3 und 4 bleiben unberührt (Hilger NStZ 1992, 525 Fn. 163).

§ 110 e [Verwendung erlangter Informationen]

Die durch den Einsatz des Verdeckten Ermittlers erlangten personenbezogenen Informationen dürfen in anderen Strafverfahren zu Beweiszwecken nur verwendet werden, soweit sich bei Gelegenheit der Auswertung Erkenntnisse ergeben, die zur Aufklärung einer in § 110a Abs. 1 bezeichneten Straftat benötigt werden; § 100d Abs. 5 bleibt unberührt.

1   Diese Vorschrift regelt die Verwendung der durch den Einsatz des VE gewonnenen Erkenntnisse entsprechend §§ 98b Abs. 3 S. 3, 100d Abs. 2 und 100b Abs. 5 (KK-Nack Rn. 1). Für die speziell durch den Einsatz **technischer Mittel** nach § 100c gewonnenen Erkenntnisse des VE bleibt es aber hinsichtlich der Verwertung zu Beweiszwecken in anderen Strafverfahren bei der Regelung des § 100d Abs. 5. Das ist bedeutsam; denn die Kataloge des § 100a und des § 110 Abs. 1 **decken sich nicht** (Meyer-Goßner Rn. 1).

Ist der VE ausschließlich **präventiv** tätig, ohne dass zugleich die Voraussetzungen für einen repressiven Einsatz gegeben und/oder geschaffen werden, und erlangt er Erkenntnisse über bereits begangene Straftaten, so ist die Verwertung als **Beweismittel jedenfalls dann zulässig**, wenn das Polizeigesetz – wie meistens – eine entsprechende Verwendungsregelung vorsieht (vgl. KK-Nack Rn. 6; Jähnke, FS für Odersky S. 427 ff.).

§ 111 [Kontrollstellen auf Straßen und Plätzen]

(1) ¹Begründen bestimmte Tatsachen den Verdacht, daß eine Straftat nach § 129 a, auch in Verbindung mit § 129 b Abs. 1, des Strafgesetzbuches, eine der in dieser Vorschrift bezeichneten Straftaten oder eine Straftat nach § 250 Abs. 1 Nr. 1 des Strafgesetzbuches begangen worden ist, so können auf öffentlichen Straßen und Plätzen und an anderen öffentlich zugänglichen Orten Kontrollstellen eingerichtet werden, wenn Tatsachen die Annahme rechtfertigen, daß diese Maßnahme zur Ergreifung des Täters oder zur Sicherstellung von Beweismitteln führen kann, die der Aufklärung der Straftat dienen können. ²An einer Kontrollstelle ist jedermann verpflichtet, seine Identität feststellen und sich sowie mitgeführte Sachen durchsuchen zu lassen.

(2) Die Anordnung, eine Kontrollstelle einzurichten, trifft der Richter; die Staatsanwaltschaft und ihre Ermittlungspersonen (§ 152 des Gerichtsverfassungsgesetzes) sind hierzu befugt, wenn Gefahr im Verzug ist.

(3) Für die Durchsuchung und die Feststellung der Identität nach Absatz 1 gelten § 106 Abs. 2 Satz 1, § 107 Satz 2 erster Halbsatz, die §§ 108, 109, 110 Abs. 1 und 2 sowie die §§ 163 b und 163 c entsprechend.

Diese Vorschrift regelt die Einrichtung von **Kontrollstellen** zum Zweck der **Fahndung nach Straftätern** und der Erlangung von **Beweismittel** für **begangene Straftaten**, und zwar **abschließend**. Das schließt aber bloße Sichtkontrollen und Kontrollstellen zum Zwecke der Gefahrenabwehr und der vorbeugenden Verbrechensbekämpfung nicht aus (Meyer-Goßner Rn. 1). Erforderlich ist der durch **bestimmte Tatsachen** begründete **Verdacht** einer der in dieser Vorschrift **genannten Straftat**. Dringend iS des § 112 Abs. 1 S. 1 braucht der Tatverdacht nicht zu sein. Aber Gerüchte oder bloßes Gerede reichen nicht aus. Der Verdacht muss durch bestimmte Tatsachen oder auf Grund kriminalistischer Erfahrung gewonnener Erkenntnisse typischer Geschehensabläufe ein gewisses Maß an **Konkretisierung** erreicht haben (KK-Nack Rn. 6). Die Tatsachen müssen ferner die Annahme rechtfertigen, dass der mit der Einrichtung der Kontrollstelle **bezweckte Erfolg** – Aussicht auf Ergreifung der Täter und Teilnehmer einer bestimmten Straftat oder auf Auffinden von Beweismitteln – am **konkreten** Ort und zur **konkreten** Zeit eintritt. **Orte der Kontrollstellen** sind – außer **öffentlichen Straßen und Plätzen** – auch **öffentlich zugängliche Orte**. Hierzu rechnen zB Bahnhöfe, Flugplätze, Sportplätze, öffentliche Gebäude, nicht aber private Geschäftsräume, Kaufhäuser, Gaststätten, Hotels, und ebenfalls nicht das abgestellte Flugzeug sowie der auf dem Bahnsteig stehende Zug (Meyer-Goßner Rn. 8).

Die **Anordnung (Abs. 2)** ist grundsätzlich dem **Richter** (Ermittlungsrichter, §§ 162, 169) vorbehalten, der nur auf Antrag der StA tätig wird. Fälle nach § 165 kommen kaum in Betracht. Bei **Gefahr im Verzuge** (s. § 98 Rn. 2) können die StA und ihre Hilfsbeamten die Anordnung treffen. Eine richterliche Bestätigung ist nicht vorgesehen. Zahl und Ort der Kontrollstellen brauchen nicht **inhaltlich** nicht bestimmt zu werden; dies ist Sache der Polizei. „Die Ermächtigung zur Durchsuchung reicht nämlich so weit, wie es durch den **Grundsatz der Verhältnismäßigkeit** und das Fahndungsziel geboten ist"; aber nach Möglichkeit sollten

1

2

§ 111

doch Beginn und Dauer der Maßnahme und der genaue Ort der Kontrolle bestimmt sein (BGH 35, 363 = NJW 1989, 114). Der **Form** nach sind richterliche Anordnungen durch **begründeten Beschluss** (§ 34) zu erlassen. Sie können vorab mündlich/fernmündlich zur Vollstreckung (§ 36 Abs. 2) herausgegeben werden. Anordnungen der StA und der Polizei können mündlich ergehen; sie sind aber aktenkundig zu machen.

3 Die richterliche Anordnung ist der StA zu übergeben (§ 36 Abs. 2). Die **Durchführung obliegt der Polizei.** Nach Abs. 1 S. 2, Abs. 3 ist **jedermann,** also auch der Unverdächtige, verpflichtet, seine Identität feststellen und sich sowie die mitgeführten Sachen durchsuchen zu lassen. Personen, die sich im Rahmen der **Identitätsfeststellung** nicht ausweisen können oder sich weigern, dürfen durchsucht und unter den Voraussetzungen des § 163 b festgehalten oder erkennungsdienstlich behandelt werden **(Abs. 3).** Die entsprechende Anwendung der §§ 163 b, c führt jedoch nicht dazu, dass die nach diesen Vorschriften zulässigen, in § 111 Abs. 1 S. 2 nicht ausdrücklich genannten Maßnahmen auch ohne Vorliegen der Voraussetzungen des § 163 b Abs. 2 gegen den **Unverdächtigen** möglich sind. Das Festhalten des Unverdächtigen und seine erkennungsdienstliche Behandlung sind deshalb nur unter den Voraussetzungen des § 136 b Abs. 2 S. 2 zulässig. Erkennungsdienstliche Maßnahmen gegen den Willen des Unverdächtigen dürfen nicht getroffen werden. Es besteht keine Notwendigkeit, erkennungsdienstliche Maßnahmen gegen einen Unverdächtigen zu ergreifen. Ergibt sich jedoch während des Identifizierungsvorgangs der Verdacht (irgend-)einer Straftat, so kann § 163 b Abs. 1 unmittelbar angewendet werden (KK-Nack Rn. 14). Die **Durchsuchung** erstreckt sich auch auf **Transportmittel.** Nach Abs. 3 gelten vor allem folgende Vorschriften und Grundsätze: Die Polizei muss nach § 106 Abs. 2 S. 1 den **Zweck** der Kontrollstellen **bekanntzugeben,** zB durch Lautsprecher; bei Verwahrung oder Beschlagnahme eines Gegenstandes ist auf Verlangen nach § 207 S. 2 **eine Bescheinigung zu erteilen,** aber keine Negativbescheinigung; für die Durchsicht der Papiere gilt zwar § 110 Abs. 1, 2, aber die Polizei kann den gefundenen **Ausweis** auch ohne Zustimmung des Betroffenen **einsehen;** für Zufallsfunde gilt § 108, aber nicht 108 S. 3 (KK-Nack Rn. 16).

4 Die Anordnung der Kontrollstellen ist **sofort aufzuheben,** wenn die Voraussetzungen des Abs. 1 nicht mehr vorliegen, wenn zB der Beschuldigte ergriffen worden ist. Der Richter bzw. der StA, der die Maßnahme angeordnet hat, hat eine ständige **Überwachungspflicht.** Die Polizei hat den Vollzug der Anordnung sofort zu beenden, wenn die Voraussetzungen nicht mehr vorliegen; hiervon hat sie unverzüglich den StA/Richter zu benachrichtigen, damit dieser der Anordnung förmlich aufhebt.

5 **Beschwerde** nach § 304 Abs. 1 kann die StA einlegen, wenn das Gericht ihrem Antrag, eine Anordnung nach § 111 zu treffen, nicht stattgibt oder die Anordnung aufhebt. Gegen die Anordnung der Einrichtung der Kontrolle ist kein Rechtsmittel zulässig (BGH NJW 1989, 1170) erst gegen die im Vollzug der Anordnung ergangene Maßnahme (BGH 35, 363 = NJW 1989, 114). Über den Rechtsbehelf hat entsprechend **§ 98 Abs. 2 S. 2** der für die Anordnung zuständige Richter zu entscheiden (Meyer-Goßner Rn. 20). Für die Anfechtung einiger Kontrollmaßnahmen (Festhalten, Durchsuchung, erkennungsdienstliche Behandlung) gelten die allgemeinen Grundsätze. Ein geschütztes Interesse besteht so lange wie die Ermächtigung zu Errichtungen von Kontaktstellen noch Bestand hat oder wenn angefallene Daten nach § 163 d gespeichert worden sind (BGH NStZ 1989, 189; BGH NJW 1989, 2636). Nach neuer Rspr. aber auch noch **nach Beendigung** der Anordnung, falls ein tiefgreifender Grundrechtseingriff zu besorgen ist (BGH 44, 171 = NJW 1998, 3653; 44, 265 = NJW 1999, 730; 45, 183 = NJW 1999, 3499; BVerfGE 96, 27 = NJW 1997, 2163; BVerfG NJW 1999, 273; BVerfG StV 1999, 295; s. § 98 Rn. 9; § 105 Rn. 6) ist die gerichtliche Überprüfung möglich.

Die **Revision** kann auf Verstöße gegen § 111 nicht gestützt werden, es sei denn, 6
daß bei der Sicherstellung der Beweismittel schwerwiegende Fehler gemacht wurden, die zur **Unverwertbarkeit** führten. Die Revision kann auch nicht darauf gestützt werden, daß die Anordnungen nach § 111 fehlerhaft getroffen worden sind. Die Zulässigkeit der Festnahme des Verdächtigen oder die Sicherstellung von Beweismitteln wird nicht dadurch berührt, daß die Voraussetzungen für die Kontrollstelle nicht vorlagen (KK-Nack Rn. 21).

§ 111 a [Vorläufige Entziehung der Fahrerlaubnis]

(1) ¹Sind dringende Gründe für die Annahme vorhanden, daß die Fahrerlaubnis entzogen werden wird (§ 69 des Strafgesetzbuches), so kann der Richter dem Beschuldigten durch Beschluß die Fahrerlaubnis vorläufig entziehen. ²Von der vorläufigen Entziehung können bestimmte Arten von Kraftfahrzeugen ausgenommen werden, wenn besondere Umstände die Annahme rechtfertigen, daß der Zweck der Maßnahme dadurch nicht gefährdet wird.

(2) Die vorläufige Entziehung der Fahrerlaubnis ist aufzuheben, wenn ihr Grund weggefallen ist oder wenn das Gericht im Urteil die Fahrerlaubnis nicht entzieht.

(3) ¹Die vorläufige Entziehung der Fahrerlaubnis wirkt zugleich als Anordnung oder Bestätigung der Beschlagnahme des von einer deutschen Behörde ausgestellten Führerscheins. ²Dies gilt auch, wenn der Führerschein von einer Behörde eines Mitgliedstaates der Europäischen Union oder eines anderen Vertragsstaates des Abkommens über den Europäischen Wirtschaftsraum ausgestellt worden ist, sofern der Inhaber seinen ordentlichen Wohnsitz im Inland hat.

(4) Ist ein Führerschein beschlagnahmt, weil er nach § 69 Abs. 3 Satz 2 des Strafgesetzbuches eingezogen werden kann, und bedarf es einer richterlichen Entscheidung über die Beschlagnahme, so tritt an deren Stelle die Entscheidung über die vorläufige Entziehung der Fahrerlaubnis.

(5) ¹Ein Führerschein, der in Verwahrung genommen, sichergestellt oder beschlagnahmt ist, weil er nach § 69 Abs. 3 Satz 2 des Strafgesetzbuches eingezogen werden kann, ist dem Beschuldigten zurückzugeben, wenn der Richter die vorläufige Entziehung der Fahrerlaubnis wegen Fehlens der in Absatz 1 bezeichneten Voraussetzungen ablehnt, wenn er sie aufhebt oder wenn das Gericht im Urteil die Fahrerlaubnis nicht entzieht. ²Wird jedoch im Urteil ein Fahrverbot nach § 44 des Strafgesetzbuches verhängt, so kann die Rückgabe des Führerscheins aufgeschoben werden, wenn der Beschuldigte nicht widerspricht.

(6) ¹In anderen als in Absatz 3 Satz 2 genannten ausländischen Führerscheinen ist die vorläufige Entziehung der Fahrerlaubnis zu vermerken. ²Bis zur Eintragung dieses Vermerkes kann der Führerschein beschlagnahmt werden (§ 94 Abs. 3, § 98).

Die vorläufige Entziehung der Fahrerlaubnis nach dieser Vorschrift ist eine **Prä-** 1
ventivmaßnahme. Sie soll der Allgemeinheit Schutz vor weiteren Verkehrsstraftaten gewähren (BVerfG NStZ 1982, 78). „Demgegenüber müssen Nachteile, die einem Beschuldigten in beruflicher oder privater Hinsicht entstehen, in Kauf genommen werden. Die Gefahr des Verlustes der **Arbeitsstelle**" steht der vorläufigen Entziehung der Fahrerlaubnis daher nicht entgegen. Diese Maßnahme muss im Einzelfall dem **Verhältnismäßigkeitsgrundsatz** genügen (BVerfG NJW 2001, 357). „Dieser Grundsatz setzt staatlichen Eingriffen Grenzen, die insbesondere auch

§ 111 a

durch Abwägung der in Betracht kommenden Interessen zu ermitteln sind. Führt die Abwägung zu dem Ergebnis, dass die dem Eingriff entgegenstehenden Interessen im konkreten Fall **ersichtlich schwerer** wiegen als diejenigen Belange, deren Wahrung die staatliche Maßnahme dienen soll, so verletzt der gleichwohl erfolgte Eingriff den Grundsatz der Verhältnismäßigkeit" (BVerfG NJW 2001, 357). Die Entziehung der Fahrerlaubnis setzt voraus, dass **„dringende Gründe"** für die Annahme vorhanden sind, die Fahrerlaubnis werde (gemäß § 69 StGB) entzogen. Das bedeutet, dass – ähnlich wie für den Erlass eines Haftbefehls gemäß § 112 – nach dem gegenwärtigen Ermittlungsstand eine hohe, fast an Gewissheit grenzender Wahrscheinlichkeit dafür gegeben sein muss, dass die Maßregel der Fahrerlaubnisentziehung im Urteil erfolgen wird (BVerfG VRS 90, 1; Hentschel in Hdb. d. Straßenverkehrsrechts 16 A Rn. 274). Ein „genügender Anlass" iSv. § 170 oder ein „hinreichender Verdacht" iSv. § 203 für die Anordnung der Maßnahme reicht also nicht aus. Es handelt sich um eine **Kannbestimmung.** Aber der Richter **muss** die Anordnung treffen, wenn die Voraussetzungen vorliegen. Diese Maßnahme kann in **jeder Lage** des Verfahrens ergehen, sobald sich ergibt, dass die Voraussetzungen vorliegen. Dies ist von Amts wegen zu prüfen (OLG Frankfurt NJW 1981, 1680; LR-Schäfer Rn. 15). Derjenige, dem die Fahrerlaubnis gemäß § 111 a vorläufig entzogen ist, ist **nicht im Besitz einer gültigen Berechtigung** zum Führen eines Kraftfahrzeuges. Wer nach Bekanntmachung des Beschlusses trotzdem ein Fahrzeug führt, macht sich nach § 21 Abs. 1 Nr. 1 StVG **strafbar** (BGH 47, 89, 94 = NJW 2001, 3347). Ermittlungsverfahren, in denen die vorläufige Entziehung der Fahrerlaubnis angeordnet wurde, sind mit **besonderer Beschleunigung** (wegen des schwerwiegenden Eingriffs) zu führen. Die Aufrechterhaltung der einstweiligen Entziehung der Fahrerlaubnis wird aber nur bei groben Verstößen gegen das Beschleunigungsgebot und erheblichen Verzögerungen unzulässig (OLG Köln NStE Nr. 6 zu § 111 a; OLG Düsseldorf b. Janiszewski NStZ 1994, 577). Der Begriff **dringende Gründe (Abs. 1 S. 1)** entspricht dem des „dringenden Verdachts" nach § 112. Die unterschiedliche Terminologie beruht darauf, dass sich die Maßnahme nach § 111 a auch gegen **Schuldunfähige** richten kann. Die **Annahme,** dass die Fahrerlaubnis nach § 69 StGB entzogen wird, muss noch im Zeitpunkt der Entscheidung gerechtfertigt sein. Die Maßnahme nach Abs. 1 wird im Verkehrszentralregister eingetragen (§ 13 Abs. 1 Nr. 2 StVZO) und gehört wegen des schweren Eingriffs zu den anderen Strafverfolgungsmaßnahmen iS des § 2 StrEG. Der Betroffene ist daher zu entschädigen, wenn er freigesprochen wird, das Verfahren gegen ihn eingestellt wird oder das Gericht die Eröffnung des Hauptverfahrens ablehnt (§ 2 StrEG) oder wenn der Entschädigung der Billigkeit (§§ 3, 4 StrEG) entspricht (KK-Nack Rn. 3).

2   Nach **Abs. 1 S. 2** können auf Antrag oder von Amts wegen **Ausnahmen für bestimmte Kraftfahrzeuge** gemacht werden. Es müssen **besondere Umstände** vorliegen. Das wird in erster Linie dann in Betracht kommen, wenn von der Benutzung der freizugebenden Fahrzeugart für die Allgemeinheit eine geringere Gefahr zu erwarten ist (OLG Hamm NJW 1971, 1618). Dies kann der Fall sein, dass sich der Eignungsmangel (zB Neigung zu Alkoholgenuss) in bestimmten Lebensbereichen **nicht auswirkt,** zB bei der Ausübung der Tätigkeit als Treckerführer, Behindertentransporter oder Berufskraftfahrer (BayObLG VRS 63, 271; OLG Koblenz VRS 60, 44; LG Hamburg MDR 1987, 605). Wirtschaftliche Gründe allein reichen nicht aus. Es müssen **bestimmte Arten** von Kraftfahrzeugen ausgenommen werden. Fahrzeugarten iS von Abs. 1 S. 2 decken sich nicht mit Führerscheinklassen, so dass es möglich ist, innerhalb der Führerscheinklasse 3 nur Lkw auszunehmen (OLG Frankfurt NJW 1973, 816). Andere Beschränkungen (zB auf Tageszeiten, Orte, bestimmte Hersteller) sind nicht zulässig.

3   Die Anordnung ergeht (nur) durch **richterlichen Beschluss,** der zu begründen ist (§ 34). Die StA ist nach § 33 Abs. 2 und der Betroffene nach § 33 Abs. 3 **zu**

Beschlagnahme, Überwachung, Durchsuchung § 111 a

hören. Der Beschluss ist der StA nach § 36 Abs. 2 S. 1 zuzuleiten und dem Beschuldigten bekanntzumachen (§ 35 Abs. 2); wegen der Folgen nach § 21 Abs. 1 Nr. 1 StVG ist eine förmliche Zustellung geboten. **Zuständig** ist nach § 162 Abs. 1 S. 1 im Vorverfahren das AG, in dessen Bezirk der Führerschein auf Grund der Anordnung nach Abs. 1 beschlagnahmt werden soll; daneben jedoch auch jedes nach §§ 7 ff. zuständige AG (str. s. Meyer-Goßner Rn. 7 mwN). Im Übrigen ist für die Entscheidung nach § 111 a stets das **nach dem jeweiligen Verfahrensstand mit der Sache befasste Gericht** sachlich zuständig; dies gilt für vorläufige Entziehung und ebenso für die Aufhebung der Maßnahme, und zwar auch dann, wenn die Anordnung der Maßnahme durch ein anderes Gericht erfolgte (Hentschel in Hdb. d. Straßenverkehrsrechts 16 A Rn. 256). Wurde beim LG **Anklage** erhoben oder ist bei ihm **Berufung** eingelegt, so ist das LG zuständig, auch für die Aufhebung dieser vorläufigen Maßnahme. Entzieht das LG im Urteil die Fahrerlaubnis gemäß § 60 StGB und ordnet es zugleich die vorläufige Entziehung an, so entscheidet es in der für die Hauptverhandlung vorgesehenen Besetzung (OLG Oldenburg NZV 1992, 124). Als **Berufungsgericht** ist das LG zur Beschlussfassung nach § 111 a erst zuständig, wenn ihm die Akte nach § 321 S. 2 vorgelegt worden ist (OLG Düsseldorf NZV 1992, 202); bis zu diesem Zeitpunkt bleibt das AG zuständig. Das LG kann auch als **Beschwerdegericht** für Entscheidungen nach § 111 a zuständig sein (§ 304, § 73 Abs. 1 GVG). Ob das LG als das mit der Hauptsache befasste Gericht zuständig ist, etwa weil bei ihm Anklage erhoben oder ihm nach Berufungseinlegung die Akten vorgelegt worden sind, oder ob es als Beschwerdegericht entscheidet, hat wesentliche rechtliche Konsequenzen. Hiervon hängt es nämlich ab, ob gegen den Beschluss des LG **Beschwerde** (§ 310) zulässig ist oder nicht (OLG Hamm NJW 1969, 149; OLG Düsseldorf NZV 1992, 202; Hentschel in Hdb. d. Straßenverkehrsrechts 16 A Rn. 259). Im **Revisionsverfahren** ist der **letzte Tatrichter** regelmäßig zuständig, also auch für die Aufhebung einer vorläufigen Entziehung der Fahrerlaubnis (BGH NJW 1978, 384; Hentschel in Hdb. d. Straßenverkehrsrechts 16 A Rn. 262). Danach ist das Revisionsgericht **abweichend von der Regel** nur dann zuständig, wenn es die Entziehung der Fahrerlaubnis durch eigene Sachentscheidung endgültig aufhebt (BayObLG NZV 1993, 239) oder wenn es das Verfahren endgültig einstellt (Hentschel in Hdb. d. Straßenverkehrsrechts 16 A Rn. 262). Die **Anordnung wirkt** zugleich – auch ohne Hervorhebung in der Beschlussformel – nach Abs. 3 als **Beschlagnahme des inländischen Führerscheins.** Sie enthält ferner ein durch § 21 Abs. 1 Nr. 1 StVG **strafbewehrtes Verbot,** Kraftfahrzeuge zu führen und bedeutet versicherungsrechtlich, dass der Betroffene keine Fahrerlaubnis iS von § 2 Abs. 2 c AKB hat (BGH VRS 62, 114). Die vorläufige Entziehung der Fahrerlaubnis gemäß § 111 a hat also für den Beschuldigten die gleichen rechtlichen Konsequenzen wie die endgültige Entziehung der Fahrerlaubnis gemäß 69 StGB durch Urteil. Die rechtlichen Wirkungen der vorläufigen Entziehung treten bereits im Zeitpunkt der **Bekanntgabe des Beschlusses an den Beschuldigten** ein. Es genügt die **formlose** Mitteilung nach § 35 Abs. 2 S. 2; aber eine förmliche Zustellung nach § 35 Abs. 2 S. 1 empfiehlt sich wegen der rechtlichen Folgen (Hentschel in Hdb. d. Straßenverkehrsrechts 16 A Rn. 281).

Der **Wegfall der Gründe** führt nach **Abs. 2** zur Aufhebung der Maßnahme. 4 Daher müssen Gericht und StA ständig darauf achten, ob die Gründe fortbestehen. Eine **ungewöhnlich lange Verfahrensdauer** bildet für sich allein keinen Grund für die Aufhebung der Maßnahme. Aber sie kann dazu führen, dass der sich in der Tat offenbarende Eignungsmangel ausgeglichen worden ist oder eine Feststellung in der Hauptverhandlung nicht mehr wahrscheinlich ist; die Maßnahme ist sodann – auch wenn der Beschuldigte an der langen Verfahrensdauer beteiligt war – aufzuheben (KG VRS 60, 111; OLG Hamm MDR 1975, 167). Aber bei erheblicher Verzögerung und grober Pflichtverletzung kann die Aufhebung der vorläufigen Maß-

§ 111 a

nahme wegen Unverhältnismäßigkeit geboten sein (OLG Köln NZV 1991, 243; Hentschel in Hdb. d. Straßenverkehrsrechts 16. A Rn. 277). Der bloße Zeitablauf während des **Berufungsverfahrens** rechtfertigt nicht die Aufhebung. Die vorläufige Entziehung der Fahrerlaubnis ist nicht allein deswegen aufzuheben, weil eine der verhängten Sperrfrist entsprechende Zeitspanne während des Rechtsmittelverfahrens verstrichen ist (OLG Frankfurt NStZ-RR 1998, 76). Auch während des **Revisionsverfahrens** ist die vorläufige Entziehung nicht deshalb aufzuheben, weil die Verfahrensdauer die Dauer der Sperre übersteigt (OLG Stuttgart NJW 1983, 241; OLG Hamm VRS 69, 220; Meyer-Goßner Rn. 12 mwN; aA OLG Frankfurt DAR 1989, 311 in st. Rspr.). Auch die **Nichtentziehung der Fahrerlaubnis** im Urteil zwingt durch besonderen Beschluss zur Aufhebung der vorläufigen Entziehung der Fahrerlaubnis, Abs. 2 (BVerfG NJW 1995, 124).

5 StA und Polizei können **nicht** die Fahrerlaubnis vorläufig entziehen **(Abs. 1).** Sie dürfen aber den **Führerschein beschlagnahmen** (§ 94 Abs. 3), und zwar bei **Gefahr im Verzuge** (§ 98 Abs. 1) und wenn die Voraussetzungen des Abs. 1 vorliegen (OLG Stuttgart NJW 1969, 760). „Gefahr im Verzuge" bedeutet im allgemeinen Gefährdung des Erfolges durch Verzögerung (s. § 98 Rn. 2), und in diesem Zusammenhang: wenn die Gefahr besteht, der Betroffene „werde ohne die Abnahme des Führerscheins weitere Trunkenheitsfahrten unternehmen oder sonst Verkehrsvorschriften in schwerwiegender Weise verletzen" (BGH 22, 385 = NJW 1969, 1368). Die **förmliche** Beschlagnahme ist nicht erforderlich, wenn der Führerschein **freiwillig herausgegeben** wird (§ 94 Abs. 1).

6 Zur **Richterlichen Entscheidung über die Beschlagnahme (Abs. 3 und 4)** ist folgendes zu beachten: Wenn die StA oder ihre Hilfsbeamten eine Beschlagnahme angeordnet und durchgeführt haben, sollen sie an sich nach § 98 Abs. 2 S. 1 binnen 3 Tagen die richterliche Bestätigung beantragen, falls bei der Beschlagnahme weder der Beschuldigte noch ein erwachsener Angehöriger anwesend war oder der Beschuldigte gegen die Beschlagnahme ausdrücklich Widerspruch erhoben hat. Liegen diese Voraussetzungen **nicht** vor, so braucht eine richterliche Entscheidung nicht herbeigeführt zu werden. Das ist die Rechtslage bei der Beschlagnahme des Führerscheins, die jedoch idR in **Anwesenheit** des Beschuldigten durchgeführt wird. Diese Beschlagnahme muss also nicht immer richterlich bestätigt werden. Wenn der Beschuldigte keinen Widerspruch erhebt, ist daher eine richterliche Anordnung nach § 111 a bis zur Rechtskraft – und wenn die Gründe nicht wegfallen (s. Rn. 4) – regelmäßig nicht zu treffen (LR-Schäfer Rn. 65). Kommt es aber zu einer richterlichen Entscheidung – zB weil der Beschuldigte Widerspruch erhoben hat oder weil er die richterliche Entscheidung nach § 98 Abs. 2 beantragt – tritt an die Stelle der Entscheidung über die Rechtmäßigkeit der Beschlagnahme die über die **vorläufige Entziehung der Fahrerlaubnis** (Abs. 4). Diese wirkt auch ohne besonderen Ausspruch als Bestätigung oder Aufhebung der Beschlagnahme (LR-Schäfer Rn. 66). Zur **Zuständigkeit** des AG usw. s. Rn. 3. Zur **Abwehr einer unmittelbaren Gefahr für die Allgemeinheit** kann den Polizei den Führerschein nach den **Polizei- und Ordnungsgesetzen der Länder** beschlagnahmen (OLG Braunschweig NJW 1956, 1808 OLG Köln NJW 1968, 666). Aber diese Gefahrenlage wird idR – vor allem bei Betrunkenen – durch Wegnahme des Zündschlüssels und durch Sicherstellung des Kfz besser bereinigt werden (BGH NJW 1962, 2104; BGH VersR 1956, 219). Hat aber die Polizei den Führerschein zur Gefahrensicherung weggenommen, so hat sie ihn sofort nach Wegfall der akuten Gefahr zurückzugeben (Meyer-Goßner Rn. 16). Nach **Abs. 3 S. 2** werden **EU- und EWR-Führerscheine** von Inhabern mit ordentlichem Wohnsitz im Inland (§ 2 Abs. 2 StVG) wie deutsche Führerscheine beschlagnahmt und in Verwahrung genommen (KK-Nack Rn. 19).

6 a **Abs. 4.** Die **richterliche Bestätigung** der staatsanwaltschaftlichen oder polizeilichen Sicherstellung oder Beschlagnahme liegt in der Anordnung gemäß Abs. 4.

Zuständig ist **der Richter,** der die Entscheidung über die vorläufige Entziehung der Fahrerlaubnis zu treffen hat. Aus § 98 Abs. 2 S. 1 folgt die Pflicht, die richterliche Entscheidung zu beantragen (KK-Nack Rn. 16).

Abs. 5 regelt die Rückgabe des (inländischen) Führerscheins. Nach S. 1 ist 7 der in amtlichem Gewahrsam befindliche Führerschein herauszugeben, wenn der **Richter es ablehnt,** die Fahrerlaubnis vorläufig zu entziehen oder im **Urteil** die endgültige Entziehung ablehnt oder die vorläufige Entziehung **aufgehoben** wird. Spricht also das Urteil **keine** Entziehung der Fahrerlaubnis aus, ist ein früher ergangener Beschluss über die vorläufige Entziehung gemäß § 111a Abs. 2 Alternative 2 aufzuheben (BVerfG NZV 1995, 77). Wird dagegen im Urteil die Fahrerlaubnis (endgültig) gemäß § 69 StGB **entzogen,** so erlischt die bis dahin bestehende vorläufige Maßnahme nach § 111a, ohne dass es einer ausdrücklichen Aufhebung des Beschlusses bedarf (Hentschel Hdb. d. Straßenverkehrsrechts 16 A 290). S. 2 regelt die **Aufschiebung** der Rückgabe. Die Zeit nach dem Urteil wird dann unverkürzt auf das Fahrverbot (§ 450 Abs. 2) angerechnet.

Abs. 6. Ausländische Führerscheine, die nicht Abs. 3 S. 2 unterfallen (s. 8 Rn. 6), können nach § 69 Abs. 1 StGB mit der Wirkung eines Fahrverbots im Gebiet der Bundesrepublik entzogen werden. Auch die vorläufige Entziehung ist zulässig. Sie wird dadurch vollzogen, dass sie im Führerschein, der zu diesem Zweck beschlagnahmt werden darf (Abs. 6 S. 2), vermerkt wird (§ 69b Abs. 2 S. 2 StGB), auch bei Personen, für die das NTS gilt (Art. 9 Abs. 6b NTS-ZA). Nach der Eintragung eines Vermerks ist der Führerschein zurückzugeben, ggf. ist ein gesondertes Blatt zu erstellen, der mit dem Führerschein zu verbinden ist (Meyer-Goßner Rn. 18).

Die Beschlagnahme des Führerscheins (§ 94 Abs. 3) und die vorläufige Entzie- 9 hung der Fahrerlaubnis nach § 111a setzen bei **Abgeordneten** die **Aufhebung der Immunität** voraus; auch dann wenn der Abgeordnete auf frischer Tat betroffen wird. Ist ein Ermittlungsverfahren genehmigt, wie allgemein bei Abgeordneten des BT (RiStBV Nr. 192a Abs. 2e S. 2), so sind die Maßnahmen ohne weiteres zulässig. Die StA teilt sie auf dem Dienstweg dem Parlamentspräsidenten mit. Die Polizei kann fragen, ob der Abgeordnete freiwillig den Führerschein in amtliche Verwahrung geben will (Meyer-Goßner Rn. 20).

Mit der **Beschwerde** ist die Entscheidung nach § 111a anfechtbar, auch wenn sie 10 vom erkennenden Gericht erlassen wurde (§§ 304, 305 S. 2); das gilt auch für Entscheidungen der – im 1. Rechtszug – zuständigen OLGe und des Ermittlungsrichters des BGH. Eine weitere Beschwerde (§ 310) ist nicht zulässig (OLG Stuttgart NStZ 1990, 141). Entscheidet das Beschwerdegericht erst, nachdem bei ihm Anklage erhoben worden ist oder ihm als Beschwerdegericht die Akten nach § 321 S. 2 vorgelegt worden sind, so hat es die Beschwerde als Aufhebungsantrag zu behandeln; diese Entscheidung ist sodann mit der Beschwerde anfechtbar (OLG Celle NStE Nr. 4 zu § 111a; OLG Düsseldorf VRS 72, 370; Meyer-Goßner Rn. 19). Auch während laufender **Revision** ist die Beschwerde gegen die vorläufige Entziehung der Fahrerlaubnis zulässig (OLG Koblenz NStZ-RR 1997, 206 mwN und der in der Rspr. vertretenen gegenteiligen Auffassung). Die **Entziehung der Fahrerlaubnis** durch ein mit der Revision angefochtenes Berufungsurteil bewirkt im Verfahren der vorläufigen Entziehung weder die Unzulässigkeit der Beschwerde gegen die Anordnung des LG noch eine Einschränkung der Sachentscheidungskompetenz des Beschwerdegerichts (OLG Düsseldorf NStZ-RR 2000, 240).

§ 111b [Sicherstellung]

(1) ¹**Gegenstände können durch Beschlagnahme nach § 111c sichergestellt werden, wenn Gründe für die Annahme vorhanden sind, daß die Voraussetzungen für ihren Verfall oder ihre Einziehung vorliegen.** ²**§ 94 Abs. 3 bleibt unberührt.**

§ 111 b

(2) Sind Gründe für die Annahme vorhanden, daß die Voraussetzungen des Verfalls von Wertersatz oder der Einziehung von Wertersatz vorliegen, kann zu deren Sicherung nach § 111 d der dingliche Arrest angeordnet werden.

(3) ¹Liegen dringende Gründe nicht vor, so hebt der Richter die in Absatz 1 Satz 1 und Absatz 2 genannten Maßnahmen spätestens nach sechs Monaten auf. ²Reicht die in Satz 1 bezeichnete Frist wegen der besonderen Schwierigkeit oder des besonderen Umfangs der Ermittlungen oder wegen eines anderen wichtigen Grundes nicht aus, so kann der Richter auf Antrag der Staatsanwaltschaft die Maßnahmen um längstens drei Monate verlängern, wenn die genannten Gründe ihre Fortdauer rechtfertigen.

(4) **Die §§ 102 bis 110 gelten entsprechend.**

(5) **Die Absätze 1 bis 4 gelten entsprechend, soweit der Verfall nur deshalb nicht angeordnet werden kann, weil die Voraussetzungen des § 73 Abs. 1 Satz 2 des Strafgesetzbuches vorliegen.**

1   Diese Bestimmung ist eine **Kannvorschrift,** weil Verfall und Einziehung, selbst wenn die gesetzlichen Voraussetzungen dafür vorliegen, regelmäßig **nicht zwingend** vorgeschrieben sind (KK-Nack Rn. 9). Unter den Begriff **Gegenstände** fallen Sachen, Forderungen, Immaterialgüterrechte und sonstige Vermögensrechte. **Voraussetzung** für die **Sicherstellung** ist, dass der Gegenstand dem **Verfall oder der Einziehung** unterliegt. Seit der am 7. 3. 1992 (BGBl. I S. 372) in Kraft getretenen gesetzlichen Neuregelung zum Verfall ist alles das, was der Täter für die Straftat oder aus ihr erlangt hat, in seiner Gesamtheit ohne Abzug gewinnmindernder Kosten abzuschöpfen, Übergang vom **Netto- zum Bruttoprinzip** (BGH NStZ 1994, 123). Die Voraussetzungen der **Verfallserklärung** ergeben sich aus §§ 73, 73 d StGB, die der **Einziehung** aus §§ 74, 74 d Abs. 1 StGB und anderen Vorschriften des StGB und des Nebenstrafrechts unterliegen, die die Einziehung vorschreiben oder zulassen. Der Einziehung stehen die **Unbrauchbarmachung** nach § 74 d Abs. 1 S. 2 StGB und die Vernichtung nach § 43 KUG, § 30 WZG gleich (Meyer-Goßner Rn. 4). Der Computer, mit dem der Angeklagte den Schriftsatz mit beleidigendem Inhalt geschrieben hat, unterliegt zB nicht der Einziehung nach § 74 Abs. 1 StGB. Daher scheidet auch seine Beschlagnahme nach § 111 b Abs. 1 und 2 aus (OLG Düsseldorf NStZ 1993, 137). Der Einziehung oder dem Verfall unterliegende **Grundstücke** oder Rechte, die den Vorschriften über die Zwangsvollstreckung in das unbewegliche Vermögen unterliegen, sind nach §§ 111 b Abs. 1, 111 c Abs. 2 zu beschlagnahmen. Die Sicherstellung von bestimmten **beweglichen Sachen** geschieht durch Beschlagnahme; bei Schiffen, Luftfahrzeugen ist § 111 c Abs. 4 zu beachten. Dem Verfall oder der Einziehung können auch **Rechte** (zB Bankguthaben) unterliegen; die Sicherstellung geschieht nach § 111 b iVm § 111 c Abs. 3. Steht kein dem Verfall unterliegender Vermögensgegenstand oder ein der Einziehung fähiger Gegenstand mehr zu Verfügung, sind aber dringende Gründe für die Annahme vorhanden, dass der **Verfall von Wertersatz** (§ 73 a StGB, zB der Agentenlohn) oder die Einziehung **von Wertersatz** (§ 74 c StGB, zB das veräußerte Heroin) angeordnet wird, so kann der Arrest nach § 111 d angeordnet werden (KK-Nack Rn. 6).

2   **Gründe** müssen für die Annahme sprechen, dass die **Voraussetzungen** für den Verfall (§§ 73 ff. StGB) oder die Einziehung oder Unbrauchbarmachung (§§ 74 ff. StGB) vorliegen. Der Begriff „dringende Gründe" ist derselbe, der in § 111 a verwendet wird (s. § 111 a Rn. 1). Dringende Gründe liegen also vor, wenn die endgültige Anordnung einer dieser Maßnahmen in **hohem Maße** wahrscheinlich ist (KK-Nack Rn. 8).

3   Die Sicherstellung von Verfalls- und Einziehungsgegenständen darf nur durch **förmliche Beschlagnahme** (vgl. § 111 c) erfolgen. Die Beschlagnahmen nach

§ 111 b „bestehen aus der Anordnung (§ 111 e) und deren Durchführung (§ 111 c) durch die dazu berufenen Organe (§ 111 f)" (BGH NStZ 1985, 262). Sie sind vom Beginn des Ermittlungsverfahrens ab bis zur Rechtskraft des Urteils zulässig, auch noch nach Rechtskraft des Vorbehaltsurteils nach § 74 b Abs. 2 StGB. Der **Verhältnismäßigkeitsgrundsatz** hat bei Verfallsgegenständen nur insofern Bedeutung, als die Vorschrift des § 73 c Abs. 1 S. 1 StGB zu beachten ist; liegen ihre Voraussetzungen vor, so ist von einer Sicherstellung abzusehen (KK-Nack Rn. 10). Aber an das Vorliegen einer „unbilligen Härte" iSv. § 73 c Abs. 1 S. 1 StGB sind hohe Anforderungen zu stellen. die Situation muss so sein, dass die Verfallerklärung „ungerecht" wäre, dass sie das Übermaßverbot verletzen würde (BGH NStZ 1995, 495). Eine **allgemeine Beschlagnahme** kommt für Druckerzeugnisse in Betracht (§§ 111 m, 111 n), aber auch sonst, wenn es um die Sicherstellung einer abgegrenzten Gattung von Sachen zum Zweck der späteren Einziehung oder des Verfalls geht. Dann muss die Gattung in dem Anordnungsbeschluss so genau bezeichnet werden, dass die Vollstreckungsorgane die Grenze des Zugriffs feststellen können. Die Anordnung ist im ganzen Geltungsbereich der StPO vollstreckbar (§ 160 GVG), wenn sich nicht aus ihr selbst eine örtliche Beschränkung ergibt (Meyer-Goßner Rn. 12). Ist ein beweglicher Gegenstand **formlos** in Verwahrung genommen, so tritt die Wirkung der Beschlagnahme mit der Anordnung nach § 111 e ein. Für **Führerscheine** gelten – was sich aus Abs. 1 S. 2 ergibt – die speziellen Vorschriften des § 94 Abs. 3 iVm § 111 a (KK-Nack Rn. 14). Zum Zwecke der Auffindung des der Beschlagnahme unterliegenden Gegenstandes können die Vorschriften über die **Durchsuchung** angewandt werden. Die Anordnung nach § 111 e enthält nicht zwingend die Anordnung der Durchsuchung; daher bedarf es einer besonderen Anordnung nach § 105 (KK-Nack Rn. 15). Die **Vollstreckung** richtet sich nach § 111 f.

Der **Schadloshaltung des Verletzten (Abs. 5)** dienende Gegenstände dürfen 4 nach § 73 Abs. 1 S. 2 StGB nicht für verfallen erklärt werden. Es kommt dabei nur auf das Bestehen eines Entschädigungsanspruchs des Verletzten an; entscheidend ist „allein die rechtliche Existenz des Anspruchs, nicht ob er voraussichtlich geltend gemacht wird" (BGH NStZ 1984, 409). Zur **Immunität der Abgeordneten** s. die Ausführungen bei § 94 Rn. 6.

§ 111 c [Beschlagnahme zur Sicherstellung]

(1) **Die Beschlagnahme einer beweglichen Sache wird in den Fällen des § 111 b dadurch bewirkt, daß die Sache in Gewahrsam genommen oder die Beschlagnahme durch Siegel oder in anderer Weise kenntlich gemacht wird.**

(2) ¹**Die Beschlagnahme eines Grundstückes oder eines Rechtes, das den Vorschriften über die Zwangsvollstreckung in das unbewegliche Vermögen unterliegt, wird dadurch bewirkt, daß ein Vermerk über die Beschlagnahme in das Grundbuch eingetragen wird.** ²**Die Vorschriften des Gesetzes über die Zwangsversteigerung und die Zwangsverwaltung über den Umfang der Beschlagnahme bei der Zwangsversteigerung gelten entsprechend.**

(3) ¹**Die Beschlagnahme einer Forderung oder eines anderen Vermögensrechtes, das nicht den Vorschriften über die Zwangsvollstreckung in das unbewegliche Vermögen unterliegt, wird durch Pfändung bewirkt.** ²**Die Vorschriften der Zivilprozeßordnung über die Zwangsvollstreckung in Forderungen und andere Vermögensrechte sind insoweit sinngemäß anzuwenden.** ³**Mit der Beschlagnahme ist die Aufforderung zur Abgabe der in § 840 Abs. 1 der Zivilprozeßordnung bezeichneten Erklärungen zu verbinden.**

(4) ¹**Die Beschlagnahme von Schiffen, Schiffsbauwerken und Luftfahrzeugen wird nach Absatz 1 bewirkt.** ²**Bei solchen Schiffen, Schiffsbauwerken**

§ 111 d

und Luftfahrzeugen, die im Schiffsregister, Schiffsbauregister oder Register für Pfandrechte an Luftfahrzeugen eingetragen sind, ist die Beschlagnahme im Register einzutragen. ³Nicht eingetragene, aber eintragungsfähige Schiffsbauwerke oder Luftfahrzeuge können zu diesem Zweck zur Eintragung angemeldet werden; die Vorschriften, die bei der Anmeldung durch eine Person, die auf Grund eines vollstreckbaren Titels eine Eintragung in das Register verlangen kann, anzuwenden sind, gelten hierbei entsprechend.

(5) Die Beschlagnahme eines Gegenstandes nach den Absätzen 1 bis 4 hat die Wirkung eines Veräußerungsverbotes im Sinne des § 136 des Bürgerlichen Gesetzbuches; das Verbot umfaßt auch andere Verfügungen als Veräußerungen.

(6) ¹Eine beschlagnahmte bewegliche Sache kann dem Betroffenen
1. gegen sofortige Erlegung des Wertes zurückgegeben oder
2. unter dem Vorbehalt jederzeitigen Widerrufs zur vorläufigen weiteren Benutzung bis zum Abschluß des Verfahrens überlassen

werden. ²Der nach Satz 1 Nr. 1 erlegte Betrag tritt an die Stelle der Sache. ³Die Maßnahme nach Satz 1 Nr. 2 kann davon abhängig gemacht werden, daß der Betroffene Sicherheit leistet oder bestimmte Auflagen erfüllt.

1   Diese Vorschrift regelt die **Art und Weise** der Beschlagnahme für die Fälle des § 111 b Abs. 2 und die **Wirkung dieser Beschlagnahme**. Die **Inverwahrungnahme** erfolgt idR dadurch, dass die StA oder ihre Hilfsbeamten (§ 111 f Abs. 1) die beweglichen Sachen in **amtlichen Gewahrsam** nehmen, dh sich die tatsächliche Gewalt beschaffen. Die Beschlagnahme bewirkt ein öffentlich-rechtliches Verwahrungsverhältnis (BGHZ 100, 104 = NStZ 1987, 517). Im Übrigen wird in den Abs. 1 bis 4 die **Art der Beschlagnahme** im Einzelnen eindeutig festgelegt.

2   Das **Veräußerungsverbot (Abs. 5)** führt zum Verfügungsverbot. Bei einer dennoch erfolgten Verfügung finden gemäß § 135 Abs. 2 BGB die Vorschriften zugunsten derjenigen, welche Rechte von einem Nichtberechtigten herleiten, entsprechende Anwendung. Das bedeutet, dass sich der gute Glaube auf das Nichtbestehen des Veräußerungsverbots beziehen muss (BGH NStZ 1985, 262). Das Veräußerungsverbot **entsteht** mit dem Vollzug der Beschlagnahme; dh im Fall des **Abs. 1** mit der Inverwahrnahme oder Kenntlichmachung, im Fall des **Abs. 2** mit der Zustellung des Pfändungsbeschlusses, im Fall des **Abs. 3** mit der Registereintragung, im Fall des **Abs. 4** mit der Sicherstellung nach Abs. 1. Die Registereintragung nach Abs. 4 S. 2, 3 ist keine Voraussetzung für das Veräußerungsverbot (Meyer-Goßner Rn. 11). Durch § 111 g Abs. 3 wird das Veräußerungsverbot unter bestimmten Voraussetzungen zugunsten des Verletzten erweitert. Bei **generell gefährlichen Sachen**, welche die Sicherheit der Allgemeinheit gefährden und der Einziehung unterliegen, gilt – in Abs. 5 nicht ausdrücklich erwähnt – ein absolutes Veräußerungsverbot nach § 134 BGB (KK-Nack Rn. 6). Zum **strafrechtlichen** Schutz der Vollstreckung s. § 136 StGB.

3   Die **Rückgabe** nach **Abs. 6** gilt nicht für Gegenstände, die zugleich Beweisgegenstände sind und auch nach § 94 beschlagnahmt sind. Auch für Gegenstände, für die ein absolutes Veräußerungsverbot (§ 134 BGB) besteht (zB Heroin), ist Abs. 6 unanwendbar. Abs. 6 Nr. 1 wird vor allem für **verderbliche Gegenstände** (§ 111 l) praktisch (KK-Nack Rn. 7). Wegen der **Aufhebung** der Beschlagnahme s. § 111 e.

§ 111 d [Arrest wegen Wertersatz, Geldstrafe oder Kosten]

(1) ¹Wegen des Verfalls oder der Einziehung von Wertersatz, wegen einer Geldstrafe oder der voraussichtlich entstehenden Kosten des Strafverfahrens kann der dingliche Arrest angeordnet werden. ²Wegen einer Geldstrafe

und der voraussichtlich entstehenden Kosten darf der Arrest erst angeordnet werden, wenn gegen den Beschuldigten ein auf Strafe lautendes Urteil ergangen ist. ³Zur Sicherung der Vollstreckungskosten sowie geringfügiger Beträge ergeht kein Arrest.

(2) Die §§ 917 und 920 Abs. 1 sowie die §§ 923, 928, 930 bis 932 und 934 Abs. 1 der Zivilprozeßordnung gelten sinngemäß.

(3) Ist der Arrest wegen einer Geldstrafe oder der voraussichtlich entstehenden Kosten angeordnet worden, so ist eine Vollziehungsmaßnahme auf Antrag des Beschuldigten aufzuheben, soweit der Beschuldigte den Pfandgegenstand zur Aufbringung der Kosten seiner Verteidigung, seines Unterhalts oder des Unterhalts seiner Familie benötigt.

Diese Vorschrift regelt die Sicherung von Zahlungsansprüchen der Staatskasse gegen den Beschuldigten **abschließend.** Wegen anderer als der in der Bestimmung bezeichneten Geldforderungen ist ein Arrestverfahren nicht – auch nicht nach den allgemeinen Vorschriften der §§ 916 ZPO ff. – zulässig (Meyer-Goßner Rn. 1). Soweit § 111 d den dinglichen Arrest vorsieht, hat der Staat nicht die Möglichkeit, vom persönlichen Sicherheitsarrest Gebrauch zu machen (LR-Schäfer Rn. 2). 1

Wegen des Verfalls oder der Einziehung von Wertersatz **(Abs. 1 S. 1)** kann der dingliche Arrest unter den Voraussetzungen des § 111 b Abs. 1 angeordnet werden. Er setzt voraus, dass der Beschuldigte einer Straftat dringend verdächtig ist und dringende Gründe für die Annahme vorhanden sind, dass in dem Urteil der Verfall oder die Einziehung des Wertersatzes angeordnet wird. Der Arrest ist schon im Ermittlungsverfahren zulässig (Meyer-Goßner Rn. 3). Der dingliche Arrest darf auch zur Sicherung des Anspruchs des **Verletzten** (auch zugunsten des Steuerfiskus) **angeordnet werden, wenn ohne diesen Anspruch eine Verfallserklärung zulässig** wäre (LG Berlin NStZ 1991, 437; Meyer-Goßner Rn. 4; vgl. auch Dörn, Sicherstellung von Geld durch die Finanzbehörden im Steuerstrafverfahren, wistra 1990, 181). 2

Voraussetzung für die Anordnung des dinglichen Arrests wegen einer **Geldstrafe,** einer Geldbuße oder der Kosten ist, dass gegen den Betroffenen ein auf Strafe oder Geldbuße lautendes Urteil oder ein Beschluss nach § 72 OWiG ergangen ist **(Abs. 1 S. 2).** Der Strafbefehl steht dem Urteil **nicht gleich.** Die Sicherung richtet sich nach der erkannten Strafe oder den Kosten. Dabei können die voraussichtlichen Rechtsmittelkosten geschätzt werden. Wegen der Vollstreckungskosten und wegen geringfügiger Beträge darf kein Arrest ergehen (Abs. 1 S. 3). **Geringfügig** ist ein Betrag, wenn durch den Arrest ein Verwaltungsaufwand entsteht, der in keinem angemessenen Verhältnis zur Bedeutung der Sache steht (KK-Nack Rn. 5). 3

Es muss auch ein **Arrestgrund** vorliegen. Nach dem in **Abs. 2** in Bezug genommenen **§ 917 Abs. 1 ZPO** muss zu besorgen sein, dass ohne die Anordnung die künftige Vollstreckung **vereitelt oder wesentlich erschwert** würde; dies ist nach § 917 Abs. 2 ZPO vor allem der Fall, wenn zu befürchten ist, dass der Betroffene sein Vermögen ins Ausland bringen werde und die zu sichernde Geldforderung im Ausland vollstreckt werden müsse (KK-Nack Rn. 6; vgl. auch Mankowski NJW 1992, 599) oder wenn **Anhaltspunkte** dafür vorliegen, dass auf das Vermögen des Schuldners nachteilig eingewirkt wird (IR-Schäfer Rn. 15). 4

Die **Arrestanordnung** ergeht schriftlich durch Beschluss des Richters oder durch staatsanwaltschaftliche Verfügung (s. § 111 e). Die Anordnung muss nach **§ 920 Abs. 1 ZPO** den Arrestgrund sowie den zu sichernden Anspruch, unter Angabe des Geldbetrages nennen und nach **§ 923 ZPO** den Geldbetrag festsetzen, durch dessen Hinterlegung die Vollziehung des Arrests gehemmt und der Schuldner zu dem Antrag auf Aufhebung des vollzogenen Arrestes berechtigt; die Beibringung einer selbstschuldnerischen **Bürgschaft einer Bank** genügt (KK-Nack Rn. 8). Von einer vorherigen Anhörung des Betroffenen ist idR nach § 33 5

§ 111 e

Abs. 4 abzusehen. **Bekanntgemacht** wird die Arrestanordnung erst nach ihrer Vollziehung dem Beschuldigten oder dem Dritten, gegen die sie sich richtet (Meyer-Goßner Rn. 11). Weitere Mitteilungspflichten sind in § 111 e Abs. 3 und 4 bestimmt.

6 Für die **Vollziehung** des Arrests sind nach **Abs. 2** die Vorschriften der ZPO anwendbar: In das **bewegliche Vermögen** wird er durch Pfändung bewirkt (§ 930 Abs. 1 S. 1 ZPO); für den Staat entsteht ein Pfandrecht. Gepfändetes **Geld** wird hinterlegt (§ 930 Abs. 2 ZPO). **Schiffe** und Schiffsbauwerke werden ebenfalls gepfändet (§ 931 ZPO), auch Luftfahrzeuge. In **Grundstücke und grundstücksgleiche Rechte** ist eine Arresthypothek vorgesehen (§ 932 ZPO). **Forderungen werden** gepfändet (§ 930 Abs. 1 S. 3 ZPO). **§ 66 Abs. 1 IRG** erlaubt auch, dem ersuchenden Staat im Wege der Rechtshilfe eine gemäß §§ 67 Abs. 1 und 3, 77 IRG, 111 d StPO, § 960 Abs. 1 S. 3 ZPO gepfändete Forderung zur Einziehung zu überweisen (OLG Frankfurt NStZ-RR 1998, 369). Wegen der Zuständigkeit für die Vollziehung s. § 111 f.

7 Der Arrest ist **aufzuheben,** wenn die Voraussetzungen für die **Anordnung** nicht mehr gegeben sind. Die **Vollziehung** des Arrests – nicht aber der Arrest selbst – ist aufzuheben, wenn der in der Anordnung genannte Geldbetrag in Geld oder Wertpapieren hinterlegt oder eine entsprechende selbstschuldnerische Bankbürgschaft (s. Rn. 5) beigebracht wird (§ 934 Abs. 1 S. 1 ZPO). Eine Vollziehungsmaßnahme eines Arrests, der wegen einer **Geldstrafe** oder der voraussichtlichen **Kosten** angeordnet ist, ist – ebenfalls unter Bestehen bleibens des Arrests – aus den **in Abs. 3 genannten Gründen aufzuheben.** Diese **Aufhebungsgründe** sind **abschließend** (KK-Nack Rn. 12). **Kosten der Verteidigung** iSv Abs. 3 sind die Gebühren und Auslagen des Verteidigers, auch die nach § 3 BRAGO vereinbarten Gebühren sowie die Aufwendungen für Reisen zum Verteidiger oder Gericht. **Übermäßig** hohe Verteidigungskosten werden aber nicht anerkannt (Meyer-Goßner Rn. 20). Als **Kosten des Unterhalts** für den Beschuldigten und seine Familie sind die Beträge freizugeben, die bei der Vollstreckung des rechtskräftigen Urteils nicht gepfändet werden dürfen.

8 Die Aufhebung nach **Abs. 3** setzt einen **Antrag** des Betroffenen voraus, in dem die Voraussetzungen für die Aufhebung darzulegen und glaubhaft zu machen sind (§ 294 ZPO). Wendet sich der Angeklagte mit der **Beschwerde** gegen den zur Sicherung der voraussichtlichen Verfahrenskosten angeordneten dinglichen Arrest mit der Begründung, dass er auf die beschlagnahmten Geldbeträge zur Deckung von Verteidigerkosten angewiesen sei, so handelt es sich bei einem solchen Begehren um einen Antrag nach Abs. 3 auf Aufhebung einer zur Vollziehung des angeordneten Arrestes getroffenen Maßnahme, über den nicht das Beschwerdegericht, sondern der Tatrichter zu entscheiden hat (OLG Düsseldorf NStZ-RR 1997, 208). Wird die Arrestanordnung aufgehoben, so entfallen mit ihr auch alle Vollziehungsmaßnahmen; dies ist von Amts wegen auszusprechen (KK-Nack Rn. 13). **Zuständig** ist das Gericht, das den Arrest angeordnet hat, zu bestätigen oder bestätigt hat (§ 111 e Abs. 1 S. 1, Abs. 2 S. 1). Vor der Entscheidung ist die StA gemäß § 33 Abs. 2 zu hören (Meyer-Goßner Rn. 22).

§ 111 e [Anordnung der Beschlagnahme oder des Arrestes]

(1) ¹Zu der Anordnung der Beschlagnahme (§ 111 c) und des Arrestes (§ 111 d) ist nur der Richter, bei Gefahr im Verzuge auch die Staatsanwaltschaft befugt. ²Zur Anordnung der Beschlagnahme einer beweglichen Sache (§ 111 c Abs. 1) sind bei Gefahr im Verzuge auch die Ermittlungspersonen der Staatsanwaltschaft (§ 152 des Gerichtsverfassungsgesetzes) befugt.

Beschlagnahme, Überwachung, Durchsuchung § 111 e

(2) ¹Hat die Staatsanwaltschaft die Beschlagnahme oder den Arrest angeordnet, so beantragt sie innerhalb einer Woche die richterliche Bestätigung der Anordnung. ²Dies gilt nicht, wenn die Beschlagnahme einer beweglichen Sache angeordnet ist. ³Der Betroffene kann in allen Fällen jederzeit die richterliche Entscheidung beantragen.

(3) Die Anordnung der Beschlagnahme und des Arrestes ist dem durch die Tat Verletzten, soweit er bekannt ist oder im Verlauf des Verfahrens bekannt wird, unverzüglich mitzuteilen.

(4) Ist zu vermuten, daß weiteren Verletzten aus der Tat Ansprüche erwachsen sind, so soll die Beschlagnahme oder der Arrest durch einmaliges Einrücken in den Bundesanzeiger oder in anderer geeigneter Weise bekanntgemacht werden.

Diese Vorschrift bestimmt die **Zuständigkeit** für die Anordnung der Beschlagnahme wegen Verfalls- und Einziehungsgegenständen nach § 111 c und für die Anordnung des dinglichen Arrests nach § 111 d, und zwar teilweise abweichend von der in § 98 für die Anordnung der Beschlagnahme von Beweisgegenständen und Führerscheinen getroffenen Regelungen. Aber die zu § 98 entwickelten Grundsätze sind in weitem Umfang anwendbar. Der **Richter** ist nach **Abs. 1 S. 1** grundsätzlich für die Anordnung der Beschlagnahme nach § 111 c und des Arrests nach § 111 d zuständig. Bei **Gefahr im Verzug** (s. hierzu § 98 Rn. 2) ist auch die **StA zur** Anordnung der Beschlagnahme und des Arrests befugt (Abs. 1 S. 1). Nach **Abs. 1 S. 2** dürfen **Hilfsbeamte** der StA bei Gefahr im Verzug **nur bewegliche Sachen** nach § 111 c Abs. 1 beschlagnahmen. Für **Druckwerke** gelten Sonderregelungen (§§ 111 m, 111 n). 1

Anders als bei der Beweisbeschlagnahme nach §§ 94, 98 müssen **Hilfsbeamte der StA, die die Beschlagnahme** anordnen und selbst ausführen, wegen der Rechtsfolgen nach § 111 c Abs. 5 dem Betroffenen erklären und aktenkundig machen, dass die Sache nach §§ 111 b ff. beschlagnahmt wird. Liegt der Sicherungszweck **auf der Hand**, so kann das entbehrlich sein (BGH NStZ 1985, 262; OLG Frankfurt NStZ-RR 1996, 301; Meyer-Goßner Rn. 4). Von dieser Möglichkeit sollte in der Praxis aus Rechtssicherheitsgründen nicht Gebrauch gemacht werden. Eine Belehrung über das Verfügungsverbot nach § 111 c Abs. 5 schreibt das Gesetz zwar nicht vor, sollte aber erfolgen. **Hilfsbeamte der StA** sind zur **Arrestanordnung nicht befugt.** Die Zuständigkeit des Gerichts und der StA ergibt sich aus **Abs. 1 S. 1** (s. Rn. 1). Wegen Form, Inhalt und Bekanntmachung der Arrestanordnung s. § 111 d. 2

Die Anordnung von Beschlagnahme und Arrest ist dem Beschuldigten oder dem Dritten, gegen den die Maßnahmen gerichtet sind, von der Behörde, welche die Vollstreckung durchführt, **bekanntzumachen.** Die Bekanntgabe erfolgt, wenn der Erfolg der Anordnung gefährdet würde, erst nach dem Vollzug. Dies wird bei Anordnung des Arrests idR der Fall sein (KK-Nack Rn. 9). Nach **Abs. 3** ist die Anordnung auch dem **Verletzten**, soweit er bekannt ist, (formlos) **mitzuteilen**, und zwar von demjenigen, der die Anordnung durchzuführen hat. Dem Verletzten soll die Sicherung und Durchsetzung seiner Schadensersatzansprüche ermöglicht werden. Mitzuteilen ist bereits die Anordnung. Die Mitteilung muss **unverzüglich** erfolgen. Die Durchführung der Maßnahme darf abgewartet werden, wenn sonst ihr Erfolg gefährdet werden würde (KK-Nack Rn. 10). Die **Mitteilung an noch unbekannte Verletzte** nach Abs. 4 soll auch diesen die Wahrnehmung ihrer Rechte nach §§ 111 b Abs. 3, 111 g Abs. 3, 111 h Abs. 1 erleichtern und sie über den Zugriff des Staates unterrichten. Es handelt sich um eine **Sollvorschrift,** deren Nichtbeachtung auf die Wirksamkeit der Beschlagnahme keinen Einfluss hat. Von der Mitteilung kann abgesehen werden, wenn sie keinen Erfolg verspricht oder die Kosten in keinem angemessenen Verhältnis zum Wert der beschlagnahmten Sache stehen würden (Meyer-Goßner Rn. 14). 3

4 Nach **Abs. 2 S. 1** hat die StA, wenn sie die Beschlagnahme oder den Arrest angeordnet hat, innerhalb einer Woche die **richterliche Bestätigung** zu beantragen. Nach Abs. 2 S. 2 gilt für die Anordnung der Beschlagnahme **beweglicher Sachen** eine Ausnahme; eine richterliche Bestätigung ist nicht erforderlich, auch wenn sie nach Abs. 1 S. 2 von Hilfsbeamten der StA getroffen worden ist. Die StA kann aber auch in diesem Fall beantragen, die richterliche Bestätigung auszusprechen (BGH NStZ 1985, 262). Die **Frist** beträgt – im Gegensatz zu § 98 Abs. 2 S. 1 – eine Woche. Sie **beginnt** mit dem Tag der (nichtrichterlichen) Anordnung (KK-Nack Rn. 4). Abs. 2 S. 1 ist eine **Sollvorschrift;** die Fristüberschreitung führt nicht zur Unwirksamkeit (s. § 98 Rn. 4). Der Betroffene kann die richterliche Bestätigung stets herbeiführen (Abs. 2 S. 3). Liegt bereits eine richterliche Entscheidung vor, so kann der Betroffene den Richter anrufen, wenn aus seiner Sicht neue Umstände bekanntgeworden sind, die der Fortdauer der Beschlagnahme entgegenstehen (BGH NStZ 1985, 262). Bei nachträglicher Entscheidung hat der Richter zu prüfen, ob die Voraussetzungen für Beschlagnahme oder Arrest **im Zeitpunkt** seiner Entscheidung vorliegen (KK-Nack Rn. 4, 5). Die Strafverfolgungsbehörde hat den Vorgang **von Amts wegen** binnen einer Woche dem Richter vorzulegen, wenn dessen Bestätigung erforderlich ist. Für die richterliche Bestätigung ist der Richter **zuständig,** der die Entscheidung über die Anordnung hätte treffen müssen (KK-Nack Rn. 6, 7).

5 Eine nach §§ 111 b, 111 d, 111 e getroffene Anordnung ist von Amts wegen oder auf Antrag **aufzuheben,** sobald ihre sachlichen Voraussetzungen wegfallen, vor allem zB die dringenden Gründe nach § 111 b Abs. 1. Mit **Rechtskraft** des Urteils, durch das der beschlagnahmte Gegenstand für verfallen erklärt oder eingezogen worden ist, erlischt die Beschlagnahme; denn mit der Urteilskraft geht das Eigentum oder Recht an dem Beschlagnahmegegenstand ohne weiteres auf den Staat über (§ 73 d Abs. 1, § 74 e Abs. 1 StGB). Wird das Urteil rechtskräftig, in dem der Beschlagnahmegegenstand weder für verfallen erklärt noch eingezogen worden ist, so wird die Beschlagnahme ebenfalls gegenstandslos; eine ausdrückliche Aufhebung der Beschlagnahme ist nicht erforderlich (OLG Düsseldorf NStZ 1997, 301). Die StA hat die beschlagnahmten beweglichen Sachen an den Berechtigten (vgl. § 111 k) herauszugeben und dafür zu sorgen, dass andere Beschlagnahmemaßnahmen (§ 111 c Abs. 2 bis 4) aufgehoben werden (LR-Schäfer Rn. 17).

6 Die **Zuständigkeit** für die **Aufhebung** der Anordnung bei **nicht rechtskräftigem** Verfahrensabschluss regelt sich nach den in § 98 dargelegten Grundsätzen (s. § 98 Rn. 8). Nach **rechtskräftiger** Entscheidung ist der letzte Tatrichter zuständig. Die **Durchführung** der Aufhebung obliegt der StA, die auch die Anordnung zu vollziehen hätte (KK-Nack Rn. 16, 17).

7 Gegen **nichtrichterliche Anordnung** der Beschlagnahme und des Arrests hat der Betroffene den Rechtsbehelf nach **Abs. 2 S. 3.** Die **Beschwerde** gegen die **richterliche Beschlagnahme- und Arrestanordnung** ist auch bei Entscheidungen des Ermittlungsrichters des BGH und des OLG im ersten Rechtszug zulässig (§ 304 Abs. 4 und 5); denn mit „Beschlagnahme" ist auch der dingliche Arrest erfasst (BGH 29, 13 = NJW 1979, 1612; BGH NStZ 1982, 188; LR-Schäfer Rn. 23). Die weitere Beschwerde ist ausgeschlossen (§ 310). Vgl. auch § 98 Rn. 9.

§ 111 f [Durchführung der Beschlagnahme, Vollzug des Arrestes]

(1) [1]Die Durchführung der Beschlagnahme (§ 111 c) obliegt der Staatsanwaltschaft, bei beweglichen Sachen (§ 111 c Abs. 1) auch deren Ermittlungspersonen. [2]§ 98 Abs. 4 gilt entsprechend.

(2) [1]Die erforderlichen Eintragungen in das Grundbuch sowie in die in § 111 c Abs. 4 genannten Register werden auf Ersuchen der Staatsanwalt-

Beschlagnahme, Überwachung, Durchsuchung **§ 111 f**

schaft oder des Gerichts bewirkt, welches die Beschlagnahme angeordnet hat. ²Entsprechendes gilt für die in § 111 c Abs. 4 erwähnten Anmeldungen.

(3) ¹Soweit ein Arrest nach den Vorschriften über die Pfändung in bewegliche Sachen zu vollziehen ist, kann dies durch die in § 2 der Justizbeitreibungsordnung bezeichnete Behörde, die Staatsanwaltschaft oder durch deren Ermittlungspersonen (§ 152 des Gerichtsverfassungsgesetzes) bewirkt werden. ²Absatz 2 gilt entsprechend. ³Für die Anordnung der Pfändung eines eingetragenen Schiffes oder Schiffsbauwerkes sowie für die Pfändung einer Forderung ist der Richter, bei Gefahr im Verzuge auch die Staatsanwaltschaft zuständig.

Diese Vorschrift bestimmt die **Zuständigkeit** für die **Vollstreckung** der Beschlagnahme und des dinglichen Arrests. Anordnungen des Gerichts können nach § 160 GVG und solche der StA nach § 143 GVG in der gesamten Bundesrepublik vollstreckt werden; das Gleiche gilt für Anordnungen der Hilfsbeamten, die auf Anweisung der StA erlassen werden. Andere Beschlagnahmeanordnungen der Hilfsbeamten der StA wirken über den Bezirk nicht hinaus, innerhalb dessen diese Beamten Anordnungen treffen dürfen (LR-Schäfer Rn. 1). 1

Bei der **Durchführung der Beschlagnahme** führt die StA die Beschlagnahmeanordnung **beweglicher Sachen** (Abs. 1) des Gerichts und ihre eigenen Anordnungen (§ 111 e Abs. 1 S. 1) durch und bedient sich dazu der Polizei. Gemäß § 31 Abs. 1 Nr. 2 RPflG ist die tatsächliche Durchführung dem Rechtspfleger übertragen. Hilfsbeamte der StA, die nach § 111 e Abs. 1 S. 2 die Beschlagnahme beweglicher Sachen angeordnet haben, sind auch befugt, sie – mit Hilfe anderer Polizeibeamter – durchzuführen (Meyer-Goßner Rn. 2). Bei **Dienstgebäuden** gilt § 98 entsprechend. Die **Beschlagnahme einer Forderung** (§ 111 c Abs. 3) obliegt der StA **(Abs. 1),** nicht deren Hilfsbeamten. Die Durchführung der Pfändung ist dem Rechtspfleger übertragen (§ 31 Abs. 1 Nr. 2 RPflG). 2

Die **Beschlagnahme eines Grundstücks oder grundstücksgleichen Rechts** obliegt nach Abs. 2 S. 1 der StA. Sie hat die notwendigen Eintragungen im Grundbuch zu veranlassen, ggf. auch der anordnende Richter. Die Durchführung als solche ist dem Rechtspfleger nach § 22 Nr. 1 bzw. § 31 Abs. 1 Nr. 1 RPflG übertragen. Die Beschlagnahme von **Schiffen, Schiffsbauwerken und Luftfahrzeugen** wird nach Abs. 1 S. 1 von der StA und deren Hilfsbeamten durchgeführt. Kommen Eintragungen iS des § 111 c Abs. 4 S. 2 und 3 in Frage, so gilt Abs. 2. Die erforderlichen Eintragungen und Anmeldungen sind von der StA oder dem Richter, der die Beschlagnahme angeordnet hat, zu veranlassen. Die Durchführung im Einzelnen obliegt dem Rechtspfleger nach §§ 22 Nr. 1, 31 Abs. 1 Nr. 1 RPflG (KK-Nack Rn. 2). 3

Für die Vollziehung des **Arrests** gilt folgendes: Soll der Arrest in eine **bewegliche Sache** vollzogen werden, so ist nach **Abs. 3 S. 1** dafür die in § 2 JBeitrO bezeichnete Behörde zuständig. Das ist, wenn der Arrest den **Verfall** oder die **Einziehung von Wertersatz** oder eine **Geldstrafe** sichern soll, nach §§ 1 Abs. 1 Nr. 1, 2 Abs. 1 JBeitrO iVm den §§ 451 Abs. 1, 499, 499 g Abs. 2 der StA und, wenn der Arrest die **Verfahrenskosten** sichern soll, nach §§ 1 Abs. 1 Nr. 4, 2 Abs. 1 BeitrO die Gerichtskasse. Soll der Arrest sowohl die Geldstrafe und die Nebenfolgen als auch die Verfahrenskosten sichern, so ist für den Vollzug insgesamt die StA zuständig (§ 1 Abs. 4 JBeitrO). Innerhalb der StA sind diese Aufgaben dem Rechtspfleger nach § 31 Abs. 1 Nr. 2 RPflG übertragen (SK-Rudolphi Rn. 6). Die **Pfändung einer Forderung** auf Grund eines Arrests (Abs. 3 S. 3) hat der Richter und bei Gefahr im Verzug (s. hierzu § 98 Rn. 2) die StA durchzuführen. Die Aufgabe ist dem Rechtspfleger übertragen (§§ 22 Nr. 2, 31 Abs. 1 Nr. 2 RPflG). 4

§ 111 g   Erstes Buch. 8. Abschnitt

5   Die Vollziehung des **Arrests** in ein **Grundstück oder grundstücksgleiches Recht** durch Eintragung einer Sicherungshypothek richtet sich nach Abs. 2 S. 2; zuständig für die Durchführung im Einzelnen ist der Rechtspfleger der StA oder des Gerichts, das den Arrest angeordnet oder bestätigt hat, §§ 22 Nr. 1, 31 Abs. 1 Nr. 1 RPflG (Meyer-Goßner Rn. 10). Die Pfändung eines **Schiffs, Schiffbauwerks, Flugzeugs** auf Grund eines Arrests regelt sich grundsätzlich nach den Vorschriften für die Pfändung **beweglicher Sachen**. Bei der Pfändung **eingetragener** Schiffe oder Schiffbauwerke ist jedoch nach Abs. 3 S. 3 der **Richter,** bei Gefahr im Verzug (s. hierzu § 98 Rn. 2) auch der StA zuständig. Die Durchführung ist hier ebenfalls dem Rechtspfleger nach §§ 22 Nr. 2, 31 Abs. 1 Nr. 2 RPflG übertragen (KK-Nack Rn. 5).

6   Gegen Maßnahmen des Rechtspflegers des Gerichts ist die **Erinnerung** nach § 11 Abs. 1 RPflG an das Gericht zulässig, und über Einwendungen gegen Maßnahmen des Rechtspflegers der StA kann die StA angerufen werden (§ 31 Abs. 6 S. 1 PPflG). Gegen Maßnahmen und Entscheidungen der StA kann der für die Beschlagnahme zuständige Richter angerufen werden (OLG Karlsruhe RPfleger 1992, 447; Meyer-Goßner Rn. 14). Maßnahmen und Entscheidungen des Gerichts sind nach §§ 304, 305 S. 2 anfechtbar. Wegen der gerichtlichen Kontrolle **abgeschlossener Maßnahmen** wird auf § 98 Rn. 9 verwiesen.

§ 111 g [Zwangsvollstreckung, Arrestvollziehung des Verletzten]

(1) Die Beschlagnahme eines Gegenstandes nach § 111 c wirkt nicht gegen eine Verfügung des Verletzten, die auf Grund eines aus der Straftat erwachsenen Anspruches im Wege der Zwangsvollstreckung oder der Arrestvollziehung erfolgt.

(2) ¹Der Zwangsvollstreckung oder Arrestvollziehung nach Absatz 1 bedarf der Zulassung durch den Richter, der für die Beschlagnahme (§ 111 c) zuständig ist. ²Die Entscheidung ergeht durch Beschluß, der von der Staatsanwaltschaft, dem Beschuldigten und dem Verletzten mit sofortiger Beschwerde angefochten werden kann. ³Die Zulassung ist zu versagen, wenn der Verletzte nicht glaubhaft macht, daß der Anspruch aus der Straftat erwachsen ist. ⁴§ 294 der Zivilprozeßordnung ist anzuwenden.

(3) ¹Das Veräußerungsverbot nach § 111 c Abs. 5 gilt vom Zeitpunkt der Beschlagnahme an auch zugunsten von Verletzten, die während der Dauer der Beschlagnahme in den beschlagnahmten Gegenstand die Zwangsvollstreckung betreiben oder den Arrest vollziehen. ²Die Eintragung des Veräußerungsverbotes im Grundbuch zugunsten des Staates gilt für die Anwendung des § 892 Abs. 1 Satz 2 des Bürgerlichen Gesetzbuches auch als Eintragung zugunsten solcher Verletzter, die während der Dauer der Beschlagnahme als Begünstigte aus dem Veräußerungsverbot in das Grundbuch eingetragen werden. ³Der Nachweis, daß der Anspruch aus der Straftat erwachsen ist, kann gegenüber dem Grundbuchamt durch Vorlage des Zulassungsbeschlusses geführt werden. ⁴Die Sätze 2 und 3 gelten sinngemäß für das Veräußerungsverbot bei den in § 111 c Abs. 4 genannten Schiffen, Schiffsbauwerken und Luftfahrzeugen. ⁵Die Wirksamkeit des Veräußerungsverbotes zugunsten des Verletzten wird durch die Aufhebung der Beschlagnahme nicht berührt.

(4) Unterliegt der beschlagnahmte Gegenstand aus anderen als den in § 73 Abs. 1 Satz 2 des Strafgesetzbuches bezeichneten Gründen nicht dem Verfall oder ist die Zulassung zu Unrecht erfolgt, so ist der Verletzte Dritten zum Ersatz des Schadens verpflichtet, der ihnen dadurch entsteht, daß das Veräußerungsverbot nach Absatz 3 zu seinen Gunsten gilt.

§ 111 g

(5) ¹Die Absätze 1 bis 4 gelten entsprechend, wenn der Verfall eines Gegenstandes angeordnet, die Anordnung aber noch nicht rechtskräftig ist. ²Sie gelten nicht, wenn der Gegenstand der Einziehung unterliegt.

Diese Vorschrift ermöglicht es dem durch die **Straftat Verletzten**, einen durch sie entstandenen Schadensersatzanspruch – nach Zulassung durch das Strafgericht – im Wege der Zwangsvollstreckung in sichergestellte Gegenstände des Täters durchsetzen. Bekanntlich schädigen jedes Jahr Straftäter durch Vermögensdelikte wie Betrug und Untreue Unternehmen oder Privatpersonen in erheblichem Umfang. Die Geschädigten suchen, die erlittenen Schäden im Wege der Zwangsvollstreckung in das Vermögen des Straftäters ausgleichen, welches oftmals bereits durch die StA beschlagnahmt worden ist. Unerlässliches Instrument für eine erfolgreiche Zwangsvollstreckung des Gläubigers in das beschlagnahmte Vermögen des Täters ist der **Zulassungsbeschluss** nach § 111 g Abs. 2 (vgl. BGH ZIP 2000, 901; Hees/Albeck ZIP 2000, 871). Art und Umfang des Schadensersatzanspruches sind ausschließlich unter zivilrechtlichen Gesichtspunkten zu beurteilen. Zivilrechtlich erstreckt sich die Ersatzpflicht des Schuldners auch auf die durch die Geltendmachung und Durchsetzung des Schadensersatzanspruchs entstandenen Kosten (OLG Düsseldorf wistra 1992, 319). „§ 111 g über eine **vorrangige** Befriedigung von Ansprüchen der Verletzten gilt lediglich für den Fall einer Beschlagnahme nach § 111 c, nicht hingegen bei einer Sicherung des Verfalls von Wertersatz durch dinglichen Arrest nach § 111 d" (OLG Köln NJW 2003, 2546). 1

Die Bestimmung gilt nur für **Beschlagnahmen nach § 111 c** und nicht für den Arrest nach § 111 d. Der Anspruch muss **unmittelbar aus der Tat** entstanden sein; der Versicherer des Verletzten ist daher nicht Verletzter iS von **Abs. 1** (OLG Karlsruhe MDR 1984, 336; Meyer-Goßner Rn. 2; aA OLG Schleswig NStZ 1994, 90; KK-Nack Rn. 2). Es muss zumindest ein **vorläufig vollstreckbarer Titel** oder die Anordnung eines dinglichen Arrests vorliegen (OLG Düsseldorf wistra 1992, 319). Der Richter hat die **Zulassung zu versagen,** wenn nicht mit Mitteln des § 294 ZPO glaubhaft gemacht ist, dass der Anspruch aus der Straftat erwachsen ist. Ergibt sich aber dieser Anspruch aus einem bereits aus dem zivilrechtlichen Titel, so bedarf es keiner förmlichen Glaubhaftmachung (OLG Frankfurt NStZ-RR 1996, 301). Nach § 294 Abs. 2 ZPO, der ebenfalls in Bezug genommen ist, ist eine Beweisaufnahme unstatthaft, die nicht sofort erfolgen kann. Auch die Vernehmung von Zeugen ist ausgeschlossen, die nicht gestellt sind und nicht sofort vernommen werden können (KK-Nack Rn. 4). Nicht beglaubigte Kopien reichen nicht (OLG Düsseldorf StV 1994, 283). Zuständig ist der Richter, der für die Anordnung der Beschlagnahme zuständig wäre. 2

Das Gericht entscheidet durch **Beschluss,** der zu begründen ist, ohne mündliche Verhandlung nach Anhörung der StA, des Beschuldigten und des Verletzten. Er wird dem Beschwerdeberechtigten nach **Abs. 2 S. 2** zugestellt und kann mit der **sofortigen Beschwerde** angefochten werden. Die **Zulassung** hat zur Folge, dass das mit der Beschlagnahme entstehende Veräußerungsverbot nach § 111 c Abs. 5 rückwirkend auch für den Verletzten wirkt. Bei **Grundstücken** setzt dies voraus, dass der Verletzte als Begünstigter an dem bestehenden Veräußerungsverbot im Grundbuch eingetragen wird; Nachweis ist der Zulassungsbeschluss (KK-Nack Rn. 8). Entsprechendes gilt nach Abs. 3 S. 4 für Schiffe usw. Die **Aufhebung** der Beschlagnahme berührt nicht die Wirksamkeit des Veräußerungsverbotes zugunsten des Verletzten. Den Ausgleich der Interessen bringt Abs. 4. 3

Wie § 945 ZPO dem Gegner, so räumt Abs. 4 dem Dritten einen **Schadensersatzanspruch** ein; das Gleiche gilt für den Fall, dass die Zulassung zu Unrecht erfolgt ist. Der Verletzte ist also ohne Rücksicht auf sein Verschulden schadensersatzpflichtig. Für die Bemessung des Schadens gelten die §§ 249 ff. BGB. Der Anspruch ist im Zivilrechtsstreit durchzusetzen (LR-Schäfer Rn. 13). 4

§§ 111 h, 111 i

§ 111 h [Vorrangige Befriedigung von Ansprüchen des Verletzten bei Arrest]

(1) ¹Betreibt der Verletzte wegen eines aus der Straftat erwachsenen Anspruches die Zwangsvollstreckung oder vollzieht er einen Arrest in ein Grundstück, in welches ein Arrest nach § 111 d vollzogen ist, so kann er verlangen, daß die durch den Vollzug dieses Arrestes begründete Sicherungshypothek hinter seinem Recht im Rang zurücktritt. ²Der dem vortretenden Recht eingeräumte Rang geht nicht dadurch verloren, daß der Arrest aufgehoben wird. ³Die Zustimmung des Eigentümers zur Rangänderung ist nicht erforderlich. ⁴Im übrigen ist § 880 des Bürgerlichen Gesetzbuches sinngemäß anzuwenden.

(2) ¹Die Rangänderung bedarf der Zulassung durch den Richter, der für den Arrest (§ 111 d) zuständig ist. ²§ 111 g Abs. 2 Satz 2 bis 4 und Abs. 3 Satz 3 ist entsprechend anzuwenden.

(3) Ist die Zulassung zu Unrecht erfolgt, so ist der Verletzte Dritten zum Ersatz des Schadens verpflichtet, der ihnen durch die Rangänderung entsteht.

1   Diese Vorschrift enthält eine dem § 111 g – diese Bestimmung gilt nur für Beschlagnahmen nach § 111 c – entsprechende Regelung für die Fälle, in denen der **Arrest** nach § 111 d in ein **Grundstück** durch Eintragung einer Sicherungshypothek vollzogen worden ist. Sie ist aber nicht nur anwendbar, wenn der Arrest der Sicherung des Verfalls von Wertersatz dient, sondern auch dann, wenn er die Einziehung von Wertersatz, eine Geldstrafe oder die Verfahrenskosten sichern soll (SK-Rudolphi Rn. 1). Die Vorschrift wird entsprechend auf andere eingetragene Rechte an Schiffen, Schiffsbauwerken und Luftfahrzeugen anzuwenden sein. Ist der Arrest in **andere Gegenstände** vollzogen, so ist, wenn ein Fall des § 73 Abs. 1 S. 2 StGB vorliegt, in Anwendung des § 111 h zu prüfen, ob der Arrest zur Ermöglichung von Vollstreckungsmaßnahmen des Verletzten aufgehoben werden kann (KK-Nack Rn. 1).

2   Die Rangänderung nach **Abs. 1** bedarf gemäß **Abs. 2** der **Zulassung durch den Richter**, der für den Arrest zuständig ist. Hierzu kann auf die entsprechenden Ausführungen bei § 111 g (Rn. 2 ff.) verwiesen werden. Die **Schadensersatzpflicht** nach **Abs. 3** entspricht der Regelung nach § 111 g Abs. 4 (s. dort Rn. 4).

§ 111 i [Aufrechterhaltung der Beschlagnahme]

Soweit im Urteil lediglich deshalb nicht auf Verfall oder Verfall des Wertersatzes erkannt wird, weil Ansprüche eines Verletzten im Sinne des § 73 Abs. 1 Satz 2 des Strafgesetzbuches entgegenstehen oder weil das Verfahren nach den §§ 430 und 442 auf die anderen Rechtsfolgen beschränkt wird, kann die Beschlagnahme nach § 111 c für die Dauer von höchstens drei Monaten aufrechterhalten werden, sofern die sofortige Aufhebung gegenüber dem Verletzten unbillig wäre.

1   Nach § 73 Abs. 1 S. 1 StGB hat das Gericht, wenn es den Angeklagten verurteilt, die **Vermögensvorteile für verfallen** zu erklären, die er für die Tat oder aus ihr erlangt hat. Das gilt aber nach § 73 Abs. 1 S. 2 StGB nicht, soweit einem Verletzten aus der Tat Ansprüche erwachsen sind, deren Erfüllung den aus der Tat erlangten Vermögensvorteil beseitigen oder mindern. Für die Frage, ob ein Anspruch des Verletzten der Verfallanordnung nach § 73 Abs. 1 S. 1 StGB entgegensteht, ist allein „die **rechtliche Existenz** des Anspruchs, nicht ob er voraussichtlich geltend gemacht wird", entscheidend (BGH NStZ 1984, 409). Verfall scheidet also idR bei

Taten aus, in denen es einen **individuellen Verletzten** gibt, so bei allen Eigentums- und Vermögensdelikten (OLG Karlsruhe NJW 1982, 456; Tröndle, StGB, § 73 Rn. 7).

An den Verletzten darf der beschlagnahmte Gegenstand nur unter den Voraussetzungen des § 111 k herausgegeben werden. Beansprucht ein Dritter den Gegenstand für sich und ist der Verurteilte mit der Herausgabe an den Verletzten nicht einverstanden, so darf der Gegenstand an den Verletzten nur auf Grund eines entsprechenden zivilrechtlichen Titels herausgegeben werden (SK-Rudolphi Rn. 1). 2

§ 111 i will es dem Verletzten ermöglichen, einen solchen Titel noch vor Erlass des Urteils zu beschaffen, das aus zur Aufhebung der Beschlagnahmeanordnung führen muss. Die Bestimmung bezieht den Fall, dass nicht auf den durch Arrest zu sichernden Verfall des Wertersatzes erkannt worden ist, deshalb ein, weil auch ein beschlagnahmter Gegenstand notfalls für die Vollstreckung durch den Verletzten zur Verfügung stehen soll (Meyer-Goßner Rn. 1).

Voraussetzungen für die **Aufrechterhaltung der Beschlagnahme** liegen vor: wenn im Urteil nur deshalb auf Verfall oder Verfall des Wertersatzes erkannt worden ist, weil **Ansprüche des Verletzten iS des § 73 Abs. 1 S. 2 StGB** entgegenstanden oder weil im Verfahren nach den §§ 430, 442 eine Beschränkung auf andere Rechtsfolgen vorgenommen worden ist; wenn die sofortige Aufhebung der Beschlagnahme gegenüber dem Verletzten **unbillig wäre.** Zu bejahen ist zB eine Unbilligkeit, wenn der Verletzte sich im Rahmen des Zumutbaren bisher erfolglos bemüht hat, sich einen vorläufig vollstreckbaren Titel zu verschaffen. **Zuständig** für die Anordnung der Verlängerung ist der Richter, der zu diesem Zeitpunkt die Anordnung nach §§ 111 c oder d treffen müsste (KK-Nack Rn. 3, 4). Er entscheidet durch zu begründenden **Beschluss.** Die StA, der Beschuldigte und der Verletzte sind vorher zu hören. Ein Antrag des Verletzten ist nicht erforderlich. Die **Höchstzeit** von 3 Monaten kann unterschritten werden. 3

Der Verlängerungsbeschluss **bewirkt,** dass die Beschlagnahme mit allen Folgen besteht bleibt. Der Verletzte kann deshalb die Rechte nach den §§ 111 g, h wahrnehmen. Nach fruchtlosem Ablauf der vorgesehenen Frist ist der beschlagnahmte Gegenstand nach § 983 BGB zu behandeln (BGH NStZ 1984, 410; RiStBV Nr. 75 Abs. 5). 4

Beschwerde (§ 304) ist gegen den Beschluss gegeben. Gegen die Ablehnung der Aufrechterhaltung der Beschlagnahme haben der Verletzte und die StA ein Beschwerderecht und bei Verlängerung die StA und der von der Beschlagnahme Betroffene. Anfechtbar sind auch Beschlüsse des OLG im ersten Rechtszug und des Ermittlungsrichters des BGH (§ 304 Abs. 4 S. 2, Abs. 5); denn die Verlängerung steht einer Beschlagnahme gleich (BGH 29, 13 = NJW 1979, 1612). 5

§ 111 k [Herausgabe an den Verletzten] RiStBV 75

Bewegliche Sachen, die nach § 94 beschlagnahmt oder sonst sichergestellt oder nach § 111 c Abs. 1 beschlagnahmt worden sind, sollen dem Verletzten, dem sie durch die Straftat entzogen worden sind, herausgegeben werden, wenn er bekannt ist, Ansprüche Dritter nicht entgegenstehen und die Sachen für Zwecke des Strafverfahrens nicht mehr benötigt werden.

„Eine Beschlagnahme von **beweglichen** Gegenständen ist, gleichgültig, ob sie nach §§ 94 Abs. 2, 111 b, 111 c erfolgt oder nach § 98 Abs. 2 richterlich bestätigt worden ist, **aufzuheben,** sobald deren gesetzliche Voraussetzungen nicht mehr gegeben sind" (OLG Düsseldorf NJW 1990, 723). Die Aufhebung der Beschlagnahme führt grundsätzlich dazu, dass die beschlagnahmten Gegenstände an den letzten **Gewahrsamsinhaber** herauszugeben sind (BGHZ 72, 304; BGH NJW 1

§ 111 k

2000, 3218; OLG Düsseldorf NJW 1990, 723). Denn regelmäßig soll der Zustand wiederhergestellt werden, in den durch die – vorläufigen – Zwangsmaßnahmen für die Zwecke des Verfahrens eingegriffen worden ist. „Davon macht jedoch § 111 k eine Ausnahme, wenn letzter Gewahrsamsinhaber der Beschuldigte ist, der die Gegenstände dem **Verletzten** durch die Straftat entzogen hat: In diesem Fall sind die Gegenstände **dem Verletzten herauszugeben.** Denn durch die Rückgabe an den Täter – und damit Verweisung des Verletzten auf den Zivilrechtsweg – würde der Staat sich an der Aufrechterhaltung des durch die Tat entstandenen rechtswidrigen Zustandes beteiligen" (OLG Düsseldorf NStZ 1984, 567). Wie die einstweilige Verfügung des Zivilrichters schafft die Entscheidung nach § 111 k aber nur eine **vorläufige Besitzstandsregelung** (OLG Stuttgart Justiz 1987, 79; Meyer-Goßner Rn. 1). Für die Entscheidung, ob Gegenstände, die in einem rechtskräftig abgeschlossenen Strafverfahren beschlagnahmt worden waren, an den letzten Gewahrsamsinhaber oder einen anderen herauszugeben sind, ist nicht das Gericht, sondern die StA **zuständig.** Verweigert die StA nach rechtskräftigem Abschluss des Strafverfahrens die Herausgabe von Gegenständen, die in dem Strafverfahren beschlagnahmt worden waren, so kann gegen diese Entscheidung nicht das Strafgericht angerufen werden; hierfür steht die Herausgabeklage auf dem Zivilrechtsweg zur Verfügung. Eine Verweisung von dem Strafgericht an das Zivilgericht entsprechend § 17 a GVG findet nicht statt. (OLG Stuttgart NStZ-RR 2002, 111). Die Herausgabe an den Verletzten kommt aber nicht in Betracht, wenn er die Sache nicht besitzen darf, zB Waffen, Sprengstoff, Betäubungsmittel (LR-Schäfer Rn. 4). Vgl. RiStBV Nr. 75.

2   Zulässig ist die Herausgabe der Sache nur an den **dem Gericht bekannten Verletzten** oder seine Erben. **Verletzt** iS des § 111 k ist jeder, dem der **Besitz** an der Sache durch die Straftat unmittelbar entzogen worden ist (LR-Schäfer Rn. 11). Ein aus **Beutegeldern** erworbenes Fahrzeug, an dem ein Dritter ein gutgläubig erworbenes Pfandrecht besitzt und das bei diesem beschlagnahmt, aber nicht eingezogen worden ist, ist an den Pfandgläubiger herauszugeben. Hat der Versicherer Entschädigung wegen des geraubten Geldes geleistet, so ist das von dem Beutegeld erworbene und danach beschlagnahmte Fahrzeug an den Versicherer herauszugeben, wenn es nicht eingezogen wird und Dritte trotz strafgerichtlicher Aufforderung mit Fristsetzung ihre behaupteten Ansprüche zivilgerichtlich nicht geltend machen (OLG Schleswig NStZ 1994, 99). Der Eigentümer, der nicht zugleich unmittelbarer Besitzer ist, ist in diesem Sinn nicht Verletzter. Ist der Verletzte **unbekannt,** so trifft das Gericht keine Ermittlungspflicht. Es ist sodann nach § 983 BGB zu verfahren, wenn die Voraussetzungen des § 111 k zweifelsfrei vorliegen (Meyer-Goßner Rn. 5; vgl. auch RiStBV Nr. 75 Abs. 5). Für die Entscheidung über die Herausgabe durch das Gericht sind zwar auch die in Nr. 75 RiStBV niedergelegten Grundsätze in Betracht zu ziehen (OLG Hamm NStZ 1986, 376), aber „die Verwaltungsanweisung der Nr. 75 Abs. 4 RiStBV, Sachen einem Dritten bei Vorliegen eines offensichtlich begründeten Anspruchs herauszugeben oder bei Anhaltspunkten für die Berechtigung eines Dritten zuzulassen, ihm unter Bestimmung einer Frist Gelegenheit zum Nachweis seiner Berechtigung zu geben, **ist rechtswidrig**" (OLG Düsseldorf NJW 1990, 723).

3   Die Sache muss dem Verletzten durch **die Straftat entzogen worden sein,** gleichgültig auf welche Weise, zB durch Diebstahl, Verlust durch Unterschlagung, Betrug, Untreue, Hehlerei. Darauf, ob der Täter schuldhaft gehandelt hat, kommt es nicht an (KK-Nack Rn. 4). Da § 111 k den **vorläufigen Besitzstand** regeln, nicht aber den Schadensersatz gewähren will, fallen Gegenstände, die an die Stelle entzogener Sachen getreten sind, als **Surrogate** nicht unter diese Vorschrift, zB Erlös für veräußertes Diebesgut; Sachen, die von dem gestohlenen Geld gekauft worden sind. Andererseits bleibt das entwendete Geld auch dann entzogen, wenn es mit dem Geld des Täters oder der Justizkasse vermischt worden ist (LR-Schäfer Rn. 14). Ob eine **Straftat vorliegt,** entscheidet das Gericht nach pflichtgemäßem

Ermessen. Liegt ein Urteil vor, ist die Rechtslage klar. Im Ermittlungsverfahren oder nach Einstellung muss im Verfahren nach § 111k festgestellt werden, ob eine (rechtswidrige) Straftat vorliegt, und zwar **ohne Beweisaufnahme**. Maßgebend ist das Ermittlungsergebnis (KG JR 1988, 390; KK-Nack Rn. 4).

Ansprüche Dritter dürfen der Herausgabe der Sache **nicht entgegenstehen**. 4 In Betracht kommen dingliche Rechte und schuldrechtliche Ansprüche. Sie müssen jedoch ein Recht zum Besitz begründen (Meyer-Goßner Rn. 8; SK-Rudolphi Rn. 6). Hierzu rechnen auch Ansprüche des Beschuldigten, zB nachträgliche Übereignung (LR-Schäfer Rn. 16). Ist der Anspruch dem Gericht bekannt – Nachforschungen werden nicht angestellt – oder wird er ausdrücklich erhoben, so wird die Sache nicht herausgegeben. „Ansprüche Dritter auf den verwahrten Gegenstand, die der letzte Gewahrsamsinhaber nicht anerkennt und über die gerichtlich noch nicht entschieden ist, stehen der Rückgabe an diesen nicht entgegen" (OLG Düsseldorf NJW 1990, 723). Denn das Strafverfahren hat grundsätzlich nicht die Aufgabe, den Besitz an Sachen, die für Zwecke des Verfahrens vorübergehend in amtlichen Gewahrsam gebracht worden sind, unter den Beteiligten zu regeln (OLG Düsseldorf NJW 1990, 723). Zur Frage einer Hinterlegung s. Löffler NJW 1991, 1708 und KK-Nack Rn. 6 mwN.

§ 111k regelt nicht, wer die Herausgabe anordnet. Aus der Entstehungsge- 5 schichte ergibt sich, dass das ermittlungsrichterliche Verfahren für selbstverständlich angenommen wurde (LR-Schäfer Rn. 19 mwN). Zuständig ist im Ermittlungsverfahren der Ermittlungsrichter und im gerichtlichen Verfahren sowie nach Urteilsrechtskraft das zuletzt mit der Sache befasste Gericht (Meyer-Goßner Rn. 9). Das Gericht entscheidet durch **Beschluss** nach Anhörung der Verfahrensbeteiligten, des Verletzten und der Personen, die Ansprüche auf den Gegenstand erheben, und zwar ohne Beweisaufnahme **nach Aktenlage**. Die Entscheidung ist zu begründen (§ 34) und mitzuteilen. Sie regelt nur den vorläufigen Besitzstand (s. Rn. 1) und steht daher einem Zivilrechtsstreit nicht entgegen (LR-Schäfer Rn. 21).

Der Beschluss ist mit der **Beschwerde** anfechtbar (§ 304), und zwar auch wenn 6 er vom erstinstanzlichen OLG oder vom Ermittlungsrichter des BGH getroffen worden ist (§ 304 Abs. 4 S. 2, Abs. 5); denn er bezieht sich auf Beschlagnahmen (vgl. BGH 29, 13 = NJW 1979, 1612). **Beschwerdeberechtigt** sind die StA und alle Personen, deren rechtliche Interessen durch die Entscheidung berührt sein können (Löffler NJW 1991, 1711; KK-Nack Rn. 9).

§ 111l [Notveräußerung] RiStBV 76

(1) ¹**Gegenstände, die nach § 111c beschlagnahmt worden sind, sowie Gegenstände, die auf Grund eines Arrestes (§ 111d) gepfändet worden sind, dürfen vor der Rechtskraft des Urteils veräußert werden, wenn ihr Verderb oder eine wesentliche Minderung ihres Wertes droht oder ihre Aufbewahrung, Pflege oder Erhaltung mit unverhältnismäßig großen Kosten oder Schwierigkeiten verbunden ist.** ²**Der Erlös tritt an die Stelle der Gegenstände.**

(2) ¹**Im vorbereitenden Verfahren wird die Notveräußerung durch die Staatsanwaltschaft angeordnet.** ²**Ihren Ermittlungspersonen (§ 152 des Gerichtsverfassungsgesetzes) steht diese Befugnis zu, wenn der Gegenstand zu verderben droht, bevor die Entscheidung der Staatsanwaltschaft herbeigeführt werden kann.**

(3) ¹**Nach Erhebung der öffentlichen Klage trifft die Anordnung das mit der Hauptsache befaßte Gericht.** ²**Der Staatsanwaltschaft steht diese Befugnis zu, wenn der Gegenstand zu verderben droht, bevor die Entscheidung des Gerichts herbeigeführt werden kann; Absatz 2 Satz 2 gilt entsprechend.**

§ 111 l Erstes Buch. 8. Abschnitt

(4) ¹Der Beschuldigte, der Eigentümer und andere, denen Rechte an der Sache zustehen, sollen vor der Anordnung gehört werden. ²Die Anordnung sowie Zeit und Ort der Veräußerung sind ihnen, soweit dies ausführbar erscheint, mitzuteilen.

(5) ¹Die Notveräußerung wird nach den Vorschriften der Zivilprozeßordnung über die Verwertung einer gepfändeten Sache durchgeführt. ²An die Stelle des Vollstreckungsgerichts (§ 764 der Zivilprozeßordnung) tritt in den Fällen der Absätze 2 und 3 Satz 2 die Staatsanwaltschaft, in den Fällen des Absatzes 3 Satz 1 das mit der Hauptsache befaßte Gericht. ³Die nach § 825 der Zivilprozeßordnung zulässige Verwertung kann von Amts wegen oder auf Antrag der in Absatz 4 genannten Personen, im Falle des Absatzes 3 Satz 1 auch auf Antrag der Staatsanwaltschaft, gleichzeitig mit der Notveräußerung oder nachträglich angeordnet werden.

(6) ¹Gegen Anordnungen der Staatsanwaltschaft oder ihrer Ermittlungspersonen im vorbereitenden Verfahren (Absätze 2 und 5) kann der Betroffene gerichtliche Entscheidung nach Maßgabe des § 161 a Abs. 3 beantragen. ²Gegen Anordnungen der Staatsanwaltschaft oder ihrer Ermittlungspersonen nach Erhebung der öffentlichen Klage (Absatz 3 Satz 2, Absatz 5) kann der Betroffene die Entscheidung des mit der Hauptsache befaßten Gerichts (Absatz 3 Satz 1) beantragen. ³Das Gericht, in dringenden Fällen der Vorsitzende, kann die Aussetzung der Veräußerung anordnen.

1 Diese Vorschrift findet Anwendung auf **Gegenstände**, die nach § 111 c – auch im OWiG-Verfahren – beschlagnahmt oder auf Grund eines Arrests nach § 111 d gepfändet worden sind. Vgl. auch RiStBV Nr. 76. Die nach § 94 sichergestellten reinen **Beweisstücke** fallen nicht unter diese Bestimmung, ebenso nicht **Forderungen** und andere Vermögensrechte. Auch für **Grundstücke** kommt eine Notveräußerung nicht in Betracht; denn diese werden **auch nicht durch Gewahrsamsnahme** (§ 111 c Abs. 2) beschlagnahmt. Bei **Schiffen**, Schiffsbauwerken und Luftfahrzeugen, die nach § 111 c Abs. 1 beschlagnahmt werden, ist eine Notveräußerung nicht ausgeschlossen (KK-Nack Rn. 2). Die Notveräußerung verbietet sich ferner bei Gegenständen, die aus **rechtlichen** Gründen nicht veräußert werden dürfen, zB Betäubungsmittel, Falschmünzergeräte, verdorbene Lebensmittel. Diese dürfen unter den Voraussetzungen des **Abs. 1 vernichtet** werden (KK-Nack Rn. 3; SK-Rudolphi Rn. 3).

2 Nach **Abs. 1 S. 1** ist die Notveräußerung nur **bis zur Rechtskraft** des Urteils zulässig. Die **Veräußerungsgründe** sind in Abs. 1 festgelegt. Die **wesentliche Minderung** des Wertes kann auch wegen der Marktentwicklung drohen. Die **Unverhältnismäßigkeit** der Kosten für Aufbewahrung, Pflege oder Erhaltung der Sache beurteilt sich nach dem **Sachwert**. Gerechtfertigt ist die Notveräußerung, wenn ein wirtschaftlich denkender Eigentümer den Gegenstand veräußern würde (Meyer-Goßner Rn. 2). Nach dem **Verhältnismäßigkeitsgrundsatz** wird die Notveräußerung ausscheiden, wenn eine **Rückgabe** der Sache gemäß § 111 c Abs. 6 Nr. 1 in Betracht kommt (SK-Rudolphi Rn. 5). Die **Wirkung** der Notveräußerung ist, dass das Eigentum an dem Gegenstand auf den Erwerber übergeht und der **Erlös** nach Abs. 1 S. 2 an die Stelle des Gegenstandes tritt. Dies bedeutet, dass in dem Urteil auf **Verfall oder Einziehung des Erlöses** zu erkennen ist, wenn die Voraussetzungen für die Verfalls- oder Einziehungsanordnung vorliegen (BGH 8, 46 = NJW 1955, 1406; LR-Schäfer Rn. 8 mwN). Der **Eigentümer** des veräußerten Gegenstandes erlangt an Stelle des Sacheigentums einen Anspruch auf Auszahlung des Erlöses, wenn die Beschlagnahmevoraussetzungen wegfallen (RG 56, 322; 66, 85).

3 **Zuständig** für die Anordnung der Notveräußerung ist im Vorverfahren die StA (**Abs. 2 S. 1**). Sie wird vom Rechtspfleger nach § 31 Abs. 1 Nr. 2 RPflG getrof-

fen; aber auch die Anordnung der StA ist wirksam. Nach Abs. 2 S. 2 sind die Hilfsbeamten in bestimmten Eilfällen befugt. Nach **Klageerhebung** ist das mit der Sache befasste Gericht zuständig (**Abs. 2 S. 1**). Die Anordnung ist dem Rechtspfleger übertragen (§ 22 Nr. 2 RPflG); eine richterliche Anordnung ist auch wirksam (§ 8 Abs. 1 RPflG). Eine Notkompetenz ist nach **Abs. 3 S. 2** für Eilfälle der StA und hilfsweise auch deren Hilfsbeamten zugewiesen. Im **Berufungsverfahren** ist das Berufungsgericht zuständig, sobald ihm die Akten gemäß § 321 vorgelegt sind. Im **Revisionsverfahren** ist das Tatgericht zuständig, dessen Urteil angefochten ist.

In **Abs. 4 S. 1** ist die **Anhörung der Beteiligten** genau festgelegt. Diese Vor- 4 schrift gilt für **jede** Stelle, welche die Anordnung treffen will; sie wird aber bei **Eilverfügungen der StA und ihrer Hilfsbeamten** nicht immer möglich sein. Der Betroffene soll auf § 111 c Abs. 6 hingewiesen werden. Die Nichtbeachtung der Sollvorschrift des Abs. 4 S. 1 ist für die Wirksamkeit der Notveräußerung ohne Einfluss. Nach Abs. 4 S. 2 ist die **Bekanntmachungspflicht** des § 35 Abs. 2 **erweitert** (Meyer-Goßner Rn. 7, 8). Die **Durchführung der Notveräußerung** ist im Einzelnen in Abs. 5 geregelt. Die Übertragung auf den Rechtspfleger ergibt sich aus §§ 22 Nr. 2, 31 Abs. 1 Nr. 2 RPflG. Der durch die Notveräußerung erzielte **Erlös** tritt an die Stelle des veräußerten Gegenstandes (s. Rn. 2).

Entscheidet der nach § 22 Nr. 2 RPflG zuständige **Rechtspfleger** über die 5 Notveräußerung, so ist Erinnerung an das Gericht zulässig (§ 11 RPflG), für das der Rechtspfleger gehandelt hat (OLG Koblenz MDR 1985, 516). Bei Entscheidungen des Rechtspflegers nach § 31 Abs. 1 Nr. 2 RPflG hat zunächst die StA über Einwendungen zu entscheiden (§ 31 Abs. 6 RPflG). Abs. 6 regelt die Rechtsbehelfe gegen **Anordnungen der StA oder ihrer Hilfsbeamten.** Ein Antrag gegen eine Anordnung der Hilfsbeamten nach **Abs. 2 S. 1** muss zunächst der StA vorgelegt werden, welche die Maßnahmen aufheben oder abändern kann; das Gericht entscheidet erst nach Bestätigung durch die StA (Meyer-Goßner Rn. 10). Die **Aussetzung** der Veräußerung ist nach **Abs. 6 S. 3** möglich. Die **Antragsberechtigten** sind in Abs. 4 aufgeführt. Der Antrag ist als erledigt zu erklären oder als unzulässig zurückzuweisen, wenn die Notveräußerung inzwischen abgeschlossen ist. Das wird idR bei Anordnungen der Hilfsbeamten der StA der Fall sein; denn diese sind nach Abs. 2 S. 2 nur in Eilfällen zuständig. Ein Feststellungsinteresse wird von vornherein ausscheiden; denn es sind hier nur wirtschaftliche Interessen im Spiel (LR-Schäfer Rn. 19).

Die **Beschwerde** ist gegen gerichtliche Entscheidungen ausgeschlossen, wenn sie 6 im vorbereitenden Verfahren über eine Anordnung der StA oder eines Hilfsbeamten ergangen sind (Abs. 6 S. 1 iVm § 163 a Abs. 3 und § 161 a Abs. 3 S. 4). Das gilt auch, wenn das Gericht nach Anklageerhebung gemäß Abs. 6 S. 2 entschieden hat. Zulässig ist aber die Beschwerde, wenn das Gericht nach Abs. 3 S. 1 die Notveräußerung angeordnet hat (SK-Rudolphi Rn. 15).

§ 111 m [Schrifttum und Herstellungsmittel]

(1) **Die Beschlagnahme eines Druckwerks, einer sonstigen Schrift oder eines Gegenstandes im Sinne des § 74 d des Strafgesetzbuches darf nach § 111 b Abs. 1 nicht angeordnet werden, wenn ihre nachteiligen Folgen, insbesondere die Gefährdung des öffentlichen Interesses an unverzögerter Verbreitung offenbar außer Verhältnis zu der Bedeutung der Sache stehen.**

(2) ¹Ausscheidbare Teile der Schrift, die nichts Strafbares enthalten, sind von der Beschlagnahme auszuschließen. ²Die Beschlagnahme kann in der Anordnung weiter beschränkt werden.

§ 111 m

(3) **In der Anordnung der Beschlagnahme sind die Stellen der Schrift, die zur Beschlagnahme Anlaß geben, zu bezeichnen.**

(4) **Die Beschlagnahme kann dadurch abgewendet werden, daß der Betroffene den Teil der Schrift, der zur Beschlagnahme Anlaß gibt, von der Vervielfältigung oder der Verbreitung ausschließt.**

1   Diese Vorschrift **ergänzt** §§ 111 b Abs. 1, 111 c für Druckwerke, Schriften und sonstige Gegenstände iS des § 74 d StGB. Sie verlangt die **Voraussetzungen des § 111 b Abs. 1** und ist auch entsprechend anwendbar auf Schriften und Gegenstände, die nicht der Einziehung nach § 74 d StGB, sondern dem Verfall nach § 73 StGB unterliegen. Für die Anwendbarkeit des § 111 m ist es unerheblich, ob die Anordnung der Einziehung nach § 74 d StGB im **subjektiven oder objektiven Verfahren** droht (KK-Nack Rn. 1 bis 4). Um zu gewährleisten, dass durch die Beschlagnahme zur Sicherung der Einziehung nicht in ungerechtfertigter Weise und unverhältnismäßig die in der Art. 5 Abs. 1 S. 2 GG garantierte **Pressefreiheit** eingegriffen wird, normiert § 111 m über die Voraussetzungen des § 111 b hinaus zusätzliche **Eingriffsbeschränkungen** (SK-Rudolphi Rn. 1). Oder anders ausgedrückt: § 111 m ist als Ausprägung des **Verhältnismäßigkeitsgrundsatzes** anzusehen (KK-Nack Rn. 5). Vgl. auch RiStBV Nr. 251 ff. **Landespressegesetze** sind **unwirksam**, soweit sie Vorschriften über die Beschlagnahme von Druckschriften enthalten; denn hierbei handelt es sich um Verfahrensrecht, das zur konkurrierenden Gesetzgebungskompetenz des Bundes nach Art. 74 Nr. 1 GG gehört (Meyer-Goßner Rn. 2).

2   **Nachteilige Folge** ist in erster Linie die Gefährdung des öffentlichen Interesses an der unverzögerten Verbreitung eines Druckwerks, wenn es sich um ein aktuelles Thema handelt. Andere nachteilige Folgen sind die **wirtschaftlichen Nachteile** der Pressebeschlagnahme der unmittelbar und mittelbar Betroffenen, zB Herausgeber, Drucker, Händler, Abonnenten (Meyer-Goßner Rn. 5). Bei der **Bedeutung der Sache** kommt es auf das Gewicht der Straftat an, die Gegenstand des Ermittlungsverfahrens ist und durch die Verbreitung der Druckschrift begangen oder fortgesetzt würde (SK-Rudolphi Rn. 8). So wird im Gegensatz zu einer Straftat wegen Hochverrats eine Beleidigung gegen eine Einzelperson die Beschlagnahme der ganzen Auflage einer Druckschrift nicht rechtfertigen (Löffler NJW 1959, 418).

3   Nach **Abs. 2 S. 1** sind **ausscheidbare Teile** einer Schrift, die nichts Strafbares enthalten, von der **Beschlagnahme auszunehmen**. Dies ist in der Anordnung auszusprechen. Die Trennung muss ohne Mitwirkung des Betroffenen möglich sein, zB bei Loseblattsammlungen (KK-Nack Rn. 6). Abs. 2 S. 2 ermächtigt den Richter, den Verhältnismäßigkeitsgrundsatz **im Einzelfall** sinnvoll zur Geltung zu bringen und die Beschlagnahme entsprechend zu beschränken (LR-Schäfer Rn. 19).

4   **Abs. 3** bestimmt in Ergänzung der §§ 111 b und c, dass bei der Beschlagnahme von Schriften die Stellen der Schrift, die Anlass zur Beschlagnahme geben, eindeutig **zu bezeichnen** sind. Es müssen die strafrechtlich zu beanstandende Stelle und die verletzte Strafvorschrift angegeben werden. Auch die prozessualen Bestimmungen, auf welche die Beschlagnahme gestützt wird, sind zu nennen. Ein Verstoß gegen Abs. 3 ist aber auf die Wirksamkeit der Beschlagnahme ohne Einfluss (KK-Nack Rn. 8).

5   **Abs. 4** gibt dem Betroffenen die Möglichkeit, die Beschlagnahme bzw. den Vollzug dadurch abzuwenden, dass er den inkriminierten Teil der Schrift von der Vervielfältigung oder der Verbreitung ausschließt, indem er zB die Stellen schwärzt, die Seiten heraustrennt oder aus dem Satz nimmt. Hierauf ist er hinzuweisen. Der Streit darüber, ob ein formeller „Antrag", den das Gesetz nicht vorschreibt, notwendig ist, ist müßig. Erforderlich ist aber eine Mitteilung an die anordnende Stelle, in der dargelegt werden muss, mit welchen Maßnahmen die Beschlagnahme bzw.

der Vollzug abgewendet werden wird. Die **Beschlagnahmeanordnung ist aufzuheben** – und nicht nur der Vollzug –, wenn nach der getroffenen Maßnahme eine Vervielfältigung oder Verbreitung der strafrechtlich zu beanstandenden Teile ausgeschlossen ist (KK-Nack Rn. 9).

§ 111 n [Anordnung der Beschlagnahme; zeitliche Begrenzung]
RiStBV 251, 252

(1) ¹Die Beschlagnahme eines periodischen Druckwerks oder eines ihm gleichstehenden Gegenstandes im Sinne des § 74 d des Strafgesetzbuches darf nur durch den Richter angeordnet werden. ²Die Beschlagnahme eines anderen Druckwerks oder eines sonstigen Gegenstandes im Sinne des § 74 d des Strafgesetzbuches kann bei Gefahr im Verzug auch durch die Staatsanwaltschaft angeordnet werden. ³Die Anordnung der Staatsanwaltschaft tritt außer Kraft, wenn sie nicht binnen drei Tagen von dem Richter bestätigt wird.

(2) ¹Die Beschlagnahme ist aufzuheben, wenn nicht binnen zwei Monaten die öffentliche Klage erhoben oder die selbständige Einziehung beantragt ist. ²Reicht die in Satz 1 bezeichnete Frist wegen des besonderen Umfanges der Ermittlungen nicht aus, so kann das Gericht auf Antrag der Staatsanwaltschaft die Frist um weitere zwei Monate verlängern. ³Der Antrag kann einmal wiederholt werden.

(3) Solange weder die öffentliche Klage erhoben noch die selbständige Einziehung beantragt worden ist, ist die Beschlagnahme aufzuheben, wenn die Staatsanwaltschaft es beantragt.

Diese Vorschrift **ergänzt** § 111 e für den Fall der Anordnung der Beschlagnahme von Schriften und anderen Gegenständen iS des § 74 d Abs. 1 S. 2 StGB. Sie gilt für Beschlagnahmen nach den §§ 111 b, m, aber nicht für Beschlagnahmen nach § 94 (KK-Nack Rn. 1). **Periodische Druckwerke** – dh Zeitungen, Zeitschriften und andere Druckwerke, die in ständiger, wenn auch unregelmäßiger Folge und im Abstand von nicht mehr als sechs Monaten erscheinen (AK/StPO – Achenbach Rn. 2 mwN), – und ihre Herstellungsmittel dürfen nur auf Anordnung des **Richters** beschlagnahmt werden. Im Vorverfahren ist das AG nach § 162 und in Staatsschutzsachen auch der Ermittlungsrichter nach § 169 **zuständig. Örtlich zuständig ist das AG**, in dessen Bezirk die Beschlagnahme (162 Abs. 1 S. 1) vorzunehmen ist (LR Schäfer Rn. 3). Nach **Anklageerhebung** ist das mit der Sache befasste Gericht zuständig. Es kann die Beschlagnahme von Amts wegen anordnen; vorher ist die StA zu hören (§ 33 Abs. 2). Die Beschlagnahme zu **Beweiszwecken** richtet sich nach § 98 Abs. 1 (Meyer-Goßner Rn. 2). 1

Andere Druckwerke (nicht periodische Druckwerke) und die ihrer Herstellung dienenden Gegenstände iS des § 74 d StGB dürfen nach **Abs. 1 S. 2 bei Gefahr im Verzug** (s. § 98 Rn. 2) auch von der StA beschlagnahmt werden; aber ihre Hilfsbeamten sind für die Beschlagnahme, die nicht Beweiszwecken dient, **nicht zuständig** (Meyer-Goßner Rn. 3). Wenn die StA die Beschlagnahme angeordnet hat, tritt sie **automatisch außer Kraft,** wenn sie nicht von dem zuständigen Richter binnen drei Tagen bestätigt wird **(Abs. 1 S. 3).** Die Frist **beginnt** mit dem Tag der Anordnung; dieser Tag zählt aber nicht mit (KK-Nack Rn. 4). Das Gericht prüft nur, ob die Beschlagnahme **zurzeit** der Bestätigung gerechtfertigt ist. Eine zwar rechtzeitig beantragte aber verspätete Bestätigung gilt als richterliche Beschlagnahme (Meyer-Goßner Rn. 4). 2

Die Beschlagnahmeanordnungen des Richters oder der StA müssen die Stellen der Schrift, die Anlass zur Beschlagnahme geben, **genau bezeichnen;** sie ergehen schriftlich und sind zu begründen. Erfasst werden alle beschlagnahmefähigen Einzel- 3

§ 111 o   Erstes Buch. 8. Abschnitt

stücke derselben Auflage, aber keine Neuauflagen. Die Anordnung **erstreckt** sich auf alle in der BRep. befindlichen Exemplare (§ 160 GVG), sofern der Beschluss keine Beschränkungen enthält; das gilt nach § 143 GVG auch für Beschlagnahmen durch die StA (Meyer-Goßner Rn. 5). **Alle** Beschlagnahmeanordnungen – auch wenn der Richter nach § 111 n Abs. 1 S. 1 ausschließlich zuständig ist – werden von der StA **vollzogen** (§ 36 Abs. 2), die sich ihrer Hilfsbeamten und anderer Polizeibeamten bedient (LR-Schäfer Rn. 14). Zur **Bewirkung** der Beschlagnahme s. § 111 c Rn. 1 ff.

4   Nach **Abs. 2 S. 1** ist die Beschlagnahme von dem zuständigen Richter **aufzuheben,** wenn die StA nicht binnen zwei Monaten die öffentliche Anklage oder nach § 440 die selbständige Einziehung beantragt (AG Weinheim NStZ 1996, 203). Damit soll eine Beschleunigung der Ermittlungen erreicht werden. Die Frist **beginnt** mit der Anordnung. Die Anklage muss wegen des **Sachverhalts** erhoben werden, der zur Beschlagnahme geführt hat; eine andere rechtliche Beurteilung ist zulässig. Die Möglichkeit der **Verlängerung** der Frist ist in **Abs. 2 S. 2 und 3** festgelegt. Der erforderliche **Antrag der StA** muss vor Ablauf der Frist gestellt werden (KK-Nack Rn. 7 mwN). Voraussetzung für jede Fristverlängerung ist, dass die vorgesehene Frist „wegen des besonderen Umfangs der Ermittlungen" nicht ausreicht; andere Gründe (zB Personalmangel) genügen nicht (SK-Rudolphi Rn. 6). Nach Fristablauf **endet** die Beschlagnahme von selbst. Eine **erneute Beschlagnahme** ist zulässig, aber nur auf Grund von Tatsachen, die die frühere Beschlagnahme nicht gerechtfertigt hatten (KK-Nack Rn. 11).

5   Nach **Abs. 3** ist die Beschlagnahme **auf Antrag der StA aufzuheben,** wenn Anklage nicht erhoben ist (vgl. auch § 120 Abs. 3). In entsprechender Anwendung des § 120 Abs. 3 S. 2 ist die StA berechtigt, die beschlagnahmten Gegenstände **freizugeben** (Meyer-Goßner Rn. 14).

6   Der für die Anordnung oder Verlängerung zuständige **Richter** kann stets mit dem Ziel der Aufhebung der Beschlagnahme **angerufen werden.** Die richterlichen Entscheidungen können mit der **Beschwerde** angefochten werden (KK-Nack Rn. 12).

---

§ 111 o [*Dinglicher Arrest wegen Vermögensstrafe*]   *RiStBV 60 Abs. 2*

(1) Sind Gründe für die Annahme vorhanden, daß die Voraussetzungen für die Verhängung einer Vermögensstrafe vorliegen, so kann wegen dieser der dingliche Arrest angeordnet werden.

(2) ¹Die §§ 917, 928, 930 bis 932, 934 Abs. 1 der Zivilprozeßordnung gelten sinngemäß. ²In der Arrestanordnung ist ein Geldbetrag festzustellen, durch dessen Hinterlegung die Vollziehung des Arrestes gehemmt und der Schuldner zu dem Antrag auf Aufhebung des vollzogenen Arrestes berechtigt wird. ³Die Höhe des Betrages bestimmt sich nach den Umständen des Einzelfalles, namentlich nach der voraussichtlichen Höhe der Vermögensstrafe. ⁴Diese kann geschätzt werden. ⁵Das Gesuch auf Erlaß des Arrestes soll die für die Feststellung des Geldbetrages erforderlichen Tatsachen enthalten.

(3) ¹Zu der Anordnung des Arrestes wegen einer Vermögensstrafe ist nur der Richter, bei Gefahr im Verzuge auch die Staatsanwaltschaft befugt. ²Hat die Staatsanwaltschaft die Anordnung getroffen, so beantragt sie innerhalb einer Woche die richterliche Bestätigung der Anordnung. ³Der Beschuldigte kann jederzeit die richterliche Entscheidung beantragen.

(4) Soweit wegen einer Vermögensstrafe die Vollziehung des Arrestes in bewegliche Sachen zu bewirken ist, gilt § 111 f Abs. 1 entsprechend.

(5) Im übrigen finden §§ 111 b Abs. 3, § 111 e Abs. 3 und 4, § 111 f Abs. 2 und 3 Satz 2 und 3 sowie die §§ 111 g und 111 h Anwendung.

Mit Urteil v. 20. 3. 2002 (NJW 2002, 1779) hat das BVerfG entschieden, dass die Vermögensstrafe nach § 43 a StGB verfassungswidrig ist. Damit ist für die §§ 111 o, 111 p kein Anwendungsbereich mehr gegeben.

§ 111 p *[Vermögensbeschlagnahme]* RiStBV 60 Abs. 2

(1) Unter den Voraussetzungen des § 111 o Abs. 1 kann das Vermögen des Beschuldigten mit Beschlag belegt werden, wenn die Vollstreckung der zu erwartenden Vermögensstrafe im Hinblick auf Art oder Umfang des Vermögens oder aus sonstigen Gründen durch eine Arrestanordnung nach § 111 o nicht gesichert erscheint.

(2) Die Beschlagnahme ist auf einzelne Vermögensbestandteile zu beschränken, wenn dies nach den Umständen, namentlich nach der zu erwartenden Höhe der Vermögensstrafe, ausreicht, um deren Vollstreckung sicherzustellen.

(3) [1] Mit der Anordnung der Vermögensbeschlagnahme verliert der Beschuldigte das Recht, das in Beschlag genommene Vermögen zu verwalten und darüber unter Lebenden zu verfügen. [2] In der Anordnung ist die Stunde der Beschlagnahme anzugeben.

(4) § 111 b Abs. 3, § 111 o Abs. 3, §§ 291, 292 Abs. 2, § 293 gelten entsprechend.

(5) Der Vermögensverwalter hat der Staatsanwaltschaft und dem Gericht über alle im Rahmen der Verwaltung des Vermögens erlangten Erkenntnisse, die dem Zweck der Beschlagnahme dienen können, Mitteilung zu machen.

RiStBV 46–59
Neunter Abschnitt. Verhaftung und vorläufige Festnahme

Vorbemerkung

Zweck der U-Haft ist ausschließlich die Durchsetzung des Anspruchs der staatlichen Gemeinschaft auf vollständige Aufklärung der Tat und rasche Bestrafung des Täters (BVerfGE 20, 49 = NJW 1966, 1259). Vgl. auch RiStBV Nr. 46 ff. Sie darf nur in **streng begrenzten Ausnahmefällen** angeordnet werden. Es muss zwischen dem Freiheitsanspruch des noch als **unschuldig** geltenden Beschuldigten (vgl. Art. 6 Abs. 2 MRK; BVerfGE 22, 265 = NJW 1967, 2153) und dem Erfordernis abgewogen werden, ihn im Interesse einer wirksamen Strafverfolgung **vorläufig in Haft** zu nehmen. Dabei ist zu berücksichtigen, dass der **Grundsatz der Verhältnismäßigkeit** der Haftdauer auch unabhängig von der zu erwartenden Strafe Grenzen setzt, und zu bedenken, „dass sich das Gewicht des Freiheitsanspruchs gegenüber dem Interesse an einer wirksamen Strafverfolgung mit zunehmender Dauer der Untersuchungshaft regelmäßig vergrößern wird" (BVerfGE 53, 158 = NJW 1980, 1448; BVerfG NJW 1991, 2821). Der Grundsatz der Verhältnismäßigkeit ist nicht Haftvoraussetzung, sondern **Haftausschließungsgrund.** Die Unverhältnismäßigkeit führt nur dann zur Aufhebung des Haftbefehls, wenn sie feststeht. Der Grundsatz in dubio pro reo gilt nicht (OLG Düsseldorf NStZ 1993, 554). 1

Besondere Arten der U-Haft sind die Sicherungshaft nach § 453 c, die Vollstreckungshaft nach § 457 Abs. 2 und die Ungehorsamshaft nach § 230 Abs. 2, 236, 329 Abs. 4 S. 1, die sog. Hauptverhandlungshaft nach § 127 b. Für die Ungehorsamshaft fehlt eine Verfahrensregelung; es gelten die §§ 112 ff. entsprechend, vor allem §§ 112 Abs. 1 S. 2, 114 bis 120, jedoch nicht §§ 121, 122. Bei Schuldunfähigen oder vermindert Schuldfähigen, deren Unterbringung nach §§ 63, 64 StGB zu erwarten ist, wird die U-Haft durch die **einstweilige Unterbringung** nach § 126 a ersetzt. Die Sicherungshaft nach § 112 a ist keine U-Haft, sondern eine Vorbeugungsmaßnahme, durch die die Begehung weiterer Straftaten durch den 2

Beschuldigten verhindert werden soll. Im **Auslieferungsverfahren** kann ein Haftbefehl zur Sicherung der Auslieferung (§ 15 IRG), der Durchlieferung (§ 45 IRG) und der Rücklieferung eines Verfolgten (§ 68 Abs. 2, 3 IRG) erlassen werden (Meyer-Goßner Rn. 7, 8). Mit der sog. **Hauptverhandlungshaft** hat der Gesetzgeber im § 127b eine Spezialregelung im beschleunigten Verfahren über die vorläufige Festnahme und Inhaftierung geschaffen. Im **Privatklageverfahren** darf U-Haft nicht angeordnet werden (OLG Karlsruhe MDR 1974, 332; Roxin § 30 Rn. 18).

3   Die U-Haft wird durch einen **richterlichen Haftbefehl** angeordnet. „Wegen **einer Tat** im prozessualen Sinne dürfen gegen denselben Beschuldigten nicht zwei selbstständige Haftbefehle ergehen" (BGH 38, 54 = NJW 1992, 548). **Mehrere Haftbefehle** gegen denselben Beschuldigten sind nur zulässig, wenn gegen ihn mehrere Strafverfahren anhängig sind. Werden diese miteinander verbunden, so besteht nur noch ein Haftbefehl. Das ist durch eine Neufassung des einheitlichen Strafbefehls klarzustellen (OLG Karlsruhe NJW 1974, 510; KK-Boujong Rn. 15). Werden **mehrere Haftbefehle in verschiedenen Sachen** erlassen, so kann nur einer von ihnen vollstreckt werden. Wegen des nicht vollzogenen Haftbefehls wird **Überhaft** vermerkt. Der Haftbefehl wird erst vollzogen, wenn die U-Haft in der anderen Sache beendet ist. Erst dann sind die §§ 115, 115a anzuwenden. Das gilt auch, wenn Überhaft notiert ist, weil der Beschuldigte sich noch in anderer Sache **in Strafhaft** befindet (Meyer-Goßner Rn. 12, 13). **Europäischer Haftbefehl.** Die EU-Staaten haben sich auf die Einführung eines **europäischen Haftbefehls** für bestimmte Straftaten geeinigt. Damit soll die Auslieferung von Straftätern erleichtert werden. Diese EU-Regelung bedarf der Umsetzung in nationales Recht (Schomburg NJW 2002, 1629). Zum **Überstellungshaftbefehl** s. § 12 des Ges. zur Ausführung des Römischen Status des Internationalen Strafgesetzbuches v. 21. 6. 2002 (BGBl. I S. 2144).

4   Die **Unterbrechung der U-Haft** zum Zweck der Vollstreckung einer Freiheitsstrafe oder einer freiheitsentziehenden Maßregel der Besserung und Sicherung ist zulässig (§ 122 StVollzG; Nr. 92 UVollzO). Der Gefangene unterliegt dann auch denjenigen Beschränkungen seiner Freiheit, die der Zweck der U-Haft erfordert (§ 122 Abs. 1 S. 2 StVollzG). Für die **Bewilligung der Unterbrechung** ist der Haftrichter (§ 126) zuständig. Gegen diese Genehmigung steht dem Beschuldigten mangels Beschwer keine Beschwerde zu (OLG Düsseldorf NStZ 1984, 236). Die Ablehnung der richterlichen Genehmigung kann der Gefangene mit der Beschwerde und der weiteren Beschwerde anfechten (OLG Hamburg NStZ 1992, 206; KK-Boujong Rn. 17). Die **Unterbrechung der Strafhaft** zum Zweck der Vollziehung der in anderer Sache angeordneten U-Haft ist zulässig (Nr. 93 UVollzO), aber nur in Ausnahmefällen, zB wegen Teilnahme an einer Gerichtsverhandlung (Meyer-Goßner vor § 112 Rn. 15). Gegen die richterliche Genehmigung um **Unterbrechung** der U-Haft eine **Freiheitsstrafe** zu vollstrecken, steht dem Gefangenen mangels Beschwer keine Beschwerde zu (Thüring. OLG NStZ 1997, 510).

5   In Haftsachen gilt besonders das **Beschleunigungsgebot,** das in Art. 5 Abs. 3 S. 2 MRK und in Art. 9 UN-Pakt festgelegt ist und nach der st. Rspr. des BVerfG **Verfassungsrang** genießt (BVerfGE 36, 273 = NJW 1974, 308; 46, 195 mwN). Es liegt auch den §§ 121, 122 zugrunde. Es greift dort ein, wenn der Haftbefehl gemäß § 116 außer Vollzug gesetzt ist (KG StV 1991, 473). Zur Verfassungsbeschwerde gegen U-Haftbeschlüsse s. **Bleckmann** NJW 1995, 2192. Dem Beschleunigungsgebot kommt auch bei Überhaft Bedeutung zu (OLG Düsseldorf NJW 1991, 2302 und auch bei der Auslieferungshaft (BVerfGE 61, 34; KK-Boujong Rn. 19). Der Anspruch auf **Schadensersatz** wegen **rechtswidriger Inhaftierung nach Art. 5 Abs. 5 MRK** umfasst auch den Ersatz immateriellen Schadens, also Schmerzensgeld (BGH NStZ 1993, 493). Zu Haftbefehlen gegen ausländische Regierungsmitglieder s. Folz/Seppe NStZ 1996, 576. Die Auffassung, dass **Entschei-**

Verhaftung und vorläufige Festnahme § 112

dungen über **Haftfragen** – von Ausnahmefällen im Zusammenhang mit einem Urteil nach §§ 268 b, 120 Abs. 1 S. 2 abgesehen – stets in Besetzung außerhalb der Hauptverhandlung, dh **ohne Schöffen,** zu treffen sind, ist von Verfassungs wegen nicht zu beanstanden (BVerfG NJW 1998, 2962).

§ 112 [Voraussetzungen der Untersuchungshaft; Haftgründe]
RiStBV 46, 47

(1) ¹**Die Untersuchungshaft darf gegen den Beschuldigten angeordnet werden, wenn er der Tat dringend verdächtig ist und ein Haftgrund besteht.** ²Sie darf nicht angeordnet werden, wenn sie zu der Bedeutung der Sache und der zu erwartenden Strafe oder Maßregel der Besserung und Sicherung außer Verhältnis steht.

(2) **Ein Haftgrund besteht, wenn auf Grund bestimmter Tatsachen**
1. festgestellt wird, daß der Beschuldigte flüchtig ist oder sich verborgen hält,
2. bei Würdigung der Umstände des Einzelfalles die Gefahr besteht, daß der Beschuldigte sich dem Strafverfahren entziehen werde (Fluchtgefahr), oder
3. das Verhalten des Beschuldigten den dringenden Verdacht begründet, er werde
    a) Beweismittel vernichten, verändern, beiseite schaffen, unterdrücken oder fälschen oder
    b) auf Mitbeschuldigte, Zeugen oder Sachverständige in unlauterer Weise einwirken oder
    c) andere zu solchem Verhalten veranlassen,
    und wenn deshalb die Gefahr droht, daß die Ermittlung der Wahrheit erschwert werde (Verdunkelungsgefahr).

(3) **Gegen den Beschuldigten, der einer Straftat nach § 6 Abs. 1 Nr. 1 des Völkerstrafgesetzbuches oder § 129 a Abs. 1 oder Abs. 2, auch in Verbindung mit § 129 b Abs. 1, oder nach den §§ 211, 212, 226, 306 b oder 306 c des Strafgesetzbuches, oder soweit durch die Tat Leib oder Leben eines anderen gefährdet worden ist, nach § 308 Abs. 1 bis 3 des Strafgesetzbuches dringend verdächtig ist, darf die Untersuchungshaft auch angeordnet werden, wenn ein Haftgrund nach Absatz 2 nicht besteht.**

Die **Voraussetzungen der U-Haft** sind in den §§ 112, 112 a, 113 geregelt. Der Erlass eines Haftbefehls erfordert: **dringenden Tatverdacht (Abs. 1 S. 1);** einen der gesetzlich normierten **Haftgründe** (Abs. 2), bei **bestimmten Straftaten** ist ein Haftgrund entbehrlich; Wahrung des **Verhältnismäßigkeitsgrundsatzes** (Abs. 1 S. 2). Weitere Voraussetzung ist ein **schriftlicher** Haftbefehl des Richters (§ 114) oder des mit der Sache befassten Gerichts bzw. Vorsitzenden nach § 125 Abs. 2. Der Erlass des Haftbefehls ist nicht obligatorisch, sondern steht „im pflichtgemäßen Ermessen des Richters" (BVerfGE 19, 349 = NJW 1966, 244). Ist ein Haftbefehl durch ein **örtlich unzuständiges Gericht** erlassen worden, ist er auf die Beschwerde aufzuheben, wenn das zuständige Gericht nicht zum Bezirk des Beschwerdegerichts gehört. Eine Verweisung an das zuständige Gericht kommt jedenfalls dann nicht in Betracht, wenn dadurch in das Auswahlermessen der StA eingegriffen wird (KG NStZ 1999, 585). 1

Dringender Tatverdacht liegt vor, wenn nach dem bisherigen Ermittlungsergebnis in seiner Gesamtheit eine große Wahrscheinlichkeit dafür besteht, dass der Beschuldigte als Täter oder Teilnehmer eine Straftat begangen hat (BGH NJW 1992, 1975; BVerfG NJW 1996, 1050), oder anders ausgedrückt: „wenn auf Grund 2

§ 112

des bisherigen Ermittlungsergebnisses in seiner Gesamtheit die Wahrscheinlichkeit groß ist, dass der Verfolgte sich schuldig gemacht hat" (BGH NStZ 1981, 94). Der Tatverdacht muss sich auf eine prozessual verfolgbare, rechtswidrige und schuldhaft begangene Tat beziehen oder, wenn er strafbar ist, auf den Versuch einer solchen Tat (KK-Boujong Rn. 4). Nicht behebbare Verfahrenshindernisse, Rechtfertigungs-, Schuld- und Strafausschließungsgründe schließen den Tatverdacht aus (OLG Bremen StV 1990, 25; KK-Boujong Rn. 4). **Rechtsfragen** sind nicht nach einer bestimmten „Wahrscheinlichkeit" zu beurteilen, sondern vom Haftrichter zu **entscheiden** (SK-Paeffgen Rn. 6; KK-Boujong Rn. 5 mwN). Der dringende Tatverdacht darf nicht aus bloßen Vermutungen, sondern muss aus **bestimmten Tatsachen** (vgl. auch Abs. 2) hergeleitet werden, und zwar aus **gerichtsverwertbaren** (BGH 36, 398 = NJW 1990, 1799). Maßgebend ist im **Ermittlungsverfahren** das im Zeitpunkt der Haftentscheidung vorliegende, sich aus den Akten ergebende Ermittlungsergebnis, nach einer **Hauptverhandlung** das Ergebnis der Beweisaufnahme, nach Erlass eines **noch nicht rechtskräftigen Urteils** der darin festgestellte Sachverhalt (Meyer-Goßner Rn. 7). Das Vorliegen des dringenden Tatverdachts ist in **Abhängigkeit vom jeweiligen Ermittlungsstand** zu beurteilen. Dies hat zur Folge, dass ein Verfahrensbeginn festzustellender dringender Tatverdacht sich im Lauf weiterer Ermittlungen abschwächen kann. Dies ist nach Abschluss der Ermittlungen und **Anklageerhebung** dann der Fall, wenn keine große Wahrscheinlichkeit mehr für eine Verurteilung des Angeklagten besteht (OLG Brandenburg NStZ 1997, 75). „Akten und Erkenntnisse des Ministeriums für Staatssicherheit der ehemaligen DDR (MfS) sind grundsätzlich nicht geeignet, als solche den für den Erlass eines Haftbefehls erforderlichen dringenden Tatverdacht zu belegen. Vielmehr bedürfen die aus ihnen zu entnehmenden Informationen strenger und besonders kritischer Überprüfung, weil Aufgabenstellung und Arbeitsweise des MfS den Erfordernissen rechtsstaatlicher Sachverhaltsaufklärung in keiner Weise entsprochen haben" (BGH 38, 276 = NJW 1992, 1975).

3 In **Abs. 1 S. 1** hat der **verfassungsrechtliche Grundsatz der Verhältnismäßigkeit,** der bei Anordnung und Vollzug der U-Haft bereits allgemein zu beachten ist (BVerfGE 19, 347 = NJW 1966, 243; 20, 49 = NJW 1966, 1259), eine besondere **gesetzliche Ausformung** gefunden. Das bedeutet, dass der Eingriff in die Freiheit durch die Anordnung der U-Haft „nur hinzunehmen ist, wenn und soweit der legitime Anspruch der staatlichen Gewalt auf vollständige Aufklärung der Tat und die rasche Bestrafung des Täters nicht anders gesichert werden kann als durch vorläufige Inhaftierung des Verdächtigen" (BVerfG NJW 1991, 2821). Der Gesetzgeber hat diese Vorschrift **negativ** formuliert und die **Unverhältnismäßigkeit als Haftausschließungsgrund** ausgestaltet (KK-Boujong Rn. 43, 44). Eine entsprechende Regelung findet sich für die **Aufhebung** des Haftbefehls in § 120 Abs. 1 S. 1, auch in Art. 5 Abs. 3 S. 2 MRK. Aus dem Verhältnismäßigkeitsgrundsatz folgt das allgemeine Prinzip der **Subsidiarität der U-Haft.** Es besagt, dass ein Beschuldigter nur inhaftiert werden darf, wenn der Zweck der U-Haft nicht auf andere, für den Betroffenen **schonendere** Art und Weise erreicht werden kann, zB Ablieferung der Personalpapiere, freiwilliges Sichunterziehen einer Anstaltsbehandlung (KK-Boujong Rn. 50). Der Erlass eines Haftbefehls oder die Fortdauer des Vollzugs der U-Haft ist **verfehlt,** wenn eine Flucht ganz fernliegt und eine Wiederholung der Tat entweder ausgeschlossen ist oder dieser Gefahr durch mildere Maßnahmen begegnet werden kann (OLG Köln NJW 1996, 1686). Für die Beurteilung der Verhältnismäßigkeit sind die **Schwere des Eingriffs** in die Lebenssphäre des Beschuldigten, wobei auch sein Gesundheitszustand zu berücksichtigen ist, gegen die **Bedeutung der Strafsache** und die **Rechtsfolgenerwartung** abzuwägen. Nur wenn der Unverhältnismäßigkeit **unter beiden Gesichtspunkten** besteht, hindert dies den Erlass eines Haftbefehls (Meyer-Goßner Rn. 11). Die **Bedeutung der Sache** richtet sich nach der gesetzlichen Strafandrohung, der Art des verletzten

Rechtsguts, der konkreten Erscheinungsform (zB Serientat) und den tatrelevanten Umständen in der Person der Beschuldigten (KK-Boujong Rn. 47). Auch das **öffentliche Interesse** an der Verfolgung der Tat – vor allem wenn sie zu einer bestimmten Gruppe von Straftaten (Rauschgiftkriminalität) gehört, die wirksam bekämpft werden muss – kann unter dem Gesichtspunkt der Verteidigung der Rechtsordnung berücksichtigt werden, aber nicht die bloße Erregung der Öffentlichkeit über die Tat (Meyer-Goßner Rn. 11). Eine **schwere und unheilbare Krankheit,** die mit Sicherheit vor Abschluss des Verfahrens zum Tode des Beschuldigten führen wird, soll nach Ansicht des BerlVerfGH (NJW 1993, 515 – Fall Honecker) wegen der Menschenwürdegarantie der Haftanordnung entgegenstehen. Diese Entscheidung hat kein Gewicht; denn der BerlVerfGH hat seine Kompetenz überschritten, als er sich als Landesgericht über anerkannte Auslegungsgrundsätze bezüglich eines Bundesgesetzes, nämlich der StPO, hinweggesetzt hat (Ranft Rn. 1110; Meyer-Goßner Rn. 11 a; KK-Boujong Rn. 52 mwN). Die Meinung des BerlVerfGH wird auch im Übrigen von der hM zu Recht abgelehnt. Ein Prozesshindernis der kurzen Lebenserwartung des Beschuldigten besteht nicht (BVerfGE 77, 76). Maßgeblich ist die **Verhandlungsfähigkeit des Beschuldigten.** Eine mutmaßlich nur noch kurze Lebensdauer des verhandlungsfähigen Beschuldigten entbindet ihn nicht von der Pflicht, zu den Tatvorwürfen Stellung zu nehmen, ebenso wie sie den Rechtsstaat nicht von der Pflicht entbindet, dem Beschuldigten die Chance zu gewähren, die gegen ihn erhobenen Tatvorwürfe auszuräumen. Es besteht also insoweit kein Haftaufhebungsgrund (Schoreit NJW 1993, 884; KK-Boujong Rn. 52; Meyer-Goßner Rn. 11 a). Bei der Beurteilung, welche **Rechtsfolgen** vermutlich gegen den Beschuldigten verhängt werden, sind in groben Zügen diejenigen Strafzumessungserwägungen anzustellen, von denen sich das erkennende Gericht wahrscheinlich leiten lassen wird (AK/StPO-Deckers Rn. 35). Auch wenn die Tat wahrscheinlich nur mit einer **Freiheitsstrafe bis zu 6 Monaten** oder mit **Geldstrafe** geahndet werden wird, kann die U-Haft – unter den aus § 113 folgenden Einschränkungen – im Einzelfall zulässig sein (KK-Boujong Rn. 48 mwN).

Ein **Haftgrund** darf – abgesehen vom Ausnahmefall des § 112 Abs. 3 – nur auf Grund **bestimmter Tatsachen** bejaht werden. Vermutungen und Befürchtungen reichen nicht aus. Es ist auf „bestimmte (objektiv) festgestellte Tatsachen abzustellen" (BT-Drucks. IV 1020 S. 2; LR-Wendisch Rn. 27). Sie müssen „zur Überzeugung des Richters feststehen" (OLG Stuttgart NStZ 1982, 217). Als erhebliche Tatsachen kommen zB auch in Betracht: Verhalten des Beschuldigten, sein Vorleben, seine persönlichen, familiären Verhältnisse (KK-Boujong Rn. 9). 4

Der **Haftgrund der Flucht** nach **Abs. 2 Nr. 1** besteht, wenn der Beschuldigte **flüchtig** ist oder **sich verborgen** hält. Beides kann zusammentreffen. **Flüchtig** ist der Beschuldigte, wenn er sich von seinem bisherigen räumlichen Lebensmittelpunkt absetzt, „um für Ermittlungsbehörden und Gerichte in dem gegen ihn bereits eingeleiteten oder zu erwartenden Verfahren unerreichbar zu sein oder sich ihrem Zugriff zu entziehen" (OLG Düsseldorf NJW 1986, 2205; KK-Boujong Rn. 10). Dass der Beschuldigte trotz seiner Flucht postalisch erreichbar ist, ist unerheblich. Die Verhinderung des Strafverfahrens muss der Beschuldigte nicht beabsichtigen; es genügt, dass er diesen Erfolg als Konsequenz seines Verhaltens **bewusst in Kauf nimmt** (OLG Koblenz NStZ 1985, 88; Meyer-Goßner Rn. 13). **Verborgen** hält sich, wer seinen Aufenthalt vor den Behörden verschleiert, also unangemeldet, unter falschem Namen oder an einem unbekannten Ort lebt oder in anderer Weise bewirkt, dass er für die Ermittlungsorgane schwer auffindbar ist, um sich dem Strafverfahren zu entziehen (KK-Boujong Rn. 12). An dem Willen, sich dem Strafverfahren zu entziehen, kann es zB fehlen, wenn ein Elternteil sich mit dem minderjährigen Kind verborgen hält, um dessen Herausgabe an den anderen Elternteil zu verhindern (OLG Schleswig MDR 1980, 1042). Bei **Ergreifung des Beschul-** 5

§ 112

digten auf Grund des nach **Abs. 2 Nr. 1** erlassenen Haftbefehls entfällt der Haftgrund der Flucht. An seine Stelle tritt idR der Haftgrund der **Fluchtgefahr** nach Abs. 2 Nr. 2; denn die frühere Flucht ist ein ausreichendes Indiz für die nunmehr bestehende Fluchtgefahr (KK-Boujong Rn. 14). Bei einem **ausländischen Tatverdächtigen,** der sich ohne Fluchtwillen an seinen Wohnsitz in seinem Heimatstaat zurückbegeben hat, besteht der **Haftgrund der Fluchtgefahr,** wenn er glaubhaft erklärt, dass er sich dem in der BRep. Deutschland gegen ihn betriebenen Strafverfahren nicht stellen werde (OLG Stuttgart NStZ 1998, 427).

6 Der Haftgrund der **Fluchtgefahr** nach **Abs. 2 Nr. 2** besteht, wenn auf Grund **bestimmter Tatsachen** (s. Rn. 4) bei Würdigung der Umstände des Einzelfalles eine höhere Wahrscheinlichkeit für die Annahme spricht, der Beschuldigte werde sich dem Strafverfahren **entziehen,** als für die Erwartung, er werde am Verfahren teilnehmen (OLG Köln NJW 1959, 544; OLG Karlsruhe StV 2001, 118; OLG Koblenz StV 2002, 313). Das ist aus der Sicht des anhängigen Verfahrens ohne Rücksicht darauf zu entscheiden, ob sich der Beschuldigte in anderer Sache in Strafhaft oder sonst in behördlicher Verwahrung befindet (OLG Köln NStZ 1991, 605; Meyer-Goßner Rn. 17). **Vielfältige persönliche Bindungen** eines Beschuldigten an seinen Heimatort und zu ihm nahe stehende Personen sprechen gegen Fluchtgefahr (OLG Köln StV 2000, 628). „Der Begriff des **Sichentziehens** iS des § 112 Abs. 2 Nr. 2 setzt eine gewisse zweckgerichtete Tätigkeit voraus, die im Ergebnis darauf abzielt, die Durchführung eines Strafverfahrens dauernd oder vorübergehend zu vereiteln oder zumindest erheblich zu erschweren. Insoweit reichen ein rein passives Verhalten oder bloßer Ungehorsam gegenüber behördlichen Anordnungen nicht aus. Schon aus dem Wortsinn des Begriffs wird darüber hinausgehend eine gewisse Aktivität, die von einem entsprechenden Willen getragen ist, vorausgesetzt, wobei es allerdings ausreicht, dass der Beschuldigte den Erfolg der Strafverfahrensverhinderung als Konsequenz seines Handelns bewusst in Kauf nimmt" (OLG Düsseldorf NStE Nr. 6 zu § 112; vgl. BGH 23, 384 = NJW 1971 333). Der Täter entzieht sich aber dem Verfahren nicht, wenn er unter einer den Strafverfolgungsbehörden bekannten Adresse im **Ausland schlicht verbleibt** und sich dort zur Verfügung hält (OLG Naumburg wistra 1997, 80). **Bloßer Ungehorsam** gegenüber prozessualen Anordnungen und bloße Untätigkeit erfüllen also nicht den Begriff der Entziehung (BGH 23, 384 = NJW 1971, 333; OLG Stuttgart StV 1999, 33). Fluchtgefahr kann ungeachtet der Strafverwartung nicht schon darauf gestützt werden, dass ein Beschuldigter als **türkischer** Staatsangehöriger „naturgemäß über Kontakte ins Ausland" verfügt. Dies wird jedenfalls dann nicht den persönlichen Verhältnissen des Beschuldigten gerecht, wenn dieser in der Bundesrepublik verwurzelt ist, seit 3 Jahren in einem festen Arbeitsverhältnis steht und in einer gemeinsam mit seinem Vater erworbenen Eigentumswohnung wohnt, wobei er auf die hierfür aufgenommenen Grundschulden Rückzahlungen an die Bank leistet (OLG Köln StV 2000, 508). Als **Entziehungshandlungen** kommen vor allem Flucht und Untertauchen in Betracht. Aber auch wer sich bewusst in einen Zustand länger dauernder Verhandlungsfähigkeit versetzt, entzieht sich dem Verfahren, zB durch Drogenmissbrauch oder durch gezielte Nichteinnahme ärztlich verordneter notwendiger Medikamente. **Selbstmordgefahr** rechtfertigt nicht ohne weiteres die Anordnung der U-Haft (OLG Oldenburg NJW 1961, 1984). Die in dem Strafverfahren zu **erwartenden Rechtsfolgen** sind bei der Prüfung der Fluchtgefahr zu berücksichtigen. Die Erwartung einer **hohen Strafe** kann idR noch nicht allein, jedoch iVm weiteren Umständen die Fluchtgefahr begründen (KG NJW 1965, 390; KK-Boujong Rn. 18). Die **Beurteilung der Fluchtgefahr** erfordert die Berücksichtigung aller Umstände des Falles, zB die Art der dem Beschuldigten vorgeworfenen Tat, seine Persönlichkeit, sein Verhalten, seine Lebensverhältnisse. **Eine hohe Straferwartung** allein kann die Fluchtgefahr iSd § 112 Abs. 2 Nr. 2 nicht begründen. Vielmehr sind alle Umstände des Einzelfalles

Verhaftung und vorläufige Festnahme § 112

zu berücksichtigen. Dazu gehören neben der Erwartung des Beschuldigten auch die des den Haftbefehl erlassenden (Haft-)Richters (OLG Hamm StV 2001, 115; Meyer-Goßner Rn. 19). Eine **homosexuelle** Beziehung ist allenfalls beim Hinzutreten besonderer partnerschaftlich bezogener Umstände geeignet, die Fluchtgefahr zu mindern (OLG Hamburg NStZ 1987, 571). Fluchtgefahr ist der mit über 90% **häufigste** Haftgrund (Kühl StV 1988, 356).

Der Haftgrund der **Verdunkelungsgefahr** nach **Abs. 2 Nr. 3,** besteht, wenn auf Grund **bestimmter Tatsachen** (s. Rn. 4) das Verhalten des Beschuldigten den dringenden Verdacht begründet, er werde eine der in **Abs. 2 Nr. 3 a bis c** umschriebenen, auf Beweisvereitelung abzielende Handlungen vornehmen, und wenn deshalb die Gefahr droht, dass die Ermittlung der Wahrheit erschwert werde. Dieser Haftgrund hat die Funktion zu verhindern, dass der Beschuldigte durch **unlauteres Einwirken** auf sachliche und persönliche Beweismittel die Feststellung des strafrechtlich relevanten Sachverhalts beeinträchtigt (OLG Karlsruhe StV 2001, 118; OLG Köln StV 1997, 27). **Unlauter** ist die Einwirkung, wenn sie gegen das Gesetz verstößt oder die Ermittlung des Sachverhalts in einer vom Gesetz nicht gebilligten Weise stört (OLG Karlsruhe StV 2001, 686). Die in Betracht kommenden **Verdunkelungshandlungen** sind in Abs. 2 Nr. 3 a bis c **abschließend** aufgeführt (KK-Boujong Rn. 23). Der Haftgrund der Verdunkelungsgefahr besteht, „wenn sich auf Grund bestimmter Tatsachen aus dem Verhalten, den Kontakten und Lebensumständen oder den persönlichen oder familiären Verhältnissen des Beschuldigten der dringende Verdacht ergibt, dass er unlauter auf sachliche oder persönliche Beweismittel unmittelbar einwirkt oder dies veranlasst und so die Beweislage zu beeinträchtigen droht" (OLG München NJW 1996, 941). Der Haftgrund der Verdunkelungsgefahr bezieht sich ausschließlich auf die **dem Haftbefehl zugrundeliegenden Taten.** Andere Taten betreffende Verdunkelungshandlungen können diesen Haftgrund auch dann nicht begründen, wenn sie Gegenstand desselben Ermittlungsverfahrens sind. Keine Verdunkelungshandlung iSd § 112 Abs. 2 Nr. 3 StPO ist das Besprechen des Beschuldigten mit Zeugen zur Feststellung ihres Wissens, sofern diese dabei nicht unter Druck gesetzt werden und ihnen keine falsche Erinnerung suggeriert wird (OLG Karlsruhe StV 2001, 687). Aber für die Annahme der Verdunkelungsgefahr genügt die Ausgangslage für Verdunkelungshandlungen allein nicht. Vielmehr muss die tatsachengestützte Mutmaßung hinzukommen, dass der Beschuldigte die Gelegenheit auch wahrnehmen wird. Die Tatsache, dass noch umfangreiche weitere Ermittlungen erforderlich sind, reicht ebenfalls nicht aus (OLG München NStZ 1996, 403). Der Haftgrund bezieht sich nur auf die Taten, die dem Haftbefehl zugrunde liegen (OLG Stuttgart StV 1987, 110). Verdunkelungsgefahr ist jedoch **kein Haftgrund** in den von § 113 Abs. 1 erfassten Fällen der **Kleinkriminalität. Dringender Verdacht der Verdunkelung** ist gegeben, wenn mit großer Wahrscheinlichkeit anzunehmen ist, der Beschuldigte werde in unstatthafter Weise die Beweislage verändern, wenn er in U-Haft genommen wird (OLG Hamm StV 1985, 114). Die **bloße Möglichkeit,** dass solche Handlungen vorgenommen werden, genügt nicht. Der dringende Verdacht muss sich auf Grund bestimmter Tatsachen (Rn. 4) aus dem Verhalten des Beschuldigten ergeben. Diese Tatsachen, die nicht zur vollen Überzeugung des Gerichts festzustehen brauchen, sind im Wege des **Freibeweises** festzustellen (KK-Boujong Rn. 25; Meyer-Goßner Rn. 22, 28). Das Verhalten des Beschuldigten muss unstatthaft und **prozessordnungswidrig** sein. Daher lässt sich eine Verdunkelungsgefahr aus dem Verhalten des Beschuldigten allein zB **nicht herleiten:** Verweigerung der Einlassung; Bestreiten der Tat; Widerruf des Geständnisses; Weigerung, die Mittäter zu benennen (Meyer-Goßner Rn. 29 mwN). Die **Verdunkelungshandlungen** des Beschuldigten bestehen in **Einwirkungen** auf sachliche oder persönliche Beweismittel; dem steht es gleich, dass der Beschuldigte einen anderen veranlasst, derartige Verdunkelungsmaßnahmen durchzuführen (KK-Boujong Rn. 32). Der

7

§ 112

Beschuldigte muss dabei vorsätzlich handeln; dabei ist es unerheblich, ob der andere das Ziel seiner Handlungen kennt. Hinzu kommen muss die **konkrete Gefahr** der Verdunkelung in dem anhängigen Verfahren (Meyer-Goßner Rn. 35). Daher ist der Haftgrund der Verdunkelungsgefahr nicht gegeben, „wenn der Sachverhalt schon in vollem Umfang aufgeklärt ist und die Beweise so gesichert sind, dass der Beschuldigte die Wahrheitsermittlungen nicht mehr behindern kann, was der Fall ist, wenn richterlich protokollierte Aussagen von zum Zeitpunkt der richterlichen Vernehmung unbeeinflussten Zeugen vorliegen" (OLG Karlsruhe NJW 1993, 1148). Ein nur auf Verdunkelungsgefahr gestützter Haftbefehl muss idR nach Durchführung der Hauptverhandlung in der letzten Tatsacheninstanz aufgehoben werden (OLG Celle NJW 1963, 1264); er wird nur aufrechterhalten werden können, wenn auch zu diesem Zeitpunkt noch die konkrete Gefahr besteht, dass der Angeklagte durch Verdunkelungshandlungen die Sachaufklärung erschweren oder die Wahrheitsermittlung vereiteln könnte.

8 **Abs. 3** lässt bei **bestimmten Straftaten der Schwerkriminalität** die Anordnung der U-Haft zu, wenn kein Haftgrund nach **Abs. 2** vorliegt. Der Katalog des Abs. 3 ist durch das Verbrechensbekämpfungsgesetz vom 28. 10. 1994 (BGBl. I S. 3186) um die §§ 226 StGB (schwere Körperverletzung) und 306 b StGB (besonders schwere Brandstiftung) erweitert. Abs. 3 gilt auch für den **Versuch** (BGH 28, 355 = NJW 1979, 1419), für die **Teilnahme** nach §§ 25 ff. StGB und für den **Versuch der Teilnahme** nach § 30 StGB, aber für § 323 a StGB mit einer Katalogtat als Rauschtat. Auch in den Fällen der §§ 213, 216, 217 StGB ist Abs. 3 unanwendbar (OLG Köln StV 1989, 486; Kleinknecht/Meyer-Goßner Rn. 36 mwN). Der Haftgrund der Tatschwere gilt nicht für den Fall des Totschlags im minder schweren Fall (OLG Frankfurt, StV 2001, 687).

9 Um einen Verstoß gegen den **Verhältnismäßigkeitsgrundsatz** zu vermeiden, legt das BVerfG **Abs. 3** verfassungskonform dahin aus, dass der Erlass eines Haftbefehls nur zulässig ist, wenn Umstände vorliegen, die die Gefahr begründen, dass ohne Festnahme des Beschuldigten die alsbaldige Aufklärung und Ahndung der Tat gefährdet sein könnte. Ausreichend kann schon sein die „zwar nicht mit bestimmten Tatsachen belegbare, doch nach den Umständen des Falles auch nicht auszuschließende Flucht- oder Verdunkelungsgefahr" oder die ernstliche Befürchtung, dass der Täter weitere Taten ähnlicher Art begehen werde (BVerfGE 19, 350 = NJW 1966, 244). Der Richter wird also lediglich von den strengen Anforderungen des Abs. 2 befreit, um die Gefahr auszuschließen, dass sich gerade besonders gefährliche Täter der Bestrafung entziehen. Dem Haftrichter wird die Feststellung erlassen, dass bestimmte Tatsachen Flucht- oder Verdunkelungsgefahr begründen. Ausreichend, aber auch erforderlich ist die Feststellung, dass eine verhältnismäßig geringe oder entfernte Gefahr dieser Art besteht (Meyer-Goßner Rn. 38; KK-Boujong Rn. 40 je mwN). Oder mit den **Worten des BVerfG** in einem einschlägigen Fall: „§ 112 III StPO lockert nur die strengen Voraussetzungen der Haftgründe des Absatzes 2, befreit jedoch weder von der Prüfung noch – wie das OLG in seinem Beschluss vom 20. 8. 1990 meint – von der Darlegung, dass im konkreten Fall Fluchtgefahr nicht auszuschließen ist (BVerfG NJW 1991, 2822). Da Abs. 3 **keine Sondervorschrift** ist, kann bei den genannten Katalogtaten der Haftbefehl auch auf die Haftgründe des Abs. 2 gestützt werden, wenn die entsprechenden Voraussetzungen vorliegen (KK-Boujong Rn. 41). Im **Privatklageverfahren** ist die Anordnung der U-Haft unzulässig (OLG Karlsruhe MDR 1974, 332). Erfolgt der Übergang in das Offizialverfahren, so wird sie zulässig (Lemke in HK-StPO Rn. 36).

10 Haftbefehl ist in jedem **Verfahrensabschnitt zulässig, auch im Wiederaufnahmeverfahren. Haftunfähigkeit** steht dem Erlass eines Haftbefehls nicht entgegen, hindert aber dessen Vollzug. Bei Zweifeln an der Haftfähigkeit ist auch richterliche Anordnung **zwangsweise Untersuchung** zulässig (OLG Düsseldorf StV 1989, 193; KK-Boujong Rn. 52). Wenn der Beschuldigte **nach der Tat in Gei-**

steskrankheit verfallen ist, kann keine Untersuchungshaft verhängt werden. Ein absoluter **Haftaufhebungsgrund der begrenzten Lebenserwartung wegen schwerer Erkrankung** (Fall Honecker NJW 1993, 515) wird nicht anerkannt (KK-Boujong Rn. 52; Meyer-Goßner Rn. 11 a). Aber ist der Beschuldigte verhandlungsunfähig oder lässt die Durchführung des Strafverfahrens für in irreparable Gesundheitsschäden oder den Tod befürchten, ist selbstverständlich auch die **Anordnung oder Aufrechterhaltung der Untersuchungshaft** bzw. die Vollstreckung des Haftbefehls ausgeschlossen (vgl. Kleinknecht/Meyer-Goßner Rn. 11 a). Zur **Akteneinsicht** bei Haftbefehl s. vor allem § 147 Rn. 2.

§ 112 a [Weiterer Haftgrund]

(1) **Ein Haftgrund besteht auch, wenn der Beschuldigte dringend verdächtig ist,**

1. **eine Straftat nach den §§ 174, 174 a, 176 bis 179 des Strafgesetzbuches oder**
2. **wiederholt oder fortgesetzt eine die Rechtsordnung schwerwiegend beeinträchtigende Straftat nach § 125 a, nach den §§ 224 bis 227, nach den §§ 243, 244, 249 bis 255, 260, nach § 263, nach den §§ 306 bis 306 c oder § 316 a des Strafgesetzbuches oder nach § 29 Abs. 1 Nr. 1, 4, 10 oder Abs. 3, § 29 a Abs. 1, § 30 Abs. 1, § 30 a Abs. 1 des Betäubungsmittelgesetzes**

begangen zu haben, und bestimmte Tatsachen die Gefahr begründen, daß er vor rechtskräftiger Aburteilung weitere erhebliche Straftaten gleicher Art begehen oder die Straftat fortsetzen werde, die Haft zur Abwendung der drohenden Gefahr erforderlich und in den Fällen der Nummer 2 eine Freiheitsstrafe von mehr als einem Jahr zu erwarten ist.

(2) **Absatz 1 findet keine Anwendung, wenn die Voraussetzungen für den Erlaß eines Haftbefehls nach § 112 vorliegen und die Voraussetzungen für die Aussetzung des Vollzugs des Haftbefehls nach § 116 Abs. 1, 2 nicht gegeben sind.**

Diese Vorschrift – das 33. StrÄndG v. 1. 7. 1997 (BGBl. I 1607) hat eine Angleichung an die Änderung der §§ 177, 179 StGB sowie die Aufhebung des § 178 StGB vorgenommen – regelt die vorbeugende Maßnahme der **Sicherungshaft** zum Schutz der Allgemeinheit vor weiteren erheblichen Straftaten besonders gefährlicher Straftäter. Sie ist präventiv-polizeilicher Natur und mit dem GG vereinbar (BVerfGE 19, 349 ff. = NJW 1966, 244; 35, 185 = NJW 1973, 1363). Sie setzt zunächst **dringenden Tatverdacht** iS von § 112 Abs. 1 S. 1 (s. dort Rn. 2) voraus. Dieser muss sich auf eine der in Abs. 1 S. 1 Nrn. 1 und 2 **abschließend** bezeichneten **Anlasstaten** richten, die **schuldhaft** begangen sein muss. Es genügt der dringende Tatverdacht des Versuchs der Tat oder der Teilnahme an ihr (§§ 25 ff. StGB), auch der des Versuchs der Beteiligung nach § 30 StGB. Die Vorschrift ist auch anwendbar, wenn nur der dringende Verdacht besteht, dass die Tat im Vollrausch (§ 323 a StGB) begangen worden ist (Meyer-Goßner Rn. 3 mwN). Die Sicherungshaft setzt weiter **Wiederholungsgefahr** sowie die Notwendigkeit der Haft zur Abwendung der Gefahr voraus, in den Fällen der Abs. 1 S. 1 Nr. 2 auch die Erwartung einer Freiheitsstrafe von mehr als einem Jahr (Abs. 1 S. 1). 1

Anlasstaten nach Abs. 1 S. 1 Nr. 1 sind Straftaten gegen die **sexuelle Selbstbestimmung.** Schon der dringende Verdacht der erstmaligen Tatbegehung indiziert die Wiederholungsgefahr und damit den Haftgrund. Die geringen Voraussetzungen bei Abs. 1 S. 1 Nr. 1 werden damit gerechtfertigt, dass „ein besonders schutzbedürftiger Kreis der Bevölkerung vor mit hoher Wahrscheinlichkeit drohen- 2

§ 112 a

den schweren Delikten" und irreparablen Schäden bewahrt werden soll (BVerfGE 19, 350 = NJW 1966, 244; SK-Paeffgen Rn. 9).

3   Die **Anlasstaten nach Abs. 1 S. 1 Nr. 2** sind Straftaten, die erfahrungsgemäß häufig von Serientätern begangen werden. **Körperverletzung** (§ 223 StGB) und **Diebstahl** (§ 242 StGB) gehören nicht dazu. Nachdem die Rspr. den Anwendungsbereich der **fortgesetzten Handlung** eingeschränkt hat (BGH 40, 138 = NJW 1994, 1663), dürfte für Nr. 2 nur noch Fälle des § 125 a StGB und ggf. Verstöße gegen das BtMG den neuen Kriterien genügen (KK-Boujong Rn. 7; Meyer-Goßner Rn 7). Bei Straftaten nach § 243 StGB muss **kein Regelbeispiel** erfüllt sein. **Betrugstaten** sind nur dann Anlasstaten, wenn sie ihrem Schweregrad etwa dem besonders schweren Diebstahl nach § 243 StGB entsprechen (OLG Stuttgart Justiz 1973, 254; Meyer-Goßner Rn. 7). Die Anlasstat nach Abs. 1 S. 1 Nr. 2 rechtfertigt die Sicherungshaft nur, wenn die Tat **wiederholt oder fortgesetzt** begangen worden ist. „Der Senat schließt sich der herrschenden Auffassung an, dass für die Begründung der **Wiederholungsgefahr** wegen wiederholter Tatbegehung (§ 112 a I Nr. 2) mindestens 2 Katalogtaten vorliegen müssen, aber eine Anlasstat ausreicht, auf die sich der dringende Tatverdacht beziehen muss. Über seine bisherige Rechtsprechung hinaus gehend schließt sich der Senat der Ansicht an, dass neben der dem Haftbefehl zu Grunde liegenden Anlasstat als Bezugstat auch eine rechtskräftig abgeurteilte und auch schon verbüßte Straftat in Betracht kommt" (OLG Schleswig, NStZ 2001, 276). **Fortgesetzt** ist die Tat, wenn sie den materiell-strafrechtlichen Kriterien der hM genügt (SK-Paeffgen Rn. 11; KK-Boujong Rn. 12). Weiter wird verlangt, dass die wiederholt oder fortgesetzt begangene Anlasstat nach Abs. 1 S. 1 Nr. 2 die **Rechtsordnung schwerwiegend beeinträchtigt** hat. Dabei ist auf das Erscheinungsbild der konkreten Anlasstat abzustellen. Maßgebend ist vor allem der Unrechtsgehalt der Tat und der angerichtete Schaden (BVerfGE 35, 191 f. = NJW 1973, 1363). Bei der **Straferwartung von mindestens einem Jahr**, die nur in den Fällen des Abs. 1 S. 1 Nr. 2 gefordert wird, kommt es nicht darauf an, ob eine Strafaussetzung nach § 56 StGB ausgeschlossen ist. Wenn schon in 1. Instanz ein Urteil ergangen ist, so wird idR von der erkannten Strafe auszugehen sein (Meyer-Goßner Rn. 10).

4   Abs. 1 S. 1 definiert den Begriff **Wiederholungsgefahr** als Gefahr der Begehung weiterer **erheblicher** Straftaten **gleicher Art** oder Fortsetzung der Straftat. Der Haftgrund der Wiederholungsgefahr ist auch in **Art. 5 Abs. 1 c MRK** vorgesehen; er verstößt nicht gegen die **Unschuldsvermutung** des Ar. 6 Abs. 2 MRK (KK-Boujong Rn. 3 mwN). **Erheblich** sind solche Straftaten, die **zumindest** in den Bereich der **mittleren Kriminalität** fallen (Meyer-Goßner Rn. 11, 12). Der Haftgrund der Wiederholungsgefahr gem. § 112 a Abs. 1 kommt bei dem Vorwurf von **Betrugshandlungen** nur dann in Betracht, wenn diese „die Rechtsordnung schwerwiegend beeinträchtigen". Diese Voraussetzung kann nur bei Taten überdurchschnittlichen Schweregrades und Unrechtsgehaltes bzw. solchen, die mindestens in der oberen Hälfte der mittelschweren Straftaten liegen, bejaht werden. (OLG Karlsruhe, StV 2001, 687). Das Merkmal **gleicher Art** bezieht sich auf die rechtliche Einordnung der Tat. Die zu erwartende Wiederholung braucht **nicht** dasselbe Strafgesetz oder denselben Qualifikationstatbestand erfüllen wie die Anlasstat (KK-Boujong Rn. 16). Durch das Verbrechensbekämpfungsgesetz ist das Regelerfordernis einer **rechtskräftigen Vorverurteilung** (bisher Abs. 1 S. 2) für die Bejahung einer Wiederholungsgefahr **gestrichen.** Es muss besonders sorgfältig geprüft werden, ob bestimmte Tatsachen die Gefahr der Wiederholung weiterer erheblicher Straftaten gleicher Art begründen.

5   Die Sicherungshaft muss **erforderlich** sein. Die Verhängung der Haft ist entbehrlich, wenn die Wiederholungsgefahr durch andere Maßnahmen wirksam begegnet werden kann, zB durch freiwillige Entziehungsmaßnahmen bei einem Drogenabhängigen. Außerdem gilt § 116 Abs. 3.

Verhaftung und vorläufige Festnahme §§ 113, 114

Aus **Abs.** 2 ergibt sich eindeutig, dass der Haftgrund der Wiederholungsgefahr **6** **subsidiärer Natur** ist. Diese Vorschrift verbietet es auch, einen Haftbefehl in erster Linie auf § 112 und hilfsweise auf § 112 a zu stützen (KK-Boujong Rn. 24 mwN).

§ 113 [Voraussetzungen bei leichteren Taten]

(1) **Ist die Tat nur mit Freiheitsstrafe bis zu sechs Monaten oder mit Geldstrafe bis zu einhundertachtzig Tagessätzen bedroht, so darf die Untersuchungshaft wegen Verdunkelungsgefahr nicht angeordnet werden.**

(2) In diesen Fällen darf die Untersuchungshaft wegen Fluchtgefahr nur angeordnet werden, wenn der Beschuldigte
1. sich dem Verfahren bereits einmal entzogen hatte oder Anstalten zur Flucht getroffen hat,
2. im Geltungsbereich dieses Gesetzes keinen festen Wohnsitz oder Aufenthalt hat oder
3. sich über seine Person nicht ausweisen kann.

Diese Vorschrift **schränkt** für den Bereich der **kleinen Kriminalität** die Anord- **1** nung der U-Haft ein. Sie stellt sich als Konkretisierung des allgemeinen **Verhältnismäßigkeitsgrundsatzes** dar (s. vor § 112 Rn. 1). Wegen **Fluchtgefahr** darf auch im Bereich der Bagatellkriminalität (aber niemals bei Verdunkelungsgefahr) U-Haft angeordnet werden, jedoch nur, wenn außer den Voraussetzungen des § 112 Abs. 2 Nr. 2 auch die des § 113 Abs. 2 vorliegen (KK-Boujong Rn. 6).

Auf welche Weise sich der Beschuldigte dem Verfahren **durch Flucht bereits** **2** **einmal** entzogen hat, ist unerheblich. Unter **Fluchtanstalten** fallen Verhaltensweisen, die darauf hinweisen, der Beschuldigte wolle sich dem Verfahren entziehen, zB Geld flüssig machen, Vermögensveräußerungen, Flugkarten besorgen (Meyer-Goßner Rn. 5). Für die Frage des **festen Wohnsitzes** (vgl. §§ 7 ff. BGB) ist nicht auf die polizeiliche Anmeldung abzustellen, sondern auf die auf eine gewisse Dauer angelegte tatsächliche Niederlassung (KK-Boujong Rn. 6). Der Beschuldigte kann in U-Haft genommen werden, wenn er sich **nicht ausweisen** kann oder will oder falsche Papiere vorlegt. Dagegen liegt keine Ausweislosigkeit vor, wenn der Beschuldigte sich über seine Person nicht ausweisen kann, aber **bekannt** ist (KK-Boujong Rn. 6).

§ 114 [Haftbefehl]

(1) **Die Untersuchungshaft wird durch schriftlichen Haftbefehl des Richters angeordnet.**

(2) In dem Haftbefehl sind anzuführen
1. der Beschuldigte,
2. **die Tat, deren er dringend verdächtig ist, Zeit und Ort ihrer Begehung, die gesetzlichen Merkmale der Straftat und die anzuwendenden Strafvorschriften,**
3. der Haftgrund sowie
4. die Tatsachen, aus denen sich der dringende Tatverdacht und der Haftgrund ergibt, soweit nicht dadurch die Staatssicherheit gefährdet wird.

(3) **Wenn die Anwendung des § 112 Abs. 1 Satz 2 naheliegt oder der Beschuldigte sich auf diese Vorschrift beruft, sind die Gründe dafür anzugeben, daß sie nicht angewandt wurde.**

Diese Vorschrift nennt die formellen und inhaltlichen **Voraussetzungen** für den **1** Erlass eines Haftbefehls. Der gesetzgeberische Grund liegt darin, „einerseits der Selbstkontrolle des Richters zu dienen und eine Überprüfung der Haftentscheidung

§ 114

zu ermöglichen, andererseits die Unterrichtung des Inhaftierten zu erleichtern" (OLG Karlsruhe NStZ 1986, 135; vgl. OLG Brandenburg StV 1997, 140).

2 Nach **Abs. 1** ist der Erlass des Haftbefehls dem **Richter vorbehalten** (vgl. Art. 104 Abs. 2 S. 1, Abs. 3 S. 2 GG). Er muss **schriftlich** erlassen werden, und zumindest das Original muss von dem erlassenden Richter unterzeichnet sein (KK-Boujong Rn. 2). In der Hauptverhandlung oder in einem anderen Gerichtstermin ist der Schriftform genügt, wenn der Haftbefehl vollständig in das Protokoll aufgenommen wird. Da der Angeklagte nach § 114a Abs. 2 eine Abschrift erhalten muss, empfiehlt es sich, den amtlichen Vordruck zu verwenden, der unterzeichnet und dem Protokoll als Anlage beigefügt wird. Bei einheitlicher Begehungsweise der Tat durch eine große Anzahl von Beschuldigten kann ein vervielfältigtes Haftbefehlsmuster zugrundegelegt werden, sofern die **Einzelfallprüfung** gewährleistet bleibt (BVerfG NJW 1982, 29). Im Einzelnen bestimmt § 125, welcher Richter in den verschiedenen Verfahrensstadien für den Erlass eines Haftbefehls **funktionell zuständig** ist (KK-Boujong Rn. 1).

3 Die **Anordnung der U-Haft** muss im Haftbefehl **ausdrücklich** ausgesprochen sein (Abs. 1). Sodann ist der **Beschuldigte (Abs. 2 Nr. 1)** so **genau zu bezeichnen**, dass eine Verwechslung ausgeschlossen erscheint, dh Vor- und Familienname, ggf. Alias-Name, Geburtstag und Geburtsort, letzte bekannte Wohnung. Die Aufnahme des Familienstands und des Berufs ist üblich, aber idR entbehrlich. Bei Ausländern ist die Staatsangehörigkeit anzugeben. Eine Personenbeschreibung (§ 131 Abs. 3) ist nur geboten, wenn die für die Identitätsfeststellung unerlässlichen Personalien nicht bekannt sind. Dann darf auch auf eine in den Akten befindliche Fotografie oder auf festgehaltene persönliche Merkmale des Beschuldigten zurückgegriffen werden (KK-Boujong Rn. 5; SK-Paeffgen Rn. 5).

4 Nach **Abs. 2 Nr. 2** ist der **strafrechtliche Vorwurf**, der die U-Haft rechtfertigen soll, in ähnlicher Weise wie in der Anklageschrift (§ 200 Abs. 1 S. 1) zu bezeichnen. Hierzu ist zunächst die **Tat** im verfahrensrechtlichen Sinn (§ 264), deren der Beschuldigte dringend verdächtig ist, zu beschreiben. Der Lebensvorgang in seiner konkreten Erscheinungsform ist so genau darzustellen, dass der Beschuldigte den gegen ihn erhobenen strafrechtlichen Vorwurf und seine Begrenzung erkennen kann. „Die Begründung des Haftbefehls dient vor allem der Unterrichtung des Beschuldigten darüber, auf welcher rechtlichen und tatsächlichen Grundlage in sein Freiheitsrecht eingegriffen wird. Deshalb ist auf die Begründung des Haftbefehls besondere Sorgfalt zu verwenden" (OLG Hamm NStZ-RR 2002, 335). **Ort und Zeit der Tatbegehung** (zumindest nach dem Jahr) sind in den Haftbefehl aufzunehmen. Ein Haftbefehl unterliegt demnach der Aufhebung, wenn er statt der **erforderlichen Konkretisierung** der einzelnen Taktakte lediglich eine allgemein gehaltene pauschale und generalisierende Beschreibung der Tathandlungen in zeitlicher und gegenständlicher Hinsicht enthält (OLG Düsseldorf NStZ-RR 1996, 267). Neben der Tat sind die als erfüllt angesehenen **gesetzlichen Merkmale** der Straftat und die **anzuwendenden Strafvorschriften** anzugeben. Die U-Haft braucht **nicht wegen sämtlicher Taten** angeordnet zu werden, wegen deren die Ermittlungen geführt werden. Es ist sogar oft zweckmäßig, den Haftbefehl auf sichere Fälle zu beschränken. Erforderlich ist nur, die **Grundlage der U-Haft** anzugeben (LR-Wendisch Rn. 12; KK-Boujong Rn. 8).

5 Nach **Abs. 2 Nr. 3** ist im Haftbefehl der **Haftgrund** aufzuführen. Es genügt grundsätzlich eine Kurzbezeichnung, zB Fluchtgefahr, Verdunkelungsgefahr, Wiederholungsgefahr. Aber im Fall des § 113 Abs. 2 ist anzugeben, welcher der dort genannten Gründe vorliegt. Liegen **mehrere Haftgründe** vor, braucht der Haftbefehl nicht auf alle gestützt zu werden, es empfiehlt sich oft, allein den Haftgrund anzugeben, der keinem Angriff ausgesetzt ist (LR-Wendisch Rn. 15; Meyer-Goßner Rn. 13, 14). Beim Zusammentreffen von Flucht- und Verdunkelungsgefahr sollten fairerweise beide genannt werden, damit der Beschuldigte die Aussichten für die Aufhebung des Haftbefehls oder die Aussetzung seines Vollzugs entsprechend beurteilen kann (vgl. BGH 34, 36 = NJW 1986, 1821). Bei Haftbefehlen nach §§ 230 Abs. 2, 236, 329 Abs. 4 S. 1 ist anzugeben, aus welchem Grund (zB unentschuldigtes Ausbleiben) die Verhaftung angeordnet wird.

Abs. 2 Nr. 4 verlangt – außer bei Gefährdung der Staatssicherheit – die Angabe 6 der **Tatsachen, aus denen sich der dringende Tatverdacht** und der **Haftgrund** ergeben. Der dringende Tatverdacht (s. § 112 Rn. 2) ist durch eine knappe Zusammenfassung des Ermittlungsergebnisses zu begründen. Die Benennung der **Beweismittel** ist nicht vorgeschrieben, aber im Interesse einer sachgerechten Verteidigung angebracht (KK-Boujong Rn. 12). „Insbesondere ist wegen der Prinzipien des rechtlichen Gehörs und des fairen Verfahrens im Untersuchungshaftverfahren die Beweismittel so weit auszuführen, wie hierdurch die Ermittlungen nicht gefährdet werden. Der Beschuldigte muss in die Lage versetzt werden, die Beweismittel anzugreifen oder sie zu entkräften und seine Verteidigung darauf einzurichten. Indessen ist eine Auseinandersetzung mit der Qualität der Beweismittel im Untersuchungshaftverfahren nicht erforderlich" (OLG Düsseldorf StV 1991, 521). Eine **Beweiswürdigung** braucht idR nicht zu erfolgen (KK-Boujong Rn. 12). Auch der **Haftgrund** ist zwar knapp, aber sorgfältig zu begründen. Ein Haftbefehl, der den Anforderungen des Abs. 2 nicht entspricht, wird, wenn die Haftvoraussetzungen zu bejahen sind, vom Beschwerdegericht selbst neu gefasst (OLG Stuttgart Justiz 1985, 217), wenn die StA einen hinreichend bestimmten Antrag gestellt hatte (OLG Brandenburg NStZ-RR 1997, 107; KK-Boujong Rn. 9). Nach **Abs. 2 Nr. 4** kann von der Begründung abgesehen werden, soweit die **Staatssicherheit** gefährdet würde. Das muss im Haftbefehl zum Ausdruck kommen. Dem Beschuldigten ist die Begründung mündlich zu eröffnen, wenn er nach § 115, 115 a Abs. 3 gehört wird (LR-Wendisch Rn. 20; Meyer-Goßner Rn. 12; aA KK-Boujong Rn. 14).

Nach **Abs. 3** ist auf den **Haftausschließungsgrund der Unverhältnismäßig-** 7 **keit** gemäß § 112 Abs. 1 S. 2 (s. dort Rn. 3 und vor § 112 Rn. 1) nur unter den genannten Voraussetzungen einzugehen. Eine Begründung wird zB dann zu geben sein, wenn eine Geldstrafe zu erwarten ist und der Beschuldigte verhaftet werden musste.

Wird der Erlass des Haftbefehls **abgelehnt**, so ist grundsätzlich eine Begründung 8 gemäß § 34 iVm § 304 erforderlich. Eine **Änderung des Haftbefehls** ist notwendig, wenn sich im Laufe des Verfahrens die Haftgrundlagen wesentlich verändert haben. Die Anpassung des Haftbefehls kann von Amts wegen erfolgen, aber auch von der StA und dem Beschuldigten beantragt werden. Auch eine Abänderung durch einen ergänzenden Beschluss ist möglich (OLG Hamm NJW 1960, 587). Die Aufhebung des alten und der Erlass eines neuen Haftbefehls kann vorzuziehen sein (Meyer-Goßner Rn. 18).

Für den **Erlass eines Haftbefehls** im Ermittlungsverfahren ist grundsätzlich ein 9 **Antrag der StA** erforderlich (§§ 33 Abs. 2, 125 Abs. 1, 128 Abs. 2 S. 2). Bei Gefahr im Verzug wegen der Unerreichbarkeit der StA (§ 125 Abs. 1) ist ein Antrag entbehrlich (Meyer-Goßner Rn. 19). Nach Erhebung der öffentlichen Klage kann das Gericht ohne die genannte Einschränkung von **Amts wegen** Haftbefehl erlassen. (§ 125). Die vorherige Anhörung des Beschuldigten wird idR nach § 33 Abs. 4 entfallen. **Nach Klageerhebung** kann das Gericht den Haftbefehl nach Anhörung der StA von Amts wegen erlassen; in der **Hauptverhandlung** ist auch die Anhörung des Beschuldigten notwendig (Meyer-Goßner Rn. 19).

Die **Vollstreckung des Haftbefehls** ist Sache der StA (§ 36 Abs. 2 S. 1), die 10 sich dazu ihrer Hilfsbeamten (152 GVG) und der Polizei (§ 161) bedient. Dies geschieht durch Fahndung und Festnahme und Einlieferung des Beschuldigten in die Haftanstalt; notfalls unter Einsatz von unmittelbarem Zwang. Der Haftbefehl erlaubt die Durchsuchung der Wohnung des Beschuldigten zwecks Ergreifung, nicht aber die dritter Personen. Für den Vollzug des Haftbefehls vgl. § 119 und bei Bundeswehrsoldaten RiStBV Nr. 50 (Meyer-Goßner Rn. 20).

§ 114 a

11   **Beschwerde** nach § 304 Abs. 1 und weitere Beschwerde nach § 310 Abs. 1 kann die StA einlegen, wenn ihr Antrag auf Erlass oder Erweiterung eines Haftbefehls abgelehnt worden ist; das gilt auch für Entscheidungen des erkennenden Gerichts (Meyer-Goßner Rn. 21). Wird die Erweiterung des Haftbefehls durch das **OLG** abgelehnt, ist die Beschwerde zum BGH unzulässig (BGH 37, 347 = NJW 1991, 2094). Der **Nebenkläger** ist nicht beschwerdeberechtigt; denn Entscheidungen über die U-Haft berühren nicht seine Rechtsstellung (OLG Karlsruhe NJW 1974, 658). Zur **Haftbeschwerde des Beschuldigten** s. bei § 117.

12   Bei der Verhaftung eines **Abgeordneten** ist das Verfahrenshindernis der **Immunität** zu beachten (Art. 46 Abs. 2 GG und die entsprechenden Vorschriften der Landesverfassungen). Die Immunität steht der Verhaftung nicht entgegen, wenn der Abgeordnete **bei Begehung der Tat** oder im Laufe des **folgenden Tages** festgenommen wird (Art. 46 Abs. 2 GG). Sonst ist eine Genehmigung des Parlaments erforderlich (vgl. RiStBV Nr. 192 a Abs. 2 c).

§ 114 a [Bekanntgabe des Haftbefehls]   RiStBV 48

(1) ¹**Der Haftbefehl ist dem Beschuldigten bei der Verhaftung bekanntzugeben.** ²**Ist dies nicht möglich, so ist ihm vorläufig mitzuteilen, welcher Tat er verdächtig ist.** ³**Die Bekanntgabe des Haftbefehls ist in diesem Fall unverzüglich nachzuholen.**

(2) **Der Beschuldigte erhält eine Abschrift des Haftbefehls.**

1   Gerichtliche Entscheidungen sind grundsätzlich dem Betroffenen bekanntzumachen, bevor sie vollstreckt werden (§ 35). Beim Haftbefehl wird die Bekanntmachung gemäß **Abs. 1 S. 1** bis zur Vollstreckung (= Verhaftung) hinausgeschoben, um den überraschenden Zugriff nicht zu gefährden. Durch die unverzügliche Vorführung vor dem Richter wird dem Beschuldigten **nachträglich rechtliches Gehör** – verfassungsrechtlich zulässig – gewährt (BVerfGE 9, 106 = NJW 1959, 427). In der Praxis wird dem **festnehmenden Polizeibeamten** der Haftbefehl mitgegeben; dieser gibt dem Beschuldigten den Inhalt bekannt, und zwar idR durch Übergabe einer Ausfertigung oder beglaubigten Abschrift des Haftbefehls. Dies ist zudem nach **Abs. 2** notwendig. Verhindern äußere Umstände, in dieser Weise vorzugehen, so wird zumindest der Tatverdacht mitgeteilt (Abs. 1 S. 2). Die Bekanntgabe ist sodann unverzüglich nachzuholen (Abs. 1 S. 3). Vgl. auch RiStBV Nr. 48. Den auch bei **Erweitung eines Haftbefehls** auf zusätzliche Taten zu beachtenden besonderen Bekanntmachungs- und Anhörungsvorschriften (§§ 114 a, 115 II StPO) ist grundsätzlich jedenfalls dann genügt, wenn ein in der besonderen Haftprüfung nach § 207 IV StPO bei der Eröffnung des Hauptverfahrens ergangener Erweiterungsbeschluss dem Angeklagten durch Zustellung bekannt gemacht und zeitnah eine mündliche Haftprüfung nach §§ 117 I, 118 I StPO durchgeführt wird (OLG Hamburg NStZ-RR 2003, 346). Der gegen einen **flüchtigen** Beschuldigten ergangene Haftbefehl, der auch auf **Verdunkelungsgefahr** gestützt ist, ist nicht deshalb aufzuheben, weil weder dem Beschuldigten noch seinem Verteidiger rechtliches Gehör gewährt wurde. Etwas anderes gilt ggf. erst nach der Festnahme (OLG Hamm NStZ-RR 1998, 19).

2   Für die **Form** der Bekanntmachung ist § 35 maßgebend. Bei einem Erlass des Haftbefehls in einem **Gerichtstermin** erfolgt sie durch Verkündung, im Übrigen durch formlose Mitteilung. Einem **Ausländer,** der die deutsche Sprache nicht hinreichend beherrscht, ist der Haftbefehl in einer ihm verständlichen Sprache bekanntzugeben. Ihm wird mit der Abschrift des Haftbefehls eine **Übersetzung** ausgehändigt (Art. 5 Abs. 2 MRK; RiStBV Nr. 181 Abs. 2). Der Beschuldigte erhält auch eine **Abschrift** der Beschlüsse, durch die ein Haftbefehl ergänzt oder angepasst wird (KK-Boujong Rn. 8). Ein **Verzicht** des Beschuldigten auf die Aus-

händigung der Abschrift ist wirksam. Die Aushändigung einer Abschrift des Haftbefehls an den Verteidiger des flüchtigen Beschuldigten durch das Beschwerdegericht kann möglich sein (OLG Stuttgart NStZ 1990, 247).

§ 114b [Benachrichtigung von Angehörigen]

(1) ¹**Von der Verhaftung und jeder weiteren Entscheidung über die Fortdauer der Haft wird ein Angehöriger des Verhafteten oder eine Person seines Vertrauens unverzüglich benachrichtigt.** ²**Für die Anordnung ist der Richter zuständig.**

(2) **Außerdem ist dem Verhafteten selbst Gelegenheit zu geben, einen Angehörigen oder eine Person seines Vertrauens von der Verhaftung zu benachrichtigen, sofern der Zweck der Untersuchung dadurch nicht gefährdet wird.**

Abs. 1 entspricht Art. 104 Abs. 4 GG. Hierzu hat das BVerfG entschieden: 1 „Art. 104 Abs. 4 GG ist nicht nur eine objektive Verfassungsnorm, die dem Richter eine Verpflichtung auferlegt; sie verleiht dem Festgehaltenen ein subjektives Recht darauf, dass die Vorschrift beachtet wird. Art. 104 Abs. 4 GG schreibt die unverzügliche Benachrichtigung eines Angehörigen des Festgehaltenen oder einer Person seines Vertrauens von **jeder** richterlichen Entscheidung über die **Anordnung** oder **Fortdauer** einer Freiheitsentziehung vor" (BVerfGE 16, 122 = NJW 1963, 1820). Damit soll verhindert werden, dass die Staatsgewalt einen Bürger spurlos aus der Öffentlichkeit verschwinden lässt (vgl. Dünnebier JZ 1963, 694). Auch die **gerichtliche Zurückweisung** einer Haftbeschwerde ist eine Entscheidung über die Fortdauer und führt daher zur Benachrichtigungspflicht (BVerfGE 16, 123; Jarass/Pieroth, GG, Art. 104, Rn. 12). Aber wenn der Verhaftete nach Aufhebung des Haftbefehls oder dessen Aussetzung (§ 116) freigelassen wird, bedarf es keiner Benachrichtigung (KK-Boujong Rn. 3 mwN). Über die **vorläufige Festnahme** (§§ 127, 127b Abs. 1) ergeht keine Benachrichtigung, wohl aber über die sich etwa anschließende Verhaftung nach §§ 128 Abs. 2 S. 2, 127b Abs. 2 (KK-Boujong Rn. 2); keine Benachrichtigung bei Ordnungs- und Beugehaft (Meyer-Goßner Rn. 2). Für die **Sicherungshaft** gilt nach § 453c Abs. 2 S. 2 der § 114b entsprechend.

Eine Gefährdung des mit der Festnahme verfolgten Zwecks rechtfertigt keine 2 Ausnahme von der Benachrichtigungspflicht (Jarass/Pieroth, GG, Art. 104 Rn. 12). Nach der hM lässt auch ein **Verzicht** des Verhafteten die im öffentlichen Interesse statuierte Benachrichtigungspflicht **nicht entfallen** (KK-Boujong Rn. 5 mwN). Aber in **notstandsartigen** Fällen werden Ausnahmen zulässig sein, zB dann, wenn die Benachrichtigung zu einem übermäßigen Eingriff in die grundrechtlich geschützte Sphäre des Beschuldigten oder zu einer schwerwiegenden Gefahr für Angehörige des Beschuldigten oder dritte Personen oder für die Sicherheit des Staates führen kann (Meyer-Goßner Rn. 6 mwN). Der **Richter** wird eine besonders sorgfältige Abwägung zu treffen haben und den Verzicht sehr restriktiv zu deuten haben (Jarass/Pieroth, GG, Art. 104 Rn. 12).

Adressat der Benachrichtigung ist ein Angehöriger des Verhafteten oder eine 3 Vertrauensperson. Der Begriff **Angehöriger** ist im weiten Sinn zu verstehen. Bei **Kindern und Jugendlichen** sind wegen Art. 6 Abs. 2 GG die Eltern zu benachrichtigen (Jarass/Pieroth, GG, Art. 104 Rn. 12). Bei einem **Ausländer** ist das Konsulat des Heimatlandes unverzüglich zu benachrichtigen, wenn jener es nach obligatorischer Belehrung wünscht (Art. 36 Abs. 1b WÜK). Wenn der Verhaftete eine Person seines Vertrauens (zB den Wahlverteidiger, BVerfG 16, 119, oder seinen Freund) angibt, so darf der Richter nicht stattdessen einen Angehörigen benachrichtigen. Die vom Verhafteten getroffene Wahl des Adressaten bindet den Richter nicht in jedem Fall, wenn ein Fall **offensichtlichen Missbrauchs** vorliegt, wenn zB ein Tatbeteiligter durch die Benachrichtigung gewarnt werden soll (KK-Boujong Rn. 4). Ist dem Gericht, auch nach Befragen des Verhafteten, weder ein Verwandter noch eine Vertrauensperson bekannt, so unterbleibt die Benachrichtigung; Nachforschungen brauchen nicht angestellt zu werden (Meyer-Goßner Rn. 4; aA KK-Boujong Rn. 4). Der Richter darf dem Festgenommenen keine Vertrauensperson gegen seinen Willen „aufzwingen" (Degenhart, in Sachs, GG Art. 104 Rn. 29).

4 Die **Benachrichtigung** muss **unverzüglich** erfolgen. Das Erfordernis der **Unverzüglichkeit** ist strikt zu handhaben, nicht etwa nur iS „nicht schuldhaften Zögerns" (Jarass/Pieroth, GG, Art. 104 Rn. 12 f.). Der Richter darf sich nicht auf den „üblichen Geschäftsgang" verlassen; eine Benachrichtigung nach zwei Wochen ist nicht unverzüglich (BVerfGE 38, 34). Die Benachrichtigung wird nach **Abs. 1 S. 2** vom **Richter angeordnet** und von der Geschäftsstelle ausgeführt. **Zuständig** ist der Richter, dem der Beschuldigte nach seiner Verhaftung vorgeführt wird (§§ 115 Abs. 1, 115a Abs. 1, 128). Wenn sich der Beschuldigte bereits in U-Haft befindet, obliegt dem nach § 126 zuständigen Gericht oder im Verfahren nach den §§ 121, 122 dem OLG (bei § 121 Abs. 4 S. 2 dem BGH) die Benachrichtigung. Im Kollegialgericht hat der **Vorsitzende** die Benachrichtigung anzuordnen (KK-Boujong Rn. 7). Die Benachrichtigung durch den Verhafteten nach **Abs. 2** entbindet den Richter nicht von der Benachrichtigung nach Abs. 1 (Meyer-Goßner Rn. 7). Eine Benachrichtigung **durch die StA oder Polizei** genügt nur dann, wenn sich der verantwortliche Richter davon überzeugt hat, dass sie dem richtigen Adressaten zugegangen ist (SK-Paeffgen Rn. 7).

5 **Abs. 2** steht **völlig selbstständig** neben Abs. 1. Er gibt dem Verhafteten ein eigenes Recht, selbst einen Angehörigen oder eine Vertrauensperson von der Verhaftung zu benachrichtigen. Dies hat auf Verlangen für diesen sog. **Zwangsbrief** Briefpapier und, wenn er mittellos ist, das Porto zur Verfügung zu stellen (Nr. 29 Abs. 1 S. 4, Abs. 3 S. 2 UVollzO). Wenn der **Zweck der Untersuchung gefährdet** wird, kann dieses Recht **beschränkt** werden (zB bei Schreiben an Mittäter); es darf ihm aber nicht völlig genommen werden. Der Richter kann die Art und Weise der Mitteilung bestimmen und den Empfängerkreis begrenzen (KK-Boujong Rn. 9). Das Recht auf den Zwangsbrief ist **einmalig** und auf den Zeitpunkt der Verhaftung beschränkt (LR-Wendisch Rn. 24).

6 **Beschwerde** nach § 304 Abs. 1 können der Beschuldigte und die StA gegen die ausdrückliche oder konkludente Ablehnung der Benachrichtigung nach Abs. 1 oder die Verweigerung des Zwangsbriefs nach Abs. 2 einlegen. Der Beschuldigte kann einen Verstoß gegen Abs. 1 auch rügen, wenn er nach Abs. 2 benachrichtigt hat (KK-Boujong Rn. 11; LR-Wendisch Rn. 26; aA Meyer-Goßner Rn. 10). Weitere Beschwerde nach § 310 Abs. 2 ist ausgeschlossen. Kein Beschwerderecht haben die Angehörigen und Vertrauenspersonen des Beschuldigten sowie Nebenkläger. Ist die **Verfassungsbeschwerde** wegen Verletzung des Art. 104 GG (Benachrichtigungspflicht) begründet, so spricht das BVerfG lediglich aus, dass die Unterlassung der Benachrichtigung dieses Grundrecht des Verhafteten verletzt; die ergangene Entscheidung wird aber nicht aufgehoben, weil der Verfassungsverstoß deren sachlichen Inhalt nicht berührt (BVerfGE 16, 123 = NJW 1963, 1820; 38, 34; VerfG Brandenburg NStZ 2000, 187; KK-Boujong Rn. 33).

§ 115 [Vorführung vor den zuständigen Richter]

(1) **Wird der Beschuldigte auf Grund des Haftbefehls ergriffen, so ist er unverzüglich dem zuständigen Richter vorzuführen.**

(2) **Der Richter hat den Beschuldigten unverzüglich nach der Vorführung, spätestens am nächsten Tage, über den Gegenstand der Beschuldigung zu vernehmen.**

Verhaftung und vorläufige Festnahme § 115

(3) ¹Bei der Vernehmung ist der Beschuldigte auf die ihn belastenden Umstände und sein Recht hinzuweisen, sich zur Beschuldigung zu äußern oder nicht zur Sache auszusagen. ²Ihm ist Gelegenheit zu geben, die Verdachts- und Haftgründe zu entkräften und die Tatsachen geltend zu machen, die zu seinen Gunsten sprechen.

(4) Wird die Haft aufrechterhalten, so ist der Beschuldigte über das Recht der Beschwerde und die anderen Rechtsbehelfe (§ 117 Abs. 1, 2, § 118 Abs. 1, 2) zu belehren.

Diese Vorschrift trägt dem hohen Rang des von der Haftanordnung betroffenen 1
Grundrechts der **persönlichen Freiheit** (Art. 2 Abs. 2 S. 2 GG) und den Anforderungen der Art. 104 Abs. 2 S. 1, Abs. 3 GG sowie des Art. 5 Abs. 2 und 3 MRK Rechnung. Der Beschuldigte soll möglichst schnell von dem mit der Sache vertrauten Richter über die Grundlage des Haftbefehls – über die vorher erfolgte Bekanntmachung nach § 114 a hinaus – unterrichtet werden und Gelegenheit erhalten, sich zu verteidigen. Vor allem wird dem Beschuldigten nachträglich **rechtliches Gehör** (s. § 114 a Rn. 1) gewährt (BVerfG NStZ 1994, 551; KK-Boujong Rn. 1). Diese Vorschrift setzt voraus, dass der Beschuldigte „auf Grund eines bestehenden Haftbefehls" ergriffen wird (BGH NJW 1990, 1188). Sie gilt für **alle Haftbefehle** nach §§ 114 Abs. 1, 127 b Abs. 2, 128 Abs. 1 S. 2, 230 Abs. 2, 236, 329 Abs. 4 S. 1, 453 c. Unanwendbar sind die §§ 115, 115a beim **Vollstreckungshaftbefehl** nach § 457, weil er nach beendeter Untersuchung ergeht (LK-Wendisch Rn. 3). Für die Vorführung eines **ohne** Haftbefehl **vorläufig Festgenommenen** gelten die §§ 128, 129. Einem schon einmal Vernommenen, der flieht und auf Grund desselben Haftbefehls erneut ergriffen wird, kommt § 115 nicht zugute. Aber diese Vorschrift greift ein, wenn der Haftbefehl erweitert oder nach Aufhebung erneut Haftbefehl erlassen wird (SK-Paeffgen Rn. 3; KK-Boujong Rn. 3).

Unter **Ergreifung** ist die tatsächliche Festnahme des Beschuldigten zur Vollstrek- 2
kung zu verstehen. **Vorführen** ist **nicht wörtlich** dahin zu verstehen, den Beschuldigten vor den Richter zu bringen. Gemeint ist vielmehr, den Verhafteten in den **Machtbereich des zuständigen Richters** zu bringen, damit dieser den Beschuldigten durch das Personal des Gerichts oder der Haftanstalt körperlich zu sich bringen lassen kann (LR-Wendisch Rn. 5). Mit der „Vorführung" beginnt die **Frist des Abs. 2** zur Vernehmung. **Unverzüglich** bedeutet: ohne jede nach Lage des Falles vermeidbare Verzögerung. Eine ordnungsgemäße Sachbehandlung ist zuzubilligen, zB Identitätsprüfung, Festnahmebericht. Noch laufende oder neu anzustellende Ermittlungen dürfen aber nicht zur Zurückstellung der Vorführung führen (BGH NJW 1990, 1188); auch nicht eine polizeiliche Vernehmung (BGH StV 1995, 283). **Am Tag nach der Ergreifung** darf der Verhaftete nur dann dem zuständigen Richter – der den Haftbefehl erlassen hat – oder hilfsweise dem Richter des nächsten AG vorgeführt werden, wenn eine **frühere** Vorführung nicht möglich ist. Unter Tag ist **jeder Kalendertag** zu verstehen, also auch der Sonn- oder Feiertag. Die Frist darf nicht verlängert werden; sie kann nur bei **höherer Gewalt** überschritten werden. Auf die Einhaltung der Frist kann der Beschuldigte **nicht wirksam verzichten.** Eine etwaige **Fristüberschreitung** führt nicht zur Freilassung (KK-Boujong Rn. 5; Meyer-Goßner Rn. 5).

Die **richterliche Vernehmung** nach **Abs. 2** erstreckt sich auf den **Gegenstand** 3
der Beschuldigung. Sie entfällt, wenn der Beschuldigte **vernehmungsunfähig** ist, und sie ist sofort bei Vernehmungsfähigkeit nachzuholen. Kann der Beschuldigte zB wegen Krankheit nicht vorgeführt werden, so muss ihn der Richter im Krankenhaus aufsuchen oder den Richter des nächsten AG (§ 115a) um die unverzügliche Vernehmung ersuchen. Nach Art. 5 Abs. 3 EMRK hat der Richter den Festgenommenen oder Häftling **in Person zu hören,** bevor er die entsprechende Entscheidung fällt (EGMR NJW 2001, 51). Der **Ablauf der Vernehmung** ist im Einzelnen

§ 115

in **Abs. 3** geregelt. Wenn es sich um die **erste richterliche Vernehmung** in der Sache handelt, findet **zusätzlich § 136** Anwendung (Meyer-Goßner Rn. 7, 8). Dem Beschuldigten ist das gesamte gegen ihn zusammengetragene Belastungsmaterial, das den Gegenstand des Verfahrens bildet und für die Haftfrage von Bedeutung ist, **mitzuteilen.** Er muss über die Tatsachen und Beweisanzeichen, die den dringenden Tatverdacht (§ 112 Abs. 1 S. 1) und den Haftgrund (§§ 112 Abs. 2, 112a Abs. 1) ergeben, informiert werden. Dies hat in geeigneter Weise insbesondere dann zu geschehen, wenn Akteneinsicht nach § 147 Abs. 2 versagt wird (BVerfG NJW 1994, 573; KG StV 1994, 318). „Art. 5 Abs. 4 EMRK verlangt, das der Beschuldigte im **Haftprüfungsverfahren** über den genauen Inhalt der Ermittlungsakten und insbesondere der ihn belastenden Aussage eines anderen Beschuldigten unterrichtet wird, weil der Beschuldigte sonst die Erkenntnisse, auf die sich die StA und das AG bei Erlass des Haftbefehls oder der Anordnung der Haftfortdauer gestützt haben, und insbesondere die Glaubwürdigkeit der ihn belastenden Aussagen nicht wirksam angreifen kann. Kenntnisnahme von Haftbefehl und Sachverhalt, wie ihm das AG auf Grund der Ermittlungsakten beurteilt, genügt nicht. Die dem Haftbefehl zu Grunde liegenden Beweismittel sind dem Beschuldigten zur Kenntnis zu bringen, einerlei ob er darlegen kann, dass sie für seine Verteidigung wesentlich sind" (EMRK NJW 2002, 2018). Im Übrigen hat der Beschuldigte, dem dadurch rechtliches Gehör gewährt wird (BVerfGE NStZ 1994, 551), Gelegenheit, die Verdachts- und Haftgründe zu entkräften und ihn entlastenden Tatsachen vorzutragen **(Abs. 3 S. 2).** Stellt er Beweisanträge, so gilt § 166 (Meyer-Goßner Rn. 8). Im Fall des § 112 Abs. 3 gilt das auch für die Umstände, die die Gefahr begründen, dass ohne Anordnung der Haft die Aufklärung der Tat gefährdet wäre (KK-Boujong Rn. 9). Der Beschuldigte ist über sein **Schweigerecht (Abs. 3 S. 1)** zu belehren und auch darüber, dass er jederzeit einen Wahlverteidiger befragen kann. Zieht er einen Verteidiger hinzu, so ist die Vernehmung zurückzustellen, um dem Verteidiger die Anwesenheit zu ermöglichen, aber **nicht über die Frist des Abs. 2 hinaus** (Meyer-Goßner Rn. 8).

4 Die **Form der Vernehmung** bestimmt sich nach §§ 168, 168a. Es ist grundsätzlich ein **Protokollführer** hinzuzuziehen. Das zuständige Kollegialgericht kann einen beauftragten Richter mit der Vernehmung betrauen. Verstöße gegen Formvorschriften berühren ggf. die Verwertbarkeit des Protokolls in der Hauptverhandlung, aber nicht die Wirksamkeit der Haftentscheidung, und sind idR auch unanfechtbar (SK-Paeffgen Rn. 10). Das Anwesenheitsrecht der StA und des Verteidigers folgt aus § 168c (BGH NStZ 1989, 282). Aber einem **Mitbeschuldigten** steht kein Anwesenheitsrecht zu (OLG Karlsruhe StV 1996, 302). Bei einem der deutschen Sprache nicht hinreichend mächtigen **Ausländer** ist nach § 185 Abs. 1 S. 1 GVG ein Dolmetscher hinzuzuziehen (BVerfGE 64, 146 = NJW 1983, 2762).

5 Der Richter **entscheidet nach der Vernehmung** auf Grund der vorliegenden Sachlage, ob der Haftbefehl **aufrechtzuerhalten,** nach § 120 Abs. 1 **aufzuheben** (hierzu Lüderssen, FS Pfeiffer S. 239) oder **außer Vollzug** zu setzen (§ 116) ist. Wird der Haftbefehl aufrechterhalten, so kann er ergänzt, modifiziert oder neu gefasst werden; § 33 Abs. 3 ist zu beachten, aber nicht § 33 Abs. 4. Danach ist erneut nach den §§ 114a ff. zu verfahren (OLG Hamm NJW 1960, 588; SK-Paeffgen Rn. 11). Auch ein **erweiterter** Haftbefehl darf dem Beschuldigten nicht nur durch Übersendung zur Kenntnis gebracht werden. Vielmehr ist § 115 entsprechend anzuwenden und ist auch der erweiterte Haftbefehl dem Beschuldigten zu **verkünden** (OLG Hamm wistra 1998, 158). Wenn die StA beim Vernehmungstermin nicht anwesend ist, findet § 33 Abs. 2 über die Anhörung des StA keine Anwendung (KK-Boujong Rn. 14). Wenn **Überhaft** (s. vor § 112 Rn. 3) vermerkt ist, dann ist § 115 erst anwendbar, wenn die Überhaft vollstreckt wird (Meyer-Goßner Rn. 11).

6 Nach **Abs. 4** ist der Beschuldigte bei **Aufrechterhaltung** des Haftbefehls zu **belehren:** über das Recht der Beschwerde (§ 304), über die Rechtsbehelfe der

Haftprüfung (§ 117 Abs. 1) sowie der mündlichen Verhandlung im Haftprüfungsverfahren und im Beschwerdeverfahren (§ 118 Abs. 1, 2). Er ist darauf hinzuweisen, dass neben dem Antrag auf Haftprüfung die Beschwerde unzulässig ist (§ 117 Abs. 2). Der zuständige Richter braucht nicht zu belehren, wenn dem Beschuldigten Haftverschonung (§ 116) gewährt und er sofort auf freien Fuß gesetzt wird (KK-Boujong Rn. 17).

Die **Beschwerde** (§§ 304, 305 S. 2) ist zulässig: gegen den Haftbefehl; die 7 Ablehnung eines Haftbefehlsantrags der StA; die inhaltliche Ergänzung oder Änderung eines Haftbefehls; die Aufhebung des Haftbefehls (§ 120); die Ablehnung der Benachrichtigung oder des Zwangsbriefs nach § 114b; die im Haftprüfungsverfahren ergangenen Entscheidungen (§ 117 Abs. 2 S. 2); die Ablehnung der mündlichen Verhandlung nach § 118 (KK-Boujong Rn. 18). Die Beschwerde ist auch zulässig, wenn der Haftbefehl noch nicht vollstreckt wird, sondern nur Überhaft (s. vor § 112 Rn. 3) vermerkt ist. Wenn ein auf Freiheitsstrafe lautendes Urteil rechtskräftig wird und die U-Haft in Strafhaft übergeht, erledigt sich der Haftbefehl (BVerfGE 9, 161 = NJW 1959, 431), und eine noch anhängige Haftbeschwerde wird gegenstandslos (OLG Hamburg MDR 1977, 69). Ein Antrag auf Haftprüfung macht eine bereits eingelegte Haftbeschwerde unzulässig (§ 117 Abs. 2 S. 1).

Für die **Beschwerdeberechtigung** sind die §§ 296 ff. maßgebend. Voraussetzung ist eine **Beschwer**. Die StA kann zugunsten des Inhaftierten Beschwerde 8 einlegen (§ 296 Abs. 2). Der Nebenkläger ist nicht beschwert (OLG Karlsruhe NJW 1974, 658; OLG Frankfurt StV 1995, 594). Bei einem auf mehrere Haftgründe gestützten Haftbefehl kann auch ein einzelner angefochten werden (OLG Nürnberg MDR 1964, 943). Eine mit diesem Ziel gegen einen Haftbefehl des OLG eingelegte Haftbeschwerde soll nach § 304 Abs. 4 S. 2 Nr. 1 unzulässig sein (BGH 34, 34 = 1986, 1821; aA Baumann, FS Pfeiffer S. 258 ff.). Die Haftbeschwerde hat **keine aufschiebende Wirkung.** Sie hemmt nicht den Vollzug des Haftbefehls (§ 307 Abs. 1). Wenn jedoch der Haftbefehl **aufgehoben** wird, kann die StA durch Einlegung der Beschwerde nach § 120 Abs. 2 – in Abweichung von § 307 Abs. 2 – die Freilassung des Beschuldigten nach § 120 Abs. 2 aufhalten. Das Beschwerdegericht kann einzelne Ermittlungen durchführen lassen oder selbst anstellen (§ 308 Abs. 2) und auf Grund mündlicher Verhandlung entscheiden (§ 118 Abs. 2). Es kann auch die **Begründung** des Haftbefehls **umstellen**. Die **weitere Beschwerde** ist grundsätzlich zulässig (§ 310 Abs. 1). Eine erneute Beschwerde gegen einen Haftbefehl oder eine Haftentscheidung ist nach Erschöpfung des Rechtsmittelzuges idR unzulässig. Sie lässt sich aber in einen Antrag auf Haftprüfung (§ 117) umdeuten (SK-Paeffgen Rn. 16; KK-Boujong Rn. 23).

§ 115a [Vorführung vor den Richter des nächsten Amtsgerichts]

(1) **Kann der Beschuldigte nicht spätestens am Tage nach der Ergreifung vor den zuständigen Richter gestellt werden, so ist er unverzüglich, spätestens am Tage nach der Ergreifung, dem Richter des nächsten Amtsgerichts vorzuführen.**

(2) [1]**Der Richter hat den Beschuldigten unverzüglich nach der Vorführung, spätestens am nächsten Tage, zu vernehmen.** [2]**Bei der Vernehmung wird, soweit möglich, § 115 Abs. 3 angewandt.** [3]**Ergibt sich bei der Vernehmung, daß der Haftbefehl aufgehoben oder der Ergriffene nicht die in dem Haftbefehl bezeichnete Person ist, so ist der Ergriffene freizulassen.** [4]**Erhebt dieser sonst gegen den Haftbefehl oder dessen Vollzug Einwendungen, die nicht offensichtlich unbegründet sind, oder hat der Richter Bedenken gegen die Aufrechterhaltung der Haft, so teilt er sie dem zuständi-**

§ 116

gen Richter unverzüglich und auf dem nach den Umständen angezeigten schnellsten Wege mit.

(3) ¹Wird der Beschuldigte nicht freigelassen, so ist er auf sein Verlangen dem zuständigen Richter zur Vernehmung nach § 115 vorzuführen. ²Der Beschuldigte ist auf dieses Recht hinzuweisen und gemäß § 115 Abs. 4 zu belehren.

1 Die Regelung dieser Vorschrift „ist jedoch gegenüber § 115 StPO nur hilfsweise anzuwenden" (OLG Frankfurt NStZ 1988, 471). Die Vorführung vor den zuständigen Richter **gemäß § 115**, soweit sie rechtzeitig durchführbar ist, hat stets den **Vorrang**. Das „nächste" AG, „das ist das Gericht, welches im Hinblick auf die Verkehrsmittel und -möglichkeiten am raschesten erreicht werden kann" (OLG Frankfurt NStZ 1988, 417). Der Beschuldigte darf auch nicht mit seiner Zustimmung statt des Richters des nächsten AG unter Überschreitung der Frist des § 115 Abs. 2 dem zuständigen Richter vorgeführt werden. Dies ist mit den verfassungsrechtlichen Grundsätzen des Art. 104 Abs. 1 S. 1, Abs. 2 S. 3, Abs. 3 GG unvereinbar (KK-Boujong Rn. 1).

2 Zu den Merkmalen „unverzüglich, spätestens am Tag nach der Ergreifung" kann auf die Ausführungen zu § 115 Rn. 2 verwiesen werden, ebenfalls zur Vernehmungsfrist **(Abs. 2 S. 1)**. Das Recht auf Anwesenheit der StA und des Verteidigers folgt aus § 168 c. Inhalt und **Gegenstand der Vernehmung** bestimmen sich – **soweit möglich (Abs. 2 S. 2)** – nach § 115 Abs. 3. Diese Beschränkung erklärt sich dadurch, dass dem Richter nach § 115 a die Ermittlungsakten fehlen. Es geht vor allem um Einwendungen gegen den Haftbefehl und dessen Vollzug. Der Richter hat die nach § 115 Abs. 3 S. 1 vorgeschriebenen Hinweise sowie ggf. nach § 136 zu erteilen.

3 Die **Entscheidungsbefugnisse** des Richters des nächsten AG sind wegen des Mangels der Aktenkenntnis begrenzt. Er hat im Wesentlichen zu prüfen, ob der Festgenommene der im Haftbefehl Genannte ist und ein wirksamer Haftbefehl ergangen und nicht wieder aufgehoben ist. Nur dann, wenn diese Voraussetzungen nicht vorliegen, kann der Richter den Festgenommenen freilassen. Auch wenn der Haftbefehl offensichtlich unbegründet ist, darf ihn der Richter nicht aufheben und auch seinen Vollzug nach § 116 nicht aussetzen (Meyer-Goßner Rn. 5 mwN). Er kann ihn aber freilassen, wenn eine krankheitsbedingte **Haftunfähigkeit** vorliegt (Roxin § 30 Rn. 27; SK-Paeffgen Rn. 5; KK-Boujong Rn. 4). Nach **Abs. 2 S. 4** hat der Richter die nicht offensichtlich unbegründeten Einwendungen des Verhafteten und eigene Bedenken auf dem schnellsten Weg – also idR fernmündlich – dem zuständigen Richter mitzuteilen. Entscheidet dieser nach Anhörung der StA (§ 33 Abs. 2) darauf, dass der Haftbefehl aufgehoben oder sein Vollzug ausgesetzt wird, so wird er die Anordnung idR durch den Richter nach § 115 a ausführen lassen. **Beschwerdeberechtigt** ist die für den Richter nach § 115 zuständige StA, und das dem AG übergeordnete LG trifft die Entscheidung (KG JR 1976, 253; Meyer-Goßner Rn. 7).

4 Nach **Abs. 3** kann der Beschuldigte, der nicht freigelassen wurde, ohne Begründung verlangen, dem **zuständigen Richter vorgeführt** zu werden. Dies hat entsprechend dem **Beschleunigungsgrundsatz** (s. vor § 112 Rn. 5) unverzüglich zu erfolgen (vgl. Koch NStZ 1995, 71). Über dieses Recht hat der Richter den Beschuldigten nach § 115 a und ebenso über die ihm zustehenden Rechtsmittel zu **belehren**.

§ 116 [Aussetzung des Vollzugs des Haftbefehls]

(1) ¹Der Richter setzt den Vollzug eines Haftbefehls, der lediglich wegen Fluchtgefahr gerechtfertigt ist, aus, wenn weniger einschneidende Maßnahmen die Erwartung hinreichend begründen, daß der Zweck der Untersu-

chungshaft auch durch sie erreicht werden kann. ²In Betracht kommen namentlich
1. die Anweisung, sich zu bestimmten Zeiten bei dem Richter, der Strafverfolgungsbehörde oder einer von ihnen bestimmten Dienststelle zu melden,
2. die Anweisung, den Wohn- oder Aufenthaltsort oder einen bestimmten Bereich nicht ohne Erlaubnis des Richters oder der Strafverfolgungsbehörde zu verlassen,
3. die Anweisung, die Wohnung nur unter Aufsicht einer bestimmten Person zu verlassen,
4. die Leistung einer angemessenen Sicherheit durch den Beschuldigten oder einen anderen.

(2) ¹Der Richter kann auch den Vollzug eines Haftbefehls, der wegen Verdunkelungsgefahr gerechtfertigt ist, aussetzen, wenn weniger einschneidende Maßnahmen die Erwartung hinreichend begründen, daß sie die Verdunkelungsgefahr erheblich vermindern werden. ²In Betracht kommt namentlich die Anweisung, mit Mitbeschuldigten, Zeugen oder Sachverständigen keine Verbindung aufzunehmen.

(3) Der Richter kann den Vollzug eines Haftbefehls, der nach § 112a erlassen worden ist, aussetzen, wenn die Erwartung hinreichend begründet ist, daß der Beschuldigte bestimmte Anweisungen befolgen und daß dadurch der Zweck der Haft erreicht wird.

(4) Der Richter ordnet in den Fällen der Absätze 1 bis 3 den Vollzug des Haftbefehls an, wenn
1. der Beschuldigte den ihm auferlegten Pflichten oder Beschränkungen gröblich zuwiderhandelt,
2. der Beschuldigte Anstalten zur Flucht trifft, auf ordnungsgemäße Ladung ohne genügende Entschuldigung ausbleibt oder sich auf andere Weise zeigt, daß das in ihn gesetzte Vertrauen nicht gerechtfertigt war, oder
3. neu hervorgetretene Umstände die Verhaftung erforderlich machen.

Diese Vorschrift stellt eine besondere Ausprägung des **Verhältnismäßigkeits-** 1
grundsatzes dar (BVerfGE 19, 351 = NJW 1966, 244; BVerfG NJW 1991, 1043). Im JGG gilt § 72 Abs. 1. Der Vollzug des Haftbefehls ist auszusetzen, wenn der Zweck der U-Haft – auch der nach §§ 230 Abs. 2, 236, 329 Abs. 4 S. 1 – durch weniger einschneidende Maßnahmen erreicht werden kann. Der Haftbefehl muss auch aufgehoben werden, wenn seine Aufrechterhaltung trotz Aussetzung seiner Vollziehung **unverhältnismäßig** ist (BVerfGE 53, 152 = NJW 1980, 1248; BGH 39, 233 = NJW 1993, 2692; OLG Bremen StV 1994, 666; s. auch vor § 112 Rn. 1). Bei vermeidbaren Verletzungen des **Beschleunigungsgebots** kann eine erneute Inhaftierung des Beschuldigten unzulässig sein (OLG Köln StV 1988, 345). Wird die Hauptverhandlung **grundlos vertagt**, liegt darin ein Verstoß gegen das **Beschleunigungsverbot**, so dass ein bestehender Haftbefehl aufgehoben oder zumindest außer Vollzug gesetzt werden muss (OLG Düsseldorf NStZ-RR 2001, 255). Vor Aussetzung ist immer die Aufhebung des Haftbefehls zu prüfen (OLG Hamburg JR 1983, 259). Die Aussetzung des Vollzugs darf grundsätzlich **nicht befristet** werden (OLG Schleswig SchHA 1971, 69; OLG Stuttgart MDR 1980, 423). In Ausnahmefällen (zB Teilnahme an einer Beerdigung) ist nach der hM der Vollzug unter Sicherungsauflagen auf **kurze Zeit auszusetzen** (KK-Boujong Rn. 6 mwN). Vgl. auch RiStBV Nr. 54, 57.

Die Anwendung des § 116 ist bei **allen Haftgründen** zulässig, nur **nicht bei** 2
dem Haftgrund der Flucht nach § 112 Abs. 2 Nr. 1. Bei **allen anderen** Haft-

§ 116 Erstes Buch. 9. Abschnitt

gründen ist die Haftverschonung zulässig; das gilt auch für die Hauptverhandlungshaft (KK-Boujong Rn. 3). Auch bei einer Verhaftung auf Grund des § 112 Abs. 3 ist eine Aussetzung des Haftvollzugs in entsprechender Anwendung des § 116 möglich (BVerfGE 19, 351 = NJW 1966, 243; BVerfG NJW 1966, 772; KG NJW 1994, 601; OLG Köln 1996, 1686). § 116 findet auf Fälle der sog. **Ungehorsamshaft** (§§ 230 Abs. 2, 236) entsprechend Anwendung (KG GA 1972, 128), nicht aber auf die Fälle der Ordnungshaft nach §§ 177, 178 GVG (KK-Boujong Rn. 3). Für den Sicherungshaftbefehl gilt gemäß § 453c Abs. 2 S. 2 der § 116 nicht. Nach **Abs. 1** ist die Aussetzung bei **Fluchtgefahr obligatorisch,** wenn deren Voraussetzungen vorliegen. Aber **nicht zwingend** ist die Vollzugsaussetzung ausgestaltet bei Verdunkelungsgefahr nach **Abs. 2** und Wiederholungsgefahr nach **Abs. 3.** Bei diesen **Kannvorschriften** ist dem Richter jedoch im Hinblick auf den geltenden **Verhältnismäßigkeitsgrundsatz** kein Spielraum eingeräumt (KK-Boujong Rn. 4). Der Haftbefehl darf nicht ohne Sicherungsauflagen außer Vollzug gesetzt werden. Diese Maßnahmen müssen ihrer Art nach als **Ersatzmittel für die U-Haft** geeignet sein (Meyer-Goßner Rn. 5). Sie dürfen keinen Sühnecharakter haben, vor allem an den Beschuldigten keine unzumutbaren Anforderungen stellen (OLG Saarbrücken NJW 1978, 2460) und keine Weisungen enthalten, die durch den gegebenen Haftgrund nicht gerechtfertigt sind (OLG Celle StV 1988, 207).

3   Aus **Abs. 1** ergibt sich, dass die Vollzugsaussetzung vor allem beim Haftgrund der **Fluchtgefahr** in Betracht kommt, aber keine erschöpfende Aufzählung (KK-Boujong Rn. 14). Das Gesetz zeigt Beispielsfälle auf, mit denen die Fluchtgefahr abgewendet werden kann. **Nr. 1:** Diese Anweisung hat idR die Meldung zu einer bestimmten Zeit auf einem bestimmten **Polizeirevier,** das grundsätzlich stets besetzt ist, zum Inhalt. Die Dienststelle ist zu informieren und hat Verstöße unverzüglich zu melden. Bei anderen Behörden ist das Einverständnis erforderlich (SK-Paeffgen Rn. 12). **Nr. 2:** Ob der Beschuldigte die Anweisung befolgt, einen bestimmten Ort nicht ohne Erlaubnis zu verlassen, ist in der Praxis schwer zu kontrollieren. Sie setzt ein Vertrauen des Richters in den Beschuldigten voraus (LR-Wendisch Rn. 20). Sie kann aber iVm. zusätzlichen Maßnahmen (Meldung nach Nr. 1 oder Abgabe der Personalpapiere) sinnvoll sein. **Nr. 3:** die **Wohnung** nur unter Aufsicht einer bestimmten Person zu verlassen, ist bei Erwachsenen kaum praktikabel; sie kann bei Jugendlichen zweckmäßig sein, wenn erziehungsberechtigte Personen mit der nötigen Autorität zur Verfügung stehen (KK-Boujong Rn. 17). **Nr. 4:** der Leistung einer sog. **Kaution** durch den Beschuldigten oder einen anderen kommt in der Praxis große Bedeutung zu. Sie ist nicht als strafähnliche Sanktion anzusehen; sie enthält auch kein sozialethisches Unwerturteil (BVerfG NJW 1991, 1043). Sie soll nicht nur die Teilnahme des Beschuldigten am Strafverfahren sicherstellen, sondern auch den Antritt einer erkannten Freiheitsstrafe. Diese Regelung des **Abs. 1 S. 2 Nr. 4** verstößt nicht gegen den **Gleichheitssatz** (Art. 3 Abs. 1 GG); denn die Höhe der Sicherheit ist – wie die Geldstrafe – den Einkommens- und Vermögensverhältnissen des Beschuldigten anzugleichen (KK-Boujong Rn. 18). Das Gericht darf die Vollzugsaussetzung gegen Sicherheitsleistung **ohne Antrag** (KG GA 1972, 127) und ohne Einverständnis des Beschuldigten anordnen (Meyer-Goßner Rn. 10; vgl. Art. 5 Abs. 3 S. 3 MRK). Die Sicherheitsleistung bei Aussetzung des Vollzugs eines Haftbefehls (§ 116 Abs. 1 S. 2 Nr. 4) und deren Verfall (§ 124) setzen keine strafrechtliche Schuld voraus. Es kommt daher nicht darauf an, ob der Beschuldigte in dem Zeitpunkt, in dem er sich dem Verfahren entzieht, schuldunfähig iS des § 20 StGB ist (BVerfG NJW 1991, 1043). Der Beschuldigte darf erst freigelassen werden, nachdem die Sicherheit geleistet ist. Einzelheiten der Sicherheitsleistung regelt § 116a.

4   Der Katalog der Maßnahmen ist **nicht abschließend** (OLG Saarbrücken NJW 1978, 2461). Der Richter kann auch andere nicht genannte Maßnahmen vorsehen, von denen die Haftverschonung abhängig ist, zB Ablieferung des Personalausweises

zu den Strafakten mit Ausstellung eines Ersatzausweises; das ist auch für den Reisepass möglich sowie ebenfalls bei einem Ausländer (KK-Boujong Rn. 12). Auch bei **erheblicher Straferwartung** können die sozialen Bindungen so stark sein, dass nach § 116 verfahren wird (OLG Frankfurt StV 1986, 374). Eine Haftverschonung kann trotz erheblicher Straferwartung auch bei Einreise des Beschuldigten in die BRep. in Kenntnis des Haftbefehls unter Selbstgestellung gerechtfertigt sein (OLG Hamburg StV 1995, 420).

Nach **Abs. 2** kommt eine Vollzugsaussetzung auch bei **Verdunkelungsgefahr** 5 in Betracht. Bei dieser Kannvorschrift wird es auf die konkreten Umstände ankommen, aus denen sich der Haftgrund ergibt. Das Gesetz nennt als **Beispiel** das **Verbot der Verbindungsaufnahme zu Beweisaufnahmen.** Das gilt auch für Personen, die **voraussichtlich** Mitbeschuldigte, Zeugen oder Sachverständige sein werden. Das Verbot umfasst auch die Verbindungsaufnahme durch Briefe oder durch Mittelspersonen (Meyer-Goßner Rn. 15). Der Verkehr mit dem **Verteidiger** darf selbstverständlich nicht verboten werden.

Nach **Abs. 3** ist auch die Vollzugsaussetzung beim Haftgrund der **Wiederho-** 6 **lungsgefahr** zwar möglich, aber nur in besonderen Ausnahmefällen zu verantworten. Das Gesetz hat keine Beispiele nennen können. Auch ein Haftbefehl **nach § 112 Abs. 3** (s. dort Rn. 8) kann unter Auflagen außer Vollzug gesetzt werden. Die Ersatzmaßnahme richtet sich in entsprechender Anwendung von Abs. 1, 2 oder 3 jeweils danach, ob sich der Haftbefehl auf Flucht-, Verdunkelungs- oder Wiederholungsgefahr gründet (KK-Boujong Rn. 22).

Über die **Vollzugsaussetzung** entscheidet auf Antrag des Beschuldigten, der 7 StA oder von Amts wegen der nach § 126 zuständige Richter durch begründeten (§ 34) **Beschluss.** Die Haftverschonung kann bereits **bei Erlass des Haftbefehls gewährt** werden. Die StA ist vorher zu hören (§ 33 Abs. 2). Der anfechtbare Aussetzungsbeschluss ist **zuzustellen** (§ 33 Abs. 2 S. 1), beim unanfechtbaren (§ 304 Abs. 4) genügt die formlose Mitteilung (§ 35 Abs. 2 S. 2), aber eine förmliche Zustellung ist zu empfehlen. Bei Veränderung der Umstände ist eine **nachträgliche Änderung** zulässig, zB eine Erhöhung der Kaution; der Vorsitzende kann sie nach § 126 Abs. 2 S. 2 allein anordnen (Meyer-Goßner Rn. 21). Als **neu hervorgetretener Umstand** iSv § 116 Abs. 4 Nr. 3 kann es auch anzusehen sein, wenn der Beschuldigte in einem weiteren gegen ihn laufenden Verfahren einen Zeugen **massiv bedroht** (OLG Hamm NStZ-RR 1999, 53).

Die **Beschwerde** (§ 304) kann der Beschuldigte gegen die Versagung der Voll- 8 zugsaussetzung erheben und auch gegen rechtswidrige und belastende Auflagen. Er kann nur die letzte Entscheidung anfechten (OLG Düsseldorf 1992, 399). Die StA kann gegen die Gewährung der Haftverschonung **Beschwerde** einlegen. Beschwerde gegen Beschlüsse der erstinstanzlichen Strafsenate des OLG und gegen Verfügungen des **Ermittlungsrichters** des BGH und des OLG ist **ausnahmsweise** zulässig, wenn diese Entscheidungen die **Verhaftung** betreffen (§ 304 Abs. 4 Nr. 1, Abs. 5). Das ist nicht der Fall, wenn sich die Beschwerde nur gegen die bei der Haftverschonung nach § 116 angeordneten **Auflagen** richtet (BGH 25, 120 = NJW 1973, 664; 29, 201 = NJW 1980, 1401) oder nur einer von mehreren Haftgründen beanstandet wird (BGH 34, 34 = NJW 1986, 1821) oder der GBA mit seiner Beschwerde lediglich die Erweiterung des Tatvorwurfs erstrebt (BGH 37, 347 = NJW 1991, 2094; KK-Boujong Rn. 25). Die **weitere Beschwerde** (§ 310 Abs. 1) ist vor allem gegen Beschlüsse eröffnet, wenn diese die **Verhaftungen** betreffen. So ist sie zulässig, wenn mit ihr der Bestand des außer Vollzug gesetzten **Haftbefehls** angegriffen wird (BGH NJW 1973, 664; BGH 29, 202 = NJW 1980, 1401). Die Entscheidungen darüber, ob dem Beschuldigten Haftverschonung gewährt wird oder nicht, unterliegen ebenfalls der weiteren Beschwerde, aber nicht bei Änderung oder Aufhebung von Auflagen (OLG Hamburg StV 1994, 323; KK-Boujong Rn. 26).

§ 116 a   Erstes Buch. 9. Abschnitt

9   Nach **Abs. 4** ist die **Anordnung des Vollzugs des Haftbefehls** auf Antrag der StA oder von Amts wegen nur zulässig, wenn die Voraussetzungen der Nrn. 1 bis 3 vorliegen; bei unveränderter Sachlage kann **nicht widerrufen** werden (OLG Düsseldorf StV 1988, 207). Liegen die Voraussetzungen vor, dann ist der Widerruf **zwingend,** im Fall der Nr. 3 ohne zeitliches Zuwarten (OLG Stuttgart NStZ 1982, 217; Meyer-Goßner Rn. 22; aA SK-Paeffgen Rn. 25). **Gröbliches Zuwiderhandeln gegen Pflichten oder Beschränkungen** nach **Nr. 1** erfordert kein absichtliches Handeln. Nicht jeder Verstoß rechtfertigt den Widerruf; eine bloße Nachlässigkeit reicht nicht aus, kann aber bei mehrfacher Wiederholung das Ausmaß einer gröblichen Zuwiderhandlung erreichen (KK-Boujong Rn. 28). Nach **Nr. 2** ist die Aussetzung zu widerrufen, wenn der Beschuldigte durch sein Verhalten, zB durch Anstalten zur Flucht das in ihn gesetzte **Vertrauen erschüttert.** Die **Generalklausel** in **Nr. 3** (veränderte Umstände) deckt die Fälle der Nr. 2 und 3 weitgehend mit ab.

10   Der **Vollzug** des Haftbefehls nach **Abs. 4** wird durch begründeten Beschluss vom nach § 126 zuständigen Richter angeordnet. Wegen Einzelheiten kann auf den Vollzugsaussetzungs-Beschluss verwiesen werden (s. Rn. 6). Der Widerrufsbeschluss kann durch Beschwerde und weitere Beschwerde angefochten werden. Zum **Verfall der Kaution** s. § 124. Die **vorläufige Festnahme** durch die StA oder Polizei (§ 127 Abs. 2) ist schon vor dem Widerruf durch den Richter zulässig, wenn neue Umstände erkennbar sind, die zur Anordnung des Vollzugs nach Abs. 4 zwingen oder wenn Gefahr im Verzug ist (Meyer-Goßner Rn. 30). Hat der Richter den Haftbefehl nach Abs. 4 **in Vollzug gesetzt,** wird der Beschuldigte in **Haft genommen.** Er ist erneut nach §§ 115, 115 a dem Richter vorzuführen, und die Benachrichtigung nach § 114 b ist ebenfalls erforderlich.

§ 116 a [Aussetzung gegen Sicherheitsleistung]

(1) **Die Sicherheit ist durch Hinterlegung in barem Geld, in Wertpapieren, durch Pfandbestellung oder durch Bürgschaft geeigneter Personen zu leisten.**

(2) **Der Richter setzt Höhe und Art der Sicherheit nach freiem Ermessen fest.**

(3) **Der Beschuldigte, der die Aussetzung des Vollzugs des Haftbefehls gegen Sicherheitsleistung beantragt und nicht im Geltungsbereich dieses Gesetzes wohnt, ist verpflichtet, eine im Bezirk des zuständigen Gerichts wohnende Person zum Empfang von Zustellungen zu bevollmächtigen.**

1   Diese Vorschrift regelt die Sicherheitsleistung nach **§ 116 Abs. 1 Nr. 4** und zwar erschöpfend; Verrechnungsschecks zählen nicht dazu (BGH 42, 343, 350 = NJW 1997, 1452). Der Haftrichter (§ 126) bestimmt **Art und Höhe** der Sicherheit, nach Klageerhebung der Vorsitzende (§ 126 Abs. 2 S. 3). Für die Hinterlegung von **Geld und Wertpapieren** ist vor allem die Hinterlegungsordnung maßgebend. Auch bei einem **Treuhänder** (insbesondere bei einer Bank) ist die Hinterlegung möglich. „Einer zusätzlichen, ausdrücklich erklärten Annahme" durch den Leiter der StA" bedarf es „als Voraussetzung der Wirksamkeit der Hinterlegung nicht" (OLG Hamm NJW 1991, 2717). **Pfandbestellung** und **Bürgschaft** iS von § 116 a ist nicht im engen rechtstechnischen Sinne des BGB zu verstehen (KK-Boujong Rn. 1). Sicherheit kann auch durch einen **Dritten** und auch in Form einer Bankbürgschaft geleistet werden; dies muss aber in dem Beschluss über die Außervollzugsetzung des Haftbefehls zum Ausdruck kommen (OLG Düsseldorf NStZ 1990, 97).

2   Nach **Abs. 3** kann der nicht in der BRep. wohnende Beschuldigte die Vollzugsaussetzung des Haftbefehls gegen Sicherheitsleistung nach § 116 Abs. 1 Nr. 4 nur

Verhaftung und vorläufige Festnahme § 117

erreichen, wenn er eine im Bezirk des zuständigen Gerichts wohnende Person zum **Zustellungsbevollmächtigten** bestellt. Nach der hM kann das Gericht auch einen außerhalb seines Bezirks wohnhaften Zustellungsbevollmächtigten zulassen (KK-Boujong Rn. 6; SK-Paeffgen Rn. 6 mwN). Der Beschuldigte kann den Bevollmächtigten auswählen; dieser muss **einverstanden** sein. Oft wird ein **RA** gewählt. Der Bevollmächtigte tritt für **alle Zustellungen** an die Stelle des Beschuldigten (BGH 10, 63 = NJW 1957, 472; RG 77, 214); § 145a Abs. 2 und Abs. 3 gelten nicht (KK-Boujong Rn. 7). Das Vollmachtsverhältnis besteht, bis die Sicherheit frei wird (§ 123 Abs. 2) oder verfällt (§ 124) oder das Strafverfahren endet. Eine Kündigung ist nicht möglich, aber mit Zustimmung des Gerichts kann der Bevollmächtigte ausgewechselt werden (KK-Boujong Rn. 7).

§ 117 [Haftprüfung] RiStBV 54 Abs. 2

(1) **Solange der Beschuldigte in Untersuchungshaft ist, kann er jederzeit die gerichtliche Prüfung beantragen, ob der Haftbefehl aufzuheben oder dessen Vollzug nach § 116 auszusetzen ist (Haftprüfung).**

(2) ¹**Neben dem Antrag auf Haftprüfung ist die Beschwerde unzulässig.** ²**Das Recht der Beschwerde gegen die Entscheidung, die auf den Antrag ergeht, wird dadurch nicht berührt.**

(3) **Der Richter kann einzelne Ermittlungen anordnen, die für die künftige Entscheidung über die Aufrechterhaltung der Untersuchungshaft von Bedeutung sind, und nach Durchführung dieser Ermittlungen eine neue Prüfung vornehmen.**

(4) ¹**Hat der Beschuldigte noch keinen Verteidiger, so wird ihm ein Verteidiger für die Dauer der Untersuchungshaft bestellt, wenn deren Vollzug mindestens drei Monate gedauert hat und die Staatsanwaltschaft oder der Beschuldigte oder sein gesetzlicher Vertreter es beantragt.** ²**Über das Antragsrecht ist der Beschuldigte zu belehren.** ³**Die §§ 142, 143 und 145 gelten entsprechend.**

(5) **Hat die Untersuchungshaft drei Monate gedauert, ohne daß der Beschuldigte die Haftprüfung beantragt oder Haftbeschwerde eingelegt hat, so findet die Haftprüfung von Amts wegen statt, es sei denn, daß der Beschuldigte einen Verteidiger hat.**

Die §§ 117 bis 118b regeln ein **formelles Haftprüfungsverfahren,** und zwar 1 idR auf Antrag und ausnahmsweise (Abs. 5) von Amts wegen. Auch unabhängig von diesem haben StA und Gericht **in jedem Stadium** des Verfahrens zu prüfen, ob nicht der Haftbefehl aufgehoben (§ 120) oder sein Vollzug (§ 116, § 72 Abs. 1 JGG) ausgesetzt werden kann (BGH MDR 1971, 547; RiStBV Nr. 54 Abs. 1). Abgesehen von den Beschränkungen gemäß § 118 Abs. 3 und Abs. 4 kann der Beschuldigte, der sich in jeder Form der **U-Haft** – auch der nach den §§ 230 Abs. 2, 236, 329 Abs. 4 S. 1 – befindet, **jederzeit** die Haftprüfung beantragen. StA und Nebenkläger sind nicht antragsberechtigt. Den Antrag kann auch der gesetzliche Vertreter stellen (§§ 118b, 297f.) und auch der Verteidiger, jedoch nicht gegen den ausdrücklichen Willen des Beschuldigten (§§ 118b, 297). Antragsvoraussetzung ist, dass der Haftbefehl vollzogen wird, über dessen Aufrechterhaltung oder Außervollzugsetzung entschieden werden soll; dagegen nicht, wenn Haftverschonung (§ 116) gewährt ist (OLG Frankfurt NStZ-RR 1996, 302; Boujong Rn. 2). Der Antrag ist an **keine Form und Frist** gebunden. Zur **Unterrichtung** des Beschuldigten über die gegen ihn vorliegende Umstände s. § 115 Rn. 3.

Die Haftprüfung und die Haftbeschwerde sind **nicht nebeneinander zulässig.** 2 Der **zulässige** Haftprüfungsantrag hat den Vorrang **(Abs. 2 S. 1).** Das gilt auch für die weitere Beschwerde nach § 310 (KK-Boujong Rn. 6 mwN). Weitere Beschwerde gegen die Verwerfung einer nach Abs. 2 S. 1 unzulässigen Haftbeschwerde **als unbegründet** ist mangels Beeinträchtigung schutzwürdiger rechtlicher Interessen nicht zulässig (OLG Stuttgart NStZ 1994, 401). Ist ein zulässiger Antrag auf Haftprüfung gestellt, so ist die gleichzeitig oder vor oder nach diesem Antrag eingelegte (weitere) Haftbeschwerde unzulässig, sofern mit der Beschwerde ebenfalls die Aufhebung des bestehenden Haftbefehls oder die Aussetzung seiner Vollziehung erstrebt wird. „Bei dieser sich aus der Regelung des § 117 Abs. 2 S. 1 ergebenden Rechtsfolge bleibt es auch dann, wenn der Haftprüfungsantrag später zurückgenommen wird. Denn die durch die Stellung des Haftprüfungsantrages einmal bewirkte Unzulässigkeit eines Beschwerdeverfahrens kann nicht durch dessen Rücknahme wieder beseitigt werden" (OLG Karlsruhe NStE Nr. 5 zu § 117). Welcher Antragsberechtigte den Antrag auf Haftprüfung gestellt hat, ist für den Ausschluss der Beschwerde unerheblich. Die **Vorführung** vor den zuständigen Richter (§ 115) ist der Sache nach keine Haftprüfung. Deshalb ist neben einem nach § 115 a III 1 gestellten Antrag auf Vorführung vor den zuständigen Richter die Haftbeschwerde unzulässig § 117 II (OLG Hamburg NStZ-RR 2002, 381).

3 Die **Entscheidung** über den Antrag auf Haftprüfung ergeht nach mündlicher Verhandlung, wenn der Beschuldigte das beantragt oder das Gericht es für erforderlich hält (§ 118), **sonst nach Aktenlage.** Der Haftrichter ist nicht gehindert, vor seiner Entscheidung einzelne Ermittlungen anzustellen oder anstellen zu lassen, wenn das ohne wesentlichen Zeitverlust möglich ist (Meyer-Goßner Rn. 6). Die StA ist vorher zu hören (§ 33 Abs. 2), und der Beschuldigte unter den Voraussetzungen des § 33 Abs. 3. § 33 Abs. 4 ist unanwendbar; denn der Zweck der U-Haft kann nicht mehr gefährdet werden (KK-Boujong Rn. 10). Der Richter hat im Haftprüfungsverfahren eine **umfassende Entscheidungskompetenz.** Er kann den Haftbefehl aufrechterhalten, aufheben (§ 120) und außer Vollzug setzen (§ 116). Er kann ihn auch inhaltlich abändern mit der Folge, dass die §§ 114 a, 115 Abs. 2, 3 Anwendung finden. Die Entscheidung ergeht durch begründeten (§ 34) **Beschluss,** der auch auf Gründe des Haftbefehls verweisen kann. Er enthält keine Kostenentscheidung und ist § 35 Abs. 2 S. 2 formlos bekanntzumachen. Der Beschluss ist mit der **Beschwerde** anfechtbar (§§ 304, 310). Nach Klageerhebung beim SchöffG oder LG ist eine noch nicht erledigte Beschwerde gegen die Haftentscheidung des AG in einen Antrag auf Haftprüfung nach Abs. 1 durch das jetzt mit der Sache befasste Gericht **umzudeuten;** erst gegen dessen Entscheidung ist die Beschwerde zulässig (OLG Frankfurt NJW 1985, 1233; Meyer-Goßner Rn. 12).

4 Nach **Abs. 3** ist der Richter befugt, einzelne Ermittlungen anzuordnen, die für die **künftige Entscheidung** über die Aufrechterhaltung der U-Haft von Bedeutung sind, um hiernach eine **neue Prüfung** vorzunehmen. Diese Vorschrift betrifft **nicht Ermittlungen,** die der Richter veranlasst, um in dem **anhängigen Haftprüfungsverfahren** nach Abs. 1 eine breitere Entscheidungsgrundlage (s. Rn. 3) zu gewinnen. Die richterlich angeordneten einzelnen Ermittlungen müssen genau bezeichnet werden. Sie werden von der StA durchgeführt, die sich dazu ihrer Hilfsbeamten (§ 152 GVG) oder der Polizei (§ 161) bedienen kann. Die StA kann die Beweiserhebungsanordnung mit der **Beschwerde** anfechten; sie ist im Übrigen daran gebunden. Nach der Durchführung dieser zusätzlichen Ermittlungen kann der Richter von Amts wegen eine **neue Haftprüfung** durchführen, wenn nunmehr begründete Aussicht auf eine Aufhebung des Haftbefehls (§ 120) oder auf Aussetzung der Vollzugs des Haftbefehls (§ 116) besteht. Auch das **Beschwerdegericht** und das nach §§ 121, 122 mit der Sache befasste **OLG** können nach Abs. 3 verfahren (KK-Boujong Rn. 12 ff.).

5 Bei der **Verteidigerbestellung** nach **Abs. 4** ist in die **Dreimonatsfrist** jede in der Sache – auch auf Grund verschiedener Haftbefehle – vollzogene U-Haft einzurechnen; der Beschuldigte braucht also nicht ununterbrochen drei Monate in

Haft gewesen zu sein. Die **Antragsberechtigten** sind genannt. Der Beschuldigte ist über sein Antragsrecht zu belehren **(Abs. 4 S. 2)**. **Zuständig** für die Verteidigerbestellung ist der Haftrichter (§ 126), bei Kollegialgerichten der Vorsitzende (Abs. 4 S. 2 iVm 142 Abs. 1 S. 1). Die §§ 142, 143 und – für die mündliche Verhandlung nach §§ 118, 118a – § 145 gelten entsprechend (Abs. 4 S. 3). Ist erkennbar, dass die Voraussetzungen der **notwendigen Verteidigung** nach § 140 gegeben sind, so wird der Verteidiger nach § 141 Abs. 3 und 4 bestellt. Das hat Vorrang vor Abs. 4. Unter den Voraussetzungen des § 140 Abs. 1 Nr. 5 bleibt die Bestellung des Verteidigers nach Abs. 4 für das weitere Verfahren nach § 140 Abs. 3 S. 2 wirksam, wenn kein anderer Verteidiger bestellt wird (Meyer-Goßner Rn. 21 f.). Zum Vorschuss auf die Verteidigervergütung s. BGH NJW 1977, 1644. Die vom Ermittlungsrichter des BGH nach Abs. 4 zu treffenden Entscheidungen sind unanfechtbar (BGH NStZ 1982, 188).

Gemäß **Abs. 5** findet nach dreimonatiger Haftdauer **von Amts wegen** eine 6 **Haftprüfung** statt, falls der Beschuldigte oder ein anderer Antragsberechtigter (§ 118b) bis dahin weder Haftprüfung noch eine sachlich verbeschiedene Haftbeschwerde eingelegt hat und der Beschuldigte noch ohne Wahl- oder Pflichtverteidiger ist. Diese Haftprüfung von Amts wegen setzt also eine **doppelte Schutzbedürftigkeit** des Beschuldigten voraus (Roxin § 30 g II). In der Praxis hat die Haftprüfung eine geringe Bedeutung, weil die Beschuldigten idR bereits vorher Haftprüfung beantragen, Haftbeschwerde einlegen oder einen Verteidiger haben, ua. einen Pflichtverteidiger gemäß §§ 140, 141 (AK/StPO-Krause Rn. 13). Für die Berechnung der Haftdauer ist – ebenso wie in Abs. 4 (s. Rn. 5) – auf die in derselben Sache erlittene U-Haft abzustellen. Wird die U-Haft **unterbrochen,** ohne dass der Beschuldigte freigelassen wird – zB beim Vollzug von Strafhaft oder U-Haft in anderer Sache –, so werden die Haftzeiten in demselben Verfahren zusammengezählt. Die Zeit der Unterbrechung wird ausgeklammert. Wenn aber der Haftbefehl vor Ablauf der drei Monate aufgehoben (§ 120) oder außer Vollzug gesetzt (§ 116) wird und es später zur erneuten Verhaftung oder zum Widerruf der Haftverschonung kommt, werden die Zeiten der Inhaftierung vor der Unterbrechung nicht in die Dreimonatsfrist miteingerechnet (KK-Boujong Rn. 18). Das Gericht darf die Frist des Abs. 5 – etwa weil noch eine wichtige Vernehmung abgewartet werden soll – **nicht überschreiten,** selbst wenn der Beschuldigte zustimmen sollte. Aber das Verfahren braucht nicht vor Ablauf der Frist beendet zu sein. Eine **Verkürzung** der Frist ist auch nicht erlaubt; denn dies liefe auf eine vorgezogene Haftprüfung von Amts wegen hinaus (LR-Wendisch Rn. 44). Mit der **Verfassungsbeschwerde** kann der Haftbefehl erst angegriffen werden, wenn das Haftprüfungsverfahren durchgeführt worden ist (BVerfG StV 1992, 235).

§ 118 [Mündliche Verhandlung]

(1) **Bei der Haftprüfung wird auf Antrag des Beschuldigten oder nach dem Ermessen des Gerichts von Amts wegen nach mündlicher Verhandlung entschieden.**

(2) **Ist gegen den Haftbefehl Beschwerde eingelegt, so kann auch im Beschwerdeverfahren auf Antrag des Beschuldigten oder von Amts wegen nach mündlicher Verhandlung entschieden werden.**

(3) **Ist die Untersuchungshaft nach mündlicher Verhandlung aufrechterhalten worden, so hat der Beschuldigte einen Anspruch auf eine weitere mündliche Verhandlung nur, wenn die Untersuchungshaft mindestens drei Monate und seit der letzten mündlichen Verhandlung mindestens zwei Monate gedauert hat.**

§ 118

(4) Ein Anspruch auf mündliche Verhandlung besteht nicht, solange die Hauptverhandlung andauert oder wenn ein Urteil ergangen ist, das auf eine Freiheitsstrafe oder eine freiheitsentziehende Maßregel der Besserung und Sicherung erkennt.

(5) Die mündliche Verhandlung ist unverzüglich durchzuführen; sie darf ohne Zustimmung des Beschuldigten nicht über zwei Wochen nach dem Eingang des Antrags anberaumt werden.

1 Diese Vorschrift regelt die Fragen, unter welchen Voraussetzungen bei Entscheidungen über die Haftfrage eine **mündliche Verhandlung** stattzufinden hat (Abs. 1 bis 4) und innerhalb welcher Frist **(Abs. 5)** die Entscheidung zu erfolgen hat. Nach **Abs. 1** hat der Beschuldigte grundsätzlich – Ausnahmen in Abs. 3 und 4 – Anspruch **auf mündliche Verhandlung.** Dabei ist es unerheblich, ob das Haftprüfungsverfahren auf Antrag des Beschuldigten oder eines anderen Antragsberechtigten oder von Amts wegen gemäß § 117 Abs. 5 eingeleitet worden ist. **Die mündliche Verhandlung ist zwingend,** wenn der Beschuldigte, sein Verteidiger (dieser aber nicht gegen den ausdrücklichen Willen des Beschuldigten, §§ 118 b, 297) oder sein gesetzlicher Vertreter (§§ 118 b, 298) es beantragen. Die StA kann eine mündliche Verhandlung nur anregen (KK-Boujong Rn. 1).

2 Nach **Abs. 2** gilt das Gleiche im Verfahren der **Haftbeschwerde** (§ 304) und der **weiteren Beschwerde** (§ 310), und zwar in Abweichung von § 309 Abs. 1. Das Beschwerdegericht ist jedoch an den Antrag eines Berechtigten **nicht gebunden** und entscheidet nach seinem **Ermessen,** ob es eine mündliche Verhandlung durchführt (OLG Celle NdsRpfl. 1965, 255). Abs. 1 trifft aber nur Beschwerden, die sich gegen den Bestand oder den Vollzug des Haftbefehls richten, nicht jedoch eine Beschwerde der StA gegen die Ablehnung eines Haftbefehls (KK-Boujong Rn. 2; SK-Paeffgen Rn. 3).

3 **Abs. 3** bringt für den Fall des **wiederholten Antrags auf mündliche Verhandlung** eine bestimmte **Fristenregelung** für den Anspruch auf Durchführung einer mündlichen Verhandlung. Es soll damit verhindert werden, dass durch das Recht des § 117 Abs. 1, jederzeit die förmliche Haftprüfung beantragen zu können, Verfahrensverzögerungen auftreten. Das Gericht kann auch hier nach seinem Ermessen mündliche Verhandlung anberaumen (AK/StPO-Krause Rn. 4). Abs. 3 gilt nicht, wenn der Haftbefehl zwischenzeitlich aufgehoben (§ 120) oder außer Vollzug gesetzt (§ 116) worden ist und später ein neuer Haftbefehl erlassen oder ein früherer wieder vollzogen wird. Dann sind die §§ 114 a ff. wiederum anwendbar. Die Beschränkungen des Abs. 3 gelten ebenfalls nicht, wenn die U-Haft zwar in der Ersten mündlichen Verhandlung aufrechterhalten, der Haftbefehl aber außerhalb einer mündlichen Verhandlung aufgehoben oder außer Vollzug gesetzt worden ist und es in der Folgezeit zur Wiederverhaftung oder erneuten Inhaftierung auf Grund von § 116 Abs. 4 kommt (KK-Boujong Rn. 3).

4 **Abs. 4** schließt die Haftprüfung **während der Hauptverhandlung** (im 1. Rechtszug oder in der Berufungsinstanz) oder nach einem **Urteil** aus, auch wenn der Antrag vor Beginn der Hauptverhandlung gestellt worden war. Wird die Hauptverhandlung nach § 229 Abs. 2 unterbrochen, so dauert sie nicht iS von Abs. 4 an (Meyer-Goßner Rn. 3). **Freiheitsstrafe** iS von Abs. 4 sind zB auch: Jugendstrafe (§§ 18, 19), Strafarrest (§ 9 WStG), Jugendarrest (16 JGG). Die Freiheitsstrafe muss als **Strafe** ausgesprochen sein; es ist unerheblich, dass die Freiheitsstrafe zur Bewährung ausgesetzt wird. Aber die Verurteilung zu einer **Ersatzfreiheitsstrafe** (§ 43 StGB) schließt das Recht auf mündliche Verhandlung nicht aus (LR-Wendisch Rn. 12). Das Urteil braucht nicht rechtskräftig zu sein.

5 Nach **Abs. 5** muss die mündliche Verhandlung **unverzüglich,** dh ohne vermeidbare Verzögerung durchgeführt werden. Die Frist beginnt mit dem Eingang des Antrags bei dem zuständigen Gericht. Für die Fristberechnung gilt § 43. Wenn

der Richter die Frist ohne Zustimmung des Beschuldigten oder eines nach den §§ 118b, 297, 298 Berechtigten **überschreitet,** führt das nicht zur Freilassung des Beschuldigten (KK-Boujong, Rn. 6; SK-Paeffgen Rn. 6 mwN).

§ 118a [Durchführung der mündlichen Verhandlung]

(1) **Von Ort und Zeit der mündlichen Verhandlung sind die Staatsanwaltschaft sowie der Beschuldigte und der Verteidiger zu benachrichtigen.**

(2) ¹**Der Beschuldigte ist zu der Verhandlung vorzuführen, es sei denn, daß er auf die Anwesenheit in der Verhandlung verzichtet hat oder daß der Vorführung weite Entfernung oder Krankheit des Beschuldigten oder andere nicht zu beseitigende Hindernisse entgegenstehen.** ²**Wird der Beschuldigte zur mündlichen Verhandlung nicht vorgeführt, so muß ein Verteidiger seine Rechte in der Verhandlung wahrnehmen.** ³**In diesem Falle ist ihm für die mündliche Verhandlung ein Verteidiger zu bestellen, wenn er noch keinen Verteidiger hat.** ⁴**Die §§ 142, 143 und 145 gelten entsprechend.**

(3) ¹**In der mündlichen Verhandlung sind die anwesenden Beteiligten zu hören.** ²**Art und Umfang der Beweisaufnahme bestimmt das Gericht.** ³**Über die Verhandlung ist eine Niederschrift aufzunehmen; die §§ 271 bis 273 gelten entsprechend.**

(4) ¹**Die Entscheidung ist am Schluß der mündlichen Verhandlung zu verkünden.** ²**Ist dies nicht möglich, so ist die Entscheidung spätestens binnen einer Woche zu erlassen.**

Die **Benachrichtigung (Abs. 1)** erfolgt im Hinblick auf den Beschleunigungsgrundsatz formlos und notfalls telefonisch (OLG Hamm Rpfleger 1949, 518). Sie wird vom Vorsitzenden angeordnet und von der Geschäftsstelle ausgeführt. Zu benachrichtigen sind der Beschuldigte, der Verteidiger, der Antragsteller, die StA und bei Jugendlichen gemäß § 67 Abs. 2 JGG die Erziehungsberechtigten und die gesetzlichen Vertreter. Der Nebenkläger wird nicht benachrichtigt und auch nicht der Mitbeschuldigte (OLG Karlsruhe StV 1996, 302; vgl. BGH 42, 396 = NJW 1997, 1790). 1

Nach **Abs. 2 S. 1** wird der Beschuldigte zur mündlichen Verhandlung **vorgeführt. Verzichtet der Beschuldigte** auf die Vorführung, so ist das Gericht hieran nicht gebunden. Von der Vorführung kann abgesehen werden, wenn ihr weite Entfernung oder andere **nicht zu beseitigende Hindernisse** entgegenstehen. Diese Ausnahmen sind eng auszulegen; denn die mündliche Verhandlung soll dem Beschuldigten Gelegenheit bieten, sich persönlich zu rechtfertigen. Das Gericht sieht den Beschuldigten und kann mit ihm diskutieren. Dies ist wichtig; denn etwa 95% aller Haftbefehle werden auf die Haftgründe der Flucht und der Fluchtgefahr gestützt (AK/StPO-Krause Rn. 1). Wird der Beschuldigte **nicht vorgeführt,** so muss für ihn ein **Verteidiger** auftreten (Abs. 2 S. 2). Hat er keinen Verteidiger, oder ist dieser verhindert, so muss für die Dauer der mündlichen Verhandlung ein Verteidiger bestellt werden. Diesem stehen zur Vorbereitung der Verhandlung alle Rechte des Verteidigers zu. Nach Abs. 2 S. 4 finden die §§ 142, 143, 145 (Zuständigkeit des Vorsitzenden, Auswahl usw.) entsprechende Anwendung. 2

Die **nichtöffentliche mündliche Verhandlung** gemäß **Abs. 3** findet vor dem nach § 126 zuständigen Gericht statt; Kollegialgerichte entscheiden in Beschlussbesetzung. Der Richter, der den Haftbefehl erlassen oder die Fortdauer angeordnet hat, ist nicht gemäß § 23 ausgeschlossen (RG 61, 416; KK-Boujong Rn. 4). Die mündliche Verhandlung darf nicht auf ein Rechtshilfegericht oder auf einen beauftragten oder ersuchten Richter übertragen werden (KG JR 1964, 267; AK/StPO-Krause Rn. 5 mwN). Die Anwesenheit der StA ist nicht erforderlich und die des 3

§§ 118 b, 119

Verteidigers nur, wenn der Beschuldigte nicht vorgeführt worden ist (s. Rn. 2). Die anwesenden Beteiligten sind zu hören **(Abs. 3 S. 1)**. Mit dem Beschuldigten werden die wesentlichen Ermittlungsergebnisse, wie sie sich nach dem letzten Stand des Verfahrens darstellen, erörtert. Über noch laufende Ermittlungen wird der Beschuldigte nicht unterrichtet, wenn der Untersuchungszweck entgegensteht (BVerfG NStZ 1994, 551; KK-Boujong Rn. 5). Das Gericht bestimmt **Art und Umfang der Beweisaufnahme** nach pflichtgemäßem Ermessen im Freibeweis (BGH 28, 118 = NJW 1979, 115). Der Beschuldigte kann Zeugen laden und stellen. Ihre Vernehmung steht aber im Ermessen des Gerichts. Unter dem Gesichtspunkt des fairen Verfahrens sollten diese gehört werden, wenn sich ihre Aussagen auf den dringenden Tatverdacht und die Haftgründe beziehen (LR-Wendisch Rn. 9). Für das **Protokoll** gelten nach Abs. 3 S. 3 die §§ 271 bis 273.

4   Nach **Abs. 4** ergeht die Entscheidung durch begründeten (§ 34) **Beschluss.** Sie lautet auf Aufhebung (§ 120), Außervollzugsetzung (§ 116), Aufrechterhaltung, Ergänzung oder Neufassung des Haftbefehls; es kann unter Umständen – aber selten – eine Anordnung nach § 117 Abs. 3 ergehen. Der Beschluss ist idR am Schluss der mündlichen Verhandlung zu **verkünden (Abs. 4 S. 1).** Den nicht mehr anwesenden Beteiligten ist der Beschluss formlos mitzuteilen (§ 35 Abs. 2 S. 2). Sein Erlass kann bis zu einer Woche hinausgeschoben werden; in diesem Fall erhalten die Beteiligten formlos eine Beschlussausfertigung (§ 35 Abs. 2 S. 2).

5   Die Entscheidung kann von den Teilnahmeberechtigten (s. Rn. 1) mit der (weiteren) **Beschwerde** nach §§ 304, 310 angefochten werden. Auch im Beschwerdeverfahren kann auf Grund mündlicher Verhandlung entschieden werden. Sind dem Gericht Verfahrensfehler unterlaufen, kann das Beschwerdegericht eine abschließende Entscheidung nur nach mündlicher Verhandlung (§ 118 Abs. 2) treffen; andernfalls hat es aufzuheben und die Sache zur Wiederholung der mündlichen Verhandlung zurückzuverweisen (BayObLG NJW 1954, 204; KK-Boujong Rn. 7 mwN).

§ 118 b [Antragsberechtigte]

Für den Antrag auf Haftprüfung (§ 117 Abs. 1) und den Antrag auf mündliche Verhandlung gelten die §§ 297 bis 300 und 302 Abs. 2 entsprechend.

1   Diese Vorschrift bestimmt, dass für den Antrag auf **Haftprüfung** (§ 117 Abs. 1) und den Antrag auf **mündliche Verhandlung** (§ 118 Abs. 1) **wesentliche** Vorschriften über Rechtsmittel entsprechend gelten. Der **Verteidiger** kann für den Beschuldigten diese Anträge stellen, aber nicht gegen dessen ausdrücklichen Willen (§ 297); für die Zurücknahme bedarf er einer ausdrücklichen Ermächtigung (§ 302 Abs. 2).

2   Der gesetzliche Vertreter hat ein selbstständiges Antragsrecht (§ 298), und zwar auch gegen den Willen des Beschuldigten (Meyer-Goßner Rn. 1). Nach § 67 Abs. 1 JGG kann auch der Erziehungsberechtigte den Antrag stellen. Der nicht auf freiem Fuß befindliche Beschuldigte kann die Anträge beim Gericht nach § 126 und auch beim AG des Verwahrungsorts zu Protokoll der Geschäftsstelle geben (§ 299). Nach § 300 ist ein Irrtum in der Bezeichnung des Antrags unschädlich.

§ 119 [Vollzug der Untersuchungshaft]

(1) ¹**Der Verhaftete darf nicht mit anderen Gefangenen in demselben Raum untergebracht werden.** ²**Er ist auch sonst von Strafgefangenen, soweit möglich, getrennt zu halten.**

(2) ¹Mit anderen Untersuchungsgefangenen darf er in demselben Raum untergebracht werden, wenn er es ausdrücklich schriftlich beantragt. ²Der Antrag kann jederzeit in gleicher Weise zurückgenommen werden. ³Der Verhaftete darf auch dann mit anderen Gefangenen in demselben Raum untergebracht werden, wenn sein körperlicher oder geistiger Zustand es erfordert.

(3) Dem Verhafteten dürfen nur solche Beschränkungen auferlegt werden, die der Zweck der Untersuchungshaft oder die Ordnung in der Vollzugsanstalt erfordert.

(4) Bequemlichkeiten und Beschäftigungen darf er sich auf seine Kosten verschaffen, soweit sie mit dem Zweck der Haft vereinbar sind und nicht die Ordnung in der Vollzugsanstalt stören.

(5) ¹Der Verhaftete darf gefesselt werden, wenn
1. die Gefahr besteht, daß er Gewalt gegen Personen oder Sachen anwendet, oder wenn er Widerstand leistet,
2. er zu fliehen versucht oder wenn bei Würdigung der Umstände des Einzelfalles, namentlich der Verhältnisse des Beschuldigten und der Umstände, die einer Flucht entgegenstehen, die Gefahr besteht, daß er sich aus dem Gewahrsam befreien wird,
3. die Gefahr des Selbstmordes oder der Selbstbeschädigung besteht

und wenn die Gefahr durch keine andere, weniger einschneidende Maßnahme abgewendet werden kann. ²Bei der Hauptverhandlung soll er ungefesselt sein.

(6) ¹Die nach diesen Vorschriften erforderlichen Maßnahmen ordnet der Richter an. ²In dringenden Fällen kann der Staatsanwalt, der Anstaltsleiter oder ein anderer Beamter, unter dessen Aufsicht der Verhaftete steht, vorläufige Maßnahmen treffen. ³Sie bedürfen der Genehmigung des Richters.

Diese Vorschrift regelt den Vollzug der U-Haft nur **unvollständig.** Ein entsprechendes Gesetz besteht noch nicht. Für den Vollzug der U-Haft an **Jugendlichen und Heranwachsenden** gelten auch die §§ 93, 110 JGG. Durch die in § 119 enthaltenen Generalklauseln (Abs. 3 und 4) werden die detaillierten Regelungen der UVollzO (einer allgemeinen Verwaltungsanordnung) im Interesse einer einheitlichen Vollzugspraxis näher konkretisiert. Die UVollzO ist mangels Rechtsqualität für den Richter **unverbindlich** (BVerfGE 15, 293 = NJW 1963, 755; 34, 379 = NJW 1973, 1451). Sie hat für den Richter nur die Bedeutung von nicht bindenden **Vorschlägen für den Regelfall** (OLG Frankfurt NJW 1967, 166). Für das **Vollzugspersonal** und die **StA** ist die UVollzO **bindend,** soweit nicht eine abweichende Anordnung des Richters vorliegt (OLG Frankfurt NStZ 1982, 134). Die UVollzO bietet als Verwaltungsanordnung keine Grundlage für weitergehende Eingriffsbefugnisse, als sie durch **§ 119 Abs. 3** gedeckt sind (KK-Boujong Rn. 2). Nach § 178 StVollzG gelten die Vorschriften der §§ 94 bis 101 StVollzG **über den unmittelbaren Zwang** durch die **Bediensteten der U-Haftanstalt** auch im Vollzug der U-Haft, wobei nach § 178 Abs. 2 StVollzG die Regelungen des § 119 Abs. 5 und 6 unberührt bleiben. Damit sind insbesondere auch die Zwangsmaßnahmen des StVollzG auf dem Gebiet der **Gesundheitsfürsorge** auf den U-Haftvollzug übertragen worden. § 101 StVollzG enthält neben den Regelungen der med. Untersuchung und Behandlung auch Vorschriften über die **zwangsweise Ernährung.** Besondere Vorschriften für die U-Haft finden sich im **Kontaktsperregesetz,** §§ 31 bis 38 EGGVG (AK/StPO-Krause Rn. 7).

Abs. 1 bringt den Grundsatz der **Trennung** zum Ausdruck. Die U-Haft wird in einer JVA **vollzogen.** Aber der Verhaftete ist von Strafgefangenen und auch von anderen U-Häftlingen, sofern er keinen entgegengesetzten Antrag (Abs. 2) stellt,

§ 119

grundsätzlich **räumlich** getrennt zu halten und darf namentlich nicht mit ihnen in derselben Zelle untergebracht werden, es sei denn, dass sein körperlicher oder geistiger Zustand dies erfordert, **Abs. 1 und 2** (Roxin § 30 Rn. 29). Das ist ein Ausfluss der **Unschuldsvermutung** des Art. 6 Abs. 2 MRK, die Verfassungsrang hat (BVerfGE 74, 358 = NJW 1987, 2427; KK-Pfeiffer Einl. Rn. 32 a Einl 25; Pfeiffer FS für Geiß S. 47). **Außerhalb des Haftraums** (zB beim Gottesdienst, Aufenthalt im Freien) darf der Verhaftete mit anderen U-Häftlingen zusammengebracht werden, sofern nicht der Untersuchungszweck entgegensteht, vgl. Nr. 23 Abs. 2, 22 Abs. 2 UVollzO (KK-Boujong Rn. 4). An **Jugendlichen** und Heranwachsenden wird die U-Haft nach § 93 JGG nach Möglichkeit in einer besonderen Anstalt oder wenigstens in einer besonderen Abteilung der Haftanstalt oder in einer Jugendarrestanstalt vollzogen. Hierdurch soll ein wesentlicher Teil der im Allgemeinen schädlichen Einflüsse der U-Haft, insbesondere die unerwünschte Beeinflussung durch erwachsene Gefangene, von den Jugendlichen ferngehalten werden (Eisenberg, JGG, § 93 Rn. 10).

3   Nach **Abs. 2** kann der Verhaftete auf **ausdrücklichen schriftlichen Antrag** mit anderen **U-Häftlingen** in demselben Raum untergebracht werden. Es wird damit berücksichtigt, dass manche Beschuldigte das Alleinsein schwer ertragen. Über den Antrag, der zurückgenommen werden kann, entscheidet der Richter (Abs. 6). Dem Antrag wird entsprochen, wenn keine Ablehnungsgründe erkennbar sind, insbesondere wenn die U-Haft schon länger dauert (OLG Hamburg NJW 1963, 1840). Wenn der **körperliche oder geistige Zustand** des Beschuldigten es erfordert, darf er auf richterliche Anordnung und auch von Amts wegen – und gegen seinen Willen – mit anderen U-Gefangenen und notfalls mit Strafgefangenen in demselben Raum untergebracht werden. Der Richter sollte sich dabei von einem Arzt beraten lassen (KK-Boujong Rn. 7).

4   Nach der **Generalklausel des Abs. 3** dürfen dem Verhafteten – über den Freiheitsentzug nach Abs. 1, 2 und Eingriffe nach Abs. 5 hinaus – nur solche Beschränkungen auferlegt werden, die der **Zweck** der U-Haft oder die **Ordnung** in der Vollzugsanstalt erfordert. Die in Abs. 3 bestehende Möglichkeit, dem Untersuchungsgefangenen Beschränkungen aufzuerlegen, kann auch **Dritte** betreffen; aber der Verteidiger darf grundsätzlich sein **Notebook** in die JVA mitbringen (BGH NJW 2004, 457; s. § 148 Rn. 3). Die Ordnung in der Vollzugsanstalt wird auch dadurch gefährdet, dass ein U-Gefangener dort Straftaten von einigem Gewicht plant. Dies ist jedenfalls dann der Fall, wenn der Gefangene die von ihm geplante Tötung eines Zeugen und/oder eines Richters ins Werk zu setzen versucht. Zur Abwendung dieser Gefahr ist es gerechtfertigt, Beschränkungen anzuordnen, die unkontrollierte Außenkontakte des Gefangenen unterbinden (OLG Düsseldorf NJW 1996, 3286). „Für die **Auslegung** von Abs. 3 und die Prüfung der Voraussetzung für eine Beschränkung nach diesen Bestimmungen ist entscheidend, dass das Grundrecht der allgemeinen Handlungsfreiheit und der Grundsatz der Verhältnismäßigkeit, der den Vollzug der U-Haft in besonderem Maße beherrschen muss, eine Abwägung aller Umstände des Einzelfalls gebieten. Beschränkungen sind danach nur zulässig, wenn sie erforderlich sind, um eine reale Gefahr für die in Abs. 3 genannten öffentlichen Interessen abzuwehren, und dieses Ziel nicht mit weniger eingreifenden Maßnahmen erreicht werden kann (vgl. BVerfGE 35, 5, 9 f.). Dabei sind Schwierigkeiten bei der Überwachung oder die Wahrscheinlichkeit, dass sich entsprechende Anträge anderer Untersuchungsgefangener häufen, Lästigkeiten, die grundsätzlich hingenommen werden müssen; denn Grundrechte bestehen nicht nur nach Maßgabe dessen, was an Verwaltungseinrichtungen üblicherweise vorhanden oder an Verwaltungsbrauch vorgegeben ist" (BVerfG NStZ 1994, 605; vgl. auch OLG Koblenz NStZ 1991, 207). **Telefonate** von U-Haftgefangenen mit Personen außerhalb der Anstalt, die von Justizbediensteten **mitgehört** werden müssen, können wegen des damit verbundenen personellen und organisatorischen Aufwandes,

der die Leistungsfähigkeit der darauf nicht eingerichteten Anstalt überfordert und damit den reibungslosen Ablauf des Vollzuges beeinträchtigen würde, grundsätzlich nur in begründeten Ausnahmefällen (zB beim des Lesens und Schreibens Unkundigen mit seiner im Ausland lebenden Mutter) gestattet werden. Dem Bedürfnis und Anspruch des Gefangenen auf Kontakt mit der Außenwelt wird in aller Regel hinreichend durch die Möglichkeit von Besuchen und Briefwechsel Rechnung getragen (OLG Hamm NStZ-RR 1996, 303). Die Anordnung der **akustischen Besuchsüberwachung** setzt konkrete Anhaltspunkte für einen Missbrauch des Besuchs, der eine Gefährdung des Haftzwecks mit sich bringt, voraus. Dass ein möglicher Missbrauch nicht völlig auszuschließen ist, reicht nicht aus. Aber es reicht insoweit aus, dass sich – etwa aus den Umständen der verfolgten Tat (hier: bandenmäßige Begehungsweise) – Anzeichen für eine Verdunkelung ergeben (OLG Düsseldorf NStZ 2003, 126). Betrifft die akustische Überwachung Besuche von Familienangehörigen, bedarf es einer besonders ernstlichen und eingehenden, auch die Dauer der Untersuchungshaft einbeziehenden Prüfung, ob die Besuchseinschränkung unverzichtbar vom Zweck der U-Haft oder der Ordnung des Vollzugs gefordert wird (BVerfG NStZ-RR 1997, 7). Grundrechtseingriffe gegenüber U-Haftgefangenen dürfen nur auf Abs. 3 gestützt werden, wenn **konkrete Anhaltspunkte** für eine Gefährdung des Haftzwecks oder eine Störung der Anwaltsordnung vorliegen (BVerfGE 42, 236 = NJW 1976, 1629). Eine vom Schutz der Privatsphäre (Art. 2 Abs. 1 iVm Art. 1 Abs. 1 GG) umfasste vertrauliche Äußerung verliert diesen Charakter nicht dadurch, dass sie der Briefüberwachung nach §§ 29 Abs. 3, 31 StVollzG unterliegt. Eine Verurteilung wegen Beleidigung, die auf der gegenteiligen Annahme beruht, verstößt gegen das Grundrecht der Meinungsfreiheit, Art. 5 Abs. 1 S. 1 GG (BVerfGE 90, 255 = NJW 1995, 1015). Diese Rspr. des BVerfG zur Vertraulichkeit von Äußerungen im Strafvollzug gilt auch für die briefliche Kommunikation von Untersuchungsgefangenen mit Personen, zu denen eine „eheähnliche Beziehung" besteht. Das **Anhalten des Briefes** eines Untersuchungsgefangenen an eine solche Person verletzt deshalb trotz des beleidigenden Inhalts das Grundrecht aus Art. 5 Abs. 1 S. 1 GG iVm dem allgemeinen Persönlichkeitsrecht (Art. 2 Abs. 1 iVm Art. 1 Abs. 1 GG), wenn keine konkreten Anhaltspunkte für die Weitergabe des Briefes an Dritte oder für eine reale Gefährdung der Anstaltungsordnung vorliegen (BVerfG NJW 1997, 185). Auch der an eine Vertrauensperson gerichtete und der richterlichen Kontrolle unterliegende **Brief** eines Untersuchungsgefangenen untersteht ebenfalls dann dem Schutz der Privatsphäre und darf nicht von der Beförderung ausgeschlossen werden, wenn er grobe Beleidigungen der mit dem gegen den Verfasser geführten Strafverfahren befassten Personen enthält (OLG Düsseldorf wistra 1997, 79). Der Untersuchungsgefangene hat nach § 119 keinen Anspruch darauf, dass ihm Barmittel zur Bestreitung von Portokosten zur Verfügung gestellt werden (OLG Hamm NStZ 2003, 389). **Schreiben, die der Verteidigung des Gefangenen dienen, dürfen nicht angehalten** werden, sofern nicht auf Dritte in unlauterer Weise eingewirkt wird. Dem Untersuchungsgefangenen bleibt es auch unbenommen, sich in seinen Briefen mit dem anhängigen Strafverfahren zu befassen, so lange darin kein Verdunkelungsversuch zu erblicken ist. Richtet der Angeklagte ein Schreiben **an den geirchtlich bestellten Sachverständigen** und bezieht er sich darin auf Sachverhalte, die gerade auch Gegenstand der gerichtlich angeordneten Begutachtung sind und teilt er dazu aus seiner Sicht ergänzende Fakten mit und stellt Fragen, darf das Schreiben nicht angehalten werden, sofern keine Anhaltspunkte dafür bestehen, dass der Angeklagte dadurch beabsichtigte, in unlauterer Weise auf den Sachverständigen oder das von diesem zu erstellende Gutachten einzuwirken. Eine Anhaltsverfügung kann auch nicht als Beschlagnahme umgedeutet werden, da diese nur unter den Voraussetzungen des § 94 hätte erfolgen können und zudem einen Beschluss des mit der Sache befassten Gerichts (hier: Strafkammer) erfordert hätte (OLG Schleswig StV 2001,

§ 119

465). Der **Brief** eines inhaftierten Beschuldigten, mit dem dieser für Hinweise zur Aufklärung der ihm zur Last gelegten Straftat eine **Belohnung auslobt,** kann nur dann gemäß § 119 Abs. 3 beschlagnahmt werden, wenn konkrete Hinweise für eine unzulässige Beeinflussung eventueller Zeugen vorliegen (OLG Hamm NStZ-RR 1999, 52). S. auch Rn. 10 ff. Zur Überwachung des Verkehrs zwischen **inhaftierten Angeklagten und dem Beistand** s. § 148 Rn. 1. Andere **allgemeine Eingriffsbefugnisse** bleiben grundsätzlich unberührt; so kann entsprechend den §§ 81 a, 81 b zum Zwecke der Gegenüberstellung des Gefangenen die Veränderung der Haar- und Barttracht angeordnet werden, um ihm dasselbe Aussehen wie zu einer früheren Zeit zu verleihen (BVerfGE 47, 246 = NJW 1978, 1149; KK-Boujong Rn. 11).

5 Der **Zweck der U-Haft** ist, die ordnungsgemäße Fortführung des Strafverfahrens zu gewährleisten (s. auch vor § 112 Rn. 1). Er ist in erster Linie den im Haftbefehl bejahten Haftgründen zu entnehmen. Es können auch im Haftbefehl nicht angenommene Haftgründe herangezogen werden (KK-Boujong Rn. 12; SK-Paeffgen Rn. 11 mwN). Der Begriff der **Ordnung in der Vollzugsanstalt** ist „nicht auf eine formelle Regelung beschränkt und daher auch im materiellen Sinn zu verstehen" (OLG Düsseldorf NStZ 1986, 92). Er umfasst auch die Begriffe der Ruhe (KG JR 1967, 429) und der Sicherheit (OLG Düsseldorf NStZ 1986, 92). „Es besteht kein Grund, den Rechtsbegriff Ordnung in der Vollzugsanstalt eng auszulegen und darunter nur ein Mindestmaß an Ordnung zu verstehen (BVerfGE 35, 317 = NJW 1974, 26; OLG Düsseldorf NStZ 1999, 536). Nicht nur die Rücksicht darauf, dass alle Untersuchungsgefangenen nicht unnötig zusätzlichen Belastungen durch Lärm, Unruhe usw. ausgesetzt und in gleicher Weise in ihrem Grundrecht aus Art. 2 Abs. 1 und Abs. 2 GG ungestört bleiben und nicht nur die Rücksicht auf die Sicherheit des Anstaltspersonals, sondern auch die Rücksicht darauf, dass das Funktionieren des Ablaufs des Lebens in der Anstalt nicht in Frage gestellt wird, sei es durch Disziplinwidrigkeiten der Insassen, sei es durch Erzeugung von Spannungen zwischen den Untersuchungsgefangenen und dem Anstaltspersonal, sind Erwägungen, die die Ordnung in der Anstalt betreffen" (BVerfGE 35, 311 = NJW 1974, 26).

6 **Strafhaft und U-Haft können zusammenfallen.** Aber beide Arten von Freiheitsentziehungen können nicht gleichzeitig vollzogen werden. § 122 StVollzG regelt die Stellung des Gefangenen für den Fall, dass Vollzug der Freiheitsstrafe und U-Haft zusammentreffen. Wird U-Haft zum Zwecke der Strafvollstreckung unterbrochen oder wird gegen einen Strafgefangenen in anderer Sache U-Haft angeordnet, findet jeweils **Vollzug der Freiheitsstrafe** statt. Der Gefangene hat in beiden Fällen die Rechte nach den §§ 2 bis 126 StVollzG und unterliegt den darin vorgeschriebenen Beschränkungen seiner Freiheit. Der **Zweck der U-Haft,** die zur Sicherung des Strafverfahrens angeordnet wurde, kann jedoch **weitergehende Beschränkungen** erforderlich machen, als sie im Vollzug der Freiheitsstrafe zulässig sind (BT-Drucks. 7/3998 S. 41 f.). In Betracht kommen Anordnungen von Einzelhaft und Beschränkungen des Schrift- und Besuchsverkehrs. Auf der anderen Seite ist für eine Reihe von Maßnahmen, die das StVollzG vorsieht (zB offener Vollzug, Hafturlaub) kein Raum (Callies/Müller-Dietz, StVollzG, § 122 Rn. 1).

7 **Verschärfte Haftbedingungen** können bei gefährlichen oder besonders ausbruchsverdächtigen Gefangenen zulässig sein. Dazu gehören vor allem U-Haftgefangene, die **terroristischer Gewalttaten** verdächtig sind. Er können zB folgende Maßnahmen getroffen werden: Einzelhaft, Ausschluss von der Teilnahme an Gemeinschaftsveranstaltungen, Durchsuchung der Besucher unter Verwendung eines Metalldetektors (KK-Boujong Rn. 16). Der Grundsatz der **Verhältnismäßigkeit** ist zu beachten. Besteht ein **erhöhter Fluchtanreiz,** dem nur in einer Haftanstalt mit **höherer Sicherheitsstufe** wirksam begegnet werden kann, ist die Verlegung des Untersuchungsgefangenen in eine solche Anstalt sachlich gerechtfertigt, selbst

wenn der Gefangene hierdurch seine Möglichkeit, einer Arbeit nachzugehen, verlustig geht. Es besteht in einem solchen Falle auch kein Anspruch auf Überstellung in eine familiennähere Anstalt. Es fällt nicht in die Kompetenz des nur für Einzelmaßnahmen des Vollzugs der Untersuchungshaft nach § 119 II zuständigen Richters, aus Gründen des baulichen Zustandes und anderer organisatorischer Unzulänglichkeiten der nach dem Vollstreckungsplan zuständigen Anstalt die Verlegung des Gefangenen in eine andere Anstalt anzuordnen (OLG Frankfurt NStZ-RR 2002, 315).

Besuchserlaubnisse werden idR nur als Einzelerlaubnisse für den jeweiligen Besuch erteilt mit Bestimmung der Dauer des Besuchs. Grundsätzlich ist der Untersuchungsgefangene berechtigt, Besuche zu empfangen (OLG Koblenz NStZ 1991, 207). Eine **Dauerbesuchserlaubnis,** die zur Folge hat, dass ihr Inhaber nicht für jeden Einzelbesuch eine richterliche Genehmigung einzuholen braucht, wird grundsätzlich nur der nächsten Einzelperson des Untersuchungsgefangenen – im Allgemeinen dem Ehegatten – gewährt, wenn dieser nicht von vornherein als unzuverlässig erscheint (OLG Düsseldorf NStE Nr. 26 zu § 119). Das Bedürfnis des Gefangenen nach unmittelbarem menschlichen Kontakt zur Außenwelt muss jedoch mit den Erfordernissen des Haftvollzuges in Einklang gebracht werden. Daher können Besuche eines Untersuchungsgefangenen durch außerhalb der Anstalt lebende Personen nur in **begrenztem Umfang** zugelassen werden (BVerfG NJW 1993, 3059; KK-Boujong Rn. 21). Beschränkungen des Besuchsverkehrs können gemäß Abs. 3 angeordnet werden. Aber eine abstrakte Missbrauchsgefahr reicht nicht aus (OLG Düsseldorf StV 1994, 324; KK-Boujong Rn. 22). Überwachungsmaßnahmen sind zulässig; sie richten sich nach dem Risiko für den Zweck der U-Haft und der Ordnung in der JVA, Flucht und Verdunkelungsgefahr müssen unterbunden werden (BVerfGE 42, 101 = NJW 1979, 1311; Meyer-Goßner Rn. 14). Zur Zulässigkeit des mündlichen Verkehrs zwischen dem Verteidiger und dem Beschuldigten nach § 148 s. dort Rn. 1 ff.). Die Überwachung von Besuchen kann vom Richter, aber auch vom StA oder von einem anderen Beamten mit besonderer Sachkunde vorgenommen werden, Nr. 27 Abs. 1 UVollzO (BGH NStE Nr. 13 zu § 119). Auch die **akustische Besuchsüberwachung** kann angeordnet werden. Aber ihre Zulässigkeit in der U-Haft erfordert die Prüfung, ob im Einzelfall konkrete Anhaltspunkte darüber vorliegen dass ein nicht akustisch überwachter Besuch eine Gefährdung von Haftzweck oder Ordnung der Anstalt mit sich brächte (BVerfG NStZ 1994, 52). Bei einem **Zeitungsinterview** kann dem Überwachungsbeamten die Tonbandaufzeichnung des Gesprächs gestattet werden (BGH StV 1993, 32). Gespräche des Untersuchungsgefangenen mit Angehörigen dürfen jedenfalls dann unter den Voraussetzungen des § 100 c Abs. 1 Nr. 2, Abs. 3 abgehört werden, wenn der Besuch erkennbar von einem Beamten überwacht wird, der Verdacht einer schweren Straftat gegeben und auch im Übrigen der Grundsatz der Verhältnismäßigkeit gewahrt ist (BGH 44, 138 = NJW 1998, 3284). Zur Überwachung der Besuche bei ausländischen U-Gefangenen gehört die Anordnung der Beiziehung eines Dolmetschers. **Gegenseitige Besuche** von U-Haftgefangenen, die in derselben Vollzugsanstalt untergebracht sind, sind grundsätzlich zulässig. Der Besuchsverkehr unterliegt insoweit keinen weitergehenden als den für Besuche allgemein geltenden Beschränkungen (OLG Koblenz NStZ 1991, 207; KK-Boujong Rn. 24 mwN). Bei Gewährung von **Besuchszeiten für Ehegatten und Kinder** ist zu beachten, dass **Ehe und Familie** unter dem besonderen Schutz der staatlichen Ordnung stehen und der in Art. 6 Abs. 1 GG enthaltenen wertentscheidenden Norm im Haftvollzug besondere Bedeutung zukommt. Daraus folgt, dass die zuständigen Behörden die erforderlichen und zumutbaren Anstrengungen unternehmen müssen, um im angemessenen Umfang Besuche von Ehegatten zu ermöglichen. Der Staat kann sich nicht darauf berufen, dass er seine Vollzugsanstalten nicht so ausstattet, wie es erforderlich ist (BVerfG NJW 1995, 1478). Besuche der Ehefrau

§ 119 Erstes Buch. 9. Abschnitt

können nur verboten werden, wenn einer Flucht- oder Verdunkelungsgefahr nicht durch Überwachung ausreichend begegnet werden kann (KG NStZ 1992, 558). Die einschränkungslose Anordnung einer **generellen Besuchssperre** ist, insbesondere für Ehegatten, regelmäßig unzulässig (BVerfG NStZ 1994, 604; OLG Hamm StV 1997, 260; OLG Düsseldorf StV 1994, 324). Einem **Journalisten,** der mit einem U-Haftgefangenen über dessen Verfahren ein Gespräch führen will, ist grundsätzlich eine Besuchserlaubnis zu erteilen (OLG Düsseldorf NStZ 1996, 354). S. aber OLG Hamm NStZ 1991, 559. Die Besuche eines vom Angeklagten beauftragten **Sachverständigen** können von dem nach § 126 zuständigen Richter „normalerweise" nicht verweigert werden (BGH 43, 173 = NJW 1997, 3180; Detter, FS für Salger 1995 S. 231, 238).

9 Das Verlangen des U-Haftgefangenen, **Telefonate** mit Personen außerhalb der JVA zu führen oder von solchen zu empfangen, wird **grundsätzlich** dem Zweck und der Ordnung in der JVA widerstreiten (OLG Düsseldorf StV 1989, 254). **Regelmäßige** – etwa wöchentliche – **Telefongespräche** von Untersuchungsgefangenen mit außerhalb der JVA lebenden Personen sind mit der Ordnung in der Anstalt nicht vereinbar. Auch einem **ausländischen** Untersuchungsgefangenen kann ein Telefongespräch mit seinen im **Ausland lebenden** Angehörigen (Ehefrau und Kinder) nur im Einzelfall gestattet werden, wenn ein besonderes berechtigtes Interesse besteht (OLG Düsseldorf NStZ-RR 2000, 382). Telefongespräche mit **Familienangehörigen** – vor allem im Ausland – können bei berechtigtem Interesse gestattet werden (OLG Frankfurt StV 1992, 281). Das Gespräch wird im vollen Wortlaut mitgehört (Nr. 38 Abs. 1 S. 3 UVollzO). Die Zustimmung wird vom Richter, in dringenden Fällen und unbedenklichen Fällen auch vom **Anstaltsleiter** erteilt (Nr. 38 Abs. 1 S. 1, 2 UVollzO). Grundsätzlich können **Ferngespräche** mit Personen im Ausland nur genehmigt werden, wenn ein **besonderes** berechtigtes Interesse des Untersuchungsgefangenen hieran besteht (OLG Frankfurt OLG StV 1992, 281; LG Mainz wistra 1995, 77 mwN). Zur Zulässigkeit und Durchführung von **fernmündlichen Gesprächen** des Untersuchungsgefangenen mit seinem Verteidiger und Familienangehörigen, wenn anstaltsbedingt die Telefongespräche nur **von einem Dienstzimmer** oder einer Geschäftsstelle der JVA geführt werden können. Die Erteilung einer **Dauergenehmigung** zum regelmäßigen Führen von Telefongesprächen eines Untersuchungsgefangenen mit seiner **Ehefrau** ist grundsätzlich mit der Ordnung der JVA nicht vereinbar. Ein Telefongespräch kann einem Gefangenen vielmehr nur im Einzelfall gestattet werden, wenn dieser ein berechtigtes Interesse hat (OLG Düsseldorf NStZ 1995, 152). Dem Gefangenen muss auch im Rahmen der Möglichkeiten Fernsprechverkehr – ohne Überwachung – mit dem **Verteidiger** gewährt werden; denn der fernmündliche Verkehr stellt sich lediglich als technisch vermittelte Form des mündlichen Verkehrs dar (BGH 33, 350 = NJW 1986, 1183).

10 **Briefverkehr** ist mit den aus Abs. 3 sich ergebenden Beschränkungsmöglichkeiten **erlaubt;** denn der Untersuchungsgefangene hat grundsätzlich das Recht, unbeschränkt Briefe, Schreiben usw. abzusenden und zu empfangen (OLG Hamm MdR 1974, 248). Sein Briefverkehr steht unter dem Schutz des Art. 2 Abs. 1 GG (BVerGE 35, 35 = NJW 1973, 1643; KK-Boujong Rn. 28). Der Zweck der U-Haft und die Ordnung in der Vollzugsanstalt gebieten es allgemein, die ein- und ausgehende Post dem **Richter zur Kontrolle** vorzulegen (BGH 26, 307 = NJW 1976, 1700). Der für die Haftfrage zuständige Richter hat die an einen Untersuchungsgefangenen gerichteten Briefe grundsätzlich **durch Kenntnisnahme** von ihrem Inhalt daraufhin zu überprüfen, ob einer der Haftzwecke gefährdet wird; konkreter Anhaltspunkte für eine solche Gefährdung bedarf es zur Rechtfertigung der Briefkontrolle nicht (OLG Stuttgart NStZ 1999, 216). Mit Einverständnis des U-Haftgefangenen kann auch die StA kontrollieren (Nr. 30 UVollzO). Das Anhalten eines Briefes ist aber dem Richter vorbehalten (Nr. 35 Abs. 1 UVollzO). Für

Verteidigerpost enthält § 148 eine **Sonderbestimmung**. Das Verteidigerverhältnis muss durch Vollmacht und Angabe der Strafsache, in der der Verteidiger tätig ist, ausgewiesen sein (Meyer-Goßner Rn. 25; s. auch Rn. 11). **Allgemeine** Beschränkungen des Briefverkehrs sind nur in engen Grenzen zulässig. „Eine über Einzelmaßnahmen im konkreten Fall hinausgehende **generelle Beschränkung** des Briefverkehrs ist nach dem Grundsatz der Verhältnismäßigkeit nur zulässig, wenn eine reale Gefährdung der in § 119 Abs. 3 bezeichneten öffentlichen Interessen nicht jeweils durch einzelne Maßnahmen hinreichend abgewehrt werden kann; Lästigkeiten und Schwierigkeiten bei der Briefkontrolle müssen grundsätzlich hingenommen werden" (KG NStZ 1992, 558). Aber es ist dem die Briefkontrolle ausübenden Richter aus **hygienischen Gründen** nicht zuzumuten, von dem Untersuchungsgefangenen zur Kontrolle vorgelegte Briefe inhaltlich zu überprüfen, wenn sie – insbesondere auf den beschriebenen Seiten – großflächig mit – inzwischen eingetrocknetem – **Blut** (oder einer anderen rötlich-braunen Flüssigkeit) **beschmiert** sind. Solche Briefe sind von der Beförderung auszuschließen (OLG Düsseldorf NStZ 2001, 224). Weder die **Überlastung des Haftrichters** noch die Anzahl der von einem Häftling abgesandten Briefe rechtfertigen grundsätzlich eine generelle Beschränkung des Briefverkehrs (KG NStZ 1992, 558). Die Postkontrolle kann – wenn keine Bedenken bestehen – auf Stichproben beschränkt werden (OLG Hamburg NJW 1967, 1973). Bei einem **Ausländer** ist der Richter befugt, den Brief von einem vereidigten Dolmetscher übersetzen zu lassen. Bei unverhältnismäßig hohen Übersetzungskosten ist es zulässig, die unbegrenzte Korrespondenz auf einen angemessenen Umfang zu beschränken (OLG München NStZ 1984, 332). Ob die Notwendigkeit der Kontrolle ein- und ausgehender **Briefe** des Untersuchungsgefangenen gegen den Zweck der U-Haft verstößt, richtet sich allein nach dem Aufwand im Einzelfall. Nur insofern kann ggf. berücksichtigt werden, dass der Brief in **fremder Sprache** abgefasst ist. Ein Rechtssatz, wonach der Untersuchungsgefangene eine mit einer Übersetzung verbundene Briefkontrolle nicht oder nur in Ausnahmefällen beanspruchen kann, existiert nicht (OLG Brandenburg NStZ-RR 1997, 74).

Die **Gefährdung des Haftzwecks** beurteilt sich nach dem **Inhalt des Briefs.** 11 Unvereinbar mit dem Haftzweck sind zB Briefe, mit denen Fluchtvorbereitungen oder Verdunkelungsmaßnahmen betrieben werden, auch wenn das in verdeckter Form geschieht (KK-Boujong Rn. 34). Ein Verstoß **gegen die Ordnung der Anstalt** liegt vor, wenn der Gefangene in seinen Briefen aus der Anstalt heraus **strafbare Handlungen** von einigem Gewicht plant oder begeht (BVerfGE 33, 14 = NJW 1972, 811). Die Ordnung ist idR gefährdet, wenn Briefe **grob unrichtige** oder verzerrte Schilderungen über Anstaltsverhältnisse enthalten. Allerdings rechtfertigt es nicht schon jede Kritik an den Anstaltsverhältnissen, den Brief anzuhalten (OLG Hamm NStZ 1981, 454). Dem Gefangenen kann es nicht verwehrt werden, seine Haftbedingungen aus subjektiver Sicht einseitig und kritisch zu schildern. Ein Brief mit einer Meinungsäußerung, die durch das Grundrecht der Meinungsfreiheit gedeckt ist, darf nicht angehalten werden (BVerfGE 33, 14). Briefe mit **beleidigendem Inhalt** sind nicht in jedem Fall geeignet, die Ordnung der Anstalt zu stören (BVerfG NJW 1997, 185; OLG Bremen StV 1981, 23). Das Anhalten eines Gefangenenbriefes **ehrenkränkenden Inhalts** kommt aber in Betracht, wenn dies dazu dient, dass die Beleidigung nicht zur Kenntnis des Adressaten der Beleidigung oder eines anderen kommt. Dies gilt jedoch dann nicht, wenn es sich um vertrauliche Kommunikation in Briefen handelt, die ein Untersuchungsgefangener an einen Familienangehörigen oder eine Person engen Vertrauens schreibt (BVerfG NStZ 1996, 509; s. auch Rn. 4). **Persönliche Briefe zwischen Angehörigen** fallen auch bei der zulässigen Briefüberwachung unter den Schutz der Privatsphäre. Hat ein Brief **Beweisbedeutung** iS des § 94 für das laufende Verfahren, so beschlagnahmt ihn der Richter (BGH NJW 1961, 2069; Meyer-Goßner Rn. 26).

§ 119 Erstes Buch. 9. Abschnitt

Briefverkehr von Häftlingen mit Ehegatten, Kinder und Eltern darf im Hinblick auf Art. 6 Abs. 1 und Art. 2 GG grundsätzlich auch bei beleidigendem Inhalt grundsätzlich nicht angehalten werden (BVerfGE 35, 40 = NJW 1973, 1643; 42, 236 = NJW 1976, 1629; BVerfG NStZ 1981, 315). Der Briefwechsel mit dem **Verteidiger** darf nur darauf hin überprüft werden, ob eingehende Schreiben ihren äußeren Merkmalen nach wirklich vom Verteidiger stammen; s. auch Rn. 10; es verstößt gegen § 148 Abs. 1, wenn die Anstalt zum Zweck dieser Prüfung die Verteidigerbriefe öffnet (Roxin § 30 Rn. 35; s. § 148 Rn. 3). **Fernsehinterviews** dürfen verboten werden (OLG Hamm NStZ 1991, 559). S. aber OLG Düsseldorf NStZ 1996, 354. **Telegramme** werden wie Briefe überwacht, aber beschleunigt befördert (Nr. 38 Abs. 2 UVollzO).

12   **Beanstandete Briefe** werden zur Habe des Gefangenen genommen; angehaltene Schreiben können auch an den Absender zurückgesandt werden (Nr. 35 Abs. 3 UVollzO). Unter dem Gesichtspunkt des Übermaßverbots ist es auch zulässig, kurze beanstandete Passagen unkenntlich zu machen und den Brief weiterzuleiten (OLG Zweibrücken NJW 1975, 375; KK-Boujong Rn. 40). Das Unleserlichmachen von Passagen in einem Privatbrief, der nur vom Adressaten und vom Untersuchungsrichter gelesen werden darf, ist unverhältnismäßig, wenn die betreffenden Passagen zwar deftig formuliert sind, im Wesentlichen jedoch Kritik an den Haftbedingungen und am Verhalten von Justizwachbeamten betreffen (EGMR NJW 1992, 1873).

13   „Eine generelle Beschränkung des **Paketempfangs** für Untersuchungsgefangene ist verfassungsrechtlich nicht zu beanstanden, wenn andernfalls der Haftzweck oder die Ordnung in der Vollzugsanstalt nicht mehr hinreichend gewährleistet werden könnten und dem Grundsatz der Verhältnismäßigkeit dadurch Rechnung getragen ist, dass im Einzelfall Ausnahmen zugelassen werden können" (BVerfGE 34, 369 = NJW 1973, 1451). Der Paketempfang kann insbesondere ganz untersagt werden, wenn die nahe liegende Gefahr des Einschmuggelns von **Drogen** in die Haftanstalt besteht (OLG Koblenz NStZ 1994, 56). Der Tausch von Wäsche und Kleidung und die Übersendung von Paketen in der U-Haft können untersagt werden, um der allgemeinen Gefahr des **Einschmuggelns von Betäubungsmitteln** in die Haftanstalt entgegenzuwirken (OLG Koblenz NStZ 1994, 56). Nr. 39 UVollzO trifft eine Regelung, die an § 33 Abs. 1 StVollzG anknüpft; garantiert wird eine **Mindestzahl** von Paketen. Die Entscheidung über die Zulassung weiterer Pakete an den Gefangenen oder solcher mit anderem Inhalt als Lebensmitteln trifft der Anstaltsleiter (Nr. 39 Abs. 1 S. 2 UVollzO). Die eingehenden Pakete werden von der Vollzugsanstalt durchsucht (Nr. 39 Abs. 3 VollzO). Gegenstände, deren Aushändigung im Blick auf den Haftzweck oder aus Sicherheitsgründen Bedenken unterliegen, werden zur Habe des Gefangenen genommen, zurückgesandt oder dem Absender zur Verfügung gestellt. Die Versendung von Paketen **aus der Anstalt** kann dem Gefangenen gestattet werden (KK-Boujong Rn. 57 ff.).

14   **Druckerzeugnisse** (Bücher, Zeitungen, Zeitschriften) kann der Gefangene durch Vermittlung der Anstalt auf eigene Kosten oder auf Kosten Dritter aus dem Handel, dem Verlag oder durch die Post beziehen (Nr. 45 Abs. 2 UVollzO). Um einer konkreten Gefährdung der Schutzzwecke des Abs. 3 zu begegnen, darf der Richter anordnen, dass der Gefangene Druckschriften **nur durch Vermittlung der Anstalt** beziehen darf, um die Gefahr der Übermittlung verschlüsselter Nachrichten abzuwenden; eine solche Anordnung verstößt nicht gegen das Grundrecht der Informationsfreiheit nach Art. 5 Abs. 1 GG (BVerfGE 34, 402; KK-Boujong Rn. 45). Das Anhalten eines Druckwerks gemäß Abs. 3 ist nicht schon dann zulässig, wenn ein möglicher Missbrauch nicht völlig auszuschließen ist. Vielmehr müssen **konkrete Anhaltspunkte** dafür vorliegen, dass die Überlassung eines Druckwerks den Haftzweck oder die Ordnung in der Anstalt gefährden könnte (BVerfG NStZ 1994, 145). Auch eine Beschränkung auf eine bestimmte

Anzahl von Zeitungen und Zeitschriften ist zulässig (BVerfG NStZ 1982, 132; SK-Paeffgen Rn. 45). Ist der Gefangene ein **Jugendlicher** oder Heranwachsender, so werden **pornographische** Schriften aus erzieherischen Gründen angehalten (§§ 93 Abs. 2, 110 JGG), bei Erwachsenen nur unter besonderen Gründen (OLG Düsseldorf MDR 1987, 76). Der **generelle Ausschluss** einer Zeitschrift ist nur **ausnahmsweise** zulässig (KG NJW 1979, 176; Meyer-Goßner Rn. 27). Wird eine Druckschrift angehalten, so ist es nicht erforderlich, in den Gründen der Anordnung die beanstandeten Stellen im Einzelnen wiederzugeben; denn dann erhielte ja der Gefangene Kenntnis von ihrem Inhalt (KK-Boujong Rn. 49).

Rundfunk-Empfang ist dem U-Haft-Gefangenen auf Grund der Informationsfreiheit (Art. 5 Abs. 1 GG) grundsätzlich ungehindert gestattet (BVerfGE 15, 293 = NJW 1963, 755; vgl. Nr. 40 Abs. 1 UVollzO). Das gilt grundsätzlich auch mittels eigenen Radios im eigenen Haftraum, soweit nicht der Richter oder die Hausordnung (Nr. 18 Abs. 4 UVollzO) aus Gründen der Ordnung **Beschränkungen** (Verwendung von Kopfhörern, nur batteriebetriebene Geräte) anordnet oder bei konkreter Gefahr unerlaubter Kontakt-Aufnahme mit der Außenwelt nur ein Gerät ohne UKW-Teil gestattet (OLG Hamburg MDR 1973, 243; SK-Paeffgen Rn. 48). Für den **Fernsehempfang** gilt grundsätzlich das Gleiche. Der Betrieb eines eigenen batteriebetriebenen Fernsehgeräts im Haftraum eines U-Haftgefangenen ist zu genehmigen, sofern nicht besondere Umstände des Einzelfalls entgegenstehen (OLG Zweibrücken NStZ 1990, 46). Der Ausschluss vom Einzelfernsehempfang kommt nur in Betracht, wenn dies angesichts konkreter Tatsachen geboten erscheint, um eine Gefährdung des Haftzwecks oder der Anstaltsordnung zu verhindern (KK-Boujong Rn. 54). Ein Untersuchungsgefangener hat für die **Betriebskosten** eines eigenen Fernsehgeräts selbst aufzukommen. Die Erhebung einer Nutzungspauschale für die Betriebskosten durch die JVA begegnet keinen Bedenken (OLG NStZ 2004, 513). Die mit der Gefährdung der Sicherheit der Vollzugsanstalt begründete Versagung der Genehmigung eines Fernsehgeräts ist sodann verfassungsrechtlich nicht zu beanstanden (BVerfG NStZ 1983, 331). Dagegen stellt es keinen Untersagungsgrund dar, dass wegen der baulichen Verhältnisse in der Anstalt den Strafgefangenen der Einzelfernsehempfang nicht erlaubt werden kann (OLG München StV 1994, 380; KK-Boujong Rn. 54).

Der Besitz einer **Schreibmaschine** ist grundsätzlich erlaubt. Er kann nur versagt werden, wenn konkrete Anhaltspunkte dafür bestehen, dass durch die Überlassung der Haftzweck oder die Ordnung in der Anstalt gefährdet wird (BVerfGE 35, 10 = NJW 1973, 1363). Auch die Benutzung einer **elektrischen bzw. elektronischen Schreibmaschine** ist grundsätzlich gestattet; Auflagen können angezeigt sein (OLG Düsseldorf NJW 1994, 2711 vgl. BVerfG NJW 1995, 1478). **Kassettenrecorder** bieten Möglichkeiten des Missbrauchs. Daher würde die Benutzung idR die Anstaltsordnung gefährden (OLG Düsseldorf NStZ 1984, 333). Aber der Besitz kann für Sprachkurse, Fortbildungskurse usw. statthaft sein. Die Benutzung eines sog. Walkman zum Abhören von Sprachkassetten kann erlaubt werden (OLG Koblenz NStZ 1985, 528; KK-Boujong Rn. 63). Es bestehen keine Bedenken, einem U-Haft-Gefangenen die Benutzung eines **Videospielgeräts „Game-Boy"** auf der Zelle zu gestatten (OLG-Düsseldorf StV 1992, 477). **Nicht erlaubt** sind idR die Benutzung von **Kaffeemaschinen** (OLG Düsseldorf NStZ 1986, 93), **Computern** (OLG Düsseldorf NJW 1989, 2637; OLG Düsseldorf NStZ 1999, 271; vgl. auch OLG Hamm NStZ 1997, 566) und **elektronischen Tischorgeln** (OLG Düsseldorf NStZ 1992, 148) und Videorecorder (OLG Hamm NStZ 1995, 102 mwN). Die Benutzung eines **Computers oder Laptops** in der Untersuchungshaftanstalt gefährdet regelmäßig die Anstaltsordnung und/oder den Haftzweck, weil der unerlaubte Diskettenaustausch nicht auszuschließen ist. Der Gesichtspunkt der wirksamen Verteidigung kann die Benutzung eines EDV-Gerätes in der Untersuchungshaftanstalt allenfalls dann rechtfertigen, wenn in Großverfahren eine mit konventionellen Mitteln durchgeführte Datenerfassung nicht dasselbe Verteidigungsziel erreichen könnte und wenn der Verteidiger mit der elektronischen Datenverarbeitung überfordert wäre (OLG Stuttgart NStZ-RR 2003, 347). Hinsichtlich der Einbringung von Schachcomputern, Schallplattenspielern, CD-Spielern liegen ersichtlich noch keine obergerichtlichen Entscheidungen vor. Der **Besitz von Gegenständen**, denen keine funktionsbedingten Gefahren für die Haftzwecke oder die Anstaltsordnung innewohnen, ist grundsätzlich zu gestatten und nur bei konkreten gefährdungserhöhenden Umständen, die in der Person des Gefangenen oder der Haftsituation liegen, ausnahmsweise zu versagen (OLG Zweibrücken NStE Nr. 19 zu § 119).

17   **Abs. 4** gestattet dem Häftling **Bequemlichkeiten.** Hierunter fallen zB die **Selbstbeköstigung** (Nr. 50 Abs. 2 UVollzO), der Einkauf von **Zusatznahrung** und **Genussmitteln** (zB Tabakwaren, jedoch kein Alkohol), nach § 51 UVollzO die Benutzung **eigener Kleidung** und Wäsche (Nr. 52 UVollzO; s. auch Rn. 13). Das Tragen **eigener Oberkleidung** kann verboten werden, wenn zB erhöhte Fluchtgefahr besteht. Der Gefangene kann unter Aufsicht an Orte außerhalb der Anstalt **ausgeführt** werden, wenn wichtige und unaufschiebbare Angelegenheiten persönlicher und geschäftlicher Art seine persönliche Anwesenheit bei Anlegung eines strengen Maßstabs erforderlich machen (Nr. 41 Abs. 2 UVollzO; OLG Düsseldorf NJW 1990, 3260) und die Sache nicht schriftlich oder mit einem Besucher erledigt werden kann (KK-Boujong Rn. 66). Der Wunsch nach **Intimkontakten** mit der Ehefrau oder der Verlobten wird nicht als Grund für eine Ausführung anerkannt (OLG Düsseldorf NStZ 1991, 405). Die Ordnung in der Vollzugsanstalt lässt die **Ausübung des Geschlechtsverkehrs** in der Anstalt nicht zu (OLG Frankfurt NStZ 1991, 405; OLG Jena NStZ 1995, 256). Auch eine Genehmigung zur **homologen Insemination** kann wegen der dann zu erwartenden Häufigkeit gleicher Anträge anderer Gefangener grundsätzlich nicht erteilt werden (OLG Frankfurt NStZ 1991, 405; KK-Boujong Rn. 13). Der Gefangene trägt bei der Ausführung **Zivilkleidung. Urlaub** aus der U-Haft gibt es nicht (Nr. 41 Abs. 3 UVollzO). Der Gefangene hat ein Recht auf **Einzelseelsorge** (Nr. 48 UVollzO). Eine **Eheschließung** ist ohne weiteres zu ermöglichen. Die **Menschen**sowie Privat- und Intimsphäre des Gefangenen sind zu wahren (BVerfGE 64, 277). Betreten aber Mitarbeiter einer JVA **ohne Anklopfen** den Haftraum eines Strafgefangenen, so liegt hierin regelmäßig kein Eingriff in ein grundrechtlich geschütztes Recht; es ist zu berücksichtigen, dass jedes Betreten der Zelle akustisch durch Aufschlussgeräusche angekündigt wird (BVerfG NStZ 1996, 511).

18   Nach **Abs. 4** darf sich der Gefangene auch **Beschäftigung** auf seine Kosten verschaffen. Er darf sich **selbst beschäftigen**, soweit das nicht die Ordnung der Anstalt stört oder gegen den Haftzweck verstößt, zB malen oder schriftstellerisch tätig werden. Den erwachsenen Häftling trifft **keine Arbeitspflicht** (Nr. 42 UVollzO). Er hat aber auch keinen Anspruch darauf, dass er beschäftigt wird oder einen bestimmten Arbeitsplatz erhält. Darüber entscheidet der Anstaltsleiter, und zwar ohne Zustimmung des Richters, und zwar auch über die Bemessung des Arbeitsentgelts (OLG Düsseldorf StV 1988, 68; vgl. § 177 StVollzG). Ein **Haftkostenbeitrag** wird nicht erhoben (KK-Boujong Rn. 71). Der Gefangene hat keinen Anspruch auf **Taschengeld** gegen den Vollzugsträger (OLG Hamm NStZ 1993, 608; OLG Stuttgart Justiz 1994, 67); dieser steht ihm aber nach hM unter den Voraussetzungen des BSHG gegen den Sozialhilfeträger zu (OVG Rheinland-Pfalz NStZ 1988, 335; Nds. OVG StV 1992, 480; aA OVG NRW NStZ 1988, 384). **Jugendliche** und Heranwachsende können aus erzieherischen Gründen zur Arbeit angehalten werden (§§ 93 Abs. 2, 110 Abs. 2 JGG; Nr. 80 Abs. 2 UVollzO), die vor abträglichen Wirkungen des Erlebnisses der Gefangenschaft bewahren soll (Eisenberg, JGG, § 93 Rn. 18). Der Staat hat die **Pflicht zur ärztlichen Fürsorge** für den Gefangenen (BGHZ 109, 354 = NJW 1990, 1604) und die Pflicht zur

Verhinderung von Selbsttötungsversuchen (OLG Düsseldorf NJW 1985, 2208). Der Gefangene kann keine bestimmte Behandlungsmaßnahme, sondern nur eine sachgemäße ärztliche Betreuung beanspruchen (KK-Boujong Rn. 76); er hat nicht das Recht der freien Arztwahl (OLG Düsseldorf StV 1988, 68), er wird grundsätzlich vom Anstaltsarzt betreut (Nr. 56 Abs. 1 S. 1 UVollzO). Mit richterlicher Zustimmung und nach Anhörung des Anstaltsarztes kann dem Gefangenen aus konkretem Anlass gestattet werden, auf eigene Kosten einen beratenden Arzt hinzuziehen (OLG Karlsruhe Justiz 1986, 52; OLG Düsseldorf StV 1988, 68; KK-Boujong Rn. 76). Die Zulässigkeit **medizinischer Zwangsmaßnahmen** richtet sich nach § 101 StVollzG, die nach § 178 Abs. 1 StVollzG auch für die U-Haft gilt. Diese Vorschrift lässt als zwangsweise medizinische Maßnahmen die Untersuchung, Behandlung und Ernährung zu. Das Recht zur **Zwangsernährung** besteht nur bei Lebensgefahr oder schwerwiegender Gefahr für die Gesundheit des Gefangenen (KK-Boujong Rn. 78, 79).

Die **Fesselung** darf nach **Abs. 5** nur unter den dort genannten Voraussetzungen erfolgen (vgl. auch Nr. 64 UVollzO). Der Grund muss in konkreten Tatsachen bestehen (OLG Oldenburg NJW 1975, 2219). Die Fesselung muss notwendig sein (OLG Koblenz StV 1989, 209). Nach Abs. 5 S. 2 soll der Gefangene während der **Hauptverhandlung** ungefesselt bleiben. Eine gegenteilige Anordnung des Vorsitzenden ist nach § 231 Abs. 1 S. 2 eine Maßnahme der äußeren Verhandlungsleitung nach § 238 Abs. 1 (BGH NJW 1957, 271) und keine die U-Haft betreffende Verfügung nach § 119 Abs. 6 S. 1. 19

Disziplinarmaßnahmen (Hausstrafen) können gegen einen U-Haft-Gefangenen verhängt werden (Nr. 67 f. UVollzO), der schuldhaft gegen den Haftzweck oder die Ordnung der Anstalt verstößt. Rechtsgrundlage ist Abs. 3 (KK-Boujong Rn. 86 mwN). Die Arten der Hausstrafen ergeben sich aus der nicht erschöpfenden Aufzählung in Nr. 68 Abs. 1 UVollzO. Die Maßnahme soll dem betreffenden Gefangenen und den Mitgefangenen vor Augen führen, dass die Ordnung in der Anstalt notfalls mit Zwangsmaßnahmen aufrechterhalten wird und Störung zu nachteiligen Folgen führt. Die Strafverfolgung wegen desselben Vorgangs schließt die Hausstrafe nicht aus (OLG Braunschweig MDR 1965, 1007). Mehrere Disziplinarmaßnahmen können miteinander verbunden werden. Die **Verteidigung** darf nicht durch die Anordnung beeinträchtigt werden (Nr. 69 Abs. 4 UVollzO) und auf die **Gesundheit des Gefangenen** ist Rücksicht zu nehmen, zB bei dem Entzug des täglichen Aufenthalts im Freien nach § 68 Abs. 1 Nr. 7 UVollzO. Die Verhängung einer Disziplinarmaßnahme dient nicht dem Zweck, begangenes Unrecht zu sühnen. Sie stellt lediglich eine Verwaltungsmaßnahme dar, die die Aufrechterhaltung der Ordnung in der Vollzugsanstalt sichern soll. Diesen Zweck kann sie nur erfüllen, wenn sie ohne größere zeitliche Verzögerung nach dem Disziplinarverstoß verhängt und vollstreckt wird. Die Disziplinarmaßnahme ist aufzuheben, wenn der zeitliche Zusammenhang zwischen Tat und Ahndung nicht mehr gewahrt wäre, zB bei mehr als 6 Monaten (OLG Düsseldorf StV 1990, 503). Hausstrafen sind also idR **sofort zu vollstrecken** (Nr. 70 Abs. 1 UVollzO). **Zuständig** für die Anordnung von Disziplinarmaßnahmen ist immer der **Richter** nach Abs. 6 S. 1. Ein in der U-Haft begangener Ordnungsverstoß kann auch noch während der sich alsbald anschließenden **Strafhaft** geahndet werden (OLG Nürnberg NStZ 1989, 246). Dem Gefangenen ist **rechtliches Gehör** zu gewähren. Die Entscheidung ergeht durch begründeten **Beschluss** (§ 34) nach Anhörung der StA (§ 33 Abs. 2). 20

Nach **Abs. 6** ist der **Haftrichter** (§ 126) **zuständig** für Maßnahmen, wenn es darum geht, diese im Verhältnis zu einem **bestimmten Gefangenen** anzuordnen, zB Dauer der Freistunde (OLG Hamm NStZ 1981, 156; Meyer-Goßner Rn. 46); jedoch **nach Klageerhebung der Vorsitzende** (§ 126 Abs. 2 S. 3). Der **Anstaltsleitung** obliegt es, Anordnungen zu erlassen, welche die Sicherheit und Ordnung 21

§ 119

in der Anstalt **im Allgemeinen** betreffen, und zwar ohne Zielrichtung auf bestimmte Gefangene, zB Durchsuchung aller anstaltsfremden Besucher, ohne Rücksicht darauf, zu welchem Zweck sie diese betreten wollen (BGH 29, 137 = NJW 1980, 351). Der Haftrichter darf sich in die Verwaltung der Anstalt und die Notwendigkeit des Haftvollzugs (zB Zuteilung der Zellen; Verteilung von Arbeit) **nicht einmischen,** weil sonst deren Funktionieren gestört würde (OLG Hamm NStZ 1981, 156; SK-Paeffgen Rn. 74). Ferner kann die Anstaltsleitung in eigener Kompetenz entscheiden, wenn es um die **äußere Ordnung** der Vollzugsanstalt geht, wie das idR bei der Festsetzung von Besuchszeiten für Verteidiger der Fall ist (KG GA GA 1977, 149; KK-Boujong Rn. 92). Die erforderlichen Maßnahmen kann der **Haftrichter allgemein von vornherein treffen.** Die Anordnung sollte schriftlich getroffen werden, insbesondere dann, wenn sie den Beschuldigten beschwert oder von Bedeutung ist. § 33 Abs. 2 gilt grundsätzlich nicht, aber die Beteiligung der StA ist oft nach der Natur der Sache geboten. Dem Gefangenen ist vor einer vom Regelvollzug abweichenden Einzelanordnung, ihn benachteiligend, **rechtliches Gehör** zu gewähren; das kann auch über den Anstaltsleiter geschehen.

22 **Abs. 6 S. 2** sieht eine **Ersatzzuständigkeit** des StA, des Anstaltsleiters und der Aufsichtsbeamten für **dringende Fälle** vor. Diese **Notkompetenz** erstreckt sich nur auf vorläufige Maßnahmen; sie erfasst daher zB nicht Disziplinarmaßnahmen. Ein **dringender Fall** liegt vor, wenn sich die gebotene Maßnahme nicht ohne Gefahr für den Haftzweck, die Anstaltsordnung oder den Gefangenen bis zu einer richterlichen Entscheidung aufschieben lässt, zB unaufschiebbare Sicherungsmaßnahmen (Nr. 62, 63 UVollzO), Maßnahmen bei Gewalttätigkeiten oder Ausbruchversuchen (SK-Paeffgen Rn. 76). Der Anordnende muss **von Amts wegen** den Richter über den **Fortbestand** der Maßnahme entscheiden lassen. Der Antrag ist überholt, wenn die Anordnung inzwischen erledigt ist. Wenn der Gefangene ein rechtliches Interesse an der Überprüfung (zB Gefahr der Wiederholung) hat, so kann er entsprechend § 28 Abs. 1 S. 4 EGGVG den Antrag auf Entscheidung des Haftrichters stellen (KG GA 1977, 148; Meyer-Goßner Rn. 48).

23 **Beschwerde** (§ 304) gegen **richterliche** Entscheidungen können der Beschuldigte und sein Verteidiger (nicht gegen seinen ausdrücklichen Willen, § 297), der gesetzliche Vertreter und die StA einlegen, aber nicht der Anstaltsleiter und der Nebenkläger. Auch betroffene **Dritte** sind nach § 304 Abs. 2 beschwerdebefugt; daher steht die Beschwerde demjenigen zu, dem die Erlaubnis zum Besuch des Gefangenen vom Haftrichter verweigert (BGH 27, 175 = NJW 1977, 1405) oder dessen Brief an den Verhafteten angehalten worden ist (OLG Hamm MDR 1969, 161). Ausgeschlossen ist die Beschwerde gegen Beschlüsse oder Verfügungen des OLG nach Abs. 3, 6 gemäß § 304 Abs. 4 S. 2, und auch Entscheidungen der Ermittlungsrichter des BGH und des OLG nach Abs. 3, 6 unterliegen gemäß § 304 Abs. 5 nicht der Beschwerde (BGH NStZ-RR 2000, 190; KK-Boujong Rn. 99). Die Beschwerde wird idR gegenstandslos nach Entlassung aus der U-Haft und nach Urteilsrechtskraft (OLG Karlsruhe NStZ 1984, 183). Ausnahmen gelten für Beschwerden gegen Disziplinarmaßnahmen, auch nach ihrem Vollzug (OLG Düsseldorf StV 1987, 255; OLG Karlsruhe NStZ 1984, 184). Die **weitere Beschwerde** gegen Entscheidungen gemäß Abs. 310 ist nicht gegeben, da sie nicht die Verhaftung betreffen. Aber auch **nach Ablauf der U-Haft** kann der Gefangene ein berechtigtes Interesse daran haben, dass die Rechtswidrigkeit der angefochtenen Maßnahme festgestellt wird; denn auch ihm steht ein effektiver Rechtsschutz bei schwerwiegenden strafprozessualen Grundrechtseingriffen zu (BVerfGE 96, 27 = NJW 1997, 2163; BVerfG NJW 1999, 273; BGH 44, 171 = NJW 1998, 3653; BGH 45, 187 = NJW 1999, 3499; s. § 98 Rn. 9).

24 Bei Beschwerden gegen **Maßnahmen der Vollzugsanstalt** in einer Angelegenheit, für die Abs. 6 gilt (s. Rn. 22), entscheidet der Richter (Nr. 75 Abs. 1 UVollzO; OLG Braunschweig NStZ 1990, 608; KG GA 1977, 148). Im Übrigen

stehen dem Gefangenen **Gegenvorstellung** und **Dienstaufsichtsbeschwerde** zur Verfügung. Die Anordnungen und Verfügungen des Anstaltsleiters und seines Vertreters sind **Justizverwaltungsakte,** gegen die grundsätzlich Antrag auf **gerichtliche Entscheidung des OLG** gestellt werden kann (§§ 23 Abs. 1, 25 EGGVG). Nach der **Subsidiaritätsklausel** des § 23 Abs. 3 EGGVG ist jedoch der Rechtsweg nach den §§ 23 EGGVG nicht eröffnet, soweit der Haftrichter nach Abs. 6 zu entscheiden hat (OLG Braunschweig NStZ 1990, 608). Im Rechtsweg nach §§ 23 ff. EGGVG ist vom OLG zu entscheiden, wenn es um die Aufhebung einer **allgemeinen** Anordnung über Zugangsbeschränkungen geht (BGH 29, 135 = NJW 1980, 351; OLG Frankfurt NStZ 1982, 134).

Nach den §§ 31 ff. EGGVG kann der **Kontakt** zwischen dem Verteidiger und 25 dem U-Haftgefangenen vorübergehend **gesperrt** werden, wenn dieser im Verdacht **terroristischer Gewalttaten** steht.

§ 120 [Aufhebung des Haftbefehls] RiStBV 54 Abs. 1, 55

(1) ¹**Der Haftbefehl ist aufzuheben, sobald die Voraussetzungen der Untersuchungshaft nicht mehr vorliegen oder sich ergibt, daß die weitere Untersuchungshaft zu der Bedeutung der Sache und der zu erwartenden Strafe oder Maßregel der Besserung und Sicherung außer Verhältnis stehen würde.** ²**Er ist namentlich aufzuheben, wenn der Beschuldigte freigesprochen oder die Eröffnung des Hauptverfahrens abgelehnt oder das Verfahren nicht bloß vorläufig eingestellt wird.**

(2) **Durch die Einlegung eines Rechtsmittels darf die Freilassung des Beschuldigten nicht aufgehalten werden.**

(3) ¹**Der Haftbefehl ist auch aufzuheben, wenn die Staatsanwaltschaft es vor Erhebung der öffentlichen Klage beantragt.** ²**Gleichzeitig mit dem Antrag kann die Staatsanwaltschaft die Freilassung des Beschuldigten anordnen.**

Diese Vorschrift regelt die **Aufhebung des Haftbefehls** und stellt die Aufhe- 1 bungsgründe zusammen, zu denen noch die §§ 121 Abs. 2, 112 a hinzutreten. Sie findet auch Anwendung auf Haftbefehle nach §§ 230 Abs. 2, 236, 329 Abs. 4 S. 1, nicht aber für die einstweilige Unterbringung (§ 126 a); denn die Aufhebung des Unterbringungsbefehls ist in § 126 a Abs. 3 besonders geregelt. § 120 gilt auch für nach § 116 außer Vollzug gesetzte Haftbefehle (BGH StV 1991, 157). Die Strafverfolgungsorgane und die zuständigen Spruchkörper haben auch unabhängig von einem Prüfungsverfahren nach § 117 oder einer Haftbeschwerde von **Amts wegen** darauf zu achten, ob die Voraussetzungen der U-Haft noch vorliegen (BGH StV 1991, 525; BGH NJW 1997, 2531; s. § 117 Rn. 1 und RiStBV Nr. 54 Abs. 1).

Die **Haftvoraussetzungen** liegen nicht mehr vor **(Abs. 1 S. 1),** wenn der 2 **dringende Tatverdacht** und/oder ein **Haftgrund** (§§ 112 Abs. 2, 3, 112 a) zu verneinen sind. Der **dringende Tatverdacht** ist bereits ausgeräumt, wenn nach dem Stand der weiteren Ermittlungen anzunehmen ist, dass der Nachweis auch nur hinsichtlich eines einzigen Tatbestandsmerkmals oder bezüglich der inneren Tatseite nicht gelingen wird. So verringert sich zB die **Verdunkelungsgefahr** im Allgemeinen mit dem Fortgang der Ermittlung und entfällt idR, wenn alle Beweise gesichert sind (s. § 112 Rn. 7; KK-Boujong Rn. 4, 5).

Die **Unverhältnismäßigkeit** ist ein Aufhebungsgrund (s. vor § 112 Rn. 1). Der 3 Haftbefehl ist auch aufzuheben, wenn im **Laufe des Verfahrens** der Haftausschließungsgrund der Unverhältnismäßigkeit eintritt. Das ist grundsätzlich der Fall, wenn die vom Beschuldigten bereits erlittene U-Haft die Dauer der zu erwartenden Freiheitsstrafe **erreicht oder übersteigt** (OLG Bamberg NJW 1996, 1222; KK-Boujong Rn. 6 mwN). Dabei ist auch zu berücksichtigen, dass der Grundsatz der

§ 120

Erstes Buch. 9. Abschnitt

Verhältnismäßigkeit der Haftdauer auch unabhängig von der zu erwartenden Strafe Grenzen setzt, „und zu bedenken, dass sich das Gewicht des Freiheitsanspruchs gegenüber dem Interesse an einer wirksamen Strafverfolgung mit zunehmender Dauer der Untersuchungshaft regelmäßig vergrößern wird" (BVerfGE 53, 158 = NJW 1980, 1449; BVerfG NJW 1991, 2821). Bei der Verhältnismäßigkeitsabwägung ist nur auf die Tat abzuheben, die **Gegenstand des Haftbefehls** ist (BGH StV 1986, 65). Der Aufhebungsgrund der Unverhältnismäßigkeit gilt auch für den **außer Vollzug** gesetzten Haftbefehl (BVerfGE 53, 159). Das **Beschleunigungsgebot** in Haftsachen knüpft an den Verhältnismäßigkeitsgrund des § 120 Abs. 1 an. Daher sind – außerhalb der besonderen Haftprüfung nach §§ 121, 122 – bei der Entscheidung über die **Haftfortdauer** die **Schwere der Tat** und **die Höhe der zu erwartenden Strafe** zu berücksichtigen (OLG Düsseldorf NStZ-RR 2000, 250; s. auch § 121 Rn. 1). Wird die Hauptverhandlung **grundlos vertagt,** liegt darin ein Verstoß gegen das **Beschleunigungsgebot,** so dass ein bestehender Haftbefehl aufgehoben oder zumindest außer Vollzug gesetzt werden muss (OLG Düsseldorf NStZ-RR 2001, 255).

4 Der **Freispruch (Abs. 1 S. 2)** muss die Tat betreffen, die Gegenstand des Haftbefehls ist. Auch der **Nichteröffnungsbeschluss** und der Haftbefehl müssen dieselbe Tat betreffen. Die **Einstellung** bezieht sich nur auf **gerichtliche Entscheidungen** und nicht auf die Einstellung durch die StA gemäß § 170 Abs. 2 S. 1 (KK-Boujong Rn. 12 ff.). Auf die Richtigkeit und Rechtskraft kommt es nicht an (Meyer-Goßner Rn. 8).

5 Der Haftbefehl wird von Amts wegen durch den nach § 126 zuständigen Richter nach Anhörung der StA (§ 33 Abs. 2) durch begründeten (§ 34) **Beschluss** aufgehoben. Im Falle des **Freispruchs** wird dies mit dem in der Sache ergehenden Urteil verkündet (§ 268 b), und im **Nichteröffnungsbeschluss** oder im **Einstellungsbeschluss** wird darin zugleich die Aufhebung des Haftbefehls ausgesprochen. Ein Haftbefehl wird also bei **Freispruch** nicht gegenstandslos; er ist **aufzuheben.** Das gilt auch für einen Haftverschonungsbeschluss. Bis zur Aufhebung dieser Beschlüsse wird der frühere Angeklagte aus der Staatskasse entschädigt (OLG Düsseldorf NStZ 1999, 585). „Wird der Haftbefehl aufgehoben, so ordnet das Gericht die Freilassung des Untersuchungsgefangenen an. Wird der Haftbefehl in der Hauptverhandlung aufgehoben, so wird der Angeklagte sofort freigelassen, wenn keine Überhaft vorgemerkt ist. Jedoch kann der Hinweis an ihn angebracht sein, dass es sich empfiehlt, in die Anstalt zurückzukehren, um die Entlassungsförmlichkeiten zu erledigen. Der StA achtet darauf, dass der Verhaftete nach Aufhebung des Haftbefehls entlassen wird" (RiStBV Nr. 55).

6 **Beschwerde** (§ 304) und weitere Beschwerde (§ 310) sind gegen den Aufhebungsbeschluss gegeben. Die Rechtsmittel haben **keine** die Freilassung aufschiebende Wirkung. Abs. 2 schließt die Möglichkeit aus, den Vollzug der angefochtenen Entscheidung nach § 307 Abs. 2 auszusetzen. Bei einem bloß außer Vollzug gesetzten Haftbefehl ist aber § 307 Abs. 2 anwendbar (KK-Boujong Rn. 19). Die U-Haft **endet** mit dem Eintritt der Rechtskraft eines Urteils, das auf Freiheitsstrafe oder eine freiheitsentziehende Maßregel lautet; die U-Haft geht in Strafhaft oder in den Vollzug der freiheitsentziehenden Maßregel über (BGH 38, 63 = NJW 1991, 2779; OLG Köln NJW 1966, 1829; OLG Düsseldorf StV 1988, 110). Der Haftbefehl ist erledigt (BVerfGE 9, 161 = NJW 1959, 431) und eine Haftbeschwerde wird gegenstandslos (OLG Düsseldorf NStZ 1981, 366; Meyer-Goßner Rn. 15 mwN).

7 Nach **Abs. 3** muss auf **Antrag der StA,** der keiner Begründung bedarf, der Haftrichter – auch das Beschwerdegericht und das OLG oder der BGH im Verfahren nach §§ 121, 122 – im **Ermittlungsverfahren** den **Haftbefehl aufheben.** Diese **Bindungswirkung** erstreckt sich **nicht** auf andere Anträge der StA im Ermittlungsverfahren. Dem Ermittlungsrichter des BGH ist daher nicht zu folgen, wenn er ausführt, dass der nach § 126 zuständige Haftrichter dem Antrag der StA

(Herrin des Ermittlungsverfahrens) auf **Außervollzugsetzung** des Haftbefehls zwingend zu folgen habe (BGH [ER] NJW 2000, 967; vgl. Nehm FS für Meyer-Goßner 2001, S. 278) Abs. 3 S. 1 begrenzt insoweit die Bindung des Ermittlungsrichters im Ermittlungsverfahren auf den **Aufhebungsantrag** (OLG Düsseldorf NStZ-RR 2001, 122; Boujong KK Rn. 23; Meyer-Goßner Rn. 13). Abs. 3 entbindet den Richter nicht von der Pflicht, jederzeit von Amts wegen zu prüfen, ob die Haftvoraussetzungen noch vorliegen. Setzt der Ermittlungsrichter den **Vollzug des Haftbefehls** aus, so bestimmt er selbstständig, welche Anordnungen zu treffen sind (OLG Düsseldorf NStZ-RR 2001, 122). Dem **Antrag der StA** auf Verschonung vom weiteren Vollzug der U-Haft ist angesichts ihrer Stellung als Herrin des Ermittlungsverfahrens zwingend zu folgen. Auch ein **Antrag der StA** auf Aussetzung des Vollzugs eines Haftbefehls **bindet** den Ermittlungsrichter in der Weise, dass er nicht einen weitergehenden Eingriff in Grundrechte des Beschuldigten anordnen darf, als er von dem Herrn des Ermittlungsverfahrens in dessen Verantwortung begehrt wird (ne ultra petita) (BGH NJW 2000, 967). Die **Bindung des Richters** an den Aufhebungsantrag besteht nur bis zur Erhebung der öffentlichen Klage (§ 170 Abs. 1). Einem zugleich mit der Anklageerhebung gestellten Aufhebungsantrag braucht der Richter nicht stattzugeben (Meyer-Goßner Rn. 13). Nach **Abs 3 S. 2** ordnet die StA mit der Antragstellung vor Anklageerhebung **gleichzeitig** die Freilassung des Beschuldigten an (vgl. Nr. 55 Abs. 3 RiStBV). Ist in dem **rechtskräftigen** Urteil aber auf eine **Bewährungsstrafe** oder **nicht auf Freiheitsentzug** erkannt, so muss der Haftbefehl aufgehoben werden.

§ 121 [Untersuchungshaft über 6 Monate] RiStBV 56

(1) Solange kein Urteil ergangen ist, das auf Freiheitsstrafe oder eine freiheitsentziehende Maßregel der Besserung und Sicherung erkennt, darf der Vollzug der Untersuchungshaft wegen derselben Tat über sechs Monate hinaus nur aufrechterhalten werden, wenn die besondere Schwierigkeit oder der besondere Umfang der Ermittlungen oder ein anderer wichtiger Grund das Urteil noch nicht zulassen und die Fortdauer der Haft rechtfertigen.

(2) In den Fällen des Absatzes 1 ist der Haftbefehl nach Ablauf der sechs Monate aufzuheben, wenn nicht der Vollzug des Haftbefehls nach § 116 ausgesetzt wird oder das Oberlandesgericht die Fortdauer der Untersuchungshaft anordnet.

(3) ¹Werden die Akten dem Oberlandesgericht vor Ablauf der in Absatz 2 bezeichneten Frist vorgelegt, so ruht der Fristenlauf bis zu dessen Entscheidung. ²Hat die Hauptverhandlung begonnen, bevor die Frist abgelaufen ist, so ruht der Fristenlauf auch bis zur Verkündung des Urteils. ³Wird die Hauptverhandlung ausgesetzt und werden die Akten unverzüglich nach der Aussetzung dem Oberlandesgericht vorgelegt, so ruht der Fristenlauf ebenfalls bis zu dessen Entscheidung.

(4) ¹In den Sachen, in denen eine Strafkammer nach § 74 a des Gerichtsverfassungsgesetzes zuständig ist, entscheidet das nach § 120 des Gerichtsverfassungsgesetzes zuständige Oberlandesgericht. ²In den Sachen, in denen ein Oberlandesgericht nach § 120 des Gerichtsverfassungsgesetzes zuständig ist, tritt an dessen Stelle der Bundesgerichtshof.

„Art. 2 Abs. 2 GG garantiert die Freiheit der Person. In diesem Freiheitsgrundrecht ist das in **Haftsachen** geltende verfassungsrechtliche **Beschleunigungsgebot** angesiedelt (vgl. BVerfGE 46, 194, 195). **Haftsachen haben Vorrang vor Nichthaftsachen,** selbst wenn dafür bereits terminierte Nichthaftsachen aufgehoben werden müssen (OLG Hamm wistra 2000, 77). An die **Begründung einer Ent-** 1

§ 121

scheidung gemäß §§ 121 f. sind höhere Anforderungen zu stellen als an die einer den Rechtsweg abschließenden Entscheidung. Insbesondere sind die Voraussetzungen des § 121 Abs. 1 darzustellen und zu begründen. Eine bloße Bezugnahme auf frühere Haftentscheidungen reicht regelmäßig nicht aus (BVerfG NStZ-RR 1999, 12). Der verfassungsrechtliche Grundsatz der **Verhältnismäßigkeit** ist nicht nur für die Anordnung, sondern auch für die Dauer der Untersuchungshaft von Bedeutung. An die Aufrechterhaltung der U-Haft sind, je **länger** sie dauert, umso strengere Anforderungen zu stellen (OLG Koblenz NStZ 1997, 252; Boujong Rn. 1). Es bedarf einer **näher begründeten Abwägung** zwischen dem Freiheitsanspruch des noch nicht verurteilten Gefangenen und dem Strafverfolgungsinteresse (BVerfG NStZ-RR 2002, 25; BVerfG NJW 200, 1401; 1999, 2802). Vor allem darf die Untersuchungshaft hinsichtlich ihrer Dauer nicht außer Verhältnis zu der voraussichtlich zu erwartenden Strafe stehen. Auch unabhängig von der zu erwartenden Strafe setzt der Grundsatz der Verhältnismäßigkeit der Haftdauer Grenzen. Dem trägt § 121 Abs. 1 StPO Rechnung, wenn er bestimmt, dass der Vollzug der Untersuchungshaft vor Ergehen eines Urteils wegen derselben Tat **über sechs Monate hinaus** nur aufrechterhalten werden darf, wenn die besonderen Schwierigkeiten oder der besondere Umfang der Ermittlungen oder ein anderer wichtiger Grund ein Urteil noch nicht zulassen und die Fortdauer der Haft rechtfertigen. Diese Vorschrift lässt also nur in begrenztem Umfange Ausnahmen zu und ist eng auszulegen" (BVerfG NJW 1991, 2821; BVerfG NStZ 2000, 153; OLG Hamm NJW 2004, 2540). Ein Beschuldigter kann nicht deshalb in Untersuchungshaft verbleiben, damit die **Aufklärung weiterer Straftaten** gesichert wird, wenn für diese weder ein dringender Tatverdacht noch ein Haftbefehl besteht. BVerfG, NStZ 2002, 100). Der mit dem Vollzug der U-Haft verbundene Eingriff in die Freiheit des einzelnen ist nur hinzunehmen, „wenn und soweit der legitime Anspruch der staatlichen Gemeinschaft auf vollständige Aufklärung der Tat und rasche Bestrafung des Täters nicht anders gesichert werden kann als durch vorläufige Inhaftierung eines Verdächtigen" (BVerfG wistra 1994, 341). Im Verfahren nach § 121 wird das Gericht den sich aus Art. 2 Abs. 2 S. 2 GG ergebenden verfassungsrechtlichen Anforderungen nicht schon dadurch gerecht, dass es seine Entscheidung auf die **hypothetische Überlegung** stützt, auch bei zügiger Sachbehandlung wäre ein Urteil bis zum Haftprüfungstermin noch nicht ergangen (BVerfG NStZ 1995, 459). Ein **erheblicher** Verstoß gegen das **Beschleunigungsgebot** des § 121 hat die Aufhebung des Haftbefehls zwingend zur Folge, auch wenn von der Straferwartung her gesehen die Haftfortdauer noch nicht unverhältnismäßig (§ 120) wäre (OLG Frankfurt NStZ-RR 1996, 268). Das in Haftsachen zu beachtende Beschleunigungsgebot ist dann nicht gewahrt, wenn es zu einer nicht nur kurzfristigen Verfahrensverzögerung gekommen ist, weil dem Gericht wegen Akteneinsicht durch die Verteidiger die Verfahrensakten nicht zur Verfügung standen und es versäumt hatte, frühzeitig **Aktendoppel** anzulegen. Zu den Voraussetzungen, unter denen die Überlastung des Gerichts einen wichtigen Grund iSd § 121 Abs. 1 StPO darstellen kann (OLG Düsseldorf StV 2001, 695). Befindet sich zB ein Angeklagter im Zeitpunkt der Eröffnung des Hauptverfahrens schon **länger als 4 Monate in Untersuchungshaft,** ist es mit dem Beschleunigungsgebot nicht mehr vereinbar, Termin zur Hauptverhandlung erst auf einen fast 3 Monate späteren Zeitpunkt anzuberaumen, wenn wichtige Gründe für eine derart späte Ansetzung des Hauptverhandlungstermins nicht erkennbar sind (OLG Hamm StV 2000, 515). Das Unterlassen einer **Einwohnermeldeamtsanfrage** bzgl. der Anschrift eines Mitangeklagten zum Zwecke der Zustellung der Anklage und die dadurch eingetretene vermeidbare Verfahrensverzögerung von ca. 2 Monaten ist mit dem Beschleunigungsgebot in Haftsachen nicht vereinbar. Ihre Ursache kann daher nicht als wichtiger Grund iSv § 121 Abs. 1 anerkannt werden (OLG Köln StV 2000, 515). Die **besondere Schwere** der Schuld kann trotz der Verletzung des Beschleunigungsgebots die

Fortdauer der U-Haft rechtfertigen (LG Gera NJW 1996, 2586 mwN). Bei der Frage, ob der Haftbefehl nach Erlass eines tatrichterlichen **Urteils** wegen Verstoßes gegen das **Beschleunigungsgebot** aufzuheben oder außer Vollzug zu setzen ist, sind auch das **Gewicht der Straftat** und der **Höhe** der zu erwartenden Strafe gegenüber dem Ausmaß der Verfahrensverzögerung und dem Grad des die Justiz treffenden Verschuldens abzuwägen (OLG Düsseldorf NStZ-RR 2000, 250; s. zum Beschleunigungsgebot § 120 Rn. 3). Die Fortdauer der U-Haft über sechs Monate ist unabhängig von der Schwere der Tat nicht zulässig, wenn der **StA Verfahrensverzögerungen** vorzuwerfen ist (OLG Düsseldorf NJW 1996, 2588). Aber Verfahrensverzögerungen durch die **Ermittlungsbehörden** stellen nur dann einen Verstoß gegen das in Haftsachen geltende besondere Beschleunigungsgebot dar und führen zur Aufhebung des Haftbefehls, wenn sie auf **groben Fehlern** und Versäumnissen beruhen (OLG Düsseldorf MDR 1996, 955). Die **Überlastung des Gerichts** stellt nur dann einen wichtigen Grund für die Fortdauer der U-Haft über sechs Monate dar, wenn sie kurzfristig ist und weder voraussehbar noch vermeidbar war (OLG Düsseldorf NJW 1996, 2587). Die nicht nur kurzfristige Überlastung einer Großen Strafkammer mit Haftsachen ist angesichts der wertsetzenden Bedeutung des Art. 2 GG selbst dann kein wichtiger Grund, der weiteren Haftvollzug rechtfertigt, wenn sie auf einem Geschäftsanfall beruht, der sich trotz Ausschöpfung aller gerichtsorganisatorischen Mittel und Möglichkeiten nicht mehr innerhalb angemessener Fristen bewältigen lässt (BVerfG NJW 2004, 49). Bereits bei Erlass des Haftbefehls ist zu beachten, ob die Frist eingehalten werden kann (OLG Düsseldorf StV 1988, 390). Bei der Fristberechnung nach Abs. 1 ist die Zeit einer Überhaft, die im Hinblick auf die Vollziehung eines Haftbefehls nach § 230 Abs. 2 in einem anderen Verfahren notiert ist, nicht einzubeziehen (KG NStZ-RR 1997, 75). Aber die Zeit einer Unterbringung nach § 81 (zur Beobachtung des Beschuldigten) während des Bestandes eines Haftbefehls ist bei der Berechnung gemäß Abs. 1 zu berücksichtigen. Dies gilt auch, wenn der Vollzug der U-Haft für die Dauer der Unterbringung ausdrücklich unterbrochen ist (KG NStZ 1997, 148). Eine **absolute Höchstgrenze** bestimmt § 122 nur für den Vollzug des auf Wiederholungsgefahr (§ 112 a) gestützten Haftbefehls. Die zeitliche Grenze der U-Haft nach Abs. 1 gilt **nicht**, wenn der Haftbefehl nach § 230 Abs. 2, § 236 oder § 329 Abs. 4 S. 1 ergangen ist, auch nicht bei einstweiliger Unterbringung nach § 126 a und bei Überhaft (Meyer-Goßner Rn. 2). Die §§ 121, 122 finden auch keine Anwendung bei der einstweiligen Unterbringung **Jugendlicher** nach § 71 Abs. 2 S. 2 JGG (OLG Celle NJW 1965, 2069), bei der **Sicherungshaft** (§ 453 c Abs. 3 S. 2) und bei der **Auslieferungshaft** nach § 26 IRG (KK-Boujong Rn. 3). Das berechtigte Anliegen, dass bei **Jugendlichen** auch in Nichthaftsachen auf eine möglichst rasche Aburteilung hinzuwirken ist, hat keinen Vorrang vor dem besonderen Beschleunigungsgebot in Haftsachen. Diese sind auch vor den Jugendgerichten vorrangig zu terminieren (OLG Köln NJW 1997, 2252).

Die **Sechsmonatefrist** beginnt nicht schon mit der vorläufigen Festnahme nach 2 § 127, sondern erst **mit Erlass** des Haftbefehls nach § 128 Abs. 2 S. 2 (OLG Braunschweig NJW 1966, 116). War schon vorher ein Haftbefehl erlassen worden, beginnt die Frist mit dem Tag der Festnahme. Der Tag, an dem die U-Haft beginnt, wird mitgerechnet (Meyer-Goßner Rn 4). In die Sechsmonatefrist werden nur die Zeiten einbezogen, in denen die U-Haft **tatsächlich vollzogen** wurde. **Unterbrechungen** (zB Aussetzung des Vollzugs oder Strafverbüßung) zählen nicht mit (OLG Zweibrücken MDR 1978, 245). **Außer Betracht** bleiben ua. auch die Inhaftierung nach §§ 230 Abs. 2, 236, 329 Abs. 4, 412 S. 1 sowie die U-Haft in anderer Sache und die im Ausland erlittene **Auslieferungshaft** (KK-Boujong Rn. 6 ff. mwN); unberücksichtigt bleibt auch der Zeitpunkt, in dem der Haftbefehl deshalb nicht vollzogen wurde, weil der Beschuldigte nach § 10 Abs. 1 PsychKG NW in einem **psychiatrischen Krankenhaus** untergebracht war (OLG Düsseldorf

NStZ 1996, 355). In die Sechsmonatefrist wird ebenfalls der Zeitraum nicht eingerechnet, in dem sich der Untersuchungsgefangene nach dem nordrhein-westfälischen Gesetz über Hilfen und Schutzmaßnahmen bei psychischen Krankheiten oder einem anderen Unterbringungsgesetz in **freiheitsentziehender Unterbringung** außerhalb einer Justizvollzugsanstalt befunden hat (OLG Koblenz NStZ-RR 1998, 21); ebenfalls wird nicht eingerechnet der „Zeitraum, in welchem der Angeschuldigte bis zum Erlass des Haftbefehls auf Grund eines Unterbringungsbefehls einstweilen untergebracht war" (LG Schleswig NStZ 2002, 220). Wird ein vollzogener Haftbefehl um **Taten erweitert,** die bei seinem Erlass noch unbekannt gewesen waren, **beginnt** die Sechs-Monats-Frist erst mit dem Tag, an dem wegen der zuletzt ermittelten Tat die Voraussetzungen für den Erlass eines Haftbefehls vorlagen (OLG Köln StV 2000, 629).

3   Die **Beschränkung der U-Haft** nach **Abs. 1** entfällt mit einem auf Freiheitsstrafe (mit oder ohne Bewährung) oder freiheitsentziehende Maßregel lautenden – noch nicht rechtskräftigen – **Urteil.** Diese Rechtsfolge tritt auch dann ein, wenn die U-Haft vor Erlass des Urteils länger als sechs Monate gedauert hat (OLG Köln JMBlNW 1977, 140; OLG Düsseldorf NJW 1991, 2656; SK-Paeffgen Rn. 6). Von der Verkündung des Urteils an folgt der Vollzug der Haft wieder den allgemeinen Grundsätzen (§§ 120, 116). Der Wegfall der Beschränkung nach dem Urteilserlass ist **endgültig,** auch wenn das Urteil auf ein Rechtsmittel durch ein auf Geldstrafe lautendes Urteil ersetzt wird oder wenn das Rechtsmittelgericht die Sache nach §§ 328 Abs. 2, 354 Abs. 2, 355 zurückverweist. Das ergibt sich aus Wortlaut und Sinn des Abs. 1 (OLG Hamm NJW 1965, 1818; LR-Wendisch Rn. 25). Ist der Haftbefehl wegen mehrerer Taten erlassen worden und ergeht das auf Freiheitsentziehung laufende Urteil nach **Teilabtrennung** nur wegen eines Teils dieser Taten, so ist das Verfahren nach den §§ 121, 122 durchzuführen, wenn die Haft nur wegen der nicht abgeurteilten Taten weiter vollzogen wird (Meyer-Goßner Rn. 9 f.). Es wird auch die Ansicht vertreten, dass die Prüfungskompetenz des OLG nach den §§ 121, 122 bereits mit dem **Beginn der Hauptverhandlung endet** (OLG Düsseldorf NStZ 1992, 402).

4   **Wegen derselben Tat** ist nach **Abs. 1** die Dauer der U-Haft begrenzt. Der Begriff Tat ist weit auszulegen und stimmt mit dem des § 264 nicht überein (OLG Zweibrücken NStZ-RR 1998, 182). „Dieselbe Tat" bedeutet im Ansatz das Gleiche wie „in demselben Verfahren". Danach werden Haftzeiten zusammengerechnet, wenn mehrere Verfahren verbunden werden, die Verbindung unmittelbar bevorsteht oder auch nur möglich ist. Die Verfahrensverbindung muss aber nicht nur theoretisch und rechtlich möglich sein, vielmehr muss sie sich wegen des Ermittlungshintergrundes und Ermittlungsstandes, namentlich wegen eines inneren – sachlichen und zeitlichen – Zusammenhangs des Tatvorwurfs in den verschiedenen Verfahren auch tatsächlich anbieten (OLG Köln NStZ-RR 1998, 181). Zur Tat iS des Abs. 1 gehören nach hM alle Taten der Beschuldigten von dem Zeitpunkt an, in dem sie bekanntgeworden sind und daher in den **Haftbefehl hätten aufgenommen werden können** (OLG Celle NStZ 1987, 571; OLG Koblenz NStZ 2001, 152 mwN).

5   Die **Fortdauer der U-Haft** über sechs Monate ist nach Abs. 1 nur bei Vorliegen bestimmter Voraussetzungen zulässig. „Diese Vorschrift lässt also nur in begrenztem Umfange Ausnahmen zu und ist eng auszulegen" (BVerfG NStZ 1991, 397; s. Rn. 1). Die **besondere Schwierigkeit** oder der **besondere Umfang** der Ermittlungen sind durch Vergleich mit anderen Verfahren festzustellen, die üblicherweise bei Beachtung des Beschleunigungsgebotes innerhalb von sechs Monaten durch ein erstinstanzliches Urteil abgeschlossen werden. Die Kriterien überschneiden sich häufig. Als Verlängerungsgründe kommen insoweit zB in Betracht: Vielzahl und Besonderheiten der aufzuklärenden Straftaten; zeitraubende Einholung von Gutachten; Vernehmung zahlreicher in- und ausländischer Zeugen; Übersetzung fremdsprachiger Dokumente bei Auslandstaten (KK-Boujong Rn. 14 mwN).

§ 121

Andere wichtige Gründe können ebenfalls **ausnahmsweise** (s. Rn. 1) zur 6
Verlängerung der U-Haft führen. Hierunter fallen nur solche Umstände, die in ihrer
Bedeutung den in Abs. 1 genannten Verlängerungsgründen (s. Rn. 5) gleichzu-
achten sind; sie brauchen ihnen aber der Art nach nicht zu ähneln. Der wichtige
Grund für die Verlängerung muss ein Gewicht besitzen, dass es gerechtfertigt ist,
den Freiheitsanspruch und das Beschleunigungsinteresse hinter den unabweisbaren
Bedürfnissen einer wirksamen Strafverfolgung zurücktreten zu lassen (KK-Boujong
Rn. 15; BVerfGE 36, 274 = NJW 1974, 308; OLG Düsseldorf StV 1990, 503). Es
besteht auch im Verfahren der besonderen Haftprüfung durch das OLG ein verfas-
sungsrechtliches Verwertungsverbot hinsichtlich der dem Verteidiger und Beschuldigten unbekannten Aktenteile. Dieses **Verwertungsverbot** bezieht sich auch auf
die wichtigen Gründe iS des § 121 Abs. 1, die die Haftfortdauer rechtfertigen sollen
(OLG Hamm NStZ 2003, 386). Für die Annahme eines **„anderen wichtigen
Grundes"** kommt es entscheidend darauf an, ob alle zumutbaren Maßnahmen
getroffen worden sind, das Verfahren so schnell wie möglich abzuschließen und ein
Urteil herbeizuführen. Das Beschleunigungsgebot verpflichtet nicht nur die Gerichte, sondern alle dafür zuständigen staatlichen Stellen einschließlich der **Justizverwaltung** zu rechtzeitigen organisatorischen Maßnahmen, um durch eine ausreichende personelle Ausstattung die im Rechtsstaatsprinzip verankerte Justizgewährungspflicht zu erfüllen. Auch angesichts allgemeiner **Sparzwänge** der öffentlichen
Hand dürfen fehlende bzw. eingeschränkte finanzielle Mittel als im Verantwortungsbereich des Staates liegend jedenfalls nicht zu Lasten des mit der Unschuldsvermutung ausgestatteten Untersuchungsgefangenen ausschlagen (OLG Koblenz NStZ
1997, 252). Die Fortdauer der U-Haft ist gerechtfertigt, wenn die **Verfahrensverzögerung** bei der StA durch besonders **beschleunigte Bearbeitung** durch das
Gericht ausgeglichen worden sind und daher nicht mehr ins Gewicht fallen (Thüring. OLG NStZ 1997, 452 mwN; aA OLG Frankfurt NStZ-RR 1996, 268; s.
Rn. 8). Als **wichtige Gründe kommen zB in Betracht:** Verhinderung unent-
behrlicher Verfahrensbeteiligter oder Beweispersonen infolge Erkrankung oder Un-
abkömmlichkeit (BVerfGE 36, 274); bewusste Verzögerungen durch den Beschuldigten durch Irreführung über seine Identität (insbesondere bei einem Ausländer);
wenn der Verteidiger vermeidbar spät Einsicht in die Akten nimmt oder plötzlich
einen längeren Urlaub antritt; bei grundloser Entfernung des „Vertrauensanwalts",
der sich auch weigert, den neuen Pflichtverteidiger über das Ergebnis der Hauptverhandlung zu informieren (KG JR 1981, 86); Erfordernis einer zeitraubenden Ein-
arbeitung in umfangreiche Ermittlungsakten nach Übernahme des Verfahrens durch
den GBA; „die durch einen Berichterstatterwechsel eingetretene Verzögerung kann
bei der Beurteilung des wichtigen Grundes nur dann berücksichtigt werden, wenn
der Verzögerung nicht durch zumutbare Maßnahmen entgegengewirkt werden
konnte" (BVerfG NStZ 1994, 94); Engpässe in der Geschäftslage des Gerichts, aber
nur dann, wenn es sich um kurzfristige, nicht oder kaum vorhersehbare und durch
organisatorische Maßnahmen nicht behebbare Schwierigkeiten handelt (OLG Düsseldorf NJW 1993, 1088). Die Vertagung eines Hauptverhandlungstermins wegen
terminlich begründeter Verhinderung des **Wahlverteidigers** rechtfertigt als ein in
der Sphäre des Angeklagten liegender Umstand jedenfalls innerhalb eines zeitlichen
Rahmens von ca. 2 Monaten die Fortdauer der U-Haft über 6 Monate hinaus
(OLG Düsseldorf wistra 1994, 201). **Keinen wichtigen Grund** stellen dar: eine
sachlich nicht gerechtfertigte Aussetzung der Hauptverhandlung (OLG Frankfurt
NStZ 1988, 239); wenn die Eröffnung des Hauptverfahrens monatelang verzögert
wurde (OLG Bamberg StV 1991, 169); dass ein Besitzer zu Unrecht die Berichts-
stattung nicht übernehmen wollte (OLG Karlsruhe Justiz 1986, 29); die nicht kurzfristige Überlastung des Gerichts, selbst dann nicht, wenn sie auf einem Geschäftsanfall beruht, der sich trotz Ausschöpfung aller gerichtsorganisatorischen Mittel und
Möglichkeiten nicht mehr innerhalb angemessener Frist erledigen lässt (OLG Düs-

§ 121

seldorf NJW 1991, 3046; BVerfG NStE Nr. 28 § 121); die dauernd unzureichende personelle Ausstattung eines Strafverfolgungsorgans (BVerfG NStZ 1994, 553); die der Anberaumung eines nahen Verhandlungstermins entgegenstehende Überlastung (Engpässe in der Geschäftslage stellen nur dann einen wichtigen Grund dar, wenn es sich um kurzfristige, nicht oder kaum vorhersehbare und durch organisatorische Maßnahmen nicht behebbare Schwierigkeiten handelt, OLG Düsseldorf NJW 1993, 1088); die zeitweise, wenn auch nur kurzfristige Abwesenheit des Vorsitzenden der zuständigen StrK ist kein wichtiger Grund für den weiteren Vollzug der U-Haft, da für diesen Fall durch die Vertreterregelung im Geschäftsverteilungsplan Vorsorge getroffen und die weitere Sachbehandlung möglich ist (BVerfG NJW 1994, 2081). Kein **wichtiger Grund** liegt auch vor, wenn die **StA oder die Kriminalpolizei** die Akten ohne vernünftigen Grund monatelang nicht bearbeitet (BVerfG NStZ 1994, 553; OLG Koblenz NJW 1990, 1375; OLG Bamberg StV 1992, 426); wenn die StA ohne Grund die Anklage mit monatelanger Verzögerung (KG StV 1993, 203; OLG Bremen StV 1992, 181; OLG Köln NJW 1973, 1009) oder bei einem unzuständigen Gericht erhebt (BVerfG 1992, 522; OLG Frankfurt StV 1992, 124) oder wenn die U-Haft nur zwecks Ermittlung und Aufklärung weiterer, nicht den Haftbefehl betreffenden Taten aufrechterhalten wird (BVerfG NJW 1992, 1749 mwN); gleiches gilt für Ermittlungen zu Straftaten dritter Personen, hinsichtlich deren der Beschuldigte einer Beteiligung nicht verdächtig ist (OLG Frankfurt NStZ-RR 1996, 268). „Hat bereits einmal eine **Hauptverhandlung stattgefunden** und ist diese ausgesetzt worden, kommt die Anordnung der Fortdauer der Untersuchungshaft nur in Betracht, wenn die Aussetzung der Hauptverhandlung aus **sachlichen Gründen zwingend** geboten bzw. unumgänglich war. Das ist nur dann der Fall, wenn die Aussetzung nicht durch Fehler und/oder Versäumnisse im bisherigen Verfahren verursacht worden ist (OLG Hamm NStZ-RR 2002, 348).

7   Nach **Abs. 2** kann die **Anordnung der Haftfortdauer** über sechs Monate hinaus nur das OLG in dem **Verfahren nach § 122 treffen.** Aber der Haftrichter kann schon bei Ablauf der Sechsmonatsfrist den Haftbefehl aufheben oder seinen Vollzug nach § 116 aussetzen. Er kann die Aufhebung des Haftbefehls sowohl darauf stützen, dass die Voraussetzungen des § 120 Abs. 1 vorliegen, als auch darauf, dass die Voraussetzungen des Abs. 1 **nicht** gegeben sind (OLG Stuttgart NJW 1967, 66; Meyer-Goßner Rn. 27). Aber bei Haftentlassung nach Abs. 1 ist der Haftrichter auf die Zustimmung der StA angewiesen, die ihn nach § 122 Abs. 1 zwingen kann, die Akten dem OLG vorzulegen (Meyer-Goßner Rn. 27). Die **verspätete Vorlage der Akten** an das OLG begründet für sich allein **keine Pflicht** zur Aufhebung des Haftbefehls oder zu dessen Außervollzugsetzung (BGH MDR 1988, 357; OLG Bamberg NStZ 1981, 403; BVerfG 42, 9 = NJW 1976, 1737); jedoch sind dann „an die materiellen Voraussetzungen der Fortdauer der U-Haft erhöhte Anforderungen zustellen" (OLG Hamm NStZ-RR 2003, 143).

8   Dem OLG müssen die Akten vorgelegt werden, damit es die Entscheidung nach § 121 treffen kann. Das hat vor Ablauf der Sechsmonatsfrist zu geschehen. Nach Abs. 3 S. 1 **ruht der Fristenablauf** ab Eingang der Akten beim OLG (SK-Paeffgen Rn. 22; KK-Boujong Rn. 28). Vorgelegt werden die Originalakten oder ein **vollständiges Haftsonderheft**, das die Prüfung nach Abs. 1 ermöglicht (OLG Frankfurt NJW 1966, 2076; Meyer-Goßner Rn. 30). Für eine Entscheidung über die Fortdauer der Untersuchungshaft im Haftprüfungsverfahren beim OLG ist, wenn die Akten dem OLG rechtzeitig zur Haftprüfung vorgelegt werden, dann kein Raum mehr, wenn noch vor Ablauf der dem Beschuldigten und seinem Verteidiger eingeräumten Frist zur Stellungnahme zum Antrag des GStA die **Hauptverhandlung begonnen** hat (OLG Hamm wistra 1998, 198). Die Frist ruht auch für **die Dauer der Hauptverhandlung,** aber nur, wenn sie schon vor Fristablauf begonnen worden ist (Abs. 3 S. 2; OLG Düsseldorf NStZ 1992, 402). Wird sie **ausgesetzt,** so läuft die Frist von der Aussetzung an weiter (BGH NStZ 1986, 422).

Die Frist ruht aber nach **Abs. 3 S. 3** bis zur Entscheidung des OLG, wenn ihm die Akten unverzüglich vorgelegt werden. Ein zur Aufhebung des Haftbefehls zwingender Verstoß gegen das **Beschleunigungsgebot** durch die verspätete Anklageerhebung kann auch mit einer außerordentlich zügigen Behandlung der Sache durch das erkennende Gericht nach Anklageerhebung und dem Umstand, dass der Beginn der Hauptverhandlung unmittelbar bevorsteht, nicht mehr ausgeglichen werden (OLG Frankfurt NStZ-RR 1996, 268; aA Thür. OLG NStZ 1997, 452; s. Rn. 6).

Nach **Abs. 4** entscheidet in **Staatsschutzsachen,** die zur Zuständigkeit des LG gehören (§ 74a GVG), das nach § 120 GVG zuständige OLG; in Bayern das BayObLG. In Staatsschutzsachen, in denen das OLG in erster Instanz nach § 120 GVG entscheidet, tritt der BGH an die Stelle des OLG. „Der Bundesgerichtshof ist für Haftprüfungen nach § 121 Abs. 4 S. 2 zuständig, wenn die Ermittlungen eine der im Katalog des § 120 GVG genannten Straftaten zum Gegenstand haben. Es kommt nicht darauf an, ob auch der Haftbefehl auf den Verdacht einer solchen Straftat gestützt ist" (BGH 28, 355 = NJW 1979, 1419). 9

Fehlt es an einer ordnungsgemäßen **Verkündung** des Haftbefehls gemäß § 115, so darf dieser Haftbefehl in einem Haftfortdauerbeschluss gemäß §§ 121, 122 **nicht** berücksichtigt werden (BVerfG NStZ 2002, 157). 10

§ 122 [Besondere Haftprüfung durch das OLG] RiStBV 57

(1) In den Fällen des § 121 legt das zuständige Gericht die Akten durch Vermittlung der Staatsanwaltschaft dem Oberlandesgericht zur Entscheidung vor, wenn es die Fortdauer der Untersuchungshaft für erforderlich hält oder die Staatsanwaltschaft es beantragt.

(2) ¹Vor der Entscheidung sind der Beschuldigte und der Verteidiger zu hören. ²Das Oberlandesgericht kann über die Fortdauer der Untersuchungshaft nach mündlicher Verhandlung entscheiden; geschieht dies, so gilt § 118a entsprechend.

(3) ¹Ordnet das Oberlandesgericht die Fortdauer der Untersuchungshaft an, so gilt § 114 Abs. 2 Nr. 4 entsprechend. ²Für die weitere Haftprüfung (§ 117 Abs. 1) ist das Oberlandesgericht zuständig, bis ein Urteil ergeht, das auf Freiheitsstrafe oder eine freiheitsentziehende Maßregel der Besserung und Sicherung erkennt. ³Es kann die Haftprüfung dem Gericht, das nach den allgemeinen Vorschriften dafür zuständig ist, für die Zeit von jeweils höchstens drei Monaten übertragen. ⁴In den Fällen des § 118 Abs. 1 entscheidet das Oberlandesgericht über einen Antrag auf mündliche Verhandlung nach seinem Ermessen.

(4) ¹Die Prüfung der Voraussetzungen nach § 121 Abs. 1 ist auch im weiteren Verfahren dem Oberlandesgericht vorbehalten. ²Die Prüfung muß jeweils spätestens nach drei Monaten wiederholt werden.

(5) Das Oberlandesgericht kann den Vollzug des Haftbefehls nach § 116 aussetzen.

(6) Sind in derselben Sache mehrere Beschuldigte in Untersuchungshaft, so kann das Oberlandesgericht über die Fortdauer der Untersuchungshaft auch solcher Beschuldigter entscheiden, für die es nach § 121 und den vorstehenden Vorschriften noch nicht zuständig wäre.

(7) Ist der Bundesgerichtshof zuständig, so tritt dieser an die Stelle des Oberlandesgerichts.

Diese Vorschrift ist eine **verfahrensrechtliche Ergänzung** des § 121. Sie regelt den Weg zum OLG und das Entscheidungsverfahren des OLG (SK/StPO-Krause Rn. 1). Der **Haftvollzug** ist Voraussetzung für eine Entscheidung nach § 122. 1

§ 122

Dabei kommt es nicht auf den Zeitpunkt der Vorlage an, sondern auf den Zeitpunkt der Entscheidung durch das OLG (OLG Hamm JMBlNW 1982, 22). Der Haftbefehl muss also vollzogen werden, und das ist nicht der Fall, wenn der Beschuldigte entwichen ist (OLG Hamm JMBlNW 1969, 48), wenn die U-Haft zur Strafvollstreckung unterbrochen oder wenn der Vollzug nach § 116 ausgesetzt ist (OLG Hamm NJW 1965, 1730). **Zuständig** für die Vorlage ist der Haftrichter nach § 126. Der Aktenlage **vorgeschaltet** ist die Prüfung, ob der Haftbefehl nach § 120 Abs. 1 aufzuheben oder nach § 116 außer Vollzug zu setzen ist, so dass sich die Vorlage an das OLG erübrigt (BT-Drucks. IV/178 S. 26; KK-Boujong Rn. 2). Eine Aufhebung des Haftbefehls durch den Haftrichter, wenn er überzeugt ist, dass die Haftverlängerungsvoraussetzungen nicht vorliegen, kommt jedoch nur **mit Zustimmung der StA** in Betracht; denn ihr Antragsrecht ist zu beachten (SK/StPO-Krause Rn. 3; SK-Paeffgen Rn. 3; s. auch § 121 Rn. 7). Die StA kann durch einen Antrag nach § 120 Abs. 3 S. 1 die Aufhebung des Haftbefehls herbeiführen, wenn sie das Verfahren nach § 122 nicht für Erfolg versprechend hält (KK-Boujong Rn. 2).

2 Die **Akten sind dem OLG vorzulegen,** wenn der Haftrichter die **Fortdauer der Haft** für erforderlich hält, oder wenn die **StA dies beantragt.** Ein solcher Antrag **bindet** den Haftrichter; er ist nicht befugt, den Haftbefehl gemäß § 120 Abs. 1 S. 1 aufzuheben oder nach § 116 außer Vollzug zu setzen (OLG Karlsruhe Justiz 1981, 331; KK-Boujong Rn. 4). Von **Amts wegen,** auch entgegen der Stellungnahme der StA, legt der Haftrichter die Akten dem OLG vor, wenn er die Voraussetzungen der §§ 112, 112a weiterhin für gegeben und die Haftfortdauer nach § 121 Abs. 1 für gerechtfertigt hält (Meyer-Goßner Rn. 6). Die Vorlage der Akten muss so rechtzeitig erfolgen, dass die Akten noch vor Ablauf der Frist des § 121 beim OLG vorliegen; nur dann ruht der Fristablauf bis zur Entscheidung des OLG (s. § 121 Rn. 8).

3 Die Vorlage der Akten – ein vollständiges Haftheft genügt, wenn es dem OLG die Prüfung ermöglicht, s. § 121 Rn. 8 – erfolgt über die StA und den GStA beim OLG, die durch einen Antrag nach § 120 Abs. 3 S. 1 die Aufhebung des Strafbefehls herbeiführen können. Aus Beschleunigungsgründen (wegen der Frist nach § 121 Abs. 1) können die Akten unmittelbar dem OLG übersandt werden, das dann den GStA anhört (KK-Boujong Rn. 5).

4 Nach **Abs. 2** sind vor der Entscheidung des OLG der **Beschuldigte und sein Verteidiger zu hören;** die Bestellung eines Verteidigers ist nicht notwendig, aber ggf. nach § 117 Abs. 4 geboten. Das OLG kann nach seinem pflichtgemäßen Ermessen auf Grund **mündlicher Verhandlung** entscheiden. Das OLG hat zunächst das Fortbestehen der U-Haft (s. Rn. 1) und die allgemeinen Voraussetzungen – dringender Tatverdacht, Haftgrund, Verhältnismäßigkeit – festzustellen (OLG Celle NJW 1969, 245; Schnarr MDR 1990, 90). Erst wenn aus diesen allgemeinen Gründen die Aufhebung oder Außervollzugsetzung in Betracht kommt, prüft das OLG die Haftverlängerungsvoraussetzungen des § 121 Abs. 1. Das OLG ordnet dann die Haftfortdauer oder die Aufhebung des Haftbefehls oder die Aussetzung des Vollzugs an. Die Außervollzugsetzung aus den Gründen des § 116 kommt nur in Betracht, wenn festgestellt ist, dass an sich die Haftfortdauer nach § 121 Abs. 1 gerechtfertigt ist (Meyer-Goßner Rn. 15).

5 Das OLG entscheidet durch begründeten **Beschluss.** Wird Haftfortdauer angeordnet, so gilt nach Abs. 3 S. 1 der § 114 entsprechend. Wegen der in Art. 2 Abs. 2 S. 2 GG garantierten Freiheit der Person muss auch die Begründung der Haftfortdauerentscheidung eine **nähere Abwägung** zwischen den gegenläufigen Interessen des Staates an einer wirksamen Strafverfolgung des Staates und dem Freiheitsanspruch des Beschuldigten enthalten (BVerfG NW 1992, 2280; BVerfG NStZ 1991, 397). Im Fall der Anordnung der **Haftfortdauer** ist das Vorliegen der Gründe des § 121 Abs. 1 mit aktuellen Ausführungen festzustellen (BVerfG NStZ-

RR 1999, 12; BVerfG NJW 2000, 1401; 2002, 207). Der **Zeitpunkt der Entscheidung** braucht nicht genau mit dem Ende der Frist nach § 121 Abs. 1 übereinzustimmen. Die Haftfortdauer kann schon vorher angeordnet werden, auch die Aufhebung des Haftbefehls aus den Gründen des § 121 Abs. 1 ist mit sofortiger Wirkung schon einige Tage (aber nicht Wochen) vor Ablauf der Frist zulässig, um unpraktikable Ergebnisse zu vermeiden (OLG Celle NStZ 1988, 517; LR-Wendisch Rn. 30; Meyer-Goßner Rn. 14). Der Beschluss wird dem Beschuldigten und dem Verteidiger formlos (§ 35 Abs. 2 S. 2) bekanntgemacht; § 145a gilt. Das OLG muss die unverzügliche Benachrichtigung der Angehörigen des Beschuldigten, der keinen Verteidiger hat, nach § 114b veranlassen (BVerfGE 38, 32). Ein **Rechtsmittel** gegen die Entscheidung des OLG ist ausgeschlossen (§ 304 Abs. 4 S. 2).

Das OLG darf seine Entscheidung **nicht ändern,** insbesondere, wenn es den Haftbefehl wegen Fehlens der Voraussetzungen des § 121 Abs. 1 aufgehoben hat (OLG Düsseldorf JMBlNW 1993, 131). Auch dem Haftrichter ist eine Abänderung der auf § 121 Abs. 1 gestützten Entscheidung des OLG zur Urteilserlass untersagt; das gilt auch, wenn sich die Verfahrenslage wesentlich geändert hat und die Durchführung des Verfahrens ohne erneute Verhaftung des Beschuldigten gefährdet erscheint (OLG Stuttgart NJW 1975, 1572). Aber Haftentscheidungen einschließlich der Aufhebung eines Haftbefehls im Haftprüfungsverfahren erwachsen nicht in materielle Rechtskraft. Es wird daher neuerdings die Ansicht vertreten: Nach Aufhebung eines Haftbefehls gemäß §§ 121 Abs. 1, 122 kann ein neuer auf § 112 Abs. 2 Nr. 2 gestützter Haftbefehl wegen derselben Tat jedenfalls dann ergehen, wenn zwischenzeitlich die Hauptverhandlung begonnen hat, neue den Haftgrund betreffende Tatsachen hinzugetreten sind und unter Anlegung strenger Maßstäbe der Grad der Verfahrensgefährdung, das Gewicht der neuen Tatsachen und die Schwere der früheren Haftdauer ausnahmsweise die erneute Inhaftierung gebieten (OLG Hamburg NStE Nr. 2 zu § 122). Der Erlass eines Haftbefehls **nach § 230 Abs. 2** ist jedenfalls zulässig (KG StV 1983, 111; Meyer-Goßner Rn. 19). Eine **anhängige Haftbeschwerde** oder weitere Beschwerde wird durch die Entscheidung des OLG im Verfahren nach den §§ 121, 122 gegenstandslos; sie ist für erledigt zu erklären; dasselbe gilt für einen **Haftprüfungsantrag** (OLG Düsseldorf VRS 82, 193).

Abs. 3 regelt eindeutig die normale **Haftprüfung nach § 117 Abs. 1** und die Übertragung der antragsgebundenen Haftprüfung auf den zuständigen Richter (§ 126); dieser kann den Haftbefehl aufheben (§ 120) oder außer Vollzug setzen (§ 116).

Nach **Abs. 4** ist die **weitere Haftprüfung nach § 121 Abs. 1** dem OLG vorbehalten. Das OLG bestimmt, wann innerhalb der Dreimonatsfrist das zu geschehen hat. Setzt es keine Frist, dann gilt die Dreimonatsfrist; diese beginnt mit dem Erlass des vorangegangenen Beschlusses. Der Fristenlauf ruht entsprechend § 121 Abs. 3 S. 2 während der Dauer der Hauptverhandlung (OLG Oldenburg NJW 1965, 2120). In die Dreimonatsfrist sind Zeiten von zwischendurch vollzogener Strafhaft nicht einzurechnen. Der nächste Termin zur Haftprüfung verschiebt sich automatisch, ohne dass es eines Beschlusses des OLG bedarf (OLG Zweibrücken MDR 1978, 245). Auf die Wiederholung sind die für die erste Prüfung geltenden Vorschriften anzuwenden (KK-Boujong Rn. 13.

Nach **Abs. 6** ist das OLG befugt, bei **mehreren Beschuldigten** über die Haftfortdauer einheitlich zu entscheiden, auch wenn die Sechsmonatsgrenze des § 121 noch nicht bei allen erreicht und daher insoweit keine Vorlage nach Abs. 1 erfolgt ist. Eine derartige Entscheidung darf aber nur ergehen, wenn für die Mitbeschuldigten schon vor Fristablauf beurteilt werden kann, ob die Verlängerungsvoraussetzungen bei dem zu erwartenden Ablauf der Sechsmonatsfrist vorliegen werden (BT-Drucks. III/2307 S. 25; KK-Boujong Rn. 14). Diese Vorschrift findet auch auf die wiederholte Prüfung nach Abs. 4 Anwendung; denn diese Regelung der Prozessö-

§§ 122 a, 123 Erstes Buch. 9. Abschnitt

konomie soll verhindern, dass sich die Vorlagepflichten an das OLG häufen (AK/ StPO-Krause Rn. 15).

10 **Abs. 7** bestimmt ausdrücklich, dass der BGH, soweit er nach § 121 Abs. 4 S. 2 zu entscheiden hat, auch im Anwendungsbereich des § 122 an die Stelle des OLG tritt.

§ 122 a [Höchstdauer der Haft nach § 112 a]

In den Fällen des § 121 Abs. 1 darf der Vollzug der Haft nicht länger als ein Jahr aufrechterhalten werden, wenn sie auf den Haftgrund des § 112 a gestützt ist.

1 Die **Befristung** nach dieser Vorschrift gilt nur, wenn der Haftbefehl allein auf den Haftgrund des § 112 a gestützt ist. Ist § 112 a Abs. 2 unzulässigerweise übersehen worden, greift § 122 a nicht ein (SK-Paeffgen Rn. 2; KK-Boujong Rn. 2). Nach Eintritt der **Höchstgrenze** muss der Haftbefehl **aufgehoben** werden. Maßnahmen nach § 71 JGG bleiben zulässig (Meyer-Goßner Rn. 1). Der Haftbefehl kann vor Ablauf der Jahresfrist umgestellt werden. Die Höchstgrenze wird dazu führen, dass das OLG bzw. der BGH schon bei der zweiten Haftprüfung nach §§ 121, 122 den Entlassungszeitpunkt bestimmt.

2 In die **Jahresfrist** werden nur die Haftzeiten einbezogen, die der Beschuldigte in Vollzug eines allein auf § 112 a gestützten Haftbefehls erlitten hat. Alle Haftzeiten nach § 112 a wegen **derselben Tat** werden zugerechnet, wenn der Vollzug unterbrochen wurde. Haftzeiten wegen verschiedener Taten werden nicht addiert. Während der Hauptverhandlung ruht der Fristenablauf, § 121 Abs. 3 S. 2, 3; auch § 121 Abs. 3 S. 1 ist analog anwendbar (SK-Paeffgen Rn. 3; KK-Boujong Rn. 3). Ist der Haftbefehl nach § 122 a aufhebungsreif, darf er nicht außer Vollzug gesetzt werden; denn ein weiterer Vollzug nach § 116 Abs. 4 darf nicht angeordnet werden.

§ 123 [Aufhebung von schonenden Maßnahmen] RiStBV 57 Abs. 2

(1) Eine Maßnahme, die der Aussetzung des Haftvollzugs dient (§ 116), ist aufzuheben, wenn

1. der Haftbefehl aufgehoben wird oder
2. die Untersuchungshaft oder die erkannte Freiheitsstrafe oder freiheitsentziehende Maßregel der Besserung und Sicherung vollzogen wird.

(2) Unter denselben Voraussetzungen wird eine noch nicht verfallene Sicherheit frei.

(3) Wer für den Beschuldigten Sicherheit geleistet hat, kann deren Freigabe dadurch erlangen, daß er entweder binnen einer vom Gericht zu bestimmenden Frist die Gestellung des Beschuldigten bewirkt oder die Tatsachen, die den Verdacht einer vom Beschuldigten beabsichtigten Flucht begründen, so rechtzeitig mitteilt, daß der Beschuldigte verhaftet werden kann.

1 Die Außervollzugsetzung eines Haftbefehls nach § 116 Abs. 1 bis 3 erfolgt idR unter gleichzeitigen haftverschonungsbegleitenden Maßnahmen. § 123 bestimmt, unter welchen Voraussetzungen **diese Maßnahmen wieder aufzuheben** sind. **Abs. 1 Nr. 1** behandelt den Fall der Aufhebung des Haftbefehls und **Abs. 1 Nr. 2** den Fall, dass die U-Haft oder die erkannte Freiheitsstrafe oder freiheitsentziehende Maßregel der Besserung und Sicherung vollzogen wird. Die **Aufhebung des Haftbefehls** verlangt eine **förmliche** Aufhebungsentscheidung (OLG Karlsruhe NStZ 1992, 204; KK-Boujong Rn. 2). Dies gilt auch im Fall des Freispruchs und der ihm gleichstehenden Entscheidungen (vgl. § 120 Abs. 1), und zwar auch dann, wenn

der Haftbefehl ohne weitere Prüfung aufgehoben werden muss. Auch beim Eintritt eines dauernden **Verfahrenshindernisses** bedarf es der Aufhebung des Haftbefehls (OLG Karlsruhe NStZ 1992, 204). Besonders gilt dies für den Fall einer rechtskräftigen Verurteilung zu **einer Freiheitsstrafe ohne Bewährung.** Hier erledigt sich der Haftbefehl zwar durch die Rechtskraft des Urteils, und an sich braucht der Haftbefehl wegen prozessualer Überholung nicht aufgehoben zu werden (OLG Hamburg MDR 1977, 949). Aber dieser Umstand führt nicht zur Aufhebung der Maßnahmen nach § 116; denn diese dienen nach rechtskräftigem Abschluss des Strafverfahrens noch zur Sicherung der Strafvollstreckung. Diese Maßnahmen sind also erst aufzuheben, wenn die erkannte Freiheitsstrafe **vollzogen** wird (OLG Karlsruhe MDR 1980, 598). Eine Ausnahme gilt, wenn die StA die Aufhebung nach Abs. 1 Nr. 1 beantragt (vgl. auch RiStBV Nr. 57 Abs. 2); denn sie ist Vollstreckungsbehörde (§ 451) und hat daher auch darüber zu befinden, ob und in welcher Weise die künftige Strafvollstreckung gesichert werden soll (OLG Hamburg MDR 1977, 949; AK/StPO-Krause Rn. 2; LR-Wendisch Rn. 6). Erfolgt eine rechtskräftige Verurteilung zu einer **Freiheitsstrafe mit Bewährung oder zu einer Geldstrafe,** so ist nach Abs. 1 Nr. 1 zu verfahren; denn die geleistete Sicherheit haftet nicht für die Verfahrenskosten und die Geldstrafe (BGHZ 95, 116 = NJW 1985, 2822; KK-Boujong Rn. 6).

Nach **Abs. 1 Nr. 2** sind die Maßnahmen der Haftverschonung erst mit Beginn 2 des **Vollzugs** der U-Haft, der erkannten Freiheitsstrafe oder der freiheitsentziehenden Maßregel der Besserung und Sicherung aufzuheben, also nicht mit der Anordnung nach § 116 Abs. 4 oder mit der Verhaftung des Angeklagten oder Verurteilten. Maßgebend ist die Einlieferung in die zuständige Anstalt (Meyer-Goßner Rn. 4). Aber schon vor Beginn des Vollzugs kann eine Sicherheit freigegeben werden, wenn keine Besorgnis mehr besteht, dass sich der Verurteilte dem Strafantritt entziehen wird (OLG Bremen NJW 1963, 1024; KK-Boujong Rn. 5).

Gemäß **Abs. 2** wird eine **Sicherheit** nach §§ 116 Abs. 1 S. 2 Nr. 4, 116a, die 3 noch nicht nach § 124 Abs. 1 verfallen ist, bei Eintritt der Voraussetzungen ohne weiteres frei. Zur Aufhebung der amtlichen Verstrickung der hinterlegten Sicherheit ist aber ein feststellender Gerichtsbeschluss erforderlich (OLG Stuttgart MDR 1984, 164). Erst durch ihn erlangt der Hinterleger einen Herausgabeanspruch gegen die Hinterlegungsstelle (Meyer-Goßner Rn. 5).

Abs. 3 regelt zwei besondere Fälle der **Freigabe der Sicherheit eines Dritten.** 4 Gemeint ist, wer nach § 116a Abs. 1 für den Beschuldigten eine Bürgschaft geleistet hat, dh wer im **eigenen** Namen für den Beschuldigten die Sicherheit hinterlegt hat. Dabei ist es unerheblich, aus wessen Vermögen die Sicherheit stammt (OLG Stuttgart Justiz 1988, 373). Dagegen kann sich nicht auf die Rechte nach Abs. 3 berufen, wer dem Beschuldigten oder einem Dritten Vermögenswerte zur Verfügung gestellt hat, mit denen diese die Sicherheit geleistet haben (KK-Boujong Rn. 8). An sich wird die von einem Dritten geleistete Sicherheit bereits unter den Voraussetzungen des Abs. 2 iVm Abs. 1 frei. Darüber hinaus eröffnet Abs. 3 zwei Möglichkeiten, durch eigene Aktivitäten die Freiheit der Sicherheit zu erreichen. So wird die Sicherheit eines Bürgen frei, wenn er den Beschuldigten innerhalb einer Frist – aber auch unabhängig von einer Fristbestimmung (OLG Hamm NJW 1972, 783) – **zur Gestellung veranlasst.** Diese **Selbstgestellung** des Beschuldigten darf nur durch psychische Einwirkungen und nicht durch Zwang erreicht werden (Meyer-Goßner Rn. 7). Ferner kann der Bürge der Freigabe der Sicherheit durch eine an das Gericht, die StA oder Polizei gerichtete **Fluchtanzeige** erreichen, die er so rechtzeitig gestattet hat, dass bei unverzüglichem Vorgehen der zuständigen Behörden der Aussetzungsbeschluss aufgehoben und die Verhaftung vollzogen werden kann. Säumnisse der Verfolgungsbehörde hindern nicht den Bedingungseintritt (OLG Düsseldorf NStZ 1985, 38; KK-Boujong Rn. 10). Der Bürge kann in beiden Fällen die Freigabe der Sicherheit auch dann erreichen, wenn sie nach § 124 Abs. 1

§ 124

verfallen war (OLG Hamm NJW 1972, 783; Meyer-Goßner Rn. 9). Ein Antrag zur Freigabe und ein feststellender Gerichtsbeschluss sind erforderlich.

5 **Beschwerde** (§ 304) kann gegen gerichtliche Entscheidungen eingelegt werden. Eine weitere Beschwerde (§ 310 Abs. 1) findet nicht statt, weil die Entscheidung nicht die Inhaftierung betrifft. Auch der Bürge ist ggf. beschwerdeberechtigt. Gegen den Beschluss, durch den das Gericht die Freigabe der Sicherheit feststellt, steht in den Fällen des § 123 Abs. 1, 2 der StA die einfache Beschwerde zu (OLG Celle NStZ-RR 1999, 178).

§ 124 [Verfall der Sicherheit]

(1) **Eine noch nicht frei gewordene Sicherheit verfällt der Staatskasse, wenn der Beschuldigte sich der Untersuchung oder dem Antritt der erkannten Freiheitsstrafe oder freiheitsentziehenden Maßregel der Besserung und Sicherung entzieht.**

(2) ¹**Vor der Entscheidung sind der Beschuldigte sowie derjenige, welcher für den Beschuldigten Sicherheit geleistet hat, zu einer Erklärung aufzufordern.** ²**Gegen die Entscheidung steht ihnen nur die sofortige Beschwerde zu.** ³**Vor der Entscheidung über die Beschwerde ist ihnen und der Staatsanwaltschaft Gelegenheit zur mündlichen Begründung ihrer Anträge sowie zur Erörterung über durchgeführte Ermittlungen zu geben.**

(3) **Die den Verfall aussprechende Entscheidung hat gegen denjenigen, welcher für den Beschuldigten Sicherheit geleistet hat, die Wirkungen eines von dem Zivilrichter erlassenen, für vorläufig vollstreckbar erklärten Endurteils und nach Ablauf der Beschwerdefrist die Wirkungen eines rechtskräftigen Zivilendurteils.**

1 Diese verfassungsrechtlich unbedenkliche Vorschrift (BVerfG NJW 1991, 1043) regelt den **Verfall** der nach §§ 116, 116a geleisteten und wirksam bestellten (OLG Karlsruhe NStZ-RR 2000, 375) Sicherheit, die noch nicht nach § 123 Abs. 2 freigeworden ist. Die **Untersuchung** beginnt mit der Einleitung des Ermittlungsverfahrens und endet mit der Verfahrenseinstellung (§§ 153 ff., 170 Abs. 2, 206a, 206b) oder mit der Nichteröffnung des Hauptverfahrens (§ 204) oder der Rechtskraft des Urteils. Dieser Begriff umfasst alle notwendig werdenden Maßnahmen, insbesondere den Widerruf der Haftverschonung (§ 116 Abs. 4) und den Vollzug des Haftbefehls (KK-Boujong Rn. 2 mwN). Dem **Strafantritt** kann sich nur zu einer Freiheitsstrafe, einer Jugendstrafe (§ 17 JGG), Strafarrest (§ 9 WStG) oder einer freiheitsentziehenden Sicherungsmaßregel nach §§ 63, 64, 66 StGB Verurteilte entziehen. Jugendarrest (§ 16 JGG) und Ersatzfreiheitsstrafe zählen nicht hierzu (Meyer-Goßner Rn. 3). Die Sicherheit haftet auch nicht für die Geldstrafe oder Gerichtskosten (s. § 123 Rn. 1).

2 „Ein **Sich-Entziehen** liegt vor, wenn der Beschuldigte subjektiv darauf abzielt oder jedenfalls bewusst in Kauf nimmt, den Fortgang des Strafverfahrens zu verhindern und sein Verhalten objektiv zumindest zeitweise den Erfolg hat, dass er für die erforderliche gerichtliche oder staatsanwaltschaftliche Verfahrensakte nicht zur Verfügung steht" (OLG Karlsruhe NStZ 1992, 204 mwN; OLG Frankfurt NStZ-RR 2003, 143). Dieses Sich-Entziehen setzt **keine Schuldfähigkeit** voraus (BVerfG NJW 1991, 1043; OLG München NStZ 1990, 249; s. auch § 116 Rn. 2). Es liegt zB vor, „wenn ein Beschuldigter sich in Kenntnis des laufenden Strafverfahrens und unter Nichtbeachtung der bestehenden Mitteilungs- oder Meldeauflagen von seinem Wohnsitz ohne weitere Mitteilung und Hinterlassung einer Anschrift auf eine gewisse Dauer entfernt, sich ins Ausland absetzt oder sich verborgen hält und es dadurch unmöglich wird, die Gestellung zu erzwingen. Aber zur Flucht oder zum Sich-Verborgen-Halten reichen „die **bloße Vorbereitung** oder der **bloße Versuch**,

sich ins Ausland ohne Hinterlassung einer Anschrift zu begeben" nicht aus (OLG Frankfurt NStZ-RR 2003, 144). Den Widerruf (§ 116 Abs. 4) begründende Verstöße gegen Haftverschonungsauflagen zur Abwendung von Fluchtgefahr führen nur dann zum Verfall der Sicherheit, wenn sie die Unmöglichkeit einer zwangsweisen Gestellung zur Folge haben, so die Verletzung der Meldepflicht bei unbekanntem Wohn- oder Aufenthaltsort" (OLG Karlsruhe NStZ 1992, 204). Es genügt, dass der Erfolg des Sich-Entziehens zumindest für eine **gewisse Zeit** eingetreten ist (OLG Celle NJW 1957, 1203; OLG Düsseldorf NStZ 1990, 97). Auch wenn die Hauptverhandlung nach § 231 Abs. 2 zu Ende geführt werden kann, hindert das nicht die Annahme, der Beschuldigte habe sich der Untersuchung entzogen (OLG Celle NJW 1957, 1203). Für die Entscheidung über den Kautionsverfall kommt es nicht darauf an, ob die Strafverfolgungsorgane geeignete Maßnahmen getroffen haben, um zu verhindern, dass sich der Beschuldigte dem Verfahren entzieht (OLG Hamburg MDR 1980, 74). Bei **Selbstmord** verfällt die Sicherheit nicht (KK-Bojoung Rn. 4).

Abs. 1 bezieht sich ersichtlich darauf, dass die Sicherheit zur Abwendung der 3 **Fluchtgefahr** geleistet worden ist. Ist die Sicherheit für **andere Haftgründe** geleistet, so verfällt sie nach hM auch, wenn der Beschuldigte der im Auflagenbeschluss angegebenen Auflage, deren Verletzung in dem Beschluss **ausdrücklich** mit dem Verfall der Sicherheit bedroht ist, zuwidergehandelt hat (OLG Hamburg NJW 1966, 1329; KK-Boujong Rn. 5; LR-Wendisch Rn. 21). Aber allein ein Verstoß gegen die einem Beschuldigten bei der Aussetzung des Haftbefehls erteilten **Weisungen** reicht nicht aus, um den Verfall einer Sicherheit nach Abs. 1 anzuordnen. Dasselbe gilt für die **bloße Nichtbefolgung** einer Strafantrittsladung (OLG Düsseldorf NStZ 1997, 118).

Die nach **Abs. 2 S. 1** vorgeschriebene **Aufforderung zur Erklärung** ist an den 4 Beschuldigten zu richten und an den Dritten, wenn er gegenüber der Hinterlegungsstelle im eigenen Namen aufgetreten ist (OLG Düsseldorf NStZ 1990, 97; OLG Karlsruhe Justiz 1993, 91). Sie wird nach § 35 Abs. 2 S. 1 zugestellt, ggf. dem Zustellungsbevollmächtigten, oder öffentlich nach § 40 und mit einer Fristsetzung verbunden (Meyer-Goßner Rn. 7 mwN). **Zuständig** ist das Gericht nach § 126, und nach Rechtskraft der zuletzt mit der Sache befasst gewesene Tatrichter (OLG Düsseldorf RPfleger 1984, 73). Das Gericht entscheidet nach Abs. 2 im schriftlichen Verfahren – eine mündliche Verhandlung ist nicht zwingend geboten, sondern nur wenn das aus sachlichen Gründen mit dem Zweck des § 124 im Einklang steht (OLG Hamm NStZ 1997, 198; OLG Stuttgart MDR 1987, 867) – mit begründetem **Beschluss** darüber, ob die wirksam bestellte und vorher nicht frei gewordene Sicherheit der Staatskasse aus den Gründen des Abs. 1 **verfallen** ist; er ist gemäß § 35 Abs. 2 S. 1 zuzustellen.

Die **sofortige Beschwerde** nach **Abs. 2 S. 2, 3** steht dem Beschuldigten, 5 Sicherheitsgeber und der StA zu, aber nicht dem Nebenkläger. Versäumt der Verteidiger schuldhaft die Beschwerdefrist, so muss sich der Beschuldigte dies zurechnen lassen (OLG Stuttgart Justiz 1980, 285). Den Beteiligten ist im Beschwerdeverfahren nach Abs. 2 S. 3 Gelegenheit zur mündlichen Begründung ihrer Anträge sowie zur Erörterung des Ermittlungsergebnisses zu geben. Die nicht öffentliche Verhandlung findet statt, wenn das Rechtsmittel nicht aus formellen Gründen unzulässig ist. Die Beteiligten können auch auf mündliche Verhandlung verzichten (SK-Paeffgen Rn. 12 mwN). Die Entscheidung ergeht durch **Beschluss**, der im Termin nach § 35 Abs. 1 verkündet oder später nach § 35 Abs. 2 bekanntgemacht wird. Die **weitere Beschwerde** ist nicht statthaft (OLG Hamm NJW 1963, 1264; KK-Boujong Rn. 13). Ist die Durchführung eines Verfahrens nach § 124 Abs. 2 S. 1 unterblieben, obwohl Anhaltspunkte für einen Verfall nach § 124 Abs. 1 vorliegen, verweist das Beschwerdegericht die Sache an den letzten Tatrichter zurück (OLG Celle NStZ-RR 1999, 178).

6 Der Beschluss hat nach **Abs. 3** die **Wirkungen eines Zivilurteils.** Ein Zivilprozess ist ausgeschlossen, aber nicht eine Amtshaftungsklage nach § 839 BGB, die darauf gestützt ist, dass die Sicherheit durch Verschulden eines Beamten verfallen sei; denn mit dem Verfall geht die Sicherheit auf das Land über, dessen Gericht zZ des Verfalls die Sachherrschaft hat (Meyer-Goßner Rn. 12, 13).

§ 125 [Zuständigkeit für Erlaß des Haftbefehls]

(1) **Vor Erhebung der öffentlichen Klage erläßt der Richter bei dem Amtsgericht, in dessen Bezirk ein Gerichtsstand begründet ist oder der Beschuldigte sich aufhält, auf Antrag der Staatsanwaltschaft oder, wenn ein Staatsanwalt nicht erreichbar und Gefahr im Verzug ist, von Amts wegen den Haftbefehl.**

(2) ¹**Nach Erhebung der öffentlichen Klage erläßt den Haftbefehl das Gericht, das mit der Sache befaßt ist, und, wenn Revision eingelegt ist, das Gericht, dessen Urteil angefochten ist.** ²**In dringenden Fällen kann auch der Vorsitzende den Haftbefehl erlassen.**

1 Diese Vorschrift regelt die **Zuständigkeit** für den Erlass des Haftbefehls und die Ablehnung des Haftbefehlsantrags. Entscheidet an Stelle des nach Abs. 2 zuständigen Gerichts der Amtsrichter nach Abs. 1, so führt dies nicht zur Unwirksamkeit des Haftbefehls (BGH 41, 72, 81 = NStZ 1995, 394, 396). **Abs. 1** wird aber von der Konzentrationsregelung des § 162 Abs. 1 S. 2 verdrängt (OLG Stuttgart NStZ 1991, 291). Die Zuständigkeit des **Ermittlungsrichters** des OLG bzw. des BGH nach § 169 und die des Richters beim AG nach § 125 bestehen nebeneinander. Wegen der Spezialmaterie des § 120 GVG sollte möglichst der Ermittlungsrichter angerufen werden (KK-Boujong Rn. 4). Vor Klageerhebung ist grundsätzlich ein Antrag der StA erforderlich, da sie für das Ermittlungsverfahren verantwortlich ist und die U-Haft jederzeit nach § 120 Abs. 3 beenden kann (Meyer-Goßner Rn. 8).

2 Nach **Abs. 1** ist vor Erhebung der öffentlichen Klage der Richter bei **jedem AG** zuständig, in dessen Bezirk ein Gerichtsstand nach §§ 7 ff. begründet ist. **Aufenthaltsort** iS von Abs. 1 ist der Ort, an dem sich Beschuldigte zZ des Erlasses des Haftbefehls befindet, zB bei der Durchreise, auch in Haft in anderer Sache. Wird der Beschuldigte nicht dem nach § 128 Abs. 1 S. 1 zuständigen Richter vorgeführt, so ist auch der Ort der Vorführung vor das unzuständige Gericht der Aufenthaltsort iS von Abs. 1 (OLG Celle NdsRpfl. 1956, 39; Meyer-Goßner Rdn. 5 mwN). Vor Erhebung der öffentlichen Klage darf der Haftbefehl grundsätzlich nur auf **Antrag der StA** ergehen (Abs. 1); denn sie ist Herrin des Ermittlungsverfahrens. Sie kann auch nach § 120 Abs. 3 die U-Haft jederzeit beenden. Der Haftbefehl darf auch nicht über den Antrag der StA auf weitere Taten iS von § 264 erstreckt werden (KK-Boujong Rn. 6). Nur bei **Unerreichbarkeit der StA und Gefahr im Verzug** kann der Haftbefehl nach Abs. 1 vom Amts wegen erlassen werden. Zur Nichterreichbarkeit s. § 128 Rn. 5. Gefahr im Verzug besteht, wenn ohne sofortigen Erlass des Haftbefehls die Gefahr besteht, dass die Verhaftung des Beschuldigten nicht mehr möglich sein wird (Meyer-Goßner Rn. 9).

3 Gemäß **Abs. 2** ist **nach Anklageerhebung** das mit der Sache befasste Gericht zuständig, also das Gericht, bei dem die Anklage erhoben ist; das Berufungsgericht nach Vorlegung der Akten nach § 321 S. 1, im Revisionsverfahren der letzte Tatrichter. Mit der Aufhebung und Zurückverweisung durch das Revisionsgericht wird das Gericht zuständig, an das zurückverwiesen worden ist (BGH NJW 1996, 2665). Auch nach Anklage zum Strafrichter ist eine unerledigte Haftbeschwerde als Antrag auf Haftprüfung zu behandeln. Mit der Erhebung der Anklage wird für etwa zu treffende Haftentscheidungen das Gericht zuständig, bei dem die Anklageschrift eingereicht worden ist (Abs. 2, § 126 Abs. 2). Damit entfällt nicht nur die zuvor gegebene Zuständigkeit des AG, das den Haftbefehl erlassen hat, sondern auch die Zuständigkeit der diesem AG zugeordneten Rechtsmittelinstanz (OLG Naumburg NStZ-RR 1997, 307). Zur Entscheidung über Haftsachen während der Hauptverhandlung **mit oder ohne** Schöffen s. § 126 Rn. 2. Wird im **beschleunigten Verfahren** die Anklage mündlich erhoben (§ 418 Abs. 3), so ist der Antrag auf Entscheidung nach § 417 zuständigkeitsbegründend (LR-Hilger Rn. 13). In **dringenden Fällen** kann der **Vorsitzende** den Haftbefehl erlassen, dh., wenn der Haftbefehl voraussichtlich zu spät käme, falls mit dem Erlass bis zum Zusammentreten des Kollegiums abgewartet würde. Das beurteilt der Vorsitzende nach pflichtgemäßem Ermessen. Seine Entscheidung bedarf keiner Bestätigung durch das Gericht. Der Verhaftete oder die StA können die Entscheidung des Spruchkörpers herbeiführen. Die Ablehnung eines Haftbefehls, die niemals dringend ist, kann nicht der Vorsitzende aussprechen (KK-Boujong Rn. 9). Ein Antrag der StA ist nach Erhebung der öffentlichen Klage nicht erforderlich; sie ist aber vorher zu hören (§ 33 Abs. 1, 2).

§ 126 [Zuständigkeit für die weiteren Entscheidungen] RiStBV 54 Abs. 2

(1) ¹**Vor Erhebung der öffentlichen Klage ist für die weiteren richterlichen Entscheidungen und Maßnahmen, die sich auf die Untersuchungshaft oder auf die Aussetzung des Haftvollzugs (§ 116) beziehen, der Richter zuständig, der den Haftbefehl erlassen hat.** ²**Hat das Beschwerdegericht den Haftbefehl erlassen, so ist der Richter zuständig, der die vorangegangene Entscheidung erlassen hat.** ³**Wird das vorbereitende Verfahren an einem anderen Ort geführt oder die Untersuchungshaft an einem anderen Ort vollzogen, so kann der Richter, sofern die Staatsanwaltschaft es beantragt, die Zuständigkeit dem Richter bei dem Amtsgericht dieses Ortes übertragen.** ⁴**Ist der Ort in mehrere Gerichtsbezirke geteilt, so bestimmt die Landesregierung durch Rechtsverordnung das zuständige Amtsgericht.** ⁵**Die Landesregierung kann diese Ermächtigung auf die Landesjustizverwaltung übertragen.**

(2) ¹**Nach Erhebung der öffentlichen Klage ist das Gericht zuständig, das mit der Sache befaßt ist.** ²**Nach Einlegung der Revision ist das Gericht zuständig, dessen Urteil angefochten ist.** ³**Einzelne Maßnahmen, insbesondere nach § 119, ordnet der Vorsitzende an.** ⁴**In dringenden Fällen kann er auch den Haftbefehl aufheben oder den Vollzug aussetzen (§ 116), wenn die Staatsanwaltschaft zustimmt; andernfalls ist unverzüglich die Entscheidung des Gerichts herbeizuführen.**

(3) **Das Revisionsgericht kann den Haftbefehl aufheben, wenn es das angefochtene Urteil aufhebt und sich bei dieser Entscheidung ohne weiteres ergibt, daß die Voraussetzungen des § 120 Abs. 1 vorliegen.**

(4) **Die §§ 121 und 122 bleiben unberührt.**

Diese Vorschrift regelt die gerichtliche Zuständigkeit für die **weiteren Entscheidungen und Maßnahmen,** die sich auf die U-Haft beziehen, auch für die Ungehorsamshaft nach §§ 230 Abs. 2, 236. Es handelt sich vor allem um die Entscheidungen nach §§ 116, 117, 118, 118a, 123, 124 sowie um Maßnahmen und Entscheidungen nach § 119 (Meyer-Goßner Rn. 1). Nach **Abs. 1 S. 1** ist **vor Erhebung der Klage** der Richter zuständig, der den Haftbefehl erlassen hat; das ist der Richter beim AG iS des § 125 Abs. 1 oder im Anwendungsbereich des § 169 der Ermittlungsrichter' des OLG bzw. BGH. Wenn das Beschwerdegericht den Haftbefehl erlassen hat, ist nach **Abs. 1 S. 2** der Richter zuständig, der die ablehnende Entscheidung erlassen hat. Das **Beschwerdegericht** hat das Vorliegen der

§ 126 Erstes Buch. 9. Abschnitt

Voraussetzungen für den Erlass eines ordnungsgemäßen Haftbefehls selbstständig zu prüfen und einen solchen selbst zu erlassen, wenn der Beschuldigte ansonsten unter Aufhebung des fehlerhaften Haftbefehls freigelassen, aber alsbald auf Grund eines neuen Haftbefehls des mit der Sache befassten Gerichts wieder festgenommen werden müsste. Ist der (fehlerhafte) Haftbefehl dagegen deshalb nicht vollstreckt worden, weil sich der Beschuldigte dem Verfahren durch Flucht entzogen hat, kann der Erlass eines neuen Haftbefehls dem nach §§ 125, 126 zuständigen Gericht überlassen werden (OLG Düsseldorf NStZ-RR 1996, 267). Die **Übertragung der Zuständigkeit** auf ein anderes Gericht kann nach **Abs. 1 S. 3** erfolgen, wenn dort das Ermittlungsverfahren **geführt** oder die U-Haft dort **vollzogen** wird (vgl. auch § 72 Abs. 5 JGG). Zur Übertragung ist auch der Ermittlungsrichter nach § 169 befugt. Erforderlich ist stets ein **Antrag** der StA. Das Gericht kann die **Übernahme nicht ablehnen.** Eine Weiter- und Rückübertragung ist ggf. notwendig. Mit dem Übertragungsbeschluss wird die Zuständigkeit des neuen Haftrichters begründet und auch das ihm übergeordnete LG und OLG für Entscheidungen über Beschwerden und weitere Beschwerden (BGH 14, 185 = NJW 1960, 1070; Meyer-Goßner Rn. 3). Der Ermittlungsrichter des **BGH** kann die Zuständigkeit für weitere Haftentscheidungen an das AG des Ermittlungs- oder Haftorts übertragen, nachdem der GBA die Sache nach § 142 a Abs. 4 GVG an die LandesStA abgegeben hat (BGH NJW 1973, 475).

2   Nach Erhebung der **öffentlichen Klage** ist das mit der Strafsache befasste **Tatgericht** für die weiteren Haftentscheidungen zuständig **(Abs. 2 S. 1);** der Übergang der Zuständigkeit beendet den bisherigen Instanzenzug (OLG Stuttgart NStZ 1990, 141; KG NStZ-RR 1996, 365; OLG Naumburg NStZ-RR 1997, 307; KK-Boujong Rn. 101). In **erstinstanzlichen Strafsachen vor dem OLG** entscheidet der Strafsenat zwischen Beginn und Ende der Hauptverhandlung in der hierfür nach § 122 Abs. 2 GVG bestimmten Besetzung, mit Berufsrichtern auch wenn die Entscheidung außerhalb der Hauptverhandlung getroffen wird (BGH 43, 91 = BGH NJW 1997, 2531). Wirken an der Hauptverhandlung beim AG oder LG **Schöffen** mit, so gilt das auch für die im Laufe der Hauptverhandlung zu treffenden Haftentscheidungen (OLG Düsseldorf StV 1984, 159; Meyer-Goßner Rn. 8; KK-Boujong Rn. 10). **Außerhalb** der Hauptverhandlung ergehen die Haftentscheidungen stets ohne Laienbeisitzer (OLG Frankfurt NStZ-RR 1996, 302 f.); das gilt auch für den Fall der Unterbrechung der Hauptverhandlung (OLG Naumburg NStZ-RR 2001, 347; OLG Schleswig NStZ 1990, 198). Da die Besetzung nicht davon abhängen darf, ob Haftanträge innerhalb oder außerhalb der Hauptverhandlung gestellt werden, sprechen die besseren Gründe dafür, über die Haftfrage – ausgenommen in den Fällen §§ 268 b, 120 Abs. 1 S. 2 – immer in der Besetzung außerhalb der Hauptverhandlung, dh ohne Schöffen, zu entscheiden (OLG Hamburg NStZ 1998, 99 f., OLG Hamm StV 1998, 388; KK-Boujong Rn. 10); diese Auffassung ist verfassungsrechtlich unbedenklich (BVerfG StV 1998, 387; KK-Boujong Rn. 10). – Nach § 58 Abs. 1 S. 1 GVG kann durch Rechtsverordnung die **Zuständigkeit** in Haftsachen für mehrere AG-Bezirke bei einem AG konzentriert werden. Zu den Anforderungen an eine solche Rechtsverordnung vgl. OLG Nürnberg NStZ 1987, 37; vgl. zur BayVO über die Zuständigkeit der Amtsgerichte in Strafsachen BGH NStZ 1989, 81; vgl. KK-Boujong Rn. 10.

3   Nach **Abs. 2 S. 2** bleibt **während des Revisionsverfahrens** grundsätzlich das Gericht, dessen Urteil angefochten ist, für die weiteren Haftentscheidungen zuständig. Einen **Ausnahmefall** enthält Abs. 3. Nach dieser Vorschrift „kann das Revisionsgericht den Haftbefehl nur dann aufheben, wenn es zugleich das angefochtene Urteil aufhebt und sich bei dieser Entscheidung ohne weiteres ergibt, dass die Voraussetzungen für die Anordnung der U-Haft nicht mehr vorliegen oder die Fortdauer der U-Haft nicht mehr verhältnismäßig wäre, § 120 Abs. 1" (BGH NStZ 1997, 145). Nur für den Fall, dass sich die Notwendigkeit der Haftentlassung

ausnahmsweise **vor** einer Revisionshauptverhandlung infolge eines **Verfahrenshindernisses** (zB wegen Verhandlungsunfähigkeit) ergibt, hat der BGH es für zulässig erachtet, eine Entscheidung nach § 126 Abs. 3 schon vor Aufhebung des angefochtenen Urteils zu treffen (BGH 41, 16 = NJW 1995, 1973; BGH NStZ 1997, 145).

Zuständig ist der Vorsitzende nach **Abs. 2 S. 3, einzelne Maßnahmen** – 4 insbesondere solche nach § 119 – allein anzuordnen oder abzulehnen. Zu diesen Maßnahmen gehören zB: die Verhängung von Hausstrafen (OLG Hamburg NJW 1965, 2362); die Änderung von Verschonungsauflagen nach §§ 116, 116 a; die Benachrichtigung von Angehörigen nach § 114 b Abs. 1 S. 2; **nicht jedoch** die Zustimmung zur U-Haft-Unterbrechung zwecks Strafvollstreckung (KK-Boujong Rn. 12; SK-Paeffgen Rn. 8). Die Anrufung des **Kollegialgerichts** ist unzulässig (BGH 44, 90 NJW 1998, 2298). Die Zuständigkeit des Vorsitzenden soll in der Praxis der Beschleunigung dienen, und die Entscheidung des Kollegiums bietet dem Betroffenen eine höhere Richtigkeitsgewähr (KK-Boujong Rn. 13). Ob der Beschuldigte mit der **Beschwerde** nur die Sachentscheidung angreift oder ob er zusätzlich auch die Besetzung rügt, macht in der Praxis keinen wesentlichen Unterschied. Das Beschwerdegericht kann die Sache wegen der Besetzung an den Vorderrichter zurückverweisen oder in der Sache selbst entscheiden (LR-Wendisch Rn. 26, 27).

Nach **Abs. 2 S. 4** kann der **Vorsitzende in dringenden Fällen** den Haftbefehl 5 aufheben oder außer Vollzug setzen (§ 116). Er bedarf hierzu der **Zustimmung der StA.** Wird diese versagt, ist unverzüglich die Entscheidung des Gerichts herbeizuführen. Ein dringender Fall liegt vor, wenn die Haftentlassung hinausgeschoben würde, wenn der Spruchkörper zusammentreten müsste. Das Verfahren der **besonderen Haftprüfung** nach den §§ 121, 122 findet gemäß Abs. 4 grundsätzlich vor dem OLG statt.

Nach **Abs. 3** kann auch das **Revisionsgericht** unter bestimmten Voraussetzungen den Haftbefehl aufheben. „Eine solche Entscheidung des Revisionsgerichts 6 kann ungeachtet des vorgesehenen Hauptverhandlungstermins schon früher erfolgen, wenn ein **Verfahrenshindernis** besteht, das zur Einstellung des Verfahrens führt" (BGH 41, 16 = NJW 1995, 1973). Nach der Entscheidung über die Revision ist das Revisionsgericht für eine Aufhebung des Haftbefehls nicht mehr zuständig. Vielmehr ist für sämtliche Entscheidungen über die U-Haft nur noch das Gericht zuständig, an das die Entscheidung **zurückverwiesen** wurde (BGH NJW 1996, 2665).

§ 126 a [Einstweilige Unterbringung] RiStBV 59

(1) **Sind dringende Gründe für die Annahme vorhanden, daß jemand eine rechtswidrige Tat im Zustand der Schuldunfähigkeit oder verminderten Schuldfähigkeit (§§ 20, 21 des Strafgesetzbuches) begangen hat und daß seine Unterbringung in einem psychiatrischen Krankenhaus oder einer Entziehungsanstalt angeordnet werden wird, so kann das Gericht durch Unterbringungsbefehl die einstweilige Unterbringung in einer dieser Anstalten anordnen, wenn die öffentliche Sicherheit es erfordert.**

(2) **¹Für die einstweilige Unterbringung gelten die §§ 114 bis 115 a, 117 bis 119, 125 und 126 entsprechend. ²Hat der Unterzubringende einen gesetzlichen Vertreter, so ist der Beschluß auch diesem bekanntzugeben.**

(3) **¹Der Unterbringungsbefehl ist aufzuheben, wenn die Voraussetzungen der einstweiligen Unterbringung nicht mehr vorliegen oder wenn das Gericht im Urteil die Unterbringung in einem psychiatrischen Krankenhaus oder einer Entziehungsanstalt nicht anordnet. ²Durch die Einlegung eines Rechtsmittels darf die Freilassung nicht aufgehalten werden. ³§ 120 Abs. 3 gilt entsprechend.**

§ 126 a

1   Diese Vorschrift regelt die **einstweilige Unterbringung** und dient dem **Schutz der Allgemeinheit** vor gemeingefährlichen Geisteskranken. Anders als die U-Haft, die verfahrenssichernde Bedeutung hat, stellt die einstweilige Unterbringung ausschließlich eine **vorbeugende Maßnahme dar;** sie ist ein Vorläufer einer Unterbringung nach den §§ 63, 64 StGB (OLG Frankfurt NStZ 1985, 285; KK-Boujong Rn. 1). Ein **Jugendlicher** kann auch einstweilig untergebracht werden (OLG Düsseldorf MDR 1984, 603). Die landesrechtlich geregelte Unterbringung psychisch Kranker ist gegenüber der Unterbringung nach § 126 a **subsidiär** (OLG Düsseldorf MDR 1984, 71; vgl. BGH NJW 1967, 686). Im Falle der einstweiligen Unterbringung nach § 126 a steht **dem Arzt,** der vom Gericht zum **Sachverständigen** für die Frage des Vorliegens der §§ 20, 21 StGB und zur Erforderlichkeit der Unterbringung nach § 63 StGB bestimmt worden ist, **kein Zeugnisverweigerungsrecht** zu (BGH NStZ 2002, 214).

2   Steht die **Schuldunfähigkeit** (§ 20 StGB) fest oder ist sie mit hoher Wahrscheinlichkeit anzunehmen, so fehlt es an einem dringenden Tatverdacht einer **schuldhaft** begangenen Tat iS der §§ 112, 112 a. In diesem Fall kann kein Haftbefehl, sondern unter den weiteren Voraussetzungen des § 126 a allein ein **Unterbringungsbefehl** ergehen. Die U-Haft gegen **vermindert Schuldfähige** (§ 21 StGB) wird durch § 126 a auch dann nicht ausgeschlossen, wenn mit der Unterbringung nach §§ 63, 64 StGB zu rechnen ist. Die einstweilige Unterbringung ist idR die angemessene Maßnahme, weil sie die Möglichkeit der **ärztlichen Behandlung** bietet (KG JR 1989, 476), die ohne richterliche Genehmigung zulässig ist. Da U-Haft und einstweilige Unterbringung **nicht gleichzeitig vollzogen** werden können, ist wegen derselben Tat immer nur eine dieser Maßnahmen anzuordnen (Meyer-Goßner Rn. 2).

3   **Abs. 1** bestimmt die **Voraussetzungen der einstweiligen Unterbringung: Dringende Gründe** (hohe Wahrscheinlichkeit) müssen die Annahme rechtfertigen, dass der Beschuldigte eine rechtswidrige Tat (§ 11 Abs. 1 Nr. 5 StGB) im Zustand der Schuldunfähigkeit (§ 20 StGB) oder der verminderten Schuldfähigkeit (§ 21 StGB) begangen hat und dass das Gericht in dem Urteil seine Unterbringung in einem **psychiatrischen Krankenhaus** (§ 63 StGB) oder in einer **Entziehungsanstalt** (§ 64 StGB) anordnen wird. Es braucht nicht festzustehen, ob die Voraussetzungen des § 20 StGB oder nur die des § 21 StGB vorliegen. Ferner ist die einstweilige Unterbringung davon abhängig, dass die **öffentliche Sicherheit** diese Maßnahme erfordert, und zwar zZ des Erlasses des Unterbringungsbefehls. Das ist der Fall, wenn die Wahrscheinlichkeit dafür spricht, dass der Beschuldigte werde weitere rechtswidrige Taten von solcher Schwere begehen, dass der Schutz der Allgemeinheit die einstweilige Unterbringung gebietet. Der **Verhältnismäßigkeitsgrundsatz** (s. vor § 112 Rn. 1; Meyer-Goßner Rn. 4, 5; KK-Boujong Rn. 3) gilt auch hier.

4   Die Anordnung nach **Abs. 1** trifft das nach § 125/§ 126 zuständige **Gericht (Abs. 2 S. 1)** in einem Unterbringungsbefehl. Auf ihn sind nach Abs. 2 eine Reihe von Vorschriften, die für den **Haftbefehl gelten,** entsprechend **anzuwenden.** Analog § 114 Abs. 2 sind die dringenden Gründe für die Annahme der Begehung einer rechtswidrigen Tat, die für die Unterbringungsprognose nach den §§ 63, 64 StGB und die Annahme sprechen, die öffentliche Sicherheit erfordere die einstweilige Unterbringung, anzuführen. Die Vorschriften über die Bekanntmachung des Haftbefehls (§ 114 a), die Benachrichtigung der Angehörigen (§ 114 b) und die Vorführung vor den Richter (§§ 115, 115 a) gelten entsprechend. Der Unterbringungsbefehl ist auch dem gesetzlichen Vertreter des Unterzubringenden bekanntzugeben (KK-Boujong Rn. 4). Die Vorschriften über die **Außervollzugsetzung und Sicherheitsleistung** (§§ 116, 116 a, 123, 124) finden wegen der Gefährlichkeit der erfassten Personen **keine Anwendung** (KK-Boujong Rn. 5; LR-Wendisch Rn. 16; Meyer-Goßner Rn. 10; aA OLG Celle NStZ 1987, 524: „Der Vollzug des Unterbringungsbefehls kann in entsprechender Anwendung des § 116 ausgesetzt

werden". Dagegen gilt die Regelung für die Haftprüfung nach den §§ 117 bis 118 b entsprechend, aber es gibt keine Prüfungsverfahren vor dem OLG (OLG Nürnberg NStZ 1982, 297). Auch die Zuständigkeitsvorschriften der §§ 125, 126 sind anwendbar. Die Art der Anstalt (psychiatrisches Krankenhaus oder Entziehungsanstalt) muss im Unterbringungsbefehl bezeichnet werden. Für die **Ausgestaltung des Vollzugs** gilt nach Abs. 2 der § 119 entsprechend; die Beschränkungen (§ 119 Abs. 3) werden an dem Zweck der einstweiligen Unterbringung ausgerichtet. Der Vollzug des Unterbringungsbefehls wird auf Grund des richterlichen Aufnahmeersuchens (Nr. 15, 90 Abs. 1 UVollzO) von der StA veranlasst (§ 36 Abs. 2 S. 1).

Nach **Abs. 3** ist der **Unterbringungsbefehl aufzuheben,** wenn die Voraussetzungen des Abs. 1 nicht mehr vorliegen oder wenn das Gericht im Urteil die Unterbringung nach den §§ 63, 64 StGB nicht anordnet oder wenn die StA vor Klageerhebung die Aufhebung beantragt (Abs. 3 S. 3 iVm § 120 Abs. 3). Ebenso wie im Fall des § 120 Abs. 2 hat eine Freilassung unabhängig von einem etwaigen Rechtsmittel zu erfolgen (Abs. 3 S. 2). Der **Verhältnismäßigkeitsgrundsatz** kann ggf. die Aufhebung gebieten. Zulässig ist die **Umwandlung eines Unterbringungsbefehls in einen Haftbefehl,** wenn sich herausstellt, dass nicht die Voraussetzungen des § 126 a, sondern die der §§ 112, 112 a vorliegen; im umgekehrten Fall gilt dasselbe (KG JR 1989, 476). Vor der Umwandlung müssen StA und Beschuldigter gehört werden (Meyer-Goßner Rn. 12). Diese Umwandlung kann auch das Beschwerdegericht vornehmen, unabhängig davon, wer Rechtsmittel eingelegt hat (KK-Boujong Rn. 9 mwN). Mit dem Eintritt der **Rechtskraft des Urteils,** das die Unterbringung anordnet, endet die einstweilige Unterbringung, und es beginnt der **Vollzug der Sicherungsmaßnahme,** auch wenn die Vollstreckung des Urteils noch nicht eingeleitet ist (Meyer-Goßner Rn. 13).

Der **Beschwerde** (§ 304) und der weiteren Beschwerde (§ 310) unterliegen der Unterbringungsbefehl und seine Ablehnung. Ebenso können die Umwandlung des Unterbringungsbefehls in einen Haftbefehl und die umgekehrte Entscheidung angefochten werden; denn es handelt sich um verschiedene Arten der Freiheitsentziehung (KK-Boujong Rn. 10). Für **Rechtsbehelfe gegen Vollzugsmaßnahmen** gilt § 119 entsprechend (Abs. 2 S. 1; s. § 119 Rn. 24). Für die **Abgeordneten** gelten die gleichen Beschränkungen wie beim Erlass eines Haftbefehls (s. § 114 Rn. 12).

§ 127 [Vorläufige Festnahme]

(1) ¹**Wird jemand auf frischer Tat betroffen oder verfolgt, so ist, wenn er der Flucht verdächtig ist oder seine Identität nicht sofort festgestellt werden kann, jedermann befugt, ihn auch ohne richterliche Anordnung vorläufig festzunehmen.** ²**Die Feststellung der Identität einer Person durch die Staatsanwaltschaft oder die Beamten des Polizeidienstes bestimmt sich nach § 163 b Abs. 1.**

(2) **Die Staatsanwaltschaft und die Beamten des Polizeidienstes sind bei Gefahr im Verzug auch dann zur vorläufigen Festnahme befugt, wenn die Voraussetzungen eines Haftbefehls oder eines Unterbringungsbefehls vorliegen.**

(3) ¹**Ist eine Straftat nur auf Antrag verfolgbar, so ist die vorläufige Festnahme auch dann zulässig, wenn ein Antrag noch nicht gestellt ist.** ²**Dies gilt entsprechend, wenn eine Straftat nur mit Ermächtigung oder auf Strafverlangen verfolgbar ist.**

§ 127 Abs. 1 S. 1 – der an die „Frische" und nicht an die „Schwere" der Tat anknüpft (BGH 45, 378 = NJW 2000, 1348) – gilt unabhängig von der Gewichtigkeit der Tat und vom Wert der Beute bei allen **Verbrechen und Vergehen** (BGH 45, 378 = NJW 2000, 1348). Er lässt die vorläufige Festnahme des auf frischer Tat betroffenen oder verfolgten Täters durch eine **Privatperson** nicht nur zur Feststellung der Identität, sondern – als notwendige Folge aus dem weiteren Festnahmegrund „Fluchtverdacht" – auch zur **vorläufigen Anwesenheitssicherung** zu, wenn die Gefahr besteht, der Täter werde sich andernfalls der Strafverfolgung entziehen (BayObLG NStZ-RR 2002, 336). Allerdings gestattet das Recht zur Festnahme nicht die Anwendung eines jeden Mittels, das zur Erreichung dieses Zieles erforderlich ist, selbst wenn die Ausführung oder Aufrechterhaltung der Festnahme sonst nicht möglich wäre. Das angewendete Mittel muss vielmehr zum Festnahmezweck in einem **angemessenen Verhältnis** stehen. Unzulässig ist daher regelmäßig, die Flucht eines Straftäters durch Handlungen zu verhindern, die zu einer ernsthaften Beschädigung seiner Gesundheit oder zu einer unmittelbaren Gefährdung seines Lebens führen (BGH NStZ-RR 1998, 50). Dazu gehört zB auch das **lebensgefährdende Würgen** eines auf frischer Tat Betroffenen. Der durch § 127 geschützte staatliche Strafanspruch hat nämlich grundsätzlich hinter der **Gesundheit des Straftäters** zurückzutreten. Der Norm eine weiter gehende Befugnis zu entnehmen ist zudem entbehrlich, weil dann, wenn sich der Festzunehmende dem Einsatz zulässiger Mittel mit Gewalt widersetzt, dem Festnehmenden **§ 32 StGB** mit weiter reichenden Notwehrbefugnissen zur Seite steht (BGH 45, 378 = NJW 2000, 1348). § 127 begründet als eine **vorläufige Maßnahme** (vgl. Art. 104 Abs. 2, 3 GG) für Privatpersonen, StA und Polizeibeamte eine Befugnis zur Festnahme ohne richterliche Anordnung. Sie stellt einen **Rechtfertigungsgrund** dar (RG 34, 446; OLG Stuttgart NJW 1984, 1694). Sie unterscheidet drei Varianten: Die **jedermann** (Polizeibeamten, StA und Privatpersonen) zustehende **anwesenheitssichernde** und **identifizierungssichernde Festnahme auf frischer Tat** nach Abs. 1 S. 1 – für Private keine Verpflichtung, sondern nur eine Ermächtigung zur Festnahme (KK-Boujong Rn. 6) –; die **identifizierungssichernde amtliche Festnahme** durch StA und Polizei nach Abs. 1 S. 2 iVm §§ 163 b, c; **die haftsichernde amtliche Festnahme** nach Abs. 2 (vgl. Roxin § 31 Rn. 1). Eine Befugnis zur **kurzfristigen Festnahme** bei **Störungen der Amtstätigkeit** ist in § 164 festgelegt. Bei einer Straftat **in der Sitzung** kann das Gericht nach § 183 c S. 2 GVG die vorläufige Festnahme des Täters verfügen. Den **Finanzbehörden**, den Zollfahndungsämtern und den mit der Zoll- und Steuerfahndung betrauten Beamten ist in den §§ 399 Abs. 1, 402 Abs. 1, 404 S. 1 AO für das **Steuerstrafverfahren das Festnahmerecht** eingeräumt (KK-Boujong Rn. 3). Die straf- und zivilrechtlichen Bestimmungen über **Notwehr,** Nothilfe, rechtfertigenden und entschuldigenden Notstand (§§ 32, 34, 35 StGB; §§ 228 ff., 904 BGB) und die **präventiv-polizeilichen Befugnisse** bleiben unberührt (RG 31, 308; OLG Düsseldorf NStZ 1991, 599; KK-Boujong Rn. 5). Eine **Ordnungswidrigkeit** kann eine Festnahme nach § 127 nicht rechtfertigen (OLG Zweibrücken NJW 1981, 2016); denn nach § 46 Abs. 3 S. 1 OWiG kommt als Folge einer Ordnungswidrigkeit niemals eine Freiheitsentziehung in Betracht (Göhler OWiG § 46 Rn. 12). Nunmehr sieht § 127 b Abs. 1 eine weitergehende Festnahmebefugnis zur Sicherung des **beschleunigten Verfahrens** vor.

2   Bei **Tat** iS von **Abs. 1 S. 1** muss es sich um eine **Straftat** oder zumindest um eine **rechtswidrige Tat** (§ 11 Abs. 1 Nr. 5 StGB) handeln, da gegen den **schuldunfähigen Täter** (§ 20 StGB) im Sicherungsverfahren (§ 413) Maßregeln der Besserung und Sicherung (§ 71 StGB) selbständig angeordnet werden können (KK-Boujong Rn. 7). Der **Versuch** genügt, wenn er **strafbar ist** (BGH NJW 1981, 745). **Strafunmündige Kinder** (§ 19 StGB) dürfen nach der hM im Schrifttum nicht festgenommen werden, auch nicht zu dem Zweck, die Feststellung der Personalien der Aufsichtspflichtigen zu ermöglichen (Meyer-Goßner Rn. 3; KK-Boujong Rn. 8; Roxin § 31 Rn. 7; aA RG 17, 127; KG JR 1971, 30). Nach Auswertung der Rspr. (RG 17, 127; 19, 103; KG JR 1971, 30) und bei Berücksichtigung der zunehmenden **schweren Kinderkriminalität** ist unter dem Ge-

sichtspunkte der Verbrechensbekämpfung die vorläufige Festnahme von **Strafunmündigen** nach § 127 Abs. 1 – immer unter Wahrung des Grundsatzes der Verhältnismäßigkeit – zum Zwecke der **Identitätsfeststellung** als **zulässig** anzusehen. Das gilt unabhängig davon, ob hinter dem Kind noch andere – strafmündige – Tatbeteiligte stehen oder ob das Kind für weitere, bislang unaufgeklärte Straftaten in Betracht kommt (Krause FS für Geerds, 489 ff.). Es wird die Ansicht vertreten, dass die Festnahme nach Abs. 1 S. 1 nur zulässig ist, wenn **wirklich eine Straftat begangen** worden ist (Meyer-Goßner Rn. 4 mwN). Nach der zutreffenden Meinung hängt die Festnahmebefugnis der Privatperson aber nicht davon ab, dass der Betroffene wirklich eine Straftat begangen hat. Es genügt vielmehr, dass die erkennbaren **äußeren Umstände** einen **dringenden Tatverdacht** nahelegen (KK-Boujong Rn. 9; LR-Wendisch Rn. 10 mwN). Oder mit den Worten des BGH: „Daher ist eine Festnahme oder Verfolgung auf Grund dieser Norm gerechtfertigt, wenn die erkennbaren äußeren Umstände einen dringenden Tatverdacht vermitteln" (BGH NJW 1981, 745). Zutreffend weist Roxin darauf hin, dass es unbillig wäre, dem Festnehmenden, der eine **öffentliche Aufgabe** (RG 17, 128) erfüllt, „das Risiko eines schuldlosen Irrtums (zB über die Tätereigenschaft des am Tatort angetroffenen Verdächtigen) aufzuerlegen" (Roxin § 31 Rn. 4). Unstreitig ist, dass nicht erkennbare Rechtfertigungs- und Schuldausschließungsgründe das Festnahmerecht unberührt lassen (Meyer-Goßner Rn. 4).

Betroffen auf frischer Tat wird jemand, wenn er bei der Erfüllung des Straftatbestandes oder unmittelbar danach (RG 65, 394) am Tatort oder in dessen unmittelbarer Nähe gestellt wird (KK-Boujong Rn. 11). Für das Merkmal „auf frischer Tat betroffen" reicht es aus, „wenn die Zusammenschau aller erkennbaren äußeren Umstände im Tatzeitpunkt nach der Lebenserfahrung im Urteil des Festnehmenden keine vernünftige Zweifel an dem Schluss auf eine rechtswidrige Tat zulassen" (OLG Hamm NStZ 1998, 370; vgl. BayObLG MDR 1986, 956). **Verfolgung auf frischer Tat** liegt vor, wenn sich der Täter bereits vom Tatort entfernt hat, sichere Anhaltspunkte aber auf ihn als Täter hinweisen und seine Verfolgung zum Zweck seiner Ergreifung aufgenommen wird (OLG Hamburg GA 1964, 341). Der Verfolgende braucht nicht der Entdecker zu sein (vgl. den Ruf: Haltet den Dieb). Die Dauer der Verfolgung ist nach dem Gesetz nicht zeitlich begrenzt (Meyer-Goßner Rn. 6).

Festnahmeberechtigt nach **Abs. 1 S. 1** ist **jedermann**, also auch der Minderjährige und der Ausländer. Eine persönliche Beziehung zur Tat ist nicht erforderlich; er braucht auch nicht der Verletzte oder damit beauftragt zu sein, dessen Interessen wahrzunehmen (RG 12, 194). Die Festnahmeberechtigung einer Privatperson endet, wenn die öffentliche Gewalt, dh idR die Polizei einschreitet. Das Festnahmerecht nach Abs. 1 S. 1 steht ebenfalls den Beamten der StA und der Polizei zu, und zwar auch **außerhalb ihres Amtsbezirks**, jedoch nicht zum Zweck der Identitätsfeststellung; insoweit gelten die §§ 163 b Abs. 1 und 163 c (Meyer-Goßner Rn. 7).

Festnahmegründe nach **Abs. 1 S. 1** sind Fluchtgefahr und die Unmöglichkeit der sofortigen Identitätsfeststellung. **Fluchtverdacht** ist gegeben, wenn „nach den Umständen des Falles vernünftigerweise die Annahme gerechtfertigt ist", der Betroffene „werde sich dem Strafverfahren durch Flucht entziehen" (BGH NStZ 1992, 27; BGH MDR 1970, 197). Zur **Feststellung der Identität** ist die Festnahme zulässig, wenn der Betroffene, weil er Angaben zur Person verweigert oder sich nicht ausweisen kann, nicht ohne Vernehmung oder Nachforschungen identifiziert werden kann, die Feststellung an Ort und Stelle aber nicht möglich ist (RG 27, 199; Meyer-Goßner Rn. 11). Die Festnahme ist **unzulässig**, wenn der Name des Betroffenen bekannt ist (RG 67, 353). Das Kennzeichen eines **Kraftfahrzeugs** ermöglicht idR keine genügende Feststellung des Fahrers (OLG Schleswig NJW 1953, 275; KG VRS 16, 113; KK-Boujong Rn. 17; aA OLG Schleswig NJW 1984, 1470).

§ 127

6 Die **Festnahme** iS von **Abs. 1 S. 1** ist ein Realakt ohne Anordnung und bedarf keiner bestimmten Form und keine näheren Begründung, also auch nicht der Worte: „Im Namen des Gesetzes, Sie sind verhaftet" (Roxin § 31 Rn. 9). Dem Betroffenen muss aber erkennbar gemacht werden, dass es sich um eine **vorläufige Festnahme** handelt und welche Tat dazu Anlass gibt (BayObLG NJW 1960, 1583; OLG Oldenburg NJW 1966, 1764). Die Befugnis zur Festnahme, die auch während der **Nachtzeit** besteht (RG 40, 65), schließt das Recht ein, den Betroffenen **festzuhalten**, ihn sogar vorübergehend in Privaträumen zu verwahren, um von dort telefonisch die Polizei herbeizurufen (KG JR 1971, 30; Meyer-Goßner Rn. 12) oder ihn zwangsweise zur nächsten Polizeiwache zu bringen (BGH MDR 1970, 197). Der Private, der den Täter festgenommen hat, kann ihn wieder **freilassen**; denn **Abs. 1** begründet nur eine Befugnis, **aber keine Verpflichtung.** Er muss ihn aber **unverzüglich freilassen,** wenn der **Festnahmegrund entfallen** ist (zB nach Identitätsfeststellung) und damit keine Rechtfertigung mehr für den Eingriff gegeben ist (KK-Boujong Rn. 42 auch § 128 Rn. 1).

7 Die **Anwendung körperlicher Gewalt** ist bei der Festnahme – im angemessenen Verhältnis zum Festnahmezweck – mit der Gefahr oder Folge körperlicher Verletzungen zulässig (OLG Karlsruhe NJW 1974, 806; KK-Boujong Rn. 27), insbesondere das feste Zupacken und ggf. Fesseln (Roxin, § 31 Rn. 10). Freiheitsberaubung, Nötigung und Körperverletzung sind durch Abs. 1 S. 1 gerechtfertigt (Meyer-Goßner Rn. 14); nicht aber eine ernsthafte Gesundheitsbeschädigung, die hier kann ein Rechtfertigungsgrund der Notwehr (§ 32 StGB) eingreifen (KK-Boujong Rn. 28). S. hierzu Rn. 1. Das Drohen mit einer **Schusswaffe** und die Abgabe von Warnschüssen kann gerechtfertigt sein, aber nicht das gezielte Schießen auf den flüchtigen Täter zum Zweck der Festnahme (BGH NJW 1981, 745; BGHR StGB § 32 Abs. 1 Putativnotwehr 1; Meyer-Goßner Rn. 15; vgl. aber auch BGH NStZ 1981, 94). Die **Voraussetzungen des Schusswaffengesetzes** gegenüber Personen durch Polizeibeamten liegen grundsätzlich vor, wenn der Flüchtende eines **Verbrechens** dringend verdächtig ist und sich der **Festnahme durch Flucht** entziehen will (vgl. zB § 54 Abs. 1 Nr. 2 b PolG Ba-W). Erlaubt ist jedoch nicht jede Art des Schusswaffengebrauchs unterhalb der Ausnahmeregelung (zB des § 54 Abs. 2 PolG). Auch bei Vorliegen sämtlicher gesetzlicher Zulässigkeitsvoraussetzungen darf von der Schusswaffe nur in einer Weise Gebrauch gemacht werden, die den Flüchtenden (nur) fluchtunfähig macht. **Gezielte Schüsse** auf zentrale Bereiche des Menschen zum Zwecke der Festnahme sind dagegen wegen ihrer besonderen Gefährlichkeit mit dem Grundsatz der **Verhältnismäßigkeit** nicht vereinbar, sie sind unzulässig und damit nicht gerechtfertigt. Aber ein von einer Erlaubnisnorm gestatteter, beispielsweise auf die Beine gezielter Schuss verliert nicht deshalb seine Rechtmäßigkeit, weil er fehlgeht und auf diese Weise ein tödliche Verletzung ungewollt und nicht vermeidbar hervorruft (BGH NJW 1999, 2533; vgl. auch BGH 26, 99; 27, 313). Unter Umständen kann in Ausnahmefällen im Hinblick auf die Schwere einer Rechtsverletzung „auch einem Privaten die Abgabe von Schüssen auf den fliehenden Täter gestattet sein", aber das angewendete Mittel muss zum Festnahmezweck in einem angemessenen Verhältnis stehen (BGH NStZ-RR 1998, 50 mwN). **Notwehr** (§ 32 StGB) gegen gerechtfertigte Maßnahmen des Festnehmenden darf der Betroffene nicht üben (RG 72, 300); aber der Festnehmende ist zur Notwehr berechtigt, wenn der Betroffene sich gegen eine rechtmäßige Maßnahme zur Wehr setzt (OLG Hamm 1972, 1826; Meyer-Goßner Rn. 17). Der **Verhältnismäßigkeitsgrundsatz** kann es erfordern, statt der Festnahme ein weniger einschneidendes Mittel anzuwenden, zB die Wegnahme des Ausweises oder des Autoschlüssels (KK-Boujong Rn. 29).

8 Die **identifizierungssichernde amtliche Festnahme** durch StA und Polizei ist nach **Abs. 1 S. 2** iVm §§ 163 b, c zulässig. Danach dürfen – unabhängig vom Betreffen auf frischer Tat und den Voraussetzungen eines Haftbefehls – bei jedem einer **Straftat Verdächtigen** alle zur Feststellung seiner Identität erforderlichen Maßnahmen getroffen werden; dem Verdächtigen ist dabei zu eröffnen, welche Tat ihm zur Last gelegt wird (§ 163 b Abs. 1 S. 1). Kann der Beschuldigte sonst nicht oder nur unter erheblichen Schwierigkeiten identifiziert werden, darf er **vorläufig festgehalten,** erkennungsdienstlichen und sonstigen Maßnahmen (§ 163 b Abs. 1 S. 2, 3) unterzogen werden. Selbst **Unverdächtige** dürfen nach § 163 b Abs. 2 identifiziert und ggf. festgehalten werden (Roxin § 31 Rn. 20; s. § 163 b Rn. 1 ff.).

Die **Festnahme bei Gefahr im Verzug** ist nach **Abs. 2** der StA und den 9 Polizeibeamten gestattet, wenn die Voraussetzungen eines **Haftbefehls** (§§ 112, 112 a und 113) oder eines **Unterbringungsbefehls** (§ 126 a) vorliegen. **Gefahr im Verzug** besteht, wenn die Festnahme infolge der Verzögerung gefährdet wäre, die durch das Erwirken eines richterlichen Haft- und Unterbringungsbefehls eintreten würde (KK-Boujong Rn. 35). Das beurteilt der Beamte auf Grund pflichtgemäßer Prüfung der Umstände des Falles (RG 38, 375). „Die Beantwortung der Frage, wann ‚Gefahr im Verzuge' vorliegt, richtet sich nach der Sachlage zur **Zeit der Einschreitens**" (BGH 3, 243). Welche **Zwangsmittel** die Polizei bei der Festnahme einsetzen darf, ist in der StPO nicht geregelt. Für Bundesbeamte findet das Gesetz über den unmittelbaren Zwang bei Ausübung öffentlicher Gewalt durch Vollzugsbeamte des Bundes (UZwG) Anwendung und für die Bundeswehr das UZwGBw. Regelungen für Landesbeamte treffen die in den Ländern ergangenen Polizeigesetze oder Gesetze über die Anwendung unmittelbaren Zwangs (BayObLG 1988, 518; KK-Boujong Rn. 40).

Nach **Abs. 3** ist bei **Antragsdelikten** und Straftaten, die nur mit Ermächtigung 10 oder auf Strafverlangen verfolgt werden können (§ 77 e StGB), eine vorläufige Festnahme schon zulässig, bevor ein Strafantrag oder ein Strafverlangen gestellt oder eine Ermächtigung erteilt ist. Ist allerdings zu erkennen, dass ein Strafantrag (usw.) nicht gestellt wird oder rechtlich nicht mehr möglich ist, hat die vorläufige Festnahme zu unterbleiben (Meyer-Goßner Rn. 21).

Der vorläufigen Festnahme eines **Abgeordneten** steht als Verhaftung iSd Art. 46 11 Abs. 2 GG dessen **Immunität** entgegen, es sei denn, dass er bei Begehung der Tat oder im Laufe des folgenden Tages festgenommen wird. Die allgemeine Genehmigung des Deutschen Bundestages zur Durchführung von Ermittlungsverfahren gegen Abgeordnete erstreckt sich nicht auf vorläufige Festnahmen (SK-Paeffgen Rn. 35; KK-Boujong Rn. 46; RiStBV Nr. 192 Abs. 2 c).

Anfechtung. Wenn der Betroffene die vorläufige Festnahme selbst beanstanden 12 will, gilt § 128; danach hat der Richter über die Fortdauer der Freiheitsentziehung zu entscheiden. Über die **Rechtmäßigkeit** einer **beendeten** vorläufigen Festnahme nach Abs. 2 entscheidet entsprechend § 98 Abs. 2 nach der neuen Rspr. der mit der Sache befasste Richter; das gilt auch, wenn es um die Art und Weise des Vollzugs der Festnahme geht (BGH 44, 133 = NJW 1998, 3653; BVerfGE 96, 27 = NJW 1997, 2163; BVerfG NJW 1999, 273; s. auch § 98 Rn. 9; § 105 Rn. 6).

Entschädigung. Die vorläufige Festnahme nach § 127 Abs. 2, die durch das 13 Verfahrensergebnis nicht gedeckt wird, ist nach § 2 Abs. 2 Nr. 2 StrEG entschädigungsfähig (KK-Boujong Rn. 49). Für **rechtswidrige Festnahmen** begründet Art. 5 f Abs. 5 MRK unmittelbar einen Entschädigungsanspruch gegen den Staat (BGHZ 45, 34 = NJW 1966, 924), und zwar gegen die öffentlich-rechtliche Körperschaft, in deren Bereich die Festnahme eingetreten ist. Er kann nur im Zivilrechtsweg geltend gemacht werden (OLG München NStZ-RR 1996, 125). Der Anspruch setzt **rechtswidrige Festnahme, aber kein Verschulden** voraus (BGHZ 45, 66; Meyer-Goßner Art. 5 MRK Rn. 14).

Im **Bußgeldverfahren** ist die **vorläufige Festnahme** iS des § 127 **ausge-** 14 **schlossen** (§ 46 Abs. 3 S. 1 OWiG). Die Identitätsfeststellung richtet sich nach den §§ 163 b, 163 c.

§ 127 a [Absehen von der Festnahme] RiStBV 60

(1) Hat der Beschuldigte im Geltungsbereich dieses Gesetzes keinen festen Wohnsitz oder Aufenthalt und liegen die Voraussetzungen eines Haftbefehls nur wegen Fluchtgefahr vor, so kann davon abgesehen werden, seine Festnahme anzuordnen oder aufrechtzuerhalten, wenn

1. nicht damit zu rechnen ist, daß wegen der Tat eine Freiheitsstrafe verhängt oder eine freiheitsentziehende Maßregel der Besserung und Sicherung angeordnet wird und
2. der Beschuldigte eine angemessene Sicherheit für die zu erwartende Geldstrafe und die Kosten des Verfahrens leistet.

(2) § 116 a Abs. 1 und 3 gilt entsprechend.

1 Diese Vorschrift ist eine Ausprägung des **Verhältnismäßigkeitsgrundsatzes.** Ausländer, die in der BRep. Straftaten nicht schwerwiegender Art – vor allem aus dem Bereich der Verkehrsdelikte – begehen, können die vorläufige Festnahme und damit die Vorführung vor dem Richter (§ 128) dadurch abwenden, daß sie **Sicherheit** für die zu erwartende Geldstrafe und die Verfahrenskosten (vor allem für Strafbefehlsverfahren) leisten. (SK-Paeffgen Rn. 1; KK-Boujong Rn. 1). Zur Ergänzung des § 132 s. dort. Diese Bestimmung setzt voraus, daß der Beschuldigte im **Geltungsbereich der StPO** (BRep) **keinen festen Wohnsitz** oder **Aufenthalt** hat; also keinen Aufenthalt von einer gewissen Dauer (Dünnebier NJW 1968, 1753). Vgl. auch RiStBV Nr. 60. Die Vorschrift ist auf **nichtseßhafte** Inländer nicht anwendbar (Meyer-Goßner Rn. 2).

2 Es müssen die Voraussetzungen eines Haftbefehls (§ 112 Abs. 1) vorliegen; es darf jedoch nur der Haftgrund der **Fluchtgefahr** (§ 112 Abs. 2 Nr. 2) gegeben sein. Besteht nur oder auch Verdunkelungsgefahr (§ 112 Abs. 2 Nr. 3), so ist § 127 a unanwendbar, ebenso, wenn nur die Voraussetzungen des § 126 vorliegen. Ferner müssen dringender Tatverdacht (§ 112 Abs. 1 S. 1) und Verhältnismäßigkeit (§ 112 Abs. 1 S. 2) gegeben sein. Fehlt es an einer Voraussetzung, kann jedoch § 132 eingreifen (SK-Paeffgen Rn. 3; KK-Boujong Rn. 3). Nach **Abs. 1 Nr. 1** darf **nur eine Geldstrafe zu erwarten sein.** Dem § 127 a steht nicht entgegen, daß auch die Verhängung eines Fahrverbots (§ 44 StGB), die Entziehung der Fahrerlaubnis (§ 69 StGB), Verfall oder Einziehung (§§ 73, 74 StGB) in Betracht kommen (Meyer-Goßner Rn. 5).

3 Nach **Abs. 1 Nr. 2** muss der Beschuldigte eine **angemessene Sicherheit** leisten, damit von der vorläufigen Festnahme abgesehen werden kann. Wegen der Art der Sicherheit verweist Abs. 2 auf § 116 a Abs. 1. Die Sicherheit kann demnach auch durch **Dritte** in Form von Bürgschaft, Hinterlegung usw. geleistet werden. Dritte können zB sein: Banken, Automobilclubs, Konsulate. Die Sicherheit kann auch in Fremdwährung und mittels Euroschecks erbracht werden. Die **Höhe** ist so zu bemessen, daß sie die zu erwartende Geldstrafe und die Verfahrenskosten (§ 464 a) deckt. Weitere Sanktionen sind nicht zu berücksichtigen (KK-Boujong Rn. 5).

4 Nach **Abs. 3** iVm § 116 a Abs. 3 muss der Beschuldigte, wenn er von der Festnahme verschont bleiben will, einen **Zustellungsbevollmächtigten** bestellen (s. hierzu 116 a Rn. 2). Die Zustellungsvollmacht bedarf schon aus Beweisgründen der **Schriftform.** Notfalls kann der Beamte das Einverständnis **telefonisch** einholen und dies in den Akten vermerken (BayObLG JR 1990, 36). Die Sicherheitsleistung und die Bestellung des Zustellungsbevollmächtigten wird **nicht angeordnet;** der Beschuldigte hat vielmehr die Wahl, ob er diese Voraussetzungen erfüllen oder sich dem Richter (§ 128) vorführen lassen will. Er wird **erst von der Festnahme verschont,** wenn Sicherheit geleistet und eine Zustellungsvollmacht erteilt wird. Die **Entscheidung nach § 127 a** trifft der Polizeibeamte, der den Beschuldigten zunächst nach § 127 Abs. 2 festgenommen hat oder hätte festnehmen können. Zuständig sind ferner die Behörde des Polizeibeamten und die StA. Aber auch der Richter, dem der Festgenommene nach § 128 vorgeführt wird, kann nach § 127 a verfahren (KK-Boujong Rn. 7 ff.).

Hat der Beschuldigte die Sicherheit hinterlegt sowie einen Zustellungsbevollmächtigten **mit dessen Einverständnis** bestellt, dann wird die vorläufige Festnahme nach § 127 Abs. 2 nicht angeordnet oder nicht aufrechterhalten. Er kann **die BRep. verlassen.** Ein Strafbefehl oder ggf. die Ladung zur Hauptverhandlung wird dem Zustellungsbevollmächtigten zugestellt (§ 145 a Abs. 2 S. 2). Nach rechtskräftiger Verurteilung zu einer Geldstrafe wird die Sicherheit darauf und auf die Verfahrenskosten **verrechnet.** Ein etwaiger Überschuss wird zurückgezahlt. War eine Bürgschaft geleistet, so wird ggf. der Bürge unmittelbar in Anspruch genommen. Bei Freispruch oder Einstellung des Verfahrens werden die Sicherheiten zurückerstattet und ein Bürge wird frei.

§ 127 b [Hauptverhandlungshaft]

(1) **Die Staatsanwaltschaft und die Beamten des Polizeidienstes sind zur vorläufigen Festnahme eines auf frischer Tat Betroffenen oder Verfolgten auch dann befugt, wenn**

1. **eine unverzügliche Entscheidung im beschleunigten Verfahren wahrscheinlich ist und**
2. **auf Grund bestimmter Tatsachen zu befürchten ist, daß der Festgenommene der Hauptverhandlung fernbleiben wird.**

(2) ¹**Ein Haftbefehl (§ 128 Abs. 2 Satz 2) darf aus den Gründen des Absatzes 1 gegen den der Tat dringend Verdächtigten nur ergehen, wenn die Durchführung der Hauptverhandlung binnen einer Woche nach der Festnahme zu erwarten ist.** ²**Der Haftbefehl ist auf höchstens eine Woche ab dem Tage der Festnahme zu befristen.**

(3) **Über den Erlaß des Haftbefehls soll der für die Durchführung des beschleunigten Verfahrens zuständige Richter entscheiden.**

Diese Vorschrift ist durch das Gesetz zur Änderung der StPO vom 17. 7. 1997 (BGBl. I S. 1822) eingefügt worden. Sie ergänzt die Regelung über das **beschleunigte Verfahren** (§§ 417 ff.) und schafft hierfür ein eigenständiges **Festnahmerecht** und einen neuen Haftgrund zur Sicherung der Hauptverhandlung, die **Hauptverhandlungshaft.** Damit soll der Gefahr entgegengewirkt werden, dass die alsbaldige Durchführung des **beschleunigten Verfahrens,** insbesondere bei reisenden Straftätern, scheitert, weil der zunächst vorläufig festgenommene mutmaßliche Täter mangels eines sonstigen Haftgrundes freigelassen werden muss und sich der späteren Hauptverhandlung entziehen kann (BT-Drucks. 13/2576 S. 3). Denn **Ziel** des beschleunigten Verfahrens nach dessen Neuregelung in den §§ 417 ff. ist es, in einfach liegenden Fällen eine Aburteilung zu ermöglichen, die der Tat auf dem Fuß folgt (OLG Stuttgart NJW 1998, 3134). Die Vorschrift ist rechtspolitisch umstritten (vgl. ua. HK/StPO Rn. 4 ff.; Meyer-Goßner Rn. 2, 3; KK-Boujong Rn. 2; Schlüchter/Fülber/Putzke, Beschleunigtes Verfahren S. 125, je mwN). 1

§ 127 b enthält in **Abs. 1** eine § 127 ergänzende Festnahmebefugnis und in Abs. 2 eine den § 112 ergänzende Haftnorm. An die Festnahme wird sich idR die Anordnung der Hauptverhandlungshaft anschließen, ohne allerdings gesetzlich miteinander verknüpft zu sein. Die Hauptverhandlungshaft kann auch ohne vorherige Festnahme nach Abs. 1 angeordnet werden, zB wenn der Richter vor dem im beschleunigten Verfahren anberaumten Hauptverhandlungstermin erfährt, dass der Beschuldigte, ohne dass die Voraussetzungen eines Haftgrundes nach § 112 vorliegen, an diesem Termin nicht teilnehmen wird (KK-Boujong Rn. 3). Ein Haftbefehl 2

§ 127 b

nach Abs. 2 kann auch gegen eine Person erlassen werden, die nach § 127 Abs. 1 oder § 127 Abs. 2 vorläufig festgenommen worden ist (Meyer-Goßner Rn. 7; Boujong Rn. 3). Wenn die Voraussetzungen des § 127 a vorliegen, greift § 127 Abs. 1 nicht ein (Meyer-Goßner Rn. 10).

3 **Abs. 1** begründet für die StA und die Beamten des Polizeidienstes ein zusätzliches, über § 127 Abs. 1, 2 hinausgehendes **Festnahmerecht** (BT-Drucks. 13/2576 S. 3). § 127 Abs. 1, 2 bleibt daher anwendbar, wenn § 127 b Abs. 1 nicht eingreift, zB wenn eine Identitätsfeststellung erforderlich oder der auf frischer Tat Betroffene oder Verfolgte fluchtverdächtig ist, oder für den festnehmenden Beamten fraglich ist, ob die Voraussetzungen des § 127 b Abs. 1 Nr. 1 erfüllt sind (LR-Hilger Rn. 6; Boujong Rn. 4). Die Festnahmebefugnis hängt davon ab, dass Abs. 1 Nr. 1 und Abs. 1 Nr. 2 **nebeneinander** tatbestandlich erfüllt sind. **Gefahr im Verzug** ist ebenfalls erforderlich (Boujong Rn. 5). **Tat** iSd Abs. 1 ist jede Straftat (nicht OWi) eines Erwachsenen oder Heranwachsenden, nicht eines Jugendlichen (§ 79 Abs. 2 JGG) oder eines Kindes, für die keine höhere Strafe als Geldstraße oder Freiheitsstrafe bis zu 1 Jahr zu erwarten ist. Die Anordnung einer Maßregel der Besserung und Sicherung mit Ausnahme der Entziehung der Fahrerlaubnis darf nicht in Betracht kommen (§ 419 Abs. 1). Aber ein Versuch der Straftat genügt (Meyer-Goßner Rn. 5). Bei **Antragstaten** ist § 127 Abs. 3 entsprechend anzuwenden (Meyer-Goßner Rn. 12, 19; KK-Boujong Rn. 5).

4 **Auf frischer Tat betroffen oder verfolgt** muss die Person sein. Hierzu kann auf die Erläuterungen zu § 127 Abs. 3 verwiesen werden. **Zur Festnahme berechtigt** sind anders als in § 127 nur StA und Beamte des Polizeidienstes, die nicht Hilfsbeamte der StA zu sein brauchen. Es ist aber auch möglich, gegen einen nach § 127 Abs. 1 oder Abs. 2 vorläufig Festgenommenen unter den Voraussetzungen von **Abs. 1 Nr. 1 und Nr. 2** einen Haftbefehl nach Abs. 2 zu erlassen (Meyer-Goßner Rn. 7). Erforderlich ist weiter die **Wahrscheinlichkeit der unverzüglichen Entscheidung im beschleunigten Verfahren** (Abs. 1 Nr. 1); dh die Annahme, dass dieses Verfahren voraussichtlich zur Anwendung kommt und der Fall für dieses Verfahren geeignet ist (§ 417). Das Merkmal der **Unverzüglichkeit** der Entscheidung im beschleunigten Verfahren **(Abs. 1 Nr. 1)** wird durch Abs. 2 S. 1 Halbs. 2 dahingehend konkretisiert, dass die Durchführung der Hauptverhandlung **binnen einer Woche** nach Festnahme zu erwarten sein muss (LR-Hilger Rn. 10; Schlüchter/Fülber/Putzke Beschleunigtes Verfahren S. 118). Es genügt die **einfache** Wahrscheinlichkeit (LR-Hilger Rn. 10). Für die StA und Polizei wird das nur abzusehen sein, wenn zur Durchführung dieses Verfahrens ein Richter bereitsteht (Meyer-Goßner Rn. 9). Erforderlich ist ferner die **begründete Befürchtung,** dass der **dringend tatverdächtige** Beschuldigte der Hauptverhandlung **fernbleiben** wird **(Abs. 1 Nr. 2).** Diese Feststellung wird idR schwierig sein. Dieser Haftgrund wird zu bejahen sein, wenn nach den Umständen des Einzelfalles in nicht geringem Maße zu erwarten ist und ernsthaft in Betracht kommt, dass der Beschuldigte an der im beschleunigten Verfahren anberaumten Hauptverhandlung nicht teilnehmen wird (Hellmann NJW 1997, 2145 ff.; KK-Boujong Rn. 11). Das zu befürchtende Verhalten des Beschuldigten besteht also darin, dass er der Hauptverhandlung **fernbleibt.** Hierbei ist nicht ein aktives Tun erforderlich. Vielmehr ist die Inhaftierung des Beschuldigten möglich, obwohl lediglich eine **Untätigkeit,** nämlich das bloße unentschuldigte Nichterscheinen zur Hauptverhandlung im beschleunigten Verfahren zu erwarten ist (LR-Hilger Rn. 13; Schlüchter/Fülber/Putzke Beschleunigtes Verfahren S. 121). Er wird nicht bestehen, wenn die Nichtteilnahme voraussichtlich entschuldbar ist, zB wegen eines notwendigen Krankenhausaufenthaltes oder einer fest gebuchten Reise (LR-Hilger Rn. 13).

5 Für die **Durchführung der Festnahme** gelten die Erläuterungen zu § 127 entsprechend; allerdings sind Privatpersonen nicht festnahmeberechtigt. Da im beschleunigten Verfahren keine schwerwiegende Taten geahndet werden, ist die

Verhaftung und vorläufige Festnahme § 127 b

Abgabe von Schüssen auf einen **fliehenden Täter** stets unzulässig (KK-Boujong Rn. 13).

Für den **Haftbefehl** nach Abs. 2 gelten nicht die Haftgründe der §§ 112, 112 a; 6 auch § 113 findet keine Anwendung (LR-Hilger Rn. 23; KK-Boujong Rn. 14). Wenn das beschleunigte Verfahren in Betracht kommt und ein Haftgrund nach § 112 oder § 112 a besteht, wird idR eine Haftanordnung nach diesen Vorschriften zu treffen sein (LR-Hilger Rn. 5). Die Hauptverhandlungshaft soll nur die Anwesenheit des Beschuldigten in der im beschleunigten Verfahren stattfindenden Hauptverhandlung **sichern** (s. Rn. 1). Zur Sicherung der **Strafvollstreckung** ist die Hauptverhandlungshaft wegen der in Abs. 2 S. 2 festgelegten kurzen absoluten Hafthöchstfrist (1 Woche) nicht geeignet (LR-Hilger Rn. 2). Wichtig sind die **materiellen** Voraussetzungen der Hauptverhandlungshaft: Es muss ein **dringender Tatverdacht** – es muss die **hohe Wahrscheinlichkeit** gegeben sein, dass der Beschuldigte Täter oder Teilnehmer einer strafbaren Handlung ist (Schlüchter/Fülber/Putzke Beschleunigtes Verfahren S. 118 – bestehen, es muss der **besondere Haftgrund des Abs. 2 S. 1** gegeben sein und der Grundsatz der **Verhältnismäßigkeit** gewahrt sein. Der Haftgrund des **Abs. 2 S. 1** erfordert gemäß der Verweisung auf **Abs. 1 Nr. 1** und **Nr. 2** (wie bereits erwähnt) zunächst die Wahrscheinlichkeit einer unverzüglichen Entscheidung im beschleunigten Verfahren (s. Rn. 4) und ferner die durch bestimmte Tatsachen begründete Befürchtung, der Beschuldigte werde der Hauptverhandlung fernbleiben (s. Rn. 4). Es ist unumstritten, dass der Grundsatz der **Verhältnismäßigkeit** auch hier Anwendung findet (BT-Drucks. 13/2576 S. 3). Eine zwangsweise **Vorführung** zur Hauptverhandlung gemäß § 230 Abs. 2 ist zwar zulässig, aber da diese Vorschrift ein erfolgtes Ausbleiben in der Hauptverhandlung voraussetzt, wird sie in der Praxis im beschleunigten Verfahren keine große Bedeutung haben.

Für die **Vorführung vor dem Richter** gilt § 128 mit der Besonderheit, dass 7 der Festgenommene nicht dem sonst für vorläufige Festnahmen zuständigen Haftrichter, sondern nach Abs. 3 dem Richter vorgeführt werden **soll**, der für die Hauptverhandlung zuständig sein wird. „In begründeten Ausnahmefällen" (BT-Drucks. 13/2576 S. 3) kann hiervon abgesehen werden. Für die **Vernehmung durch den Richter** ist über § 128 Abs. 1 S. 2 auch noch § 115 Abs. 3 anzuwenden (Meyer-Goßner Rn. 14, 15). Die in **Abs. 2 S. 1 und 2** genannte **Wochenfrist** berechnet sich nach § 43 Abs. 1. Hiernach endet bei einer Festnahme an einem Sonntag die Frist am nächsten Sonntag (KK-Boujong Rn. 4). Der **Haftbefehl** ist bereits bei Erlass auf höchstens **eine Woche** befristet. Für die Fristberechnung ist ebenfalls § 43 Abs. 1 maßgebend. Eine **kürzere** Frist kann bestimmt werden, wenn sich bei der Anordnung schon absehen lässt, dass die Hauptverhandlung vor Ablauf der Wochenfrist stattfinden kann (BT-Drucks. 13/2576 S. 3). Mit dem Ablauf der Befristung oder dem vorherigen Ende der Hauptverhandlung wird der Haftbefehl **gegenstandslos** (LR-Hilger Rn. 15). Der Angeklagte ist freizulassen, wenn der Haftbefehl nicht auf einen anderen Haftgrund umgestellt werden kann (LR-Hilger Rn. 15; Boujong Rn. 18). Bei einer **Unterbrechung oder Aussetzung** der Hauptverhandlung gilt ebenfalls die Höchstfrist des Abs. 2 S. 2 (Meyer-Goßner Rn. 18; LR-Hilger Rn. 16). Der Haftbefehl ist auch aufzuheben, wenn sich nach seinem Erlass herausstellt, dass sich die Hauptverhandlung nicht innerhalb der Frist des Abs. 2 S. 2 durchführen lässt (KK-Boujong Rn. 18).

Eine **Außervollzugsetzung** des Haftbefehls ist entsprechend § 116 zulässig (BT- 8 Drucks. 13/2576 S. 3), obwohl § 116 einen wegen Fluchtgefahr (§ 116 Abs. 1), Verdunkelungsgefahr (§ 116 Abs. 2) oder Wiederholungsgefahr (§ 116 Abs. 3) erlassenen Haftbefehl voraussetzt, wenn das Erscheinen des Beschuldigten in der – binnen einer Woche durchzuführenden – Hauptverhandlung sichergestellt ist. Eine Wiederinvollzugsetzung des Haftbefehls bei Nichterscheinen des Beschuldigten in der Hauptverhandlung kann jedoch nur erfolgen, wenn die Wochenfrist bzw. die im

§ 128　　　　　　　　　　　　　　　　　　　　　　　　Erstes Buch. 9. Abschnitt

Haftbefehl bestimmte Frist noch nicht abgelaufen und die erneute Ansetzung der Hauptverhandlung in dieser Frist möglich ist (Meyer-Goßner Rn. 19).

9　　Eine **Fahndung** nach § 131 Abs. 2 ist zulässig, wenn ein nach Abs. 1 Festgenommener entweicht. In diesem Fall wird häufig Flucht oder Fluchtverdacht anzunehmen sein. Ergeht ein Haftbefehl nach Abs. 2 S. 1 ohne vorherige Festnahme, so kann ein Steckbrief nicht ergehen, weil der Beschuldigte weder flüchtig ist noch sich verborgen hält (LR-Hilger Rn. 26). Zu beachten ist, dass dem unverteidigten Beschuldigten sogleich ein **Verteidiger beigeordnet** werden muss (§ 418 Abs. 4), wenn eine Freiheitsstrafe von mindestens 6 Monaten zu erwarten ist.

10　　**Anfechtung.** Gegen den **Haftbefehl** sind die gleichen Rechtsbehelfe gegeben, wie bei Anordnung der U-Haft nach 112 ff., also Antrag auf Haftprüfung und Haftbeschwerde. Hierüber ist der Beschuldigte zu **belehren** (§ 115 Abs. 4). Über die **Rechtmäßigkeit** einer **beendeten vorläufigen Festnahme** nach Abs. 1 oder über die **Art und Weise** ihres Vollzuges entscheidet ggf. entsprechend § 98 Abs. 2 nach der neuen Rspr. der mit der Sache befasste Richter (vgl. BGH 44, 171 = NJW 1998, 3653; BGH 45, 183 = NJW 1999, 3499; s. auch § 98 Rn. 9; § 105 Rn. 6).

§ 128 [Vorführung vor den Richter]　　　　　　　　　　　　　　　　RiStBV 51

(1) ¹**Der Festgenommene ist, sofern er nicht wieder in Freiheit gesetzt wird, unverzüglich, spätestens am Tage nach der Festnahme, dem Richter bei dem Amtsgericht, in dessen Bezirk er festgenommen worden ist, vorzuführen.** ²**Der Richter vernimmt den Vorgeführten gemäß § 115 Abs. 3.**

(2) ¹**Hält der Richter die Festnahme nicht für gerechtfertigt oder ihre Gründe für beseitigt, so ordnet er die Freilassung an.** ²**Andernfalls erläßt er auf Antrag der Staatsanwaltschaft oder, wenn ein Staatsanwalt nicht erreichbar ist, von Amts wegen einen Haftbefehl oder einen Unterbringungsbefehl.** ³**§ 115 Abs. 4 gilt entsprechend.**

1　　Diese Vorschrift zusammen mit § 129 regelt das **Verfahren nach der vorläufigen Festnahme**. In § 129 wird vorausgesetzt, dass Anklage erhoben ist, während § 128 den Fall betrifft, dass dies noch nicht geschehen ist. Beide Vorschriften gehen von § 127 aus, also von einer Festnahme **ohne** vorherigen Haftbefehl. Wenn der Beschuldigte auf Grund eines Haftbefehls ergriffen wird, sind die §§ 115, 115 a anzuwenden. Ist bei einer Festnahme nach § 127 der Polizei noch unbekannt, dass ein Haftbefehl vorliegt, dann richtet sich das weitere Verfahren nach § 128 (KK-Boujong Rn. 1). Der Festgenommene ist **sofort freizulassen,** wenn sich herausstellt, dass die Festnahmegründe nicht oder nicht mehr bestehen oder wenn er nicht innerhalb der Frist des **Abs. 1 S. 1** dem Richter vorgeführt werden kann. S. auch § 127 Rn. 6. Diese Frist darf keinesfalls „ausgeschöpft" werden. Die Freilassung steht vor der Vorführung nur der StA und der Polizei zu. Die **Zuständigkeit des Richters** beginnt mit der Vorführung des Festgenommenen; aber auch dann kann die StA die Freilassung noch nach § 120 Abs. 3 veranlassen, solange kein Haft- oder Unterbringungsbefehl erlassen worden ist (Meyer-Goßner Rn. 2).

2　　Wird der Festgenommene nicht freigelassen und wird auch nicht nach § 127 a verfahren, so ist er nach **Abs. 1** – idR nach polizeilicher Vernehmung (§ 163 a Abs. 4) – dem **Richter** bei dem AG vorzuführen, in dessen Bezirk er festgenommen wurde (§ 128 Abs. 1 S. 1). Diese Vorschrift schließt jedoch eine Vorführung vor dem nach § 125 Abs. 1 zuständigen Richter nicht aus (SK-Paeffgen Rn. 4; KK-Boujong Rn. 3). In Staatsschutzsachen nach § 120 Abs. 1, 2 GVG ist der Festgenommene nach Möglichkeit dem Ermittlungsrichter des BGH bzw. des OLG nach § 169 vorzuführen. **Jugendliche** und Heranwachsende können dem zuständigen Jugendrichter (§ 34 Abs. 1 JGG) vorgeführt werden (Meyer-Goßner Rn. 5). „Kann eine vorläufig festgenommene Person **wegen Krankheit** nicht in der vorgeschriebenen Frist (§ 128) dem Richter vorgeführt werden, so sind diesem die Akten innerhalb der Frist vorzulegen, damit er den Festgenommenen nach Möglichkeit an dem Verwahrungsort vernehmen und unverzüglich entscheiden kann, ob ein Haftbefehl zu erlassen ist" (RiStBV Nr. 51).

Unverzüglich muss die Vorführung nach **Abs. 1** erfolgen, spätestens aber am 3 Tage nach der Festnahme, auch wenn er ein Sonnabend, Sonn- oder Feiertag ist. Am Tag nach der Festnahme **um 24 Uhr** läuft die Vorführungsfrist endgültig ab. Landesverfassungen können nicht wirksam kürzere Fristen bestimmen. „Die Dauer einer anderweitigen Freiheitsentziehung ohne richterliche Entscheidung ist nach Art. 104 Abs. 2 GG in die Vorführungsfrist (hier des § 128 Abs. 1 StPO) einzurechnen" (BGH 34, 365 = NJW 1987, 2524). Anders als bei § 115 ist die Ermittlungsbehörde grundsätzlich nicht gehindert, vor der fristgerechten Vorführung notwendige Ermittlungen anzustellen (BGH NStZ 1990, 195; Meyer-Goßner Rn. 6 mwN für eine aA).

Nach **Abs. 1 S. 2** richtet sich die **richterliche Vernehmung nach § 115** 4 **Abs. 3** (s. dort Rn. 3 ff.). Sie ist entbehrlich, wenn schon der Festnahmebericht das Fehlen von Haftgründen ergibt oder wenn ein Antrag der StA auf Aufhebung nach § 120 Abs. 3 S. 1 vorliegt. Die StA und der Verteidiger sind nach § 168 c Abs. 1, 5 vom Vernehmungstermin zu benachrichtigen. Außerdem muss die Vernehmung so rechtzeitig stattfinden, dass die Entscheidung spätestens am Tag nach der Festnahme erfolgen kann (Meyer-Goßner Rn. 7).

Nach **Abs. 2 S. 2** ist der **Erlass eines Haftbefehls** grundsätzlich von einem 5 **Antrag der StA** abhängig. Die Beteiligung der StA erfolgt notfalls fernmündlich. Wenn die Polizei bereits die StA unterrichtet hat, kann deren Antrag schon vor der Vorführung zu den dem Richter vorzulegenden Akten genommen werden. Andernfalls hört der Richter die StA an; das hat auch zu geschehen, wenn der Richter die Freilassung nach Abs. 2 S. 1 anordnen will (KK-Boujong Rn. 11). Bei **Nichterreichbarkeit der StA** ist der Richter berechtigt und verpflichtet, von Amts wegen einen Haft- oder Unterbringungsbefehl zu erlassen, wenn die Voraussetzungen dafür gegeben sind. **Unerreichbar** ist die StA, wenn sie nicht rechtzeitig vor Ablauf der Vorführungsfrist ggf. telefonisch oder fernschriftlich gehört werden kann. Sie ist ferner unerreichbar, wenn sie wegen ungenügender Unterrichtung nicht zur Frage der Verhaftung oder einstweiligen Unterbringung Stellung nehmen kann. Wenn der Antrag der StA **fehlt**, ohne dass ein Fall der Unerreichbarkeit gegeben ist, so ist der ergangene Haft- oder Unterbringungsbefehl gleichwohl **wirksam.** Die StA kann aber nach § 120 Abs. 3 S. 1 die Aufhebung verlangen (Meyer-Goßner Rn. 11).

Der Richter hat nach der **Vorführung** gemäß **Abs. 2** darüber zu befinden, ob 6 **im Zeitpunkt seiner Entscheidung** die Voraussetzungen eines **Haftbefehls** (§§ 112 ff.) oder eines **Unterbringungsbefehls** (§ 126 a) vorliegen (Abs. 2 S. 2) oder die **Freilassung** des Beschuldigten (Abs. 2 S. 1) geboten ist. Der Richter kann auch nach § 127 a verfahren und kann ggf. den Vollzug des Haftbefehls nach § 116 aussetzen. Der Beschuldigte, gegen den der Haft- oder Unterbringungsbefehl ergeht, ist nach Abs. 2 S. 3 iVm § 115 Abs. 4 über die ihm zustehenden Rechte zu **belehren.** Das in § 129 gebrauchte Wort „**sofort**" hat die Bedeutung von „**unmittelbar**" (KK-Boujong Rn. 3). Außerdem ist nach §§ 114a Abs. 2, 114b zu verfahren (KK-Boujong Rn. 9).

Die **Beschwerde** (§ 304) und die weitere Beschwerde (§ 310) ist gegeben, wenn 7 der Richter mit **Beschluss,** der zu begründen ist (§ 34), den Antrag der StA auf Erlass eines Haft- oder Unterbringungsbefehls ablehnt.

§ 129 [Vorführung nach Klageerhebung]

Ist gegen den Festgenommenen bereits die öffentliche Klage erhoben, so ist er entweder sofort oder auf Verfügung des Richters, dem er zunächst

§ 130

vorgeführt worden ist, dem zuständigen Gericht vorzuführen; dieses hat spätestens am Tage nach der Festnahme über Freilassung, Verhaftung oder einstweilige Unterbringung des Festgenommenen zu entscheiden.

1   Diese Vorschrift bestimmt in Ergänzung des § 128 (s. dort Rn. 1), wie nach der vorläufigen Festnahme gemäß § 127 Abs. 2 zu verfahren ist, **wenn bereits Anklage erhoben** ist. Vor der Vorführung haben die StA oder die Polizei auch hier den Festgenommenen **sofort** freizulassen, wenn die Festnahmegründe nicht mehr bestehen (s. § 128 Rn. 1). Die **Rechtsmittelbelehrung** ist – wie der Zusammenhang der Vorschriften eindeutig erkennen lässt – **immer zu erteilen,** wenn jemand auf Grund eines Haftbefehls in Haft genommen wird oder wenn gegen jemanden, der sich in Haft befindet, ein Haftbefehl ergeht (LR-Hilger Rn. 9). Anders als im Fall des § 128 kann die StA den Festgenommenen **nach der Vorführung** nicht mehr wieder in Freiheit setzen, da § 120 Abs. 3 für den Verfahrensabschnitt nach Erhebung der öffentlichen Klage nicht gilt (KK-Boujong Rn. 1). Wird der Festgenommene nicht freigelassen, so ist er unmittelbar von dem Festnehmenden dem Richter vorzuführen. Der Beamte, der nach pflichtgemäßem Ermessen entscheidet, muss in erster Linie darauf bedacht sein, den Beschuldigten innerhalb der Frist des § 128 Abs. 1 S. 1 vor **das mit der Sache befasste Gericht** (es hat die besten Kenntnisse vom Verfahren) zu bringen. Besteht diese Möglichkeit nicht, muss er den Beschuldigten fristgerecht dem nach § 128 Abs. 1 oder § 125 Abs. 1 zuständigen **Richter beim AG** zuführen (KK-Boujong Rn. 2).

2   Nach **Halbs. 2** hat das Gericht spätestens **am Tag nach der Festnahme** (s. hierzu § 128 Rn. 3) über die Aufrechterhaltung der Freiheitsentziehung **zu entscheiden.** Wird der Festgenommene rechtzeitig dem „zuständigen" (also dem mit der Sache befassten Gericht) vorgeführt, so bietet an sich die gerichtliche Entscheidung keine rechtlichen Schwierigkeiten. Das mit der Sache befasste Gericht – und in dringenden Fällen allein der **Vorsitzende** gemäß § 125 Abs. 2 S. 2 (s. dort Rn. 3) – entscheidet innerhalb der Frist des **Halbs. 2** über die Freilassung, Verhaftung oder einstweilige Unterbringung, nachdem es den Festgenommenen **vernommen** hat. Zur Vernehmung s. § 115 Rn. 3. Schwieriger gestaltet es sich, wenn die Vorführung **vor das nicht mit der Sache befasste Gericht** erfolgt. Der Richter am AG hat auch die Befugnis, den Festgenommenen zu entlassen, wenn keine Gründe für den Erlass eines Haft- oder Unterbringungsbefehls vorliegen (KK-Boujong Rn. 4). Hält er diese Gründe für gegeben, so darf er – nach einer abzulehnenden Auffassung – gleichwohl keinen Haft- oder Unterbringungsbefehl erlassen, sondern ist darauf beschränkt, den Schwebezustand der vorläufigen Festnahme aufrechtzuerhalten und dessen förmlichen Übergang in die U-Haft oder Unterbringung dem mit der Sache befassten Gericht zu überlassen, auch bei Überschreitung der Frist nach Halbs. 2 (LR-Hilger Rn. 6; Meyer-Goßner Rn. 4 mwN). Nach zutreffender Meinung hat der zunächst angegangene Richter am AG **auch die Kompetenz,** einen Haft- oder Unterbringungsbefehl zu erlassen, falls die Entscheidung des mit der Sache befassten Gerichts nicht mehr innerhalb der Frist des Halbs. 2 herbeigeführt werden kann; dieses kann den Haftbefehl sofort nach § 120 Abs. 1 S. 1 aufheben, wenn es ihn nicht billigt (KK-Boujong Rn. 4 mwN). Die **prozessuale Fürsorgepflicht** wird es in diesem Fall gebieten, die Entscheidung mit Unterlagen sofort (zB durch Telex) dem mit der Sache befassten Gericht zuzuleiten, das sodann alsbald die Entscheidung des Richters am AG überprüft (AK/StPO-Krause Rn. 4).

§ 130 [Haftbefehl bei Antragsstraftaten]   RiStBV 7

¹ **Wird wegen Verdachts einer Straftat, die nur auf Antrag verfolgbar ist, ein Haftbefehl erlassen, bevor der Antrag gestellt ist, so ist der Antragsberechtigte, von mehreren wenigstens einer, sofort von dem Erlaß des Haft-**

Verhaftung und vorläufige Festnahme § 130

befehls in Kenntnis zu setzen und davon zu unterrichten, daß der Haftbefehl aufgehoben werden wird, wenn der Antrag nicht innerhalb einer vom Richter zu bestimmenden Frist, die eine Woche nicht überschreiten soll, gestellt wird. ²Wird innerhalb der Frist Strafantrag nicht gestellt, so ist der Haftbefehl aufzuheben. ³Dies gilt entsprechend, wenn eine Straftat nur mit Ermächtigung oder auf Strafverlangen verfolgbar ist. ⁴§ 120 Abs. 3 ist anzuwenden.

Nicht behebbare **Verfahrenshindernisse** schließen den dringenden Verdacht 1 einer verfolgbaren Tat aus. § 130 regelt für **verschiedene behebbare Verfahrenshindernisse** – Fehlen eines erforderlichen Strafantrags, einer Ermächtigung oder eines Strafverlangens (§§ 77, 77 e) – die Voraussetzungen, unter denen trotz des Fehlens ein Haftbefehl erlassen werden kann. Für die vorläufige Festnahme gilt § 127 Abs. 3. Das Gesetz geht von dem Grundsatz aus, dass ein Haftbefehl zulässig ist, wenn diese Verfahrensvoraussetzungen nicht vorliegen, aber noch geschaffen werden können. Diese Bestimmung gilt auch, wenn der Haftbefehl nach § 116 außer Vollzug gesetzt wird. Bei **Antragsdelikten** kann also ein Haftbefehl ergehen, wenn der erforderliche Strafantrag im Zeitpunkt der Haftentscheidung noch nicht gestellt, aber rechtswirksam nachgeholt werden kann. Der Haftbefehl ist aber unzulässig, wenn kein Strafantrag gestellt werden kann (Ablauf der Antragsfrist, Verzicht, Zurücknahme des Antrags) oder es unwahrscheinlich ist, dass dieser gestellt wird (KK-Boujong Rn. 1, 2). Vgl. auch RiStBV Nr. 7.

Nach Erlass des Strafbefehls trotz Fehlens des Strafantrags entsteht eine Art 2 Schwebezustand, der alsbald beendet werden muss. Daher muss nach **S. 1** der **Antragsberechtigte unmittelbar** nach Erlass des Strafbefehls darüber **unterrichtet** werden, dass ein Haftbefehl ergangen ist und dass dieser aufgehoben wird, wenn der Strafantrag nicht **innerhalb einer gleichzeitig bestimmten Frist** gestellt wird. Sind **mehrere Antragsberechtigte vorhanden,** so muss nach S. 1 wenigstens einer unterrichtet werden, aber grundsätzlich sind alle zu unterrichten (Meyer-Goßner Rn. 3). Die Benachrichtigung muss die **Angaben** enthalten, die der Berechtigte benötigt, um sein Antragsrecht ausüben zu können. Sie umfasst demnach die Angabe des Beschuldigten, die Tat, der dieser verdächtigt ist, Zeit und Ort ihrer Begehung und die gesetzlichen Merkmale der Straftat (vgl. § 114 Abs. 2 Nr. 1 und 2). Die Angabe des Haftgrundes (§ 114 Abs. 2 Nr. 3) wird idR entbehrlich sein (LR-Hilger Rn. 8).

In der Unterrichtsverfügung bestimmt der Richter eine **Erklärungsfrist.** Die 3 vom Gesetz vorgeschlagene Wochenfrist kann unter Umständen (Erkrankung des Antragsberechtigten, Behörde ist antragsberechtigt) überschritten werden. Nach **S. 2** erfolgt die **Aufhebung des Haftbefehls,** wenn innerhalb der gesetzten Frist kein Strafantrag gestellt wird. Liegt ein Strafantrag vor, so ist es ausreichend, dass einer der Berechtigten ihn gestellt hat. Ist der Strafantrag **verspätet** gestellt und der Haftbefehl noch nicht aufgehoben, so bleibt er bestehen; war er aber bereits aufgehoben, so muss ein neuer Haftbefehl erlassen werden. Die Aufhebungsgründe des § 120 bleiben selbstverständlich unberührt; **S. 4** ist daher überflüssig. Haben alle Antragsberechtigten ihre Strafanträge zurückgenommen, muss der Haftbefehl aufgehoben werden (Meyer-Goßner Rn. 5).

Trifft ein **Antragsdelikt** mit einem **Offizialdelikt** zusammen, so wird in der 4 Praxis der Haftbefehl nur auf das letzte gestützt, solange kein Strafantrag gestellt ist. Ergeht aber wegen beider Straftaten Haftbefehl, so ist die Unterrichtung mit Fristsetzung erforderlich (KK-Boujong Rn. 9).

S. 3 erklärt diese Grundsätze in allen Fällen der fehlenden **Ermächtigung** und 5 des fehlenden **Strafverlangens** (§ 77 e) für entsprechend anwendbar. Hier wird die genannte Wochenfrist idR nicht ausreichen, um die Ermächtigung der zuständigen Stellen (zB Ermächtigung des Bundespräsidenten nach § 90 Abs. 4; Ermächtigung

§ 131

des betroffenen Verfassungsorgans oder Mitglieds nach § 90 b Abs. 2 StGB) herbeizuführen (KK-Boujong Rn. 10).

9 a. Abschnitt. Weitere Maßnahmen zur Sicherstellung der Strafverfolgung und Strafvollstreckung

Mit dem Gesetz zur Änderung und Ergänzung des Strafverfahrensrechts – Strafverfahrensänderungsgesetz 1999 (StVÄG) v. 2. 8. 2000 (BGBl. I 1253) wird der Rspr. des BVerfG, insbesondere dem Urteil des BVerfG v. 15. 12. 1983 zum Volkszählungsgesetz 1983 (BVerGE 65, 1 = NJW 1984, 419), Rechnung getragen und die Rechtsgrundlage für Eingriffsbefugnisse geschaffen. Die Änderungen und Ergänzungen schaffen für
– die strafprozessuale Ermittlungstätigkeit,
– die Verwendung personenbezogener Informationen, die in einem Strafverfahren erhoben worden sind, sowie
– die Verarbeitung personenbezogener Daten in Dateien und ihre Nutzung (BT-Drucks. 14/1484)
– die Verarbeitung personenbezogener Daten in Dateien und ihre Nutzung (BT-Drucks. 14/1484), die verfassungsrechtlich gebotene notwendige **Rechtsgrundlage**. Außerdem wird durch dieses Gesetz für die die Übermittlungsbefugnis der Registerbehörde zur Erteilung von Auskünften an die StA und das Bundeskriminalamt zur Durchführung von § 2 DNA-Identitätsfeststellungsgesetz und entsprechend Anfragebefugnisse eine Rechtsgrundlage geschaffen.

§ 131 [Ausschreibung zur Festnahme]   RiStBV 41

(1) **Auf Grund eines Haftbefehls oder eines Unterbringungsbefehls können der Richter oder die Staatsanwaltschaft und, wenn Gefahr im Verzug ist, ihre Ermittlungspersonen (§ 152 des Gerichtsverfassungsgesetzes) die Ausschreibung zur Festnahme veranlassen.**

(2) ¹Liegen die Voraussetzungen eines Haftbefehls oder Unterbringungsbefehls vor, dessen Erlass nicht ohne Gefährdung des Fahndungserfolges abgewartet werden kann, so können die Staatsanwaltschaft und ihre Ermittlungspersonen (§ 152 des Gerichtsverfassungsgesetzes) Maßnahmen nach Absatz 1 veranlassen, wenn dies zur vorläufigen Festnahme erforderlich ist. ²Die Entscheidung über den Erlass des Haft- oder Unterbringungsbefehls ist unverzüglich, spätestens binnen einer Woche herbeizuführen.

(3) ¹Bei einer Straftat von erheblicher Bedeutung können in den Fällen der Absätze 1 und 2 der Richter und die Staatsanwaltschaft auch Öffentlichkeitsfahndungen veranlassen, wenn andere Formen der Aufenthaltsermittlung erheblich weniger Erfolg versprechend oder wesentlich erschwert wären. ²Unter den gleichen Voraussetzungen steht diese Befugnis bei Gefahr im Verzug und wenn der Richter oder die Staatsanwaltschaft nicht rechtzeitig erreichbar ist auch den Ermittlungspersonen der Staatsanwaltschaft (§ 152 des Gerichtsverfassungsgesetzes) zu. ³In den Fällen des Satzes 2 ist die Entscheidung der Staatsanwaltschaft unverzüglich herbeizuführen. ⁴Die Anordnung tritt außer Kraft, wenn diese Bestätigung nicht binnen 24 Stunden erfolgt.

(4) ¹Der Beschuldigte ist möglichst genau zu bezeichnen und soweit erforderlich zu beschreiben; eine Abbildung darf beigefügt werden. ²Die

Tat, derer er verdächtig ist, Ort und Zeit ihrer Begehung sowie Umstände, die für die Ergreifung von Bedeutung sein können, können angegeben werden.

(5) **Die §§ 115 und 115 a gelten entsprechend.**

Die bisher nur in § 131 aF sowie in RiStB Nr. 39–41 geregelte **Fahndung** ist 1 nur in den §§ 131 bis 131 c in der Fassung des StVÄG 1999 v. 2. 8. 2000 umfassend geregelt. § 131 regelt die Ausschreibung zur Festnahme auf Grund eines Haft- oder Unterbringungsbefehls bzw. **im Vorfeld** des Erlasses eines Haft- oder Unterbringungsbefehls in besonders geeigneten Eilfällen.

Abs. 1 ermächtigt zur **Ausschreibung zur Festnahme,** wenn die Verhaftung 2 oder Verwahrung eines flüchtigen oder sich verborgen haltenden Beschuldigten richterlich angeordnet ist. Diese neue Formulierung „**Ausschreibung zur Festnahme**" berücksichtigt – im Gegensatz zu § 131 aF – dass der überkommene Begriff „Steckbrief" die heutigen differenzierten Fahndungsmethoden nicht mehr adäquat kennzeichnet und trägt zugleich dem Grundsatz der **Subsidiarität** Rechnung, da ein Steckbrief, unter dem nach allgemeiner Meinung die an eine unbestimmte Zahl von Behörden, Stellen und Personen gerichtete Aufforderung zur Fahndung nach einer gesuchten Person verstanden wird, zu vermeidbaren öffentlichen **Bloßstellungen** führen kann. Die in der jetzigen Fassung gewählte allgemeinere Formulierung „Ausschreibung zur Festnahme" umfasst sowohl den Fall des bisherigen Steckbriefs, als auch, falls dies ausreicht, weniger eingreifende Maßnahmen. Neben den Voraussetzungen des Vorliegens eines Haftbefehls oder eines Unterbringungsbefehls wird auf die weiteren Voraussetzungen Flucht oder Verbergen des Beschuldigten verzichtet, da die Ausschreibung zur Festnahme in Abs. 1 nur zulässig ist, wenn auf Grund des bereits vorliegenden Haftbefehls oder Unterbringungsbefehls die Vollstreckungshandlung erforderlich ist. Die **Anordnung einer Ausschreibung** zur Festnahme ist grundsätzlich dem Richter **oder** der StA vorbehalten. Beide sind mithin in Abweichung von § 36 Abs. 2 S. 1 **gleichermaßen zuständig.** Besteht **Gefahr im Verzug,** so sind auch die Hilfsbeamten der StA zur Anordnung befugt. Diese **Eilkompetenz** entspricht einem Bedürfnis der Praxis. Sie wird zB in den Fällen Bedeutung erlangen, in denen der Polizei Anhaltspunkte für Fluchtvorbereitungen eines mit Haftbefehl gesuchten Beschuldigten bekannt werden und Sofortmaßnahmen ergriffen werden müssen.

Abs. 2 regelt die Möglichkeit der Ausschreibung zur Festnahme schon **im Vor-** 3 **feld des Erlasses eines Haftbefehls** oder eines Unterbringungsbefehls in besonders gelagerten Eilfällen neu. Hierfür besteht ein praktisches Bedürfnis, zB wenn bei plötzlicher Flucht eines beinahe festgenommenen Tatverdächtigen angesichts der Verknüpfung und Schnelligkeit moderner Verkehrsverbindungen unverzüglich überörtliche Fahndungsmaßnahmen ergriffen werden müssen, der **Haftrichter** jedoch **nicht sofort** oder nur schwer erreichbar ist. Dem Erfordernis einer Sofortentscheidung in besonders gelagerten Eilfällen entsprechend kann die Maßnahme einer Ausschreibung zur Festnahme von der **StA** und ihrer **Hilfsbeamten** angeordnet werden. Die Maßnahme erfordert die **Voraussetzungen** eines Haftbefehls oder eines Unterbringungsbefehls, mithin regelmäßig Flucht, Fluchtgefahr oder Verbergen des dringend tatverdächtigen Beschuldigten. Betont wird auch die **Erforderlichkeit** der Maßnahme zum Zweck vorläufiger Festnahme. Die Maßnahme ist also nur zulässig, wenn der gleiche Fahndungserfolg nicht mit weniger beeinträchtigenden Mitteln wie zB Ausschreibung zur Aufenthaltsermittlung, Nachforschungen bei Nachbarn, Behörden erreicht werden kann. Die Vorschrift regelt außerdem die Notwendigkeit einer **kurzfristigen Nachholung der richterlichen Entscheidung.** Hieraus folgt, dass die Voraussetzungen einer Ausschreibung zur Festnahme nach Abs. 2 **entfallen,** wenn der Haftbefehl oder Unterbringungsbefehl nicht **binnen einer Woche** ergangen ist. In diesen Fällen sind die Ausschreibung zur

§ 131 a　　　　　　　　　　　　　　　　　　　　Erstes Buch. 9 a. Abschnitt

Festnahme sowie alle auf Grund dieser Ausschreibung veranlassten Fahndungsmaßnahmen unverzüglich zu beenden (BR-Drucks. 65/99).

4 Nach **Abs. 3** können bei einer Straftat **von erheblicher Bedeutung** in den Fällen der Abs. 1 und 3 der Richter und die StA auch **Öffentlichkeitsfahndungen** veranlassen, wenn andere Formen der Aufenthaltsermittlung erheblich weniger Erfolg versprechen oder wesentlich erschwert wären. Diese Befugnis steht unter Umständen – Richter und StA nicht erreichbar – dem Hilfsbeamten der StA zu. Die Entscheidung der StA ist unverzüglich herbeizuführen; die Anordnung tritt **außer Kraft,** wenn die Bestätigung nicht binnen **24 Stunden** erfolgt. Die **Öffentlichkeitsfahndung** wendet sich an einen nach Zahl und Individualität **unbestimmten Kreis** von Personen, die nicht durch persönliche Beziehungen miteinander verbunden sind. Zur Öffentlichkeitsfahndung gehören: Einschaltung von **Publikationsorganen** wie Presse, Rundfunk und Fernsehen, Internet, Plakate, Lautsprecherdurchsagen (KK-Boujong Rn. 15).

5 Abs. 4 regelt den **Inhalt** eines Fahndungsausschreibens. Eine möglichst genaue Bezeichnung des Gesuchten ist erforderlich, um Verwechslungen und damit eine Beschwer Nichtbeschuldigter auszuschließen. **Abbildungen,** die beigefügt werden dürfen, sind für eine Öffentlichkeitsfahndung geeigneten Bildmaterialien; auch sog. **Phantombilder** sind dadurch erfasst (BR-Drucks. 65/99 S. 40).

6 Nach **Abs. 5** gelten die §§ 115 (Vorführung vor den zuständigen Richter) und 115 a (Vorführung vor den Richter des nächsten AG) entsprechend.

7 **Anfechtung.** Gegen die Anordnung der StA und ihrer Hilfsbeamten ist der Antrag entsprechend § 98 Abs. 2 S. 2 gegeben und gegen die richterliche Anordnungen die Beschwerde nach § 304 Abs. 1. Nach der neuen Rspr. kann der Betroffene auch nach **beendeten** tiefgreifenden Zwangsmaßnahmen ggf. entsprechend § 98 Abs. 2 die **Rechtswidrigkeit** richterlich feststellen lassen (BGH 44, 171 = NJW 1998, 3653; 45, 183 = NJW 1999, 3499; BVerfGE 96, 44 = NJW 1997, 2163; BVerfG NJW 1999, 273; BVerfG StV 2000, 295; s. § 98 Rn. 9; § 105 Rn. 6). Eine **verfahrensfehlerhafte Anordnung** der Beschuldigtenfahndung führt aber nicht zu Unverwertbarkeit des Fahndungsergebnisses (KK-Boujong Rn. 20).

§ 131 a [Ausschreibung zur Aufenthaltsermittlung]　RiStBV 41 Abs. 4, 42

(1) **Die Ausschreibung zur Aufenthaltsermittlung eines Beschuldigten oder eines Zeugen darf angeordnet werden, wenn sein Aufenthalt nicht bekannt ist.**

(2) **Absatz 1 gilt auch für Ausschreibungen des Beschuldigten, soweit sie zur Sicherstellung eines Führerscheins, zur erkennungsdienstlichen Behandlung, zur Anfertigung einer DNA-Analyse oder zur Feststellung seiner Identität erforderlich sind.**

(3) **Auf Grund einer Ausschreibung zur Aufenthaltsermittlung eines Beschuldigten oder Zeugen darf bei einer Straftat von erheblicher Bedeutung auch eine Öffentlichkeitsfahndung angeordnet werden, wenn der Beschuldigte der Begehung der Straftat dringend verdächtig ist und die Aufenthaltsermittlung auf andere Weise erheblich weniger Erfolg versprechend oder wesentlich erschwert wäre.**

(4) [1] **§ 131 Abs. 4 gilt entsprechend.** [2] **Bei der Aufenthaltsermittlung eines Zeugen ist erkennbar zu machen, dass die gesuchte Person nicht Beschuldigter ist.** [3] **Die Öffentlichkeitsfahndung nach einem Zeugen unterbleibt, wenn überwiegende schutzwürdige Interessen des Zeugen entgegenstehen.** [4] **Abbildungen des Zeugen dürfen nur erfolgen, soweit die Aufenthaltsermittlung auf andere Weise aussichtslos oder wesentlich erschwert wäre.**

Weitere Maßnahmen zur Sicherstellung d. Strafverfolgung usw. **§ 131 a**

(5) **Ausschreibungen nach den Absätzen 1 und 2 dürfen in allen Fahndungshilfsmitteln der Strafverfolgungsbehörden vorgenommen werden.**

Diese Vorschrift regelt die Ausschreibung eines **Beschuldigten oder eines** 1
Zeugen zur **Aufenthaltsermittlung,** sowie die Ausschreibung des Beschuldigten zur Sicherstellung eines **Führerscheins,** zur **erkennungsdienstlichen** Behandlung, zur Ausfertigung einer DNA-Analyse oder zur Feststellung der **Identität** sowie die Voraussetzungen einer Öffentlichkeitsfahndung (BR-Drucks. 65/99 S. 40). Für die in § 2 Abs. 1 des DNA-Identitätsfeststellungsgesetzes genannten Personen gelten nach Abs. 3 dieses Gesetzes die §§ 131 a und 131 c StPO entsprechend.

Abs. 1 knüpft die Zulässigkeit einer Ausschreibung zur Aufenthaltsermittlung 2
allein an den **unbekannten,** dh nicht ermittelten Aufenthalt eines **Beschuldigten oder eines Zeugen.** Der Verzicht auf die ausdrückliche Betonung des Grundsatzes der Vorrangigkeit weniger belastender Maßnahmen bedeutet jedoch nicht, dass bei einer Ausschreibung zur Aufenthaltsermittlung das für **alle strafprozessuale Maßnahmen geltende allgemeine Verhältnismäßigkeitsprinzip** unbeachtlich ist. Vielmehr ist im Einzelfall abzuwägen, ob das Ziel der Ermittlung des Aufenthalts eines Beschuldigten oder Zeugen durch den Betroffenen weniger belastende Ermittlungen, ggf. durch einfache Nachfragen bei Meldebehörden oder sonstige Erkundigungen gemäß §§ 160 ff. erreicht werden kann (Hilger NStZ 2000, 563). Bei dieser Abwägung ist zu berücksichtigen, dass im Einzelfall die durch eine Ausschreibung zu Aufenthaltsermittlung verursachte „Bloßstellung" eines Beschuldigten geringer sein kann, als Nachfragen zB bei Nachbarn oder Arbeitskollegen, die den von der Maßnahme Betroffenen in seinem sozialen Umfeld als Beschuldigten eines Strafverfahrens offenbaren (BR-Drucks. 65/99 S. 45).

Abs. 2 regelt die Zulässigkeit von Ausschreibungen zur Sicherstellung eines 3
Führerscheins, zur **erkennungsdienstlichen** Behandlung, zur Anfertigung einer **DNA-Analyse** oder zur Feststellung der **Identität** des Beschuldigten.

Abs. 3 regelt die Zulässigkeit der **Öffentlichkeitsfahndung** auf Grund einer 4
Ausschreibung zur Aufenthaltsermittlung eines **Beschuldigten oder Zeugen** und knüpft die Zulässigkeit der Maßnahme an die engeren **Voraussetzungen einer Subsidiaritätsklausel.** Ausschreibungen zur Aufenthaltsermittlung dürfen danach nur dann an die Öffentlichkeit gerichtet werden, wenn die Fahndung auf andere Weise erheblich weniger erfolgversprechend oder wesentlich erschwert wäre. Eine Inanspruchnahme der Öffentlichkeitsfahndung ist darüber hinaus nur zulässig, wenn der Beschuldigte oder Straftat von **erheblicher Bedeutung dringend verdächtig ist.** Die Vorschriften für die Öffentlichkeitsfahndung gelten unter besonderer Beachtung des **Verhältnisgrundsatzes** auch für das Internet.

Abs. 4 bestimmt, dass die inhaltlichen Vorgaben (§ 131 Abs. 4), die für die 5
Ausschreibung zur Festnahme gelten, auch für die Ausschreibung zur **Aufenthaltsermittlung** zu beachten sind. Darüber hinaus ist erkennbar zu machen, dass Ausschreiben nach **Zeugen** nicht Ausschreibungen nach Beschuldigten sind. Ausschreibungen nach Zeugen sind zudem nur zulässig, wenn dessen **überwiegende schutzwürdige Interessen** nicht entgegenstehen. Für **Abbildungen** gelten **besondere** Subsidiaritäten.

Abs. 5 weist zum Schutz der von Fahndungsmaßnahmen Betroffenen Ausschrei- 6
bungen zur Aufenthaltsermittlung, die allein auf die Abs. 1 und 2 gestützt sind und für die die Voraussetzungen für Öffentlichkeitsfahndungen nicht vorliegen, auf Verbreitungen in allen Fahndungshilfsmitteln der Strafverfolgungsbehörden hin. Dazu gehören vor allem die in **RiStBV Nr. 40 Abs. 1** aufgeführten Fahndungsmittel (zB Bundeszentralregister; Ausländerzentralregister usw). Zur **Ausländerfahndung** s. RiStBV Nr. 43 und Anlage F zu den RiStBV.

Die Anordnungszuständigkeit ist in § 131 c geregelt. 7

§§ 131 b, 131 c

§ 131 b [Veröffentlichung von Abbildungen]

(1) Die Veröffentlichung von Abbildungen eines Beschuldigten, der einer Straftat von erheblicher Bedeutung verdächtig ist, ist auch zulässig, wenn die Aufklärung einer Straftat, insbesondere die Feststellung der Identität eines unbekannten Täters auf andere Weise erheblich weniger Erfolg versprechend oder wesentlich erschwert wäre.

(2) ¹Die Veröffentlichung von Abbildungen eines Zeugen und Hinweise auf das der Veröffentlichung zugrunde liegende Strafverfahren sind auch zulässig, wenn die Aufklärung einer Straftat von erheblicher Bedeutung, insbesondere die Feststellung der Identität des Zeugen, auf andere Weise aussichtslos oder wesentlich erschwert wäre. ²Die Veröffentlichung muss erkennbar machen, dass die abgebildete Person nicht Beschuldigter ist.

(3) § 131 Abs. 4 Satz 1 erster Halbsatz und Satz 2 gilt entsprechend.

1   Diese Vorschrift regelt die Zulässigkeit einer **Aufklärungsfahndung** und einer **Identitätsfahndung**. **Abs. 1** regelt die Zulässigkeit der Veröffentlichung von Abbildungen eines **Beschuldigten** zur Aufklärung einer Straftat und zur Identitätsfeststellung. Erfasst wird jegliches für eine Öffentlichkeitsfahndung geeignete Bildmaterial, insbesondere wird erfasst die Zulässigkeit einer Fahndung mittels Veröffentlichung eines **Phantombildes** eines Beschuldigten. Es kommt jede Art einer Ablichtung in Betracht (Hilger NStZ 2000, 563). Die Fahndungsmaßnahme setzt den **Verdacht** einer Straftat von **erheblicher Bedeutung** voraus und knüpft die Zulässigkeit an die Subsidiaritätsklausel, dass andere Maßnahmen erheblich weniger erfolgsversprechend wären oder den Aufklärungserfolg wesentlich erschweren würden.

2   **Abs. 2** regelt die Aufklärungs- und Identitätsfeststellungsfahndung nach einem **Zeugen**. Die Zulässigkeit der Maßnahme ist zum Schutz der betroffenen Zeugen an die engere Subsidiaritätsklausel geknüpft, dass andere Fahndungsmaßnahmen aussichtslos oder wesentlich erschwert wären. **S. 2** bestimmt, dass die Maßnahme deutlich machen muss, dass die Person, nach der gefahndet wird, **nicht** Beschuldigter ist. Dies ist geboten, dass Fahndungsaufrufe mit Bildpräsentationen die abgebildete Person im Bewusstsein der Betrachter in die Nähe des Beschuldigten rücken können (BR-Drucks. 65/99 S. 42).

3   **Abs. 3** bestimmt, dass die bei einer Ausschreibung zur Festnahme geltenden Erfordernisse (§ 131 Abs. 4 S. 1 erster Halbs. und S. 2) auch hier zu beachten sind. Die **Anordnungskompetenz** ist in § 131 c geregelt.

§ 131 c [Anordnung und Bestätigung von Fahndungsmaßnahmen]

(1) ¹Fahndungen nach § 131 a Abs. 3 und § 131 b dürfen nur durch den Richter, bei Gefahr im Verzug auch durch die Staatsanwaltschaft und ihre Ermittlungspersonen (§ 152 des Gerichtsverfassungsgesetzes) angeordnet werden. ²Fahndungen nach § 131 a Abs. 1 und 2 bedürfen der Anordnung durch die Staatsanwaltschaft; bei Gefahr im Verzug dürfen sie auch durch ihre Ermittlungspersonen (§ 152 des Gerichtsverfassungsgesetzes) angeordnet werden.

(2) ¹In Fällen andauernder Veröffentlichung in elektronischen Medien sowie bei wiederholter Veröffentlichung im Fernsehen oder in periodischen Druckwerken tritt die Anordnung der Staatsanwaltschaft und ihrer Ermittlungspersonen (§ 152 des Gerichtsverfassungsgesetzes) nach Absatz 1 Satz 1 außer Kraft, wenn sie nicht binnen einer Woche von dem Richter bestätigt wird. ²Im Übrigen treten Fahndungsanordnungen der

Weitere Maßnahmen zur Sicherstellung d. Strafverfolgung usw. **§ 132**

Ermittlungspersonen der Staatsanwaltschaft (§ 152 des Gerichtsverfassungsgesetzes) außer Kraft, wenn sie nicht binnen einer Woche von der Staatsanwaltschaft bestätigt werden.

Diese Vorschrift regelt im Einzelnen die **Anordnungskompetenzen** für die in den §§ 131 a und 131 b zu treffenden Maßnahmen und das **Außerkrafttreten** von Fahndungsmaßnahmen. 1

§ 132 [Sonstige Maßnahmen] RiStBV 60

(1) ¹Hat der Beschuldigte, der einer Straftat dringend verdächtig ist, im Geltungsbereich dieses Gesetzes keinen festen Wohnsitz oder Aufenthalt, liegen aber die Voraussetzungen eines Haftbefehls nicht vor, so kann, um die Durchführung des Strafverfahrens sicherzustellen, angeordnet werden, daß der Beschuldigte

1. eine angemessene Sicherheit für die zu erwartende Geldstrafe und die Kosten des Verfahrens leistet und
2. eine im Bezirk des zuständigen Gerichts wohnende Person zum Empfang von Zustellungen bevollmächtigt.

²§ 116 a Abs. 1 gilt entsprechend.

(2) Die Anordnung dürfen nur der Richter, bei Gefahr im Verzuge auch die Staatsanwaltschaft und ihre Ermittlungspersonen (§ 152 des Gerichtsverfassungsgesetzes) treffen.

(3) ¹Befolgt der Beschuldigte die Anordnung nicht, so können Beförderungsmittel und andere Sachen, die der Beschuldigte mit sich führt und die ihm gehören, beschlagnahmt werden. ²Die §§ 94 und 98 gelten entsprechend.

Die Vorschrift erweitert die Möglichkeit des § 127 a, die Strafverfolgung und -vollstreckung gegen Personen sicherzustellen, die in der Bundesrepublik **keinen festen Wohnsitz** oder **Aufenthalt** haben. In Betracht kommen insbesondere Verfahren gegen durchreisende ausländische Kraftfahrer, solange sie sich noch im Inland befinden (Jaby StV 1993, 448; Meyer-Goßner Rn. 1). Die Vorschrift ist auch auf Deutsche mit Auslandswohnsitz anwendbar (Geppert GA 1997, 281; LR-Hilger Rn. 1; vgl. auch BayObLG Rpfl. 1996, 41). Sie bedeutet keine durch Art. 6 EGV verbotene, versteckte Diskriminierung auf Grund der Staatsangehörigkeit (LG Erfurt NStZ-RR 1996, 180; Meyer-Goßner Rn. 1). Es muss **dringender Tatverdacht** vorliegen. Dagegen dürfen alle weiteren Voraussetzungen eines **Haftbefehls nicht** erfüllt sein. Die Ahndung von **Verkehrsverstößen durchreisender ausländischer Kraftfahrer** soll vor allem mit dieser Vorschrift erleichtert werden. Aus Abs. 1 Nr. 1 ergibt sich, dass eine **Geldstrafe,** aber keine Freiheitsstrafe oder freiheitsentziehende Maßregel als Unrechtsfolge **zu erwarten** ist; es ist aber unschädlich, dass auch mit einem Fahrverbot, einer Entziehung der Fahrerlaubnis, mit Verfall oder Einziehung zu rechnen ist (KK-Boujong Rn. 4). 1

Die nach **Abs. 1 Nr. 1 und 2** anzuordnenden Maßnahmen stehen im **pflichtgemäßen** Ermessen. Wenn der Tatbestand erfüllt ist, ist die dort vorgesehene Anordnung idR zu treffen, ohne dass es einer Begründung bedarf. Ein Festhalten zur **Identitätsfeststellung** ist im Rahmen des § 163 b Abs. 1 S. 2 zulässig; eine vorläufige Festnahme könnte nur auf § 127 Abs. 1 gestützt werden. Wenn der Beschuldigte der nach § 132 erlassenen Anordnung Folge leistet, unterliegt er keinen Beschränkungen seiner Bewegungsfreiheit. Nach dem **Verhältnismäßigkeitsgrundsatz** wird von einer Anordnung abzusehen sein; dies wird vor allem dann der Fall sein, wenn eine **Einstellung** wegen Geringfügigkeit (§ 153) in Betracht kommt (KK-Boujong Rn. 5, 6). 2

§ 132 a

3   **Zuständig** ist der **Richter** bei dem AG, in dessen Bezirk die Handlung vorzunehmen ist, aber auch das AG des § 125 Abs. 1. Er entscheidet durch **Beschluss** nach Anhörung der StA und des Beschuldigten (§ 33 Abs. 2 und 3). In der Praxis, insbesondere bei durchreisenden Ausländern, wird regelmäßig **Gefahr im Verzuge** (s. § 98 Rn. 2) gegeben sein, so dass die StA und vor allem ihre Hilfsbeamten zuständig sein werden. Im OWiG-Verfahren (§ 46 Abs. 1 OWiG, § 132 Abs. 2) können bei Gefahr im Verzug auch die Verwaltungsbehörde oder die Beamten des Polizeidienstes die Anordnung treffen (OLG Düsseldorf NStE Nr. 1 zu § 132). Diese kann mündlich ergehen; sie sollte jedoch schriftlich festgehalten werden. Entsprechend § 98 Abs. 2 ist der Antrag auf gerichtliche Entscheidung zulässig (Meyer-Goßner Rn. 12); darüber ist der Beschuldigte zu belehren. Im Hinblick auf durchreisende Ausländer sind auch **Zustellungsbevollmächtigte** aus **anderen Gerichtsbezirken** anzuerkennen; diese müssen bereit sein, die zu erwartenden Zustellungen für den Beschuldigten entgegenzunehmen (OLG Düsseldorf NStE Nr. 1 zu § 132; s. auch § 116a Rn. 2 und RiStBV Nr. 60). An den nach **Abs. 1 Nr. 2** bestellten Bevollmächtigten kann ein Urteil nach § 232 Abs. 4 auch wirksam **zugestellt** werden, wenn er nicht zugleich **Verteidiger** des Angeklagten ist (BayObLG NStZ 1995, 561).

4   **Leistet der Beschuldigte** die verlangte Sicherheit und bestellt er einen Zustellungsbevollmächtigten, so kann er den Geltungsbereich der StPO verlassen; das Strafverfahren wird aber fortgesetzt (zB im Strafbefehlsverfahren). Wenn der Beschuldigte die getroffene Anordnung nicht oder nicht im vollen Umfange befolgt, können Beförderungsmittel und andere Sachen nach **Abs. 3 S. 1 beschlagnahmt** werden. Diese Befugnis umfasst auch das Recht, zum Auffinden von Beschlagnahmegegenständen der Person das Kfz, die Ladung usw. zu **durchsuchen.** Die **Beschlagnahmeanordnung** richtet sich nach **Abs. 3 S. 2** gemäß den §§ 94, 98. Sie wird **aufgehoben**, wenn der Beschuldigte nachträglich der Anordnung nachkommt oder wenn auf Freispruch oder Einstellung erkannt wird. Nach rechtskräftiger Verurteilung wird wegen der Geldstrafe und der Kosten in die beschlagnahmten Gegenstände **vollstreckt.** Die richterliche Beschlagnahmeanordnung kann mit **Beschwerde** (§§ 304, 305 S. 2) angefochten werden (KK-Boujong Rn. 11 ff.). Im **Bußgeldverfahren** findet § 132 entsprechende Anwendung (§ 46 Abs. 1 OWiG); allerdings darf eine Einstellung nach § 47 Abs. 3 OWiG – anders als im Fall des § 153a – nicht von einer Geldzahlung abhängig gemacht werden (Boujong Rn. 15; LR-Hilger Rn. 22). Zur Zuständigkeit vgl. §§ 46 Abs. 2, 53 Abs. 2 OWiG. Die Zulässigkeit einer Anordnung nach § 132 **gegen den ausgereisten Beschuldigten** s. Müllenbach NStZ 2001, 637.

9 b. Abschnitt. Vorläufiges Berufsverbot

§ 132 a [Vorläufiges Berufsverbot]

(1) ¹**Sind dringende Gründe für die Annahme vorhanden, daß ein Berufsverbot angeordnet werden wird (§ 70 des Strafgesetzbuches), so kann der Richter dem Beschuldigten durch Beschluß die Ausübung des Berufs, Berufszweiges, Gewerbes oder Gewerbezweiges vorläufig verbieten.** ²**§ 70 Abs. 3 des Strafgesetzbuches gilt entsprechend.**

(2) **Das vorläufige Berufsverbot ist aufzuheben, wenn sein Grund weggefallen ist oder wenn das Gericht im Urteil das Berufsverbot nicht anordnet.**

1   Diese Vorschrift ist zwar als **Kann-Bestimmung** ausgestaltet. Die Anordnung ist aber idR zu treffen, wenn die Voraussetzungen vorliegen (KK-Boujong Rn. 4). Das vorläufige Berufsverbot ist jedoch ein Eingriff in die durch Art. 12 Abs. 1 GG

§ 132 a

gewährleistete Freiheit der Berufswahl. Diese Präventivmaßnahme hat regelmäßig eine intensive Auswirkung auf diese grundrechtlich geschützte Rechtsposition (BVerfGE 48, 292 = NJW 1978, 1479). Die Anordnung eines Berufsverbots setzt voraus, dass nach einer Gesamtwürdigung von Tat und Täterpersönlichkeit die Gefahr besteht, dass der Beschuldigte in Ausübung des Berufs weitere erhebliche rechtswidrige Straftaten begehen wird. Dabei müssen die rechtswidrigen Taten unter Missbrauch des Berufs des Täters begangen werden, dh er muss die durch den Beruf gegebenen Möglichkeiten bewusst und planmäßig zu Straftaten ausnutzen. Hingegen reicht die äußerliche Möglichkeit zur Begehung von Taten anlässlich der Berufsausübung nicht aus. Vielmehr muss die strafbare Handlung Ausfluss der beruflichen oder gewerblichen Tätigkeit selbst sein oder mindestens ein mit der regelmäßigen Gestaltung der Berufsausübung in Beziehung gesetztes Verhalten betreffen (OLG Frankfurt NStZ-RR 2003, 113; BVerfGE 48, 222 = NJW 1978, 1479). Das vorläufige Berufsverbot darf nur verhängt werden, wenn – neben den in § 132 a Abs. 1 genannten Voraussetzungen – zusätzlich festgestellt ist, dass das Verbot schon vor rechtskräftigem Abschluss des Hauptverfahrens (vgl. § 70 StGB) als Präventivmaßnahme **zur Abwehr konkreter** – regelmäßig in der Entscheidung darzulegender – **Gefahren für wichtige Gemeinschaftsgüter erforderlich ist** (Düsseldorf OLG, NStZ 1984, 379; OLG Karlsruhe StV 1985, 49, jeweils in Anschluss an BVerfGE 44, 105 = NJW 1977, 892; 48, 292). **Dringende Gründe** iS von **Abs. 1 S. 1** entsprechen dem des **dringenden Tatverdachts** nach § 112. Erforderlich ist demnach die Erwartung, dass in dem Strafverfahren **mit hoher Wahrscheinlichkeit** ein Berufsverbot nach § 70 StGB ausgesprochen wird. Zu beachten ist auch der **Verhältnismäßigkeitsgrundsatz,** der auch beim endgültigen Berufsverbot gilt (§ 62 StGB). Daher ist zu prüfen, ob es nicht ausreicht, das vorläufige Verbot auf bestimmte Tätigkeiten in Rahmen des Berufs zu **beschränken,** zB einem Friseurmeister, der an seinen weiblichen Auszubildenden sexuelle Handlungen vorgenommen hat, zu verbieten, weibliche Jugendliche auszubilden (BGH MDR 1954, 529; KK-Boujong Rn. 5).

Unberücksichtigt hat zu bleiben, dass der Beschuldigte in einem **berufs-** 2 **oder ehrengerichtlichen** Verfahren aus seinem Beruf ausgeschlossen (BGH 28, 85 = NJW 1978, 945; BGH NJW 1975, 1712) oder dass gegen ihn in einem solchen Verfahren ein Berufsverbot verhängt werden kann, dass der Beschuldigte seinen Beruf gewechselt hat oder nicht mehr berufstätig ist (BGH MDR 1954, 529), dass die Verwaltungsbehörde ein Berufsverbot verhängt oder das Ruhen der Approbation angeordnet hat (BGH NJW 1975, 2249; Meyer-Goßner Rn. 4).

Zuständig ist allein der **Richter,** im Ermittlungsverfahren der Richter beim 3 AG, in Staatsschutzsachen auch der Ermittlungsrichter nach § 169. Örtlich zuständig ist jedes AG, in dessen Bezirk ein Gerichtsstand nach §§ 7 ff. begründet ist; § 162 Abs. 1 S. 2 und 3 gilt nicht. Nach Anklageerhebung ist das Gericht zuständig, bei dem die Sache anhängig ist, das Berufungsgericht nach Vorlegung der Akten nach § 321 S. 1, im Revisionsverfahren der Tatrichter, bei dem die Sache zuletzt anhängig war (KK-Boujong Rn. 7). Das Gericht **entscheidet** durch begründeten (§ 34) **Beschluss,** und zwar nach Anhörung des Beschuldigten (§ 33 Abs. 3). **Wirksam** wird das vorläufige Berufsverbot mit der **Bekanntmachung** an den Beschuldigten; der Beschluss sollte daher **zugestellt** werden. Außerdem sollte der Beschuldigte auf § 145 c StGB hingewiesen werden. **Inhaltlich** muss der Beschluss den Beruf oder Berufszweig, das Gewerbe oder den Gewerbezweig, dessen Ausübung dem Beschuldigten vorläufig verboten wird, **genau bezeichnen.** Nicht genügend bestimmte Verbote sind unwirksam (BGH MDR 1979, 455; vgl. OLG Karlsruhe NStZ 1995, 446), so zB die Untersagung, „als Manager" zu arbeiten (BGH 1956, 144). Nach Abs. 1 S. 2 iVm § 70 Abs. 3 StGB darf der Beschuldigte den untersagten Beruf oder das Gewerbe auch nicht **für einen anderen ausüben**

§ 133 Erstes Buch. 10. Abschnitt

oder durch eine von seinen Weisungen abhängige Person **für sich ausüben** lassen. Verstöße sind strafbar (§ 145 c StGB). Gegen **Abgeordnete** kann das vorläufige Berufsverbot auf Grund der vom Bundestag erteilten allgemeinen Genehmigung nicht angeordnet werden (RiStBV Nr. 192 a Abs. 2 Buchst. e S. 1).

4   In **Abs. 2** sind die **Aufhebungsgründe** festgelegt. Ob der Anordnungsgrund noch fortbesteht, ist während des gesamten Verfahrens **von Amts wegen zu prüfen**. Er ist weggefallen, wenn nicht mit hoher Wahrscheinlichkeit (s. Rn. 1) vorhergesagt werden kann, dass im Urteil ein Berufsverbot nach § 70 StGB verhängt wird. Die **Aufhebungsentscheidung** trifft im Ermittlungsverfahren das Gericht, das die Anordnung getroffen hat. An den Aufhebungsantrag der StA ist es nicht gebunden. Nach Anklageerhebung entscheidet das mit der Sache befasste Gericht (s. Rn. 3). Das Revisionsgericht ist nur zuständig, wenn es das Berufsverbot nach § 70 StGB endgültig aufhebt oder wenn es das Verfahren einstellt; im Übrigen befindet der Tatrichter, der zuletzt mit der Sache befasst war (KK-Boujong Rn. 14). Hebt das Revisionsgericht ein Urteil auf, das die Anordnung eines Berufsverbots abgelehnt hat, so ist der Tatrichter, an den die Sache zurückverwiesen wird, zuständig (Boujong Rn. 7).

5   Die **Beschwerde** (§ 304 Abs. 1) ist zulässig gegen die Anordnung des vorläufigen Berufsverbots, seine Ablehnung und seine Aufhebung. Anfechtbar sind auch Entscheidungen des erkennenden Gerichts (§ 305 S. 2), nicht aber die des OLG (§ 304 Abs. 4 S. 2) und der Ermittlungsrichter des BGH und der OLGe (§ 304 Abs. 5). Weitere Beschwerde ist ausgeschlossen (§ 310 Abs. 2). Die Beschwerde hat keine aufschiebende Wirkung (§ 307 Abs. 1).

6   Die Anordnung des vorläufigen Berufsverbots gegen **Abgeordnete** ist nach Art. 46 GG und den entspr. Bestimmungen der Landesverfassungen nur zulässig, wenn das Parlament die Genehmigung zur Strafverfolgung erteilt hat. Aufgrund **allgemein** erteilter Genehmigung (s. RiStBV Nr. 192 a) ist zwar die Durchführung von Ermittlungsverfahren gegen Abgeordnete mit gewissen Einschränkungen zulässig. Zu den Einschränkungen gehört aber die Anordnung eines vorläufigen Berufsverbots (s. RiStBV Nr. 192 a Abs. 2 e), zumal die Maßnahme wohl auch das Verbot der Abgeordnetentätigkeit selbst erfassen müsste, da sie iSd § 70 StGB als „Beruf" anzusehen sein dürfte (LR-Hilger Rn. 24).

Zehnter Abschnitt. Vernehmung des Beschuldigten

§ 133 [Schriftliche Ladung]   RiStBV 44

(1) Der Beschuldigte ist zur Vernehmung schriftlich zu laden.

(2) Die Ladung kann unter der Androhung geschehen, daß im Falle des Ausbleibens seine Vorführung erfolgen werde.

1   Diese Vorschrift gilt für alle **richterlichen** Vernehmungen des **Beschuldigten** vor Eröffnung des Hauptverfahrens und vor allem für Vernehmungen durch den Ermittlungsrichter. Die §§ 133 bis 136 a finden aber gemäß § 163 a Abs. 3 S. 2 auch für die StA entsprechend Anwendung. Bei der Beschuldigtenvernehmung durch die **Polizei** sind § 136 Abs. 1 S. 2 bis 4, Abs. 2, 3 und § 136 a anzuwenden (§ 163 a Abs. 3 S. 2). Die Polizei hat kein Recht, einen Beschuldigten zwangsweise zur Vernehmung vorzuführen, sofern nicht die Voraussetzungen der §§ 127, 163 a, 163 b vorliegen (BGH NJW 1962, 1021). Vorschriften des **Landespolizeirechts** können insoweit nicht für Zwecke des Strafverfahrens herangezogen werden (Boujong Rn. 1). Im **Bußgeldverfahren** gilt die Vorschrift gemäß § 46 Abs. 1 OWiG. Die Ladung zur **Hauptverhandlung** und zu Vernehmungen nach § 233 Abs. 2 S. 1 ist in § 216 geregelt.

Die **Ladung** darf nicht durch Postkarte erfolgen (RiStBV Nr. 44 Abs. 1 S. 3). **2** Eine telegrafische Ladung oder die Ladung per **Telefax** stehen einer schriftlichen gleich. Eine Vernehmung auf Grund mündlicher oder telefonischer Ladung (oder bei unaufgefordertem Erscheinen) ist möglich; aber dann ist eine Vorführung ausgeschlossen. Weitergehende Formerfordernisse stellt das Gesetz nicht auf. Die **förmliche Zustellung** ist nicht geboten, aber beim Nachweis des Zugangs vor allem im Falle der Androhung der Vorführung zweckmäßig. **Abs. 1** gilt auch für den **inhaftierten** Beschuldigten; aber bei ihm entfällt die Vorführungsandrohung nach Abs. 3, weil mit der Ladung ein Vorführungsbefehl an die JVA ergeht (KK-Boujong Rn. 3; OLG Koblenz NStZ 1989, 93). **Inhaltlich** muss die Ladung erkennen lassen: der Geladene soll als **Beschuldigter** vernommen werden; der **Gegenstand** der Beschuldigung sollte kurz bezeichnet werden; **Ort und Termin** sind genau anzugeben; ein **Hinweis auf das Schweigerecht** des Beschuldigten und seine Verteidigungsmöglichkeiten ist nicht vorgeschrieben, aber zulässig (KK-Boujong Rn. 5; vgl. RiStBV Nr. 44 Abs. 1).

Zum Erscheinen verpflichtet ist der schriftlich, nach Vernehmungsunterbre- **3** chung auch der mündlich geladene Beschuldigte; dabei ist unerheblich, dass er sich nicht zur Sache äußern will oder wenn er dies ausdrücklich ankündigt (Meyer-Goßner Rn. 5 mwN). Die **Androhung der Vorführung (Abs. 2)** steht im Ermessen des Gerichts. Sie kommt nur in Betracht, wenn sie auch wahrgemacht werden soll (RiStBV Nr. 44 Abs. 2). Bei mündlicher Ladung zur Fortsetzung der Vernehmung wirkt die Androhung fort; sie kann auch dann ausgesprochen werden, wenn sie in der schriftlichen Ladung nicht enthalten war. Der **Erlass des Vorführungsbefehls** steht ebenfalls im Ermessen des Gerichts. Er setzt voraus: die Androhung der Vorführung in einer schriftlichen Ladung, deren Zugang nachgewiesen ist – im Fall der Vernehmungsunterbrechung genügt die mündliche Ladung; ferner das unentschuldigte Ausbleiben des Beschuldigten (Meyer-Goßner Rn. 7). Der Verhältnismäßigkeitsgrundsatz steht der Vorführung grundsätzlich nicht entgegen, insbesondere auch dann nicht, wenn der Beschuldigte erklärt hat, er werde von seinem Schweigerecht Gebrauch machen; denn der Vernehmungstermin soll dem Richter auch Gelegenheit geben, mit dem Beschuldigten den Tatvorwurf zu erörtern und ihm die Rechtslage zu erläutern; dabei ist auch eine Gegenüberstellung mit Zeugen zulässig (BGH 39, 98 = NJW 1993, 868). Zu **Form** und **Inhalt** des Vorführungsbefehls s. § 134.

Die Ladung der **Abgeordneten** ist nur nach Maßgabe des Art. 46 Abs. 2 GG **4** und der entsprechenden Bestimmungen der Landesverfassungen zulässig. Die vom Deutschen Bundestag erlassene allgemeine Genehmigung erstreckt sich lediglich auf die Ladung und die Vorführungsandrohung (RiStBV Nr. 192a Abs. 1, 2). Die Vorführung selbst ist eine von der Genehmigung nicht gedeckte freiheitsbeschränkende Maßnahme (KK-Boujong Rn. 16; LR-Hilger Rn. 19).

Mit der **Beschwerde** nach § 304 Abs. 1 kann bereits die Ladung selbst ange- **5** fochten werden. In den Fällen des § 304 Abs. 4 S. 2, Abs. 5 ist eine Beschwerde nicht zulässig. Der StA steht die Beschwerde (§ 304) zu, wenn das AG die Vorführungsandrohung oder deren Vollzug ablehnt; ist das Rechtsmittel begründet, so kommt nur eine Zurückverweisung an das AG in Betracht. Die weitere Beschwerde ist nicht gegeben (KK-Boujong Rn. 15).

§ 134 [Vorführung]

(1) **Die sofortige Vorführung des Beschuldigten kann verfügt werden, wenn Gründe vorliegen, die den Erlaß eines Haftbefehls rechtfertigen würden.**

(2) **In dem Vorführungsbefehl ist der Beschuldigte genau zu bezeichnen und die ihm zur Last gelegte Straftat sowie der Grund der Vorführung anzugeben.**

§ 135 Erstes Buch. 10. Abschnitt

1 Diese Vorschrift regelt die **sofortige Vorführung ohne vorherige Ladung.** Für den Erlass des **Vorführungsbefehls** ist der **Richter** zuständig (§§ 125, 126, 162, 169). Er ergeht ohne vorherige Anhörung. Nach **Abs. 1** kann also die richterliche Vorführung auch ohne vorausgegangene Ladung mit Vorführungsdrohung vom **Richter** verfügt werden, wenn ein Haftbefehl erlassen werden kann. In **Abs. 2** ist der **Inhalt** festgelegt. Der Vorführungsbefehl wird vom Gericht zur **Vollstreckung** der StA übergeben (§ 36 Abs. 2 S. 1), die ihrerseits die Polizei mit dem Vollzug betraut. Die **Bekanntmachung** des Vorführungsbefehls an den Beschuldigten ist Voraussetzung für die Vollstreckung (BGH NStZ 1981, 22); das geschieht regelmäßig **bei** der Vollstreckung. Vor Bekanntmachung darf kein Zwang ausgeübt werden. Nach Bekanntmachung ist die Polizei berechtigt, die Wohnung des **Beschuldigten** (nicht eines Dritten) zu betreten und zu **durchsuchen** und den Beschuldigten festzunehmen; auch **sonstiger Zwang ist zulässig**, zB Aufbrechen der Wohnungstür (BGH NStZ 1981, 22). Der Beschuldigte darf bis zur Beendigung der Vernehmung festgehalten werden (KK-Boujong Rn. 8). Wird der Vorführungsbefehl in einem Eilfall **telefonisch** (usw.) veranlasst, so ist dem Beschuldigten entsprechend § 114a Abs. 1 S. 2 zu eröffnen, dass er auf richterliche Anordnung vorgeführt wird (OLG Stuttgart Justiz 1982, 339). Der schriftliche Befehl ist dem Beschuldigten vorzuzeigen; er hat aber keinen Anspruch auf eine Abschrift.

2 Die **Vorführung eines Abgeordneten** ist nur unter den Voraussetzungen des Art. 46 Abs. 2 GG zulässig. Sie wird durch die allgemeine Genehmigung des Bundestages nicht gedeckt (LR-Hilger Rn. 10; Meyer-Goßner Rn. 8; s. § 133 Rn. 4).

3 Die **Beschwerde** (§ 304 Abs. 1) ist gegen den Vorführungsbefehl zulässig. Sie hat keine aufschiebende Wirkung (§ 307 Abs. 1). Die Vorführung wird idR erfolgt sein, bevor das Beschwerdegericht entschieden kann. Hat der Betroffene ein berechtigtes Interesse an der Feststellung der **Rechtswidrigkeit** der **beendeten** Vorführung, so kann er ggf. entsprechend § 98 Abs. 2 richterliche Entscheidung beantragen (BGH 44, 141 = NJW 1998 3653; BVerfGE 96, 27 = NJW 1997, 2163; BVerfG NJW 1999, 273; s. auch § 98 Rn. 9; § 105 Rn. 6). Der StA steht gegen die Ablehnung des Erlasses eines Vorführungsbefehls auch die Beschwerde (§ 304 Abs. 1) zu.

§ 135 [Sofortige Vernehmung]

¹**Der Beschuldigte ist unverzüglich dem Richter vorzuführen und von diesem zu vernehmen.** ²**Er darf auf Grund des Vorführungsbefehls nicht länger festgehalten werden als bis zum Ende des Tages, der dem Beginn der Vorführung folgt.**

1 Die Vorschrift findet auf **Vorführungen** nach 133, 134 Anwendung, nicht aber auf solche nach den §§ 230, 236, 329 Abs. 4 (KK-Boujong Rn. 1). Sie gilt entsprechend in den Fällen der §§ 51 Abs. 1 S. 3, 163 a Abs. 3 S. 2, 161 a Abs. 2 S. 1 (Meyer-Goßner Rn. 1). § 135 tritt im Vorführungsverfahren an die Stelle der §§ 115, 115 a. Die **Vorführung** darf nicht früher erfolgen, als das erforderlich ist, um den **Vernehmungstermin** einhalten zu können. Vorführungen und richterliche Vernehmungen müssen so schnell durchgeführt werden, wie „der organisatorische Betrieb der die Vorführung bewirkenden Behörde und des Gerichts, wichtige Dienstgeschäfte des Richters und das wohlverstandene Interesse des Betroffenen selbst es erlauben" (BT-Drucks. 7/2600 S. 5). Die zumutbaren organisatorischen Maßnahmen zur Einhaltung von S. 1 müssen getroffen werden (KK-Boujong Rn. 3). Die Vernehmung muss **unmittelbar** nach der Vorführung stattfinden, sofern nicht Gründe in der Person des Richters (Erkrankung, unaufschiebbare Dienstgeschäfte) oder des Beschuldigten (Ermüdung durch Transport) entgegenstehen

(Meyer-Goßner Rn. 5). Die Verhinderung des teilnahmeberechtigten Verteidigers oder des StA kann eine Verzögerung rechtfertigen.

In die **Höchstfrist** des **S. 2** (24.00 Uhr) wird **jeder Kalendertag** (Sonnabend, Feiertag usw.) mit eingerechnet. Die Frist **beginnt** bereits, wenn der Beschuldigte **ergriffen** wird. Der Beschuldigte muss freigelassen werden, wenn die Vernehmung bei Ablauf der Frist (S. 2) noch nicht abgeschlossen ist (KK-Boujong Rn. 6 mwN). Der Richter ist aber berechtigt, den Beschuldigten darüber aufzuklären, dass die Vernehmung auf **freiwilliger** Basis **fortgesetzt** und damit eine erneute Vorführung vermieden werden kann. Wenn der Beschuldigte andererseits nach Belehrung von seinem **Schweigerecht** Gebrauch macht, ist er sofort auf freien Fuß zu setzen. Über die **Art des Festhaltens** entscheidet der Richter; sie muss angemessen sein (zB Aufnahme in Arrestzelle, unter Bewachung im Dienstzimmer des Richters).

2

§ 136 [Erste Vernehmung] RiStBV 45

(1) ¹**Bei Beginn der ersten Vernehmung ist dem Beschuldigten zu eröffnen, welche Tat ihm zur Last gelegt wird und welche Strafvorschriften in Betracht kommen.** ²**Er ist darauf hinzuweisen, daß es ihm nach dem Gesetz freistehe, sich zu der Beschuldigung zu äußern oder nicht zur Sache auszusagen und jederzeit, auch schon vor seiner Vernehmung, einen von ihm zu wählenden Verteidiger zu befragen.** ³**Er ist darüber zu belehren, daß er zu seiner Entlastung einzelne Beweiserhebungen beantragen kann.** ⁴**In geeigneten Fällen soll der Beschuldigte auch darauf, dass er sich schriftlich äußern kann, sowie auf die Möglichkeit eines Täter-Opfer-Ausgleichs hingewiesen werden.**

(2) **Die Vernehmung soll dem Beschuldigten Gelegenheit geben, die gegen ihn vorliegenden Verdachtsgründe zu beseitigen und die zu seinen Gunsten sprechenden Tatsachen geltend zu machen.**

(3) **Bei der ersten Vernehmung des Beschuldigten ist zugleich auf die Ermittlung seiner persönlichen Verhältnisse Bedacht zu nehmen.**

Diese Vorschrift gilt für **alle richterlichen Vernehmungen** vor und außerhalb der Hauptverhandlung. Sie ist das „Kernstück des von Art. 6 Abs. 1 EMRK garantierten fairen Verfahrens" (EGMR NJW 2002, 499) und stellt klar, dass niemand verpflichtet ist, gegen sich selbst auszusagen (BGH 14, 364 = NJW 1960, 1580). Zum Begriff der „Vernehmung" iSd. StPO gehört, dass der Vernehmende der Auskunftsperson (also dem Beschuldigten, dem Zeugen oder dem Sachverständigen) in **amtlicher Funktion** gegenübertritt und in seiner Eigenschaft (zB als Polizei- oder Zollbeamter, als StA oder Richter) von ihr Auskunft oder eine Aussage verlangt (BGH 40, 213 = NJW 1994, 2994; 42, 139 = NJW 1996, 2941). Für den Haftrichter bestehen die Sondervorschriften §§ 115 Abs. 3, 115a Abs. 2 S. 2; aber § 136 findet Anwendung, wenn es sich um die erste Vernehmung handelt. In der Hauptverhandlung richtet sich die Vernehmung nach § 243 Abs. 2 S. 2, Abs. 4 (mit Hinweis auf § 136). Für die Vernehmung durch **die StA** gilt § 136 nach § 163a Abs. 3 S. 2 entsprechend. Vgl. auch RiStBV Nr. 45. Auch für die **polizeiliche** Vernehmung ist § 136 nach § 163a Abs. 4 S. 2 anwendbar, aber mit der Ausnahme, dass der Polizeibeamte einen Beschuldigten **nicht** über die in Betracht kommende **Strafvorschrift** belehren muss (§ 163a Abs. 4 S. 1). Über das Aussageverweigerungsrecht muss nur im Rahmen von **Vernehmungen** belehrt werden. **Private Äußerungen** außerhalb der Vernehmungen unterliegen auch dann keinem Beweisverwertungsverbot, wenn sie gegenüber heimlich (verdeckt) agierenden Personen gemacht werden, deren Einsatz von der Polizei gesteuert wird; solche Personen führen keine Vernehmungen (BGH NStZ 1995, 557). Der **Sachverständige** ist nicht Organ der Strafverfolgung und daher gilt § 136 für ihn nicht (BGH NJW

1

§ 136 Erstes Buch. 10. Abschnitt

1968, 2297). Auch der einen Beschuldigten oder Angeklagten hinsichtlich dessen Schuldfähigkeit beurteilende **Sachverständige** ist zur Belehrung des zu Begutachtenden **nicht** verpflichtet. Dies gilt ebenfalls, wenn der Sachverständige zur Vorbereitung des Gutachtens den Beschuldigten über das Tatgeschehen befragt hat (BGH NJW 1998, 838).

2   **Beschuldigter** ist derjenige, gegen den die Strafverfolgungsorgane das Verfahren als den für eine Straftat **Verantwortlichen** betreiben; es ist also erforderlich, dass gegen diese Person gerade als Beschuldigter ermittelt wird. Die Beschuldigteneigenschaft wird nicht durch die Stärke des Tatverdachts, sondern durch einen **Willensakt** der zuständigen Strafverfolgungsbehörde begründet (BGH 34, 140 = NJW 1987, 1955; BGH NStZ 1997, 398; KK-Pfeiffer Einl. Rn. 85); ist die öffentliche Klage erhoben, so wird der Beschuldigte als Angeschuldigter bezeichnet, nach Eröffnung des Hauptverfahrens ist er Angeklagter (§ 157). Ein **Verdächtiger** erlangt die Stellung eines **Beschuldigten,** wenn die StA Maßnahmen gegen ihn ergreift, die erkennbar darauf abzielen, gegen ihn wegen einer Straftat strafrechtlich vorzugehen. Will ihn die StA gleichwohl zum Verdachtskomplex nur als **Zeugen** vernehmen, so steht ihm die Äußerungsfreiheit nach Maßgabe der §§ 136, 163 a zu, so dass auch bei genereller Aussageverweigerung Maßregeln nach § 70 nicht angeordnet werden dürfen (BGH NJW 1997, 1591). Der Richter ist an die Entscheidung der StA, ob jemand als Beschuldigter oder Zeuge vernommen werden soll, grundsätzlich gebunden, es sei denn, dass ein Fall des Ermessensmissbrauchs vorliegt (BGH 10, 12 = NJW 1957, 231). Die Strafverfolgungsbehörden überschreiten die Grenzen ihres Beurteilungsspielraums, wenn sie trotz eines starken Tatverdachts nicht von der Zeugenvernehmung zur Beschuldigtenvernehmung übergehen (BGH 37, 51 = NJW 1990, 2633). Es ist zulässig, eine zum Kreis der Tatverdächtigen gehörende Person **informatorisch** zur Klärung der Frage anzuhören, ob gegen sie förmlich als Beschuldigter zu ermitteln ist; in diesem Fall bestehen **keine** Belehrungspflichten nach § 136 Abs. 1 S. 2, 3. Dies darf aber nicht zur Umgehung des § 136 führen (BGH 38, 214, 228 = NJW 1992, 1463; BGH NStZ 1983, 86; KK-Boujong Rn. 4). Strafunmündige **Kinder** können nicht Beschuldigte iSd § 136 sein.

3   Zu Beginn der Vernehmung wird die **Identität** des Beschuldigten festgestellt. Er ist nach § 111 OWiG zu Angaben über seine Person verpflichtet (BGH 25, 17 = NJW 1972, 2005), dh über Vor- und Familien- und Geburtsnamen, Ort und Tag der Geburt, Familienstand, Beruf, Wohnort, Wohnung und Staatsangehörigkeit (vgl. RiStBV Nr. 13 Abs. 1 S. 1). Sodann erfolgt – vor der Belehrung nach Abs. 1 S. 2 – die **Eröffnung des Tatvorwurfs**. Dem Beschuldigten muss der **belastende Sachverhalt** mindestens in groben Zügen dargestellt werden, damit er sich sachgerecht verteidigen kann. Die in Betracht kommenden **Strafvorschriften** sind ihm bekanntzugeben. Ergibt sich im Laufe der Vernehmung, dass andere oder weitere Strafvorschriften anwendbar sein können, so hat im Hinblick auf das Gebot des fair trial ein entsprechender Hinweis zu erfolgen (KK-Boujong Rn. 9), um eine entsprechende Verteidigung zu ermöglichen.

4   Nach **Abs. 1 S. 2** ist der Beschuldigte über seine **Aussagefreiheit zu belehren.** Im deutschen Strafprozess gilt das **Nemo-tenetur-Prinzip:** niemand ist verpflichtet, sich selbst anzuklagen bzw. gegen sich selbst Zeugnis abzulegen. Dieser Grundsatz gehört zu den fundamentalen rechtsstaatlichen Prinzipien unseres Strafverfahrens. Er folgt aus Art. 2 iVm Art. 1 Abs. 1 GG und beruht auf dem Leitgedanken der Achtung der Menschenwürde (BVerfGE 56, 43 = NJW 1981, 1431; BGH 38, 214 = NJW 1992, 1464; gilt auch im Ermittlungsverfahren BGH 47, 172 = NJW 2002, 275). Niemand ist also verpflichtet, zu seiner Strafverfolgung durch aktives Handeln beizutragen (BGH 34, 46 = NJW 1986, 2263). Der BGH hat bereits früher zum **Schweigerecht** hervorgehoben, dass der **Polizeibeamte** die Pflicht hat, seinen Hinweis nach § 136 Abs. 1 S. 2 zu geben, unabhängig davon, ob der

Beschuldigte seine Rechte kennt oder nicht. Im Gesetz sind keine Ausnahmen von der Hinweispflicht vorgesehen. Das ist auch sinnvoll. Auch wer mit der Rechtslage vertraut ist, bedarf unter Umständen wegen der besonderen Situation der Vernehmung im Ermittlungsverfahren des Hinweises nach § 136 Abs. 1 Satz 2, um **„klare Gedanken"** fassen zu können. Wer bei Beginn der Vernehmung auch ohne Belehrung **gewusst** hat, dass er **nicht auszusagen braucht,** ist allerdings nicht im gleichen Maße schutzbedürftig wie derjenige, der sein Schweigerecht nicht kannte. Er muss zwar nach **§ 136 Abs. 1 Satz 2, § 163 a Abs. 4 Satz 2 belehrt werden.** Jedoch gilt hier das **Verwertungsverbot** ausnahmsweise nicht. Die wertende Abwägung ergibt, dass dem Interesse an der Aufklärung des Sachverhalts und der Durchführung des Verfahrens in einem solchen Fall Vorrang gegeben werden kann. Gelangt der Tatrichter, erforderlichenfalls im Wege des Freibeweises, zu der Auffassung, dass der Beschuldigte sein Recht zu schweigen bei Beginn der Vernehmung gekannt hat, dann darf er den Inhalt der Angaben, die der Beschuldigte ohne Belehrung vor der Polizei gemacht hat, bei der Urteilsfindung verwerten. Hat der Tatrichter hingegen auf Grund tatsächlicher Anhaltspunkte ernsthafte Zweifel daran, dass der Angeklagte vor seiner polizeilichen Vernehmung das Schweigerecht gekannt hat, und hat das Freibeweisverfahren diese Zweifel nicht beheben können, so ist entsprechend der vom Gesetzgeber mit der Einführung der Hinweispflicht getroffenen Grundentscheidung davon auszugehen, dass es dem Beschuldigten an dieser Kenntnis gefehlt hat. Dann besteht ein **Beweisverwertungsverbot,** so BGH 38, 214, 224/225 BGH 47, 172 = NJW 2002, 975). Diese Grundsätze gelten entsprechend auch für die Belehrung über das Recht auf **Zuziehung eines Verteidigers** (Zur Bestellung eines Verteidigers s. § 141 Rn. 3). Der Senat ist der Auffassung, dass die Pflicht zur Belehrung über das Recht auf Verteidigerkonsultation gegenüber dem Hinweis auf das Schweigerecht des Beschuldigten kein geringeres Gewicht hat; beide Rechte des Beschuldigten hängen eng zusammen und sichern im System der Rechte zum Schutz des Beschuldigten seine verfahrensmäßige Stellung in ihren Grundlagen; sie verdeutlichen ihm als Hinweise seine prozessualen Möglichkeiten (§ 136 Abs. 1 Satz 2, § 163a Abs. 4). Gerade die **Verteidigerkonsultation** dient dazu, den Beschuldigten zu beraten, ob er von seinem Schweigerecht Gebrauch macht oder nicht. Was für die Belehrung über das Schweigerecht gilt, ist deshalb auch für diejenige zur Verteidigerkonsultation erheblich (BGH 47, 172 = NJW 2002, 975). Zur Verteidigerkonsultation s. Rn. 5. Dem Beschuldigten steht es frei, die ihm am zweckmäßigsten erscheinende Verteidigung zu wählen, nämlich sich zur Sache **einzulassen** oder **zu schweigen.** Aus dem Schweigen darf grundsätzlich kein Schluss zum Nachteil des Beschuldigten gezogen werden (BGH 38, 302 = BGH NJW 1992, 2304; 42, 152 = NJW 1996, 2942; BVerfG StV 1995, 599). Durch eine **vorangegangene Sachäußerung** erlangt die spätere uneingeschränkte Ausübung des Schweigerechts auch nicht den Charakter eines **Teilschweigens,** das – wie etwa das Schweigen zu einzelnen Punkten innerhalb einer Vernehmung – einer freien Beweiswürdigung zugänglich ist (BGH NStZ 1999, 47); zum Schweigen s. Einl. Rn. 11 und § 261 Rn. 3, 5. „Auch bei einem Angeklagten, der sich zur Sache **eingelassen** hat, darf aus der aktiven Verweigerung der **Mitwirkung** an der **Sachaufklärung** jedenfalls dann kein ihm nachteiliger Schluss gezogen werden, wenn dieses Prozessverhalten nicht in einem engen und einem anderen isolierten Bewertung unzugänglichen Sachzusammenhang mit dem Inhalt seiner Einlassung steht – hier Nichtentbindung des Verteidigers von der Schweigepflicht –" (BGH 45, 367 = NJW 2000, 1962 in Abgrenzung zu BGH 20, 298 = NJW 1966, 209). Wenn der Richter dem Angeklagten die Ausübung des **Fragerechts** (§ 240) mit der Begründung beschränkt, solange dieser keine Angaben zur Sache mache, habe er auch kein Fragerecht, stellt der dadurch möglicherweise auf den Angeklagten ausgeübte Druck, auf sein Schweigerecht zu verzichten, einen Verstoß gegen **§ 136 Abs. 1 S. 2** oder § 243 Abs. 4 S. 1 dar (BGH StV 1985, 2).

Trotz des Schweigens darf der Beschuldigte **körperlich untersucht** (§§ 81, 81 a) oder **einem Zeugen gegenübergestellt** werden (KG NJW 1979, 1669). Die **Belehrung** hat **ausdrücklich** zu erfolgen; sie muss trotz vorangegangener Vernehmung durch die StA oder die Polizei **wiederholt** werden. Der **Richter** hat die Belehrung zu erteilen, und zwar an den **Beschuldigten** selbst; auch bei einem Jugendlichen oder Heranwachsenden (KK-Boujong Rn. 11). Ist die Belehrung versehentlich unterblieben und hat daraufhin der Beschuldigte nach Belehrung **erneut ausgesagt,** so ist diese spätere Aussage verwertbar (BGH 27, 359 = NJW 1978, 1390). Ein bestimmter Wortlaut ist für die Belehrung nicht vorgeschrieben, aber sie ist so zu erteilen, dass der **Sinn** erfasst werden kann. Ob der Beschuldigte in der Lage ist, die ihm erteilte **Belehrung zu verstehen,** richtet sich nach den Grundsätzen, die für die Beurteilung gelten, ob der Erklärende verhandlungsfähig ist. Diese Fähigkeit wird idR nur durch schwere körperliche oder seelische Mängel oder Krankheiten ausgeschlossen (BGH NStZ 1993, 395). „Versteht der Beschuldigte infolge seines geistig-seelischen Zustands den Hinweis des Polizeibeamten über seine Aussagefreiheit nicht, so dürfen Äußerungen, die er bei dieser Vernehmung macht, in der Hauptverhandlung nur verwertet werden, wenn der verteidigte Angeklagte der Verwertung zustimmt oder ihr nicht bis zu dem in § 257 genannten Zeitpunkt widerspricht" (BGH 39, 349 = NJW 1994, 333 im Anschluss an BGH 38, 214 = NJW 1992, 1463). Lässt sich der Beschuldigte zur Sache ein, dann trifft ihn **keine Pflicht, bei der Vernehmung die Wahrheit zu sagen** (BGH 3, 152 = NJW 1952, 1265). Er kann daher auch strafrechtlich nicht belangt werden, wenn er den Tatvorwurf fälschlich leugnet (OLG Hamm NStZ 1993, 83). Zum Verwertungsverbot s. Rn. 9.

5   Nach **Abs. 1 S. 2** ist der Beschuldigte zugleich mit der Belehrung über die Aussagefreiheit (im Hinblick auf § 137) darauf hinzuweisen, dass er auch schon vor seiner Vernehmung einen von ihm zu wählenden **Verteidiger befragen** und sich von ihm **beraten** lassen kann (s. Rn. 4). Der Hinweis kann entfallen, wenn er bereits einen Wahl- oder Pflichtverteidiger hat (Meyer-Goßner Rn. 10). Wenn der Beschuldigte auf die Belehrung hin erklärt, **zunächst einen Verteidiger sprechen** zu wollen, so kann die Vernehmung nicht gegen seinen Willen fortgesetzt oder begonnen werden (BGH 38, 373 = NJW 1993, 338; 42, 15 = NJW 1996, 1547). In der Regel ist ein neuer Termin anzuberaumen (KK-Boujong Rn. 14). Die Vernehmung kann nur dann fortgesetzt werden, wenn sich der Beschuldigte ausdrücklich nach erneutem Hinweis auf sein Recht auf Zuziehung eines Verteidigers mit der Fortsetzung der Vernehmung einverstanden erklärt. Dem müssen allerdings ernsthafte Bemühungen vorangegangen sein, dem Beschuldigten bei der Herstellung des Kontaktes zu einem Verteidiger in effektiver Weise zu helfen (BGH 42, 15 = NJW 1996, 1547, Fortführung von BGH 38, 372 = NJW 1993, 338). Wird dem Beschuldigten das Recht auf Zugang zu einem Verteidiger verweigert, liegt ein **Verstoß gegen Art. 6 Abs. 1, 3 c MRK** vor (RGMR EuGRZ 1996, 592). Der Verteidiger muss regelmäßig Gelegenheit haben, sich vor der Vernehmung mit dem Beschuldigten zu besprechen (BGH 46, 93 = NJW 2000, 3505). Aber diese Pflicht zur Belehrung über das Recht auf Verteidigerkonsultation gebietet nicht, den Beschuldigten, der keinen Wunsch auf Zuziehung eines Verteidigers äußert, auf einen vorhandenen **anwaltlichen Notdienst** hinzuweisen (BGH 47, 233 = NJW 2002, 1279). Hat sich bereits ohne Wissen des Beschuldigten ein Verteidiger gemeldet, darf ihm dies nicht vorenthalten und die Vernehmung fortgesetzt werden (BGH NStZ 1997, 502; Meyer-Goßner Rn. 10). Die Belehrungsplicht besteht nicht, wenn der Beschuldigte ohne Zutun des Vernehmenden vor der beabsichtigten Belehrung **spontan eine Äußerung** abgibt (BGH NJW 1990, 461; Meyer-Goßner Rn. 20). Zum Verwertungsverbot s. Rn. 9.

6   Nach **Abs. 1 S. 3** ist der Beschuldigte – im Anschluss an die Belehrung zum Schweigerecht – darauf hinzuweisen, dass er zu seiner Entlastung Beweiserhebungen

beantragen kann. Das gilt auch dann, wenn er erklärt hat, er wolle nicht aussagen. Um ein Antragsrecht ieS handelt es sich nicht (Meyer-Goßner Rn. 11). Eine neue Ermittlungspflicht wird damit für die Strafverfolgungsbehörden nicht begründet; sie sind sowieso verpflichtet, allen be- und entlastenden Umständen nachzugehen (§ 160 Abs. 2). Die **Anträge** des Beschuldigten auf Erhebung von Entlastungsbeweisen sind in die Vernehmungsniederschrift aufzunehmen. Bei der **richterlichen** Vernehmung ist dem Antrag unter den Voraussetzungen des § 166 Abs. 1 zu entsprechen (KK-Boujong Rn. 15).

Abs. 1 S. 4 ist durch das OpferRRG dahin erweitert, dass ein Hinweis auf den 7 Täter-Opfer-Ausgleich hingewiesen werden soll. Damit soll sicher gestellt werden, dass der Beschuldigte frühzeitig mit der Möglichkeit des Täter-Opfer-Ausgleichs bekannt gemacht wird. Dies dient im Regelfall nicht nur seinem wohlverstandenen Interesse, sondern auch dem Opferschutz. Die Vorschrift gilt unmittelbar für richterliche Vernehmungen, über die Verweisungen in § 163a Abs. 3, 4 auch für Vernehmungen durch die **Staatsanwaltschaft und die Polizei.** Soweit sie sich an Staatsanwaltschaft und Gericht wendet, tritt sie neben § 155a und ergänzt diesen. Nach **Abs. 1 S. 4** wird dem Beschuldigten der Hinweis, er könne sich **schriftlich äußern,** grundsätzlich erst nach Beginn der Vernehmung und nicht schon bei der Ladung gegeben, und zwar „in geeigneten Fällen". Er hat also die Wahl, ob er sich **mündlich oder schriftlich** zur Sache einlassen will. Auch der Verteidiger kann an Hand der Sachdarstellung des Beschuldigten die schriftliche Äußerung (eine sog. Schutzschrift) abgeben. Die **Mitteilung der Verdachtsgründe** und die Pflicht, dem Beschuldigten die Gelegenheit zu geben, diese **zu entkräften** (Abs. 2), gilt für jede richterliche Vernehmung. Macht der Angeklagte, der sich zunächst zur Anklage nicht geäußert hat, im Laufe der **Hauptverhandlung** doch noch Angaben zur Sache, ist diese Tatsache, als **wesentliche Förmlichkeit** iSd § 273 Abs. 1 in die Sitzungsniederschrift aufzunehmen. Das gilt auch dann, wenn die Einlassung im Rahmen einer Äußerung nach § 257 oder nach § 258 erfolgt (BGH NStZ 1995, 560).

Durch die **Vernehmung zur Sache** wird dem Beschuldigten rechtliches Gehör 8 gewährt (BGH 25, 332 = NJW 1974, 1570); er kann so die Verdachtsgründe beseitigen. Ihm ist Gelegenheit zu geben, sich **zusammenhängend** zu äußern. Ein Wechsel von Fragen und Antworten ist möglich; denn die **Art der Vernehmung** regelt das Gesetz nicht. Eine **Wahrheitspflicht** hat der Beschuldigte nicht (s. Rn. 4). Die richterliche Vernehmung darf sich nicht darin erschöpfen, dem Beschuldigten lediglich das Protokoll über eine frühere Vernehmung durch die **Polizei** oder die **StA** vorzulesen oder zur Durchsicht zu geben (BGH NStZ 1987, 85). Das **Anwesenheitsrecht** der StA und des Verteidigers bei der richterlichen Vernehmung ergibt sich aus § 168c und die **Protokollierung** aus §§ 168, 168a. Wird der Verteidiger entgegen § 168c Abs. 5 vom Termin einer Beschuldigtenvernehmung nicht benachrichtigt, so liegt ein Verwertungsverbot vor (BGH 38, 374 = NJW 1993, 338). Nach Abs. 3 ist auf die **persönlichen Verhältnisse** Bedacht zu nehmen. Der Beschuldigte ist lediglich zur Angabe der Personalien verpflichtet (s. Rn. 3). Die **weiteren Lebensumstände** sind in der **Vernehmung zur Sache** zu erörtern. Diese können für die Beurteilung der Schuld- und Straffrage von Bedeutung sein (KK-Boujong Rn. 21).

Verstöße gegen § 136 können also die **Unverwertbarkeit** der Aussage des 9 Beschuldigten zur Folge haben. Die **Prüfung** der Frage, ob der zu Vernehmende über seine Aussagefreiheit pflichtgemäß belehrt wurde oder nicht, geschieht im Freibeweisverfahren (BGH 38, 224 = NJW 1989, 2762). Lässt sich eine einschlägige Feststellung nicht treffen, dann **„besteht ein Beweisverbot"** über den Inhalt der Vernehmung (BGH 47, 172 = NJW 2002, 975). Wenn in der Hauptverhandlung ein **Verteidiger** mitwirkt und der Angeklagte oder sein Verteidiger ausdrücklich der Verwertung seiner früheren Aussage zstimmt oder ihr nicht bis zu dem in § 257 genannten Zeitpunkt **widerspricht,** so besteht ebenfalls **kein Verwertungsverbot** (BGH 42, 22 = NJW 1996, 1547; BGH NStZ 1997, 502 und 609). **Das Recht auf Verteidigerkonsultation** hat gegenüber dem Hinweis auf das Schweigerecht keine geringere Bedeutung. Gerade die Verteidigerkonsultation dient dazu, den Beschuldigten zu **beraten,** ob er von seinem Schweigerecht Gebrauch macht oder nicht. Ein Verstoß gegen die Belehrung über das Recht auf Zuziehung eines Verteidigers führt auch zu einem **Verwertungsverbot** der Aussage. – Dies gilt wiederum dann nicht, wenn dem Beschuldigten dieses Recht **bekannt** war. Von dieser Kenntnis kann zB ausgegangen werden bei einer zeitnah vorangegangenen anderweitigen Belehrung (BGH 47, 172 = NJW 2002, 978) oder bei einer Aussage vor der Polizei in Gegenwart des Verteidigers. Kann keine eindeutige Feststellung über die Belehrung auch im Freibeweisverfahren getroffen werden, besteht ein **Verwertungsverbot** (BGH 47, 172). Wenn der Beschuldigte infolge eines geistig-seelischen Zustandes die Belehrung nicht versteht, gilt das Verwertungsverbot. Sonstige **Verstöße gegen § 136 Abs. 1 S. 1, 3, 4, Abs. 2 und 3** lösen kein Verwertungsverbot aus (KK-Boujong Rn. 28). Das Verwertungsverbot gilt nicht im Verfahren gegen einen **Dritten,** in dem der fehlerhaft nicht Belehrte ausschließlich **Zeuge** ist (BayOLG NJW 1994, 1298) und auch nicht im Verfahren gegen einen **Mitbeschuldigten** zu dessen Lasten (BGH 47, 233 = NJW 2002, 1279; KK-Boujong Rn. 27; Meyer-Goßner Rn. 20 mwN).

10 Das nicht geheilte Unterlassen der Belehrung über die Aussagefreiheit kann die **Revision** begründen, wenn das Urteil darauf **beruht;** das ist der Fall, wenn in der Hauptverhandlung nach § 254 ein Geständnis, nach § 251 die Aussage eines Mitbeschuldigten verlesen oder hierüber ein Zeuge gehört worden ist. Das Beruhen ist ausgeschlossen, wenn die Aussage im Urteil **nicht verwertet** worden ist oder wenn feststeht, dass der Beschuldigte seine Aussagefreiheit auch ohne Belehrung gekannt oder der Verwertung zugestimmt oder ihr keine Belehrung nicht widersprochen hat (s. Rn. 9). In der **Revisionsbegründung** muss dargelegt werden, dass eine Belehrung unterblieben ist und dass der Verwertung nicht zugestimmt bzw. ihr widersprochen worden ist; es braucht aber nicht behauptet zu werden, dass der Angeklagte bei ordnungsgemäßer Belehrung nicht ausgesagt hätte (BGH 38, 226 = NJW 1992, 1463). Auch die Verwertung der Rücksprache mit einem Verteidiger (s. Rn. 9) begründet die Revision (BGH 38, 372 = NJW 1993, 338; Meyer-Goßner Rn. 21). Zum **notwendigen Revisionsvorbringen** hinsichtlich der Verweigerung der Zuziehung eines Verteidigers (BGH NStZ 1999, 154: Schilderung sämtlicher Umstände, die für das Zustandekommen der Aussagebereitschaft von Bedeutung sein können. „Dazu gehört insbesondere die Mitteilung, ob auf den vom Beschuldigten erklärten Wunsch auf Zuziehung eines Verteidigers die Vernehmung unterbrochen worden ist, welchen Inhalt die im Anschluss daran geführten Gespräche zwischen Beschuldigten und Vernehmungsbeamten im Einzelnen hatten und ob der Beschuldigte vor der Vernehmung erneut auf sein Recht auf Zuziehung eines Verteidigers hingewiesen wurde ist oder ob Umstände ersichtlich waren, aus denen sich ergibt, dass sich der Beschuldigte dieses Rechts zweifelsfrei bewusst war" (BGH NStZ 1999, 154; vgl. BGH 47, 172 = NJW 2009, 945). Im Geltungsbereich des EuRhÜbk werden Rechtshilfeersuchen, die die Vornahme von Untersuchungshandlungen zum Gegenstand haben, von dem ersuchten Staat in der in seinen Rechtsvorschriften vorgesehenen Form erledigt. Sehen diese **ausländischen** Beschuldigtenvernehmungen lediglich die Pflicht zur Belehrung über die Möglichkeit der Zuziehung eines Rechtsanwalts, nicht aber eine dem § 136 Abs. 1 S. 2 StPO vergleichbare **Pflicht zur Belehrung des Beschuldigten über seine Aussagefreiheit** vor, und wird dieser im ersuchten Staat daher ohne eine derartige Belehrung vernommen, so begründet dies grundsätzlich **kein Verbot,** den Inhalt der Aussage im deutschen Strafverfahren zu verwerten (BGH StV 2001, 66; KK-Boujong Rn. 273).

§ 136 a [Verbotene Vernehmungsmethoden]

(1) ¹Die Freiheit der Willensentschließung und der Willensbetätigung des Beschuldigten darf nicht beeinträchtigt werden durch Mißhandlung, durch Ermüdung, durch körperlichen Eingriff, durch Verabreichung von Mitteln, durch Quälerei, durch Täuschung oder durch Hypnose. ²Zwang darf nur angewandt werden, soweit das Strafverfahrensrecht dies zuläßt. ³Die Drohung mit einer nach seinen Vorschriften unzulässigen Maßnahme und das Versprechen eines gesetzlich nicht vorgesehenen Vorteils sind verboten.

(2) Maßnahmen, die das Erinnerungsvermögen oder die Einsichtsfähigkeit des Beschuldigten beeinträchtigen, sind nicht gestattet.

(3) ¹Das Verbot der Absätze 1 und 2 gilt ohne Rücksicht auf die Einwilligung des Beschuldigten. ²Aussagen, die unter Verletzung dieses Verbots zustande gekommen sind, dürfen auch dann nicht verwertet werden, wenn der Beschuldigte der Verwertung zustimmt.

Dieser Vorschrift liegt die Auffassung unseres Grundgesetzes zugrunde, dass der 1 Beschuldigte **Prozesssubjekt** ist. Die Achtung vor der **Menschenwürde** (Art. 1 Abs. 1 GG) verbietet es, ihn unter Verletzung seines verfassungsrechtlich geschützten sozialen Wert- und Achtungsanspruches zum bloßen Objekt der Verbrechensbekämpfung zu machen (BVerfGE 45, 228 = NJW 1977, 1526; BGH 5, 333 = NJW 1954, 649). § 136 a stellt die prozeßrechtliche Ausformung des Leitgedankens der Rechtsstaatlichkeit dar, unter dem nach Art. 20 Abs. 3 GG das gesamte Strafverfahren steht (BGH 31, 308 = NJW 1983, 1570; BGH NJW 1998, 3506). Deshalb ist der wegen einer Straftat Angeklagte seiner Menschenwürde nicht schon um des Verdachts willen entkleidet, der auf ihm ruht (BGH 14, 364 = NJW 1960, 1582). § 136 a „gewährleistet die Freiheit der Willensentschließung und Willensbetätigung des Beschuldigten für seine Einlassung schlechthin und enthält **Beispiele unzulässiger Beeinträchtigung.** Das aus ihr hervorgehende Verbot der Willensbeeinträchtigung gilt – seiner Bedeutung entsprechend – ohne Rücksicht darauf, ob der Beschuldigte mit abweichender Handlung einverstanden ist" (BGH 5, 334). Diese Vorschrift folgt auch dem allgemeinen Grundsatz, dass die Wahrheit im Strafverfahren **nicht um jeden Preis,** sondern nur in einem rechtsstaatlich geordneten Verfahren erforscht werden darf (BGH 31, 309 = 1983, 1570; BVerfG NJW 1984, 428). Daher ist § 136 a **in allen Stadien des Strafverfahrens** anzuwenden. Die Anwendung verbotener Methoden iSd § 136 a und ebenso Verstöße gegen die Grundsätze des fairen Verfahrens sind idR nicht geeignet, ein Prozesshindernis zu begründen (BGH 42, 193 = NJW 1996, 3018 mwN).

Adressaten von § 136 a sind vor allem **staatliche Vernehmungsorgane** der 2 Bundesrepublik (BGH 34, 369 = NJW 1987, 2524; BVerfG NJW 1984, 428); sie dürfen die verbotenen Methoden auch **nicht durch Dritte** anwenden lassen. Verspricht ein **Dolmetscher** gesetzwidrige Vorteile, so greift § 136 a nur ein, wenn er ausdrücklich im Einverständnis mit Vernehmungsorganen gehandelt hat (KK-Boujong Rn. 3). § 136 a richtet sich also grundsätzlich an **staatliche Organe,** denen jede Beeinflussung der Willensentschließung oder -betätigung des Beschuldigten durch Zwang oder vergleichbar schwere Eingriffe untersagt ist; Verstöße gegen die genannten Kriterien gemäß § 136 a ziehen ein **Verwertungsverbot** nach sich. Da **Privatpersonen** in keiner vergleichbaren Pflichtenstellung wie Ermittlungsbehörden stehen, unterliegen die von diesen Personen mit Mitteln des § 136 a Abs. 1 gewonnenen Angaben regelmäßig keinem Verwertungsverbot (vgl. 27, 357 = NJW 1978, 1390). Jedoch gebietet es der Schutzzweck des § 136 a, in entsprechender Anwendung der Norm ein Verwertungsverbot dann anzunehmen, wenn sich staatliche Behörden die in § 136 a Abs. 1, 2 umschriebenen Verhaltensweisen Privater zurechnen lassen müssen. Eine solche – auf Ausnahmefälle beschränkte – Zurech-

§ 136 a

nung kann sich sowohl aus der Art des Zusammenwirkens zwischen den Ermittlungsbehörden und den Privatpersonen ergeben als auch aus den Umständen, unter denen die Privatperson zu beweiserheblichen Angaben eines Tatverdächtigen gelangt. Eine solche Zurechnung kommt zB dann in Betracht, wenn der Zeuge den Angeklagten unter den besonderen Bedingungen der U-Haft ausgeforscht hat (BGH 44, 129 = NJW 1998, 3506 in Fortführung von BGH 34, 362 = NJW 1987, 2525; 42, 139 = NJW 1996, 2940). Diese Vorschrift gilt auch für Aussagen gegenüber dem **Sachverständigen;** das Verbot besteht in **jeder Verfahrenslage** (BGH 11, 211 = NJW 1958, 679). § 136 a hat grundsätzlich keine **Drittwirkung** (BGH 27, 357 = NJW 1978, 1390). „Ein Irrtum des **Angeklagten,** in den er von selbst geraten ist oder in den ihn sein **Verteidiger** versetzt hat, rechtfertigt eine Anwendung des § 136 a **nicht**" (BGH 14, 192 = NJW 1960, 1212). Grundsätzlich sind Aussagen und Geständnisse **gegenüber Privatpersonen** verwertbar, die **ohne** amtlichen Auftrag unter Verwendung von Mitteln, die staatlichen Organen der Rechtspflege nach § 136 a verboten sind, erlangt wurden. Allgemein folgt aus der rechtswidrigen Gewinnung eines Beweismittels durch einen privaten Dritten nicht automatisch die Unverwertbarkeit (BGH 34, 52 = NJW 1986, 2261), wohl aber die Unverwertbarkeit in den Fällen „extremer Menschenrechtswidrigkeit" (KK-Boujong Rn. 3). Jedoch „was ein Beschuldigter einem Mitgefangenen erzählt hat, der **auf Veranlassung der Polizei** auf seine Zelle gelegt wurde, um ihn über das Tatgeschehen **auszuhorchen,** darf nicht verwertet werden" (BGH 34, 362 = NJW 1987, 2525). Kein Verstoß gegen § 136 a liegt vor, wenn ein Mitgefangener aus eigener Initiative den Beschuldigten veranlasst, ihm die Tat zu gestehen; hier darf die Aussage des Mitgefangenen auch dann verwertet werden, wenn dieser seine Ausforschungstätigkeit in Kenntnis der Ermittlungsbehörden fortsetzt (BGH NJW 1989, 843; KK-Boujong Rn. 27). Aber setzt zB die Polizei zur Aufklärung eines Mordes einen **V-Mann** im Umfeld des Angeklagten ein, so ist die Zeugenaussage des V-Mannes über Äußerungen von Angehörigen des Angeklagten auch dann **verwertbar,** wenn diese in der Hauptverhandlung von ihrem **Zeugnisverweigerungsrecht** Gebrauch machen (BGH 40, 211 = NJW 1994, 2904). „Hat eine Privatperson auf Veranlassung der Ermittlungsbehörden mit dem Tatverdächtigen ohne Aufdeckung der Ermittlungsabsicht ein auf die Erlangung von Angaben zum Untersuchungsgegenstand gerichtetes Gespräch geführt, so darf der Inhalt des Gesprächs jedenfalls dann **verwertet** werden, wenn es um die Aufklärung einer Straftat von **erheblicher Bedeutung** geht und die Erforschung des Sachverhalts unter Einsatz anderer Ermittlungsmethoden erheblich weniger Erfolg versprechend oder wesentlich erschwert gewesen wäre" (BGH 42, 139 = NJW 1996, 2940). Ergänzend zu dieser Rspr. wird aber daran festzuhalten sein, dass ein Verwertungsverbot dann angenommen werden muss, wenn ein solches Gespräch nach erklärter Verweigerung, Angaben zur Sache zu machen, mittels einer **Täuschung** durch die Ermittlungsbeamten herbeigeführt wird (so Meyer-Goßner Rn. 4 a; vgl. BGH 39, 335 = NJW 1994, 596; 40, 66 = NJW 1994, 1807).

3 Als **geschützter Personenkreis** erwähnt § 136 a nur den **Beschuldigten.** Der Gesetzgeber hat diesen dem Beschuldigten gewährten Schutz **ausdrücklich** auch den **Zeugen** (§ 69 Abs. 3) und den **Sachverständigen** (§§ 72, 69 Abs. 3) eingeräumt.

4 § 136 a ist nur auf **Vernehmungen** ausgerichtet. Eine Vernehmung liegt vor, wenn der Vernehmende dem Beschuldigten in **amtlicher** Funktion gegenübertritt und in dieser Eigenschaft von ihm Auskunft verlangt (BGH 40, 213 = NJW 1994, 2904; 42, 145 = NJW 1996, 2940). „Äußerungen, die der Beschuldigte nicht in einer Vernehmung macht und die auch nicht als in einer Vernehmung gemachte Aussagen behandelt werden können, erfasst die Vorschrift daher nicht" (BGH 34, 369 = NJW 1987, 2525). **Informatorische Befragungen** im Anfangstadium der Ermittlungen sollen Aufschluss darüber geben, ob ein Anfangsverdacht wegen einer

bestimmten Tat gegen eine Person begründet ist. Sie sind **keine Beschuldigtenvernehmungen** und bedeuten nicht, dass die befragte Person in die Position eines Beschuldigten (eines Zeugen, Sachverständigen) einrückt. Insoweit bedarf es keinerlei Belehrung über Beschuldigtenrechte (Zeugenrechte). Rückt der Befragte **später in die Beschuldigtenstellung** ein, so sollen die auf Grund informatorischen Befragung gewonnenen Bekundungen in der Hauptverhandlung verwertbar sein (Ranft Rn. 299), zB im Wege des Vorbehalts: „Die Äußerungen aus einer informatorischen Befragung können dem Beschuldigten vorgehalten werden, wenn er später – nach ordnungsgemäßer Belehrung – zur Sache aussagt" (BGH NStZ 1983, 86; vgl. KG JR 1992, 437) oder durch Anhörung des vernehmenden Polizeibeamten als Zeugen (OLG Stuttgart 1977, 70; OLG Oldenburg NJW 1967, 1096; Ranft Rn. 299). Aber ein Verwertungsverbot für die Aussage bei der informatorischen Befragung besteht dann, wenn der Beschuldigte über die ihm nach § 136 zustehenden Rechte **bewusst getäuscht** ist (OLG Oldenburg NJW 1967, 1096). Auch die Verbote des § 136 a gelten entsprechend; denn sie können nicht dadurch umgangen werden, dass die Vernehmung nicht offen als solche deklariert, sondern verdeckt durchgeführt wird (Beulke Rn. 231; vgl. BGH 29, 232 = NJW 1980, 1533). S. auch §§ 163 a Rn. 1, 243 Rn. 13, 252 Rn. 7. Ein **V-Mann** führt keine Vernehmungen; denn zum Begriff der Vernehmung iSd StPO gehört, dass der Vernehmende der Auskunftsperson in **amtlicher Funktion** gegenübertritt (BGH 40, 213 = NJW 1994, 2994; 42, 145 = NJW 1996, 2941 s. auch § 139 Rn. 1). „**Hörfallen**", die dem Beschuldigten gestellt werden (s. Rn. 8), damit er ein vermeintlich unbelauschtes Gespräch mit einem Dritten führt, stehen Vernehmungen gleich (zum Aushorchen durch Mitgefangenen s. Rn. 2, 8). Keine Vernehmung ist jedoch das Telefongespräch eines Polizeibeamten mit einer Partnervermittlung, die ihre Telefonnummer öffentlich zwecks Kundenwerbung angegeben hat, auch wenn der Beamte seine amtliche Eigenschaft verschweigt. § 136 a erfasst auch nicht den Fall, dass Polizeibeamte Schritte unternehmen, die den Beschuldigten veranlassen, selbstbelastende Telefongespräche über einen nach § 100 a überwachten Anschluss zu führen (BGH 33, 223 = NJW 1985, 2096). Diese Vorschrift ist auch nicht auf den Einsatz von **V-Leuten** und von **agents provocateurs** anwendbar (Meyer-Goßner Rn. 4) und auch nicht für § 81 a (BGH 24, 129 = NJW 1997, 1097). Es verstößt auch nicht gegen § 136 a, **Vergleichsaufnahmen** des Beschuldigten mit der Raumüberwachungskamera am Tatort gegen seinen Willen zu fertigen (BGH NStZ 1993, 47).

Auf **Prozesshandlungen** findet § 136 a keine Anwendung, insbesondere nicht 5 auf Rechtsmittelverzicht und -rücknahme, aber bei Willensmängeln kann auf den Grundgedanken dieser Vorschrift zurückgegriffen werden (BGH 17, 18 = NJW 1962, 598). Auch **Absprachen** (vgl. Einl. Rn. 16 ff.) dürfen nicht gegen § 136 a verstoßen; sie können bei entsprechenden Umständen die **Revision** begründen (BGH NStZ 1993, 28).

Die **Willensentschließung und -betätigung (Abs. 1 S. 1)** dürfen nicht beein- 6 trächtigt werden. Die **Freiheit der Willensentschließung** ist gewährleistet, wenn der Beschuldigte unbeeinflusst und frei über das „**Ob**" und das „**Wie**" seiner Aussage entscheiden kann. Die **Freiheit der Willensbetätigung** ist gewahrt, wenn er auch bei der Ausführung dieser Entschlüsse frei disponieren kann (KK-Boujong Rn. 8). Bei Beeinträchtigung muss eine gewisse „**Erheblichkeitsschwelle**" erreicht sein. Daran fehlt es, wenn das gewählte Mittel „von vornherein bedeutungslos erscheinen muss" (BGH 5, 290 = NJW 1953, 1114: Verabreichung einer Zigarette bei Morduntersuchung). Der Vernehmende ist aber nicht verpflichtet, auf **jeden** Zustand einer körperlichen oder seelischen Beeinträchtigung Rücksicht zu nehmen (KK-Boujong Rn. 8).

Abs. 1 enthält **Beispiele** (a bis g) der verbotenen Mittel und nennt an erster 7 Stelle **(a) Misshandlungen.** Hierunter sind erhebliche Beeinträchtigungen der

§ 136 a

Unversehrtheit oder des körperlichen Wohlbefindens (§ 223 StGB) zu verstehen, zB. Fußtritte, Schläge, grelle Beleuchtung bei Vernehmung, Lärm, Störungen des Schlafs. Vernehmungen bei **(b) Ermüdung** sind in bestimmten Fällen verboten. Ermüdende Vernehmungen sind oft unvermeidbar und grundsätzlich auch zulässig. Aber „dem Vernehmenden ist der Beginn oder die Fortsetzung einer Vernehmung nicht nur dann untersagt, wenn er den Zustand der Ermüdung absichtlich herbeigeführt hat, sondern auch dann, **wenn durch die bestehende Ermüdung eine Beeinträchtigung der Willensfreiheit zu besorgen war,** BGHSt 1, 376, 379; 13, 60, 61" (BGH 38, 293 = NJW 1992, 2903); zB nach 30 Stunden ohne Schlaf (BGH 13, 61 = NJW 1984, 15). Eine unzulässige Beeinträchtigung der Willensentschließung und Willensbetätigung eines Beschuldigten durch **Ermüdung** ist idR nicht schon dadurch dargetan, dass nachträglich und nicht bereits während der Vernehmung geltend gemacht wird, der Beschuldigte habe trotz dazu gegebener Möglichkeit tatsächlich keinen Schlaf gefunden (BGH NStZ 1999, 630). Verboten sind **(c) körperliche Eingriffe**, das sind Maßnahmen, die sich unmittelbar auf den Körper des Beschuldigten auswirken (Meyer-Goßner Rn. 9). Zu den **(d) Mitteln,** deren **Verabreichung** nach § 136 a verboten ist, gehören nur solche, die den körperlichen oder geistigen Zustand des zu Vernehmenden beeinflussen und eine **Beeinträchtigung der Willensfreiheit** herbeiführen (KK-Boujong Rn. 15). In welcher Form das geschieht, ist gleichgültig. In Betracht kommen Alkohol, Rauschgift; betäubende, hemmungslösende, einschläfernde Mittel sowie Weckmittel (BGH 11, 211 = NJW 1958, 679: Pervetin; Meyer-Goßner Rn. 10). Das zwangsweise Verabreichen von **Brechmitteln** bei Verdacht des Drogenschmuggels (zB Mitführen von Kokainbömbchen im Magen) ist nach Maßgabe des § 81 a Abs. 1 S. 1 grundsätzlich zulässig; Voraussetzung ist aber, dass der Verhältnismäßigkeitsgrundsatz beachtet wird und kein Nachteil für die Gesundheit des Beschuldigten ausgeschlossen ist (Rogall NStZ 1998, 66; KK-Senge § 81 a Rn. 14; KG NStZ-RR 2001, 204; vgl. § 81 a Rn. 1). Auch bei einem Anfangsverdacht auf Handel mit im Munde verborgenen Betäubungsmitteln ist die Durchsuchung der Person einschließlich der **Mundhöhle** durch Polizeibeamte – notfalls unter Anwendung körperlichen Zugangs – zum Auffinden von Beweismitteln und zur Verhinderung ihres Beiseiteschaffens durch Verschlucken rechtmäßig (OLG Celle NJW 1997, 2463; s. auch § 102 Rn. 2). Mittel, die vor allem der Stärkung oder Erfrischung dienen, sind **nicht** untersagt, zB Schokolade, Traubenzucker, Tee, Kaffee und grundsätzlich auch **Zigaretten** und andere Tabakwaren (BGH 5, 290 = NJW 1953, 1114). Die **(e) Quälerei** ist eine körperliche oder seelische Mißhandlung; sie kann zB vorliegen beim „Hinführen eines Täters zur Leiche seines Opfers mit dem Ziel, von ihm Erklärungen auf die Beschuldigung zu erlangen" (BGH 15, 187 = NJW 1961, 84), aber im Hinblick auf § 88 S. 2 nur unter **besonderen Umständen** (Meyer-Goßner Rn. 11).

8   **(f) Täuschung** ist weitgefasst; dieser Begriff ist daher einschränkend auszulegen (BGH 42, 149 = NJW 1996, 2942). § 136 a „schließt nicht jede List bei der Vernehmung aus, verbietet aber eine Lüge, durch die der Beschuldigte **bewusst** irregeführt und seine Aussagefreiheit beeinträchtigt wird" (BGH 35, 329 = NJW 1989, 842). „Fahrlässige Verstöße genügen dafür nicht" (BGH 35, 400 = NJW 1983, 2205; 37, 53 = NJW 1990, 2633); Unbeabsichtigte Irreführungen fallen also nicht mehr unter § 136 a. § 136 a „schließt nicht jede **List** bei der Vernehmung aus, sondern verbietet nur Irreführungen, die bewusst darauf abzielen, die von § 136 a geschützte Aussagefreiheit zu beeinträchtigen" (BGH NStZ 1997, 251 mwN; s. auch Anm. Wollweber NStZ 1998, 311). Gegenstand der Täuschung können **Rechtsfragen** sein, zB darüber, dass der Beschuldigte als Zeuge vernommen werden soll, dass er zur Aussage verpflichtet sei (BayObLG NJW 1979, 2615), dass er die Wahrheit sagen müsse oder dass sein Schweigen als Schuldbeweis gewertet werden könne (Meyer-Goßner Rn. 14). Es kann auch über **tatsächliche Um-**

stände getäuscht werden, zB indem dem Beschuldigten vorgespiegelt wird, dass eine erdrückende, ihm keine Chance lassende Beweiskette vorliege (BGH 35, 329 = NJW 1989, 842; OLG Frankfurt StV 1998, 110), dass der Mittäter schon gestanden habe usw. (Meyer-Goßner Rn. 14). Dem Vernehmenden ist ein **vernehmungspsychologisch** geschicktes Vorgehen, um den aussageunwilligen Beschuldigten zu ihm nachteiligen Angaben zu veranlassen, nicht nach § 136 a verwehrt (OLG Köln MDR 1972, 966). Er ist „auch nicht verpflichtet, die vernommene Person über sein gesamtes Wissen von der Tat zu unterrichten" (BGH 37, 53 = 1990, 2633), **Fangfragen** sind zulässig, auch Fragen, die dazu bestimmt sind, den Beschuldigten in **Widersprüche** zu verwickeln (KK-Boujong Rn. 20). § 136 a begründet keine Verpflichtung, **Irrtümer** des Vernommenen über Tatsachen (zB über das bisherige Ermittlungsergebnis) zu **verhindern oder aufzuklären.** Der Vernehmende darf aber nur einen beim Beschuldigten schon bestehenden Irrtum **ausnutzen,** diesen allerdings nicht hervorrufen, aufrechterhalten oder verstärken (BGH NJW 1986, 2772; BGH 39, 348 = NJW 1994, 599; KK-Boujong Rn. 20). Ein erkennbarer Irrtum des Beschuldigten über seine **Aussagefreiheit** muss beseitigt werden. **Heimliche Tonbandaufnahmen** während der Vernehmung werden durch die §§ 168 a, 168 b nicht gestattet. Es „ist nicht jede heimliche **Stimmengegenüberstellung** unzulässig, sondern nur diejenige, die **mittels Täuschung** herbeigeführt wird. Die gegenteilige Auffassung würde zudem dazu führen, dass der Grundsatz der **Selbstbezichtigungsfreiheit** außerhalb von Vernehmungen und vernehmungsähnlichen Situationen einen weitergehenden Schutz gewährte, als dies § 136 a für dessen Anwendungsbereich vorsieht" (BGH 40, 72 = NJW 1994, 1807). Auch die Verwendung der **Hörfalle** ist „nicht stets verboten, sondern nur unter der Voraussetzung einer **Täuschung**" (BGH 40, 72 = NJW 1994, 1807; BGH StV 1994, 61 mwN; s. auch § 58 Rn. 2). Die Täuschung durch **Unterlassen** (das Unterdrücken von Tatsachen zu deren Offenbarung keine Rechtspflicht besteht) ist nicht untersagt (BGH 39, 348 = NJW 1994, 599).

(g) Hypnose verbietet § 136 a ausnahmslos; sie ist eine Einwirkung auf einen 9 anderen, durch die eine Einengung des Bewusstseins auf die von dem Hypnotisierenden gewünschte Vorstellungsrichtung herbeigeführt wird. Sie ist als Beeinträchtigung der freien Willensbildung untersagt (KK-Boujong Rn. 28). **Zwang ist** ua. in den §§ 51, 70, 77, 112 ff., 134, 163 a Abs. 3 zugelassen; er darf aber **nur für die dort vorgesehenen Zwecke** angewendet werden. Darüber hinaus ist er verboten (Meyer-Goßner Rn. 20). Aber in der Vernehmung eines Festgenommenen vor Vorführung nach § 128 Abs. 1 S. 1 liegt kein Zwang (BGH NStZ 1990, 195).

Die **Drohung mit einer verfahrensrechtlich unzulässigen Maßnahme** be- 10 steht im Inaussichtstellen einer Maßnahme, auf deren Anordnung der Vernehmende Einfluss zu haben behauptet. **Unzulässig** ist zB, einem leugnenden Beschuldigten mit einer Festnahme oder Verhaftung zu drohen, wenn die Voraussetzungen dafür im konkreten Fall nicht vorliegen (BGH MDR 1971, 18). Dem Beschuldigten (oder Zeugen) dürfen die im konkreten Fall **prozessual statthaften Konsequenzen** seines während der Vernehmung gezeigten Verhaltens vor Augen geführt werden; Voraussetzung ist jedoch, dass der Vernehmende zum Ausdruck bringt, er werde sich bei seinen Maßnahmen nur von sachlichen Erwägungen leiten lassen (KK-Boujong Rn. 30). **Belehrungen, Vorhaltungen und Warnungen** enthalten keine Drohung. Es ist daher statthaft, den Beschuldigten darauf hinzuweisen, dass Leugnen wegen der erdrückenden Beweislage keinen Erfolg verspreche und ein Geständnis strafmildernd wirken könne (BGH 1, 387 = NJW 1952, 152; 14, 191 = NJW 1960, 1212). Das **Versprechen von gesetzlich nicht vorgesehenen Vorteilen,** dh die Abgabe einer bindenden Zusage, auf deren Einhaltung der Empfänger vertrauen kann (BGH 14, 191), für eine Aussage oder ihren Inhalt (BVerfG NJW 1984, 428), ist verboten (Meyer-Goßner Rn. 23), sofern es sich nicht um einen „Bagatellvorteil" handelt (BGH 5, 290 = NJW 1953, 1114). **Gesetzlich nicht vorgesehen** ist

§ 136 a

ein Vorteil, den die Strafverfahrensordnung in der konkreten Situation **nicht zulässt. Gesetzwidrig** ist es, einem Mitbeschuldigten oder „Hauptzeugen" **Straffreiheit** für den Fall **zuzusichern,** dass er seinen Komplizen belastet (KK-Boujong Rn. 32). Daher werden **Absprachen,** die unsere StPO nicht kennt, nach der Rspr. des BGH als zulässig anerkannt, wenn bestimmte Voraussetzungen erfüllt sind und ua. kein Verstoß gegen § 136 vorliegt (s. Einl. Rn. 16 ff.).

11 Die **Anwendung des Lügendetektors** (Polygraphen) ist entsprechend Abs. 1 unzulässig (BGH 5, 332 = NJW 1954, 649; BVerfG NStZ 1981, 446; OLG Karlsruhe StV 1998, 530; vgl. BVerfG NJW 1998, 1938). Wirkt der Beschuldigte freiwillig an einer **polygraphischen Untersuchung** mit, so verstößt dies nicht gegen Verfassungsgrundsätze oder § 136 a. Aber die polygraphische Untersuchung mittels Kontrollfragentests und – jedenfalls im Zeitpunkt der Hauptverhandlung – des Tatwissentests führt zu einem völlig ungeeigneten Beweismittel iSd § 244 Abs. 3 S. 2 4. Alt. (BGH 44, 308 = NJW 1999, 657; BGH NStZ-RR 2000, 35). S. auch § 244 Rn. 30 und Schüssler, Polygraphie im deutschen Strafverfahren 2002. Eine Verfassungsbeschwerde gegen die Ablehnung eines Beweisantrags auf Anhörung eines Sachverständigen zu den Ergebnissen einer auf Wunsch des Beschwerdeführers an ihm vorgenommenen polygraphischen Untersuchung wurde als erfolglos abgelehnt (BVerfG NStZ 1998, 523, s. § 244 Rn. 30). Die **Phallometrie** dient der prognostischen Beurteilung von Sittlichkeitstätern. Die Untersuchung mit dem Phallograph, der die Intimsphäre des Beschuldigten in erheblichem Maße beeinträchtigt, ist ebenfalls verboten. **Zwang** darf nur angewandt werden, soweit das Strafverfahrensrecht dies zulässt. Zwang ist zB in §§ 51, 70, 112 ff., 134, 163 a Abs. 3 zugelassen. Darüber hinaus ist er verboten. Dass der Beschuldigte **irrig** glaubt, er befinde sich in einer Zwangslage, ist ohne Bedeutung. Kein unzulässiger Zwang liegt in der Vernehmung bei der vorläufig Festgenommenen vor Vorführung nach § 128 Abs. 1 S. 1 (BGH NStZ 1990, 195). Auch bei Vernehmung während einer Freiheitsentziehung ist verbotener Zwang regelmäßig nur gegeben, wenn die Freiheitsentziehung gezielt als Mittel zur Herbeiführung einer Aussage benutzt wird (BGH NJW 1995, 2936).

12 **Abs. 2** verbietet ausdrücklich **Beeinträchtigungen des Erinnerungsvermögens oder der Einsichtsfähigkeit.** So darf der Angeklagte nicht durch Verabreichung von **Pervetin** dazu gebracht werden, mehr zu sagen, als er sagen wollte (BGH 11, 212 = NJW 1958, 679). **Abs. 3 S. 1** bestimmt eindeutig, dass die Einwilligung des Beschuldigten oder Zeugen die Verbote des Abs. 1 und 2 **nicht außer Kraft setzen.**

13 Die **Unbeachtlichkeit der Einwilligung nach Abs. 3 S. 1** des Beschuldigten oder Zeugen kann die Verbote des Abs. 1 und 2 **nicht außer Kraft** setzen, weil § 136 a eine Ausformung des Art. 1 GG ist. Das gilt auch für die Einwilligung des gesetzlichen Vertreters. Für die Wirkungslosigkeit der Einwilligung ist es auch **gleichgültig,** ob die mit verbotenen Vernehmungsmethoden zustandegekommene Aussage den Beschuldigten **belastet oder entlastet** (KK-Boujong Rn. 37). „Die Ablehnung der **beantragten Befragung** unter Zuhilfenahme eines Polygraphen (Lügendetektors) verletzt den Beschwerdeführer weder in seinem Recht auf ein faires, rechtsstaatliches Verfahren noch sonst in **Grundrechten** oder grundrechtlichen Rechten" (BVerfG NStZ 1981, 446). Das **Verwertungsverbot** nach **Abs. 3 S. 2** gilt für alle Verfahrensstadien sowie für alle Strafverfolgungsorgane (Rn. 2) und findet auch im Fall der nachträglichen Zustimmung des Beschuldigten Anwendung (s. Rn. 12). Dieses gesetzliche Verbot ist nicht nach dem erzielten Ergebnis zu beurteilen. „Mithin darf auch ein zutreffendes Geständnis nicht verwertet werden, wenn es auf unzulässige Weise herbeigeführt wurde" (BGH 5, 290 = NJW 1953, 1115). Das Verbot greift nur ein, wenn zwischen dem verbotenen Vernehmungsmittel und der Aussage ein **Kausalzusammenhang** besteht; dabei genügt es, „dass die Aussage zumindest nicht ausschließbar darauf beruht" (BGH 34, 369 = NJW

1987, 2524). Die Annahme eines Verwertungsverbots gemäß Abs. 3 S. 2 iVm Abs. 1 S. 2 setzt voraus, dass der **Zwang,** ggf. die mit Freiheitsentziehung verbundene **U-Haft,** gezielt als Mittel zur Herbeiführung einer Aussage angewandt worden ist, also auf das „Ob" oder „Wie" einer Aussage gerichtet war (BGH NJW 1995, 2936). Betrifft der Verstoß nur einen **Teil der Aussage** oder kann die Kausalität nur teilweise angenommen werden, dann bleiben die übrigen Teile verwertbar. „Nach st. Rspr. des BGH macht ein Verstoß gemäß § 136 a grundsätzlich **nur die davon betroffene Aussage** unverwertbar, hat jedoch auf die Verwertbarkeit der folgenden Aussagen keine Auswirkungen, falls diese prozeßordnungsgemäß zustande gekommen sind" (BGH NStZ 2001, 551; BGH 37, 53 = NJW 1990, 2633; BGH NStZ 1988, 419). Das Verbot, eine gesetzwidrig gewonnene Aussage zu verwerten, bezieht sich nur auf das Verfahren, in dem sie gemacht worden ist (KK-Boujong Rn. 38 unter Hinw. auf BGH v. 20. 2. 1976, 2 StR 431/75). Da § 136 a eine Ausformung der Menschenwürde (Art. 1 GG) ist (BGH 5, 333 = NJW 1954, 649), sollten Beweise, die unter Verletzung dieser Vorschrift erhoben worden sind, der Verwertung in **jedem** Strafverfahren entzogen sein. Dies würde auch eine Umgehung des § 136 a verhindern. Vernehmungen in der früheren **DDR** sind nicht verwertbar, bei denen gegen § 136 Abs. 1 S. 2, § 163 a Abs. 4 S. 2 verstoßen wurde (BGH 38, 214 = NJW 1992, 1463). Die Anwendung verbotener Methoden iSd § 136 a führt regelmäßig **nicht** zu einem Prozesshindernis (BGH 42, 193 = NJW 1996, 3018; s. auch Rn. 1).

Die unmittelbare und auch die **mittelbare Verwertung** der Aussage ist **untersagt.** Das Verbot erstreckt sich auf eine Verlesung der Niederschrift über die Aussage, auf Vorhalte aus der Aussage und auf die Vernehmung der Verhörspersonen (BGH MDR 1973, 371) oder eines Dritten, der die Aussage mit angehört hat, das Abspielen von Tonbandaufnahmen der Vernehmung (Meyer-Goßner Rn. 29) und die Verwertung des durch verbotene Mittel erlangten Gutachtens (BGH 11, 211 = NJW 1958, 679). „Es ist denkbar, dass unzulässige Versprechungen im Ermittlungsverfahren noch in der Hauptverhandlung **fortgewirkt** haben, der Zeuge mithin auch zu diesem Zeitpunkt in der Freiheit seiner Willensentschließung beeinträchtigt war. Das ist jedoch hier nicht anzunehmen, BGHSt 22, 129, 134" (BGH NStZ 1981, 94). Eine **fehlerfreie Wiederholung** ist möglich; nur diejenige Aussage des Beschuldigten darf nicht verwertet werden, die durch die in § 136 a verbotenen Mittel herbeigeführt wurde; eine spätere Aussage, bei der kein unzulässiger Druck mehr ausgeübt wurde, ist voll verwertbar (BGH NJW 1989, 843). Die Frage der **Fernwirkung** ist streitig, dh die Frage, ob weitere Beweisergebnisse, die erst auf Grund der verbotenen Vernehmung erlangt werden konnten, ebenfalls unter das Verwertungsverbot fallen (vgl. Meyer-Goßner Rn. 31 mwN). Der BGH stellt neuerdings ersichtlich auf einen möglichen Ermittlungsverlauf ab, dh.: Wäre ein unmittelbar aus einem Beweisverbot gewonnenes Beweisergebnis auch auf andere Weise von den Ermittlungsbehörden erlangt worden, so sei das Beweisergebnis verwertbar (BGH 32, 71 = NJW 1984, 2772; 34, 361 = NJW 2525; 35, 34 = NJW 1988, 1223). Nunmehr hat der BGH zusammenfassend entschieden: Nach der Rspr. des BGH gilt das Verwertungsverbot des § 136 a Abs. 3 zwar grundsätzlich nur für diejenigen Angaben des Angeklagten, die unter Verstoß gegen § 136 a Abs. 1 herbeigeführt worden sind. Eine **spätere Aussage des Angeklagten,** bei der seine Willensfreiheit nicht mehr beeinträchtigt war, ist regelmäßig verwertbar. Sie wird aber von dem Verwertungsverbot – ausnahmsweise – doch erfasst, wenn der Verstoß gegen § 136 a Abs. 1 fortwirkt und die Aussagefreiheit des Angeklagten in rechtserheblicher Weise beeinträchtigt hat. Die Annahme einer Fortwirkung kommt dabei zwar – mit entsprechenden (umgekehrten) Konsequenzen für die Darlegungslast – im Allgemeinen umso weniger in Betracht, je länger die wegen Verstoßes gegen § 136 a unverwertbare frühere Aussage zurückliegt und je weniger schwerwiegend die Beeinträchtigung der Willensfreiheit war.

Umgekehrt spricht es aber eher für eine Fortwirkung, wenn der Angeklagte bei der späteren Vernehmung nicht von sich aus im Zusammenhang berichtet, sondern auf Vorhalt seine früheren Aussagen pauschal bestätigt oder auf sie Bezug nimmt (BGH NJW 1995, 2047).

15 Das **Revisionsgericht** kann die Verletzung des § 136 a nur auf eine entsprechend zulässige **Verfahrensrüge** prüfen (BGH NStZ 1988, 211; BGH NJW 1995, 2047; BGH NStZ 1996, 290). Dass der Verwertung der Aussage in der Hauptverhandlung widersprochen worden ist, ist nicht erforderlich. Es gilt der Grundsatz des **Freibeweises** (BGH 38, 293 = NJW 1992, 2903). Das Revisionsgericht ist an die Feststellungen oder die Beweiswürdigung des Tatrichters nicht gebunden (BGH 16, 166 = NJW 1961, 1979) und entscheidet auf Grund eigener Beurteilung. Die Revision muss jedoch die den Verstoß gegen § 136 a enthaltenden Tatsachen und diejenigen Tatsachen behaupten, aus denen sich die Möglichkeit eines Ursachenzusammenhangs ergibt (OLG Neustadt NJW 1964, 313) und ggf. darlegen, wieso der Verstoß fortwirkt (BGH NStZ 1996, 290). Um einen Verstoß gegen § 136 a wirksam zu rügen, muss der Revisionsführer die den Verstoß enthaltenden Tatsachen und die Tatsachen vortragen, aus denen sich die Möglichkeit des Ursachenzusammenhangs mit der Aussage ergibt. Geht es um die tatrichterliche Verwertung einer im Ermittlungsverfahren unter Verstoß gegen § 136 a gewonnenen Aussage, ist dieser Tatsachenvortrag in doppelter Hinsicht, also nicht nur für die Entstehung der Aussage, sondern auch für ihre rechtsfehlerhafte Verwendung (Erhebung und Verwertung) in der Hauptverhandlung erforderlich (BVerfG NStZ 2002, 487). Der Grundsatz „**in dubio pro reo**" gilt hier nicht (BGH 16, 166). Der Angeklagte kann die mit gesetzwidrigen Mitteln erreichte Herbeiführung der Aussagen von Zeugen und Sachverständigen und des Geständnisses von Mitangeklagten rügen (BGH MDR 1971, 18). Die unzutreffende Annahme eines Verwertungsverbots nach § 136 a Abs. 3 kann nach §§ 244 Abs. 2, 245 gerügt werden (BGH NJW 1995, 2047). Es ist zweifelhaft, ob die Ansicht des BGH richtig ist, dass der Verstoß gegen § 136 a nicht mit der **Sachrüge** geltend gemacht werden kann; denn die Entscheidung über die Verwertung oder Nichtverwertung der Aussage, ist zugleich eine Entscheidung über den materiellen Beweiswert der Aussage (LR-Hanack Rn. 68, 72).

RiStBV 106–108
Elfter Abschnitt. Verteidigung

Vorbemerkungen

1 Das Recht auf Verteidigung gehört zu den wesentlichen Grundsätzen eines rechtsstaatlichen Verfahrens. Der Angeklagte darf nicht Objekt des Verfahrens sein; ihm muss vielmehr die Möglichkeit gegeben werden, zur Wahrung seiner Rechte auf den Gang und das Ergebnis des Verfahrens Einfluss zu nehmen (BVerfGE 66, 319 = NJW 1984, 2403). Daher darf sich der Beschuldigte nach § 137 Abs. 1 S. 1 in jeder Lage des Verfahrens des **Beistandes eines Verteidigers** bedienen (vgl. auch Art. 6 Abs. 3 c MRK). Der Verteidiger muss regelmäßig Gelegenheit haben, sich **vor der Vernehmung** der Vernehmung mit dem Beschuldigten zu besprechen (BGH StV 2000, 593). Mit der **Berufsordnung** für Rechtsanwälte idF v. 1. 7. 2003 (BRAK-Mitt. 2003, 67; BORA) wurde der Zweck der Satzungskompetenz erreicht, den Anwälten „Klarheit" zu verschaffen, „**welche beruflichen Pflichten zu beachten sind**" (Henssler/Prütting, § 43 Rn. 18 BRAO; s. auch Rn. 2). Der Verteidiger – ob Wahl- oder Pflichtverteidiger – steht dem Beschuldigten zur Seite; er ist kraft seiner Stellung **Beistand** (137). Als solcher kann er **aus eigenem Recht** und im eigenen Namen in das Verfahren eingreifen, auch wenn der Beschuldigte nicht unterrichtet ist (BGH 26, 291, 298 = NJW 1976, 1106). Seine Rechte und Pflichten

Verteidigung **Vor §§ 137–149**

sind stets **umfassend** (BGH 27, 150 = NJW 1977, 1206). So ist er auch berechtigt, **eigene Ermittlungen** anzustellen (OLG Frankfurt StV 1981, 30) und Zeugen, Sachverständige sowie Mitbeschuldigte in und außerhalb der Hauptverhandlung zu befragen (BGH 46, 4 = NJW 2000, 1277; BGH AnwBl. 1981, 115; Mende S. 70 ff.). Zu der Frage, unter welchen Voraussetzungen die **Kosten der eigenen Ermittlungen notwendigen Auslagen** iSv § 464 a sind, s. § 464 a Rn. 6). Dem Verteidiger ist im Rahmen seiner pflichtgemäßen Interessenwahrnehmung der **Kontakt mit Zeugen** nicht verwehrt; er darf diese über ihr Wissen befragen, sie belehren, beraten, das Ergebnis aufzeichnen und verwerten. Überlässt er Zeugen solche Aufzeichnungen, liegt darin keine unzulässige Beeinflussung, ist es doch dem Zeugen selbst unbenommen, sich vor oder während des Gesprächs mit dem Verteidiger Notizen zu machen. Die Grenze der Beistandspflicht wird erst überschritten, wenn der Zeuge den Sachverhalt verdunkelt, die Strafverfolgung erschwert und zu diesem Zweck auf den Zeugen einwirkt (OLG Köln StraFo 1999, 233; Egon Müller NStZ-RR 2001, 100). Das **Prozessverhalten** des Verteidigers darf idR nicht als Indiz zu Lasten des Angeklagten verwertet werden (BGH StV 1986, 515). Schriftsätze des Verteidigers, die eine **Sachdarstellung** enthalten, dürfen nicht als eine Art. „Aussagerrogat" verlesen und zu Lasten des Angeklagten verwendet werden; das gilt auch für den Inhalt von Beweisanträgen (BGH NStZ 1990, 447; OLG Celle NStZ 1988, 426). Etwas anderes kann gelten, wenn Sach- und Prozesserklärungen ausdrücklich im Namen des Angeklagten abgegeben werden (BGH NStZ 1990, 447; Dahs; Revision Rn. 430). Der Verteidiger ist neben Gericht und StA gleichberechtigtes **Organ der Rechtspflege** (BVerfGE 53, 214 = NJW 1980, 1677; BGH 15, 326 = NJW 1961, 614). Die Kennzeichnung des RA als **Organ der Rechtspflege** spiegelt wieder, dass die Rechtsordnung auf die vielfältigen Vermittlungsleistungen der Anwaltschaft angewiesen ist. Den besonderen rechtlichen Schutz des zwischen dem RA und seinem Mandanten bestehenden Vertrauensverhältnisses hat die Polizei bei der Auslegung und Anwendung der **Normen zur Datenerhebung** zu respektieren (BVerfG NJW 2002, 1037). Der RA ist **unabhängig,** handelt also unter eigener Verantwortung (BGH 13, 343 = NJW 1960, 253), ist an die Weisungen des Beschuldigten nicht gebunden und untersteht auch nicht der Kontrolle des Gerichts (BVerfGE 34, 302 = NJW 1973, 696). „In seiner Beistandsfunktion darf er sich nur der **prozessual- und standesrechtlich** erlaubten Mittel bedienen, ein Recht zur Lüge hat er ebenso wenig wie ein Recht zur Beratung bei der Lüge. Insbesondere ist es ihm untersagt, durch aktive Verdunkelung und Verzerrung des Sachverhalts die Wahrheitserforschung zu erschweren oder Beweisquellen zu verfälschen" (BGH NStZ 1999, 188; vgl. BGH 38, 348 = NJW 1993, 273). So sind die Grenzen **sachgerechter** Strafverteidigung regelmäßig überschritten, wenn der Verteidiger seinem Mandanten Informationen über Eigenschaften, Wirkungsweise und Dosierung von tatsächlich nicht eingenommenen **Medikamenten** beschafft, um damit unter Verletzung seiner Wahrheitspflicht eine wissentlich wahrheitswidrige Einlassung seines Mandanten zu ermöglichen (BGH NStZ 1999, 188; Egon Müller NStZ-RR 2001, 100). Die Stellung als Verteidiger in einem Strafprozess und das damit verbundene **Spannungsverhältnis** zwischen Organstellung und Beistandsfunktion erfordert eine besondere Abgrenzung zwischen erlaubtem und unerlaubtem Verhalten (BGH 38, 374). Dies zeigt sich zB besonders bei dem Straftatbestand der **Strafvereitelung (§ 258 StGB)** oder dem Straftatbestand der **Volksverhetzung (§ 130 StGB).** Soweit ein Strafverteidiger prozessual zulässig handelt, ist sein Verhalten schon **nicht tatbestandsmäßig** iSd § 258 StGB und nicht erst rechtfertigend (BGH 29, 102; KG NStZ 1988, 178; Tröndle/Fischer StGB § 258 Rn. 7). § 258 StGB verweist auf die Regelungen des Prozessrechts. Bei dessen Auslegung kann auch das Standesrecht von Bedeutung sein. Standesrechtlich zulässiges Verhalten wird idR prozessual **nicht zu beanstanden** sein. Standesrechtlich unzulässiges Verhalten führt nicht ohne weiteres zur Strafbarkeit (vgl. BGH 2, 377;

369

10, 393 = NJW 1957, 1808). Der grundsätzliche Tatbestandsausschluss für Verteidigungshandeln ist indes **kein Freibrief** des Verteidigers für Straffreiheit. Die Gewährleistung einer effektiven Strafverteidigung steht dann nicht in Frage und der Grundsatz der **freien Advokatur** hat zurückzustehen, wenn die zu beurteilende Prozesserklärung des Verteidigers ohne jeden Bezug zur Verteidigung ist oder sich nur den äußeren Anschein der Verteidigung gibt, tatsächlich aber nach den Maßstäben des Strafverfahrensrechts und des materiellen Strafrechts nichts zu solcher beizutragen vermag (BGH 29, 105 = NJW 1980, 64; 38, 10 = NJW 1992, 123; BGH NStZ 1990, 184; BGH 46, 36 = NJW 2000, 2217). In solchen Fällen fehlt es an der nach dem Schutzzweck der Tatbestandsausschlussklausel zu fordernden, von der Rechtsordnung anerkannten legitimen Zielsetzung des Handelns (BGH 46, 36 = NJW 2000). „Die Abgrenzung und Ausgrenzung solcher Ausnahmefälle kann sich als schwierig erweisen; im Zweifel wird der Erfordernissen wirksamer Verteidigung der Vorrang einzuräumen sein. Ob im Einzelfall allein **verteidigungsfremde** Zwecke verfolgt werden, also gleichsam im Gewande der Prozesserklärung oder Antragstellung **Volksverhetzung** betrieben wird, unterliegt in erster Linie der **tatrichterlichen** Würdigung auf der Grundlage aller Umstände" (BGH NJW 2000, 2217; vgl. BGH 40, 101 = NJW 1994, 1421). Zu **Volksverhetzung – Verharmlosung des Holocaust durch Verteidigerhandeln** im Einzelnen s. BGH 46, 36 = NJW 2000, 2217; 44, 278 = NJW 2002, 2115). Zu betonen ist, dass der Verteidiger auch solche Tatsachen und Beweismittel einführen darf, die einen von ihm **für möglich** gehaltenen Sachverhalt belegen kann (BGH 46, 36 = NJW 2000, 2433). Soweit es um **Zeugenaussagen** geht, darf der Verteidiger nicht wissentlich falsche Tatsachen behaupten und hierfür Zeugen benennen (BGH 29, 107 = NJW 1980, 64; BGH NStZ 1983, 503; 1999, 188). Er ist verpflichtet, darauf zu achten, dass er nicht Zeugen benennt, von denen er kennt, dass sie eine **Falschaussage** machen werden. Auch darf er einen Zeugen nicht absichtlich in einer vorsätzlichen Falschaussage bestärken (BGH 29, 107 = NJW 1980, 503). Hat er lediglich Zweifel an der Richtigkeit einer Zeugenaussage, die seinen Mandanten entlasten könnte, so ist es ihm nicht verwehrt, den Zeugen zu benennen; er wird dazu regelmäßig verpflichtet sein. Andernfalls würde er in Kauf nehmen, ein möglicherweise zuverlässiges, entlastendes Beweismittel zu unterdrücken (BGH NJW 2000, 2433). In der **Hauptverhandlung vor dem Revisionsgericht** kann der Verteidiger neben der Wahrnehmung der eigenen Rechte als Verteidiger auch die des Angeklagten ausüben, wenn dieser nicht anwesend ist oder aus sonstigen Gründen zu einer Entscheidung über eine Antragstellung selbst nicht in der Lage ist (BGH 41, 69 = NStZ 1995, 393). Da der Verteidiger Teilhaber, nicht Gegner einer funktionsfähigen Strafrechtspflege ist, trifft ihn die Pflicht, dafür zu sorgen, dass „das Verfahren sachdienlich und in prozessual geordneten Bahnen durchgeführt wird. Dass er dabei inhaltlich **einseitig die Interessen des Angeklagten** zu beachten hat", steht damit nicht im Widerspruch (BGH 38, 115 = NJW 1992, 1245). Der Auftrag des Verteidigers liegt nicht ausschließlich im Interesse des Beschuldigten, sondern auch in der am Prinzip des Rechtsstaats ausgerichteten Strafrechtspflege. Er hat demnach dafür Sorge zu tragen, dass das Verfahren sachdienlich und in prozessual geordneten Bahnen durchgeführt wird. Ein die Entpflichtung des Verteidigers nach sich ziehender **Missbrauch** prozessualer Befugnisse ist jedoch eindeutig auf Ausnahmefälle beschränkt. Der Aufhebung der Beiordnung des Verteidigers muss immer eine Abmahnung prozeßordnungsgemäßen Verhaltens vorausgehen (OLG Hamburg NJW 1998, 621). Gegen eine den Verteidiger wegen seines nicht justizförmigen Verhaltens abmahnende Erklärung des Gerichts steht diesem keine Beschwerde zu (OLG Hamburg NJW 1998, 1328). Äußerungen des Verteidigers **zur Sache sind nicht Erklärungen des Beschuldigten,** es sei denn, dass das ausdrücklich erklärt wird; dies gilt auch für Beweisbehauptungen im Beweisantrag des Verteidigers (BGH NStZ 1990, 447). Bei der Äußerung des Verteidigers „die Vorwürfe in der Anklageschrift würden vom Mandanten in vollem Umfang eingeräumt, auf weitere Fragen würde der Angekl. keine Auskunft geben", kann es sich auch um eine Erklärung des Angekl. handeln, die der Verteidiger für ihn abgibt (BGH NStZ 1994, 352). Er darf die Rechtspflege nicht dadurch behindern, dass er die Wahrheitserforschung erschwert (BGH 9, 22), die Flucht- oder Verdunkelungsmaßnahmen des Angeklagten fördert oder ihn vor einer bevorstehenden Verhaftung oder vor anderen Zwangsmaßnahmen warnt (BGH 29, 103 = NJW 1980, 64). Zum **Rechtsmissbrauch** des Strafverteidigers s. Kühne NJW 1998, 3027. Die **Wahrheitspflicht** führt aber nicht dazu, dass der Verteidiger ihm zur Kenntnis gelangende belastende Umstände, die der Strafverfolgungsbehörde verborgen geblieben sind, offenbaren müsste. Wegen der **Verschwiegenheitspflicht** (§ 203 StGB) darf er grundsätzlich nicht zur Überführung des Beschuldigten beitragen. Ein Verteidiger, der die Schuld des Angeklagten kennt, darf, ohne sich strafbar zu machen (BGH 2, 377), den falschen Freispruch anstreben (RG 66, 325), solange er sich auf verfahrensrechtlich erlaubte Mittel beschränkt. Eine Verpflichtung des Verteidigers, nur das vorzutragen, von dessen Richtigkeit er überzeugt ist, besteht nicht; er darf auf die Richtigkeit von Informationen des Mandanten tatsächlicher Art vertrauen (BGH NJW 1985, 1154). Dies gilt auch dann, wenn er erhebliche Bedenken gegen die Richtigkeit des Vorgetragenen hat (BGH NStZ 1993, 79). Der Rat an den Beschuldigten, **keine Angaben** zu machen oder an den Angehörigen, vom **Zeugnisverweigerungsrecht Gebrauch** zu machen, ist zulässig, wenn der Verteidiger sich dabei nicht unerlaubter Mittel bedient (BGH 10, 393 = NJW 1957, 1808). Die Grenzen sachgerechter erlaubter Verteidigung sind regelmäßig überschritten, wenn der Verteidiger seinem Mandanten Informationen, Wirkungsweise und Dosierung von tatsächlich nicht eingenommenen Medikamenten beschafft, um damit unter **Verletzung seiner Wahrheitspflicht** wissentlich wahrheitswidrige Einlassungen seines Mandanten zu ermöglichen. Ein solches Verhalten kann als sachwidrige Erschwerung der Strafverfolgung den Tatbestand der **Strafvereitelung** nach § 258 StGB erfüllen (BGH NStZ 1999, 188).

Vollmacht des Verteidigers. Verteidiger ist, wer vom Beschuldigten gewählt (§ 138) oder vom Vorsitzenden **bestellt** ist (§ 141). Im Falle der Bestellung bedarf es keiner Vollmacht; die Bestellung ersetzt die Wahl. Der **Wahlverteidiger** muss bevollmächtigt sein (Schnarr NStZ 1986, 488; 1997, 25) und muss sich auf eine oder mehrere Rechtssachen beziehen (KK-Laufhütte vor § 137 Rn. 3). Die Verteidigervollmacht braucht nicht in bestimmter Form nachgewiesen zu werden (BGH 36, 259 = NJW 1990, 586; OLG Karlsruhe AnwBl. 1982, 167). Tritt der Verteidiger in der Hauptverhandlung auf, so ist zu vermuten, dass ihm Vollmacht erteilt ist (OLG Karlsruhe NJW 1983, 895). Aber „an den **gewählten** Verteidiger kann nur dann wirksam **zugestellt** werden, wenn sich eine Urkunde über die Bevollmächtigung als Verteidiger bei den Akten befindet – sei es in Form einer **schriftlichen** oder einer **zu Protokoll** erteilten Vollmacht. Das (bloße) Auftreten des Verteidigers in der Hauptverhandlung genügt nicht" (BGH 41, 303 = NJW 1996, 406). Die Verteidigervollmacht **endet** mit dem Tod des Angeklagten. Stirbt der Angeklagte **vor** rechtskräftigem Abschluss des Verfahrens, so hat der ehemalige Verteidiger weder auf Grund fortwirkender Vollmacht noch auf Grund neu erteilter Vollmacht der Erben ein Antrags- oder Beschwerderecht zu eventuell noch ergehenden Kosten- und Auslagenentscheidungen. Durch die Ablehnung einer Erstattungspflicht der Staatskasse hinsichtlich der notwendigen Auslagen des Angeklagten, der vor rechtskräftigem Abschluss des Verfahrens verstorben ist, sind dessen Erben nicht beschwert (OLG München NJW 2003, 1133). Wird die Verteidigung entgeltlich übernommen – so bei einem RA –, entsteht ein Geschäftsbesorgungsvertrag iSd § 675 BGB (BGH NJW 1964, 2402), bei unentgeltlicher Übernahme – zB im Fall des § 182 Abs. 2 – ein Auftragsverhältnis nach § 662 BGB (Meyer-Goßner vor § 137 Rn. 4). Zum **Pflichtverteidiger:** Eine Verteidigerbestellung bereits im **Ermittlungsverfahren** ist dann zu veranlassen, wenn mit einer iS des § 140 Abs. 1

oder 2 gewichtigen Anklagerhebung zu rechnen ist und eine effektive Wahrnehmung der Verteidigungsinteressen des Beschuldigten die Mitwirkung eines Verteidigers, beispielsweise durch Wahrnehmung des Akteneinsichtsrechts, schon vor Anklageerhebung unerlässlich erfordert (BGH 47, 233 = NJW 2002, 1280). Ein richterlicher oder staatsanwaltschaftlicher Beurteilungsspielraum ist praktisch (§ 141 Abs. 3 S. 1 und S. 2) ausgeschlossen bei der Bestellung eines Verteidigers vor einer beweissichernden ermitlungsrichterlichen Vernehmung eines wesentlichen Belastungszeugen in Abwesenheit des Beschuldigten (BGH 46, 93 = NJW 200, 3505); in diesem Fall wird nur so den Anforderungen des Rechts des Beschuldigten auf Verteidigung aus Art. 6 Abs. 3 MRK – insbesondere mit Rücksicht auf eine effektive Wahrung des Fragerechts aus Art. 6 Abs. 3 d MRK – genügt (BGH 47, 233 = NJW 2002, 1280 in Abgrenzung zu BGH 46, 93 = NJW 2000, 3505; BGH NJW 47, 172 = NJW 2002, 975; s. auch § 141 Rn. 2 und § 163 a Rn. 6). Das Verteidigerverhältnis erstreckt sich auf alle in dem Verfahren gegen den Beschuldigten erhobenen Vorwürfe (BGH 27, 150 = NJW 1977, 1206) und auf das **gesamte Verfahren,** sofern es nicht beschränkt ist, zB auf Akteneinsicht oder auf das Revisionsverfahren (Meyer-Goßner vor § 137 Rn. 5). Die Bestellung eines Verteidigers durch den Tatrichter gilt grundsätzlich nur **bis Urteilsrechtskraft.** Damit entfällt jedoch nicht die allgemeine Befugnis des Verteidigers, den Angeklagten in dem durch dessen – unzulässiges – Rechtsmittel eröffneten Revisionsverfahren zu vertreten und Erklärungen in seinem Namen abzugeben (BGH NStZ 2001, 104). Der Beschuldigte kann den Verteidigervertrag jederzeit durch Kündigung **beenden;** der Verteidiger kann das Mandat – aber nicht zur Unzeit – **niederlegen.** Der Wahlverteidiger kann – im Gegensatz zum Pflichtverteidiger – einen **unterbevollmächtigten** Verteidiger auswählen und bevollmächtigen, wenn ihn der Beschuldigte hierzu ermächtigt hat (OLG Hamm JMBlNW 1980, 83). Die Untervollmacht braucht nicht schriftlich nachgewiesen zu werden (Meyer-Goßner vor § 137 Rn. 11). Die Untervollmacht erlischt, wenn dem Verteidiger das Mandat entzogen wird oder wenn es aus anderen Gründen endet (BGH MDR 1978, 111). In der BRAO v. 1. 8. 1959, zuletzt geändert durch Gesetz v. 11. 7. 2002 (BGBl. I S. 2592) ist gemäß der Satzungsmächtigung in § 59 b BRAG die **Berufsordnung** für Rechtsanwälte (BORA) idF v. 1. 7. 2003 (BRAK-Mitt. 2003, 67) erlassen worden. Im Rahmen der BRAO regelt die BORA das Nähere zu den **anwaltlichen Rechten und Pflichten,** soweit dies im **Interesse der Rechtspflege und der Allgemeinheit** geboten ist (Henssler/Prütting, BORA Einl. 2). Im Kommentar Henssler/Prütting sind neben der BRAO die wichtigsten Regelungen für Rechtsanwälte abgedruckt; Berufsordnung (BORA) idF v. 1. 7. 2003; Fachanwaltsordnung (FAO) v. 1. 9. 2003; Partnerschaftsgesellschaftsgesetz (PartGG) v. 25. 7. 1994; Gesetz zur Umsetzung von Richtlilnien der Europäischen Gemeinschaft auf dem Gebiet des Berufsrechts der Rechtsanwälte (EURAG) v. 9. 3. 2000; Dokumentation zu § 29 a BRAO: Anwaltstätigkeit in anderen Staaten (vgl. auch Horn, Berufsrecht). Zur **Tätigkeit ausländischer Rechtsanwälte** in Deutschland s. § 138 Rn. 1. „Der zum Erwerb einer **Fachanwaltsbezeichnung** erforderliche Nachweis besonderer theoretischer Kenntnisse und praktischer Erfahrungen im Fachgebiet nach §§ 4 bis 6 FAO ist weitgehend formalisiert. Dem Fachausschuss, der die Entscheidung der Rechtsanwaltskammer vorbereitet, steht nicht das Recht zu, die fachliche Qualifikation eines Bewerbers, der die den Anforderungen nach §§ 4 bis 6 FAO entsprechenden Unterlagen vorgelegt hat, anhand der bestandenen Lehrgangsklausuren und vorgelegten Arbeitsproben materiell zu überprüfen und dabei aufgetretene Zweifel an der fachlichen Qualifikation zum Anlass für ein Fachgespräch (§ 7 FAO) zu nehmen" (BGH NJW 2003, 741). Es stellt keinen Verstoß gegen § 7 BORA dar, wenn eine aus mehreren Anwälten bestehende Anwaltskanzlei, die sich im Wesentlichen mit Steuerrecht befasst, in einer Zeitungsanzeige damit wirbt, dass sie auch „Lohn- und Gehaltsabrechnung, laufende Finanzbuchhaltung, Jahresabschlüsse, Steuererklärungen und Finanzgerichtsverfahren" im Rahmen der Mandate bearbeitet (BVerfG NJW 2001, 2620). Allein die Tatsache, dass eine Rechtsanwaltskanzlei mit neun Anwälten in einer Zeitungsanzeige mit insgesamt 17 Interessenstandpunkten wirbt, stellt keinen Verstoß gegen § 43 b BRAO. Auch die Überschrift über eine Wegbeschreibung im Internet „So kommen Sie zu Ihrem Recht" ist nicht marktschreierisch, sondern ein zulässiger Sprachwitz (BVerfG NJW 2001, 3324).

Die **Verletzung der Rechtspflichten** des Verteidigers kann im Strafverfahren 3 gegen den verteidigten Beschuldigten nicht geahndet werden; das Gericht darf auch nicht etwa gar von einer Verurteilung des Angeklagten absehen, weil die Verteidigung ihre Rechte missbraucht. Das Gericht ist aber ermächtigt, den Verteidiger beim Vorliegen bestimmter Voraussetzungen von dem Verfahren auszuschließen, §§ 138 a ff. (Meyer-Goßner vor § 137 Rn. 3). Das OLG Nürnberg (StV 1997, 482) hat hinsichtlich der **zivilrechtlichen Schadensersatzpflicht des Wahlverteidigers** neue haftungsrechtliche Maßstäbe gesetzt. Schadensersatzansprüche wegen fehlerhafter Beratung können geltend gemacht werden. Das OLG Düsseldorf (StV 2000, 430) ist der Ansicht des OLG Nürnberg für die zivilrechtliche Haftung des **Pflichtverteidigers** gefolgt. Auch wenn zwischen dem Angeklagten und seinem Pflichtverteidiger kein Anwaltsvertrag besteht, sei gleichwohl ein gesetzliches Schuldverhältnis gegeben, welches dem Pflichtverteidiger besondere Pflichten auferlege, deren schuldhafte Verletzung (zB unterbliebener Hinweis auf den Verlust der Beamteneigenschaft) zu Schadensersatzansprüchen führen kann (vgl. Egon Müller NStZ-RR 2001, 165). Einem RA ist jedenfalls bei zweifelhafter Rechtslage zuzumuten, vorsorglich so zu handeln, wie es bei einer für seinen Mandanten ungünstigen Entscheidung zur Wahrung der Belange notwendig ist (BVerfG NJW 2003, 575). Der aus Art. 2 Abs. 1 GG beanspruchte Schutz des Vertrauensverhältnisses zwischen **RA und Mandant** ist nicht darauf gerichtet, den RA im Falle des Verdachts einer bei Gelegenheit seiner **Berufsausübung** begangenen **Straftat** vor staatliche Strafverfolgungsmaßnahmen zu schützen. Daher ist der Beschluss eine Anwaltskanzlei zu durchsuchen bei einer tragfähigen Begründung des Anfangsverdachts eines Vergehens zulässig (BVerfG NJW 2002, 209). „**Versäumnisse eines Pflichtverteidigers** können dem Staat nur ausnahmsweise angelastet werden. Führung der Verteidigung ist Sache des Angeklagten und seines Verteidigers, einerlei, ob er staatlich bestellt oder vom Mandanten ausgewählt und bezahlt wird" (EGMR NJW 2003, 1229 zu Art. 6 Abs. 3 lit. c EMRK). Ein Strafverteidiger, der Honorar entgegennimmt, von dem er weiß, dass es aus einer Katalogtat iSv § 261 Abs. 1 S. 1 StGB herrührt, kann sich wegen **Geldwäsche strafbar machen** (BGH 47, 68 = NJW 2001, 2891; BVerfG NJW 2004, 1305). Nach § 51 Abs. 1 S. 1 ist der RA dazu verpflichtet, während der Dauer der Zulassung eine **Berufshaftpflichtversicherung** zu unterhalten. Sie ist auch dann verletzt, wenn zeitweilig der Versicherungsschutz nicht besteht (BGH NJW 2002, 3131). Nach § 3 Abs. 1 S. 1 BRAGO kann der RA aus einer Vereinbarung eine **höhere** als die gesetzliche **Vergütung** nur fordern, wenn die Erklärung des Auftraggebers schriftlich abgegeben und nicht in einem Vordruck, der auch andere Erklärungen umfasst, enthalten ist.

§ 137 [Wahl eines Verteidigers]

(1) ¹**Der Beschuldigte kann sich in jeder Lage des Verfahrens des Beistandes eines Verteidigers bedienen.** ²**Die Zahl der gewählten Verteidiger darf drei nicht übersteigen.**

(2) ¹Hat der Beschuldigte einen gesetzlichen Vertreter, so kann auch dieser selbständig einen Verteidiger wählen. ²Absatz 1 Satz 2 gilt entsprechend.

§ 137

1 Diese Vorschrift enthält den verfassungsrechtlich verbürgten Anspruch des Beschuldigten, sich im Strafverfahren von einem RA als gewählten Verteidiger seines Vertrauens verteidigen zu lassen. Die „§§ 137 Abs. 1 S. 1, 138 Abs. 1 verwirklichen insoweit das Rechtsstaatsprinzip des Grundgesetzes im Strafverfahren" (BVerfGE 66, 319 = NJW 1984, 2403). Das **Recht des Beschuldigten,** sich durch einen **Verteidiger seiner Wahl** vertreten zu lassen oder unentgeltlich den Beistand eines **Pflichtverteidigers** zu erhalten, wenn dies im Interesse der Rechtspflege erforderlich ist, wird vor allem in Art. 6 Abs. 3 c garantiert. Erscheint zB „eine Person, die von der Polizei zu einem **Speicheltest** für eine molekulargenetische Untersuchung geladen wird – anders als andere, ebenfalls vorgeladene Personen – im **Beistand eines Anwalts,** so darf dies in einem späteren Strafverfahren gegen sie nicht als belastendes Indiz verwertet werden" (BGH NJW 2000, 1962). Wird aber ein RA erst nach Eröffnung des Hauptverfahrens gegen ihn von einem **Mitangeklagten als Verteidiger** gewählt, so ist er durch Beschluss des erkennenden Gerichts als Verteidiger zurückzuweisen. Die Vorschriften über das Ausschließungsverfahren nach §§ 138 ff. sind auf ihn nicht anwendbar (BGH NStZ-RR 1997, 71). Die **Beschränkung** der Zahl der Wahlverteidiger ist mit dem GG vereinbar (BVerfGE 39, 156 = NJW 1975, 1013). „§ 137 Abs. 1 S. 2 will für alle Abschnitte des Verfahrens einen durch die Mitwirkung einer Vielzahl von Verteidigern möglichen Missbrauch der Verteidigung zur Prozessverschleppung und Prozessvereitelung verhindern" (BGH 27, 22 = NJW 1977, 910). Der **Unterbevollmächtigte** zählt mit, wenn er neben ihm (nicht an dessen Stelle) tätig wird (BGH MDR 1978, 111). Bei einer **Anwaltssozietät** sind an sich alle Mitglieder Verteidiger (BVerfGE 43, 91 = NJW 1977, 99). Dass zB die Vollmacht nicht – durch Streichung von Namen oder auf andere Weise – auf höchstens 3 Mitglieder beschränkt ist, beweist allein nicht, dass sie alle die Verteidigung übernommen haben (BGH 27, 127). Entscheidend ist der zwischen Verteidiger und Mandanten bestehende **Mandatsvertrag** (BGH NJW 1994, 2302; vgl. auch § 146 Rn. 1). Die Beschränkung auf ein Mitglied ist möglich (BGH 40, 188 = NJW 1994, 2302). Es dürfen aber nicht mehr als 3 Mitglieder die Wahl durch eine Erklärung oder durch ein entsprechendes Verhalten angenommen haben (OLG Hamm MDR 1980, 513; Meyer-Goßner Rn. 6). Die Vorschrift des § 10 BORA, die eine Anwaltssozietät zur **Nennung aller Partner/Gesellschafter** auf den Briefbögen der Kanzlei verpflichtet, ist von der Ermächtigungsgrundlage des § 59 b BRAO gedeckt. Die Pflicht zur Nennung der Partner verstößt auch nicht gegen Art. 12 GG. Sie ist insbesondere gerechtfertigt durch das gewichtige Interesse des Mandanten, dadurch zu erkennen, ob die Gefahr der Vertretung widerstreitender Interessen besteht oder ob eine anderweitige Interessenkollision zu befürchten ist (BVerfG NJW 2002, 2163). Hat der Angeklagte **mehrere Verteidiger,** so muss jeder von ihnen **geladen** werden, wenn die in § 218 S. 1 genannten Voraussetzungen vorliegen. Anders kann es sein, wenn die mehreren Verteidiger gemeinsam einer Sozietät angehören (BGH wistra 1995, 110). Zur Sozietät und Verteidigung s. § 146 Rn. 1.

2 Die Zahl drei darf auch dann nicht überschritten werden, wenn der Beschuldigte und selbstständig sein **gesetzlicher Vertreter** Verteidiger wählen **(Abs. 2).** Der Beschuldigte muss aber mindestens einen eigenen Verteidiger wählen können; ggf. ist dann ein vom gesetzlichen Vertreter gewählter Verteidiger zurückzuweisen (KK-Laufhütte Rn. 5). **Pflichtverteidiger** werden – wie der Wortlaut des § 137 ergibt – nicht angerechnet (BayObLG StV 1988, 97), jedoch Verteidiger, die nur mit Genehmigung des Gerichts nach § 138 Abs. 2 tätig werden dürfen (BGH NStZ 1981, 94), und auch ausländische Verteidiger werden mitgezählt. Die **Folgen** des Verstoßes gegen Abs. 1 S. 2 sind in § 146 a geregelt. Die **Revision** kann auf eine Mitwirkung von mehr als 3 Verteidigern nicht gestützt werden (kein Beruhen). Die ungerechtfertigte **Zurückweisung** eines Verteidigers führt, soweit sie nicht willkürlich erfolgt ist, nicht zu einer den Angeklagten belastenden Beschränkung der

Verteidigung § 138

Verteidigung, wenn er anderweitig ordnungsgemäß verteidigt ist (BGH 27, 159 = NJW 1977, 1208; BayObLG NStZ 1988, 281; KK-Laufhütte Rn. 9).

§ 138 [Wahlverteidiger] RiStBV 106

(1) Zu Verteidigern können die bei einem deutschen Gericht zugelassenen Rechtsanwälte sowie die Rechtslehrer an deutschen Hochschulen im Sinne des Hochschulrahmengesetzes mit Befähigung zum Richteramt gewählt werden.

(2) Andere Personen können nur mit Genehmigung des Gerichts und, wenn der Fall einer notwendigen Verteidigung vorliegt und der Gewählte nicht zu den Personen gehört, die zu Verteidigern bestellt werden dürfen, nur in Gemeinschaft mit einer solchen als Wahlverteidiger zugelassen werden.

Eine Beschränkung für RAe, als Strafverteidiger vor deutschen Gerichten aufzutreten, gibt es nur für die beim **BGH zugelassenen RAe,** die grundsätzlich nur vor dem BGH, den anderen obersten Gerichten des Bundes, dem gemeinsamen Senat der obersten Gerichtshöfe sowie dem BVerfG auftreten dürfen (§ 172 BRAO). Ist der Beschuldigte RA oder Hochschullehrer, so kann er sich **nicht selbst zum Verteidiger bestellen.** „Der Status des Verteidigers und die Stellung des Beschuldigten oder Betroffenen sind offensichtlich unvereinbar" (s. näher vor § 137 Rn. 2). Zulässig ist aber, dass der RA im Revisionsverfahren die Revisionsschrift und im Wiederaufnahmeverfahren den Wiederaufnahmeantrag selbst unterschreibt (§§ 345 Abs. 2, 366 Abs. 2). **Ausländische Rechtsanwälte** können grundsätzlich nur unter den Voraussetzungen des § 138 Abs. 2 als Verteidiger zugelassen werden (BGHR § 138 Abs. 2 Genehmigung). Für Rechtsanwälte eines **Europäischen Mitgliedstaates** hat das Gesetz zur Umsetzung von Richtlinien der Europäischen Gemeinschaft auf dem Gebiet des Berufsrechts der Rechtsanwälte (EuRAG) v. 9. 3. 2000 (BGBl. I S. 182), zuletzt geändert durch Ges. v. 26. 10. 2003 (BGBl. I S. 2074) die Klarheit gebracht, dass die Rechtsanwälte, die als europäische Rechtsanwälte in eine **deutsche Rechtsanwaltskammer** aufgenommen sind, den deutschen Rechtsanwälten **gleichgestellt** sind (§§ 2 ff. EuRAG), also nach § 138 Abs. 1 **allein** tätig werden können. Die nur **vorübergehend** in Deutschland tätigen, dienstleistenden europäischen Rechtsanwälte können nur im Einvernehmen mit einem deutschen Rechtsanwalt handeln (§§ 25 ff. EuRAG). Die Mitwirkung eines „gleichgestellten" EU-Verteidigers, welcher der deutschen Sprache nicht mächtig ist, hat zur Folge, dass wegen seiner Beteiligung vorrangig gemäß § 185 GVG ein **Dolmetscher** zu bestellen ist. Gleiches gilt auch für den nach § 138 Abs. 2 zugelassenen Verteidiger mit dem deutschen „Einvernehmensanwalt" (KG NStZ 2002, 52). Kann der ausländische Verteidiger aus sonstigen Gründen die Verteidigung faktisch nicht sicherstellen, so hat der Vorsitzende diese durch zusätzliche Bestellung eines Pflichtverteidigers zu gewährleisten (KK-Laufhütte Rn. 13). Ist gegen einen zugelassenen RA ein **Berufs- oder Vertretungsverbot** (§ 132 a, § 70 StGB, §§ 114 Abs. 1 Nr. 4, 150, 161 a BRAO) verhängt worden, so weist ihn das Gericht entsprechend § 146 a zurück; die Wirksamkeit von Prozesshandlungen des RA richtet sich nach § 146 a Abs. 2 (Meyer-Goßner Rn. 2).

Rechtslehrer an deutschen Hochschulen iSd **Abs. 1** sind ordentliche sowie außerordentliche (auch emeritierte) Professoren, Privatdozenten und Lehrbeauftragte, welche die Befähigung haben, ein Rechtsgebiet an einer deutschen Universität oder gleichrangigen Hochschule selbstständig zu lehren. Sie brauchen **nicht** Mitglieder einer **jur.** Fakultät zu sein. „Als Verteidiger kann nach § 138 Abs. 1 auch ein **Fachhochschullehrer** mit Befähigung zum Richteramt gewählt werden" (BGH NJW 2003, 3573). Die Rechtslehrer sind übrigens **nicht verpflichtet,** sich

1

2

§ 138

bestellen zu lassen. Der als Verteidiger gewählte Rechtslehrer an einer deutschen Hochschule kann für seine Tätigkeit die **Vergütung** beanspruchen, die sich aus der sinngemäßen Anwendung der Regelung der BRAGO ergibt (OLG Düsseldorf NStZ 1996, 99). Das einem **Wahlverteidiger** versprochene, die gesetzlichen Gebühren übersteigende **Honorar** (s. vor § 137 Rn. 3) steht diesem nur zu, wenn er in der **Hauptverhandlung selbst aufgetreten** ist (KG NStZ-RR 2000, 191). Im Blick auf § 138 Abs. 1 kann eine **Zustellung** gemäß § 37 Abs. 1 S. 1 in entsprechender Anwendung des § 212a ZPO auch an einen Wahlverteidiger, der Rechtslehrer an einer deutschen Hochschule ist, durch Empfangsbekenntnis bewirkt werden (BGH NStZ 1997, 245). Für **Angehörige steuerberatender Berufe** gilt als Sonderregelung § 392 AO, der folgenden Wortlaut hat:

§ 392. Verteidigung

(1) Abweichend von § 138 Abs. 1 der Strafprozeßordnung können auch Steuerberater, Steuerbevollmächtigte, Wirtschaftsprüfer und vereidigte Buchprüfer zu Verteidigern gewählt werden, soweit die Finanzbehörde das Strafverfahren selbständig durchführt; im übrigen können sie die Verteidigung nur in Gemeinschaft mit einem Rechtsanwalt oder einem Rechtslehrer an einer deutschen Hochschule führen.

(2) § 138 Abs. 2 der Strafprozeßordnung bleibt unberührt.

3 Nach Abs. 2 können **mit Genehmigung** des Gerichts auch **andere Personen** als Verteidiger zugelassen werden, zB Familienangehörige, Freunde, Mitglieder steuerberatender Berufe (s. Rn. 2). Jur. Personen können **nicht** zu Verteidigern gewählt werden (BayObLG NJW 1953, 354; BVerfGE 43, 91 = NJW 1977, 99). Auch das durch Art. 1, §§ 1, 8 **RBerG** idF v. 5. BRAGO-ÄndG v. 18. 8. 1980 (BGBl. I S. 1503) bestimmte Verbot der geschäftsmäßigen Besorgung fremder Rechtsangelegenheiten einschließlich der **Rechtsberatung** steht der Zulassung einer „anderen Person" iSd § 138 Abs. 2 als Wahlverteidiger entgegen, sofern sie die Strafverteidigung geschäftsmäßig betreibt (OLG Dresden NJW 1998, 90). Die **Genehmigung** des Gerichts, die auch stillschweigend erteilt werden kann (OLG Düsseldorf JMBlNW 1980, 215), ist **Voraussetzung** für die Entstehung eines wirksamen Verteidigungsverhältnisses (OLG Karlsruhe NJW 1988, 2549); vorherige Erklärungen sind schwebend unwirksam (KK-Laufhütte Rn. 8). Die Genehmigung wird nur für den Einzelfall und nur auf **Antrag** erteilt, der auch konkludent gestellt werden kann (Meyer-Goßner Rn. 11). Abs. 2 wird im Hinblick auf die Entstehungsgeschichte **Ausnahmecharakter** zugeschrieben und eng ausgelegt. Daher sollen die von einem Juristen, der nicht RA oder Hochschullehrer ist, erworbenen üblichen Kenntnisse im Straf- und Strafverfahrensrecht allein nicht ausreichen, um die für eine Zulassung als Verteidiger nach Abs. 2 vorauszusetzende besondere Befähigung zur Verteidigung in einem Schwurgerichtsverfahren zu begründen (OLG Karlsruhe NJW 1988, 2549). Die Entscheidung über den Genehmigungsantrag trifft das mit der Sache befasste Gericht nach **pflichtgemäßem Ermessen** (OLG Düsseldorf NStZ 1988, 91 mwN). Die Genehmigung darf nicht versagt werden, „wenn der Gewählte das besondere Vertrauen des Beschuldigten genießt und nach den Umständen des Falles in besonderem Maße die Befähigung zur Verteidigung besitzt" (OLG Karlsruhe NJW 1988, 2549 mwN). Im Interesse der Rechtspflege und auch des Beschuldigten/Angeklagten kommt dem Erfordernis, dass nur Personen mit genügender Sachkunde und umfassenden Rechtskenntnissen die Verteidigung übernehmen, entscheidende Bedeutung zu. Zudem trifft das Gericht insoweit auch eine Fürsorgepflicht gegenüber dem Beschuldigten/Angeklagten. Das gilt insbesondere, wenn es sich um einen gravierenden Vorwurf handelt (OLG Düsseldorf NStZ 1999, 586). Die Genehmigung kann **zurückgenommen** werden, wenn sich ergibt, dass die Voraussetzungen von vornherein nicht gegeben waren oder nicht mehr gegeben sind. Die Rücknahme darf nicht zur Unzeit

Verteidigung § 138 a

erfolgen und berührt die Wirksamkeit der vorgenommenen Prozesshandlungen nicht. Bei Vorliegen der Ausschließungsgründe der §§ 138 a, 138 b ist das Ausschließungsverfahren nach §§ 138 c, 138 d zu betreiben (KK-Laufhütte Rn. 11).

Halbs. 2 von Abs. 2 bringt eine **Zulassungsbeschränkung.** Diese **Verteidigung nur in Gemeinschaft** gilt bei der **notwendigen Verteidigung** nach §§ 140, 231 a Abs. 4. Auch sonst sind die Rechte eingeschränkt. Die Prozesshandlungen müssen vom Hauptverteidiger mitverantwortet werden, der bei wesentlichen Teilen der Hauptverhandlung anwesend sein muss (BayObLG NJW 1991, 2434) und Rechtsmittelerklärungen müssen mit unterzeichnet werden (BGH 32, 326 = NJW 1984, 2480). Bei mangelnder Übereinstimmung ist die Erklärung des Hauptverteidigers maßgeblich. Das Gesetz stellt auf die **Gemeinschaftlichkeit** ab, daher sind Prozesshandlungen, die nicht von dem Einverständnis des Hauptverteidigers gedeckt sind, unwirksam. Die jedem Verteidiger zustehenden Rechte, zB das Akteneinsichtsrecht und der Verkehr (§ 148) mit dem Beschuldigten kann der nach Abs. 2 zugelassene Verteidiger ohne Absprache mit dem Hauptverteidiger wahrnehmen (KK-Laufhütte Rn. 12). Bei der Urteilsverkündung braucht nur der Verteidiger nach Abs. 2 anwesend zu sein (OLG Bremen VRS 65, 36). Zu zivilrechtlichen **Schadensersatzansprüchen** gegen den Wahlverteidiger wegen fehlerhafter Beratung vor § 137 Rn. 3.

Mit der **Beschwerde** (§§ 304 ff.) sind die Entscheidungen des Gerichts, die das Verteidigerverhältnis betreffen, anfechtbar; § 305 S. 1 steht dem nicht entgegen, da die Erkenntnis in keinem Zusammenhang mit dem Urteil steht und nicht lediglich dessen Vorbereitung dient (OLG Düsseldorf NStZ 1988, 91). Entscheidungen der OLGe und der Ermittlungsrichter sind nach § 304 Abs. 2 S. 2, Abs. 5 unanfechtbar. Bei Zurückweisung ist auch der nach Abs. 1 gewählte Verteidiger beschwerdeberechtigt (BGH 8, 194 = NJW 1957, 997). Gegen die **Versagung oder Zurücknahme** der Genehmigung nach Abs. 2 können der Beschuldigte und der zum Verteidiger Gewählte Beschwerde einlegen (BayObLG NJW 1954, 1212; OLG Düsseldorf NStZ 1988, 91; Meyer-Goßner Rn. 23 mwN). Gegen die Erteilung der Genehmigung nach Abs. 2 steht der StA die Beschwerde zu (KK-Laufhütte Rn. 17). Das Beschwerdegericht überprüft die Entscheidung in **vollem Umfang** und nicht nur auf Rechtsfehler (BayObLG NJW 1954, 1212; OLG Oldenburg NJW 1958, 33; Meyer-Goßner Rn. 23 mwN). Mit der **Revision** kann geltend gemacht werden, mit der Entscheidung nach Abs. 2 ist die Verteidigung (§ 338 Nr. 8) beschränkt worden (vgl. KK-Laufhütte Rn. 18).

§ 138 a [Ausschließung des Verteidigers]

(1) **Ein Verteidiger ist von der Mitwirkung in einem Verfahren auszuschließen, wenn er dringend oder in einem die Eröffnung des Hauptverfahrens rechtfertigenden Grade verdächtig ist, daß er**

1. **an der Tat, die den Gegenstand der Untersuchung bildet, beteiligt ist,**
2. **den Verkehr mit dem nicht auf freiem Fuß befindlichen Beschuldigten dazu mißbraucht, Straftaten zu begehen oder die Sicherheit einer Vollzugsanstalt erheblich zu gefährden, oder**
3. **eine Handlung begangen hat, die für den Fall der Verurteilung des Beschuldigten Begünstigung, Strafvereitelung oder Hehlerei wäre.**

(2) **Von der Mitwirkung in einem Verfahren, das eine Straftat nach § 129 a, auch in Verbindung mit § 129 b Abs. 1, des Strafgesetzbuches zum Gegenstand hat, ist ein Verteidiger auch auszuschließen, wenn bestimmte Tatsachen den Verdacht begründen, daß er eine der in Absatz 1 Nr. 1 und 2 bezeichneten Handlungen begangen hat oder begeht.**

(3) ¹**Die Ausschließung ist aufzuheben,**

§ 138 a

1. sobald ihre Voraussetzungen nicht mehr vorliegen, jedoch nicht allein deshalb, weil der Beschuldigte auf freien Fuß gesetzt worden ist,
2. wenn der Verteidiger in einem wegen des Sachverhalts, der zur Ausschließung geführt hat, eröffneten Hauptverfahren freigesprochen oder wenn in einem Urteil des Ehren- oder Berufsgerichts eine schuldhafte Verletzung der Berufspflichten im Hinblick auf diesen Sachverhalt nicht festgestellt wird,
3. wenn nicht spätestens ein Jahr nach der Ausschließung wegen des Sachverhalts, der zur Ausschließung geführt hat, das Hauptverfahren im Strafverfahren oder im ehren- oder berufsgerichtlichen Verfahren eröffnet oder ein Strafbefehl erlassen worden ist.

²Eine Ausschließung, die nach Nummer 3 aufzuheben ist, kann befristet, längstens jedoch insgesamt für die Dauer eines weiteren Jahres, aufrechterhalten werden, wenn die besondere Schwierigkeit oder der besondere Umfang der Sache oder ein anderer wichtiger Grund die Entscheidung über die Eröffnung des Hauptverfahrens noch nicht zuläßt.

(4) ¹Solange ein Verteidiger ausgeschlossen ist, kann er den Beschuldigten auch in anderen gesetzlich geordneten Verfahren nicht verteidigen. ²In sonstigen Angelegenheiten darf er den Beschuldigten, der sich nicht auf freiem Fuß befindet, nicht aufsuchen.

(5) ¹Andere Beschuldigte kann ein Verteidiger, solange er ausgeschlossen ist, in demselben Verfahren nicht verteidigen, in anderen Verfahren dann nicht, wenn diese eine Straftat nach § 129 a, auch in Verbindung mit § 129 b Abs. 1, des Strafgesetzbuches zum Gegenstand haben und die Ausschließung in einem Verfahren erfolgt ist, das ebenfalls eine solche Straftat zum Gegenstand hat. ²Absatz 4 gilt entsprechend.

1 Die Vorschrift ist mit dem GG vereinbar (BVerfG NJW 1975, 2341). Sie ist **zwingend** und „räumt dem Ausschließungsrichter kein Ermessen ein" (BGH 37, 396 = NJW 1991, 2780). Die Ausschließungsgründe sind **abschließend** aufgeführt; andere Verfehlungen (zB Bedrohung des Gerichts, Parteiverrat, Verfahrenssabotage) rechtfertigen nicht den Ausschluss des Verteidigers (KK-Laufhütte Rn. 3 mwN auf BT-Drucks.). Die Ausschließungsgründe gelten **in jeder Lage des Verfahrens**, auch nach Rechtskraft des Urteils, zB im Vollstreckungs- und Gnadenverfahren (Meyer-Goßner Rn. 1), auch im Bußgeldverfahren (BGH wistra 1992, 228) und im Ehrengerichtlichen Verfahren (BGH 37, 396). Die Vorschrift betrifft **alle Verteidiger**, also auch die nach §§ 141, 142 Abs. 2 bestellten **Pflichtverteidiger** (BGH 42, 94 = NJW 1996, 1975). Dem ausgeschlossenen Verteidiger ist **jede Mitwirkung** im Verfahren untersagt; Prozesshandlungen sind **unwirksam**.

2 Die Ausschließung setzt voraus, dass der Verteidiger einer der in **Abs. 1 Nrn. 1 bis 3** bezeichneten Taten entweder **dringend** oder in einem die Eröffnung des Hauptverfahrens **rechtfertigenden** Grade **verdächtig** ist. Das bedeutet aber nicht, dass beide Verdachtsgrade wahlweise zur Verfügung stehen. Es gilt vielmehr folgendes: Der **dringende Verdacht** genügt immer. Er liegt vor, wenn der Ausschließungsgrund **mit großer Wahrscheinlichkeit** gegeben ist (s. § 112); dabei ist eine Gesamtwürdigung aller Umstände erforderlich (BGH NJW 1984, 316). Der **hinreichende Verdacht** verlangt nur eine **geringere Wahrscheinlichkeit** für das Bestehen des Ausschließungsgrundes (s. § 203). Er genügt aber nur, wenn dem Verteidiger strafbares Verhalten vorgeworfen wird; setzt aber nicht voraus, dass wegen dieses Vorwurfs gegen ihn ein Ermittlungsverfahren eingeleitet und bis zur Anklagereife gediehen ist (BGH 36, 133 = NJW 1989, 1813, Meyer-Goßner Rn. 12) oder gar bereits Anklage erhoben ist (BGH wistra 1996, 272). Die Vorlage ist jedoch unzulässig, wenn der für den Ausschluss erforderliche hinreichende Tatverdacht gegen den Verteidiger nicht

schlüssig in dem Vorlagebeschluss dargelegt ist. Die Vorlage der Sache an das OLG gemäß §§ 138 a ff. zum Zweck des Verteidigerausschlusses muss ihrem Inhalt nach bestimmten **Mindestanforderungen** genügen. Sie muss neben den Beweismitteln mindestens die objektiven und subjektiven Tatsachen ergeben, aus denen sich im Falle ihres Nachweises das den Ausschluss rechtfertigende Verhalten des Verteidigers ergeben soll (OLG Hamm NStZ-RR 1999, 50). Es ist nicht Aufgabe des OLG im Ausschließungsverfahren, von sich aus nach Grundlagen für eine etwaige Ausschließung des Verteidigers zu forschen (OLG Düsseldorf wistra 1997, 359). **Tatbeteiligung (Abs. 1 Nr. 1)** umfasst Mittäterschaft, mittelbare Täterschaft, Anstiftung, Beihilfe (§§ 25 bis 27 StGB). Dazu gehört auch die Unterstützung einer kriminellen Vereinigung. Der in § 60 Nr. 2 verwendete Begriff der Beteiligung geht über die Teilnahmeformen der §§ 25 bis 27 hinaus (BGH 10, 67 = NJW 1957, 431). Die Tatbeteiligung muss dem Verteidiger **vorwerfbar** sein (BGH NStZ 1986, 37). Beteiligt ist er auch, wenn er Haupttäter und der Beschuldigte der Teilnehmer ist (Meyer-Goßner Rn. 5). Es kommt nicht darauf an, ob die Tat **strafrechtlich verfolgbar** ist (KK-Laufhütte Rn. 8). Deshalb ist der Ausschließungsgrund nicht in Frage gestellt, wenn ein **Strafantrag** nicht gestellt ist (OLG Hamburg NStZ 1983, 426), die Tat nur im ehrengerichtlichen Verfahren geahndet werden kann (BGH NJW 1984, 316; BGH wistra 2000, 311). „Ist der Verteidiger eines von mehreren Angeklagten wegen Verdachts der Beteiligung an einer Tat, die allen Mitangeklagten zur Last gelegt wird, von der Mitwirkung in dem Verfahren ausgeschlossen worden, so kann er auch keinen anderen Mitangeklagten verteidigen" (BGH 26, 221 = MJW 1976, 58). Der **Missbrauch (Abs. 1 Nr. 2)** besteht im bewussten Ausnutzen des dem Verteidiger nach § 148 eingeräumten Rechts auf freien Verkehr. Die Straftat muss hinreichend konkretisiert sein und muss nach den durch Tatsachen belegten Umständen **begangen** oder die Ausführung muss in strafbarer Weise **begonnen** sein (KK-Laufhütte Rn. 11). Die **Sicherheit einer Vollzugsanstalt** ist gefährdet **(Abs. 1 Nr. 2),** wenn konkrete Gefahren für Personen (Anstaltspersonal, Anstaltsinsassen) und Sachen (Gebäude, Einrichtungen) drohen, zB durch Einbringen von Sprengstoff, Waffen oder Ausbruchsmaterial (Meyer-Goßner Rn. 8). Es muss der Verdacht bestehen, dass der Verteidiger die Handlung, welche zu dieser Gefährdung führt, **begangen** oder zumindest mit der Ausführung **begonnen** hat. **Abs. 1 Nr. 3** setzt voraus, dass der Verteidiger verdächtig ist, eine **Begünstigung, Strafvereitelung oder Hehlerei** (§§ 257 bis 260 StGB) begangen zu haben, die sich auf die Tat bezieht, die Gegenstand des Verfahrens (§ 264) ist. **Zulässige Verteidigungsmittel** sind nicht nach den genannten Vorschriften strafbar (BGH 29, 99 = NJW 1980, 64; KG NStZ 1988, 178; KK-Laufhütte Rn. 13 mwN). Es muss der Verdacht bestehen, dass der Verteidiger die strafbare Handlung **begangen** hat; es reicht jedoch der strafbare Versuch (KG NStZ 1983, 556; OLG Frankfurt StV 1992, 360). Gegen den Verteidiger, der zugleich **Mitbeschuldigter** im selben Verfahren ist, kommt keine Ausschließung nach § 138 a durch das OLG, sondern **seine Zurückweisung** entsprechend §§ 146, 146 a durch das für das Hauptverfahren zuständige Gericht in Betracht (OLG Celle NJW 2001, 3564 Fortentwicklung zu BGHR StPO § 138 a Anwendungsbereich 1). Wird ein RA erst nach Eröffnung des Hauptverfahrens gegen ihn von einem **Mitangeklagten als Verteidiger** gewählt, so ist er durch Beschluss des erkennenden Gerichts als Verteidiger zurückzuweisen. Die Vorschriften über das Ausschließungsverfahren nach §§ 138 ff. sind auf ihn nicht anwendbar (BGH NStZ-RR 1997, 71).

Nach **Abs. 2** muss **in Verfahren wegen Straftaten nach § 129 a StGB** der Tatverdacht weder hinreichend iSd. § 203 noch dringend iSd § 112 sein; es genügt für die Ausschließungsgrunde nach Abs. 1 Nrn. 1 und 2 der auf bestimmte Tatsachen gestützte Verdacht für das rechtlich zu missbilligende Verteidigerverhalten (KG NJW 1978, 1538; Meyer-Goßner Rn. 15). 3

Abs. 3 regelt die Voraussetzungen, unter denen Maßnahmen nach Abs. 1 und 2 **aufzuheben** sind; ansonsten erstreckt sich die Ausschließung des Verteidigers auf 4

§§ 138 b, 138 c   Erstes Buch. 11. Abschnitt

die Dauer des Verteidigerverhältnisses (KK-Laufhütte Rn. 17). Auch im Fall des Abs. 3 S. 1 Nr. 3 tritt die Aufhebung nicht kraft Gesetzes ein. Die Aufhebung erfolgt nur durch **Beschluss** des in diesem Zeitpunkt nach Abs. 1 zuständigen Gerichts (OLG Karlsruhe Justiz 1981, 446). Sie kann von dem ausgeschlossenen Verteidiger, dem Beschuldigten und auch entsprechend § 138 c Abs. 2 S. 1, 2 von der StA oder dem Gericht beantragt werden; der Antrag der StA und der Vorlegungsbeschluss des Gerichts sind zu begründen. Für die Beteiligung der RAK ist § 138 c Abs. 2 S. 3, 4 maßgebend (Meyer-Goßner Rn. 20). Die Entscheidung des BGH und des OLG kann **schriftlich** (oder nach mündl. Verhandlung, § 138 d Abs. 1) erfolgen; sie ist **unanfechtbar** (BGH 32, 231 = NJW 1984, 935). Die auf die Ausschließung des Verteidigers gerichtete Vorlage an das OLG kann – formgerecht – **wiederholt** werden, nachdem eine frühere Vorlage wegen Formmangels verworfen worden ist (OLG Düsseldorf NStZ-RR 1998, 336).

5   **Abs. 4 und 5** regeln die **Wirkungen** der Ausschließung. Wirksam wird die Ausschließung erst mit **Rechtskraft** des Beschlusses. Vorher kann jedoch angeordnet werden, dass die Rechte des Verteidigers aus den §§ 147, 148 **ruhen** (§ 138 c Abs. 3). **Prozesshandlungen** des ausgeschlossenen Verteidigers sind ohne weiteres **unwirksam** (Meyer-Goßner Rn. 24). Der Verteidiger ist **von jeder Tätigkeit** in dem Strafverfahren bis zu dessen **vollständiger** Beendigung ausgeschlossen, also zB auch im Vollstreckungs- und Gnadenverfahren. Um eine Umgehung der Ausschließung zu verhindern, ist auch die Verteidigung in **anderen gerichtlichen** Verfahren (zB Bußgeld- und Berufsgerichtsverfahren) verboten. In **sonstigen Angelegenheiten** (zB in Zivil- und Verwaltungsgerichtsprozessen) darf er den Beschuldigten nicht in der JVA aufsuchen. Die Unzulässigkeit der Verteidigung **anderer Beschuldigter** folgt schon aus § 146 (Meyer-Goßner Rn. 27). Eine **Anhörung** von Betroffenen anderer Verfahren ist nicht geboten (BGH 26, 226 = NJW 1976, 58; KK-Laufhütte Rn. 29). Zur **Anfechtbarkeit** s. § 138 d Abs. 6.

§ 138 b [Ausschließung bei Gefahr für die Sicherheit der Bundesrepublik]

¹Von der Mitwirkung in einem Verfahren, das eine der in § 74 a Abs. 1 Nr. 3 und § 120 Abs. 1 Nr. 3 des Gerichtsverfassungsgesetzes genannten Straftaten oder die Nichterfüllung der Pflichten nach § 138 des Strafgesetzbuches hinsichtlich der Straftaten des Landesverrates oder einer Gefährdung der äußeren Sicherheit nach den §§ 94 bis 96, 97 und 100 des Strafgesetzbuches zum Gegenstand hat, ist ein Verteidiger auch dann auszuschließen, wenn auf Grund bestimmter Tatsachen die Annahme begründet ist, daß seine Mitwirkung eine Gefahr für die Sicherheit der Bundesrepublik Deutschland herbeiführen würde. ²§ 138 a Abs. 3 Satz 1 Nr. 1 gilt entsprechend.

1   Diese Vorschrift enthält einen **zusätzlichen** Ausschließungsgrund für Staatsschutzsachen. Die **Sicherheit der Bundesrepublik** (vgl. § 92 Abs. 3 Nr. 2 StGB) bedeutet die Fähigkeit, sich nach außen und innen gegen gewaltsame Einwirkungen zur Wehr zu setzen (BGH 28, 317 = NJW 1979, 1556; BGH NStZ 1988, 215). Der Eintritt des Schadens muss ernstlich zu befürchten sein; das ist unter Abwägung aller Umstände zu beurteilen. Die politische Gesinnung des Verteidigers allein besagt nichts (Meyer-Goßner Rn. 2).

2   Die **Aufhebung** der Ausschließung ist zwingend vorgeschrieben, wenn die Voraussetzungen nicht mehr vorliegen **(S. 2)**.

§ 138 c [Zuständigkeit für die Ausschließung; Anordnungen des Gerichts]

(1) **¹Die Entscheidungen nach den §§ 138 a und 138 b trifft das Oberlandesgericht. ²Werden im vorbereitenden Verfahren die Ermittlungen**

vom Generalbundesanwalt geführt oder ist das Verfahren vor dem Bundesgerichtshof anhängig, so entscheidet der Bundesgerichtshof. ³Ist das Verfahren vor einem Senat eines Oberlandesgerichtes oder des Bundesgerichtshofes anhängig, so entscheidet ein anderer Senat.

(2) ¹Das nach Absatz 1 zuständige Gericht entscheidet nach Erhebung der öffentlichen Klage bis zum rechtskräftigen Abschluß des Verfahrens auf Vorlage des Gerichts, bei dem das Verfahren anhängig ist, sonst auf Antrag der Staatsanwaltschaft. ²Die Vorlage erfolgt auf Antrag der Staatsanwaltschaft oder von Amts wegen durch Vermittlung der Staatsanwaltschaft. ³Soll ein Verteidiger ausgeschlossen werden, der Mitglied einer Rechtsanwaltskammer ist, so ist eine Abschrift des Antrages der Staatsanwaltschaft nach Satz 1 oder die Vorlage des Gerichts dem Vorstand der zuständigen Rechtsanwaltskammer mitzuteilen. ⁴Dieser kann sich im Verfahren äußern.

(3) ¹Das Gericht, bei dem das Verfahren anhängig ist, kann anordnen, daß die Rechte des Verteidigers aus den §§ 147 und 148 bis zur Entscheidung des nach Absatz 1 zuständigen Gerichts über die Ausschließung ruhen; es kann das Ruhen dieser Rechte auch für die in § 138a Abs. 4 und 5 bezeichneten Fälle anordnen. ²Vor Erhebung der öffentlichen Klage und nach rechtskräftigem Abschluß des Verfahrens trifft die Anordnung nach Satz 1 das Gericht, das über die Ausschließung der Verteidigers zu entscheiden hat. ³Die Anordnung ergeht durch unanfechtbaren Beschluß. ⁴Für die Dauer der Anordnung hat das Gericht zur Wahrnehmung der Rechte aus den §§ 147 und 148 einen anderen Verteidiger zu bestellen. ⁵§ 142 gilt entsprechend.

(4) ¹Legt das Gericht, bei dem das Verfahren anhängig ist, gemäß Absatz 2 während der Hauptverhandlung vor, so hat es zugleich mit der Vorlage die Hauptverhandlung bis zur Entscheidung durch das nach Absatz 1 zuständige Gericht zu unterbrechen oder auszusetzen. ²Die Hauptverhandlung kann bis zu dreißig Tagen unterbrochen werden.

(5) ¹Scheidet der Verteidiger aus eigenem Entschluß oder auf Veranlassung des Beschuldigten von der Mitwirkung in einem Verfahren aus, nachdem gemäß Absatz 2 der Antrag auf Ausschließung gegen ihn gestellt oder die Sache dem zur Entscheidung zuständigen Gericht vorgelegt worden ist, so kann dieses Gericht das Ausschließungsverfahren weiterführen mit dem Ziel der Feststellung, ob die Mitwirkung des ausgeschiedenen Verteidigers in dem Verfahren zulässig ist. ²Die Feststellung der Unzulässigkeit steht im Sinne der §§ 138a, 138b, 138d der Ausschließung gleich.

(6) ¹Ist der Verteidiger von der Mitwirkung in dem Verfahren ausgeschlossen worden, so können ihm die durch die Aussetzung verursachten Kosten auferlegt werden. ²Die Entscheidung hierüber trifft das Gericht, bei dem das Verfahren anhängig ist.

Abs. 1 regelt die **sachliche Zuständigkeit** für die Entscheidungen über die Ausschließung. **Örtlich zuständig** ist im Ermittlungsverfahren das dem Gericht, das für das Hauptverfahren zuständig wird, übergeordnete OLG, bei Vorlegung durch den Tatrichter das diesem übergeordnete OLG und nach Urteilsrechtskraft das OLG, in dessen Bezirk die den Antrag stellende StA ihren Sitz hat, im Verfahren zur Vorbereitung der Wiederaufnahme das dem Wiederaufnahmegericht übergeordnete OLG. Das OLG entscheidet nach § 122 Abs. 1 GVG in der **Besetzung** mit 3 Richtern, der BGH nach § 139 Abs. 1 GVG mit 5 Richtern (Meyer-Goßner Rn. 1). „In **Strafvollzugssachen** ist der BGH nicht zuständig für Entscheidungen über die Ausschließung des Verteidigers" (BGH 38, 52 = NJW 1991, 2017). 1

§ 138 c Erstes Buch. 11. Abschnitt

2   Nach **Abs. 2 S. 1** kann der nach Abs. 1 zuständige Strafsenat des OLG bzw. des BGH **nicht von Amts wegen** tätig werden, sondern ihm ist die Sache vorzulegen. **Nach Erhebung der öffentlichen Klage** und **vor rechtskräftigem Abschluss** des Verfahrens hat das Gericht, bei dem das Verfahren anhängig ist, die Sache **vorzulegen,** und zwar **auf Antrag der StA** oder **von Amts wegen** durch Vermittlung der StA. Die erforderliche **Begründung** muss mindestens die Tatsachen enthalten, aus denen sich in Fällen des Nachweises das den Ausschluss rechtfertigende Verhalten ergibt; die Beweismittel sind ebenfalls anzugeben (BGH 37, 395 = NJW 1991, 2780; OLG Karlsruhe NJW 1975, 943; OLG Düsseldorf NStZ 1983, 185). Die StA kann in diesen Fällen nicht selbst dem OLG vorlegen. Der Antrag der StA ist von dem Gericht, bei dem das Verfahren anhängig ist, ohne eigene Prüfung dem OLG unter Darlegung der eigenen Auffassung vorzulegen (OLG Karlsruhe NStZ 1983, 281). Bei der Vorlage durch das Gericht, bei dem das Verfahren anhängig ist, ist der **Vorlagebeschluss** über die StA, die Stellung zu nehmen und einen entsprechenden Antrag – auf Ausschluss oder auf Feststellung, dass kein Ausschließungsgrund vorliegt – zu stellen hat. Ist die öffentliche Klage noch nicht erhoben oder ist das Verfahren rechtskräftig abgeschlossen, entscheidet das OLG auf Antrag der StA über die Ausschließung nach den §§ 138 a, b (KK-Laufhütte Rn. 4 ff.). Nach Abs. 2 S. 3 ist der Vorlegungsantrag oder der Vorlegungsbeschluss der **RAK** mitzuteilen. Eine entsprechende **Bekanntmachung** an den Verteidiger und den Beschuldigten ist selbstverständlich (Meyer-Goßner Rn. 10).

3   Nach **Abs. 3** kann das OLG bzw. der BGH vor der Entscheidung entsprechende **vorläufige Maßnahmen** treffen. Vorher ist der StA, dem Verteidiger und dem Beschuldigten Gelegenheit zur Stellungnahme zu geben. Nach Abs. 3 S. 4, 5 ist für die Dauer der Anordnung, also bis zur Rechtskraft der Entscheidung über die Ausschließung, die Bestellung eines **Pflichtverteidigers zwingend** vorgeschrieben, auch wenn die Verteidigung nicht notwendig ist oder der Beschuldigte noch andere Verteidiger hat. Die Bestellung, die unverzüglich zu erfolgen hat, ist Aufgabe des Vorsitzenden. Das Vorschlagsrecht des Beschuldigten ist zu beachten.

4   Nach **Abs. 4** hat das Gericht mit Erlass eines Vorlegungsbeschlusses gemäß Abs. 2 S. 2 **während der Hauptverhandlung** diese Hauptverhandlung zu unterbrechen oder auszusetzen, und zwar bis zur rechtskräftigen Entscheidung des nach Abs. 1 zuständigen Gerichts. Eine Fortsetzung ist auch dann ausgeschlossen, wenn der Beschuldigte noch andere Verteidiger hat. Wird während der Unterbrechung – höchstens 30 Tage – die Ausschließung des Verteidigers rechtskräftig abgelehnt, kann die Hauptverhandlung fortgesetzt werden. Wird jedoch der Verteidiger rechtskräftig ausgeschlossen, so ist die Fortsetzung nur möglich, wenn die Verteidigung durch schon vorher tätige Mitverteidiger oder durch den Eintritt eines neuen Verteidigers, der sich einarbeiten konnte, sichergestellt ist; anderenfalls muss die Hauptverhandlung ausgesetzt und später neu begonnen werden (Meyer-Goßner Rn. 14).

5   Mit dem **Feststellungsverfahren** nach **Abs. 5** wird dem Verteidiger die Möglichkeit genommen, durch die Niederlegung des Mandats die **Einstellung** des Ausschließungsverfahrens zu erzwingen und damit den Ausschließungsfolgen mit ihren Wirkungen auf andere Verfahren (§ 138 a Abs. 4 und 5) aus dem Wege zu gehen. Außerdem wird verhindert, dass er nach Mandatsniederlegung und Einstellung des Verfahrens die Verteidigung **erneut** übernimmt. Die Feststellung nach Abs. 5 S. 1 hat die Wirkung der Ausschließung (Abs. 5 S. 2). Die **Entscheidung,** ob das Verfahren gemäß Abs. 5 weiterzuführen ist, trifft das nach Abs. 1 zuständige Gericht nach Anhörung der StA, des Verteidigers und des Beschuldigten nach **pflichtgemäßem Ermessen** (Meyer-Goßner Rn. 16). Ist sodann eine missbräuchliche Umgehung der Ausschließungswirkungen nicht (mehr) zu befürchten, kann das Verfahren eingestellt werden (vgl. BGH NJW 1992, 3048). „Dass das OLG das Ausschließungsverfahren nach Niederlegung des Mandats durch den betroffenen RA nicht einstellte, sondern die Notwendigkeit zur Feststellung sah, dass dessen

Mitwirkung in dem Verfahren unzulässig ist, entspricht dem Gesetz ... Besteht die begründete Besorgnis, dass der Verteidiger mit der Niederlegung des Mandats nur die Durchführung des Ausschließungsverfahrens und die Wirkungen einer gerichtlichen Ausschließungsentscheidung verhindern will, um später die Verteidigung doch wieder aufzunehmen, dann rechtfertigt sich nach § 136 c Abs. 5 das Feststellungsverfahren" (BGH NStZ 1994, 23). Ist der Verteidiger bereits **ausgeschieden, bevor das Gericht** die Vorlage der Akten an das OLG zum Zwecke der Ausschließung des Verteidigers nach § 138 a **beschlossen** hat, so ist für das auf Feststellung der Unzulässigkeit der Mitwirkung des ausgeschiedenen Verteidigers gerichtete Verfahren nach § 136 c Abs. 5 S. 1 kein Raum. In diesem Falle ist die Vorlage **unzulässig** (OLG Düsseldorf NStZ 1994, 450; OLG Düsseldorf NJW 1995, 739).

Die **Kannvorschrift** des Abs. 6 gilt nur für die Kosten des **Ausschließungsverfahrens**. Die Kostenentscheidungen sind anfechtbar, mit den Einschränkungen nach § 304 Abs. 3 und 4. Beschwerdeberechtigt sind die StA, der Verteidiger (wenn ihm Kosten auferlegt sind), der Beschuldigte, auch wenn dem Verteidiger die Kosten nicht auferlegt sind (KK-Laufhütte Rn. 34). Gegen die **Ablehnung des Antrags der StA auf Erlass eines Vorlegungsbeschlusses** ist die Beschwerde nach § 304 Abs. 1 zulässig (OLG Karlsruhe NStZ 1983, 281). 6

§ 138 d [Mündliche Verhandlung; sofortige Beschwerde]

(1) Über die Ausschließung des Verteidigers wird nach mündlicher Verhandlung entschieden.

(2) ¹Der Verteidiger ist zu dem Termin der mündlichen Verhandlung zu laden. ²Die Ladungsfrist beträgt eine Woche; sie kann auf drei Tage verkürzt werden. ³Die Staatsanwaltschaft, der Beschuldigte und in den Fällen des § 138 c Abs. 2 Satz 3 der Vorstand der Rechtsanwaltskammer sind von dem Termin zur mündlichen Verhandlung zu benachrichtigen.

(3) Die mündliche Verhandlung kann ohne den Verteidiger durchgeführt werden, wenn er ordnungsgemäß geladen und in der Ladung darauf hingewiesen worden ist, daß in seiner Abwesenheit verhandelt werden kann.

(4) ¹In der mündlichen Verhandlung sind die anwesenden Beteiligten zu hören. ²Den Umfang der Beweisaufnahme bestimmt das Gericht nach pflichtgemäßem Ermessen. ³Über die Verhandlung ist eine Niederschrift aufzunehmen; die §§ 271 bis 273 gelten entsprechend.

(5) ¹Die Entscheidung ist am Schluß der mündlichen Verhandlung zu verkünden. ²Ist dies nicht möglich, so ist die Entscheidung spätestens binnen einer Woche zu erlassen.

(6) ¹Gegen die Entscheidung, durch die ein Verteidiger aus den in § 138 a genannten Gründen ausgeschlossen wird oder die einen Fall des § 138 b betrifft, ist sofortige Beschwerde zulässig. ²Dem Vorstand der Rechtsanwaltskammer steht ein Beschwerderecht nicht zu. ³Eine die Ausschließung des Verteidigers nach § 138 a ablehnende Entscheidung ist nicht anfechtbar.

Die **mündliche Verhandlung** ist keine Hauptverhandlung und daher **nicht** 1 **öffentlich** (BGH NStZ 1981, 95). Sie ist nicht erforderlich, wenn der Ausschließungsantrag der StA oder der Vorlegungsbeschluss **unzulässig** ist, weil zB das Gericht unzuständig ist (BGH 38, 52 = NJW 1991, 2917) oder die erforderliche Begründung fehlt (s. § 138 c Rn. 2) oder wenn der Sachverhalt des Beschlusses bzw. des Antrages ohne weiteres ergibt, dass die Ausschließung des Verteidigers **offensichtlich unbegründet** ist (OLG Bremen NJW 1981, 2711; OLG Düsseldorf

§ 139

NJW 1991, 996; OLG Düsseldorf NStZ 1998, 336). Da der Verteidiger nicht Beschuldigter ist, kann er sich nicht durch einen anderen Verteidiger verteidigen lassen. Er kann sich jedoch – wie der Zeuge – des **Beistandes** einer der in § 137 genannten Personen bedienen, der aber kein eigenes Antragsrecht hat (KK-Laufhütte Rn. 6 mwN). Es ist verfassungsgemäß, dass das Gericht nach Abs. 4 S. 2 den Umfang der Beweisaufnahme nach **pflichtgemäßem Ermessen** bestimmt (BVerfG NJW 1974, 2341). Es gilt der **Freibeweis,** dh es kann aus dem Akteninhalt, aus dienstlichen und schriftlichen Äußerungen usw. das Erforderliche festgestellt werden (BGH 28, 117 = NJW 1979, 115). In der mündlichen Verhandlung sind **alle anwesenden** Beteiligten zu hören; es ist eine **Niederschrift** (§§ 271 bis 273) aufzunehmen, auch wenn keiner der Beteiligten erschienen ist. Ergeht die **Entscheidung** schriftlich (binnen einer Woche, **Abs.** 5), so ist sie dem Beschuldigten und dem Verteidiger mit **Rechtsmittelbelehrung** (§ 35 a) **zuzustellen.** Das OLG entscheidet in der **Besetzung** mit drei Richtern (§ 122 Abs. 1 GVG) und der BGH mit fünf Richtern (§ 139 Abs. 2 GVG).

2 Wird auf Ausschließung des Verteidigers entschieden, werden ihm entsprechend § 465 Abs. 1 die **Kosten** auferlegt (Meyer-Goßner Rn. 10 mwN). Wird die Ausschließung abgelehnt, so sind der Staatskasse entsprechend § 467 Abs. 1 die Kosten und notwendigen Auslagen des Verteidigers aufzuerlegen (BGH NJW 1991, 2917; OLG Bremen NJW 1981, 2711). Gebühren für einen RA, den der Verteidiger als Beistand (s. Rn. 1) hinzugezogen hat, sind nicht erstattungsfähig (KG JR 1981, 121; Meyer-Goßner Rn. 10).

3 Die **sofortige Beschwerde (Abs. 6)** ist gegen den Ausschließungsbeschluss gegeben. Beschwerdeberechtigt sind der Verteidiger, der Beschuldigte, für den der ausgeschlossene Verteidiger das Rechtsmittel einlegen kann (BGH 26, 295 = NJW 1976, 1106) und der StA, nicht die RAK. Wird die Ausschließung abgelehnt, so kann die StA sofortige Beschwerde nur im Fall des § 138 b einlegen. Der Beschluss, mit dem das OLG es ablehnt, die Ausschließung wieder aufzuheben, ist unanfechtbar (BGH 32, 231 = NJW 1984, 935). Gegen Entscheidungen des BGH ist nach § 304 Abs. 4 S. 1 die Beschwerde nicht zulässig. Als Beschwerdegericht entscheidet er in nichtöffentlicher Sitzung ohne mündliche Verhandlung (§ 309 Abs. 1), in Dreierbesetzung (§ 139 Abs. 2 GVG).

4 Die **Revision** kann nicht darauf gestützt werden, dass der Verteidiger ausgeschlossen worden ist. Abs. 6 schließt jedes andere Rechtsmittel aus (§ 336). Mit der Revision kann jedoch gerügt werden, dass der Angeklagte nach der Ausschließung nicht mehr ordnungsgemäß verteidigt war.

5 Verfahrensvorschriften **für die Aufhebung der Maßnahmen nach §§ 138 a und b** fehlen. Eine Anlehnung an die Bestimmungen des § 138 d ist geboten, jedoch mit der Maßgabe, dass das zuständige Gericht ohne mündliche Verhandlung entscheiden kann. Eine Ablehnung hat weniger Gewicht; denn über die Ausschließung ist bereits entschieden. Wegen Fehlens einer entsprechenden Vorschrift kann der Antrag auf Aufhebung beliebig oft gestellt werden, so dass mündliche Verhandlungen zu einer unerträglichen und sinnlosen Verzögerung führen würden (vgl. LR-Lüderssen Rn. 21). „Gegen einen die Aufhebung der Ausschließung ablehnenden Beschluss des OLG findet eine Beschwerde nicht statt, § 304 Abs. 4 S. 2 StPO" (BGH 32, 231 = NJW 1984, 935).

6 Ein **abgelehnter Ausschließungsantrag** kann mit denselben Gründen **nicht wiederholt** werden. Der Ablehnungsbeschluss erwächst insoweit in Rechtskraft (KK-Laufhütte Rn. 18).

§ 139 [Übertragung auf Referendar]

Der als Verteidiger gewählte Rechtsanwalt kann mit Zustimmung dessen, der ihn gewählt hat, die Verteidigung einem Rechtskundigen, der die

Verteidigung § 140

erste Prüfung für den Justizdienst bestanden hat und darin seit mindestens einem Jahr und drei Monaten beschäftigt ist, übertragen.

Die Übertragungsbefugnis haben nur der **gewählte RA**, und nicht andere Verteidiger, also nicht zB Hochschullehrer und **Pflichtverteidiger** (BGH StV 1989, 465); ein Rechtsreferendar kann aber als amtlich bestellter Vertreter (§ 53 BRAO) eines Offizialverteidigers bestellt werden (BGH NJW 1975, 2351). Zu den anwaltschaftlichen Befugnissen, die einem von der **Justizverwaltung zum allgemeinen Vertreter eines RAs bestellten Rechtsreferendar** uneingeschränkt zustehen, gehören auch diejenigen, die sich aus der Bestellung des vertretenen RAs zum **Pflichtverteidiger** ergeben. Zulässigkeit und Wirksamkeit der von einem solchen Rechtsreferendar in der Hauptverhandlung vor der großen StrK vorgenommenen Pflichtverteidigerhandlung hängen nicht von der Zustimmung des StrK-Vorsitzenden ab. Der Anspruch auf Vergütung dieser Pflichtverteidigertätigkeit des Rechtsreferendars steht allerdings dem vertretenen RA zu (OLG Düsseldorf NJW 1994, 1296). Gegen einen Verteidiger darf ein Ordnungsmittel wegen Ungebühr nach § 178 GVG nicht verhängt werden. Das gilt auch für einen **Rechtsreferendar, der in Untervollmacht** des von dem Betroffenen beauftragten RAs als Verteidiger an der Hauptverhandlung teilnimmt (OLG Düsseldorf wistra 1994, 79). Mit „Justizdienst" ist der **Vorbereitungsdienst** gemeint; damit ist der Kreis entsprechend eingegrenzt. Auf Rechtspraktikanten und Rechtsanwaltsassistenten aus den neuen Bundesländern findet § 139 nach § 8 RpflAnpG entsprechend Anwendung. Die Übertragung bedarf der **Zustimmung des Angeklagten** (nicht des Gerichts), die regelmäßig mit der Vollmacht erteilt wird. § 139 gilt auch für den Anwalt des Privatklägers sowie des Beschuldigten (§ 387 Abs. 2), für den Anwalt des Nebenklägers (§ 397) und in den Fällen der §§ 406 f, 406 g (LR-Lüderssen Rn. 8). Ist der Verteidiger vom **gesetzlichen Vertreter** bestellt (§ 137 Abs. 2), so kommt es auf dessen Zustimmung an (KK-Laufhütte Rn. 3).

Die Übertragung ist in jedem Stadium des Verfahrens zulässig; auch **vor Eröffnung** des Hauptverfahrens (vgl. KK-Laufhütte Rn. 5 mwN). Der Referendar, dem die Verteidigung übertragen ist, hat **alle Verteidigerrechte**. Er darf an Stelle des RA in der Hauptverhandlung auftreten, in diesem Fall wird er nach § 137 Abs. 1 S. 2 mitgezählt; seine Prozesshandlungen sind wirksam; er gilt als ermächtigt, Zustellungen gemäß § 145 a – allerdings nur in der Kanzlei des RA – in Empfang zu nehmen. Der RA ist zur Überwachung der Verteidigertätigkeit des Referendars verpflichtet (Meyer-Goßner Rn. 6).

Die Verletzung von § 139 kann nach § 338 Nr. 8 mit der **Revision** gerügt werden, wenn der Vorsitzende bzw. nach Beschlussfassung das Gericht die Verteidigung durch einen Referendar nicht gestattet hat, obwohl ihm zulässigerweise die Verteidigung übertragen wurde, und der Angeklagte deshalb **keinen Verteidiger** hatte (Lüderssen LR Rn. 15).

1

2

3

§ 140 [Notwendige Verteidigung]

(1) **Die Mitwirkung eines Verteidigers ist notwendig, wenn**
1. die Hauptverhandlung im ersten Rechtszug vor dem Oberlandesgericht oder dem Landgericht stattfindet;
2. dem Beschuldigten ein Verbrechen zur Last gelegt wird;
3. das Verfahren zu einem Berufsverbot führen kann;
4. *(aufgehoben)*
5. der Beschuldigte sich mindestens drei Monate auf Grund richterlicher Anordnung oder mit richterlicher Genehmigung in einer Anstalt befunden hat und nicht mindestens zwei Wochen vor Beginn der Hauptverhandlung entlassen wird;

§ 140

6. zur Vorbereitung eines Gutachtens über den psychischen Zustand des Beschuldigten seine Unterbringung nach § 81 in Frage kommt;
7. ein Sicherungsverfahren durchgeführt wird;
8. der bisherige Verteidiger durch eine Entscheidung von der Mitwirkung in dem Verfahren ausgeschlossen ist.

(2) ¹In anderen Fällen bestellt der Vorsitzende auf Antrag oder von Amts wegen einen Verteidiger, wenn wegen der Schwere der Tat oder wegen der Schwierigkeit der Sach- oder Rechtslage die Mitwirkung eines Verteidigers geboten erscheint oder wenn ersichtlich ist, daß sich der Beschuldigte nicht selbst verteidigen kann, namentlich, weil dem Verletzten nach den §§ 397a und 406g Abs. 3 und 4 ein Rechtsanwalt beigeordnet worden ist. ²Dem Antrag eines hör- oder sprachbehinderten Beschuldigten ist zu entsprechen.

(3) ¹Die Bestellung eines Verteidigers nach Absatz 1 Nr. 5 kann aufgehoben werden, wenn der Beschuldigte mindestens zwei Wochen vor Beginn der Hauptverhandlung aus der Anstalt entlassen wird. ²Die Bestellung des Verteidigers nach § 117 Abs. 4 bleibt unter den in Absatz 1 Nr. 5 bezeichneten Voraussetzungen für das weitere Verfahren wirksam, wenn nicht ein anderer Verteidiger bestellt wird.

1 Die Vorschrift stellt eine Konkretisierung des **Rechtsstaatsprinzips** und des daraus folgenden **Gebots eines fairen Verfahrens** dar (BVerfGE 63, 390 = NJW 1983, 1599; BVerfG NJW 1986, 771; KK-Laufhütte Rn. 1 mwN). Mit dem Institut der **Pflichtverteidigung** ohne Rücksicht auf die Einkommens- und Vermögensverhältnisse des Angeklagten sichert der Gesetzgeber das Interesse, das der Rechtsstaat an einem prozeßordnungsgemäßen Strafverfahren und zu diesem Zweck nicht zuletzt an einer wirksamen Verteidigung des Beschuldigten hat (BGH 3, 398 = NJW 1953, 514; BVerfGE 65, 174 = NJW 1984, 113). § 140 gilt auch für das Privatklageverfahren (BVerfGE 63, 380) sowie für **Rechtskundige** und die nach § 138 Abs. 1 zu Verteidigern wählbaren Personen (BGH MDR 1954, 568); denn aber der Beschuldigte kann sich nicht selbst von Verteidiger bestellen (s. § 138 Rn. 1), sowie wenn der Beschuldigte keinen Verteidiger haben will oder schon einen Verteidiger hat. „**Zweck** der Pflichtverteidigung ist es, im öffentlichen Interesse dafür zu sorgen, dass ein Beschuldigter in den vom Gesetz bestimmten Fällen rechtskundigen Beistand erhält und dass ein **ordnungsgemäßer Verfahrensablauf** gewährleistet ist" (BVerfG NJW 1975, 1015, 1016). Die **Anwesenheit** eines **notwendigen** Verteidigers, der zu den Personen gehört, deren ständige Anwesenheit in der Hauptverhandlung das Gesetz vorschreibt, ist eine der **wesentlichen Förmlichkeiten** iSv §§ 273 Abs. 1, 274 S. 1, deren Beobachtung nur durch das Protokoll bewiesen werden kann (BGH NStZ 2002, 271; vgl. BGH 24, 282 = NJW 1972, 695). Auch wenn der Beschuldigte bereits einen oder mehrere **Wahlverteidiger hat**, ist nach der Rspr. trotz Fehlens einer gesetzlichen Regelung **daneben** die Beiordnung eines (oder mehrerer) Pflichtverteidigers – sog. **Sicherungs- oder Zwangsverteidiger** – zulässig (s. § 141 Rn. 1). Das Erfordernis, dass jeder Verteidiger voll eingearbeitet sein muss und deshalb grundsätzlich kontinuierlich an der Hauptverhandlung teilzunehmen hat, schließt es aus, einen **zweiten Pflichtverteidiger** zu dem Zweck zu bestellen, die gegenseitige Vertretung beider Verteidiger zu ermöglichen. Der außergewöhnliche Umfang oder die außergewöhnliche Schwierigkeit des Verfahrensstoffes gebieten die Beiordnung eines zweiten Pflichtverteidigers nur dann, wenn ausnahmsweise der Verfahrensstoff ausschließlich bei arbeitsteiligem Zusammenwirken zweier Verteidiger beherrscht werden kann. Die Bestellung eines zweiten Verteidigers vor Beginn der Hauptverhandlung ist zur Sicherung des Verfahrens nur geboten, wenn und soweit andere gesetzliche Reaktionsmöglichkeiten auf eine unvorhergesehene, nicht lediglich abstrakt-theoretische Verhinderung eines Verteidigers unzureichend sind (so OLG Hamburg NStZ-RR 1997, 203). Mag auch allein der besondere Umfang eines schwierigen Verfahrens nicht stets die Erstattung der Kosten eines zweiten Pflichtverteidigers erforderlich machen, so kann dies im Einzelfall jedoch im Interesse der **sachgerechten Verteidigung** des Angeklagten notwendig sein (KG wistra 1994, 281). Die **Beschwerde** gegen die Entscheidung des Vorsitzenden in der Hauptverhandlung, der die Beiordnung eines **zweiten Pflichtverteidigers abgelehnt** hat, ist nicht zulässig (OLG Celle NStZ 1998, 637). Hat der Angeklagte **mehrere Verteidiger**, so muss jeder von ihnen **geladen** werden, wenn die in § 218 S. 1 genannten Voraussetzungen vorliegen. Anders kann es sein, wenn die mehreren Verteidiger gemeinsam einer Sozietät angehören (BGH wistra 1995, 110). **Sozietät** und Verteidigung s. § 146 Rn. 1.

Unabhängig von der Schwierigkeit des Verfahrens ist die **Bestellung** eines **Pflichtverteidigers** in den Fällen des **Abs. 1 zwingend** vorgeschrieben. Dieser Katalog wird ergänzt durch weitere gesetzliche Vorschriften, in denen die Verteidigung für notwendig gehalten wird, zB §§ 117 Abs. 4, 118 a Abs. 2 S. 2, 231 a Abs. 4, 364 a, 364 b, 408 b; § 68 JGG. Diese Regelung wird für Verfahren vor dem AG und vor dem LG im Berufungsverfahren durch eine Generalklausel des Abs. 2 erweitert; hier ist eine Abwägung im Einzelfall erforderlich. Der Vorsitzende (§ 141 Abs. 4) muss den Verteidiger **von Amts wegen** bestellen. Die Notwendigkeit der Bestellung eines Verteidigers nach Abs. 1 gilt für das **gesamte Verfahren** (OLG Düsseldorf MDR 1984, 669; KK-Laufhütte Rn. 4 mwN), also auch für das Verfahren vor dem beauftragten oder ersuchten Richter (BGH NJW 1952, 1426) sowie für das Berufungs- und Revisionsverfahren (KG StV 1990, 298), ebenso für die **Einlegung und Begründung** der Revision (BGH wistra 1988, 233; s. auch Rn. 3). Sind mehrere Sachen wegen des persönlichen Zusammenhangs nach §§ 2 ff. verbunden, so ist nach § 5 die Verteidigung **insgesamt** notwendig, wenn sie es wegen einer der Sachen ist (BGH NJW 1956, 1767; Meyer-Goßner Rn. 5). Die Bestellung nach **Abs. 2** kann **beschränkt** werden, zB auf den 1. Rechtszug. Bei Mitangeklagten sind die Voraussetzungen des § 140 bei jedem gesondert zu prüfen (Meyer-Goßner Rn. 6). Bei notwendiger Verteidigung darf kein wesentlicher Teil der Hauptverhandlung ohne den Verteidiger durchgeführt werden (BGH NStZ 1983, 375; OLG Hamm NJW 1992, 3252). Weder der Verteidiger noch der Angeklagte können wirksam auf die Anwesenheit verzichten (BayObLG NStZ 1990, 250). Auch der Rechtsmittelverzicht des Angeklagten in Abwesenheit des notwendigen Verteidigers ist unwirksam (OLG Frankfurt NStZ 1993, 507). „Die Bestellung eines Pflichtverteidigers im **Vollstreckungsverfahren** gilt nur für den jeweiligen Verfahrensabschnitt und nicht für das gesamte Verfahren" (OLG Frankfurt NJW 2003, 3501). Im **Jugendgerichtsverfahren** ist eine **extensive Auslegung** des § 140 geboten. Dies rechtfertigt indes nicht, abweichend von der Regel, wonach bei einer Straferwartung von mindestens einem Jahr eine Verteidigerbestellung wegen der Schwere der Tat geboten ist, einen Fall der notwendigen Verteidigung immer schon dann zu bejahen, wenn Anklage vor dem Jugendschöffengericht erhoben und daher eine Jugendstrafe mit dem Mindestmaß von sechs Monaten zu erwarten ist. Vielmehr kommt es auf die Umstände des Einzelfalls an (OLG Brandenburg NStZ-RR 2002, 184). Der Gesetzgeber hat mit den neu eingefügten §§ 364 a und 364 b das Wiederaufnahmeverfahren eine spezielle und abschließende Regelung geschaffen, die daneben eine entsprechende Anwendung des § 140 Abs. 2 ausschließt. Eine auf die sofortige Beschwerde gegen die Verwerfung der Wiederaufnahme beschränkte Bestellung eines Pflichtverteidigers ist deswegen unzulässig (OLG Stuttgart NStZ-RR 2003, 114).

Bei der **Revision** erstreckt sich, was aus § 350 Abs. 3 folgt, die tatrichterliche Bestellung eines Verteidigers **nicht** auf die **Revisionsverhandlung** (BGH 19, 258 = NJW 1964, 1035). Ob dem Angeklagten für diese Verhandlung ein Verteidiger

§ 140

beizuordnen ist, bestimmt der Vorsitzende des Revisionsgerichts auf der Grundlage des **Abs. 2,** wenn nicht ein Fall des § 350 Abs. 3 vorliegt. Nimmt der bisherige Pflichtverteidiger mit Zustimmung des Vorsitzenden an der Revisionshauptverhandlung teil, so liegt darin eine stillschweigende Bestellung (OLG Düsseldorf NStZ 1984, 43). Die Bestellung eines Verteidigers ist in verfassungskonformer Auslegung erforderlich, wenn dies der Anspruch auf ein **faires Verfahren** gebietet, zB wenn das Revisionsgericht in Abänderung des Urteils 1. Instanz auf eine schwerwiegende Entscheidung durcherkennen könnte (OLG Düsseldorf NStZ 1983, 373). Ist dem Angeklagten nach § 350 Abs. 2 oder nach § 350 Abs. 3 S. 1 ein Verteidiger für die Revisionshauptverhandlung bestellt worden, ist es ein Gebot rechtsstaatlicher, fairer Verfahrensführung, die Verhandlung nicht in dessen Abwesenheit durchzuführen (BVerfGE 65, 171 = NJW 1984, 113). Nach **Verfahrensabschluss** ist die Beiordnung eines Pflichtverteidigers auch dann **unzulässig,** wenn die Beiordnung bereits vor Verfahrensabschluss beantragt war (OLG Düsseldorf NStZ-RR 1996, 171 s. auch § 141 Rn. 4).

4   Nach **Nr. 1** des **Katalogs** von Abs. 1 ist die Verteidigung notwendig, wenn die Hauptverhandlung vor dem OLG oder LG stattfindet, und zwar auch bei Zuständigkeit des AG. **Verbrechen** iSd **Nr. 2** richtet sich nach § 12 Abs. 1 StGB. Schärfungen oder Milderungen bleiben außer Betracht (§ 12 Abs. 3 StGB). **Nr. 2** gilt auch für die nur versuchte Tat sowie für Gehilfen und Anstifter. Zur Last gelegt wird ein Verbrechen durch Anklage, Nachtragsanklage, im Eröffnungsbeschluss (§ 207 Abs. 2 Nr. 3) oder nach einem rechtlichen Hinweis nach § 265 (OLG Düsseldorf MDR 1984, 689; KG StV 1985, 184). War die Verteidigung nach Nr. 2 notwendig, so entfällt sie auch dann nicht, wenn sich im Laufe des Verfahrens die rechtliche Würdigung der Tat als Verbrechen nicht aufrechterhalten lässt und der Angeklagte nur wegen Vergehens verurteilt wird. Die Verteidigung bleibt so lange notwendig, als eine Verurteilung wegen eines Verbrechens möglich ist, also nicht, wenn der nur wegen eines Vergehens verurteilte Angeklagte allein Berufung im Strafmaß eingelegt hat; aber Aufrechterhaltung der Beiordnung wegen des Gebots des fairen Verfahrens ist möglich (KK-Laufhütte Rn. 9 mwN). Die durch den Anklagevorwurf eines Verbrechens begründete Notwendigkeit der Verteidigung entfällt, wenn der Angeklagte nur wegen eines Vergehens verurteilt wird, erst mit dem Eintritt der Rechtskraft des Schuldspruchs; bei nicht wirksamer Beschränkung des Rechtsmittels auf den Rechtsfolgenausspruch liegt daher weiterhin ein Fall der notwendigen Verteidigung vor (BayObLG NJW 1994, 1887). Das Verfahren kann iSv **Nr. 3** zu einem **Berufsverbot** insbesondere dann führen, wenn § 70 StGB in der Anklage erwähnt wird, Gegenstand eines rechtlichen Hinweises ist (§ 265) oder die StA die Anordnung beantragt (OLG Celle NJW 1964, 877). Auch im berufsgerichtlichen Verfahren gegen **Ärzte** ist die gerichtliche Bestellung eines Verteidigers in analoger Anwendung von § 140 Abs. 1 Nr. 3 notwendig, wenn der Ausspruch der Höchstmaßnahme mit einiger Wahrscheinlichkeit zu erwarten ist (VG Münster MedR 1991, 365). **Nr. 4:** Die notwendige Verteidigung des blinden, tauben oder stummen Beschuldigten ist durch Gesetz v. 17. 5. 1988 (BGBl. I S. 1988, 606) aufgehoben. Es gilt nun § 140 Abs. 2 S. 2 (vgl. Hamm NJW 1988, 1820; Werner NStZ 1988, 346). Zur **Anstaltsunterbringung** iS von **Nr. 5** gehören vor allem Straf- und U-Haft; Strafarrest; Auslieferungshaft; Unterbringung nach §§ 63, 64, 66 StGB, nach den Unterbringungsgesetzen der Länder oder mit vormundschaftsgerichtlicher Genehmigung nach §§ 1631 b, 1800 BGB; auch Freigänger (§ 11 Abs. 1 Nr. 1 StVollzG); Aufenthalt in einem Erziehungsheim, bei stationärer Behandlung in einer Drogentherapie-Einrichtung nach § 35 BtMG (Meyer-Goßner Rn. 16). Nr. 5 gilt auch in **Bußgeldverfahren** (BayObLG NJW 1979, 771) sowie bei Freiheitsentziehung im **Ausland** (OLG Koblenz MDR 1984, 868), im **Strafbefehlsverfahren** erst nach Einlegung des Einspruchs (LG Münster MDR 1980, 335; s. aber § 408 b). **Nr. 6** kommt bereits zur Anwendung, wenn eine Entscheidung zur

Verteidigung **§ 140**

Unterbringung nach § 81 zu treffen ist. Die Verteidigung bleibt für das weitere Verfahren notwendig, auch wenn es nicht zur Anstaltsunterbringung kommt (BGH NJW 1952, 797). Auch Art. 5 Abs. 4 MRK ist zu beachten. Einer Person, die in einem psychiatrischen Krankenhaus untergebracht ist, weil sie rechtswidrige Taten begangen hat, für die sie jedoch wegen **Geisteskrankheit strafrechtlich nicht verantwortlich** war, muss in den späteren Verfahren zur Überprüfung der weiteren Vollstreckung ihrer Unterbringung ein **Pflichtverteidiger** beigeordnet werden, es sei denn, es liegen besondere Umstände vor (EGMR NStZ 1993, 148). **Nr. 7** betrifft das **Sicherungsverfahren** nach den §§ 413 ff. Es wird regelmäßig nahe liegen, im Sicherungsverfahren und vor einer Unterbringung des Angeklagten im Strafverfahren den **Betreuer** als Zeugen zu hören, sofern nicht bereits der nach §§ 246 a, 415 Abs. 5 zu vernehmende Sachverständige diese Beweisquelle ausgeschöpft hat (BGH NStZ 1996, 610). **Nr. 8** ergänzt die Vorschrift über die **Ausschließung eines Verteidigers.** Die Verteidigungsposition des Beschuldigten soll durch die Ausschließung seines Verteidigers nicht geschmälert werden (KK-Laufhütte Rn. 19). Ihm ist also auch dann ein Verteidiger zu bestellen, wenn es sich nicht um einen Fall handelt, in dem die Verteidigung aus sonstigen Gründen notwendig ist.

Nach der **Generalklausel** des **Abs. 2** (Auffangvorschrift) hat der Vorsitzende 5 von Amts wegen oder auf Antrag einen Verteidiger zu bestellen, wenn dies nach einer der genannten drei **Beiordnungsalternativen** geboten ist. Er hat die „Voraussetzungen nach pflichtmäßigem Ermessen zu beurteilen" (BGH NJW 1963, 1115). Aber wenn die sachlichen Voraussetzungen vorliegen, hat er den Verteidiger zu bestellen (vgl. Rn. 9; LR-Lüderssen Rn. 42). Die **Schwere der Tat** beurteilt sich vor allem nach der zu erwartenden Rechtsfolgenentscheidung (BGH 6, 199 = NJW 1954, 1415; OLG Celle wistra 1986, 233; BayObLG NStZ 1990, 250; OLG Düsseldorf wistra 1994, 317). Die Tendenz in der Rspr. geht dahin, dies bei einer Straferwartung ab **1 Jahr Freiheits- oder Jugendstrafe** – zumindest dann, wenn die Strafe nicht zur Bewährung ausgesetzt wird (KK-Laufhütte Rn. 21 mwN; vgl. vor allem OLG Karlsruhe NStZ 1991, 505 mit Rspr.-Nachweisen zur unterschiedlichen Straferwartung) – als Anlass für die Beiordnung eines Verteidigers zu sehen. Unstreitig ist, dass bei einer zu erwartenden Freiheitsentziehung von mehr als 2 Jahren die Verteidigung notwendig ist (BGH 6, 199; OLG Stuttgart NStZ 1981, 490; BayObLG NStZ 1990, 250; Meyer-Goßner Rn. 23). Bei **mehreren Taten** kommt es auf den Umfang der Rechtsfolgen **insgesamt** und nicht auf die Höhe der Einzelstrafen an (OLG Hamm NStZ-RR 1997, 78; 2001, 108). Dabei ist auch die **Verteidigungsfähigkeit** zu berücksichtigen (OLG Stuttgart NStZ 1981, 490; OLG Hamburg NStZ 1984, 281). Die Mitwirkung eines Verteidigers iSv § 140 Abs. 2 ist auch dann notwendig, wenn der Angeklagte zwar wegen tatsächlich und rechtlich einfacher Diebstahlstaten nur zu einer Freiheitsstrafe von 10 Monaten ohne Bewährung verurteilt worden ist, dies jedoch zu einem **Widerruf** von zwei Bewährungsstrafen und damit letztlich zu einer Strafverbüßung von **insgesamt 22 Monaten** führen kann (OLG Hamm NStZ-RR 1998, 243). Ebenso sind **schwerwiegende mittelbare Nachteile** zu beachten, zB drohender Widerruf einer Bewährung in anderer Sache oder erhebliche disziplinarrechtliche Folgen (KG StV 1983, 186; OLG Stuttgart NStZ 1991, 505; OLG Düsseldorf wistra 1997, 318); wenn dem Angeklagten bei rechtskräftiger Verurteilung die **Ausweisung** droht (LG Heilbronn NStZ-RR 2002, 289). Die Schwere der Tat erfordert jedenfalls dann grundsätzlich die Beiordnung eines Pflichtverteidigers, wenn der Angeklagte nicht nur eine Freiheitsstrafe von einem Jahr ohne Strafaussetzung zur Bewährung, sondern darüber hinaus den **Widerruf der Aussetzung der Vollstreckung** mehrere (Rest-)Freiheitsstrafen zu erwarten hat (OLG Düsseldorf wistra 1999, 38).

Zur **Schwierigkeit der Sach- oder Rechtslage** hat die Rspr. Kriterien entwickelt. Die **Sachlage ist schwierig,** wenn die Feststellungen zur Täterschaft oder 6

§ 140 Erstes Buch. 11. Abschnitt

Schuld eine umfangreiche, voraussichtlich länger dauernde Beweisaufnahme erfordern (KK-Laufhütte Rn. 22 mwN), zB bei einer Fülle angeklagter Taten (BGH 15, 306 = NJW 1961, 740), bei besonderen Problemen wegen der Beurteilung der Glaubwürdigkeit eines Kindes (OLG Koblenz MDR 1976, 776), der Würdigung sich möglicherweise widersprechender Zeugenaussagen (OLG Hamm StV 1985, 447), Auseinandersetzung mit Sachverständigengutachten (OLG Hamm StV 1987, 192), bei Infragestellen der Schuldfähigkeit des Angeklagten (OLG Hamm NStE Nr. 6 zu § 140), bei Berufung der StA gegen einen Freispruch in 1. Instanz und möglichen erheblichen haftungsrechtlichen Konsequenzen einer Verurteilung, wenn die Frage der Garantenstellung des Angeklagten schwierige Probleme aufwirft (OLG Hamm NStE Nr. 15 zu § 140), wenn die Beweisaufnahme sich auf mehrere Tage erstrecken wird (BGH 15, 306), wenn die Hauptverhandlung vor dem erweiterten Schöffengericht stattfindet (OLG Düsseldorf AnwBl. 1984, 262). Die Beiordnung eines Verteidigers ist geboten, wenn die effiziente **Ausübung des Fragerechts** die Kenntnis von Vernehmungsniederschriften voraussetzt, um gegebenenfalls **Vorbehalte** machen oder Widersprüche aufdecken zu können (OLG Celle StV 2000, 414). Ein Fall **notwendiger Verteidigung nach § 140 Abs. 2** liegt vor, wenn eine sachgerechte Verteidigung nur bei Gewährung von Akteneinsicht möglich ist. Dies ist dann der Fall, wenn **Aussage gegen Aussage** steht und deshalb die Angaben des den Angeklagten belastenden Zeugen einer besonderen Glaubwürdigkeitsprüfung zu unterziehen sind (OLG Koblenz NStZ-RR 2000, 176). Eine Rolle spielt auch, dass nach § 147 nur der Verteidiger zur Akteneinsicht berechtigt ist (Meyer-Goßner Rn. 27). Die **Rechtslage ist schwierig,** wenn es bei der Anwendung des materiellen oder formellen Rechts auf noch nicht abschließend geklärte oder schwer zu beantwortende Fragen ankommt oder es um schwierige Abgrenzungsfragen geht (BayObLG StV 1991, 294). Eine schwierige Rechtslage des Falles ist dann gegeben, wenn bei Anwendung des materiellen oder des formellen Rechts auf den konkreten Sachverhalt bislang **nicht ausgetragene Rechtsfragen** entschieden werden müssen. Das ist bei der Frage, unter welchen Umständen ein vorausgegangener Verstoß gegen eine Aufenthaltsbeschränkung den Vorwurf der fortgesetzten Zuwiderhandlung gegen eine Aufenthaltsbeschränkung nach dem **Asylverfahrensgesetz** begründet, der Fall (OLG Stuttgart StV 2002, 298).

7 Der **Beschuldigte kann sich dann nicht selbst verteidigen,** wenn aus Gründen, die in seiner Person liegen oder die sich aus den Umständen ergeben, nicht sicher gewährleistet ist, dass er in der Lage ist, der Verhandlung zu folgen, seine Interessen zu wahren und eine seiner Verteidigung dienenden Handlungen vorzunehmen (KK-Laufhütte Rn. 24); zB bei jugendlichem Alter oder fortgeschrittener Schwangerschaft (OLG Düsseldorf NJW 1964, 877; Meyer-Goßner Rn. 30), idR bei **Ausländern,** die der deutschen Sprache unkundig sind (OLG Karlsruhe NStZ 1987, 522; OLG Koblenz MDR 1994, 1137; vgl. BVerfGE 64, 150 = NJW 1983, 2764), wenn der Angeklagte seelisch abartig ist (OLG Hamm StV 1984, 66), bei Analphabeten (OLG Celle StV 1983, 187), bei Btm-Abhängigen (OLG Düsseldorf AnwBl. 1978, 355), wenn dem Verletzten ein RA beigeordnet worden ist und auch, wenn der Verletzte sich als Nebenkläger auf eigene Kosten eines RAs als Beistand bedient (OLG Köln StV 1988, 100; OLG Köln NStZ 1989, 542). Art. 6 Abs. 3 e EMRK räumt dem der **Gerichtssprache nicht kundigen** Beschuldigten unabhängig seiner finanziellen Lage für das **gesamte** Strafverfahren und damit auch für vorbereitende Gespräche mit seinem Verteidiger einen Anspruch auf unentgeltliche Zuziehung eines **Dolmetschers** ein, auch wenn kein Fall der notwendigen Verteidigung iSd § 140 Abs. 2 oder des Art. 6 Abs. 3 e EMRK gegeben ist, also auch im **Ermittlungsverfahren** und bei **Wahl- oder Pflichtverteidigung** (BGH 46, 178 = NJW 2001, 309; BGH NJW 2004, 50). In einem ungewöhnlichen Ausnahmefall kommt auch die Beiordnung eines RA (entsprechend Abs. 2) als Zeugenbeistand in Frage (OLG Düsseldorf wistra 1993, 78). Lag ein Fall der not-

Verteidigung **§ 140**

wendigen Verteidigung nach **Abs. 2** vor, ist aber gleichwohl eine Bestellung eines Pflichtverteidigers unterlieben, so ist dem Angeklagten auf Antrag für das RevVerfahren ein Pflichtverteidiger zu bestellen. Denn der Angeklagte darf dadurch nicht schlechter gestellt sein, dass die Bestellung unterblieben ist, da im Falle der erstinstanzlichen Bestellung sich diese auch auf das RevVerfahren bis zu einer evtl. Hauptverhandlung erstreckt hätte (OLG Oldenburg StV 1992, 558; Egon Müller NStZ 1994, 323).

Abs. 3 regelt die **Aufhebung der Verteidigerbestellung** in engen Grenzen. **8** Die Entpflichtung des Pflichtverteidigers verletzt den **RA** nicht in seinem Grundrecht auf **freie Berufswahl;** Art. 12 Abs. 1 GG gewährt dem Anwalt kein Recht auf Pflichtverteidigung (BVerfGE 39, 241 = NJW 1975, 1015; BVerfG NStZ-RR 1997, 203; BVerfG NJW 1998, 46 s. § 143 Rn. 1). Im Übrigen ist eine Zurücknahme der Bestellung nur zulässig, wenn sich die Umstände **wesentlich** verändert haben (OLG Düsseldorf StV 1995, 117; KK-Laufhütte Rn. 26). Denn „durch die Verteidigerbestellung nach § 140 Abs. 2 erkennt der Vorsitzende an, dass dessen Voraussetzungen vorliegen. Für den Angeklagten wird durch die Verteidigerbestellung ein Recht auf Verteidigung begründet" (BGH 7, 71 = NJW 1955, 231). Nach Abs. 3 kann zwar die Pflichtverteidigerbestellung aufgehoben werden, wenn die Voraussetzungen des Abs. 1 Nr. 5 entfallen sind. Bei der Entscheidung ist jedoch stets sorgfältig zu prüfen, ob die frühere, auf der Inhaftierung beruhende Behinderung der Verteidigungsmöglichkeiten die weitere Unterstützung durch einen Pflichtverteidiger notwendig macht. Dafür spricht, wenn der Angekl. erst 1 Monat vor dem Termin entlassen wurde und sich eine Pfichtverteidigung nach Abs. 2 aufdrängt (OLG Celle StV 1992, 151; Egon Müller NStZ 1994, 323).

Die **Revision** kann auf eine Verletzung des § 140 gestützt werden. Ein derartiger **9** Verstoß bildet, „wenn der Mangel einen für die Urteilsfindung wesentlichen Teil der Hauptverhandlung betrifft, stets einen unbedingten Revisionsgrund im Sinne des § 338 Nr. 5 StPO" (BGH 15, 306 = NJW 1961, 740; vgl. BGH NStZ 1989, 283; KK-Laufhütte Rn. 27 mwN). Abs. 2 räumt dem Vorsitzenden zwar einen Beurteilungsspielraum ein; diesem sind aber durch die in der Vorschrift verwendeten Begriffe **enge** Grenzen gesetzt (s. auch Rn. 5), deren Überschreitung vom Revisionsgericht – unter der Verfahrensrüge nach § 338 Nr. 5 – zu beachten ist (KK-Laufhütte Rn. 27; OLG Hamm NStZ 1982, 298). „Da das Gericht die Voraussetzungen des § 140 Abs. 2 von Amts wegen zu prüfen hat, genügt die **Revisionsbegründung** den Anforderungen des § 344, wenn die Umstände mitgeteilt werden, aus denen sich die Notwendigkeit einer Pflichtverteidigerbestellung ergibt. Die lückenlose Wiedergabe der vom Angeklagten hierzu gestellten Anträge ist dagegen nicht erforderlich" (OLG Köln NStE Nr. 17 zu § 140). Wird die Beiordnung eines Pflichtverteidigers **unterlassen,** steht dies – anders als bei einem Verstoß gegen die Benachrichtigungspflicht (§ 168 c StPO) – der Vernehmung des Ermittlungsrichters grundsätzlich nicht entgegen; das Unterlassen der Bestellung mindert jedoch den Beweiswert der Vernehmungsergebnisse, weshalb die Urteilsfeststellung nur dann auf die Angaben des Vernehmungsrichters gestützt werden können, wenn diese Bekundungen durch andere wichtige Gesichtspunkte außerhalb der Aussage bestätigt werden (BGH StV 2000, 593; Egon Müller NStZ-RR 2001, 162). S. zu zivilrechtlichen **Schadensersatzansprüchen** gegen den Pflichtverteidiger wegen fehlerhafter Beratung vor § 137 Rn. 3.

Die **Kostenfolge** der Bestellung zum Verteidiger ist für den RA in den §§ 97 ff. **10** BRAGO geregelt. Er hat einen Anspruch gegen die **Staatskasse.** Unter den Voraussetzungen des § 100 BRAGO kann der bestellte Verteidiger vom Beschuldigten auch die Gebühren eines gewählten Verteidigers verlangen (KK-Laufhütte Rn. 30). Der Pflichtverteidiger kann auch mit dem Beschuldigten ein von den gesetzlichen Gebühren abweichendes Honorar vereinbaren (s. vor § 137 Rn. 3). Eine solche Vereinbarung kann der RA ohne die vorherige gerichtliche Feststellung nach § 100

Abs. 2 BRAGO gerichtlich geltend machen (BGH NJW 1980, 1394); auch wenn die Abmachung **vor** der Pflichtverteidigerbestellung getroffen wurde (BGH NJW 1983, 1047). Der Verurteilte, dem die Verfahrenskosten auferlegt sind, hat – jedenfalls grundsätzlich – auch die Auslagen zu tragen, die durch den zusätzlich bestellten Pflichtverteidiger entstanden sind (OLG Zweibrücken NStZ 1990, 51). Eine **Kürzung** der gesetzlich genau bestimmten Gebühren oder eine Versagung der Erstattung von Auslagen, die für die sachgerechte Verteidigung erforderlich waren, kann für den bestellten Verteidiger unzumutbar sein. Dies ist etwa dann der Fall, wenn die Gebühren für die Verteidigertätigkeit vollständig aufgezehrt würden, wenn die Kosten für die zur sachgerechten Verteidigung notwendige Reise nicht erstattet werden (BVerfG NJW 2001, 1269). Bei der Bewilligung einer **Pauschvergütung** nach § 99 BRAGO für den Pflichtverteidiger eines inhaftierten Beschuldigten sind die von dem Verteidiger zusätzlichen Tätigkeiten, wie Besuche des Mandanten in der Justizvollzugsanstalt, Teilnahme an Haftprüfungsterminen, an polizeilichen und/oder richterlichen Vernehmungen, sorgfältig darauf zu prüfen, ob der dadurch entstandene zeitliche Mehraufwand durch die wegen der Inhaftierung des Mandanten erhöhten gesetzlichen Gebühren abgegolten ist. Eine schematische Abgeltung zusätzlicher Tätigkeiten durch die erhöhten Gebühren scheidet aus (OLG Hamm NStZ-RR 2001, 96, Fortführung von OLG Hamm NStZ-RR 2000, 318). Die Gebühr des gerichtlich bestellten Verteidigers für seine Tätigkeit in dem Überprüfungsverfahren zur Fortdauer der Unterbringung in einem psychiatrischen Krankenhaus ergibt sich aus den §§ 91 Nr. 2, 97 BRAGO. Unter den Voraussetzungen des § 99 BRAGO kann eine Pauschvergütung bewilligt werden (OLG Düsseldorf NStZ 2001, 497). Wird einem Untergebrachten in einer Strafvollstreckungssache gem. § 67 e StGB ein Rechtsanwalt beigeordnet, so erfolgt dies **in entsprechender Anwendung des § 140** und nicht in direkter oder analoger Anwendung des § 112 BRAGO. Die Vergütung des beigeordneten Rechtsanwalts richtet sich demnach nach den §§ 97, 91 BRAGO. Allerdings ist dem Rechtsanwalt für das Beschwerdeverfahren vor dem OLG – abweichend von sonstigen Strafverfahren – eine gesonderte Gebühr gem. § 92 II BRAGO zuzubilligen. Eine Erhöhung der Gebühr nach § 97 I 3 BRAGO wegen der Unterbringung des Vertretenen kann dagegen nicht erfolgen (OLG Frankfurt a. M. NStZ-RR 2002, 96). S. auch Kotz, Die Gebühren und Auslagen des Verteidigers – 2000 – und zur Vergütung des **auswärtigen** RA s. § 142 Rn. 1.

§ 141 [Bestellung eines Verteidigers]

(1) **In den Fällen des § 140 Abs. 1 und 2 wird dem Angeschuldigten, der noch keinen Verteidiger hat, ein Verteidiger bestellt, sobald er gemäß § 201 zur Erklärung über die Anklageschrift aufgefordert worden ist.**

(2) **Ergibt sich erst später, daß ein Verteidiger notwendig ist, so wird er sofort bestellt.**

(3) ¹**Der Verteidiger kann auch schon während des Vorverfahrens bestellt werden.** ²**Die Staatsanwaltschaft beantragt dies, wenn nach ihrer Auffassung im gerichtlichen Verfahren die Mitwirkung eines Verteidigers nach § 140 Abs. 1 oder 2 notwendig sein wird.** ³**Nach dem Abschluß der Ermittlungen (§ 169 a) ist er auf Antrag der Staatsanwaltschaft zu bestellen.**

(4) **Über die Bestellung entscheidet der Vorsitzende des Gerichts, das für das Hauptverfahren zuständig oder bei dem das Verfahren anhängig ist.**

1 Die Beiordnung eines (oder mehrerer) Verteidiger nach § 140 **neben einem Wahlverteidiger** ist gesetzlich nicht vorgesehen, aber zulässig (BVerfGE 66, 331 = NJW 1984, 2403; BGH 15, 309 = NJW 1961, 740). **Dies ist geboten,** wenn

Verteidigung **§ 141**

anders der zügige Fortgang des Verfahrens und vor allem der Haupthandlung nicht gesichert werden kann, zB wenn zu befürchten ist oder feststeht, dass der Wahlverteidiger in der Hauptverhandlung nicht ständig anwesend sein wird oder sonst die zur reibungslosen Durchführung des Hauptverfahrens erforderlichen Maßnahmen nicht treffen kann oder will (BGH NJW 1973, 1985; BGH 15, 309; OLG München NJW 1981, 2208), oder wenn in einem Großverfahren wegen des Umfangs und der Schwierigkeit der Sache sowie der langen Verfahrensdauer ein unabweisbares Bedürfnis für die Mitwirkung mehrerer Verteidiger besteht (OLG Frankfurt StV 1993, 348; OLG Karlsruhe NJW 1978, 1172; Meyer-Goßner Rn. 1; KK-Laufhütte Rn. 7 ff.) oder sonstige Gründe der prozessualen Fürsorge es gebieten (OLG Karlsruhe NStZ-RR 2000, 337; vgl. BGH 15, 309 = NJW 1961, 740). „Bei der Bewertung, ob ein solcher Ausnahmefall vorliegt, ist demgemäß § 141 Abs. 4 zur Entscheidung berufenen Vorsitzenden ein Beurteilungsspielraum eingeräumt" (OLG Karlsruhe NStZ-RR 2000, 337; OLG Hamburg NStZ-RR 1997, 203). Nicht jede **Verhinderung** des (neben dem **Pflichtverteidiger** nachträglich) **gewählten** Verteidigers kann zur Folge haben, dass eine Hauptverhandlung gegen den Angeklagten nicht durchgeführt werden kann (BGH NStZ 1998, 312); denn die **Terminierung** steht im pflichtgemäßen Ermessen des Vorsitzenden (BGH NStZ 1999, 527). Jedoch muss seitens des Gerichts – uU auch durch Absprachen mit anderen Gerichten – **ernsthaft versucht** werden, dem Recht des Angeklagten, sich in einem Strafverfahren von einem RA seines Vertrauens verteidigen zu lassen, soweit wie möglich Geltung zu verschaffen. Das Fehlen eines derartigen ernsthaften Versuchs ist ein Verstoß gegen den Grundsatz des fairen Verfahrens und gegen Art. 6 Abs. 3 c MRK (BGH NStZ 1999, 527; Egon Müller NStZ-RR 2001, 98). Die Verhinderung des Wahlverteidigers zum Hauptverhandlungstermin rechtfertigt bei Verfahren üblicher Dauer nicht ohne weiteres die Bestellung eines Pflichtverteidigers (OLG Celle StV 1988, 100; KK-Laufhütte Rn. 7). Bei Verhinderung des Pflichtverteidigers, der das Vertrauen des Angeklagten genießt, kann dieser auch nicht ohne weiteres ausgewechselt werden (BGH NStZ 1992, 247). Die Bestellung wirkt für das **gesamte Verfahren** (OLG Düsseldorf JZ 1984, 636; s. § 140 Rn. 2), in dem sich die Notwendigkeit ergeben hat, ausgenommen die Revisionsverhandlung (§ 140 Rn. 3). Im Strafvollstreckungsverfahren und sonstigen Folgeentscheidungen kann sich die Notwendigkeit ergeben, in entsprechender Anwendung des § 140 Abs. 2 einen Verteidiger zu bestellen, wenn es um wichtige Entscheidungen geht (KK-Laufhütte Rn. 10 mwN). Wird dem Angeschuldigten, der noch **keinen Verteidiger** hat, in den Fällen des Abs. 1, 2 ein Pflichtverteidiger bestellt, spielt die Frage, ob der Beschuldigte genügend Mittel für die Bezahlung eines Wahlverteidigers hat, keine Rolle (EMGR EuRGZ 1992, 542). Die Beiordnung **mehrerer Pflichtverteidiger** ist gerechtfertigt, wenn auf Grund des Umfangs und der Schwierigkeit des Verfahrens ein unabweisbares Bedürfnis danach besteht, um eine ausreichende Verteidigung zu gewährleisten (OLG Frankfurt NJW 1972, 1964; 1980, 1703) oder um bei längerer Verfahrensdauer im Weiterverhandeln auch bei vorübergehender Verhinderung eines Verteidigers sicherzustellen (OLG Frankfurt StV 1993, 348; OLG Karlsruhe wistra 1993, 279 mwN; KK-Laufhütte Rn. 8).

Die **Bestellung des Verteidigers** muss nach **Abs. 1** (spätestens) bei **Anklage- 2 zustellung** (§ 201 Abs. 1) erfolgen. Denn der Verteidiger soll den Beschuldigten bereits bei den nach § 201 abzugebenden „Erklärungen" beraten. Eine konkludente Bestellung ist möglich, zB durch Beiziehung beim Rechtsgespräch, aber es gibt keine rückwirkende Bestellung (OLG Düsseldorf NStZ 1984, 43; BGH StV 1989, 378). Die **spätere Bestellung** nach **Abs. 2** ist erforderlich, wenn sich die Notwendigkeit der Verteidigung erst in der Folgezeit ergibt, zB sich die Schwere der Tat nach § 140 Abs. 2 erst in der Hauptverhandlung herausstellt. „Ergibt sich die Notwendigkeit der Verteidigung erst während der Hauptverhandlung und wird nunmehr ein Verteidiger bestellt, so muss die Hauptverhandlung in Anwesenheit des

393

§ 141

Verteidigers in ihren wesentlichen Teilen **wiederholt** werden" (BGH 9, 243 = NJW 1956, 1366). Die Schwere der Tat gebietet beim **Ausbleiben des Wahlverteidigers** in der Hauptverhandlung gegen einen Heranwachsenden auch dann die sofortige Bestellung eines Pflichtverteidigers – oder die Aussetzung der Verhandlung –, wenn allein infolge der gebotenen Einbeziehung einer früheren Verurteilung zu einer Jugendstrafe nunmehr eine deutlich über ein Jahr liegende Einheitsjugendstrafe ohne Strafaussetzung zu erwarten und der Angeklagte nach seiner Persönlichkeit und angesichts der anwaltlichen Vertretung des Nebenklägers in seiner Verteidigungsfähigkeit beeinträchtigt ist (OLG Hamm NStZ-RR 1997, 78). Im **Vorverfahren** kann – abgesehen von der Sonderregelung der §§ 117 Abs. 4, 118 a Abs. 2 S. 2, 128 Abs. 3 S. 4, 408 b S. 2 – gemäß **Abs. 3** nach hM nur auf Antrag der StA ein Verteidiger bestellt werden; ein Antrag des Beschuldigten, ihm einen Pflichtverteidiger beizuordnen, wird in diesem Stadium nur als Anregung an die StA aufgefasst (KK-Laufhütte Rn. 6; Meyer-Goßner Rn. 5). Diese Auffassung kann keinen Bestand haben. Da das Institut der Pflichtverteidigung eine Konkretisierung des **Rechtsstaatsprinzips** und des daraus folgenden **Gebots eines fairen Verfahrens** darstellt (BVerfGE 63, 390 = NJW 1983, 1599; s. § 140 Rn. 1), darf die Beiordnung eines Pflichtverteidigers **nicht zur Disposition der Strafverfolgungsbehörde** stehen. „Seine heutige Fassung erhielt § 141 Abs. 3 durch das 1. StVRG vom 9. 12. 1974. Die Erweiterung der Verteidigerbestellung und die immer strengeren Formulierungen der Anwendung von der StA (von einer Kann- zu einer Soll-Bestimmung und schließlich zu den Worten ‚beantragen dies') machen deutlich, dass der Gesetzgeber die Mitwirkung des Verteidigers im Vorverfahren stärker ausbauen wollte und deshalb eine **Antragspflicht** der StA gesetzlich vorgeschrieben hat" (BGH 46, 98 = NJW 2000, 3505; 47, 173 = NJW 2002, 875). „Ist abzusehen, dass die Mitwirkung eines Verteidigers im gerichtlichen Verfahren **notwendig** sein wird, so ist **§ 141 Abs. 3** im Lichte des von Art. 6 Abs. 3 d MRK garantierten **Fragerechts** dahin auszulegen, dass dem **unverteidigten** Beschuldigten von der zum Zwecke der **Beweissicherung** durchgeführten ermittlungsgerichtlichen Vernehmung des zentralen **Belastungszeugen** ein Verteidiger zu bestellen ist, wenn der Beschuldigte von der Anwesenheit bei dieser Vernehmung ausgeschlossen ist" (BGH 46, 93 = NJW 2000, 3505). Oder anders ausgedrückt: Eine Verteidigerbestellung wird im **Ermittlungsverfahren** jedenfalls dann zu veranlassen sein, wenn mit iSd § 140 Abs. 1 oder 2 gewichtiger **Anklageerhebung** zu rechnen ist und eine effektive Wahrnehmung der Verteidigungsinteressen des Beschuldigten die Mitwirkung eines Verteidigers, zB durch Wahrnehmung des Akteneinsichtsrechts schon vor Anklageerhebung, unerlässlich erfordert oder die Ausübung des Fragerechts bei der ermittlungsrichterlichen Vernehmung des zentralen Belastungszeugen, wenn der Beschuldigte von der Anwesenheit bei dieser Vernehmung ausgeschlossen ist (BGH 46, 93 = NJW 200, 3505). Insoweit reduziert sich das richterliche Ermessen (§ 141 Abs. 3 S. 1) und der staatsanwaltschaftliche Beurteilungsspielraum (§ 141 Abs. 3 S. 2) auf Null; die Bestellung eines Verteidigers gebietet sich aus Art. 6 Abs. 3 c MRK (BGH 47, 233; NJW 2002, 1280). Es ist auch daran festzuhalten, „dass nach geltendem Recht (§ 141 Abs. 3 S. 2) auch mit Bedacht auf Art. 6 MRK keine Pflicht besteht, dem Beschuldigten bereits frühzeitig im Ermittlungsverfahren, und zwar beginnend mit dem dringenden Verdacht eines Verbrechens, einen Verteidiger zu bestellen (BGH 47, 233, 236 f. = NJW 2002, 1279). Eine richterliche Vernehmung des Beschuldigten durch den Haftrichter nach §§ 115, 115 a darf daher auch ohne Mitwirkung eines Verteidigers durchgeführt und später verwertet werden. Ferner ist der Beschuldigte zwar nach §§ 163 a Abs. 4 S. 2, 136 Abs. 1 S. 2 auf sein Recht auf Verteidigerkonsultation hinzuweisen, er ist aber nicht darüber hinaus über sein Recht zu belehren, die Bestellung eines Pflichtverteidigers verlangen zu können. Aus der Mittellosigkeit des Beschuldigten ergibt sich auch nichts anderes (BGH NStZ 2004, 390). „Versäumnisse eines **Pflicht-**

Verteidigung **§ 141**

verteidigers können dem Staat nur ausnahmsweise angelastet werden. Führung der Verteidigung ist Sache des Angeklagten und seines Verteidigers, einerlei, ob er staatlich bestellt oder vom Mandanten ausgewählt und bezahlt wird" (EGMR NJW 2003, 1229 zu Art. 6 Abs. 3 lit. c EMRK). Zur Haftung s. vor § 137 Rn. 3. Der **Verteidiger** muss auch regelmäßig Gelegenheit haben, sich vor der Vernehmung mit dem **Beschuldigten zu besprechen.** Das Unterlassen der Bestellung des Verteidigers mindert den Beweiswert des Vernehmungsergebnisses. Auf die Angaben des Vernehmungsrichters kann eine Feststellung regelmäßig nur dann gestützt werden, wenn diese Bekundungen durch andere wichtige Gesichtspunkte außerhalb der Aussage bestätigt werden" (BGH 46, 93 = NJW 2000, 3505). Der Antrag der StA auf Beiordnung eines Verteidigers gemäß **Abs. 3 S. 2** kann abgelehnt werden, aber nach **Abs. 3 S. 3** nicht mehr, wenn er nach Abschluss der Ermittlungen (§ 169 a) gestellt bzw. wiederholt wird.

Abs. 4 regelt die **Zuständigkeit** für die Verteidigerbestellung. Der **Vorsitzende** 3 entscheidet auch über die **Ablehnung** einer Verteidigerbestellung, und zwar durch **Beschluss,** der nach § 34 mit Gründen zu versehen und bekanntzumachen ist. Es ist „nicht unschädlich", wenn das Kollegialgericht entschieden (OLG Karlsruhe NJW 1974, 110). Das Beschwerdegericht verweist die Sache wegen des Fehlers nicht zurück, sondern entscheidet nach § 309 Abs. 2 in der Sache selbst (Meyer-Goßner Rn. 6). Bei noch **nicht bei Gericht anhängigen** Sachen entscheidet die Erklärung der StA, wo sie Anklage erheben will (KK-Laufhütte Rn. 11). Der Vorsitzende des Revisionsgerichts ist für die Verteidigerbestellung nach § 350 Abs. 3 zuständig (s. § 140 Rn. 3). Eine **rückwirkende Bestellung** ist unzulässig und unwirksam. Wenn der Vorsitzende des Tatgerichts (§ 141 Abs. 4) einen Pflichtverteidiger bestellt hat, so gilt diese Beiordnung – wie sich schon aus § 350 Abs. 3 ergibt – nicht für die Mitwirkung in der Hauptverhandlung vor dem Revisionsgericht (BGH 19, 258 = NJW 1964, 1035; BGH NJW 1984, 2480). Erst der Vorsitzende des Revisionsgerichts entscheidet, sofern nicht die Voraussetzungen des § 350 Abs. 3 vorliegen, auf der Grundlage des § 140 Abs. 2, ob dem Angeklagten für diese Verhandlung ein Verteidiger beigeordnet werden muss (BVerfG NJW 1978, 151; BVerfG NStZ 1984, 82). Auf die Schwierigkeiten der Sach- oder Rechtslage vor dem Tatrichter kommt es hierbei nicht an; vielmehr ist im Revisionsverfahren auf Grund des jeweiligen Verfahrensstandes neu zu prüfen, ob bei Berücksichtigung der Besonderheiten dieses Rechtsmittels auch in der Revisionsverhandlung noch ein Fall notwendiger Verteidiger gegeben ist (BGH 19, 258 = NJW 1964, 1035; BGH NStZ 1997, 299; 2000, 552).

Die Entscheidung des Vorsitzenden ist grundsätzlich mit der **Beschwerde** an- 4 fechtbar. Die Bestellung eines Pflichtverteidigers ist aber idR mangels Beschwer der Anfechtung entzogen. Die Beschwerde ist jedoch zulässig, wenn der bestellte Verteidiger wegen mangelnder Eignung oder wegen Interessengegensatzes **unfähig erscheint,** die Verteidigung ordnungsgemäß zu führen, oder geltend gemacht wird, der Vorsitzende habe – etwa unter Verstoß gegen Auswahlgrundsätze – ermessensfehlerhaft entschieden, oder wenn geltend gemacht wird, die Bestellung eines Pflichtverteidigers neben einem bereits bevollmächtigten **Wahlverteidiger** sei unzulässig (OLG Celle NStZ 1988, 39 mwN). Die StA kann stets die gesetzwidrige Beiordnung eines Verteidigers rügen. Gegen die **Ablehnung der Bestellung** durch den Vorsitzenden steht dem Beschuldigten die Beschwerde nach § 304 Abs. 1 zu (OLG Köln MDR 1990, 462); der nicht beigeordnete RA hat kein eigenes Beschwerderecht (OLG Düsseldorf NStZ 1986, 138; Meyer-Goßner Rn. 10). Entscheidungen des Vorsitzenden des Strafsenats des OLG sind unanfechtbar (§ 304 Abs. 4 S. 2). Nach der hRspr. ist die in der **Hauptverhandlung** getroffene Entscheidung über die Pflichtverteidigerbestellung oder deren Ablehnung nicht mit der Beschwerde anfechtbar. Nur so ist die ungehinderte Fortführung des Verfahrens vor dem erkennenden Gericht zu gewährleisten (OLG Koblenz NStZ-RR 1996, 206

§ 142 Erstes Buch. 11. Abschnitt

mwN). Nach rechtskräftigem Abschluss des Verfahrens ist für eine Beschwerde kein Raum (OLG Düsseldorf wistra 1992, 320; s. auch § 140 Rn. 3). **Verweigert** der Pflichtverteidiger nur aus Zeitgründen die über die allgemeine Sachrüge hinausgehende **Revisionsbegründung,** so stellt dies eine grobe Pflichtwidrigkeit dar, die zu seiner **Entpflichtung** führen kann (OLG Stuttgart StV 2002, 473).

5 Die **Revision** kann auf die rechtsfehlerhafte Entscheidung des Vorsitzenden gestützt werden. Es ist anerkannt, dass die Verfügung des Vorsitzenden, durch die der Verteidiger bestellt wird, „als Vorentscheidung gemäß § 336 StPO unmittelbar der Überprüfung durch das RevGer. unterliegt, weil das Urteil auf ihr beruhen kann" (BGH NStZ 1992, 292 mwN; Meyer-Goßner Rn. 11).

§ 142 [Auswahl des Verteidigers] RiStBV 107

(1) ¹Der zu bestellende Verteidiger wird durch den Vorsitzenden des Gerichts möglichst aus der Zahl der bei einem Gericht des Gerichtsbezirks zugelassenen Rechtsanwälte ausgewählt. ²Dem Beschuldigten soll Gelegenheit gegeben werden, innerhalb einer zu bestimmenden Frist einen Rechtsanwalt zu bezeichnen. ³Der Vorsitzende bestellt den vom Beschuldigten bezeichneten Verteidiger, wenn nicht wichtige Gründe entgegenstehen.

(2) In den Fällen des § 140 Abs. 1 Nr. 2 und 5 sowie des § 140 Abs. 2 können auch Rechtskundige, welche die vorgeschriebene erste Prüfung für den Justizdienst bestanden haben und darin seit mindestens einem Jahr und drei Monaten beschäftigt sind, für den ersten Rechtszug als Verteidiger bestellt werden, jedoch nicht bei dem Gericht, dessen Richter sie zur Ausbildung überwiesen sind.

1 Der Vorsitzende bestellt nicht nur den Verteidiger (§ 141 Abs. 4), sondern er wird von ihm auch nach Abs. 1 **ausgewählt,** und zwar „möglichst" aus der Zahl der **örtlichen RAe. Rechtslehrer** (§ 138 Abs. 1) sind im Gegensatz zu RAen (§ 49 Abs. 1 BRAO) nicht zur Übernahme der Pflichtverteidigung verpflichtet; sie müssen daher mit der Bestellung einverstanden sein. **Rechtsbeistände** sind – auch wenn sie Mitglied der RAK sind – RAen nicht gleichgestellt (BGH 32, 326 = NJW 1984, 2480; KK-Laufhütte Rn. 2). Der Beschuldigte hat keinen Anspruch darauf, dass ihm ein **bestimmter** Pflichtverteidiger beigeordnet wird (BGH MDR 1979, 108; BGH NStZ 1989, 217), und der **RA** kann auch nicht verlangen, in einer bestimmten Strafsache bestellt zu werden oder zu bleiben (s. Rn. 5). Das pflichtgemäße Ermessen des Vorsitzenden ist bei der Auswahl des Verteidigers durch **Abs. 1 S. 3** iVm den Grundsätzen eines fairen Verfahrens eingeschränkt; denn er hat den vom Beschuldigten bezeichneten Verteidiger beizuordnen, wenn nicht wichtige Gründe entgegenstehen (BVerfGE 39, 242 = NJW 1975, 1015). In Fällen der Pflichtverteidigung erfährt das Recht des Beschuldigten, sich im Strafverfahren von einem RA seines **Vertrauens** verteidigen zu lassen, „**nur insoweit eine Einschränkung,** als der Beschuldigte keinen unbedingten Anspruch auf Bestellung des von ihm gewünschten RAes zum Pflichtverteidiger hat. Der **Maßstab für Vertrauen** bzw. Misstrauen ist wegen der Bedeutung des verfassungsrechtlichen Anspruchs auf eine Vertrauensanwalt im Verfahren der Bestellung eines Pflichtverteidigers grundlegend anders zu fassen als im Entpflichtungsverfahren. In der Phase der Bestellung eines Pflichtverteidigers hat das Recht des Beschuldigten auf einen Anwalt seines Vertrauens **grundsätzlich Vorrang** (BVerfG NStZ 2002, 101). Im Übrigen bleibt jedoch der Anspruch des Beschuldigten auf Verteidigung durch einen Verteidiger seines Vertrauens unberührt" (BGH NJW 1992, 849). Bei der Auswahl des Pflichtverteidigers ist dem Interesse des Beschuldigten, von einem RA seines Vertrauens verteidigt zu werden, ausreichend Rechnung zu tragen; grundsätz-

Verteidigung **§ 142**

lich soll der Beschuldigte mit der Beiordnung des Verteidigers seines Vertrauens demjenigen gleichgestellt werden, der sich auf eigene Kosten einen Verteidiger gewählt hat (vgl. BVerfGE 36, 38; BGH 43, 153, 154 f. = NJW 1997, 3385). Das bedeutet, dass einem zeitgerecht vorgetragenen Wunsch des Beschuldigten auf Beiordnung eines von ihm benannten Rechtsanwalts grundsätzlich zu entsprechen ist, es sei denn, wichtige Gründe stehen dem entgegen. Das gilt auch dann, wenn zuvor **nach Unterlassen** der gebotenen Anhörung ein anderer Pflichtverteidiger bestellt worden war (BGH NJW 2001, 238). Ein RA darf zB nicht zum Pflichtverteidiger bestellt werden (vgl. auch EGMR EuGRZ 1992, 542), der keine Gewähr für eine sachgerechte und ordnungsmäßige Verteidigung des Beschuldigten bietet (KG JR 1987, 524) oder bei dem die Befürchtung besteht, er werde mit der Verteidigung verfahrensfremde Zwecke verfolgen (KG JR 1978, 346; Meyer-Goßner Rn. 3). Gebotene Ablehnung der Bestellung eines vom Beschuldigten bezeichneten Rechtsanwalts zum Pflichtverteidiger bei konkreter Gefahr einer **Interessenkollision** in einem Fall sukzessiver Mehrfachverteidiger (BGH 48, 170 = NJW 2003, 1331). Ein wichtiger Grund ist aber nicht stets gegeben, wenn der vom Beschuldigten bezeichnete Verteidiger nicht im Gerichtsbezirk zugelassen ist. Dem zwischen dem Beschuldigten und dem Verteidiger bestehenden **Vertrauensverhältnis**, welches dem Gericht darzulegen ist, kommt bei der Pflichtverteidigerauswahl besondere Bedeutung zu (OLG Düsseldorf StV 1990, 346; vgl. auch BVerfGE 68, 256 = NJW 1985, 729; BGH NStZ 1995, 296). Bei der Auswahl eines Pflichtverteidigers ist die **Ortsnähe** ein wesentliches Kriterium, insbesondere dann, wenn sich der Beschuldigte in Gerichtsnähe in Untersuchungshaft befindet. Bestellt im Verfahren nach § 67 e StGB der Vorsitzende der Vollstreckungskammer einen Verteidiger „**für das Vollstreckungsverfahren**", so gilt die Bestellung für das gesamte Verfahren bis zum Vollstreckungsende; die Beiordnung beschränkt sich nicht auf den jeweils zu entscheidenden Vollstreckungsabschnitt. Bei der Verteidigerauswahl im Verfahren nach § 67 e StGB kommt dem Gesichtspunkt der **Nähe des RA** zum Ort der Unterbringung verstärkte Bedeutung zu (OLG Stuttgart NJW 2000, 3367). Die Bestellung eines **auswärtigen Verteidigers** kommt nur in Betracht, wenn besondere Umstände dies gebieten (OLG Düsseldorf NStZ-RR 1998, 21). Bei **mehreren Wahlverteidigern** ist es grundsätzlich zulässig und sachgerecht, den am Gerichtsort ansässigen Rechtsanwalt zum Pflichtverteidiger zu bestellen; die Reihenfolge, in der sich die Verteidiger zur Akte gemeldet haben, ist für die Auswahl des Pflichtverteidigers in der Regel nicht bedeutsam (OLG Oldenburg NStZ-RR 2004, 115). Beim Zusammentreffen besonderer Umstände (zB besonderes Vertrauensverhältnis zwischen RA und Angeklagtem und lange Untersuchungshaft in weiter Entfernung vom Gerichtsort) kann auch die Bestellung eines **auswärtigen Verteidigers** geboten und die Ablehnung der Bestellung Gegenstand einer Verfahrensrüge sein (BGH 43, 153 = NJW 1997, 3385). Die von dem als Pflichtverteidiger bestellten **auswärtigen** RA geltend gemachten Wahlverteidigergebühren sowie Tage- und Abwesenheitsgelder sind notwendige Auslagen des freigesprochenen Angeklagten und daher aus der Staatskasse zu ersetzen (OLG Düsseldorf NStZ 1997, 605). Beschließt das Gericht die **Bestellung eines auswärtigen Rechtsanwalts** als Verteidiger, sind grundsätzlich auch diejenigen Mehrkosten **erstattungsfähig,** die dadurch entstehen, dass der bestellte Verteidiger seinen Wohnsitz oder seine Kanzlei nicht am Gerichtsort hat (BVerfG StV 2001, 241). In dem Antrag, als Pflichtverteidiger unter Beschränkung auf die Vergütung eines **ortsansässigen** RAs beigeordnet zu werden, liegt ein Verzicht auf Reisekosten, der nicht uneingeschränkt widerrufbar ist (OLG Nürnberg NStZ 1997, 358). Der vom Beschuldigten vorgeschlagene RA ist – sofern nicht wichtige Gründe entgegenstehen – auch dann zum Pflichtverteidiger zu bestellen, wenn die Beiordnung eines **weiteren Verteidigers** zur Sicherung des Verfahrens notwendig wird. Dass dieser weitere Verteidiger nicht bei einem Gericht dieses Gerichtsbezirks zugelassen ist,

§ 142

stellt keinen seiner Beiordnung entgegenstehenden wichtigen Grund dar (OLG Düsseldorf NJW 1998, 55). Die **Urlaubsabwesenheit** des Pflichtverteidigers während eines Teils der Hauptverhandlung kann die Beiordnung eines **weiteren Verteidigers** zum Zwecke der Wahrung des Beschleunigungsgebots rechtfertigen (OLG Karlsruhe StV 2001, 557). Ein Angeklagter hat aber keinen Anspruch darauf, dass einem Mitangeklagten der Verteidiger seines Vertrauens allein deswegen nicht bestellt wird, weil dieser den Angeklagten im Ermittlungsverfahren in gleicher Sache früher verteidigt hat (BGH NStZ 1998, 263). „Ein gestörtes Vertrauensverhältnis steht der Bestellung des bisherigen **Wahlverteidigers zum Pflichtverteidiger** jedenfalls dann nicht entgegen, wenn die vom Angeklagten vorgetragenen Behauptungen zwar erheblich, aber ersichtlich unzutreffend sind" (BGH NStZ 2000, 326). Der in einem Strafverfahren **beschuldigte RA** kann weder Wahl- noch Pflichtverteidiger sein (BVerfG NJW 1998, 2205; s. auch vor § 137 Rn. 2).

2   Liegt kein **Vorschlag des Beschuldigten** vor, so „soll" der Vorsitzende diesen nach der nicht unabdingbaren Vorschrift des **Abs. 1 S. 2** unter Fristsetzung auffordern, einen Verteidiger zu benennen. Diese Bestimmung dient dem Zweck, den verfassungsrechtlich begründeten Anspruch des Beschuldigten auf Beiordnung eines Anwalts seines Vertrauens als Pflichtverteidiger sicherzustellen (BGH NStZ 1992, 292). Ein Äußerungszeitraum von nur 4 Tagen wird idR unzureichend sein (OLG Düsseldorf StV 1990, 536). Der Vorsitzende hat insoweit die prozessuale **Fürsorgepflicht** zu beachten (OLG Celle StV 1982, 360). Ihre Verletzung kann die Revision begründen, wenn die Verteidigung dadurch beschränkt wird (s. Rn. 6). Einem zeitgerecht vorgetragenen Wunsch des Beschuldigten auf Beiordnung eines von ihm benannten Rechtsanwalts ist grundsätzlich auch dann zu entsprechen, wenn zuvor nach Unterlassen der gebotenen Anhörung ein **anderer Pflichtverteidiger** bestellt worden war (BGH NStZ 2001, 237). **Die Anhörung des Angeklagten nach Abs. 1 S. 2** ist **entbehrlich**, wenn eine Verfahrenslage vorliegt, in der die sofortige Beiordnung eines Verteidigers notwendig erscheint (BGH NStZ 1997, 401). Von der Anhörung des Angeklagten vor der Beiordnung eines Pflichtverteidigers darf abgesehen werden, wenn die **konkrete Verfahrenslage die sofortige Bestellung** eines Pflichtverteidigers gebietet. Dies ist etwa der Fall, wenn die Hauptverhandlung gegen den seit längerer Zeit in Untersuchungshaft befindlichen Angeklagten unmittelbar bevorsteht, der Wahlverteidiger kurzfristig sein Mandat niederlegt und die vorherige Anhörung des Angeklagten zur Aufhebung des Hauptverhandlungstermins und zu einer mit dem in Haftsachen geltenden besonderen Beschleunigungsgebot nicht zu vereinbarenden Verzögerung der Durchführung der Hauptverhandlung führen würde. (OLG Düsseldorf NStZ-RR 2000, 212). Der Vorsitzende hat auch auf Grund der Fürsorgepflicht darauf zu achten, ob der Verteidiger wegen eines Interessenkonflikts gehindert ist, die Verteidigung mit vollem Einsatz zu führen (BGH NStZ 1992, 292). Der bloße, **nicht näher begründete Hinweis** des Beschuldigten, er habe **kein Vertrauen** zu dem beigeordneten oder in Aussicht genommenen Verteidiger, verpflichtet den Vorsitzenden nicht, eine andere Wahl zu treffen oder seine Wahl zu revidieren (BGH MDR 1978, 108; BGHR StPO § 142 Abs. 1 Auswahl 1 und 2). Die Aufhebung der Bestellung kann jedoch angezeigt sein, wenn zwischen Beschuldigtem und Verteidiger eine auf **bestimmte Tatsachen** begründete, nicht mehr zu behebende Vertrauenskrise entstanden ist (OLG Hamm StV 1982, 510). Die aus § 142 Abs. 1 S. 2 und 3 resultierende **Fürsorgepflicht** des Gerichts gebietet es, dem Wunsch des Angeklagten auf **Wechsel des Pflichtverteidigers** auch ohne Vorliegen von Widerrufsgründen jedenfalls dann zu entsprechen, wenn der bisherige Verteidiger damit einverstanden und durch die Beiordnung des neuen Verteidigers weder eine Verfahrensverzögerung noch Mehrkosten für die Staatskasse verursacht werden. In einem solchen Fall hat der Angeklagte – ohne dass dieser Gründe für den Verlust des Vertrauens zu dem bisherigen Verteidiger im Einzelnen darlegen muss – einen Anspruch auf den Wechsel des

Pflichtverteidigers (OLG Brandenburg StV 2001, 442). Entzieht zB der Angeklagte in der Hauptverhandlung seinem Verteidiger unter Berufung auf ein gestörtes Vertrauensverhältnis das Mandat, so hindert dies die Bestellung des bisherigen Wahlverteidigers zum Pflichtverteidiger jedenfalls dann nicht, wenn die von dem Angeklagten vorgetragenen Behauptungen zwar erheblich, aber ersichtlich unzutreffend sind. Erstattet aber der in einem solchen Fall beigeordnete Verteidiger gegen den Angeklagten wegen dessen Äußerungen Strafanzeige, so liegt darin idR ein **wichtiger** Grund, der Anlass gibt, einem Antrag des Verteidigers auf Entpflichtung stattzugeben (BGH NStZ 1993, 600). Auch die **Besorgnis der Befangenheit** beim Vorsitzenden kann begründet sein, zB bei ungerechtfertigter Mißachtung des Vertrauensvorschlags des Beschuldigten (BayObLG StV 1988, 97) oder fehlerhafter Entpflichtung des Pflichtverteidigers, der zuvor als Wahlverteidiger tätig war (BGH NStZ 1990, 289). Die Verhinderung des Pflichtverteidigers, der das Vertrauen des Angeklagten genießt, zwingt grundsätzlich nicht zur Aussetzung der Hauptverhandlung. Das Gericht ist jedoch gehalten, sich um einen mit dem Pflichtverteidiger abgestimmten Termin zur Fortsetzung der Hauptverhandlung ernsthaft zu bemühen (BGH NJW 1992, 849).

Die **Wirkung der Beiordnung** besteht in der Begründung einer öffentlich- 3 rechtlichen Pflicht des Verteidigers, bei der ordnungsgemäßen Durchführung des Strafverfahrens und insbesondere in der Hauptverhandlung durch sachdienliche Verteidigung mitzuwirken (OLG Frankfurt NJW 1972, 1964; Meyer-Goßner Rn. 14 mwN). Der **bestellte** Verteidiger muss grundsätzlich die **Verteidigung selbst führen** (BGH StV 1982, 213; KK-Laufhütte Rn. 10 mwN). Der nach § 142 bestellte RA muss die Verteidigung übernehmen; er kann aber aus wichtigem Grund Befreiung beantragen (§§ 48 Abs. 2, 49 BRAO). „Da die Bestellung auf **seine Person beschränkt ist,** ist Unterbevollmächtigung unzulässig" (BGH NStZ 1983, 208). Bei vorübergehender Verhinderung kann ein Vertreter beigeordnet werden. Der Pflichtverteidiger muss zur **Rücknahme der Revision** ermächtigt sein, nur dann kann er wirksam die Revision zurücknehmen (BGH NStZ 1991, 94; Egon Müller NStZ 1994, 28).

Nach **Abs. 2** darf ein **Referendar** (vgl. auch RiStBV Nr. 107) nur in bestimm- 4 ten Fällen als Verteidiger bestellt werden. Wer aus dem Vorbereitungsdienst ausgeschieden ist, kann nicht zum Verteidiger bestellt werden (BGH 20, 96 = NJW 1965, 116).

Beschwerde kann der Beschuldigte gegen die Auswahl des Pflichtverteidigers 5 einlegen, auch wenn der Vorsitzende des erkennenden Gerichts die Auswahl getroffen hat (OLG Karlsruhe NJW 1978, 1064; Meyer-Goßner Rn. 19 mwN); aber nicht gegen Entscheidungen des OLG (§ 304 Abs. 4 S. 2). Der nicht bestellte RA hat kein Beschwerderecht; denn es ist nicht Sinn der Pflichtverteidigung, dem RA eine zusätzliche Beschäftigungsmöglichkeit zu verschaffen (OLG Köln NStZ 1982, 129; BVerfG NStZ-RR 1997, 203; BVerfGE 39, 238 = NJW 1975, 1016).

Die **Revision** kann auf eine Verletzung des § 142 gestützt werden, ohne beim 6 Tatgericht einen Antrag auf Aussetzung der Hauptverhandlung gestellt zu haben (BGH NJW 1992, 850; Meyer-Goßner Rn. 20). Die Verfügung des Vorsitzenden, durch die ein Verteidiger bestellt wird, unterliegt als Vorentscheidung gemäß § 336 unmittelbar der Überprüfung durch das Revisionsgericht. Aber ein Verstoß gegen § 142 Abs. 1 S. 2 vermag für sich allein die Revision nicht zu begründen (BGH NStZ 1992, 292). Das Revisionsgericht ist grundsätzlich an die nach pflichtgemäßem Ermessen des Vorsitzenden getroffene Entscheidung gebunden; es kann nicht sein Ermessen an die Stelle des Vorsitzenden setzen (KK-Laufhütte Rn. 12). Eine Verletzung von § 142 Abs. 1 S. 2 kann für sich allein die Revision nicht begründen. Erforderlich ist vielmehr, dass im konkreten Fall der Anspruch des Angeklagten auf eine ermessensfehlerfreie Entscheidung verletzt worden ist (BGH NStZ 1998, 311). Die Revision kann wegen Verletzung des § 142 Abs. 2 S. 3 begründet sein, wenn der Vorsitzende einen vom Beschuldigten bezeichneten RA bestellt, der aus wichtigem Grund (zB wegen Interessenkollission) nicht mit dieser Funktion hätte betraut werden dürfen (BGH NJW 2003, 1331). Bei der Pflichtverteidigerbestellung kann jedoch die Fürsorgepflicht verletzt und damit die Verteidigung beschränkt sein (vgl. BGH NStZ 1992, 292; 1990, 289). Bei Zusammentreffen besonderer Umstände (s. Rn. 1) kann auch eine Bestellung eines **auswärtigen** Verteidigers geboten und die Ablehnung der Bestellung Gegenstand einer Verfahrensrüge sein (BGH 43, 153 = NJW 1997, 3385).

§ 143 [Zurücknahme der Bestellung]

Die Bestellung ist zurückzunehmen, wenn demnächst ein anderer Verteidiger gewählt wird und dieser die Wahl annimmt.

1   Die **Zurücknahme** fällt auch in die Zuständigkeit des Vorsitzenden; sie kann in der Hauptverhandlung erfolgen, aber nicht zur Unzeit (BGH 3, 327 = NJW 1953, 232). § 143 berücksichtigt den in Art. 6 Abs. 3 c MRK enthaltenen Grundsatz, dass der Angeklagte das Recht auf Verteidigung durch den **gewählten** Verteidiger hat, so dass die Pflichtverteidigung zurückzunehmen ist, sobald ein Wahlverteidiger tätig wird (BGH NStZ 1987, 34). Das gilt aber nicht, wenn ein unabweisbares Bedürfnis besteht, den Pflichtverteidiger **zusätzlich** zum Wahlverteidiger tätig bleiben zu lassen (s. § 141 Rn. 1). Die Vorschriften der §§ 138 a ff. über den **Ausschluss** des Verteidigers sind auch auf den Pflichtverteidiger anwendbar (BGH 42, 94 = NJW 1996, 1975). Die **Entpflichtung** des Pflichtverteidigers verletzt den **RA** nicht in seinem Grundrecht auf **freie Berufswahl;** Art. 12 Abs. 1 gewährt dem Anwalt kein Recht auf Pflichtverteidigerbestellung (BVerfGE 39, 241 = NJW 1975, 1015; BVerfG NStZ-RR 1997, 203); er kann seiner Abberufung nicht entgegentreten (BVerfG NJW 1998, 46; 1998, 444). Die Rücknahme **aus wichtigem Grund** ist trotz fehlender gesetzlicher Grundlage **zulässig,** wenn Umstände vorliegen, die den Zweck der Pflichtverteidigung, dem Beschuldigten einen geeigneten Beistand zu sichern und den geordneten Verfahrensablauf zu gewährleisten, ernsthaft gefährden (BVerfGE 39, 244 = NJW 1975, 1015; KG JR 1982, 349; Meyer-Goßner Rn. 3), zB bei Krankheit des Verteidigers oder längerfristiger Verhinderung, Untätigkeit des Verteidigers; nicht aber bloßem unzweckmäßigen oder prozeßwidrigen Verhalten, zB der Weigerung, einen weißen Langbinder zu tragen (BGH NStZ 1988, 510; OLG Zweibrücken NStZ 1988, 144). Die ernsthafte und definitive **Weigerung des Pflichtverteidigers,** den Angeklagten in der anberaumten Hauptverhandlung zu verteidigen, stellt eine gravierende Pflichtverletzung dar, die seine Entpflichtung rechtfertigt (OLG Frankfurt NStZ-RR 1997, 77). Das Gericht ist selbstverständlich im Hinblick auf die Stellung des Verteidigers nicht verpflichtet zu überwachen, ob die Verteidigungstätigkeit ordnungsmäßig erfüllt wird (KG JR 1982, 349). Die Aufhebung der Pflichtverteidigerbestellung kommt in Betracht, wenn das **Vertrauensverhältnis** zwischen Beschuldigtem und Verteidiger **endgültig und nachhaltig gestört ist;** dies ist vom Standpunkt eines vernünftigen und verständigen Beschuldigten (bzw. des seine Entpflichtung betreibenden Verteidigers) zu beurteilen (OLG Düsseldorf StV 1993, 6; OLG Hamburg MDR 1972, 799; Meyer-Goßner Rn. 5). Die Behauptung der Zerstörung des Vertrauensverhältnisses muss mit **konkreten Tatsachen** belegt werden (BGH NStZ 1988, 420). Der Angeklagte hat aber ausnahmsweise einen Anspruch auf den Wechsel des Pflichtverteidigers, wenn der bisherige Pflichtverteidiger damit einverstanden ist und durch die Beiordnung des neuen Verteidigers weder eine Verfahrensverzögerung noch Mehrkosten für die Staatskasse verursacht werden. In diesem Ausnahmefall brauchen die Gründe für den Vertrauensverlust nicht im Einzelnen dargelegt zu werden (KG NStZ 1993, 201). Ein RA kann seine Bestellung als Pflichtverteidiger nicht dadurch

Verteidigung §§ 144, 145

erreichen, dass er zunächst durch die Übernahme eines Wahlmandats die **Entpflichtung des bisherigen Pflichtverteidigers** gemäß § 143 bewirkt und dann – verbunden mit dem Antrag, ihn als Pflichtverteidiger zu bestellen – sein Wahlmandat niederlegt (OLG Stuttgart NStZ-RR 1996, 207; Egon Müller NStZ-RR 2000, 103).

Die Rücknahme der Bestellung und die Ablehnung kann der Beschuldigte mit 2 der **Beschwerde** (§ 304 Abs. 1) anfechten, ausgenommen sind die Entscheidungen des OLG (§ 304 Abs. 4 S. 2). Der Pflichtverteidiger hat nach der hM kein eigenes Beschwerderecht (BVerfGE 39, 228 = NJW 1975, 1015; BVerfG NStZ-RR 1997, 203; OLG Düsseldorf NStZ 1986, 139; OLG Bamberg MDR 1990, 460), allenfalls bei **willkürlicher** Entscheidung des Vorsitzenden (OLG Hamm MDR 1993, 1236; OLG Frankfurt NStZ-RR 1996, 272). Willkür liegt nur vor, wenn die Entscheidung schlechterdings unverständlich, unter keinem rechtlichen Gesichtspunkt vertretbar und damit unhaltbar ist (BVerfGE 29, 49 = NJW 1970, 1594 st. Rspr.). Die **Revision** kann auf die Rücknahme der Bestellung **zur Unzeit** gestützt werden (vgl. BGH 3, 327 = NJW 1953, 232). Die Revision hängt nicht davon ab, dass der Angeklagte zuvor eine Entscheidung des Gerichts herbeigeführt hat (BGH 39, 310 = NJW 1993, 3275; BGH NStZ 1992, 292; 1995, 296).

§ 144 (weggefallen)

§ 145 [Ausbleiben des Verteidigers]

(1) ¹**Wenn in einem Falle, in dem die Verteidigung notwendig ist, der Verteidiger in der Hauptverhandlung ausbleibt, sich unzeitig entfernt oder sich weigert, die Verteidigung zu führen, so hat der Vorsitzende dem Angeklagten sogleich einen anderen Verteidiger zu bestellen.** ²**Das Gericht kann jedoch auch eine Aussetzung der Verhandlung beschließen.**

(2) **Wird der notwendige Verteidiger gemäß § 141 Abs. 2 erst im Laufe der Hauptverhandlung bestellt, so kann das Gericht eine Aussetzung der Verhandlung beschließen.**

(3) **Erklärt der neu bestellte Verteidiger, daß ihm die zur Vorbereitung der Verteidigung erforderliche Zeit nicht verbleiben würde, so ist die Verhandlung zu unterbrechen oder auszusetzen.**

(4) **Wird durch die Schuld des Verteidigers eine Aussetzung erforderlich, so sind ihm die hierdurch verursachten Kosten aufzuerlegen.**

Diese Vorschrift **ergänzt** die Regelungen über die Pflichtverteidigung (§§ 140 1 Abs. 1 und 2, 231 a Abs. 4). Sie stellt ferner sicher, dass dem Angeklagten in der **Hauptverhandlung** ein ausreichend vorbereiteter Verteidiger zur Seite steht. Ihr ist auch der Grundsatz zu entnehmen, dass in Fällen, in denen die Verteidigung notwendig ist, der Verteidiger zu den Personen gehört, deren **Anwesenheit** in der Hauptverhandlung **vorgeschrieben** ist. Es ist aber nicht erforderlich, dass stets derselbe Verteidiger anwesend ist (BGH 13, 341 = NJW 1960, 253; BGH NStZ 1981, 231). **Bei mehreren Verteidigern** genügt die Anwesenheit eines Verteidigers (BGH MDR 1966, 201). Der Vorsitzende hat dem Angeklagten beim Ausbleiben des Pflichtverteidigers sogleich, dh ohne weitere Verhandlung in der Sache (RG 44, 16), nicht unbedingt ohne Unterbrechung der Verhandlung, einen **anderen Verteidiger zu bestellen;** das kann auch der bisherige Wahlverteidiger sein, auch wenn er das Mandat niedergelegt oder der Angeklagte ihm das Mandat entzogen hat (OLG Stuttgart NJW 1979, 559; Meyer-Goßner Rn. 3). Mehrere Verteidiger, die ihre Bestellung angezeigt haben, müssen auch geladen werden (BGH 36, 259 = NJW 1990, 586). Der **Verteidiger ist ausgeblieben (Abs. 1),**

§ 145

wenn er trotz ordnungsmäßiger Ladung nicht erschienen und nicht nach § 231 c befreit ist. Der **Grund** des Ausbleibens ist gleichgültig. Der Verteidiger, der in **verhandlungsunfähigem Zustand** (betrunken, geisteskrank usw.) auftritt, wird als nicht erschienen behandelt (BGH 23, 334 = NJW 1970, 2253). **Sichentfernen zur Unzeit** ist das Weggehen während der Hauptverhandlung oder das Ausbleiben nach einer Unterbrechung, wenn Prozesshandlungen vorgenommen werden, die wesentliche Vorgänge der Hauptverhandlung darstellen (RG 63, 248). **Die Weigerung, die Verteidigung zu führen,** kann in einem schlüssigen Verhalten liegen, zB wenn der Verteidiger in der Hauptverhandlung die Verteidigerpflichten faktisch nicht wahrnimmt (BGH NJW 1993, 341). Allerdings ist es nicht Sache des Gerichts, das Verteidigungskonzept zu bestimmen (KK-Laufhütte Rn. 5). **Standeswidriges Verhalten** des Verteidigers (zB unvorschriftsmäßige Kleidung) rechtfertigt nicht die Anwendung des § 145 (BGH NStZ 1988, 510; OLG Zweibrücken NStZ 1988, 144; s. auch § 176 GVG Rn. 1).

2   Das Gericht kann nach seinem pflichtgemäßen Ermessen **von der Bestellung eines Verteidigers nach Abs. 1 S. 1 absehen,** wenn es die Hauptverhandlung **unterbricht** (§ 229) oder die **Aussetzung** (§ 228) beschließt. Letzteres ist ohne die Kostenfolge des Abs. 4 dann geboten, wenn der Verteidiger unverschuldet voraussichtlich nur vorübergehend (zB wegen Krankheit) ausfällt und dem Angeklagten durch die Aussetzung ein Verteidigerwechsel erspart werden kann (KK-Laufhütte Rn. 7). „Der allgemeine Grundsatz wirksamer Verteidigung (Art. 6 Abs. 3 c MRK) und die prozessuale Fürsorgepflicht gebieten es jedoch, dass sich das Gericht ernsthaft bemüht, innerhalb der durch § 229 StPO gezogenen zeitlichen Grenzen die begonnene Hauptverhandlung mit demselben Verteidiger fortzusetzen" (BGH NJW 1992, 849). Ob die Fürsorgepflicht des Gerichts, die ua. in § 265 Abs. 4 Ausdruck gefunden hat, gebietet, wegen der **Verhinderung** eines Verteidigers auf Antrag oder von Amts wegen einen Termin zu verlegen, damit die Mitwirkung des Verteidigers im Interesse des Betroffenen möglich wird, ist immer **im Einzelfall** zu entscheiden. Denn von Rechtsstaats wegen haben auch die Durchführbarkeit des Verfahrens sowie seine **Beschleunigung** Gewicht. Diese Ziele sind mit dem Interesse des Betroffenen am Beistand des von ihm gewählten Verteidigers in einen angemessenen Ausgleich zu bringen (BayObLG NJW 1995, 3134). Nicht jede **Verhinderung eines gewählten Verteidigers** kann zur Folge haben, dass eine Hauptverhandlung gegen den Angeklagten nicht durchgeführt werden kann. Jedoch muss seitens des Gerichts – unter Umständen auch durch Absprache mit anderen Gerichten – ernsthaft versucht werden, dem Recht des Angeklagten, sich in einem Strafverfahren von einem RA seines Vertrauens verteidigen zu lassen, soweit wie möglich Geltung zu verschaffen (BGH NJW 1999, 3646).

3   Bei **Bestellung des Verteidigers erst im Laufe der Hauptverhandlung** (Abs. 2) gemäß § 141 Abs. 2 kann das Gericht die **Aussetzung** von Amts wegen beschließen. Dies ist erforderlich, wenn die Hauptverhandlung nicht – was unerlässlich ist (s. § 141 Rn. 2; BGH 9, 243) – in Anwesenheit des neu bestellten Verteidigers in ihren wesentlichen Teilen wiederholt werden kann oder wenn der Verteidiger sich während der laufenden Verhandlung nicht genügend vorbereiten kann (Meyer-Goßner Rn. 10). Ob bei einem **Verteidigerwechsel während der Hauptverhandlung** der neue Verteidiger für die Erfüllung seiner Aufgabe hinreichend vorbereitet ist, hat er in erster Linie selbst zu beurteilen. Es ist grundsätzlich nicht Sache des Gerichts, dies nachzuprüfen, denn als unabhängiges Organ der Rechtspflege hat der RA die Verteidigung selbstständig zu führen (BGH NStZ 1997, 401).

4   Die **Erklärung nach Abs. 3** kann nur der Verteidiger und nicht der Angeklagte abgeben, und zwar nur bei **Übernahme der Verteidigung;** er kann die **Unterbrechung** oder **Aussetzung** „nicht zu einem beliebigen späteren Zeitpunkt" erzwingen (BGH 13, 339 = NJW 1960, 253). Das Gericht hat nach **pflichtgemäßem Ermessen** zu entscheiden, ob die Verhandlung auszusetzen ist oder ob eine

Unterbrechung genügt (BGH 13, 343). Es kann jedoch „– unabhängig von der Regelung des § 145 und von sonstigen Anträgen und Anregungen der Beteiligten – gemäß § 265 Abs. 4 von Amts wegen verpflichtet sein, nach einem Verteidigerwechsel die Hauptverhandlung auszusetzen, wenn dies zur angemessenen Vorbereitung der Verteidigung als erforderlich erscheint" (BGH NJW 1973, 1986). Der während einer Hauptverhandlung **neu bestellte** Verteidiger hat es als unabhängiges Organ der Rechtspflege, das die Verteidigung selbstständig führt, in erster Linie selbst und in eigener Verantwortung zu beurteilen, ob er für die Erfüllung seiner Aufgabe hinreichend informiert und vorbereitet ist. Es ist grundsätzlich nicht Sache des Gerichts, dies zu überprüfen (BGH NStZ 2000, 212). Abs. 3 gilt entsprechend, wenn kein Pflichtverteidiger bestellt zu werden braucht, weil der Angeklagte sogleich einen anderen **Wahlverteidiger** bestellt hat, sofern kein Missbrauch vorliegt (OLG Karlsruhe StV 1991, 199).

Wird gemäß **Abs. 1 S. 2 oder Abs. 3 eine Aussetzung** – nicht bei Unterbrechung oder bei Aufhebung des Hauptverhandlungstermins – beschlossen und beruht dies auf dem Verschulden des ausbleibenden oder sonst die Verteidigung nicht führenden Verteidigers, so sind ihm die durch die Aussetzung verursachten **Kosten** aufzuerlegen (Abs. 4). Diese Vorschrift ist aber nur bei notwendiger Verteidigung nach §§ 140 Abs. 1 und 2, 231 a Abs. 4 anwendbar (OLG Hamm NJW 1963, 1416), dann aber nicht nur auf den Pflichtverteidiger, sondern auch auf den Wahlverteidiger (BayObLG NJW 1952, 1066). Abs. 4 kommt nicht zur Anwendung, wenn der Verteidiger die Mitwirkung am Verfahren aus triftigem Grund abgelehnt hat (BGH StV 1981, 133), zB wenn er seine Verhinderung wegen anderer unaufschiebbarer Terminverpflichtungen rechtzeitig angezeigt hat (OLG Frankfurt StV 1987, 8) oder wenn der allgemeine Vertreter die Verteidigung führt (OLG Frankfurt StV 1988, 195). Die Aussetzung muss durch die **Schuld** des Verteidigers erforderlich geworden sein. Ein Verschulden liegt vor, wenn er sich prozeßordnungs- oder pflichtwidrig verhalten hat (OLG Koblenz NStZ 1982, 43; OLG Hamm NStZ 1983, 186). Sie setzt aber voraus, dass er Kenntnis vom Termin hatte und vor allem die **Notwendigkeit der Verteidigung kannte.** Ein Verschulden des Verteidigers wird zB darin gesehen, wenn er ausgeblieben ist, weil er den Termin vergessen hatte (OLG Düsseldorf NJW 1982, 2512), wenn er das Mandat während des laufenden Hauptverfahrens ohne Angabe von Gründen niederlegt (OLG Saarbrücken StV 1989, 5), wenn er das Mandat unmittelbar vor der Hauptverhandlung niedergelegt hat, weil der Mandant seiner Zahlungspflicht nicht nachgekommen ist (OLG Düsseldorf AnwBl. 1972, 63; OLG Koblenz MDR 1975, 773), wenn er einem Vertreter Untervollmacht erteilt, ohne sich der Zustimmung des Angeklagten versichert zu haben (KG JR 1972, 206), wenn er die Tatsache, dass er sich nicht ausreichend vorbereiten konnte, zu spät mitteilt (OLG Düsseldorf AnwBl. 1981, 201). Im Verfahren nach Abs. 4 kann zur Überprüfung der behaupteten Verhandlungsfähigkeit des Verteidigers – er hatte sich aus Krankheitsgründen zur Unzeit entfernt – eine amtsärztliche Untersuchung angeordnet werden (OLG Hamburg NStZ 1982, 172). **Kurzfristige Verspätungen** des Verteidigers reichen zur Anwendung des Abs. 4 nicht aus, wenn alsbaldiges Erscheinen zu erwarten ist (OLG Düsseldorf StV 1984, 372). Die **Wahrnehmung prozessualer Rechte,** die eine Aussetzung zur Folge haben, führt niemals zur Kostenfolge des Abs. 4 (KK-Laufhütte Rn. 11).

Die **Entscheidung nach Abs. 4** wird sofort getroffen. Sie ist nicht bis zur Kostenentscheidung nach den §§ 464 ff. aufgeschoben. Zuständig ist das **Gericht** und nicht der Vorsitzende. Die Kostentragungspflicht des Verteidigers ist auf schuldhaft von ihm verursachte Aussetzung der Hauptverhandlung aus einem der in § 145 genannten Gründen **beschränkt** (KG NStZ-RR 2000, 189). Die Kosten des Verfahrens können dem Pflichtverteidiger nach § 145 Abs. 4 nur in den Fällen des § 145 Abs. 1 auferlegt werden, nicht aber, wenn die Hauptverhandlung auf Grund

§ 145 a

sonstigen pflichtwidrigen Verhaltens des Verteidigers ausgesetzt werden muss (OLG Köln StV 2001, 389). Der Verteidiger erhält rechtliches Gehör, wenn er anwesend ist, ansonsten verschafft er es sich nachträglich mit der Beschwerde nach § 304 Abs. 2 (Meyer-Goßner Rn. 23). Abs. 4 begründet einen **Schadensersatzanspruch** der Staatskasse (OLG Stuttgart NStZ 1982, 130). Seine Höhe wird erst in dem Verfahren nach § 464 b festgesetzt.

7   Mit der **Beschwerde** sind die Entscheidungen des **Gerichts** nach Abs. 1 S. 2, Abs. 3 und 4 anfechtbar, nicht die Ablehnung der Aussetzung oder Unterbrechung (§ 305). Die Entscheidungen des **Vorsitzenden** über die **Bestellung eines neuen Verteidigers** sind unter den in § 141 (s. dort Rn. 4), 142 (s. dort Rn. 5) genannten Voraussetzungen ebenfalls mit der **Beschwerde** anfechtbar. Die **Revision** ist begründet, wenn die Hauptverhandlung in Abwesenheit des Verteidigers, dessen Anwesenheit das Gesetz vorschreibt (§ 338 Nr. 5), stattfindet; das ist der Fall, wenn ohne mit einem nicht-verteidigungsbereiten Verteidiger weiterverhandelt wird (BGH NJW 1993, 340). Eine Verletzung von Abs. 1 S. 2 und Abs. 3 rechtfertigt die **Revision**, wenn das Gericht die Frage, ob das Verfahren auszusetzen ist, nicht von Amts wegen geprüft hat (RG 77, 155; LR-Lüderssen Rn. 41) oder einem Unterbrechungs- oder Aussetzungsantrag nicht Rechnung getragen hat (BGH NStZ 1983, 281); in diesen Fällen kann auch § 338 Nr. 8 verletzt sein (BGH NStZ 1983, 281). Auch eine Verletzung des § 265 Abs. 4 kann in Betracht kommen, wenn ohne Aussetzung oder Unterbrechung weiter verhandelt wird, obwohl von zwei Verteidigern derjenige die Verteidigung niedergelegt hat, der die Hauptlast der Verteidigung übernommen hatte (RG 71, 354; LR-Lüderssen Rn. 41). Die Revision wird begründet sein, wenn ohne oder mit einem nicht-verteidigungsbereiten Verteidiger weiter verhandelt wird (BGH NJW 1993, 340; Meyer-Goßner Rn. 26).

§ 145 a [Zustellungen an den Verteidiger]   RiStBV 108, 154

(1) **Der gewählte Verteidiger, dessen Vollmacht sich bei den Akten befindet, sowie der bestellte Verteidiger gelten als ermächtigt, Zustellungen und sonstige Mitteilungen für den Beschuldigten in Empfang zu nehmen.**

(2) [1]**Eine Ladung des Beschuldigten darf an den Verteidiger nur zugestellt werden, wenn er in einer bei den Akten befindlichen Vollmacht ausdrücklich zur Empfangnahme von Ladungen ermächtigt ist.** [2]**§ 116 a Abs. 3 bleibt unberührt.**

(3) [1]**Wird eine Entscheidung dem Verteidiger nach Absatz 1 zugestellt, so wird der Beschuldigte hiervon unterrichtet; zugleich erhält er formlos eine Abschrift der Entscheidung.** [2]**Wird eine Entscheidung dem Beschuldigten zugestellt, so wird der Verteidiger hiervon zugleich unterrichtet, auch wenn eine schriftliche Vollmacht bei den Akten nicht vorliegt; dabei erhält er formlos eine Abschrift der Entscheidung.**

1   Diese Vorschrift begründet zum Zwecke der **Sicherstellung einer ordnungsgemäßen Zustellung von Entscheidungen und sonstigen Schriftstücken** eine – auch gegen den Willen des Beschuldigten eingeräumte – **gesetzliche Zustellungsvollmacht.** Der Anspruch des Angeklagten auf ein faires Verfahren und rechtsstaatliches Strafverfahren **gebietet nicht** die Zustellung des Urteils sowohl an den **Pflichtverteidiger** als auch an den **Wahlverteidiger** (BVerfG NJW 2001, 2532). Bei **mehrfacher Verteidigung** genügt die förmliche Zustellung des Urteils an einen der Verteidiger (BGH NStZ-RR 1997, 364; BVerfG NJW 2001, 2532 mwN); das gilt auch dann, wenn einer der Verteidiger von der alleinigen Zustellung an den anderen nicht unterrichtet worden ist (BGH NStZ-RR 2003, 2005). **Außerdem soll § 145 a gewährleisten,** dass der Verteidiger die für seine Beistandsfunktion erforderlichen Informationen erhält. Voraussetzung für die Zu-

Verteidigung § 145 a

stellungsvollmacht nach **Abs. 1** ist das Vorliegen eines **wirksamen Verteidigungsverhältnisses;** es gilt also nicht beim Fehlen der nach § 138 Abs. 2 erforderlichen Genehmigung und nach Zurückweisung des Verteidigers nach § 146 a. Aber die Vollmacht des Verteidigers zur Entgegennahme von Ladungen ist nur dann wirksam, wenn sie **eindeutig,** d. h. für jeden auf Anhieb zweifelsfrei als solche zu erkennen ist. Weist die Vollmacht nur die Befugnis aus, **„Zustellungen"** entgegenzunehmen, ist diesem Erfordernis nicht genügt (OLG Köln NStZ-RR 1998, 240). Eine Vollmachtsurkunde, in der die Person des **Bevollmächtigten nicht benannt** ist, genügt den Anforderungen des § 145 a Abs. 1 auch dann nicht, wenn sich der Verteidiger in einem begleitenden Schriftsatz selbst als Vollmachtnehmer bezeichnet (OLG Stuttgart NStZ 2001, 24). Erteilt der Angeklagte dem zusätzlich für das **Revisionsverfahren** beauftragten Verteidiger eine Strafprozessvollmacht, die ausdrücklich den Passus enthält, dass der Verteidiger ermächtigt wird, Zustellungen aller Art in Empfang zu nehmen, so ist dem Verteidiger für das Revisionsverfahren eine **rechtsgeschäftliche Rechtsmacht** verliehen worden, die über die gesetzliche Bevollmächtigung des § 145 a hinausgeht (BGH NStZ 1997, 291; Schnarr NStZ 1997, 15). Ist die von dem Beschuldigten an den Verteidiger erteilte Zustellungsvollmacht durch Anzeige der Madatsbeendigung erloschen, so lebt bei Wiederaufnahme des Mandates die **erloschene Vollmacht** nicht wieder auf, sondern es gelten die gleichen Grundsätze wie vor der Vorlage der (erloschenen) Vollmacht. Nur sofern der Verteidiger eine neue Vollmacht zu den Akten gebracht hat, gilt er gem. § 145 a I StPO zustellungsbevollmächtigt (OLG Stuttgart NStZ-RR 2002, 369). Es genügt, wenn die **Antragsschrift des GBA** im Revisionsverfahren dem Verteidiger zugestellt worden ist. Dies gilt unabhängig davon, dass der Angeklagte sein Rechtsmittel auch selbst zu Protokoll der Geschäftsstelle begründet hatte. Dem Gebot des rechtlichen Gehörs ist auch hier mit der Zustellung (nur) an den Verteidiger genügt (BGH NStZ 1999, 41).

Der **Pflichtverteidiger** gilt stets als bevollmächtigt, Zustellungen in Empfang zu 2 nehmen; denn der Bestellungsakt ergibt sich aus den Akten. Bei der **Wahlverteidigung** genügt grundsätzlich nicht das Bestehen einer schriftlichen oder mündlich erteilten Vollmacht; vielmehr muss sich die **Vollmachtsurkunde in den Akten** befinden. „Für die Entgegennahme von Zustellungen an den Beschuldigten benötigt der insoweit nicht in seiner Rechtsstellung als Verteidiger, sondern **als Vertreter des Beschuldigten** handelnde **Wahlverteidiger** eine entsprechende Vollmacht. Ist diese schriftlich erteilt und Aktenbestandteil, so fingiert Abs. 1 die vom Willen des Beschuldigten unabhängige Empfangsberechtigung des Verteidigers ..., die so lange fortdauert, bis der Widerruf der Vollmacht aktenkundig gemacht wird" (OLG Hamm NJW 1991, 1317). Ausreichend ist die Einreichung einer Ablichtung. **Abs. 1** ist anwendbar, wenn die Vollmacht **in der Hauptverhandlung** mündlich erteilt wird und dies im Sitzungsprotokoll beurkundet worden ist (OLG Celle NJW 1984, 444). Ist das nicht geschehen, so reicht allein das aus der Sitzungsniederschrift ersichtliche Auftreten des Verteidigers in Anwesenheit des Angeklagten nicht aus (BGH 41, 303 = NJW 1993, 406). An den gewählten Verteidiger kann nur dann wirksam zugestellt werden, wenn sich eine **Urkunde über eine Bevollmächtigung** als Verteidiger bei den **Akten** befindet – sei es in Form einer schriftlichen oder einer zu Protokoll erteilten Vollmacht. Das (bloße) Auftreten des Verteidigers in der Hauptverhandlung genügt nicht (BGH NJW 1996, 406). Kann er **mehrere Verteidiger** wirksam (Abs. 1) zugestellt werden, so genügt die Zustellung an einen von ihnen (BGH NStZ-RR 1997, 364). Das Gericht ist aber **nicht verpflichtet,** an den Verteidiger, dessen Vollmacht sich bei den Akten befindet, zuzustellen; es darf die Zustellungen an den Betroffenen selbst richten, so dass die Rechtsmittelfristen in Lauf gesetzt werden (BGH 18, 354 = NJW 1963, 1558; OLG Düsseldorf NStZ 1989, 88). Die **Untervollmacht** des Wahlverteidigers enthält für den bevollmächtigten RA eine Zustellungsvollmacht nach Abs. 1; auch der allgemeine Ver-

§ 146

treter des RA (§ 53 Abs. 1 BRAO) kann Zustellungen für den Beschuldigten ohne Untervollmacht entgegennehmen; aber der Pflichtverteidiger kann keine Untervollmacht (BGH NStZ 1983, 208) erteilen. Die Zustellungsvollmacht nach Abs. 1 besteht nach **Beendigung des Mandats** fort, bis die Anzeige des Beschuldigten oder des Verteidigers über das Erlöschen des Verteidigerverhältnisses zu den Akten gelangt ist (OLG Düsseldorf NStZ 1993, 403).

3 **Abs. 2** trifft eine **Sonderregelung** für Ladungen. Diese dürfen dem Verteidiger nur zugestellt werden, wenn er zum Empfang von Ladungen **ausdrücklich** in einer bei den Akten befindlichen Vollmacht ermächtigt ist (OLG Düsseldorf StV 1990, 536). Die Formulierung „Zustellungen aller Art entgegennehmen zu dürfen" genügt nicht (OLG Karlsruhe 1980, 687). Abs. 2 gilt auch für den Pflichtverteidiger (OLG Düsseldorf StV 1982, 127; OLG Köln StV 1982, 460). Die Vollmacht zur Empfangnahme von Ladungen kann auch dem Pflichtverteidiger nur durch den **Beschuldigten selbst** – und nicht durch das beiordnende Gericht – erteilt werden (OLG Köln NStZ-RR 1999, 334). Zu außerhalb der Hauptverhandlung bestimmten Fortsetzungsterminen kann der Angeklagte durch telefonische Mitteilung an den Verteidiger geladen werden (BGH NStZ 1992, 396; BVerfG NStZ 1993, 90). In der Bevollmächtigung eines **neuen** RAs, einen **Wiederaufnahmeantrag** zu stellen, und in der Anbringung dieses Antrags durch den neuen RA ist idR zugleich die Anzeige zu sehen, dass allein der neue RA und nicht mehr der in dem abgeschlossenen Strafverfahren bevollmächtigte Verteidiger mit der Durchführung des Wiederaufnahmeverfahrens bevollmächtigt ist. In einem solchen Fall wird durch die Zustellung des auf den Wiederaufnahmeantrag ergangenen Beschlusses allein an den früheren Verteidiger die Frist zur Einlegung der sofortigen Beschwerde nicht in Lauf gesetzt (OLG Düsseldorf NStZ 1993, 403). Nach **Abs. 2 S. 2** bleibt ausdrücklich die Zustellung an den Zustellungsbevollmächtigten iSd § 116a Abs. 3 unberührt.

4 **Abs. 3** soll sicherstellen, dass der Beschuldigte bei Zustellungen an den Verteidiger und umgekehrt unverzüglich von der zugestellten Entscheidung Kenntnis erlangt. Diese Vorschrift gilt nicht bei der Zustellung von **Anträgen und Mitteilungen,** die keine Entscheidungen sind (BGH NStZ 1981, 95). Den Begriff Entscheidung ist aber nicht förmlich zu verstehen; er umfasst zB auch die **Anklageschrift,** nicht aber den Antrag nach § 349 Abs. 2 (BGH NStZ 1981, 95; KK-Laufhütte Rn. 7 mwN). Abs. 3 ist eine **Ordnungsvorschrift** (BGH NStZ 1991, 28). Unterbleibt die Benachrichtigung, so ist die Zustellung **wirksam.** Für den Fristenablauf ist nur die Zustellung und nicht die Benachrichtigung maßgebend (BGH NJW 1977, 640). Das gilt zB, wenn die Benachrichtigung des Angeklagten nicht möglich ist, weil sein Aufenthalt nicht festgestellt werden kann (BGH NStZ 1991, 28; OLG Hamburg MDR 1971, 775). Das **Fehlen der Benachrichtigung** wird idR ein Wiedereinsetzungsgrund nach § 44 sein (aA OLG Nürnberg NStZ 1999, 114).

5 Ein RA als **Vertreter des Privat- oder Nebenklägers** ist nach §§ 378 S. 2, 379 Abs. 1 S. 2 iVm § 378 S. 2 **zustellungsbevollmächtigt.** Für Ladungen gilt Abs. 2 entsprechend (Meyer-Goßner Rn. 15).

6 Die **Revision** kann darauf gestützt werden, dass die nach Abs. 3 S. 2 gebotene Unterrichtung des Verteidigers absichtlich unterlassen und damit das Gebot des fairen Verfahrens verletzt wurde (OLG Frankfurt NJW 1990, 2761). Allgemein kann die Verletzung ausdrücklich geregelter Mitteilungspflichten die Revision begründen (BGH 26, 332 = NJW 1976, 1546; 31, 140 = NJW 83, 1006).

§ 146 [Gemeinschaftlicher Verteidiger]

¹**Ein Verteidiger kann nicht gleichzeitig mehrere derselben Tat Beschuldigte verteidigen.** ²**In einem Verfahren kann er auch nicht gleichzeitig mehrere verschiedener Taten Beschuldigte verteidigen.**

Verteidigung § 146

"Zweck des § 146 StPO ist es, Interessenkollisionen zu vermeiden, um die 1
Beistandsfunktion des Verteidigers, die es auch im öffentlichen Interesse zu bewahren gilt, nicht zu beeinträchtigen" (BVerfGE 45, 354 = NJW 1977, 1767).
Verteidiger iS dieser Vorschrift ist der **Wahlverteidiger, der Pflichtverteidiger**
und ebenso der **unterbevollmächtigte Verteidiger** und der nach § 53 BRAO
bestellte **allgemeine Vertreter** (BGH 27, 158 = NJW 1977, 1208). Mitglieder
einer **Anwaltssozietät** dürfen nicht mehrere Beschuldigte verteidigen; das gilt
aber nur, wenn **alle** Sozietätsanwälte als Verteidiger bestellt sind. Es ist also zulässig,
dass mehrere Beschuldigte durch jeweils andere Verteidiger vertreten werden, die
in einer **Anwaltssozietät** zusammengeschlossen sind (BVerfGE 43, 79 = NJW
1977, 99; 45, 295 ff. = NJW 1977, 1627; BGH 40, 188 = NJW 1994, 2302).
Maßgebend ist nicht die gegebenenfalls auf mehrere Anwälte der Sozietät ausgestellte Vollmacht (BGH 27, 127 = NJW 1977, 910), sondern der **zwischen
Verteidiger und Mandanten bestehende Mandatsvertrag** (BGH 40, 188 =
NJW 1994, 2302; s. § 137 Rn. 1). Die Verteidigung mehrerer Beschuldigter durch
Wahlverteidiger einer Sozietät stellt keine unzulässige Mehrfachverteidigung
iSd § 146 dar und rechtfertigt daher auch einen Zurückweisungsantrag nach
§ 146 a nicht (OLG Karlsruhe NStZ 1999, 212). So auch Rn. 2. Eine **nachträgliche Beschränkung** auf jeweils einen Beschuldigten schließt die Anwendung des
§ 146 aus, wenn sie vor dem Zurückweisungsbeschluss erfolgt (OLG Celle StV
1989, 471; LR-Lüderssen Rn. 42). Das Verbot der Mehrfachverteidigung besteht
bei **Tatidentität (S. 1)** und bei **Verfahrensidentität (S. 2)**. Die **sukzessive
Mehrfachverteidigung** ist nach der Neufassung des § 146 **nicht** verboten
(Meyer-Goßner Rn. 1). Auch wenn die Angeklagten der Begehung **ein und derselben Tat als Mittäter** beschuldigt werden, ist der Kammervorsitzende nicht
grundsätzlich gehindert, ihnen **in einer Sozietät** verbundene Rechtsanwälte als
Pflichtverteidiger beizuordnen und muss eine bereits erfolgte Bestellung nicht
grundsätzlich widerrufen werden. Vielmehr müssen konkrete Anhaltspunkte dafür
bestehen, dass die Anwälte zu einer sachgerechten Verteidigung außer Stande sind,
insbesondere ihre Verteidigung grob pflichtwidrig an den Interessen des Mitangeklagten bzw. der Sozietät ausrichten werden (OLG Frankfurt NJW 1999, 1414).
Werden aber die Angeklagten der Begehung **ein und derselben Tat als Mittäter**
beschuldigt und liegen **konkrete Anhaltspunkte** dafür vor, dass die sachgerechte
Verteidigung des einen Angeklagten der Verteidigungsstrategie des anderen Angeklagten zuwiderläuft, verbietet die Fürsorgepflicht des Vorsitzenden, ihnen in einer
Sozietät verbundene Rechtsanwälte als Pflichtverteidiger zu bestellen. Ein solcher
Fall kann gegeben sein, wenn die Angeklagten sich widerstreitend zu für den
Schuldumfang relevanten Tatsachen eingelassen haben (OLG Frankfurt NStZ-RR
1999, 333).

Für die **Tatidentität (S. 1)** ist der **prozessuale Tatbegriff iSd § 264 maßgeblich** (BT-Drucks. 10/1313 S. 22). Eine Sachverhaltsverknüpfung dergestalt, dass 2
einem Beschuldigten zB Begünstigung, Hehlerei oder Strafvereitelung an der Tat
eines anderen zur Last gelegt wird, führt nicht zur Anwendung des § 146, auch
wenn ein Interessenkonflikt vorliegt. Das ist bedeutsam bei Tätern, die im Verdacht
stehen, sich an einem Organisationsdelikt beteiligt zu haben. Notwendig ist in
diesen Fällen eine Beteiligung zur selben Zeit und erforderlich ist ferner, dass sich
die Beteiligungsakte zumindest einmal überschneiden (KK-Laufhütte Rn. 11). Das
Verbot der Mehrfachverteidigung bei **Verfahrensidentität (S. 2)** bedeutet, dass der
Verteidiger auch nicht **in ein und demselben Verfahren gleichzeitig mehrere
Beschuldigte** verteidigen darf, und zwar auch dann nicht, wenn es sich um
verschiedene Taten iSd § 264 handelt. Zur Begründung wurde ausgeführt (BT-
Drucks. 10/1313 S. 22): "Es kann aber regelmäßig nicht so sicher ausgeschlossen
werden, dass es vertretbar erscheint, die gleichzeitige Mehrfachverteidigung zu
gestatten. Denn auch die rein verfahrensmäßigen Interessen mehrerer Beschuldigter

407

§ 146 a   Erstes Buch. 11. Abschnitt

können und werden häufig durchaus unterschiedlich sein; ihnen kann ein gemeinschaftlicher Verteidiger nicht gleichzeitig Rechnung tragen". Wenn nicht die Mehrfachverteidigung bereits wegen Tatidentität nach S. 1 verboten ist, beginnt die Unzulässigkeit der Verteidigung nach S. 2 mit der Verfahrensverbindung und endet mit der Trennung. Gegen das Verbot gemeinschaftlicher Verteidigung wird nicht verstoßen, wenn mehreren Angeklagten verschiedene Taten iSd § 264 vorgeworfen werden und die Verfahren lediglich aus **Zweckmäßigkeitsgründen** zu einem Verfahren verbunden worden sind. Hier bedarf es zusätzlich der Feststellung, dass eine Interessenkollision naheliegt (OLG Stuttgart NStZ 1985, 326).

3 Das Verbot nach § 146 gilt in **allen Verfahrensabschnitten:** im Ermittlungsverfahren, sofern die Beschuldigteneigenschaft begründet ist (OLG Karlsruhe MDR 1986, 605); im Vollstreckungsverfahren (OLG Düsseldorf NStZ 1985, 521); im Privatklageverfahren (OLG Karlsruhe Justiz 1978, 114); im Bußgeldverfahren (OLG Hamm NStZ 1983, 378); im Verfahren nach den § 23 EGGVG und §§ 109 ff. StVollzG (OLG München NStZ 1985, 383); aber nicht im Auslieferungsverfahren (Meyer-Goßner Rn. 10). Auf **Mandatsanbahnungsgespräche** findet § 146 keine Anwendung. Das ergibt sich aus dem Wortlaut und Zweck der Vorschrift. Die bloße Anbahnung ist keine **„Verteidigung".** Bei derartigen Gesprächen geht es nicht um eine „Beistandsfunktion" (s. Rn. 1) und auch nicht um „verfahrensmäßige Interessen" (s. Rn. 2). Es ist möglich, dass der Verteidiger ein Mandat niederlegt, um sodann ein anderes Mandat zu übernehmen. Verboten ist nur die **gleichzeitige** Verteidigung. Daher ist nunmehr auch unstreitig, dass eine **nachträgliche Beschränkung** – vor dem Zurückweisungsbeschluss – die Anwendung des § 146 ausschließt (s. Rn. 1).

4 Bereits der Verstoß gegen das Verbot der Mehrfachverteidigung hindert das Entstehen eines **Vergütungsanspruchs.** Auf die förmliche Zurückweisung der Verteidigung kommt es nicht an (LG Koblenz NStZ-RR 1998, 96 mwN). Die Folgen des Verstoßes gegen § 146 und vor allem die Zurückweisung des Verteidigers sind nunmehr in **§ 146 a** geregelt. Zur **Revision** s. § 146 a Rn. 4.

§ 146 a [Zurückweisung eines Wahlverteidigers]

(1) ¹Ist jemand als Verteidiger gewählt worden, obwohl die Voraussetzungen des § 137 Abs. 1 Satz 2 oder des § 146 vorliegen, so ist er als Verteidiger zurückzuweisen, sobald dies erkennbar wird; gleiches gilt, wenn die Voraussetzungen des § 146 nach der Wahl eintreten. ²Zeigen in den Fällen des § 137 Abs. 1 Satz 2 mehrere Verteidiger gleichzeitig ihre Wahl an und wird dadurch die Höchstzahl der wählbaren Verteidiger überschritten, so sind sie alle zurückzuweisen. ³Über die Zurückweisung entscheidet das Gericht, bei dem das Verfahren anhängig ist oder das für das Hauptverfahren zuständig wäre.

(2) Handlungen, die ein Verteidiger vor der Zurückweisung vorgenommen hat, sind nicht deshalb unwirksam, weil die Voraussetzungen des § 137 Abs. 1 Satz 2 oder des § 146 vorlagen.

1 Diese Vorschrift bestimmt, dass die Folgen eines Verstoßes gegen § 137 Abs. 1 S. 2 und § 146 nicht kraft Gesetzes eintreten, sondern dass es einer **Zurückweisung** durch das Gericht bedarf, sobald **erkennbar** ist, dass die Verteidigung unzulässig ist. In **S. 1 Halbs. 2** werden die Fälle geregelt, in denen durch **Verfahrensverbindung** Verfahrensidentität eintritt und damit die zunächst zulässige Verteidigung mehrerer Beschuldigter durch einen Verteidiger unter das Verbot der Mehrfachverteidigung fällt (s. § 146 Rn. 2). § 146 a gilt nur für den **Wahlverteidiger.** Beim **Pflichtverteidiger** wird an Stelle der Zurückweisung die **Bestellung aufgehoben** und ein neuer Verteidiger bestellt (BT-Drucks. 10/1313 S. 23). Im

Verteidigung § 147

Falle des § 137 Abs. 1 S. 2 wird derjenige, der zum Verteidiger oder zum **Unterbevollmächtigten** (s. § 146 Rn. 1) bestellt wird, obwohl bereits drei Verteidiger tätig sind, zurückgewiesen (KG NJW 1977, 912). S. 2 stellt klar, dass in den Fällen, in denen mehr als drei Verteidiger gleichzeitig ihre Wahl anzeigen, **alle zurückzuweisen** sind; denn es muss dem Angeklagten überlassen bleiben, von wem er verteidigt werden will. Zur Sozietät s. § 146 Rn. 1, 2.

Zuständig für die Zurückweisung ist das Gericht (nicht der Vorsitzende), bei 2 dem die Strafsache anhängig ist oder das Gericht, das (im vorbereitenden Verfahren) für die Hauptverhandlung zuständig wäre. Die StA ist auch dann, wenn eine richterliche Zuständigkeit noch nicht begründet ist, nicht zur Zurückweisung berechtigt, sondern hat die Entscheidung des für die Hauptverhandlung zuständigen Gerichts herbeizuführen (BT-Drucks. 10/1313 S. 23). Über die Zurückweisung wird durch zu begründenden (34) **Beschluss** entschieden. Vor Zurückweisung ist dem Beschuldigten und seinem Verteidiger **rechtliches Gehör** (§ 33) zu gewähren, damit der Beschuldigte schließlich selbst seinen Verteidiger wählen kann (BT-Drucks. 10/1313 S. 24). Die Zurückweisung **wirkt nach Abs. 2 nur für die Zukunft.** Daher stehen dem Verteidiger die **Verteidigergebühren** bis zur Zurückweisung zu (LG Bamberg NStZ 1989, 387).

Die **Beschwerde** gegen die Zurückweisung steht dem Beschuldigten und dem 3 betroffenen Verteidiger im eigenen Namen und namens des Beschuldigten zu (BGH 26, 291 = NJW 1976, 1106). Der Zurückweisungsbeschluss des OLG ist nach § 304 Abs. 4 S. 2 unanfechtbar (BGH NJW 1977, 156). Auch der StA steht gegen den Beschluss, mit dem ihr Antrag auf Zurückweisung eines Verteidigers abgelehnt wird, die Beschwerde zu (§ 304 Abs. 1).

Die **Revision** kann auf das Unterlassen der Zurückweisung nach § 146 a gestützt 4 werden, wenn die Verteidigung der mehreren Angeklagten der Aufgabe der Verteidigung im Einzelfall tatsächlich **widerstritten** hat und Tatsachen dargelegt werden, aus denen sich das ergibt (BGH 27, 22 = NJW 1977, 115; 27, 159 = NJW 1977, 1208). Es kann nicht gerügt werden, dass der Verteidiger eines **Mitangeklagten** nach § 146 hätte zurückgewiesen werden müssen; denn das Verbot der Mehrfachverteidigung dient nur dem Schutz des Beschuldigten davor, von einem **für ihn** ungeeigneten Verteidiger verteidigt zu werden (BGH NStZ 1985, 205). Die Revision ist auch dann nicht begründet, wenn ein Verteidiger zurückgewiesen worden ist, ohne dass die Voraussetzungen des § 146 vorgelegen haben, wenn der Angeklagte anderweitig ordnungsgemäß verteidigt worden war (BGH 27, 159). Aber die Revision dürfte begründet sein, wenn dargetan werden kann, dass der zu Unrecht zurückgewiesene Verteidiger die Hauptlast der Verteidigung tragen sollte; denn in diesem Fall kommt der absolute Revisionsgrund des § 338 Nr. 5 in Betracht.

§ 147 [Akteneinsicht des Verteidigers] RiStBV 160, 182 ff., 213

(1) **Der Verteidiger ist befugt, die Akten, die dem Gericht vorliegen oder diesem im Falle der Erhebung der Anklage vorzulegen wären, einzusehen sowie amtlich verwahrte Beweisstücke zu besichtigen.**

(2) Ist der Abschluß der Ermittlungen noch nicht in den Akten vermerkt, so kann dem Verteidiger die Einsicht in die Akten oder einzelne Aktenstücke sowie die Besichtigung der amtlich verwahrten Beweisstücke versagt werden, wenn sie den Untersuchungszweck gefährden kann.

(3) **Die Einsicht in die Niederschriften über die Vernehmung des Beschuldigten und über solche richterlichen Untersuchungshandlungen, bei denen dem Verteidiger die Anwesenheit gestattet worden ist oder hätte gestattet werden müssen, sowie in die Gutachten von Sachverständigen darf dem Verteidiger in keiner Lage des Verfahrens versagt werden.**

§ 147

Erstes Buch. 11. Abschnitt

(4) ¹Auf Antrag sollen dem Verteidiger, soweit nicht wichtige Gründe entgegenstehen, die Akten mit Ausnahme der Beweisstücke zur Einsichtnahme in seine Geschäftsräume oder in seine Wohnung mitgegeben werden. ²Die Entscheidung ist nicht anfechtbar.

(5) ¹Über die Gewährung der Akteneinsicht entscheidet im vorbereitenden Verfahren und nach rechtskräftigem Abschluss des Verfahrens die Staatsanwaltschaft, im Übrigen der Vorsitzende des mit der Sache befassten Gerichts. ²Versagt die Staatsanwaltschaft die Akteneinsicht, nachdem sie den Abschluss der Ermittlungen in den Akten vermerkt hat, versagt sie die Einsicht nach Absatz 3 oder befindet sich der Beschuldigte nicht auf freiem Fuß, so kann gerichtliche Entscheidung nach Maßgabe des § 161a Abs. 3 Satz 2 bis 4 beantragt werden. ³Diese Entscheidungen werden nicht mit Gründen versehen, soweit durch deren Offenlegung der Untersuchungszweck gefährdet werden könnte.

(6) ¹Ist der Grund für die Versagung der Akteneinsicht nicht vorher entfallen, so hebt die Staatsanwaltschaft die Anordnung spätestens mit dem Abschluß der Ermittlungen auf. ²Dem Verteidiger ist Mitteilung zu machen, sobald das Recht zur Akteneinsicht wieder uneingeschränkt besteht.

(7) ¹Dem Beschuldigten, der keinen Verteidiger hat, können Auskünfte und Abschriften aus den Akten erteilt werden, soweit nicht der Untersuchungszweck gefährdet werden könnte und nicht überwiegende schutzwürdige Interessen Dritter entgegenstehen. ²Absatz 5 und § 477 Abs. 5 gelten entsprechend.

1   Das **Akteneinsichtsrecht** ist neben dem Beweisantrags- und Fragerecht ein Kernstück der Verteidigung (LR-Lüderssen Rn. 1). Denn „sachgerechte Verteidigung" setzt die Kenntnis voraus, worauf sich der gegen den Beschuldigten gerichtete Vorwurf stützt (BGH 29, 102 = NJW 1980, 64). Die **Erteilung von Auskünften und Akteneinsicht,** sonstige Verwendung von Informationen für verfahrensübergreifende Zwecke ist in **§§ 474 bis 482** geregelt. Zur Akteneinsicht ist berechtigt: der Verteidiger (§ 147); der Prozessbevollmächtigte des Privatklägers (§ 385 Abs. 3), des Nebenklägers (§ 397 Abs. 1 S. 2 iVm § 385 Abs. 3), des Einziehungs- oder Verfallsbeteiligten (§ 434 Abs. 1 S. 2, § 442 Abs. 1), der bußgeldbeteiligten JP oder PV (§ 444 Abs. 2 S. 2); der Bevollmächtigte des Verletzten (§ 406 e); der Bevollmächtigte des Antragstellers in den Verfahren nach §§ 23 ff. EGGVG, 109 ff. StVollzG (ohne ausdrückliche Regelung); die Akteneinsicht der **Sachverständigen** ist in § 80 Abs. 2 geregelt. Der **Beschuldigte selbst** hatte bisher kein Akteneinsichtsrecht (RG 72, 275; BGH 29, 102; BVerfGE 53, 217), auch nicht der beschuldigte RA und Richter (Meyer-Goßner Rn. 3). Nach dem **neu eingefügten Abs. 7** können dem Beschuldigten Auskünfte und Abschriften aus den Akten erteilt werden. Der EGMR hat entschieden, dass der Beschuldigte ohne Verteidiger ein **eigenes Recht auf Akteneinsicht** bereits im Ermittlungsverfahren besitzt: Die Weigerung der StA, dem Beschuldigten bereits bei seiner Verteidigung in eigener Person Akteneinsicht zu gewähren und Kopien aus der Akte zu erhalten, verletzt Art. 6 Abs. 3 und 1 EMRK. Da sich selbst verteidigende RA hat eben „keinen Verteidiger" und deshalb ist auch dem RA **in eigener Sache** – wie jedem Beschuldigten – Akteneinsicht zu erteilen. S. auch § 475 Rn. 1. Die Verweigerung der Akteneinsicht des Beschuldigten macht den Staat schadensersatzpflichtig (EGMR NStZ 1998, 429). Aus Art. 25 GG, der bestimmt, dass die allgemeinen Regeln des Völkerrechts Bestandteil des Bundesrechts sind, lässt sich eine Bindungswirkung deutscher Gerichte an Entscheidungen des EGMR herleiten. Das **StVÄG 1999** v. 2. 8. 2000 hat das Recht auf Auskünfte aus **Akten und auf Einsicht in Akten** (vor allem in den §§ 474 bis 480) teilweise **neu geregelt,**

Verteidigung **§ 147**

erweitert und vereinheitlicht. Es bestätigt, dass das Recht auf **Akteneinsicht** haben: der Verteidiger (§ 147), Anwälte von Privatklägern (§ 385), Geschädigten (§ 406 e), Privatpersonen und sonstigen (privaten) Stellen (§ 475). **Auskunft aus Akten** auch in Form von Abschriften können der **Beschuldigte, der keinen Verteidiger hat** (§ 147 Abs. 7) sowie Privatpersonen und sonstige Stellen (§ 475 Abs. 4) verlangen. Da das Akteneinsichtsrecht nur dem „**Verteidiger**" (oder Beschuldigten) zusteht, haben der **gesetzliche Vertreter oder Beistand** (§ 140) kein Recht auf Einsichtnahme der Akten. Ihnen **kann** jedoch Einsicht gewährt werden. Als Vertreter **anderer Verfahrensbeteiligten** hat ein Rechtsanwalt Anspruch auf Akteneinsicht, also etwa als Vertreter des Verfalls- oder Einziehungsbeteiligten (§§ 434 Abs. 1 S. 2, 442, 444); gleiches gilt für Privat- und Nebenkläger (§§ 385 Abs. 3, 397 Abs. 1); wegen des Akteneinsichtsrechts des Verletzteen s. § 406 e und wegen des Akteneinsichtsrecht Dritter s. § 475 (Lüderssen-LR Rn. 21, 22). In diesen Fällen entscheidet die StA im **vorbereitenden Verfahren** und nach Rechtskraft, sonst der **Vorsitzende.** Lehnt die StA die Einsicht oder die Auskunft ab, kann entsprechend § 161 a das Gericht zur Entscheidung angerufen werden. Die Entscheidung braucht nicht begründet zu werden, wenn hierdurch der Untersuchungszweck gefährdet werden würde. Die StA ist aber auch **nach** Erhebung der öffentlichen Klage befugt, **Auskünfte** zu erteilen. Die StA kann die Behörden des **Polizeidienstes,** die die Ermittlungen geführt haben oder **führen,** ermächtigen, in den Fällen des § 475 Akteneinsicht und Auskünfte zu erteilen. Gegen deren Entscheidung kann die Entscheidung der StA eingeholt werden (§ 478 Abs. 1). Das Recht auf Auskunft oder Akteneinsicht der Justizbehörden, zu denen in diesem Zusammenhang auch die **Polizei** gehört, und der **Hochschulen** wird in **§§ 474 und 476 geregelt.** Soweit Informationen aus Akten durch Auskunft oder Einsicht erlangt werden, dürfen sie nur für die **Zwecke** verwendet werden, die Grundlage der **Informationserlangung** waren. Personen, die ohne Einschaltung eines **RA** Auskünfte erhalten haben, sind über diese **Zweckbindung** zu belehren (§ 477 Abs. 5). Das StVÄG 1999 **begrenzt** die Verwendung der erlangten Informationen auf die ursprünglichen **Zwecke der Akteneinsicht,** regelt die verschiedenen Gründe, aus denen Akteneinsicht **versagt** werden kann oder muss, und schreibt die Belehrung über die Zweckbindung für Personen vor, die keinen RA eingeschaltet haben. Untersuchungsausschüsse der Parlamente haben grundsätzlich ein Recht auf Akteneinsicht. Sie haben im Rahmen des Untersuchungsauftrags zu entscheiden, welche Beweismittel sie für erforderlich halten (BVerfGE 67, 100 = NJW 1984, 2271; KG NStZ 1993, 403).

Dem **Verteidiger** ist Akteneinsicht zu gewähren, also dem Wahlverteidiger **2** (§ 138 Abs. 1 oder Abs. 2), dem Pflichtverteidiger (§ 141) und dem Rechtsreferendar nach § 139. Die Vorlage einer schriftlichen Vollmacht des Wahlverteidigers ist nicht erforderlich; es genügt die **Anzeige** des Verteidigers (BGH 36, 259 = NJW 1990, 586; Egon Müller NStZ 1993, 128). Auch im Vorfeld einer Mandatserteilung, dh in den **Anbahnungsfällen,** kann der RA die Akten einsehen, um zu prüfen, ob er das Mandat übernimmt (Dankert StV 1986, 171). Das ist heute in der Zeit der großen Anwaltssozietäten im Hinblick auf § 356 StGB (Parteiverrat) von besonderer Bedeutung. Dem Grundsatz der Waffengleichheit entspricht es, dass dem Verteidiger bei der Wahrnehmung seines **Akteneinsichtsrechtes die Übertragung** dieser Teilaufgabe an **jur. Mitarbeiter** (RAe, Assessoren, Referendare) wie auch auf **Sachverständige** usw. möglich sein muss, ohne dass diese im jeweiligen Verfahren selbst als Verteidiger oder Sachverständige auftreten. S. auch Rn. 6. Dies gilt auch dann, wenn **mehrere Verteidiger** in demselben Verfahren tätig sind. Die Übertragung von Einzelaufträgen an Hilfskräfte durch den Verteidiger beschränkt sich aber auf solche Fälle, in denen dem Verteidiger die Wahrnehmung seines Akteneinsichtsrechts ohne Hilfskräfte wegen des **Umfangs des Verfahrensstoffes unzumutbar** ist, oder in denen **besondere Kenntnisse** erforderlich sind, über die der

§ 147 Erstes Buch. 11. Abschnitt

Verteidiger nicht verfügt (OLG Brandenburg NJW 1996, 67). Das Akteneinsichtsrecht **endet** mit dem Erlöschen der Vollmacht, dem Widerruf der Bestellung (§ 143), der Zurückweisung nach § 146a, der Anordnung des Ruhens der Rechte aus §§ 147, 148 nach § 138c Abs. 3 S. 1 sowie der Rechtskraft des Beschlusses über die Ausschließung nach §§ 138a ff. Im **gesamten Verfahren** kann der Verteidiger die Akten einsehen; im **Vorverfahren** jedoch mit der **Beschränkungsmöglichkeit**. Aber aus dem Recht des Beschuldigten auf ein faires, rechtsstaatliches Verfahren und seinem Anspruch auf rechtliches Gehör folgt ein Anspruch des **inhaftierten Beschuldigten** auf Einsicht seines Verteidigers in die Akten, wenn und soweit er die darin befindlichen Informationen benötigt, um auf die gerichtliche Haftentscheidung effektiv einwirken zu können und eine mündliche Mitteilung der Tatsachen und Beweismittel, die das Gericht seiner Entscheidung zugrundezulegen gedenkt, nicht ausreichend ist. „Art. 5 Abs. 4 EMRK verlangt, dass der Beschuldigte im **Haftprüfungsverfahren** über den genauen Inhalt der Ermittlungsakten und insbesondere der ihn belastenden Aussagen eines anderen Beschuldigten unterrichtet wird, weil der Beschuldigte sonst die Erkenntnisse, auf die sich die StA und das AG bei Erlass des Haftbefehls oder der Anordnung der Haftfortdauer gestützt haben, und insbesondere die Glaubwürdigkeit der ihn belastenden Aussagen nicht wirksam angreifen kann. Kenntnisnahme von Haftbefehl und Sachverhalt, wie ihn das AG auf Grund der Ermittlungsakten beurteilt, genügt nicht. Die dem Haftbefehl zu Grunde liegenden Beweismittel sind dem Beschuldigten zur Kenntnis zu bringen, einerlei ob er darlegen kann, dass sie für seine Verteidigung wesentlich sind (EMRK NJW 2002, 2018; vgl. OLG Köln NStZ 2002, 659). Dabei genügt idR eine Teilakteneinsicht hinsichtlich der für die Haftentscheidung relevanten Tatsachen und Beweismittel (BVerfG NJW 1994, 3219; Egon Müller NStZ-RR 2000, 103). Das uneingeschränkte Akteneinsichtsrecht des Verteidigers bezieht sich auch auf **beigezogene Akten** (BGH NStZ 1997, 43; OLG Schleswig StV 1989, 95). Es umfasst auch das Recht auf Einsicht in **polizeiliche** Vernehmungsprotokolle, auf die in dem richterlichen Protokoll **Bezug genommen** wurde und die deshalb Bestandteil des richterlichen Protokolls geworden sind (OLG Hamm StV 1987, 479). Da das Gericht die Akten **während der Hauptverhandlung** benötigt, kann grundsätzlich in diesem Abschnitt keine Akteneinsicht verlangt werden, es sei denn, der Verteidiger ist erst während der Hauptverhandlung gewählt oder bestellt worden oder hat zuvor keine ausreichende Akteneinsicht erhalten (OLG Stuttgart NJW 1979, 560; RG JW 1932, 1748). Die Akteneinsicht muss **ausreichend** und grundsätzlich mehrfach gewährt werden (OLG Hamm NJW 1972, 1096). Die **Dauer** der Überlassung der Akten richtet sich nach den Umständen des Einzelfalls (BGH MDR 1955, 530). Durch die Akteneinsicht dürfen Verfahren nicht unangemessen verzögert werden (RiStBV Nr. 186). Verzögerungen dürfen aber nicht zu Lasten des Beschuldigten gehen. Daher sind ggf. **Doppelakten** (insbesondere in Haftsachen) anzulegen (RiStBV Nr. 12 Abs. 2); dies ist idR möglich und zumutbar, sodass die weitere Förderung des Verfahrens gewährleistet werden kann (BVerfG NJW 1994, 2081). Nach **rechtskräftigem Abschluss des Verfahrens** muss Akteneinsicht gewährt werden, wenn sie der Vorbereitung von Prozesshandlungen, insbesondere von Anträgen im Vollstreckungsverfahren oder von Wiederaufnahmeanträgen nach §§ 359 ff. dient (Meyer-Goßner Rn. 11).

3 Die **Akten,** die dem Gericht vorliegen oder bei Anklageerhebung vorzulegen wären, darf der Verteidiger einsehen. Es gilt der Grundsatz der **Aktenvollständigkeit;** denn „durch das Akteneinsichtsrecht soll eine lückenlose Information über die im Verfahren angefallenen schriftlichen Unterlagen ermöglicht werden" (BGH 37, 205 = NJW 1991, 435). Schriftstücke, Ton- oder Bildaufnahmen, Videoaufzeichnungen (BayObLG NJW 1991, 1070), aus denen sich schuldspruch- oder rechtsfolgenrelevante Umstände ergeben können, dürfen den Akten nicht ferngehalten werden, auch nicht die U-Haft betreffende Unterlagen (BGH 37, 204; Meyer-

Verteidigung **§ 147**

Goßner Rn. 14) und ebenso nicht der Bundeszentralregisterauszug (BVerfGE 62, 338 = NJW 1983, 1046). **Aufzeichnungen einer Telefonüberwachung** gehören zu den Beweismitteln iSd § 147 Abs. 1 2. Alt. Sie unterliegen der Akteneinsicht, wenn sie von der Staatsanwaltschaft verwertet wurden. Die Besichtigung von Tonaufzeichnungen erfolgt in der Weise, dass der Verteidiger sie sich – gegebenenfalls auch mehrfach – auf der Geschäftsstelle oder dem Ort ihrer Verwahrung vorspielen lässt. Ist dies zu Informationszwecken nicht ausreichend, hat er einen Anspruch auf Herstellung einer amtlich gefertigten Kopie. Sind die Kopien ohne Erklärungen des Angeklagten oder eines Dolmetschers unverständlich, so ist deren Anwesenheit beim Abhören zu gestatten. Fehlende personelle oder technische Ausstattung kann nicht der gesetzlich verbürgten Einsichtsrecht entgegengehalten werden. (OLG Frankfurt StV 2001, 611). Eine **Auswahl der Vorgänge**, die der Verteidigung zur Kenntnis gebracht werden, ist **unzulässig**. „Das Akteneinsichtsrecht umfasst vielmehr die Befugnis der Verteidigung, in eigener Verantwortung zu prüfen, welche Unterlagen **verteidigungsrelevant** sein können" (BGH 37, 206). Akten **anderer** Gerichte oder Behörden, die dem Strafgericht vorliegen, gehören zu den Akten des Strafgerichts iSd. § 147 (BGH 30, 138 = NJW 1981, 2267; 42, 71 = NJW 1996, 2171). „Die **Vertraulichkeitsbitte** einer aktenführenden Stelle, die ihre Akten nicht gem. § 96 StPO für das Strafverfahren sperren lässt, sondern sie dem Strafgericht vorlegt, ist für dieses unbeachtlich. Sie kann eine Begrenzung des Akteneinsichtsrechts nicht begründen. Eine gleichwohl vorgenommene Versagung der Akteneinsicht führt nicht zu einem Beweisverwertungsverbot" (BGH 42, 71 = NJW 1996, 2171; s. auch § 96 Rn. 1). Die Rüge der Verletzung des Akteneinsichtsrechts kann jedoch dann zu Erfolg führen, wenn die Möglichkeit eines kausalen Zusammenhangs zwischen dem Verfahrensverstoß und dem Urteil besteht, also die Sachentscheidung möglicherweise auf der Verteidigerbeschränkung beruht (BGH 30, 135 = NJW 1981, 2267; 42, 71 = NJW 1996, 2171). Von der Polizei angelegte **Spurenakten** enthalten idR Tausende von Fingerabdrücken, Autonummern, Hinweise aus der Bevölkerung usw. (Roxin § 19 Rn. 66). Soweit solches Material in die Ermittlungsakten der StA integriert wird, unterliegt es dem Akteneinsichtsrecht nach § 147. Im Interesse der Verteidigung großzügige Handhabung ist dabei angebracht (BGH NStZ 1983, 228). Die StA hat dem Gericht – und damit der Verteidigung (§ 147) – sämtliche Spurenvorgänge zur Kenntnis zu bringen, die, wenn auch mit wenig großer Wahrscheinlichkeit, im Verfahren Bedeutung erlangen können. Dabei ist auch zu berücksichtigen, dass niemand den Verlauf einer Hauptverhandlung voraussehen kann. Spurenakten mit für das Tatgeschehen offensichtlich irrelevanten Ergebnissen können bei der Polizei belassen oder ihr zurückgegeben werden; sie sind dann nicht Bestandteil der (Ermittlungs-)Akten. Hierüber hat die StA zu befinden; denn sie hat nach § 160 Abs. 2 auch alle zur Entlastung dienenden Umstände zu ermitteln und zu berücksichtigen. Das Gericht hat aber in jeder Lage des Verfahrens zu prüfen, ob begründeter Anlass zu Zweifeln daran besteht, dass ihm alle zur Beurteilung des Falles bedeutsamen Akten vorliegen. Der Beschuldigte hat die durch §§ 23 ff. EGGVG durchsetzbare Möglichkeit, unmittelbar bei der StA die Einsicht in die Spurenakten durch seinen Verteidiger zu beantragen. Stellt der Verteidiger einen Antrag auf Beiziehung solcher Spurenakten, ist das Gericht dazu nicht nach § 147 verpflichtet; denn es handelt sich um einen Beweisermittlungsantrag, dem das Gericht im Rahmen der Aufklärungspflicht (§ 244 Abs. 2) stattgeben muss, wenn es Anhaltspunkte dafür hat, dass die Spurenakten etwas für die Schuld- oder Straffrage Relevantes enthalten (BGH 30, 131 = NJW 1981, 2267; BVerfGE 63, 45 = NJW 1983, 1043; KK-Laufhütte Rn. 4). Zieht das Gericht die Spurenakten nicht bei, seht dem Verteidiger gegenüber der Polizei oder der StA ein nach § 23 EGGVG erzwingbares Recht zu, sie unmittelbar einzusehen (OLG Hamm NStZ 1084, 423; Eisenberg Beweisrecht Rn. 1971). Das Gericht muss dafür die Hauptverhandlung unterbrechen oder aussetzen (OLG Hamm NStZ 1984, 423;

§ 147

Meyer-Goßner NStZ 1982, 353). Vereinzelt wird auch die Ansicht vertreten, gegen die ablehnende Entscheinung des erkennenden Gerichts sei die **Beschwerde** gemäß § 304 gegeben (OLG Brandenburg JR 1996, 169; Beulke Strafprozessrecht Rn. 162). Zur **Aufbewahrung** von Spurenakten s. Schnarr ZRP 1996, 128).

4   Auch zu den **Akten zu nehmen** sind **Computerausdrucke;** Dateien und Programme können ebenfalls zu Aktenbestandteilen werden, wenn sie nicht lediglich als technische Hilfsmittel anzusehen sind (Meyer-Goßner Rn. 18 a mwN). „Der Grundsatz des fairen Verfahrens verpflichtet das Tatgericht, dem Angeklagten und seinem Verteidiger Gelegenheit zur Kenntnisnahme vom Ergebnis verfahrensbezogener Ermittlungen zu geben, die er **während, aber außerhalb der Hauptverhandlung** angestellt hat (hier: Telefonüberwachung). Das gilt auch dann, wenn das Tatgericht dieses Ergebnis nicht für entscheidungserheblich hält" (BGH 36, 305 = NJW 1990, 584). Entsprechendes gilt auch, wenn während der Hauptverhandlung **Urkunden** oder andere Beweismittel, deren Erheblichkeit nicht ausgeschlossen ist, **ohne Veranlassung durch das Gericht** zu den Akten gelangen (BGH StV 2001, 4). Steht dem Verteidiger das Recht auf Einsicht in die Niederschrift über richterliche Vernehmungen zu, so ist ihm auch Einsicht in die Niederschriften über solche polizeilichen Vernehmungen zu gewähren, die durch **Bezugnahme** zum Bestandteil der richterlichen Vernehmung geworden sind (OLG Hamm NStZ 1987, 572). Werden die Ermittlungen wegen mehrerer Taten und gegen mehrere Tatverdächtige zunächst in einem **einheitlichen Ermittlungsverfahren** geführt, im weiteren Verlauf der Ermittlungen jedoch ein wegen eines bestimmten Tatkomplexes gegen die insoweit Beschuldigten gerichteter Teil des Verfahrens **abgetrennt** und selbstständig weitergeführt, so erstreckt sich das Akteneinsichtsrecht (Abs. 1) der in dem ausgetrennten Verfahren Beschuldigten auf die gesamten bis zum Zeitpunkt der Austrennung entstandenen Akten des Ursprungsverfahrens. Das gilt auch dann, wenn die auf den Teilkomplex gerichteten Ermittlungen innerhalb des einheitlichen Ursprungsverfahrens in besonderen Aktenbänden geführt wurden. Dagegen sind für die Beschuldigten des ausgetrennten Verfahrens diejenigen Aktenteile des Ursprungsverfahrens, die nach der Austrennung entstanden sind, hinsichtlich des Akteneinsichtsrechts verfahrensfremde Akten (OLG Hamm NStE Nr. 5 zu § 147). Aber § 147 begründet keinen Anspruch darauf, dass das Gericht **sämtliche** in einer fremden Sprache geführten **Telefongespräche,** die gemäß §§ 100 a, 100 b aufgezeichnet worden sind, **übersetzen** lässt. Die Zulässigkeit einer Beschwerde gegen einen Beschluss, der einen dahingehenden Antrag abgelehnt hat, steht § 305 S. 1 entgegen (OLG Koblenz NStZ 1995, 611).

5   **Nicht der Akteneinsicht** unterliegen die **Handakten der StA;** hierzu zählen Berichte an vorgesetzte Stellen, Entwürfe der StA oder Weisungen des Vorgesetzten; Schriftverkehr mit fremden Behörden, soweit er sich nicht unmittelbar auf den Gegenstand des Strafverfahrens, sondern nur auf formelle Aspekte (zB Sachstandsanfrage, Anforderungen von Akten) handelt (LR-Lüderssen Rn. 30). Nicht zu den Akten, die dem Verteidiger vorzulegen sind, gehören **Notizen,** die sich Mitglieder des Gerichts während der Hauptverhandlung machen oder sog. **Nebenprotokolle,** dh Mitschriften zur Unterstützung des Gerichts (OLG Karlsruhe NStZ 1982, 299), auch nicht die „Senatshefte", die beim BGH geführt werden (KK-Laufhütte Rn. 4). Nach **§ 96 gesperrte Vorgänge** liegen dem Gericht nicht vor und können nicht zu den Verfahrensakten. Vorgänge, die den Einsatz eines **verdeckten Ermittlers** betreffen, werden nach **§ 110 d Abs. 2 S. 1 zunächst in Sonderakten der StA verwahrt,** die keiner Einsicht unterliegen. Zu den Ermittlungsakten werden sie nach § 110 d Abs. 2 S. 2 erst nach Wegfall der Gefährdung des Einsatzes genommen, wenn nicht eine weitergehende Sperrung nach § 110 b Abs. S. 3 iVm § 96 zum Schutz der Identität oder Weiterverwendung des verdeckten Ermittlers erfolgt (KK-Laufhütte Rn. 5). **Geheimschutz.** Die Verschluss-Sachen Anweisung für die Bundesbehörden gilt grundsätzlich auch für **Richter.** Gerät

Verteidigung **§ 147**

dieser Geheimschutz jedoch in Widerspruch mit tragenden Grundsätzen des Strafverfahrensrechts, so bedarf es einer Abwägung zwischen der Notwendigkeit des Geheimschutzes einerseits und der Wahrung der Belange des Strafverfahrens, insbesonderr der dem Beschuldigten und seinem Verteidiger gewährten Rechtsstellung andererseits. Bei unter Geheimschutz stehenden Akten hat der Verteidiger das Recht, sich Ablichtungen oder Auszüge zu fertigen oder fertigen zu lassen; das Gericht kann aber dieses Recht beschränken oder ausschließen (BGH 18, 371 = NJW 1963, 1462; 27, 245 = NJW 1977, 2086).

Die Akteneinsicht wird grundsätzlich **in den Diensträumen der StA oder des** 6 **Gerichts** gewährt (RiStBV Nr. 189 Abs. 3). Auf Antrag können aber dem RA, sofern nicht wichtige Gründe entgegenstehen, die Akten mit Ausnahme der Beweisstücke **in seine Geschäftsräume oder seine Wohnung mitgegeben** werden. Die Entscheidung ist nicht anfechtbar (§ 475 Abs. 3 idF der StVÄG 1999 v. 2. 8. 2000). Der Verteidiger darf die Akten selbst einsehen, diese aber **nicht** dem Beschuldigten, einem Dritten oder Sachverständigen überlassen oder ihm Einsicht gewähren. Er muss ggf. hierzu **Ablichtungen** fertigen lassen (BGH 18, 371 = NJW 1963, 1462; Meyer-Goßner Rn. 31). Die technische Durchführung der Ablichtungen darf er seinem **Büropersonal,** aber nicht dem Beschuldigten oder Dritten überlassen (KK-Laufhütte Rn. 6). **Die Kopie des Videobandes,** auf dem die Vernehmung eines Zeugen aufgezeichnet ist, ist Bestandteil der Akten; sie stellt kein Beweismittel iS von § 147 dar. Eine Beschwerde gegen die Verfügung des Vorsitzenden, Akteneinsicht an den Verteidiger durch Mitgabe einer Kopie des Videobandes zu gewähren, ist deshalb unzulässig. (OLG Stuttgart NJW 2003, 767) **Beweisstücke,** die der Verteidiger nur **besichtigen** und die er niemals mitnehmen darf (s. Rn. 6), können ggf. an das AG des **Kanzleisitzes des Verteidigers** übersandt werden. S. auch Rn. 2. Die Erhebung einer **Auslagenpauschale** vom Verteidiger für die **Aktenversendung** in einem strafrechtlichen Ermittlungsverfahren nach den Vorschriften des GKG stellt weder eine unzulässige Beeinträchtigung der Berufsausübungsfreiheit (Art. 12 Abs. 1 S. 2 GG) noch eine gegen das Recht auf allgemeine Handlungsfreiheit (Art. 2 Abs. 1 GG) verstoßende Anforderung einer verfassungswidrigen Geldzahlungspflicht (BVerfG NJW 1996, 2222) dar.

Über die Akteneinsicht **(Abs. 5) entscheidet im vorbereitenden Verfahren** 7 und nach rechtskräftigem Abschluss des Verfahrens die **StA,** im Übrigen der **Vorsitzende.** Nach der Neufassung des Abs. 5 durch das StVÄG ist dem Verteidiger – für den Beschuldigten – die **Anrufung des Richters** eingeräumt gegen die Versagung der Akteneinsicht zumindest dann, wenn die staatsanwaltschaftlichen Ermittlungen förmlich (§ 169a) abgeschlossen sind sowie in den Fällen (Abs. 3), in denen die Beschränkung des Akteneinsichtsrecht nach Abs. 2 nicht greift. Gegen Entscheidungen des **Senatsvorsitzenden** des Revisionsgerichts gemäß § 147 Abs. 5 ist ein Rechtsmittel **nicht statthaft** (BGH NStZ 2001, 551).

In allen Verfahrensstadien kann dem Verteidiger weitgehend die Akteneinsicht 8 verwehrt werden, wenn gegen ihn ein **Verteidigerausschlussverfahren** nach §§ 138a, b anhängig (§ 138c Abs. 3 S. 1) oder eine Kontaktsperre nach den §§ 31 ff. EGGVG verhängt worden ist (§ 34 Abs. 3 S. 3 EGGVG). Vor allem § 147 bringt für einzelne Bereiche eine nähere Regelung. Nach **Abs. 2** kann – nicht muss – dem Verteidiger Akteneinsicht **verweigert** werden, wenn der Abschluss der Ermittlungen noch **nach § 169a in den Akten vermerkt** ist und wenn sie den **Untersuchungszweck gefährden** würde. Aber ein vorläufig gegen den Beschuldigten abgeschirmtes Ermittlungswissen der Strafverfolgungsbehörden ist verfassungsrechtlich unbedenklich. Eine andere Beurteilung kann sich nur dann ergeben, wenn ein Haftbefehl schon vollstreckt wird. Eine Beschwerde gegen einen erlassenen, aber nicht vollzogenen Haftbefehl kann deshalb auch bei Nichtgewährung von Akteneinsicht verworfen werden (BVerfG NStZ-RR 1998, 108 – im Anschluss an NStZ 1994, 551). Eine konkrete Gefährdung ist nicht erforderlich.

§ 147

Diese Vorschrift geht nicht von einem pflichtwidrig handelnden Verteidiger aus. Aber der Verteidiger ist berechtigt und verpflichtet (s. Rn. 7), den Akteninhalt dem Beschuldigten mitzuteilen. Es kann zB erwartet werden, dass der **Beschuldigte** Absprachen mit Mitbeschuldigten und Zeugen trifft oder gar Beweismittel beseitigt und damit den Untersuchungszweck gefährdet. Es kann aber ggf. angezeigt sein, dem Verteidiger Akteneinsicht zu gewähren, ihn aber zu verpflichten, dem Beschuldigten solche Hinweise nicht zur Kenntnis zu bringen, die auf bevorstehende Strafverfolgungsmaßnahmen wie Haftbefehl oder Beschlagnahme hindeuten. Denn für die Verteidigung kann es von Vorteil sein, wenn sie ein Wissen hat, das sie zwar an den Beschuldigten nicht weitergeben darf, das ihr aber ermöglicht, sachgerechte Anträge zu stellen (KK-Laufhütte Rn. 9). Die **Beschränkung** nach **Abs. 2** ist **aufzuheben**, wenn der Grund weggefallen ist. Die Beschränkung muss **spätestens mit Anbringung des Vermerks nach § 169a aufgehoben** werden **(Abs. 6)**. Nach **Abs. 3** besteht jedoch **keine Beschränkungsmöglichkeit** bezüglich aller Niederschriften über die **Vernehmung des Beschuldigten,** die von der Polizei, der StA oder einem Richter – auch die bei richterlichen Vernehmungen in Bezug genommenen polizeilichen Vernehmungen (s. Rn. 4) – durchgeführt worden sind, sowie sonstiger **schriftlicher Äußerungen** gemäß § 136 Abs. 1 S. 4, § 163a Abs. 1 S. 2, Abs. 4 S. 2. Für Niederschriften über richterliche Untersuchungshandlungen, bei denen dem **Verteidiger** zu Recht oder zu Unrecht die **Anwesenheit gestattet** worden ist, gilt Abs. 1 auch dann, wenn sie nicht die Vernehmung des Beschuldigten, zu dem das Verteidigerverhältnis besteht, zum Gegenstand haben, sondern die Vernehmung von Mitbeschuldigten, Zeugen oder Sachverständigen oder einen richterlichen Augenschein. Eine Ausnahme von Abs. 3 ist in § 34 Abs. 3 Nr. 3 EGGVG bestimmt (Meyer-Goßner Rn. 26).

9 Das **Recht auf Besichtigung amtlich verwahrter Beweismittel** ergänzt das Recht auf Akteneinsicht. Beweisstücke sind in den Akten oder anderswo aufbewahrte Gegenstände, die nach §§ 94ff. oder §§ 111b ff. beschlagnahmten bzw. sichergestellten Gegenstände, soweit sie als Beweismittel dienen können. In Betracht kommen zB. Druckwerke, Schriften und vor allem alle Gegenstände, an denen Tatspuren haften oder die der sonst zum Beweis der Tat oder zur Entlastung dienen können, ebenso Video- und Tonbandaufnahmen (OLG Schleswig NJW 1980, 352; LR-Lüderssen Rn. 107). Die „Besichtigung" von Video-, Tonband- oder Filmaufnahmen erfolgt in der Weise, dass der Verteidiger sie sich in der Geschäftsstelle (mehrmals) vorspielen und ggf. Kopien anfertigen lässt (LR-Lüderssen Rn. 112). Beweisstücke dürfen aber **nicht dem Verteidiger mitgegeben** werden (BGH NStZ 1981, 95).

10 „Sachgerechte Strafverteidigung setzt voraus, dass der Beschuldigte weiß, worauf sich der gegen ihn erhobene Vorwurf stützt, und dass er den Verteidiger informieren kann, wie er sich einlassen wird. Der Verteidiger ist deshalb in der Regel berechtigt und unter Umständen sogar verpflichtet, **dem Beschuldigten zu Verteidigungszwecken mitzuteilen, was er aus den Akten erfahren hat** ... Im gleichen Umfang, wie er ihm den Akteninhalt mitteilen darf, ist er prozessual auch berechtigt, dem Beschuldigten Aktenauszüge und Abschriften aus den Akten auszuhändigen. **Ausnahmen** von diesen Grundsätzen kommen – abgesehen vom Sonderfall der Verschlusssachen (vgl. BGHSt 18, 369, 371ff.) – nur in Betracht, wenn die Aushändigung den Untersuchungszweck gefährden würde oder zu befürchten ist, dass die Auszüge oder Abschriften zu verfahrensfremden Zwecken (zB für eine private Veröffentlichung) missbraucht werden" (BGH 29, 102, 103 = NJW 1980, 64). **Originalakten** dürfen aber dem Beschuldigten **nicht überlassen** werden (OLG Frankfurt NJW 1965, 2312; s. Rn. 1).

11 **Abs. 7** ist durch das StVÄG 1999 v. 2. 8. 2000 eingestellt. Der Beschuldigte selbst hatte bisher nach geltendem Recht keinen Anspruch, ohne Einschaltung eines Verteidigers, Einsicht in die Akten seines Verfahrens zu nehmen oder Auskünfte

Verteidigung   § 148

daraus zu erhalten. Es ist aber bisher hM, dass der StA – ab Anklageerhebung das Gericht – befugt ist, dem Beschuldigten auch weitgehende Informationen aus den Akten, die einer vollen Akteneinsicht gleichkommen können, zu gewähren, wenn davon kein Schaden für das Verfahren zu befürchten ist. Nicht selten dient diese Maßnahme auch aus der Sicht der Strafverfolgungsorgane gerade der Förderung des Verfahrens, wenn nämlich der Beschuldigte, der keinen Verteidiger wählen kann oder will und dem ein Verteidiger auch nicht bestellt wird, erst durch umfassende Informationsgewährung veranlasst werden kann, zur Sachaufklärung beizutragen. Die Praxis kann sich dabei bislang auf RiStBV Nr. 185 Abs. 4 stützen. Da die Akten aber häufig Angaben über Dritte enthalten, die deren informationelles Selbstbestimmungsrecht berühren, könnte diese Verwaltungsrichtlinie im Hinblick auf die verfassungsrechtliche Rspr. in Zukunft als Grundlage für die Informationsgewährung an den Beschuldigten nicht mehr ausreichen. Entsprechend der unmittelbaren Informationsgewährung an den **Verletzten** (§ 406 e Abs. 5) bzw. an **Dritte** (§ 475 Abs. 4) ist daher in **Abs. 7** die Informationsgewährung in einer Befugnisnorm als Kann-Vorschrift verankert, wobei im Interesse der Verfahrensökonomie allein auf den **Beschuldigten**, der **keinen Verteidiger** hat, abgestellt. Diesem wird kein unmittelbar auf Informationsgewährung gerichteter Anspruch eingeräumt, wohl aber ein Anspruch auf ermessensfehlerfreie Prüfung der Erteilung von **Auskünften oder Abschriften** – s. auch § 406 e Abs. 5 –. Abs. 5 und § 477 Abs. 5 idF StVÄG v. 2. 8. 2000 gelten entsprechend. Die Auskunft ist **ausgeschlossen** bei Gefährdung des Untersuchungszwecks und soweit überwiegende schutzwürdige Interessen Dritter entgegenstehen. Hier ist insbesondere an die Wahrung der Intimsphäre Dritter, an den Schutz gefährdeter Zeugen und an den Schutz von Geschäfts- und Betriebsgeheimnissen zu denken (BR-Drucks. 65/99 S. 44), Abs. 5 und § 477 Abs. 5 idF des StVÄG v. 2. 8. 2000 gelten entsprechend. Durch die Verweisung in Abs. 7 S. 2 werden die für das Akteneinsichtsrecht des Verteidigers hinsichtlich der Entscheidungszuständigkeit und die Anfechtbarkeit der Versagungsentscheidung geltenden Regeln auf die Informationsgewährung an den verteidigerlosen Beschuldigten übertragen.

Die ablehnenden Entscheidungen **vor der Hauptverhandlung** können unter den Voraussetzungen des § 336 mit der **Revision** anfechtbar sein. **In der Hauptverhandlung** getroffene Entscheidungen können die Revision nur begründen, wenn die Verteidigung in einem wesentlichen Punkt (§ 338 Nr. 8) beschränkt wurde (BGH 30, 131 = NJW 1981, 2267). Der Revisionsgrund des § 338 Nr. 8 kann aber nur geltend gemacht werden, wenn in der Hauptverhandlung der Antrag auf Unterbrechung oder Aussetzung gestellt und durch Gerichtsbeschluss abgelehnt worden ist (BGH NStZ 1985, 87; BayObLG NJW 1992, 2242; Meyer-Goßner Rn. 42). Auch die Verletzung des Grundsatzes des fairen Verfahrens iVm. § 147 kann gerügt werden, wenn das Tatgericht dem Angeklagten und seinem Verteidiger keine Gelegenheit zur Kenntnisnahme gegeben hat vom Ergebnis verfahrensbezogener Ermittlungen, die es während, aber außerhalb der Hauptverhandlung angestellt hat. Das gilt auch dann, wenn das Tatgericht dieses Ergebnis nicht für entscheidungserheblich gehalten hat (BGH 36, 305 = NJW 1990, 584). Zum nötigen Revisionsvorbringen s. BGH NStZ 1998, 369; BayObLG NJW 1992, 2242. Für Akteneinsichtsanträge des Beschuldigten ist nach der Neufassung des § 147 auch **nach rechtskräftigem Verfahrensabschluss** der Rechtsweg nach §§ 23 ff. EGGVG nicht mehr eröffnet (OLG Hamm NJW 2003, 768). 12

§ 148 [Verkehr mit dem Beschuldigten]

(1) **Dem Beschuldigten ist, auch wenn er sich nicht auf freiem Fuß befindet, schriftlicher und mündlicher Verkehr mit dem Verteidiger gestattet.**

§ 148

Erstes Buch. 11. Abschnitt

(2) ¹Befindet sich der Beschuldigte nicht auf freiem Fuß und ist Gegenstand der Untersuchung eine Straftat nach § 129 a, auch in Verbindung mit § 129 b Abs. 1, des Strafgesetzbuches, so sind Schriftstücke und andere Gegenstände zurückzuweisen, sofern sich der Absender nicht damit einverstanden erklärt, daß sie zunächst einem Richter vorgelegt werden. ²Das gleiche gilt unter den Voraussetzungen des Satzes 1 für den schriftlichen Verkehr zwischen dem Beschuldigten und einem Verteidiger in einem anderen gesetzlich geordneten Verfahren. ³Ist der schriftliche Verkehr nach Satz 1 oder 2 zu überwachen, so sind für das Gespräch zwischen dem Beschuldigten und dem Verteidiger Vorrichtungen vorzusehen, die die Übergabe von Schriftstücken und anderen Gegenständen ausschließen.

1 Diese Vorschrift „ist Ausdruck einer Rechtsgarantie, die der Gewährleistung einer wirksamen Strafverteidigung dient, indem sie die Vertrauensbeziehung zwischen Verteidiger und Beschuldigtem nach außen abschirmt und gegen Eingriffe schützt" (BGH 33, 349 = NJW 1986, 1183). Das Recht des Beschuldigten, auch in der Haft Kontakt zu seinem Verteidiger aufzunehmen und das damit korrespondierende Recht des Verteidigers zu Kontaktaufnahme ist, von den Einschränkungen des Abs. 2 abgesehen, nur durch die vom **Kontaktsperregesetz** ins EGGVG eingefügten §§ 31 bis 38 eingeschränkt (KK-Laufhütte Rn. 2). „Das Verkehrsrecht steht auch dem Verteidiger als eigene Befugnis zu" (BGH 33, 349; vgl. § 138 c Abs. 3 S. 1), also dem Pflichtverteidiger, dem Wahlverteidiger und auch dem nach § 138 Abs. 2 zugelassenen Verteidiger (KG JR 1988, 391), aber nicht dem Beistand gemäß § 149. Der unbeschränkte Verkehr mit dem inhaftierten oder auf freiem Fuß befindlichen Beschuldigten ist **„nur für die Zwecke der Verteidigung frei"** (BGH NJW 1973, 2036; BVerfGE 49, 48 = NJW 1978, 2235). Der unkontrollierte Verkehr zwischen dem inhaftierten Beschuldigten und seinem Verteidiger soll aber nach dem Willen des Gesetzes nur soweit ausgeübt werden können, als er **unmittelbar der Vorbereitung der Verteidigung dient**. Gegen das Verbot des § 115 Abs. 1 Nr. 1 OWiG verstößt daher eine nicht unmittelbar der Vorbereitung der Verteidigung dienende Übermittlung von Sachen oder Nachrichten durch den Verteidiger (OLG Dresden NStZ 1998, 535). Zur Zulässigkeit und Durchführung von **fernmündlichen Gesprächen** des Untersuchungsgefangenen mit seinem Verteidiger und Familienangehörigen, wenn anstaltsbedingt die Telefongespräche nur von einem Dienstzimmer oder einer Geschäftsstelle der JVA geführt werden können (BGH NStZ 1999, 471). Ein RA und Notar, der sich außerhalb eines Strafverfahrens mit seinem Gefangenen in Verbindung setzen will, unterliegt den üblichen Beschränkungen (OLG Bremen NJW 1963, 1465; Meyer-Goßner Rn. 2). „Auch der Strafverteidiger, der **zugleich als Zivilanwalt** tätig wird, darf ohne Genehmigung des für die Briefkontrolle zuständigen Richters oder Staatsanwalts seinem in Untersuchungshaft einsitzenden Mandanten nur solche Schriftstücke dritter Personen aushändigen oder nur solche ihm von seinem Mandanten übergebenen Schriftstücke aus der Haftanstalt an dritte Personen weiterleiten, die unmittelbar der Vorbereitung oder Durchführung der Strafverteidigung dienen" (BGH 26, 304 = NJW 1976, 1700). **Abs. 1** setzt also das **Bestehen eines Verteidigungsverhältnisses** voraus. Dies besteht grundsätzlich erst nach Erteilung und Annahme des Mandats, nicht schon im Zeitpunkt der **Anbahnung** (OLG Stuttgart StV 1993, 235; KK-Laufhütte Rn. 5). Missbrauchsmöglichkeiten würden eröffnet und das Verbot des § 146 könnte umgangen werden, wenn die JVA verpflichtet wäre, für jeden Gefangenen eine Vielzahl von „Anbahnungsgesprächen" unbeaufsichtigt zuzulassen. Für ein Anbahnungsgespräch ist eine **Prozessvollmacht** Voraussetzung (KG StV 1991, 307 und 524; OLG Hamm NJW 1971, 1852). Aber im Einzelfall, wenn ein Missbrauch auszuschließen ist, kann der Richter dem RA insoweit ein unbewachtes Gespräch erlauben (KG StV 1991, 307; Meyer-Goßner Rn. 4 mwN).

Verteidigung **§ 148**

Für den Begriff „nicht auf freiem Fuß" ist es unerheblich, wo der Beschuldigte verwahrt wird, zB in der JVA, in einem psychiatrischen Krankenhaus oder in einer Erziehungsanstalt. Für die Anwendung des Abs. 1 spielt es keine Rolle, ob es um die Verteidigung eines Gefangenen in einem neuen Strafverfahren, in einer Strafvollstreckungssache, in einer Gnadensache, in einem Wiederaufnahmeverfahren oder um einen Antrag nach §§ 23 ff. EGGVG geht (Meyer-Goßner Rn. 5 mwN). Der **inhaftierte Angeklagte** hat das nur in § 148 Abs. 1 im Hinblick auf den **Verteidiger** gewährte Recht auf ungehinderten, insbesondere unüberwachten schriftlichen und mündlichen Verkehr **mit seinem Beistand.** Auch aus Art. 6 Abs. 3 b MRK lässt sich kein uneinschränkbares Recht herleiten, mit anderen Personen als dem gewählten oder bestellten Verteidiger zur Vorbereitung der Verteidigung unbeaufsichtigt zu verkehren. Solange zB gemäß § 199 Abs. 3 die – auch akustische – Überwachung zur Sicherung des Zwecks der U-Haft geboten ist, können Angeklagter und Beistand keine unüberwachten Besuche und Gespräche verlangen. Dies mag in Fällen der Wiederholungsgefahr (§ 112 a) eher selten, in Fällen der Fluchtgefahr (§ 112 Abs. 2 S. 2) bei entsprechenden konkreten Anhaltspunkten noch nach Erlass des erstinstanzlichen Urteils anzunehmen sein. Beim Haftgrund der Verdunkelungsgefahr (§ 112 Abs. 2 Nr. 3) ist die Frage vornehmlich mit Blick auf die fortschreitende Beweisaufnahme in der Hauptverhandlung zu entscheiden. Solange der Haftgrund besteht, wird die Überwachung während laufender Beweisaufnahme im Allgemeinen nahe liegen. Die Verfahrenslage wird sich jedoch regelmäßig anders darstellen, wenn der Vorsitzende die Beweisaufnahme schließt. Damit sind – vorbehaltlich der abschließenden Beratung des Gerichts – alle erforderlichen Beweise erhoben, der Sachverhalt ist nach Auffassung des Vorsitzenden bis zur Entscheidungsreife geklärt. Liegen keine besonderen Umstände vor, entspricht es einer **fairer Verfahrensgestaltung**, nunmehr Besuche und Gespräche **ohne akustische Überwachung** zuzulassen (BGH NJW 1998, 2296).

Der **Schriftverkehr** zwischen Verteidiger und Beschuldigten bzw. Inhaftierten 2 darf nicht überwacht und beschränkt werden (vgl. auch § 37 Abs. 1 UVollzO, § 29 Abs. 2 S. 1 StVollzG). Das durch die §§ 148, 148 a geschützte Recht auf ungestörten Kontakt zwischen dem Beschuldigten und seinem Verteidiger hat durch die Entscheidung des BVerfG eine Einschränkung erfahren. Der Erste Senat entschied, dass im Rahmen einer nach § 99 I InsO verfügten **Postsperre** angeordnet werden könne, dass die Postsendungen des Strafverteidigers die für den in Untersuchungshaft befindlichen Gemeinschuldner bestimmt sind, zunächst dem vorläufigen Insolvenzverwalter zugeleitet werden können. Zwar werde dadurch das Vertrauensverhältnis zwischen dem Beschuldigten und seinem Verteidiger schwer belastet; das Grundgesetz biete jedoch keinen lückenlosen Schutz des ungestörten Kontakts des Verteidigers zum inhaftierten Mandanten ohne Rücksicht darauf, ob dadurch schutzwürdige Belange Dritter beeinträchtigt würden. Verfassungsrechtlich sei es daher nicht zu beanstanden, die **Postsperre im Insolvenzeröffnungsverfahren** auch auf die Verteidigerpost zu erstrecken, weil es nicht vornehmlich um ein staatliches oder öffentliches Informationsbedürfnis, sondern um die Wahrung der Interessen Dritter geht (BVerfG ZIP 2000, 2311; Egon Müller NStZ-RR 2001, 170). Der Beschuldigte darf der JVA seine Schreiben an den Verteidiger verschlossen zur Beförderung übergeben. Die als **Verteidigerpost** bezeichneten Schreiben des Verteidigers nimmt ihm ungeöffnet entgegen (vgl. § 37 Abs. 1 UVollzG). Mit der so gekennzeichneten Post erklärt der Verteidiger, dass er dem Gefangenen **als Verteidiger und im Rahmen der Verteidigung** und nicht darüber hinausgehend oder in anderen Angelegenheiten oder privat schreibt (LR-Lüderssen Rn. 15). Der Schriftverkehr umfasst Briefe, Telegramme und Pakete mit Schriftstücken, Gutachten und Akten. Pakete werden zwar überprüft (§ 39 UVollzG), aber nicht die einliegende Verteidigerpost, die auch nicht in Anwesenheit des Gefangenen geöffnet werden darf (OLG Stuttgart NStZ 1983, 384; OLG Koblenz NStZ 1986, 333).

§ 148

Leitet der Verteidiger die an eine Zeugin gerichteten Briefe seines in Untersuchungshaft sitzenden Mandanten als **„Verteidigerpost"** weiter, stellt dies eine schwerwiegende Berufspflichtverletzung dar, die eine Verhängung eines einjährigen anwaltsgerichtlichen Berufsverbots – auf dem Gebiet des Strafrechts – jedenfalls dann rechtfertigt, wenn der Betroffene überwiegend zivilrechtlich tätig ist und daher die berufliche Existenz nicht nachhaltig in Frage gestellt ist (AnwGH Schleswig-Holstein NJW-RR 1999, 209; Egon Müller NStZ 2001, 101). Eine **Beschlagnahme** der Schriftstücke, die vom Verteidiger herrühren und sich in der Hand des Gefangenen befinden, ist unzulässig. Nur wenn gewichtige Anhaltspunkte dafür vorliegen, dass der **Verteidiger** sich an der dem **Beschuldigten zur Last gelegten Tat beteiligt** hat, hindert § 148 die Beschlagnahme der Verteidigerpost nicht, die als Beweismittel für das Verfahren gegen den Beschuldigten, für ein Strafverfahren gegen den Verteidiger oder für das Ausschließungsverfahren nach den §§ 138a ff. von Bedeutung sein kann (s. § 97 Rn. 6; Meyer-Goßner Rn. 8).

3 Der **mündliche Verkehr** zwischen Verteidiger und Beschuldigten darf weder beim Untersuchungsgefangenen noch beim Strafgefangenen überwacht werden (Abs. 1, § 27 Abs. 3 StVollzG). **Dauer und Anzahl der Besuche** unterliegen grundsätzlich keiner Beschränkung. Der Verteidiger muss sich aber idR an die Anstaltsordnung und die Besuchszeiten halten (KG GA 1977, 116; OLG Hamm NStZ 1985, 432; Meyer-Goßner Rn. 10). Im Interesse einer optimalen Verteidigung müssen im Rahmen der organisatorischen Möglichkeiten Ausnahmen gestattet werden. Der Verteidiger muss aber der JVA das **Verteidigerverhältnis** nachweisen, idR durch Vorlage der Vollmacht des Gefangenen oder der Bestellung des Gerichts. Für das Verteidigergespräch ist ein entsprechender Raum zur Verfügung zu stellen, der weder optisch noch akustisch überwacht werden darf (vgl. § 27 Abs. 3 StVollzG; § 36 Abs. 1 UVollzO). Die Übergabe von **Verteidigungsunterlagen,** dh auch von Schriftstücken, Akten, die unmittelbar der Vorbereitung oder Durchführung dienen, ist dem Verteidiger ohne besondere Erlaubnis und Kontrolle möglich (BGH 26, 304 = NJW 1975, 1700). „An den Beschuldigten gerichtete Briefe **dritter Personen,** die der Verteidiger von dem Schreiber unmittelbar erhalten oder die er aus der Wohnung oder dem Geschäftslokal des Beschuldigten mitgenommen hat, darf der Verteidiger dagegen seinem Mandanten in der Haftanstalt nicht ohne vorherige ausdrückliche Genehmigung der Kontrollstelle aushändigen" (BGH 26, 308). Das Recht auf freien Verkehr des Verteidigers mit dem Beschuldigten umfasst nicht die **Mitnahme** dritter Personen (LG Köln NStZ 1983, 237). Aber das Mitführen eines **Diktiergeräts** ist statthaft (OLG Frankfurt AnwBl. 1980, 307). „Einem Verteidiger, der die für die **Mandantengespräche** erforderlichen Unterlagen auf einem **Notebook** eingespeichert hat, kann regelmäßig die Mitnahme eines solchen Geräts (ohne Netzwerkkarte und Zusatzgeräte) zu Unterredungen mit seinem Mandanten in der JVA nicht verwehrt werden" (BGH NJW 2004, 457). Die **Durchsuchungen des Verteidigers** sind grundsätzlich nach Abs. 1 nicht statthaft. Im Ausnahmefall kann aber eine Durchsuchung angeordnet werden, wenn der Verdacht vorliegt, dass der Verteidiger sich – wissentlich oder unwissentlich – daran beteiligt, Waffen, Ausbruchsgegenstände oder sonstige gefährliche Gegenstände einzuschmuggeln (BVerfGE 38, 30; BGH NJW 1973, 1566; OLG Hamm NJW 1980, 1405). Zum **mündlichen Verkehr** iS von Abs. 1 gehört auch der **fernmündliche Verkehr,** „der sich lediglich als technisch vermittelte Form des mündlichen Verkehrs darstellt" (BGH 33, 350 = NJW 1986, 1183). Siehe auch die Gleichstellung von Ferngesprächen und Besuchen in § 32 S. 2 StVollzG. Der BGH stellt hierzu fest: „Gespräche zwischen dem (überwachten) Verdächtigen und seinem Verteidiger sind allerdings von der Überwachung frei. Das ergibt sich aus § 148 StPO, der den freien mündlichen Verkehr zwischen dem Beschuldigten und seinem Verteidiger garantiert (vgl. BGH 33, 347, 350). Ist ein solches Verteidigergespräch Gegenstand einer auf Grund einer zulässig angeordneten

Verteidigung **§ 148**

Überwachungsmaßnahme gemachten Aufzeichnung, so ist diese im Verfahren gegen den Verdächtigen wie **auch gegen den Verteidiger** nicht verwertbar (BGH NStZ 1988, 562). Denn beide haben ein auf den Schutz dieser Verteidigung gegründetes und ihm dienendes Recht auf freien Verkehr miteinander; sie werden im Rahmen und zur Verwirklichung dieses Schutzzwecks vor einer Mißachtung des bezeichneten Rechts geschützt" (BGH NStZ 1988, 562 f.). Führt aber der Verteidiger ein zulässigerweise überwachtes Telefongespräch **mit einem Dritten,** so steht § 148 StPO einer Verwertung nicht entgegen (BGH NStZ 1988, 562; KK-Laufhütte Rn. 7). Spricht der Gefangene von einem **Geschäftszimmer der JVA aus,** so kann er nicht verlangen, während des Gesprächs allein gelassen zu werden (BGH NStZ 1999, 471).

Beschränkungen des freien Verkehrs zwischen Verteidiger und Beschuldigtem sieht **Abs. 2** vor. Voraussetzung hierfür ist zunächst, dass sich der Beschuldigte **nicht auf freiem Fuß** (s. Rn. 1) befindet. Diese Vorschrift gilt also nicht, wenn für den Gefangenen der offene Vollzug oder der Freigang oder Vollzugslockerungen nach § 11 Abs. 1 Nr. 1, 2 Halbs. 2, § 13, § 15 Abs. 3 StVollzG zugelassen sind (LR-Lüderssen Rn. 33). Weitere Voraussetzung ist, dass gegen den Beschuldigten wegen Verdachts der **Straftat nach § 129 a StGB** (iSd § 264) ein Ermittlungsverfahren eingeleitet ist. Das gilt auch dann, wenn die Straftat nach § 129 a StGB in Idealkonkurrenz mit anderen steht, die das Schwergewicht der Untersuchung bilden (KK-Laufhütte Rn. 10). Die Überwachung ist auch bei U-Haft in **anderer Sache,** bei Unterbrechung der U-Haft zur Strafvollstreckung (§ 122 StVollzG) und bei Strafhaft zulässig (OLG Celle NJW 1980, 1118). In diesen Fällen setzt die Anwendung des Abs. 2 **dringenden Tatverdacht** wegen einer Straftat nach § 129 a StGB voraus (BGH 36, 205 = NJW 1989, 2837). Das Vorliegen eines Haftbefehls ist wegen der Prüfungsbefugnis des Gerichts nicht erforderlich (Meyer-Goßner Rn. 18). Die Überwachung nach Abs. 2 bedarf nämlich einer **richterlichen Anordnung** (BGH 36, 205); es sei denn, der Beschuldigte befindet sich wegen einer Straftat nach § 129 a StGB in U-Haft, weil darin bereits die Anordnung der Überwachung liegt (KK-Laufhütte Rn. 18). Abs. 2 gilt gemäß § 29 Abs. 1 S. 2, 3 StVollzG für den Fall, dass dem Vollzug eine Straftat nach § 129 a StGB zugrundeliegt oder dass im Anschluss an die dem Vollzug zugrunde liegende Verurteilung wegen einer Straftat nach § 129 a StGB die Vollstreckung durchzuführen ist. Das gilt jedoch nicht, wenn die Straftat nach § 129 a StGB rechtskräftig abgeurteilt und vollstreckt oder nach § 154 a ausgeschieden ist (KK-Laufhütte Rn. 10).

Die **Folgen** der Überwachung liegen zunächst darin, dass Sendungen des Verteidigers an den Gefangenen oder des Gefangenen an den Verteidiger zurückgewiesen werden, wenn sich der Absender nicht damit **einverstanden** erklärt hat, dass sie zunächst einem Richter vorgelegt werden, zu einer **Verteidigerpostkontrolle (Abs. 2 S. 1).** Für den übrigen Schriftverkehr gilt nicht § 148, sondern § 119 Abs. 3 (LR-Lüderssen Rn. 40). Liegt das Einverständnis vor, das allgemein oder für die einzelne Sendung erklärt werden kann, wird das Schriftstück unmittelbar an den Überwachungsrichter (vgl. § 148 a) weitergeleitet. Das gilt auch (Abs. 2 S. 2) für den Schriftverkehr **in anderen gesetzlich geordneten** Verfahren (s. hierzu § 138 a Rn. 5), um eine Umgehung der Kontrolle nach Abs. 2 S. 1 zu verhindern (OLG Hamburg JZ 1977, 142). In Fällen, in denen der Schriftverkehr Beschränkungen unterliegt, sind beim mündlichen Kontakt **Vorrichtungen vorzusehen,** die die Übergabe von Gegenständen ausschließen (Abs. 2 S. 3; § 29 Abs. 1 StVollzG). Diese rechtsgültige Regelung (KG JR 1979, 519; OLG Hamm NJW 1980, 1404) zwingt in der Praxis zur Ausstattung des Sprechzellen mit **Trennscheiben.** Eine zusätzliche optische Überwachung ist unzulässig (Meyer-Goßner Rn. 22 mwN). „Die Vorschriften des § 148 Abs. 2 StPO und § 29 Abs. 1 S. 2 und 3 StVollzG stellen als Ausnahme vom Grundsatz des freien Verkehrs zwischen Verteidiger und Strafgefan-

§ 148 a

genen eine abschließende Regelung dar, die nicht entsprechend auf ähnliche Fallgestaltungen angewendet werden kann" (BGH 30, 41 = NJW 1981, 1052). Weitere Einschränkungen des Verkehrsrechts sind aber in §§ 31 ff. EGGVG (Kontaktsperregesetz) enthalten (vgl. BVerfGE 49, 24 = NJW 1978, 2235).

6   Gegen Eingriffe in die Rechte **nach Abs. 1** durch **einzelne** Maßnahmen der JVA können der Verteidiger und der Gefangene die Entscheidung des **Haftrichters** herbeiführen, §§ 119, VI, 126 (Meyer-Goßner Rn. 24). **Allgemeine** Anordnungen der JVA können nur mit einem Antrag auf gerichtliche Entscheidung nach § 23 EGGVG angefochten werden (BGH 29, 135 = NJW 1980, 351); im Strafvollzug kann Antrag auf gerichtliche Entscheidung nach § 109 StVollzG beantragt werden (Meyer-Goßner Rn. 24). Hat der Haftrichter die Maßnahme selbst angeordnet, ist die **Beschwerde** zulässig, die der Verteidiger auch im eigenen Namen einlegen kann (BGH NJW 1973, 1656). Über die Rechtmäßigkeit von Maßnahmen **nach Abs. 2** entscheidet der Ermittlungsrichter des BGH oder OLG (BGH NStZ 1984, 177; OLG Hamm NStZ 1984, 284). Der Ermittlungsrichter ist zur Nachprüfung berechtigt, ob zureichende tatsächliche Anhaltpunkte für einen **Tatverdacht nach § 129 a StGB** gegeben sind (BGH NStZ 1989, 333). Die Entscheidung ist unanfechtbar (§ 304 Abs. 4 S. 1, Abs. 5). Wird die **Art der Ausgestaltung** der Sprechzellen beanstandet, so ist nur der Antrag nach § 23 EGGVG zulässig (KG JR 1979, 519; Meyer-Goßner Rn. 25); denn Vorrichtungen des Abs. 2 sind von der JVA anzubringen und somit handelt es sich um eine allgemeine Anordnung der JVA (BGH 29, 135).

§ 148 a [Durchführung von Überwachungsmaßnahmen]

(1) ¹**Für die Durchführung von Überwachungsmaßnahmen nach § 148 Abs. 2 ist der Richter bei dem Amtsgericht zuständig, in dessen Bezirk die Vollzugsanstalt liegt.** ²**Ist eine Anzeige nach § 138 des Strafgesetzbuches zu erstatten, so sind Schriftstücke oder andere Gegenstände, aus denen sich die Verpflichtung zur Anzeige ergibt, vorläufig in Verwahrung zu nehmen; die Vorschriften über die Beschlagnahme bleiben unberührt.**

(2) ¹**Der Richter, der mit Überwachungsmaßnahmen betraut ist, darf mit dem Gegenstand der Untersuchung weder befaßt sein noch befaßt werden.** ²**Der Richter hat über Kenntnisse, die er bei der Überwachung erlangt, Verschwiegenheit zu bewahren; § 138 des Strafgesetzbuches bleibt unberührt.**

1   Diese Vorschrift regelt die Durchführung der **Verteidigerpostkontrolle** nach § 148 Abs. 2. In **Abs. 1 S. 1** wird der **Überwachungsrichter** bestimmt. Die **Kontrolle** besteht darin, dass der Überwachungsrichter die ihm nach § 148 Abs. 2 vorgelegten Schriftstücke und sonstige Gegenstände **inhaltlich** überprüft. Er ist zur Erstattung einer **Strafanzeige (Abs. 1 S. 2)** verpflichtet, wenn er aus dem Schriftverkehr von dem Vorhaben oder der Ausführung einer in § **138 Abs. 1 und StGB** bezeichneten Straftaten erfährt. Bei der Anzeigeerstattung darf er die bei der Überwachung erlangten Kenntnisse an die StA **(Abs. 2 S. 2 Halbs. 2)** weitergeben (Meyer-Goßner Rn. 3). Die Schriftstücke, die den Verdacht begründen, muss er vorläufig in Verwahrung nehmen, bis über ihre Beschlagnahme nach §§ 94, 98 entschieden wird, wobei aber § 97 hier nicht gilt (BGH NStZ 1990, 93). Nach Beschlagnahme wird er sie an die StA geben. Erfolgt in angemessener Frist keine Beschlagnahme, so werden die Schriftstücke (und Gegenstände) dem Adressaten ausgehändigt, wenn sie nicht aus anderen Gründen von der Beförderung auszuschließen sind. Die Beschlagnahme kann auch in einem wegen einer Straftat nach § 129 a StGB bereits anhängigen Ermittlungsverfahren erfolgen (BGH StV 1990, 146; Meyer-Goßner Rn. 5). An sich hat der Überwachungsrichter die Weiterbeförderung anzuordnen, wenn eine Anzeigeerstattung nicht veranlasst ist. Aber es

kann auch durch begründeten Beschluss eine Ablehnung der Weiterbeförderung in Betracht kommen. Es wird darauf hingewiesen, dass nicht geduldet werden kann, wenn der Verteidiger unter den Augen des Gerichts seine Rechte missbraucht (Meyer-Goßner Rn. 3). Nach dem Wortlaut und Sinn des § 148a geht es nur um die **schwerwiegenden Straftaten** nach § 138 StGB. Daher wird den Überwachungsrichter der bloße Missbrauch des Verkehrsrechts grundsätzlich nichts angehen (LR-Lüderssen Rn. 5). Aber es ist anerkannt, dass der Verteidiger die Verteidigung nur mit **prozessual zulässigen Mitteln** führen kann. Zum Missbrauch des Verteidigers s. vor § 137 Rn. 1. So macht er sich zB **strafbar**, wenn er den Freispruch dadurch erreicht, dass er einen Zeugen absichtlich in einer vorsätzlichen Falschaussage bestärkt, um sich einer bewusste Täuschung dazu bestimmt, von einem ihm zustehenden Zeugnisverweigerungsrecht Gebrauch zu machen (BGH 29, 107 = NJW 1980, 64). Bei vergleichbaren Straftaten wird also eine Weiterbeförderung versagt werden können und die Schriftstücke werden an den Absender zurückgegeben werden. Die Beförderung wird auch versagt werden können, wenn sich der Schriftverkehr auf die Förderung einer terroristischen Vereinigung bezieht (Meyer-Goßner Rn. 3).

Ein Richter, der einmal als **Überwachungsrichter tätig** gewesen ist, darf mit 2 dem Gegenstand der Untersuchung, außer erneut als Überwachungsrichter, nicht mehr befasst werden **(Abs. 2 S. 1)**. „Befasst" bedeutet **jede** richterliche Mitwirkung, sowohl in der Hauptverhandlung als auch im vorbereitenden Verfahren. Erfasst wird auch die Tätigkeit als Ergänzungsrichter, StA und Verteidiger. Der Ausschluss erstreckt sich auf alle wegen derselben Tat iSd § 264, auch gegen andere Tatbeteiligte zu treffenden Entscheidungen (KK-Laufhütte Rn. 5, 6).

Die **Verschwiegenheitspflicht (Abs. 2 S. 2)** besteht gegenüber **jedermann**, 3 auch gegenüber dem mit der Sache befassten Gericht und der StA, sofern nicht die Voraussetzungen des § 138 StGB vorliegen. Der Überwachungsrichter ist auch zur **Zeugnisverweigerung** verpflichtet. Das gilt auch für den Fall, dass die Weiterbeförderung wegen strafbarer Handlung (s. Rn. 1) versagt wurde (KK-Laufhütte Rn. 10). Die Pflicht zur Verschwiegenheit bezieht sich aber nur auf den **Inhalt** der Schriftstücke und Gegenstände, nicht auf Zeit, Art und sonstige Umstände des technischen Vorgangs der Vorlegung. Der Verschwiegenheitspflicht unterliegen auch die **Gehilfen** des Richters, zB. Schreibkräfte, Sachverständiger und Dolmetscher (OLG Stuttgart NStZ 1983, 384).

Die **Beschwerde** (§ 304 Abs. 1) ist gegen Maßnahmen des Überwachungsrich- 4 ters gegeben, jedoch nur gegen die **Art und Weise** der Durchführung und nicht gegen die Überwachung als solche (s. hierzu § 148 Rn. 6). **Zuständig** ist das LG und nicht das OLG (BGH 29, 196 = NJW 1980, 1175). Für den Beschwerderichter gilt Abs. 2 S. 1 **nicht** (BGH MDR 1982, 282; KK-Laufhütte Rn. 12). Die **Revision** ist bei der Mitwirkung eines nach Abs. 2 S. 1 ausgeschlossenen Richters begründet (§ 338 Nr. 2). Nach § 337 kann mit der Revision gerügt werden, dass Kenntnisse unter Bruch der Verschwiegenheitspflicht im Urteil verwertet worden sind. Entscheidungen des Überwachungsrichters können unter den Voraussetzungen des § 336 gerügt werden (LR-Lüderssen Rn. 22a).

§ 149 [Zulassung von Beiständen]

(1) ¹**Der Ehegatte oder Lebenspartner eines Angeklagten ist in der Hauptverhandlung als Beistand zuzulassen und auf sein Verlangen zu hören.** ²**Zeit und Ort der Hauptverhandlung sollen ihm rechtzeitig mitgeteilt werden.**

(2) **Dasselbe gilt von dem gesetzlichen Vertreter eines Angeklagten.**

(3) **Im Vorverfahren unterliegt die Zulassung solcher Beistände dem richterlichen Ermessen.**

§ 149

1 Die Bestellung erfolgt nicht von Amts wegen, sondern auf **Antrag** (RG 41, 348). Antragsbefugt ist der Ehegatte bzw. der gesetzliche Vertreter und der Betreuer, aber nicht der Beschuldigte (OLG Düsseldorf NJW 1979, 938). Dessen Zustimmung ist auch nicht erforderlich (RG 38, 106). In der Hauptverhandlung ist dem Antrag zu entsprechen; im **Vorverfahren** entscheidet der **Vorsitzende** (vgl. § 141 Abs. 4) des für das Hauptverfahren zuständigen Gerichts nach pflichtgemäßem Ermessen (Abs. 3). Der Ehegatte (Abs. 1) und der gesetzliche Vertreter (Abs. 2) sind als **Fürsprecher** in der Hauptverhandlung ohne die Rechtsstellung und Funktion des Verteidigers gedacht, also ohne prozessuale Rechte des Angeklagten (BayObLG NJW 1998, 1655); sie dürfen aber in der Hauptverhandlung in tatsächlicher und rechtlicher Hinsicht zur Sache Stellung nehmen (BGH 44, 82 = NJW 1998, 2296). Nach Abs. 1 S. 2 sollen dem Beistand Zeit und Ort der Hauptverhandlung rechtzeitig mitgeteilt werden. Eine förmliche Ladung ist aber nicht erforderlich. Nach hM ist der Vorschrift jedoch eine revisible Mitteilungspflicht zu entnehmen (Meyer-Goßner Rn. 5; LR-Lüderseen Rn. 19; dahingestellt BGH 44, 82 = NJW 1998, 2296). Zur Überwachung des Verkehrs zwischen **Angeklagten und Beistand** s. § 148 Rn. 1. Die Beiordnung des Ehegatten setzt eine **bestehende** Ehe voraus. § 137 Abs. 2 ist zu beachten; der gesetzliche Vertreter kann also für den Beschuldigten einen Verteidiger bestellen und selbst als Beistand auftreten. Im Verfahren nach dem JGG bleiben die §§ 67, 69 JGG unberührt (KK-Laufhütte Rn. 1).

2 Der Beistand kann sich durch einen **RA vertreten** lassen; einen Anspruch auf Beiordnung eines RAs hat er aber nicht (BGH MDR 1978, 626). Nach der **Zulassung** steht dem Beistand das Recht zu, an der Hauptverhandlung teilzunehmen; ihm sind die Termine mitzuteilen. Die Anwesenheit des **Beistands** in der Hauptverhandlung darf auch dann zeitweise **eingeschränkt** werden, wenn nach dem Rechtsgedanken des § 247 Satz 1 aus in der Person des Beistands liegenden Gründen zur **Wahrheitsermittlung** geboten ist (BGH 47, 62 = NJW 2001, 3349). Nimmt er an der Hauptverhandlung – oder im Ermessen des Vorsitzenden an Untersuchungshandlungen (s. Rn. 1) – teil, so ist er anzuhören und kann zur Sache Stellung nehmen. Prozessuale Rechte des Angeklagten kann er – anders als der Beistand im Jugendstrafverfahren nach § 69 JGG – nicht wahrnehmen. Ein nach **Abs. 1** als Beistand zugelassener Ehegatte kann also weder aus eigenem Recht noch aus dem Recht des Angeklagten selbstständig **Rechtsmittel** einlegen (OLG Düsseldorf NJW 1997, 2533). Dem Ehegatten als Beistand steht **kein Fragerecht** gegenüber Zeugen zu. Der Angeklagte kann nach Beratung mit dem Ehegatten selbst Fragen an den Zeugen stellen (BayObLG NJW 1998, 1655). Dem **gesetzlichen Vertreter** steht aber die Befugnis zur Einlegung von Rechtsmitteln nach § 298 zu. Der Beistand kann zugleich **Zeuge** sein. Er muss jedoch der Hauptverhandlung zeitweise nach §§ 58 Abs. 1, 243 Abs. 2 bis 4 fernbleiben. Er sollte aber so bald wie möglich vernommen werden, damit er seine Rechte wahrnehmen kann (BGH 4, 205 = NJW 1953, 1233). Die Zulassung ist **zurückzunehmen,** wenn sie irrtümlich erfolgte oder wenn die Voraussetzungen nachträglich entfallen sind.

3 **Beschwerde** können Antragsteller und Beschuldigter gegen die Ablehnung und den Widerruf der Zulassung einlegen (§ 304 Abs. 1), StA und Beschuldigter auch gegen die Zulassung; § 305 Abs. 1 steht dem nicht entgegen (Meyer-Goßner Rn. 5). Mit der **Revision** können die Ablehnung des Zulassungsantrags, die verspätete Zulassung und das Unterlassen der Benachrichtigung nach Abs. 1 S. 2 gerügt werden, wenn das Urteil hierauf beruht (BGH 4, 205 = NJW 1953, 1233; RG 38, 106).

§ 150 (weggefallen)

Zweites Buch. Verfahren im ersten Rechtszug

Erster Abschnitt. Öffentliche Klage

§ 151 [Anklagegrundsatz]
Die Eröffnung einer gerichtlichen Untersuchung ist durch die Erhebung einer Klage bedingt.

Nach dem **Anklagegrundsatz** (Akkusationsprinzip) kann es nur auf Anklage zur gerichtlichen Untersuchung kommen. Die öffentliche Klage wird durch Einreichen einer **Anklageschrift** bei dem zuständigen Gericht erhoben (§§ 170 Abs. 1, 199 Abs. 2, 200). Sie kann auch als **Nachtragsanklage** in der Hauptverhandlung mündlich erhoben werden. Weitere Formen der Klageerhebung sind: der Antrag auf Erlass eines **Strafbefehls** nach § 407, der Antrag auf Anordnung von **Maßregeln der Besserung und Sicherung** im Sicherungsverfahren nach §§ 413, 414 Abs. 2 sowie der Antrag, nach § 440 im **objektiven Verfahren** die Einziehung selbstständig anzuordnen; die **Privatklage** kann vom Verletzten oder von den sonst vom Gesetzgeber zugelassenen Berechtigten erhoben werden (§ 374); im **beschleunigten Verfahren nach §§ 417 ff. kann die öffentliche Klage** durch die Einreichung einer Anklageschrift aber auch mündlich in der Hauptverhandlung erhoben werden (§ 212 a); im **vereinfachten Jugendverfahren** nach §§ 76 ff. JGG erfolgt dies durch mündlichen oder schriftlichen Antrag der StA (§ 76 S. 2 JGG). Wird die Klage **schriftlich** erhoben, so wird sie **wirksam,** sobald das sie enthaltende Schriftstück (Anklageschrift, Antragsschrift, Strafbefehlsantrag) bei Gericht eingegangen ist (BayObLG NJW 1971, 854). Bei **mündlicher** Klageerhebung ist der Zeitpunkt ihres Vortrags maßgebend, der durch Aufnahme in das Sitzungsprotokoll **beurkundet** wird (Rieß-LR Rn. 9). 1

Die Anklage macht die Sache bei dem Gericht **anhängig,** führt aber das gerichtliche Verfahren nicht ohne weiteres herbei; denn die StA kann die Klage noch zurücknehmen (§ 156). Die Klageerhebung ist **Prozessvoraussetzung.** In jedem Stadium des Verfahrens – auch in der Revisionsinstanz – ist zu prüfen, ob eine Klage erhoben ist und ob der der Verurteilung zugrunde gelegte Sachverhalt von ihr erfasst wird (§ 155). Eine zugelassene Anklage kann nicht in der Hauptverhandlung dahingehend „berichtigt" werden, dass der Tatzeitraum erweitert wird und dadurch weitere Straftaten mit einbezogen werden (BGH 46, 130 = NJW 2000, 3293). Fehlt eine Klage oder wird die Tat nicht genügend bestimmbar bezeichnet, so muss das Verfahren gemäß § 206 a oder § 260 Abs. 3 eingestellt werden (Rieß-LR Rn. 5). „Die **Rechtshängigkeit** wird erst durch den **Eröffnungsbeschluss** oder einen ihm gleichstehenden Akt des Gerichts begründet" (BGH 14, 17 = NJW 1960, 542). Die bis dahin reichende **Dispositionsfreiheit** der StA ist damit nicht mehr gegeben und „der Eröffnungsbeschluss bestimmt weiter in Verbindung mit der Anklage, welche Tat im Sinne des § 264 StPO Gegenstand der Aburteilung sein wird" (BGH 29, 229 = NJW 1980, 1858). Mit der Rechtshängigkeit entsteht ein **Verfahrenshindernis** (s. § 156 Rn. 1). 2

§ 152 [Anklagebehörde, Legalitätsgrundsatz]
(1) **Zur Erhebung der öffentlichen Klage ist die Staatsanwaltschaft berufen.**

§ 152

(2) **Sie ist, soweit nicht gesetzlich ein anderes bestimmt ist, verpflichtet, wegen aller verfolgbaren Straftaten einzuschreiten, sofern zureichende tatsächliche Anhaltspunkte vorliegen.**

1   Das im deutschen Strafrecht geltende **Offizialprinzip** bedeutet, dass die Strafverfolgung dem Staat obliegt und nicht dem einzelnen Bürger. Nach Abs. 1 ist die **StA mit ihrem Anklagemonopol** zur Anklageerhebung berufen. „Die Verantwortung für das Ermittlungsverfahren trägt die StA, sie hat darauf zu achten und sicherzustellen, dass die Ermittlungen rechtlich einwandfrei geführt werden" (BGH 34, 217 = NJW 1987, 1033; BGH NJW 2003, 3142). Als Ausnahme im Offizialverfahren gibt es den Strafbefehlsantrag der Finanzbehörden – ohne Mitwirkung der StA – in Steuerverfahren (§ 400 AO). Die StA ist ein gegenüber dem Gericht **selbstständiges,** der rechtsprechenden Gewalt zugeordnetes Organ der Strafrechtspflege (BGH 24, 171 = NJW 1971, 2082). Die StA bereitet die Anklageerhebung idR sehr sorgfältig vor. Nach **Schünemann** (StV 1998, 391) wurden 1998 nur etwa 2,7% aller Angeklagten freigesprochen, 1958 waren es noch etwa 8% und in den USA enden etwa 30% aller Schwurgerichtsverfahren mit Freispruch (vgl. Meyer-Mews NJW 2002, 103).

1 a   Ein **Ermittlungsverfahren** muss bei Bestehen eines sog. **Anfangsverdachts** iSv §§ 152 Abs. 2, 160 Abs. 1 **begonnen** werden. Ein solcher liegt bei „zureichenden tatsächlichen Anhaltspunkten" für eine „verfolgbare Straftat" vor (§ 152 Abs. 2). Gemeint sind hiermit konkrete Tatsachen, die zwar nicht selbst den schlüssigen Sachverhalt für tatbestandsmäßiges und zumindest auch rechtswidriges Verhalten zu bilden brauchen. Wenigstens müssen aber Indizien hierfür vorhanden sein, dh Anzeichen, die – zumindest **durch Vermittlung von Erfahrenssätzen** – auf einen Sachverhalt hindeuten, der sich als Verstoß gegen eine oder mehrere Strafnormen darstellt. Der Anfangsverdacht braucht aber weder dringend noch hinreichend zu sein. Jedoch bloße Vermutungen rechtfertigen es nicht, jemandem eine Tat zur Last zu legen (vgl. statt aller Meyer-Goßner § 152 Rn 4 mwN). Für die Überprüfung einer gemeinsamen **Presseerklärung** der StA und der Polizei über ein **anhängiges Ermittlungsverfahren** ist der Rechtsweg nach §§ 23 ff. EGGVG eröffnet. Zur Abwägung bei der Entscheidung der Strafverfolgungsbehörden, ob der Presse über ein laufendes Ermittlungsverfahren Auskunft gewährt wird (OLG Stuttgart NJW 2001, 3797).

1 b   Vor der Einleitung des Ermittlungsverfahrens durch die StA nach den Vorschriften der StPO kennt die Praxis das **polizeiliche Vorfeld- oder Initiativermittlung,** das sich erst in den letzten Jahrzehnten herausgebildet hat (Hellebrand Die Staatsanwaltschaft Rn 21). Es handelt sich um eine vorbeugende Bekämpfung von Straftaten mit dem Ziel, die Kriminalität als solche operativ aufzuspüren und zurückzudrängen. Diese vorbeugende Verbrechensbekämpfung setzt dort an, wo weder eine konkrete Straftat noch eine konkrete Gefahr gegeben sind (Lange Vorermittlungen S. 23). In diesem Stadium sucht die Polizei – geleitet von Vermutungen oder Hinweisen – einen **Anfangsverdacht,** um dann nach der StPO weiterzuverfahren (Hellebrand Die Staatsanwaltschaft Rn. 21). Diese Aktivitäten sind im BtM-Bereich und im Sektor der Organisierten Kriminalität besonders wichtig, da es hier wenig Anzeigen und kaum Zufallserkenntnisse von Amts wegen gibt. Diese gezielte Suche nach dem Anfangsverdacht unterfällt unstreitig nicht der StPO; es gilt weder das Legalitätsprinzip noch der Untersuchungsgrundsatz. Mangels Tatverdachts kommen die strafprozessualen Ermächtigungsgrundlagen nicht zum Tragen. Es lassen sich zwei Gruppen unterscheiden: **Verfahrensunabhängige** Vorfeld/Initiativermittlungen werden außerhalb eines konkreten Strafverfahren – im Vorfeld – getätigt. Die Polizei sucht einen Anfangsverdacht, um dann nach der StPO ermitteln zu können. Dagegen erfolgen **verfahrensabhängige** Vorfeld/Initiativermittlungen im Rahmen eines konkreten Strafverfahrens; sie gehen jedoch über die

Öffentliche Klage § 152

Aufklärung der jeweiligen Tat nach dem Untersuchungsgrundsatz hinaus und benutzen das konkrete Verfahren dazu, einen Anhaltspunkt für einen Anfangsverdacht wegen einer **anderen** Tat entweder gegen den bereits Beschuldigten oder gegen einen Dritten zu erhalten. Die Notwendigkeit solcher Vorfeld/Initiativermittlungen ist heute unbestritten. Allerdings ist ihre **rechtliche Problematik** noch weitgehend ungeklärt (Hellebrand Die Staatsanwaltschaft Rn. 203; krit. KK-Schoreit § 152 Rn. 18 c–d mwN). Manche moderne Polizeigesetze der Länder haben diesen Bereich an sich gezogen und gesetzlich geregelt.

Ein **staatsanwaltschaftliches Vorermittlungsverfahren (Beobachtungsverfahren)** als gesonderter Verfahrensabschnitt **vor** dem regulären Ermittlungsverfahren ist in Deutschland gesetzlich nicht geregelt. In der Rechtswirklichkeit werden **Vorermittlungen** von der StA gleichwohl durchgeführt. Das entspricht auch der herrschenden Meinung (BGH 38, 227 = NJW 1991, 1463: BayObLGSt 85, 75; LG Offenburg NStZ 1993, 506; KK-Wache § 158 Rn. 1 und § 163 Rn. 8; Meyer-Goßner § 163 Rn. 9; Beulke Strafprozessrecht Rn. 111, 113; Hellebrand Die Staatsanwaltschaft Rn. 187; Keller/Griesbaum NStZ 1990, 416; Lange Vorermittlungen S. 38; aA Arndt NJW 1962, 2000; Fincke ZStW 95 (1983), 924; Hund ZRP 1991, 436; Kniesel ZRP 1987, 380; Walder ZStW 95 (1983), 867). Da noch kein gesetzliches Ermittlungsverfahren vorliegt, ist der Vorgang in das AR-Register einzutragen (BayOLGSt 1985, 75); nach Bejahung des sog. Anfangsverdachts ist die AR-Sache in eine Ermittlungssache gegen einen Tatverdächtigen (Js-Sache) oder gegen Unbekannt (UJs-Sache) umzutragen (Hellebrand Die Staatsanwaltschaft Rn. 187; KK-Wache § 158 Rn. 1). Die durch das **Legalitätsprinzip** niedergelegte Pflicht zur Erforschung der materiellen Wahrheit setzt für die StA mit Vorliegen von „zureichenden tatsächlichen Anhaltspunkten" ein (§ 152 Abs. 2). Hierdurch wird der Strafanspruch des Staates gesichert. Das Legalitätsprinzip soll Gewähr für eine gleichmäßige Strafrechtspflege bieten. Die Staatsanwaltschaft kann diesen Anspruch nur erfüllen, wenn eine **Vorermittlungspflicht** anerkannt wird. Nur so wird ermöglicht, dass bei bekanntgewordenen Umständen, die zwar noch nicht alle Elemente einer verfolgbaren Straftat erkennen lassen, aber Anhaltspunkte für sachdienliche Erhebungen zeigen, weitere Erkenntnisse für die Klärung des Vorliegens des Anfangsverdachts gewonnen werden können. Denn häufig werden Sachverhalte bekannt, die unterhalb der in § 152 Abs. 2 normierten Verdachtsschwelle liegen und deshalb unaufgeklärt bleiben. Aus dieser Situation ergibt sich die Zulässigkeit von den Ermittlungen des Ermittlungsverfahrens vorausgehenden Vorermittlungen zwangsläufig. Denn wie soll es der StA auf anderem Wege möglich sein, sich die Gewissheit über das Vorliegen der die Einleitung eines Ermittlungsverfahrens rechtfertigenden „zureichenden tatsächlichen Anhaltspunkte" zu verschaffen. Auch darf und kann es nicht vom Zufall abhängen, ob ein der StA zur Kenntnis gelangter Vorgang bereits den Anfangsverdacht begründet und die Einleitung eines Ermittlungsverfahrens nach sich zieht. Mit dem Ziel der Klärung, ob ein bekanntgewordener Sachverhalt den Anfangsverdacht einer verfolgbaren Straftat begründet, sind Vorermittlungen in der unmittelbaren Vorstufe zum Beurteilungsspielraum der „zureichenden tatsächlichen Anhaltspunkte" gemäß § 152 Abs. 2 zulässig. Die Betroffenen haben im Vorermittlungsverfahren die Rechtsstellung eines **Zeugen** im formell-rechtlichen Sinn. Das Vorermittlungsverfahren soll und kann gewährleisten, dass Personen, die ungegründet einer Straftat verdächtigt werden, zum frühestmöglichen Zeitpunkt **rehabilitiert** werden. Die Notwendigkeit der Durchführung von Vorermittlungen zeigt sich insbesondere, wenn **Abgeordnete, Politiker, Prominente** mit ungerechtfertigten Beschuldigungen überzogen werden. Die **Medien** machen sich die Publizität dieser Personengruppen für eine ausführliche Berichterstattung zu eigen. Ist ein Ermittlungsverfahren eingeleitet und erlangen die Medien hiervon Kenntnis, entsteht oft als Folge der Berichterstattung eine Rufschädigung beim Betroffenen. Aber nicht nur die Stigmatisierung, sondern auch weitergehende

1 c

§ 152

Zweites Buch. 1. Abschnitt

Beeinträchtigungen wie zB wirtschaftlicher Art, können entstehen. Das Vorermittlungsverfahren bezweckt auch, dass solche Umstände, die die strafrechtliche Verfolgung einen Betroffenen ausschließen würden, frühzeitig erkannt und berücksichtigt werden. Unnötige Ermittlungsverfahren können vermieden werden (Lange Vorermittlungen S. 234). Die Vorermittlungen können **drei Entscheidungsmöglichkeiten der StA** bewirken: Führen die Vorermittlungen zu dem Ergebnis, dass zureichende tatsächliche Anhaltspunkte iSd § 152 Abs. 2 vorliegen, darf ein Ermittlungsverfahren eingeleitet werden. Sind die Kenntnisse der StA bezüglich der möglichen Straftat noch vage oder haben sie noch keine klare Konturen angenommen, sind die Vorermittlungen weiter zu betreiben. Ergeben die weiteren Vorermittlungen ein Fehlen von zureichenden tatsächlichen Anhaltspunkten für verfolgbare Straftaten, ist die Einleitung eines gegen den Betroffenen gerichteten Ermittlungsverfahren unzulässig (Lange Vorermittlungen S. 23).

2   Nach **Abs. 2** (und § 160 Abs. 1) unterliegt die StA dem **Legalitätsprinzip.** Sie ist grundsätzlich – soweit nichts anderes bestimmt ist – zum **Einschreiten** verpflichtet, wenn für eine „verfolgbare Straftat" auch „zureichende tatsächliche" Anhaltspunkte vorhanden sind. Die StA hat, „wenn sie von dem Verdacht einer Straftat Kenntnis erhält, zu ihrer Entscheidung darüber, ob die öffentliche Klage zu erheben ist, den Sachverhalt zu erforschen (§ 160 Abs. 1). In diesem Rahmen hat die StA ua. für die Erhebung der Beweise Sorge zu tragen, deren Verlust zu besorgen ist" (BVerfG NJW 1994, 784). Das **Einschreiten** steht vor der Anklageerhebung und ist in den §§ 158 bis 169 näher geregelt. Das Legalitätsprinzip bedeutet **Verfolgungszwang** gegen **jeden** Verdächtigen. Es gebietet auch die Einleitung eines Ermittlungsverfahrens gegen jeden, bei dem **dieselbe Verdachtslage** besteht (BVerfG NStZ 1982, 430). Der Legalitätsgrundsatz sichert die „Einheit der Rechtsanwendung" und die „Gleichheit vor dem Gesetz" und wie ihre „das Anklagemonopol" der StA unberechtigt (BGH 15, 159 = NJW 1960, 2346). Die StA ist auf Grund von Abs. 2 verpflichtet, die **Polizei** zur gleichmäßigen und strikten **Einhaltung des Legalitätsprinzips** anzuhalten (KK-Schoreit Rn. 18). Der Legalitätsgrundsatz erstreckt sich nach hM auf alle Personen, denen durch strafverfahrensrechtliche Bestimmungen die Aufgabe der Verfolgung von Straftaten (zB Finanzbeamten) zugewiesen ist. Durch das **Klageerzwingungsverfahren** und durch **Strafvorschriften** wird das Legalitätsprinzip gesichert. Auch das **Weisungsrecht** wird vor allem durch das StGB begrenzt. Rechtswidrige Weisungen darf der StA nicht befolgen (KK-Schoreit Rn. 36). Die früher heftig geführte Diskussion um die **Bindung an die höchstrichterliche Rechtsprechung** spielt in der Praxis so gut wie keine Rolle. Das liegt vor allem daran, dass der BGH (15, 155) nur eine Bindung an eine **feste** höchstrichterliche Rechtsprechung verlangt hat. Damit ist ein beträchtlicher Beurteilungsspielraum eröffnet. Es ist zu verhindern, dass bei staatsanwaltschaftlichen Entscheidungen gesellschaftliche Gruppenwertungen Einfluss nehmen dürfen, und die letzte Entscheidung über die Auslegung einer Rechtsnorm im demokratischen Verfassungsstaat (Art. 20 Abs. 3 GG) muss bei den unabhängigen Gerichten liegen (vgl. Ranft Rn. 242). Aber andererseits ist in § 150 GVG eindeutig festgelegt, dass die StA in ihren amtlichen Verrichtungen von den Gerichten unabhängig ist. Der StA ist nur zu **richtiger Rechtsanwendung** verpflichtet. Eine **feste** höchstrichterliche Rechtsprechung kann einen gegenteiligen Standpunkt als aussichtslos erscheinen lassen. Aber eine echte **Bindungswirkung** dürfte sie nicht erzeugen (vgl. KK-Schoreit Rn. 35; Bottke GA 1980, 298 ff.; Ranft Rn. 242, Roxin Strafverfahrensrecht § 10 A III).

3   Das Einschreiten der StA bezieht sich auf **Straftaten,** nicht auf Ordnungswidrigkeiten und Disziplinarsachen. Die Straftat muss **verfolgbar** sein, dh. zB, dass die Strafklage nicht verbraucht ist und kein Verfahrenshindernis entgegensteht. Es muss ein gewisser **Anfangsverdacht** gegeben sein. Die Frage, ob **zureichende tatsächliche Anhaltspunkte** vorliegen, ist keine Ermessensentscheidung. Vielmehr ist der

Öffentliche Klage § 152

Anfangsverdacht an einen unbestimmten Rechtsbegriff geknüpft, bei dessen Ausfüllung dem StA und der Polizei ein **Beurteilungsspielraum** eingeräumt ist (BGH NJW 1970, 1543). Dem StA ist „bei der Entscheidung über die Einleitung eines Ermittlungsverfahrens ein Spielraum der Würdigung und eine gewisse Freiheit bei der Bildung seiner Auffassung zu gewähren" (BGH NStZ 1988, 511). Bloße **Vermutungen** rechtfertigen es nicht, jemandem eine Tat zur Last zu legen (OLG Hamburg NJW 1984, 1635). Zu beachten ist, dass die StA unter anderem für die Erhebung der Beweise Sorge zu tragen hat, deren Verlust zu besorgen ist (§ 160 Abs. 2 StPO). „Für die Aufnahme ihrer Ermittlungen **genügen schon entfernte Verdachtsgründe,** die es **nach kriminalistischer Erfahrung** als möglich erscheinen lassen, dass eine verfolgbare Straftat vorliegt" (BVerfG NJW 1994, 784). Daher wird es zB notwendig sein, eine Obduktion in einem sehr frühen Zeitpunkt anzuordnen, wenn nach den Umständen eine strafbare Handlung als Todesursache nicht von vornherein ausgeschlossen werden kann; denn die ärztlichen Feststellungen über die Todesursache oder Todeszeit können schon durch geringe Verzögerungen an Zuverlässigkeit verlieren (BVerfG NJW 1994, 784). Der **Anfangsverdacht** braucht also weder dringend (§§ 111 a, 112) noch hinreichend (§ 203) zu sein. Die StA muss zur Vermeidung einer **Staatshaftung** (BGH NStZ 1988, 510) prüfen, ob der bekanntgewordene Sachverhalt unter ein **Strafgesetz** fällt. So kann der Anfangsverdacht zu **verneinen** sein, wenn zB ein Rechtfertigungsgrund oder ein Fall der Notwehr vorliegt (Meyer-Goßner Rn. 4). Abs. 2 verpflichtet auch bei entsprechenden Umständen zur Einleitung eines Verfahrens gegen **Unbekannt** (Rieß-LR Rn. 23).

Das Legalitätsprinzip ist allerdings von so vielen **Ausnahmen** durchbrochen, dass 4 im Bereich der kleineren und weitgehend auch der mittleren Kriminalität das **Opportunitätsprinzip** gilt. Allerdings trifft es nur für die StA zu; die Polizei hat kein Einstellungsermessen, so dass für sie das Legalitätsprinzip uneingeschränkt wirksam ist (Roxin Strafverfahrensrecht § 14 B II). Mit dem Begriff Opportunitätsprinzip werden im Strafprozessrecht diejenigen gesetzlich normierten Möglichkeiten bezeichnet, die es Strafverfolgungsorganen und Gerichten erlauben, trotz hinreichenden Tatverdachts von der (weiteren) Strafverfolgung abzusehen. Diese Möglichkeiten sind vor allem in den §§ 153 bis 154 e, 376; §§ 45, 47, 109 Abs. 2 JGG; § 398 AO und in den §§ 31, 38 BtMG gesetzlich geregelt. Auch das Privatklageverfahren (§§ 374 ff.) gehört hierzu. Da diese Vorschriften zum Teil Beurteilungsspielräume normieren, in denen Zweckmäßigkeitserwägungen eine Rolle spielen, ist es gerechtfertigt, von einem Opportunitätsprinzip zu sprechen. Es handelt sich also um eine Durchbrechung des Legalitätsprinzips (Ranft Strafprozessrecht Rn. 1139).

Die Verpflichtung der StA, nach Abschluss der Ermittlungen eine Entscheidung 5 gemäß § 170 – **Anklageerhebung oder Einstellung** – zu treffen, gehört zu ihren Amtspflichten, auch gegenüber dem Beschuldigten. Ihre Verletzung kann **Amtshaftungsansprüche**, und zwar nicht nur hinsichtlich der Einleitung der Ermittlungen (s. Rn. 3), sondern auch hinsichtlich der Pflicht zur Einstellung des Verfahrens auslösen (BGH 20, 178 = NJW 1956, 1028; BGH NStZ 1988, 510; KK-Schoreit Rn. 40). Bestimmte Maßnahmen der StA, zu denen ua. auch der Antrag auf Erlass eines Haftbefehls gehört, sind im **Amtshaftungsprozess** nicht auf ihre „Richtigkeit", sondern nur daraufhin zu überprüfen, ob sie vertretbar sind. Die „Vertretbarkeit" darf nur dann verneint werden, wenn bei voller Würdigung auch der Belange einer funktionstüchtigen Strafrechtspflege die Einleitung der Ermittlungen gegen den Beschuldigten nicht mehr verständlich ist" (BGH NJW 1989, 96; BGHR BGB § 839 Abs. 1 S. 1 Staatsanwaltschaft). S. auch § 160 Rn. 6 vor allem § 141 GVG Rn. 4. Der Rechtsweg nach §§ 23 ff. EGGVG ist hinsichtlich staatsanwaltschaftlicher Ermittlungshandlungen grundsätzlich nicht gegeben; er steht auch dem Verletzten nicht offen (Rieß-LR Rn. 53).

§ 152 a [Strafverfolgung von Abgeordneten]   RiStBV 191 bis 192 b

Landesgesetzliche Vorschriften über die Voraussetzungen, unter denen gegen Mitglieder eines Organs der Gesetzgebung eine Strafverfolgung eingeleitet oder fortgesetzt werden kann, sind auch für die anderen Länder der Bundesrepublik Deutschland und den Bund wirksam.

Diese Vorschrift (vgl. auch RiStBV Nr. 181 bis 192 b) kann nur im Zusammenhang mit Art. 46 GG erläutert werden, der wie folgt lautet:

Art. 46 [Indemnität und Immunität]

(1) Ein Abgeordneter darf zu keiner Zeit wegen seiner Abstimmung oder wegen einer Äußerung, die er im Bundestage oder in einem seiner Ausschüsse getan hat, gerichtlich oder dienstlich verfolgt oder sonst außerhalb des Bundestages zur Verantwortung gezogen werden. Dies gilt nicht für verleumderische Beleidigungen.

(2) Wegen einer mit Strafe bedrohten Handlung darf ein Abgeordneter nur mit Genehmigung des Bundestages zur Verantwortung gezogen oder verhaftet werden, es sei denn, daß er bei Begehung der Tat oder im Laufe des folgenden Tages festgenommen wird.

(3) Die Genehmigung des Bundestages ist ferner bei jeder anderen Beschränkung der persönlichen Freiheit eines Abgeordneten oder zur Einleitung eines Verfahrens gegen einen Abgeordneten gemäß Artikel 18 erforderlich.

(4) Jedes Strafverfahren und jedes Verfahren gemäß Artikel 18 gegen einen Abgeordneten, jede Haft und jede sonstige Beschränkung seiner persönlichen Freiheit sind auf Verlangen des Bundestages auszusetzen.

1   Die **Indemnität** des Art. 46 Abs. 1 GG erfasst persönlich nur Abgeordnete des Bundestags; sie ist eine Ausprägung ihres verfassungsrechtlichen Status und dient der Funktionsfähigkeit des Parlaments. Abgeordnete dürfen wegen ihrer Äußerungen im Parlament oder in den Ausschüssen nicht zur Rechenschaft gezogen werden, es sei denn, es handelt sich um verleumderische Beleidigungen. Über die Indemnität enthalten die Länderverfassungen Bestimmungen wie Art. 46 GG.

2   Wichtiger sind die Fälle der **Immunität**. Sie schützt einen Abgeordneten davor, wegen des Verdachts einer Straftat **verfolgt** zu werden (Art. 46 Abs. 2 GG). Grundsätzlich darf er nur mit Genehmigung des Parlaments, dem er angehört, zur Rechenschaft gezogen werden. Landesrechtliche Bestimmungen über die Immunität ermöglicht § 6 Abs. 2 EGStPO, der Art. 46 GG entsprechen. Zu den Fundstellen der Länderverfassungen s. KK-Schoreit Rn. 5.

3   § 152 a **ergänzt** Art. 46 Abs. 2 GG, der nur die Immunität der Bundestagsabgeordneten betrifft. Er sichert hinsichtlich der **strafprozessualen Wirkungen** der Immunität die Gleichstellung von Mitgliedern der Landesparlamente und der Abgeordneten des Bundestages und verleiht den Landesverfassungsvorschriften über die Immunität **bundesweite** Wirkung, indem ihre Geltung für die jeweiligen Mitglieder der Landesparlamente auf andere Länder und den Bund erstreckt wird (AK/StPO-Schöch Rn. 1). Aber für die Frage, ob einem Abgeordneten eines Landesparlaments Immunität zusteht, ist nicht auf Art. 46 GG, sondern auf das **jeweilige Landesrecht** zurückzugreifen, und über die Genehmigung zur Strafverfolgung hat das jeweilige Landesparlament zu entscheiden (Rieß-LR Rn. 4).

4   Der Immunität unterliegen die **Abgeordneten der Parlamente;** in Bayern auch die Mitglieder des Senats (Art. 38 Abs. 2 Bayer. Verf.). **Keine Immunität** genießen Mitglieder der Bundes- oder Landesregierung und Mitglieder des Bundesrats, des gemeinsamen Ausschusses nach Art. 53 a GG sowie des Vermittlungsausschusses nach Art. 77 Abs. 2 GG als solche, es sei denn, sie sind Bundestags- oder Landtagsabgeordnete. Auch Abgeordnete kommunaler Vertretungskörperschaften haben keine Immunität. Für den **Bundespräsidenten** gilt die Immunität des

Öffentliche Klage **§ 152 a**

Art. 46 GG gemäß Art. 60 Abs. 4 GG (für die Genehmigung zur Strafverfolgung ist der Bundestag zuständig); entsprechendes gilt für Mitglieder der **Bundesversammlung gemäß § 7 des Gesetzes über die Wahl des Bundespräsidenten** (BGBl. I S. 230) vom 25. 4. 1959 (Rieß-LR Rn. 10). Die Mitglieder des **Europäischen Parlaments** genießen im Hoheitsgebiet ihres eigenen Staates die gleiche Immunität wie die Mitglieder der nationalen Parlamente; für die Genehmigung zur Strafverfolgung ist das Europäische Parlament zuständig. Abgeordnete anderer Mitgliedstaaten dürfen für die Dauer der Sitzungsperiode in der Bundesrepublik außer bei Ergreifung auf frischer Tat weder strafrechtlich verfolgt noch festgenommen werden. Gleiches gilt für Mitglieder der **Beratenden Versammlung des Europarates** (Rieß-LR Rn. 11).

Die Immunität ist ein **Verfahrenshindernis;** es beginnt idR mit der Annahme 5 der Wahl beim Wahlleiter und entfällt mit Ende des Mandats oder mit Genehmigung zur Strafverfolgung (BGH NStZ 1992, 94). Der betroffene Abgeordnete hat keinen Anspruch auf Aufhebung oder Nichtaufhebung (Jarass/Pieroth GG Art. 46 Rn. 8). Bei sog. mitgebrachten Straftaten, die bereits vor Übernahme des Mandats anhängig waren, wird das Verfahren bis zur Immunitätsbeendigung ausgesetzt (KK-Schoreit Rn. 15). Verboten ist die Verfolgung von **Straftaten.** Strafe ist hier im weiteren Sinne zu verstehen: Kriminalstrafe einschließlich der Maßnahmen der Besserung und Sicherung. **Ordnungswidrigkeiten** können grundsätzlich trotz bestehender Immunität verfolgt werden (OLG Düsseldorf NJW 1989, 2207; aA Jarass/Pieroth GG Art. 46 Rn. 6); möglich vor allem Verwarnungsgelder (Magiera, in: Sachs GG Art. 46 Rn. 12; s. Rn. 6). Unzulässig ist bereits die **Einleitung** eines auf eine entsprechende Sanktion gerichteten Verfahrens.

Es gibt eine Reihe von Maßnahmen, die ohne Genehmigung des Parlaments 6 möglich sind. Sie sind vor allem in RiStBV Nr. 191 aufgeführt. So hindert sie **unter anderem** die **Immunität nicht:** Festnahme des Abgeordneten bei Begehung der Tat oder im Laufe des folgenden Tages (Art. 46 Abs. 2 GG); Einleitung eines Verfahrens zum Zwecke der Einstellung des Verfahrens, wenn dies ohne Beweiserhebung möglich ist; Ermittlungen gegen Mittäter und Teilnehmer der Tat, wobei der Abgeordnete als Zeuge vernommen werden kann; Durchsuchungen auf der Grundlage des § 103 zur Ergreifung eines anderen Beschuldigten; eilige polizeiliche Maßnahmen, die sich zB bei Verkehrsunfällen auf bloße Feststellungen des Tatbestands, auf Spurensuche und Aufnahme der Personalien beschränken; Entnahme einer Blutprobe beim Abgeordneten unter den Voraussetzungen des § 81 a, aber nur spätestens im Laufe des nächsten Tages. Vor allem haben der Bundestag (Anlage 6 zur GO, BGBl. I 1980, 1237, 1264) und die Landtage eine **allgemeine Genehmigung** ausgesprochen. Sie bezieht sich idR auf die Durchführung von **Ermittlungen** – außer wegen Beleidigungen politischen Charakters – und auf gewisse Folgemaßnahmen (Durchsuchungen). Näheres ist in RiStBV Nr. 192 a Abs. 3 geregelt. Diese **allgemeine Genehmigung** der Strafverfolgung umfasst aber **nicht** die Erhebung der Anklage einschließlich des Strafbefehlsantrags sowie freiheitsentziehende und freiheitsbeschränkende Maßnahmen im weiteren Ermittlungsverfahren (RiStBV Nr. 192 a Abs. 2; KK-Schoreit Rn. 18). Der Bund und einige Länder haben außerdem ein **vereinfachtes Verfahren** durch **Vorentscheidungen** des zuständigen **Immunitätsausschusses zur Erledigung von Verkehrssachen und Bagatellangelegenheiten** vorgesehen (KK-Schoreit Rn. 19).

Die **Entscheidung** des Parlaments führt das Gericht oder die StA (auf dem 7 Dienstweg) herbei. Form und Inhalt regelt RiStBV Nr. 192. Der Privatkläger muss sich selbst unter Beifügung der Abschrift der eingereichten Privatklage an das Parlament wenden. Zur Aufhebung der Immunität eines Mitglieds des Europäischen Parlaments s. RiStBV Nr. 192 b.

Das **Verfahrenhindernis** der Immunität bewirkt das **Ruhen der Verjährung.** 8 Den Beginn regelt § 78 b Abs. 2 StGB. Immunitätswidrige einzelne Ermittlungsmaßnahmen sind sofort zu beenden, wenn sich herausstellt, dass ihnen Immunitätsschutz entgegensteht. Da die Immunität der Funktionsfähigkeit des Parlaments dient, unterliegen Beweise, die unter Verstoß gegen die Immunität erlangt sind, nicht einem Beweisverwertungsverbot (Rieß-LR Rn. 48).

§ 153 [Nichtverfolgung von Bagatellsachen]   RiStBV 93, 211

(1) ¹Hat das Verfahren ein Vergehen zum Gegenstand, so kann die Staatsanwaltschaft mit Zustimmung des für die Eröffnung des Hauptverfahrens zuständigen Gerichts von der Verfolgung absehen, wenn die Schuld des Täters als gering anzusehen wäre und kein öffentliches Interesse an der Verfolgung besteht. ²Der Zustimmung des Gerichts bedarf es nicht bei einem Vergehen, das nicht mit einer im Mindestmaß erhöhten Strafe bedroht ist und bei dem die durch die Tat verursachten Folgen gering sind.

(2) ¹Ist die Klage bereits erhoben, so kann das Gericht in jeder Lage des Verfahrens unter den Voraussetzungen des Absatzes 1 mit Zustimmung der Staatsanwaltschaft und des Angeschuldigten das Verfahren einstellen. ²Der Zustimmung des Angeschuldigten bedarf es nicht, wenn die Hauptverhandlung aus den in § 205 angeführten Gründen nicht durchgeführt werden kann oder in den Fällen des § 231 Abs. 2 und der §§ 232 und 233 in seiner Abwesenheit durchgeführt wird. ³Die Entscheidung ergeht durch Beschluß. ⁴Der Beschluß ist nicht anfechtbar.

1   Diese Vorschrift (vgl. auch RiStBV Nr. 88 ff., 211, 275 ff.), enthält eine wichtige Durchbrechung der grundsätzlichen Verfolgungspflicht (§ 152 Abs. 2). Die Tat muss strafbar und verfolgbar sein. Die Schuld braucht nicht nachgewiesen zu sein; es genügt eine „**hypothetische** Schuldbeurteilung" (BVerfGE 82, 106 = NJW 1990, 2741). Die Einstellung nach **§ 170 Abs. 2 hat Vorrang.** Gegenstand des Verfahrens muss ein **Vergehen** sein, das ist gemäß § 12 Abs. 2 StGB eine rechtswidrige Tat, die im Mindestmaß mit weniger als einem Jahr Freiheitsstrafe oder mit Geldstrafe bedroht ist. Treffen in der einheitlichen prozessualen Tat **Privatklagedelikt und Offizialdelikt** zusammen, bezieht sich die Einstellung nach § 153 auf die ganze Tat; das Privatklageverfahren wird unzulässig (KK-Schoreit Rn. 13; Rieß-LR Rn. 10; aA AK/StPO-Schöch Rn. 10). Beim Zusammentreffen von **Straftat und Ordnungswidrigkeiten** in Ideal- oder Gesetzeskonkurrenz kann die StA die Einstellung auf die Straftat beschränken und das Verfahren wegen der Ordnungswidrigkeit zur weiteren Verfolgung der Verwaltungsbehörde zuleiten (§§ 40, 43 OWiG; RiStBV Nr. 276, 278, 279). Im **Jugendverfahren** wird bei der Anwendung von Jugendstrafrecht § 153 von §§ 45, 47 JGG verdrängt (Einstellung ohne richterliche Zustimmung); es bedarf aber jeweils der Prüfung, ob § 45 Abs. 2 JGG und den weiteren Anliegen des JGG Genüge getan ist (KK-Schoreit Rn. 8).

2   Die **Schuld ist gering (Abs. 1 S. 1),** wenn sie im Vergleich mit Vergehen gleicher Art nicht unerheblich unter dem Durchschnitt liegt. Das Gesetz verlangt eine nur **hypothetische Schuldbeurteilung** (BVerfGE 82, 106 = NJW 1990, 2741). Die Strafe muss im **untersten Bereich** des in Betracht kommenden Strafrahmens angemessen sein (Meyer-Goßner Rn. 4 mwN). Eine geringe Schuld kann zB gegeben sein, wenn Rechtfertigungs- und Schuldausschließungsgründe zwar nicht durchgreifen, das Tatgeschehen aber doch in die Nähe eines solchen liegt; wenn ein Verbotsirrtum nicht unvermeidbar, aber doch nicht unverständlich ist; wenn eine Notwehr- oder Notstandslage letztlich nicht gegeben, aber doch erwägenswert sind; wenn eine sehr untergeordnete Beteiligung vorliegt; wenn ein die Grenze der Vorbereitungshandlung nur wenig überschreitender Versuch gegeben ist; wenn ein Handeln aus Not oder eine Verführung zur Tat vorliegt (Rieß-LR Rn. 23, 24).

Öffentliche Klage §153

Ein **öffentliches Interesse (Abs. 1 S. 1)** kann trotz geringer Schuld an der 3 Strafverfolgung anzunehmen sein, insbesondere aus Gründen der **General- und Spezialprävention.** Kein öffentliches Interesse ist das reine Justizinteresse, die Herbeiführung einer gerichtlichen Entscheidung aus reinen Rechtsgründen, zB über die Gültigkeit einer Vorschrift. Ein öffentliches Interesse kann verneint werden, wenn die Tat bereits disziplinarrechtlich geahndet wurde und wenn eine völlig unangemessene Verzögerung des Verfahrens vorliegt (vgl. BGH NJW 1990, 1000; Meyer-Goßner Rn. 8; Roxin § 16 Rn. 6). Ein öffentliches Interesse an der Strafverfolgung kann zB vorliegen, wenn außergewöhnliche Tatfolgen eingetreten sind (BGH 10, 259 = NJW 1957, 1117); wenn die Häufigkeit gleichartiger Delikte oder aus anderen Gründen das reaktionslose Hinnehmen der Taten die Rechtstreue der Bevölkerung erschüttern würde; wenn ein kriminogener Hintergrund aufzuklären ist; wenn es zu verhindern gilt, dass sich Ungesetzlichkeit im Sozialleben einbürgert (KK-Schoreit Rn. 25). Durch **Zeitablauf** zwischen Tat und der Entdeckung kann das öffentliche Interesse verringert werden (BGH NStZ 1997, 543).

Die **Befugnis** zum Absehen von der Verfolgung steht nur der **StA** zu, in Steuerstrafsachen auch der **Finanzbehörde,** wenn sie das Ermittlungsverfahren selbstständig führt (§§ 386 Abs. 2, 399 AO). Die **Polizei** ist zur Einstellung nicht berechtigt. Sie darf die aus eigener Initiative begonnen Ermittlungen abbrechen, wenn sie der Meinung ist, die StA werde das Verfahren nach Abs. 1 einstellen. Die StA kann weitere Ermittlungen veranlassen. Bei **Betäubungsmittelstraftaten** lässt § 31 a BtMG unter den **Voraussetzungen des Abs. 1 S. 1** das Absehen von der Verfolgung ohne Zustimmung des Gericht zu, wenn bei einem Vergehen nach § 29 Abs. 1, 2 oder 4 BtMG der Täter die Betäubungsmittel lediglich zum **Eigenbrauch in geringer Menge** anbaut, herstellt, einführt, ausführt, durchführt, erwirbt, sich in sonstiger Weise verschafft oder besitzt. Nach der Entscheidung des BVerfG NJW 1994, 1577 ist „von der Verfolgung grundsätzlich abzusehen". Für die gerichtliche Einstellung nach § 31 a Abs. 2 Abs. 2 BtMG gilt dasselbe wie in Abs. 2 (Meyer-Goßner Rn. 20 a; s. auch Rn. 7). Zur Fühlungnahme der StA mit anderen Behörden gilt RiStBV Nr. 93 Abs. 1 (Meyer-Goßner Rn. 9). Die **Zustimmung des Gerichts** ist nach **Abs. 1 S. 1** erforderlich; denn die Ausnahme vom Legalitätsprinzip soll grundsätzlich vom Gericht mitverantwortet werden. Das wird idR (wegen der Geringfügigkeit) das AG sein, aber auch das LG oder das OLG, soweit nach §§ 74 a, 120 GVG zuständig. Bei mehrfacher örtlicher Zuständigkeit muss die StA entscheiden, bei welchem Gericht sie um die Zustimmung nachsucht. Im **Steuerstrafverfahren** ist für das zuständige Gericht § 391 AO maßgebend. Das Gericht entscheidet, unabhängig von der Auffassung der StA, insbesondere über die Schuld und das öffentliche Interesse. Die Erteilung oder Versagung der Zustimmung des Gerichts ist **keine Entscheidung,** sondern nur eine Prozesserklärung. „Zweck der richterlichen Zustimmung ist lediglich, die im Rahmen der Einstellungsmöglichkeiten der §§ 153 f. StPO gewichtige Ausnahme vom Legalitätsprinzip, gegen die der Verletzte mit Rechtsmitteln nicht zur Wehr setzen kann (§ 172 Abs. 2 Satz 3 StPO), einer zusätzlichen neutralen Kontrolle in Gestalt einer unanfechtbaren Prozesserklärung zu unterwerfen" (BGH 38, 382). Rechtliches Gehör braucht nicht gegeben zu werden. Trotz der vom Gericht erklärten Zustimmung zur Einstellung kann **die StA das Verfahren fortsetzen** und die öffentliche Klage erheben; das Gericht kann – solange die Einstellung nicht erfolgt ist – die Zustimmung widerrufen (KK-Schoreit Rn. 29). Die Zustimmung des **Beschuldigten** ist bei der Einstellung nach Abs. 1 nicht erforderlich (Rieß-LR Rn. 38).

Nach **Abs. 1 S. 2** kann die StA bei **geringfügigen Vergehen ohne gericht-** 5 **liche Zustimmung** einstellen. Das RpflG hat die Voraussetzung, dass es sich um ein **Vermögensvergehen** handeln müsse, **gestrichen. Voraussetzung** ist aber: dass 1. (wie bisher) die angedrohte Strafe nicht im Mindestmaß erhöht ist (nicht mehr als ein Monat; §§ 12 Abs. 2, 38 Abs. 2 StGB) und dass 2. die verursachten Folgen der Tat

433

§ 153

gering sind. Daher kann die StA nunmehr bei geringen Tatfolgen auch in sonstigen **Bagatellfällen,** zB bei §§ 229, 240, 267 StGB, § 21 StVG von der Verfolgung **ohne richterliche Zustimmung** absehen. Gleichwohl wird der Anwendungsbereich dieser Vorschrift weiterhin im Wesentlichen bei den als **Antragsdelikte** ausgestalteten Bagatellfällen des Diebstahls und der Unterschlagung (§ 248 a StGB), der Hehlerei (§ 259 Abs. 2 StGB), des Betrugs (§ 263 Abs. 4 StGB) und des Erschleichens von Leistungen (§ 265 a Abs. 3) und der Untreue (§ 266 Abs. 2 StGB) liegen. Die Anwendung des § 153 setzt in diesen Fällen voraus, dass **Strafantrag** gestellt ist (Meyer-Goßner Rn. 16). Darüber hinaus ist Abs. 1 S. 2 auch anwendbar bei **anderen Vermögens- und Eigentumsdelikten,** bei denen Fällen mit ähnlich geringen Unrechtsgehalt vorkommen, zB unbefugter Gebrauch eines Fahrzeuges (§ 248 b StGB), Entziehung elektrischer Energie (§ 248 c StGB). Ob die durch die Tat verursachten **Folgen gering** sind, richtet sich bei Vermögensdelikten vornehmlich nach dem entstandenen Schaden; die Wertgrenze dürfte bei 75 DM liegen (Meyer-Goßner Rn. 17) oder bei ca. 100 DM (KK-Schoreit Rn. 43) oder bei einem Netto-Tagesverdienst eines durchschnittlichen Arbeiters. Das Affektionsinteresse wird nicht berücksichtigt (Meyer-Goßner Rn. 17). Auch bei **Grenzfällen** ist die Mitwirkung des Gerichts nicht erforderlich, wenn der StA der vertretbaren Meinung ist, die Voraussetzungen für eine Einstellung nach Abs. 1 S. 2 seien gegeben; er kann aber das Gericht einschalten. Bei **Steuerstrafsachen** (Zollstraftaten) kann die StA nach § 398 AO oder der Finanzbehörde nach § 399 Abs. 1 AO bei einigen Steuer(Zoll)-straftaten, bei denen nur eine geringfügige Verkürzung fiskalischer Einnahmen eingetreten ist oder der Täter nur geringwertige Vorteile erlangt hat, ebenfalls **ohne Zustimmung** des Gerichts von der Verfolgung unter den Voraussetzungen des § 153 Abs. 1 S. 1 absehen. Bei **Betäubungsmittelstrafsachen** lässt § 31 a BtMG unter den Voraussetzungen des § 153 Abs. 1 S. 1 das Absehen von der Verfolgung **ohne Zustimmung** des Gerichts zu, wenn bei einem Vergehen nach § 29 Abs. 1, 2 oder 4 BtMG der Täter das Betäubungsmittel lediglich zum Eigenverbrauch in geringer Menge anbaut, herstellt, einführt, ausführt, durchführt, erwirbt, sich in sonstiger Weise verschafft oder besitzt (Meyer-Goßner Rn. 20 a). Nach BVerfGE 90, 145 = NJW 1994, 1577 ist in diesen Fällen grundsätzlich von der Verfolgung abzusehen.

6   Durch die Einstellung nach **Abs. 1** tritt **kein Strafklageverbrauch** ein. **Privatklage** kann erhoben werden, wenn die StA ein Privatklagedelikt nach Abs. 1 eingestellt hat. Eine Einstellung nach § 153 erfasst die **gesamte Tat** im prozessualen Sinne. Ein Klageerzwingungsverfahren nach den §§ 172 ff. wegen eines Teils der Tat, das in der Einstellung nicht ausdrücklich genannt ist, ist daher unzulässig (OLG Frankfurt NStZ-RR 2001, 20). Einer **Kostenentscheidung** bedarf es in der Einstellungsverfügung der StA nach Abs. 1 nicht. **Entschädigung** nach dem StrEG ist für **entschädigungsfähige** Strafverfolgungsmaßnahmen zu leisten, wenn die StA das Verfahren einstellt (KK-Schoreit Rn. 44 ff.).

7   Gemäß **Abs. 2** geht nach Erhebung der öffentlichen Klage (§ 170 Abs. 1) die Zuständigkeit zur Einstellung auf das **Gericht** über. Nimmt die StA vor der Klage (§ 156), den Strafbefehlsantrag oder nach Erlass des Strafbefehls die Klage nach § 411 Abs. 3 zurück, dann steht ihr der Weg zur Einstellung nach Abs. 1 wieder offen. In jeder Lage des Verfahrens kann das zuständige Gericht den Einstellungsbeschluss erlassen, dh. das Eröffnungsgericht (§§ 199, 209), das erkennende Gericht (außerhalb der Hauptverhandlung mit den Schöffen, §§ 30 Abs. 2, 76 S. 2 GVG), das Rechtsmittelgericht und im Wiederaufnahmeverfahren das gemäß § 140 a GVG zuständige Gericht. Das **Revisionsgericht** ist in Bezug auf die tatsächlichen Grundlagen der Einstellungsvoraussetzungen an die Feststellungen im angefochtenen Urteil gebunden und hat diese bei der von ihm zu treffenden Entscheidung, ob die Schuld des Beschuldigten gering wäre und kein öffentliches Interesse an der Strafverfolgung besteht, zugrundezulegen. In der **Bewertung** dieser tatsächlichen Grundlagen ist es aber frei (Rieß-LR Rn. 58).

Öffentliche Klage § 153

Zur gerichtlichen Zustimmung nach **Abs. 2** ist die **Zustimmung der StA** 8
notwendig. „Mit dem **Erfordernis der Zustimmung der StA** wird ihrem Anklagemonopol Rechnung getragen. Die Einstellung bleibt aber trotzdem eine ausschließlich richterliche Entscheidung" (BGHZ 64, 350 = NJW 1975, 1829). Das Gericht wird mit der Zustimmungserklärung der StA nicht verpflichtet, die Einstellung zu beschließen. Die **Verweigerung der Zustimmung** durch die StA kann nicht nach §§ 23 ff. EGGVG angefochten werden (OLG Hamm NStZ 1985, 472). Die Zustimmung der **StA** zu einer Einstellung gemäß § 153 kann grundsätzlich als Prozesshandlung nicht zurück genommen werden (vgl. LG Neuruppin NStZ 2002, 558). Mit der erforderlichen **Zustimmung des Angeklagten** ist diesem die Möglichkeit eröffnet, einen Freispruch oder eine Einstellung wegen eines Verfahrenshindernisses zu erreichen, wobei er das Risiko der Verurteilung in Kauf nehmen muss. Die Zustimmung enthält **kein Schuldeingeständnis** (BVerfGE 82, 106 = NJW 1990, 2741). **Abs. 2 S. 2** bringt eine Aufzählung der **Ausnahmen** vom Zustimmungserfordernis. Es geht dabei um Fälle, in denen der Angeklagte nicht erreichbar ist, sich eigenmächtig entfernt hat usw. Eine Zustimmung des **Verteidigers** ist nicht vorgeschrieben. Auch die Zustimmung des **Nebenklägers** und der **Finanzbehörde** ist nicht erforderlich, wohl aber eine Mitteilung. Die Zustimmungserklärungen der StA und des Angeklagten sind **bedingungsfeindliche Prozesserklärungen,** zB keine Bedingung über Kostentragung (KK-Schoreit Rn. 53). Die Einstellung des Verfahrens nach Abs. 2 ist gerechtfertigt, weil „infolge der überlangen Verfahrensdauer, der **Verletzung des Beschleunigungsgebots** und der erheblichen Belastung des Angeklagten durch das bisherige Verfahren die Schuld im jetzigen Zeitpunkt als gering im Sinne dieser Vorschrift anzusehen ist und ein öffentliches Interesse an der weiteren Verfolgung nicht mehr besteht" (BGH NJW 1996, 2739; s. Einl. Rn. 10). Unverzichtbare Voraussetzung einer Einstellung nach Abs. 2 ist auch bei überlanger Verfahrensdauer – neben der Zustimmung der StA – die Zustimmung des Angeschuldigten. Die Verweigerung seiner Zustimmung indiziert die fehlende unzumutbare Belastung des Angeschuldigten durch eine Fortführung des Verfahrens. Eine Verfahrenseinstellung gemäß § 153 Abs. 2 ohne seine Zustimmung kann der Angeschuldigte mit der einfachen Beschwerde angreifen (OLG Frankfurt NStZ-R 1998, 52). Bei gerichtlichen Verfahrenseinstellungen nach § 153 Abs. 2 tritt ein **beschränkter Strafklageverbrauch** ein; entsprechend dem Rechtsgedanken des § 153 a I 5 rechtfertigt ein erhöhter Schuldgehalt immer dann ein **erneutes Aufgreifen des Verfahrens,** wenn sich die Tat nachträglich als Verbrechen darstellt (BGH NStZ 2004, 218).

Die Einstellung erfolgt durch **Beschluss (Abs. 2 S. 3).** Er ist nach § 464 Abs. 1 9
und Abs. 2 mit einer Entscheidung über die **Verfahrenskosten** und ggf. mit einer solchen über die **Entschädigung** für Strafverfolgungsmaßnahmen zu versehen (§ 8 Abs. 1 StrEG). Der Einstellungsbeschluss bedarf **keiner Begründung,** ist aber wegen des Umfangs der Rechtskraftwirkung empfehlenswert (KK-Schoreit Rn. 56). Er ist auch im Kostenpunkt unanfechtbar. Der Beschluss wird in der Hauptverhandlung durch Verkündung bekanntgemacht (§ 35 Abs. 1) und in die Niederschrift aufgenommen (§ 273 Abs. 1). Ergeht er außerhalb der Hauptverhandlung, ist er bekanntzumachen, eine Zustellung ist nicht erforderlich, § 35 Abs. 2 S. 2 (Rieß-LR Rn. 75). Während durch die Einstellung nach Abs. 1 kein Verbrauch der Strafklage eintritt (Rn. 6), erlangt der gerichtliche Beschluss (Abs. 2) eine **beschränkte Rechtskraft** (KK-Schoreit Rn. 62). Der Umfang ist umstritten. **Neue Tatsachen und Beweismittel,** die dem Einstellungsbeschluss die Grundlage entziehen, lassen den Strafklageverbrauch entfallen (Meyer-Goßner Rn. 38); das gilt auch, wenn sich nachträglich herausstellt, dass die Tat nicht ein Vergehen ist, sondern ein Verbrechen (KK-Schoreit Rn. 63). Anerkannt ist auch, dass eine erneute Strafverfolgung möglich ist, wenn eine als Einzeltat eingestellte

Straftat Teilakt einer fortgesetzten Handlung war (BGH NJW 1963, 549), aber auch, soweit bei der Einstellung unbekannt gebliebene Teile einer fortgesetzten Handlung verfolgt werden sollen (Rieß-LR Rn. 85 mwN). **Entfällt der Strafklageverbrauch** nach dem richterlichen Einstellungsbeschluss, so bedarf es zur Weiterverfolgung der eingestellten Tat einer **erneuten Klageerhebung** durch die StA (Meyer-Goßner Rn. 38). Das eingestellte Verfahren bleibt erledigt; anders als bei § 154 Abs. 3 bis 5 ist eine Wiederaufnahme gesetzlich nicht vorgesehen (Rieß-LR Rn. 90). Die nach **Einstellung** des Steuerstrafverfahrens angeordnete selbstständige **Einziehung** unversteuerter Waren verstößt weder gegen die **Unschuldvermutung** noch gegen die **Eigentumsgarantie** (BVerfG NJW 1997, 451).

10   Die gerichtliche Einstellung ist für StA und Angeklagten **nicht anfechtbar (Abs. 2 S. 4),** auch nicht für den Nebenkläger (§ 400 Abs. 2 S. 2). Die **Beschwerde** (§ 304) ist jedoch zulässig, wenn eine **prozessuale** Voraussetzung fehlt. Das ist zB der Fall, wenn die Tat ein Verbrechen betraf, auch wenn die erforderlichen Zustimmungen vorlagen (OLG Celle NJW 1966, 1329) oder wenn die erforderlichen Zustimmungen des Angeklagten oder der StA nicht oder nicht wirksam erklärt wurden (KK-Schoreit Rn. 57 mwN; s. auch OLG Karlsruhe NStZ 1987, 42 u. § 153 a Rn. 7). Mit der **Revision** kann die Anwendung oder Nichtanwendung des Abs. 2 nicht gerügt werden. Aber in der Revisionsinstanz ist von Amts wegen zu prüfen, ob, nachdem nach Abs. 2 eingestellt war, im neuen Verfahren die besonderen Prozessvoraussetzungen der erheblichen neuen Tatsachen oder Beweismittel vorlagen. Ist dies nicht der Fall, so ist das Verfahren ebenso nach § 206 a einzustellen, wie wenn das Gericht das eingestellte Verfahren ohne erneute Klageerhebung einfach fortgesetzt hätte (BayObLG MDR 1978, 694; Rieß-LR Rn. 92). Das Revisionsgericht kann auch bei **zulässiger** Revision das Verfahren („in jeder Lage") – mit Zustimmung der bei ihm bestehenden StA und des Angeklagten – **einstellen.** Es ist aber in Bezug auf die tatsächlichen Grundlagen der Einstellungsvoraussetzungen an die Feststellungen im angefochtenen Urteil gebunden und hat diese bei der von ihm zu treffenden Entscheidung (s. Rn. 7) zugrundezulegen; in der Bewertung dieser tatsächlichen Grundlagen ist es aber frei.

§ 153 a [Vorläufiges Absehen von Klage; vorläufige Einstellung]
RiStBV 93, 93 a, 211

(1) ¹Mit Zustimmung des für die Eröffnung des Hauptverfahrens zuständigen Gerichts und des Beschuldigten kann die Staatsanwaltschaft bei einem Vergehen vorläufig von der Erhebung der öffentlichen Klage absehen und zugleich dem Beschuldigten Auflagen und Weisungen erteilen, wenn diese geeignet sind, das öffentliche Interesse an der Strafverfolgung zu beseitigen, und die Schwere der Schuld nicht entgegensteht. ²Als Auflagen oder Weisungen kommen insbesondere in Betracht,
1. zur Wiedergutmachung des durch die Tat verursachten Schadens eine bestimmte Leistung zu erbringen,
2. einen Geldbetrag zugunsten einer gemeinnützigen Einrichtung oder der Staatskasse zu zahlen,
3. sonst gemeinnützige Leistungen zu erbringen,
4. Unterhaltspflichten in einer bestimmten Höhe nachzukommen,
5. sich ernsthaft zu bemühen, einen Ausgleich mit dem Verletzten zu erreichen (Täter-Opfer-Ausgleich) und dabei seine Tat ganz oder zum überwiegenden Teil wieder gut zu machen oder deren Wiedergutmachung zu erstreben, oder
6. an einem Aufbauseminar nach § 2 b Abs. 2 Satz 2 oder § 4 Abs. 8 Satz 4 des Straßenverkehrsgesetzes teilzunehmen.

³ Zur Erfüllung der Auflagen und Weisungen setzt die Staatsanwaltschaft dem Beschuldigten eine Frist, die in den Fällen des Satzes 2 Nr. 1 bis 3, 5 und 6 höchstens sechs Monate, in den Fällen des Satzes 2 Nr. 4 höchstens ein Jahr beträgt. ⁴ Die Staatsanwaltschaft kann Auflagen und Weisungen nachträglich aufheben und die Frist einmal für die Dauer von drei Monaten verlängern; mit Zustimmung des Beschuldigten kann sie auch Auflagen und Weisungen nachträglich auferlegen und ändern. ⁵ Erfüllt der Beschuldigte die Auflagen und Weisungen, so kann die Tat nicht mehr als Vergehen verfolgt werden. ⁶ Erfüllt der Beschuldigte die Auflagen und Weisungen nicht, so werden Leistungen, die er zu ihrer Erfüllung erbracht hat, nicht erstattet. ⁷ § 153 Abs. 1 Satz 2 gilt in den Fällen des Satzes 2 Nr. 1 bis 5 entsprechend.

(2) ¹ Ist die Klage bereits erhoben, so kann das Gericht mit Zustimmung der Staatsanwaltschaft und des Angeschuldigten das Verfahren bis zum Ende der Hauptverhandlung, in der die tatsächlichen Feststellungen letztmals geprüft werden können, vorläufig einstellen und zugleich dem Angeschuldigten die in Absatz 1 Satz 1 und 2 bezeichneten Auflagen und Weisungen erteilen. ² Absatz 1 Satz 3 bis 6 gilt entsprechend. ³ Die Entscheidung nach Satz 1 ergeht durch Beschluß. ⁴ Der Beschluß ist nicht anfechtbar. ⁵ Satz 4 gilt auch für eine Feststellung, daß gemäß Satz 1 erteilte Auflagen und Weisungen erfüllt worden sind.

(3) Während des Laufes der für die Erfüllung der Auflagen und Weisungen gesetzten Frist ruht die Verjährung.

Mit dem **Gesetz zur strafverfahrensrechtlichen Verankerung des Täter-Opfer-Ausgleichs** v. 20. 12. 1999 (BGBl. I S. 2491) ist § 153 a ergänzt worden. Nach dem neu gefassten Abs. 1 S. 2 Nr. 5 (die bisherige Nr. 5 ist Nr. 6 geworden) kommt als Auflage oder Weisung auch in Betracht, dass sich der Beschuldigte ernsthaft um einen **Ausgleich mit dem Verletzten bemüht.** Verlangt wird kein „Wiedergutmachungserfolg". „Erforderlich ist, dass der Täter im Bemühen, einen Ausgleich mit dem Opfer zu erreichen, die Tat ‚ganz oder zum überwiegenden Teil' wiedergutgemacht hat; ausreichend ist aber auch, **dass der Täter dieses Ziel ernsthaft erstrebt hat**" (BGB NJW 2002, 29 st. Rspr.; so auch nach § 46 a StGB (BGH NStZ 2002, 263) § 153 a insgesamt (vgl. auch RiStBV Nr. 93, 93 a, 211) dient der **Verfahrensbeschleunigung** sowie Justizentlastung mit einer Art Entkriminalisierungsfunktion. Mit der Änderung des § 153 a ist der Täter-Opfer-Ausgleich, der bereits materiell in 46 a StGB und in zahlreichen Vorschriften im Jugendstrafrecht verankert war, als eine der Möglichkeiten und Auflagen in § 153 a aufgenommen worden. In gleichem Zuge ist der bisher enumerative Katalog geöffnet worden, so dass für weitere Weisungen und Auflagen neben den genannten Raum bleibt. Die organisatorischen und datenschutzrechtlichen Voraussetzungen sind mit der Einfügung des § 155 b geschaffen worden. Am weitesten wird sich allerdings in der Praxis die Einfügung des § 155 a auswirken, nach dem StA und Gericht in **jedem** Stadium des Verfahrens auf einen Täter-Opfer-Ausgleich hinwirken sollen (vgl. für StA Heghmanns Rn. 733). Dies ist prinzipiell bis in die Berufungsinstanz zulässig. Von dieser prozeßrechtlichen Verankerung erhofft man eine stärkere Anwendung des Täter-Opfer-Ausgleichs als in der Vergangenheit (Lilie 63. DJT 2000 Gutachten D 117; s. auch Einl. 34; vgl. auch Lackner/Kühl StGB § 46 a Rn. 1 aff.; Tröndle/Fischer StGB § 46 a Rn. 3 ff.). Bei **Gewaltdelikten** und Delikten gegen die **sexuelle Selbstbestimmung** ist für einen erfolgreichen Täter-Opfer-Ausgleich mit der zu Gunsten des Angekl. wirkenden Folge der Strafmilderung nach § 46 a i. V. mit § 49 I StGB regelmäßig ein **Geständnis** zu verlangen (BGH 48, 134 = NJW 2003, 1466). Bei **Steuerdelikten,** deren geschütztes Rechtsgut allein die Sicherung des staatlichen Steueranspruchs ist, kommt ein 1

§ 153 a

Täter-Opfer-Ausgleich iSd § 46 a Nr. 1 StGB nicht in Betracht (BGH NStZ 2001, 200). Er ist auch **keine Strafe** und bildet keine „selbstständige dritte Spur im Sanktionensystem" (Roxin FS für Baumann 1999 S. 243). Der Täter-Opfer-Ausgleich ist – trotz einiger kritischer Hinweise – durchaus mit dem Prinzip eines **gerechten Schuldausgleichs** zu vereinbaren. Schuld wird nicht nur durch das Erleiden eines Strafübels, sondern auch durch positive Leistungen ausgeglichen. Dies entspricht einem allgemeinen Grundsatz, der sich an vielen Stellen des Strafrechts zeigt, insbesondere auch in der Rechtsnatur der Strafaussetzung zur Bewährung. Danach ist bei dem Täter-Opfer-Ausgleich nicht allein auf die Ausgleichserklärung abzustellen; auch die Ausgleichsleistung muss in ihrem Maß in einem vertretbaren Verhältnis zum Maß der Schuld gesetzt werden. Durch ergänzende gemeinnützige Leistungen lassen sich Ungleichbehandlungen und unsoziale Folgen vermeiden (Stein NStZ 2000, 393 mwN). Das Verfahren, das nur **Vergehen** zum Gegenstand hat, ist zweistufig aufgebaut. Nach der Herbeiführung der erforderlichen Einverständniserklärungen ist es von der StA oder dem Gericht **zunächst vorläufig einzustellen,** und dem Beschuldigten zur Erfüllung der Auflagen und Weisungen eine Frist zu setzen. Es ist – wie sich aus § 467 Abs. 5 ergibt – **endgültig einzustellen,** wenn die Auflagen erfüllt werden, und es ist fortzusetzen, wenn das nicht geschieht (Rieß-LR Rn. 6). „Bei der Einstellung des Ermittlungsverfahrens nach § 153 a Abs. 1 bleiben die Entscheidungsbefugnisse, ebenso wie das Recht zur Bestimmung der Auflagen, die begleitenden Verfahrenshandlungen und die Kontrolle der Auflagenerfüllung **allein in der Hand der StA.** Zweck der **richterlichen Zustimmung** ist es lediglich, die im Rahmen der Einstellungsmöglichkeiten der §§ 153 f. gewichtige Ausnahme vom Legalitätsprinzip, gegen die sich der Verletzte mit Rechtsmitteln nicht zur Wehr setzen kann (§ 172 Abs. 2 S. 3), einer zusätzlichen neutralen Kontrolle in Gestalt einer unanfechtbaren Prozesserklärung zu unterwerfen" (BGH 38, 382 = NJW 1993, 605). Einstellungsentscheidungen der StA nach § 153 a Abs. 1 sind Akte der öffentlichen Gewalt i. S. von Art. 19 Abs. 4 GG. Demgegenüber handelt es sich bei der **Zustimmungserklärung** des für die Hauptverhandlung zuständigen Gerichts um einen hoheitlichen Akt der Rechtsprechung, der die Rechtsschutzgarantie des Art. 19 Abs. 4 GG aktiviert. § 153 a vermittelt keine Rechtsposition, deren Verletzung gem. Art. 19 Abs. 4 GG im Rechtsweg geltend gemacht werden könnte (BVerfG NJW 2002, 815). Im **Bußgeldverfahren** ist diese Vorschrift nicht anwendbar; denn § 47 Abs. 3 OWiG bestimmt ausdrücklich, dass die Einstellung wegen Geringfügigkeit von der Zahlung eines Geldbetrages **nicht** abhängig gemacht oder sie damit in Zusammenhang gebracht wird. Damit ist die Anwendung – auch die sinngemäße – des § 153 a ausgeschlossen (Göhler, § 47 Rn. 34). Zum Zusammentreffen von Straftat und Ordnungswidrigkeit s. Rn. 9. Ein Angebot zur Verfahrenseinstellung gegen Zahlung einer Geldauflage, das an den Beschuldigten lediglich auf Grund eines **Versehens** der Geschäftsstelle der StA gerichtet wird, ist **unbeachtlich.** Erklärt der Beschuldigte seine Zustimmung und erfüllt er die Auflage, wird ein Verfahrenshindernis hierdurch nicht begründet, ohne dass es auf die Erkennbarkeit ankommt (BayObLG NJW 2000, 968). **Im Jugendstrafverfahren** ist das Verhältnis zwischen § 153 a und §§ 45, 47, 109 Abs. 2 JGG umstritten. § 2 JGG wird wohl dazu zwingen, die Anwendung des § 153 a auf den Fall zu beschränken, dass der Beschuldigte nicht geständig ist, so dass eine Anordnung nach § 45 Abs. 3 JGG unzulässig ist. Wird gegen einen Heranwachsenden nicht materielles Jugendstrafrecht, sondern Erwachsenenstrafrecht angewendet, so ist nach § 153 a zu verfahren (Meyer-Goßner Rn. 4, 5). Betrifft das Ermittlungsverfahren nur ein **Privatklagedelikt,** so kann die StA nach Abs. 1 verfahren. Treffen in einer Tat **Offizialdelikt und Privatklagedelikt** zusammen, so ist § 153 a für die gesamte Tat anwendbar. Eine Privatklage ist also nicht mehr möglich, wenn der Beschuldigte die Auflagen und Weisungen nach Abs. 1 erfüllt (Rieß-LR Rn. 18). Im **Steuerstrafverfahren** kann

Öffentliche Klage § 153 a

die Finanzbehörde im Rahmen ihrer Zuständigkeit (§§ 386 Abs. 2, 399 AO) nach § 153 a verfahren. § 153 a Abs. 1 S. 7 und § 153 Abs. 1 S. 2 stehen gegebenenfalls der Einstellung durch die StA ohne Zustimmung des Gerichts nicht mehr entgegen. Die Finanzbehörden können auch nach §§ 398, 399 AO wegen Geringfügigkeit einstellen (KK-Schoreit Rn. 9).

Der **Tatverdacht** nach § 153 a erfordert einen höheren Grad als bei der folgenlosen Einstellung nach § 153. Es muss nach dem Verfahrensstand mit hoher Wahrscheinlichkeit von einer Verurteilung ausgegangen werden. Denn nur dann kann dem Beschuldigten die Übernahme besonderer Pflichten zugemutet werden. Dem Vorgehen nach § 153 a darf die **Schwere der Schuld nicht entgegenstehen.** Das bedeutet, dass eine **Schuld vorausgesetzt** wird und das **Schuldmaß** nicht als gering bewertbar sein muss, sondern durchaus **durchschnittlich** sein kann (KK-Schoreit Rn. 11). Das **öffentliche Interesse an der Strafverfolgung** wird in § 153 a – im Gegensatz zu § 153 – vorausgesetzt. Es darf aber von der Art und Qualität sein, dass es durch bestimmte Leistungen des Beschuldigten ausgeräumt werden kann (KK-Schoreit Rn. 12). Es ist eine Frage des **Einzelfalles,** ob eine Beseitigung des öffentlichen Interesses möglich ist. Ist das öffentliche Interesse verhältnismäßig gering, so kann es durch eine geringfügige Auflage oder Weisung beseitigt werden. Ein großes öffentliches Interesse bedarf zu seiner Beseitigung spürbarer Auflagen und ggf. der Kombination mehrerer. Allerdings dürfen die Auflagen und Weisungen **keine unzumutbaren Anforderungen** an den Beschuldigten darstellen. Wenn diese erforderlich wären, dann kann das öffentliche Strafverfolgungsinteresse nicht mehr durch Erfüllung von Auflagen und Weisungen beseitigt werden; § 153 a ist dann unanwendbar (Rieß-LR Rn. 28). 2

Die **Zustimmung des Beschuldigten** zu den Auflagen und Weisungen ist **ausnahmslos** erforderlich, auch dann, wenn nach § 153 Abs. 2 S. 2 (Angeklagter nicht erreichbar usw.) die Zustimmung nicht erforderlich wäre. Sie muss sich auf die **Einzelheiten** der vorgesehenen Auflagen und Weisungen beziehen, dh. auch auf Ratenzahlungen und Fristen. Wegen der **Unschuldsvermutung** sind Gerichte und Verwaltungsbehörden gehindert, allein auf Grund der Zustimmung des Beschuldigten zur Einstellung und für derartige Leistungen selbst davon auszugehen, die vorgeworfene Tat sei nachgewiesen (BVerfG NJW 1991, 1530; BVerfGE 82, 106 = NJW 1990, 2741). Die Anfrage, ob die Zustimmung erteilt werde, kann auch an den Beschuldigten, der den Tatvorwurf **bestreitet,** gerichtet werden. Die erforderliche **Freiwilligkeit** der Zustimmung wird durch den Hinweis auf eine mögliche Verurteilung allein nicht ausgeschlossen. Jeder Anschein eines unzulässigen Drucks ist zu vermeiden. Die Anregung zur Anwendung des § 153 a kann auch vom Beschuldigten oder seinem Verteidiger ausgehen. Die Anfrage nach der Zustimmung kann an den **Verteidiger** gerichtet werden (§ 145 a Abs. 1). Erklärt dieser die Zustimmung, kann regelmäßig davon ausgegangen werden, dass es sich um eine Erklärung des Beschuldigten handelt (Rieß-LR Rn. 36). Die **Zustimmung des Gerichts** ist erforderlich, aber nicht nach Abs. 1 S. 6 iVm § 153 Abs. 1 S. 2 bei **geringfügigen** Vergehen. Zum Zweck der gerichtlichen Zustimmung s. § 153 Rn. 4. 3

Die in **Abs. 1 S. 2 Nr. 1 bis 6** aufgeführten **Auflagen und Weisungen** sind bisher **abschließend** aufgezählt. Sie können miteinander kombiniert werden. Andere Auflagen und Weisungen – auch soweit die §§ 56 b, 56 c StGB sie gestatten – sind derzeit unzulässig (OLG Stuttgart NJW 1980, 1009). Bei der **Schadenswiedergutmachung (Abs. 1 S. 2 Nr. 1)** richtet sich der ersetzbare Schaden nach den bürgerlich-rechtlichen Vorschriften. Eine Schadenswiedergutmachung scheidet aus, wenn kein Schaden entstanden oder durch einen Dritten (Versicherung) ausgeglichen ist (Rieß-LR Rn. 42). Die Erstattung von **Bearbeitungsgebühren** bei Ladendiebstählen ist zB unzulässig, weil diese zu den Personalaufwendungen des Unternehmens gehören. Aber die Zahlung eines **Schmerzensgeldes** kann zur Auflage gemacht werden (KK-Schoreit Rn. 16, 17). Die **Geldzahlungsauflage** 4

(**Abs. 1 S. 2 Nr. 2**) stimmt mit § 56 b Abs. 2 Nr. 2 StGB überein, so dass die dort entwickelte Rspr. herangezogen werden kann. Die Auflage, **sonstige gemeinnützige Leistungen (Abs. 1 S. 2 Nr. 3)** zu erbringen, stimmt mit § 56 b Abs. 2 Nr. 3 StGB überein. In Betracht kommen auch **Dienstleistungen**, zB in karitativen Organisationen wie in Seniorenheimen, Krankenhäusern, Pflegeheimen usw. Die Weisung, **Unterhaltsverpflichtungen nachzukommen (Abs. 1 S. 2 Nr. 4)**, kommt vor allem beim Vorwurf, einer Unterhaltsverpflichtung nicht nachzukommen (§ 170 b StGB), in Betracht (s. auch die Rspr. zu § 56 c Abs. 2 Nr. 5 StGB). Neben der **materiell-rechtlichen** Regelung in § 46 a StGB werden in § 153 a **Abs. 1 S. 2 Nr. 5** iVm §§ 155 a, b die **verfahrensrechtlichen** Möglichkeiten eröffnet, über einen **Täter-Opfer-Ausgleich** zur **Verfahrenseinstellung** zu gelangen. Im Gegensatz zu allen anderen Nrn. des § 153 a Abs. 1 S. 2 fehlt es in **Nr. 5** dann an einem sicher feststellbaren Erfolg, der die Verfahrenseinstellung rechtfertigt, wenn schon das ernsthafte Bemühen um einen Ausgleich oder um Schadenswiedergutmachung genügen soll. Hier ist eine Feststellung der StA (in den Akten) erforderlich, dass die vom Beschuldigten gezeigte Bemühen als ausreichend anzusehen ist; das wird nur in Betracht kommen, wenn dem Beschuldigten das Mißlingen des Ausgleichs nicht anzulasten ist (Meyer-Goßner § 153 a Rn. 22 a). Die Teilnahme an einem **Aufbauseminar (Abs. 1 S. 2 Nr. 6)** soll den besonderen Bedürfnissen des Straßenverkehrs Rechnung tragen. Aus § 69 Abs. 2 StGB folgt aber, dass allein die Teilnahme an einem Aufbauseminar in den dort genannten Fällen für eine Einstellung nicht ausreicht (Meyer-Goßner § 163 a Rn. 22 b).

5 Eine nachträgliche **Korrektur** der Weisungen und Auflagen gestattet **Abs. 1 S. 3** in begrenztem Umfang. Damit können spätere Veränderungen der Umstände berücksichtigt und Fehlbeurteilungen korrigiert werden (Rieß-LR Rn. 51). Die **Aufhebung** einer Auflage oder Weisung bedarf nicht der **Zustimmung** des Beschuldigten, wohl aber eine **Änderung**, selbst die, die in einer Erleichterung für den Beschuldigten besteht. Die gesetzten Fristen können aus wichtigem Grund **einmal** verlängert werden. Einen Anspruch auf nachträgliche Änderungen hat der Beschuldigte nicht. Für die nachträgliche Änderung bedarf es **keiner Mitwirkung des Gerichts,** auch dann nicht, wenn die vorläufige Einstellung durch Zustimmung gebilligt wurde. Die StA darf aber bei nachträglichen Änderungen die Pflichten und Auflagen im Gesamtquantum nur so weit verändern, dass sie noch geeignet sind, das öffentliche Interesse an der Strafverfolgung zu beseitigen (Meyer-Goßner Rn. 41, 42).

6 Bis zur Erhebung der öffentlichen Klage ist nach **Abs. 1** allein die **StA** (nicht die Polizei) **zuständig.** Die Entscheidung der StA, ob sie von der Strafverfolgung absehen will, ist **gerichtlich nicht nachprüfbar** (OLG München NStZ 1983, 236). Die StA ist aber grundsätzlich an die eingeholten **Zustimmungen** (s. Rn. 3) nicht gebunden; sie kann das Verfahren auf andere Weise beenden, zB durch Klageerhebung oder Einstellung aus einem anderen Grund (Rieß-LR Rn. 80). Die **Einstellungsverfügung** gemäß Abs. 1 hat **alle Bedingungen** einschließlich der festgesetzten Fristen für die Erfüllung der Auflagen und Weisungen zu bezeichnen. Obwohl nicht vorgeschrieben, sollte die Verfügung (wegen der Fristen usw.) analog § 35 Abs. 2 S. 1 dem Beschuldigten oder in den Fällen des § 145 a dem Verteidiger **zugestellt** werden, und zwar mit dem Hinweis, dass bei Nichterfüllung das Verfahren fortgesetzt wird. Dem **Anzeigeerstatter** ist die vorläufige Einstellung formlos (mit Gründen) – ohne die erteilten Auflagen und Weisungen – mitzuteilen (RiStBV Nr. 89 Abs. 3). Die **Leistungsempfänger** sind ebenfalls zu unterrichten, verbunden mit der Aufforderung der StA, den Empfang der Zahlungen oder sonstiger Leistungen mitzuteilen (KK-Schoreit Rn. 31). Die StA ist für die **Überwachung** der rechtzeitigen Erfüllung von Auflagen und Leistungen zuständig (s. Rn. 1).

7 Bei der **vorläufigen Einstellung durch das Gericht** nach **Abs. 2** gibt es einige Grundsätze wie bei § 153 (s. § 153 Rn. 7 ff.). Das Gericht ist **zuständig** zwischen

Öffentliche Klage § 153 a

Anklageerhebung und dem Ende der Tatsacheninstanz. Das **Revisionsgericht** kann nicht nach Abs. 2 verfahren. Die **inhaltlichen** Voraussetzungen ergeben sich aus Abs. 1. Es treten aber formelle Voraussetzungen hinzu (AK/StPO-Schöch Nr. 55). Die **Zustimmung der StA** ist ausnahmslos in allen Fällen erforderlich (s. auch § 153 Rn. 8) und muss sich auf alle Auflagen und Weisungen erstrecken; dies gilt auch für die Zustimmung des Beschuldigten (KK-Schoreit Rn. 50). Der **Nebenkläger** ist zu hören, nicht aber der Anzeigeerstatter. Die Anregung zur Einstellung kann von jedem Verfahrensbeteiligten und vor allem vom Gericht ausgehen. Anträge des Beschuldigten oder der StA sollte das Gericht – zumindest durch den Vorsitzenden – bescheiden, wenn es ihnen nicht folgen will. Eine Begründung ist nicht erforderlich. Ein etwaiger Beschluss ist nicht anfechtbar (KK-Schoreit Rn. 52). **Stellt** das Gericht das Verfahren **vorläufig ein,** so geschieht das auch in der Hauptverhandlung durch **Beschluss,** der die erteilten **Auflagen und Weisungen** genau bezeichnen muss. Eine Begründung ist nicht erforderlich. Der Beschluss ist **nicht anfechtbar (Abs. 2 S. 4).** Mit der **Beschwerde** (§ 304) kann aber das Fehlen der für die Verfahrenseinstellung erforderlichen Zustimmung geltend gemacht werden (OLG Karlsruhe NStZ 1987, 42; s. auch § 153 Rn. 10). Der Beschluss enthält, da er nur die vorläufige Einstellung regelt und das Verfahren nicht zum Abschluss bringt, **keine Kostenregelung, Auslagenentscheidung und Entschädigung für Strafverfolgungsmaßnahmen.** Die mit Zustimmung des zuständigen Gerichts erfolgte Verfahrenseinstellung durch die Staatsanwaltschaft gem. § 153 a Abs. 1 ist durch **den Verletzten** auch dann **nicht gerichtlich überprüfbar,** wenn dieser der Auffassung ist, die Verfügung der Staatsanwaltschaft beruhe auf unzutreffenden tatsächlichen und rechtlichen Grundlagen (BVerfG StV 2002, 114). Das Gericht kann gemäß **Abs. 2 S. 2, Abs. 1 S. 3** Auflagen und Weisungen **nachträglich** aufheben und Fristen einmal verlängern; es kann auch mit Zustimmung des Beschuldigten Auflagen und Weisungen ändern (KK-Schoreit Rn. 56; s. auch Rn. 5). Die **Überwachung** der Erfüllung der Auflagen und Weisungen ist Aufgabe des Gerichts, welches sie festgesetzt hat.

Mit der **vorläufigen Einstellung** entsteht ein **bedingtes** Verfahrenshindernis – 8 bei Nichterfüllung der Auflagen und Weisungen wird das Verfahren fortgesetzt – und ein **Schwebezustand.** Der **Haftbefehl** braucht möglicherweise nur außer Vollzug gesetzt zu werden (§ 116), falls nicht der weitere Fortbestand unverhältnismäßig wäre. In diesem Fall ist er aufzuheben, § 120. Die **vorläufige Entziehung der Fahrerlaubnis nach § 111 a** ist rückgängig zu machen, aber nicht die **Beschlagnahme** von Beweismitteln; denn mit der restlichen Erfüllung der Auflagen und Weisungen ist noch mit einer Fortsetzung der Verfahrens zu rechnen. Vor Freigabe von Beweismitteln ist sicherzustellen, dass die sich aus ihnen ergebenden Beweise geführt werden können (KK-Schoreit Rn. 47, 48). Dieser Schwebezustand ist **beendet,** wenn die Auflagen und Weisungen **nicht erfüllt** werden. Das Verfahren muss **fortgesetzt** werden. Auf Verschulden kommt es nicht an. Der Beschuldigte ist von der Verfahrensfortsetzung zu unterrichten; das kann durch den Wiederaufnahmebeschluss oder durch Ladung zur Hauptverhandlung erfolgen. Der **Abschluss** des fortgesetzten Verfahrens muss nicht notwendig durch ein Urteil geschehen. Möglich ist eine Einstellung nach § 153 (zB bei unverschuldeter Nichterfüllung der Auflagen) oder § 154, aber auch wieder nach § 153 a (Rieß-LR Rn. 97). **Erbrachte Teilleistungen** sind nach Abs. 1 S. 5 nicht zu erstatten. Das Gericht kann sie jedoch bei der (etwaigen) Straffestsetzung berücksichtigen (KK-Schoreit Rn. 40).

Erfüllt der Beschuldigte fristgerecht und vollständig die Auflagen und Weisun- 9 gen „**so kann die Tat nicht mehr als Vergehen verfolgt werden**" (**Abs. 2 S. 3** iVm Abs. 1 S. 4). Es entsteht ein **unbedingtes Verfahrenshindernis;** es bezieht sich nur auf die Verfolgung der Tat **als Vergehen** ohne Rücksicht auf die rechtliche Subsumtion in diesem Bereich. Der Strafklageverbrauch ist hier stärker als bei der

Einstellung nach § 153, weil es sich um eine Verfahrensbeendigung mit Sanktionen handelt. Das Verfahrenshindernis gilt für die **ganze Tat;** es bezieht sich bei prozessualer Tatidentität auch auf die **Ordnungswidrigkeit** (OLG Frankfurt NJW 1985, 1850). Eine neue Strafverfolgung des Beschuldigten wegen derselben Tat ist zulässig, wenn sich der Verdacht eines **Verbrechens** ergibt; neue Tatsachen oder Beweismittel sind nicht erforderlich (Meyer-Goßner Rn. 52). Das Verfahren muss formal durch einen **Einstellungsbeschluss** beendet werden. Das ergibt sich aus § 467 Abs. 5. Er hat jedoch nur deklaratorische Bedeutung; denn das Verfahrenshindernis entsteht mit der Erfüllung der Auflagen und Weisungen. Dieses **Verfahrenshindernis** entsteht mit Erfüllung der Auflagen auch dann, wenn die StA übersehen hat, die Zustimmung des Gerichts nach **Abs. 1 S. 1** einzuholen, obgleich eine Ausnahme nach **Abs. 1 S. 6** iVm § 153 Abs. 1 S. 2 nicht vorlag (Karlsruhe NStZ 1995, 535 mwN). Der Beschluss muss auch die Nebenentscheidungen treffen. Die Kosten des Verfahrens fallen der Staatskasse zur Last (§ 467 Abs. 1), die notwendigen Auslagen des Beschuldigten dürften nicht der Staatskasse auferlegt werden (§ 467 Abs. 5), die notwendigen Auslagen des Nebenklägers hat idR der Beschuldigte zu tragen (§ 472 Abs. 2 S. 2) und ggf. ergeht eine Entscheidung über die Entschädigung für Strafverfolgungsmaßnahmen nach dem StrEG (Meyer-Goßner Rn. 55).

10 Das **Ruhen der Verjährung** findet gemäß **Abs. 3** während der Frist für die Erfüllung der Auflagen und Weisungen statt. Es beginnt mit dem vorläufigen Absehen von der Klageerhebung durch die StA oder der vorläufigen Einstellung durch das Gericht; es endet mit dem letzten Tag der gesetzten oder verlängerten Frist. Wann das Verfahren tatsächlich fortgesetzt wird, ist unerheblich (KK-Schoreit Rn. 68). In das **Bundeszentralregister** werden die Entscheidungen nach § 153a nicht eingetragen. In den Ländern der ehemaligen **DDR** ist statt der Einstellung nach § 153a bei Vergehen mit geringfügigen Folgen die Abgabe an eine Schiedsstelle zulässig, wenn der Beschuldigte zustimmt und kein öffentliches Interesse an der Verfolgung besteht (EV Anl I Kap. III Sachgebiet A Abschnitt III Nr. 14b).

11 Die **Revision** kann grundsätzlich auf die Anwendung oder Nichtanwendung nicht gestützt werden. Das Revisionsgericht hat jedoch von Amts wegen zu beachten, ob das Verfahrenshindernis nach Abs. 1 S. 4 besteht. Es prüft im fortgesetzten Verfahren, ob der Beschuldigte entgegen der Annahme des Tatrichters die Auflagen und Weisungen fristgerecht und vollständig erfüllt hat. Das Revisionsgericht hat das Verfahren wegen des Verfahrenshindernisses einzustellen, wenn das angenommene Verbrechen – an Stelle des Vergehens (s. Rn. 9) – nicht nachgewiesen werden kann (Rieß-LR Rn. 110).

§ 153b [Absehen von Klage; Einstellung]

(1) **Liegen die Voraussetzungen vor, unter denen das Gericht von Strafe absehen könnte, so kann die Staatsanwaltschaft mit Zustimmung des Gerichts, das für die Hauptverhandlung zuständig wäre, von der Erhebung der öffentlichen Klage absehen.**

(2) **Ist die Klage bereits erhoben, so kann das Gericht bis zum Beginn der Hauptverhandlung mit Zustimmung der Staatsanwaltschaft und des Angeschuldigten das Verfahren einstellen.**

1 Diese Vorschrift kommt nur in Betracht, wenn das Verfahren nicht nach § 170 Abs. 2 einzustellen ist und wenn damit zu rechnen ist, dass das Gericht von **Strafe absehen** wird. Zu den in Frage kommenden materiellen Vorschriften gehört zunächst § 60 StGB, der auch bei Verbrechen gilt, sowie folgende Einzelvorschriften, in denen wegen tätiger Reue oder sonstiger Schuldminderungsgründe von Strafe

Öffentliche Klage **§ 153 b**

abgesehen werden kann: zB §§ 83 a, 84 Abs. 4 und Abs. 5, 85 Abs. 3, § 86 Abs. 4, 86 a Abs. 3, 87 Abs. 3, 89 Abs. 3, 98 Abs. 2, 99 Abs. 3, 113 Abs. 4, 129 Abs. 5 und Abs. 6, 129 a Abs. 4 und 5, 139 Abs. 1, 157, 158 Abs. 1, 174 Abs. 4, 182 Abs. 4, 218 a Abs. 4 S. 2, 314 a, 315 Abs. 6, 315 b Abs. 6, 330 b Abs. 1 StGB; § 20 Abs. 2 VereinsG; §§ 29 Abs. 5, 31 BtMG; auch die Straffreiheitserklärung nach § 199 StGB, die sachlich ein Absehen von Strafe darstellt. **Unanwendbar** ist diese Vorschrift bei Vorliegen **persönlicher Strafaufhebungsgründe,** zB nach §§ 24, 31, 310, 315 Abs. 6 S. 2 StGB; liegen solche vor, so fehlt es an einem hinreichenden Tatverdacht, so dass die StA das Verfahren nach § 170 Abs. 2 einstellen oder das Gericht freisprechen muss (Rieß-LR Rn. 3). Die Einstellung muss sich auf die **gesamte prozessuale Tat** beziehen. Treffen – tateinheitlich oder tatmehrheitlich – mehrere Gesetzesverletzungen in einer Tat zusammen, so kann § 153 b nur angewendet werden, wenn alle verwirklichten Tatbestände ein Absehen von der Verfolgung gestatten (BayObLG NJW 1972, 696).

Im **Ermittlungsverfahren** trifft die StA die Entscheidung mit **Zustimmung** 2 **des Gerichts (Abs. 1).** Die §§ 153 Abs. 1, 153 a und 153 b schließen einander nicht aus (Meyer-Goßner Rn. 2). Die StA vermerkt die Einstellung in einer **Abschlussverfügung,** die **keinen Strafverbrauch** bewirkt. Die Ermittlungen können wieder aufgenommen werden. Die **Privatklage** bleibt zulässig; hierauf hat die StA den Verletzten hinzuweisen. Ein **Klageerzwingungsverfahren ist nach** § 172 Abs. 2 S. 3 unzulässig (KK-Schoreit Rn. 5); die Ablehnung eines Einstellungsantrags sowie die Versagung der staatsanwaltschaftlichen Einstellung ist **unanfechtbar.**

Die Einstellung des Verfahrens durch das **Gericht (Abs. 2)** ist zulässig, wenn die 3 StA Anklage bis zum Beginn der erstinstanzlichen Hauptverhandlung erhoben hat. Sodann kann das Absehen von Strafe im Urteil auf Grund der materiell-rechtlichen Norm vorgenommen werden; dies kann auch im **Revisionsverfahren** gemäß § 354 Abs. 1 ausgesprochen werden (KK-Schoreit Rn. 6). Die **Zustimmung** des Beschuldigten und der StA ist zwingend erforderlich. Der **Nebenkläger** erhält – nach Entscheidung gemäß § 396 Abs. 3 – rechtliches Gehör (§ 33 Abs. 3). Eine § 153 Abs. 2 S. 2 entsprechende Ausnahmeregelung für den Fall der **Anwesenheit** usw. des Beschuldigten ist in Abs. 2 nicht gegeben. Die Einstellung erfolgt durch **Beschluss.** Er muss auch die Nebenentscheidungen treffen. Die Kosten des Verfahrens fallen der Staatskasse zur Last (§ 467 Abs. 1); das Gericht kann davon absehen, der Staatskasse die notwendigen Auslagen des Angeschuldigten aufzuerlegen (§ 467 Abs. 4); die notwendigen Auslagen des Nebenklägers hat idR der Beschuldigte zu tragen (§ 472 Abs. 2 S. 2); und ggf. ergeht eine Entscheidung über die Entschädigung für Strafverfolgungsmaßnahmen.

Die gerichtliche Einstellung **(Abs. 2)** beendet die Rechtshängigkeit und bewirkt einen **beschränkten Verbrauch der Strafklage.** Die Weiterverfolgung der Tat – durch neue Anklage – ist ua. dann möglich, wenn neue Tatsachen oder Beweismittel bekannt werden, auf Grund derer sich ergibt, dass die Voraussetzungen für das Absehen von Strafe nicht mehr vorliegen. Die Durchführung eines **objektiven Verfahrens** nach den §§ 440, 442 bleibt möglich (Rieß-LR Rn. 17). Im **Jugendstrafrecht** ist es nicht erforderlich, neben den dort vorhandenen Einstellungsmöglichkeiten nach §§ 45, 47, 109 Abs. 2 JGG auf § 153 b zurückzugreifen, obwohl § 45 JGG grundsätzlich § 153 b nicht völlig verdrängt (KK-Schoreit Rn. 13).

Der gerichtliche Einstellungsbeschluss ist grundsätzlich **unanfechtbar** (BGH 10, 5 91 = NJW 1970, 1196). Die **Beschwerde** (§ 304) ist jedoch zulässig, wenn eine prozessuale Voraussetzung fehlt. Das ist zB der Fall, wenn eine erforderliche Zustimmung nicht oder nicht wirksam erklärt ist oder ein Delikt betroffen ist, bei dem nicht von einer Strafe abgesehen werden darf (Rieß-LR Rn. 16 mwN; s. auch § 153 Rn. 10). Die **Revision** kann nicht auf die Anwendung oder Nichtanwen-

§ 153 c

dung des § 153 b gestützt werden. Aber das Revisionsgericht kann auf die Sachrüge überprüfen, ob durch Urteil von Strafe hätte abgesehen werden müssen, und es kann selbst nach § 354 Abs. 1 einstellen (Rieß-LR Rn. 18; vgl. BayObLG NJW 1972, 696).

§ 153 c [Nichtverfolgung von Auslandstaten]   RiStBV 94 bis 97, 99

(1) ¹Die Staatsanwaltschaft kann von der Verfolgung von Straftaten absehen,

1. die außerhalb des räumlichen Geltungsbereichs dieses Gesetzes begangen sind oder die ein Teilnehmer an einer außerhalb des räumlichen Geltungsbereichs dieses Gesetzes begangenen Handlung in diesem Bereich begangen hat,
2. die ein Ausländer im Inland auf einem ausländischen Schiff oder Luftfahrzeug begangen hat,
3. wenn in den Fällen der §§ 129 und 129 a, jeweils auch in Verbindung mit § 129 b Abs. 1, des Strafgesetzbuches die Vereinigung nicht oder nicht überwiegend im Inland besteht und die im Inland begangenen Beteiligungshandlungen von untergeordneter Bedeutung sind oder sich auf die bloße Mitgliedschaft beschränken.

²Für Taten, die nach dem Völkerstrafgesetzbuch strafbar sind, gilt § 153 f.

(2) Die Staatsanwaltschaft kann von der Verfolgung einer Tat absehen, wenn wegen der Tat im Ausland schon eine Strafe gegen den Beschuldigten vollstreckt worden ist und die im Inland zu erwartende Strafe nach Anrechnung der ausländischen nicht ins Gewicht fiele oder wenn der Beschuldigte wegen der Tat im Ausland rechtskräftig freigesprochen worden ist.

(3) Die Staatsanwaltschaft kann auch von der Verfolgung von Straftaten absehen, die im räumlichen Geltungsbereich dieses Gesetzes durch eine außerhalb dieses Bereichs ausgeübte Tätigkeit begangen sind, wenn die Durchführung des Verfahrens die Gefahr eines schweren Nachteils für die Bundesrepublik Deutschland herbeiführen würde oder der Verfolgung sonstige überwiegende öffentliche Interessen entgegenstehen.

(4) Ist die Klage bereits erhoben, so kann die Staatsanwaltschaft in den Fällen des Absatzes 1 Nr. 1, 2 und des Absatzes 3 die Klage in jeder Lage des Verfahrens zurücknehmen und das Verfahren einstellen, wenn die Durchführung des Verfahrens die Gefahr eines schweren Nachteils für die Bundesrepublik Deutschland herbeiführen würde oder der Verfolgung sonstige überwiegende öffentliche Interessen entgegenstehen.

(5) Hat das Verfahren Straftaten der in § 74 a Abs. 1 Nr. 2 bis 6 und § 120 Abs. 1 Nr. 2 bis 7 des Gerichtsverfassungsgesetzes bezeichneten Art zum Gegenstand, so stehen diese Befugnisse dem Generalbundesanwalt zu.

1   Diese Vorschrift (vgl. auch RiStBV Nr. 94 bis 97, 99) fasst mehrere Fallgruppen unter dem äußerlichen Gesichtspunkt zusammen, dass die zu verfolgende Tat in irgendeiner Weise **Auslandsberührung aufweist** (Rieß-LR Rn. 1). Die StA ist **zum Absehen von der Verfolgung** befugt (in Abs. 5 der GBA). Führt die **Finanzbehörde** das Steuerstrafverfahren selbstständig (§§ 386 Abs. 1, 399 Abs. 1 AO), ist sie – abgesehen von Abs. 4 – berechtigt, diese Vorschrift anzuwenden. Die Bestimmung gilt auch im **Jugendstrafverfahren.** Die Nichtverfolgung erfasst die **prozessuale Tat.** Die Herausnahme einzelner Straftatbestände aus der Verfolgung einer einheitlichen Tat ist nur nach § 154 a möglich. Sind **mehrere Beschuldigte** als Täter oder Teilnehmer an einer prozessualen Tat beteiligt, so kann die Vorschrift bei einzelnen angewendet werden, bei anderen nicht. Die Bestimmung gilt auch bei

Öffentliche Klage § 153 c

Verbrechen (Rieß-LR Rn. 6). Die StA entscheidet **allein nach pflichtgemäßem Ermessen** unter Abwägung des öffentlichen Interesses (vgl. näher RiStBV Nr. 94 ff.). Die **Zustimmung** des Gerichts, des Beschuldigten oder des Verletzten ist also nicht erforderlich. Mit der Entscheidung der StA wird die im Ausland begangene Straftat Gegenstand eines **inländischen Ermittlungsverfahrens** (BGH NJW 1990, 1428). Die Einstellungsverfügung hat **keine Rechtskraftwirkung** (Meyer-Goßner Rn. 1). Eine Durchermittlung des Sachverhalts ist nicht erforderlich (KK-Schoreit Rn. 3).

Unter **Auslandstaten** nach **Abs. 1 Nr. 1** fallen Taten, die **außerhalb** des 2 Geltungsbereichs der StPO **begangen** sind. Es kommt also auf den **Tatort** an. Dieser ist nach § 9 StGB der **Tätigkeitsort** und der **Erfolgsort**. Zum Ausland gehört ebenfalls die hohe See, wenn dort, wie etwa nach § 4 StGB für deutsche Schiffe oder Luftfahrzeuge, das deutsche Strafrecht uneingeschränkt gilt, so dass in solchen Fällen Abs. 1 Nr. 1 anwendbar ist (Rieß-LR Rn. 9). Wird zB vom Ausland her eine Erpressung eines Bürgers der BRep. durchgeführt, handelt es sich um eine Inlandstat, auf die Abs. 1 Nr. 1 nicht Anwendung findet. Es wäre aber eine Auslandstat, wenn ein Deutscher im Ausland eine Erpressung gegen einen Ausländer begeht oder an ihr teilnimmt; § 153 c könnte zur Anwendung kommen, sofern die Voraussetzungen des § 7 Abs. 2 StGB erfüllt sind (KK-Schoreit Rn. 4). **Ausländertaten** nach **Abs. 1 Nr. 2** betreffen Taten von Ausländern auf einem **ausländischen** Schiff oder Luftfahrzeug im Inland. Da diese auch im Heimatstaat verfolgt werden können, besteht idR kein Anlass zu deutschen Strafverfolgungsmaßnahmen, es sei denn, dass sich die Tat gegen einen deutschen Staatsangehörigen oder Amtsträger oder allgemein gegen den Rechtsfrieden in der BRep. richtet. Vor dem Absehen von der Strafverfolgung muss mit großer Wahrscheinlichkeit feststehen, dass der Täter ein **Ausländer** war, dh. ein Nichtdeutscher, also auch ein Staatenloser. Ausländische Schiffe oder Luftfahrzeuge sind diejenigen, die nicht zu den deutschen iS des § 4 StGB und des § 10 gehören.

Abs. 1 Nr. 3 ist durch ein Gesetzesversehen nicht besetzt. **Kriminelle und** 3 **terroristische Vereinigungen** im Inland und Ausland brauchen unter den Voraussetzungen des Abs. 1 Nr. 4 nicht verfolgt zu werden. Für Taten, die nach dem **Völkerstrafgesetzbuch** strafbar sind, gilt der neu eingefügte **§ 153 f**.

Abs. 2 Ausland ist jedes Gebiet außerhalb des Inlands. **Ausländische Urteile** 4 verbrauchen die Strafklage nicht, und zwar weder für Deutsche noch für Ausländer. Die **vollstreckte** Auslandsstrafe ist nach § 51 Abs. 3 StGB auf die Inlandsstrafe anzurechnen. „Nicht ins Gewicht fiele" bedeutet, dass kein wesentlicher Strafrest übrig bleibt. Der rechtskräftige ausländische **Freispruch** ist auch kein Verfahrenshindernis. Das Gesetz bestimmt aber nicht, wann eine erneute Strafverfolgung geboten oder in welchem Fall von ihr abzusehen ist (Meyer-Goßner Rn. 12).

Distanztaten (Abs. 3), bei denen die Handlung ausschließlich im Ausland 5 begangen wurde und der Erfolg im Inland eingetreten ist, sind gemäß §§ 3, 9 StGB Inlandstaten. Solche Taten gefährden im Gegensatz zu Auslandstaten (Abs. 1) inländische Rechtsgüter unmittelbar. Die Nichtverfolgungsermächtigung ist deshalb an die materielle Voraussetzung der Gefahr des schweren Nachteils für die Bundesrepublik oder sonstiger überwiegender öffentlicher Interessen geknüpft. Bei der **Gefahr eines schweren Nachteils für die BRep.** genügt die Gefahr für eines der **Bundesländer**. Sie kann die äußere Sicherheit betreffen (vgl. §§ 93 Abs. 1, 94 Abs. 1, 97 a StGB), jedoch auch die innere, oder sonst das wirtschaftliche Wohl, den inneren Frieden oder den Arbeitsfrieden. Das **Gegeninteresse** muss ein **öffentliches** sein; das bloße Interesse des Verletzten oder einer anderen einzelnen reicht nicht aus (KK-Schoreit Rn. 14).

Nach **Anklageerhebung (Abs. 4)** kann die StA über § 156 hinaus die Klage 6 durch **einseitige Erklärung** zurücknehmen und das Verfahren in das Stadium des Ermittlungsverfahrens zurückversetzen und **einstellen**. **Ausnahme:** anhängige Ver-

§§ 153 d, 153 e   Zweites Buch. 1. Abschnitt

fahren nach Auslandsverurteilung nach Abs. 2. Das mit der Sache befasste Gericht kann der StA eine entspr. Anregung geben. Die Einstellung verbraucht nicht die Strafklage. In allen Fällen, in denen die StA nach § 153 c verfährt, ist das **Klageerzwingungsverfahren unzulässig**, § 172 Abs. 2 S. 3 (Meyer-Goßner Rn. 16).

7   In **Staatsschutzsachen** (Abs. 5) – Friedensverrat und Völkermord sind nicht erfasst – steht die Nichtverfolgungsentscheidung **allein dem GBA** zu. Damit soll ermöglicht werden, dass in diesem Bereich von den Befugnissen des § 153 c einheitlich Gebrauch gemacht wird (KK-Schoreit Rn. 18). Zu Einzelheiten s. RiStBV Nr. 97. Der GBA muss in allen in Betracht kommenden Fällen unterrichtet werden. Er entscheidet auch in den Fällen die die StA eines Landes führt, ob von der Verfolgung abgesehen oder dass die Klage zurückgenommen wird (KK-Schoreit Rn. 18).

8   Für die Entscheidungen über **Kosten**, Auslagen und Entschädigung gelten § 467 a (OLG Düsseldorf NStZ 1996, 245) und § 9 StrEG. Das **objektive Verfahren** kann nachträglich durchgeführt werden (§§ 76 a Abs. 1, 3 StGB iVm §§ 440, 442). Den Antrag nach § 440 kann nur die StA stellen, die das Verfahren mit der Einstellung nach § 153 c **beendet** hat; im Falle des Abs. 4 stellt ihn der GBA.

§ 153 d [Absehen von der Verfolgung aus politischen Gründen]
RiStBV 98, 99

(1) **Der Generalbundesanwalt kann von der Verfolgung von Straftaten der in § 74 a Abs. 1 Nr. 2 bis 6 und in § 120 Abs. 1 Nr. 2 bis 7 des Gerichtsverfassungsgesetzes bezeichneten Art absehen, wenn die Durchführung des Verfahrens die Gefahr eines schweren Nachteils für die Bundesrepublik Deutschland herbeiführen würde oder wenn der Verfolgung sonstige überwiegende öffentliche Interessen entgegenstehen.**

(2) **Ist die Klage bereits erhoben, so kann der Generalbundesanwalt unter den in Absatz 1 bezeichneten Voraussetzungen die Klage in jeder Lage des Verfahrens zurücknehmen und das Verfahren einstellen.**

1   Diese Vorschrift (vgl. auch RiStBV Nr. 98, 99) **ergänzt** § 153 c Abs. 4. Sie bringt gegenüber § 153 c insofern eine Erweiterung, als hier eine **Auslandsbeziehung** gemäß § 153 c Abs. 1 Nr. 1 bis 3 nicht vorzuliegen braucht. Zu Einzelheiten s. § 153 c.

2   Beim **Zusammentreffen** der in **Abs. 1** genannten Staatsschutzdelikte mit **anderen Straftaten** (zB Vermögensdelikten) iS einer einheitlichen prozessualen Tat kann die Nichtverfolgung nur die gesamte Tat betreffen; sie unterbleibt daher, wenn das Schwergewicht nicht bei dem Staatsschutzdelikt liegt (s. auch § 153 e Rn. 1). Das **objektive Verfahren** kann nachträglich durchgeführt werden (s. § 153 c Rn. 6).

§ 153 e [Absehen von Klage bei tätiger Reue]   RiStBV 100

(1) ¹**Hat das Verfahren Straftaten der in § 74 a Abs. 1 Nr. 2 bis 4 und in § 120 Abs. 1 Nr. 2 bis 7 des Gerichtsverfassungsgesetzes bezeichneten Art zum Gegenstand, so kann der Generalbundesanwalt mit Zustimmung des nach § 120 des Gerichtsverfassungsgesetzes zuständigen Oberlandesgerichts von der Verfolgung einer solchen Tat absehen, wenn der Täter nach der Tat, bevor ihm deren Entdeckung bekanntgeworden ist, dazu beigetragen hat, eine Gefahr für den Bestand oder die Sicherheit der Bundesrepublik Deutschland oder die verfassungsmäßige Ordnung abzuwenden.** ²**Dasselbe gilt, wenn der Täter einen solchen Beitrag dadurch geleistet hat, daß er nach der Tat sein mit ihr zusammenhängendes Wissen über**

Öffentliche Klage § 153 e

Bestrebungen des Hochverrats, der Gefährdung des demokratischen Rechtsstaates oder des Landesverrats und der Gefährdung der äußeren Sicherheit einer Dienststelle offenbart hat.

(2) Ist die Klage bereits erhoben, so kann das nach § 120 des Gerichtsverfassungsgesetzes zuständige Oberlandesgericht mit Zustimmung des Generalbundesanwalts das Verfahren unter den in Absatz 1 bezeichneten Voraussetzungen einstellen.

Diese Vorschrift (vgl. RiStBV Nr. 100) lässt es zu, unter Durchbrechung des 1 Legalitätsprinzips bei den aufgeführten Staatsschutzdelikten in Fällen **tätiger Reue** über die strafrechtlichen Strafaufhebungsgründe (§§ 24, 31 StGB) hinaus als rein **prozessuale Vergünstigung** von der **Strafverfolgung abzusehen**. Die Deliktsaufzählung in **Abs. 1 ist abschließend**. Beim **Zusammentreffen** der in **Abs. 1** genannten Staatsschutzdelikte mit **anderen Straftaten** iS einer einheitlichen prozessualen Tat kann die Nichtverfolgung nur die gesamte Tat betreffen; sie unterbleibt daher, wenn das Schwergewicht nicht bei dem Staatsschutzdelikt liegt (KK-Schoreit Rn. 11; Rieß-LR Rn. 2). Die Sache braucht nicht ausermittelt zu sein. Bei Erörterung über die Einstellung mit dem Beschuldigten und seinem Verteidiger ist zurückhaltend vorzugehen (RiStBV Nr. 100 Abs. 1).

Abs. 2 kennt zwei Abschnitte: nach der Tat und bevor dem **Täter** deren **Entdeckung bekannt** geworden ist **(Abs. 1 S. 1);** und nach der Tat – praktisch nach dem Bekanntwerden der Entdeckung, denn der Täter hat sich einer **Dienststelle** zu offenbaren – bis zur Erhebung der Klage **(Abs. 1 S. 2).** Die **Mitwirkung** des zuständigen OLG ist in beiden Fällen notwendig. Die Zuständigkeit des GBA und des OLG besteht nicht nur, sondern auch, wenn das Verfahren von einer Landes-StA betrieben wird oder bei einem anderen Gericht anhängig ist. In diesem Fall wird – sofern die Anwendung des § 153 e in Betracht kommt – die Entscheidung auf Anregung der Landes-StA oder des mit der Sache befassten Gerichts in einem Zwischenverfahren getroffen, das ggf. zum Abschluss des Verfahrens führt. Die **Zustimmung** des OLG, die in der Besetzung mit drei Richtern (§ 122 Abs. 1 GVG) gefasst wird, ist keine Entscheidung iS des § 33 Abs. 3; der Beschuldigte braucht nicht gehört zu werden. Das gilt auch für den Einstellungsbeschluss nach Abs. 2 (Meyer-Goßner Rn. 3).

Der **Beitrag** (die tätige Reue) setzt ein aktives Handeln voraus. Als **Ausgleichs-** 3 **handlung** kommt im 1. Fall **(Abs. 1 S. 1)** jede Art der **Gefahrabwendung** in Betracht, auch ohne Einschaltung einer Behörde. Im 2. Fall **(Abs. 1 S. 2)** genügt nur gefahrabwendende Wissensoffenbarung gegenüber einer **Dienststelle**, von der Gegenmaßnahmen zu erwarten sind (AK/StPO-Schöch Rn. 4). Die **Gefahr,** zu deren Abwendung der Täter beiträgt, braucht nicht von ihm verursacht zu sein. Seine Angaben oder Ausgleichshandlungen müssen nur der **Sicherheit** dienen und dürfen nicht wertlos sein, weil zB die betreffende Gefahr bereits bekannt war (KK-Schoreit Rn. 6).

Nach **Klageerhebung** geht die Zuständigkeit für die Einstellung gemäß **Abs. 2** 4 auf das OLG über. Der Gerichtsbeschluss kann in jeder Lage des Zwischen- und Hauptverfahrens und auch in der **Revisionsinstanz** ergehen. Er hat im Gegensatz zur Einstellungsverfügung des GBA eine **beschränkte Rechtskraft** (KK-Schoreit Rn. 15), d.h. eine Weiterverfolgung ist nur auf Grund neuer Tatsachen und Beweismittel möglich, die zu einer erheblich höheren Schuld führen. Der Einstellungsbeschluss hat auch Entscheidungen über Kosten, Auslagen und ggf. über eine Entschädigung für Strafverfolgungsmaßnahmen zu treffen (§ 464 Abs. 1, 2). Das **nachträgliche objektive Verfahren** ist möglich.

Das **Klageerzwingungsverfahren** ist im Falle der Einstellung durch den GBA 5 gemäß § 172 Abs. 2 S. 3 nicht zulässig. Der Beschluss des OLG ist nach § 304 Abs. 4 **unanfechtbar**.

§ 153 f [Absehen von der Verfolgung einer nach §§ 6–14 Völkerstrafgesetzbuch strafbaren Tat] RiStBV 199

(1) ¹Die Staatsanwaltschaft kann von der Verfolgung einer Tat, die nach den §§ 6 bis 14 des Völkerstrafgesetzbuches strafbar ist, in den Fällen des § 153 c Abs. 1 Nr. 1 und 2 absehen, wenn sich der Beschuldigte nicht im Inland aufhält und ein solcher Aufenthalt auch nicht zu erwarten ist. ²Ist in den Fällen des § 153 c Abs. 1 Nr. 1 der Beschuldigte Deutscher, so gilt dies jedoch nur dann, wenn die Tat vor einem internationalen Gerichtshof oder durch einen Staat, auf dessen Gebiet die Tat begangen wurde oder dessen Angehöriger durch die Tat verletzt wurde, verfolgt wird.

(2) ¹Die Staatsanwaltschaft kann insbesondere von der Verfolgung einer Tat, die nach den §§ 6 bis 14 des Völkerstrafgesetzbuches strafbar ist, in den Fällen des § 153 c Abs. 1 Nr. 1 und 2 absehen, wenn

1. kein Tatverdacht gegen einen Deutschen besteht,
2. die Tat nicht gegen einen Deutschen begangen wurde,
3. kein Tatverdächtiger sich im Inland aufhält und ein solcher Aufenthalt auch nicht zu erwarten ist und
4. die Tat vor einem internationalen Gerichtshof oder durch einen Staat, auf dessen Gebiet die Tat begangen wurde, dessen Angehöriger der Tat verdächtig ist oder dessen Angehöriger durch die Tat verletzt wurde, verfolgt wird.

²Dasselbe gilt, wenn sich ein wegen einer im Ausland begangenen Tat beschuldigter Ausländer im Inland aufhält, aber die Voraussetzungen nach Satz 1 Nr. 2 und 4 erfüllt sind und die Überstellung an einen internationalen Gerichtshof oder die Auslieferung an den verfolgenden Staat zulässig und beabsichtigt ist.

(3) Ist in den Fällen des Absatzes 1 oder 2 die öffentliche Klage bereits erhoben, so kann die Staatsanwaltschaft die Klage in jeder Lage des Verfahrens zurücknehmen und das Verfahren einstellen.

1 Durch diese Vorschrift wird die Durchführung des **Weltrechtsprinzips** gemäß § 1 **Völkerstrafgesetzbuch** (VStGB) im Strafverfahrensbereich unterstützt. Mit § 153 f wird vor allem das sonst nach § 153 c bei Auslandstaten bestehende Verfolgungsermessen der StA für Auslandstaten, die unter das VStGB fallen, eingeschränkt. Für Fälle mit **Inlandsbezug** gilt das **Legalitätsprinzip** (BVerfG NJW 1982, 430; BGH 15, 159 = NJW 1960, 2346), insoweit besteht für die StA eine **Verfolgungspflicht**, während im Übrigen die StA unter den hier ausgestellten Voraussetzungen (vgl. Rn. 2 ff.) von ihrer Verfolgungsmöglichkeit keinen Gebrauch machen muss, sondern **ausländischen oder internationalen Strafverfolgungsbehörden** den Vortritt lassen kann (Meyer-Goßner Rn. 1). Damit wird eine Überlastung der deutschen Verfolgungsbehörde in den Fällen vermieden, die **keinen Bezug** zu Deutschland aufweisen und in denen die Ermittlungen anderer Behörden keinen nennenswerten Erfolg versprechen (BT-Drucks. 14/8524, S. 14). In diesem Zusammenhang ergibt sich für die Strafverfolgung folgende generelle **Rangordnung:** In erster Linie sind der Staat des Tatorts und die Heimatstaaten von Täter oder Opfer – auch wegen der Nähe zu den Beweismitteln – berufen, sowie, stellvertretend für diese, ein internationaler Gerichtshof, der bereit ist, den Fall an sich zu ziehen. Die Zuständigkeit von Drittstaaten, allein aufgrund des **Weltrechtsprinzips,** ist demgegenüber als bloße Auffangzuständigkeit zu verstehen, um Straflosigkeit zu vermeiden (KK-Schoreit Rn. 3).

Öffentliche Klage § 153 f

Bei den in **Abs. 1 S. 1** genannten Taten, die nach §§ 6 bis 14 VStGB strafbar 2 sind, handelt es sich um: § 6 Völkermord; § 7 Verbrechen gegen die Menschlichkeit; § 8 bis § 12 Kriegsverbrechen; § 13 Verletzung der Aufsichtspflicht; § 14 Unterlassen der Meldung einer Straftat (zum Wortlaut s. Tröndle/Fischer, StGB Anh. 2). Das Gesetz variiert die Regelungen des § 153 c Abs. 1 Nr. 1 und 2 wie folgt: § 153 c **Abs. 1 Nr. 1** überlässt es bei Taten, die außerhalb des Geltungsbereichs der StPO begangen wurden (Auslandstaten), dem Ermessen des StA, einzustellen oder anzuklagen. **§ 153 f Abs. 1 belässt es dabei,** wenn 1. sich der Beschuldigte nicht im Inland aufhält und ein solcher Aufenthalt nicht zu erwarten ist, 2. der Beschuldigte nicht Deutscher ist. Bei Deutschen lässt das Gesetz die Einstellung nach staatsanwaltschaftlichen Ermessen nur zu, wenn die Tat vor einem internationalen Gerichtshof verfolgt wird oder durch einen Staat, auf dessen Gebiet die Tat begangen wurde oder dessen Angehöriger durch die Tat verletzt wurde. Das bedeutet: die StA ist bei ernsthafter Verfolgung der Tat durch eine vorrangig zuständige Gerichtsbarkeit nicht wie sonst üblich gehalten, um die Auslieferung des Beschuldigten zu ersuchen und sie kann ihr Verfahren einstellen. Ein Aufenthalt im Inland ist auch gegeben, wenn der Beschuldigte sich freiwillig nur auf der Durchreise befindet (KK-Schoreit Rn. 5). § 153 c **Abs. 1 Nr. 2 betrifft Taten von Ausländern** im Inland auf einem ausländischen Schiff oder Luftfahrzeug; der StA handelt nach seinem Ermessen. **§ 153 f Abs. 1** belässt es dabei, sofern sich der Beschuldigte nicht im Inland und ein solcher Aufenthalt nicht zu erwarten ist (KK-Schoreit Rn. 6).

Nach **Abs. 2** kann (nicht muss) die StA **von der Verfolgung absehen** in den 3 im Einzelnen bezeichneten Fällen. Eine Verfolgung kann jedoch auch in der Bundesrepublik geschehen, wenn sich hier eine größere Opfergruppe befindet (BT-Drucks. 14/8892 S. 6). Ein „Durchermitteln" ist nicht erforderlich, auch nicht die Zustimmung des Gerichts oder des Beschuldigten (Meyer-Goßner Rn. 8).

Abs. 3 betrifft die Anwendung von § 153 f **nach Erhebung** der öffentlichen 4 Klage durch die StA. Sie kann die Klage **in jeder Lage des Verfahrens** – solange ein rechtskräftiges Urteil nicht vorhanden ist – zurücknehmen und das Verfahren einstellen (KK-Schoreit Rn. 10).

Auf die **Zuständigkeit** der Oberlandesgerichte gemäß § 120 Abs. 1 Nr. 8 GVG 5 und die primäre Zuständigkeit des GBA gemäß § 142 a GVG wird hingewiesen (KK-Schoreit Rn. 11).

Völkerstrafgesetzbuch. Durch Gesetz zur Ausführung des Römischen Statuts 6 des internationalen Strafgerichtshofes vom 17. Juli 1998 v. 21. 7. 2002 (BGBl. I S. 2144) und des Gesetzes zur Einführung des Völkerstrafgerichtshofes v. 28. 7. 2002 (BGBl. I S. 2254) ist das **materielle Strafrecht** der Bundesrepublik Deutschland an das Römische Statut des Internationalen Strafgerichtshofs sowie an weiteres allgemein anerkanntes Völkerrecht angepasst worden (BT-Drucks. 14/8892). Es wurde das weitgehend eigenständige Regelungswerk eines Völkerstrafgesetzbuches geschaffen, das die Entwicklung des humanitären Völkerrechts und des Völkerstrafrechts widerspiegelt, indem es Verbrechen gegen das Völkerrecht unter Strafe stellt. Das VStGB sieht die Geltung des Weltrechtsprinzips vor, so dass bei Verbrechen nach dem Gesetz die Notwendigkeit eines Anknüpfungspunktes im Inland nicht besteht. Das Völkerstrafgesetzbuch enthält einen Teil mit allgemeinen Bestimmungen und einen Teil mit besonderen Tatbeständen zu Völkermord, Verbrechen gegen die Menschlichkeit und Kriegsverbrechen. Daneben ist eine prozessuale Begleitregelung bestimmt, die das Ermessen für ein Absehen von der Verfolgung bei nach dem VStGB strafbaren Taten strukturiert. Außerdem enthält es die notwendigen Folgeänderungen im Bereich des StGB und anderer Gesetze. Im Strafverfahrensrecht wurden Änderungen und Ergänzungen vorgenommen.

§ 154 [Unwesentliche Nebenstrafen] RiStBV 5, 101

(1) Die Staatsanwaltschaft kann von der Verfolgung einer Tat absehen,
1. wenn die Strafe oder die Maßregel der Besserung und Sicherung, zu der die Verfolgung führen kann, neben einer Strafe oder Maßregel der Besserung und Sicherung, die gegen den Beschuldigten wegen einer anderen Tat rechtskräftig verhängt worden ist oder die er wegen einer anderen Tat zu erwarten hat, nicht beträchtlich ins Gewicht fällt oder
2. darüber hinaus, wenn ein Urteil wegen dieser Tat in angemessener Frist nicht zu erwarten ist und wenn eine Strafe oder Maßregel der Besserung und Sicherung, die gegen den Beschuldigten rechtskräftig verhängt worden ist oder die er wegen einer anderen Tat zu erwarten hat, zur Einwirkung auf den Täter und zur Verteidigung der Rechtsordnung ausreichend erscheint.

(2) Ist die öffentliche Klage bereits erhoben, so kann das Gericht auf Antrag der Staatsanwaltschaft das Verfahren in jeder Lage vorläufig einstellen.

(3) Ist das Verfahren mit Rücksicht auf eine wegen einer anderen Tat bereits rechtskräftig erkannten Strafe oder Maßregel der Besserung und Sicherung vorläufig eingestellt worden, so kann es, falls nicht inzwischen Verjährung eingetreten ist, wieder aufgenommen werden, wenn die rechtskräftig erkannte Strafe oder Maßregel der Besserung und Sicherung nachträglich wegfällt.

(4) Ist das Verfahren mit Rücksicht auf eine wegen einer anderen Tat zu erwartende Strafe oder Maßregel der Besserung und Sicherung vorläufig eingestellt worden, so kann es, falls nicht inzwischen Verjährung eingetreten ist, binnen drei Monaten nach Rechtskraft des wegen der anderen Tat ergehenden Urteils wieder aufgenommen werden.

(5) Hat das Gericht das Verfahren vorläufig eingestellt, so bedarf es zur Wiederaufnahme eines Gerichtsbeschlusses.

1   Ziel dieser Vorschrift ist die Verfahrensbeschleunigung durch **Teilverzicht** auf Strafverfolgung **mehrerer Taten** (§ 264); sie wird durch § 154a **ergänzt** (vgl. auch RiStBV Nr. 5, 101). Ausländische Verurteilungen oder Verfahren rechtfertigen nicht die Anwendung von § 154 (Meyer-Goßner Rn. 1). Die Vorschrift ist auch im **Jugendstrafverfahren** anwendbar; im **Bußgeldverfahren** zwar nicht unmittelbar, aber der in den §§ 154, 154a zugrundeliegende Gedanke ist im Rahmen des § 47 OWiG bei der pflichtgemäßen Ausübung der Verfolgung der Ordnungswidrigkeiten zu berücksichtigen (Göhler, OWiG, § 47 Rn. 25 ff.; Rieß-LR Rn. 6). Im **Privatklageverfahren** ist wegen der spezifischen Interessenlage des Privatklägers nicht anwendbar (AK/StPO-Schöch Rn. 9). Die Nichtverfolgung gilt **grundsätzlich auch für Verbrechen**. Wenn die Sache ausermittelt ist, hat an sich § 170 Abs. 2 Vorrang vor § 154 (KK-Schoreit Rn. 22). § 154 ist auch nicht dazu bestimmt, bei freispruchsreifen Tatvorwürfen einen Freispruch zu vermeiden. Da die Anwendung des § 154 nicht davon abhängig ist, dass die Verfahren wegen der mehreren Taten auf Grund des persönlichen Zusammenhangs verbunden sind (§§ 2 bis 4), kann auch die Trennung ein Mittel dazu sein, Großverfahren zu vermeiden, um wenigstens in dem einen Teil rasch zu einem rechtskräftigen Urteil zu gelangen. Das kann auch dazu führen, frühzeitig die Grundlage für die Entscheidung über die Einstellung wegen einer der mehreren Taten nach § 154 zu gewinnen (Meyer-Goßner Rn. 4). Die Nichtverfolgung nach § 154 betrifft stets die gesamte prozessuale Tat; die zu erwartende oder bereits festgesetzte Sanktion muss sich auf eine andere prozessuale Tat beziehen. Die Vorschrift gestattet es – im Gegensatz zur § 154a –

Öffentliche Klage **§ 154**

nicht, einzelne Teile einer Tat oder einzelne rechtliche Gesichtspunkte unberücksichtigt zu lassen (BGH 25, 390; Rieß-LR Rn. 9).

Nach **Abs. 1 Nr. 1** darf die neue Strafe oder Maßregel der Besserung und 2 Sicherung neben der anderen Strafe und Maßregel **nicht beträchtlich ins Gewicht fallen.** Dies kann grundsätzlich nur im Einzelfall unter Abwägung aller Umstände und unter Berücksichtigung der in **Abs. 1 Nr. 2** genannten Aspekte beurteilt werden (KK-Schoreit Rn. 8). Als allgemeine Leitlinie lässt sich zB sagen: gegenüber einer Geldstrafe wird eine zu verbüßende Freiheitsstrafe idR beträchtlich ins Gesicht fallen; eine zu verbüßende Freiheitsstrafe wird grundsätzlich von beträchtlichem Gewicht gegenüber einer zur Bewährung ausgesetzten sein; kommt eine Sicherungsverwahrung in Betracht, so wird sie idR gegenüber zeitiger Freiheitsstrafe beträchtlich ins Gewicht fallen (Rieß-LR Rn. 17). Eine **Kartellordnungswidrigkeit** kann gemäß § 21 OWiG auch dann nicht verfolgt werden, wenn die StA das Verfahren wegen **tateinheitlich** begangener Betrugstaten nach Abs. 1 Nr. 1 eingestellt hat (OLG Frankfurt wistra 1995, 279).

Die Nichtverfolgung nach **Abs. 1 Nr. 2** ist in erster Linie für **Großverfahren** 3 bestimmt; durch sie soll vermieden werden, dass ein Verfahren an sich selbst erstickt (Begr. BT-Drucks. 8/976 S. 19, 39). Von dieser Einstellungsmöglichkeit soll nur in Ausnahmefällen – ultima-ratio-Charakter, BT-Drucks. 8/976 S. 39 – Gebrauch gemacht werden. Eine mögliche **Verfahrenstrennung** ist vorzuziehen. Durch **Abs. 1 Nr. 2 wird Abs. 1 Nr. 1** („darüber hinaus") erweitert. Die Erweiterung liegt darin, dass das Erfordernis entfällt, das in Nr. 1 für die mögliche Strafe oder Maßregel aufgestellt ist, nämlich das letztere **nicht beträchtlich ins Gewicht fallen.** Quantitative Grenzen entfallen also bei Abs. 1 Nr. 2 völlig (KK-Schoreit Rn. 12, 13). Der Anwendungsbereich wird aber durch zwei Voraussetzungen begrenzt: die Einstellung muss dazu dienen, eine Aburteilung **in nicht mehr angemessener Frist zu verhindern,** und die dem materiellen Strafrecht zu entnehmenden **Strafzwecke** müssen in ausreichendem Maße auch ohne die wegen der einzustellenden Tat zu erwartenden Rechtsfolgen erreicht werden (Rieß-LR Rn. 20). Bei der **Angemessenheit der Frist** kommt es auf das erstinstanzliche Urteil an und nicht auf die Frist. Für die Angemessenheit der Frist lässt sich kein fester Zeitraum definieren (vgl. Art. 6 Abs. 1 MRK). Es wird wohl von einem Vergleich mit der Verfahrensdauer bei anderen Verfahren gleicher Art auszugehen sein (KK-Schoreit Rn. 15). Auch wenn das Urteil nicht in angemessener Frist zu erreichen wäre, ist von der Verfolgung nicht abzusehen, wenn die zu erwartenden Rechtsfolgen zur **Einwirkung** auf den Täter oder zur **Verteidigung der Rechtsordnung** erforderlich erscheinen.

Zur Einstellung nach **Abs. 1,** von der in einem frühen Verfahrensstadium Ge- 4 brauch gemacht werden soll (RiStBV Nr. 101 Abs. 1), ist nur die **StA** (und die **Finanzbehörden** gemäß §§ 386, 399 Abs. 1 AO) befugt, nicht die **Polizei,** auch wenn sie nach § 163 im ersten Zugriff tätig wird. Der StA ist jedoch kein echter Ermessensspielraum eingeräumt. Es wird lediglich um die Verwendung von Begriffen, die einen weiten Beurteilungsspielraum erlauben. Die **Zustimmung** des Gerichts ist nicht erforderlich. Das Absehen von der Verfolgung nach Abs. 1 ist **vorläufig;** denn die StA kann die **Ermittlungen jederzeit wieder aufnehmen,** wenn es ihr geboten erscheint, zB bei Unrichtigkeit ihrer Prognose über Ablauf und Ergebnis des anderen Verfahrens (BGH 30, 165 = NJW 1981, 2411; Meyer-Goßner Rn. 15). Der Grundsatz **ne bis in idem** gilt für nach § 154 Abs. 1 eingestellten Taten **nicht** (OLG Karlsruhe NStZ-RR 1997, 14; Lüderssen-LR Rn. 51). War die dem **Auslieferungsverfahren** zugrundeliegende Tat Gegenstand eines deutschen staatsanwaltschaftlichen Ermittlungsverfahrens, das insoweit mit einem Absehen von der Verfolgung nach § 154 Abs. 1 endete, so steht dies einer Auslieferung nicht entgegen (OLG Karlsruhe NStZ 1997, 13). Die in Abs. 4 bestimmte Frist ist auf eine Einstellung nach Abs. 1 unanwendbar (BGH NStZ 1986, 469). Gegenüber

§ 154   Zweites Buch. 1. Abschnitt

dem Beschuldigten besteht unter den Voraussetzungen des § 170 Abs. 2 S. 2 eine **Mitteilungspflicht.** Der Anzeigeerstatter erhält eine Mitteilung nach § 171 und RiStBV Nr. 101, 89.

5   **Nach Erhebung der öffentlichen Klage (Abs. 2),** dh. vom Beginn des Zwischenverfahrens bis zum Abschluss des Rechtsmittelverfahrens kann das Gericht das Verfahren auf **Antrag der StA** einstellen, auch das **Revisionsgericht.** Die Voraussetzungen des Abs. 1 müssen vorliegen. Der Antrag der StA zwingt das Gericht, das frei ist, nicht zur Einstellung. Der Antrag der StA und der Einstellungsgrund – Abs. 1 Nr. 1 oder Abs. 1 Nr. 2 – müssen jedoch übereinstimmen (Rieß-LR Rn. 36). Will das Gericht dem Antrag der StA nicht folgen, so lehnt es diesen durch ausdrücklichen Beschluss (mit Begründung, § 33 zweite Altern.) ab und setzt das Verfahren fort. Die **Einstellungsentscheidung** ergeht auch durch **Beschluss.** Er muss den **Einstellungsgrund** (Abs. 1 Nr. 1 oder Abs. 1 Nr. 2), die eingestellten Taten und Verfahren, aus denen die Bezugssanktionen stammen oder zu erwarten sind, konkret und unmissverständlich bezeichnen. Eine weitergehende Begründung ist nicht notwendig, aber mit einer Entscheidung über die Kosten und notwendigen Auslagen (BGH NStZ 1997, 26). Bei einer (teilweisen) Einstellung nach Abs. 2 bedarf es – anders als zB bei §§ 153 Abs. 2, 153a Abs. 2 – der Zustimmung des Angeklagten **nicht.** Bei einer begünstigenden Kostenentscheidung ist er in keiner Weise beschwert, sodass seine vorherige Anhörung nicht erforderlich ist (BGH NStZ 1995, 18). Die Einstellung nach Abs. 2 „beendet die gerichtliche Anhängigkeit des von ihr betroffenen Teils der Anklage und schafft insoweit ein **Verfahrenshindernis,** solange ein Wiederaufnahmebeschluss (§ 154 V StPO) nicht ergangen ist" (BayObLG NStZ 1992, 403; vgl. BGH 10, 88 = NJW 1957, 637; 30, 198). Diese Einstellung nach Abs. 2 genießt **begrenzte Rechtskraft.** „Soweit kein besonderer Vertrauensschutz gemäß dem Fairnessgrundsatz greifen sollte, kommt eine aus § 154 Abs. 2 folgende Sperrwirkung nicht in Betracht, wenn es hierfür an einer wirksamen, ausreichend konkreten Anklageerhebung gefehlt hat" (BGH NStZ 2001, 656). Durch eine Abtrennung mit dem Ziel der Einstellung nach § 154 Abs. 2 wird, nicht anders als durch die entsprechende Einstellung selbst, zu Gunsten des Angeklagten ein Vertrauen darauf begründet, dass ihm der ausgeschiedene Prozessstoff nicht mehr angelastet wird. Dies löst vor einer entsprechenden Verwertung eine **verfahrensrechtliche Hinweispflicht** aus (BGH, NStZ 2004, 162). Ein nach dem letzten Wort des Angeklagten und unmittelbar vor dem Urteil verkündeter Beschluss über die **Teileinstellung** des Verfahrens gem. § 154 Abs. 2 ist Teil der abschließenden Entscheidung des Gerichts; dies gilt auch dann, wenn durch den Einstellungsbeschluss über einen das Verfahren insgesamt betreffenden Hilfsbeweisantrag mittelbar mitentschieden wird (BGH NJW 2001, 2109 im Anschluss an BGH, Urt. v. 21. 2. 1979 – 2 StR 473/78; Aufgabe von BGH, NStZ 1983, 469). Eine **stillschweigende Wiederaufnahme** eines nach § 154 Abs. 2 vorläufig eingestellten Verfahrens, etwa durch Aburteilung der Tat, der Gegenstand des eingestellten Verfahrens ist, scheidet aus (OLG Düsseldorf NStZ-RR 1999, 306). Es ist also ein ausdrücklicher Gerichtsbeschluss nach § 154 Abs. 5 **des Gerichts** erforderlich, dessen Einstellungsbeschluss rückgängig gemacht werden soll (BGH NJW 1990, 1675). Stellt das Gericht das Verfahren wegen Betrugsversuchs vorläufig ein, so braucht es den Angeklagten nicht darauf hinzuweisen, dass es den zugrunde liegenden Sachverhalt bei der Beweiswürdigung zum Vorwurf des Versicherungsbetrugs (§ 265 StGB) **verwerten** wird (BGH NJW 1996, 2585). Der Einstellungsbeschluss hat auch die Entscheidungen über die **Nebenkosten** zu treffen. Gemäß § 467 Abs. 1 fallen die Kosten der Staatskasse zur Last; für die notwendigen Auslagen gilt § 467 Abs. 4. Die notwendigen Auslagen des **Nebenklägers** können ganz oder teilweise dem Beschuldigten auferlegt werden (§ 472). Die Entscheidung über eine Entschädigung für Strafverfolgungsmaßnahmen ergibt sich aus §§ 8, 3 StrEG (KK-Schoreit Rn. 29). Die in einem gemäß Abs. 2 eingestellten Verfahren

Öffentliche Klage § 154

erlittene **Haft** kann auf eine in einem anderen Verfahren erkannte Strafe auch dann nicht angerechnet werden, wenn beide Verfahren miteinander hätten verbunden werden können bzw. wenn im Falle der allseitigen Verurteilung eine Gesamtstrafe hätte gebildet werden müssen (OLG Hamburg NStZ 1993, 204). Hat das Gericht das Strafverfahren wegen einzelner angeklagter Taten nach Abs. 2 eingestellt, so kann es das Verfahren insoweit nicht wegen eines **Verfahrenshindernisses** einstellen, ohne zuvor nach Abs. 5 die **Wiederaufnahme** des Verfahrens beschlossen zu haben (BayObLG NStZ 1992, 403). „Die vorläufige Einstellung des Verfahrens nach § 154 Abs. 2 ist nicht deshalb unwirksam, weil in derselben Sache bei einem anderen Gericht Anklage erhoben worden ist" (BGH 36, 361 = NJW 1990, 1675).

Die StA kann ein nach **Abs. 1** eingestelltes Verfahren ohne besondere Voraus- 6 setzungen fortsetzen (s. Rn. 4). Dagegen kann das durch die Einstellung nach Abs. 2 eingetretene Verfahrenshindernis (s. Rn. 5) nur durch einen **Wiederaufnahmebeschluss** (Abs. 5) unter bestimmten Voraussetzungen beseitigt werden (Abs. 3 und 4). Abs. 3 verlangt für die Wiederaufnahme den vollständigen **nachträglichen Wegfall** der rechtskräftigen Bezugssanktion, zB Freispruch im Wiederaufnahmeverfahren, Begnadigung, Amnestie. Die Verbüßung, Strafrestaussetzung oder Begnadigung nach Teilverbüßung genügen nicht (KK-Schoreit Rn. 36, 38). Eines Antrags der StA bedarf es nicht (BGH 13, 44 = NJW 1959, 1142). Das Gericht hat kein freies Ermessen. Es gibt auch – abgesehen von der Verjährung – keine Ausschlussfrist. Nach Abs. 4 ist die Wiederaufnahme mit Rücksicht auf eine wegen einer anderen Tat **zu erwartende Strafe oder Maßregel** möglich. Die **Dreimonatsfrist** ist eine Ausschlussfrist zugunsten des Angeklagten. Sie beginnt mit dem rechtskräftigen Abschluss des anderen Verfahrens, unabhängig davon, ob dieser in Verurteilung oder Freispruch besteht oder in Einstellung (durch Urteil, § 260 Abs. 3 oder Beschluss, §§ 153 Abs. 2, 204, 206 a). Ist der Einstellungsbeschluss nach Abs. 2 im Hinblick auf mehrere noch nicht abgeschlossene Strafsachen ergangen, so beginnt die Frist, wenn das letzte der Verfahren rechtskräftig abgeschlossen ist (Meyer-Goßner Rn. 23). Das Verfahren kann unter Umständen auch schon vor dem rechtskräftigen Abschluss des anderen Verfahrens wiederaufgenommen werden (OLG Celle NStZ 1985, 218; Rieß-LR Rn. 69).

Die **Berücksichtigung bei der Beweiswürdigung und Strafzumessung** 7 von nach § 154 eingestellten Taten ist nach hM in Rspr. und Schrifttum zulässig, wenn der unter die Einstellung fallende Tatkomplex nach gerichtlicher Überzeugung **prozessordnungsgemäß festgestellt** und der Angeklagte vom Gericht ausdrücklich auf die entsprechende **Verwertungsmöglichkeit hingewiesen** wurde (BGH 30, 197 = NJW 1982, 40; 31, 302 = 1983, 1504; BGH StV 2000, 656; KK-Schoreit Rn. 48; Rieß-LR Rn. 56 f.). Die Verwertung von belastenden Umständen einer Tat, derentwegen das Verfahren gemäß § 154 Abs. 2 vorläufig eingestellt worden ist, erfordert einen vorherigen Hinweis an den Angeklagten (BGH NStZ 1998, 51; BGH NStZ-RR 1998, 264). Zur **Anrechnung** von in dem nach § 154 eingestellten Verfahren erlittener **U-Haft** auf eine in einem anderen Verfahren verhängte Strafe s. BVerfG NStZ 1999, 24; 1999, 125; NStZ 1999, 477; BGH 43, 112 = NJW 1997, 2392).

Gegen die **Einstellung nach Abs. 1** durch die StA ist ein Klageerzwingungs- 8 verfahren nicht zulässig. Die **gerichtliche Einstellung nach Abs. 2** ist unanfechtbar (BGH 10, 91 = NJW 1975, 637); dies gilt auch, wenn das Gericht den Antrag der StA auf Einstellung nach Abs. 2 abgelehnt hat. Der **Wiederaufnahmebeschluss** ist ebenfalls nicht anfechtbar (KK-Schoreit Rn. 46 mwN). Gegen die **Ablehnung der Wiederaufnahme** eines gemäß § 154 vorläufig eingestellten Verfahrens hat die StA ein Beschwerderecht (OLG Bamberg NStZ-RR 1997, 44). Mit der **Revision** kann weder die Nichtanwendung noch die Anwendung des Abs. 2 geltend gemacht werden (BGH 21, 329 = NJW 1968, 116; Rieß-LR Rn. 76). Bei Wiederaufnahme des Verfahrens kann die Revision nicht darauf gestützt werden, dass das Gericht das ihm zustehende Ermessen anders hätte ausüben und deshalb die Wiederaufnahme ablehnen müssen. Aber das durch die Einstellung geschaffene Verfahrenshindernis ist im **Revisionsverfahren von Amts wegen** zu berücksichtigen, zB wenn ein Wiederaufnahmebeschluss überhaupt nicht ergangen war, die gesetzlichen Voraussetzungen für ihn nicht vorlagen, er von einem hierfür nicht zuständigen Gericht erlassen worden war. Ob eine eingestellte Tat hätte wiederaufgenommen werden müssen, kann das Revisionsgericht nicht überprüfen (Rieß-LR Rn. 78 mwN). Die Beanstandung, das Tatgericht habe den nach Abs. 1 ausgeschiedenen Verfahrensstoff dem Angeklagten bei der Strafzumessung angelastet, ohne vorher auf diese Möglichkeit hingewiesen zu haben, kann jedenfalls in einem Fall, in dem die Urteilsgründe keinen Aufschluss über die Frage geben, ob ein Hinweis erfolgt ist oder nicht, nur mit einer den Anforderungen des § 344 Abs. 2 S. 2 entsprechenden **Verfahrensrüge** geltend gemacht werden. Soweit der BGH in früheren Entscheidungen die Verwertung des gemäß § 154 ausgeschiedenen Verfahrensstoffes zu Lasten des Angeklagten ohne vorherigen Hinweis auf die **Sachrüge** hin beanstandet hat (zB BGH NStZ 1983, 20), hält er hieran **nicht mehr fest** (BGH NStZ 1993, 501). Widerspricht die Verteidigung einer Verfahrenseinstellung nach § 154 Abs. 2 mit der Zielrichtung, einen **Freispruch zu erreichen,** so kann sie darauf vertrauen, dass der ausgeschiedene Verfahrensstoff **ohne entsprechenden Hinweis** bei der Beweiswürdigung nicht berücksichtigt wird (OLG Hamm NStZ-RR 2002, 14).

9 Gegen einen **Jugendlichen** ist das Verfahren vor dem erkennenden Gericht nicht öffentlich (§ 48 Abs. 1 JGG). Sind nun Taten Gegenstand der Anklage, die der Angeklagte **teils als Jugendlicher, teils als Heranwachsender** begangen hat, findet die Hauptverhandlung auch dann noch unter **Ausschluss der Öffentlichkeit** statt, wenn im Verlauf der Hauptverhandlung dasjenige Verfahren wegen der Taten, die er als Jugendlicher begangen hat, nach § 154 Abs. 2 vorläufig eingestellt worden ist (BGH NStZ 1998, 315, Fortentwicklung von BGH 22, 21 = NJW 1968, 457). Der Angeklagte scheidet als Jugendlicher – anders als bei der Teilabtrennung – nicht aus dem Prozessverhältnis aus, sondern letzteres bleibt wegen der Wiederaufnahmemöglichkeit (§ 154 Abs. 4) aufrecht erhalten (KK-Schoreit Rn. 50).

§ 154a [Beschränkung der Strafverfolgung]   RiStBV 5, 101, 101a

(1) ¹Fallen einzelne abtrennbare Teile einer Tat oder einzelne von mehreren Gesetzesverletzungen, die durch dieselbe Tat begangen worden sind,
1. für die zu erwartende Strafe oder Maßregel der Besserung und Sicherung oder
2. neben einer Strafe oder Maßregel der Besserung und Sicherung, die gegen den Beschuldigten wegen einer anderen Tat rechtskräftig verhängt worden ist oder die er wegen einer anderen Tat zu erwarten hat,

nicht beträchtlich ins Gewicht, so kann die Verfolgung auf die übrigen Teile der Tat oder die übrigen Gesetzesverletzungen beschränkt werden. ²§ 154 Abs. 1 Nr. 2 gilt entsprechend. ³Die Beschränkung ist aktenkundig zu machen.

(2) Nach Einreichung der Anklageschrift kann das Gericht in jeder Lage des Verfahrens mit Zustimmung der Staatsanwaltschaft die Beschränkung vornehmen.

(3) ¹Das Gericht kann in jeder Lage des Verfahrens ausgeschiedene Teile einer Tat oder Gesetzesverletzungen in das Verfahren wieder einbeziehen. ²Einem Antrag der Staatsanwaltschaft auf Einbeziehung ist zu entsprechen. ³Werden ausgeschiedene Teile einer Tat wieder einbezogen, so ist § 265 Abs. 4 entsprechend anzuwenden.

Öffentliche Klage § 154 a

Diese Vorschrift hat den Zweck, „das Strafverfahren zu vereinfachen, zu be- 1
schleunigen und klarer zu gestalten" (BT-Drucks. 180/60 S. 17, 34/36; BGH 32,
84 = NJW 1984, 1364). Sie bedeutet im Interesse der Prozesswirtschaftlichkeit eine
Abweichung vom Legalitätsprinzip (BGH JZ 1998, 471). Für die Entscheidung
Unwesentliches soll in jeder Lage des Verfahrens, sowohl (schon) im Ermittlungsverfahren wie auch (noch) in der Revisionsinstanz, sowohl innerhalb wie auch außerhalb einer Verhandlung, ausgeschieden, aber ebenso auch ohne Zustimmung der
StA und ohne Bindung an sonstige Beschränkungen wieder einbezogen werden
können" (BGH 32, 87 = NJW 1984, 1364). Die Beschränkung steht **nicht der
Polizei** zu. Die Vorschrift kann auch bei nebenklagefähigen Delikte angewendet
werden. § 397 Abs. 2 stellt aber sicher, dass ein **Anschluss des Nebenklägers**
möglich bleibt und dass dessen Zulassung die Beschränkung nach § 154 a ausschließt. Mit Zustimmung des Nebenklägers können einzelne Nebenklagedelikte
von der Verfolgung ausgenommen werden (KK-Schoreit Rn. 4 mwN). § 154 a gilt
– wie sich aus § 385 Abs. 4 ergibt – grundsätzlich auch im **Privatklageverfahren.**
Nach dem Gesetzeswortlaut ist aber § 154 a Abs. 3 S. 2 im Privatklageverfahren
nicht anwendbar. An die Stelle der im Offizialverfahren erforderlichen Zustimmung
der StA tritt die des Privatklägers; seinem Wiedereinsetzungsantrag ist aber der
zwingende Charakter genommen (Rieß-LR Rn. 5). Für das **Jugendstrafverfahren**
und das **Bußgeldverfahren** gelten die Ausführungen bei § 154 Rn. 1.

Einzelne abtrennbare Teile einer Tat (Abs. 1 S. 1) können von der Verfol- 2
gung **ausgenommen** werden, so dass die Verfolgung „auf die übrigen Teile der
Tat beschränkt wird". Abtrennbare Teile sind solche, die aus einem **einheitlichen
historischen** Vorgang iS des § 264 herausgelöst werden können, ohne dass ein
auch strafrechtlich untrennbar zusammengehöriger Gesamttatbestand zerrissen
würde, zB Teilakte einer fortgesetzten Handlung, Teile einer falschen Zeugenaussage. Nicht abtrennbar sind Tatumstände, die Bedeutung für ein einzelnes strafrechtliches **Tatbestandsmerkmal** haben, zB die Gewaltanwendung bei der Vergewaltigung (KK-Schoreit Rn. 5; BGH MDR 1980, 985). **Einzelne von mehreren Gesetzesverletzungen,** die durch **dieselbe** Tat begangen worden sind,
können auch durch Beschränkung der Verfolgung ausgeschieden werden. Ausscheidbar sind also vor allem einzelne der in Tateinheit zusammentreffenden Gesetzesverletzungen (§ 52 StGB), auch wenn ihnen die Strafe zu entnehmen ist. Ausscheidbar sind auch Strafhöhungstatbestände. Nur **bestimmte** Teile
oder Gesetzesverletzungen können aus der Untersuchung ausgeschieden werden
(Meyer-Goßner Rn. 6). **Beschränkungen nach § 154 a** werden **aktenkundig**
gemacht; erfolgt die Beschränkung vor Erhebung der öffentlichen Klage, so wird in
der **Anklageschrift** darauf hingewiesen (RiStBV Nr. 101 a Abs. 3).

§ 154 a geht von einem **hypothetischen Vergleich** zwischen der Sanktion **mit** 3
und der ohne Verfolgungsbeschränkung aus. Neben der Regelung zur Vermeidung
einer **unangemessenen Verfahrensdauer (Abs. 1 S. 2 iVm § 154 Abs. 1 Nr. 2)**
gibt es im Verhältnis zur Bezugssanktion zwei Varianten: den Vergleich mit der
verhängten oder erwarteten Rechtsfolge aus einer **anderen Tat (Abs. 1 S. 1
Nr. 2,** der § 154 Abs. 1 Nr. 1 entspricht) sowie den Vergleich mit der Rechtsfolge
aus **derselben prozessualen Tat,** soweit sie nach der Beschränkung im Verfahren
verbleibt, **Abs. 1 S. 1 Nr. 1** (AK/StPO-Schöch Rn. 8). Von **nicht beträchtlich
ins Gewicht** fallenden Rechtsfolgen werden alle Tatteile oder Gesetzesverletzungen
erfasst, deren Berücksichtigung im Urteil keine beträchtliche Verschärfung der
wegen der Tat zu erwartenden Sanktionen herbeiführen würde; es können daher
auch relativ bedeutsame Tatbestände fallen gelassen werden. Es kommt auf den
Einzelfall an (s. § 154 Rn. 2). Wenn nach **Abs. 1 S. 1 Nr. 1** das erwartete Rechtsfolgenminus bei Verurteilung der Tat nicht beträchtlich ist, besteht für die Einschränkung der Strafverfolgung in diesem Punkt kein Hindernis. Wäre es beträchtlich, so ist **Abs. 1 S. 1 Nr. 1** nicht anwendbar (Meyer-Goßner Rn. 10). Daneben

455

§ 154 a Zweites Buch. 1. Abschnitt

eröffnet Abs. 1 S. 1 Nr. 2 die **Möglichkeit des Vergleichs** mit einer Strafe oder Maßregel der Besserung und Sicherung wegen einer Tat, sei es, dass diese bereits rechtskräftig verhängt worden ist, sei es, dass sie zu erwarten ist. Der abzutrennende Tatteil (die Gesetzesverletzung) kann gegenüber dem Rest derselben Tat beträchtlich ins Gewicht fallen, wenn sie nur als **nicht beträchtlich** neben den Folgen einer anderen Tat anzusehen ist (KK-Schoreit Rn. 8). **Zur Vermeidung einer unangemessen langen Verfahrensdauer (Abs. 1 S. 2** iVm § 154 Abs. 1 Nr. 2) ist die Ausscheidung eines Teils der Tat oder einer Gesetzesverletzung in gewissen Grenzen zulässig, wenn gerade wegen dieses Teils ein Urteil in angemessener Frist nicht zu erwarten ist. Die beiden **Ausschließungsgründe** für die Strafverfolgungsbeschränkung bestehen darin, dass die **Einwirkung auf den Täter** und die **Verteidigung der Rechtsordnung** keinen Schaden leiden dürfen (Meyer-Goßner Rn. 16).

4   Das Ausscheiden von Tatteilen oder Gesetzesverletzungen kann eine **Veränderung der Zuständigkeit** bewirken. Erfolgt die Beschränkung nach § 154 a bereits im **Ermittlungs- oder Zwischenverfahren**, so kann dies zu einer Änderung der gerichtlichen Zuständigkeit führen, wenn Tatteile oder Gesetzesverletzungen ausgeschieden werden, die eine **Spezialzuständigkeit** begründet hätten. Dies folgt aus der Grundsatzentscheidung des BGH 29, 341 = NJW 1981, 180: „Beschränkt das Oberlandesgericht, bei dem unter anderem wegen Vergehens gegen § 129 a StGB Anklage erhoben ist, die Untersuchung zugleich mit der Zulassung der Anklage auf Gesetzesverletzungen, auf die nicht seine erstinstanzliche Zuständigkeit begründen, so hat es das Hauptverfahren vor dem zuständigen Gericht niederer Ordnung zu eröffnen". Diese Zuständigkeitsverschiebung gilt auch, wenn andere Spezialzuständigkeiten durch die Beschränkung wegfallen, zB die Zuständigkeit von Spezialkammern (§ 74 e GVG) und die Zuständigkeit der Jugendgerichte (BGH 29, 349; BGH NStZ 1996, 244). Die Anwendung des § 145 a **nach Eröffnung des Hauptverfahrens** verändert jedoch die Zuständigkeit des Gerichts nicht (§ 269, § 47 a JGG; AK/StPO-Schöch Rn. 25). Bei **Wiedereinbeziehung** (Abs. 3) **vor dem Eröffnungsbeschluss** kann eine Vorlage nach § 209 Abs. 2 erforderlich sein (Rieß-LR Rn. 16). **Nach der Eröffnung** kommt ein Verweisungsbeschluss nach §§ 225 a, 270 iVm §§ 209, 209 a in Betracht (AK/StPO-Schöch Rn. 26). Zuständig ist dafür das nach der Beschränkung mit der Sache befasste Gericht (BGH 29, 348). **Nach Beginn der Vernehmung des Angeklagten zur Sache** kommt eine Verweisung regelmäßig nur noch bei Zuständigkeit einer Jugendkammer in Betracht, § 270 Abs. 1 iVm §§ 209 a Nr. 2 a, 6 a (Rieß-LR Rn. 16).

5   Die StA soll von der Kannvorschrift des **Abs. 1 im Ermittlungsverfahren** in weitem Umfang und in einem möglichst frühen Verfahrensstadium Gebrauch machen (RiStBV Nr. 101 a Abs. 1). Die Beschränkungen sind durch **konkrete Bezeichnungen** der auszuscheidenden Tatteile oder Gesetzesverletzungen in einem **Aktenvermerk** aktenkundig zu machen. In der Anklageschrift oder im Strafbefehlsantrag ist darauf hinzuweisen (Abs. 1 S. 3; RiStBV Nr. 101 a Abs. 3). Eine **Mitteilung** an den Beschuldigten oder Verletzten ist grundsätzlich nicht erforderlich, kann aber auf Grund der Fürsorgepflicht geboten sein (Rieß-LR Rn. 21). Eine Entscheidung über die Kosten ergeht nicht, ggf. aber über die Entschädigung für Strafverfolgungsmaßnahmen (StrEG). Die Verfolgungsbeschränkung nach Abs. 1 kann die StA bis zur Anklageerhebung **jederzeit wieder aufheben,** also die Stoffbeschränkung wieder rückgängig machen (Meyer-Goßner Rn. 19).

6   Nach **Abs. 2** geht nach Einreichung der Anklageschrift die Zuständigkeit für die Beschränkung des Verfahrens auf das **Gericht** über; die Beschränkung kann also bereits nach § 207 Abs. 2 Nr. 4 im **Eröffnungsbeschluss** erfolgen. Das Gericht kann die Beschränkung aber nur auf **Antrag oder mit Zustimmung der StA** vornehmen. Die Zuständigkeit des Gerichts besteht bis zum Erlass des letzten Urteils, also auch in der **Revisionsinstanz.** Das Revisionsgericht kann zB nicht ins

Öffentliche Klage § 154 a

Gewicht fallende, fehlerhaft behandelte Tatteile abtrennen, um nur den Strafausspruch aufheben zu müssen (KK-Schoreit Rn. 14). Das Gericht entscheidet durch **Beschluss**, der keine **Kosten- und Auslagenentscheidung** enthält, da es sich lediglich um eine vorläufige Entscheidung handelt (BGH 22, 106 = NJW 1968, 901; KK-Schoreit Rn. 16). Solange die Möglichkeit der Wiedereinbeziehung besteht, stellt er **kein endgültiges Verfahrenshindernis** dar. Der **Strafklageverbrauch** durch eine **rechtskräftige** Sachentscheidung erstreckt sich „auch auf die ausgeschiedenen von der Anklage erfassten Teile der Tat" (BGH 21, 327 = NJW 1968, 116).

Die **Wiedereinbeziehung des Ausgeschiedenen (Abs. 3 S. 1)** im gerichtlichen Verfahren ist in jeder Lage des Verfahrens zulässig; ein entsprechender Hinweis an den Angeklagten ist erforderlich (BGH 30, 147 = NJW 1981, 2422; BGH NStZ 1984, 20; Meyer-Goßner Rn. 2 mwN). Diese Befugnis, die dem Gericht **ohne Zustimmung der StA** eingeräumt ist, bezieht sich auf **alle Beschränkungen,** auch die von der StA vorgenommenen. Es sind alle Fälle einzubeziehen, in denen nach pflichtgemäßem Ermessen die ursprünglich angenommenen Voraussetzungen für die Beschränkungen nicht mehr vorliegen (Rieß-LR Rn. 31). Das hat zB zu geschehen, wenn die Tat, auf die die Strafverfolgung beschränkt worden war, nicht nachgewiesen worden ist (OLG Hamburg NStZ 1983, 170); wenn das Gericht ohne die Einbeziehung zum Freispruch kommen würde, denn das Gericht hat die **ganze Tat** zu würdigen (BGH MDR 1980, 947; BGH NStZ 1982, 518 mwN). Die gerichtliche Wiedereinsetzungsbefugnis besteht auch dann, wenn die StA fehlerhafterweise unter Berufung auf § 154 statt nach § 154 a eingestellt hat (BGH 25, 388). Im Eröffnungsverfahren ist für die Wiedereinbeziehung ein **Beschluss** notwendig (§ 207 Abs. 2 Nr. 2 und 4). Zwar kann ausnahmsweise sonst der Hinweis des Vorsitzenden gemäß § 265 genügen (BGH NJW 1975, 1749), aber ein Beschluss ist ratsam (KK-Schoreit Rn. 22). Der Wiedereinsetzungsbeschluss ist den Beteiligten, die vorher anzuhören sind (§ 33 Abs. 3), bekanntzugeben, in der Hauptverhandlung durch Verkündung. Nach Abs. 3 S. 2 gilt § 265 Abs. 4; das Gericht kann also nach pflichtgemäßem Ermessen zur genügenden Vorbereitung der Verteidigung die Hauptverhandlung unterbrechen oder aussetzen. Auch § 265 Abs. 1 bis 3 ist anzuwenden, wenn bereits von der StA ausgeschiedene einzelne Gesetzesverletzungen wieder einbezogen werden sollen; denn diese sind in der zugelassenen Anklage nicht enthalten gewesen (Rieß-LR Rn. 38). Auf Antrag der StA (Abs. 3 S. 2) ist das Gericht in jedem Fall zur **Einbeziehung verpflichtet** (BGH 29, 396 = NJW 1981, 354). Zulässig ist auch ein **bedingter** Antrag (der StA) zB für den Fall des Freispruchs oder des Unterschreitens einer bestimmten Strafhöhe (BGH 29, 396). 7

An sich begründet § 154 a für die ausgeschiedenen Tatteile oder Gesetzesverletzungen eine **Verwendungssperre** für die Strafzumessung und Beweiswürdigung, solange nicht eine Einbeziehung erfolgt ist (KK-Schoreit Rn. 21). Eine Durchbrechung der Verwendungssperre kann durch vorherigen ausdrücklichen Hinweis auf die Möglichkeit der Verwertung bei der Strafzumessung oder Beweiswürdigung unter bestimmten Voraussetzungen möglich sein, wie bei § 154 (KK-Schoreit Rn. 21; s. § 154 Rn. 7). 8

Auf die **Verjährung** hat die Verfolgungsbeschränkung keinen Einfluss; denn die Unterbrechung der Verjährung gemäß § 78 c StGB gilt einheitlich für die gesamte Tat. „Ist die Strafverfolgung nach § 154 a Abs. 1 oder Abs. 2 StPO auf einzelne von mehreren Gesetzesverletzungen, die durch dieselbe Handlung begangen worden sind, beschränkt worden, so unterbrechen richterliche Handlungen die Verjährung der Strafverfolgung wegen der Tat im vollen Umfang; auch die vorläufig ausgeschiedenen Gesetzesverletzungen bleiben verfolgbar" (BGH 22, 105 = NJW 1968, 901). Die Wiedereinsetzung kann auch geboten sein: „Sind einzelne abtrennbare Teile einer Tat, die nach der Anklage als fortgesetzte Handlung begangen ist, gemäß 9

§ 154a Abs. 1 und Abs. 2 StPO vorläufig ausgeschieden, so sind sie in das Verfahren wieder einzubeziehen, wenn ohne sie die Frage der Verjährung nicht abschließend beurteilt werden kann" (BGH 29, 315 = NJW 1980, 2821). Für die **Strafzumessung** dürfen die gemäß § 154a ausgeschiedenen Taten nicht ohne erneute Einbeziehung verwertet werden (BGH MDR 1977, 982; KK-Schoreit Rn. 21).

10 Der Beschuldigte kann die Beschränkung der Strafverfolgung nicht mit der **Beschwerde** anfechten; er ist nicht beschwert. Gegen die Ablehnung eines Beschränkungsantrags kann er sich nicht beschweren; denn **Abs. 1** dient nicht seinem Schutz. Für die StA ist die Beschwerde gemäß § 305 S. 1 unzulässig (Meyer-Goßner Rn. 23). Der **Wiedereinsetzungsbeschluss** unterliegt in keinem Fall der Beschwerde (Rieß-LR Rn. 40). Der Beschuldigte kann mit der **Revision** – wie bei der Beschwerde – die Entscheidungen über Beschränkung und Wiedereinbeziehung nicht rügen. Ist aber die Strafverfolgung infolge falscher Anwendung der Rechtsbegriffe des **Abs. 1** zu Unrecht beschränkt oder ist gegen das Wiedereinbeziehungsgebot verstoßen, so kann die StA den Mangel als Verstoß gegen die Pflicht zur Aufklärung (§ 244 Abs. 2) und erschöpfender Aburteilung (§ 264) rügen; das kann auch der Nebenkläger, wenn das Nebenklagedelikt (§ 397 Abs. 2) betroffen ist (Meyer-Goßner Rn. 27). Hat der Tatrichter den Angeklagten **freigesprochen,** aber eine Wiedereinbeziehung der ausgeschiedenen Teile unterlassen und will die StA dies beanstanden, muss sie eine ordnungsgemäße Verfahrensrüge erheben (BGH NStZ 1996, 241; aA BGH NStZ 1995, 541 – Sachrüge genügt). Die Revision führt dann aber nur zur Wiedereinbeziehung durch das Revisionsgericht und zur Zurückverweisung, hingegen nicht zur Aufhebung der die Freisprechung tragenden rechtsfehlerfreien Feststellungen (BGH 32, 84 = 1984, 1364). Hat das Gericht den Angeklagten **freigesprochen,** ohne die zuvor nach § 154a Abs. 1 ausgeschiedene, nebenklagefähige Gesetzesverletzung wieder einzubeziehen, so kann der **Nebenkläger,** der sich der öffentlichen Klage angeschlossen hat und dem gegenüber die Beschränkung der Anklage nicht wirksam ist, gegen das freisprechende Urteil Berufung einlegen, um eine Verurteilung wegen der Nebenklagedelikte zu erreichen. Eines Antrags der StA auf Wiedereinbeziehung der nach § 154a Abs. 1 ausgeschiedenen Gesetzesverletzungen bedarf es nicht. In der Hauptverhandlung kann dies durch **rechtlichen Hinweis** nach § 265 Abs. 1 geschehen (OLG Düsseldorf NStZ-RR 1999, 116).

11 Der **Strafklageverbrauch** durch eine rechtskräftige gerichtliche Sachentscheidung erstreckt sich auch auf die ausgeschiedenen Teile der Tat und Rechtsverletzungen (KK-Schoreit Rn. 17; Rieß-LR Rn. 43). Im Übrigen ist § 154a auch im **Revisionsverfahren anwendbar** (Meyer-Goßner Rn. 27).

§ 154b [Auslieferung und Landesverweisung]

(1) **Von der Erhebung der öffentlichen Klage kann abgesehen werden, wenn der Beschuldigte wegen der Tat einer ausländischen Regierung ausgeliefert wird.**

(2) **Dasselbe gilt, wenn er wegen einer anderen Tat einer ausländischen Regierung ausgeliefert oder an einen internationalen Strafgerichtshof überstellt wird und die Strafe oder die Maßregel der Besserung und Sicherung, zu der die inländische Verfolgung führen kann, neben der Strafe oder der Maßregel der Besserung und Sicherung, die gegen ihn im Ausland rechtskräftig verhängt worden ist oder die er im Ausland zu erwarten hat, nicht ins Gewicht fällt.**

(3) **Von der Erhebung der öffentlichen Klage kann auch abgesehen werden, wenn der Beschuldigte aus dem Geltungsbereich dieses Bundesgesetzes ausgewiesen wird.**

Öffentliche Klage § 154 c

(4) ¹Ist in den Fällen der Absätze 1 bis 3 die öffentliche Klage bereits erhoben, so stellt das Gericht auf Antrag der Staatsanwaltschaft das Verfahren vorläufig ein. ²§ 154 Abs. 3 bis 5 gilt mit der Maßgabe entsprechend, daß die Frist in Absatz 4 ein Jahr beträgt.

Diese Vorschrift ermöglicht eine **unkomplizierte Verfahrenserledigung** in den Fällen der Auslieferung und Ausweisung. Sie ergänzt § 153 c Abs. 1 Nr. 3. Der gleiche Grundgedanke ist in § 456 a und § 17 VollstrO enthalten. Die Ausweisung ist der Auslieferung gleichgestellt **(Abs. 3)**. Ein **Deutscher** darf aber nach Art. 16 Abs. 2 S. 1 GG weder ausgeliefert noch abgeschoben werden. § 154 b kommt nicht zur Anwendung, wenn der Beschuldigte den Geltungsbereich des Gesetzes **freiwillig** verlässt (KK-Schoreit Rn. 2). **Abs. 1** betrifft die Auslieferung wegen derselben Tat wie im anhängigen Verfahren. **Abs. 2** betrifft die Auslieferung wegen einer anderen Tat. In beiden Fällen geht es um in der Bundesrepublik verfolgbare Taten, dh. auch um Auslandstaten nach §§ 5 bis 7 StGB (AK/StPO-Schöch Rn. 3). **1**

Abs. 3 betrifft die praktisch häufiger vorkommenden Fälle der **Ausweisung**, welcher die Anordnung zum **Verlassen** des Geltungsbereichs dieses Gesetzes, die **Abschiebung** und **Zurückschiebung** gleichstellen. Die StA kann in allen Fällen ohne gerichtliche Zustimmung und meist ohne auf umständlichen Auslandsrechtshilfeverkehr angewiesen zu sein, eine rasche Verfahrenserledigung – allerdings mit den für die Ausführung des Ausländergesetzes zuständigen Behörden – erreichen (KK-Schoreit Rn. 6). Die **StA** kann von der Klage ohne Zustimmung des Gerichts nach pflichtgemäßem Ermessen absehen. Das Verfahren braucht nicht vollständig durchermittelt zu sein. Der Einstellungsvermerk hat die wesentlichen Gründe zu enthalten. Die Mitteilungspflichten gegenüber dem Beschuldigten und Anzeigeerstatter ergeben sich aus § 170 Abs. 2 S. 2 bzw. nach § 171 S. 1. Das Klageerzwingungsverfahren ist nach § 172 Abs. 2 S. 3 ausgeschlossen. Die StA kann das Ermittlungsverfahren jederzeit wiederaufnehmen, wenn dafür Gründe bestehen. **2**

Das **Gericht** ist nach **Abs. 4** für die in **Abs. 1 bis 3** geregelten Entscheidungen zuständig, wenn öffentliche Klage erhoben ist. Es ist an den Antrag der StA **gebunden** (OLG Düsseldorf MDR 1990, 568). Die Einstellung ergeht durch **Beschluss**. Die **Wiederaufnahme** nach **Abs. 4 S. 2** ist zulässig, wenn die Voraussetzungen der gerichtlichen Einstellungen entfallen sind, insbesondere, wenn der Beschuldigte wieder in den Geltungsbereich des Gesetzes zurückgekehrt ist. Die in Abs. 4 S. 2 bestimmte Anwendung des § 154 Abs. 3 bis 5 bezieht sich nur auf den Fall des Abs. 2. Nur bei Absehen von der Anklageerhebung mit Rücksicht auf eine im Ausland zu erwartende Strafe ist die Wiederaufnahme an eine Frist gebunden. Da Strafnachrichten aus dem Ausland oft verspätet eingehen, verlängert Abs. 4 S. 2 diese Frist des § 154 Abs. 4 für einen Fall auf ein Jahr (Meyer-Goßner Rn. 4). Der Einstellungsbeschluss ist **unanfechtbar**; er ist mit einer Entscheidung über **Kosten und Auslagen** (§ 467 Abs. 1, 4) und über eine **Entschädigung** für Strafverfolgungsmaßnahmen (StrEG) zu versehen; auch diese Nebenentscheidung ist nicht anfechtbar (KK-Schoreit Rn. 9; OLG Hamburg NStZ 1981, 187). **3**

Der Gerichtsbeschluss genießt **beschränkte materielle Rechtskraft** (Rieß-LR Rn. 12; KK-Schoreit Rn. 10). **4**

§ 154 c [Opfer einer Nötigung oder Erpressung] RiStBV 102

Ist eine Nötigung oder Erpressung (§§ 240, 253 des Strafgesetzbuches) durch die Drohung begangen worden, eine Straftat zu offenbaren, so kann die Staatsanwaltschaft von der Verfolgung der Tat, deren Offenbarung angedroht worden ist, absehen, wenn nicht wegen der Schwere der Tat eine Sühne unerläßlich ist.

§ 154 d

1 Diese Vorschrift ist eine **Kann-Bestimmung** und eine Ausnahme vom Legalitätsprinzip (vgl. auch RiStBV Nr. 102). Nur die StA (nicht die Polizei) kann ohne Zustimmung des Gerichts nach pflichtgemäßem Ermessen von der Verfolgung absehen und **einstellen.** Dem Gericht bleibt in geeigneten Fällen die Anwendung der §§ 153 Abs. 2, 153 a Abs. 2 (Meyer-Goßner Rn. 3). Für die **Begehung** durch Drohung genügt eine **versuchte** Erpressung oder Nötigung. Die **Straftat** muss **nicht vom Bedrohten** selbst begangen worden sein; es reicht aus, wenn sie von einer Person begangen worden ist, die dem Genötigten oder Erpressten sehr nahe steht (KK-Schoreit Rn. 2). Wird mit der Offenbarung einer **Ordnungswidrigkeit** gedroht, kann die Verwaltungsbehörde in entsprechender Anwendung des § 154 c iVm § 47 OWiG von der Verfolgung absehen (Meyer-Goßner Rn. 2). Eine **Offenbarung** ist nicht nur durch eine Strafanzeige möglich, sondern auch durch Mitteilung an andere, zB Angehörige, Vorgesetzte, Medien. Eine **Anzeige** gegen den Erpresser oder Nötiger ist erforderlich, aber sie braucht nicht unbedingt vom Opfer der Tat auszugehen (Rieß-LR Rn. 5). Führt die **Finanzbehörde** nach §§ 386, 399 AO ein Steuerstrafverfahren selbstständig durch, so kann sie auch § 154 c anwenden. In solchen Fällen dürfte es sich empfehlen, dass sie die Sache wegen der Verbindung mit Nötigung oder Erpressung an die StA gemäß § 386 Abs. 4 AO abgibt oder diese an sich zieht (Rieß-LR Rn. 10).

2 Die Einstellung nach § 154 c soll nach RiStBV Nr. 102 Abs. 1 „grundsätzlich nur erfolgen, wenn die Nötigung oder Erpressung **strafwürdiger** ist als die Tat des Genötigten oder Erpressten". Diese Auslegung ist mit dem Gesetzeswortlaut nicht ohne weiteres vereinbar (KK-Schoreit Rn. 4; Rieß-LR Rn. 8). Außerdem soll nach RiStBV Nr. 102 Abs. 2 die Entscheidung dem **Behördenleiter** vorbehalten bleiben. In der Praxis ist es ratsam, einen Verteidiger einzuschalten, damit dieser nach Schilderung des Sachverhalts (ohne Namensnennung) ermitteln kann, ob eine Einstellung in Betracht kommt (AK/StPO-Schöch Rn. 8 mwN). Der Einstellung nach § 154 c kommt eine **Rechtskraftwirkung nicht zu.** Eine Wiederaufnahme der Ermittlungen kommt jedoch nur ausnahmsweise in Betracht. Gegen die Einstellung ist Dienstaufsichtsbeschwerde möglich. Das **Klageerzwingungsverfahren** ist nach § 172 Abs. 2 S. 3 unzulässig.

§ 154 d [Entscheidung einer zivil- oder verwaltungsrechtlichen Vorfrage]

¹Hängt die Erhebung der öffentlichen Klage wegen eines Vergehens von der Beurteilung einer Frage ab, die nach bürgerlichem Recht oder nach Verwaltungsrecht zu beurteilen ist, so kann die Staatsanwaltschaft zur Austragung der Frage im bürgerlichen Streitverfahren oder im Verwaltungsstreitverfahren eine Frist bestimmen. ²Hiervon ist der Anzeigende zu benachrichtigen. ³Nach fruchtlosem Ablauf der Frist kann die Staatsanwaltschaft das Verfahren einstellen.

1 Nach dieser Vorschrift kann die StA durch Fristbestimmung, die der **vorläufigen Einstellung** gleichkommt, vermeiden, sich für die Klärung schwieriger Rechtsfragen – auch für arbeits- und sozialrechtliche Vorfragen – einspannen zu lassen (KK-Schoreit Rn. 1, 4). **§ 396 AO** enthält eine Sondervorschrift; die StA und das Gericht können nach pflichtgemäßem Ermessen das Steuerstrafverfahren bis zum rechtskräftigen Abschluss des Besteuerungsverfahrens aussetzen (BVerfG NJW 1985, 1950; BGH NStZ 1985, 126). Bei **Verbrechen** ist § 154 d nicht anwendbar, aber bei Ordnungswidrigkeiten nach § 46 Abs. 2 OWiG. Bei umfangreichen **Betrugsanzeigen,** bei denen sich Ansprüche und Gegenansprüche gegenüberstehen, ist es von Bedeutung, ob eine Behandlung nach § 154 d in Betracht kommt.

2 Die **Frist** ist nach den Umständen zu bemessen und kann verlängert werden; sie muss dem Anzeigenden die **Einleitung** des entsprechenden Verfahrens ermöglichen

Öffentliche Klage § 154 e

(Rieß-LR Rn. 8). Die Fristbestimmung bedarf keiner Zustimmung des Gerichts oder eines Betroffenen. Aber es hat eine **Mitteilung** an den Beschuldigten (§ 170 Abs. 2 S. 2) und an den Anzeigenden einer Belehrung (§ 171) zu erfolgen. Nach fruchtlosem Fristablauf kann der StA das Verfahren nach pflichtgemäßem Ermessen fortsetzen oder endgültig einstellen (S. 3).

Die Fristsetzung ist nur mit der **Dienstaufsichtsbeschwerde** anfechtbar (KG JR 1959, 29). Das **Klageerzwingungsverfahren** nach § 172 ist erst gegen die endgültige Einstellung nach S. 3 zulässig (OLG Hamm NJW 1959, 154). 3

§ 154 e [Straf- oder Diziplinarverfahren bei falscher Verdächtigung oder Beleidigung] RiStBV 100

(1) **Von der Erhebung der öffentlichen Klage wegen einer falschen Verdächtigung oder Beleidigung (§§ 164, 185 bis 188 des Strafgesetzbuches) soll abgesehen werden, solange wegen der angezeigten oder behaupteten Handlung ein Straf- oder Diziplinarverfahren anhängig ist.**

(2) **Ist die öffentliche Klage oder eine Privatklage bereits erhoben, so stellt das Gericht das Verfahren bis zum Abschluß des Straf- oder Diziplinarverfahrens wegen der angezeigten oder behaupteten Handlung ein.**

(3) **Bis zum Abschluß des Straf- oder Diziplinarverfahrens wegen der angezeigten oder behaupteten Handlung ruht die Verjährung der Verfolgung der falschen Verdächtigung oder Beleidigung.**

Diese Vorschrift (vgl. auch RiStBV Nr. 103) hat den Zweck, widersprüchliche Entscheidungen über denselben Sachverhalt nach Möglichkeit auszuschließen (BGH 8, 135 = NJW 1955, 1565). Sie gilt nur für Strafverfahren – einschließlich Ermittlungsverfahren – wegen der **in Abs. 1 genannten Vergehen; auf andere Tatbestände** ist die Anwendung des § 154 e **nicht anwendbar.** Gehören zu derselben Tat (§ 264) noch andere Delikte, dann muss von der Verfolgung der **gesamten Tat** abgesehen werden. Es kann aber auch eine Beschränkung nach § 154 a – Ausscheidung der falschen Verdächtigung oder Beleidigung – in Betracht kommen (KK-Schoreit Rn. 3). Wird dem Beschuldigten in demselben Verfahren außer der falschen Verdächtigung oder Beleidigung noch eine andere Straftat vorgeworfen und handelt es sich dabei um eine andere Tat (§ 264), so wird das Verfahren wegen dieser fortgeführt, erforderlichenfalls nach Abtrennung (Meyer-Goßner Rn. 8). 1

Es muss ein **Straf- oder Diziplinarverfahren anhängig** sein. Ein Sicherungsverfahren nach den §§ 413 ff. reicht aus; aber nicht ein **Bußgeldverfahren nach dem OWiG** (Rieß-LR Rn. 5). **Das Strafverfahren beginnt mit dem Ermittlungsverfahren** und der Erhebung der Privatklage. **Anhängig** iS von Abs. 1 ist das Ermittlungsverfahren frühestens bei Eingang der polizeilichen Unterlagen **bei der StA** (BGH 8, 153 = NJW 1955, 1805; KK-Schoreit Rn. 6). Die Ermittlungen der **Polizei** nach § 163 reichen nicht aus. Denn die Befugnis zum „Absehen" der Klageerhebung und die vorläufige Einstellung nach **Abs. 1** (nach Abs. 2 durch das Gericht) steht allein der StA zu und **nicht der Polizei;** es kommt noch hinzu, dass Abs. 1 eine **Sollvorschrift** ist (s. Rn. 4), die der StA gebietet, lediglich **im Regelfall** diese Maßnahme zu treffen. Das **Diziplinarverfahren** wird nach hM bereits anhängig mit dem Vorermittlungsverfahren des Dienstvorgesetzten nach §§ 26 ff. BDO, das dem strafprozessualen Ermittlungsverfahren entspricht (BayObLG MDR 1961, 707; Rieß-LR Rn. 9). 2

Die **Anhängigkeit endet** beim Ermittlungsverfahren mit der Einstellung nach § 170 Abs. 2 (BGH 10, 90 = NJW 1957, 637) oder mit einer Einstellung nach dem Opportunitätsprinzip, zB nach §§ 153 Abs. 1, 153 a Abs. 1, 154 Abs. 1 (Meyer-Goßner Rn. 2). Wenn der Anzeigeerstatter als Verletzter im **Klageerzwingungsverfahren** den Antrag nach § 172 stellen kann, so endet die Anhängigkeit erst mit 3

461

§ 155   Zweites Buch. 1. Abschnitt

fruchtlosem Ablauf der Frist nach § 172 Abs. 1 bzw. Abs. 2 oder der Verwerfung des Antrags nach § 174 (BGH 8, 153 = NJW 1955, 1804). Die Anhängigkeit im **Disziplinarverfahren** endet mit der Einstellung der Vorermittlungen nach § 27 BDO oder der nicht mehr anfechtbaren Entscheidung im förmlichen Disziplinarverfahren durch Beschluss nach § 64 BDO oder durch Urteil nach § 76 BDO (Rieß-LR Rn. 9).

4   Die **Befugnis** nach Abs. 1 steht nur der StA zu (s. Rn. 2). Da eine **Sollvorschrift** vorliegt, kann die StA in Ausnahmefällen auch öffentliche Klage erheben. Macht die StA von Abs. 1 Gebrauch, so erfolgt die **vorläufige Einstellung** durch eine **ausdrückliche** Verfügung, die dem Anzeigenden mitzuteilen ist (RiStBV Nr. 103). Eine vorherige Anhörung des Beschuldigten und des Anzeigeerstatters ist nicht vorgeschrieben. Die Entscheidungen der StA unterliegen **keiner gerichtlichen Kontrolle;** das Klageerzwingungsverfahren ist – wie sonst bei vorläufigen Einstellungen – ausgeschlossen (AK/StPO-Schöch Rn. 9; KK-Schoreit Rn. 12).

5   Nach dem **zwingenden Abs. 2** geht die **Zuständigkeit** für die Einstellung nach Erhebung einer öffentlichen Klage oder einer Privatklage **auf das Gericht** über. Die Konsequenz ist ein **vorübergehendes Verfahrenshindernis** (BGH 8, 154 = NJW 1955, 1804; BGH NStZ 1981, 95). Die Entscheidung ergeht durch **Beschluss,** und nicht durch Einstellungsurteil, gemäß § 260 Abs. 3 (BGH NStZ 1981, 95). Der Beschluss ist zu **begründen** (§ 34). Die Prozessbeteiligten sind vorher anzuhören (§ 33). In der Hauptverhandlung wirken die Schöffen mit; ergeht der Beschluss außerhalb der Hauptverhandlung, so ist er den Prozessbeteiligten mitzuteilen. Wegen des vorläufigen Charakters der Entscheidung erfolgt keine Kostenentscheidung (Rieß-LR Rn. 14). Das **Berufungsgericht** hat Abs. 2 anzuwenden. Das **Revisionsgericht** muss aufheben und zurückverweisen, sofern das Hindernis bereits zurzeit der Hauptverhandlung vor dem Tatrichter vorgelegen hat (BGH GA 1979, 224); tritt es erst später auf, ist das Revisionsgericht nicht gehindert, über die Revision zu entscheiden (KK-Schoreit Rn. 15 mwN).

6   **Abs. 3** ordnet das **Ruhen der Verjährung** an und ergänzt § 78b Abs. 1 S. 1 StGB. Das Ruhen beginnt mit der **förmlichen** vorübergehenden Einstellung nach Abs. 1 oder Abs. 2. Es kommt auf den Zeitpunkt des aktenmäßigen Erlasses der Entscheidung an (Meyer-Goßner Rn. 14). Das Ruhen wird durch Wiederaufnahme der Ermittlungen durch die StA **beendet.** Auch mit dem **Abschluss des Straf- oder Disziplinarverfahrens wegen der** angezeigten oder behaupteten Handlung endet das Ruhen, und nicht erst mit der Aufhebung der vorläufigen Einstellung (KK-Schoreit Rn. 18 mwN).

7   Gegen die Entscheidung der StA nach Abs. 1 ist nur die Dienstaufsichtsbeschwerde zulässig (s. Rn. 4). Die **Beschwerde** (§ 304) ist gegen die gerichtliche Entscheidung nach Abs. 2 gegeben, soweit nicht § 305 entgegensteht (Meyer-Goßner Rn. 15). Die **Revision** kann darauf gestützt werden, dass der Tatrichter entgegen Abs. 2 das Verfahren nicht vorläufig eingestellt hat. Das Revisionsgericht muss aufheben und zurückverweisen (Rieß-LR Rn. 22).

§ 155 [Umfang der Untersuchung]

(1) **Die Untersuchung und Entscheidung erstreckt sich nur auf die in der Klage bezeichnete Tat und auf die durch die Klage beschuldigten Personen.**

(2) **Innerhalb dieser Grenzen sind die Gerichte zu einer selbständigen Tätigkeit berechtigt und verpflichtet; insbesondere sind sie bei Anwendung des Strafgesetzes an die gestellten Anträge nicht gebunden.**

1   Abs. 1 ergänzt das **Anklageprinzip** (Akkusationsprinzip), das in § 151 den Niederschlag gefunden hat (s. § 151 Rn. 1). Er legt den **Prozessgegenstand** fest. Diese thematische Bindung des Gerichts ist eine Konsequenz des Akkusationsprin-

Öffentliche Klage § 155 a

zips. Das Gericht hat sich prinzipiell nur mit **Taten** und **Personen** zu befassen, die angeklagt sind. Damit wird der Beschuldigte auch davor geschützt, dass das Gericht die Untersuchung willkürlich ausdehnt (Roxin § 38 Rn. 23; vgl. auch BGH 32, 150 = NJW 1984, 2109). Der in **Abs. 1** verwendete prozessuale **Tatbegriff** ist derselbe wie in § 264 (BGH 32, 150; BVerfGE 45, 434 = NJW 1978, 414). „Die Tat muss nach Ort, Zeit oder sonst in einer konkretisierbaren Weise geschildert" werden, anderenfalls „**fehlt** es insoweit an der **Verfahrensvoraussetzung** der erhobenen Anklage" (BGH NJW 1991, 2716). Die Rechtswirksamkeit eines Strafurteils wird nicht dadurch berührt, dass der richtige Angeklagte **unter falschem Namen** an der Hauptverhandlung teilgenommen hat; denn „betroffen von einem strafrechtlichen Erkenntnis ist nämlich nur diejenige Person, gegen die Anklage erhoben war und die tatsächlich vor Gericht stand, auch wenn die von ihr angegebenen Personalien **unrichtig** waren" (BGH NStZ-RR 1996, 9; BGH NStZ 1990, 291; s. ausführlich § 230 Rn. 7).

Abs. 2 legt – in Verbindung mit dem Amtsaufklärungsgrundsatz des § 244 2 Abs. 2 – den **Ermittlungsgrundsatz** (Instruktions- bzw. Inquisitionsprinzip) fest. Er bedeutet, dass die Gerichte den Sachverhalt **selbst ermitteln,** und zwar innerhalb der durch Abs. 1 gesetzten Grenzen. „Sie sind innerhalb der durch die Anklage gezogenen Grenzen zu einer selbstständigen Tätigkeit berechtigt und verpflichtet" (BGH 35, 85 = NJW 1988, 2187). Dementsprechend muss zB das Gericht dann, wenn eine Sperrerklärung vorliegt, sich bemühen, den Namen des V-Mannes festzustellen und seine Vernehmung in der Hauptverhandlung zu ermöglichen, wenn sich über die Identität des V-Mannes aus den Akten oder anderweitig Anhaltspunkte ergeben (BGH NStZ 1993, 248; s. auch vor § 48 Rn. 4 und § 96 Rn. 1 ff.). Der Richter hat **entlastende und belastende** Beweismittel, Beweistatsachen und Indizien beizuziehen und zu berücksichtigen und die Tat unter allen **rechtlichen Gesichtspunkten** zu prüfen (BGH 25, 75 = NJW 1973, 335).

An **Anträge der Prozessbeteiligten,** die sich auf die Anwendung der Straf- 3 gesetze und der Strafhöhe beziehen, ist das Gericht **nicht gebunden.** Über Anträge prozessualer Natur (Beweisanträge, Rechtsmittel usw.) ist in der vorgeschriebenen Weise zu entscheiden.

Mit der **Revision** kann die Aufklärungsrüge Erfolg haben, wenn das Gericht 4 seine Ermittlungsfreiheit verkannt hat (BGH NStZ 1993, 248). Gerügt werden kann auch, wenn das Gericht unzutreffenderweise sich an Anträge der Prozessbeteiligten gebunden glaubt (Rieß-LR Rn. 11).

§ 155 a [Hinwirkung auf Ausgleich]

¹**Die Staatsanwaltschaft und das Gericht sollen in jedem Stadium des Verfahrens die Möglichkeiten prüfen, einen Ausgleich zwischen Beschuldigtem und Verletztem zu erreichen.** ²**In geeigneten Fällen sollen sie darauf hinwirken.** ³**Gegen den ausdrücklichen Willen des Verletzten darf die Eignung nicht angenommen werden.**

Diese Vorschrift ist – neben § 155 b und der Änderung von § 153 a – durch das 1 Gesetz zur strafverfahrensrechtlichen Verankerung des Täter-Opfer-Ausgleichs und zur Änderung des Gesetzes über Fernmeldeanlagen v. 20. 12. 1999 (BGBl. I S. 2491) in die StPO eingefügt (vgl. BGH NJW 2003, 1466). Vor dem Hintergrund der im Bereich des Jugendstrafrechts gewonnenen positiven Erfahrungen ist dem Täter-Opfer-Ausgleich und der Schadenswiedergutmachung durch das Gesetz zur Änderung des Strafgesetzbuches, der Strafprozessordnung und anderer Gesetze (Verbrechensbekämpfungsgesetz) vom 28. Oktober 1994 (BGBl. I S. 3186) in größerem Umfang als zuvor Eingang in das Erwachsenenstrafrecht verschafft worden. Insbesondere durch die erfolgte Einfügung des § 46 a StGB ist eine Reaktionsform auf

§ 155 a

Kriminalität ausgebaut worden, die einerseits das Opfer einer Straftat und dessen Belange stärker in den Mittelpunkt des Interesses rückt, andererseits den Täter zur Übernahme von Verantwortung für die Folgen seiner Straftat veranlasst. Gleichwohl scheint die Praxis das Instrument des Täter-Opfer-Ausgleichs, gerade im Bereich des Erwachsenenstrafrechts, noch nicht in dem Maße zu nutzen, wie dies auf der Grundlage der materiell-rechtlichen Regelungen möglich und wünschenswert wäre. Bislang wird nur ein kleiner Teil der von der Strafjustiz zu bewältigenden Verfahren auf diesem Wege erledigt. Als ein wesentlicher Grund für diesen Umstand wird vielfach das Fehlen einer verfahrensrechtlichen Verankerung des Täter-Opfer-Ausgleichs in der Strafprozessordnung genannt. Vor diesem Hintergrund sollen diese neuen Regelungen dazu beitragen, dass das vorhandene Anwendungspotential des Täter-Opfer-Ausgleichs künftig stärker ausgeschöpft wird. Die strafverfahrensrechtliche Verankerung des Täter-Opfer-Ausgleichs erfolgt einerseits durch die Einfügung der neuen §§ 155 a und 155 b StPO, andererseits im Wege der Ergänzung des § 153 a StPO. S. ausführlich § 153 a Rn. 1.

2 § 155 a stellt die **prozessuale Grundnorm** für die Anwendung des Täter-Opfer-Ausgleichs im Strafverfahren dar. Durch sie wird der im materiellen Strafrecht etablierte Täter-Opfer-Ausgleich **verfahrensrechtlich** verankert und gestärkt. Die Norm ist als Soll-Vorschrift ausgestaltet, um einerseits eine verstärkte Anwendung des Täter-Opfer-Ausgleichs in der Praxis zu erreichen, andererseits aber einer flexiblen und dem Einzelfall angemessenen Erledigungspraxis nicht entgegen zu wirken. Sofern ein Verfahren nicht offensichtlich für einen Täter-Opfer-Ausgleich ungeeignet ist, werden StA und Gericht grundsätzlich in die Prüfung einzutreten haben, ob ein Ausgleich zwischen Beschuldigtem und Verletztem erreicht werden kann; ggf. wirken sie in geeigneten Fällen auf einen solchen Ausgleich hin. Die Eignung des Verfahrens für die Durchführung eines Täter-Opfer-Ausgleichs soll nicht angenommen werden, wenn der Verletzte einen entgegenstehenden Willen hat deutlich werden lassen. In diesen Fällen würde die Durchführung eines Ausgleichsverfahrens regelmäßig auch nicht Erfolg versprechend erscheinen.

3 Die Pflicht zur Prüfung und zum Hinwirken auf einen Ausgleich in geeigneten Fällen gilt ausdrücklich **für jedes Stadium** des Verfahrens. Als erster Schritt wird sich vielfach schon ein Hinweis an Beschuldigten und Verletzten auf die ihnen nicht selten unbekannten Möglichkeiten und strafrechtlichen Folgen (vgl. insbesondere § 46 a StGB und § 153 b StPO) eines Täter-Opfer-Ausgleichs anbieten. Die praktische Handhabung soll sich in einer solchen Belehrung jedoch nicht erschöpfen. Als weitergehende Maßnahmen kommen in geeigneten Fällen kommen die unmittelbare Vermittlung zwischen Beschuldigtem und Verletztem zur Erreichung eines Ausgleichs, die Einschaltung einer Ausgleichsstelle zu diesem Zweck oder eine Anwendung des § 153 a in Betracht. Die **Initiative** muss nicht von der StA oder Gericht, sondern sie kann auch vom **Beschuldigten,** seinem Verteidiger oder vom Verletzten und dessen Vertreter ausgehen. Der BGH hat u. a. in folgenden Fällen **den TOA** für **möglich** gehalten: bei schwerer räuberischer Erpressung (NJW 2001, 2557); bei Vergewaltigung – mit späterer Versöhnung – (StV 2001, 457); bei schwerer Vergewaltigung „nur in Ausnahmefällen" (StV 1995, 464); bei räuberischer Erpressung (StV 2001, 345; NStZ-RR 1998, 297); bei Untreue (StV 2001, 110); bei sexuellem Missbrauch von Kindern (StV 2000, 129). **Bei Gewaltdelikten** und Delikten gegen die **sexuelle Selbstbestimmung** ist für einen erfolgreichen Täter-Opfer-Ausgleich mit der zu Gunsten des Angeklagten wirkenden Folge der Strafmilderung nach § 46 a iVm § 49 Abs. 1 StGB regelmäßig **ein Geständnis zu verlangen** (BGH NJW 2003, 1466). **§ 46a Nr. 1 StGB** kann zwar auch bei **Vermögensdelikten** zur Anwendung kommen, setzt aber, wie sich insbesondere aus dem Klammerzusatz „Täter-Opfer-Ausgleich" ergibt, einen kommunikativen Prozess zwischen Täter und Opfer voraus, der auf einen umfassenden Ausgleich der durch die Straftat verursachten Folgen gerichtet sein muss; das **einseitige** Wiedergutmachungsbestre-

ben ohne den Versuch der Einbeziehung des Opfers genügt nicht (BGH, Beschl. wistra 2002, 21). Erforderlich ist, dass das **Opfer** die erbrachten Leistungen oder Bemühungen des Täters als friedensstiftenden Ausgleich **akzeptiert.** Das bloß **einseitige Widergutmachungsbestreben** des Täters ohne den Versuch der Einbeziehung des Opfers **genügt hingegen nicht.** Erst Recht darf nicht gegen den ausdrücklichen Willen des Verletzten die Eignung des Verfahrens für die Durchführung eines Täter-Opfer-Ausgleichs angenommen werden (BGH, NStZ-RR 2003, 363). Es kann sich **während der Hauptverhandlung** die Eignung des Falles für einen TOA ergeben (KK-Schoreit Rn. 17). Für die tätigen Rechtsanwälte entsteht für die Tätigkeit im Rahmen des Täter-Opfer-Ausgleichs nach § 87 S. 2, § 95 BRAO ein **Gebührenanspruch.** StA und Gericht können auf die Möglichkeit des Täter-Opfer-Ausgleichs hinweisen, selbst vermitteln oder die Ausgleichsstelle (§ 155 b) einschalten (BT-Drucks. 14/1928 S. 8). Liegt das **Einverständnis des Verletzten vor,** so erteilt die StA oder das Gericht mit – soweit erforderlich (vgl. § 153 a Abs. 1 S. 1, 7 Abs. 2 S. 1) – Zustimmung des anderen dem Beschuldigten die Weisung nach § 153 a Abs. 1 S. 2 Nr. 5. Die Ausgleichsstelle (§ 155 b) kann, muss nicht eingeschaltet werden. (Zur Praxis: Weber DRiZ 2000, 42.) War der Täter-Opfer-Ausgleich erfolgreich, entsteht ein **Verfahrenshindernis,** scheitert er, nimmt das Strafverfahren seinen Fortgang; ein ernsthaftes Bemühen kann strafmildernd gewertet werden (Meyer-Goßner Rn. 3, 4).

Bei einem zu **weitgehenden Engagement** eines Richters in einer bestimmten 4 Richtung – insbesondere bei mehreren Angeklagten mit verschiedenen Interessen – droht die Bejahung der **Befangenheit** (BGH 37, 305 = NJW 1992, 1692; 43, 200 = NJW 1998, 183; KK-Schoreit Rn. 27).

§ 155 b [Täter-Opfer-Ausgleich]

(1) ¹**Die Staatsanwaltschaft und das Gericht können zum Zweck des Täter-Opfer-Ausgleichs oder der Schadenswiedergutmachung einer von ihnen mit der Durchführung beauftragten Stelle von Amts wegen oder auf deren Antrag die hierfür erforderlichen personenbezogenen Informationen übermitteln.** ²**Die Akten können der beauftragten Stelle zur Einsichtnahme auch übersandt werden, soweit die Erteilung von Auskünften einen unverhältnismäßigen Aufwand erfordern würde.** ³**Eine nicht-öffentliche Stelle ist darauf hinzuweisen, dass sie die übermittelten Informationen nur für Zwecke des Täter-Opfer-Ausgleichs oder der Schadenswiedergutmachung verwenden darf.**

(2) ¹**Die beauftragte Stelle darf die nach Absatz 1 übermittelten personenbezogenen Informationen nur verarbeiten und nutzen, soweit dies für die Durchführung des Täter-Opfer-Ausgleichs oder der Schadenswiedergutmachung erforderlich ist und schutzwürdige Interessen des Betroffenen nicht entgegenstehen.** ²**Sie darf personenbezogene Informationen nur erheben sowie die erhobenen Informationen verarbeiten und nutzen, soweit der Betroffene eingewilligt hat und dies für die Durchführung des Täter-Opfer-Ausgleichs oder der Schadenswiedergutmachung erforderlich ist.** ³**Nach Abschluss ihrer Tätigkeit berichtet sie in dem erforderlichen Umfang der Staatsanwaltschaft oder dem Gericht.**

(3) **Ist die beauftragte Stelle eine nicht-öffentliche Stelle, finden die Vorschriften des Dritten Abschnitts des Bundesdatenschutzgesetzes auch Anwendung, wenn die Informationen nicht in oder aus Dateien verarbeitet werden.**

(4) ¹**Die Unterlagen mit den in Absatz 2 Satz 1 und 2 bezeichneten personenbezogenen Informationen sind von der beauftragten Stelle nach**

§ 155 b   Zweites Buch. 1. Abschnitt

Ablauf eines Jahres seit Abschluss des Strafverfahrens zu vernichten. ²Die Staatsanwaltschaft oder das Gericht teilt der beauftragten Stelle unverzüglich von Amts wegen den Zeitpunkt des Verfahrensabschlusses mit.

1   Diese Vorschrift enthält die erforderlichen organisatorischen und datenschutzrechtlichen Voraussetzungen (s. § 153 a Rn. 1). Die **Durchführung** des Täter-Opfer-Ausgleichs setzt voraus, dass die damit beauftragte Stelle die maßgeblichen Sachverhaltsumstände kennt und ihr damit auch personenbezogene Informationen zugänglich gemacht werden. **Absatz 1 Satz 1** regelt die Übermittlung der **erforderlichen Informationen** (aus den Verfahrensakten) durch StA und Gericht. Dies kann von Amts wegen geschehen, wenn die nach § 155 a StPO vorgesehene Prüfung zu dem Ergebnis führt, dass aus Sicht der StA oder des Gerichts die Voraussetzungen für einen Täter-Opfer-Ausgleich erfüllt sind. Da der **Anstoß zur Durchführung** des Verfahrens aber auch von den **anderen** Verfahrensbeteiligten ausgehen kann, muss für die damit befasste Stelle die Möglichkeit bestehen, die Übermittlung der personenbezogenen Informationen beantragen zu können. Eine Übermittlung von personenbezogenen Informationen ist bereits zur Abklärung der Frage, ob die Einleitung eines Ausgleichsverfahrens möglich erscheint, zulässig.

2   Die Übermittlung personenbezogener Informationen setzt voraus, dass diese Informationen für die Durchführung des Täter-Opfer-Ausgleichs **erforderlich** sind. Nur soweit die Erteilung darauf beschränkter Auskünfte einen unverhältnismäßigen Aufwand erfordern würde, ist nach **Abs. 1 Satz 2** die Übersendung der Akten zulässig.

3   **Absatz 2 Satz 1** regelt die aus datenschutzrechtlicher Sicht unerlässliche **Zweckbindung,** ergänzt um das Erfordernis, dass schutzwürdige Interessen des Betroffenen einer Verarbeitung und Nutzung der personenbezogenen Informationen nicht entgegenstehen dürfen. Da die Zweckbindung nichtöffentlichen Stellen nicht immer bekannt sein wird, sind diese nach **Absatz 1 Satz 3** im Zusammenhang mit der Übermittlung der Informationen darüber zu unterrichten, dass sie die übermittelten Informationen nicht für den Übermittlungszweck verwenden dürfen (vgl. § 16 Abs. 4 Satz 2 BDSG). Die Zweckbindung gilt auch für diejenigen personenbezogenen Informationen, die erst im Rahmen der Durchführung des Täter-Opfer-Ausgleichs von der damit beauftragten Stelle nach **Abs. 2 Satz 2** erhoben werden. Um ihrer Aufgabe gerecht werden zu können, muss diese nämlich gegebenenfalls solche Umstände in Erfahrung bringen, die bis dahin noch nicht ermittelt worden sind. Die Befugnis zur Informationserhebung steht ihr jedoch nur insoweit zu, als der Betroffene **einwilligt.** Die Einwilligung des Betroffenen ist auch erforderlich, soweit die erhobenen personenbezogenen Informationen verarbeitet und genutzt werden sollen. Von dieser Regelung ist eine erhebliche Förderung des Täter-Opfer-Ausgleichs zu erwarten, weil sie den Beteiligten die Entscheidung erleichtern wird, sich der mit seiner Durchführung befassten Stelle auch hinsichtlich solcher Umstände zu offenbaren, an deren Geheimhaltung grundsätzlich ein besonderes Interesse besteht.

4   Für den **Fortgang des Strafverfahrens** ist es unerlässlich, dass StA oder Gericht nach Beendigung des Verfahrens zur Herbeiführung des Täter-Opfer-Ausgleichs **informiert** werden. Deshalb regelt **Abs. 2 Satz 3,** dass die beauftragte Stelle nach Abschluss ihrer Tätigkeit in dem erforderlichen Umfang **berichtet.** Im Regelfall wird es ausreichen, das Ergebnis des Verfahrens vor der beauftragten Stelle mitzuteilen. In bestimmten Fällen kann es aber – beispielsweise im Hinblick auf die Regelungen in § 46 a StGB – erforderlich sein, auch über den Gang des Verfahrens zu berichten. Soweit der Zweck der Mitteilungspflicht dies erfordert, ist auch die Übermittlung derjenigen personenbezogenen Informationen zulässig, die erst von der beauftragten Stelle erhoben worden sind.

Öffentliche Klage § 156

Den Datenschutz im nichtöffentlichen Bereich hat der Bundesgesetzgeber im 5
Dritten Abschnitt des Bundesdatenschutzgesetzes (BDSG) geregelt. Allerdings findet
das BDSG nur Anwendung, soweit personenbezogene Informationen in oder aus
Dateien verarbeitet werden. Eine aktenmäßige Verarbeitung unterliegt mithin keiner
Kontrolle nach § 38 BDSG. Im Hinblick auf die besondere Sensitivität der zur
Durchführung des Täter-Opfer-Ausgleichs übermittelten personenbezogenen Informationen wird deshalb mit **Absatz 3** eine Regelung aufgenommen, die sicherstellt, dass das BDSG auch zur Anwendung kommt, wenn die übermittelten Informationen bei der mit der Durchführung des Täter-Opfer-Ausgleichs beauftragten
Stelle nicht in oder aus Dateien verarbeitet werden. Die Anordnung, dass die
Vorschriften des Dritten Abschnitts des **Bundesdatenschutzgesetzes** auch auf
Informationen außerhalb von Dateien Anwendung finden, bedeutet nicht, dass alle
Vorschriften dieses Abschnitts für die beauftragte Stelle gelten. Diese Vorschriften
sind vielmehr nur anwendbar, soweit § 155 b StPO keine Sonderregelung trifft. Da
jedoch insbesondere die strikte Zweckbindungsregelung des Absatzes 3 eine solche
Sonderregelung darstellt, stehen die Befugnisse zur zweckändernden Verwendung
nach § 28 BDSG den beauftragten Stellen nicht zu.

Absatz 4 Satz 1 regelt die **Vernichtung der Unterlagen** mit personenbezoge- 6
nen Informationen im Verfügungsbereich der mit der Durchführung des Täter-Opfer-Ausgleichs befasst gewesenen Stelle. Ein Jahr nach Abschluss des Strafverfahrens ist eine weitere Vorhaltung der Informationen nicht mehr erforderlich. Damit
die Frist für die Vernichtung der Unterlagen gewahrt werden kann, bestimmt
Abs. 4 Satz 2, dass StA oder Gericht der beauftragten Stelle unverzüglich von
Amts wegen den Zeitpunkt des Verfahrensabschlusses mitteilen.

§ 156 [Keine Rücknahme der Anklage]

Die öffentliche Klage kann nach Eröffnung des Hauptverfahrens nicht zurückgenommen werden.

Mit der **Eröffnung des Hauptverfahrens** (§ 203) oder einem ihr gleichstehen- 1
den Akt (s. § 151 Rn. 1) tritt die **Rechtshängigkeit** ein (BGH 14, 17 = NJW
1960, 544). Mit ihr verliert die StA – von Ausnahmen abgesehen, s. Rn. 2 – die
Dispositionsfreiheit über die Klage (BGH 29, 229 = NJW 1980, 1858). Mit der
Rechtshängigkeit entsteht ein **Verfahrenshindernis** für ein anderes Verfahren
gegen denselben Beschuldigten wegen derselben Tat (BGH 22, 235 = NJW 1968,
2387). „Eine **Änderung** der in der Anklageschrift angegebenen **Tatzeiten**, durch
die bisher von der Anklage nicht erfasste Straftaten in die Strafverfolgung einbezogen werden sollen, ist nach Zulassung der Anklage auch dann **nicht zulässig**,
wenn es sich bei den Angaben in der Anklageschrift um ein Versehen der StA
gehandelt hat und diese der Änderung zustimmt" (BGH 46, 130 = NJW 2000,
3293). Nach Erlass des Beschlusses über die **Nichteröffnung** des Hauptverfahrens
ist die Rücknahme der Klage ebenfalls ausgeschlossen; denn dem Beschuldigten darf
nicht auf diese Weise der Schutz der **Sperrwirkung** des § 211 genommen werden.

Eine **Rücknahmebefugnis** nach Eröffnung besteht ausnahmsweise auf Grund 2
gesetzlicher Regelungen. Besondere Regelungen gelten für das Strafbefehlsverfahren (§ 411 Abs. 3), das Privatklageverfahren (§ 391), die Nebenklage (§ 402), das
Adhäsionsverfahren (§ 404 Abs. 4) und das Steuerverfahren (§§ 400, 406 Abs. 1
AO) und vor allem in Verfahren wegen Auslandstaten gemäß § 153 c Abs. 3 und
wegen politischer Straftaten nach § 153 d Abs. 2 (KK-Schoreit Rn. 6). Im beschleunigten Verfahren gemäß §§ 417 f., das keinen Eröffnungsbeschluss kennt, ist
nach der Gesetzeslage „Klagerücknahme" mangels entgegenstehender Regelungen
bis zur Urteilsverkündung möglich (BGH 15, 316 = NJW 1961, 789, str. vgl. KK-Schoreit Rn. 5 mwN). Die **StA** ist keine zuständige Behörde iSd § 156. Im Straf-

verfahren kommt als „zuständige Behörde" allein das (Straf-)Gericht in Betracht, weil nur dort ein förmliches Beweisverfahren durchgeführt wird (BayObLG NJW 1998, 1577).

3   Die Zurücknahme versetzt das Verfahren in den Stand des **Ermittlungsverfahrens** zurück (OLG Karlsruhe Justiz 1982, 438). Für die Rücknahme der Klage können unterschiedliche Gründe in Betracht kommen: Das Verfahren nach § 170 Abs. 2 oder nach § 153 Abs. 1 einzustellen; die Strafsache an das zuständige Gericht (BayObLG NJW 1973, 2312) oder vor einen anderen Spruchkörper desselben Gerichts (BGH NStZ 1984, 132) zu bringen oder die Verbindung mehrerer zusammenhängender Sachen zu erreichen (Meyer-Goßner Rn. 2). Die **Rücknahme** erfolgt idR durch Schriftsatz an das Gericht, bei dem die Sache anhängig ist (OLG Celle NdsRpfl. 1978, 174), und zwar ohne Begründung. Das Gericht gibt die Akten ohne weiteres an die StA zurück; es wird die Prozessbeteiligten entsprechend dem Grundsatz des fairen Verfahrens verständigen. Sonderregelungen enthalten die §§ 153c Abs. 4, 153d Abs. 2, 153f Abs. 3, 411 Abs. 3 (Meyer-Goßner Rn. 5). Es gibt **keine Kostenentscheidung;** denn das Verfahren ist noch nicht abgeschlossen (Rieß-LR Rn. 16).

§ 157 [Begriff des „Angeschuldigten" und „Angeklagten"]

Im Sinne dieses Gesetzes ist
Angeschuldigter der Beschuldigte, gegen den die öffentliche Klage erhoben ist,
Angeklagter der Beschuldigte oder Angeschuldigte, gegen den die Eröffnung des Hauptverfahrens beschlossen ist.

1   Diese Vorschrift wendet sich vor allem an die Gerichte und die StAen. In deren Entscheidungen sollten daher die korrekten Bezeichnungen verwendet werden (Rieß-LR Rn. 5).
2   Die Bestimmung definiert den Begriff des **Beschuldigten** nicht, sondern setzt ihn voraus. Diese Bezeichnung wird als **Oberbegriff** verwendet, wenn sie alle Stadien des Verfahrens umfassen soll (vgl. §§ 81, 112).

Zweiter Abschnitt. Vorbereitung der öffentlichen Klage

§ 158 [Strafanzeigen; Strafanträge] RiStBV 6 Abs. 4, 8, 9

(1) ¹**Die Anzeige einer Straftat und der Strafantrag können bei der Staatsanwaltschaft, den Behörden und Beamten des Polizeidienstes und den Amtsgerichten mündlich oder schriftlich angebracht werden.** ²**Die mündliche Anzeige ist zu beurkunden.**

(2) **Bei Straftaten, deren Verfolgung nur auf Antrag eintritt, muß der Antrag bei einem Gericht oder der Staatsanwaltschaft schriftlich oder zu Protokoll, bei einer anderen Behörde schriftlich angebracht werden.**

1   Eine strafverfahrensrechtliche Pflicht, den Strafverfolgungsbehörden **Verdachtsgründe** für strafbare Handlungen **mitzuteilen,** besteht nicht für Privatpersonen. Das gilt allgemein auch für Behörden; aber **gesetzliche Anzeigepflichten** enthalten zB § 183 GVG für das Gericht, wenn eine strafbare Handlung in der Sitzung begangen wird; § 159 für die Gemeindebehörden, wenn Anhaltspunkte für einen unnatürlichen Tod vorliegen oder der Leichnam eines Unbekannten gefunden wird (vgl. die ausführliche Regelung in RiStBV Nr. 33 ff.); § 40 WStG und § 29 Abs. 3 WDO; § 116 Abs. 1 AO bei Verdacht einer Steuerstraftat; § 6 SubvG, Gericht und Behörden haben Tatsachen, die sie dienstlich erfahren und die den

Vorbereitung der öffentlichen Klage § 158

Verdacht eines Subventionsbetrugs begründen, den Strafverfolgungsbehörden mitzuteilen. Die jedermann treffende **Anzeigepflicht nach § 138 StGB** betrifft nur das Vorhaben oder die Ausführung **bestimmter** Straftaten. Die **Strafverfolgungsbehörden** und deren Beamte sind nach den §§ 160, 163 verpflichtet, Straftaten, die ihnen **dienstlich** bekannt werden, anzuzeigen. Nach hM – im Hinblick auf § 258 a StGB – sind sie idR auch bei **außerdienstlicher Kenntnis** zur Anzeige verpflichtet, wenn es sich um Straftaten handelt, die nach Art und Umfang „die Belange der Öffentlichkeit und der Volksgesamtheit in besonderem Maße berühren" (BGH 12, 280 = NJW 1959, 494; ebenso BGH 5, 229 = NJW 1954, 1009; OLG Köln NJW 1981, 1794; einschränkend BGH 38, 392 = NJW 1993, 544; s. auch § 160 Rn. 3). Es ist auch „im gewissen Rahmen dem pflichtgemäßen Ermessen eines **Amtsvorgesetzten** überlassen, ob er strafbare Verfehlungen eines Untergebenen anzeigen will; wegen Begünstigung ist er nur strafbar, wenn er sein Ermessen missbraucht" (BGH 4, 170 = NJW 1953, 1312). „Das kann namentlich dann der Fall sein, wenn er sich dabei von Rücksichten auf seinen eigenen Vorteil leiten lässt" (RG 73, 226).

Strafanzeige (Abs. 1) ist die Mitteilung eines Tatverdachts, verbunden mit der 2 Anregung zu prüfen, ob ein Ermittlungsverfahren einzuleiten ist (BayObLG NJW 1986, 442). Lässt die Anzeige darüber hinaus nicht auch den Willen erkennen, die Strafverfolgung zu veranlassen, ist der ihr mitgeteilte Sachverhalt nach dem Legalitätsprinzip zu beachten (§ 152 Abs. 2), begründet jedoch keine Verpflichtung, den Hinweisgeber zu bescheiden, § 171 S. 1 (KK-Wache Rn. 2). Der **Strafantrag (Abs. 1)** ist jede Anzeige, die über die bloße Wissensvermittlung hinaus erkennbar das Begehren nach Strafverfolgung enthält (Roxin § 37 Rn. 10). Ein solcher Strafantrag enthält idR zugleich den Antrag auf Erhebung der öffentlichen Klage; der Antragsteller hat in diesem Fall einen Anspruch auf einen Bescheid der StA, falls öffentliche Klage nicht erhoben wird, § 171 S. 1 (AK/StPO-Schöch Rn. 4). Vgl. auch RiStBV Nr. 6 Abs. 4, 8, 9). **Jedermann** kann eine Anzeige oder einen Strafantrag iS des Abs. 1 stellen, auch wenn er durch die mitgeteilte Straftat weder unmittelbar noch mittelbar berührt wird. Der Anzeigende ist jedoch zur **Wahrheit und Objektivität verpflichtet**. Er darf nicht gegen die Strafgesetze (zB §§ 145 d, 164 StGB) verstoßen und das allgemeine Persönlichkeitsrecht anderer zu achten (KK-Wache Rn. 4).

Anzeige und Strafantrag iS des **Abs. 1** setzen **keine Prozessfähigkeit** voraus. 3 Anzeigen von **Handlungsunfähigen**, Geisteskranken, unter Alkohol-, Medikamenten- oder Drogeneinfluss stehenden Personen sind nicht schlechthin unbeachtlich. Das gilt auch bei **anonymen** und **pseudonymen** Anzeigen. Es kann sich empfehlen, den Beschuldigten erst dann zu vernehmen, wenn ein durch die Anzeige begründeter **Anfangsverdacht** durch andere möglichst schonende Ermittlungen eine **gewisse Bestätigung** gefunden hat (KK-Wache Rn. 6; RiStBV Nr. 8). In der Anzeige mitgeteilten Tatsachen von amtsbekannten **Querulanten** und Geistesgestörten sind jedenfalls dahin zu prüfen, ob sie einen Anfangsverdacht begründen können. Es ist dieselbe Zurückhaltung wie bei anonymen Anzeigen geboten. Wenn der geäußerte Verdacht offensichtlich jeder Grundlage entbehrt oder wenn es sich um die Wiederholung eines früheren, als haltlos erwiesenen Vorwurfs handelt, kann die Anzeige durch interne Verfügung abgelegt werden (KK-Wache Rn. 7). Anzeige und Strafantrag iS des **Abs. 1** können auch durch einen anderen übermittelt werden, der nur **Bote** ist. Sie können sich auch gegen **Unbekannt** richten. Anzeigen gegen **immune** oder von der deutschen Gerichtsbarkeit **befreite Personen** sind entgegenzunehmen, aber ohne eigene Bearbeitung der zuständigen StA zuzuleiten (KK-Wache Rn. 10; RiStBV Nr. 191, 192; vgl. RiStBV Nr. 191, 192). „Der **Strafantrag eines Minderjährigen** ist unwirksam." Der Strafantrag eines Minderjährigen ist nicht allein deshalb wirksam, weil der Minderjährige noch vor Ablauf der Antragsfrist volljährig geworden ist „(BGH NJW 1994, 1165)". § 77 Abs. 3

§ 158   Zweites Buch. 2. Abschnitt

StGB ist nach der Rspr. des BGH nicht dahin auszulegen, „dass neben dem Minderjährigen auch dessen gesetzlicher Vertreter ein Strafantragsrecht hätte, also auch ein Strafantrag des Minderjährigen wirksam sein könnte, sondern dahin, dass bei einer zum Nachteil eines Minderjährigen begangenen Straftat nur der gesetzliche Vertreter einen wirksamen Strafantrag stellen kann" (BGH NStZ 1994, 281; 1981, 479).

4   **Adressaten** der Anzeigen und Strafanträge sind die in **Abs. 1** Genannten; bei Steuer- und Zolldelikten auch die **Finanzbehörden** (§§ 369, 386, 391 Abs. 1 AO). Sie sind verpflichtet, ohne Rücksicht auf ihre sachliche oder örtliche Zuständigkeit die Anzeige oder den Strafantrag entgegenzunehmen und zu bearbeiten oder an die zuständige Stelle weiterzuleiten. **Andere Behörden** sind nicht verpflichtet, Anzeigen und Strafanzeigen entgegenzunehmen; wenn sie es tun, dann müssen sie diese ordnungsgemäß weiterleiten (Rieß-LR Rn. 16). Ein bestimmter **Inhalt** ist nicht vorgeschrieben; sie sollen aber den entsprechenden Inhalt haben. Die **Zusage vertraulicher Behandlung** ist grundsätzlich zulässig (KK-Wache Rn. 18). Andernfalls würden sich StA und Polizei in nicht wenigen Fällen eines wichtigen Mittels der Aufklärung von Straftaten begeben (BGH MDR 1952, 659). Die Zusage der Vertraulichkeit bezieht sich idR nicht auf die mitgeteilten Tatsachen, sondern nur darauf, den Namen des **Hinweisgebers dem Betroffenen** nicht bekanntzugeben (Meyer-Goßner Rn. 16). Trotz Zusicherung vertraulicher Behandlung kann der Anzeigende als Zeuge vernommen werden, wenn andere Umstände auf ihn hinlenken, zB wenn sein Name in schriftlichen Aufzeichnungen des Beschuldigten gefunden oder von diesem oder einen Dritten auf ihn als Zeugen hingewiesen wird (KK-Wache Rn. 23). Die Bindung an eine Vertraulichkeitszusage **entfällt** vor allem dann, wenn die Preisgabe des Informanten zum Schutz höherwertiger Rechtsgüter geboten ist oder hinreichende Anhaltspunkte dafür bestehen, dass er den Angezeigten bewusst wahrheitswidrig oder in leichtfertiger Weise belastet hat (BVerwG DÖV 1965, 488). Im letzteren Falle wäre die Einhaltung der Zusage mit der öffentlichen Aufgabe der Strafverfolgung unvereinbar; die Behörde würde sich uU dem Vorwurf der Strafvereitelung zugunsten eines Informanten aussetzen, der die Vertraulichkeitszusage verwirkt hat (KK-Wache Rn. 23). Zur Praxis der Behandlung einer Vertraulichkeitszusage im Einzelnen s. KK-Wache Rn. 24. Eine bestimmte **Form** ist in Abs. 1 – abgesehen von der Beurkundung – nicht vorgesehen. Die in **Abs. 1 S. 2** vorgeschriebene Beurkundung der **mündlichen** oder fernmündlichen Anzeige hat den Zweck zu verhindern, dass die Anzeige in Vergessenheit gerät. Die nicht beurkundete Anzeige löst dieselbe Pflicht aus (Rieß-LR Rn. 19). Bei **Offizialdelikten** ist die Strafverfolgung von einer Anzeige und einem Strafantrag nach Abs. 1 **unabhängig**; ihre **Rücknahme** ist daher rechtlich ohne Bedeutung.

5   Bei dem **Strafantrag** nach **Abs. 2** ist zunächst darauf hinzuweisen, dass die Bestimmung der Delikte, die **nur auf Antrag verfolgt werden** – sowie etwaiger Beschränkungen und Ausnahmen –, in den einzelnen Tatbeständen des Besonderen Teils des StGB enthalten ist. Die allgemeinen Vorschriften über **Antragsbefugnis, Antragsfrist** und **Antragsrücknahme** regeln die §§ 77 bis 77 d StGB (Rieß-LR Rn. 23). Der Strafantrag ist eine **Prozessvoraussetzung,** deren Vorliegen in jedem Abschnitt des Verfahrens von Amts wegen geprüft werden muss (BGH 6, 156 = NJW 1954, 1414). Der **Strafantrag iS von Abs. 2** ist die Erklärung des Antragsberechtigten, dass er wegen einer **bestimmten Tat** die Strafverfolgung gegen einen oder mehrere Täter verlangt (RG 64, 107). Die Tat muss ausreichend gekennzeichnet sein; auf die Bezeichnung des oft unbekannten Täters kommt es nicht an (AK/StPO-Schöch Rn. 20). Es ist nicht erforderlich, dass der Verletzte dabei das Wort „Strafantrag" benutzt; vielmehr genügt es, dass in dem Antrag das Strafverfolgungsbegehren zweifelsfrei zum Ausdruck kommt (BGH GA 57, 17; Roxin § 37 Rn. 11). Der Strafantrag kann in der **Anschlusserklärung eines Nebenklägers**

Vorbereitung der öffentlichen Klage **§ 158**

enthalten sein (BGH 33, 116 = NJW 1985, 872). Er kann auf eine an der Straftat beteiligte Person oder einen abtrennbaren Teil der Tat beschränkt werden (BGH 19, 321 = NJW 1964, 1380). **Vor Antragstellung** kann mit Ermittlungen begonnen werden, wenn zu befürchten ist, dass wichtige Beweismittel verloren gehen könnten (RiStBV Nr. 6); die vorläufige Festnahme (§ 127 Abs. 3) und der Erlass eines – befristeten – Haftbefehls (§ 130) sind zulässig (RiStBV Nr. 7). Wird ein Strafantrag innerhalb der Frist für die Antragstellung (§ 77 b StGB) nicht gestellt, muss das Ermittlungsverfahren eingestellt werden (KK-Wache Rn. 33). Die **Antragsberechtigung** und die **Antragsmündigkeit** (dh. bei Minderjährigen, Geschäftsunfähigen usw.) ist in den §§ 77, 77 a StGB geregelt. **Volljährige,** denen wegen psychischer Krankheit, einer körperlichen, geistigen oder seelischen Behinderung ein **Betreuer** bestellt ist (§ 1896 BGB), werden in diesem Aufgabenkreis (§ 1897 BGB) allein von diesem vertreten (§ 1902 BGB).

Abs. 2 regelt **nur die Adressaten und die Form des Strafantrags.** Der 6 Antrag kann wirksam nur bei einer der in Abs. 2 genannten Stellen gestellt werden, dh. bei einer **StA,** bei einem **Gericht** oder einer **Polizeibehörde.** Wird er bei einer **anderen Behörde** gestellt, so hängt seine Wirkung davon ab, dass er innerhalb der Antragsfrist (§ 77 b StGB) in Schriftform bei StA, Gericht oder Polizei eingeht (RG 48, 276). Auf die sachliche und örtliche Zuständigkeit der zur Entgegennahme des Strafantrags berechtigten Behörden kommt es nicht an (Rieß-LR Rn. 25). „**Andere Behörden"** iSd Abs. 2 sind – wie in Abs. 1 – nur Behörden des Polizeidienstes. Der einzelne Polizeibeamte, der auf der Straße Dienst tut, ist nicht „Behörde" iS dieser Vorschrift (KK-Wache Rn. 41). Die Antragstellung kann bei einem **ausländischen** Gericht, ausländischer StA, Polizeibehörden nicht wirksam angebracht werden (BayObLG NJW 1972, 1631), wenn sich nicht aus zwischenstaatlichen Rechtshilfevereinbarungen etwas anderes ergibt. Ist aber bei einer **Auslandstat** das Verfahren im Ausland mit einem dort nach den geltenden Vorschriften erforderlichen Antrag eingeleitet worden, so bleibt dieser Antrag wirksam, wenn das ausländische Verfahren an deutsche Behörden abgegeben wird (Rieß-LR Rn. 26). Anders als die Strafanzeige nach Abs. 1 kann der Strafantrag nach Abs. 2 nicht nur beim AG, sondern auch bei einem **anderen Gericht** gestellt werden. „Der Strafantrag kann in der Revisionsinstanz nachgeholt werden" (BGH 3, 73; vgl. RG 68, 120).

Abs. 2 verlangt **Schriftform.** Zweck der Formvorschrift ist es, dass die Straf- 7 verfolgungsbehörde und die Gerichte sich anhand der Antragsurkunde Klarheit über die Identität des **Antragstellers** und über das Vorhandensein und den Umfang des **Verfolgungswillens** verschaffen können. Daher wird hier grundsätzlich eine Unterschrift verlangt. So ist zB der für eine GmbH gestellte Strafantrag nur wirksam, wenn sich die Person des Erklärenden zuverlässig anhand des schriftlichen Antrags ermitteln lässt (KG NStZ 1990, 144). Der Antrag bei einer Behörde des Polizeidienstes ist auch **schriftlich** anzubringen, es genügt aber die **Unterschrift unter das polizeiliche Protokoll:** „Die Unterzeichnung des im Zusammenhang mit einer solchen Anzeige erstellten Protokolls erfüllt auch die in § 158 Abs. 2 StPO geforderte Form des Strafantrags" (BGH NStZ 1995, 353). Auch der von der Polizei schriftlich niedergelegte, zuvor vor demselben Polizeibeamten vom Antragsteller selbst auf Tonträger wortgleich gesprochene Strafantrag entspricht dem Schriftlichkeitserfordernis des Abs. 2 (BayObLG NStZ 1997, 453). Die erforderliche Schriftform für einen bei der Polizei gestellten Strafantrag ist nicht gewahrt, wenn sich der aufnehmende Polizeibeamte **Notizen** über Strafanzeige und -antrag macht und diese Angaben in Abwesenheit des Antragsberechtigten in einem nur von ihm bestätigten Protokoll ausformuliert (BayObLG NStZ 1994, 86). **Telegramm, Fernschreiben, Telebriefe, Telefax** wahren die Schriftform (BGH NJW 1987, 2587; BVerfG NJW 2001, 1473), die Blanko-Unterzeichnung eines Formblattes genügt, eine mechanische Herstellung der Unterschrift, zB durch einen

§ 159 Zweites Buch. 2. Abschnitt

Faksimile-Stempel reicht aus, nicht aber ein bloßer Firmenstempel. Der Strafantrag kann auch von einem anderen mit dem Namen des Antragsberechtigten unterschrieben werden, wenn der andere hierzu beauftragt ist (Rieß-LR Rn. 31 mwN). Der Strafantrag muss grundsätzlich in **Urschrift** bei einer zur Entgegennahme zuständigen Behörde eingehen. Wird er aber **von einer Behörde** gestellt, so ist die Schriftform auch gewahrt, wenn das Schreiben nicht die Unterschrift eines zeichnungsberechtigten Beamten enthält, sondern in **beglaubigter Abschrift** mitgeteilt wird (RG 72, 388; vgl. BGH 2, 77). Das Gleiche gilt, wenn eine vorgesetzte Behörde einen bei ihr eingegangenen Strafantrag in beglaubigter Ablichtung an die zuständige Behörde weitergibt (BayObLG NJW 1957, 919; Rieß-LR Rn. 32). Bei einem **Gericht** oder der **StA** kann der Strafantrag **schriftlich** und auch in der Form angebracht werden dass ein **UrkB der Geschäftsstelle** darüber ein **Protokoll** aufnimmt, das der Unterschrift des Antragstellers und einer Verlesung nicht bedarf (RG 38, 41). Der Strafantrag kann auch in jedes Vernehmungs- oder Sitzungsprotokoll aufgenommen werden (KK-Wache Rn. 46). Die **Antragsfrist** ergibt sich aus den §§ 77 b, 77 c StGB.

8   Der Strafantrag unter **aufschiebender Bedingung** ist wegen der damit verbundenen Unsicherheit über das Vorliegen einer **Prozessvoraussetzung unwirksam.** Eine **auflösende Bedingung ist jedoch zulässig;** denn der Eintritt der Bedingung hat die gleiche Wirkung wie die Rücknahme des Strafantrags (KK-Wache Rn. 52). Die **Rücknahme** des Strafantrags ist in § 77 d StGB geregelt. Sie kann **formlos** oder durch schlüssige Handlung erfolgen, wenn der Wille, auf die Strafverfolgung zu verzichten, deutlich zum Ausdruck kommt (RG 55, 25). Die Rücknahme unter der Bedingung, dass den **Antragsteller keine Kosten** treffen, ist zulässig (BGH 9, 149 = NJW 1956, 1162), ebenso die Beschränkung der Rücknahme in gegenständlicher, rechtlicher und persönlicher Hinsicht (Dreher/Tröndle, StGB, § 77 d Rn. 3). **Rücknahmestelle** ist die Behörde, welche zZt. der Rücknahme mit der Sache befasst ist (RG 55, 23). Der **Verzicht** auf einen Strafantrag ist zulässig, wenn er vor Ablauf der Antragsfrist erklärt wird. Er bedarf der Form des Abs. 2. Die Erklärung ist bei einer der in Abs. 2 aufgeführten Stellen – oder bei der Sühnebehörde (§ 360) anzubringen (BGH NJW 1957, 1369; AK/StPO-Schöch Rn. 36). Die bloße Erklärung vor der Polizei, einen Strafantrag werde nicht gestellt, ist kein Verzicht (OLG Hamm JMBlNW 1953, 53; Dreher/Tröndle, StGB § 77 Rn. 30). Der **gutgläubige Strafanzeigeerstatter** macht sich **nicht schadensersatzpflichtig,** wenn seine Anzeige nicht zum Erweis des behaupteten Vorwurfs führt (BVerfGE 74, 257 = NJW 1987, 1929).

§ 159 [Unnatürlicher Tod; Leichenfund] RiStBV 33 bis 38

(1) **Sind Anhaltspunkte dafür vorhanden, daß jemand eines nicht natürlichen Todes gestorben ist, oder wird der Leichnam eines Unbekannten gefunden, so sind die Polizei- und Gemeindebehörden zur sofortigen Anzeige an die Staatsanwaltschaft oder an das Amtsgericht verpflichtet.**

(2) **Zur Bestattung ist die schriftliche Genehmigung der Staatsanwaltschaft erforderlich.**

1   Diese Vorschrift (vgl. auch RiStBVNr. 33 bis 38) hat den Zweck, der StA möglichst frühzeitig die Prüfung zu ermöglichen, ob ein **Ermittlungsverfahren wegen eines Tötungsdelikts einzuleiten** ist. Sie dient zugleich der Beweissicherung, zB durch Spurensicherung, Leichenschau und Leicheneröffnung (KK-Wache Rn. 1). **Nicht natürlich** ist der **Tod,** der durch Selbstmord, Unfall, durch eine rechtswidrige Tat (vgl. § 11 Abs. 1 Nr. 5 StGB) verwirklicht oder sonst durch Einwirkung von außen herbeigeführt wurde. Der Tod nach **Operation** fällt nur unter diese Vorschrift, wenn zumindest entfernte Anhaltspunkte für einen **Behand-**

Vorbereitung der öffentlichen Klage § 159

lungsfehler oder für sonstiges Verschulden des behandelnden Personals vorliegen (Meyer-Goßner Rn. 2). Es ist auch verfassungsrechtlich nicht zu beanstanden, wenn die Durchführung einer Obduktion zur Klärung der Todesursache deshalb für erforderlich gehalten wird, weil nach den Umständen des Falles ein ärztlicher Behandlungsfehler als mittelbare Todesursache nicht völlig auszuschließen ist (BVerfG NJW 1994, 783). **Unbekannt** ist ein Toter, der nicht alsbald identifiziert werden kann. Das gilt auch, wenn jemand unter den Augen anderer gestorben ist, aber eine sofortige Identifizierung nicht möglich ist, wenn zB der Tote keine Papiere bei sich hat. Stirbt ein Unbekannter nach längerem Krankenhausaufenthalt, so wird sein **Leichnam** nicht „gefunden" (KK-Wache Rn. 3). Für **Anhaltspunkte** eines nicht natürlichen Todes genügen gewisse, wenn auch vage Hinweise, die **Zweifel** an einem natürlichen – alters- oder krankheitsbedingten – Tode aufkommen lassen, zB Spuren einer Gewaltanwendung, der Fundort der Leiche, Begleitumstände des Todes (Rieß-LR Rn. 3).

Die **Anzeigepflicht** obliegt dem Leiter oder einem nach der Geschäftsverteilung 2 damit betrauten Angehörigen der in **Abs. 1** genannten Behörde. Dies gilt ebenfalls für die **Krankenhausleitung** eines gemeindlichen Krankenhauses, auch soweit ihr Ärzte angehören, wenn der nicht natürliche Todesfall im Zusammenhang mit der Behandlung in diesem Krankenhaus eingetreten ist; die ärztliche Schweigepflicht (§ 203 StGB) steht dem nicht entgegen, weil die Offenbarung **nicht unbefugt** erfolgt (KK-Wache Rn. 4). **Andere Behörden,** Privatpersonen und Ärzte unterliegen nicht der Anzeigepflicht nach Abs. 1. **Ärzte** können jedoch nach den **landesrechtlichen Vorschriften** über das Leichen- und Bestattungswesen (vgl. Mallach/Weiser Kriminalistik 1983, 200) verpflichtet sein, Anhaltspunkte für einen nicht natürlichen Tod der Gemeindebehörde mitzuteilen, damit diese ihrer Anzeigepflicht nachkommen kann (Rieß-LR Rn. 6).

Die **Anzeige,** die keine Strafanzeige iS von § 158 ist, soll alle tatsächlichen 3 Umstände enthalten, die zur Annahme geführt haben, dass kein natürlicher Todesfall vorliegt, zB Fundort und Zustand der Leiche, persönliche Verhältnisse eines bekannten Toten, Spuren und sonstige Auffälligkeiten (KK-Wache Rn. 5). Eine **sofortige** Anzeige schreibt Abs. 1 vor (vgl. RiStBV Nr. 36). **Adressat** der Anzeige ist die StA oder das AG des Bezirks, in dem sich der Leichnam befindet. Die Anzeige an das AG sollte nur erfolgen, wenn die StA nicht sofort erreichbar ist; denn der Richter kann nur in Eilfällen aus eigener Initiative tätig werden und zB eine Obduktion anordnen (§§ 87 Abs. 4, 165, 167). Handelt es sich nicht um einen Eilfall, gibt der Richter die Anzeige an die StA ab (AK/StPO-Schön Rn. 6). Die StA prüft, ob und gegebenenfalls welche **Ermittlungen** zu veranlassen sind, zB **Leichenschau** oder eine **Leicheneröffnung** (§ 87); sie trifft die zur **Identifizierung** des Toten (§ 88) erforderlichen Maßnahmen (RiStBV Nr. 33 bis 37). Die **Beschlagnahme** der Leiche richtet sich nach den §§ 94 ff. Die Polizei hat gemäß § 163 Abs. 1 die Leiche **zu sichern** und dafür zu sorgen, dass keine Veränderungen an Leiche und Fundort vorgenommen werden. Sind die Voraussetzungen einer **Obduktion** gegeben, steht ihrer Durchführung eine Verfügung des **Verstorbenen,** wonach auf eine Obduktion „verzichtet werden soll" nicht entgegen (LG Mainz NStZ-RR 2002, 43; vgl. BVerfG NJW 1994, 784). Die Überführung einer Leiche an einen anderen Ort ist zwar nicht von der Genehmigung abhängig, aber die Polizei hat zuvor die Spuren zu sichern, zB Lichtbilder und Skizzen von der Leiche und der Fundstelle zu fertigen (KK-Wache Rn. 6ff.).

Den **Bestattungsschein (Abs. 2),** dh. die **schriftliche** Bestattungsgenehmi- 4 gung, hat die StA unverzüglich zu erteilen, wenn die Leiche für Ermittlungen nicht mehr benötigt wird. Diese Genehmigung ist dem **Standesbeamten** sofort (fernmündlich voraus, durch Kurier usw.) zuzuleiten. Aus dem Bestattungsschein muss sich ergeben, ob auch die Feuerbestattung – die Leiche geht als Beweismittel verloren – genehmigt wird (RiStBV Nr. 38).

§ 160 [Ermittlungsverfahren] RiStBV 1 bis 109

(1) Sobald die Staatsanwaltschaft durch eine Anzeige oder auf anderem Wege von dem Verdacht einer Straftat Kenntnis erhält, hat sie zu ihrer Entschließung darüber, ob die öffentliche Klage zu erheben ist, den Sachverhalt zu erforschen.

(2) Die Staatsanwaltschaft hat nicht nur die zur Belastung, sondern auch die zur Entlastung dienenden Umstände zu ermitteln und für die Erhebung der Beweise Sorge zu tragen, deren Verlust zu besorgen ist.

(3) ¹Die Ermittlungen der Staatsanwaltschaft sollen sich auch auf die Umstände erstrecken, die für die Bestimmung der Rechtsfolgen der Tat von Bedeutung sind. ²Dazu kann sie sich der Gerichtshilfe bedienen.

(4) Eine Maßnahme ist unzulässig, soweit besondere bundesgesetzliche oder entsprechende landesgesetzliche Verwendungsregelungen entgegenstehen.

1   Im System der Gewaltenteilung erfüllen StA und Gericht, wenngleich mit unterschiedlichen Funktionszuweisung, auf strafrechtlichem Gebiet **gemeinsam** die Aufgabe der **Justizgewährung** (BVerfGE 9, 228). Wie der Richter, so ist auch der StA Recht und Gesetz unterworfen, übt aber schon wegen internen und externen Weisungsrechts (§§ 146, 147 GVG), dem er in engen Grenzen unterliegt, also mangels einer dem richterlichen Status wesensimmanenten Unabhängigkeit (Art. 97 Abs. 1 GG, § 1 GVG), keine rechtsprechende Gewalt aus (Nehm, FS für Meyer-Goßner S. 27). Daher gehört die StA, obgleich sie nicht verwaltet, sondern auf Rechtsprechung hinarbeitet, nicht zur Judikative, sondern zur Exekutive (BVerfGE 32, 216). Die StA hat infolge ihrer behördlichen Stellung als öffentliches Rechtspflegeorgan sicherzustellen, dass getroffene Entscheidungen den Gesetzen entsprechen. Diese Aufgaben hat sie nach pflichtgemäßen Ermessen auch durch Einlegung eines geeigneten Rechtsmittels unparteiisch, also sowohl zu Gunsten als auch zu Lasten des Angeklagten wahrzunehmen. § 160 konkretisiert neben § 152 Abs. 2 den **Verfolgungszwang** und begründet **für die StA die Pflicht, von Amts** wegen die materielle Wahrheit zu erforschen. Sie bestimmt Voraussetzungen, Beginn, Gegenstand und Ziel ihrer Ermittlungstätigkeit. Welche StA im einzelnen Fall sachlich und örtlich zur Erforschung des Sachverhalts verpflichtet ist, ergibt sich aus den §§ 142, 142a, 143 GVG iVm §§ 1 ff. „Die Ermittlungen führt grundsätzlich der StA, in dessen Bezirk die Tat begangen ist" (RiStBV Nr. 2 Abs. 1). Aber „auch wenn der StA den Sachverhalt nicht selbst aufklärt, sondern seine Hilfsbeamten (§ 152 Abs. 1 GVG), die Behörden und Beamten des Polizeidienstes (§ 161 StPO) oder anderen Stellen damit beauftragt, hat er die Ermittlungen zu leiten, mindestens ihre Richtung und ihren Umfang zu bestimmen" (RiStBV Nr. 3 Abs. 2). Bei Taten, die ausschließlich **Ordnungswidrigkeiten** sind, ist allein die Verwaltungsbehörde zuständig (§ 35 Abs. 1 OWiG). Bei **Steuerstraftaten** ist grundsätzlich die Finanzbehörde Ermittlungsbehörde (§§ 386, 399 Abs. 1 AO). Die StA ist aber verpflichtet dafür zu sorgen, dass einem Verdacht nachgegangen wird. Gegen die **Einleitung und Fortführung** eines Ermittlungsverfahrens durch die StA gibt es grundsätzlich **keinen Rechtsschutz** (BVerfG NStZ 2004, 447).

2   Als **Herrin des Ermittlungsverfahrens** (BVerfG NJW 1976, 231) hat die StA darauf zu achten, dass die Aufklärung des Sachverhalts umfassend, gründlich und mit der gebotenen **Beschleunigung** (BVerfGE 36, 272 = NJW 1974, 307) durchgeführt wird, so dass die abschließende Verfügung nach § 170 in angemessener Zeit getroffen werden kann. Das gilt vor allem in Haftsachen. Ein Mittel der Beschleunigung ist vor allem, dass **Doppelakten** (usw.) anzulegen sind (RiStBV Nr. 12 Abs. 2, 54 Abs. 3, 56 Abs. 3). In umfangreichen und schwierigen Sachen sind ggf. **mehrere**

Vorbereitung der öffentlichen Klage **§ 160**

Sachbearbeiter unter einheitlicher Leitung zu beauftragen (BVerfGE 20, 50 = NJW 1966, 1259; Meyer-Goßner Rn. 3).

Die **Erforschungspflicht** der StA beginnt, sobald der Verdacht einer Straftat 3 besteht; der **einfache Anfangsverdacht**, der sich aus § 152 Abs. 2 ergibt, ist ausreichend (KK-Wache Rn. 7; Rieß-LR Rn. 18). Die **Möglichkeiten der Kenntniserlangung** sind vielfach. Der die Ermittlungspflicht auslösende Anfangsverdacht kann durch Anzeige oder „auf anderem Wege" an die StA gelangen. „**Durch eine Anzeige**" meint die Strafanzeige und den Strafantrag (§ 158 Abs. 1 und Abs. 2). Zu anonymen Anzeigen s. § 158 Rn. 3. **Auf anderem Wege** kann die StA von dem Verdacht einer Straftat Kenntnis erlangen, zB: durch Anzeigen der Polizei nach § 163, der Gemeindebehörden nach § 159, aus Akten und Schriftstücken anderer Behörden, durch Mitteilungen der Gerichte nach § 183 GVG, durch die Berichterstattung in Presse, Rundfunk und Fernsehen (KK-Wache Rn. 12) und auch durch allgemein verbreitete Gerüchte (RG 70, 251). Das **außerdienstlich erlangte Wissen** verpflichtet den StA nach der Rspr. zur Strafverfolgung, falls es sich um Straftaten handelt, die nach Art oder Umfang „die Belange der Öffentlichkeit und der Volksgesamtheit in besonderem Maße berühren" (BGH 12, 281 unter Bezugnahme auf RG 70, 251; OLG Karlsruhe JR 1989, 210); etwas einschränkend BGH 38, 392 = NJW 1993, 544: „insoweit bedarf es vielmehr der Abwägung im Einzelfall, ob das öffentliche Interesse privaten Belangen vorgeht. Hierbei ist von entscheidender Bedeutung, ob durch die Straftat Rechtsgüter der Allgemeinheit oder die einzelnen betroffen sind, denen jeweils ein besonderes Gewicht zukommt" (s. auch § 158 Rn. 1). Bei **Steuerstrafsachen** s. §§ 397 Abs. 1 und 386, 399 Abs. 1 AO. Zum außerdienstlich erlangten Wissen der **Polizei** s. § 163 Rn. 4.

Ziel der Ermittlungen ist die Entscheidung der StA darüber, ob, inwieweit und 4 nach welcher Strafbestimmung die öffentliche Klage zu erheben oder ob das Verfahren einzustellen ist (§ 170 Abs. 1, 2). Auch gegenüber dem **Beschuldigten** hat die StA die Pflicht zur Prüfung, ob die Tat strafbar ist und zur beschleunigten Anklageerhebung oder Einstellung (vgl. Heghmanns Rn. 231). Die StA hat die **Rechtspflicht**, die Ermittlungen fair, schonend und ohne Säumnis zu führen. Ihre Verletzung kann **Amtshaftungsansprüche** begründen (BGHZ 20, 178 = NJW 1956, 1028; BGH AnwBl. 1958, 152; BGH NStZ 1986, 562; Meyer-Goßner Rn. 12).

Nach **Abs. 2** hat die StA gleichermaßen **belastende und entlastende Umstände** zu ermitteln; denn sie ist im Strafprozess **nicht Partei** (BGH 15, 159 = NJW 1960, 2347; Pfeiffer, FS für Rebmann S. 362), sondern ein gegenüber dem Gericht selbständiges, der rechtsprechenden Gewalt zugeordnetes Organ der Strafrechtspflege (BGH 24, 171 = NJW 1971, 2082). Zur polizeilichen Vorfeld- oder Initiativermittlung s. § 152 Rn. 1 a u. zum staatsanwaltschaftlichen Beobachtungsverfahren s. § 152 Rn. 1 c. Sie ist zur **Objektivität** verpflichtet (BGH 30, 139 = NJW 1981, 2267). Die StA hat auch die **Beweissicherung** vorzunehmen. Sie hat für die Erhebung der Beweise Sorge zu tragen, die verloren gehen könnten. Das gilt für persönliche und sachliche Beweismittel sowie für Augenscheinsobjekte. Ist zB ein Zeuge lebensgefährlich erkrankt, so besteht die Beweissicherung darin, dass eine verlesbare Äußerung durch richterliche Vernehmung (§§ 223, 251 Abs. 1 Nr. 1, 2), notfalls durch staatsanwaltschaftliche oder polizeiliche Vernehmung (§ 251 Abs. 2) veranlasst wird (Meyer-Goßner Rn. 15). Zur Beweissicherung gehören zB auch die Anordnung der Entnahme von Blut- oder Harnproben zur Feststellung des Blutalkoholgehalts bei Trunkenheit am Steuer oder bei sonstigen, möglicherweise unter Alkohol-, Medikamenten- oder Drogeneinfluss verübten Taten, bei denen auch eine Beeinträchtigung der Schuldfähigkeit hierdurch in Betracht kommen kann. Ebenfalls ist die Sicherung von Sachbeweisen durch Durchsuchungs- oder Beschlagnahmeanordnungen (§§ 102 ff., §§ 94 ff.) vorzunehmen, auch durch die Einnahme eines richterlichen Augenscheins (§ 86) sowie durch die Leichenschau (§ 87) und Leicheneröffnung (KK-Wache Rn. 25).

6 Nach **Abs. 3** hat die StA auch die **Umstände, die für die Bestimmung der Rechtsfolgen der Tat von Bedeutung sind,** zu ermitteln (vgl. RiStBV Nr. 13 bis 17). Was erforderlich ist, ergibt sich vor allem aus den §§ 46, 47 Abs. 1, 56 Abs. 1 und 2 StGB. Bei **Jugendlichen** ergibt sich der Umfang der Ermittlungen aus § 43 JGG. Die Ermittlungen der **wirtschaftlichen Verhältnisse** ist von besonderer Bedeutung, wenn die Verhängung einer **Geldstrafe** zum Zuge kommen kann, auch wenn die Grundlagen für die Bemessung der Höhe eines Tagessatzes nach § 40 Abs. 3 StGB geschätzt werden können. Eine gezielte und intensive Ermittlung dieser Umstände wird idR erst dann vorgenommen, wenn sich eine Verurteilung abzeichnet, um eine unnötige Bloßstellung des Beschuldigten und überflüssige Erörterungen zu vermeiden (BGH NStZ 1985, 561). **Grenzen der Ermittlungen** setzen das Verwertungsverbot nach §§ 51, 66 BZRG und – vor allem für das Eindringen in die Intim- und Privatsphäre des Beschuldigten – der **Verhältnismäßigkeitsgrundsatz** iVm der Bedeutung der Sache (Meyer-Goßner Rn. 21). Die **StA** kann die Ermittlungen nach Abs. 3 S. 1 **selbst durchführen** (zB durch eigene Vernehmungen oder durch Einschaltung von Sachverständigen), die **Polizei** damit beauftragen oder sich dazu der **Gerichtshilfe** (Abs. 3 S. 2) und in Ausnahmefällen auch der Hilfe des Ermittlungsrichters bedienen. Durch Einschaltung der Gerichtshilfe darf der Abschluss der Ermittlungen jedoch keine Verzögerung erfahren (KK-Wache Rn. 31). Bestimmte Maßnahmen der StA, zu denen ua. auch der Antrag auf Erlass eines Haftbefehls gehört, sind im **Amtshaftungsprozess** nicht auf ihre „Richtigkeit", sondern nur daraufhin zu überprüfen, ob sie vertretbar sind. „Die Vertretbarkeit darf nur dann verneint werden, wenn bei voller Würdigung auch der Belange einer funktionstüchtigen Strafrechtspflege die Einleitung der Ermittlungen gegen den Beschuldigten nicht mehr verständlich ist" (BGH NJW 1989, 96; BGHR BGB § 839 Abs. 1 S. 1 Staatsanwaltschaft 1).

7 Die Beauftragung der **Gerichtshilfe (Abs. 3 S. 2)** steht – anders als die obligatorische Beteiligung der Jugendgerichtshilfe (§ 38 Abs. 3 S. 1 JGG) – im **Ermessen** der StA und nach Anklageerhebung im Ermessen des Gerichts; es kommt auf den Einzelfall an. **Aufgabe** der Gerichtshilfe ist es, der StA bzw. dem Gericht als wichtigen Tatsachenbeitrag für die **Rechtsfolgenentscheidung** ein klares Bild von der Persönlichkeit, der Entwicklung und der Umwelt des Beschuldigten zu vermitteln (KK-Wache Rn. 33). Die im Bericht der Gerichtshilfe wiedergegebenen Tatsachen werden idR im Wege der Fragestellung und des Vorhalts an den Angeklagten, Zeugen und Sachverständigen in die Hauptverhandlung eingeführt. Entscheidungsgrundlage sind dann die bestätigenden Erklärungen. Die Verlesung des Berichts des anwesenden Vertreters der Gerichtshilfe ist zulässig (BGH NStZ 1984, 467), bei dessen Abwesenheit nur unter den Voraussetzungen des § 251 Abs. 2. Die Verlesung nach § 256 ist unzulässig, weil eine Äußerung eines einzelnen Gerichtshelfers und nicht ein behördliches Zeugnis oder Gutachten vorliegt (Meyer-Goßner Rn. 26). Zur **Einleitung des Ermittlungsverfahrens** ist eine besondere Einleitungsverfügung, die den Beschuldigten und die ihm zur Last gelegte Tat bezeichnet, zwar sachdienlich, aber nicht Voraussetzung. Es genügt jede Maßnahme, die erkennbar darauf abzielt, gegen jemanden wegen des Verdachts einer Straftat strafrechtlich vorzugehen (BGH StV 1985, 397). Zur Pflichtwidrigkeit/Missbrauch s. § 161 Abs. 1.

8 **Abs. 4** stellt klar, dass Maßnahmen unzulässig sind, soweit besondere bundesgesetzliche oder diesen entsprechenden landesgesetzlichen Verwendungsregelungen entgegenstehen. Grundsätzlich wird der bereichsspezifischen Regelung (über die Verwendung der Daten) in dem Gesetz, das die Erhebung der Daten regelt, der **Vorrang** vor der Regelung im „Empfängergesetz" eingeräumt. Keiner **ausdrücklichen** Regelung bedarf **das Gebot,** eine Maßnahme nach Wegfall ihrer Voraus-

Vorbereitung der öffentlichen Klage § 161

setzungen oder nach Zweckerreichung unverzüglich zu beenden. Dieses Gebot stellt eine Ausprägung des Rechtsstaatsprinzips dar und ergibt sich bereits aus den allgemeinen Grundsätzen für die Zulässigkeit von Ermittlungsmaßnahmen.

§ 161 [Ermittlungen; Verwendung von Informationen aus verdeckten Ermittlungen]

(1) ¹Zu dem in § 160 Abs. 1 bis 3 bezeichneten Zweck ist die Staatsanwaltschaft befugt, von allen Behörden Auskunft zu verlangen und Ermittlungen jeder Art entweder selbst vorzunehmen oder durch die Behörden und Beamten des Polizeidienstes vornehmen zu lassen, soweit nicht andere gesetzliche Vorschriften ihre Befugnisse besonders regeln. ²Die Behörden und Beamten des Polizeidienstes sind verpflichtet, dem Ersuchen oder Auftrag der Staatsanwaltschaft zu genügen, und in diesem Falle befugt, von allen Behörden Auskunft zu verlangen.

(2) In oder aus einer Wohnung erlangte personenbezogene Informationen aus einem Einsatz technischer Mittel zur Eigensicherung im Zuge nicht offener Ermittlungen auf polizeirechtlicher Grundlage dürfen unter Beachtung des Grundsatzes der Verhältnismäßigkeit zu Beweiszwecken nur verwendet werden (Artikel 13 Abs. 5 des Grundgesetzes), wenn das Amtsgericht (§ 162 Abs. 1), in dessen Bezirk die anordnende Stelle ihren Sitz hat, die Rechtmäßigkeit der Maßnahme festgestellt hat; bei Gefahr im Verzug ist die richterliche Entscheidung unverzüglich nachzuholen.

§ 161 ist durch das StVÄG 1999 v. 2. 8. 2000 neu gefasst worden. **Abs. 1 S. 1** 1 **wird in eine** – bisher in der StPO fehlende – **Generalermittlungsklausel** umgestaltet: „die Staatsanwaltschaft ist befugt" (vgl. Wollweber NJW 2000, 3623). Die Strafverfolgungsbehörden benötigen für die Erfüllung der ihnen durch §§ 160 f. umfassend zugewiesenen Aufgaben eine klare, den Anforderungen der Rspr. des BVerfG genügende **gesetzliche Ermächtigungsgrundlage** auch für solche mit einem Grundrechtsbegriff verbundene Ermittlungshandlungen, die weniger intensiv eingreifen und deshalb nicht von einer speziellen Eingriffsermächtigung erfasst werden. Die Fassung der **Ermittlungsgeneralklausel** orientiert sich an der Struktur des geltenden Rechts. Die Vorschrift erteilt den Strafverfolgungsbehörden **ausdrücklich** die Befugnis, die zum Zwecke der Strafverfolgung erforderlichen Ermittlungshandlungen vorzunehmen, und bringt damit den Charakter der Regelung als **Eingriffsermächtigung** zum Ausdruck. Zu den Ermittlungshandlungen jeder Art (BVerfG NStZ 1996, 45) zählen zB die Einholung von Erkundigungen im Umfeld einer gesuchten Person sowie die nicht unter §§ 163 f. fallende, also kurzfristige Überwachung des Beschuldigten oder einer anderen Person (zB kurze Beobachtung bei der Beseitigung von Tatspuren oder Hinterhergehen oder -fahren nach zufälligen Antreffen), oder den Einsatz zugleich – wie das bisherige Recht – in S. 1 eine Organisationsvorschrift für die Einbeziehung der Behörden und Beamten des Polizeidienstes in die Ermittlungstätigkeit der StA. Zur Klarstellung des Regelungsbereichs wurde in **S. 1** die Einschränkung aufgenommen, dass § 161 nur herangezogen werden kann, „soweit nicht andere gesetzliche Vorschriften (die) Befugnisse besonders regeln". Bestehen für bestimmte Ermittlungsmaßnahmen **besondere Voraussetzungen** (zB Rasterfahndung, polizeiliche Beobachtung), sind diese aber im Einzelfall nicht erfüllt, so ist die Maßnahme unzulässig. Ein Rückgriff auf die Generalklausel ist nicht erlaubt. Die wörtliche Übernahme des bisher geltenden § 161 S. 2 entspricht dem Bedürfnis, im sensiblen Bereich der Zusammenarbeit zwischen StA und Polizei erprobte Formulierungen soweit wie möglich zu übernehmen. Ergänzt wurde die Befugnis der Behörden und Beamten des **Polizeidienstes,** von allen Behörden Auskunft zu verlangen, wenn das Auskunfts-

477

§ 161

begehren auf der Grundlage eines Ermittlungsauftrages der StA gestellt wird. **Pflichtwidrigkeit/Missbrauch.** Nach der st. Rspr. des BGH begeht eine pflichtwidrige Diensthandlung iSd § 332 StGB nicht nur derjenige, der eine Tätigkeit vornimmt, die an sich in den Kreis seiner **Amtspflichten** fällt, sondern auch, wer seine amtliche Stellung dazu **missbraucht,** eine durch eine Dienstvorschrift verbotene Handlung vorzunehmen, die ihm gerade seine amtliche Stellung ermöglicht (BGH NStZ 2000, 596). Ist eine Handlung pflichtgemäß geboten, so ist ihr **Unterlassen** (vgl. § 336) eine rechtswidrige Diensthandlung (vgl. BGH 43, 84 = NJW 1997, 2059).

2 Das Auskunftsersuchen ist **unmittelbar** an die Behörde zu richten, die die Auskunft erteilen soll, selbst wenn die verlangten Nachrichten erst noch durch zumutbare Materialsammlung oder Beobachtung dienstlicher Vorgänge gewonnen werden müssen; denn die Behörde muss gute Beweise zur Verfügung stellen (BGH 29, 112 = NJW 1980, 464; Meyer-Goßner Rn. 1). Die Behörden sind der StA (und den Finanzbehörden) nicht nur aus Art. 35 Abs. 1 GG, sondern schon **unmittelbar** aus § 161 gegenüber zur Auskunft **rechtlich verpflichtet** (BVerfGE 57, 283 = NJW 1981, 1719; LG Karlsruhe NJW 1986, 145), und auch gegenüber dem Gericht (§§ 202, 244 Abs. 2; BGH 36, 337 = NJW 1990, 1426). **Auskunftsanspruch und Akteneinsicht** decken sich nicht völlig. Der Auskunftsanspruch umfasst auch die Pflicht, behördliches Wissen mitzuteilen, das nicht aktenmäßig gespeichert ist, sowie die Pflicht der ersuchten Behörde, die geforderten Auskünfte ggf. aus verschiedenen Akten zusammenzustellen. **Öffentliche Behörden** sind alle Träger der unmittelbaren und mittelbaren Staatsverwaltung im weitesten Sinne; der Begriff stimmt mit dem in § 96 verwendeten überein und umfasst auch die **öffentlichen Beamten,** zB die Notare. Gemeint sind aber nur **inländische Behörden,** zu denen auch die Auslandsvertretungen der BRep. gehören. Dem die **Leichenschau vornehmenden Arzt** steht strafprozessual kein Recht zu, die Weitergabe der von ihm erhobenen **Daten** an die StA zu verweigern (LG Berlin NJW 1999, 878). Zur Auskunft verpflichtet ist die für die einzelne Sache konkret sachlich und örtlich zuständige Behörde (Rieß-LR Rn. 7 ff.). Die **Vorschriften des BDSG** treten hinter § 161 zurück. Wie die in § 97 Abs. 1 Nrn. 1 bis 3 bezeichneten Unterlagen im Gewahrsam einer Behörde sind, darf die StA keine Auskunft daraus verlangen, falls die Beschlagnahme unzulässig wäre (Meyer-Goßner Rn. 1). Abgesehen von **gesetzlichen** Beschränkungen (s. Rn. 3 ff.) darf die ersuchte Behörde die **Auskunft nur verweigern,** wenn durch sie „dem Wohl des Bundes oder eines deutschen Landes Nachteile bereitet" würden oder „die Erfüllung öffentlicher Aufgaben ernstlich gefährdet oder erheblich erschwert würde", § 96, § 39 Abs. 3 BRRG, § 5 Abs. 2 VwVfg (KK-Wache Rn. 4). Zur Verweigerung der Auskunft über Namen und Anschrift von **Informanten** (V-Leuten, verdeckten Ermittlern usw.) gegenüber der Polizei s. BGH 35, 85 = NJW 1988, 2187 und vor § 48 Rn. 4; § 96 Rn. 1 ff.). Die **Verwaltungsgerichte** sind **nicht zuständig,** darüber zu entscheiden, ob eine Behörde verpflichtet ist, dem an sie von der StA gerichteten Auskunftsersuchen zu entsprechen, weil die Weigerung keinen Verwaltungsakt gegenüber einem Beteiligten darstellt (BVerwGE 8, 324 = NJW 1959, 1456). Für die StA ist der Rechtsweg nach § 23 EGGVG nicht eröffnet, wenn das Auskunftsverlangen von einer Justizoder Vollzugsbehörde abgelehnt worden ist (KK-Wache Rn. 5). Meinungsverschiedenheiten sind im Wege der Dienstaufsicht zu klären (KK-Wache Rn. 5).

3 Eine **Auskunftspflicht** nach **S. 1** besteht **nicht,** soweit das **Post- und Fernmeldegeheimnis** (Art. 10 GG, § 39 PostG, § 85 TKG) dadurch berührt wird. Hier sind § 12 FAG idF v. 25. 7. 1996 (BGBl. I, 1120), §§ 99 bis 101 sowie RiStBV Nr. 84, 85 zu beachten (KK-Wache Rn. 7; Meyer-Goßner Rn. 3). Von den Wirtschaftsunternehmen, die sich mit Post- und Telekommunikation befassen (einschließlich der Nachfolger der Deutschen Bundespost) können „behördliche" Auskünfte nicht verlangt werden (KK-Wache Rn. 7). Das Postgiro- und Postspar-

Vorbereitung der öffentlichen Klage § 161

kassengeheimnis genießt nicht den Vorrang des Postgeheimnisses, sondern es gilt § 6 PostG, und das entspricht dem „Bankgeheimnis" (LG Frankfurt NJW 1980, 1478), es besteht insoweit eine Auskunftspflicht (Meyer-Goßner Rn. 3), denn im Strafverfahren besteht **kein Bankgeheimnis** (Roxin Strafverfahrensrecht § 26 B II; s. § 95 Rn. 1) und das gilt auch für das Steuerstrafverfahren (Rieß-LR Rn. 27 mwN; LG Hamburg NJW 1978, 958). Gegen **öffentlich-rechtliche Bankinstitute** (= öffentliche Behörden) hat die StA ein Auskunftsrecht nach S. 1. Kommt eine Bank dem Auskunftsverlangen nicht nach, so ist dieses durch Zeugenvernehmung von Mitarbeitern der Bank durchsetzbar (KK-Wache Rn. 8 mwN). **Private Kreditinstitute** sind zu einer schriftlichen Auskunft gegenüber der StA und dem Richter nicht verpflichtet (LG Hof NJW 1968, 65), können aber solche Auskünfte ohne Verstoß gegen ihre zivilrechtlichen Geheimhaltungspflichten erteilen, weil sie nach § 95 zur Herausgabe der Unterlagen und ihre Mitarbeiter auch zur Aussage als Zeugen verpflichtet sind (Rieß-LR Rn. 28).

§ 30 AO verpflichtet den „Amtsträger", das **Steuergeheimnis** zu wahren; es ist 4 aber kein Grundrecht (BVerG wistra 1984, 220). Das Auskunftsrecht der StA nach S. 1 erstreckt sich daher grundsätzlich nicht auf die Mitteilung von Informationen, die die Finanzbehörden in Besteuerungsverfahren über Straftaten **außerhalb** des steuerlichen Bereichs gewonnen haben. Dagegen können die im Steuerstraf- und Bußgeldverfahren erlangten Erkenntnisse an die Strafverfolgungsbehörden weitergeleitet werden (List DRiZ 1977, 7; KK-Wache Rn. 10). § 30 Abs. 4 bestimmt, unter welchen Umständen die Offenbarung erlangter Kenntnisse **zulässig** ist, zB dann, wenn der Betroffene **zustimmt** oder wenn für die Offenbarung „ein zwingendes öffentliches Interesse besteht". Das ist ua gegeben, wenn **Verbrechen und vorsätzliche schwere Vergehen** gegen Leib und Leben oder gegen den Staat oder schwerwiegende Wirtschaftsstraftaten verfolgt werden sollen (KK-Wache Rn. 10; zum Steuergeheimnis im Strafverfahren Blesinger wistra 1991, 239/294). „Führt die StA die Ermittlungen, so kann sie das Zollfahndungsamt auch dann um die Vornahme von Ermittlungen ersuchen, wenn die verfolgte Steuerstraftat mit einer allgemeinen Straftat **tateinheitlich** zusammentrifft" (BGH 36, 283 = NJW 1990, 845).

Das **Sozialgeheimnis** (§ 35 Abs. 1 SGB I) schließt für die Leistungsträger und 5 die ausdrücklich genannten gleichgestellten Behörden eine Auskunfts- und Vorlagepflicht aus (§ 35 Abs. 3 SGB I), es sei denn, eine Offenbarung ist nach §§ 67 bis 77 SGB X zulässig. Der Auskunftsanspruch nach § 161 S. 1 besteht nur im Rahmen der grundsätzlich abschließenden Regelungen in den §§ 67 bis 77 SGB X. Die Offenbarung ist aber **uneingeschränkt zulässig,** soweit der Betroffene (schriftlich) **einwilligt** (§ 67 Abs. 1 S. 1 SGB X). Vor allem ist die Offenbarung von Sozialdaten nach **richterlicher Anordnung** nach § 73 SGB X zulässig. Bei **Verbrechensverdacht** dürfen alle Daten – vgl. jedoch § 76 SGB X – offenbart werden, bei **Vergehensverdacht** nur die Angaben über Vor- und Familiennamen, Geburtsdatum, Geburtsort, derzeitige und frühere Anschriften, derzeitige und frühere Arbeitgeber sowie über erbrachte und demnächst zu erbringende Geldleistungen. Ein Zusammenhang des Vergehens mit der Erfüllung sozialgesetzlicher Aufgaben braucht nicht zu bestehen. Die Angaben unterliegen einer **Verwendungsbeschränkung für die Tat,** für die sie offenbart werden (§ 78 SGB X). Sollen sie zur Strafverfolgung wegen einer **anderen** Tat genutzt werden, bedarf es einer erneuten richterlichen Anordnung (Rieß-LR Rn. 22 ff. mwN; zu Einzelheiten s. Greiner Kriminalistik 1981, 167; Mallmann/Walz NJW 1981, 1020; Kerl NJW 1984, 2444). Zur Zulässigkeit der Beschlagnahme von ärztlichen Abrechnungsunterlagen bei Krankenkassen im Verfahren gegen Ärzte, Zahnärzte, Apotheker usw. wegen Abrechnungsmanipulationen s. Seibert NStZ 1987, 398 und zur Beschlagnahme ärztlicher Patientenkarteien bei Verdacht des Abbruchs der Schwangerschaft s. BGH 38, 144 = NJW 1992, 763.

§ 161 Zweites Buch. 2. Abschnitt

6 Das **Meldegeheimnis** nach § 5 des Melderechtsrahmengesetzes (MRRG) vom 16. 8. 1980 (BGBl. I, 1429) steht der Übermittlung der meisten im Melderegister gemäß § 2 MDR gespeicherten Daten an die Justizbehörden (§ 18 Abs. 1, 2, 3 MRRG) nicht entgegen (AK/StPO-Schöch Rn. 10; Fuckner NJW 1981, 1018). Die Schweigepflicht des **Gesetzes über das Kreditwesengesetz** idF vom 30. 6. 1993 (BGBl. I, 1082) nach § 9 steht dem Auskunftsverlangen der StA nach § 161 ebenfalls nicht entgegen; denn verboten ist nur die unbefugte Offenbarung, und § 161 ist die rechtliche Grundlage. Auch das **Bundes-Immissionsschutzgesetz** idF vom 14. 5. 1990 (BGBl. I, 880) enthält in § 27 Geheimhaltungsvorschriften. Die StA und das Gericht können von der Polizei **Auskunft über Namen und Anschrift** von V-Leuten und Verdeckten Ermittlern verlangen. Die Auskunft darf in entsprechender Anwendung von § 96 nur verweigert werden, wenn die oberste Dienstbehörde erklärt, dass das Bekanntwerden dieser Daten dem Wohl des Bundes oder eines deutschen Landes Nachteile bereiten würde oder die Gefährdung dieser Personen vorliegt (BGH 35, 85 = NJW 1988, 2187 mwN; s. auch § 96 Rn. 3 und vor § 48 Rn. 4). Die Begründung eines Landeskriminalamts, dem Gewährsmann sei Vertraulichkeit zugesichert worden, reicht nicht aus (BGH NStZ 1982, 40). **Landesrechtliche Geheimhaltungsvorschriften** können wegen des Vorrangs des Bundesrechts (Art. 31 GG) die Auskunftsbefugnis der StA nicht beschränken (Rieß-LR Rn. 26).

7 Aus § 161 ergibt sich der **Grundsatz der freien Gestaltung des Ermittlungsverfahrens.** Alle zulässigen Maßnahmen sind zu ergreifen, die geeignet und erforderlich sind, zur Aufklärung der Straftat beizutragen. Eingriffe in die Rechtssphäre anderer bedürfen der gesetzlichen Grundlage. Grenze ist auch das **Übermaßverbot.** Es setzt auch der Rechtmäßigkeit eines sonst zulässigen Eingriffs, bei dessen Anordnung, Vollziehung und Fortdauer eine Schranke (vgl. BVerfGE 32, 379 = NJW 1972, 1123; 34, 246 = NJW 1973, 891). Die **Ermittlungen** kann die StA **selbst** vornehmen (RiStBV Nr. 3 Abs. 1) oder durch die Polizei vornehmen lassen (RiStBV Nr. 11), bei Steuerstrafverfahren auch durch die Finanzbehörden (§§ 402 Abs. 1, 404 AO) oder deren Hilfsorgane. „Führt die StA die Ermittlungen, so kann sie das Zollfahndungsamt auch dann um die Vornahme von Ermittlungen ersuchen, wenn die verfolgte Steuerstraftat mit einer allgemeinen Straftat **tateinheitlich** zusammentrifft (BGH 36, 283 = NJW 1990, 845). In Steuerstrafverfahren haben die Finanzbehörden und ihre Beamten **dieselben Rechte und Pflichten** wie die Behörden und Beamten des Polizeidienstes (§ 404). Oft ist es zweckmäßig, Ermittlungen durchzuführen, ohne dass der Beschuldigte davon erfährt, um zu klären, ob sich der strafrechtliche Vorwurf nicht erledigt. Aber es kann auch nützlich sein, dem Beschuldigten bei der ersten Vernehmung entsprechende Ergebnisse vorzuhalten oder überraschende Durchsuchungen oder andere Maßnahmen (vgl. § 33 Abs. 4 S. 1 und § 163 a Abs. 1 S. 1) durchführen zu können (Meyer-Goßner Rn. 8).

8 Das Recht, die **Polizei zu beauftragen oder zu ersuchen (S. 2),** besteht **solange und soweit,** wie die StA selbst Ermittlungen durchführen kann (KK-Wache Rn. 29). Dieser Grundsatz gilt für das gesamte Strafverfahren. **Gesetzwidrige** Anordnungen darf die Polizei nicht befolgen (§ 56 BBG, § 38 BRRG). Aber sie kann ein Ersuchen oder einen Auftrag **nicht** deshalb ablehnen, weil sie die von ihr verlangten Ermittlungen für **überflüssig oder unzweckmäßig** hält. Die Polizei kann Beschuldigte, Zeugen und Sachverständige **selbst** vernehmen; es besteht aber keine Verpflichtung, der polizeilichen Ladung Folge zu leisten (BGH NJW 1962, 1020). Sie kann auch **Behördenauskünfte** einholen; es besteht aber ihr gegenüber **keine Auskunftspflicht** (KK-Wache Rn. 8). Die Anordnungen der StA richten sich grundsätzlich an die Polizeibehörde. Ist jedoch ein bestimmtes Dezernat oder ein bestimmter Polizeibeamter mit der Sache befasst, kann sie ihr Ersuchen unmittelbar dorthin richten. Der **Leitungsbefugnis** der StA unterliegen nicht nur die

Vorbereitung der öffentlichen Klage **§ 161**

eigentlichen Ermittlungshandlungen, sondern alle Maßnahmen, zB Beschlagnahme, Durchsuchung, vorläufige Festnahme. Führt die **Finanzbehörde** das Ermittlungsverfahren nach § 386 AO durch, so tritt sie bei Anwendung des § 161 an die Stelle der StA (§ 399 Abs. 1 AO); im Übrigen hat sie die Pflichten der Polizei, § 404 AO (Meyer-Goßner Rn. 11). Die Aufträge und Weisungen der StA müssen sich stets auf eine **strafverfolgende Tätigkeit** der Polizei beziehen. Zu **präventivpolizeilichen Maßnahmen** (Gefahrenabwehr) kann die StA der Polizei **keine Weisungen** erteilen. Wenn bei Maßnahmen der Strafverfolgung die **Anwendung unmittelbaren Zwangs** nach den dafür geltenden landes- oder bundesrechtlichen Vorschriften in Betracht kommt (BGH 26, 101), ist grundsätzlich die StA zu Anordnungen befugt (Rieß-LR Rn. 55). Zu Einzelheiten s. Gemeinsame Richtlinien der Justizminister (RiStBV Anlage A).

Die Unterrichtung von **Presse und Rundfunk** findet ihre Grenze in dem **9** Ermittlungsgeheimnis. Es ist auch Rücksicht auf den **unantastbaren Intimbereich** und den Grundsatz der **Verhältnismäßigkeit** zu nehmen. Eine Namensnennung, Abbildung oder sonstige Identifikation des Täters ist nicht immer zulässig (BVerfGE 35, 201 = NJW 1973, 1226). Die Veröffentlichung des **Lichtbilds** des Verdächtigen in den Medien ist nur bei schwerwiegenden Straftaten zulässig (OLG Hamm NStZ 1982, 82). Bei Zweifeln ist die Entscheidung der StA herbeizuführen (Meyer-Goßner Rn. 16). Für **Auslobungen** (für sachdienliche Hinweise) bestehen interne Verwaltungsvorschriften (vgl. Stober DÖV 1979, 854 Fn. 3).

Der Bundesgesetzgeber hat mit dem **Bundeskriminalamtsgesetz** v. 7. 7. 1997 **10** (BGBl. I S. 1650) die Aufgaben und Befugnisse der **Kriminalpolizei des Bundes** neu geregelt. Das **Bundeskriminalamt** (BKA) nimmt die polizeilichen Aufgaben auf dem Gebiet der **Strafverfolgung** bei bestimmten dort aufgeführten Straftaten wahr: so des international organisierten Waffenhandels, der international organisierten Herstellung und Verbreitung von Falschgeld, bei Straftaten gegen das Leben oder die Freiheit des Bundespräsidenten und anderer Verfassungsorgane des Bundes, von Gästen dieser Verfassungsorgane aus anderen Staaten oder der Leiter und Mitglieder der bei der Bundesrepublik Deutschland beglaubigten diplomatischen Vertretungen, wenn der Täter aus politischen Motiven gehandelt hat und die Tat bundes- oder außenpolitische Belange berührt, in den Fällen international organisierter Straftaten nach § 129a StGB sowie nach §§ 105, 106 StGB zum Nachteil von Bundesorganen und ferner in den Fällen in der in § 129a Abs. 1 Nr. 1 und 2 StGB genannten Straftaten und damit in Zusammenhang stehender Straftaten, soweit es sich um eine Auslandstat handelt und ein Gerichtsstand noch nicht feststeht. In Fällen **minderer Bedeutung** kann die StA im Benehmen mit dem BKA die Ermittlungen auch einer anderen sonst zuständigen Polizeibehörde übertragen. Das BKA nimmt darüber hinaus die polizeilichen Aufgaben auf dem Gebiet der Strafverfolgung selbst wahr, wenn eine zuständige Landesbehörde darum ersucht oder der Bundesminister des Innern es aus schwerwiegenden Gründen anordnet oder der GBA darum ersucht oder einen Auftrag erteilt (KK-Wache Rn. 34; Schreiber NJW 1997, 2137; vgl. RiStBV Nr. 30 bis 32). Die Verpflichtung anderer Polizeibehörden zum ersten Zugriff bleibt unberührt. Zur polizeilichen Zusammenarbeit nach dem „Schengener Übereinkommen" s. Schomburg/Lagodny, Internationale Rechtshilfe in Strafsachen S. 911 ff.

Abs. 2 regelt die Verwertbarkeit von Erkenntnissen, die auf (landes- und bundes-)polizeilicher Grundlage durch allein zum Zwecke der Eigensicherung durchgeführte **Wohnraumüberwachung** gewonnen werden. Die Regelung entspricht § 16 Abs. 3 S. 2 des Bundeskriminalamtsgesetzes. Ziel ist, zu vermeiden, dass insbesondere unterschiedliche landesrechtliche Regelungen zu einem unterschiedlichen Verwertungsumfang für Strafverfahrenszwecke führen. Zuständig für die Überprüfung der **Rechtmäßigkeit** der Maßnahme ist das AG (§ 162 Abs. 1), in dessen Bezirk die anordnende Stelle ihren Sitz hat. **11**

§ 161 a [Zeugen und Sachverständige vor der Staatsanwaltschaft]
RiStBV 64 bis 72

(1) ¹ Zeugen und Sachverständige sind verpflichtet, auf Ladung vor der Staatsanwaltschaft zu erscheinen und zur Sache auszusagen oder ihr Gutachten zu erstatten. ² Soweit nichts anderes bestimmt ist, gelten die Vorschriften des sechsten und siebenten Abschnitts des ersten Buches über Zeugen und Sachverständige entsprechend. ³ Die eidliche Vernehmung bleibt dem Richter vorbehalten.

(2) ¹ Bei unberechtigtem Ausbleiben oder unberechtigter Weigerung eines Zeugen oder Sachverständigen steht die Befugnis zu den in den §§ 51, 70 und 77 vorgesehenen Maßregeln der Staatsanwaltschaft zu. ² Jedoch bleibt die Festsetzung der Haft dem Richter vorbehalten; zuständig ist das Amtsgericht, in dessen Bezirk die Staatsanwaltschaft ihren Sitz hat, welche die Festsetzung beantragt.

(3) ¹ Gegen die Entscheidung der Staatsanwaltschaft nach Absatz 2 Satz 1 kann gerichtliche Entscheidung beantragt werden. ² Über den Antrag entscheidet, soweit nicht in § 120 Abs. 3 Satz 1 und § 135 Abs. 2 des Gerichtsverfassungsgesetzes etwas anderes bestimmt ist, das Landgericht, in dessen Bezirk die Staatsanwaltschaft ihren Sitz hat. ³ Die §§ 297 bis 300, 302, 306 bis 309, 311 a sowie die Vorschriften über die Auferlegung der Kosten des Beschwerdeverfahrens gelten entsprechend. ⁴ Die Entscheidung des Gerichts ist nicht anfechtbar.

(4) Ersucht eine Staatsanwaltschaft eine andere Staatsanwaltschaft um die Vernehmung eines Zeugen oder Sachverständigen, so stehen die Befugnisse nach Absatz 2 Satz 1 auch der ersuchten Staatsanwaltschaft zu.

1   Diese Vorschrift dient der **Konzentration** des Ermittlungsverfahrens und stärkt die Stellung der StA als Herrin dieses Verfahrensabschnitts. Sie hat nicht nur das Recht, sondern auch die **Pflicht,** von den in dieser Bestimmung eingeräumten Befugnissen Gebrauch zu machen, die aber nicht für das Hauptverfahren gelten. Vgl. auch RiStBV Nr. 64 bis 72. Im **Bußgeldverfahren** stehen diese Rechte und Pflichten nach § 46 Abs. 2 OWiG der Verwaltungsbehörde zu. Zeugen und Sachverständige sind also zum Erscheinen und zur Aussage verpflichtet. Die Verwaltungsbehörde kann dies durch Ordnungsgeld erzwingen. „Die Anordnung der **Vorführung** des Betroffenen und der Zeugen, die einer Ladung nicht nachkommen" bleibt aber nach § 46 Abs. 5 OWiG dem **Richter** vorbehalten (Göhler, OWiG, § 46 Rn. 33; Rieß-LR Rn. 6). Der **Polizei** und den entsprechenden Behörden (vgl. § 404 AO) stehen die Befugnisse nach § 161 a (und § 163 Abs. 3) **nicht zu,** wohl aber **Amtsanwälten** (KK-Wache Rn. 2).
2   Der Zeuge hat nach **Abs. 1 S. 1** zwei Pflichten: Die **Erscheinungspflicht** und ferner die **Aussagepflicht.** Wer von der StA **ordnungsgemäß** als Zeuge geladen (vgl. Abs. 1 S. 2, § 48, RiStBV Nr. 64) worden ist, muss vor dieser **erscheinen.** Er ist berechtigt, zu der nicht öffentlichen Vernehmung einen **RA als Beistand** mitzubringen (BVerfGE 38, 105 = NJW 1975, 103), und zwar auf seine Kosten. Der Beistand hat das Recht auf Akteneinsicht, ein Frage- und Antragsrecht sowie ein Recht auf Anwesenheit im Umfang wie der Zeuge selbst. Der **anwaltliche Zeugenbeistand** hat durch § 68 b gesetzliche Anerkennung gefunden (zum anwaltlichen Beistand des durch die Tat Verletzten vgl. §§ 406 f, 406 g). Nach dieser Bestimmung kann Zeugen, die noch keinen anwaltschaftlichen Beistand haben, unter bestimmten Voraussetzungen auf Kosten der Staatskasse ein anwaltlicher Beistand beigeordnet werden (s. bei § 68 b). Handelt es sich in den von der Regelung des § 68 b nicht erfassten Fällen bei dem Zeugenbeistand um keinen RA oder

Vorbereitung der öffentlichen Klage **§ 161 a**

keinen Rechtslehrer an einer deutschen Hochschule, bedarf es entsprechend § 138 Abs. 2 für seine Tätigkeit der Genehmigung des Gerichts oder der StA (KK-Senge vor § 48 Rn. 18). Betreibt der nicht anwaltschaftliche Zeugenbeistand diese Tätigkeit geschäftsmäßig handelt es sich um unzulässige Rechtsberatung, für die eine Erlaubnis nach § 1 RBerA nicht erteilt werden kann (KK-Senge vor § 48 Rn. 18). Im Übrigen bedarf der anwaltschaftliche Zeugenbestand nicht einer besonderen Zulassung durch Gericht oder StA (BGH NStZ 1990, 25). Im Gegensatz zum Beistand des durch die Straftat verletzten Zeugen (§§ 406 ff.) sind Rechtsstellung und Befugnisse des „allgemeinen" Zeugenbeistandes gesetzlich nicht geregelt. Er hat aber grundsätzlich keine weitergehende Verfahrensrechte, als diejenigen, die dem Zeugen zustehen (BVerfG NJW 1975, 103). Der **Ausschluss** eines RA als Zeugenbeistand ist mangels einer gesetzlichen **unzulässig.** „Eine gesetzliche Ausschlussmöglichkeit für den Zeugenbeistand hat der Gesetzgeber trotz der gesetzlichen Anerkennung des anwaltlichen Zeugenbeistands in § 68 b nach der Entscheidung des BVerfG vom 8. 10. 1974 (BVerGE 38, 105 ff.) bis heute nicht geschaffen, wenn man von der eng umgrenzten Ausnahme des § 406 g II 2 für den Beistand des nebenklageberechtigten Verletzten absieht" (BVerfG NStZ 2000, 434). Die **Erscheinungspflicht** des Zeugen besteht auch, wenn dem Zeugen ein **Zeugnisverweigerungsrecht** nach §§ 161 a Abs. 1 S. 2, 52 ff. zusteht.

Der Zeuge ist weiter **verpflichtet,** vor der StA zur Sache **auszusagen,** sofern 3 ihm nicht ein Zeugnis- oder Auskunftsverweigerungsrecht nach §§ 52 ff., 55 zusteht. „Im Gegensatz zu dem Beschuldigten unterliegt der Zeuge grundsätzlich der **Aussage- und Wahrheitspflicht** mit den sie sichernden Zwangsmitteln und Strafdrohungen bis hin zur Freiheitsentziehung. Er darf Belastendes nicht bloß verschweigen, sondern muss es ausdrücklich ablehnen, ihm gefährlich erscheinende Fragen zu beantworten" (BVerfGE 38, 105 = NJW 1975, 103). Ein Verstoß gegen die Aussagepflicht liegt auch dann vor, wenn der Zeuge vorgibt, **nichts zu wissen,** obgleich er offensichtlich zur Sache aussagen könnte (BGH 9, 364 = NJW 1956, 1807). Diese Aussagepflicht besteht auch **ohne Ladung,** wenn er vom StA zur Vernehmung **aufgesucht** wird. Nach **Abs. 1 S. 2** gelten die §§ 48 bis 71, sofern nichts anderes bestimmt ist, entsprechend, dh. soweit diese Anwendung mit den Besonderheiten des Ermittlungsverfahrens vereinbar ist. Daher gilt § 57 lediglich bezüglich der Ermahnung zur Wahrheit; denn alle Bestimmungen, die sich auf die **Vereidigung** beziehen, sind gemäß **Abs. 1 S. 3** unanwendbar (Meyer-Goßner Rn. 2). Eine Zeugenvernehmung kann entbehrlich sein, wenn die StA ein entsprechendes **behördliches Zeugnis** einholen kann, das gemäß § 256 in der Hauptverhandlung verlesen werden kann (RiStBV Nr. 68). In bestimmten Fällen kann es auch ausreichen, dass sich der Zeuge zunächst nur **schriftlich äußert** (RiStBV Nr. 67).

Die **Ladung des Zeugen** wird von der StA selbst vorgenommen (**Abs. 1 S. 1** 4 iVm § 48). § 38 gilt nicht. Sie ist **formfrei** und kann schriftlich oder mündlich erfolgen. Die Ladung geschieht „unter Hinweis auf die gesetzlichen Folgen des Ausbleibens", Abs. 1 S. 2 iVm § 48 (s. auch RiStBV Nr. 64). Dieser Hinweis ist nur hinsichtlich der Auferlegung der durch das Ausbleiben verursachten **Kosten** und der **Festsetzung eines Ordnungsgeldes** (§ 51 Abs. 1) **zwingend.** Dagegen ist die Anordnung der zwangsweisen Vorführung des Zeugen für die Ladung zu einer staatsanwaltschaftlichen Vernehmung **nicht zwingend** vorgeschrieben, sondern der Entscheidung im Einzelfall vorbehalten. Im Gegensatz zur richterlichen Zeugenvernehmung, die grundsätzlich auch durchgesetzt werden muss, kann die StA wegen der freien Gestaltung des Ermittlungsverfahrens nach ihrem Ermessen darüber befinden, ob sie die Vernehmung im Wege der Vorführung erzwingen oder bei Nichterscheinen des Zeugen hierauf verzichten und stattdessen die richterliche Vernehmung beantragen oder von anderen Beweismitteln Gebrauch machen will. Den Hinweis auf die Möglichkeit der Festsetzung einer Ordnungshaft durch den Richter braucht die Ladung nicht zu enthalten (KK-Wache Rn. 8).

483

§ 161 a

5 Bei **unberechtigtem Ausbleiben** eines ordnungsgemäß – dh. unter Androhung der Ungehorsamsfolgen, Abs. 1 S. 2, § 48 – geladenen Zeugen muss die StA gemäß Abs. 2, § 51 Abs. 1 S. 1 und S. 2 durch **Ordnungsverfügung** dem Zeugen die durch sein Ausbleiben verursachten Kosten und ein Ordnungsgeld auferlegen. Von der Auferlegung der Kosten kann nicht abgesehen werden, weil diese sonst bei einer Verurteilung der Angeklagte und bei Verfahrenseinstellung oder Freispruch die Staatskasse tragen muss (Rieß-LR Rn. 38). Wird das Ausbleiben des Zeugen **rechtzeitig genügend entschuldigt** oder entschuldigt sich der Zeuge nachträglich und macht glaubhaft, dass ihn an der Verspätung kein Verschulden trifft, so hebt die StA die Verfügung wieder auf (§ 51 Abs. 2). Die Ordnungsverfügung ist dem Zeugen mitzuteilen (keine förmliche Zustellung); der Antrag auf gerichtliche Entscheidung nach Abs. 3 ist an keine Frist gebunden (KK-Wache Rn. 12). Kann das Ordnungsgeld nicht beigetrieben werden, so hat die StA bei dem Ermittlungsrichter am Sitz der StA die Festsetzung von **Ersatzordnungshaft** zu beantragen (Abs. 2 S. 2). Falls die Voraussetzungen (ordnungsgemäße Verfügung der StA, Nichtbeitreibbarkeit) vorliegen, hat der Richter Ordnungshaft anzuordnen. Dauer bis 6 Wochen s. § 51 Rn. 2. Die StA kann auch die **zwangsweise Vorführung** des Zeugen anordnen (§ 51 Abs. 1 S. 3), wenn die ordnungsgemäße Ladung einen Hinweis auf diese Folge enthalten hat. Eine vorherige Anhörung des unentschuldigt ausgebliebenen Zeugen ist nicht erforderlich. Die Vollstreckung des **schriftlichen Vorführungsbefehls** richtet sich nach § 135 iVm § 51 Abs. 1 S. 3. Zur Durchführung der Vorführung bedient sich die StA der Polizei, die unmittelbaren Zwang anwenden darf. Auch wenn die StA die Vorführung in der Ladung angedroht hat, steht ihr die Anordnung frei; sie kann andere Maßnahmen (nochmalige Ladung usw.) ergreifen (Rieß-LR Rn. 40, 41).

6 Bei **Zeugnis- oder Auskunftsverweigerung** ohne gesetzlichen Grund (§§ 52 ff.) hat die StA nach **Abs. 2, § 70** dem Zeugen die dadurch verursachten Kosten aufzuerlegen und ein Ordnungsgeld festzusetzen, bei dessen Uneinbringlichkeit auf Antrag der StA eine richterliche Entscheidung über die Ersatzordnungshaft zu ergehen hat. Die StA kann hier auch die Erzwingungshaft nach § 70 Abs. 2 beantragen, für deren Verhängung der Richter nach **Abs. 2 S. 2** zuständig ist. Die Vollstreckung des richterlichen Erzwingungshaftbeschlusses ist Sache der StA (AK/StPO-Achenbach Rn. 14). „Zur Vollstreckung von Erzwingungshaft gegen einen Zeugen, der im vorbereitenden Verfahren vor der StA aussagen soll, ist nicht der Ermittlungsrichter, sondern die StA zuständig. Diese entscheidet daher zuvörderst über etwaige Vollstreckungshindernisse. Der inhaftierte Zeuge kann jedoch entsprechend § 98 Abs. 2 S. 2 StPO jederzeit den **Ermittlungsrichter anrufen**" (BGH 36, 155 = NJW 1989, 1740).

7 Auf die **Durchführung der Vernehmung** des Zeugen durch den StA sind grundsätzlich die §§ 58 (Einzelvernehmung, Gegenüberstellung), 68 (Vernehmung zur Person), 68a (zum Bloßstellen von Zeugen) und 69 (Vernehmung zur Sache) anzuwenden. Auf die Trennung zwischen Vernehmung im zusammenhängenden **Bericht** und der ergänzenden **Befragung** ist zu achten (Rieß-LR Rn. 20). Über die Vernehmung des Zeugen soll nach § 168b Abs. 2 ein **Protokoll** nach den §§ 168 und 168a aufgenommen werden. Zeugen (und Sachverständige) werden bei ihrer Heranziehung durch den StA nach § 1 Abs. 1 ZuSEntschG (wie beim Richter) entschädigt. Das Recht des Beschuldigten und seines Verteidigers zur **Anwesenheit** bei der Vernehmung von Zeugen und Sachverständigen durch den StA und auf Benachrichtigung vom Vernehmungstermin **sieht § 161a nicht vor**. Beschuldigter und Verteidiger werden daher von dem Vernehmungstermin **nicht benachrichtigt**. Falls sie trotzdem erscheinen, kann der StA ihnen nach seinem Ermessen die **Anwesenheit** sowie Fragen und Vorhalte an Zeugen und Sachverständige gestatten, soweit der Untersuchungszweck nicht beeinträchtigt wird. Die Gestattung ist jederzeit **widerruflich** (KK-Wache Rn. 6).

Vorbereitung der öffentlichen Klage **§ 161 a**

Der **Sachverständige** wird im Vorverfahren von der StA – und im Stadium des 8
§ 163 auch von der Polizei – beigezogen. Die Erfüllung der **Pflicht**, ein Gutachten
zu erstatten (§ 75 Abs. 1, 2) und ggf. zu erscheinen, kann mit dem Mittel des
Abs. 2 iVm § 77 erzwungen werden. Im Ermittlungsverfahren wird idR ein
schriftliches Gutachten vorgelegt. Die StA gibt dem **vorhandenen** Verteidiger
vor der Auswahl des Sachverständigen Gelegenheit zur Stellungnahme, es sei denn,
es ist untunlich, zB Gefährdung des Untersuchungszwecks, Verzögerung des Verfahrens (RiStBV Nr. 70 Abs. 1). Die Fühlungnahme mit dem künftig erkennenden
Gericht kann zweckmäßig sein (Meyer-Goßner Rn. 12). „Dem Sachverständigen
ist ein **genau umgrenzter Auftrag** zu erteilen; nach Möglichkeit sind bestimmte
Fragen zu stellen" (RiStBV Nr. 72). Der StA soll mit dem Sachverständigen eine
Absprache darüber treffen, innerhalb welcher Frist das Gutachten erstattet werden
kann (§ 73 Abs. 1 S. 2), und die vereinbarte Frist ist im Hinblick auf **Abs. 2 S. 1**
iVm § 77 Abs. 2 in den Akten zu vermerken. Über die Vernehmung des Sachverständigen (mündliches Gutachten) soll ein Protokoll nach den §§ 168, 168 a
aufgenommen werden (§ 168 b Abs. 2). Der **Verfahrensbeschleunigung** kann es
dienen, wenn die StA sich zunächst mit einem mündlichen oder einem kurzen
schriftlichen Gutachten begnügt und ein ausführlich begründetes schriftliches Gutachten erst nach Anklageerhebung nachreichen lässt (KK-Wache Rn. 11). **Maßnahmen gegen den Sachverständigen** können nach § 77 nur in der **Auferlegung der Kosten** und der **Festsetzung eines Ordnungsgeldes** bestehen. Mit
Haft verbundene Zwangsmaßnahmen sind nicht zulässig. Auch eine Vorführung des
Sachverständigen ist nicht statthaft. Zuständig für die Festsetzung der Zwangsmaßnahmen ist die StA. Wenn durch das Nichterscheinen oder die Verweigerung der
Gutachtenerstattung Kosten entstehen, müssen diese dem Sachverständigen auferlegt werden. Die Festsetzung des Ordnungsgeldes steht im Ermessen der StA (Rieß-
LR Rn. 43).

Zum **Antrag auf gerichtliche Entscheidung (Abs. 3)** ist befugt der betroffene 9
Zeuge, der Sachverständige und der Beschuldigte, wenn er beschwert ist. Das LG
(§ 73 Abs. 1 GVG) entscheidet über den Antrag auch dann, wenn für das Hauptverfahren das AG zuständig ist, oder die Staatsschutzstrafkammer entscheidet, wenn
das Ermittlungsverfahren eine Katalogtat nach § 74 a Abs. 1 betrifft (§ 74 a Abs. 4 iVm
§ 73 Abs. 1 GVG), die Wirtschaftsstrafkammer, wenn sie für die Aburteilung der
Tat voraussichtlich zuständig wäre (§ 74 c Abs. 2 iVm § 73 Abs. 1 GVG). Soweit
der GBA die Anordnung getroffen hat, entscheidet nach §§ 120 Abs. 3, 135 Abs. 2
GVG der Beschwerdesenat des BGH (BGH NJW 1993, 868; Meyer-Goßner
Rn. 19). Der einer Ladung zur staatsanwaltschaftlichen Vernehmung beigefügte
„Hinweis auf die Folgen unentschuldigten Ausbleibens", verbunden mit der Wiedergabe des Inhalts des § 51 Abs. 1 S. 2 (Halbs. 1) mittels Vordruck, eröffnet nicht
den **Rechtsweg** entsprechend § 161 a Abs. 3; denn er ist lediglich „als Rechtsbelehrung zu werten" (BGH NStZ 1989, 539). Ein Antrag auf gerichtliche Entscheidung wird aber zulässig sein, wenn die StA ausdrücklich die Vorführung des Zeugen
anordnet, um ihn zB einem anderen Zeugen gegenüberzustellen (BGH NJW 1993,
868). Der Antrag kann **schriftlich** oder zu Protokoll der Geschäftsstelle der StA
gestellt werden (Abs. 3 S. 3 iVm 306 Abs. 1). Er ist an **keine Frist** gebunden. Nach
hM ist aber der Antrag wegen prozessualer Überholung unzulässig, wenn die Maßnahme bei Antragstellung vollständig erledigt ist. Der Antrag hat keine aufschiebende Wirkung (§ 307 Abs. 1); der Vollzug kann jedoch ausgesetzt werden (§ 307
Abs. 2). Die StA kann dem Antrag abhelfen, andernfalls legt sie ihn dem Gericht
mit ihrer Stellungnahme vor (§ 306 Abs. 2). Das Gericht entscheidet regelmäßig in
der Sache selbst (§ 309). Prüfungsmaßstab ist nur die Rechtmäßigkeit, nicht die
Zweckmäßigkeit der beanstandeten Maßnahme selbst (Rieß-LR Rn. 58 ff.). Die
Entscheidung des Gerichts ist **unanfechtbar** (Abs. 3 S. 4), und zwar im ganzen,
also auch bezüglich der Kosten des Antrags, über die in entsprechender Anwendung

§ 162

des § 473 vom Gericht mitentschieden wird. § 464 Abs. 3 findet keine Anwendung (KK-Wache Rn. 24).

10   **Abs. 4. Ersuchen an eine andere StA.** Der in der Sache ermittelnde StA kann auch außerhalb seines Bezirks wohnende **Zeugen und Sachverständige** zur Vernehmung laden bzw. dort zur Vernehmung aufsuchen. Er hat ferner die Möglichkeit, die Polizei damit zu beauftragen oder eine richterliche Untersuchungshandlung nach § 162 zu beantragen. Hält er es nicht für erforderlich, die Vernehmung selbst durchzuführen, kann er eine andere StA um die **Vernehmung** eines Zeugen oder Sachverständigen ersuchen. Einem solchen Ersuchen muss diese StA (Amtshilfe gemäß Art. 35 Abs. 1 GG) entsprechen. Die **Bedeutung des Abs. 4** liegt darin, dass er die Befugnisse, die dem ersuchenden StA nach **Abs. 2 S. 1** zustehen, alternativ auch dem ersuchten StA einräumt. Er kann demnach entweder der ersuchende oder der ersuchte StA die Anordnung treffen (Rieß-LR Rn. 64; KK-Wache Rn. 25). Die ersuchende StA kann sich in ihrem Ersuchen die Maßregelung von Zeugen und Sachverständigen (zwangsweise Vorführung Ordnungsgeld usw.) vorbehalten. Einem solchen Vorbehalt kommt allerdings nur behördeninterne Wirkung zu; denn der ersuchende StA kann die gesetzliche Ermächtigung des ersuchten StA nicht beschränken. Von dem Ersuchen an eine andere StA wird in der Praxis nur ausnahmsweise Gebrauch gemacht (KK-Wache Rn. 25).

§ 162 [Richterliche Untersuchungshandlungen]   RiStBV 10

(1) ¹**Erachtet die Staatsanwaltschaft die Vornahme einer richterlichen Untersuchungshandlung für erforderlich, so stellt sie ihre Anträge bei dem Amtsgericht, in dessen Bezirk diese Handlung vorzunehmen ist.** ²**Hält sie richterliche Anordnungen für die Vornahme von Untersuchungshandlungen in mehr als einem Bezirk für erforderlich, so stellt sie ihre Anträge bei dem Amtsgericht, in dessen Bezirk sie ihren Sitz hat.** ³ Satz 2 gilt nicht für richterliche Vernehmungen sowie dann, wenn die Staatsanwaltschaft den Untersuchungserfolg durch eine Verzögerung für gefährdet erachtet, die durch einen Antrag bei dem nach Satz 2 zuständigen Amtsgericht eintreten würde.

(2) **Die Zuständigkeit des Amtsgerichts wird durch eine nach der Antragstellung eintretende Veränderung der sie begründenden Umstände nicht berührt.**

(3) **Der Richter hat zu prüfen, ob die beantragte Handlung nach den Umständen des Falles gesetzlich zulässig ist.**

1   Diese Vorschrift (vgl. auch RiStBV Nr. 10) räumt der StA, die grundsätzlich für die Gestaltung des Ermittlungsverfahrens zuständig ist, die Möglichkeit ein, bei jedem nach § 162 zuständigen **Ermittlungsrichter** (vgl. 169, § 21e Abs. 1 S. 1 GVG) die **Vornahme richterlicher Untersuchungshandlungen** zu beantragen. Unter diesen Begriff fallen **zwei Fallgruppen unterschiedlichen Charakters** (KK-Wache Rn. 1). Einerseits kann der Antrag notwendig sein, weil das Gesetz die Anordnung von **Zwangsmaßnahme** wegen der mit ihr verbundenen Eingriffs (Grundrechtseingriffs) stets (§§ 111a, 111n Abs. 1 S. 1, 114, 126a, 132a) oder doch im Regelfall (§§ 81a, b, c, 87 Abs. 4, 98, 100a, b, 105, 111, 111e, 163d) **dem Richter vorbehält.** Es geht hier um die präventive **richterliche Rechtskontrolle** von Zwangsmaßnahmen, also um **Rechtsprechungstätigkeit** (AK/StPO-Achenbach Rn. 3; KK-Wache Rn. 1). Andererseits handelt es sich um Ermittlungshandlungen des Richters, die er auch die **StA vornehmen könnte**, dh. um eine **gesetzlich geregelte Form der Amtshilfe.** Eine **Unterbrechung der Verjährung** ist durch die richterliche Handlung (zB die Anordnung einer

Vernehmung) auch dann eingetreten, wenn diese nach Rücknahme des Antrags der StS später wieder aufgehoben wird (OLG Bremen StV 1990, 25; Tröndle/Fischer StGB § 78 c Rn. 7). Als Ermittlungsmaßnahmen des Richters kommen vor allem Vernehmungen des Beschuldigten, von Zeugen und Sachverständigen (wegen der Verlesbarkeit der Protokolle gemäß §§ 251, 254), die Einnahme eines Augenscheins und die Anwesenheit bei der Leichenschau und Leicheneröffnung in Betracht (KK-Wache Rn. 1). Die **Entnahme von Körperzellen** und deren molekulargenetische Untersuchung zur Feststellung des DNA-Identifizierungsmusters bilden zusammen **eine** Untersuchungshandlung. Für deren Anordnung ist der **Ermittlungsrichter** desjenigen AG zuständig, **in dessen Bezirk die Entnahme** stattfinden soll; dies gilt auch dann, wenn beantragt ist, die Untersuchung der Körperzellen im Bezirk eines anderen AG vorzunehmen (BGH 45, 376 = NJW 2000, 1204). Auch für die Anordnung der molekulargenetischen Untersuchung der von dem Beschuldigten zur Verfügung gestellten **Speichelprobe** zum Zecke des **Spurenvergleichs** (§ 81 e) ist der Ermittlungsrichter desjenigen AG zuständig, in dessen Bezirk die Körperzellenentnahme stattgefunden hat (OLG Düsseldorf NJW 2002, 1814 im Anschluss an BGH 45, 376). Die **Zuständigkeitskonzentration** nach § 162 Abs. 1 Satz 2 setzt nicht voraus, dass die Anträge für mindestens zwei richterliche Untersuchungshandlungen gleichzeitig gestellt werden (BGH 48, 232 = NJW 2002, 3787). Bei einem Antrag auf **Auskunftserteilung** kommt es für die Zuständigkeit nach § 162 Abs. 1 darauf an, wo die Auskunft zu erteilen und wo die Anordnung gegebenenfalls zu vollstrecken wäre. Hat ein Anbieter von Telekommunikationsdiensten an einem anderen Ort als dem Sitz der Gesellschaft eine Niederlassung oder Abteilung errichtet, welche die Feststellung und den Abruf von Telekommunikationsdaten technisch umsetzt (§ 100 b Abs. 3 S. 2 iVm § 88 TKG), und steht im Einzelfall der Ort fest, an welchem sich diese Niederlassung befindet, so ist der Ermittlungsrichter des Amtsgerichts zuständig, in dessen Bezirk dieser Ort liegt (BGH, NStZ-RR 2002, 369).

Die **antragstellende StA** braucht dem AG nicht nach § 143 GVG zugeordnet **2** zu sein. Für die Zuständigkeit des Ermittlungsrichters des OLG und des BGH ist § 169 maßgebend. Anträge kann der Amtsanwalt im Rahmen seiner Zuständigkeit stellen (§ 142 Abs. 1 Nr. 3, Abs. 2 GVG) und in **Steuerstrafsachen** die Finanzbehörde, wenn sie das Ermittlungsverfahren selbstständig führt (§§ 386, 399 Abs. 1 AO). Im **Bußgeldverfahren** gilt § 162 sinngemäß (§ 46 Abs. 1, 2 OWiG); die Verwaltungsbehörde kann beim Amtsrichter zB die Beschlagnahme eines Beweismittels, die Vereidigung eines Zeugen oder eine Untersuchungshandlung beantragen (LG Offenburg NStZ 1993, 597; KK-Wache Rn. 2). Die **Polizei** hat die Entscheidung der StA zu überlassen; nur bei Gefahr im Verzuge darf sie die Akten dem Ermittlungsrichter zuleiten, der dann über sein Tätigwerden nach §§ 165, 163 Abs. 2 S. 2 selbstständig zu entscheiden hat. Bei Gefahr im Verzuge und Nichterreichbarkeit eines StA kann der Amtsrichter als **„Notstaatsanwalt"** von Amts wegen und ohne Antrag die erforderlichen Untersuchungshandlungen (§ 165) vornehmen (KK-Wache Rn. 2).

Der StA (und der sonst befugte Antragsteller, s. Rn. 2) darf nur die Vornahme **3** **einzelner, präzise umgrenzter Untersuchungshandlungen** beantragen. Eine Übertragung ganzer Tatkomplexe auf den Ermittlungsrichter ist nicht zulässig. (AK/StPO-Achenbach Rn. 6). Der StA kann den **Antrag jederzeit zurücknehmen.** Dadurch wird die Tätigkeit des Ermittlungsrichters (ex nunc) beendet. Eine **Unterbrechung der Verjährung** ist durch die richterliche Handlung auch dann eingetreten, wenn diese nach Rücknahme des Antrags der StA später wieder aufgehoben wird (Dreher/Tröndler, StGB, § 78 c Rn. 7). Der StA beantragt wegen seiner eigenen Möglichkeiten nach den §§ 161 a, 163 a Abs. 3 richterliche Untersuchungen nur, „wenn er sie **aus besonderen Gründen** für erforderlich hält" (RiStBV Nr. 10).

§ 162   Zweites Buch. 2. Abschnitt

4 Als Ermittlungsrichter **funktionell und sachlich zuständig** ist grundsätzlich der nach § 21 e Abs. 1 S. 1 GVG bestellte Richter am AG. Für den Ermittlungsrichter beim OLG und BGH ist § 169 maßgebend. Die **örtliche Zuständigkeit** kann sich aus **Sonderregelungen** (zB §§ 125 Abs. 1, 126 a Abs. 2, 81 Abs. 3, 98 Abs. 2 S. 4) ergeben. Soweit diese Sonderregelung nicht eingreift, gilt die allgemeine Vorschrift des Abs. 1 und Abs. 2. Hält die StA eine oder mehrere Untersuchungshandlungen im **Bezirk eines Gerichts** für erforderlich, so ist das AG zuständig, in dessen Bezirk diese vorzunehmen sind. Ist die Anordnung von Zwangsmaßnahmen ihrer Natur nach in mehreren AG-Bezirken zu vollstrecken, so genügt die Anordnung eines der zuständigen Gerichte als Grundlage für die Vollstreckung in der gesamten Bundesrepublik (§ 160 GVG). Nach Antragstellung eintretende **Veränderungen** beseitigen nach **Abs. 2** die Zuständigkeit des Gerichts nicht mehr. Hält die StA Anordnungen für die Vornahme von Untersuchungshandlungen in **mehreren AG-Bezirken** für erforderlich, so tritt – abgesehen von zwei Ausnahmen – eine **Zuständigkeitskonzentration** ein. Es ist dann nach **Abs. 1 S. 2** ausschließlich das AG zuständig, in dessen Bezirk die **StA ihren Sitz hat.** Die Zuständigkeit der Ermittlungsrichter des OLG und des BGH nach § 169 bleibt selbstverständlich unberührt. Zwei **Ausnahmen** von der Zuständigkeitskonzentration sieht **Abs. 1 S. 3** vor. Sie gilt nicht für **Vernehmungen** und ferner dann nicht, wenn objektiv durch die mit einem Antrag bei dem für den Sitz der StA zuständigen AG verbundene Verzögerung der **Untersuchungserfolg gefährdet** wird (AK/StPO-Achenbach Rn. 12). Mit **Klageerhebung** entfällt die Zuständigkeit des Ermittlungsrichters nach § 162; gestellte Anträge sind unzulässig. Seine Befugnisse gehen auf das mit der Sache befasste Gericht über (vgl. §§ 202, 219; BGH 27, 253 = NJW 1977, 2135).

5 Nach **Abs. 3** hat der Richter eine **Zulässigkeitsprüfung** vorzunehmen. Er hat zunächst zu prüfen, ob er **sachlich und örtlich zuständig** ist. Der Antrag ist zB **unzulässig,** wenn der Beschuldigte von der deutschen Gerichtsbarkeit befreit ist; wenn feststeht, dass die Immunität des Beschuldigten nicht aufgehoben wird; wenn Anklage erhoben worden ist (KK-Wache Rn. 15). Nach Abs. 3 hat der Richter **nur** zu prüfen, **„ob die beantragte Handlung nach den Umständen des Falles gesetzlich zulässig ist".** Außerhalb der Reichweite dieser Vorschrift ist eine Prüfung verwehrt. Daraus folgt, dass er den Antrag der StA allein aus Gründen ablehnen darf, die die **Zulässigkeit** der von ihr gewünschten Untersuchungshandlung betreffen (Rieß-LR Rn. 36). In diesem Zusammenhang ist auch die „Grundentscheidung" des BGH (NJW 2000, 967) von Bedeutung: „Der Ermittlungsrichter darf mithin nicht einen weitergehenden Eingriff in die Grundrechte gestatten oder gar anordnen, als er von der Strafverfolgungsbehörde in eigener Verantwortung begehrt wird (ne ultra petita)". Über die **Erforderlichkeit, Zweckmäßigkeit** und **Angemessenheit** der richterlichen Untersuchungshandlung **entscheidet allein die StA** (BVerfGE 31, 46 = NJW 1971, 1308; BGH 15, 238 = NJW 1961, 326; KK-Wache Rn. 17). Die StA ist grundsätzlich auch im Rahmen sog. **Vorermittlungen** (s. § 163 Rn. 3) berechtigt, gemäß § 162 richterliche Untersuchungshandlungen zu beantragen. Die Ablehnung eines derartigen Antrags ist unzulässig (LG Offenburg NStZ 1993, 506). Den Antrag der StA, den Beschuldigten zu vernehmen, darf der Richter nicht mit der Begründung ablehnen, dass kein hinreichender Tatverdacht gegen ihn bestehe. Verweigert ein im Zeuge das Zeugnis bzw. eine Auskunft oder ein Sachverständiger die Erstattung des Gutachtens, so hat der Richter über die **Berechtigung der Weigerung** zu befinden (§§ 52 bis 55, 76). An den Antrag der StA, einen Zeugen **zu vereidigen,** ist der Richter nicht gebunden; er hat sowohl die Eidesfähigkeit als auch die Voraussetzungen des § 65 zu prüfen (KK-Wache Rn. 18). Bei **Untersuchungshandlungen,** die wegen des damit verbundenen **Eingriffs in verfassungsrechtlich geschützte Rechte** dem Richter vorbehalten sind, hat dieser ohne Bindung an die Rechtsauffassung der StA über die besonderen Voraussetzungen der beantragten Handlung sowie über deren

Vorbereitung der öffentlichen Klage **§ 163**

Notwendigkeit und Angemessenheit zu entscheiden (KK-Wache Rn. 19). Der Grundsatz der **Verhältnismäßigkeit** ist stets zu beachten.

Gegen die Entscheidungen des Ermittlungsrichters haben die StA und der Betroffene grundsätzlich das Rechtsmittel der **Beschwerde**. Es entscheidet das dem Amtsrichter übergeordnete LG. Der ermittelnde StA braucht nicht die ihm zugeordnete örtliche StA einzuschalten (KK-Wache Rn. 20). 6

§ 163 [Aufgaben der Polizei]   RiStBV 13 bis 21, 101, 101 a

(1) ¹**Die Behörden und Beamten des Polizeidienstes haben Straftaten zu erforschen und als sie keinen Aufschub gestattenden Anordnungen zu treffen, um die Verdunkelung der Sache zu verhüten.** ²**Zu diesem Zweck sind sie befugt, alle Behörden um Auskunft zu ersuchen, bei Gefahr im Verzug auch, die Auskunft zu verlangen, sowie Ermittlungen jeder Art vorzunehmen, soweit nicht andere gesetzliche Vorschriften ihre Befugnisse besonders regeln.**

(2) ¹**Die Behörden und Beamten des Polizeidienstes übersenden ihre Verhandlungen ohne Verzug der Staatsanwaltschaft.** ²**Erscheint die schleunige Vornahme richterlicher Untersuchungshandlungen erforderlich, so kann die Übersendung unmittelbar an das Amtsgericht erfolgen.**

Diese Vorschrift regelt den sog. **ersten Zugriff** der Polizei und verpflichtet diese, sobald sie von dem Anfangsverdacht einer Straftat (§ 152 Abs. 2) Kenntnis erlangt, selbstständig – also ohne Auftrag der StA (§ 161 S. 2) – den Sachverhalt zu erforschen und die zur Aufklärung der Straftat erforderlichen Maßnahmen zu treffen (vgl. auch RiStBV Nr. 13 bis 21, 43, 101, 101 a). Durch diese Bestimmung wird das **Legalitätsprinzip** (§ 152 Abs. 2) auf alle Behörden und Beamte des Polizeidienstes erstreckt, in erster Linie aber auf die Kriminalpolizei (KK-Wache Rn. 1). Bei ihren Ermittlungen nach § 163 sind diese Behörden „verlängerter Arm der StA" (BVerwGE 47, 263 = NJW 1975, 893; BGH NJW 2003, 3142). Für Maßnahmen mit **Eingriffscharakter** bedarf es einer besonderen **gesetzlichen Ermächtigung** (Meyer-Goßner Rn. 1 mwN). Diese Eingriffsbefugnis ergibt sich nun aus dem durch das StVÄG vom 2. 8. 2000 neu eingefügten **Abs. 1 S. 2**. Die StA ist **Herrin des Ermittlungsverfahrens** (BVerfG NJW 1976, 231). Die Polizeibeamten sind bei ihren Ermittlungen nach § 163 „verlängerter Arm der StA" (BVerwG 47, 255, 263 = NJW 1975, 893; KK-Pfeiffer Einl. Rn. 78). „Nach der Konzeption der StPO hat die StA als Justizbehörde den rechtlich einwandfreien Ablauf der Ermittlungen zu garantieren und die ständige rechtliche Kontrolle über die polizeiliche Ermittlungstätigkeit auszuüben ...; ihr obliegt im Ermittlungsverfahren die **Leitungs- und Kontrollfunktion** ... die umfassende Sachleitungskompetenz" (BGH 34, 217 = NJW 1987, 1033). „Die Verantwortung für das Ermittlungsverfahren trägt die StA, sie hat darauf zu achten und sicherzustellen, dass die **Ermittlungen rechtlich einwandfrei geführt** werden" (BGH NJW 2003, 3142). Daher hat die Polizei ihre Verhandlungen „ohne Verzug" der StA zu übersenden. Um der StA die Erfüllung ihrer Aufgaben zu ermöglichen, muss die Polizei in **schwierigen** Fällen von vornherein **im Kontakt mit der StA** vorgehen. Die StA kann dann auf einzelne Ermittlungshandlungen sofort Einfluss nehmen, zB verlangen, dass ein Sachverständiger bei der Spurensicherung oder der ersten Vernehmung des Beschuldigten eingeschaltet wird. Dem **Verteidiger**, der um Auskunft ersucht, muss die Polizei das mitteilen, was sie dem Beschuldigten bei Beginn der Vernehmung über den Vorwurf gemäß § 163 a Abs. 4 S. 1 sagen müsste. Die Akteneinsicht gewährt nur die StA (Meyer-Goßner Rn. 4, 6). Die StA kann **jederzeit** die Ermittlungen an sich ziehen. 1

Der neue **S. 2 in Abs. 1** (eingefügt durch StVÄG v. 2. 8. 2000) – eine verfassungsrechtlich bedingte Folgeänderung zu der Änderung des Abs. 1 – ist erforder- 2

§ 163

lich, weil zwar § 161 Ermittlungen auch durch die Behörden und Beamte des Polizeidienstes anspricht, es sich hierbei **bisher** aber nur um eine Organisationsnorm für die Zusammenarbeit zwischen StA und Polizei handelt. Da nach § 163 der Polizei der **erste Zugriff** zusteht, muss sie sich für die hiermit verbundenen Eingriffe auf eine Eingriffsbefugnis stützen können. Die an die Aufgabenzuweisung nach S. 1 anknüpfende Eingangsworte des S. 2 („Zu diesem Zweck") bringen zum Ausdruck, dass der Polizei eine **strafprozessuale Ermittlungsbefugnis** eingeräumt wird. Die Befugnis reicht – gegenüber der staatsanwaltschaftlichen Generalklausel – insoweit weniger weit, als alle Behörden um **Auskunft ersucht,** die Auskunft aber nicht in allen Fällen verlangt werden können. Der Polizei wird damit ein Fragerecht eingeräumt. Eine strafprozessuale Verpflichtung zur Antwort wird hingegen grundsätzlich nicht begründet. Im Einzelfall kann sich eine solche Pflicht der Behörde allerdings aus Spezialgesetzen, zB Meldegesetzen, ergeben. Die um Auskunft ersuchte Behörde hat schließlich bei ihrer Entscheidung den Grundsatz der Verhältnismäßigkeit zu beachten. **Bei Gefahr im Verzug** (Gefährdung des Ermittlungserfolges) kann die Polizei auch **Auskunft verlangen,** besteht also eine Verpflichtung der ersuchten Behörde zur Auskunftserteilung. Das dient der Sicherung des gefährdeten Ermittlungserfolges. Auch die polizeiliche Eingriffsbefugnis wird in ihrem Regelungsumfang durch gesetzlich besonders geregelte Befugnis beschränkt. Liegen diese speziellen Eingriffsvoraussetzungen nicht vor oder besitzt die Polizei für bestimmte Ermittlungsmaßnahmen – wie zB für eine Telefonüberwachung nach § 100a – keine Eilkompetenz, kann sie eine solche Maßnahme im Eilfall auch nicht über § 163 anordnen. Selbstverständlich ist, dass die Polizei ihrer Befugnisse nach § 163 die in § 160 bezeichneten Ermittlungszwecke sowie die Begrenzungen des § 160 Abs. 4 zu beachten hat. Die Verwertungsregelung in § 161 Abs. 2 wirkt sich automatisch auf entsprechende Erkenntnisse aus, die der Polizei zur Verfügung stehen oder auf ein Auskunftsersuchen zugehen sollten, weil § 161 Abs. 2 eine Verwertungsbegrenzung zu Beweiszwecken, also in der Hauptverhandlung regelt (Bundesrat Drucks. 65/99 S. 48).

3   **Adressaten** von § 163 sind ua.: Das **Bundeskriminalamt** (s. § 161 Rn. 10), es nimmt bei bestimmten Straftaten die Aufgaben nach dieser Vorschrift wahr (vgl. RiStBV Nr. 30 bis 32); die anderen Polizeibehörden sind aber nicht der Pflicht enthoben, zunächst einzugreifen; der **Bundesgrenzschutz** nach §§ 1ff. BGSG mit den bahnpolizeilichen Aufgaben; die **Hauptzollämter** und **Zollfahndungsämter,** soweit es sich um bestimmte Straftaten nach §§ 369, 404 AO (vgl. Kramer wistra 1990, 169; Pütz wistra 1990, 212), dem AWG und dem MOG handelt; die Angehörigen der **Verwaltungsbehörde** bei der Erforschung von Straftaten nach dem WiStG; die Beauftragten der zuständigen Behörden in **Eichsachen** nach § 34 EichG; die für die Ausführung des **BBergG** zuständigen Landesbehörden nach § 147 BBergG; die Beamten des hydrographischen Instituts, die **Polizeivollzugsbeamten** des Bundes, die Beamten des **Zollgrenzdienstes** und der **Wasser- und Schifffahrtsverwaltungen** des Bundes bei Straftaten nach §§ 146, 148 Abs. 2 BergG im Bereich des Festlandsockels (vgl. Meyer-Goßner Rn. 14). Ein an sich **nicht zuständiger Polizeibeamter** muss bei ihm anfallende Erkenntnisse an den zuständigen Beamten bzw. dessen Dienststelle weiterleiten. Seine Zuständigkeit für eine Ermittlungshandlung verliert der Polizeibeamte nicht dadurch, dass er **dienstfrei** hat und **Zivilkleidung** trägt (OLG Celle NdsRpfl. 1964, 258; KK-Wache Rn. 5). Nach dem **Schengener Durchführungsübereinkommen** (SDÜ) dürfen Polizeibeamte des Bundes und der Länder bei auslieferungsfähigen Straftaten einen Verdächtigen über die Grenzen der Bundesrepublik hinaus auf dem Hoheitsgebiet eines anderen **Vertragsstaates** (zB Frankreich, Spanien, Österreich, Portugal, Benelux-Staaten) observieren (vgl. Gleß NStZ 2000, 57), wenn der betreffende Staat auf der Grundlage eines zuvor gestellten Rechtshilfeersuchens zugestimmt hat (Art. 40 Abs. 1 SDÜ); ohne vorherige Zustimmung ist nach Art. 40 Abs. 2 SDÜ

Vorbereitung der öffentlichen Klage **§ 163**

eine grenzüberschreitende Observation nur bei bestimmten, in Art. 40 Abs. 7 SDÜ aufgezählten Straftaten zulässig und auch nur bei **besonderer Dringlichkeit** der Angelegenheit und unverzüglicher Unterrichtung der zuständigen Behörde des anderen Staates (KK-Wache Rn. 5). Eine **Nacheile** ist nach Art. 41 SDÜ unter ähnlichen Voraussetzungen zulässig (ausführlich hierzu Heinricht NStZ 1996, 365; Schomburg/Lagodny, Internationale Rechtshilfe in Strafsachen S. 911 ff.).

Voraussetzung für den ersten Zugriff ist für die Polizei – ebenso wie für die 4 StA –, dass zureichende **tatsächliche** Anhaltspunkte bestehen, die den Verdacht einer Straftat begründen (s. § 160 Rn. 3). Um sich näheren Aufschluss darüber zu verschaffen, ob eine Straftat vorliegen könnte und wer als Beschuldigter in Betracht kommt, darf die Polizei sog. **Vorermittlungen** führen, dh. vor allem informatorische Befragungen vornehmen und Auskünfte einholen (KK-Wache Rn. 8). **Außerdienstlich erlangte Verdachtskenntnis** verpflichtet den Polizeibeamten unter den gleichen Voraussetzungen wie den StA zum Tätigwerden (s. § 160 Rn. 3). Ein Polizeibeamter ist zwar grundsätzlich im Rahmen seiner **Dienstausübung** Garant für strafrechtlich geschützte Rechtsgüter Dritter. Besonderheiten können sich aber ergeben, wenn er **außerdienstlich Kenntnis** von Straftaten erlangt, die – wie Dauerdelikte oder auf ständige Wiederholung angelegte Handlungen – während seiner Dienstausübung fortwirken; dabei bedarf es der Abwägung im Einzelfall, ob das öffentliche Interesse privaten Belangen vorgeht. Von entscheidender Bedeutung ist, ob durch die Straftat Rechtsgüter der Allgemeinheit oder des einzelnen betroffen sind, denen jeweils ein **besonderes Gewicht** zukommt. Dies kann auch außerhalb des Katalogs des § 138 StGB bei schweren Straftaten, und zwar auch bei Vermögensstraftaten mit hohem wirtschaftlichen Schaden oder besonderem Unrechtsgehalt, der Fall sein (BGH wistra 2000, 92). Die Polizei hat grundsätzlich **jede Anzeige** aufzunehmen und zu bearbeiten oder an die zuständige Behörde weiterzuleiten; soweit sie diese Aufnahme ablehnen kann (s. § 158 Rn. 3), entfällt auch die Pflicht zum Einschreiten.

Die **Ermittlungsbefugnis der Polizei** umfasst nicht nur die Erforschung des 5 Sachverhalts, sondern die Erhebung aller zulässigen Beweise. Hierzu gehört vor allem die **Vernehmung des Beschuldigten und der Zeugen**. Die Polizei kann diese Personen (auch mündlich) vorladen oder aufsuchen. Leisten die Betroffenen der Ladung keine Folge, hat sie **keine Möglichkeit**, ihr Erscheinen durch Vorführung zu erzwingen; nach der StPO ist niemand verpflichtet, vor der Polizei auszusagen (BGH NJW 1962, 1020). Bei Beginn der ersten Vernehmung ist der **Beschuldigte** gemäß §§ 163 a Abs. 4 S. 2, 136 Abs. 1 S. 2 bis S. 4 darüber zu **belehren**, dass es ihm freistehe, sich zu der Beschuldigung zu äußern oder nicht zur Sache auszusagen. Auf Fragen zur Person muss er im Rahmen des § 111 Abs. 1 OWiG Angaben machen (BGH 25, 17 = NJW 1972, 2004; KK-Wache Rn. 15). „Die Befugnis des Richters, **Gegenüberstellungen** schon im Vorverfahren vornehmen zu lassen, steht bei Gefahr im Verzug auch den Polizeibehörden im Rahmen des § 152 GVG zu. Dabei kann – ohne Verletzung des § 136 a – auch das Anziehen eines Kleidungsstückes erzwungen werden, das der Beschuldigte bei der Tat getragen hat" (BGH 16. 3. 1971, 1 StR 653/70 zit. bei KK-Wache Rn. 15; vgl. KG NJW 1979, 1668). Der **Zeuge** ist an sich zum Zeugnis verpflichtet (s. vor § 48 Rn. 1). Aber er kann nicht zum Erscheinen bei der Polizei und nicht zur Aussage bei dieser gezwungen werden (BGH NJW 1962, 1020). Die Niederschrift über die **polizeiliche Vernehmung** des in der Hauptverhandlung schweigenden Angeklagten darf auch dann nicht verlesen werden, wenn sich der Vernehmungsbeamte an den Inhalt der Vernehmung nicht mehr erinnern kann (BGH NStZ 1995, 47). Der **Verteidiger** hat kein Recht auf Anwesenheit bei den **polizeilichen** Vernehmungen (Meyer-Goßner Rn. 5). Die Polizei kann jedoch dem Verteidiger, dem Beistand und in Ausnahmefällen auch anderen Personen die **Anwesenheit gestatten**. Die Polizei hat jedoch nach den Polizeigesetzen die Befugnis zur **Identitäts-**

feststellung. Erscheint der Zeuge nicht zur Vernehmung oder weigert er sich auszusagen, kann die Polizei seine Vernehmung durch die StA (§ 161 a) oder bei Gefahr im Verzug auch durch den Richter (§ 165) veranlassen. In der **Wohnung** eines Beschuldigten oder Zeugen darf sich der Polizeibeamte zu Vernehmungszwecken nur solange aufhalten, wie der Wohnungsinhaber damit einverstanden ist. Das Betreten der Wohnung kann aus polizeilichen Gründen nach den Landespolizeigesetzen gerechtfertigt sein. Die Polizei kann auch Sachverständige beiziehen (s. § 161 a Rn. 8) und Auskünfte einholen. **Tonbandaufnahmen** von Erklärungen gegenüber den ermittelnden Polizeibeamten und vor allem von Vernehmungen sind zulässig, wenn der Betroffene von der beabsichtigten Aufzeichnung vorher in Kenntnis gesetzt wird (KK-Wache Rn. 15, 16, 17).

6 Einzelne festgelegte **Zwangsbefugnisse** stehen **bei Gefahr im Verzug** den Hilfsbeamten der StA (§ 152 GVG) und bei Steuerstraftaten auch den Finanzbehörden und deren Hilfsorganen (§§ 399, 402, 404 AO) zu. Hierzu rechnen: die Beschlagnahme eines Beweisgegenstandes (§§ 94, 98); die Anordnung der körperlichen Untersuchung des Beschuldigten (§ 81 a) oder eines Zeugen (§ 81 c); die Beschlagnahme einer beweglichen Sache zur Sicherstellung (§§ 111 b, 111 c Abs. 1, 111 e); die Anordnung einer Durchsuchung (§§ 102, 103 Abs. 1 S. 1, 105); die Anordnung einer Sicherheitsleistung nach § 132 sowie Maßnahmen nach § 163 d Abs. 1. Zur Durchführung dieser Maßnahmen können sich die Hilfsbeamten auch anderer Polizeibeamter bedienen (KK-Wache Rn. 13).

7 **Alle Polizeibeamten** sind – über § 127 Abs. 1 hinaus – bei Gefahr im Verzug zur **vorläufigen Festnahme** einer verdächtigen Person auch dann befugt, wenn die Voraussetzungen eines **Haft- oder Unterbringungsbefehls** vorliegen; Zwang ist hierbei zulässig. Nach § 81 b dürfen für die dort genannten Zwecke **Lichtbilder** und **Fingerabdrücke** des **Beschuldigten** gegen seinen Willen gefertigt und Messungen sowie ähnliche Maßnahmen an ihm vorgenommen werden. § 81 b rechtfertigt auch die Anwendung unmittelbaren Zwangs, wenn der Beschuldigte trotz der Belehrung über seine Duldungspflicht die Durchführung der Maßnahme behindert. Zwang kann auch zur Feststellung der **Identität** nach den §§ 127 Abs. 1, 163 b, 163 c angewendet werden (KK-Wache Rn. 14). Den Strafverfolgungsbeamten steht auch das **Notwehr- und Nothilferecht** nach den §§ 32, 35 StGB zu; der § 34 StGB mit dem **rechtfertigenden Notstand** ist ebenfalls eine öffentlich-rechtliche Eingriffsnorm (BGH 27, 260 = NJW 1977, 2172). Mit dem OrgKG hat der Gesetzgeber wichtige **Fahndungsmaßnahmen** (s. auch RiStBV Nr. 39 bis 43 und Anlage B) getroffen, und zwar für **Rasterfahndung** (§§ 98 a, 98 b), den **Datenabgleich** (§ 98 c), den **Einsatz technischer Mittel** (§§ 100 c, 100 d), den Einsatz **verdeckter Ermittler** (§§ 110 a bis 110 e) und die Ausschreibung **zur polizeilichen Beobachtung** (§ 163 e). Zum Einsatz von **verdeckten Ermittlern, V-Leuten** und **Lockspitzeln** s. vor § 48 Rn. 4 und § 96 Rn. 3. Eine **Observation,** dh. die unauffällige Beobachtung von Personen oder Objekten hat der Gesetzgeber bisher nicht geregelt. Die wohl hM hält eine vorübergehende, nicht sehr intensive Beobachtung für zulässig; Bedenken wegen eines Eingriffs in die Privatsphäre bestehen gegen eine langfristige intensive Observation (Meyer-Goßner Rn. 34 a mwN). Der BGH hält eine gesetzliche Regelung für notwendig und hält es für erforderlich, dem Gesetzgeber eine entsprechende Frist zur Regelung einzuräumen (BGH 37, 380 = NJW 1991, 2652). In dieser „Übergangszeit" wird eine planmäßige, intensive und rund um die Uhr – auch mit dem Einsatz von technischen Mitteln – angelegte Observation von Personen unter Beachtung des Verhältnismäßigkeitsgrundsatzes durch die Polizei nur **mit Zustimmung der StA** zulässig sein (Rieß-LR Rn. 51). In dem durch das StVÄG 1999 v. 2. 8. 2000 eingefügten **§ 163 f** sind nun die Voraussetzungen für eine **planmäßige Beobachtung** bestimmt. Die §§ 163 b, 94, 95, 102, 103, 111 b ergeben eine Rechtsgrundlage für eine **Razzia**. Besteht zB der konkrete Verdacht (§ 152 Abs. 2), dass in den

Vorbereitung der öffentlichen Klage § 163

Räumen einer Drogenberatungsstelle (§ 203 Abs. 1 Nr. 4 StGB) mit Rauschgift gehandelt wird, so kann durch eine Razzia mit Polizeiaufgebot und vorübergehender Straßenabsperrung in jenen Räumen nach Rauschgifthändlern gefahndet werden (BVerfGE 44, 370 = NJW 1977, 1489; Meyer-Goßner Rn. 33).

Die **heimliche** Aufnahme durch Lichtbilder oder Bildaufzeichnungen gestattet 8 § 100 c Abs. 1 Nr. 1 a, die des nichtöffentlich gesprochenen Wortes erlaubt § 100 c Abs. 2 Nr. 2 unter den dort jeweils bezeichneten Voraussetzungen. Gegenüber der **Strafverfolgungsbehörde abgegebene Erklärungen** (in jeder Form) gehören nicht der Privatsphäre oder der Intimsphäre an, die in Art. 2 Abs. 1 iVm Art. 1 Abs. 1 GG vor Einwirkungen des öffentlichen Gewalt geschützt sind (BVerfGE 34, 238 = NJW 1973, 891). Die Aufnahme ist zulässig, vor allem, wenn besondere Umstände dies rechtfertigen. Grundsätzlich unzulässig und unverwertbar ist die **heimliche Aufnahme eines Privatgesprächs,** das der Sprechende außerhalb der Strafverfolgungsnahmen nichtöffentlich führt (vgl. § 201 StGB). Zulässig ist sie in den Fällen der §§ 100 a, 100 c sowie bei Rechtfertigung nach den §§ 32, 34 StGB. Die Ton- und Bildaufnahmen sind Augenscheinsobjekte. Der Vorhalt der Tonaufnahme ist durch Abspielen oder durch den gefertigten Aktenvermerk möglich (BGH JZ 1956, 227; BayObLG 1990, 197). **Heimliche Aufnahmen durch einen Dritten** dürfen, soweit sie nach § 100 c gestattet sind, verwertet werden; im Übrigen kommt eine Verwertung **nur** in Betracht, wenn überwiegende Interessen der Allgemeinheit dies **zwingend gebieten** (BVerfGE 34, 238 = NJW 1973, 891; BayObLG 1990, 197; EGMR NJW 1989, 654). Im Rahmen der Verfassung und der Gesetze – und vor allem des § 136 a – gilt auch für die Polizei der **Grundsatz der freien Gestaltung** des Ermittlungsverfahrens (Meyer-Goßner Rn. 42 bis 47).

Andere Personen, die nicht selbst vernommen werden oder sonst Gegenstand 9 der Ermittlungen sind, haben **kein Recht auf Anwesenheit** bei der Vernehmung des Beschuldigten, eines Zeugen oder des Sachverständigen. Auch dem **Verteidiger** des Beschuldigten braucht die Anwesenheit nicht gestattet zu werden. Das folgt daraus, dass der Gesetzgeber für polizeiliche Vernehmungen nach §§ 163, 163 a eine dem § 168 c Abs. 1 und 2 entsprechende Regelung nicht getroffen hat. Der Verteidiger kann den Beschuldigten hierzu beraten (§ 136 Abs. 1 S. 2) und ihm zB nahelegen, bei der Polizei keine Angaben zu machen oder eine Vernehmung bei der StA oder dem Richter zu beantragen (KK-Wache Rn. 19). Soweit dem Verteidiger aber die Anwesenheit gestattet wird, hat er ein Hinweis- und Fragerecht; eine bloße Zuschauerrolle ist ihm nicht zuzumuten. Da schon der Verteidiger keinen Anspruch auf Anwesenheit hat, darf die Polizei erst Recht einen RA, der als Beistand eines Zeugen auftritt, von der Vernehmung ausschließen. Einer Vertrauensperson des **verletzten Zeugen** kann auf dessen Antrag die Anwesenheit (§ 406 f Abs. 3) gestattet werden (Meyer-Goßner Rn. 16); dies ist hilfreich, weil das die Befangenheit und Angst des Verletzten mindern, aber auch der Wahrheitsfindung dienen kann (BT-Drucks. 10/5305 S. 19).

Das Ermittlungsverfahren ist ein **schriftliches Verfahren.** Daher hat die Polizei 10 den wesentlichen **Verlauf und das Ergebnis** jeder Ermittlungshandlung **aktenkundig** zu machen. Entscheidungserhebliche Fragen, Antworten sowie Aussagen sind möglichst wortgetreu aufzunehmen. Der Vernehmungsbeamte hat auffällige Verhaltensweisen vom Beschuldigten oder von Auskunftspersonen und sonstige Beobachtungen genau festzuhalten. Nach **Abs. 2 S. 1** sind die **„Verhandlungen"** ohne Verzug der StA vorzulegen, dh. alle entstandenen Ermittlungsvorgänge, zB Akten, sachliche Beweismittel, Verfalls- und Einziehungsgegenstände. Diese **Vorlagepflicht** besteht für **jeden Ermittlungsvorgang,** und zwar ohne Rücksicht darauf, ob er auf Anzeige oder Strafantrag (§ 158) oder von Amts wegen eingeleitet worden ist. **Unverzüglich** heißt Vorlage nach der unaufschiebbaren Beweissicherung, den gebotenen Untersuchungshandlungen sowie schriftlichen Fixierung der Akten. Die Polizei kann aber, ohne dass Abs. 2 S. 1 entgegensteht, vor allem in

493

§ 163

weniger wichtigen und eilbedürftigen Fällen entsprechend der Praxis die Ermittlungen zunächst zu Ende führen. In allen wichtigen Fällen ist die StA vorher zu informieren. Die polizeilichen Ermittlungen können unabhängig hiervon weiterlaufen, solange die StA keine konkreten Ermittlungsanweisungen gibt (Rieß-LR Rn. 79). In **Staatsschutzsachen**, in denen im ersten Rechtszug das OLG zuständig ist (§ 120 Abs. 1, 2 S. 1 GVG), werden die Akten dem GBA vorgelegt (§ 142 a Abs. 1 GVG; RiStBV Nr. 202 Abs. 4). Von **allen verfolgten Spuren** muss die StA Kenntnis erhalten, auch wenn sie von der Polizei nicht weiter verfolgt worden sind. Daher hat die Polizei grundsätzlich alle **Spurenakten** (s. hierzu § 147 Rn. 3; § 199 Rn. 2) vorzulegen. Die von der Polizei über den Straffall für den **eigenen Gebrauch** angelegten Kriminalakten darf der Beschuldigte nur mit Genehmigung der StA einsehen (Meyer-Goßner Rn. 23).

11   Einen **Schlussbericht** der Polizei bei der Übersendung der Verhandlungen sieht die StPO nicht vor. Bei umfangreichen Ermittlungsvorgängen legt die Polizei vielfach einen zusammenfassenden Schlussbericht oder Schlussvermerk vor, der das Ergebnis der Ermittlungen übersichtlich zusammenfasst, um einen schnellen Überblick zu ermöglichen (Rieß-LR Rn. 83). Das ist geboten; denn dies dient auch der Selbstkontrolle des Beamten und informiert zugleich den polizeilichen Vorgesetzten, über den der Vorgang zu leiten ist. Eine Verzögerung des Verfahrens soll aber dadurch nicht eintreten. Der Schlussbericht soll **keine rechtliche Würdigung** vornehmen und auch **keine Stellungnahmen zur Schuldfrage** enthalten (KK-Wache Rn. 29).

12   Nach **Abs. 2 S. 2** darf die Polizei die Verhandlung (die Akten) **unmittelbar an das AG** übersenden, wenn die schleunige Vornahme richterlicher „**Untersuchungshandlungen**" erforderlich erscheint. Dies setzt neben der Eilbedürftigkeit voraus, dass die StA nicht rechtzeitig eingeschaltet werden kann. Die Polizei darf jedoch keine Anträge stellen, sondern nur Hinweise und Anregungen geben. Falls der Richter die Dringlichkeit verneint, hat er die Akten sofort an die zuständige StA weiterzuleiten. Wird zB ein vorläufig Festgenommener (§ 127 Abs. 1 und 2) nach § 128 Abs. 1 dem Amtsrichter des Festnahmeortes vorgeführt, muss die Polizei diesem – unter gleichzeitiger Benachrichtigung der StA – das gesammelte Ermittlungsmaterial vorlegen (KK-Wache Rn. 32).

13   Gegen Strafverfolgungsmaßnahmen der Polizei nach § 163 (oder nach § 161 S. 2) ist **Aufsichtsbeschwerde** zulässig, unabhängig davon, ob die Maßnahme in ihren Wirkungen noch andauert oder bereits endgültig erledigt ist und ob sich die Beschwerde gegen die Strafverfolgungsmaßnahme selbst – als **Sachaufsichtsbeschwerde** – oder gegen das Verhalten des Beamten bei der strafverfolgenden Tätigkeit – als **Dienstaufsichtsbeschwerde** – richtet (Rieß-LR Rn. 107). Über die Dienstaufsichtsbeschwerde entscheidet der **Dienstvorgesetzte** des Beamten. Das gilt auch für die Sachaufsichtsbeschwerde, sofern ein Polizeibeamter, der **kein Hilfsbeamter der StA** ist, ohne deren Auftrag (§ 161 S. 2) von sich aus im Wege des **ersten Zugriffs** (Abs. 1) tätig geworden ist. Aber über eine Sachaufsichtsbeschwerde gegen eine Maßnahme eines **Hilfsbeamten der StA** entscheidet die StA, für die der Beamte tätig geworden ist. Das Gleiche gilt – unabhängig von der Hilfsbeamteneigenschaft –, wenn die Polizei auf **Weisungen der StA** (§ 161 S. 2) tätig geworden ist; in diesem Fall kann der Betroffene auch gegen die Weisung des StA Sachaufsichtsbeschwerde einlegen, über die dessen Vorgesetzter entscheidet. Ist die Maßnahme nicht vollzogen, kann die Polizei – ggf. auf Weisung der StA nach § 161 Abs. 2 – oder die StA ihr abhelfen. Damit erledigt sich die Beschwerde (KK-Wache Rn. 33). Der EGMR prüft die **Rechtmäßigkeit** der polizeilichen Maßnahme anhand des Art. 5 Abs. 1 c MRK. Die Vorschrift betrifft vor allem die **Präventivhaft und die Untersuchungshaft.** Erste Voraussetzung für die Festnahme ist danach das Bestehen eines hinreichenden Tatverdachts. Diesen sieht das Gericht dann als gegeben an, wenn Tatsachen oder Informationen vorliegen, die einen objektiven Betrachter überzeugen würden, dass die betroffene Person die

Vorbereitung der öffentlichen Klage § 163 a

Straftat begangen haben könnte. Allein die ehrliche Überzeugung der handelnden Behörde reicht nicht aus, es müssen vielmehr handfeste objektive Anhaltspunkte hinzukommen (Eiffler NJW 1999, 762 mwN). Art. 5 Abs. 1 c MRK setzt aber nicht voraus, dass bereits bei der Verhaftung oder während der Haft hinreichende Beweise für eine Anklageerhebung vorlagen (EGMR NJW 1999, 775).

Maßnahmen der Polizei nach den §§ 163 und 161 sind **strafprozessuale** Maß- 14
nahmen; sie können **nicht vor den Verwaltungsgerichten angefochten** werden (BVerwGE 47, 255 = NJW 1975, 893). Als **Rechtsbehelf gegen polizeiliche Maßnahmen** im Ermittlungsverfahren kommt die **Dienstaufsichtsbeschwerde** bei Beanstandung der eigentlichen Ermittlungstätigkeit oder des persönlichen Verhaltens des Beamten in Betracht, über die der Dienstvorgesetzte (nicht der StA) entscheidet (Krehl in HK-StPO Rn. 18). Daneben ist nach der neuen Rspr. **gerichtlicher Rechtsschutz** ggf. entsprechend § 98 Abs. 2 bei andauernden und erledigten **Zwangsmaßnahmen** gegeben (BGH 44, 171 = NJW 1998, 3653; 45, 183 = NJW 1999, 3493; s. auch § 98 Rn. 9; § 105 Rn. 6).

Die **Revision** kann grundsätzlich nicht auf Rechtsverstöße bei der Erforschung 15
des Sachverhalts im Ermittlungsverfahren gestützt werden. Sie können aber geltend gemacht werden, wenn sie in die Hauptverhandlung hineingewirkt haben und das Urteil darauf beruht. So können im Ermittlungsverfahren bei der Durchführung von Zwangsmaßnahmen Rechtsverstöße vorgekommen sein, die ein Verwertungsverbot begründen, weil die Erkenntnisse in der Hauptverhandlung verwertet wurden. Mit der Aufklärungsrüge kann nur eine Verletzung der **gerichtlichen** Aufklärungspflicht geltend gemacht werden, nicht aber eine Verletzung der Erforschungspflicht im Ermittlungsverfahren.

§ 163 a [Vernehmung des Beschuldigten] RiStBV 45, 65–67, 70 Abs. 5

(1) ¹**Der Beschuldigte ist spätestens vor dem Abschluß der Ermittlungen zu vernehmen, es sei denn, daß das Verfahren zur Einstellung führt.** ²**In einfachen Sachen genügt es, daß ihm Gelegenheit gegeben wird, sich schriftlich zu äußern.**

(2) **Beantragt der Beschuldigte zu seiner Entlastung die Aufnahme von Beweisen, so sind sie zu erheben, wenn sie von Bedeutung sind.**

(3) ¹**Der Beschuldigte ist verpflichtet, auf Ladung vor der Staatsanwaltschaft zu erscheinen.** ²**Die §§ 133 bis 136 a und 168 c Abs. 1 und 5 gelten entsprechend.** ³**Über die Rechtmäßigkeit der Vorführung entscheidet auf Antrag des Beschuldigten das Gericht; § 161 a Abs. 3 Satz 2 bis 4 ist anzuwenden.**

(4) ¹**Bei der ersten Vernehmung des Beschuldigten durch Beamte des Polizeidienstes ist dem Beschuldigten zu eröffnen, welche Tat ihm zur Last gelegt wird.** ²**Im übrigen sind bei der Vernehmung des Beschuldigten durch Beamte des Polizeidienstes § 136 Abs. 1 Satz 2 bis 4, Abs. 2, 3 und § 136 a anzuwenden.**

(5) **Bei der Vernehmung eines Zeugen oder Sachverständigen durch Beamte des Polizeidienstes sind § 52 Abs. 3, § 55 Abs. 2 und § 81 c Abs. 3 Satz 2 in Verbindung mit § 52 Abs. 3 und § 136 a entsprechend anzuwenden.**

Durch diese Bestimmung wird dem Beschuldigten sein Anspruch auf **rechtliches** 1
Gehör gesichert; sie gibt ihm zugleich einen Anspruch auf **Information** über das gegen ihn betriebene Ermittlungsverfahren (vgl. auch RiStBV Nr. 45, 65 bis 67, 70 Abs. 5). Die **Beschuldigteneigenschaft** muss spätestens mit dem Beginn dieser Vernehmung begründet werden, dh der Verdacht einer Straftat muss sich spätestens

§ 163 a

von diesem Zeitpunkt an so konkret gegen ihn richten, dass nunmehr erkennbar gegen ihn als Beschuldigten ermittelt wird (BGH 10, 12 = NJW 1957, 231; 37, 51 = NJW 1990, 2633; s. auch § 52 Rn. 5; vgl. KK-Wache Rn. 2). Ein **Verdächtiger** erlangt die Stellung eines **Beschuldigten,** wenn die StA Maßnahmen gegen ihn ergreift, die erkennbar darauf abzielen, gegen ihn wegen einer Straftat strafrechtlich vorzugehen (BGH 10, 12 = NJW 1957, 231; 37, 51 = NJW 1990, 2633); s. vor allem § 52 Rn. 5). Will ihn die StA gleichwohl zum Verdachtskomplex nur als **Zeugen** vernehmen, so steht ihm die Äußerungsfreiheit nach Maßgabe der §§ 136, 163 a zu, so dass auch bei genereller Aussageverweigerung Maßregeln nach § 70 nicht angeordnet werden dürfen (BGH NJW 1987, 1591). Ansonsten steht es „im pflichtgemäßen Ermessen der Strafverfolgungsbehörde, wann sie von der Zeugen- zur Beschuldigtenvernehmung übergeht; maßgeblich hierfür ist die Stärke des Tatverdachts" (BGH 37, 48 = NJW 1990, 2633). Es ist Angelegenheit der Strafverfolgungsbehörden, **wer** den Beschuldigten vernimmt. Zum Begriff der „**Vernehmung**" iSd StPO gehört, dass der Vernehmende der Auskunftsperson (also dem Beschuldigten, dem Zeugen, dem Sachverständigen) in **amtlicher Funktion** gegenübertritt (zB als Polizei- oder Zollbeamter, als StA oder Richter) und in dieser Eigenschaft von ihr Auskunft oder eine Aussage verlangt (BGH 40, 213 = NJW 1994, 2994; 42, 139 = NJW 1996, 2941). IdR wird es die Polizei im Rahmen des ersten Zugriffs (§ 163) tun, in **Steuerstrafsachen** die Beamten der Finanzverwaltung. Hat die StA das Ermittlungsverfahren eingeleitet, so vernimmt sie den Beschuldigten selbst oder ersucht die Polizei (§ 161 S. 1) oder ausnahmsweise den Ermittlungsrichter (§ 162 Abs. 1). Der Beschuldigte hat kein Recht, das Vernehmungsorgan zu wählen (Meyer-Goßner Rn. 2). Erste **informatorische** Befragungen am Tatort anwesender oder sonst mit einer Straftat irgendwie in Zusammenhang stehender Personen sind noch **keine** Vernehmungen iS des Abs. 1 und lösen nicht die Pflicht zur Belehrung aus. Diese Äußerungen bei einer solchen zulässigen Befragung können dem Beschuldigten vorgehalten werden, wenn er später – nach ordnungsgemäßer Belehrung – zur Sache aussagt; sie dürfen im Rahmen der Beweiswürdigung verwertet werden (BGH NStZ 1983, 86; KK-Wache Rn. 2, vgl. BGH 29, 232 = NJW 1980, 153). Stellt sich im Laufe dieser „informatorischen Befragung" heraus, dass der Befragte als Täter der untersuchten Straftat in Betracht kommt, ist auf die Beschuldigtenvernehmung überzugehen (BGH NJW 1990, 2633). Einer Beschuldigtenvernehmung **bedarf es nicht,** wenn die Sache **einstellungsreif** ist, zB nach §§ 170 Abs. 2 S. 1, 153 Abs. 1, 153 a Abs. 1, 153 b Abs. 1, 153 c Abs. 1 und 2, § 153 d Abs. 1, 154 e Abs. 1 oder wegen eines Verfahrenshindernisses. Hält die Polizei eine Einstellung für gerechtfertigt, legt sie die Sache gemäß § 163 Abs. 2 S. 1 der StA vor (Meyer-Goßner Rn. 3).

2 Der **Verpflichtung** aus **Abs. 1 S. 1** ist idR genügt, wenn dem Beschuldigten die **Gelegenheit zur Äußerung** gegeben worden ist und er trotz Ladung der polizeilichen Vernehmung fernbleibt. Die Aufklärungspflicht der StA kann es aber gebieten, ihn nach Abs. 3 vorzuladen oder seine richterliche Vernehmung nach § 162 Abs. 1 zu beantragen (KK-Wache Rn. 4). In **einfachen Sachen** kann die Vernehmung dadurch ersetzt werden, dass dem Beschuldigten nach **Abs. 1 S. 2** Gelegenheit zur **schriftlichen Äußerung** gegeben wird. **Einfach** ist eine Strafsache, wenn nach den Umständen der Tat und der anzunehmenden geistigen Beweglichkeit des Beschuldigten zu erwarten ist, dass er die schriftlich zu gebende Belehrung nach **Abs. 3** bzw. **Abs. 4** begreift und eine brauchbare Äußerung abgeben kann (AK/StPO-Achenbach Rn. 6). Erklärt der Beschuldigte auf den Versuch der schriftlichen Vernehmung, keine Angaben machen zu wollen oder gibt er trotz Fristsetzung keine Antwort, so ist dem Anspruch auf rechtliches Gehör Genüge getan und der Forderung des Abs. 1 erfüllt. Aber der Aufklärungsgrundsatz kann es im Einzelfall gebieten, eine mündliche Vernehmung (zB nach §§ 161 a oder 162) zu versuchen (Meyer-Goßner Rn. 13). Die vom Beschuldigten **selbst abgegebene**

Vorbereitung der öffentlichen Klage **§ 163 a**

schriftliche Äußerung nach **Abs. 1** S. 2 kann in der Hauptverhandlung auch dann gemäß § 249 **verlesen** und im Wege des Urkundenbeweises verwertet werden, wenn der Beschuldigte in der Hauptverhandlung nicht mehr zur Sache auszusagen bereit ist (OLG Celle NStZ 1988, 426; KK-Wache Rn. 14). Nicht verlesbar ist aber eine Erklärung, die der **Verteidiger in seiner Formulierung für den Beschuldigten abgegeben hat** (OLG Celle NStZ 1988, 426; Meyer-Goßner Rn. 13). Der **Vernehmungszeitpunkt** ist in Abs. 1 nur insoweit geregelt, dass die Vernehmung **spätestens** erfolgen muss, bevor die StA den Abschluss der Ermittlungen in den Akten (§ 169 a) vermerkt (KK-Wache Rn. 7).

Abs. 2 ordnet an, dass vom Beschuldigten beantragte Beweise zu erheben sind, 3 wenn die „von Bedeutung" sind. Damit wird nochmals betont, dass die StA auch **entlastende** Umstände (vgl. § 160 Abs. 2) zu ermitteln hat (s. § 160 Rn. 5). Es wird die Ansicht vertreten, dass die **Beweiserheblichkeit** nach dem pflichtgemäßen Ermessen der StA zu beurteilen ist (Meyer-Goßner Rn. 15). Nach anderer Auffassung soll der Beschuldigte einen Beweiserhebungsanspruch haben (Rieß-LR Rn. 107). Für die Frage der Beweiserheblichkeit wird man davon ausgehen müssen, dass sie belastende und entlastende Umstände **gleichermaßen** zu ermitteln hat. Sie wird daher entsprechend § 244 Abs. 2 die Beweisaufnahme **von Amts wegen und auf Antrag des Beschuldigten** auf alle Beweismittel zu erstrecken haben, die ihre Entscheidung für die **Erhebung der öffentlichen Klage** von Bedeutung beeinflussen können (vgl. auch Rieß-LR Rn. 112). Einer **Beweisanregung** oder einem Beweisermittlungsantrag ist ebenfalls nachzugehen, wenn er für die Aufklärung der Sache von Bedeutung ist (KK-Wache Rn. 8). Hat die **Polizei** einem Beweisantrag iS von Abs. 2 nicht stattgegeben, so hat sie dies in einem Aktenvermerk oder im Schlussbericht festzuhalten; denn allein die StA hat über einen derartigen Beweisantrag zu entscheiden. **Lehnt die StA** die Aufnahme eines Beweises ab, so hat sie dem Beschuldigten unter Darlegung der Gründe diese Entscheidung mitzuteilen, damit dieser spätestens in der Hauptverhandlung den (verbesserten) Antrag wiederholen kann (KK-Wache Rn. 9).

Nach **Abs. 3** ist der Beschuldigte – wie der Zeuge und Sachverständige nach 4 § 161 a – **verpflichtet, auf Ladung vor der StA zu erscheinen.** Wenn der nicht auf freiem Fuß befindliche Beschuldigte nicht **in der JVA aufgesucht** wird und dort vernommen wird, ist mit seiner Ladung der an die JVA gerichtete Vorführungsbefehl zu verbinden. § 36 Abs. 2 Satz 2 StVollzG gilt auch für Vernehmungstermine bei der StA. Vor der ersten Vernehmung muss die StA dem Beschuldigten die in § 136 angeführten Hinweise geben, auch wenn dies die Polizei schon vorher getan hat (s. Rn. 5). Auch der Beschuldigte, der die Angaben zur Sache verweigert, ist verpflichtet, bei der StA – aber nicht bei der Polizei oder anderen Behörden – **zu erscheinen.** Führt der **GBA** die Ermittlungen, so ist für die **gerichtliche Entscheidung** über die Anordnung des GBA nicht der Ermittlungsrichter, sondern der Beschwerdesenat des BGH zuständig (BGH 39, 96 = NJW 1993, 868).

Die **Ladung** des Beschuldigten erfolgt idR schriftlich (Abs. 3 S. 2 iVm § 133 5 Abs. 1). Die **öffentliche** Ladung ist **unzulässig.** Der Beschuldigte kann auch von der StA zur Vernehmung aufgesucht werden. Auch eine telefonische und mündliche Ladung (über einen Polizeibeamten) genügt, wenn davon ausgegangen werden kann, dass der Beschuldigte erscheinen werde. Wenn aber Zweifel bestehen, ob der auf freiem Fuß befindliche Beschuldigte auf formlose Ladung erscheinen wird und sein Erscheinen erforderlich ist, wird er zum Vernehmungstermin **schriftlich** und mit der **Anordnung** geladen, dass er im Fall des Ausbleibens **zwangsweise vorgeführt** werde (Abs. 3 S. 2 iVm § 133). Die Androhung unterbleibt, „wenn sie gegen den unentschuldigt ausgebliebenen Beschuldigten voraussichtlich nicht durchgeführt wird" (RiStBV Nr. 44 Abs. 2). Eine **Ladungsfrist** ist nicht vorgeschrieben. Ohne die Androhung kommt ein Vorführungsbefehl nur in Betracht, wenn die Voraussetzungen für einen **Haftbefehl** (§ 134 Abs. 1) vorliegen. Im Übrigen stehen

§ 163 a

Androhung und Anordnung der Vorführung im pflichtgemäßen Ermessen der StA. Die Vorführung ist auch gegen den Beschuldigten, der Angaben zur Sache verweigert, zulässig, um ihn Zeugen gegenüberzustellen (BGH NJW 1993, 868). Der Vorführungsbefehl hat außer Ort und Zeit der Vorführung die in § 134 Abs. 2 vorgesehenen Angaben zu enthalten (s. § 134 Rn. 1 ff.). Er wird von der StA erlassen und der Polizei zur Vollstreckung übergeben. Auch den ersuchten StA, die den Beschuldigten vernimmt, stehen die Zwangsbefugnisse zu (Rieß-LR Rn. 70; Meyer-Goßner Rn. 19). Nach **Abs. 3 S. 3 entscheidet das Gericht** auf Antrag des Beschuldigten über die **Rechtmäßigkeit** der Vorführung. Mit diesem Rechtsbehelf kann aber die bloße Zweckmäßigkeit gerichtlich nicht überprüft werden (Rieß-LR Rn. 67). Die **Belehrungen,** die § 136 Abs. 1 für die richterliche Vernehmung vorschreibt, muss auch die StA bei Beginn der ersten Vernehmung des Beschuldigten erteilen, und zwar auch dann, wenn schon eine polizeiliche Vernehmung mit ordnungsgemäßer Belehrung vorliegt (KK-Wache Rn. 17). Nach **Abs. 3 S. 2 iVm § 136 Abs. 1 S. 3** ist der Beschuldigte darauf hinzuweisen, dass er das Recht hat, **Entlastungsbeweisanträge** zu stellen. Nach Abs. 3 S. 2 iVm § 136 Abs. 1 S. 4 ist er auch auf die Möglichkeit der **schriftlichen Äußerung** hinzuweisen. Gemäß Abs. 3 S. 2 iVm § 136 a dürfen verbotene Vernehmungsmethoden nicht angewendet werden. Verboten sind alle Methoden, mit denen derselbe Zweck verfolgt wird wie mit den in § 136 a Abs. 1 ausdrücklich genannten Mitteln.

6   Die **Belehrungen,** die **Abs. 4 iVm § 136 Abs. 1 S. 2** für die **erste Vernehmung des Beschuldigten durch die Polizei** vorschreibt, unterscheiden sich von denen, die die StA und der Richter zu erteilen haben (Abs. 3 S. 2 iVm § 136 Abs. 1 bzw. § 163 a Abs. 3 S. 2) **nur dadurch,** dass die Polizei dem Beschuldigten zwar auch die ihm **zur Last gelegte Tat,** nicht aber die hierfür in Betracht kommenden Strafvorschriften (wegen zuweilen nicht ausreichender Rechtskenntnisse) zu eröffnen hat. Das Gleiche gilt in **Steuerstrafsachen** für den Finanzbeamten. Auch wenn schon eine staatsanwaltschaftliche oder richterliche Vernehmung mit ordnungsgemäßer Belehrung vorausgegangen ist, muss die Belehrung bei der Ersten polizeilichen Vernehmung **wiederholt** werden, um dem Beschuldigten deutlich zu machen, dass er dieses Recht auch vor der Polizei hat (KK-Wache Rn. 25). Dem Beschuldigten sind **vor Beginn der Ersten polizeilichen Vernehmung** folgende Belehrungen zu erteilen: dass es ihm freisteht, sich zu der Beschuldigung zu äußern oder nicht zur Sache auszusagen – Hinweis auf die **Aussagefreiheit,** Abs. 4 S. 2 iVm § 136 Abs. 1 S. 2 Halbs. 1 –; dass es ihm freisteht, jederzeit, auch schon vor der Vernehmung, einen von ihm zu wählenden Verteidiger zu befragen – Hinweis auf das Recht zur **Verteidigerkonsultation,** Abs. 4 S. 2 iVm § 136 Abs. 1 S. 2 Halbs. 2 –; dass er zu seiner Entlastung einzelne Beweiserhebungen beantragen kann – Hinweis auf sein **Beweisantragsrecht,** Abs. 4 S. 2 iVm § 136 Abs. 1 S. 3 –. Wird dem Beschuldigten bei der Ersten polizeilichen Vernehmung nicht mitgeteilt, dass sich bereits ein **Verteidiger für ihn gemeldet** hat, so kann hierauf die Revision nur ausnahmsweise gestützt werden (s. Rn. 14). Die **Befragung** einreisender Personen im Rahmen der **Zollkontrolle** ist keine Vernehmung. Selbstbelastende Erklärungen und Handlungen dieser Personen hierbei sind im Strafverfahren verwertbar (OLG Oldenburg NStZ-RR 1996, 144). Zur **Pflicht,** den Beschuldigten vor Beginn einer polizeilichen Vernehmung über seine Rechte bezüglich der **Aussagefreiheit,** des **Schweigens** und der **Verteidigerkonsultation** im Einzelnen zu **belehren** s. ausführlich bei § 136 Rn. 4 und 5; zum **Verwertungsverbot von Äußerungen des Beschuldigten** ohne Belehrung s. § 136 Rn. 9.

7   Nach **Abs. 4 S. 1** ist auch dem Beschuldigten zu **eröffnen, welche Tat** (§ 264) ihm zur Last gelegt wird (KK-Wache Rn. 26). „Ist der Vernehmung des Beschuldigten durch einen Beamten des Polizeidienstes nicht der Hinweis vorausgegangen, dass es dem Beschuldigten **freistehe,** sich zu der Beschuldigung zu äußern oder nicht zur Sache auszusagen (§ 136 Abs. 1 S. 2 iVm § 163 a Abs. 4 S. 2 StPO), so

Vorbereitung der öffentlichen Klage § 163 a

dürfen Äußerungen, die der Beschuldigte in dieser Vernehmung gemacht hat, **nicht verwertet** werden (gegen BGHSt 31, 395). **Dies gilt nicht,** wenn feststeht, dass der Beschuldigte sein Recht zu schweigen ohne Belehrung gekannt hat, oder wenn der verteidigte Angeklagte in der Hauptverhandlung ausdrücklich der Verwertung zugestimmt oder ihr nicht bis zu dem in § 257 StPO genannten Zeitpunkt **widersprochen** hat. Dem verteidigten Angeklagten steht ein Angeklagter gleich, der vom Vorsitzenden über die Möglichkeit unterrichtet worden ist" (BGH 38, 214 = NJW 1993, 338). Wird aber der **Widerspruch** gegen die Verwertung von Aussagen, die vom Beschuldigten unter Verstoß gegen die Belehrungspflicht über seine Aussagefreiheit erlangt worden sind, **nicht oder verspätet** erhoben, kann er auch nach Zurückverweisung der Sache in der neuen Hauptverhandlung nicht mehr geltend gemacht werden (BayObLG NJW 1997, 404 im Anschluss an BGH 38, 214). Widerspricht der Verteidiger erstmals in der **Berufungshauptverhandlung** – im Zeitpunkt des § 257 – der Verwertung der Aussage eines schon in 1. Instanz vernommenen Polizeibeamten über Angaben, die vom Beschuldigten unter Verstoß gegen die Belehrungspflicht über seine Aussagefreiheit erlangt wurden, so hat dieser Widerspruch, da verspätet, nicht die Unverwertbarkeit der Aussage des Zeugen zur Folge (OLG Stuttgart NStZ 1997, 405 in Anschluss an BGH 38, 214). Ist dem Beschuldigten vor seiner ersten Vernehmung die von ihm gewünschte **Befragung seines gewählten Verteidigers** verwehrt worden, so sind seine Angaben auch dann **unverwertbar,** wenn er zuvor gemäß § 136 Abs. 1 S. 2 belehrt worden war (BGH 38, 372 = NJW 1993, 338). Die Belehrung eines Beschuldigten, er könne sich „**vielleicht**" einen Anwalt nehmen, genügt nicht den Anforderungen an die Belehrung eines Beschuldigten über sein Recht zur Verteidigerkonsultation mit der Folge der Unverwertbarkeit nachfolgender Aussagen. „Verlangt der Beschuldigte bei einer polizeilichen Vernehmung nach einem Verteidiger und will der Polizeibeamte die Vernehmung fortsetzen, so ist dies ohne vorangegangene Konsultation eines Verteidigers nur zulässig, wenn sich der Beschuldigte **ausdrücklich** nach erneutem Hinweis auf sein Recht auf Zuziehung eines Verteidigers mit der Fortführung der Vernehmung **einverstanden erklärt.** Dem müssen allerdings ernsthafte Bemühungen des Polizeibeamten vorangegangen sein, dem Beschuldigten bei der Herstellung des Kontakts zu einem Verteidiger in effektiver Weise zu helfen" (BGH 42, 15 = NJW 1996, 1547 – Fortführung von BGH 38, 372; vgl. auch Beulke NStZ 1996, 257). Aber zur Abgrenzung: „Ist der Beschuldigte bei der Ersten polizeilichen Vernehmung über seine Aussagefreiheit und sein Recht auf Zuziehung eines Verteidigers belehrt worden, so dürfen Angaben, die er in freier Entscheidung ohne Beistand eines Verteidigers macht, dann entgegengenommen und **verwertet** werden, wenn er zunächst die Zuziehung eines Verteidigers gewünscht hat" (BGH 42, 170 = NJW 1996, 2242; s. auch § 136 Rn. 9). Ob ein Zeuge oder ein Beschuldigter in der Lage ist, die ihm erteilte Belehrung **zu verstehen,** richtet sich nach den Grundsätzen, die für die Beurteilung gelten, ob der Erklärende **verhandlungsfähig** ist. Diese Fähigkeit wird idR nur durch schwere körperliche oder seelische Mängel oder Krankheiten ausgeschlossen (BGH NStZ 1993, 395). „Versteht der Beschuldigte infolge seines geistig-seelischen Zustands den Hinweis des Polizeibeamten über seine Aussagefreiheit nicht, so dürfen Äußerungen, die er bei dieser Vernehmung macht, in der Hauptverhandlung nur verwertet werden, wenn der verteidigte Angeklagte der Verwertung zustimmt oder ihr nicht bis zu dem in § 257 genannten Zeitpunkt widerspricht, im Anschluss an BGH 38, 214" (BGH 39, 349 = NJW 1994, 333). Das sich aus einer Verletzung des Belehrungsgebotes nach §§ 163 a Abs. 3, 136 Abs. 1 S. 2 ergebende **Beweisverwertungsverbot** gilt nicht im Verfahren **gegen einen Dritten,** in dem der fehlerhaft nicht Belehrte **ausschließlich Zeuge** ist (BayObLG NJW 1994, 1296). Wird gegen einen **Jugendlichen** wegen einer Straftat ermittelt, die er zusammen mit seinem Vater verübt hat, so liegt in seiner polizeilichen Vernehmung **in Abwesenheit** seines

Vaters **kein Verfahrenshindernis,** wenn er ordnungsgemäß über seine Rechte belehrt ist; die hierauf beruhende gerichtliche Entscheidung ist verfassungsrechtlich nicht zu beanstanden (BVerfG NStE Nr. 2 zu § 163 a).

8 **Abs. 5. Vernehmung von Zeugen und Sachverständigen durch die Polizei.** Zeugen und Sachverständige sind nicht verpflichtet, auf Ladung vor der Polizei zu erscheinen (BGH NJW 1962, 1020; s. § 163 Rn. 4). Die Polizei hat nur die Möglichkeit, den Zeugen darauf hinzuweisen, dass sie im Weigerungsfall auf seine Vernehmung durch die StA oder den Richter hinwirken werde, bei welchem für ihn grundsätzlich eine Erscheinens- und Aussagepflicht bestehe. Der Beschuldigte und der Verteidiger haben bei polizeilichen – und auch bei staatsanwaltschaftlichen (s. § 161 a Rn. 7) – Zeugen- und Sachverständigenvernehmungen kein Recht auf **Anwesenheit.** Ihnen kann – und auch dem Beistand des Zeugen – die Anwesenheit gestattet werden (KK-Wache Rn. 31).

9 Die **Belehrungspflichten** nach Abs. 5 gelten nicht nur, wenn die Polizei im Wege des ersten Zugriffs (§ 163), sondern auch, wenn sie auf Ersuchen der StA (§ 161) oder auch des Gerichts handelt. Das Verbot des **§ 136 a** gilt nach Abs. 5 ausdrücklich auch für polizeiliche Vernehmungen. Die prozessuale **Fürsorgepflicht** ist ebenfalls zu beachten. Außerdem haben die Regeln für die Vernehmung durch den Richter oder StA für die Polizei **Richtliniencharakter,** insbesondere die §§ 68 bis 69. Die Aufnahme der in § 68 Abs. 1 bezeichneten Angaben zur Person in die polizeiliche Niederschrift ist nicht in jedem Fall erforderlich, vor allem dann nicht, wenn der Zeuge vor **Leibes- oder Lebensgefahr geschützt** werden muss (BGH 33, 86 = NJW 1985, 984; Meyer-Goßner Rn. 23). Die **Belehrungspflicht entsteht,** wenn es zur Vernehmung des Zeugen kommt, also noch nicht bei einer vorausgehenden gesprächsweisen **Erkundigung,** ob die betreffende Person überhaupt als Zeuge in Betracht kommt. Solange sich jemand **unaufgefordert** gegenüber der Polizei äußert, handelt es sich **nicht** um eine Vernehmung. Der Beamte kann deshalb auch dann in einer Hauptverhandlung über diese Äußerung als Zeuge vernommen werden, wenn die Auskunftsperson später das Zeugnis verweigert (BGH StV 1988, 289; KK-Wache Rn. 32). Im Fall des § 52 Abs. 1 (Zeugnisverweigerungsrecht der Angehörigen) ist ggf. auch die Belehrung der in § 52 Abs. 2 genannten Personen notwendig; § 52 Abs. 2 enthält seinerseits die Bezugnahme auf diese Bestimmung. Auf das **Auskunftsverweigerungsrecht (§ 55)** muss ebenfalls möglichst frühzeitig bei gegebenem Anlass hingewiesen werden (s. § 55 Rn. 3). Der von der Polizei beauftragte **Sachverständige** ist mündlich oder schriftlich über sein Verweigerungsrecht nach § 76 Abs. 1 iVm § 52 Abs. 1 zu belehren (**Abs. 5** iVm § 52 Abs. 3).

10 Die **Protokollierung** der **staatsanwaltschaftlichen** Vernehmung ist im Wesentlichen durch Verweisung auf die für Richter geltenden Vorschriften (§§ 168, 168 a) geregelt. Auf die dortige Kommentierung wird verwiesen. Wichtig ist, dass bedeutsame Teile der Vernehmung möglichst wörtlich in die Niederschrift aufgenommen werden sollen. „Legt der Beschuldigte ein Geständnis ab, so sind die Einzelheiten der Tat möglichst mit seinen eigenen Worten wiederzugeben. Es ist darauf zu achten, dass besonders solche Umstände aktenkundig gemacht werden, **die nur der Täter wissen kann.** Die Namen der Personen, die das Geständnis mit angehört haben, sind zu vermerken" (RiStBV Nr. 45 Abs. 2). Eine Protokollierung der **polizeilichen Vernehmungen** ist gesetzlich nicht ausdrücklich vorgeschrieben. Aber „für **polizeiliche Protokolle** ist § 168 b entsprechend anzuwenden. § 168 b verweist auch auf § 168 a Abs. 2, wonach Tonbandmitschnitte als vorläufige Aufzeichnungen aufzubewahren sind und erst gelöscht werden dürfen, wenn das Verfahren rechtskräftig abgeschlossen oder sonst beendet ist" (BGH NStZ 1997, 611). Vor allem sollen die gesetzlich vorgeschriebenen **Belehrungen** vermerkt werden (RiStBV Nr. 45, 65). Wird eine Niederschrift aufgenommen, so ist nach § 168 a Abs. 3 zu verfahren und auch nach § 168 a Abs. 2. Die **Unterschrift** des

Vorbereitung der öffentlichen Klage **§ 163 a**

Vernommenen ist kein wesentliches Erfordernis der polizeilichen Niederschrift (Meyer-Goßner Rn. 3). Bei der Aufnahme eines polizeilichen Protokolls ist darauf zu achten, dass es ggf. in der Hauptverhandlung nach § 251 Abs. 2 verlesen werden kann. Zulässig ist es – wie in der Praxis oft gehandhabt –, dass die Vernehmung auf einem **Tonträger** aufgezeichnet wird, wenn dies für die zu vernehmende Person erkennbar geschieht. Ein ausdrückliches Einverständnis ist nicht erforderlich; denn niemand ist bei der Polizei zur Aussage verpflichtet (BGH NJW 1962, 1020) und braucht sich daher auf eine Tonaufzeichnung einzulassen. Eine **heimliche Tonaufzeichnung** ist jedoch unzulässig (Rieß-LR Rn. 102; BGH 34, 39 = NJW 1986, 2261).

Eine **Aushändigung von Protokollabschriften** ist im Gesetz nicht ausdrück- 11 lich geregelt. Sie ist nicht unzulässig, solange der Untersuchungszweck nicht gefährdet wird. Beim Beschuldigten wird der Bitte grundsätzlich zu entsprechen sein; denn sein Verteidiger ist insoweit uneingeschränkt zur Akteneinsicht berechtigt und er kann den Akteninhalt dem Beschuldigten mitteilen (s. § 147 Rn. 7). Der Überlassung einer Protokollabschrift an den **Zeugen** wird vielfach eine Gefährdung des Untersuchungszwecks entgegenstehen; denn er soll bei späteren Vernehmungen nur das Ergebnis seiner Erinnerung wiedergeben. Wird während des Ermittlungsverfahrens die Abschrift einer polizeilichen Vernehmungsniederschrift verlangt, hat allein die StA hierüber zu entscheiden (KK-Wache Rn. 36). Staatsanwaltschaftliche und polizeiliche Vernehmungsniederschriften können unter **bestimmten Voraussetzungen** im Wege des Urkundenbeweises in der Hauptverhandlung verwertet werden; vgl. zu den Voraussetzungen §§ 251, 253 (Rieß-LR Rn. 105).

Die – entgegen Abs. 1 S. 1 – **unterbliebene Beschuldigtenvernehmung** 12 macht die **Anklageerhebung** nicht unwirksam. Bemerkt das Gericht einen Mangel vor Eröffnung des Hauptverfahrens, so wird es idR die Akten an die StA zur Nachholung zurückgeben (KK-Wache Rn. 37). Eine **fehlerhafte oder unterbliebene Beschuldigtenbelehrung** begründet grundsätzlich ein **Verwertungsverbot** für Äußerungen, die der Beschuldigte in der ohne Belehrung durchgeführten Vernehmung gemacht hat. Vgl. die Ausführungen bei § 136 Rn. 9. Aussagen des Beschuldigten, die unter Anwendung **verbotener Vernehmungsmittel** (§ 136 a) zustandegekommen sind, führen zum **Verwertungsverbot**, auch wenn der Beschuldigte mit ihrer Anwendung einverstanden war oder der Verwertung zustimmt (§ 136 a Abs. 3). Vgl. die Ausführungen bei § 136 a Rn. 13 ff. Auch eine **fehlerhafte oder unterbliebene Belehrung** von **Zeugen und Sachverständigen** nach § 52 Abs. 3 macht die Aussage **unverwertbar** (KK-Wache Rn. 40; s. § 55 Rn. 8). Die unterbliebene Belehrung nach § 55 Abs. 2 führt nicht zu einem Verwertungsverbot (s. § 55 Rn. 4) und begründet auch nicht die Revision (Rieß-LR Rn. 124; KK-Wache Rn. 40). Das sich aus einer Verletzung des Belehrungsgebotes nach Abs. 4, § 136 Abs. 2 S. 2 ergebende Beweisverwertungsverbot gilt nicht im Verfahren gegen einen **Dritten,** in dem der fehlerhaft nicht Belehrte **ausschließlich Zeuge** ist (BGH NStZ 1994, 1296).

Für das **Bußgeldverfahren** gilt § 163 a sinngemäß (§ 46 Abs. 1 und 2 OWiG). 13 Die Verwaltungsbehörde als Verfolgungsbehörde hat – soweit das OWiG nichts anderes bestimmt – dieselben Rechte und Pflichten wie die StA. Nach § 55 Abs. 1 OWiG genügt es, wenn dem Betroffenen „Gelegenheit gegeben wird, sich zu der Beschuldigung zu äußern". Die Form der Äußerung ist nicht vorgeschrieben. Wird der Betroffene **von der Verwaltungsbehörde angehört,** so sind die §§ 136, 136 a anzuwenden. Der Betroffene ist danach auch auf die in Betracht kommenden **Bußgeldvorschriften** hinzuweisen; für die Vernehmung (Anhörung) durch die Polizei gilt dies nicht, soweit sie nicht selbst Verfolgungsbehörde ist. Ein Hinweis darauf, dass die Verwaltungsbehörde oder die Polizei reicht aus (Göhler, OWiG, § 55 Rn. 22). Die Übersendung eines **Anhörungsbogens,** der dem Betroffenen Gelegenheit gibt, sich schriftlich zu äußern, genügt. Der Betroffene braucht nicht darauf hingewiesen

501

§ 163 b   Zweites Buch. 2. Abschnitt

zu werden, dass er vor seiner Vernehmung einen von ihm zu wählenden Verteidiger befragen kann. Er braucht weiter nicht belehrt zu werden, dass er zu seiner Entlastung einzelne Beweiserhebungen beantragen kann (KK-Wache Rn. 41).

14 Die **Revision** kann auf eine fehlerhafte oder unterlassene Belehrung von Zeugen und Sachverständigen nach **§ 52 Abs. 3** gestützt werden (KK-Wache Rn. 40; s. auch § 52 Rn. 9). Die unterbliebene Belehrung nach **§ 55 Abs.** 2 kann die Revision nicht begründen (Rieß-LR Rn. 123; s. auch § 55 Rn. 4). Wird dem Beschuldigten bei der Ersten polizeilichen Vernehmung nicht mitgeteilt, dass sich bereits ein **Verteidiger für ihn gemeldet** hat, so kann hierfür die Revision nur gestützt werden, wenn der Angeklagte oder sein Verteidiger der **Verwertung** der polizeilichen Aussage durch Vernehmung der Verhörspersonen in der Hauptverhandlung widersprochen hat. Dass der Verteidiger im Ermittlungsverfahren gegenüber der StA insoweit ein Beweisverwertungsverbot geltend gemacht hat, genügt nicht (BGH NStZ 1997, 502).

§ 163 b [Feststellung der Identität]

(1) ¹Ist jemand einer Straftat verdächtig, so können die Staatsanwaltschaft und die Beamten des Polizeidienstes die zur Feststellung seiner Identität erforderlichen Maßnahmen treffen; § 163 a Abs. 4 Satz 1 gilt entsprechend. ²Der Verdächtige darf festgehalten werden, wenn die Identität sonst nicht oder nur unter erheblichen Schwierigkeiten festgestellt werden kann. ³Unter den Voraussetzungen von Satz 2 sind auch die Durchsuchung der Person des Verdächtigen und der von ihm mitgeführten Sachen sowie die Durchführung erkennungsdienstlicher Maßnahmen zulässig.

(2) ¹Wenn und soweit dies zur Aufklärung einer Straftat geboten ist, kann auch die Identität einer Person festgestellt werden, die einer Straftat nicht verdächtig ist; § 69 Abs. 1 Satz 2 gilt entsprechend. ²Maßnahmen der in Absatz 1 Satz 2 bezeichneten Art dürfen nicht getroffen werden, wenn sie zur Bedeutung der Sache außer Verhältnis stehen; Maßnahmen der in Absatz 1 Satz 3 bezeichneten Art dürfen nicht gegen den Willen der betroffenen Person getroffen werden.

1 Diese Vorschrift und § 163 c zusammen mit den sie ergänzenden §§ 127 Abs. 1 S. 2, 81 b enthalten eine **abschließende** Regelung der **Identitätsfeststellung** durch die Strafverfolgungsbehörden zum Zwecke der **Verfolgung des Verdachts konkreter Straftaten** und der dabei zulässigen Maßnahmen. Eine **polizeiliche** Festnahme zur Identitätsfeststellung ist nur dann **rechtmäßig** gemäß § 113 Abs. 3 StGB, wenn als wesentliche Förmlichkeit dem Betroffenen gemäß § 163 b Abs. 1 S. 1 Halbs. 2 iVm § 163 a Abs. 4 bei Beginn der Maßnahme eröffnet wird, welcher Tat er verdächtig erscheint, es sei denn, die Belehrung den Vollstreckungszweck gefährden würde oder der Grund für die Identitätsfeststellung **offensichtlich** ist. Die Offensichtlichkeit ist vom Standpunkt des betroffenen Bürger aus zu beurteilen (KG NJW 2002, 3789). Die **polizeilichen** Bestimmungen über die Identitätsfeststellung außerhalb der Strafverfolgung bleiben unberührt. In jedem Stadium des Strafverfahrens kann es zur Anwendung des Abs. 1 kommen, jedoch nur gegen einen **Tatverdächtigen**. Gegen den **Unverdächtigen sind die Maßnahmen davon abhängig,** dass sie zur Aufklärung einer Straftat erforderlich sind **(Abs. 2)**. Daraus ergibt sich die Einschränkung, dass Abs. 2 nicht anwendbar ist, wenn es in dem Verfahren nicht mehr um Aufklärung der Straftat geht (Meyer-Goßner Rn. 2). Auch wenn der **Verdächtige auf frischer Tat betroffen** oder verfolgt wird, bestimmt sich die Feststellung seiner Identität durch die StA oder den Beamten des Polizeidienstes nach § 163 b. Die weitreichenden Befugnisse nach § 127 Abs. 1 S. 1 stehen insoweit nur noch Privatleuten zu (KK-Wache Rn. 3).

Vorbereitung der öffentlichen Klage § 163 b

Im **Bußgeldverfahren** gilt nach § 46 Abs. 1 OWiG für die Aufklärung und 2
Verfolgung von Ordnungswidrigkeiten § 163 b (und § 163 c) entsprechend (Göhler OWiG vor § 59 Rn. 139). Auch das **Festhalterecht** steht der Verfolgungsbehörde zu (Göhler, OWiG, vor § 59 Rn. 145), nicht aber die Möglichkeit der vorläufigen Festnahme (§ 46 Abs. 3 S. 1 OWiG). Dem längeren Festhalten Unverdächtiger wird der **Verhältnismäßigkeitsgrundsatz** (Abs. 2 S. 2) vielfach entgegenstehen und dies wird nur bei sehr bedeutsamen Ordnungswidrigkeiten gerechtfertigt sein (Göhler, OWiG, vor § 49 Rn. 141; Rieß-LR Rn. 8). Zuständig für die Erforschung des Sachverhalts – soweit das OWiG nichts anderes bestimmt – und damit auch für die Identitätsfeststellung sind die Beamten des Polizeidienstes (§ 53 Abs. 1 OWiG). Die **Verwaltungsbehörde** tritt an die Stelle der StA (§§ 35, 46 Abs. 2 OWiG), es sei denn, dass die StA die Verfolgung der Ordnungswidrigkeit übernimmt (§ 42 OWiG). In diesem Fall haben die Angehörigen der sonst zuständigen Verwaltungsbehörde dieselben Rechte und Pflichten (§ 63 Abs. 1 OWiG) wie die Beamten des Polizeidienstes im Bußgeldverfahren (KK-Wache Rn. 7).

Zuständig für die **Anordnung und Durchführung** der Identitätsfeststellung 3
sind vor allem die StA und jeder Polizeibeamte. Der Richter hat keine Kompetenz. Wenn die StA die Anordnung trifft, beauftragt sie die Polizei mit der Ausführung. Im **Steuerstrafverfahren** haben die Finanzbehörden, die das Ermittlungsverfahren selbstständig führen (§§ 399 Abs. 1, 386 Abs. 2 AO), sowie die Zoll- und Steuerfahndungsstellen (§ 404 S. 1) dieselben Rechte wie die StA und die Polizei. Die polizeilichen Befugnisse haben auch die sonstigen Träger der polizeilichen Strafverfolgungsaufgaben (s. § 163 Rn. 2). Sie können die allgemeine Polizei um **Amtshilfe** ersuchen (Meyer-Goßner Rn. 21).

Eine **Belehrung** des Betroffenen ist für alle Fallgruppen der Identitätsfeststellung 4
vorgeschrieben. Bei Beginn der ersten Maßnahme zum Zwecke der Feststellung der Identität wird dem zu Prüfenden, wenn er zu den **Verdächtigen** (Abs. 1) gehört, eröffnet, welcher Straftat (historischer Vorgang) er verdächtig ist (**Abs. 1 S. 1 Halbs. 2** iVm § 163 Abs. 4 S. 1). Eine rechtliche Subsumtion ist nicht erforderlich. Der **Unverdächtige** (Abs. 2) ist darüber zu unterrichten, welche Straftat durch seine Identifizierung aufgeklärt werden soll (Abs. 2 S. 1 Halbs. 2 iVm § 69 Abs. 1 S. 2). Die Belehrung braucht sich nicht auf den Namen des Beschuldigten zu erstrecken und kann unterbleiben, wenn der Grund der Maßnahme dem Betroffenen bekannt ist (Meyer-Goßner Rn. 3). Der Betroffene soll also nach dem Sinn der Belehrung darüber unterrichtet werden, warum er den Unbequemlichkeiten einer Identitätsfeststellung ausgesetzt ist (Rieß-LR Rn. 17). **Bei Fehlen** der erforderlichen Belehrung ist die Maßnahme idR rechtswidrig (Meyer-Goßner Rn. 3).

Einer Straftat verdächtig (Abs. 1 S. 1) ist jeder, gegen den zureichende 5
Anhaltspunkte iS eines „Anfangsverdachts" vorliegen (s. auch bei § 102). Der Betroffene braucht noch nicht die Stellung eines Beschuldigten (KK-Pfeiffer Einl. Rn. 85) erlangt zu haben. Ein Verdacht iS von Abs. 1 S. 1 besteht schon, wenn der Schluss auf die Begehung einer Straftat – auch des Versuchs – gerechtfertigt ist und Anhaltspunkte vorliegen, die die Täterschaft oder Teilnahme des Betroffenen **als möglich erscheinen lassen** (LG Amberg StV 1990, 541; Meyer-Goßner Rn. 4). Tatverdächtig iS dieser Vorschrift können auch **Schuldunfähige** sein, weil gegen sie in einem Straf- oder Sicherungsverfahren nach den §§ 413 ff. Maßregeln der Besserung und Sicherung angeordnet werden können (Rieß-LR Rn. 10), nicht aber **Strafunmündige** (§ 19 StGB). Wenn im Zeitpunkt der Identitätsfeststellung beim Betroffenen zweifelsfrei ein **Rechtfertigungs- oder Entschuldigungsgrund** vorliegt, ist ein Verdacht nicht mehr gegeben (KK-Wache Rn. 10).

Abs. 1 S. 1 ermächtigt dazu, die zur Feststellung der Identität **erforderlichen** 6
Maßnahmen zu treffen. Diese Generalklausel wird in **S. 2** und **S. 3** für **schwerwiegendere Eingriffe** ergänzt und eingeschränkt. In der Voraussetzung der **Erforderlichkeit**, die durch den **Verhältnismäßigkeitsgrundsatz** (vgl. KK-Pfeiffer

§ 163 b Zweites Buch. 2. Abschnitt

Einl. Rn. 30) begrenzt wird, liegt zugleich das Erfordernis der Eignung der Maßnahme (Meyer-Goßner Rn. 5). Aufgrund der Generalklausel sind zB folgende Maßnahmen zulässig: Anhalten des Betroffenen; Fragen nach seinen Personalien (vgl. § 111 OWiG); Aufforderung, sich auszuweisen und die mitgeführten Ausweispapiere dem kontrollierenden Beamten auszuhändigen; Prüfung von Ausweispapieren auf ihre Echtheit und Nachprüfung der angegebenen Daten, soweit dies ohne besonderen Zeitaufwand möglich ist; Hinweise auf mögliche Zwangsmaßnahmen (Festhalten, Durchsuchung und erkennungsdienstliche Maßnahmen), damit der Betroffene von sich aus zur Identitätsfeststellung beiträgt. Die Identitätsfeststellung muss nicht an Ort und Stelle durchgeführt werden. Der Betroffene kann auch gebeten werden, zur **Dienststelle** mitzukommen, damit es dort geschehen kann. Ist er allerdings hierzu nicht freiwillig bereit, so ist eine Festhalteanordnung unter den Voraussetzungen des Abs. 1 S. 2 erforderlich (Rieß-LR Rn. 19, 21).

7 **Festhalten (Abs. 1 S. 2)** ist eine Freiheitsentziehung iS von Art. 104 Abs. 2 GG, aber noch keine vorläufige Festnahme iS von § 127 Abs. 2. Das Anhalten zwecks Befragung nach Namen und Anschrift sowie die Einsicht in die freiwillig ausgehändigten Papiere ist noch keine Freiheitsentziehung. Diese beginnt erst damit, dass der Betroffene gehindert wird, sich zu entfernen; hierzu genügt schon die Aufforderung zu bleiben. **Zulässigkeitsvoraussetzung** für das Festhalten ist, dass die Identität sonst nicht oder nur unter erheblichen Schwierigkeiten festgestellt werden kann (Meyer-Goßner Rn. 8). Der **Verhältnismäßigkeitsgrundsatz** (s. Rn. 2) ist zu beachten. So darf ein Eingriff in die persönliche Freiheit nur erfolgen, wenn dieser zur Feststellung der Identität **unerlässlich** ist. Dies ist nicht der Fall, wenn die Polizei die Identität auf Grund der mündlichen Angaben des Festgehaltenen und der von diesem mitgeführten Papiere ohne nennenswerte Schwierigkeiten feststellen kann. Die Festhaltebefugnis **endet**, sobald die Identität festgestellt ist, spätestens aber mit Ablauf der **Zwölfstundenfrist** des § 163 c Abs. 3 (KK-Wache Rn. 16). Die **Festhalteanordnung** ist formfrei. Wegen der Festhaltefrist sollte aber der Beginn des Festhaltens in einem Vermerk festgehalten werden (Rieß-LR Rn. 30). Der von einer Identitätsfeststellung Betroffene kann sich während der gesamten **Dauer des Festhaltens** entsprechend den Grundsätzen, die für die Heranziehung eines RA als Zeugenbeistand entwickelt wurden (BVerfGE 38, 105 = NJW 1975, 103; § 161 a Rn. 2), des **Beistandes eines RA** bedienen, dem grundsätzlich der Zutritt zum Betroffenen zu gestatten ist. Der Zutritt darf nur insoweit und solange **versagt** werden, wie dies im Interesse einer ordnungsgemäßen Identitätsfeststellung **unerlässlich** ist; denn die zulässige Identitätsfeststellung gehört zur Aufrechterhaltung einer wirksamen und funktionstüchtigen Rechtspflege (Rieß-LR Rn. 34).

8 Die **Durchsuchung der Person und der mitgeführten Sachen (Abs. 1 S. 3)** ist unter den **gleichen Voraussetzungen** zulässig wie das Festhalten (s. Rn. 7). Zu ihrer Durchsuchung kann **unmittelbarer Zwang** ausgeübt werden. Die Untersuchung hat allein den **Zweck** der Identitätsfeststellung und darf sich dabei nur auf das Auffinden solcher Gegenstände oder Merkmale richten, die der Identifizierung dienen können. Die Durchsuchung nach Abs. 1 S. 3 darf nicht dazu missbraucht werden, gezielt nach Beweismitteln zu forschen (Rieß-LR Rn. 45). Werden **Zufallsfunde** gemacht, werden sie nach § 94 sichergestellt und nach § 108 behandelt (KK-Wache Rn. 21). Das **Durchsuchen der Person** besteht in dem Suchen in der Kleidung und auf der Körperoberfläche nach Gegenständen oder Zeichen, die zur Identifikation beitragen können, zB Ausweise, Papiere, Tätowierungen und Muttermale (Meyer-Goßner Rn. 10). Zu den **mitgeführten Sachen** gehört zB die Brieftasche, eine Aktentasche und ein Koffer. Entscheidend ist nur die **tatsächliche Herrschaftsgewalt**; auf die Tatsache des Eigentums oder des Besitzes kommt es nicht an. Der Fahrer eines **Fahrzeugs** führt dieses stets mit sich; wer von dem Fahrer lediglich mitgenommen wird, ohne Halter oder verfügungsberechtigt zu

Vorbereitung der öffentlichen Klage **§ 163 c**

sein, wird von dem Fahrzeug mitgeführt, führt dieses aber nicht mit (Rieß-LR Rn. 40).

Unter **erkennungsdienstlichen Maßnahmen (Abs. 1 S. 3)** gegen den **Verdächtigen** sind diejenigen Maßnahmen zu verstehen, die **nach § 81 b zulässig** sind, zB die Aufnahme von Lichtbildern und Fingerabdrücken sowie Messungen. Zur Durchführung der Maßnahmen ist der Betroffene idR zu einer Dienststelle zu verbringen, die über die erforderlichen Einrichtungen verfügt. Die Anwendung **unmittelbaren Zwangs** ist zulässig. Bei allen Maßnahmen müssen die **gleichen Voraussetzungen vorliegen wie beim Festhalten** (s. Rn. 7). Ist der Verdächtige auch **Beschuldigter,** so können die notwendigen erkennungsdienstlichen Maßnahmen ohne die Voraussetzungen des Abs. 1 S. 2 unmittelbar nach § 81 b durchgeführt werden (KK-Wache Rn. 24). 9

Die **Feststellung der Identität** eines **Nichtverdächtigen** erlaubt **Abs. 2.** Die Generalklausel des Abs. 1 S. 1 gilt auch hier, jedoch mit großen **Einschränkungen.** Eine Person ist **einer Straftat nicht verdächtig** iS von Abs. 2, gegen die ein Verdacht nicht begründet werden kann (KK-Wache Rn. 26; Rieß-LR Rn. 12). In Betracht kommen vor allem Zeugen. Die Identifizierung Nichtverdächtiger hat drei Voraussetzungen: sie muss der **Aufklärung einer bestimmten Straftat** dienen; sie ist abhängig von der **Erforderlichkeit** und sie fordert die **Verhältnismäßigkeit** zwischen der konkreten Identifizierungsmaßnahme und der Bedeutung der zu ermittelnden Tat (AK/StPO-Achenbach Rn. 13). Das **Festhalten eines Nichtverdächtigen (Abs. 2 S. 2 Halbs. 1)** ist also nur zulässig, wenn seine Identität sonst nicht oder nur unter erheblichen Schwierigkeiten festgestellt werden kann (Abs. 1 S. 2); **außerdem** darf die Maßnahme zur Bedeutung der Sache nicht außer Verhältnis stehen. Entscheidend für das Gewicht der aufzuklärenden Tat ist nicht die abstrakte Strafdrohung, sondern die nach den konkreten Umständen hierfür zu erwartende Strafe, soweit dies beurteilt werden kann (KK-Wache Rn. 28). Zur Dauer des Festhaltens usw. s. § 163 c. Die **Durchsetzung des Nichtverdächtigen** und der **mitgeführten Sachen** sowie **erkennungsdienstliche Maßnahmen** sind ebenfalls nur zulässig, wenn eine Identifizierung sonst ausgeschlossen oder nur unter erheblichen Schwierigkeiten möglich ist (**Abs. 2 S. 2 Halbs. 2** iVm Abs. 1 S. 3 und 2). Die Vornahme **gegen den Willen** ist untersagt; dh. das **Einverständnis** des Nichtverdächtigen muss vorliegen (Rieß-LR Rn. 37; AK/StPO-Achenberg Rn. 15; Roxin § 31 Rn. 20). Verweigert der Betroffene diese Maßnahmen, kann der Beamte versuchen, durch ein klärendes Gespräch – innerhalb der Grenzen des § 136 a – ihn zur Aufgabe seiner Ablehnung zu bewegen (KK-Wache Rn. 31). **Unmittelbarer Zwang** zur Durchsetzung dieser Maßnahmen bei einem Nichtverdächtigen ist unzulässig. Entsteht **während der Identifizierung** eines Nichtverdächtigen der **Verdacht einer Straftat** gegen ihn, so kann die Feststellung der Identität ohne die Beschränkungen des Abs. 2 gemäß Abs. 1 weitergeführt werden. Durchsuchung und erkennungsdienstliche Maßnahmen können dann auch **gegen seinen Willen zwangsweise** durchgeführt werden (KK-Wache Rn. 33). Der StA und die Ermittlungsbeamten können die zur Identitätsfeststellung erforderlichen und zulässigen Maßnahmen anordnen und durchführen. **Richterliche** Maßnahmen zur Identitätsfeststellung sieht § 163 b nicht vor und zwar auch nicht für den Fall, dass der Richter als Notstaatsanwalt (§ 165) tätig wird (KK-Wache Rn. 34). 10

Zur **Dauer** des Festhaltens, der **richterlichen Kontrolle** und dem **Recht auf Benachrichtigung eines Angehörigen** s. § 163 c und die dortigen Erläuterungen. 11

§ 163 c [Dauer des Festhaltens; Richterliche Überprüfung]

(1) ¹Eine von einer Maßnahme nach § 163 b betroffene Person darf in keinem Fall länger als zur Feststellung ihrer Identität unerläßlich festgehalten werden. ²Die festgehaltene Person ist unverzüglich dem Richter bei

§ 163 c

dem Amtsgericht, in dessen Bezirk sie ergriffen worden ist, zum Zwecke der Entscheidung über Zulässigkeit und Fortdauer der Freiheitsentziehung vorzuführen, es sei denn, daß die Herbeiführung der richterlichen Entscheidung voraussichtlich längere Zeit in Anspruch nehmen würde, als zur Feststellung der Identität notwendig wäre.

(2) ¹Die festgehaltene Person hat ein Recht darauf, daß ein Angehöriger oder eine Person ihres Vertrauens unverzüglich benachrichtigt wird. ²Ihr ist Gelegenheit zu geben, einen Angehörigen oder eine Person ihres Vertrauens zu benachrichtigen, es sei denn, daß sie einer Straftat verdächtig ist und der Zweck der Untersuchung durch die Benachrichtigung gefährdet würde.

(3) Eine Freiheitsentziehung zum Zwecke der Feststellung der Identität darf die Dauer von insgesamt zwölf Stunden nicht überschreiten.

(4) Ist die Identität festgestellt, so sind in den Fällen des § 163 b Abs. 2 die im Zusammenhang mit der Feststellung angefallenen Unterlagen zu vernichten.

1 Diese Vorschrift enthält **ergänzende** Bestimmungen zu der in § 163 b getroffenen Regelung der Identitätsfeststellung. Nach **Abs. 1 S. 1** darf das **Festhalten** (s. § 163 b Rn. 7) im Rahmen der in Abs. 3 festgelegten **absoluten Höchstdauer von zwölf Stunden** im Einzelfall nur solange dauern, wie es zur Feststellung der Identität **unerlässlich** ist. Der Betroffene ist also auf freien Fuß zu setzen, wenn erkennbar ist, dass das Festhalten zur Identitätsfeststellung nichts (mehr) beitragen kann, und zwar unabhängig davon, ob die Identität zu diesem Zeitpunkt bereits festgestellt ist. Selbstverständlich ist das Festhalten unzulässig, wenn die Identität feststeht und kein anderer Grund für die Freiheitsentziehung vorliegt (KK-Wache Rn. 1). Nach Abs. 3 darf der Betroffene zum Zweck der Identitätsfeststellung **nicht länger als insgesamt zwölf Stunden** festgehalten werden; dh. bei einer vorübergehenden Unterbrechung wird keine neue Frist in Lauf gesetzt. Die Frist beginnt mit dem Festhalten.

2 Die **Vorführung vor den Richter** nach **Abs. 1 S. 2** und Art. 104 Abs. 2 S. 2 GG ist von **Amts wegen** durchzuführen. **Unverzüglich** muss der Betroffene vorgeführt werden, das bedeutet, „dass die richterliche Entscheidung ohne jede Verzögerung, die sich nur aus sachlichen (tatsächlichen oder rechtlichen) Gründen rechtfertigen lässt", eingeholt werden muss (BVerwG NJW 1974, 810). Ist jedoch ein Richter **nicht entscheidungsbereit** (zB ein Bereitschaftsdienst nicht vorhanden), so liegt ein Rechtfertigungsgrund für den Aufschub der Vorführung vor (BVerwG NJW 1974, 811; Meyer-Goßner Rn. 3); die zwölf Stunden bleiben eine **absolute Grenze** des Festhaltens. Die bloße Erklärung des Betroffenen, freiwillig so lange warten zu wollen, bis seine Identität festgestellt ist oder die Frist des **Abs. 3** abgelaufen ist, macht als solche die Vorführung nicht entbehrlich. Erst wenn der Festhaltende auf Grund dieser Erklärung **das Festhalten beendet,** liegt keine Freiheitsentziehung mehr vor (KK-Wache Rn. 4). Eine **Ausnahme von der Vorführungspflicht** sieht **Abs. 1 S. 2 Halbs. 2** für den Fall vor, dass die Herbeiführung der richterlichen Entscheidung voraussichtlich länger dauern würde als der für die Identitätsfeststellung unerlässliche Zeitraum.

3 Die **Vorführung** zum Richter ist Aufgabe der Polizeibehörde. **Sachlich** zuständig ist immer der Richter beim AG, und zwar unabhängig davon, in welchem Verfahrensabschnitt das Festhalten zur Identifizierung erfolgt. **Funktionell** zuständig ist der Richter, dem diese Aufgabe nach dem Geschäftsverteilungsplan (§ 21 e GVG) zugewiesen ist. **Örtlich** zuständig ist das AG des Ergreifungsortes, dh. des Ortes, an dem das **Festhalten begonnen hat** (KK-Wache Rn. 8, 9, 10). Das **Verfahren** ist nicht geregelt; es gelten die allgemeinen Grundsätze für richterliche

Vorbereitung der öffentlichen Klage **§ 163 c**

Untersuchungshandlungen im Vorverfahren. **Beteiligt** sind der Betroffene und das Strafverfolgungsorgan, das das Festhalten angeordnet hat; dies ist idR die Polizei. Die StA braucht am Verfahren nicht teilzunehmen (Rieß-LR Rn. 12; KK-Wache Rn. 11). Die Polizei hat dem Richter als Entscheidungsgrundlage die **maßgeblichen Unterlagen** vorzulegen und ggf. mündlich die **Gründe für das Festhalten** darzulegen. Die Entscheidung ergeht auf Grund mündlicher Verhandlung. Dem Festgehaltenen muss **rechtliches Gehör** gewährt werden. Ein **Protokoll** nach §§ 168, 168 a ist aufzunehmen. Der Festgehaltene kann sich der Hilfe eines RA bedienen; dadurch darf aber die richterliche Entscheidung nicht erheblich verzögert werden (KK-Wache Rn. 11). Der **Richter** entscheidet nur **über die gegenwärtige Freiheitsentziehung und deren Fortdauer** (bis zum höchstzulässigen Zeitpunkt von zwölf Stunden) selbst (Göhler, OWiG, vor § 59 Rn. 154 mwN). Er hat die **Freilassung** des Betroffenen anzuordnen, wenn er die Voraussetzungen für eine weitere Freiheitsentziehung verneint, andernfalls dass die **Freiheitsentziehung fortdauern** dürfe. Er kann die Dauer auf eine kürzere Zeit als die Höchstfrist begrenzen. Die Entscheidung ergeht durch **Beschluss**, der in der mündlichen Verhandlung zu verkünden ist (§ 35). Sie ist zu begrunden (§ 34), wenn die Fortdauer der Freiheitsentziehung angeordnet wird (Rieß-LR Rn. 17, 18).

Abs. 2 bestimmt die **Benachrichtigung**. Er gibt dem Festgehaltenen einen Anspruch auf Benachrichtigung eines Angehörigen oder einer Person seines Vertrauens. Der Betroffene kann nur einmal benachrichtigen, und zwar entweder uneingeschränkt durch Vermittlung der Polizei (StA) oder – in den Grenzen des **Abs. 2 S. 2** – selbst (Rieß-LR Rn. 20; Roxin § 31 Rn. 21). Von Amts wegen braucht in diesem Stadium keine Benachrichtigung zu erfolgen; vielmehr ist ein entsprechendes Verlangen erforderlich. Eine Belehrung insoweit ist nicht vorgesehen. Das Recht nach **Abs. 2 S. 1** ist **verzichtbar** (Meyer-Goßner Rn. 13). Dem Begehren des Festgehaltenen ist aber **unverzüglich** Folge zu leisten, dh. **telefonisch oder durch mündliche Mitteilung** (Rieß-LR Rn. 21). Auf Verlangen ist dem **Nichtverdächtigen** immer Gelegenheit zu geben, die Benachrichtigung **selbst** vorzunehmen. Bei dem **Verdächtigen** besteht der Anspruch nicht, wenn dadurch der Untersuchungszweck gefährdet wird **(Abs. 2 S. 2)**. Ordnet der **Richter** die Fortdauer des Festhaltens an, so ist wegen des unmittelbar **geltenden Art. 104 Abs. 4 GG** von Amts wegen die Benachrichtigung einer Vertrauensperson zu veranlassen, wenn nicht bereits die Polizei während des behördlichen Festhaltens nach S. 1 benachrichtigt hat oder wenn die Benachrichtigung den Empfänger mit Sicherheit nicht mehr erreichen würde (Rieß-LR Rn. 24). Eine Gefährdung des mit dem Festhalten verfolgten Zwecks rechtfertigt keine Ausnahme von der Benachrichtigung. Als **Vertrauensperson** kommt insbesondere der Wahlverteidiger in Betracht (BVerfGE 16, 124). Bei Kindern und Jugendlichen sind wegen Art. 6 Abs. 2 GG die Eltern zu benachrichtigen. Art. 104 Abs. 4 GG enthält ein subjektives Recht des **Festgehaltenen** (BVerfGE 16, 122), nicht des zu Benachrichtigenden (BVerwG DVBl. 1984, 1080). **Verzichtet** der Festgehaltene auf die Benachrichtigung, hat der Richter die Verzichtsgründe zu prüfen und mit dem öffentlichen Interesse an der Benachrichtigung abzuwägen (Jarass/Pieroth GG Art. 104 Rn. 12).

Nach **Abs. 5** ist die Höchstdauer der Festhaltung **insgesamt 12 Stunden**. Der Ausdruck „insgesamt" trägt dem Umstand Rechnung, dass der erste Teil der Festhaltung auf polizeilicher und ein weiterer ggf. auf richterlicher Entschließung beruht. Diese Frist ist unbedingt einzuhalten. Ein längeres Festhalten verstößt gegen Art. 5 Abs. 1 c MRK (EGMR NJW 1999, 775; Meyer-Goßner Rn. 15).

Abs. 4 regelt die Behandlung von **Unterlagen über die Identifizierung Unverdächtiger**. Die im Zusammenhang mit der Identifizierung Unverdächtiger angefallenen Unterlagen sind nach Feststellung der Identität **zu vernichten**. Von diesem Gebot sind **nicht erfasst** die persönlichen Daten, derentwegen die Identifizierung durchgeführt wurde, zB Name, Geburtsdaten, Anschrift; diese dürfen in

4

5

6

§ 163 d Zweites Buch. 2. Abschnitt

den Akten vermerkt werden. Alle weiteren Unterlagen sind zu vernichten, zB über Ort und Modalitäten der Identifizierung, Durchsuchungen, erkennungsdienstliche Maßnahmen. Jedoch die Akten über die **Vorführung vor den Richter** gemäß Abs. 1 S. 2 sind nicht zu vernichten, sondern sie sind gesondert beim AG zu verwahren (AK/StPO-Achenberg Rn. 13). Die bei der **Verdächtigenüberprüfung** (§ 163 b Abs. 1) gewonnenen Identifizierungsunterlagen werden zu den **Ermittlungs- bzw. Strafakten** genommen. Die Ergebnisse erkennungsdienstlicher Maßnahmen können zugleich in die **polizeilichen** Sammlungen genommen werden. Ihre Entfernung aus diesen Beständen und ihre Vernichtung richten sich nach den gleichen Grundsätzen wie für die durch Maßnahmen nach § 81 b gewonnenen Unterlagen. Ein Anspruch auf Entfernung der zu den Ermittlungs- bzw. Strafakten genommenen Vorgänge besteht nicht (KK-Wache Rn. 18 mwN). Aber die in die polizeilichen Sammlungen aufgenommenen Daten und Unterlagen sind zu **vernichten,** wenn kein vernünftiger Grund besteht, sie weiterhin dort zu belassen. Wird ein entsprechendes Begehren abgelehnt, so kann der Betroffene die Verwaltungsgerichte anrufen (Meyer-Goßner Rn. 19; KK-Wache Rn. 18; s. § 81 b Rn. 6).

7   Mit der einfachen **Beschwerde** (§ 304) kann der **Gerichtsbeschluss,** der die Freiheitsentziehung für zulässig und ihre Fortdauer anordnet, vom Betroffenen angefochten werden. Nach der neuen Rspr. kann der Betroffene **nach Ablauf** dieser Zeit ggf. gerichtlich feststellen lassen, dass die Freiheitsentziehung rechtswidrig war (BGH 44, 265 = NJW 1999, 730; 45, 183 = NJW 1999, 499; BGH NJW 2000, 84; s. auch § 98 Rn. 9; § 105 Rn. 6). Der Betroffene kann die nach § 163 b Abs. 1 gewonnenen Unterlagen aus den polizeilichen Sammlungen verlangen, wenn die Notwendigkeit ihrer weiteren Verwahrung völlig entfallen ist. Bei Ablehnung steht ihm der Rechtsweg zum Verwaltungsgericht offen (Meyer-Goßner Rn. 19). Lehnt die StA entgegen Abs. 4 die **Vernichtung der Unterlagen** des Unverdächtigen (§ 163 Abs. 2) ab, so steht dem Betroffenen der Rechtsweg nach § 23 EGGVG offen, weil sein Begehren auf den Erlass eines Verwaltungsakts gerichtet ist (KK-Wache Rn. 19).

§ 163 d [Schleppnetzfahndung]

(1) ¹Begründen bestimmte Tatsachen den Verdacht, daß
1. eine der in § 111 bezeichneten Straftaten
   oder
2. eine der in § 100 a Satz 1 Nr. 3 und 4 bezeichneten Straftaten

begangen worden ist, so dürfen die anläßlich einer grenzpolizeilichen Kontrolle, im Falle der Nummer 1 auch die bei einer Personenkontrolle nach § 111 anfallenden Daten über die Identität von Personen sowie Umstände, die für die Aufklärung der Straftat oder für die Ergreifung des Täters von Bedeutung sein können, in einer Datei gespeichert werden, wenn Tatsachen die Annahme rechtfertigen, daß die Auswertung der Daten zur Ergreifung des Täters oder zur Aufklärung der Straftat führen kann und die Maßnahme nicht außer Verhältnis zur Bedeutung der Sache steht. ²Dies gilt auch, wenn im Falle des Satzes 1 Pässe und Personalausweise automatisch gelesen werden. ³Die Übermittlung der Daten ist nur an Strafverfolgungsbehörden zulässig.

(2) ¹Maßnahmen der in Absatz 1 bezeichneten Art dürfen nur durch den Richter, bei Gefahr im Verzug auch durch die Staatsanwaltschaft und ihre Ermittlungspersonen (§ 152 des Gerichtsverfassungsgesetzes) angeordnet werden. ²Hat die Staatsanwaltschaft oder einer ihrer Ermittlungspersonen die Anordnung getroffen, so beantragt die Staatsanwaltschaft unverzüglich

Vorbereitung der öffentlichen Klage § 163 d

die richterliche Bestätigung der Anordnung. ³Die Anordnung tritt außer Kraft, wenn sie nicht binnen drei Tagen von dem Richter bestätigt wird.

(3) ¹Die Anordnung ergeht schriftlich. ²Sie muß die Personen, deren Daten gespeichert werden sollen, nach bestimmten Merkmalen oder Eigenschaften so genau bezeichnen, wie dies nach der zur Zeit der Anordnung vorhandenen Kenntnis von dem oder den Tatverdächtigen möglich ist. ³Art und Dauer der Maßnahmen sind festzulegen. ⁴Die Anordnung ist räumlich zu begrenzen und auf höchstens drei Monate zu befristen. ⁵Eine einmalige Verlängerung um nicht mehr als drei weitere Monate ist zulässig, soweit die in Absatz 1 bezeichneten Voraussetzungen fortbestehen.

(4) ¹Liegen die Voraussetzungen für den Erlaß der Anordnung nicht mehr vor oder ist der Zweck der sich aus der Anordnung ergebenden Maßnahmen erreicht, so sind diese unverzüglich zu beenden. ²Die durch die Maßnahmen erlangten personenbezogenen Daten sind unverzüglich zu löschen, sobald sie für das Strafverfahren nicht oder nicht mehr benötigt werden; eine Speicherung, die die Laufzeit der Maßnahmen (Absatz 3) um mehr als drei Monate überschreitet, ist unzulässig. ³Über die Löschung ist die Staatsanwaltschaft zu unterrichten. ⁴Die gespeicherten personenbezogenen Daten dürfen nur für das Strafverfahren genutzt werden. ⁵Ihre Verwendung zu anderen Zwecken ist nur zulässig, soweit sich bei Gelegenheit der Auswertung durch die speichernde Stelle Erkenntnisse ergeben, die zur Aufklärung einer anderen Straftat oder zur Ermittlung einer Person benötigt werden, die zur Fahndung oder Aufenthaltsfeststellung aus Gründen der Strafverfolgung oder Strafvollstreckung ausgeschrieben ist.

(5) Von den in Absatz 1 bezeichneten Maßnahmen sind die Personen, gegen die nach Auswertung der Daten weitere Ermittlungen geführt worden sind, zu benachrichtigen, es sei denn, daß eine Gefährdung des Untersuchungszwecks oder der öffentlichen Sicherheit zu besorgen ist.

Diese Vorschrift ermöglicht die **Errichtung von Kurzzeit-Dateien** für die 1 automatische Speicherung und Verarbeitung von Daten, die bei bestimmten Massenkontrollen – Personenkontrollen an der Grenze oder an Kontrollstellen nach § 111 – anfallen, deren erschöpfende Auswertung an Ort und Stelle aber, auch durch Abfrage in den Fahndungsdateien des polizeilichen Informationssystems, nicht möglich ist. Durch die in dieser Vorschrift vorgesehene Speicherung und spätere Auswertung der Dateien in einer EDV-Anlage soll die Möglichkeit, **Straftaten aufzuklären und Straftäter zu ergreifen,** vergrößert werden. Bei Massenkontrollen anderer Art (zB nach § 36 Abs. 5 StVO) ist eine Datenspeicherung zum Zweck der Strafverfolgung ausgeschlossen; denn insoweit liegt eine abschließende Regelung vor. Ausdrücklich geregelt sind die Rasterfahndung in §§ 98a, 98b und die pol. Beobachtung in § 163e (Meyer-Goßner Rn. 2). Bei den Daten, die gespeichert und verarbeitet werden dürfen, handelt es sich vor allem um die persönlichen Identitätsmerkmale (Name, Geburtstag, Wohnort), die sich aus den Ausweispapieren ergeben. Darüber hinaus können Umstände gespeichert werden, die für die Aufklärung der Tat oder für die Ergreifung des Täters oder Teilnehmers von Bedeutung sein können (Meyer-Goßner Rn. 5; Rogall NStZ 1986, 390).

Voraussetzung für eine Anordnung nach § 163d ist der auf bestimmte Tat- 2 sachen gestützte **Verdacht (Abs. 1 S. 1),** dass ein noch nicht ermittelter Straftäter, von dem aber schon eine Beschreibung möglich ist, eine der Katalogtaten wenigstens in der Form des Versuchs begangen hat. **Katalogtaten** sind zunächst die in § 111 bezeichneten Straftaten (Abs. 1 S. 1 Nr. 1). Gemeint sind damit die Straftaten nach §§ 129a, 250 Abs. 1 Nr. 1 sowie – im Wege der Weiterverweisung – die in

509

§ 163 d
Zweites Buch. 2. Abschnitt

§ 129 a StGB bezeichneten Straftaten. Zu den Katalogtaten gehören ferner (**Abs. 1 S. 1 Nr. 2**) die in **§ 100 a S. 1 Nr. 3, 4** bezeichneten Waffen- und Betäubungsmitteldelikte (Rogall NStZ 1986, 388). **Weitere Voraussetzung** ist, dass **Tatsachen** die Annahme rechtfertigen, die Auswertung der Daten könne zur Ergreifung des Täters oder Teilnehmers oder zur Aufklärung der Straftat führen (Meyer-Goßner Rn. 10; KK-Schoreit Rn. 23). Die Maßnahmen dürfen **nicht außer Verhältnis** zur Bedeutung der Sache stehen. Das Vorliegen einer Katalogtat allein bedeutet noch nicht, dass die Maßnahmen auch dem Verhältnismäßigkeitsgrundsatz entsprechen. Die Tatschwere und das Ausmaß der Belastung der Betroffenen sind immer in Relation zu setzen (Rogall NStZ 1986, 389).

3   Nach **Abs. 1 S. 2** ist auch bei **automatischer Ablesung** von Pässen und Personalausweisen an den Kontrollstellen **Abs. 1** anwendbar. In **Abs. 1 S. 3** ist ausdrücklich bestimmt, dass die gespeicherten Daten nur **anderen Strafverfolgungsbehörden** übermittelt werden dürfen, also an GBA, StA, Amtsanwaltschaft, Polizei und Finanz- und Zollbehörden, soweit sie als Strafverfolgungsbehörden tätig werden. Ein Datentransfer an andere Behörden, zB an die Nachrichtendienste, ist nicht statthaft. Weitere Beschränkungen ergeben sich daraus, dass die gespeicherten Daten außer für das anhängige Strafverfahren nur für die Strafverfolgung auf Grund von **Zufallsfunden** (vgl. Abs. 4 S. 4 und 5) benutzt werden dürfen (s. Rn. 6). Ein **Allgemeiner Datentransfer** zwischen Strafverfolgungsbehörden wird durch Abs. 1 S. 1 nicht erlaubt (KK-Schoreit Rn. 27).

4   Nach **Abs. 2** ist für die Anordnung der Maßnahme grundsätzlich der **Ermittlungsrichter** (§§ 162, 169) **zuständig;** er wird aber nur auf Antrag der StA tätig. Bei Gefahr im Verzug kann die StA die Anordnung treffen; wenn keine StA erreichbar ist, die Hilfsbeamten (§ 152 GVG). **Gefahr im Verzug** ist dann anzunehmen, wenn die Datenspeicherung und -auswertung so eilig ist, dass eine richterliche Anordnung nicht abgewartet werden kann. Das wird vor allem bei kriminellen Anschlägen der Fall sein, bei denen unmittelbar nach der Tat Personenkontrollen in der Umgebung des Tatortes noch Erfolg versprechen (KK-Schoreit Rn. 29). Wird die Anordnung von der StA oder deren Hilfsbeamten getroffen, so hat die StA unverzüglich die richterliche Bestätigung der Anordnung zu beantragen (**Abs. 2 S. 2).** Bestätigt sie der Richter **nicht binnen 3 Tagen,** so tritt sie ohne weiteres außer Kraft; die Maßnahmen sind sofort zu beenden und die bis dahin gespeicherten Daten sind zu löschen. Auch die Zufallsbefunde dürfen nicht mehr verwendet werden. Hebt die StA die Anordnung vor Ablauf der 3-Tagesfrist auf oder sind nach deren Ablauf keine Daten mehr vorhanden, so entfällt die richterliche Kontrolle. Das Gesetz verbietet der StA aber nicht, die vor der Aufhebung der Anordnung gespeicherten Daten nach **Abs. 4 S. 2 bis 5** ohne richterliche Prüfung auszuwerten (Meyer-Goßner Rn. 15).

5   Nach **Abs. 3** muss die **Anordnung** der Maßnahme **schriftlich** ergehen; telegrafische und fernschriftliche Anordnung genügt, aber nicht telefonische. Die **Konkretisierungspflicht** ist in **Abs. 3 S. 2 bis 4** geregelt. Die Anordnung ist auf höchstens drei Monate zu befristen, wobei eine Verlängerung bis zu sechs Monaten zulässig ist (Abs. 3 S. 4, 5). Nach Ablauf dieser Fristen sind Einspeicherungen nicht mehr zulässig. Auswertung und Übermittlung dürfen – vorbehaltlich Abs. 4 S. 1 – noch nach diesem Zeitpunkt erfolgen; ebenso darf die **erfolgte** Speicherung aufrechterhalten werden. Spätestens drei Monate nach Ablauf der Laufzeit sind alle Verarbeitungsmaßnahmen einzustellen, insbesondere ist die Datei **(Abs. 4 S. 2 Halbs. 2)** zu löschen (Rogall NStZ 1986, 391).

6   **Abs. 4** enthält nähere Bestimmungen für die **Beendigung der Maßnahmen** und die **Löschung der Datenbestände** (Hilger NStZ 1997, 371). Wichtig für das Verständnis ist, dass sie nur auf Anordnungen bezieht, die **rechtmäßig** sind oder rechtmäßig waren (Rogall NStZ 1986, 391). Ist die Kontrollfahndung **rechtswidrig,** so besteht ein **Verwertungsverbot,** für dessen Umfang und Reichweite

Vorbereitung der öffentlichen Klage § 163 e

wegen der Vergleichbarkeit der Sachlage auf die bei rechtswidrigen Fernmeldeübertragung entwickelten Grundsätze (s. bei § 100 a) zurückgegriffen werden kann (Rieß-LR Rn. 75). **Abs. 4 S. 5** trifft eine wichtige Bestimmung über die Behandlung von **Zufallsfunden**. Zufallsfunde sind Beweismittel und Spuren, die bei Gelegenheit einer Ermittlungsmaßnahme gefunden werden und auf die Verübung einer Straftat hindeuten, die in keiner Beziehung zu der Untersuchung stehen. **Abs. 4 S. 5** lässt die Verwertung von Zufallsfunden für die Aufklärung **jeder Straftat** oder zur Ermittlung von Personen zu, die zur Fahndung oder Aufenthaltsfeststellung aus Gründen der Strafverfolgung oder Strafvollstreckung ausgeschrieben sind (Rogall NStZ 1986, 392).

Abs. 5 stellt eine **Transparenzvorschrift** dar (vgl. BT-Drucks. 10/5128 S. 8), und zwar sind die Personen **zu benachrichtigen,** gegen die nach Auswertung der Daten **weitere Ermittlungen** geführt worden sind. Damit wird dem Grundsatz des rechtlichen Gehörs (Art. 103 Abs. 1 GG) genügt. Alle von den Maßnahmen Betroffenen, gegen die sich kein Tatverdacht ergeben hat, zu unterrichten, wäre zu aufwändig und nicht sinnvoll (KK-Schoreit Rn. 44). Eine Beschränkung liegt weiter darin, dass die Benachrichtigungspflicht **entfällt,** wenn eine **Gefährdung des Untersuchungszwecks oder der öffentlichen Sicherheit** zu besorgen ist. 7

Die **Beschwerde** (§ 304 Abs. 1) ist gegen die richterlichen Anordnungen zulässig, solange sie noch durchgeführt wird. Lehnt der Richter beim AG die Anordnung einer Kontrollfahndung, die Bestätigung einer nichtrichterlichen Anordnung oder die Verlängerung ihrer Laufzeit ab, so steht der StA die einfache Beschwerde ebenfalls zu (Rieß-LR Rn. 83). Sind die Entscheidungen vom Ermittlungsrichter des BGH oder des OLG erlassen worden, so sind sie nach § 304 Abs. 5 unanfechtbar. Nach der Rspr. kommt die **nachträgliche** Feststellung der Rechtswidrigkeit der bereits erledigten tiefeingreifenden Maßnahme – wie bei § 163 c Rn. 7 – ggf. in Betracht (s. § 98 Rn. 9, § 105 Rn. 6). Die **Revision** ist mit einer Verletzung des § 163 d (im Vorverfahren) idR nicht zu begründen, denn der Fehler dürfte sich nicht auf das Urteil ausgewirkt haben (KK-Schoreit Rn. 45). Aber mit der Verfahrensrüge kann geltend gemacht werden, dass der Tatrichter Erkenntnisse aus der Fahndung verwertet hat, die einem **Verwertungsverbot** (s. Rn. 6) unterliegen (Rieß-LR Rn. 85). 8

§ 163 e [Ausschreibung zur polizeilichen Beobachtung]

(1) ¹**Die Ausschreibung zur Beobachtung anläßlich von polizeilichen Kontrollen, die die Feststellung der Personalien zulassen, kann angeordnet werden, wenn zureichende tatsächliche Anhaltspunkte dafür vorliegen, daß eine Straftat von erheblicher Bedeutung begangen wurde.** ²**Die Anordnung darf sich nur gegen den Beschuldigten richten und nur dann getroffen werden, wenn die Erforschung des Sachverhalts oder die Ermittlung des Aufenthaltsortes des Täters auf andere Weise erheblich weniger erfolgversprechend oder wesentlich erschwert wäre.** ³**Gegen andere Personen ist die Maßnahme zulässig, wenn auf Grund bestimmter Tatsachen anzunehmen ist, daß sie mit dem Täter in Verbindung stehen oder eine solche Verbindung hergestellt wird, daß die Maßnahme zur Erforschung des Sachverhalts oder zur Ermittlung des Aufenthaltsortes des Täters führen wird und dies auf andere Weise erheblich weniger erfolgversprechend oder wesentlich erschwert wäre.**

(2) **Das Kennzeichen eines Kraftfahrzeugs kann ausgeschrieben werden, wenn das Fahrzeug für eine nach Absatz 1 ausgeschriebene Person zugelassen ist oder von ihr oder einer bisher namentlich nicht bekannten Person benutzt wird, die einer Straftat mit erheblicher Bedeutung verdächtig ist.**

§ 163 e

(3) Im Falle eines Antreffens können auch personenbezogene Informationen eines Begleiters der ausgeschriebenen Person oder des Führers eines ausgeschriebenen Kraftfahrzeugs gemeldet werden.

(4) ¹Die Ausschreibung zur polizeilichen Beobachtung darf nur durch den Richter angeordnet werden. ²Bei Gefahr im Verzug kann die Anordnung auch durch die Staatsanwaltschaft getroffen werden. ³Hat die Staatsanwaltschaft die Anordnung getroffen, so beantragt sie unverzüglich die richterliche Bestätigung der Anordnung. ⁴Die Anordnung tritt außer Kraft, wenn sie nicht binnen drei Tagen von dem Richter bestätigt wird. ⁵Die Anordnung ist auf höchstens ein Jahr zu befristen. ⁶§ 100 b Abs. 2 Satz 5 gilt entsprechend.

1 Diese Vorschrift regelt die **Polizeiliche Beobachtung (PB).** Sie dient der unauffälligen Ermittlung und Sammlung von Erkenntnissen zur Herstellung eines (punktuellen) „Bewegungsbildes" einer Person (oder eines Objekts) von der zur Beobachtung ausgeschriebenen Person. **Ziel** ist idR auch, Zusammenhänge und Querverbindungen zwischen dieser und anderen Personen zu erfassen (zB Kontakte zwischen kriminellen Strukturen verschiedener Großstädte, Auslandsverbindungen, vgl. BT-Drucks. 12/913), um insbesondere die organisierte Kriminalität bekämpfen zu können (Hilger NStZ 1992, 525; Meyer-Goßner Rn. 2). Aufgrund einer Ausschreibung der betreffenden Person wird sein Antreffen anlässlich anderer polizeilicher Kontrollen (Grenzkontrollen, Kontrollstellen nach § 111) einschließlich der dabei festgehaltenen Umstände, die für die Aufklärung erheblich sein können (zB Begleitpersonen, Reiseweg, mitgeführte Gegenstände), erfasst und zur Auswertung an die ausschreibende Strafverfolgungsbehörde gemeldet. Die **PB** (früher als beobachtende Fahndung genannt) ist von der bloßen **Observation,** für die das OrgKG keine gesetzliche Regelung vorsieht, jedoch die BReg. ein gesetzliches Regelungsdefizit erkannt hat (BT-Drucks. 12/989 S. 56 – der BGH NStZ 1992, 44 erachtet die Observation auch ohne Eingriffsgrundlage für eine Übergangszeit hinnehmbar), zu unterscheiden. Die PB zielt nach dem Gesetzesentwurf des Bundesrats (BT-Drucks. 12/989 S. 43) auf die Erstellung eines **„Bewegungsbildes"** eines Verdächtigen; der Betroffene erfährt hiervon nichts (vgl. Krahl NJW 1998, 339). Die PB **nutzt,** nicht anders als andere Ermittlungshandlungen, Informationen, die zu anderen Zwecken erhoben werden, wozu der Einsatz der EDV tritt (Möhrenschlager wistra 1992, 328).

2 Die Ausschreibung ist nur im Ermittlungsverfahren zulässig. Sie setzt **zureichenden Tatverdacht** iS von § 152 voraus. Es muss sich um eine **Straftat von erheblicher Bedeutung** handeln (keine Ordnungswidrigkeit). Gemäß **Abs. 1 S. 2** darf sich die Anordnung nur **gegen den Beschuldigten** richten und ist von einer **Subsidiaritätsklausel (Abs. 1 S. 2 Halbs. 2)** abhängig, die der in § 98 a Abs. 1 S. 2 entspricht. Gegen sog. **Kontaktpersonen (Abs. 1 S. 3)** ist sie nur unter eingeschränkten Voraussetzungen, die denen in § 100 c Abs. 3 entsprechen, zulässig. Die PB ist auch hier nur zur Erforschung des Sachverhalts oder zwecks Ermittlung des Aufenthaltsortes des Täters zulässig. Die Subsidiaritätsklausel gilt ebenfalls (Meyer-Goßner Rn. 8).

3 **Abs. 2** erlaubt die Ausschreibung eines **Kfz-Kennzeichens,** wenn das Kfz für eine nach Abs. 1 ausgeschriebene Person – Beschuldigter oder Kontaktperson – zugelassen ist oder von ihr oder einer bisher namentlich nicht bekannten Person benutzt wird, die eine Straftat mit erheblicher Bedeutung verdächtig ist. **Abs. 3** stellt klar, dass an der Kontrollstelle nicht nur personenbezogene Erkenntnisse über den Ausgeschriebenen, sondern auch Informationen über Begleiter oder den Führer eines ausgeschriebenen Kfz erfasst und der ausschreibenden Strafverfolgungsbehörde gemeldet werden dürfen (Hilger NStZ 1992, 525). **Abs. 3** betrifft das Verhalten der

Vorbereitung der öffentlichen Klage §163 f

kontrollierenden Beamten der Kontrollstelle im Falle des Auftretens. Sie dürfen auch Beobachtungen über Begleiter der ausgeschriebenen Person oder des Führers eines ausgeschriebenen Kraftfahrzeugs der ausschreibenden Stelle melden (KK-Schoreit Rn. 19).

Abs. 4 S. 1 verankert wegen des grundrechtlichen Eingriffscharakters der PB den 4 Grundsatz des **Rechtsvorbehalts** (Ermittlungsrichter, §§ 162, 169). Eine Eilkompetenz bei **Gefahr im Verzuge steht nur der StA zu** (Abs. 4 S. 2). Nach Ansicht des Gesetzgebers bedarf es einer Eilkompetenz für die Polizei nicht (BT-Drucks. 12/2720 S. 48). Eine Anordnung der StA muss – wie in anderen Fällen der Eilkompetenz – unverzüglich bestätigt werden; sie tritt außer Kraft, wenn die Bestätigung nicht binnen drei Tagen erfolgt. Zwischenzeitlich erlangte Erkenntnisse dürfen grundsätzlich **verwertet** werden. Die **Höchstdauer** der Anordnung ist ein Jahr **(Abs. 4 S. 4)**. Eine Verlängerung ist möglich (**Abs. 4 S. 5** iVm § 100 b Abs. 2 S. 5). Auch gegen einen unter **Führungsaufsicht** stehenden Verurteilten kann die Ausschreibung zur PB nach § 463 a Abs. 2 angeordnet werden (Meyer-Goßner Rn. 11, 13).

Die Anordnung ergeht **idR schriftlich,** die richterliche Bestätigung immer. In 5 der Anordnung ist die ausgeschriebene Person so genau wie möglich zu bezeichnen, ggf. auch das Kfz-Kennzeichen. Die in Betracht kommenden Kontrollstellen sowie die Geltungsdauer der Anordnung sind anzugeben (Hilger NStZ 1992, 525 Fn. 173). Wird die Anordnung nicht verlängert, tritt sie ohne weiteres außer Kraft. Nach der Neuregelung in § 463 a Abs. 2 kann die PB **während** der Führungsaufsicht angeordnet werden. Damit ist eine sinnvolle Anwendungsmöglichkeit der PB gefunden worden (KK-Schoreit Rn. 24).

Zur **Beschwerde** und **Revision** gelten die Ausführungen zu § 163 d (s. dort 6 Rn. 8) entsprechend.

§ 163 f [Längerfristige Observation]

(1) ¹Liegen zureichende tatsächliche Anhaltspunkte dafür vor, dass eine Straftat von erheblicher Bedeutung begangen worden ist, so darf eine planmäßig angelegte Beobachtung des Beschuldigten angeordnet werden, die
1. durchgehend länger als 24 Stunden dauern oder
2. an mehr als zwei Tagen stattfinden
soll (längerfristige Observation).

²Die Maßnahme darf nur angeordnet werden, wenn die Erforschung des Sachverhalts oder die Ermittlung des Aufenthaltsortes des Täters auf andere Weise erheblich weniger Erfolg versprechend oder wesentlich erschwert wäre. ³Gegen andere Personen ist die Maßnahme zulässig, wenn auf Grund bestimmter Tatsachen anzunehmen ist, dass sie mit dem Täter in Verbindung stehen oder eine solche Verbindung hergestellt wird, dass die Maßnahme zur Erforschung des Sachverhalts oder zur Ermittlung des Aufenthaltsortes des Täters führen wird und dies auf andere Weise erheblich weniger Erfolg versprechend oder wesentlich erschwert wäre.

(2) Die Maßnahme darf auch durchgeführt werden, wenn Dritte unvermeidbar betroffen werden.

(3) ¹Die Maßnahme bedarf der Anordnung durch die Staatsanwaltschaft; bei Gefahr im Verzug darf sie auch durch ihre Ermittlungspersonen (§ 152 des Gerichtsverfassungsgesetzes) angeordnet werden. ²Hat eine der Ermittlungspersonen der Staatsanwaltschaft die Anordnung getroffen, so ist unverzüglich die staatsanwaltschaftliche Bestätigung der Anordnung zu beantragen. ³Die Anordnung tritt außer Kraft, wenn sie nicht binnen drei Tagen von der Staatsanwaltschaft bestätigt wird.

§ 163 f

(4) ¹Die Anordnung ist unter Angabe der maßgeblichen Gründe aktenkundig zu machen und auf höchstens einen Monat zu befristen. ²Die Verlängerung der Maßnahme bedarf einer neuen Anordnung, die nur durch den Richter getroffen werden darf.

1 Die Vorschrift regelt die **längerfristige Observation** des Beschuldigten, die – im Unterschied zur kurzfristigen Überwachung, die auf die §§ 161, 163 gestützt werden kann – durchgehend länger als 24 Stunden (reine Beobachtungszeit) dauern oder an mehr als zwei Tagen stattfinden soll. Für den präventiv-polizeilichen Bereich ist die Maßnahme der längerfristigen Observation bereits geregelt; im Bund im BKAG und im BGSG, in den Ländern in den Polizeigesetzen. Die im Wesentlichen gleich lautenden Regelungen bezeichnen entsprechend der vorgeschlagenen Regelung eine Observation als längerfristige Observation, wenn diese länger als 24 Stunden dauert oder an mehr als zwei Tagen stattfindet (§ 23 Abs. 2 Nr. 1 BKAG, § 28 Abs. 2 Nr. 1 BGSG). Die Zulässigkeit dieser Observation ist nicht an einen besonderen Deliktskatalog geknüpft. Eine solche Beschränkung auf bestimmte, einzelne Straftaten wäre mit den Bedürfnissen der Strafrechtspflege und ihrer Pflicht zur effektiven Bekämpfung der Kriminalität unvereinbar. Die längerfristige Observation ist nach den Erfahrungen der Praxis in nahezu allen Bereichen der erheblichen Kriminalität unverzichtbar. Ein Großteil der von der Polizei längerfristig durchgeführten Observationen betrifft die Bekämpfung der Eigentums- und Vermögenskriminalität, aber auch den Bereich der Straftaten gegen die sexuelle Selbstbestimmung. In diesem Zusammenhang ist von Bedeutung, dass sich vorwiegend im Bereich der serienmäßig begangenen Delikte das Täterverhalten in den letzten Jahren so verändert hat, dass Aufklärungserfolge mit herkömmlichen, einfachen Ermittlungsmethoden kaum noch zu erzielen sind. Die **planmäßige Überwachung** hat in allen Bereichen erheblicher Kriminalität eine große Bedeutung gewonnen und muss deshalb zur Beobachtung aller schwerwiegenden Straftaten, gleich welcher Art, möglich sein. Die Vorschrift knüpft daher die Zulässigkeit der längerfristigen Observation an den Verdacht der Begehung einer „**Straftat von erheblicher Bedeutung**". Soweit **technische Observationsmittel** zum Einsatz kommen, müssen neben den Voraussetzungen des § 163 f immer auch diejenigen nach § 100 c gegeben sein (BGH NJW 2001, 1658; Hilger NStZ 2000, 564). Die Zulässigkeit der längerfristigen Observation ist im Übrigen an eine **Subsidiaritätsklausel** gebunden. Sie ist nur zulässig, wenn andere, den Betroffenen weniger belastende Ermittlungsmaßnahmen erheblich weniger Erfolg versprechen oder wesentlich erschwert sein werden.

2 Nach **Abs. 1 S. 3** ist die längerfristige Observation von **Kontaktpersonen** nur zulässig, wenn auf Grund bestimmter Tatsachen die Annahme begründet ist, dass die Kontaktperson mit dem Täter in Verbindung steht oder mit ihm in Verbindung treten wird; zudem ist diese Maßnahme an eine **besondere Subsidiaritätsklausel** geknüpft: Es muss davon auszugehen sein, dass die Maßnahme zur Sachverhaltsklausel oder Aufenthaltsortermittlung des Täters führen wird und dies auf andere Weise erheblich weniger Erfolg versprechend oder wesentlich erschwert wäre. Bei den **Kontaktpersonen** handelt es sich um Personen, die nicht Beschuldigte sind, von deren Beobachtung aber zu erwarten ist, dass hierdurch wichtige Hinweise für die Tataufklärung gewonnen werden können. Abzugrenzen ist dieser Personenkreis von den Begleitern des Beschuldigten, deren Personalien nach § 163 e anlässlich einer gegen den Beschuldigten gerichteten Maßnahme der ausschreibenden Stelle (mit)gemeldet werden dürfen. Der Unterschied zu den hier geregelten Kontaktpersonen besteht darin, dass bei Kontaktpersonen die fragliche Maßnahme zielgerichtet angeordnet wird, die Kontaktperson zB also zur polizeilichen Beobachtung ausgeschrieben oder observiert wird. Als Kontaktpersonen kommen insbesondere Personen mit engen persönlichen Verbindungen zu einem namentlich noch nicht bekannten oder sich verborgen haltenden Täter in Betracht. Die Erfahrungen der

Vorbereitung der öffentlichen Klage **§ 164**

Praxis belegen das Bedürfnis für diesen Ermittlungsansatz. Er muss im Hinblick auf die Pflicht der Strafverfolgungsbehörden zur effektiven Bekämpfung der Kriminalität bei Straftaten von erheblicher Bedeutung möglich sein.

Abs. 2 stellt klar, dass auf die Maßnahme nicht deswegen verzichtet werden muss, 3 weil **Dritte,** gegen die sich die Maßnahme nicht richtet, unvermeidbar betroffen werden. Erfolgt zB die längerfristige Observation auf der Straße oder an sonstigen allgemein zugänglichen Orten, werden regelmäßig auch andere Personen von den ermittelnden Beamten wahrgenommen und damit unvermeidbar betroffen werden.

Abs. 3 regelt die **Anordnungskompetenz.** Die Maßnahme bedarf grundsätz- 4 lich der Anordnung durch die StA. Auf diese Weise wird dem mit der Maßnahme verbundenen Eingriff Rechnung getragen. Um die längerfristige Observation als effektives Fahndungsmittel nicht leerlaufen zu lassen, ist es allerdings erforderlich, den Hilfsbeamten der Staatsanwaltschaft eine **Eilkompetenz** einzuräumen, verbunden mit der Verpflichtung, in diesem Fall eine Bestätigung durch die Staatsanwaltschaft **binnen drei Tagen** zu bewirken. Die Einräumung dieser Eilkompetenz der Hilfsbeamten erscheint erforderlich, um in Einzelfällen der Gefahr von Ermittlungsdefiziten wirksam begegnen zu können. Denn die Notwendigkeit einer sofortigen Anordnung der längerfristigen Observation kann sich sofort nach Begehung bzw. Entdeckung der Straftat und insbesondere auch aus dem Verlauf einer konkreten, möglicherweise zunächst auf polizeirechtliche Vorschriften gestützten präventiven Einsatzes heraus ergeben, während ein zuständiger Staatsanwalt nicht rechtzeitig erreichbar ist.

Abs. 4 ordnet (entsprechend der in § 23 Abs. 3 BKAG enthaltenen Regelung) 5 weitere verfahrensrechtliche Sicherungen an: Die Anordnung muss unter Angabe der maßgeblichen Gründe **aktenkundig** gemacht werden. Die Anordnung ist auf höchstens einen Monat zu befristen. Stellt sich im Verlauf der Durchführung der Maßnahme heraus, dass diese Frist zu kurz bemessen war und eine Fortsetzung erforderlich ist, muss eine weitere (Verlängerungs-)Anordnung ergehen. Diese darf nur durch den **Richter** getroffen werden.

Anfechtung. Gegen die **staatsanwaltschaftliche Anordnung** ist – solange sie 6 andauert – analog § 98 Abs. 2 grundsätzlich die Möglichkeit der Überprüfung gegeben. Eine **richterliche** Anordnung oder die Ablehnung der von der StA beantragten Verlängerung einer von ihr angeordneten und nach Zeitablauf außer Kraft getretenen Observation kann mit der **Beschwerde** nach § 304 Abs. 1 S. 1 angefochten werden. Da die Observation eine **heimliche** Ermittlungsmaßnahme ist, wird die **nachträgliche** Überprüfung der Rechtmäßigkeit der bereits **erledigten** Observation in Betracht kommen, denn bei der Observation handelt es sich grundsätzlich um einen tiefgreifenden Grundrechtsbegriff. Daher hat der Gesetzgeber die Anordnung ab dem zweiten Monat einem **Richtervorbehalt** unterstellt (Krehl in HK-StPO Rn. 8). Die **nachträgliche** Überprüfung entsprechend § 98 Abs. 2 hat hier besondere Bedeutung (vgl. BGH 44, 171 = NJW 1998, 3653; 45, 183 = NJW 1999, 3499; BVerfGE 96, 27 = NJW 1997, 2163; BVerfG NJW 1999, 237; s. auch § 98 Rn. 9; § 105 Rn. 6). Eine Observation **ohne die erforderliche Anordnung** oder über die **zulässige Dauer** hinaus, führt zu einem **Verwertungsverbot** hinsichtlich der dabei gewonnenen Erkenntnisse. Werden diese im Urteil verwertet, begründet das die **Revision.** Ob die Anordnung notwendig war und den Subsidiaritätsgrundsatz beachtet hat, unterliegt nur der revisionsrechtlichen Kontrolle auf Willkür (Meyer-Goßner Rn. 10).

§ 164 [Festnahme von Störern]

Bei Amtshandlungen an Ort und Stelle ist der Beamte, der sie leitet, befugt, Personen, die seine amtliche Tätigkeit vorsätzlich stören oder sich den von ihm innerhalb seiner Zuständigkeit getroffenen Anordnungen

§ 164

widersetzen, festnehmen und bis zur Beendigung seiner Amtsverrichtungen, jedoch nicht über den nächstfolgenden Tag hinaus, festhalten zu lassen.

1   Diese Vorschrift gilt seit Inkrafttreten der Reichsprozessordnung 1877 (früher § 162) unverändert (Eb. Schmidt NJW 1969, 393: Wolter in SK StPO Rn. 1). Die Begründung erschöpft sich lapidar in einem Satz: „Diese Vorschrift bezweckt die Aufrechterhaltung der Ordnung bei Untersuchungshandlungen außerhalb der Gerichtsstelle und bedarf keiner näheren Begründung" (vgl. Geerds, FS für Maurach, 1972 S. 518). § 164 enthält eine Ermächtigung für den **leitenden Beamten** zur Anordnung von **Festnahme** und **Festhalten** von solchen Personen, die strafprozessuale Amtshandlungen, vor allem Ermittlungshandlungen, erheblich stören (Rieß-LR Rn. 2; Krehl in HK Rn. 2). Zweck dieser Vorschrift liegt darin, die ungestörte Durchführung strafprozessualer Amtshandlungen zu ermöglichen (KK-Wache Rn. 1). Der **Verhältnismäßigkeitsgrundsatz** ist zu beachten (OLG Celle MDR 1955, 592; Geerds, FS für (Maurach S. 522). Die der Gefahrenabwehr dienenden Regelungen der **Landespolizeigesetze** bleiben unberührt (Krehl in HK Rn. 1).

2   Die Maßnahmen nach § 164 dürfen nur für die **Dauer** der Amtshandlung angeordnet werden (BayObLGSt 1963, 319; OLG Celle MDR 1955, 692); unabhängig von der Dauer der Amtshandlung längstens bis zum Ende des nächsten Tages (Art. 104 Abs. 2 S. 3 GG). Versichert der Betroffene glaubwürdig, er werde nicht mehr stören, kann von einem (weiteren) Vollzug der Maßnahme abgesehen werden (KK-Wache Rn. 7).

3   § 164 bezieht sich nur auf **strafprozessuale Amtshandlungen,** also auf solche, die aufgrund des Strafverfahrensrechts und zu strafprozessualer Zwecken vorgenommen werden; für präventiv-polizeiliches Handeln auf der Grundlage des Polizeirechts gilt diese Vorschrift nicht (Rieß-LR Rn. 2; Geerds, FS für Maurach S. 522). Die Amtshandlung muss **zulässig** sein und zwar die getroffene Anordnung selbst oder ihre Durchführung (Krehl in HK Rn. 2; Wolter in SK StPO Rn. 6). § 164 spricht von „Amtshandlung **an Ort und Stelle**". Entgegen der früheren Ansicht geht die hM davon aus, dass es gleichgültig ist, ob die Amtshandlung **innerhalb oder außerhalb der Diensträume** stattfindet (Meyer-Goßner Rn. 3; KK-Wache Rn. 3; Eb. Schmidt NJW 1969, 394). Dabei kann es sich zB handeln um die Vollstreckung von Zwangsmaßnahmen wie etwa Durchsuchung und Beschlagnahme, Kontrollstellen. Vollstreckung eines Haftbefehls und auch um andere Ermittlungsmaßnahmen, wie Vernehmung oder Spurensuche an allgemein zugänglichen Orten sowie um die „getroffenen Anordnungen" des leitenden Beamten (Rieß-LR Rn. 2; KK-Wache Rn. 2; Geerds, FS für Maurach S. 521).

4   Zur Anordnung der Maßnahme ist der **Beamte** befugt, der die **Amtshandlung leitet,** dh Anfang, Ende, Inhalt bestimmt (Rieß-LR Rn. 17; Wolter in SK StPO Rn. 5). Dies kann sein, die StA, der Polizeibeamte – der nicht Ermittlungsbeamter zu sein braucht und der nicht einen bestimmten Dienstrang haben muss –, Angehöriger der Finanzbehörden (§ 399 Abs. 1 AO) sowie der Zoll- und Steuerfahndung (§ 404 AO); aber nicht die von ihm zugezogenen Hilfspersonen wie der Protokollführer (KK-Wache Rn. 10).

5   Auf **richterliche Amtshandlungen** soll nach überwiegender Ansicht § 164 ebenfalls anwendbar sein. Zur Begründung wird ua. ausgeführt, dass mindestens bei richterlichen Ermittlungshandlungen außerhalb der Hauptverhandlung, namentlich solchen des Ermittlungsrichters für die Abwehr von Störungen dem Richter die Rechtsgrundlage nicht vorenthalten werden dürfe, auf die sich StA und Polizei berufen können (Rieß-LR Rn. 3; KK-Wache Rn. 10; KMR-Plöd Rn. 6; Sören Kramer S. 18).

Der hM im Schrifttum ist nicht zu folgen. Grundsätzlich findet jede Auslegung einer Vorschrift an einem eindeutigen Wortlaut und Sinn eine Grenze. Hier geht es

Vorbereitung der öffentlichen Klage **§ 164**

unmissverständlich um Rechte und Pflichten des **leitenden Beamten,** wenn Amtshandlungen von Beamten gestört werden; richterliche Handlungen werden nicht erfasst. Der Gesetzgeber hat die StPO in den vergangenen Jahrzehnten vielfach geändert und ergänzt; § 164 StPO blieb unverändert. Er hat die Störungen von Amtshandlungen der Mitglieder der Strafverfolgungsbehörden (Beamten) und die Störungen von richterlichen Handlungen verschieden geregelt und auch mit verschiedenen Zwangsmaßnahmen ausgestattet. Das strafrechtliche Ermittlungsverfahren ist durch Gesetz in die Hände der StA und ihrer Ermittlungspersonen gelegt. Ihnen obliegt es, die zur Durchsetzung des staatlichen Strafanspruchs erforderlichen Maßnahmen zu treffen. Der Notwendigkeit, das Verfahren gegen Behinderungen zu schützen, hat der Gesetzgeber vor allem „mit § 164 StPO Rechnung getragen." Dagegen hat er für den richterlichen Bereich den Schutz vor Störungen „durch § 180 GVG" geregelt (III ZS des BGH NStZ 1989, 279). Auch hinsichtlich der Zwangsmaßnahmen bestehen deutliche Unterschiede. § 164 StPO ermächtigte den die Amtshandlungen leitenden Beamten „festzunehmen" und „festzuhalten" – nicht über den nächstfolgenden Tag. § 180 GVG hingegen gewährt dem Richter gegen Störungen seiner richterlichen Handlungen **weitergehende** Befugnisse. Außer „Festhaltung" gemäß § 177 GVG – nicht über 24 Stunden – ist auch die Festsetzung eines Ordnungsgeldes (bis 1000 Euro) oder Ordnungshaft (bis zu einer Woche) zulässig. Für richterliche Handlungen ist also § 164 StPO nicht anwendbar und § 180 GVG ist im Verhältnis zu § 164 StPO eine Spezialregelung (Geerds, FS für Maurach S. 528; Eb. Schmidt NJW 1969, 393).

Als Behinderung nennt § 164 StPO **Störungen** und **Widersetzlichkeiten.** Zur 6 **Störung** reicht aus, dass die ordnungsgemäße, auf einen bestimmten Erfolg abzielende Amtshandlung **ernstlich** behindert oder erschwert oder ihre Erfolgsaussicht vermindert wird (KK-Wache Rn. 6; Rieß-LR Rn. 7; Eb. Schmidt NJW 1969, 394 m. Beisp.). Bloße Belästigungen und ausfällige Bemerkungen rechtfertigen keine Maßnahmen nach § 164. Die Störung muss **rechtswidrig** sein. Wer lediglich von seinem **prozessualen Recht** Gebrauch macht, stört nicht iSv § 164 (Rieß-LR Rn. 9; Wolter in SK StPO Rn. 12). Das Gesetz verlangt (bedingt) **vorsätzliches** Handeln. Eine **Widersetzlichkeit** gegen eine getroffene Anordnung liegt nicht erst dann vor, wenn mit Gewalt Widerstand geleistet wird; es genügt ein durch hartnäckige Nichtbefolgung einer Anordnung (KK-Wache Rn. 6).

Störer kann nur ein Dritter sein, der „nicht unmittelbar in seiner Person durch 7 die fragliche Amtshandlung betroffen ist" (Geerds, FS für Maurach S. 329). Adressaten der Maßnahmen nach § 164 können also grundsätzlich alle Personen sein, die die Störung verursachen oder sich der getroffenen rechtmäßigen Anordnung widersetzen. Das sind Neugierige, bloße Zuschauer, aber auch Personen, die zu der Amshandlung hinzuzuziehen oder zugelassen sind. Das ist zB der Inhaber der zu durchsuchenden Räume (§ 106 Abs. 1 S. 1) oder der hinzugezogene Durchsuchungszeuge (§ 105 Abs. 2 S. 1 (Rieß-LR Rn. 5). Ob **Medienverteter** als Störer in Betracht kommen, ist streitig (Rieß-LR Rn. 5; Eb. Schmidt NJW 1969, 395; Püls NJW 1969, 1017, Krehl in HK Rn. 15).

Teilweise wird die Meinung vertreten, ein **Rechtsanwalt** könne ebenfalls Störer 8 iSv § 164 sein (Rieß-LR Rn. 5; Krehl in HK Rn. 3; KMR-Plöd Rn. 4; Sören Kremer S. 18). Dieser Ansicht kann nicht gefolgt werden. Zwar können Zwangsmaßnahmen gegen einen RA angewendet werden, wenn er zufällig – als Neugieriger – der Amtshandlung zuschaut und erheblich stört. Aber wenn ein RA als Verteidiger oder als Beistand gemäß der StPO bestellt ist, unterliegt er nicht den Zwangsbefugnissen des § 164. Der Beschuldigte ist heute nicht mehr Objekt, sondern Subjekt des Strafverfahrens. Ihm ist die Möglichkeit zu geben, zur Wahrung seiner Rechte auf den Gang und das Ergebnis des Verfahrens Einfluss zu nehmen (BVerfGE 66, 319 = NJW 1984, 2403). Daher darf er sich nach § 137 Abs. 1 S. 1 StPO, Art. 6 Abs. 3 c MRK in jeder Lage des Verfahrens des Beistandes eines

§ 165 *Zweites Buch. 2. Abschnitt*

Verteidigers zu bedienen. Der Verteidiger ist neben Gericht und StA **gleichberechtigtes Organ der Rechtspflege** (BVerfGE 53, 214 = NJW 1980, 1677; BGH 15, 326 = NJW 1961, 614). § 164 ermächtigt nicht gegen den gemäß den verfassungsrechtlichen Grundsätzen als Verteidiger zugezogenen Rechtsanwalt Zwangsmaßnahmen zu ergreifen.

9 Das **Hausrecht** kann bei Maßnahmen nach § 164 von Bedeutung sein. Es ermächtigt aber allein, einen Nichtberechtigten am Eindringen zu hindern oder einen ohne Befugnis Verweilenden hinauszuweisen. Es steht grundsätzlich dem Behördenleiter zu, der mit dem leitenden Beamten gemäß § 164 oft nicht identisch ist. Aber die Ausübung ist übertragbar, zB für einzelne Tage oder generell (Sören Kramer S. 20). Liegen die Voraussetzungen des Hausrechts vor und ist der Anordnende gleichzeitig Inhaber des Hausrechts und sind ebenfalls die Voraussetzungen für eine Festnahme/Festhalte nach § 164 gegeben, dann kann der Verhältnismäßigkeitsgrundsatz gebieten, sich auf die mildere Maßnahme eines **Platzverweises** gemäß dem Hausrecht zu beschränken (Wolter in SK StPO Rn. 9).

10 Gegen die Maßnahme nach § 164 ist **kein förmlicher Rechtsbehelf** vorgesehen. Da Festnahme und Festhalte grundsätzlich sofort vollstreckt werden, können Gegenvorstellungen und Dienstaufsichtsbeschwerden keine Bedeutung erlangen. Beide Maßnahmen sind aber schwerwiegende Freiheitsbeschränkungen. Nach der neuen Rspr. (BVerfGE 96, 27 = NJW 1997, 2163; BVerfG NJW 1999, 273; BGH 45, 183 = NJW 1999, 3499, 44, 265 = NJW 1999, 730) gebietet es der effektive Grundrechtsschutz auch in Fällen derartiger **erledigter** Eingriffe, dass der Betroffene die Gelegenheit erhält, die von dem leitenden Beamten angeordneten Maßnahmen mit einem Antrag entsprechend § 98 Abs. 2 richterlich nachprüfen zu lassen (vgl. § 98 Rn. 9; § 105 Rn. 6).

§ 165 [Richterliche Nothandlungen]

Bei Gefahr im Verzug kann der Richter die erforderlichen Untersuchungshandlungen auch ohne Antrag vornehmen, wenn ein Staatsanwalt nicht erreichbar ist.

1 Diese Vorschrift begründet die **Pflicht und Befugnis** des Richters beim AG, bei Gefahr im Verzug und Nichterreichbarkeit eines StA von sich aus vorübergehend (§ 167) als „**Notstaatsanwalt**" tätig zu werden und die erforderlichen Untersuchungshandlungen vorzunehmen. **Gefahr im Verzug** liegt vor, wenn zu befürchten ist, dass der Aufschub der Ermittlungshandlung bis zum Tätigwerden der StA die Untersuchungshandlung nicht nur unerheblich beeinträchtigen würde (KK-Wache Rn. 2). **Nicht erreichbar** ist der StA, wenn er nach den besonderen Umständen des Einzelfalles die Untersuchungshandlung nicht selbst vornehmen kann. Nach Durchführung der wegen Gefahr im Verzuge erforderlichen Untersuchungshandlungen endet die Notkompetenz des Richters, wenn nicht weitere dringliche Maßnahmen notwendig sind und ein StA weiterhin unerreichbar ist. Der Richter verfährt sodann nach § 167 (Rieß-LR Rn. 16).

2 **Zuständig** ist jeder Richter beim AG, in dessen Bezirk die erforderliche Untersuchungshandlung vorzunehmen ist. Auf den Geschäftsverteilungsplan kommt es nicht an (§ 22 d GVG). § 165 ist auf die Ermittlungsrichter des OLG und des BGH anwendbar (KK-Wache).

3 Ist der Amtsrichter nach dieser Vorschrift tätig geworden, obwohl die Voraussetzungen nicht vorgelegen haben, so ist die Untersuchungshandlung gleichwohl wirksam und die gewonnenen Beweismittel sind verwertbar (KK-Wache Rn. 6).

4 Entscheidungen des Richters beim AG können vom Beschuldigten und der StA mit der **Beschwerde** (§ 304) angefochten werden. Ist die Anordnung abgeschlossen, wird sie wegen prozessualer Überholung unzulässig sein (AK/StPO-Achenbach

Rn. 17). Die Aufhebung einer noch nicht erledigten richterlichen Anordnung (zB Beschlagnahme) ist auf Antrag der StA in entsprechender Anwendung des § 120 Abs. 3 S. 1 vom Richter ohne sachliche Prüfung aufzuheben (s. § 98 Rn. 8).

§ 166 [Beweisanträge des Beschuldigten]

(1) Wird der Beschuldigte von dem Richter vernommen und beantragt er bei dieser Vernehmung zu seiner Entlastung einzelne Beweiserhebungen, so hat der Richter diese, soweit er sie für erheblich erachtet, vorzunehmen, wenn der Verlust der Beweise zu besorgen ist oder die Beweiserhebung die Freilassung des Beschuldigten begründen kann.

(2) Der Richter kann, wenn die Beweiserhebung in einem anderen Amtsbezirk vorzunehmen ist, den Richter des letzteren um ihre Vornahme ersuchen.

Diese Vorschrift regelt die **Notbeweisaufnahme** zugunsten des Beschuldigten 1 bei richterlichen Vernehmungen. Der Anlass der richterlichen Vernehmung ist hier ohne Bedeutung. Diese Vorschrift gilt nur für das **Ermittlungsverfahren** und nur für **einzelne** Beweiserhebungen, und zwar für den Richter beim AG sowie für den nach § 169 zuständigen Ermittlungsrichter des OLG und des BGH (OLG Hamm StraFO 2002, 100; Rieß-LR Rn. 2). Erforderlich ist ein Beweisantrag **bei der Vernehmung.**

Der Richter ist **verpflichtet,** die beantragte Beweiserhebung durchzuführen, 2 wenn bestimmte Voraussetzungen vorliegen. Die Beweiserhebung muss nach der Einschätzung des Richters **erheblich** sein; das ist der Fall, wenn die beantragte Beweiserhebung geeignet erscheint, die prozessuale Lage des Beschuldigten günstiger zu gestalten (KK-Wache Rn. 4). Der Entlastungsbeweis ist ferner zu erheben, wenn der **Verlust des Beweises** zu besorgen ist (zB der Zeuge ist schwer erkrankt, der Gegenstand des Augenscheinsbeweises droht verloren zu gehen) **oder** wenn die Beweise die **Freilassung** des inhaftierten oder vorläufig festgenommenen Beschuldigten begründen können. Das ist zB der Fall, wenn der Alibibeweis gelingen kann oder die persönlichen Verhältnisse das Fehlen von Fluchtgefahr darlegen können (Rieß-LR Rn. 7).

Der Antrag des Beschuldigten ist zu **protokollieren,** ebenso die Entscheidung 3 des Richters. Von der Anhörung der StA kann abgesehen werden, wenn dies im Interesse des Beschuldigten erforderlich ist. Die erforderlichen Ermittlungshandlungen hat der Richter grundsätzlich **selbst** zu erheben. Auf die **Verwertbarkeit** der erhobenen Beweise ist es ohne Einfluss, wenn die Voraussetzungen des § 166 nicht vorgelegen haben. Diese Vorschrift gibt dem Richter nicht zusätzlich die Befugnis zur Freilassung. Die Entscheidung des Richters ist grundsätzlich nicht anfechtbar (Rieß-LR Rn. 8 ff.).

§ 167 [Weitere Verfügung der Staatsanwaltschaft]

In den Fällen der §§ 165 und 166 gebührt der Staatsanwaltschaft die weitere Verfügung.

Diese Vorschrift betont, dass die StA trotz der vom Richter nach §§ 165, 166 1 durchgeführten Untersuchungshandlungen alleinige Herrscherin des Ermittlungsverfahrens bleibt (BVerfG NJW 1976, 231; KK-Wache Rn. 1). Der Richter hat in diesen Fällen nur als Vertreter der StA gehandelt (Schnarr NStZ 1991, 211) und hat seine Verhandlungen unverzüglich der StA zu übersenden. Diese hat die Ergebnisse eigenverantwortlich zu beurteilen und die entsprechenden Entscheidungen zu treffen.

§ 168 [Protokollführer]

¹Über jede richterliche Untersuchungshandlung ist ein Protokoll aufzunehmen. ²Für die Protokollführung ist ein Urkundsbeamter der Geschäftsstelle zuzuziehen; hiervon kann der Richter absehen, wenn er die Zuziehung eines Protokollführers nicht für erforderlich hält. ³In dringenden Fällen kann der Richter eine von ihm zu vereidigende Person als Protokollführer zuziehen.

1   Der Begriff der **richterlichen Untersuchungshandlung** ist enger zu verstehen als in § 162; er ist identisch mit dem Begriff der **Verhandlung** in § 168 a Abs. 1. Er umfasst nur solche Handlungen, durch die der Richter selbst ermittelnd tätig wird, zB Vernehmungen von Beschuldigten, Zeugen und Sachverständigen, die Einnahme von Augenschein, die Leichenschau oder die Leicheneröffnung in Anwesenheit des Richters. **Keine nach den §§ 168, 168 a** protokollierungspflichtigen richterlichen Untersuchungshandlungen sind Entscheidungen, die der Richter im Ermittlungsverfahren **ohne Verhandlung** trifft, zB die Anordnung einer körperlichen Untersuchung oder einer Durchsuchung einer Kontrollstelle nach § 111, der Kontrollfahndung nach § 163 d oder der Telefonüberwachung nach § 100 b. Diese Anordnungen ergehen **schriftlich** und werden dadurch aktenkundig (Rieß-LR Rn. 10).

2   **Jede** richterliche Untersuchungshandlung im vorbereitenden Verfahren ist zu **beurkunden. Dieses Protokoll kann in der späteren** Hauptverhandlung nach den hierfür geltenden Vorschriften (§§ 232 Abs. 3, 249 Abs. 1, 251 Abs. 1, 254 Abs. 1) durch **Verlesen** als Beweismittel verwertet werden (KK-Wache Rn. 1). Das gilt grundsätzlich auch für **ausländische Niederschriften.** „Voraussetzung für die Verlesbarkeit ist allerdings, dass die Protokolle nach der einzuhaltenden Zuständigkeits- und Verfahrensordnung des Vernehmungsorts eine vergleichbare Beweisfunktion erfüllen wie diejenigen über die Vernehmung durch einen deutschen Richter und dass die Anhörung grundlegenden rechtsstaatlichen Anforderungen genügt." (BGH NJW 1994, 3364). Nach **Abs. 2 Halbs. 1** ist die Zuziehung eines **UrkB** die Regel. Er braucht nicht demselben Gericht anzugehören (BGH NJW 1986, 301). Er muss während der ganzen Verhandlung anwesend sein, wenn sie protokolliert werden soll. Ein Austauschen der UrkB ist zulässig. Dies ist zu dokumentieren; jeder muss seinen Teil gemäß § 168 a Abs. 4 S. 1 unterschreiben (Meyer-Goßner Rn. 2). Für das Protokoll der **Hauptverhandlung** gelten die §§ 271 bis 274.

3   Nach **S. 2 Halbs. 2** kann der Richter das Protokoll **selbst fertigen.** Diese nach pflichtgemäßem Ermessen getroffene Entscheidung ist nicht im Wege der Dienstaufsicht zu überprüfen (BGH DRiZ 1978, 281). Wenn das Protokoll ohne Protokollführer mit einem **Tonträger** vorläufig aufgezeichnet wird, ist für die Übertragung § 168 a Abs. 4 S. 2 bis 4 zu beachten. Die JV ist verpflichtet, für erforderliche technische Ausstattung und für eine ausreichende Zahl von Protokollführern zu sorgen (KK-Wache Rn. 4). S. 3 gestattet in **„dringenden Fällen"** die Heranziehung anderer Personen als Protokollführer. Diese Hilfsperson muss **vor Beginn** ihrer Tätigkeit als Protokollführer **vereidigt** werden. „Es reicht nicht aus, dass der Protokollführer früher in einem **anderen** dringenden Fall vereidigt worden ist" (BGH 27, 340 = NJW 1978, 955). Die **Eidesformel** ist nicht vorgeschrieben. Sie wird etwa dahin zu lauten haben, dass die zugezogene Person ihre Pflichten als Protokollführer „getreulich" oder nach „bestem Wissen und Gewissen" erfüllen werde (KK-Wache Rn. 7). In der Hauptverhandlung kann eine „andere Person" nicht als Protokollführer herangezogen werden (BGH NStZ 1981, 31). Aus dem Protokoll muss sich die Vereidigung der „anderen Person" als wesentliche Förmlichkeit (vgl. § 168 a S. 1) ergeben.

4   Der Richter diktiert oft das Protokoll, mitunter im Zusammenhang am Schluss der Untersuchungshandlung. In geeigneten Fällen kann er die Formulierung dem

Vorbereitung der öffentlichen Klage § 168 a

Protokollführer oder auch der Auskunftsperson überlassen, wenn keine Unklarheiten auftreten (Meyer-Goßner Rn. 10).
Die **Revision** wird auf bloße Mängel nicht gestützt werden können, weil das 5
Urteil idR nicht darauf beruhen wird. Anders liegt es, wenn ein Protokoll über eine Vernehmung in der Hauptverhandlung verlesen wird, das von einer nicht befugten Person oder von „einer anderen Person" protokolliert wurde, die vom Richter nicht vereidigt wurde (BGH 27, 339 = NJW 1978, 955; BGH NStZ 1981, 95).

§ 168 a [Protokollierung richterlicher Untersuchungshandlungen]
RiStBV 5 b

(1) ¹Das Protokoll muß Ort und Tag der Verhandlung sowie die Namen der mitwirkenden und beteiligten Personen angeben und ersehen lassen, ob die wesentlichen Förmlichkeiten des Verfahrens beachtet sind. ² § 68 Abs. 2, 3 bleibt unberührt.

(2) ¹Der Inhalt des Protokolls kann in einer gebräuchlichen Kurzschrift, mit einer Kurzschriftmaschine, mit einem Tonaufnahmegerät oder durch verständliche Abkürzungen vorläufig aufgezeichnet werden. ²Das Protokoll ist in diesem Fall unverzüglich nach Beendigung der Verhandlung herzustellen. ³Die vorläufigen Aufzeichnungen sind zu den Akten zu nehmen oder, wenn sie sich nicht dazu eignen, bei der Geschäftsstelle mit den Akten aufzubewahren. ⁴Tonaufzeichnungen können gelöscht werden, wenn das Verfahren rechtskräftig abgeschlossen oder sonst beendet ist.

(3) ¹Das Protokoll ist den bei der Verhandlung beteiligten Personen, soweit es sie betrifft, zur Genehmigung vorzulesen oder zur Durchsicht vorzulegen. ²Die Genehmigung ist zu vermerken. ³Das Protokoll ist von den Beteiligten zu unterschreiben oder es ist darin anzugeben, weshalb die Unterschrift unterblieben ist. ⁴Ist der Inhalt des Protokolls nur vorläufig aufgezeichnet worden, so genügt es, wenn die Aufzeichnungen vorgelesen oder abgespielt werden. ⁵In dem Protokoll ist zu vermerken, daß dies geschehen und die Genehmigung erteilt ist oder welche Einwendungen erhoben worden sind. ⁶Das Vorlesen oder die Vorlage zur Durchsicht oder das Abspielen kann unterbleiben, wenn die beteiligten Personen, soweit es sie betrifft, nach der Aufzeichnung darauf verzichten; in dem Protokoll ist zu vermerken, daß der Verzicht ausgesprochen worden ist.

(4) ¹Das Protokoll ist von dem Richter sowie dem Protokollführer zu unterschreiben. ²Ist der Inhalt des Protokolls ohne Zuziehung eines Protokollführers ganz oder teilweise mit einem Tonaufnahmegerät vorläufig aufgezeichnet worden, so unterschreiben der Richter und derjenige, der das Protokoll hergestellt hat. ³Letzterer versieht seine Unterschrift mit dem Zusatz, daß er die Richtigkeit der Übertragung bestätigt. ⁴Der Nachweis der Unrichtigkeit der Übertragung ist zulässig.

Mitwirkende und beteiligte Personen sind der Richter, der StA, die Verfah- 1
rensbeteiligten, die ein Anwesenheits- und Mitwirkungsrecht haben (vgl. §§ 168 c und 168 d, § 67 JGG), der Protokollführer (§ 168 S. 2 und 3) und der Dolmetscher (§§ 185 f. GVG). Das Protokoll muss außer dem Namen die **prozessuale Funktion angeben,** in der die Anwesenden mitwirken (KK-Wache Rn. 1). Zu den **wesentlichen Förmlichkeiten** gehören alle Vorgänge, die für die Gesetzmäßigkeit des Protokolls bedeutsam sind, zB: der Verzicht auf einen Protokollführer; die Zuziehung einer anderen Person als Protokollführer und deren Vereidigung; dass der Inhalt des Protokolls vorläufig aufgezeichnet worden ist; das Verlesen, die Vorlage oder das Abspielen der Tonaufnahme oder der Verzicht hierauf; die Geneh-

§ 168 a

migung des Protokolls; die Unterschrift der Beteiligten (KK-Wache Rn. 2). **Hierzu rechnen** auch die während der protokollierten Untersuchungshandlungen gestellten Anträge und ergangenen Entscheidungen, ebenso Belehrungen, Beschuldigten- und Zeugenvernehmungen, Vereidungsvermerke, Hinweise.

2   In **Abs. 2 S. 1** sind die zulässigen Formen der **vorläufigen Aufzeichnung** aufgezählt (s. auch RiStBV Nr. 5 a). Die (unanfechtbare) Entscheidung hierüber trifft der Richter. Diese vorläufigen Aufzeichnungen sind **nicht das Protokoll;** sie sind nur die verbindliche Grundlage. Eine **Zustimmung** der Beteiligten zur vorläufigen Aufzeichnung (Tonband, Kurzschrift usw.) ist nicht erforderlich (BGH 34, 52 = NJW 1986, 2264; OLG Koblenz NStZ 1988, 42). **Unverzüglich,** dh. ohne vermeidbare Verzögerung ist das Protokoll **(Abs. 2 S. 2)** nach der Beendigung der Verhandlung herzustellen (BGH 21, 334 = NJW 1968, 710). Die Aufbewahrung bestimmt **Abs. 2 S. 3;** denn nach **Abs. 4 S. 4** ist der Nachweis der Unrichtigkeit der Übertragung zulässig (Meyer-Goßner Rn. 5). Wird das Protokoll **verspätet** hergestellt, so begründet dieser Umstand allein **kein Verwertungsverbot;** der Beweiswert (§ 261) kann jedoch erheblich beeinträchtigt oder aufgehoben werden. Ist zB wegen teilweisen Ausfalls des Tonaufnahmegeräts die Übertragung nur mangelhaft möglich und betrifft dies einen wesentlichen Teil der Untersuchungsverhandlung, so liegt kein verwertbares Protokoll nach § 168 vor (KK-Wache Rn. 8).

3   Die **Protokollgenehmigung** braucht nur von den Verfahrensbeteiligten eingeholt zu werden. Jede dieser Personen hat nicht das ganze Protokoll, sondern nur den Teil zu genehmigen, der sie selbst betrifft; eine darüber hinausgehende Genehmigung ist unschädlich. Diese Personen können während der Verhandlung auf die Formulierungen Einfluss nehmen (KK-Wache Rn. 10). Eine **Pflicht** zur Genehmigung und zur Unterschrift wird durch Abs. 3 **nicht** begründet. Die beteiligte Person kann das eine oder andere oder beides ohne Begründung verweigern (Rieß-LR Rn. 32).

4   Das **Genehmigungsverfahren** besteht beim bereits **fertigen Protokoll** darin, dass es dem Betroffenen vorgelesen **oder** (nach Entscheidung des Richters) zur Durchsicht vorgelegt wird **(Abs. 3 S. 1). Vorläufige Aufzeichnungen** werden vorgelesen oder abgespielt **(Abs. 3 S. 3).** Stilistische Änderungen dürfen beim Protokoll noch vorgenommen werden. Die Unterzeichnung des Betroffenen kommt nur dort in Betracht, wo dies möglich ist. Die Erteilung der Genehmigung oder ihre Verweigerung ist im Protokoll **(Abs. 3 S. 2 und S. 5)** zu vermerken (Meyer-Goßner Rn. 8). Das Protokoll ist von den Beteiligten zu **unterschreiben** oder der Grund für die Unterschriftsverweigerung ist zu vermerken. Nach Abs. 3 S. 6 ist der ausdrückliche **Verzicht** des Betroffenen auf das Verlesen, die Vorlage zur Durchsicht oder das Abspielen **protokollierungspflichtig.** Der in der Praxis übliche Vermerk „nach Diktat genehmigt" reicht hierfür nicht aus. Bei den **vorläufigen Aufzeichnungen** sind diese Vorgänge dort festzuhalten (Rieß-LR Rn. 40).

5   **Abs. 4 S. 1 bis 3** regelt die **Unterzeichnung des Protokolls** durch den Richter und den Protokollführer im Einzelnen. Eine **fehlende Unterschrift** kann grundsätzlich nachgeholt werden; denn sie ist nicht fristgebunden. Erfolgt die Unterschriftsleistung jedoch erst **nach** Verlesung des Protokolls in der Hauptverhandlung nach § 251 Abs. 1, so wird der Verfahrensmangel dadurch nicht mehr behoben (KK-Wache Rn. 15 mwN). Zeichnet der ersuchte Richter ein Protokoll über eine Zeugenvernehmung **vorläufig auf Tonträger** auf und stellt von diesem eine Schreibkraft das maschinenschriftliche Protokoll eigenverantwortlich her, so kann dieses Protokoll nicht als richterliche Niederschrift iS des § 251 Abs. 1 verlesen werden, wenn es lediglich vom ersuchten Richter unterschrieben ist und der Bestätigungsvermerk und die Unterschrift der übertragenden Person nach **Abs. 4 S. 2 und 3** fehlen (OLG Stuttgart NStZ 1986, 41).

6   Das Protokoll hat **keine absolute Beweiskraft** iS des § 274 (BGH 26, 284 = NJW 1976, 812; 32, 30 = NJW 1984, 622); diese Vorschrift gilt auch nicht

Vorbereitung der öffentlichen Klage **§ 168 b**

entsprechend. Der Nachweis der Unrichtigkeit des Protokolls kann eingewendet werden. Ist das Protokoll nach **Abs. 2 S.** 1 und 2 hergestellt worden, kann vor allem geltend gemacht werden, die **vorläufigen Aufzeichnungen** seien bei der **Protokollfertigung** nicht richtig übertragen worden (Abs. 4 S. 4). Ob das Protokoll zutrifft, ist sodann freibeweislich zu klären (BGH 26, 283).

Mit der **Revision** können Mängel der Protokollierung grundsätzlich nicht gel- 7 tend gemacht werden, weil das Urteil idR nicht darauf beruhen wird. Revisibel kann aber sein, dass Niederschriften verlesen worden sind, die keine ordnungsgemäßen richterlichen Protokolle sind (OLG Stuttgart NStZ 1986, 41). Mit der **Aufklärungsrüge** kann ggf. geltend gemacht werden, dass der Tatrichter es unterlassen hat, die sich ihm in der Hauptverhandlung aufdrängenden Unklarheiten eines in der Hauptverhandlung zu verlesenden Protokolls durch Vernehmung der an der seinerzeitigen Untersuchungshandlung beteiligten Personen aufzuklären (Rieß-LR Rn. 62).

§ 168 b [Protokollierung staatsanwaltschaftlicher Untersuchungshandlungen] RiStBV 5 a

(1) **Das Ergebnis staatsanwaltschaftlicher Untersuchungshandlungen ist aktenkundig zu machen.**

(2) **Über die Vernehmung des Beschuldigten, der Zeugen und Sachverständigen soll ein Protokoll nach den §§ 168 und 168 a aufgenommen werden, soweit dies ohne erhebliche Verzögerung der Ermittlungen geschehen kann.**

Die Aufnahme in die Akten **(Abs. 1)** ist erforderlich, damit jedes weitere mit der 1 Sache befasste Ermittlungsorgan, namentlich auch das Gericht, wenn es im Verfahren tätig wird, sowie auch der Verteidiger die Entwicklung und das bisherige Ergebnis des Verfahrens erkennen können (OLG Karlsruhe NStZ 1991, 50; Meyer-Goßner Rn. 1). Für **polizeiliche Protokolle** ist § 168 b entsprechend anzuwenden. Diese Vorschrift „verweist auch auf § 168 a Abs. 2 StPO, wonach **Tonbandmitschnitte** als vorläufige Aufzeichnungen aufzubewahren sind und erst gelöscht werden dürfen, wenn das Verfahren rechtskräftig abgeschlossen oder sonst geendet ist" (BGH NStZ 1997, 611). § 168 b gilt auch für die **Finanzbehörden,** soweit diese nach § 386 Abs. 2 AO das Steuerstrafverfahren selbstständig führen. Der Begriff **Untersuchungshandlungen** ist weit zu verstehen. Hierzu gehören alle Maßnahmen, die zur Erforschung des Sachverhalts dienen, **zB eingeholte Auskünfte,** Tatortbesichtigungen, Aktenvermerke, Fotos, Skizzen, aber auch die Anordnung von Zwangsmaßnahmen, also Anordnungen der Durchsuchung, der Beschlagnahme, die körperliche Untersuchung nach den §§ 81 a, 81 c, die Durchführung von Identifizierungsmaßnahmen nach § 81 b usw. **Keine Untersuchungshandlungen** iS dieser Vorschrift sind Vorgänge und Überlegungen, die allein den internen Dienstbetrieb der StA betreffen und ggf. bei schriftlicher Abfassung zu den Handakten der StA zu nehmen sind (Rieß-LR Rn. 5).

Abs. 2 schreibt bei der **Vernehmung von Zeugen und Sachverständigen** 2 (§ 161 a) sowie **des Beschuldigten** (§ 163 a) für den Regelfall (Sollvorschrift) die Protokollierung nach den §§ 168, 168 a vor (vgl. auch RiStBV Nr. 5 a). Hiervon kann zB abgewichen werden, wenn die Beweisperson nichts Sachdienliches bekunden kann (BT-Drucks. 7/551 S. 76. **Keine Protokollierung** braucht vorgenommen zu werden, wenn dadurch eine **erhebliche Verzögerung** der Ermittlung eintreten würde. Die Verzögerung muss Folge der Protokollierung sein. Der StA entscheidet darüber, ob das Protokoll unter Mitwirkung einer UrkB der StA angefertigt oder von dessen Hinzuziehung abgesehen werden soll (Rieß-LR Rn. 9 ff.). „Bei der **vorläufigen Aufzeichnung** von Protokollen (§ 168 a Abs. 2) soll vom

523

Einsatz technischer Hilfsmittel (insbesondere von Tonaufnahmegeräten) möglichst weitgehend Gebrauch gemacht werden" (RiStBV Nr. 5 a). § 168 a gilt uneingeschränkt mit der Maßgabe, dass an die Stelle des erwähnten Richters der StA tritt. Eine **Aushändigung von Protokollabschriften** ist im Gesetz nicht vorgeschrieben; sie ist grundsätzlich nicht unzulässig (s. § 163 a Rn. 11).

3 Die Nichteinhaltung dieser Vorschrift kann nur im Wege der **Dienstaufsicht** beanstandet werden. Ein **Verwertungsverbot** hinsichtlich der staatsanwaltschaftlichen Untersuchungshandlungen wird dadurch nicht begründet (KK-Wache Rn. 6). Protokolle über staatsanwaltschaftliche Vernehmungen können nur als solche über eine andere Vernehmung iS der §§ 251 Abs. 2 und 253 verlesen werden. Daher kommt es nicht auf die Frage an, welche Mängel dem Protokoll die Eigenschaft eines verlesbaren richterlichen Protokolls nehmen können (Rieß-LR Rn. 13). Die **Zustimmung** zur Verlesung einer polizeilichen Zeugenaussage kann als Prozesshandlung im Wege der **Revision** nicht angefochten werden (BGH NStZ 1997, 611).

§ 168 c [Anwesenheit bei richterlicher Vernehmung]

(1) **Bei der richterlichen Vernehmung des Beschuldigten ist der Staatsanwaltschaft und dem Verteidiger die Anwesenheit gestattet.**

(2) **Bei der richterlichen Vernehmung eines Zeugen oder Sachverständigen ist der Staatsanwaltschaft, dem Beschuldigten und dem Verteidiger die Anwesenheit gestattet.**

(3) ¹**Der Richter kann einen Beschuldigten von der Anwesenheit bei der Verhandlung ausschließen, wenn dessen Anwesenheit den Untersuchungszweck gefährden würde.** ²**Dies gilt namentlich dann, wenn zu befürchten ist, daß ein Zeuge in Gegenwart des Beschuldigten nicht die Wahrheit sagen werde.**

(4) **Hat ein nicht in Freiheit befindlicher Beschuldigter einen Verteidiger, so steht ihm ein Anspruch auf Anwesenheit nur bei solchen Terminen zu, die an der Gerichtsstelle des Ortes abgehalten werden, wo er in Haft ist.**

(5) ¹**Von den Terminen sind die zur Anwesenheit Berechtigten vorher zu benachrichtigen.** ²**Die Benachrichtigung unterbleibt, wenn sie den Untersuchungserfolg gefährden würde.** ³**Auf die Verlegung eines Termins wegen Verhinderung haben die zur Anwesenheit Berechtigten keinen Anspruch.**

1 Diese Vorschrift regelt die **Anwesenheitsrechte** bei richterlichen Vernehmungen von Zeugen, Sachverständigen und Beschuldigten. Damit wird auch vor allem für den Beschuldigten sein Anspruch auf rechtliches Gehör (Art. 103 Abs. 1 GG, Art. 6 Abs. 1 S. 1 MRK) verwirklicht (BGH 26, 335 = NJW 1976, 1546). Für das **Bußgeldverfahren** gilt diese Bestimmung nach § 46 Abs. 1 OWiG entsprechend (Göhler, OWiG, vor § 59 Rn. 12). Die **StA** hat das uneingeschränkte Recht auf Anwesenheit bei der richterlichen Vernehmung des Beschuldigten **(Abs. 1)** und von Zeugen sowie Sachverständigen **(Abs. 2)** im vorbereitenden Verfahren; in **Steuerstrafverfahren** im gleichen Umfang die Finanzbehörde, wenn sie das Ermittlungsverfahren selbstständig führt (§ 399 Abs. 1 AO). Dem **Verteidiger** ist die Anwesenheit – wie bei der staatsanwaltschaftlichen (§ 163 a Abs. 3 S. 2 iVm Abs. 1) – auch bei der richterlichen Vernehmung des **Beschuldigten** (Abs. 1) gestattet. Er hat ebenso ein Anwesenheitsrecht bei der richterlichen Vernehmung von **Zeugen und Sachverständigen**: aber nicht bei der Vernehmung durch den StA (§ 161 a). Im Verhältnis zwischen **Deutschland und der Schweiz** richten sich die Anwesenheitsrechte von Prozessbeteiligten bei der Vornahme von Rechtshilfehandlungen im ersuchten Staat nach dem Recht des ersuchenden Staates (BGH 42, 86 = NJW 1996, 2239).

Der **Beschuldigte** hat ein Anwesenheitsrecht bei **Zeugen- und Sachverständi-** 2
genvernehmung (Abs. 2), aber nicht durch den StA (§ 161 a). Das Anwesenheitsrecht endet, sobald das Ermittlungsverfahren gegen ihn eingestellt worden ist (KK-Wache Rn. 5). Das Gesetz lässt **Beschränkungen** des Anwesenheitsrechts zu **(Abs. 3).** Der Richter kann den **Beschuldigten** von der Anwesenheit ausschließen, wenn „dessen Anwesenheit den **Untersuchungszweck gefährden**" würde. Die **konkrete** Befürchtung, dass ein Zeuge in Gegenwart des Beschuldigten nicht die Wahrheit sagen würde **(Abs. 3 S. 2)** ist der häufigste Fall der Ausschließung. Aber auch die Gefahr, dass der Beschuldigte das in der Zeugen- und Sachverständigenvernehmung erlangte Wissen zu Verdunkelungshandlungen benutzt, führt zum Ausschluss (AK/StPO-Achenbach Rn. 6). Die vage Vermutung von Verdunkelungshandlungen reicht jedoch nicht aus. Der **Verteidiger** darf nach Abs. 3 **nicht ausgeschlossen** werden. Eine **nachträgliche Unterrichtung** des Beschuldigten ist nicht vorgeschrieben, aber zur gegebenen Zeit zulässig (KK-Wache Rn. 6 mwN). Zur Suspendierung des Anwesenheitsrechts des Beschuldigten und des Verteidigers durch das **Kontaktsperregesetz** ist auf § 34 Abs. 3 Nr. 2 EGGVG hinzuweisen.

Dem **nicht auf freiem Fuß** befindlichen Beschuldigten **(Abs. 4), der keinen** 3
Verteidiger hat, steht ein Anspruch auf Anwesenheit zu, wenn nicht die Voraussetzungen des **Abs. 3** vorliegen. Er ist vom Termin zu benachrichtigen und auf Verlangen vorzuführen. Eine Vorführung gegen seinen Willen ist unzulässig. Bei Schwierigkeiten, die durch die Überstellung an den Vernehmungsort entstehen, kommt die Bestellung eines Verteidigers nach § 141 Abs. 3 in Betracht (Rieß-LR Rn. 18). Ist der Beschuldigte **verteidigt,** so ist sein Anwesenheitsrecht nach **Abs. 4** beschränkt. Hat der Beschuldigte keinen Verteidiger, zeichnet sich aber ab, dass ihm ein solcher zu bestellen ist (§ 141 Abs. 3), so wird dies vor der richterlichen Vernehmung des Zeugen oder Sachverständigen veranlasst (BGH 46, 93 = NJW 2000, 3505). „Der **Verteidiger** muss regelmäßig Gelegenheit haben, sich **vor** der Vernehmung mit dem Beschuldigten zu besprechen, weil er nur so in der Lage ist, sachkundige Fragen, insbesondere **Kontrollfragen,** wie Situationsfragen" zu stellen (BGH 46, 93, 102). Er hat nur dann einen Anspruch auf Anwesenheit, wenn die Vernehmung im Dienstgebäude des vernehmenden Richters stattfindet, also nicht bei Vernehmung in der Wohnung eines Zeugen (BGH 1, 271), **und** sich dieses am gleichen Ort wie die Haftanstalt befindet (Rieß-LR Rn. 19). Eine Auslegung, nach der § 168 c Abs. 2 ein Anwesenheitsrecht bei der Vernehmung einer anderen Person als der eines Zeugen grundsätzlich nicht einräumt, ist von Verfassung wegen nicht zu beanstanden (BVerfG NJW 1998, 50). Zur Anwesenheit **anderer Personen:** „Bei der richterlichen Vernehmung eines **Mitbeschuldigten im Ermittlungsverfahren** ist der Beschuldigte nicht zur Anwesenheit berechtigt; § 168 c Abs. 2 findet keine entsprechende Anwendung" (BGH 42, 391 = NJW 1997, 1790; BGH NStZ-RR 2002, 67). Der spätere **Nebenklageberechtigte** hat kein Anwesenheitsrecht, weil er frühestens nach Erhebung der öffentlichen Klage sich anschließen kann (§ 395 Abs. 1 S. 1). Ein Anwesenheitsrecht des **Erziehungsberechtigten** und des **gesetzlichen Vertreters** im Verfahren gegen Jugendliche ergibt sich aus § 67 Abs. 1 JGG. Darüber hinaus kann der Richter nach seinem Ermessen **weitere Personen** in jederzeit widerruflicher Weise die Anwesenheit bei der Vernehmung gestatten, zB dem Verteidiger und dem Beschuldigten bei der Vernehmung des Mitbeschuldigten, auch Ehegatten oder einem RA, der als Beistand eines Zeugen zur Vernehmung erscheint (KK-Wache Rn. 12 ff.). Ein **Fragerecht,** das dem Berechtigten ermöglicht, der zu vernehmenden Person Fragen zu stellen und Vorhalte zu machen, ist mit dem Anwesenheitsrecht naturgemäß verbunden. Ungeeignete oder nicht zur Sache gehörende Fragen kann der Richter entsprechend § 241 Abs. 2 zurückweisen. Bei nur **gestatteter Anwesenheit** kann das Fragerecht nach pflichtgemäßem Ermessen des Richters eingeschränkt bzw. ausgeschlossen werden (KK-Wache Rn. 15).

§ 168 c

4 Gemäß **Abs. 5** sind **alle** Anwesenheitsberechtigten von den Vernehmungsterminen nach Abs. 1 und 2 so früh wie möglich zu **benachrichtigen.** Hat der Beschuldigte einen **Verteidiger,** so ist neben dem Verteidiger auch er zu benachrichtigen. „§ 168 c Abs. 5 S. 1 soll verhindern, dass im Ermittlungsverfahren unter Verletzung des Anspruchs des Beschuldigten auf rechtliches Gehör (Art. 103 Abs. 1 S. 1 GG) ein für den weiteren Verlauf des Strafverfahrens möglicherweise entscheidendes Beweisergebnis herbeigeführt werden kann, ohne dass der Beschuldigte und sein Verteidiger Gelegenheit hatten, hierauf Einfluss zu nehmen (BGH 26, 335 = NJW 1976, 1546). Für den Verstoß macht es keinen Unterschied, ob die erforderliche Benachrichtigung absichtlich oder unter Verkennung der gesetzlichen Voraussetzungen unterblieben ist" (BGH NJW 2003, 3142). „Die Benachrichtigung des Beschuldigten und seines Verteidigers vom Termin einer richterlichen Zeugenvernehmung kann auch bei der Vernehmung eines Zeugen, dem von den Strafverfolgungsbehörden **Vertraulichkeit** zugesichert worden war, nur unter den Voraussetzungen des § 168 c Abs. 5 unterbleiben" (BGH NJW 2003, 3142). Das gilt für den nicht in Freiheit befindlichen Beschuldigten auch dann, wenn der Termin nicht an der Gerichtstelle des Verwahrungsortes abgehalten wird, weil er dessen ungeachtet ein Anwesenheitsrecht hat und nur sein Anspruch auf Ermöglichung der Ausübung des Rechts durch Vorführung zum Termin nach **Abs. 4** eingeschränkt ist (BGH MDR 1976, 814; KK-Wache Rn. 16). Die Benachrichtigung darf nicht bereits dann **unterbleiben,** wenn sie zu einer Verzögerung des Verfahrens führen würde, sondern nur dann, wenn die Gefahr besteht, dass der Untersuchungserfolg vereitelt oder verschlechtert würde. **Untersuchungserfolg** ist hier die Gewinnung einer Aussage, die in einem späteren Verfahrensabschnitt verwertet werden kann (BGH 29, 3 = NJW 1980, 1056). Eine Gefährdung dieses Erfolgs kann nur aus Umständen resultieren, die geeignet sind, das durch die Zeugenvernehmung erst noch zu gewinnende Beweisergebnis zu beeinflussen (BGH NStZ 1999, 417). Die Benachrichtigung des Beschuldigten und seines Verteidigers darf **nur unterbleiben,** wenn sie den **Untersuchungserfolg** gefährdet (BGH NJW 2003, 3142). Diese Beurteilung obliegt zunächst dem **vernehmenden Ermittlungsrichter** (BGH 29, 3 = NJW 1980, 1056; 31, 142 = NJW 1983, 1006; BGH NStZ 1999, 417), dem dabei wegen des Prognosecharakters seiner Entscheidung ein gewisser Beurteilungsspielraum zuzubilligen ist. Das erkennende Gericht hat auch in eigener Verantwortung unter Würdigung aller Umstände des Einzelfalles zu prüfen, ob die Benachrichtigung unterbleiben durfte, wenn es das Ergebnis der Vernehmung bei seiner Entscheidung berücksichtigen will (BGH 29, 3 = NJW 1980, 1056; BGH NJW 1999, 3133; BGH NJW 2003, 3144). Die **Gefährdung** beurteilt der vernehmende Richter. Die Gründe für das Unterbleiben der Benachrichtigung ist grundsätzlich **aktenkundig** zu machen (BGH NStZ 1990, 136 mwN).

5 Die **Verletzung der Benachrichtigungspflicht nach Abs. 5** hat für die auf diese Weise gewonnenen Beweisergebnisse ein **Verwertungsverbot** zur Folge, wenn der Beschuldigte oder/und sein Verteidiger der angekündigten Verwertung in der Hauptverhandlung nicht **zugestimmt** haben (BGH 31, 144 = NJW 1983, 1006; BGH NStZ 1989, 282; 1990, 136; KK-Wache Rn. 22). Verboten ist die Verwertung in jeder Form. Das Beweisergebnis darf nicht durch Verlesung des Protokolls nach § 251 Abs. 1 und nicht durch Vernehmung des Ermittlungsrichters als Zeuge in die Hauptverhandlung eingeführt werden (BGH 26, 332 = NJW 1976, 1546; 31, 144), nicht durch Verlesen einer dem Ermittlungsrichter seinerzeit vom Beschuldigten in Abwesenheit des Verteidigers übergebenen schriftlichen Sachdarstellung (BGH NStZ 1989, 282; auch nicht durch Vorhalt (BGH 31, 144; Hilger NStZ 1989, 282). Wird das Beweisergebnis trotzdem „in die Hauptverhandlung eingeführt, stellt dies einen – im Falle des Beruhens – die Revisions begründenden Verfahrensfehler dar" (BGH NStZ 1999, 417). Aber diese unter Verstoß gegen Abs. 5 aufgenommene Niederschrift kann als **nichtrichterliche** behandelt werden

Vorbereitung der öffentlichen Klage § 168 d

und als Protokoll über eine „andere" Vernehmung nach § 251 Abs. 2 verlesen werden, wenn die **übrigen Voraussetzungen** vorliegen (BayObLG MDR 1977, 687; KK-Wache Rn. 25; vgl. auch BGH 22, 118 = NJW 1968, 1485).

Die **Beschwerde** (§ 304) steht dem Beschuldigten zu gegen den Ausschluss von 6 der Vernehmung nach **Abs. 3** und gegen die Ablehnung der Vorführung – ohne Verteidiger – an die Gerichtsstelle nach **Abs. 4**. Sie wird aber idR wegen prozessualer Überholung (Abschluss der Vernehmung) unzulässig werden. Nach § 304 Abs. 5 ist die Beschwerde gegen Handlungen des Ermittlungsrichters beim OLG und BGH unzulässig (Rieß-LR Rn. 61).

Die **Revision** (Verfahrensrüge) kann darauf gestützt werden, wenn der Tatrichter 7 entgegen dem aus den Verstößen sich ergebenden Verwertungsverbot das Vernehmungsergebnis in der Hauptverhandlung verwertet hat und wenn das Urteil hierauf beruht; es liegt ein Verstoß gegen § 261 vor (BGH NStZ 1989, 283; Rieß-LR Rn. 64 mwN). „Hat der Tatrichter unter Würdigung aller Umstände die **Gefährdung des Untersuchungserfolgs** bejaht, so ist das Revisionsgericht seinerseits auf die Prüfung beschränkt, ob dabei Rechtsfehler, insbesondere eine Überschreitung der dem tatrichterlichen Ermessen gesetzten Schranken erkennbar sind" (BGH 29, 3 = NJW 1980, 1056; 42, 91 = NJW 1996, 2239). Hat der Tatrichter die Prüfung unterlassen, so darf das Revisionsgericht nicht prüfen, ob die Voraussetzungen von **Abs. 5** S. 2 vorlagen (BGH 31, 143 = NJW 1983, 1006). Wenn das Gegenteil nicht nachgewiesen ist, muss davon ausgegangen werden, dass die Benachrichtigung unterblieben ist (Meyer-Goßner Rn. 9). Nur unter besonderen Voraussetzungen, vom erkennenden Gericht in den Urteilsgründen dargelegt, kann das Unterbleiben der Benachrichtigung vom Vernehmungstermin – vom Ermittlungsrichter nicht aktenkundig gemacht – die Revision grundsätzlich nicht begründen (BGH NStZ 1990, 136).

§ 168 d [Anwesenheit bei Augenschein]

(1) ¹**Bei der Einnahme eines richterlichen Augenscheins ist der Staatsanwaltschaft, dem Beschuldigten und dem Verteidiger die Anwesenheit bei der Verhandlung gestattet.** ²**§ 168 c Abs. 3 Satz 1, Abs. 4 und 5 gilt entsprechend.**

(2) ¹**Werden bei der Einnahme eines richterlichen Augenscheins Sachverständige zugezogen, so kann der Beschuldigte beantragen, daß die von ihm für die Hauptverhandlung vorzuschlagenden Sachverständigen zu dem Termin geladen werden, und, wenn der Richter den Antrag ablehnt, sie selbst laden lassen.** ²**Den vom Beschuldigten benannten Sachverständigen ist die Teilnahme am Augenschein und an den erforderlichen Untersuchungen insoweit gestattet, als dadurch die Tätigkeit der vom Richter bestellten Sachverständigen nicht behindert wird.**

Abs. 1 regelt für die Einnahme eines **richterlichen Augenscheins** die Anwe- 1 senheitsrechte und deren Ausübung sowie die Benachrichtigungspflicht in gleicher Weise wie § 168 c für die richterliche Zeugen- und Sachverständigenvernehmung. Für das Protokoll gelten die §§ 168, 168 a, 86. Diese Vorschrift gilt nicht für den Fall, dass die **Leicheneröffnung** auch im Beisein eines Richters stattfindet; denn § 87 enthält eine Sonderregelung über die Anwesenheit. Auf die Einnahme eines Augenscheins durch den **StA** ist § 168 d ebenfalls nicht anwendbar. Der StA kann den Verfahrensbeteiligten nach seinem Ermessen die Anwesenheit gestatten (KK-Wache Rn. 2).

Abs. 2 begründet für den Fall des richterlichen Augenscheins **unter Zuziehung** 2 **von Sachverständigen** das Recht des Beschuldigten, mittels eigener Sachverständiger auf die Beweisgewinnung Einfluss zu nehmen. Für einen staatsanwaltschaftli-

§ 168 e

chen oder polizeilichen Augenschein ist diese Bestimmung nicht anwendbar (Rieß-LR Rn. 2, 3). Der Richter entscheidet über den Antrag auf Ladung eines vom Beschuldigten oder seinem Verteidiger benannten Sachverständigen nach pflichtgemäßem Ermessen. Die Ablehnung des Antrags, die zu begründen ist, ist dem Beschuldigten unverzüglich mitzuteilen, damit dieser **Beschwerde (§ 304)** einlegen kann oder den von ihm benannten Sachverständigen noch rechtzeitig selbst laden lassen kann (KK-Wache Rn. 5).

§ 168 e [Getrennte Vernehmung] RiStBV 19, 19 a

¹Besteht die dringende Gefahr eines schwerwiegenden Nachteils für das Wohl des Zeugen, wenn er in Gegenwart der Anwesenheitsberechtigten vernommen wird, und kann sie nicht in anderer Weise abgewendet werden, so soll der Richter die Vernehmung von den Anwesenheitsberechtigten getrennt durchführen. ²Die Vernehmung wird diesen zeitgleich in Bild und Ton übertragen. ³Die Mitwirkungsbefugnisse der Anwesenheitsberechtigten bleiben im übrigen unberührt. ⁴Die §§ 58 a und 241 a finden entsprechende Anwendung. ⁵Die Entscheidung nach Satz 1 ist unanfechtbar.

1   Diese Vorschrift ist durch das Zeugenschutzgesetz vom 30. 4. 1989 (BGBl. I 820) eingefügt worden (s. vor §§ 48–71 Rn. 5). § 168 e bringt Beschränkungen der **Anwesenheitsrechte** der Beteiligten (zB nach §§ 168 c Abs. 2, 406 g Abs. 2 S. 2) für die Vernehmung besonders schutzbedürftiger Zeugen für alle **richterlichen Vernehmungen außerhalb der Hauptverhandlung.** Für staatsanwaltschaftliche und polizeiliche Zeugenvernehmungen bedarf es einer solchen Vorschrift idR schon deshalb nicht, weil zwingende Anwesenheitsrechte anderer Prozessbeteiligter nicht bestehen (Rieß NJW 1998, 3242). § 168 e ist im Zusammenhang mit den gleichzeitig eingeführten §§ 58 a, 247 a, 255 a zu sehen. In der **Hauptverhandlung gilt § 247 a.** § 168 e regelt zweierlei: Er lässt unter bestimmten Voraussetzungen die **Videosimultanübertragung** bei einer richterlichen Zeugenvernehmung zu, bei der sich der Richter, der allein die Vernehmung führt, mit dem Zeugen im Vernehmungszimmer aufhält und den übrigen Anwesenheitsberechtigten (StA, Verteidiger, Beschuldigter) die Vernehmung zeitgleich in Bild und Ton in einem anderen Raum übertragen wird (KK-Wache Rn. 1). Zum anderen ist durch die Verweisung auf § 58 a in S. 4 auch die Aufzeichnung unter den dort genannten Voraussetzungen der so durchgeführten Vernehmung auf Bild-Ton-Träger zur Verwendung in einem Verfahrensabschnitt (Hauptverhandlung) möglich.

2   Die Regelung des § 168 e will einen **verbesserten Schutz von Opfern von Straftaten und sonst gefährdeten Zeugen.** Die Vorschrift gilt nicht nur für kindliche Zeugen, sondern **allgemein,** wenn die dringende Gefahr für das Wohl eines Zeugen besteht, falls er in Gegenwart der bei der richterlichen Vernehmung sonst zur Anwesenheit berechtigten Personen vernommen wird und diese Gefahr auf andere Weise nicht abgewendet werden kann (KK-Wache Rn. 3). Die **dringende Gefahr eines schwerwiegenden Nachteils** für das Wohl des Zeugen liegt vor, wenn auf Grund bestimmter Umstände die hohe Wahrscheinlichkeit besteht, dass die Anwesenheit des Beschuldigten und seines Verteidigers bei der Vernehmung zu einem schweren Nachteil für das geistige, seelische oder körperliche Wohlergehen des Zeugen führt. Der für den Zeugen zu erwartende Nachteil muss **schwerwiegend** sein (KK-Wache Rn. 5). Körperliche oder seelische Unannehmlichkeiten reichen nicht aus (Eisenberg Beweisrecht Rn. 1328 b). Eine Vernehmung nach § 168 e kommt außerdem nur in Betracht, wenn die dringende Gefahr eines schwerwiegenden Nachteils für den Zeugen **auf andere Weise nicht abgewendet** werden kann. Die Vernehmung nach § 168 e ist **subsidiär** gegenüber anderen Maßnahmen (Eisenberg Beweisrecht Rn. 1328 b).

Vorbereitung der öffentlichen Klage § 169

Ein **Protokoll** der Vernehmung ist nach §§ 168, 168 a zu erstellen. Eine Videoaufzeichnung kann hierfür Grundlage sein (vgl. § 168 a Abs. 2 S. 1). Ist die Videoaufzeichnung ausnahmsweise nicht möglich oder nicht zweckmäßig, so ist die Vernehmung mit einem Tonaufnahmegerät zusätzlich aufzuzeichnen oder durch einen Protokollführer, der sich allerdings nicht im Vernehmungszimmer aufhalten darf, aufzunehmen (KK-Wache Rn. 8). 3

Nach **S. 5** ist die Anordnung der räumlich getrennten Durchführung der Vernehmung bei gleichzeitiger Bild-Ton-Übertragung **unanfechtbar,** um das Verfahren zu beschleunigen und die Vernehmung nicht mit prozessualen Unsicherheiten zu belasten (BT-Drucks. 13/7165 S. 9; KK-Wache Rn. 10). Dies bedeutet, dass die Revision auf die fehlerhafte Anwendung des § 168 e grundsätzlich nicht gestützt werden kann (KK-Wache Rn. 10; Meyer-Goßner Rn. 10). 4

§ 169 [Ermittlungsrichter des OLG und BGH] RiStBV 202, 203

(1) ¹In Sachen, die nach § 120 des Gerichtsverfassungsgesetzes zur Zuständigkeit der Oberlandesgerichts im ersten Rechtszug gehören, können die im vorbereitenden Verfahren dem Richter beim Amtsgericht obliegenden Geschäfte auch durch Ermittlungsrichter dieses Oberlandesgerichts wahrgenommen werden. ²Führt der Generalbundesanwalt die Ermittlungen, so sind an deren Stelle Ermittlungsrichter des Bundesgerichtshofes zuständig.

(2) Der für eine Sache zuständige Ermittlungsrichter des Oberlandesgerichts kann Untersuchungshandlungen auch dann anordnen, wenn sie nicht im Bezirk dieses Gerichts vorzunehmen sind.

Diese Vorschrift begründet in **Staatsschutz-Strafsachen,** für die nach § 120 Abs. 1, 2 GVG als erkennendes Gericht des 1. Rechtszuges das OLG zuständig wäre, für richterliche Maßnahmen im Ermittlungsverfahren **neben** der Zuständigkeit des Richters beim AG (§ 162) eine **zusätzliche** Zuständigkeit besonderer Ermittlungsrichter des OLG oder des BGH, je nachdem, ob die StA beim OLG oder der GBA die Ermittlungen führt. Damit wird eine zentralisierte Kontrolle der staatsanwaltschaftlichen Ermittlungstätigkeit ermöglicht (Rieß-LR Rn. 1). 1

Der Ermittlungsrichter des **BGH (Abs. 1 S. 2)** ist zuständig, wenn und solange der GBA die Ermittlungen nach § 142 a GVG führt. Seine Zuständigkeit beginnt, sobald der GBA wegen einer der in § 120 Abs. 1 GVG (primäre Zuständigkeit) bezeichneten Straftat ermittelt oder eine Sache nach § 74 a Abs. 2 GVG an sich zieht. Sie endet mit der Abgabe der Sachen an die Landes-StA nach § 142 a Abs. 2 oder Abs. 4 GVG (BGH NJW 1973, 475). Die vom Ermittlungsrichter des BGH getroffenen Maßnahmen bleiben solange wirksam, bis der nunmehr zuständige Ermittlungsrichter sie ändert oder aufhebt (KK-Wache Rn. 3). Der Ermittlungsrichter des **OLG** ist nur zuständig, wenn und solange der GBA die Sache gemäß § 142 Abs. 2 GVG an die Landes-StA abgegeben hat. Abs. 2 erweitert seine Kompetenz auf andere Bezirke. In Bayern wird die Aufgabe von Ermittlungsrichtern des BayObLG wahrgenommen (§ 9 Abs. 2 EGGVG iVm Art. 22 Nr. 1 BayAGGVG). Der Ermittlungsrichter des **AG** wird eingeschaltet, wenn keine besondere Erfahrung in Staatsschutzsachen notwendig ist. Er ist aber ausschließlich zuständig in Staatsschutzsachen nach § 74 a Abs. 1 GVG, solange sie nicht der GBA nach § 74 Abs. 2 GVG übernommen hat. Er wird wieder allein zuständig, wenn der GBA die Sache an die für die Staatsschutzkammer zuständige StA nach § 142 a Abs. 4 GVG zurückgibt (Meyer-Goßner Rn. 4). In allen Fällen endet die Zuständigkeit des Ermittlungsrichters mit der Erhebung der öffentlichen Klage (BGH 27, 253 = NJW 1977, 2175). 2

Besteht zwischen einem Ermittlungsrichter des BGH und dem Ermittlungsrichter eines anderen Gerichts ein **Zuständigkeitsstreit,** so entscheidet entsprechend 3

§§ 169 a, 170   Zweites Buch. 2. Abschnitt

§ 14 der BGH (BGH NJW 1973, 475; BGH 18, 381 = NJW 1963, 1747). Über **Beschwerden** gegen Verfügungen und Beschlüsse des Ermittlungsrichters beim AG und des OLG (§ 304 Abs. 5) in Sachen, die zur Zuständigkeit des OLG im 1. Rechtszug gehören, entscheidet das betreffende OLG (§ 120 Abs. 3 S. 1 GVG iVm §§ 73 Abs. 1, 120 Abs. 3 S. 2 GVG). Ist in den in § 304 Abs. 5 bezeichneten Fällen eine Verfügung des Ermittlungsrichters des BGH angefochten, so entscheidet der BGH (§ 135 Abs. 2 GVG). Hat der GBA die Sache inzwischen nach § 142 a Abs. 2, Abs. 4 GVG abgegeben, so entfällt sowohl die Zuständigkeit des Ermittlungsrichters des BGH als auch die Zuständigkeit des BGH (BGH NJW 1973, 477). Das Gleiche gilt, wenn inzwischen Klage beim OLG (§ 120 GVG) erhoben worden ist (BGH 27, 253 = NJW 1977, 2175; Meyer-Goßner Rn. 7).

§ 169 a [Abschluß der Ermittlungen]   RiStBV 109

Erwägt die Staatsanwaltschaft, die öffentliche Klage zu erheben, so vermerkt sie den Abschluß der Ermittlungen in den Akten.

1   Eine **Form** ist nicht vorgeschrieben. Es genügt ein datierter vom StA oder Amtsanwalt unterschriebener Vermerk in den Akten, der keiner Begründung bedarf. Üblich ist: „Die Ermittlungen sind abgeschlossen" (Rieß-LR Rn. 5; RiStBV Nr. 109 Abs. 3). Eine Mitteilung schreibt das Gesetz nicht vor. Bei Versagung der Akteneinsicht ist der Verteidiger nach § 147 Abs. 6 S. 2 zu unterrichten (vgl. Heghmanns Rn. 835). Bei **mehreren Beschuldigten** werden die Ermittlungen idR erst abgeschlossen, wenn für alle die Abschlussreife eingetreten ist (vgl. RiStBV Nr. 109 Abs. 2).

2   Der **Abschlussvermerk** hat zur Folge, dass dem Beschuldigten ggf. nach § 141 ein Verteidiger zu bestellen ist und diesem nunmehr **unbeschränkte Akteneinsicht** (§ 147 Abs. 1) zu gewähren ist. Der Vermerk ist keine Prozessvoraussetzung. Er ist der Anfechtung entzogen. Wird ohne Abschlussvermerk die öffentliche Klage erhoben, so hat dies keinen Einfluss. Die **Revision** kann hierauf nicht gestützt werden; denn das Urteil beruht ausschließlich auf der Hauptverhandlung (vgl. BGH NJW 1967, 1869).

§ 170 [Abschluß des Ermittlungsverfahrens]   RiStBV 87, 88, 90, 91, 211

(1) Bieten die Ermittlungen genügenden Anlaß zur Erhebung der öffentlichen Klage, so erhebt die Staatsanwaltschaft sie durch Einreichung einer Anklageschrift bei dem zuständigen Gericht.

(2) ¹Andernfalls stellt die Staatsanwaltschaft das Verfahren ein. ²Hiervon setzt sie den Beschuldigten in Kenntnis, wenn er als solcher vernommen worden ist oder ein Haftbefehl gegen ihn erlassen war; dasselbe gilt, wenn er um einen Bescheid gebeten hat oder wenn ein besonderes Interesse an der Bekanntgabe ersichtlich ist.

1   Diese Vorschrift regelt die von der StA zu treffende **Abschlussentscheidung** über das Ermittlungsverfahren (vgl. auch RiStBV Nr. 87 bis 91, 211). Sie muss rasch erfolgen; denn die durch das Ermittlungsverfahren für den Beschuldigten entstandenen Belastungen dürfen nicht länger als unbedingt erforderlich aufrechterhalten werden (BGHZ 20, 182 = NJW 1956, 1028), zumal es die StA ablehnen kann, dem Beschuldigten über die gegen ihn vorliegenden Verdachtsmomente Auskunft zu geben (BVerfG NStZ 1984, 228). **Genügender Anlass** zur Erhebung der öffentlichen Klage liegt vor, wenn die Beweisfähigkeit des Tatvorwurfs den Grad der **Wahrscheinlichkeit** erreicht hat (KK-Pfeiffer Einl. Rn. 41) und „mit Verurteilung zu rechnen ist" (BGH 15, 158 = NJW 1960, 2346; OLG Rostock NStZ-RR 1996, 272). Der unbestimmte Rechtsbegriff „hinreichender Tatverdacht" lässt einen Be-

Vorbereitung der öffentlichen Klage **§ 170**

urteilungsspielraum zu (BGH NJW 1970, 1543). Bei der Abschlussentscheidung handelt es sich nur um „eine vorläufige Tatbewertung" (BGH 23, 306 = NJW 1970, 2071). Bei der Prüfung nach § 170 findet der Grundsatz **„im Zweifel für den Angeklagten"** keine unmittelbare Anwendung; er kann nur mittelbar eine Rolle spielen (OLG Bamberg NStZ 1991, 252). **Rechtliche Zweifel** an der Strafbarkeit des wahrscheinlich erweisbaren Sachverhalts dürfen die StA von der Klageerhebung **nicht abhalten,** aber sie können die Prognose der StA über die Wahrscheinlichkeit der Verurteilung beeinflussen (BGH 15, 158; OLG Bamberg NStZ 1991, 252; OLG Karlsruhe NJW 1974, 806; KK-Schmidt Rn. 5 mwN). **Besondere Arten** der Klage sind der Strafbefehlsantrag, die mündliche Klageerhebung im beschleunigten Verfahren und die mündliche Nachtragsanklage.

Die **Klageerhebung** ist **Prozessvoraussetzung** für die Eröffnung der gerichtlichen Untersuchung (§ 151). Die vollständigen Akten werden dem Gericht vorgelegt (§ 199 Abs. 2 S. 2). Die StA legt sich spätestens zu diesem Zeitpunkt Handakten an. Dem Verteidiger steht uneingeschränkt nach Maßgabe des § 147 (s. dort) Akteneinsicht zu. 2

Die **Einstellung** nach **Abs. 2 S. 1** kann sachliche oder rechtliche Gründe haben. Sie kann beruhen zB auf dem Fehlen hinreichenden Tatverdachts oder auf einem Verfahrenshindernis oder auf dem Opportunitätsprinzip. Bei Einstellung wegen Verneinung des öffentlichen Interesses bei **Privatklagedelikten** (§ 376) wird ein Verfahrenshindernis für die Offizialdelikt festgestellt. Diese Einstellung mit Verweisung auf den Privatklageweg (vgl. RiStBV Nr. 87, 89 Abs. 2) wird oft mit Abgabe an die Verwaltungsbehörde nach § 43 OWiG verbunden (Meyer-Goßner Rn. 6, 7). Dabei besteht allerdings die Gefahr einer Doppelsanktion nach Art. 103 Abs. 3 GG, die unzulässig ist (Göhler, OWiG, § 43 Rn. 10; Jarass/Pieroth, GG, Art. 103 Rn. 28). Eine **Teileinstellung** ist nur dann zulässig, wenn bei einer von mehreren prozessual selbstständigen Taten (§§ 155, 264) kein genügender Anlass zur Klageerhebung besteht (KK-Schmid Rn. 19). 3

In **Steuerstrafsachen** ist die Finanzbehörde für die Einstellung zuständig, wenn sie anstelle der StA das Ermittlungsverfahren selbstständig führt (§§ 386, 399 AO). Bieten die Ermittlungen genügenden Anlass zur Klageerhebung, so beantragt sie den Erlass eines Strafbefehls oder sie legt die Akten der StA nach § 400 AO vor. Vor einer beabsichtigten **Verfahrenseinstellung** hat die StA einer Behörde oder öffentlichen Körperschaft, die Strafanzeige erstattet hat oder sonst am Ausgang des Verfahrens interessiert ist, die Gründe mitzuteilen, die für die Einstellung sprechen, und ihr Gelegenheit zur Äußerung zu geben (RiStBV Nr. 90 Abs. 1 S. 1); in Steuerstrafsachen ist nach § 403 Abs. 4 AO die Finanzbehörde zu hören (KK-Schmid Rn. 20, 21). 4

Die Einstellung erfolgt durch eine **Verfügung,** die zu **begründen** und zu **unterschreiben** ist. Die Gründe sind im Einzelnen anzugeben (RiStBV Nr. 88, 89 Abs. 2). Durch die Einstellung tritt **kein Strafklageverbrauch** ein; das Verfahren kann jederzeit wieder aufgenommen werden (RG 67, 316). Die **Mitteilung von der Einstellung an den Beschuldigten** ist unter den in **Abs. 2 S. 2** genannten **Voraussetzungen zwingend** vorgeschrieben. Einer **förmlichen Zustellung** (§ 37 Abs. 1, §§ 187 ff. ZPO) an den Beschuldigten bedarf es nur, wenn dieser Ansprüche nach dem StrEG geltend machen kann; sonst genügt ein Brief (RiStBV Nr. 90 Abs. 1). Dem Antragsteller (§ 171), der zugleich der Verletzte ist, soll die Mitteilung **förmlich** zugestellt werden, wenn ihm die Beschwerde nach § 172 zusteht (RiStBV Nr. 91 Abs. 2). Die **Verfahrenskosten** fallen bei der Einstellung idR der Staatskasse zur Last. Eine **Kostenentscheidung** ist nicht erforderlich. Die notwendigen Auslagen des Beschuldigten sind der Staatskasse nach § 467 a nur dann aufzuerlegen, wenn die StA das Verfahren nach Rücknahme der erhobenen Klage einstellt. Erforderlich ist ein besonderer Gerichtsbeschluss (Rieß-LR Rn. 44). Wird das Verfahren durch die StA gemäß § 170 Abs. 2 eingestellt und ist der Beschuldigte 5

§ 171

Zweites Buch. 2. Abschnitt

wegen einer **Durchsuchung aus der Staatskasse zu entschädigen,** so kann er auch die Kosten der Verteidigung als **Vermögensschaden** geltend machen (GenStA Bamberg NStZ 1994, 39). Hat der **Anzeigende** das eingestellte Verfahren durch eine vorsätzlich oder leichtfertig erstattete **unwahre Anzeige** veranlasst, so sind die Kosten und die Auslagen des Beschuldigten nach § 469 dem Anzeigenden aufzuerlegen; die StA hat bei Gericht einen entsprechenden Antrag zu stellen (RiStBV Nr. 92; Rieß-LR Rn. 44).

§ 171 [Bescheidung des Antragstellers] RiStBV 89, 91

¹ **Gibt die Staatsanwaltschaft einem Antrag auf Erhebung der öffentlichen Klage keine Folge oder verfügt sie nach dem Abschluß der Ermittlungen die Einstellung des Verfahrens, so hat sie den Antragsteller unter Angabe der Gründe zu bescheiden.** ² **In dem Bescheid ist der Antragsteller, der zugleich der Verletzte ist, über die Möglichkeit der Anfechtung und die dafür vorgesehene Frist (§ 172 Abs. 1) zu belehren.**

1   Mit **Antrag auf Erhebung der öffentlichen Klage** ist nicht nur der Strafantrag iS von § 77 StGB, die Ermächtigung zur Strafverfolgung (§§ 90 Abs. 4, 90 b Abs. 2, 194 Abs. 4, 353 a Abs. 2 StGB usw.) oder das Strafverlangen (§ 104 a StGB) gemeint, sondern jede Erklärung, die den Schluss auf den Willen zur Strafverfolgung zulässt (OLG Karlsruhe Justiz 1992, 187). Der Bescheid ist dem Antragsteller zu erteilen (vgl. auch RiStBV Nr. 89, 81); dabei ist unerheblich, ob er Verletzter und prozessfähig ist. Er muss aber handlungsfähig sein. Prozessfähigkeit ist erst beim Klageerzwingungsverfahren erforderlich. Nach S. 1 besteht eine **Bescheidungspflicht**, es sei denn, dass der Anzeigende bloß eine Anregung geben wollte, und erkennbar auf Nachricht **verzichtet** hat oder dass ein Fall hartnäckiger und uneinsichtiger **Querulanz** vorliegt (Meyer-Goßner Rn. 2). Anzeigen mit grob **beleidigendem Inhalt**, deren Zweck nur die Beschimpfung anderer ist, sind als unzulässig zu behandeln (OLG Karlsruhe NJW 1973, 1659; BVerfGE 2, 229 = NJW 1953, 817). Der Anzeigende erhält nur den Bescheid, dass seine Anzeige unzulässig sei (KK-Schmid Rn. 7).

2   Eine **Teileinstellung** löst ebenfalls die Benachrichtigungspflicht aus, wenn sie eine selbstständige Tat im prozessualen Sinne (§§ 155, 264) betrifft. Von einer **vorläufigen Einstellung** nach § 154 e oder § 205 hat die StA dem Antragsteller Mitteilung (ohne Gründe) zu machen (RiStBV Nr. 103, 104 Abs. 3); das gilt auch für die Abgabe an eine andere StA. Bei Verfahrenseinstellung nach **§ 154 Abs. 1** ist ein **begründeter** Bescheid zu erteilen (RiStBV Nr. 101 Abs. 2 89; KK-Schmid Rn. 5, 6). Der Geschädigte muss erfahren, ob es sich um eine Teileinstellung oder um eine Einstellung in vollem Umfang handelt (BVerfG NStZ 2002, 371).

3   Die **Begründung des Einstellungsbescheids** darf sich nicht auf nichts sagende Redewendungen beschränken. Es müssen die tragenden Gründe in einer auch für einen rechtsunkundigen Antragsteller verständlichen Form angegeben werden (RiStBV Nr. 89 Abs. 2, 4). Die Privatsphäre des Beschuldigten soll jedoch geschont werden. „Dem Antragsteller (§ 171), der zugleich der Verletzte ist, soll die Mitteilung **förmlich zugestellt** werden, wenn ihm die Beschwerde nach § 172 zusteht und es geboten erscheint, hierdurch den Nachweis für den Ablauf der Beschwerdefrist zu führen. In anderen Fällen kann der StA eine einfachere Form der Bekanntgabe (zB Einschreiben, ggf. gegen Rückschein, vorbereitendes Empfangsbekenntnis oder einfachen Brief) anordnen" (RiStBV Nr. 91 Abs. 2).

4   Die **Belehrung** nach S. 2 soll den Antragsteller in den Stand setzen, die Frist des § 172 Abs. 1 einzuhalten, um später den Antrag auf gerichtliche Entscheidung stellen zu können (Rieß-LR Rn. 14). Sie ist daher nur erforderlich, wenn der Antragsteller zugleich der Verletzte ist und das Klageerzwingungsverfahren nicht

Vorbereitung der öffentlichen Klage **§ 172**

nach § 172 Abs. 2 S. 3 oder deswegen ausgeschlossen ist, weil der **Täter unbekannt** ist oder die Einstellung sich nur auf einen unselbstständigen Teil der Tat bezieht. Über das Recht zur Erhebung der Dienstaufsichtsbeschwerde braucht nicht belehrt zu werden. Der **Inhalt** der schriftlichen Belehrung muss **eindeutig** sein, auch wenn diese einem RA erteilt wird. Es ist hinzuweisen auf das Recht der Beschwerde an den vorgesetzten Beamten der StA (§ 172 Abs. 1 S. 1), auf die zweiwöchige Frist (§ 172 Abs. 1 S. 1) und die Stelle, bei der das Rechtsmittel eingelegt werden kann, nämlich beim GStA oder bei der einstellenden StA (§ 172 Abs. 1 S. 1 und S. 2). Über die Möglichkeit, nach § 172 Abs. 2 gerichtliche Entscheidung zu beantragen, braucht nicht belehrt zu werden (KK-Wache/Schmid Rn. 12, 13). **Unterbleibt** die Belehrung, so wird die Beschwerdefrist nicht in Lauf gesetzt (§ 172 Abs. 1 S. 3) und ebenso, wenn die Belehrung in wesentlichen Punkten mangelhaft ist (Meyer-Goßner Rn. 8).
Zu den **Kosten** des Verfahrens s. § 170 Rn. 5. 5

§ 172 [Klageerzwingungsverfahren] RiStBV 105

(1) ¹Ist der Antragsteller zugleich der Verletzte, so steht ihm gegen den Bescheid nach § 171 binnen zwei Wochen nach der Bekanntmachung die Beschwerde an den vorgesetzten Beamten der Staatsanwaltschaft zu. ²Durch die Einlegung der Beschwerde bei der Staatsanwaltschaft wird die Frist gewahrt. ³Sie läuft nicht, wenn die Belehrung nach § 171 Satz 2 unterblieben ist.

(2) ¹Gegen den ablehnenden Bescheid des vorgesetzten Beamten der Staatsanwaltschaft kann der Antragsteller binnen einem Monat nach der Bekanntmachung gerichtliche Entscheidung beantragen. ²Hierüber und über die dafür vorgesehene Form ist er zu belehren; die Frist läuft nicht, wenn die Belehrung unterblieben ist. ³Der Antrag ist nicht zulässig, wenn das Verfahren ausschließlich eine Straftat zum Gegenstand hat, die vom Verletzten im Wege der Privatklage verfolgt werden kann, oder wenn die Staatsanwaltschaft nach § 153 Abs. 1, § 153 a Abs. 1 Satz 1, 7 oder § 153 b Abs. 1 von der Verfolgung der Tat abgesehen hat; dasselbe gilt in den Fällen der §§ 153 c bis 154 Abs. 1 sowie der §§ 154 b und 154 c.

(3) ¹Der Antrag auf gerichtliche Entscheidung muß die Tatsachen, welche die Erhebung der öffentlichen Klage begründen sollen, und die Beweismittel angeben. ²Er muß von einem Rechtsanwalt unterzeichnet sein; für die Prozeßkostenhilfe gelten dieselben Vorschriften wie in bürgerlichen Rechtsstreitigkeiten. ³Der Antrag ist bei dem für die Entscheidung zuständigen Gericht einzureichen.

(4) ¹Zur Entscheidung über den Antrag ist das Oberlandesgericht zuständig. ²§ 120 des Gerichtsverfassungsgesetzes ist sinngemäß anzuwenden.

Das Klageerzwingungsverfahren (§§ 172 bis 177; vgl. auch RiStBV Nr. 105) 1
ermöglicht dem **Verletzten, die Einhaltung** des **Legalitätsprinzips** durch die StA von einem unabhängigen Gericht nachprüfen zu lassen (KG NJW 1969, 108; OLG Karlsruhe Justiz 1977, 206). Aber „es gibt grundsätzlich keinen verfassungsrechtlich verbürgten Anspruch auf Strafverfolgung eines anderen durch den Staat" (BVerfG NStZ 2002, 606; vgl. BVerfGE 51, 187 = NJW 1979, 1591). Eine **Einstellung nach § 153** erfasst die gesamte Tat im prozessualen Sinne. Ein **Klageerzwingungsverfahren** nach den §§ 172 ff. wegen eines Teils der Tat, das in der Einstellung nicht ausdrücklich genannt ist, ist daher unzulässig (OLG Frankfurt NStZ-RR 2001, 20). Das Verfahren ist **dreistufig** aufgebaut. Nachdem die StA

§ 172 Zweites Buch. 2. Abschnitt

dem „Antrag auf Erhebung der öffentlichen Klage" keine Folge gegeben oder das Ermittlungsverfahren eingestellt (§§ 170, 171) hat (**1. Stufe**), kann sich der Antragsteller beim vorgesetzten Beamten der StA förmlich beschweren (**Abs. 1**). Dieser muss ihm einen Bescheid erteilen (**2. Stufe**), gegen den der Antrag auf gerichtliche Entscheidung durch das OLG (**3. Stufe**) gegeben ist (KK-Schmid Rn. 2; Beulke Strafprozessrecht Rn. 348). „Eine entsprechende Anwendung von § 78 b ZPO (Notanwaltsbeiordnung) ist im Klageerzwingungsverfahren nicht möglich" (OLG Hamm NStZ 2003, 683).

2   Nur der **Antragsteller** = Anzeigeerstatter ist befugt (**1. Stufe**), das Klageerzwingungsverfahren zu betreiben. Antragsteller ist derjenige, der sich schon bei der StA mit dem Antrag nach § 171 eingeschaltet hat (OLG Karlsruhe Justiz 1992, 187; OLG Oldenburg MDR 1987, 431). Bei **Antragsdelikten** muss es sich um einen förmlichen Strafantrag (§ 158 Abs. 2) gehandelt haben; ein erst mit der Beschwerde nach **Abs. 1** oder dem Antrag nach **Abs. 2** gestellter Strafantrag genügt nicht (OLG Düsseldorf NStE Nr. 32 zu § 172; Meyer-Goßner Rn. 5). Der Antragsteller muss nach **Abs. 1 S. 1 zugleich Verletzter** sein. Das Antragsrecht ist ein persönliches Recht; es geht nicht auf die Angehörigen oder Erben des Verletzten über (OLG Celle NStZ 1988, 568; OLG Düsseldorf NJW 1992, 2370; Meyer-Goßner Rn. 5 a).

3   **Verletzter** ist, wer durch die behauptete Tat **unmittelbar** in seinen Rechten, Rechtsgütern oder rechtlichen Interessen beeinträchtigt ist (OLG Celle NStZ 1988, 568; OLG Karlsruhe NJW 2001, 112; OLG Düsseldorf NStZ 1995, 49). Durch ein **Eides- oder Aussagedelikt** ist zB „verletzt iS des Abs. 1 eine Person, deren Stellung im Verfahren durch die in Betracht kommende Aussage erschwert worden ist oder, sofern das Verfahren bereits abgeschlossen ist, zu deren Nachteil sich die Aussage ausgewirkt hat" (OLG Düsseldorf NStZ 1995, 49). Verletzter iSd §§ 171 S. 2, 172 Abs. 2 S. 1 ist nur derjenige Antragsteller, der durch die behauptete Tat **unmittelbar** in einem eigenen durch die in Betracht kommende materielle Strafrechtsnorm geschützten Rechtsgut betroffen wäre. Im Strafverfahren sind durch Verstöße gegen die Bestimmung des **§ 339 StGB** (Rechtsbeugung) solche Personen nicht verletzt, die weder am Verfahren beteiligt noch unmittelbar in einem Individualrechtsgut betroffen sind. Der Bestimmung des § 339 StGB kommt zum Schutz der Unabhängigkeit der Rechtspflege eine Sperrwirkung in dem Sinne zu, dass eine Verurteilung wegen einer Tätigkeit bei der Leitung einer Rechtssache nach anderen Vorschriften – hier nach § 222 StGB – nur möglich ist, wenn auch die Voraussetzungen des § 339 StGB gegeben sind. Im Falle einer behaupteten Unterlassungstäterschaft hat die Antragsschrift nach § 172 Abs. 3 S. 1 auch die tatsächlichen Entstehungsgründe der Handlungspflicht des Beschuldigten derart darzulegen, dass das Antragsvorbringen aus sich heraus – ohne Rückgriff auf die Ermittlungsakten – auf seine Schlüssigkeit hin nachprüfbar ist. Der Klageerzwingungsantrag muss den Beschuldigten, wenn er nicht namhaft gemacht werden kann, wenigstens so genau umschreiben, dass dessen Identifizierung möglich ist (OLG Karlsruhe NStZ-RR 2001, 112). Der Begriff des Verletzten wird hier **weit ausgelegt**, weil der Schutz des Legalitätsprinzips innerhalb des gesetzlichen Rahmens des § 172 umfassend sein soll (Meyer-Goßner Rn. 10; AK/StPO-Moschüring Rn. 4). Zu Beispielen aus den einzelnen Bereichen s. vor allem KK-Schmid Rn. 21 ff. und Rieß-LR Rn. 63 ff. **Nicht verletzt** ist der Antragsteller, der durch die Tat lediglich wie jeder andere Staatsbürger betroffen ist, zB dadurch, dass der Beschuldigte pornographische Schriften verbreitet (OLG Hamburg NJW 1966, 1933) oder ein Staatsschutzdelikt begeht (OLG Düsseldorf JZ 1987, 836; Meyer-Goßner Rn. 10) oder er als Beklagter eines bürgerlich-rechtlichen Rechtsstreits Unannehmlichkeiten auf sich zu nehmen hatte (OLG Düsseldorf NStZ 1995, 49). Auch dem in seiner körperlichen Unversehrtheit nur **Gefährdeten** ist das Recht auf Klageerzwingung daher ebenso wie dem Verletzten

Vorbereitung der öffentlichen Klage **§ 172**

versagt (OLG Stuttgart NJW 1997, 1320). **Strafvereitelung** (§ 258 StGB) schützt nur Allgemeininteressen der Rechtsgemeinschaft und begründet keine Verletzteneigenschaft iSd § 172 (OLG Nürnberg NStZ-RR 2000, 54; OLG Frankfurt NStZ-RR 1998, 279). Wer im Verfahren gemäß § 172 die Erhebung der öffentlichen Klage wegen **Rechtsbeugung gegen einen StA** erstrebt unter dem Vorwurf, dieser habe angeblich zu Unrecht ein Ermittlungsverfahren wegen einer zum Nachteil des Antragstellers begangenen Straftat einstellt, ist nur dann als Verletzter iSd § 172 anzusehen, wenn er bereits gegen die Einstellungsverfügung des jetzt Beschuldigten auch den Rechtsweg nach § 172 ausgeschöpft hat (OLG Dresden NStZ-RR 1998, 338). Nicht verletzt sind auch **Behörden,** welche die verletzten Interessen von Amts wegen wahrzunehmen haben. Denn die Verwaltung hat im Verhältnis zu den Strafverfolgungsbehörden keine Kontrollfunktion bezüglich der Einhaltung des Legalitätsprinzips (KK-Wache/Schmid Rn. 29). Der **Dienstherr** eines bestochenen Amtsträgers ist nicht Verletzter iS des § 172; dies gilt auch für Amtsträger von Truppen der NATO-Staaten (OLG Nürnberg NJW 1997, 1320). **Aber Behörden,** öffentlich-rechtliche Körperschaften und Anstalten sind Verletzte, soweit sich die Taten gegen solche ihnen zugeordneten Rechtsgüter richten, die ihnen zur Erfüllung ihrer Aufgaben zur Verfügung stehen, zB bei Vermögens- und Eigentumsdelikten, welche die Behörde zugeordneten Vermögenswerte betreffen (OLG Hamm NJW 1958, 640; Rieß-LR Rn. 59). Das gilt auch für privatrechtliche Vereinigungen und Verbände, wenn die Straftaten sich gegen die ihnen zugeordneten Rechtsgüter (Hausrecht, Eigentum, Vermögen) richten (OLG Düsseldorf NJW 1979, 2525; Rieß-LR Rn. 61). Das Antragsrecht des Verletzten geht nicht auf die Erben über, sondern **erlischt** mit dem Tod (OLG Celle NStZ 1988, 568). Auch ein Anzeigeerstatter und Verletzter iSd § 172 Abs. 1 StPO hat keinen Rechtsanspruch auf **Ersetzung des ermittelnden StA** durch einen anderen StA. Aus diesem Grund kann er die Ablehnung seines Befangenheitsantrags nicht mit einem Antrag auf gerichtliche Entscheidung anfechten (OLG Frankfurt NStZ-RR 1999, 81).

Die **Einstellungsbeschwerde** ist eine „Vorschaltbeschwerde" auf dem Weg zum 4 OLG **(2. Stufe)**. Sie muss nach **Abs. 1 S. 1** an den vorgesetzten Beamten der StA gerichtet sein; dies ist idR der GStA (§§ 145, 147 GVG). Gegen eine nur **vorläufige** Einstellung ist die Beschwerde nicht gegeben (OLG Hamm JZ 1959, 324); sie ist jedoch beschwerdefähig, wenn sie auf eine endgültige hinausläuft (OLG Frankfurt NJW 1972, 1875; KK-Schmid Rn. 6). Die zweiwöchige **Beschwerdefrist** gemäß Abs. 1 S. 1 beginnt **nach** einer richtigen Rechtsbehelfsbelehrung (Abs. 1 S. 3) zu laufen, wenn der Antragsteller von der Einstellungsverfügung Kenntnis nehmen kann. Die Einstellungsbeschwerde muss zum Ausdruck bringen, dass der Antragsteller eine förmliche **Sachentscheidung** des vorgesetzten Beamten der StA erstrebt (KK-Schmid Rn. 7). Sie kann auch fernmündlich zur Niederschrift des UrkB der StA eingelegt werden (OLG Stuttgart NStZ 1989, 42). **Wiedereinsetzung in den vorigen Stand** gegen die Versäumung der Beschwerdefrist nach Abs. 1 S. 1 kann – entsprechend §§ 44 ff. – gewährt werden (Rieß-LR Rn. 131 mwN). Die StA kann der Beschwerde **abhelfen; in Staatsschutzsachen** (§§ 120 Abs. 1 und 2, 142 a Abs. 1 und 2 GVG), in denen der GBA oder der GStA die Ermittlungen geführt und das Verfahren eingestellt hat, entfällt das Vorschaltverfahren nach Abs. 1; denn es gibt keinen „vorgesetzten Beamten" (AK/StPO-Moschüring Rn. 54).

Die StA kann der **Beschwerde abhelfen.** Sie kann ihren Einstellungsbescheid 5 aufheben (RiStBV Nr. 105 Abs. 1 und 2) und Anklage erheben oder die Ermittlungen wieder aufnehmen; diese Wiederaufnahme ist dem Antragsteller mitzuteilen (RiStBV Nr. 105 Abs. 4). Hilft die StA nicht ab, so hat sie die Sache unverzüglich dem vorgesetzten StA (dem GStA, § 147 GVG) vorzulegen. Hält dieser die Sache für anklagereif, so weist er die StA unter Aufhebung der Einstellungsverfügung zur Klageerhebung an. Er kann auch die Wiederaufnahme der Ermittlungen anordnen.

§ 172

Der GStA verwirft die Beschwerde als **unzulässig,** wenn die formellen Voraussetzungen nicht gegeben sind, wenn zB die Beschwerde nicht vom Verletzten eingelegt worden ist (vgl. § 174 Rn. 1). Hält er die Beschwerde für **unbegründet,** so weist er sie zurück und eröffnet damit gemäß **Abs. 2 S. 1** den **Weg zum OLG** (KK-Schmid Rn. 13). Der ablehnende Bescheid soll dem Beschwerdeführer förmlich zugestellt werden (RiStBV Nr. 105 iVm Nr. 91 Abs. 2). Der Bescheid muss eine **Rechtsmittelbelehrung** nach **Abs. 2 S. 2** enthalten, um die einmonatige Frist in Lauf zu setzen. Er muss folgende Hinweise enthalten: Das Antragsrecht (Abs. 2 S. 1), den Adressaten (Abs. 3 S. 3), die Antragsfrist (Abs. 2 S. 1) und den Anwaltszwang (Abs. 3 S. 2). Die Belehrung **unterbleibt,** wenn der Antrag nicht statthaft ist (KK-Schmid Rn. 16).

6   Das **Klageerzwingungsverfahren vor dem OLG (3. Stufe)** ist ein prozessual selbstständiges Verfahren (BVerfGE 42, 175 = NJW 1976, 1629). Den Antrag auf gerichtliche Entscheidung kann nur stellen, wer die Strafanzeige erstattet und auch die Beschwerde eingelegt hat (OLG Karlsruhe Justiz 1992, 187; OLG Düsseldorf NStE Nr. 32 zu § 172). Bescheidet der GStA eine verspätet eingegangene Einstellungsbeschwerde lediglich im Wege der Dienstaufsicht, so ist dieser Bescheid keine geeignete Grundlage für ein Wiedereinsetzungsverfahren (OLG Stuttgart NStZ-RR 1976, 143; KK-Schmid Rn. 17). Der Antragsteller muss **prozessfähig** sein (OLG Düsseldorf MDR 1989, 377). Für den nicht prozeßfähigen Antragsteller handelt dessen gesetzlicher Vertreter (KK-Schmid Rn. 17). Der Antrag muss binnen **Monatsfrist** beim OLG eingehen (Abs. 2 S. 1); eine Verlängerung ist nicht möglich. Es besteht keine Pflicht des Gerichts, den Antragsteller über den notwendigen Antragsinhalt zu belehren; die Antragsfrist ist nur bei rechtzeitigem Eingang eines vollständigen Antrags gewahrt (OLG Nürnberg NStZ-RR 1998, 143). Die Frist beginnt bei ordnungsgemäßer Rechtsbehelfsbelehrung mit der Bekanntmachung des Bescheids der GStA an den Antragsteller. **Wiedereinsetzung** in den vorigen Stand (§§ 44 ff.) ist bei schuldloser Versäumung der Antragsfrist zu gewähren. Der Antragsteller muss sich aber ein Verschulden seines RA an der Fristversäumung zurechnen lassen (OLG Düsseldorf NStZ 1989, 193; KK-Schmid Rn. 32 mwN). Bei fristgemäßem Antrag auf **Prozesskostenhilfe** ist dem Antragsteller Wiedereinsetzung zu gewähren, wenn er nach der Entscheidung über die Prozesskostenhilfe binnen einer Woche (§ 45 Abs. 1) das Verfahren weiterbetreibt, auch wenn inzwischen die Monatsfrist abgelaufen ist (OLG Celle MDR 1977, 160; KK-Schmid 31). Der Antrag muss schriftlich **durch einen RA** angebracht werden **(Abs. 3 S. 2).** Dies gilt auch für die antragstellende Behörde.

7   Zum notwendigen **Inhalt** des Antrags nach **Abs. 3 S. 1** gehört, dass dieser die Tatsachen, welche die Erhebung der öffentlichen Klage begründen sollen, und die Beweismittel angibt. Dieser Vorschrift ist für die Zulässigkeit des Klageerzwingungsantrags von zentraler Bedeutung, da sie dessen Formerfordernisse festlegt (Stoffers NStZ 1993, 497). Ist vor der Einstellung des Ermittlungsverfahrens bereits der Erlass eines Strafbefehls rechtskräftig abgelehnt worden, weil der Beschuldigte der ihm zu Last gelegten Tat nicht hinreichend verdächtig sei, müssen im Antrag auf gerichtliche Entscheidung die tragenden Gründe der Ablehnungsentscheidung mitgeteilt werden (OLG Frankfurt NStZ-RR 2002, 78). Der Antragsteller muss die Einschätzung der Beweislage durch die Staatsanwaltschaft in seinem Klageerzwingungsantrag ohne Auslassungen vollständig wiedergeben; verschweigt er eine gegen ihn in der selben Sache erhobene Anklage, so macht dieser Vortragsmangel den Antrag unzulässig (OLG Stuttgart NStZ-RR 2002 79). Erforderlich ist danach der Vortrag der Tatsachen, die den **hinreichenden Tatverdacht** begründen, also derjenigen Tatsachen, die für den Nachweis der Erfüllung der Tatbestandsmerkmale einer Straftat erforderlich sind. Diese Schilderung muss vollständig und „in sich geschlossen sein" (KG NJW 1969, 108; AK/StPO – Moschüring Rn. 80 mwN). Der geschilderte Sachverhalt muss – seine Richtigkeit unterstellt – die Erhebung der öffentlichen Klage

Vorbereitung der öffentlichen Klage § 172

formell und materiell rechtfertigen (KK-Schmid Rn. 34). Dem Antrag muss grundsätzlich die **Einhaltung der Frist des Abs. 1** zu entnehmen sein, sonst ist die Form des Abs. 3 S. 1 nicht gewahrt (OLG Hamm NStZ-RR 1997, 308). Eine **Bezugnahme** auf die Ermittlungsakten oder frühere Eingaben genügt nicht für die Darstellung des Sachverhalts (OLG Saarbrücken wistra 1995, 36; OLG Koblenz NJW 1977, 1461), auch nicht für die Darlegung der Verletzteneigenschaft (KK-Schmid Rn. 37; Meyer-Goßner Rn. 30). Die Antragschrift entspricht also nicht den Formerfordernissen des Abs. 3 S. 1, wenn der Antragsteller einen Aktenauszug in Ablichtung eingefügt, auf eine eigene Sachdarstellung völlig verzichtet und auch nicht dargelegt hat, auf Grund welcher Teile des Aktenauszugs sein Antrag begründet sein soll (OLG Celle NStZ 1977, 406; KK-Schmid Rn. 37). Enthält der Antrag auf gerichtliche Entscheidung weder Angaben zur – nicht offensichtlichen – Einhaltung der Fristen des § 172 Abs. 1 S. 1, Abs. 2 S. 1 noch – in groben Zügen – zum Inhalt der Bescheide der StA, so ist er bereits aus diesen Gründen unzulässig (OLG Frankfurt NStZ-RR 2000, 113; vgl. auch OLG Düsseldorf MDR 1993, 566; 1994, 193; BVerfG NJW 1988, 1773). Aber der Formvorschrift soll dann Genüge getan sein, wenn fotokopierte Schriftstücke in der Antragsschrift eingefügt werden und diese zusammen mit den sie verbindenden Sätzen eine aus sich heraus verständliche Sachdarstellung ergeben (KK-Schmid Rn. 37; aA OLG Düsseldorf StV 1983, 498 – sie würde formalistischer Selbstzweck bedeuten). Es müssen schließlich die **Beweismittel** angeführt werden, mit denen nach Auffassung des Antragstellers der hinreichende Tatverdacht bewiesen wird (OLG Celle NStZ 1988, 568). In dem Antrag können neue Tatsachen oder Beweismittel vorgebracht werden (Meyer-Goßner Rn. 30).

Aus der Antragschrift muss sich daher die **Verletzteneigenschaft** des Antragstellers iS des § 172 (s. Rn. 3) ergeben (OLG Koblenz NJW 1977, 1461; OLG Hamm NStZ 1986, 327). Der Antrag auf gerichtliche Entscheidung ist dann wirksam iS von § 172 Abs. 3 S. 2 von einem RA **unterzeichnet,** wenn der RA durch die Unterschrift zu erkennen gibt, dass er die Sache geprüft und die Verantwortung für den Antrag übernommen hat. Hierzu ist zwingend erforderlich, dass der RA an dem Antragsvorbringen mindestens maßgeblich gestaltend mitgewirkt, wenn nicht dieses gänzlich selbst erarbeitet hat (OLG Hamm NStZ-RR 2001, 300). Eine Befreiung von der Anwaltspflicht ist ausgeschlossen (OLG Koblenz NJW 1982, 61). Der **Beschuldigte** muss namentlich genannt oder zumindest in erkennbarer Weise bezeichnet sein (OLG Stuttgart Justiz 1987, 80). Ein Klageerzwingungsverfahren gegen **Unbekannt** ist unzulässig (OLG Hamm NStZ-RR 2001, 83). Bei **Antragsdelikten** müssen die Tatsachen angeführt werden, aus denen sich ergibt, dass die Strafantragsfrist nach § 77 b StGB eingehalten wurde (OLG Düsseldorf StV 1982, 558; OLG Karlsruhe wistra 1995, 154). Beruht die Einstellung auf **Strafverfolgungsverjährung** oder kann diese wegen des Zeitablaufs eingetreten sein, so ist darzulegen, warum die Tat gleichwohl noch verfolgbar sein soll (OLG Hamburg MDR 1985, 75; KK-Schmid Rn. 36).

In der Rspr. sind über den Gesetzeswortlaut hinaus (s. Rn. 7) **zusätzliche** Voraussetzungen entwickelt worden, die der Antrag auf gerichtliche Entscheidung nach **Abs. 3 S. 1** erfüllen muss, um zulässig zu sein (vgl. hierzu Stoffers NStZ 1993, 497). Die OLGe fordern überwiegend, dass der Antragsteller sich auch mit dem **Einstellungsbescheid der StA und dem Beschwerdebescheid des GStA** auseinandersetzen und deren Unrichtigkeit inhaltlich darlegen müsse (zB OLG Koblenz NJW 1977, 1461; OLG Düsseldorf NJW 1988, 1337; OLG Schleswig NStZ 1989, 286; OLG Saarbrücken wistra 1995, 36). Das BVerfG hat festgestellt, dass diese Auslegung des § 172 Abs. 3 nicht gegen das Willkürverbot und Art. 19 Abs. 4 GG verstoße (BVerfG NJW 1979, 364; Stoffers NStZ 1993, 497). Vor allem das OLG Celle **lehnt dieses zusätzliche Erfordernis ab** (NStZ 1987, 518; 1989, 43). Die überwiegende Ansicht in der Literatur verzichtet ebenfalls auf dieses von

8

9

§ 172   Zweites Buch. 2. Abschnitt

der herrschenden Rspr. aufgestellte Erfordernis (zB Rieß-LR Rn. 144 ff.; AK/StPO Moschüring Rn. 80; KMR-Müller Rn. 52; Bischoff Das Klageerzwingungsverfahren 1987 314 ff.). Eine **vermittelnde Ansicht** vertritt das OLG Bamberg, wenn es ausführt, dass die Anforderungen hieran sich nach der Schwierigkeit der Rechts- und Beweislage richten und sie bei Einfachheit nicht überspannt werden dürfen (OLG Bamberg NStZ 1989, 544). Ferner soll nach der Rspr. ein **weiteres Formerfordernis** eines Antrags auf gerichtliche Entscheidung die **Darlegung der Wahrung der Fristen** des **Abs. 1 S. 1** (Beschwerdefrist) und des **Abs. 2 S. 1** (Frist zur Einlegung des Klageerzwingungsantrags) durch den Antragsteller sein (OLG Hamm NStZ 1997, 308; s. Rn. 7; OLG Karlsruhe NStZ 1982, 250; KG JR 1989, 260). Auch dies ist verfassungsrechtlich unbedenklich (BVerfG NJW 1988, 1773; Stoffers NStZ 1993, 498). Der **Darlegungspflicht** zur Einhaltung der Beschwerdefrist gemäß § 172 Abs. 1 ist genügt, wenn der Antragsteller den **Posteinwurf** der Beschwerdeschrift angibt und danach noch zwei Postbeförderungstage bis zum Ablauf der Beschwerdefrist bleiben. Wird nur das Datum der Beschwerdeschrift angegeben, ist der Posteinwurfstag nicht genau bestimmt (BVerfG NJW 2004, 1585). Die Wahrung des Legalitätsprinzips, das das Klageerzwingungsverfahren auf Initiative des Verletzten sichert, ist von hoher Bedeutung. Daher darf die Zulässigkeitsprüfung als Teil der Inhaltsanforderung nicht formalistischer Selbstzweck werden (OLG Bamberg NStZ 1990, 202; Stoffers NStZ 1993, 498). Die von den OLGen aufgestellten **zusätzlichen** Formerfordernisse eines Klageerzwingungsantrages gemäß Abs. 1 S. 1 müssen daher in der Rspr. von Fall zu Fall auf ihre Relevanz hin untersucht werden, ob im Einzelfall ihre strikte Anwendung auf die Antragschrift nicht den Bogen überspannen würde (Stoffers NStZ 1993, 497 für die gesamte Problematik).

10   Nach **Abs. 2 S. 3** ist das Klageerzwingungsverfahren stets **unzulässig,** wenn es sich **ausschließlich** um Privatklagevergehen nach § 374 handelt. Dies gilt auch dann, wenn der Antragsteller die Verneinung des öffentlichen Interesses an der Strafverfolgung durch die StA (§ 376) für unrichtig hält. Der Antrag ist auch dann nicht zulässig, wenn die StA das öffentliche Interesse bejaht und sodann das Verfahren nach § 170 Abs. 2 eingestellt hat (KG JR 1967, 392; KK-Schmid Rn. 39); dass das Gesetz hat insoweit – verfassungsrechtlich unbedenklich – keinen Rechtsweg zur Verfügung gestellt (BVerfGE 51, 176 = NJW 1979, 1591). Wenn die StA von den **Opportunitätsgrundsätzen** als Ausnahme vom Legalitätsgrundsatz ausgegangen ist, also wenn sie nach §§ 153 Abs. 1, 153 a Abs. 1 S. 1, 153 b Abs. 1 oder in den Fällen der §§ 153 c bis 154 Abs. 1, 154 b und 154 c von der Verfolgung der Tat abgesehen hat, so ist das Verfahren – auch ohne Mitwirkung des Gerichts – eingestellt hat, ist der Antrag unzulässig. Gegen die endgültige Entscheidung nach § 153 a ist der Antrag nach Abs. 2 S. 1 mit der Begründung zulässig, der Beschuldigte habe die Auflagen oder Weisungen nicht erfüllt (AK/StPO-Moschüring Rn. 77). Zur Verfolgung einer **Ordnungswidrigkeit** ist der Antrag auf gerichtliche Entscheidung ebenfalls unzulässig (§ 47 Abs. 1 OWiG). Im Verfahren gegen **Jugendliche** ist das Klageerzwingungsverfahren zulässig, soweit nicht nach dem Opportunitätsgrundsatz eingestellt worden ist (OLG Hamm NJW 1960, 1968; KK-Schmid Rn. 46). Da gegen Jugendliche eine Privatklage gemäß § 80 Abs. 1 S. 1 JGG nicht erhoben werden kann, ist das Klageerzwingungsverfahren insoweit auch bei Privatklagedelikten zulässig, wenn die StA das Verfahren nach § 170 Abs. 2 und nicht nach einer Ermessensvorschrift gemäß §§ 80 Abs. 1 S. 2, 45 JGG eingestellt hat (OLG Stuttgart NStZ 1989, 136 mwN). Gegen **unbekannte** Täter findet das Klageerzwingungsverfahren nicht statt (KK-Schmid Rn. 47 mwN).

11   Den Antrag auf Bewilligung von **Prozesskostenhilfe (Abs. 3 S. 2 Halbs. 2)** für das gerichtliche Verfahren kann nur ein **Prozessfähiger** stellen (OLG Hamburg NJW 1966, 1934); bei mangelnder Prozessfähigkeit der gesetzliche Vertreter, und

Vorbereitung der öffentlichen Klage **§ 172**

zwar **schriftlich** oder zu **Protokoll** der Geschäftsstelle des OLG (§ 117 Abs. 1 S. 1 ZPO). Im Antrag ist das Streitverhältnis unter Angabe der Beweismittel kurz darzustellen (§ 117 Abs. 1 S. 2 ZPO). Es besteht **kein Anwaltszwang.** Die Beiordnung eines **Notanwalts** kommt nicht in Betracht, da Abs. 3 S. 2 Halbs. 2 lediglich auf §§ 114 ff. ZPO, nicht aber auf § 78 b ZPO verweist (OLG Hamm NStZ 1995, 562). Er muss vor Ablauf der Frist nach Abs. 2 S. 1 gestellt werden (Meyer-Goßner Rn. 21). Für die **Voraussetzungen und Wirkungen** gelten die §§ 114 ff. ZPO. Das Bewilligungsverfahren richtet sich aber nach der StPO. Vor der Entscheidung ist die StA (§ 33 Abs. 2) zu hören und der Beschuldigte muss rechtliches Gehör erhalten. Das OLG entscheidet durch unanfechtbaren Beschluss. Die **Bewilligung** von Prozesskostenhilfe bewirkt, dass die **Staatskasse** die entstandenen und entstehenden Gerichtskosten und gerichtlichen Auslagen (§ 464 a Abs. 1) sowie die auf sie übergegangenen Ansprüche des beigeordneten RA nur nach den vom Gericht getroffenen Bestimmungen gegen den Antragsteller geltend machen kann (§ 122 Abs. 1 ZPO). Dem Antragsteller ist ein zur Vertretung bereiter **RA** seiner **Wahl** gemäß **Abs. 3 S. 2 Halbs. 2** iVm § 121 Abs. 1 ZPO beizuordnen (KK-Schmid Rn. 54).

Für die Entscheidung über den **Antrag nach Abs. 2 S. 1** ist das OLG **zuständig,** in dessen Bezirk die StA, die das Verfahren eingestellt hat (Abs. 4 S. 1). Eine Beschwerde gegen den Beschluss des OLG ist nicht zulässig (BGH MDR 1992, 549; Meyer-Goßner Rn. 39). In Bayern ist das BayObLG zuständig (BGH 28, 105 f. = NJW 1979, 55). Das OLG verwirft den Antrag als **unzulässig** oder als **unbegründet** (s. § 174). Hält es den Antrag für **zulässig und begründet,** so beschließt es die Klageerhebung (s. § 175 S. 1). Der Antrag kann bis zur Entscheidung zurückgenommen werden. Er ist **erledigt,** wenn der GStA vor der Entscheidung die öffentliche Klage erheben lässt (OLG München NStZ 1986, 376) oder wenn die StA seinetwegen die Ermittlungen wieder aufnimmt (OLG Koblenz NStZ 1990, 48; KK-Schmid Rn. 57). Von einer Entscheidung kann auch abgesehen werden, wenn der Beschuldigte oder der Antragsteller (s. Rn. 3) verstirbt (KK-Schmid Rn. 57). Neben der Verwerfung des Antrags als unzulässig oder als unbegründet ist von der Rspr. teilweise eine **dritte Entscheidungsmöglichkeit** eröffnet worden: Die StA kann im Klageerzwingungsverfahren **ausnahmsweise** dann aufgefordert werden, die **Ermittlungen aufzunehmen und durchzuführen,** wenn sie bisher aus (nicht als zutreffend zu erachtenden) Rechtsgründen davon abgesehen hatte und die zur Entscheidung über den Antrag auf gerichtliche Entscheidung erforderliche Aufklärung des Sachverhalts die vollständige oder weitgehende Durchführung eines selbstständigen Ermittlungsverfahrens durch das OLG erfordern würde. Mit der Aufforderung an die StA, die Ermittlungen aufzunehmen und durchzuführen, ist das Klageerzwingungsverfahren abgeschlossen (KG NStZ 1990, 355; OLG Saarbrücken GA 1981, 94; OLG Koblenz NStZ 1995, 50; vgl. auch Stoffers NStZ 1993, 499 mwN).

Die **Wiederholung** des Klageerzwingungsverfahrens ist zulässig, wenn das OLG den Antrag als unzulässig verworfen, die StA das Ermittlungsverfahren jedoch wieder aufgenommen und nach sachlicher Prüfung erneut eingestellt hat (OLG Nürnberg MDR 1964, 524). Ein wiederholter Antrag ist aber unzulässig, wenn die StA die Wiederaufnahme abgelehnt hat (OLG Düsseldorf NStE Nr. 26 zu § 172; KK-Schmid Rn. 58). Ist der Antrag als **unbegründet verworfen** worden, so kann das Verfahren von der StA nur auf Grund wesentlicher und erheblicher neuer Tatsachen oder Beweismittel wieder aufgenommen werden (s. § 174 Rn. 5). Lehnen die StA und die GStA nach Einstellung des Ermittlungsverfahrens gemäß § 170 Abs. 2 auf Grund einer **erneuten** Strafanzeige des Anzeigeerstatters, die keine neuen Tatsachen oder Beweismittel enthält, die Wiederaufnahme der Ermittlungen ab, so ist gegen den neuen Beschwerdebescheid der GStA das Klageerzwingungsverfahren auch dann nicht statthaft, wenn es vom Anzeigeerstatter im gesamten Verfahren erstmals betrieben wird (OLG Stuttgart NStZ-RR 1997, 177).

12

13

§§ 173, 174

14 In **Staatsschutzsachen,** die zur Zuständigkeit des OLG im 1. Rechtszug gehören (§ 120 GVG), ist keine förmliche Einstellungsbeschwerde zulässig, wohl aber der **Antrag auf gerichtliche Entscheidung** an das OLG, gleichviel, ob die Einstellungsverfügung vom GStA bei diesem OLG oder vom GBA (§ 142a GVG) erlassen worden ist. Eine Beschwerde gegen den Beschluss des OLG ist nicht zulässig (BGH MDR 1992, 549; BGH NStZ 2003, 501). Die **Rechtskraft des Strafbefehls** war umstritten. Die Rspr. ging von einer **beschränkten Rechtskraft** aus und hielt es für zulässig, dass die durch Strafbefehl geahndete Tat nochmals verfolgt wurde, wenn sich ein nicht berücksichtigter Gesichtspunkt auftat, der eine erhöhte Strafbarkeit zu begründen vermochte (BGH 18, 141, 143 = NJW 1963, 260). Es ging dann auch um die Frage, ob ein erneutes Klageerzwingungsverfahren zulässig sei (s. KK-Schmid Rn. 61). Dieser Streit ist durch die gesetzliche Neufassung obsolet geworden. § 373a ergänzt nunmehr die Wiederaufnahmegründe des § 362 für den Fall, dass die frühere Verurteilung durch rechtskräftigen **Strafbefehl** ergangen ist. Eine Wiederaufnahme zuungunsten des Verurteilten ist danach zulässig, wenn die Tat (§ 264) auf Grund **neuer Tatsachen oder Beweismittel** nachträglich als **Verbrechen** (§ 12 Abs. 1 StGB) beurteilt werden könnte (s. § 373a Rn. 1).

§ 173 [Verfahren des Gerichts]

(1) **Auf Verlangen des Gerichts hat ihm die Staatsanwaltschaft die bisher von ihr geführten Verhandlungen vorzulegen.**

(2) **Das Gericht kann den Antrag unter Bestimmung einer Frist dem Beschuldigten zur Erklärung mitteilen.**

(3) **Das Gericht kann zur Vorbereitung seiner Entscheidung Ermittlungen anordnen und mit ihrer Vornahme einen beauftragten oder ersuchten Richter betrauen.**

1 Das OLG bestimmt das Verfahren nach **pflichtgemäßem Ermessen** (BVerfG NStZ 2002, 549). Vor der Entscheidung ist der GStA zu hören (§ 33 Abs. 2). Bei Unzulässigkeit ist die Anhörung des Beschuldigten nicht erforderlich. Er muss aber Gelegenheit zur Äußerung erhalten, bevor nach § 175 S. 1 die Klageerhebung gegen ihn beschlossen wird (BVerfGE 42, 175 = NJW 1976, 1629). Das zu Unrecht unterbliebene Gehör kann im weiteren Verfahren nicht nachgeholt werden; denn das Klageerzwingungsverfahren ist ein prozessual selbstständiges Verfahren (s. § 172 Rn. 6).

2 Nach **Abs. 3** kann das OLG **ergänzende** Ermittlungen anordnen. In der Praxis kommt der GStA einer entsprechenden prozeßleitenden Bitte des Senatsvorsitzenden nach. Die StA kann sich sodann der Hilfe der Polizei bedienen (§ 161 S. 2). **Unzulässig** ist die Anordnung ergänzender Ermittlungen zur Feststellung eines **unbekannten Täters** (OLG Hamburg MDR 1962, 252); jedoch kann ergänzend ermittelt werden, wenn der Täter einem bestimmten Dritten bekannt ist (OLG Hamburg NJW 1958, 34; KK-Schmid Rn. 4). Nach Durchführung der Ermittlungen kann die StA ggf. doch noch Anklage erheben (s. § 172 Rn. 12). Zur Möglichkeit, ausnahmsweise die StA aufzufordern, die Ermittlungen wieder aufzunehmen, s. § 172 Rn. 12.

§ 174 [Verwerfung des Antrags]

(1) **Ergibt sich kein genügender Anlaß zur Erhebung der öffentlichen Klage, so verwirft das Gericht den Antrag und setzt den Antragsteller, die Staatsanwaltschaft und den Beschuldigten von der Verwerfung in Kenntnis.**

(2) **Ist der Antrag verworfen, so kann die öffentliche Klage nur auf Grund neuer Tatsachen und Beweismittel erhoben werden.**

Vorbereitung der öffentlichen Klage **§ 174**

Diese Vorschrift regelt in **Abs. 1 nur die Verwerfung des unbegründeten** 1
Antrags und die Mitteilung hierüber. Das OLG verwirft den Antrag als **unzulässig**
(vgl. § 172 Rn. 5), wenn die erforderlichen **formellen** Voraussetzungen des § 172
nicht vorliegen (zB der Antragsteller ist nicht Anzeigender oder Verletzter) oder
wenn die Frist für die Vorschaltbeschwerde oder den Antrag verstrichen ist. In
diesem Fall wird der Beschluss dem Antragsteller und dem GStA formlos mitgeteilt
und dem Beschuldigten nur, wenn er zuvor nach § 173 Abs. 2 beteiligt ist. Die
Unzulässigkeitsverwerfung bewirkt nicht die beschränkte Rechtskraft nach **Abs. 2**
(KK-Schmidt Rn. 1). Gibt das Ergebnis der Ermittlungen **keinen genügenden**
Anlass – dieser Begriff wird auch in § 170 Abs. 1 verwendet, s. dort Rn. 1 – zur
Erhebung der öffentlichen Klage, so verwirft das OLG den Antrag als **unbegründet**. Es stellt dabei ohne Bindung an den Einstellungsbescheid der StA eigene
tatsächliche und rechtliche Erwägungen an. Der „genügende Anlass" setzt hinreichenden Tatverdacht iSd §§ 170 Abs. 1, 203 und damit die Wahrscheinlichkeit der
Verurteilung des Beschuldigten voraus (OLG Rostock NStZ-RR 1996, 272; KK-
Schmid Rn. 2).

Betrifft der Antrag eine Straftat, die von Amts wegen zu verfolgen ist, und ist er 2
schlüssig begründet, stellt jedoch das OLG nur den hinreichenden Tatverdacht für
ein **Privatklagedelikt** oder eine **OWiG** fest, so ist der Antrag als **unbegründet** –
und nicht als unzulässig – zu verwerfen; denn wegen des Offizialdelikts hat eine
sachliche Prüfung stattgefunden (OLG Celle NdsRpfl. 1963, 258; Meyer-Goßner
Rn. 2). Der Antrag ist aber als unzulässig zu verwerfen, wenn schon die Begründung ergibt, dass kein Offizialdelikt vorliegt. Die StA ist dadurch nicht gehindert,
wegen des Privatklagedelikts nach Bejahung des öffentlichen Interesses die öffentliche Klage zu erheben; denn die Rechtskraft des Beschlusses erstreckt sich auf dieses
nicht (KK-Schmid Rn. 3).

Zur **Einstellung** des Verfahrens nach §§ 153 ff. ist das OLG nicht befugt (OLG 3
Hamburg VRS 38, 442; Meyer-Goßner Rn. 3 mwN). Liegen diese Voraussetzungen vor, so hatte bereits die StA und später der GStA bei der Entscheidung über die
Vorschaltbeschwerde die Möglichkeit, hiervon Gebrauch zu machen. Neben den
geltend gemachten dogmatischen Bedenken besteht also kein Bedürfnis für die
Anwendung der §§ 153 ff. (Rieß-LR 9, 10).

Die Entscheidung ergeht durch **Beschluss.** Er muss erkennen lassen, ob der 4
Antrag als unzulässig oder als unbegründet verworfen wird. Er ist nach § 34 zu
begründen und wenn erforderlich mit einer Kostenentscheidung nach § 177 zu
verbinden. Kraft gesetzlicher Vorschrift ist der Beschluss **bekanntzumachen.** Eine
Zustellung (§ 35 Abs. 2 S. 2) ist nicht erforderlich (Rieß-LR Rn. 12). Eine Beschwerde ist nicht statthaft (§ 304 Abs. 4 S. 2). Gegenvorstellungen steht die beschränkte Rechtskraft der Sachentscheidung nach **Abs. 2** entgegen (OLG Nürnberg MDR 1966, 351; KK-Schmid Rn. 5).

Die **beschränkte Rechtskraftwirkung** nach **Abs. 2** entfaltet nur der Be- 5
schluss, der den Antrag als **unbegründet** verwirft. Die StA kann nur auf Grund
neuer Tatsachen oder Beweismittel erneut öffentliche Anklage erheben. **Neu**
sind Tatsachen und Beweismittel, die dem OLG bei seiner Entscheidung noch
nicht bekannt waren; auf die Kenntnis des Antragstellers kommt es nicht an (RG
56, 92; Meyer-Goßner Rn. 6). Ist der Antrag wegen eines **Verfahrenshindernisses** verworfen worden, so tritt der beschränkte Strafklageverbrauch nur hinsichtlich dieses Grundes ein. Es müssen daher insoweit neue Tatsachen und
Beweismittel vorgebracht werden (KK-Schmid Rn. 7). Ist ein Antrag auf gerichtliche Entscheidung nicht gestellt, zurückgenommen oder als unzulässig verworfen worden, so tritt die Wirkung des Abs. 2 nicht ein (OLG Celle NJW 1958,
1972).

§ 175 [Beschluß auf Anklageerhebung]

¹Erachtet das Gericht nach Anhörung des Beschuldigten den Antrag für begründet, so beschließt es die Erhebung der öffentlichen Klage. ²Die Durchführung dieses Beschlusses liegt der Staatsanwaltschaft ob.

1 Das OLG hat die Erhebung der öffentlichen Klage – nach Anhörung des Beschuldigten, s. § 173 Rn. 1 – zu beschließen, wenn es den zulässigen Klageerzwingungsantrag für **begründet** hält, ggf. nach ergänzenden Ermittlungen gemäß § 173 Abs. 3 (s. dort Rn. 2). Der Antrag ist begründet, wenn **hinreichender Tatverdacht** (s. § 172 Rn. 7) wegen eines Offizialdelikts besteht. Wenn nur hinsichtlich einzelner von mehreren prozessualen Taten oder mehreren Beschuldigten hinreichender Tatverdacht besteht, so ist lediglich insoweit nach § 175 zu verfahren (Rieß-LR Rn. 1).

2 Die **Anordnung der öffentlichen Klage** erfolgt durch Beschluss des OLG. Er muss das Wesentliche enthalten, das die StA in ihrer Klage aufzunehmen hat (§ 200), die Tat muss also nach Ort, Zeit und Umständen ihrer Begehung ebenso aufgeführt sein wie die anzuwendenden Strafvorschriften und die Beweismittel. Ferner enthält der Beschluss die Gründe, die eine Erhebung der öffentlichen Klage in dieser Form rechtfertigen (KK-Schmid Rn. 3). Das kann zB in der Form geschehen, dass das OLG einen förmlichen **Anklagesatz** formuliert, dem es ungefähr den Satz voranstellt: „Die StA hat wegen folgender Tat öffentlich Klage zu erheben." Die übrigen Bestandteile der Klage braucht der Beschluss nicht zu enthalten, auch nicht das Gericht, bei dem die öffentliche Klage erhoben werden soll (Rieß-LR Rn. 4). Zur Möglichkeit, ausnahmsweise die StA aufzufordern, die Ermittlungen wieder aufzunehmen, s. § 172 Rn. 12. **Auszuführen** hat die StA den Beschluss. Ihr obliegt auch die Wahl des Gerichts nach den §§ 24 ff. GVG. Sie ist an den Beschluss in tatsächlicher und rechtlicher Hinsicht gebunden und kann das Verfahren nicht mehr nach § 153 Abs. 1 einstellen, auch nicht nach § 153 a Abs. 1. Jedoch sind das Gericht und die StA nach Klageerhebung nicht gehindert, § 153 Abs. 2 anzuwenden oder nach § 153 a Abs. 2 zu verfahren. Zurücknehmen darf die StA die Klage nicht mehr, weil sie dadurch den Beschluss des OLG vereiteln würde, es sei denn, dass sie die Klage nur alsbald bei einem anderen zuständigen Gericht erheben will (Meyer-Goßner Rn. 3).

3 Der Beschluss enthält **keine Kostenentscheidung** (sind Kosten des Verfahrens). Er ist nicht anfechtbar (§ 304 Abs. 4 S. 2) und wird dem Antragsteller und der StA mitgeteilt (§ 35 Abs. 2) sowie üblicherweise auch dem Beschuldigten. Da § 395 Abs. 1 Nr. 3 dem erfolgreichen Antragsteller den Anschluss als **Nebenkläger** ermöglicht, das Vorgehen im **Strafbefehlsverfahren** aber diese Beteiligung nicht gewährleistet und auch nicht die Pflicht zur Erstattung seiner notwendigen Auslagen, wird das Strafbefehlsverfahren als rechtlich unzulässig angesehen (Rieß-LR Rn. 13; KK-Wache/Schmid Rn. 6). Wegen der **Bindung** kann die StA das Verfahren auch nicht mehr nach dem Opportunitätsgrundsatz in Anwendung einer der in § 172 Abs. 2 S. 3 genannten Bestimmungen einstellen (KK-Schmid Rn. 7). **Nach Klageerhebung entfällt diese Bindungswirkung** des Beschlusses des OLG für die StA und für das angegangene Gericht (OLG Karlsruhe NJW 1977, 62). Der Beschluss des OLG wird gegenstandslos, wenn die Tat, derentwegen Anklage erhoben werden soll, inzwischen Gegenstand eines gerichtlichen Strafverfahrens geworden ist (Meyer-Goßner Rn. 4).

§ 176 [Sicherheitsleistung]

(1) ¹Durch Beschluß des Gerichts kann dem Antragsteller vor der Entscheidung über den Antrag die Leistung einer Sicherheit für die Kosten auferlegt werden, die durch das Verfahren über den Antrag voraussichtlich

der Staatskasse und dem Beschuldigten erwachsen. ²Die Sicherheitsleistung ist durch Hinterlegung in barem Geld oder in Wertpapieren zu bewirken. ³Die Höhe der zu leistenden Sicherheit wird vom Gericht nach freiem Ermessen festgesetzt. ⁴Es hat zugleich eine Frist zu bestimmen, binnen welcher die Sicherheit zu leisten ist.

(2) Wird die Sicherheit in der bestimmten Frist nicht geleistet, so hat das Gericht den Antrag für zurückgenommen zu erklären.

Der Beschluss ist **unanfechtbar** (§ 304 Abs. 4 S. 2); er ist förmlich zuzustellen, **1** da seine Bekanntmachung die Frist nach **Abs. 1 S. 4** in Lauf setzt (§ 35 Abs. 2). Bei **Versäumung** der gesetzten Frist muss das Gericht durch Beschluss den Antrag für zurückgenommen erklären (Abs. 2). Bei unverschuldeter Fristversäumnis ist Wiedereinsetzung in den vorigen Stand (§§ 44 ff.) möglich. Der Beschluss nach Abs. 2 steht einem neuen Antrag innerhalb der Monatsfrist nach § 172 Abs. 2 S. 1 nicht entgegen (KK-Schmid Rn. 4).

Ist dem Antragsteller **Prozesskostenhilfe** bewilligt worden, so darf ihm keine **2** Sicherheitsleistung abverlangt werden (§ 172 Abs. 3 Halbs. 2 iVm § 122 Abs. 1 Nr. 2 ZPO). § 176 ist nicht auf **unzulässige Anträge** anwendbar; denn diese lösen keine Kosten aus (s. § 177 Rn. 1).

§ 177 [Kosten]

Die durch das Verfahren über den Antrag veranlaßten Kosten sind in den Fällen der §§ 174 und 176 Abs. 2 dem Antragsteller aufzuerlegen.

Eine **Kostenentscheidung** hat zu ergehen, wenn der Antrag nach § 174 Abs. 1 **1** als **unbegründet** verworfen oder nach § 176 Abs. 2 **für zurückgenommen** erklärt wird. **Keine** Kostenentscheidung ergeht: bei Erledigung des Antrages infolge Wiederaufnahme des Verfahrens durch die StA (OLG Koblenz NStZ 1990, 48); wenn der Antrag zurückgenommen wird (OLG Celle NdsRpfl. 1988, 242; OLG Zweibrücken MDR 1985, 250 – die Möglichkeit einer Kostenentscheidung bleibt unberührt); wenn der Antrag aus formellen Gründen als unzulässig verworfen wird (OLG Koblenz NJW 1977, 1461; OLG Koblenz wistra 1985, 83); wenn der Antragsteller vor der Entscheidung des OLG stirbt (OLG Düsseldorf MDR 1984, 512); ebenso beim Tod des Beschuldigten. Wird dem Antrag **stattgegeben,** so sind die im Klageerzwingungsverfahren entstandenen Kosten Teil der Kosten des Strafverfahrens. Hat sich der Antragsteller dem gerichtlichen Verfahren als Nebenkläger gemäß § 395 Abs. 1 Nr. 3 angeschlossen, so fallen seine notwendigen Auslagen als Teil der Verfahrenskosten dem Angeklagten zur Last (KK-Schmid Rn. 4). **Stirbt** der Antragsteller, bevor das OLG über seinen Antrag entschieden hat, so ist das Klageerzwingungsverfahren – entsprechend der Regelung beim Nebenkläger, § 402 – erledigt; eine Kostenentscheidung kommt nicht in Betracht, da noch keine Kostenpflichten entstanden sind (OLG Düsseldorf MDR 1984, 512). Dasselbe gilt für den **Tod des Beschuldigten,** der das Verfahren beendet (KK-Schmid Rn. 2).

Bei den **veranlassten Kosten** handelt es sich um die Gerichtsgebühr nach **2** Nr. 1638 KVGKG, die Kosten etwaiger Ermittlungen nach § 173 Abs. 3 und die notwendigen Auslagen des Beschuldigten (§ 464 a Abs. 2) im OLG-Verfahren (OLG Stuttgart NJW 1962, 2021; OLG Koblenz NStZ 1990, 48).

Dritter Abschnitt (weggefallen)

§§ 178–197 (weggefallen)

Vierter Abschnitt.
Entscheidung über die Eröffnung des Hauptverfahrens

1 Das **Zwischenverfahren** (Eröffnungsverfahren) **beginnt** mit der Einreichung der **Anklageschrift**. Nach Anhörung des Angeschuldigten gemäß § 201 entscheidet das Gericht – ggf. nach weiterer Aufklärung des Sachverhalts (§ 202) – darüber, ob das **Hauptverfahren zu eröffnen** ist (§ 203) oder ob die Eröffnung des Hauptverfahrens **abzulehnen** ist (§ 204). Die Hauptbedeutung des Eröffnungsverfahrens liegt in der Filterwirkung des Gerichts, das durch **eigenständige Prüfung**, ob „der Angeschuldigte **hinreichend verdächtig** erscheint" (§ 203), verhindern soll, dass es zu Hauptverfahren auf Grund **ungerechtfertigter** oder überschießender **Anklagen** kommt; insofern schützt das Eröffnungsverfahren sowohl den Angeschuldigten als auch die Gerichte und sonstige Prozessbeteiligte vor **vermeidbaren überflüssigen Belastungen** (Eisenberg Beweisrecht Rn. 745). Dabei hat das Gericht die Prozessvoraussetzungen **von Amts** wegen zu prüfen. Liegt ein **endgültiges** Verfahrenshindernis vor, beschließt das Gericht, das Hauptverfahren nicht zu eröffnen (§ 204). Bei einem nur **vorübergehenden** Prozesshindernis kann das Gericht das Verfahren nach § 205 direkt oder analog **vorläufig** einstellen (Beulke Strafprozessrecht Rn. 291). Mit der Eröffnung des Hauptverfahrens (Zulassung der Anklage, § 207) wird der **Verfahrensstoff** bestimmt und die **Rechtshängigkeit** (vgl. § 156) erzeugt.

§ 198 (weggefallen)

§ 199 [Entscheidung über Eröffnung des Hauptverfahrens]

(1) **Das für die Hauptverhandlung zuständige Gericht entscheidet darüber, ob das Hauptverfahren zu eröffnen oder das Verfahren vorläufig einzustellen ist.**

(2) ¹**Die Anklageschrift enthält den Antrag, das Hauptverfahren zu eröffnen.** ²**Mit ihr werden die Akten dem Gericht vorgelegt.**

1 Diese Vorschrift ist die **Grundnorm** für das Eröffnungsverfahren (Zwischenverfahren). Ein förmliches Zwischenverfahren findet nicht statt: im beschleunigten Verfahren, im Strafbefehlsverfahren, im vereinfachten Jugendverfahren und im objektiven Einziehungsverfahren. § 199 bestimmt, dass die Eröffnungsentscheidung durch das für das **Hauptverfahren** zuständige Gericht zu treffen ist, und nicht durch einen „Eröffnungsrichter" (Rieß-LR Rn. 1). Der mit der Anklageschrift zu verbindende Antrag **(Abs. 2 S. 1)** geht inhaltlich dahin, das beschließende Gericht möge entscheiden, dass eine Hauptverhandlung stattfinden (Roxin § 38 Rn. 14). Die Vorschrift bestimmt weiter, dass die Anklageschrift **mit den Akten** vorgelegt werden muss **(Abs. 2 S. 2)**. Ohne eine solche Anklageschrift, die **Prozessvoraussetzung** und in jedem Stadium des Verfahrens von Amts wegen zu prüfen ist (BGH 5, 227 = NJW 1954, 1005), kann ein wirksames Eröffnungsverfahren nicht in Gang gesetzt werden. Mit dem Eingang der Anklageschrift der StA (oder der privatklägerischen Anklageschrift) bei Gericht wird das Strafverfahren bei Gericht **anhängig**. Die **Verfahrensherrschaft** geht auf das Gericht über; sie kann aber dem Richter wieder gemäß § 156 entzogen werden. Auf das Gericht geht die Zuständigkeit für **Haftentscheidungen** und einzelne Haftmaßnahmen über, zB die Briefzensur durch den Vorsitzenden (§ 126 Abs. 2).

2 Zu den **Akten,** die dem Gericht vorgelegt werden müssen **(Abs. 2 S. 2),** gehören alle Vorgänge, die die Polizei nach § 163 Abs. 2 S. 1 übersandt hat, und auch die bei der StA entstandenen Vorgänge mit Ausnahme der **Handakten** (BGH 30, 138 = NJW 1981, 2267; KK-Tolksdorf Rn. 1). Die StA darf kein be- und entlastendes Material zurückhalten. Zum Umfang der zugänglich zu machenden Akten mit **Spurakten** s. § 147 Rn. 3 ff.; Spurenakten sind nur vorzulegen, wenn sie Anhaltspunkte zur Sachaufklärung bieten (BGH 30, 131 = NJW 1981, 2267). Ist das Gericht der Ansicht, dass die vorgelegten Akten unvollständig sind, hat es die StA zur Vervollständigung aufzufordern; eine Sanktion gibt es aber nicht. Die Unvollständigkeit kann aber dazu führen, dass nach §§ 203, 204 die Eröffnung mangels hinreichenden Tatverdachts abzulehnen ist (AK/StPO-Loos Rn. 9). Zur Dauer der Aufbewahrung von Spurenakten nach vorläufiger Einstellung des Ermittlungsverfahrens (Schnarr ZRP 1996, 128).

Das Gericht kann das Hauptverfahren ganz oder teilweise **eröffnen** oder dessen 3 Eröffnung ganz oder teilweise **ablehnen** (§§ 203, 204). Es kann das Verfahren aber auch nach den entsprechenden Vorschriften ganz oder teilweise **einstellen** oder die Verfolgung **beschränken**. Die Entscheidung ergeht durch **Beschluss**, und zwar beim OLG durch den Strafsenat in der Besetzung mit 5 Richtern (§ 122 Abs. 2 S. 2 GVG), beim LG durch die Strafkammer in der Besetzung außerhalb der Hauptverhandlung (§ 76 Abs. 1 GVG), beim AG – auch in Schöffengerichtssachen – durch den Richter beim AG (§ 30 Abs. 2 GVG). Zur **Anfechtbarkeit** der Entscheidung s. § 210.

§ 200 [Inhalt der Anklageschrift] RiStBV 110 bis 113, 280

(1) ¹**Die Anklageschrift hat den Angeschuldigten, die Tat, die ihm zur Last gelegt wird, Zeit und Ort ihrer Begehung, die gesetzlichen Merkmale der Straftat und die anzuwendenden Strafvorschriften zu bezeichnen (Anklagesatz).** ²**In ihr sind ferner die Beweismittel, das Gericht, vor dem die Hauptverhandlung stattfinden soll, und der Verteidiger anzugeben.** ³**Bei der Benennung von Zeugen genügt in den Fällen des § 68 Abs. 1 Satz 2, Abs. 2 Satz 1 die Angabe der ladungsfähigen Anschrift.** ⁴**Wird ein Zeuge benannt, dessen Identität ganz oder teilweise nicht offenbart werden soll, so ist dies anzugeben; für die Geheimhaltung des Wohn- oder Aufenthaltsortes des Zeugen gilt dies entsprechend.**

(2) ¹**In der Anklageschrift wird auch das wesentliche Ergebnis der Ermittlungen dargestellt.** ²**Davon kann abgesehen werden, wenn Anklage beim Strafrichter erhoben wird.**

„Die **Anklageschrift** hat die dem Angeklagten zur Last gelegte Tat sowie Zeit 1 und Ort ihrer Begehung so genau zu bezeichnen, dass die Identität des geschichtlichen Vorgangs klargestellt und erkennbar wird, welche bestimmte Tat gemeint ist; sie muss sich von anderen gleichartigen strafbaren Handlungen desselben Täters unterscheiden lassen (...). Darüber hinaus muss nicht unklar bleiben, über welchen Sachverhalt das Gericht nach dem Willen der StA urteilen soll" (BGH 40, 45 = NJW 1994, 2556). Fehlt es hieran, ist die Anklage unwirksam (BGH NStZ 1992, 553; BGH 40, 45). Die Anklageschrift hat aber eine **doppelte Bedeutung.** „Sie dient einmal der Bestimmung des Prozessgegenstandes und hat insoweit eine **Umgrenzungsfunktion.** Der Prozessgegenstand wird durch die Bezeichnung des Angeschuldigten und die Schilderung der Tat als des historischen Lebensvorgangs, der dem Angeschuldigten zur Last gelegt werden soll, bestimmt. Die weiteren nach § 200 StPO in der Anklageschrift aufzunehmenden Angaben haben eine **Informationsfunktion.** Der Angeklagte soll durch sie in die Lage versetzt werden, sich sachgerecht zu verteidigen" (BayObLG wistra 1991, 195; vgl. BGH 40, 392 = NJW 1995, 1221). „Bei einer – durch die Natur der Sache bedingt – im tatsächlichen **ungenauen Fassung der Anklageschrift** ist das Gericht verpflichtet, dem Angeklagten rechtliches Ge-

§ 200 Zweites Buch. 4. Abschnitt

hör zu gewähren, sobald sich die Möglichkeit der genaueren Beschreibung des Tatablaufs ergibt" (BGH 44, 153 = NJW 1998, 3788 im Anschluss an BGH 40, 48 = NJW 1994, 2556). Das Gericht muss in einem solchen Fall den Angeklagten durch ausdrücklichen Hinweis konkret und eindeutig unterrichten, welchen genaueren Tatablauf es dem weiteren Verfahren zugrunde legen will; diese Unterrichtung muss – regelmäßig im Hauptverhandlungsprotokoll – dokumentiert werden (BGH 44, 153 = NJW 1998, 3788). Da der in der Anklageschrift enthaltene **Anklagesatz** durch Zulassung notwendig integrierender Bestandteil des Eröffnungsbeschlusses wird, sind das Fehlen und die Mängel des Anklagesatzes zugleich Mängel des Eröffnungsbeschlusses (BGH GA 1973, 111; BGH NStZ 1982, 189). Der Anklageschrift kommt demnach in der staatsanwaltschaftlichen Tätigkeit eine überragende Bedeutung zu (KK-Tolksdorf Rn. 1). Der **Hauptteil** der Anklageschrift ist der **Anklagesatz (Abs. 1 S. 1);** ihm folgt die Angabe der Beweismittel **(Abs. 1 S. 2)** und der zweite Teil, zu dem das wesentliche Ergebnis der Ermittlungen gehört **(Abs. 2 S. 1).** Am Ende enthält die Anklageschrift die Anträge der StA auf Eröffnung des Hauptverfahrens (§ 199 Abs. 2 S. 1) und unter Umständen auf Erlass oder Aufrechterhaltung (vgl. § 207 Abs. 4) eines Haft- oder Unterbringungsbefehls (Meyer-Goßner Rn. 4).

2 Der **Anklagesatz** ist der **Hauptteil** der Anklageschrift. Das zeigen § 243 Abs. 3 und die §§ 114 Abs. 2 Nr. 1 und 2, 270 Abs. 2, 383 Abs. 1 S. 2. Den Inhalt regelt **Abs. 1 S. 1.** Der Name des **Angeschuldigten** ist anzugeben. Der Angeschuldigte ist so genau zu bezeichnen, dass eine Verwechslung ausgeschlossen ist. Wenn feststellbar, sind anzugeben: Familienname, Vorname – Rufname unterstrichen –, bei Ehefrauen auch der Geburtsname, ausgeübter Beruf, Wohnung und Wohnort, Familienstand, Geburtstag, Geburtsort, Staatsangehörigkeit, bei Minderjährigen Namen und Anschrift des gesetzlichen Vertreters, und der Name **des Verteidigers** (RiStBV Nr. 110). Zum **falschen Namen** des Angeklagten s. § 155 Rn. 1. Vorstrafen und Religionsangehörigkeit sind nicht anzugeben (vgl. § 243 Abs. 3 S. 3). „Wer Angeklagter ist, bestimmt sich nicht danach, gegen wen sich der Tatvorwurf richtet, sondern allein danach, wer nach der zugelassenen Anklage eines strafbaren Verhaltens beschuldigt wird" (BGH NStZ 1990, 292). Das gilt auch im Falle der Personenverwechslung.

3 Die **Tat** iSd **Abs. 1 S. 1** ist das Tatgeschehen als historischer Vorgang, in welchem die strafbare Handlung gesehen wird (BGH 29, 126 = NJW 1980, 897; 32, 216 = NJW 1984, 808). Oder mit den Worten des BGH: Der Anklagesatz „hat die dem Angeklagten zur Last gelegte Tat sowie Zeit und Ort ihrer Begehung so genau zu bezeichnen, dass die Identität des geschichtlichen Vorgangs klargestellt und erkennbar wird, welche bestimmte Tat gemeint ist; sie muss sich von anderen gleichartigen strafbaren Handlungen desselben Täters unterscheiden lassen … Es darf nicht unklar bleiben, über welchen Sachverhalt das Gericht nach dem Willen der StA urteilen soll … Fehlt es hieran, ist die Anklage unwirksam" (BGH NJW 1994, 2556; BGH NStZ 1997, 331). Beim Vorwurf einer **Unterschlagung** muss zB der Tatgegenstand genau bezeichnet werden, hierbei reicht die Kennzeichnung „Firmenunterlagen" nicht aus. Die Konkretisierung darf nicht der Hauptverhandlung vorbehalten werden (OLG Jena NStZ-RR 1998, 144). Auch bei **Verkehrsstrafsachen** kann die prozessuale Tat bei falscher Angabe von Tattag und Tatzeit in der Anklageschrift noch hinreichend dadurch individualisiert sein, dass Tatort und Tathergang zutreffend wiedergegeben sind (OLG Celle NStZ-RR 1997, 367; vgl. auch BGH 22, 92 = NJW 1968, 1148; 32, 218 = NJW 1084, 808; OLG Hamm NStZ-RR 1997, 80). Bei einer Vielzahl **sexueller Übergriffe gegen Kinder,** die häufig erst nach Jahren aufgedeckt werden, ist es für die notwendige Individualisierung in der Anklageschrift als ausreichend anzusehen, wenn das Tatopfer, die Grundzüge der Art und Weise der Tatbegehung, ein bestimmter Tatzeitraum und die (Höchst-)Zahl der vorgeworfenen Straftaten, die Gegenstand des Verfahrens sein

Entscheidung über die Eröffnung des Hauptverfahrens § 200

sollen, mitgeteilt werden (BGH NStZ 1999, 13; BGH NStZ 1995, 245). Bei **sexuellem Missbrauch von Kindern** sind an die Individualisierung und Konkretisierung der Einzelfälle im Anklagesatz umso geringere Anforderungen zu stellen, je jünger das missbrauchte Kind zur Tatzeit war und je länger die Taten zurückliegen; ebenso bei geistig behinderten Kindern (OLG Bamberg NJW 1995, 1167). Auf der anderen Seite ist aber anerkannt, dass eine unzureichende Konkretisierung der Taten nicht dazu führen darf, dass nur vage, unbestimmte Tatvorwürfe den Angeklagten in seinen Verteidigungsmöglichkeiten unangemessen beschränken (BGH NStZ 1996, 294). Bei einer **Vielzahl** von Handlungen gegenüber demselben Geschädigten müssen die einzelnen Taten deutlich voneinander abgegrenzt werden. Bei einer **Serie** von Straftaten muss daher zunächst versucht werden, die einzelnen Taten nach konkreten Tatbildern zu beschreiben (BGH NStZ 1994, 352). Wenn dies nicht möglich ist, die einzelnen Taten nach Tatbegehung oder Tatort also nicht individualisierbar sind, weil sie sich stets in derselben Weise am selben Ort abgespielt haben, muss eine zeitliche Eingrenzung vorgenommen werden. Lassen sich auch insoweit keine genauen Feststellungen mehr treffen, ist nach dem Zweifelsgrundsatz von **Mindestzahlen** auszugehen. Unter Umständen kommt eine **Konkretisierung** durch das Gericht in Betracht. Aber aus dem in Art. 103 Abs. 1 GG gewährleisteten Anspruch auf rechtliches Gehör – der in § 265 eine strafprozessuale Konkretisierung erfahren hat – folgt jedoch, dass das Gericht, wenn es bei einer zwar **noch zulässigen, aber ungenauen Fassung** der Anklage – anders als diese – von nach Ort, Zeit und Tatbegehung konkret bestimmten Tat ausgehen will, den Angeklagten entsprechend § 265 darauf hinzuweisen hat. Es muss ihm zudem Gelegenheit geben, sich dazu zu äußern und seine Verteidigung darauf einzurichten (BGH NStZ 1996, 295). Ist eine Vielzahl von **Personen verletzt oder getötet** worden, so müssen die festgestellten Geschädigten aufgezählt oder so bezeichnet werden, dass die Tat insgesamt genügend konkretisiert ist; eine sonstige Generalklausel genügt nicht (BGH NStZ 1984, 229; OLG Stuttgart Justiz 1993, 266; Meyer-Goßner Rn. 9). Jedoch kann der Mangel einer solchen Rahmenklage durch § 154a geheilt werden. Was die Tatzeit angeht, muss wenigstens der **Zeitraum** angegeben werden, über den sich die Tat insgesamt erstreckt hat (BGH MDR 1972, 752). Bei einer **fortgesetzten Handlung** muss ebenfalls der Tatzeitraum benannt werden, in dem sich die genau zu beschreibenden Handlungen abgespielt haben sollen. Lassen sich Einzelakte feststellen, sind diese und die **Mindestzahl** der Fälle anzugeben. Aber die fortgesetzte Handlung ist durch die Entscheidung des BGH Großer Strafsenat v. 3. 5. 1994 (BGH 40, 138 = NJW 1994, 1663) – aus mehreren Gründen – als Rechtsfigur in ihrer bisherigen Bedeutung und Ausgestaltung **praktisch aufgegeben** worden. Eine fortgesetzte Handlung als Zusammenfassung mehrerer gleichartiger, voneinander abgrenzbarer Einzelstraftaten, die rechtlich als solche erfasst werden können, zu einer rechtlichen Handlungseinheit kommt danach nicht mehr in Betracht. Der fortgesetzten Handlung ist vielmehr eine grundlegend **andere Bedeutung** gegeben worden: Sie darf nur noch dann angenommen werden, „wenn die Verbindung mehrerer Verhaltensweisen, die jede für sich einen Straftatbestand erfüllen, zur sachgerechten Erfassung des verwirklichten Unrechts und der Schuld unumgänglich ist". Dies richtet sich aber nicht nach dem zu beurteilenden tatsächlichen Geschehen, sondern **„ist am Straftatbestand zu messen"**. Das bedeutet, dass eine fortgesetzte Handlung **„tatbestandsindiziert"** sein muss, also nur noch bei solchen Deliktstatbeständen gegeben sein kann, die in erster Linie auf die über den Einzelfall hinausreichenden mehrfachen Tatbestandsverwirklichungen abzielen. Bloße Zweckmäßigkeitserwägungen oder Beweisschwierigkeiten können die Annahme einer fortgesetzten Handlung nicht begründen (Meyer-Goßner Rn. 14, 42. Aufl.). Welche Straftatbestände eine fortgesetzte Handlung „indizieren", hat der Große Strafsenat nicht angedeutet. Feststeht aber, dass eine solche „tatbestandsbestimmte" fortgesetzte Handlung eine seltene **Ausnahme** sein wird (Zschockelt

§ 200
Zweites Buch. 4. Abschnitt

NStZ 1994, 361). Für **Vermögensstraftaten** und **Sexualdelikte** hat sie bereits der Große Strafsenat ausgeschlossen. Sie kommt ferner nicht in Betracht: bei **Betäubungsmittel-Straftaten** (BGH NStZ 1994, 494) und **Steuerhinterziehungen** (BGH NJW 1994, 2368). Bei einer Vielzahl von Straftaten steht also die Tatmehrheit im Vordergrund und das hat Auswirkungen auf die Anklageschrift. Nach der Rspr. des BGH gehören **Umstände, die ausschließlich für die Rechtsfolgen der Tat** von Bedeutung sein können, nicht in den Anklagesatz (BGH 29, 126 = NJW 1980, 897; KK-Tolksdorf Rn. 9 mwN).

4   Die **gesetzlichen Merkmale der Straftat** sind im Anklagesatz anzugeben. Sie benennen die Merkmale des abstrakten Tatbestandes, unter die der angegebene tatsächliche Vorgang subsumiert werden kann. Neben den objektiven Merkmalen der Tatbestände des Besonderen Teils oder des Nebenstrafrechts sind auch die Merkmale der subjektiven Tatseite (zB Vorsatz, Fahrlässigkeit usw.) anzugeben, aber auch die Beteiligungsart (Täterschaft, Anstiftung, Beihilfe), die Verwirklichung (Versuch, Unternehmen) und die Konkurrenzen. Außerdem sind auch die erstrebten Nebenstrafen, Nebenfolgen und Maßregeln der Besserung zu nennen (AK/StPO-Loos Rn. 12).

5   Auch die **anzuwendenden Strafvorschriften** sind im Anklagesatz anzugeben, zB: strafbar eines Vergehens des Diebstahls nach § 242 StGB, also unter Hervorhebung des Deliktscharakters. Da darauf zu achten ist, dass die Verfahrensbeteiligten möglichst weitgehend über den strafrechtlichen Vorwurf informiert werden, ist hier anzugeben, ob ein Fall eines gesetzlich benannten Strafschärfungs- oder Strafmilderungsgrundes angenommen wird, zB ein besonders schwerer Diebstahl nach § 243 StG oder verminderte Schuldfähigkeit, § 21 StGB (KK-Tolksdorf Rn. 13).

6   Der in Rn. 2–5 dargestellte Teil ist der **Anklagesatz (Abs. 1 S. 1).** Diesen hat die StA in der Hauptverhandlung gemäß **§ 243 Abs. 3 vorzutragen;** auf dem Nichtverlesen braucht das Urteil nicht zu beruhen (BGH NStZ 1995, 200). Er darf **keine Beweiswürdigung** enthalten (BGH NStZ 1987, 181). **Umstände, die ausschließlich für die Rechtsfolgen der Tat von Bedeutung sind,** gehören nicht in den Anklagesatz (BGH 16, 47 = NJW 1961, 1222; 29, 274 = NJW 1980, 2479; KK-Tolksdorf Rn. 14). Aber **Umstände,** durch welche ein **qualifizierter Tatbestand** verwirclicht wird, sind im Anklagesatz anzugeben, zB in den Fällen § 221 Abs. 2 u. 4 StGB. Lässt der Straftatbestand mehrere Begehungsweisen **alternativ** zu, muss die bei den gesetzlichen Merkmalen anzugebende Alternative durch Angabe von Tatsachen belegt werden (BGH NStZ 1984, 133; KK-Tolksdorf Rn. 13).

7   Nach **Abs. 1 S. 2 bis 4** sind die **Beweismittel** anzuführen. Damit werden Gericht und Verfahrensbeteiligte darüber informiert, aus welchen Gründen die StA die Anklage für berechtigt hält. Verzeichnet werden die wesentlichen **persönlichen** und **sachlichen** Beweismittel. Bei den Zeugen und Sachverständigen sind grundsätzlich die Namen und Anschriften anzugeben (§ 222; OLG Celle NJW 1970, 580). Die StA gibt nur die Beweismittel an, deren Verwendung sie in der Hauptverhandlung für **notwendig** hält (RiStBV Nr. 111 Abs. 1). Soll nach ihrer Auffassung ein Zeuge oder Sachverständiger nicht geladen werden, sondern die Vernehmung einer Niederschrift oder Erklärung verlesen werden (§§ 251 Abs. 1 und 2, 256), so wird nur das Schriftstück unter den Urkunden als Beweismittel aufgeführt. Das Gericht hat übrigens nach § 222 der StA und den Verfahrensbeteiligten sämtlicher geladenen Zeugen und Sachverständigen mit Wohn- und Aufenthaltsort namhaft zu machen, auch wenn diese in der Anklageschrift aufgeführt sind. Aus Gründen des **Zeugenschutzes** darf nach § 68 statt des Wohnortes eine ladungsfähige Anschrift angegeben werden, falls der Wohnort oder die Identität des Zeugen ganz oder teilweise **geheimgehalten** werden sollen; dies ist anzugeben (Meyer-Goßner Rn. 16, 16 a).

8   Die Darstellung des **wesentlichen Ergebnisses der Ermittlungen** ist grundsätzlich zwingend, aber bei Anklagen zum Strafrichter und zum Jugendrichter (§ 39

Entscheidung über die Eröffnung des Hauptverfahrens **§ 200**

JGG) fakultativ vorgeschrieben (vgl. RiStBV Nr. 112). Sie soll den Beschuldigten, den Verteidiger, das Gericht und den Sitzungsvertreter der StA in gedrängter Form über den Sachstand, die Beweislast und alle sonstigen für die Entscheidung relevanten Umstände **unterrichten** (Rieß-LR Rn. 24). „Die **Unvollständigkeit** des **wesentlichen Ergebnisses** der Ermittlungen führt nicht zur Unwirksamkeit der Anklage und des sie zur Hauptverhandlung zulassenden Eröffnungsbeschlusses". **Mängel**, die nicht die Umgrenzungsfunktion der Anklage, sondern ihre Informationsaufgabe betreffen, berechtigen das Gericht grundsätzlich nicht zur Ablehnung der Eröffnung des Hauptverfahrens und stellen **kein Verfahrenshindernis** dar (BGH 40, 392 = NJW 1996, 1221). Aber ein **vollständiges Fehlen** der Darstellung des wesentlichen Ergebnisses der Ermittlungen führt zur Unwirksamkeit der Anklage (OLG Düsseldorf NStZ-RR 1997, 109; OLG Schleswig NStZ-RR 1996, 111). Die Ergebnisse der Ermittlungen nach § 160 Abs. 3 zu den Umständen, die für die **Rechtsfolgenbestimmung** wichtig sind, müssen dargestellt werden. Hierher gehören auch die persönlichen Verhältnisse des Beschuldigten, insbesondere dann, wenn eine Geldstrafe in Betracht kommt (wegen der Höhe des Tagessatzes, § 40 Abs. 2 StGB). Auch Tatsachen sind aufzunehmen, die für die Anordnung einer Nebenstrafe, Maßregel oder Nebenfolge von Bedeutung sind; ebenso verwertbare Vorstrafen oder sonstige Erkenntnisse aus dem Zentralregister und dem Erziehungsregister. **Rechtsausführungen** sind entbehrlich, es sei denn, dass kontrovers gewordene Rechtsfragen von Bedeutung sind (Meyer-Goßner Rn. 19). Der Rechtsweg nach §§ 23 ff. EGGVG ist nicht eröffnet, wenn die StA im **Ermittlungsergebnis einer Anklageschrift** in Bezug auf einen dort genannten **Zeugen Tatsachenbehauptungen** aufstellt (zB Verbindung zu einem ausländischen Nachrichtendienst), die dieser für unzutreffend und ihn und seine Familie gefährdend erachtet (OLG Karlsruhe NStZ 1994, 142). Eine **Beweiswürdigung** mit einer Bewertung der etwaigen Einlassung des Beschuldigten ist üblich. Auch die Angaben über **Prozessvoraussetzungen** (Strafantrag, Bejahung des öffentlichen Interesses, Unterbrechung der Verjährung) sollten gemacht werden (s. Einl. Rn. 15). In **Jugendsachen** soll nach § 48 JGG das Ermittlungsergebnis so dargestellt werden, dass dem Beschuldigten durch dessen Kenntnisnahme keine Erziehungsnachteile entstehen, allerdings darf dadurch die Informationsfunktion nicht beeinträchtigt werden (KR-Rieß Rn. 26). Für **Schöffen** ist dieser Teil der Anklageschrift nicht bestimmt (BGH 13, 73; BGH GA 1960, 314; RiStBV Nr. 126 Abs. 3); eine mögliche Befangenheit soll von vornherein vermieden werden. Diese einseitige Ansicht wird derzeit aufgeweicht (§ 30 GVG Rn. 2).

Die Angabe des **Gerichts**, vor dem die Hauptverhandlung stattfinden soll, wird 9 regelmäßig mit dem Antrag auf Eröffnung des Hauptverfahrens verbunden (Abs. 1 S. 2, § 199 Abs. 1). Befindet sich der Beschuldigte in U-Haft, so ist die Anklage deutlich als **Haftsache** zu kennzeichnen. Der nächste Haftprüfungstermin sowie ggf. der Ablauf der Frist zur Vorlage an das OLG nach den §§ 121, 122 ist mitzuteilen. Über die Fortdauer der Haft sollte ein entsprechender Antrag gestellt werden (Rieß-LR Rn. 43). Hat ein zum Anschluss als **Nebenkläger** berechtigter Verletzter (§ 395) bereits im Ermittlungsverfahren den **Anschluss erklärt**, so wird die Anschlusserklärung mit der Erhebung der öffentlichen Klage wirksam (§ 396 Abs. 1 S. 2). Werden im Ermittlungsverfahren Ersatzansprüche im **Adhäsionsverfahren** geltend gemacht, so sind diese in der Anklageschrift zu vermerken. **Nebenbeteiligte,** dh. Einziehungsbeteiligte (§ 431 Abs. 1 S. 1), Verfallsbeteiligte (§ 442 Abs. 2 S. 1) oder jur. Personen bei Festsetzung einer Geldbuße (§ 444) erlangen die Stellung eines Prozessbeteiligten erst durch einen, nach Erhebung der öffentlichen Klage möglichen, konstitutiven gerichtlichen Beschluss. Sie können nach § 432 im vorbereitenden Verfahren gehört werden. Sie sind mit identifizierenden Angaben zur Person anzuführen (Rieß-LR Rn. 46, 47). Enthält oder erörtert die Anklage **Staatsgeheimnisse** (§ 93 StGB), so kann die StA die Anklageschrift ganz oder

549

§ 200

teilweise mit einem **Geheimvermerk** versehen sowie mit einem für den Beschuldigten bestimmten Hinweis auf Strafbestimmungen und erforderlichenfalls mit Auflagen zum Schutz des Geheimnisses (BGH 18, 372 = NJW 1963, 1462; RiStBV Nr. 213). Die Verteidigung darf jedoch nicht beschränkt werden (zB hinsichtlich der Akteneinsicht); es kann ggf. auch von § 153 d Gebrauch gemacht werden (Meyer-Goßner Rn. 24). Die Anklageschrift muss auch die **StA** (oder den Privatkläger) bezeichnen und Datum sowie Unterschrift des zeichnungsberechtigten StA enthalten.

10 Bei **Mängeln der Anklageschrift** ist zu unterscheiden, ob die Bestimmungs- oder die Informationsfunktion beeinträchtigt ist (AK/StPO-Loos Rn. 25). „Nicht jeder Mangel der Anklage oder des Eröffnungsbeschlusses führt aber zu einem **Verfahrenshindernis** ... Es muss sich zum einen um einen **wesentlichen Mangel** handeln ... Ein wesentlicher Mangel liegt jedoch vor, wenn – wie hier – unklar bleibt, auf welchen konkreten Sachverhalt sich die Anklage bezieht und welchen Umfang die Rechtskraft einer entsprechenden Verurteilung haben würde ... Zum anderen darf der Mangel im weiteren Verfahren nicht beseitigt worden sein. Die **Heilung** des Mangels der Anklage im Eröffnungsbeschluss oder in der Hauptverhandlung ist zulässig" (BGH NStZ 1993, 147). Das Gericht darf dabei die **Anklage nicht überschreiten** (BGH NStZ 1997, 146; OLG Hamm NStZ-RR 1997, 139; Eisenberg Beweisrecht Rn. 745 a). Fehlt die Anklageschrift völlig, so kann das Verfahren wegen Fehlens einer **Prozessvoraussetzung** (s. § 199 Rn. 1 und Einl. Rn. 15) nicht eröffnet werden. Ist das Verfahren irrtümlich eröffnet, ist es regelmäßig einzustellen. **Konkretisiert** der Anklagesatz **Tat oder Täter** nicht so genau, dass die Rechtskraft des Urteils bestimmt ist (BGH NStZ 1984, 133 mwN), so ist die Anklageschrift **unwirksam.** Entspricht eine Anklageschrift nach Auffassung des Gerichts den **Vorsitzenden,** insoweit eine **Vorprüfung** vornehmen kann, **nicht den Erfordernissen** des § 200, so kann der Vorsitzende – vor Zustellung an den Angeschuldigten – die Anklage an die Staatsanwaltschaft mit der Anregung zurückgeben, sie zu ergänzen oder zu verbessern. Lehnt die Staatsanwaltschaft eine Korrektur ab, muss nunmehr das Gericht – nicht der Vorsitzende – darüber entscheiden, ob die Anklage mit solchen Mängeln behaftet ist, die eine Eröffnung des Hauptverfahrens hindern und im letzteren Fall die Eröffnung des Hauptverfahrens ganz oder teilweise ablehnen. Wird die Eröffnung des Hauptverfahrens voraussichtlich abgelehnt werden, braucht der Vorsitzende die Anklage dem Angeschuldigten nicht zuvor nach § 201 StPO mitzuteilen (OLG Frankfurt NStZ-RR 2003, 147). Gegen die Ablehnung steht der StA die Beschwerde zu (OLG Karlsruhe Justiz 1998, 535). Mängel, welche die **Informationsfunktion** betreffen, machen die Anklageschrift grundsätzlich nicht unwirksam, zB das versehentliche **Unterlassen der Unterschrift des StA** (OLG Düsseldorf wistra 1993, 352), ein Mangel im Aufbau oder Äußeren der Anklageschrift oder unzulässigerweise ein Hinweis im Anklagesatz auf die Beweiswürdigung (BGH NStZ 1987, 181). Vgl. auch Rn. 8. Dass die StA für die Anklageerhebung **örtlich nicht zuständig** war, macht die Anklage nicht unwirksam und stellt kein Verfahrenshindernis iSd § 206 a dar (OLG Düsseldorf NStZ-RR 1997, 110). Wird ein Mangel weder im Eröffnungsverfahren noch in der Hauptverhandlung behoben (vgl. Schlüchter JR 1990, 14), so sind die Anklageschrift und der Eröffnungsbeschluss **unwirksam** (BGH MDR 1980, 107; BGH 1991, 2716; OLG Stuttgart NStZ 1993, 147). Das Verfahren ist einzustellen, wodurch aber die **Strafklage nicht** verbraucht wird (BGH GA 1973, 111; BGH NStZ 1995, 245).

11 Auf eine **Ordnungswidrigkeit** erstreckt die StA die öffentliche Klage bei Zusammenhang mit der Straftat nach Maßgabe der §§ 42, 64 OWiG. In einer einheitlichen Anklageschrift wird neben der Straftat die OWi bezeichnet, die dem Beschuldigten zur Last gelegt wird (Göhler, OWiG, § 64 Rn. 2; RiStBV Nr. 280). Bei rechtlichem Zusammentreffen mit einer Straftat gelten die §§ 21, 40 OWiG.

Gegen eine erwogene Einführung eines – vom erkennenden Gericht unabhängigen
– „**Eröffnungsrichters**" bestehen Bedenken, und zwar schon wegen der Verzögerungen, die sich daraus ergeben, dass unterschiedliche Richter sich nacheinander umfassend einarbeiten müssten. Ferner bestünde die Gefahr der Oberflächlichkeit bei der Eröffnungsentscheidung, zumal anzunehmen ist, dass sich ein Richter in dem Bewusstsein, die Hauptverhandlung durchführen und das Urteil fällen zu müssen, eher mit mehr Motivation und Verantwortungsbewusstsein einarbeiten sowie etwa auch von der stoffbeschränkenden Befugnis des § 207 eher Gebrauch machen wird als ein Richter, der mit der Sache nicht wieder befasst wird (Eisenberg Beweisrecht Rn. 752).

Auf eine zulässige **Revision** hat das Revisionsgericht von Amts wegen wegen 12
Fehlens einer Prozessvoraussetzung einzustellen, wenn die Anklage Tat und Täter nicht hinreichend konkretisiert hat (vgl. Rn. 10). Bloße Mängel der Anklageschrift (vgl. Rn. 10) begründen idR nicht die Revision, zB wenn sie unvollständig ist, weil das wesentliche Ergebnis der Ermittlungen fehlt (RG 31, 100; s. auch Rn. 8), oder wenn die Klage dem Beschuldigten erst nach Erlass des Eröffnungsbeschlusses zugestellt ist (RG GA 35, 320; 69, 86). In diesen Fällen, in denen zumindest die Prozessvoraussetzung eines rechtswirksamen Eröffnungsbeschlusses gegeben ist, gründet sich das Urteil nur auf das Ergebnis der Hauptverhandlung (BGH 15, 44 = NJW 1960, 2106). Stellt aber das Tatgericht das Verfahren wegen eines (vermeintlichen) Prozesshindernisses ein, kann dies im Revisionsverfahren mit der **Sachrüge** beanstandet werden (OLG Karlsruhe wistra 1994, 319). Mit der Verfahrensrüge (BGH NStZ 1997, 27) kann auch geltend gemacht werden, dass wegen **Unvollständigkeit** der Klage eine sachgerechte Verteidigung nicht gewährleistet gewesen sei (BGH NStZ 1984, 133), zB dann, wenn die Anklage die Informationsfunktion nicht erfüllt (BGH 40, 44 = NJW 1994, 2556).

§ 201 [Mitteilung der Anklageschrift]

(1) **Der Vorsitzende des Gerichts teilt die Anklageschrift dem Angeschuldigten mit und fordert ihn zugleich auf, innerhalb einer zu bestimmenden Frist zu erklären, ob er die Vornahme einzelner Beweiserhebungen vor der Entscheidung über die Eröffnung des Hauptverfahrens beantragen oder Einwendungen gegen die Eröffnung des Hauptverfahrens vorbringen wolle.**

(2) ¹**Über Anträge und Einwendungen beschließt das Gericht.** ²**Die Entscheidung ist unanfechtbar.**

Diese Vorschrift dient der **Unterrichtung** des Beschuldigten über den ihm 1
gemachten Vorwurf und sichert die Gewährung des **rechtlichen Gehörs**. Das entspricht auch Art. 6 Abs. 3 MRK. Beherrscht er die deutsche Sprache nicht hinreichend, so gilt folgendes: „Nach zutreffender herrschender Meinung ... haben **sprachunkundige Ausländer** bei der Mitteilung der Anklageschrift iS des § 201 StPO einen Anspruch auf eine Übersetzung. Einem ausländischen Beschuldigten, der die **deutsche Sprache nicht hinreichend beherrscht**, ist die Anklageschrift mit einer Übersetzung in eine ihm verständliche Sprache vor der Hauptverhandlung bekanntzumachen (OLG Düsseldorf StV 2002. 498). „Liegt dem Strafverfahren ein leicht verständlicher Sachverhalt zu Grunde und ist der Verfahrensgegenstand rechtlich und tatsächlich überschaubar, genügt es, dem der deutschen Sprache nicht mächtigen Ausländer die Anklage nach Verlesung in der **Hauptverhandlung zu übersetzen**" (OLG Düsseldorf NJW 2003, 2766); denn die Mitteilung der Anklageschrift gemäß § 201 Abs. 1 ist – anders als die Erhebung der der Anklage – keine Verfahrensvoraussetzung (BGH 33, 186 = NJW 1985, 2960; OLG Düsseldorf NJW 2003, 2766). Die Mitteilung der Anklageschrift an den Angesch. gemäß § 201 StPO ist **unverzichtbar**" (OLG Hamburg NStZ 1993, 53; OLG Düsseldorf wistra

§ 201 Zweites Buch. 4. Abschnitt

2001, 159; vgl. auch Art. 6 Abs. 3 a MRK; RiStBV Nr. 181 Abs. 2). Das gilt auch für den Strafbefehl. Nur in Ausnahmefällen kann eine mündliche Übersetzung in der Hauptverhandlung ausreichen (OLG Hamburg NStZ 1993, 53). Unterbleibt die Mitteilung der Anklageschrift, können der Beschuldigte oder sein Verteidiger die **Aussetzung der Hauptverhandlung** und die Nachholung der unterlassenen Mitteilung verlangen. In dem Unterlassen eines derartigen Antrags ist dann ein (zulässiger) Verzicht auf die Geltendmachung einer entsprechenden Verfahrensrüge zu sehen, wenn der Beschuldigte in der Hauptverhandlung einen Verteidiger hat (BGH NStZ 1982, 125). Das Unterlassen der Mitteilung der Anklageschrift begründet kein **Verfahrenshindernis** (BGH 33, 186 = NJW 1985, 2960).

2 Der **Vorsitzende** trifft die Anordnung nach **Abs. 1**; sie wird durch den UrkB der Geschäftsstelle bewirkt. Die Mitteilung und die **Aufforderung, Beweisanträge** zu stellen oder/und **Einwendungen** vorzubringen, ergehen an den Beschuldigten persönlich, auch wenn er einen gesetzlichen Vertreter hat. Hat dieser einen **Verteidiger**, dann ist § 145 a Abs. 1, 3 zu beachten. In **Jugendsachen** erfolgt die Mitteilung gemäß § 67 Abs. 2 JGG auch an die Erziehungsberechtigten und gesetzlichen Vertreter. Dem **Nebenkläger** braucht die Anklageschrift nicht mitgeteilt zu werden. Der **Nebenbeteiligte** erhält die Anklageschrift gemäß §§ 435 Abs. 2, 440 Abs. 3, 444 Abs. 2 S. 1, 2 erst mit der Terminsnachricht (Meyer-Goßner Rn. 2). Die Mitteilung nach Abs. 1 bedarf der **förmlichen Zustellung;** denn in der mit ihr zu verbindenden Fristsetzung liegt eine richterliche Entscheidung iS des § 35 Abs. 2. Ersatzzustellung genügt. Bei Beschuldigten, die sich nicht auf freiem Fuß befinden, ist § 35 Abs. 3 zu beachten.

3 Für die **Stellung von Beweisanträgen** und die Erhebung von Einwendungen ist eine **Erklärungsfrist** zu setzen. Sie muss angemessen sein und sollte nicht kürzer als eine Woche sein; entscheidend sind die Umstände des Einzelfalles. Auf Antrag und von Amts wegen kann die Erklärungsfrist verlängert werden. Sie ist keine Ausschlussfrist; daher werden Anträge und Einwendungen berücksichtigt, die nach ihrem Ablauf, aber vor Erlass der Entscheidung nach §§ 203, 204 eingehen. Sie müssen jedoch auch nach **Abs. 2 S. 1** beschieden werden (KK-Tolksdorf Rn. 7, str.). **Einwendungen** gegen die Eröffnung des Hauptverfahrens können vor allem darin bestehen, dass aus tatsächlichen oder rechtlichen Gründen das Fehlen eines hinreichenden Tatverdachts oder das Bestehen eines Verfahrenshindernisses geltend gemacht wird. **Beweisanträge** müssen entsprechend § 219 Abs. 1 S. 1 (vgl. auch § 244 Abs. 3) bestimmte Tatsachen und Beweismittel angeben (Meyer-Goßner Rn. 6; AK/StPO-Loos Rn. 8; aA Rieß-LR Rn. 22).

4 Nach **Abs. 2** entscheidet das Gericht über Anträge und Einwendungen durch **förmlichen Beschluss.** Die **Besetzung** des Gerichts ist in § 199 Rn. 3 dargestellt, mit der Maßgabe, dass die Entscheidung beim OLG der Strafsenat in der Besetzung mit drei Richtern trifft, wenn nicht zugleich über die Verfahrenseröffnung befunden wird (KK-Tolksdorf Rn. 16; Rieß-LR Rn. 26; aA Meyer-Goßner Rn. 7). Das Gericht darf nicht vor Ablauf der Frist entscheiden, es sei denn, der Beschuldigte (oder sein Verteidiger) hat sich vorher bereits **abschließend** geäußert.

5 **Einwendungen** gegen die Annahme des hinreichenden **Tatverdachts** können **stillschweigend** durch den Erlass des Eröffnungsbeschlusses abgelehnt werden. Im Übrigen muss über Beweisanträge und Einwendungen **ausdrücklich** entschieden werden (RG 44, 380; Meyer-Goßner Rn. 7). Beantragte Beweise sind nach § 202 zu erheben, soweit sie für die Entscheidung **über die Eröffnung des Hauptverfahrens** von Bedeutung sind; sie können nicht mit der Begründung abgelehnt werden, dass die Beweise auch in der Hauptverhandlung erhoben werden könnten (Rieß-LR Rn. 30). In der Praxis wird die StA gebeten, die Beweiserhebung vorzunehmen oder durch die Polizei vornehmen zu lassen. Kann die beantragte Beweiserhebung die Eröffnungsentscheidung nicht beeinflussen, so ist die Ablehnung des Antrags mit der Begründung geboten, dass es der Beweiserhebung für die Eröff-

nungsentscheidung nicht bedürfe oder dass sie für diese Entscheidung ohne Bedeutung sei (OLG Köln JMBlNW 1960, 222). Diese Entscheidung erledigt den Beweisantrag endgültig; er muss daher ggf. im **Hauptverfahren wiederholt** werden (RG 73, 193). **Wahrunterstellungen** zugunsten des Beschuldigten sind nur zulässig, wenn eindeutig klargestellt wird, dass sie **allein für die Eröffnungsentscheidung** gelten. Weitergehende Wahrunterstellungen sind unzulässig; es ist jedoch ein Hinweis an den Beschuldigten erforderlich, wenn das erkennende Gericht die Tatsache nicht als wahr behandeln will (RG 73, 193; Meyer-Goßner Rn. 8).

Nach **Abs. 2 S. 2** ist die Entscheidung **unanfechtbar,** auch soweit Einwendungen nach §§ 6a, 16 zurückgewiesen werden. Auch gegen die Ablehnung des Antrags auf Verlängerung der Erklärungsfrist ist keine Beschwerde gegeben (OLG Hamm NJW 1977, 210). Für die Entscheidung über die Eröffnung des Verfahrens gilt § 210. Einwendungen und Beweisanträge können in der Hauptverhandlung wiederholt werden. Mit der **Revision** kann die unzulässige Ablehnung von Beweisanträgen nicht gerügt werden; denn das Urteil beruht nicht darauf. Zur Revisionsmöglichkeit bei Unterlassen der Mitteilung der Anklageschrift und Ablehnung des Aussetzungsantrages in der Hauptverhandlung s. Rn. 1. Eine Überprüfung der Anklageschrift mit dem Ziel ihrer **inhaltlichen Korrektur** bezüglich der von der StA ermittelten Tatverbindung des Beschuldigten **nach §§ 23 ff. EGGVG** ist **unzulässig.** Dieser Rechtsweg ist auch nicht eröffnet, wenn die StA im Ermittlungsergebnis einer Anklageschrift in Bezug auf einen dort genannten Zeugen **Tatsachenbehauptungen** aufstellt, die dieser für unzutreffend und als ihn und seine Familie gefährdend erachtet (OLG Karlsruhe NStZ 1994, 142). 6

§ 202 [Ergänzende Ermittlungen]

¹**Bevor das Gericht über die Eröffnung des Hauptverfahrens entscheidet, kann es zur besseren Aufklärung der Sache einzelne Beweiserhebungen anordnen.** ²**Der Beschluß ist nicht anfechtbar.**

Diese Vorschrift stellt klar, dass mit dem Zwischenverfahren die Aufklärungspflicht des **Gerichts** einsetzt, es kann im Rahmen der Aufklärungspflicht und auch auf Antrag des Beschuldigten **einzelne** Beweiserhebungen anordnen (vgl. hierzu auch §§ 155 Abs. 2, 206, 244 Abs. 2). Bei **wesentlichen** Lücken der Anklage wird bereits der Vorsitzende die StA zur Rücknahme der Klage auffordern und auf Nachbesserung hinwirken (s. § 200 Rn. 10) oder das Gericht lehnt die Eröffnung ab. Der **Vorsitzende** kann im Rahmen seiner Verfahrensleitung zB die Heranziehung von Beiakten anordnen, andere Behörden um Auskünfte bitten oder bei der StA oder Polizei ergänzende Ermittlungen – ohne Begründung einer Verpflichtung – anregen (Rieß-LR Rn. 5). Auch im Zwischenverfahren bleibt die StA zu weiteren eigenen Ermittlungen befugt; sie darf aber die gerichtliche Tätigkeit nicht stören (RG 60, 263; OLG Celle GA 1959, 367). Hält die StA bei ihrer Ermittlungstätigkeit richterliche Ermittlungshandlungen für erforderlich, muss sie diese als Maßnahmen nach § 202 S. 1 beim Eröffnungsgericht beantragen; denn die Zuständigkeit des Ermittlungsrichters endet mit Klageerhebung (OLG Stuttgart MDR 1983, 955; Rieß-LR Rn. 6; Eisenberg, Beweisrecht Rn. 745 c; vgl. BGH 27, 253 = NJW 1977, 2175). 1

Die Anordnung einzelner Beweiserhebungen ergeht durch **Gerichtsbeschluss.** Beweisthema und auch die Beweismittel sind möglichst zu bezeichnen. Es gilt aber **Freibeweis.** Die strengen Regeln der §§ 244 ff. brauchen nicht eingehalten zu werden. Daher kommt zB die Vernehmung des Beschuldigten (OLG Celle MDR 1966, 781) oder die Einholung schriftlicher Auskünfte in Betracht (Rieß-LR Rn. 9). **Ausgeführt** wird die Anordnung durch Beweiserhebungen in entsprechender Anwendung der §§ 223 ff. Das Gericht kann auch die StA bitten, selbst oder durch die Polizei die erforderlichen Ermittlungen vorzunehmen. Eine Verpflichtung 2

§ 203

besteht zwar für die StA nicht, aber in der Praxis entspricht sie idR einer derartigen Bitte. Auch der Weg der Rechtshilfe (§§ 157 bis 159 GVG) ist gangbar. Eine **kommissarische Vernehmung** nach §§ 223, 224 zur Beweissicherung ist schon im Eröffnungsverfahren zulässig (Meyer-Goßner Rn. 3, 4). **Neue** Tatsachen und Beweismittel sind nach § 33 Abs. 2 der StA und nach § 33 Abs. 3 dem Beschuldigten mitzuteilen.

3   Die **Unanfechtbarkeit (S. 2)** der Anordnung erfasst auch eine in ihr enthaltene Auswahl eines Sachverständigen (OLG Düsseldorf MDR 1991, 788). Bei einer **unzulässigen** Maßnahme ist die Beschwerde (§ 304) zulässig. Die **Revision** kann nicht darauf gestützt werden, dass das Gericht im Zwischenverfahren Beweis hätte erheben müssen (KK-Tolksdorf Rn. 9).

§ 203 [Voraussetzung der Eröffnung]   RiStBV 115

Das Gericht beschließt die Eröffnung des Hauptverfahrens, wenn nach den Ergebnissen des vorbereitenden Verfahrens der Angeschuldigte einer Straftat hinreichend verdächtig erscheint.

1   Diese Vorschrift nennt die **Voraussetzungen** des Eröffnungsbeschlusses, während seine Erforderlichkeit in § 199 und sein Inhalt in § 207 geregelt sind (vgl. auch RiStBV Nr. 115). Mit dem Eröffnungsbeschluss endet das Zwischenverfahren (AK/StPO-Loos Rn. 1, 2). „Der Eröffnungsbeschluss ist die **Grundlage** für das Hauptverfahren; sein Vorliegen ist **Prozessvoraussetzung.** Er bestimmt, zusammen mit der zugelassenen Anklage, Art und Umfang des Schuldvorwurfs, der Gegenstand des Verfahrens ist, und fixiert, jedenfalls zunächst (vgl. § 225 a StPO), die Zuständigkeit des Gerichts (§§ 209, 209 a StPO). Insbesondere ist mit seiner Voraussetzung **hinreichenden Tatverdachts** (§ 203 StPO) die entscheidende Schwelle auf dem Weg zur Hauptverhandlung" (BGH 29, 354 = NJW 1981, 133). Kommt es im Eröffnungsverfahren bei der Prüfung des **Verfahrenshindernisses** der anderweitigen Rechtshängigkeit auf die Klärung von Tatsachen an, die die angeklagte Straftat betreffen, so erfolgt diese nicht im Freibeweisverfahren, sondern ist dem Strengbeweisverfahren der Hauptverhandlung vorbehalten. Für die Eröffnung des Hauptverfahrens genügt die **hinreichende Wahrscheinlichkeit,** dass die Beweisaufnahme in der Hauptverhandlung ein solches Verfahrenshindernis nicht ergeben werde (BGH 46, 349 = NJW 2001, 1734). Durch den Eröffnungsbeschluss wird die angeklagte Sache **rechtshängig** und die Verjährung unterbrochen (§ 78 c Abs. 1 Nr. 7 StGB). Die Rücknahme der Klage durch die StA (§ 156) ist grundsätzlich ausgeschlossen. Keine Eröffnungsentscheidung ergeht im beschleunigten Verfahren, im vereinfachten Jugendverfahren (§§ 76 ff. JGG) und bei der Nachtragsanklage (§ 226). Im Strafbefehlsverfahren ersetzt der Strafbefehl nach eingelegtem Einspruch den Eröffnungsbeschluss.

2   **Hinreichender Tatverdacht** „bedeutet nach vorläufiger Tatbewertung die Wahrscheinlichkeit der Verurteilung in einer Hauptverhandlung mit vollgültigen Beweisen (vgl. BGHSt 23, 304, 306; NJW 1970, 1544). Das ist mehr als die zur Einleitung eines Ermittlungsverfahrens ausreichende Möglichkeit einer Verurteilung (sog. zureichender Tatverdacht nach § 152 Abs. 2 StPO), aber weniger als die mit Sicherheit zu erwartende Verurteilung" (OLG Celle NStE Nr. 5 zu § 203). Hat der BGH über die sofortige Beschwerde der StA gegen einen die Eröffnung des Hauptverfahrens ablehnenden Beschluss des erstinstanzlich zuständigen Senats eines Oberlandesgerichts zu entscheiden, so kann er einen von diesem Senat angelegten – rechtlich unbedenklichen – Maßstab **tatrichterlicher Überzeugung** nicht außer Betracht lassen (BGH 35, 39 = NJW 1988, 1680).

3   Ein wirksamer Eröffnungsbeschluss muss **schriftlich** abgefasst und **unterschrieben** sein (OLG Frankfurt NJW 1991, 2849; BGH NStZ 1981, 448). Die **Unwirk-**

samkeit des Eröffnungsbeschlusses ist zB anzunehmen: es fehlt an **Angaben** über Ort, Zeit der Tat oder über Tatopfer (BGH 5, 226 = NJW 1954, 1009; BGH StV 1986, 329; OLG Frankfurt NJW 1988, 2685); die **deutsche Gerichtsbarkeit** erstreckt sich nicht auf den Angeklagten; es fehlt die **Unterschrift** des Richters – aber es kommt nicht auf die Zahl der Unterschriften an, sondern „allein entscheidend ist, ob die erforderliche Zahl der Richter an der Beschlussfassung **mitgewirkt** hat" (BGH NJW 1997, 1381; BGH 10, 279 = NJW 1957, 1244). Ob letzteres geschehen ist, unterliegt der Beurteilung im Freibeweisverfahren (RG 43, 219; BGH NJW 1997, 1381); entsprechendes gilt auch im Falle der **verlorengegangenen Urschrift** des Eröffnungsbeschlusses (BGH NJW 1997, 1381). Ein schriftlich gefasster Eröffnungsbeschluss ist trotz des **Fehlens der Unterschrift** wirksam, wenn sich aus den Umständen mit Sicherheit ergibt, dass das dafür zuständige Gericht die Eröffnungsentscheidung tatsächlich getroffen hat (OLG Düsseldorf NStZ-RR 2000, 114; OLG Karlsruhe NStZ-RR 2003, 372). Zur Klärung dieser Frage steht dem Revisionsgericht das Freibeweisverfahren offen (OLG Zweibrücken NStZ RR 1998, 75). Kann zB auf Grund der eingeholten dienstlichen Äußerungen nicht mit hinreichender Sicherheit entnommen werden, dass der Eröffnungsbeschluss tatsächlich von 3 Richtern gefasst, jedoch versehentlich von 2 Richtern unterschrieben worden ist, so muss davon ausgegangen werden, dass es „**beim Entwurf eines Eröffnungsbeschlusses** geblieben ist, was ein von Amts wegen zu beachtendes Verfahrenshindernis darstellt" (BGH NStZ 1995, 19). Ein Eröffnungsbeschluss (auch des AG) ist also trotz fehlender Unterschrift wirksam, wenn sich „aus den Umständen mit Sicherheit ergibt, dass er von dem zuständigen Richter stammt und der Richter das Verfahren tatsächlich eröffnen wollte, es sich nicht um einen Entwurf handelte" (BayObLG NStZ 1989, 489). Wird im Eröffnungsbeschluss die **Tat versehentlich fehlerhaft** anders als in der Anklage **bezeichnet**, die Anklage der StA aber im Übrigen unverändert zugelassen, führt das (Schreib)Versehen nicht zur Unwirksamkeit des Eröffnungsbeschlusses (OLG Hamm NStZ-RR 2001, 273). Aber versieht der **Amtsrichter** das **Formblatt** für die Zulassung der Anklage und Eröffnung des Hauptverfahrens (in Bayern StP 53) einzig und **allein mit Datum und Unterschrift** und beschränkt er sich bei der umseitigen Terminsverfügung auf die Bestimmung von Datum und Uhrzeit und auf die Ladung des Angeklagten (ohne Angabe des Namens, der Anschrift oder Bezugnahme auf eine Blattzahl der Akten), so fehlt es an der **Prozessvoraussetzung** eines wirksamen Eröffnungsbeschlusses (BayObLG NStZ 2001, 139). Das **Fehlen** des Eröffnungsbeschlusses kann noch in der Hauptverhandlung vor Vernehmung des Angeklagten zur Sache **nachgeholt** werden und diese kann mit Zustimmung des Angeklagten und des Verteidigers sogleich fortgesetzt werden (BGH 29, 224 = NJW 1980, 1858). Die bloße **Termins- und Ladungsverfügung** des für die Eröffnung des Hauptverfahrens zuständigen Strafrichters kann den fehlenden Eröffnungsbeschluss nicht ersetzen (OLG Zweibrücken NStZ-RR 1998, 74). „In der **Berufungsverhandlung** kann ein fehlender Eröffnungsbeschluss nicht mehr nachgeholt werden", (BGH 33, 167 = NJW 1985, 1720; in Ergänzung zu BGHSt 29, 224). Das **Fehlen** eines wirksamen Eröffnungsbeschlusses ist ein von Amts wegen zu beachtendes Verfahrenshindernis, das auch im **Revisionsverfahren** zur Einstellung führt und nicht zur Zurückverweisung (BGH NStZ 1986, 276). Ein neues gerichtliches Verfahren setzt die Erhebung einer **neuen Anklage** voraus, es sei denn, dass im Einstellungsbeschluss ausdrücklich bestimmt ist, dass die Anklageerhebung unberührt bleibt (BGH NStZ 1994, 24). Ein bloßer Verbindungsbeschluss hat nicht die Wirkung eines Eröffnungsbeschlusses (BGH NStZ 1987, 239); ebenso wenig ein Übernahmebeschluss (BGH NStZ 1984, 520). Aber wird gegen einen Beschuldigten als Täter, gegen zwei weitere Beschuldigte als Gehilfen Anklage erhoben, das Verfahren gegen den Täter zunächst vorläufig eingestellt und nur gegen die Gehilfen das Hauptverfahren eröffnet und wird dann nach Aufnahme des eingestellten Ver-

§ 204 Zweites Buch. 4. Abschnitt

fahrens dieses zum bereits eröffneten verbunden, so liegt darin eine (schlüssige) Eröffnung des Hauptverfahrens gegen den Täter (BayObLG wistra 1998, 37). Auch in der Entscheidung über die Fortdauer der U-Haft im Haftprüfungsverfahren mit anschließender Terminsbestimmung zur Hauptverhandlung kann ein Eröffnungsbeschluss erblickt werden (OLG Hamm NStZ 1990, 146). Wird in einem Beschluss über die Eröffnung zweier Hauptverfahren und die Verbindung der beiden Verfahren nur eine Anklage ausdrücklich bezeichnet, die andere aber nicht erwähnt, fehlt es für die zweite Anklage an einem wirksamen Eröffnungsbeschluss (BGH NStE Nr. 4 zu § 203). Bezieht sich die Zulassung der Anklage nur auf den einen Beschuldigten, so muss das Verfahren wegen Fehlens eines Eröffnungsbeschlusses hinsichtlich des nicht genannten Angeklagten eingestellt werden (BGH NStZ 1994, 227).

4 Der Eröffnungsbeschluss ergeht bei Kollegialgerichten **nach Beratung** der an der Entscheidung beteiligten Richter. Mindestens der Vorsitzende und der Berichterstatter müssen die Akten sorgfältig durchgearbeitet haben (KK-Tolksdorf Rn. 7). Wenn der Eröffnungsbeschluss **verloren** geht, wird er mit Hilfe der Anklageschrift der StA rekonstruiert und durch einen seinen Inhalt feststellenden Beschluss ersetzt (RG 55, 160). Das Verfahren wird also idR nicht eingestellt (RG 65, 250). Bei der Entscheidung über die **Revision** zwingt das Fehlen des Eröffnungsbeschlusses zur Einstellung des Verfahrens; eine Zurückverweisung kommt nicht in Betracht (BGH 10, 279 = 1957, 1244; BGH NStZ 1986, 276; 1987, 239; 1994, 227). Zum **Inhalt** und zu Mängeln des Eröffnungsbeschlusses s. § 207. Zur **Anfechtbarkeit** s. § 210.

§ 204 [Ablehnung der Eröffnung]

(1) Beschließt das Gericht, das Hauptverfahren nicht zu eröffnen, so muß aus dem Beschluß hervorgehen, ob er auf tatsächlichen oder auf Rechtsgründen beruht.

(2) Der Beschluß ist dem Angeschuldigten bekanntzumachen.

1 Diese Vorschrift, die eine spiegelbildliche Ergänzung zu § 203 ist, gilt nur bei **Ablehnung der Eröffnung,** jedoch nicht, wenn das Gericht lediglich eine Unzuständigkeitserklärung wegen fehlender örtlicher Unständigkeit (§ 16) abgibt oder ein Gericht höherer Ordnung oder höheren Rangs für zuständig hält (§§ 209 Abs. 2, 209 a). Auch **andere Entscheidungen** kommen in Betracht, wenn das Hauptverfahren nicht eröffnet wird, zB die Einstellung des Verfahrens nach §§ 153 Abs. 2, 153 a Abs. 2, 153 b Abs. 2, 153 c Abs. 3, § 47 JGG oder die vorläufige Einstellung nach §§ 154 Abs. 2, 154 b Abs. 4, 154 e Abs. 2, 205 und nach 37 BtMG (Meyer-Goßner Rn. 5).

2 Der Nichteröffnungsbeschluss ist entweder eine reine **Prozessentscheidung** oder eine **Sachentscheidung.** Als **Verfahrenshindernisse** kommen zB in Betracht: das Fehlen einer wirksamen Anklageschrift (s. § 199 Rn. 1), Rechtshängigkeit, Strafklageverbrauch, Fehlen des erforderlichen Strafantrags, wenn die Antragsfrist bereits abgelaufen ist. Beim **Fehlen des hinreichenden Verdachts** ergeht die Entscheidung nach **Abs. 1** als **Sachentscheidung,** und zwar aus Rechtsgründen oder aus tatsächlichen Gründen. **Rechtsgründe** können zB vorliegen, wenn das dem Beschuldigten vorgeworfene Tatgeschehen nicht strafbar ist, wenn Notwehr oder Zurechnungsunfähigkeit gegeben sind. **Tatsächliche Gründe** können angenommen werden, wenn die tatsächlichen Grundlagen nicht hinreichend beweisbar sind (Rieß-LR Rn. 8). Die Prüfung wegen des Vorliegens von Verfahrenshindernissen hat **Vorrang.**

3 **Der Ablehnungsbeschluss** ist zu **begründen** (§ 34 iVm §§ 199 Abs. 2 S. 1, 210 Abs. 2). Er muss den Anklagestoff **erschöpfend** und gleichzeitig behandeln (OLG Düsseldorf MDR 1979, 695; OLG Nürnberg MDR 1972, 967). Wegen der

Entscheidung über die Eröffnung des Hauptverfahrens **§ 205**

beschränkten Rechtskraftwirkung nach § 211 verlangt **Abs. 1** eine **Klarstellung** darüber, ob die Ablehnung aus tatsächlichen oder aus Rechtsgründen erfolgt. Im Hinblick darauf, dass auch neue Tatsachen und/oder neue Beweismittel eine Wiederaufnahme nur im Rahmen der im Ablehnungsbeschluss zugrunde gelegten Rechtsansicht begründen können (BGH 18, 225 = NJW 1963, 1019), muss die Begründung die entscheidenden rechtlichen Gesichtspunkte erkennen lassen, während die Beweiswürdigung keiner ausführlichen Begründung bedarf, da von ihr die Strafklageverbrauchswirkung im tatsächlichen Bereich nicht abhängt (AK/StPO-Loos Rn. 3). Als **Nebenentscheidungen** kommen in Betracht: Aufhebung des Haft- oder Unterbringungsbefehls (§§ 120 Abs. 1 S. 2, 126 a Abs. 3); Aufhebung der vorläufigen Entziehung der Fahrerlaubnis (§ 111 a Abs. 2) und des vorläufigen Berufsverbots (§ 132 a Abs. 2); Aufhebung der Beschlagnahme (§§ 94 ff.), die wegen §§ 440 ff. unterbleiben kann; Kosten und Entschädigung (§§ 464, 467, 469, 470, § 8 StrEG).

Hat das Gericht den hinreichenden Verdacht einer **Straftat** aus tatsächlichen 4 oder rechtlichen Gründen **verneint,** so hat es weiter zu prüfen, ob der hinreichende Verdacht einer **Ordnungswidrigkeit** gegeben und eine Verfolgung geboten ist (§ 47 Abs. 2). Ist dies zu bejahen, so lässt es die Klage nur unter dem Gesichtspunkt einer OWi zu (vgl. §§ 203, 207 Abs. 2 Nr. 3, § 82 Abs. 2 OWiG). Dieser Beschluss ist keine Ablehnung der Eröffnung des Hauptverfahrens, so dass der StA nicht die sofortige Beschwerde nach § 210 Abs. 2 zusteht; aber etwas anderes gilt, wenn das Gericht die Sache wegen des Verdachts einer OWi an ein Gericht niederer Ordnung verweist (§ 210 Abs. 2). Bejaht das Gericht nur den Verdacht einer OWi, hält es aber die Verfolgung nicht für geboten, so lehnt es die Eröffnung ab und stellt zugleich in dem ablehnenden Beschluss das Verfahren hinsichtlich der OWi ein, wenn die StA der Einstellung nach § 47 Abs. 2 OWiG zustimmt. Die StA hat dann gegen diesen Beschluss die sofortige Beschwerde, soweit der hinreichende Verdacht einer Straftat verneint oder ein Verfolgungshindernis wegen der Straftat bejaht ist. Läßt das Gericht die Anklage nur unter dem Gesichtspunkt einer OWi zu, so leitet es damit die Sache in ein **Bußgeldverfahren** über (Göhler, OWiG, § 82 Rn. 5).

Die **Bekanntmachung (Abs. 2)** an den Angeschuldigten bedarf der **förmli-** 5 **chen Zustellung,** wenn der Beschluss selbstständig anfechtbare Nebenentscheidungen (zB § 8 Abs. 3 StrEG) enthält. Aber auch sonst sollte er wegen der **urteilsgleichen** Wirkungen zugestellt werden. Der StA ist der Ablehnungsbeschluss im Hinblick auf § 210 Abs. 2 nach §§ 35 Abs. 2 S. 1, 36 auf Anordnung des Vorsitzenden gemäß § 41 **zuzustellen.** Zur **Anfechtung** s. § 210 und zu den **Wirkungen** des Ablehnungsbeschlusses s. § 211.

§ 205 [Vorläufige Einstellung] RiStBV 104

¹ Steht der Hauptverhandlung für längere Zeit die Abwesenheit des Angeschuldigten oder ein anderes in seiner Person liegendes Hindernis entgegen, so kann das Gericht das Verfahren durch Beschluß vorläufig einstellen. ² Der Vorsitzende sichert, soweit nötig, die Beweise.

Diese Vorschrift enthält einen **allgemeinen Grundsatz,** der für alle Verfahrens- 1 abschnitte gilt (Roxin § 40 Rn. 15; Rieß-LR Rn. 4) – auch im Ermittlungsverfahren, in dem die StA zuständig ist (vgl. RiStBV Nr. 104) –, wenn ein Hindernis einer notwendigen Verfahrenshandlung entgegensteht (AK/StPO-Loos Rn. 2). Aber **nur vorübergehende Hindernisse** berechtigen zur vorläufigen Einstellung; bei **endgültigen** ist bereits die Eröffnung des Hauptverfahrens abzulehnen oder das Verfahren nach § 206 a einzustellen (OLG Nürnberg MDR 1968, 516). Liegt also Verhandlungsunfähigkeit nur **vorübergehend** vor und bestehen Zweifel an dauernder Verhandlungsunfähigkeit, die vor allem dann begründet sein können, wenn das Gericht Verhandlungsfähigkeit nicht sicher feststellen kann, kommt lediglich die vorläufige Einstellung nach § 205 in Betracht (BGH NStZ 1996, 242). **Kurzfristig** zu behebende Hindernisse berechtigen nicht zur Anwendung des § 205. Außerhalb der Hauptverhandlung ist abzuwarten und in dieser gelten die §§ 228, 229 (KK-Tolksdorf Rn. 3). Die Voraussetzungen für eine vorläufige Einstellung des Verfahrens wegen **Abwesenheit des Angeschuldigten** liegen zB vor, „wenn er sich unter einer dem Gericht bekannten Anschrift im Ausland aufhält, seine Gestellung trotz Erlasses eines Haftbefehls im Hinblick auf den Gegenstand des Verfahrens (eine Steuerstraftat) aber nicht ausführbar ist" (BGH 37, 145 = NJW 1991, 114). Hauptanwendungsfall für die vorläufige Einstellung ist die **Verhandlungsunfähigkeit** des Beschuldigten. Verhandlungsfähigkeit ist eine Prozessvoraussetzung (BGH MDR 1958, 141; BGH 41, 16 = NJW 1995, 1973). Zur Verhandlungsfähigkeit im Revisionsverfahren s. BGH 41, 18). Die Verhandlungsfähigkeit des Beschuldigten ist die Fähigkeit, in und außerhalb der Verhandlung seine Interessen vernünftig wahrzunehmen, die Verteidigung in verständiger und verständlicher Form zu führen, Prozesserläuterungen abzugeben und entgegenzunehmen (Einl. 15 a; KK-Pfeiffer Einl. Rn. 126; BGH StV 1989, 239).

2   Weitere **in der Person des Angeschuldigten liegende Hindernisse** sind zB: Immunität (vgl. Art. 46 GG und die entsprechenden Vorschriften der Länderverfassungen und der EU); der Verhandlungsunfähigkeit steht die ernsthafte Gefahr eines schwerwiegenden irreparablen gesundheitlichen Schadens gleich (BVerfGE 51, 347; AK/StPO-Loos Rn. 8). Zur vorläufigen Einstellung **reicht nicht aus** zB die Abwesenheit eines wichtigen Zeugen (BGH NStZ 1985, 230; OLG Düsseldorf NStZ 1982, 218) oder das Fehlen nötiger Beiakten (KK-Tolksdorf Rn. 9). Bei Abwägung der Grundsätze einer möglichst umfassenden Wahrheitsfindung und einer größtmöglichen Beschleunigung im Strafverfahren kommt jedenfalls dann eine Einstellung des Verfahrens in analoger Anwendung des § 205 **nicht** in Betracht, wenn eine Vernehmung eines **abwesenden Zeugen oder Sachverständigen** in absehbarer Zeit deswegen nicht möglich ist, weil er unauffindbar ist und auch bisherige Nachforschungen keinen Anhalt dafür bieten, dass in näherer Zukunft nicht einmal mit der Vernehmung im Wege der Rechtshilfe zu rechnen ist (OLG Hamm NJW 1998, 1088). Vielmehr ist dann seine frühere Aussage nach § 251 zu verlesen (BGH NStZ 1985, 230; OLG Düsseldorf StV 1996, 84) bzw. das Verfahren ohne den Zeugen fortzusetzen (OLG Hamm NJW 1998, 1088). Betrifft das Hindernis nur einen von mehreren Angeschuldigten, so ist die vorläufige Einstellung hinsichtlich der anderen nicht statthaft; das Verfahren ist idR abzutrennen (Meyer-Goßner Rn. 7). Hält das Gericht eine Vorschrift für verfassungswidrig, ist nach Art. 100 GG vorzulegen, auch wenn ein gleichgelagertes Verfahren bereits beim BVerfG anhängig ist.

3   Die **Entscheidung** erfolgt im Ermittlungsverfahren durch Verfügung der StA, im gerichtlichen Verfahren durch **Beschluss.** Die gerichtliche Entscheidung – die Beteiligten sind vorher nach § 33 zu hören – ist nach § 34 zu begründen und der StA, dem Beschuldigten und dem Nebenkläger formlos mitzuteilen (§§ 35 Abs. 2 S. 2, 397 Abs. 1 S. 2 iVm 385 Abs. 1 S. 2), nicht jedoch jedem Verletzten, § 406 d Abs. 1 (RiStBV Nr. 104 Abs. 4 mit Nr. 103). Es handelt sich um **keine Ermessensentscheidung.** Aber das Merkmal „längere Zeit" eröffnet erhebliche Beurteilungsspielräume mit Annäherung zum Ermessen (Rieß-LR Rn. 24). Ein **Haft-** oder **Unterbringungsbefehl** muss nicht nach § 120 Abs. 1 S. 2 aufgehoben werden, jedoch kann sich die Notwendigkeit der Aufhebung im Einzelfall aus § 120 Abs. 1 S. 1, § 126 a Abs. 3 ergeben (OLG Karlsruhe JZ 1967, 418). Die vorläufige Einstellung begründet **kein Verfahrenshindernis.** Die **Verjährung** wird nur unterbrochen, wenn die vorläufige Einstellung durch das Gericht wegen Abwesenheit (§ 78 c Abs. 1 Nr. 10 StGB) oder wegen Verhandlungsunfähigkeit (§ 78 c Abs. 1

Nr. 11 StGB) beschlossen wird, **nicht** wenn sie aus anderen Gründen oder aus einem dieser Gründe durch die StA vorgenommen wird (Rieß-LR Rn. 27).

Die **Fortsetzung des Verfahrens** ist jederzeit möglich, und zwar von Amts 4 wegen oder auf Antrag der StA, des Beschuldigten oder des Nebenklägers. Sie kann auch stillschweigend durch Vornahme neuer Ermittlungen erfolgen. Ein ausdrücklicher Fortsetzungsbeschluss ist nicht erforderlich (Rieß-LR Rn. 28). Während der Einstellung ist immer wieder zu prüfen, ob das Hindernis entfallen ist. Dabei ist die Haftfrage miteinzubeziehen und sicherzustellen, dass ggf. das Verfahren fortgesetzt wird oder die Verjährung zu unterbrechen ist, s. Rn. 3 (Meyer-Goßner Rn. 5). Stellt sich bei dieser Überprüfung heraus, dass nunmehr ein dauerndes Hindernis vorliegt, zB eine dauernde Verhandlungsunfähigkeit, dann ist eine Abschlussentscheidung zu treffen, zB eine Einstellung nach §§ 206 a bzw. 260 Abs. 3.

Bei der **Beweissicherung (S. 2)** hat der **Vorsitzende** (nicht das Gericht) darauf 5 zu achten, dass die gesicherten Beweise in der Hauptverhandlung verwertbar sind. Das gilt zB für die Verlesbarkeit von Niederschriften. Er kann richterliche Vernehmungen durchführen und Zeugen kann er entsprechend §§ 65 Nr. 1, 66 b vereidigen (KK-Tolksdorf Rn. 15). Der Vorsitzende kann richterliche Beweissicherungsmaßnahmen durch einen ersuchten Richter (§§ 156 ff. GVG) durchführen lassen. Für die Inanspruchnahme der StA und Polizei kann auf § 202 Rn. 2 verwiesen werden.

Den **Einstellungsbeschluss** kann die StA, der Beschuldigte und der Neben- 6 kläger mit der **Beschwerde** (§ 304) anfechten. Das gilt auch für die gerichtliche Ablehnung einer beantragten Einstellung, wenn der Beschluss im Eröffnungsverfahren ergeht. Nach der Eröffnung ist die Beschwerde nach § 305 Abs. 1 unzulässig (OLG Frankfurt NJW 1969, 570); allerdings kann der **Revisionsgrund** nach § 338 Nr. 8 gegeben sein (KK-Tolksdorf Rn. 13). Die **Revision** kann grundsätzlich nicht auf die unrichtige Anwendung des § 205 gestützt werden. Aber war das Verfahren zu Unrecht längere Zeit vorläufig eingestellt und wurde damit gegen das Beschleunigungsgebot verstoßen und nicht bei der Strafzumessung strafmildernd berücksichtigt, kann die Sachrüge Erfolg haben (Rieß-LR Rn. 34). Wenn die Hauptverhandlung trotz zweifelhafter Verhandlungsfähigkeit des Angeklagten (vgl. § 230 Abs. 1) (weiter)geführt wird, liegt der unbedingte Revisionsgrund des § 338 Nr. 5 vor (BGH NStZ 1984, 520).

§ 206 [Keine Bindung an Anträge]

Das Gericht ist bei der Beschlußfassung an die Anträge der Staatsanwaltschaft nicht gebunden.

Diese Vorschrift **wiederholt** den Grundsatz des § 155 Abs. 2 (vgl. auch § 264 1 Abs. 2) für das **Eröffnungsverfahren**. Die **Entscheidungsfreiheit** des Gerichts gegenüber den Anträgen der StA gilt nur **innerhalb** der angeklagten prozessualen Tat und gegenüber den durch die Klage beschuldigten Personen. Im Übrigen hat das Gericht – abgesehen von Entscheidungen, die allein der StA zugewiesen sind, s. Rn. 2 – nach **seiner Überzeugung** zu entscheiden. Es kann die Tat schwerer oder leichter qualifizieren, zB Mord statt Totschlag. Unter Zugrundelegung des angeklagten historischen Vorganges kann es statt Tatmehrheit Tateinheit annehmen oder umgekehrt, statt Realkonkurrenz Fortsetzungszusammenhang und umgekehrt. Es kann vor allem die Beweise anders würdigen als die StA (KK-Tolksdorf Rn. 2).

Eine **Bindung** des Gerichts besteht gegenüber solchen Prozesserklärungen der 2 StA, die ausschließlich dieser vorbehalten sind und nicht der gerichtlichen Prüfung unterliegen. Dazu gehören zB: die Bejahung des öffentlichen Interesses an der Strafverfolgung nach § 376 oder die den fehlenden Strafantrag ersetzenden besonderen öffentlichen Interesses nach den Vorschriften des StGB (zB §§ 232 Abs. 1, 248 a

§ 206 a

StGB); die gerichtlich unüberprüfbare staatsanwaltschaftliche Wahl zwischen mehreren Gerichtsständen (Rieß-LR Rn. 3). Eine Bindung des Gerichts besteht ferner an die von der StA getroffenen Umgrenzung der Tat (§ 200) und an die Bestimmung des Beschuldigten (§ 152 Abs. 1).

§ 206 a [Einstellung bei Verfahrenshindernis]

(1) **Stellt sich nach Eröffnung des Hauptverfahrens ein Verfahrenshindernis heraus, so kann das Gericht außerhalb der Hauptverhandlung das Verfahren durch Beschluß einstellen.**

(2) **Der Beschluß ist mit sofortiger Beschwerde anfechtbar.**

1   Diese Vorschrift ist „vom Gesetzgeber ganz **allgemein** als zulässiger Ersatz für das Einstellungsurteil (§ 260 Abs. 3 StPO) vorgesehen worden, um eine überflüssige Hauptverhandlung zu vermeiden" (BGH 24, 212 = NJW 1971, 2272). Zum Verfahrenshindernis s. Rn. 4. Im **Ermittlungsverfahren** stellt die StA bei Vorliegen eines nicht behebbaren Prozesshindernisses das Verfahren nach § 170 Abs. 2 ein. Besteht das Verfahrenshindernis im **Zwischenverfahren,** lehnt das Gericht die Eröffnung des Hauptverfahrens ab, wenn die Anklage nicht zurückgenommen wird. § 206 a gilt erst **nach Eröffnung des Hauptverfahrens,** und zwar für die Einstellung **außerhalb der Hauptverhandlung.** In der Hauptverhandlung wird das Verfahren gemäß § 260 Abs. 3 **durch Urteil** eingestellt (KK-Tolksdorf Rn. 2, 3). Das Fehlen der **Unterschrift des StA** unter der bei Gericht eingereichten Anklageschrift führt grundsätzlich nicht zur Einstellung (OLG Düsseldorf wistra 1993, 352).

2   Nach Urteilserlass erster Instanz ist das Gericht, das ein **bereits vorhandenes Verfahrenshindernis übersehen** hat, auch vor Rechtskraft des Urteils nicht mehr zur Einstellung berechtigt. Die Beseitigung des erlassenen Urteils ist nur dem **Rechtsmittelgericht** gestattet (BGH 16, 116 = NJW 1961, 1684; 22, 216 = NJW 1968, 2253; BGH NStZ 1984, 279). Entsteht das Verfahrenshindernis **nach Urteilserlass,** aber vor dessen Rechtskraft, dann ist § 206 a durch das erstinstanzliche Gericht grundsätzlich anzuwenden und dieses muss das Verfahren einstellen (BGH 22, 217 ff.; BayObLG NJW 1953, 1404). Die Befugnis zur Einstellung des Verfahrens **entfällt** auch bei nach Urteilserlass und vor Rechtskraft eingetretenen Prozesshindernissen, sobald das Urteil durch ungenutzten Ablauf der Rechtsmittelfrist, durch allseitigen Rechtsmittelverzicht oder durch Rechtsmittelrücknahme **rechtskräftig** geworden ist (Rieß-LR Rn. 11, 12).

3   Im **Rechtsmittelverfahren** ist bei **zulässigem Rechtsmittel** nach § 206 a zu verfahren, wenn das Verfahrenshindernis **nach Erlass** des angefochtenen Urteils eintritt, auch wenn horizontale Teilrechtskraft eingetreten war. War das Verfahrenshindernis vom Vorderrichter **übersehen** worden, dann kann bei zulässigem Rechtsmittel das Rechtsmittelgericht neben der möglichen Einstellung durch Urteil oder durch Beschluss nach § 349 Abs. 4 nach hM auch nach § 206 a außerhalb der Hauptverhandlung einstellen (BGH 24, 212 = NJW 1971, 2272; 32, 275, 290 = NJW 1984, 2048). „Eine solche Entscheidung des Revisionsgerichts kann ungeachtet des vorgesehenen Hauptverhandlungstermins schon früher erfolgen, wenn ein Verfahrenshindernis besteht, das zur Einstellung des Verfahrens führt" (BGH 41, 16 = NJW 1995, 1973). War das Rechtsmittel **unzulässig** – ohne dass Rechtskraft eingetreten war –, so kann nur bei Eintritt des Verfahrenshindernisses **nach Erlass** des angefochtenen Urteils nach § 206 a eingestellt werden, weil nur das zulässige Rechtsmittel einen Eingriff in die Vorentscheidung auch bei Verfahrenshindernissen zulässt. Daher ist die Revision ohne Beachtung des Verfahrenshindernisses zu verwerfen, wenn es bereits **vor Erlass** des angefochtenen Urteils vorgelegen hatte und nicht berücksichtigt wurde (LR/Rieß-Rn. 17; AK/StPO-Loos Rn. 5 mwN). Die Einstellung **nach § 206 a erstreckt** sich gemäß § 357 auch auf **Mitangeklagte**

Entscheidung über die Eröffnung des Hauptverfahrens **§ 206 a**

(BGH 24, 208 = NJW 1971, 2272; BGH NStZ 1986, 276; OLG Frankfurt NJW 1991, 2849). Da für das Berufungsverfahren eine entsprechende Vorschrift fehlt, ist dort die Erstreckung der Einstellung auf Angeklagte, die keine Berufung eingelegt haben, nicht möglich (KK-Tolksdorf Rn. 5). „Ist eine Tat im verfahrensrechtlichen Sinn bei zwei Gerichten mit gleicher örtlicher, aber unterschiedlicher sachlicher Zuständigkeit rechtshängig geworden, führt die **doppelte Rechtshängigkeit** im Falle der Revision gegen das Urteil des später eröffnenden höheren Gerichts dann nicht zur Verfahrenseinstellung, sondern zur Zurückverweisung der Sache, wenn das höhere Gericht auf Grund seiner sachlichen Zuständigkeit für eine umfassende Aburteilung (noch) in der Lage ist, das Verfahrenshindernis anderweiter Rechtshängigkeit zu beseitigen, indem es das Verfahren des unteren Gerichts an sich zieht", im Abschluss an BGH 36, 175 = NJW 1989, 2403 (BGH NJW 1995, 2500).

Die Begriffe **Verfahrenshindernis** und **Verfahrensvoraussetzung** sind in der 4 StPO nicht definiert (BGH 26, 88 = NJW 1975, 885). Sie bedeuten das Gleiche. Bei Verfahrenshindernis ist lediglich die „Voraussetzung" negativ als „Hindernis" umschrieben (Einl. Rn. 15; KK-Pfeiffer Einl. Rn. 130). Zum **Inhalt** gehört, dass es sich um einen Umstand handelt, der „nach dem ausdrücklich erklärten oder aus dem Zusammenhang ersichtlichen Willen des Gesetzes für das Strafverfahren so schwer wiegt, dass von seinem Vorhandensein oder Nichtvorhandensein die **Zulässigkeit des Verfahrens** im ganzen abhängig gemacht werden muss" (BGH 32, 350 = NJW 1984, 2300). In Ausnahmefällen kann auch die Verletzung des **Beschleunigungsgebotes** zur Einstellung nach § 206 a führen (BGH NJW 2001, 1146 mwN; vgl. auch BGH 35, 137 = NJW 1988, 2188, Einl. Rn. 10). Dass die StA zB für die Anklageerhebung örtlich nicht zuständig war, macht die Anklage nicht unwirksam und stellt kein Verfahrenshindernis iSd § 206 a dar (OLG Düsseldorf NStZ-RR 1997, 110). Die **Tatprovokation** durch einen polizeilichen **Lockspitzel** (s. vor 48 Rn. 4) führt jedenfalls dann nicht zu einem **Verfahrenshindernis**, wenn die Verurteilung des Täters nicht auf der Aussage dieser polizeilichen Vertrauensperson beruht (BayObLG NStZ 1999, 527; BGH 47, 44 = NJW 2002, 1981 unter Fortführung von BGH 45, 321 = NJW 2000, 1123). Zur Darstellung der **einzelnen Verfahrenshindernisse s. Einl. Rn. 15; KK**-Tolksdorf Rn. 7; KK-Pfeiffer Einl. Rn. 135; Rieß-LR Rn. 32 ff.; Hillenkamp NJW 1989, 2841 ff. Das Vorliegen des Prozesshindernisses ist im **Freibeweis** festzustellen. Tatsächliche **Zweifel** darüber, ob ein Verfahrenshindernis gegeben ist, die nicht behoben werden können, müssen zur Einstellung führen. Das folgt aus der Funktion der Prozessvoraussetzung als Voraussetzung für die Zulässigkeit des Verfahrens (Meyer-Goßner Rn. 7). Außerdem gilt auch hier der Grundsatz „im Zweifel für den Angeklagten". Aber „eine schablonenhafte Antwort, die einheitlich gelten könnte, etwa für alle Verfahrensvoraussetzungen oder Verfahrenshindernisse", verbietet sich (BGH 18, 227 = NJW 1963, 1209). Der **Tod des Beschuldigten** schließt eine Sachentscheidung aus (BGH NJW 1983, 463). Das Verfahren muss aber zu einem ordnungsgemäßen Abschluss gebracht werden, es muss daher – wie auch sonst bei Vorliegen eines unbehebbaren Verfahrenshindernisses – nach **§ 206 eingestellt** werden (BGH 45, 108 = NJW 1999, 3644 unter Aufgabe von BGH 34, 184 = NJW 1987, 661). Das gilt auch während eines anhängigen Revisionsverfahrens und ebenfalls dann, wenn das Rechtsmittel auf den **Strafausspruch** beschränkt ist (BGH wistra 1999, 426). „Beim **Tode des Angeklagten** ist das Verfahren durch förmlichen Beschluss nach § 206 a **einzustellen** und über die Kosten des Verfahrens und die notwendigen Auslagen des Angeklagten nach §§ 464 Abs. 1, 467 zu entscheiden" (OLG Celle NJW 2002, 3720). Ein **Ermittlungsverfahren** wird nach § 170 Abs. 2 **eingestellt.** Dem Tod steht die Todeserklärung gleich (OLG Hamm NJW 1978, 177). In Unkenntnis des Todes ergangene abschließende Sachentscheidungen werden gegenstandslos. Die Anwendung des § 467 Abs. 3 S. 2 Nr. 2 sollte wohl nur in Ausnahmefällen erfolgen unter Berücksichtigung der im Rechtsstaatsprinzip wurzelnden

§ 206 b   Zweites Buch. 4. Abschnitt

und in Art. 6 Abs. 2 MRK verankerten Unschuldsvermutung (BGH 45, 116 = NJW 1999, 3644).

5   Die Einstellung wird durch zu begründenden **Beschluss** (§ 34 iVm Abs. 2) in der für Entscheidungen außerhalb der Hauptverhandlung vorgeschriebenen **Besetzung** beschlossen. Die Einstellung lautet dahin, dass das Verfahren – insgesamt oder wegen der von dem Verfahrenshindernis betroffenen Tat oder im Hinblick auf den hiervon betroffenen Angeklagten – eingestellt werde. Bereits ergangene Sachentscheidungen werden gegenstandslos; das kann im Beschluss ausgesprochen werden (Rieß-LR Rn. 63). Der Beschluss muss eine Kosten- und Auslagenentscheidung und ggf. eine Entscheidung über eine Entschädigungspflicht (StrEG) enthalten. Für die Entscheidung über die notwendigen Auslagen des Angeklagten gilt § 467 Abs. 3 Nr. 2. Die Entscheidung ist dem Angeklagten, der StA und den sonstigen Anfechtungsberechtigten durch **Zustellung** bekanntzumachen.

6   Mit dem Eintritt der Unanfechtbarkeit der Einstellungsentscheidung – abgesehen von der Nebenentscheidung über Kosten usw. – wird das **rechtshängige Verfahren beendet,** soweit die Einstellung kraft ausdrücklicher Beschränkung oder ihrer Natur nach reicht. Maßgebend hierfür ist die Art des Verfahrenshindernisses. Stehen sie der Strafverfolgung **insgesamt** entgegen, zB Verjährung, fehlender Strafantrag, Strafklageverbrauch, so beendet die Einstellung das Verfahren **insgesamt.** Betreffen sie nur das **gerichtliche** Verfahren, zB fehlende bzw. unwirksame Klageerhebung oder Eröffnungsbeschluss, so wird durch die Einstellung lediglich das **gerichtliche Verfahren beendet** und die Sache in den Stand eines staatsanwaltlichen Ermittlungsverfahren zurückversetzt. Die StA muss eine neue Entscheidung treffen (Rieß-LR Rn. 65).

7   Die **sofortige Beschwerde (Abs. 2)** ist nur gegen den **Einstellungsbeschluss** statthaft, und zwar für die StA und den Nebenkläger. Der Angeklagte hat kein Beschwerderecht; er ist nicht beschwert. Dagegen steht ihm die sofortige Beschwerde bei ihm nachteiligen Kosten-, Auslagen- und Entschädigungsentscheidungen zu (OLG Karlsruhe JR 1981, 38; OLG Stuttgart MDR 1984; Rieß-LR Rn. 70; KK-Tolksdorf Rn. 13 m. den abw. Entscheidungen). Der eine **Einstellung ablehnende Beschluss** fällt nicht unter Abs. 2. Er ist **unanfechtbar;** denn das angebliche Verfahrenshindernis kann in der Hauptverhandlung erneut geltend gemacht werden, die Beschwerde ist deshalb nach § 305 S. 1 ausgeschlossen (OLG Celle MDR 1978, 161; Meyer-Goßner Rn. 10).

§ 206 b [Einstellung bei Gesetzesänderung]

¹Wird ein Strafgesetz, das bei Beendigung der Tat gilt, vor der Entscheidung geändert und hat ein gerichtlich anhängiges Strafverfahren eine Tat zum Gegenstand, die nach dem bisherigen Recht strafbar war, nach dem neuen Recht aber nicht mehr strafbar ist, so stellt das Gericht außerhalb der Hauptverhandlung das Verfahren durch Beschluß ein. ²Der Beschluß ist mit sofortiger Beschwerde anfechtbar.

1   Diese Vorschrift dient der **Verfahrensvereinfachung** und erspart dem Beschuldigten und dem Gericht die Hauptverhandlung. Sie lässt die Einstellung des Verfahrens durch **Beschluss** zu, wenn die Tat nach § 2 Abs. 3 StGB (Rückwirkung strafaufhebender Gesetze) nicht mehr strafbar ist. Es handelt sich um eine **sachlichrechtliche** Entscheidung (Rieß-LR Rn. 3; Meyer-Goßner Rn. 1; OLG München NJW 1974, 873). § 206 b ist – wie § 206 a – erst **nach Eröffnung** anwendbar. Im **Ermittlungsverfahren** hat die StA das Verfahren nach § 170 Abs. 2 einzustellen. **Vor Eröffnung** ist nach § 204 zu verfahren. § 206 b ist im Hauptverfahren **außerhalb der Hauptverhandlung** anzuwenden; **in der Hauptverhandlung** hat ein freisprechendes Urteil zu ergehen (AK/StPO-Loos Rn. 2). Im **ersten Rechtszug**

Entscheidung über die Eröffnung des Hauptverfahrens § 206 b

ist § 206 b ohne Rücksicht darauf anzuwenden, ob die Gesetzesänderung vor oder nach Erlass des Urteils – solange das Verfahren dort noch anhängig ist – eingetreten ist (Meyer-Goßner Rn. 4). Nur wenn das Gericht sie im Urteil **übersehen** hat, darf der erste Richter keinen Beschluss nach § 206 b erlassen. Die Beseitigung des erlassenen Urteils, auf die im Ergebnis eine solche Einstellung hinauslaufen würde, ist nur dem **Rechtsmittelgericht** gestattet (s. § 206 a Rn. 2; vgl. auch Rieß-LR Rn. 8 iVm § 206 a Rn. 10). Im **Rechtsmittelverfahren** ist außerhalb der Hauptverhandlung § 206 b anwendbar, wenn die Rechtsänderung **nach Urteilserlass** eingetreten ist. Im **Revisionsverfahren** kann wahlweise nach § 206 b oder § 354 a verfahren werden; beim Vorgehen nach § 206 b ist eine Sachrüge nicht erforderlich. „Die Aufhebung eines Urteils gemäß § 354 a ist nicht auf mitbetroffene Mitangeklagte zu erstrecken, die keine Revision eingelegt haben (BGH 20, 78 = NJW 1965, 52). Das gilt auch, wenn „die Urteilsaufhebung darauf beruht, dass eine Gesetzesnorm zwischenzeitlich vom BVerfG für nichtig erklärt worden ist" (BGH 41, 6 = NJW 1995, 2424). War aber die Gesetzesänderung im **angefochtenen Urteil übersehen** worden, kann die Rechtsänderung nur berücksichtigt werden, wenn die **zulässige Sachrüge** erhoben ist (AK/StPO-Loos Rn. 2; vgl. auch BGH 26, 94 = NJW 1975, 1038).

Die **Strafbarkeit der Tat ist entfallen,** wenn sie nach der Gesetzesänderung 2 unter **keinem rechtlichen** Gesichtspunkt mehr verfolgt werden kann. Ist die Tat nach dem neuen Recht nur noch als **Ordnungswidrigkeit** zu beurteilen, so geht damit das Strafverfahren in ein **Bußgeldverfahren** über. § 206 b gilt also nicht, wenn die Tat nur noch mit Geldbuße bedroht ist; in diesem Fall ist § 82 OWiG die **speziellere** Regelung (OLG Saarbrücken NJW 1974, 1009). Legt der Betroffene oder die StA in Verkennung der Rechtslage „Revision" oder „Berufung" ein, so ist sie in eine Rechtsbeschwerde oder einen Antrag auf deren Zulassung umzudeuten (Göhler, OWiG, § 82 Rn. 27). Ist die OWi wegen eines Prozesshindernisses (zB wegen Verjährung) nicht mehr verfolgbar, so muss das Verfahren nach § 206 a eingestellt werden (OLG Saarbrücken NJW 1974, 1009; Meyer-Goßner Rn. 7). Ist nicht nur die Strafbarkeit entfallen, sondern liegt auch ein Verfahrenshindernis vor, so hat § 206 b mit seinem Freispruchcharakter den Vorrang (Rieß-LR Rn. 13).

Die **Entscheidung** ergeht – nach Anhörung der StA (§ 33 Abs. 2), nicht des 3 Angeklagten – durch nach § 34 mit Gründen zu versehenden **Beschluss** in der für Entscheidungen außerhalb des Hauptverhandlung vorgeschriebenen **Besetzung;** das OLG (vgl. § 122 Abs. 2 GVG) entscheidet nur mit 3 Richtern, da die Einstellung nach § 206 b in § 122 Abs. 2 S. 3 GVG nicht erwähnt ist (so Meyer-Goßner Rn. 8; KK-Tolksdorf Rn. 7). Der Beschluss lautet auf Einstellung des Verfahrens; mit seiner formellen Rechtskraft beendet er dieses. Mit ihm ist die Aufhebung des **Haftbefehls** (§ 120 Abs. 1 S. 2) – sowie der Zwangsmaßnahmen – zu verbinden. Nach § 464 ist eine **Kostenentscheidung** erforderlich, sie richtet sich nach § 467 Abs. 1, 2, 3, S. 1. § 467 Abs. 3 S. 2 Nr. 2 (kein Verfahrenshindernis) ist unanwendbar. Wenn die Voraussetzungen vorliegen, muss mit der Einstellung eine Entscheidung über die **Entschädigung für Strafverfolgungsmaßnahmen** verbunden werden (§§ 2, 8 StrEG). Es ist umstritten, ob dem Angeklagten eine Entschädigung versagt werden kann. Es wird die Ansicht vertreten, dass es Sache des Gesetzgebers ist, eine – sachlich nicht gerechtfertigte – Entschädigung auszuschließen (Rieß-LR Rn. 15, 16). Die **Rechtskraft des Einstellungsbeschlusses** entspricht der eines freisprechenden Urteils. Er hat den **Verbrauch der Strafklage** zur Folge und steht – außer in den Fällen des § 362 – einem neuen Verfahren entgegen, wenn sich später herausstellt, dass das angeklagte Verhalten auch nach neuem Recht strafbar wäre (Rieß-LR Rn. 29; KK-Tolksdorf Rn. 12).

Die **sofortige Beschwerde (Abs. 2)** gegen den Einstellungsbeschluss steht der 4 StA, dem Privatkläger und dem zugelassenen Nebenkläger (§ 400 Abs. 2 S. 1) zu. Der Angeklagte ist nicht beschwert; er ist nicht beschwerdeberechtigt. Beschlüsse des OLG im ersten Rechtszug sind unanfechtbar (§ 304 Abs. 4 S. 2 Nr. 2), ebenso Entscheidungen, die von einem Revisionsgericht erlassen sind, § 304 Abs. 4 (Rieß-LR Rn. 17). Der eine Einstellung **ablehnende Beschluss** ist nach § 305 S. 1 nicht anfechtbar (s. § 206 a Rn. 7).

§ 207 [Eröffnungsbeschluß] RiStBV 115 Abs. 2

(1) **In dem Beschluß, durch den das Hauptverfahren eröffnet wird, läßt das Gericht die Anklage zur Hauptverhandlung zu und bezeichnet das Gericht, vor dem die Hauptverhandlung stattfinden soll.**

(2) **Das Gericht legt in dem Beschluß dar, mit welchen Änderungen es die Anklage zur Hauptverhandlung zuläßt, wenn**

1. **wegen mehrerer Taten Anklage erhoben ist und wegen einzelner von ihnen die Eröffnung des Hauptverfahrens abgelehnt wird,**
2. **die Verfolgung nach § 154 a auf einzelne abtrennbare Teile einer Tat beschränkt wird oder solche Teile in das Verfahren wieder einbezogen werden,**
3. **die Tat rechtlich abweichend von der Anklageschrift gewürdigt wird oder**
4. **die Verfolgung nach § 154 a auf einzelne von mehreren Gesetzesverletzungen, die durch dieselbe Straftat begangen worden sind, beschränkt wird oder solche Gesetzesverletzungen in das Verfahren wieder einbezogen werden.**

(3) [1] In den Fällen des Absatzes 2 Nr. 1 und 2 reicht die Staatsanwaltschaft eine dem Beschluß entsprechende neue Anklageschrift ein. [2] Von der Darstellung des wesentlichen Ergebnisses der Ermittlungen kann abgesehen werden.

(4) **Das Gericht beschließt zugleich von Amts wegen über die Anordnung oder Fortdauer der Untersuchungshaft oder der einstweiligen Unterbringung.**

1 Diese Vorschrift regelt den **näheren Inhalt** der positiven Entscheidung über die Eröffnung des Hauptverfahrens und bestimmt die Form, während § 203 die Voraussetzungen festlegt (vgl. auch RiStBV Nr. 115). Oder mit den Worten des BGH: „Zwar entspricht der Beschluss nicht dem Wortlaut des § 207 Abs. 1. Zur Eröffnung des Hauptverfahrens genügt jedoch die schlüssige und eindeutige Willenserklärung des Gerichts, die Anklage nach Prüfung und Bejahung der Eröffnungsvoraussetzungen zur Hauptverhandlung zuzulassen" (BGH NStZ 2000, 442; BGH NStZ-RR 2002, 68). „Dabei steht eine mündliche verkündete und protokollierte Entscheidung einer schriftlichen gleich" (BGH NStZ 2000, 442). Bejaht das Gericht die Voraussetzungen des § 203, lässt es die Anklage zur Hauptverhandlung zu **(Abs. 1)** und eröffnet damit das Hauptverfahren. Dabei umschreibt das Gericht den Verfahrensgegenstand idR nicht selbst; es macht vielmehr durch Bezugnahme den Anklagesatz (§ 200 Abs. 1 S. 1) zum integrierenden Bestandteil des Eröffnungsbeschlusses (BGH GA 1980, 108). Zugleich bezeichnet der Beschluss **das Gericht,** vor dem **die Hauptverhandlung stattfindet,** und bei mehreren Spruchkörpern gleicher Art auch den nach der Geschäftsverteilung zur Entscheidung berufenen (Meyer-Goßner Rn. 1). Die Entscheidung muss **erschöpfend** in dem Sinne sein, dass über alle Teile der Anklage befunden wird (OLG Düsseldorf GA 1986, 37). Will das Gericht getrennt entscheiden, muss es einen Trennungsbeschluss erlassen. Mit Erlass des Eröffnungsbeschlusses wird die Sache **rechtshängig** (BGH 29, 343 = NJW 1981, 180) und es entsteht ein **Verfahrenshindernis** für die Verfolgung der Tat in einem anderen Verfahren (BayOLG MDR 1988, 77).

Entscheidung über die Eröffnung des Hauptverfahrens § 207

Das Gericht kann die Anklage mit **Änderungen (Abs. 2)** zulassen. Es darf aber 2
weder weitere Angeklagte noch eine neue Tat, die nicht Gegenstand der Anklage
ist, in die Untersuchung einbeziehen. „Der dem § 207 StPO zugrundeliegende
Tatbegriff ist derselbe wie in § 264 StPO; es ist daher der gesamte Lebenssachverhalt umfasst; miteinbezogen sind insbesondere solche Gesetzesverletzungen, die
materiell-rechtlich im Verhältnis der Tateinheit stehen" (BGH NStE Nr. 5 zu
§ 207).

Sind **mehrere** Strafsachen **(Abs. 2 Nr. 1)** miteinander zu einem Verfahren verbunden, so kann in der einen eröffnet und in der anderen die Eröffnung abgelehnt 3
werden. Aber das Ausscheiden einer Tat kann auch in der vorläufigen Einstellung
nach § 154 Abs. 2 bestehen. Die Nichtzulassung wegen einzelner Teilakte einer
Fortsetzungstat macht den Eröffnungsbeschluss nicht unwirksam; hierdurch wird
nur der Schuldumfang in zulässiger Weise beschränkt (BGH StV 1986, 418; Meyer-
Goßner Rn. 3). Wird bei mehreren Taten – **Straftat** und **Ordnungswidrigkeit**,
§ 42 Abs. 1 OWiG – hinsichtlich der Tat, die als Straftat angeklagt ist, weder der
hinreichende Verdacht der Straftat noch der einer OWi bejaht, so wird die Eröffnung des Hauptverfahrens insoweit abgelehnt (Abs. 2 Nr. 1). Diese – mit der
sofortigen Beschwerde anfechtbare – Ablehnung zerlegt das Verfahren hinsichtlich
der anderen Tat – der OWi – eindeutig in ein Bußgeldverfahren, so dass damit die
Grundlage für eine gerichtliche Entscheidung (Aburteilung von zusammenhängenden Straftaten und OWi) entfällt. Es ist also keine neue Anklage allein wegen der
OWi (die sonst notwendig wäre, vgl. § 207 Abs. 3 iVm Abs. 2 Nr. 1) einzureichen.
Vielmehr hat die StA die Klage insoweit zurückzunehmen und die Sache an die
Verwaltungsbehörde abzugeben; das Gericht kann die Eröffnung des Hauptverfahrens, die nur wegen einer OWi beantragt wird, ablehnen (Göhler OWiG, § 82
Rn. 8). Keine teilweise Ablehnung, sondern ein Fall des Abs. 2 Nr. 3 liegt vor,
wenn bei Eröffnung wegen einer Tat nach § 129 StGB der Tatverdacht hinsichtlich
eines in Tateinheit dazu stehenden Vergehens verneint wird (BGH NStZ 1989,
190).

Im Eröffnungsbeschluss **(Abs. 2 Nr. 2 und Nr. 4)** können bei grundsätzlich 4
unverändertem Prozessgegenstand **Verfahrensstoffbeschränkungen** vorgenommen werden. Dabei bezieht sich Abs. 2 Nr. 2 auf die Erste und Abs. 2 Nr. 4 auf die
zweite Alternative von § 154a Abs. 1. Diese Beschränkungen werden oft bereits
von der StA vorgenommen und gewährleisten eine ökonomische Durchführung der
Hauptverhandlung und eine sachgerechte Verteidigung.

Die **andere rechtliche Würdigung (Abs. 2 Nr. 3)** kann zur Folge haben, dass 5
sich die sachliche und funktionelle Zuständigkeit ändert. Tritt keine Änderung ein,
wird ohne abweichende Würdigung eröffnet. Der Beschluss muss iVm der Anklageschrift erkennen lassen, welche Tatsachen nach Auffassung des Gerichts die gesetzlichen Merkmale des **neuen** Tatbestands erfüllen (BGH 23, 304 = NJW 1970, 2071).
„Auf die Möglichkeit einer anderen rechtlichen Beurteilung als in der gerichtlich
zugelassenen Anklage kann schon im Eröffnungsbeschluss **hingewiesen** werden"
(BGH 23, 304). Es ist auch möglich, in Anwendung des Abs. 2 Nr. 3 besonders
vorgesehene **Rechtsfolgenumstände** hervorzuheben, die in der Anklageschrift
nicht enthalten sind, und den Hinweis nach § 265 Abs. 2 vorwegzunehmen
(Meyer-Goßner Rn. 5). Das Gericht lässt die Klage nur **unter dem rechtlichen
Gesichtspunkt einer Ordnungswidrigkeit** nach **Abs. 2 Nr. 3** zu, wenn es
abweichend von der Anklage den hinreichenden Tatverdacht hinsichtlich der Straftat verneint, ihn aber für eine OWi bejaht und deren Verfolgung für geboten hält
(§§ 82, 47 Abs. 2 OWiG). Dieser Beschluss ist keine Ablehnung der Eröffnung des
Hauptverfahrens, so dass der StA nicht die sofortige Beschwerde nach § 210 Abs. 2
zusteht. Bejaht das Gericht nur den Verdacht einer OWi, hält es aber die Verfolgung
nicht für geboten, so lehnt es die Eröffnung des Hauptverfahrens ab und stellt
zugleich in dem ablehnenden Beschluss das Verfahren hinsichtlich der OWi ein,

§ 207 Zweites Buch. 4. Abschnitt

wenn die StA der Einstellung nach § 47 Abs. 2 OWiG zustimmt. Die StA hat dann gegen diesen Beschluss die sofortige Beschwerde, soweit der hinreichende Verdacht einer Straftat verneint oder ein Verfolgungshindernis bejaht ist. Läßt das Gericht die Klage nur unter dem Gesichtspunkt einer OWi zu, so leitet es damit die Sache in ein Bußgeldverfahren über (Göhler, OWiG, § 82 Rn. 5). Von **Abs. 2 Nr. 4** wird kaum Gebrauch gemacht. In der Praxis wird die **Verfolgungsbeschränkung** nach § 154 a idR erst in der Hauptverhandlung vorgenommen. Beschränkt das Gericht die Untersuchung zugleich mit der Zulassung der Anklage auf Gesetzesverletzungen, die nicht seine erstinstanzliche Zuständigkeit begründen, so hat es das Hauptverfahren vor dem Gericht niedrigerer Ordnung zu eröffnen (BGH 29, 341 = NJW 1981, 180). Ergibt die Hauptverhandlung, dass dem Angeklagten nur die ausgeschiedene Gesetzesverletzung angelastet werden kann, ist diese wieder einzubeziehen (BGH 32, 34 = NJW 1984, 1364); auch wenn die Beschränkung von der StA vorgenommen worden war (BGH StV 1986, 45; BGH NStZ 1995, 541; KK-Tolksdorf Rn. 9). Lässt die Beweis- oder Rechtslage die Beurteilung zu, dass auch hinsichtlich des ausgeschiedenen Tatteils **Freispruch** geboten ist, kann der ausgeschiedene Tatteil bei der Urteilsfindung auch dann mit berücksichtigt werden, wenn er nicht ausdrücklich – durch Beschluss nach § 154 a Abs. 3 – wieder einbezogen worden ist (BGH NJW 1989, 2481; BGH NStZ 1996, 241). In § 207 ist die vor allem in Großverfahren bedeutsame Ausscheidung von Taten durch vorläufige Einstellung nach **§ 154 Abs. 2** nicht ausdrücklich erwähnt. Auch hierfür gelten Abs. 2 Nr. 1 und Abs. 2 (KK-Tolksdorf Rn. 8) entsprechend.

6   Der Eröffnungsbeschluss muss **schriftlich** abgesetzt werden, „wobei eine **mündlich verkündete** und protokollierte Entscheidung einer schriftlichen gleichgestellt ist" (BGH NStZ-RR 2002, 68). Ist dies unterblieben, so besteht ein **Verfahrenshindernis**, das durch die nachträgliche Erklärung des Richters, die Eröffnung des Hauptverfahrens beschlossen zu haben, nicht beseitigt wird (BGH DRiZ 1981, 343; Meyer-Goßner Rn. 8). Aber „für den Eröffnungsbeschluss entscheidend sind nicht Wortlaut und äußere Form. Es genügt die schlüssige und eindeutige schriftliche Willenserklärung des Gerichts, dass eine bestimmt bezeichnete Anklage zur Hauptverhandlung zugelassen wird" (BayObLG wistra 1991, 195). Das kann zB der Fall sein, wenn das Gericht eine neue Strafsache mit einer bereits anhängigen verbindet und gleichzeitig Termin zur Hauptverhandlung bestimmt (BGH MDR 1975, 197), und auch in der Entscheidung über die Fortdauer der U-Haft im Haftprüfungstermin mit anschließender Terminsbestimmung zur Hauptverhandlung kann ein Eröffnungsbeschluss erblickt werden (OLG Hamm NStZ 1990, 146). Eine **Begründung** ist nicht erforderlich, wenn die Zulassung ohne Änderung erfolgt und ebenso bei Entscheidungen nach Abs. 2 Nr. 2 und 4. Auch bei einer veränderten rechtlichen Würdigung nach Abs. 2 Nr. 3 ist sie nicht vorgeschrieben; sie kann zweckmäßig sein, damit sich StA und Verteidigung auf diese Rechtsauffassung einstellen können (Rieß-LR Rn. 32). Nach § 34 ist eine Begründung notwendig für die Teilablehnung nach Abs. 2 Nr. 1 und für die Eröffnung vor einem Gericht niederer Ordnung; denn der StA steht die sofortige Beschwerde zu (§ 210 Abs. 2) zu. Ein **Verbindungsbeschluss** oder ein **Verweisungsbeschluss** nach § 270 können den Eröffnungsbeschluss nur ersetzen, wenn das verbindende bzw. verweisende Gericht die **Eröffnungsvoraussetzungen geprüft** hat (BGH NStZ 1988, 236; 1994, 24). Der Eröffnungsbeschluss ist dem Angeschuldigten zuzustellen (§ 215); der StA (§ 35 Abs. 2 S. 2), dem Privatkläger (§ 385 Abs. 1 S. 2) und dem Nebenkläger (§ 397 Abs. 1) ist er mitzuteilen, aber bei Teilablehnung ist er diesen Beteiligten zuzustellen (§§ 35 Abs. 2 S. 1, 210 Abs. 2).

7   Nach **Abs. 3** hat die StA eine **neue Anklage** einzureichen, wenn die Eröffnung des Verfahrens wegen einzelner Taten oder gegen einzelne Beschuldigte abgelehnt wird (Abs. 2 Nr. 1) oder wenn abtrennbare Teile der Tat ausgeschieden oder wieder

Entscheidung über die Eröffnung des Hauptverfahrens **§ 207**

einbezogen werden (Abs. 2 Nr. 2). Sie darf sich auf den **Anklagesatz** beschränken. Die Anklageschrift hat nur **deklaratorische** Bedeutung und wird nicht nach § 201 behandelt. Sie soll dem Angeschuldigten klarmachen, welche tatsächlichen Vorgänge Gegenstand der Hauptverhandlung sind und sie ist ihm nach § 215 S. 2 zuzustellen.

Einer ausdrücklichen Entscheidung **(Abs. 4)** über die **U-Haft** oder die **einst- 8 weilige Unterbringung** nach § 126a bedarf es nur, wenn ein Haft- oder ein Unterbringungsbefehl besteht oder vollzogen wird oder wenn er erlassen oder außer Vollzug oder wieder in Vollzug gesetzt werden soll. Befindet sich der Angeklagte in U-Haft, dann ist der Gegenstand der Prüfung der gleiche wie bei der Haftprüfung nach § 117 (Meyer-Goßner Rn. 10).

Der Eröffnungsbeschluss ist **unwiderruflich;** er kann weder zurückgenommen 9 noch geändert werden (RG 45, 262; OLG Bremen NJW 1958, 432). Eine Ausnahme ist gegeben, wenn § 33a anzuwenden ist und die Anhörung ergibt, dass der Eröffnungsbeschluss zu Unrecht erlassen wurde (KK-Tolksdorf Rn. 15).

Schwere formelle oder sachliche **Mängel** können den **Eröffnungsbeschluss** 10 **unwirksam** machen (BGH NStZ 1984, 133). Mängel des Anklagesatzes sind zugleich Mängel des Eröffnungsbeschlusses (BGH NStZ 1993, 147; OLG Düsseldorf wistra 1994, 318), falls sie nicht im Eröffnungsbeschluss behoben worden sind. Übernimmt der Eröffnungsbeschluss den Mangel, ist er unwirksam und das Verfahren ist einzustellen. Aber nicht jeder Mangel der Anklage oder des Eröffnungsbeschlusses führt zu einem **Verfahrenshindernis.** Es muss sich zum einen um einen **wesentlichen Mangel** handeln. Zum anderen kann der Mangel im weiteren Verfahren beseitigt worden sein. Die **Heilung** des Mangels der Anklage im Eröffnungsbeschluss oder in der Hauptverhandlung ist zulässig (BGH NStZ 1993, 147; s. auch § 200 Rn. 10). Die **Unwirksamkeit des Eröffnungsbeschlusses** liegt zB vor; wenn er nur von zwei Richtern der StrK gefasst ist (BGH 10, 279 = NJW 1957, 1245), wobei es auf die Zahl der Unterschriften nicht ankommt; wenn der Vorsitzende ohne Beratung allein unterschrieben hat (BGH StV 1981, 329; 1983, 318); wenn der das Auslieferungsrecht beherrschende Grundsatz der Spezialität einer Verfolgung des Angeklagten entgegensteht (BGH 29, 351 = NJW 1979, 2483). **Keine Unwirksamkeit** liegt zB in folgenden Fällen vor: Ein Eröffnungsbeschluss des AG kann trotz fehlender Unterschrift gültig sein, wenn er tatsächlich gefasst wurde und nicht bloß ein Entwurf vorlag (BayObLG NJW 1958, 2027; BayObLG NStZ 1989, 489); widersprüchliche Angaben in der Anklage zum Zeitpunkt der Tat stellen den Zulassungsbeschluss nicht in Frage, wenn die dem Angeklagten vorgeworfene Tat durch die Angaben über Begehungsort, Begehungsweise, Tatopfer und Tatbeute sowie ihre zeitliche Einordnung jedenfalls in einem bestimmten zeitlichen Rahmen individualisiert ist (BGH StV 1988, 9); unrichtige Besetzung macht den Beschluss nicht unwirksam (BGH NStZ 1981, 447 und auch nicht die Mitwirkung eines nach §§ 22, 23 ausgeschlossenen Richters (BGH 29, 351 = NJW 1981, 133) oder die Unzuständigkeit des Eröffnungsgerichts (BayObLG JR 1975, 200; OLG Koblenz GA 1977, 347). Mängel in der Darstellung des **wesentlichen Ergebnisses der Ermittlungen** führen grundsätzlich nicht zur Unwirksamkeit der Anklage und des sie zur Hauptverhandlung zulassenden Eröffnungsbeschlusses (s. § 200 Rn. 8).

Die **Heilung eines Mangels** kommt in Betracht. „Auch bei einem Eröffnungs- 11 beschluss können grundsätzlich **offensichtliche Schreibversehen** und offensichtliche Unrichtigkeiten **berichtigt** werden. Allerdings muss sich, wie bei der Berichtigung von Urteilen, das Versehen äußerer Art zwanglos aus klar zutage liegenden Tatsachen ergeben. Sachliche Änderungen dagegen sind ausgeschlossen" (BayObLG NStZ-RR 1999, 111). Unklarheiten des Anklagesatzes, die sich im Eröffnungsbeschluss fortgesetzt haben, kann der StA durch zusätzliche Erklärungen darüber beseitigen, welcher Vorwurf dem Angeklagten gemacht wird; auch der

567

§§ 208, 209 Zweites Buch. 4. Abschnitt

Vorsitzende ist hierzu verpflichtet. Sonstige Mängel, die nicht schwer wiegen, können behoben werden (BGH GA 1973, 111; BGH MDR 1980, 107). Derartige Hinweise müssen als wesentliche Förmlichkeiten **beurkundet** werden (BGH NStZ 1984, 133). Auch eine **Nachholung** des Eröffnungsbeschlusses in der Hauptverhandlung erster Instanz ist möglich. „Wird vor dem Amtsrichter als Strafrichter die Hauptverhandlung begonnen, obwohl das Hauptverfahren noch nicht eröffnet worden ist, so darf der Eröffnungsbeschluss vor Vernehmung des Angeklagten zur Sache in der Hauptverhandlung nachgeholt werden. Diese kann der Strafrichter bei Zustimmung des Angeklagten und des Verteidigers danach sogleich fortsetzen" (BGH 29, 224 = NJW 1980, 1858). Können schwerwiegende Mängel nicht beseitigt werden und liegt ein **unwirksamer Eröffnungsbeschluss** vor oder **fehlt** dieser, so liegt ein **Verfahrenshindernis** vor, das von Amts wegen – auch im Revisionsverfahren – nach hM zur Einstellung führt (BGH 10, 279 = NJW 1957, 1244; BGH NStZ 1986, 276; 1987, 239; 1994, 227; KK-Tolksdorf Rn. 15; aA BGH 29, 228 = 1980, 1856: Aufhebung und Zurückverweisung).

12 Zur **Anfechtbarkeit** s. § 210. Die bloße Fehlerhaftigkeit eines Eröffnungsbeschlusses kann mit der **Revision** nicht geltend gemacht werden (BGH NStZ 1981, 447). Erstinstanzliche Eröffnungsbeschlüsse sind Zwischenentscheidungen, die grundsätzlich nicht mit der Vb angegriffen werden können (BVerfG NStE Nr. 6 zu § 207). Die Unwirksamkeit des Eröffnungsbeschlusses ist als Mangel einer Prozessvoraussetzung von Amts wegen zu beachten (BGH 29, 94 = NJW 1979, 2483; OLG Celle NStZ 1983, 233).

§ 208 (weggefallen)

§ 209 [Eröffnungszuständigkeit]

(1) **Hält das Gericht, bei dem die Anklage eingereicht ist, die Zuständigkeit eines Gerichts niedrigerer Ordnung in seinem Bezirk für begründet, so eröffnet es das Hauptverfahren vor diesem Gericht.**

(2) **Hält das Gericht, bei dem die Anklage eingereicht ist, die Zuständigkeit eines Gerichts höherer Ordnung, zu dessen Bezirk es gehört, für begründet, so legt es die Akten durch Vermittlung der Staatsanwaltschaft diesem zur Entscheidung vor.**

1 Die Vorschrift regelt die Prüfung der **erstinstanzlichen sachlichen Zuständigkeit** im Eröffnungsverfahren; sie gilt entsprechend bei gerichtlichen Entscheidungen im Ermittlungsverfahren. Über § 209 a wird diese Regelung auf Kompetenzkonflikte zwischen allgemeiner und besonderer Strafkammer erstreckt sowie für das Jugendgericht im Verhältnis zu allgemeinen Gerichten gleicher Ordnung (KK-Tolksdorf Rn. 8). Nach Eröffnung des Hauptverfahrens gilt § 225 a, in der Hauptverhandlung § 270. Die sachliche Zuständigkeit ist von **Amts wegen** zu prüfen (§ 6); sie ergibt sich aus den Regelungen des GVG (§§ 22 ff., 73 ff., 120). Zur **Strafverfolgungskompetenz** des Bundes und damit des **GBA** und der **Staatsschutzsenate der OLG** s. ausführlich bei § 120 GVG.

2 **Zuständigkeit eines Gerichts niederer Ordnung (Abs. 1).** Es gilt die **Rangfolge:** Strafsenat des OLG, Strafkammer, Schöffengericht Strafrichter; dabei ist § 209 a zu beachten. Der Strafrichter ist gegenüber dem Schöffengericht Gericht niedrigerer Ordnung (BGH 19, 177 = NJW 1964, 506); vgl. § 408. **Abs. 1 S. 1** gilt sowohl dann, wenn das höhere Gericht die Anklage insgesamt abweichend von der StA beurteilt, als auch bei beschränkter Zulassung (§ 207 Abs. 2; vgl. BGH 29, 341 = NStZ 1981, 151). Für die **besonderen Strafkammern** und die **Jugendgerichte** ist § 209 a zu beachten. Die StrK, vor die JugK gem. § 209 Abs. 1 iVm

Entscheidung über die Eröffnung des Hauptverfahrens **§ 209**

§ 209 a Nr. 2 a ein bei ihr angeklagtes Verfahren eröffnet hat, ist, wenn sie in der Hauptverhandlung zu der Erkenntnis gelangt, dass der Angeklagte entgegen der Einschätzung der JugK bei Begehung der Tat (nicht ausschließbar) noch Heranwachsender war, ungeachtet des Eröffnungsbeschlusses gehalten, die Sache gem. § 270 Abs. 1 an die zuständige JugK zu verweisen (BGH 47, 371 = NJW 2002, 2483). Das Zuständigkeitsmerkmal der „besonderen Bedeutung des Falles" (§§ 24 Abs. 1 Nr. 3, 74 Abs. 1 S. 2 GVG; vgl. BGH 43, 53 = NJW 1997, 2689) ist vom eröffnenden Gericht ohne Bindung an die Auffassung der StA zu prüfen (OLG Düsseldorf NStZ-RR 1997, 115; KK-Tolksdorf Rn. 5; s. auch § 24 GVG Rn. 4). Bei der Rechtsfolgenprognose nach §§ 24 Abs. 1 Nr. 2, 25 Nr. 2, 74 Abs. 1 S. 2 GVG, die sich an dem oberen Rand der konkreten Strafverwartung zu orientieren hat (OLG Karlsruhe wistra 1997, 198), ist ggf. das Vorliegen eines minder schweren Falles zu beachten (OLG Zweibrücken MDR 1992, 178; KK-Tolksdorf Rn. 5).

Der Eröffnungsbeschluss nach **Abs. 1** ist **zuzustellen.** Er ist bindend und ist, 3 auch wenn die Anklage im Übrigen unverändert zugelassen ist, zu begründen (§§ 34, 210 Abs. 2). Der **Begründung** bedarf es nur nicht, wenn die StA nach Erhebung der Anklage die Eröffnung vor dem Gericht niedrigerer Ordnung beantragt oder ihr zugestimmt hat. Die **Bekanntmachung** des Beschlusses erfolgt durch Zustellung an den Angeklagten (§ 215) und die StA, § 35 Abs. 2 S. 1 (KK-Tolksdorf Rn. 11). Das niedrigere Gericht kann nicht nach § 225 a verfahren, wohl aber in der Hauptverhandlung nach § 270. Mit dem Beschluss nach Abs. 1 wird die Sache bei dem niedrigeren Gericht **rechtshängig.** Der StA steht die **sofortige Beschwerde** zu (§ 210 Abs. 2); der Angeschuldigte hat kein Beschwerderecht (§ 210 Abs. 1).

Zuständigkeit eines Gerichts höherer Ordnung (Abs. 2). Das niedrigere 4 Gericht legt die Akten durch Beschluss **ohne Bindungswirkung** dem höheren Gericht vor: dieses kann vor sich oder einem niedrigeren eröffnen oder seinerseits nach Abs. 2 vorlegen. Die StA leitet die Akten mit ihrer Stellungnahme dem höheren Gericht zu. Legt die Staatsschutzkammer dem LG-Senat vor, so ist im Fall des § 120 Abs. 1 GVG der GBA die vermittelnde StA (vgl. § 142 a GVG); in den Fällen aus § 74 a Abs. 2 GVG führt die LandesStA eine Entscheidung des GBA herbei. Der Vorlagebeschluss ist nicht anfechtbar. Er wird den Verfahrensbeteiligten mitgeteilt; einer vorherigen Anhörung bedarf es nicht. Eröffnet das höhere Gericht bei sich, so verhindert § 269 eine spätere Zurückverweisung. „Wird vor Eintritt der Beweisaufnahme ein nach § 209 Abs. 2 ergangener **Vorlagebeschluss** verlesen, in dem die Tat auf Grund vorläufiger Ermittlungsergebnisse bewertet wird und auf Grund dessen das erkennende Gericht die Anklage zur Hauptverhandlung vor sich zugelassen hat, so verletzt dies den Grundsatz der Unmittelbarkeit und Mündlichkeit nur dann, wenn wegen besonderer Umstände zu befürchten ist, dass sich die Laienrichter bei der Urteilsfällung durch die Gründe des Vorlagebeschlusses beeinflussen lassen" (BGH 43, 360 = NJW 1998, 1163).

§ 209 gilt nur innerhalb desselben Gerichtsbezirks. Dieser ist bei **Zuständig-** 5 **keitskonzentrationen** nach §§ 58, 74 a Abs. 4, 74 c Abs. 3, 74 d GVG erweitert. Hält das Gericht die Zuständigkeit eines Gerichts außerhalb des Bezirks für gegeben, so gilt § 16. Abgaben innerhalb desselben Gerichts zwischen gleichrangigen Spruchkörpern sind zulässig und erfolgen durch formlose Verfügung (BGH 25, 242; 27, 99).

Revision. Eine fehlerhafte Zuständigkeitsbestimmung kann mit der Revision 6 grundsätzlich nicht angegriffen werden, §§ 210 Abs. 1 u. 2, 336 S. 2. Das gilt namentlich für die Beurteilung **normativer Zuständigkeitsmerkmale** nach §§ 24 Abs. 1 Nr. 3, 74 Abs. 1, 74 a Abs. 2, 74 c Abs. 1 Nr. 6, 120 Abs. 2 GVG (vgl. BGH GA 1981, 321; BGH NStZ 1985, 464) und die Rechtsfolgenprognose nach § 25 Nr. 2 GVG (BayObLG NStZ 1985, 470). **Ausnahmen** gelten bei objektiv **willkürlicher** Entscheidung (BGH 38, 212 = NJW 1992, 2104; 40, 120 =

§ 209 a

NJW 1994, 2369). Auch die Verletzung der Prüfungspflicht aus § 6 kann gerügt werden.

§ 209 a [Besondere funktionelle Zuständigkeiten]

Im Sinne des § 4 Abs. 2, des § 209 sowie des § 210 Abs. 2 stehen
1. die besonderen Strafkammern nach § 74 Abs. 2 sowie den §§ 74 a und 74 c des Gerichtsverfassungsgesetzes für ihren Bezirk gegenüber den allgemeinen Strafkammern und untereinander in der in § 74 e des Gerichtsverfassungsgesetzes bezeichneten Rangfolge und
2. die Jugendgerichte für die Entscheidung, ob Sachen
    a) nach § 33 Abs. 1, § 103 Abs. 2 Satz 1 und § 107 des Jugendgerichtsgesetzes oder
    b) als Jugendschutzsachen (§ 26 Abs. 1 Satz 1, § 74 b Satz 1 des Gerichtsverfassungsgesetzes)
    vor die Jugendgerichte gehören, gegenüber den für allgemeine Strafsachen zuständigen Gerichten gleicher Ordnung

Gerichten höherer Ordnung gleich.

1   Die **Rangfolge** an sich gleichgeordneter Spruchkörper ergibt sich aus §§ 74 e GVG, 103 Abs. 2 S. 2 JGG. Die Vorschrift regelt die Umsetzung dieser Rangfolge bei Verbindung und Trennung (§ 4 Abs. 2) sowie im Eröffnungsverfahren (§§ 209, 210 Abs. 2). Sie gilt **entsprechend** im Ermittlungsverfahren (OLG Koblenz NStZ 1986, 425), im Berufungsverfahren (KK-Tolksdorf § 225 a Rn. 4), im Beschwerdeverfahren und bei Zurückverweisungen nach § 354 Abs. 3.

2   Die **besondere Zuständigkeit (Nr. 1)** ist als sachliche Zuständigkeit **höherer Ordnung** anzusehen. Im Eröffnungsverfahren kann daher die ranghöhere Strafkammer vor der nach dem Geschäftsverteilungsplan zuständigen (BGH StV 1990, 97) niedrigeren eröffnen (§ 209 Abs. 1), die niedrigere an die höhere vorlegen (§ 209 Abs. 2). **Rangordnung.** Die **besonderen Strafkammern** – Schwurgerichtskammer, Wirtschaftsstrafkammer und Staatsschutzkammer – sind gegenüber den **allgemeinen** Strafkammern „Gerichte höherer Ordnung" und **untereinander** entspricht die Rangfolge der aufgeführten Reihenfolge, Nr. 1 iVm § 74 e GVG (KK-Tolksdorf Rn. 3).

3   **Jugendgerichte** gelten im Anwendungsbereich der Vorschrift gegenüber allen gleichgeordneten Spruchkörpern als höherrangig, **Nr. 2**. Eröffnet die Jugendkammer vor einer anderen Strafkammer (§ 201 Abs. 1), so ist wiederum die Rangfolge des § 74 e GVG zu beachten.

4   Der Vorrang der Jugendgerichte gilt auch bei **Verbindung von Jugend- und Erwachsenensachen** (§§ 103 Abs. 1, Abs. 2 S. 1, 112 S. 1 JGG). Das Jugendgericht entscheidet daher über die Zulässigkeit der Verbindung, trennt die Erwachsenensache ggf. ab und eröffnet das Verfahren vor dem zuständigen allgemeinen Gericht, § 103 Abs. 3 JGG. Auch gegenüber dem Schwurgericht ist die Jugendkammer in diesem Fall höherrangig (vgl. Meyer-Goßner NStZ 1989, 297). Eine **Ausnahme** gilt nur im Verhältnis der Jugendkammer und Jugendschutzkammer zur Wirtschafts- und Staatsschutzstrafkammer, § 103 Abs. 3 S. 2, 3 JGG. Nach Eröffnung des Hauptverfahrens bleibt das Jugendgericht auch nach Trennung für die Erwachsenensache zuständig, § 47 a JGG (BGH 30, 260 = NJW 1982, 454).

5   **Anfechtung:** Zur Beschwerdebefugnis vgl. § 210 Abs. 1 u. 2. **Revision:** § 338 Nr. 4. § 6 a gilt für das Verhältnis zwischen Erwachsenen- und Jugendgericht nicht (BGH MDR 81, 269). Dass das JugG statt des Erwachsenengerichts zuständig gewesen sei, kann uneingeschränkt geltend gemacht werden. Im Revisionsverfahren kann der Vorrang der Jugendgerichte nur auf Rüge nach § 338 Nr. 4 berücksichtigt werden (BGH 30, 260 = NJW 1982, 454; KK-Tolksdorf Rn. 14).

§ 210 [Rechtsmittel]

(1) **Der Beschluß, durch den das Hauptverfahren eröffnet worden ist, kann von dem Angeklagten nicht angefochten werden.**

(2) **Gegen den Beschluß, durch den die Eröffnung des Hauptverfahrens abgelehnt oder abweichend von dem Antrag der Staatsanwaltschaft die Verweisung an ein Gericht niederer Ordnung ausgesprochen worden ist, steht der Staatsanwaltschaft sofortige Beschwerde zu.**

(3) ¹**Gibt das Beschwerdegericht der Beschwerde statt, so kann es zugleich bestimmen, daß die Hauptverhandlung vor einer anderen Kammer des Gerichts, das den Beschluß nach Absatz 2 erlassen hat, oder vor einem zu demselben Land gehörenden benachbarten Gericht gleicher Ordnung stattzufinden hat.** ²**In Verfahren, in denen ein Oberlandesgericht im ersten Rechtszug entschieden hat, kann der Bundesgerichtshof bestimmen, daß die Hauptverhandlung vor einem anderen Senat dieses Gerichts stattzufinden hat.**

Für den Angeklagten ist der Eröffnungsbeschluss in allen Fällen **unanfechtbar** 1 **(Abs. 1)**; er kann jedoch einen Antrag nach § 33a stellen. Eine Verfassungsbeschwerde gegen den Eröffnungsbeschluss ist ebenfalls ausgeschlossen (BVerfGE 95, 316). **Nebenentscheidungen**, insbes. nach § 207 Abs. 4 (Anordnung der U-Haft oder der einstweiligen Unterbringung), sind mit **einfacher Beschwerde** (§ 304) anfechtbar, ebenso eine Unzuständigkeitserklärung des Gerichts. Eine belastende Kostenentscheidung bei Nichteröffnung kann der Angeklagte mit der **sofortigen Beschwerde** anfechten; § 464 Abs. 3 S. 1, 2. HS gilt hier nicht. Die StA kann unwirksame oder mit schweren Fehlern behaftete Eröffnungsbeschlüsse mit der einfachen Beschwerde anfechten (vgl. KK-Tolksdorf Rn. 4); allein eine abweichende Tatqualifikation reicht hierfür nicht aus. Auf begründete einfache Beschwerde verweist das Beschwerdegericht unter Aufhebung zurück.

Sofortige Beschwerde der StA ist nur in den Fällen des **Abs. 2** zulässig; bei 2 Tatablehnung richtet sie sich allein gegen den ablehnenden Teil des Eröffnungsbeschlusses. Es wird nunmehr die Ansicht vertreten, dass eine Untätigkeitsbeschwerde zulässig sei: Zwar ist der Strafprozessordnung eine **reine Untätigkeitsbeschwerde** fremd, die Unterlassung einer von Amts wegen oder auf Antrag zu treffenden Entscheidung ist jedoch dann anfechtbar, wenn die unterlassene Entscheidung selbst beziehungsweise deren Ablehnung anfechtbar ist und deren Unterlassung die Bedeutung einer endgültigen Ablehnung und nicht einer bloßen Verzögerung der zu treffenden Entscheidung zukommt. Die Weigerung der Strafkammer, das Verfahren weiter sachlich zu fördern, zieht jedenfalls dann einen endgültigen Verfahrensabschluss nach sich und steht der ablehnenden Entscheidung über die Eröffnung des Hauptverfahrens mit der Folge der **Anfechtbarkeit** gleich, wenn die Verjährung der Straftaten droht (OLG Frankfurt NJW 2002, 454; s. auch NJW 2002, 453). Das Beschwerderecht gegen eine Entscheidung nach § 209 Abs. 1 entfällt bei Einverständniserklärung der StA ohne formellen Antrag.

Die sich aus § 209a ergebende Rangfolge sachlich zuständiger Spruchkörper gilt 3 auch für das Beschwerderecht nach Abs. 2. Der Nebenkläger ist im Rahmen des § 400 Abs. 2 beschwerdeberechtigt. Die Eröffnung vor einem niedrigeren Gericht kann er nicht anfechten (OLG Karlsruhe NStZ 1989, 442). Das Beschwerderecht **des Privatklägers** ergibt sich aus § 390 Abs. 1 S. 1. Der **Nebenkläger** kann nach § 400 Abs. 2 S. 1 – anders als die StA – nicht den Beschluss anfechten, mit dem das Verfahren vor einem Gericht niedrigerer Ordnung eröffnet worden ist; ihm ist die sofortige Beschwerde nur gegen die Ablehnung der Eröffnung gegeben, bei Teilablehnung nur dann, wenn die Ablehnung das Nebenklagedelikt betrifft. Der Verletzte, der **nicht Nebenkläger** ist, hat kein Beschwerderecht (KK-Tolksdorf Rn. 7).

§ 211

4 Das Beschwerdegericht hat den Maßstab tatrichterlicher Überzeugungsbildung zu beachten (BGH 35, 39 = NJW 1988, 1680), jedoch prüft es die angefochtene Entscheidung in vollem Umfang. Ist die Beschwerde begründet, so eröffnet es – u. U. mit Änderungen nach § 207 Abs. 2 – vor dem zuständigen Gericht (vgl. i. E. OLG Zweibrücken NStZ 1994, 48). Eine Zurückverweisung kommt bei fehlerhafter Annahme eines Prozesshindernisses in Betracht. § 358 gilt nicht (BGH 26, 191 = NJW 1975, 2304).

5 Eine Entscheidung nach **Abs. 3** setzt, schon wegen Art. 101 Abs. 1 S. 2 GG, § 16 S. 2 GVG, **besondere Gründe** voraus, namentlich die Erwartung, die Unvoreingenommenheit des Erstgerichts sei zweifelhaft oder ungünstige äußere Einflüsse könnten das Hauptverfahren stören (vgl. § 354 Abs. 2). „Andere Kammer" (Abs. 3 S. 1) ist iSv „anderer Spruchkörper" auszulegen, wenn das LG als Beschwerdegericht entscheidet. Die Bestimmung nach Abs. 3 verweist auf den geschäftsplanmäßigen **Auffangspruchkörper;** ob bei seinem Fehlen das Beschwerdegericht einen bestimmten Spruchkörper bezeichnen darf, ist zweifelhaft (vgl. BGH NStZ 1985, 204). Der Bezirk des „anderen Gerichts" (Abs. 3 S. 1) muss an den des Erstgerichts nicht angrenzen, jedoch in der Nähe und im Bezirk des Beschwerdegerichts liegen.

6 **Kosten** bei erfolgloser Beschwerde: § 473 Abs. 1.

7 **Auswirkungen.** Der Richter, der an der aufgehobenen Entscheidung mitgewirkt hat, ist **nicht ausgeschlossen;** er ist grundsätzlich auch nicht befangen. **§ 358 gilt nicht,** also keine Bindung an die Rechtsauffassung des Beschwerdegerichts (BGH 26, 192 = NJW 1975, 2304; KK-Tolksdorf Rn. 15).

§ 211 [Wirkung des Ablehnungsbeschlusses]

Ist die Eröffnung des Hauptverfahrens durch einen nicht mehr anfechtbaren Beschluß abgelehnt, so kann die Klage nur auf Grund neuer Tatsachen oder Beweismittel wieder aufgenommen werden.

1 Die **Sperrwirkung** eines nicht mehr anfechtbaren, die Eröffnung ablehnenden Beschlusses geht nicht so weit wie die eines rechtskräftigen Urteils (vgl. §§ 359 ff.); das ist verfassungsgemäß (BVerfG 3, 248 = NJW 1954, 69). Sie gilt für **alle Fälle der Nichteröffnung,** nicht aber bei bloßer Unzuständigkeitserklärung oder bei unwirksamen Beschlüssen (vgl. KK-Tolksdorf Rn. 3). Ausgeschlossen ist auch die Verfolgung als **Ordnungswidrigkeit** oder im **Privatklageverfahren.** Im Verfahren gegen Jugendliche gilt § 47 Abs. 3 JGG. **§ 211** steht bei einer Ablehnung der Eröffnung des Strafverfahrens wegen Schuldunfähigkeit der anschließenden Durchführung eines **Sicherungsverfahrens nicht entgegen** (BGH NJW 2001, 3560; KK-Tolksdorf Rn. 5).

2 Nur **neue Tatsachen oder Beweismittel** rechtfertigen die Wiederaufnahme. Sie müssen den Umstand betreffen, auf welchem die Ablehnung der Eröffnung beruhte; das ist vom Standpunkt des früheren Richters aus zu beurteilen (BGH 18, 225 = NJW 1963, 1019; BGH StV 1990, 7). Neu sind solche Tatsachen und Beweismittel, die das Beschlussgericht nicht kannte, unabhängig davon, ob es sie hätte kennen können (BGH 7, 64 = NJW 1955, 232).

3 Das **neue Verfahren** ist selbstständig. Frühere (Neben-)Entscheidungen werden daher nicht aufgehoben (siehe aber § 14 Abs. 1 StrEG). Die Zulassung des **Nebenklägers** wirkt nicht fort. Die Anklagepflicht ergibt sich aus § 152 Abs. 2; das **Klageerzwingungsverfahren** (§ 172) ist zulässig (KG JR 1983, 345). Die neue Anklageschrift muss die neuen Tatsachen und Beweismittel hervorheben.

4 Ob die Voraussetzungen für die Wiederaufnahme vorlagen, ist in jeder Instanz des neuen Verfahrens zu prüfen (vgl. BGH NJW 1963, 1019). Dabei müssen die mit der neuen Anklage geltend gemachten **Nova** in der Hauptverhandlung nicht erwiesen sein. Zu prüfen ist allein, ob das eröffnende Gericht vom Vorliegen neuer und

Vorbereitung der Hauptverhandlung §§ 212–213

erheblicher Tatsachen oder Beweismittel iS der Vorschrift ausgehen durfte (KK-Tolksdorf Rn. 13). Das **Sicherungsverfahren** nach §§ 413 ff. kann trotz Ablehnung nach § 211 eingeleitet werden (RG 72, 145; Meyer-Goßner Rn. 10).

§§ 212–212 b *(aufgehoben)*

Fünfter Abschnitt. Vorbereitung der Hauptverhandlung

Vorbemerkungen

Die §§ 213–225 a regeln die Vorbereitung der Hauptverhandlung. Sie obliegt 1 grds. dem **Vorsitzenden;** das Gericht wird in den Fällen der §§ 223, 225, 231 a Abs. 1 S. 2, Abs. 3 S. 2, 233 tätig. Sonstige Beweiserhebungen sind nach Eröffnung des Hauptverfahrens nur ausnahmsweise zulässig (BGH MDR 1966, 427).

Die Vorbereitung hat dem **Beschleunigungsgrundsatz** (vgl. Art. 6 Abs. 1 S. 1 2 MRK) Rechnung zu tragen. Sie umfasst die Aufstellung eines **Verhandlungsplans,** die rechtzeitige Herbeischaffung von (bereits benannten oder neuen) Beweismitteln (§ 214 Abs. 4 S. 2) einschließlich der Genehmigung von Vorschüssen nach § 14 ZSEG. Der Vorsitzende hat auch die Ermittlungen nach unerreichbaren Zeugen vorzunehmen, weitere sachliche Beweismittel herbeizuschaffen (§ 221), ggf. auch die zum Schutz der Zeugen oder zur Sicherung der Hauptverhandlung vor Störungen erforderlichen Maßnahmen vorzubereiten. Die **Terminierung** für die Ladung von Zeugen und Sachverständigen ist festzulegen. Vor der Terminierung ist zu klären, ob Verteidiger oder Sachverständige und Zeugen zu den vorgesehenen Zeiten verfügbar sind. Alles ist zu tun, um dem Anspruch es Angeklagten auf Durchführung des Verfahrens in **angemessener Frist** (Art. 6 Abs. 1 S. 1 MRK) gerecht zu werden (KK-Tolksdorf vor § 213 Rn. 4). Darüber hinaus ist der Vorsitzende verpflichtet, sich eine **besonders gründliche Aktenkenntnis** zu verschaffen. Zur Vorbereitung der Hauptverhandlung kann er nicht nur die bei den Akten befindlichen Lichtbilder und Urkunden in Augenschein nehmen, sondern auch Örtlichkeiten (Tatort, Unfallort usw.) **informatorisch** besichtigen (Meyer-Goßner vor § 213 Rn. 1, 2).

Hält die StA noch vorbereitende Untersuchungshandlungen für erforderlich, so 3 ist hierfür das erkennende Gericht zuständig (OLG Stuttgart MDR 1983, 955). Eine eigene Ermittlungstätigkeit des Verteidigers ist zulässig (vor § 137 Rn. 1); denn er ist **„Garant der Unschuldsvermutung"** iSd Art. 6 Abs. 2 MRK (vgl. BVerfGE 39, 238).

§ 213 [Terminbestimmung] RiStBV 116

Der Termin zur Hauptverhandlung wird von dem Vorsitzenden des Gerichts anberaumt.

Die **Terminsbestimmung** umfasst Tag, Stunde und Ort der Hauptverhandlung. 1 RiStBV Nrn. 116, 124 Abs. 1 sind zu beachten. Besondere Gründe können die Durchführung der ganzen (BGH 22, 250 = NJW 1969, 105) oder von Teilen der Hauptverhandlung an **anderen Orten** als dem Gerichtsgebäude (zB JVA, Tatort, Wohnung), auch außerhalb des Gerichtsbezirks, rechtfertigen. Die Terminsstunde kann auch außerhalb der üblichen Dienstzeiten liegen (BGH 12, 332 = NJW 1959, 899). Auch eine Terminierung parallel zu einer Hauptverhandlung gegen denselben Angeklagten vor einem anderen Gericht ist zulässig (BGH NStZ 1984, 274).

Die **Terminierung** liegt im **Ermessen des Vorsitzenden.** Sie hat dem **Be-** 2 **schleunigungsgebot** (Art. 5 Abs. 3 S. 2, 6 Abs. 1 S. 1 MRK) Rechnung zu

§ 214

tragen, andererseits den Beteiligten angemessene Vorbereitungszeit zu gewähren. Es gibt keine **gesetzliche** Verpflichtung, dass der Vorsitzende den Hauptverhandlungstermin mit dem Verteidiger abstimmt; aber dies ist zweckmäßig, insbesondere bei Großverfahren (OLG Frankfurt NStZ-RR 1997, 177). Auch berechtigte Wünsche des Prozessbeteiligten können berücksichtigt werden (BGH NStZ 1998, 311). Der Angeklagte hat keinen Anspruch auf eine vorherige Terminsabsprache. Bei der Terminsbestimmung ist jedoch grundsätzlich das Recht des Angeklagten, den Beistand eines Verteidigers seiner Wahl zu erhalten, zu beachten. Der Vorsitzende muss daher zumindest versuchen, den Hauptverhandlungstermin mit dem Verteidiger abzustimmen, da andernfalls die Gefahr besteht, dass dem Angeklagten ohne hinreichenden Grund der Anwalt seines Vertrauens entzogen wird (OLG Frankfurt NStZ-RR 1997, 272; s. auch Rn. 3). Der Vorsitzende hat das Recht, die anfallenden Sachen so auf die verfügbaren Sitzungstage (vgl. § 45 Abs. 1 GVG) zu verteilen, wie es eine zweckmäßige Erledigung der Geschäfte erfordert (BGH 15, 390 = NJW 1961, 1076). Wünsche der Prozessbeteiligten können berücksichtigt werden (BGH GA 1981, 37); Terminsabsprachen sind in größeren Verfahren sinnvoll.

3 Ein Anspruch auf **Terminsverlegung** besteht nicht. „Über einen Terminverlegungsantrag entscheidet der **Vorsitzende** nach pflichtgemäßem Ermessen. Dabei hat er aber die Interessen der Beteiligten, das Gebot der Verfahrensbeschleunigung und der Terminplanung und – Belastung des Gerichts angemessen zu berücksichtigen und muss sich auch vom Anspruch des Beschuldigten, vom Anwalt seines Vertrauens verteidigt zu werden, und der prozessualen Fürsorgepflicht des Gerichts leiten zu lassen. Diese Belange sind gegeneinander abzuwägen" (OLG Hamm NStZ-RR 2001, 109). Ein erstmaliger, begründeter und rechtzeitig gestellter Verlegungsantrag eines Verteidigers kann nur ausnahmsweise abgelehnt werden (BayObLG StV 1995, 10). Das Recht auf ein faires Verfahren ergibt keinen Anspruch des Angeklagten, dass die Hauptverhandlung unter allen Umständen mit **allen** von ihm gewählten Verteidigern durchgeführt werden muss (OLG Frankfurt NStZ 1997, 177; vgl. auch BVerfG NJW 1984, 862; u. Rn. 2).

4 Die **Revision** kann darauf gestützt werden, dass ein in der Hauptverhandlung gestellter **Aussetzungsantrag**, der sich auf eine fehlerhafte Terminsbestimmung stützte, rechtsfehlerhaft (§ 338 Nr. 8) abgelehnt wurde (OLG Koblenz VRS 45, 284); in Ausnahmefällen kommt die Rüge nach § 338 Nr. 5 in Betracht, insbesondere, wenn das Gericht einem berechtigten Aussetzungsantrag nicht stattgibt und dieser Gerichtsbeschluss die Revision nach § 338 Nr. 8 rechtfertigt (BVerfG NStZ 1997, 330).

§ 214 [Ladungen] RiStBV 116 Abs. 4, 5, 117

(1) ¹**Die zur Hauptverhandlung erforderlichen Ladungen ordnet der Vorsitzende an.** ²**Zugleich ordnet er an, dass Verletzte, die nach § 395 Abs. 1 und 2 Nr. 1 zur Nebenklage berechtigt sind, Mitteilung vom Termin erhalten, wenn aktenkundig ist, dass sie dies beantragt haben.** ³**Sonstige Verletzte, die gemäß § 406 g Abs. 1 zur Anwesenheit in der Hauptverhandlung berechtigt sind, sollen Mitteilungen erhalten, wenn aktenkundig ist, dass sie dies beantragt haben.** ⁴**§ 406 d Abs. 3 gilt entsprechend.** ⁵**Die Geschäftsstelle sorgt dafür, dass die Ladungen bewirkt und die Mitteilungen versandt werden.**

(2) **Ist anzunehmen, daß sich die Hauptverhandlung auf längere Zeit erstreckt, so soll der Vorsitzende die Ladung sämtlicher oder einzelner Zeugen und Sachverständigen zu einem späteren Zeitpunkt als dem Beginn der Hauptverhandlung anordnen.**

Vorbereitung der Hauptverhandlung § 214

(3) **Der Staatsanwaltschaft steht das Recht der unmittelbaren Ladung weiterer Personen zu.**

(4) ¹**Die Staatsanwaltschaft bewirkt die Herbeischaffung der als Beweismittel dienenden Gegenstände.** ²**Diese kann auch vom Gericht bewirkt werden.**

Ladung ist die Aufforderung, in der Verhandlung zu erscheinen. Sie muss Zeit 1 und Ort der Verhandlung, Gericht, die Sache, zu der geladen wird, und die Eigenschaft bezeichnen, in welcher die Person erscheinen soll. Für Sprachunkundige ist eine Übersetzung beizufügen.

Die Vorschrift **gilt für alle zu ladenden Personen:** Angeklagte, Verteidiger, 2 Privatkläger, Nebenkläger, Nebenbeteiligte, Zeugen und Sachverständige. Im **Jugendgerichtsverfahren** ist § 50 Abs. 2 JGG zu beachten, bei **Soldaten** von NATO-Truppen Art. 37 NTS-ZA, bei **Diplomaten** RiStBV Nr. 197. Für deutsche Soldaten gelten die allgemeinen Vorschriften. **Kinder** werden zu Händen ihrer gesetzlichen Vertreter, **Jugendliche** idR persönlich geladen. Für im **Ausland** wohnende Zeugen gelten RiVASt Nrn. 115 ff., Art. 7 ff. EuRHÜbk (vgl. BGH NStZ 1990, 226; Rose wistra 1998, 13). **Seeleute** werden durch die Wasserschutzpolizei geladen (OLG Bremen RPfl 1965, 48). Zur Ladung von **Strafgefangenen** vgl. § 36 StVollzG; die Vorschrift gilt analog für U-Gefangene.

StA und beteiligte Behörden (RiStBV Nr. 117 Abs. 2 S. 3), **Jugendgerichts-** 3 **hilfe** (§§ 50 Abs. 3 S. 1, 109 Abs. 1 S. 1 JGG) sowie der als **Beistand** zugelassene Ehegatte oder gesetzliche Vertreter (§ 149 Abs. 1 u. 2) erhalten Benachrichtigungen vom Termin.

Einer bestimmten **Form** bedarf die Ladung nur in den gesetzlich vorgesehenen 4 Fällen; insbes. die Ladung von Zeugen und Sachverständigen ist auch mündlich möglich (BGH NStZ 1990, 226).

Die in **Abs. 1 Satz 2 und 3** normierte Pflicht zur Benachrichtigung vom 5 Termin verbessert konsequent die Stellung von **Nebenklageberechtigten:** Wer zur Teilnahme berechtigt ist, ist auch vom Termin zu benachrichtigen. Zugleich stärkt die Mitteilungspflicht die Teilhaberechte der Verletzten, die bislang von den Rechten auf Information über den Prozessausgang nur in geringem Maße Gebrauch machen. Um Verzögerungen des Verfahrens und übergroßen Verwaltungsaufwand zu vermeiden, **beschränkt** sich die Pflicht zur Mitteilung auf **solche Verletzte,** deren Adresse aktenkundig ist und die nach § 395 Abs. 1 und Abs. 2 Nr. 1 zur Nebenklage berechtigt sind, weil dann zu vermuten ist, dass sie an der Benachrichtigung besonders interessiert sind, oder die durch eine aus den Akten ersichtliche Mitteilung deutlich gemacht haben, dass sie ein Interesse an einer entsprechenden Benachrichtigung haben. Auch die in **§ 214 Abs. 1 Satz 4** enthaltene Verweisung auf § 406 d Abs. 3 dient der Vermeidung übergroßen Verwaltungsaufwands. Mitteilungen können unterbleiben, sofern sie zu nicht unter einer Anschrift möglich sind, die ein Verletzter angegeben hat. Zu einer Nachforschung nach der Adresse des Verletzten ist das Gericht nicht verpflichtet. Ist ein Rechtsanwalt als Beistand legitimiert, so kann die Mitteilung an diesen gerichtet werden. **Der Vorsitzende** ordnet die Ladung der Personen an, deren Mitwirkung er für erforderlich hält. An Anträge ist er nicht gebunden. Zugleich werden die **Vorführung** nicht auf freiem Fuß befindlicher Personen sowie besondere Hinweise angeordnet.

Die **Ausführung der Ladungsanordnung** obliegt der **Geschäftsstelle (Abs. 1** 6 **S. 4).** Sie hat dabei RiStBV Nrn. 117, 118 Abs. 1 u. 3 zu beachten, die **Ladungsfrist** (§§ 217, 218 S. 2) einzuhalten und den Ladungen die erforderlichen Hinweise (§§ 216 Abs. 1, 48 iVm 51, 72 iVm 48, 77, 435 Abs. 3, 442 Abs. 1, Abs. 3 S. 1, 444 Abs. 2 S. 2) – zumeist formularmäßig – beizufügen. Überträgt der Geschäftsverteilungsplan die Ausführung der Ladung einem zentralen Schreibdienst, so hat die Geschäftsstelle die Erledigung zu kontrollieren.

§§ 215, 216

7 Die **unmittelbare Ladung** nach Abs. 3 ordnet der StA an; ihre Ausführung wird nicht nach § 38, sondern durch die Geschäftsstelle der StA bewirkt. Dabei ist § 222 Abs. 1 S. 2 zu beachten. Auch die **Vorführung** nicht auf freiem Fuß befindlicher Personen erfolgt auf Anordnung der StA entsprechend § 36 Abs. 2 S. 2 StVollzG.

8 Die StA hat dafür Sorge zu tragen **(Abs. 4),** dass als **Beweismittel** dienende Gegenstände (insbes. Asservate) rechtzeitig zur Hauptverhandlung vorliegen. Ordnet der Vorsitzende die Herbeischaffung weiterer Gegenstände an (§ 221), so kann dies durch die StA (Abs. 4 S. 1) oder durch die Geschäftsstelle des Gerichts (Abs. 4 S. 2) bewirkt werden.

9 Eine **Anfechtung** der Ladungsverfügung ist ausgeschlossen, § 305 S. 1, ebenso die Ablehnung von Ladungsanträgen, weil **Abs. 3** sowie §§ 220, 244 Abs. 3–5 eine Beschwer ausschließen.

§ 215 [Zustellung des Eröffnungsbeschlusses]

¹**Der Beschluß über die Eröffnung des Hauptverfahrens ist dem Angeklagten spätestens mit der Ladung zuzustellen.** ²**Entsprechendes gilt in den Fällen des § 207 Abs. 3 für die nachgereichte Anklageschrift.**

1 Die **Zustellung** des Eröffnungsbeschlusses erfolgt in der Praxis meist zusammen mit der Ladung. Sie ist vom Vorsitzenden gesondert anzuordnen; die Ladungsverfügung (§ 214 Abs. 1 S. 1) ersetzt sie nicht (str.). Für den verteidigten Angeklagten gilt § 145 a Abs. 1 u. 3; im Übrigen ist der Beschluss **förmlich zuzustellen** (§ 35 Abs. 2 S. 1). **Privatkläger:** § 385 Abs. 1 S. 2; **Nebenkläger:** §§ 397 Abs. 1 S. 2 iVm 385 Abs. 1 S. 2.

2 Das **Fehlen der Zustellung** begründet kein Verfahrenshindernis (BGH 33, 183 = NJW 1985, 2960), erst recht nicht eine Verspätung. Da selbst ein unterbliebener Eröffnungsbeschluss in der Hauptverhandlung nachgeholt werden kann (BGH 29, 224 = NJW 1979, 1858), kann auch auf die Zustellung verzichtet werden, wenn der Beschluss in der Hauptverhandlung bekanntgegeben wird (OLG Karlsruhe MDR 1970, 438). Es gilt § 217 Abs. 2 u. 3; darüber ist zu belehren. Wird kein Aussetzungsantrag gestellt, so kann auch § 338 Nr. 8 nicht gerügt werden.

3 Die **Revision** ist begründet (§ 338 Nr. 8), wenn ein auf Fehlen der Zustellung gestützter **Aussetzungsantrag** abgelehnt wird; bei verspäteter Zustellung dann nicht, wenn die Anklageschrift zugestellt war und unverändert zugelassen wurde (BGH LM Nr. 1; LR–Gollwitzer Rn. 9).

4 S. 1 gilt entsprechend für eine **nachgereichte Anklageschrift** (§ 207 Abs. 3). Da sie nur deklaratorische Bedeutung hat, kann die Ladung auch vor ihrer Zustellung erfolgen.

§ 216 [Ladung des Angeklagten] RiStBV 117, 120

(1) ¹**Die Ladung eines auf freiem Fuß befindlichen Angeklagten geschieht schriftlich unter der Warnung, daß im Falle seines unentschuldigten Ausbleibens seine Verhaftung oder Vorführung erfolgen werde.** ²**Die Warnung kann in den Fällen des § 232 unterbleiben.**

(2) ¹**Der nicht auf freiem Fuß befindliche Angeklagte wird durch Bekanntmachung des Termins zur Hauptverhandlung gemäß § 35 geladen.** ²**Dabei ist der Angeklagte zu befragen, ob und welche Anträge er zu seiner Verteidigung für die Hauptverhandlung zu stellen habe.**

1 Für die Ladung des auf freiem Fuß befindlichen Angeklagten zur **Hauptverhandlung** gelten Abs. 1 sowie § 145 a Abs. 2, RiStBV Nrn. 117 Abs. 1, 120. Die Ladung erfolgt regelmäßig durch **förmliche Zustellung** (§§ 35 Abs. 2 S. 1,

Vorbereitung der Hauptverhandlung **§ 217**

37); Ersatzzustellung und Ladung durch Niederlegung sind zulässig (vgl. RiStBV Nr. 117). Für **Fortsetzungstermine** gilt § 216 nicht.

Fehlen die Hinweise nach Abs. 1 S. 1, so sind bei Ausbleiben Zwangsmittel nach **2** § 230 Abs. 2 nicht zulässig (wohl aber nach §§ 112 ff.). Im Fall des § 232 gilt Abs. 1 S. 2 iVm § 232 Abs. 1 S. 1, 3, im Fall des § 233 RiStBV Nr. 120 Abs. 3. Abweichend von Abs. 1 regelt § 323 Abs. 1 S. 2 die Hinweispflicht im Berufungsverfahren; das gilt auch im Fall des § 412 S. 1.

Abs. 2 gilt für Angeklagte, denen durch Hoheitsakt die Freiheit entzogen ist **3** (BGH 13, 209 = NJW 1959, 1835). Die Ladung ist ihnen förmlich zuzustellen. Ersatzzustellung durch Niederlegung bei der Post ist wegen **Abs. 2 S. 2** nicht zulässig. Eine Warnung nach Abs. 1 erfolgt nicht. Die Befragung nach Abs. 2 S. 2 nimmt ein Beamter der JVA vor. Sie ist zu protokollieren. Bei Ladung über den Verteidiger (§ 145 a Abs. 2) entfällt sie.

Fehlen oder Mängel der Ladung hindern alle Säumnisfolgen (§§ 230 Abs. 2, **4** 231 Abs. 2, 232 Abs. 1, 329 Abs. 1), wenn sie eine Teilnahme des erscheinungswilligen Angeklagten verhindert haben. **Verzicht** auf Ladungszustellung ist möglich und liegt jedenfalls bei rügeloser Einlassung zur Sache vor, wenn dem Angeklagten sein Recht bekannt ist, Aussetzung zu beantragen. Die **Revision** kann nur darauf gestützt werden, ein auf Ladungsmängel gestützter Aussetzungsantrag sei fehlerhaft abgelehnt worden. Hält der Angeklagte auf Grund einer fehlerhaften Ladung – zum SchöG statt zur StrK – in der Annahme, einen 2. Tatsachenrechtszug zu haben, mit Verteidigungsvorbringen zurück, so macht er dies auf eigene Gefahr. Die Aufklärungsrüge kann auf das Unterbleiben einer entsprechenden Beweiserhebung nur gestützt werden, wenn sie sich dem Tatrichter unabhängig von dem Vorbringen des Angeklagten hätte aufdrängen müssen (BGH 16, 389 = NJW 1962, 451).

§ 217 [Ladungsfrist]

(1) **Zwischen der Zustellung der Ladung (§ 216) und dem Tag der Hauptverhandlung muß eine Frist von mindestens einer Woche liegen.**

(2) **Ist die Frist nicht eingehalten worden, so kann der Angeklagte bis zum Beginn seiner Vernehmung zur Sache die Aussetzung der Verhandlung verlangen.**

(3) **Der Angeklagte kann auf die Einhaltung der Frist verzichten.**

Die **Ladungsfrist** des **Abs. 1** gilt nur für den Angeklagten und den Verteidiger **1** (§ 218 S. 2), für den 1. Hauptverhandlungstermin sowie nach **Aussetzung** (str.; vgl. Meyers-Goßner Rn. 4), **Zurückverweisung** und im **Berufungsverfahren**. Sie gilt nicht für **Fortsetzungstermine** (BGH NJW 1982, 248), wenn der Angeklagte Kenntnis vom 1. Termin hatte (BGH 24, 143 = NJW 1971, 1278), und in der **Revisionsinstanz** (OLG Braunschweig GA 1955, 219). Bei **Vorverlegung** des Termins muss die Frist zum neuen Termin gewahrt werden; bei Vorverlegung auf einen späteren Termin ist das nicht erforderlich (BayObLG NJW 1962, 1928). „Bei der Hauptverhandlung, die **mehrere Tage dauert,** genügt die förmliche Ladung zum ersten Verhandlungstag. **Weitere Termine** können in der Hauptverhandlung durch den **Vorsitzenden** bekannt gegeben werden" (BGH NStZ-RR 2003, 98).

§ 43 Abs. 2 gilt nicht; die Ladung muss daher am 8. Tag vor dem Termin zu- **2** gehen. Der Tag, an dem die Ladung zugestellt worden ist, und der Tag, an dem die Hauptverhandlung beginnt, werden nicht mitgerechnet.

Über das Recht nach **Abs. 2** ist der Angeklagte regelmäßig zu **belehren,** § 228 **3** Abs. 3. Der Antrag kann schon vor der Hauptverhandlung schriftlich gestellt werden (BGH 24, 143 = NJW 1971, 1278). Die Frist für den Antrag läuft für jeden Angeklagten gesondert bis zu seiner Sacheinlassung.

§ 218 *Zweites Buch. 5. Abschnitt*

4 Der **Verzicht** des Verteidigers ersetzt den des Angeklagten (**Abs. 3**) nur bei ausdrücklicher **Ermächtigung.** Der Verzicht setzt Kenntnis des Rechts nach Abs. 2 voraus, kann auch stillschweigend erklärt werden und ist unwiderruflich. Der Verzicht des Angeklagten auf die Einhaltung der Ladungsfrist beinhaltet nicht schon vorab den Verzicht auf die Geltendmachung des absoluten Revisionsgrund des § 338 Nr. 5 (OLG Hamm NStZ-RR 1998, 243).
5 **Nichteinhaltung der Ladungsfrist** berührt die **Erscheinungspflicht** des Angeklagten nicht; Zwangsmittel bleiben zulässig (BGH 24, 143). Jedenfalls ein schriftlicher Aussetzungsantrag wird aber idR Maßnahmen nach § 230 Abs. 2 entgegenstehen (str.; vgl. Meyer-Goßner Rn. 11).
6 Die **Revision** kann weder auf den Verstoß gegen Abs. 1 (BGH 24, 143 = NJW 1971, 1278) noch auf das Unterbleiben der Belehrung nach § 228 Abs. 3 (BGH MDR 1952, 532) gestützt werden, sondern allein auf die fehlerhafte Ablehnung eines Antrags nach Abs. 2 (BayObLG NStZ 1982, 172). Der vom Angeklagten selbst erklärte Verzicht auf die Einhaltung der Ladungsfrist enthält nicht schon den Verzicht auf die Geltendmachung eines Verstoßes gegen § 140 Abs. 2 (Bestellung eines Verteidigers) und damit auf die Geltendmachung des absoluten Revisionsgrunds des § 338 Nr. 5 (OLG Hamm NStZ-RR 1998, 243).

§ 218 [Ladung des Verteidigers]

¹Neben dem Angeklagten ist der bestellte Verteidiger stets, der gewählte Verteidiger dann zu laden, wenn die Wahl dem Gericht angezeigt worden ist. ²§ 217 gilt entsprechend.

1 Solange der **Verteidiger** bestellt ist, ist er vAw. zu laden. Wahlverteidiger sind stets zu laden, wenn das Mandat in **irgendeiner Weise,** auch schlüssig, angezeigt wurde; die Vorlage einer Vollmacht ist nicht erforderlich (BGH 36, 259 = NJW 1990, 586). Bei **mehreren Wahlverteidigern** ergeht Ladung an alle (BGH 36, 260; BGH NStZ 1995, 298); Sozien können gemeinsam geladen werden (BGH 36, 260). Das gilt auch für Fortsetzungstermine (BGH StV 2001, 663).
2 **Entsprechend** gilt § 218 für den Vertreter des **Nebenklägers** und des **Privatklägers** (§§ 378, 397 Abs. 1), des **Einziehungs-** (§ 434 Abs. 1 S. 2, Abs. 2) und **Verfallsbeteiligten** (§ 442 Abs. 1, Abs. 2 S. 1) sowie von juristischen Personen und Personenvereinigungen (§ 444 Abs. 2).
3 Der Verteidiger ist durch **förmliche Zustellung** (idR gegen Empfangsbekenntnis, § 212a ZPO) zu laden, wenn dies bis zur Hauptverhandlung noch möglich ist (BayObLG StV 1985, 140). Kenntnis vom Termin reicht nicht aus, jedoch liegt in einer entsprechenden Mitteilung des Verteidigers idR ein **Verzicht** auf Ladung. Auch die Gewährung von Akteneinsicht nach Terminierung ersetzt die Ladung nicht (BGH NStZ 1985, 229). Verzichten kann auch der Angeklagte, wenn er vom Fehlen der Ladung seines Verteidigers und von seinem Recht weiß, Aussetzung zu verlangen (BGH 36, 259 = NJW 1990, 586). Erfolgen Mandatsanzeige oder Bestellung erst kurz vor der Hauptverhandlung, so ist formlose Ladung per Fax oder Telefon anzuordnen.
4 Grundsätzlich gilt die **Ladungsfrist** des § 217 (**S. 2).** Sie muss nicht eingehalten werden, wenn Bestellung oder Mandatsanzeige erst während des Laufs der Frist des § 217 erfolgen (BGH NStZ 1983, 209) und dies nicht auf einem Verschulden des Gerichts beruht (vgl. BGH StV 1995, 57).
5 Der **erschienene** Verteidiger kann den **Aussetzungsantrag** bis zum Beginn der Sachvernehmung seines Mandanten (§ 243 Abs. 4 S. 2) stellen; erscheint er erst später, so ist der Antrag unverzüglich zu stellen. Der Verteidiger entscheidet über sein Recht aus S. 2 iVm § 217 Abs. 2 und 3 selbst (BGH NStZ 1985, 229); ist der

Vorbereitung der Hauptverhandlung § 219

Verteidiger nicht erschienen und hat auch nicht vorab schriftlich Aussetzung beantragt (OLG Celle NJW 1974, 1258), so kann der Angeklagte den Aussetzungsantrag stellen; er ist entsprechend § 228 Abs. 3 zu belehren.

Die **Revision** ist begründet, wenn die Ladung unterbleibt, der Verstoß nicht 6 (durch Verzicht) geheilt wird und der Verteidiger in der Hauptverhandlung **nicht erscheint;** ein Beruhen des Urteils auf dem Mangel ist dann anzunehmen (BGH 36, 259 = NJW 1990, 586). Das gilt grundsätzlich auch bei einem von mehreren Verteidigern (OLG Karlsruhe NJW 1968, 855). Soll mit der Revision die unterbliebene Ladung des Verteidigers gerügt werden, handelt es sich um eine **Verfahrensrüge,** zu deren Zulässigkeit nicht nur dargelegt werden muss, dass die Ladung des Verteidigers unterblieben, sondern auch, dass die Wahl des Verteidigers dem Gericht rechtzeitig mitgeteilt worden ist (OLG Hamm wistra 1998, 238). Zur Substantiierung dieser Rüge s. BayObLG NStZ-RR 1996, 245. Ist der Verteidiger jedoch **erschienen,** kann die Revision nicht auf einen Verstoß gegen S. 1 oder S. 2, sondern nur auf die rechtsfehlerhafte Ablehnung eines Aussetzungsantrags gestützt werden.

§ 219 [Beweisanträge des Angeklagten]

(1) ¹**Verlangt der Angeklagte die Ladung von Zeugen oder Sachverständigen oder die Herbeischaffung anderer Beweismittel zur Hauptverhandlung, so hat er unter Angabe der Tatsachen, über die der Beweis erhoben werden soll, seine Anträge bei dem Vorsitzenden des Gerichts zu stellen.** ²**Die hierauf ergehende Verfügung ist ihm bekanntzumachen.**

(2) **Beweisanträge des Angeklagten sind, soweit ihnen stattgegeben ist, der Staatsanwaltschaft mitzuteilen.**

Die Vorschrift – neben den §§ 244, 201 – die wichtigste Bestimmung des Be- 1 weisrechts – regelt nur die Behandlung solcher Anträge, die auf **Beweiserhebung in der Hauptverhandlung** abzielen. **Antragsberechtigt** sind neben dem Angeklagten sein Verteidiger, Erziehungsberechtigte, gesetzliche Vertreter und Nebenbeteiligte mit denselben Rechten wie der Angeklagte.

Der **Antrag** muss schriftlich oder zu Protokoll der Geschäftsstelle gestellt werden. 2 Er muss das Beweismittel und das Beweisthema hinreichend genau bezeichnen; **Beweisermittlungsanträge** sind unzulässig (vgl. BGH NStZ 1982, 289), **Hilfsbeweisanträge** zulässig, wenn der Eintritt der Bedingung schon vor der Hauptverhandlung beurteilt werden kann. Beweisantrag iS des § 219 ist nur das Verlangen, Beweismittel **in der Hauptverhandlung** zur Verfügung zu haben. Beantragt der Angeklagte zB ausdrücklich die Vernehmung von Zeugen durch die Polizei, so ist darin kein Beweisantrag nach § 119 zu sehen (KK-Tolksdorf Rn. 2).

Über den Antrag entscheidet der **Vorsitzende** durch **Verfügung.** Beschluss des 3 Gerichts darf nicht ergehen; eine Ausnahme gilt nur für den **Augenschein,** § 225 (OLG Celle NJW 1957, 1812). Der Vorsitzende ordnet die Herbeischaffung des Beweismittels an oder lehnt den Antrag ab. Der Hauptverhandlung darf die Entscheidung nicht vorbehalten werden (BGH 1, 286). Eine **Anhörung** der StA und des Nebenklägers ist üblich. Hat der Vorsitzende auf einen vor der Hauptverhandlung gestellten Antrag des Verteidigers die Ladung eines Zeugen verfügt, der aber in der Hauptverhandlung nicht erschienen ist, ist das Gericht grundsätzlich verpflichtet, dessen Vernehmung in der Hauptverhandlung herbeizuführen oder zu klären, ob auf dessen Einvernahme verzichtet wird (OLG Hamm NStZ-RR 1998, 340).

Eine stattgebende Verfügung muss nicht begründet werden. Ein unzulässiger 4 Antrag ist unter Bezeichnung der Mängel zurückzuweisen. Im Übrigen muss sich die Ablehnung an § 244 Abs. 3 u. 4 orientieren. Ob die Mitteilung reicht, die Beweiserhebung erscheine entbehrlich (hM), ist zweifelhaft. Eine Vorwegnahme der

Hauptverhandlung scheidet aus, so dass **Wahrunterstellung** regelmäßig nicht in Betracht kommt (BGH 1, 51). Die Entscheidung muss deutlich machen, dass es sich um eine **vorläufige Beurteilung** handelt und dass in der Hauptverhandlung eine erneute Entscheidung nach § 244 möglich ist.

5 Werden abgelehnte Beweisanträge in der Hauptverhandlung neu gestellt, so entscheidet das Gericht ohne Bindung an die Begründung des Vorsitzenden. Hat der Vorsitzende **Wahrunterstellung** zugesagt, so muss er dies dem erkennenden Gericht mitteilen; der Angeklagte ist von einer anderen Beurteilung durch das Gericht zu unterrichten (BGH 1, 51).

6 Die Verfügung ist dem Antragsteller in jedem Fall bekanntzugeben, **Abs. 1 S. 2,** der StA dem und Nebenkläger (§ 397 Abs. 1 S. 2 iVm § 385 Abs. 1) jedenfalls die stattgebende **(Abs. 2).** Hinweise auf §§ 220, 244 Abs. 3–5 sind nicht vorgeschrieben.

7 Hat der Vorsitzende eine Entscheidung unterlassen, so muss er in der Hauptverhandlung klären, ob der Antrag aufrechterhalten wird (vgl. BayObLG GA 1964, 334); ist der Antragsteller nicht anwesend, so muss das Gericht über den Antrag entscheiden (BayObLG NJW 1956, 1042).

8 Eine Anfechtung der Verfügung mit der **Beschwerde** ist ausgeschlossen. Mit der **Revision** kann nicht die Verletzung des § 219, wohl aber die des § 244 Abs. 2 gerügt werden (OLG Köln NJW 1954, 46). Auch eine Verletzung des fair-trial-Grundsatzes kommt in Betracht (BGH 32, 44 = NJW 1984, 2228).

§ 220 [Ladung durch den Angeklagten]

(1) ¹Lehnt der Vorsitzende den Antrag auf Ladung einer Person ab, so kann der Angeklagte sie unmittelbar laden lassen. ²Hierzu ist er auch ohne vorgängigen Antrag befugt.

(2) **Eine unmittelbar geladene Person ist nur dann zum Erscheinen verpflichtet, wenn ihr bei der Ladung die gesetzliche Entschädigung für Reisekosten und Versäumnis bar dargeboten oder deren Hinterlegung bei der Geschäftsstelle nachgewiesen wird.**

(3) **Ergibt sich in der Hauptverhandlung, daß die Vernehmung einer unmittelbar geladenen Person zur Aufklärung der Sache dienlich war, so hat das Gericht auf Antrag anzuordnen, daß ihr die gesetzliche Entschädigung aus der Staatskasse zu gewähren ist.**

1 Die Vorschrift gilt nur für **Zeugen** und **Sachverständige** (vgl. BGH 43, 171 = NJW 1997, 3180). Werden sie nach **Abs. 1** geladen, so gilt § 245 Abs. 2; dh die Vernehmung der unmittelbar geladenen Beweisperson kann das Gericht nur unter den engeren Voraussetzungen des § 245 Abs. 2 S. 2, 3 ablehnen. Wenn der **Sachverständige** erklärt, er benötige zur Erstattung des Gutachtens eine weitere Vorbereitungszeit, besteht kein Recht auf Beweiserhebung durch Vernehmung dieses Sachverständigen. Etwas anderes gilt aber, wenn eine solche Untersuchung ohne Verzögerung der Hauptverhandlung möglich ist (BGH NStZ 1993, 396; BGH NJW 1998, 2458; KK-Tolksdorf Rn. 1). Das Ladungsrecht haben auch die **Verfahrensbeteiligten,** die ein Antragsrecht nach § 219 haben (vgl. 219 Rn. 1). Nicht geladene Beweispersonen und sonstige Beweismittel können im Termin gestellt werden; für sie gilt nicht § 245 Abs. 2, sondern § 244 Abs. 3 u. 4. Die Ablehnung eines Antrags nach § 219 setzt das Ladungsrecht nicht voraus, Abs. 1 S. 2.

2 Für die **Ladung gilt § 38.** Nach § 48 sind die Hinweise auf §§ 51, 77 zu erteilen. Ein Beweisthema muss nicht angegeben werden, auch nicht bei der nach § 222 Abs. 2 vorgeschriebenen Benachrichtigung von Gericht und StA. Ein **Missbrauch des Ladungsrechtes,** dem durch § 245 vorgebeugt ist (Meyer-Goßner Rn. 9; vgl. BGH 44, 32 = NJW 1998, 2458) nimmt nicht der Ladung ihre Wirk-

Vorbereitung der Hauptverhandlung **§§ 221, 222**

samkeit und lässt die Pflicht der Beweisperson zum Erscheinen unberührt (KK-Tolksdorf Rn. 7).

Die **Pflicht zum Erscheinen** hat die Beweisperson nur unter den Voraussetzungen des **Abs. 2**; erzwingbar ist die Pflicht nur, wenn die Hinweise nach § 48 gegeben sind. Das **Angebot** der nach dem ZSEG zu berechnenden Entschädigung hat der zustellende Beamte zu machen; er überbringt andernfalls mit der Ladung die Bescheinigung der Hinterlegungsstelle. Ist die Entschädigung zu niedrig berechnet, muss der Zeuge oder Sachverständige nicht erscheinen; bei zutreffendem Angebot ist sein Erscheinen nach §§ 51, 77 unabhängig von § 245 vAw. zu erzwingen. 3

Der **Antrag** nach Abs. 3 kann von der Beweisperson selbst oder einem anderen Verfahrensbeteiligten gestellt werden, bei Zeugen binnen 3 Monaten nach der Hauptverhandlung (§ 15 Abs. 2 ZSEG). Aufwendungen, die vor dem Ladungszeitpunkt liegen, werden nicht ersetzt (OLG München NStZ 1981, 450). Die Entschädigung zählt zu den **Verfahrenskosten** des § 464; wird keine Entscheidung nach Abs. 3 getroffen, so kann der Angeklagte Erstattung seiner Auslagen im Kostenfestsetzungsverfahren verlangen (§ 464 b). Die Entschädigungspflicht entfällt, wenn die Beweisperson bereits vom Angeklagten voll entschädigt wurde (vgl. Meyer-Goßner Rn. 12 mwN). 4

Die **Sachdienlichkeit** der Vernehmung beurteilt sich nach einem objektiven Maßstab; es reicht aus, dass sie das Verfahren gefördert hat (vgl. Meyer-Goßner Rn. 11). Der Angeklagte hat einen Anspruch auf Ersatz der ihm entstandenen Auslagen für einen in der **Hauptverhandlung** gestellten Sachverständigen gemäß § 464 b, wenn der Sachverständige in der Hauptverhandlung gehört wurde und seine Anhörung **sachdienlich** war. Sachdienlich ist die Beweiserhebung schon dann, wenn sie das Verfahren gefördert, also die Entscheidung oder den Verfahrensgang irgendwie beeinflusst hat (BGH StV 1999, 576). Bei der Anhörung eines **Sachverständigen** ist es für die Sachdienlichkeit ausreichend, dass dessen Ausführungen die Diskussionsbasis in der Hauptverhandlung verbreitern, auch wenn seine gutachterlichen Feststellungen letztlich die des gerichtlich bestellten Sachverständigen bestätigen (KG NStZ 1999, 476). 5

Gegen die Ablehnung eines Antrags nach Abs. 2 ist die **Beschwerde** der Beweisperson, des Angeklagten oder der StA zulässig. Bei rechtskräftiger Verurteilung in die gesamten Verfahrenskosten fehlt die Beschwer (OLG Karlsruhe MDR 1985, 694). 6

§ 221 [Herbeischaffung von Amts wegen]

Der Vorsitzende des Gerichts kann auch von Amts wegen die Herbeischaffung weiterer als Beweismittel dienender Gegenstände anordnen.

Weitere Beweismittel sind solche, die in der Anklageschrift nicht aufgeführt und deren Herbeischaffung noch nicht nach § 214 Abs. 4 bewirkt wurde. Die Anordnung kann vor oder in der Hauptverhandlung ergehen. Um die Ausführung der Anordnung kann der Vorsitzende die StA ersuchen; diese kann das Ersuchen nur bei Unzulässigkeit ablehnen (OLG Frankfurt NJW 1982, 1408). Auch die Geschäftsstelle des Gerichts kann die Herbeischaffung bewirken. Die Prozessbeteiligten sind idR zu unterrichten. 1

Beschwerde gegen die Anordnung ist unzulässig (§ 305 S. 1); die **Revision** kann auf fehlerhafte Anwendung des § 221 nicht gestützt werden. 2

§ 222 [Namhaftmachung der Zeugen] RiStBV 118

(1) ¹**Das Gericht hat die geladenen Zeugen und Sachverständigen der Staatsanwaltschaft und dem Angeklagten rechtzeitig namhaft zu machen und ihren Wohn- oder Aufenthaltsort anzugeben.** ²**Macht die Staatsanwalt-**

§ 222 a   Zweites Buch. 5. Abschnitt

schaft von ihrem Recht nach § 214 Abs. 3 Gebrauch, so hat sie die geladenen Zeugen und Sachverständigen dem Gericht und dem Angeklagten rechtzeitig namhaft zu machen und deren Wohn- oder Aufenthaltsort anzugeben. ³§ 200 Abs. 1 Satz 3 und 4 gilt sinngemäß.

(2) **Der Angeklagte hat die von ihm unmittelbar geladenen oder zur Hauptverhandlung zu stellenden Zeugen und Sachverständigen rechtzeitig dem Gericht und der Staatsanwaltschaft namhaft zu machen und ihren Wohn- oder Aufenthaltsort anzugeben.**

1   Die Verfahrensbeteiligten müssen in die Lage versetzt werden, rechtzeitig **Erkundigungen** über Beweispersonen einzuholen (BGH 23, 244 = NJW 1970, 1197), um ggf. Gegenbeweise beantragen zu können. Die Vorschrift gilt nicht für **Urkunden** und **Augenscheingegenstände**; ihre Mitteilung ist im Hinblick auf § 246 Abs. 2 jedoch tunlich (RiStBV Nr. 118 Abs. 3).

2   Das Gericht hat – idR mit der Ladung oder Terminsmitteilung – alle Beweispersonen namhaft zu machen, die in der Hauptverhandlung auftreten sollen. Der Zeitpunkt ihrer geplanten Vernehmung sollte bei umfangreichen Hauptverhandlungen angegeben werden. Die Mitteilung muss eine eindeutige Identifizierung ermöglichen; die Angabe des **Aufenthaltsorts** genügt nur, wenn ein Wohnsitz nicht bekannt ist (BGH 37, 1 = NJW 1990, 1860). Vor allem für Polizeibeamte reicht die Angabe der **ladungsfähigen Anschrift** (Dienststelle; vgl. § 68 Abs. 1 S. 2); im Fall des § 68 Abs. 2 können aus Gründen des **Zeugenschutzes** die Angaben eingeschränkt werden, **Abs. 1 S. 2** iVm § 200 Abs. 1 S. 3, 4 (vgl. RiStBV Nr. 130 a). Das **Beweisthema** braucht nicht bekanntgegeben zu werden (KG 67, 182; KK-Tolksdorf Rn. 8).

3   Eine **Form** für die Mitteilung ist nicht vorgeschrieben. Eine Bezugnahme auf die Anklageschrift ist zulässig (RiStBV Nr. 118 Abs. 1 S. 2). Zu benachrichtigen sind alle Verfahrensbeteiligten; für den Angeklagten gilt § 145 a Abs. 1. Wird der Verteidiger nicht benachrichtigt, so hat er das Antragsrecht aus § 246 Abs. 2.

4   Bei unmittelbarer Ladung durch die **StA** (§ 214 Abs. 3) muss diese die Mitteilungen machen, **Abs. 1 S. 2**; für den Angeklagten gilt Abs. 2. Entsprechendes gilt für sonstige Verfahrensbeteiligte, die ein unmittelbares Ladungsrecht haben (vgl. 219 Rn. 1).

5   Bei unterlassener oder verspäteter Mitteilung kann die **Revision** nicht auf eine Verletzung des § 222, sondern nur auf rechtsfehlerhafte Ablehnung eines Aussetzungsantrags nach § 246 Abs. 2 gestützt werden (BGH NJW 1990, 1124; vgl. Meyer-Goßner Rn. 10 mwN). Eine Ausnahme gilt bei Verhandlung in **Abwesenheit** des Angeklagten und des Verteidigers; dann ist § 222 revisibel (OLG Hamm NJW 1996, 534).

§ 222 a [Mitteilung der Gerichtsbesetzung]

(1) ¹**Findet die Hauptverhandlung im ersten Rechtszug vor dem Landgericht oder dem Oberlandesgericht statt, so ist spätestens zu Beginn der Hauptverhandlung die Besetzung des Gerichts unter Hervorhebung des Vorsitzenden und hinzugezogener Ergänzungsrichter und Ergänzungsschöffen mitzuteilen.** ²**Die Besetzung kann auf Anordnung des Vorsitzenden schon vor der Hauptverhandlung mitgeteilt werden; für den Angeklagten ist die Mitteilung an seinen Verteidiger zu richten.** ³**Ändert sich die mitgeteilte Besetzung, so ist dies spätestens zu Beginn der Hauptverhandlung mitzuteilen.**

(2) **Ist die Mitteilung der Besetzung oder einer Besetzungsänderung später als eine Woche vor Beginn der Hauptverhandlung zugegangen, so kann das Gericht auf Antrag des Angeklagten, des Verteidigers oder der Staats-**

Vorbereitung der Hauptverhandlung § 222 a

anwaltschaft die Hauptverhandlung zur Prüfung der Besetzung unterbrechen, wenn dies spätestens bis zum Beginn der Vernehmung des ersten Angeklagten zur Sache verlangt wird.

(3) In die für die Besetzung maßgebenden Unterlagen kann für den Angeklagten nur sein Verteidiger oder ein Rechtsanwalt, für den Nebenkläger nur ein Rechtsanwalt Einsicht nehmen.

Die Vorschrift ist im Zusammenhang mit § 338 Nr. 1 zu sehen. Sie verletzt das 1 Recht auf den gesetzlichen Richter nicht (BVerfG NStZ 1984, 270; BGH 33, 126 = NJW 1985, 1173). Im Verfahren vor dem AG und im Rechtsmittelverfahren gilt sie nicht; wohl aber, wenn das Berufungsgericht als Gericht des 1. Rechtszugs entscheidet, und nach Zurückverweisung. Zur Besetzung der gr. StK mit **2 oder 3** Berufsrichtern und 2 Schöffen s. § 76 GVG Rn. 2.

In der Hauptverhandlung (Abs. 1) erfolgt die Mitteilung mündlich (BGH 29, 2 162 = NJW 1980, 951); sie ist zu protokollieren (§ 273 Abs. 1). Name und Funktion der Gerichtspersonen sind bekanntzugeben, nicht die Gründe für ihre Mitwirkung. **Spätestens** vor Beginn der Vernehmung des 1. Angeklagten zur Sache muss die Besetzung mitgeteilt werden (BGH MDR 1980, 631; BGH NJW 2001, 3062); die **Heilung** einer Verspätung durch Wiederholung der Hauptverhandlung soll nicht möglich sein (vgl. KK-Tolksdorf Rn. 6), so dass in diesem Fall die Rüge des § 338 Nr. 1 nicht ausgeschlossen wäre.

Die Mitteilung **vor der Hauptverhandlung** ordnet der Vorsitzende idR zu- 3 gleich mit der Ladung an. Sie ergeht an diejenigen Verfahrensbeteiligten, die eine fehlerhafte Besetzung rügen können. § 145 a Abs. 3 gilt nicht; eine Zustellung an den Verteidiger reicht daher aus. Bei Verteidigerwechsel ist eine neue Mitteilung nicht erforderlich.

Die **Wochenfrist des Abs. 2** wird nach § 43 Abs. 1 berechnet. Ist sie nicht 4 eingehalten, so kann von den in Abs. 2 bezeichneten Verfahrensbeteiligten sowie vom **Nebenkläger** und **Verfalls- und Einziehungsbeteiligten** Unterbrechung der Hauptverhandlung verlangt werden, ebenso dann, wenn während der Wochenfrist die Besetzungsunterlagen nicht zur Verfügung standen. Über den Antrag entscheidet das Gericht durch Beschluss. Der Antrag ist abzulehnen, wenn ein Besetzungsmangel ausgeschlossen erscheint. Ist das nicht der Fall, ist die Dauer der Unterbrechung so zu bemessen, dass die umfassende Prüfung der Besetzung möglich ist (BGH NStZ 1988, 36). Jedenfalls in Schwurgerichtssachen ist regelmäßig für **1 Woche** zu unterbrechen (BGH 29, 283 = NJW 1980, 2364); ist die Besetzungsmitteilung weniger als 1 Woche vor der Hauptverhandlung zugestellt worden, so ist diese Zeitspanne auf die Unterbrechungsfrist anzurechnen (BGH aaO). Eine zu kurze Unterbrechung steht der Ablehnung des Antrags (vgl. § 338 Nr. 1 c) gleich.

Für die Besetzung maßgebende **Unterlagen (Abs. 3)** sind vor allem der Ge- 5 schäftsverteilungsplan (§ 21 e GVG), die Geschäftsverteilung innerhalb des Spruchkörpers (§ 21 g GVG), die Schöffenliste (§§ 44, 45 Abs. 2 S. 4 GVG) sowie die Protokolle des Schöffenwahlausschusses (BGH 33, 126 = NJW 1985, 1173) und der Schöffenauslosung (§ 45 Abs. 2 S. 1, Abs. 4 S. 2 GVG), daneben auch Unterlagen über die Verhinderung von Richtern und Schöffen. **Einsicht** können nur der StA und die in Abs. 3 bezeichneten Personen nehmen. Über den Antrag auf Einsicht in Unterlagen der Justizverwaltung entscheidet diese selbst, nicht der Vorsitzende.

Entscheidungen und Anordnungen nach § 221 a sind **nicht anfechtbar,** ebenso 6 nicht die Versagung des Einsichtsrechts (Abs. 3) durch die Justizverwaltung. Die **Revision** kann mit der Rüge des § 338 Nr. 1 auf die unrichtige Besetzung, nicht auf einen Vorstoß gegen § 222 a gestützt werden. S. auch § 222 b Rn. 7.

§ 222 b [Besetzungseinwand]

(1) ¹Ist die Besetzung des Gerichts nach § 222 a mitgeteilt worden, so kann der Einwand, daß das Gericht vorschriftswidrig besetzt sei, nur bis zum Beginn der Vernehmung des ersten Angeklagten zur Sache in der Hauptverhandlung geltend gemacht werden. ²Die Tatsachen, aus denen sich die vorschriftswidrige Besetzung ergeben soll, sind dabei anzugeben. ³Alle Beanstandungen sind gleichzeitig vorzubringen. ⁴Außerhalb der Hauptverhandlung ist der Einwand schriftlich geltend zu machen; § 345 Abs. 2 und für den Nebenkläger § 390 Abs. 2 gelten entsprechend.

(2) ¹Über den Einwand entscheidet das Gericht in der für Entscheidungen außerhalb der Hauptverhandlung vorgeschriebenen Besetzung. ²Hält es den Einwand für begründet, so stellt es fest, daß es nicht vorschriftsmäßig besetzt ist. ³Führt ein Einwand zu einer Änderung der Besetzung, so ist auf die neue Besetzung § 222 a nicht anzuwenden.

1   Diese Vorschrift regelt in **Abs. 1** die Voraussetzungen, unter denen nach dem § 222 a nach entsprechender Mitteilung der Gerichtsbesetzung der Angeklagte die Besetzungsrüge erheben kann. In **Abs. 2** normiert sie die Entscheidungsmöglichkeiten des Gerichts und regelt die Folgen einer berechtigten Rüge. Die Vorschrift gilt auch für den Fall, dass die Berufung von **Schöffen** infolge eines unwirksamen Auswahlverfahrens nichtig ist (BGH 33, 126 = NJW 1985, 926). Auf den Einwand, das Gericht sei unter Verstoß gegen § 76 Abs. 2 GVG nur mit **zwei**, statt mit drei **Berufsrichtern** besetzt, ist § 222 b ebenfalls unmittelbar anwendbar (BGH 44, 361 = NJW 1999, 172; KK-Tolksdorf Rn. 1). Das Gericht ist **verpflichtet**, in jeder Lage des Verfahrens die Rechtmäßigkeit seiner Zusammensetzung zu prüfen. Der Besetzungseinwand dient daher nur dem Zweck, die Rüge nach § 338 Nr. 1 zu erhalten. Ist die Mitteilung nach § 222 a verspätet oder unterblieben, so ist die Besetzungsrüge auch ohne Einwand zulässig.

2   Der **mündliche Besetzungseinwand** ist zu protokollieren (§ 273 Abs. 1); wird er außerhalb der Hauptverhandlung schriftlich erhoben, so gilt § 345 Abs. 2 entsprechend. Die **Begründung** muss der Form des § 344 Abs. 2 S. 2 genügen. Alle Beanstandungen – auch soweit sie Ergänzungsrichter und -schöffen betreffen (BVerfG NJW 2003, 2545; BGH NJW 2001, 3062), sind nach **Abs. 1 S. 3** – **gleichzeitig** geltend zu machen; die Tatsachen sind vollständig anzugeben. Nachschieben von Tatsachen oder ein Wechsel der Zielrichtung der Beanstandung sind unzulässig (vgl. BVerfG NStZ 1984, 370). Das gilt nur dann nicht, wenn erst nachträglich neue Gründe für die Fehlerhaftigkeit der Besetzung entstehen (vgl. Meyer-Goßner Rn. 7 mwN). „Wird ein **Ergänzungsrichter oder -schöffe** erst **nach** Beginn der Hauptverhandlung hinzugezogen, so ist das Gericht **vorschriftswidrig** besetzt. Die Revision kann aber hierauf nur gestützt werden, wenn der Einwand nach § 222 b Abs. 1 rechtzeitig erhoben worden ist" (BGH NJW 2001, 3062). „Bei fehlender Vereidigung eines **Schöffen** ist das Gericht iSd § 338 Nr. 1 nicht vorschriftsmäßig besetzt. Die Revision kann jedoch regelmäßig auf den Besetzungsfehler nur gestützt werden, wenn der Beschwerdeführer den Einwand der vorschriftswidrigen Besetzung in der Hauptverhandlung rechtzeitig gemäß § 222 b Abs. 1 S. 1 erhoben hat" (BVerfG NJW 2003, 2545 im Anschluss an BGH NJW 2001, 3062).

3   **Einwandsberechtigt** sind alle Verfahrensbeteiligten, die die Rüge nach § 338 Nr. 1 erheben können. Die **Ausschlussfrist** des **Abs. 1 S. 1** gilt für alle gleichermaßen; jeder kann sie für sich ausschöpfen. Zur Zulässigkeit der Besetzungsrüge s. § 338 Rn. 3.

4   Über den Einwand entscheidet das Gericht ohne Mitwirkung der Schöffen (**Abs. 2 S. 1** iVm § 76 Abs. 1 S. 2 GVG), jedoch mit den Richtern, gegen deren

Vorbereitung der Hauptverhandlung **§ 223**

Mitwirkung der Einwand erhoben ist. Vor der Entscheidung, die nach § 35 bekanntzugeben ist, sind die Verfahrensbeteiligten anzuhören (§ 33). Sie ergeht nach Möglichkeit vor dem in Abs. 1 S. 1 bezeichneten Zeitpunkt; § 29 Abs. 2 ist jedoch entsprechend anwendbar. Es gelten die Regeln des **Freibeweises.**

Verspätete oder nicht formgerechte Einwände werden als **unzulässig** abgelehnt. 5
Bei **begründetem** Einwand stellt der Beschluss lediglich die Vorschriftswidrigkeit fest; die erforderlichen Maßnahmen trifft dann der Vorsitzende oder die Justizverwaltung. Die Feststellung der Verhinderung eines durch einen Vertreter ersetzten Richters kann nachgeholt werden (BGH 33, 234 = NJW 1985, 2840). Mit Erlass des Beschlusses über eine **erfolgreiche Besetzungsrüge** ist die Hauptverhandlung ohne weiteres **beendet.** Ein Aussetzungsbeschluss des erkennenden Gerichts soll nicht erforderlich sein (KK-Tolksdorf Rn. 16; LK-Gollwitzer Rn. 34; aA Meyer-Goßner Rn. 12). Ein **ausdrücklicher Beschluss** über die Beendigung mit der Begründung ist zweckmäßig; denn die Besetzungsentscheidung des erkennenden Gerichts ist bindend. Es ist sodann Aufgabe der zuständigen Geschäftsverteilungsorgane, für eine ordnungsgemäße Besetzung zu sorgen. Sie haben die Rechtsauffassung des Gerichts ihrer Entscheidung zugrundezulegen. Die Hauptverhandlung ist in ordnungsgemäßer Besetzung neu zu beginnen. Für sie gilt § 222 a nach **Abs. 2 S. 3** nicht. Ein Problem zu den ausgelosten Schöffen ist nun gelöst: „Beginnt eine Hauptverhandlung nach begründetem Besetzungseinwand **neu,** sind die für den Tag des neuen Sitzungsbeginns **ausgelosten Schöffen** zur Mitwirkung berufen; das gilt auch dann, wenn die neue Hauptverhandlung an einem Tag beginnt, der von Anfang an als (Fortsetzung-)Sitzungstag bestimmt war. In einem solchen Fall setzt die Zulässigkeit einer auf § 338 Nr. 1 lit. b gestützten Rüge nicht stets die namentliche Mitteilung der ordnungsgemäßen Schöffenbesetzung voraus" (BGH NJW 2002, 2963). Da keine Präklusion eintritt, können Fehler der neuen Besetzung mit der Revision nach § 338 Nr. 1 gerügt werden (KK-Tolksdorf Rn. 16).

Ist der Einwand **unbegründet,** so wird er durch begründeten Beschluss zurück- 6
gewiesen und die Hauptverhandlung fortgesetzt. An die Entscheidung ist das Gericht nicht gebunden (vgl. Meyer-Goßner Rn. 13).

Die Entscheidung über den Besetzungseinwand ist mit der **Beschwerde** nicht 7
anfechtbar. Die **Revision** kann nicht die Verletzung des § 222 b geltend machen, sondern nur die Besetzungsrüge nach § 338 Nr. 1 erheben. Bei Revision gegen erstinstanzliche Urteile von LG oder OLG ist darzulegen, dass der Besetzungseinwand rechtzeitig erhoben wurde (BGH StV 1986, 516). Für die gesetzlich bestimmte Präklusion der **Besetzungsrüge** kommt es entscheidend darauf an, dass der Besetzungsfehler zu dem Zeitpunkt, als der Besetzungseinwand zu erheben war, **objektiv** erkennbar war (BGH NStZ 1996, 48). Die **Verfahrensrüge** (§ 338 Nr. 1), das Gericht sei nicht vorschriftsmäßig besetzt gewesen, ist unzulässig, wenn der Beschwerdeführer weder den zur Erhaltung der Rüge erforderlichen Einwand erhoben (§ 222 b Abs. 1 S. 1) noch die Unterbrechung der Hauptverhandlung zur Prüfung der Besetzung (§ 222 a Abs. 2) beantragt hat, obwohl die fehlerhafte Besetzung objektiv erkennbar war, offensichtlich muss der Besetzungsfehler nicht sein (BGH NJW 1997, 403). Die **Revision** kann auf die Verfahrensrüge, das LG habe in erster Instanz fehlerhaft in der Besetzung mit 2 statt mit 3 Berufsrichtern verhandelt, weil kein Beschluss nach § 76 Abs. 2 GVG gefasst wurde, nur dann gestützt werden, wenn dieser Einwand rechtzeitig und in der vorgeschriebenen Form in der Hauptverhandlung geltend gemacht worden ist (BGH 44, 361 = NJW 1999, 1724).

§ 223 [Kommissarische Zeugenvernehmung] RiStBV 121

(1) **Wenn dem Erscheinen eines Zeugen oder Sachverständigen in der Hauptverhandlung für eine längere oder ungewisse Zeit Krankheit oder Gebrechlichkeit oder andere nicht zu beseitigende Hindernisse entgegen-**

§ 223

stehen, so kann das Gericht seine Vernehmung durch einen beauftragten oder ersuchten Richter anordnen.

(2) **Dasselbe gilt, wenn einem Zeugen oder Sachverständigen das Erscheinen wegen großer Entfernung nicht zugemutet werden kann.**

1   Die Vorschrift ist im Zusammenhang mit § 251 Abs. 1 Nrn. 2, 3, 4 zu sehen. Sie dient der **Sicherung des Beweises für die Hauptverhandlung.** Kommt es in dieser zur Verlesung der Niederschrift über die kommissarische Vernehmung, so tellt die Verlesung einen **Teil der Hauptverhandlung** dar (BGH 9, 27 = NJW 1956, 557; KK-Tolksdorf Rn. 1). Über die **Zulässigkeit der Verlesung und Verwertung** der nach § 223 gewonnenen Niederschriften entscheidet erst das in der Hauptverhandlung erkennende Gericht.

2   Die Bestimmung gilt nur für die **Vernehmung von Zeugen und Sachverständigen.** Sie findet bereits im **Eröffnungsverfahren** und auch noch in der **Hauptverhandlung** Anwendung (Gollwitzer LR Rn. 7). Die **Voraussetzungen** stimmen mit denen des § 251 Abs. 1 Nrn. 2, 3 überein:

3   **Krankheit** kann, ebenso wie Gebrechlichkeit, körperliche oder psychische Gründe haben. Insbesondere bei hohem Alter der Beweisperson ist eine Abgrenzung nicht stets zuverlässig möglich. Der Zustand muss ein Erscheinen in der Hauptverhandlung nicht ausschließen; es reicht, dass die Gefahr einer erheblichen Verschlechterung besteht (BGH 9, 297 = NJW 1956, 1527).

4   **Andere nicht zu beseitigende Hindernisse** können unterschiedlichste Umstände sein, etwa unaufschiebbare längere Reisen, die Weigerung eines im Ausland lebenden Zeugen, anzureisen (BGH 7, 15 = NJW 1955, 32), nicht durch Schutzmaßnahmen zu beseitigende Gefahren für Leib oder Leben der Beweisperson (vgl. BGH 22, 311 = NJW 1969, 669) oder eine Sperrerklärung nach § 96. Zu den Besonderheiten bei **verdeckten Ermittlern** und **Vertrauenspersonen** vgl. § 96. Das Gericht muss alle gebotenen Bemühungen unternehmen, um eine Vernehmung in der Hauptverhandlung zu ermöglichen (BGH 36, 159 = NJW 1989, 3291). Kein Hindernis iSd Abs. 1 sind der Aufenthalt im Ausland (BGH 7, 15) oder mit zumutbaren Mitteln auszuräumende berufliche oder private Inanspruchnahme. Bei der Beurteilung ist der Maßstab der **Unerreichbarkeit** iSd § 244 Abs. 3 S. 2 heranzuziehen.

5   Wo die Grenze der **längeren Zeit** iSd **Abs. 1** liegt, ist vor allem auch nach der Bedeutung der Aussage zu beurteilen.

6   In die Abwägung, ob einer Beweisperson wegen **großer Entfernung** das Erscheinen in der Hauptverhandlung **unzumutbar (Abs. 2)** ist, sind neben dem Streckenmaß die persönlichen Verhältnisse der Beweisperson, die Bedeutung ihrer Aussage sowie der Grundsatz der Verfahrensbeschleunigung einzubeziehen (BGH 9, 230 = NJW 1956, 1367; BGH NJW 1986, 1999). Dabei ist auf den Zeitpunkt der Hauptverhandlung abzustellen (vgl. RiStBV Nr. 121 Abs. 1).

7   Die **Anordnung** der kommissarischen Vernehmung erfolgt durch **Beschluss** des Gerichts, vAw. oder auf Antrag eines Verfahrensbeteiligten oder der geladenen Beweisperson selbst. Der Beschluss kann schon im Eröffnungsverfahren und noch in der Hauptverhandlung ergehen; er muss Namen und Anschrift der Beweisperson und den Hinderungsgrund nach Abs. 1 oder Abs. 2 bezeichnen, das Vernehmungsthema nur, wenn sich dies nicht aus der Akte ergibt. Seit der Neufassung der **§§ 73, 74 OWiG** ist die Vernehmung des Betroffenen im Wege der Rechtshilfe unzulässig (BGH 44, 345 = NJW 1999, 9617).

8   Die **Durchführung der Vernehmung** obliegt dem beauftragten oder ersuchten Richter. Der **beauftragte Richter** gehört dem zur Entscheidung berufenen Spruchkörper an. An der späteren Hauptverhandlung muss er nicht mitwirken (BGH 2, 1 = NJW 1952, 478). Die Vernehmung durch mehrere Berufsrichter ist zulässig (BGH NStZ 1983, 182), nicht aber die durch den ganzen Spruchkörper

Vorbereitung der Hauptverhandlung **§ 224**

(BGH 31, 236 = NJW 1983, 1864). Die **Schuldfrage** betreffende Wahrnehmungen des **beauftragten Richters** dürfen nicht im Wege der dienstlichen Erklärung in die Hauptverhandlung eingeführt werden (BGH 45, 354 = NJW 2000, 1204; s. auch § 261 Rn. 3, 4).

Ersuchter Richter ist der durch die Geschäftsverteilung bestimmte Richter des 9 ersuchten auswärtigen AG (§ 157 GVG). An den Beschluss nach § 223 ist er regelmäßig gebunden. Er wird ihm mit dem **Vernehmungsersuchen** zugeleitet, in welchem auf wichtige Aktenteile hinzuweisen ist (RiStBV Nr. 121 Abs. 3) und das Beweisthema präzisiert werden soll.

Die Vernehmung erfolgt regelmäßig eidlich (**Abs. 3**) und in **nicht öffentlicher** 10 **Sitzung.** Es gelten die §§ 48 ff., 72 ff. Der Verteidiger darf – auch bei Gefährdung des Zeugen – nicht ausgeschlossen werden (BGH 32, 115 = NJW 1984, 247), aber die zeitweilige Entfernung des Angeklagten ist gemäß § 247 zulässig (BGH 32, 32 = NJW 1984, 1973); eine Unterrichtungspflicht nach § 247 Abs. 1 S. 4 besteht nicht (BGH NJW 1967, 404). Bei der Vernehmung gilt § 68. Dem Zeugen muss zunächst Gelegenheit gegeben werden, seine Wahrnehmungen im Zusammenhang wiederzugeben (BGH 32, 115 = NJW 1984, 247). Nicht anwesende Verfahrensbeteiligte können schriftlich förmliche Fragen einreichen, die der Beweisperson zu stellen sind (BGH MDR 1985, 448). §§ 240 Abs. 2, 241 Abs. 2 gelten entsprechend; der Vernehmende kann auch die Entscheidung des erkennenden Gerichts herbeiführen (BGH NStZ 1983, 421). Zum **Teilnahmerecht** vgl. § 224 Rn. 3. „Der Angeklagte kann aus den in § 96 und § 54 Abs. 1 iVm § 39 Abs. 3 S. 1 BRRG anerkannten Gründen entsprechend § 247 S. 1 während der Vernehmung eines Zeugen aus der Hauptverhandlung entfernt werden". Die Beweisaufnahme in der Hauptverhandlung, auch wenn sie in Abwesenheit des Angeklagten erfolgt, verdient den Vorzug gegenüber der nur kommissarischen Vernehmung unter Ausschluss (in Abwesenheit) des Angeklagten zur Gewinnung eines nach § 251 Abs. 1 Nr. 2 verlesbaren Protokolls (BGH 32, 32 = NJW 1984, 1973).

Um die **Vernehmung im Ausland** kann ein **ausländischer Staat** ersucht 11 werden (Art. 3 ff. EuRHÜbk; RiVASt Nrn. 25 ff.); sie können auch durch einen **Konsularbeamten** durchgeführt werden (§ 15 KonsG). Verstöße gegen ausländisches Verfahrensrecht sind unbeachtlich, wenn sie nach deutschem Recht unschädlich sind (BGH DAR 1977, 170).

Für das **Protokoll** der Vernehmung gelten §§ 63, 64, 168, 168 a. Mit der 12 Abschaffung der Regelvereidigung konnte auch die bisher geltende Pflicht zur Vereidigung nach **Abs. 3** entfallen. Feststellungen über das Verhalten der Beweisperson und über den persönlichen Eindruck der Vernehmungen sind zulässig; sie dürfen bei der Urteilsfindung verwertet werden (BGH NStZ 1983, 182). Das Protokoll ist in der Hauptverhandlung ein **herbeigeschafftes Beweismittel** iSd § 245 Abs. 1 S. 1.

Anordnung und Ablehnung der kommissarischen Vernehmung sind mit der 13 **Beschwerde** nicht anfechtbar (§ 305 S. 1). Die Zustimmung zur kommissarischen Vernehmung führt nicht zum **Rügeverlust,** wohl aber, wenn der späteren Verlesung in der Hauptverhandlung nicht widersprochen wird (Julius in HK-StPO Rn. 16). Die **Revision** kann sich nur auf eine Verletzung von § 251 stützen.

§ 224 [Benachrichtigung der Beteiligten] RiStBV 121 Abs. 4

(1) ¹**Von den zum Zweck dieser Vernehmung anberaumten Terminen sind die Staatsanwaltschaft, der Angeklagte und der Verteidiger vorher zu benachrichtigen; ihrer Anwesenheit bei der Vernehmung bedarf es nicht.** ²**Die Benachrichtigung unterbleibt, wenn sie den Untersuchungserfolg gefährden würde.** ³**Das aufgenommene Protokoll ist der Staatsanwaltschaft und dem Verteidiger vorzulegen.**

§ 225   Zweites Buch. 5. Abschnitt

(2) **Hat ein nicht in Freiheit befindlicher Angeklagter einen Verteidiger, so steht ihm ein Anspruch auf Anwesenheit nur bei solchen Terminen zu, die an der Gerichtsstelle des Ortes abgehalten werden, wo er in Haft ist.**

1   Diese Vorschrift gilt für **alle** Vernehmungen, die nach § 223 angeordnet worden sind, auch wenn sie im Ausland durchgeführt werden (BGH 35, 82 = NJW 1988, 2187). Bei konsularischen Vernehmungen gilt sie entsprechend (KK-Tolksdorf Rn. 1), nicht aber für den Mitangeklagten (BGH MDR 1976, 988; BGH NStZ 1997, 351). Terminsbestimmung und Benachrichtigung obliegen dem beauftragten oder ersuchten Richter; sie können aber auch schon in den Beschluss nach § 223 aufgenommen werden. **Zu benachrichtigen sind** die StA, der Angeklagte und sein Verteidiger, eventuelle Mitangeklagte (vgl. BGH NJW 1986, 1999), außerdem **Privatkläger, Nebenkläger, Nebenbeteiligte** sowie im Jugendverfahren die **gesetzlichen Vertreter** und die **Erziehungsberechtigten** (§ 67 Abs. 2 JGG). Die Mitteilung ist zuzustellen.

2   Die **Benachrichtigungspflicht entfällt** bei Verzicht des Berechtigten (OLG Bremen StV 1992, 52) und bei **Gefährdung des Untersuchungserfolgs,** Abs. 1 S. 2. Eine solche liegt vor, wenn Verlust oder Wertminderung des Beweismittels drohen (BGH NJW 1980, 2088) oder Anhaltspunkte für die Gefahr von Verdunkelungshandlungen vorliegen (BGH-GrS 32, 115 = NJW 1984, 247). Die Gründe sind aktenkundig zu machen.

3   Gemäß **Abs. 1 S. 1** haben die Prozessbeteiligten bei der Vernehmung ein **Anwesenheitsrecht;** erforderlich ist aber ihre Anwesenheit nach **Abs. 1 S. 2** nicht; auch nicht bei Vernehmungen im **Ausland** (BGH NJW 1992, 394). Sie haben daher auch keinen Anspruch auf Terminsverlegung (BGH 1, 284), zB auch nicht bei Zusammenfallen mehrerer Vernehmungstermine (BGH NJW 1952, 1426). **Abs. 2** bestimmt eine Ausnahme für den Fall, dass der nicht auf freiem Fuß befindliche Angeklagte einen Verteidiger hat und der Vernehmungstermin nicht an der Gerichtsstelle des Ortes stattfindet, wo er in Haft gehalten wird, also bei allen Terminen, die nicht im Gerichtsgebäude stattfinden (Meyer-Goßner Rn. 10). Er muss aber auch in diesem Fall **benachrichtigt** werden, um Gelegenheit zu haben, einen Verteidiger mit der Terminswahrnehmung zu betrauen; das gilt auch für die Vernehmung im Ausland (BGH NStZ 1992, 394). Der Angeklagte hat keinen Anspruch auf Zahlung eines Reisekostenvorschusses aus der Staatskasse oder auf die Bestellung eines am Ort der Vernehmung ansässigen Pflichtverteidigers für den Vernehmungstermin (Gollwitzer-LR Rn. 6; KK-Tolksdorf Rn. 3).

4   Die **Vorlegung des Protokolls** der kommissarischen Vernehmung ist vom Vorsitzenden anzuordnen. Der Angeklagte hat kein Recht auf Zuleitung, StA und Verteidiger haben es unabhängig von ihrer Teilnahme (BGH 25, 357 = NJW 1974, 2294).

5   Die **Revision** kann auf eine Verletzung des § 224 nur gestützt werden, wenn der Beschwerdeführer der Verlesung des Protokolls in der Hauptverhandlung ausdrücklich **widersprochen** hat (BGH 26, 332 = NJW 1976, 1546; BGH NJW 1984, 65). Das gilt nicht in einem anderen Verfahren gegen einen Tatbeteiligten (BGH NJW 1986, 1999), ebenso nicht, wenn der nicht verteidigte Angeklagte seine Rechte nicht kannte (Meyer-Goßner Rn. 12 mwN).

§ 225 [Kommissarischer Augenschein]

Ist zur Vorbereitung der Hauptverhandlung noch ein richterlicher Augenschein einzunehmen, so sind die Vorschriften des § 224 anzuwenden.

1   Die Anordnung einer Augenscheinnahme durch einen beauftragten oder ersuchten Richter trifft das Gericht durch **Beschluss** vor oder in der Hauptverhandlung; § 219 gilt nicht. Für die Durchführung gelten die §§ 168 d, 224. Das **Protokoll**

Vorbereitung der Hauptverhandlung   § 225 a

muss den Anforderungen von § 86 genügen. Es wird in der Hauptverhandlung nach
§ 249 Abs. 1 S. 2 im Urkundenbeweis verlesen.
   Für die **Revision** gilt das zu § 224 Ausgeführte.   2

§ 225 a [Zuständigkeitsänderung vor der Hauptverhandlung]

(1) ¹Hält ein Gericht vor Beginn einer Hauptverhandlung die sachliche Zuständigkeit eines Gerichts höherer Ordnung für begründet, so legt es die Akten durch Vermittlung der Staatsanwaltschaft diesem vor; § 209 a Nr. 2 Buchstabe a gilt entsprechend. ²Das Gericht, dem die Sache vorgelegt worden ist, entscheidet durch Beschluß darüber, ob es die Sache übernimmt.

(2) ¹Werden die Akten von einem Strafrichter oder einem Schöffengericht einem Gericht höherer Ordnung vorgelegt, so kann der Angeklagte innerhalb einer bei der Vorlage zu bestimmenden Frist die Vornahme einzelner Beweiserhebungen beantragen. ²Über den Antrag entscheidet der Vorsitzende des Gerichts, dem die Sache vorgelegt worden ist.

(3) ¹In dem Übernahmebeschluß sind der Angeklagte und das Gericht, vor dem die Hauptverhandlung stattfinden soll, zu bezeichnen. ²§ 207 Abs. 2 Nr. 2 bis 4, Abs. 3 und 4 gilt entsprechend. ³Die Anfechtbarkeit des Beschlusses bestimmt sich nach § 210.

(4) ¹Nach den Absätzen 1 bis 3 ist auch zu verfahren, wenn das Gericht vor Beginn der Hauptverhandlung einen Einwand des Angeklagten nach § 6 a für begründet hält und eine besondere Strafkammer zuständig wäre, der nach § 74 e des Gerichtsverfassungsgesetzes der Vorrang zukommt. ²Kommt dem Gericht, das die Zuständigkeit einer anderen Strafkammer für begründet hält, vor dieser nach § 74 e des Gerichtsverfassungsgesetzes der Vorrang zu, so verweist es die Sache an diese mit bindender Wirkung; die Anfechtbarkeit des Verweisungsbeschlusses bestimmt sich nach § 210.

   Die Vorschrift ergänzt §§ 209 Abs. 2, 270 für Zuständigkeitsverschiebungen   1
zwischen Eröffnung des Hauptverfahrens und Beginn der Hauptverhandlung.
§ 225 a Abs. 1 bis 3 findet **im Berufungsverfahren** entsprechende Anwendung
(BGH NJW 2003, 1404).
   Die **Vorlegung** kann nur an ein **Gericht höherer Ordnung** erfolgen (**Abs. 1** 2
S. 1; vgl. § 269; Ausnahme: Abs. 4 S. 2). Gerichte höherer Ordnung sind nicht die **Jugendgerichte** (**Abs. 1 1, 2. HS** iVm § 209 a Nr. 2 a), nicht die Jugendschutzgerichte. Zur Verschiebung vom Jugendgericht an ein allgemeines Strafgericht vgl. §§ 47 a, 103 Abs. 2 S. 2, 3, JGG und § 209 Rn. 4. Nach Eröffnung des Hauptverfahrens (§ 225 a) und in der Hauptverhandlung selbst (§ 270) ist „ein Zuständigkeitsmangel des angerufenen Gerichts nur dann zu beachten, wenn ein höherrangiges Gericht zur Entscheidung berufen ist. Nach der Zulassung der Anklage gilt aber die **JugK** als **JugendschutzK** im Verhältnis zur **SchwurG-K** als gleichrangig. Dies hat der Gesetzgeber dadurch zum Ausdruck gebracht, dass er in § 225 a Abs. 1 S. 1 Halbs. 2 und in § 270 Abs. 1 S. 1 Halbs. 2 nur auf § 209 a Nr. 2, nicht aber auch auf Nr. 2 b Bezug genommen hat. Grund dafür ist, dass die Frage der Zuständigkeit in diesen Fällen, in denen der StA eine Wahlmöglichkeit eingeräumt ist, im Eröffnungsverfahren abschließend geklärt werden soll. Nach der Eröffnung des Verfahrens sind deshalb weder Abgabe noch Verweisung mit der Begründung, es liege keine Jugendschutzsache vor, statthaft ... Das angerufene **JugendschutzG** darf folglich das Verfahren auch nicht mehr einstellen, weil die Sache nicht in seinen Geschäftsbereich falle". Es ist auch aus Rechtsgründen nicht zu beanstanden, dass

589

§ 225 a

Straftaten, für die nach § 74 Abs. 2 GVG eine StrK als SchwurG zuständig ist, als Jugendschutzsachen vor der JugK verhandelt werden (so BGH 42, 39 = NStZ 1996, 346). Im **Berufungsverfahren** ist die Vorschrift trotz § 323 S. 1 entsprechend anwendbar (str.; vgl. KK-Tolksdorf Rn. 4). Sie gilt vor **jeder** Hauptverhandlung, also auch nach Aussetzung oder Zurückverweisung. Die **normativen Zuständigkeitsmerkmale** der §§ 24 Abs. 1 Nr. 3 iVm 74 Abs. 1 S. 2, 25 Nr. 2 GVG sind nach Eröffnung nicht mehr zu prüfen; die Vorlage des Strafrichters an das Schöffengericht ist daher unzulässig (OLG Düsseldorf NStZ-RR 2001, 222).

3   Der **Vorlegungsbeschluss** ergeht vAw. oder auf Antrag. Eine vorherige **Anhörung** ist nicht erforderlich. Der Beschluss ist zu begründen und an die Verfahrensbeteiligten formlos mitzuteilen. Die **StA** leitet die Akten mit ihrer Stellungnahme dem höheren Gericht zu (**Abs. 1 S. 1**). Bis zur Übernahme bleibt das vorliegende Gericht für **Nebenentscheidungen** zuständig. Zwar sieht § 76 Abs. 2 GVG nach seinem Wortlaut die Möglichkeit für die **große Strafkammer,** über ihre **variable Besetzung** (2 oder 3 Berufsrichter) zu beschließen, (nur) „bei der Eröffnung des Hauptverfahrens" vor. Nach Sinn und Zweck dieser durch das Gesetz zur Entlastung der Rechtspflege vom 11. Januar 1993 (BGBl. I S. 50) eingeführten Regelung (verlängert bis 31. 12. 2002, Art. 15 Abs. 2 RpflEntlG) kann aber nichts anderes gelten, wenn die Zuständigkeit des Landgerichts **durch eine Verweisung** der Sache nach §§ 225 a, 270 StPO begründet wird (BGH NStZ-RR 2001, 244; vgl. auch § 76 GVG Rn. 2).

4   Für den **Übernahmebeschluss (Abs. 1 S. 2)** gilt **Abs. 3**. Das höhere Gericht kann die Sache übernehmen, die Übernahme ablehnen oder seinerseits nach § 225 a vorlegen. Die Beteiligten sind anzuhören. Eine Umgehung der Übernahme durch Anwendung des § 154 a Abs. 2 ist unzulässig (str.; vgl. KK-Tolksdorf Rn. 11); jedoch kann die Übernahme unter **Verfahrenstrennung** (§ 4) auf einzelne Taten beschränkt werden. Der Übernahmebeschluss ist dem Angeklagten **zuzustellen,** der ablehnende Beschluss der StA, weil sie beschwerdeberechtigt ist (**Abs. 3 S. 2** iVm § 210). Ein **ablehnender Beschluss** ist bei gleich bleibender Sachlage **bindend;** bei neuen Erkenntnissen kann nach § 270 verfahren werden. Legt das AG eine Sache gemäß § 225 a Abs. 1 S. 1 dem LG vor, setzt der **Übergang der Rechtshängigkeit den Erlass eines Übernahmebeschlusses** nach § 225 a Abs. 1 S. 2, Abs. 3 voraus (BGH NJW 1999, 157).

5   Das **Beweisantragsrecht** des **Abs. 2** gilt auch bei Vorlage an den Jugendrichter oder das Jugendschöffengericht (Abs. 1 S. 1, 2. HS) sowie an eine besondere Strafkammer (**Abs. 4 S. 1;** str.; vgl. KK-Treier Rn. 20). Der Hinweis mit **Fristsetzung** ist regelmäßig mit dem Vorlagebeschluss zu erteilen und zuzustellen; die Frist ist ausreichend zu bemessen. Über Beweisanträge **entscheidet** der Vorsitzende des höheren Gerichts (**Abs. 2 S. 2),** soweit sie sich auf die **Voraussetzungen der Übernahme** beziehen, nach Anhörung der StA; § 244 Abs. 3–5 gilt nicht. Für Anträge nach §§ 223, 225 bleibt bis zum Übernahmebeschluss das vorlegende Gericht, für solche nach § 219 dessen Vorsitzender zuständig (str.).

6   Bei begründetem Einwand nach § 6 a Abs. 2 besteht die **Vorlegungspflicht** nach **Abs. 4 S. 1.** Zum Vorrang der JugK vor der besonderen StrK des § 74 e GVG vgl. §§ 209 a Nr. 2 a, 103 Abs. 2 S. 2 JGG. **Abs. 4 S. 2** regelt eine **Ausnahme** von Abs. 1; der bindende Verweisungsbeschluss ergeht nach Anhörung der Beteiligten und muss den Anforderungen des Abs. 3 entsprechen. Er ist zuzustellen.

7   **Sofortige Beschwerde** gegen den Vorlegungsbeschluss kann die StA nach Maßgabe des Abs. 3 S. 3 iVm § 210 Abs. 2 einlegen, ebenso gegen den Verweisungsbeschluss nach Abs. 4 S. 2 entgegen ihrem Antrag, nicht aber gegen die Ablehnung der Verweisung oder der Übernahme (str.; vgl. Meyer-Goßner Rn. 24). Der Angeklagte hat kein Beschwerderecht (§ 210 Abs. 1), auch nicht der **Nebenkläger** (§ 400 Abs. 2). Die **Revision** schließt § 336 S. 2 aus. Das Fehlen eines Übernahmebeschlusses begründet die Revision (BGH 44, 121 = NJW 1999, 157).

Sechster Abschnitt. Hauptverhandlung   RiStBV 123–145

§ 226 [Ununterbrochene Gegenwart]   RiStBV 124, 127, 128

(1) ¹Die Hauptverhandlung erfolgt in ununterbrochener Gegenwart der zur Urteilsfindung berufenen Personen sowie der Staatsanwaltschaft und eines Urkundsbeamten der Geschäftsstelle.

(2) ¹Der Strafrichter kann in der Hauptverhandlung von der Hinzuziehung eines Urkundsbeamten der Geschäftsstelle absehen. ²Die Entscheidung ist unanfechtbar.

Die Hauptverhandlung ist das **Kernstück des Strafverfahrens**. In ihr wird 1
nach den mehr summarischen Vor- und Zwischenverfahren der **Sachverhalt** endgültig aufgeklärt und festgestellt, und zwar in einer Weise, die nach allgemeiner Prozesserfahrung größte Gewähr für die Erforschung der Wahrheit und zugleich für die bestmögliche Verteidigung des Angeklagten und dann für ein gerechtes Urteil bietet (BVerfGE 74, 372 = NStZ 1987, 421; Meyer-Goßner vor § 266 Rn. 1). Zu **Ursachen** langer Hauptverhandlungen s. Nehm NStZ 1998, 377. Maßgebend für das Urteil ist ausschließlich das Ergebnis der Hauptverhandlung. Die **wesentlichen Grundsätze** der Hauptverhandlung sind die Öffentlichkeit, die Mündlichkeit, die Unmittelbarkeit, die Konzentration (Beschleunigung) und die Wahrheitsermittlung (s. Einl. Rn. 5 ff.). Die **Anwesenheitspflicht** besteht vom Aufruf der Sache (§ 243 Abs. 1 S. 1) bis zum Schluss der Hauptverhandlung. **Gegenwart** bedeutet körperliche und geistige Anwesenheit; der Schlafende ist daher nicht anwesend (BGH MDR 1971, 364). Anwesend sein müssen: **a)** die **Richter** einschließlich der Schöffen; ein Wechsel ist nur zulässig, wenn **Ergänzungsrichter** (§ 192 Abs. 2 GVG) oder **Ergänzungsschöffen** (§§ 48, 192 Abs. 2, 3 GVG) zugezogen wurden, die ihrerseits der gesamten Hauptverhandlung beigewohnt haben; **b)** der **Vertreter der StA;** mehrere StAe können nebeneinander tätig werden (§ 227) und sich ablösen (BGH 21, 85 = NJW 1966, 2321). Wird der **StA als Zeuge** vernommen, ist er von der weiteren Sitzungsvertretung ausgeschlossen, soweit es die Würdigung seiner eigenen Aussage betrifft (BGH 21, 85). Der Ausschluss wirkt für die ganze Hauptverhandlung fort, wenn sich seine Vernehmung auf Wahrnehmungen bezog, die im unlösbaren Zusammenhang mit dem übrigen zu erörterten Sachverhalt stehen und nicht Gegenstand gesonderter Betrachtung und Würdigung sein können (vgl. BGH StV 1989, 240). Das gilt aber nicht bei Vernehmung des StA in einer früheren Hauptverhandlung (BGH NStZ 1994, 194; s. auch § 226 Rn. 1). Eine frühere Mitwirkung als Richter in demselben Verfahren steht der Teilnahme des StA nicht entgegen (BGH NStZ 1991, 595); **c) Urkundsbeamter der Geschäftsstelle** (§ 153 GVG; § 168 gilt nicht; BGH NStZ 1981, 31). S. aber Abs. 2. Ein Wechsel sowie die Mitwirkung mehrerer Urkundsbeamter sind zulässig (BGH 21, 85). **d)** Der **Verteidiger** muss im Fall der **notwendigen Verteidigung** anwesend sein; auch in diesem Fall genügt die Anwesenheit eines von mehreren Verteidigern (vgl. § 227). Zur Beurlaubung vgl. § 231 c.

Keine Anwesenheitspflicht besteht für **Nebenkläger** und **Nebenbeteiligte** 2
sowie für Vertreter beteiligter Behörden. Über die Anwesenheitspflicht von **Sachverständigen** (zur Revisionsrüge seiner Abwesenheit vgl. BGH MDR 1985, 92) entscheidet der Vorsitzende, ebenso über diejenige von **Dolmetschern**.

Durch den mit dem 1. Justizmodernisierungsgesetz neu angefügten **Abs. 2** in 3
§ 226 wird für die Hauptverhandlung vor dem Strafrichter eine Ausnahme von der nach dem bisherigen Wortlaut der Vorschrift zwingenden und ununterbrochenen Gegenwart eines Urkundsbeamten der Geschäftsstelle geschaffen. Hierdurch wird

§§ 227, 228

die **Möglichkeit** eröffnet, den **Inhalt** des Protokolls (§§ 272, 273) zunächst vorläufig ohne Hinzuziehung eines Protokollführers schriftlich (auch durch Kurzschrift) oder unter Zuhilfenahme technischer Einrichtungen durch den Vorsitzenden **selbst aufzuzeichnen** und nachträglich die **schriftliche Abfassung des Sitzungsprotokolls** zu veranlassen. Die Entscheidung des Richters ist nicht überprüfbar (BT-Drucks. 15/1508 S. 24).

4 Der Verstoß gegen § 226 begründet die **Revisionsrüge** nach § 338 Nr. 5, wenn **wesentliche** Verhandlungsteile (§ 273 Abs. 1) betroffen sind; bei unwesentlichen Teilen gilt § 337. „Ob das Gericht ordnungsgemäß besetzt war und ob die Hauptverhandlung in ununterbrochener Gegenwart der zur Urteilsfindung berufenen Personen erfolgte, wird nicht durch das Urteilsrubrum, sondern durch das Hauptverhandlungsprotokoll bewiesen" (BGH NStZ 1994, 47); Lücken im Urteilsrubrum sind unerheblich.

§ 227 [Mehrere Staatsanwälte und Verteidiger]

Es können mehrere Beamte der Staatsanwaltschaft und mehrere Verteidiger in der Hauptverhandlung mitwirken und ihre Verrichtungen unter sich teilen.

1 Mehrere StAe und Verteidiger können nebeneinander (vgl. aber § 137 Abs. 1 S. 2), nacheinander oder abwechselnd mitwirken. Auch bei **notwendiger Verteidigung** zwingt ein **Verteidigerwechsel** nicht zur Wiederholung der Hauptverhandlung (BGH 13, 337 = NJW 1960, 253), jedoch ist § 145 Abs. 2 zu beachten (vgl. vor allem § 145 Rn. 3 ff.). Die ununterbrochene Anwesenheit **aller** Wahl- oder Pflichtverteidiger ist nicht erforderlich (BGH MDR 1981, 457).

2 **Mehrere StAe** stehen dem Gericht als Einheit gegenüber. Sich widersprechende Erklärungen sind zu vermeiden; im Zweifel zwischen Zustimmung und Widerspruch gilt der Letztere. **Mehrere Verteidiger** nehmen ihre Aufgaben auch bei interner Arbeitsteilung unabhängig voneinander wahr.

§ 228 [Aussetzung und Unterbrechung] RiStBV 137

(1) ¹**Über die Aussetzung einer Hauptverhandlung oder deren Unterbrechung nach § 229 Abs. 2 entscheidet das Gericht.** ²**Kürzere Unterbrechungen ordnet der Vorsitzende an.**

(2) **Eine Verhinderung des Verteidigers gibt, unbeschadet der Vorschrift des § 145, dem Angeklagten kein Recht, die Aussetzung der Verhandlung zu verlangen.**

(3) **Ist die Frist des § 217 Abs. 1 nicht eingehalten worden, so soll der Vorsitzende dem Angeklagten mit der Befugnis, Aussetzung der Verhandlung zu verlangen, bekanntmachen.**

1 **Aussetzung** (s. RiStBV Nr. 137) ist ein Abbruch der Verhandlung über den Zeitraum des § 229 Abs. 1 u. 2 hinaus, **Unterbrechung** jede verhandlungsfreie Zeitspanne unterhalb dieser Grenze (BGH NJW 1982, 248). Die unterbrochene Hauptverhandlung wird fortgesetzt, die ausgesetzte muss neu begonnen werden. Die Unterbrechungen, die nicht länger als 10 Tage dauern, ordnet der **Vorsitzende** an **(Abs. 1 S. 2).** Eine **Aussetzung,** die das Gericht entscheidet und zwar durch einen zu begründenden **Beschluss** (Abs. 1 S. 1), kommt in den gesetzlich vorgeschriebenen Fällen (§§ 138 c Abs. 4 S. 1, 145, 217 Abs. 2, 246 Abs. 2, 265 Abs. 3 u. 4) sowie bei Verfahrenslagen in Betracht, die eine Fortführung der Hauptverhandlung unmöglich machen. Aussetzungsanträge in der Hauptverhandlung sind wesentliche Förmlichkeit (OLG Frankfurt NStZ-RR 1996, 305). Der **Beschleuni-**

Hauptverhandlung **§ 228**

gungsgrundsatz ist bei der Entscheidung zu beachten. Bei **Unterbrechung** wird der Fortsetzungstermin in der Hauptverhandlung bekanntgemacht; einer förmlichen Ladung bedarf es dann nicht (BGH NStZ 1988, 421). Bei Unterbrechung außerhalb der Hauptverhandlung kann die Ladung des Angeklagten durch **telefonische Mitteilung** an den Verteidiger erfolgen (BGH 38, 271 = NJW 1992, 2039).

Die Entscheidung ergeht **vAw. oder auf Antrag,** der vor oder in der Hauptverhandlung, auch hilfsweise, gestellt werden kann. **Zuständig** für die Anordnung von Unterbrechungen bis zu 10 Tagen – auch **kürzere** Unterbrechungen wie Pausen – ist der Vorsitzende nach pflichtgemäßem Ermessen **(Abs. 1 S. 2);** eine Überschreitung kann durch Beschluss des Gerichts innerhalb der Frist des § 229 Abs. 1 geheilt werden. Wurde eine bis zu 10tägige Unterbrechung durch Beschluss herbeigeführt, so kann sie auch nach Ablauf der Frist des § 229 Abs. 1 verlängert werden (BGH 34, 154 = NJW 1987, 965). Die Aussetzung erfolgt durch **Beschluss** in der Hauptverhandlung; die Unterbrechung für mehr als 10 Tage kann in oder außerhalb der Hauptverhandlung beschlossen werden (BGH 34, 154). 2

Für die Verhinderung bei **notwendiger Verteidigung** gilt § 145; nur bei nicht notwendiger Verteidigung schränkt **Abs. 2** das Recht des Angeklagten ein, Aussetzung zu verlangen. Auch ein **Verteidigerwechsel** begründet grundsätzlich keinen Aussetzungsanspruch (BGH NJW 1991, 1622). Das Gebot des **fairen Verfahrens** kann im Einzelfall zur Aussetzung führen (OLG Düsseldorf StV 1995, 69; vgl. § 145 Rn. 3 ff.). Eine Veränderung der Sachlage, die eine Aussetzung der Verhandlung nach sich zieht, kann auch durch einen Wechsel des Verteidigers eintreten. Erklärt der **neubestellte Verteidiger,** dass er nicht genügend vorbereitet sei, entscheidet das Gericht nach pflichtgemäßem Ermessen, ob die Verhandlung auszusetzen ist. Nur bei Hinzutreten **besonderer Umstände** ist es gehindert, die Hauptverhandlung ohne Wiederholung einzelner Verfahrensabschnitte fortzusetzen. Solche besonderen Umstände sind jedenfalls dann gegeben, wenn zum Zeitpunkt des Verteidigerwechsels der **Hauptbelastungszeuge vernommen** worden ist, der Glaubwürdigkeit des Zeugen entscheidende Bedeutung beigemessen wird und die Beurteilung der Glaubwürdigkeit unter anderem von der während der Vernehmung gezeigten Mimik und Gestik abhängig gemacht wird, dh. einen persönlichen Eindruck der Verfahrensbeteiligten voraussetzt (BGH NJW 2000, 1350; s. auch § 265 Rn. 15). Bei **Verspätung** des Verteidigers ist eine angemessene Wartefrist zu gewähren. 3

Die **Belehrung** nach Abs. 3 ist nicht erforderlich, wenn der Angeklagte auf die Einhaltung der Ladungsfrist verzichtet hatte (§ 217 Abs. 3). Abs. 3 ist nur eine Ordnungsvorschrift; das Unterlassen der Belehrung kann nicht gerügt werden (BGH 24, 143 = NJW 1971, 1278). 4

Anordnungen nach Abs. 1 S. 2 sind nicht mit der **Beschwerde** anfechtbar; im Einzelfall kommt ein Antrag nach § 238 Abs. 2 in Betracht. Der Aussetzungsbeschluss ist nur dann mit der Beschwerde anfechtbar, wenn er mit der Urteilsfindung in keinem inneren Zusammenhang steht (vgl. Mayer-Goßner Rn. 16). Der die Aussetzung ablehnende Beschluss ist unanfechtbar (§ 305 S. 1). Die **Revision** kann bei Ablehnung der Aussetzung auf § 338 Nr. 8 gestützt werden. Beanstandet aber der Angeklagte einen die Aussetzung der Hauptverhandlung nach § 228 Abs. 1 ablehnenden Gerichtsbeschluss als rechtsfehlerhaft, so kann er die Revision hierauf nur stützen, wenn er geltend macht, durch die Nichtaussetzung in einem für die **Verteidigung wesentlichen Punkt** unzulässig beschränkt worden zu sein (BGH NJW 1996, 2383). Auf einer Überschreitung der Zuständigkeit des Vorsitzenden beruht das Urteil dann nicht, wenn dem Verfahren nicht widersprochen wurde (BGH 33, 217 = NJW 1985, 2096). „Die auf § 338 Nr. 8 iVm § 228 Abs. 2 gestützte Verfahrensrüge, dass fehlerhafterweise einem **Aussetzungsverlangen** nicht entsprochen worden sei, muss neben der Darstellung des Aussetzungsantrags (hier wegen Terminschwierigkeiten bzw. nicht ausreichender Vorbereitung des kurzfristig neu mandatierten Verteidigers) und des ablehnenden Gerichtsbeschlusses 5 auch alle diejenigen Tatsachen anführen, aus denen sich der behauptete Verstoß gegen das rechtsstaatlich faire Verfahren ergibt" (BayObLG NStZ 1999, 141).

§ 229 [Höchstdauer der Unterbrechung] RiStBV 137
(1) **Eine Hauptverhandlung darf bis zu drei Wochen unterbrochen werden.**
(2) **Eine Hauptverhandlung darf auch bis zu einem Monat unterbrochen werden, wenn sie davor jeweils an mindestens zehn Tagen stattgefunden hat.**
(3) ¹**Kann ein Angeklagter oder eine zur Urteilsfindung berufene Person zu einer Hauptverhandlung, die bereits an mindestens zehn Tagen stattgefunden hat, wegen Krankheit nicht erscheinen, so ist der Lauf der in den Absätzen 1 und 2 genannten Fristen während der Dauer der Verhinderung, längstens jedoch für sechs Wochen, gehemmt; diese Fristen enden frühestens zehn Tage nach Ablauf der Hemmung.** ²**Beginn und Ende der Hemmung stellt das Gericht durch unanfechtbaren Beschluß fest.**
(4) ¹**Wird die Hauptverhandlung nicht spätestens am Tage nach Ablauf der in den vorstehenden Absätzen bezeichneten Frist fortgesetzt, so ist mit ihr von neuem zu beginnen.** ²**Ist der Tag nach Ablauf der Frist ein Sonntag, ein allgemeiner Feiertag oder ein Sonnabend, so kann die Hauptverhandlung am nächsten Werktag fortgesetzt werden.**

1   Die durch das 1. Justizmodernisierungsgesetz bestimmten Änderungen der Unterbrechungsregelungen ermöglichen es dem Gericht, die Verhandlungstage flexibler festzulegen. Dadurch kann es auch besser auf die Belange der Verfahrensbeteiligten eingehen.

2   In **Abs. 1** ist die regelmäßige Unterbrechung zwischen jedem Hauptverhandlungstag auf bis zu **drei Wochen verlängert** worden. Dies erlaubt es dem Gericht, auch dann die Verhandlung jeweils an seinen regelmäßigen Sitzungstagen fortzusetzen, an denen ihm von vornherein ein Sitzungssaal zur Verfügung steht, wenn es die Unterbrechungsfrist weitgehend ausnutzen will. Da **Abs. 4** weiterhin gilt, muss die Verhandlung spätestens am Tag nach Ablauf der drei Wochen bzw. an dem darauf folgenden Werktag fortgesetzt werden. Wird beispielsweise zuletzt an einem Freitag verhandelt, kann die Verhandlung nach drei Wochen am darauf folgenden Montag fortgesetzt werden. Im Hinblick auf das Beschleunigungsgebot wird eine derart lange Unterbrechung jedoch nur in Ausnahmefällen in Betracht kommen. Die **mündliche Bekanntmachung** des Fortsetzungstermins bei der Unterbrechung genügt (BGH NStZ 1988, 421). Auch „die Ladung zu einem außerhalb der Hauptverhandlung bestimmten Fortsetzungstermin kann durch **telefonische** Mitteilung an den Verteidiger erfolgen" (BGH 38, 271 = NJW 1992, 2039).

3   **Abs. 2** ermöglicht es dem Gericht, in umfangreicheren Verfahren **jeweils nach zehn Verhandlungstagen** die Verhandlung um bis zu **einem Monat** zu unterbrechen. Damit sind während des gesamten Verfahrens in einer für alle Beteiligten transparenten und einfach zu berechnenden Weise nach jedem Block von zehn Verhandlungstagen – über die regelmäßige Unterbrechungsfrist in Abs. 1 hinaus – längere Unterbrechungen bis zu einem Monat möglich. Auch im Hinblick auf das Beschleunigungsgebot sind diese zusätzlichen Unterbrechungsmöglichkeiten sachgerecht, weil dadurch der Gefahr einer wesentlich zeitaufwändigeren Wiederholung der Hauptverhandlung, die durch die Erschöpfung der Beteiligten eintreten kann, besser entgegengewirkt werden kann. Zudem wird die Möglichkeit des Verteidigers, neben seinen sonstigen beruflichen Verpflichtungen die Interessen des Angeklagten auch in einem Großverfahren optimal wahrzunehmen, ebenfalls verbessert (BT-Drucks. 15/1508 S. 25).

Hauptverhandlung **§ 230**

In **Abs.** 3 erfolgt darüber hinaus eine Ausdehnung der Hemmungsregelung, die 4
bisher nur für eine Erkrankung des Angeklagten gilt, auch auf die Mitglieder des
Spruchkörpers. Damit kann vermieden werden, dass Verfahren nach mehreren
Verhandlungstagen wegen der Erkrankung von Richtern und Schöffen ausgesetzt
werden müssen. Insbesondere in Schöffengerichtsverfahren, bei denen in der Regel
keine Ergänzungsrichter oder -schöffen bestellt werden, führt der Ausfall einzelner
Mitglieder des Gerichts zu dem Erfordernis einer Neuverhandlung des gesamten
Prozesses. In Großverfahren wird die Erweiterung den Entlastungseffekt noch erhöhen. Die Regelung stellt sicher, dass die von § 192 GVG vorgesehene Möglichkeit der Bestellung von Ergänzungsrichtern und -schöffen auf die vom Gesetz
vorgesehenen Ausnahmefälle beschränkt bleibt. Die Höchstdauer der Unterbrechung darf sich auf **sechs Wochen** insgesamt belaufen, unabhängig davon, wie viele
zur Urteilsfindung berufene Personen erkranken.

Am Tag nach Ablauf der Unterbrechungsfrist muss die Hauptverhandlung 5
fortgesetzt werden **(Abs. 4).** Die Frist wird nur durch **Verhandlung zur Sache**
gewahrt (BGH NJW 1996, 3019; BGH I NStZ 1999, 521 – keine bloßen „Schiebetermine"), bei mehreren Angeklagten hinsichtlich eines von ihnen (BGH MDR
1975, 23). Erörterung der Verhandlungsfähigkeit des Angeklagten reicht aus
(BGHR § 229 I Sachverhandlung 1), ebenso die Erörterung des Fortgangs der
Beweisaufnahme (vgl. BGH NStZ 1995, 19). Verhandlungen am Krankenbett des
Angeklagten sind nur mit dessen Zustimmung möglich. Die **Wiederholung der
Hauptverhandlung** ist also erforderlich, wenn sie nicht spätestens **am Tag nach
Ablauf** der in Abs. 1 bis 3 bezeichneten Fristen fortgesetzt wird, **Abs. 4 S. 1.** Es
muss eine völlig neue Hauptverhandlung stattfinden, zu der der Angeklagte und der
Verteidiger schriftlich zu laden sind (§ 216). Die Ladungsfrist muss dann erneut
eingehalten werden (Meyer-Goßner Rn. 14).

Die **Revision** ist, von Ausnahmen abgesehen (BGH StV 1982, 4), bei Über- 6
schreitung der Unterbrechungsfrist idR begründet (BGH 23, 225 = NJW 1970,
767; BGH NStZ 1992, 550; BGH StV 1995, 624; KK-Tolksdorf Rn. 15). Will der
Beschwerdeführer rügen, dass die Zehntagefrist durch einen Fortsetzungstermin
zwar „formal" gewahrt, tatsächlich aber nur **zum „Schein"** verhandelt worden
sei, um die Vorschrift des § 229 zu umgehen, muss er Tatsachen vortragen, die einen
solchen Missbrauch belegen (BGH NStZ 1998, 366).

§ 230 [Ausbleiben des Angeklagten]

(1) Gegen einen ausgebliebenen Angeklagten findet eine Hauptverhandlung nicht statt.

(2) Ist das Ausbleiben des Angeklagten nicht genügend entschuldigt, so ist die Vorführung anzuordnen oder ein Haftbefehl zu erlassen.

Die **Anwesenheitspflicht** des Angeklagten ist zwingend. Weder kann der An- 1
geklagte auf seine Anwesenheit verzichten (BGH NStZ 1991, 296), noch kann das
Gericht ihn wirksam von seiner Anwesenheitspflicht entbinden (BGH 25, 318 =
NJW 1974, 1290; BGH NJW 1973, 522). Die zwingend vorgeschriebene persönliche **Anwesenheit** in der Hauptverhandlung ist **Recht** und **Pflicht** des Angeklagten (BGH 26, 89 = NJW 1975, 885; BGH NJW 1991, 1365). Unabhängig davon,
ob er zur Sache aussagen bzw. sich iS einer sachgerechten Verteidigung des Beistandes eines Verteidigers bedienen will, setzt die selbstständige Wahrnehmung
seiner ihm als Verfahrenssubjekt zustehenden Mitwirkungsrechte in der Hauptverhandlung seine persönliche Anwesenheit voraus. Zugleich gewährleistet diese, dass
der Tatrichter einen unmittelbaren sinnlichen Eindruck von der Person des Angeklagten gewinnen kann (Eisenberg Beweisrecht Rn. 755). **§ 230 Abs. 1** verwirklicht auch für den Bereich des Strafverfahrensrechts den Grundsatz des **rechtlichen**

§ 230 Zweites Buch. 6. Abschnitt

Gehörs (Art. 103 GG); zugleich dient sie der **Wahrheitsermittlung** (BGH NJW 1976, 501; 1991, 1365; RG 60, 179). **Ausnahmen** von der Anwesenheitspflicht gelten nur in den gesetzlich vorgesehenen Fällen des Beweissicherungsverfahrens gegen Abwesende (§§ 276, 277), des Verfahrens gegen ausgebliebene Angeklagte (§§ 232, 233, 329, 350 Abs. 2, 387 Abs. 1, 411 Abs. 2, 412) und des Verfahrens bei zeitweiliger Abwesenheit des Angeklagten (§§ 231 Abs. 2, 231 a, 231 b, 247, § 51 I JGG). Das Gericht kann auch in diesen Fällen das **persönliche Erscheinen** anordnen und erzwingen (Ausnahmen: §§ 329, 412). Der Pflicht zur Anwesenheit entspricht ein **Anwesenheitsrecht** des Angeklagten (BGH 26, 85 = NJW 1975, 885), auf das er nicht wirksam verzichten kann (BGH NJW 1973, 522). Das Anwesenheitsrecht besteht, abgesehen vom Fall des § 247 und des § 51 JGG, auch dann, wenn die Anwesenheitspflicht ausnahmsweise nicht gilt (BGH 28, 35 = NJW 1978, 2403). Das Gericht kann den Angeklagten (nur) in den Fällen der § 177 GVG und §§ 231 b und 247 **zwangsweise** entfernen (BGH 25, 318 = NJW 1974, 1290).

2   Der Angeklagte muss in der **gesamten Hauptverhandlung ununterbrochen** anwesend sein. Seine Abwesenheit während **wesentlicher Teile** der Hauptverhandlung, etwa einer Ortsbesichtigung (BGH StV 1989, 187), der Verhandlung über die Vereidigung eines Zeugen (BGH NStZ 1981, 449) oder der **Verkündung der Urteilsformel** (BGH NStZ 1989, 283), begründet die Rüge nach § 338 Nr. 5 (vgl. § 338 Rn. 18). Eine **Ortsbesichtigung** und eine Zeugenvernehmung sind Teile der Hauptverhandlung, für die die StPO Anwesenheit des Angeklagten zwingend vorschreibt (BGH wistra 1998, 229). Bei Abwesenheit während **unwesentlicher Teile** gilt § 337. In der Hauptverhandlung gegen **mehrere Angeklagte** müssen grds. alle anwesend sein (BGH StV 1987, 189; Ausnahme § 231 c). Eine vorübergehende **Verfahrenstrennung** ist nur zulässig, wenn im weitergeführten Verfahren nicht Gegenstände erörtert werden, die den Angeklagten betreffen, dessen Verfahren abgetrennt wurde (BGH 32, 100 = NJW 1984, 501; vgl. aber BGH 33, 119 = NJW 1985, 1175).

3   **Ausgeblieben** ist der Angeklagte dann, wenn er körperlich abwesend, verhandlungsunfähig (BGH 23, 331 = NJW 1970, 2253) oder aus sonstigen Gründen (Schlaf, Krankheit, Schwerhörigkeit) nicht in der Lage ist, der Verhandlung zu folgen. Bei Zweifeln darf nicht verhandelt werden (BGH NStZ 1984, 520). Zur **Personenverwechslung** vgl. vgl. Rn. 7 und KK-Tolksdorf Rn. 7. Das Ausbleiben ist **entschuldigt (Abs. 2),** wenn dem Angeklagten im Einzelfall seine Abwesenheit nicht vorgeworfen werden kann. Darauf, ob er den Entschuldigungsgrund vorgetragen hat, kommt es nicht an. Bei nachträglicher Entschuldigung gilt § 51 Abs. 2 S. 2 entspr. Bei schuldhafter Herbeiführung von Verhandlungsunfähigkeit durch den Angeklagten selbst kann nach § 231 a verfahren oder ein Zwangsmittel nach Abs. 2 angeordnet werden (vgl. OLG Düsseldorf NStZ 1990, 295).

4   **Zwangsmittel** nach **Abs. 2** sind durch Beschluss des **erkennenden** Gerichts **zwingend** anzuordnen, wenn der Angeklagte ordnungsgemäß geladen wurde (§ 216) und seine Abwesenheit nicht entschuldigt ist. Die Warnung nach § 216 Abs. 1 S. 1 muss in jeder neuen Ladung enthalten sein (OLG Zweibrücken StV 1992, 101). Der Vorführungsbefehl und der Haftbefehl werden, was in der Vorschrift nicht ausdrücklich bestimmt, aber wegen der Bedeutung des Eingriffs als selbstverständlich vorausgesetzt wird, nicht vom Vorsitzenden, sondern vom **Gericht** erlassen, und zwar vom **erkennenden Gericht,** also stets unter Zuziehung der Schöffen (OLG Bremen MDR 1960, 244; LG Zweibrücken StV 1995, 404; Eisenberg Beweisrecht Rn. 764; KK-Tolksdorf Rn. 17). Der Grundsatz des gesetzlichen Richters gebietet, dass derartige schwerwiegende Eingriffe in der für die Hauptverhandlung vorgesehenen Besetzung vom erkennenden Gericht zu treffen sind (vgl. BGH 43, 91 = NJW 1997, 2531). Die **Ladungsfrist** (§ 217) muss nicht eingehalten sein (BGH 24, 143 = NJW 1971, 1278); aus ihrer Nichtbeachtung

Hauptverhandlung **§ 230**

kann sich aber ein Entschuldigungsgrund ergeben. Der **Vorführungsbefehl** hat, wenn er ausreichend ist, Vorrang vor dem Haftbefehl (BVerfGE 32, 87). Er wird dem Angeklagten erst beim Vollzug nach § 35 Abs. 2 S. 2 bekanntgegeben und nach § 36 Abs. 2 S. 1 vollstreckt. Die Anordnung der Vollstreckung ab dem frühen Morgen des Verhandlungstages ist zulässig und häufig sinnvoll (vgl. OLG Düsseldorf NStZ 1990, 295). Mit dem Erscheinen des Angeklagten in der Hauptverhandlung wird der Vorführungsbefehl gegenstandslos; die weitere Anwesenheit kann nach § 231 Abs. 1 S. 2 erzwungen werden.

Der **Haftbefehl** setzt keinen **Haftgrund** nach §§ 112 ff. voraus. §§ 115, 116 5 sind entspr. anwendbar; § 121 gilt nicht. Der Anordnung des persönlichen Erscheinens des Angeklagten in der Hauptverhandlung nach Einspruch gegen den **Strafbefehl** steht nicht entgegen, dass der Angeklagte sich durch einen mit schriftlicher Vollmacht versehenen Verteidiger vertreten lassen kann. Auch hindert dies grundsätzlich nicht den Erlass eines **Haftbefehls** zur Erzwingung der Anwesenheit des Angeklagten in der Hauptverhandlung (OLG Düsseldorf NStZ-RR 1998, 180). Der Erlass eines Haftbefehls gemäß § 230 Abs. 2 setzt eine ordnungsmäßige Ladung des Angeklagten, insbesondere deren wirksame förmliche Zustellung voraus (OLG Frankfurt NStZ-RR 1999, 18). Die Rspr. des BVerfG (s. ua. NJW 1997, 2163) zum Rechtsschutz gegen richterliche Durchsuchungsanordnungen gebietet es nicht, im Fall eines durch die Verurteilung des Angeklagten gegenstandslos gewordenen Haftbefehls, der auf § 230 Abs. 2 gestützt war, diesen auf die (weitere) Beschwerde hin trotz der Gegenstandslosigkeit zur Erreichung eines effektiven Rechtsschutzes auf seine Rechtmäßigkeit zu überprüfen (OLG Hamm NJW 1999, 229). Der **Grds. der Verhältnismäßigkeit** ist zu beachten; er gebietet zügige Terminierung der Vollstreckung (§ 36) erst angemessene Zeit vor dem Termin (vgl. Welp JR 1991, 268). Der Haftbefehl gilt bis zum Ende der Hauptverhandlung; er wird idR deklaratorisch aufgehoben und bei Erfordernis durch einen Beschluss nach § 114 ersetzt. Für die Anrechnung gilt § 51.

Einfache Beschwerde ist zulässig gegen die Zwangsmittel des Abs. 2 (§ 305 6 S. 2); gegen den Haftbefehl auch **weitere Beschwerde** (§ 310 Abs. 1). Die Abwesenheit des Angeklagten kann absoluter **Revisionsgrund** nach § 338 Nr. 5 sein. Die vorschriftswidrige Abwesenheit muss nach § 344 Abs. 2 als Verfahrensmangel gerügt werden; sie ist kein von Amts wegen zu beachtendes Prozesshindernis (BGH 26, 84 = NJW 1975, 885). Der Verhandlungsteil muss angegeben werden, in dem der Angeklagte gefehlt hat, aber es muss nicht dargelegt werden, worüber verhandelt wurde (BGH 26, 91; BGH NStZ 1983, 36; KK-Tolksdorf Rn. 19). Die Abwesenheit eines Mitangeklagten kann nicht mit Erfolg gerügt werden (Meyer-Goßner Rn. 26). Die **Heilung** eines Verstoßes gegen Abs. 1 ist nur durch Wiederholung des betreffenden Teiles der Hauptverhandlung möglich (BGH 30, 74 = NJW 1981, 1568).

Die Rechtswirksamkeit eines Strafurteils wird nicht dadurch berührt, dass der 7 **richtige Angeklagte unter falschem Namen** an der Hauptverhandlung teilgenommen hat (BGH NStZ-RR 1996, 9). Zu den Folgen wird vom BGH ausgeführt: „Betroffen von einem strafrechtlichen Erkenntnis ist nämlich nur diejenige Person, gegen die Anklage erhoben war und die **tatsächlich vor Gericht stand**, auch wenn die von ihr angegebenen Personalien unrichtig waren (BGH, NStZ 1990, 290, 291) ... Im vorliegenden Strafverfahren war das diejenige Person, die nachträglich auf Grund eines Lichtbildes als Y identifiziert wurde. Nur gegen diesen hat sich demzufolge die Entscheidung gerichtet. Der durch die fehlerhafte Verwendung der Personalien des Bf. zu dessen Lasten entstandene Anschein einer Betroffenheit durch das Urteil des LG vom 8. 9. 1994 ist durch den **Berichtigungsbeschluss** vom 3. 1. 1995 rechtswirksam beseitigt worden. Durch eine Berichtigung von Bestandteilen eines Strafurteils darf zwar der sachliche Gehalt des Urteils nicht verändert werden vgl. BGHSt 5,5 ...). Dies erfolgte hier aber nicht. Vielmehr wurde nur die Identität

§ 231

derjenigen Person, gegen die sich das Verfahren richtet, klargestellt und nunmehr wirksam dokumentiert" (BGH NStZ-RR 1996, 9; vgl. OLG Düsseldorf NStZ 1994, 355; s. auch § 155 Rn. 1).

§ 231 [Anwesenheitspflicht des Angeklagten]

(1) [1]Der erschienene Angeklagte darf sich aus der Verhandlung nicht entfernen. [2]Der Vorsitzende kann die geeigneten Maßregeln treffen, um die Entfernung zu verhindern; auch kann er den Angeklagten während einer Unterbrechung der Verhandlung in Gewahrsam halten lassen.

(2) Entfernt der Angeklagte sich dennoch oder bleibt er bei der Fortsetzung einer unterbrochenen Hauptverhandlung aus, so kann diese in seiner Abwesenheit zu Ende geführt werden, wenn er über die Anklage schon vernommen war und das Gericht seine fernere Anwesenheit nicht für erforderlich erachtet.

1 Maßnahmen nach Abs. 1 setzen die **Anwesenheitspflicht** des erschienenen Angeklagten (vgl. § 230 Rn. 1) in der Hauptverhandlung durch. Der **Vorsitzende** ordnet sie nach pflichtgemäßem Ermessen unter Wahrung des Verhältnismäßigkeitsgrundsatzes an; in Betracht kommen neben **Abs. 1 S. 2** namentlich Bewachung und Fesselung (BGH NJW 1957, 271). Die **Ingewahrsamnahme** nach § 231 Abs. 1 S. 2 darf nur für eine zeitlich eng begrenzte Dauer angeordnet werden. Bei länger andauernden Unterbrechungen der Hauptverhandlung muss gegebenenfalls ein Haftbefehl nach §§ 112 ff. erlassen werden (OLG Frankfurt NStZ-RR 2003, 329); er ist nach §§ 112 ff. zu erlassen, wenn die Frist des § 229 überschritten werden soll. Die **Vollstreckung** der Anordnung wird vom Vorsitzenden veranlasst, sie obliegt der Justizverwaltung, wenn nicht die Polizei Amtshilfe gewährt.

2 Die **Fortsetzung der Hauptverhandlung ohne den Angeklagten (Abs. 2)** setzt **Eigenmächtigkeit** voraus. Diese liegt vor, wenn der Angeklagte ohne Rechtfertigungs- oder Entschuldigungsgründe wissentlich seiner Anwesenheitspflicht nicht genügt (BGH 37, 249 = NJW 1991, 1364); das muss nachgewiesen sein (BGH NJW 1980, 950). **Über den Wortlaut des § 231 Abs. 2** hinaus darf also eine unterbrochene Hauptverhandlung nur dann ohne den Angeklagten fortgesetzt werden, wenn dieser ihr eigenmächtig ferngeblieben ist, dh ohne Rechtfertigungs- oder Entschuldigungsgründe wissentlich seiner Anwesenheitspflicht nicht genügt hat (so BGH NStZ 1999, 418; „es kommt nur darauf an, ob nach den objektiven Gegebenheiten diese Eigenmächtigkeit vorlag und erwiesen ist" (BGH NStZ 2003, 561). Das **Revisionsgericht** prüft dabei selbstständig ohne Bindung an die Feststellungen des Tatrichters und gegebenenfalls im Wege des Freibeweises nach, ob die Eigenmächtigkeit auch noch zum Zeitpunkt des Revisionsverfahrens nachgewiesen ist (BGH NStZ-RR 2001, 334). Ist Vorführung aus der Haft zum Fortsetzungstermin möglich, so begründet die Weigerung des Gefangenen keine Eigenmächtigkeit iSd Abs. 2. Voraussetzung der Durchführung von Fortsetzungsterminen ist stets ordnungsgemäße Ladung (BGH 38, 271 = NJW 1992, 2039), auch durch Terminsverkündung (§ 216 Rn. 1) während eigenmächtiger Abwesenheit des verteidigten Angeklagten (BGH NStZ 1988, 421). Dem eigenmächtigen Ausbleiben steht es gleich, wenn sich der Angeklagte nach Vernehmung zur Sache (vorher gilt § 231 a Abs. 1) **aktiv schuldhaft** in einen Zustand der Verhandlungsunfähigkeit versetzt (BGH NStZ 1986, 372). Die Weigerung, Heilmaßnahmen wegen eines solchen nicht selbst herbeigeführten Zustands zu dulden, unterfällt Abs. 2 nur dann, wenn die erforderlichen Maßnahmen zumutbar sind (BVerfG NStZ 1993, 598). Bei **Krankheit** s. OLG Nürnberg NJW 2000, 1804; vgl. § 231 a Rn. 2. Jedoch eigenmächtig handelt ua **nicht,** der in der Fortsetzungsverhandlung ausbleibt, **ohne ordnungsgemäß geladen** worden zu sein (BGH 38, 271 = NJW 1992, 2039).

Hauptverhandlung **§ 231 a**

Der BGH hat nun – entgegen OLG Düsseldorf NJW 1970, 1889 und der hM im Schrifttum – festgestellt, dass eine ordnungsgemäße Ladung zum Fortsetzungstermin **nicht** voraussetzt, dass der Angeklagte dabei über die möglichen Konsequenzen seines Ausbleibens **belehrt** wird. „§ 231 Abs. 2 sieht eine solche Belehrung nicht vor. Damit unterscheidet sich die Regelung von denen in § 216 Abs. 1 S. 1, § 232 Abs. 1 und § 323 Abs. 1 S. 2, wo Warnungen bzw. Hinweise für den Angeklagten gesetzlich vorgeschrieben sind" (BGH 46, 81 = NJW 2000, 2830). Mit dem **eigenmächtigen Fernbleiben verwirkt** der Angeklagte die ihm sonst zustehenden Möglichkeiten der **Einwirkung auf das Verfahren**. Sein Fernbleiben hindert zB das Gericht deshalb nicht, in der Hauptverhandlung **Niederschriften** nach § 251 Abs. 1 **Nr. 4 zu verlesen**, obwohl das Einverständnis des Angeklagten fehlt (BGH 3, 206 = NJW 1952, 1345). Nimmt ein **Verteidiger** an der Hauptverhandlung teil, **gilt § 234 a**.

Dem Angeklagten muss in der Hauptverhandlung **Gelegenheit** gegeben worden 3 sein, sich umfassend zur Sache zu äußern (§ 243 Abs. 4 S. 2); dass er hiervon Gebrauch macht, setzt Abs. 2 nicht voraus (BGH NJW 1987, 2592). Vorstrafen können in seiner Abwesenheit erörtert werden (BGH 27, 216 = NJW 1977, 1888). Ob die weitere Anwesenheit des Angeklagten **erforderlich** ist, entscheidet das erkennende Gericht nach pflichtgemäßem Ermessen. **Hinweise** nach § 265 sind stets in seiner Anwesenheit zu erteilen, wenn nicht ein Verteidiger erschienen ist (§ 234 a); in diesem Fall sind nach § 234 a, 2. HS. auch Verzichts- und Zustimmungserklärungen des Angeklagten nicht entbehrlich (**aA** hM; vgl. KK-Tolksdorf § 234 a Rn. 7).

Ein **Gerichtsbeschluss**, nach **Abs. 2** ist verfahren, ist tunlich, aber nicht er- 4 forderlich (BGH NStZ 1981, 95). Bei **Rückkehr** oder verspätetem Erscheinen des Angeklagten erlangt er seine Stellung **mit allen Rechten ohne weiteres wieder** (BGH NStZ 1990, 291); § 235 gilt nicht. Eine Mitteilung über den wesentlichen Inhalt der Abwesenheitsverhandlung ist nicht vorgeschrieben (BGH 3, 187 = NJW 1952, 1306); die Fürsorgepflicht kann sie aber gebieten.

Anfechtung. Die Anrufung des Gerichts gegen Anordnung des Vorsitzenden, 5 die zur Verhandlungsleitung gehören, ist nach § 238 Abs. 2 unzulässig (BGH NJW 1957, 271), Aber die Beschwerde (§§ 304, 305 S. 2) ist gegeben, solange die Maßnahmen andauern (vgl. KK-Tolksdorf Rn. 15). Nach Beendigung der Anordnung kann der Betroffene bei tiefgreifenden Maßnahmen (zB bei In-Gewahrsam-halten) nach der neuen Rspr. ggf. entsprechend § 98 Abs. 2 die Rechtswidrigkeit feststellen lassen (vgl. BGH 44, 171 = NJW 1998, 3653; BVerfGE 96, 27 = NJW 1997, 2163; BVerfG NJW 1999, 237; § 98 Rn. 9; § 105 Rn. 6). Die **Revision** kann rügen, eine Maßnahme nach Abs. 1 S. 2 habe die Verteidigung unzulässig beschränkt (BGH NJW 1957, 271). Der Verstoß gegen Abs. 2 ist ein absoluter Revisionsgrund (§ 338 Nr. 5). Die Rüge muss darlegen, welcher Teil ohne den Angeklagten stattfand und weshalb die Voraussetzungen des Abs. 2 nicht vorlagen (BGH StV 1981, 393). „Das RevGer. prüft selbstständig – ggf. im Wege des Freibeweises – nach, ob die Eigenmächtigkeit auch noch im Zeitpunkt des Revisionsverfahrens nachgewiesen ist, ohne an die Feststellungen des Tatrichters gebunden zu sein" (BGH NStZ 1999, 418; vgl. BGH 10, 304 = NJW 1957, 1325).

§ 231 a [Abwesenheit des Angeklagten wegen Herbeiführung der Verhandlungsunfähigkeit] RiStBV 122

(1) ¹**Hat sich der Angeklagte vorsätzlich und schuldhaft in einen seine Verhandlungsfähigkeit ausschließenden Zustand versetzt und verhindert er dadurch wissentlich die ordnungsmäßige Durchführung oder Fortsetzung der Hauptverhandlung in seiner Gegenwart, so wird die Hauptverhandlung, wenn er noch nicht über die Anklage vernommen war, in seiner Abwesenheit durchgeführt oder fortgesetzt, soweit das Gericht seine Anwesenheit nicht**

§ 231 a

für unerläßlich hält. ²Nach Satz 1 ist nur zu verfahren, wenn der Angeklagte nach Eröffnung des Hauptverfahrens Gelegenheit gehabt hat, sich vor dem Gericht oder einem beauftragten Richter zur Anklage zu äußern.

(2) Sobald der Angeklagte wieder verhandlungsfähig ist, hat ihn der Vorsitzende, solange mit der Verkündung des Urteils noch nicht begonnen worden ist, von dem wesentlichen Inhalt dessen zu unterrichten, was in seiner Abwesenheit verhandelt worden ist.

(3) ¹Die Verhandlung in Abwesenheit des Angeklagten nach Absatz 1 beschließt das Gericht nach Anhörung eines Arztes als Sachverständigen. ²Der Beschluß kann bereits vor Beginn der Hauptverhandlung gefaßt werden. ³Gegen den Beschluß ist sofortige Beschwerde zulässig; sie hat aufschiebende Wirkung. ⁴Eine bereits begonnene Hauptverhandlung ist bis zur Entscheidung über die sofortige Beschwerde zu unterbrechen; die Unterbrechung darf, auch wenn die Voraussetzungen des § 229 Abs. 2 nicht vorliegen, bis zu dreißig Tagen dauern.

(4) Dem Angeklagten, der keinen Verteidiger hat, ist ein Verteidiger zu bestellen, sobald eine Verhandlung ohne den Angeklagten nach Absatz 1 in Betracht kommt.

1 Die Vorschrift **ergänzt § 231 Abs. 2** für den Fall, dass der Angeklagte in der Hauptverhandlung noch nicht (vollständig) zur Sache vernommen wurde (BGH NJW 1981, 1052). Ihre Anwendung ist zwingend (BGH 26, 228 = NJW 1976, 116); sie ist mit dem Grundgesetz vereinbar (BVerfGE 41, 296).

2 **Voraussetzungen** sind: a) **Verhandlungsunfähigkeit** des Angeklagten muss der **ordnungsgemäßen Verfahrensdurchführung** entgegenstehen, **Abs. 1 S. 1.** Absolute Verhandlungsunfähigkeit ist nicht erforderlich; es reicht, wenn Verhandlungsfähigkeit nurmehr für so kurze Zeitspannen vorliegt, dass die Verhandlung nicht mehr in vernünftiger Frist beendet werden kann (BVerfG 41, 246; BGH 26, 228 = NJW 1976, 116). Der Zustand kann auf Krankheit, Rauschmittelmissbrauch oder Selbstbeschädigung (BVerfG 51, 324) durch Tun oder Unterlassen beruhen; auch ein Selbstmordversuch fällt hierunter. **b)** Der Zustand muss vom Angeklagten zumindest **bedingt vorsätzlich** (BGH 26, 228) und vorwerfbar herbeigeführt worden sein. Die **Vorwerfbarkeit** fehlt bei Schuldunfähigkeit, ebenso bei der Weigerung, in riskante Heilmaßnahmen einzuwilligen (BVerfG NStZ 93, 598). Aber § 231 ist auch dann anwendbar, wenn ein infolge Krankheit (zB Bluthochdruck) verhandlungsunfähiger Angeklagter es ablehnt, sich einer zur Wiederherstellung seiner Verhandlungsfähigkeit geeigneten, **Erfolg versprechenden** und **nicht mit nennenswertem Risiko verbundenen medizinischen Behandlung zu unterziehen,** um die Durchführung der Hauptverhandlung zu vereiteln (OLG Nürnberg NJW 2000, 1804; s. auch § 231 Rn. 2). Maßgebend ist dabei, ob – unter Berücksichtigung aller Umstände des Einzelfalles – die Durchführung der Behandlung **zugemutet** werden kann oder nicht (OLG Düsseldorf NStZ-RR 2001, 274). **c)** Das Verhalten muss sich auf Verhinderung der Verhandlungsdurchführung richten; **Wissentlichkeit** bedeutet direkten Vorsatz (BGH 26, 228). Bei **Selbstmordversuchen** ist, ggf. durch Zuziehung eines Sachverständigen im Freibeweis, zu klären, ob es sich um einen allein demonstrativen und (auch) auf Verfahrensverhinderung abzielenden Versuch handelt; bei erstlichem „Bilanz"-Selbstmord scheidet Abs. 1 idR aus. **d)** Der Angeklagte muss in der Hauptverhandlung noch nicht zur Sache gehört worden sein **(sonst § 231 Abs. 2);** die Erörterung von **Vorstrafen** gehört nicht dazu. Ihm muss aber nach Eröffnung des Hauptverfahrens **Gelegenheit zur Äußerung** gegeben worden sein. Die Vernehmung führt **vor der Hauptverhandlung** (vgl. Abs. 2 S. 2 und RiStBV Nr. 122) das Gericht ohne Schöffen oder ein beauftragter Richter, **nach Beginn** der Hauptverhandlung das erkennende

Hauptverhandlung **§ 231 a**

Gericht oder ein beauftragter Richter durch. Die Anhörung durch einen **ersuchten Richter** ist unzulässig. Sie setzt Vernehmungsfähigkeit voraus und erfolgt nach Maßgabe der §§ 243 Abs. 4, 136 Abs. 2, 168 a, 168 c. Die **Niederschrift** (§ 168 a) wird in der Hauptverhandlung verlesen (§ 249 Abs. 1). **e)** Das Verfahren nach Abs. 1 S. 1 scheidet bei **Unerlässlichkeit** der Anwesenheit des Angeklagten aus. Diese liegt nur in Ausnahmefällen vor; sie ergibt sich nicht schon aus der Erschwerung der Sachaufklärung. Hat der Tatrichter **Zweifel an der Verhandlungsfähigkeit** des Angeklagten und liegen die in den §§ 231 Abs. 2, 231 a bezeichneten Voraussetzungen nicht vor, so darf gegen den Angeklagten keine Hauptverhandlung geführt werden (BGH NStZ 1984, 520).

Abs. 4 regelt einen besonderen, von § 140 unabhängigen Fall der **Pflichtverteidigung.** Der Vorsitzende (§ 141 Abs. 4) bestellt den Verteidiger sogleich, wenn eine Verhandlung nach Abs. 1 **in Betracht kommt,** also **vor** der Vernehmung des Angeklagten **(Abs. 1 S. 2)** und der Anhörung eines Sachverständigen **(Abs. 3 S. 1).** Die Bestellung gilt auch bei Wiederherstellung der Verhandlungsfähigkeit fort. 3

Das Gericht entscheidet durch **Beschluss** nach **Anhörung eines Arztes** zur Frage der Verhandlungsfähigkeit des Angeklagten. Die Voraussetzungen des Abs. 1 S. 1 sind im **Freibeweisverfahren** zu prüfen, die Prozessbeteiligten anzuhören (§ 33). Der begründete Beschluss ist unverzüglich nach § 35 bekanntzumachen (BGH NJW 1993, 1147). 4

Der Beschluss, nach **Abs. 1 S. 1** zu verfahren, kann bis zum Ende der Hauptverhandlung (BGH NJW 1993, 1147) mit **sofortiger Beschwerde** angefochten werden **(Abs. 3 S. 3),** der ablehnende Beschluss mit **einfacher Beschwerde.** Die **Unterbrechung** nach **Abs. 3 S. 4** ist zwingend vorgeschrieben; die Dreißigtagesfrist wird vom Tag der Beschwerdeeinlegung bis zum Fortsetzungstag berechnet; sie steht auch bei Beschlussfassung während laufender Unterbrechung nach § 229 voll zur Verfügung. 5

Bei **Wiedererlangung der Verhandlungsfähigkeit (Abs. 2)** wird der Beschluss ohne weiteres gegenstandslos. Ist der Angeklagte in Haft, so hat das Gericht eine rechtzeitige Information sicherzustellen; andernfalls obliegt idR dem Angeklagten die Mitteilung. Die **Unterrichtungspflicht** des Abs. 2 entspricht § 247 Abs. 1 S. 4. 6

Anfechtung: Gegen die Entscheidung des Gerichts, es abzulehnen, in Abwesenheit des Angeklagten zu verhandeln, ist die **einfache Beschwerde** zulässig. Gegen den Beschluss, gemäß § 231 a in Abwesenheit des Angeklagten zu verhandeln, ist nach Abs. 3 S. 3 die **sofortige Beschwerde** gegeben. Wird die sofortige Beschwerde gegen den Beschluss – dem Angeklagten unverzüglich bekanntzumachen ist – erst **nach Abschluss der Hauptverhandlung** erhoben, so ist sie nicht statthaft." Nach Ende der Hauptverhandlung ist für sie kein Raum. Rechtsfehler des Verfahrens sind **nunmehr mit der Revision** geltend zu machen (BGH 39, 110 = NJW 93, 1147). Die **Revision** ist nach § 338 Nr. 5 begründet, wenn das Gericht die **aufschiebende Wirkung** der sofortigen Beschwerde (Rn. 5) oder den **verhandlungsfähig gewordenen Angeklagten** trotz vorheriger Anzeige oder unter Verletzung der Erkundigungspflicht (Rn. 6) nicht zur Hauptverhandlung hinzuzieht (Julius in HK-StPO Rn. 10). 7

Die **Revision** kann sich wegen **Abs. 3 S. 3** nicht darauf stützen, die Voraussetzungen des Abs. 1 S. 1 seien zu Unrecht angenommen worden (§ 336 S. 2). Verhandlung ohne den Angeklagten trotz Wiederherstellung der Verhandlungsfähigkeit (Abs. 2) begründet die Revision, wenn das Gericht die Verhandlungsfähigkeit kannte oder kennen musste. Wird die **sofortige Beschwerde** gegen den Beschluss nach § 231 a erst nach Abschluss der Hauptverhandlung erhoben, so ist sie nicht statthaft. Der Beschluss nach Abs. 3 ist dem Angeklagten unverzüglich bekanntzumachen (BGH 39, 11 = NJW 1993, 1147); ein Verstoß hiergegen kann die **Revision** (§ 338 Nr. 8) begründen (KK-Tolksdorf Rn. 28). 8

§ 231 b [Abwesenheit des Angeklagten wegen ordnungswidrigen Benehmens]

(1) ¹Wird der Angeklagte wegen ordnungswidrigen Benehmens aus dem Sitzungszimmer entfernt oder zur Haft abgeführt (§ 177 des Gerichtsverfassungsgesetzes), so kann in seiner Abwesenheit verhandelt werden, wenn das Gericht seine fernere Anwesenheit nicht für unerläßlich hält und solange zu befürchten ist, daß die Anwesenheit des Angeklagten den Ablauf der Hauptverhandlung in schwerwiegender Weise beeinträchtigen würde. ²Dem Angeklagten ist in jedem Fall Gelegenheit zu geben, sich zur Anklage zu äußern.

(2) Sobald der Angeklagte wieder vorgelassen ist, ist nach § 231 a Abs. 2 zu verfahren.

1 **Voraussetzung** ist ein (zuvor oder gleichzeitig ergangener) Beschluss nach § 177 GVG, der ab Sitzungsbeginn, also schon vor Beginn der Hauptverhandlung, ergehen kann. Ein **Beschluss**, nach Abs. 1 S. 1 zu verfahren, ist neben dem Beschluss nach § 177 GVG entbehrlich (BGH NJW 1993, 1343). Nicht der Vorsitzende, sondern das erkennende Gericht trifft eine Anordnung. **Unerlässlich** kann die Anwesenheit des Angeklagten im Einzelfall bei Gegenüberstellungen sein. Die **Befürchtung schwerwiegender Beeinträchtigungen des Ablaufs der Hauptverhandlung** ist begründet, wenn das bisherige Verhalten des Angeklagten mit hinreichender Wahrscheinlichkeit weitere erhebliche Störungen erwarten lässt. Auf Verschulden kommt es nicht an. Der Umstand, dass der Angeklagte **RA** oder **Rechtslehrer** an einer Hochschule ist, steht der Anwendung dieser Bestimmung nicht entgegen (BVerfGE 53, 215 = NJW 1980, 1677; KK-Tolksdorf Rn. 1).

2 Die **Dauer** der Abwesenheitsverhandlung ist grds. unbegrenzt. Bei längeren Hauptverhandlungen ist idR ein Versuch der Wiederzulassung zu unternehmen; hinsichtlich des **letzten Wortes** kann hiervon nur in von vornherein aussichtslosen Fällen abgesehen werden (BGH 9, 79 = NJW 1956, 837). **Gelegenheit zur Sacheinlassung (Abs. 1 S. 2)** ist dem noch nicht nach § 243 Abs. 4 S. 1 vernommenen Angeklagten stets vom erkennenden Gericht (uU in der Haftanstalt) zu gewähren. Von der **Unterrichtung (Abs. 2)** kann in Ausnahmefällen abgesehen werden, wenn sie erneute schwerwiegende Störungen hervorruft (BGH NJW 1957, 1326).

3 **Beschwerde** gegen die Anordnung der Abwesenheitsverhandlung ist ausgeschlossen, § 305 S. 1. Die **Revision** kann mit der Rüge des § 338 Nr. 5 die fehlerhafte Annahme der Voraussetzungen des Abs. 1 angreifen. Die Prüfung durch das Revisionsgericht ist auf Ermessensfehler und die Verkennung von Rechtsbegriffen beschränkt, soweit es die Beurteilung der Unerlässlichkeit der Anwesenheit und der Dauer der Befürchtung weiterer schwerwiegender Störungen betrifft (BGH 39, 72 = NJW 1993, 1343). Verstöße gegen die Anhörungspflicht (Abs. 1 S. 2) oder die Unterrichtungspflicht (Abs. 2) sind nach Maßgabe des § 337 zu rügen.

§ 231 c [Abwesenheit des Angeklagten während einzelner Verhandlungsteile]

¹Findet die Hauptverhandlung gegen mehrere Angeklagte statt, so kann durch Gerichtsbeschluß einzelnen Angeklagten, im Falle der notwendigen Verteidigung auch ihren Verteidigern, auf Antrag gestattet werden, sich während einzelner Teile der Verhandlung zu entfernen, wenn sie von diesen Verhandlungsteilen nicht betroffen sind. ²In dem Beschluß sind die Verhandlungsteile zu bezeichnen, für die die Erlaubnis gilt. ³Die Erlaubnis kann jederzeit widerrufen werden.

Hauptverhandlung § 232

Die **Beurlaubung** ist nur für einen bestimmten Teil der Verhandlung, auch 1
für Teile der **Schlussvorträge,** keinesfalls aber für die **Urteilsverkündung**
zulässig. Im Gegensatz zur kurzfristigen Abtrennung (zur Zulässigkeit vgl. BGH
32, 270 = NJW 1984, 1285) macht die Freistellung den Angeklagten nicht zum
Zeugen.
Voraussetzung ist ein **Antrag** des (Mit-)Angeklagten oder des notwendigen 2
Verteidigers. Im Gebrauchmachen von einer versehentlich bewilligten Freistellung
liegt ein Nachholen des Antrags (BGH 31, 323 = NJW 1983, 2335). Der Antrag
muss den betr. Verhandlungsteil bezeichnen und kann schon vor der Hauptverhandlung gestellt werden. Der Antragsteller darf von den Verhandlungsteilen **nicht
betroffen** sein; das ist insb. der Fall, wenn der beurlaubte Angeklagte an einzelnen
Taten von Mitangeklagten nicht beteiligt war (BGH 32, 100 = NJW 1984, 501).
Einheitliches Tatgeschehen (BGH StV 1984, 102) oder auch nur mittelbarer
Zusammenhang (BGH NStZ 1985, 205) schließen die Beurlaubung aus. Daher
sollte die Vorschrift nur sehr vorsichtig angewendet werden (BGH NStZ 1989,
219). Die **Dauer der Freistellung** ist, da es sich um keine Verhandlungsunterbrechung handelt, grundsätzlich zeitlich nicht begrenzt, an die Fristen des § 229 ist
sie nicht gebunden (BGH NJW 2003, 452).
Der **Beschluss** ergeht nach Anhörung der StA durch das **erkennende Ge-** 3
richt (BGH NStZ 1985, 375). Der Verhandlungsteil ist inhaltlich genau zu
bezeichnen. Eine stillschweigende Beschlussfassung über eine Verlängerung der
Beurlaubung ist nicht generell ausgeschlossen (BGH StV 1995, 175). Die ablehnende Entscheidung ist zu begründen. Die Freistellung berührt das **Anwesenheitsrecht** des Beurlaubten nicht. Der **Widerrufsbeschluss (S. 3)** ist in der
Hauptverhandlung zu verkünden und dem Beurlaubten zugleich mit einer förmlichen Ladung zuzustellen; Ladungsfristen gelten nicht. Alle Anträge und Entscheidungen sowie Beginn und Ende der Abwesenheit eines Angeklagten sind zu
protokollieren (§ 273 Abs. 1). Die **Beurlaubung des Wahlverteidigers** wird
von § 231 c nicht erfasst. Sofern sie versehentlich im Beschluss nach § 231 c
ergeht und befolgt wird, wird die Revision gemäß § 338 Nr. 5 begründet sein
(vgl. Julius in HK-StPO Rn. 13).
Die **Beschwerde** ist ausgeschlossen, § 305 S. 1. Die **Revision** kann nicht auf 4
einen Verstoß gegen § 231 c gestützt werden, wohl aber auf die Rüge nach
§ 338 Nr. 5 mit der Begründung, dass in Abwesenheit des Angeklagten oder des
notwendigen Verteidigers Umstände erörtert wurden, die den Angeklagten mindestens mittelbar betrafen (BGH NStZ 1983, 34; 1985, 205; 1992, 27; BGH StV
1991, 97). Der absolute Aufhebungsgrund des § 338 Nr. 5 ist auch dann gegeben, wenn die Verhandlung in Abwesenheit des Angeklagten oder des Verteidigers **ohne** entsprechenden **Gerichtsbeschluss** stattgefunden hat (BGH NStZ
1985, 375; 1989, 219), oder wenn sie auf einen Verfahrensteil erstreckt worden
ist, den der Beschluss nach § 231 c nicht bezeichnet hat (BGH StV 1986, 418;
1988, 370; Meyer-Goßner Rn. 24; Eisenberg Beweisrecht Rn. 767), oder wenn
der für die Vernehmung eines Zeugen **beurlaubte** Angeklagte bei der Entscheidung über die Vereidigung und Entlassung des Zeugen nicht wieder anwesend ist
(BGH StV 198, 370; BGH NStZ 1992, 27).

§ 232 [Hauptverhandlung trotz Ausbleibens] RiStBV 131

(1) ¹**Die Hauptverhandlung kann ohne den Angeklagten durchgeführt
werden, wenn er ordnungsgemäß geladen und in der Ladung darauf hingewiesen worden ist, daß in seiner Abwesenheit verhandelt werden kann, und
wenn nur Geldstrafe bis zu einhundertachtzig Tagessätzen, Verwarnung
mit Strafvorbehalt, Fahrverbot, Verfall, Einziehung, Vernichtung oder Unbrauchbarmachung, allein oder nebeneinander, zu erwarten ist.** ²**Eine hö-**

§ 232

Zweites Buch. 6. Abschnitt

here Strafe oder eine Maßregel der Besserung und Sicherung darf in diesem Verfahren nicht verhängt werden. ³Die Entziehung der Fahrerlaubnis ist zulässig, wenn der Angeklagte in der Ladung auf diese Möglichkeit hingewiesen worden ist.

(2) Auf Grund einer Ladung durch öffentliche Bekanntmachung findet die Hauptverhandlung ohne den Angeklagten nicht statt.

(3) Die Niederschrift über eine richterliche Vernehmung des Angeklagten wird in der Hauptverhandlung verlesen.

(4) Das in Abwesenheit des Angeklagten ergehende Urteil muß ihm mit den Urteilsgründen durch Übergabe zugestellt werden, wenn es nicht nach § 145 a Abs. 1 dem Verteidiger zugestellt wird.

1   Die Vorschrift begründet kein **Abwesenheitsrecht des Angeklagten** (BGH 25, 165 = NJW 1973, 1006), sondern gestattet nur dem Gericht, von der Erzwingung der Anwesenheit abzusehen. Sie dient der möglichst **schnellen Erledigung** der Strafsachen von geringer Bedeutung. Sie gilt auch im **Berufungs-** (BGH 25, 165) und **Jugendstrafverfahren** (§ 50 Abs. 1 JGG), nicht im Revisionsverfahren.

2   **Voraussetzungen: a)** Ordnungsgemäße, nicht öffentliche Ladung **(Abs. 2)** unter Hinweis nach **Abs. 1 S. 1, 3.** Fehlt der Hinweis, so ist der Angeklagte zum Erscheinen verpflichtet; Vertretung nach § 234 ist unzulässig (BGH 25, 165). Im Berufungsverfahren ist **zusätzlich** nach § 323 Abs. 1 S. 2 zu verfahren. **b)** Die **Rechtsfolgenerwartung** bestimmt sich nach den konkreten Umständen des Einzelfalls. Bei Tatmehrheit kommt es auf die zu erwartende **Gesamtstrafe** an (OLG Düsseldorf NJW 1991, 2781). Anwendbar ist § 232 auch bei Geldstrafe nach § 47 Abs. 2 StGB. Auch die Nebenfolgen der §§ 73 a, 74 c StGB sind zulässig. **c) Eigenmächtigkeit** des Fernbleibens ohne das Sich-Entfernens setzt § 232 wie § 231 voraus (vgl. § 231 Rn. 2; OLG Karlsruhe NStZ 1990, 505 mwN).

3   Ein förmlicher **Beschluss** ist nicht erforderlich. Steht die Aufklärungspflicht (§ 244 Abs. 2) nicht entgegen, so verhandelt das Gericht ohne weiteres in Abwesenheit des Angeklagten. **Verlesen** werden müssen Protokolle **richterlicher Vernehmungen** des Angeklagten **(Abs. 3);** davon kann abgesehen werden, wenn ein Verteidiger als **Vertreter** des Angeklagten (§ 234) dessen Einlassung vorträgt. **Nichtrichterliche Vernehmungen** sind durch Zeugenvernehmung der Verhörsperson einzuführen. Enthält die verlesene Einlassung des Angeklagten **Beweisanträge,** so gilt für sie nicht § 244 Abs. 3 u. 4, sondern § 244 Abs. 2. **Hinweise** nach § 265 Abs. 1 u. 2 werden dem Verteidiger gegeben; wirkt ein Verteidiger nicht mit, so muss die Hauptverhandlung unterbrochen und nach Zustellung des schriftlichen Hinweises an den Angeklagten fortgesetzt werden. **Zustimmungsrechte** (§§ 61 Nr. 5, 245 Abs. 1 S. 2, 251 Abs. 1 Nr. 4, Abs. 2) übt der Verteidiger aus; fehlt ein solcher, ist die Zustimmung des Angeklagten nicht erforderlich.

4   **Erscheint** der Angeklagte vor der Urteilsverkündung **nachträglich,** so ist er nach § 243 Abs. 2 S. 2, Abs. 4 zu vernehmen und über den wesentlichen Inhalt der Verhandlung zu unterrichten. Auf seinen **Antrag** kann ihm entspr. § 235 schon vor der Urteilsverkündung Wiedereinsetzung gewährt werden, wenn er genügend entschuldigt ist; die Hauptverhandlung kann dann sofort wiederholt werden.

5   Die **Zustellung der Urteils** mit **Rechtsmittelbelehrung** (vgl. § 235 S. 2) erfolgt an den Angeklagten persönlich, seinen Verteidiger (§ 145 a) oder einen nach § 116 a Abs. 2 bestellten Zustellungsbevollmächtigten (vgl. BGH 11, 152 = NJW 1958, 509); Ersatzzustellung nach § 181 ZPO ist zulässig, nicht aber Zustellung durch Niederlegung nach §§ 182, 195 a ZPO (BGH 11, 152) oder öffentliche Zustellung nach § 40. An den nach § 132 Abs. 1 Nr. 2 bestellten Bevollmächtigten

Hauptverhandlung § 233

kann ein Urteil nach § 232 Abs. 4 auch wirksam zugestellt werden, wenn er nicht zugleich Verteidiger des Angeklagten ist (BayObLG NStZ 1995, 561). Mängel der Urteilszustellung, auch wenn sie zu deren Unwirksamkeit führen, sind **keine Verfahrenshindernisse.** Sie können nur mit einer dem § 344 Abs. 2 S. 2 entsprechenden Verfahrensrüge geltend gemacht werden (BayObLG NStZ-RR 1996, 144).

Beschwerde gegen die Abwesenheitsverhandlung oder ihre Ablehnung ist unzulässig, § 305 S. 1. Gegen das Urteil sind die allgemeinen Rechtsmittel gegeben. Die **Revision** ist mit der Rüge des § 338 Nr. 5 begründet, wenn die Voraussetzungen des § 232 nicht vorlagen. Verstöße gegen Abs. 2 oder Überschreitungen der Rechtsfolgengrenze können über § 337 gerügt werden. Der **Antrag auf Wiedereinsetzung** (§ 235) ist unabhängig von den allgemeinen Rechtsmitteln. Für das Zusammentreffen gelten §§ 325 Abs. 2, 342 Abs. 2. 6

§ 233 [Entbindung des Angeklagten von der Pflicht zum Erscheinen]
RiStBV 120

(1) ¹Der Angeklagte kann auf seinen Antrag von der Verpflichtung zum Erscheinen in der Hauptverhandlung entbunden werden, wenn nur Freiheitsstrafe bis zu sechs Monaten, Geldstrafe bis zu einhundertachtzig Tagessätzen, Verwarnung mit Strafvorbehalt, Fahrverbot, Verfall, Einziehung, Vernichtung oder Unbrauchbarmachung, allein oder nebeneinander, zu erwarten ist. ²Eine höhere Strafe oder eine Maßregel der Besserung und Sicherung darf in seiner Abwesenheit nicht verhängt werden. ³Die Entziehung der Fahrerlaubnis ist zulässig.

(2) ¹Wird der Angeklagte von der Verpflichtung zum Erscheinen in der Hauptverhandlung entbunden, so muß er durch einen beauftragten oder ersuchten Richter über die Anklage vernommen werden. ²Dabei wird er über die bei Verhandlung in seiner Abwesenheit zulässigen Rechtsfolgen belehrt sowie befragt, ob er seinen Antrag auf Befreiung vom Erscheinen in der Hauptverhandlung aufrechterhalte.

(3) ¹Von dem zum Zweck der Vernehmung anberaumten Termin sind die Staatsanwaltschaft und der Verteidiger zu benachrichtigen; ihrer Anwesenheit bei der Vernehmung bedarf es nicht. ²Das Protokoll über die Vernehmung ist in der Hauptverhandlung zu verlesen.

Die Vorschrift gilt auch im Verfahren nach Einspruch gegen einen **Strafbefehl** und im **Berufungsverfahren,** im **Jugendstrafverfahren** unter den besonderen Voraussetzungen des § 50 Abs. 1 JGG. Ihre Anwendung kommt vor allem dann in Betracht, wenn der Aufenthaltsort des Angeklagten weit entfernt ist. 1

Voraussetzungen der Entbindung sind **a) ein Antrag** des Angeklagten oder seines Verteidigers als Vertreter (BGH 12, 367 = NJW 1959, 731). Dieser kann den Antrag noch in der Hauptverhandlung, auch noch zu Beginn der Berufungsverhandlung (BGH 25, 281 = NJW 1959, 731) stellen; **b)** die begrenzte **Rechtsfolgenerwartung** des **Abs. 1 S. 1,** die sich an den konkreten Umständen des Einzelfalls zu orientieren hat. 2

Die Entscheidung ergeht durch **Beschluss** und steht im **pflichtgemäßen Ermessen** des Gerichts. Bedeutung der Sache und Aufklärungspflicht können der Entbindung entgegenstehen; klare Sachlage, insbesondere in Bagatellfällen, und weit entfernter Wohnort des Angeklagten sprechen für sie. Der Beschluss ist bei Anwesenheit des Angeklagten oder des Verteidigers in der Hauptverhandlung zu verkünden. Erklärt der Angeklagte später, er verzichte auf die Entbindung, so ist der Beschluss aufzuheben, ebenso wenn die Voraussetzungen des Abs. 1 S. 1 nachträglich wegfallen. 3

605

4 Die **richterliche Vernehmung** des Angeklagten im Hauptverfahren **(Abs. 2, 3)** ist zwingend erforderlich; sie erfolgt, da sie ein vorweggenommener Teil des Hauptverhandlung ist (BGH 25, 42 = NJW 1973, 204), nach Maßgabe des § 243 Abs. 2 S. 2, Abs. 4 S. 1. Die Anordnung kann im Entbindungsbeschluss oder durch Verfügung des Vorsitzenden getroffen werden; für die Zuständigkeit gilt das zu § 223 Gesagte entsprechend (vgl. § 223 Rn. 8 f.). Zulässig ist ein Vernehmungsersuchen auch schon vor dem Antrag des Angeklagten gemäß Abs. 1; der ersuchte Richter belehrt den Angeklagten dann über sein Antragsrecht (BGH 25, 42). Die kommissarische Vernehmung eines Angeklagten gem. § 233 in Erledigung eines **ausländischen** (hier türkischen) **Rechtshilfeersuchens** ist auch dann zulässig, wenn zu diesem Zeitpunkt noch **kein Antrag** des Angeklagten auf Entbindung von der Verpflichtung zum Erscheinen in der Hauptverhandlung vorliegt (OLG Frankfurt NStZ-RR 2001, 175). Ergeben sich später neue Tatsachen oder Beweise oder ist ein Hinweis nach § 265 Abs. 1, 2 erforderlich, so ist die Vernehmung zu **wiederholen** oder der Entbindungsbeschluss vAw. aufzuheben. Von dem Vernehmungstermin sind **alle Verfahrensbeteiligten,** auch Mitangeklagte, zu benachrichtigen **(Abs. 3 S. 1).** Auf die Vernehmung ist **§ 243 Abs. 4 (Aussagefreiheit)** entsprechend anzuwenden (KK-Tolksdorf Rn. 14).

5 Zur **Hauptverhandlung** ist der entbundene Angeklagte ohne die Warnung des § 216 (vgl. auch RiStBV Nr. 120 Abs. 3) **zu laden.** Die **Verlesung der Niederschrift (Abs. 3 S. 2)** ist auch dann erforderlich, wenn der Verteidiger als Vertreter des Angeklagten (§ 234) dessen Einlassung vorträgt (str; vgl. KMR-Paulus Rn. 29); ein Beschluss nach § 251 Abs. 1, Abs. 4 S. 1 ist nicht erforderlich. **Beweisanträge,** die in der Niederschrift enthalten sind, sind nach § 244 Abs. 3, 4 zu behandeln (anders als bei § 232); im Übrigen gelten §§ 219, 244 Abs. 2. Anders als im Fall des § 232 sind **Zustimmungen** des Angeklagten (§ 61 Nr. 5, 245 Abs. 1 S. 2, 251 Abs. 1 Nr. 4, Abs. 2 S. 1) nicht entbehrlich, wenn er nicht vertreten ist; sie sind ggf. nachzuholen. Entfallen die Voraussetzungen des Abs. 1 oder sind neue Beweise zu erheben, so ist die Hauptverhandlung **auszusetzen.** Für die **Zustellung** des Urteils gilt § 232 Abs. 4 nicht (BGH 11, 152 = NJW 1958, 509).

6 **Beschwerde** gegen den Beschluss über die Entbindung oder seinen Widerruf ist unzulässig, § 305 S. 1. **Wiedereinsetzung** ist nicht statthaft; § 235 gilt nicht entsprechend. Die **Revision** kann mit der Rüge des § 338 Nr. 5 angreifen, dass die Voraussetzungen des Abs. 1 nicht vorlagen oder die Grenze des Abs. 1 S. 3 überschritten wurde oder der Befreiungsantrag von Verteidiger ohne Vollmacht gestellt worden war (KG 62, 2590; KK-Tolksdorf Rn. 22). Verstöße gegen Abs. 2 u. 3 können über § 337 angegriffen werden. Die Vernehmung nach Abs. 2 kann gegen § 244 Abs. 2 verstoßen.

§ 234 [Vertretung des abwesenden Angeklagten]

Soweit die Hauptverhandlung ohne Anwesenheit des Angeklagten stattfinden kann, ist er befugt, sich durch einen mit schriftlicher Vollmacht versehenen Verteidiger vertreten zu lassen.

1 **Vertretung des Angeklagten** ist in den Fällen der §§ 231 Abs. 2, 231 a, 231 b, 232, 233 zulässig; **Sonderregelungen** enthalten die §§ 329 Abs. 1, 350 Abs. 2, 411 Abs. 2, 434 Abs. 1 S. 1, 444 Abs. 2 S. 2 sowie § 74 Abs. 1 OWiG. Die Vertretungsvollmacht berechtigt, über die durch die Beauftragung begründeten Verteidigerrechte (Beistand) hinaus, zur **Vertretung in der Erklärung und im Willen** (BGH 9, 356 = NJW 1956, 1727). Der Vertreter darf alle zum Verfahren gehörenden Erklärungen für den Angeklagten abgeben und entgegennehmen (BGH 9, 356), jedoch nur, wenn der Angeklagte selbst **nicht anwesend** ist (vgl. Meyer-Goßner Rn. 4 mwN). Die **Erklärungen zur Sache,** die der Vertreter

Hauptverhandlung **§§ 234 a, 235**

abgibt, sind wie Einlassungen des Angeklagten verwertbar; daher gilt für ihn § 243 Abs. 4 S. 1 (Aussagefreiheit). Erklärt er, er könne mangels Information zur Sache nichts sagen, so ist der Angeklagte nicht vertreten. Die Befugnis des Angeklagten, sich vertreten zu lassen, wird durch die Anordnung seines **persönlichen Erscheinens** (§ 236) grds. nicht berührt (vgl. § 236 Rn. 1; KMR-Paulus § 236 Rn. 4).

Die ausdrückliche **Vollmacht** zur Vertretung muss grds. bei Beginn der Haupt- 2 verhandlung schriftlich vorliegen; häufig ist sie im allgemeinen Vollmachtsformular enthalten (BGH 9, 356 = NJW 1956, 1727). Sie kann auch zu Protokoll erklärt werden oder sich aus schriftlichen Erklärungen des Angeklagten gegenüber dem Gericht ergeben (OLG Düsseldorf NStZ 1984, 524). Die schriftliche Vollmacht des Verteidigers, durch den sich der Angeklagte in der Hauptverhandlung vertreten lassen will, kann auf Grund mündlicher Ermächtigung durch den Angeklagten von dem zu bevollmächtigenden Verteidiger selbst unterzeichnet werden (BayOLG NStZ 2002, 277). Die **Beschränkung** auf einzelne Prozesshandlungen ist zulässig. Eine **Untervollmacht** bedarf der Schriftform nicht.

Die **Revision** kann sich nach § 337 darauf stützen, dass eine wirksame Vertre- 3 tungsvollmacht nicht vorgelegen hat. Die ausschließliche Verwertung einer lückenhaften oder unklaren Sacheinlassung des Vertreters verletzt § 244 Abs. 2.

§ 234a [Informations- und Zustimmungsbefugnisse des Verteidigers]

Findet die Hauptverhandlung ohne Anwesenheit des Angeklagten statt, so genügt es, wenn die nach § 265 Abs. 1 und 2 erforderlichen Hinweise dem Verteidiger gegeben werden; das Einverständnis des Angeklagten nach § 245 Abs. 1 Satz 2 und nach § 251 Abs. 1 Nr. 1, Abs. 2 Nr. 3 ist nicht erforderlich, wenn ein Verteidiger an der Hauptverhandlung teilnimmt.

Die Vorschrift **gilt** in den Fällen der §§ 231 Abs. 1, 231 a, 231 b, 232, 233, 329 1 Abs. 2, 387 Abs. 1, 411 Abs. 2, **nicht** in den Fällen der §§ 231 c, 247. **HS 1 gilt nicht** im Fall des § 233. § 265 Abs. 3 u. 4 bleibt unberührt.

§ 235 [Wiedereinsetzung in den vorigen Stand]

¹Hat die Hauptverhandlung gemäß § 232 ohne den Angeklagten stattgefunden, so kann er gegen das Urteil binnen einer Woche nach seiner Zustellung die Wiedereinsetzung in den vorigen Stand unter den gleichen Voraussetzungen wie gegen die Versäumung einer Frist nachsuchen; hat er von der Ladung zur Hauptverhandlung keine Kenntnis erlangt, so kann er stets die Wiedereinsetzung in den vorigen Stand beanspruchen. ²Hierüber ist der Angeklagte bei der Zustellung des Urteils zu belehren.

Die Vorschrift gilt nur im Fall des § 232, nicht in denen der §§ 231 Abs. 2, 1 231 a, 231 b, 233. Wiedereinsetzung **vAw** (§ 45 Abs. 2 S. 3) ist ausgeschlossen, vielmehr ist stets ein **Antrag** innerhalb der **Frist** des **Abs. 1 S. 1** erforderlich. Fehlt die Belehrung nach **S. 4,** so kann gegen die Versäumung der Antragsfrist Wiedereinsetzung beantragt werden.

Voraussetzungen der Wiedereinsetzung sind **a) Versäumung des Termins;** 2 diese liegt nicht vor, wenn der abwesende Angeklagte vertreten ist (§ 234); **b) fehlendes Verschulden** des Angeklagten an der Säumnis; hierauf kommt es bei der **Unkenntnis von der Ladung** nicht an, wenn nicht der Angeklagte diese Unkenntnis arglistig herbeigeführt hat. Falsche Auskünfte durch Gericht oder Verteidiger über Terminsverlegungen schließen das Verschulden regelmäßig aus.

Über den Antrag entscheidet das Gericht durch **Beschluss;** das Abwesenheits- 3 urteil wird durch Gewährung der Wiedereinsetzung gegenstandslos. In der neuen

Verhandlung muss stets ein neues Urteil erlassen werden, auch wenn es den gleichen Inhalt hat wie das frühere Abwesenheitsurteil (Meyer-Goßner Rn. 8). **Rechtsmittel:** § 46 Abs. 2 u. 3. **Kosten:** § 473 Abs. 7.

§ 236 [Anordnung des persönlichen Erscheinens]

Das Gericht ist stets befugt, das persönliche Erscheinen des Angeklagten anzuordnen und durch einen Vorführungsbefehl oder Haftbefehl zu erzwingen.

1 Die Vorschrift dient der Verwirklichung der Aufklärungspflicht; sie gilt nur, wenn die **Verhandlung in Abwesenheit** gesetzlich zulässig wäre; im Übrigen gilt § 230. Sie ist auch im Berufungs- und Revisionsverfahren anwendbar. Auch dann, wenn der Angeklagte sich **vertreten** lassen kann (§§ 234, 329 Abs. 1, 350 Abs. 2, 411 Abs. 2), kann sein persönliches Erscheinen angeordnet (BGH 9, 356 = NJW 1956, 1727) und mit Zwangsmitteln **durchgesetzt** werden (str.; vgl. Meyer-Goßner Rn. 1; KK-Tolksdorf § 234 Rn. 2, jeweils mwN). Voraussetzung ist zunächst, dass die Anwesenheit des Angeklagten in der Hauptverhandlung einen Beitrag zur Aufklärung des Sachverhalts erwarten lässt (BGH 30, 175 = NJW 1981, 3133; Meyer-Goßner Rn. 3).

2 Über die Anordnung entscheidet das Gericht (nicht der Vorsitzende) durch **Beschluss** nach pflichtgemäßem Ermessen. Dabei sind die **Aufklärungspflicht** einerseits, die berechtigten Interessen des Angeklagten andererseits unter Beachtung des Verhältnismäßigkeitsgrundsatzes abzuwägen (BGH 30, 172 = NJW 1981, 2133). Die Ankündigung, nichts zur Sache sagen zu wollen, steht der Anordnung nicht entgegen (BGH 38, 251 = NJW 1992, 2494). Der Beschluss ist dem Angeklagten idR mit der Ladung **zuzustellen**. Er kann jederzeit aufgehoben werden.

3 Die Anordnung der Zwangsmittel ist nicht zwingend, eine Verhandlung ohne den Angeklagten grds. zulässig. In den Fällen der §§ 329 Abs. 1, 411 Abs. 2 verhindert eine Vertretung die Verwerfung der Berufung bzw. des Einspruchs.

4 **Beschwerde** gegen den Beschluss nach § 236 ist unzulässig, § 305 S. 1. Die **Revision** kann mit der **Aufklärungsrüge** geltend machen, eine Anordnung nach § 236 sei rechtsfehlerhaft unterblieben. Dabei muss im Einzelnen dargelegt werden, aus welchen Gründen und in welcher Hinsicht eine weitere Sachaufklärung durch die Anwesenheit des Angeklagten in der Hauptverhandlung möglich gewesen wäre (KK-Tolksdorf Rn. 8).

§ 237 [Verbindung mehrerer Strafsachen]

Das Gericht kann im Falle eines Zusammenhangs zwischen mehreren bei ihm anhängigen Strafsachen ihre Verbindung zum Zwecke gleichzeitiger Verhandlung anordnen, auch wenn dieser Zusammenhang nicht der in § 3 bezeichnete ist.

1 Diese Vorschrift schafft eine prozeßtechnische Erleichterung (BGH 19, 182 = NJW 1964, 506; 26, 273 = NJW 1976, 720). **Voraussetzungen der Verbindung: a) Anhängigkeit** verschiedener Sachen, auch **unterschiedlicher Rechtszüge**, auch nach **Zurückverweisung** (BGH 19, 177 = NJW 1964, 506), bei **demselben Gericht.** Damit ist das Gericht als administrative Einheit, nicht nur der Spruchkörper gemeint (BGH 26, 271 = NJW 1976, 720; vgl. auch BGH NJW 1995, 1688; aA KK-Tolksdorf Rn. 2 mwN: nur der einzelne Spruchkörper). Eröffnungsbeschluss muss noch nicht ergangen sein (BGH 20, 219 = NJW 1965, 1609). Für **Jugendsachen** gelten §§ 103, 104, 112 JGG. **b) Zusammenhang.** Dieser kann loser sein als derjenige des § 3, da der Verbindung nach § 237 vor allem prozeßökonomische Überlegungen zugrundeliegen. Es reichen etwa aus: Gemeinsamkeit der Beweismittel, Gleichartigkeit der Taten oder Rechtsfragen, Gegenseitigkeit der

Hauptverhandlung **§ 238**

Taten (vgl. BGH 20, 219). Dieser Zusammenhang muss zwischen allen verbundenen Sachen bestehen.

Ein **Verbindungsbeschluss** ist üblich, aber nicht zwingend erforderlich; stillschweigende Verbindung durch gemeinsame Terminierung ist zulässig. Verbindung und Trennung stehen im **Ermessen** des Gerichts (vgl. BGH MDR 1994, 241); die Beteiligten sind regelmäßig zu hören. Ergeht vAw. oder auf Antrag ein Beschluss, so hat er die Verbindungsgründe (§ 4 oder § 237) aufzuführen und ist bekanntzumachen (§ 35). **Zuständig** ist der Spruchkörper, der die gemeinsame Hauptverhandlung durchführen hat, bei Spruchkörpern unterschiedlicher Rangordnung der **ranghöhere** (BGH 26, 271 = NJW 1976, 720). Für die StA gilt § 237 nicht entspr. (BGH 38, 376 = NJW 1993, 672). 2

Rechtsfolgen der Verbindung: Eine Verschmelzung der Verfahren wie bei § 4 tritt nicht ein (BGH 36, 348 = NJW 1990, 1490). Die Verfahren bleiben selbstständig; ein gemeinsames Aktenzeichen wird nicht gebildet. Die Verbindung von **erstinstanzlichen und Berufungsverfahren** scheidet nach Inkrafttreten des RpflEnlG grundsätzlich schon wegen der **unterschiedlichen** Besetzung der Spruchkörper aus. Die große Jugendkammer kann jedoch eine erstinstanzliche Strafsache auch mit einem anhängigen Berufungsverfahren verbinden (§ 33 b Abs. 1 JGG; KK-Tolksdorf Rn. 2). Eine Verbindung von bei verschiedenen Spruchkörpern des gleichen Gerichts anhängigen Verfahren ist nur analog § 4 Abs. 1 unter der Voraussetzung zulässig, dass ein Zusammenhang iS des § 3 besteht (KK-Tolksdorf Rn. 2); das gilt grundsätzlich auch für die Verbindung eines beim LG anhängigen Berufungsverfahrens mit einem dort anhängigen erstinstanzlichen Verfahren (BGH 36, 348 = NJW 1990, 1400; BGH NStZ 1998, 628; KK-Tolksdorf Rn. 2). Für die **Revision** gegen den das Berufungsverfahren betreffenden Teil des Urteils ist nicht der **BGH**, sondern das **OLG** zuständig (BGH 37, 42 = NJW 1991, 50). 3

Die Angeklagten werden zu **Mitangeklagten;** als Zeugen dürfen sie nicht vernommen werden. Ein Anschluss als **Nebenkläger** im Verfahren gegen die Mitangeklagten ist zulässig (BGH NJW 1978, 330). Der **Ausschluss der Öffentlichkeit** in einem Verfahren erstreckt sich auf das Verbundene. 4

Trennung der verbundenen Verfahren ist nach dem Ermessen des Gerichts jederzeit möglich, nach Urteilserlass zwingend. **Kurzfristige Abtrennung** mit dem Ziel, einen Mitangeklagten als Zeugen zu vernehmen, ist grds. zulässig (BGH 10, 8 = NJW 1957, 230), nicht aber, wenn der Gegenstand der Vernehmung im Sachzusammenhang mit der dem Mitangeklagten selbst zur Last gelegten Tat steht (vgl. KK-Pfeiffer § 2 Rn. 11). Bestanden vor der Verbindung unterschiedliche **sachliche Zuständigkeiten**, so führt die **Einstellung** des die Zuständigkeit des höherrangigen Spruchkörpers begründenden Verfahrens ohne weiteres zur Wiederherstellung der früheren Zuständigkeit, jedoch ist § 6 a zu beachten (vgl. Mutzbauer NStZ 1995, 213). 5

Beschwerde gegen Anordnung oder Ablehnung von Verbindung oder Trennung ist grds. unzulässig (§ 305 S. 1). Die **Revision** kann sich über § 337 nur gegen **Ermessensmissbrauch** (BGH 18, 238 = NJW 1963, 869) sowie gegen das Nichtvorliegen der gesetzlichen Voraussetzungen des § 237, im Übrigen gegen Verfahrensfehler wenden, die im Zusammenhang mit der Verbindung stehen (vgl. KMR-Paulus Rn. 48 ff.). 6

§ 238 [Verhandlungsleitung]

(1) **Die Leitung der Verhandlung, die Vernehmung des Angeklagten und die Aufnahme des Beweises erfolgt durch den Vorsitzenden.**

(2) **Wird eine auf die Sachleitung bezügliche Anordnung des Vorsitzenden von einer bei der Verhandlung beteiligten Person als unzulässig beanstandet, so entscheidet das Gericht.**

§ 238
Zweites Buch. 6. Abschnitt

1   Soweit nicht spezielle Einzelregelungen die Befugnisse des **Vorsitzenden** (§§ 228 Abs. 1 S. 2, Abs. 3, 231 Abs. 1 S. 2, 231 a Abs. 2, 231 b Abs. 2, 239, 240, 241, 241 a, 243 Abs. 1 S. 2, Abs. 2 S. 2, 247 S. 4, 248, 249 Abs. 2, 266 Abs. 3) und des **Gerichts** (§ 4 Abs. 2, 6 a S. 2, 27 Abs. 1, 51, 70, 77, 228 Abs. 1 S. 1, 230 Abs. 2, 231 Abs. 2, 231 a Abs. 3, 231 b Abs. 1, 231 c, 233, 236, 237, 244 Abs. 6, 247, 251 Abs. 4, 265 Abs. 4, 266, 270) abgrenzen, gilt **Abs. 1** als **allgemeine Aufgabenzuweisung.** Aus ihr ergibt sich ein **eigenes Recht** des Vorsitzenden; dies ist grds. **nicht übertragbar;** im Einzelfall ist Vertretung zulässig (BGH NStZ 1995, 19). Daneben sind **Vorabentscheidungen** über die Vereidigung von Zeugen zulässig.

2   **Verhandlungsleitung (Abs. 1)** und **Sachleitung (Abs. 2)** lassen sich nicht zuverlässig trennen (vgl. KMR-Paulus Rn. 4 ff.). Die Abs. 1 und 2 beziehen sich daher gleichermaßen auf alle Anordnungen, die in formeller oder materieller Hinsicht Einfluss auf die Entscheidung haben können. „Die Leitung der Verhandlung erfolgt durch den Vorsitzenden (§ 238 Abs. 1 S. 2). Seine **Leitungsbefugnis** umfasst auch die Befugnis, die sachgerechte Vernehmung von Zeugen und Sachverständigen zu gewährleisten und insbesondere für die sachgerechte Ausübung des Fragerechts (§ 240 Abs. 2, § 241 a) durch die Verfahrensbeteiligten Sorge zu tragen (BGHSt 16, 67, 70 = NJW 1961, 1221; BGH MDR 1957, 53). Er muss sicherstellen, dass der Zeuge zur Sache im Zusammenhang vortragen kann (§ 69 Abs. 1), Angriffe abwehren, die mit dem Anspruch des Zeugen auf angemessene Behandlung und Ehrenschutz unvereinbar sind und nicht erforderliche Fragen nach entehrenden Tatsachen (§ 68 a) sowie unzulässige, ungeeignete und nicht zur Sache gehörende Fragen (§ 241 Abs. 2) zurückweisen. Dies gebietet die Achtung vor der menschlichen Würde des Zeugen sowie das Rechtsstaatsprinzip" (BGH NJW 2004, 239). „Ist der Vorsitzende infolge gesundheitlicher Beeinträchtigung **vorübergehend** am Vorsitz gehindert, wohl aber in der Lage, als Beisitzer weiter an der Verhandlung mitzuwirken, so kann er sich für verhindert erklären (§ 21 f GVG). In diesem Fall ist es zulässig, dass der **stellvertretende Vorsitzende den Vorsitz vorübergehend übernimmt**" (BGH NStZ 1995, 19).

3   **Anordnungen** des Vorsitzenden können **ausdrücklich** oder **schlüssig,** auch durch Unterlassen (str., vgl. Meyer-Goßner Rn. 11), nicht aber durch schlichte Untätigkeit (BGH 1, 261) ergehen. Auch Fragen, Vorhalte und Belehrungen zählen dazu.

4   Die **Beanstandung nach Abs. 2** ist ein **besonderer Zwischenrechtsbehelf,** den **jeder Prozessbeteiligte** einschließlich der Mitglieder des Gerichts (str., vgl. KK-Tolksdorf Rn. 11) einlegen kann. Erforderlich ist die **schlüssige Darlegung,** durch eine Sachleitungsmaßnahme **beschwert** zu sein. Diese muss **unzulässig,** also gesetzwidrig oder ermessensfehlerhaft sein; die bloße Unzweckmäßigkeit reicht nicht aus. Grds. besteht **keine Hinweispflicht.** Einer bestimmten **Form** bedarf die Beanstandung nicht; sie ist aber in das Sitzungsprotokoll aufzunehmen (BGH NStZ-RR 2003, 5). Auch gegenüber Anordnungen des Strafrichters (zB bei Nichtvereidigung eines Zeugen nach § 61 Nr. 5) ist grundsätzlich zunächst von der Beanstandungsmöglichkeit des Abs. 2 Gebrauch zu machen. Unterbleibt eine solche Beanstandung, so wird das Rügerecht grundsätzlich verwirkt (OLG Düsseldorf StV 1996, 252). **Zur Beanstandung berechtigt** sind alle Prozessbeteiligten, die von der Anordnung betroffen sind, auch der mitwirkende Richter, Zeuge oder Sachverständige (KK-Tolksdorf Rn. 11).

5   Das **Gericht** entscheidet nach Anhörung der Prozessbeteiligten durch **Beschluss;** dieser ist wie der Antrag ins Protokoll aufzunehmen (§ 273 Abs. 1). Richtet sich die Beanstandung gegen eine Maßnahme, die nicht der Sachleitung unterfällt, so ist sie als unzulässig zurückzuweisen. Beanstandungen gegen zulässige Sachleitungsmaßnahmen werden als unbegründet **zurückgewiesen;** eine **Bestätigung** der angefochtenen Anordnung im Beschlusstenor erfolgt nicht. Abs. 2 gilt

Hauptverhandlung **§ 239**

auch im Verfahren vor dem **Strafrichter,** der schon im Hinblick auf § 338 Nr. 8 zwischen verfahrensleitenden Verfügungen und Beschlüssen sorgfältig unterscheiden sollte.

Abs. 2 schließt die **Beschwerde** nach § 304 im Anwendungsbereich der Vorschrift aus. Auch **Beschwerde** gegen die Entscheidung nach Abs. 2 ist nicht zulässig, § 305 S. 1. Die Rüge einer rechtsfehlerhaften Sachleitungsmaßnahme mit der **Revision** ist grds. nur zulässig, wenn in der Hauptverhandlung ein Antrag nach **Abs.** 2 gestellt wurde (BGH NStZ 1982, 432; BGH NStZ-RR 2003, 2). **Ausnahmen** gelten für den nicht verteidigten Angeklagten, der das Beanstandungsrecht nicht kennt, wenn der Vorsitzende eine vAw. vorzunehmende unabdingbare Handlung unterlassen hat (BGH NStZ 1981, 71), und wenn ein nicht beanstandeter Verfahrensfehler des Vorsitzenden bei der Urteilsfindung fortwirkt (BGH 20, 98 = NJW 1965, 115). Das **Unterlassen** einer Entscheidung nach Abs. 2 begründet die Revision, wenn die beanstandete Maßnahme unzulässig war (BGH 44, 82, 91 = NJW 1998, 2296). Den **Rügeverlust** durch unterbliebene Beanstandung der Anordnung des Vorsitzenden hat die Rspr. in vielen Fällen angenommen, in denen der Angeklagte in der Hauptverhandlung einen Verteidiger hatte und der Fehler sich zB bezog auf (Julius in HK-StPO Rn. 17): die Entscheidung über die Nichtverteidigung eines Zeugen (OLG Düsseldorf StV 1996, 252); die Verlesung von Protokollen bzw. die Einvernahme von Zeugen trotz Bestehen eines Verwertungsverbot; die Entlassung einer vernommenen Beweisperson (BGH StV 1985, 356); die Stattgabe eines Beweisantrages (BGH NStZ 1982, 432); den Austausch eines im Beweisantrag benannten Beweismittels (BGH StV 1983, 6); die Weigerung des Vorsitzenden, Beweisanträge nach Schluss der Beweisaufnahme entgegenzunehmen (BGH NStZ 1992, 346); einen unstatthaften Vorhalt (BGH NJW 1983, 1007). 6

§ 239 [Kreuzverhör]

(1) ¹**Die Vernehmung der von der Staatsanwaltschaft und dem Angeklagten benannten Zeugen und Sachverständigen ist der Staatsanwaltschaft und dem Verteidiger auf deren übereinstimmenden Antrag von dem Vorsitzenden zu überlassen.** ²**Bei den von der Staatsanwaltschaft benannten Zeugen und Sachverständigen hat diese, bei den von dem Angeklagten benannten der Verteidiger in erster Reihe das Recht zur Vernehmung.**

(2) **Der Vorsitzende hat auch nach dieser Vernehmung die ihm zur weiteren Aufklärung der Sache erforderlich scheinenden Fragen an die Zeugen und Sachverständigen zu richten.**

Abs. 1 stellt eine **Ausnahme** von der Regel des § 238 Abs. 1 (Verhandlungsleitung des Vorsitzenden) dar; demgegenüber verweist **Abs.** 2 auf die Aufklärungspflicht des Gerichts (§ 244 Abs. 2). Die Vorschrift hat kaum praktische Bedeutung. Nur **die von der StA und dem Angeklagten übereinstimmend benannten Beweispersonen** können ins Kreuzverhör genommen werden. 1

§ 239 gilt für Vernehmungen in der Hauptverhandlung und für **kommissarische Vernehmungen. Benannt** sind Beweispersonen, die StA oder Angeklagter geladen oder gestellt haben oder die auf ihr Verlangen vom Gericht geladen wurden. Für Beweispersonen, die von anderen Verfahrensbeteiligten benannt wurden, gilt die Regelung nicht. Für **Kinder und Jugendliche** unter 16 Jahren gilt § 241 a Abs. 1. 2

Das Kreuzverhör setzt einen **übereinstimmenden Antrag** von StA und Verteidiger — bei Mehrfachverteidigung aller — vor Beginn der Vernehmung voraus **(Abs. 1 S. 1);** wird er gestellt, so ist die Durchführung zwingend, auch wenn der Angeklagte nicht einverstanden ist (KK-Tolksdorf Rn. 4). Hat der Angeklagte keinen Verteidiger, so ist ein Kreuzverhör unzulässig. Für die Vernehmung in der 3

§ 240 Zweites Buch. 6. Abschnitt

Reihenfolge des **Abs. 1 S. 2** gelten die allgemeinen Vorschriften, insb. § 69. Der Vorsitzende hat die ordnungsgemäße Durchführung zu sichern (§ 241). Die Beweisperson kann eine Entscheidung des Vorsitzenden nach § 241 beantragen und diese ggf. nach § 238 Abs. 2 beanstanden. Die **Revision** kann nach § 338 Nr. 5 bei unzulässiger Beschränkung des Kreuzverhörs durch den Vorsitzenden begründet sein, wenn zuvor die Beanstandung (§ 238 Abs. 2) erfolgt ist.

§ 240 [Fragerecht]

(1) **Der Vorsitzende hat den beisitzenden Richtern auf Verlangen zu gestatten, Fragen an den Angeklagten, die Zeugen und die Sachverständigen zu stellen.**

(2) ¹**Dasselbe hat der Vorsitzende der Staatsanwaltschaft, dem Angeklagten und dem Verteidiger sowie den Schöffen zu gestatten.** ²**Die unmittelbare Befragung eines Angeklagten durch einen Mitangeklagten ist unzulässig.**

1   Die Vorschrift dient der Sachaufklärung (vgl. Art. 6 Abs. 3 d MRK); sie gilt für die Vernehmung des Angeklagten und von Beweispersonen in der Hauptverhandlung und bei kommissarischen Vernehmungen (BGH 9, 24 = NJW 1956, 557). Ein Fragerecht gegenüber anderen Prozessbeteiligten gibt es nicht. **Frageberechtigt** sind neben den Mitgliedern des erkennenden Gerichts und den in **Abs. 2 S. 1** Genannten auch Ergänzungsrichter und -schöffen, Nebenkläger und Privatkläger sowie ihre Vertreter, Erziehungsberechtigte und gesetzliche Vertreter von Jugendlichen (§ 67 JGG), der Beistand nach § 149, Einziehungsbeteiligte (§ 433 Abs. 1), Vertreter von juristischen Personen und Personenvereinigungen (§ 444 Abs. 2) sowie der Finanzbehörde (§ 407 Abs. 1 S. 5 AO). **Anderen Personen** kann der Vorsitzende im Einzelfall gestatten, Fragen zu stellen oder Vorhalte zu machen; auch einem Zeugen ist zu gestatten, einem anderen Zeugen Vorhalte zu machen (RG GoltdA 50 [1903], 274). Für die Vernehmung von Zeugen **unter 16 Jahren** ist § 241 a Sondervorschrift (Meyer-Goßner Rn. 2).

2   § 240 umfasst das Recht, kurze **Vorhalte** zu machen. Umfangreiche Erklärungen, Bewertungen und vorweggenommene Plädoyers sind nicht zulässig.

3   Das Fragerecht ist regelmäßig nach dem Ende der Vernehmung durch den Vorsitzenden (§ 238 Abs. 1) auszuüben. Eine Reihenfolge ist nicht vorgeschrieben (BGH NJW 1969, 437); üblich ist, dass zunächst die Mitglieder des Gerichts, dann der StA, sodann der Angeklagte und der Verteidiger Fragen stellen. Ein Recht, eine einmal begonnene Befragung ohne Unterbrechung zu Ende zu führen, folgt aus **Abs. 2** nicht (BGH NStZ 1995, 143). Der Angeklagte hat ein eigenes Fragerecht unabhängig vom Verteidiger (BGH wistra 1985, 27). Das **Recht des Angeklagten, Beweispersonen zu befragen,** hat seine verfassungsrechtliche Grundlage im Rechtsstaatsprinzip und dem hieraus folgenden umfassenden „Recht auf Verteidigung" im Strafverfahren; es verwirklicht die Forderung, dass der Angeklagte nicht bloßes Objekt des Strafverfahrens, sondern mit Mitwirkungsrechten ausgestattetes Prozesssubjekt sein soll (BVerfGE 9, 95; 26, 71; 46, 210; 63, 337; 66, 318; Eisenberg Beweisrecht Rn. 793). Die **Garantie des Fragerechts** ist eine besondere Ausformung des Grundsatzes des fairen Verfahrens. Dabei wird das Fragerecht auch nach der Rspr. des BGH als **Recht der Verteidigung** insgesamt verstanden (BGH StV 1996, 471; BGH 46, 93 = NJW 2000, 3505). Die Ausgestaltung des Fragerechts ist primär dem nationalen Recht überlassen. Das gesamte Beweisverfahren muss allerdings im Lichte des durch die MRK garantierten Fragerechts gesehen werden (BGH 46, 93 = NJW 2000, 3505). „Ist abzusehen, dass die Mitwirkung eines Verteidigers im gerichtlichen Verfahren **notwendig** sein wird, so ist § 141 Abs. 3 im Lichte des von Art. 6 Abs. 3 Buchst. d MRK garantierten **Fragerechts** dahin

auszulegen, dass dem unverteidigten Beschuldigten, vor der zum Zwecke der Beweissicherung durchgeführten ermittlungsrichterlichen Vernehmung des zentralen Belastungszeugen ein Verteidiger zu bestellen ist, wenn der Beschuldigte von der Anwesenheit bei dieser Vernehmung ausgeschlossen ist. Der Verteidiger muss regelmäßig Gelegenheit haben, sich vor der Vernehmung **mit dem Beschuldigten zu besprechen**" (BGH 46, 93 = NJW 2000, 3505). Die Befragung erfolgt nach Worterteilung **unmittelbar ohne Einschaltung des Vorsitzenden** (BGH 10, 67 = NJW 1961, 1221). Ausnahmen gelten bei vorherigem Missbrauch des Fragerechts (BGH NStZ 1983, 209) sowie für Fragen eines Angeklagten an Mitangeklagte **(Abs. 2 S. 2)**. Letztere sind auch dann unzulässig, wenn der Angeklagte zugleich Nebenkläger oder von Beruf Rechtsanwalt ist (BVerfG 53, 207 = NJW 1980, 1677). Die nach **Abs. 2 S. 2** unzulässige Befragung eines Angeklagten durch einen Mitangeklagten wird auch nicht durch Art. 6 Abs. 3 d MRK oder Art. 14 Abs. 3 e IPBPR gestattet (BGH NStZ-RR 1996, 334). Die Vorschrift des Abs. 2 S. 2 ist auch verfassungsgemäß. Sie gestattet die mittelbare Befragung eines Mitangeklagten und genügt damit dem verfassungsrechtlich verbürgten Anspruch des Angeklagten auf ein faires Verfahren (Art. 2 Abs. 1 iVm Art. 20 Abs. 3 GG) und auf rechtliches Gehör (BVerfG NJW 1996, 3408). In diesen Fällen sind Fragen über den Vorsitzenden zu stellen. Weigert dieser sich, eine Frage zu stellen, so kann hiergegen die Entscheidung des Gerichts beantragt werden (§ 238 Abs. 2). „Die auf die Verletzung des § 240 gestützte Rüge, das Gericht habe die Verteidigung dadurch unzulässig beschränkt, dass es weitere Fragen an die Hauptbelastungszeugin durch deren Entlassung gegen den Widerspruch des Verteidigers unterbunden habe, ist **mangels** Herbeiführung eines **Gerichtsbeschlusses** gemäß § 238 Abs. 2 unzulässig" (BGH NStZ 1997, 27). Der Gerichtsbeschluss, mit dem eine **Frage zurückgewiesen** wird, ist zu begründen. Das Gericht muss insbesondere darlegen, ob es die Frage für ungeeignet oder nicht zur Sache gehörig ansieht und worauf sich seine Bewertung stützt (BGH NStZ-RR 2001, 138). S. ausführlich § 338 Rn. 33. Das **Fragerecht endet**, sobald die jeweilige Beweisperson gemäß §§ 238 Abs. 1, 248 entlassen ist und sich **entfernt** hat (BGH 15, 163 = NJW 1960, 2349). Dies darf daher nicht gegen den Widerspruch des Angeklagten und seines Verteidigers geschehen (BGH StV 1985, 355; OLG Stuttgart NStZ 1994, 600). Das Verlangen, eine bereits vernommene und entlassene Beweisperson **erneut** über eine bestimmte Frage zu hören, kann ein Beweisantrag sein (BGH 15, 161 = NJW 1960, 2349; KK-Tolksdorf Rn. 9).

§ 241 [Zurückweisung von Fragen]

(1) **Dem, welcher im Falle des § 239 Abs. 1 die Befugnis der Vernehmung mißbraucht, kann sie von dem Vorsitzenden entzogen werden.**

(2) **In den Fällen des § 239 Abs. 1 und des § 240 Abs. 2 kann der Vorsitzende ungeeignete oder nicht zur Sache gehörende Fragen zurückweisen.**

Abs. 1 betrifft nur die Entziehung des Fragerechts beim **Kreuzverhör** (§ 239 Abs. 1). Ein **Missbrauch** der Vernehmungsbefugnis liegt vor, wenn durch Inhalt oder Form der Befragung überwiegende schutzwürdige Interessen des Vernommenen verletzt oder wenn allein sachfremde Zwecke ohne Förderung der Sachaufklärung verfolgt werden. Die vollständige Entziehung des Fragerechts setzt voraus, dass zulässige Fragen nicht mehr zu erwarten sind. Regelmäßig ist zunächst zu mahnen oder nach Abs. 2 vorzugehen. Die Entziehung kann für bestimmte Teile der Beweisaufnahme ausgesprochen werden. Derjenige, dem das Fragerecht entzogen ist, kann einzelne Fragen durch Vermittlung des Vorsitzenden stellen (vgl. § 240 Rn. 3).

Eine vollständige Entziehung des Fragerechts ist grds. nur im Fall des **Abs. 1** zulässig. Für sonstige Vernehmungen gilt Abs. 2; nur im Ausnahmefall, bei fortge-

§ 241 a

setztem schwerwiegendem Missbrauch des Fragerechts, kann dieses für bestimmte Verfahrensabschnitte ganz entzogen werden (BGH MDR 1973, 371).

3 **Nicht zur Sache gehörende Fragen (Abs. 2)** sind solche, die nicht einmal mittelbar eine Beziehung zur dem Angeklagten vorgeworfenen Tat (BGH 2, 284 = NJW 1952, 714) oder zu für die Rechtsfolge möglicherweise bedeutsamen Umständen (BGH NStZ 1985, 183) aufweisen. Auf die **Erheblichkeit** der Frage kommt es nicht an (BGH StV 1989, 239). Regelmäßig zulässig sind auch solche Fragen, die die Glaubwürdigkeit einer Beweisperson prüfen sollen (BGH NStZ 1990, 400); § 68 a ist zu beachten.

4 **Ungeeignet** sind solche Fragen, die in tatsächlicher Hinsicht nichts zur Wahrheitsfindung beitragen können oder aus rechtlichen Gründen nicht gestellt werden dürfen (BGH 21, 334 = NJW 1968, 710). So sind regelmäßig ungeeignet **Suggestivfragen,** Fragen, die von der Beweisperson bereits beantwortet sind (BGH 2, 284 = NJW 1952, 714), nach §§ 68 a, 136 a unzulässige Fragen sowie solche nach Werturteilen eines Zeugen oder nach rechtlichen Beurteilungen eines Sachverständigen (BGH NStZ 1984, 16). „Aber Fragen, die der Überprüfung der früheren Aussage dienen und bestimmte durch eine allgemeine Aussage noch **nicht beantwortete Einzelheiten** betreffen, sind nicht ungeeignet iSd § 241 Abs. 1" (BGH NStZ 1981, 71).

5 Über die Einschränkung des Fragerechts **entscheidet der Vorsitzende** auf Antrag oder vAw; er sollte vor Zurückweisung einer Frage deren Zweck erfragen und ggf. ihre Rücknahme oder Umformulierung anregen. Die Verfügung ist zu **begründen.** Fragen von beisitzenden **Berufsrichtern** können nicht nach Abs. 2 zurückgewiesen werden. Der Vorsitzende kann insoweit eine Entscheidung nach § 242 herbeiführen. Der Vorgang ist vollständig zu protokollieren (§ 273 Abs. 1), wenn die Zurückweisung nicht unbeanstandet bleibt. Der Vorsitzende kann auch sogleich eine Entscheidung des Gerichts nach § 242 herbeiführen.

6 Gegen die Entscheidung des Vorsitzenden kann der **Antrag auf gerichtliche Entscheidung** (§ 238 Abs. 2) gestellt werden. Der darauf ergehende **Beschluss** ist so ausführlich zu **begründen,** dass dem Revisionsgericht eine umfassende Prüfung ermöglicht wird (BGH StV 1990, 199). Das Gericht muss insbesondere **darlegen,** ob es die Frage für ungeeignet oder nicht zur Sache gehörig ansieht und worauf sich seine Bewertung stützt (BGH NStZ-RR 2001, 138). **Beschwerde** können Zeugen und Sachverständige gegen die Zulassung einer Frage einlegen (§ 305 S. 2); die hierauf ergehende Entscheidung bindet das erkennende Gericht. Im Übrigen ist die Beschwerde ausgeschlossen (§ 305 S. 1). Die **Revision** kann die rechtsfehlerhafte Anwendung des § 241 rügen, wenn ein Gerichtsbeschluss nach § 238 Abs. 2 herbeigeführt wurde (Ausnahmen vgl. § 238 Rn. 7). Auch die **Aufklärungsrüge** sowie die Rüge unzulässiger Beschränkung der Verteidigung (§ 338 Nr. 8; vgl. BGH NStZ 1990, 400) kommen in Betracht.

§ 241 a [Vernehmung von Zeugen unter sechzehn Jahren]

(1) **Die Vernehmung von Zeugen unter sechzehn Jahren wird allein von dem Vorsitzenden durchgeführt.**

(2) [1]**Die in § 240 Abs. 1 und Abs. 2 Satz 1 bezeichneten Personen können verlangen, daß der Vorsitzende den Zeugen weitere Fragen stellt.** [2]**Der Vorsitzende kann diesen Personen eine unmittelbare Befragung der Zeugen gestatten, wenn nach pflichtgemäßem Ermessen ein Nachteil für das Wohl der Zeugen nicht zu befürchten ist.**

(3) **§ 241 Abs. 2 gilt entsprechend.**

1 Der **Grundsatz** des **Abs. 1** schließt bei Zeugen unter 16 Jahren sowohl die unmittelbare Vernehmung durch andere Personen als den Vorsitzenden (§ 240) als

Hauptverhandlung **§§ 242, 243**

auch das Kreuzverhör (§ 239) aus. Die Befragung durch einen **Sachverständigen** (§ 80 Abs. 2) ist dagegen zulässig.

Nach Abschluss der Vernehmung durch den Vorsitzenden ist die **mittelbare Vernehmung** durch andere Prozessbeteiligte möglich, **Abs. 2 S. 1**. Der Kreis der Frageberechtigten ist wie bei § 240 zu bestimmen (vgl. § 240 Rn. 1). Der Vorsitzende kann ungeeignet formulierte Fragen in kindgerechter Formulierung stellen, ohne sie inhaltlich zu verändern. 2

Die Zulassung einer **unmittelbaren Befragung** nach **Abs. 2 S. 2** setzt voraus, dass Nachteile für die Psyche des Zeugen nicht zu befürchten sind. Ein **Anspruch** der Prozessbeteiligten besteht nicht; der Vorsitzende kann nach seinem Ermessen einzelnen Beteiligten die Befragung gestatten, andere auf Abs. 2 S. 1 verweisen. Den in der Vorschrift **nicht genannten Frageberechtigten** darf der Vorsitzende die unmittelbare Befragung nicht gestatten. Sie müssen ihre Fragen über ihn an den Zeugen richten (KK-Tolksdorf Rn. 7). 3

Die **Zurückweisung von Fragen** (**Abs. 3** iVm § 241 Abs. 2) ist in beiden Fällen des Abs. 2 möglich, darüber hinaus auch dann, wenn der mittelbar Fragende (Abs. 2 S. 1) auf einer ungeeigneten Formulierung besteht. Bei Zweifeln an der Zulässigkeit einer von einem **Beisitzer** gestellten Frage gilt § 242. Gegen die nach Abs. 2 u. 3 ergehenden Verfügungen des Vorsitzenden kann gerichtliche Entscheidung nach § 238 Abs. 2 beantragt werden. Für **Beschwerde** und **Revision** gilt das in § 241 Rn. 6 Ausgeführte entsprechend. 4

§ 242 [Zweifel über Zulässigkeit von Fragen]

Zweifel über die Zulässigkeit einer Frage entscheidet in allen Fällen das Gericht.

In allen Fällen, in denen zunächst der **Vorsitzende** über die Zulässigkeit von Fragen entscheidet, ist der Zwischenrechtsbehelf des § 238 Abs. 2 gegeben. Als **Anwendungsbereich** für § 242 bleiben daher nur Entscheidungen über die Zulässigkeit von Fragen des Vorsitzenden selbst (str.; vgl. Dölp NStZ 1993, 419; Frister StV 1994, 451) oder eines Beisitzers sowie Fälle, in denen der Vorsitzende nicht selbst nach § 241 Abs. 2 entscheiden will. 1

Für die **Zulässigkeit** von Fragen gilt das zu § 241 Ausgeführte. 2

Das Gericht entscheidet durch begründeten **Beschluss** nach Anhörung der Beteiligten. Zur **Anfechtung** vgl. § 241 Rn. 6. 3

§ 243 [Gang der Hauptverhandlung] RiStBV 123, 134

(1) ¹**Die Hauptverhandlung beginnt mit dem Aufruf der Sache.** ²**Der Vorsitzende stellt fest, ob der Angeklagte und der Verteidiger anwesend und die Beweismittel herbeigeschafft, insbesondere die geladenen Zeugen und Sachverständigen erschienen sind.**

(2) ¹**Die Zeugen verlassen den Sitzungssaal.** ²**§ 406 g Abs. 1 Satz 1 bleibt unberührt.** ³**Der Vorsitzende vernimmt den Angeklagten über seine persönlichen Verhältnisse.**

(3) ¹**Darauf verliest der Staatsanwalt den Anklagesatz.** ²**Dabei legt er in den Fällen des § 207 Abs. 3 die neue Anklageschrift zugrunde.** ³**In den Fällen des § 207 Abs. 2 Nr. 3 trägt der Staatsanwalt den Anklagesatz mit der dem Eröffnungsbeschluß zugrunde liegenden rechtlichen Würdigung vor; außerdem kann er seine abweichende Rechtsauffassung äußern.** ⁴**In den Fällen des § 207 Abs. 2 Nr. 4 berücksichtigt er die Änderungen, die das Gericht bei der Zulassung der Anklage zur Hauptverhandlung beschlossen hat.**

§ 243

(4) ¹Sodann wird der Angeklagte darauf hingewiesen, daß es ihm freistehe, sich zu der Anklage zu äußern oder nicht zur Sache auszusagen. ²Ist der Angeklagte zur Äußerung bereit, so wird er nach Maßgabe des § 136 Abs. 2 zur Sache vernommen. ³Vorstrafen des Angeklagten sollen nur insoweit festgestellt werden, als sie für die Entscheidung von Bedeutung sind. ⁴Wann sie festgestellt werden, bestimmt der Vorsitzende.

Übersicht

Regelmäßiger Ablauf..	1
Aufruf der Sache (Abs. 1 S. 1)	2
Präsenzfeststellung (Abs. 1 S. 2).....................................	3
Verlassen des Sitzungssaales (Abs. 2 S. 1)	4
Persönliche Verhältnisse des Angeklagten (Abs. 2 S. 2)...............	5
Verlesen des Anklagesatzes (Abs. 3 S. 1).............................	6, 7
Vernehmung des Angeklagten	8–14
Verwertbarkeit von Einlassungen...................................	13, 14
Vorstrafenfeststellung	15
Revision...	16

1   Die Vorschrift bestimmt den **regelmäßigen Ablauf** der Hauptverhandlung bis zur Beweisaufnahme. Alle erwähnten Verhandlungsteile sind durchzuführen (BGH 8, 283 = NJW 1956, 354); von der Reihenfolge der Abs. 1–4 kann jedoch im Einzelfall abgewichen werden, wenn dies zweckmäßig ist und kein Verfahrensbeteiligter widerspricht (BGH 3, 384 = NJW 1953, 515; BGH 19, 96 = NJW 1963, 2084). Aber jede wesentliche Abweichung von § 243 ist ins Sitzungsprotokoll aufzunehmen (BGH 10, 343 = NJW 1957, 1527). Dies bietet sich etwa für die **Inaugenscheinnahme** von Lichtbildern oder Skizzen an, auf welche sich die Sacheinlassung des Angeklagten bezieht.

2   **Aufruf der Sache (Abs. 1 S. 1)** ist die Mitteilung an Verfahrensbeteiligte und Öffentlichkeit, dass die Hauptverhandlung beginnt, zugleich ist er die Aufforderung an die Prozessbeteiligten, sich zur Verhandlung einzufinden. Der Vorsitzende muss ihn **anordnen** oder selbst vornehmen. Fehlt ein ausdrücklicher Aufruf, so beginnt die Hauptverhandlung mit der ersten Verfahrenshandlung des Gerichts. Der Aufruf ist **keine wesentliche Förmlichkeit** (RG 58, 180).

3   Die **Präsenzfeststellung (Abs. 1 S. 2)** bezieht sich auf diejenigen Personen und sachlichen Beweismittel, deren Anwesenheit bereits zu Beginn der Verhandlung erforderlich oder angeordnet ist. Die Anwesenheit des Sitzungsvertreters der StA wird vorausgesetzt, die in **Abs. 2 S. 1** nicht aufgeführter Verfahrensbeteiligter ist gleichfalls in das Protokoll aufzunehmen (§ 272 Nr. 4). Die Beweispersonen sind mit Namen **einzeln** aufzurufen (BGH 24, 280 = NJW 1972, 695); die **Feststellung** ihrer Präsenz ist, schon wegen § 245 Abs. 1, als **wesentliche Förmlichkeit** zu protokollieren (str.), zumindest zweckmäßig (vgl. Meyer-Goßner Rn. 5). Fehlt eine Person, deren Anwesenheit erforderlich ist, so besteht idR eine **Wartepflicht** des Gerichts; bei Ortsansässigen reichen regelmäßig 15 Minuten aus (BayObLG NJW 1959, 2224), wenn nicht das alsbaldige Erscheinen zu erwarten ist (OLG Stuttgart NStZ 1986, 21). Die Entscheidung, bei nicht notwendiger Verteidigung ohne den verspäteten Verteidiger mit der Hauptverhandlung zu beginnen, hat sich jedoch an den Umständen des Einzelfalls, namentlich der Bedeutung der Sache für die Beteiligten, zu orientieren (BVerwG NJW 1986, 206).

4   Das **Verlassen des Sitzungssaales (Abs. 2 S. 1;** vgl. § 58 Abs. 1) kann der Vorsitzende nach § 176 GVG erzwingen. Die erschienenen Zeugen sind vorher idR gemeinsam **nach § 57 zu belehren.** Abs. 2 S. 1 unterfallen auch **Erziehungs-**

Hauptverhandlung **§ 243**

berechtigte und **gesetzliche Vertreter** als Begleitpersonen von Zeugen sowie **Beistände** nach § 149 (RG 59, 353) und § 406 f Abs. 2 S. 1, sofern sie als Zeugen gehört werden sollen. Trotz beabsichtigter Zeugenvernehmung haben ein **Anwesenheitsrecht** der **Sitzungsvertreter der StA,** der **Verteidiger** (str., **aA** KMR-Paulus Rn. 11), der **Nebenkläger** sowie gesetzliche Vertreter und Erziehungsberechtigte des Angeklagten (BGH NJW 1956, 520), sofern nicht nach § 51 Abs. 2 JGG verfahren wird. Für **Sachverständige** gilt Abs. 2 S. 1 nicht. Im Einzelfall kann Zeugen die Anwesenheit **gestattet** werden (RG 54, 297). **Bereits vernommene Zeugen** können als Zuschauer im Sitzungssaal verbleiben. Kommt ein anwesender Zuschauer als Zeuge in Betracht, so hat er idR den Saal zu verlassen (BGH 3, 386 = NJW 1953, 712). Der Vorsitzende kann einem Zeugen die Anwesenheit gestatten (RG 54, 297).

Die Vernehmung zu den **persönlichen Verhältnissen des Angeklagten** nach 5 **Abs. 2 S. 2** dient der **Identitätsfeststellung** (vgl. § 111 Abs. 1 OWiG) sowie der Prüfung von **Prozessvoraussetzungen,** die sich auf die Person des Angeklagten beziehen. Sie ist als wesentliche Förmlichkeit (§ 273 Abs. 1) zu protokollieren. Die Vernehmung zu **weitergehenden Lebensumständen** des Angeklagten, die für den Rechtsfolgenausspruch von Bedeutung sein können, zählt zur **Sachvernehmung** und unterfällt Abs. 4 S. 1 (BayObLG 1983, 153; i. E. str.; vgl. KK-Tolksdorf Rn. 22).

Der **Anklagesatz (Abs. 3)** wird stets im ganzen und vor der Vernehmung des 6 Angeklagten zur Sache **verlesen.** Auf diese Verlesung kann nicht verzichtet werden (OLG Hamm NStZ-RR 1999, 276). Die Verlesung des Anklagesatzes gehört zu den wesentlichen Förmlichkeiten, deren Beachtung des **Protokoll** ersichtlich machen muss (§ 273) und die nur durch das Protokoll bewiesen werden können (§ 274). Diese Verlesung soll vor allem den Prozessbeteiligten Gewissheit darüber vermitteln, auf welche Tat sie ihr Angriffs- und Verteidigungsvorbringen einzurichten haben. Sie ist daher ein so wesentliches Verfahrenserfordernis, dass die **Unterlassung** im Allgemeinen die Revision begründet. Das Beruhen kann deshalb nur in **einfach gelagerten Fällen** ausgeschlossen werden, in denen der Zweck der Verlesung des Anklagesatzes durch die Unterlassung nicht beeinträchtigt worden ist (BGH NStZ 2000, 214; BGH 8, 283 = NJW 1956, 354; s. Rn. 16). Ein Verstoß gegen § 243 Abs. 3 S. 1 gehört also nicht zu den § 338 aufgeführten Gesetzesverstößen, die einen absoluten Revisionsgrund darstellen. Vielmehr handelt es sich um einen sog. relativen Revisionsgrund (§ 337). Die Bezeichnung „Angeschuldigter" ist jeweils durch „Angeklagter" zu ersetzen (§ 157). Bei **verbundenen Verfahren** sind sämtliche Anklagesätze, im **Sicherungsverfahren** der zugelassene Antrag (§ 414 Abs. 3), im **objektiven Verfahren** die Antragsschrift (§§ 440, 444 Abs. 3 S. 1), jeweils **ohne das wesentliche Ergebnis der Ermittlungen,** zu verlesen. Bei Einspruch gegen einen **Strafbefehl** wird dessen dem Anklagesatz entsprechender Teil vorgetragen; dabei sollte die im Strafbefehl übliche persönliche Anrede des Angeklagten umformuliert werden. Im **Bußgeldverfahren** wird der dem Anklagesatz entsprechende Teil des Bußgeldbescheids verlesen. Gleichfalls vorgetragen wird ein **Übernahme-** (§ 225 a) oder **Verweisungsbeschluss** (§ 270) einschließlich etwaiger abweichender Würdigung (BGH MDR 1972, 387). Nach **Zurückverweisung** (§§ 328 Abs. 2, 354 Abs. 2 u. 3, 355) und **Wiederaufnahme** sind eventuelle Einschränkungen oder Erweiterungen zu berücksichtigen. Ist nur noch der Rechtsfolgenausspruch anhängig, so wird allein das zurückverweisende Urteil verlesen. Haben sich im Eröffnungsverfahren **Änderungen** nach § 207 Abs. 2, 3 ergeben, so ist Abs. 3 S. 2–4 zu beachten. Der **Eröffnungsbeschluss** muss nicht verlesen werden; sein Erlass wird regelmäßig festgestellt.

Die **Verlesung obliegt dem StA, Abs. 3 S. 1;** nimmt er im Bußgeldverfahren 7 an der Verhandlung nicht teil, dem **Vorsitzenden.** Mängel oder Unklarheiten des Anklagesatzes sind klarzustellen (BGH NStZ 1984, 133). **Sprachunkundigen Ausländern** ist die Anklage von einem **Dolmetscher** zu übersetzen. Dem Grundsatz des fairen Verfahrens (Art. 2 I iVm Art. 20 III GG), der in § 243 Abs. 3 eine einfachrechtliche Ausprägung findet, ist genügt, wenn dem des Lesens kundigen ausländischen Angeklagten eine schriftliche Übersetzung des in deutscher Sprache verlesenen Anklagesatzes überlassen wird (BVerfG NJW 2004, 214). Die Verlesung und ggf. Übersetzung sowie klarstellende Hinweise sind als wesentliche Förmlichkeiten zu **protokollieren** (BGH NStZ 1984, 133; 1986, 39). Ist der Anklagesatz in der Hauptverhandlung verlesen worden, kommt jedenfalls seine **Versendung** in Betracht (§§ 200, 234 Abs. 4 S. 1). Zur Darlegung des berechtigten Interesses reicht insoweit idR der Hinweis auf **zivilrechtliche** Streitigkeiten mit dem Angeklagten aus (OLG Hamburg NJW 1995, 1440).

8   Die **Belehrung über die Aussagefreiheit (Abs. 4 S. 1)** ist dem Angeklagten in **jeder**, auch einer neuen Hauptverhandlung, vom **Vorsitzenden** ausdrücklich zu erteilen, ebenso solchen Personen, die in ihren Rechten dem Angeklagten gleichgestellt sind (§§ 433 Abs. 1, 439, 440 Abs. 3, 442 Abs. 1, 2, 444 Abs. 2 S. 2, Abs. 3 S. 1). Eine **Ausnahme** gilt nur, wenn dem Angeklagten sein Schweigerecht in vollem Umfang unzweifelhaft bekannt ist oder wenn er sich unabhängig davon in jedem Fall zur Sache einlassen will (BGH 25, 325 = NJW 1974, 1570). Die Belehrung ist zu protokollieren (§ 273 Abs. 1). Ist sie **vergessen** worden, so kann sie unter Hinweis auf die **Unverwertbarkeit** bisheriger Einlassungen wiederholt werden.

9   Die **Vernehmung des Angeklagten zur Sache** umfasst alle Umstände, die für die Schuld- oder Rechtsfolgenfrage von Bedeutung sein können. Sie darf erst **nach** dem Hinweis auf die Aussagefreiheit (Abs. 4 S. 1; vgl. Rn. 8) und muss **vor der** Verlesung des Anklagesatzes und **nach Beweisaufnahme** erfolgen (KG StV 1982, 10). Einlassungen des Angeklagten vor der Belehrung sind idR unverwertbar. Mit seiner Zustimmung können einzelner Teile der Beweisaufnahme, insbesondere **Augenscheinseinnahmen** (BGH 19, 93 = NJW 1963, 2084) und **Urkundenverlesungen,** vorgezogen werden. Im Übrigen kann der Angeklagte, da seine Aussagefreiheit umfassend ist, auch den Zeitpunkt seiner Einlassung frei bestimmen; die Beweisaufnahme ist, wenn er sich äußern will, zu unterbrechen (BGH NStZ 1986, 370).

10   Die Sachvernehmung ist vom **Vorsitzenden** durchzuführen (§ 238 Abs. 1). Dem Angeklagten ist Gelegenheit zu geben, seine Verteidigung zunächst **im Zusammenhang** vorzutragen (**Abs. 4 S. 2** ivm § 136 Abs. 2; vgl. BGH 13, 358 = NJW 1960, 349). Nimmt ein Angeklagter das Recht in Anspruch, sich vor Beginn der Beweisaufnahme zum Anklagevorwurf zu äußern, ist ihm möglichst Gelegenheit zu geben, sich im Zusammenhang zu äußern. In diesem Stadium soll der Vorsitzende nur eingreifen, um im Interesse der Verständlichkeit Zusammenhänge herzustellen oder erkennbar bedeutungslose Weitschweifigkeiten zu unterbinden. Gelegenheit zu einem „Frage- und Antwortspiel" besteht erst dann, sobald der Angekl. zu erkennen gegeben hat, dass er von sich aus im Zusammenhang nichts mehr sagen will (BGH StV 2001, 548). Danach ist er durch **Befragung** zum Tatvorwurf sowie zu seinen Lebensumständen, soweit sie für die Rechtsfolgenfrage von Bedeutung sein können, zu vernehmen. Die Erforschung der persönlichen Verhältnisse kann auch bis nach der Beweisaufnahme zurückgestellt werden (BGH NStZ 1985, 561). „Ist ein Angeklagter bereit, nach Verlesung des Anklagesatzes **vor Beginn der Beweisaufnahme** Angaben zur Sache zu machen, ist er zu vernehmen (§ 243 Abs. 4 S. 2). Die Vernehmung erfolgt **mündlich** und kann nicht durch die Verlesung einer Erklärung des Angeklagten durch das Gericht ersetzt werden (BGHR StPO § 243 Abs. 4 Äußerung 5; BGH NStZ 2000, 439). Auch die dem Angeklagten – unbeschadet § 257 Abs. 2 – zustehenden weiteren Äußerungen im Verlauf der Hauptverhandlung sind von ihm persönlich wahrzunehmen" (BGH NStZ 2000, 439). Bei seiner Einlassung kann der Angeklagte **schriftliche Aufzeichnungen** verwenden; er darf sich auch auf ihre Vorlesung beschränken. Die Abgabe umfangreicher „Erklärungen" ist zuzulassen, wenn sie in irgendeinem Zusammenhang mit

Hauptverhandlung **§ 243**

dem Prozessgegenstand stehen können. In **Ausnahmefällen,** etwa bei Vorliegen eines Sprachfehlers, kann der Angeklagte **schriftliche Erklärungen** übergeben; diese sind zu verlesen. Macht ein Angeklagter in der Hauptverhandlung **Angaben zur Sache,** ist das Gericht nur unter dem Gesichtspunkt der Aufklärungspflicht gehalten, zusätzlich eine von dem Angeklagten in der Hauptverhandlung übergebene schriftliche Erklärung zu verlesen (BGH StV 2001, 548). Beantragt der Verteidiger die Verlesung einer schriftlichen Erklärung des Angeklagten, der ansonsten **schweigt,** ohne Angabe einer Beweistatsache gemäß § 249, so hat das Gericht dies als Beweisanregung zu behandeln. Behandelt das Gericht statt dessen den Antrag ablehnend nach § 243 Abs. 4, muss dies mit der Aufklärungsrüge beanstandet werden (OLG Zweibrücken StV 2001, 549).

Eine **Vertretung des anwesenden Angeklagten** durch den Verteidiger ist **11** unzulässig (OLG Celle NStZ 1988, 426); Erklärungen oder Tatsachenbehauptungen des Verteidigers dürfen dem Angeklagten nur angelastet werden, wenn er zu erkennen gibt, dass er sie als eigene Sacheinlassung verstanden wissen will (BGH NStZ 1990, 447). **Erklärt der Verteidiger** während der Hauptverhandlung in Anwesenheit des Angeklagten, über die von seinem Mandanten eingestandenen Fälle seien bestimmte weitere Vorwürfe zutreffend und schließt sich der Angeklagte in seinem letzten Wort den Ausführungen seines Verteidigers an, so darf das Gericht die Äußerungen des Verteidigers als **Geständnis** werten (BGH NStZ-RR 2000, 210). S. auch § 261 Rn. 3. Die **Vertretung** des **abwesenden Angeklagten** ist in den gesetzlich zugelassenen Fällen (§§ 234, 329 Abs. 1, 350 Abs. 2, 387 Abs. 1, 411 Abs. 2) auch bei der Sacheinlassung zulässig (BayObLG 1982, 156 für § 234).

Folge der Sacheinlassung oder der **Gelegenheit** hierzu ist, dass die Befugnis **12** entfällt, die Zuständigkeit einer besonderen Strafkammer (§ 6a), die örtliche Unzuständigkeit des Gerichts (§ 16) oder seine fehlerhafte Besetzung (§ 222a) zu rügen. In den Fällen der §§ 231 Abs. 2, 231a Abs. 1, 231b Abs. 1 kann ohne den Angeklagten weiterverhandelt werden.

Macht der Angeklagte **keine Angaben zur Sache,** so können seine früheren **13** Aussagen, sofern sie ordnungsgemäß zustandegekommen sind (§§ 136 Abs. 1 S. 2, 136a; vgl. BGH 38, 214 = NJW 1992, 1463), regelmäßig durch **Verlesung** nach § 254 oder durch **Vernehmung der Verhörsperson** eingeführt und verwertet werden. Fehlte bei der früheren Vernehmung die **Belehrung** nach § 136 Abs. 1 S. 2, so ist die Aussage dennoch verwertbar, wenn der Angeklagte sein Recht zu schweigen zweifelsfrei kannte, wenn der verteidigte Angeklagte der Verwerfung in der Hauptverhandlung ausdrücklich zustimmt oder ihr nicht bis zu dem in § 257 genannten Zeitpunkt widerspricht (BGH 38, 214). Bleibt im **Freibeweisverfahren** ungeklärt, ob bei der früheren Vernehmung der Hinweis erteilt wurde, so ist die Einlassung verwertbar (BGH 38, 214, 224; str.; vgl. Meyer-Goßner § 136 Rn. 20). **Stets verwertbar** sind **spontane Äußerungen** des Angeklagten gegenüber dem Vernehmungsbeamten vor einer Vernehmung (BGH NJW 1990, 461; str.) sowie Äußerungen, die er im Rahmen einer **informatorischen Befragung** vor Beginn seiner Beschuldigteneigenschaft gemacht hat (s. §§ 136a Rn. 4; 163a Rn. 1; 252 Rn. 7), ebenso Äußerungen gegenüber **Dritten** (vgl. BGH 29, 232 = NJW 1980, 1533). Gibt der **Verteidiger** in der Hauptverhandlung in Anwesenheit seines Mandanten, der selbst keine Angaben zur Sache macht, Erklärungen zur Sache ab, so können diese ohne weiteres als Einlassung des Angeklagten verwertet werden (BGH NStZ-RR 1998, 51). **Unwahre Angaben des Verteidigers** innerhalb der eigenen oder der anstelle des Angeklagten abgegebenen Sachdarstellung sind **standeswidrig** und können nach § 258 StGB strafbar sein, wie eine entsprechende Beratung des Angeklagten (OLG Frankfurt NStZ 1981, 145; BayObLG JR 1986, 28; Tröndle/Fischer § 258 StGB Rn. 7; Lackner/Kühl § 258 StGB Rn. 9, 10).

Aus dem Umstand, dass der Angeklagte zur Sache **insgesamt schweigt** oder die **14** Täterschaft allgemein bestreitet (BGH 38, 302 = NJW 1992, 2304), dürfen keinerlei

§ 244

ihn **belastende Schlüsse** gezogen werden (BGH 34, 324 = NJW 1987, 2027); ebenso wenig aus dem **Zeitpunkt** seiner Sacheinlassung (BGH StV 1984, 143). Bei **teilweisem Schweigen** ist zu unterscheiden, ob sich dieses auf einzelne Taten iSd § 264 bezieht (dann insoweit Verwertungsverbot) oder ob er die Einlassung nur zu bestimmten Punkten eines einheitlichen Geschehen verweigert (dann Verwertung zulässig; BGH 20, 298 = NJW 1966, 209; vgl. dazu § 261 Rn. 5). „Auch bei einem Angeklagten, der sich zur Sache **eingelassen** hat, darf aus der aktiven Verweigerung der **Mitwirkung** an der **Sachaufklärung** jedenfalls dann kein ihm nachteiliger Schluss gezogen werden, wenn dieses Prozessverhalten nicht in einem engen und einem einer isolierten Bewertung unzugänglichen Sachzusammenhang mit dem Inhalt seiner Einlassung steht – hier Nichtentbindung des Verteidigers von der Schweigepflicht –" (BGH 45, 367 = NJW 2000, 1962 in Abgrenzung zu BGH 20, 298 = NJW 1966, 209).

15 **Vorstrafen** des Angeklagten iSd **Abs. 4 S. 3** sind die im BZR, im Erziehungsregister und im Verkehrszentralregister eingetragenen Verurteilungen und bußgeldrechtlichen Ahndungen **verwertbar.** Aber sogar eingetragene Vorstrafen dürfen dann **nicht berücksichtigt** werden, wenn Tilgungsreife eingetreten ist (§§ 51, 66 BZRG; vgl. auch §§ 63, 64a Abs. 3 S. 2 BZRG; §§ 29 StVG, 13a StVZO). Sie sind zu einem möglichst späten Zeitpunkt festzustellen (**Abs. 4 S. 3;** vgl. auch RiStBV Nr. 134), jedenfalls nicht vor Vernehmung des Angeklagten zur Sache (BGH VRS 34, 219). Die Feststellung erfolgt idR durch **Verlesung** der Registerauszüge; wird deren Richtigkeit bestritten oder kommt es auf die tatsächlichen Feststellungen früherer Urteile an, so sind diese, ggf. auszugsweise, zu verlesen.

16 Die **Revision** kann auf Verstöße gegen Abs. 1 und Abs. 2 S. 1 nicht gestützt werden; auf fehlender oder unzulänglicher Befragung nach Abs. 2 S. 2 beruht das Urteil regelmäßig nicht (OLG Köln NStZ 1989, 44). Das Fehlen der **Verlesung der Anklage** (BGH NStZ 1986, 374) oder ihrer **Übersetzung** für sprachunkundige Ausländer (BGH StV 1993, 2) begründet die Revision, wenn nicht **ausnahmsweise** ein Beruhen des Urteils auf dem Mangel ausgeschlossen werden kann etwa bei leicht zu überschauendem Sachverhalt (BGH NStZ 2000, 214; BGH 8, 283 = NJW 1956, 354; BGH NStZ 1995, 200; 1995, 299). Auf das **Unterlassen des Hinweises auf das Schweigerecht (Abs. 4 S. 1)** kann die Revision gestützt werden; denn es liegt ein **Verfahrensverstoß** vor (BGH 25, 325 = NJW 1974, 1570). Kannte aber der Angeklagte auch ohne Belehrung seine Aussagefreiheit, dann beruht das Urteil nicht auf diesem Verstoß (BGH NStZ 1983, 210; KK-Tolksdorf Rn. 35; Meyer-Goßner Rn. 39). Auf einer **fehlerhaften Verlesung** der Anklage (etwa Vortrag des Ermittlungsergebnisses) beruht das Urteil idR nicht (BGH NJW 1987, 1209; str.). **Unzulässige Verwertungen** begründen regelmäßig die Rüge nach § 261. Eine **unzureichende Vernehmung** zur Sache (Abs. 4 S. 2) kann nicht gerügt werden, ebenso nicht ein Verstoß gegen Abs. 4 S. 3 und 4, jedoch bleibt insoweit die **Aufklärungsrüge** (§ 244 Abs. 2) möglich. Die **Unterbrechung** der Vernehmung des Angeklagten (Abs. 4) kann allenfalls dann mit der Revision als unzulässig beanstandet werden, wenn gegen die Anordnung des Vorsitzenden das Gericht angerufen worden ist (BGH NStZ 1997, 198). **Mitangeklagte** können aus einer Verletzung des § 243 zum Nachteil eines anderen Mitangeklagten keine Rechte herleiten (BGH MDR 1973, 199; LR-Gollwitzer Rn. 118, 113).

§ 244 [Beweisaufnahme] RiStBV 130, 135

(1) **Nach der Vernehmung des Angeklagten folgt die Beweisaufnahme.**

(2) **Das Gericht hat zur Erforschung der Wahrheit die Beweisaufnahme von Amts wegen auf alle Tatsachen und Beweismittel zu erstrecken, die für die Entscheidung von Bedeutung sind.**

Hauptverhandlung § 244

(3) ¹Ein Beweisantrag ist abzulehnen, wenn die Erhebung des Beweises unzulässig ist. ²Im übrigen darf ein Beweisantrag nur abgelehnt werden, wenn eine Beweiserhebung wegen Offenkundigkeit überflüssig ist, wenn die Tatsache, die bewiesen werden soll, für die Entscheidung ohne Bedeutung oder schon erwiesen ist, wenn das Beweismittel völlig ungeeignet oder wenn es unerreichbar ist, wenn der Antrag zum Zweck der Prozeßverschleppung gestellt ist oder wenn eine erhebliche Behauptung, die zur Entlastung des Angeklagten bewiesen werden soll, so behandelt werden kann, als wäre die behauptete Tatsache wahr.

(4) ¹Ein Beweisantrag auf Vernehmung eines Sachverständigen kann, soweit nichts anderes bestimmt ist, auch abgelehnt werden, wenn das Gericht selbst die erforderliche Sachkunde besitzt. ²Die Anhörung eines weiteren Sachverständigen kann auch dann abgelehnt werden, wenn durch das frühere Gutachten das Gegenteil der behaupteten Tatsache bereits erwiesen ist; dies gilt nicht, wenn die Sachkunde des früheren Gutachters zweifelhaft ist, wenn sein Gutachten von unzutreffenden tatsächlichen Voraussetzungen ausgeht, wenn das Gutachten Widersprüche enthält oder wenn der neue Sachverständige über Forschungsmittel verfügt, die denen eines früheren Gutachters überlegen erscheinen.

(5) ¹Ein Beweisantrag auf Einnahme eines Augenscheins kann abgelehnt werden, wenn der Augenschein nach dem pflichtgemäßen Ermessen des Gerichts zur Erforschung der Wahrheit nicht erforderlich ist. ²Unter derselben Voraussetzung kann auch ein Beweisantrag auf Vernehmung eines Zeugen abgelehnt werden, dessen Ladung im Ausland zu bewirken wäre.

(6) Die Ablehnung eines Beweisantrages bedarf eines Gerichtsbeschlusses.

Übersicht

Beweisaufnahme	1–7
Gegenstand der Beweisaufnahme	2, 3
Streng- und Freibeweisverfahren	4–7
Aufklärungspflicht (Abs. 2)	8–13
Beweisantragsrecht	14–22
Ablehnungsgründe von Beweisanträgen	23–37
Keine Beweisantizipation	24
Unzulässigkeit der Beweiserhebung (Abs. 3 S. 1)	25
Offenkundigkeit der Beweistatsache	26, 27
Bedeutungslosigkeit der Tatsache (Abs. 3 S. 2, 2. Alt.)	28
Erwiesensein einer Tatsache (Abs. 3, S. 2, 3. Alt.)	29
Völlig ungeeignete Beweismittel (Abs. 3 S. 2, 4. Alt.)	30, 31
Unerreichbarkeit eines Beweismittels (Abs. 3 S. 2, 5. Alt.)	32–36
Verschleppungsabsicht (Abs. 3 S. 2, 6. Alt.)	37
Wahrunterstellung (Abs. 3 S. 2, 7. Alt.)	38, 39
Anträge auf Vernehmung von Sachverständigen	40–46
Anträge auf Augenscheinseinnahme	47
Vernehmung von Auslandszeugen	48
Revision	49–51

Beweisaufnahme. Beweisaufnahme iSd Abs. 1 ist die förmliche Einführung 1 von Tatsachenstoff in die Hauptverhandlung (KK-Herdegen Rn. 1). Dabei ist **beherrschendes Prinzip** des deutschen Strafprozesses die Ermittlung des **wahren Sachverhalts** (BVerfGE 33, 383; 57, 275; 63, 61; BVerfG NStZ 1987, 419; BGH 10, 118 = NJW 1957, 598; 23, 187 = NJW 1990, 523). „Das Gericht hat sich des (erreichbaren, nicht durch ein Beweisverbot exkludierten) **sachnächsten Beweismittels** zu bedienen und dieses Beweismittel in der nach den Gegebenheiten **bestmöglichen Form zu verwenden**" (BGH 46, 152 = NJW 2000, 2518 s. Rn. 12). Das Ziel, die **materielle Wahrheit** zu erforschen, dient der Verwirklichung des materiellen Schuldprinzips und der Durchsetzung des staatlichen Strafanspruchs (BVerfGE 57, 275; BVerfG NStZ 1987, 419). Die Beweisaufnahme ist in **§§ 244– 257** geregelt. Für sie gelten die **Grundsätze der Mündlichkeit** (§ 261), der **Unmittelbarkeit** (§ 250), der **gerichtlichen Aufklärungspflicht** (§ 244 Abs. 2), der **freien richterlichen Beweiswürdigung** (§ 261) und der **zugelassenen Beweismittel** (Beulke Strafprozessrecht Rn. 403), der **Öffentlichkeit** (§§ 167 ff. GVG). Die **Einlassung des Angeklagten** zur Sache zählt nicht dazu; sie ist aber Beweisaufnahme im weiteren Sinn, soweit durch sie Tatsachenstoff eingeführt wird (BGH 28, 196 = NJW 1979, 663; vgl. Rn. 8). Beweisanträge müssen in der Hauptverhandlung **mündlich** gestellt werden. Das Vorlegen schriftlicher Anträge reicht zur formgerechten Antragstellung nicht aus (OLG Frankfurt NStZ-RR 1998, 210; s. Rn. 48). Die **absolute Beweiskraft** des Protokolls (§ 274) erfasst nur den **Beweisantrag** als solchen, nicht eine etwa gegebene Begründung (BGH NStZ 2000, 437). Zum Beweisantragsrecht s. Herdegen NStZ 1998, 444 und 1999, 176. Grundsätzlich haben die Verfahrensbeteiligten jederzeit, **ohne zeitliche Einengung,** das Recht, Beweisanträge zu stellen. Dies dient der Findung der materiellen Gerechtigkeit. Der Zeitpunkt der Antragstellung findet aber seine Grenze in § 244 Abs. 3, dem Institut der Prozessverschleppung (Karow S. 39). „Welche Beweismittel zulässig sind, regelt in erster Linie das staatliche Recht. Die Beweiswürdigung ist Aufgabe der staatlichen Gerichte. Beweise müssen grundsätzlich in **öffentlicher Sitzung** in **Anwesenheit des Angeklagten** erhoben werden, damit dieser dazu Stellung nahmen kann. Die Verwendung von Niederschriften über Aussagen, die vor der Hauptverhandlung gemacht wurden, verletzt nicht notwendig Art. 6 Abs. 3 und EMRK, wenn die Rechte der Verteidigung beachtet wurden. Erforderlich ist im Allgemeinen, dass der Angeklagte ausreichend Gelegenheit erhält, die **Glaubwürdigkeit** eines Belastungszeugen entweder bei dessen Aussage oder später anzugreifen und Fragen an ihn zu stellen" (EGMR NJW 2003, 2297).

2   **Beweis erhoben** wird über **Tatsachen,** die unmittelbar **(Haupttatsachen)** oder mittelbar **(Indiztatsachen)** für die Entscheidung von Bedeutung sein können, also äußere oder innere Geschehnisse oder Zustände in der Vergangenheit oder Gegenwart einschließlich einer Zukunftsprognose. Die Aufklärungspflicht erstreckt sich auf alle für die Entscheidung über die in der Anklage **bezeichneten Tat** (§ 155 Abs. 1) **erheblichen Tatsachen,** soweit diese eines Beweises bedürfen. Das Gericht hat also alle **äußeren und inneren** Tatsachen festzustellen, die **verfahrensrechtlich** oder für die **Schuldfrage** bzw. die **Rechtsfolgenentscheidung** erheblich sind (Eisenberg Beweisrecht Rn. 6). Die Richtigkeit von Vorhersagen oder von **Wertungen,** deren Grundlagen objektiv nicht geklärt werden können, kann nicht Beweisgegenstand sein (BGH 6, 357 = NJW 1954, 1896). **Fremdpsychische Tatsachen,** also etwa Absichten und Motive, sind aus äußeren Indiztatsachen zu erschließen (BGH 12, 287 = NJW 1959, 636). **Erfahrungssätze** (vgl. KK-Herdegen Rn. 5) können Beweisgegenstand sein, wenn sie nicht offenkundig sind; über sie wird regelmäßig durch Sachverständigenvernehmung Beweis erhoben. Über den Inhalt von **ausländischem, internationalem und Gewohnheitsrecht** kann Beweis erhoben werden, nicht aber über das anzuwendende inländische Recht (BGH NJW 1968, 1293). Was bereits zum Inbegriff der Hauptverhandlung geworden ist (zB frühere Aussagen von Zeugen), „unterliegt der unmittelbaren Würdigung des Gerichts und kann nicht seinerseits in derselben Hauptverhandlung zum Beweisgegenstand gemacht werden" (BGH NStZ 1995, 219 mwN). **Offenkundige Tatsachen und Erfahrungssätze** müssen in der **Hauptverhandlung** zur Sprache gebracht werden (BGH 6, 296 = NJW 1954, 1656; BGH NStZ 1995, 247; BVerfGE 48, 209 s. Rn. 26).

Hauptverhandlung **§ 244**

Zu unterscheiden sind **Haupt-** und **Hilfstatsachen.** Haupttatsachen sind solche, 3
die für die Erfüllung eines Tatbestandsmerkmals unmittelbar erheblich sind, Hilfstatsachen (Indizien) solche, aus deren Vorliegen oder Nichtvorliegen Schlüsse auf das Erwiesensein von Haupttatsachen gezogen werden können. Darunter sind auch Tatsachen zu verstehen, die einen Schluss auf die Qualität eines Beweismittels zulassen; zB die allgemeine Glaubwürdigkeit eines Zeugen (Eisenberg Beweisrecht Rn. 10). Hierher gehört auch der **Alibibeweis.** Für die Geltung von § 244 hat die Unterscheidung keine Bedeutung (vgl. BGH NStZ 1981, 309). Zur Anwendung des **Zweifelssatzes** auf Hilfstatsachen vgl. § 261 Rn. 17.

Schuld- und Rechtsfolgetatsachen sind im **Strengbeweisverfahren** der §§ 244– 4
257 zu erheben. Im Übrigen, also für Beweiserhebungen **außerhalb** der Hauptverhandlung, über das Vorliegen von **Prozessvoraussetzungen** sowie sonstiger **prozesserheblicher Tatsachen,** gilt das **Freibeweisverfahren,** unabhängig davon, ob diese Tatsachen die Urteilsgrundlagen unmittelbar beeinflussen (BGH NStZ 1999, 259; vgl. KK-Herdegen Rn. 6 f.). Das Freibeweisverfahren, für den das Gesetz **keine Regeln** aufgestellt hat, gilt insbesondere für die Feststellung von **Prozessvoraussetzungen (Verhandlungsfähigkeit,** BGH 26, 84 = NJW 1975, 885; BGH 41, 18 = NJW 19; BVerfG NJW 1995, 1951; **Strafantrag,** BGH MDR 1955, 143) sowie der tatsächlichen Voraussetzungen von Eidesverboten (RG 56, 102), der §§ 231 Abs. 2, 231 a (BGH 26, 228 = NJW 1976, 116) und 329 Abs. 1 (BayObLG 1966, 58 = NJW 1966, 1981) und der Ablehnung von Beweisanträgen (Unerreichbarkeit eines Zeugen, BGH NStZ 1993, 50; völlige Ungeeignetheit eines Beweismittels, BGH NStZ 1985, 14; Sachkunde eines Sachverständigen, BGH NStZ 1988, 373). Auch Grundlagen für die Entscheidung, ob die **Aufklärungspflicht** weitere Beweiserhebungen gebietet, können im Freibeweisverfahren erforscht werden (BGH 30, 131 = NJW 1981, 2267). Das **revisionsrechtliche Freibeweisverfahren** bei der Prüfung von Verfahrensvoraussetzungen findet seine **Grenze** nicht nur in der Bindung an vom Tatrichter festgestellten doppelrelevanten Tatsachen; ihm sind vielmehr auch Zeugen entzogen, die vom Tatrichter im Strengbeweisverfahren vernommen worden sind, sofern die auf ihren Angaben (mit)beruhenden Feststellungen die Entscheidung in der Sache (mit)tragen (BayObLG NStZ-RR 2001, 271).

Doppelrelevante Tatsachen sind solche, die **zugleich** für Schuld- und Rechts- 5
folgefragen oder für Prozessentscheidungen erheblich sind. Sie sind grds. im Strengbeweisverfahren festzustellen (BGH StV 1991, 148); im Freibeweisverfahren können aber zunächst die prozessual erheblichen Umstände aufgeklärt werden (BGH 26, 228, 231 = NJW 1976, 116). Später im Strengbeweis getroffene abweichende Feststellungen gehen vor.

Strengbeweis ist die Erforschung von Tatsachen mit den in § 244 genannten 6
Beweismitteln: Zeugen, Sachverständige, Urkunden und Augenschein. Strengbeweis ist das Beweisverfahren nach den §§ 244 bis 256 unter Beachtung der Grundsätze der Mündlichkeit (§ 261) und Öffentlichkeit der Verhandlung (§ 169 GVG). Das Gesetz verlangt ihn nur für die Feststellung der Schuld- und Rechtsfolgetatsachen in der **Hauptverhandlung;** sonst gilt Freibeweis. Der Ausschluss des Beweisantragsrechts in §§ 384 Abs. 3; 420 Abs. 4; 436 Abs. 2 sowie in § 78 Abs. 3 S. 1 JGG und eine Einschränkung in § 77 OWiG lässt die sonstigen Grundsätze des Strengbeweisrechts unberührt (Meyer-Goßner Rn. 7). Auch wenn Beweismittel gleichzeitig benutzt werden (etwa Zeugenaussage und Augenscheineinnahme), bleiben sie selbstständig und folgen den für sie jeweils geltenden Regeln (BGH 33, 217 = NJW 1985, 2096). Das gilt auch, wenn eine Beweisperson zugleich als Sachverständiger und als Zeuge gehört wird, ebenso für **besondere Formen** der Beweiserhebung wie etwa **Gegenüberstellungen** und **Experimente** (vgl. Rn. 18); diese sind Bestandteile des Zeugen-, Sachverständigen- oder Augenscheinsbeweises (BGH StV 1987, 5; vgl. KK-Herdegen Rn. 15 f.). Ein **Ur-**

§ 244

kunde kann zwar auch Gegenstand des Augenscheinsbeweises sein, jedoch nur, soweit es auf ihr Vorhandensein oder ihre äußere Beschaffenheit ankommt. Soweit ihr **Inhalt** beweiserheblich ist, ist dieser grundsätzlich zu verlesen (BGH NStZ 1999, 424).

7 **Freibeweis** ist eine Beweiserhebung ohne Geltung der Grundsätze der Mündlichkeit, Unmittelbarkeit und Öffentlichkeit (BGH 16, 164 = NJW 1961, 1979); er kann überall dort praktiziert werden, wo der Strengbeweis nicht erforderlich ist. Das Gericht ist hier nicht an einen abgeschlossenen Katalog von Beweismitteln gebunden, sondern kann **alle verfügbaren Erkenntnisquellen** nutzen (BGH NStZ-RR 1999, 259). Auch die Formvorschriften der §§ 243 ff. gelten nicht (BGH 16, 164). Zulässig sind insbesondere die Einholung von schriftlichen und telefonischen Auskünften (BGH NStZ 1984, 134), dienstlichen Erklärungen und anwaltlichen Versicherungen (BGH 13, 358 = NJW 1960, 349) sowie die Verlesung oder inhaltliche Wiedergabe von polizeilichen Anhörungen, privaten Gutachten und beigezogenen Akten. Die **Vereidigung** von Zeugen und Sachverständigen steht im Ermessen des Gerichts (RG 66, 113); **Beweisanträge** sind nur Anregungen, über die ohne Bindung an Abs. 3–6 und § 245 Abs. 2 unter Beachtung der **Aufklärungspflicht** – bildet die Grenze auch im Freibeweisverfahren (BVerfG NJW 1986, 768) – nach pflichtgemäßem Ermessen zu entscheiden ist (BGH 16, 164; BGH NStZ 1984, 18). Auch im Freibeweisverfahren zu beachten sind **Beweisverbote,** der Grundsatz des **rechtlichen Gehörs** (BGH 21, 85 = NJW 1966, 2321) sowie §§ 52 ff., 60, 136 Abs. 1 S. 2.

8 **Aufklärungspflicht (Abs. 2).** Adressat des Aufklärungsgebots ist das Gericht. Die Aufklärungspflicht erstreckt sich auf alle materiell- und verfahrensrechtlich **erheblichen Tatsachen.** Unter dem Aspekt des Schuldspruchs wird der Rahmen vom prozessualen Tatbegriff abgesteckt, § 264 Abs. 1 (KK-Herdegen Rn. 19). Der Richter muss auch ohne Antrag und selbst gegen den Willen des Angeklagten entlastende und belastende Beweismöglichkeiten ausschöpfen (BGH 34, 210 = NJW 1987, 660; BGH NStZ 1990, 384; 1991, 399; KK-Herdegen Rn. 20 mwN). Abs. 2 schreibt nicht vor, dass in jedem Fall eine Beweisaufnahme iSd Abs. 1 erforderlich sei. Das Gericht kann eine Verurteilung allein auf ein glaubwürdiges **Geständnis** des Angeklagten stützen (BGH 2, 269 = NJW 1952, 673; vgl. § 261). Zur Verlesung **schriftlicher Angaben** des Angeklagten zur Sache s. § 243 Rn. 10. Aus Abs. 2 ergibt sich aber, dass die **Ermittlung des wahren Sachverhalts** das zentrale Anliegen des Strafprozesses ist (BVerfG 63, 45 = NJW 83, 1043). Das Gericht ist daher verpflichtet, die **Beweismöglichkeiten** ohne Bindung an Anträge und Zustimmungen der Verfahrensbeteiligten allseitig **auszuschöpfen** (BGH 34, 209 = NJW 1987, 660), soweit irgendwie im Verfahrensablauf bekanntgewordene Tatsachen zum Gebrauch von Beweismitteln drängen oder ihn nahelegen (BGH 30, 131, 140 = NJW 1981, 2267) oder wenn ihm aus den Akten oder aus dem Stoff der Verhandlung noch Umstände oder Möglichkeiten bekannt sind, die bei umständiger Würdigung der Sachlage begründete Zweifel an der Richtigkeit der (auf Grund der bisherigen Beweisaufnahme erlangten) Überzeugung wecken müssen. Ob dies der Fall ist und der Tatrichter zum Gebrauch eines weiteren Beweismittels gedrängt war, entscheidet das Revisionsgericht (BGH NStZ-RR 1996, 299). Die Prozessbeteiligten haben einen nicht abdingbaren **Anspruch** darauf, dass das Gericht die Beweisaufnahme auf alle Tatsachen und Beweismittel erstreckt, die für die Entscheidung von Bedeutung sind (BGH (GS) 32, 122 = NJW 1984, 247). Andererseits verbietet Abs. 2 eine **überschießende Aufklärung.** Zur „überschießenden Aufklärung" ist der Richter nicht verpflichtet (BGH 40, 3 = NJW 1994, 1294). Dem Antrag, einen **bereits vernommenen Zeugen** zum selben Beweisthema nochmals zu vernehmen, braucht das Gericht – vorbehaltlich seiner Aufklärungspflicht – nicht zu entsprechen, weil ein derartiges Verlangen lediglich auf Wiederholung der Beweiserhebung abzielt (BGH NStZ 1999, 312). Die **Beanstandung,** der Tatrichter habe

Hauptverhandlung **§ 244**

den Beweisgehalt eines in der Hauptverhandlung **erhobenen Beweismittels nicht ausgeschöpft**, kann mit der Revision nicht geltend gemacht werden (BGH NStZ 2000, 156). Es kann auch mit der Aufklärungsrüge grundsätzlich nicht gerügt werden, dass das Gericht versäumt habe, an einen Zeugen eine **bestimmte Frage zu richten** (BGH NStZ 2000, 157). Im Einzelfall kann die ausufernde Erhebung fern liegender Beweise, etwa zur „Aufhellung des Umfelds" oder der „Hintergründe" einer Tat, mit der Rüge nach § 338 Nr. 8 angegriffen werden. Ob **nicht angeklagte Straftaten** mit dem abzuurteilenden Vorwurf einen solchen engen Zusammenhang aufweisen, dass sie zwecks Findung der **gerechten Strafe** aufgeklärt werden müssen, hat zunächst der Tatrichter zu entscheiden. Selbst wenn er diese Frage bejaht, darf der Tatrichter, jedenfalls wenn absehbar ist, dass eine Strafe für die Nachtat in eine zu bildende Gesamtstrafe einfließen wird, den gebotenen Umfang seiner Aufklärungsbemühungen auch an seiner Pflicht zur Beschleunigung und Konzentration der Hauptverhandlung messen (BGH NStZ-RR 1996, 334). „Will der Tatrichter über die Warnfunktion einer früheren Verurteilung hinaus auch die Art der Tatbegehung strafschärfend heranziehen, muss er diese feststellen. Dies kann durch Verlesung der Gründe des früheren Urteils geschehen, soweit nicht die Aufklärungspflicht oder Beweisanträge andere Beweiserhebungen gebieten" (BGH NJW 1997, 2828).

Die Aufklärungspflicht bezieht sich auf die Umstände der angeklagten Tat (§ 264) **9** einschließlich aller Tatsachen, die für die Anwendung des **sachlichen Rechts** (BGH 22, 105 = NJW 1968, 901) und des **Verfahrensrechts** von Bedeutung sind. Auch die **persönlichen Verhältnisse** des Angeklagten einschließlich seiner **Vorstrafen** sind, soweit erforderlich, aufzuklären. Um eine möglichst zuverlässige Beweisgrundlage zu erhalten, muss das Gericht alle nicht von vornherein aussichtslosen Bemühungen unternehmen (BGH 29, 109 = NJW 1980, 464); vorher darf es weder den **Zweifelssatz** anwenden (BGH 13, 326) noch eine **Wahlfeststellung** treffen. Gründe, die **zur Ablehnung eines Beweisantrages** berechtigen, lassen auch die Aufklärungspflicht entfallen. Hat sich der benannte, zur Verweigerung des Zeugnisses berechtigte Zeuge auf sein Aussageverweigerungsrecht **telefonisch** berufen, besteht mithin auch im Rahmen des § 244 Abs. 2 keine Pflicht zu seiner Vernehmung (BGH NStZ-RR 2003, 205).

Eingeschränkt ist die Aufklärungspflicht durch **bindende Feststellungen** eines **10** anderen Gerichts, etwa nach Zurückverweisung (vgl. § 353 Rn. 6), durch **Beweisverbote** (BGH NStZ 1983, 1208) und durch **Schätzklauseln** nach §§ 40 Abs. 3, 73 b, 73 d Abs. 2, 74 c Abs. 3 StGB, 8 Abs. 3 WiStG sowie entsprechend § 287 ZPO im Verfahren nach §§ 403 ff. (BGH NJW 1987, 705; vgl. § 404 Rn. 6). Hier reicht es aus, **Anhaltspunkte** zu ermitteln, die nach der Lebenserfahrung eine hinreichend sichere Beurteilung erlauben (BGH NStZ 1989, 361); dabei sind die Bedeutung der Beweisfrage und der erforderliche Aufwand weiterer Ermittlungen gegeneinander abzuwägen (OLG Celle NJW 1984, 185). Leicht erreichbare oder präsente Beweismittel sind idR zu nutzen. Für **Beweisanträge**, die auf die **Grundlagen** einer Schätzung bezogen sind, gelten die Abs. 3–5 ohne Einschränkung; ein Antrag kann aber wegen **Bedeutungslosigkeit** (Abs. 3 S. 2) oder wegen **eigener Sachkunde** des Gerichts (Abs. 4 S. 1) abgelehnt werden, wenn das Gericht der Ansicht ist, es benötige die unter Beweis gestellte Tatsache als Schätzungsgrundlage nicht und die Beweiserhebung würde zu unvertretbarem Aufwand führen. Zu den Umständen, unter denen die Beiziehung von **Krankenunterlagen als nicht mehr verhältnismäßiger** Eingriff in einen besonders sensiblen Bereich der Privatsphäre auch unter dem Gesichtspunkt des § 244 Abs. 2 nicht in Betracht kommt, s. BGH NStZ 1997, 562.

Die Aufklärungspflicht gilt für das **gesamte Verfahren** (BGH 29, 109 = NJW **11** 1980, 464), namentlich auch in der **Rechtsmittelinstanz** (vgl. OLG Zweibrücken StV 1992, 153) und stets bei **Ermessensentscheidungen** des Gerichts, die

§ 244

sich auf den zu beurteilenden Tatsachenstoff beziehen (Einbeziehung nicht angeklagten oder ausgeschiedenen Verhaltens: BGH 34, 209 = NJW 1987, 660; Tatsachengrundlage der rechtlichen Beurteilung: BGH 28, 196 = NJW 1979, 663; BGH NStZ 1984, 328). Dabei ist zu beachten, dass die Aufklärungspflicht in einem jeweils nur im Einzelfall aufzulösenden Spannungsverhältnis zu § 261 steht (vgl. umfassend KK-Herdegen Rn. 26 ff.). Einen gleichförmig anzuwendenden **Beurteilungsmaßstab** für die Reichweite der Aufklärungspflicht im Einzelfall gibt es nicht. Beweis ist zu erheben, wenn sich aus dem gesamten Verfahrenslauf Umstände ergeben, die bei **verständiger Würdigung** der Sachlage **begründete Zweifel** an der Richtigkeit der erlangten Überzeugung wecken müssen, und wenn zur weiteren Aufklärung Beweismittel zur Verfügung stehen (BGH NStZ 1985, 324). Grundlage hierfür ist eine **Beweisprognose** des Gerichts, die weder die Aufklärungspflicht ins Uferlose ausdehnen (BGH 30, 131, 140 = NJW 1981, 2267; vgl. o. Rn. 8) noch die erkennbare Möglichkeit, dass das bisherige Beweisergebnis sich ändern könnte, durch vorschnelle **Beweisantizipation** ausschließen darf (BGH 36, 159, 165 = NJW 1989, 3291). **Subjektive Gewissheit** des Richters, eine Tatsache sei erwiesen, reicht dann nicht aus, wenn die Nutzung nahe liegender Beweismittel aus Sicht eines objektiven, sachkundigen Dritten die Möglichkeit einer Erschütterung dieser Überzeugung beinhaltet (BGH 30, 131; vgl. § 261 Rn. 2, 13).

12 Abs. 2 verlangt eine **möglichst sachnahe** und **erschöpfende** Beweiserhebung. Von mehreren Möglichkeiten des Beweises muss das Gericht diejenige auswählen, die die erkenntnismäßig bestmögliche Nähe zu den Tatsachen verspricht (BVerfG 57, 250, 277 = NJW 1981, 1719; BGH 33, 83, 89 = NJW 1985, 984; 46, 79 = NJW 2000, 2517). Ein Gericht kommt seiner Pflicht zur umfassenden Sachaufklärung regelmäßig nicht ausreichend nach, wenn es zum Nachweis einer vom Angeklagten bestrittenen Tat ein **sachnäheres Beweismittel** nicht heranzieht, obwohl es erreichbar ist. Nur dann, wenn ein Zeuge für seine unmittelbare Vernehmung nicht zur Verfügung steht, ist es unter dem Gesichtspunkt der Amtsaufklärungspflicht unbedenklich, allein das **sachfernere Beweismittel** zu benutzen (BGH NStZ 2004, 50; s. auch Rn. 1). Das schließt also die Verwendung sachferner Beweise, etwa von **Zeugen vom Hörensagen** (BGH 36, 159; 36, 162 = NJW 1989, 3291; s. auch vor § 48 Rn. 4), ebenso wenig aus wie die Ersetzung eines sachnahen, aber unerreichbaren durch ein sachferneres Beweismittel (BVerfG 57, 277; BGH NJW 1993, 803; BGH NStZ 1986, 520; KK-Herdegen Rn. 25). Begnügt sich das Tatgericht zB mit der **Sperrerklärung einer unzuständigen Behörde** für die Mitarbeiterin des Sozialdienstes und nimmt sie deren Nichterscheinen in der Hauptverhandlung hin, obwohl es sich im Hinblick auf die Beweislage um eine wichtige Zeugin handelte, ist die Aufklärungspflicht verletzt (BGH StV 2001, 549). Die **unzutreffende Annahme des Verwertungsverbots** nach § 136 a Abs. 3 ist revisionsrechtlich als **Verletzung der gerichtlichen Aufklärungspflicht** nach §§ 244 Abs. 2, 245 zu rügen (BGH StV 1995, 450). Zur **Nichtausschöpfung** eines Beweismittels s. Rn. 51. Der **mittelbare Beweis** verstößt nur dann gegen das Aufklärungsgebot, wenn die Möglichkeit einer höherwertigen Beweisstufe außer acht gelassen wird (BVerfG 57, 250; vgl. KK-Herdegen Rn. 25).

13 Die Aufklärungspflicht ist mit den sich aus **Abs. 3 u. 4** ergebenden Pflichten des Gerichts nicht deckungsgleich. Das **Beweisantragsrecht** zwingt zur Erhebung des Beweises, auch wenn das Gericht dies nicht für erforderlich hält (BGH 21, 118, 124 = NJW 1966, 2174). **Beweisantizipationen** sind hier weitgehend ausgeschlossen (vgl. Rn. 11 und Rn. 24). Liegen Gründe vor, die zur Ablehnung eines Beweisantrags berechtigen, so entfällt insoweit die Aufklärungspflicht (BGH NStZ 1991, 399); im Einzelfall kann sich hier jedoch aus Abs. 2 eine Pflicht zur weitergehenden Aufklärung ergeben (BGH 23, 176 = NJW 1970, 523). Zur Aufklärungsrüge vgl. Rn. 49.

Hauptverhandlung **§ 244**

Beweisantragsrecht. Ein Beweisantrag ist das Begehren eines Prozessbeteiligten, 14
zum Beweis einer **bestimmten Tatsache** ein **bestimmtes Beweismittel** zu
verwerten (BGH 6, 128 = NJW 1954, 1336; BGH NStZ 1999, 578). Ein Beweisantrag liegt nicht vor, wenn nicht erkennbar ist, welcher **Konnex zwischen Beweismittel und Beweistatsache** besteht (BGH NStZ 1998, 97). Die **Beweistatsache** muss bestimmt **behauptet** werden und darf sich nicht in allgemeinen Urteilen erschöpfen (BGH 37, 162, 164 = NJW 1991, 435; 39, 253 = NJW 1993, 2881). Mit anderen Worten: „Ein Beweisantrag liegt vor, wenn bestimmte Tatsachenbehauptungen aufgestellt werden, die mittels bestimmter Beweismittel bewiesen werden sollen" (BayObLG NJW 1996, 332; BGH 1, 31. **Mehrere** in einem Antrag behaupteten Tatsachen dürfen sich nicht widersprechen (BGH NStZ 1998, 209). Zum Beweisermittlungsantrag s. Rn. 17. Ein auf **Vernehmung eines Zeugen** gerichteter Beweisantrag verlangt sowohl die Behauptung einer konkreten Tatsache als auch die Behauptung, dass der Zeuge diese Tatsache aus eigener Wahrnehmung bekunden kann. Darüber hinaus muss erkennbar sein, weshalb der Zeuge überhaupt etwas zu dem Beweisthema bekunden können soll. In Fällen, in denen sich dieser Zusammenhang nicht von selbst versteht, ist die **Konnexität** zwischen Beweistatsache und Beweismittel näher darzulegen (BGH NStZ 2000, 437). Konnexität zwischen Beweistatsache und Beweismittel: Um einen aufs Geratewohl gestellten Beweisantrag handelt es sich nicht schon dann, wenn die bisherige Beweisaufnahme keine Anhaltspunkte für die Richtigkeit der Beweisbehauptung ergeben hat. Vielmehr kann hiervon etwa erst dann ausgegangen werden, wenn das bisherige Beweisergebnis, die Akten und der Antrag keinerlei Verknüpfung des Beweisthemas mit dem benannten Beweismittel erkennen lassen, so dass jeder Anhalt dafür fehlt, dass das Beweismittel überhaupt etwas zur Klärung der Beweisbehauptung beitragen kann (BGH NStZ 2002, 383). Der Antrag hat nicht **Wertungen,** sondern **Tatsachen** vorzutragen, die bewiesen werden sollen (vgl. LR-Gollwitzer Rn. 105). Normative Bewertungen müssen, auch wenn sie äußeres Handeln einer Person betreffen (zB „situationsangepasstes Verhalten") in **bestimmte Tatsachen** übertragen werden (BGH NStZ 1995, 96 mwN). Dabei muss der Antragsteller vom Vorliegen der Tatsache **nicht überzeugt sein;** es reicht aus, dass er sie **vermutet** (BGH 21, 118, 125 = NJW 1966, 2174; BGH NStZ 1989, 334; 1993, 144). Anträge, die nur auf das „Ob" einer Tatsache abzielen oder ohne jede Grundlage „ins Blaue hinein" gestellt werden, sind jedoch nur als **Beweisermittlungsanträge** (Rn. 17) zu behandeln (BGH NStZ 1992, 397). Eine weitergehende Bewertung der Tatsachenbehauptung ist für die Behandlung als Beweisantrag unerheblich; insbesondere darf ein Antrag nicht deshalb als Beweisermittlungsantrag behandelt werden, weil die Behauptung dem bisherigen Beweisergebnis widerspricht (BGH StV 1993, 3), mit früheren Tatsachenbehauptungen des Antragstellers unvereinbar ist oder weil das Beweisergebnis zweifelhaft erscheint (BGH NStZ 1993, 247). Die Behauptung, ein bestimmtes Ereignis habe **nicht stattgefunden,** reicht idR nicht aus (BGH 39, 251, 254 = NJW 1993, 2881 m. Anm. Widmaier NStZ 1993, 602; Hamm StV 1993, 455), wenn nicht der Gegenschluss auf eine positive Tatsache möglich ist. Das beantragte **Beweismittel** muss **bestimmt bezeichnet** werden. Bei **Urkunden** reicht die Verweisung auf umfangreiche Akten nicht aus, wenn nicht gerade die Urkundensammlung den Beweis erbringen soll (BGH 37, 168, 172 = NJW 1991, 1622). Die konkrete Bezeichnung des Beweismittels, die Voraussetzung für die Annahme eines Beweisantrags, erfordert im Fall von **Urkunden,** die Teile **von Akten** sind, die genaue Kennzeichnung des zu Beweiszwecken zu verwertenden Dokuments (BGH NStZ-RR 1998, 276). **Zeugen** müssen so individualisiert werden, dass dem Gericht ermöglicht wird, Name und Anschrift zu ermitteln (BGH 40, 3 = NJW 1994, 1294 m. Anm. Widmaier NStZ 1994, 247; BGH NStZ 1995, 246; BGH StV 1989, 379). Ein Beweisantrag muss bestimmte **Beweistatsachen** bezeichnen. Mit dem Einwand **sachwidriger Einengung der**

Beweisbehauptung kann die Revision dann nicht gehört werden, wenn nicht vorgetragen ist, dass eine entsprechende Beanstandung bereits in der Hauptverhandlung vorgebracht wurde; dies ist als Reaktion auf den verkündeten ablehnenden Gerichtsbeschluss unerlässlich (BGH StV 2001, 436). „Wird ein Zeuge als Beweismittel benannt, müssen diese Beweistatsachen dem Zeugenbeweis zugänglich sein. Ein Zeuge kann grundsätzlich nur über seine **eigenen Wahrnehmungen** vernommen werden ... Gegenstand des Zeugenbeweises können nur solche Umstände oder Geschehnisse sein, die mit dem benannten Beweismittel unmittelbar bewiesen werden sollen. Soll aus den Wahrnehmungen des Zeugen auf ein bestimmtes weiteres Geschehen geschlossen werden, ist nicht dieses weitere Geschehen, sondern nur die Wahrnehmung des Zeugen tauglicher Gegenstand des Zeugenbeweises. Die Schlüsse aus den Wahrnehmungen des Zeugen hat das Gericht zu ziehen" (BGH 39, 253 = NJW 1993, 2881). „Ein Beweisantrag iSd § 244 Abs. 3 S. 2 setzt als erstes Erfordernis eine konkrete und bestimmte Behauptung einer Tatsache voraus (vgl. BGH 37, 162, 164 f.). Als weitere Anforderung an einen auf eine Zeugenvernehmung zielenden Beweisantrag kommt hinzu, dass der Zeuge die behauptete Tatsache auf Grund eigener Wahrnehmung bekunden kann. Dies muss ebenfalls – wenn auch nur im Wege der Auslegung – aus dem Antrag hervorgehen. Denn ein Zeuge kann grundsätzlich nur über seine eigenen Wahrnehmungen vernommen werden, sei es, dass er die von ihm zu bekundenden Tatsachen gesehen, gehört, gelesen, gefühlt oder mit seinem Geschmackssinn wahrgenommen hat. Gegenstand des Zeugenbeweises können deshalb nur solche Umstände und Geschehnisse sein, die mit dem Beweismittel unmittelbar bewiesen werden sollen. Soll aus den Wahrnehmungen des Zeugen auf ein bestimmtes weiteres Geschehen geschlossen werden, ist nicht dieses weitere Geschehen, sondern die Wahrnehmung des Zeugen tauglicher Gegenstand des Zeugenbeweises" (BGH NJW 1998, 1723; vgl. BGH 39, 251, 253 = NJW 1993, 2881). **Sachverständige** müssen nicht namentlich bekannt werden; ihre Auswahl obliegt dem Gericht (§ 73 Abs. 1 S. 1), das an Vorschläge des Antragstellers (vorbehaltlich Abs. 4 S. 2, letzter HS) nicht gebunden ist.

15   Der Beweisantrag kann **unbedingt oder bedingt** gestellt werden. **Bedingte Beweisanträge** sind zulässig, wenn die Bedingung ein **innerprozessuales Ereignis** ist, etwa der Eintritt einer bestimmten Prozesslage, eine bestimmte Entscheidung des Gerichts (BGH 29, 396 = NJW 1981, 354) oder der Umstand, dass das Gericht zu einer bestimmten Beurteilung der Beweislage gelangt (BGH NStZ 1989, 191: Glaubwürdigkeit eines Zeugen). Die begriffliche Abgrenzung des letzteren Falles als „Eventualbeweisantrag" (vgl. KK-Herdegen Rn. 50) erscheint zweifelhaft (Meyer-Goßner Rn. 22 b mwN). Über den Antrag muss nur entschieden werden, wenn die Bedingung eintritt. Der zulässig erhobene bedingte Beweisantrag ist das einzige Mittel, Hinweise zur gegenwärtigen Beurteilung der Beweislage durch das Gericht in der Hauptverhandlung zu erzwingen.

16   Eine Sonderform des bedingten Beweisantrages ist der **Hilfsbeweisantrag.** Hier wird ein Beweisantrag, verknüpft mit einem **Hauptantrag,** an eine Bedingung gebunden, die den Inhalt des Urteilstenors betrifft (vgl. BGH 32, 10 = NJW 1983, 2396). „Hilfsanträge, die sich nach der zu beweisenden Behauptung gegen den **Schuldspruch** richten, aber nur **für den Fall** einer bestimmten Rechtsfolgeentscheidung als **gestellt gelten** sollen, sind unzulässig" (BGH 40, 287 = NJW 1995, 603). In der Antragstellung liegt idR zugleich ein **Verzicht** auf eine der Urteilsverkündung vorausgehende Entscheidung; der Hilfsbeweisantrag ist daher grds. erst in den **Urteilsgründen** zu bescheiden (BGH 32, 10, 13). Eine **Ausnahme** gilt nur dann, wenn der Antrag wegen **Verschleppungsabsicht** abgelehnt werden soll; der Beschluss hierüber ergeht noch vor Urteilsverkündung (BGH StV 1990, 394). Darüber hinaus kann der Antragsteller erklären, er **verzichte nicht** auf die Verbescheidung des Hilfsbeweisantrags vor Urteilsverkündung. Auch in diesem Fall ist ein den Antrag ablehnender Beschluss (Abs. 6) vorab zu verkünden (KG StV 1988, 518). Das

Hauptverhandlung **§ 244**

gilt nicht für erst **im Schlussvortrag** gestellte Anträge auf Anhörung eines (weiteren) Sachverständigen zur Glaubwürdigkeit eines Zeugen für den Fall einer bestimmten Glaubwürdigkeitsbeurteilung, denn hierüber kann erst im Urteil entschieden werden (BGH NStZ 1991, 47; 1995, 98). Ein Hilfsbeweisantrag darf wegen Prozessverschleppung nicht erst im Urteil abgelehnt werden (BGH NStZ-RR 1998, 14).

Der **Beweisermittlungsantrag** unterscheidet sich vom Beweisantrag dadurch, **17** dass Beweistatsache oder Beweismittel nicht bestimmt sind; er zielt darauf ab, sie zunächst aufzufinden (BGH 30, 131, 142 = NJW 1981, 2267). Mit anderen Worten: nur ein Beweisermittlungsantrag liegt vor, „wenn der Ast. in der Hoffnung, dass Nachforschungen zu seinen Gunsten sprechende Tatsachen ergeben, nur Vermutungen äußert, weil er eine bestimmte Behauptung noch nicht vorbringen oder bestimmte Beweismittel noch nicht angeben kann" (BayObLG NJW 1996, 332). So ist zB der Antrag, 54 Zeugen zum Beweis dafür zu vernehmen, dass der Angeklagte sich nicht an einer von einer großen Menschenmenge gebildeten Blockade einer Bundesautobahn und dabei begangenen Gewalttätigkeiten gegen Polizeibeamte beteiligt hat, kein Beweis-, sondern ein **Beweisermittlungsantrag**. Die Amtsaufklärungspflicht gebietet es nicht, einer solchen Beweisanregung nachzugehen, wenn der am Tatort im Besitz einer Tasche mit Molotow-Cocktails festgenommene Angekl. durch bereits erhobene Beweise (Zeugen, Videofilm) eindeutig als Täter feststeht (BayObLG NJW 1996, 331). Wird zB in einem Beweisantrag mitgeteilt, durch **Anfrage beim Ausländerzentralregister und Bundeszentralregister** könne die Suche nach dem Zeugen unter sämtlichen in Deutschland auffindbaren Personen gleichen Namens ermöglicht werden, so liegt in Wahrheit ein Beweisermittlungsantrag vor (BGH NStZ-RR 1997, 41). Für die Benennung eines Zeugen als Voraussetzung für die Annahme eines **Beweisantrages in Abgrenzung zu einem Beweisermittlungsantrag** genügt es, den ersten Buchstaben des Vornamens sowie den Nachnamen des zu vernehmenden Zeugen und dessen Anschrift anzugeben. Ein **Beweisermittlungsantrag** liegt nicht deshalb vor, weil der Antragsteller vorträgt, die von ihm behauptete Beweistatsache werde von ihm nur vermutet bzw. für möglich gehalten (KG StV 2001, 673). Der Antrag auf **Beziehung von Akten** ist bei Fehlen einer bestimmten Bezeichnung der Beweismittel kein nach Abs. 3 und 4 zu bescheidender Beweisantrag, sondern ein nach Maßgabe der Aufklärungspflicht (Abs. 2) zu beurteilender Beweisermittlungsantrag (BGH NStZ-RR 1998, 276). Bei dem Antrag, die bei dem Hausarzt einer **Zeugin geführten Krankenunterlagen** beizuziehen, handelt es sich regelmäßig um einen Beweisermittlungsantrag, auf den § 244 Abs. 3 S. 2 keine Anwendung findet (BGH NStZ 1997, 562). Beweisermittlungsanträge liegen vor, wenn entweder bestimmte Tatsachenbehauptungen (noch) nicht aufgestellt (Antrag auf Sachverständigengutachten oder Augenscheinseinnahme mit ungewissem Ergebnis; BGH NStZ 1985, 205) oder Beweismittel nicht hinreichend genau bezeichnet werden können (Antrag, aus einem größeren Kreis von Personen Zeugen zu ermitteln; BGH NStZ 1983, 210); beides kann kombiniert sein. Über den Antrag, der ins Protokoll aufzunehmen ist, entscheidet der **Vorsitzende** (vgl. KK-Herdegen Rn. 55); gegen seine Entscheidung kann das Gericht angerufen werden (§ 238 Abs. 2). Gründe, die die Ablehnung eines entsprechenden Beweisantrags tragen würden, rechtfertigen stets auch die Ablehnung eines Beweisermittlungsantrags (BGH NStZ 1991, 399). **Im Zweifel** ist daher nach Abs. 6 zu verfahren, im Übrigen nach Maßgabe des Abs. 2 zu entscheiden.

Dagegen sind **Beweisanregungen** solche Anträge, die auf die **Art und Weise** **18** **der Beweiserhebung** abzielen (etwa Gegenüberstellungen, Experimente oder Anträge auf Sicherstellung von Beweismitteln (vgl. LR-Gollwitzer Rn. 127 ff.). Abs. 3 und 4 gelten für diese Anträge nicht; soweit nicht Sonderregelungen bestehen (§§ 58 Abs. 2, 81 a, 61 c), ist über sie unter Beachtung der Aufklärungspflicht zu entscheiden. Eines förmlichen Bescheides bedarf es nicht, wenn

§ 244

eine Beweisanregung keine Beweistätigkeit des Gerichts auslöst. Das gilt zB bei einem Antrag, die Erhebung eines Beweises zu **wiederholen** (BGH 15, 163 = NJW 1960, 2349; BGH NStZ-RR 2002, 258), und für **Beweiserbieten,** durch welche das Gericht auf die Möglichkeit einer Beweiserhebung hingewiesen wird. Zum **Experimentalbeweisantrag** im Strafprozess s. Karow S. 16 ff.

19 Das Gericht ist **verpflichtet,** auf die Stellung sachgerechter Anträge **hinzuwirken** und die Prozessbeteiligten hierbei zu unterstützen (BGH 22, 122 = NJW 1968, 1485); das folgt aus seiner **Fürsorgepflicht** (vgl. BGH NStZ 1993, 228; 1994, 483). Dazu gehört auch eine **Auslegung** unklarer oder mißverständlicher Anträge, die dem erkennbaren Ziel des Antragstellers Rechnung trägt (BGH 37, 166 = NJW 1991, 435). Andererseits ist das Gericht weder verpflichtet noch berechtigt, inhaltlich klare, jedoch mangelhaft gefasste Beweisanträge umzuformulieren oder anderweitig zu heilen. Die **Ablehnung** von in Antragsform vorgetragenen Beweisermittlungsanträgen und Beweisanregungen darf regelmäßig nicht, wie die von Hilfsbeweisanträgen (o. Rn. 16), den Urteilsgründen vorbehalten werden; es gilt vielmehr § 238.

20 **Antragsberechtigt** sind StA, Angeklagter, Verteidiger, Privatkläger, Nebenkläger, soweit das Beweisthema das Nebenklagedelikt betrifft, sowie Nebenbeteiligte (vgl. aber § 436 Abs. 2). Das Antragsrecht von Angeklagtem und Verteidiger ist jeweils **selbstständig. Form:** Beweisanträge sind **in der Hauptverhandlung mündlich** zu stellen; früher schriftlich gestellte Anträge müssen mündlich wiederholt werden (RG 61, 376). Die notwendige **Form** ist grundsätzlich entsprechend dem Mündlichkeitsprinzip die **mündliche** Antragstellung in der Hauptverhandlung (OLG Frankfurt NStZ-RR 1998, 210). Auch wenn der Antragsteller in der Hauptverhandlung ein Schriftstück mit der Erklärung übergibt, es enthalte Beweisanträge, muss das Beweisbegehren vorgetragen und den übrigen Verfahrensbeteiligten Gelegenheit zur Stellungnahme gegeben werden. Aber das Gericht kann den Verfahrensbeteiligten aufgeben, gemäß § 257 a Beweisanträge und Beweisanregungen **schriftlich** zu stellen. Die Anordnung muss in einem **Gerichtsbeschluss** getroffen werden (vgl. bei § 257 a). **Protokollierung:** Nach § 273 Abs. 1 muss der Beweisantrag, auch der Hilfsantrag, nicht aber die mündliche Begründung, die der Antragsteller dem Antrag hinzufügt (OLG Nürnberg MDR 1984, 74), im **Sitzungsprotokoll beurkundet** werden; es muss den Antragsteller und den Inhalt des Antrags ausweisen (BGH GA 1960, 315). War der Antrag aus einem dem Gericht überreichten Schriftsatz verlesen worden, so genügt in der Sitzungsniederschrift die Bezugnahme auf das als Anlage zum Protokoll genommene Schriftstück (Meyer-Goßner Rn. 36). **Spätester Zeitpunkt** für die Antragstellung ist der Beginn der Urteilsverkündung (BGH 21, 124 = NJW 1966, 2174; BGH NStZ 1982, 41). Auch nachdem das Gericht zur Urteilsverkündung im Sitzungssaal erscheint, können noch Beweisanträge gestellt werden (BGH NJW 1967, 2019; Meyer-Goßner Rn. 33). Lehnt der Vorsitzende die Entgegennahme des Antrags ab, gilt § 238 Abs. 2 (BGH NStZ 1992, 346), es sei denn, der Vorsitzende lässt den Antragsteller nicht zu Wort kommen (BGH NStZ 1992, 248). Nach Beginn der Urteilsverkündung **bis** zum Schluss der **mündlichen Begründung** (BGH 25, 333 = NJW 1974, 1518) steht es also im Ermessen des Vorsitzenden, ob weitere Anträge entgegengenommen werden – bedeutet aber nicht Eintritt in die mündliche Verhandlung – (BGH 1986, 182). Eine **ablehnende Entscheidung** braucht nicht begründet zu werden (BGH NStZ 1985, 182). Die Anrufung des Gerichts nach § 238 Abs. 2 ist ausgeschlossen. Der Vorsitzende kann dann aus eigenem Recht die Begründung fortsetzen. Die Nichtberücksichtigung kann insoweit nur mit der Verletzung der Aufklärungspflicht gerügt werden (BGH NStZ 1986, 182). **Rücknahme** des Antrags oder **Verzicht** auf die Beweiserhebung sind auch noch nach deren Beginn möglich; sie sind zu **protokollieren** (BGH StV 1983, 319) und heben die Verpflichtung des Gerichts auf, den Beweis zu erheben oder nach Abs. 6 zu entscheiden. Ist das Beweismittel

Hauptverhandlung **§ 244**

schon **präsent,** so gilt § 245 Abs. 1 S. 2. Eine Antragsrücknahme ist auch durch schlüssige Handlung möglich (BGH NStZ 1993, 28); nicht ausreichend ist die Erklärung, keine weiteren Beweisanträge stellen zu wollen (BGH StV 1987, 189).

Die Erhebung des beantragten Beweises ordnet der **Vorsitzende** an (§ 238 Abs. 1). Das Tatgericht ist **verpflichtet,** dem Beweisantrag (kein Ermessen) nachzugehen; denn er ist eine Einwirkungshandlung mit Unbedingtheitsanspruch (Alsbert/Nüse/Meyer S. 34). Der Beweisantrag kann nur unter den enumerativ genannten **Bedingungen des § 244 Abs. 3 bis 5** abgelehnt werden (Karow S. 24). Die **Ablehnung eines Beweisantrags** erfordert regelmäßig einen **Beschluss des Gerichts, Abs. 6.** Das gilt nur dann nicht, wenn statt des beantragten Beweismittels ein **gleichwertiges** anderes verwendet wird (BGH 34, 357 = NJW 1987, 2593). Er erscheint regelmäßig nicht sachgerecht, die Ablehnung eines Beweisantrages vorsorglich **auf mehrere Ablehnungsgründe** zu stützen. Dieses Verfahren verstößt gegen § 244 III StPO, wenn die Ablehnungsgründe nicht ausreichend dargelegt sind oder sich gegenseitig ausschließen (BGH NStZ 2004, 51). Der ablehnende Beschluss muss den Beweisantrag ohne Verkürzung oder Umdeutung in seiner vollen Tragweite erledigen (BGH NStZ 1983, 210); er darf das Beweisthema nicht verfehlen (BGH StV 1991, 500). Seine Begründung muss es dem Antragsteller ermöglichen, sein Prozessverhalten auf die Ansicht des Gerichts einzurichten. Sie muss in sich verständlich und vollständig sein, damit eine Überprüfung der Gesetzmäßigkeit durch das Revisionsgericht möglich ist (BGH 29, 152 = NJW 1980, 1533). Der Beschluss muss die Ablehnungsgründe genau bezeichnen; es darf nicht offen bleiben, aus welchem gesetzlichen Grund der Antrag abgelehnt wird. Bei Ablehnung wegen **Bedeutungslosigkeit** (Rn. 28) ist darzulegen, ob diese aus tatsächlichen oder rechtlichen Gründen angenommen wird; die Gründe sind im Einzelnen anzugeben (BGH 2, 286 = NJW 1952, 714). Bei Ablehnung wegen **Unerreichbarkeit** (Rn. 32 ff.) oder **Verschleppungsabsicht** (Rn. 37) sind die tatsächlichen Umstände, die zu dieser Beurteilung führen, mitzuteilen (BGH NStZ 1993, 50). Durch die **Urteilsgründe** lässt sich der Ablehnungsbeschluss **nicht ändern** oder ergänzen (BGH 19, 26 = NJW 1963, 1788; 29, 152 = NJW 1980, 1533; BGH NStZ 1984, 565).

Bekanntzugeben ist der Ablehnungsbeschluss regelmäßig sofort, jedenfalls aber vor dem Schluss der Beweisaufnahme (§ 258 Abs. 1). Beschluss- und Urteilsverkündung dürfen nicht zusammenfallen (BGH 19, 26 = NJW 1963, 1788), auch nicht bei Wahrunterstellung (RG JW 1922, 1037 Nr. 49). Anders ist es nur bei **Hilfsbeweisanträgen,** deren Ablehnung nicht auf Verschleppungsabsicht gestützt wird und bei denen der Antragsteller nicht erklärt hat, er verzichte nicht auf Bescheidung vor der Urteilsverkündung (vgl. Rn. 16). Der Ablehnungsbeschluss kann durch die **Urteilsgründe** weder verändert noch ergänzt werden (BGH 29, 152 = NJW 1980, 1533). Ein Austausch der Begründung ist auch innerhalb desselben Ablehnungsgrundes rechtsfehlerhaft; das Urteil wird darauf regelmäßig beruhen, wenn sich nicht ausnahmsweise ausschließen lässt, dass der Antragsteller bei zutreffender Begründung keinerlei andere Verteidigungsmöglichkeiten gehabt hätte (vgl. KK-Herdegen Rn. 61). Eine **Aufhebung** oder **Änderung** des Ablehnungsbeschlusses ist bis zum Schluss der Hauptverhandlung möglich, nach dem Zeitpunkt des § 258 Abs. 1 unter Wiedereintritt in die Beweisaufnahme.

Ablehnungsgründe von Beweisanträgen. Die gesetzlichen Ablehnungsgründe sind in **Abs. 3–5** abschließend aufgezählt (BGH 29, 151 = NJW 1980, 1533). Dabei verweist **Abs. 5** für Anträge auf **Augenscheinsbeweis** und auf Vernehmung von **Auslandszeugen** auf **Abs. 2** (BGH NStZ 1988, 88) und nimmt diese Anträge daher aus dem Katalog tatbestandlich umschriebener Ablehnungsgründe heraus (vgl. Meyer-Goßner Rn. 43 e f. mwN). Aus den in Abs. 3 aufgezählten 8 Gründen darf **jeder** Beweisantrag abgelehnt werden; Abs. 4 erweitert diesen Katalog für Anträge auf Sachverständigenbeweis. Aber beruht die Begrün-

21

22

23

§ 244 Zweites Buch. 6. Abschnitt

dung, mit der das Gericht eine beantragte Beweiserhebung **ablehnt,** auf einer **bloßen Vermutung,** so ist die Ablehnung fehlerhaft (OLG Hamm NJW 2002, 2807). Im **Strafbefehlsverfahren** ist § 411 Abs. 2 S. 2 iVm § 420 zu beachten.

24   Eine **Beweisantizipation,** also die Vorwegnahme des Beweisergebnisses mit der für den Antragsteller nachteiligen Folgerung, der Beweis werde nicht gelingen, ist **grundsätzlich verboten** (RG 1, 189; BGH 8, 181; BGH NStZ 1987, 17). Das Gericht darf insbesondere einen Beweisantrag nicht mit der Begründung ablehnen, das **Gegenteil** der Beweisbehauptung sei bereits erwiesen **(Ausnahme Abs. 4 S. 2, 1. HS),** eine Bestätigung sei nicht zu erwarten (BGH StV 1994, 62), die Behauptung widerspreche früheren Behauptungen des Antragstellers oder der beantragte Zeuge sei unglaubhaft (vgl. LR-Gollwitzer Rn. 182 ff.; KK-Herdegen Rn. 65 f.). **Ausnahmen** vom Verbot der Beweisantizipation gelten im Strafbefehls- (§ 411 Abs. 2 S. 2 iVm § 420), Privatklage- (§ 384 Abs. 3) und OWi-Verfahren (§ 77 OWiG); beim Sachverständigen- (Rn. 43) und Augenscheinsbeweis (Rn. 47) sowie im Bereich des **Abs. 3 S. 2** sind antizipierende Wertungen nicht schlechthin verboten, insbesondere bei den Ablehnungsgründen der Ungeeignetheit (Rn. 30 f.) und der Verschleppungsabsicht (Rn. 37). Schließlich kann ein Beweisantrag auch abgelehnt werden, wenn das **Gegenteil** der behaupteten Tatsache **offenkundig** ist (Abs. 3 S. 2, 1. Alt.; vgl. BGH 6, 293 = NJW 1954, 1656).

25   **Unzulässigkeit der Beweiserhebung (Abs. 3 S. 1)** liegt vor, wenn der Antrag sich auf **unzulässige Beweismittel** (Mitangeklagte oder Privatkläger als Zeugen, rechtswidrig erlangte Sachbeweismittel – vgl. BGH StV 1995, 65 m. Anm. Preuß –, unter Verstoß gegen §§ 136 a, 69 Abs. 3 oder Belehrungspflichten gewonnene Urkunden) oder auf **unzulässige Beweisthemen** richtet. Art. 102 iVm Art. 2 Abs. 2 S. 1 GG **beschränkt** den internationalen Rechtshilfeverkehr in Strafsachen dahingehend, dass deutsche Ermittlungsergebnisse für ein ausländisches Strafverfahren nur zur Verfügung gestellt werden können, wenn gewährleistet wird, dass diese Ermittlungsergebnisse nicht zum Zweck der Verhängung und Vollstreckung der **Todesstrafe** verwertet werden. Diese Beschränkung muss auch beachtet werden, wenn ausländische Strafverfolgungsbehörden durch deutsche Rechtshilfeersuchen und deren Ausführung in die Lage versetzt würden, eigene Strafverfahren wegen Straftaten einzuleiten, die dort mit Todesstrafe bedroht sind (BGH NStZ 1999, 634). Nicht zulässig ist etwa die Beweiserhebung über Rechts- und Wertungsfragen, über Vorgänge, die zum Inbegriff der laufenden Hauptverhandlung gehören (BGHR Abs. 3 S. 1 Unzulässigkeit 4, 7), über die Behandlung gleichartiger Fälle durch andere Gerichte (BGH 25, 207 = NJW 1973, 1805) oder über Tatsachen, die – nach Teilaufhebung und Zurückverweisung – bereits rechtskräftig festgestellt sind (BGHR Abs. 3 S. 1 Unzulässigkeit 1). Ist der Schuldspruch des Urteils **rechtskräftig** geworden, ist ein Beweisantrag, der auf Feststellung der Schuldunfähigkeit (§ 20 StGB) gerichtet ist, unzulässig (BGH 44, 119 = NJW 1998, 3212), desgleichen Hilfsbeweisanträge, die sich nach ihrer Beweisbehauptung gegen den Schuldspruch richten, aber nur für den Fall einer bestimmten Rechtsfolgenentscheidung gestellt sind (BGH NStZ 1995, 144; 1995, 246). **Scheinbeweisanträge,** die in der Form eines Beweisantrags ausschließlich **verfahrensfremde** Zwecke (etwa ideologische Propaganda; Ausschaltung eines erkennenden Richters; vgl. BGH StV 1991, 99) verfolgen, fallen gleichfalls hierunter (str.; vgl. BGH NStZ 1995, 52). Ist die Beweiserhebung unzulässig, so ist der Antrag **zwingend** abzulehnen. Der Antrag auf Vernehmung eines **Dolmetschers** zum Inhalt der von ihm **übersetzten** – in der Hauptverhandlung verlesenen – Aussage eines Zeugen kann nicht mit der Begründung zurückgewiesen werden, es werde im Ergebnis die Auslegung dieser Aussage beantragt. Die für die Annahme eines Beweisantrages erforderliche Konnexität zwischen Beweismittel und Beweisbehauptung bedeutet für den Fall des Zeugenbeweises nur, dass der Antrag erkennen lassen muss, weshalb der Zeuge überhaupt etwas zu dem Beweisthema bekunden können soll (BGH StV 2001, 97).

Hauptverhandlung **§ 244**

Offenkundigkeit der Beweistatsache oder ihres **Gegenteils (Abs. 3 S. 2,** 26
1. Alt.) umfasst **Allgemeinkundigkeit** und **Gerichtskundigkeit** (BGH 6, 293 = NJW 1954, 1656). Von der Offenkundigkeit **ausgeschlossen** sind Erkenntnisse aus ausgesetzten Hauptverhandlungen des laufenden Verfahrens sowie unmittelbar tatbestandsrelevante Umstände (BGH 6, 295). Stets sind offenkundige Tatsachen in der Hauptverhandlung zu **erörtern** (BVerfG 48, 209; BGH 6, 296; BGH NStZ 1995, 247). Aber der allgemeinkundige Erfahrungssatz bedarf keines Beweises (BGH 25, 251 = NJW 1973, 246; KK-Herdegen Rn. 70). Eine Ablehnung wegen Offenkundigkeit von Haupttatsachen (o. Rn. 3) ist unzulässig (vgl. Meyer-Goßner Rn. 52 mwN).

Allgemeinkundig sind solche Tatsachen und Erfahrungssätze, „von denen ver- 27
ständige Menschen regelmäßig Kenntnis haben oder über die sie sich aus zuverlässigen Quellen ohne besondere Fachkunde sicher unterrichten können" (BGH 6, 293 = NJW 1954, 1656; 45, 357 = NJW 2000, 1204; BVerfG 10, 183 = NJW 1960, 31). In Betracht kommen insbesondere geographische Gegebenheiten, geschichtlich erwiesene Tatsachen, Natur- oder gesellschaftliche Ereignisse. Die Allgemeinkundigkeit kann örtlich, zeitlich oder auf einen bestimmten Personenkreis beschränkt sein (BGH 6, 293). Das Gericht kann Quellen der Allgemeinkundigkeit wie Massenmedien, Nachschlagewerke oder Geschichtsbücher jederzeit nutzen. **Gerichtskundig** sind Tatsachen und Erfahrungssätze, die der Richter im Zusammenhang mit seiner dienstlichen Tätigkeit zuverlässig in Erfahrung gebracht hat (BVerfG 10, 183; BGH 6, 293; 45, 457 = NJW 2000, 1204), gleichgültig, ob er diese Kenntnis im laufenden oder in einem anderen Verfahren oder sonst auf dienstlichem Weg erlangt hat. Bei Kollegialgerichten reicht die Kenntnis eines Richters, der sie den anderen Mitgliedern des Spruchkörpers vermitteln muss (BGH 34, 210 = NJW 1987, 660). Gerichtskundige Tatsachen werden idR Gegenstand der Verhandlung sein müssen. Ihre Erörterung gehört aber nicht zu den wesentlichen Förmlichkeiten (kein Protokollierungszwang). Wird aber die Nichterörterung gerügt, kann die Richtigkeit des Revisionsvorbringens im Freibeweisverfahren geprüft werden (BGH 36, 354 = NJW 1990, 1740).

Die **Bedeutungslosigkeit einer Beweistatsache (Abs. 3 S. 2, 2. Alt.)** kann 28
auf **rechtlichen** oder **tatsächlichen** Gründen beruhen. Bedeutungslosigkeit aus **rechtlichen** Gründen liegt vor, wenn die Beweisbehauptung Tatbestandsmerkmale oder rechtlich erhebliche Umstände nicht berührt oder wenn sie aus Rechtsgründen keine Bedeutung mehr hat (zB Strafzumessungstatsache, wenn Schuldspruch aus bereits bewiesenen Gründen unmöglich ist; vgl. LR-Gollwitzer Rn. 221). Die **Erwartung des Tatrichters**, dass durch eine Aussage des benannten Zeugen die Beweisbehauptung nicht bestätigt werden und die bisherige **Beweislage unverändert bleiben** würde, rechtfertigt eine Ablehnung des Beweisantrages wegen **tatsächlicher Bedeutungslosigkeit nicht** (BGH StV 2001, 95). Die Ablehnung eines Beweisantrages wegen Bedeutungslosigkeit ist unter Beweis gestellten Tatsache und dann rechtsfehlerfrei, wenn der Tatrichter bei der Prüfung, ob die unter Beweis gestellte Tatsache für den Fall ihres Erwiesenseins die Entscheidung beeinflussen könne oder nicht, weder die Wahrheit der Beweistatsache noch den Wert des angebotenen Beweismittels in Frage stellt. Bei dem Beweisantrag auf Vernehmung eines Zeugen muss die Beurteilung der Zeugenqualität dem Gebrauch des Beweismittels in der Hauptverhandlung – also der Befragung des Zeugen – vorbehalten bleiben (BGH StV 2001, 95). **Tatsächliche** Bedeutungslosigkeit ist gegeben, wenn **Hilfstatsachen** selbst im Fall des Erwiesenseins nur mögliche, nicht aber zwingende Schlüsse zuließen, das Gericht diese nur möglichen Schlüsse aber unter Berücksichtigung des bisherigen Beweisergebnisses nicht ziehen will (BGH NJW 1988, 501; NStZ 1988, 211; StV 1992, 259). Die hierin liegende **Beweisantizipation** ist zulässig, jedoch dürfen die Beweisbehauptung nicht verkürzt und der Erfolg der Beweiserhebung nicht in Frage gestellt werden (BGH NStZ 1984, 564). „Eine

unter Beweis gestellte **Indiztatsache** ist aus tatsächlichen Gründen bedeutungslos iS von Abs. 3 S. 2, wenn das Gericht auch für den Fall, dass sie erwiesen wäre, daraus keinen für das Urteil relevanten Schluss ziehen würde. Dies ist zwar nach Maßgabe des bisherigen Beweisergebnisses zu beurteilen. Das bezieht sich aber nur auf die Beurteilung der weiteren relevanten Tatsachen" (BGH NJW 1997, 2762). Die Indiztatsache ist so, wie sie im Antrag behauptet wurde, im Rahmen einer (vorläufigen) Beweiswürdigung zu beurteilen; in den Urteilsgründen darf sich das Gericht mit der Beschlussbegründung nicht in Widerspruch setzen (BGH NStZ 1988, 38; 1994, 195; BGH NStZ 2000, 210). Eine **Tatsache ist** nur dann für die zu treffende Entscheidung **ohne Bedeutung,** wenn ein Zusammenhang zwischen ihr und der abzuurteilenden Tat nicht besteht oder wenn sie trotz eines solchen Zusammenhangs nicht geeignet ist, die Entscheidung irgendwie zu beeinflussen (BGH NStZ-RR 2000, 210). Zur Ablehnung eines Beweisantrags auf Durchführung eines **Stimmvergleichstests** als für die Entscheidung bedeutungslos, wenn dieser Antrag letztlich auf eine Wiederholung einer bereits durchgeführten Beweiserhebung unter abweichenden – nicht verlässlichen – Bedingungen hinausläuft (BGH NStZ 1997, 95). Eine unter Beweis gestellte **Indiztatsache** ist aus tatsächlichen Gründen bedeutungslos iSv § 244 Abs. 3 S. 2 wenn das Gericht auch für den Fall, dass sie erwiesen wäre, daraus keinen für das Urteil relevanten Schluss ziehen würde. Für diese Beurteilung ist die Beweistatsache so, **als sei sie erwiesen,** in die Würdigung einzustellen (BGH NStZ 2003, 380). Der **Ablehnungsbeschluss** muss deutlich machen, ob die Unerheblichkeit auf rechtlichen oder tatsächlichen Gründen beruht; die vorläufige Beweiswürdigung muss überprüfbar dargelegt werden. Die Annahme von Bedeutungslosigkeit einer Beweisbehauptung muss regelmäßig in dem **Ablehnungsbeschluss näher begründet** werden. Jedoch ist dies dann nicht erforderlich, wenn die Bedeutungslosigkeit auf der Hand liegt (BGH NStZ 2000, 46; 2000, 267). Die Zurückweisung eines Antrags als Beweisantrag mit der Begründung, die Beweistatsachen seien **„aufs Geratewohl behauptet worden",** ist fehlerhaft, wenn eine nicht **offenkundig bedeutungslose Tatsache** unter Beweis gestellt wird und die Möglichkeit besteht, dass die benannte Beweismittel zur Bestätigung der Beweistatsache geeignet ist (BGH StV 2000, 652). Die **Rüge,** § 244 Abs. 3 sei verletzt, muss bei einer Ablehnung des Beweisantrags wegen **Unerheblichkeit** auch die Tatsachen aufführen, aus denen sich die Erheblichkeit der Beweisbehauptung ergibt (BGH NStZ-RR 2000, 210).

29 Das **Erwiesensein einer Beweistatsache (Abs. 3 S. 2, 3. Alt.)** beruht gleichfalls auf vorläufiger Würdigung des bisherigen Beweisergebnisses. Erwiesen sein können belastende und entlastende Haupt- und Hilfstatsachen; auf ihre Erheblichkeit kommt es nicht an. Die Urteilsgründe dürfen der Ablehnungsbegründung nicht widersprechen (BGH NJW 1989, 845). Ist eine zur Entlastung des Angeklagten behauptete Tatsache schon erwiesen, so dürfen aus ihr (auch) belastende Schlüsse gezogen werden; eines entspr. Hinweises in der Hauptverhandlung bedarf es auch dann regelmäßig nicht, wenn der Antragsteller die Möglichkeit belastender Schlussfolgerungen erkennbar übersehen hat.

30 **Völlig ungeeignete Beweismittel (Abs. 3 S. 2, 4. Alt.)** sind solche, deren Verwendung einen Erfolg der Beweiserhebung als von vornherein ausgeschlossen erscheinen lässt und zur Sachaufklärung nicht beizutragen vermögen, so dass die Beweiserhebung auf eine bloße Verzögerung des Verfahrens hinausliefe (BGH 14, 342 = NJW 1960, 1582; BGH NStZ 1997, 304; 2002, 242); das muss nach **sicherer Lebenserfahrung** feststehen (BGH NStZ 1995, 45). Wie sich bereits aus dem Begriff „völlig ungeeignet" ergibt, muss es sich bei der Zurückweisung nach § 244 III StPO um ein Beweismittel handeln, dessen Inanspruchnahme von vornherein gänzlich nutzlos wäre, so dass die Erhebung des Beweises sich in einer **reinen Förmlichkeit** erschöpfen würde. Die völlige Ungeeignetheit muss sich aus dem Beweismittel im Zusammenhang mit der Beweisbehauptung selbst ergeben (s. BGH

Hauptverhandlung **§ 244**

NStZ 2004, 508). Wirkt der Beschuldigte freiwillig an einer **polygraphischen Untersuchung** mit, so verstößt dies nicht gegen Verfassungsgrundsätze oder § 136 a. Aber die polygraphische Untersuchung mittels des Kontrollfragentests und – jedenfalls im Zeitpunkt der Hauptverhandlung – des Tatwissentests führt zu einem völlig **ungeeigneten Beweismittel** iSd § 244 Abs. 3 S. 2 4. Alt. (BGH 44, 308 = NJW 1999, 657; BGH NStZ-RR 2000, 35; vgl. Schüssler, Polygraphie im deutschen Strafverfahren 2002). Eine Verfassungsbeschwerde gegen die Ablehnung eines Beweisantrags auf Anhörung eines Sachverständigen zu den Ergebnissen einer auf Wunsch des Beschwerdeführers an ihm vorgenommenen polygraphischen Untersuchung wurde als erfolglos abgelehnt (BVerfG NStZ 1998, 523). S. auch § 136 a Rn. 11. Ein **Zeuge** ist als Beweismittel **völlig ungeeignet,** wenn er unter keinen Umständen bereit ist, als Zeuge auszusagen (BGH NStZ 1999, 46). Er ist auch völlig ungeeignet, wenn körperliche oder geistige Gebrechen oder äußere Umstände die behauptete Wahrnehmung ausschließen oder wenn er allein zu fremdpsychischen Tatsachen aussagen soll; im letztgenannten Fall ist jedoch genau zu prüfen, ob der Beweisantrag in Wahrheit auf äußere Indiztatsachen abzielt. Bei der Beurteilung der Fähigkeit von Zeugen, sich an länger zurückliegende Ereignisse zu erinnern, kommt es auf die Umstände des Einzelfalls an (BGH NJW 1989, 1045). **Völlig ungeeignet** ist ein Zeuge nur dann, wenn das Gericht ohne Rücksicht auf das bisher gewonnene Beweisergebnis feststellen kann, dass sich mit dem angebotenen Beweismittel in dem Beweisantrag in Aussicht gestellte Ergebnis nach sicherer Lebenserfahrung nicht erzielen lässt (BGH NStZ 1995, 45). Dabei ist ein strenger Maßstab anzulegen. Die absolute Untauglichkeit muss sich aus dem Beweismittel im Zusammenhang mit der **Beweisbehauptung** selbst ergeben. Ein geminderter, geringer oder zweifelhafter Beweiswert darf nicht mit völliger Ungeeignetheit gleichgesetzt werden (BGH NStZ 2002, 242). Widerspricht es aber der **Lebenserfahrung,** dass der Zeuge die in sein Wissen gestellte Tatsache wahrgenommen hat und werden Anhaltspunkte dafür, der Zeuge habe dessen ungeachtet die behauptete Wahrnehmung dennoch gemacht, vom Antragsteller nicht vorgetragen, darf sein Beweisantrag mit der Begründung „völlig ungeeignetes Beweismittel" abgelehnt werden (BGH NStZ-RR 1997, 331). Die bloße Unwahrscheinlichkeit der Erinnerung reicht zur Ablehnung nicht aus (BGH NStZ 1993, 295).

Ein **Sachverständiger** ist als Beweismittel völlig ungeeignet, wenn jegliche Anknüpfungstatsachen für ein Gutachten fehlen (vgl. BGH NJW 1983, 404), wenn die Beweisbehauptung außerhalb seines Wissensgebietes liegt oder das Gutachten auf wissenschaftlich unüberprüfbaren (BGH NJW 1978, 1207) oder unausgereiften (BGH NStZ 1985, 515) Methoden beruhen würde. Dass der Sachverständige keine sicheren und eindeutigen Schlüsse ziehen kann, macht ihn als Beweismittel nicht ungeeignet, wenn Folgerungen auf die Wahrscheinlichkeit der Beweisbehauptung möglich sind (BGH NStZ 1995, 97). Stellt das Gericht auf Umstände ab, die dem gehörten Sachverständigen **unbekannt** waren und zu denen sich dieser deshalb nicht äußern konnte, so ist es grundsätzlich im Interesse einer umfassenden Sachaufklärung verpflichtet, dem Sachverständigen Gelegenheit zu geben, sich mit den abweichenden Anknüpfungstatsachen auseinanderzusetzen und sie in seine Begutachtung einzubeziehen (BGH NStZ 1995, 201). **Urkunden** sind insb. dann völlig ungeeignet, wenn sich die Beweistatsache aus ihrem Inhalt nicht ergeben kann oder wenn feststeht, dass ihr die Beweisbehauptung stützender Inhalt nachträglich verfälscht wurde. Ein **Augenschein** kann völlig ungeeignet sein, wenn nicht mehr rekonstruierbare Umstände bewiesen werden sollen oder wenn sich sein Gegenstand nachträglich so verändert hat, dass eine Besichtigung keinen Beweiswert mehr verspricht (RG 47, 106). Die **Begründung des Ablehnungsbeschlusses** muss die tatsächlichen Umstände, aus denen auf die völlige Ungeeignetheit des Beweismittels geschlossen wird, konkret, vollständig und ohne Verkürzung des Beweisthemas (BGH StV 1991, 500) darlegen (vgl. BGH NJW 1989, 1046). 31

32   Unerreichbarkeit eines Beweismittels (Abs. 3 S. 2, 5. Alt.), idR eines **Zeugen,** liegt vor, „wenn alle seiner Bedeutung und seinem Wert entsprechenden Bemühungen des Gerichts, es beizubringen, erfolglos geblieben sind und keine begründete Aussicht besteht, es in absehbarer Zeit herbeizuschaffen" (BVerfG 57, 273 = NJW 1981, 1719; BGH 29, 390 = NJW 1981, 355; BGH NJW 1990, 398). Welche Bemühungen des Gerichts hierfür erforderlich sind, ist unter Beachtung des **Aufklärungsgebots (Abs. 2)** und des **Beschleunigungsgrundsatzes** (BGH NStZ 1982, 127) zu entscheiden, wobei sowohl die Bedeutung der Sache als auch vor allem der Wert des Beweismittels und das Gewicht der Beweistatsache zu beachten sind (BGH 32, 73 = NJW 1984, 2772). Die Unerreichbarkeit ist noch nicht gegeben, wenn dem Gericht zumutbare Nachforschungen noch Aussicht auf Erfolg versprechen (BGH StV 1987, 45). Die im **Ausland befindliche Beweisperson** ist – vorbehaltlich **§ 244 Abs. 5 S. 2** – nicht ohne weiteres unerreichbar (BGH NJW 1991, 186), insbesondere müssen auch die Möglichkeiten des Europäischen Abkommens über die Rechtshilfe in Strafsachen **(EuRHÜbk)** ausgeschöpft werden (BGH NStZ 1990, 29; BGH StV 1992, 216) die Möglichkeiten einer kommissarischen Vernehmung geprüft (BGH NJW 1991, 186) und einer Vernehmung per Videokonferenz genutzt werden (BGH StV 2000, 348; Dahs/Dahs, Die Revision Rn. 334). Die Annahme, ein im **Ausland** lebender Zeuge sei **unerreichbar,** setzt nicht stets eine erfolglos gebliebene förmliche Ladung zur Hauptverhandlung im Wege der Rechtshilfe voraus. Eine solche Ladung ist entbehrlich, wenn der Tatrichter zu der Überzeugung gelangt, der Zeuge könne auch auf diese Weise nicht zum Erscheinen vor dem erkennenden Gericht bewogen werden (BGH NStZ 1993, 294). S. hierzu § 244 Abs. 5 S. 2.

33   Nicht unerreichbar ist ein Zeuge, der nur zum Terminstag nicht erscheinen kann (BGH NStZ 1983, 181), der vorübergehend abwesend oder erkrankt ist (OLG Celle NJW 1961, 1490), der auf Ladungen nicht reagiert oder unter seiner letzten bekannten Anschrift nicht geladen werden kann. Im letzteren Fall sind regelmäßig Bemühungen zur Aufenthaltsermittlung erforderlich (vgl. LR-Gollwitzer Rn. 263 ff.); erst wenn jeglicher konkreter Anhaltspunkt für die Aufenthaltsermittlung fehlt oder ein Zuwarten auf ein Erscheinen des Zeugen – durch Unterbrechung oder Aussetzung der Hauptverhandlung – unter Berücksichtigung der Umstände des Einzelfalls (Rn. 32) unverhältnismäßig wäre, kann der Zeuge als unerreichbar angesehen werden. Zeugen mit **Aufenthaltsort im Ausland** sind unerreichbar, wenn sie sich definitiv weigern, zur Vernehmung zu erscheinen, und wenn ihr Erscheinen nicht (etwa durch Überstellung, vgl. Art. 11 Abs. 1 EuRHÜbk.) erzwungen werden kann (BGH 22, 121 = NJW 1968, 1485; BGH NStZ 1993, 50). IdR bedarf es einer **förmlichen Ladung** des Auslandszeugen (BGH NJW 1982, 2738); diese ist entweder im **Rechtshilfeweg** (vgl. BGH NStZ 1990, 27), bei deutscher Staatsangehörigkeit des Zeugen über deutsche Konsularvertretungen (§ 16 KonsG; RiVASt Nr. 129 Abs. 3) oder, bei entsprechender völkerrechtlicher Vereinbarung (vgl. Art. 52 Abs. 1 des Schengener Durchführungsübereinkommens, BT-Drs. 12/2453), durch vereinfachte Zustellung nach § 37 Abs. 2 zu bewirken. Auf eine förmliche Ladung kann im **Einzelfall verzichtet** werden, wenn sie zwecklos erscheint (BGH 32, 74 = NJW 1984, 2772), etwa weil der Zeuge trotz eingehender Belehrung über seine Rechte und ggf. Zusicherung freien Geleits (vgl. Art. 12 Abs. 1, 3 EuRHÜbk.) von vornherein erklärt, einer Ladung keinesfalls Folge leisten zu wollen (vgl. KK-Herdegen Rn. 82). Eine solche definitive Weigerung kann im Freibeweisverfahren, etwa durch ein Telefongespräch unter Zuziehung eines Dolmetschers, festgestellt werden (vgl. BGH NJW 1990, 1124; NStZ 1991, 143; StV 1992, 216). Die **Weigerung eines im Ausland zu ladenden Zeugen,** vor dem erkennenden Gericht zu erscheinen, rechtfertigt nur dann die Ablehnung eines auf seine Vernehmung gerichteten Beweisantrags, wenn das Tatgericht unter Beachtung der ihm obliegenden Aufklärungspflicht alle der

Hauptverhandlung **§ 244**

Bedeutung des Zeugnisses entsprechenden Bemühungen zur Beibringung des Zeugen vergeblich entfaltet hat und auch keine begründete Aussicht besteht, dass dieser in absehbarer Zeit als Beweismittel herangezogen werden kann. Diese Voraussetzungen liegen nicht vor, wenn der Tatrichter von der Ladung eines Zeugen absieht, in dessen Wissen ein Alibi für den Angeklagten gestellt wird, dem Zeugen aber nur der Name eines Mitangeklagten genannt wird und er hierauf erklärt, diesen nicht zu kennen (BGH StV 2001, 664). Das Gericht kann auch mit dem Zeugen **unmittelbar Kontakt** aufnehmen, um seine Aussagebereitschaft festzustellen (Rose wistra 1998, 12).

Unerreichbar ist ein Zeuge, wenn die zuständige **oberste Dienstbehörde** 34 (BGH 32, 123 = NJW 1984, 247) sich weigert, seine Personalien offenzulegen, diese Entscheidung willkürfrei ist (BVerfG 57, 250, 287 = NJW 1981, 1719, 1724; BGH 36, 163 = NJW 1989, 3291; BGH NStZ 2001, 333) und das Gericht hinreichende Bemühungen unternommen hat, eventuelle Hinderungsgründe auszuräumen (BGH 35, 85 = NJW 1988, 2198, vgl. § 96 Rn. 4 f.; § 223 Rn. 4). Nach st. Rspr. des BGH rechtfertigt eine **Sperrerklärung** nur dann die Annahme der **Unerreichbarkeit** eines Zeugen iSd § 251 Abs. 2 und ermöglicht nur dann den Rückgriff auf eine sachfernere Beweiserhebung, wenn sie „nachvollziehbar, überzeugend und einleuchtend" (BGH NStZ 2000, 265) begründet, dass der Zeuge durch eine der Beweisaufnahme in der Hauptverhandlung dienende Vernehmung einer konkreten, aus bestimmten Umständen ableitbaren **Gefahr** für Leib oder Leben ausgesetzt würde (vgl. BGH NJW 1980, 464; 1985, 984). Ein **Informant** darf solange nicht als unerreichbares Beweismittel angesehen werden, als nicht eine Sperrerklärung der obersten Dienstbehörde entsprechend § 96 vorliegt. Ein **Zeuge,** dem im Falle wahrheitsgemäßer Aussage rechtsstaatwidrige Verfolgung oder nicht anwendbare Gefahr für Leib und Leben droht, darf nicht vernommen werden, auch wenn er erreichbar oder sogar präsent ist. Die Beweiserhebung ist unzulässig (BGH 39, 145 = NJW 1993, 1214; KK-Herdegen Rn. 84). Auch eine rechtmäßige Sperrerklärung führt aber nicht zu einem Beweisverbot, sondern bedeutet nur, dass das mit der Sache befasste Gericht die Weigerung der Behörde, die Identität eines Zeugen zu offenbaren, hinnehmen muss. Kennt das Gericht aber aus sonstigen Erkenntnisquellen die Identität des Zeugen, steht seiner Ladung und Vernehmung die Sperrerklärung nicht entgegen (BGH NStZ 2003, 610). Zur staatlichen **Geheimhaltung** und Aufklärung (BGH NJW 2004, 1259; § 261 Rn. 3). Die **Zusicherung der Vertraulichkeit** bindet nur die StA und die Polizei. Für das gerichtliche Verfahren hat sie keine Bedeutung (BGH NStZ 2001, 333; vgl. BGH 35, 85 = NJW 1988, 2187).

Ist ein Zeuge unerreichbar und steht daher für eine Vernehmung in der Haupt- 35 verhandlung nicht zur Verfügung, so hat das Gericht im Rahmen der Aufklärungspflicht zu prüfen, durch welche möglichst sachnahe Beweiserhebung (Rn. 12) sie **ersetzt** werden kann. In Betracht kommen insb. die kommissarische Vernehmung (§ 223), sofern diese nicht von vornherein als nutzlos angesehen werden muss (vgl. KK-Herdegen Rn. 83), die Verlesung von Niederschriften früherer Vernehmungen (§ 251) sowie die Vernehmung von Zeugen vom Hörensagen (BGH 33, 70 = NJW 1985, 1089; 36, 159). Seit Einfügung des § 247a gibt es zwei (nicht vollwertige) Surrogate für die nicht mögliche Anhörung eines körperlich in der Hauptverhandlung anwesenden Zeugen: die **audiovisuelle Vernehmung** (§ 247a S. 1 Hs. 2) und die Vernehmung im Wege der **Rechtshilfe.** Hierzu stellt der BGH fest: Mit Inkrafttreten des Zeugenschutzgesetzes war daher auch die Möglichkeit einer audiovisuellen Vernehmung als ein Weniger gegenüber der Vernehmung einer physisch in der Hauptverhandlung anwesenden Person, jedoch als das unter Umständen effektivere Beweismittel gegenüber der kommissarischen Vernehmung in Betracht zu ziehen. Dieser Frage hat sich das LG jedoch nicht gestellt" (BGH 45, 190 = NStZ 2000, 157).

§ 244 Zweites Buch. 6. Abschnitt

36   Beim **Sachverständigen** kommt der Ablehnungsgrund der Unerreichbarkeit wegen § 73 Abs. 1 S. 1 idR nicht in Betracht. Ist eine für die Gutachtenserstattung zwingend erforderliche Untersuchung rechtlich nicht erzwingbar, so liegt ein Fall der völligen Ungeeignetheit vor (**aA** RG 64, 162). Ein Sachverständiger ist u. a. dann ein völlig ungeeignetes Beweismittel, wenn es nicht möglich ist, ihm die sicheren tatsächlichen Grundlagen zu verschaffen, derer er für sein Gutachten bedarf (BGH NStZ 2003, 611). **Urkunden** sind unerreichbare Beweismittel, wenn unbekannt ist, wo sie sich befinden (RG 38, 257), wenn sie beschlagnahmefrei (§ 97) sind und der Gewahrsamsinhaber sie nicht herausgibt oder wenn eine wirksame Sperrerklärung (§ 96) der obersten Dienstbehörde vorliegt. Ein **Augenschein** ist unerreichbar, wenn die Besichtigung – etwa wegen Exterritorialität, §§ 18 ff. GVG – nicht erzwingbar oder wenn sie unzumutbar (§ 81 c Abs. 4) ist.

37   **Verschleppungsabsicht (Abs. 3 S. 2, 6. Alt.).** „Ein Beweisantrag kann wegen **Verschleppungsabsicht** abgelehnt werden (§ 244 Abs. 3 S. 2), wenn die verlangte Beweiserhebung geeignet ist, den Abschluss des Verfahrens wesentlich **hinauszuzögern,** sie zur Überzeugung des Gerichts **nichts Sachdienliches** zugunsten des Angeklagten erbringen kann, der Antragsteller **sich dessen bewusst ist** und mit dem Antrag ausschließlich die **Verzögerung** des Verfahrensabschlusses **bezweckt** wird. Eine dahingehende **Überzeugung** kann der Tatrichter auf der Grundlage aller dafür erheblichen Umstände gewinnen, namentlich unter Beachtung der Verhaltens des Angeklagten in und außerhalb der Hauptverhandlung, aber auch schon im Ermittlungsverfahren; er kann ferner den bisherigen Verfahrensverlauf berücksichtigen. Mit der Überzeugungsbildung, dass die Beweiserhebung oder schon die weiteren Bemühungen um die Gewinnung des bezeichneten Beweismittels keine dem Angeklagten günstige Wendung des Verfahrens herbeiführen würde, kann eine **Vorauswürdigung** des Beweises in Betracht kommen (vgl. zu den Anforderungen BGH NStZ 1990, 350; 1992, 551, jeweils mit weiteren Rechtsprechungsnachweisen; siehe auch BGH 21, 118, 122 = NJW 1966, 2174; Schäfer, Praxis des Strafverfahrens 6. Aufl. Rn. 1187 a; Sander NStZ 1998, 207). Die maßgeblichen Gründe muss der Tatrichter im **Ablehnungsbeschluss** darlegen (BGH 21, 121, 123 = NJW 1966, 2174; 29, 149, 151 = NJW 1980, 1533). Dabei ist zu beachten, dass der **späte Zeitpunkt** der Antragstellung für sich allein kein ausreichendes Anzeichen für ein Bewusstsein des Antragstellers von der Nutzlosigkeit der beantragten Beweiserhebung ist (vgl. § 246; BGH NStZ 1984, 230; 1982, 41). Der Umstand, dass die Verteidigerin den **Beweisantrag früher hätte stellen können,** reicht regelmäßig für sich genommen zur Annahme von Verschleppungsabsicht nicht aus (vgl. BGH 21, 118, 123; BGH NStZ 1998, 207). Der Ablehnungsgrund der Prozessverschleppung setzt zudem voraus, dass neben dem Gericht auch der Antragsteller selbst keinerlei günstige Auswirkungen des Beweisergebnisses auf den Prozessverlauf erwartet, er vielmehr **mit seinem Antrag ausschließlich die Verzögerung des Prozesses bezweckt** (BGH NStZ 1998, 207), und dass durch die beantragte Beweiserhebung eine nicht nur unerhebliche Verzögerung eintreten würde (BGH NStZ-RR 2002, 69). Hat der **Verteidiger** den Beweisantrag gestellt, so kommt es darauf an, **ob dieser in Verschleppungsabsicht** handelt. Liegen dem Antrag erkennbar Informationen des Angeklagten zugrunde, die der Verteidiger erst kurz vor der Antragstellung erlangt hat, so kann sich aus den gesamten Umständen gleichwohl ergeben, dass der Verteidiger sich eine Verschleppungsabsicht des Angeklagten zu eigen macht. So kann es auch liegen, wenn der Verteidiger auf Grund eigener Bewertung des Verfahrensverlaufs und des Verhaltens des Angeklagten nach der Überzeugung des Tatrichters eigenständig den sicheren Eindruck gewinnen musste, der erstrebte Beweis werde nichts dem Angeklagten Günstiges ergeben, so dass allein das Ziel der Verfahrensverzögerung verbleibt. Hat der Tatrichter sich eine entsprechende Überzeugung von der Prozessverschleppungsabsicht gebildet und diese unter Würdigung aller maßgeblichen Umstände im Ablehnungsbeschluss dar-

Hauptverhandlung **§ 244**

gelegt, prüft das **Revisionsgericht** dies lediglich darauf nach, ob die Erwägungen in tatsächlicher Hinsicht tragfähig und rechtlich zutreffend sind" (BGH NJW 2001, 1956). **Missbraucht** der Angeklagte sein Beweisantragsrecht in Verzögerungsabsicht, so kann das Gericht verlangen, dass er zukünftige Beweisanträge nur noch über seinen Verteidiger stellt (BGH 38, 111 = NJW 1992, 1245). Im **Ablehnungsbeschluss** sind die tatsächlichen Umstände, aus denen sich die Verfahrensverzögerung ergibt und auf die Verschleppungsabsicht des Antragstellers geschlossen wird, im Einzelnen darzulegen (BGH NJW 1982, 2201); darüber hinaus muss sich aus dem Beschluss ergeben, warum das Gericht der Überzeugung ist, die verlangte Beweiserhebung werde zu keinem sachdienlichen Ergebnis führen. Die **gängige Formel** lautet: Ein Beweisantrag darf wegen Prozessverschleppung abgelehnt werden, wenn die begehrte Beweiserhebung den Abschluss des Verfahrens erheblich hinauszögern kann, nach Überzeugung des Gerichts nichts Sachdienliches zu erbringen vermag, der Antragsteller sich dessen bewusst ist und mit seinem Verlangen ausschließlich eine Verzögerung des Verfahrens bezweckt (BGH 21, 118 = NJW 1966, 2174; 29, 149 = NJW 1980, 1533; BGH NStZ 1990, 350). **Hilfsbeweisanträge** dürfen wegen Verschleppungsabsicht nicht erst in den Urteilsgründen abgelehnt werden (vgl. Rn. 16).

Mit **Wahrunterstellung (Abs. 3 S. 2, 7. Alt.)** kann ein Beweisantrag abgelehnt 38 werden, wenn eine **erhebliche, zugunsten des Angeklagten** wirkende Haupt- oder Hilfstatsache behauptet wird, die nach der Prognose des Gerichts nicht mit hinreichender Sicherheit widerlegt werden kann. Wahrunterstellung ist daher eine **Vorwegnahme des Zweifelssatzes;** dies findet seine Ergänzung darin, dass eine als wahr unterstellte Tatsache im Urteil in **keiner Richtung zulasten des Angeklagten gewertet** werden darf (BGH 1, 137 = NJW 1951, 573). „Eine Wahrunterstellung ist grundsätzlich nur zulässig, wenn dies ohne Verletzung der Aufklärungspflicht geschehen kann" (BGH NStZ-RR 1997, 8). In der Rspr. des BGH ist zwar anerkannt, dass sich der Tatrichter in den Urteilsgründen grundsätzlich nicht ausdrücklich mit als wahr unterstellten Tatsachen auseinandersetzen muss. Feststellungen und Beweiswürdigung dürfen der Wahrunterstellung lediglich nicht widersprechen; sie müssen sich mit ihr in Einklang bringen lassen. In der der Wahrunterstellung liegende Zusage kann es aber im Einzelfall ausnahmsweise und weitergehend gebieten, die als wahr unterstellte Tatsache im Rahmen der Beweiswürdigung **ausdrücklich mit zu erwägen.** Das ist dann der Fall, wenn sich dies angesichts der im Übrigen gegebenen Beweislage aufdrängt und die Beweiswürdigung sich sonst als lückenhaft erwiese (BGH 28, 310 = NJW 1979, 1513; BGH wistra 2001, 150). **Bedeutungslosigkeit** (Rn. 28) und Wahrunterstellung der Beweistatsache schließen einander aus (BGH NStZ-RR 2003, 268); ein späterer Wechsel in der Beurteilung der Erheblichkeit ist jedoch unschädlich und muss dem Angeklagten idR nicht mitgeteilt werden (BGH NStZ 1983, 357). Die Wahrunterstellung enthält eine bindende Zusage der Bewertung der Beweistatsache als erheblich (BGH NJW 1961, 2069). Auch wenn ein Beweisantrag den an ihn gestellten Konkretisierungsanforderungen nicht genügt, darf das Gericht, wenn es die Beweisbehauptung bei dessen Ablehnung als wahr unterstellt hat, bei der Beweiswürdigung von dieser Wahrunterstellung nicht abweichen (BGH NStZ-RR 1998, 13). Die **Aufklärungspflicht** geht der Wahrunterstellung vor; diese kommt daher idR nicht in Betracht, wenn zum Beweis der Unglaubwürdigkeit eines Zeugen Tatsachen behauptet werden, die dieser bestreitet (BGH NStZ 1992, 28), oder wenn die **Voraussetzungen des § 31 BtMG** bewiesen werden sollen (BGHR § 244 Abs. 3 S. 2 Wahrunterstellung 24).

Als wahr unterstellt wird **die behauptete Tatsache** ohne Einengung oder Um- 39 deutung (BGH NStZ 1989, 129), nicht etwa nur, dass die bezeichnete Beweisperson sie bekunden wird (BGH NStZ 1984, 564; StV 1995, 5). In der Beweiswürdigung ist vom vollen Gelingen des Beweises auszugehen. An die **Schlussfolgerungen,** die

§ 244 Zweites Buch. 6. Abschnitt

der Antragsteller aus der Beweistatsache zieht, bindet die Wahrunterstellung hingegen nicht (BGH NStZ 1983, 422); Schlüsse **zuungunsten** des Angeklagten dürfen aber, anders als im Fall des Erwiesenseins (o. Rn. 29), nicht gezogen werden. Die **Urteilsgründe** dürfen der Wahrunterstellung nicht widersprechen (BGH 32, 45, 47 = NJW 1984, 2228; BGH NStZ-RR 1998, 14). Eine ausdrückliche Erörterung der als wahr unterstellten Tatsache ist erforderlich, wenn die Beweiswürdigung sonst lückenhaft bliebe (BGH 28, 311 = NJW 1979, 1513) oder wenn das Gericht sie nachträglich als unerheblich ansieht (str.; vgl. Meyer-Goßner Rn. 70; KK-Herdegen Rn. 96). Die **Revision** ist auf die **Sachrüge** zu stützen, wenn die Würdigung der Beweistatsache im Urteil rechtsfehlerhaft ist; ihre Einengung oder Umdeutung, ihre rechtsfehlerhafte Feststellung, ist mit der **Verfahrensrüge** anzugreifen (BGH 32, 46). Die Nichteinhaltung der Wahrunterstellung verletzt den **Grundsatz des fairen Verfahrens** (BGH 32, 45; str.).

40 **Anträge auf Vernehmung von Sachverständigen** können aus den in **Abs. 3** aufgeführten Gründen abgelehnt werden. Dieser Katalog wird **Abs. 4 S. 1** für **jeden** und durch **Abs. 4 S. 2** für einen **weiteren**, dh. für einen zusätzlichen Sachverständigen **zum selben Beweisthema,** erweitert.

41 **Eigene Sachkunde des Gerichts** rechtfertigt die Ablehnung. In der Tatsacheninstanz entscheidet der Richter selbst, ob er die erforderliche Sachkunde hat. Der Richter kann sich **eigene Sachkunde** ad hoc verschaffen und sie sogleich anwenden (BGH 12, 18 = NJW 1958, 1596; er kann eigene Sachkunde erst im laufenden Verfahren auf Grund der Bekundungen eines Sachverständigen oder eines sachverständigen Zeugen erlangen (BGH NStZ 1984, 211; 2000, 437). Es genügt, dass sich die **Mehrheit des Kollegiums** eigene Sachkunde verschafft (LR-Gollwitzer Rn. 301; KK-Herdegen Rn. 27). Aber die Berechtigung seiner Annahme, es sei selbst sachkundig, muss das Gericht **in den Urteilsgründen plausibel** machen, wenn es mehr als Allgemeinwissen in Anspruch nimmt (BGH 2, 165 = NJW 1952, 554; 12, 20 = NJW 1958, 1596; KK-Herdegen Rn. 28). Die Rspr. hat zB die Beteiligung eines Sachverständigen bei einem Täter **verlangt** mit **Schädel- und Hirnverletzungen** (BGH NJW 1969, 1578), bei **Epileptikern** (BGH StV 1982, 55; 1992, 503), bei **Sexualdelikten** und anderen Straftaten im Rückbildungsalter (BGH StV 1989, 2002) sowie bei **Triebanomalien** und **ungewöhnlicher** Tatausführung (BGH NStZ 1989, 190). S. auch § 261 Rn. 9. Der Grundsatz, dass die **Würdigung von Zeugenaussagen** zum Wesen richterlicher Rechtsfindung gehört und daher grundsätzlich dem Tatrichter anvertraut ist, gilt auch für die Aussage eines **Kindes** oder eines **jugendlichen Zeugen,** der Opfer eines an ihm begangenen **Sexualdelikts** ist. Die Heranziehung eines Sachverständigen ist aber dann geboten, wenn der zur Aburteilung stehende Sachverhalt ausnahmsweise solche Besonderheiten ausweist, dass Zweifel daran aufkommen können, ob die Sachkunde des Gerichts auch zur Beurteilung der **Glaubwürdigkeit** unter den gegebenen besonderen Umständen ausreicht (BGH NStZ 2001, 105). Eine **Beweisaufnahme über die Sachkunde des Gerichts** findet nicht statt (BGH NStZ 2000, 156). Die Sachkunde muss gerade dasjenige Fachwissen umfassen, das zur Beurteilung der Beweisbehauptung erforderlich ist. Die Sachkunde des Richters kann sich aus beruflicher oder außerberuflicher Ausbildung oder Erfahrung ergeben, insb. auch aus der Kenntnis von Gutachten in anderen im laufenden Verfahren (BGH NStZ 1984, 211), aus richterlicher Tätigkeit auf einem bestimmten Spezialgebiet (BGH NStZ 1983, 325) oder aus dem Studium von Fachliteratur (vgl. BGH 12, 19 = NJW 1958, 1596). Nicht ausreichend ist idR die Kenntnis allgemeiner Grundlagen und Theoreme eines Fachgebiets, wenn es im Einzelfall gerade auf **Anwendungs- oder Auswertungswissen** ankommt (vgl. KK-Herdegen Rn. 27). Die Auswirkungen von **Alkohol** und **bestimmten Medikamenten** auf die Erinnerungsfähigkeit stellt spezifisches Fachwissen dar, das kein Allgemeingut von Richtern ist. Deren eigene Sachkunde bedarf daher der näheren Darlegung, wenn auf sie die Zurückweisung eines Beweisantrags

Hauptverhandlung **§ 244**

gestützt wird (BGH NStZ-RR 2000, 332). Die freibeweisliche Befragung eines Sachverständigen **außerhalb der Hauptverhandlung** ist unzulässig, wenn damit der beantragte Strengbeweis umgangen würde (str.). Die Sachkunde eines Mitglieds eines **Kollegialgerichts** reicht aus, wenn es sein Wissen den übrigen Richtern vermittelt (BGH 12, 19).

Bei **normativen Bewertungen,** die regelmäßig zum Inhalt richterlicher Tätig- 42 keit gehören, namentlich der **Schuldfähigkeits- und Glaubwürdigkeitsbeurteilung,** kann sich das Gericht eigene Sachkunde zutrauen, wenn nicht tatsächliche **Anhaltspunkte** für Abweichungen vom psychischen Normbereich vorliegen. Die nicht fern liegende Möglichkeit, dass die **Schuldfähigkeit** des Angeklagten zumindest erheblich eingeschränkt war, erfordert idR die Zuziehung eines Sachverständigen (BGH NJW 1964; 2213; 1993, 1540; vgl. KK-Herdegen Rn. 29 f.). Bei der Beurteilung der **Glaubwürdigkeit** können verschiedenste Besonderheiten in der Person des Aussagenden oder bei der Entstehungsgeschichte der Aussage (vgl. BGH StV 1995, 227) eine sachverständige Begutachtung gebieten (BGH 23, 12 = NJW 1969, 2293; vgl. § 73 Rn. 1; Meyer-Goßner Rn. 74). Ob dies der Fall ist, soll unter Berücksichtigung auch der gesamten übrigen Beweislage beurteilt werden (BGH 7, 85 = NJW 1955, 599; str.). Häufig wird die Feststellung psychischer Besonderheiten (etwa geistiger Erkrankung, BGH StV 1990, 8; geistiger Verwirrtheit, BGH NStZ 1991, 47; eingeschränkten Erinnerungsvermögens, BGH NJW 1967, 313; vgl. Eisenberg Rn. 1360 f.) der Aussageperson ihrerseits nur durch einen Sachverständigen möglich sein (BGH 7, 83). „Hält der Tatrichter zur Beurteilung der **Glaubwürdigkeit** der Angaben eines **Zeugen** die Zuziehung eines Sachverständigen für geboten, wird er sich der Hilfe eines **Psychologen** bedienen, wenn ‚normalpsychologische' Wahrnehmungs-, Gedächtnis- und Denkprozesse in Rede stehen. Das gilt auch für den Fall intellektueller Minderleistung eines Zeugen. Der besonderen Sachkunde eines **Psychiaters** bedarf es allenfalls dann, wenn die Zeugentüchtigkeit dadurch in Frage gestellt ist, dass der Zeuge an einer geistigen Erkrankung leidet oder sonst Hinweise darauf vorliegen, dass die Zeugentüchtigkeit durch aktuelle psychopathalogische Ursachen beeinträchtigt sein kann" (BGH NJW 2002, 1813). Die Beurteilung solcher krankhafter Zustände setzt besondere medizinische Fachkenntnisse voraus (BGH 23, 12 = NJW 1969, 2293). Der Tatrichter kann davon absehen, einen **Psychologen** als weiteren Sachverständigen zur Glaubwürdigkeit des erwachsenen Zeugen zu hören, wenn er sich auf Grund des Gutachtens eines **psychiatrischen** Sachverständigen die nötige Sachkunde verschafft hat, dass die Auffälligkeiten in der Person des Zeugen auf dessen Zeugentüchtigkeit keinen Einfluss haben (BGH NStZ 1998, 366). Weist zB die **kindliche Zeugin** im hohen Maße besondere, vom gewöhnlichen Erscheinungsbild eines Kindes ihrer Altersstufe abweichende **Eigentümlichkeiten** (hier: Folgen einer geistigen Behinderung) auf, so kann deren Beurteilung in Bezug auf die **Glaubwürdigkeit** die Sachkunde auch einer seit Jahren mit Jugendschutzsachen befassten Kammer übersteigen (BGH NStZ-RR 1997, 171). Auch die Frage, ob eine **Erkrankung** Auswirkungen auf die **Aussagetüchtigkeit** hat, verlangt in aller Regel medizinische und nicht aussagepsychologische Kenntnisse. In solchen Fällen darf sich der Tatrichter mithin nicht mit der Beauftragung eines Psychologen begnügen, sondern muss (zusätzlich) einen Psychiater als Sachverständigen heranziehen (BGH NStZ-RR 1997, 106). Die besondere Sachkunde eines Psychiaters wird benötigt, „wenn ein Zeuge an einer **geistigen Erkrankung** leidet, die sich auf seine Aussagetüchtigkeit auswirken kann, denn die Beurteilung krankhafter Zustände setzt medizinische Kenntnisse voraus, die der Psychologe nicht besitzt" (BGH NStZ 1997, 199; BGH 23, 12 = NJW 1969, 2293; BGH NJW 2002, 1813). Die **Auswirkungen von Alkohol und bestimmten Medikamenten** auf die Erinnerungsfähigkeit stellt spezifisches Fachwissen dar, das nicht Allgemeingut von Richtern ist, weshalb die eigene Sachkunde als Ablehnungsgrund für einen Beweisantrag einer näheren Darlegung bedarf (BGH

§ 244 *Zweites Buch. 6. Abschnitt*

StV 2001, 665). Der BGH hat Mindestanforderungen an die **Begutachtung der Glaubhaftigkeit** von Zeugenaussagen aufgestellt, die zu **beachten sind** (BGH 45, 164 = NJW 1999, 2746; vgl. auch KK-Herdegen § 244 Rn. 31; Offe NJW 2000, 929). Zu den **wissenschaftlichen Anforderungen an aussagepsychologische Begutachtungen (Glaubhaftigkeitsgutachten)** (s. BGH 45, 164 = NJW 1999, 2746; BGH NStZ 2001, 45). Die Ablehnung eines Beweisantrags auf Vernehmung eines Sachverständigen scheidet aus, wenn seine Mitwirkung gesetzlich vorgeschrieben ist (§§ 80 a, 81, 246 a, § 73 JGG). Die Untersuchung eines **Zeugen** zum Zwecke der **Beurteilung seiner Aussage** ist kein in § 81 c (Untersuchung anderer Personen) geregelter Eingriff. Diese Vorschrift enthält eine abschließende Regelung. Infolgedessen kann ein **Zeuge die Glaubwürdigkeitsuntersuchung verweigern** (BGH 13, 398 = NJW 1960, 584; 14, 23 = NJW 1960, 586; BGH NStZ 1982, 432; KK-Herdegen Rn. 31). Trotzdem kann er vom Sachverständigen in der Hauptverhandlung beobachtet und befragt (§ 80 Abs. 2 Vorbereitung des Gutachtens) und auf diese Weise Gegenstand einer gutachtlichen Äußerung werden; „die Zeugnispflicht schließt (insoweit) ein, dass der Zeuge die Prüfung seiner Glaubwürdigkeit dulden muss" (BGH 23, 2 = NJW 1969, 1582: BGH StV 1991, 406; KK-Herdegen Rn. 31).

43   Der Antrag auf **Anhörung eines weiteren Sachverständigen (Abs. 4 S. 2)** setzt voraus, dass bereits ein oder mehrere Gutachten zum selben Beweisthema in der laufenden Hauptverhandlung erstattet worden sind (vgl. BGH 34, 355 = NJW 1987, 2593). Der frühere Gutachter muss nicht derselben Fachrichtung angehören (BGH 39, 49 = NJW 1993, 866). Der Beweisantrag kann abgelehnt werden, wenn **durch das frühere Gutachten** das Gegenteil der Beweisbehauptung erwiesen ist; eine Widerlegung (auch) durch andere Beweismittel kommt nicht in Betracht (BGH MDR 1993, 165). Diese Beurteilung setzt voraus, dass das Gericht durch das frühere Gutachten ausreichend sichere eigene Sachkunde erworben hat, so dass idR auch eine Ablehnung nach Abs. 4 S. 1 zulässig ist (BGH NStZ 1985, 421). Darauf, ob das Gericht dem Ergebnis des früheren Gutachtens beitritt, kommt es nicht an (vgl. LR-Gollwitzer Rn. 308). Der Antrag auf Einholung eines **psychologischen Zusatzgutachtens** kann mit der Begründung abgelehnt werden, der gehörte psychiatrische Sachverständige verfüge über die erforderliche Sachkunde und halte es nicht für erforderlich, ein solches Gutachten beizuziehen (BGH NStZ 1997, 610). **Verweigert** ein Angeklagter dem gerichtlich bestellten Sachverständigen die (psychiatrisch/psychologische) **Untersuchung,** so verfügt ein weiterer Sachverständiger nicht deswegen über **überlegene Forschungsmittel,** weil sich der Angeklagte von diesem untersuchen lassen würde (BGH 44, 26 = NJW 1998, 2458).

44   **Abs. 4 S. 2, 2. HS,** führt **vier Ausnahmefälle** auf, in denen eine Ablehnung nicht auf ein früheres Gutachten gestützt werden darf. **Zweifel an der Sachkunde** des früheren Gutachters können sich aus fehlender fachlicher Qualifikation (BGH 23, 311 = NJW 1970, 1981), aus unaufklärbaren Widersprüchen im mündlichen Gutachten (BGH 23, 185 = NJW 1970, 523; nur ausnahmsweise bei Widersprüchen zwischen schriftlichem und mündlichem Gutachten (vgl. BGH NStZ 1991, 448) oder aus dem Stand der Forschung entgegenstehender Einengung der Untersuchungsmethode (vgl. BGH StV 1989, 335) ergeben. Allgemeine **Zweifel an der Sachkunde** bestehen dann, wenn die Auffassung des Gutachters mit den Erkenntnissen der Wissenschaft nicht im Einklang steht (BGH StV 1989, 335), wenn das Gutachten hinsichtlich der methodischen Überprüfbarkeit Mängel aufweist (BGH MDR 1976, 17) oder wenn die erforderliche fachliche Qualifikation nicht nachgewiesen ist (Eisenberg Beweisrecht Rn. 257). **Unzutreffende tatsächliche Voraussetzungen** liegen vor, wenn der frühere Gutachter unrichtige **Anknüpfungstatsachen** (vgl. vor § 72 Rn. 1) zugrundegelegt hat. **Befundtatsachen,** also solche, die er erst mit Hilfe seines Fachwissens festgestellt hat, fallen nicht hierunter (**aA**

Hauptverhandlung **§ 244**

KK-Herdegen Rn. 101; LR-Gollwitzer Rn. 316). Sie können Zweifel an der Sachkunde des Gutachters begründen; die Beurteilung ihrer Unrichtigkeit setzt überdies eigene Sachkunde des Gerichts voraus (Abs. 4 S. 1). Auf die Richtigkeit von **Zusatztatsachen** (vgl. vor § 72 Rn. 1) kommt es idR nicht an.

Unaufklärbare Widersprüche im mündlichen Gutachten können im Einzelfall 45 auch dann die Anhörung eines weiteren Sachverständigen gebieten, wenn sie Zweifel an der Sachkunde des ersten Gutachters nicht begründen; beide Alternativen überschneiden sich. **Überlegene Forschungsmittel** eines weiteren Sachverständigen können **nur Hilfsmittel und Verfahren** sein, deren sich der Sachverständige für seine Untersuchung bedient; Berufserfahrung, wissenschaftliches Ansehen oder allein die Breite seines Beobachtungsmaterials zählen nicht dazu (BGH 23, 286 = NJW 1970, 523; BGH NStZ 1998, 425). Die Unterbringung zur Beobachtung nach § 81 ist idR kein überlegenes Forschungsmittel zur psychiatrischen Begutachtung (BGH 8, 76 = NJW 1955, 1407). Allein aus der Tatsache, dass ein Sachverständiger ein bestimmtes Untersuchungsverfahren nicht angewandt hat, kann nicht gefolgert werden, er habe darüber nicht verfügt (BGH StV 1985, 489). Darüber hinaus kann im Einzelfall die **Aufklärungspflicht** (Abs. 2) die Zuziehung eines weiteren Sachverständigen gebieten, auch wenn ein Beweisantrag nach Abs. 4 S. 2 abgelehnt werden könnte (BGH 23, 187). Auch die nochmalige Vernehmung eines bereits gehörten Sachverständigen kann geboten sein, wenn das Gericht auf Umstände abstellen will, die der Sachverständige (noch) nicht kannte, die aber für sein Gutachten ersichtlich von Bedeutung sein können (BGH NStZ 1995, 201).

Im **Ablehnungsbeschluss** müssen im Fall des **Abs. 4 S. 1** die eigene Sachkunde 46 des Gerichts sowie ihre Quellen nicht dargelegt werden (BGH 12, 20). In den **Urteilsgründen** muss das Gericht die Beweisbehauptung so umfassend erörtern, dass eine Überprüfung seiner Sachkunde und seiner Beurteilung möglich ist (BGH 12, 18 = NJW 1958, 1596). In den Fällen des Abs. 4 S. 2 muss sich der Ablehnungsbeschluss mit dem tatsächlichen Vorbringen des Antragstellers, etwa zur Überlegenheit anderer Forschungsmittel, im Einzelnen auseinandersetzen; eine Ablehnung allein mit dem Gesetzeswortlaut ist rechtsfehlerhaft (BGH 23, 312 = NJW 1970, 1981; BGH NStZ 1989, 113).

Der Antrag auf **Einnahme eines Augenscheins** kann auch nach **Abs. 5 S. 1** 47 abgelehnt werden; daneben gilt Abs. 3. Der Ablehnungsgrund verweist auf die **Aufklärungspflicht** (Abs. 2) des Gerichts (BGH NStZ 1988, 88); er setzt eine (vorläufige) antizipierende Beweiswürdigung voraus (vgl. Rn. 24). Es kommt darauf an, ob unter Berücksichtigung des bisherigen Beweisergebnisses von der Augenscheinseinnahme eine sinnvolle Sachaufklärung erwartet werden kann (BGH 8, 181 = NJW 1955, 1890). Selbst wenn das der Fall ist, kann der Augenschein durch zuverlässige Beweiserhebungen anderer Art (etwa Lichtbilder oder Skizzen statt Ortsbesichtigung) ersetzt werden (BGH NStZ 1984, 565). Die Ablehnung ist auch mit der Begründung zulässig, die Beschaffenheit des Augenscheinsgegenstandes stehe auf Grund anderer Beweiserhebungen bereits fest (BGH 8, 177 = NJW 1955, 1890; BGH NStZ 1988, 88; KK-Herdegen Rn. 104); das gilt jedoch nicht, wenn der Beweisantrag gerade auf die Widerlegung früherer Beweisergebnisse abzielt (BGH NStZ 1984, 565). Zur Augenscheinseinnahme auf **fremdem Staatsgebiet** vgl. BGH NStZ 1991, 121.

Beweisanträge auf Vernehmung von **Zeugen mit Aufenthaltsort im Ausland** 48 können unter erleichterten Voraussetzungen abgelehnt werden, **Abs. 5 S. 2.** Der durch das RpflEntlG v. 11. 1. 1993 eingeführte Ablehnungsgrund gestattet, da er allein auf das Kriterium der **Aufklärungspflicht** (vgl. Rn. 11 f.) verweist, eine **antizipierende Beweisprognose** des Gerichts (BGH 40, 60 = NJW 1994, 1484; BGH NStZ 1994, 554; 593; StV 1994, 283) und ermöglicht es daher, von der Vernehmung solcher Zeugen **abzusehen,** deren **Unerreichbarkeit** (vgl. Rn. 33) fraglich ist. Insofern ist maßgebendes Kriterium, ob die Erhebung des beantragten

Beweises ein Gebot der **Aufklärungspflicht** ist. Dabei ist es dem Tatrichter erlaubt und aufgegeben, das bisherige Ergebnis der Beweisaufnahme zugrunde zu legen. Das sonst im Beweisantragsrecht weitgehend herrschende Verbot einer **Beweisantizipation** gilt nicht (BGH 40, 60 = NJW 1994, 1484). Der Tatrichter darf also seine Entscheidung davon abhängig machen, welche Ergebnisse von der Beweisaufnahme zu erwarten sind und wie diese zu erwartenden Ergebnisse zu würdigen wären. Kommt das Gericht dabei unter Berücksichtigung sowohl des Vorbringens zur Begründung des Beweisantrags als auch der in der bisherigen Beweisaufnahme angefallenen Erkenntnisse zu dem Ergebnis, dass der benannte Zeuge die Beweisbehauptung nicht werde bestätigen können oder dass ein Einfluss auf seine Überzeugung auch dann sicher ausgeschlossen sei, wenn der benannte Zeuge die in sein Wissen gestellte Behauptung bestätigen werde, ist **eine Ablehnung des Beweisantrags rechtlich nicht zu beanstanden** (BGH NJW 2001, 695). Der **Umfang** der Aufklärungspflicht kann im Einzelfall wegen des Gebotes, das Verfahren beschleunigt und mit prozesswirtschaftlich vertretbarem Aufwand zu erledigen, **unterschiedlich weit sein**. Gewicht der Strafsache sowie Bedeutung und Beweiswert des weiteren Beweismittels sind gegenüber den Nachteilen der Verfahrensverzögerungen abzuwägen, weshalb bei Anschuldigungen von Gewicht einer für den Schuldspruch relevanten weiteren Sachaufklärung eher Vorrang zukommt. Dies spielt vor allem bei schwer erreichbaren, sich im Ausland aufhaltenden Zeugen eine Rolle (BGH NJW 2001, 695). „Bei der Prüfung, ob die **Aufklärungspflicht** die Ladung eines benannten Zeugen **im Ausland gebietet**, sind neben dem Gewicht der Strafsache die Bedeutung und der Beweiswert des weiteren Beweismittels vor dem Hintergrund des Ergebnisses der bisherigen Beweisaufnahme einerseits und der zeitliche und organisatorische Aufwand der Ladung und Vernehmung mit den damit verbundenen Nachteilen durch die **Verzögerung des Verfahrens** andererseits unter Beachtung des **Grundsatzes der Verhältnismäßigkeit** abzuwägen" (BGH NJW 2002, 2403). Das Gericht ist zwar bei der Entscheidung über einen derartigen Beweisantrag „vom Verbot der Beweisantizipation befreit" (BGH 40, 60 = NJW 1994, 1484). Aber „maßgebendes Kriterium dabei ist, ob die Erhebung des beantragten Beweises ein Gebot der Aufklärungspflicht ist" (BGH NStZ 2004, 99). Die Ablehnung ist im Gerichtsbeschluss **detailliert zu begründen** (§ 244 Abs. 6), wobei die für die Beurteilung nach den Grundsätzen der Aufklärungspflicht maßgeblichen Umstände darzulegen sind (BGH 40, 60 = NJW 1994, 1484; BGH NStZ 1998, 158); keinesfalls genügt eine Wiederholung des Gesetzestextes. Darauf, ob der Zeuge erreichbar ist bzw. ob und mit welchen gerichtlichen Bemühungen er erreicht werden könnte, kommt es bei der Ablehnung nicht an, das Gleiche gilt für die Frage der Bedeutung der Sache (Eisenberg Beweisrecht Rn. 268). Praktische Bedeutung wird er auch in Fällen erlangen, die den Bereich der Verschleppungsabsicht (Rn. 37) berühren. Zur **Klärung der Voraussetzungen des Abs. 5 S. 2** steht dem Gericht das **Freibeweisverfahren** offen; es kann **zB den Zeugen telefonisch befragen**, ob er Sachdienliches bekunden könne (BGH StV 1995, 173). Es ist aus rechtlichen und tatsächlichen Gründen ausgeschlossen, dem erkennenden Gericht die Pflicht aufzuerlegen, einen Teil der Hauptverhandlung **im Ausland** am Aufenthaltsort eines Zeugen durchzuführen, wenn der Zeuge nicht bereit ist, in der Hauptverhandlung am Gericht zu erscheinen (BGH NStE Nr. 34 zu § 244). Die Vorschrift des Abs. 5 S. 2 verstößt in der Auslegung, die sie durch die Rspr. des BGH gefunden hat, nicht gegen **Verfassungsrecht.** Nach dieser Auslegung ist für einen Beweisantrag auf Vernehmung eines Zeugen, dessen Ladung im Ausland zu bewirken wäre, maßgebend, ob die Erhebung des beantragten Beweises ein Gebot der Aufklärungspflicht ist. Insoweit ist das Verbot der Beweisantizipation eingeschränkt (BVerfG NJW 1997, 999). Der **Ablehnungsbeschluss** muss die Gründe der Ermessensentscheidung im Einzelnen darlegen; es „sind die Erwägungen, auf die sich die Überzeugung stützt, die beantragte Beweiserhebung

Hauptverhandlung **§ 244**

werde keinen Einfluss auf die Feststellungen haben, in **ihrem tatsächlichen Kern** darzulegen" (BGH 40, 60 = NJW 1994, 1484). Auch bei einer Entscheidung nach Abs. 5 S. 2 ist der Tatrichter in der Weise gebunden, dass er sich zu den Gründen seiner Beschlussentscheidung im Urteil nicht in Widerspruch setzen darf (BGH NJW 1998, 173). Mit der Ablehnung nach § 244 Abs. 5 S. 2 entfällt die **Pflicht,** sich um den **Zeugen weiter zu bemühen,** gleichgültig, ob sein Aufenthalt bekannt ist oder nicht. Der Tatrichter hat auch nicht mehr zu prüfen, ob eine Vernehmung im Wege der Rechtshilfe möglich ist. Es entfällt auch die Entscheidung, ob im Rahmen des erweiterten Erreichbarkeitsbegriffs (vgl. LR–Gollwitzer Rn. 259) eine Vernehmung in der Hauptverhandlung durch eine Vernehmung im Ausland im Wege der **Videokonferenz** nach § 247 a (BGH 45, 188 ff. = NStZ 2000, 157) oder die Einvernahme des Auslandszeugen durch das Verlesen eines bereits vorliegenden richterlichen Vernehmungsprotokolls nach § 251 Abs. 1 Nr. 2 (BGH 46, 73 = NJW 2000, 2517) ersetzt werden kann. Schließlich entfällt die Prüfung, ob der Beweisantrag abzulehnen ist, weil er offensichtlich der Verschleppung dienen sollte (BGH NJW 2001, 695). Beweisanträge, die nicht mündlich in der Hauptverhandlung, sondern nur **schriftlich** gestellt werden, müssen – auch im Bußgeldverfahren – nicht förmlich gemäß § 244 Abs. 6 beschieden werden (OLG Frankfurt NStZ-RR 1998, 210; s. auch Rn. 1). Die **Möglichkeit der kommissarischen Vernehmung** macht einen Zeugen, dessen Erscheinen vor Gericht **nicht erzwungen** werden kann, nicht stets erreichbar. Das Gericht muss prüfen, ob eine solche Vernehmung möglich und sinnvoll ist (BGH NJW 1991, 186; 2000, 447). Es darf die mögliche Herabsetzung des Beweiswertes der Aussage durch die besonderen Umstände einer solchen Vernehmung berücksichtigen und den Zeugen für unerreichbar halten (BGH 28, 122 = NJW 1968, 1485; BGH NJW 1983, 527, 2396). Zu einer Beweisaufnahme im Ausland oder zur Teilnahme an ihr ist das Gericht nicht verpflichtet (BGH NStZ 1985, 14; Meyer-Goßner Rn. 65).

Nach **Abs. 6** bedarf die Ablehnung eines Beweisantrages eines **Gerichtsbeschlusses.** Wird ein schon vernommener Zeuge zum Beweis einer **neuen Behauptung** benannt, zu der er noch nicht gehört worden ist, so stellt sich ein solches Begehren als Beweisantrag dar, den das Gericht, sofern es nicht durch Vornahme der beantragten Beweiserhebung erledigt, durch einen Beschluss nach Abs. 6 zu bescheiden hat (BGH NStZ-RR 1996, 107). In dem Umstand, dass Verteidiger und Angeklagter sich mit dem **Abschluss der Beweisaufnahme** einverstanden erklären und die Abstandnahme von den beantragten Beweiserhebungen **widerspruchslos** hingenommen haben, kann **keine Kundgabe** des Verzichtswillens durch schlüssiges Verhalten gesehen werden. Allein die Erklärung des Einverständnisses zum Schluss der Beweisaufnahme beweist für sich keine eindeutige Verzichtserklärung (OLG Düsseldorf StV 2001, 104). 48 a

Revision: Die **Aufklärungsrüge** ist deshalb so beliebt und auch wichtig, weil sie den einzigen Weg in die **Fallgestaltung** darstellt (Dahs/Dahs, Handbuch Rn. 834) – wenn auch oft ohne Erfolg. Ihre Grundlage hat die Rüge in der in § 244 Abs. 2 begründeten **Aufklärungspflicht des Gerichts.** Mit der Aufklärungsrüge kann gerügt werden, dass das Gericht von einem ihm bekannten oder aus dem Verfahrensstoff erkennbaren (BGH 30, 138 = NJW 1981, 2267) Beweismittel keinen Gebrauch gemacht hat, obwohl sich dies aufdrängte und die Beweiserhebung möglicherweise zu anderen Tatsachenfeststellungen geführt hätte (vgl. BGH StV 1995, 227). Für die Begründung gilt § 344 Abs. 2 S. 2. Die Revision muss regelmäßig genau vortragen, welches Beweismittel das Gericht hätte verwenden müssen (BGH 2, 168 = NJW 1952, 556); das gilt nur dann nicht, wenn die Aufklärungspflicht gerade die Ermittlung des richtigen Beweismittels geboten hätte (BGH 37, 167 = NJW 1991, 435). Die Verfahrensrüge (Aufklärungsrüge) ist nur dann in **zulässiger Weise erhoben,** wenn – neben der Benennung einer Beweistatsache und eines bestimmten Beweismittels – diejenigen Umstände und Vorgänge dargelegt 49

645

werden, die für die Beurteilung der Frage, ob sich dem Gericht die vermisste Beweiserhebung aufdrängen musste, bedeutsam sein konnten. Das bedeutet für den Fall der vermissten Anhörung eines **etwaigen Zeugen,** dass zumindest mitgeteilt werden muss, ob und in welcher prozessualen Rolle (als Beschuldigter oder als Zeuge) die Auskunftsperson bereits vernommen ist und welche Aussagen dabei gemacht worden sind (BGH NStZ 1999, 45). Im Übrigen müssen idR die **Fundstelle** der Beweisquelle (BGH StV 1989, 467), ihr **Inhalt** und das zu erwartende **Beweisergebnis** (str.; vgl. KK-Herdegen Rn. 38 f.) sowie die Umstände dargelegt werden, auf Grund derer sich dem Gericht die Beweiserhebung hatte **aufdrängen** müssen (vgl. LR-Gollwitzer Rn. 345); darüber hinaus ist der inhaltliche Zusammenhang zwischen den Gründen des angefochtenen Urteils und dem nicht aufgeklärten **entscheidungserheblichen** (vgl. BGH 30, 168 = NJW 1981, 2311) Beweisstoff aufzuzeigen. Allein auf Widersprüche zwischen Sitzungsprotokoll und Urteilsgründen (vgl. BGH 38, 15 = NJW 1992, 252) kann die Aufklärungsrüge ebenso wenig gestützt werden wie auf die **unzureichende Ausschöpfung** eines Beweismittels (BGH 17, 353 = NJW 1962, 1832; BGH NStZ 1997, 269; 2000, 156; OLG Hamm wistra 2000, 39), insb. darauf, einer Beweisperson seien bestimmte Fragen nicht gestellt worden; das gilt dann nicht, wenn die nochmalige Vernehmung der Beweisperson zu einem gänzlich anderen Beweisthema beantragt war. Soll im Fall der Aussageverweigerung eines Zeugen nach § 52 mit der Verfahrensrüge als Verstoß gegen § 244 Abs. 2 oder 3 beanstandet werden, dass kein Beweis über frühere spontan aus freien Stücken gegenüber einer Amtsperson gemachte Äußerungen dieses Zeugen erhoben worden sei, müssen zur Wahrnehmung nach § 344 Abs. 2 S. 2 der genaue Inhalt und die näheren Umstände der früheren Angaben in der Revisionsbegründung mitgeteilt werden (BGH NJW 1998, 2229).

50 In dem bezeichneten Umfang eröffnet die zulässig erhobene Aufklärungsrüge dem **Revisionsgericht** den **Zugriff auf den Akteninhalt.** Grundlage der Überprüfung bleibt jedoch stets das Urteil, denn „das Ergebnis der Hauptverhandlung festzustellen und zu würdigen, ist allein Sache des Tatrichters; der dafür bestimmte Ort ist das Urteil" (BGH 21, 151 = NJW 1967, 213). Eine **Rekonstruktion der Beweisaufnahme** durch das Revisionsgericht scheidet aus (BGH 38, 15 = NJW 1992, 252). Von hier aus ist die Zulässigkeit des **alternativen Rügevorbringens** zu beurteilen, das Gericht habe **entweder** die gebotene Aufklärung einer entscheidungserheblichen Tatsache (Verletzung des Abs. 2) **oder** die hinreichende Erörterung (Verletzung von § 261) unterlassen. Stützt sich diese Rüge allein auf Widersprüche zwischen Akteninhalt oder Sitzungsprotokoll und Urteil, ohne dass der behauptete Mangel sich aus den Urteilsgründen ersehen lässt, so ist sie unzulässig (BGH NJW 1992, 2840; str., vgl. § 337 Rn. 8; KK-Herdegen Rn. 40).

51 Die **rechtsfehlerhafte Behandlung eines Beweisantrags** ist mit der **Verfahrensrüge** anzugreifen. Sie kann sich auf die mangelhafte Ablehnung eines Antrags, auf seine Nichtbescheidung, auf Widersprüche zwischen Ablehnungsbeschluss und Urteilsgründen (BGH 19, 26 = NJW 1963, 1788), auf die Nichteinhaltung einer zugesagten Wahrunterstellung (BGH 32, 44 = NJW 1984, 2228: auch Verletzung des fair-trial-Grundsatzes), auf die überraschende Behandlung einer Beweistatsache als erheblich nach Ablehnung eines Beweisantrags wegen Unerheblichkeit (BGH StV 1993, 173) oder auf die Nichtausführung einer beschlossenen Beweiserhebung stützen. Grundsätzlich kann das Revisionsgericht eine **fehlerhafte Ablehnung** eines Beweisantrags **nicht** durch eine andere Begründung ersetzen. Es kann je nach den Umständen des Einzelfalles allenfalls ausschließen, dass das Urteil auf der fehlerhaften Begründung des Ablehnungsbeschlusses beruht (BGH NStZ 2000, 437). Art. 103 Abs. 1 GG gewährt keinen Anspruch auf ein **bestimmtes Beweismittel** (BVerfG NJW 1998, 1939; vgl. BVerfGE 63, 60 = NJW 1998, 1043). „Die Behauptung, der Tatrichter habe von einem Beweismittel **verfahrensfehlerhaft**

keinen Gebrauch gemacht, genügt nicht den an eine Verfahrensrüge zu stellenden formellen Anforderungen, wenn lediglich vorgetragen wird, es sei nicht auszuschließen, dass der nicht vernommene Zeuge eine den Angeklagten entlastende Aussage gemacht hätte. Von inhaltlichen Ausführungen zu der behaupteten verfahrensfehlerhaft unterlassenen Beweiserhebung (Nichtvernehmung eines präsenten Zeugen) und deren Ergebnis kann nur abgesehen werden, wenn der Tatrichter gegen § 245 Abs. 1 S. 1 verstoßen hat, indem er von der Vernehmung des von ihm vorgeladenen und erschienenen Zeugen abgesehen hat. Die Mitteilung des letztgenannten Umstands ist allerdings unerlässliche Voraussetzung für eine formgerecht erhobene Verfahrensrüge" (OLG Düsseldorf NStZ-RR 2000, 338; vgl. BGH StV 1993, 235; BGH NStZ 1991, 48). Wird also gerügt, ein Beweisantrag, der nicht zur Beweiserhebung führte, **sei nicht beschieden** worden, muss der Beschwerdeführer angeben, in welcher Form und mit welchem Inhalt der Antrag dem Gericht unterbreitet worden ist, damit geprüft werden kann, ob es sich um einen Antrag handelte, dessen Ablehnung einen **Gerichtsbeschluss erfordert hätte** (OLG Stuttgart NJW 1968, 1732; KK-Herdegen Rn. 107). Der Revisionsführer muss also nach § 344 Abs. 2 S. 2 die Tatsachen, die den Mangel enthalten, „so genau und vollständig wiedergeben, dass das Revisionsgericht allein anhand der Rügebegründung beurteilen kann, ob der geltend gemachte Verfahrensfehler vorliegt" (BGH 3, 214 = NJW 1952, 1386; BGH 37, 169 = NJW 1991, 1622). Er muss alle, auch ihm nachteilige Verfahrenstatsachen vortragen (BGH 37, 248 = NJW 1991, 1764). S. auch Rn. 8. Die Aufklärungsrüge ist nur zulässig, wenn das Urteil ausdrücklich zu erkennen gibt, dass – bei einem Zeugen – Fragen und Vorhalte unterblieben sind (BGH NStZ 1997, 450). Wird die rechtsfehlerhafte **Ablehnung eines Beweisantrags** gerügt, so sind der Antrag selbst sowie die Ablehnungsbegründung **inhaltlich vollständig** wiederzugeben, darüber hinaus die Tatsachen, aus denen sich die Fehlerhaftigkeit des Beschlusses ergibt (BGH 3, 214; BGH NStZ 1987, 36; BGH NJW 1998, 3284). Umfassende Darlegungen der Verfahrenstatsachen sind namentlich dann erforderlich, wenn die Ablehnung eines Antrags wegen **Unerreichbarkeit** des Beweismittels (vgl. BGH NStZ 1987, 16; StV 1992, 216) oder wegen **Verschleppungsabsicht** (vgl. BGH NStZ 1986, 519; 1994, 47) angegriffen wird. Zu Einzelheiten der Rügebegründung vgl. LR-Gollwitzer Rn. 348 ff.; KK-Herdegen Rn. 107 f. Mit der **Sachrüge** kann nicht geltend gemacht werden, ein am Verfahren **nicht beteiligter Sachverständiger** vertrete zu den entscheidenden Beweisfragen eine von dem gehörten Sachverständigen abweichende Auffassung (BGH NJW 1998, 3654). Die fehlerhafte Annahme eigener Sachkunde kann nur mit einer Verfahrensbeschwerde beanstandet werden, falls sich die fehlende Sachkunde nicht unmittelbar aus den Urteilsausführungen ergibt (Meyer-Goßner Rn. 87). Der eindeutigen Vorschrift des § 171 b Abs. 3 GVG kann nicht mit der auf §§ 244 Abs. 2, 245 gestützten Behauptung der Boden entzogen werden, ein nach § 52 Abs. 1 zur Verweigerung des Zeugnisses berechtigter Zeuge, der nicht Verletzter ist, hätte bei vollständigem **Ausschluss der Öffentlichkeit** von seinem Zeugnisverweigerungsrecht keinen Gebrauch gemacht und so weiter zur **Sachaufklärung** beigetragen (BGH NStZ 1996, 243).

§ 245 [Umfang der Beweisaufnahme]

(1) ¹**Die Beweisaufnahme ist auf alle vom Gericht vorgeladenen und auch erschienenen Zeugen und Sachverständigen sowie auf die sonstigen nach § 214 Abs. 4 vom Gericht oder der Staatsanwaltschaft herbeigeschafften Beweismittel zu erstrecken, es sei denn, daß die Beweiserhebung unzulässig ist.** ²**Von der Erhebung einzelner Beweise kann abgesehen werden, wenn die Staatsanwaltschaft, der Verteidiger und der Angeklagte damit einverstanden sind.**

§ 245

(2) ¹ Zu einer Erstreckung der Beweisaufnahme auf die vom Angeklagten oder der Staatsanwaltschaft vorgeladenen und auch erschienenen Zeugen und Sachverständigen sowie auf die sonstigen herbeigeschafften Beweismittel ist das Gericht nur verpflichtet, wenn ein Beweisantrag gestellt wird. ² Der Antrag ist abzulehnen, wenn die Beweiserhebung unzulässig ist. ³ Im übrigen darf er nur abgelehnt werden, wenn die Tatsache, die bewiesen werden soll, schon erwiesen oder offenkundig ist, wenn zwischen ihr und dem Gegenstand der Urteilsfindung kein Zusammenhang besteht, wenn das Beweismittel völlig ungeeignet ist oder wenn der Antrag zum Zwecke der Prozeßverschleppung gestellt ist.

1   Die Vorschrift ergänzt § 244 und stellt für an der Gerichtsstelle **präsente persönliche und sachliche Beweismittel** eine Sonderregelung der Abgrenzung zwischen Aufklärungspflicht und Beweisantragsrecht (vgl. § 244 Rn. 13) dar. Dabei unterscheidet sie zwischen **1) vom Gericht** vorgeladenen und erschienenen Zeugen und Sachverständigen (**Abs. 1 S. 1, 1. Alt.**), 2) **vom Gericht oder der StA** herbeigeschafften sonstigen Beweismitteln (**Abs. 1 S. 1, 2. Alt.**), 3) **vom Angeklagten oder der StA** vorgeladenen und erschienenen Zeugen und Sachverständigen (**Abs. 2 S. 1, 1. Alt.**) und 4) sonstigen herbeigeschafften Beweismitteln. Im Verfahren vor dem Strafrichter nach Einspruch gegen einen **Strafbefehl** (vgl. § 411 Abs. 2 S. 2), im **Privatklageverfahren** (vgl. § 384 Rn. 4) sowie im beschleunigten Verfahren (vgl. § 420) gilt § 245 nicht. Für den **Nebenkläger** gilt Abs. 2.

2   **Ohne Antrag** sind Zeugen und Sachverständige zu vernehmen, die auf **gerichtliche** Ladung erschienen sind, **Abs. 1 S. 1**. **Erschienen** sind sie, wenn sie zu dem Zeitpunkt, zu dem sie vernommen werden sollen, als Beweisperson erkennbar anwesend und vernehmungsfähig sind (BGH 24, 282 = NJW 1972, 695). Es besteht eine Pflicht des **persönlichen Aufrufs** der Beweisperson – ein allgemeiner Aufruf „aller Zeugen in der Sache X" genügt nicht (BGH 24, 282 = NJW 1972, 695). Ausnahmsweise ist von der Beweiserhebung abzusehen, wenn diese **unzulässig** ist und ferner kann von der Erhebung einzelner Beweise abgesehen werden, wenn die StA, der Verteidiger und der Angeklagte einverstanden sind. „Über diese gesetzlich normierten Ausnahmetatbestände hinaus ist das **Absehen von der Vernehmung** der vom Gericht vorgeladenen und auch erschienenen Beweispersonen nach dem klaren Wortlaut des § 245 Abs. 1 **nicht zulässig**. Insbesondere befreit der Umstand, dass nach Auffassung des Gerichts der Beweiserhebung aus rechtlichen und tatsächlichen Gründen für die Entscheidung keine Bedeutung mehr zukommt, nicht **von der Pflicht, präsente Beweismittel zu benutzen**" (BGH NStZ 1997, 610). Wer sich mit Erlaubnis des Gerichts oder eigenmächtig (vorzeitig) entfernt hat, ist nicht erschienen (BGH NStZ 1986, 207), ebenso nicht, wer auf Grund seiner Amtspflicht in der Verhandlung anwesend sein muss (BGH 7, 46 = NJW 1955, 152) oder wer wegen Rauschmittelgenusses vernehmungsunfähig ist (RG 35, 398). Bei Ausdehnung des Beweisthemas ist ein **Sachverständiger** nur erschienen, wenn er zur Erstattung des weiteren Gutachtens keiner neuen Vorbereitung bedarf (BGH 6, 291 = NJW 1954, 1956). „Ein von der **Verteidigung** vorgeladener Sachverständiger ist nur dann ein **präsentes** Beweismittel, wenn er in der Hauptverhandlung auf die Erstattung seines Gutachtens vorbereitet ist und auf dieser Grundlage unmittelbar zur Sache gehört werden kann. Er muss sein **Gutachten** mithin aufgrund des Wissens erstatten, das er **zum Zeitpunkt seiner Vernehmung** bereits erworben hat. Das Gericht ist nicht gehalten, ihm während laufender Hauptverhandlung Gelegenheit zur Vorbereitung seines Gutachtens zu geben und dabei **Verfahrensverzögerungen** hinzunehmen. Ist hingegen eine Vorbereitung des Sachverständigen ohne Verzögerung der Hauptverhandlung möglich, so muss das Tatgericht diese gestatten" (BGH 43, 172 f. = NJW 1997, 3180 mwN). Ein **RA,** der als **Verteidiger** in der Hauptverhandlung teilnimmt, ist nicht als Zeuge erschienen. Die Anwesen-

Hauptverhandlung **§ 245**

heit in anderer prozessualen Eigenschaft genügt nicht, um eine Präsenz iSd § 245 zu begründen (BGH StV 1995, 567). Die Hinnahme der nicht gerechtfertigten Zeugnisverweigerung eines vom Gericht geladenen Zeugen nach insoweit unzutreffender Belehrung und das darauf zurückgehende Unterlassen der Zeugenvernehmung verstößt gegen § 245 Abs. 1 (BGH NStZ 1996, 324).

Sonstige herbeigeschaffte Beweismittel iSd **Abs. 1** können Urkunden und 3 Augenscheinsobjekte sein, die sich entweder bereits bei Einreichung der Anklage in den Akten befinden (§ 199 Abs. 2 S. 2) oder zur Vorbereitung der Hauptverhandlung (§ 214 Abs. 4) oder im Verlauf der Hauptverhandlung vom Gericht beigezogen wurden. Abs. 1 umfasst dabei allein solche faktisch vorhandenen Gegenstände, denen **das Gericht** erkennbar Beweismittelqualität zuerkennt (BGH 37, 168 = NJW 1990, 1622), etwa durch ausdrückliche Feststellung ihrer Präsenz (§ 243 Abs. 1 S. 2) oder durch eigene Herbeischaffung (z. B. Protokolle über kommissarische Vernehmungen oder BZR-Auszüge); im Übrigen gilt Abs. 2. Das bloße Vorhandensein oder die Aufführung in der Anklageschrift reichen nicht aus.

Die **Abs. 1 S. 1** unterfallenden Beweismittel sind nur dann nicht von Amts 4 wegen zu verwenden, wenn ein entsprechender Beweisantrag nach § 244 Abs. 3 S. 1 wegen Unzulässigkeit der Beweiserhebung abgelehnt werden müsste (vgl. § 244 Rn. 25) oder wenn die in Abs. 1 S. 2 Genannten (sowie der Nebenkläger und Nebenbeteiligte nach §§ 434, 442, 444) auf die Beweiserhebung **verzichten.** Das gilt auch, wenn auf einen Beweisantrag ein Beweismittel herbeigeschafft worden ist und der Antrag zur Beweiserhebung zurückgenommen wird (vgl. § 244 Rn. 20 aE). Der Verzicht kann schlüssig erklärt werden (BGH NJW 1978, 1815). Bloßes Schweigen reicht idR nicht aus, jedoch ist das Schweigen des Angeklagten zur Verzichtserklärung des Verteidigers (und umgekehrt) als Zustimmung auszulegen (KK-Herdegen Rn. 9). Der **Verzicht** auf einen **geladenen und erschienenen** Zeugen ist ein wesentlicher Teil der Hauptverhandlung, der **nicht in Abwesenheit des Angeklagten** stattfinden darf. Seine Abwesenheit begründet eine Verletzung des § 338 Nr. 5 (BGH NStZ 1996, 351). Die Entscheidung, ob das Urteil auf einer Verletzung des § 245 Abs. 1 beruht, kann nur auf Grund aller im Einzelfall in Betracht kommenden Umstände getroffen werden. Eine allgemeine Rechtsregel derart, dass das **Beruhen** bei der Nichtvernehmung eines Zeugen kaum auszuschließen sei, gibt es nicht (BGH NJW 1996, 1685). Im Fall des § 247 ist auch der Verzicht des Angeklagten erforderlich (BGH MDR 1983, 282); in den übrigen Fällen der **Abwesenheitsverhandlung** (§§ 231 Abs. 1, 231 a Abs. 1, 231 b Abs. 1, 232 Abs. 1, 233 Abs. 1, 329 Abs. 2, 330 Abs. 2 S. 2, 387 Abs. 1, 411 Abs. 2, 415 Abs. 3) dann nicht, wenn ein Verteidiger an der Hauptverhandlung teilnimmt (§ 234 a). Von der Beweiserhebung nicht betroffene **Mitangeklagte** müssen nicht zustimmen. Der Verzicht ist **unwiderruflich.** Er enthebt das Gericht allerdings nicht seiner **Aufklärungspflicht,** so dass die Beweiserhebung nach § 244 Abs. 2 geboten sein kann (BGH NStZ 1984, 211). Er kann auf einzelne Teile der Beweiserhebung **beschränkt** werden. Ohne einen solchen **Teilverzicht,** der zu **protokollieren** ist, ist auch die nur **auszugsweise Verlesung von Urkunden** unzulässig.

Für die **Verwertung** der in **Abs. 2** genannten Beweismittel (o. Rn. 1) ist grds. ein 5 **Beweisantrag** erforderlich. Wie bei jedem Beweisantrag auf Beiziehung eines (weiteren) Sachverständigen ist es auch im Fall des § 245 Abs. 2 erforderlich, dass die **Tatsachen** benannt werden, die geeignet sein sollen, das Beweisziel zu bestätigen. Die bloße Behauptung, beim Angeklagten lägen (im Gegensatz zur Annahme bereits gehörter Sachverständiger) die Voraussetzungen des §§ 20, 21 vor, genügt nicht (BGH NStZ 1999, 632). Daneben gilt die **Aufklärungspflicht** (vgl. BGH NStZ 1981, 401). Der Angeklagte kann – anders als Gericht und StA – Vorladungen nur förmlich nach § 38 bewirken. Für von ihm formlos geladene („gestellte") Beweispersonen gilt Abs. 2 nicht (BGH NStZ 1981, 401); sie unterfallen § 244 Abs. 2–4. Für den Beweisantrag gilt das zu § 244 Abs. 3 Ausgeführte (§ 244 Rn. 19 f.). Der Katalog

649

der **Ablehnungsgründe** in Abs. 2 S. 3 ist enger als der des § 244 Abs. 3, 4: Die Ablehnungsgründe der **Bedeutungslosigkeit,** der **Unerreichbarkeit** und der **Wahrunterstellung** fehlen, ebenso derjenige **eigener Sachkunde** des Gerichts. **Anders** als in § 244 Abs. 3 S. 2 (vgl. § 244 Rn. 24) ist Ablehnung wegen **Offenkundigkeit des Gegenteils** der Beweisbehauptung unzulässig (vgl. LR-Gollwitzer Rn. 69). Der zusätzliche Ablehnungsgrund des **fehlenden Sachzusammenhangs** ist wesentlich enger als der der Bedeutungslosigkeit iSd § 244 Abs. 3 S. 2; er greift nur ein, wenn jede objektive Sachbezogenheit zum Verfahrensgegenstand fehlt (BGH 17, 28 = NJW 1962, 500). Bei präsenten Sachverständigen entfällt das Auswahlrecht des § 73; für Augenscheinsobjekte gilt § 244 Abs. 5 S. 1 nicht (Meyer-Goßner Rn. 22). Für das **Ablehnungsverfahren** gilt § 244 Abs. 6.

6   Die **Revision** ist mit der **Verfahrensrüge** begründet, wenn im Fall des Abs. 1 ein präsentes Beweismittel rechtsfehlerhaft nicht benutzt oder im Fall des Abs. 2 ein Beweisantrag zu Unrecht abgelehnt oder übergangen wurde. Auch wenn das Gericht präsente Beweismittel nicht benutzt hat, ist eine Anrufung des Gerichts nach § 238 Abs. 2 nicht Voraussetzung für die Erhebung der entsprechenden Revisionsrüge (LR-Gollwitzer Rn. 87; Eisenberg Beweisrecht Rn. 300). Die Behauptung, der Tatrichter habe von einem **Beweismittel** verfahrensfehlerhaft **keinen Gebrauch** gemacht, genügt nicht den an eine Verfahrensrüge zu stellenden formellen Anforderungen, wenn lediglich vorgetragen wird, es sei nicht auszuschließen, dass der nicht vernommene Zeuge eine den Angeklagten entlastende Aussage gemacht hätte. Von inhaltlichen Ausführungen zu der behaupteten verfahrensfehlerhaft unterlassenen Beweiserhebung (Nichtvernehmung eines präsenten Zeugen) und deren Ergebnis kann nur abgesehen werden, wenn der Tatrichter gegen § 245 Abs. 1 S. 1 verstoßen hat, indem er von der Vernehmung des von ihm vorgeladenen und erschienenen Zeugen abgesehen hat. Die Mitteilung des letztgenannten Umstandes ist allerdings unerlässliche Voraussetzung für eine formgerecht erhobene Verfahrensrüge (OLG Düsseldorf NStZ-RR 2000, 338; vgl. BGH NStZ 1991, 48). Daneben kann die **Aufklärungsrüge** gegeben sein. Die **Revisionsbegründung** hat darzulegen, dass das Beweismittel „herbeigeschafft" (vgl. Rn. 3) war (BGH 37, 174 = NJW 1990, 1622). Die Revision muss bei der Rüge der unterlassenen Vernehmung eines Zeugen auch vortragen, zu welchen Beweisthemen der Zeuge im Ermittlungsverfahren bisher vernommen wurde und zu welchen Tatsachen er nach Aktenlage bei seiner Vernehmung in der Hauptverhandlung Angaben machen sollte (BGH NJW 1996, 1685), über die Beweiserheblichkeit der Vernehmung (BGH StV 1997, 170) und Beruhen; das gilt auch, wenn im Fall des Abs. 2 ein Beweisantrag übergangen, in unzulässiger Weise oder mit rechtsfehlerhaften Begründung abgelehnt worden ist (Meyer-Goßner Rn. 30). Das **Beruhen** des Urteils auf dem Rechtsfehler kann nur ausgeschlossen werden, wenn ein Einfluss der unterlassenen Beweiserhebung auf die Entscheidung mit Sicherheit auszuschließen ist (BGH MDR 1978, 459: Verweigerung des Zeugnisses nach §§ 52 ff.).

§ 246 [Verspätete Beweisanträge]

(1) **Eine Beweiserhebung darf nicht deshalb abgelehnt werden, weil das Beweismittel oder die zu beweisende Tatsache zu spät vorgebracht worden sei.**

(2) **Ist jedoch ein zu vernehmender Zeuge oder Sachverständiger dem Gegner des Antragstellers so spät namhaft gemacht oder eine zu beweisende Tatsache so spät vorgebracht worden, daß es dem Gegner an der zur Einziehung von Erkundigungen erforderlichen Zeit gefehlt hat, so kann er bis zum Schluß der Beweisaufnahme die Aussetzung der Hauptverhandlung zum Zweck der Erkundigung beantragen.**

Hauptverhandlung **§ 246**

(3) **Dieselbe Befugnis haben die Staatsanwaltschaft und der Angeklagte bei den auf Anordnung des Vorsitzenden oder des Gerichts geladenen Zeugen oder Sachverständigen.**
(4) **Über die Anträge entscheidet das Gericht nach freiem Ermessen.**

Abs. 1 ergänzt § 244 Abs. 3. Der Zeitpunkt, zu dem ein Verfahrensbeteiligter 1 einen Beweisantrag stellt, steht in seinem Belieben (BGH NStZ 1990, 350). Das Gericht muss den Antrag bis zum Beginn der Urteilsverkündung entgegennehmen und nach § 244 Abs. 6 bescheiden (BGH 21, 123 = NJW 1966, 2174); danach ist es nur noch nach Maßgabe des § 244 Abs. 2 zur Kenntnisnahme und Entscheidung verpflichtet (BGH StV 1986, 286). Eine Ablehnung darf in keinem Fall allein darauf gestützt werden, der Antrag hätte früher gestellt werden können oder er widerspreche früheren Erklärungen des Antragstellers (BGH NStZ 1986, 371; 1998, 207). Im Einzelfall kann eine Verspätung für eine **Verschleppungsabsicht** sprechen (BGH NJW 1990, 350). Zum **spätesten Zeitpunkt** für die Geltung des **Beweisantrages** s. § 244 Rn. 20.

Die Möglichkeit eines **Aussetzungsantrags (Abs. 2, 3)** knüpft an § 222 an und 2 besteht in vier Fällen: **1)** Wenn eine Beweisperson in einem **Beweisantrag** erstmals benannt wird **(Abs. 2, 1. Alt.); 2)** wenn StA oder Angeklagter sowie andere Verfahrensbeteiligte mit dem Recht der unmittelbaren Ladung (vgl. § 220 Rn. 1) entgegen § 222 Abs. 1 S. 2, Abs. 2 Beweispersonen nicht rechtzeitig namhaft gemacht haben; **3)** wenn das Gericht gegen seine Verpflichtung aus § 222 Abs. 1 S. 1 verstoßen hat; und **4)** wenn von einem Verfahrensbeteiligten eine erhebliche (BGH 37, 1, 3 = NJW 1990, 1860), weder aus dem bisherigen Verhandlungsablauf noch aus den Akten ersichtliche (KK-Herdegen Rn. 2) Tatsache vorgetragen wird; dieser Fall überschneidet sich mit § 265 Abs. 4. Beim gerichtlichen Hinweis auf neue Tatsachen kann § 265 Abs. 3 eingreifen. Für **sachliche Beweismittel** gelten **Abs. 2, 3** entsprechend.

Antragsbefugt ist, wessen Verfahrensinteressen denen desjenigen Verfahrensbe- 3 teiligten widerstreiten, der das Beweismittel oder die Tatsache vorbringt (vgl. BGH 28, 274 = NJW 1979, 1310), im Fall des **Abs. 3** jeder Verfahrensbeteiligte. Der Antrag kann sofort oder **bis zum Schluss der Beweisaufnahme**, auch nach Vernehmung der neuen Beweisperson, gestellt werden. Eine **Belehrung** über das Antragsrecht ist idR nicht erforderlich, kann aber durch den Grundsatz des fairen Verfahrens geboten sein.

Die **Entscheidung** ergeht durch **Beschluss** des Gerichts, **Abs. 4,** das, wenn 4 nicht ein Fall des § 265 Abs. 4 vorliegt, nach **pflichtgemäßem Ermessen** (BGH MDR 1984, 278) entscheidet. Der Aussetzungsantrag ist zu verwerfen, wenn eine Erkundigung im Einzelfall nicht erforderlich ist (BGH MDR 1984, 278), wenn bereits ausreichende Zeit zur Erkundigung zur Verfügung stand oder durch **Unterbrechung** der Hauptverhandlung geschaffen werden kann (str., vgl. KK-Herdegen Rn. 4; KMR-Paulus Rn. 10) oder wenn Beweisthema oder neue Tatsache unerheblich sind.

Die **Revision** ist bei Verstoß gegen Abs. 1 mit der Rüge des § 338 Nr. 8 begrün- 5 det, wenn gegen die Entscheidung des Vorsitzenden, einen Beweisantrag nicht mehr anzunehmen, nach § 238 Abs. 2 das Gericht angerufen wurde (BGH NStZ 1992, 346). Gegen die **Versagung der Aussetzung** kann der Revisionsführer vorbringen, dass das Gericht nicht aussetzte, weil es den Schutzzweck des Abs. 2 oder Abs. 3 verkannt oder sich darüber trotz der für eine Aussetzung sprechenden Gründe hinweggesetzt und dadurch die Verteidigung einem für die Entscheidung wesentlichen Punkt unzulässig beschränkt hat (BGH 37, 3 = NJW 1990, 1860). Einen solchen Gesetzesverstoß kann aber derjenige nicht geltend machen, der in der Hauptverhandlung keinen Aussetzungsantrag gestellt hat (KK-Herdegen Rn. 5). Die Entscheidung nach Abs. 4 ist mit der **Beschwerde** nicht anfechtbar; Ermessensmissbrauch begründet die **Revision** (BGH NJW 1990, 124).

§ 246 a [Ärztlicher Sachverständiger]

¹Ist damit zu rechnen, daß die Unterbringung des Angeklagten in einem psychiatrischen Krankenhaus, einer Entziehungsanstalt oder in der Sicherungsverwahrung angeordnet oder vorbehalten werden wird, so ist in der Hauptverhandlung ein Sachverständiger über den Zustand des Angeklagten und die Behandlungsaussichten zu vernehmen. ²Hat der Sachverständige den Angeklagten nicht schon früher untersucht, so soll ihm dazu vor der Hauptverhandlung Gelegenheit gegeben werden.

1   Die für die Verhängung der Maßregeln der §§ 63, 64, 66 StGB erforderliche **Prognose** verlangt eine Sachkunde, über die das Gericht nach Ansicht des Gesetzgebers regelmäßig nicht verfügt (BGH 27, 167 = NJW 1977, 1498). Die Zuziehung mindestens eines **Sachverständigen** ist daher **zwingend vorgeschrieben (S. 1)**. Eigene Sachkunde des Gerichts kann die Zuziehung nicht ersetzen (BGH NStZ-RR 2000, 36). Die **Aufklärungspflicht** kann jedoch darüber hinausgehende Ermittlungen gebieten (BGH 18, 375 = NJW 1963, 1683). Im Fall des § 63 ist regelmäßig ein **Psychiater** zu hören; auch bei §§ 64, 66 ist grds. ein medizinisches Gutachten, ergänzt um psychologische Untersuchungen, einzuholen. Im Einzelfall, insb. bei § 66, reicht ein nichtmedizinisches Gutachten.

2   Die **Vernehmung** des Sachverständigen **in der Hauptverhandlung** ist zwingend; sie kann auch dann nicht ersetzt werden, wenn die **Untersuchung,** etwa wegen Verweigerung der Mitwirkung, kein verwertbares Ergebnis erbringen kann (BGH NStZ 1994, 95). Die **Unterbringung** eines Angeklagten gem. § 64 StGB darf auch dann nicht ohne Hinzuziehung eines Sachverständigen erfolgen, wenn das Gericht die Einholung eines Sachverständigengutachtens infolge **eigener Sachkunde** für nicht erforderlich erachtet (BGH StV 2001, 665). Der Sachverständige muss nicht ständig **anwesend** sein, er muss jedoch den gesamten entscheidungserheblichen Sachverhalt kennen (BGH 27, 167 = NJW 1977, 1498). Stellt sich die Frage der Unterbringung erst während der Hauptverhandlung, so muss die Möglichkeit der Wiederholung von Verhandlungsteilen unter Zuziehung eines Sachverständigen geprüft werden (BGH NJW 1968, 2298).

3   Auch die **Untersuchung** des Angeklagten durch den Sachverständigen **(S. 2)** ist **obligatorisch** (BGH 9, 3 = NJW 1956, 273; NStZ 1990, 27). Sie kann auch noch während laufender Hauptverhandlung angeordnet und nach §§ 81, 81 a erzwungen werden (BGH NJW 1972, 348). Die Vernehmung setzt eine Untersuchung voraus. Untersuchung und die Vernehmung gehören untrennbar zusammen (BGH NStZ 2000, 215; 2002, 384). Eine frühere Untersuchung darf nicht zu lange zurückliegen. Sie muss nicht im Hinblick auf die jetzt zu entscheidende Frage der Unterbringung stattgefunden haben. Ihr Umfang und das damals bestehende Erkenntnisinteresse müssen jedoch der jetzt zu treffenden Entscheidung angemessen sein. Eine früher einmal erfolgte Untersuchung auf den geistig-seelischen Zustand – ohne konkreten Bezug zu dem Verfahren, in dem über eine Anordnung gemäß § 63 StGB entschieden werden soll – kann keine „maßnahmespezifische", unter dem Gesichtspunkt der in Betracht kommenden Maßregel durchgeführte Untersuchung gemäß § 246 a darstellen (BVerfG NJW 1995, 3047). Eine „Untersuchung" durch Beobachtung des Angeklagten in der Hauptverhandlung reicht idR zur Beurteilung der Behandlungsaussichten (vgl. BVerfG NStZ 1994, 578) nicht aus (BGH NStZ 1995, 219). Die **Beobachtung und Befragung** des Angeklagten durch den Sachverständigen während der Hauptverhandlung ist **keine Untersuchung** iSd § 246 a. Die Untersuchung muss „maßnahmespezifisch" sein, der bloße Kontakt während der Hauptverhandlung reicht dafür nicht aus (BGH NStZ 2000, 215; vgl. BGH NStZ 2002, 386).

4   Der Verstoß gegen S. 1 stellt einen **relativen Revisionsgrund** dar (BGH 27, 168). Der Verstoß gegen S. 2 kann gleichfalls nach § 337 gerügt werden; daneben

Hauptverhandlung **§ 247**

kommt die **Aufklärungsrüge** in Betracht (BGH 18, 374 = NJW 1963, 1683). Die (zeitweise) Abwesenheit des Sachverständigen während der Hauptverhandlung kann mit der Aufklärungsrüge beanstandet werden (BGH StV 1999, 470).

§ 247 [Entfernung des Angeklagten]

¹Das Gericht kann anordnen, daß sich der Angeklagte während einer Vernehmung aus dem Sitzungszimmer entfernt, wenn zu befürchten ist, ein Mitangeklagter oder ein Zeuge werde bei seiner Vernehmung in Gegenwart des Angeklagten die Wahrheit nicht sagen. ²Das gleiche gilt, wenn bei der Vernehmung einer Person unter sechzehn Jahren als Zeuge in Gegenwart des Angeklagten ein erheblicher Nachteil für das Wohl des Zeugen zu befürchten ist oder wenn bei einer Vernehmung einer anderen Person als Zeuge in Gegenwart des Angeklagten die dringende Gefahr eines schwerwiegenden Nachteils für ihre Gesundheit besteht. ³Die Entfernung des Angeklagten kann für die Dauer von Erörterungen über den Zustand des Angeklagten und die Behandlungsaussichten angeordnet werden, wenn ein erheblicher Nachteil für seine Gesundheit zu befürchten ist. ⁴Der Vorsitzende hat den Angeklagten, sobald dieser wieder anwesend ist, von dem wesentlichen Inhalt dessen zu unterrichten, was während seiner Abwesenheit ausgesagt oder sonst verhandelt worden ist.

Die Vorschrift erlaubt in vier Fällen eine **Ausnahme** von Anwesenheitsrecht und 1 Anwesenheitspflicht des Angeklagten in der Hauptverhandlung (vgl. §§ 230 ff.); sie schafft einen **Ausgleich** zwischen dem staatlichen Anliegen vollständiger Wahrheitsermittlung (BVerfG 63, 61 = NJW 1983, 1043) und dem Schutz von Verfahrensbeteiligten (BGH 26, 219 = NJW 1976, 199). § 247 S. 1 ist „als **Ausnahmevorschrift** eng auszulegen und sein Anwendungsbereich streng auf den Wortlaut des Gesetzes zu beschränken; der zeitweise Ausschluss des Angeklagten ist stets durch **Gerichtsbeschluss** anzuordnen, der sich nicht auf eine bloß förmliche Begründung beschränken darf, „grundsätzlich müssen die konkreten Tatsachen und Erwägungen erkennbar sein" (BGH NStZ-RR 2004, 118); bleibt wegen des Fehlens einer ausreichenden Begründung zweifelhaft, ob das Gericht von zulässigen Erwägungen ausgegangen ist, so ist der unbedingte Revisionsgrund nach § 338 Nr. 5 gegeben" (BGH 46, 143 = NJW 2000, 3795; BGH NStZ 1999, 44). 1. Eines begründeten Beschlusses zur Entfernung des Angeklagten aus der Hauptverhandlung bedarf es auch dann, wenn sämtliche Beteiligten einschl. des Angeklagten mit der Anordnung **einverstanden** sind (BGH StV 2002, 8). Für die Anordnung, den Angeklagten **während der informatorischen Befragung einer Zeugin** aus dem Sitzungssaal zu entfernen, um zu klären, ob eine Vernehmung der Zeugin in Anwesenheit des Angeklagten stattfinden kann, ist ein Gerichtsbeschluss nach § 247 S. 1 nicht erforderlich. Der Angekl. muss über das Ergebnis auch nicht förmlich gemäß § 247 S. 4 unterrichtet werden (BGH NStZ 2002, 46). Der Angeklagte darf **während einer Vernehmung** ausgeschlossen werden, zB für die Beantwortung einer Frage (BGH MDR 1975, 544; KK-Diemer, Rn. 6). „Nach st. Rspr. gehören die Verhandlung und Entscheidung **über eine Vereidigung** eines Zeugen nicht zur Vernehmung iSd § 247 S. 1, sondern bilden einen selbstständigen **Verfahrensabschnitt**, so dass idR der absolute Revisionsgrund des § 338 Nr. 5 gegeben ist, wenn der Angeklagte während dieses Verhandlungsteils von der Hauptverhandlung ausgeschlossen war. Das gilt auch, wenn die Zeugin – wie hier – als Verletzte nach § 61 Nr. 2 unvereidigt geblieben ist. Zwar könnte etwas anderes dann gelten, wenn die Abwesenheit des Angeklagten keinen wesentlichen Teil der Hauptverhandlung betrifft, weil er nach den besonderen Umständen des Einzelfalles die Frage der Vereidigung auch im Falle seiner Anwesenheit nicht hätte beeinflussen können"

653

(BGH NStZ 1999, 522; 2000, 440). „War der Angeklagte, der für die Dauer der Vernehmung eines Zeugen nach § 247 ausgeschlossen war, bei der Verhandlung und Entscheidung über dessen Vereidigung verfahrensfehlerhaft **nicht anwesend,** so wird der Verfahrensfehler regelmäßig **geheilt,** wenn die Verhandlung und Entscheidung über die Vereidigung desselben Zeugen nach einer **erneuten Vernehmung** in Anwesenheit des Angeklagten stattfindet" (BGH 48, 222 = NJW 2003, 2107). Ohne den Angeklagten darf weder die Verhandlung über die **Vereidigung eines Zeugen** noch die Verhandlung über die **Entlassung des Zeugen** stattfinden, weil die Anwesenheit des Angeklagten hierbei sein Recht auf effektive Ausübung des Fragerechts sichert. Sowohl die Verhandlung über die Vereidigung als auch die Verhandlung über die Entlassung des Zeugen sind wesentlicher Teil der Hauptverhandlung (BGH StV 2000, 653). Eine Entfernung des Angeklagten gemäß § 247 S. 1 kann nicht darauf gestützt werden, dass ein gemäß § 1897 BGB bestellter **Betreuer** der Vernehmung des Betreuten des Angeklagten widersprochen hat (BGH 46, 143 = NJW 2000, 3795). Auch bei einer Verlesung zum Zwecke des **Urkundenbeweises** und einer Augenscheinseinnahme handelt es sich um **wesentliche Teile der Hauptverhandlung,** von denen der Angeklagte **nicht** nach § 247 ausgeschlossen werden darf. Zumindest muss die Verlesung der Urkunden und die Augenscheinseinnahme in Gegenwart des Angeklagten wiederholt werden (BGH NStZ 2001, 262). „Ist der Angeklagte während der Vernehmung eines Zeugen aus dem Sitzungssaal entfernt worden, ist die Verlesung von **Briefen,** die Einnahme eines **Augenscheins** sowie die Verlesung des Protokolls einer **polizeilichen Zeugenvernehmung** gem. § 253 unzulässig und begründet die Revision, wenn die betreffende Beweiserhebung nicht in Anwesenheit des Angeklagten wiederholt wird" (BGH StV 2002, 408). Bei der förmlichen **Augenscheinseinnahme der Lichtbilder von Verletzungen** einer nach Entfernung des Angeklagten aus der Hauptverhandlung vernommenen Zeugin handelt es sich um einen Teil der Beweisaufnahme und damit um einen wesentlichen Teil der Hauptverhandlung. Die Verwertung des so erhobenen Augenscheinsbeweises ist nur dann statthaft, wenn die Augenscheinseinnahme in Anwesenheit des Angeklagten und auch im Übrigen fehlerfrei wiederholt wird und dabei der Beweisgegenstand als solcher ordnungsgemäß in die Verhandlung eingeführt wird. Ansonsten bewirkt die Verwertung des rechtsfehlerhaft erhobenen Augenscheinsbeweises den unbedingten Revisionsgrund des § 338 Nr. 5 StPO (BGH StV 2002, 8).

2   S. 1 setzt eine **konkrete Gefahr für die Sachaufklärung** voraus. Dabei kommt es weder auf die Wünsche von Verfahrensbeteiligten (BGH 22, 21 = NJW 1968, 806) noch auf die Bereitschaft der Aussageperson an, in Gegenwart des Angeklagten auszusagen. Die Ankündigung, bei Anwesenheit des Angeklagten das Zeugnis zu verweigern, reicht aus (BGH 22, 21), ebenso die Gefährdung der Sachaufklärung in einem Teilkomplex. Der **bloße Wunsch** eines Zeugen, in Abwesenheit des Angeklagten aussagen zu dürfen, kann die Anordnung nach § 247 S. 1 nicht rechtfertigen. Eine substantiierte Begründung kann grundsätzlich nur dann als entbehrlich angesehen werden, wenn sich unmittelbar aus dem Anklagegegenstand sowie aus der Person von Zeugen und Angeklagten und ihrer Beziehung zueinander ohne weiteres eine massive Furcht des Zeugen vor dem auszuschließenden Angeklagten aufdrängt, die geeignet erscheint, den Zeugen von wahren, insbesondere vollständigen Angaben in Gegenwart des Angeklagten abzuhalten (BGH NStZ 1999, 419). Über den Ausschluss ist nach **pflichtgemäßem Ermessen** auf der Grundlage des **gegenwärtigen Kenntnisstandes** zu entscheiden (BGH NStZ 1987, 84). Ein Grund für die Befürchtung, ein Zeuge werde bei seiner Vernehmung in Gegenwart des Angeklagten die Wahrheit nicht sagen, ist auch dann gegeben, wenn der Berechtigte zur Verweigerung des Zeugnisses erklärt, unter dem Druck der Anwesenheit des Angeklagten von diesem Recht Gebrauch zu machen (BGH NStZ 1997, 402). Die **Erklärung eines Mitangeklagten,** im Falle der Anwesenheit des

Hauptverhandlung **§ 247**

Angeklagten von seinem **Schweigerecht** (§ 243 Abs. 4 S. 1) Gebrauch zu machen, kann die Entfernung des Angeklagten aus der Hauptverhandlung gem. § 247 S. 1 rechtfertigen (BGH StV 2001, 214). Wird ein **verdeckter Ermittler** oder **V-Mann** der Polizei von der obersten Dienstbehörde nur unter dieser Bedingung freigegeben, so ist ein Ausschluss zulässig (BGH 32, 32 = NJW 1984, 1973; BGH-GrS 32, 115, 125 = NJW 1984, 247; vgl. § 96 iVm § 39 Abs. 3 S. 1 BRRG). Die Anwesenheit des **Beistands** in der Hauptverhandlung darf zeitweise **eingeschränkt** werden, wenn dies nach dem Rechtsgedanken des § 247 Satz 1 aus Gründen, die in der Person des Beistands liegen, zur **Wahrheitsermittlung** geboten ist (BGH 47, 62 = NJW 2001, 3349).

Der Ausschluss kann die **gesamte** Vernehmung oder **Teile** davon umfassen, im 3 letzteren Fall betrifft er auch alle Verfahrensvorgänge, die mit dem betreffenden Teil in engem Zusammenhang stehen und keine selbstständige verfahrensrechtliche Bedeutung haben (BGH MDR 1975, 544; BGH NJW 1979, 276), wie etwa **Fragen** und **Vorhalte** an die Auskunftsperson oder Zurückweisung von Fragen nach §§ 241 Abs. 2, 241a Abs. 2, 242 (BGH MDR 1975, 544; Eisenberg Beweisrecht Rn. 781). **Andere Beweisvorgänge** sind während der Abwesenheit des Angeklagten **untersagt,** auch wenn sie der sachdienlichen Vernehmung des Zeugen oder Mitangeklagten förderlich wären. Sie müssen daher, wenn sie trotzdem stattgefunden haben, nach Wiedereintritt des Angeklagten wiederholt werden (BGH NStZ 1985, 496). Das gilt insbesondere für die Vernehmung **weiterer** Zeugen (BGH NStZ 1993, 350) für **Augenscheinseinnahmen** (BGH NJW 1988, 429; BGH NStZ 1996, 564), für die **Verlesung von Urkunden** (Rn. 1); andernfalls ist der unbedingte Revisionsgrund des § 338 Nr. 5 gegeben. Der Ausschluss umfasst ferner nicht die Verhandlung über einen **Beweisantrag** im Zusammenhang mit der Zeugenaussage (BGH NStZ 1987, 17) oder über den **Ausschluss der Öffentlichkeit** (RG 18, 138; abw. BGH NJW 1979, 276). Unzulässige Erörterungen sind nach Wiedereintritt des Angeklagten zu wiederholen. Dieser ist **vor jeder weiteren Verhandlung** zunächst nach S. 4 zu **unterrichten** (BGH 38, 260 = NJW 1992, 2241). Nach st. Rspr. des BGH darf der Angeklagte bei der nicht mehr zur Vernehmung des Zeugen gehörenden Verhandlung über die **Vereidigung** und von der Verhandlung über die **Entlassung** des Zeugen nicht entfernt gehalten werden (BGH 26, 218 = NJW 1976, 199; BGH NStZ 1999, 44; BGH 46, 143 = NJW 2000, 379). **Ausnahmsweise** kann der Angeklagte auch von der Verhandlung über Vereidigung und Entlassung eines Zeugen ausgeschlossen werden, wenn die Anordnung seiner Entfernung wegen der Gefahr der Entarnung oder wegen Gefährdung des Zeugen erfolgt ist (BGH 37, 49 = NJW 1991, 2633). An dieser Rspr. des BGH zu § 247 hat sich durch die Einfügung des § 247a (audiovisuelle Zeugenvernehmung) **nichts geändert** (BGH NStZ 2001, 608; s. auch § 247a Rn. 1).

Die Annahme der konkreten Gefahr eines **erheblichen Nachteils** für das **Wohl** 4 **jugendlicher Zeugen** erlaubt die Entfernung des Angeklagten, **S. 2, 1. Alt.** Geschützt ist das körperliche und seelische Wohl des Minderjährigen; auf die Gefährdung der Sachaufklärung kommt es nicht an. **Erheblich** kann der Nachteil idR nur sein, wenn er über die Dauer der Vernehmung hinausreicht (KMR-Paulus Rn. 17). Die Befürchtung muss auf konkrete Tatsachen (etwa das Vorliegen eines Abhängigkeitsverhältnisses, Furcht, schwerwiegende seelische Konflikte des Zeugen) gestützt werden. Der Umfang der Vernehmung bestimmt sich nach S. 1. Werden in ihrem Zusammenhang Eltern zur Person des Kindes gehört, so ist dies nur ein Vernehmungsbehelf, der von der Ausschließung nach S. 2 umfasst ist (BGH NStZ 1994, 354). Wird ein **jugendlicher** Angeklagter aus der Hauptverhandlung während einer Zeugenvernehmung entfernt, muss bei der Verfahrensrüge der unzulässigen Abwesenheit des Angeklagten im Zusammenhang mit der Verhandlung über die Vereidigung und Entlassung des Zeugen mitgeteilt werden, ob Rechtsgrundlage der Entfernung § 247 oder § 51 Abs. 1 S. 1 JGG war. Eine Entfernung des jugendlichen

§ 247

Angeklagten gem. § 51 JGG **erfasst** nämlich nicht nur die Beweisverhandlung, sondern auch Ausführungen sämtlicher Prozessbeteiligter einschließlich der Schlussvorträge und damit auch die Verhandlung über die Vereidigung und Entlassung eines Zeugen (BGH NStZ 2002, 216).

5   Bei **erwachsenen Zeugen (S. 2, 2. Alt.)** ist eine Entfernung des Angeklagte nur bei **dringender** Gefahr **erheblicher** Gesundheitsbeeinträchtigung zulässig. Hat der Zeuge angekündigt, von dem ihm zustehenden Auskunftsverweigerungsrecht gemäß § 55 im Falle seiner Vernehmung in Anwesenheit des Angeklagten Gebrauch zu machen, darf das Tatgericht im Interesse der Wahrheitsfindung den Angeklagten gemäß § 247 S. 1 während der Einvernahme dieses Zeugen aus dem Sitzungssaal entfernen (BGH NStZ-RR 2004, 116). Der Gesundheitsnachteil muss schwerwiegend sein; das ist bei der Gefahr der Vernehmungsunfähigkeit (BGH 22, 289 = NJW 1969, 703) regelmäßig der Fall. Auch von einer **Augenscheineinnahme** am Körper des Zeugen kann der Angeklagte ausgeschlossen werden (BGH NStZ 1988, 469).

6   Eine Entfernung des Angeklagten **zu seinem eigenen Schutz** gestattet S. 3. Die Gefahr von Störungen durch den Angeklagten reicht nicht aus; erforderlich ist vielmehr die konkrete Gefahr erheblicher Nachteile für die körperliche und geistige Gesundheit; auf die Wünsche des Angeklagten kommt es nicht an (BGH StV 1993, 285). Ob eine solche vorliegt, kann das Gericht im **Freibeweisverfahren** (vgl. § 244 Rn. 7) ermitteln. **Erörterungen** iSd S. 3 sind alle Verhandlungen und Beweiserhebungen, die Zustand oder Behandlungsaussichten des Angeklagten betreffen.

7   Die Anordnung der Entfernung des Angeklagten erfolgt durch **Beschluss** des Gerichts (BGH 22, 20 = NJW 1968, 806; BGH NStZ 2004, 35) nach Anhörung der Verfahrensbeteiligten (§ 33) **vAw. oder auf Antrag**. Der Beschluss muss den Verfahrensteil, von dem der Angeklagte ausgeschlossen wird, genau bezeichnen; seine Begründung muss den **Ausschlussgrund** sowie die **Tatsachen** darlegen, die seiner Annahme durch das Gericht zugrundeliegen (BGH NStZ-RR 2004, 35). Seine Verkündung und Ausführung sind **wesentliche Förmlichkeiten** der Hauptverhandlung (§ 273 Abs. 1). Auch bei **Einverständnis** des Angeklagten oder seinem Erbieten, freiwillig den Sitzungssaal zu verlassen, ist ein förmlicher Beschluss stets erforderlich (vgl. BGH NStZ 1991, 296). „Eine nähere **Begründung** ist auch dann nicht entbehrlich, wenn sämtliche Beteiligten mit der Anordnung (über den Ausschluss des Angeklagten) einverstanden waren. Der Angeklagte kann auch nicht wirksam auf seine vom Gesetz vorgeschriebene Anwesenheit verzichten" (BGH NStZ-RR 2004, 35).

8   Die **Unterrichtung des Angeklagten (S. 4)** ist – auch wenn sie bereits der Verteidiger vorgenommen hat (BGH NJW 1957, 1326) – **vor jeder weiteren Verfahrenshandlung** erforderlich (BGH 38, 260 = NJW 1992, 2241); auch sie ist zu protokollieren (BGH 1, 350 = NJW 1952, 192). Die Anwesenheit der vernommenen Person bei der Unterrichtung ist nicht erforderlich (BGH NJW 1985, 1478). Stellt der Angeklagte **zusätzliche Fragen**, so sind diese ggf. nach erneutem Beschluss und Entfernung des Angeklagten vom Vorsitzenden an den nun wieder erschienenen Zeugen zu richten; über seine Antworten ist der Angeklagte wiederum zu unterrichten. Wenn der Ausschluss des Angeklagten während der ganzen Vernehmung des Zeugen geboten ist, kann er auch zwar Fragen stellen, muss aber wieder abtreten, bevor der Zeuge sie beantwortet (BGH 22, 289 = NJW 1969, 703; BGH NJW 1985, 1478). Soll eine Gefährdung oder Enttarnung verhindert werden, so muss er bei der Entgegennahme der Frage des Angeklagten den Gerichtssaal verlassen (BGH NJW 1985, 1478; Meyer-Goßner Rn. 18). Die Unterrichtung erfolgt durch den **Vorsitzenden**. „Dabei muss dem Angeklagten **alles mitgeteilt** werden, was er wissen muss, um sich **sachgerecht verteidigen** zu können, so die in seiner Abwesenheit gestellten Anträge und Erklärungen, soweit sie für seine Verteidigung

Hauptverhandlung § 247 a

von Bedeutung sein können. Dazu gehören auch Entscheidungen über die Vereidigung eines Zeugen" (BGH NStZ 1983, 181). Die Unterrichtung hat auch dann zu erfolgen, wenn der Vorsitzende die betreffenden Vorgänge zur Klärung des Tatvorwurfs für **unergiebig** hält (BGH StV 2002, 353; s. Rn. 1).

Die **Revision** ist mit der Rüge des § **338 Nr. 5** begründet, wenn ein Beschluss 9 fehlt (BGH 4, 364 = NJW 1953, 1925; BGH NJW 1976, 1108). Der zeitweise Ausschluss des Angeklagten ist nach der ständigen Rechtsprechung des BGH stets durch **förmlichen Gerichtsbeschluss** anzuordnen, der zu begründen und zu verkünden ist. Der absolute Revisionsgrund des § 338 Nr. 5 StPO ist gegeben, wenn die Begründung des Beschlusses nicht zweifelsfrei ergibt, dass das Gericht von **zulässigen Erwägungen** ausgegangen ist (BGH NStZ 2002, 44). Die Rüge ist auch begründet, wenn in Abwesenheit des Angeklagten andere Verhandlungsteile als die im Beschluss bezeichnete Vernehmung stattgefunden haben und nicht wiederholt wurden (BGH NJW 1988, 429; StV 1989, 192; NStZ 1992, 28; 1993, 28; vgl. Basdorf FS für Salger S. 215, Rn. 3 mwN) oder wenn auf Grund der Beschlussbegründung zweifelhaft bleibt, ob die Voraussetzungen des § 247 erfüllt waren (BGH 15, 196 = NJW 1961, 132). Einen **relativen Revisionsgrund** stellt die Verletzung von S. 4 dar, wenn die Unterrichtung unterlassen worden oder verspätet erfolgt ist (BGH StV 1984, 103; 1992, 359; BGH NStZ 1995, 557; BGH NStZ-RR 1998, 261). **Geheilt** werden kann ein Verstoß nicht durch nachträgliche Beschlussfassung, sondern nur dadurch, dass der fehlerhafte Teil der Verhandlung in Gegenwart des Angeklagten vollständig wiederholt wird; die bloße Unterrichtung des Angeklagten heilt den Fehler nicht (BGH 30, 74 = NJW 1981, 1568; BGH StV 1986, 418; KK-Diemer Rn. 17). „Hat sich der Angeklagte nach seiner Unterrichtung über den Inhalt einer in seiner Abwesenheit erfolgten Zeugenaussage hierzu geäußert, muss die Revision zur Begründung einer Rüge nach § 247 S. 1, § 338 Nr. 5 den wesentlichen Inhalt dieser Äußerung vortragen, wenn die nahe Möglichkeit besteht, der Angeklagte habe auf weitere Fragen an den zuvor in seiner Abwesenheit entlassenen Zeugen verzichtet" (BGH NStZ 1998, 425). Will ein aus der Hauptverhandlung entfernter Angeklagter eine unzulässige **Beschränkung seiner Verteidigung** rügen, weil er über die Fragen des Gerichts an einen in seiner Abwesenheit vernommenen Zeugen nicht unterrichtet worden sei, setzt dies voraus, dass er, als er wieder anwesend war, den Vorsitzenden um Mitteilung der gestellten Fragen gebeten und ggf. einen Gerichtsbeschluss herbeigeführt hätte (BGH StV 2000, 654). § 247 gilt entsprechend bei **kommissarischer Vernehmung,** § 223 (BGH 32, 32 = NJW 1984, 1973). Einer Unterrichtung nach S. 4 bedarf es nicht, da das Protokoll in der Hauptverhandlung zu verlesen ist, § 251 Abs. 1 Nr. 2 und 3 (KK-Diemer Rn. 18). Die Verhandlung über die Entlassung eines Zeugen während der nach § 274 angeordneten Abwesenheit des Angeklagten bedeutet einen **absoluten Revisionsgrund** iSd § 338 Nr. 5 (BGH 46, 143 = NJW 2000, 3795; BGH NStZ 1999, 44). Zu Einzelheiten der Revisionsrügen s. Rn. 1 ff.

Ein Verstoß gegen § 247 kann nicht durch nachträgliche Beschlussfassung, sondern 10 nur dadurch **geheilt** werden, dass der fehlerhafte Teil der Verhandlung in Gegenwart des Angeklagten vollständig wiederholt wird. Die bloße Unterrichtung des Angeklagten über das in seiner Abwesenheit Verhandelte heilt den Fehler nicht (BGH 30, 74 = NJW 1981, 1568; BGH StV 1986, 418; KK-Diener Rn. 16). Im **Jugendverfahren** gilt § 247. Jedoch kommt auch § 51 JGG als Rechtsgrundlage für einen Ausschluss in Betracht (BGH NStZ 2002, 216).

§ 247 a [Zeugenvernehmung an anderem Ort] RiStBV 222

¹**Besteht die dringende Gefahr eines schwerwiegenden Nachteils für das Wohl des Zeugen, wenn er in Gegenwart der in der Hauptverhandlung Anwesenden vernommen wird, so kann das Gericht anordnen, daß der**

§ 247 a

Zeuge sich während der Vernehmung an einem anderen Ort aufhält; eine solche Anordnung ist auch unter den Voraussetzungen des § 251 Abs. 2 zulässig, soweit dies zur Erforschung der Wahrheit erforderlich ist. ²Die Entscheidung ist unanfechtbar. ³Die Aussage wird zeitgleich in Bild und Ton in das Sitzungszimmer übertragen. ⁴Sie soll aufgezeichnet werden, wenn zu besorgen ist, daß der Zeuge in einer weiteren Hauptverhandlung nicht vernommen werden kann und die Aufzeichnung zur Erforschung der Wahrheit erforderlich ist. ⁵§ 58 a Abs. 2 findet entsprechende Anwendung.

1 Diese Vorschrift ist durch das Zeugenschutzgesetz v. 30. 4. 1998 (BGBl. I S. 820) eingefügt worden (s. vor §§ 48–71 Rn. 5). „Nach dem eindeutigen Wortlaut des § 247 a kann eine **audivisuelle** Zeugenvernehmung angeordnet werden, wenn auf Grund der Anwesenheit des Angeklagten eine **dringende Gefahr** für das Wohl des Zeugen besteht und diese Gefahr nicht anders abwendbar ist. Als andere – und damit **vorrangige** – Maßnahme werden der **Ausschluss der Öffentlichkeit** und die **Entfernung des Angeklagten** nach § 247 S. 2 **beispielhaft** herausgehoben. Dieser Vorrang entspricht der Zielrichtung des Gesetzes zum Schutz von Zeugen bei Vernehmung im Strafverfahren und die Verbesserung des Opferschutzes vom 30. 4. 1998" (BGH NStZ 2001, 261). Das Gericht muss aber prüfen, welche Maßnahmen das Spannungsverhältnis zwischen dem Schutz der Zeugen, der Aufklärungspflicht und den Verteidigerinteressen am besten zum Ausgleich bringen. **Bevor das Gericht einen Angeklagten ausschließt,** wird es sich mit der Möglichkeit des § 247 a auseinandersetzen müssen. Andernfalls können Rechtsfehler bei der Anwendung des § 247 zum absoluten Revisionsgrund des § 338 Nr. 5 führen (BT-Drucks. 15/1976 S. 12). Nach der st. Rspr. des BGH kann also vorrangig das Gericht gemäß § 247 S. 1 anordnen, dass sich der Angeklagte aus dem Sitzungszimmer entfernt, wenn ein Zeuge, der zur Verweigerung des Zeugnisses berechtigt ist, in der Hauptverhandlung erklärt, unter dem Druck der Anwesenheit des Angeklagten von diesem Recht Gebrauch zu machen, falls er in Gegenwart des Angeklagten vernommen wurde. An dieser Rechtsprechung ist grundsätzlich festzuhalten; daran **ändert auch die Einfügung des § 247 a nichts** (BGH NStZ 2001, 608). Mit Einführung des § 247 a besteht im deutschen Strafverfahren die Möglichkeit, eine Aussage zugleich im Bild und Ton in das Sitzungszimmer zu übertragen und dabei eine Konfrontation der Prozessbeteiligten – wenn auch mediatisiert – unmittelbar mit dem zu vernehmenden Zeugen herzustellen – audovisuelle Konfrontationsvernehmung – (BGH NJW 1999, 3780). Der Gesetzgeber hat mit dieser Bestimmung und mit der §§ 58 a, 168 e, 255 a den Einsatz der **Videotechnik** bei der Vernehmung von Zeugen im Ermittlungs- und Strafverfahren auf eine gesetzliche Grundlage gestellt (KK-Diemer Rn. 1). Die Durchführung der Videovernehmung steht im **pflichtgemäßen Ermessen** des Gerichts (BGH 45, 188, 196 = NJW 1999, 3788). § 247 a regelt also die sog. Videovernehmung eines Zeugen **in der Hauptverhandlung.** Der Gesetzgeber hat damit die immer wieder geforderte „gespaltene Hauptverhandlung" abgelehnt und sich dafür entschieden, dass sich lediglich der zu vernehmende Zeuge (ggf. mit einem Zeugenbeistand oder einer Vertrauensperson nach § 406 f Abs. 3) an einem anderen Ort aufhält und dessen Vernehmung der laufenden Hauptverhandlung **zugeschaltet** wird. An einem **anderen Ort** darf sich der Zeuge aufhalten. Er braucht sich nicht im Gerichtsgebäude zu befinden; er kann sich auch außerhalb, zB in seiner Wohnung aufhalten. Die Grenze ist die technische Möglichkeit der Übertragung (Rieß NJW 1998, 3241; KK-Diemer Rn. 3). Liegen neben der Voraussetzungen des **S. 1** auch diejenigen der **kommissarischen Vernehmung** (§ 223) vor, so kann auch diese grundsätzlich im Rahmen des § 247 a erfolgen; denn dieser schließt nicht aus, dass sich nicht zum Spruchkörper gehörende Vernehmungsperson, wie etwa der kommissarische Richter, mit dem Zeugen an den anderen Ort aufhält (KK-Diemer Rn. 3). § 247 a

Hauptverhandlung **§ 247 a**

ermöglicht es dem Tatrichter, auch einen **im Ausland** aufenthältlichen Zeugen im Rahmen der Hauptverhandlung durch eine zeitliche Bild- und Tonübertragung zu vernehmen. Die Rechtshilfeleistung des ersuchten Staates muss im konkreten Fall die Einhaltung der für die Hauptverhandlung geltenden wesentlichen Verfahrensgarantien gewährleisten (BGH 45, 188 = NJW 1999, 3788). Ein Antrag auf Ladung eines Zeugen im **Ausland** vor das Prozessgericht umfasst auch die Vernehmung per Videokonferenz gemäß § 247 a; eines besonderen hierauf gerichteten Antrages bedarf es nicht (BGH NStZ 2000, 385). Die audiovisuelle Vernehmung nach § 274 a kommt auch für einen im **Ausland** aufenthältlichen Zeugen in Betracht, wenn diese Vernehmung rechtshilferechtlich und tatsächlich möglich ist und die Art ihrer Durchführung einer solchen im Inhalt weitgehend entspricht, dh wenn die Einhaltung der für die deutsche Hauptverhandlung geltenden wesentlichen Verfahrensgarantien gewährleistet ist (BGH 45, 188 = NJW 1999, 3788). „Die **audiovisuelle Vernehmung** eines am Erscheinen in der Hauptverhandlung verhinderten Auslandszeugen ist dann nicht erforderlich, wenn von ihr **keine** weiter gehende oder **bessere Sachaufklärung** zu erwarten ist als durch das Verlesen eines bereits vorliegenden richterlichen Vernehmungsprotokolls" (BGH 46, 73 = NJW 2000, 2517). Die **Anwesenheitspflicht** des Zeugen in der Hauptverhandlung – eine staatsbürgerliche Pflicht (BVerfGE 49, 280 = NJW 1979, 32; BVerfG NJW 1988, 898) – erfährt durch § 247 a eine Ausnahme.

§ 247 a enthält **keine Beschränkung** auf bestimmte Deliktsbereiche oder besondere Gruppen von Zeugen, sondern bezweckt einen **umfassenden Zeugenschutz** (BT-Drucks. 13/7165). Darunter fallen zB neben den Opfern von Sexualstraftaten vor allem auch gefährdete Ermittlungsbeamte, aber auch alte und gebrechliche Zeugen (KK-Diemer Rn. 2). Die durch **Gerichtsbeschluss** anzuordnende als Kann-Vorschrift im **Ermessen** des Gerichts stehende Entscheidung knüpft die **Zulässigkeit** an zwei alternative Voraussetzungen an (Rieß NJW 1999, 3242). Nach **§ 247 a S. 1 Halbs. 1** kann einmal verfahren werden, wenn bei einer Zeugenvernehmung in der Hauptverhandlung die **dringende Gefahr eines schwerwiegenden Nachteils für sein Wohl** besteht und diese Gefahr nicht anders abwendbar ist. Als andere – und damit **vorrangige** – Maßnahmen werden der Ausschluss der Öffentlichkeit und die Entfernung des Angeklagten nach § 247 beispielhaft hervorgehoben (Rn. 1). Als 2. Alternative kann gemäß **§ 247 a S. 1, Halbs. 2** auch dann verfahren werden, „wenn die Vorraussetzungen des § 251 Abs. 1 Nrn. 2 bis 4" vorliegen, „soweit dies zur Erforschung der Wahrheit erforderlich ist", also in den Fällen, in denen dem Erscheinen des Zeugen in der Hauptverhandlung besondere Hindernisse entgegenstehen oder es ihm nicht zuzumuten ist (Rieß NJW 1998, 3242). Eine zeitgleiche Übertragung einer **kommissarischen Vernehmung** (§ 223) in die Hauptverhandlung erlaubt § 247 a nicht, da dieses Rechtsinstitut systematisch eine andere Funktion in Bezug auf die Hauptverhandlung hat (Eisenberg Beweisrecht Rn. 1328 c; Rieß NJW 1998, 3242; aA KK-Diemer Rn. 3).

S. 4 und 5 bestimmen als Sollvorschriften, in welchen Fällen die Bild-Ton-Übertragung der Vernehmung nach § 58 a aufzuzeichnen ist. Demnach **soll** die Videovernehmung in der Hauptverhandlung **aufgezeichnet** werden, wenn zu besorgen ist, dass der Zeuge in einer weiteren Hauptverhandlung nicht vernommen werden kann und die Aufzeichnung zur Erforschung der Wahrheit erforderlich ist (KK-Diemer Rn. 18). Es ist empfehlenswert, auch den Zeitraum, in welchem sich der Zeuge in dem besonderen Raum befindet, zu protokollieren (SK/StPO-Schlüchter Rn. 22).

Die Entscheidung nach § 247 a steht im **pflichtgemäßen Ermessen** des Gerichts, wobei auch die Verteidigungsbelange des Angeklagten zu berücksichtigen sind (BGH 45, 188 = NJW 1999, 3788; KK-Diemer Rn. 4, 7). Sie wird durch **Gerichtsbeschluss** und nicht durch Verfügung des Vorsitzenden angeordnet (KK-

2

3

4

§ 247 a

Diemer Rn. 15; SK/StPO-Schlüchter Rn. 15). Eine Zustimmung des Zeugen ist nicht erforderlich (KK-Diemer Rn. 19). Die Prozessbeteiligten sind nach § 33 Abs. 1 zu hören. Das Einverständnis der Beteiligten entbindet nicht von der Beschlussfassung. Aus dem nach § 35 Abs. 1 S. 1 zu **verkündenden** und nach § 273 Abs. 1 im Sitzungsprotokoll zu beurkundenden Beschluss muss hervorgehen, welchen Fall des **S. 1** das Gericht für gegeben hält. Gemäß § 34 ist eine weitere Begründung wegen des Rechtmittelausschlusses nach **S. 2** nicht erforderlich. Keiner Begründung bedarf auch die Ablehnung des Antrags auf Videovernehmung. Bei in ein Zeugenschutzprogramm aufgenommenen gefährdeten Zeugen kommt auch ein dem Gericht unbekannter Ort im In- oder Ausland in Betracht (Meyer-Goßner Rn. 8, 9).

5 § 247 a hat die **Durchführung der Vernehmung** in den technischen Einzelheiten nicht geregelt. Gefordert wird nur nach **S. 3,** dass die Aussage **zeitgleich** in Bild und Ton in das Sitzungszimmer übertragen wird. Entscheidend ist, dass die Übertragung so funktioniert, dass eine möglichst umfassende Wahrnehmung der verbalen und körperlichen Äußerungen des Zeugen gewährleistet ist (KK-Diemer Rn. 17). Allen Prozessbeteiligten ist eine unbeeinträchtigte Ausübung ihrer prozessualen Rechte zu gewährleisten. Diese Gesichtspunkte sind bei der gerichtlichen Ermessensentscheidung schon im Hinblick auf das Aufklärungsgebot und den Grundsätzen des fairen Verfahrens zu berücksichtigen. Notfalls ist auf die Videovernehmung zu verzichten (KK-Diemer Rn. 17). Im Übrigen gelten die **allgemeinen Bestimmungen über die Zeugenvernehmung,** auch §§ 241 a, 247 (Meyer-Goßner Rn. 10). Bei gemäß § 52 **Zeugnisverweigerungsberechtigten** darf die Aufnahme erst nach Belehrung und Erklärung, von der Berechtigung keinen Gebrauch machen zu wollen, beginnen (Eisenberg Beweisrecht Rn. 1328 h).

6 Nach **S. 2** ist die Entscheidung über die Videovernehmung **unanfechtbar** und damit gemäß § 336 S. 2 nicht im Wege der **Revision** überprüfbar. Allerdings findet die Ausnahmeregelung des § 336 S. 2 dort ihre Grenze, wo sich zusätzliche **absolute Revisionsgründe** ergeben, so zB, wenn durch den Beschluss des Gerichts die Verteidigung in unzulässiger Weise beschränkt wird (§ 338 Nr. 8). Das **Fehlen eines Beschlusses** kann die Revision nach § 337 begründen, weil damit eine – nach § 2 – unanfechtbare Entscheidung überhaupt nicht vorliegt, so dass nicht erkennbar ist, ob die Voraussetzungen des § 247 a vorgelegen haben und ob das Gericht von zutreffenden Erwägungen ausgegangen ist. Das Revisionsgericht prüft nicht von Amts wegen, ob die Voraussetzungen des § 247 a vorliegen. „Vielmehr hat der Beschwerdeführer – entsprechend § 344 Abs. 2 S. 2 StPO – innerhalb der Revisionsbegründungsfrist alle für eine Überprüfung erforderlichen **Verfahrenstatsachen vorzutragen**" (BGH NStZ-RR 2003, 290). Die Verfahrensrüge kann auch begründet sein, wenn der Tatrichter über die Anwendung des § 247 a gar nicht – auch nicht konkludent – entschieden hat (BGH 45, 188, 197 = NJW 1999, 3788). Fehlt die Begründung, so ist darauf abzustellen, ob sie sich aus dem Zusammenhang ergeben. Wenn das Gericht die Vernehmung eines Zeugen **unterlässt,** ohne die Möglichkeit einer audiovisuellen Vernehmung zu prüfen, **kann** dies als Verstoß gegen § 247 a gerügt werden. Hat aber das Gericht nur die Voraussetzungen des § 247 a S. 1 **unzutreffend** bejaht, ist die Anordnung der audiovisuellen Vernehmung unanfechtbar; in diesem Fall ist jedoch zu prüfen, ob die Rüge nach § 338 Nr. 8 durchgreift (vgl. Julius in HK-StPO Rn. 10). Das **Absehen** von der Aufzeichnung ist nicht revisibel, weil hierauf das Urteil nicht beruht. Eine **technisch mangelhafte Simultanübertragung** kann die Aufklärungsrüge begründen, wenn die Äußerungen des Zeugen nur unzulänglich wahrgenommen werden können (KK-Diemer Rn. 25).

7 Gemäß **S. 3** gilt § 58 a Abs. 2 entsprechend. Danach ist die Verwendung der Bild-Ton-Aufzeichnung nur für die Zwecke der **Strafverfolgung** und nur insoweit zulässig, als dies zur Erforschung der Wahrheit erforderlich ist. Sie ist entsprechend

Hauptverhandlung **§§ 248, 249**

§ 100 b Abs. 6 von der StA zu vernichten, wenn sie zur Strafverfolgung nicht mehr erforderlich ist (S. 5 iVm § 58 a Abs. 2 S. 2, § 100 b Abs. 6). Für das Einsichtsrecht des Verteidigers und des Verletzten gelten die §§ 147 und 406 e entsprechend, S. 5 iVm § 58 a Abs. 2 S. 2 (KK-Diemer Rn. 21).

§ 248 [Entlassung der Zeugen und Sachverständigen] RiStBV 135

¹**Die vernommenen Zeugen und Sachverständigen dürfen sich nur mit Genehmigung oder auf Anweisung des Vorsitzenden von der Gerichtsstelle entfernen.** ²**Die Staatsanwaltschaft und der Angeklagte sind vorher zu hören.**

Der **Vorsitzende** entscheidet (§ 238 Abs. 1) nach pflichtgemäßem Ermessen, ob 1 sich vernommene oder solche Beweispersonen, auf deren Vernehmung verzichtet wurde (§ 245 Abs. 1 S. 2), vom Verhandlungsort entfernen dürfen oder müssen. **Eigenmächtiges Weggehen** zieht die Folgen der §§ 51, 77 nach sich. Die Entscheidung ergeht nach Anhörung der **frageberechtigten Prozessbeteiligten** (S. 2); sie kann nach § 238 Abs. 2 beanstandet werden. Der Verzicht auf einen **geladenen und erschienenen Zeugen** ist ein wesentlicher Teil der Hauptverhandlung, der nicht in Abwesenheit des Angeklagten stattfinden darf (BGH NStZ 1996, 351). Die **endgültige** Entlassung von Zeugen und Sachverständigen ist eine **sachleitende** Entscheidung (§ 238); sie unterliegt daher nach § 238 Abs. 2 der Kontrolle durch das Gericht.

Die **Revision** kann bei Verletzung des § 248 begründet sein (str., vgl. KK- 2 Diemer Rn. 5). Ein **Beruhen** des Urteils auf einer rechtsfehlerhaften Entlassung ist ausgeschlossen, wenn ihr nicht widersprochen wurde (§ 238 Abs. 2). Ist Widerspruch erhoben, so setzt die Revision eine Entscheidung nach § 238 Abs. 2 voraus (BGH 3, 369 = NJW 1953, 673; BGH StV 1985, 355). Aber die Revision kann begründet sein, wenn durch die Entlassung eines vernommenen Zeugen ohne vorherige Anhörung des Angeklagten und seines Verteidigers deren Fragerecht nachweislich beeinträchtigt wurde und das Urteil hierauf beruhen kann (OLG Stuttgart NStZ 1994, 600).

§ 249 [Verlesung von Schriftstücken]

(1) ¹**Urkunden und andere als Beweismittel dienende Schriftstücke werden in der Hauptverhandlung verlesen.** ²**Dies gilt insbesondere von früher ergangenen Strafurteilen, von Straflisten und von Auszügen aus Kirchenbüchern und Personenstandsregistern und findet auch Anwendung auf Protokolle über die Einnahme des richterlichen Augenscheins.**

(2) ¹**Von der Verlesung kann, außer in den Fällen der §§ 253 und 254, abgesehen werden, wenn die Richter und Schöffen vom Wortlaut der Urkunde oder des Schriftstücks Kenntnis genommen haben und die übrigen Beteiligten hierzu Gelegenheit hatten.** ²**Widerspricht der Staatsanwalt, der Angeklagte oder der Verteidiger unverzüglich der Anordnung des Vorsitzenden, nach Satz 1 zu verfahren, so entscheidet das Gericht.** ³**Die Anordnung des Vorsitzenden, die Feststellungen über die Kenntnisnahme und die Gelegenheit hierzu und der Widerspruch sind in das Protokoll aufzunehmen.**

Die Vorschrift regelt die **Form** des in §§ 249–256 behandelten **Urkundenbe-** 1 **weises,** nicht seine Zulässigkeit oder Notwendigkeit. Urkundenbeweis ist die Ermittlung des **gedanklichen Inhalts** eines Schriftstücks durch **Verlesung** (Abs. 1) – die Verlesung ist die regelmäßige Form des Urkundenbeweises (BGH NStZ-RR 2002, 70) –; im **Selbstleseverfahren** (Abs. 2) oder durch **Bericht** des Vorsitzenden

§ 249 Zweites Buch. 6. Abschnitt

über den Urkundeninhalt (vgl. Rn. 9). Der Inhalt von Schriftstücken kann auch durch Zeugenaussagen oder Sachverständigengutachten bewiesen werden (vgl. BGH 11, 160 = NJW 1958, 559). Soweit es auf die äußere Gestalt der Urkunde ankommt, ist hierüber Augenscheinsbeweis zu erheben.

2 **Urkunden** iSd § 249 sind Schriftstücke jeder Art, die geeignet sind, durch ihren **gedanklichen Inhalt** Beweis zu erbringen (BGH 27, 136 = NJW 1977, 1545). **Beweiszeichen** gehören nicht dazu; sie sind Augenscheinsobjekte. Das bei einer **Geschwindigkeitsmessung gefertigte Lichtbild** mit der eingeblendeten nummerischen Anzeige der gemessenen Geschwindigkeit ist als Augenscheinsobjekt durch Besichtigung – und **nicht als Urkunde** durch Verlesung – in die Hauptverhandlung einzuführen (BayObLG NStZ 2002, 388). Auf die Erkennbarkeit des Ausstellers und die Echtheit kommt es nicht an. **Abschriften** oder **Ablichtungen** sind wie Originale verlesbar, wenn ihre Übereinstimmung mit dem Original feststeht (BGH 15, 253 = NJW 1961, 327; BGH NStZ 1994, 227; 1994, 593); einer Beglaubigung bedarf es nicht. Ein Protokollvermerk, dass ein Gutachten oder eine sonstige Urkunde „zum Gegenstand der Hauptverhandlung" gemacht worden sei, ist in der Rspr. von jeher für unzureichend erachtet worden. Wegen der unklaren und unscharfen Ausdrucksweise wird dadurch die Verlesung einer Urkunde, soweit diese allein im Wege des Urkundenbeweises zur Verfahrensgrundlage gemacht werden kann, **„nicht bezeugt"** (OLG Saarbrücken NStZ-RR 2000, 48; RG 64, 78; BGH 11, 29 = NJW 1957, 1846). Das gilt insbesondere dann, wenn es nur auf einzelne Teile einer Urkunde ankommt, diese aber nicht näher **„bezeichnet"** werden (OLG Saarbrücken NStZ-RR 2000, 48). Die – für die Verwendung als Beweismittel durch Verlesung erforderliche – Überzeugung des Tatrichters von der Übereinstimmung der **Kopie mit dem Original,** die im Strengbeweis gewonnen werden muss, muss sich auch dem Protokoll ableiten lassen, noch bedarf sie in jedem Fall einer ausdrücklichen Erörterung bei der Darstellung der Beweiswürdigung (BGH NStZ-RR 1999, 176). **Fremdsprachige Urkunden** sind zu übersetzen; eine schriftliche Übersetzung kann verlesen werden (BGH 27, 137). Erfolgt die Übersetzung in der Hauptverhandlung, so ist der Übersetzer als **Sachverständiger** zu vernehmen (BGH 1, 7). Bei Übersetzung vor der Hauptverhandlung bedarf es der Vernehmung des Übersetzers nicht, wenn sich das Gericht von der Richtigkeit der Übersetzung überzeugt hat (BGH NJW 1993, 3337).

3 Der Urkundenbeweis ist **zulässig,** soweit das Gesetz ihn nicht ausdrücklich verbietet (BGH 27, 136 = NJW 1977, 1545; 39, 306 = NJW 1993, 3337). Von Amts wegen sind alle von Gericht oder StA **herbeigeschafften Urkunden** (vgl. § 245 Rn. 3 f.) zu verlesen, sonstige nur auf entsprechenden Beweisantrag. Herbeigeschafft iSd § 245 Abs. 1 ist eine Urkunde noch nicht dadurch, dass sie sich in den Akten befindet; das Gericht muss zu erkennen geben, dass sie zu Beweiszwecken verwendet werden soll (BGH 37, 168 = NJW 1991, 1622). **Verbote** des Urkundenbeweises ergeben sich insb. aus §§ 250 ff.; daneben gelten die allgemeinen Erhebungs- und Verwertungsverbote (vgl. KK-Diemer Rn. 6). Bei Aufzeichnungen mit **höchstpersönlichem Inhalt** sind die sich aus Art. 1 Abs. 1, 2 Abs. 1 GG ergebenden Grenzen zu beachten; sie erfordern eine Abwägung unter dem Gesichtspunkt der Verhältnismäßigkeit (BVerfG 32, 373 = NJW 1972, 1123; BGH 34, 397 = NJW 1988, 1037. Nach den durch das BVerfG und den BGH zur strafprozessualen Verwertbarkeit von **Tagebucheintragungen** entwickelten Grundsätzen (BVerfGE 80, 376 = NStZ 1990, 89; BGH 19, 325 = NJW 1964, 1139; 34, 397 = NJW 1988, 1037), die auch auf die Verwertung von Tagebüchern eines Zeugen oder sonstigen **Dritten** übertragbar sind, dürfen Tagebucheintragungen im Strafverfahren unabhängig vom Willen des Verfassers **verwertet** werden, wenn bei Abwägung aller Umstände dem Erfordernis einer wirksamen Strafrechtspflege gegenüber dem allgemeinen Persönlichkeitsrechts des Verfassers das größere Gewicht zukommt (BGH wistra 1998, 314). S. auch § 94 Rn. 4 u. § 97 Rn. 6. Die Beschlag-

Hauptverhandlung **§ 249**

nahme von **Notiz- und Taschenkalendern** in einem Ermittlungsverfahren, wegen des Verdachts der Mitgliedschaft in einer terroristischen Vereinigung ist unter entsprechenden Umständen zulässig (BGH NStZ 2000, 383). Zu beachten sind bei Schriftstücken insbesondere die sich aus den Beschlagnahmeverboten des § 97 und aus § 98 b Abs. 3 sowie aus § 110 e ergebenden Verwertungsverbote. Unverwertbar und nicht verlesbar sind Schriftstücke, die durch unzulässigen Zwang (bei Zeugnisverweigerungsberechtigten, § 95 Abs. 2) erlangt sind, ferner Niederschriften über widerrechtlich (§ 201 Abs. 1 und 3 StGB) ohne richterliche Anordnung zustandegekommene Aufzeichnungen von Ferngesprächen (BGH 31, 304 = NJW 1983, 1570; KK-Diemer Rn. 6). Schriftliche Äußerungen, Eingaben und Briefe des Angeklagten sind regelmäßig verlesbar, auch wenn sie ein Geständnis enthalten. Schriftsätze des Verteidigers, die eine Sachdarstellung enthalten, dürfen nicht verlesen werden (BGH NStZ 1988, 426). Für schriftliche Äußerungen von Mitbeschuldigten oder Beweispersonen gilt § 251 Abs. 2. Der **Vorbehalt von Urkunden** im Rahmen von Vernehmungen ist kein Urkundenbeweis, auch wenn die Urkunde dabei ganz oder zum Teil wörtlich verlesen wird (BGHSt 6, 141, 143 = NJW 1954, 1497).

Abs. 1 S. 2 zählt **Beispiele** verlesbarer Urkunden auf. **a) Früher ergangene** 4 **Strafurteile** können zum Beweis ihrer Existenz und ihrer Begründung verlesen werden. Ob das Urteil gegen den Angeklagten oder gegen Dritte ergangen ist, ist gleichgültig (BGH 1, 341), ebenso, ob es rechtskräftig ist. Die Tatsachenfeststellungen des früheren Urteils unterliegen, wenn sie nicht im selben Verfahren erfolgt und rechtskräftig sind, der freien Beweiswürdigung (RG 60, 297; vgl. OLG Köln StV 1990, 488; OLG Zweibrücken StV 1992, 565). „Der nunmehr entscheidende Tatrichter darf sie also nicht unüberprüft übernehmen" (BGH 43, 108 = NJW 1997, 2828). Verlesbar sind Urteile gegen den Angekl. und gegen Dritte (vgl. Meyer-Goßner, Rn. 9 mwN). Feststellungen **rechtskräftiger Urteile** zu früheren Tatgeschehen oder zur Strafzumessung einschließlich der Beweistatsachen, die in einem späteren Verfahren von Bedeutung sein können, binden zwar den neuen Tatrichter nicht, sie können jedoch im Wege des Urkundenbeweises gemäß § 249 StPO eingeführt und verwertet werden (BGHSt 43, 106 [107 f.] = NJW 1997, 2828 mwN; vgl. auch BGHSt 31, 323 [332] = NJW 1983, 2335). Die Gründe eines verlesbaren Urteils beurkunden allerdings unmittelbar nur, dass das damals mit der Sache befasste Gericht zB der Überzeugung war, dass etwa ein Angekl. sich in einem bestimmten Sinne geäußert oder dass ein bestimmtes Ereignis an einem bestimmten Tattag stattgefunden hat. Der jetzige Tatrichter kann jedoch nach dem **Grundsatz der freien Beweiswürdigung bei** der Bildung seiner eigenen, aus dem Inbegriff der Hauptverhandlung geschöpften Überzeugung zumindest die Tatsache mitverwerten, dass die Richter eines anderen Strafverfahrens zu einem bestimmten Beweisergebnis gekommen sind (BGH NStZ-RR 2001, 138). Die Verlesung kann auch Beweis erbringen über frühere Einlassungen des Angeklagten oder eines Zeugen (BGH 6, 141 = NJW 1954, 1497; 31, 323, 332 = NJW 1983, 2335) oder über die Beweiswürdigung des früheren Gerichts (KK-Diemer Rn. 17). **b) Strafregisterauszüge,** also Auskünfte aus dem **Bundeszentralregister** (§ 41 Abs. 1 Nr. 1 BZRG) und dem **Verkehrszentralregister** (§ 30 StVG), aber auch über die StA erlangte Auskünfte aus dem **zentralen Verfahrensregister** (§§ 474 ff.), können unter Beachtung der Verwertungsverbote wie § 51 BZRG verlesen werden. Bestreitet der Angeklagte eine Vorverurteilung, so ist das Urteil zu verlesen. **c) Personenstandsurkunden** sind insb. solche nach § 61 a PStG. **d) Augenscheinsprotokolle** sind solche aus dem laufenden, aber auch aus anderen Verfahren (str., vgl. KK-Diemer Rn. 20; Meyer-Goßner Rn. 12). Abs. 1 S. 2 gilt nur für **richterliche Protokolle** nach §§ 168 d, 202, 225. Die Verlesung erfolgt zur Beweiserhebung über den nach § 86 zu protokollierenden Inhalt; mitprotokollierte Erklärungen von Angeklagten und Zeugen gehören nicht dazu (BGH 33, 221 = NJW 1985, 2096).

§ 249 *Zweites Buch. 6. Abschnitt*

Besichtigungen durch **andere Personen** als Richter sind durch Zeugenvernehmung einzuführen (BGH 33, 217). Wird dem Zeugen der Inhalt einer Urkunde als Erinnerungshilfe vorgehalten, so darf der Tatrichter **nur das verwerten,** woran sich der Zeuge auf den Vorhalt wieder erinnert. Kann sich der Zeuge trotz des Vorhalts nicht mehr an die in der vorgehaltenen Urkunde festgestellten Geschehnisse erinnern, so darf der Urkundeninhalt nur nach Verlesung der Urkunde gem. § 249 Abs. 1 als Urkunde verwertet werden (OLG Düsseldorf StV 2002, 131; vgl. BGH StV 1994, 413). Kommt es für die Verwertung einer Urkunde auf deren **genauen Wortlaut** an, so ist sie, auch wenn sie bereits in Augenschein genommen worden ist, grundsätzlich durch Verlesung gemäß § 249 in die Hauptverhandlung einzuführen (BGH StV 2002, 120; vgl. BGH NStZ 2001, 161). **Pläne, Skizzen, Lichtbilder, Filme, Videoaufzeichnungen** sind Gegenstand des **Augenscheinsbeweises** (BGH 18, 53 = NJW 1962, 2361), wenn sie als selbstständiges Beweismittel und nicht, wie idR, nur als Vernehmungshilfsmittel dienen. Tragen diese Gegenstände einen erklärenden Text, so kann dieser, wenn nicht § 250 entgegensteht, als Urkunde verlesen werden (KK-Diemer Rn. 23). **Tonträgeraufnahmen** des gesprochenen Wortes sind keine Urkunden iSv § 249. Über ihren Inhalt wird Beweis erhoben durch **Abhören,** also durch „Augenschein". Sie sind insofern ein unmittelbares Beweismittel mit selbstständiger Beweiskraft (BGH 14, 341 = NJW 1960, 1582; 27, 136 = NJW 1977, 1545). Der Inhalt einer nach **§ 100a** gewonnenen Tonbandaufnahme darf, soweit ihre Verwertung zulässig ist, im Wege des Urkundenbeweises durch Verlesen der von den aufgenommenen Gesprächen angefertigten amtlichen Niederschrift verwertet werden (BGH 27, 136 = NJW 1977, 1545; KK-Diemer Rn. 25).

5 Die **Verlesung (Abs. 1 S. 1)** findet auf Anordnung des Vorsitzenden statt, falls kein Verfahrensbeteiligter widerspricht (BGH 30, 10 = NJW 1981, 694). Ein Beschluss des Gerichts ist zulässig (BGH NJW 1985, 1848 = StV 1985, 402 m. Anm. Fezer). Fehlt die Anordnung, so wird dadurch die Verlesung nicht rechtswidrig. Wird eine Urkunde nur teilweise verlesen (vgl. BGH 11, 31 = NJW 1957, 1866), so ist dieser Teil zu bezeichnen; im Fall des § 245 Abs. 1 bedarf es der Zustimmung der Verfahrensbeteiligten (vgl. § 245 Rn. 4). Es genügt nicht die Verlesung nach § 273 Abs. 1 zu protokollieren; der Vermerk, eine Urkunde sei „zum Gegenstand der Hauptverhandlung gemacht" worden, reicht nicht aus (BGH 11, 30; s. Rn. 2).

6 Das **Selbstleseverfahren** nach **Abs. 2** dient zur Verfahrensvereinfachung in solchen Fällen, in denen über den Inhalt **umfangreichen Urkundenmaterials** Beweis zu erheben ist (BGH NStZ 2000, 309). Der **Mündlichkeitsgrundsatz** ist insoweit durchbrochen. **Ausgeschlossen** ist das Verfahren bei solchen Urkunden, die mündliche Erklärungen einer Beweisperson oder des Angeklagten ersetzen oder ergänzen und deren Verlesung nach Maßgabe der §§ 253, 254 erfolgt. Protokolle iSd **§ 251** und Erklärungen nach **§ 256** können nach der Fassung der Vorschrift durch das Verbrechensbekämpfungsgesetz v. 28. 10. 1994 im Selbstleseverfahren eingeführt werden, um in Großverfahren eine Verfahrensbeschleunigung zu erreichen (vgl. BT-Drs. 12/6853 S. 33 f.; krit. Scheffler NJW 1994, 2194). Soweit Abs. 2 anwendbar ist, wird die **Verlesung ersetzt** durch die **Anordnung des Vorsitzenden,** dass nach Abs. 2 zu verfahren sei, und seine **Feststellung,** dass Richter und Schöffen vom Urkundeninhalt Kenntnis genommen haben und dass die übrigen Verfahrensbeteiligten hierzu Gelegenheit hatten. Anordnung und Feststellung sind zu **protokollieren** (Abs. 2 S. 3); die betr. Urkunden sind genau zu bezeichnen (vgl. BGH StV 2000, 655). Im Selbstleseverfahren „handelt es sich bei der Feststellung der Kenntnisnahme von den Urteilstexten um eine wesentliche Förmlichkeit der Hauptverhandlung, so dass der Nachweis hierüber nur durch das **Protokoll** geführt werden kann, § 274 StPO" (BGH NStZ 2000, 47). Die Beweisaufnahme im **Probationsverfahren** (Begründetheitsprüfung nach §§ 369 ff.) erfordert nicht die Verlesung einer Urkunde zu Beweiszwecken nach § 240; wenn diese den Beteiligten bekannt ist und das Gericht deren Verwertung bei der Beweisaufnahme durch Vorhalte an Zeugen zu erkennen gibt (OLG Jena NStZ-RR 1997, 47).

Gegen die Anordnung des Vorsitzenden, nach Abs. 2 zu verfahren, können die 7 Verfahrensbeteiligten abweichend von § 238 Abs. 2 nur unverzüglich **Widerspruch** erheben **(Abs. 2 S. 2).** Widerspruchsberechtigt sind auch Einziehungs- und Verfallsbeteiligte (§ 433 Abs. 1), Vertreter von juristischen Personen und Personenvereinigungen (§ 444) und Beistände nach § 69 Abs. 3 JGG; Privatkläger (§ 385 Abs. 1) und Nebenkläger (§ 397 Abs. 1) haben kein Widerspruchsrecht, ebenfalls nicht gesetzliche Vertreter und Erziehungsberechtigte im Jugendstrafverfahren. Eine **Begründung** des Widerspruchs ist nicht erforderlich. Das Gericht weist durch **Beschluss** den Widerspruch zurück oder hebt die Anordnung des Vorsitzenden auf.

Sämtliche Mitglieder des Spruchkörpers, auch Ergänzungsrichter und -schöf- 8 fen (§§ 192 Abs. 2, 3 GVG), müssen die Urkunde vor dem Schluss der Beweisaufnahme lesen (BGH 30, 11 = NJW 1981, 694). „Macht das Tatgericht vom Selbstleseverfahren gem. § 249 **Abs. 2** Gebrauch, darf hinsichtlich der Vorgehensweise **nicht zwischen Berufsrichtern und Schöffen differenziert** werden. Auch die Schöffen müssen tatsächlich vom Wortlaut der Urkunden Kenntnis genommen, diese also gelesen haben. Der Vorsitzende muss gem. § 249 **Abs. 2 S. 3** die Feststellung über die Kenntnisnahme in **das Protokoll** aufnehmen. Dabei handelt es sich um eine wesentliche Förmlichkeit iSd § 273 (vgl. BGH NStZ 2000, 47; 2000, 607). Formulierungen wie: Die Schöffen haben vor der Verhandlung im Beratungszimmer vom Inhalt (der) Schriftstücke Kenntnis genommen könnten den Schluss zulassen, dass den Anforderungen des § 249 Abs. 2 nicht entsprochen worden ist ..." (BGH NStZ 2001, 161). Die Schöffen dürfen dies auch schon vor Verlesung des Anklagesatzes tun (vgl. KK-Diemer Rn. 36). Die **übrigen Verfahrensbeteiligten** müssen **Gelegenheit** dazu haben; sie sind nicht verpflichtet, die Urkunde tatsächlich zu lesen. Zur Kenntnisnahme ist ihnen eine ausreichende Frist einzuräumen; häufig ist die Überlassung von Ablichtungen sinnvoll. Wie sich der Vorsitzende davon überzeugt, dass die Mitglieder des Gerichts die Urkunde gelesen haben, liegt in seinem pflichtgemäßen Ermessen.

Kommt es nicht auf den Wortlaut, sondern allein auf den **Inhalt einer Urkunde** 9 an, so kann die Verlesung durch einen **Bericht des Vorsitzenden** ersetzt werden (BGH 30, 10 = NJW 1981, 694; str., vgl. KK-Diemer Rn. 28; LR-Gollwitzer Rn. 44 f.). Voraussetzung ist, dass die Verlesung selbst zulässig wäre, die Verfahrensbeteiligten **zustimmen** und die Aufklärungspflicht nicht entgegensteht. Der Bericht hat streng sachlich zu erfolgen (BGH 1, 97); Zustimmung, Anordnung und Durchführung sind nach § 273 Abs. 1 zu protokollieren.

Im **OWiG-Verfahren** kann die Verlesung von Urkunden durch die Bekanntgabe 10 ihres wesentlichen Inhalts ersetzt werden, wenn es nicht auf ihren Wortlaut ankommt (§ 78 Abs. 1 S. 1 OWiG). Auch hierauf kann verzichtet werden, wenn die Verfahrensbeteiligten von dem Schriftstück Kenntnis genommen oder hierzu Gelegenheit gehabt haben; dann reicht eine entsprechende Feststellung (§ 78 Abs. 1 S. 2 OWiG).

Der Vorhalt von Schriftstücken oder von Teilen daraus ist **kein Urkunden-** 11 **beweis,** sondern **Vernehmungshilfe** im Rahmen der Vernehmung einer Auskunftsperson (BGH 34, 235 = NJW 1987, 1652). „Unter Umständen kann ein **Vorhalt** an Zeugen, Sachverständige oder Angeklagte eine Beweiserhebung im Rahmen des Urkundenbeweises erübrigen, dies gilt aber nicht, wenn es auf den **genauen Wortlaut** ankommt" (BGH NJW 2001, 161). Aber „ein Vorhalt ist kein Beweismittel, sondern ein bloßer **Vernehmungsbehelf,** der durch das Verbot, ein ihm zugrunde liegendes Schriftstück als Beweismittel zu benutzen, nicht ohne weiteres unzulässig wird" (BGH 34, 235; vgl. BGH 11, 340 = NJW 1958, 919).

§ 249

Der Vorhalt gehört nicht zu den wesentlichen Förmlichkeiten des Verfahrens (§ 273 Abs. 1); eine Protokollierung kann sich im Einzelfall insb. bei abschnittsweisem Vorhalt längerer Urkunden empfehlen. Das gilt selbst dann, wenn zum Zweck des Vorhalts eine Urkunde wörtlich verlesen wird (BGH 6, 143 = NJW 1954, 1497). Beweismittel ist stets allein die **Aussage** dessen, dem die Urkunde vorgehalten wird (BGH 11, 160 = NJW 1958, 559). **Unzulässig** ist daher der Vorhalt von längeren oder inhaltlich schwer verständlichen Schriftstücken (BGH 11, 160) oder von wissenschaftlichen Gutachten, zu denen die Aussageperson nichts erklären kann (OLG Düsseldorf NJW 1988, 217). Gleichfalls nicht zulässig ist es, Angeklagten (vgl. § 136) oder Zeugen (vgl. § 69) zu Beginn der Vernehmung frühere (polizeiliche) Protokolle durch Verlesung vollständig vorzuhalten und sie pauschal die Richtigkeit des Inhalts bestätigen zu lassen (BGH 3, 283 = NJW 1953, 115). Kann eine Aussageperson auch nach Vorhalt von Urkunden nicht aus eigener Erinnerung Bekundungen zum Gegenstand der Vernehmung machen, so kann der Urkundeninhalt nicht verwertet werden. Keinesfalls ausreichend ist eine Bestätigung früherer Vernehmungsniederschriften in der Form, die Aussageperson erinnere sich nicht mehr an den früher bekundeten Vorgang, habe aber damals die Wahrheit gesagt (vgl. BGH 21, 150 = NJW 1967, 213). **Nichtrichterliche** Protokolle, die ein **Geständnis** des Angeklagten enthalten, können diesem vorgehalten und zu diesem Zweck verlesen werden. Bestätigt der Angeklagte auf den Vorhalt, dass er sich so, wie niedergeschrieben, geäußert hat, so darf das Gericht diese Tatsache bei der Urteilsfindung verwerten (BGH 1, 339; 14, 311 = NJW 1960, 1630; 21, 286 = 1967, 2020). Bestreitet der Angeklagte, die niedergeschriebene Aussage gemacht zu haben, dann darf der Inhalt des Protokolls nur verwertet werden, wenn der Beweis für seine Richtigkeit in anderer Weise geführt ist, zB durch Vernehmung der Verhörsperson (BGH 3, 150; 14, 312 = NJW 1960, 1630; KK-Diemer Rn. 46). **Richtern, Staatsanwälten und Polizeibeamten** können die von ihnen aufgenommenen Vernehmungsniederschriften zur Gedächtnisstütze vorgehalten und zu diesem Zweck vorgelesen oder ausgehändigt werden (BGH 3, 283 = NJW 1953, 115; 11, 338 = NJW 1958, 919; KK-Diemer Rn. 47). Der Protokollinhalt darf in diesem Fall nicht verwertet werden, wenn die Verhörsperson sich trotz Vorhaltes des Protokolls nicht an Einzelheiten der Vernehmung erinnert, sondern nur erklärt, sie habe richtig protokolliert (BGH NJW 1952, 556; BGH 14, 313 = NJW 1960, 1630; BGH StV 1994, 413). Dem Gericht ist wegen § 250 der Rückgriff auf den Protokollinhalt selbst dann verwehrt, wenn es überzeugt ist, dass die Niederschrift den Inhalt der früheren Aussage richtig wiedergibt (KK-Diemer Rn. 47). Nur was in dem Gedächtnis der Verhörsperson haften geblieben ist oder nach wörtlichem Vorhalt in ihre Erinnerung zurückkehrt und von ihr bestätigt wird, ist als Beweisergebnis verwertbar (BGH 11, 341 = NJW 1958, 919; 14, 312 = NJW 1960, 1630; KK-Diemer Rn. 47). **Tonbandaufnahmen** einer Vernehmung können neben der Niederschrift oder an ihrer Stelle zu Vorhalten verwendet werden (BGH 14, 340 = NJW 1960, 1582). Urkunden, die einem **Verwertungsverbot** unterliegen, dürfen nicht vorgehalten werden. Nach §§ 251, 254 nicht verlesbare Urkunden können jedoch Gegenstand des Vorhalts sein (BGH 34, 235 = NJW 1987, 1652).

12 **Revision:** Die Verwertung des Wortlauts einer Urkunde, die nicht im Urkundenbeweis oder die rechtsfehlerhaft nach Abs. 2 eingeführt worden ist, begründet die Rüge der Verletzung von § 261 und nicht von § 249 (BGH StV 2000, 655). Ob der Inhalt einer im Urteil verwerteten Urkunde durch Vorhalt eingeführt wurde, ist vom Revisionsgericht auf entsprechende Rüge (vgl. BGH MDR 1987, 981; BGH wistra 1992, 30) im **Freibeweisverfahren** zu klären (BGH 22, 26 = NJW 1968, 997). Führt die Revisionsbegründung hierzu nichts aus, so wird sich eine rechtsfehlerfreie Einführung idR nicht ausschließen lassen (vgl. § 261 Rn. 4, 21). Die Rüge der Verletzung des Abs. 2 ist begründet, wenn nicht ausreichende Gelegenheit zur Kenntnisnahme gege-

Hauptverhandlung **§ 250**

ben wurde. Dass Richter die Urkunde tatsächlich nicht gelesen haben, kann nur bei Offenkundigkeit des Fehlers gerügt werden; die Feststellung muss ohne Verletzung des Beratungsgeheimnisses möglich sein (BGH 30, 14 = NJW 1981, 694). Die **Anordnung des Selbstleseverfahrens** nach Abs. 2 kann nur nach rechtzeitigem Widerspruch (Abs. 2 S. 2) zum Gegenstand einer zulässigen Verfahrensrüge gemacht werden; auf eine fehlerhafte Anordnung wird das Urteil nur ausnahmsweise beruhen, wenn die Verlesung nach Abs. 1 einen größeren Beweiswert hätte erbringen können (Meyer-Goßner Rn. 31). Der Tatrichter verstößt gegen § 261 StPO, wenn er Briefe einer Zeugin für die Beurteilung der Glaubhaftigkeit ihrer Aussage heranzieht, ohne sie vollständig durch Verlesung in die Hauptverhandlung einzuführen (BGH NStZ 2004, 279).

§ 250 [Grundsatz der persönlichen Vernehmung]

¹Beruht der Beweis einer Tatsache auf der Wahrnehmung einer Person, so ist diese in der Hauptverhandlung zu vernehmen. ²Die Vernehmung darf nicht durch Verlesung des über eine frühere Vernehmung aufgenommenen Protokolls oder einer schriftlichen Erklärung ersetzt werden.

Die Vorschrift regelt den Kernbereich des **Unmittelbarkeitsgrundsatzes** (vgl. 1 KK-Pfeiffer Einl. Rn. 9) als **Vorrang des Personalbeweises vor dem Urkundenbeweis** (BGH 6, 210 = NJW 1954, 1415). § 250 verbietet nur die **Ersetzung**, nicht eine Ergänzung durch den Urkundenbweis (BGH 1, 4; 20, 100 = NJW 1965, 874). Daher ist „die Vorführung der **Bild-Ton-Aufzeichnung** der ermittlungsrichterlichen Vernehmung des Zeugen **neben dessen persönlicher** Vernehmung zulässig; sie verstößt nicht gegen den Unmittelbarkeitsgrundsatz, § 250" (BGH NJW 2004, 1468 Fortführung von BGH 48, 268 = NJW 2003, 2761). Das Gericht muss sich stets einen unmittelbaren persönlichen Eindruck von Zeugen und Sachverständigen verschaffen, soweit Ausnahmen nicht gesetzlich vorgeschrieben oder zugelassen sind (BGH 22, 270 = NJW 1969, 196). Der Grundsatz, der die **Form** der Beweisaufnahme betrifft, gilt nur im **Strengbeweisverfahren** (vgl. § 244 Rn. 4 ff.), unabhängig davon, wie der **Umfang** der Beweisaufnahme zu bestimmen ist (vgl. § 384 Abs. 3, § 77 Abs. 1 OWiG). Verfassungsrang hat das Unmittelbarkeitsprinzip nicht (BVerfG 1, 429 = NJW 1953, 177).

Die persönliche Vernehmung darf grds. nicht durch **Verlesung** von Urkunden 2 oder durch **Augenscheinsbeweis** (BGH 27, 137 = NJW 1977, 1545: Abspielen einer auf Tonträger aufgenommenen Erklärung) **ersetzt** werden. Das schließt die Verwendung solcher Beweismittel zur **Ergänzung** einer Aussage nicht aus, vielmehr wird die **Aufklärungspflicht** sie häufig gebieten (vgl. § 253). **Schriftliche Erklärungen,** die der **Verteidiger** im Ermittlungsverfahren für seinen Mandanten abgegeben hat, können in der Hauptverhandlung nicht verlesen werden; dies verstößt gegen § 250 S. 2. Als eigene Einlassung des Angeklagten können sie nur verwertet werden, wenn dies durch eine Erklärung des Angeklagten oder seines Verteidigers klargestellt wird oder sonstige Anhaltspunkte vorliegen, dass der Angeklagte sich des Verteidigers nur als „Schreibhilfe" bedient hat (BGH NStZ 2002, 555). Zu dienstlichen Erklärungen des erkennenden Richters über Wahrnehmungen s. § 261 Rn. 4. Verweigert ein tatbeteiligter Zeuge nach § 55 die Auskunft, bestätigt aber die Urheberschaft eines früheren schriftlichen Geständnisses, so kann dieses Schriftstück verlesen werden (BGH NJW 1987, 1093; str.; vgl. KK-Diemer Rn. 2). Die schriftliche Aufzeichnung eines Zeugen über seine Wahrnehmungen darf auch dann verlesen und verwertet werden, wenn der Zeuge in der Hauptverhandlung bekundet, er erinnere sich nicht mehr, habe aber damals wahrheitsgemäße Angaben gemacht (BGH 23, 220 = NJW 1970, 573). Das gilt etwa für Anzeigen von Polizeibeamten, nicht aber für den Inhalt eines vor einem Polizeibeamten

§ 250 Zweites Buch. 6. Abschnitt

abgelegten **Geständnisses** (BGH 14, 510 = NJW 1960, 1630; vgl. BGH StV 1994, 637 und § 249 Rn. 11). Ist bei der **Vernehmung eines Beschuldigten** dieser nicht nach §§ 136 Abs. 1 S. 2, 163 a Abs. 3, 4 **belehrt** worden, so ist die Verwertung der Aussage, auch durch Vernehmung der Verhörsperson, grds. **unzulässig** (BGH 38, 214 = NJW 1992, 1463; vgl. § 136 Rn. 4, 10). Auch die frühere Aussage eines nicht über sein **Zeugnisverweigerungsrecht** belehrten Zeugen, der die Aussage in der Hauptverhandlung verweigert, ist unverwertbar (BGH 2, 99 = NJW 1952, 356; vgl. § 252).

3   § 250 enthält kein allgemeines Gebot, stets nur das sachnächste Beweismittel zu verwerten. Insbesondere ist die Vernehmung von **Zeugen vom Hörensagen** zulässig (BGH 17, 387 = NJW 1972, 1876; BGH NStZ 1999, 578; vgl. BVerfG NStZ 1991, 445; Detter – Bestandsaufnahme – NJW 2003, 1), etwa die von Vernehmungspersonen, Sachverständigen für Zusatztatsachen oder Augenscheinsgehilfen (vgl. Meyer-Goßner Rn. 4 f.; KK-Diemer Rn. 10 f.). Ob der Zeuge vom Hörensagen seine Wahrnehmungen zufällig oder im Auftrag gemacht hat, ist unerheblich (BGH 33, 181 = NJW 1985, 1789). Auch das Wissen eines **V-Manns der Polizei,** der dem Gericht infolge Verweigerung der Aussagegenehmigung (§ 54) oder der Auskunft über Person und Anschrift nicht zur Verfügung steht, kann inhaltlich durch Vernehmung eines Beamten der Polizei oder des Verfassungsschutzamtes **in den Prozess eingeführt** werden (BVerfG NJW 1993, 168; BGH 32, 115 = NJW 1984, 247; BGH 33, 178 = NJW 1985, 1789). Die Verwertung von V-Mann-Aussagen verletzt nicht das Recht des Angeklagten auf rechtliches Gehör und auf ein faires, rechtsstaatliches Verfahren (BGH 17, 382 = NJW 1962, 1876; BVerfG NJW 2001, 2245). Aber ein **„in camera-Verfahren",** bei dem die Kenntnisnahme von Unterlagen oder Aussagen **auf das Gericht beschränkt** bleibt, kommt im Bereich des Strafverfahrens zu § 96 StPO nicht in Betracht (BGH NJW 2000, 1661). Dass die Verhörsperson über die Person ihres Informanten keine Auskunft gibt, steht der Verwertung der von diesem mitgeteilten Tatsachen nicht entgegen (BVerfG NJW 1992, 168; BGH 17, 382 = NJW 1962, 1876). Denn grundsätzlich darf ein Zeuge, der von **einem anderen etwas erfahren** hat, hierüber vernommen werden, selbst wenn er den anderen nicht einmal kennt (Meyer-Goßner Rn. 5). Die **Urteilsfeststellungen** dürfen darauf aber (wie auch sonst, BGH StV 1999, 7) idR nur gestützt werden, wenn diese Bekundungen durch andere wichtige Beweisanzeichen bestätigt worden sind (BVerfG NStZ 1995, 600; 1996, 449; BGH 42, 25 = NJW 1996, 1547 mwN); ausnahmslos gilt das aber nicht. Wächst die Kette der Zwischenglieder, so ist besondere Vorsicht bei der Würdigung veranlasst (BGH 34, 15, 18 = NJW 1986, 1766). Steht den Aussagen des Beschuldigten oder anderer Auskunftspersonen, über die Beweis erhoben werden soll, ein **Verwertungsverbot** entgegen, so dürfen diese Angaben auch nicht durch die Vernehmung der Verhörperson oder anderer Zeugen vom Hörensagen eingeführt und verwertet werden (KK-Diemer Rn. 12). Der BGH hält unter gewissen Umständen eine **Beweiswürdigungslösung** für sachgerechter. „Bei der Beweiswürdigungslösung darf zwar auf den Vernehmungsrichter zurückgegriffen werden, allerdings sind dann – ähnlich wie beim anonymen Zeugen ... – besonders strenge Beweis- und Begründungsanforderungen aufzustellen" (BGH 46, 103 = NJW 2000, 3505).

4   **Wahrnehmungen einer Person (S. 1)** sind alle sinnlich aufgenommenen Vorgänge und Zustände der Außenwelt (BGH 6, 212 = NJW 1954, 1415) sowie seelische Empfindungen und daran anknüpfende Überlegungen (BGH 23, 219 = NJW 1970, 573). Aufzeichnungen über Gefühle und Urteile, die von unmittelbaren Sinneswahrnehmungen unabhängig sind, sowie über Willenshandlungen (vgl. KK-Diemer Rn. 5) und über Wahrnehmungen bei mechanischen Verrichtungen (BGH 15, 253 = NJW 1961, 327: Buchungen; BGH 27, 135 = NJW 1977, 1545: Phonotypie) unterfallen § 250 nicht. Auch die Verlesung zur Feststellung des strafbaren Inhalts einer Urkunde ist stets möglich (RG 22, 51).

Hauptverhandlung **§ 251**

Dagegen ist ein **Sachverständigengutachten** nicht verlesbar, wenn nicht die Voraussetzungen der §§ 251, 253, 256 vorliegen (BGH 22, 270 = NJW 1969, 268). Zulässig ist es, dass der Sachverständige in der Hauptverhandlung sein eigenes Gutachten vorliest. **Zusatztatsachen** sind durch Vernehmung des Sachverständigen als Zeugen festzustellen (vgl. vor § 72 Rn. 1). Eine **Ergänzung** der Vernehmung der Beweisperson (vgl. Meyer-Goßner Rn. 12 mwN) ist durch § 250 ebenso wenig ausgeschlossen wie **Vorhalte** aus Protokollen (vgl. BGH StV 1991, 197).

Revision. Die Rüge, der Tatrichter habe unter Verletzung der Sachaufklärungs- 5 pflicht einen **sachferneren** statt des **sachnäheren Zeugen** (bzw. Beweismittel) vernommen, muss darlegen, inwiefern sich dem Tatrichter die Vernehmung des sachnäheren Zeugen hätte aufdrängen müssen und was dieser gesagt hätte (BGH StV 1988, 91). Wird die unzulässige Verwertung einer Urkunde gerügt, so muss angegeben werden, von wem sie stammt und ob ihr Verfasser in der Hauptverhandlung vernommen worden ist (Meyer-Goßner Rn. 15). Ferner muss der Inhalt des Schriftstücks mitgeteilt werden, damit das Revisionsgericht prüfen kann, ob die Verlesung nicht nach §§ 249, 256 zulässig war (BGH MDR 1978, 989; BGH StV 1999, 197). Bei möglicher Verlesung zur Ergänzung einer Aussage muss dieser Vorgang vollständig von der Revison dargestellt werden (Meyer-Goßner Rn. 15).

§ 251 [Ersetzung der Vernehmung durch Verlesung]

(1) **Die Vernehmung eines Zeugen, Sachverständigen oder Mitbeschuldigten kann durch die Verlesung einer Niederschrift über eine Vernehmung oder einer Urkunde, die eine von ihm stammende schriftliche Erklärung enthält, ersetzt werden,**

1. **wenn der Angeklagte einen Verteidiger hat und der Staatsanwalt, der Verteidiger und der Angeklagte damit einverstanden sind;**
2. **wenn der Zeuge, Sachverständige oder Mitbeschuldigte verstorben ist oder aus einem anderen Grunde in absehbarer Zeit gerichtlich nicht vernommen werden kann;**
3. **soweit die Niederschrift oder Urkunde das Vorliegen oder die Höhe eines Vermögensschadens betrifft.**

(2) **Die Vernehmung eines Zeugen, Sachverständigen oder Mitbeschuldigten darf durch die Verlesung der Niederschrift über seine frühere richterliche Vernehmung auch ersetzt werden, wenn**

1. **dem Erscheinen des Zeugen, Sachverständigen oder Mitbeschuldigten in der Hauptverhandlung für eine längere oder ungewisse Zeit Krankheit, Gebrechlichkeit oder andere nicht zu beseitigende Hindernisse entgegenstehen;**
2. **dem Zeugen oder Sachverständigen das Erscheinen in der Hauptverhandlung wegen großer Entfernung unter Berücksichtigung der Bedeutung seiner Aussage nicht zugemutet werden kann;**
3. **der Staatsanwalt, der Verteidiger und der Angeklagte mit der Verlesung einverstanden sind.**

(3) **Soll die Verlesung anderen Zwecken als unmittelbar der Urteilsfindung, insbesondere zur Vorbereitung der Entscheidung darüber dienen, ob die Ladung und Vernehmung einer Person erfolgen sollen, so dürfen Vernehmungsniederschriften, Urkunden und andere als Beweismittel dienende Schriftstücke auch sonst verlesen werden.**

(4) **¹In den Fällen der Absätze 1 und 2 beschließt das Gericht, ob die Verlesung angeordnet wird. ²Der Grund der Verlesung wird bekanntgege-**

§ 251
Zweites Buch. 6. Abschnitt

ben. ³ **Wird die Niederschrift über eine richterliche Vernehmung verlesen, so wird festgestellt, ob der Vernommene vereidigt worden ist.** ⁴ **Die Vereidigung wird nachgeholt, wenn sie dem Gericht notwendig erscheint und noch ausführbar ist.**

1   Diese Vorschrift regelt Ausnahmen von § 250 (Unmittelbarkeitsgrundsatz) und gilt nur für die Vernehmungen von **Zeugen, Sachverständigen und Mitbeschuldigten.** Das Justizmodernisierungsgesetz hat § 251 neu gegliedert und gefasst.

2   **Abs. 1** behandelt die Verlesung richterlicher und nichtrichterlicher Protokolle. Nach **Abs. 1 Nr. 1** kommt die Verlesung eines Protokolls nur in Betracht, wenn der Angeklagte einen **Verteidiger** hat **und** StA, Verteidiger und Angeklagter einverstanden sind. Nach **Abs. 1 Nr. 2** ist die Verlesungsmöglichkeit gegeben, wenn die Vernehmungsperson verstorben ist, oder aus anderen Gründen in absehbarer Zeit gerichtlich nicht vernommen werden kann. In **Abs. 1 Nr. 3** geht es um Angaben über den „Vermögensschaden; gemeint sind vor allem die Massensachen, etwa im Bereich der Wirtschaftskriminalität, zB 300 Betrugsfälle (nach immer demselben Schema). Oft kann ein Geschädigter zum Tathergang und zur Person des Täters nichts beitragen; er kann lediglich dazu befragt werden, welcher Schaden eingetreten ist (vgl. BT-Drucks. 15/1508 S. 26).

3   Nach **Abs. 2** sind darüber hinaus die Fälle genau aufgeführt, in denen – zusätzlich zu den in Abs. 1 genannten Fällen – die Verlesung von **richterlichen** Vernehmungsniederschriften in erweitertem Umfang möglich ist.

4   Die Protokolle müssen **ordnungsgemäß errichtet** sein. Nicht verlesbar sind Protokolle von Vernehmungen, die unter Verstoß gegen § 22 (RG 30, 70), § 68 (BGH StV 1984, 231), § 69 Abs. 1 (BGH NJW 1953, 35), § 168 S. 3 (BGH 27, 339 = NJW 1978, 955), § 168 a Abs. 4 (OLG Stuttgart NStZ 1986, 41, str.) oder gegen § 189 GVG (BGH 22, 118 = NJW 1968, 1485) zustandegekommen sind. Fehlt die Unterschrift des vernehmenden Richters, so ist eine Verlesung nach Abs. 1 nicht zulässig (BGH 9, 297 = NJW 1956, 1527), wohl aber eine solche nach Abs. 2 (BGH 22, 120). Sind die in §§ 168 c, 224 Abs. 1 vorgeschriebenen Terminsnachrichten ganz unterblieben oder zu spät zugegangen, darf die Niederschrift nur dann verlesen oder durch Vorhalt eingeführt werden, wenn alle Beteiligten dem zustimmen (BGH 26, 332 = NJW 1976, 1546). Eine richterliche oder polizeiliche Vernehmungsniederschrift darf nicht verlesen werden, wenn ein **Verwertungsverbot** entgegensteht. Eine mit dem Makel unzulässiger Vernehmungsmethoden belastete Aussage darf nicht verwertet werden, auch wenn sich die Verwertung zugunsten des Angeklagten auswirken würde. Dagegen wirkt das an die **Verletzung der Hinweispflichten** nach den §§ 136 Abs. 1 S. 2, 115 Abs. 3 S. 1, 163 a Abs. 4 geknüpfte Verwertungsverbot nur zugunsten des Vernommenen, steht also einer Verlesung nach § 251 im Verfahren gegen Mitbeschuldigte oder Dritte nicht entgegen (KK-Diemer Rn. 28).

5   Zusammen mit dem Protokoll der Vernehmung können Urkunden verlesen werden, deren Inhalt die Aussageperson zum Gegenstand ihrer Erklärung gemacht und auf die im Protokoll **Bezug genommen** ist (BGH 2, 2 = NJW 1952, 478). Schriftstücke und Protokolle, deren Inhalt dem Vernommenen nur **vorgehalten** wurden und auf welche er sich daraufhin in seiner Aussage bezieht, unterfallen dem Urkundenbeweis dagegen grds. nicht (vgl. aber BGH NStZ 1982, 41). Verlesbar und verwertbar sind auch Vermerke des vernehmenden Richters über den Ablauf der Vernehmung und über seinen persönlichen Eindruck von dem Vernommenen (BGH 2, 3).

6   Niederschriften von Aussagen solcher Personen, die ein **Zeugnisverweigerungsrecht** nach § 52 haben, dürfen nicht verlesen werden, wenn bei der Vernehmung die **Belehrung nach § 52 Abs. 2, 3** unterblieben ist (vgl. KK-Diemer Rn. 14). Das gilt nur dann nicht, wenn der Zeuge nach der Vernehmung **verstor-**

Hauptverhandlung **§ 252**

ben ist (BGH 22, 35 = NJW 1968, 559; str.) oder wenn der Zeuge deshalb unauffindbar ist, weil er sich **verborgen** hält (BGH 25, 176 = NJW 1973, 1139). Diese Grundsätze gelten auch für solche Zeugen, die früher als **Mitbeschuldigte** vernommen und deshalb nicht über ein bestehendes Zeugnisverweigerungsrecht belehrt wurden (BGH 27, 139 = NJW 1977, 1161).

Nach **Abs.** 3 können Vernehmungsprotokolle und andere Schriftstücke zu **in-** 7 **formatorischen Zwecken** ohne Beschränkung verlesen werden, da § 250 nur die Verlesung zum Zwecke des Urkundenbeweises verbietet und bei der Entscheidung, welche Beweiserhebungen geboten erscheinen, der gesamte Akteninhalt zu berücksichtigen ist (BGH NStZ 1984, 134). Die Verlesung ordnet der Vorsitzende im Rahmen seiner **Sachleitungsbefugnis** (§ 238 Abs. 1) an. Er trägt auch durch geeignete Hinweise dafür Sorge, dass nicht bei den Beteiligten der Eindruck einer Beweiserhebung entsteht. Protokolle und Schriftstücke können auch zum Zweck eines Vorhalts verlesen werden (KK-Diemer Rn. 32).

Gerichtsbeschluss (Abs. 4 S. 1, 2): Die Verlesung im Urkundenbeweis bedarf 8 nach Abs. 4 eines **begründeten Gerichtsbeschlusses** (BGH NStZ 1986, 325). Allein der **Hinweis,** „der Zeuge sei gehindert, an Gerichtsstelle auszusagen", stellt keine ausreichende Begründung für die Anordnung dar, die Niederschrift über dessen polizeiliche Vernehmung in der Hauptverhandlung zu verlesen. Er muss die **Tatsachen** angeben, die die Verlesung – als Ausnahme von dem Grundsatz des § 250 – rechtfertigen. In aller Regel sind zumindest die das Gericht leitenden Erwägungen so wiederzugeben, dass diese rechtlich nachprüfbar sind" (OLG Düsseldorf StV 2001, 105). Die Verlesung nach Abs. 1 u. 2 ist an das **Einverständnis** der StA, des Verteidigers und des Angeklagten geknüpft.

Für die **Vereidigung** von Beweispersonen **(Abs. 4 S. 3, 4)** gelten die 9 §§ 59 ff. uneingeschränkt (Vereidigung ist die Ausnahme § 59). Ist eine Vereidigung bei der früheren Vernehmung nicht erfolgt, so hat der **Vorsitzende** vAw. über die nachträgliche Vereidigung zu entscheiden; eines Gerichtsbeschlusses bedarf es nur im Fall des § 238 Abs. 2 (KK-Diemer Rn. 31.

Revision: Eine **Verfahrenrüge,** der Tatrichter habe eine gemäß § 251 verlesene 10 Zeugenaussage im Urteil nicht mit deren tatsächlichen Inhalt wiedergegeben, ist nur dann zulässig erhoben, wenn die Aussage ihrem Wortlaut oder ihrem wesentlichen Inhalt nach in der Rechtfertigungsschrift wiedergegeben ist (BGH NStZ 2000, 215). Die **Aufklärungspflicht** kann die Verlesung von Urkunden gebieten, sie kann dem Verfahren nach Abs. 1 und 2 jedoch auch entgegenstehen. Das Fehlen eines Beschlusses nach Abs. 1 S. 4 oder einer hinreichenden Begründung begründet grds. die Revision (BGH NStZ 1993, 144; OLG Brandenburg NStZ 1996, 300); auch allseitiges Einverständnis im Fall des Abs. 2 S. 1 schließt das Beruhen des Urteils auf dem Rechtsfehler nicht aus (BGH NStZ 1988, 283). Auch Verstöße gegen Abs. 4 S. 4 können, falls ein Gerichtsbeschluss vorliegt, nach § 337 gerügt werden. Auf Mängel einer kommissarischen Vernehmung kann die Revision nicht gestützt werden, wenn der Verlesung des Protokolls in der Hauptverhandlung nicht widersprochen wurde (BGH NJW 1984, 66).

§ 252 [Unstatthafte Protokollverlesung]

Die Aussage eines vor der Hauptverhandlung vernommenen Zeugen, der erst in der Hauptverhandlung von seinem Recht, das Zeugnis zu verweigern, Gebrauch macht, darf nicht verlesen werden.

Die Vorschrift enthält nicht nur ein Verlesungsverbot, sondern ein **umfassendes** 1 **Verwertungsverbot,** das den Schutzbereich der §§ 52–53 a absichert (BGH 2, 99 = NJW 1952, 356; 36, 384 = NJW 1990, 1859; BGH NJW 2000, 1277). „Das in § 252 enthaltene Beweisverwertungsverbot dient allein der Sicherung des mit der Gewäh-

§ 252

rung des Rechts zur Zeugnisverweigerung verfolgten Zweck. Es soll gewährleisten, dass der zur Zeugnisverweigerung Berechtigte bis **zur Hauptverhandlung** frei entscheiden kann, ob seine frühere, vielleicht voreilige oder unbedachte Aussage verwertet werden darf" (BGH 45, 208 = NJW 2000, 596). In seinem Anwendungsbereich schließt es nicht nur die Verlesung des Protokolls einer früheren Vernehmung aus, sondern verbietet jede Einführung des Aussageinhalts in die Hauptverhandlung, etwa durch Vernehmung der Verhörsperson, durch Vorhalte an den Angeklagten oder andere Zeugen oder durch Verlesung eines Urteils, in dem die frühere Aussage verwertet wurde (BGH 20, 384 = NJW 1966, 740). „Nach der Rspr. des BGH dürfen **nichtrichterliche Vernehmungspersonen,** zu denen der Sache nach auch der **Sachverständige** zu rechnen ist, in der Hauptverhandlung grundsätzlich so lange nicht über den Inhalt früherer Angaben eines zur Zeugnisverweigerung berechtigten Zeugen gehört werden, wie die Ungewissheit darüber besteht, ob der Zeuge von seinem Weigerungsrecht Gebrauch macht oder darauf verzichtet" (BGH NJW 1996, 207; BGH 25, 177 = NJW 1973, 1139; BGH NStZ-RR 2000, 210). Bei einem **minderjährigen** Zeugen reicht die zustimmende Erklärung des gesetzlichen Vertreters nicht aus, um diese Ungewissheit zu beseitigen. Vielmehr kommt es auch auf die nach richterlicher Belehrung festzustellende Bereitschaft des Kindes an (BGH NStZ-RR 2000, 210). „Die Geltendmachung des Zeugnisverweigerungsrechts hindert den Zeugen nicht, nach ordnungsgemäßer Belehrung die Verwertung der bei einer **nichtrichterlichen** Vernehmung gemachte Aussage zu gestatten" (BGH 45, 203 = NJW 2000, 596). Bei der Würdigung der Aussage ist allerdings der erheblich geringere Beweiswert zu beachten (BGH 45, 208). Sogar die Verlesung eines **richterlichen** Vernehmungsprotokolls ist jedenfalls dann **zulässig,** wenn der Zeuge in der Hauptverhandlung von seinem Auskunftsverweigerungsrecht nach § 55 umfassend Gebrauch macht, Gründe der Aufklärungspflicht der Verlesung nicht entgegenstehen, **alle Verfahrensbeteiligten** mit der Verlesung **einverstanden** sind und auf die Vernehmung der **Verhörsperson** verzichten" (BGH NJW 2002, 309). Macht der Zeuge in der Hauptverhandlung von seinem Zeugnisverweigerungsrecht Gebrauch, dürfen Angaben, die er **zuvor** bei einer „Vernehmung" durch den **Verteidiger** gemacht hat, nicht verwertet werden (BGH 46, 1 = NJW 2000, 1277). Das Verwertungsverbot gilt auch für **Schriftstücke,** die der Zeuge bei seiner früheren Vernehmung übergeben und zum Bestandteil seiner Aussage gemacht hat (BGH 22, 219 = NJW 1968, 2018; BGH StV 1996, 196 = NStZ-RR 1996, 106; BGH StV 1998, 470; NStZ-RR 1998, 367). Dies muss sinngemäß auch für andere Beweisobjekte, zB **Tonbänder, Zeichnungen** usw gelten (KK-Diemer Rn. 1).

2 Eine **Ausnahme** von diesem Verwertungsverbot gilt dann, wenn der Zeuge von einem **Richter** vernommen worden ist und dabei vorschriftsgemäß über sein Zeugnisverweigerungsrecht **belehrt** wurde; in diesem Fall kann der Richter als Zeuge vernommen und ihm auch das Protokoll der früheren Vernehmung vorgehalten werden (BGH 2, 106 = NJW 1952, 356; 36, 385 = NJW 1990, 1859; str., vgl. KK-Diemer Rn. 22 ff.). Diese Ausnahme für Richter darf auf sonstige Prozessbeteiligte **nicht ausgedehnt** werden; das gilt auch für den **Protokollführer** (BGH NStZ 1993, 294). **Verwertbar** ist in diesem Fall nur das, was der Richter aus **eigener Erinnerung** bekundet. Die Bekundung, richtig protokolliert zu haben, sich an den Inhalt jedoch nicht mehr erinnern zu können, macht die Aussage unverwertbar (BGH 11, 341 = NJW 1958, 919). Erklärt der **als Zeuge** vernommene Richter **auf Vorhalt** der richterlichen Vernehmung **eines Angehörigen,** er habe keine Erinnerung mehr an den Inhalt der Aussage, diese jedoch richtig aufgenommen, ist der Inhalt der richterlichen Zeugenvernehmung des Angehörigen nicht ordnungsgemäß in die Hauptverhandlung eingeführt, da nur das verwertbar ist, was der als Zeuge vernommene Richter – auch auf Vorhalt – über den Inhalt der früheren Aussage bekundet hat, nicht aber der Inhalt der Vernehmungsniederschrift selbst (BGH StV 2001, 386; BGH 21, 150 = NJW 1967, 213; BGH StV 2001, 386). Der **Vorhalt** ist

Hauptverhandlung **§ 252**

als Vernehmungsbehelf jederzeit zulässig. Die also außerhalb der §§ 252, 253, 254 beispielsweise vorgehaltenen Protokolle beliebiger Art werden **nicht Teil der Beweisgrundlage.** Sie dienen lediglich der Anregung in der Vernehmung und treten vollständig hinter diese zurück, wenn es um die Beweiswürdigung geht. Wenn aber ein Zeuge oder Angeklagter **bestätigt,** die formlos vorgehaltene Angabe gemacht zu haben, dann werden diese dadurch **Teil des in der Hauptverhandlung aufgenommenen Beweises** (BGH 21, 286 = NJW 1967, 2020; Kühne Rn. 940). Es kann jeder Richter vernommen werden, der an der früheren Vernehmung mitgewirkt hat, bei Kollegialgerichten auch ein Schöffe (BGH 13, 398 = NJW 1960, 584). Voraussetzung ist grds. eine **ordnungsgemäße Belehrung** des Zeugen, unabhängig davon, ob dem vernehmenden Richter das Zeugnisverweigerungsrecht bekannt war; sie kann auch vorsorglich erteilt werden (BGH 32, 25 = NJW 1984, 621). Die **vorschriftsmäßige Belehrung des Zeugen** durch den Richter ist Voraussetzung der Verwertbarkeit der Zeugenaussage durch Vernehmung des Richters (BGH 2, 99 = NJW 1952, 356). Der Zeuge muss die Belehrung verstanden haben und sich der Folgen seines Entschlusses zur Aussage bewusst gewesen sein (BGH 12, 240 = NJW 12, 240 = NJW 1959, 445; 13, 396 = NJW 1960, 584). Die frühere Aussage ist verwertbar, wenn der Zeuge sein Weigerungsrecht gekannt hat und auch bei vorschriftsmäßiger Belehrung ausgesagt hätte; das gilt auch für den gesetzlichen Vertreter, für einen Minderjährigen und eine entmündigte Person (BGH NJW 1986, 2121; BGH NStZ 1990, 549). Der **Belehrungsmangel** hindert die Verwertbarkeit dann nicht, wenn der Zeuge nach (späterer) ordnungsmäßiger Belehrung in Kenntnis des (früheren) Belehrungsmangels die **Verwertung seiner Aussage** wirksam gestattet. Unverwertbar ist die Aussage aber dann, wenn der Zeuge das Zeugnisverweigerungsrecht erst **nach der früheren Vernehmung erlangt** hat (BGH 27, 231 = NJW 1977, 2365), auch wenn er damals irrtümlich belehrt wurde. „Ist jedoch ein Zeuge im Laufe eines Verfahrens einmal von einem **Richter** über sein Zeugnisverweigerungsrecht **belehrt** worden, dürfen nachfolgende Äußerungen des Zeugen gegenüber dem Sachverständigen dem Gutachten und damit ggf. auch dem Urteil selbst dann zugrundegelegt werden, wenn der Zeuge in der Hauptverhandlung das Zeugnis verweigert" (BGH NStZ 1996, 145). Macht ein Zeuge sein Zeugnisverweigerungsrecht geltend, bedarf er des daran anknüpfenden Schutzes des § 252 **nicht,** wenn er sich nach Belehrung über die Folgen des **Verzichts** auf das sonst bestehende Verwertungsverbot entschieden hat, die Verwertung seiner bei einer **nichtrichterlichen** Vernehmung gemachten Aussage zu gestatten. Es ist daher mit dem **Zweck des in § 252 enthaltenen Verwertungsverbotes** vereinbar und im Hinblick auf den Grundsatz der Wahrheitserforschung auch sachgerecht, einen solchen isolierten **Verzicht auf das Beweisverwertungsverbot zuzulassen.** „Der Geltendmachung des Zeugnisverweigerungsrechts hindert den Zeugen nicht, nach ordnungsgemäßer Belehrung die Verwertung der bei einer **nichtrichterlichen Vernehmung** gemachten Aussage zu **gestatten**" (BGH 45, 203 = NJW 2000, 596). Ein Tatrichter ist – auch auf der Grundlage der Entscheidung BGHSt 45, 203 (208) = NJW 2000, 596 regelmäßig **nicht verpflichtet,** einen das Zeugnis verweigernden Zeugen **zu befragen,** ob er gleichwohl in die Verwertung früherer Aussagen einwilligt, sofern nicht im Einzelfall besondere Hinweise auf eine solche Bereitschaft gegeben sind (BGH NStZ 2003, 498). Eine fehlende Zustimmung des gesetzlichen Vertreters (§ 52 Abs. 2) kann nicht nachgeholt werden (BGH 23, 221 = NJW 1970, 766). Auch bei ihrem Vorliegen muss der Richter den minderjährigen Zeugen darüber belehrt haben, dass er die Aussage trotz der Zustimmung verweigern kann (BGH NStZ 1984, 43). Ein Fehlen der **Benachrichtigung** nach §§ 168 c, 224 macht die frühere Aussage unverwertbar, wenn ein Beteiligter der Vernehmung des Richters widerspricht (BGH 26, 335 = NJW 1976, 1546).

Das Verwertungsverbot des § 252 gilt **im Fall des § 52** unabhängig davon, ob **3** das Angehörigenverhältnis vor oder nach der früheren Vernehmung entstanden ist

§ 252 Zweites Buch. 6. Abschnitt

(BGH 27, 231 = NJW 1977, 2365). **Im Fall der §§ 53, 53 a** wirkt es hingegen nur, wenn das Zeugnisverweigerungsrecht schon bei der früheren Vernehmung bestand; war der Zeuge damals von der Schweigepflicht entbunden (§ 53 Abs. 2, 53 a Abs. 2), so bleibt seine Aussage verwertbar (BGH 18, 148 = NJW 1963, 723). „Im Falle der §§ 53, 53 a StPO ist § 252 StPO nur anwendbar, wenn schon bei der früheren Vernehmung ein Zeugnisverweigerungsrecht bestanden hat, nicht aber, wenn der Zeuge damals nach §§ 53 II, 53 a II StPO von der Schweigepflicht entbunden war" (BGH NStZ 1997, 332). Verwertbar ist die frühere Aussage eines Zeugen, der **geisteskrank** geworden ist (RG 9, 91), unabhängig davon, ob er früher über sein Zeugnisverweigerungsrecht belehrt wurde (str.).

4 **Ohne Bedeutung** ist das Verwertungsverbot im Fall des § 55 (BGH 17, 245 = NJW 1962, 1259), selbst wenn das Auskunftsverweigerungsrecht ausnahmsweise die gesamte Aussage erfasst (str.; vgl. KMR-Paulus Rn. 5, 10). Auch für den Fall des § 54 gilt § 252 nicht (str.; vgl. KK-Diemer Rn. 8).

5 **Voraussetzung** des § 252 ist, dass eine zeugnisverweigerungsberechtigte Auskunftsperson die Aussage in der Hauptverhandlung verweigert, jedoch früher zur Sache ausgesagt hat. Dabei kommt es allein auf die **Zeugeneigenschaft in der Hauptverhandlung** an, nicht darauf, welche prozessuale Stellung die Auskunftsperson bei der früheren Vernehmung hatte und in welchem Verfahren diese stattgefunden hat (BGH 10, 189 = NJW 1957, 918). **Verweigert** eine Tatzeugin – Enkelin – in der Hauptverhandlung das Zeugnis, dürfen ihre Angaben, die sie bei der **Exploration** für die **Glaubhaftigkeitsprüfung** zum Tatgeschehen gemacht hat (Zusatztatsachen), **nicht** für Feststellungen zum Tathergang verwertet werden, indem die Sachverständige als Zeugin gehört wird; das gilt auch für die erneute Hauptverhandlung nach der Wiederaufnahme des Verfahrens (BGH 46, 190 = NJW 2001, 528 mwN). Verweigert ein Zeuge in der Hauptverhandlung berechtigt das Zeugnis, so dürfen **Schriftstücke**, die er anlässlich einer gemäß § 252 unverwertbaren Vernehmung im Ermittlungsverfahren überreicht und auf die er sich bei dieser Vernehmung bezogen hat, ihrerseits gemäß § 252 nicht verlesen und nicht verwertet werden. Da das Beweisverbot des § 252 nicht der Verfügung der Verfahrensbeteiligten unterliegt, ist eine Verlesung auch **nicht statthaft**, wenn sie im Einverständnis der Verfahrensbeteiligten geschieht (BGH NStZ 1997, 95). Die Zeugeneigenschaft bestimmt sich nach **formellen Kriterien** (str., vgl. KK-Diemer Rn. 10). Ein **Mitbeschuldigter** wird – von Fällen des Missbrauchs abgesehen (BGH 24, 257 = NJW 1972, 545) – Zeuge, wenn das Verfahren gegen ihn abgetrennt wird (BGH 27, 139 = NJW 1977, 1161); in diesem Fall sind, wenn er in der Hauptverhandlung das Zeugnis berechtigt verweigert, frühere **Beschuldigtenvernehmungen** unverwertbar. „Da Frau A. zum Zeitpunkt der richterlichen Vernehmung **Beschuldigte** war, die nunmehr als Zeugin von ihrem Zeugnisverweigerungsrecht Gebrauch machte, durfte diese Aussage nicht in die Hauptverhandlung eingeführt werden (BGHSt 10, 186; 20, 384) in einem solchen Fall ist die frühere Aussage **insgesamt unverwertbar**; das schließt zugleich aus, dass der vernehmende Richter als Zeuge über die Beschuldigtenvernehmung gehört wird ... Daran ändert auch die in der ermittlungsrichterlichen Vernehmung erfolgte Belehrung nach § 52 Abs. 3 Satz 1 nichts. Das in § 252 enthaltene Verwertungsverbot soll verhindern, dass zur Überführung des Angeklagten trotz der Zeugnisverweigerung auf Erklärungen zurückgegriffen wird, welche ein Zeuge als Beschuldigter in dem auch gegen ihn gerichteten Ermittlungsverfahren unter dem Gesichtspunkt der Selbstverteidigung abgegeben hat. Die Vorschrift will dem Zeugen, der zur Verweigerung des Zeugnisses berechtigt ist, diese Freiheit der Entschließung erhalten, und ihn davor schützen, dass gegen seinen Willen mittelbar zur Überführung des Angeklagten beitragen muss" (BGH 42, 398 = NJW 1997, 1790). Dasselbe gilt, wenn der Aufenthaltsort eines früheren Mitbeschuldigten unbekannt ist oder wenn er aus anderen Gründen in absehbarer Zeit nicht vernommen werden kann und jetzt das

Hauptverhandlung **§ 252**

Zeugnis verweigern könnte (BGH 10, 189). Eine **Ausnahme** wird nur für den Fall angenommen, dass ein früherer Mitbeschuldigter (BGH 27, 139) oder Zeuge (BGH 25, 176 = NJW 1973, 1139) sich **verborgen hält;** dann kann seine frühere Aussage ohne Rücksicht auf ein Zeugnisverweigerungsrecht verwertet werden (str.; vgl. KK-Diemer Rn. 12). Ist ein zeugnisverweigerungsberechtigter Zeuge in der Hauptverhandlung **unerreichbar,** so kann das Protokoll seiner früheren Vernehmung jedenfalls dann nach § 251 verlesen werden, wenn er damals ordnungsgemäß belehrt wurde (BGH 27, 139, 143 = NJW 1977, 1161; BGH NStZ 2000, 210).

Bei der Anwendung des § 252 auf **Angehörige früherer Mitbeschuldigter** ist 6 zu unterscheiden: Im **Grundsatz** soll das Zeugnisverweigerungsrecht und damit das Verwertungsverbot des § 252 auch nach Verfahrenstrennung im Verfahren gegen den nicht angehörigen Angeklagten fortgelten (BGH 34, 138 = NJW 1987, 1955). **Ausnahmen** gelten jedoch, wenn das Verfahren gegen den Angehörigen des Zeugen **rechtskräftig abgeschlossen** (BGH 38, 96 = NJW 1992, 1116) oder durch den **Tod** des Angehörigen beendet ist (BGH NJW 1992, 1118; vgl. KK-Diemer Rn. 5). Eine Erstreckung dieser Rechtsprechung auf alle Fälle der Verfahrenstrennung und damit eine **rein formelle** Abgrenzung auch des Verwertungsverbots wäre sinnvoll (vgl. Fischer JZ 1992, 570).

Aussagen vor der Hauptverhandlung. Das Verwertungsverbot des § 252 erfasst 7 die Aussagen des Zeugen in einer **früheren Hauptverhandlung** (BGH MDR 1969, 18) sowie alle Aussagen, die er in **anderen Strafverfahren** als Zeuge oder Beschuldigter (BGH 20, 384 = NJW 1966, 760; BGH NStZ 2003, 217) gemacht hat. Auch Aussagen in einem Zivilverfahren (BGH 17, 324 = NJW 1962, 1859) oder in einem Sorgerechtsverfahren (BGH 36, 384 = NJW 1990, 1859) sind unverwertbar, ebenso Mitteilungen über **Zusatztatsachen** an einen Sachverständigen. Mitteilungen eines zeugnisverweigerungsberechtigten Zeugen gegenüber einem Sachverständigen über sog. **Zusatztatsachen,** zu denen regelmäßig auch die Tatschilderung eines auf seine Glaubwürdigkeit zu begutachtenden Zeugen gehört, stehen einer Aussage iSd § 252 gleich (BGH NStZ 1997, 95). **Informatorische Befragungen** durch die Polizei und vertrauliche Gespräche mit Ermittlungsbeamten sind förmlichen Vernehmungen gleichgestellt (BGH 29, 230 = NJW 1980, 1533). S. aber §§ 136 a Rn. 4; 163 a Rn. 1; 243 Rn. 13. **Verwertbar** bleiben alle Äußerungen, die der Zeuge **aus freien Stücken** gesprächsweise außerhalb einer Vernehmung getan hat (BGH 36, 389 = NJW 1990, 1859; BGH NJW 1998, 2229), Spontanäußerungen gegenüber Polizeibeamten (BGH NStZ 1986, 232) oder Sachverständigen (BGH NStZ 1992, 247) sowie Mitteilungen in Briefen oder Strafanzeigen (BGH NJW 1956, 1886). Auch Äußerungen gegenüber einem gezielt eingesetzten V-Mann sind verwertbar (BGH 40, 211 = NJW 1994, 2904; s. § 52 Rn. 4), jedenfalls wenn der Einsatz vor erstmaliger Ausübung des Zeugnisverweigerungsrechts erfolgt ist. **Die Aussage eines verstorbenen Zeugen** oder Mitbeschuldigten kann uneingeschränkt verwertet werden (s. § 251 Rn. 7).

Die **Revision** ist bei unzulässiger Verwertung früherer Aussagen mit der Verfah- 8 rensrüge begründet. Wird in der Hauptverhandlung ein Richter über die frühere Aussage eines Zeugen vernommen (oben Rn. 2), so muss das Urteil darlegen, wie sich das Gericht von der ordnungsgemäßen Belehrung bei der früheren Vernehmung überzeugt hat (BGH NJW 1979, 1722; str., vgl. KK-Diemer Rn. 32). Soll im Fall der Aussageverweigerung eines Zeugen nach § 52 mit der Verfahrensrüge als Verstoß gegen § 244 Abs. 2 oder 3 beanstandet werden, dass kein Beweis über früher spontan, aus freien Stücken gegenüber einer Amtsperson gemachte Äußerungen dieses Zeugen erhoben worden sei, müssen zur Wahrnehmung nach § 344 Abs. 2 S. 2 der genaue Inhalt und die näheren Umstände der früheren Angaben in der Revisionsbegründung mitgeteilt werden (BGH NJW 1998, 2229). Ein Verstoß gegen § 252 kann in der Revision auch dann gerügt werden, wenn der Angeklagte oder sein Verteidiger der Verwertung des Beweismittels in der Hauptverhandlung nicht widersprochen haben (OLG Hamm NStZ 2003, 107).

§ 253 [Protokollverlesung zur Gedächtnisunterstützung]

(1) **Erklärt ein Zeuge oder Sachverständiger, daß er sich einer Tatsache nicht mehr erinnere, so kann der hierauf bezügliche Teil des Protokolls über seine frühere Vernehmung zur Unterstützung seines Gedächtnisses verlesen werden.**

(2) **Dasselbe kann geschehen, wenn ein in der Vernehmung hervortretender Widerspruch mit der früheren Aussage nicht auf andere Weise ohne Unterbrechung der Hauptverhandlung festgestellt oder behoben werden kann.**

1   Die Vorschrift regelt einen speziellen Fall des **Urkundenbeweises,** nicht nur des **Vorhalts** (BGH 20, 160, 162 = NJW 1965, 874; str., vgl. KK-Diemer Rn. 1). Sie gilt nur für Protokolle früherer Vernehmungen und ist auf andere Urkunden nicht entsprechend anwendbar (BGH 20, 162). Eine Verlesung nach § 253 ist nur **in der Hauptverhandlung** und in Anwesenheit des Zeugen oder Sachverständigen zulässig, dessen frühere Aussage protokolliert wurde (BGH MDR 1970, 198). Für die Vernehmung von **Verhörspersonen** gilt die Regelung nicht (BGH MDR 1983, 624); die Möglichkeit, **Vorhalte** (s. § 252 Rn. 2) aus Protokollen zu machen, bleibt unberührt. Die Verlesung erfolgt auf Anordnung des Vorsitzenden (§ 238 Abs. 1) – das Gericht nur auf Beanstandungen nach § 238 Abs. 2 – und ist zu **protokollieren** (§ 273 Abs. 1; vgl. § 255). Angaben eines Zeugen in einer früheren Vernehmung und deren genauer Wortlaut dürfen nur dann bei der richterlichen Überzeugungsbildung berücksichtigt werden, wenn sie nach § 253 Abs. 1 zu Beweiszwecken verlesen worden sind (OLG Frankfurt NStZ-RR 2000, 377).

2   Voraussetzung der Verlesung nach **Abs. 1** ist zunächst die vollständige Vernehmung der Beweisperson sowie deren Erklärung, sich an eine Beweistatsache – nicht nur an den Inhalt des früheren Protokolls – nicht erinnern zu können. Die Erklärung muss nicht protokolliert werden (BGH 3, 281, 285 = NJW 1953, 115); sie ist entbehrlich, wenn sich die fehlende Erinnerung aus der Vernehmung ergibt (BGH 1, 337, 340). Eine Nachprüfung findet nicht statt (RG 59, 248). **Abs. 2** setzt einen in der Hauptverhandlung aufgetretenen **Widerspruch** voraus, weiterhin, dass dieser nicht durch Vorhalte oder ohne Unterbrechung der Hauptverhandlung durch die Vernehmung der Verhörsperson behoben werden kann. Durch die Verlesung nach Abs. 2 wird der Widerspruch bewiesen und sodann die Beweisperson dazu erneut vernommen. Bestreitet diese die Richtigkeit des Protokolls, so ist regelmäßig die Vernehmung der Verhörspersonen geboten (KK-Diemer Rn. 6); im Übrigen ist der verlesene Protokollinhalt im Zusammenhang mit der jetzigen Aussage der Beweisperson frei zu würdigen (§ 261). Nach der Rechtsprechung des BGH kommt die Verlesung der früheren Aussage eines Zeugen gemäß § 253 Abs. 2 **in Betracht,** nachdem Vorbehalte aus dem Protokoll weder eine Übereinstimmung der gegenwärtigen Aussage dem Inhalt des Protokolls bewirkt noch dazu geführt haben, dass der Zeuge bekundete, bei der Aufnahme des Protokolls abweichend von seiner gegenwärtigen Aussage tatsächlich das im Protokoll Festgehaltene ausgesagt zu haben. Eine Verlesung nach § 253 Abs. 2 ist auch dann unzulässig, wenn der Widerspruch durch Vernehmung der Verhörsperson aufgeklärt werden kann (BGH NStZ 2002, 46). Grds. ist auch die Prüfung der Aussagekonstanz einer Beweisperson als Glaubwürdigkeitskriterium anhand des Protokolls der früheren Aussage zulässig (BGH StV 1993, 59 m. Anm. Weider; vgl. dazu Fischer StV 1993, 670).

3   § 253 gilt gemäß § 255a Abs. 1 entsprechend für die Vorführung einer **Videoaufzeichnung,** die nach § 58a oder § 247a S. 4 entstanden ist. Diese ist den Niederschriften iSv §§ 251, 252, 253 und 255 gleichgestellt (s. § 255a). **Tonbandaufnahmen** von Vernehmungen eines Zeugen oder Sachverständigen sind dagegen keine Protokolle iSv § 253. Sie können zu Vorhalten benutzt werden. Sie sind aber

zugleich als Augenscheinsobjekte Beweismittel mit selbstständiger Beweiskraft (BGH 14, 339, 341 = NJW 1960, 1582), sofern feststeht, dass sie nicht verändert worden sind und die Aussage zutreffend wiedergeben. Die §§ 250, 253 untersagen nur den Urkundenbeweis mit Vernehmungsprotokollen ohne die Voraussetzungen des § 253 (KK-Diemer Rn. 10).
Zur Revision vgl. § 254 Rn. 3. **4**

§ 254 [Verlesung von Geständnissen und bei Widersprüchen]

(1) **Erklärungen des Angeklagten, die in einem richterlichen Protokoll enthalten sind, können zum Zweck der Beweisaufnahme über ein Geständnis verlesen werden.**

(2) **Dasselbe kann geschehen, wenn ein in der Vernehmung hervortretender Widerspruch mit der früheren Aussage nicht auf andere Weise ohne Unterbrechung der Hauptverhandlung festgestellt oder behoben werden kann.**

Die Vorschrift regelt wie § 253 eine Form des **Urkundenbeweises** (BGH 14, **1** 310, 313 = NJW 1960, 1630); die Möglichkeit von **Vorhalten** bleibt unberührt. **Geständnis** in diesem Sinn ist das Zugestehen der Tat oder einzelner Tatsachen, die für die Entscheidung zur Schuld- oder Rechtsfolgenfrage erheblich sein können, gleichgültig, ob es sich um belastende oder entlastende (BGH MDR 1977, 984), um unmittelbar beweiserhebliche oder um Indiztatsachen handelt (RG 54, 126). S. auch 261 Rn. 3, § 243 Rn. 11. Nach § 254 verlesbar sind nur **richterliche** Protokolle. **Polizeiliche Protokolle** dürfen nicht zum Zwecke der Beweisaufnahme über ihren Inhalt verlesen werden; insoweit begründet § 254 ein **Verwertungsverbot** (BGH 1, 339; 14, 310 = NJW 1960, 1630; OLG Frankfurt StV 1996, 202). Zum Beweis dafür, dass eine solche Urkunde **vorhanden** ist, sind sie verlesbar (BGH 3, 149 = NJW 1952, 1265). **Vorhalte** (s. § 252 Rn. 2) aus polizeilichen Protokollen verbietet § 254 ebenfalls nicht, auch nicht deren Verlesung zu diesem Zweck (BGH 1, 337, 339; 3, 149 = NJW 1952, 1265; 14, 310 = NJW 1960, 1630; 21, 285 = NJW 1967, 2020). Bestreitet der Angeklagte die Richtigkeit der Niederschrift oder äußert er sich nicht zur Sache, so muss der **Vernehmungsbeamte als Zeuge** gehört werden (BGH NJW 1966, 1524); das ist immer zulässig (BGH 3, 149 = NJW 1952, 1265; 14, 310 = NJW 1960, 1630; 22, 170 = NJW 1968, 1838; BGH NJW 1966, 1524; Meyer-Goßner Rn. 8). Das Protokoll darf ihm dann vorgehalten und zu diesem Zweck auch verlesen werden (BGH 14, 312; Meyer-Goßner Rn. 8). **Verwertbar** ist aber nur, was er selbst noch von der Vernehmung **in Erinnerung hat** (BGH 14, 310 = NJW 1960, 1630). Die bloße Angabe, er habe die Erklärungen des Angeklagten richtig protokolliert, macht den **Protokollinhalt nicht verwertbar** (BGH 14, 310 = NJW 1960, 1630; 23, 213, 220 = NJW 1970, 573). Eine Verlesung des Vernehmungsprotokolls als Ergänzung der Vernehmung des Vernehmungsbeamten kommt nicht in Betracht (Meyer-Goßner Rn. 8). Eigene schriftliche Erklärungen des Angeklagten können unbeschränkt im Urkundenbeweis verlesen werden (vgl. § 249 Rn. 3). **Verlesbar** sind nur Protokolle, die den Anforderungen der **§§ 168, 168a** genügen. Der vernehmende Richter muss den Angeklagten nach § 136 **belehrt** haben (vgl. BGH 38, 214 = NJW 1992, 1463). In diesem Fall ist die Niederschrift selbst dann verwertbar, wenn der Angeklagte bei der richterlichen Vernehmung nur ein Geständnis wiederholt hat, das bei einer noch früheren polizeilichen Vernehmung unter Verstoß gegen §§ 136, 163a zustandegekommen ist (BGH 27, 355, 359 = NJW 1968, 1388). War der Beschuldigte über seine Rechte vollständig und **zutreffend unterrichtet** oder hätte er auf jeden Fall zur Sache ausgesagt, kann des Unterlassen der Belehrung keine Folgen haben (BGH 25, 325 = NJW 1974, 1570; KK-Diemer Rn. 7). Zur Zulässigkeit einer gemeinsam von 2 Angeklagten abgegebenen Erklärung nach § 254 s. BGH NStZ 1997, 147. Zur Verlesung ausländischer Vernehmungsprotokolle vgl. BGH NStZ 1994, 595 m. Anm. Wehlers NStZ 1995, 45. Die Anordnung der Verlesung trifft der Vorsitzende (§ 238 Abs. 1); sie ist zu protokollieren (§§ 273 Abs. 1, 255).

2   Durch die Verlesung nach **Abs. 1** wird Beweis darüber erhoben, dass der **Angeklagte** (BGH 27, 13 = NJW 1977, 157) hinsichtlich der ihm jetzt zur Last gelegten Tat **als Beschuldigter** bestimmte Tatsachen zugestanden hat (vgl. Meyer-Goßner Rn. 2); der Inhalt des früheren Geständnisses unterliegt der freien Beweiswürdigung des Gerichts (§ 261). Für die Verlesung zur Aufklärung von Widersprüchen (Abs. 2) gilt das zu § 253 Abs. 2 Ausgeführte entsprechend (dort Rn. 2). Der Inhalt des nach § 254 verlesenen Protokolls ist auch gegen **Mitangeklagte** verwertbar, sofern ein innerer Zusammenhang besteht (BGH 22, 372, 374 = NJW 1969, 1445; str.).

3   Die **Revision** ist mit der Verfahrensrüge begründet, wenn die Voraussetzungen der Verlesung rechtsfehlerhaft angenommen wurden. Nicht vorgetragen werden kann, das verlesene Protokoll enthalte kein Geständnis (BGH MDR 1975, 369), das Geständnis sei nicht widerrufen worden oder es liege kein Widerspruch iSd Abs. 2 vor. Die Rüge der Verletzung von § 261 ist begründet, wenn die Urteilsfeststellungen den Inhalt des verlesenen Protokolls unrichtig wiedergeben (vgl. BGH 29, 18, 21 = NJW 1979, 2318). Die Aufklärungsrüge (vgl. § 244 Rn. 49) kann auf das Unterlassen einer Verlesung nach § 254 gestützt werden.

§ 255 [Protokollierung der Verlesung]

In den Fällen der §§ 253 und 254 ist die Verlesung und ihr Grund auf Antrag der Staatsanwaltschaft oder des Angeklagten im Protokoll zu erwähnen.

1   Die **Urkundenverlesung zu Beweiszwecken** ist vAw. nach § 273 Abs. 1 zu protokollieren (BGH NJW 1986, 2063); dagegen bedürfen **Vorhalte** der Protokollierung nicht. § 255 erweitert den Umfang der Protokollierung bei entsprechendem **Antrag**, den auch der Verteidiger (BGH 12, 367, 371 = NJW 1959, 731), **Nebenbeteiligte** im Rahmen ihrer Beteiligung sowie der **Privatkläger** stellen können, auf den Antrag selbst sowie die Begründung der Verlesungsanordnung. Der **Nebenkläger** ist nicht antragsbefugt.

2   Revision: Das Urteil kann auf dem Fehlen der Protokollierung nicht beruhen.

§ 255 a [Vorführung der Bild-Ton-Aufzeichnung]

(1) Für die Vorführung der Bild-Ton-Aufzeichnung einer Zeugenvernehmung gelten die Vorschriften zur Verlesung einer Niederschrift über eine Vernehmung gemäß §§ 251, 252, 253 und 255 entsprechend.

(2) ¹In Verfahren wegen Straftaten gegen die sexuelle Selbstbestimmung (§§ 174 bis 184 f des Strafgesetzbuches) oder gegen das Leben (§§ 211 bis 222 des Strafgesetzbuches) oder wegen Mißhandlung von Schutzbefohlenen (§ 225 des Strafgesetzbuches) kann die Vernehmung eines Zeugen unter sechzehn Jahren durch die Vorführung der Bild-Ton-Aufzeichnung seiner früheren richterlichen Vernehmung ersetzt werden, wenn der Angeklagte und sein Verteidiger Gelegenheit hatten, an dieser mitzuwirken. ²Eine ergänzende Vernehmung des Zeugen ist zulässig.

1   Diese Vorschrift ist durch das Zeugenschutzgesetz vom 30. 4. 1998 (BGBl. I 820) eingefügt worden (s. vor §§ 48–71 Rn. 5). Sie regelt die Vorführung von Bild-Ton-Aufzeichnungen anstelle der unmittelbaren persönlichen Vernehmung des Zeugen in der Hauptverhandlung. Sie ist – wie die §§ 147 a, 251 ff. – eine **Ausnah-**

meregelung zu § 250 (KK-Diemer Rn. 1). § 255 a enthält zwei Regelungskomplexe mit unterschiedlicher Zielrichtung. Mit **Abs. 1** werden Bild-Ton-Aufzeichnungen mit **Protokollen** im Ermittlungsverfahren **gleichgestellt** (BT-Drucks. 13/4983 S. 4, 10). Bild-Ton-Aufzeichnungen können über Zeugenvernehmungen immer dann vorgeführt werden, wenn entsprechende Niederschriften nach §§ 251, 253 verlesen werden dürfen. Mit dieser Regelung stehen **Verfahrensbeschleunigung** und **Beweissicherung** im Vordergrund (KK-Diemer Rn. 2). **Abs. 2** bringt den eigentlichen **Opfer- und Zeugenschutz**. Er durchbricht den **Unmittelbarkeitsgrundsatz** als Kannvorschrift für den Fall, dass es sich um die Vernehmung eines jugendlichen Zeugen **und** um ein Verfahren wegen Straftaten gegen die sexuelle Selbstbestimmung oder gegen das Leben handelt. Hier kann die Video-Aufzeichnung auch **als Ersatz** für die an sich gebotene unmittelbare Vernehmung des Zeugen verwendet werden (Rieß NJW 1998, 3241). Denn besonders für kindliche und jugendliche Zeugen ist es sehr belastend, wenn sie im Verlauf eines Strafverfahrens mehrfach vernommen werden. Um solche **Mehrfachvernehmungen** zu vermeiden, erlaubt Abs. 2 die Verwertung von auf **Videobändern** aufgezeichneten früheren Vernehmungen als Ersatz für eine erneute persönliche Vernehmung in der Hauptverhandlung.

Mit **Abs. 1** wird also die Vorführung von Bild-Ton-Aufzeichnungen einer Zeugenvernehmung, die gemäß § 58 a im Ermittlungsverfahren, aber auch gemäß § 247 in einem anderen Hauptverfahren entstanden sein können, der **Verlesung von Niederschriften nach §§ 251, 252, 253, 255 gleichgestellt**. Damit können Bild-Ton-Aufzeichnungen sowohl über **richterliche,** als auch über **nichtrichterliche** Vernehmungen (§ 251 Abs. 2, 3, § 253) vorgeführt werden. Gegenüber der Verlesung von Protokollen besteht für die Vorführung von Bild-Ton-Aufzeichnungen **keine Subsidiarität** (KK-Diemer Rn. 4). Da die Videoaufzeichnungen den Niederschriften über Vernehmungen gleichgestellt sind, sind auch formlose **Vorhalte** aus diesen Aussagen zulässig (Eisenberg Beweisrecht Rn. 1328 k). In den Fällen des **§ 252** (Verbot der Protokollverlesung nach Zeugnisverweigerung) ist die Vorführung gleich der Verlesung stets **unzulässig.** Steht dem Zeugen nur ein **Auskunftsverweigerungsrecht** nach § 55 zu, so hindert das nicht die Vorführung seiner Aussage als früherer Mitbeschuldigter, es sei denn, er war damals nicht nach § 136 Abs. 1 S. 2 belehrt worden (BGH 10, 186 = NJW 1957, 918; Meyer-Goßner Rn. 2). Hat aber der Zeuge ein **Zeugnisverweigerungsrecht nach § 52** und ist er darüber bei seiner früheren Aussage **nicht belehrt** worden, so ist diese grundsätzlich **unverwertbar.** Ist der Zeuge damals **belehrt** worden, so ist im Falle seiner Erreichbarkeit zunächst zu klären, ob der Zeuge zur Aussage bereit ist; solange dies nicht geschehen ist, verbietet § 252 einen Vorhalt an den Angeklagten und jede andere Beweiserhebung – auch nach § 255 a – mit Ausnahme der Vernehmung des Richters als Verhörsperson (Meyer-Goßner Rn. 3; BGH NJW 1996, 206). Will der Angehörige nach erneuter Belehrung von seinem Zeugnisverweigerungsrecht keinen Gebrauch machen, kann statt einer erneuten Vernehmung die Aufzeichnung der früheren Aussage abgespielt werden (Meyer-Goßner Rn. 3; KK-Diemers Rn. 11). Ist der angehörige Zeuge in der Hauptverhandlung unerreichbar, weil sein Aufenthalt nicht ermittelt werden kann, so darf seine frühere Aussage vorgespielt werden, wenn er damals ordnungsgemäß belehrt worden war (Meyer-Goßner Rn. 3). Da der **kindliche** Zeuge im Falle des Abs. 2 idR nicht vernommen ist, hat sich das Gericht vor der Vorführung der Bild-Ton-Aufzeichnung anderweitig davon zu überzeugen, ob er von § 52 Gebrauch macht (KK-Diemer Rn. 11; BGH NJW 1996, 206).

Abs. 2 S. 1 ermöglicht eine stärkere **Durchbrechung des Unmittelbarkeitsprinzips.** Nach dieser Vorschrift kann die Videoaufzeichnung einer früheren **richterlichen Vernehmung** eines Zeugen unter 16 Jahren bei Verfahren wegen Straftaten gegen die sexuelle Selbstbestimmung, gegen das Leben oder wegen Misshandlung von Schutzbefohlenen die Aussage des Zeugen in der Hauptverhandlung

§ 255 a

vollständig ersetzen oder ergänzen, ohne dass die Voraussetzungen der §§ 251 ff. vorliegen müssen. **Voraussetzung** ist, dass der Angeklagte und sein Verteidiger Gelegenheit hatten, an der Aufnahme **mitzuwirken,** was wiederum voraussetzt, dass sie rechtzeitig über den Termin benachrichtigt worden sind (§ 168 c Abs. 5 S. 1). „Die **vernehmungsersetzende** Vorführung der Bild-Ton-Aufzeichnung einer früheren richterlichen Vernehmung in der Hauptverhandlung nach § 255 a II 1 StPO erfordert nicht, dass der **Verteidiger** vor seiner Mitwirkung an jener früheren Vernehmung teilweise oder vollständige **Akteneinsicht** nehmen konnte" (BGH NJW 2003, 2761). Im Falle des § 168 Abs. 5 S. 2 scheidet § 255 a aus (Eisenberg Beweisrecht Rn. 1328 l). Die **Mitwirkung** umfasst vor allem das **Fragerecht** des Beschuldigten. Es genügt, wenn der Beschuldigte und sein Verteidiger die **Gelegenheit** zur Mitwirkung hatten (KK-Diemer Rn. 10). Dass sie ihre Mitwirkungsrechte tatsächlich wahrgenommen haben, ist nicht erforderlich (BT-Drucks. 13/4983 S. 8). Da diesem Beschuldigten und seinem Verteidiger nach § 168 c bei richterlichen Zeugenvernehmungen ohnehin ein Anwesenheitsrecht und auch ein Fragerecht zustehen, geht das **Mitwirkungsrecht** nach § 255 a Abs. 2 darüber hinaus, und zwar zumindest mit der Konsequenz, dass § 168 c Abs. 4 und 5 nicht zur Anwendung gekommen sein dürfen (Eisenberg Beweisrecht Rn. 1328 l). Um aber die Rechte des Beschuldigten nicht übermäßig einzuschränken, bedeutet „Mitwirkung" iSd Vorschrift auch, dass ein Beschuldigter, sofern er bei der richterlichen Zeugenvernehmung nach § 168 c Abs. 3 ausgeschlossen wurde – und eine Simultanübertragung nicht stattfand – zu diesem Zeitpunkt zumindest einen Verteidiger gehabt haben muss (Eisenberg Beweisrecht Rn. 1328 l).

4 Die Vorführung von Bild-Ton-Aufzeichnungen nach § 255 a Abs. 2 S. 1 setzt – wie die Verlesung richterlicher Protokolle – eine **ordnungsgemäße richterlicher Vernehmung** voraus. Es müssen die einschlägigen Zuständigkeits- und Verfahrensvorschriften beachtet werden. Vor allem müssen die erforderlichen Belehrungen vorgenommen worden sein. Für die Vorführung von Bild-Ton-Aufzeichnungen über die Vernehmung **auskunfts- oder zeugnisverweigerungsberechtigter Personen** gelten dieselben Grundsätze wie bei der Verlesung von Protokollen (KK-Diemer Rn. 11; s. auch Rn. 3). Da der jugendliche Zeuge im Falle des Abs. 2 idR nicht anwesend ist, hat sich das Gericht vor der Vorführung der Bild-Ton-Aufzeichnung anderweitig davon zu überzeugen, ob er von § 52 Gebrauch macht. Die Ausnahme, wonach dies unterbleiben kann, wenn der Zeuge mangels Kenntnis des Aufenthalts unerreichbar ist, gilt hier nicht (KK-Diemer Rn. 11). Eine Ersetzung der Vernehmung in der Hauptverhandlung durch Abspielen des Videobandes als zentrales Instrument der Wahrheitsfindung ist nur tauglich, wenn die frühere Vernehmung auch **erschöpfend war** (Schünemann StV 1998, 400; s. auch zur ergänzenden Vernehmung Rn. 5). Die Vorführung der früheren richterlichen Vernehmung wird oftmals nur genügen, wenn der Verteidiger zuvor Einsicht in die vollständigen Akten nehmen konnte und so bei der Einvernahme entsprechend mitwirken konnte (Schünemann StV 1998, 400; Meyer-Goßner Rn. 9). Liegen alle Voraussetzungen vor, so **kann** die Vernehmung des Kindes in der Hauptverhandlung (§ 250) durch die Verführung der Bild-Ton-Aufzeichnung ersetzt werden. Diese **fakultative** Regelung gewährt dem Zeugen keinen Anspruch auf ein Verfahren nach Abs. 2 (KK-Diemer Rn. 12). Abs. 2 eröffnet einen **Ermessensspielraum**, bei dem das Gericht den besonderen Schutz des Zeugen, das Aufklärungsgebot und die Verteidigungsinteressen des Angeklagten gebührend zu gewichten und gegeneinander abzuwägen hat. Der **Schutzzweck** der Vorschrift ist zu beachten. Aber allein die Tatsache, dass der Zeuge noch nicht 16 Jahre alt ist, rechtfertigt nicht, ohne weitere Prüfung auf seine Vernehmung in der Hauptverhandlung zu verzichten. Die Prüfung erfolgt im **Freibeweis** (KK-Diemer Rn. 12).

5 **Abs. 2 S. 1** lässt eine **ergänzende Vernehmung** des Zeugen ausdrücklich zu und setzt damit das Schutzinteresse in das erforderliche Verhältnis zum Aufklärungsgebot

Hauptverhandlung § 255 a

(BT-Drucks. 13/4983 S. 8). Sie ist auch durch Beweisantrag erzwingbar; insoweit ist anerkannt, dass die erneute Vernehmung eines in der Hauptverhandlung bereits vernommenen Zeugen durch einen Beweisantrag verlangt werden kann, wenn darin neue Tatsachen angegeben werden, zu denen der Zeuge bisher noch nicht vernommen worden ist (BGH StV 1995, 566; Meyer-Goßner, § 244 Rn. 26). „Die Notwendigkeit zu einer **ergänzenden Vernehmung** in der Hauptverhandlung kann sich nach Maßgabe der richterlichen Aufklärungspflicht ergeben (§ 255 a Abs. 2 Satz 2, § 244 Abs. 2). Die Beurteilung insoweit ist stets eine Frage des Einzelfalles. Ein Antrag auf ergänzende Vernehmung in der Hauptverhandlung ist nach den **Grundsätzen des Beweisantragsrechts** zu behandeln, wenn der Zeuge zum Beweis einer neuen Behauptung benannt ist, zu der er bei der aufgezeichneten und vorgeführten Vernehmung noch nicht gehört werden konnte" (BGH 48, 268 = NJW 2003, 2761). „Macht ein Zeuge **nachträglich** von seinem Zeugnisverweigerungsrecht nach § 52 Gebrauch, darf die Bild-Ton-Aufzeichnung seiner früheren richterlichen Vernehmung nach § 255 a Abs. 1 iVm § 252 nicht zu Beweiszwecken vorgeführt werden, obgleich auf das weniger zuverlässige Beweismittel der Vernehmung des Richters zurückgegriffen werden kann. Die Vorführung der Bild-Ton-Aufzeichnung nach § 255 a Abs. 2 S. 1 scheidet aus, wenn der Beschuldigte gemäß § 168 c Abs. 3 bei der **ermittlungsrichterlichen** Vernehmung **ausgeschlossen war** und daher keine Gelegenheit zur Mitwirkung hatte. Dies gilt auch dann, wenn sein **Verteidiger** an dieser Vernehmung teilgenommen hat". Sind die Voraussetzungen des **§ 255 a Abs. 2 S. 1** erfüllt, kann der Zeuge durch **nachträgliche** Ausübung seines Zeugnisverweigerungsrechts die Verwertung der Bild-Ton-Aufzeichnung seiner früheren richterlichen Vernehmung **nicht verhindern** (BGH NStZ 2004, 1605). Fragen, die durch den Inhalt der Bild-Ton-Aufzeichnung bereits beantwortet sind, sind keine Ergänzung und deswegen als unzulässig vom Vorsitzenden gemäß § 241 Abs. 2 zurückzuweisen (KK-Diemer Rn. 13). Treten nach der Vorführung der Bild-Ton-Aufzeichnung **neue Gesichtspunkte** hervor, die in der Hauptverhandlung aufgeklärt werden müssen, so sind im Einzelfall Gewicht und Entscheidungsrelevanz der neuen Tatsachen mit den Nachteilen, die dem Zeugen durch eine erneute Vernehmung drohen, abzuwägen (KK-Diemer Rn. 13). Die Aufgabe der Strafrechtspflege (zB auch der Inquisitionsgrundsatz) gebietet es nicht, dem Schutz des Zeugen von vornherein Vorrang einzuräumen. Die Rücksichtnahme auf den Zeugen kann es erforderlich machen, von einer ergänzenden Vernehmung abzusehen, selbst mit der Folge des Freispruchs des Angeklagten (BGH NJW 1993, 2451; KK-Diemer Rn. 13; Meyer-Goßner Rn. 10). Aus diesem Dilemma in der Praxis kann eine Videovernehmung gemäß **§ 247 a** heraushelfen.

Die **Anordnung** der Videovorführung nach Abs. 1 u. Abs. 2 erfordert einen **6** **Gerichtsbeschluss** (Eisenberg Beweisrecht Rn. 1328 n; KK-Diemer Rn. 14; aA Meyer-Goßner Rn. 14: der Vorsitzende). Der Beschluss, der zu protokollieren ist, muss begründet und verkündet werden. Die Begründung muss erkennen lassen, dass das Gericht die maßgeblichen Gesichtspunkte gegeneinander abgewogen und berücksichtigt hat (KK-Diemer Rn. 14).

Der Gerichtsbeschluss über die Videovorführung ist als eine der Urteilsfindung **7** vorangegangene Entscheidung des erkennenden Gerichts gemäß § 305 der **Beschwerde** entzogen (Eisenberg Beweisrecht Rn. 1328; KK-Diemer Rn. 14). Der **Zeuge** hat keinen beschwerdefähigen Anspruch auf Vorführung der Aufzeichnung seiner früheren Vernehmung (Meyer-Goßner Rn. 12).

Mit der **Revision** kann bei Verstößen gegen § 255 a die Verletzung der Aufklä- **8** rungspflicht (§ 244 Abs. 2, § 337) und ggf. die unzulässige Beschränkung der Verteidigung (§ 338 Nr. 8) gerügt werden (KK-Diemer Rn. 14). Verzichtet zB das Gericht auf die Vorführung vorhandener Video-Aufzeichnungen und/oder begnügt es sich mit der Verlesung von Vernehmungsniederschriften, so kann dies als Verstoß gegen die Pflicht zur Verwendung des **bestmöglichen Beweises** die Aufklärungsrüge begründen (Julius in HK-StPO Rn. 14). Die Rüge (§ 261), das Beweisergebnis der Vorführung sei im Urteil unrichtig wiedergegeben, ist zulässig, wenn sich fehlende Übereinstimmung ohne weiteres, d. h. ohne dass es einer Rekonstruktion bedarf, aus den Akten und der Videoaufzeichnung, die Aktenbestandteil ist, ergibt (Meyer-Goßner Rn. 14).

§ 256 [Verlesung von Behörden- und Ärzteerklärungen]
RiStBV 68, 111 Abs. 3

(1) **Verlesen werden können**
1. **die ein Zeugnis oder ein Gutachten enthaltenden Erklärungen**
   a) **öffentlicher Behörden,**
   b) **der Sachverständigen, die für die Erstellung von Gutachten der betreffenden Art allgemein vereidigt sind, sowie**
   c) **der Ärzte eines gerichtsärztlichen Dienstes mit Ausschluss von Leumundszeugnissen,**
2. **ärztliche Atteste über Körperverletzungen, die nicht zu den schweren gehören,**
3. **ärztliche Berichte zur Entnahme von Blutproben,**
4. **Gutachten über die Auswertung eines Fahrtschreibers, die Bestimmung der Blutgruppe oder des Blutalkoholgehalts einschließlich seiner Rückrechnung und**
5. **Protokolle sowie in einer Urkunde enthaltene Erklärungen der Strafverfolgungsbehörden über Ermittlungshandlungen, soweit diese nicht eine Vernehmung zum Gegenstand haben.**

(2) Ist das Gutachten einer kollegialen Fachbehörde eingeholt worden, so kann das Gericht die Behörde ersuchen, eines ihrer Mitglieder mit der Vertretung des Gutachtens in der Hauptverhandlung zu beauftragen und dem Gericht zu bezeichnen.

1 Diese Vorschrift bezweckt die Verfahrensbeschleunigung (vgl. § 49). **Abs. 1** ist durch das 1. Justizmodernisierungsgesetz neu gefasst; die Aufzählung ist durch eine Nummerierung verbessert und erweitert worden.

2 Die Schriftstücke, die verlesen werden können, sind im Einzelnen deutlich in **Abs. 1** aufgezählt.

Öffentliche Behörden (Nr. 1 a) sind nach öffentlichen Recht eingerichtet, mit der Erfüllung öffentlicher Aufgaben betraute Stellen des Staates oder eines anderen Trägers der öffentlichen Verwaltung, die in ihrem Bestand von dem sie jeweils leitenden Beamten unabhängig sind (BVerfGE 10, 20, 48; BGH VersR 11, 451; auch ausländische Behörden sind erfasst (BGH NJW 1992, 58).

Öffentliche Behörden sind zB: Öffentliche Kliniken und Krankenhäuser (BGH NStZ 1984, 231); Universitätsinstitute für Rechtsmedizin (BGH NStZ-RR 2001, 262); staatliche Gesundheitsämter (BGH 1, 97); chemische Untersuchungsanstalten (BGH NJW 1953, 1801) des BKA und die Landeskriminalämter (BGH NJW 1968, 206).

Keine öffentlichen Behörden sind zB: Privatrechtlich organisierte Krankenhäuser (BGH NStZ 1988, 19); Technische Überwachungsvereine (OLG Köln MDR 1964, 254); die Gerichtshilfe und die Jugendgerichtshilfe (§ 160 StPO, § 38 JGG); die Nachfolger der Deutschen Bundespost (Meyer-Goßner Rn. 4).

Verlesbar sind nunmehr gemäß **Nr. 1 b** die entsprechenden Erklärungen der allgemein vereidigten Sachverständigen; denn diese müssen nicht mehr in allen Fällen in der Hauptverhandlung persönlich anwesend sein (vgl. BT-Drucks. 15/1508 S. 26).

Hauptverhandlung **§ 257**

Gerichtsärztlicher Dienst (Nr. 1c) ist eine Organisation der Länder. **Leumundszeugnisse** dürfen nicht verlesen werden, gleichgültig, ob sie den Angeklagten, den Zeugen oder einen Dritten betreffen.
Ärztliche Atteste (Nr. 2) sind schriftliche Bestätigungen approbierter Ärzte.
Ärztliche Berichte zur Entnahme von Blutproben (Nr. 3) betreffen Ort und Zeit der Entnahme, das Erscheinungsbild des Betroffenen und die Ergebnisse des Tests.
Mit **Fahrtschreiber (Nr. 4)** ist die Auswertung eines Fahrtschreiberdiagramms (§ 57a StPO) gemeint.
Verlesbar sind nun auch die **Protokolle und Urkunden nach Nr. 5**. Die Strafverfolgungsbehörden erstellen im Rahmen der Ermittlungen Protokolle und Vermerke über Routinevorgänge, wie Beschlagnahme, Spurensicherung, Hausdurchsuchung usw. Diese Protokolle und Vermerke sind den in Abs. 1 Nr. 1a genannten Zeugnissen öffentlicher Behörden vergleichbar. Die Verlesung kann die Vernehmung des zuständigen Polizeibeamten ersparen.

Eine **kollegiale Fachbehörde (Abs. 2)** ist eine Behörde, die nicht durch ihren 3
Leiter, dessen Stellvertreter oder einen Beauftragten handelt, sondern als Kollegium, das seine Entscheidungen je nach seiner Verfassung einstimmig oder durch Mehrheitsbeschluss trifft. Das vom Gericht gemäß Abs. 2 verlangte Mitglied, das das Gutachten in der Hauptverhandlung vertreten soll, wird von der Behörde ausgewählt (RG 44, 400).

Die Verlesung nach § 256 ordnet der **Vorsitzende** an (§ 238 Abs. 1); nur auf 4
Beanstandung nach § 238 Abs. 2 das Gericht. Die Anordnung und ihre Ausführung sowie die genaue Bezeichnung der Urkunde sind zu protokollieren. Auch ohne einen Beschluss nach § 238 Abs. 2 kann die **Revision** bei unzulässiger Verlesung die Verletzung von § 250 rügen (BGH NJW 1980, 651), wenn die Urkunde bei der Urteilsfindung verwertet wurde. Die **Aufklärungsrüge** ist begründet, wenn das Gericht sich mit der Verlesung nicht hätte begnügen dürfen (BGH NStZ 1993, 397). Zur Anforderung an die Rügebegründung, wenn nach § 261 die Nichtverlesung einer im Urteil verwerteten Urkunde gerügt wird, vgl. OLG Düsseldorf StV 1995, 120 m. Anm. Hellmann.

§ 257 [Befragung des Angeklagten, des Staatsanwalts und des Verteidigers]

(1) **Nach der Vernehmung eines jeden Mitangeklagten und nach jeder einzelnen Beweiserhebung soll der Angeklagte befragt werden, ob er dazu etwas zu erklären habe.**

(2) **Auf Verlangen ist auch dem Staatsanwalt und dem Verteidiger nach der Vernehmung des Angeklagten und nach jeder einzelnen Beweiserhebung Gelegenheit zu geben, sich dazu zu erklären.**

(3) **Die Erklärungen dürfen den Schlußvortrag nicht vorwegnehmen.**

§ 257 ist eine **Sollvorschrift**. Die Befragung des Angeklagten nach **Abs. 1** 1
ergänzt die Sachvernehmung (§ 243 Abs. 4). Soweit Nebenbeteiligte und Vertreter von juristischen Personen und Personenvereinigungen eine dem Angeklagten vergleichbare Stellung einnehmen, sind auch sie zu befragen. Für den **gesetzlichen Vertreter** und den Erziehungsberechtigten im Jugendstrafverfahren gilt Abs. 1 nicht (KK-Diemer Rn. 2). Die Befragung kann nach jeder Beweiserhebung einzeln oder durch **vorab erteilten Hinweis** auf das Recht nach Abs. 1 erfolgen (KMR-Paulus Rn. 8). In der **Sitzungsniederschrift** genügt eine allgemeine Feststellung, dass Abs. 1 beachtet worden ist; ein Vermerk nach jedem Beweiserhebungsakt ist nicht erforderlich (BGH StV 1994, 468; Meyer-Goßner Rn. 4).

Abs. 2 legt das Recht des Verteidigers und des StA gesetzlich fest, zu jeder 2
einzelnen Beweiserhebung Stellung zu nehmen, und stellt klar, dass sich die **Erklä-**

§ 257 a

rungen auf die jeweilige Beweiserhebung beziehen und beschränken müssen. Abs. 2 gilt auch für den Privatkläger und den Nebenkläger, §§ 385 Abs. 1 S. 1, 397 Abs. 1 (BGHSt. 28, 272, 274) sowie für die Vertreter von Nebenbeteiligten (§ 434) (KK-Diemer Rn. 3). Werden Erklärungen nach Abs. 2 abgegeben, so ist dies zu **protokollieren.**

3   Die Erklärungen nach Abs. 1 und 2 dürfen sich nur auf die unmittelbar vorangehende Beweiserhebung beziehen. Wird in unzulässiger Weise eine umfassende Würdigung des bisherigen Verfahrensergebnisses vorgetragen **(Abs. 3),** so kann der Vorsitzende nach § 238 Abs. 1 nach Mahnung das Wort entziehen.

4   Mit der **Revision** kann die Verletzung von § 257 nur gerügt werden, wenn ein Beschluss des Gerichts (§ 238 Abs. 2) erwirkt und der Revisionsführer in seiner Verteidigung unzulässig beschränkt wurde (§ 338 Nr. 8; vgl. BGH 25, 325 = NJW 1975, 1570 zu § 243 Abs. 4).

§ 257 a [Schriftform]

¹**Das Gericht kann den Verfahrensbeteiligten aufgeben, Anträge und Anregungen zu Verfahrensfragen schriftlich zu stellen.** ²**Dies gilt nicht für die in § 258 bezeichneten Anträge.** ³**§ 249 findet entsprechende Anwendung.**

1   Die Vorschrift ist durch Art. 4 Nr. 7 des Verbrechensbekämpfungsgesetzes vom 28. 10. 1994 (BGBl. I S. 3186) eingefügt worden und soll eine straffere Durchführung von Großverfahren ermöglichen (BT-Drs. 12/6853 S. 34). Sie war im Gesetzgebungsverfahren scharfer Kritik ausgesetzt (vgl. Bandisch StV 1994, 158; Scheffler NJW 1994, 2194; Hamm StV 1994, 459). Bei der gebotenen **restriktiven Auslegung** ist jedoch eine rechtsstaatswidrige Beschneidung des Öffentlichkeits- und Mündlichkeitsgrundsatzes sowie insb. der Verteidigungsrechte des Angeklagten nicht zu befürchten.

2   **Voraussetzung** der Anordnung nach S. 1 ist, dass auf Grund tatsächlicher Umstände anzunehmen ist, dass eine Vielzahl von Anträgen oder Anregungen oder Anträge ungewöhnlichen Umfangs gestellt werden sollen **und** dass ihr mündlicher Vortrag zu einer erheblichen Verfahrensverzögerung führen würde. Anhaltspunkte für diese Annahme können entsprechende Ankündigungen sowie das bisherige Prozessverhalten der Verfahrensbeteiligten sein. Ein vorausgehender **Missbrauch** des Antragsrechts ist nicht erforderlich, denn das Verfahren nach § 257 a ist keine Sanktion für prozessuales Fehlverhalten, sondern liegt bei restriktiver Anwendung auch im wohlverstandenen Interesse der Verfahrensbeteiligten.

3   Die Anordnung kann sich auf **alle Arten** von Anträgen oder Anregungen beziehen, insb. auch auf **Beweisanträge;** sie kann für bestimmte Arten von Anträgen, für einen oder mehrere einzeln bezeichnete oder für alle zukünftig zu stellenden getroffen werden. **Ausgeschlossen** ist sie für die **Schlussvorträge** und Anträge nach § 258 **(S. 2)** sowie für **Ablehnungsanträge** gegen Mitglieder des Gerichts (§ 26 Abs. 1 S. 2), ebenso für Erklärungen zur Sache, Stellungnahmen und Erklärungen zu Verfahrensfragen und für Äußerungen zu Rechtsfragen (Meyer-Goßner Rn. 8). S. 1 gilt aber mangels entsprechender Regelung bei der Ablehnung des Sachverständigen.

4   Die Anordnung steht im **pflichtgemäßem Ermessen** des Gerichts, nicht des Vorsitzenden allein, und ergeht durch **Beschluss,** der idR zu **begründen** ist, um eine Nachprüfung durch das Revisionsgericht zu ermöglichen. Die Anordnung kann gegenüber **allen Verfahrensbeteiligten** ergehen (KK-Diemer Rn. 1).

5   **Rechtsfolge der Anordnung** ist, dass die Anträge und Anregungen, welche sie umfasst, nur noch in schriftlicher (nicht notwendig maschinenschriftlicher) Form überreicht werden dürfen. § 257 a betrifft nur die Antragstellung **in der Hauptverhandlung.** Da der Mündlichkeitsgrds. im Umfang der Anordnung aufgehoben ist, wird man es für zulässig ansehen müssen, dass der Antragsteller in der Hauptver-

Hauptverhandlung **§ 258**

handlung auf einen **außerhalb der Hauptverhandlung** eingereichten schriftlichen Antrag Bezug nimmt; auch dieser unterfällt dann den für die Hauptverhandlung geltenden Regeln. Die Einreichung der Anträge ist zu **protokollieren** (§ 273 Abs. 1).
Entgegen der Anordnung mündlich gestellte Anträge muss das Gericht nicht **6** entgegennehmen; unzulässig ist dies nicht (Meyer-Goßner Rn. 9).
Die **entsprechende Anwendung des § 249 (S. 3)** erlaubt auch die Kenntnis- **7** nahme im **Selbstlese**verfahren (§ 249 Abs. 2); auch ein zusammenfassender Bericht des Vorsitzenden ist (ggf. zusätzlich) zulässig und idR sinnvoll. Für die inhaltliche Behandlung der Anträge und die Entscheidung über sie gelten die allgemeinen Regeln; die Entscheidung ist zu verkünden (§ 35 Abs. 1 S. 1).
Eine **Anfechtung** der Anordnung ist unzulässig (§ 305 S. 1). Die **Revision** ist **8** mit der Verfahrensrüge begründet, wenn die Voraussetzungen des § 257a in dem gerichtlichen Beschluss (vgl. § 338 Nr. 8) zu Unrecht angenommen wurden und das Urteil hierauf beruhen kann (§ 337).

§ 258 [Schlußvorträge] RiStBV 138, 139

(1) **Nach dem Schluß der Beweisaufnahme erhalten der Staatsanwalt und sodann der Angeklagte zu ihren Ausführungen und Anträgen das Wort.**

(2) **Dem Staatsanwalt steht das Recht der Erwiderung zu; dem Angeklagten gebührt das letzte Wort.**

(3) **Der Angeklagte ist, auch wenn ein Verteidiger für ihn gesprochen hat, zu befragen, ob er selbst noch etwas zu seiner Verteidigung anzuführen habe.**

Der **Schluss der Beweisaufnahme** wird regelmäßig vom Vorsitzenden festge- **1** stellt und im Protokoll vermerkt; zwingend erforderlich ist das nicht. Die Feststellung hat keinerlei Bindungswirkung; ein Wiedereintritt in die Beweisaufnahme ist jederzeit auf Antrag oder vAw. möglich. Soll nach Beginn der Schlussvorträge wieder in die Verhandlung eingetreten werden, so ist hierzu eine förmliche Verfügung nicht erforderlich; insb. reicht hierfür die Ablehnung von im Schlussvortrag gestellten Anträgen oder die Erteilung **rechtlicher Hinweise** (BGH 22, 278 = NJW 1969, 273; vgl. i. e. Meyer-Goßner Rn. 29 f.). Nach jedem Wiedereintritt in die Verhandlung, auf den ein **Anspruch** nur bis zum Beginn der Urteilsverkündung besteht (BGH NStZ 1988, 448), sind erneut die Worterteilungen nach Abs. 1–3 zwingend vorgeschrieben (BGH 22, 279 = NJW 1969, 473).
Eine Aufteilung der Schlussvorträge in der Form, dass zunächst zur Schuldfrage **2** plädiert, dann zur Rechtsfolgenfrage verhandelt und abschließend hierzu gesprochen wird, ist gesetzlich nicht vorgesehen; in geeigneten Fällen ist ein solches **informelles Schuldinterlokut** jedoch zweckmäßig und jedenfalls dann zulässig, wenn die Verfahrensbeteiligten zustimmen (i. e. str., vgl. KK-Pfeiffer Einl. Rn. 53).
Schlussvorträge (Abs. 1) enthalten idR eine zusammenfassende Würdigung **3** der Beweisaufnahme. Im Übrigen ist der Inhalt des Schlussvortrags den Berechtigten freigestellt, soweit er sich auf den Gegenstand der Hauptverhandlung bezieht. **Zum Schlussvortrag berechtigt** sind neben StA, Angeklagtem (Abs. 1) und aus dem Zusammenspiel zwischen Abs. 1 mit Abs. 3 folgt, dass auch dem **Verteidiger** Gelegenheit zum Plädoyer gewährt werden muss: dies ergibt sich ebenfalls aus der Stellung des Verteidigers im Verfahren, § 137 Abs. 1 (KG NStZ 1984, 523; vgl. BGH 20, 273 = NJW 1965, 2356) sowie ebenfalls auch Privatkläger (§ 385 Abs. 1 S. 1), Widerkläger (§ 388) und Nebenkläger (§ 397 Abs. 1), Einziehungsbeteiligte (§ 433 Abs. 1), Vertreter juristischer Personen oder Personenvereinigungen (§ 444 Abs. 2) sowie Erziehungsberechtigte und gesetzliche Vertreter im Jugendstrafverfahren (§§ 67, 104 Abs. 1 Nr. 9 JGG). Das Wort zum Schlussvortrag ist ihnen stets vAw zu erteilen; die Worterteilung ist zu **protokollieren** (§ 273 Abs. 1). Von der **Reihenfolge** des Abs. 1 kann aus Zweckmäßigkeitsgründen abgewichen werden

§ 258 Zweites Buch. 6. Abschnitt

(RG 64, 133); im Rechtsmittelverfahren gelten die §§ 326 S. 1, 351 Abs. 2 S. 1. Die Reihenfolge der Schlussvorträge mehrerer Berechtigter bestimmt der Vorsitzende (RG 57, 265).

4   Eine **Verpflichtung zum Schlussvortrag** und zur Antragstellung besteht nicht. Die StPO enthält keine Vorschrift, die den Verfahrensbeteiligten ausdrücklich abverlangt, einen Schlussvortrag zu halten. Das gilt auch für den **StA und den Verteidiger**; Abs. 1 räumt ihnen lediglich die Möglichkeit zum Plädoyer ein. Die Norm gewährt den Verfahrensbeteiligten einen weiten Spielraum zur Ausgestaltung der Schlussvorträge. Ein Minimalstandard ist der StPO fremd (Nehm in FS-Geiß 2000 S. 132). Aber der **Sitzungsvertreter der StA** ist innerdienstlich gemäß RiStBV Nrn. 138, 139 gehalten, Schlussausführungen zum Ergebnis der Hauptverhandlung – unter Lösung von der Wertung der Anklageschrift – zu machen und einen **bestimmten Antrag** zu stellen. Der StA kann auch Aussetzung der Hauptverhandlung oder Fortsetzung der Beweisaufnahme beantragen (BGHR StPO § 258 Abs. 1 Schlussvortrag). Weigert sich der Sitzungsvertreter der StA einen Schlussvortrag zu halten, ist ggf. die Verhandlung zu unterbrechen und eine Anordnung des Dienstvorgesetzten herbeizuführen (OLG Stuttgart NStZ 1992, 98; Nehm, FS-Geiß 2000 S. 115). Bleibt es bei der Weigerung des StA, so führt das Gericht das Verfahren fort (OLG Stuttgart NStZ 1992, 98). Dieser Verstoß des StA, der zu protokollieren ist, begründet keinen revisiblen Rechtsfehler, da das Urteil auf dem Verfahrensfehler der StA nicht beruht (Nehm, FS-Geiß 2000 S. 132). Wenn der Verteidiger es ablehnt, einen Schlussvortrag zu halten, obwohl es ihm möglich ist, so lässt sich daraus ein Revisionsgrund nicht herleiten. Es kann insbesondere keine Rede davon sein, dass der Angeklagte in einem solchen Fall „nicht mehr ordnungsgemäß vertreten", also ohne den nach § 140 Abs. 1 Nr. 1 notwendigen Verteidiger sei, so dass der unbedingte Revisionsgrund des § 338 Nr. 5 gegeben wäre (BGH NStZ 1981, 295; 1987, 217). Dem **Verteidiger** legen verfassungsrechtliche, berufs- oder standesrechtliche Vorschriften **keine prozessuale Pflicht zum Schlussvortrag** auf. Die Ausgestaltung der Verteidigung ist **Sache des Verteidigers.** Er ist sowohl gegenüber dem Beschuldigten als auch gegenüber dem Gericht unabhängig und daher **eigenverantwortlich** eine Verteidigungsstrategie festzulegen. Diese wird in aller Regel den Schlussvortrag als besonders effektives Mittel der Einflussnahme auf die richterliche Entscheidungsfindung umfassen. In Ausnahmefällen ist es jedoch vorstellbar, dass der Verteidiger aus taktischen Gründen auf ein Plädoyer verzichtet. Diese Form des **Schweigens** ist ebenso materielle Verteidigung wie ein argumentativer Schlussvortrag. Für die Fälle der **notwendigen Verteidigung** gilt nichts anderes. § 145 Abs. 1 hält das Gericht an, die Mitwirkung eines Verteidigers in der Hauptverhandlung zu gewährleisten. Diese Form der Kontrolle der Verteidigertätigkeit betrifft allerdings nur das „Ob", nicht aber das „Wie" der Verteidigung (Nehm, FS-Geiß 2000 S. 132 f.). **Verweigert** also der Verteidiger den Schlussvortrag, so ist das zu protokollieren und die Verhandlung fortzusetzen (BGH NStZ 1981, 295).

5   Eine bestimmte **Form** des Schlussvortrags ist nicht vorgeschrieben. Die Benutzung schriftlicher Aufzeichnungen ist zulässig (BGH 3, 368 = NJW 1953, 673). Die **Redezeit** darf nicht beschränkt werden (BGH MDR 1953, 598). Der Vorsitzende kann bei **offensichtlichem Missbrauch,** etwa durch fortwährende Wiederholungen, durch Ausführungen ohne jeden Bezug zur Sache oder durch herabwürdigende Äußerungen über Verfahrensbeteiligte, nach § 238 Abs. 1 einschreiten (BGH MDR 1964, 72) und notfalls das Wort entziehen. Das Recht, Beweisanträge zu stellen, darf hierdurch in keinem Fall beeinträchtigt werden.

6   Das **Erwiderungsrecht (Abs. 2, 1. HS)** steht neben dem StA auch den anderen zum Schlussvortrag Berechtigten (vgl. Rn. 3) zu (BGH 28, 272, 274 = NJW 1979, 1310). „Neben einem **jugendlichen** Angeklagten ist gem. § 67 Abs. 1 JGG iVm § 258 Abs. 2 und 3 StPO deren Erziehungsberechtigten oder gesetzlichen Vertreter stets von Amts wegen – und nicht nur auf Verlangen – das letzte Wort zu erteilen"

Hauptverhandlung **§ 258**

(BGH NStZ 2000, 435; BGH 21, 289 = NJW 1967, 2070; BGH NStZ 1996, 612). Ein Verfahrensverstoß führt grundsätzlich zur Aufhebung des Strafausspruchs (BGH NStZ 2000, 553). Für den Angeklagten und den Verteidiger ergibt es sich aus Abs. 2, 2. HS, Abs. 3. Mehr als zwei Worterteilungen sieht das Gesetz nicht vor; hierüber entscheidet der Vorsitzende und auf Anrufen das Gericht, § 238 (KK-Engelhardt Rn. 13). Nach jeder Worterteilung an den StA ist dem Angeklagten und dem Verteidiger Gelegenheit zur Äußerung zu geben (BGH NJW 1976, 1951). „Dem Recht des **Nebenklägers** auf Erwiderung kommt verfahrensrechtlich nicht dasselbe Gewicht zu wie dem letzten Wort des Angeklagten (BGH NJW 2001, 3137). Ein **nach** dem letzten Wort des Angeklagten und unmittelbar vor dem Urteil verkündeter Beschluss über die **Teileinstellung** des Verfahrens gemäß § 154 Abs. 2 ist Teil der abschließenden Entscheidung des Gerichts; dies gilt auch dann, wenn durch den Einstellungsbeschluss über einen das Verfahren insgesamt betreffenden Hilfsbeweisantrag mittelbar mitentschieden wird (BGH NJW 2001, 2109 im Anschluss an BGH, Urteil vom 21. Februar 1979 – 2 StR 473/78; Aufgabe von BGH NStZ 1983, 469). Die bloße Entgegennahme eines (Hilfs-)Beweisantrags nach dem letzten Wort des Angeklagten stellt **keinen Wiedereintritt in die Verhandlung** dar (BGH NStZ-RR 1999, 14). Aber ein zur Neuerteilung des letzten Wortes zwingender Wiedereintritt in die Verhandlung liegt dann vor, wenn das Gericht durch Verkündung eines Beschlusses, durch den Haftverschonungsauflagen verschärft werden, den dringenden Tatverdacht inzidenter bekräftigt (BGH StV 2001, 438).

Das **letzte Wort des Angeklagten (Abs. 3)** ist ein **höchstpersönliches Recht.** 7 Es ist nicht übertragbar (BGH wistra 2000, 270); dem Verteidiger steht es auch bei Abwesenheit des Angeklagten nicht neben dem Recht zum Schlussvortrag zu (BGH MDR 1978, 460). Der Angeklagte muss stets als letzter Verfahrensbeteiligter vor der Urteilsberatung zu Wort kommen (BGH 13, 53, 59 = NJW 1959, 1093). Hat die Hauptverhandlung ohne den Angeklagten stattgefunden, so ist ihm, wenn er vor der Urteilsberatung zurückkehrt, das letzte Wort zu erteilen (BGH NStZ 1990, 291). Auch bei vorangehendem Ausschluss des Angeklagten nach § 231 b muss idR versucht werden, ihn zur Gewährung des letzten Worts wieder zuzulassen; hiervon darf nur bei sicherer Aussichtslosigkeit abgesehen werden (BGH 9, 77 = NJW 1956, 837). Das **Protokoll** muss zweifelsfrei erkennen lassen, dass dem Angeklagten die Möglichkeit eingeräumt wurde, unabhängig von seinem Verteidiger als letzter das Wort zu ergreifen (BGH 18, 84, 87 = NJW 1963, 252; BGH NStZ 1987, 423). Eine nicht erkennbare Erteilung des letzten Wortes steht der **Nichterteilung gleich** (RG 61, 318; OLG Braunschweig NdsRpfl. 1956, 77). Das Wort ist ihm stets **vAw.** zu erteilen; eine förmliche **Frage nach Abs. 3** ist daneben nicht erforderlich (BGH 18, 85), ebenso nicht eine Worterteilung mit den Worten des Gesetzes, wenn ihr Inhalt nach Abs. 2, 2. HS, Abs. 3 zweifelsfrei ist (vgl. KK-Engelhardt Rn. 17). Äußert sich nach dem letzten Wort des Angeklagten ein anderer Verfahrensbeteiligter, so muss ihm erneut das Wort erteilt werden (BGH 22, 278 = NJW 1969, 473). Erwidert zB der Verteidiger eines Mitangeklagten, ist dem Angeklagten erneut das letzte Wort zu erteilen (BGH 48, 181 = NJW 2003, 113). Dem Angeklagten ist nach **jedem Wiedereintritt** in die Beweisaufnahme vor der Urteilsverkündung erneut das letzte Wort zu erteilen. Das letzte Wort muss für das Verfahren **im Ganzen** gewährt werden, auch wenn die erneute Beweisaufnahme nur einen Teilvorwurf betragt. In der Regel kann nicht ausgeschlossen werden, dass sich der Verfahrensverstoß auf das Urteil insgesamt ausgewirkt hat, jedoch können Feststellungen zum äußeren Tatgeschehen des nicht von der Beweisaufnahme betroffenen Tatvorwurfs bei einem nur die subjektiven Voraussetzungen dieses Tatgeschehens bestreitenden Angeklagten aufrecht erhalten werden (vgl. BGH NStZ-RR 1998, 15; BayObLG wistra 2000, 39). Gibt das Gericht nach den Schlusserklärungen der Verfahrensbeteiligten durch eine **Haftentscheidung** zu erkennen, dass es sich der Bewertung des Beweisergebnisses durch die StA anschließt, so tritt es damit erneut in die Beweisaufnahme ein, was der vorausgegangenen Schlusserklärung des Angeklagten die Bedeutung des letzten Wortes nimmt (BGH NStZ-RR 1997, 107). Werden nach dem letzten Wort des Angeklagten noch von diesem gestellte Beweisanträge abgelehnt, so muss ihm erneut Gelegenheit zum letzten Wort gegeben werden. Sollten und konnten die Beweisanträge nur für den Strafausspruch Bedeutung erlangen und war der Angeklagte wegen der festgestellten Tat in allen Einzelheiten geständig, kann ausgeschlossen werden, dass sich die Versagung des letzten Worts auf den Schuldspruch ausgewirkt hat (BGH NStZ-RR 1997, 268).

8 Neben dem Angeklagten haben auch **Nebenbeteiligte** (BGH 17, 28 = NJW 1962, 500) sowie **Erziehungsberechtigte und gesetzliche Vertreter** im Jugendverfahren (§ 67 Abs. 1 JGG; BGH 21, 288 = NJW 1967, 2070) das Recht auf das letzte Wort; auch im Verhältnis zu ihnen gilt Abs. 2, 2. HS (LR-Gollwitzer Rn. 29). Das letzte Wort des Erziehungsberechtigten und gesetzlichen Vertreter im Jugendstrafverfahren ist **von Amtswegen** und nicht nur auf Verlangen zu erteilen (BGH 21, 288 = NJW 1967, 2070). Die Reihenfolge der Worterteilung an mehrere Angeklagte bestimmt der Vorsitzende (RG 57, 265). Bis zur Grenze offenkundigen Missbrauchs, die sehr weit zu ziehen ist, stehen dem Angeklagten **Form und Inhalt** des letzten Worts frei; eine Wortentziehung kommt nur als letztes Mittel in Betracht. Ist der Angeklagte im letzten Hauptverhandlungstermin anwesend, ist ihm das letzte Wort auf jeden Fall (noch) zu gewähren. Das gilt auch dann, wenn der Angeklagte an **vorhergehenden Hauptverhandlungsterminen nicht teilgenommen hat** (OLG Hamm NStZ-RR 2001, 334).

9 Die **Revision** kann mit der Verfahrensrüge darauf gestützt werden, dass zum Schlussvortrag keine Gelegenheit oder zu wenig Zeit zur Vorbereitung gegeben (KG NStZ 1984, 523) oder dass das letzte Wort nicht oder nach Wiedereintritt in die Hauptverhandlung nicht nochmals erteilt oder unzulässig beschränkt wurde (BGH 3, 368, 370 = NJW 1953, 673; BGH NStZ 1999, 426). Die Revisionsbegründung (§ 344 Abs. 2) muss bei Fehlen der Worterteilung nicht vortragen, welche Ausführungen gemacht worden wären (BGH 21, 288, 290 = NJW 1967, 2070), jedoch muss sie, wenn nach Wiedereintritt in die Verhandlung § 258 nicht beachtet wurde, den **Verfahrensgang genau darlegen** (BGH NStZ 1990, 230; 1995, 19). Andere Anordnungen des Vorsitzenden als die Nichterteilung des Worts können nur gerügt werden, wenn in der Hauptverhandlung eine Entscheidung nach § 238 Abs. 2 beantragt wurde (BGH 3, 368, 369 = NJW 1953, 673). Eine Verletzung des § 258 Halbs. 2, Abs. 3 stellt zwar keinen absoluten Revisionsgrund dar. Die Möglichkeit, dass das Urteil auf ihm beruht, kann jedoch nur in besonderen Ausnahmefällen ausgeschlossen werden (BGH NStZ 1999, 473). Dies ist weder dann der Fall, wenn sich ein Angeklagter in der Hauptverhandlung gar nicht, noch dann der Fall, wenn er sich geständig geäußert hat (BGH StV 2000, 296).

§ 259 [Dolmetscher]

(1) **Einem der Gerichtssprache nicht mächtigen Angeklagten müssen aus den Schlußvorträgen mindestens die Anträge des Staatsanwalts und des Verteidigers durch den Dolmetscher bekanntgemacht werden.**

(2) **Dasselbe gilt nach Maßgabe des § 186 des Gerichtsverfassungsgesetzes für einen hör- oder sprachbehinderten Angeklagten.**

1 Die Vorschrift **schränkt** §§ 185, 186 GVG ein. Sie gilt nur für die Schlussvorträge nach § 258 und ist auf sonstige Teile der Hauptverhandlung **nicht** entsprechend anwendbar (RG 36, 355). Eine weitergehende Übersetzung der Schlussvorträge, auch in zusammengefasster Form, kann der Vorsitzende anordnen. Weist die Sitzungsniederschrift die Anwesenheit eines Dolmetschers aus, so braucht die Erfüllung der Mindestanforderungen des § 259 nicht gesondert protokolliert zu wer-

Hauptverhandlung **§ 260**

den (RG 43, 441). Das Protokoll muss ergeben, dass der Dolmetscher vollständig und richtig übersetzt hat (BGHR Zuziehung 1). Nach **Art. 6 Abs. 3 EMRK** ist dem **fremdsprachigen Beschuldigten** ohne Rücksicht auf seine finanzielle Lage ein Dolmetscher beizuordnen, d. h. für das **gesamte Strafverfahren** einschließlich vorbereitender Gespräche zwischen Beschuldigtem und Verteidiger sowie für das Ermittlungsverfahren bei Pflicht- oder Wahlverteidigung (EGMR NJW 1979, 1091; BGH 46, 178 = NJW 2001, 309; BVerfG NJW 2004, 50), und zwar auch in Bußgeldsachen vor Gericht (Göhler Vor § 59 GVG Rn. 56; Katholnigg § 185 GVG Rn. 7); dies gilt **nicht** für den **Privatkläger** und Nebenkläger (BVerG NJW 1981, 230) und nicht für die Kosten anlässlich einer Verhandlung, der der Angeklagte unentschuldigt ferngeblieben ist (EKMR EuGRZ 1989, 329). Ein der deutschen Sprache nicht mächtiger Beschuldigter hat nur Anspruch auf unentgeltliche Beiziehung eines Dolmetschers zur Besprechung mit seinem Verteidiger, **nicht mit mehreren Verteidigern** (OLG Düsseldorf NStZ-RR 1998, 235; vgl. Art. 6 Abs. 3e EMRK: „eines" Dolmetschers). Dolmetscherkosten für Telefonüberwachung und Briefkontrolle trägt grundsätzlich der Staat, aber nicht bei unverhältnismäßigen Aufwand im Ermittlungsverfahren (BVerfG NStZ 2004, 274). Allgemein ist zu beachten, dass im Zeichen der Freizügigkeit und der hohen Zahl von Ausländern in der Bundesrepublik Sprachdivergenzen zum gerichtlichen Alltag gehören. Daher besteht selbst bei einfacher Sach- und Rechtslage der Anspruch auf Zuziehung eines Dolmetschers (oder Pflichtverteidigers), um das Sprach- und Sozialdefizit des in unserem Kulturkreis Fremden auszugleichen (OLG Stuttgart NStZ 1987, 522; Kühne Rn. 730).

Abs. 2 nimmt Bezug auf § 186 GVG; mit dieser Vorschrift ist durch Gesetz v. **2** 23. 7. 2002 eine neue Regelung für die **Verständigung mit hör- oder sprachbehinderten Personen** geschaffen worden. **Taubheit** liegt nur vor, wenn die unmittelbare Verständigung durch das gesprochene Wort nicht mehr möglich ist (RG 15, 173). Bloße hochgradige **Schwerhörigkeit** reicht nicht aus (KK-Schoreit Rn. 2).

Die **Revision** kann auf einen Verstoß gegen § 259 gestützt werden; für den **3** Nachweis des Verfahrensfehlers gilt Freibeweis (vgl. KK-Schoreit Rn. 3). Ein die Revision begründender Verfahrensverstoß (§ 338 Nr. 5) liegt nur vor, wenn die (absolute) Unkenntnis der deutschen Sprache oder die Taubheit (nicht Schwerhörigkeit) des Angeklagten feststeht und ein Dolmetscher nicht zugezogen worden ist. Ist der Angeklagte teilweise der deutschen Sprache mächtig oder ist aus sonstigen Gründen nur eine teilweise Verständigung mit ihm möglich, hat der Tatrichter nach seinem pflichtgemäßen Ermessen darüber zu entscheiden, in welchem Umfang er einen Dolmetscher bei der Verhandlung zuziehen will (BGH 3, 285 = NJW 1953, 114; KK-Schoreit Rn. 3), das nur dahin überprüft werden kann, ob die Ermessensgrenzen eingehalten worden sind (BGH NStZ 1981, 295; 1984, 328). Auch über die Auswahl des Dolmetschers und die sonstigen zur Verständigung notwendigen Maßnahmen entscheidet der Tatrichter nach pflichtgemäßem Ermessen (KK-Schoreit Rn. 3). Ein **Dolmetscher** muss nach § 185 Abs. 1 GVG grundsätzlich während der ganzen Hauptverhandlung zugegen sein. Ist dies nicht der Fall, greift der absolute Revisionsgrund des § 338 Nr. 5 StPO. Etwas anderes gilt nur, wenn sich der Angeklagte auch in der deutschen Sprache verständigen kann (BGH StV 2002, 296).

§ 260 [Urteil]

(1) **Die Hauptverhandlung schließt mit der auf die Beratung folgenden Verkündung des Urteils.**

(2) **Wird ein Berufsverbot angeordnet, so ist im Urteil der Beruf, der Berufszweig, das Gewerbe oder der Gewerbezweig, dessen Ausübung verboten wird, genau zu bezeichnen.**

§ 260

(3) Die Einstellung des Verfahrens ist im Urteil auszusprechen, wenn ein Verfahrenshindernis besteht.

(4) ¹Die Urteilsformel gibt die rechtliche Bezeichnung der Tat an, deren der Angeklagte schuldig gesprochen wird. ²Hat ein Straftatbestand eine gesetzliche Überschrift, so soll diese zur rechtlichen Bezeichnung der Tat verwendet werden. ³Wird eine Geldstrafe verhängt, so sind Zahl und Höhe der Tagessätzein die Urteilsformel aufzunehmen. ⁴Wird die Entscheidung über die Sicherungsverwahrung vorbehalten, die Strafe oder Maßregel der Besserung und Sicherung zur Bewährung ausgesetzt, der Angeklagte mit Strafvorbehalt verwarnt oder von Strafe abgesehen, so ist dies in der Urteilsformel zum Ausdruck zu bringen. ⁵Im übrigen unterliegt die Fassung der Urteilsformel dem Ermessen des Gerichts.

(5) ¹Nach der Urteilsformel werden die angewendeten Vorschriften nach Paragraph, Absatz, Nummer, Buchstabe und mit der Bezeichnung des Gesetzes aufgeführt. ²Ist bei einer Verurteilung, durch die auf Freiheitsstrafe oder Gesamtfreiheitsstrafe von nicht mehr als zwei Jahren erkannt wird, die Tat oder der ihrer Bedeutung nach überwiegende Teil der Taten auf Grund einer Betäubungsmittelabhängigkeit begangen worden, so ist außerdem § 17 Abs. 2 des Bundeszentralregistergesetzes anzuführen.

Übersicht

Beratung	1
Urteilsverkündung	2
Inhalt des Urteils	3–9
Urteilsformel	10–19
Einstellung durch Prozessurteil	20–23
Urteilsberichtigung	24
Liste der angewendeten Vorschriften	25
Revision	26

1   Beratung. Die **Beratung** schließt sich an die Schlussvorträge und das letzte Wort des Angeklagten (§ 258) an. Sie ist nicht Teil der Hauptverhandlung; ins **Protokoll** ist die Tatsache, dass eine Beratung stattgefunden hat, nur im Fall einer Kurzberatung im Sitzungssaal aufzunehmen (BGH NJW 1992, 3182; KK-Engelhardt Rn. 3); im Übrigen ist die Unterbrechung der Hauptverhandlung zum Zweck der Beratung zu protokollieren (BGH 5, 294 = NJW 1954, 650). Beratung und Abstimmung (vgl. § 263, §§ 192–197 GVG) sind geheim (§§ 43, 45 Abs. 1 S. 2 DRiG). Regelmäßig finden sie außerhalb des Sitzungssaales im Beratungszimmer statt; zur Teilnahme sind nur die **erkennenden Richter,** zur Anwesenheit daneben im Einzelfall bei Gericht auszubildende Personen berechtigt (§ 193 GVG). **Ergänzungsrichter** nehmen an der Beratung nicht teil. In unproblematischen Fällen (etwa im OWi-Verfahren) kann der Strafrichter die Urteilsverkündung im Sitzungssaal – bei kurzer Unterbrechung der Sitzung – vorbereiten. Die Urteilsformel während der Schlussvorträge zu schreiben, verstößt gegen § 261. Nach **Wiedereintritt in die Verhandlung** (vgl. § 258 Rn. 1) muss erneut beraten werden, auch wenn sich kein neuer Prozessstoff ergeben hat (BGH NStZ 1988, 470); ggf. durch eine kurze Verständigung beraten (BGH NStZ 2001, 106). Eine **Nachberatung im Sitzungssaal** ist zulässig, wenn eine rasche Verständigung der erkennenden Richter möglich ist (BGH NJW 1992, 3181). In Fällen, in denen die nach Wiedereintritt in die Verhandlung vor der Urteilsverkündung gebotene **erneute Beratung** ausnahmsweise in einer kurzen Verständigung zwischen allen Mitgliedern des Gerichts **im Sitzungssaal** bestehen kann, ist diese so durchzuführen, dass sie allen Verfahrensbeteiligten **erkennbar** ist (BGH NStZ-RR 1998, 142).

Hauptverhandlung **§ 260**

Vor- und **Zwischenberatungen** sind zulässig (BGH 17, 340 = NJW 1962, 1873; 37, 141 = NJW 1991, 50), können aber die Schlussberatung in keinem Fall ersetzen (vgl. BGH NStZ 1988, 470). Die endgültige Beratung darf aber erst nach dem Schlusswort des Angeklagten stattfinden (BGH 24, 171 = NJW 1971, 2082). Eine Beratung im Rahmen einer Augenscheinseinnahme ist unzulässig (RG 66, 28). S. auch § 193 GVG Rn. 1 ff. und zum Gang der Beratung s. § 194 GVG Rn. 1 ff.

Urteilsverkündung. Die **Urteilsverkündung** (i. E. § 268) ist **Teil der Hauptverhandlung** (Abs. 1). Wesentlicher Verhandlungsteil ist nur die mündliche Verkündung der **Urteilsformel** (BGH 15, 263 = NJW 1961, 419). Ohne sie liegt ein Urteil im Rechtssinn nicht vor (RG 71, 377, 379); für sie gelten die Anwesenheitserfordernisse der §§ 26, 230 ff. sowie das Öffentlichkeitserfordernis des § 173 GVG (vgl. § 338 Nr. 5, 6). Dagegen stellt die mündliche Eröffnung der **Urteilsgründe** nur eine vorläufige Unterrichtung dar. Auf der Abwesenheit von Prozessbeteiligten (BGH 15, 263) oder einem **Widerspruch** zwischen mündlicher und schriftlicher Urteilsbegründung (BGH 7, 363, 370 = NJW 1955, 1688) kann das Urteil nicht beruhen. Die Urteilsverkündung schließt das Verfahren für die Instanz ab. Eine **nachträgliche Änderung oder Ergänzung** der Urteilsformel, nach der allein sich der Umfang der Rechtskraft richtet (RG 46, 420), ist ausgeschlossen (BGH 23, 233, 235 = NJW 1970, 1198; zur **Berichtigung** s. u. Rn. 24). **Beratung und Abstimmung** gehören nicht zu den wesentlichen Förmlichkeiten der Hauptverhandlung, hinsichtlich deren eine **Protokollierung** geboten ist (OLG Köln NStZ-RR 2002, 337). Vom Zeitpunkt der Verkündung an ruht die Strafverfolgungsverjährung (§ 78 b Abs. 3 StGB). 2

Inhalt des Urteils. Das Wesen einer Entscheidung als **Urteil oder Beschluss** hängt nicht von ihrer Bezeichnung, sondern allein von ihrem Inhalt ab (BGH 25, 242 = NJW 1974, 154). **Urteil** ist jede Entscheidung nach vollständig durchgeführter Hauptverhandlung, die das Verfahren endgültig abschließen und den Prozessgegenstand erledigen soll (BGH 18, 381, 384 = NJW 1963, 1747). Dabei ist zwischen **Sach-** und **Prozessurteilen** zu unterscheiden. **Prozessurteile** sind solche nach Abs. 3 sowie §§ 322 Abs. 1 S. 2, 328 Abs. 2, 329 Abs. 1, 389 Abs. 1, 412 349 Abs. 1 und Abs. 5, 355; sie beenden das Verfahren **ohne Sachentscheidung**. **Sachurteile** entscheiden über die materielle Rechtslage; sie führen zum **Strafklageverbrauch** und sind der **materiellen Rechtskraft** (vgl. § 449 Rn. 2) fähig. **Teil- und Zwischenurteile** sind nur im Adhäsionsverfahren (§ 406 Abs. 1 S. 2) zulässig. 3

Das Urteil muss den Prozessgegenstand, der durch den Eröffnungsbeschluss und eventuelle Nachtragsanklagen bestimmt wird, **vollständig erledigen** (BGH NStZ 1984, 212; 1993, 551); soweit keine Verurteilung erfolgt, muss Teilfreispruch ergehen. Dabei gilt im Einzelnen folgendes: 4

Wenn der Eröffnungsbeschluss **(EB) eine einzige Handlung** annimmt, so kann insoweit nur einheitlich verurteilt oder freigesprochen werden (BGH NStZ 1985, 16); unabhängig von einer vom EB abweichenden rechtlichen Qualifikation. 5

Die **fortgesetzte Handlung** ist durch den Beschluss des BGH (GrS) vom 3. 5. 1994 (NJW 1994, 1663) praktisch bedeutungslos geworden; ihre Annahme setzt voraus, dass dies „zur sachgerechten Erfassung des verwirklichten Unrechts und der Schuld unumgänglich ist" (BGH 40, 138 = NJW 1994, 1663). Das ist regelmäßig nicht der Fall bei Sexual- und Vermögendelikten, BtM-Delikten (BGH NStZ 1994, 494) und Steuerhinterziehungen (BGH NJW 1994, 2368). Ob überhaupt ein praktischer Anwendungsbereich verbleibt, der nicht der natürlichen Handlungseinheit unterfällt, ist fraglich (vgl. i. E. Tröndle/Fischer StGB vor § 52 Rn. 25 ff.; Zschockelt NStZ 1994, 261; 1995, 109). Soweit dies der Fall ist, **gilt folgendes:** Erweist sich die angeklagte Tat als Teilakt einer **fortgesetzten Handlung,** so ist wegen der gesamten Fortsetzungstat zu verurteilen; ein Teilfreispruch wegen nicht erwiesener Einzelakte erfolgt nicht (BGH 19, 280, 285). Wird umgekehrt der als selbstständige Tat allein angeklagte Einzelakt nicht nachgewiesen, so erfolgt insoweit 6

691

Freispruch; **Strafklageverbrauch** wegen der übrigen Einzelakte tritt in diesem Fall nicht ein (KK-Engelhardt Rn. 19). Wenn schon der EB Fortsetzungszusammenhang annimmt, so werden von einer Verurteilung, die mehr als einen Einzelakt umfasst, sämtliche in den Fortsetzungszusammenhang fallenden Einzelakte erfasst mit der Folge, dass Strafklageverbrauch auch hinsichtlich nicht bekannter, vor dem Urteil liegender Einzelakte eintritt (BGH 19, 280, 285). Wird nur einer von mehreren angeklagten Einzelakten nachgewiesen, so erfolgt im übrigen Teilfreispruch (BGH NJW 1984, 501). Ist keiner der angeklagten Einzelakte nachgewiesen, so ist insgesamt freizusprechen, auch wenn andere, in der Anklageschrift nicht aufgeführte und nicht nachträglich einbezogene Teilakte erwiesen sind (BGH NStZ 1985, 13). Einzelakte, die nach dem Zeitpunkt des EB begangen wurden, können nur abgeurteilt werden, wenn mindestens einer der angeklagten Einzelakte nachgewiesen wird; ist das nicht der Fall, so ist wegen der angeklagten Teilakte freizusprechen und im Übrigen mangels EB einzustellen (BGH 27, 115 = NJW 1977, 1206). Erweisen sich die als Teilakte einer fortgesetzten Handlung angeklagten Handlungen als selbstständige Taten, dann ist hinsichtlich nicht erwiesener Fälle freizusprechen (BGH NStZ 1993, 29). Die Auslieferung zur Aburteilung einer fortgesetzten Tat steht – auch nach der Entscheidung des Großen Senats v. 3. 5. 1994 – einer Einziehung weiterer, im Auslieferungsbefehl nicht im Einzelnen aufgeführter Einzeltaten nicht entgegen (BGH NStZ 1995, 608).

7 Für die **Dauerstraftat** gilt das in Rn. 6 Gesagte entsprechend. Ein Teilfreispruch bei kürzerer als der im EB angenommenen Dauer ist nur erforderlich, wenn die zeitliche Beschränkung den Wegfall tateinheitlichen Zusammenhangs mit einer jetzt selbstständigen und nicht erwiesenen Tat zur Folge hat (BGH 19, 280, 285). Entfällt hingegen eine der durch die Dauerstraftat zur Tateinheit verbundenen Taten, so darf ein Teilfreispruch nicht erfolgen (BGH VRS 21, 341).

8 Wenn der **EB Tateinheit** annimmt, so ergeht bei Wegfall einer der Taten grds. kein Teilfreispruch (BGH NJW 1984, 135). Eine **Ausnahme** gilt nur dann, wenn die Annahme von Tateinheit von Anfang an offensichtlich fehlerhaft war (BGH NStZ 1992, 398; NJW 1993, 2125).

9 Nimmt der **EB Tatmehrheit** an, so ist wegen nicht erwiesener Taten teilweise freizusprechen, auch wenn sie nach dem Ergebnis der Hauptverhandlung im Fall ihrer Erwiesenheit nicht selbstständig, sondern Teil einer natürlichen oder rechtlichen Handlungseinheit wären (BGH NJW 1992, 989; NStZ 1988, 212; 1993, 29). Auch wenn materiellrechtlich selbstständige Handlungen zu einer Tat iSd § 264 gehören, ist bei Nichterweislichkeit einer von ihnen teilweise freizusprechen (vgl. KK-Engelhardt Rn. 21); das soll im Fall des Wegfalls von § 142 StGB nach vorausgehender Trunkenheitsfahrt und Verurteilung wegen einheitlicher Tat nach § 316 StGB nicht gelten (KG VRS 60, 107). **Kein Teilfreispruch** erfolgt, wenn sich mehrere selbstständig angeklagte Taten als Rauschtaten im Rahmen einer einheitlichen Verurteilung nach § 323 a StGB erweisen (BGH 13, 223, 225 = NJW 1959, 1885), wohl aber dann, wenn eine dieser Taten nicht nachgewiesen wird (vgl. KK-Hürxthal Rn. 21). Eine Verurteilung auf wahldeutiger Grundlage im Fall der **Tatsachenalternativität** führt nicht zum Teilfreispruch, wenn der EB Tatmehrheit zwischen beiden Alternativen angenommen hatte (BGH 36, 262, 269 = NJW 1990, 129; vgl. dazu Rudolphi JZ 1990, 195, Otto JR 1990, 203; Prittwitz/Scholderer NStZ 1990, 387).

10 **Urteilsformel.** Die **Urteilsformel** muss in möglichst knapper und eindeutiger Form, aus sich selbst heraus verständlich, die Entscheidung des Gerichts vollständig darlegen; Überflüssiges ist zu vermeiden (vgl. BGH 27, 287, 289 = NJW 1978, 229. In der Urteilsformel ist **vorgeschrieben** die „rechtliche" Bezeichnung der Tat, nicht ihre „gesetzliche" Bezeichnung (BGH MDR 1977, 108). Soweit ein Straftatbestand eine „gesetzliche" Bezeichnung hat, soll gemäß § 260 Abs. 4 S. 2 diese Überschrift verwendet werden (Meyer-Goßner/Appl Rn. 42). Die **Klassifizierung** der Tat als

Hauptverhandlung **§ 260**

Verbrechen oder Vergehen ist überflüssig, ist nur „geeignet, zusätzliche Fehlerquellen zu eröffnen" (BGH NStZ 1986, 40). Die **Schuldform** – vorsätzlich oder fahrlässig – sollte nur dann in der Urteilsformel enthalten sein, wenn es sich um Vergehen handelt, die **sowohl vorsätzlich als auch fahrlässig** begangen werden können, § 15 StGB, also zB bei Körperverletzung, §§ 223, 229 StGB (Meyer-Goßner/Appl Rn. 44). Die Bezeichnung „fahrlässig" darf bei nur fahrlässig begangener Tat nie fehlen (BGH NStZ 1992, 546). Die **Teilnahmeform** gehört zur „rechtlichen Bezeichnung". Es ist also anzugeben, ob der Angeklagte als Täter oder Teilnehmer (Anstifter, Gehilfe) verurteilt wurde; nicht dagegen die Kennzeichnung als Alleintäter, Mittäter oder mittelbarer Täter, gemeinschaftlich (BGH NStZ 1999, 205; BGH MDR 1977, 108). Bei der **Verurteilung nach § 30 StGB** ist die Art des geplanten oder verabredeten Verbrechens in die Urteilsformel mitaufzunehmen; denn § 30 StGB ist keine selbstständige Strafvorschrift, also zB „wegen Verabredung zum schweren Raub" (BGH NStZ 1987, 72). Bei der **Verurteilung nach § 323 a StGB** wird die Rauschtat nicht in die Urteilsformel aufgenommen; denn die Trunkenheitstat ist nur eine Bedingung der Strafbarkeit; Formel: „wegen vorsätzlichen Vollrausches" (BGH DAR 1977, 142; Meyer-Goßner/Appl Rn. 46). In die Urteilsformel sind aufzunehmen die **qualifizierten Tatbestände** mit eigenem Unrechtsgehalt wie zB § 244 Abs. 1 StGB („wegen Diebstahls mit Waffen"). Im **Sicherungsverfahren** ergeht **kein Schuldspruch,** daher unterbleibt im Urteilsspruch die Kennzeichnung der Anlasstat (KK-Schoreit Rn. 30). Die Annahme eines **besonders schweren oder eines minder schweren Falls** gehört nicht in die Urteilsformel, ebenso nicht die Begehung einer Tat im Zustand **erheblich verminderter Schuldfähigkeit** (Meyer-Goßner/Appl Rn. 49 ff.). Aber **die besonders schwere Schuld** iS der § 57a Abs. 1 S. 1 Nr. 2, § 57b StGB ist in der Urteilsformel festzustellen (BGH 39, 121 = NJW 1923, 1064). Will das Gericht sie verneinen, genügt ein Hinweis in den Urteilsgründen (BGH NJW 1993, 2001). Wird auf **Jugendstrafe** erkannt, kommt eine Kennzeichnung als besonders schwerer Fall wegen der anderen Bemessungsgrundlage nicht in Betracht (BGH MDR 1976, 769; KK-Schoreit Rn. 33). Zum **freisprechenden** Urteil s. § 167 Rn. 24.

Bei Verurteilung (Abs. 2, 4) enthält die Urteilsformel Schuld- und Rechtsfolgenausspruch, Kostenentscheidung sowie ggf. eine Entscheidung nach § 8 StREG. Die **schriftlichen Urteilsgründe** müssen die wesentlichen Beweisgrundlagen der tatrichterlichen Überzeugungsbildung in nachvollziehbarer, auf tatsächliche Ergebnisse der Beweiserhebung gestützter Argumentation wiedergeben. Sie müssen erkennen lassen, dass naheliegende Anhaltspunkte für eine abweichende Beurteilung gesehen und bedacht wurden; Lücken der Tatsachenfeststellungen dürfen nicht durch bloße Vermutungen geschlossen, Schlussfolgerungen nicht auf Zirkelschlüsse gestützt werden. Die Darstellung der **Beweiswürdigung** im Urteil muss in sich geschlossen sein; es ist regelmäßig weder möglich noch sachlich veranlasst, die Gesamtheit auch rein hypothetischer Erwägungen des Gerichts im Prozess der Überzeugungsbildung im Einzelnen darzulegen. Eine breite Erörterung rein hypothetischer Geschehnismöglichkeiten, eine ins Einzelne gehende Wiedergabe überflüssiger Beweiserhebungen sowie eine ausführliche Darstellung von Beweisergebnissen, welche für die Sachentscheidung keine Bedeutung haben, können den Bestand des Urteils gefährden, wenn das Revisionsgericht nicht mehr hinreichend sicher beurteilen kann, ob der Tatrichter zwischen wesentlichen und unwesentlichen Erwägungen zutreffend unterschieden hat (BGH NStZ-RR 2003, 49). Der **Schuldspruch** hat die Tat rechtlich zu bezeichnen **(Abs. 4 S. 2);** fehlt eine gesetzliche Überschrift des Tatbestandes, so ist die Tat in sonstiger Weise konkret zu bezeichnen (vgl. Kroschel/Meyer-Goßner S. 18 ff.); eine Aufnahme der Paragraphenbezeichnung sollte auch im OWi-Verfahren möglichst vermieden werden. Eine pauschale Bezeichnung (zB „Verstoß gegen das Waffengesetz") reicht nicht aus; es ist eine anschauliche und verständliche Bezeichnung zu wählen (zB „Führen einer

11

halbautomatischen Selbstladekurzwaffe"; vgl. BGH NStZ 1995, 19). Eine Klassifizierung der Tat als Verbrechen, Vergehen oder Ordnungswidrigkeit ist überflüssig (BGH NJW 1986, 1116). Ebenso unterbleibt die Kennzeichnung der Tat als **besonders schwerer** oder **minder schwerer Fall** (BGH 27, 287, 289 = NJW 1978, 229) sowie als **gemeinschaftlich** oder **fortgesetzt** begangen. Bestimmungen, die keine eigenen Straftatbestand enthalten, sind nicht zu erwähnen; dies betrifft etwa **Strafzumessungsregeln** (§ 21 StGB) und **Blankettvorschriften** (§ 24 StVG). Das Mitwirken von **Mittätern** ("gemeinschaftlich") gehört ebenso wenig wie eine Strafzumessungsvorschrift ("besonders schwerer Fall" des Diebstahls nach § 243 StGB) zur rechtlichen Bezeichnung im Schuldspruch der Urteilsformel (BGH NStZ 1999, 205). Auch ein Hinweis auf die **Geringwertigkeit** nach § 248 a StGB oder verwirklichte **Rauschtaten** (§ 323 a) ist überflüssig.

12   **In den Schuldspruch aufzunehmen** sind dagegen alle Bestimmungen, die zur Kennzeichnung des verwirklichten Unrechts erforderlich sind. Das ist bei Taten, die **vorsätzlich oder fahrlässig** begangen werden können (zB §§ 316, 323 a), die **Schuldform** (vgl. aber für BtM-Delikte BGH NStZ 1992, 546), im Übrigen stets die **Teilnahmeformen** der Anstiftung oder Beihilfe – nicht aber eine nähere Bezeichnung der Form der Täterschaft (BGH 27, 289) –, die Kennzeichnung als **Versuch** und im Fall des **§ 30 StGB** des Verbrechens, auf das sich die Tat bezog, sowie **Qualifikationstatbestände** mit eigenem Unrechtsgehalt (zB §§ 223 a, 244, 250 StGB).

13   Im Fall der **Wahlfeststellung** sind beide möglicherweise verletzten Straftatbestände sowie ein Hinweis auf die wahldeutige Verurteilung (vgl. BGH 25, 182 = NJW 1973, 1466) in den Tenor aufzunehmen; ein Hinweis auf **Tatsachenalternativität** erfolgt dagegen nicht (Meyer-Goßner Rn. 27). Im Fall der **Postpendenzfeststellung** (vgl. BGH 35, 86, 89; NStZ 1989, 266; 1989, 574) wird nur der angewendete Strafgesetz in die Urteilsformel aufgenommen.

14   Sind mehrere Straftatbestände verwirklicht, so muss die Urteilsformel stets das **Konkurrenzverhältnis** in den Fällen der **Tateinheit** und der **Tatmehrheit** angeben. Bei einer Vielzahl von Taten ist eine monotone Wiederholung dieser Begriffe zu vermeiden (vgl. Meyer-Goßner Rn. 26). Erfolgt eine Verurteilung wegen mehrerer selbstständiger Straftaten, die durch eine zugleich begangene leichtere Dauerstraftat nicht zur Tateinheit verbunden werden, so ist dies durch die Formulierung „wegen ... in ... Fällen, jeweils in Tateinheit mit ..." zum Ausdruck zu bringen. Bei **Gesetzeseinheit** wird nur der angewendete Straftatbestand bezeichnet. Eine Kennzeichnung des **Fortsetzungszusammenhangs** erfolgt nicht (BGH 27, 289). Die Begehung eines fahrlässigen Delikts kommt neben einer am selben Objekt begangenen vorsätzlichen Begehung im Schuldspruch nicht zum Ausdruck (BGH 39, 195, 199 = NJW 1993, 1723). Stichwortartig dargestellt gibt es bei Anklage mehrerer oder vieler Einzeltaten als **fortgesetzte Handlung** folgende Möglichkeiten (KK-Schoreit Rn. 22 a): „a) Wird wegen einer fortgesetzten Tat verurteilt, erfolgt wegen der nicht erwiesenen Teilakte kein Freispruch (BGHSt 19, 280, 285); auch die nicht ausdrücklich angeklagten Teilakte werden von der Verurteilung erfasst. b) Wird nur wegen eines einzigen Teilakts als Einzeltat verurteilt, ist Freispruch wegen der nicht nachgewiesenen Teilakte erforderlich (BGH NJW 1951, 726; 1984, 501; Meyer-Goßner Rn. 14 a). c) Ist keiner der Einzelakte erweislich, wird insgesamt freigesprochen, auch wenn andere nicht angeklagte Teilakte erweislich wären; insoweit erfolgt Einstellung mangels eines Eröffnungsbeschlusses (BGH NStZ 1985, 13; BGHSt 27, 115 = NJW 1977, 1206). d) Wird die Annahme fortgesetzter Handlung teilweise abgelehnt, erfolgt Verurteilung wegen der erwiesenen Taten und Freispruch wegen der übrigen angeklagten „Teilakte" (BGH NStZ 1988, 448)".

15   Der **Rechtsfolgenausspruch (Abs. 2, Abs. 4 S. 3, 4)** umfasst **alle Rechtsfolgen,** auch solche, die neben anderen nicht vollstreckt werden können, insb.

Hauptverhandlung **§ 260**

Sicherungsmaßregeln neben lebenslanger Freiheitsstrafe (BGH MDR 1986, 104). Die Bemessung der **Freiheitsstrafe** ergibt sich aus § 39 StGB. Bei Strafen von einem Jahr und mehr darf nicht nach Tagen bemessen werden; im Übrigen ist eine Umrechnung auf die jeweils größere Zeiteinheit üblich, aber nicht zwingend (zulässig ist: „15 Monate" statt „1 Jahr und 3 Monate"). Bei Verhängung von **lebenslanger Freiheitsstrafe** ist ein Ausspruch über die Annahme **besonders schwerer Schuld** (§ 57a Abs. 1 S. 1 Nr. 2 StGB) in die Urteilsformel aufzunehmen (BGH 39, 121 = NJW 1993, 1084), die Verneinung dieser Annahme hingegen nicht (BGH NJW 1993, 2001). Bei Verhängung von **Geldstrafe** werden Tagessatzanzahl und -höhe, nicht aber die sich daraus ergebende Summe angegeben; auch die **Ersatzfreiheitsstrafe** (§ 43 StGB) wird grds. nicht erwähnt, wenn nicht **Vermögensstrafe** verhängt ist (§ 43a Abs. 3 StGB). **Zahlungserleichterungen** nach § 42 StGB sind stets aufzunehmen. Wird **Gesamtstrafe** verhängt, so ist nur diese in der Urteilsformel zu benennen; die Darlegung der Einzelstrafen erfolgt in den Gründen.

Maßregeln der Besserung und Sicherung, Verfallserklärung, Einziehung 16 **und Wertersatz** sind vollständig in den Tenor aufzunehmen. Dabei ist darauf zu achten, dass die Urteilsformel aus sich heraus die Vollstreckung ermöglicht; daher sind beim **Berufsverbot** eine genaue Bezeichnung der untersagten Tätigkeit, bei der **Einziehung** eine genaue Benennung der betroffenen Gegenstände (vgl. KK-Engelhardt Rn. 43) erforderlich.

Die Anordnung einer **Bekanntmachung der Verurteilung** (§§ 165, 200 StGB; 17 § 23 UWG; § 30 Abs. 2 WZG) muss die Vollstreckung ohne Schwierigkeiten ermöglichen (RiStBV Nr. 231; vgl. KK-Engelhardt Rn. 44).

Ein Ausspruch über die **Anrechnung von Freiheitsentzug** und vorläufigen 18 Maßnahmen nach § 111a ist regelmäßig überflüssig (BGH 27, 287, 290 = NJW 1978, 229); sie erfolgt vAw. im Vollstreckungsverfahren; eine vom Gesetz abweichende Anordnung nach § 51 Abs. 1 S. 2 StGB, § 52a Abs. 1 S. 2 JGG ist jedoch in die Urteilsformel aufzunehmen. Eine Entscheidung ist auch dann erforderlich, wenn andernfalls Unklarheiten bei der Vollstreckung entstehen könnten (BGH NStZ 1985, 497); insb. wenn Geldstrafe neben Freiheitsstrafe verhängt wird, muss entschieden werden, auf welche Strafe anzurechnen ist (BGH 24, 29 = NJW 1971, 290). In die Urteilsformel aufzunehmen ist schließlich der **Umrechnungsmaßstab** bei Freiheitsentzug im **Ausland** (§ 51 Abs. 4 S. 2 StGB; vgl. BGH NStZ 1985, 21). Zu §§ 52, 52a Abs. 1 S. 2, Abs. 2 S. 2 vgl. BGH 37, 75 = NJW 1990, 2698 m. Anm. Walter/Pieplow NStZ 1991, 332. Zur Anrechnung der UHaft s. § 450 Rn. 1.

Bei Freispruch lautet die Urteilsformel „Der Angeklagte wird freigesprochen"; 19 bei Teilfreispruch wird nach dem (Teil-)Schuldspruch auf Freisprechung „im Übrigen" erkannt. Erweist sich eine als materiell-rechtlich selbstständig angeklagte Tat als Bestandteil der Tat, derentwegen die Verurteilung erfolgt, ist ein Teilfreispruch nicht erforderlich (BGH 44, 197 = NJW 1999, 69). Der Tatvorwurf, von dem der Angeklagte freigesprochen wird, wird erwähnt; eine Angabe der **Gründe** (etwa „mangels Beweises") ist schon wegen Art. 6 Abs. 2 MRK unzulässig (KK-Schoreit Rn. 25). Die Anordnung von **Sicherungsmaßregeln** (§ 71 StGB) und von **Nebenfolgen** (§ 76a StGB) ist neben der Freisprechung zulässig (BGH NStZ-RR 1998, 142). Eine **Kostenentscheidung** ist stets erforderlich (§ 464 Abs. 1); zugleich ist ggf. eine Entscheidung nach § 8 StrEG zu treffen.

Einstellung durch Prozessurteil. Einstellung des Verfahrens durch **Pro-** 20 **zessurteil (Abs. 3)** ist erforderlich, wenn ein nicht kurzfristig behebbares (BayObLG NJW 1991, 3292) **Prozesshindernis** besteht und nicht eine **Verweisung** (§§ 270, 328 Abs. 2, 355) vorgeschrieben ist oder der Freispruch Vorrang hat (u. Rn. 21). Verfahrenshindernisse iSd Abs. 3 sind solche Umstände, die so schwer wiegen, dass von ihnen die Zulässigkeit des Verfahrens im ganzen abhängig gemacht werden muss (BGH 33, 183, 186 = NJW 1985, 1789). Dies können etwa sein: **Strafklageverbrauch** (Art. 103 Abs. 3 GG), fehlender **Strafantrag** (BGH 22, 103, 135 = NJW 1969, 950), Fehlen oder wesentliche Mängel des **Eröffnungsbeschlusses** (BGH 10, 137 = NJW 1957, 719; s. auch § 200 Rn. 8 ff.). Unwirksamkeit der **Anklage** wegen fehlender Konkretisierung der Tatvorwürfe (BGH StV 1995, 119), Fehlen einer **Nachtragsanklage** (BGH NStZ 1982, 519), Verneinung des **besonderen öffentlichen Interesses** (BGH 19, 377 = NJW 1964, 1969). Die **Presseverjährung** bestimmt sich wegen ihres prozessualen Charakters nach dem Recht des Gerichtsorts (BGH NStZ 1995, 196). Grds. **kein Verfahrenshindernis** sind polizeiliche oder staatsanwaltschaftliche „**Zusagen**" über die Nichtverfolgung einer Tat (BGH NStZ 1987, 267), überlange **Prozessdauer** (vgl. BGH NStZ 1988, 283) oder Verstöße gegen den Grundsatz des **fairen Verfahrens** (vgl. KK-Pfeiffer Einl. Rn. 131; LR–Gollwitzer Rn. 95 f.). Das Vorliegen eines Verfahrenshindernisses ist vAw. im **Freibeweisverfahren** (vgl. § 244 Rn. 7) festzustellen (BGH 16, 164, 166 = NJW 1961, 1979). Es gehört nicht zu den Verfahrensvoraussetzungen des **gerichtlichen Bußgeldverfahrens,** dass der Erlass des Bußgeldbescheides in einer für Außenstehende erkennbaren Weise aktenmäßig dokumentiert ist (BGH 42, 380 = NJW 1997, 1380, im Anschluss an BGH 23, 280 = NJW 1970, 1694). „Die Einstellung des Verfahrens („ordonnance de non-lieu") aus tatsächlichen Gründen durch den **französischen Appellationsgerichtshof** (chambre d'accusation de cour d'appel) steht einer weiteren Strafverfolgung in Deutschland nach Art. 54 des Schengener Durchführungsübereinkommens nicht entgegen" (BGH NJW 1999, 3134).

21   Die **Sachentscheidung hat Vorrang** vor dem Einstellungsurteil. Wenn bei Zutagetreten des Verfahrenshindernisses bereits hinreichend geklärt ist, dass materiell-rechtlich eine Verurteilung nicht ergehen könnte, so ist der Angeklagte freizusprechen (BGH 20, 333, 335 = NJW 1966, 460). Dasselbe gilt, wenn bei **tateinheitlichen** Gesetzesverletzungen wegen der schwereren Tat freizusprechen, wegen der leichteren einzustellen wäre; da die Entscheidung nur einheitlich ergehen kann, ist dann insgesamt freizusprechen (BGH 7, 256 = NJW 1956, 835; vgl. Meyer-Goßner Rn. 46). Freizusprechen ist auch, wenn die vorsätzliche Tatbegehung nicht erwiesen und die nachweisbare Fahrlässigkeit verjährt ist (BGH 36, 340 = NJW 1990, 2073). Der Beschuldigte kann aber regelmäßig nicht verlangen, „dass ein Strafverfahren allein zu dem Zwecke durchgeführt wird, **seine Unschuld zu erweisen**" (BGH 10, 93 = NJW 1957, 637; vgl. auch Graul NStZ 1991, 457 Fn. 3).

22   Die **Formel** des Prozessurteils lautet „Das Verfahren wird eingestellt", bei Teileinstellung „soweit dem Angeklagten ... zur Last lag". Der Grund für die Einstellung ist in den Urteilstenor nicht aufzunehmen, stets aber eine Kostenentscheidung (§ 464 Abs. 1) sowie ggf. eine Entscheidung nach § 8 StrEG.

23   Die **Wirkung des Prozessurteils** ist von der eines Sachurteils verschieden, weil es zur Sachfrage nicht Stellung nimmt. Es ist daher zwar der **formellen Rechtskraft** (vgl. § 449 Rn. 3), nicht jedoch der materiellen Rechtskraft fähig und führt nicht zum Strafklageverbrauch. Wird das Verfahrenshindernis später behoben, so kann derselbe Sachverhalt erneut angeklagt werden (OLG Frankfurt NStZ 1987, 573). Stellt das **Revisionsgericht** das Verfahren wegen **Verjährung** teilweise ein, werden die Feststellungen zu den verjährten Taten nicht von selbst gegenstandslos. Diese sind, sofern sie das Revisionsgericht nicht aufhebt, für das weitere Verfahren bindend (BGH NJW 1996, 1293).

24   **Urteilsberichtigung.** Eine **Berichtigung oder Ergänzung der Urteilsformel** ist möglich, solange die Urteilsverkündung (§ 268 Abs. 2 S. 1) noch nicht abgeschlossen ist (BGH 25, 333, 336 = NJW 1974, 1518); danach nur noch bei **offensichtlichen Schreibversehen** und **offenkundigen Unrichtigkeiten** (BGH NStZ 1984, 279). Die **Offenkundigkeit** des Fehlers muss sich entweder aus dem Wortlaut der Urteilsformel selbst ergeben oder aus den Urteilsgründen unter Aus-

Hauptverhandlung **§ 260**

schluss jedes vernünftigen Zweifels hervorgehen (BGH 5, 59 = NJW 1953, 1926). **Unterläuft dem Tatrichter** zB eine Fehler allein bei der Zählung der tatsächlich abgeurteilten Fälle, so darf ein solcher Zählfehler berichtigt werden, wenn er für alle Verfahrensbeteiligten **offensichtlich** ist und seine Behebung darum auch nicht den entfernten Verdacht einer inhaltlichen Änderung des Urteils begründen kann (BGH NStZ 2000, 386, BGH NStZ-RR 2004, 35). Die Berichtigung einer mündlich verkündeten Urteilsformel, welche auf eine Freiheitsstrafe von drei Jahren lautet, deren Vollstreckung wegen fehlerhafter Verwendung eines Formulars versehentlich als zur Bewährung ausgesetzt bezeichnet wurde, ist nach Abschluss der Urteilsbegründung noch dann möglich, wenn schon aus der Urteilsbegründung selbst das vom Gericht wirklich Gewollte zweifelsfrei feststeht, das **Fassungsversehen** offenbar und jede nachträgliche inhaltliche Korrektur des Urteils auszuschließen ist (OLG Karlsruhe NStZ-RR 1999, 112). Ein Rückgriff auf ein abweichendes **Beratungsergebnis** ist ausgeschlossen. Die Berichtigung erfolgt durch begründeten **Beschluss** außerhalb der Hauptverhandlung (BGH 3, 245, 246 = NJW 1953, 76). Erst mit seiner Zustellung beginnt die Revisionsbegründungsfrist (§ 345 Abs. 1) zu laufen (BGH 12, 374 = NJW 1959, 899); ist das Urteil nicht mehr anfechtbar (Meyer-Goßner § 268 Rn. 12; str.), so kann er mit einfacher Beschwerde (§ 304 Abs. 1) angefochten werden.

Die **Liste der angewendeten Vorschriften** (Abs. 5) ist nicht Teil der Urteils- 25 formel; sie ist weder mit ihr zu verlesen noch gehört sie zu den nach § 268 Abs. 2 S. 2 zu eröffnenden Urteilsgründen. Sie ist Grundlage der Mitteilung an das **Bundeszentralregister** (vgl. § 5 Abs. 1 Nr. 6, § 20 BZRG). Die Niederschrift schon mit der Urteilsformel und die Aufnahme in das Sitzungsprotokoll sind üblich, aber nicht notwendig. Bei **mehreren Angeklagten** ist RiStBV Nr. 141 Abs. 1 S. 5 zu beachten, wenn nicht vollständige Übereinstimmung besteht (KK-Hürxthal Rn. 55). **Bei Verurteilung** sind neben den Schuldspruch zugrundeliegenden Vorschriften auch diejenigen anzugeben, die den Schuld- und Rechtsfolgenausspruch konkret näher bestimmen, also insb. Vorschriften, die die Beteiligungsform (§§ 25 ff. StGB), besondere Begehungsweisen (§ 22 StGB), Strafschärfungs- und milderungsgründe (zB § 243 StGB), das Konkurrenzverhältnis (§§ 52, 53 StGB), die Strafaussetzung zur Bewährung (§ 56 StGB), die Strafrahmenwahl (zB §§ 21, 49 Abs. 1 StGB) sowie Sicherungsmaßregeln und Nebenfolgen kennzeichnen. In Betäubungsmittelsachen ist Abs. 5 S. 2 zu beachten. **Nicht aufgenommen** werden Vorschriften, die **allgemeine Grundsätze** enthalten (zB §§ 38, 39, 40, 46 StGB). **Bei Freispruch wegen Schuldunfähigkeit** ist § 20 StGB sowie ggf. die Vorschrift einer angeordneten Maßregel oder Nebenfolge anzugeben, **bei Einstellung** § 260 Abs. 3 sowie ggf. die dem Verfahrenshindernis zugrundeliegende Vorschrift (zB § 78 StGB). Vorschriften, die die **Kosten-** oder **Entschädigungsentscheidung** sowie die mit dem Urteil erlassenen **Beschlüsse** (zB §§ 268 a, 268 b) betreffen, sind nicht in die Liste aufzunehmen. Die Liste kann **jederzeit berichtigt** werden; Mängel, die sich auf das Urteil nicht ausgewirkt haben, können die **Revision** nicht begründen.

Revision. Die Revision ist mit der Verfahrensrüge erfolgreich, wenn ein Urteil 26 unter Verstoß gegen Abs. 1 nicht unmittelbar nach der **Beratung** erlassen wurde. Die **Unrichtigkeit der Urteilsformel** kann mit der Verfahrensrüge geltend gemacht werden, ist aber auch auf die **Sachrüge** hin zu prüfen (LR-Gollwitzer Rn. 129; zur Richtigstellung durch das Revisionsgericht vgl. § 354 Rn. 5). Verletzungen des **Abs. 3** sind mit der Sachrüge anfechtbar (vgl. LR-Gollwitzer Rn. 130). Die Revision des Angeklagten gegen das Urteil, mit dem das Verfahren wegen eingetretener **Verjährung** eingestellt wird, ist unzulässig, wenn er auch durch die Nebenentscheidung nicht beschwert wird (BGH NStZ-RR 1996, 299). Die Liste der angewendeten Vorschriften (Abs. 5) kann das Revisionsgericht in jedem Fall ändern oder ergänzen.

697

§ 261 [Freie Beweiswürdigung]

Über das Ergebnis der Beweisaufnahme entscheidet das Gericht nach seiner freien, aus dem Inbegriff der Verhandlung geschöpften Überzeugung.

Übersicht

Richterliche Überzeugung	1, 2
Inbegriff der Verhandlung	3–6
Freie Beweiswürdigung	7–14
Indizienbeweis	15
Grundsatz in dubio pro reo (Zweifelssatz)	16–18
Wahlfeststellung	19
Revision	20, 21

1 **Richterliche Überzeugung.** Im heutigen Strafprozess gilt der **Grundsatz der freien richterlichen Beweiswürdigung** (vgl. KK-Pfeiffer Einl. Rn. 14 ff.). Danach ist der Richter an gesetzliche Beweisregeln nicht gebunden; es ist ihm nicht vorgeschrieben, unter welchen Voraussetzungen er eine Tatsache für bewiesen oder nicht bewiesen zu halten habe (BGH 29, 18, 20 = NJW 1979, 2318; vgl. u. Rn. 7). Entscheidend ist vielmehr die Überzeugung des Richters. **Überzeugung** iSd § 261 ist die **subjektive Gewissheit** über das Vorhandensein entscheidungserheblicher Tatsachen; diese können ihrerseits objektiv oder subjektiv sein. Unter der Geltung des verfassungsrechtlichen Grundsatzes „Im Zweifel für den Angeklagten" (vgl. BayVerfGH NJW 1983, 1600) kann Grundlage einer Verurteilung nur eine persönliche Gewissheit des Richters sein, dergegenüber vernünftige Zweifel nicht mehr aufkommen (BGH 10, 208, 209 = NJW 1957, 1039; BGH NStZ 1988, 236); aber das Gericht darf an die zur Verurteilung erforderliche **Gewissheit** keine überspannten Anforderungen stellen (BGH NStZ-RR 2003, 240). Der Richter muss **sicher** sein, dass die beweiserheblichen Tatsachen vorliegen; ein „hohes Maß an Wahrscheinlichkeit" reicht nicht (vgl. KK-Schoreit Rn. 2). Andererseits dürfen an das Zustandekommen der richterlichen Überzeugung **keine überspannten Anforderungen** gestellt werden (BGH NStZ 1999, 205; BGH NStZ-RR 2000, 171). Eine Gewissheit, die jede theoretisch denkbare Möglichkeit ausschließt, ist nicht erforderlich; allein die abstrakte Denkbarkeit anderer Geschehensabläufe muss Zweifel nicht begründen, wenn die persönliche Gewissheit auf sicherer Lebenserfahrung und ausreichender tatsächlicher Grundlage beruht (BGH NStZ 1985, 15). Die Feststellung der für das Strafverfahren bedeutsamen Tatsachen, insbesondere auch der Nachweis von **Kausalzusammenhängen,** verlangt keine absolute, von niemandem anzweifelbare Gewissheit; es genügt vielmehr ein mit den Mitteln des Strafverfahrens gewonnenes, nach der Lebenserfahrung ausreichendes Maß an Sicherheit, das keinen vernünftigen Zweifel bestehen lässt. „Dieser Grundsatz gilt auch für die Erfassung und Deutung von Vorgängen, die Gegenstand **naturwissenschaftlicher Forschung** sein können. Absolut sicheres Wissen – auch von Ursachenzusammenhängen – dem gegenüber das Vorliegen eines gegenteiligen Geschehens mit Sicherheit auszuschließen wäre, gibt es nicht" (BGH 41, 214 = NJW 1995, 2930). Für die Feststellungen zu den **(inneren)** Tatsachen genügt, dass ein nach der Lebenserfahrung ausreichendes Maß an Sicherheit besteht, an dem vernünftige Zweifel nicht aufkommen können. Außer Betracht zu bleiben haben solche Zweifel, die eines realen Anknüpfungspunkts entbehren und sich lediglich auf die Annahme einer bloß gedanklichen, abstrakt-theoretischen Möglichkeit gründen. Insbesondere kann die bloße gedankliche Möglichkeit, dass der Tathergang auch anders gewesen sein könnte, die Verurteilung nicht hindern (BGH NStZ-RR 1999, 332). Erkennt das Tatgericht **auf Freispruch,** obwohl nach dem Ergebnis der Hauptver-

Hauptverhandlung **§ 261**

handlung gegen den Angeklagten ein ganz **erheblicher Tatverdacht** besteht, muss es in seiner Beweiswürdigung die ersichtlich wesentlichen gegen den Angeklaten sprechenden Umstände und Erwägungen einbeziehen. An seine Überzeugungsbildung darf es keine überhöhten Anforderungen stellen (BGH NStZ 1999, 423; s. auch § 267 Rn. 24).

§ 261 verlangt **subjektive Überzeugung** des Richters. Diese reicht aber nur 2 dann aus, wenn sie im Prozess der Überzeugungsbildung **objektiviert** wird und als solche vermittelt werden kann (vgl. umfassend Fezer StV 1995, 95, Schäfer StV 1995, 147). „Die zur **richterlichen Überzeugung** erforderliche persönliche Gewissheit des Richters setzt **objektive Grundlagen voraus.** Diese müssen aus rationalen Gründen den Schluss erlauben, dass das festgestellte Geschehen mit hoher Wahrscheinlichkeit mit der Wirklichkeit übereinstimmt. Das ist der Nachprüfung durch das Revisionsgericht zugänglich. Deshalb müssen die Urteilsgründe erkennen lassen, dass die Beweiswürdigung auf einer tragfähigen, verstandesmäßig einsehbaren Tatsachengrundlage beruht und dass die vom Gericht gezogene Schlussfolgerung nicht etwa nur eine Annahme ist oder sich als bloße Vermutung erweist, die letztlich nicht mehr als einen Verdacht zu begründen vermag" (BGH StV 1995, 453). Ist die Besorgnis begründet, der Tatrichter könne davon ausgegangen sein, eine breite Darstellung der erhobenen Beweise ersetze **die gebotene eigenverantwortliche Würdigung,** so liegt darin ein Rechtsfehler, der zur Aufhebung des Urteils führt (BGH NStZ 1998, 475). Im Verfahren wegen **sexuellen Missbrauchs** von Kindern bedarf es im Urteil bei der **Beweiswürdigung** der nachvollziehbaren Klärung, wie die **spieldiagnostischen** Untersuchungen bei den Kindern in den Fragestellungen und in der Verwendung der anatomisch korrekten **Puppen** in einzelnen abgelaufen ist (BGH NJW 1996, 206). Die Tatbestandsmerkmale des **§ 177 StGB** „mit Gewalt oder durch Drohung mit gegenwärtiger Gefahr für Leib oder Leben" müssen auch bei **Serienstraftaten** für jede Tat konkret und individualisiert festgestellt werden (BGH 42, 107 = NJW 1996, 2107). Der Richter hat sich mit allen entscheidungserheblichen Gesichtspunkten auseinanderzusetzen; über Gesetze der Logik, feststehende wissenschaftliche Erkenntnisse und außer Zweifel stehende Tatsachen der Lebenserfahrung kann er sich nicht hinwegsetzen (BGH 29, 18, 20 = NJW 1979, 2318). Der Beweis muss mit **lückenlosen,** logisch nachvollziehbaren Argumenten geführt werden und darf sich nicht in bloßen **Vermutungen** erschöpfen (BGHR StPO § 261 Vermutung 8, 11). Im Strafprozess gibt es **keinen Beweis des ersten Anscheins,** der nicht auf Gewissheit, sondern auf Wahrscheinlichkeit eines Geschehensablaufes beruht (BGH NStZ-RR 2003, 371). Der Tatrichter muss die Beweise **erschöpfend würdigen,** um eine rechtsfehlerfreie Grundlage für die Verurteilung zu schaffen. Eine umfängliche Wiedergabe der Zeugenaussagen in den Urteilsgründen **ohne Bezug zu den Einzelheiten der Beweiswürdigung genügt nicht** (BGH NStZ 2000, 48). Auf dieser objektivierbaren Grundlage ist der Richter frei, subjektive Zweifel im Einzelfall auch dann zu überwinden, wenn dies ein anderer Richter nicht tun würde. Zur **Darlegung** der Beweiswürdigung im Urteil vgl. § 267 Rn. 9 ff.

Inbegriff der Verhandlung. Der Richter darf bei seiner Überzeugungsbildung 3 nur diejenigen Erkenntnisse verwerten, die er durch die und in der **mündlichen Verhandlung** gewonnen hat (BGH 19, 193, 195 = NJW 1964, 602; BGH NStZ 1988, 212). Alles, was vom Aufruf der Sache bis zum letzten Wort des Angeklagten (BGH 11, 74, 75 = NJW 1958, 31) in verfahrensrechtlich zulässiger Weise eingeführt und erörtert worden ist, **kann und muss** bei der Urteilsfindung verwertet werden; alle erhobenen Beweise sind, sofern kein Verwertungsverbot entgegensteht, zu berücksichtigen (BGH 29, 109, 110 = NJW 1980, 464). Zu verwerten sind zunächst alle Erklärungen von Verfahrensbeteiligten und Beweispersonen in der Hauptverhandlung. Ein **Sachverständigengutachten** ist nur insoweit Urteilsgrundlage, als es mündlich vorgetragen wurde (BGH NJW 1970, 523, 525). Gegenstand der Hauptverhandlung ist auch Tatsachenvortrag in den **Schlusserklärungen** und im **letzten Wort** des Angeklagten (BGH 11, 75); neu hinzutretende Tatsachen dürfen nur dann zu Lasten des Angeklagten verwertet werden, wenn sie nach Wiedereintritt in die Verhandlung erörtert worden sind (KK-Schoreit Rn. 12; vgl. OLG Köln NJW 1961, 1224). Ist der Angeklagte in der Hauptverhandlung **vertreten** (§ 234), so sind Erklärungen des **Verteidigers** als solche des Angeklagten zu verwerten; bei Abwesenheit des Angeklagten sind ihm Einlassungen seines Verteidigers nur zuzurechnen, wenn sicher ist, dass er sie als eigene verstanden wissen will. Läßt der **schweigende** Angeklagte zu, dass sein **Verteidiger tatsächliche oder rechtliche Erklärungen** abgibt, so sind diese nur dann **unverwertbar,** wenn der Angeklagte ausdrücklich und augenblicklich erklärt, dass er sie nicht bestätigen oder nicht als eigene Einlassung verstanden wissen will (BGH 39, 305 = NJW 1993, 3337 = NStZ 1994, 184). Eine entsprechende Klarstellung kann auch durch eine Erklärung des Verteidigers erfolgen (BGH NStZ 1990, 447). Gibt der Verteidiger für den Angeklagten eine **Sacherklärung** ab, ist der Verteidiger vom Vorsitzenden zu befragen, ob die von ihm abgegebene Erklärung als **Einlassung des Angeklagten** anzusehen ist. Er ist ferner darauf hinzuweisen, dass die Erklärung in diesem Falle zum Gegenstand der Beweiswürdigung gemacht wird. Verneint der Verteidiger oder widerspricht der Angeklagte, so darf die Erklärung nicht als Beweismittel verwertet werden. Ferner muss der Angeklagte entweder durch ausdrückliche Erklärung oder durch Äußerungen, die jeden Zweifel hieran ausschließen, zum Ausdruck bringen, dass er die Angaben des Verteidigers als seine eigene Einlassung verstanden wissen will. Diese Förmlichkeiten können nur durch das Sitzungsprotokoll bewiesen werden (so OLG Düsseldorf NJW 2002, 2728 mwN). Erklärt der Verteidiger während der Hauptverhandlung in Anwesenheit des Angeklagten, über die von seinem Mandanten eingestandenen Fälle seien bestimmte weitere Vorwürfe zutreffend und schließt sich der Angeklagte in seinem letzten Wort den Ausführungen seines Verteidigers an, so darf das Gericht die Äußerungen des Verteidigers als **Geständnis** werten (BGH NStZ-RR 2000, 210). Die Erklärung des Verteidigers, der **Vorwurf der Anklage treffe zu,** kann **als Geständnis** des Angeklagten gewertet werden, wenn der Verteidiger befragt wurde, ob seine Erklärung als Einlassung des Angeklagten anzusehen sei, der Hinweis erteilt wurde, dass sie in diesem Fall zum Gegenstand der Beweiswürdigung gemacht werden und weder der Verteidiger verneint, noch der Angeklagte widerspricht. Der Nachweis der Beobachtung dieser Förmlichkeiten kann nur durch das Sitzungsprotokoll erfolgen (OLG Hamm NStZ-RR 2002, 14). **Beobachtungen und Eindrücke** des **erkennenden Gerichts,** etwa von Reaktionen des Angeklagten oder eines Zeugen, seinem Aussageverhalten oder seiner äußeren Erscheinung, können ohne weiteres verwertet werden (BGH 32, 34 = NJW 1984, 1973); Wahrnehmungen eines **beauftragten Richters** im Rahmen einer kommissarischen Vernehmung sind hingegen nur verwertbar, wenn sie in das Vernehmungsprotokoll aufgenommen worden sind und durch Verlesung (§ 251 Abs. 1) in die Hauptverhandlung eingeführt worden sind (BGH NStZ 1989, 382; s. auch Rn. 4). Angaben eines Zeugen in einer früheren Vernehmung und deren genauer Wortlaut dürfen nur dann bei der richterlichen Überzeugungsbildung berücksichtigt werden, wenn sie nach § 253 Abs. 1 zu Beweiszwecken verlesen worden sind (OLG Frankfurt NStZ-RR 2000, 377). Es stellt einen Verstoß gegen § 261 dar, wenn der Tatrichter Erkenntnisse verwertet, die dieser aus der Beobachtung von Zuhörern im Gerichtssaal gewonnen hat, ohne die Beobachtungsergebnisse in die Hauptverhandlung einzuführen und den Verfahrensbeteiligten Gelegenheit zur Stellungnahme zu geben (BGH NStZ 1995, 609). **Lichtbilder, Tonaufnahmen** sowie die Ergebnisse einer außerhalb des Gerichtsgebäudes durchgeführten **Augenscheinseinnahme** können und müssen gleichfalls der Urteilsfindung zugrundegelegt werden, wenn sie in zulässiger Weise in die Verhandlung eingeführt sind (BGH 29, 18). Hat ein **Zeuge** den ihm zuvor unbekannten Täter

Hauptverhandlung **§ 261**

anlässlich der Tat nur kurze Zeit beobachten können, so darf sich der Tatrichter nicht ohne weiteres auf die subjektive Gewissheit des Zeugen beim (ersten) Wiedererkennen anlässlich einer **polizeilichen Lichtbildvorlage** verlassen, sondern er muss anhand objektiver Kriterien die Beweisqualität dieser Wiedererkennung nachprüfen (OLG Düsseldorf NStZ-RR 2001, 109). „Zur Identifizierung eines Tatverdächtigen durch einen Zeugen ist grundsätzlich eine **Wahlgegenüberstellung** oder eine **Wahllichtbildvorlage** durchzuführen. Dem Zeugen dürfen nicht nur der Tatverdächtige oder sein Bild allein präsentiert werden (vgl. BGH NStZ 1982, 342; OLG Köln StV 1986, 12 mwN). Einer **Einzelgegenüberstellung** oder **Einzellichtbildvorlage** kommt regelmäßig ein geringerer Beweiswert zu als einer ordnungsgemäßen Wahlgegenüberstellung bzw. Wahllichtbildvorlage (BGH NStZ 1982, 342; OLG Stuttgart, Justiz 1997, 378). Konnte ein Zeuge einen ihm vorher unbekannten Täter anlässlich der Tat nur kurze Zeit beobachten, darf sich der Tatrichter nicht ohne Weiteres auf die subjektive Gewissheit des Zeugen beim Wiedererkennen verlassen, sondern muss anhand objektiver Kriterien nachprüfen, welche Beweisqualität dieses Wiedererkennen (OLG Köln StV 1994, 67) hat" (OLG Köln NStZ-RR 2001, 110). S. auch § 267 Rn. 4. Auch unter dem Gesichtspunkt **fairer** Verfahrensgestaltung ist in der Hauptverhandlung ein Zwischenverfahren, in dem sich das **Gericht** zu Inhalt und Ergebnis einzelner **Beweiserhebungen** erklären müsste, **nicht** vorgesehen (BGH NJW 1997, 3182). Zur Identifizierung eines Tatverdächtigen durch Augenzeugen mit Gegenüberstellungen und auch Stimmenvergleich s. Rn. 7 und § 58 Rn. 2. Ein **Widerspruch** zwischen dem Inhalt des Urteils und den Akten ist, wenn er sich nicht aus den Urteilsgründen selbst ergibt, für sich allein regelmäßig revisionsrechtlich unerheblich (BGH NStZ 1997, 294). Ein **„in camera"-Verfahren** – eine Überlassung der geheimhaltungsbedürftigen Akten nur auf Geheimhaltung verpflichtete Gericht, ohne dass der Betroffene Akteneinsicht erhalte –, wie es nach der Entscheidung des BVerfG v. 27. 10. 1999 – 1 BvR 385/90 – zu § 99 Abs. 1 S. 2 VwGO zulässig ist, kommt im Bereich des Strafverfahrens zu § 96 S. 1 StPO nicht in Betracht (BGH NJW 2000, 1661). **Geheimhaltungsinteressen** des Staates dürfen sich im Strafprozess nicht nachteilig für den Angeklagten auswirken. Eine durch Geheimhaltungsinteressen bedingte Verkürzung der Beweisgrundlage und der Verteidigungsmöglichkeiten des Angeklagten ist zur Sicherung einer fairen Verfahrensgestaltung durch eine besonders vorsichtige Beweiswürdigung und ggf. die Anwendung des Zweifelsatzes auszugleichen (BGH NJW 2004, 1259). Soweit gebotene eigene Urteilsfeststellungen oder Würdigungen durch **Bezugnahmen** ersetzt werden, fehlt es verfahrensrechtlich an einer Urteilsbegründung und sachlich-rechtlich an der Möglichkeit der Nachprüfung durch das Revisionsgericht (BGH NStZ-RR 2000, 304).

Dienstliches Wissen des Richters, also alles, was er außerhalb der Hauptverhandlung in dienstlicher Eigenschaft erfährt. Die Feststellung **schuldrelevanter Tatsachen** ist dem **Freibeweis** nicht zugänglich, sondern unterliegt den in §§ 244 bis 256 festgelegten Regeln des **Strengbeweises**. **Dienstliche Äußerungen** scheiden also im Bereich des Strengbeweises als zulässiges Beweismittel aus (BGH 45, 357 = 2000, 1204). „Ein erkennender Richter ist nicht Zeuge iSd § 22 Nr. 5, wenn er sich dienstlich über Vorgänge äußert, die den Gegenstand des bei ihm anhängigen Verfahrens betreffen und die er im Zusammenhang mit seiner amtlichen Tätigkeit in dieser Sache wahrgenommen hat" (BGH 44, 4 = NJW 1998, 1234 im Anschluss an BGH 39, 239 = NJW 1993, 2758). Auch die **Schuldfrage** betreffende Wahrnehmungen des **beauftragten Richter** dürfen nicht im Wege der dienstlichen Erklärung in die Hauptverhandlung eingeführt werden (BGH 45, 354 = NJW 2000, 1204). Äußert sich ein **erkennender Richters** in einer dienstlichen Erklärung über Wahrnehmungen, die er in einer **früheren Hauptverhandlung** gemacht hat, darf der Inhalt der dienstlichen Erklärung nicht für die Beurteilung der Schuld- und Straffrage im Rahmen der Beweiswürdigung verwertet werden (BGH **4**

47, 270 = NJW 2002, 2401 in Abgrenzung zu BGH 39, 239 = NJW 1993, 2758; s. auch § 250 Rn. 1). **Privates Wissen** des Richters kann nur im Wege des **Vorhalts** eingeführt werden. **Offenkundige Tatsachen** können verwertet werden, wenn sie in der Hauptverhandlung so erörtert wurden, dass die Beteiligten sich auf sie einrichten konnten (BVerfG 10, 177 = NJW 1960, 31; BGH 36, 354, 359 = NJW 1990, 1740). Dasselbe gilt für **gerichtskundige Tatsachen** (BGH StV 1988, 514; NStZ 1995, 246) und **Erfahrungssätze,** die wie offenkundige Tatsachen zu behandeln sind (LR-Gollwitzer Rn. 26). Erörtert werden müssen die jeweilige Tatsache sowie ihre beabsichtigte Behandlung als offenkundig; die Erörterung gehört nicht zu den wesentlichen Förmlichkeiten (§ 273 Abs. 1) des Verfahrens (OLG Hamm StV 1985, 225). Der **Akteninhalt** ist als solcher der Verwertung nicht zugänglich. Er kann im Wege des Vorhalts an Angeklagte, Zeugen und Sachverständige, durch Urkundenverlesung oder durch Inaugenscheinnahme in die Verhandlung eingeführt werden; verwertbar sind dabei nur die Ergebnisse der Beweisaufnahme, soweit sie **verfahrensrechtlich zulässig** durchgeführt wurde. **Beweiserhebungs- oder Verwertungsverbote,** insb. aus §§ 52 ff., 250 ff., sind zu beachten (vgl. die Erläuterungen dort sowie KK-Engelhardt Rn. 21 ff.).

5   Das **Schweigen des Angeklagten** ist unterschiedlich zu bewerten: Verweigert er **im vollen Umfang** die Einlassung zur Sache, dann dürfen hieraus für ihn keinerlei nachteilige Schlüsse gezogen werden (BVerfG NStZ 1995, 555; BGH 32, 144; 34, 324, 326 = NJW 1987, 2027). Auch wenn das in Art. 6 Abs. 1 EMRK nicht ausdrücklich gesagt ist, entspricht das Recht zu schweigen und sich nicht selbst zu beschuldigen, international allgemein anerkannten Grundsätzen und ist ein Kernstück des von Art. 6 Abs. 1 EMRK garantierten fairen Verfahrens (EGMR NJW 2002, 499). Verweigert ein **umfassend schweigender** Angeklagter die Entbindung eines Zeugen von der Schweigepflicht, darf hieraus auch kein belastendes Indiz gegen ihn hergeleitet werden (BGH 45, 363 = NJW 2000, 1426 in Ergänzung zu BGH 20, 298 = NJW 1966, 209). „**Völliges Schweigen** bedeutet nicht das **Unterlassen jeder Erklärung.** Vielmehr kommt es darauf an, ob die Erklärung als nur teilweises Schweigen zu verstehen ist, ob also der Angeklagte durch seine Erklärung an der Aufklärung des Sachverhalts in einem oder in einigen Teilpunkten mitwirkt, dann aber andere Punkte nicht erwähnt, auf Fragen oder Vorhalte keine oder lückenhafte Antworten gibt" (BGH NStZ 1997, 147). Dem Schweigen steht es gleich, wenn der Angeklagte die Täterschaft **allgemein bestreitet** (BGH 38, 302, 307 = NJW 1992, 2304), wenn er erklärt, **er sei unschuldig** (OLG Celle NJW 1974, 202) oder nur Rechtsausführungen zu materiellrechtlichen (BayObLG MDR 1988, 882) oder Verfahrensfragen (BayObLG StV 1982, 258) macht. Aus der Tatsachenbehauptung eines **Beweisantrags** darf eine Sacheinlassung nicht konstruiert werden (BGH NStZ 1990, 447). Zur Verwertbarkeit tatsächlicher Erklärungen des **Verteidigers** vgl. o. Rn. 3. **Kein Schweigen** liegt vor, wenn der Verteidiger erklärt, der Vorwurf werde „umfassend eingeräumt", weitere Fragen aber nicht beantwortet (BGH NStZ 1994, 352). Schweigt der Angeklagte **teilweise** zu einem Tatvorwurf, so darf das als Beweisanzeichen gewertet werden (BGH 32, 140, 145 = NStZ 1984, 377), wenn der Angeklagte sich durch seine sonstigen Äußerungen freiwillig zu einem Beweismittel gemacht hat (BGH 20, 298, 300 = NJW 1966, 209). Bei einer **Teileinlassung** des Angeklagten darf sein **Schweigen** zu einzelnen Fragen gegen ihn verwertet werden. Eine Teileinlassung in diesem Sinn ist jedoch nicht gegeben, wenn der Angeklagte seine Schuld lediglich grundsätzlich bestreitet. Die Tatsache, dass ein Angeklagter sich – zu einer Tat – zur Sache einlässt, führt nicht dazu, dass sein Schweigen zu anderen Taten indiziell gegen ihn verwertet werden kann (BGH NStZ 2000, 494). Durch eine **vorangegangene Sachäußerung** erlangt die spätere uneingeschränkte Ausübung des Schweigerechts auch nicht den Charakter eines **Teilschweigens,** das – wie etwa das Schweigen zu einzelnen Punkten innerhalb einer Vernehmung – der freien Beweiswürdigung zugänglich

(BGH NStZ 1999, 47) ist. **Ändert** der Angeklagte im Vor- oder Hauptverfahren sein Aussageverhalten, so dürfen allein hieraus grds. gleichfalls keine ihn belastenden Schlüsse gezogen werden, insb. nicht daraus, dass er sich erst spät zur Sache eingelassen oder entlastende Beweisanträge erst spät gestellt hat (vgl. BGH StV 1988, 286); das gilt nur eingeschränkt, wenn der Angeklagte sich im Vorverfahren eingelassen und damals wesentliche entlastende Gesichtspunkte nicht vorgetragen hat (BGH NStZ 1995, 20). S. auch oben Rn. 3; Einl. 11; § 136 Rn. 4; Miebach Der teilweise abwesende Angeklagte NStZ 2000, 234. „Auch bei einem Angeklagten, der sich zur Sache **eingelassen** hat, darf aus der aktiven Verweigerung der **Mitwirkung** an der **Sachaufklärung** jedenfalls dann kein ihm nachteiliger Schluss gezogen werden, wenn dieses Prozessverhalten nicht in einem engen und einer isolierten Bewertung unzugänglichen Sachzusammenhang mit dem Inhalt seiner Einlassung steht – hier Nichtentbindung des Verteidigers von der Schweigepflicht –" (BGH NJW 2000, 1962 in Abgrenzung zu BGH 20, 298 = NJW 1966, 209). Der **Widerruf** einer im **Ermittlungsverfahren** gemachten umfangreichen **Aussage** ist eine Angabe zur Sache und nicht lediglich ein pauschales Bestreiten, das einem Schweigen gleichstehen würde (BGH NStZ 1998, 209). Keine Schlüsse dürfen daraus gezogen werden, dass der Angeklagte in einem anderen Verfahren als Zeuge die Auskunft nach § 55 verweigert hat (BGH 38, 302 = NJW 1992, 2304). Schweigt der Angeklagte erstmals in der Berufungsverhandlung, dann kann das Urteil erster Instanz förmlich verlesen (§ 249 Abs. 1 S. 2) und seine darin wiedergegebene frühere Einlassung verwertet werden (OLG Hamm NJW 1974, 1880). Ein auf Grund einer Absprache abgelegtes **Geständnis** darf nur dann dem Schuldspruch zugrunde gelegt werden, wenn das Gericht sich von dessen Richtigkeit überzeugt. Das Gericht bleibt auch hier dem Gebot der Wahrheitsfindung verpflichtet (BGH NJW 1999, 370). „Bei der Verurteilung eines Angeklagten aufgrund von Geständnissen der Mitangeklagten, die Gegenstand einer verfahrensbeendenden Absprache sind, muss die **Glaubhaftigkeit** dieser Geständnisse in einer für das Revisionsgericht **nachprüfbaren Weise gewürdigt** werden. Dazu gehören insbesondere das Zustandekommen und der Inhalt der Absprache" (BGH 48, 161 = NJW 2003, 1615). Zur Verwertung früherer **Geständnisse** vgl. § 254. Regelmäßig verwertbar sind (frühere) Äußerungen des Angeklagten außerhalb des Verfahrens (vgl. Meyer-Goßner Rn. 22 mwN); auch widerrufene Geständnisse sind im Einzelnen zu würdigen (BGH NStZ 1994, 597). Selbstbelastende Angaben des in der Hauptverhandlung schweigenden Angeklagten gegenüber **Dritten** sind grds. verwertbar; Akten, aus denen sie sich ergeben, können beigezogen werden (KG NStZ 1995, 146 zu Angaben gegenüber einer Versicherung). Der „nemo-tenetur-Grundsatz" gilt nur im Verhältnis des Beschuldigten zu staatlichen Organen. Der Fehlschlag eines **Alibi-Beweises** kann für sich allein, dh. ohne Rücksicht auf seine Gründe und Begleitumstände, noch kein Beweisanzeichen dafür sein, dass der Angeklagte der Täter ist. Dabei handelt es sich um die Anwendung eines allgemeinen, über die Fälle des Alibivorbringens hinausreichenden Grundsatzes, der besagt, dass eine für widerlegt erachtete Behauptung des Angeklagten nicht ohne weiteres ein Täterschaftsindiz abgibt (BGH 41, 154 = NJW 1995, 2997). Bei seiner Bewertung des Tatnachverhaltens hat der Tatrichter zu bedenken, dass den Bemühungen um ein **erfundenes Alibi** nur ein sehr begrenzter Beweiswert zukommt. „Der **widerlegten Alibibehauptung** kommt nur ein sehr begrenzter Beweiswert zu; denn unwahre Alibiangaben lassen sich nur mit Vorsicht als Beweiszeichen für die Schuld eines Angeklagten werten, weil auch ein Unschuldiger Zuflucht zur Lüge nehmen kann" (BGH NStZ-RR 1998, 303; BGH 41, 153 = NJW 1995, 2997; s. Einl. Rn. 11). Entsprechendes gilt in Fällen der **Lüge** des Angeklagten zu anderen **beweisrelevanten Umständen** (BGH NStZ-RR 1998, 303; BGH NStZ 1986, 325). „Die Widerlegung **bewusst wahrheitswidrigen Entlastungsvorbringens** (**auch falsche Alibibehauptungen,** vgl. BGH StV 1984, 495; 1992, 259) liefert

§ 261

idR kein zuverlässiges Indiz für die Täterschaft des Angeklagten. Das schließt zwar nicht aus, im Rahmen einer Gesamtwürdigung aller Beweistatsachen überhaupt als – zusätzliches – Belastungsindiz zu werten" (BGH 41, 156). Soll die **nachgewiesene Lüge** als Belastungsindiz dienen, setzt dies voraus, dass mit rechtsfehlerfreier Begründung dargetan wird, warum eine andere Erklärung nicht in Betracht kommt oder den Umständen nach so fern liegt, dass sie ausscheidet (BGH StV 2001, 439). Eine **nachweisbar erlogene Alibibehauptung** kann jedoch dann ein **belastendes Indiz** sein, wenn sie im Wege der Vorwegverteidigung darauf gerichtet ist, einen den Ermittlungsbehörden noch nicht bekannten Tatumstand zu entkräften, den nur der Täter wissen kann (BGH NStZ 1999, 423). Daher kann auch eine **widerlegte Einlassung** allein nicht zur Grundlage einer dem Angeklagten ungünstigen Sachverhaltsfeststellung gemacht werden (BGH StV 1997, 291). „An die **Bewertung der Einlassung des Angeklagten** sind die gleichen Anforderungen zu stellen wie an die Beurteilung sonstiger Beweismittel. Der Tatrichter hat sich auf Grund einer Gesamtwürdigung des Ergebnisses der Beweisaufnahme seine Überzeugung von der Richtigkeit oder Unrichtigkeit der Einlassung zu bilden." Eine solche Würdigung hat auch dem Wechsel der Einlassung im Laufe des Verfahrens Rechnung zu tragen (BGH NStZ-RR 2004, 88).

6   Das **Schweigen eines Zeugen** darf nicht als belastendes Beweisanzeichen gewertet werden, wenn er zur **Zeugnisverweigerung** nach §§ 52, 53, 53 a befugt ist (BGH 34, 324 = NJW 1987, 2027). Auf sein sonstiges Aussageverhalten kommt es dabei nicht an (BGH NStZ 1985, 87). Die Motive für das Schweigen des Zeugen dürfen wie beim Angeklagten nicht erforscht werden (BGH NJW 1954, 1496). Unzulässig ist es insb., anfängliches Schweigen eines Zeugnisverweigerungsberechtigten als Anzeichen für die Unglaubhaftigkeit seiner späteren Aussage zu werten (BGH NStZ 1992, 97). Ist der Zeuge aussagebereit, so können die Lückenhaftigkeit seiner früheren Aussagen sowie der Zeitpunkt, zu welchem er entlastende Tatsachen bekundet hat, gegen den Angeklagten verwertet werden (BGH 34, 324, 327; Meyer-Goßner Rn. 20 mwN). Aus seiner **Auskunftverweigerung** nach § 55 dürfen belastende Schlüsse gezogen werden (BGH StV 1984, 233; str.). Verwertbar sind auch das **teilweise Schweigen** eines Zeugen, insb. die Nichtbeantwortung einzelner Fragen (BGH 32, 140, 142), sowie die **unberechtigte Aussageverweigerung,** auch wenn die Zwangsmittel des § 70 nicht angewendet worden sind (KK-Engelhardt Rn. 44). Zur verweigerten Mitwirkung bei Speichelprobe BGH NStZ 2004, 392). Nach der Rspr. des BGH ist bei der Beurteilung der Aussage eines **Zeugen von Hörensagen** besondere Vorsicht geboten. Handelt es sich bei den von ihm wiedergegebenen Angaben um diejenigen eines **anonymen Gewährsmannes,** so darf darauf eine Feststellung regelmäßig nur dann gestützt werden, wenn diese Angaben durch andere wichtige Beweisanzeichen bestätigt werden" (BGH NStZ 1997, 72; BVerfG NJW 1996, 449; BGH 42, 25 = NJW 1996, 1547; BGH NStZ-RR 2002, 176). Die Würdigung eines **Informanten der Polizei als** „uneingeschränkt glaubwürdig" im Hinblick darauf, dass seine Informationen nach Aussage seines V-Mann-Führers „immer der Wahrheit" entsprochen hätten, ist bedenklich, wenn sich der Tatrichter nicht mit dem Umstand auseinandersetzt, dass der Informant bei dem fraglichen Tatgeschehen einem ausdrücklichen Verbot des V-Mann-Führers zuwidergehandelt hat (BGH StV 2001, 387).

7   **Freie Beweiswürdigung.** Die Beweiswürdigung ist Sache des **Tatrichters.** Das Revisionsgericht hat die Entscheidung des Tatrichters hinzunehmen und sich auf die Prüfung zu beschränken, ob die Urteilsgründe Fehler enthalten (vgl. § 337). Das ist in **sachlich-rechtlicher Hinsicht der Fall,** wenn die Beweiswürdigung **widersprüchlich, unklar** oder **lückenhaft** ist, wenn sie gegen Denkgesetze oder gesicherte Erfahrungssätze verstößt (BGH NStZ-RR 2000, 171; BGHR StPO § 161 Überzeugungsbildung 33 mwN). Die **Beweiswürdigung des Richters ist frei.** Das bedeutet, dass der Tatrichter an **Beweisregeln** nicht gebunden ist (BGH 39,

Hauptverhandlung **§ 261**

291, 295 = NJW 1993, 3081). Er muss den Wert jedes einzelnen Beweismittels selbst und in eigener Verantwortung würdigen; dabei lässt sich die Bedeutung eines Beweismittels nicht von vornherein abstrakt bestimmen (vgl. KK-Engelhardt Rn. 29). Eine inhaltliche Bindung etwa an ein **Geständnis** (BGH 21, 285 = NJW 1967, 2020; 39, 291, 303), ein Sachverständigengutachten (BGH 12, 311, 312 = NJW 1959, 780; vgl. u. Rn. 9) oder die rechtskräftige Entscheidung eines anderen Gerichts (vgl. § 262 Abs. 1) besteht nicht. Die **Unschuldsvermutung** (Art. 6 Abs. 2 MRK) zwingt nicht zu der Unterstellung, der Sachverhalt einer strafbaren Handlung habe sich nicht zugetragen, bevor er rechtskräftig festgestellt ist (BGH 34, 209, 210 = NJW 1987, 660). Daher dürfen entlastende Tatsachenbehauptungen des Angeklagten, die nicht hinreichend bewiesen sind, nicht ohne weiteres als unwiderlegbar angenommen werden (BGH NStZ 1987, 133). Die Zurückweisung einer Tatsachenbehauptung erfordert nicht, dass ihr Gegenteil sicher festgestellt ist (BGH NStZ 1986, 208). Ist eine Tatsache **als wahr unterstellt** worden (§ 244 Abs. 3 S. 2), so unterliegt auch sie der freien richterlichen Beweiswürdigung; in der Wahrunterstellung liegt keine Zusage, bestimmte Schlüsse aus dem unterstellten Umstand zu ziehen. Wenn ein Beweisantrag wegen **Bedeutungslosigkeit** der behaupteten Tatsache abgelehnt worden ist, so muss das Gericht auf einen späteren Wechsel der Beurteilung in der Hauptverhandlung hinweisen (BGH NStZ 1988, 38). Einen uU **eingeschränkten Beweiswert** von Beweismitteln – etwa bei Identifizierung auf Grund „**wiederholten Wiedererkennens**" nach fehlerhafter Gegenüberstellung im Ermittlungsverfahren (vgl. BGH 16, 204) oder bei Identifizierung durch **Stimmenvergleich** (BGH 40, 66 = NJW 1994, 1807) muss das Gericht berücksichtigen; das ist im Urteil darzulegen. Nach der st. Rspr. des BGH muss sich der Tatrichter des **beschränkten Beweiswertes** eines „**wiederholten Wiedererkennens**" bewusst sein. Es ist in den Urteilsgründen zu erörtern, ob Zeugen sich bei dem erneuten Wiedererkennen unbewusst an einer früheren Identifizierung auf Grund von Lichtbildern oder einer Gegenüberstellung orientiert haben, dass sie ev. also nur die Person erkannt haben, die sie bereits zuvor im Ermittlungsverfahren gesehen hatten (BGH 16, 204 = NJW 1961, 2070; BGH NStZ 1996, 350; 1997, 355). Wenn ein Zeuge den ihm **vorher unbekannten Täter** anlässlich der Tat nur **kurze Zeit** beobachten konnte, darf sich der Tatrichter nicht ohne weiteres auf die subjektive Gewissheit des Zeugen beim ersten **Wiedererkennen** verlassen, sondern muss anhand objektiver Kriterien nachprüfen, welche Beweisqualität dieses Wiedererkennen hat. So ist etwa zu untersuchen, inwieweit eine vom Zeugen unmittelbar nach der Tat angegebene Täterbeschreibung auf den später wiedererkannten Angeklagten zutrifft. Beim ersten **Wiedererkennen** in der Hauptverhandlung ist zu erörtern, ob die Wiedererkennungssituation nicht etwa dadurch eine nachhaltige suggestive Wirkung auf den Zeugen ausgeübt hat, dass der Zeuge den Angeklagten durch dessen Auftreten und Verhalten als Täter eingestuft hat (OLG Köln StV 2000, 607; OLG Düsseldorf StV 2001, 445). „Eine formalrechtliche Pflicht zu solcher Erörterung in jedem einschlägigen Fall kennt das Gesetz jedoch nicht (§ 267 Abs. 3). Sachlich-rechtliche Gründe gebieten die Erörterung nur dann, wenn die Umstände des Falles dazu Anlass geben" (BGH NStZ 1997, 355; OLG Hamm NStZ-RR 2000, 213). Die Fälle, in denen ein Erörterungsbedarf besteht, hat der BGH dargestellt (BGH NStZ 1997, 355). S. auch § 58 Rn. 2.

Einlassungen des **Angeklagten** und Aussagen von **Zeugen** sind im Zusammenhang mit allen anderen Beweismitteln umfassend zu würdigen. Tritt ein **Mitbeschuldigter** nur deswegen als Zeuge auf, weil er gesondert verfolgt wird, so gelten für die Beurteilung seiner Glaubwürdigkeit dieselben strengen Maßstäbe wie in den Fällen, in denen der bestreitenden Einlassung des Angeklagten lediglich die belastende Aussage eines Mitbeschuldigten gegenübersteht (BGH NStZ-RR 1997, 105). Stellt die belastende Aussage eines **Mittäters** das einzige Beweismittel zur Überführung des die Tat **bestreitenden** Angeklagten dar, so müssen die Urteils- 8

§ 261

gründe erkennen lassen, dass der Tatrichter alle Umstände, die seine Entscheidung, den Angaben des Mittäters Glauben zu schenken, zu beeinflussen geeignet sind, erkannt und in seine Überlegungen einbezogen hat (BGH NStZ-RR 1998, 15). „Das Tatgericht ist nicht verpflichtet, Angaben eines Angcklagten, für die es **keine unmittelbaren Beweise gibt,** als unwiderlegt hinzunehmen; die Zurückweisung einer Einlassung erfordert nicht, dass sich ihr Gegenteil positiv feststellen lässt" (BGH NStZ-RR 1999, 46). Dem Tatgericht ist es unbenommen, sich die Überzeugung von der Täterschaft des Angeklagten auch dann zu bilden, wenn ein **Tatmotiv nicht feststellbar** oder wenig plausibel ist und Einzelheiten der Tatausführung ungeklärt sind, es sich aber trotzdem sicher ist, dass der Angeklagte den tatbestandlichen Erfolg auf die eine oder andere mögliche und vom Gericht selbst gesehene und erwogene Weise herbeigeführt hat. **Unklarheiten** über Einzelheiten der Tatausführung stehen einem Schuldspruch jedoch entgegen, wenn sie zur Folge haben, dass angesichts der Feststellungen im Übrigen keine Möglichkeit zu erkennen ist, wie der Angeklagte die Tat nach den konkreten Umständen ausgeführt haben soll (BGH NStZ-RR 1999, 47). Steht **Aussage gegen Aussage** und hängt die Entscheidung ausschließlich davon ab, **welcher Person** (Geschädigter oder Angeklagtem) **Glauben** zu schenken ist, ist eine umfassende Darstellung der relevanten Aussagen und des Aussageverhaltens im Laufe des Verfahrens erforderlich. Bei einer solchen Beweislage muss der Tatrichter ferner erkennen lassen, dass er alle Umstände, die seine Entscheidung zu beeinflussen geeignet sind, erkannt und in seine Überlegungen einbezogen hat. Diese Grundsätze gelten nicht nur im Falle einer **Verurteilung,** sondern auch dann, wenn ein Angeklagter **freigesprochen** wird, weil sich das Gericht von der Richtigkeit der belastenden Aussage nicht überzeugen kann (BGH NStZ-RR 2002, 174 = BGH NStZ 2003, 333; s. auch § 261 Rn. 9. Für die Beurteilung der **Glaubwürdigkeit** eines Zeugen, ob er in anderem Zusammenhang vorsätzlich die Unwahrheit vor Gericht bekundet hat. Eine bindende **Beweisregel** des Inhalts, dass einem Zeugen, der zu anderen Punkten **vorsätzlich die Unwahrheit** ausgesagt hat, **generell nicht geglaubt werden dürfe, besteht jedoch nicht** (BGH NStZ 2002, 495). Das Gericht ist auch nicht gehindert, einem **Belastungszeugen teils Glauben zu schenken,** ihm teils **für unglaubhaft** zu halten (BGH NStZ-RR 2003, 240). Zur bedenklichen „Mathematisierung" der Galubwürdigungsbeurteilung s. § 244 Rn. 42. Allein auf Angaben des **einzigen Belastungszeugen,** dessen Aussage in einem wesentlichen Detail als **bewusst** falsch anzusehen ist, kann eine Verurteilung nicht gestützt werden (BGH 44, 153 = NJW 1998, 3788). „**Rache** kann – je nach Lage des Einzelfalls – ein Beweggrund für eine unwahre Anschuldigung sein. Richtig ist allerdings, dass ein **Vergewaltigungsopfer** auch in berechtigtem Zorn auf den Vergewaltiger mittels wahrer Aussage dessen Bestrafung erstreben kann. Insofern kann **Rache als Motiv** für eine Beschuldigung durchaus ambivalent sein. Aus einer festgestellten Belastungsmotivation beim Zeugen lässt sich deswegen nicht zwingend auf das Vorliegen einer Falschaussage schließen. Rachetendenzen, die etwa auch zu **Übertreibungen** führen, kommen seit jeher vor und können immer wieder beobachtet werden. Dessen ungeachtet ist gleichermaßen anerkannt, dass häufig zu Unrecht ein Rachemotiv vermutet wird" (BGH NStZ-RR 2003, 206; BGH 45, 175 = NJW 1999, 2746). Es widerspricht Art. 6 Abs. 1 MRK iVm Art. 6 Abs. 3 lit. d MRK, wenn in einem Strafverfahren wegen eines **Sexualdelikts** die Schilderung einer **minderjährigen Tatzeugin,** das einzige unmittelbare Beweismittel darstellt und der Angeklagte verurteilt wird, ohne dass er Gelegenheit hatte, **die Zeugin zu befragen** (EGMR StV 2002, 294). Hält der **einzige** Belastungszeuge seine Vorwürfe ganz oder teilweise nicht aufrecht oder stellt sich sogar die Unwahrheit eines Aussageteils heraus, muss der Tatrichter regelmäßig außerhalb der Zeugenaussage liegende gewichtige Gründe nennen, die es ihm ermöglichen, der Zeugenaussage im Übri-

Hauptverhandlung **§ 261**

gen dennoch zu gleichen (BGH NStZ 2000, 551). „In Fällen, in denen **Aussage gegen Aussage** steht und der einzige Belastungszeuge in der Hauptverhandlung in einem wesentlichen Punkt von seiner früheren Tatschilderung abweicht, muss der Tatrichter regelmäßig darlegen, dass insoweit keine bewusst falschen Angaben vorgelegen haben" (BGH 44, 256 = NJW 1999, 802 im Anschluss an BGH 44, 153 = NJW 1998, 3788). In Fällen, in denen „Aussage gegen Aussage" steht und sich die **Unwahrheit** eines Teils der Aussage des Belastungszeugen herausstellt, fordert der BGH außerhalb der Zeugenaussage liegende Gründe von Gewicht, die es dem Tatrichter ermöglichen, dem Zeugen im Übrigen dennoch zu glauben. Diese gewichtigen Gründe sind im Urteil darzulegen (BGH NStZ 2000, 496). S. auch Einl. Rn. 11; § 267 Rn. 9. Wenn Aussage gegen Aussage steht und die Entscheidung im Wesentlichen davon abhängt, welchen Angaben das Gericht folgt, müssen die Urteilsgründe erkennen lassen, dass der Tatrichter **alle Umstände,** die die Entscheidung beeinflussen können, erkannt und in seine Überlegungen einbezogen hat. Das gilt besonders, wenn sich sogar die Unwahrheit eines Aussageteils herausstellt. Dann muss der Tatrichter jedenfalls regelmäßig außerhalb der Zeugenaussage liegende gewichtige Gründe nennen, die es ihm ermöglichen, der Zeugenaussage im Übrigen dennoch zu glauben (BGH NStZ 2004, 87; BGH 44, 153 = NJW 1998, 3788). Der Zuziehung von **Glaubwürdigkeitsgutachtern** bedarf es nur im Ausnahmefall (vgl. Fischer NStZ 1994, 1); regelmäßig kann sich der Richter die zur Glaubwürdigkeitsbeurteilung erforderliche Sachkunde zutrauen (vgl. u. Rn. 10). Allein aus äußeren Umständen, etwa persönlichen Beziehungen eines Zeugen zu einem Verfahrensbeteiligten (BGH StV 1985, 356), Teilnahmeverdacht, Fehlen einer Aussagegenehmigung nach § 96 (KK-Engelhardt Rn. 29) oder dem Beruf eines Zeugen können regelmäßig keine zwingenden Schlüsse auf die Glaubhaftigkeit oder Unglaubwürdigkeit seiner Aussage gezogen werden; es kommt vielmehr auf den inhaltlichen Wert der Aussage in der Zusammenschau mit den übrigen Beweisergebnissen an (vgl. LR-Gollwitzer Rn. 81 ff.). Erhöhte Anforderungen an die Sorgfalt der Beweiswürdigung werden gestellt, wenn „Aussage gegen Aussage" steht (vgl. BGH StV 1991, 451; 1992, 219, 1994, 358; 1994, 526). Mit einem **Aussageverhalten,** durch das ein **Mitangeklagter** nach seiner Aussage zur Sache über seinen Verteidiger erklären lässt, keine weiteren Fragen mehr zu beantworten, macht er eine weitere Überprüfung seiner Angaben durch Fragen und Vorhalte unmöglich. Zwar sind für ein solches Prozessverhalten durchaus verschiedene Ursachen denkbar, jedoch kann der Tatrichter gehalten sein, sich damit auseinanderzusetzen, ob dieses Aussageverhalten des Mitangeklagten Anlass zu **Zweifeln an der Glaubhaftigkeit seiner bisherigen Aussage** gibt (BGH StV 2001, 387). S. auch § 244 Rn. 42.

Ein **Sachverständigengutachten** kann dem Richter eine **eigene Beurteilung** 9 auch der Fachfragen nicht abnehmen. Der Sachverständige hat die Aufgabe, dem Gericht auf Grund seiner besonderen Sachkunde Zugang zu Tatsachen zu verschaffen. „Er hat dem Gericht den Tatsachenstoff zu unterbreiten, der nur auf Grund besonders sachkundiger Beobachtungen gewonnen werden kann, und das wissenschaftliche Rüstzeug zu vermitteln, das die Auswertung ermöglicht. Der Sachverständige ist jedoch weder berufen noch in der Lage, dem Richter die Verantwortung für die Feststellungen abzunehmen, die dem Urteil zugrunde gelegt werden. Das gilt nicht nur von der Ermittlung des Sachverhalts, von dem der Sachverständige in seinem Gutachten auszugehen hat – den Anknüpfungstatsachen –, sondern auch von seinen ärztlichen Beobachtungen und Folgerungen" (BGH 7, 239 = NJW 1955, 840; s. § 244 Rn. 41). Daher darf der Richter nicht in dem Gutachten dargelegte Tatsachen als bewiesen ansehen, deren Herleitung er auf Grund mangelnder Sachkunde nicht verstanden hat. **Urteilsgrundlage** ist allein das in der Hauptverhandlung **mündlich** erstattete Gutachten (BGH NStZ 1981, 296). Widerspricht es dem vorbereitenden schriftlichen Gutachten, so muss sich der Richter

§ 261

mit diesem Widerspruch auseinandersetzen. Gegenstand der Verhandlung sind außer den **Anknüpfungs-** und **Befundtatsachen,** die im Gutachten wiedergegeben sind, auch **Zusatztatsachen,** die ohne besondere Sachkunde festgestellt werden konnten; in diesem Fall muss der Sachverständige **als Zeuge** vernommen werden (BGH 22, 268, 271 = NJW 1969, 196). Der **Wirkstoffgehalt** sichergestellter Betäubungsmittel als Befundtatsache eines Sachverständigengutachtens kann nur im Wege der Gutachtenerstattung durch den Sachverständigen in der Hauptverhandlung oder durch Verlesung nach § 256 Abs. 1 StPO ordnungsgemäß in die Hauptverhandlung eingeführt werden (BGH StV 2001, 667). Verwertbar kann auch ein fremdes Gutachten sein, soweit der Sachverständige dessen Darlegungen einführt und sich mit ihm auseinandersetzt (BGH MDR 1977, 108). Wird ein **nicht verlesenes Gutachten** im Urteil ohne einen Hinweis auf eine seinen Inhalt bestätigende Erklärung des in der Hauptverhandlung **als Zeugen** vernommenen Sachverständigen auszugsweise wörtlich wiedergegeben, so deutet dies in der Regel darauf hin, dass der Wortlaut selbst zum Zwecke des Beweises verwertet worden ist und nicht eine ggf. in einem Vorhalt abgegebene Bekundung des Sachverständigen (BGH NStZ-RR 2001, 18). Unter Umständen kann ein **Vorhalt** an Zeugen, Sachverständige oder Angeklagte eine Beweiserhebung im Rahmen des Urkundenbeweises erübrigen. Dies gilt aber nicht, wenn es auf den genauen Wortlaut ankommt. Bei erheblicher Beweisbedeutung des Schriftstücks ist ein Vorhalt deshalb kein geeignetes Verfahren zur Beweiserhebung, da in einem solchen Falle nicht die Urkunde selbst, sondern nur die dazu abgegebene Erklärung der Person, der sie vorgehalten wurde, Beweisgegenstand ist. In einem solchen Falle verstößt die Verwertung des Schriftstückes ohne dessen Verlesung gegen § 261 (BGH StV 2000, 655). Die **Prüfung der Sachkunde** des Gutachters obliegt allein dem Gericht; im Zweifel ist darüber Beweis zu erheben. In der **Würdigung des Beweiswerts** des Gutachtens ist der Richter frei, sofern sie auf einer tragfähigen Tatsachengrundlage beruht und nicht den Gesetzen der Logik, unabweisbaren Erfahrungssätzen oder feststehenden wissenschaftlichen Erkenntnissen widerspricht. Den **Beweiswert** der Untersuchungsmethoden und -ergebnisse hat er im Einzelnen festzustellen (vgl. BGH NStZ 1993, 395 – Faserspuren –; BGH 37, 157 = NJW 1990, 2944; 38, 320 = NJW 1992, 2976; NStZ 1994, 554 – Genomanalyse). Bei der Bewertung des Beweiswerts von **Faserspuren** hat der Tatrichter insbesondere die Zuordnung der Tatortspuren zu den Vergleichsspuren in einer dem Stand der Wissenschaft entsprechenden Weise zu erörtern und muss das Ergebnis seiner Bewertung in einer für das Revisionsgericht nachprüfbaren Form im Urteil darstellen (BGH NStZ-RR 1996, 336). Dazu hat der (BGHR StPO § 261 Beweiskraft 1, 2) folgende **Kriterien aufgestellt:** aa) Bei der Untersuchung auf Material- und Einfärbungsidentität der Fasern ist zu erörtern und darzustellen, ob diese sich mit den angewendeten Untersuchungsmethoden lediglich nicht unterscheiden lassen (Gruppenidentität) oder ob sie aus dem gleichen, möglicherweise sogar – worauf besonders zu achten ist – demselben Herstellungsprozess stammen. bb) Darüber hinaus ist zu prüfen, ob Tatort- und Vergleichsspuren zusätzliche besondere Merkmale, etwa eine Verschmutzung, aufweisen, die eine weitere individuelle Zuordnung ermöglichen. cc) Schließlich hat der Tatrichter eine Gesamtwürdigung der Faserspurenkombination im Hinblick darauf vorzunehmen, ob eine solche Kombination ein „charakteristisches Faserbild" darstellt. Dabei kommt es auch auf die Zahl der Fasern und insbesondere auf etwa vorhandene Überkreuzungsspuren an (BGH NStZ-RR 1996, 336). Will der Tatrichter vom Ergebnis des Gutachtens **abweichen,** so muss ein weiterer Gutachter nicht gehört werden, wenn bereits das erste Gutachten dem Richter die Sachkunde vermittelt hat, welche ihn zu einer eigenen Beurteilung der Fachfrage in die Lage setzt (BGH 12, 18, 20 = NJW 1958, 1596). Zum Beweiswert der **Einzelgegenüberstellung/Wahlgegenüberstellung** s. § 58 Rn. 2. Zur **Darlegungspflicht** im Urteil vgl. § 267 Rn. 10.

Hauptverhandlung **§ 261**

Die Beurteilung der **Glaubwürdigkeit** von Auskunftspersonen ist Aufgabe des 10
Richters; er kann sie, soweit sie **Beweiswürdigung** ist, nicht an Sachverständige
delegieren. Mit den Methoden und Forschungsergebnissen der Aussagepsychologie
muss er im Wesentlichen vertraut sein. Besonderheiten **im Einzelfall** (vgl. Eisenberg, Persönliche Beweismittel in der StPO, Rn. 1360 f.) können die Zuziehung
eines Sachverständigen gebieten (vgl. BGH 23, 8, 12 = NJW 1969, 2293). Eine
Jugendkammer darf sich eine besondere Sachkunde gerade bei der Beurteilung der
Glaubwürdigkeit **jugendlicher und kindlicher Zeugen** zutrauen. Der Hinzuziehung eines Sachverständigen bedarf es nur, wenn die Eigenart und besondere
Gestaltung des Falles eine Sachkunde erfordert, die ein Richter normalerweise nicht
hat (BGH NStZ 1997, 355). Soweit es sich um die Feststellung von psychologischen
Tatsachen handelt, die für die Beurteilung der **allgemeinen Glaubwürdigkeit** der
Auskunftsperson von Bedeutung sind, gelten keine Besonderheiten. Abzugrenzen
ist der Bereich der **speziellen Glaubwürdigkeit** (Glaubhaftigkeit der Aussage),
deren Beurteilung notwendig eine über die Kompetenz des Sachverständigen hinausreichende Beweiswürdigung erfordert. Eine überlegene Sachkunde des Gutachters ist hier regelmäßig zu verneinen (vgl. Fischer NStZ 1994, 1; **aA** hM, vgl.
BGH 8, 130, 131 = NJW 1955, 1644; BGH NStZ 1991, 47; LR-Gollwitzer § 244
Rn. 82 ff.; KK-Herdegen § 244 Rn. 44). Die Verwertung von **Glaubwürdigkeitsgutachten** setzt ihr prozeßordnungsgemäßes Zustandekommen voraus (BGH NStZ
1995, 198 zu § 81 c Abs. 3 S. 2).

Ausnahmen vom Grundsatz freier richterlicher Beweiswürdigung ergeben sich 11
aus **Beweisverboten** insoweit, als davon betroffene Beweismittel in die Würdigung
nicht einfließen dürfen (vgl. KK-Engelhardt Rn. 34; Arzt FS Peters S. 223 ff.). Im
Übrigen ist im Einzelfall der Umfang der Beweiserhebung gesetzlich eingeschränkt
(§§ 51, 66 BZRG) oder ihr Ergebnis zwingend vorgeschrieben (§ 190 StGB;
§ 274). Eine getilgte oder tilgungsreife **Vorverurteilung** darf weder zur Begründung des Schuldspruchs noch bei der Rechtsfolgenbemessung herangezogen werden. Eine Verwertung ist aber zulässig, wenn und soweit sich der Angeklagte zu
seiner Verteidigung auf die Vorverurteilung beruft (vgl. BGH 27, 108 = NJW 1977,
816). Eine Beweisaufnahme zur Feststellung des Lebenswegs und der sonstigen
persönlichen Verhältnisse ist stets zulässig.

Gesetzliche **Beweisvermutungen** und widerlegbare Beweisregeln (zB § 69 12
Abs. 2 StGB) stehen der freien Beweiswürdigung des Richters nicht entgegen;
vielmehr verändern sie nur das Beweisthema (vgl. Meyer-Goßner Rn. 23).

Grenzen der freien richterlichen Beweiswürdigung ergeben sich aus der Not- 13
wendigkeit, die subjektive Gewissheit im Urteil zu **objektivieren** und **überprüfbar** zu machen (vgl. Rn. 2). „Nach der Rspr. des BGH dürfen Angaben von
Gewährspersonen, deren Identität dem Gericht nicht bekannt ist, regelmäßig
nur Grundlage einer Verurteilung werden, wenn sie zum einen einer besonders
kritischen Prüfung unterzogen und zudem durch andere Beweisanzeichen bestätigt
werden" (BGH NJW 2000, 1661; vgl. BGH 42, 25 = NJW 1996, 1547; BVerfG
NStZ 1995, 600; s. auch vor §§ 48–71 Rn. 4; § 110a Rn. 1). Der Tatrichter
kann die Überzeugung von der Täterschaft eines Angeklagten auch dann rechtsfehlerfrei gewinnen, wenn die Tat als solche nicht verständlich und ein **Motiv für
die Tat nicht feststellbar** ist. Jedoch kann bei einer solchen Beweislage der
Umstand, dass weitere als Täter nicht sicher ausschließbare Personen kein Motiv
für die Tat hatten, kein wesentliches Gewicht zum Nachteil des Angeklagten
gewinnen, bei dem ein Motiv auch nicht festzustellen ist (BGH NStZ-RR 1997,
42). Schlussfolgerungen des Richters dürfen nicht bloße Vermutungen ohne Tatsachengrundlage sein (BGH NStZ 1987, 473); nur mögliche Schlussfolgerungen
reichen nicht aus, wenn der Richter sich nicht mit anderen nahe liegenden
Möglichkeiten im Urteil auseinandersetzt (BGH NStZ 1986, 373). **Widersprüche
oder Unklarheiten** des Beweisergebnisses können nicht mit kursorischen Hin-

weisen auf vom Sachverständigen bekundete allgemeine psychologische Grunderkenntnisse beiseite geschoben werden, welche ebensogut für ein anderes Ergebnis zitiert werden könnten. So ist namentlich ein allgemeiner Hinweis auf das Phänomen der „Verdrängung" in der Regel nicht geeignet, bestimmte Beweisergebnisse zu tragen; die Zitierung eher alltagspsychologischer Erkenntnisse bedarf, wenn sie nicht die Gefahr praktisch beliebiger Ergebnisse nach sich ziehen soll, vielmehr einer sorgfältigen Überprüfung im Einzelfall (BGH NStZ-RR 2003, 16). Über **gesicherte wissenschaftliche Erkenntnisse** (BGH 29, 18, 21 = NJW 1979, 2318) darf sich der Richter ebenso wenig hinwegsetzen wie über **Gesetze der Logik** (vgl. KK-Engelhardt Rn. 47). So führen insb. **Kreisschlüsse**, in denen der Beweis einer Tatsache durch sie selbst geführt wird (BGH StV 1986, 467; vgl. Fischer StV 1993, 670), zur Fehlerhaftigkeit der Beweiswürdigung. Soweit **Erfahrungssätze** (vgl. LR-Gollwitzer Rn. 45 ff.) herangezogen werden, muss zwischen solchen, die zwingende Folgerungen enthalten, und solchen, deren Gültigkeit im Einzelfall zu prüfen ist, unterschieden werden. Die Annahme nicht existierender Erfahrungssätze („Alle Türken lügen"; vgl. OLG Karlsruhe VRS 56, 359) oder die Verkennung der Notwendigkeit einer Überprüfung im Einzelfall führen zur Rechtsfehlerhaftigkeit des Urteils. Auch nicht „beweissichere" wissenschaftliche Erkenntnisse und Untersuchungsergebnisse können – und müssen ggf. – aber verwertet werden, wenn sich das Gericht des eingeschränkten Beweiswerts bewusst ist (vgl. BGH StV 1995, 58 zur Verwertung von „Alkomat"-Testergebnissen). Die Feststellung eines den Tatrichter als allgemeiner Erfahrungssatz bindenden Grenzwertes der **alkoholbedingten absoluten Fahruntüchtigkeit** (bei 1,1‰) durch den BGH (BGH NJW 1990, 2394) ist von Verfassungs wegen nicht zu beanstanden (BVerfG NJW 1995, 125). Bei der Bestimmung der **Atemalkoholkonzentration** im Sinne von § 24 a Abs. 12 StVG unter Verwendung eines Atemalkoholmessgerätes, das die Bauartzulassung für die amtliche Überwachung des Straßenverkehrs erhalten hat, ist der gewonnene Messwert ohne Sicherheitsabschläge verwertbar, wenn das Gerät unter Einhaltung der Eichfrist geeicht ist und die Bedingungen für ein gültiges Messverfahren gewahrt sind (BGH NJW 46, 358 = 2001, 1952; s. § 81 a Rn. 4). Liegt einer Verurteilung nach § 24 a Abs. 1 StVG die Feststellung einer Atemalkoholkonzentration zu Grunde, müssen im Urteil neben dem Mittelwert auch die zu Grunde liegenden Einzelwerte der Atemalkoholkonzentration mitgeteilt werden (BayObLG NJW 2001, 3138). Steht bei **Vermögensstraftaten** nach der Überzeugung des Tatrichters ein strafbares Verhalten des Täters fest, so kann die Bestimmung des Schuldumfangs im Wege der **Schätzung** erfolgen, wenn sich Feststellungen auf andere Weise nicht treffen lassen. In Fällen dieser Art hat der Tatrichter einen als erwiesen angesehenen **Mindestschuldumfang** festzustellen. Die Feststellung der Zahl der Einzelakte und die Verteilung des Gesamtschadens auf diese Einzelakte erfolgt sodann nach dem Grundsatz „in dubio pro reo". In Fällen, in denen sich im Rahmen der Schätzung konkrete Kriterien für die Aufteilung des festgestellten Mindestschuldumfangs auf Einzeltaten trotz sorgfältiger Würdigung aller Beweisanzeichen nicht feststellen lassen, gebietet dieser Grundsatz im Extremfall die Annahme lediglich einer Tat (BGH wistra 1999, 426). Zur Zulässigkeit der **Schätzung** des Schuldumfangs bei **Serienstraftaten** s. BGH NJW 1995, 1166). Zu Messverfahren bei **Geschwindigkeitsüberschreitungen** s. § 267 Rn. 10.

14 Die Beweiswürdigung muss **erschöpfend** sein. Das bedeutet, dass jede einzelne Beweistatsache für sich allein, insb. jedoch auch im **Zusammenhang** mit den übrigen Erkenntnissen zu würdigen ist (BGH NJW 1980, 2423). Liegen **mehrere Beweisanzeichen** vor, so genügt es nicht, sie jeweils einzeln abzuhandeln, erforderlich ist vielmehr eine **Gesamtwürdigung.** Auch bei entlastenden Angaben des Angeklagten hat der Tatrichter sich eine Überzeugung von der Richtigkeit oder Unrichtigkeit auf Grund des gesamten Beweisergebnisses der Beweisaufnahme zu

Hauptverhandlung **§ 261**

bilden (BGH NStZ 2002, 48; BGH NStZ 2003, 271). Der Richter muss sich mit allen nahe liegenden Möglichkeiten und auch mit solchen Feststellungen auseinandersetzen, die der eigenen Schlussfolgerung widersprechen. Allein auf dieser Grundlage ist seine Gesamtwürdigung „frei" zur Rüge, dass die Urteilsfeststellungen nicht auf dem Inbegriff der Hauptverhandlung beruhen s. § 261 Rn. 21. Zur Begründung eines **freisprechenden Urteils** s. Meyer-Goßner/Appl, Urteile Rn. 619 ff. und vor allem **§ 267 Rn. 24.**

Indizienbeweis (vgl. Nack MDR 1986, 366) ist ein Beweis, bei dem unmittel- 15 bar entscheidungserhebliche **Haupttatsachen** aus **Hilfstatsachen** (Indizien, Beweisanzeichen) geschlossen werden. Für die Feststellung der Hilfstatsachen gilt nichts besonderes; es handelt sich keinesfalls um einen Beweis „minderen Werts". Sämtliche verwerteten Beweisanzeichen müssen zur Überzeugung des Gerichts **feststehen** (BGH MDR 1969, 194). Erst dann ist eine Gesamtwürdigung möglich (vgl. BGH NStZ 1983, 133), welche das Gewicht und das logische Verhältnis der Indizien zueinander zusammenfassend wertet und zu einer Schlussfolgerung über die Haupttatsache führt. Beruht die Schlussfolgerung auf einer **Beweiskette,** bei welcher zunächst aus Beweisanzeichen auf weitere Hilfstatsachen und erst von ihnen auf Haupttatsachen geschlossen wird, so muss die Kette dieser Schlussfolgerungen **lückenlos** sein (vgl. BGH NStZ 1983, 133; 1991, 596); für jeden Beweisschritt gelten die oben dargelegten Regeln ohne Einschränkung.

Der **Grundsatz in dubio pro reo (Zweifelssatz)** ist eine **Entscheidungsregel** 16 des sachlichen Rechts, die Verfassungsrang hat (BayVerfGH NJW 1983, 1600; s. auch Einl. Rn. 12). Eine Beweisregel enthält der Grundsatz nicht. Er greift daher nicht in die Beweiswürdigung ein, sondern schreibt vor, dass ein trotz Ausschöpfung aller Beweismittel (BGH 10, 208 = NJW 1957, 1039) **nicht behebbarer Zweifel** stets zugunsten des Angeklagten wirken muss (BVerfG MDR 1975, 468). Das greift nur ein, wenn der Richter nach erschöpfender Würdigung der Beweise auf der Grundlage seiner Schlussfolgerungen **tatsächlich Zweifel hat,** nicht etwa, wenn sie sich bei abweichender Würdigung möglicherweise ergeben hätten (BVerfG NJW 1988, 477). Die Entscheidungsregel „in dubio pro reo" ist nicht schon dann verletzt, wenn der Richter nicht zweifelte, obwohl er hätte zweifeln müssen, sondern erst dann, wenn er **verurteilt,** obwohl er zweifelt" (BVerfG NJW 2002, 3015). Der Grundsatz „Im Zweifel für den Angeklagten" ist aber keine Beweis-, sondern eine **Entscheidungsregel,** die das Gericht erst dann zu befolgen hat, wenn es nach abgeschlossener Beweiswürdigung nicht die volle Überzeugung vom Vorliegen einer für den Schuld- oder Rechtsfolgenausspruch unmittelbar entscheidungserheblichen Tatsache zu gewinnen vermag. Auf einzelne Elemente der Beweiswürdigung ist er grundsätzlich nicht anwendbar. Er gilt jedenfalls nicht für entlastende Indiztatsachen, aus denen lediglich ein Schluss auf eine unmittelbar entscheidungsrelevante Tatsache gezogen werden kann. Kommt das Gericht bezüglich einer derartigen Indiztatsache zu einem non liquet, hat dies nicht zur Folge, dass sie zugunsten des Angeklagten als bewiesen anzusehen wäre, vielmehr ist sie mit der ihr zukommenden Ungewissheit in die Gesamtwürdigung des für die unmittelbar entscheidungserhebliche Tatsache gewonnenen Beweisergebnisses einzustellen (BGH NStZ 2001, 609; 1999, 205). Der Zweifelssatz bedeutet zwar nicht, dass das Gericht von der dem Angeklagten jeweils (denkbar) günstigsten Fallgestaltung auch dann ausgehen muss, wenn hierfür keine Anhaltspunkte bestehen. Sind aber **mehrere Tatmotive** ausdrücklich als gegeben festgestellt, gebietet es – nach Ausschöpfung aller Aufklärungsmöglichkeiten – der Zweifelssatz, das für den Angeklagten günstigste als leitend anzusehen (BGH StV 2001, 666). Auf die **Unwiderlegbarkeit** einer Einlassung des Angeklagten darf eine Verurteilung nicht gestützt werden (BGH NJW 1988, 779); eine **als wahr unterstellte Tatsache** kann Urteilsgrundlage nur sein, wenn der Richter von ihrem Vorliegen überzeugt ist (vgl. KK-Engelhardt Rn. 57). Was für den Angeklagten im Einzelfall **günstig** ist, ist für jeden Handlungsabschnitt

§ 261

und jede mögliche Reihenfolge gesondert zu prüfen. **Abweichende Feststellungen** können daher sowohl in Bezug auf mehrere Mitangeklagte (BGH GA 1992, 470) als auch hinsichtlich desselben Angeklagten unter unterschiedlichen rechtlichen Gesichtspunkten geboten sein, so etwa, wenn durch Rückrechnung (vgl. dazu Salger DRiZ 1989, 174) die **Blutalkoholkonzentration** des Angeklagten zur Tatzeit einmal unter dem Gesichtspunkt der **Schuldfähigkeit,** einmal unter dem der **Fahrtüchtigkeit** festzustellen ist (vgl. KK-Engelhardt Rn. 57). Zweifel hinsichtlich der Art und des Umfangs der **Tatbeteiligung** eines Angeklagten müssen sich stets auch zugunsten eines Mitangeklagten auswirken, wenn das für diesen günstiger ist. Werden in einem Verfahren **mehrere** Angeklagte abgeurteilt, so können nicht Feststellungen, die nach dem **Zweifelssatz zugunsten eines Angeklagten** getroffen sind, Grundlage für Feststellungen **zum Nachteil eines anderen Angeklagten** sein. Ebenso können Feststellungen, die in einem anderen Verfahren gegen den damaligen Angeklagten auf der Grundlage des Zweifelsatzes getroffen wurden, in einem späteren Verfahren Grundlage für Feststellungen zum Nachteil des Angeklagten dieses Verfahrens sein (BGH NStZ-RR 2001, 18).

17 Der **Zweifelssatz gilt umfassend** hinsichtlich aller entscheidungserheblichen Tatsachen objektiver und subjektiver Art, insb. auch für die tatsächlichen Voraussetzungen des **Tatbestandsirrtums** (RG 64, 25), des **Verbotsirrtums** (Bay ObLG NJW 1954, 811), des Vorliegens von **Tatmehrheit oder Tateinheit** (BGH MDR 1972, 923; das soll für die fortgesetzte Tat nicht gelten, BGH 23, 33, 35 = NJW 1969, 2209) und von **Rechtfertigungs- und Entschuldigungsgründen** (vgl. KK-Engelhardt Rn. 58). Das Vorliegen eines **Rechtfertigungsgrundes** darf nicht allein auf Grund einer im Übrigen als widerlegt angesehenen Einlassung des Angeklagten ausgeschlossen werden (BGH NStZ-RR 1996, 73). Auch für die tatsächlichen Voraussetzungen der **Rechtsfolgenentscheidung,** etwa der Anordnung einer Maßregel oder der Annahme verminderter Schuldfähigkeit (BGH NStZ 1987, 70), gilt der Grundsatz. Im Einzelnen umstritten ist die Frage, ob der Zweifelssatz beim **mittelbaren Beweis** stets auf das einzelne Indiz (und dann ggf. nochmals im Rahmen der Gesamtwürdigung) anzuwenden ist. Dies führt bspw. bei der Prüfung von §§ 20, 21 StGB dazu, zunächst bei Ermittlung der Tatzeit-BAK **im Zweifel** von den für den Angeklagten günstigsten Rückrechnungswerten auszugehen und das so gewonnene Indiz (BAK) dann in eine Gesamtwürdigung der Einsichts- und Steuerungsfähigkeit einzustellen, bei der der Zweifelssatz wiederum uneingeschränkt gilt (vgl. BGH 37, 231, 239 f.). Dies führt regelmäßig zu einer Vernachlässigung des Leistungsverhaltens insb. im Bereich zwischen 2,0 und 3,0‰ BAK (vgl. Foth NJ 1991, 386). Es ist daher daran festzuhalten, dass der Zweifelssatz für das **einzelne Indiz** nicht gilt (vgl. BGH 25, 285 = NJW 1974, 869; 36, 286, 291 = NJW 1990, 778; Meyer-Goßner Rn. 29 mwN; s. vor allem Rn. 16 mit BGH NStZ 1999, 205).

18 Im Bereich der **Prozessvoraussetzungen** gilt der Zweifelssatz nur sehr eingeschränkt (vgl. BGH 18, 274, 277 = NJW 1963, 1209); er ist grds. auf den sachlichrechtlichen Bereich beschränkt. Die Durchführung eines Verfahrens ist nur zulässig, wenn die prozessualen Voraussetzungen **sicher** feststehen. Anwendung findet der Zweifelssatz auf die Frage der **Verjährung** einer Tat (BGH 18, 277), des **Strafklageverbrauchs** durch eine frühere Verurteilung (BayObLG NJW 1968, 2118), des **Antragserfordernisses** nach § 247 StGB (BayObLG NJW 1961, 66) oder der **Rechtzeitigkeit eines Strafantrags** (RG 47, 238), weiterhin mit Einschränkungen (BGH MDR 1973, 902; NStZ 1988, 213 mwN) für die Beurteilung der **Verhandlungsfähigkeit** des Angeklagten (BGH NStZ 1984, 520). Dagegen gilt der Grundsatz **nicht** bei Zweifeln über die **formellen** Voraussetzungen der Anwendung eines **Amnestiegesetzes** (BGH JR 1954, 351). Auch für die Frage der **Rechtzeitigkeit einer Rechtsmitteleinlegung** und der Wirksamkeit einer **Rücknahme-** (BGH 10, 245 = NJW 1957, 1040) oder **Verzichtserklärung**

(BGH NStZ 1985, 207) gilt der Zweifelssatz nicht (vgl. KK-Engelhardt Rn. 62), ebenso wenig für das Vorliegen der Voraussetzungen eines **Zeugnisverweigerungsrechts** und eines Beweis(verwertungs)verbots (Meyer-Goßner Rn. 35 mwN). Im **Revisionsverfahren** müssen Verfahrensverstöße **nachgewiesen** sein; bleiben sie unbewiesen, so ist die Verfahrensrüge unzulässig (BGH 16, 164, 165 = NJW 1961, 1979). Auf **Rechtsfragen** ist der Zweifelssatz nicht anwendbar (BGH 14, 68, 73).

Wahlfeststellung (vgl. dazu KK-Engelhardt Rn. 67 ff.) ist möglich als Verurteilung auf **mehrdeutiger Tatsachengrundlage** (echte oder ungleichartige Wahlfeststellung) oder als **Tatsachenalternativität ohne alternative Gesetzesanwendung** (unechte oder gleichartige Wahlfeststellung). Zulässig ist sie, wenn das Gericht nach Ausschöpfung aller Beweismittel (§ 244 Abs. 2; vgl. BGH 21, 152 = NJW 1967, 359) zu der Überzeugung gelangt, dass **einer von mehreren** möglichen Geschehensabläufen mit Sicherheit vorliegt (BGH 12, 386, 389 = NJW 1959, 896), jedoch nicht festgestellt werden kann, welche der möglichen Tatsachenalternativen gegeben ist. Die Möglichkeiten müssen sich gegenseitig ausschließen; andere denkbare Geschehensabläufe müssen hingegen mit Sicherheit ausgeschlossen sein (BGH NStZ 1986, 373). Daraus folgt, dass die Anwendung des Grundsatzes „**in dubio pro reo**" sowie das Vorhandensein eines **Auffangtatbestandes** der Wahlfeststellung stets vorgehen. Läßt sich ein nicht strafbarer Geschehensablauf nicht ausschließen, so ist freizusprechen. Besteht zwischen den möglichen Tatsachenalternativen ein **Stufenverhältnis**, so ist wegen des minder schweren Delikts zu verurteilen, insb. im Verhältnis von Grunddelikt und Qualifizierung oder Privilegierung (BGH 36, 262, 268 = NJW 1990, 129), jedoch auch, wenn die alternativen Sachverhalte im Verhältnis eines „Mehr zum Weniger" (KK-Engelhardt Rn. 69) stehen, so **Versuch und Vollendung** (BGH 22, 154, 156 = NJW 1968, 1888), **Täterschaft und Beihilfe** (BGH 23, 203, 204 = NJW 1970, 668), **Anstiftung und Beihilfe** (BGH 31, 136 = NJW 1983, 239), **Vorsatz und Fahrlässigkeit** (BGH 4, 340 = NJW 1953, 1721), **Vollrausch (§ 323 a StGB) und Rauschtat** (BGH 32, 48, 56 = NJW 1953, 2889). Auch eine **Postpendenzfeststellung** schließt eine wahldeutige Verurteilung aus (BGH 35, 86; NStZ 1989, 266). Voraussetzung einer echten Wahlfeststellung (Gesetzesalternativität) ist, dass die mehreren möglichen Verhaltensweisen des Täters **rechtsethisch und psychologisch gleichwertig** sind (BGH 1, 275 = NJW 1952, 193). Liegt eine solche Vergleichbarkeit nicht vor, ist auf jede der Sachverhaltsalternativen der Zweifelssatz anzuwenden und ggf. freizusprechen (BGH 22, 154; zu Einzelheiten und Kasuistik vgl. KK-Engelhardt Rn. 74 ff.). Tatsachenalternativität führt nicht zum Teilfreispruch, wenn der Eröffnungsbeschluss Tatmehrheit zwischen beiden Alternativen angenommen hatte (BGH 36, 262, 269 = NJW 1990, 129).

Revision. Die Beweiswürdigung ist **alleinige Aufgabe des Tatrichters**. Das Revisionsgericht kann (auf die Sachbeschwerde) nur bei Rechtsfehlern eingreifen, wenn also die Beweiswürdigung widersprüchlich, unklar oder nicht erschöpfend ist, wenn sie gesicherte, wissenschaftliche Erkenntnisse, Denkgesetze oder Erfahrungssätze verstößt oder wenn an die zur Verurteilung erforderlichen Gewissheit zu hohe Anforderungen gestellt worden sind (BGH NStZ 1983, 212; 1984, 17; 1984, 180; KK-Schoreit Rn. 51). Dem Revisionsgericht ist es vor allem verwehrt, die Beweiswürdigung des Tatrichters durch seine eigene zu ersetzen (BGH 10, 210 = NJW 1957, 1039). Es kommt nicht darauf an, ob das Revisionsgericht angefallene Erkenntnisse anders gewürdigt oder Zweifel überwunden hätte. Daran ändert sich nicht einmal dann etwas, wenn eine vom Tatrichter getroffene Feststellung „lebensfremd erscheinen" mag (BGH NStZ 2003, 371). Die **Revision** kann sich mit der **Sachrüge** dagegen wenden, dass die **Beweiswürdigung** sich so sehr von einer festen Tatsachengrundlage entfernt, dass die Schlussfolgerungen des Gerichts letztlich bloße Vermutungen sind (BGH NStZ 1986, 373). Die Beweiswürdigung ist **fehlerhaft**, wenn eine nach den Feststellungen **naheliegende Schlussfolgerung**

nicht gezogen ist, ohne dass konkrete Gründe angeführt sind, die dieses Ergebnis stützen können. Es ist aber weder im Hinblick auf den Zweifelssatz noch sonst geboten, zu Gunsten des Angeklagten Tatvarianten zu unterstellen, für deren Vorliegen keine konkreten Anhaltspunkte erbracht sind (BGH NStZ-RR 2003, 371). Je weniger konkrete Tatsachen über den Schuldvorwurf bekannt sind, umso fraglicher kann es sein, ob der Richter von der Tatbestandsverwirklichung durch den Angeklagten überhaupt überzeugt sein kann (BGH NStZ 1995, 204). Das **Revisionsgericht** ist ausnahmsweise nicht an die tatrichterliche Überzeugung vom Tatgeschehen gebunden, wenn diese auf einer Schlussfolgerung beruht, die sich so sehr von einer festen Tatsachengrundlage entfernt, dass sie letztlich nur eine Annahme ist oder sich als bloße Vermutung erweist, die nicht mehr als einen **bloßen Verdacht** zu begründen vermag. Ein solcher Fall und damit ein Verstoß gegen den **Zweifelsgrundsatz** liegt vor, wenn allein aus der Tatsache, dass der Angeklagte – wie sein das Tötungsdelikt ausführender Mittäter – bei dem vorausgegangenen Banküberfall und der anschließenden Flucht eine Schusswaffe bei sich trug, auf einen zuvor von beiden gefassten Entschluss, notfalls einen Menschen zu erschießen, geschlossen wird (BGH NStZ-RR 1996, 202). Auch der Verstoß gegen die Pflicht zur **erschöpfenden Beweiswürdigung** (BGH 29, 18, 20 = NJW 1979, 2318) sowie gegen die Gesetze der **Logik** oder der **Lebenserfahrung** kann mit der Sachrüge angegriffen werden; ebenso die Nichtanwendung des **Zweifelssatzes**, wenn sich aus den Urteilsgründen selbst ergibt, dass das Gericht seine Zweifel nicht überwunden hat (BVerfG MDR 1975, 468). Die fehlerhafte Anwendung des Zweifelssatzes wird gleichfalls auf die Sachrüge hin überprüft, insb. wenn aus nur **in dubio** festgestellten Tatsachen in anderem Zusammenhang für den Angeklagten nachteilige Schlussfolgerungen gezogen wurden (o. Rn. 16). Die Sachrüge hat auch Erfolg, wenn der Tatrichter an die zur Verurteilung hinreichende Gewissheit überspannte Anforderungen gestellt hat (BGH StV 1991, 452). In welchem Umfang die Beweiswürdigung des Tatrichters darüber hinaus einer Prüfung durch das Revisionsgericht zugänglich ist, ist im Einzelnen streitig (vgl. § 337 Rn. 12 ff.). Ein **freisprechendes Urteil** muss sich in aller Regel dazu verhalten, ob und ggf. welche Einlassung der Angeklagte abgegeben hat (BGH NStZ-RR 1997, 172). Die Formel, die Sachverhaltsannahmen des Richters müssten, um rechtsfehlerfrei zu sein, „mindestens in hohem Maße wahrscheinlich" und in den Urteilsgründen intersubjektiv vermittelbar dargestellt sein (vgl. KK-Herdegen § 244 Rn. 4, 26, 40), kann im Ergebnis zu sehr weitreichenden Eingriffen in die tatrichterliche Beweiswürdigung führen (vgl. § 337 Rn. 14). Ist diese nicht widersprüchlich, unklar oder lückenhaft und verstößt sie nicht gegen Denkgesetze, wissenschaftliche Erkenntnisse oder gesicherte Erfahrungssätze, so bezeichnet die **Unzulässigkeit der Rekonstruktion der Hauptverhandlung** aber die Grenze des Revisionsverfahrens und damit auch der die Beweiswürdigung angreifenden Sachrüge (vgl. KK-Engelhardt Rn. 51). **Unzulässig** ist daher die Rüge, eine Beweisperson habe anders als im Urteil wiedergegeben ausgesagt (BGH 21, 149, 151 = NJW 1967, 213; BGH NStZ 1990, 35; vgl. Herdegen in FS-Salger S. 313), eine Urkunde sei nicht richtig ausgelegt oder ein Lichtbild nicht zutreffend ausgewertet (zum letzteren BGH 29, 18) oder eine Tatsache zu unrecht als offenkundig behandelt worden (KK-Engelhardt Rn. 54; Ausnahme bei Allgemeinkundigkeit, vgl. BGH 6, 292, 296 = NJW 1954, 1656). Der Beschwerdeführer kann mit der Sachrüge gegenüber dem Ergebnis eines zur Reife- und Schuldfähigkeitsbeurteilung erstatteten Gutachtens nicht mit Erfolg geltend machen, dass ein am Verfahren **nicht beteiligter Sachverständiger** zu den entscheidenden Beweisfragen eine von dem gehörten Sachverständigen abweichende Auffassung vetritt (BGH NJW 1998, 3654). Zu Revisionsgericht u. Strafzumessung s. § 313 Rn. 1.

21   Die **Verfahrensrüge** der Verletzung des § 261 hat Erfolg, wenn ohne Rekonstruktion der Beweisaufnahme festgestellt werden kann, dass die Urteilsfeststellungen

Hauptverhandlung § 262

nicht auf dem Inbegriff der Hauptverhandlung beruhen (BGH 29, 18, 21; BGH NStZ-RR 1998, 17). Das ist dann der Fall, wenn der Inhalt einer in der Hauptverhandlung **verlesenen Urkunde** im Urteil unrichtig wiedergegeben wird (BGH StV 1993, 115), wenn sich aus dem Urteil selbst ergibt, dass nicht die (verwertbare) Aussage eines Zeugen, sondern der (unverwertbare) Inhalt einer ihm vorgehaltenen Urkunde Urteilsgrundlage war (BGH 11, 159, 161 = NJW 1958, 559), wenn im Rahmen der **Beweiswürdigung** einer verlesenen Urkunde ein Inhalt beigemessen, der im Widerspruch zu ihrem Wortlaut steht, so liegt ein Verstoß gegen § 261 vor (BGH NStZ-RR 2003, 52), wenn Beweismittel im Urteil verwertet sind, deren ordnungsgemäße Einführung in die Hauptverhandlung sich aus dem Protokoll nicht ergibt (BayObLG NStZ 1994, 577) oder wenn im Urteil Schlussfolgerungen aus Vorgängen in der Hauptverhandlung gezogen werden, die sich tatsächlich nicht zugetragen haben (KK-Engelhardt Rn. 52). Rechtsfehlerhaft ist auch die Verwertung von **Demonstrationen,** die im Rahmen einer Sachverständigen- oder Zeugenvernehmung durchgeführt wurden, als selbstständiger **Augenschein,** wenn eine solche Beweiserhebung nicht angeordnet und protokolliert wurde (vgl. BGH NStZ 1995, 19). Der Verfahrensfehler muss (idR durch das Hauptverhandlungsprotokoll oder durch dienstliche Erklärungen) **nachgewiesen** sein (vgl. § 337 Rn. 6). Die Rüge, eine im Urteil verwertete Urkunde sei nicht verlesen worden, greift daher nur durch, wenn sich ausschließen lässt, dass ihr Inhalt durch **Vorhalt** eingeführt wurde (BGH NJW 1990, 1189; zw. OLG Düsseldorf StV 1995, 120 m. Anm. Hellmann). Der Beschwerdeführer kann mit der **Sachrüge** gegenüber dem Ergebnis eines zur Reife- und Schuldfähigkeitsbeurteilung erstatteten Gutachten nicht mit Erfolg geltend machen, dass ein am Verfahren nicht beteiligter Sachverständiger zu den entscheidenden Beweisfragen eine von dem gehörten Sachverständigen abweichende Auffassung vertritt. Der Verteidigung hätte es offengestanden, nach §§ 220, 245 Abs. 2 nötigenfalls einen weiteren psychiatrischen Sachverständigen als eigenes Beweismittel in die Hauptverhandlung einzuführen. Dass die Verteidigung dies unterlassen hat, kann nicht im Nachhinein einen Verfahrensfehler des LG begründen (BGH VRS Bd. 95, 30). Die Rüge, dass die Urteilsfeststellungen entweder nicht auf dem **Inbegriff der Hauptverhandlung** beruhen oder unter Verletzung der **Aufklärungspflicht** zustande gekommen sind, ist ausnahmsweise dann zulässig, wenn der Akteninhalt **ohne weiteres die Unrichtigkeit** der Urteilsfeststellungen beweist (BGH StV 2000, 293). Der Tatrichter verstößt gegen § 261 StPO, wenn er Briefe einer Zeugin für die Beurteilung der Glaubhaftigkeit ihrer Aussage heranzieht, **ohne sie vollständig durch Verlesung** in die Hauptverhandlung einzuführen (BGH, NStZ 2004, 279). Dies gilt auch bei schriftlichen Erklärungen des Verteidigers (BGH NStZ 2004, 392). Die Rüge, ein **Schöffe habe Einsicht in die Anklageschrift mit dem** wesentlichen Ergebnis der Ermittlungen genommen und daher liege ein Verstoß gegen die Grundsätze der Mündlichkeit und Unmittelbarkeit vor, ist nicht mehr ohne weiteres erfolgreich. Die neuere Rspr. und Ansicht geht dahin, dass besondere Umstände vorliegen müssen, die eine Beeinflussung des Schöffen befürchten lassen (BGH 43, 360 = NJW 1998, 1163; BGH NJW 1987, 1209; vgl. auch § 30 GVG Rn. 2 zur Forderung auf Gewährung von Akteneinsicht für Schöffen). Zum **alternativen Rügevorbringen** der Verletzung von § 261 **oder** § 244 Abs. 2 vgl. BGH NJW 1992, 2840; Herdegen FS Salger S. 318; Schlothauer StV 1992, 134, 139 (vgl. dazu § 244 Rn. 50, § 337 Rn. 8).

§ 262 [Zivilrechtliche Vorfragen]

(1) **Hängt die Strafbarkeit einer Handlung von der Beurteilung eines bürgerlichen Rechtsverhältnisses ab, so entscheidet das Strafgericht auch über dieses nach den für das Verfahren und den Beweis in Strafsachen geltenden Vorschriften.**

§ 262

Zweites Buch. 6. Abschnitt

(2) **Das Gericht ist jedoch befugt, die Untersuchung auszusetzen und einem der Beteiligten zur Erhebung der Zivilklage eine Frist zu bestimmen oder das Urteil des Zivilgerichts abzuwarten.**

1 **Abs. 1** gilt nicht nur für zivilrechtliche Vorfragen, sondern grds. auch für solche auf anderen Rechtsgebieten (BayObLG 1960, 94 = NJW 1960, 1534; vgl. Kissel, FS für Pfeiffer S. 196; i. E. Weber, FS Trusen S. 591 ff.). Das Strafgericht entscheidet diese Fragen ohne Bindungswirkung nach den Verfahrensregeln des Strafprozesses; es gelten also insb. das **Amtsermittlungsprinzip** und die Grundsätze der **freien Beweiswürdigung** (RG 43, 373, 377) und des **Zweifelssatzes** (vgl. Weber, FS für Trusen S. 591, 595 ff.).

2 Voraussetzung einer **Aussetzung (Abs. 2)** ist, dass die Strafbarkeit einer Handlung von der Beurteilung einer außerstrafrechtlichen Vorfrage abhängt. Eine Aussetzung zum Zweck des Abwartens einer Beweisaufnahme in einem anderen Verfahren oder einer Grundsatzentscheidung des Revisionsgerichts ist unzulässig (KK-Engelhardt Rn. 7). Die Aussetzung, die durch **Gerichtsbeschluss** erfolgt, steht im **pflichtgemäßen Ermessen** des Gerichts, sofern nicht zwingende Sonderregelungen (vgl. Art. 100 Abs. 1 GG) die Aussetzung vorschreiben. Die Entscheidung ergeht vAw oder auf Antrag nach Anhörung der Prozessbeteiligten. Eine **Verjährungsunterbrechung** (§ 78 b Abs. 1 StGB) tritt durch die Aussetzung nicht ein. Eine Fortsetzung des Verfahrens vAw ist jederzeit möglich. Die Vorschrift gilt auch im **Berufungsverfahren,** nicht aber im **Revisions-** und Rechtsbeschwerdeverfahren. Eine entspr. Anwendung kommt in Betracht, wenn hinsichtlich der die Grundlage der Verurteilung bildenden Rechtsnorm ein **Normenkontrollverfahren** anhängig ist, dessen Erfolg nicht offensichtlich ausgeschlossen ist (BayObLG NStZ 1995, 117).

3 Die **Fristsetzung** zur Erhebung der Zivil- oder anderen Klage steht gleichfalls im gerichtlichen Ermessen. Sie begründet keine Pflicht zur Klageerhebung; nach fruchtlosem Fristablauf ist das Strafverfahren fortzusetzen.

4 Eine **Bindung** des Gerichts an Entscheidungen anderer Gerichte besteht grds. nicht. Ausnahmen gelten für **Urteile, die für und gegen alle wirken** (zB Vaterschaftsfeststellung, § 1600a BGB; BGH 26, 111 = NJW 1975, 1232), **rechtsgestaltende Urteile** (zB Ehescheidung, RG 14, 364, 374) und **Verwaltungsakte** (zB Tilgung von Eintragungen im BZR; BGH 20, 205 = NJW 1965, 1030), sofern sie nicht nichtig sind (§ 44 Abs. 1 VwVfG). An Urteile anderer Gerichte, die über die Vorfrage bereits entschieden haben, ist der Strafrichter, von diesen Ausnahmen abgesehen, nicht gebunden. Auch eine Bindung an das Urteil des Zivilgerichts, das nach Aussetzung (Abs. 2) ergeht, besteht nicht; das Strafgericht kann sein Urteil aber auf die vorgreifliche Entscheidung stützen und muss Beweise, sofern § 244 Abs. 2 nicht entgegensteht, nicht nochmals erheben. Im Verfahren wegen Verstoß gegen § 170 b StGB muss das Strafgericht selbstständig das Bestehen einer Unterhaltspflicht prüfen, auch wenn ein entsprechendes Zivilurteil rechtskräftig war (BGH 5, 106 = NJW 1954, 81; str., vgl. Meyer-Goßner Rn. 4 mwN).

5 **Beschwerde** (§ 304) ist mit der Begründung zulässig, dass die Voraussetzungen einer Aussetzung nicht vorliegen (OLG Düsseldorf MDR 1992, 989). Die Nichtaussetzung kann mit der Beschwerde nicht angefochten werden (§ 305 S. 1).

6 Die **Revision** kann die Nichtaussetzung mit der **Aufklärungsrüge** angreifen. Sie kann aber im Allgemeinen nicht darauf gestützt werden, dass der Richter von seinem Aussetzungsbefugnis keinen Gebrauch gemacht hat (OLG Düsseldorf StV 1995, 459). Die Verletzung von § 262 kann gerügt werden, wenn das Gericht zu Unrecht eine Bindungswirkung des anderen Urteils annimmt (KK-Engelhardt Rn. 13).

§ 263 [Abstimmung]

(1) **Zu jeder dem Angeklagten nachteiligen Entscheidung über die Schuldfrage und die Rechtsfolgen der Tat ist eine Mehrheit von zwei Dritteln der Stimmen erforderlich.**

(2) **Die Schuldfrage umfaßt auch solche vom Strafgesetz besonders vorgesehene Umstände, welche die Strafbarkeit ausschließen, vermindern oder erhöhen.**

(3) **Die Schuldfrage umfaßt nicht die Voraussetzungen der Verjährung.**

Grundsätzlich geregelt ist die Abstimmung in § 196 GVG; danach entscheidet 1 ein Kollegialgericht mit einfacher Stimmenmehrheit (§ 196 Abs. 1). § 263 trifft eine **Sonderregelung** für die Schuld- und Rechtsfolgenfrage. Nur zu dem **Angeklagten nachteiligen Entscheidungen über die Schuldfrage** und die **Rechtsfolgen der Tat** ist Zweidrittelmehrheit erforderlich. In allen anderen Fragen genügt die einfache Stimmenmehrheit (§ 196 Abs. 1 GVG). Für das **Revisionsgericht** ist Zweidrittelmehrheit nur erforderlich, wenn es ausnahmsweise in der Sache selbst (§ 354 Abs. 1) zum Nachteil des Angeklagten entscheidet; sonst genügt (von § 349 abgesehen) einfache Mehrheit (KK-Engelhardt Rn. 2).

Die **Schuldfrage** betrifft die Entscheidung, ob der Angeklagte einer **bestimm-** 2 **ten Straftat** schuldig ist. Über die Schuld wird **im Ganzen** abgestimmt; eine informatorische **Teilabstimmung** (zB über eine bestimmte Subsumtion, über einen Rechtfertigungsgrund, die Schuldform oder die Schuldfähigkeit) ist zulässig, jedoch für die abschließende Gesamtabstimmung ohne Bindungswirkung (BGH DRiZ 1976, 319). Zur Schuldfrage gehören nach **Abs. 2** alle Rechtfertigungs-, Entschuldigungs- und Strafaufhebungsgründe sowie privilegierende und qualifizierende Tatbestandsmerkmale (vgl. KK-Engelhardt Rn. 4 ff.).

Die **Rechtsfolgenfrage** betrifft die Festsetzung aller im Strafverfahren mögli- 3 chen Rechtsfolgen der Tat und die Feststellung ihrer Voraussetzungen. Dazu gehören u. a. die Entscheidungen über die Anwendung von Jugendstrafrecht (§ 105 JGG; BGH 5, 207 = NJW 1954, 260), über das Vorliegen eines minder schweren oder besonders schweren Falles, soweit sie nicht tatbestandlich, sondern durch Regelbeispiele bestimmt sind, die Anwendung von § 47 StGB und die über die Strafaussetzung zur Bewährung. Eine Teilabstimmung ist insoweit zulässig (Meyer-Goßner Rn. 8).

In allen anderen Fragen, zB über das Vorliegen von Verfahrensvoraussetzungen 4 sowie über Kosten- und Entschädigungsfragen, reicht die einfache Stimmenmehrheit (§ 196 Abs. 1 GVG).

Eine **Offenbarung des Abstimmungsergebnisses** im Urteil oder auf son- 5 stige Weise verstößt gegen das Beratungsgeheimnis (§ 43 DRiG) und ist daher unzulässig (BGH DRiZ 1976, 319). Auch mit der **Revisionsrüge** des Verstoßes gegen § 263 kann eine Offenlegung der Abstimmung, etwa durch dienstliche Äußerungen, nicht erzwungen werden (vgl. KK-Engelhardt Rn. 9). Eine **Ausnahme** kann für den Fall von Abstimmungsfehlern oder Meinungsverschiedenheiten gerade über die Art der Abstimmung gelten. Die **Revision** kann stets darauf gestützt werden, dass eine Beratung und Abstimmung nicht stattgefunden hat (BGH 19, 156 = NJW 1964, 308; BGH NJW 1987, 3210); die **Dauer** der Urteilsberatung ist revisionsrechtlich nicht überprüfbar (BGH 37, 141 = NJW 1991, 50). **Fehler beim Abstimmungsverfahren** (s. hierzu auch § 194 GVG Rn. 1 ff.) können mit der Revision grundsätzlich nur dann erfolgreich gerügt werden, wenn das Gericht sie in den Entscheidungsgründen offenlegt (BGH MDR 1976, 989).

§ 264 [Gegenstand des Urteils]

(1) **Gegenstand der Urteilsfindung ist die in der Anklage bezeichnete Tat, wie sie sich nach dem Ergebnis der Verhandlung darstellt.**

(2) **Das Gericht ist an die Beurteilung der Tat, die dem Beschluß über die Eröffnung des Hauptverfahrens zugrunde liegt, nicht gebunden.**

1   Die Bestimmung der abzuurteilenden **Tat** ist von entscheidender Bedeutung für den Strafprozess: Soweit die **Tat** – als Lebenssachverhalt – reicht, ist das Gericht zur umfassenden Aufklärung und rechtlichen Würdigung verpflichtet, und zwar ohne Rücksicht auf den Verfolgungswillen der StA (BGH 23, 270, 275 = NJW 1970, 1427); dieser ist insoweit **unteilbar** (BGH 16, 200, 202 = NJW 1961, 1981), soweit nicht eine Beschränkung des Verfahrens gesetzlich zugelassen ist (vgl. §§ 154a, 158). Der Tatrichter ist – nach einem Hinweis auf die Veränderung des rechtlichen Gesichtspunktes (§ 265) – gemäß § 264 **von Amts wegen,** also ohne eines entsprechenden Antrags der StA und ohne Bindung an die Einschätzung des Sichtungsvertreters der StA, verpflichtet, den Unrechtsgehalt der prozessualen Tat **auszuschöpfen.** Innerhalb derselben prozessualen Tat ist nämlich der Verfolgungswille der StA grundsätzlich unteilbar (BGH NStZ 2001, 440). Soweit der Tatbegriff des § 264 reicht, ist eine **Umgestaltung der Strafklage** (§ 265) zulässig; jenseits dieser Grenze ist Nachtragsanklage (§ 266) zu erheben oder das Verfahren mangels wirksamer Anklage einzustellen (§ 260 Abs. 3). Eine Abtrennung von Verfahrensteilen ist zulässig, wenn es sich bei dem abgetrennten Verfahrensstoff um **selbstständige prozessuale Taten** handelt. Unzulässig ist sie aber, wenn sie eine Aufspaltung ein und der selben prozessualen Tat, also des von der Anklage umfassten geschichtlichen Vorgangs bewirken würde (BGH NStZ 2002, 105). Da der verfahrensrechtliche Tatbegriff des § 264 derselbe ist wie der des Art. 103 Abs. 3 GG (BVerfG 45, 434 = NJW 1978, 414; 56, 22 = NJW 1981, 1433; BGH 32, 146, 150), ist in den Grenzen der angeklagten Tat eine **anderweitige Rechtshängigkeit** ausgeschlossen; in diesem Umfang tritt durch rechtskräftigen Verfahrensabschluss **Strafklageverbrauch** ein (BGH 29, 288, 292 = NStZ 1981, 72).

2   **Der prozessuale Tatbegriff** ist selbstständig und von dem materiellrechtlichen Begriff der Tat in §§ 52 ff. StGB nicht abzuleiten (BVerfG 56, 22 = NJW 1981, 1433); es wäre verfehlt, den Umfang der gerichtlichen Kognitionspflicht nach Strafzumessungsregeln zu bestimmen. „Die Tat als Gegenstand der Urteilsfindung ist der **geschichtliche Vorgang,** auf den Anklage und Eröffnungsbeschluss hinweisen und innerhalb dessen der Angeklagte einen Straftatbestand verwirklicht haben soll. Hierbei handelt es sich um einen **eigenständigen** Begriff; er ist weiter als derjenige der Handlung im Sinne des sachlichen Rechts. **Zur Tat im prozessualen Sinn** gehört – unabhängig davon, ob Tateinheit (§ 52 StGB) oder Tatmehrheit (§ 53 StGB) vorliegt – das **gesamte Verhalten** des Täters, soweit es nach der Auffassung des Lebens einen einheitlichen Vorgang darstellt. Somit umfasst der Lebensvorgang, aus dem die zugelassene Anklage einen strafrechtlichen Vorwurf herleitet, alle damit zusammenhängenden und darauf bezüglichen Vorkommnisse, auch wenn diese Umstände in der Anklageschrift nicht ausdrücklich erwähnt sind. Bei der Beurteilung dieser Frage kommt es auf die Umstände des Einzelfalles an. **Entscheidend** ist, ob zwischen den in Betracht kommenden Verhaltensweisen – unter Berücksichtigung ihrer strafrechtlichen Bedeutung – **ein enger sachlicher Zusammenhang besteht;** zeitliches Zusammentreffen der einzelnen Handlungen ist weder erforderlich noch ausreichend" (BGH NStZ-RR 2004, 82 mwN). Auch für das **Steuerstrafrecht** gilt der weite Tatbegriff iS von § 264 Abs. 1 (OLG Frankfurt NStZ-RR 2001, 141). Die **Brandstiftung** und der darauf beruhende (versuchte) Betrug zum Nachteil der Versicherung sind regelmäßig eine prozessuale Tat iSd § 264 (BGH 45, 211 = NW 2000, 226). Der Begriff der prozessualen Tat umfasst also nicht nur das

Hauptverhandlung **§ 264**

Einzelne in Anklage und Eröffnungsbeschluss erwähnte Tun des Angeklagten, sondern den ganzen, nach der Auffassung des Lebens eine Einheit bildenden, geschichtlichen Vorgang, innerhalb dessen der Angeklagte als Täter einen Straftatbestand verwirklicht haben soll. „**Verändert** sich im Laufe des Verfahrens das Bild des Geschehens, auf das die Anklage hinweist, so kommt es stets darauf an, ob die Nämlichkeit der Tat trotz dieser Veränderung noch gewahrt ist. Bedeutsam ist, ob bestimmte Merkmale die Tat als einmaliges, unverwechselbares Geschehen kennzeichnen" (BGH NStZ-RR 1998, 305; BGH 32, 218 = NJW 1984, 808). Aber die gewaltsame Wiederbeschaffung gestohlenen, zum Handeltreiben bestimmten **Rauschgifts** ist im Verhältnis zum früheren Handeltreiben mit diesem Rauschgift eine eigene Tat im **sachlich-rechtlichen** und **verfahrensrechtlichen** Sinne (BGH 43, 252 = NJW 1998, 168). Grundlage eines Schuldspruchs kann nur die Feststellung einer nach **Ort und Zeit** bestimmten, in Form und Umständen **konkretisierten** Handlung sein (BGH StV 1994, 114). Bei der Abgrenzung kommt es auf die Umstände des Einzelfalls an (BGH NStZ 1984, 469). Liegen der Anklage mehrere voneinander getrennte Vorgänge und Handlungen zugrunde, so ist auf ihren sachlichen Zusammenhang und auf ihre räumliche und zeitliche Verknüpfung abzustellen. Die Formel, eine Tat sei anzunehmen, wenn die getrennte Aburteilung einen einheitlichen Lebensvorgang unnatürlich aufspalten würde (BVerfG 45, 434 = NJW 1978, 414; BGH 35, 14 = NJW 1988, 1800), hat demgegenüber keinen weitergehenden Erklärungsgehalt. Besteht das angeklagte und abgeurteilte Verhalten in einem **Unterlassen**, so kommt es bei der Beurteilung der Identität der Tat weniger auf die zeitliche Einordnung als darauf an, „ob zwischen den Situationen, aus denen heraus die Handlungspflicht entsteht, ein enger Zusammenhang besteht" (BGH NStZ 1995, 46).

Liegt **materiellrechtlich eine Tat** vor, so ist regelmäßig eine einheitliche Tat **3** iSd § 264 gegeben (BGH 26, 284, 285 = NJW 1976, 1512). Das gilt nicht nur für die **natürliche Handlungseinheit** (vgl. BGH 22, 67, 76 = NJW 1968, 1244), sondern grds. auch in allen Fällen der **rechtlichen Handlungseinheit.** „Ist ein Geschehen materiellrechtlich zur Tateinheit verbunden, so liegt idR auch nur eine Tat im prozessualen Sinne vor (BGHSt 8, 92, 94, 95; BGH NStZ 1984, 171, 172 mwN), denn der dem Gericht zur Beurteilung unterbreitete Sachverhalt muss alle Tatsachen umfassen, für die nach sachlichem Recht eine einheitliche Rechtsfolge zu verhängen ist" (BGH wistra 1997, 229). Soweit die Rechtsfigur der **fortgesetzten Handlung** noch Anwendung findet (vgl. BGH – GrS NJW 1994, 1663; § 260 Rn. 6), gehören daher alle, auch die nicht in der Anklage aufgeführten Einzelakte zur angeklagten Tat (BGH 9, 324, 334 = NJW 1956, 1725). Selbst wenn nur ein Einzelakt der fortgesetzten Handlung angeklagt ist (BGH 27, 115 = NJW 1977, 1729), ist Gegenstand der Aburteilung der gesamte Fortsetzungszusammenhang bis zur letzten Tatsachenverhandlung (BGH StV 1986, 141). Da das Strafurteil sich stets nur auf Vergangenes beziehen kann, wird die prozessuale wie die materiellrechtliche Einheitlichkeit der fortgesetzten Handlung durch das letzte Tatsachenurteil unterbrochen. Soweit dies dem Begriff der fortgesetzten Handlung widerspricht, ist das in Inkonsequenzen dieses Begriffs selbst begründet (vgl. Fischer NStZ 1992, 415). Entsprechendes gilt für die **Dauerstraftat.**

Andererseits genügt das Handeln im Rahmen eines **Gesamtplans** zur Annahme **4** einer einheitlichen Tat nicht (BGH 13, 25 = NJW 1959, 823; vgl. KK-Engelhardt Rn. 6). Die **Serientat** auf der Grundlage eines für eine unbestimmte Zukunft gefassten Tatentschlusses – bis zum Beschluss des GrSSt vom 3. 5. 1994 regelmäßig Anlass zur Annahme einer fortgesetzten Handlung – ist daher keine einheitliche Tat iSd § 264.

Werden durch **Teilakte** eines mehraktigen Dauer- oder Fortsetzungsdelikts meh- **5** rere an sich selbstständige Handlungen, die mit ihnen zusammentreffen, verbunden, so stellt die Rechtsprechung bei der Beurteilung auf Praktikabilitäts- und Gerechtig-

§ 264

keitserwägungen ab, so dass folgendes gilt (i. E. str., vgl. KK-Engelhardt Rn. 8): Sind die Dauerstraftat und die durch sie verbundenen selbstständigen Delikte **gleich schwer,** so liegt regelmäßig **eine Tat** vor. Ist das Dauer- oder mehraktige Delikt **minder schwer,** so verbindet es die mit Teilakten zusammentreffenden schwereren Straftaten grds. nicht zu einer einheitlichen Tat (BGH 36, 151 = NJW 1989, 1810). So verbindet eine **Trunkenheitsfahrt** regelmäßig mehrere voneinander unabhängige Unfallgeschehen nicht zu einer Tat (BGH 23, 141 = NJW 1970, 255), Fahren ohne Fahrerlaubnis nicht selbstständige Diebstähle an unterschiedlichen Orten (BGH GA 1961, 346), ein Verstoß gegen das Waffengesetz nicht mit der unerlaubt geführten Waffe begangene Raub-, Erpressungs- oder Tötungsdelikte (BGH 36, 151). Das gilt auch für das Verhältnis einer Dauerstraftat zu **einem** mit ihr rechtlich zusammentreffenden, schwereren Delikt, jedenfalls wenn es sich gegen höchstpersönliche Rechtsgüter richtet (vgl. BGH 22, 67, 76 – „Polizeiflucht" –; BGH 29, 288 = NJW 1980, 2217 – Organisationsdelikt nach § 129 StGB –; BGH NStZ 1989, 540 – Verstoß gegen das Waffengesetz; vgl. Meyer-Goßner Rn. 6 mwN). So liegt bei den Angeklagten trotz der zeitlichen und örtlichen Aufeinanderfolge der **Diebstahlserie** keine den Strafklageverbrauch auslösende Tatidentität iSd § 264 vor, wenn die Taten nicht derart miteinander verknüpft sind, dass der Unrechts- und Schuldgehalt der einen nicht ohne die Umstände, die zu der anderen Handlung geführt haben, richtig gewürdigt werden könnte und ihre getrennte Würdigung als unnatürliche Aufspaltung eines einheitlichen Lebensvorgangs empfangen würde (BGH NStZ 1997, 508; vgl. auch BGH NJW 1981, 998). Aber eine rechtskräftige Entscheidung über den **Teilakt eines einheitlichen Handeltreibens mit Betäubungsmitteln** begründet Strafklageverbrauch für die gesamte Tat (BGH NStZ 1997, 508).

6 Ob **eine Tat** isd § 264 vorliegt, ist bei **Abweichungen** des sich in der Hauptverhandlung ergebenden Tatbildes von dem in der Anklage beschriebenen nach den Umständen des Einzelfalls zu beurteilen (vgl. die Einzelfallsbeispiele bei KK-Engelhardt Rn. 7; Meyer-Goßner Rn. 2). Eine Tat wird insb. angenommen bei Diebstahl (Raub) und Hehlerei (BGH 35, 172, 174), vorsätzlicher Körperverletzung und unterlassener Hilfeleistung (BGH 16, 200 = NJW 1961, 1981), Unfallflucht und Vortäuschen einer Straftat (OLG Hamm NJW 1981, 237) und im Verhältnis der zu einem Verkehrsunfall führenden Gesetzesverstöße zur anschließenden Unfallflucht (BGH 25, 388, 390 = NJW 1975, 176). Das gilt bei **wahldeutiger Anklage** stets; im Übrigen kommt es auch hier darauf an, ob ein hinreichend enger sachlicher, räumlicher und zeitlicher Zusammenhang besteht (BGH 35, 60, 64 = NJW 1988, 1742; 35, 86, 88 = NStZ 1988, 455; BGH NStZ 1989, 266; 1992, 555; 1993, 50). **Alternativ** angeklagte Taten sind jeweils selbstständige Taten iSd § 264, unabhängig davon, ob eine eindeutige Verurteilung oder ein mehrdeutige Verurteilung im Wege einer Wahlfeststellung erfolgen soll. Wenn der Angeklagte nur einer der Alternativtaten schuldig gesprochen wird, muss er vom Vorwurf der anderen Tat freigesprochen werden (BGH NStZ 1998, 635). **Mehrere Taten** liegen idR bei Falschaussagen bei verschiedenen Gelegenheiten (BGH 32, 146, 148 = NJW 1984, 2109) und bei mehreren räumlich getrennten Verkehrsverstößen während einer Fahrt.

7 **Umgestaltung der Strafklage (Abs. 2).** Soweit die prozessuale Tat reicht, ist das Gericht zur **erschöpfenden Aburteilung in tatsächlicher wie rechtlicher Hinsicht** verpflichtet (BGH 22, 105, 106 = NJW 1968, 901; 25, 72 = NJW 1973, 335). Auf die dem Eröffnungsbeschluss zugrundeliegende Bewertung kommt es nicht an (BGH 32, 84, 85 = NJW 1984, 1364); entscheidend ist, welche Handlung die Anklage – in konkretisierbarer Weise (BGH NJW 1991, 2716) – beschreibt (Meyer-Goßner Rn. 7). Dabei ist eine exakte zeitliche Bestimmung im Einzelfall nicht erforderlich, sofern der **Zeitraum,** während dessen die Tat stattgefunden hat, hinreichend sicher eingegrenzt ist (BGH 22, 90, 91 = NJW 1968, 1148; NJW 1994, 2966). Auch (nähere) Abweichungen des Begehungsorts heben die Tatidenti-

Hauptverhandlung **§ 265**

tät nicht auf (BGH NJW 1970, 904), wohl aber regelmäßig der Austausch der Person des Opfers (Einzelheiten und Beispiele bei KK-Engelhardt Rn. 15 f.). Zur Abtrennung von Verfahrensteilen s. Rn. 1. Eine **Änderung** der in der Anklageschrift angegebenen **Tatzeiten,** durch die bisher von der Anklage nicht erfasste Straftaten in die Strafverfolgung einbezogen werden sollen, **ist nach Zulassung der Anklage** auch dann nicht zulässig, wenn es sich bei den Angaben in der Anklageschrift um ein Versehen der Staatsanwaltschaft gehandelt hat und diese der Änderung zustimmt. Ist eine nicht angeklagte Tat abgeurteilt worden, so unterliegt auch das freisprechende Urteil auf zulässige Revision der StA der Aufhebung. Das beim LG geführte Verfahren ist einzustellen. Der Grundsatz des „Vorrangs des Freispruchs vor der Einstellung" gilt hier nicht (BGH 46, 130 = NJW 2000, 3293).

Die Verteidigung des Angeklagten darf durch die Umgestaltung der Strafklage, **8** die ggf. Hinweise nach § 265 erfordert, nicht beeinträchtigt werden. Die Grenze der Umgestaltung ist stets überschritten, wenn das angeklagte Geschehen durch ein gänzlich anderes – wenn auch gleichwertiges – Geschehen ersetzt wird (BayObLG NJW 1953, 1482; Beispiele bei KK-Engelhardt Rn. 17). Ist diese Grenze eingehalten, so ist regelmäßig nach § 265 Abs. 1, Abs. 2 zu verfahren und die Verhandlung erforderlichenfalls nach § 265 Abs. 4 auszusetzen oder zu unterbrechen. Abweichungen in der **rechtlichen Bewertung** der angeklagten Tat sind stets zulässig. Eine Verurteilung auf **mehrdeutiger Tatsachengrundlage** (Wahlfeststellung iSd Tatsachenalternativität) setzt voraus, dass beide Tatsachenalternativen Gegenstand der Anklage sind (BGH 32, 146 = NJW 1984, 2109); ggf. ist Nachtragsanklage (§ 266) zu erheben (vgl. KK-Engelhardt Rn. 22; Meyer-Goßner Rn. 2 mwN).

Überschießende Tatsachenfeststellungen, d. h. Feststellungen zu Vorgängen **9** (Straftaten), die nicht zur angeklagten Tat gehören, sind zulässig, wenn und soweit dies der Aufklärungspflicht hinsichtlich der angeklagten Tat entspricht (BGH 34, 209, 210 = NJW 1987, 660). Das betrifft verjährte, bereits abgeurteilte und nach §§ 154, 154 a ausgeschiedene Vorgänge gleichermaßen. Sie können aufgeklärt, im Falle ihres Erwiesenseins (BGH NStZ 1981, 99) als Indiz verwertet (BGH 34, 210) und bei der Rechtsfolgenzumessung herangezogen werden, soweit sie für die Beurteilung der Tat und der Person des Täters von Bedeutung sind (vgl. KK-Engelhardt Rn. 24).

Die **Revision** kann die Aburteilung einer nicht angeklagten Tat mit der **Verfah- 10 rensrüge** angreifen, die sich auf die Einstellung des Verfahrens (§ 260 Abs. 3) richtet. Ist allein wegen einer nicht angeklagten Tat verurteilt worden, so spricht das Revisionsgericht frei. Eine Verletzung des § 264 ist stets auch ein sachlichrechtlicher Mangel (BGH NStZ 1983, 174, 175). Der Tatrichter hat nach §§ 154 a Abs. 3, 264 von Amts wegen den vorläufig von der Verfolgung ausgenommenen Tatvorwurf in seine rechtliche Prüfung einzubeziehen, wenn er den Angeklagten von dem Tatvorwurf, auf den die Anklage beschränkt war, freisprechen will. Ein derartiger Mangel kann mit der Sachrüge beanstandet werden. „Denn der Verstoß gegen das Gebot der umfassenden rechtlichen Prüfung des dem Gericht unterbreiteten Sachverhalts stellt nicht nur eine Verletzung der Verfahrensvorschrift des § 264, sondern zugleich einen materiell-rechtlichen Fehler dar" (BGH NStZ 1995, 540; vgl. auch BGH StV 1981, 128). Der Strafklageverbrauch ist von Amts wegen zu berücksichtigen (BGH NJW 1952, 432).

§ 265 [Veränderung des rechtlichen Gesichtspunktes]

(1) **Der Angeklagte darf nicht auf Grund eines anderen als des in der gerichtlich zugelassenen Anklage angeführten Strafgesetzes verurteilt werden, ohne daß er zuvor auf die Veränderung des rechtlichen Gesichtspunktes besonders hingewiesen und ihm Gelegenheit zur Verteidigung gegeben worden ist.**

§ 265 Zweites Buch. 6. Abschnitt

(2) Ebenso ist zu verfahren, wenn sich erst in der Verhandlung vom Strafgesetz besonders vorgesehene Umstände ergeben, welche die Strafbarkeit erhöhen oder die Anordnung einer Maßregel der Besserung und Sicherung rechtfertigen.

(3) Bestreitet der Angeklagte unter der Behauptung, auf die Verteidigung nicht genügend vorbereitet zu sein, neu hervorgetretene Umstände, welche die Anwendung eines schwereren Strafgesetzes gegen den Angeklagten zulassen als des in der gerichtlich zugelassenen Anklage angeführten oder die zu den im zweiten Absatz bezeichneten gehören, so ist auf seinen Antrag die Hauptverhandlung auszusetzen.

(4) Auch sonst hat das Gericht auf Antrag oder von Amts wegen die Hauptverhandlung auszusetzen, falls dies infolge der veränderten Sachlage zur genügenden Vorbereitung der Anklage oder der Verteidigung angemessen erscheint.

Übersicht

Anwendungsbereich, veränderte Rechtslage (Abs. 1 und 2)	1, 2
Hinweis nach Abs. 1	3–7
Veränderte Sachlage	8
Erteilung des Hinweises	9–12
Aussetzung der Hauptverhandlung	13
Aussetzung von Amts wegen	14, 15
Revision	16

1   Die Vorschrift ist im Zusammenhang mit § 264 zu sehen. **In den Grenzen der angeklagten Tat** konkretisiert sie die **Fürsorgepflicht** des Gerichts und sichert dem Angeklagten das Recht auf ein **faires Verfahren** (vgl. BGH 29, 274, 278 = NJW 1980, 2479) und den Anspruch auf rechtliches Gehör (BGH 22, 336, 339 = NJW 1969, 941). Zugleich bekräftigt sie die umfassende Aufklärungspflicht des Gerichts und dient damit der **Wahrheitsfindung** (BGH 28, 196, 198 = NJW 1979, 663).

2   **Veränderte Rechtslage (Abs. 1 und 2).** Ob eine Veränderung der Rechtslage eintritt, beurteilt sich nach der **Anklage** in der Form, welche sie durch den Eröffnungsbeschluss erhalten hat (§ 207). Damit ist zugleich vorausgesetzt, dass nur solche Umstände und Gesichtspunkte Gegenstand eines Hinweises nach Abs. 1 und 2 sein können, die zum notwendigen Inhalt der Anklageschrift (§ 200 Abs. 1 S. 1) gehören (BGH 29, 124, 127 = NJW 1980, 987). Der zugelassenen Anklage **gleichgestellt** sind der Strafbefehl nach Einspruch (§ 407 Abs. 1 S. 4), die Anklage im beschleunigten Verfahren (§ 418 Abs. 3), der Einbeziehungsbeschluss bei Nachtragsanklage (§ 266 Abs. 1) sowie der Verweisungsbeschluss nach § 270.

3   Ein **Hinweis nach Abs. 1** ist zwingend erforderlich, wenn der Schuldspruch (auch) auf andere als die in der Anklage bezeichneten **Strafgesetze** gestützt werden soll. Das kann auf einer abweichenden Beurteilung desselben Sachverhalts oder auf der Würdigung neu hervorgetretener Tatsachen beruhen. Enthält das angeführte Strafgesetz mehrere Tatbestandsalternativen, deren Regelungsweisen ihrem Wesen nach verschieden sind, so muss der zuvorige Hinweis ergeben, welche der möglichen Regelungsweisen der Tatrichter annehmen will. Aus diesem Grunde reicht zB der bloße Hinweis, es komme eine Verurteilung wegen „gefährlicher Körperverletzung" in Betracht, nicht aus (BGH NStZ-RR 1997, 173). Ein anderes Strafgesetz liegt auch vor bei einer ihrem Wesen nach **verschiedenen Begehungsform** derselben Straftat: Tun statt Unterlassen (BGH StV 1984, 367); § 142 Abs. 1 statt Abs. 2 StGB (BayObLG VRS 61, 31); Versuch statt Vollendung (BGH 2, 250 =

Hauptverhandlung **§ 265**

NJW 1951, 726); Missbrauch statt Treubruch bei § 266 StGB (BGH NJW 1954, 1616); Bandenraub statt Raub mit Waffen (§ 250 StGB); Wechsel von Mordmerkmalen (BGH 23, 95 = NJW 1969, 2246; 25, 287 = NJW 1974, 1005), auch bei Verdeckungs- statt Ermöglichungsabsicht (BGH NStZ 1985, 16) und bei Verdeckung einer anderen als der in der Anklage bezeichneten Straftat (BGH MDR 1981, 102); Wechsel der Rauschtat bei § 323 a StGB (BayObLG 54, 45 = NJW 1954, 1579); ebenfalls bei abweichender Beurteilung der **Teilnahmeform** (BGH 11, 18, 19 = NJW 1957, 1888; BGH NStZ 1995, 247); Allein- statt Mittäterschaft (BGH NStZ-RR 1996, 108); der **Schuldform** (BGH VRS 49, 184) und des **Konkurrenzverhältnisses** (BGH StV 1991, 102; BGH NStZ-RR 1997, 73). Wenn die Vorschrift – wie dies bei § 211 Abs. 2 StGB der Fall ist – **mehrere** gleichwertig nebeneinander stehende **Begehungsweisen** unter Strafe stellt, erfordert der Hinweis nach § 265 Abs. 1 nach st. Rspr. des BGH die Angaben, **welche Variante** im konkreten Fall in Betracht kommt. Entsprechend dem Regelungszweck des § 265 Abs. 2, den Angeklagten vor überraschenden Entscheidungen zu schützen, ist darüber hinaus regelmäßig die Angabe der Tatsachen erforderlich, die das neu in Betracht gezogene gesetzliche Merkmal nach Ansicht des Gerichts möglicherweise ausfüllen könnten. Des förmlichen Hinweises nach § 265 Abs. 1 bedarf es seitens des Vorsitzenden grundsätzlich selbst dann, wenn alle Verfahrensbeteiligten den veränderten rechtlichen Gesichtspunkt bereits von sich aus in der Hauptverhandlung angesprochen haben (BGH NStZ 1998, 529). Auf die Möglichkeit einer **Wahlfeststellung** muss nicht hingewiesen werden (BGH MDR 1974, 369), wohl aber, wenn sie in Betracht kommt, auf einen in der Anklage nicht enthaltenen rechtlichen Gesichtspunkt (BGH NStZ 1990, 449). Erforderlich ist ein Hinweis ferner, wenn statt Erwachsenen- **Jugendstrafrecht** angewendet werden soll (KK-Engelhardt Rn. 11), wenn sich die **Anzahl** der Verstöße gegen dasselbe Strafgesetz erhöht (BGH NStZ 1985, 563) oder wenn sich die Tat gegen einen anderen als den in der Anklage bezeichneten **Verletzten** richtet (BGH GA 1962, 338). Will das Gericht die **Verlesungsgrundlage** von § 251 Abs. 1 S. 1 auf § 251 Abs. 2 S. 2 umstellen, bedarf es eines Hinweises gemäß § 265 Abs. 1 (BGH NStZ 1998, 312). „Es besteht keine Verpflichtung des Gerichts, gemäß § 265 darauf hinzuweisen, dass neben der Verhängung lebenslanger Freiheitsstrafe die Feststellung der ‚**besonderen Schwere der Schuld**' (§ 57 a Abs. 1 S. 1 Nr. 2 StGB) in Betracht kommen könnte" (BGH NJW 1996, 3285).

Auch die Anwendung eines **milderen Gesetzes** macht einen Hinweis nach 4 Abs. 1 erforderlich (BGH NStZ-RR 1996, 10; § 212 statt § 211 StGB: BGH MDR 1952, 532; § 222 statt § 221 Abs. 3 StGB: BGH NStZ 1983, 424; Versuch statt Vollendung: BGH 2, 250 = NJW 1951, 726; vgl. Meyer-Goßner Rn. 9). Das gilt nicht, wenn der Wegfall eines erschwerenden Umstands die Verteidigung des Angeklagten nicht berührt (vgl. KK-Engelhardt Rn. 12). Werden angeklagte Taten gemäß § 154 Abs. 2 vom Gericht **vorläufig eingestellt**, ist ein Hinweis gemäß § 265 erforderlich, wenn der ausgeschiedene Verfahrensstoff strafschärfend berücksichtigt werden soll. Dies gilt auch dann, wenn der Angeklagte die eingestellten Taten gestanden hat. Denn der Hinweis ist erforderlich, um dem Angeklagten Gelegenheit zu geben, durch Anträge auch zum Schuldgehalt der von der Einstellung betroffenen Taten auf die Strafhöhe Einfluss zu nehmen (BGH StV 2000, 656).

Keinen Hinweis erfordert der Übergang zwischen **wesensgleichen Bege-** 5 **hungsformen** derselben Straftat (BGH 23, 95, 96 = NJW 1969, 2246), zB bei § 223 a StGB Begehung mit gefährlichem Werkzeug statt Waffe (RG 30, 176; vgl. KK-Hürxthal Rn. 9). „Bei Veränderung auch wesentlicher **tatsächlicher** Umstände bedarf es nach st. Rspr. des BGH keines förmlichen Hinweises nach § 265" (BGH NStZ 1997, 72). Eine Pflicht des Gerichts, den Angeklagten auf die Veränderung der **tatsächlichen Grundlagen** des Anklagevorwurfs hinzuweisen, besteht grundsätzlich nur dann, wenn die Abweichung solche Tatsachen betrifft, in denen **Merkmale des gesetzlichen Tatbestandes** gefunden werden. Sie gilt idR nicht für Feststellungen, die sich auf die vor der tatbestandlichen Handlung liegende Phase der Tatplanung und Tatvorbereitung beziehen (BGH NStZ 2000, 48). Der Tatrichter darf aber den Angeklagten nicht im unklaren darüber lassen, dass er die Verurteilung auf tatsächliche Umstände stützen will, die so in der zugelassenen **Anklage nicht enthalten** sind; die veränderte Sachlage ist ggf. schriftlich zu fixieren und bekanntzugeben (BGH NStZ-RR 1997, 73). Zur Anklage iS des § 265 Abs. 1 gehört auch das wesentliche Ergebnis der Ermittlungen (§ 200 Abs. 2). Ein darin enthaltener Hinweis macht einen weiteren richterlichen Hinweis nach § 265 Abs. 1 entbehrlich (BGH NStZ 2001, 162). Auf **allgemeine Regeln** (zB §§ 18, 28 StGB) und **Rechtsfolgenbestimmungen** (zB §§ 21, 49, 213 StGB) ist ebenso wenig hinzuweisen wie auf die Möglichkeit von **Nebenfolgen** (BGH 22, 336, 338 = NJW 1969, 941), wenn nicht ihre Verhängung besondere, in der Anklage nicht erwähnte Tatbestandsvoraussetzungen hat (vgl. Meyer-Goßner Rn. 24). Das gilt auch für das **Fahrverbot** nach § 44 StGB (str.; vgl. OLG Düsseldorf NZV 1994, 204; KK- Engelhardt Rn. 15). Auch wenn der Tatrichter nicht gehalten ist, vor Urteilsberatung einen **Hinweis zu Inhalt und Ergebnis einzelner Beweiserhebungen** zu erteilen, muss die gleichwohl gegebene **Zusage,** bestimmte in der Hauptverhandlung erörterte Vorkommnisse bei der Beweiswürdigung nicht zum Nachteil des Angeklagten zu verwerten, **eingehalten** werden (BGH StV 2000, 387). Wird auf die Möglichkeit der **Anordnung der Sicherungsverwahrung** weder in der Anklageschrift noch im Eröffnungsbeschluss hingewiesen, muss der erforderliche Hinweis gem. § 265 Abs. 2 förmlich in der Hauptverhandlung ergehen. Die Verlesung der die Voraussetzungen des § 66 StGB begründenden Vorstrafen und der Umstand, dass sich der Sachverständige zum Vorliegen des Hangs des Angeklagten zu erheblichen Straftaten geäußert hat, kann den förmlichen Hinweis nicht ersetzen (BGH NStZ-RR 2004, 297).

6 **Straferhöhende Umstände iSd Abs. 2** sind solche Tatsachen, an deren **tatbestandlich umschriebenes** Vorliegen das Gesetz eine Strafschärfung knüpft (BGH 29, 274, 279 = NJW 1980, 2479). Das ist der Fall bei tatbestandlichen **Qualifikationen** (zB §§ 223 a, 244, 250 Abs. 1 StGB) und durch **Regelbeispiele** benannten besonders schweren Fällen (zB § 243 StGB, vgl. BGH NJW 1988, 501), **nicht** aber bei unbenannten besonders schweren Fällen (zB § 212 Abs. 2 StGB). Fällt ein straferhöhender Umstand weg, so bedarf es regelmäßig keines Hinweises.

7 Ein Hinweis ist stets erforderlich, wenn eine **Maßregel der Besserung und Sicherung** verhängt werden soll, auf welche die zugelassene Anklage nicht hingewiesen hat, unabhängig davon, ob sich die Tatsachengrundlage oder nur die rechtliche Beurteilung geändert hat (BGH 18, 288 = NJW 1963, 1115; BGH StV 1994, 232); ebenfalls dann, wenn eine andere als die zunächst benannte Maßregel verhängt werden soll (BGH 29, 274, 279). Der Angeklagte muss **förmlich** auf die Möglichkeit einer Unterbringung in einem psychiatrischen Krankenhaus hingewiesen werden, ein **bloßer Hinweis** durch den in der Hauptverhandlung gehörten Sachverständigen, also **einer Beweisperson,** reicht nicht aus (BGH NStZ-RR 2002, 271).

8 **Veränderte Sachlage.** Schon aus dem Gebot des **fairen Prozesses** ergibt sich, dass der Angeklagte nicht durch die Feststellung **entscheidungserheblicher Tatsachen** im Urteil überrascht werden darf, zu denen er sich nicht hinreichend äußern konnte (BGH 11, 88, 91 = NJW 1958, 350). Auch innerhalb der Grenzen des § 264 gebietet daher die gerichtliche Fürsorgepflicht, den Angeklagten auf eine mögliche Änderung der Tatsachengrundlage hinzuweisen und ihm so Gelegenheit zu geben, sich zu neuen, möglicherweise entscheidungserheblichen Tatsachen zu äußern und Beweisanträge zu stellen (vgl. BGH 19, 141 = NJW 1964, 308). Hierbei ist **zu unterscheiden:** Ein **förmlicher Hinweis** entspr. Abs. 1 und 2 ist erforderlich, wenn das Gericht Tatsachen auswechseln oder neu einführen will, in denen die

Hauptverhandlung **§ 265**

Merkmale des gesetzlichen Tatbestands gefunden werden (zB Tatzeit: BGH NStZ 1984, 422; StV 1995, 116; Tatbeteiligte: BGH MDR 1977, 108; Tatopfer: BGH NStZ 1989, 220) und die für den Schuldspruch von wesentlicher Bedeutung sind (vgl. KK-Engelhardt Rn. 24; anders Meyer-Goßner Rn. 23). Im Übrigen reicht es aus, wenn der Angeklagte die Möglichkeit einer abweichenden Tatsachengrundlage hinreichend deutlich aus dem Gang der Hauptverhandlung erfährt (BGH 11, 88, 91; BGH NStZ 1981, 190). „Die Veränderung **entscheidungserheblicher Tatsachen** und ihre Einbeziehung in der Urteilsfindung muss für den Angeklagten so deutlich erkennbar sein, dass er sich dazu äußern und seine Verteidigung darauf einstellen kann (BGHR StPO § 265 IV Hinweispflicht 3, 4, 8, 12 mwN; BGH MDR 1980, 107). Es hätte ausgereicht, wenn die Hauptverhandlung einen Verlauf genommen hätte, aus dem der Angeklagte die Möglichkeit, dass das Gericht veränderte tatsächliche Umstände zugrunde legen würde, entnehmen könnte" (BGH NStZ 1994, 46). Dass der neue Gesichtspunkt nur von einer Beweisperson angesprochen wird, ist nicht ausreichend (BGH StV 1991, 149). Regelmäßig muss der Angeklagte vom Gericht selbst ausdrücklich dazu befragt werden (BGH 28, 196, 198 = NJW 1979, 663; BGH NJW 1988, 571); die Urteilsgründe müssen das erkennen lassen. Von Bedeutung ist die Unterscheidung deshalb, weil das Unterlassen eines förmlichen Hinweises nur durch das Hauptverhandlungsprotokoll bewiesen werden kann (§ 274); im Übrigen ist eine ausreichende Unterrichtung des Angeklagten vom Revisionsgericht im Freibeweis aufzuklären (BGH StV 1991, 502).

Erteilung des Hinweises. Der förmliche Hinweis nach Abs. 1 und 2 ist vom **9 Vorsitzenden** zu erteilen; lehnt er einen darauf gerichteten Antrag ab, so gilt § 238 Abs. 2. Der Hinweis kann grds. nicht durch eine Erörterung in der Hauptverhandlung (BGH 19, 141) oder durch den Antrag eines Prozessbeteiligten (BGH NStZ 1983, 358; StV 1988, 329) ersetzt werden. Er ist **dem Angeklagten selbst** zu erteilen (BGH NStZ 1993, 200); nimmt dieser an der Hauptverhandlung nicht teil, so ist er ihm schriftlich bekanntzumachen, wenn nicht §§ 234, 234a dies entbehrlich machen. Der Hinweis ist **jedem von mehreren** Angeklagten zu erteilen (vgl. KK-Engelhardt Rn. 16; aA BGH NStZ 1983, 569; es genügt, wenn sich der Hinweis aus dem Zusammenhang ergibt). **Inhaltlich** muss er so genau sein, dass der Angeklagte umfassend darüber informiert wird, gegen welchen Vorwurf sich seine Verteidigung zu richten hat (BGH 13, 320, 324 = NJW 1960, 110; 25, 287 = NJW 1974, 1005). Die bloße Benennung eines Gesetzesparagraphen reicht nur in einfachen Fällen aus. Die tatsächlichen Grundlagen einer abweichenden rechtlichen Beurteilung sind eindeutig zu bezeichnen (BGH NStZ 1993, 200); daher müssen etwa bei einem Wechsel zum Mordmerkmal „sonstige niedrige Beweggründe" die tatsächlichen Umstände bezeichnet werden, aus denen diese rechtliche Bewertung abgeleitet wird (vgl. Meyer-Goßner Rn. 31). Der Hinweis, dass auch „eine Verurteilung nach § 323a StGB in Betracht" komme, genügt selbst bei Anklage wegen vorsätzlicher Trunkenheit im Straßenverkehr den Anforderungen des § 265 Abs. 1 nicht, wenn der Angeklagte **wegen vorsätzlichen Vollrausches** verurteilt wird (OLG Köln NStZ-RR 1998, 370).

Der Hinweis ist zum **frühest möglichen Zeitpunkt** zu erteilen, ggf. im Eröff- **10** nungsbeschluss oder mit der Ladung zum Termin (BGH 23, 304 = NJW 1970, 2071). Der Sinn des § 265 wird andererseits verfehlt, wenn bei noch unklarer Sachoder Rechtslage das Gericht „vorsorglich" Hinweise in alle nur denkbaren Richtungen gibt. Nach Erteilung des Hinweises ist den Verfahrensbeteiligten Gelegenheit zur Äußerung und zur Stellung von Beweisanträgen zu geben. Erfolgt der Hinweis erst nach der Urteilsberatung, so ist erneut in die Verhandlung einzutreten; § 258 ist erneut zu beachten (BGH 19, 156 = NJW 1964, 308).

Der Hinweis gilt für das **gesamte weitere Verfahren,** auch für die Verhandlung **11** nach Aussetzung oder Aufhebung und Zurückverweisung und in der Berufungs-

§ 265 Zweites Buch. 6. Abschnitt

instanz (KK-Engelhardt Rn. 20). Er ist **entbehrlich,** wenn der neue Gesichtspunkt im Verweisungsbeschluss nach § 270 oder in der zurückverweisenden Entscheidung des Revisionsgerichts (§ 354 Abs. 2) erörtert wird (BGH 22, 29, 31 = NJW 1968, 512).

12   Der Hinweis ist eine **wesentliche Förmlichkeit der Hauptverhandlung** (§ 273); seine **Erteilung** kann nur durch das Hauptverhandlungsprotokoll bewiesen werden (§ 274; BGH 19, 141); das kann im Fall der Tatzeitveränderung (o. Rn. 8) im Einzelfall anders sein (BGH StV 1995, 116). Zu beurkunden ist auch sein wesentlicher Inhalt (BGH 2, 371, 373 = NJW 1952, 899); dieser kann vom Revisionsgericht aber im Freibeweis ermittelt werden (BGH 13, 320, 323 = NJW 1960, 110).

13   **Aussetzung der Hauptverhandlung. Abs. 3** räumt dem Gericht **kein Ermessen** ein, die Hauptverhandlung lediglich zu unterbrechen; bei Vorliegen der gesetzlichen Voraussetzungen ist die Verhandlung auszusetzen (BGH 48, 183 = NJW 2003, 1748). Ein **Rechtsanspruch** des Angeklagten **(Abs. 3)** im Offizialverfahren (vgl. § 384 Abs. 4) auf Aussetzung besteht, wenn erstmals in der Hauptverhandlung **neue Tatsachen** (nicht: neue Beweismittel, vgl. dazu § 246 Abs, 2, 3) hervortreten, die die Anwendung eines abstrakt schwereren Strafgesetzes zulassen oder iSd Abs. 2 zu einer Straferhöhung oder zur Anordnung einer (anderen) Maßregel führen können. Dass das Gericht einen entsprechenden Hinweis nach Abs. 1 oder 2 erteilt hat oder erteilen will, ist nicht erforderlich. Umgekehrt begründet ein gerichtlicher Hinweis keinen Aussetzungsanspruch nach Abs. 3, wenn bei unveränderter Tatsachengrundlage allein die rechtliche Bewertung geändert wird. Die neu hervorgetretenen Umstände muss der Angeklagte **bestreiten** und zugleich vortragen, auf die Verteidigung nicht genügend vorbereitet zu sein. Diese Behauptung ist nicht nachprüfbar (KK-Engelhardt Rn. 27). Eine substantiierte Einlassung kann nicht verlangt werden. Der **Antrag** kann nur mit der Begründung abgelehnt werden, die neuen Tatsachen ließen die Anwendung der schwereren Bestimmungen nicht zu. Das Gericht entscheidet über den Antrag durch **Beschluss,** der bis zum Ende der Beweisaufnahme zurückgestellt werden kann (Meyer-Goßner Rn. 37). Eine **Belehrung** über das Antragsrecht ist nicht vorgeschrieben; ihre Notwendigkeit kann sich aber aus der Fürsorgepflicht ergeben (KK-Engelhardt Rn. 28).

14   Eine **Aussetzung von Amts wegen** oder auf Antrag eines Prozessbeteiligten (nicht: des Nebenklägers; vgl. Meyer-Goßner § 397 Rn. 11) nach **Abs. 4** kommt in allen Fällen in Betracht, in denen die Verteidigungs- oder Anklagemöglichkeiten durch eine **Veränderung der Sachlage** in erheblichem Maße beeinträchtigt werden können. Die Vorschrift ist weit auszulegen (BGH NJW 1958, 1736; Beisp. bei KK-Engelhardt Rn. 29; Meyer-Goßner Rn. 41 f.). Anzuwenden ist sie auch bei unvorhergesehenen **Veränderungen der Verfahrenslage,** so insb. bei Nachschieben von Beweismitteln (BayObLG VRS 61, 129), Auftauchen bislang zurückgehaltener Aktenteile (Meyer-Goßner Rn. 42), anderer Bewertung einer wahr unterstellten Tatsache (BGH 32, 44, 47 = NJW 1984, 2228), bei unvorhergesehenen Fernbleiben des **Verteidigers** durch Verspätung, Erkrankung oder Mandatsniederlegung (OLG Düsseldorf StV 1995, 69; vgl. KK-Engelhardt Rn. 31) oder bei Beeinträchtigung der Verteidigungsmöglichkeiten durch kurzfristigen Verteidigerwechsel (BGH NStZ 1983, 281; vgl. Meyer-Goßner Rn. 44). Entsprechend ist Abs. 4 anzuwenden, wenn das Gericht sich von einer Absprache hinsichtlich der Rechtsfolgenerwartung lösen will (BGH 36, 210 = NJW 1989, 2270).

15   Im Fall des **Abs. 4** entscheidet das Gericht durch Beschluss nach **pflichtgemäßem Ermessen.** Sowohl im Fall des Abs. 3 wie des Abs. 4 kann statt einer Aussetzung auch eine **Unterbrechung** der Hauptverhandlung angeordnet werden, wenn dies zur sachgerechten Vorbereitung und Verteidigung ausreichend ist (BGH NStZ 1983, 281). „Nach § 265 Abs. 4 ist das Gericht verpflichtet, die Hauptverhandlung auszusetzen, wenn dies wegen veränderter Sachlage zu einer genügenden

Hauptverhandlung § 265 a

Vorbereitung der Verteidigung angemessen erscheint. Eine Veränderung der Sachlage kann auch durch einen **Wechsel des Verteidigers** eintreten (BGH NJW 1965, 2164, 2165). Erklärt der neubestellte Verteidiger, dass er zur Verteidigung nicht genügend vorbereitet sei, so entscheidet das Gericht nach seinem pflichtgemäßen Ermessen darüber, ob die Verhandlung zu unterbrechen oder auszusetzen ist. Das Gericht kann nach dem geltenden Strafverfahrensrecht die Hauptverhandlung grundsätzlich mit dem neubestellten Verteidiger fortsetzen, ohne von neuem beginnen zu müssen. Es wird immer von den Umständen des einzelnen Falles abhängen, ob die Anwesenheit desselben Verteidigers bei allen Teilen der Hauptverhandlung für eine sachgemäße Durchführung der Verteidigung unbedingt notwendig (BGHSt 13, 337, 340 = NJW 1960, 253) ist" (BGH NJW 2000, 1350). S. auch § 228 Rn. 3. Möglich ist auch, den Hauptbelastungszeugen, nunmehr in Anwesenheit der neuen Verteidiger, zu vernehmen (vgl. BGH 13, 345).

Die **Revision** kann mit der **Verfahrensrüge** die Verletzung der Abs. 1–3 rügen, **16** eine Verletzung von Abs. 4 nur mit der Begründung, das Gericht habe Rechtsbegriffe verkannt oder die Grenzen pflichtgemäßen Ermessens überschritten (BGH 11, 88, 91 = NJW 1958, 350). Das **Urteil beruht** idR auf dem Verstoß gegen Abs. 1 und 2. Dabei genügt, dass eine andere Verteidigung nicht ausgeschlossen werden kann; nahezuliegen braucht sie nicht (BGH NJW 1985, 2488; BGH MDR 1989, 685). Ausnahmsweise kann das Beruhen verneint werden, wenn StA und Verteidiger sich mit dem neuen Gesichtspunkt in der Hauptverhandlung befasst haben und daher nicht ersichtlich ist, dass dem Angeklagten eine andere Verteidigungsmöglichkeit offenstand (BGH MDR 1977, 63; BGH NStZ 1995, 247), oder wenn sonst sicher festgestellt werden kann, dass sich der Angeklagte auch bei einem entsprechenden Hinweis nicht anders hätte verteidigen können (BGH 23, 95, 98 = NJW 1970, 2246; BGH NStZ-RR 1996, 10) oder der Angeklagte in sonstiger Weise durch das Gericht einen Hinweis erhalten hat (BGH NStZ 1992, 249; Meyer-Goßner Rn. 48). Eine Verletzung von Abs. 1 oder 2 kann von anderen Verfahrensbeteiligten nicht mit dem Ziel einer Urteilsaufhebung zum Nachteil des Angeklagten gerügt werden. Verletzungen der Abs. 3 und 4 können auch die Rüge nach § 338 Nr. 8 begründen. Das Unterlassen eines förmlichen Hinweises kann nur durch das Hauptverhandlungsprotokoll bewiesen werden (§ 274; vgl. o. Rn. 12). Die **Revisionsbegründung** hat die Verfahrenstatsachen vollständig vorzutragen (im Fall der Abs. 1 und 2 den Inhalt der zugelassenen Anklage, das Unterlassen des Hinweises und die abweichende Verurteilung, im Fall der Abs. 3 und 4 den Inhalt des Antrags und der ablehnenden Entscheidung). Rügt aber der Angeklagte einen Verstoß **gegen § 265 Abs. 1,** weil er wegen mittäterschaftlicher Begehung eines Delikts verurteilt worden ist, obwohl die Anklage von Alleintäterschaft ausging, ohne dass ihm ein rechtlicher Hinweis erteilt worden ist, so hat er grundsätzlich den Inhalt der zugelassenen Anklage mitzuteilen. Wird das unterlassen, ist das **ausnahmsweise unschädlich,** wenn das Revisionsgericht vom Inhalt der Anklageschrift bei der von Amts wegen vorzunehmenden Prüfung des Vorliegens von Prozessvoraussetzungen Kenntnis zu nehmen und tatsächlich auch genommen hat (OLG Hamm NStZ-RR 2002, 273). Auf einem Verstoß gegen § 265 **beruht** das Urteil regelmäßig, wenn nicht **mit Sicherheit auszuschließen** ist, dass sich der Angeklagte anders und erfolgreicher hätte verteidigen können (BGH 23, 95, 98 = NJW 1969, 2246; BGH StV 1988, 329; vgl. KK-Engelhardt Rn. 33).

§ 265 a [Auflagen. Weisungen]

¹**Kommen Auflagen oder Weisungen (§§ 56 b, 56 c, 59 a Abs. 2 des Strafgesetzbuches) in Betracht, so ist der Angeklagte in geeigneten Fällen zu befragen, ob er sich zu Leistungen erbietet, die der Genugtuung für das begangene Unrecht dienen, oder Zusagen für seine künftige Lebensführung**

macht. ²Kommt die Weisung in Betracht, sich einer Heilbehandlung oder einer Entziehungskur zu unterziehen oder in einem geeigneten Heim oder einer geeigneten Anstalt Aufenthalt zu nehmen, so ist er zu befragen, ob er hierzu seine Einwilligung gibt.

1 Die Vorschrift ist im Zusammenhang mit §§ 56b Abs. 3, 56c Abs. 4, 59a Abs. 2 StGB zu lesen. Sie ist auch auf Weisungen nach § 56c Abs. 3 StGB anzuwenden (vgl. § 59a Abs. 3 S. 2 StGB). Bei freiwilligem Erbieten und Zusagen des Angeklagten soll danach von Auflagen und Weisungen abgesehen werden. Im Fall des **S. 2** hängt die Zulässigkeit einer Weisung nach § 56c Abs. 3 StGB von der Einwilligung des Angeklagten ab.

2 **Voraussetzung** einer Befragung ist, dass Auflagen und Weisungen in Betracht kommen und dass nach der Persönlichkeit des Angeklagten mit der Einhaltung von Zusagen zu rechnen ist. Es muss mit hinreichender Wahrscheinlichkeit mit der **Verurteilung** des Angeklagten und mit der Aussetzung der Strafvollstreckung zur Bewährung zu rechnen sein; die Anordnung von Auflagen oder Weisungen muss nahe liegen. Strebt der Angeklagte seine Freisprechung an oder ist er nicht voll geständig, so kann die Befragung idR erst am **Schluss der Beweisaufnahme** erfolgen; in diesen Fällen ist sie aber häufig ungeeignet (vgl. KK-Engelhardt Rn. 2). Dem Angeklagten steht es frei, zu antworten. Seine Zusagen können nicht erzwungen, seine Einwilligung nach S. 2 kann bis zur Erteilung der Weisung widerrufen werden (Meyer-Goßner Rn. 8). Bei **Abwesenheitsverhandlung** kann der Verteidiger befragt werden, wenn er den Angeklagten vertritt (§ 234).

3 Die Befragung erfolgt durch den **Vorsitzenden.** Ob ihre Voraussetzungen vorliegen, ist ggf. durch **Zwischenberatung** zu klären. Stellt sich erst in der Urteilsberatung heraus, dass ein Fall des § 265a vorliegt, so ist erneut in die Verhandlung einzutreten; eine Befragung kann aber auch noch nach Urteilsverkündung und vor Beratung und Verkündung des Beschlusses nach § 268a erfolgen (Meyer-Goßner Rn. 10).

4 Befragung und Erklärungen des Angeklagten dazu sind **wesentliche Förmlichkeiten** der Hauptverhandlung (§ 273). Auf die Unterlassung der Befragung nach S. 1 kann eine **Beschwerde** gegen den Beschluss nach § 268a nicht gestützt werden (§ 305a Abs. 1 S. 2); das Fehlen der Einwilligung nach S. 2 begründet die Beschwerde. Die **Revision** kann auf die Verletzung von § 265a nicht gestützt werden, weil das Urteil auf Auflagen und Weisungen nicht beruhen kann. Ist ihre Anordnung fehlerhaft ins Urteil aufgenommen, so wird die dagegen eingelegte Revision als Beschwerde behandelt (§ 300).

§ 266 [Nachtragsanklage]

(1) **Erstreckt der Staatsanwalt in der Hauptverhandlung die Anklage auf weitere Straftaten des Angeklagten, so kann das Gericht sie durch Beschluß in das Verfahren einbeziehen, wenn es für sie zuständig ist und der Angeklagte zustimmt.**

(2) ¹**Die Nachtragsanklage kann mündlich erhoben werden.** ²**Ihr Inhalt entspricht dem § 200 Abs. 1.** ³**Sie wird in die Sitzungsniederschrift aufgenommen.** ⁴**Der Vorsitzende gibt dem Angeklagten Gelegenheit, sich zu verteidigen.**

(3) ¹**Die Verhandlung wird unterbrochen, wenn es der Vorsitzende für erforderlich hält oder wenn der Angeklagte es beantragt und sein Antrag nicht offenbar mutwillig oder nur zur Verzögerung des Verfahrens gestellt ist.** ²**Auf das Recht, die Unterbrechung zu beantragen, wird der Angeklagte hingewiesen.**

Hauptverhandlung **§ 266**

Die Vorschrift ist im Zusammenhang mit §§ 264, 265 zu sehen. „Weitere 1
Straftaten" isd **Abs. 1** können nur solche sein, die nicht bereits Teil der angeklagten
Tat (§ 264) sind und daher der Kognitionspflicht des Gerichts unterliegen (vgl.
§ 264 Rn. 1). Ein Sachzusammenhang iSd § 3 der bereits angeklagten und der
weiteren Tat ist nicht erforderlich; auf die Möglichkeit der Bildung einer Gesamtstrafe kommt es nicht an.

Die Nachtragsanklage wird **in der Hauptverhandlung (Abs. 1)** und stets 2
mündlich erhoben (Meyer-Goßner Rn. 5). Die Zulassung einer Nachtragsanklage
durch einen Eröffnungsbeschluss – **außerhalb des Verfahrens,** in dem sie erhoben
ist – ist ausgeschlossen (OLG Karlsruhe NStZ-RR 2001, 209). Eine schriftliche
Anklage ist vom StA zu verlesen; in jedem Fall ist sie vollständig (ggf. als Anlage) in
das **Protokoll** der Hauptverhandlung aufzunehmen (Abs. 2 S. 3). Die Erhebung
der Nachtragsanklage kann nach der Verlesung des der Hauptverhandlung zugrundeliegenden Anklagesatzes (§ 243 Abs. 3 S. 1) bis zum Beginn der Urteilsverkündung erfolgen (BGH MDR 1955, 397; str., vgl. KK-Engelhardt Rn. 4); wird sie
erst nach dem Schluss der Beweisaufnahme vorgetragen, so ist erneut in die Verhandlung einzutreten. Ob Nachtragsanklage erhoben wird, steht im **Ermessen der
StA. Inhaltlich** hat sie den Erfordernissen des § 200 Abs. 1 zu entsprechen (Abs. 2
S. 2); das ist als **Prozessvoraussetzung** vAw zu prüfen (BGH NStZ 1986, 207).

Voraussetzungen der Einbeziehung sind die **sachliche Zuständigkeit** des 3
Gerichts und die **Zustimmung** des Angeklagten **(Abs. 1).** Die **örtliche** Zuständigkeit ist stets gegeben (§ 13). Dass ein Gericht niedrigerer Ordnung zuständig
wäre, ist unschädlich (§ 269). Ist ein Gericht höherer Ordnung zuständig, so ist die
Einbeziehung abzulehnen; eine Einbeziehung mit dem Ziel einer anschließenden
(gemeinsamen) Verweisung nach § 270 ist unzulässig (KK-Engelhardt Rn. 6). Im
Berufungsverfahren kann Nachtragsanklage nicht mehr erhoben werden (OLG
Stuttgart StV 1994, 633; Meyer-Goßner Rn. 10; **aA** KK-Engelhardt Rn. 5; vgl.
§ 328 Rn. 6). Die **Zustimmung** muss ausdrücklich und eindeutig erklärt werden
(BGH NStZ-RR 1999, 309; BGH NJW 1984, 2172); eine Einlassung zur Sache
genügt nicht. Das Erfordernis der Zustimmung zu einer Nachtragsanklage ist
grundsätzlich nicht entbehrlich. Für Serienstraftaten zum Nachteil desselben Opfers
innerhalb des Gesamtzeitraumes der angeklagten Taten gilt nichts anderes. Das
Verfahren vor dem mit der Nachtragsanklage befassten Spruchkörper hat durch den
Beschluss, der die Einbeziehungen wegen Verweigerung der Zustimmung des
Angeklagten ablehnt, insoweit seine Erledigung gefunden (OLG Karlsruhe NStZ-
RR 2001, 209). Die **fehlende Zustimmung** zur Einbeziehung der Nachtragsan-
klage begründet zwar kein Verfahrenshindernis für die nur von dieser erfassten
Taten; auf die von den Angeklagten erhobenen Verfahrensrügen ist das Verfahren
aber insoweit gegen diese Angeklagten auf ihre Revisionen einzustellen (BGH
NStZ-RR 1999, 303). Auf die Bedeutung der Zustimmung ist insb. der nicht
verteidigte Angeklagte im Zusammenhang mit der **Belehrung** nach Abs. 3 S. 2
hinzuweisen. Schweigen des Angeklagten reicht nur dann aus, wenn in seiner
Gegenwart der Verteidiger zustimmt. Da die Zustimmung eine persönliche Entscheidung des Angeklagten ist, ist der Widerspruch des Verteidigers unbeachtlich
(KK-Engelhardt Rn. 7; Meyer-Goßner Rn. 12; str.); eine Vertretung bei Abwesenheit (§ 234 a) ist unzulässig. Die Zustimmungserklärung ist wesentliche Förmlichkeit des Verfahrens (§ 273).

Die Entscheidung über die Einbeziehung liegt im **Ermessen des Gerichts;** sie 4
erfolgt durch Beschluss, der zu protokollieren (§ 273) und in der Hauptverhandlung
zu **verkünden** ist (§ 35 Abs. 1). Einer **Begründung** bedarf er nicht (Meyer-
Goßner Rn. 18). Die Zurückweisung erfolgt als unzulässig, wenn die gesetzlichen
Voraussetzungen nicht vorliegen, sonst (etwa bei Fehlen **hinreichenden Tatverdachts** oder bei Gefahr einer nicht sachgerechten **Verzögerung** des Verfahrens) als
unbegründet. Der Einbeziehungsbeschluss muss **inhaltlich** den Erfordernissen des

§ 267 *Zweites Buch. 6. Abschnitt*

§ 207 nicht entsprechen (OLG Oldenburg MDR 1970, 946); er muss aber die einbezogene Tat und den gesetzlichen Tatbestand, den sie erfüllen könnte, eindeutig bezeichnen (BayObLG NJW 1953, 674). Fehlt es hieran, so liegt darin ein vAw. zu beachtendes Verfahrenshindernis (BGH NJW 1970, 904; BGH NStZ-RR 1996, 140).

5 Der Erlass des Einbeziehungsbeschlusses entspricht dem Eröffnungsbeschluss und seiner Verlesung (BGH 9, 243, 245 = NJW 1956, 1366). Das **weitere Verfahren** entspricht §§ 243, 244 Abs. 1 mit den Einschränkungen, die im Wesen der nachträglichen Einbeziehung begründet sind. Der Angeklagte muss Gelegenheit erhalten, sich **nach** der Einbeziehung zur Sache zu äußern **(Abs. 2 S. 4)**. Einer Wiederholung der Beweisaufnahme, die zur Nachtragsanklage geführt hat, bedarf es regelmäßig nicht (BGH NJW 1984, 2172).

6 Eine **Unterbrechung der Hauptverhandlung (Abs. 3)** ist auf Antrag des Angeklagten oder vAw. anzuordnen. Eine **offenbare** Mutwilligkeit oder alleinige Verzögerungsabsicht isd Abs. 3 S. 1 wird nur selten anzunehmen sein. Die Unterbrechung erfolgt in den Grenzen des § 229 Abs. 1 und 2 nach § 228 Abs. 1. Würde eine **Aussetzung** des Verfahrens erforderlich, so ist die Einbeziehung regelmäßig nicht sachdienlich (KK-Engelhardt Rn. 10). Eine **Belehrung** über das Antragsrecht ist zwingend vorgeschrieben (Abs. 3 S. 2). Antrag und Entscheidung darüber sind als wesentliche Förmlichkeiten zu protokollieren; gegen die Entscheidung des Vorsitzenden (§ 228 Abs. 1 S. 2) kann das Gericht angerufen werden (§ 238 Abs. 2).

7 **Beschwerde** ist weder gegen den Beschluss über die Einbeziehung noch gegen die Entscheidung über die Unterbrechung zulässig (§ 305 S. 1). Die **Revision** kann das Fehlen der Zustimmung des Angeklagten mit der Verfahrensrüge angreifen (BGH NStZ-RR 1999, 303; s. Rn. 3). Das Vorliegen einer ordnungsgemäßen Nachtragsanklage und eines Einbeziehungsbeschlusses ist vAw zu berücksichtigen (vgl. BGH NJW 1970, 904).

§ 267 [Urteilsgründe]

(1) ¹**Wird der Angeklagte verurteilt, so müssen die Urteilsgründe die für erwiesen erachteten Tatsachen angeben, in denen die gesetzlichen Merkmale der Straftat gefunden werden.** ²**Soweit der Beweis aus anderen Tatsachen gefolgert wird, sollen auch diese Tatsachen angegeben werden.** ³**Auf Abbildungen, die sich bei den Akten befinden, kann hierbei wegen der Einzelheiten verwiesen werden.**

(2) **Waren in der Verhandlung vom Strafgesetz besonders vorgesehene Umstände behauptet worden, welche die Strafbarkeit ausschließen, vermindern oder erhöhen, so müssen die Urteilsgründe sich darüber aussprechen, ob diese Umstände für festgestellt oder für nicht festgestellt erachtet werden.**

(3) ¹**Die Gründe des Strafurteils müssen ferner das zur Anwendung gebrachte Strafgesetz bezeichnen und die Umstände anführen, die für die Zumessung der Strafe bestimmend gewesen sind.** ²**Macht das Strafgesetz Milderungen von dem Vorliegen minder schwerer Fälle abhängig, so müssen die Urteilsgründe ergeben, weshalb diese Umstände angenommen oder einem in der Verhandlung gestellten Antrag entgegen verneint werden; dies gilt entsprechend für die Verhängung einer Freiheitsstrafe in den Fällen des § 47 des Strafgesetzbuches.** ³**Die Urteilsgründe müssen auch ergeben, weshalb ein besonders schwerer Fall nicht angenommen wird, wenn die Voraussetzungen erfüllt sind, unter denen nach dem Strafgesetz in der Regel ein solcher Fall vorliegt; liegen diese Voraussetzungen nicht vor, wird aber gleichwohl ein besonders schwerer Fall angenommen, so gilt Satz 2 ent-**

Hauptverhandlung **§ 267**

sprechend. ⁴Die Urteilsgründe müssen ferner ergeben, weshalb die Strafe zur Bewährung ausgesetzt oder einem in der Verhandlung gestellten Antrag entgegen nicht ausgesetzt worden ist; dies gilt entsprechend für die Verwarnung mit Strafvorbehalt und das Absehen von Strafe.

(4) ¹Verzichten alle zur Anfechtung Berechtigten auf Rechtsmittel oder wird innerhalb der Frist kein Rechtsmittel eingelegt, so müssen die erwiesenen Tatsachen, in denen die gesetzlichen Merkmale der Straftat gefunden werden, und das angewendete Strafgesetz angegeben werden; bei Urteilen, die nur auf Geldstrafe lauten oder neben einer Geldstrafe ein Fahrverbot oder die Entziehung der Fahrerlaubnis und damit zusammen die Einziehung des Führerscheins anordnen, kann hierbei auf den zugelassenen Anklagesatz, auf die Anklage gemäß § 418 Abs. 3 Satz 2 oder den Strafbefehl sowie den Strafbefehlsantrag verwiesen werden. ²Den weiteren Inhalt der Urteilsgründe bestimmt das Gericht unter Berücksichtigung der Umstände des Einzelfalls nach seinem Ermessen. ³Die Urteilsgründe können innerhalb der in § 275 Abs. 1 Satz 2 vorgesehenen Frist ergänzt werden, wenn gegen die Versäumung der Frist zur Einlegung des Rechtsmittels Wiedereinsetzung in den vorigen Stand gewährt wird.

(5) ¹Wird der Angeklagte freigesprochen, so müssen die Urteilsgründe ergeben, ob der Angeklagte für nicht überführt oder ob und aus welchen Gründen die für erwiesen angenommene Tat für nicht strafbar erachtet worden ist. ²Verzichten alle zur Anfechtung Berechtigten auf Rechtsmittel oder wird innerhalb der Frist kein Rechtsmittel eingelegt, so braucht nur angegeben zu werden, ob die dem Angeklagten zur Last gelegte Straftat aus tatsächlichen oder rechtlichen Gründen nicht festgestellt worden ist. ³Absatz 4 Satz 3 ist anzuwenden.

(6) ¹Die Urteilsgründe müssen auch ergeben, weshalb eine Maßregel der Besserung und Sicherung angeordnet, eine Entscheidung über die Sicherungsverwahrung vorbehalten oder einem in der Verhandlung gestellten Antrag entgegen nicht angeordnet oder nicht vorbehalten worden ist. ²Ist die Fahrerlaubnis nicht entzogen oder eine Sperre nach § 69a Abs. 1 Satz 3 des Strafgesetzbuches nicht angeordnet worden, obwohl dies nach der Art der Straftat in Betracht kam, so müssen die Urteilsgründe stets ergeben, weshalb die Maßregel nicht angeordnet worden ist.

Übersicht

Aufgabe der schriftlichen Urteilsgründe	1–4
Urteilsgründe bei Verurteilung (Abs. 1–3)	5–21
Abgekürztes Urteil (Abs. 4)	22, 23
Freisprechendes Urteil (Abs. 5)	24, 25
Einstellungsurteil (§ 260 Abs. 3)	26
Berichtigung der Urteilsgründe	27
Revision	28

Aufgabe der schriftlichen Urteilsgründe. Die schriftlichen Urteilsgründe 1 geben Auskunft über den Inhalt des Urteils (vgl. RiStBV Nr. 141). Sie haben das Ergebnis der Beratung vollständig und in sich geschlossen darzulegen, damit der Umfang der Rechtskraft bestimmt und das Urteil auf seine Richtigkeit überprüft werden kann (BGH StV 1984, 198). Die schriftlichen Urteilsgründe dienen nicht dazu, Verfahrensvorgänge, den Gang der Ermittlungen und all das zu dokumentieren, was in der Hauptverhandlung an Beweisen erhoben wurde. Vielmehr sollen sie das **Ergebnis** der Hauptverhandlung wiedergeben und die Nachprüfung der getrof-

§ 267 *Zweites Buch. 6. Abschnitt*

fenen Entscheidung ermöglichen. Die Beweiswürdigung hat lediglich zu belegen, warum der Tatrichter bestimmte bedeutsame tatsächliche Umstände so festgestellt hat (BGH NStZ-RR 1999, 272). Das Strafurteil **beruht** nicht auf der Darstellung seiner Gründe, sondern auf dem Inbegriff der Hauptverhandlung (§ 261). Es ist daher nicht Aufgabe der Urteilsgründe, diesen Inbegriff umfassend darzustellen, und noch weniger, Auskunft über den Gang der Verhandlung, der Entscheidungsfindung des Gerichts und der Beratung zu geben (vgl. allg. Meyer-Goßner NStZ 1988, 531; Foth DRiZ 1974, 23). Begründungsmängel des schriftlichen Urteils lassen andererseits Rückschlüsse auf eine fehlerhafte Urteilsfindung zu (vgl. u. Rn. 11). In dem Spannungsfeld zwischen Lebenssachverhalt und forensischer Wahrheit (vgl. Fischer NStZ 1994, 1), subjektiver Überzeugung und rechtsstaatlicher Kontrolle ihrer Gewinnung stellt das schriftliche Urteil daher nicht eine Abbildung der (Verfahrens-) Wirklichkeit dar, sondern „konstruiert" eine Wirklichkeit eigener Art und Form, in welcher die Interessen der Verfahrensbeteiligten und der Rechtsgemeinschaft zusammengeführt werden. § 267 gibt hierfür verbindliche Grundregeln. Die **Urteilsgründe** dürfen weder „lustig" noch „satirisch" abgefasst werden (Kusch NStZ-RR 1999, 261). Zur Darstellung der **richterlichen Überzeugung** in den Urteilsgründen s. § 261 Rn. 2.

2 Das **schriftliche Urteil,** das von den beteiligten Berufsrichtern zu unterschreiben ist (§ 275 Abs. 2), muss eine in sich geschlossene, aus sich verständliche Darstellung der aus dem Inbegriff der Verhandlung getroffenen Feststellungen, ihrer Würdigung und ihrer rechtlichen Subsumtion geben (vgl. BGH 33, 59, 60 = NJW 1985, 1089; BGH NStZ 1992, 49). Jedes Strafurteil muss aus sich heraus verständlich sein, ohne dass es dabei der Heranziehung von Schriftstücken oder sonstiger Erkenntnisquellen außerhalb des Urteils bedarf (BGH 30, 226 = NJW 1982, 589; BGH NStZ-RR 2000, 304). Dabei ist den Feststellungen zur **Person,** den Feststellungen **zur Sache,** der **Beweiswürdigung,** der **Sanktionsfindung** und den **Nebenentscheidungen** regelmäßig ein eigener, durch die Gliederung der Urteilsgründe jeweils erkennbarer Abschnitt zu widmen (BGH NStZ 1994, 400). Das Gesetz verlangt dem Tatrichter zwar nicht ab, im Rahmen der Urteilsgründe die **Gliederung des Urteils** vorab übersichtlich mitzuteilen. Gleichwohl empfiehlt es sich, dem Urteil ab einem gewissen Umfange ein Inhaltsverzeichnis voranzustellen, das die Gliederung des Urteils nebst Zwischenüberschriften und die entsprechenden Seitenzahlen wiedergibt. Eine solche Übersicht kann, da nicht gesetzlich vorgeschrieben, auch nach Ablauf der sich aus § 275 I StPO ergebenden Frist erstellt werden (BGH NStZ-RR 2001, 109). Zur Verwendung von Ordnungszahlen in Punktesachen vgl. BGH NStZ-RR 1999, 139. Die **Anordnung der Sicherungsverwahrung** bedarf als in die Lebensverhältnisse des Angeklagten massiv eingreifende Entscheidung einer dieser Bedeutung angemessenen Begründung. Es ist nicht Aufgabe des **Revisionsgerichts,** sich aus bei den Angaben zur Person mitgeteilten zahlreichen Eintragungen im Bundeszentralregister diejenigen herauszusuchen, welche die formellen Voraussetzungen des § 66 I Nrn. 1 und 2 StGB erfüllen könnten. Vielmehr hat der Tatrichter diejenigen herauszusuchen, denen er Symptomcharakter beimißt und die er deswegen zur Begründung der Anordnung der Maßregel heranziehen sowie in die ihm obliegende, vom Revisionsgericht nicht ersetzbare Gesamtwüdigung gem. § 66 I Nr. 3 StGB einbeziehen will. „**Zur Begründung** der Sicherungsverwahrung bedarf es einer ausführlichen Erarbeitung und Darstellung des kriminellen Werdegangs des Angeklagten anhand der Vorstrafen, insbesondere wie es zu den Taten gekommen ist, ob sie gegebenenfalls auf einem Hang zu delinquentem Verhalten beruhen, welche typischen Begehungsweisen ihnen zu eigen sind und inwieweit die Opfer durch sie **seelisch oder körperlich** geschädigt wurden oder wirtschaftliche Schäden, die für die Allgemeinheit gefährlich sind, eingetreten worden sind. Daneben sind die Tatsachen festzustellen, die für die formellen und materiellen **Voraussetzungen der einzelnen Alternativen** des § 66 StGB erforderlich (Tatzeiten, Einzelstrafen, Ver-

Hauptverhandlung **§ 267**

büßungszeiten pp.) sind. Die Erarbeitung des kriminellen Werdegangs kann nicht durch rein schematisches Vorgehen (zB bloßes Auflisten der Vorverurteilungen und Hineinkopieren deren Sachverhalts) ersetzt werden" (BGH NStZ-RR 2001, 103). Die gebotene geschlossene Sachverhaltsschilderung kann nicht dadurch ersetzt werden, dass in die Urteilsurkunde Ablichtungen von Schriftstücken aufgenommen werden, aus denen sich der festgestellte Sachverhalt ergibt. Die Aufnahme von fotokopierten handschriftlichen **Tagebuchaufzeichnungen,** die der Intimsphäre des Opfers angehören, ist zudem im Hinblick auf den – ungeachtet der Verwertbarkeit dieser Aufzeichnungen – gebotenen Persönlichkeitsschutz bedenklich (BGH NStZ-RR 1999, 139). Zur Verurteilung des Angeklagten unter **falschem Namen** s. § 155 Rn. 1. „Feststellungen **zur Person** eines Angeklagten sind nicht Selbstzweck; in das Urteil sind sie – von Auswirkungen auf die Schuldfrage abgesehen – in den Umfang aufzunehmen, in dem sie bestimmenden Einfluss auf die Straffrage und den übrigen Rechtsfolgenausspruch sind" (BGH NStZ 1996, 49). „Die nur schematische Aneinanderreihung von Aussagen des Angeklagten und der vernommenen Zeugen ist überflüssig" (BGH NStZ 1995, 220). „Für die Darstellung einer **Steuerhinterziehung** ist es erforderlich, dass das Urteil erkennen lässt, welches steuerlich erhebliche tatsächliche Verhalten im Rahmen welcher Abgabeart und in welchem Besteuerungszeitraum zu einer Steuerverkürzung geführt hat. Soweit der Angeklagte die ihm zur Last gelegten Hinterziehungsbeträge nicht einräumt, muss das Urteil darüber hinaus auch die Berechnung der jeweils hinterzogenen Steuern nachvollziehbar darstellen" (BGH NStZ-RR 1996, 20 mwN). Bei einer Verurteilung **mehrerer Angeklagter** wegen ihrer Beteiligung an **Serienstraftaten** bedarf es regelmäßig einer Darstellung, aus der sich die rechtliche Beurteilung für jede einzelne Tat und für jeden Angeklagten nachvollziehen lässt. Die Mitteilung der Einzeltaten, die sich jeweils hinsichtlich der Art der Tatausführung und der Tatbeteiligung unterscheiden, genügt nicht, wenn das Urteil unterlässt, die jeweiligen Taten den Angeklagten im Einzelnen zuzuordnen und rechtlich zu bewerten (BGH StV 1996, 6). Zu den Anforderungen an die Urteilsgründe, die nach § 267 Abs. 1 die für erwiesen erachteten **Tatsachen** anzugeben haben, in denen die **gesetzlichen Merkmale der Straftat** gefunden werden. s. BGH NStZ 2000, 607. Zu den Anforderungen an die Urteilsgründe in sog. **Punktesachen:** „Jeweils bei den Feststellungen der Sache, bei der Beweiswürdigung, bei der rechtlichen Würdigung und insbesondere bei der Strafzumessung liegt es nahe, diejenigen festgestellten Tatsachen, Beweisargumente, Rechtsausführungen und Strafzumessungsgesichtspunkte, die für alle oder mehrere Einzelfälle gleichermaßen gelten, jeweils zu Beginn des betreffenden Abschnitts der schriftlichen Urteilsgründe – vor der Klammer – zu schildern. Zudem wird es sich in Punktesachen stets empfehlen und die genannte Darstellungsweise fördern, die Einzelfälle mit einer Ordnungszahl zu versehen, die den jeweiligen Einzelfall bei den Feststellungen zur Sache, bei der Beweiswürdigung, bei der rechtlichen Würdigung und bei der Strafzumessung gleichermaßen kennzeichnet" (BGH NStZ-RR 1996, 336; 1999, 139). Die Abartigkeit eines **sexuellen Verhaltens** allein rechtfertigt noch nicht die Annahme einer **krankhaften Störung**, sondern erst die Tatsache einer im Zusammenhang mit der Triebanomalie stehenden, das Hemmungsvermögen betreffende Persönlichkeitsentartung (BGH NStZ 1996, 401).

Bezugnahmen auf Feststellungen und Erkenntnisse außerhalb des Urteils sind 3 daher regelmäßig **unzulässig,** insb. solche auf die Anklageschrift (BGH NStZ 1987, 374), den Eröffnungsbeschluss (RG 4, 382, 384), das Sitzungsprotokoll oder sonstigen **Akteninhalt** (vgl. KK-Engelhardt Rn. 3), sofern nicht die **Ausnahmen** Abs. 1 S. 3, Abs. 4 S. 1, 2. HS eingreifen. Auch die Bezugnahme auf Feststellungen eines **anderen Urteils** ist grds. fehlerhaft. Soweit gebotene eigene Urteilsfeststellungen oder Würdigungen durch **Bezugnahmen** ersetzt werden, fehlt es verfahrensrechtlich an einer Urteilsbegründung und sachlich-rechtlich an der Möglichkeit der Nachprüfung durch das Revisionsgericht (NStZ-RR 2000, 304). „Auf mit dem

§ 267
Zweites Buch. 6. Abschnitt

früheren Urteil aufgehobene, also nicht mehr existente Feststellung verbietet sich eine Bezugnahme von selbst (BGH NStZ 2000, 411). Eine Bezugnahme wird auch nicht dadurch zulässig, dass sie mit dem Hinweis verbunden wird, die neue Hauptverhandlung habe zu denselben Feststellungen geführt" (BGH NStZ 2000, 441). Das gilt nicht für inhaltsgleiche Feststellungen, die im Laufe desselben Verfahrens getroffen und durch die Entscheidung des Revisionsgerichts **bindend** geworden sind (BGH 30, 225 = NJW 1982, 589), wohl aber für vom Revisionsgericht aufgehobene Feststellungen (BGH 24, 274 = NJW 1972, 548), auch zum Lebenslauf des Angeklagten (BGH NJW 1977, 1247) und zur Straffrage (BGH StV 1982, 105). Das **Berufungsgericht** kann auf die Feststellungen des Ersturteils Bezug nehmen, wenn und soweit sie mit den eigenen übereinstimmen. Der Umfang der Bezugnahme ist **genau** zu bezeichnen (BGH 33, 59 = NJW 1985, 443; OLG Stuttgart NStZ-RR 2003, 83); eine allgemeine **Vorbehaltsformel** („soweit im Folgenden nicht abweichend festgestellt") reicht nicht aus. Vorrang vor einer (oft fraglichen) Arbeitserleichterung des Richters hat die Klarheit und Verständlichkeit der Darstellung (RG 59, 427, 428; vgl. KK-Engelhardt Rn. 5). Die Feststellungen zu den **persönlichen Verhältnissen** müssen regelmäßig selbst getroffen werden (BGH NStZ 1985, 309); auch Bezugnahmen auf **Strafzumessungserwägungen** sind idR unzulässig (BGH NJW 1951, 413).

4 Von dem grundsätzlichen Bezugnahmeverbot lässt **Abs. 1 S. 3** eine **Ausnahme** zu für solche **Abbildungen, die sich in den Akten befinden.** Das sind Lichtbilder, Skizzen und sonstige Abbildungen, deren Inhalt unmittelbar durch den Gesichts- oder Tastsinn, ggf. unter Verwendung technischer Hilfsmittel (Microfilme) wahrgenommen werden kann. Für **Tonträger** und alle Abbildungen außerhalb der Verfahrensakten gilt die Vorschrift nicht; ihr Aussagegehalt ist, soweit entscheidungserheblich, vollständig wiederzugeben. Auch wenn danach eine Bezugnahme zulässig ist, darf sie nur **wegen der Einzelheiten** erfolgen; eine Angabe des wesentlichen Inhalts der Abbildung in den Urteilsgründen bleibt erforderlich (BGH NStZ 1981, 296). Das gilt insb. auch für Täteridentifizierungen anhand eines **Radarfotos;** hier sind die wesentlichen Identifizierungsmerkmale im Urteil anzugeben. „Hat der Tatrichter im **Bußgeldverfahren** wegen einer Verkehrsordnungswidrigkeit anhand eines bei einer Verkehrsüberwachung gefertigten **Beweisfotos** die Überzeugung erlangt, dass der Betroffene und die abgebildete Person identisch sind, so gilt für die Darstellung in den Urteilsgründen folgendes: Wird im Urteil gem. § 267 Abs. 1 S. 3 StPO auf ein zur Identifizierung generell geeignetes Foto verwiesen, bedarf es im Regelfall keiner weiteren Ausführungen. Bestehen allerdings nicht unerhebliche Zweifel an Inhalt oder Qualität des Fotos Zweifel an seiner Eignung als Grundlage für eine Identifizierung des Fahrers, so muss der Tatrichter angeben, auf Grund welcher – auf dem Foto erkennbaren – Identifizierungsmerkmale er die Überzeugung von der Identität des Betroffenen mit dem abgebildeten Fahrzeugführer gewonnen hat. Unterbleibt eine prozessordnungsgemäße Verweisung auf das Beweisfoto, so muss das Urteil Ausführungen zur Bildqualität enthalten und die abgebildete Person oder jedenfalls mehrere charakteristische Identifizierungsmerkmale so präzise beschreiben, dass dem Rechtsmittelgericht anhand der Beschreibung in gleicher Weise wie bei der Betrachtung des Fotos die Prüfung ermöglicht wird, ob dieses zur Identifizierung generell geeignet ist" (BGH 41, 376 = NJW 1996, 1420). Aus der Formulierung des Tatrichters „Auf dem Originalbild in DIN A-5-Vergrößerung ist der Betroffene aber hinreichend klar zu identifizieren" lässt sich noch auf eine **hinreichende Bildqualität** des von einem Verkehrsverstoß vorliegenden Lichtbilds des Betroffenen schließen (OLG Hamm NJW 2001, 1151). Teilt das Urteil mit, ein Lichtbild sei in Augenschein genommen und mit einer Person verglichen worden, dann liegt darin im Allgemeinen noch dann noch keine verfahrenswirksame Verweisung auf das Lichtbild, wenn dabei dessen Fundstelle in den Akten genannt wird. Den Urteilsgründen muss vielmehr zu entnehmen sein, dass das Bild ebenso Teil der

Hauptverhandlung **§ 267**

Urteilsurkunde sein soll wie deren Text. Die Erklärung muss so deutlich sein, dass jeder Zweifel am Vorliegen und am Gegenstand der Verweisung ausgeschlossen ist (OLG Brandenburg NStZ-RR 1998, 240; vgl. auch OLG Hamm NStZ-RR 1998, 238). Zum **Wiedererkennen** s. § 261 Rn. 3 u. § 58 Rn. 2.

Urteilsgründe bei Verurteilung (Abs. 1–3). Regelmäßig am Anfang der Urteilsgründe stehen – in einem eigenen Abschnitt – die Feststellungen zu den **persönlichen Verhältnissen** des Angeklagten (vgl. Meyer-Goßner NStZ 1988, 531). Dies sind insb. die für den Rechtsfolgenausspruch **entscheidungserheblichen** Feststellungen zum persönlichen Werdegang, zu charakterlichen Ausprägungen und deren Auswirkungen auf Lebensführung und persönliche Beziehungen des Angeklagten, Erkrankungen, wirtschaftlichen Verhältnissen und strafrechtlichen Vorbelastungen. Bei der Feststellung von **Vorstrafen** reicht in einfachen Fällen, insb. bei nicht einschlägigen Vorverurteilungen, die Wiedergabe des (verwertbaren, vgl. § 51 BZRG) Inhalts des Auszugs aus dem Bundeszentralregister. Kommt den in früheren Verfahren festgestellten Sachverhalten Bedeutung für die Beurteilung der jetzt abgeurteilten Tat zu oder ist eine nachträgliche Gesamtstrafe (§ 55 StGB) zu bilden, so sind die **entscheidungserheblichen** Tatsachenfeststellungen der früheren Urteile darzustellen (vgl. BGH NStZ 1995, 300). Die Aufnahme wörtlicher Zitate ist dabei auf das notwendige Mindestmaß zu beschränken; idR ist eine zusammenfassende Darstellung ausreichend und vorzuziehen. 5

Abs. 1 S. 1 verlangt eine zusammenfassende, in sich geschlossene Darstellung des für die Entscheidung erheblichen Beweisergebnisses. Liegen **mehrere Beweisanzeichen** vor, so genügt es nicht, sie jeweils einzeln abzuhandeln; erforderlich ist vielmehr eine **Gesamtwürdigung.** Auch wenn keine der jeweiligen Indiztatsachen für sich genommen zum Nachweis der Täterschaft des Angeklagten ausreicht, besteht die Möglichkeit, dass sie in ihrer **Gesamtheit** dem Tatrichter die entsprechende Überzeugung vermitteln (BGH NStZ-RR 2000, 334). Es muss unzweifelhaft sein, welche Tatsachen **das Gericht** festgestellt und dem Urteil zugrundegelegt hat; eine Aneinanderreihung von Aussageinhalten reicht keinesfalls aus (BGH NStZ 1995, 220; vgl. KK-Engelhardt Rn. 8). Zwischen Tatsachenfeststellungen, Beweiswürdigung und rechtlicher Würdigung ist klar zu trennen (BGH StV 1984, 64). Zwar bilden die schriftlichen Urteilsgründe eine Einheit, doch sollten die zusammenhängenden Feststellungen zum **äußeren und inneren Tatbestand** (BGH wistra 1989, 264, 265) stets in einem eigenen Abschnitt der Beweis- und rechtlichen Würdigung vorangestellt werden. Zur **äußeren Tatseite** muss die Darstellung, wenn auch möglichst in gedrängter Kürze, doch so vollständig sein, dass der Rechtskundige in den konkret angeführten Tatsachen den gesetzlichen Tatbestand erkennen kann. Das strafbare Verhalten muss so konkret bezeichnet werden, dass erkennbar wird, welche bestimmten Taten von der Verurteilung erfasst werden (BGH NStZ 1986, 275; 1994, 352; KK-Engelhardt Rn. 9). Die Merkmale der **inneren Tatseite** müssen, sofern sie sich nicht von selbst aus der Sachverhaltsschilderung ergeben (OLG Saarbrücken NJW 1974, 1391), durch tatsächliche Feststellungen belegt, insbesondere die Rechtsbegriffe **Vorsatz und Fahrlässigkeit** in ihre tatsächlichen Bestandteile aufgelöst werden. Die den Vorsatz ergebenden Tatsachen müssen auch dargelegt werden, wenn kein (Tatbestands-)Irrtum behauptet wird (BGH 5, 143, 144 = NJW 1954, 283). Besonders sorgfältig sollte die Darstellung sein, wenn es um die Abgrenzung des bedingten Vorsatzes von der bewussten Fahrlässigkeit geht (BGHSt 7, 363 = NJW 1955, 1688; BGH NStZ 1987, 362; KK-Engelhardt Rn. 10). 6

Ort und Zeit der Tat sowie die Identität von Beteiligten und Geschädigten müssen so vollständig und konkret dargestellt werden, dass dem Außenstehenden, insb. auch dem Revisionsgericht, ohne weiteres eine Identifizierung der Tat möglich ist (vgl. BGH 22, 90, 91 = NJW 1968, 1148). Eine Mehrzahl von Taten müssen nach Zeit, Ort und ungefährer Begehensweise festgestellt werden (BGH NStZ 1992, 602). Das gilt auch für Einzelakte einer **fortgesetzten Handlung** (BGH 7

NStZ 1982, 128) und für **Serientaten** (BGH 40, 138 = NJW 1994, 1663; BGH NStZ 1996, 349). Werden einem Angeklagten mehrere Tatbestandsverwirklichungen zur Last gelegt, „so müssen Zeit, Ort und Begehungsweise der Einzelhandlungen so konkret mitgeteilt werden, dass der Rechtskundige den gesetzlichen Tatbestand darin erkennen, der Angeklagte sich gegen den Tatvorwurf im Einzelnen verteidigen und das Revisionsgericht die ihm obliegende Nachprüfung auf Rechtsfehler vornehmen kann" (BGH NStZ 1994, 555). Zwar können in diesen Fällen für alle Einzelhandlungen zutreffende Tatsachen zusammenfassend dargestellt werden, jedoch darf dies nicht zu Zweifeln am Umfang der Rechtskraft führen (BGH NStZ 1984, 565). Die **Mindestzahl** der sicher festgestellten Fälle muss stets angegeben werden (BGH NStZ 1983, 326; 1994, 620; 555); nur in Ausnahmefällen, wenn keinerlei Unklarheit hinsichtlich des dem Urteil zugrundeliegenden (Mindest-) Schuldumfangs und der Rechtskraftwirkung zu befürchten ist, kann hierauf verzichtet werden (BGH StV 1981, 542; NStZ 1995, 203; vgl. KK-Engelhardt Rn. 9). Bedenklich sind die bloße Benennung eines Zeitraums und die nicht näher differenzierte Angabe einer (Mindest-)Anzahl von Einzelfällen ohne weitere Feststellungen. Solche kaum noch konkretisierbaren pauschalen „Feststellungen" sind im Rahmen einer ausufernden Anwendung der Rechtsfigur der fortgesetzten Handlung lange Zeit insbes. durch Untergerichte in nicht vertretbarem Umfang getroffen und von Revisionsgerichten hingenommen worden (vgl. BGH 40, 138 = NJW 1994, 1663). Auf die Konkretisierung und sichere Feststellung einzelner Handlungen – ggf. unter Anwendung des **Zweifelssatzes** – kann regelmäßig nicht verzichtet werden; dies gilt für Serien selbstständiger Taten und für Einzelakte fortgesetzter Handlungen gleichermaßen. Festgestellte Gesamtmengen (BtMG) oder Gesamtschäden (Vermögensdelikte) innerhalb eines bestimmten Zeitraums ersetzen die Festlegung einer Mindestzahl von Einzeltaten nicht. Eine **„statistische" Errechnung** der festgestellten Anzahl von Einzelhandlungen ist unzulässig (BGH MDR 1978, 803); dagegen sind statistische Hochrechnungen zur Ermittlung der **Schadenshöhe** im Einzelfall zulässig (BGH 36, 320 = NJW 1990, 1549). Lassen sich festgestellte Gesamtmengen oder -schäden erwiesenen Einzelhandlungen nicht sicher zuordnen, so könnte der **Gesamtschuldumfang** nur im Rahmen der Gesamtstrafenbildung berücksichtigt werden. Dies ist mit der Regelung des § 54 Abs. 1 S. 1 StGB jedoch nicht zu vereinbaren. Die Verhängung von Strafe für einen Erfolg, der **erwiesenen Taten** nicht zugeordnet werden kann, widerspräche auch der Unschuldsvermutung. **Überschießende Gesamterfolge** können daher nur insoweit verwertet werden, wie sie nach § 46 StGB zur Einzelstrafenbildung herangezogen werden können.

8   Auch im Hinblick auf die revisionsgerichtliche Prüfung kommt der Klarheit, übersichtlichen Darstellung und **Gliederung der Tatsachenfeststellungen** erhebliche Bedeutung zu. Das gilt insb. in Fällen, in denen das Urteil eine Mehrzahl von Angeklagten betrifft, die in wechselnder Beteiligung eine Vielzahl von Straftaten begangen haben, welche sich auf unterschiedliche Tatobjekte beziehen (vgl. BGH NStZ 1994, 400).

9   **Beweiswürdigung (Abs. 1 S. 2).** Der **Weg,** auf dem das Gericht zu seiner Überzeugung (§ 261) gelangt ist, muss nach dem Wortlaut des § 267 in den Urteilsgründen nicht im Einzelnen dargestellt werden; überflüssig und häufig fehlerhaft ist insb. eine (chronologische) Darstellung der Überzeugungsbildung (vgl. o. Rn. 1). **Abs. 1 S. 2** verlangt aber die Angabe von **Beweisanzeichen (Indizien),** soweit aus ihnen Schlüsse auf das Vorliegen oder Nichtvorliegen von Haupttatsachen iSd Abs. 1 S. 1 gezogen worden sind. Schon aus dieser **Sollvorschrift** ergibt sich die **sachlichrechtliche Begründungspflicht** des Gerichts (vgl. KK-Engelhardt Rn. 12). Die schriftlichen Urteilsgründe dienen nicht dazu, all das zu dokumentieren, was in der Hauptverhandlung an Beweisen erhoben wurde. Mit der **Beweiswürdigung** soll der Tatrichter – unter Berücksichtigung der Einlassung des Angeklagten – vielmehr lediglich belegen, warum er bestimmte bedeutsame Umstände so

Hauptverhandlung § 267

festgestellt hat. Hierzu wird er Zeugenäußerungen, Urkunden ö. ä. heranziehen, soweit deren Inhalt für die Überzeugungsbildung nach dem Ergebnis der Beratung wesentlich ist. Bei der Beweiswürdigung empfiehlt es sich, mit der Darstellung der Einlassung des Angeklagten zu beginnen und sodann darzulegen, in welchen Punkten und aus welchen Überlegungen der Einlass nicht gefolgt worden ist. Es sollte sich erschließen, warum ein Umstand in der Beweiswürdigung erörtert wird. Die **Erörterung unerheblicher Umstände sollte unterbleiben.** Auf diese Weise ausgedehnte Urteilsgründe bergen nur die Gefahr, widersprüchlich zu sein und den Blick auf das Wesentliche zu verstellen (BGH NStZ-RR 2002, 243). Es ist aber nicht Aufgabe des Angeklagten, das **Nichtvorliegen der subjektiven Tatbestandsmerkmale nachzuweisen** (KG StV 2002, 412). Regelmäßig muss die **Einlassung des Angeklagten** mitgeteilt und im Zusammenhang mit den in der Hauptverhandlung zulässig erhobenen **entscheidungserheblichen Beweisergebnissen** umfassend gewürdigt werden (BGH StV 1984, 64). Der wesentliche Inhalt (vgl. KK-Engelhardt Rn. 15) von **Zeugenaussagen** ist wiederzugeben; dabei ist je nach Lage des Einzelfalls eine substantiierte Erörterung der **Glaubwürdigkeit** von Aussageinhalten und von dagegen in der Hauptverhandlung vorgetragenen Einwendungen erforderlich (vgl. BGH StV 1991, 410). Wird die **Aussage gegen Aussage** (BGH NStZ 2000, 495) diejenigen des **einzigen Belastungszeugen** hinsichtlich einzelner Taten oder Tatmodalitäten widerlegt, kann seinen übrigen Angaben nur gefolgt werden, wenn außerhalb der Aussage Gründe von Gewicht für ihre Glaubhaftigkeit vorliegen; dies ist in den **Urteilsgründen** darzulegen (BGH 44, 153 = NJW 1998, 3788; BGH NStZ-RR 2003, 333). Eine formelhafte **Aufzählung der verwendeten Beweismittel** („Die Feststellungen beruhen auf ...") ist nutzlos (vgl. Meyer-Goßner, NStZ 1988, 532). Bleibt ein Beweismittel unerwähnt, so kann daraus nicht geschlossen werden, es sei übersehen worden (BGH StV 1991, 340). Ist die Besorgnis begründet, der Tatrichter könne davon ausgegangen sein, eine breite Darstellung der erhobenen Beweise ersetze die **gebotene eigenverantwortliche Würdigung,** so liegt darin ein Rechtsfehler, der zur Aufhebung des Urteils führt (BGH NStZ 1998, 475).

Das Ergebnis eines **Sachverständigengutachtens** darf das Gericht nicht ungeprüft übernehmen (BGH 8, 113, 118 = NJW 1955, 1642). Die Urteilsgründe müssen die wesentlichen Anknüpfungs- und Befundtatsachen sowie die Schlussfolgerungen des Sachverständigen angeben (BGH 34, 29, 31; BGH NStZ 1991, 596; OLG Hamm StV 2002, 404); bei weithin standardisierten Verfahren (Blutalkoholbestimmung nach Blutprobe, Daktyloskopie) kann die Mitteilung des Gutachtensergebnisses genügen (BGH 28, 235; BGH NStZ 1993, 95). Bei der Blutalkoholbestimmung durch Rückrechnung muss dem Revisionsgericht die Nachprüfung der Berechnung ermöglicht werden (BGH StV 1987, 528). Folgt das Gericht dem Sachverständigen (teilweise) nicht, so muss es seine Ausführungen wiedergeben und sich in nachprüfbarer Weise mit ihnen auseinandersetzen (BGH NStZ 1985, 421; vgl. § 261 Rn. 9f.); ggf. sind die Grundlagen der eigenen Sachkunde darzulegen (BGH 12, 18, 20 = NJW 1958, 1596; vgl. § 244 Rn. 41). Bei Bestimmung der **Atemalkoholkonzentration** iSv § 24a Abs. 1 StVG unter Verwendung eines Atemalkoholmessgeräts, das die Bauartzulassung für die amtliche Überwachung des Straßenverkehrs erhalten hat, ist der gewonnene Messwert ohne Sicherheitsabschläge verwertbar, wenn das Gerät unter Einhaltung der Eichfrist geeicht ist und die Bedingungen für ein gültiges Messverfahren gewahrt sind (BGH NJW 2001, 1952; s. auch § 81a Rn. 4). Liegt einer Verurteilung nach § 24a Abs. 1 StVG die Feststellung einer Atemalkoholkonzentration zu Grunde, müssen im Urteil neben dem Mittelwert auch die zu Grunde liegenden Einzelwerte der Atemalkoholkonzentration mitgeteilt werden (BayObLG NJW 2001, 3138). Bei der schwierigen Frage der Beurteilung einer **endogenen Psychose** muss das tatrichterliche Urteil die anhand einer dorrentialdiagnostischen Untersuchung erstellte

10

§ 267 Zweites Buch. 6. Abschnitt

Diagnose des Sachverständigen im Einzelnen darstellen (BGH NStZ-RR 1998, 5). Hat der Sachverständige **Zusatztatsachen** mitgeteilt, ohne sie inhaltlich vom Gutachten zu trennen, so ist es regelmäßig fehlerhaft, wenn sich das Gericht ohne weiteres, unter Hinweis auf die Fachkunde des Sachverständigen, seinen Ausführungen insgesamt „anschließt". Der **Beweiswert** der vom Sachverständigen mitgeteilten Untersuchungsergebnisse ist ggf. im Einzelnen zu erörtern und mit anderen Beweisergebnissen zusammenfassend zu würdigen (vgl. § 261 Rn. 9 mwN). Der BGH hält auch daran fest, „dass es für sich allein genommen keinen sachlich-rechtlichen Mangel des Urteils darstellt, wenn sich die Verurteilung wegen Überschreitung der zulässigen **Höchstgeschwindigkeit** auf die Mitteilung des **Messverfahrens** und der nach Abzug der Messtoleranz ermittelten Geschwindigkeit stützt. Dies gilt auch für Geschwindigkeitsermittlungen im Wege des **Laser-Messverfahrens**" (BGH 43, 277 = NJW 1998, 321).

11   Die **Beweiswürdigung** muss **in sich geschlossen, logisch lückenfrei und eindeutig** sein (BGH 3, 213, 215 = NJW 1952, 1386). Lücken der Beweisführung können nicht durch die **formelhafte Beteuerung der gerichtlichen Überzeugung** geschlossen werden. Der Umfang der Erörterung bestimmt sich nach den Erfordernissen des Einzelfalls. „Liegen zB mehrere Beweisanzeichen vor, so genügt es nicht, sie jeweils einzeln abzuhandeln; erforderlich ist vielmehr eine **Gesamtwürdigung.** Auch wenn keine der jeweiligen Indiztatsachen für sich allein zum Nachweis der Täterschaft des Angeklagten zureicht, besteht die Möglichkeit, dass sie in ihrer Gesamtheit dem Tatrichter die entsprechende Überzeugung vermitteln (st. Rspr. des BGH vgl. BGHR StPO § 261 Beweiswürdigung 2, und Beweiswürdigung, unzureichende; BGH NStZ-RR 2003, 271). Dabei sind alle diejenigen Umstände in die Gesamtwürdigung einzubeziehen, die naheliegender Weise für eine Schuld des Angeklagten sprechen können. der daraus folgenden Darstellungspflicht kann sich der Tatrichter auch nicht etwa dadurch entziehen, dass er hinsichtlich einzelner möglicherweise relevanter Umstände die dem Angeklagten günstige Version des Geschehens in die Feststellungen aufnimmt, ohne hierzu eine Beweiswürdigung anzustellen" (BGH NJW 2002, 1811). Ist die Beweiswürdigung unlogisch, lückenhaft, widersprüchlich oder entfernt sie sich so weit von einer festen Tatsachengrundlage, dass ihr Ergebnis sich als bloße Vermutungen darstellt, so ist dies ein sachlichrechtlicher Mangel, der zur Urteilsaufhebung führt (vgl. BGH StV 1988, 93). Kommt einem Beweismittel nur **eingeschränkter Beweiswert** zu, so ist im Urteil darzulegen, dass sich das Gericht dieses Umstands bewusst war; die Gründe, das Beweismittel dennoch zu verwerten, müssen mitgeteilt werden (vgl. BGH NStZ 1994, 259; 597 zur Identifizierung nach fehlerhafter Gegenüberstellung; Künzel NStZ 1989, 400; Eisenberg NStZ 1994, 598). Bleibt ein Beweismittel **unerwähnt,** so ist daraus nicht zu schließen, dass es übersehen wurde (BGH StV 1991, 340; BGH NStZ-RR 2001, 174). Zur umfassenden und nachprüfbaren Darstellung der Beweiswürdigung gehört auch die Bescheidung von **Hilfsbeweisanträgen** (vgl. § 244 Rn. 16).

12   **Besondere Umstände iSd Abs. 2** sind dieselben wie in § 263 Abs. 2, also die tatsächlichen Voraussetzungen **tatbestandlich umschriebener** Rechtfertigungs-, Entschuldigungs-, Strafausschließungs- und Strafaufhebungsgründe (zB §§ 21, 23 Abs. 2, 24, 32, 34, 35 StGB), sowie die durch **Regelbeispiele** ausgeführten besonders schweren Fälle. Für **unbenannte** minder schwere und besonders schwere Fälle gilt nicht Abs. 2, sondern Abs. 3 S. 2. Die Urteilsgründe müssen hierüber Feststellungen nach Maßgabe der Rn. 5 ff. enthalten, wenn ein Prozessbeteiligter solche Umstände behauptet hat oder wenn sie entgegen der Anklage vom Gericht nicht angenommen wurden (KK-Engelhardt Rn. 20). Eine solche „Behauptung" muss die vorgetragene Tatsache nicht rechtlich einordnen; ausreichend ist, dass sie in einer vom Gericht für wahr gehaltenen Zeugenaussage oder in einem Sachverständigengutachten enthalten ist. Das **Revisionsgericht** prüft ohne eigene Beweis-

Hauptverhandlung **§ 267**

erhebungen (BGH 31, 139 = NJW 1983, 186; str.) auf die **Sachrüge**, ob solche Umstände, die sich aus dem Urteil selbst ergeben, in den Gründen hinreichend erörtert sind (vgl. KK-Engelhardt Rn. 20).

Die angewendeten Strafvorschriften (Abs. 3 S. 1 HS 1) müssen im schrift- 13 lichen Urteil vollständig und eindeutig bezeichnet werden; dies wird durch die Liste nach § 260 Abs. 5 nicht ersetzt. Die Liste der angewendeten Vorschriften nach § 260 Abs. 5 im **Tenor** vermag die Bezeichnung der zur Anwendung gebrachten Strafgesetze in den **Gründen** des Strafurteils gemäß § 267 Abs. 3 S. 1 **nicht zu ersetzen.** Auch die Verwendung lediglich der gesetzlichen Überschriften reicht jedenfalls dann nicht aus, wenn sie – wie etwa § 177 StGB – mehrere Begehungsweisen mit Strafe belegen. Vielmehr ist der jeweilige Paragraph des Gesetzes anzuführen und dabei – durch Nennung des Absatzes, Satzes und der Nummer – klarzustellen, in welcher Form der Tatbestand erfüllt worden ist (BGH NStZ-RR 2001, 19). **Rechtsausführungen** sind geboten, wenn und soweit nach Lage des Einzelfalls eine Erörterung von Rechtsfragen – über Abs. 2, Abs. 3 S. 2–4, Abs. 6 hinaus – naheliegt.

Die Begründung des **Rechtsfolgenausspruchs (Abs. 3 S. 1, 2. HS, S. 2–4,** 14 **Abs. 6)** muss die **bestimmenden Umstände** der Strafzumessung angeben. Die **Strafzumessung** ist die **Festsetzung der Rechtsfolgen einer Straftat.** Sie umfasst die Auswahl der Sanktion (zB Freiheitsstrafe, Geldstrafe, Fahrverbot, Entziehung der Fahrerlaubnis), ggf. auch die Entscheidung über die Aussetzung einer Strafe oder Maßregel zur Bewährung (§§ 56, 67 b). Das Gesetz lässt dem Gericht für die Strafzumessung im konkreten Fall meist einen breiten Spielraum. Nur bei Mord (§ 211 StGB) und Völkermord (§ 220 a Abs. 1 Nr. 1 StGB) ist die lebenslange Freiheitsstrafe verbindlich vorgeschrieben. Sonst enthalten die einzelnen Strafnormen lediglich Strafrahmen (Jescheck/Weigand, Lehrbuch des Strafrechts Allg. Teil, 5. Aufl. S. 871). „**Grundlage der Strafzumessung** sind die Schwere der Tat in ihrer Bedeutung für die verletzte Rechtsordnung und der Grad der persönlichen Schuld des Täters. Unter Berücksichtigung und gegenseitiger Abwägung dieser Gesichtspunkte soll der Richter die gerechte, d. h. **schuldangemessene Strafe** finden. Der Strafrahmen gibt ihm hierzu einen gewissen Spielraum, innerhalb dessen eine Strafe noch als schuldangemessen anzuerkennen ist (BGH 3, 179; 7, 28). Der Richter kann dabei auch anderen Strafzwecken, so denen der Abschreckung und der Sicherung, gehören, Raum geben. Der Präventionszweck darf aber nicht dazu führen, die gerechte Strafe zu überschreiten. Die nachrangigen Zumessungsgründe können ein Übermaß in diesem Sinne niemals rechtfertigen" (BGHSt 20, 266); vgl. Schäfer, Praxis der Strafzumessung). Das Urteil muss erkennen lassen, dass sich das Tatgericht um die Aufklärung der **persönlichen Verhältnisse** des Angeklagten – wenn auch vergeblich – bemüht hat (BGH NStZ 2004, 66). Von dieser Verpflichtung wird es nicht schon frei, wenn der Angeklagte in der Hauptverhandlung Angaben zu seinem Lebenslauf verweigert. Unterbleiben mögliche Erhebungen zu den persönlichen Verhältnissen, beruht der Strafausspruch auf einem Sachmangel (BGH NStZ-RR 1998, 17). Enthalten die Urteilsgründe keine Feststellungen zum **persönlichen Werdegang des Angeklagten** und lassen sie nicht erkennen, dass der Tatrichter sich – angesichts des Schweigens des Angeklagten zu seinem Lebenslauf – anderweitig um die Aufklärung des Lebens des Angeklagten bemüht hat, so liegt nach der bisherigen Rspr. des BGH ein sachlichrechtlicher Mangel vor. Der 5. Strafsenat neigt dazu, Rechtsfehler dieser Art künftig allein auf eine entsprechende **Verfahrensrüge** – namentlich auf eine Rüge der Verletzung des § 244 Abs. 2 – zu stützen, wenn sich nicht schon aus dem angefochtenen Urteil ergibt, dass der Tatrichter seiner Rechtsfolgenentscheidung einen lückenhaft gebliebenen Sachverhalt zugrundegelegt hat (BGH NStZ-RR 1999, 46). Eine erschöpfende Darstellung sämtlicher Zumessungserwägungen ist weder vorgeschrieben noch möglich (BGH 24, 268 = NJW 1972, 454). Auch die in § 46 StGB aufge-

739

§ 267

führten Gesichtspunkte sind nicht schematisch zu erörtern; aus dem Fehlen eines möglicherweise bedeutsamen Umstands kann nicht ohne weiteres geschlossen werden, das Gericht habe ihn übersehen (BGH NStZ 1986, 415). Revisionsgericht u. Strafzumessung s. § 313 Rn. 1. **Verfahrensrechtlich** unzulässig ist es aber, substantiierte Erörterungen allein durch floskelhafte Wendungen zu ersetzen („tat- und schuldangemessen"). **Sachlichrechtlich** ist das Gericht verpflichtet, seine Wertung so umfassend und deutlich darzulegen, dass dem Revisionsgericht eine Prüfung möglich ist (BGH 24, 268). Wird ein anderer als der Regelstrafrahmen angewendet, so sollte der dem Urteil zugrundegelegte **Strafrahmen** benannt werden. Innerhalb des zutreffenden Strafrahmens ist der Tatrichter bei der Wertung und Bemessung der Strafe weitgehend frei; eine exakte Inhaltskontrolle scheidet idR aus (BGH 27, 2, 3 = NJW 1976, 2355). Das **Strafmaß** ist für den Verurteilten idR sehr wichtig. Die Strafzumessung galt früher als „Domäne des Tatrichters". Nunmehr hat vor allem die Rechtsprechung die Kontrolldichte hinsichtlich des Strafausspruchs deutlich erhöht (Dahs/Dahs, Die Revision Rn. 437). Die Strafzumessungsgründe haben zwei Bestandteile: die Strafzumessungstatsachen und die Strafzumessungserwägungen. Die **Strafzumessungstatsachen** müssen einwandfrei festgestellt und erwiesen sein. Bloße Verdachtsgründe dürfen nicht verwertet werden. Die **Strafzumessungserwägungen** sind u. a. rechtsfehlerhaft, wenn von einem **falschen Strafrahmen** ausgegangen wird (BGH NJW 1978, 174; BGH StV 1981, 124); wenn der Strafzumessung ein nicht eindeutig geklärter **Sachverhalt** zugrunde liegt (BGH 1, 51); wenn eine **Doppelverwertung von Tatbestandsmerkmalen** (§ 46 Abs. 3 StGB) unterlaufen ist (BGH NStZ 1998, 404); wenn die für das Strafmaß materiellrechtlichen **Leitgedanken des § 46 StGB** nicht richtig gesehen oder nicht zugrunde gelegt worden sind (BGH NStZ 1992, 381); wenn die Strafzumessungserwägungen widersprüchlich sind (BGH 16, 364 = NJW 1962, 498); wenn gegen **Denkgesetze** verstoßen wurde (vgl. Dahs/Dahs, Die Revision Rn. 440). Vor allem ist zu beachten, dass die Strafzumessung auf einer **Gesamtheitsbetrachtung** von Tatgeschehen und Täterpersönlichkeit beruht (Meyer-Goßner/Appl, Rn. 429). Die Strafe darf sich aber in keinem Falls von ihrer Bestimmung lösen, **gerechter Schuldausgleich** zu sein (BGH 24, 133; 29, 321; Tröndle/Fischer, StGB § 46 Rn. 19). Zu der Regelung bei Gesetzesverletzungen bei Zumessung der Rechtsfolgen und bei Bildung einer Gesamtstrafe s. nunmehr § 354. Durch die Neufassung des § 66 StGB (Ges. v. 21. 8. 2002 **BGBl. I 3344**) kann Sicherungsverwahrung bei Vorliegen der weiteren Voraussetzungen sowohl bei lebenslanger Einzel-Gesamtfreiheitsstrafe angeordnet werden. Bei der Verhängung **kurzer Freiheitsstrafen** ist stets § 47 StGB zu erörtern (**Abs. 3 S. 2, 2. HS;** vgl. OLG Frankfurt StV 1995, 27). Wird **lebenslange Freiheitsstrafe** verhängt, so muss sich das Gericht mit der Frage der **besonders schweren Schuld (§ 57a Abs. 1 S. 1 Nr. 2 StGB)** auseinandersetzen (vgl. Stree NStZ 1992, 464); ob Umstände von Gewicht vorliegen, die die Feststellung besonders schwerer Schuld rechtfertigen, ist auf Grund einer **Gesamtwürdigung** von Tat und Täterpersönlichkeit zu entscheiden (BGH 40, 360 = NJW 1995, 407). In keinem Fall dürfen allgemeine Erwägungen die Würdigung des Einzelfalls verdrängen. So dürfen Empfehlungen von **Bußgeldkatalogen** nicht als von vornherein bindende Vorschriften behandelt werden; da sie als Orientierungshilfe zur Beurteilung massenhaft vorkommender Durchschnittsfälle zu verstehen und insoweit Gesichtspunkte des **Gleichbehandlungsgebots** zu berücksichtigen sind, sollten die Urteilsgründe dazu Stellung nehmen, ob – und ggf. warum nicht – ein solcher Durchschnittsfall vorliegt. Bei der Verhängung von Geld- oder Freiheitsstrafe sind dagegen **vergleichende Erwägungen,** sei es im Hinblick auf andere Entscheidungen desselben Gerichts, sei es auf solche anderer Gerichte in „vergleichbaren Fällen", idR gegenüber der Einzelfallwürdigung zurückzustellen; das gilt weniger bei Massendelikten (zB § 316 StGB), stets aber in Fällen der mittleren und schweren Kriminalität. Wird **Jugendstrafrecht** angewendet, so ist § 54 Abs. 1 JGG

Hauptverhandlung **§ 267**

zu beachten; der **Erziehungszweck** der Jugendstrafe (§ 18 Abs. 2 JGG) ist als eigenständiger, bestimmender Umstand besonders zu behandeln (BGH 15, 224 = NJW 1961, 278).

Liegt bereits ein Urteil in derselben Sache vor, so enthebt das das Gericht nur im 15 Umfang bestehender Rechtskraft der Verpflichtung zur eigenen umfassenden Würdigung. Wird im **Berufungsverfahren** oder nach Zurückverweisung durch das Revisionsgericht dieselbe Strafe ausgesprochen wie im Ersturteil, so ist das insbesondere dann sorgfältig zu begründen, wenn sich Feststellungen zur Tat oder zur Persönlichkeit des Angeklagten geändert haben (BGH NJW 1983, 54). Ist eine **Gesamtstrafe** zu bilden, so müssen stets zuerst die Einzelstrafen zugemessen und begründet werden. Die **Bildung der Gesamtstrafe** ist ein gesonderter Strafzumessungsvorgang und bedarf der eigenen Begründung (BGH 24, 268, 271 = NJW 1972, 454), bei der auf gesamtstrafenspezifische Gesichtspunkte (insb. das Verhältnis der Taten zueinander) abzustellen ist. Wird von der Bildung einer Gesamtstrafe nach § 53 Abs. 2 S. 2 StGB abgesehen, so sind die Gründe dafür darzulegen; umgekehrt bedarf die Bildung einer Gesamtstrafe aus Freiheits- und Geldstrafe dann besonderer Begründung, wenn bei Anwendung von § 53 Abs. 2 S. 2 StGB die Vollstreckung der Freiheitsstrafe noch zur Bewährung hätte ausgesetzt werden können (BGH StV 1986, 58). Zur Gesamtstrafenbildung bei überschießendem „Gesamterfolg" von **Serientäten** vgl. o. Rn. 7. Die (strafschärfende) Verwertung von Taten, hinsichtlich derer nach **§ 154** verfahren worden ist, setzt voraus, dass diese Taten **konkret festgestellt** werden (BGH NStZ 1995, 227).

Bei der **Geldstrafenzumessung** ist sowohl die Zahl der Tagessätze als auch die 16 Höhe des Tagessatzes gesondert zu begründen (BGH 24, 268, 271); § 40 Abs. 2 StGB ist zu beachten. Sorgfältiger Begründung bedarf es, wenn von der Möglichkeit der **Schätzung** (§ 40 Abs. 3 StGB) Gebrauch gemacht oder wenn **Vermögensstrafe** (§ 43 a StGB) verhängt wird.

Abs. 3 S. 2 und 3 betrifft **unbenannte minder schwere und besonders** 17 **schwere Fälle** (zu den tatbestandlich umschriebenen Fällen vgl. o. Rn. 12). Stets ist ein Abweichen von der gesetzlichen Regel besonders zu begründen (BayObLG NJW 1973, 1808), darüber hinaus die Ablehnung eines in der Hauptverhandlung gestellten **Antrags** (vgl. BGH StV 1990, 100). Ein solcher Antrag muss die Ausnahmeregelung nicht ausdrücklich benennen; er kann sich aus dem Zusammenhang des Vortrags ergeben („mildeste Strafe"; vgl. KK-Engelhardt Rn. 31). Er ist zu protokollieren (§ 273); seine Nichtbehandlung in den Urteilsgründen ist ein **Verfahrensmangel**. Die Begründung muss erkennen lassen, dass sich das Gericht des logischen Zusammenhangs der Zumessungserwägungen bewusst war. Dabei ist **vorrangig** die Anwendung des jeweils in Betracht kommenden Ausnahmestrafrahmens unter Heranziehung aller hierfür erheblichen Gesichtspunkte zu erörtern. Liegt ein **benannter Strafmilderungsgrund** vor (zB §§ 21, 23 Abs. 2 StGB), so ist zu beachten, dass schon dieser Grund allein oder im Zusammenhang mit anderen Umständen die Annahme eines minder schweren Falles rechtfertigen kann (BGH NStZ 1985, 547). Innerhalb des gemilderten Strafrahmens sind die nicht „verbrauchten" (vgl. § 50 StGB) Strafzumessungsgründe nochmals zu berücksichtigen (BGH 16, 351 = NJW 1962, 355). Wird – wegen Vorliegens schulderhöhender Umstände – trotz Annahme benannter Milderungsgründe der Normalstrafrahmen zugrundegelegt, so sind diese Gründe sodann unter dem Gesichtspunkt des § 49 StGB (Milderung des Normalstrafrahmens) und erst dann, wenn der konkret anzuwendende Strafrahmen gefunden ist, im Rahmen der Strafzumessung im Einzelnen zu erörtern. Dass sich das Gericht der unterschiedlichen **Möglichkeiten der Strafrahmenfindung** bewusst war, müssen die Urteilsgründe deutlich machen (vgl. KK-Engelhardt Rn. 30). Bei **Jugendlichen und Heranwachsenden**, auf die Jugendstrafrecht angewandt wird (§ 105 JGG) gilt zusätzlich der **Begründungszwang** nach § 54 JGG. Bei der Festsetzung der Jugendstrafe muss der Erziehungszweck (§ 18 Abs. 2 JGG) als

§ 267 Zweites Buch. 6. Abschnitt

bestimmender Umstand besonders in Betracht gezogen (BGH 15, 224) und das Kriterium des § 18 Abs. 2 zu Grunde gelegt werden (BGH GA 1982, 416).

18 Unzulässig sind **Eventualbegründungen** (BGH 7, 359 = NJW 1959, 1159). Unklarheiten der Tatsachenfeststellungen oder der rechtlichen Würdigung kann der Richter nicht damit überdecken, dass er behauptet, er würde dieselbe Strafe auch bei anderen Feststellungen oder abweichender rechtlicher Einordnung verhängt haben (vgl. KK-Engelhardt Rn. 25). Ebenfalls unzulässig ist es, Gesichtspunkte der **Strafaussetzung zur Bewährung** oder der Anordnung einer Maßregel in die Zumessung der Strafe vorschnell einzubeziehen, insb. darf nicht der Bereich schuldangemessener Strafe allein im Hinblick auf § 56 StGB verlassen werden (BGH 29, 319, 321 = NJW 1981, 692).

19 Die **Aussetzung der Vollstreckung zur Bewährung** (§ 56 StGB), die **Verwarnung mit Strafvorbehalt** (§§ 59, 60 StGB) und das **Absehen von Strafe** (§§ 157 Abs. 2, 158 Abs. 1, 175 Abs. 2 StGB) sind nach Maßgabe des **Abs. 3 S. 4** zu begründen. Ein **Verfahrensfehler** liegt vor, wenn trotz **Antrags** eine Begründung für die Ablehnung ganz fehlt (OLG Celle StV 2001, 159). **Sachlichrechtlich** ist die Entscheidung stets so zu begründen, dass eine Nachprüfung durch das Revisionsgericht möglich ist. Die Wiederholung des Gesetzeswortlauts genügt idR nicht (BGH NJW 1983, 1624). Als **Antrag** iSd **Abs. 3 S. 4** gilt auch ein solcher auf eine „milde Strafe" (OLG Braunschweig NJW 1954, 284; Meyer-Goßner Rn. 23). Besonderer und eingehender Feststellungen und Begründung bedarf die Versagung der Strafaussetzung aus generalpräventiven Gründen, § 56 Abs. 3 StGB (BGH NJW 1955, 996; vgl. BGH StV 1994, 424).

20 Die Begründung einer **Maßregelentscheidung** regelt **Abs. 6.** Stets müssen die Urteilsgründe die für die Entscheidung wesentlichen tatbezogenen Umstände und Prognosetatsachen angeben. Eine weitergehende Begründungspflicht kann sich aus sachlichrechtlichen Gesichtspunkten ergeben; das ist namentlich bei der Maßregel nach § 64 StGB zu beachten, wenn sich aus den Feststellungen Anhaltspunkte für eine Alkoholabhängigkeit des Täters ergeben (vgl. BGH 37, 5 = NJW 1990, 2143; vgl. jetzt aber BVerfG NStZ 1994, 578). Zur sachlich-rechtlichen Darlegungspflicht, wenn die Feststellungen die Voraussetzungen des durch das Gesetz zur **Bekämpfung von Sexualdelikten** und anderen gefährlichen Straftaten vom 26. Januar 1998 neu geschaffenen **§ 66 Abs. 3 Satz 1 StGB** vorliegen und die Feststellungen zu der Annahme drängen, dass der Täter infolge eines Hanges zu erheblichen Straftaten für die Allgemeinheit gefährlich ist (BGH NJW 1999, 2606).

21 Für **andere Nebenentscheidungen** (Verfall, Einziehung, Unbrauchbarmachung, Bekanntmachungsbefugnis, Geldbuße, Kosten- und Entschädigungsentscheidung) gelten Abs. 2 und 3 nicht; ihre tatsächlichen und rechtlichen Voraussetzungen sind unter sachlichrechtlichen Gesichtspunkten anzugeben und zu erörtern (vgl. KK-Engelhardt Rn. 36).

22 **Abgekürztes Urteil (Abs. 4).** Abs. 4 regelt die Abkürzung eines **verurteilenden** Erkenntnisses; für **freisprechende** Urteile gilt Abs. 5 S. 2, 3. Voraussetzung ist die formelle Rechtskraft des Schuld- und Strafausspruchs; eine Beschwerde nach § 464 Abs. 3 oder § 8 Abs. 3 StrEG steht der Abkürzung nicht entgegen. Ist die Verurteilung hinsichtlich **einzelner Taten** (§ 264) rechtskräftig, so können die Gründe insoweit abgekürzt werden. Für das abgekürzte Urteil **gelten Abs. 1 S. 2, Abs. 2 und 3** nicht. Grds. ohne Bezugnahmen müssen die erwiesenen rechtserheblichen Tatsachen, die angewendeten Strafgesetze, die Rechtsfolgen und die sie tragenden Bestimmungen angegeben werden (Abs. 4 S. 1, 1. HS). Die weitergehende Abkürzungsmöglichkeit bei Verurteilung zu Geldstrafe, Fahrverbot oder Entziehung der Fahrerlaubnis (Abs. 4 S. 1, 2. HS) durchbricht den Grundsatz, dass das Urteil aus sich heraus verständlich sein muss. **Bezug** genommen werden kann auf den Anklagesatz (§ 200), auf die mündlich erhobene Anklage im beschleunigten Verfahren (§ 418 Abs. 3 S. 2), auf den (erlassenen) Strafbefehl (§ 409, § 408 a

Hauptverhandlung **§ 267**

Abs. 2 S. 1) oder den Strafbefehlsantrag (§§ 407 Abs. 1, 408a Abs. 1 S. 2) und auf den Bußgeldbescheid (§ 66 OWiG), **nicht** aber auf den Verweisungsbeschluss nach § 270 (KK-Engelhardt Rn. 38).

Wird nach Wiedereinsetzung in die Frist zur Rechtsmitteleinlegung nachträglich 23 ein zulässiges Rechtsmittel eingelegt, so können – und idR: müssen – die abgekürzten Gründe in einer den Vorschriften der Abs. 1 ff. entsprechenden Weise **ergänzt** werden, **Abs. 4 S. 3**. Die **Frist** hierfür **beginnt** mit dem Erlass des Wiedereinsetzungsbeschlusses; ihre Dauer richtet sich nach § 275 Abs. 1 S. 2 (KK-Engelhardt Rn. 39).

Freisprechendes Urteil (Abs. 5). Abs. 5 S. 1 schreibt in der **Urteilsformel** 24 nicht vor, dass die Strafbestimmung der Anklage oder eine andere, die vielleicht nach der rechtlichen Lage in Betracht käme, anzuführen ist. Es heißt nur: „**Der Angeklagte wird freigesprochen**" (Meyer-Goßner/Appl Rn. 133). Beim **Freispruch aus tatsächlichen Gründen** muss zunächst der Anklagevorwurf aufgezeigt (BGH 37, 21 = NJW 1990, 2477) und sodann der festgestellte Sachverhalt dargelegt werden (BGH NJW 1980, 2423; BGH NStZ 1990, 448). Im Anschluss folgt die entscheidende Beweiswürdigung (BGH MDR 1980, 108; Meyer-Goßner Rn. 33). „Die Anforderungen an eine umfassende Würdigung der festgestellten Tatsachen sind beim **freisprechenden Urteil** nicht geringer als im Fall der Verurteilung" (BGH NStZ 2002, 446; s. auch Rn. 11). Das Revisionsgericht muss durch die Urteilsbegründung zu einer umfassenden rechtlichen Nachprüfung in die Lage versetzt werden (BGH NJW 1959, 780; BGH 37, 21 = NJW 1990, 2477). Beim **Freispruch aus rechtlichen Gründen** müssen die erwiesenen Tatsachen sowie dargelegt werden, aus welchen Gründen das Gericht sie nicht für strafbar hält. Die Urteilsgründe müssen also eine erschöpfende Würdigung der dem Angeklagten zur Last gelegten Tat enthalten und zwar aus allen in Betracht kommenden rechtlichen Gesichtspunkten (BGH GA 1974, 61; KK-Engelhardt Rn. 42). Bei Freispruch wegen **Notwehr** sind auch deren tatsächlichen Voraussetzungen in revisionsrechtlich nachprüfbarer Weise darzulegen (KK-Engelhardt Rn. 42). Bei **Freispruch in Verbindung mit Anordnung von Maßnahmen** werden in der Begründung die Anknüpfungstat und die sonstige tatsächliche Grundlage der Anordnung und die Rechtsgrundlage dargelegt (Meyer-Goßner Rn. 35).

Beim **abgekürzten freisprechenden Urteil** (Abs. 5 S. 2, 3) genügt die einfache 25 Angabe, ob der (Teil-)Freispruch aus tatsächlichen oder rechtlichen Gründen erfolgt ist. Die dem Angeklagten zur Last gelegte Tat ist durch Wiedergabe des Anklagesatzes oder durch Bezugnahme (Abs. 4) zu bezeichnen. Wird einem Anfechtungsberechtigten Wiedereinsetzung in den vorigen Stand gewährt, so besteht die Ergänzungsmöglichkeit des Abs. 5 S. 3 iVm Abs. 4 S. 3.

Einstellungsurteil (§ 260 Abs. 3). Das das Verfahren ohne Sachentscheidung 26 beendende Urteil nach § 260 Abs. 3 ist in § 267 nicht erwähnt; es ist gleichfalls zu begründen (§ 34). In den Urteilsgründen ist der Anklagevorwurf darzustellen; sodann sind die tatsächlichen und rechtlichen Voraussetzungen des Verfahrenshindernisses in nachprüfbarer Weise anzugeben. Die Anordnung eines **Berufsverbots** nach Abs. 6, die einen Eingriff in das Recht aus Art. 12 GG darstellt, muss **begründet** werden, auch die Dauer der Maßregel (BGH NStZ 1997, 73).

Berichtigung der Urteilsgründe. Inhaltliche Änderungen und Ergänzungen 27 der Urteilsgründe sind – soweit sie dem Beratungsergebnis entsprechen – ohne Einschränkung zulässig bis zu dem Zeitpunkt, in dem das unterschriebene schriftliche Urteil zur Geschäftsstelle gelangt (vgl. BGH 33, 230, 232 = NJW 1986, 200; KK-Fischer § 409 Rn. 21; **aA** Meyer-Goßner Rn. 39: Herausgabe aus dem inneren Geschäftsbetrieb), spätestens bis zum Ablauf der Frist des § 275 Abs. 1 (§ 275 Abs. 1 S. 3). **Danach** sind nur noch **Berichtigungen offensichtlicher Schreib- und Verständnisfehler** zulässig; diese müssen aus sich selbst heraus erkennbar sein (BGH 2, 248 = NJW 1952, 675). Jegliche **sachliche** Änderung ist unzulässig (BGH 12, 374, 377 = NJW 1959, 899; BGH NJW 1991, 1900). Eine danach zulässige Berichtigung

§ 268

kann auch einer bereits erhobenen Revisionsrüge den Boden entziehen (BGH NStZ 1991, 121). Inhaltliche **Widersprüche** zwischen Urteilsformel und -gründen können nicht berichtigt werden (vgl. Meyer-Goßner Rn. 39). Die Berichtigung erfolgt durch **Beschluss** derjenigen Richter, die die Urteilsurkunde unterschrieben haben. Ein Vertreter, der an der Hauptverhandlung nicht teilgenommen hat, kann ihn nicht unterschreiben (BGH NStZ 1993, 30); bei Verhinderung gilt aber § 275 Abs. 2 S. 2 (KK-Engelhardt Rn. 46). Die **Zustellung** des Berichtigungsbeschlusses setzt eine **neue Revisionsbegründungsfrist** in Lauf (BGH 12, 374; vgl. § 345 Rn. 1). Gegen den Beschluss ist **Beschwerde** statthaft (§ 304), wenn das Urteil nicht mehr angefochten werden kann, ebenso gegen die Ablehnung eines Berichtigungsantrags (vgl. Meyer-Goßner Rn. 39).

28 **Revision.** Die Verletzung der in § 267 angeführten Mindestanforderungen begründet die **Verfahrensrüge;** zugleich liegt stets auch ein sachlichrechtlicher Mangel vor. Auf die **Sachrüge** prüft das Revisionsgericht die Begründung insg. auf ihre rechtliche Tragfähigkeit (siehe i. E. oben). Auf Widersprüche zwischen mündlicher und schriftlicher Urteilsbegründung kann die Revision nicht gestützt werden (BGH 15, 263, 264 = NJW 1961, 419); **Widersprüche** zwischen Tenor und Entscheidungsgründen sind mit der Sachrüge anzugreifen (BGHR StPO § 260 Abs. 1 Urteilstenor 3). Fehlende Ausführungen zu den **persönlichen Verhältnissen** des Angeklagten (s. Rn. 14) können zur Aufhebung des **Strafausspruchs** führen (BGH NStZ-RR 1998, 27; OLG Stuttgart StV 1991, 349), uU sogar auch zur Aufhebung des **Schuldspruchs** (BGH StV 1990, 438 – einschränkend BGH NStZ 1996, 49; vgl. aber auch BGH NStZ-RR 1999, 46 lückenhafter Sachverhalt). Hatte sich der Angeklagte zu den persönlichen Verhältnissen nicht geäußert, muss das Urteil erkennen lassen, dass sich das Gericht insoweit um Aufklärung bemüht hat (BGH NStZ 1991, 231; BGH StV 1992, 463; s. vor allem BGH NStZ-RR 1999, 46). Die **Beschränkung der Revision** auf den **Strafausspruch** ist unwirksam, wenn eine erhebliche Verminderung der Schuldfähigkeit nicht rechtsfehlerfrei begründet wurde und **Schuldunfähigkeit nicht auszuschließen** ist (BGH NJW 2001, 1435). Der Verstoß gegen **Abs. 3 S. 2** hinsichtlich der Nichtbeachtung eines gestellten Antrags begründet die Revision (BGH StV 1999, 137). Auch die unzulässige Abkürzung des Urteils (Abs. 4) kann mit der Sachrüge beanstandet werden. Dass die schriftlichen Urteilsgründe nicht mit den mündlich verkündeten Gründen übereinstimmen, kann die Revision nicht geltend machen; für das Revisionsgericht sind allein die schriftlichen Urteilsgründe maßgebend (BGH 7, 363, 370 = NJW 1955, 1688; 15, 263, 264/265 = NJW 1961, 419). Der **absolute** Revisionsgrund des § 338 Nr. 7 ist nur gegeben, wenn Entscheidungsgründe ganz fehlen; im Übrigen stellen Begründungsfehler nur relative Revisionsgründe (§ 337) dar (vgl. § 338 Rn. 17 f.).

§ 268 [Urteilsverkündung]   RiStBV 142, 143

(1) **Das Urteil ergeht im Namen des Volkes.**

(2) ¹**Das Urteil wird durch Verlesung der Urteilsformel und Eröffnung der Urteilsgründe verkündet.** ²**Die Eröffnung der Urteilsgründe geschieht durch Verlesung oder durch mündliche Mitteilung ihres wesentlichen Inhalts.** ³**Die Verlesung der Urteilsformel hat in jedem Falle der Mitteilung der Urteilsgründe voranzugehen.**

(3) ¹**Das Urteil soll am Schluß der Verhandlung verkündet werden.** ²**Es muß spätestens am elften Tage danach verkündet werden, andernfalls mit der Hauptverhandlung von neuem zu beginnen ist.** ³**§ 229 Abs. 3 und Abs. 4 Satz 2 gilt entsprechend.**

(4) **War die Verkündung des Urteils ausgesetzt, so sind die Urteilsgründe tunlichst vorher schriftlich festzustellen.**

Hauptverhandlung **§ 268**

Die **Urteilsverkündung** besteht aus der Verlesung der Urteilsformel und der 1
Mitteilung der Entscheidungsgründe **(Abs. 2 S. 1);** sie bildet ein einheitliches
Ganzes (BGH 25, 333, 335 = NJW 1974, 1518). Die Verkündung erfolgt üblicherweise mit der Formel „im Namen des Volkes" (Abs. 1); zwingend ist das nicht
(Meyer-Goßner Rn. 1). Die Formel weist auf Art. 20 Abs. 2 GG hin; weitergehenden programmatischen Anspruch, insb. hinsichtlich des **Urteilsinhalts,** hat sie
nicht. Der **Vorsitzende** verkündet das Urteil. Eine Übertragung auf einen Beisitzer
ist im Einzelfall zulässig. Die Verkündung ist regelmäßig **öffentlich** (§ 173 GVG
Abs. 1); Ausnahmen sind nach § 48 Abs. 1 JGG und § 173 Abs. 2 GVG möglich.

Die **Urteilsformel** muss **verlesen** werden; das setzt ihre schriftliche Nieder- 2
legung in der Beratung voraus. Diese Niederschrift bedarf keiner schriftlichen Unterschrift;
sie sollte nach Verlesung in das Sitzungsprotokoll integriert werden (BGH NStZ-RR
2002, 100). Die Verlesung stellt einen wesentlichen Teil der Hauptverhandlung dar;
ohne sie fehlt es an einem Urteil im Rechtssinn (BGH 15, 263, 264 = NJW 1961,
790).

Die **Urteilsgründe** werden mündlich mitgeteilt, **Abs. 2 S. 2,** und zwar **zwin-** 3
gend nach der Verlesung der Urteilsformel, **Abs. 2 S. 3.** IdR ist dem Vortrag in
freier Rede der Vorzug vor der Verlesung zu geben. Die Begründung ist auf den
wesentlichen Inhalt zu beschränken; dabei sollte beachtet werden, dass die Öffentlichkeit regelmäßig, Prozessbeteiligte und insb. auch der Angeklagte in zahlreichen
Fällen von den schriftlichen Urteilsgründen (§ 267) keine Kenntnis nehmen. Ausufernde Tatsachendarlegungen oder gar die Wiedergabe von Zeugenaussagen sind
idR nicht angezeigt; vielmehr sollten in gebotener Kürze **Antworten** auf diejenigen
Fragen gegeben werden, welche die Hauptverhandlung aufgeworfen hat. Steht er
auch nicht mehr unter der Drohung eines Befangenheitsantrags, so sollte der Richter doch, schon um der Glaubwürdigkeit des Urteils willen, unsachliche und persönlich gefärbte Angriffe auf den Angeklagten insb. bei der Begründung der Rechtsfolgenentscheidung unterlassen. Schließlich ist die mündliche Urteilsbegründung
auch nicht der Platz, dem möglicherweise aufgestauten Ärger über die Prozessführung von Verfahrensbeteiligten Luft zu verschaffen. Eine über die Elftagefrist des
§ 268 Abs. 3 hinausgehende Fristverlängerung gibt es bei der Unterbrechung der
Hauptverhandlung unmittelbar vor der Urteilsverkündung nicht; denn § 268 Abs. 3
S. 3 verweist ausdrücklich nur auf § 229 III, nicht aber auf § 229 II (BGH NStZ
2004, 52). Im **Jugendstrafverfahren** gilt die Einschränkung des § 54 Abs. 2 JGG.

Die Urteilsverkündung **beginnt** mit der Verlesung des ersten Wortes der Formel 4
und **endet** mit dem letzten Wort der Bekanntgabe der Gründe (BGH 25, 333,
335). Sie ist als Ganzes Teil der Hauptverhandlung, die Bekanntmachung der
Gründe ist aber kein wesentlicher Teil derselben. Mündliche Angaben des Vorsitzenden sind insoweit ohne Bedeutung (BGH 8, 42 = NJW 1955, 1367; 15, 263 =
NJW 1961, 419; BGH NStZ-RR 1996, 337). Das Urteil ist wirksam, wenn nach
Verlesung der Formel ein Richter erkrankt (BGH 8, 41 = NJW 1955, 1367). Die
Urteilsverkündung ist Teil der Hauptverhandlung und daher grundsätzlich öffentlich (§ 173 Abs. 1 GVG; Ausnahme: § 48 Abs. 1 JGG). Für die Eröffnung der
Urteilsgründe kann die Öffentlichkeit ganz oder teilweise ausgeschlossen werden.
Ebenso müssen bei der Urteilsverkündung alle Personen anwesend sein, deren
Anwesenheit das Gesetz für die Hauptverhandlung vorschreibt (vgl. §§ 226, 145,
230 Abs. 1). Die Verkündung der Urteilsformel in Abwesenheit des Angeklagten
ist nur unter den Voraussetzungen des § 231 Abs. 2 zulässig (BGH 16, 178, 180 =
NJW 1961, 1980); die Urteilsgründe dürfen dagegen auch in Abwesenheit des
Angeklagten verkündet werden (BGH 15, 263, 265 = NJW 1961, 419; KK-Engelhardt Rn. 7). Vom Beginn der Verkündung an muss das Gericht Anträge von
Prozessbeteiligten nicht mehr entgegennehmen (BGH 15, 263, 264), bis zu ihrem
Ende kann es dies tun. Daraus folgt auch, dass eine **Änderung der Urteilsformel**
bis zum Abschluss der Verkündung zulässig ist (BGH 25, 333, 336). Es ist dann –

ggf. nach neuer Beratung – mit der Verkündung von vorn zu beginnen. Die mündliche Verkündung der Gründe des Urteils gegenüber einem der **deutschen Sprache nicht mächtigen** Angeklagten ist erst dann abgeschlossen, wenn diese ihn – vermittelt durch einen Dolmetscher – erreicht haben. Dies folgt aus seiner Subjektstellung im Strafprozess. Aber auf dieser Gesetzesverletzung, die der maßgeblichen Urteilsfindung erst nachfolgt, kann das Urteil nicht beruhen (BGH 15, 265 = NJW 1991, 419). Etwas anderes könnte sich nur ergeben, machte der Angeklagte geltend, er habe just in diesem Begründungszeitraum etwas zur Sache vorbringen wollen, habe jedoch seine Richter nicht mehr erreicht, weil sich diese während der Übersetzung der mündlichen Urteilsgründe aus dem Sitzungssaal entfernt hätten. Der Angeklagte hat nach Beginn der Urteilsverkündung zwar keinen Anspruch mehr darauf, dass das Gericht Anregungen oder Einwendungen entgegennimmt (BGH 15, 264). Das Gericht kann aber innehalten, wieder in die Verhandlung eintreten und sein Urteil ändern oder ergänzen (BGH 25, 335 = NJW 1974, 1518). Die **Revision** muss jedoch vortragen, der Angeklagte habe noch etwas vorbringen wollen, was das Gericht zum Innehalten hätte drängen sollen (BGH NStZ-RR 1996, 337). Nach Abschluss der Verkündung können nur noch **offensichtliche** Schreib- und Verständnisfehler **berichtigt** werden (BGH 25, 333, 336); jeder Verdacht einer **sachlichen** Änderung muss ausgeschlossen sein (vgl. Meyer-Goßner Rn. 10 f.). Die Berichtigung erfolgt durch **Beschluss** der an der Hauptverhandlung beteiligten Richter (vgl. § 267 Rn. 27).

5   Der **Zeitpunkt der Urteilsverkündung** liegt üblicherweise unmittelbar nach der Beratung, **Abs. 3 S. 1.** Andernfalls wird ein besonderer **Verkündungstermin** innerhalb der Frist des **Abs. 3 S. 2, 4** bestimmt, zu dem (in der Hauptverhandlung oder schriftlich) zu laden ist. In diesem Fall sollen, wenn dies möglich ist, die schriftlichen Urteilsgründe (§ 267) fertiggestellt und unterschrieben sein; auch dann müssen sie aber nicht verlesen werden (Meyer-Goßner Rn. 17). Die **Zustellung des Urteils** ist erforderlich, wenn der Angeklagte bei der Verkündung nicht anwesend war oder sich vor ihrem Abschluss entfernt hatte, auch wenn die Urteilsformel noch in seiner Gegenwart verlesen worden war (Meyer-Goßner Rn. 19).

6   Die **Revision** kann nicht auf das Fehlen der Eingangsformel (Abs. 1) gestützt werden. Auf dem Umstand, dass die Urteilsformel nicht **verlesen** wurde, beruht das Urteil nicht (BGH NJW 1986, 1820). Nicht angreifbar sind Widersprüche zwischen mündlich mitgeteilten und schriftlichen Urteilsgründen sowie die Verletzung des Abs. 4. Widersprüche zwischen mündlich verkündeter Urteilsformel (vgl. § 274) und der Urteilsurkunde sind sachlichrechtliche Mängel (§ 337). Auf einer Überschreitung der Frist des Abs. 3 S. 2 beruht das Urteil regelmäßig (BGH StV 1982, 4). Wird das Urteil **nicht in öffentlicher Sitzung verkündet** und war die Öffentlichkeit, wenn nur die Verkündung der Urteilsgründe hiervon betroffen ist, nicht in gesetzmäßiger Weise ausgeschlossen, so ist der absolute Revisionsgrund des § 338 Nr. 6 gegeben (BGH 4, 279 = NJW 1953, 1442). Das Gleiche gilt bei Nichtbeachtung der Anwesenheitsvorschriften im Hinblick auf § 338 Nr. 5 (KK-Engelhardt Rn. 17).

§ 268 a [Strafaussetzung zur Bewährung; Verwarnung mit Strafvorbehalt] RiStBV 140

(1) **Wird in dem Urteil die Strafe zur Bewährung ausgesetzt oder der Angeklagte mit Strafvorbehalt verwarnt, so trifft das Gericht die in den §§ 56 a bis 56 d und 59 a des Strafgesetzbuches bezeichneten Entscheidungen durch Beschluß; dieser ist mit dem Urteil zu verkünden.**

(2) **Absatz 1 gilt entsprechend, wenn in dem Urteil eine Maßregel der Besserung und Sicherung zur Bewährung ausgesetzt oder neben der Strafe**

Hauptverhandlung § 268 a

Führungsaufsicht angeordnet wird und das Gericht Entscheidungen nach den §§ 68 a bis 68 c des Strafgesetzbuches trifft.

(3) ¹Der Vorsitzende belehrt den Angeklagten über die Bedeutung der Aussetzung der Strafe oder Maßregel zur Bewährung, der Verwarnung mit Strafvorbehalt oder der Führungsaufsicht, über die Dauer der Bewährungszeit oder der Führungsaufsicht, über die Auflagen und Weisungen sowie über die Möglichkeit des Widerrufs der Aussetzung oder der Verurteilung zu der vorbehaltenen Strafe (§ 56 f Abs. 1, §§ 59 b, 67 g Abs. 1 des Strafgesetzbuches). ²Erteilt das Gericht dem Angeklagten Weisungen nach § 68 b Abs. 1 des Strafgesetzbuches, so belehrt der Vorsitzende ihn auch über die Möglichkeit einer Bestrafung nach § 145 a des Strafgesetzbuches. ³Die Belehrung ist in der Regel im Anschluß an die Verkündung des Beschlusses nach den Absätzen 1 oder 2 zu erteilen. ⁴Wird die Unterbringung in einem psychiatrischen Krankenhaus zur Bewährung ausgesetzt, so kann der Vorsitzende von der Belehrung über die Möglichkeit des Widerrufs der Aussetzung absehen.

Der Beschluss nach **Abs. 1, 2** ist vom **erkennenden Gericht** zusammen mit 1
dem Urteil zu fassen; er wird „mit dem Urteil" verkündet **(Abs. 1, 2. HS).** Dabei kann der Beschlusstenor unmittelbar nach dem Urteilstenor verkündet werden (BGH 25, 333 = NJW 1974, 1518). Das **Berufungsgericht** erlässt – außer in den Fällen der §§ 322 Abs. 1 S. 2, 329 Abs. 1 S. 1 – einen neuen, eigenen Beschluss (OLG Hamm MDR 1992, 989; OLG Düsseldorf MDR 1982, 1042). Das **Verbot der Schlechterstellung** gilt insoweit nicht (BGH NStZ 1995, 220; OLG Oldenburg NStZ-RR 1997, 9). **Unterbleibt versehentlich** der gemäß § 268 a Abs. 1 vorgesehene Erlass eines Bewährungsbeschlusses in der Hauptverhandlung, so kann nachträglich nur die gesetzlich (§ 56 a Abs. 1 S. 2 StGB) vorgesehene Mindestdauer der Bewährung festgesetzt werden; die Auferlegung weiterer Weisungen oder Auflagen ist nicht mehr zulässig (OLG Hamm NStZ-RR 2000, 126). Versäumt es das Gericht in der Hauptverhandlung, den gemäß **§ 268 a erforderlichen Bewährungsbeschluss** an dem die Schöffen mitwirken (Gollwitzer LR Rn. 2), zu erlassen, so darf es dem Verurteilten bei der Nachholung dieser Entscheidung jedenfalls nicht die Zahlung einer Geldbuße gemäß § 56 b Abs. 2 Nr. 4 StGB aufgeben. Eine solche Anordnung ist iSv § 305 a Abs. 1 S. 2 gesetzwidrig (OLG Köln NStZ-RR 2000, 338). Der Beschluss ist in das Hauptverhandlungsprotokoll aufzunehmen. Ist der Angeklagte nicht anwesend, so wird er ihm zugestellt (§ 35 Abs. 2); der anwesende Angeklagte erhält eine Abschrift (RiStBV Nr. 140 S. 1). Eine **Begründung** des Beschlusses ist nur erforderlich, wenn auf Anerbieten und Zusagen des Angeklagten (§ 265 a) nicht eingegangen wurde (Meyer-Goßner Rn. 7; str.).

Die **Belehrung (Abs. 3)** ist in der Hauptverhandlung mündlich, im Strafbefehls- 2
verfahren nach § 409 Abs. 1 S. 2 zu erteilen. Sie kann nach § 453 a nachgeholt werden. Ihre Erteilung ist zu protokollieren (§ 273).

Gegen den Beschluss ist die **Beschwerde** zulässig (§ 305 a). Ein Rechtsmittel 3
gegen das Urteil erfasst den Beschluss nicht, mit Erlass des Berufungsurteils wird er aber gegenstandslos (o. Rn. 1). Wenn der Beschluss nicht begründet ist und das Beschwerdevorbringen erhebliche Tatsachenbehauptungen enthält, muss das Gericht, wenn es nicht abhelfen will, eine mit Gründen versehene Nichtabhilfeentscheidung treffen (BGH 34, 392 = NJW 1988, 1224). Das **Revisionsgericht** kann einen Beschluss nach § 268 a grundsätzlich nicht fassen. Es überlässt diese Entscheidung dem Tatrichter. Nur wenn das Revisionsgericht in Übereinstimmung mit der StA die gesetzliche **Mindestdauer** der Bewährungszeit für ausreichend hält, kann es diese Bewährungszeit durch besonderen Beschluss neben dem Revisionsentscheidung selbst festsetzen; aber auch in diesem Fall bleiben die Entscheidung über Bewährungsauflagen und die Belehrung nach § 268 a Abs. 3 dem Tatrichter überlassen (KK-Engelhardt Rn. 2 mwN).

§ 268 b [Fortdauer der Untersuchungshaft]

¹Bei der Urteilsfällung ist zugleich von Amts wegen über die Fortdauer der Untersuchungshaft oder einstweiligen Unterbringung zu entscheiden. ²Der Beschluß ist mit dem Urteil zu verkünden.

1   Bei Urteilsfällung hat das Gericht stets **von Amts wegen,** wenn ein Haft- oder Unterbringungsbefehl (auch im Fall der Außervollzugsetzung; aA Meyer-Goßner Rn. 2) besteht, über die Fortdauer der Anordnung von U-Haft oder einstweiliger Unterbringung zu entscheiden. Davon **unberührt** ist die Verpflichtung des Gerichts, während der gesamten Verfahrensdauer das Vorliegen ihrer Voraussetzungen zu prüfen und die Anordnung ggf. aufzuheben (§§ 120 Abs. 1 S. 1, 126 a Abs. 3 S. 1). Wird der Angeklagte freigesprochen oder seine Unterbringung nicht angeordnet, sind Haft- oder Unterbringungsbefehl schon nach §§ 120 Abs. 1 S. 2, 126 a Abs. 3 S. 1 aufzuheben.

2   Der Beschluss wird vom **erkennenden Gericht** gefasst; er wird im Anschluss an das Urteil in der Hauptverhandlung verkündet und ist nach § 273 Abs. 1 zu protokollieren. Während der **Unterbrechung** der Hauptverhandlung kann aber eine Entscheidung über die Beendigung der Untersuchungshaft (§§ 116, 120) ohne Mitwirkung der Schöffen erlassen werden (KK-Engelhardt Rn. 3). Die **Entscheidung** lautet auf Aufrechterhaltung des Haft- oder Unterbringungsbefehls oder Aussetzung seines Vollzugs, ggf. unter Anordnung von Anweisungen nach § 116. Weicht die Verurteilung von dem Tatvorwurf des bestehenden Haftbefehls ab, so ist der Haftbefehl **anzupassen** (OLG Karlsruhe wistra 1991, 277). Der Haftgrund der **Verdunklungsgefahr** wird mit der Verurteilung häufig entfallen. Eine nähere **Begründung** des Beschlusses ist nur dann erforderlich, wenn der Haft- oder Unterbringungsbefehl inhaltlich geändert wird; im Übrigen reicht die Feststellung, dass der Angeklagte verurteilt worden ist und die Haft- oder Unterbringungsgründe fortbestehen. Wird der Beschluss versehentlich unterlassen, so kann er außerhalb der Hauptverhandlung jederzeit **nachgeholt** werden.

3   Gegen den Beschluss nach § 268 b ist **einfache Beschwerde** zulässig (§ 304). Wird in der Hauptverhandlung **erstmals** ein Haft- oder Unterbringungsbefehl erlassen, so kann auch Haftprüfung beantragt werden (§ 117); hierüber ist der Angeklagte nach §§ 115 Abs. 4, 126 a Abs. 2 zu belehren.

§ 268 c [Belehrung bei Fahrverbot]

¹Wird in dem Urteil ein Fahrverbot angeordnet, so belehrt der Vorsitzende den Angeklagten über den Beginn der Verbotsfrist (§ 44 Abs. 3 Satz 1 des Strafgesetzbuches). ²Die Belehrung wird im Anschluß an die Urteilsverkündung erteilt. ³Ergeht das Urteil in Abwesenheit des Angeklagten, so ist er schriftlich zu belehren.

1   Die **Belehrung** nach § 268 c soll den Angeklagten veranlassen, im Hinblick auf § 44 Abs. 3 S. 1 StGB seinen Führerschein alsbald in **amtliche Verwahrung** zu geben; sie soll zugleich aber auf das **Wirksamwerden** des Fahrverbots mit Urteilsrechtskraft (§ 44 Abs. 3 S. 1 StGB) hinweisen. Die Belehrungspflicht gilt auch für das **Berufungsgericht** (§ 332). Im **Strafbefehlsverfahren** gilt § 409 Abs. 1 S. 2.

2   Die Belehrung ist im Anschluss an die Urteilsverkündung **(S. 2)** und ggf. an die Verkündung der Beschlüsse nach §§ 268 a, 268 b, vor der Rechtsmittelbelehrung, durch den **Vorsitzenden** zu erteilen. Eine wesentliche Förmlichkeit (§ 273 Abs. 1) ist sie nicht. Bei Abwesenheit des Angeklagten gilt **S. 3.** Wird die Belehrung versehentlich **unterlassen,** so ist sie von der Vollstreckungsbehörde nachzuholen (§ 59 Abs. 4 S. 1 StrVollstrO).

Hauptverhandlung §§ 268 d, 269

§ 268 d [Belehrung bei vorbehaltener Sicherungsverwahrung]
Wird in dem Urteil die Entscheidung über die Anordnung der Sicherungsverwahrung nach § 66 a Abs. 1 des Strafgesetzbuches einer weiteren gerichtlichen Entscheidung vorbehalten, so belehrt der Vorsitzende den Angeklagten über den Gegenstand der weiteren Entscheidungen sowie über den Zeitraum, auf den sich der Vorbehalt erstreckt.

Die **Belehrung** erfolgt **im Anschluss an die Urteilsverkündung**. Sie ist keine 1 wesentliche Förmlichkeit iSv § 273 Abs. 1, gleichwohl sollte sie im Protokoll beurkundet werden. Die zusätzliche Aushändigung eines Merkblattes ist zweckmäßig.

Ist die **Belehrung unterblieben**, hindert dies grundsätzlich die nachträgliche 2 Anordnung der Sicherungsverwahrung nicht. Dann muss jedoch besonders sorglich geprüft werden, ob nach dem **Verhalten** des Verurteilten im Strafvollzug die Voraussetzungen des § 66 a Abs. 2 S. 2 StGB vorliegen. Über die nachträgliche Anordnung der Sicherungsverwahrung entscheidet das **Gericht des ersten Rechtszuges**, § 275 a Abs. 1 StPO (vgl. hierzu Tröndle/Fischer § 66 a, 7 f).

§ 269 [Sachliche Unzuständigkeit]
Das Gericht darf sich nicht für unzuständig erklären, weil die Sache vor ein Gericht niederer Ordnung gehöre.

Mit dem Erlass des **Eröffnungsbeschlusses** (vgl. § 207 Abs. 1), ggf. nach 1 § 209, ist die **sachliche Zuständigkeit** in Abweichung von § 6 insoweit **festgeschrieben**, als - mit Ausnahme des § 225 a Abs. 4 S. 2 - eine Verweisung an ein Gericht **niedrigerer** Ordnung ausscheidet, damit werden Verweisungen rechtshängiger Strafsachen vermieden (KK-Engelhardt Rn. 1). § 269 gilt im gesamten Hauptverfahren, auch nach sachlich unrichtiger, aber bindender Verweisung nach § 270 (OLG Karlsruhe NStZ 1987, 375; vgl. Meyer-Goßner Rn. 3) Das Verbot mehrfacher Rechtshängigkeit geht dem Verweisungsverbot jedoch vor. Ist ein Verweisungsbeschluss nach § 270 unwirksam oder ist die Sache sonst bei einem niedrigeren Gericht anhängig, so darf sich das höhere Gericht nicht für zuständig erklären (BGH 22, 232, 235 = NJW 1968, 2387; 37, 15, 20).

Die **Rangfolge** der Gerichte ist: Strafrichter (Jugendrichter) – SchöffenG (Ju- 2 gendSchG) – Strafkammer (Jugend-K.) – OLG-Senat. „Für die Frage, ob es sich um ein Gericht höherer Ordnung iSd § 270 handelt, ist nicht allein auf die Gerichtsebene (AG/LG/OLG) abzustellen, sondern in erster Linie kommt es darauf an, welches Gericht die **umfassendere Rechtsfolgenkompetenz** hat" (BGH 39, 207 = NJW 1993, 2325). Die kleine ist gegenüber der großen StrK Gericht niedrigerer Ordnung. Die Rangfolgeanordnung des § 209 a (iVm § 74 e GVG) gilt für das Hauptverfahren nicht. Anders als §§ 225 a Abs. 1, 270 Abs. 1 enthält § 269 auch keine Verweisung auf § 209 a Nr. 2 Buchst. a. Kein Gericht niedrigerer Ordnung ist daher der Strafrichter gegenüber dem Jugendrichter, das SchöffenG gegenüber dem erweiterten SchöffG, die allgemeine StrafK gegenüber dem Schwurgericht (BGH 27, 99, 101 = NJW 1977, 1070; missverständlich KK-Engelhardt Rn. 4, 8). Einer Abgabe zwischen **gleichrangigen** Spruchkörpern steht § 269 nicht entgegen (BGH 27, 99, 102). Bei Zuständigkeit eines Gerichts höherer Ordnung gelten §§ 225 a, 270. Zur **Strafverfolgungskompetenz** des Bundes und damit des **GBA** und der **Staatsschutzsenate der OLG** s. ausführlich bei § 120 GVG.

Nach der **Trennung verbundener Sachen** nach § 4 gilt § 269. Allgemein ging 3 die hM davon aus, dass mit der Trennung die abgetrennte Sache in die alte Zuständigkeit zurückfällt. Der BGH hat nun festgestellt: „Die Verfahrenstrennung nach Eröffnung des Hauptverfahrens lässt die einmal begründete Zuständigkeit des höher-

§ 270

rangigen Gerichts nicht entfallen; einer Abgabe der Sache an ein Gericht niederer Ordnung steht § 269 StPO entgegen" (BGH 47, 116 = NJW 2002, 526).

4 Die **Revision** kann grds. nicht rügen, ein Gericht niedrigerer Ordnung sei zuständig gewesen (BGH 21, 354, 358 = NJW 1968, 710). Eine **Ausnahme** gilt, wenn der Angeklagte **willkürlich** seinem gesetzlichen Richter entzogen worden ist (BGH 38, 172, 176 = NJW 1992, 1775; 40, 120 = NJW 1994, 2369; BGH wistra 1999, 428); dann ist der absolute Revisionsgrund des § 338 Nr. 4 gegeben (vgl. § 270 Rn. 9). „Das Revisionsgericht hat gemäß § 6 von Amts wegen und nicht nur auf eine entsprechende Verfahrensrüge zu beachten, dass das LG sich an Stelle des AG (objektiv) willkürlich für sachlich zuständig erklärt und damit gegen den Grundsatz des gesetzlichen Richters verstoßen hat" (BGH 40, 120 = NJW 1994, 2369). Dabei ist anzumerken: „Das Fehlen der sachlichen Zuständigkeit ist unschädlich, wenn § 269 eingreift. Ist diese Vorschrift aber nicht anwendbar (so bei willkürlicher Annahme der Zuständigkeit, BGH 40, 120 = NJW 1994, 2369; BGH wistra 1999, 428), so bleibt es bei § 6 mit der Folge, dass ein von Amts wegen zu beachtendes **Verfahrenshindernis** vorliegt, das zwar – im Gegensatz zu anderen Prozesshindernissen – nicht zur Einstellung des Verfahrens, aber gemäß § 335 zur Verweisung der Sache an das zuständige Gericht führt" (BGH 40, 124). Hatte allerdings ein **Berufungsverfahren** stattgefunden, muss der **Verstoß gegen § 328 Abs. 2 gerügt werden;** von Amts wegen erfolgt – entgegen der Auffassung der OLGe – die Zurückverweisung nicht (BGH NJW 42, 205 = 1997, 204; s. auch § 24 GVG Rn. 8).

§ 270 [Verweisung an höheres zuständiges Gericht]

(1) ¹**Hält ein Gericht nach Beginn einer Hauptverhandlung die sachliche Zuständigkeit eines Gerichts höherer Ordnung für begründet, so verweist es die Sache durch Beschluß an das zuständige Gericht; § 209 a Nr. 2 Buchstabe a gilt entsprechend.** ²**Ebenso ist zu verfahren, wenn das Gericht einen rechtzeitig geltend gemachten Einwand des Angeklagten nach § 6 a für begründet hält.**

(2) **In dem Beschluß bezeichnet das Gericht den Angeklagten und die Tat gemäß § 200 Abs. 1 Satz 1.**

(3) ¹**Der Beschluß hat die Wirkung eines das Hauptverfahren eröffnenden Beschlusses.** ²**Seine Anfechtbarkeit bestimmt sich nach § 210.**

(4) ¹**Ist der Verweisungsbeschluß von einem Strafrichter oder einem Schöffengericht ergangen, so kann der Angeklagte innerhalb einer bei der Bekanntmachung des Beschlusses zu bestimmenden Frist die Vornahme einzelner Beweiserhebungen vor der Hauptverhandlung beantragen.** ²**Über den Antrag entscheidet der Vorsitzende des Gerichts, an das die Sache verwiesen worden ist.**

1 Die **sachliche Zuständigkeit** ist in jeder Lage des Verfahrens vAw. zu prüfen (§ 6). Eine Verweisungsbefugnis nach unten besteht grds. nicht (§ 269; Ausnahme § 225 Abs. 4 S. 2); nach Erlass des Eröffnungsbeschlusses (§ 207, ggf. iVm § 209) gilt § 225 a, **in der Hauptverhandlung § 270.** Im **Berufungsverfahren** gilt § 328 Abs. 2, im **Privatklageverfahren** § 389, im **beschleunigten Verfahren** § 419 Abs. 3, im **Strafbefehlsverfahren** § 408 Abs. 1. Auf Fragen der **örtlichen** Zuständigkeit ist § 270 nicht anwendbar (vgl. KK-Pfeiffer § 16 Rn. 4). „Hat das LG das Verfahren gemäß § 270 Abs. 1 an das für **Staatsschutzsachen** erstinstanzlich zuständige **OLG** verwiesen, hält aber den Verweisungsbeschluss wegen objektiver Willkür für unwirksam, ist der BGH analog §§ 14, 19 zur Bestimmung des sachlich zuständigen Gerichts berufen. In diesen Fällen sind an die Annahme des

Hauptverhandlung **§ 270**

hinreichenden Tatverdachts hinsichtlich einer die Bundesgerichtsbarkeit begründenden Staatsschutzstrafsache strenge Anforderungen zu stellen. Dazu wird in der Regel die Einholung einer Stellungnahme des GBA gehören" (BGH 45, 26 = NJW 1999, 1876; Fortführung von BGH 18, 381 = NJW 1963, 1747). „Auch ein **willkürlich** erlassener Beschluss nach § 270 StPO macht das Verfahren bei dem Gericht, an das verwiesen wurde, rechtshängig, da der Verweisungsbeschluss nicht nichtig, sondern (nur) rechtsfehlerhaft ist. Trotz willkürlicher Verweisung verbleibt die Sache bei dem höheren Gericht, wenn dessen sachliche Zuständigkeit tatsächlich gegeben ist" (BGH NJW 1999, 2604).

Die **Rangfolge** der Gerichte ist: Strafrichter – Schöffengericht – Strafkammer – 2 OLG-Senat. Die Rangfolge der **funktionellen Zuständigkeit** (§ 74 e GVG) gilt grds. nur im Eröffnungsverfahren (§ 209 a Nr. 1), danach ist sie nur noch auf **Einwand** des Angeklagten zu beachten (Abs. 1 S. 2, § 6 a S. 2). Nach Abs. 1 S. 1, 2. HS sind die jeweils an sich gleichrangigen **Jugendgerichte** als **höherrangig** anzusehen; daher kann der Strafrichter an den Jugendrichter, das SchöffenG an das JugendschöffenG, die Strafkammer an die Jugendkammer verweisen. Die Strafkammer, vor der die Jugendkammer gemäß § 209 Abs. 1 iVm § 209 a Nr. 2 a ein bei ihr angeklagtes Verfahren eröffnet hat, ist, wenn sie in der Hauptverhandlung zu der Erkenntnis gelangt, dass der Angeklagte entgegen der Einschätzung der Jugendkammer bei der Begehung der Tat (nicht ausschließbar) noch Heranwachsender war, ungeachtet des Eröffnungsbeschlusses gehalten, die Sache gemäß § 270 Abs. 1 an die zuständige Jugendkammer zu verweisen (BGH 47, 311 = NJW 2002, 2483). Da § 209 a Nr. 2 Buchst. b nicht in Bezug genommen ist, gilt diese Höherrangigkeit der Jugendgerichte nicht für **Jugendschutzsachen.** Nach der Zulassung der Anklage gilt die JugK als JugendschutzG in Verhältnis zur SchwurK als **ranggleich.** Es ist auch aus Rechtsgründen nicht zu beanstanden, dass Straftaten, für die nach § 74 Abs. 2 GVG eine StrK als SchwurG zuständig ist, als Jugendschutzsachen vor der JugK verhandelt werden (BGH 42, 39 = NStZ 1996, 346; s. auch § 225 Rn. 2).

Voraussetzung der Verweisung nach **Abs. 1** ist, dass sich **in der Hauptver-** 3 **handlung** des ersten Rechtszugs die **sachliche Zuständigkeit** eines Gerichts höherer Ordnung ergibt, gleichgültig, ob der Sachverhalt im Eröffnungsbeschluss rechtsirrig gewürdigt wurde oder sich durch die Beweisaufnahme verändert hat. **Außer Betracht** bleiben normative Zuständigkeitsmerkmale, deren Prüfung mit dem Eröffnungsbeschluss endet (§§ 24 Abs. 1 Nr. 3, 25 Nr. 2, 74 Abs. 1 GVG). Soll wegen neu hervorgetretener (auch: erstmals erkannter) Umstände verwiesen werden, so setzt dies den **hinreichenden Tatverdacht** (§ 203) voraus (BGH 29, 216, 219 = NJW 1980, 1586); liegt dieser vor, so ist eine weitere Klärung unzulässig (Meyer-Goßner Rn. 9). Ob und wieweit eine **Beweisaufnahme** durchzuführen ist, bestimmt sich ebenfalls nach diesem Grundsatz; Voraussetzung für die Verweisung ist sie ebenso wenig wie die Vernehmung des Angeklagten nach § 243 Abs. 4 S. 2. Weitergehende Erfordernisse bestehen, wenn wegen nicht ausreichender **Strafgewalt des AG** (§ 24 Abs. 2 GVG) verwiesen werden soll: In diesem Fall muss der Schuldspruch feststehen und eine Rechsfolge im Bereich der eigenen Strafgewalt nach gegenwärtiger Beurteilung des Gerichts ausscheiden; eine Vermutung dafür reicht nicht aus (OLG Düsseldorf NStZ 1986, 426). Zur entspr. Anwendung von § 270 auf die Verweisung an die Wirtschafts-StK durch den Kartellsenat des OLG, wenn dieser einen Straftatbestand als erfüllt ansieht, vgl. BGH 39, 202 = NJW 1993, 2325; dazu Odersky FS Salger S. 357; Rieß NStZ 1993, 513; Meyer-Goßner Rn. 2 mwN).

Geht es um die Zuständigkeit einer **besonderen StrK** (§ 74 Abs. 2, §§ 74 a, 74 c 4 GVG), so ist eine Verweisung in der HV nur zulässig, wenn der Angeklagte bis zum Beginn seiner Vernehmung zur Sache (§ 6 a S. 3) die Unzuständigkeit des verhandelnden Gerichts eingewendet hat. Ist dies geschehen, so kommt es für die Zulässig-

§ 270

keit der Verweisung nicht auf das Rangverhältnis der StrKn an (Meyer-Goßner § 6 a Rn. 6). Es kann also von der allgemeinen an eine besondere, von einer besonderen an die allgemeine und von einer besonderen an eine andere besondere StrK verwiesen werden, je nachdem, welche Kammer nach § 74 e GVG zuständig ist (KK-Engelhardt Rn. 16). Zu den dem Angeklagten gleichgestellten **Einwendungsberechtigten** vgl. KK-Pfeiffer § 6 a Rn. 7, zum **Zeitpunkt** des Einwands bei **Abwesenheit** des Angeklagten ebenda Rn. 8.

5 **Der Beschluss (Abs. 2)** ergeht nach Anhörung der Verfahrensbeteiligten durch das **erkennende Gericht,** auch wenn während einer **Unterbrechung** entschieden wird. Dagegen gilt bei **Aussetzung** der Verhandlung § 225 a: in diesem Fall wirken die Schöffen an der Entscheidung nicht mit. Eine **Teilverweisung** einer von mehreren Taten (§ 264) ist zulässig, nicht aber die Verweisung hinsichtlich einzelner Teile einer (prozessualen) Tat (vgl. KK-Engelhardt Rn. 19). Der **Inhalt** des Verweisungsbeschlusses entspricht dem Anklagesatz (Abs. 2 iVm § 200 Abs. 1 S. 1). Das kann unterbleiben, wenn Tatsachen und rechtliche Beurteilung gleich bleiben; ansonsten sind die Veränderungen gegenüber der zugelassenen Anklage anzugeben (vgl. Meyer-Goßner Rn. 15). Eine **Begründung** ist nur erforderlich, wenn ein Antrag auf Verweisung abgelehnt wird (§ 34). Der Beschluss ist in der Hauptverhandlung zu **verkünden.** Ist der Angeklagte nicht anwesend, so gilt § 35 Abs. 2.

6 Eine **Fristsetzung** nach **Abs. 4 S. 1** kann im Verweisungsbeschluss oder zugleich mit seiner Bekanntmachung durch den **Vorsitzenden** des verweisenden Gerichts erfolgen. Bei der Bestimmung der Länge der Frist sind die Umstände des Einzelfalls sowie ggf. die Notwendigkeit einer Verteidigerwahl zu berücksichtigen; die Frist kann verlängert werden.

7 Das **Beweisantragsrecht** des Abs. 4 geht inhaltlich über dasjenige nach §§ 201 Abs. 1, 219 Abs. 1 nicht hinaus; es dient der Vorbereitung der Hauptverhandlung vor dem ranghöheren Gericht (vgl. Meyer-Goßner Rn. 23 ff.). Anträge müssen die Beweistatsachen und -mittel bezeichnen. Die Entscheidung trifft der **Vorsitzende** des ranghöheren Gerichts; über kommissarische Vernehmungen (§ 223) entscheidet das Gericht. Für die Entscheidung gelten die Beschränkungen des § 244 Abs. 3–5 nicht. Eine Ablehnung mit der Zusage der **Wahrunterstellung** ist nicht ausgeschlossen (**aA** Meyer-Goßner Rn. 26), jedoch muss der Vorsitzende das erkennende Gericht davon unterrichten; bei abweichender Beurteilung muss dies in der Hauptverhandlung erörtert werden (vgl. § 219 Rn. 5). Der **Fristablauf** macht Beweisanträge nicht unzulässig; sie sind dann nach § 219 zu behandeln.

8 Die **Wirkung des Verweisungsbeschlusses (Abs. 3 S. 1)** steht der des Eröffnungsbeschlusses gleich; dieser wird jedoch nicht ersetzt (BGH NStZ 1988, 236). Die Sache wird mit Erlass des Beschlusses bei dem ranghöheren Gericht **rechtsanhängig.** Gleichzeitig **entfällt die Zuständigkeit** des verweisenden Gerichts für verfahrensrechtliche Entscheidungen; § 207 Abs. 4 ist nicht anwendbar (Meyer-Goßner Rn. 21). Zur Vorlage nach § 122 Abs. 1 bleibt das Gericht verpflichtet, solange sich die Akten bei ihm befinden (OLG Karlsruhe Die Justiz 1984, 429).

9 Das ranghöhere Gericht ist an den Verweisungsbeschluss **gebunden** (BGH 27, 99, 103 = NJW 1977, 1070; BGH NStZ 1988, 236), auch wenn er fehlerhaft ist (BGH 29, 216). Das gilt jedoch nicht, wenn der Beschluss objektiv **willkürlich** ist (BGH 29, 216, 219 = NJW 1980, 1586; BGH NStZ 1991, 29), insb. bei offenkundiger Gesetzwidrigkeit (OLG Karlsruhe NStZ 1990, 100; vgl. BVerfGE 29, 45, 49); ebenso, wenn das verweisende Gericht eine Prüfung des hinreichenden Tatverdachts unterlassen hat, weil es sich rechtsirrig an einen Verweisungsantrag gebunden fühlte. Ein Fall objektiver Willkür und damit der Unwirksamkeit der Verweisung liegt auch vor, wenn das verweisende Gericht den die sachliche Zuständigkeit des höheren Gerichts begründenden Tatverdacht auf **rechtliche Erwägungen** stützt, die eine ständige und unbestrittene höchstrichterliche Rechtsprechung (zB zu § 24 StGB) gänzlich außer Betracht lassen. Dasselbe gilt bei willkürlicher Handhabung

Hauptverhandlung § 271

normativer Zuständigkeitsvoraussetzungen, etwa wenn der Vorsitzende des SchöffenG, zu dem Anklage erhoben ist, die Sache zunächst im Hinblick auf § 25 Nr. 2 GVG vor sich selbst als Strafrichter eröffnet (§ 209 Abs. 1) und sodann in der HV **bei unveränderter Sachlage** im Hinblick auf § 24 Abs. 2 GVG an das LG verweist. Der Hinweis auf **hypothetische** Sachverhaltsvarianten im Verweisungsbeschluss reicht keinesfalls aus, um den Verlust einer Tatsacheninstanz zu rechtfertigen (vgl. OLG Karlsruhe NStZ 1990, 100); ebenso wenig kann die **Behauptung** des verweisenden Gerichts ausreichen, es liege hinreichender Tatverdacht vor, wenn dieser in objektiver oder subjektiver Hinsicht allein auf Spekulationen beruht. Das ranghöhere Gericht hat sich in diesem Fall durch **Beschluss** für unzuständig zu erklären und die Sache zurückzugeben (str.; vgl. Meyer-Goßner Rn. 20). Ist der Verweisungsbeschluss wirksam, so kann das ranghöhere Gericht, falls die Voraussetzungen vorliegen, seinerseits nach § 225 a Abs. 1 oder § 270 Abs. 1 weiterverweisen (BGH 21, 268, 270).

Anfechtbar ist der Verweisungsbeschluss mit der **sofortigen Beschwerde** nur 10 für die StA, wenn sie die Verweisung an ein noch höheres Gericht beantragt hatte (Abs. 3 iVm § 210 Abs. 1, 2), für den Angeklagten nicht. Die Ablehnung eines Verweisungsantrags ist unanfechtbar (§ 305 S. 1). Da das höhere Gericht auch bei objektiver Willkür des Verweisungsbeschlusses erkennendes Gericht iSd § 305 S. 1 wird, erscheint die Anfechtbarkeit eines die Sache zurückgebenden Beschlusses (o. Rn. 9) nach § 304 durch die StA zweifelhaft, denn nur eine Entscheidung dieses Gerichts hätte die StA nach Abs. 3 S. 2 iVm § 210 Abs. 2 erwirken können.

Die **Revision** kann mit der **Verfahrensrüge** nach § 338 Nr. 4 vortragen, dass 11 ein zulässiger Einwand nach § 6 a zu Unrecht verworfen oder eine Verweisung an das Jugendgericht unterblieben ist (vgl. § 338 Rn. 15). Ist rechtsfehlerhaft, aber wirksam verwiesen worden, so kann hierauf die Revision nicht gestützt werden (BGH 21, 334, 358 = NJW 1968, 710). War der Verweisungsbeschluss wegen offenkundigen Verstoßes gegen rechtsstaatliche Grundsätze unwirksam, so fehlt es an einer Verfahrensvoraussetzung; das ist vom Revisionsgericht vAw. zu berücksichtigen. War die Fristsetzung nach Abs. 4 S. 1 unterblieben, so kann die Revision nur Erfolg haben, wenn dieser Fehler in der Hauptverhandlung beanstandet worden ist (RG 62, 272; LR-Gollwitzer Rn. 55). „Hat nicht das sachlich zuständige Schwurgericht, sondern die Jugendkammer entschieden, so ist das Urteil wegen dieses Fehlers auch dann aufzuheben, wenn die Revision ihn **nicht rügt**" (BGH 10, 74 = NJW 1057, 511).

§ 271 [Sitzungsprotokoll] RiStBV 144, 161

(1) **¹Über die Hauptverhandlung ist ein Protokoll aufzunehmen und von dem Vorsitzenden und dem Urkundsbeamten der Geschäftsstelle, soweit dieser in der Hauptverhandlung anwesend war, zu unterschreiben. ²Der Tag der Fertigstellung ist darin anzugeben.**

(2) **¹Ist der Vorsitzende verhindert, so unterschreibt für ihn der älteste beisitzende Richter. ²Ist der Vorsitzende das einzige richterliche Mitglied des Gerichts, so genügt bei seiner Verhinderung die Unterschrift des Urkundsbeamten der Geschäftsstelle.**

Die nach **Abs. 1 S. 1** zu erstellende **Niederschrift über den Verlauf der** 1 **Hauptverhandlung** bildet wie diese selbst eine **Einheit** (BGH 29, 394, 395 = NJW 1981, 411; BGH NStZ 1993, 141). Abschnittsprotokolle sind zulässig, aber auch bei vieltägigen Hauptverhandlungen mit wechselnden Urkundsbeamten nicht erforderlich (BGH NStZ 1993, 141). Die abschließende Unterschrift des Vorsitzenden umfasst den gesamten Protokollinhalt. § 271 regelt nur Notwendigkeit und Form des Protokolls; zum Inhalt vgl. §§ 272, 273, zur Beweiskraft § 274.

2 **Form.** Das Protokoll ist **schriftlich in deutscher Sprache** (§ 184 GVG) aufzunehmen. Einzelne Erklärungen in einer fremden Sprache können aufgenommen werden, insb. wenn ihr Wortlaut von Bedeutung ist (§ 185 Abs. 1 S. 2, 3 GVG). **Kurzschriftliche** Aufzeichnungen oder **Tonbandaufnahmen** ersetzen das in Langschrift herzustellende Protokoll nicht; sie sind aber als **Hilfsmittel** zur Herstellung zulässig. Sie werden weder Bestandteil der Akten noch müssen sie aufbewahrt oder den Beteiligten zugänglich gemacht werden (BGH 29, 394, 395 = NJW 1981, 411; OLG Koblenz NStZ 1988, 42).

3 Die Niederschrift wird vom **Urkundsbeamten der Geschäftsstelle** (§ 153 GVG) aufgenommen; dieser kann während der Verhandlung wechseln (vgl. § 226 Rn. 1). Eine **Weisungsbefugnis** des Vorsitzenden besteht nur insoweit, als es um die Rechtsfrage geht, welche Vorgänge in das Protokoll aufzunehmen sind, nicht hinsichtlich des tatsächlichen Inhalts selbst. Für die Herstellung der Niederschrift gilt RiStBV Nr. 144. Für die Richtigkeit tragen Vorsitzender und Urkundsbeamter gemeinsam die Verantwortung. Der Vorsitzende hat eine umfassende **Prüfungspflicht** (RiStBV Nr. 144 Abs. 1 S. 2, 3). Treten hinsichtlich tatsächlicher Vorgänge **Meinungsverschiedenheiten** auf, die nicht beseitigt werden können, so muss das im Protokoll **kenntlich gemacht** werden, da insoweit die **Beweiskraft** des § 274 entfällt; eine Entscheidungsbefugnis des Gerichts (§ 238 Abs. 2) besteht nicht. Zu **Protokollanlagen** vgl. § 273 Rn. 2, § 274 Rn. 3.

4 **Fertiggestellt** ist das Protokoll mit der abschließenden Unterzeichnung durch den Vorsitzenden und den Urkundsbeamten (BGH 23, 115 = NJW 1970, 105; BGH 29, 394 = NJW 1981, 411). Sind **Randvermerke,** Einfügungen oder Abänderungen vorgenommen worden, müssen auch diese sämtlich von beiden getragen sein und ggf. gesondert unterschrieben werden; auch eine die Änderungen bezeichnende zusammenfassende schriftliche Genehmigung am Ende reicht aus (vgl. BGH NStZ 1981, 297), nicht jedoch eine im Voraus gegebene Einverständniserklärung (Meyer-Goßner Rn. 14). Das Protokoll der Hauptverhandlung ist **nicht unterschrieben** iS von § 271 Abs. 1, wenn sich die Unterschrift des Richters lediglich auf einer die Urteilsformel beinhaltenden Anlage befindet (OLG Hamm NStZ 2001, 220).

5 Bei **Verhinderung des Vorsitzenden** gilt **Abs. 2.** Eine Verhinderung liegt vor, wenn rechtliche oder tatsächliche Gründe der Unterzeichnung jedenfalls so lange entgegenstehen, dass ein Zuwarten einen ordnungsgemäßen Dienstbetrieb gravierend stören würde. Ein Ausscheiden aus dem Spruchkörper ist kein Verhinderungsgrund, wohl aber das Ausscheiden aus dem Richterdienst (vgl. Meyer-Goßner Rn. 16). Bei **Verhinderung des Urkundsbeamten** unterschreibt der Vorsitzende allein. In beiden Fällen ist ein Verhinderungsvermerk anzubringen. Nur wenn die Verhinderung allein die Unterschriftsleistung, nicht aber die Herstellung inhaltlicher Übereinstimmung betrifft, gilt die Beweiskraftregel des § 274; kann eine solche Übereinstimmung wegen des Verhinderungsgrundes nicht mehr hergestellt werden, so entfällt die Beweiskraft. Ist die Unterschrift versehentlich unterblieben, so kann sie jederzeit **nachgeholt** werden, auch wenn dadurch der Revisionsrüge ihres Fehlens nachträglich der Boden entzogen wird (BGH 12, 270, 272 = NJW 1959, 733).

6 Der **Fertigstellungsvermerk** (Abs. 1 S. 2) wird am Schluss des Protokolls von dem zuletzt Unterschreibenden angebracht und unterschrieben; zu diesem Zeitpunkt muss der gesamte Protokollinhalt vom Willen beider Urkundspersonen getragen sein (BGH 37, 287 = NJW 1991, 1902). Der Vermerk ist selbst nicht Bestandteil des Protokolls; sein Fehlen hindert die Fertigstellung daher nicht (BGH 23, 115, 118 = NJW 1970, 105).

7 **Änderungen und Berichtigungen** des Protokolls **nach seiner Fertigstellung** sind vAw. oder auf Antrag zulässig und geboten, wenn sie wesentliche Förmlichkeiten (§ 273 Abs. 1) betreffen. **Voraussetzung** einer an der Beweiskraft des § 274 teilnehmenden Berichtigung ist die inhaltliche Übereinstimmung beider Urkunds-

Hauptverhandlung **§ 271**

personen. Fehlt sie, erinnert sich eine von beiden Personen nicht oder berichtigt wegen Verhinderung einer Urkundsperson die andere allein, so entfällt die Beweiskraft. Das Hauptverhandlungsprotokoll kann nur berichtigt werden, wenn der **Vorsitzende und der UrkB** (soweit dieser in der Hauptverhandlung anwesend war, Abs. 1 S. 1) darin übereinstimmen, dass es inhaltlich unzutreffend oder unvollständig ist. Erachtet auch nur einer von ihnen die Niederschrift für richtig und vollständig oder erinnert er sich nicht mehr eindeutig, so scheidet eine Berichtigung aus (OLG Düsseldorf wistra 1999, 39). S. auch Rn. 5. Dasselbe gilt, wenn eine nach **§ 273 Abs. 3** protokollierte, vorgelesene und genehmigte Niederschrift ohne Einverständnis aller Verfahrensbeteiligten berichtigt wird. Bei einer offensichtlichen **Namensverwechslung** ist eine unbeschränkte Protokollberichtigung zulässig (BGH NStZ 2000, 216). Über die **Ablehnung eines Antrags** auf Protokollberichtigung entscheidet der **Vorsitzende** allein, und zwar im Fall seiner Unzulässigkeit (zB wegen Unklarheit oder weil er keine wesentliche Förmlichkeit betrifft; vgl. OLG Hamburg NJW 1965, 1342) ohne, sonst nach Herbeiführung einer schriftlichen Äußerung des Urkundsbeamten (OLG Düsseldorf MDR 1990, 743). Die Berichtigung erfolgt durch Herstellung eines gesonderten, dem Protokoll beigefügten **Vermerks,** für dessen Unterzeichnung dieselben Regeln gelten wie für das Protokoll selbst. Zum **Beschwerderecht** vgl. u. Rn. 9.

Zeitliche Grenzen für die Berichtigung bestehen nicht. **Inhaltliche Grenzen** 8 bestehen insoweit, als durch nachträgliche Änderungen einer bereits zulässig erhobenen **Verfahrensrüge** nicht der Boden entzogen werden darf. Änderungen, die sich in solcher Weise zu Lasten eines Revisionsführers auswirken, sind daher vom Revisionsgericht **nicht zu beachten** (BGH 34, 11, 12 = NJW 1986, 1820; Meyer-Goßner Rn. 26). Der **Grundsatz,** einer erhobenen Verfahrensrüge dürfe durch eine Änderung des Protokolls nicht der Boden entzogen werden, ist auf Änderungen des noch nicht fertig gestellten, aber in der Akte einliegenden Protokolls **nicht** anwendbar. Daher darf ein noch nicht fertiggestelltes, **nur vom Vorsitzenden unterschriebenes** Protokoll der Hauptverhandlung dem tatsächlichen Verfahrensgang gemäß ergänzt werden. Nach der Unterzeichnung durch **beide** Urkundspersonen beweist es, dass der behauptete Verfahrensverstoß nicht geschehen ist, § 274 (BGH NStZ 2002, 160). Von der nachträglichen Protokollunterzeichnung abgesehen, sind daher Protokolländerungen **zu Lasten** eines Beschwerdeführers (anders bei Änderung zu seinen Gunsten; BGH 1, 259) vom Zeitpunkt des Eingangs **seiner** Revisionsbegründung an unwirksam (BGH NStZ 1984, 521).

Ist das Verhandlungsprotokoll **verlorengegangen,** so kann es rekonstruiert werden 9 (vgl. KG NStZ 1990, 405). Dabei gelten hinsichtlich der Voraussetzungen der Wirksamkeit und der Beweiskraft dieselben Regeln wie bei der nachträglichen **Berichtigung.** Als Bestandteil der Akten unterliegt das Protokoll der **Einsichtnahme durch den Verteidiger** (§ 147), allerdings erst vom Zeitpunkt der Fertigstellung an (BGH 29, 394, 395 = NJW 1981, 411). Da das Protokoll der gesamten HV eine Einheit bildet, kann der Verteidiger während einer mehrtägigen HV nicht verlangen, die jeweils hergestellten Entwürfe für die auf einzelne Tage bezüglichen Teile des Protokolls einsehen zu dürfen (vgl. BGH 16, 307 = NJW 1962, 165). Eine Abschrift des Protokolls selbst zu fertigen oder auf eigene Kosten anfertigen zu lassen, ist dem Verteidiger gestattet (BGH 18, 369, 371 = NJW 1963, 1462; OLG Hamburg NJW 1963, 1024), wenn nicht ein öffentliches Geheimhaltungsbedürfnis entgegensteht (KK-Engelhardt Rn. 22).

Die **Beschwerde** (§ 304) ist gegen die Protokolländerung oder die Ablehnung 10 eines entsprechenden Antrags zulässig. Sie kann sich nur auf Verfahrensfehler oder Verkennung von Rechtsbegriffen stützen (OLG Düsseldorf StV 1985, 359); inhaltliche Mängel können nicht gerügt werden (OLG Düsseldorf RPfleger 1991, 124). Mit der **Revision** können Mängel oder Lücken des Protokolls nicht gerügt werden, auch nicht, wenn das Protokoll insgesamt fehlt, denn auf diesen Mängeln kann das

Urteil nicht beruhen (BGH 7, 162 = NJW 1955, 641; vgl. § 273 Rn. 11). Ein solcher Mangel kann aber dazu führen, dass der Nachweis eines Verfahrensverstoßes durch jedes **sonstige** Beweismittel erbracht werden kann (BGH NStZ 1991, 502). Das gilt auch, wenn überhaupt kein Protokoll vorhanden ist (RG HRR 1940 Nr. 343; KK-Engelhardt Rn. 27).

§ 272 [Inhalt des Protokolls]
Das Protokoll über die Hauptverhandlung enthält
1. den Ort und den Tag der Verhandlung;
2. die Namen der Richter und Schöffen, des Beamten der Staatsanwaltschaft, des Urkundsbeamten der Geschäftsstelle und des zugezogenen Dolmetschers;
3. die Bezeichnung der Straftat nach der Anklage;
4. die Namen der Angeklagten, ihrer Verteidiger, der Privatkläger, Nebenkläger, Verletzten, die Ansprüche aus der Straftat geltend machen, der sonstigen Nebenbeteiligten, gesetzlichen Vertreter, Bevollmächtigten und Beistände;
5. die Angabe, daß öffentlich verhandelt oder die Öffentlichkeit ausgeschlossen ist.

1   Die Vorschrift bestimmt die Anforderungen an den **Kopf des Hauptverhandlungsprotokolls.** Änderungen der in Nrn. 1–5 beurkundeten Umstände sind an der Stelle zu protokollieren, an der sie im Verfahrensgang eingetreten sind (Meyer-Goßner Rn. 1). Bei **Fortsetzungsterminen** bedarf es der erneuten Angaben nach Nrn. 2 und 4 nicht (BGH NStZ 1985, 16). Die genaue Bezeichnung des **erkennenden Gerichts** (Spruchkörper) ist in § 272 nicht aufgeführt; sie ist stets erforderlich.

2   **Verhandlungsort (Nr. 1)** ist regelmäßig der Sitz des Gerichts. Finden **Teile** der Hauptverhandlung an einem anderen Ort statt, so ist dies im Verfahrensablauf zu protokollieren. Der **Verhandlungstag** ist kalendermäßig zu bezeichnen, außerdem die Uhrzeit (Stunde, Minute) von Beginn und Ende der Sitzung. Längere als wenige Minuten dauernde Unterbrechungen sind mit genauem Beginn und Ende zu bezeichnen.

3   **Berufsrichter (Nr. 2)** und **Beamte der StA** sind mit Dienstbezeichnung und Funktion aufzuführen. Bei den ehrenamtlichen Richtern reicht die Angabe des Namens. Auch **Ergänzungsrichter** und **-schöffen** sind anzugeben. Tritt ein **Wechsel** in der Person des StA oder des Urkundsbeamten ein, so ist das im Verfahrensverlauf zu protokollieren. Im Kopf des Sitzungsprotokolls ist auch der **Dolmetscher** anzuführen, im Folgenden nur einen Wechsel des Dolmetschers (BGH NStZ-RR 2000, 297).

4   Die **Bezeichnung der Straftat (Nr. 3)** erfolgt nach der zugelassenen Anklage. Bei mehreren Taten wird nur die schwerste – mit dem Zusatz „u. a." – mit ihrer rechtlichen Bezeichnung angegeben.

5   Die **sonstigen Verfahrensbeteiligten (Nr. 4)** sind sämtlich aufzuführen, auch wenn sie an der Hauptverhandlung nicht teilgenommen haben (KK-Engelhardt Rn. 7; aA Meyer-Goßner Rn. 6). Ihre **Anwesenheit** ist gesondert zu beurkunden (§ 273 Abs. 1). Die Personalien des Angeklagten sind vollständig anzugeben.

6   Der Vermerk über die **Öffentlichkeit (Nr. 5)** gilt grds. für die gesamte Hauptverhandlung. Bei mehrtägigen Verhandlungen ist es aber angezeigt, den Vermerk jeweils in den Kopf des Teilprotokolls aufzunehmen. Veränderungen – Beschlüsse und ihre Ausführung – sind jeweils im Verhandlungsverlauf genau zu protokollieren (§ 273 Abs. 1). Der Verfahrenabschnitt, in dem nicht öffentlich verhandelt wurde, ist genau zu bezeichnen (BGH NStZ StV 1994, 471).

Hauptverhandlung § 273

§ 273 [Beurkundung der Hauptverhandlung]   RiStBV 136, 143, 144, 161

(1) Das Protokoll muß den Gang und die Ergebnisse der Hauptverhandlung im wesentlichen wiedergeben und die Beobachtung aller wesentlichen Förmlichkeiten ersichtlich machen, auch die Bezeichnung der verlesenen Schriftstücke oder derjenigen, von deren Verlesung nach § 249 Abs. 2 abgesehen worden ist, sowie die im Laufe der Verhandlung gestellten Anträge, die ergangenen Entscheidungen und die Urteilsformel enthalten.

(2) ¹Aus der Hauptverhandlung vor dem Strafrichter und dem Schöffengericht sind außerdem die wesentlichen Ergebnisse der Vernehmungen in das Protokoll aufzunehmen; dies gilt nicht, wenn alle zur Anfechtung Berechtigten auf Rechtsmittel verzichten oder innerhalb der Frist kein Rechtsmittel eingelegt wird. ²Der Vorsitzende kann anordnen, dass anstelle der Aufnahme der wesentlichen Vernehmungsergebnisse in das Protokoll einzelne Vernehmungen im Zusammenhang auf Tonträger aufgezeichnet werden. ³Der Tonträger ist zu den Akten zu nehmen oder bei der Geschäftsstelle mit den Akten aufzubewahren. ³ § 58a Abs. 2 Satz 1 und 3 bis 6 gilt entsprechend.

(3) ¹Kommt es auf die Feststellung eines Vorgangs in der Hauptverhandlung oder des Wortlauts einer Aussage oder einer Äußerung an, so hat der Vorsitzende von Amts wegen oder auf Antrag einer an der Verhandlung beteiligten Person die vollständige Niederschreibung und Verlesung anzuordnen. ²Lehnt der Vorsitzende die Anordnung ab, so entscheidet auf Antrag einer an der Verhandlung beteiligten Person das Gericht. ³In dem Protokoll ist zu vermerken, daß die Verlesung geschehen und die Genehmigung erfolgt ist oder welche Einwendungen erhoben worden sind.

(4) Bevor das Protokoll fertiggestellt ist, darf das Urteil nicht zugestellt werden.

Inhalt des Hauptverhandlungsprotokolls (Abs. 1). Die Vorschriften der 1 §§ 271–273 gelten auch für die mündliche Haftprüfung (§ 118a Abs. 3 S. 3) und die Verhandlung über die Verteidigerausschließung (§ 138d Abs. 4 S. 3). Ergänzende Regelungen enthalten die §§ 64, 86, 246 Abs. 2 S. 2, 255 und die §§ 174 Abs. 3 S. 2, 182, 183, 185 Abs. 1 S. 2 GVG. Regelungen über Beurkundungen einzelner Verfahrensvorgänge enthalten auch die Nrn. 138, 143 RiStBV; bei der Herstellung des Protokolls sind Nrn. 144, 161 RiStBV zu beachten.

Gang der Hauptverhandlung (Abs. 1; vgl. §§ 243, 244, 257, 258, 260) ist der 2 tatsächliche Verfahrensablauf in der Reihenfolge der Ereignisse. **Ergebnisse** der Hauptverhandlung iSd Abs. 1 sind nicht Beweisergebnisse, sondern die Inhalte der im Verhandlungsablauf ergehenden Entscheidungen. Soweit solche Entscheidungen schriftlich abgefasst sind, sind sie als **Anlage** zum Protokoll zu nehmen; die Niederschrift muss ihre Verkündung wiedergeben und kann auf die Anlage verweisen (Zur Beweiskraft vgl. § 274 Rn. 3). Der Gang der Hauptverhandlung muss „im Wesentlichen" wiedergegeben werden. Dabei sind die Verfahrensvorgänge in ihrer zeitlichen Reihenfolge aufzuführen. Wesentliche Förmlichkeiten (u. Rn. 3) sind auch dann stets aufzuführen, wenn sie dem gesetzlich vorgesehenen Verhandlungsablauf entsprechen; im Übrigen sind auch alle Abweichungen aufzunehmen, soweit sie für die Gesetzmäßigkeit des Verfahrens von Bedeutung sein können.

Wesentliche Förmlichkeiten iSd Abs. 1 sind Vorgänge, welche für die Gesetz- 3 mäßigkeit des Verfahrensgangs von Bedeutung sind. Nach Kahlo (FS für Meyer-Goßner 2002, 466): „lassen sich die ‚wesentlichen Förmlichkeiten' iSd § 273 Abs. 1 jetzt abschließend bestimmen als diejenigen gesetzlich vorgeschriebenen Verlaufsstrukturen der Hauptverhandlung eines Strafprozesses, die deren Fortgang

§ 273

eine den Grundsätzen eines rechtsstaatlichen Strafverfahrens entsprechende Form geben und es dem Angeklagten ermöglichen, diesem Gang bei verständiger Beurteilung zuzustimmen". Hierzu zählen insb. Feststellungen über den **äußeren Verfahrensablauf.** Dazu gehören: – Die Öffentlichkeit der Verhandlung, § 169 Abs. 1 GVG, die Verhandlung über ihren Ausschluss (RG 20, 21), ihr Ausschluss selbst und ihre tatsächliche Wiederherstellung (BGH 4, 279, 280 = NJW 1953, 1442; BGH NStZ-RR 2001, 264); – der Aufruf der Sache, § 243 Abs. 1 S. 1; – die Anwesenheit der Personen, deren ununterbrochene Gegenwart in der Hauptverhandlung zwingend vorgeschrieben ist, § 226, dazu gehört der **notwendige** Verteidiger (BGH 24, 281 = NJW 1972, 695; BGH NStZ 2002, 271, einschließlich ihrer zeitweiligen Entfernung (BGH NStZ 1983, 375); – die Zuziehung eines Dolmetschers, §§ 185, 186 GVG, seine Vereidigung oder Berufung auf früher geleisteten Eid (BGH NStZ 1983, 375); – die Vernehmung des Angeklagten zur Person, die Verlesung des Anklagesatzes (BGH NStZ 1982, 431; BGH StV 1992, 1), die Vernehmung des Angeklagten zur Sache (BGH 2, 304; BGH NStZ 1995, 560), die Anhörung des Angeklagten zu einem Antrag nach § 404 (BGH 37, 260 = NJW 1991, 1243); – macht ein Angeklagter, der sich **zunächst nicht geäußert** hat, im Laufe der Hauptverhandlung doch noch **Angaben zur Sache,** so ist diese Tatsache als wesentliche Förmlichkeit iSd § 273 Abs. 1 in die Sitzungsniederschrift aufzunehmen; das gilt auch dann, wenn die Einlassung im Rahmen einer Äußerung nach § 257 oder nach § 258 erfolgt (BGH NStZ 2000, 217); – der Einwand der Zuständigkeit einer besonderen StrK; – die nach § 266 Abs. 1 erforderliche Zustimmung des Angeklagten zur Erstreckung der Anklage auf weitere Straftaten (BGH MDR 1977, 984; BGH NJW 1984, 2172); – die nach § 303 erforderliche Zustimmung des Gegners zur Rechtsmittelbeschränkung (KK-Engelhardt Rn. 4); – die Tatsache und die Reihenfolge der Vernehmung von Zeugen und Sachverständigen, ebenso das Unterbleiben der Vernehmung (BGH StV 1983, 52); – die Belehrung von Zeugen und Sachverständigen nach §§ 57, 72; – die Belehrung über das Zeugnisverweigerungsrecht nach § 52 Abs. 3 S. 1, über das Auskunftsverweigerungsrecht nach § 55 Abs. 2 und über das Eidesverweigerungsrecht nach § 63; – die Vereidigung von Zeugen nach § 59 (BGH NStZ 1984, 371) und die Berufung auf einen früheren Eid nach § 67; – die Begründung für das Unterbleiben der Vereidigung eines Zeugen, § 64 (BGH 1, 217 = NJW 1951, 810); – die in § 247 S. 4 vorgeschriebene Unterrichtung des abgetretenen Angeklagten (BGH 1, 350 = NJW 1952, 192; BGH StV 1983, 52); – die Verlesung (nicht nur die Anordnung) von Schriftstücken, insbesondere des Protokolls über die frühere Vernehmung eines Zeugen nach § 251 (BGH wistra 1992, 30), auch dann, wenn sie nicht beantragt worden war (BGH NJW 1986, 2063), die Kenntnisnahme vom Wortlaut in den Fällen des § 249 Abs. 2 S. 3 oder eine sie bestätigende Erklärung, die Bekanntgabe des wesentlichen Inhalts (KK-Engelhardt Rn. 4); – die Erklärung des Einverständnisses mit der Verlesung der Niederschrift über die Vernehmung einer Beweisperson gemäß § 251 Abs. 1 Nr. 5; – der Widerspruch gegen eine solche Verlesung (BGH 1, 286); – die Einnahme eines Augenscheins (BGH NStZ 1991, 143; 2002, 219); – die Befragung des Angeklagten nach § 257 Abs. 1 (KK-Engelhardt Rn. 4) und nach § 258 Abs. 3 (BGH wistra 1985, 154); – die Beanstandung von Anordnungen des Vorsitzenden nach § 238 Abs. 2 (BGH 3, 202 = NJW 1953, 192); – der Antrag, einen minder schweren Fall anzunehmen, § 267 Abs. 3 S. 2; – den Antrag, die Strafe zur Bewährung auszusetzen, § 267 Abs. 3 S. 4; – die Gewährung des letzten Wortes nach § 258 (BGH NStZ 1987, 36); – die Belehrung nach § 268a Abs. 3 (LR-Gollwitzer § 268a Rn. 18; KK-Engelhardt Rn. 4); – ein gemäß § 273 Abs. 3 S. 3 im Wortlaut in die Sitzungsniederschrift aufgenommener und verlesener Rechtsmittelverzicht (KK-Engelhardt Rn. 4). Die Entscheidungen (Verfügungen und Beschlüsse), welche solche Förmlichkeiten betreffen, gehören zu den „Ergebnissen" der Hauptverhandlung (o.

Hauptverhandlung **§ 273**

Rn. 2). Bei der Entscheidung, was wesentliche Verfahrensförmlichkeit ist, ist vom Zweck des Protokolls auszugehen, das dem Revisions-(Rechtsbeschwerde-)Gericht eine vollständige Überprüfung der Gesetzmäßigkeit des Verfahrens und dem Revisionsführer den Beweis (vgl. § 274) von Verfahrensfehlern ermöglichen soll. Daher sind auch alle Verfahrenshandlungen, durch welche Verfahrensfehler **geheilt** werden, sorgfältig zu protokollieren.

Die **Erörterung gerichtskundiger Tatsachen** gehört ebenfalls nicht zu den 4 wesentlichen Förmlichkeiten (BGH 36, 354 = NJW 1990, 1740). Der **Inhalt** von Zeugen- und Sachverständigenvernehmungen gehört ebenso wenig dazu wie **Vorhalte** an Angeklagte und Beweispersonen, auch wenn diese anhand von Urkunden gemacht werden. Es ist sachwidrig, die Verwendung von Augenscheinsobjekten als Vernehmungsbehelfe und den Vorhalt von Urkunden in die Sitzungsniederschrift aufzunehmen (BGH, NStZ 2003, 320). Die Protokollierung solcher Vorhalte unter Angabe konkreter Urkundenteile kann zweckmäßig sein; aus dem Fehlen von Protokollvermerken kann aber nicht geschlossen werden, ein Vorhalt sei nicht gemacht worden (vgl. § 274). **Antragsbegründungen** zählen grds. nicht zu den wesentlichen Förmlichkeiten. Werden Anträge schriftlich übergeben, so sind sie als **Anlage** zum Protokoll zu nehmen; dies ist im Protokoll zu vermerken. **Schriftstücke,** die verlesen oder nach § 249 S. 2 im Selbstleseverfahren eingeführt wurden, müssen genau bezeichnet werden.

Ein **Inhaltsprotokoll (Abs. 2)** ist nur bei Hauptverhandlungen vor dem **Straf-** 5 **richter und dem Schöffengericht,** nur hinsichtlich der Einlassung des Angeklagten und der Bekundungen von Beweispersonen und nur dann herzustellen, wenn ein Rechtsmittel eingelegt ist. Es kann nach § 325 in der Berufungshauptverhandlung verlesen werden. Ein **Wortprotokoll** ist nicht vorgeschrieben; vielmehr reicht eine knappe Inhaltsangabe (vgl. Nr. 144 Abs. 2 RiStBV). Ihre Herstellung ist Aufgabe des Urkundsbeamten; hinsichtlich der Wesentlichkeit kann der Vorsitzende Weisungen erteilen. Für den **Inhalt** der Aussage gilt § 274 nicht; weichen der Protokollinhalt und die schriftlichen Urteilsgründe insoweit voneinander ab, so sind im Revisionsverfahren allein die letzteren maßgebend (BGH 7, 363, 370 = NJW 1955, 1688). **Abs. 2. S. 2–4.** Soweit die Strafprozessordnung ein **Inhaltsprotokoll** vorsieht, hat dem Vorsitzenden die Möglichkeit eingeräumt werden, die **Tonbandaufzeichnung** einzelner Vernehmungen anzuordnen. Diese Maßnahmen tragen zu einer erheblichen Qualitätsverbesserung der Dokumentation bei und dienen einem effizienten Opferschutz. Nach den neuen **Sätzen 2 bis 4** können in Hauptverhandlungen vor dem Amtsgericht einzelne Vernehmungen auf Tonträger aufgezeichnet werden. Sie müssen dann nicht mehr schriftlich protokolliert werden. Die Vernehmungen können dadurch vollständiger und zuverlässiger als bisher erfasst werden, gleichzeitig wird der Urkundsbeamte bei der Erstellung des schriftlichen Protokolls in der Hauptverhandlung entlastet. Zudem können mehrfache Vernehmungen von Zeugen vor dem Amtsgericht und erneut in der Berufungsverhandlung eher vermieden werden als bisher, und ergänzende Vernehmungen des erstinstanzlichen Richters oder Protokollführers über die Angaben eines Zeugen oder Sachverständigen in der Verhandlung vor dem Amtsgericht werden insoweit weitgehend überflüssig. Die Einführung des Inhalts der auf Tonträger aufgenommenen Vernehmungen in die Berufungsverhandlung regeln § 323 Abs. 2 Satz 2 bis 4, § 325. Zur Entlastung der Bediensteten des Amtsgerichts vor überflüssigen Verschriftungen wird eine Übertragung in Schriftform erst dann vom Berufungsgericht vorgenommen, wenn dort festgestellt worden ist, dass dies zur Durchführung der Berufungsverhandlung tatsächlich erforderlich ist. Die Aufzeichnungen werden zum Bestandteil der Akten und sind deshalb mit ihnen aufzubewahren, um gegebenenfalls auch im Falle eines Wiederaufnahmeverfahrens zur Verfügung zu stehen; eine Löschung der Aufnahmen unmittelbar nach Rechtskraft des Urteils ist daher nicht möglich. Der Verweis auf § 58 a Abs. 2 Satz 1 und 3 bis 6 StPO sichert das Einsichtsrecht in

§ 273 *Zweites Buch. 6. Abschnitt*

diese Aktenteile und den Datenschutz. Für das Verfahren vor dem Land- und Oberlandesgericht wird von einer gesetzlichen Regelung für Tonbandaufnahmen abgesehen (BT-Drucks. 15/1970, S. 12).

6 **Vollständige Niederschreibung (Abs. 3)** ist hinsichtlich eines Vorgangs in der Hauptverhandlung anzuordnen, wenn dieser für das laufende oder ein anderes Verfahren von Bedeutung sein kann. Hierzu zählen insb. **Handlungen** von Verfahrensbeteiligten (zB Lachen, Mimik, Schlafen), die für die Entscheidung, für den Nachweis von Verfahrensfehlern oder als Grundlage für die Stellung von Anträgen Bedeutung haben können. Auf den **Wortlaut** der **Aussage** eines Zeugen oder der **Äußerung** eines anderen Verfahrensbeteiligten kommt es nicht schon dann an, wenn ihr Inhalt **entscheidungserheblich** ist (Meyer-Goßner Rn. 22), denn sonst würde die Grenze zu Abs. 2 verwischt. Andererseits darf der Anwendungsbereich des Abs. 3 nicht soweit eingeschränkt werden, dass ein Wortprotokoll nur noch dann angeordnet wird, wenn ein bestimmter, nicht synonym ersetzbarer Begriff verwendet wurde. Es kann vielmehr ausreichen, dass die Aussage oder Äußerung ganz oder zum Teil für die Beweiswürdigung von ganz besonderer Bedeutung ist (zB Geständnis). Zu weitgehend ist die Auffassung, es reiche aus, dass eine Aussage Anlass zu Beweisanträgen oder zu weiterer Sachaufklärung bieten kann (so aber Meyer-Goßner Rn. 22). Abs. 3 S. 1 unterfallen insb. Äußerungen, auf welche der Nachweis von **Verfahrensfehlern** gestützt werden könnte, und solche, deren Wortlaut verschiedene Deutungsmöglichkeiten eröffnet (LR-Gollwitzer Rn. 42), daneben solche, die Grundlage für eine Strafverfolgung (vgl. § 183 GVG, RiStBV Nr. 144 Abs. 2 S. 2), ein Disziplinarverfahren oder ein zivilrechtliches Verfahren sein können.

7 Die **Anordnung** erfolgt **von Amts wegen** durch den **Vorsitzenden,** wenn dieser nach pflichtgemäßem Ermessen die Voraussetzungen des Abs. 3 S. 1 für gegeben hält. Auch wenn ein **Antrag** gestellt wird, obliegt dem Vorsitzenden diese Prüfung. Antragsberechtigt sind die Verfahrensbeteiligten einschließlich der Richter (KK-Engelhardt Rn. 24), nicht aber Nebenkläger (vgl. § 397 Abs. 1 S. 3), Zeugen und Sachverständige. Der **Antrag** muss den zu protokollierenden Vorgang oder die Äußerung **genau bezeichnen;** daneben muss er angeben, worauf das rechtliche Interesse an der Niederschreibung gestützt wird (OLG Bremen NStZ 1986, 183). Der **Antrag selbst** ist als **wesentliche Förmlichkeit** zu protokollieren; dabei ist der Wortlaut einer Äußerung so, wie sie der Antragsteller formuliert, wiederzugeben. Diese Protokollierung nach Abs. 1 ersetzt nicht diejenige nach Abs. 3 S. 1; sie beweist (§ 274) nur, dass dieser **Antrag gestellt** wurde. Weigert sich der Vorsitzende, den Antrag vollständig ins Protokoll aufnehmen zu lassen, so kann dagegen die Entscheidung des Gerichts nach § 238 Abs. 2 beantragt werden; Abs. 3 S. 2 gilt insoweit nicht.

8 Die **Entscheidung über den Protokollierungsantrag** trifft der Vorsitzende. Er hat nach pflichtgemäßem Ermessen zu beurteilen, ob es auf den Vorgang oder den Wortlaut **ankommt;** ist das der Fall, so ist die vollständige Niederschreibung zwingend (str.; vgl. Meyer-Goßner Rn. 29). Bei der Beurteilung sind die o. Rn. 6 dargelegten Kriterien anzuwenden; die Missbrauchsgrenze ist jedenfalls dann überschritten, wenn unter Berufung auf die Unangreifbarkeit der Urteilsfeststellungen umfangreiche Protokollierungen aller entscheidungserheblichen Zeugenaussagen verlangt werden (vgl. etwa Richter StV 1994, 454).

9 Wortlaut und Inhalt der Protokollierung bestimmt der Vorsitzende zusammen mit dem Urkundsbeamten. Ist der Wortlaut der zu protokollierenden Äußerung **streitig,** so ist ein entsprechender Vermerk aufzunehmen. Lehnt der Vorsitzende den Protokollierungsantrag ab, so kann nach Abs. 3 S. 2 das Gericht angerufen werden. **Antragsberechtigt** ist jeder Verfahrensbeteiligte, der die vollständige Niederschreibung beantragen könnte. Das Gericht entscheidet durch grds. unanfechtbaren (§ 305 S. 1; **Ausnahme:** Erheblichkeit für einen **außerhalb** des anhängigen

Verfahrens liegenden Zweck) **Beschluss** in der Hauptverhandlung; § 238 Abs. 2 ist insoweit verdrängt. Der Gerichtsbeschluss bindet den Vorsitzenden nur insoweit, als er eine Niederschreibung anordnen muss (KK-Engelhardt Rn. 27). Die Niederschrift, die auch außerhalb der Hauptverhandlung angefertigt werden kann, muss in der Hauptverhandlung **verlesen** und von den Verfahrensbeteiligten **genehmigt** werden. Dass die Beweisperson, deren Äußerung protokolliert werden soll, nicht mehr anwesend ist, steht der Anordnung nicht entgegen; ggf. ist ihre Genehmigung nachträglich einzuholen. **Zeitablauf** hindert die Protokollierung nur dann, wenn der Vorgang nicht mehr rekonstruierbar ist. Verlesung, Genehmigung und eventuelle Einwände sind zu protokollieren (Abs. 3 S. 4). Zur **Beweiskraft** der Niederschreibung vgl. § 274 Rn. 3. Lehnt es der Vorsitzende **während** des Laufs der Hauptverhandlung ab, das „Protokoll" eines von mehreren Hauptverhandlungstagen zu ändern, so ist dagegen ein Rechtsmittel nicht gegeben (OLG Brandenburg NStZ-RR 1998, 308).

Zur **Fertigstellung des Protokolls (Abs. 4)** vgl. § 271 Rn. 4. Zu Änderungen 10 und Berichtigungen des Protokolls **nach seiner Fertigstellung** s. § 271 Rn. 7. Die für eine Berichtigung des Protokolls aufgestellten Grundsätze zum Schutz des Revisionsführers sind wegen der grundsätzlich anderen Ausgangslage auf Änderungen des noch nicht fertiggestellten, aber in der Akte einliegenden Protokolls nicht anwendbar (BGH, wistra 2002, 26). Das schriftliche Urteil darf vorher nicht zugestellt werden. Eine dennoch erfolgte Zustellung ist **unwirksam** (BGH 27, 80, 81 = NJW 1977, 541) und muss nach Fertigstellung des Protokolls **wiederholt** werden; erst dann wird die **Revisionsbegründungsfrist** (§ 345 Abs. 1 S. 2) in Lauf gesetzt. Grund der Vorschrift ist, dass dem Revisionsführer die Grundlage für Verfahrensrügen durch Berichtigungen **nach** Protokollfertigstellung grds. nicht mehr entzogen werden darf (vgl. § 271 Rn. 8); zulässige Änderungen **nach** Urteilszustellung, jedoch **vor** Fertigstellung des Protokolls könnten hingegen einer schon eingereichten Revisionsbegründung den Boden entziehen. „Eine Urteilszustellung ist aber **unwirksam**, wenn das Hauptverhandlungsprotokoll zum Zeitpunkt der Zustellung zwar vom Urkundsbeamten und vom Vorsitzenden unterschrieben worden ist, der Urkundsbeamte sich aber zu den vom Vorsitzenden eingefügten sachlichen Ergänzungen noch nicht erklärt hat. In diesem Fall beginnt die **Revisionsbegründungsfrist** des § 345 Abs. 1 S. 2 auch dann nicht, wenn die Protokollergänzungen für die eingereichte Revisionsbegründung ohne Bedeutung sind" (BGH 37, 287 = NJW 1991, 1902).

Die **Revision** kann auf Mängel des Protokolls nicht gestützt werden (vgl. § 271 11 Rn. 10). Auch auf der fehlerhaften Ablehnung eines Protokollierungsantrags nach Abs. 3 kann das Urteil nicht **beruhen** (KG VRS 11, 436; BGH NStZ 1994, 25). Die fehlerhafte Ablehnung der genauen Protokollierung eines **Antrags** nach Abs. 3 S. 1 (vgl. o. Rn. 7) kann die Rüge nach § 338 Nr. 8 begründen, denn Antrag und (fehlerhafter) Ablehnungsbeschluss können dem Revisionsgericht Anlass geben, das Vorliegen eines Verfahrensfehlers im **Freibeweisverfahren** zu prüfen (vgl. § 337 Rn. 6; KK-Engelhardt Rn. 35).

§ 274 [Beweiskraft des Protokolls] RiStBV 144

¹**Die Beobachtung der für die Hauptverhandlung vorgeschriebenen Förmlichkeiten kann nur durch das Protokoll bewiesen werden.** ²**Gegen den diese Förmlichkeiten betreffenden Inhalt des Protokolls ist nur der Nachweis der Fälschung zulässig.**

Die Urschrift enthält eine **gesetzliche Beweisregel** für das anhängige Verfahren; 1 öffentlichen Glauben für und gegen jedermann bewirkt das Protokoll nicht (vgl. BGH 26, 281, 282 = NJW 1976, 812). Die Regelung des § 274 „beruht allein auf

§ 274

pragmatischen Erwägungen. Grundsatz: „Was nicht im Protokoll ist, das ist nicht geschehen" (OLG Hamburg DAR 1997, 161: Kühne Rn. 973). Sie will dem Revisionsgericht die einfache und sichere Feststellung des Vorliegens oder Nichtvorliegens der ‚den Mangel enthaltenen Tatsachen' (§ 344 Abs. 2 S. 2 StPO) ermöglichen, wenn gerügt wird, das Tatgericht habe sich in Bezug auf eine wesentliche (vorgeschriebene) Förmlichkeit rechtsfehlerhaft verhalten" (BGH 36, 354, 358 = NJW 1990, 1740). Die Beweiskraft des Sitzungsprotokolls kann durch andere Beweismittel (zB dienstliche Äußerungen, BGH 22, 278, 280 = NJW 1969, 473; Urteilsgründe, BGH 2, 125, 126 = NJW 1952, 432) grds. nicht widerlegt werden (Ausn. u. Rn. 3). Auf andere Protokolle ist § 274 nicht entsprechend anwendbar (BGH 26, 281, 282 ff.).

2 Bewiesen wird die „Beobachtung" der für die Hauptverhandlung vorgeschriebenen Förmlichkeiten. Das sind nicht nur die **wesentlichen Förmlichkeiten** iSd § 273 Abs. 1, sondern alle Angaben, deren Protokollierung §§ 272, 273 Abs. 1 vorschreiben und die zugleich wesentliche Förmlichkeiten sind (BGH 16, 306, 307 = NJW 1962, 165; 36, 354, 357 f.; vgl. KK-Engelhardt Rn. 4; **abw.** OLG Düsseldorf MDR 1990, 359; Meyer-Goßner Rn. 8). Andere Verfahrensvorgänge müssen im Freibeweis geklärt werden; das Protokoll ist als ein Beweismittel verwertbar (vgl. BGH 22, 26 = NJW 1968, 997). **Nicht erfasst** von der formellen Beweiskraft des § 274 sind Vorgänge **außerhalb** der Hauptverhandlung, in Sitzungspausen oder bei der Beratung, ebenfalls nicht Angaben nach § 272, die keine wesentlichen Förmlichkeiten sind (tatsächliche Herstellung der Öffentlichkeit; Abwesenheit von Personen, deren Anwesenheit § 226 nicht vorschreibt; Angabe der Personalien; Bezeichnung der Straftat (vgl. Meyer-Goßner Rn. 4). Der Inhalt von **Protokollierungen nach § 273 Abs. 2** ist durch § 274 nicht erfasst (BGH MDR 1973, 357). Die absolute Beweiskraft des Protokolls bezieht sich **nicht** auf die Begründung der Anträge; jedoch auf die **Beweisanträge** als solche (BGH NStZ 2000, 437). Hinsichtlich **vollständiger Niederschriften nach § 273 Abs. 3** ist zu **differenzieren:** Wesentliche Förmlichkeiten sind Antrag, Anordnung, Verlesung, Genehmigung und Einwendungen. Der **Inhalt** der Protokollierung selbst zählt nicht dazu (LR-Gollwitzer Rn. 11; **str.; aA** RG 58, 58, 59; KK-Engelhardt Rn. 5; Meyer-Goßner Rn. 10; § 337 Rn. 14 unter unzutreffender Berufung auf BGH 38, 14, 16 = NJW 1992, 252). Mit einer nach § 273 Abs. 3 S. 1 niedergeschriebenen Aussage muss sich das Gericht im Urteil auseinandersetzen, wenn ihre Würdigung – etwa wegen abweichender Urteilsfeststellungen – geboten war; das Fehlen einer solchen Erörterung begründet die Rüge einer Verletzung des § 261 (BGH 38, 14). Der Beurkundung nach § 273 Abs. 3 S. 1 kommt für den Inhalt der Niederschrift ein „hoher Beweiswert" zu (BGH 38, 14, 17); unwiderlegbar ist sie hingegen nicht. Ein Protokollvermerk, dass ein Gutachten oder eine sonstige Urkunde **„zum Gegenstand der Hauptverhandlung"** gemacht worden sei, ist in der Rspr. von jeher für unzureichend erachtet worden. Wegen der unklaren und unscharfen Ausdrucksweise wird dadurch die Verlesung einer Urkunde, soweit diese allein im Wege des Urkundenbeweises zur Verfahrensgrundlage gemacht werden kann, **nicht bezeugt** (OLG Saarbrücken NStZ-RR 2000, 48; BGH 11, 29 = NJW 1957, 1846). Das gilt insbesondere dann, wenn es nur auf einzelne Teile einer Urkunde ankommt, diese aber nicht näher **„bezeichnet"** werden (OLG Saarbrücken NStZ-RR 2000, 48).

3 Die **Beweiskraft** des § 274 ist **positiv oder negativ:** Vorgänge, die im Protokoll enthalten sind, gelten unwiderlegbar als geschehen, was nicht vermerkt ist, als nicht geschehen (BGH 22, 278, 280; **Schweigt** das Protokoll über die **Einnahme eines Augenscheins,** so gilt dieser wegen der Beweiskraft des Protokolls nach § 274 als nicht erfolgt. Auch wenn dieses Ergebnis der wahren Sachlage widersprechen sollte, muss es als Konsequenz der dem § 274 zu Grunde liegenden gesetzgeberischen Entscheidung hingenommen werden (BGH NStZ 2002, 219). So erstreckt sich die (negative) Beweiskraft nicht auf die **Abwesenheit von Personen,** deren Anwesen-

Hauptverhandlung **§ 274**

heit das Gesetz nicht zwingend vorschreibt (BGH NStZ 1999, 426). Im Gegensatz zur Anwesenheit eines notwendigen Verteidigers nach § 140 Abs. 1 Nr. 1 gehört die Anwesenheit eines **zweiten Verteidigers** nicht zu den wesentlichen in das Protokoll aufzunehmenden Förmlichkeiten iSv §§ 273 Abs. 1, 274 S. 1 (BGH 24, 280 = NJW 1972, 695). Die Beweiskraft setzt voraus, dass das Protokoll ordnungsgemäß aufgenommen und fertiggestellt ist (vgl. § 271 Rn. 4) und dass sein Inhalt von beiden Urkundspersonen getragen wird. Soweit **Meinungsverschiedenheiten** zwischen Vorsitzendem und Urkundsbeamtem vorliegen, entfällt die formelle Beweiskraft (BGH NStZ 1988, 85). Die **Beweiskraft** entfällt, wenn eine Urkundsperson oder beide den Inhalt des Protokolls nachträglich für unrichtig erklären, so dass es von ihrer Unterschrift nicht mehr gedeckt ist (BGH 4, 364 = NJW 1953, 1925; BGH StV 1988, 45) oder jedenfalls durch eine nachträgliche Erklärung von ihm abrücken (BGH NJW 1969, 281; OLG Jena NStZ-RR 1997, 10; Meyer-Goßner Rn. 16). Das gilt auch dann, wenn Widersprüche zwischen dem Inhalt des Protokolls und Schriftstücken (zB schriftlichen Beweisanträgen) bestehen, die als **Anlagen** zum Protokoll genommen wurden (vgl. OLG Brandenburg NStZ 1995, 52). Die Beweiskraft des Protokolls kann auch entfallen, wenn es an **bestimmten inhaltlichen Mängeln** leidet. Es kommen in Betracht: aus sich selbst **nicht lösbare Widersprüche, unerklärliche Auslassungen** (Lücken) und **Unklarheiten.** Um solche offensichtlichen Mängel handelt es sich nach der Rspr. auch, wenn die Sitzungsniederschrift Vorgänge beurkundet, die sich nach aller Erfahrung **so nicht zugetragen** haben können. Dabei ist zu beachten, dass das Protokoll einer sich über mehrere Termine erstreckenden Hauptverhandlung eine **Einheit** bildet. Ein **Widerspruch** wurde in dem Fall bejaht, in dem das Protokoll für einen Sitzungstag einen anderen Richter anstelle des an den übrigen Sitzungstagen anwesenden Beisitzers aufführte (BGH 16, 306 = NJW 1962, 165). Eine **Lücke** muss sich dem Protokoll selbst ergeben; sie wurde darin gesehen, dass der StA nach der Sitzungsniederschrift keinen bestimmten Schlussantrag zur Strafhöhe gestellt hat, obwohl sich aus anderen Umständen zwingend ergab, dass er einen solchen gestellt haben musste (BGHR StPO § 274 Beweiskraft 12). Lücken und Widersprüche greifen häufig ineinander über (BGH NJW 2001, 3794). Als **unklar** wurde der Protokollvermerk „allgemein vereidigt" hinsichtlich einer Dolmetscherin eingestuft. Da der Vermerk die bloße Tatsache der Vereidigung aber auch die nach § 189 Abs. 2 GVG erforderliche Berufung auf den Eid beinhalten kann, führte die Mehrdeutigkeit zum Wegfall der Beweiskraft (BGH 31, 39 = NJW 1982, 2739). Einen **offensichtlichen Mangel** – ohne nähere Einordnung – hat der BGH angenommen, soweit das Protokoll lediglich vermerkte, dass eine Zeugin erschienen war und Angaben zur Sache machte, aber zur Frage ihrer Vereidigung und Entlassung schwieg (BGH NStZ 2000, 546). Derartige offensichtliche Mängel führen also zum Wegfall der Beweiskraft der Sitzungsniederschrift nach § 274 S. 1. In diesem Fall sind die Vorgänge in der Hauptverhandlung vom Revisionsgericht im **Freibeweisverfahren** aufzuklären (vgl. BGH 31, 39 = NJW 1982, 2739); der Revisionsführer kann sich aller erreichbarer Beweismittel (Urteilsinhalt, dienstliche Äußerungen) bedienen (vgl. Meyer-Goßner Rn. 18). Wenn das Protokoll **unterschiedliche Verfahrensgestaltungen möglich erscheinen lässt, ohne dass ihm der tatsächliche Verfahrensgang klar entnommen** werden kann, dann kann es wegen dieser (offensichtlichen) Unklarheit auch keine Beweiskraft entfalten. Bei einer solchen Fallgestaltung obliegt es vielmehr dem Revisionsgericht, im Wege des Freibeweises zu klären, wie der Verfahrensablauf wirklich war (BGH NStZ 2000, 49). Der Wegfall der formellen Beweiskraft führt aber nicht zu einer umgekehrten Beweisregel: Das Vorbringen des Revisionsführers wird nicht als wahr unterstellt (BGH 17, 220, 222); ihm ist nur die Möglichkeit des Beweises außerhalb des Protokolls eröffnet (BGH 31, 39; vgl. § 337 Rn. 6).

Gegen die formelle Beweiskraft ist nur der **Einwand der Fälschung (S. 2)** 4 zulässig. Dieser kann sich darauf stützen, dass das Protokoll ganz oder teilweise von einem Unbefugten oder dass es von den Urkundspersonen **bewusst** mit falschem Inhalt hergestellt worden ist (KG Düsseldorf StV 1984, 108). Das ist im Freibeweis zu ermitteln. Ist die Fälschung bewiesen, so entfällt insoweit die Beweiskraft. Mittel des **Freibeweises** können sein: Notizen von Urkundspersonen, dienstliche Äußerungen der Richter, der StAe und des Protokollführers (BGH 22, 26 = NJW 1968, 997), eidesstattliche Versicherungen anderer Personen, die bei der Hauptverhandlung anwesend waren (KK-Engelhardt Rn. 14). Bloße Missverständnisse und Nachlässigkeiten der Urkundspersonen genügen nicht für den Einwand der Fälschung (BGH StV 1997, 455; OLG Düsseldorf NJW 1997, 1718).

§ 275 [Frist und Form der Urteilsniederschrift; Ausfertigungen]
RiStBV 141

(1) ¹**Ist das Urteil mit den Gründen nicht bereits vollständig in das Protokoll aufgenommen worden, so ist es unverzüglich zu den Akten zu bringen.** ²**Dies muß spätestens fünf Wochen nach der Verkündung geschehen; diese Frist verlängert sich, wenn die Hauptverhandlung länger als drei Tage gedauert hat, um zwei Wochen, und wenn die Hauptverhandlung länger als zehn Tage gedauert hat, für jeden begonnenen Abschnitt von zehn Hauptverhandlungstagen um weitere zwei Wochen.** ³**Nach Ablauf der Frist dürfen die Urteilsgründe nicht mehr geändert werden.** ⁴**Die Frist darf nur überschritten werden, wenn und solange das Gericht durch einen im Einzelfall nicht voraussehbaren unabwendbaren Umstand an ihrer Einhaltung gehindert worden ist.** ⁵**Der Zeitpunkt des Eingangs und einer Änderung der Gründe ist von der Geschäftsstelle zu vermerken.**

(2) ¹**Das Urteil ist von den Richtern, die bei der Entscheidung mitgewirkt haben, zu unterschreiben.** ²**Ist ein Richter verhindert, seine Unterschrift beizufügen, so wird dies unter der Angabe des Verhinderungsgrundes von dem Vorsitzenden und bei dessen Verhinderung von dem ältesten beisitzenden Richter unter dem Urteil vermerkt.** ³**Der Unterschrift der Schöffen bedarf es nicht.**

(3) **Die Bezeichnung des Tages der Sitzung sowie die Namen der Richter, der Schöffen, des Beamten der Staatsanwaltschaft, des Verteidigers und des Urkundsbeamten der Geschäftsstelle, die an der Sitzung teilgenommen haben, sind in das Urteil aufzunehmen.**

(4) **Die Ausfertigungen und Auszüge der Urteile sind von dem Urkundsbeamten der Geschäftsstelle zu unterschreiben und mit dem Gerichtssiegel zu versehen.**

1 Das **schriftliche Urteil** (zum Inhalt vgl. § 267) kann in das Hauptverhandlungsprotokoll aufgenommen werden **(Abs. 1 S. 1);** in diesem Fall muss es nicht noch als gesonderte Urkunde zu den Akten gebracht werden (vgl. RiStBV Nr. 141 Abs. 1 S. 2). Die Anforderungen an den Inhalt sind in beiden Fällen dieselben; der Urteilskopf kann bei Aufnahme ins Protokoll fehlen, soweit dieses selbst die Angaben nach Abs. 3 enthält (vgl. § 272). Das Urteil muss **vollständig,** dh. mit Tenor und Gründen, aufgenommen werden. Das kann durch Diktat des Vorsitzenden oder durch Bezugnahme auf eine als Anlage beigefügte schriftliche Fixierung geschehen. In beiden Fällen muss das Urteil selbst von allen beteiligten Berufsrichtern **unterschrieben** sein; für die Unterzeichnung des Protokolls gilt § 271 Abs. 1 S. 1. Die **Fristen** des **Abs. 1 S. 2** gelten für das im Protokoll aufgenommene Urteil nicht; es kann daher nachträglich nicht mehr verändert werden (OLG Düsseldorf MDR 1982, 249). Die **Verlesung** der Urteilsgründe in der Hauptverhandlung ist nicht erforderlich; es gilt § 268 Abs. 2 S. 2. Welche Form der Urteilsniederlegung gewählt wird, entscheidet der **Vorsitzende.**

Hauptverhandlung **§ 275**

Die **Fristen** des **Abs. 1 S. 2, 4** gelten für gesondert zur Akte gegebene Urteils- 2
urkunden. Grds. sind die schriftlichen Urteilsgründe **unverzüglich** abzufassen und
zur Akte zu nehmen (**Abs. 1 S. 1;** vgl. RiStBV Nr. 141 Abs. 2). Wann das im
Einzelfall ist, entscheidet auch im Kollegialgericht der Vorsitzende (vgl. KK-Engelhardt Rn. 39); die in Abs. 1 S. 1, 4 genannten Zeiträume bezeichnen nur die
Höchstfristen. Die **Fristdauer** bestimmt sich nach der Zahl der **Hauptverhandlungstage** (vgl. BGH 35, 259 = NJW 1988, 3215), also der Kalendertage, an denen
die Sache zur Verhandlung aufgerufen (§ 243 Abs. 1 S. 1) worden ist; ob tatsächlich
zur Sache verhandelt wurde, ist unerheblich (vgl. BGH NStZ 1984, 466; KK-
Engelhardt Rn. 44). Die Urteilsverkündung zählt zur Hauptverhandlung, nicht aber
Tage, an denen nur beraten wurde. Die Fristen für die Urteilsabsetzung richtet sich
also nach den Verhandlungstagen (vgl. Saarstedt/Hamm Rn. 453; Detter, Revision
S. 40):

Verhandlungstage	Urteilsabsetzungsfrist
1–3	5 Wochen
4–10	7 Wochen
11–20	9 Wochen
21–30	11 Wochen
31–40	13 Wochen
41–50	15 Wochen
51–60	17 Wochen
61–70	19 Wochen

Eine **Ausschöpfung** der in § 275 Abs. 1 S. 2 vorgesehenen gestaffelten Fristen
kann nicht beanstandet werden (BGH 29, 43 = NJW 1980, 298; Detter, Revision
S. 40). Nur ein **unvorsehbarer und unabwendbarer Umstand rechtfertigt** im
Einzelfall eine Fristüberschreitung (§ 275 Abs. 1 S. 1). Zu den **voraussehbaren,
vermeidbaren** Umständen gehört in erster Linie alles, was die Organisation der
Justiz betrifft, also insbesondere die arbeitsmäßige Entlastung des Richters von
anderen Dienstgeschäften zur Fertigstellung der Urteilsgründe (BGH NStZ 2003,
564; OLG Hamm MDR 1977, 1039; Meyer-Goßner/Appl, Rn. 204). Die Revisionsgerichte stellen **strenge Anforderungen:** so sind Urlaub oder Erkrankung des
Berichterstatters nicht schlechthin die Verzögerung rechtfertigende Umstände
(BGH 26, 247 = NJW 1976, 431; BGH NStZ 1988, 513); nicht die Überlastung
des Richters (OLG Koblenz GA 1976, 252); nicht die zwischenzeitliche Zuteilung
zu einem anderen Spruchkörper (BGH 27, 334 = NJW 1978, 899); nicht die
Überlastung der Schreibkanzlei (OLG Hamm JMBlNW 1975, 267; Meyer-Goß-
ner/Appl, Rn. 2002). Eine **Überschreitung der Höchstfristen** ist ein absoluter
Revisionsgrund nach § 338 Nr. 7 (s. § 338 Rn. 30). Der Beschluss des Gemeinsamen Senats der **obersten Gerichtshöfe** v. 27. 4. 1993 (GmS-OBG 1/92), wonach für die Urteilsabsetzung eine Höchstfrist von 5 Monaten besteht, gilt nicht für
das Strafverfahren (BGH NStZ 1994, 46). Bei **mehreren Mitbeschuldigten** gilt
für das Urteil eine einheitliche Höchstfrist, auch wenn gegen einen der Angeklagten
infolge Beurlaubung nach § 231 c oder vorübergehender Abtrennung, an einzelnen
Tagen nicht verhandelt worden ist (BGH MDR 1980, 631). Nur wenn gegen einen
der Mitangeklagten das Urteil früher ergeht als gegen die anderen, beginnt die Frist
für dieses Urteil mit dem Tag seiner Verkündung (Meyer-Goßner Rn. 10). Die
Fristberechnung erfolgt nach § 43 Abs. 1 u. 2. **Ende** der Frist ist also das Ende
des dem Verkündungstag entsprechenden Wochentag (§ 43 Abs. 1) nach Ablauf der
eingeräumten Zahl von Wochen. Wird zB das Urteil an einem **Sonnabend** verkündet, dann läuft die Frist des Abs. 1 S. 2 nach § 43 Abs. 2 nicht an einem
Sonnabend, sondern erst am darauf folgenden Montag ab (KK-Engelhardt Rn. 46
mwN). Hat der Richter im **Bußgeldverfahren** den Antrag der StA auf schriftliche
Begründung des Urteils übersehen und wurde das Urteil ohne Begründung herausgegeben, so dürfen auf eine von der StA eingelegte Rechtsbeschwerde die Urteils-

§ 275   Zweites Buch. 6. Abschnitt

gründe innerhalb der Frist des § 275 Abs. 1 S. 2 zu den Akten gebracht werden (BGH 43, 22 = NJW 1997, 1862).

3   Innerhalb der Frist ist das schriftliche Urteil **vollständig fertigzustellen.** Für das **Urteilsrubrum** gilt die Formvorschrift des **Abs. 3,** die neben § 260 und § 267 den Urteilsinhalt bestimmt. Bei mehrtägigen Hauptverhandlungen sind **alle Verhandlungstage** unter Hervorhebung des Verkündungstages anzugeben. Die **Namen** der Verfahrensbeteiligten werden mit Angabe der **Funktion** aufgeführt. Haben **mehrere Beamte der StA** teilgenommen, so sind alle anzugeben; das Gleiche gilt für **mehrere Verteidiger. Ergänzungsrichter und -schöffen** werden nur angegeben, wenn sie am Urteil mitgewirkt haben, die genaue **Bezeichnung des Gerichts** und des Spruchkörpers sowie des Aktenzeichens ist stets erforderlich, ebenso eine die eindeutige Identifizierung ermöglichende Angabe der Personalien des **Angeklagten** (vgl. KK-Engelhardt Rn. 15). Im Urteilsrubrum aufzuführen sind auch **Einziehungsbeteiligte** (§ 431), **Nebenkläger** und **Privatkläger,** nicht aber **Beistände** nach § 149.

4   Zur vollständigen Fertigstellung des Urteils gehören auch die **Unterschriften** aller beteiligten Berufsrichter **(Abs. 2 S. 1).** Sie beurkunden die Übereinstimmung der schriftlichen Urteilsgründe mit dem **Beratungsergebnis** (BGH 31, 212, 213 = NJW 1983, 1745), nicht mit der persönlichen Überzeugung jedes mitwirkenden Richters. Der Überstimmte darf daher seine Unterschrift nicht verweigern (BGH 26, 92, 93 = NJW 1975, 1177). Bei der **Beurteilung der Unterschrift eines Richters** unter einem Urteil ist ein großzügiger Maßstab anzulegen, wenn die Urheberschaft außer Frage steht (BayObLG NStZ-RR 2003, 305). Die nach Abs. 2 vorgeschriebene Unterschrift der mitwirkenden Richter sowie der sie **ersetzende Verhinderungsvermerk** stellen ein wesentliches Formerfordernis dar, das vor Ablauf der Frist des Abs. 1 erfüllt sein muss (BGH NStZ-RR 2000, 232). Eine Unterzeichnung durch die **Schöffen** ist nicht erforderlich.

5   Eine **Verhinderung (Abs. 2 S. 2)** kann die Unterzeichnung der Urteilsurkunde oder die Beratung über die Fassung der Urteilsgründe betreffen; diese können daher notfalls von einem Mitglied des erkennenden Gerichts allein verfasst und unterzeichnet werden. **Tatsächliche Verhinderungsgründe** können Krankheit, Urlaub oder andere dienstliche Verpflichtungen sein; unaufklärbare **Nichterreichbarkeit** am letzten Tag der Frist gehört nicht dazu (BGH 28, 194 = NJW 1979, 663). Ein **rechtlicher Verhinderungsgrund** liegt vor, wenn ein Richter nach Urteilsverkündung aus dem Richterdienst ausgeschieden ist (BayObLG 1967, 51 = NJW 1967, 1578). Versetzung (BGH NStZ 1993, 96), Abordnung (BGH StV 1992, 557) oder Wechsel in einen anderen Spruchkörper desselben Gerichts sind keine Verhinderungsgründe. Auch die **Verwendung** eines Richters auf Probe bei der StA beendet seine Richterstellung nicht (vgl. Meyer-Goßner Rn. 23), wohl aber die **Versetzung** zur StA bei Ausscheiden aus dem Richterdienst (BGH NStZ 1995, 20). Ob eine Verhinderung vorliegt, entscheidet der **Vorsitzende,** bei seiner Verhinderung sein Vertreter. Der letzte Tag der Frist muss nicht abgewartet werden; vielmehr steht es im Ermessen des Vorsitzenden, ob er den **Verhinderungsvermerk** nach Abs. 2 S. 2 anbringt oder den Wegfall der Verhinderung abwartet (BGH NStZ 1993, 96; **aA** KK-Engelhardt Rn. 31 f.). Der verhinderte Richter wird durch die Unterzeichnung des Verhinderungsvermerks **nicht vertreten** (BGH 31, 212, 214 = NJW 1983, 1745); eine Unterzeichnung „für den Verhinderten" fehlerhaft. Der Vermerk muss den Hinderungsgrund abstrakt angeben (BGH 31, 212, 214) und ist **gesondert zu unterzeichnen.** Die Unterzeichnung des Urteils oder des Verhinderungsvermerks durch einen Richter, der dem erkennenden Gericht nicht angehört hat, ist unwirksam. Die **Rechtsfolge** der Verhinderung ist, dass das Urteil nur von den übrigen Berufsrichtern unterschrieben wird. Ist nur ein Richter nicht verhindert, so unterschreibt er allein (BGH 26, 248 = NJW 1976, 331). Sind alle oder der einzige Berufsrichter endgültig verhin-

Hauptverhandlung **§ 275**

dert, so ist die vollständige Abfassung des Urteils unmöglich (LR-Gollwitzer Rn. 50; KK-Engelhardt Rn. 37). Das **Fehlen der Unterschrift** eines Richters bzw. des entsprechenden Verhinderungsvermerks ist auf die **Sachrüge** nicht zu beachten. Dieser Mangel „hätte vielmehr mit einer **Verfahrensrüge** beanstandet werden müssen. Die Unterzeichnung des Urteils durch die mitwirkenden Berufsrichter ist ausschließlich in einer Norm des Verfahrensrechts (§ 275 Abs. 2 StPO) vorgesehen. Rechtsfehler müssen daher mit der **Verfahrensbeschwerde (§ 338 Nr. 7 StPO)** geltend gemacht werden. Hiergegen kann auch nicht eingewandt werden, dass ein Urteil, welches nicht von allen Richtern unterschrieben worden ist, keine – endgültig fertiggestellten – Entscheidungsgründe enthalten könnte. Auf **Sachrüge** darf ein solcher Mangel nur beachtet werden, wenn die Gründe völlig fehlen (BGHR StPO § 338 Nr. 7 StPO Entscheidungsgründe 2; KK-Kuckein § 338 Rn. 94; Meyer-Goßner, § 338 Rdnr. 52); nicht anders wird es sich verhalten, wenn das Urteil überhaupt keine Unterschrift trägt" (BGH 46, 206 = NJW 2001, 839).

Eine **Abänderung der Urteilsgründe** ist vor Unterzeichnung stets, nach Un- 6 terzeichnung nur mit Einverständnis aller beteiligten Berufsrichter, nach Ablauf der Frist des Abs. 1 S. 2 überhaupt nicht mehr möglich (Abs. 1 S. 3; vgl. BGH NStZ 1993, 200). Unzulässige Abänderungen sind unwirksam. Zur **Berichtigung** vgl. § 267 Rn. 27.

Die Frist des **Abs. 1 S. 2** kann **im Einzelfall überschritten** werden **(Abs. 1** 7 **S. 4).** Der Umstand, der die Fristüberschreitung rechtfertigen kann, muss **unabwendbar und nicht vorhersehbar** sein; beides überschneidet sich. Ein rechtfertigender Grund liegt vor, wenn der einzige Berufsrichter des erkennenden Gerichts plötzlich erkrankt (OLG Koblenz GA 1976, 251), wenn der Berichterstatter kurz vor Fristablauf an der Abfassung der Urteilsgründe gehindert ist (BGH NStZ 1986, 564) oder wenn das unterzeichnete Urteil kurz vor Fristablauf **verloren geht** (vgl. KK-Engelhardt Rn. 51), **nicht** aber bei Arbeitsüberlastung (BGH NStZ 1992, 398), organisatorischen Mängeln des Gerichts (vgl. BGH NJW 1988, 1094 KK-Engelhardt Rn. 50), Unauffindbarkeit der Akten (OLG Celle NJW 1982, 397), länger geplantem Kuraufenthalt oder Urlaub eines Richters (vgl. OLG Koblenz DRiZ 1989, 221) oder bei Erkrankung des Berichterstatters, wenn das Urteil ohne besondere Mühe von einem anderen Mitglied des Kollegialgerichts abgefasst werden kann (BGH 26, 247, 249 = NJW 1976, 431; BGH NStZ 1988, 513). Eine verspätete Absetzung des Urteils, das auf einem **Irrtum** über die Dauer der Hauptverhandlung beruht, kann die Fristüberschreitung nicht rechtfertigen. Gleiches gilt für **urlaubsbedingte** Hemmnisse, wenn diese durch organisatorische Maßnahmen innerhalb des Spruchkörpers hätten ausgeglichen werden können, wobei offen bleiben kann, ob solche Hinderungsgründe überhaupt einen unabänderlichen Umstand iSd Abs. 1 S. 4 darstellen können (BGH NStZ-RR 1997, 204). Beim **Ausfall des Berichterstatters** des Kollegialgerichts ist die Fristüberschreitung **gerechtfertigt,** wenn er am Tage vor dem Fristablauf an der Abfassung des Urteils gehindert ist (BGH NStZ 1986, 564), nicht aber, wenn das Urteil schon im Entwurf vorliegt und von den anderen Richtern ohne besondere Mühe fertiggestellt werden kann (BGH 26, 247 = NJW 1976, 431). Sonst kommt es darauf an, ob es dem Vorsitzenden oder dem anderen Richter möglich und zumutbar ist, das Urteil abzufassen (Meyer-Goßner Rn. 15). Zur Verhinderung eines Beisitzers an der Beifügung seiner Unterschrift, wenn der Vorsitzende die Frist zur Urteilsabsetzung ausschöpft und selbst erst am **letzten Tag** der Frist unterschreibt (s. BGH NStZ-RR 1999, 46). Nach **Wegfall des Hindernisses** ist das Urteil mit **größtmöglicher Beschleunigung** fertigzustellen und zu den Akten zu bringen (BGH NStZ 1982, 519). **Aktenkundig** muss der Grund für die Überschreitung der Frist des Abs. 1 S. 2 nicht gemacht werden. Aber ein entsprechender Aktenvermerk ist **zweckmäßig,** weil er den Anfechtungsberechtigten

§ 275

die Entscheidung, ob die Rüge des § 388 Nr. 7 erhoben werden soll, und dem Revisionsgericht die Prüfung dieser Rüge erleichtert (BGH NStZ 1991, 297; Meyer-Goßner Rn. 17).

8 **Zur Akte gelangt** ist das Urteil, wenn es im Dienstgang auf den Weg zur Geschäftsstelle gelangt ist. Es reicht, dass es im Dienstzimmer des Richters zum Abtrag bereitgelegt wird (BGH 29, 43 = NJW 1980, 298). In die Akten eingelegt sein muss es nicht.

9 Der **Vermerk der Geschäftsstelle (Abs. 1 S. 5)** ist auf der Urschrift des Urteils, auf einem gesonderten Blatt oder im Hauptverhandlungskalender anzubringen (Meyer-Goßner Rn. 18). In die Urteilsausfertigungen ist er nicht aufzunehmen (BGH NStZ 1981, 297). Er hat nicht die Beweiskraft des § 274; der tatsächliche Zeitpunkt kann im Freibeweis festgestellt werden (BGH 29, 43, 46). Zum Nachweis der Fristwahrung genügt eine nachträgliche dienstliche Äußerung des Richters (BGH 29, 43, 47). Ist die Einhaltung der Frist nicht bewiesen, so gilt diese als versäumt (OLG Stuttgart StV 1988, 144).

10 Die **Urschrift** der Urteilsurkunde, die die handschriftlichen Unterschriften der Richter trägt, wird zu den Hauptakten genommen und verbleibt dort. **Ausfertigungen** (Abs. 4) können von jedem Urkundsbeamten der Geschäftsstelle hergestellt werden; sie sind amtliche Abschriften, die im Rechtsverkehr die Urschrift ersetzen (vgl. KK-Engelhardt Rn. 61 f.). Sie müssen Ausfertigungsvermerk, Unterschrift und Siegel enthalten. Liegt eine Ausfertigung vor, so ist der nachträgliche Verlust der Urschrift unschädlich (vgl. BGH NJW 1980, 1007).

11 Die **Revision** kann mit der Rüge nach § 338 Nr. 7 einen Verstoß gegen die Fristvorschrift des Abs. 1 S. 2, 3 sowie das Fehlen der nach Abs. 2 vorgeschriebenen Unterschriften rügen. Der absolute Revisionsgrund des § 338 Nr. 7 ist gegeben, wenn „das Urteil der in § 275 Abs. 1 S. 2 bezeichneten Frist nicht vollständig, nämlich nicht mit den nach § 275 Abs. 2 zwingend vorgeschriebenen **richterlichen Unterschriften** zu den Akten gebracht worden ist" (BGH NStZ 1995, 220). Auch die **StA** kann diese Verfahrensrüge erheben (BGH NStZ 1985, 184). Rügt der Beschwerdeführer eine verspätete Absetzung des Urteils, genügt es, wenn er in der Revisionsbegründungsfrist die Zahl der Hauptverhandlungstage, den Tag der Urteilsverkündung und den Eingang der schriftlichen Urteilsurkunde bei der Geschäftsstelle aufführt. Der Mitteilung, wann das schriftliche Urteil auf den Weg zur Geschäftsstelle gebracht wurde, bedarf es nicht (BGH wistra 1999, 66). Eine **Heilung des Mangels** durch die nachträgliche Erklärung eines Richters, er billige die von ihm nicht unterzeichneten Urteilsgründe, ist ausgeschlossen (BGH NStZ 1995, 220). Gelangen nur Tenor oder Rubrum verspätet zu den Akten, so kann ein Revisionsgrund nach § 337 vorliegen (OLG Köln NJW 1980, 1405). Auf Fehlern des **Rubrums** kann das Urteil nicht beruhen (vgl. BGH NStZ 1989, 584; 1994, 47; 1995, 221; KK-Engelhardt Rn. 66). Das gilt auch, wenn entgegen § 275 die Namen der wirkenden Schöffen in der Urteilsschrift nicht angegeben sind (BGH NStZ 1994, 42). Die Rechte des Angeklagten, der mit seinem Verteidiger in der Hauptverhandlung und bei Verkündung des Urteils zugegen war, werden dadurch nicht berührt (BGH BGHR StPO § 345 Abs. 1 Fristbeginn 2). Ob das Gericht ordnungsgemäß besetzt war und ob die Hauptverhandlung in ununterbrochener Gegenwart der zur Urteilsfindung berufenen Personen erfolgte (§ 226), wird ohnehin nicht durch das **Urteilsrubrum,** sondern durch das Hauptverhandlungsprotokoll bewiesen (BGH NStZ 1994, 42). Ist der Verhinderungsvermerk nach Abs. 2 S. 2 unklar, weil ein Verhinderungsgrund nicht angegeben ist, so prüft das Revisionsgericht im Freibeweis, ob tatsächlich eine Verhinderung vorlag (BGH 28, 194, 195 = NJW 1979, 663; vgl. Foth NJW 1979, 1310). Im Übrigen wird die Feststellung des Verhinderungsgrundes vom Revisionsgericht nur bei behaupteter Willkür überprüft (BGH 31, 212, 214 = NJW 1983, 1745).

Siebenter Abschnitt. Entscheidung über die im Urteil vorbehaltene oder die nachträgliche Anordnung der Sicherungsverwahrung

§ 275 a [Entscheidung über Sicherungsverwahrung; Hauptverhandlung; Sachverständigengutachten; Unterbringungsbefehl]

(1) ¹Ist über die im Urteil vorbehaltene oder die nachträgliche Anordnung der Sicherungsverwahrung (§§ 66 a und 66 b des Strafgesetzbuches, § 106 Abs. 3, 5 und 6 des Jugendgerichtsgesetzes) zu entscheiden, übersendet die Vollstreckungsbehörde die Akten rechtzeitig an die Staatsanwaltschaft des zuständigen Gerichts. ²Prüft die Staatsanwaltschaft, ob eine nachträgliche Anordnung der Sicherungsverwahrung in Betracht kommt, teilt sie dies dem Betroffenen mit. ³Die Staatsanwaltschaft soll den Antrag auf nachträgliche Anordnung der Sicherungsverwahrung nach § 66 b Abs. 1 oder 2 des Strafgesetzbuches oder nach § 106 Abs. 5 des Jugendgerichtsgesetzes spätestens sechs Monate vor dem Zeitpunkt stellen, in dem der Vollzug der Freiheitsstrafe oder der freiheitsentziehenden Maßregel der Besserung und Sicherung gegen den Betroffenen endet. ⁴Sie übergibt die Akten mit ihrem Antrag unverzüglich dem Vorsitzenden des Gerichts.

(2) Für die Vorbereitung und die Durchführung der Hauptverhandlung gelten die §§ 213 bis 275 entsprechend, soweit nachfolgend nichts anderes geregelt ist.

(3) ¹Nachdem die Hauptverhandlung nach Maßgabe des § 243 Abs. 1 begonnen hat, hält ein Berichterstatter in Abwesenheit der Zeugen einen Vortrag über die Ergebnisse des bisherigen Verfahrens. ²Der Vorsitzende verliest das frühere Urteil, soweit es für die Entscheidung über die vorbehaltene oder die nachträgliche Anordnung der Sicherungsverwahrung von Bedeutung ist. ³Sodann erfolgt die Vernehmung des Verurteilten und die Beweisaufnahme.

(4) ¹Das Gericht holt vor der Entscheidung das Gutachten eines Sachverständigen ein. ²Ist über die nachträgliche Anordnung der Sicherungsverwahrung zu entscheiden, müssen die Gutachten von zwei Sachverständigen eingeholt werden. ³Die Gutachter dürfen im Rahmen des Strafvollzugs oder des Vollzugs der Unterbringung nicht mit der Behandlung des Verurteilten befasst gewesen sein.

(5) ¹Sind dringende Gründe für die Annahme vorhanden, dass die nachträgliche Sicherungsverwahrung angeordnet wird, so kann das Gericht bis zur Rechtskraft des Urteils einen Unterbringungsbefehl erlassen. ²In den Fällen des § 66 b Abs. 3 des Strafgesetzbuches und des § 106 Abs. 6 des Jugendgerichtsgesetzes ist das für die Entscheidung nach § 67 d Abs. 6 des Strafgesetzbuches zuständige Gericht für den Erlass des Unterbringungsbefehls so lange zuständig, bis der Antrag auf Anordnung der nachträglichen Sicherungsverwahrung bei dem für diese Entscheidung zuständigen Gericht eingeht. ³In den Fällen des § 66 a des Strafgesetzbuches und des § 106 Abs. 3 des Jugendgerichtsgesetzes kann das Gericht bis zur Rechtskraft des Urteils einen Unterbringungsbefehl erlassen, wenn es im ersten Rechtszug bis zu dem in § 66 a Abs. 2 Satz 1 des Strafgesetzbuches bestimmten Zeitpunkt die vorbehaltene Sicherungsverwahrung angeordnet hat. ⁴Die §§ 114 bis 115 a, 117 bis 119 und 126 a Abs. 3 gelten entsprechend.

Abs. 1 regelt das die Entscheidung **einleitende Verfahren** der StA: Weil die 1
Akten während des Vollzugs der Freiheitsstrafe bei der StA als Vollstreckungsbehörde geführt werden, die – insbesondere in den Fällen, in denen mehrere Verur-

§ 275a
Zweites Buch. 7. Abschnitt

teilungen vorliegen – sowohl örtlich als auch personell eine andere als die StA sein kann, die für das erkennende Gericht zuständig ist, ist eine Regelung in Anlehnung an § 321 hinsichtlich der Übersendung der Akten sinnvoll. Zudem wird klargestellt, dass die StA bei dem erkennenden Gericht den Antrag auf Entscheidung über die Anordnung einer im Urteil vorbehaltenen oder einer nachträglichen Sicherungsverwahrung stellt und ihn in der Hauptverhandlung auch vertreten muss. Die Vollzugsanstalt oder die Vollstreckungsbehörde können diesen Antrag anregen. Die zuständige StA muss diesen Antrag **unverzüglich** stellen.

2 In **Abs. 2** wird geregelt, dass die Vorschriften, die für die **Hauptverhandlung** gelten, auch für die Entscheidung über den Vorbehalt und für die Entscheidung über die nachträgliche Sicherungsverwahrung Anwendung finden. Da hier jedoch nicht alle Regelungen unmittelbar anwendbar sind, wurde die entsprechende Anwendung der §§ 213 bis 275 geregelt. Weil diese Hauptverhandlung im ersten Rechtszug immer vor dem Land- oder Oberlandesgericht stattfindet (§§ 74 f, 120 a GVG), ergibt sich die notwendige Pflichtverteidigerbestellung bereits aus § 140 Abs. 1 Nr. 1 (BT-Drucks. 202/40).

3 **Abs. 3** regelt die Berichterstattung über den **bisherigen Verfahrensgang** und die Verlesung des bereits rechtskräftigen Urteils. Beides ist notwendig, um die Schöffen, die den Akteninhalt nicht kennen, ausreichend zu informieren. Die Information über den Sachstand ist notwendig, um den Schöffen die Gesamtwürdigung zu ermöglichen und ihnen den Gegenstand des Verfahrens zu erklären: die Entscheidung über eine Sicherungsverwahrung, die im Rahmen der gebotenen Gesamtwürdigung nur dann ergehen kann, wenn zusätzlich „neue" Erkenntnisse während des Vollzugs der Freiheitsstrafe gewonnen wurden. Die Verlesung des **Urteils** dient ebenso der Information der Schöffen, die über den bereits rechtskräftig festgestellten, der Verurteilung zugrunde liegenden Sachverhalt Bescheid wissen müssen. Die Frage, welches Urteil oder **welche Teile von Urteilen verlesen** werden (in der Regel das erstinstanzliche Urteil, ggf. nach Maßgabe des Revisionsurteils); hat das Gericht je nach Einzelfall zu entscheiden.

4 **Abs. 4 Satz 1** stellt für den Fall der Entscheidung über eine vorbehaltene Sicherungsverwahrung klar, dass für diese Entscheidung gemäß dem entsprechend anwendbaren § 246 a das Gutachten eines Sachverständigen vorgeschrieben wird. Das Gericht hat sich bereits in dem vorangegangenen ersten Teil dieses zweiaktigen Verfahrens, der zu der Anordnung des Vorbehalts geführt hat, mit der Frage der Anordnung einer Sicherungsverwahrung auseinander gesetzt. Im Falle der Entscheidung über eine nachträgliche Sicherungsverwahrung fehlt häufig eine frühere Auseinandersetzung des Gerichts mit dieser Frage. Deshalb ordnet **Abs. 4 Satz 2** als Grundlage für die Entscheidung über diesen besonders schwierig zu beurteilenden Ausnahmefall an, dass dafür die Gutachten von **zwei Sachverständigen** eingeholt werden müssen, um eine möglichst breite und zuverlässige Entscheidungsbasis für das Gericht zu schaffen. Nach **Abs. 4 Satz 3** dürfen die in Satz 1 und 2 genannten Gutachter im Rahmen des Strafvollzugs oder des Vollzugs der Unterbringung nicht mit der Behandlung des Betroffenen befasst gewesen sein, um zu gewährleisten, dass die Sachverständigen nicht bereits aufgrund ihres Umgangs mit dem Betroffenen während des Strafvollzugs oder der Unterbringung in einem psychiatrischen Krankenhaus voreingenommen sind.

5 **Abs. 5 Satz 1** ermöglicht im Falle einer nachträglichen Sicherungsverwahrung nach dem Vorbild §§ 126 a, 453 c den Erlass eines **vorläufigen Unterbringungsbefehls** bis zur Rechtskraft des Urteils, mit dem die Sicherungsverwahrung angeordnet wird. Über die nachträgliche Anordnung der Sicherungsverwahrung kann unter Umständen erst gegen Ende der Strafhaft entschieden werden, wenn sich erst dann aufgrund des Verhaltens des Verurteilten herausstellt, dass er mit hoher Wahrscheinlichkeit erhebliche Straftaten iSd § 66 b StGB bzw. § 106 Abs. 3 Satz 2 Nr. 1 JGG begehen wird. Insbesondere soll der Verurteilte durch die Einlegung unbe-

gründeter Rechtsmittel nicht die Möglichkeit erhalten, seine Freilassung zu erzwingen. Besonders kurzfristig muss über die nachträgliche Anordnung der Sicherungsverwahrung nach § 66 b Abs. 3 StGB oder § 106 Abs. 6 JGG entschieden werden, wenn die Strafvollstreckungskammer die Unterbringung in einem psychiatrischen Krankenhaus nach § 76 d StGB für erledigt erklärt. In diesem Fall müsste der Untergebrachte aus dem psychiatrischen Krankenhaus entlassen werden.

Abs. 5 Satz 3 ermöglicht in besonders gelagerten **Ausnahmefällen** auch dann 6 den Erlass eines Unterbringungsbefehls, wenn die Anordnung der Sicherungsverwahrung im Urteil vorbehalten wurde. In diesem Fall steht dem Gericht nach § 66 a Abs. 2 Satz 1 StGB zwar ein ausreichender Zeitraum, nämlich sechs Monate zuzüglich des verbleibenden Strafrestes, zur Verfügung, um eine rechtskräftige Entscheidung zu erlassen. Daher ist hier regelmäßig der Erlass eines Unterbringungsbefehls nicht erforderlich. Es kann aber nicht völlig ausgeschlossen werden, dass dieser Zeitraum in Einzelfällen nicht ausreicht, um die Unterbringung eines Verurteilten, von dem weitere erhebliche Straftaten zu erwarten sind, bis zur Rechtskraft der Anordnung sicherzustellen. Diese Möglichkeit darf jedoch nicht dazu verleiten, dass die Gerichte – etwa wegen einer allgemeinen Überlastung – die in § 66 a Abs. 2 Satz 1 StGB vorgeschriebenen Fristen nicht einhalten und die Verfahren nicht mit der notwendigen Beschleunigung bearbeiten. Daher wird die Möglichkeit, einen Unterbringungsbefehl zu erlassen, auf die Fälle beschränkt, in denen das Gericht im ersten Rechtszug bereits fristgemäß die vorbehaltene Sicherungsverwahrung angeordnet hat. Da somit bereits ein erstinstanzliches Urteil vorliegen muss, liegen dann stets dringende Gründe für die Annahme vor, dass die Sicherungsverwahrung rechtskräftig angeordnet wird.

Achter Abschnitt. Verfahren gegen Abwesende

§ 276 [Begriff]

Ein Beschuldigter gilt als abwesend, wenn sein Aufenthalt unbekannt ist oder wenn er sich im Ausland aufhält und seine Gestellung vor das zuständige Gericht nicht ausführbar oder nicht angemessen erscheint.

Ein Verfahren gegen Abwesende findet nicht statt, denn ohne die Gewährung 1 rechtlichen Gehörs und einer Verteidigungsmöglichkeit darf niemand verurteilt werden. Die Vorschriften der §§ 285–295 regeln nur die Sicherung der Beweise und Erzwingung oder Gestellung des Beschuldigten. Die Vorschriften des 7. Abschnitts gelten für das **gesamte Strafverfahren**. Die Möglichkeiten, nach §§ 231 Abs. 2, 232, 233, 329 Abs. 1, Abs. 2, 350, 412, §§ 73, 74 OWiG in **Abwesenheit des Angeklagten** zu verhandeln, werden durch die §§ 285 ff. nicht eingeschränkt.

§ 276 stellte eine gesetzliche unwiderlegbare Vermutung auf. Der Abwesenheits- 2 begriff entspricht dem der §§ 231 Abs. 2, 231 a, 232. Der **Aufenthaltsort ist unbekannt,** wenn weder Gericht noch Ermittlungsbehörden ihn kennen, wenn er nicht mit vertretbarem Aufwand ermittelt werden kann und mit seinem Bekanntwerden in absehbarer Zeit auch nicht zu rechnen ist. **Gestellung** ist die Bewirkung des Erscheinens durch Ladung. **Nicht ausführbar** ist sie, wenn **sicher zu erwarten** („erscheint") ist, dass der Angeklagte trotz Ladung zur Hauptverhandlung nicht erscheinen wird und ein **Auslieferungsersuchen** nicht möglich ist oder keinen Erfolg verspricht (vgl. Oppe NJW 1966, 2237). **Unangemessen** ist sie, wenn der mit einem Auslieferungsverfahren verbundene Verwaltungsaufwand oder die für den Beschuldigten dadurch entstehenden Nachteile außer jedem Verhältnis zur Bedeutung der Sache stehen (vgl. RiVASt Nr. 88 Abs. 1 Buchst. c). **Ausland** iSd § 276 ist jedes nicht zur BRep. gehörendes Gebiet, auch die offene See (IR-Gollwitzer Rn. 12).

§§ 277–284 (weggefallen)

§ 285 [Beweissicherungszweck]

(1) ¹Gegen einen Abwesenden findet keine Hauptverhandlung statt. ²Das gegen einen Abwesenden eingeleitete Verfahren hat die Aufgabe, für den Fall seiner künftigen Gestellung die Beweise zu sichern.

(2) Für dieses Verfahren gelten die Vorschriften der §§ 286 bis 294.

1 Die Abwesenheit (vgl. § 276) des Angeklagten ist kein Prozesshindernis (KK-Engelhardt Rn. 7; str.). Eine vorläufige Einstellung nach § 205 wird häufig zweckmäßig sein.

2 Ein **Ermittlungsverfahren** darf gegen Abwesende ohne weiteres eingeleitet und durchgeführt werden; das schließt auch Beweissicherungsmaßnahmen ein. Ein **gerichtliches Verfahren,** das auch richterliche Handlungen im Ermittlungsverfahren (vgl. § 162 Abs. 1) einschließt, darf zur Beweissicherung eingeleitet werden, **Abs. 1 S. 2.** Eine Anklage wird nur eingereicht, wenn eine **Vermögensbeschlagnahme** angeordnet werden soll. Wenn sich die Abwesenheit des Angeschuldigten erst nach Anklageerhebung herausstellt und die Anklage nicht zurückgenommen wird, ist vom Gericht das Beweissicherungsverfahren durchzuführen und das Verfahren danach nach § 205 vorläufig einzustellen. Nach Eröffnung des Hauptverfahrens gilt § 289.

§ 286 [Verteidiger]

¹**Für den Angeklagten kann ein Verteidiger auftreten.** ²**Auch Angehörige des Angeklagten sind, auch ohne Vollmacht, als Vertreter zuzulassen.**

1 Die Vorschrift gilt auch im Vor- und Zwischenverfahren. Ein Fall **notwendiger Verteidigung** liegt grds. nicht vor; es kann aber § 140 Abs. 2 nahe liegen (KK-Engelhardt Rn. 2).

2 Der Begriff „**Angehöriger**" (S. 2) ist weit auszulegen (Gollwitzer LR Rn. 5). Er umfasst mindestens alle in § 52 Abs. 1 Nr. 1 und 3 genannten und den Ehegatten (KK-Engelhardt Rn. 3). Vgl. auch § 11 Abs. 1 Nr. 1a StGB). Die Angehörigen müssen auch ohne Vollmacht als **Vertreter** zugelassen werden. Eine Vertretungsbefugnis nach § 234 wird dadurch nicht begründet; die Angehörigen haben die Befugnisse eines Verteidigers. Für die Zahl der Vertreter gilt § 139 Abs. 1 S. 2 entsprechend.

§ 287 [Benachrichtigung des Abwesenden]

(1) **Dem abwesenden Beschuldigten steht ein Anspruch auf Benachrichtigung über den Fortgang des Verfahrens nicht zu.**

(2) **Der Richter ist jedoch befugt, einem Abwesenden, dessen Aufenthalt bekannt ist, Benachrichtigungen zugehen zu lassen.**

1 Ein **Anspruch auf Benachrichtigung** des Abwesenden besteht nicht, auch nicht, wenn eine Zustellungsvollmacht vorliegt; die Benachrichtigung steht im Ermessen des Gerichts.

2 **Verteidiger** und **Vertreter** (§ 286 Abs. 1) sind nach den allgemeinen Regeln zu benachrichtigen.

§ 288 [Aufforderung zum Erscheinen]

Der Abwesende, dessen Aufenthalt unbekannt ist, kann in einem oder mehreren öffentlichen Blättern zum Erscheinen vor Gericht oder zur Anzeige seines Aufenthaltsortes aufgefordert werden.

Die **Aufforderung** steht im Ermessen des Gerichts. Sie kann in allgemein 1
verbreiteten **Zeitungen,** jedoch auch durch **Rundfunk** oder **Fernsehen** ergehen.
Die Aufforderung muss Ort und Zeit eines geforderten Erscheinens genau ange- 2
ben. Sie wirkt nicht als öffentliche Zustellung oder als Ladung und hat daher **keine
Rechtswirkungen.**

§ 289 [Kommissarische Beweisaufnahme]

**Stellt sich erst nach Eröffnung des Hauptverfahrens die Abwesenheit des
Angeklagten heraus, so erfolgen die noch erforderlichen Beweisaufnahmen
durch einen beauftragten oder ersuchten Richter.**

Vor Eröffnung des Hauptverfahrens kann die StA ermittlungsrichterliche Be- 1
weissicherungsmaßnahmen nach § 285 Abs. 1 S. 2 beantragen. § 289 gilt für das
Hauptverfahren.
Die Entscheidung über Beweiserhebungen nach § 289 iVm §§ 223 ff. trifft das 2
Gericht; insoweit gelten die allgemeinen Vorschriften. Eine Benachrichtigung nach
§ 224 muss an den Verteidiger und den Vertreter (§ 286 Abs. 1 S. 2) ergehen, der
Angeklagte muss nicht benachrichtigt werden (§ 287).

§ 290 [Beschlagnahme statt Haftbefehl]

**(1) Liegen gegen den Abwesenden, gegen den die öffentliche Klage erhoben ist, Verdachtsgründe vor, die den Erlaß eines Haftbefehls rechtfertigen würden, so kann sein im Geltungsbereich dieses Bundesgesetzes befindliches Vermögen durch Beschluß des Gerichts mit Beschlag belegt
werden.**

**(2) Wegen Straftaten, die nur mit Freiheitsstrafe bis zu sechs Monaten
oder mit Geldstrafe bis zu einhundertachtzig Tagessätzen bedroht sind,
findet keine Vermögensbeschlagnahme statt.**

Die **Vermögensbeschlagnahme** soll der **Erzwingung** der Gestellung dienen 1
(BayObLG NJW 1964, 301). Sie ist **unzulässig,** wenn dieser Zweck nicht erreicht
werden kann. Dass die **Auslieferung** oder Abschiebung nicht erlangt werden kann
oder dass der Abwesende erklärt hat, er werde keinesfalls zurückkehren, steht nicht
entgegen.
Voraussetzung der Vermögensbeschlagnahme ist, dass die öffentliche Klage 2
schon erhoben ist; das kann auch zum Zweck eines Verfahrens nach § 290 geschehen. Für das weitere Verfahren ist § 294 zu beachten. Weiterhin muss **dringender
Tatverdacht** iSd § 112 Abs. 1 bestehen. Eines **Haftgrundes** (§§ 112 Abs. 2,
112 a) bedarf es nicht (KK-Engelhardt Rn. 4; aA LR-Gollwitzer Rn. 8). Bei
Straftaten von geringem Gewicht **(Abs. 2)** steht der **Verhältnismäßigkeitsgrundsatz** der Vermögensbeschlagnahme entgegen; er ist aber auch jenseits der
Grenze des Abs. 2 zu beachten (vgl. KK-Engelhardt Rn. 5).
Die Anordnung der Beschlagnahme ergeht durch **Beschluss** des Gerichts auf 3
Antrag der StA oder vAw. Es genügt die abstrakte Anordnung der Beschlagnahme
des gesamten in der Bundesrepublik Deutschland befindlichen Vermögens
(BayObLG 7, 248). Gegen die Anordnung und die Ablehnung eines entsprechenden Antrags ist die **Beschwerde** zulässig (§ 304).

§ 291 [Bekanntmachung der Beschlagnahme]

**Der die Beschlagnahme verhängende Beschluß ist durch den Bundesanzeiger bekanntzumachen und kann nach dem Ermessen des Gerichts auch
durch andere Blätter veröffentlicht werden.**

§§ 292, 293 Zweites Buch. 8. Abschnitt

1   Die **Bekanntmachung** im Bundesanzeiger ist **Wirksamkeitsvoraussetzung** des Beschlusses **(Abs. 1)**. Ihre Anordnung muss nicht im Beschluss erfolgen (KK-Engelhardt Rn. 1; **aA** Meyer-Goßner Rn. 1), wohl aber die der Veröffentlichung in anderen Blättern.
2   **Andere** Blätter können alle Zeitungen sein. Die Ausführung der Anordnung obliegt dem Gericht; § 36 Abs. 2 S. 1 gilt nicht.

§ 292 [Wirkung der Bekanntmachung]

(1) **Mit dem Zeitpunkt der ersten Bekanntmachung im Bundesanzeiger verliert der Angeschuldigte das Recht, über das in Beschlag genommene Vermögen unter Lebenden zu verfügen.**

(2) ¹**Der die Beschlagnahme verhängende Beschluß ist der Behörde mitzuteilen, die für die Einleitung einer Pflegschaft über Abwesende zuständig ist.** ²**Diese Behörde hat eine Pflegschaft einzuleiten.**

1   Abs. 1 ordnet ein **absolutes Verfügungsverbot** an, das mit der Veröffentlichung der Beschlagnahmeanordnung von Gesetz wegen eintritt. Es wirkt für und gegen jedermann; auf den guten Glauben eines Dritten kommt es nicht an. Eine Eintragung ins Grundbuch ist nicht erforderlich. Verfügungen des Angeschuldigten sind nichtig (§ 134 BGB); das gilt nicht für Verfügungen von Todes wegen. Eine Auskunft über die Verwaltung seines Vermögens kann der Angeschuldigte gleichfalls nicht verlangen (KK-Engelhardt Rn. 2).
2   Die **Abwesenheitspflegschaft (Abs. 2 iVm § 1911 BGB)** dient dem Interesse an einer ordnungsgemäßen Verwaltung des beschlagnahmten Vermögens (vgl. BayOLGZ 63, 257 = NJW 1964, 301). Dass der Abwesende einen **Vertreter** für die Wahrnehmung seiner Vermögensinteressen bestellt hat (§ 1921 Abs. 1 BGB), steht der Pflegschaftsanordnung nicht entgegen (BayOLGZ 33, 374, 377).
3   **Zuständig** für die Anordnung ist das Amtsgericht (§§ 35 ff. FGG). Der Pfleger hat das Vermögen im Interesse des Abwesenden und im staatlichen Interesse ordnungsgemäß zu verwalten (vgl. KK-Engelhardt Rn. 11). Verfügungen, die den Zweck der Beschlagnahme beeinträchtigen können, muss das **Strafgericht** genehmigen. Die Pflegschaft wird durch Beschluss des Vormundschaftsgerichts aufgehoben, wenn die Beschlagnahme aufgehoben wird.
4   Gegen die Anordnung sowie gegen die Ablehnung eines Antrags auf Anordnung der Vermögenspflegschaft ist die **Beschwerde** zulässig (§ 304).

§ 293 [Aufhebung der Beschlagnahme]

(1) **Die Beschlagnahme ist aufzuheben, wenn ihre Gründe weggefallen sind.**

(2) **Die Aufhebung der Beschlagnahme ist durch dieselben Blätter bekanntzumachen, durch welche die Beschlagnahme selbst veröffentlicht worden war.**

1   Sind ihre Voraussetzungen (vgl. § 290 Rn. 2) weggefallen, so ist die Beschlagnahme **zwingend** aufzuheben (Abs. 1). Das Gericht hat dies vAw. in angemessenen Zeiträumen zu (LR-Gollwitzer Rn. 5) prüfen.
2   Die **Bekanntmachung** des Aufhebungsbeschlusses erfolgt entsprechend § 291; ein Ermessen des Gerichts hinsichtlich anderer Blätter als dem Bundesanzeiger besteht nur insoweit, als die Verbreitung der Bekanntgabe der Aufhebung über diejenige der Beschlagnahme hinausgehen soll.
3   Mit der ersten Bekanntmachung im Bundesanzeiger entfällt das Verfügungsverbot. Der Aufhebungsbeschluss ist dem Vormundschaftsgericht mitzuteilen; eine

Abwesenheitspflegschaft ist von diesem aufzuheben. Gegen den Aufhebungsbeschluss ist die **Beschwerde** der StA zulässig (§ 304).

§ 294 [Verfahren nach Anklageerhebung]

(1) Für das nach Erhebung der öffentlichen Klage eintretende Verfahren gelten im übrigen die Vorschriften über die Eröffnung des Hauptverfahrens entsprechend.

(2) In dem nach Beendigung dieses Verfahrens ergehenden Beschluß (§ 199) ist zugleich über die Fortdauer oder Aufhebung der Beschlagnahme zu entscheiden.

§ 294 gilt für den Eintritt oder das Bekanntwerden der Abwesenheit nach Anklageerhebung, jedoch vor Eröffnung des Hauptverfahrens. In diesem Fall gelten nach **Abs. 1** die §§ 199 Abs. 1, 201, 202, 204–206, 209–211. Die nach §§ 201, 204 Abs. 2 vorgeschriebenen Mitteilungen sind nicht notwendig (§ 287). Eine Entscheidung nach § 203 oder § 207 kommt nicht in Betracht. 1

In dem Beschluss nach § 204 oder § 205 S. 1 ist vAw eine Entscheidung über die Fortdauer der Beschlagnahme – wenn eine solche angeordnet worden ist – zu treffen **(Abs. 2).** Wird die Beschlagnahme aufgehoben (§ 293 Abs. 1), so ist dieser Teil des Beschlusses zu veröffentlichen (§ 293 Abs. 2). 2

§ 295 [Sicheres Geleit]

(1) Das Gericht kann einem abwesenden Beschuldigten sicheres Geleit erteilen; es kann diese Erteilung an Bedingungen knüpfen.

(2) Das sichere Geleit gewährt Befreiung von der Untersuchungshaft, jedoch nur wegen der Straftat, für die es erteilt ist.

(3) Es erlischt, wenn ein auf Freiheitsstrafe lautendes Urteil ergeht oder wenn der Beschuldigte Anstalten zur Flucht trifft oder wenn er die Bedingungen nicht erfüllt, unter denen ihm das sichere Geleit erteilt worden ist.

Sicheres Geleit kann zur Durchführung des anhängigen Verfahrens oder zu anderen Zwecken, etwa weil der Beschuldigte in einem anderen Verfahren als Zeuge, Partei oder Beteiligter erscheinen soll, erteilt werden (BGH NStZ 1991, 501). **Zweck** des sicheren Geleits ist das Interesse des Staates, ein Strafverfahren zu Ende zu führen, um die materielle Gerechtigkeit zu verwirklichen, die in der Verurteilung, aber auch in einem Freispruch zum Ausdruck kommt (OLG Düsseldorf NStZ-RR 1999, 245). Inhalt des sicheren Geleits ist die **Verschonung von der Untersuchungshaft** oder einer Haft nach §§ 230 Abs. 2, 236; diese wird bindend zugesichert. Ein Haftbefehl darf ergehen, jedoch nicht vollstreckt werden. **Voraussetzung** der Erteilung ist, dass der Beschuldigte zum Zeitpunkt der Anordnung abwesend (§ 276) ist; späterer Wegfall der Abwesenheit ist unschädlich (OLG Köln NJW 1954, 1856). 1

Neben § 295 können völkerrechtliche Regelungen eingreifen (vgl. KK-Engelhardt Rn. 12). § 295 ist grundsätzlich für den Zweck gedacht, „durch Befreiung von der Untersuchungshaft (§ 295 Abs. 2 StPO) ein Strafverfahren gegen einen abwesenden **Beschuldigten** zu ermöglichen (RG HRR 1937 Nr. 361). Es bestehen zwar keine Bedenken, die Vorschrift auch anzuwenden, wenn es darum geht, ihn zum Erscheinen als Zeugen in einem Verfahren gegen Dritte zu veranlassen. Zuständig für die Erteilung des sicheren Geleits bleibt jedoch das Gericht, welches das Verfahren gegen den Beschuldigten führt" (BGH 35, 217 = NJW 1988, 3105). Das Gesetz über die Internationale Rechtshilfe in Strafsachen (IRG) v. 23. 12. 1982 (BGBl. I S. 2071) enthält keine über § 295 hinausreichende Regelung, soweit es 2

§ 295

sich um das freie Geleit **ausländischer Zeugen** vor deutschen Gerichten handelt. Es ordnet lediglich Vorkehrungen zur Sicherung des freien Geleits an, wenn jemand, der sich in seinem Geltungsbereich in Untersuchungs- oder Strafhaft oder in der Unterbringung befindet, vorübergehend als Zeuge für ausländisches oder deutsches Verfahren in das Ausland überstellt werden soll (§ 62 Abs. 1 S. 1 Nr. 3, § 70 IRG). Im Übrigen verweist es auf die Verfahrensvorschriften der StPO, § 77 IRG (BGH 35, 217). Das sichere Geleit gilt nur für die **Straftat,** für die es erteilt ist **(Abs. 2).** Eine Strafverfolgung wegen Straftaten nach der Einreise, insb. solche nach §§ 153 ff. StGB, ist nicht ausgeschlossen. Es gilt der **prozessuale Tatbegriff** des § 264 (vgl. BGH 13, 320, 321 = NJW 1960, 110). Ist das sichere Geleit nicht zeitlich beschränkt erteilt worden, so erstreckt es sich auf das **gesamte Strafverfahren,** wenn nicht die Voraussetzungen des Abs. 3 eintreten.

3   Die Erteilung kann an **Bedingungen** geknüpft werden **(Abs. 1, 2. HS).** Sie können nur von vornherein bestimmt werden und sind nur zulässig, soweit sie dem Zweck des sicheren Geleits dienen (zB Anordnungen zum Reiseweg und Aufenthaltsort, Abgabe des Reisepasses, Sicherheitsleistungen). Unzulässig ist das Verbot, öffentlich aufzutreten oder an Versammlungen teilzunehmen (BGH MDR 1992, 549).

4   Über die **Erteilung** des sicheren Geleits entscheidet das Gericht durch **Beschluss** (Geleitbrief). Die Erteilung sicheren Geleits steht im **freien Ermessen** des Gerichts, das seine Entscheidung nach sorgfältiger Abwägung der Interessen der Verfahrensbeteiligten, insbesondere der das sichere Geleit begehrenden Partei gegen das Verfolgungsinteresse des Staates, in dem gegen den Beschuldigten anhängigen Strafverfahren zu treffen hat (BGH NStZ 1991, 501). Ohne das Vorliegen durchgreifender Gründe, die die Erteilung sicheren Geleits ausnahmsweise gebieten, würde dessen Gewährung zu einer ungerechtfertigten Besserstellung eines flüchtigen Beschuldigten führen (OLG Düsseldorf NStZ-RR 1999, 245). **Zuständig** ist das Gericht, vor dem die Hauptverhandlung stattfinden soll (OLG Hamburg JR 1979, 174), im Ermittlungsverfahren der Ermittlungsrichter. Darin sind die Straftat, hinsichtlich derer das sichere Geleit erteilt wird, sein Umfang sowie ggf. Bedingungen genau aufzuführen. Die Erteilung erfolgt auf Antrag oder vAw. nach dem Ermessen des Gerichts (vgl. BGH NStZ 1991, 501). Ein **Widerruf** ist nur dann zulässig, wenn der Beschuldigte von dem sicheren Geleit noch keinen Gebrauch gemacht hat (vgl. OLG Zweibrücken NJW 1966, 1722). Das **Erlöschen** tritt unter den Voraussetzungen des **Abs. 3** ohne weiteres ein; ein deklaratorischer Beschluss ist zweckmäßig (KK-Engelhardt Rn. 10). **Beschwerde** (§ 304) ist gegen Erteilung, Versagung und Widerruf zulässig. Bei Verhaftung entgegen der Zusicherung hat der Beschuldigte die Rechtsbehelfe der Haftprüfung und Haftbeschwerde.

Drittes Buch. Rechtsmittel

Erster Abschnitt. Allgemeine Vorschriften

Vorbemerkungen

Die StPO kennt die **Rechtsmittel** der einfachen (§ 304), sofortigen (§ 311) und 1
weiteren (§ 310) **Beschwerde,** der **Berufung** (§§ 312 ff.) und der **Revision**
(§§ 333 ff.). Im **OWi-Verfahren** ist die der Revision entsprechende **Rechtsbeschwerde** (§ 79 OWiG) gegeben. Berufung und Revision richten sich gegen **Urteile,** die Beschwerde gegen **Beschlüsse** und **Verfügungen** (Ausnahmen: § 464
Abs. 3, § 8 Abs. 3 S. 1 StrEG, § 59 Abs. 1 JGG). Zulässige Rechtsmittel führen zur
Nachprüfung nicht rechtskräftiger Entscheidungen durch ein Gericht höherer Ordnung **(Devolutiveffekt);** Berufung und Revision (anders grds. bei der Beschwerde,
vgl. § 307) hindern den Eintritt der formellen Rechtskraft (vgl. § 449 Rn. 3) und
damit die Vollstreckbarkeit **(Suspensiveffekt).** Keine Rechtsmittel, wohl aber
förmliche Rechtsbehelfe sind daher der Einspruch gegen den Strafbefehl (§ 410),
der Antrag auf Wiederaufnahme des Verfahrens (§ 366) oder auf Wiedereinsetzung
in den vorigen Stand (§ 44), die Kostenerinnerung (§ 464b S. 2 iVm § 11 Abs. 1
und 2 RPflG) sowie Anträge auf Entscheidungen nach §§ 111l Abs. 6, 161a
Abs. 3, 163 Abs. 3 S. 2, 172 Abs. 2, 319 Abs. 2, 346 Abs. 2, 439, 458, §§ 23, 37
EGGVG und § 109 StVollzG; das gilt erst recht für die **formlosen Rechtsbehelfe**
der **Gegenvorstellung** und der **Dienstaufsichtsbeschwerde** (vgl. u. Rn. 8).

Statthaftigkeit des Rechtsmittels ist Grundvoraussetzung seiner Zulässigkeit. 2
Statthaft ist ein Rechtsmittel nur dann, wenn es **gesetzlich vorgesehen** ist. Einen
darüber hinausgehenden, aus Art. 19 Abs. 4 GG oder dem Rechtsstaatsprinzip
(Art. 20 Abs. 3 GG) abzuleitenden Anspruch auf einen Rechtsmittelzug im Strafverfahren gibt es nicht (BVerfG 41, 23, 26 = NJW 1976, 513; BGH 28, 57, 58 =
NJW 1978, 1815). Statthaftigkeit setzt voraus, dass die Entscheidung, gegen die sich
das Rechtsmittel richtet, **bereits ergangen** ist (BGH 25, 187, 189 = NJW 1974,
66). Die „vorsorgliche" Einlegung eines Rechtsmittels ist daher stets unzulässig.
Eine **bedingte Rechtsmitteleinlegung** ist nur dann zulässig, wenn es sich um
eine Rechtsbedingung handelt (BGH 5, 183 = NJW 1954, 243). Zur Rechtsmitteleinlegung wird grundsätzlich die **handschriftliche Unterschriftsleistung** des
Berechtigten verlangt. Nunmehr ist sie auch durch **nichtunterschriebenes Computerfax** formwirksam eingelegt, „wenn der Absender hinreichend sicher daraus
hervorgeht" (OLG München NJW 2003, 3429). Eine **Verwirkung** von (unbefristeten) Rechtsmitteln kommt nur ausnahmsweise in Betracht (BVerfG 32, 305 =
NJW 1972, 675; vgl. Meyer-Goßner vor § 296 Rn. 6).

Voraussetzung für die **Zulässigkeit** jedes Rechtsmittels ist eine **Beschwer** (BGH 3
37, 5, 7 = NJW 1990, 2143). Eine solche ist gegeben, wenn die angefochtene
Entscheidung in die Rechte oder geschützten Interessen des Rechtsmittelführers
unmittelbar nachteilig eingreift (BGH 7, 153 = NJW 1955, 639), sei es durch den
Erlass einer belastenden oder das **Unterlassen** einer begünstigenden (BGH 28, 327,
330 = NJW 1979, 1941) Anordnung. Dabei kann sich eine Beschwer regelmäßig
nur aus dem **Tenor,** nicht aus den Gründen einer Entscheidung ergeben (BGH 34,
11, 12 = NJW 1986, 1820), wenn diese nicht eine selbstständige Grundrechtsverletzung beinhalten. Die Prüfung der Beschwer ist unabhängig davon vorzunehmen, ob
ein Rechtsfehler tatsächlich vorliegt. Die Beschwer ergibt sich nach objektiven
Kriterien aus der angefochtenen Entscheidung selbst. Die Beschwer muss im **Zeit-**

punkt der Entscheidung des Rechtsmittelgerichts noch vorliegen. Sie kann durch **prozessuale Überholung** entfallen sein (BGH NStZ 2000, 154), wenn die durch die beanstandete gerichtliche Entscheidung angeordnete Maßnahme bereits vollständig vollzogen oder die beschwerende Anordnung zurückgenommen worden ist; das Gleiche gilt für Maßnahmen, die durch die StA oder deren Hilfsbeamte angeordnet wurden. Das Rechtsschutzbedürfnis des Betroffenen kann an einer **Feststellung** fortbestehen, dass die bereits abgeschlossene Maßnahme **rechtswidrig** war. S. Rn. 6.

4 Der **Angeklagte** ist durch jede Entscheidung beschwert, die für ihn nachteilig ist. Hierbei kommt es darauf an, ob nach **objektiven Kriterien** eine günstigere Entscheidung möglich gewesen wäre. Das ist zB der Fall, wenn die Annahme von Tatmehrheit statt von Tateinheit die Möglichkeit der Verhängung einer Einzelgeldstrafe und eine Entscheidung nach § 53 Abs. 2 S. 2, 1. HS StGB eröffnet hätte (vgl. KK-Ruß vor § 296 Rn. 5). **Nicht beschwert** ist der Angeklagte durch eine Verfahrenseinstellung wegen eines Prozesshindernisses (BGH 25, 257, 259 = NJW 1974, 509), auch wenn nicht ausnahmsweise Freisprechung hätte erfolgen müssen (BGH GA 1959, 17; vgl. § 260 Rn. 21), oder durch Freisprechung wegen Schuldunfähigkeit (BGH 16, 374 = NJW 1962, 404). Ob das Unterlassen der Anordnung einer **Maßregel** bei alleinigem Rechtsmittel des Angeklagten unabhängig von einer Beschwer vom Revisionsgericht geprüft werden kann (BGH 37, 5), ist streitig (vgl. Meyer-Goßner Rn. 8; KK-Ruß Rn. 5).

5 Der **Nebenkläger** kann nur durch die Entscheidung hinsichtlich des den Anschluss rechtfertigenden Nebenklagedelikts beschwert sein (BGH 33, 114, 118 = NJW 1985, 1175). Die **StA** ist stets beschwert, wenn eine in tatsächlicher oder rechtlicher Hinsicht **fehlerhafte Sachbehandlung** vorliegt (OLG Düsseldorf NStZ 1990, 292), unabhängig davon, ob die angefochtene Entscheidung dem Antrag der StA entsprach. Eine **Ausnahme** gilt nur bei Rechtsmitteln der StA zugunsten des Angeklagten (§ 296 Abs. 2): Sie sind nur zulässig, wenn der Ange-
6 klagte selbst beschwert ist (vgl. RiStBV Nr. 147 Abs. 3). Die Beschwer muss im **Zeitpunkt der Entscheidung** über das Rechtsmittel gegeben sein. Ein der Fortsetzungsfeststellungsklage entsprechendes Rechtsmittel zur Feststellung der Rechtswidrigkeit rechtlich oder tatsächlich erledigter Eingriffe kennt die StPO an sich ausdrücklich nicht (BVerfG 49, 329 = NJW 1979, 154; BGH 28, 57, 58 = NJW 1978, 1815). Zur **prozessualen Überholung.** Ziel der Rechtsmittel der StPO ist die Beseitigung einer gegenwärtigen, fortdauernden Beschwer. Eine Maßnahme, die aus tatsächlichen oder rechtlichen Gründen nicht mehr ungeschehen gemacht werden kann, ist daher an sich nicht anfechtbar (BGH NJW 1973, 2055). Die Beschwerde **zur Feststellung der Rechtswidrigkeit** einer durch Vollzug oder auf andere Weise erledigten richterlichen Anordnung ist an sich auch grundsätzlich unzulässig (OLG Saarbrücken NJW 1995, 1302). **Nach der neuen Rspr. des BVerfG** (BVerfGE 96, 27 = NJW 1997, 2163; BVerfG NJW 1998, 580) bleibt entgegen der früheren Rspr. (BVerfG 49, 329) die **Beschwerde nach Art. 19 Abs. 4 GG aber auch zulässig** in Fällen tiefgreifender, tatsächlich jedoch nicht mehr fortwirkender Grundrechtseingriffe, wenn sich die Belastung durch die Maßnahme nach dem typischen Verfahrensablauf auf eine Zeitspanne beschränkt, in welcher der Betroffene die gerichtliche Entscheidung im Beschwerdeverfahren kaum erlangen kann. Die Beschwerde darf dann somit – entgegen der bisher hM – **nicht wegen prozessualer Überholung als unzulässig** verworfen werden; vielmehr ist die Rechtmäßigkeit der **richterlichen oder nichtrichterlich** angeordneten Maßnahme zu überprüfen und ggf. deren Rechtswidrigkeit festzustellen (BGH 44, 265 = NJW 1999, 730; 45, 183 = NJW 1999, 3499; BGH NJW 2000, 84: § 98 Rn. 9; § 105 Rn. 6).

7 Unzulässigkeit statthafter Rechtsmittel wegen **Rechtsmissbrauchs** kann nur in seltenen Ausnahmefällen angenommen werden, namentlich wenn jedes sachliche

Allgemeine Vorschriften **§ 296**

Vorbringen fehlt und die „Rechtsmittel"-Schrift ausschließlich beleidigenden Inhalt hat (BVerfG 2, 225, 229; vgl. KK-Ruß Rn. 9).

Die form- und fristlose **Aufsichtsbeschwerde** wendet sich gegen die **Sachbe-** 8 **handlung** oder das **dienstliche Verhalten** eines Beamten. Zuständig ist der Dienstvorgesetzte, der dem Beschwerdeführer einen **Bescheid** über das Ergebnis der aufsichtlichen Prüfung zu erteilen hat. **Richterliche Entscheidungen** sind der Dienstaufsicht entzogen (§ 26 Abs. 1 DRiG). Gegen sie können gleichfalls form- und fristlos **Gegenvorstellungen** erhoben werden, die auf die Aufhebung oder Abänderung einer Entscheidung durch das Gericht selbst abzielen und eine Beschwer nicht voraussetzen (vgl. Meyer-Goßner Rn. 23). Für das Verfahren der **Gegenvorstellung** ist die Ablehnung der an der **Ursprungsentscheidung** beteiligt gewesenen Richter ausgeschlossen (BGH NStZ-RR 2001, 333). Voraussetzung der Zulässigkeit ist, dass das Gericht selbst zur Abänderung befugt ist (Einzelheiten bei Meyer-Goßner Rn. 24 ff.). Die Zurückweisung von Gegenvorstellungen erfolgt durch formlosen Bescheid.

§ 296 [Rechtsmittelberechtigte] RiStBV 147 bis 150

(1) **Die zulässigen Rechtsmittel gegen gerichtliche Entscheidungen stehen sowohl der Staatsanwaltschaft als dem Beschuldigten zu.**

(2) **Die Staatsanwaltschaft kann von ihnen auch zugunsten des Beschuldigten Gebrauch machen.**

Zulässige Rechtsmittel iSd **Abs. 1** sind die vom Gesetz vorgesehenen **statt-** 1 **haften** Rechtsmittel (vgl. vor § 296 Rn. 2). Hierbei kommt es auf den **Inhalt,** nicht auf die Bezeichnung der angefochtenen Entscheidung an (BGH 25, 242 = NJW 1974, 154; vgl. Meyer-Goßner Rn. 11 ff.).

Die **StA** ist regelmäßig anfechtungsberechtigt (Abs. 1; Ausnahme vgl. vor § 296 2 Rn. 5), und zwar im Zwischen- und Hauptverfahren die StA bei dem Gericht, das die Entscheidung erlassen hat, im Vorverfahren die das Verfahren führende StA. Eine **Ersetzungsbefugnis** der Behördenleiter ergibt sich aus § 145 Abs. 1 GVG. Auch ein einer anderen als der örtlich zuständigen StA angehörender StA kann Rechtsmittel einlegen, wenn er nach § 145 Abs. 1 GVG mit der Wahrnehmung dieser Aufgabe beauftragt worden ist (BGH NStZ 1995, 204). Auf die behördeninterne Zuständigkeit und Befugnis des StA kommt es für die Wirksamkeit der Rechtsmittelerklärung nicht an (BGH 19, 377, 382 = NJW 1964, 1969). **Amtsanwälte** können wirksam diejenigen Rechtsmittel einlegen, die an das Amtsgericht zu richten sind (vgl. § 145 Abs. 2 GVG), also auch die Sprungrevision (§§ 335 Abs. 1, 341 Abs. 1; **anders** Meyer-Goßner Rn. 3: nur Berufung).

Der **Beschuldigte** ist anfechtungsberechtigt, wenn er **verhandlungsfähig** ist; 3 auf seine Geschäftsfähigkeit kommt es nicht an (OLG Hamburg NJW 1978, 602). Die Anfechtungsberechtigung des **Verteidigers** regelt § 297, des gesetzlichen **Vertreters** § 298 Abs. 1, des **Erziehungsberechtigten** § 67 Abs. 3 JGG.

Anfechtungsberechtigt sind auch der **Privatkläger** (§ 390), der **Nebenkläger** 4 hinsichtlich des seine Zulassung rechtfertigenden Nebenklagedelikts und **Nebenbeteiligte** (§§ 433 Abs. 1 S. 1, 440 Abs. 3, 442 Abs. 1, 444 Abs. 2 S. 2), und grundsätzlich **alle Verfahrensbeteiligte,** die nicht Beschuldigte sind (vgl. BGH NStZ 1995, 248; BayObLG NStZ-RR 1996, 366; KK-Ruß Rn. 1). **Andere Verfahrensbeteiligte** (Zeugen, Sachverständige) und Dritte (Zuschauer) können grds. Beschwerde einlegen, wenn sie von einer Entscheidung nachteilig betroffen sind (vgl. aber § 181 Abs. 1 GVG). **Beistände** (§ 149 Abs. 1, § 69 Abs. 1 JGG) sind nicht anfechtungsberechtigt.

Für die **Rechtsmitteleinlegung der StA** gelten die Nrn. 147–149 RiStBV; 5 eine nach außen wirkende **Ermessensbindung** besteht nicht. Ein Rechtsmittel

§ 297

zugunsten des Beschuldigten ist nur zulässig, wenn dieser selbst beschwert ist (vgl. vor § 296 Rn. 4). Fehlt eine ausdrückliche Erklärung nach Nr. 147 Abs. 3 S 2 RiStBV, so ist im Zweifel anzunehmen, dass das Rechtsmittel (auch) zuungunsten des Beschuldigten eingelegt ist (RG 65, 231, 235). Ist das Rechtsmittel nur zugunsten des Angeklagten eingelegt, so gilt das **Verschlechterungsverbot** der §§ 331, 358 Abs. 2. Auch zugunsten **anderer Beteiligter** kann die StA Rechtsmittel einlegen (str.; vgl. KK-Ruß Rn. 7; Meyer-Goßner Rn. 15). Umgekehrt gilt Abs. 2 für Rechtsmittel von **Privat- und Nebenkläger** nicht entsprechend (BGH 37, 136, 137 = NJW 1990, 2479). Wird aber die StA als Strafverfolgungsorgan von einer Beschlagnahmeanordnung betroffen, besitzt sie als Staatsorgan **keine Grundrechtsfähigkeit**, so dass ihr nach Vollzug der Anordnung keine Beschwerde zusteht (OLG Frankfurt NJW 1995, 1302). Im **Wiederaufnahmeverfahren** ist die Vorschrift anwendbar (§ 365).

§ 297 [Verteidiger]

Für den Beschuldigten kann der Verteidiger, jedoch nicht gegen dessen ausdrücklichen Willen, Rechtsmittel einlegen.

1   **Verteidiger** iSd § 297 ist der gewählte (§ 137) oder bestellte (§ 141) Verteidiger im bisherigen Verfahren, auch derjenige nach §§ 138 Abs. 2, 139, nicht aber der Sozius des Pflichtverteidigers (BayObLG 1980, 97 = NJW 1981, 1629). Der im Verfahren bis zur angefochtenen Entscheidung tätige Verteidiger, dessen Mandat fortbesteht, ist ohne weitere Vollmacht zur Rechtsmitteleinlegung befugt. Wird der Verteidiger erst später gewählt, so muss die Vollmacht vor Rechtsmitteleinlegung erteilt sein; nachgewiesen werden kann sie später (BGH 36, 259, 261 = NJW 1990, 586); eine nachträgliche Genehmigung ist unwirksam (RG 66, 265, 267). Der Auftrag des Verteidigers liegt nicht ausschließlich im Interesse des Beschuldigten, sondern auch in der am Prinzip des Rechtsstaats ausgerichteten Strafrechtspflege. Er hat demnach dafür Sorge zu tragen, dass das Verfahren sachdienlich und in prozessual geordneten Bahnen durchgeführt wird. Eine die Entpflichtung des Verteidigers nach sich ziehender **Missbrauch** prozessualer Befugnisse ist jedoch eindeutig auf Ausnahmefälle beschränkt. Der Aufhebung der Beiordnung des Verteidigers muss immer eine Abmahnung prozeßordnungsgemäßen Verhaltens vorausgehen (OLG Hamburg NJW 1998, 621).

2   Der Verteidiger handelt **aus eigenem Recht** und **in eigenem Namen.** Sein Rechtsmittel kann er nur zugunsten des Beschuldigten einlegen; eingeschränkt ist seine Befugnis, soweit der Wille des Beschuldigten entgegensteht (vgl. BGH 12, 367, 370 = NJW 1959, 731). Voraussetzung der Rechtsmittelbefugnis des Verteidigers ist, dass der Beschuldigte selbst (noch) anfechtungsbefugt ist (OLG Frankfurt NJW 1991, 3164). **Zustellungen** an den Beschuldigten – auch entgegen der Ermächtigung nach § 145 a und der Regel der Nr. 154 Abs. 1 RiStBV – setzen die Rechtsmittelfrist auch für den Verteidiger in Lauf (BGH 18, 352, 354 = NJW 1963, 1558); eine nach § 37 Abs. 2 eintretende Fristverlängerung gilt für beide Anfechtungsberechtigten. **Zweifel** hinsichtlich eines ganz oder teilweise entgegenstehenden Willens des Beschuldigten, insb. bei widersprüchlichen Erklärungen, sind im Freibeweisverfahren aufzuklären (vgl. KK-Ruß Rn. 3). Nachträgliche Beschränkungen durch den Beschuldigten sind als (Teil-)Rücknahme (§ 302 Abs. 1 S. 1) zu werten. Eine Mandatsentziehung nach Rechtsmitteleinlegung lässt die Zulässigkeit des Rechtsmittels unberührt.

3   Für **Vertreter** des Beschuldigten gilt § 297 nicht, vielmehr nähert die Vorschrift die Anfechtungsbefugnis des Verteidigers praktisch der des Vertreters an. Der Vertreter kann im Rahmen seiner Ermächtigung Rechtsmittel einlegen und den Beschuldigten insoweit auch im Willen vertreten (BayObLG 1975, 104 = NJW 1976,

Allgemeine Vorschriften §§ 298, 299

156; vgl. Meyer-Goßner Rn. 7). **Entsprechend** anzuwenden ist § 297 im Haftprüfungs- (§ 118b), Wiederaufnahme- (§ 365) und Strafbefehlsverfahren (§ 410 Abs. 1 S. 2). Für die Prozessbevollmächtigten von **Privat-** und **Nebenkläger** gilt die Vorschrift nicht.

§ 298 [Gesetzlicher Vertreter] RiStBV 154 Abs. 2

(1) **Der gesetzliche Vertreter eines Beschuldigten kann binnen der für den Beschuldigten laufenden Frist selbständig von den zulässigen Rechtsmitteln Gebrauch machen.**

(2) **Auf ein solches Rechtsmittel und auf das Verfahren sind die für die Rechtsmittel des Beschuldigten geltenden Vorschriften entsprechend anzuwenden.**

Wer **gesetzlicher Vertreter** ist, bestimmt sich nach bürgerlichem Recht. Für 1 den **Erziehungsberechtigten** (§ 67 Abs. 3 JGG) gilt § 298 gleichermaßen. Seine Anfechtungsbefugnis ist von der des Beschuldigten **unabhängig;** anders als im Fall des § 297 wird sie von einem zuvor erklärten Rechtsmittelverzicht des Beschuldigten nicht berührt (KK-Ruß Rn. 1). Das Rechtsmittel, das der gesetzliche Vertreter **im eigenen Namen** und aus eigenem Recht **nur zugunsten** des Beschuldigten einlegen kann (BGH 19, 196, 198 = NJW 1964, 675), ist hinsichtlich der **Einlegungsfrist** an die für den Beschuldigten laufenden Fristen unabhängig von der Kenntnis des gesetzlichen Vertreters gebunden (Abs. 1); ein Wiedereinsetzungsantrag, der sich auf Unkenntnis des Fristenlaufs stützt, ist unzulässig (BGH 18, 22 = NJW 1962, 2262). Handelt der gesetzliche Vertreter zugleich für den Beschuldigten **in dessen Namen,** so bedarf er insoweit einer Vollmacht (vgl. § 297 Rn. 1).

Das Rechtsmittel des gesetzlichen Vertreters ist grds. **selbstständig** und folgt, 2 wenn es wirksam eingelegt ist, eigenen Regeln. Eine **Rücknahme** ist aber entspr. § 302 Abs. 1 S. 2 nur mit Zustimmung des Beschuldigten wirksam (OLG Celle NJW 1964, 417; vgl. § 55 Abs. 3 JGG). Im weiteren Verfahren hat der gesetzliche Vertreter dieselben Rechte wie der Beschuldigte selbst (vgl. Meyer-Goßner Rn. 5). **Endet** die gesetzliche Vertretung, so geht die Verfügungsbefugnis über das Rechtsmittel auf den bislang Vertretenen über (BGH 10, 174, 176 = NJW 1957, 799). **Wechselt** der gesetzliche Vertreter, so tritt der neue ohne weiteres in das Verfahren ein. Im **Jugendstrafverfahren** stehen die Rechte des gesetzlichen Vertreters nach § 298 auch dem Erziehungsberechtigten zu, § 67 Abs. 3 JGG. Sind mehrere vorhanden, so kann jeder von ihnen diese Rechte ausüben, § 67 Abs. 5 S. 1 JGG (Meyer-Goßner Rn. 7).

§ 299 [Verhafteter Beschuldigter]

(1) **Der nicht auf freiem Fuß befindliche Beschuldigte kann die Erklärungen, die sich auf Rechtsmittel beziehen, zu Protokoll der Geschäftsstelle des Amtsgerichts geben, in dessen Bezirk die Anstalt liegt, wo er auf behördliche Anordnung verwahrt wird.**

(2) **Zur Wahrung einer Frist genügt es, wenn innerhalb der Frist das Protokoll aufgenommen wird.**

Nicht auf freiem Fuß befindet sich ein Beschuldigter, wenn er auf behördliche 1 Anordnung verwahrt wird und über seinen Aufenthaltsort nicht selbst bestimmen kann. Dieser kann alle Erklärungen, die sich auf Rechtsmittel beziehen (zB Einlegungen, Begründungen, Rücknahmen, Wiedereinsetzungsanträge), zu **Protokoll der Geschäftsstelle** erklären. Ob das Rechtsmittel die Sache betrifft, wegen derer der Beschuldigte verwahrt wird, ist unerheblich. Die Vorschrift gilt **entsprechend** in den Fällen der §§ 118 b, 365, 410 Abs. 1 S. 2 und § 29 Abs. 2 EGGVG und auch für den gesetzlichen Vertreter (§ 298 Abs. 2), nicht aber für **sonstige Anträge** einschließlich der **Verfassungsbeschwerde** (OLG Bremen RPfleger 1958, 228) sowie für **Privat-** und **Nebenkläger** (OLG Hamm NJW 1971, 2181).

2   Die **Sonderregelung** des § 299 gilt nur für Erklärungen zu Protokoll der Geschäftsstelle des für die Anstalt örtlich zuständigen Amtsgerichts. Nach dem eindeutigen Wortlaut des Abs. 1 kann eine Vorführung vor den Urkundsbeamten des für das Verfahren **zuständigen Gerichts** auch dann nicht verlangt werden, wenn es sich gleichfalls am Haftort befindet (KK-Ruß Rn. 1; Meyer-Goßner Rn. 6; str., **aA** OLG Stuttgart NStZ 1981, 492). Für **schriftliche Erklärungen** gilt der Vorschrift nicht (OLG Hamm NJW 1971, 2181; OLG Düsseldorf NStZ-RR 1999, 147).

3   **Zuständig** für die Protokollierung ist der **Urkundsbeamte der Geschäftsstelle.** Auf entsprechenden Antrag ist der Beschuldigte ihm alsbald vorzuführen. Der Antrag muss so frühzeitig gestellt werden, dass eine Vorführung nach gewöhnlichem Geschäftsgang noch vor Fristablauf möglich ist. Wird die Vorführung verzögert, so ist bei Fristversäumnis vAw. Wiedereinsetzung zu gewähren.

4   Für die **Fristeinhaltung** reicht der Abschluss der Protokollierung (Abs. 2). Ein **Verzicht** oder eine **Rücknahme** werden mit diesem Zeitpunkt wirksam und unwiderruflich, wenn nicht das Rechtsmittelgericht bereits mit der Sache befasst ist; in diesem Fall kommt es auf den Eingang bei Gericht an (vgl. KK-Ruß Rn. 5).

§ 300 [Falsche Bezeichnung]

Ein Irrtum in der Bezeichnung des zulässigen Rechtsmittels ist unschädlich.

1   Die Vorschrift enthält einen **allgemeinen Rechtsgedanken** und gilt für **alle Rechtsbehelfe und Anträge** im Straf- (RG 67, 123, 125) und OWi-Verfahren (BGH 23, 233, 235 = NJW 1970, 1198). Sie gilt nur für die Einlegung des Rechtsbehelfs; einen späteren Wechsel ermöglicht sie nicht.

2   **Voraussetzung einer Auslegung** ist, dass ein **Anfechtungs- oder Antragswille** deutlich erklärt ist. In diesem Fall (vgl. Meyer-Goßner Rn. 2) ist die Erklärung nach allgemeinen Regeln so auszulegen, dass der vom Rechtsmittelführer erkennbar erstrebte Erfolg möglichst erreichbar ist (BGH NJW 1956, 756). Führt die Anforderung einer Erläuterung durch den Beschwerdeführer (BGH 2, 41, 43 = NJW 1952, 435) nicht zu einer Klärung, so gilt daher **im Zweifel** das weitergehende Rechtsmittel als eingelegt. Das gilt entsprechend bei widersprüchlichen Erklärungen von Beschuldigtem und Verteidiger (OLG Düsseldorf MDR 1993, 676) sowie für die Auslegung einer Rechtsmittelbeschränkung. Bei der Auslegung ist die Rechtskundigkeit des Beschwerdeführers zu berücksichtigen; § 300 erlaubt nicht die Korrektur rechtsirrtümlicher Bewertungen.

§ 301 [Rechtsmittel der Staatsanwaltschaft]   RiStBV 147, 149

Jedes von der Staatsanwaltschaft eingelegte Rechtsmittel hat die Wirkung, daß die angefochtene Entscheidung auch zugunsten des Beschuldigten abgeändert oder aufgehoben werden kann.

1   Über § 298 Abs. 2 hinaus schreibt § 301 **zwingend** vor, dass jede von der StA angefochtene Entscheidung auch zugunsten des Beschuldigten zu überprüfen ist, soweit die zulässige Anfechtung reicht. Das **Verschlechterungsverbot** (§§ 331, 358 Abs. 2) gilt hier im Unterschied zu § 298 Abs. 2 nicht (vgl. BGH 13, 41 = NJW 1959, 950; KK-Ruß Rn. 1).

Allgemeine Vorschriften **§ 302**

Hat schon ein zugleich zugunsten des Beschuldigten eingelegtes Rechtsmittel 2
Erfolg, so ist § 301 nicht anwendbar (BGH VRS 50, 369). „Die Vorschrift des
§ 301 ermöglicht es dem Senat, auch über die Revision der StA durch Beschluss
nach § 349 Abs. 4 zu entscheiden, obwohl mit diesem Rechtsmittel eine dem
Angeklagten nachteilige Entscheidung erstrebt wurde" (BGH NStZ 1997, 379). Ist
das zuungunsten des Beschuldigten eingelegte Rechtsmittel nur zu seinen Gunsten
begründet, so erfolgt Aufhebung oder Abänderung der Entscheidung **ohne Verwerfung** im Übrigen. Über zulässige Berufungen sowohl der StA als auch des
Angeklagten ist auf Grund einer einheitlichen Hauptverhandlung zu entscheiden,
wenn sie dieselbe Tat zum Gegenstand haben. Entscheidet das Berufungsgericht über
die Berufung der StA zuungunsten des Angeklagten, ohne dessen Berufung zu
bescheiden, so liegt ein auf die zulässige Verfahrensrüge zu beachtender **Rechtsfehler** vor, auf dem das Urteil jedoch in der Regel nicht beruht (OLG Düsseldorf,
NStZ-RR 2001, 246). Ein gegen diese Entscheidung statthaftes Rechtsmittel kann
der Beschuldigte einlegen, auch wenn er die erste Entscheidung nicht angefochten
hatte; in diesem Fall gilt § 358 Abs. 2.

Die Vorschrift ist **entsprechend anwendbar** zugunsten von **Nebenbeteiligten** 3
(§§ 431 Abs. 1 S. 1, 442 Abs. 1, Abs. 2 S. 2), **juristischen Personen oder Personenvereinigungen** (§ 444), des **Privatklägers** (§ 390 Abs. 1 S. 3) und **Nebenklägers** (§ 397 Abs. 1) sowie zugunsten des Verfalls- oder Einziehungsbeteiligten,
§§ 431 Abs. 1 S. 1, 442 Abs. 1, 2 S. 2 (KK-Ruß Rn. 2 mwN); sie gilt auch im
Wiederaufnahmeverfahren (§ 365) und im **Rechtsbeschwerdeverfahren** (§ 79
Abs. 3 OWiG).

§ 302 [Zurücknahme; Verzicht] RiStBV 152

(1) ¹**Die Zurücknahme eines Rechtsmittels sowie der Verzicht auf die
Einlegung eines Rechtsmittels kann auch vor Ablauf der Frist zu seiner
Einlegung wirksam erfolgen.** ²**Ein von der Staatsanwaltschaft zugunsten
des Beschuldigten eingelegtes Rechtsmittel kann jedoch ohne dessen Zustimmung nicht zurückgenommen werden.**

(2) **Der Verteidiger bedarf zur Zurücknahme einer ausdrücklichen Ermächtigung.**

Rechtsmittelrücknahme und Verzicht haben **dieselbe Wirkung.** Sie sind **bedingungsfeindliche** (BGH 5, 183 = NJW 1954, 243) und als Prozesserklärungen 1
grundsätzlich **unwiderrufliche** sowie unanfechtbare (BGH 45, 51 = NJW 1999,
2449; BGH NJW 2001, 1435). Zwar ist die Rechtsmittelrücknahme als Prozesshandlung grundsätzlich bedingungsfeindlich. Jedoch kann sie, ebenso wie andere
Prozesshandlungen, von einer **reinen Rechtsbedingung** abhängig gemacht werden. Sie kann daher an die Bedingung geknüpft werden, dass das Rechtsmittel
überhaupt wirksam eingelegt wurde (BGH NStZ-RR 2002, 101). Prozesshandlungen, die zum endgültigen Verlust des Rechtsmittels führen. Die erneute Einlegung eines vor Ablauf der Rechtsmittelfrist zurückgenommenen Rechtsmittels ist
nur ausnahmsweise bei ausdrücklichem Vorbehalt zulässig (BayObLG 1974, 57).
Der Verzicht vor Fristablauf schließt die nachträgliche Einlegung stets aus; auch
Wiedereinsetzungsanträge sind in beiden Fällen unzulässig (BGH NJW 1984,
1974). **Teilrücknahme** und **Teilverzicht** sind im selben Umfang zulässig wie eine
von vornherein erklärte Beschränkung des Rechtsmittels (BGH 33, 59 = NJW
1985, 1089; vgl. §§ 318, 344). Eine nach unbeschränkter Revisionseinlegung in der
Begründung erklärte Einschränkung ist keine Teilrücknahme, sondern eine Konkretisierung des Anfechtungsumfangs (BGH 38, 4 = NJW 1991, 3162; BGH NJW
1992, 989). Die **Erweiterung** eines beschränkt eingelegten Rechtsmittels ist innerhalb der Einlegungsfrist zulässig (BGH 38, 366 = NJW 1993, 476). Eine **Rechts-**

§ 302 Drittes Buch. 1. Abschnitt

mittelbeschränkung ist unwirksam, wenn der Angeklagte sie auf Grund eines Irrtums abgegeben hat, der vom Gericht verursacht worden ist (OLG Stuttgart NStZ-RR 1996, 146).

2   **Berechtigt zur Rücknahme** ist derjenige, der das Rechtsmittel eingelegt hat, zum Verzicht derjenige, der es einlegen könnte. Eine vom Angeklagten erklärte Rücknahme erfasst stets auch das Rechtsmittel des **Verteidigers** (BGH NStZ 1985, 207). Die Bestellung eines Verteidigers durch den Tatrichter gilt grundsätzlich nur **bis Urteilsrechtskraft.** Damit entfällt jedoch nicht die allgemeine Befugnis des Verteidigers, den Angeklagten in dem durch dessen – unzulässiges – Rechtsmittel eröffneten Revisionsverfahren zu vertreten und Erklärungen in seinem Namen abzugeben (BGH NStZ 2001, 104). Die Rücknahmeerklärung eines von mehreren Verteidigern gilt grds. für alle. Rechtsmittel des **gesetzlichen Vertreters** oder des **Erziehungsberechtigten** kann der Angeklagte nicht zurücknehmen, da sie selbstständig sind (vgl. § 298 Rn. 2). Für sie gilt Abs. 1 S. 2 entsprechend (OLG Celle NJW 1964, 417). Ein nach Beratung durch den **Scheinverteidiger** erklärte Rechtsmittelverzicht ist unwirksam (BGH NStZ 2002, 379). Wenn die **Wirksamkeit der Rücknahmeerklärung zu Unrecht bestritten wird,** spricht das Gericht durch Beschluss aus, dass das Rechtsmittel durch Rücknahme erledigt ist (BGH NStZ-RR 1998, 60; 2003, 241). Auch eine **unzulässige Revision** kann wirksam zurückgenommen werden (BGH NStZ-RR 2000, 305). Zur Rücknahmebefugnis der StA vgl. u. Rn. 7, des Verteidigers u. Rn. 8.

3   Voraussetzung der Wirksamkeit von Rücknahme- und Verzichtserklärung ist in beiden Fällen, dass der Erklärende **verhandlungsfähig** ist; er muss in der Lage sein, die Bedeutung der Erklärung zu erkennen (BGH NStZ 1983, 280; 1992, 29; BGH NStZ-RR 1999, 258; 2002, 101). Ob er verhandlungsfähig war, ist vom Revisionsgericht im Freibeweisverfahren zu klären (BGH NStZ 1999, 258). Das Revisionsgericht hat dabei zu prüfen, ob der Angeklagte sich bei Abgabe seiner Prozesserklärung in einem solchen Zustand geistiger Klarheit und Freiheit befand, dass er deren Bedeutung und Tragweite erkennen konnte (BGH NStZ 1996, 297). Für die **Form der Erklärung** gelten dieselben Regeln wie für die Rechtsmitteleinlegung, sie muss daher schriftlich oder zu Protokoll der Geschäftsstelle abgegeben werden (BGH 18, 217, 260 = NJW 1963, 963). Für die Einhaltung der **Schriftform** ist die **Unterzeichnung** des Schreibens, das die Rücknahme der Revision enthält, nicht erforderlich. Vielmehr ist ausreichend, dass der Rechtsmittelführer als Urheber des Schreibens zweifelsfrei erkennbar ist (BGH NStZ-RR 2000, 305). **Telefonische** Rücknahme- oder Verzichtserklärungen sind stets unwirksam; Telegramm, Fernschreiben oder **Telefax** genügen dagegen der Schriftform (BGH 31, 7 = NJW 1982, 1470). Der Rechtsmittelverzicht ist möglich, solange die Rechtsmitteleinlegung zulässig ist (KK-Ruß Rn. 6; s. auch Abs. 1 S. 1). Er ist zulässig, sobald das Rechtsmittel eingelegt werden kann (OLG Köln NJW 1980, 1720). Ein Verzicht kann auch im Anschluss an die Urteilsverkündung erklärt und im **Sitzungsprotokoll** vermerkt werden; aber **nicht vor Urteilsverkündung** (BGH 43, 195 = NJW 1998, 86). Dies setzt eine eindeutige, vorbehaltlose und **ausdrückliche Erklärung** voraus (vgl. Meyer-Goßner Rn. 20). Die Erklärung ist vom Urkundsbeamten niederzuschreiben, dem Erklärenden vorzulesen und von ihm zu genehmigen; auch dies ist zu protokollieren (vgl. BGH NStZ 1986, 277). Regelmäßig sollte der Angeklagte zu Verzichtserklärungen im Anschluss an die Urteilsverkündung nicht veranlasst werden (Nr. 142 Abs. 2 S. 1 RiStBV); unwirksam ist die Erklärung, wenn dem Angeklagten keine Gelegenheit gegeben wurde, sich mit seinem Verteidiger zu beraten (BGH 18, 257, 260), wenn sie dem Angeklagten unter Umgehung oder Ausschaltung des Verteidigers abverlangt wird (BGH NStZ 1984, 18; OLG Düsseldorf NStZ 1995, 147) oder wenn, etwa wegen Sprachunkundigkeit des Angeklagten, Zweifel daran bestehen, dass er die Tragweite

Allgemeine Vorschriften § 302

seiner Erklärung verstanden hat (vgl. KK-Ruß Rn. 12 f.). Darauf, ob dem Angeklagten eine **Rechtsmittelbelehrung** erteilt wurde, kommt es regelmäßig nicht an (BGH GA 1980, 469); denn ein Rechtsmittelverzicht ist auch dann wirksam, wenn eine **Rechtsmittelbelehrung unterblieben** ist (BGH NStZ 1984, 329; NStZ 2000, 38; BGH NStZ-RR 2003, 54). **Wirksam** wird die Rücknahme- oder Verzichtserklärung, wenn sie dem mit der Sache befassten Gericht **zugeht** (OLG Karlsruhe JR 1992, 302); bei Erklärungen zu Protokoll der Geschäftsstelle (vgl. § 299) **mit der Protokollierung,** wenn nicht die Akten bereits an das Rechtsmittelgericht abgegeben wurden; in diesem Fall wird die protokollierte Erklärung mit Eingang beim Rechtsmittelgericht wirksam. Zur Zuständigkeit für die Kostenentscheidung bei Rechtsmittelrücknahme vgl. BGH 12, 217 = NJW 1959, 348. Ein nach Urteilsverkündung erklärter und protokollierter Verzicht wird mit **Verlesung und Genehmigung** der Erklärung wirksam; auf die Fertigstellung des Protokolls kommt es nicht an.

Die **Rücknahmeerklärung** ist **unwiderruflich und unanfechtbar** (BGH 37, 15, 17 = NJW 1991, 239), wenn sie nicht vom Gericht mit unlauteren Mitteln herbeigeführt wurde; der Grundsatz „im Zweifel für den Angeklagten" gilt insoweit nicht (OLG Düsseldorf NStZ-RR 1996, 307). Dasselbe gilt für den **Verzicht** (BGH NJW 1984, 1974; NStZ 1995, 20; 1999, 364). Ausnahmen sind anerkannt: zB erwiesene Irreführung des Beschwerdeführers durch unrichtige amtliche Auskunft (OLG Bremen JZ 1955, 680; OLG Hamm NJW 1976, 1952; OLG Koblenz NStZ-RR 1996, 306); unrichtige Belehrung durch den Pflichtverteidiger (OLG Frankfurt NJW 1971, 949). Auch wenn ein Rechtsmittelverzicht des Angeklagten in der Form des § 273 Abs. 3 protokolliert wurde, kann die Beweiskraft dieses Protokolls im Hinblick auf besondere Umstände bei der Fertigstellung des Protokolls entfallen (BayObLG NStZ-RR 1996, 276). Die Rspr. erkennt an, dass in besonderen Fällen **schwerwiegende Willensmängel bei der Erklärung des Rechtsmittelverzichts** aus Gründen der **Gerechtigkeit** dazu führen können, dass eine Verzichtserklärung von Anfang an **unwirksam** ist (BGH 17, 14 = NJW 1962, 598; 45, 51 = NJW 1999, 2449). Der **Rechtsmittelverzicht** eines Angeklagten ist **unwirksam,** „wenn er lediglich auf Grund einer – auch irrtümlich – objektiv unrichtigen Erklärung oder Auskunft des Gerichts (hier: zu beamtenrechtlichen Nebenfolgen des Urteils) zustandegekommen ist" (BGH 46, 257 = NJW 2001, 1435). Die Verletzung der für die Führung von Gesprächen über eine Absprache aufgestellten Vorgaben kann nur dann zur Unwirksamkeit eines abgesprochenen und tatsächlich erklärten Rechtsmittelverzichts führen, wenn der Verfahrensmangel zu einer unzulässigen Willensbeeinflussung bei Abgabe der Verzichtserklärung geführt hat (BGH NStZ-RR 2001, 334). Nach einer verbreiteten Ansicht ist der Rechtsmittelverzicht unwirksam, den der Angeklagte unmittelbar nach der Hauptverhandlung abgegeben hat, wenn er vorher Verstoß gegen § 140 **unvorteidigt** geblieben ist (vgl. OLG Düsseldorf VRS 1993, 297; Egon Müller NStZ 1996, 170). Der gegensätzlichen Meinung ist zu folgen, dass ein Verstoß gegen § 140 die Wirksamkeit des Rechtsmittelverzichts nicht in Frage stellt (OLG Hamburg 1996, 629; OLG Brandenburg bei Egon Müller NStZ-RR 2001, 165; OLG Naumburg NJW 2001, 2190). Aber die Unwirksamkeit des Verzichtes kann nicht aus „enttäuschten Erwartungen" des Angeklagten hergeleitet werden (vgl. BGH wistra 1994, 197; BGH NStZ-RR 1997, 174).

Der Rechtsmittelverzicht des Angeklagten spielt bei den **Absprachen** eine bedeutende Rolle. Während in BGH 43, 195 = NJW 1998, 86; 45, 227 = NJW 2000, 526; BGH NJW 1995, 2568; NStZ 2000, 96 ein solcher Verzicht generell als unwirksam bezeichnet wird, gehen andere Entscheidungen davon aus, dass ein Verzicht nicht schon deshalb als unwirksam anzusehen sei, weil er Gegenstand einer Absprache war (vgl. BGHSt. 45, 51, 53 = NJW 1999, 2449; BGH NStZ

4

4 a

785

§ 302

1997, 611; NJW 1997, 2691; NStZ 2000, 386), sondern nur dann, wenn die Absprache bei Abgabe der Verzichtserklärung beim Angeklagten zu einer unzulässigen Willensbeeinflussung geführt hat oder wenn auf Grund der unzulässig geführten Verständigungsgespräche durch das Gericht eine für den Angeklagten unübersichtliche Prozesslage oder ein Dissens unter den Verfahrensbeteiligten entstanden ist (vgl. BGH 45, 51, 55 ff. = NJW 1999, 2449; BGH NStZ 2000, 386; NStZ-RR 2001, 334; 2002, 114), die sich auf die Verzichtserklärung ausgewirkt haben. Liegen derartige Umstände aber nicht vor, dann liegt die Entscheidungsbefugnis beim Angeklagten, ob er ein Urteil durch Erklärung eines Rechtsmittelverzichts annehmen will (BGH NStZ 1997, 611, 612; vgl. auch BGH wistra 2002, 269). Dem ist beizupflichten. Zu beachten bleibt, dass eine wirksame Verzichtserklärung erst **nach** der Urteilsverkündung abgegeben werden kann. Eine bereits **bei** der Absprache abgegebene Verzichtserklärung ist in jedem Fall ohne Wirkung (Kuckein/Pfister, BGH-FS, 2000, S. 641, 655; KK-Ruß Rn. 13; s. aber auch BGH NStZ 2004, 1641). Auch **Unwirksamkeit** eines sofort nach Urteilsverkündugng erklärten Rechtsmittelverzichts des Angeklagten, auf den der Staatsanwalt mit der Ankündigung eines unsachgemäßen Haftantrages für den Weigerungsfall gedrängt hatte (BGH NJW 2004, 1885). Zutreffend weist der BGH in 45, 277 = NJW 2000, 526 darauf hin, dass der Angeklagte regelmäßig durch den Inhalt der Absprache seine Verteidigungsmöglichkeiten auf einen schmalen Bereich einschränkt. ... „das Gericht darf daher von ihm keinesfalls verlangen, dass es sich bereits vor Abschluss der Hauptverhandlung und Kenntnis der Entscheidung der ihm zustehenden Kontrollmöglichkeit begibt, indem es ihn vor Urteilsverkündung auf einen Rechtsmittelverzicht festlegt". Die Problematik ist weitgehend gegenstandslos, wenn davon auszugehen ist – wie in Einf. Rn. 16 ff. darlegt –, dass der BGH keine Kompetenz (auch nicht durch Rechtsfortbildung) hat, Verständigungen durch eine Sonderverfahrensordnung zuzulassen, die zudem gegen rechtsstaatliche Grundsätze der StPO verstößt und verfassungswidrig ist).

5 Die **Rücknahme ist möglich,** sobald das Rechtsmittel eingelegt ist, **spätestens** bis zur Entscheidung des Rechtsmittelgerichts (vgl. aber § 303 S. 1). Eine Berufung kann auch noch nach (Gesamt-)Aufhebung des Berufungsurteils und Zurückverweisung durch das Revisionsgericht zurückgenommen werden. **Ausgeschlossen** ist die Berufungsrücknahme, wenn das Berufungsverfahren in ein erstinstanzliches übergeleitet (BGH 34, 204, 208 = NJW 1987, 1212) oder mit einem solchen verbunden worden ist (BGH NJW 1992, 2644). Der zwischenzeitliche Eintritt eines **Verfahrenshindernisses** steht einer Rechtsmittelrücknahme nicht entgegen (KK-Ruß Rn. 5; str.). Auch eine **unzulässige Revision** kann wirksam zurückgenommen werden (BGH NStZ 1995, 356). Ein **Rechtsmittelverzicht ist möglich,** sobald die Entscheidung ergangen und solange das Rechtsmittel noch eingelegt werden kann. Eine Erklärung ist auch schon vor Beginn der Rechtsmittelfrist (BGH 25, 234 = NJW 1974, 66) und bei Fehlen einer Rechtsmittelbelehrung (BGH NStZ 1984, 181) wirksam möglich; stets unwirksam ist ein **vor Entscheidungserlass** erklärter Verzicht; an entsprechende Ankündigungen ist der Erklärende nicht gebunden.

6 **Wirkung der Rücknahme- oder Verzichtserklärung** ist der endgültige Verlust des Rechtsmittels (BGH wistra 1989, 67). Dabei betrifft die **Rücknahme** nur das Rechtsmittel, auf welches sich die Erklärung bezieht; der **Verzicht** betrifft, sofern nicht eine ausdrückliche Einschränkung erklärt wird, alle statthaften Rechtsmittel. Ist ein Rechtsmittel eines anderen Anfechtungsberechtigten durchgeführt worden, so kann auch derjenige, der auf Rechtsmittel gegen die erste Entscheidung verzichtet hatte, die nach Aufhebung ergehende zweite Entscheidung anfechten (KK-Ruß Rn. 14). Eine **Wiedereinsetzung** ist nach Rücknahme oder Verzicht grds. ausgeschlossen (BGH NJW 1978, 330). Wiedereinsetzung in den vorigen

Allgemeine Vorschriften **§ 302**

Stand wegen der versäumten Frist zur Einlegung der **Revision** kann unter besonderen Umständen gewährt werden, wenn der Rechtsmittelverzicht des Angeklagten **unwirksam** ist, weil ihm eine vom Vorsitzenden unzuständigerweise abgegebene und alsbald nach der Urteilsverkündung **nicht eingehaltene Zusage** zugrunde liegt (BGH NJW 1995, 2568).

Die **Rücknahmebefugnis der StA** ist durch Abs. 1 S. 2 über § 303 S. 1 **7** hinaus eingeschränkt, wenn das Rechtsmittel der StA **ausschließlich** zugunsten des Beschuldigten eingelegt ist. Im Jugendstrafverfahren gilt § 55 Abs. 3 JGG. Auf das Rechtsmittel des **gesetzlichen Vertreters** (vgl. § 298) ist Abs. 1 S. 2 entsprechend anzuwenden. Zu Rücknahme und Verzicht ist diejenige StA befugt, die das Rechtsmittel eingelegt hat oder einlegen könnte. Die Erklärung der StA ist wirksam und bindend, auch wenn sie gegen innerbehördliche Weisungen (§ 146 GVG) verstößt. Die **Ersetzungsbefugnis** des § 145 Abs. 1 GVG berechtigt den GenStA, Rechtsmittel örtlicher StAen zurückzunehmen. Der **GBA** kann hingegen das Rechtsmittel einer StA im Revisionsverfahren nicht selbst zurücknehmen; das ergibt sich aus §§ 142 Abs. 1 Ziff. 1, 145 Abs. 1 GVG (str.). Er hat auch kein Weisungsrecht gegenüber der GenStA, kann dieser aber die Rücknahme aussichtsloser Rechtsmittel nahelegen. **Amtsanwälte** und **örtliche Sitzungsvertreter** (vgl. Meyer-Goßner GVG § 142 Rn. 9) sind in dem Umfang, in welchem sie anfechtungsbefugt sind, auch zu Rücknahme und Verzicht befugt. Das gilt auch für **Referendare,** denen die Wahrnehmung staatsanwaltschaftlicher Aufgaben nach § 142 Abs. 3 GVG übertragen worden ist (vgl. KK-Schoreit GVG § 142 Rn. 14).

Bei der **Rechtsmittelrücknahme des Verteidigers** ist zwischen dem Rechts- **8** mittel des Beschuldigten und dem des Verteidigers selbst (§ 297) zu unterscheiden. **Abs. 2** gilt nur für den letzteren Fall; für Erklärungen zum Rechtsmittel des Beschuldigten ist das Erfordernis einer Vollmacht selbstverständlich. Die Ermächtigung des Verteidigers, den Einspruch des Betroffenen gegen einen Bußgeldbescheid zurückzunehmen, kann bis zum Schluss des Rechtsbeschwerdeverfahrens nachgewiesen werden (OLG Brandenburg NStZ-RR 1998, 309). Das Ermächtigungserfordernis gilt auch für Verzicht und Teilrücknahme (vgl. Meyer-Goßner Rn. 31 a; i. E. str.). Eine in der Rechtsmittelbegründung vorgetragene **Beschränkung** eines zunächst unbeschränkt eingelegten Rechtsmittels unterfällt Abs. 2 nicht; sie stellt nur eine Konkretisierung des Anfechtungsumfangs dar (BGH 38, 4 = NJW 1991, 3162). Ist die Entscheidung ohne Ermächtigung von vornherein nur teilweise angefochten, dann gilt das Rechtsmittel nicht als unbeschränkt eingelegt; es kann aber bis zum Ablauf der Rechtsmittelfrist erweitert werden (BGH 38, 366 = NJW 1993, 476). Einer ausdrücklichen Ermächtigung zur Beschränkung der Berufung bedarf der **Pflichtverteidiger** dann nicht, wenn die Beschränkung innerhalb der Berufungsbegründungsfrist erfolgt (OLG Koblenz NStZ-RR 2001, 247). Für Verzicht und Rücknahme sind gesonderte Ermächtigungen erforderlich (BGH NJW 1952, 273). Die Ermächtigung muss **ausdrücklich** erteilt werden; einer bestimmten **Form** bedarf sie nicht (BGH 10, 245, 246 = NJW 1957, 1040); „sie kann schriftlich oder mündlich – auch **fernmündlich** – erteilt werden" (BGH NStZ 1995, 356). Der Nachweis kann noch **nach** Abgabe der Rücknahmeerklärung geführt werden, auch durch **anwaltliche** Versicherung des Verteidigers (BGH NStZ-RR 2003, 241; BGH NStZ 2004, 55). Sie muss sich **konkret** auf das eingelegte Rechtsmittel beziehen; eine allgemeine Ermächtigung zur Rücknahme von Rechtsmitteln genügt nicht (BGH NStZ 2000, 665; Egon Müller NStZ-RR 2001, 170). Auch die in einem allgemeinen Vollmachtsformular enthaltene generelle Ermächtigung eines **Nebenklägervertreters** zur Rücknahme eines Rechtsmittels ist nicht ausreichend (OLG Oldenburg NStZ-RR 2001, 246). Aber ein **zustimmendes Nicken** des Angeklagten zu dem von seinem Verteidiger zu Protokoll erklärten Rechtsmittelverzicht genügt den Anforderungen an eine ausdrückliche Ermächtigung is von § 302 Abs. 2 (BGH NJW 2002, 1436). Ihre Wirksamkeit setzt Verhandlungsfähigkeit des Beschuldigten voraus (vgl. o. Rn. 3). Eine in Anwesenheit des Beschuldigten ohne dessen Widerspruch erklärte Rücknahme ist bindend. Ob eine Ermächtigung vorliegt, ist ggf. im **Freibeweis** zu prüfen; der Beweis kann insb. durch **anwaltliche Versicherung** erbracht werden. Fehlt eine Ermächtigung, so sind Rücknahme oder Verzicht des Verteidigers **unwirksam.** Die Ermächtigung **endet** mit dem Mandat, auch bei einem **Wechsel** von Wahlverteidiger zu Pflichtverteidiger (vgl. BGH NStZ 1991, 94) und kann jederzeit formlos **widerrufen** werden (BVerfG NJW 1993, 456; BGH 10, 245 = NJW 1957, 1040). Legt der Angeklagte selbst Revision ein und geht diese Erklärung **vor** dem Rechtsmittelverzicht des Verteidigers, zu dem der Angeklagte diesen vor Abfassung der Revisionsschrift ausdrücklich ermächtigt hatte, bei Gericht ein, so liegt in der Rechtsmitteleinlegung regelmäßig der **Widerruf** der Ermächtigung zum Rechtsmittelverzicht (BayObLG NJW 1995, 1230). Haben **mehrere Verteidiger Revision eingelegt,** so führt die im Auftrag des Angeklagten erklärte Zurücknahme des einen zur Zurücknahme des Rechtsmittels insgesamt (BGH NStZ 1996, 202). Ein in **Anwesenheit des Verteidigers** erklärter Rechtsmittelverzicht erstreckt sich auch ohne entsprechende richterliche Belehrung auf die sofortige Beschwerde gegen die **Kostenentscheidung** des Urteils (OLG Nürnberg NStZ 1997, 302).

§ 303 [Zustimmung des Gegners]

[1]**Wenn die Entscheidung über das Rechtsmittel auf Grund mündlicher Verhandlung stattzufinden hat, so kann die Zurücknahme nach Beginn der Hauptverhandlung nur mit Zustimmung des Gegners erfolgen.** [2]**Die Zurücknahme eines Rechtsmittels des Angeklagten bedarf jedoch nicht der Zustimmung des Nebenklägers.**

1   Die Vorschrift gilt für **Berufung** und **Revision,** hier jedoch auch für nachträgliche Beschränkungen (Teilrücknahmen; RG 65, 231, 235). Bei Abwesenheit des Angeklagten in der Berufungsverhandlung regelt § 329 Abs. 2 S. 2 eine **Ausnahme** (vgl. § 329 Rn. 9).

2   **Beginn der Hauptverhandlung** ist der Aufruf der Sache, §§ 243 Abs. 1 S. 2, 324, 351. Hierbei kommt es auf die **erste** Hauptverhandlung des Rechtszugs an; nach Zurückverweisung bedarf die Rücknahme stets der Zustimmung des Gegners (BayObLG NJW 1985, 754), ebenso nach Aussetzung (BGH 23, 277 = NJW 1970, 1512). Bis zum Aufruf der Sache ist die Rücknahme, von § 302 Abs. 1 S. 2 abgesehen, ohne Einschränkung möglich.

3   **Gegner** sind StA, Privat- und Nebenkläger auf der einen, Angeklagter, Verteidiger, gesetzliche Vertreter und Nebenbeteiligte auf der anderen Seite. Der Zustimmung des **Nebenklägers** bedarf es nicht **(S. 2).** Der **Angeklagte** muss stets persönlich einer Rücknahme zustimmen, wenn er nicht vertreten ist (§ 234) oder seinen Verteidiger ermächtigt hat (OLG Hamm NJW 1969, 151).

4   Die Zustimmung ist **formfrei, unanfechtbar und unwiderruflich.** Sie muss ausdrücklich erklärt werden und ist zu protokollieren (§ 273 Abs. 1). Schweigen kann im Einzelfall ausreichen (OLG Düsseldorf MDR 1976, 1040; BayObLG NJW 1985, 754), in diesem Fall gilt § 274 aber nicht. Die Erklärung ist gegenüber dem Gericht binnen angemessener Frist abzugeben und wird mit Zugang wirksam. Besteht Streit über die Wirksamkeit einer Rücknahme, so entscheidet das Gericht durch Sachurteil oder Erledigterklärung durch Urteil (RG 67, 281). Eine Erledigterklärung **außerhalb der Hauptverhandlung** kann durch Beschluss erfolgen, wenn Rücknahmeerklärung und Zustimmung zwischen Hauptverhandlungsterminen bei Gericht eingegangen sind (KK-Ruß Rn. 6).

Zweiter Abschnitt. Beschwerde

§ 304 [Zulässigkeit]

(1) Die Beschwerde ist gegen alle von den Gerichten im ersten Rechtszug oder im Berufungsverfahren erlassenen Beschlüsse und gegen die Verfügungen des Vorsitzenden, des Richters im Vorverfahren und eines beauftragten oder ersuchten Richters zulässig, soweit das Gesetz sie nicht ausdrücklich einer Anfechtung entzieht.

(2) Auch Zeugen, Sachverständige und andere Personen können gegen Beschlüsse und Verfügungen, durch die sie betroffen werden, Beschwerde erheben.

(3) Gegen Entscheidungen über Kosten oder notwendige Auslagen ist die Beschwerde nur zulässig, wenn der Wert des Beschwerdegegenstands 200 Euro übersteigt.

(4) ¹Gegen Beschlüsse und Verfügungen des Bundesgerichtshofes ist keine Beschwerde zulässig. ²Dasselbe gilt für Beschlüsse und Verfügungen der Oberlandesgerichte; in Sachen, in denen die Oberlandesgerichte im ersten Rechtszug zuständig sind, ist jedoch die Beschwerde zulässig gegen Beschlüsse und Verfügungen, welche

1. die Verhaftung, einstweilige Unterbringung, Unterbringung zur Beobachtung, Beschlagnahme oder Durchsuchung betreffen,
2. die Eröffnung des Hauptverfahrens ablehnen oder das Verfahren wegen eines Verfahrenshindernisses einstellen,
3. die Hauptverhandlung in Abwesenheit des Angeklagten (§ 231a) anordnen oder die Verweisung an ein Gericht niederer Ordnung aussprechen,
4. die Akteneinsicht betreffen oder
5. den Widerruf der Strafaussetzung, den Widerruf des Straferlasses und die Verurteilung zu der vorbehaltenen Strafe (§ 453 Abs. 2 Satz 3), die Anordnung vorläufiger Maßnahmen zur Sicherung des Widerrufs (§ 453c), die Aussetzung des Strafrestes und deren Widerruf (§ 454 Abs. 3 und 4), die Wiederaufnahme des Verfahrens (§ 372 Satz 1) oder den Verfall, die Einziehung oder die Unbrauchbarmachung nach den §§ 440, 441 Abs. 2 und § 442 betreffen;

³§ 138d Abs. 6 bleibt unberührt.

(5) Gegen Verfügungen des Ermittlungsrichters des Bundesgerichtshofes und des Oberlandesgerichts (§ 169 Abs. 1) ist die Beschwerde nur zulässig, wenn sie die Verhaftung, einstweilige Unterbringung, Beschlagnahme oder Durchsuchung betreffen.

Die Vorschrift regelt die **Statthaftigkeit** der Beschwerde (vgl. vor § 296 Rn. 2), **1** die grds. gegen **alle richterlichen Entscheidungen und Maßnahmen** (nicht: Justizverwaltungsakte) gegeben ist, soweit nicht gesetzliche Ausnahmen eingreifen. Gegen **Urteile** ist die Beschwerde nur in den Fällen des § 464 Abs. 3 S. 1 sowie der §§ 8 Abs. 3 S. 1 StrEG, 59 Abs. 1 JGG statthaft. Anfechtbar ist auch die **Unterlassung** einer rechtlich gebotenen Entscheidung (BGH NJW 1993, 1279), nicht aber die schlichte Untätigkeit. Für **Teilanfechtung, (Teil-)Rücknahme** und **Verzicht** gelten die allgemeinen Regeln. **Beschwerdeberechtigt** ist, wer durch die angefochtene Maßnahme in eigenen Rechten verletzt ist, denn der Richter ist nicht Verfahrensbeteiligter, sondern Träger des Verfahrens (OLG Hamm wistra 1998, 38). Zur Beschwerde bei langdauernder Nichtterminierung s. § 305 Rn. 3. Nach der bisherigen Rspr. – vom BVerfG gebilligt (BVerfGE 49, 329 = NJW 1979, 154) –

§ 304

war eine Beschwerde gegen eine richterliche Durchsuchungsanordnung **nach ihrem Vollzug** wegen Wegfalls des erforderlichen Rechtsschutzbedürfnisses (prozessuale Überholung der Beschwerde) grundsätzlich unzulässig (BGH NStZ 1993, 27 mwN). „Etwas anderes gilt ist (vgl. vor § 296 Rn. 3). Das sind vor allem die **Verfahrensbeteiligten,** nach **Abs. 2** aber auch Dritte, die durch eine richterliche Entscheidung **unmittelbar betroffen** sind. Eine nur **mittelbare** Betroffenheit, etwa als Familienangehöriger, reicht nicht aus (vgl. KK-Engelhardt Rn. 28 f.; anders Meyer-Goßner Rn. 7). Hebt zB das Rechtsmittelgericht den vom Amtsrichter anberaumten Hauptverhandlungstermin auf die Beschwerde des Angeklagten hin auf (weil die Ablehnung der beantragten Terminsverlegung ermessenfehlerhaft war), ist der Amtsrichter zur Anfechtung dieser Entscheidung nicht beschwerdeberechtigt; nur dann, wenn ein nachwirkendes Bedürfnis für eine richterliche Prüfung der Vollzugsmaßnahme besteht", zB bei Wiederholungsgefahr sowie bei diskriminierenden Auswirkungen einer Vollzugsmaßnahme (BGH 36, 32). Das **BVerfG** ist nun von BVerfGE 49, 329 abgewichen und hat entschieden: „Danach darf die Beschwerde nicht allein deswegen, weil die richterliche Anordnung vollzogen worden sei und die Maßnahme sich erledigt habe, unter dem Gesichtspunkt **prozessualer Überholung** als unzulässig verworfen werden". Vielmehr ist ein **Rechtsschutzinteresse** auch in Fällen tiefgreifender Grundrechtseingriffe gegeben, in denen die direkte Belastung durch den angegriffenen Hoheitsakt sich nach typischem Verfahrensablauf auf eine Zeitspanne beschränkt, in welcher der Betroffene die gerichtliche Entscheidung in der von der Prozessordnung gegebenen Instanz kaum erlangen kann. Ein solches Interesse ist zB „bei Durchsuchungen von Wohnungen schon wegen des Gewichts des Eingriffs in das Grundrecht des Art. 13 GG zu bejahen" (BVerfGE 96, 27 = NJW 1997, 2163; BVerfG NJW 1998, 2131); auch bei richterlichen oder nichtrichterlichen Eingriffen in die **körperliche Unversehrtheit,** in die **persönliche Freiheit** oder bei erledigter **Festnahme** usw. ist die nachträgliche Feststellung der Unrechtmäßigkeit gegeben (BGH 44, 265 = NJW 1999, 730; 45, 183 = NJW 1999, 3499; BGH 2000, 84; s. § 98 Rn. 9; § 105 Rn. 6).

2   Die **Zuständigkeit** der Beschwerdegerichte ergibt sich aus §§ 73, 74 a Abs. 3, 74 b, 121 Abs. 1 Nr. 2, 135 Abs. 2 GVG. Über Beschwerden gegen Entscheidungen des Vorsitzenden oder des beauftragten Richters das übergeordnete, gegen solche des ersuchten Richters das ersuchende Gericht.

3   Die angefochtene Entscheidung muss **im 1. Rechtszug oder im Berufungsverfahren** ergangen sein **(Abs. 1).** Dazu gehört auch das **Wiederaufnahmeverfahren** (OLG Koblenz NJW 1961, 1418). Entscheidungen nach §§ 12 Abs. 2, 13 Abs. 2 S. 2, 14, 15 zählen nicht dazu; für Entscheidungen nach § 462 a Abs. 2 S. 1, Abs. 3 S. 1, Abs. 5 gelten die vollstreckungsrechtlichen Sonderregelungen (vgl. § 462 Rn. 4).

4   Entscheidungen des **BGH** sind der Beschwerde entzogen **(Abs. 4 S. 1).** Gegen Entscheidungen des **Senatsvorsitzenden** des Revisionsgerichts gemäß § 147 Abs. 5 ist ein Rechtsmittel **nicht statthaft** (BGH NStZ 2001, 551). Eine **Ausnahme** gilt nur für die in **Abs. 5** genannten ermittlungsrichterlichen Maßnahmen. Dasselbe gilt grds. für Entscheidungen des **OLG,** unabhängig davon, ob es als Rechtsmittelgericht oder als Gericht des 1. Rechtszugs (vgl. § 120 Abs. 1, Abs. 2 GVG) entscheidet, **Abs. 4 S. 2, 1. HS.** Im letzten Fall gelten jedoch die Ausnahmen des **Abs. 4 S. 2, 2. HS.** Die Aufzählung ist abschließend (BVerfG 45, 363, 374 = NJW 1977, 1815) und eng auszulegen (BGH 25, 120, 121 = NJW 1973, 664; 34, 34, 35 = NJW 1986, 1821); eine entsprechende Anwendung kommt nur in Ausnahmefällen in Betracht (BGH 30, 168, 171 = NJW 1981, 2311). Die **Verhaftung** (Nr. 1) betreffen nur solche Entscheidungen, durch die unmittelbar über die Inhaftnahme (BGH 26, 278, 271 = NJW 1976, 721) oder über den Bestand des Haftbefehls (BGH 29, 200, 202 = NJW 1980, 1401) entschieden wird (vgl. BGH 34, 34). Dazu gehört auch die Anordnung der **Erzwingungshaft** (BGH 36,

Beschwerde **§ 304**

192 = NJW 1989, 2702). Aber die **Ablehnung** der Anordnung von Erzwingungshaft nach § 70 Abs. 2 durch den Ermittlungsrichter eines OLG oder des BGH unterliegt nicht der Anfechtung nach Abs. 5 – im Anschluss an BGH 36, 192 = NJW 1989, 2702 (BGH NJW 1998, 467). Die **Beschlagnahme** umfasst den Arrest nach § 111 d (BGH 29, 13 = NJW 1979, 1612), nicht aber die einstweilige Beschlagnahme nach § 108 (BGH 28, 349, 350 = NJW 1979, 1418). Die **Telefonüberwachung** nach § 100 a unterfällt der Vorschrift nicht. Eine **Auslagenentscheidung** des Oberlandesgerichts in einem das Verfahren wegen eines Verfahrenshindernisses einstellenden Beschluss ist grundsätzlich nicht isoliert anfechtbar (BGH NJW 2000, 1427).

Nichteröffnung (§ 210 Abs. 2) und Einstellung (§ 206 a) durch das OLG sind 5 anfechtbar **(Nr. 2),** ebenso die Anordnung nach § 231 a und die Verweisung nach § 209 Abs. 1 **(Nr. 3).** Teilweise bestritten: Zwar ist der Strafprozessordnung eine reine Untätigkeitsbeschwerde fremd, die Unterlassung einer von Amts wegen oder auf Antrag zu treffenden Entscheidung ist jedoch dann anfechtbar, wenn die unterlassene Entscheidung selbst beziehungsweise deren Ablehnung anfechtbar ist und deren Unterlassung die Bedeutung einer endgültigen Ablehnung und nicht einer bloßen Verzögerung der zu treffenden Entscheidung zukommt. Die Weigerung der Strafkammer, das Verfahren weiter sachlich zu fördern, zieht jedenfalls dann einen endgültigen Verfahrensabschluss nach sich und steht der ablehnenden Entscheidung über die Eröffnung des Hauptverfahrens mit der Folge der Anfechtbarkeit gleich, wenn die Verjährung der Straftaten droht (OLG Frankfurt NJW 2002, 454; vgl. auch NJW 2002, 453). Beschlüsse nach § 231 Abs. 2 sind nicht anfechtbar (BGH NStZ 1981, 95; vgl. KK-Engelhardt Rn. 11). Die Beschwerdemöglichkeit nach **Nr. 4,** die ausschließlich Verfahrensbeteiligte haben (BGH 36, 338 = NJW 1990, 1614), lässt § 147 Abs. 4 S. 2 unberührt. Unter **Nr. 5** fallen nicht Entscheidungen nach § 68 f Abs. 2 (BGH 30, 250 = NJW 1982, 115) und solche über die Dauer der Bewährungszeit und die Auflagen (BGH 25, 120, 122 = NJW 1973, 664; 30, 32 = NJW 1981, 695). Entscheidungen des OLG über den **Verteidigerausschluss** sind anfechtbar (Abs. 4 S. 2, 3. HS iVm § 138 d Abs. 6), nicht aber die Zurückweisung nach §§ 137 Abs. 1 S. 2, 146 (BGH NJW 1977, 156).

Stets ausgeschlossen ist die Beschwerde **(Abs. 1 letzter HS)** daneben durch 6 §§ 28 Abs. 1, 46 Abs. 2, 81 c Abs. 3 S. 4, 100 Abs. 3 S. 3, 138 a Abs. 6 S. 3, 153 Abs. 2 S. 4, 153 a Abs. 2 S. 4, 161 a Abs. 3 S. 4, 163 a Abs. 3 S. 3, 201 Abs. 2 S. 2, 202 S. 2, 212 b Abs. 2 S. 2, 229 Abs. 3, 305 S. 1, 310 Abs. 2, 348 Abs. 2, 464 Abs. 3 S. 1, 467 a Abs. 3, 469 Abs. 3 und durch §§ 41 S. 2, 52 Abs. 4, 53 Abs. 2, 54 Abs. 3 S. 1 GVG, für **bestimmte Verfahrensbeteiligte** durch §§ 210 Abs. 1 und 2, 225 a Abs. 3 S. 3, Abs. 4 S. 2, 270 Abs. 3 S. 2. Neben dem Haftprüfungsantrag ist die Beschwerde unzulässig, § 117 Abs. 2 S. 2. **Sonderregelungen** (zB §§ 319 Abs. 2, 346 Abs. 2, 410 Abs. 1 S. 1) schließen die Beschwerde aus (BGH 10, 88, 91 = NJW 1957, 637). Das Rechtsschutzbedürfnis für eine Beschwerde des Betroffenen gegen eine Durchsuchungsanordnung des Ermittlungsrichters des BGH entfällt grundsätzlich, wenn der GBA die richterliche Beschlagnahme der bei der Durchsuchung sichergestellten Gegenstände beantragt hat (BGH NJW 1995, 3397). Verwirft das Rechtsmittelgericht die gegen eine richterliche Durchsuchungsanordnung gerichtete Beschwerde unter Verletzung von Art. 19 Abs. 4 GG iVm Art. 13 Abs. 1 GG wegen **prozessualer Überholung,** so kann sich diese Grundrechtsverletzung in der weiteren Entscheidung über die richterliche Bestätigung der bei der Durchsuchung erfolgten Beschlagnahme fortsetzen (BVerfG NJW 1999, 273). Im Strafverfahren ist – im Gegensatz zu der im Zivilprozessrecht entwickelten Rspr. zur Zulässigkeit eines außerordentlichen Rechtsmittels wegen „greifbarer Gesetzeswidrigkeit" der angefochtenen (rechtskräftigen) Entscheidung, vgl. BGHZ 109, 43; BGH NJW 1993, 135 und 1865 – eine **„außerordentliche Beschwerde"** nicht anzuerkennen (BGH

45, 37 = NJW 1999, 2290; s. auch § 33a Rn 2). Auch „die Anordnung der Entnahme von Körperzellen und deren molekulargenetischer Untersuchung zur Feststellung des DNA-Identifizierungsmusters einer Person kann auch bei weitestem Verständnis des Wortsinns nicht mehr unter den Begriff einer der in § 304 Abs. 5 genannten Maßnahmen subsumiert werden. Sie wird auch nicht nach Sinn und Zweck der Vorschrift erfasst, so dass eine Beschwerde gegen solche Maßnahmen des **Ermittlungsrichters nicht ausnahmsweise** gemäß § 304 Abs. 5 zulässig ist" (BGH NJW 2002, 765). Gegen den Beschluss des Ermittlungsrichters des BGH, mit dem ein Haftbefehl lediglich um einen weiteren Haftgrund ergänzt wird, ohne dass dies unmittelbare Auswirkungen auf den Bestand oder die Vollziehbarkeit des Haftbefehls hat, ist die Beschwerde, die sich lediglich gegen die Annahme des weiteren Haftgrundes wendet, unzulässig (BGH 47, 249 = NJW 2003, 1132 Ergänzung von BGH 34, 34 = NJW 1986, 1821).

§ 305 [Ausschluß der Beschwerde]

¹**Entscheidungen der erkennenden Gerichte, die der Urteilsfällung vorausgehen, unterliegen nicht der Beschwerde.** ²**Ausgenommen sind Entscheidungen über Verhaftungen, die einstweilige Unterbringung, Beschlagnahmen, die vorläufige Entziehung der Fahrerlaubnis, das vorläufige Berufsverbot oder die Festsetzung von Ordnungs- oder Zwangsmitteln sowie alle Entscheidungen, durch die dritte Personen betroffen werden.**

1 **Erkennendes Gericht** ist dasjenige Gericht, bei dem das Hauptverfahren anhängig ist (BGH 2, 1, 2 = NJW 1952, 478), und zwar vom Zeitpunkt des Eröffnungsbeschlusses (auch für zugleich erlassene Entscheidungen; BayObLG 1955, 113, 114 = MDR 1955, 629) bis zur Urteilsfällung. **Berufungsgericht** und Revisionsgericht sind ab Aktenvorlage nach §§ 321 S. 2, 347 Abs. 2, das Gericht, an das zurückverwiesen worden ist (§§ 328 Abs. 2, 354 Abs. 2, Abs. 3, 355), ab Eingang der Akten erkennendes Gericht. Im **Strafbefehlsverfahren** beginnt die Eigenschaft als erkennendes Gericht mit Anberaumung der Hauptverhandlung (§§ 408 Abs. 3 S. 2, 411 Abs. 1 S. 2), ebenso im **beschleunigten Verfahren** (§ 418 Abs. 1). Sowohl der **Vorsitzende** als auch der **beauftragte Richter** sind mit ihren Verfügungen dem erkennenden Richter gleichzustellen (OLG Stuttgart NJW 1976, 1647; OLG Düsseldorf NStZ 1986, 138; Meyer-Goßner Rn. 2; KK-Engelhardt Rn. 4). Das **Beschwerdegericht** ist nicht erkennendes Gericht (vgl. KK-Engelhardt Rn. 3).

2 **Ausgeschlossen** ist die Beschwerde gegen Entscheidungen, die in innerem Zusammenhang mit der Urteilsfällung stehen, ausschließlich ihrer Vorbereitung dienen und keine darüber hinausgehenden Wirkungen entfalten (vgl. KK-Engelhardt Rn. 5 ff.; Meyer-Goßner Rn. 1, 4). Das betrifft insb. Entscheidungen und Verfügungen zur Vorbereitung der Beweisaufnahme, Terminierung (**aA** OLG Frankfurt StV 1995, 9; OLG Hamburg StV 1995, 11: bei evidenter Fehlerhaftigkeit) und Durchführung der Hauptverhandlung sowie zum Fortgang des Verfahrens (vgl. i. E. KK-Engelhardt Rn. 6 f.). Entscheidungen über die Bestellung eines **Pflichtverteidigers** sind anfechtbar (OLG Düsseldorf NStZ 1994, 599; OLG Frankfurt StV 1995, 11; str.; vgl. KK-Engelhardt Rn. 8). Die mit ordentlichen Rechtsmitteln **nicht mehr anfechtbaren** letztinstanzlichen gerichtlichen Entscheidungen sind mit Rücksicht auf das Willkürverbot des Art. 3 Abs. 1 GG und die Bindung des Richters an Gesetz und Recht (Art. 20 Abs. 3 GG) ausnahmsweise dann zu begründen, wenn von dem eindeutigen Wortlaut einer Vorschrift abgewichen werden soll und der Grund hierfür sich nicht schon eindeutig aus den den Betroffenen bekannten oder für die ohne weiteres erkennbaren Besonderheiten des Falles ergibt (BVerfG NJW 1998, 3484).

Beschwerde § 305 a

S. 2 nennt **beispielhaft** der Beschwerde nicht entzogene Maßnahmen, deren 3
Wirkungen rückwirkend nicht beseitigt und die nicht nachgeholt werden können.
Die Beschwerde ist stets auch gegen die **Ablehnung** eines entsprechenden Antrags
der StA zulässig. Entscheidungen über **Verhaftungen** betreffen, anders als in
§§ 304 Abs. 4 S. 2 Nr. 2, 310 Abs. 1, alle Maßnahmen im Zusammenhang mit der
U-Haft (Meyer-Goßner Rn. 7; **aA** KK-Engelhardt Rn. 10). Einstweilige Unterbringung ist nur eine solche nach § 126 a. **Dritte** sind betroffen, wenn in ihre
Rechte unmittelbar eingegriffen wird, zB durch Maßnahmen nach §§ 51, 70, 81 c,
94 Abs. 2, 103. Die Aufzählung in S. 2 ist **nicht abschließend.** Die Beschwerde
der StA wegen langandauernder **Nichtterminierung** einer Strafsache ist **zulässig;**
es kann sowohl das besondere Beschleunigungsgebot in Haftsachen als auch das
allgemeine Beschleunigungsgebot verletzt und die Verfahrensweise des Vorsitzenden
ermessenfehlerhaft sein (OLG Braunschweig NStZ-RR 1996, 172). In der Anordnung einer psychiatrischen Untersuchung − bestehend aus allgemeiner Exploration
und gesundheitlicher Allgemeinuntersuchung − liegt kein Eingriff iSd § 305 S. 2
(OLG Nürnberg NStZ-RR 1998, 242).

§ 305 a [Beschwerde gegen Strafaussetzungsbeschluß]

(1) ¹**Gegen den Beschluß nach § 268a Abs. 1, 2 ist Beschwerde zulässig.**
²**Sie kann nur darauf gestützt werden, daß eine getroffene Anordnung gesetzwidrig ist.**

(2) **Wird gegen den Beschluß Beschwerde und gegen das Urteil eine zulässige Revision eingelegt, so ist das Revisionsgericht auch zur Entscheidung über die Beschwerde zuständig.**

Die Statthaftigkeit der Beschwerde gegen den **Bewährungsbeschluss** (§ 268 a) 1
ergibt sich schon aus § 304 Abs. 1. Abs. 1 S. 2 enthält **keine Einschränkung der
Zulässigkeit** und damit auch keine besondere Begründungspflicht, sondern
schränkt den Bereich der Nachprüfung ein (vgl. § 453 Abs. 2 S. 2). Diese Einschränkung gilt nur für das Beschwerdegericht, nicht für die Abhilfeentscheidung
nach § 306 Abs. 2.
Beschwerdeberechtigt sind der Verurteilte sowie sein gesetzlicher Vertreter 2
(§ 298) und die StA (§ 296), der Nebenkläger nicht (entspr. § 400 Abs. 1; **aA** KK-Engelhardt Rn. 5).
Zuständig ist nach Urteilsrechtskraft das Beschwerdegericht. Ist **Berufung** ein- 3
gelegt, so wird der Beschluss nach § 268 a mit der Entscheidung des Berufungsgerichts in der Sache gegenstandslos; das Berufungsgericht erlässt einen neuen Beschluss, für den **Abs. 1 S. 2** nicht gilt (vgl. KK-Engelhardt Rn. 14). Gegen ihn ist
auch dann erneut Beschwerde zulässig, wenn das Berufungsgericht irrig als Beschwerdegericht entschieden und Abs. 1 S. 2 angewendet hat (**aA** OLG Hamm GA
1971, 125). Eine Beschwerdeentscheidung ergeht im Berufungsrechtszug nur, wenn
die Berufung sich auf die Strafaussetzung nicht erstreckt, zurückgenommen oder als
unzulässig verworfen wird (KK-Engelhardt Rn. 16).
Das **Revisionsgericht** entscheidet über die Beschwerde, wenn sie neben einer 4
zulässigen Revision eingelegt ist **(Abs. 2).** Wird das angefochtene Urteil insoweit
aufgehoben, als es die zur Bewährung ausgesetzte Strafe betrifft, so wird die Beschwerde gegenstandslos. Das Revisionsgericht bleibt auch nach Abschluss des
Revisionsverfahrens zuständig, wenn über die Beschwerde versehentlich nicht entschieden wurde (BGH NStZ 1986, 422); seine Zuständigkeit entfällt, wenn die
Revision unzulässig oder die Beschwerde zum Zeitpunkt der Revisionsentscheidung
noch nicht entscheidungsreif ist (BGH 34, 392 = NJW 1988, 1224; BGH
NJW 1992, 2169).

§ 306

5   Die Nachprüfung ist auf die **Gesetzwidrigkeit** beschränkt, S. 2; diese ergibt sich aus dem materiellen Recht (§§ 56a ff., 59a, 68b, 68c StGB) oder aus Verfahrensverstößen. Liegt Gesetzeswidrigkeit vor, so entscheidet das Beschwerdegericht in der Sache selbst (§ 309 Abs. 2). Das **tatrichterliche Ermessen** ist nicht nachprüfbar. Das **Verschlechterungsverbot** gilt in diesem Rahmen nicht (str.; vgl. Meyer-Goßner Rn. 4; KK-Engelhardt Rn. 12).

§ 306 [Einlegung; Abhilfe oder Vorlegung]

(1) Die Beschwerde wird bei dem Gericht, von dem oder von dessen Vorsitzenden die angefochtene Entscheidung erlassen ist, zu Protokoll der Geschäftsstelle oder schriftlich eingelegt.

(2) Erachtet das Gericht oder der Vorsitzende, dessen Entscheidung angefochten wird, die Beschwerde für begründet, so haben sie ihr abzuhelfen; andernfalls ist die Beschwerde sofort, spätestens vor Ablauf von drei Tagen, dem Beschwerdegericht vorzulegen.

(3) Diese Vorschriften gelten auch für die Entscheidungen des Richters im Vorverfahren und des beauftragten oder ersuchten Richters.

1   **Adressat** der Beschwerde ist das Gericht, das die angefochtene Entscheidung erlassen hat. Eine **Frist** besteht nur für die sofortige Beschwerde (§ 311 Abs. 2); ist die Entscheidung **überholt,** so wird die Beschwerde gegenstandslos. Für die **Form** der Beschwerdeeinlegung gelten die allgemeinen Regeln (vgl. § 302 Rn. 3). Eine **Begründung** ist nicht erforderlich. Ist sie vom Beschwerdeführer angekündigt, so muss das Beschwerdegericht mit der Entscheidung eine angemessene Zeit warten (BVerfG 8, 89 = NJW 1958, 1436) oder eine angemessene Frist setzen (BVerfG 12, 6, 8). Eine vor der Beschwerdeentscheidung eingehende Begründung ist stets zu berücksichtigen (OLG Karlsruhe MDR 1983, 250); geht sie beim Untergericht ein, so ist sie alsbald weiterzuleiten (BVerfG 62, 347 = NJW 1983, 2187).

2   Das **Abhilfeverfahren (Abs. 2)** ist der Entscheidung über die einfache Beschwerde (anders § 311 Abs. 3) stets vorgeschaltet. Neues tatsächliches Vorbringen ist zu berücksichtigen, rechtliches Gehör zu gewähren oder nachzuholen. Die Unzulässigkeit der Beschwerde steht der Überprüfung nicht entgegen (BayObLG 1953, 214).

3   Die **Entscheidung** ergeht bei begründeter Beschwerde in derselben Form wie die berichtigte Entscheidung; eine **Teilabhilfe** ist möglich. Werden neue Tatsachen berücksichtigt, so ist der Beschwerdegegner zu hören (§ 33 Abs. 3). **Zuständig** ist das Gericht oder der Richter, die die angefochtene Entscheidung erlassen haben, auch wenn sie hierfür unzuständig waren (vgl. KK-Engelhardt Rn. 14). Die Abhilfeentscheidung ist zu **begründen** (§ 34) und den Beteiligten bekanntzumachen (§ 35 Abs. 2). Wird **nicht abgeholfen,** so ist eine Begründung nicht erforderlich (str.; vgl. Meyer-Goßner Rn. 9); das Ergebnis der Prüfung ist in einem **Vermerk** niederzulegen. Ist eine Prüfung nach Abs. 2, 1. HS **unterblieben,** so kann das Beschwerdegericht die Akte dem Erstgericht zur Nachholung zurückleiten oder sogleich selbst entscheiden (KK-Engelhardt Rn. 19). Eine **Zurückverweisung** zur Korrektur einer Abhilfeentscheidung ist dagegen unzulässig.

4   Wenn und soweit der Beschwerde nicht abgeholfen wird, ist sie **über die StA** dem Beschwerdegericht **vorzulegen (Abs. 2, 2. HS).** Die **unzulässige Beschwerde** darf der 1. Richter nicht selbst verwerfen (RG 43, 179; OLG Karlsruhe 1996, 233). Er muss sie als Gegenvorstellung behandeln und prüfen, ob sie zur Änderung der Entscheidung Anlass gibt (KG JR 1957, 430; Meyer-Goßner Rn. 12; KK-Engelhardt Rn. 12). Ändert er die Entscheidung nicht, so legt er die Beschwerde dem Beschwerdegericht vor. Die **Dreitagefrist** ist eine Sollvorschrift; sie beginnt mit Eingang der Beschwerde bei Gericht.

Beschwerde §§ 307, 308

§ 307 [Keine Vollzugshemmung]

(1) **Durch Einlegung der Beschwerde wird der Vollzug der angefochtenen Entscheidung nicht gehemmt.**

(2) **Jedoch kann das Gericht, der Vorsitzende oder der Richter, dessen Entscheidung angefochten wird, sowie auch das Beschwerdegericht anordnen, daß die Vollziehung der angefochtenen Entscheidung auszusetzen ist.**

Grds. sind Beschlüsse und Verfügungen sofort vollziehbar; **Ausnahmen** sind in 1 §§ 81 Abs. 4 S. 2, 84 Abs. 4 S. 1, 231 a Abs. 3 S. 3, 454 Abs. 2 S. 2, 462 Abs. 3 S. 2, § 65 Abs. 2 S. 3 JGG, § 181 Abs. 2 GVG vorgesehen; aufschiebende Wirkung hat die Beschwerde daneben auch dann, wenn von der Entscheidung die Vollstreckung einer Strafe oder Maßregel abhängt (OLG Karlsruhe NJW 1964, 1085).

Eine **Aussetzung der Vollziehung (Abs. 2)** kommt in Betracht, um Härten 2 einer sofortigen Vollziehung zu vermeiden. Die Entscheidung ergeht **auf Antrag** oder **vAw** und steht im pflichtgemäßem **Ermessen** des Gerichts (OLG Karlsruhe NJW 1976, 2274). Die dem Beschwerdeführer durch den sofortigen Vollzug drohenden Nachteile sind mit dem öffentlichen Interesse **abzuwägen** (OLG Frankfurt NJW 1976, 303); die Erfolgsaussichten der Beschwerde sind zu berücksichtigen. Eine Aussetzung kann nach dem Wortlaut des Abs. 2 **nicht vor Beschwerdeeinlegung** angeordnet werden (aA KK-Engelhardt Rn. 8). **Zuständig** ist der judex a quo so lange, bis er die Sache dem Beschwerdegericht zugeleitet hat, danach dieses allein (**aA** KK-Engelhardt Rn. 4). Eine **Anhörung** des Beschwerdegegners kann nach Art. 103 Abs. 1 GG geboten sein (vgl. KK-Engelhardt Rn. 6; **aA** Meyer-Goßner Rn. 3).

Gegen die **Ablehnung** eines Antrags auf Aussetzung durch den judex a quo ist 3 **Beschwerde** zulässig, solange nicht über die Beschwerde selbst entschieden ist. Für ablehnende Entscheidungen des Beschwerdegerichts gilt § 310 Abs. 1. Der **Beschwerdegegner** kann die Aussetzung durch den judex a quo zur Nachholung des rechtlichen Gehörs mit der Beschwerde anfechten.

§ 308 [Befugnisse des Beschwerdegerichts]

(1) ¹**Das Beschwerdegericht darf die angefochtene Entscheidung nicht zum Nachteil des Gegners des Beschwerdeführers ändern, ohne daß diesem die Beschwerde zur Gegenerklärung mitgeteilt worden ist.** ²**Dies gilt nicht in den Fällen des § 33 Abs. 4 Satz 1.**

(2) **Das Beschwerdegericht kann Ermittlungen anordnen oder selbst vornehmen.**

Die nach **Abs. 1 S. 1** vorgeschriebene **Anhörung** erstreckt sich nicht nur auf 1 Tatsachen und Beweisergebnisse (vgl. § 33 Abs. 3), sondern umfasst das gesamte Beschwerdevorbringen (vgl. BVerfG 17, 188, 190 = NJW 1964, 293) einschließlich nachgereichter Ergänzungen. Erforderlich ist sie nur, wenn und soweit die Entscheidung zum **Nachteil** des Beschwerdegegners geändert werden soll.

Gegner des Beschwerdeführers ist jeder Verfahrensbeteiligte, der durch die 2 vom Beschwerdeführer erstrebte Entscheidung in seinen rechtlichen Interessen nachteilig betroffen sein kann (vgl. KK-Engelhardt Rn. 2), bei Beschwerden des Beschuldigten stets StA, Privat- und Nebenkläger, bei Beschwerden der StA stets Beschuldigter, Verteidiger und gesetzlicher Vertreter; im Übrigen kommt es auf den Beschwerdegegenstand an.

Die **Mitteilung** erfolgt durch den judex a quo, die StA oder das Beschwerdege- 3 richt. Einer Form bedarf sie nicht; ihr Zugang muss feststehen (BVerfG 36, 85 = NJW 1974, 133). Dem Beschwerdegegner ist eine angemessene **Frist zur Gegen-**

795

§ 309 Drittes Buch. 2. Abschnitt

erklärung zu setzen; vor ihrem Ablauf darf nicht entschieden werden (BVerfG MDR 1988, 553). Auch ohne Fristsetzung ist mit der Entscheidung angemessene Zeit zuzuwarten (BVerfG 4, 190 = NJW 1955, 1145). Enthält eine Gegenerklärung neue Tatsachen oder Beweismittel, so gilt § 33 Abs. 3. Die Mitteilungspflicht des Abs. 1 S. 1 **entfällt** bei notwendig überraschenden Maßnahmen (Abs. 1 S. 2 iVm § 33 Abs. 4 S. 1; vgl. BVerfG 49, 329, 342 = NJW 1979, 154); sie besteht darüber hinaus nicht bei Beschwerden gegen Entscheidungen des **Überwachungsrichters** nach § 148 a (BayObLG MDR 1979, 862) und bei **Unmöglichkeit** der Anhörung wegen Flucht des Beschwerdegegners (OLG Hamburg MDR 1979, 865). Im letzteren Fall ist die Anhörung ggf. nachzuholen (vgl. Meyer-Goßner Rn. 5).

4 **Weitere Ermittlungen (Abs. 2)** können erforderlich sein, weil das Beschwerdegericht in der Sache selbst entscheidet (vgl. § 309). Ermittlungen sind **vAw** durchzuführen; ihr Umfang richtet sich nach dem Beschwerdegegenstand und der Sachlage im Einzelfall. Das Beschwerdegericht kann sie selbst vornehmen, ihre Durchführung durch einen beauftragten oder ersuchten Richter anordnen oder die StA um Durchführung ersuchen (vgl. Meyer-Goßner Rn. 6). Bei Beschwerden im **Ermittlungsverfahren** ist die Aufklärungsbefugnis durch die Stellung der StA als Herrin des Verfahrens beschränkt (KG JR 1967, 69; vgl. KK-Engelhardt Rn. 18). Für die Anordnung weiterer Ermittlungen gilt § 310; sie ergeht „auf die Beschwerde". Vom Ergebnis sind die Verfahrensbeteiligten nach § 33 Abs. 3 zu unterrichten.

§ 309 [Entscheidung]

(1) **Die Entscheidung über die Beschwerde ergeht ohne mündliche Verhandlung, in geeigneten Fällen nach Anhörung der Staatsanwaltschaft.**

(2) **Wird die Beschwerde für begründet erachtet, so erläßt das Beschwerdegericht zugleich die in der Sache erforderliche Entscheidung.**

1 Die Entscheidung über die Beschwerde ergeht regelmäßig im **schriftlichen Verfahren** (BGH 13, 102, 108 = NJW 1959, 1230); eine **mündliche Verhandlung** ist nur in den Fällen der §§ 118 Abs. 2, 124 Abs. 2 S. 3 zulässig. Mündliche Anhörungen sind nach Maßgabe des § 308 Abs. 2 möglich. Eine **Anhörung der StA** erfolgt mit der Zuleitung nach § 306 Abs. 2, im Übrigen nach § 308 Abs. 2. Anzuhören ist stets die StA, die für das Erstgericht zuständig ist; die StA beim Beschwerdegericht, abweichend von § 33 Abs. 2, nur in **geeigneten Fällen, Abs. 1.**

2 Die **Entscheidung** ergeht durch **Beschluss**, der zu begründen ist. Ist die Beschwerde nicht statthaft, verspätet oder nicht formgerecht, so wird sie als **unzulässig** verworfen. Die zulässige Beschwerde prüft das Beschwerdegericht, soweit die Anfechtung reicht und §§ 305 Abs. 1, 453 Abs. 2 nicht eingreifen, **im vollen Umfang** und ohne Bindung an die Ermessensentscheidung des Erstrichters (BGH NJW 1964, 2119).

3 Ist die angefochtene Entscheidung zutreffend, so wird die Beschwerde **als unbegründet verworfen.** Ist die Beschwerde **begründet,** so trifft das Beschwerdegericht eine **eigene Sachentscheidung,** für die das **Verschlechterungsverbot** grds. nicht gilt (vgl. § 331 Rn. 1; Meyer-Goßner vor § 304 Rn. 5; KK-Engelhardt Rn. 1). Richtet sich die Beschwerde gegen die **Unterlassung** einer rechtlich gebotenen Entscheidung (vgl. § 304 Rn. 1), so entscheidet das Beschwerdegericht gleichfalls selbst (**aA** Meyer-Goßner Rn. 5), denn die Untätigkeit ist nur dann anfechtbar, wenn sie einer Entscheidung gleichsteht. Bei örtlicher **Unzuständigkeit des Erstgerichts** hebt das Beschwerdegericht die Entscheidung auf und lehnt eine Sachentscheidung durch Beschluss ab, wenn das zuständige Gericht nicht zu seinem Bezirk gehört; andernfalls entscheidet es in der Sache (Meyer-Goßner

Rn. 6). Mängel der **sachlichen Zuständigkeit** stehen einer eigenen Sachentscheidung nicht entgegen (vgl. Meyer-Goßner Rn. 6; str.); war das Beschwerdegericht für die Erstentscheidung sachlich zuständig, so hebt es sie auf und entscheidet als Gericht des 1. Rechtszuges. Eine eigene Sachentscheidung ergeht auch bei Verstößen des Erstgerichts gegen die **funktionelle** und **geschäftsplanmäßige** Zuständigkeit und bei Entscheidungen der großen statt der zuständigen kleinen StVollstrK (§§ 462 a Abs. 1, 78 b Abs. 1 GVG; vgl. OLG Düsseldorf NStZ 1984, 477; str.). Im umgekehrten Fall sowie bei einem Verstoß gegen § 122 Abs. 2 S. 2 GVG (BGH 38, 312 = NJW 1992, 2775) verweist das Beschwerdegericht zurück.

Eine **Zurückverweisung** an das untere Gericht unter Aufhebung der Erstentscheidung ist **grds. ausgeschlossen** (vgl. BGH NJW 1964, 2119); das gilt auch dann, wenn **Verfahrensmängel** vorliegen oder das Erstgericht Tatsachen oder Beweismittel nicht berücksichtigt hat (vgl. i. e. Meyer-Goßner Rn. 7 ff.; KK-Engelhardt Rn. 11). Eine Zurückverweisung ist daher nur dann **zulässig**, wenn Verfahrensmängel des Erstgerichts vom Beschwerdegericht nicht behoben werden können (vgl. OLG Düsseldorf StV 1987, 257) oder wenn es an einer **Sachentscheidung** des Erstgerichts **gänzlich fehlt**, etwa wenn ein Antrag zu Unrecht als unzulässig abgelehnt wurde (OLG Stuttgart NStZ 1991, 291). Eine Aufhebung und Zurückverweisung im Beschwerdeverfahren kommt lediglich in Betracht, wenn der angefochtenen Entscheidung **Willkür** oder ein anderes **grobes prozessuales Unrecht** zugrunde liegt. Ein derartiger Fall ist gegeben, wenn die durch § 454 Abs. 1 S. 3 vorgeschriebene mündliche Anhörung nicht von dem erkennenden Richter, sondern von einem anderen Spruchkörper durchgeführt wird (OLG Rostock NStZ-RR 2000, 14). Unzulässig ist idR auch eine Zurückverweisung zur erneuten Abhilfeprüfung (vgl. § 306 Rn. 3). Ist ausnahmsweise eine Zurückverweisung geboten, so gilt § 358 Abs. 1 nicht entsprechend; eine **Bindung an die Aufhebungsansicht** des Beschwerdegerichts besteht grundsätzlich nicht (Meyer NStZ 1987, 27). Aber der Aufhebungs- und Zurückverweisungsbeschluss des Beschwerdegerichts entfaltet in entsprechender Anwendung des § 358 Abs. 1 jedenfalls in den Fallgestaltungen für das Erstgericht bindende Wirkung, in denen das dem Beschwerdegericht aus zwingenden Sacherwägungen eine eigene abschließende Sachentscheidung verwehrt ist (OLG Düsseldorf NJW 2002, 2963 mwN). 4

§ 310 [Weitere Beschwerde]

(1) **Beschlüsse, die von dem Landgericht oder von dem nach § 120 Abs. 3 des Gerichtsverfassungsgesetzes zuständigen Oberlandesgericht auf die Beschwerde hin erlassen worden sind, können, sofern sie Verhaftungen oder die einstweilige Unterbringung betreffen, durch weitere Beschwerde angefochten werden.**

(2) **Im übrigen findet eine weitere Anfechtung der auf eine Beschwerde ergangenen Entscheidungen nicht statt.**

Die weitere Beschwerde ist **grds. ausgeschlossen (Abs. 2).** Dieser Ausschluss betrifft die Entscheidungen, die „**auf eine Beschwerde**" ergangen sind. Das sind alle Entscheidungen, die denselben Verfahrensgegenstand betreffen wie die angefochtene Entscheidung (OLG Hamm NJW 1970, 2127), auch wenn der Beschwerdeführer durch die Beschwerdeentscheidung erstmals beschwert wird (OLG Bremen NStZ 1986, 524; vgl. OLG Düsseldorf NJW 1991, 2434), wenn das Beschwerdegericht von der Erstentscheidung abweichende Feststellungen getroffen hat (OLG Hamm GA 1976, 58) oder seine Entscheidung auf andere Rechtsnormen gestützt ist (OLG Hamm NJW 1970, 2127). Soweit der Verfahrensgegenstand reicht, erstreckt sich der Ausschluss auf **alle Verfahrensbeteiligten,** insb. auf den Beschwerdegegner (KG JR 1962, 311). „Auf die Beschwerde" ergangen ist auch die Ent- 1 scheidung, nach § 308 Abs. 2 **weitere Ermittlungen** anzuordnen, ebenso Änderungen der Beschwerdeentscheidung auf Gegenvorstellungen (Meyer-Goßner Rn. 3; str.).

2   Dagegen ist die weitere Beschwerde **statthaft,** wenn eine Beschwerde gar nicht vorgelegen hat (OLG Stuttgart Die Justiz 1971, 270). Dasselbe gilt, wenn für die angefochtene Entscheidung das Beschwerdegericht sachlich zuständig gewesen wäre (OLG Bremen NJW 1967, 1975), wenn das Beschwerdegericht für die Beschwerdeentscheidung nicht zuständig war (OLG Celle NJW 1973, 1710) oder wenn weder Erst- noch Beschwerdegericht zuständig waren (OLG Frankfurt NJW 1980, 1808). Dabei kommt es auf die tatsächliche Rechtslage an; hat also das LG irrtümlich angenommen, es sei nicht als Beschwerdegericht, sondern erstinstanzlich zuständig, so ist die weitere Beschwerde ausgeschlossen (OLG Hamm GA 1972, 186).

3   **Statthaft** ist die weitere Beschwerde auch gegen Entscheidungen, die über den Beschwerdegegenstand hinausgehen (OLG Hamburg MDR 1978, 864) oder auf einen im Beschwerderechtszug **außerhalb des Beschwerdegegenstandes** gestellten Antrag ergehen (KG NJW 1966, 991: Wiedereinsetzung in Beschwerdefrist; OLG Bamberg NStZ 1985, 39: Beiordnung eines Verteidigers).

4   Von diesen Ausnahmen abgesehen, ist die weitere Beschwerde nur in den Fällen des **Abs. 1** statthaft. Die Regelung ist eng auszulegen (BVerfG 48, 367, 576 = NJW 1978, 1911). Der Begriff der **Verhaftung** entspricht dem des § 304 Abs. 4 Nr. 1, Abs. 5; er umfasst die Haftbefehle nach §§ 112 ff., 230 Abs. 2, 236 und 329 Abs. 4 S. 1. **Nicht erfasst** sind die Vorführung nach § 230 Abs. 1, die Inaugenscheinnahme nach § 231 Abs. 1 S. 2, der Sicherungs- (§ 453 c) und Vollstreckungshaftbefehl (§ 457), die Ordnungshaft nach § 51 Abs. 1, die Erzwingungshaft nach §§ 70 Abs. 2, 95 und § 96 OWiG und die Ablehnung sicheren Geleits nach § 295 (vgl. KK-Engelhardt Rn. 10 mwN). Der Bestand des Haftbefehls (nicht aber die Anordnung von Auflagen) kann auch dann mit weiterer Beschwerde angegriffen werden, wenn er außer Vollzug gesetzt ist (OLG Koblenz NStZ 1990, 102; **aA** OLG Düsseldorf NStZ 1990, 248; vgl. Meyer-Goßner Rn. 7 mwN). **Einstweilige Unterbringung** ist diejenige nach § 126a, § 71 Abs. 1 JGG; die Unterbringung zur Beobachtung (§ 81) ist von Abs. 1 nicht erfasst (**aA** KK-Engelhardt Rn. 11).

5   Über die weitere Beschwerde gegen landgerichtliche Entscheidungen entscheidet das OLG (§ 121 Abs. 1 Nr. 2 GVG), gegen Entscheidungen des OLG der BGH (§ 135 Abs. 2 GVG). Für das **Verfahren** gelten die allgemeinen Vorschriften. Die Abhilfeentscheidung (§ 306 Abs. 2) erlässt das Erstbeschwerdegericht.

§ 311 [Sofortige Beschwerde]

(1) **Für die Fälle der sofortigen Beschwerde gelten die nachfolgenden besonderen Vorschriften.**

(2) **Die Beschwerde ist binnen einer Woche einzulegen; die Frist beginnt mit der Bekanntmachung (§ 35) der Entscheidung.**

(3) **¹Das Gericht ist zu einer Abänderung seiner durch Beschwerde angefochtenen Entscheidung nicht befugt. ²Es hilft jedoch der Beschwerde ab, wenn es zum Nachteil des Beschwerdeführers Tatsachen oder Beweisergebnisse verwertet hat, zu denen dieser noch nicht gehört worden ist, und es auf Grund des nachträglichen Vorbringens die Beschwerde für begründet erachtet.**

1   Die sofortige Beschwerde ist nur in den gesetzlich bestimmten Fällen gegeben; diese Festlegung ist **abschließend** (BayObLG 1955, 154 = NJW 1956, 32). Ist ausnahmsweise das **Unterlassen** einer Entscheidung gleichgestellt (vgl. § 304

Beschwerde § 311 a

Rn. 1) und wäre gegen die gesetzwidrig unterlassene Entscheidung die sofortige Beschwerde gegeben, so ist sie auch gegen das Unterlassen statthaft (Meyer-Goßner Rn. 1). Eine **weitere sofortige** Beschwerde ist nicht vorgesehen.

Die **Beschwerdefrist (Abs. 2)** ist nach § 43 zu berechnen und beginnt mit der 2 Bekanntmachung (§ 35) der angefochtenen Entscheidung. **Formlose Mitteilung** setzt die Frist nicht in Lauf (§ 35 Abs. 2 S. 2). Die Frist gilt auch für nur hilfsweise eingelegte sofortige Beschwerden (BGH 25, 77, 81 = NJW 1973, 336). Für die **Form** der Einlegung gilt § 306 Abs. 1; eine **Begründung** kann nach Fristablauf eingereicht werden.

Eine **Abhilfeentscheidung** nach § 306 Abs. 2 ist grds. unzulässig **(Abs. 3** 3 **S. 1);** auch eine **Ergänzung** der angefochtenen Entscheidung durch das Erstgericht scheidet aus (OLG München MDR 1987, 782). Eine **Ausnahme** sieht Abs. 3 S. 2 bei **Verletzung des rechtlichen Gehörs** vor. **Voraussetzung** einer Abhilfe in diesem Fall ist, dass die sofortige Beschwerde fristgemäß eingelegt und zulässig ist (OLG Düsseldorf MDR 1986, 341; str.; vgl. Meyer-Goßner Rn. 6) und dass die Unrichtigkeit der Erstentscheidung gerade auf dem Mangel des rechtlichen Gehörs beruht (vgl. § 33 a). Der Abhilfebeschluss ist wie die Erstentscheidung bekanntzumachen und erneut mit der sofortigen Beschwerde anfechtbar.

Aufschiebende Wirkung hat die sofortige Beschwerde nur in den Fällen der 4 §§ 81 Abs. 4 S. 2, 231 a Abs. 3 S. 3, 454 Abs. 2 S. 2, § 65 Abs. 2 S. 3 JGG); im Übrigen gilt § 307 Abs. 2. Die **Rechtskraft** der angefochtenen Entscheidung ist bis zum Fristablauf oder bis zur Erledigung des Rechtsmittels gehemmt (vgl. § 449 Rn. 3).

§ 311 a [Nachträgliche Anhörung des Gegners]

(1) ¹Hat das Beschwerdegericht einer Beschwerde ohne Anhörung des Gegners des Beschwerdeführers stattgegeben und kann seine Entscheidung nicht angefochten werden, so hat es diesen, sofern der ihm dadurch entstandene Nachteil noch besteht, von Amts wegen oder auf Antrag nachträglich zu hören und auf einen Antrag zu entscheiden. ²Das Beschwerdegericht kann seine Entscheidung auch ohne Antrag ändern.

(2) Für das Verfahren gelten die §§ 307, 308 Abs. 2 und § 309 Abs. 2 entsprechend.

Die Vorschrift ergänzt § 33 a und gilt neben diesem. Sie setzt nicht wie § 33 a 1 voraus, dass der Beschwerdegegner zu verwerteten **Tatsachen oder Beweismitteln** nicht gehört wurde; andererseits gilt sie nicht für **andere Verfahrensbeteiligte.** Das Nachverfahren nach § 311 a schließt in seinem Anwendungsbereich Beschwerde und Wiedereinsetzungsantrag aus (OLG Karlsruhe MDR 1974, 685). **Beschwerdegegner** ist jeder Verfahrensbeteiligte, der durch die Beschwerdeentscheidung in seinen rechtlichen Interessen beeinträchtigt sein kann (vgl. vor § 296 Rn. 3 ff.). Die Anhörung des Beschwerdegegners ist in § 308 Abs. 1 S. 1 vorgeschrieben. § 311 a **gilt nicht,** wenn die StA Beschwerdegegner ist, sowie für Beschlüsse des Revisionsgerichts nach § 349 (BayObLG MDR 1983, 689).

Voraussetzung des Nachverfahrens ist, dass die Beschwerdeentscheidung unter 2 Verletzung des rechtlichen Gehörs (§ 308 Abs. 1 S. 1) zustandegekommen ist, die angefochtene Entscheidung zum Nachteil des Beschwerdegegners ganz oder teilweise geändert hat, nicht anfechtbar oder überholt ist und dass der Nachteil des Beschwerdegegners noch fortbesteht. Die Entscheidung im Nachverfahren darf nicht ohne Begründung ergehen, wenn der von der Freiheitsbeschränkung Betroffene in dem vorausgegangenen Beschwerdeverfahren nicht angehört worden war (BVerfGE NStZ 2001, 103). Die Wirksamkeit der Beschwerdeentscheidung wird durch das Nachverfahren grds. nicht beeinträchtigt (**Abs. 2** iVm § 307).

§ 312 Drittes Buch. 3. Abschnitt

3   Ein **Antrag** ist nicht erforderlich, **Abs. 1 S. 2**. Ist ein solcher gestellt, so ist im Nachverfahren **über die Beschwerde** zu entscheiden (KK-Engelhardt Rn. 8). Lehnt das Beschwerdegericht die Durchführung eines Nachverfahrens ab, so ist hiergegen Beschwerde nach § 304 zulässig (KG NJW 1966, 991); dasselbe gilt für Entscheidungen über die Aussetzung der Vollziehung nach **Abs. 2** iVm § 307 Abs. 2 (KK-Engelhardt Rn. 14; str.). Für das Verfahren gelten die §§ 307, 308 Abs. 2, 309 Abs. 2 entsprechend **(Abs. 2)**. Erweist sich die Beschwerdeentscheidung als unzutreffend, so ist sie durch Beschluss **abzuändern** (§ 309 Abs. 2); war sie zutreffend, so wird sie durch Beschluss **bestätigt**, wenn der Beschwerdegegner einen Antrag nach § 311 a gestellt hatte. Der Beschluss ergeht in beiden Fällen „auf die Beschwerde" (§ 310 Abs. 2) und ist daher nicht anfechtbar (KG NJW 1966, 991).

Dritter Abschnitt. Berufung   RiStBV 147 bis 158

§ 312 [Zulässigkeit]

Gegen die Urteile des Strafrichters und des Schöffengerichts ist Berufung zulässig.

1   Das Rechtsmittel der **Berufung** führt zu einer **Neuverhandlung in der Sache,** nicht, wie die Revision, zu einer Überprüfung des erstinstanzlichen Urteils auf Rechtsfehler (vgl. KK-Ruß Rn. 1). **Neue Tatsachen und Beweismittel** können eingeführt werden. Es gelten im Wesentlichen die Verfahrensgrundsätze und -regeln des 1. Rechtszugs. Zur Annahmeberufung und Sprungrevision s. Meyer-Goßner NStZ 1998, 19.

2   **Statthaft** ist die Berufung nur gegen **Urteile** des Strafrichters und des Schöffengerichts (§§ 24, 25 GVG), des Jugendrichters und des Jugendschöffengerichts (§§ 39, 40 JGG) eine **Einschränkung** regelt § 313. Hat das strafrichterliche Urteil allein eine **OWi** zum Gegenstand, so ist dagegen nur das Rechtsmittel der **Rechtsbeschwerde** statthaft (§§ 79, 80 OWiG); das gilt auch für den Fall, dass von mehreren Angeklagten, dem allein eine OWi zur Last gelegt war (BayObLG 1973, 190). Lag der Anklage allein der Vorwurf einer Straftat oder einer Straftat und einer Ordnungswidrigkeit als einer prozessualen Tat zugrunde, so ist, auch wenn nur wegen dieser OWi verurteilt wurde, die Berufung gegeben. Stellen Straftat und OWi verschiedene prozessuale Taten dar, so können je nach Zielrichtung Berufung oder Rechtsbeschwerde eingelegt werden; in diesem Fall ist § 83 Abs. 2 OWiG zu beachten.

3   **Zuständig** für die Entscheidung über die rechtzeitig eingelegte (vgl. §§ 314, 319 Abs. 1) Berufung ist die **kleine Strafkammer** des LG (§ 76 Abs. 1 GVG), im **Jugendstrafverfahren** die kleine (§ 33 b Abs. 1 JGG) oder die große Jugendkammer (§ 41 Abs. 2 JGG). Hat das erweiterte Schöffengericht entschieden (§ 29 Abs. 2 GVG), so ist § 76 Abs. 3 GVG zu beachten.

4   Zur Berufungseinlegung **berechtigt** ist jeder durch die angefochtene Entscheidung **beschwerte** Verfahrensbeteiligte (BGH NStZ 1995, 248; KK-Ruß Rn. 5), auch derjenige, gegen den sich das Urteil nur dem äußeren Anschein nach richtet (OLG Köln NJW 1983, 2400; BayObLG NStZ-RR 1996, 366). Auch ein Nebenklageberechtigter, der durch die Berufungseinlegung seinen Anschluss erklärt (§§ 396, 401), ist bei vorliegender Beschwer berechtigt, Berufung einzulegen. Für den Nebenkläger ergibt sich eine gesetzliche Einschränkung aus § 400 Abs. 1. Danach kann er ein Urteil nicht mit dem Ziel anfechten, dass eine andere Rechtsfolge der Tat verhängt wird oder dass der Angeklagte wegen einer Gesetzesverletzung verurteilt wird, die nicht zum Anschluss des Nebenklägers berechtigt (BGH NStZ 1988, 565; 1997, 97; OLG Düsseldorf NStZ 1994, 507).

Berufung **§ 313**

§ 313 [Annahme einer Berufung] RiStBV 158 a
(1) ¹Ist der Angeklagte zu einer Geldstrafe von nicht mehr als fünfzehn Tagessätzen verurteilt worden, beträgt im Falle einer Verwarnung die vorbehaltene Strafe nicht mehr als fünfzehn Tagessätze oder ist eine Verurteilung zu einer Geldbuße erfolgt, so ist die Berufung nur zulässig, wenn sie angenommen wird. ²Das gleiche gilt, wenn der Angeklagte freigesprochen oder das Verfahren eingestellt worden ist und die Staatsanwaltschaft eine Geldstrafe von nicht mehr als dreißig Tagessätzen beantragt hatte.

(2) ¹Die Berufung wird angenommen, wenn sie nicht offensichtlich unbegründet ist. ²Andernfalls wird die Berufung als unzulässig verworfen.

(3) ¹Die Berufung gegen ein auf Geldbuße, Freispruch oder Einstellung wegen einer Ordnungswidrigkeit lautendes Urteil ist stets anzunehmen, wenn die Rechtsbeschwerde nach § 79 Abs. 1 des Gesetzes über Ordnungswidrigkeiten zulässig oder nach § 80 Abs. 1 und 2 des Gesetzes über Ordnungswidrigkeiten zuzulassen wäre. ²Im übrigen findet Absatz 2 Anwendung.

Die Vorschrift regelt Einschränkungen der Zulässigkeit von Berufungen im Bereich der **Bagatellkriminalität** und gilt für Urteile, die nach dem 28. 2. 1993 verkündet worden sind (Art. 14 Abs. 4 RpflEntlG). Wird wegen einer **Straftat** verurteilt oder der Angeklagte **entgegen dem Antrag der StA** freigesprochen, so gelten die Grenzen des **Abs. 1**, ebenso bei Einstellung des Verfahrens durch Prozessurteil **(Abs. 1 S. 2)**. Die Einschränkung der Berufung gilt darüber hinaus, wenn **im Strafverfahren** nur wegen einer **OWi** verurteilt oder gegen den Antrag der StA freigesprochen worden ist; auf die Höhe der Geldbuße kommt es, vorbehaltlich der Regelung des **Abs. 3 S. 1**, nicht an. Ein Fall der Annahmeberufung liegt **nicht** vor, wenn nach § 60 StGB von der Verhängung einer **Strafe abgesehen** worden ist (OLG Oldenburg NStZ 1998, 370). 1

Die Regelung des **Abs. 1** gilt nur, wenn **ausschließlich** die genannte Rechtsfolge verhängt worden ist. Ist daneben eine Maßregel (§ 61 StGB), Nebenstrafe (§ 44 StGB) oder sonstige Maßnahme (§ 73 ff. StGB) verhängt worden oder war dies beantragt, so gilt Abs. 1 nicht. Bei einer Gesamtgeldstrafe kommt es auf deren Höhe an. Sind mehrere nicht gesamtstrafenfähige Geldstrafen verhängt oder waren sie beantragt, gilt Abs. 1 nicht (vgl. Meyer-Goßner Rn. 1), wohl aber, wenn eine **Geldbuße neben einer Geldstrafe** festgesetzt worden ist. Die Annahmevoraussetzungen sind dann getrennt zu prüfen; das Vorliegen der Annahmevoraussetzungen hinsichtlich einer der beiden Sanktionen führt, wenn sie sich auf **eine prozessuale Tat** (§ 264) beziehen, zur Zulässigkeit der Berufung insgesamt, ansonsten gilt § 83 Abs. 2 OWiG (vgl. Meyer-Goßner Rn. 2; anders OLG Celle StV 1995, 179). Die Berufung gegen ein 15 Tagessätze auswerfendes Urteil, das den Angeklagten darüber hinaus im **Adhäsionsverfahren** zum Schadensersatz in einer die zivilprozessuale Berufungssumme nicht erreichenden Höhe verurteilt, bedarf der Annahme (OLG Jena NStZ-RR 1997, 274). Die Regelung des **Abs. 1 S. 1** gilt nach dem eindeutigen Wortlaut der Vorschrift für **alle Anfechtungsberechtigten** iSd §§ 296 ff., also auch für die StA, gleichgültig, ob sie die Berufung zugunsten oder zuungunsten des Angeklagten einlegt, auch in Fällen in denen der Strafrichter im **beschleunigten Verfahren** gemäß § 420 Abs. 4 entschieden hat (OLG Frankfurt NStZ-RR 1997, 273; KK-Ruß Rn. 2). Kein Fall der **Abs. 1 S. 2** liegt vor, wenn der Sitzungsvertreter der StA **Freispruch** beantragt hatte und die StA gegen das freisprechende Urteil Berufung einlegt (OLG Koblenz NStZ 1994, 601), denn die Bagatellgrenze kann nur anhand des Rechtsfolgenantrags im Rahmen des **Abs. 1 S. 2** beurteilt werden. Hat das AG entsprechend dem Antrag des Sitzungsvertreters der StA den Angeklagten freigesprochen und legt der Nebenkläger gegen das Urteil Berufung ein, so ist auch dann kein Fall der Annahmeberufung gegeben, wenn die 2

801

§ 313

StA in ihrem vorausgegangenen Strafbefehlsantrag eine Geldstrafe von nicht mehr als 30 Tagessätzen beantragt hatte (OLG Stuttgart, NStZ-RR 2001, 841; aA OLG Koblenz NStZ-RR 2000, 306).

3 Liegen die Voraussetzungen des **Abs. 1** vor, dann wird die Berufung angenommen, wenn sie nicht offensichtlich unbegründet ist **(Abs. 2, Abs. 3 S. 2).** Eine **Ausnahme** gilt nach **Abs. 3 S. 1,** soweit das Strafverfahren eine **OWi** betrifft: Die Berufung ist stets zulässig, wenn die verhängte Geldbuße höher als 200 DM ist (§ 79 Abs. 1 Nr. 1 OWiG), eine Nebenfolge angeordnet (§ 79 Abs. 1 Nr. 2 OWiG) oder, entgegen dem Antrag der StA, eine Geldbuße von mehr als 500 DM zu verhängen, freigesprochen oder eingestellt wurde (§ 79 Abs. 1 Nr. 3 OWiG). Wurde der Angeklagte zu einer Geldbuße von mehr als 200 DM verurteilt, so bedarf die zu seinen Ungunsten eingelegte Berufung der StA unabhängig von der Wertgrenze des § 79 Abs. 1 Nr. 3 OWiG der Annahme nicht (vgl. BGH 37, 316, 319 = NJW 1991, 1367). Liegen die Voraussetzungen des § 79 Abs. 1 OWiG nicht vor und wäre die Rechtsbeschwerde auch nicht nach § 80 Abs. 1, Abs. 2 OWiG zuzulassen, so gilt Abs. 2 **(Abs. 3 S. 2),** so dass die Annahme der Berufung auch dann möglich ist, wenn die Rechtsbeschwerde unzulässig wäre (mißverständlich Meyer-Goßner Rn. 3). Ein **Annahmebeschluss** des Berufungsgerichts wird **gegenstandslos,** wenn der Beschwerdeführer innerhalb der Revisionsbegründungsfrist zur **Sprungrevision** übergeht (OLG Stuttgart NStZ-RR 1996, 75).

4 Unter den Voraussetzungen des **Abs. 1, Abs. 3 S. 2** ist die Berufung unzulässig, wenn sie **offensichtlich unbegründet ist (Abs. 2). Zuständig** für die Beurteilung ist das Berufungsgericht (§ 322 a). Das Merkmal der **offensichtlichen Unbegründetheit** entspricht § 349 Abs. 2 (krit. KK-Ruß Rn. 5). Es muss für jeden Sachkundigen anhand der Urteilsgründe, der Berufungsbegründung **und des Akteninhalts** (vgl. Rieß AnwBl 1993, 56) ohne weiteres erkennbar sein, dass das Ersturteil keine materiellrechtlichen Fehler enthält und nicht auf Verfahrensfehlern beruht. Die Regelung läuft wegen des Charakters des Berufungsrechtszugs als zweite Tatsacheninstanz leer, wenn der Berufungsführer schlüssig **Beweiswürdigungsmängel** vorträgt (vgl. KK-Ruß Rn. 5; Tolksdorf FS Salger S. 407). Das Tatbestandsmerkmal der **Offensichtlichkeit** ist bei Ankündigung **neuer Beweisanträge** nur dann erfüllt, wenn an der Richtigkeit der tatsächlichen Feststellungen vernünftigerweise kein Zweifel bestehen kann. Dies hat das Berufungsgericht zu begründen, wenn es die Annahme der Berufung ablehnt (BVerfG NJW 1996, 2785). In den Fällen, in denen ein Berufungsgericht die Berufung nach § 313 Abs. 2 als unzulässig verwirft, gebietet es Art. 103 Abs. 1 GG, dass das Gericht sich mit den Vorbringen des Beschwerdeführers, das eine Annahme der Berufung rechtfertigen könnte, **auseinandersetzt** (BVerfG NStZ 2002, 43).

5 Ein gesonderter **Annahmeantrag** neben der Berufungseinlegung ist nicht zwingend erforderlich; das Berufungsgericht entscheidet nicht über einen solchen Antrag, sondern über die Berufung **(Abs. 2 S. 2;** vgl. § 317 Rn. 2, § 322 Rn. 4, § 322 a Rn. 1). Nimmt das LG in einer Bagatellsache die Berufung des **Nebenklägers** gegen das den Angeklagten freisprechende Urteil des AG nicht an **(Abs. 1 und Abs. 2),** ist die gleichgelagerte **Sprungrevision** der StA als Berufung weiter zu behandeln (§ 335 Abs. 3 S. 1). Beide Rechtsmittel sind in diesem Fall nur einer einheitlichen Entscheidung zugänglich (OLG Karlsruhe NStZ 1995, 562). Wird die Berufung vom Berufungsgericht ganz oder teilweise **nicht angenommen,** muss sie (insoweit) als unzulässig verworfen werden. Dabei ist es idR nicht erforderlich, den Berufungsführer vor der Entscheidung auf diese Möglichkeit hinzuweisen (OLG Koblenz StV 1995, 14; Meyer-Goßner Rn. 7; KK-Ruß Rn. 7). Zunächst sind die allgemeinen Voraussetzungen über die Zulässigkeit der Berufung zu prüfen. Fehlt es an ihnen, erfolgt die Verwerfung des Rechtsmittels nach § 319 oder § 322. Zu beachten ist, dass die Nichtannahmeentscheidung eine im Übrigen zulässig eingelegte Berufung voraussetzt (KK-Ruß Rn. 7).

§ **314** [Form und Frist]   RiStBV 150, 157

(1) **Die Berufung muß bei dem Gericht des ersten Rechtszuges binnen einer Woche nach Verkündung des Urteils zu Protokoll der Geschäftsstelle oder schriftlich eingelegt werden.**

(2) **Hat die Verkündung des Urteils nicht in Anwesenheit des Angeklagten stattgefunden, so beginnt für diesen die Frist mit der Zustellung, sofern nicht in den Fällen der §§ 234, 387 Abs. 1, § 411 Abs. 2 und § 434 Abs. 1 Satz 1 die Verkündung in Anwesenheit des mit schriftlicher Vollmacht versehenen Verteidigers stattgefunden hat.**

Für die **Berufungsberechtigung** und die **Bezeichnung** des Rechtsmittels gelten die allgemeinen Vorschriften (vgl. vor § 296, § 300). Es reicht die Erklärung aus, das **Ersturteil anfechten zu wollen.** Wird nur ein „**Rechtsmittel**" ohne nähere Bezeichnung eingelegt und innerhalb der Frist des § 345 Abs. 1 keine Revisionsbegründung angebracht, so wird das Rechtsmittel als Berufung durchgeführt (BGH 33, 183, 189 = NJW 1985, 1789); dasselbe gilt bei nicht eindeutiger Erklärung über die Art des Rechtsmittels. 1

Adressat der Berufungseinlegung ist das Erstgericht (judex a quo; Abs. 1). Geht die Anfechtungserklärung beim LG ein, so ist sie nur wirksam, wenn sie innerhalb der Frist des **Abs. 1** an das zuständige AG weitergeleitet wird (vgl. OLG Düsseldorf NStZ 1984, 184; KK-Ruß Rn. 4). **Ausnahmen** gelten für den **verhafteten Angeklagten** (§ 299), im Fall eines **Wiedereinsetzungsantrags** gegen die Versäumung der Einlegungsfrist (§ 45 Abs. 1 S. 2) sowie bei Erklärungen gegenüber oder Urteilen von **Zweigstellen** des zuständigen AG (BayObLG 1975, 9 = NJW 1975, 946). 2

Die **Wochenfrist** für die Berufungseinlegung beginnt regelmäßig mit der Urteilsverkündung (Abs. 1); vorher abgegebene Rechtsmittelerklärungen sind unwirksam. Eine **bedingte** Berufungseinlegung ist nur im Fall des § 315 Abs. 2 zulässig. Für die **Fristberechnung** gilt § 43. Wenn die Urteilsverkündung (vgl. § 268 Rn. 1) auch nur teilweise (KG JR 1992, 304) in **Abwesenheit** des Angeklagten stattgefunden hat, ist ihm das vollständige schriftliche Urteil zuzustellen (BGH 15, 263, 265 = NJW 1961, 419); die Wochenfrist läuft dann erst ab Zustellung (Abs. 2). Eine Berufungseinlegung nach Verkündung, aber vor Zustellung ist wirksam. Worauf die (teilweise) Abwesenheit bei der Verkündung beruht, ist unerheblich; Abs. 2 gilt auch für den nach § 234 Vertretenen (BGH 25, 234 = NJW 1974, 66). Bleibt die Einhaltung der Frist trotz Aufklärung im Freibeweisverfahren **zweifelhaft,** so gilt das Rechtsmittel als rechtzeitig eingelegt (BGH NJW 1960, 2202). 3

Die Berufungseinlegung muss **schriftlich** in deutscher Sprache (vgl. § 184 GVG) oder zu **Protokoll der Geschäftsstelle** des zuständigen Gerichts (o. Rn. 2) erfolgen. Erklärungen per **Telefax** (BGH NJW 1983, 1498; 1995, 665), Telegramme oder Fernschreiben (vgl. BVerfG NJW 1987, 2067) genügen; auch eine Berufung kann durch nicht unterschriebenes **Computerfax** formwirksam eingelegt werden, wenn der Absender daraus hervorgeht (OLG München NJW 2003, 3429). Eine **telefonische** Einlegung ist regelmäßig unwirksam (BGH 30, 64 = NJW 1981, 1627; 29, 173 = NJW 1980, 1290). Die Erklärung zu Protokoll der Geschäftsstelle erfordert körperliche Anwesenheit des Erklärenden; eine **Vertretung** ist zulässig (BayObLG MDR 1976, 69; vgl. KK-Ruß Rn. 9). Das Telefaxschreiben muss die Unterschrift enthalten (OLG Schleswig SchlHA 1996, 97). Technisch bedingte Vermittlungsfehler dürfen nicht zu Lasten des Absenders gehen (BVerfG NJW 1996, 2857; OLG Oldenburg NJW 1992, 2906). Bei der Protokollierung sind **RiStBV Nrn. 150 Abs. 1, 151** zu beachten. Eine Protokollierung in der **Sitzungsniederschrift** unmittelbar nach Urteilsverkündung ist zulässig (vgl. BGH 31, 109); ein 4

§§ 315, 316 Drittes Buch. 3. Abschnitt

Anspruch des Rechtsmittelführers hierauf besteht aber nicht. **Abs. 2 ist entsprechend anwendbar** auf andere Berufungsberechtigte, die der Urteilsverkündung nicht beigewohnt haben.

§ 315 [Berufung und Antrag auf Wiedereinsetzung]

(1) **Der Beginn der Frist zur Einlegung der Berufung wird dadurch nicht ausgeschlossen, daß gegen ein auf Ausbleiben des Angeklagten ergangenes Urteil eine Wiedereinsetzung in den vorigen Stand nachgesucht werden kann.**

(2) ¹**Stellt der Angeklagte einen Antrag auf Wiedereinsetzung in den vorigen Stand, so wird die Berufung dadurch gewahrt, daß sie sofort für den Fall der Verwerfung jenes Antrags rechtzeitig eingelegt wird.** ²**Die weitere Verfügung in bezug auf die Berufung bleibt dann bis zur Erledigung des Antrags auf Wiedereinsetzung in den vorigen Stand ausgesetzt.**

(3) **Die Einlegung der Berufung ohne Verbindung mit dem Antrag auf Wiedereinsetzung in den vorigen Stand gilt als Verzicht auf die letztere.**

1   Die Vorschrift gilt nur für die Fälle der §§ 235 S. 1 und 412 S. 1. Die **Fristen** für den **Wiedereinsetzungsantrag** nach § 235 S. 1 oder nach § 412 S. 1 iVm § 329 Abs. 3 und für die **Berufungseinlegung** beginnen in diesen Fällen gleichzeitig ab Urteilszustellung zu laufen. Eine entsprechende Regelung gilt für die Revisionseinlegung (§ 342). Für die Wiedereinsetzung in die Berufungsfrist gelten die allgemeinen Vorschriften der §§ 44 ff.

2   Auch innerhalb der Wochenfrist ab Urteilszustellung darf der Wiedereinsetzungsantrag nicht später als die Berufungseinlegung erklärt werden **(Abs. 3)**; umgekehrt gilt das nicht. Sind beide Rechtsbehelfe rechtzeitig eingelegt und ist die unwiderlegliche Vermutung des **Abs. 3** nicht gegeben, so entscheidet das Erstgericht zunächst über den Wiedereinsetzungsantrag **(Abs. 2 S. 2)**. Ist dieser begründet, so findet eine neue Hauptverhandlung vor dem judex a quo statt; die Berufung ist gegenstandslos. Nur wenn der Wiedereinsetzungsantrag unbegründet oder wegen der Verzichtsvermutung nach **Abs. 3** unzulässig ist, nimmt das Berufungsverfahren seinen Fortgang.

§ 316 [Hemmung der Rechtskraft]   RiStBV 154

(1) **Durch rechtzeitige Einlegung der Berufung wird die Rechtskraft des Urteils, soweit es angefochten ist, gehemmt.**

(2) **Dem Beschwerdeführer, dem das Urteil mit den Gründen noch nicht zugestellt war, ist es nach Einlegung der Berufung sofort zuzustellen.**

1   Die **Hemmung der Rechtskraft** steht der **Vollstreckbarkeit** des Urteils entgegen (§ 449). Die Hemmung tritt ein, **wenn und soweit** die Berufung **rechtzeitig** (§ 314) eingelegt ist. Eine Unzulässigkeit aus anderen Gründen verhindert die Hemmung der Rechtskraft nicht (vgl. KK-Ruß Rn. 1); das gilt auch für die **Unstatthaftigkeit** der Berufung (vgl. BGH 25, 259, 260 = NJW 1974, 373; str.; **aA** Meyer-Goßner Rn. 1). Die Hemmung erstreckt sich auf Mitangeklagte, soweit die angefochtene Entscheidung auch gegen sie wirkt (OLG Celle NJW 1960, 1873). Sie endet mit der Entscheidung nach § 322 Abs. 1, Abs. 2 oder nach §§ 328, 329. Eine **verspätete** Berufungseinlegung hat keine Hemmungswirkung; die Entscheidung nach § 319 bestätigt die Vollstreckbarkeit **deklaratorisch** (vgl. § 319 Abs. 2 S. 2, 2. HS, § 319 Rn. 2).

2   **Zuzustellen (Abs. 2)** ist dem Berufungsführer eine Ausfertigung der vollständigen Urteilsurkunde, wenn das nicht schon nach § 314 Abs. 2 geschehen ist. War ein

abgekürztes Urteil (§ 267 Abs. 4, Abs. 5 S. 2) vor Berufungseinlegung zugestellt worden, so sind die nach § 267 Abs. 4 S. 3, Abs. 5 S. 3 ergänzten Urteilsgründe zuzustellen, wenn dem Berufungsführer Wiedereinsetzung in den vorigen Stand gewährt wird. Eine **nachträgliche Zustellung** ist auch erforderlich, wenn das Berufungsgericht einem Antrag nach § 319 Abs. 2 S. 1 stattgibt.

Die Zustellung ist **nicht erforderlich**, wenn die Berufung **verspätet eingelegt** 3 ist, wohl aber bei Unzulässigkeit aus anderen Gründen (vgl. KK-Ruß Rn. 6). Ist die nach Abs. 2 erforderliche Zustellung unterblieben, so begründet das kein Verfahrenshindernis (BGH 33, 183 = NJW 1985, 1789), wohl aber einen Anspruch auf Aussetzung der Berufungsverhandlung (OLG Köln NStZ 1984, 475; vgl. KK-Ruß Rn. 7).

§ 317 [Berufungsbegründung]   RiStBV 150 Abs. 1 S. 4, 156 Abs. 1

Die Berufung kann binnen einer weiteren Woche nach Ablauf der Frist zur Einlegung des Rechtsmittels oder, wenn zu dieser Zeit das Urteil noch nicht zugestellt war, nach dessen Zustellung bei dem Gericht des ersten Rechtszuges zu Protokoll der Geschäftsstelle oder in einer Beschwerdeschrift gerechtfertigt werden.

Eine Begründung der Berufung ist, anders als die der Revision (§ 344), **nicht** 1 **vorgeschrieben;** für die StA gilt RiStBV Nr. 156 Abs. 1, bei Begründungen zu Protokoll der Geschäftsstelle ist RiStBV Nr. 150 Abs. 1 zu beachten. Im Fall des § 313 ist eine Begründung regelmäßig angezeigt, um die Annahmevoraussetzungen darzulegen (vgl. § 313 Rn. 4; KK-Ruß Rn. 3). Ein indirekter Zwang zur Berufungsbegründung ergibt sich auch für den **Nebenkläger** wegen der eingeschränkten Anfechtungsmöglichkeit, wie sie sich aus § 400 Abs. 1 ergibt. Es ist jedenfalls zweckmäßig, das Ziel der Berufung anzugeben (OLG Düsseldorf NStZ 1994, 507; für die Revision BGH NStZ 1997, 97; KK-Ruß Rn. 3).

Für die **Form** der Berufungsbegründung gelten die Erläuterungen zu § 314 2 Abs. 1 entsprechend. Die **Nichteinhaltung der Wochenfrist** ist rechtlich ohne Bedeutung – eine Begründung ist ja nicht vorgeschrieben –; auch verspätete oder noch in der Hauptverhandlung abgegebene Erklärungen sind zu berücksichtigen. Wer die Frist zur Begründung der Berufung gemäß § 317 ungenutzt verstreichen lässt, ohne dem Berufungsgericht auch nur eine Stellungnahme anzukündigen, muss damit rechnen, dass das Gericht **ohne weitere Nachfrage** entscheidet (BVerfG NJW 2002, 2940). Das gilt auch für die Begründung eines „Annahmeantrags" nach § 313 (**aA** KK-Ruß Rn. 4; vgl. § 313 Rn. 5). Einer ausdrücklichen Ermächtigung **zur Beschränkung** der Berufung bedarf der **Pflichtverteidiger** dann nicht, wenn die Beschränkung innerhalb der Berufungsbegründungsfrist erfolgt (OLG Koblenz NStZ-RR 2001, 247). Dem Gegner des Berufungsführers ist die Begründung mitzuteilen.

§ 318 [Beschränkung der Berufung]   RiStBV 150 Abs. 1

¹Die Berufung kann auf bestimmte Beschwerdepunkte beschränkt werden. ²Ist dies nicht geschehen oder eine Rechtfertigung überhaupt nicht erfolgt, so gilt der ganze Inhalt des Urteils als angefochten.

Eine Beschränkung der Berufung kann von jedem selbstständig Berufungsberech- 1 tigten zugleich mit der **Einlegung** des Rechtsmittels oder später durch **Teilrücknahme** (vgl. § 303) erklärt werden (zur Beschränkung durch den Verteidiger vgl. § 302 Rn. 8). Im **Regelfall** ist das gesamte Urteil angefochten (**S. 2, 2. HS**); die Beschränkung erfordert daher die **Erklärung** eines entsprechenden Willens. Dabei muss der Begriff „Beschränkung" nicht ausdrücklich verwendet werden; der Be-

§ 318

schränkungswille muss sich aber aus der Erklärung, insb. der **Berufungsbegründung,** unzweifelhaft ergeben (vgl. BGH 29, 359, 365 = NJW 1981, 589). Bei der Auslegung ist auch auf die Person des Erklärenden abzustellen: Die Erklärung des Verteidigers, die Strafe sei zu hoch, enthält regelmäßig eine Beschränkung auf den Strafausspruch, die Erklärung des Angeklagten kann als Angabe des Motivs für die (unbeschränkte) Anfechtung auszulegen sein (vgl. BayObLG DAR 1987, 314). Wirksamkeit und Reichweite einer Beschränkung sind durch das Rechtsmittelgericht **vAw zu prüfen** (BGH NStZ 1984, 566); im Zweifel ist beim Erklärenden nachzufragen. Bei **Unwirksamkeit** der Beschränkung gilt das Urteil als unbeschränkt angefochten.

2 **Auf bestimmte Beschwerdepunkte** kann die Berufung beschränkt werden **(S. 1).** Wirksamkeit der Beschränkung der Berufung auf den Rechtsfolgenausspruch und Versagung der Strafaussetzung (BayObLG NStZ-RR 2003, 117). Das setzt voraus, dass ein Teil der angefochtenen Entscheidung **tatsächlich und rechtlich selbstständig** beurteilt werden kann (BGH 29, 364 = NJW 1981, 589; 39, 208 = NJW 1993, 1999; KK-Ruß Rn. 1); eine Abänderung des angefochtenen Teils muss ohne Auswirkungen auf den nicht angefochtenen Teil und ohne dass es zu Widersprüchen zwischen beiden kommt, möglich sein (BGH 27, 70, 72 = NJW 1977, 442; 29, 359, 364). Dabei ist zwischen **vertikaler** und **horizontaler** Teilanfechtung zu unterscheiden: Die Erstere betrifft einen Teil des Prozessstoffs, der Gegenstand eines selbstständigen Verfahrens hätte sein können (insb. selbstständige Taten iSd § 264), die letztere Stufen der Verurteilung eines Angeklagten (insb. Rechtsfolgenentscheidungen).

3 Eine Beschränkung auf die Frage des Vorliegens von **Verfahrensvoraussetzungen** ist möglich, soweit andere Urteilsteile davon nicht betroffen werden. Das gilt für die Prüfung des Strafklageverbrauchs, des Vorliegens eines Strafantrags und der Einhaltung von Auslieferungsbedingungen (vgl. LR-Hanack § 344 Rn. 18), grds. aber **nicht** für die Frage der Verjährung, weil die Verjährungsfrist von der Rechtsfolgendrohung und daher vom Schuldspruch abhängt (BGH 2, 385; OLG Frankfurt NStZ 1982, 35).

4 **Innerhalb des Schuldspruchs** kann die Berufung auf die Verurteilung wegen einzelner von mehreren **prozessual selbstständigen Taten** (§ 264) beschränkt werden, wenn sie nicht im Verhältnis der Alternativität zum nicht angefochtenen Teil stehen (OLG Karlsruhe JR 1989, 82). **Innerhalb einer prozessualen Tat** ist die Beschränkung auf **materiellrechtlich selbstständige Taten** (§ 53 StGB) grds. möglich (BGH 24, 285, 187 = NJW 1971, 1948); in diesem Fall ist stets auch die Entscheidung über die **Gesamtstrafe** mitangefochten. Die Beschränkung ist nicht wirksam, wenn jede der in Tatmehrheit begangenen Straftaten in Tateinheit mit demselben leichteren Delikt steht (BGH 25, 72, 75 = NJW 1973, 335) oder wenn gerade die Frage, ob Tatmehrheit vorliegt, zu entscheiden ist (Beurteilung mehrerer Taten als einheitlicher Vollrausch nach § 323 a StGB, OLG Hamm VRS 39, 190; Verurteilung wegen § 142 StGB als Unterbrechung einer sonst einheitlichen Trunkenheitsfahrt nach § 316 StGB, BGH 25, 72, 75). Innerhalb der Schuldfrage einer materiellrechtlichen **Einzeltat** ist eine Beschränkung nicht möglich, etwa auf Beweisfragen, die Annahme einzelner Tatbestandsmerkmale (BGH 19, 46, 48 = NJW 1963, 1987), Fragen der Gesetzeskonkurrenz (BGH NJW 1980, 1807) oder auf Teilakte von fortgesetzten Handlung (BGH 21, 256, 258 = NJW 1967, 1972; vgl. KK-Ruß Rn. 6). Zur **Schuldfrage** gehören auch die Voraussetzungen eines besonders schweren oder minder schweren Falls (Meyer-Goßner Rn. 14), die Regelbeispiele des § 243 Abs. 1 Nr. 1, 2, 4 StGB (BGH 29, 359 = NJW 1981, 589) sowie Strafänderungsgründe (zB Gewerbsmäßigkeit bei § 260 StGB, BGH NStZ 1982, 29), wenn sie zugleich den Schuldumfang betreffen (vgl. KK-Ruß Rn. 7 b). Bei einem **fehlerhaften Schuldspruch,** der zu Lasten des Angeklagten für die Strafzumessung einen höhere Strafrahmen vorgibt, als er nach der festgelegten Tat

Berufung **§ 318**

bei zutreffender rechtlicher Wertung zur Anwendung kommt, ist die Berufungsbeschränkung auf das Strafmaß **unwirksam** (OLG Köln NStZ-RR 2000, 49). **Nicht zur Schuldfrage** gehören die Voraussetzungen des § 21 StGB (BGH 7, 283) sowie der §§ 157 (BGH 2, 379), 158, 163 Abs. 2 (BGH NJW 1962, 2164), 213 (BGH NJW 1956, 756) und 316 a Abs. 2 StGB (BGH 10, 320 = NJW 1957, 1447).

Eine **Beschränkung auf den Rechtsfolgenausspruch** ist grds. möglich (BGH 5 33, 59 = NJW 1985, 1089; BayObLG NStZ-RR 2003, 117). Das gilt dann **nicht,** wenn die Feststellungen des Ersturteils keine hinreichende Grundlage für eine neue Rechtsfolgenentscheidung bilden, weil sie unvollständig, unklar oder widersprüchlich sind (BGH 33, 59; BayObLG NJW 1992, 3311; BGH NStZ 1994, 47; 1994, 130; BGH StV 1996, 214; vgl. KK-Ruß Rn. 7a mwN), oder wenn eine getrennte Entscheidung zur Rechtsfolgenfrage wegen der engen Verbindung von Schuld- und Straffrage nicht möglich ist, etwa bei Unklarheit über die Schuldfähigkeit des Angeklagten (BGH 7, 283, 285f. = NJW 1955, 917). Hat das AG festgestellt, dass der Angeklagte zum Tatzeitpunkt **rauschgiftabhängig** war, und ist die Berufung der StA wirksam auf den Rechtsfolgenausspruch beschränkt worden, so darf das Berufungsgericht wegen der eingetretenen Bindungswirkung nicht in Widerspruch zum Ersturteil Betäubungsmittelabhängigkeit verneinen (BayObLG NStZ-RR 1999, 275).

Innerhalb des Rechtsfolgenausspruchs ist die Beschränkung grds. **möglich** 6 auf die Anzahl oder die Höhe der Tagessätze (BGH 27, 70, 73 = NJW 1977, 442), auf die Entscheidungen über Zahlungserleichterungen nach § 42 StGB und die Verhängung einer Geld- oder Vermögensstrafe neben einer Freiheitsstrafe (§§ 41, 43 a StGB), auf die Höhe der einzelnen Freiheitsstrafe und die Bemessung oder das Unterlassen der Bildung einer Gesamtstrafe (vgl. BGH NJW 1993, 210), auf die Entscheidung über die Strafaussetzung zur Bewährung (BGH 24, 164, 165 = NJW 1971, 1415; BGH NJW 1972, 832) sowie u.a. auf die über die Anrechnung der U-Haft nach § 51 StGB, die Einziehung nach § 74 StGB und den Verfall nach §§ 73 ff. StGB (vgl. KK-Ruß Rn. 8a). Auf die Verhängung eines **Fahrverbots** (§ 44 StGB) kann das Rechtsmittel wegen der Wechselwirkung zwischen Haupt- und Nebenstrafe grds. nicht beschränkt werden (BGH 24, 11, 12 = NJW 1971, 105; OLG Frankfurt NStZ 1997, 46). Zur Anfechtung der Feststellung besonders schwerer Schuld mit der Revision vgl. § 344 Rn. 2.

Maßregeln der Besserung und Sicherung sind isoliert anfechtbar, wenn nicht 7 mit dem Strafausspruch ein untrennbarer Zusammenhang besteht. Das ist bei der Sicherungsverwahrung idR der Fall (BGH 7, 101 = NJW 1955, 640; BGH NJW 1980, 1055). Bei der **Entziehung der Fahrerlaubnis** (§ 69 StGB) ist eine isolierte Anfechtung ausgeschlossen, wenn sie auf Charaktermängeln des Angeklagten beruht (BGH NJW 1954, 1167; vgl. OLG Zweibrücken NJW 1983, 1007). Auf Maßregelanordnungen nach **§§ 63 und 64 StGB** kann das Rechtsmittel grds. beschränkt werden (zur Bindung des neuen Tatrichters an den rechtskräftigen Freispruch vgl. Meyer-Goßner Rn. 24; Meyer-Goßner DRiZ 1989, 55). Der Angeklagte kann die **Nichtanwendung** des § 64 StGB vom Rechtsmittelangriff gegen den Rechtsfolgenausspruch ausnehmen (BGH 38, 362 = NJW 1993, 477; vgl. BayObLG StV 1995, 181). IdR nicht trennbar sind die Versagung der Strafaussetzung zur Bewährung und die Entscheidung über die Maßregelanordnung nach § 64 StGB (BGH NStZ 1994, 449). Wurde neben der Ablehnung der **Strafaussetzung zur Bewährung** zugleich eine Maßregel nach den §§ 69, 69a StGB angeordnet, so ist die Beschränkung der Berufung auf die Frage der Strafaussetzung nur dann unwirksam, wenn sich der Beschwerdeführer gegen insoweit doppelrelevante Feststellungen wendet oder die Bewährungsentscheidung mit der Maßregelanordnung eng verbunden ist, so dass die entstehende Gesamtentscheidung möglicherweise nicht frei von inneren Widersprüchen bleiben würde (BGH 47, 32 = NJW 2001, 3134).

8 **Rechtsfolge einer wirksamen Berufungsbeschränkung** ist die Rechtskraft des nicht angefochtenen Teils des Urteils; insoweit tritt Strafklageverbrauch ein. Das gilt sowohl für die **vertikale** Teilrechtskraft, die sich auf einzelne von mehreren selbstständigen Taten erstreckt, als auch für die **horizontale** Teilrechtskraft, die Stufen der Verurteilung wegen einer oder mehrerer Taten, insb. den ganzen oder einen abtrennbaren Teil des Rechtsfolgenausspruchs betrifft. Der rechtskräftige Teil ist samt den zugehörigen **Feststellungen** weiterer Überprüfung und widersprechender Entscheidung entzogen; das Rechtsmittelgericht ist auch an die Tatsachenfeststellungen gebunden (BGH 30, 340, 342 = NJW 1982, 1295; vgl. KK-Ruß Rn. 9 mwN). Auch an rechtskräftige **doppelrelevante Tatsachen,** die zugleich für Schuld- und Straffrage von Bedeutung sind, ist der neue Tatrichter gebunden (BGH 24, 274, 275 = NJW 1972, 548). Widersprechende neue Feststellungen dürfen nicht getroffen werden; darauf abzielende Beweisanträge sind unzulässig, § 244 Abs. 3 S. 1 (BGH 30, 340, 344).

9 Ist die Rechtsmittelbeschränkung **unwirksam,** so ist nicht die Berufung unzulässig, sondern – insb. bei **vertikaler** Teilanfechtung – das Ersturteil unbeschränkt angefochten (BGH 21, 256, 258). Bei **horizontaler** Teilanfechtung gilt das Urteil als bis zu dem Teil angefochten, der eine selbstständige Nachprüfung zulässt (vgl. RG 65, 296, 297); bei unwirksamer Beschränkung auf den Rechtsfolgenausspruch ist auch der Schuldspruch angefochten, bei unwirksamer Beschränkung innerhalb des Rechtsfolgenausspruchs idR nur dieser insgesamt (vgl. KK-Ruß Rn. 10). Die Wirksamkeit der Berufungsbeschränkung **prüft** das Revisionsgericht vAw; denn es handelt sich um die Frage der Rechtskraft der angefochtenen Entscheidung, also eines von Amts wegen zu prüfenden Prozesshindernisses (BGH 27, 70, 72 = NJW 1977, 442; BayObLG NStZ 1988, 570; OLG Zweibrücken StV 1995, 124).

§ 319 [Verspätete Einlegung]

(1) **Ist die Berufung verspätet eingelegt, so hat das Gericht des ersten Rechtszuges das Rechtsmittel als unzulässig zu verwerfen.**

(2) [1]**Der Beschwerdeführer kann binnen einer Woche nach Zustellung des Beschlusses auf die Entscheidung des Berufungsgerichts antragen.** [2]**In diesem Falle sind die Akten an das Berufungsgericht einzusenden; die Vollstreckung des Urteils wird jedoch hierdurch nicht gehemmt.** [3]**Die Vorschrift des § 35 a gilt entsprechend.**

1 Zuständig für die Entscheidung über die **Rechtzeitigkeit** der Berufung (§ 314) ist das **Erstgericht** (judex a quo), bei dem das Rechtsmittel regelmäßig einzulegen ist (vgl. BGH 40, 398 = NJW 1995, 2367). Die Vorschrift entspricht § 346 und gilt auch im Fall des § 313. Eine Verwerfung aus **anderen Gründen** als der Fristversäumnis ist dem Erstgericht nicht gestattet (vgl. KK-Ruß Rn. 2). Der **Verwerfungsbeschluss** ergeht nach Anhörung der StA (§ 33 Abs. 2) vAw.; er ist zu begründen (§ 34) und dem Beschwerdeführer (bei Berufung des gesetzlichen Vertreters auch dem Angeklagten, OLG Hamm NJW 1973, 1850) mit der Belehrung über das Antragsrecht nach **Abs. 2** zuzustellen.

2 Der **Antrag nach Abs. 2** ist ein Rechtsbehelf eigener Art. **Antragsberechtigt** ist der Berufungsführer, bei Berufung des gesetzlichen Vertreters oder des Erziehungsberechtigten auch der Angeklagte (KK-Ruß Rn. 6). **Adressat** des Antrags ist das **Erstgericht** (§ 306 Abs. 1 entspr.); die Einhaltung einer bestimmten **Form** ist nicht erforderlich (BGH 11, 152, 154 = NJW 1958, 509). Über die Zulässigkeit des Antrags, auch seine Rechtzeitigkeit (Abs. 2 S. 1), entscheidet das Berufungsgericht, dem die Akten zuzuleiten sind. Es prüft die Zulässigkeit der Berufung **unter allen Gesichtspunkten** (BGH 16, 115, 118 = NJW 1961, 1684) und hebt durch **Be-**

schluss den Verwerfungsbeschluss auf oder verwirft den Antrag **ohne Kostenentscheidung** als unzulässig oder unbegründet. Im ersteren Fall hat das Erstgericht neu nach Abs. 1, § 320 zu entscheiden; der den Antrag verwerfende Beschluss stellt **deklaratorisch** (vgl. Abs. 2 S. 2, § 316 Rn. 1) die Rechtskraft des Ersturteils fest. Die Entscheidung des Berufungsgerichts ist unanfechtbar (BayObLG NJW 1951, 371; OLG Celle MDR 1954, 313).

Gegen die **Versäumung der Frist des Abs. 2 S. 1** kann der Berufungsführer 3 **Antrag auf Wiedereinsetzung** nach §§ 44 ff. stellen (vgl. KK-Ruß Rn. 12); gegen die Ablehnung ist die **sofortige Beschwerde** zum OLG gegeben (§ 46 Abs. 3), das nur über die Wiedereinsetzung in diese Frist entscheidet.

Hat der Berufungsführer **statt** des Antrags nach Abs. 2 einen Antrag auf **Wieder-** 4 **einsetzung in die Berufungsfrist** gestellt (§§ 44 ff.), so entscheidet das Berufungsgericht, wenn der Erstrichter den Antrag verwirft, auf die sofortige Beschwerde hierüber (§ 46 Abs. 3). Der Wiedereinsetzungsantrag kann aber auch mit dem Antrag nach Abs. 2 **verbunden** werden; in diesem Fall ist zuerst über die Fristversäumnis und je nach dem Ergebnis dieser Prüfung über die Wiedereinsetzung zu entscheiden (vgl. KK-Ruß Rn. 12 ff.).

§ 320 [Aktenvorlage an Staatsanwaltschaft] RiStBV 157

¹ **Ist die Berufung rechtzeitig eingelegt, so hat nach Ablauf der Frist zur Rechtfertigung die Geschäftsstelle ohne Rücksicht darauf, ob eine Rechtfertigung stattgefunden hat oder nicht, die Akten der Staatsanwaltschaft vorzulegen.** ² **Diese stellt, wenn die Berufung von ihr eingelegt ist, dem Angeklagten die Schriftstücke über Einlegung und Rechtfertigung der Berufung zu.**

Die Aktenvorlage an die StA **(S. 1)** erfolgt, wenn nicht nach § 319 Abs. 1 1 entschieden wird, nach Ablauf der Frist des § 317, bei mehreren Berufungsführern, wenn die Frist für alle abgelaufen ist.

Bei Berufung der StA stellt diese die Schriftstücke über Einlegung und Rechtfertigung zu. Formlose Mitteilung (vgl. § 35 Abs. 2 S. 2) genügt nicht (KK-Ruß Rn. 2; **aA** Meyer-Goßner Rn. 2). Bei Berufung des **Nebenklägers** hat das erstinstanzliche Gericht zuzustellen; RiStBV Nr. 157 ist zu beachten. Eine Zustellung an die StA bei Berufung des **Angeklagten** ist nicht erforderlich. Eine **Berufungsgegenerklärung** ist nicht vorgeschrieben. Ist die Zustellung der Rechtfertigung an den Angeklagten unterblieben, so kann er Aussetzung der Berufungsverhandlung beantragen.

§ 321 [Aktenweitergabe ans Berufungsgericht] RiStBV 158

¹ **Die Staatsanwaltschaft übersendet die Akten an die Staatsanwaltschaft bei dem Berufungsgericht.** ² **Diese übergibt die Akten binnen einer Woche dem Vorsitzenden des Gerichts.**

S. 1 hat nur bei selbstständigen **Amtsanwaltschaften** Bedeutung. Im Allgemei- 1 nen ist die StA bei dem Berufungsgericht (LG) auch im 1. Rechtszug zuständig.

S. 2 ist hinsichtlich der Wochenfrist nur eine **Ordnungsvorschrift.** Die Zulei- 2 tung erfolgt an den Vorsitzenden des zuständigen Spruchkörpers (vgl. Meyer-Goßner NStZ 1981, 171). Mit der Aktenvorlage stellt die StA die von ihr für erforderlich gehaltenen **Anträge** (zB Terminsbestimmung oder Verwerfung nach § 322) und benennt Zeugen oder Sachverständige (vgl. RiStBV Nr. 158). Mit Eingang der Akten wird die Sache beim Berufungsgericht **anhängig** und dieses als **erkennendes Gericht** zuständig.

§ 322 [Verwerfung ohne Hauptverhandlung]

(1) ¹Erachtet das Berufungsgericht die Vorschriften über die Einlegung der Berufung nicht für beobachtet, so kann es das Rechtsmittel durch Beschluß als unzulässig verwerfen. ²Andernfalls entscheidet es darüber durch Urteil; § 322 a bleibt unberührt.

(2) Der Beschluß kann mit sofortiger Beschwerde angefochten werden.

1 Die Prüfung der **Zulässigkeit** der Berufung ist **vAw.** vorzunehmen und erstreckt sich auf alle Zulässigkeitsvoraussetzungen einschließlich der Rechtzeitigkeit (§ 314); hat das Erstgericht fehlerhaft nicht nach § 319 Abs. 1 verworfen, so entscheidet das Berufungsgericht.

2 Die Entscheidung ergeht außerhalb der Hauptverhandlung durch **Beschluss;** dieser ist zu begründen (§ 34) und dem Berufungsführer mit Rechtsmittelbelehrung zuzustellen (§§ 35 Abs. 2 S. 1, 35 a). Die Verwerfung der Berufung des **gesetzlichen Vertreters** oder des **Erziehungsberechtigten** ist auch dem Angeklagten zuzustellen. Gegen den Verwerfungsbeschluss ist **sofortige Beschwerde** statthaft, Abs. 2. Der Angeklagte ist gegen die Verwerfung der Berufung seines gesetzlichen Vertreters oder Erziehungsberechtigten beschwerdeberechtigt, auch wenn er auf Rechtsmittel verzichtet hatte (OLG Hamm NJW 1973, 1850). Wird der Beschluss auf die sofortige Beschwerde aufgehoben, so tritt eine **Bindungswirkung** entspr. § 358 Abs. 1 nicht ein; das Berufungsgericht prüft in der dann durchzuführenden Berufungshauptverhandlung die Zulässigkeit selbstständig neu (vgl. KK-Ruß Rn. 4). **Entsprechend** anzuwenden ist Abs. 2 auf den deklaratorischen Beschluss über die Erledigung des Berufungsverfahrens durch Rücknahme (OLG Frankfurt NStZ 1988, 328; vgl. § 316 Rn. 1). Mit der Rechtskraft des Verwerfungsbeschlusses wird das **Ersturteil rechtskräftig.** Das gilt nicht bei Verwerfung wegen Fristversäumnis (vgl. § 319 Abs. 2 S. 2; § 319 Rn. 2).

3 Stellt sich die Unzulässigkeit der Berufung erst in der Hauptverhandlung heraus, so ist sie durch **Urteil** zu verwerfen (Abs. 1 S. 2), gegen das **Revision** zulässig ist. Bei Aufhebung und Zurückverweisung gilt § 358 Abs. 1.

4 Über die **Annahme** einer Berufung im Fall des § 313 ist stets durch **Beschluss** zu entscheiden, **Abs. 1 S. 2, 2. HS** iVm § 322 a. Dieser Beschluss ist unanfechtbar, § 322 a S. 2. Hat das Berufungsgericht irrtümlich durch **Urteil** nach Abs. 1 S. 2, 1. HS über die Annahme entschieden, so ist die **Revision** zulässig (BayObLG NStZ-RR 1996, 366); ebenso im Fall des § 329 Meyer-Goßner Rn. 7).

§ 322 a [Beschluß des Berufungsgerichts]

¹Über die Annahme einer Berufung (§ 313) entscheidet das Berufungsgericht durch Beschluß. ²Die Entscheidung ist unanfechtbar. ³Der Beschluß, mit dem die Berufung angenommen wird, bedarf keiner Begründung.

1 Die Annahmeentscheidung setzt eine im Übrigen **zulässig eingelegte Berufung** voraus. Entscheidungen nach § 319 und § 322 gehen ihr deshalb voraus. Die Entscheidung ergeht durch **Beschluss** des Berufungsgerichts außerhalb der Hauptverhandlung. Einer gesonderten Anhörung des Berufungsführers bedarf es idR nicht (OLG Koblenz NStZ 1995, 251; **aA** OLG München StV 1994, 237). In den Fällen, in denen ein Berufungsgericht die Berufung nach § 313 Abs. 2 als unzulässig verwirft, gebietet es Art. 103 Abs. 1 GG, dass das Gericht sich mit dem Vorbringen des Beschwerdeführers, das eine Annahme der Berufung rechtfertigen könnte, **auseinandersetzt** (BVerfG NStZ 2002, 43). Eine stillschweigende Annahme kann in der Bestimmung eines Hauptverhandlungstermins liegen (Rieß AnwBl 1993, 56). Zur irrtümlichen Entscheidung durch Urteil vgl. § 322 Rn. 4. Ein Fall der Annah-

meberufung liegt **nicht** vor, wenn nach § 60 StGB von der Verhängung einer **Strafe abgesehen** worden ist (OLG Oldenburg NStZ 1998, 370).

Eine **Frist** für die Entscheidung ist nicht vorgeschrieben; die Begründungsfrist 2 (§ 317) ist stets abzuwarten. Eine **Kostenentscheidung** ergeht nicht (vgl. Meyer-Goßner Rn. 9). Eine **Begründungspflicht** besteht nur im Fall der Nichtannahme (vgl. S. 3). Der Beschluss ist nicht anfechtbar **(S. 2)**, wenn tatsächlich ein Fall des § 313 Abs. 1 vorgelegen hat. Liegen dessen Voraussetzungen nicht vor, dann ist der Beschluss, mit dem die Annahme abgelehnt oder die Berufung nach § 313 Abs. 2 S. 2 verworfen wird, mit der sofortigen Beschwerde entspr. § 322 Abs. 2 anfechtbar; § 322 a S. 2 gilt nicht (OLG Zweibrücken NStZ 1994, 601) oder anders formuliert: Eine Anfechtung der Nichtannahme der Berufung ist zulässig, wenn objektiv kein Fall der Annahmeberufung vorgelegen hat bzw. die förmlichen Voraussetzungen des § 313 nicht erfüllt waren. Gleiches gilt, wenn das Berufungsgericht bereits die Berufung angenommen hat und später diese Entscheidung durch Nichtannahme rückgängig macht (OLG Zweibrücken NStZ-RR 2002, 245).

§ 323 [Vorbereitung der Hauptverhandlung]

(1) ¹**Für die Vorbereitung der Hauptverhandlung gelten die Vorschriften der §§ 214 und 216 bis 225.** ²**In der Ladung ist der Angeklagte auf die Folgen des Ausbleibens ausdrücklich hinzuweisen.**

(2) ¹**Die Ladung der im ersten Rechtszug vernommenen Zeugen und Sachverständigen kann nur dann unterbleiben, wenn ihre wiederholte Vernehmung zur Aufklärung der Sache nicht erforderlich erscheint.** ²**Sofern es erforderlich erscheint, ordnet das Berufungsgericht die Übertragung eines Tonbandmitschnitts einer Vernehmung gemäß § 273 Abs. 2 Satz 2 in ein schriftliches Protokoll an.** ³**Wer die Übertragung hergestellt hat, versieht die eigene Unterschrift mit dem Zusatz, dass die Richtigkeit der Übertragung bestätigt wird.** ⁴**Der Staatsanwaltschaft, dem Verteidiger und dem Angeklagten ist eine Abschrift des schriftlichen Protokolls zu erteilen.** ⁵**Der Nachweis der Unrichtigkeit der Übertragung ist zulässig.** ⁶**Das schriftliche Protokoll kann nach Maßgabe des § 325 verlesen werden.**

(3) **Neue Beweismittel sind zulässig.**

(4) **Bei der Auswahl der zu ladenden Zeugen und Sachverständigen ist auf die von dem Angeklagten zur Rechtfertigung der Berufung benannten Personen Rücksicht zu nehmen.**

Da die Berufung eine **zweite Tatsacheninstanz** ist, gelten für die Vorbereitung 1 der Hauptverhandlung grds. die Regeln des 1. Rechtszugs **(Abs. 1 S. 1)**. Der einheitliche geschichtliche Lebensvorgang, der den Gegenstand der Anklage bildet, muss vollständig abgeurteilt werden (BGH 39, 165 = NJW 1993, 1871). Die **Aufklärungspflicht** des Berufungsgerichts ist durch das erstinstanzliche Urteil nicht beschränkt (OLG Düsseldorf NJW 1983, 767), sondern allein durch die zugelassene Anklage und evtl. eingetretene Teilrechtskraft (vgl. § 318). Das Berufungsgericht hat daher alle, auch bislang nicht eingeführte Beweismittel heranzuziehen **(Abs. 3)**, soweit sie zur Aufklärung erforderlich erscheinen. **Abs. 2** lässt dabei eine (vorläufige) Beurteilung des Beweiswerts von bereits vernommenen Zeugen und Sachverständigen zu; insoweit ist § 325 zu beachten. **Absatz 2 Satz 2 bis 6** regelt das Verfahren, mit dem **der Inhalt der Tonaufzeichnungen,** die vom Amtsgericht nach § 273 Abs. 2 Satz 2 angefertigt wurden, in das Berufungsverfahren eingeführt wird. In den Fällen, in denen dies erforderlich erscheint, soll das Berufungsgericht nach Satz 2 rechtzeitig vor der Hauptverhandlung durch seine Kräfte Abschriften der Tonbandmitschnitte anfertigen und diese nach Satz 4 vor der Verhandlung an

§ 324

Drittes Buch. 3. Abschnitt

die Staatsanwaltschaft, den Verteidiger und den Angeklagten übersenden, damit sie sich rechtzeitig auf die Berufungsverhandlung vorbereiten können. Eine Übersendung des Protokolls auch an den Angeklagten ist erforderlich, damit dieser so früh wie möglich entscheiden kann, ob er von seinem Recht, die erneute Vorladung des Zeugen zu beantragen (vgl. § 325), Gebrauch machen will. Dadurch sollen Verzögerungen im Berufungsverfahren vermieden und insbesondere auch unverteidigte Angeklagte in die Lage versetzt werden, sich sachgerecht zu verteidigen. Die **Sätze 3 und 5** entsprechen § 168a Abs. 4 Satz 3 und 4. Nach **Satz 6** kann das aus dem Tonbandmitschnitt entstandene schriftliche Protokoll nach Maßgabe des § 325 verlesen werden (BT-Drucks. 15/1976 S. 13).

2 Die **Ladung** zur Berufungshauptverhandlung erfolgt nach Terminsbestimmung durch den Vorsitzenden. Vom **Berufungsführer** (neu) benannte Beweispersonen sind zu berücksichtigen **(Abs. 4);** dasselbe gilt für Anregungen, die die StA mit der Aktenvorlage (§ 321, RiStBV Nr. 158) vorgetragen hat. Eine Pflicht zur Ladung besteht nicht; für die Hauptverhandlung gelten jedoch die §§ 246, 325, 2. HS.

3 Der Angeklagte ist durch **Zustellung,** ggf. an den Verteidiger (§ 145a Abs. 2), zu laden. Der **Hinweis (Abs. 1 S. 2)** auf die Folgen des Ausbleibens ist schriftlich und konkret nach Maßgabe der §§ 329, 330 zu erteilen, ansonsten ist die Ladung nicht ordnungsgemäß (BayObLG 1962, 99, 101 = NJW 1962, 1928). Bei Berufung der StA ist auf § 329 Abs. 2 S. 1, Abs. 4 S. 1 hinzuweisen (OLG Stuttgart MDR 1986, 778), bei Zulässigkeit der Vertretung (§§ 234, 329 Abs. 1 S. 1) auch auf § 232 Abs. 1 S. 1 (OLG Bremen StV 1989, 54).

§ 324 [Gang der Hauptverhandlung]

(1) [1]**Nachdem die Hauptverhandlung nach Vorschrift des § 243 Abs. 1 begonnen hat, hält ein Berichterstatter in Abwesenheit der Zeugen einen Vortrag über die Ergebnisse des bisherigen Verfahrens.** [2]**Das Urteil des ersten Rechtszuges ist zu verlesen, soweit es für die Berufung von Bedeutung ist; von der Verlesung der Urteilsgründe kann abgesehen werden, soweit die Staatsanwaltschaft, der Verteidiger und der Angeklagte darauf verzichten.**

(2) **Sodann erfolgt die Vernehmung des Angeklagten und die Beweisaufnahme.**

1 Für den **Gang der Hauptverhandlung** gelten die Regeln des 1. Rechtszuges (§ 332), soweit §§ 324, 325, 326 nichts anderes bestimmen, insb. also §§ 243, 244 Abs. 1, 257, 260 Abs. 1): Mit dem Aufruf der Sache durch den Vorsitzenden und der sich anschließenden Feststellung über die Anwesenheit des Angeklagten, seines Verteidigers sowie der geladenen Zeugen und Sachverständigen und auch der sachlichen Beweismittel (KK-Ruß Rn. 1). An die Stelle der Verlesung des Anklagesatzes (§ 243 Abs. 3) tritt der Vortrag des **Berichterstatters,** der stets berufsrichterliches Mitglied des erkennenden Gerichts sein muss (vgl. Meyer-Goßner Rn. 3). Der Vortrag ist wesentliche Förmlichkeit des Verfahrens (§ 273 Abs. 1); er hat nach Maßgabe des Einzelfalls die für das Berufungsverfahren wesentlichen (vgl. KK-Ruß Rn. 3) Ergebnisse des gesamten bisherigen Verfahrens darzustellen (Anklagevorwurf, Eröffnungsbeschluss, Nachtragsanklagen, Entscheidungen nach §§ 154, 154a, Ersturteil, Berufungsumfang und -ziel, Nachermittlungen).

2 Die **Verlesung des Ersturteils (Abs. 1 S. 2)** ist wesentlicher Teil des Berichterstattervortrags; sie kann aber einer anderen Person übertragen werden (vgl. KK-Ruß Rn. 4). Bei **Beschränkung der Berufung auf den Rechtsfolgenausspruch** ist die Verlesung des erstinstanzlichen Urteils grundsätzlich ein wesentlicher Teil der Berufungshauptverhandlung, der die Anwesenheit des (Pflicht)Verteidigers gebietet (OLG Düsseldorf NStZ-RR 1999, 144; Egon Müller NStZ-RR 2001, 98). Sie

erstreckt sich auf die Teile, die für die Berufung von Bedeutung sind. Ausführungen zur Beweiswürdigung und zur Strafzumessung sowie Feststellungen, die nur frühere Mitangeklagte betreffen, sind das idR nicht. Über eine Beschränkung der Verlesung entscheidet vorab der Vorsitzende (§ 238 Abs. 1). Ist ein erstes Berufungsurteil aufgehoben und die Sache vom Revisionsgericht zurückverwiesen worden, so ist auch die Verlesung des aufgehobenen Urteils zulässig (BGH GA 1976, 368) und hinsichtlich **bindender Feststellungen** auch erforderlich (BayObLG MDR 1982, 249). Auf die Verlesung kann **verzichtet** werden **(Abs. 1 S. 2, 2. HS).** Die Verzichtserklärungen sind zu protokollieren (§ 273 Abs. 1). Verzichten müssen auch der **Privatkläger** sowie der **Nebenkläger,** soweit sie durch den nicht verlesenen Urteilsteil berührt sind (BGH 28, 272 = NJW 1979, 1310).

Vortrag des Berichterstatters und Urteilsverlesung gehören zum **Inbegriff der** 3 **Hauptverhandlung** (§ 261); sie stellen aber keine **Beweiserhebung** dar (BGH NStZ 1987, 135). Daher werden durch sie **bindende Urteilsfeststellungen** eingeführt (BayObLG MDR 1973, 692); auch aber Beweis über Aussagen vor dem Erstgericht geführt; insoweit sind ggf. §§ 249 ff. im Rahmen der Beweisaufnahme anzuwenden (OLG Hamm NJW 1974, 1880).

Der Angeklagte ist stets **zur Sache zu vernehmen (Abs. 2);** es gilt § 243 4 Abs. 4. Äußert er sich nicht, so kann über seine frühere Einlassung durch Verlesung des Ersturteils (§ 249) Beweis erhoben werden. Für die **Beweisaufnahme (Abs. 2)** gelten die Regeln des erstinstanzlichen Verfahrens mit der Einschränkung des § 325. Eine **Abweichung** von der Reihenfolge der §§ 243 Abs. 1–3, 244 Abs. 1 ist zulässig, wenn nicht widersprochen wird (BGH 19, 93, 96 = NJW 1963, 2084).

Die **Revision** kann mit der Verfahrensrüge auf das Unterlassen des Vortrags oder 5 der Urteilsverlesung gestützt werden (OLG Hamburg NStZ 1985, 379), auf die Unvollständigkeit des Vortrags grds. nicht (vgl. KK-Ruß Rn. 10). Die unterlassene Vernehmung des Angeklagten zur Sache zwingt idR zur Urteilsaufhebung (OLG Köln NJW 1955, 1333). Mit der Verfahrensrüge kann weiter beanstandet werden, die Durchführung der Beweisaufnahme vor Vernehmung des Angeklagten zur Sache und die Verwertung von Teilen des Vortrages als Beweisergebnisse (Rautenberg in HK-StPO Rn. 11). Zu Verstößen gegen Abs. 2 vgl. § 243 Rn. 16.

§ 325 [Verlesung von Schriftstücken]

Bei der Berichterstattung und der Beweisaufnahme können Schriftstücke verlesen werden; Protokolle über Aussagen der in der Hauptverhandlung des ersten Rechtszuges vernommenen Zeugen und Sachverständigen dürfen, abgesehen von den Fällen der §§ 251 und 253, ohne die Zustimmung der Staatsanwaltschaft und des Angeklagten nicht verlesen werden, wenn die wiederholte Vorladung der Zeugen oder Sachverständigen erfolgt ist oder von dem Angeklagten rechtzeitig vor der Hauptverhandlung beantragt worden war.

HS 1 enthält keine eigenständige Regelung: Für die Beweisaufnahme durch Ur- 1 kundenverlesung gelten die §§ 249–256 (§ 332); die Verlesung bei der Berichterstattung (vgl. § 324 Rn. 3) erfolgt nicht zur Beweiserhebung (vgl. § 324 Rn. 3).

HS 2 regelt eine **Ausnahme vom Unmittelbarkeitsgrundsatz** des § 250. Die 2 Verlesung amtsgerichtlicher Inhaltsprotokollierungen (§ 273 Abs. 2 und 3) kann hier die Vernehmung von Beweispersonen ersetzen. Bei der Entscheidung über die Anwendung sind die erheblichen **Fehlerquellen** zu berücksichtigen, die namentlich das Inhaltsprotokoll nach § 273 Abs. 2 birgt; das Berufungsgericht kann weder die Zuverlässigkeit der Protokollierung noch die Vollständigkeit der früheren Aussage überprüfen (vgl. Meyer-Goßner NJW 1987, 1165). Die **Aufklärungspflicht** (§ 244 Abs. 2) geht der Verfahrensvereinfachung stets vor; sind die Zuverlässigkeit

§ 325 Drittes Buch. 3. Abschnitt

der früheren Aussage und der Protokollierung nicht sicher, so ist die Beweisperson nochmals zu vernehmen (BayObLG 1972, 227; vgl. KK-Ruß Rn. 2). „Die **Verlesung** einer früheren Aussage nach § 325 ist insbesondere dann **nicht zulässig,** wenn Aussagen von prozeßentscheidender Bedeutung im Widerspruch zu anderen Aussagen stehen und es um die Notwendigkeit geht, die Glaubwürdigkeit der Zeugen zu beurteilen. Dann gebietet es die **Aufklärungspflicht,** die Zeugen in der Berufungshauptverhandlung nochmals zu vernehmen" (OLG Zweibrücken NStZ 1992, 147; OLG Celle StV 1994, 474). Protokolle **kommissarischer Vernehmungen** sowie aus früheren oder ausgesetzten Hauptverhandlungen unterfallen HS 2 nicht (BayObLG StV 1990, 399). Mitverlesen werden Schriftstücke, deren Inhalt die Beweisperson bei der früheren Vernehmung ausdrücklich zum Inhalt ihrer Aussage gemacht hat, nicht aber Schriftstücke, aus welchen nur Vorhalte gemacht wurden. Die Vorschrift gilt auch im **Privatklageverfahren.**

3 Auf die **Zustimmung** der StA und des Angeklagten **kommt es nur an,** wenn die Beweisperson zur Berufungsverhandlung geladen oder ihre Ladung vom Angeklagten beantragt wurde. Neben StA und Angeklagtem müssen diejenigen Verfahrensbeteiligten zustimmen, die durch die Beweiserhebung in eigenen prozessualen Rechten betroffen sind, insb. auch der **Verteidiger** (Meyer-Goßner Rn. 4; **aA** OLG Stuttgart JR 1977, 343; KK-Ruß Rn. 6; KMR-Paulus Rn. 12), nicht aber der **Nebenkläger** (vgl. § 397 Abs. 1 S. 3; **aA** KK-Ruß Rn. 6). Die Zustimmung kann auch durch schlüssiges Verhalten erklärt werden (BayObLG 1978, 17 = NJW 1978, 1817); sie ist zu protokollieren (§ 273 Abs. 1). Über das Zustimmungserfordernis hat der Vorsitzende ggf. zu belehren.

4 Der **Zustimmung bedarf es,** wenn die Beweisperson geladen oder die Ladung beantragt war. **Ladung** iSd HS 2 ist die **Veranlassung** der förmlichen Ladung (§§ 214 Abs. 1 S. 1, Abs. 3, 220 Abs. 1). Ob sie die Beweisperson erreicht hat und ob diese erschienen ist, ist unerheblich. Die Gestellung in der Hauptverhandlung (vgl. § 245 Rn. 3) steht der Ladung, die Abbestellung der Nichtladung dann gleich, wenn sie dem Zustimmungsberechtigten mitgeteilt wurde. **Antrag auf Ladung** iSd HS 2 ist jedes Vorbringen, das das Verlangen nach Ladung nicht nur hilfsweise enthält. Anträge des Verteidigers und von Nebenbeteiligten stehen dem des Angeklagten gleich. **Rechtzeitig** ist der Antrag eingegangen, wenn die Ladung im normalen Geschäftsgang vor der Hauptverhandlung noch bewirkt werden kann (KK-Ruß Rn. 5); die Möglichkeit telegraphischer oder telefonischer Ladung reicht nicht (**aA** Meyer-Goßner Rn. 10). Ob die Ladung veranlasst wird, spielt keine Rolle.

5 War die Aussage in 1. Instanz unverwertbar, so darf sie nicht verlesen werden (OLG Stuttgart NJW 1970, 343). Ein **Aussageverweigerungsrecht** der Beweisperson steht der Verlesung nur dann entgegen, wenn es nach der ersten Hauptverhandlung entstanden ist oder wenn der Zeuge oder Sachverständige vor der Verlesung (vgl. BGH 2, 99, 107) mitgeteilt hat, er mache jetzt von seinem Weigerungsrecht Gebrauch.

6 Über die Verlesung entscheidet der **Vorsitzende** nach pflichtgemäßem Ermessen. Gegen seine Entscheidung ist der Antrag nach § 238 Abs. 2 zulässig. Nach der Verlesung ist nach §§ 59 ff., 79 über die **Vereidigung** stets zu entscheiden. Ist der Zeuge, dessen Aussage gemäß § 325 verlesen worden ist, unvereidigt geblieben, muss das Berufungsgericht die **Frage der Vereidigung** neu entscheiden (OLG Hamm NJW 1965, 1344; MDR 1980, 953). Hält es die Vereidigung für erforderlich, muss der **Zeuge geladen oder kommissarisch vernommen und dabei vereidigt** werden. Nach §§ 59 ff. ist die Nichtvereidigung die Regel und die Vereidigung die Ausnahme.

7 Die **Revision** kann sich mit der Verfahrensrüge gegen die fehlerhafte Annahme der Voraussetzungen des HS 2 wenden, mit der Aufklärungsrüge dagegen, dass die Beweisperson nicht unmittelbar vernommen wurde. Wird ein Schriftstück oder

Berufung §§ 326, 327

eine Aussage im Urteil verwertet, ohne dass es verlesen oder sonst ordnungsgemäß in die Hauptverhandlung eingeführt worden ist, liegt eine Verletzung des § 261 vor (KK-Ruß Rn. 11).

§ 326 [Schlußvorträge]

¹**Nach dem Schluß der Beweisaufnahme werden die Staatsanwaltschaft sowie der Angeklagte und sein Verteidiger mit ihren Ausführungen und Anträgen, und zwar der Beschwerdeführer zuerst, gehört.** ²**Dem Angeklagten gebührt das letzte Wort.**

S. 1 regelt die **Reihenfolge der Schlussvorträge** abweichend von § 258. Bei 1 mehreren Beschwerdeführern hält derjenige zuerst den Schlussvortrag, der das Urteil am weitestgehenden angefochten hat. Die Reihenfolge des S. 1 ist nicht zwingend (RG 64, 133). Haben der StA oder der Nebenkläger (vgl. BGH 28, 272, 274 = NJW 1979, 1310) zuerst vorgetragen, so haben sie das Recht zur Erwiderung (§ 258 Abs. 2, 1. HS); danach muss stets Angeklagtem und Verteidiger nochmals das Wort erteilt werden (BGH NJW 1976, 1951).

S. 2 ist eine **zwingende** Vorschrift. **Nebenbeteiligte** erhalten das letzte Wort 2 vor dem Angeklagten (vgl. § 258 Rn. 8). Die **Revision** ist mit der Rüge der Verletzung von S. 2 begründet (OLG Hamm StV 2000, 298; BayObLG wistra 2002, 39; S. 1 ist nicht revisibel.

§ 327 [Umfang der Urteilsprüfung]

Der Prüfung des Gerichts unterliegt das Urteil nur, soweit es angefochten ist.

Das **Berufungsgericht prüft,** anders als das Revisionsgericht, **nicht die Feh-** 1 **lerfreiheit des 1. Urteils,** sondern entscheidet in den Grenzen einer zulässigen Rechtsmittelbeschränkung (§ 318) und des § 331 **in der Sache** selbst. Die Prüfung von **Verfahrensvoraussetzungen** und der **Zulässigkeit** des Rechtsmittels geht der sachlichen Prüfung stets voraus.

Ist die Berufung nicht beschränkt oder die Beschränkung unzulässig, so hat das 2 Berufungsgericht die gesamte vom Eröffnungsbeschluss umfasste und vom Erstgericht beurteilte Tat (§ 264) zu untersuchen (OLG Düsseldorf NJW 1983, 767; BayObLG NStZ 1997, 359). Für die Entscheidung gilt § 261; die Feststellungen des Erstgerichts dürfen nicht ohne weiteres übernommen werden (vgl. BayObLG MDR 1974, 250). In das Urteil einzubeziehen sind vom Erstgericht übersehene Teile der Tat sowie nach dem 1. Urteil begangene Teilakte einer Dauerstraftat oder einer fortgesetzten Tat. Hat dagegen das Erstgericht über eine vom Eröffnungsbeschluss umfasste selbstständige Tat (§ 264) versehentlich nicht entschieden, so fehlt es an einer erstinstanzlichen Entscheidung; die Tat ist als stillschweigend abgetrennt zu behandeln (KK-Ruß Rn. 1) und noch beim AG anhängig (Meyer-Goßner JR 1985, 452).

Bei **wirksamer Rechtsmittelbeschränkung** ist die **Teilrechtskraft** zu beach- 3 ten (BGH 30, 340, 342 = NJW 1982, 1295). Die Beweisaufnahme beschränkt sich allein auf den nicht rechtskräftigen Teil. Das gilt bei **horizontaler Teilrechtskraft** (vgl. § 318 Rn. 9) auch für **doppelrelevante Tatsachen** (BGH 29, 359 = NJW 1981, 589). Zur Schuldfrage sind in diesem Fall zwar zusätzliche, nicht aber abweichende Feststellungen zulässig (BGH 30, 340). Gebunden ist das Berufungsgericht daher zB an Feststellungen über die Voraussetzungen eines **Regelbeispiels** (BGH 29, 359), die Vorsatzart (BGH 30, 340), die Schuldform (OLG Hamm VRS 43, 275) und die Schuldfähigkeit (BayObLG 1968, 70 = NJW 1968, 2299). Hat das Erstgericht den Angeklagten wegen § 20 StGB freigesprochen und eine Maßregel

(§§ 63, 64, 69 StGB) verhängt, so bleibt bei Anfechtung durch den Angeklagten der Freispruch bestehen; das Berufungsgericht hat aber ohne Bindung an die Feststellungen die Voraussetzungen der Maßregelanordnung selbstständig zu prüfen (BGH NStZ 1989, 84; vgl. Meyer-Goßner § 318 Rn. 24).

4 Sind gegen das Urteil **mehrere Berufungen** eingelegt, die sich auf verschiedene Angeklagte beziehen oder in ihrer Reichweite verschieden weit gehen, so gilt § 327 für jede der Berufungen. Haben sie dieselbe Tat (§ 264) desselben Angeklagten zum Gegenstand, so muss stets in **einer** Hauptverhandlung über sie entschieden werden; ansonsten ist eine **Verfahrenstrennung** zulässig (OLG Brandenburg NStZ-RR 2001, 246).

5 Das **Revisionsgericht** prüft von Amts wegen, ob das Berufungsgericht den Umfang seiner Kognitionspflicht zutreffend bestimmt hat; einer ausdrücklichen Rüge bedarf es nicht (BayObLG 1978, 1). Hat also das Berufungsgericht in Verkennung der Berufungsbeschränkung oder der Bindungswirkung der nicht angefochtenen Urteilsfeststellungen über die Schuldfrage neu entschieden, so ist das Urteil auch ohne ausdrückliche Rüge auf die Revision aufzuheben (OLG Hamm NJW 1968, 998; Meyer-Goßner Rn. 9).

§ 328 [Inhalt des Berufungsurteils]

(1) **Soweit die Berufung für begründet befunden wird, hat das Berufungsgericht unter Aufhebung des Urteils in der Sache selbst zu erkennen.**

(2) **Hat das Gericht des ersten Rechtszuges mit Unrecht seine Zuständigkeit angenommen, so hat das Berufungsgericht unter Aufhebung des Urteils die Sache an das zuständige Gericht zu verweisen.**

1 Das Berufungsgericht hat das Vorliegen einer zulässigen Berufung (vgl. §§ 319, 322) sowie der Prozessvoraussetzungen vAw. zu prüfen; stellt sich ihr Fehlen in der Hauptverhandlung heraus, so ist durch Urteil die Berufung als unzulässig zu verwerfen (§ 322 Abs. 1 S. 2) oder das Verfahren unter Aufhebung des erstinstanzlichen Urteils (BGH 33, 167 = NJW 1985, 1720) einzustellen. Unter den Voraussetzungen des § 329 Abs. 1 S. 1 ist die Berufung gleichfalls durch Urteil zu verwerfen. Im Übrigen ist in der Sache zu entscheiden (Abs. 1) oder zu verweisen **(Abs. 2).** Eine Einstellung durch Beschluss nach §§ 153 ff. ist auch in der Berufungsinstanz möglich. Zulässig ist auch eine **Ergänzung** des Ersturteils, wenn irrtümlich vom Erstgericht die Festsetzung einer Einzelstrafe (BGH NJW 1979, 936) oder der Tagessatzhöhe unterlassen wurde (vgl. Meyer-Goßner Rn. 3).

2 Die Berufung ist **insgesamt unbegründet,** wenn das Berufungsgericht zu wesentlich gleichen Feststellungen, rechtlichen Würdigungen und Rechtsfolgen gelangt wie das Erstgericht. In diesem Fall ist die Berufung als unbegründet zu verwerfen und zwar auf Grund der selbstständig getroffenen Feststellungen (KG NStZ-RR 1998, 11); im Urteil ist über die **Kosten** des Rechtsmittels zu entscheiden (§ 473 Abs. 1 S. 1).

3 **Begründet** ist die Berufung, wenn das Gericht im Rahmen seiner Kognitionspflicht (vgl. § 327 Rn. 3) zu abweichenden Feststellungen oder Ergebnissen gelangt. In diesem Fall ist das erstinstanzliche Urteil im Umfang der Begründetheit („soweit") **aufzuheben,** Abs. 1; dies ist im Tenor auszusprechen. In diesem Umfang erlässt das Berufungsgericht einen **eigenen** Schuld- und Rechtsfolgenausspruch sowie eine **Kostenentscheidung,** die sich auf das gesamte Verfahren bezieht (OLG Hamburg NJW 1971, 2183). Ist das Rechtsmittel nur **teilweise begründet,** so ist idR im Berufungsurteil die erstinstanzliche Entscheidung **abzuändern** und das Rechtsmittel im Übrigen als unbegründet zu verwerfen. Auch in diesem Fall ist aber, wenn es der Verständlichkeit dient, eine Gesamtaufhebung und Neufassung zulässig (vgl. § 329 Abs. 1 S. 3, 1. HS). Über mehrere Berufungen, die dieselbe Tat

Berufung **§ 328**

desselben Angeklagten betreffen, ist stets einheitlich zu entscheiden (RG 67, 250). Wird Strafaussetzung zur Bewährung gewährt, so ist vom Berufungsgericht stets ein selbstständiger **Beschluss nach § 268 a** zu fassen.

Das Berufungsgericht ist an die Grenze der **Strafgewalt des AG gebunden** 4 (BGH NJW 1970, 155; BayObLG NStZ-RR 2000, 177). Hat das Erstgericht diese Grenze überschritten, so ist sein Urteil insoweit aufzuheben und unter Beachtung des § 24 GVG in der Sache zu entscheiden (BGH 35, 251 = NJW 1989, 46). Soweit sie zulässig ist (vgl. BGH 37, 15, 17 = NJW 1991, 239) und bei der Entscheidung die Strafgewalt des AG überschritten wird, ist das Ersturteil in der neuen Entscheidung aufzuheben (BGH NStZ 1986, 210).

Für die Fassung der **schriftlichen Urteilsgründe** gilt § 267; Verweisungen auf 5 die Gründe des erstinstanzlichen Urteils sind zulässig, jedoch im Interesse der Klarheit häufig wenig sinnvoll (BGH 33, 59, 60 = NJW 1985, 1089; BGH NStZ-RR 2001, 202; vgl. § 267 Rn. 3; KK-Ruß Rn. 8).

Eine **Verweisung** durch das Berufungsgericht ist nur im Fall des **Abs. 2** vorge- 6 sehen. Die **Zurückweisung der Sache an das AG** lässt das Gesetz – gegenüber früher – grundsätzlich nicht mehr zu. Das Berufungsgericht muss also auch dann in der Sache selbst entscheiden, wenn grobe Verfahrensfehler dem Angeklagten im 1. Rechtszug die Verteidigungsmöglichkeiten in erheblichem Umfang verkürzt haben oder wenn absolute Revisionsgründe vorliegen würden. Das kann aber nicht gelten, wenn das AG aus Rechtsirrtum von einer **Sachentscheidung abgesehen** hat (vgl. BGH 36, 139 = NJW 1989, 1869), so bei irrtümlicher Annahme des nicht genügend entschuldigten Ausbleibens nach § 412 oder bei Verfahrenseinstellung wegen eines (nicht vorliegenden) Verfahrenshindernisses (OLG Stuttgart NStZ 1995, 301; Meyer-Goßner Rn. 4). Die **örtliche** Unzuständigkeit des Erstgerichts ist nur zu berücksichtigen, wenn sie der Angeklagte im 1. Rechtszug nach § 16 rechtzeitig geltend gemacht hat (vgl. BayObLG NJW 1987, 3091). Die **sachliche** Zuständigkeit des Erstgerichts ist vAw. zu prüfen (§ 6); dabei kommt es auf das Ergebnis der Berufungsverhandlung an (Meyer-Goßner Rn. 7). Eine Verweisung kommt nur im Fall der rechtsfehlerhaften Überschreitung der amtsgerichtlichen Zuständigkeit in Betracht. Da die sachliche Zuständigkeit des Berufungsgerichts nicht weiter geht als die des erstinstanzlichen Gerichts und die kleine Strafkammer stets als Berufungsgericht zuständig ist (§ 76 Abs. 1 GVG), kann im Verfahren gegen Erwachsene die Berufungskammer nicht als erstinstanzliches Gericht entscheiden (vgl. dazu umfassend KK-Ruß Rn. 12 ff.), auch wenn sie nach §§ 29 Abs. 2, 76 Abs. 3 GVG in einer Besetzung entscheidet, die einer der großen Strafkammer nach § 76 Abs. 2 GVG entspricht (Meyer-Goßner Rn. 10; vgl. Steinmetz JR 1993, 232). Hält das Berufungsgericht im Ergebnis der Hauptverhandlung die Zuständigkeit nach §§ 24, 25, 26, 28 GVG für nicht gegeben, so muss es daher die Sache nach Abs. 2 an die zuständige erstinstanzliche Strafkammer verweisen. Da das Berufungsgericht an die Strafgewalt des AG gebunden ist, kann es also nicht mehr in der Sache selbst entscheiden, wenn das AG seine Strafkompetenz überschritten hat (BGH 31, 66 = NJW 1982, 2674; 34, 204 = NJW 1987, 1212; BGH NStZ-RR 1997, 22); es muss vielmehr unter Aufhebung des amtsgerichtlichen Urteils die Sache an das zuständige Gericht verweisen. Das Berufungsgericht ist auch an einer Gesamtstrafenbildung gemäß § 55 StGB gebunden, wenn dadurch die Strafkompetenz des AG überschritten wird (BGH NStZ-RR 1997, 22). **Mit Erlass des Verweisungsurteils** wird die Sache bei dem Gericht anhängig, an das verwiesen ist. Ist an eine erstinstanzliche Strafkammer verwiesen, so ist eine Rücknahme der Berufung ausgeschlossen (BGH 34, 204 = NJW 1987, 1212); eine Berufungsbeschränkung wird gegenstandslos, soweit nicht vertikale Teilrechtskraft eingetreten ist (BGH 34, 159, 165 = NJW 1987, 1211). Das **Verschlechterungsverbot** (§ 331) besteht weiter. Die Verweisung **bindet** das Gericht **nicht,** an das verwiesen worden ist; ggf. muss es nach §§ 225 a, 270 verfahren oder sich für unzuständig erklären (Meyer-Goßner Rn. 13; LR-Gollwitzer Rn. 48).

§ 329

7 Die **Revision** ist gegen jedes Berufungsurteil statthaft (§ 333), auch gegen Verweisungsurteile nach Abs. 2 (BGH 26, 106 = NJW 1975, 1236; vgl. BayObLG NJW 1987, 3091). Das Revisionsgericht hat einen Verstoß des Berufungsgerichts gegen § 328 Abs. 2 grundsätzlich **von Amts wegen** zu beachten (OLG Brandenburg NStZ 2001, 611). Hat das Berufungsgericht seine sachliche Zuständigkeit überschritten, so hebt das OLG das Urteil auf und verweist die Sache an eine erstinstanzliche Strafkammer. Die unterlassene Bildung einer Gesamtstrafe ist auch bei Überschreitung der Rechtsfolgenkompetenz im Verfahren nach § 460 nachzuholen (BGH 34, 204, 206) = NJW 1987, 1212). Das Revisionsgericht hat nur auf eine entsprechende Verfahrensrüge zu prüfen, ob das Berufungsgericht die Vorschrift des § 328 Abs. 2 verletzt hat (BGH 42, 205 = NJW 1997, 204; s. auch Kalf NJW 1997, 1489). In den Fällen, in denen die Annahme der Zuständigkeit des Gerichts höherer Ordnung – LG statt AG, aber auch SchöffG statt Strafrichter – auf (objektiver) Willkür beruht, wird teilweise nur ein auf eine entsprechende Verfahrensrüge zu berücksichtigender Verstoß angenommen (BGH NJW 1993, 1607; BGH 42, 211 = NJW 1997, 204), aber in anderen Entscheidungen wird ein solcher Verstoß als Verfahrenshindernis behandelt, das auch ohne Verfahrensrüge von Amts wegen zu berücksichtigen ist (BGH 38, 176 = NJW 1972, 1775; 38, 212 = NJW 1992, 2104; 40, 120 = NJW 1994, 2369; BGH StV 1995, 620; OLG Köln StV 1996, 298; OLG Hamm StV 1996, 300; OLG Düsseldorf NStZ 1996, 206; vgl. auch KK-Ruß Rn. 15). Hat die große Jugendkammer des erstinstanzlichen Gerichts entschieden, ist gegen ihr Urteil die Revision zum BGH gegeben (§ 135 Abs. 1 GVG). Dabei kommt es nicht darauf an, ob die Jugendkammer tatsächlich als Gericht erster Instanz entscheiden wollte, wenn nur bei der als Berufungsverhandlung durchgeführten Hauptverhandlung die für das erstinstanzliche Verfahren geltenden Vorschriften beachtet worden sind (Rautenberg in HK-StPO Rn. 22).

§ 329 [Ausbleiben des Angeklagten]

(1) ¹**Ist bei Beginn einer Hauptverhandlung weder der Angeklagte noch in den Fällen, in denen dies zulässig ist, ein Vertreter des Angeklagten erschienen und das Ausbleiben nicht genügend entschuldigt, so hat das Gericht eine Berufung des Angeklagten ohne Verhandlung zur Sache zu verwerfen.** ²**Dies gilt nicht, wenn das Berufungsgericht erneut verhandelt, nachdem die Sache vom Revisionsgericht zurückverwiesen worden ist.** ³**Ist die Verurteilung wegen einzelner von mehreren Taten weggefallen, so ist bei der Verwerfung der Berufung der Inhalt des aufrechterhaltenen Urteils klarzustellen; die erkannten Strafen können vom Berufungsgericht auf eine neue Gesamtstrafe zurückgeführt werden.**

(2) ¹**Unter den Voraussetzungen des Absatzes 1 Satz 1 kann auf eine Berufung der Staatsanwaltschaft auch ohne den Angeklagten verhandelt werden.** ²**Eine Berufung der Staatsanwaltschaft kann in diesen Fällen auch ohne Zustimmung des Angeklagten zurückgenommen werden, es sei denn, daß die Voraussetzungen des Absatzes 1 Satz 2 vorliegen.**

(3) **Der Angeklagte kann binnen einer Woche nach der Zustellung des Urteils die Wiedereinsetzung in den vorigen Stand unter den in den §§ 44 und 45 bezeichneten Voraussetzungen beanspruchen.**

(4) ¹**Sofern nicht nach Absatz 1 oder 2 verfahren wird, ist die Vorführung oder Verhaftung des Angeklagten anzuordnen.** ²**Hiervon ist abzusehen, wenn zu erwarten ist, daß er in der neu anzuberaumenden Hauptverhandlung ohne Zwangsmaßnahmen erscheinen wird.**

Berufung **§ 329**

Um eine Verfahrensverzögerung durch bewusstes oder nachlässiges (BGH 27, **1**
236, 239 = NJW 1977, 2273) Ausbleiben des Angeklagten zu verhindern, regelt die
Vorschrift Ausnahmen vom Grundsatz des § 230 Abs. 1 (BGH 17, 188 = NJW
1962, 1117); dabei wird in Kauf genommen, dass ein unrichtiges Urteil rechtskräftig
wird (BGH 23, 331, 335 = NJW 1970, 2253). Die Vorschrift des § 329 Abs. 1 S. 1
stellt keine Ausnahme vom Recht auf Beistand eines Verteidigers iSd Entscheidung
des EGMR v. 21. 1. 1999 (NJW 1999, 2353) dar (BayObLG NStZ-RR 2000,
307).

Abs. 1 S. 1 gilt für die Erste und jede neue Berufungshauptverhandlung, insb. **2**
auch nach Aussetzung und nach Wiedereinsetzung nach Abs. 3, **nicht** aber nach
Zurückverweisung (§§ 354 Abs. 2 und 3, 355) durch das Revisionsgericht (Abs. 1
S. 2), wenn nicht schon das erste Berufungsurteil ein solches nach Abs. 1 S. 1 war
(BGH 27, 236, 240), und bei Ausbleiben in Fortsetzungsterminen (OLG Karlsruhe
NStZ 1990, 297); in diesem Fall gilt Abs. 4.

Voraussetzung einer Verwerfung nach Abs. 1 S. 1 ist eine zulässige Berufung. **3**
Ein unzulässiges Rechtsmittel ist nach § 322 Abs. 1 S. 2 zu verwerfen (BGH 30, 98,
100 = NJW 1981, 2422). Ist ein **Verfahrenshindernis** vom Erstgericht übersehen
worden, so ist nach Abs. 1 S. 1 zu verfahren, ist es erst nach dem Ersturteil
entstanden, so ergeht ein Prozessurteil nach § 260 Abs. 3 (Meyer-Goßner Rn. 8;
str.). Die Revision gegen ein Berufungsurteil nach § 329 Abs. 1 ist zulässig, auch
wenn sie nur die **Sachrüge** enthält, mit der behauptet wird, das AG habe ein
Verfahrenshindernis nicht beachtet, das bereits bei der Verkündung des erstinstanzlichen Urteils vorgelegen habe (BGH 46, 230 = NJW 2001, 1509, Bestätigung von
BGH 21, 242 = NJW 1967, 1476).

Der Angeklagte muss zur Berufungshauptverhandlung **ordnungsgemäß** (vgl. **4**
§§ 216, 323 Abs. 1 S. 1) **geladen** worden sein (BGH 24, 143, 149 = NJW 1971,
1278). Ist der Angeklagte zur Berufungshauptverhandlung **nicht wirksam geladen**
und wird seine Berufung nach § 329 Abs 1 verworfen, so ist ihm (auch) **von Amts
wegen** Wiedereinsetzung in den vorherigen Stand zu gewähren. Die Verzichtsvermutung des § 342 Abs. 3 gilt für diese Wiedereinsetzung nicht (OLG Hamburg,
NStZ-RR 2001, 302). Zustellung an den Verteidiger (§ 145 a) sowie **öffentliche
Zustellung** (vgl. § 40 Abs. 1 u. 3) sind zulässig. Ist die **Ladungsfrist** (§ 217
Abs. 1) nicht eingehalten, so bleibt die Verwerfung nach Abs. 1 S. 1 zulässig, wenn
nicht vorher ein Antrag nach § 217 Abs. 2 gestellt oder davon auszugehen ist, dass
das Ausbleiben des Angeklagten wegen der Verspätung als entschuldigt anzusehen ist
(BGH 24, 143, 152). **Sonstige Ladungsfehler** hindern die Verwerfung nur dann,
wenn sie für das Ausbleiben ursächlich waren (KG GA 1975, 148). „Bei Vorliegen
der Voraussetzungen des § 329 Abs. 1 S. 1 hat die Verhandlung zur Sache auf eine
Berufung der Staatsanwaltschaft ohne den Angeklagten (§ 329 Abs. 2) aus Gründen
der Verfahrensbeschleunigung Vorrang vor der Möglichkeit, sein Erscheinen in der
Berufungshauptverhandlung nach § 329 Abs. 4 S. 1 zu erzwingen. Eine Verhandlung in Abwesenheit des Angeklagten muss aber dann ausscheiden, wenn die sich
aus § 244 Abs. 2 ergebende Pflicht zur Feststellung des wahren Sachverhalts zu einer
erneuten Anhörung des Angeklagten oder dazu drängt, dass sich das Berufungsgericht einen auf persönlicher Beobachtung des Angeklagten beruhenden Eindruck
von ihm verschafft. Dies kann insbesondere dann der Fall sein, wenn die Staatsanwaltschaft den Wegfall der Strafaussetzung begehrt oder eine deutlich höhere
Strafe als die erstinstanzlich verhängte erwogen wird" (NStZ-RR 2004, 21). Fehlt
in der Ladung der **Hinweis auf die Folgen des Ausbleibens** (§ 323 Abs. 1 S. 1),
so ist die Verwerfung unzulässig (BayObLG 1978, 64).

Zu **Beginn der Hauptverhandlung**, also bei **Aufruf der Sache** (§ 324 Abs. 1 **5**
S. 1 iVm § 243 Abs. 1 S. 1), muss der Angeklagte **ausgeblieben** sein (OLG
Frankfurt NStZ-RR 2001, 85). Hierbei ist auf die körperliche Anwesenheit abzustellen. Schuldhafte Verhandlungsunfähigkeit steht dem Ausbleiben gleich (BGH 23,

§ 329 Drittes Buch. 3. Abschnitt

331, 333 = NJW 1970, 2253); im Übrigen sind die §§ 231 Abs. 2, 232, 233 anwendbar. Das Gericht hat die Pflicht, eine nach den Umständen des Einzelfalls **angemessene Frist zu warten;** wohnt der Angeklagte am Gerichtsort, so reichen 15 Minuten regelmäßig aus (OLG Düsseldorf NStZ-RR 2001, 303). Bestehen aber Anhaltspunkte für ein **alsbaldiges Erscheinen** des Angeklagten, ist es geboten, länger als die üblichen 15 Minuten zu warten (OLG Frankfurt NStZ-RR 1998, 211). Eine Pflicht, mehr als 15 Minuten zuzuwarten, besteht grundsätzlich nur, wenn der Angeklagte innerhalb der regelmäßigen Wartezeit mitgeteilt hat, dass er sich verspäten, aber noch innerhalb angemessener Zeit erscheinen werde (KG NStZ-RR 2002, 218). Eine Verwerfung nach verspätetem Erscheinen ist unzulässig (OLG Oldenburg MDR 1985, 430). Eine **Entbindung** von der Pflicht zum Erscheinen (§ 233) hindert die Verwerfung gleichfalls. Der **Antrag** kann vom Verteidiger in der Berufungshauptverhandlung gestellt werden; seine Ablehnung kann mit der Verwerfung nach Abs. 1 S. 1 verbunden werden (BGH 25, 281 = NJW 1974, 868). Eine **Vertretung** ist nur in den Fällen des § 234 zulässig; sie setzt eine **Bevollmächtigung** zur Vertretung und den **Vertretungswillen** des Verteidigers voraus. Die Erklärung, sich mangels Information nicht zur Sache äußern zu können, reicht nicht aus (Meyer-Goßner Rn. 16; **aA** BayObLG 1980, 73 = NStZ 1981, 112; vgl. KK-Ruß Rn. 6).

6   Das Ausbleiben muss **nicht ausreichend entschuldigt** sein. Dabei kommt es nicht auf das Vorliegen einer **Entschuldigungserklärung** an, sondern auf das eines **Entschuldigungsgrundes;** das Gericht ist verpflichtet, Anhaltspunkten hierfür im Freibeweis nachzugeben (BGH 17, 391, 396 = NJW 1962, 2020; OLG Düsseldorf StV 1987, 9; vgl. KK-Ruß Rn. 8 f. mwN), sofern Beweismittel sofort zur Verfügung stehen. Ergeben sich also aus einem Vorbringen des säumigen Angeklagten oder aus sonstigen Umständen schlüssig Anhaltspunkte für einen Entschuldigungsgrund, so obliegt dem Gericht bei Zweifeln eine im Freibeweis zu erfüllende Aufklärungspflicht. Trägt der Angeklagte in der Hauptverhandlung schlüssig einen Sachverhalt vor, der geeignet ist, sein Ausbleiben genügend zu entschuldigen, ist er nicht verpflichtet, die Richtigkeit seines Vorbringens glaubhaft zu machen und durch Vorlage von geeigneten Unterlagen zu belegen (BayObLG NJW 1998, 172). Der Begriff der genügenden Entschuldigung ist **weit auszulegen** (BGH 17, 391, 397; Einzelfälle bei Meyer-Goßner Rn. 25 ff.; KK-Ruß Rn. 11). Die bloße Mitteilung des Verteidigers, sein Mandat habe eine **längere Auslandsreise** angetreten und sei bis auf weiteres für den Verteidiger nicht erreichbar, stellt keine ausreichende Entschuldigung dar (BayObLG NStE Nr. 15 zu § 329). Eine **Abschiebung** kann ein Ausbleiben in der Hauptverhandlung nur dann **entschuldigen,** wenn eine Anreise zum Termin bei Ausschöpfung aller zumutbaren Maßnahmen nicht möglich war; hierzu gehört auch eine Beantragung eines Kurzvisums (Bosnien) per Fax (LG Bielefeld NStZ-RR 1988, 345). Die Verwerfung der Berufung eines Angeklagten gemäß § 329 Abs. 1, der wegen einer anderen Verurteilung zu Freiheitsstrafen **seine Verhaftung befürchtet** und deshalb zur Hauptverhandlung nicht erscheint, verstößt nicht gegen Art. 6 Abs. 3 c MRK, auch wenn der von dem Angeklagten mit dessen Verteidigung beauftragte RA im Termin zur mündlichen Verhandlung seine Verteidigungsbereitschaft erklärt (OLG Köln NStZ-RR 1999, 112). Aber ein Fall, in dem es am Vortrag eines schlüssigen Entschuldigungsgrundes deshalb fehlt, weil ein **„nichts sagendes Attest eines Arztes"** vorgelegt wurde, ist nicht schon deshalb gegeben, weil im Attest die Art der Erkrankung nicht angegeben wurde (BayObLG NJW 1999, 879 im Anschluss an BayObLG NJW 1998, 172). Hegt das Berufungsgericht an der dem **abwesenden Angeklagten ärztlich** attestierten **Erkrankung Zweifel,** bedarf es zur Prüfung der genügenden Entschuldigung der Abwesenheit der freibeweislichen Nachfrage beim Arzt, der durch die Vorlage des Attests von seiner Schweigepflicht vom Angeklagten konkludent entbunden wird (BayObLG NStZ-RR 1999, 143). Das tatrichterliche Urteil, mit dem die Berufung

Berufung **§ 329**

des Angeklagten gemäß § 329 Abs. 1 verworfen wird, muss sich, wenn ausweislich des Protokolls in der Hauptverhandlung **ärztliche Bescheinigung** verlesen worden sind, mit diesen inhaltlich auseinandersetzen. Liegen auf Grund ärztlicher Bescheinigungen konkrete Anhaltspunkte für Verhandlungs- oder Reiseunfähigkeit des Angeklagten vor, muss das Tatgericht diesen nachgehen (OLG Hamm NStZ-RR 2000, 84). Das Ausbleiben eines Angeklagten kann nicht als entschuldigt angesehen werden, wenn er nach Erhalt der Terminsladung erneut eine Straftat begeht und deswegen im **Ausland inhaftiert** wird. Sein Ausbleiben beruht in diesem Fall auf eigenem Verschulden (OLG Frankfurt NStZ-RR 1999, 144). Die Entscheidung steht nicht im **Ermessen** des Gerichts, da es sich um eine **Rechtsfrage** handelt (BayObLG JR 2000, 80; BGH 33, 394 = NJW 1986, 1946). „Das nach § 329 I ergangene Verwerfungsurteil muss so begründet sein, dass das Revisionsgericht die maßgebenden Erwägungen des **Berufungsgerichts nachprüfen** kann. Insbesondere müssen etwa vorgebrachte Entschuldigungsgründe und sonstige gegebenenfalls als Entschuldigung in Betracht kommende Tatsachen wiedergegeben und gewürdigt werden" (OLG Hamm NStZ-RR 2003, 86; BayObLG 2003, 87; vgl. BGH 17, 386 = NJW 1962, 2020). Ein Verschulden des Verteidigers (insb. durch falsche Auskünfte) ist dem Angeklagten grds. nicht zuzurechnen. Ist der **Angeklagte in Haft** oder anderer behördlicher Verwahrung, so ist er vorzuführen; eine Verwerfung nach Abs. 1 S. 1 ist nur möglich, wenn er die Vorführung ablehnt (OLG Karlsruhe MDR 1974, 598).

Die Verwerfung nach **Abs. 1 S. 1** erfolgt durch **Urteil,** wenn keine Verfahrens- 7 hindernisse vorliegen, die Berufung des Angeklagten zulässig ist (o. Rn. 3) und die o. Rn. 4–6 dargelegten Voraussetzungen gegeben sind. Das Berufungsgericht muss **vor Erlass eines Verwerfungsurteils die Akten durchsehen,** ob sich daraus ein Entschuldigungsgrund, zB ein Vertagungsantrag oder die Mitteilung einer bevorstehenden Reise, ergeben könnte (OLG Düsseldorf StV 1983, 193). Das Gericht ist aber ohne Vorliegen von Anhaltspunkten nicht verpflichtet, weitere **Nachforschungen** anzustellen (KG GA 1973, 30). Da es auf die wirkliche Sachlage ankommt, nicht auf das Vorbringen des Angeklagten (BGH 17, 391, 396 = NJW 1962, 2020; KK-Ruß Rn. 8). Über eine zugleich eingelegte Berufung der StA kann, muss aber nicht im selben Urteil entschieden werden (Meyer-Goßner Rn. 31). Eine **sachliche Änderung des Ersturteils** ist nur nach **Abs. 1 S. 3** zulässig; im Übrigen bleiben Fehler des Ersturteils, auch Verstöße gegen das **Verschlechterungsverbot** (vgl. KK-Ruß Rn. 13) sowie die **Unzuständigkeit** des Erstgerichts (Meyer-Goßner Rn. 8; aA OLG Celle NStZ 1994, 298 m. Anm. Meyer-Goßner NStZ 1994, 402), unberücksichtigt. Berichterstattervortrag (§ 324) und Beweisaufnahme entfallen. Das Urteil ist zu begründen (§ 34); sind Entschuldigungsgründe nicht vorgetragen oder ersichtlich, genügt eine formularmäßige Begründung (krit. KK-Ruß Rn. 14), die jedoch alle Tatsachen einschließlich des Fehlens von Anhaltspunkten für eine Entschuldigung enthalten muss. Zur Nachprüfung durch das Revisionsgericht vgl. u. Rn. 12. Ein **Wegfall einzelner Taten (Abs. 1 S. 3)** kommt bei Teileinstellung nach § 260 Abs. 3 oder §§ 153 ff. in Betracht; dies wird im Verwerfungsurteil deklaratorisch klargestellt, zugleich kann – ohne Verhandlung zur Sache – eine neue Gesamtstrafenentscheidung getroffen werden (vgl. Rieß NJW 1975, 89). Das Verwerfungsurteil ist nach den allgemeinen Vorschriften **zuzustellen;** § 232 Abs. 4 gilt nicht.

Über eine **Berufung der StA (Abs. 2)** kann ohne Bindung an die Voraus- 8 setzungen der §§ 232, 233 auch in Abwesenheit des Angeklagten verhandelt werden, wenn die Voraussetzungen des Abs. 1 vorliegen (vgl. BGH 17, 391, 395 = NJW 1962, 2020). Eine Bindung an den Strafrahmen des § 233 Abs. 1 besteht nicht. In den **Urteilsgründen** sind die Voraussetzungen des Abs. 1 S. 1 darzulegen (OLG Karlsruhe NJW 1972, 1871). Nach Abs. 2 S. 1 darf nicht verfahren werden, wenn die **Aufklärungspflicht** (§ 244 Abs. 2) die erneute Anhörung des Angeklag-

§ 329

ten gebietet (BGH 17, 391, 398) oder wenn Hinweise nach § 265 zu geben sind (vgl. KK-Ruß Rn. 16 mwN). In diesem Fall ist nach **Abs. 4** zu verfahren.

9   **Abs. 2 S. 2** gestattet in Abweichung von § 303 S. 1 die vollständige oder teilweise **Rücknahme** der Berufung der StA auch ohne Zustimmung des unentschuldigt ausgebliebenen Angeklagten. Nach Zurückverweisung durch das Revisionsgericht gilt Abs. 2 S. 2 nicht.

10   Eine **Vorführung oder Verhaftung (Abs. 4 S. 1)** des Angeklagten ist bei Berufung des Angeklagten nur zulässig, wenn eine Verwerfung nach Abs. 1 S. 1 nicht möglich oder wenn bei Berufung der StA seine persönliche Anhörung geboten ist. Die Entscheidung steht nicht im Ermessen des Gerichts (OLG Stuttgart NStZ 1987, 377; vgl. Michel MDR 1991, 933); **Abs. 4 S. 2** gibt dem Gericht einen **Beurteilungsspielraum (aA** KK-Ruß Rn. 21: Ermessen). Eine **Verhaftung** des Angeklagten gem. Abs. 4 ist mit dem **Grundsatz der Verhältnismäßigkeit** nicht mehr zu vereinbaren, wenn in der nächsten Hauptverhandlung auch bei unentschuldigtem Fernbleiben des Angeklagten ein Urteil nach Maßgabe des § 329 Abs. 1, 2 ergehen könnte oder wenn bei verständiger Würdigung aller Umstände die Erwartung gerechtfertigt wäre, dass der Angeklagte zu dem Termin erscheinen wird. Dies gilt auch für die noch nicht vollzogenen und den außer Vollzug gesetzten Haftbefehl (BVerfG NJW 2001, 1341).

11   **Wiedereinsetzung in den vorigen Stand (Abs. 3)** kann der Angeklagte gegen Urteile nach Abs. 1 S. 1 und Abs. 2 S. 1 anstelle oder neben (vgl. § 342 Abs. 2) der Revisionseinlegung beantragen. Eine Wiedereinsetzung von Amts wegen (§ 45 Abs. 2 S. 2) ist ausgeschlossen (Meyer-Goßner § 45 Rn. 12; **aA** OLG Düsseldorf NJW 1980, 1704; KK-Maul § 45 Rn. 17). Das Antragsrecht hat auch der nicht säumige Angeklagte, der nicht oder nicht ordnungsgemäß geladen war (BGH NJW 1987, 1776, 1777), die Verzichtsvermutung des § 342 Abs. 3 gilt für diese Wiedereinsetzung nicht (OLG Hamburg NStZ 2001, 302) oder dessen Berufung trotz wirksamer Vertretung verworfen wurde (OLG Düsseldorf StV 1985, 52). **Erscheint** der Angeklagte **verspätet,** nachdem das Verwerfungsurteil bereits ergangen ist, und trägt er mit dem Antrag auf Wiedereinsetzung Tatsachen zur Entschuldigung vor, so kann ein Wiedereinsetzungsbeschluss sogleich ergehen und die Hauptverhandlung durchgeführt werden. Die **Frist des Abs. 3** kann der Angeklagte voll ausschöpfen; er ist nicht verpflichtet, Nachforschungen nach dem Verfahrensausgang anzustellen (OLG Düsseldorf NStZ 1992, 99) oder Entschuldigungsgründe vorab mitzuteilen. „Wiedereinsetzung in den vorigen Stand gegen die Versäumung der Berufungshauptverhandlung ist in entsprechender Anwendung des § 329 Abs. 3 iVm den §§ 44, 45 auch demjenigen Angeklagten – ohne Rücksicht auf sein etwaiges Verschulden – zu gewähren, der nicht ordnungsgemäß geladen worden ist" (OLG Frankfurt NStZ-RR 2003, 173). Mit dem Antrag, der **beim Berufungsgericht** anzubringen ist, sind die Tatsachen vorzutragen, die dem Verschulden des Angeklagten am Nichterscheinen entgegenstehen. Da der Wiedereinsetzungsantrag kein Rechtsmittel ieS ist, kann er nicht auf Tatsachen gestützt werden, die bereits bekannt und im Urteil nach Abs. 1 S. 1, Abs. 2 S. 1 dargelegt (OLG München NStZ 1988, 377) oder verwertet waren (OLG Düsseldorf NStZ 1992, 99, 100). Die **Rechtsfehlerhaftigkeit** der Verwerfung der Berufung wegen Ausbleibens des Angeklagten kann nicht im Wiedereinsetzungsverfahren, sondern nur mit der Revision geltend gemacht werden (OLG Hamm wistra 1997, 157). Erklärt der Verteidiger dem Angeklagten, der Berufungshauptverhandlungstermin sei **aufgehoben** worden, so darf der Angeklagte auf die Auskunft grundsätzlich vertrauen (OLG Hamm NStZ-RR 1997, 113). Auch im Wiedereinsetzungsverfahren ist die Wirksamkeit der Ladung des Angeklagten zur **Berufungshauptverhandlung** von Amts wegen zu prüfen. Die Wirksamkeitsvoraussetzungen der Ladung sind positiv nachzuweisen, nicht deren Fehlen vom Angeklagten glaubhaft zu machen. Der Angeklagte trägt kein Beweisrisiko. Diese Grundsätze gelten insbesondere für

Berufung **§ 330**

den Nachweis der Wohnung des Angeklagten zZt. der Ladung. Der Postzustellungsurkunde kommt insoweit nur ein Indizwert zu. Eine mehrmonatige Abwesenheit lässt eine Wohnung im ladungsrechtlichen Sinn entfallen (OLG Karlsruhe NJW 1997, 3183). Über den Antrag entscheidet das Berufungsgericht durch **Beschluss,** gegen den die **sofortige Beschwerde** statthaft ist (§ 46 Abs. 3). Die **Ablehnung** eines Wiedereinsetzungsantrages gegen die Versäumung der Berufungshauptverhandlung darf erst nach Ablauf einer Woche nach Zustellung des Urteils erfolgen (OLG Düsseldorf NStZ 1998, 637). Wird Wiedereinsetzung gewährt, so wird das Urteil ohne weiteres auch insoweit gegenstandslos, als zugleich mit der Verwerfung nach Abs. 1 S. 1 über eine Berufung der StA entschieden wurde (OLG Karlsruhe NJW 1972, 1871). Dem Angeklagten, dessen Verteidiger gegen ein Verwerfungsurteil allein mit einem unzulässigen Wiedereinsetzungsantrag anstatt (auch, vgl. § 442) mit der zulässigen Revision vorgeht, ist auf Antrag Wiedereinsetzung in die Frist zur Einlegung der Revision zu gewähren, wenn er den Verteidiger allgemein beauftragt hatte, das Verwerfungsurteil anzufechten (vgl. KG NStZ 1994, 603 mwN; str.). Wenn nach Wiedereinsetzung neuer Termin zur Hauptverhandlung bestimmt wird, so ist in diesem Termin § 329 erneut anwendbar.

Revision ist gegen das Urteil nach Abs. 1 S. 1 (auch neben dem Antrag nach Abs. 3; vgl. § 342 Abs. 2) und Abs. 2 S. 2 statthaft. Im **Jugendstrafverfahren** ist § 55 Abs. 2 JGG, ggf. iVm § 109 Abs. 2 JGG zu beachten (vgl. BGH 30, 98 = NJW 1981, 2422). Mit der **Verfahrensrüge** kann beanstandet werden, dass die Voraussetzungen des Abs. 1 S. 1 nicht vorlagen, etwa die Ladung nicht ordnungsgemäß erfolgte (BGH NJW 1987, 1776) oder das Vorliegen einer Vertretungsvollmacht verkannt wurde; ob das Berufungsgericht seiner **Aufklärungspflicht** hinsichtlich einer genügenden Entschuldigung genügt oder Rechtsbegriffe der Abs. 1 und 2 verkannt hat, prüft das Revisionsgericht auf entsprechende Rüge gleichfalls. An die tatsächlichen Feststellungen des Urteils ist das Revisionsgericht grds. gebunden (BGH 28, 384 = NJW 1979, 2319; Meyer-Goßner Rn. 48 mwN; **aA** LR-Gollwitzer Rn. 104 mwN). Nachträglicher Tatsachenvortrag zu Entschuldigungsgründen ist unbeachtlich, sofern nicht zugleich die Rüge der Verletzung der Aufklärungspflicht zulässig erhoben und dem Revisionsgericht die Möglichkeit des Freibeweises eröffnet ist (BGH 28, 384, 386). Die **Sachrüge** führt zur Prüfung, ob Verfahrenshindernisse vorliegen (BGH 21, 242 = NJW 1967, 1476). „Die Revision gegen ein Berufungsurteil nach § 329 Abs. 1 ist zulässig, auch wenn sie nur eine **Sachrüge** enthält, mit der behauptet wird, das AG habe ein **Verfahrenshindernis** nicht beachtet, das bereits bei der Verkündung des erstinstanzlichen Urteils vorgelegen habe" (BGH 46, 320 = NJW 2001, 1509, Bestätigung von BGH 21, 242 = NJW 1967, 1476: Die Verletzung des § 329 Abs. 1 kann auch mit der Sachrüge geltend gemacht werden).

§ 330 [Berufung durch gesetzlichen Vertreter]

(1) **Ist von dem gesetzlichen Vertreter die Berufung eingelegt worden, so hat das Gericht auch den Angeklagten zu der Hauptverhandlung vorzuladen und kann ihn bei seinem Ausbleiben zwangsweise vorführen lassen.**

(2) ¹**Bleibt allein der gesetzliche Vertreter in der Hauptverhandlung aus, so ist ohne ihn zu verhandeln.** ²**Ist weder der gesetzliche Vertreter noch der Angeklagte bei Beginn einer Hauptverhandlung erschienen, so gilt § 329 Abs. 1 entsprechend; ist lediglich der Angeklagte nicht erschienen, so gilt § 329 Abs. 2 Satz 1 entsprechend.**

Die Vorschrift gilt für Berufungen des **gesetzlichen Vertreters** (§ 298) und des **Erziehungsberechtigten,** der nicht zugleich gesetzlicher Vertreter ist (§ 67 Abs. 3

§ 331 Drittes Buch. 3. Abschnitt

JGG). In beiden Fällen ist neben dem Berufungsführer auch der Angeklagte zur Hauptverhandlung zu laden (Abs. 1).

2   Sind **Berufungsführer und Angeklagter** ohne ausreichende Entschuldigung nicht erschienen, so ist die Berufung des Erziehungsberechtigten entspr. § 329 Abs. 1 ohne Sachverhandlung zu verwerfen (Abs. 2 S. 2, 1. HS). Ist **nur der gesetzliche Vertreter oder Erziehungsberechtigte** ausgeblieben, so findet die Verhandlung ohne ihn statt **(Abs. 2 S. 1)**. Bei Ausbleiben des **Angeklagten** wird entweder ohne ihn zur Sache verhandelt **(Abs. 2 S. 2, 2. HS)** oder, wenn dies die Aufklärungspflicht gebietet, der Angeklagte vorgeführt; **eine Verhaftung ist unzulässig (Abs. 1).**

3   Das Urteil ist dem abwesenden Angeklagten und/oder gesetzlichen Vertreter **zuzustellen.** Gegen ein entspr. § 329 Abs. 1, Abs. 2 S. 1 ergangenes Urteil kann der Abwesende **Wiedereinsetzung** entspr. § 329 Abs. 3 beantragen. Für die **Revision** gilt das in § 329 Rn. 12 Ausgeführte.

§ 331 [Verbot der reformatio in peius]

(1) **Das Urteil darf in Art und Höhe der Rechtsfolgen der Tat nicht zum Nachteil des Angeklagten geändert werden, wenn lediglich der Angeklagte, zu seinen Gunsten die Staatsanwaltschaft oder sein gesetzlicher Vertreter Berufung eingelegt hat.**

(2) **Diese Vorschrift steht der Anordnung der Unterbringung in einem psychiatrischen Krankenhaus oder einer Entziehungsanstalt nicht entgegen.**

1   Das **Verschlechterungsverbot** gilt grds. nur in den gesetzlich angeordneten Fällen (§§ 331, 358 Abs. 2, 373 Abs. 2), daneben für **Beschlüsse,** die Rechtsfolgen endgültig festsetzen und der materiellen Rechtskraft fähig sind (vgl. § 309 Rn. 3; KK-Engelhardt § 309 Rn. 13; Meyer-Goßner vor § 304 Rn. 5), zB nach §§ 51, 460, § 56 Abs. 3 S. 2 StGB. Es gilt insb. **nicht** bei Einsprüchen gegen Strafbefehl oder Bußgeldbescheid (OLG Hamburg MDR 1980, 598; vgl. § 411 Rn. 8), wohl aber im Rechtsbeschwerdeverfahren (§ 79 Abs. 3 OWiG; vgl. BGH 24, 11 = NJW 1971, 105). Es ergibt sich nach allg. Ansicht nicht zwingend aus dem Rechtsstaatsprinzip (BGH 9, 324, 332 = NJW 1956, 1725); vielmehr handelt es sich um eine dem Angeklagten gewährte **Rechtswohltat** (BGH 29, 269, 270 = NJW 1980, 1967). Das Gesetz nimmt dabei in Kauf, dass dem Angeklagten Vorteile erhalten bleiben, die gegen das sachliche Recht verstoßen (BGH 27, 176, 178 = NJW 1977, 1544). Ob das Verschlechterungsverbot eine besondere Art der **Teilrechtskraft** bewirkt (so BGH 11, 319, 322 = NJW 1958, 1050), ist zweifelhaft (dagegen Meyer-Goßner Rn. 2; LR-Gollwitzer Rn. 3; KMR-Paulus Rn. 9; Hanack JZ 1973, 660). Die Prüfung des Verstoßes durch das Revisionsgericht setzt eine zulässig erhobene **Sachrüge** voraus (Meyer-Goßner § 358 Rn. 12 mwN).

2   Das Verbot des § 331 **Abs. 1** gilt nicht nur für die Berufungsentscheidung, sondern **im gesamten weiteren Verfahren,** nicht aber bei neuer Anklageerhebung nach Verfahrenseinstellung im Berufungsrechtszug (BGH 20, 77, 80 = NJW 1965, 52). Es bindet auch das Gericht, an das die Sache nach § 328 Abs. 2 verwiesen wird (RG 8, 307), und gilt auch, wenn ein Rechtsmittel der StA **nur zugunsten** des Angeklagten erfolgreich ist (§ 301; BGH 13, 41 = NJW 1959, 950), sowie bei der Überleitung eines Sicherungs- ins Strafverfahren (§ 416; BGH 11, 319 = NJW 1958, 1050).

3   **Abs. 1** verbietet eine Veränderung von **Art und Höhe der Rechtsfolgen** zum Nachteil des Angeklagten, wenn Berufung **nur zu seinen Gunsten** eingelegt ist. Bei der Beurteilung kommt es auf eine **Gesamtbetrachtung** der Rechtsfolgenanordnung insb. dann an, wenn eine Verschärfung mit einer Milderung verbunden ist

Berufung **§ 331**

(grds. **zulässig:** Erhöhung der Geldbuße bei Wegfall des Fahrverbots, BGH 24, 11 = NJW 1971, 105; Wegfall der Ratenzahlungsbefugnis nach § 42 StGB bei Ermäßigung der Geldstrafe, OLG Schleswig NStZ 1984, 90; Verhängung eines Fahrverbots bei Herabsetzung der Geldstrafe oder Ersetzung einer Freiheits- durch Geldstrafe, BayObLG MDR 1978, 422; Anhebung der Tagessatzhöhe bei Wegfall des Fahrverbots, BayObLG 1979, 127 = NJW 1980, 849). Der Zweifelssatz gilt uneingeschränkt auch für die **Feststellungen der Strafzumessungstatsachen** (BGH StV 2000, 656).

Das Verschlechterungsverbot betrifft nur den **Rechtsfolgenausspruch** des ersten 4 Urteils. Die Erhöhung einer Freiheitsstrafe unter gleichzeitigem Wegfall einer Vermögensstrafe verstößt gegen das Verschlechterungsverbot (BGH NJW 1997, 2335). Nicht erfasst sind Auflagen und Weisungen eines **Bewährungsbeschlusses** (§ 268 a), die **Kosten- und Auslagenentscheidung** (§ 464) sowie die Entscheidung nach § 8 StrEG. **Schuldspruchänderungen** zuungunsten des Angeklagten sind stets zulässig (BGH 14, 5, 7 = NJW 1960, 732; 37, 5, 9 = NJW 1990, 2143; BGH NStZ-RR 1997, 331). Dabei geht das Verschlechterungsverbot hinsichtlich der Rechtsfolgen auch zwingenden Strafzumessungsregeln vor (BGH 11, 319 = NJW 1958, 1050). Hat **zugleich die StA** Berufung eingelegt, so ist zu unterscheiden: Wird die Berufung der StA verworfen, so gilt § 331 uneingeschränkt (RG 45, 62, 64). Die **Strafmaßberufung der StA** gestattet bei Schuldspruchänderung zuungunsten des Angeklagten auf seine unbeschränkte Berufung eine Strafverschärfung nur bis zur Obergrenze der im 1. Urteil angewendeten Strafvorschrift (BGH NJW 1986, 332). Umgekehrt bewirkt das Verschlechterungsverbot **keine zusätzliche Besserstellung:** Fallen einzelne von mehreren gesamtstrafenfähigen Verurteilungen weg, so ist eine Reduzierung der Gesamtstrafe durch Abs. 1 nicht geboten (BGH 7, 86 = NJW 1955, 600; **aA** OLG Düsseldorf StV 1986, 146). Nimmt das Berufungsurteil statt Tateinheit Tatmehrheit an, so kann die Einzelstrafe über der bisherigen Einsatzstrafe liegen, darf aber die frühere Gesamtstrafe nicht überschreiten (BGH NStZ 1984, 262; vgl. Meyer-Goßner Rn. 11). Wird umgekehrt wegen mehrerer selbstständiger statt wie im 1. Urteil wegen einer einheitlichen Handlung verurteilt, so darf weder eine Einzelstrafe noch die neue Gesamtstrafe die ursprüngliche Einzelstrafe übersteigen (BGH 14, 5, 7 = NJW 1960, 762; vgl. KK-Ruß Rn. 2 a).

Das Verbot der Verschlechterung gilt für alle im Urteilstenor und in den Gründen 5 festgesetzten Rechtsfolgen, insb. auch für **Einzelstrafen** bei Annahme von Tatmehrheit (BGH 1, 252 = NJW 1951, 611). Fehlt es an einer Einzelstrafenzumessung, so gilt insoweit Abs. 1 nicht (BGH 4, 345, 346 = NJW 1953, 1879), ebenso, wenn im 1. Urteil eine Festsetzung der Tagessatzhöhe nicht erfolgt ist (BGH 30, 93 = NJW 1981, 2071). Ist im 1. Urteil fehlerhaft von der Einbeziehung einer Einzel- in die Gesamtstrafe abgesehen worden, so ist zu **unterscheiden:** Eine Einzelfreiheitsstrafe kann auch dann einbezogen werden, wenn dies zur Versagung der Strafaussetzung zur Bewährung führt (BGH 8, 203, 204 = NJW 1956, 69). Eine Einzelgeldstrafe kann in eine Gesamtfreiheitsstrafe nur dann einbezogen werden, wenn sie dem Erstrichter unbekannt war (BGH 35, 208 = NJW 1989, 45; **aA** Maiwald JR 1980, 356; vgl. KK-Ruß Rn. 3 mwN).

Soweit § 331 eingreift, darf die **Strafart** nicht verschlechtert werden. Unzulässig 6 ist die Ersetzung von Geld- durch Freiheitsstrafe auch bei Aussetzung zur Bewährung (OLG Hamburg MDR 1982, 776); eine umgekehrte Änderung ist stets zulässig, sofern die Tagessatzanzahl die Dauer der früheren Freiheitsstrafe nicht übersteigt. Bei Verhängung von Geld- neben Freiheitsstrafe im 1. Urteil darf bei Wegfall der Letzteren die Geld- oder Vermögensstrafe entsprechend erhöht werden (Meyer-Goßner Rn. 13). Wird vom Berufungsgericht wegen einer Straftat statt wegen einer OWi verurteilt, so bleibt die Geldbuße bestehen (LR-Gollwitzer Rn. 7).

§ 331 Drittes Buch. 3. Abschnitt

7   Für die **Sanktionen des JGG** gilt das Verschlechterungsverbot gleichermaßen (BGH 10, 198, 202 = NJW 1957, 998). Es verbietet die Verhängung einer höheren Jugend- statt einer Freiheitsstrafe (BGH 29, 269, 271 = NJW 1980, 1967). Umgekehrt darf eine niedrigere Freiheits- statt einer Jugendstrafe ausgesprochen werden, wenn eine Reststrafenaussetzung zur selben Zeit möglich ist (BGH 29, 269, 274). Das Maß einer bestimmten darf dasjenige einer im 1. Urteil verhängten Jugendstrafe von unbestimmter Dauer nicht übersteigen (OLG Hamburg NJW 1960, 1970; str.).

8   Die **Strafhöhe** darf nicht verschärft werden. Bei der **Geldstrafe** darf die **Anzahl der Tagessätze** nicht erhöht werden (BayObLG 1979, 127 = NJW 1980, 849), die **Höhe des Tagessatzes** nur dann, wenn zugleich die **Endsumme** sich nicht erhöht (vgl. Meyer-Goßner Rn. 16 mwN). Eine **Freiheitsstrafe** darf auch bei Wegfall einer zusätzlichen Geld- oder Strafaussetzung zur Bewährung (BGH JZ 1956, 101) nicht erhöht, eine im 1. Urteil gewährte Strafaussetzung zur Bewährung auch dann nicht versagt werden, wenn die Freiheitsstrafe ermäßigt wird (BayObLG 1959, 143 = NJW 1959, 1838). Bei der **Gesamtstrafe** gilt das Verschlechterungsverbot sowohl für die Einzel- wie für die Gesamtstrafe (BGH 28, 119, 122 = NJW 1979, 54; vgl. o. Rn. 4; Meyer-Goßner Rn. 18 ff.). Es liegt bei alleiniger Berufung des Angeklagten ein Verstoß gegen das Verschlechterungsverbot vor, wenn das Berufungsgericht aus **Freiheitsstrafe und Geldstrafe** nachträglich eine **Gesamtstrafe** bildet, die das Erstgericht abgelehnt hatte (OLG Düsseldorf NStZ-RR 2001, 21). Auch die erstmalige Anordnung oder Verschärfung von **Nebenfolgen** sind unzulässig, wenn sie den Angeklagten beschweren (str.; vgl. Meyer-Goßner Rn. 21 mwN).

9   Das Verschlechterungsverbot gilt nur soweit, wie die **materielle Rechtskraft** des 1. Urteils reichen würde. Bei Verurteilung wegen **Dauerstraftaten** und – soweit noch vorkommend – **fortgesetzter Handlung** bildet das 1. Urteil eine Zäsur; danach begangene Einzelhandlungen dürfen im Berufungsurteil zur Bemessung des Schuldumfangs herangezogen werden und zur **Strafenhöhung** führen (BGH 9, 324 = NJW 1956, 1725; BayObLG NStZ 1986, 319). Dasselbe gilt, wenn das Erstgericht irrtümlich nur wegen eines als selbstständig angesehenen Teilakts verurteilt hat (BGH GA 1970, 84) oder wenn nach § 154 ausgeschiedene Taten in der Berufungsinstanz einbezogen werden (KK-Ruß Rn. 6). Das Verschlechterungsverbot gebietet dem neuen Tatrichter nicht, das Ausmaß der Kompensation für die Verletzung des Beschleunigungsgebots nach Art. 6 Abs. 1 S. 1 MRK im Vergleich zu der bisherigen Strafe des früheren Tatrichters zu bestimmen; er hat vielmehr die an sich – ohne die Verletzung des Beschleunigungsgebots – verwirkte Strafe in einem neuen, eigenständigen Strafzumessungsvorgang zu ermitteln, ohne an die Höhe der früheren Strafe gebunden zu sein. Diese bildet erst die Obergrenze für die um das Ausmaß der Kompensation reduzierte, letztlich verhängte Strafe (BGH 45, 308 = NJW 2000, 748 s. auch § 358 u. § 373).

10 Für **Maßregeln der Besserung und Sicherung** gilt grds. Abs. 1 (vgl. Meyer-Goßner Rn. 23; KK-Ruß Rn. 7, jeweils mwN). Ausgenommen sind nach **Abs. 2** die Unterbringungen nach §§ 63 und 64 StGB; diese dürfen auch bei alleiniger Berufung des Angeklagten vom Berufungsgericht angeordnet oder ausgetauscht werden (BGH 37, 5 = NJW 1990, 2143). Das gilt **dann nicht,** wenn die Berufung des Angeklagten auf die Frage der Strafaussetzung zur Bewährung beschränkt ist (BayObLG 1986, 59 = JR 1987, 172; **aA** Meyer-Goßner Rn. 22; KK-Ruß Rn. 7) oder wenn die Nichtanwendung der Maßregel von der Berufung nicht angegriffen wird (BGH 38, 362 = NJW 1993, 477; **aA** Meyer-Goßner Rn. 22); dies kann in einer Beschränkung der Berufung auf den Strafausspruch zum Ausdruck kommen (vgl. BGH NStZ 1992, 539; str.).

11 Einen Verstoß gegen § 331 prüft das **Revisionsgericht** auf die (allgemeine) **Sachrüge von Amts wegen,** ob das Verbot der Schlechterstellung verletzt ist, auch wenn die Revision dies nicht gerügt hat. Einer Verfahrensrüge bedarf es nicht

Revision §§ 332, 333

(BGH 29, 269, 270 = NJW 1980, 1967; 14, 7 = NJW 1960, 732; OLG Hamburg NStZ 1994, 508), weil die Verhängung einer unzulässigen Rechtsfolge eine Verletzung des materiellen Rechts darstellt (IR-Gollwitzer Rn. 115).

§ 332 [Verfahrensvorschriften]
Im übrigen gelten die im sechsten Abschnitt des zweiten Buches über die Hauptverhandlung gegebenen Vorschriften.

Vierter Abschnitt. Revision   RiStBV 147 bis 157, 159 bis 169

§ 333 [Zulässigkeit]
Gegen die Urteile der Strafkammern und der Schwurgerichte sowie gegen die im ersten Rechtszug ergangenen Urteile der Oberlandesgerichte ist Revision zulässig.

Die **Revision** ist, neben Beschwerde und Berufung, ein **Rechtsmittel** mit 1 Suspensiv- und Devolutiveffekt (vgl. vor § 296 Rn. 1). Wie die Berufung wendet sie sich ausschließlich gegen Urteile. In scharfem Gegensatz zu den anderen Rechtsmitteln und Rechtsbehelfen der StPO führt sie grds. **nicht zu einer Überprüfung der Tatsachengrundlage** der angefochtenen Entscheidung. Die für die Entscheidung der Strafsache erheblichen Tatsachen festzustellen, sie zu werten und über Schuld und Strafe zu entscheiden, ist allein Aufgabe und Verantwortung des Tatrichters (BGH 10, 208, 210 = NJW 1957, 1039). **Aufgabe des Revisionsgerichts** ist nicht die Feststellung von Tatsachen, sondern allein die Prüfung, ob dem Tatrichter bei dieser Feststellung oder bei der Anwendung des Rechts auf festgestellte Tatsachen **Rechtsfehler** unterlaufen sind, auf denen seine Entscheidung beruhen könnte (vgl. § 337). Dabei ist es grds. auf eine rechtliche **Überprüfung des angefochtenen Urteils** beschränkt, an dessen tatsächliche Feststellungen und normative Wertungen es gebunden ist, soweit ihnen nicht **Rechtsfehler** zugrundeliegen. Damit sind die Grenzen des Revisionsverfahrens bestimmt: Das Revisionsgericht darf weder eigene, vom Tatrichter **abweichende Tatsachenfeststellungen** treffen noch Teile der erstinstanzlichen **Hauptverhandlung rekonstruieren**, um die „Richtigkeit" des Ergebnisses zu überprüfen, noch schließlich eigene Beweiswürdigungen, Auslegungen oder Wertungen an die Stelle der tatrichterlichen setzen. Auch wenn diese sich aus dem Zusammenhang von Urteil und Revisionsbegründung als rechtsfehlerhaft erweisen, ist dem Revisionsgericht regelmäßig (zu Ausnahmen vgl. § 354 Abs. 1) eine eigene Sachentscheidung verwehrt; die Begründetheit der Revision führt grds. zur Aufhebung und Zurückverweisung des angefochtenen Urteils (§§ 354 Abs. 2, 355). **Zusammenfassend** im BGH NStZ-RR 2003, 52: Das **Revisionsgericht** kann in die **Strafzumessung** nur eingreifen, wenn Rechtsfehler vorliegen, insbesondere wenn der Strafrichter von einem falschen Strafrahmen ausgegangen ist, seine Strafzumessungserwägungen in sich fehlerhaft sind oder rechtlich anerkannte Strafzwecke außer Acht gelassen haben oder wenn sich die Strafe von ihrer Bestimmung, gerechter Schuldausgleich zu sein, so weit nach oben oder unten inhaltlich löst, dass ein grobes Missverhältnis zwischen Schuld und Strafe besteht. Je mehr sich die im Einzelfall verhängte Strafe dem **unteren oder oberen Rand** des zur Verfügung stehenden Strafrahmens nähert, umso höher sind die Anforderungen, deren eine umfassende Abwägung und eine erschöpfende Würdigung der für die Bemessung der Strafe maßgeblichen Strafe erschwerenden und schuldmindernden Umstände zu stellen sind (vgl. auch KK-Kuckein § 337 Rn. 16). Es ist verfassungs-

§ 333

rechtlich nicht zu beanstanden, aus den Besonderheiten des Revisionsverfahrens zu folgern, dass es für die **Verhandlungsfähigkeit im Revisionsverfahren** ausreicht, dass der Angeklagte über die Einlegung des Rechtsmittels verantwortlich hat entscheiden können, er um die Bedeutung des Revisionsverfahrens weiß und zu einer Grundübereinkunft mit seiner Verteidigung über die Fortführung oder die Rücknahme des Rechtsmittels in der Lage ist (BVerfG NStZ 1995, 391; BGH 41, 18 = NJW 1996, 1973).

2 Während **Reformvorstellungen** vor allem eine Entlastung der Revisionsgerichte durch Einschränkungen des Zugangs anstreben (vgl. Vorschläge der Landesjustizminister DRiZ 1991, 221, 223; BR-Entwurf BT-Drs. 12/1217; KK-Kuckein vor § 333 Rn. 8 mwN), zeigt sich in der Rechtsprechung des BGH eher eine Tendenz zur Ausweitung revisionsgerichtlicher Kompetenzen durch sehr weitgehende Überprüfung der tatrichterlichen Überzeugungsbildung (vgl. Foth NStZ 1992, 444; KK-Pfeiffer Einl. Rn. 164, jeweils mwN; anders Fezer StV 1995, 95, 100 f.: „Richtiger Weg"). Eine Übergewichtung der auf die **Einzelfallsgerechtigkeit** abzielenden Funktionen der Revision (vgl. allg. KK-Kuckein vor § 333 Rn. 2 ff.) würde jedoch zu einer Verlagerung tatrichterlicher Aufgaben auf die Revisionsgerichte führen, die diese nicht bewältigen könnten und die der gesetzlich vorgesehenen Aufgabenteilung widerspräche (vgl. § 337 Rn. 14).

3 **Statthaft** ist die Revision gegen **erstinstanzliche Urteile** der Landgerichte und Oberlandesgerichte sowie gegen **Berufungsurteile** der Landgerichte (kleine Strafkammer) und gegen Urteile des AG (Strafrichter und Schöffengericht), sog. Sprungrevision, § 335 iVm § 312 (Kühne Rn. 1061). **Ausnahmen** gelten im **Jugendstrafverfahren** (§§ 55 Abs. 2 S. 1, 59 Abs. 1 JGG) und im **Ordnungswidrigkeitenverfahren** (§§ 79 ff. OWiG), im **Einziehungsverfahren** (§ 441 Abs. 3 S. 2), in **Binnenschifffahrtssachen** (§ 10 BinSchVfG) sowie für die in dem Urteil zu treffende Entscheidung über **Kosten und Auslagen** (§ 464 Abs. 3) und über **Entschädigung** wegen Strafverfolgungsmaßnahmen (§ 8 Abs. 3 StrEG).

4 **Anfechtungsberechtigt** ist jeder Verfahrensbeteiligte, der durch das angefochtene Urteil **beschwert** ist (vgl. KK-Kuckein Rn. 4); der **Nebenkläger** somit nur hinsichtlich des Nebenklagedelikts (vgl. § 401; BGH 33, 114 = NJW 1985, 1175). Die Möglichkeit eines Nachtragsverfahrens (§§ 459 a, 460) steht der Anfechtungsberechtigung nicht entgegen (BGH-GrS 12, 1 = NJW 1958, 1643). Der Gesetzgeber hat als revisionsberechtigt bestimmt: Die StA (§ 296), den Nebenkläger, den Privatkläger, den Beschuldigten (§ 296 Abs. 1), für ihn seinen Verteidiger (§ 297) und in Jugendsachen den Erziehungsberechtigten (§ 55 KGG). **Nicht** revisionsberechtigt ist der nach § 149 Abs. 1 als Beistand zugelassene Ehegatte und der gemäß § 69 Abs. 1 JGG bestellte Beistand in dieser Eigenschaft; die Beistände haben Rechte nur in der Hauptverhandlung (§ 149 Abs. 1, § 69 Abs. 3 S. 2 JGG und allenfalls nach § 149 Abs. 3, § 69 Abs. 3 S. 2 JGG vorher (Sarstedt/Hamm Revision Rn. 34).

5 **Zuständig** für Revisionen gegen Urteile der AGe, gegen Berufungsurteile der LGe sowie gegen erstinstanzliche Urteile der LGe, bei denen sich die Revision gegen die Verletzung von Landesrecht richtet, sind die **OLGe** (§ 335 Abs. 2, § 121 Abs. 1 Nr. 1 GVG), in Bayern das BayObLG (§ 9 EGGVG, Art. 11 Bay-AGGVG), im Übrigen der **BGH** (§ 135 Abs. 1 GVG).

6 2003 wurden beim Bundesgerichtshof in Strafsachen insgesamt **2694 Revisions- und Vorlegungssachen erledigt.** Gegenüber dem Vorjahr (2614) bedeutet das eine Zunahme um 3,0%. Über die Revisionen wurde in 159 Fällen durch Urteil entschieden, was im Vergleich zu 2002 (165) eine Abnahme um 3,6% bedeutet. In 78 Fällen erkannten die Strafsenate auf Aufhebung des Urteils nach § 349 Abs. 4 StPO, in 273 Fällen auf Aufhebung des Urteils nach § 349 Abs. 2 und Abs. 4 StPO. Damit wurde in insgesamt 351 Fällen das landgerichtliche Urteil aufgehoben (2002: 387; – 9,3%). 2070 Revisionen wurden gemäß § 349 Abs. 2 StPO als offensichtlich

Revision **§§ 334, 335**

unbegründet verworfen (2002: 1930; + 7,3%). In 75 Fällen wurde die Revision zurückgenommen (2002: 73). Sonstige Erledigungsarten spielen daneben keine nennenswerte Rolle.

Bezogen auf die Gesamtzahl der erledigten Revisionen entfallen auf die **Urteile** 5,9% (2002: 6,3%), auf die **Aufhebung** nach § 349 Abs. 4 StPO (einschließlich der Beschlüsse nach 349 Abs. 2 und 4 StPO) 15,9% (2002: 14,8%) und auf die **Verwerfung** nach § 349 Abs. 2 StPO 76,8% (2002: 73,8%).

Ende 2003 waren bei den Strafsenaten noch 467 Revisionen einschließlich Vorlegungssachen anhängig (2002: 434). Der **Bestand an offenen Verfahren** ist damit um 7,1% gestiegen.

Die **Dauer** der Revisionsverfahren ist im Jahr 2003 insgesamt im wesentlichen konstant geblieben. Von den durch **Urteil** entschiedenen Revisionen waren im vergangenen Jahr 67,1% innerhalb eines Zeitraums von 3 Monaten (2002: 74,5%) sowie weitere 26,6% innerhalb von 6 Monaten (2002: 20,6%) nach Eingang der Akten beim Bundesgerichtshof abgeschlossen. Bei den **Beschlusssachen** (§ 349 Abs. 1, 2 und 4 StPO) waren 97,9% der Verfahren schon nach 3 Monaten abgeschlossen (2002: 97,7%).

Der **Arbeitsanfall** bei den **Ermittlungsrichtern** stieg im vergangenen Jahr an. Mit 1076 Neueingängen im Jahr 2003 ist die Belastung gegenüber dem Jahr 2002 (960) um 12,1% gestiegen. Er bewegt sich jetzt wieder auf dem Niveau von 2001 (1099 Neueingänge). Im Jahr 2003 waren insgesamt 46 Entscheidungen über Anträge auf Erlass eines Haftbefehls zu treffen (2002: 28), Haftprüfungen fanden in 13 Fällen (2002: 9) statt. Beschuldigtenvernehmungen waren 26 zu verzeichnen (2002: 22), Zeugenvernehmungen 3 (2002: 3) und sonstige richterliche Maßnahmen 988 (2002: 898).

§ 334 (weggefallen)

§ 335 [Sprungrevision]

(1) **Ein Urteil, gegen das Berufung zulässig ist, kann statt mit Berufung mit Revision angefochten werden.**

(2) **Über die Revision entscheidet das Gericht, das zur Entscheidung berufen wäre, wenn die Revision nach durchgeführter Berufung eingelegt worden wäre.**

(3) ¹**Legt gegen das Urteil ein Beteiligter Revision und ein anderer Berufung ein, so wird, solange die Berufung nicht zurückgenommen oder als unzulässig verworfen ist, die rechtzeitig und in der vorgeschriebenen Form eingelegte Revision als Berufung behandelt.** ²**Die Revisionsanträge und deren Begründung sind gleichwohl in der vorgeschriebenen Form und Frist anzubringen und dem Gegner zuzustellen (§§ 344 bis 347).** ³**Gegen das Berufungsurteil ist Revision nach den allgemein geltenden Vorschriften zulässig.**

Die **Sprungrevision** dient der Verfahrensvereinfachung, wenn es dem Rechtsmittelführer allein um die Klärung von Rechtsfragen geht (BGH 4, 338, 339 = NJW 1954, 687). Im Fall des § 313 muss zunächst Berufung eingelegt werden (Meyer-Goßner Rn. 21; vgl. u. Rn. 5); im Übrigen gelten für die Durchführung der Revision unter Überspringen der Berufungsinstanz keine Besonderheiten (vgl. KK-Kuckein Rn. 1). 1

Zulässig ist die zunächst **unbestimmte Einlegung** eines „Rechtsmittels" unter Vorbehalt der endgültigen Bestimmung (BGH 33, 183, 188 = NJW 1985, 2960) innerhalb der Revisionsbegründungsfrist (§ 345 Abs. 1; BGH 25, 321, 324 = NJW 2

§ 335 Drittes Buch. 4. Abschnitt

1974, 1148). Nach endgültiger Bestimmung ist der Rechtsmittelführer an das nunmehr bezeichnete Rechtsmittel **gebunden;** ein nochmaliger Wechsel ist unzulässig (BGH 13, 388, 392 = NJW 1960, 494). Erfolgt bei unbestimmter Einlegung keine oder keine rechtzeitige Wahl, so wird das Rechtsmittel als Berufung behandelt (BGH 33, 183, 189; vgl. Meyer-Goßner Rn. 4f. mwN). Mit Ablauf der Frist des § 345 Abs. 1 geht die Möglichkeit der Wahl der Revision endgültig unter; Wiedereinsetzung ist insoweit nicht möglich (OLG Düsseldorf MDR 1991, 78). Wird eindeutig die Revision gewählt, so wird diese, wenn sie unzulässig ist, verworfen; eine Behandlung als Berufung ist ausgeschlossen (KG JR 1987, 217), wenn nicht die Wahlerklärung selbst unwirksam ist (BayObLG 1983, 93 = MDR 1983, 1045).

3   Zulässig ist auch ein **Rechtsmittelwechsel** bei zunächst bestimmt bezeichnetem Rechtsmittel innerhalb der Revisionsbegründungsfrist (BGH 33, 183 = NJW 1985, 2960; BGH NStZ 2004, 220); der Wechsel ist gegenüber dem **Erstgericht** zu erklären (BGH StV 1995, 174 auf Vorlagebeschluss OLG Köln NStZ 1994, 557). Eine Berufungsverhandlung vor Fristablauf gegen den Willen des Rechtsmittelführers ist daher unzulässig (OLG Frankfurt NStZ 1991, 506). Ein Übergang von der Revision zur Berufung ist auch nach **Wiedereinsetzung** in die Frist des § 345 Abs. 1 zulässig, nicht aber ein Wechsel von der Berufung zur Revision (OLG Hamm NStZ 1991, 601; vgl. Meyer-Goßner Rn. 13 mwN). Ein nochmaliger Wechsel des Rechtsmittels ist ausgeschlossen (BGH 13, 388, 392 = NJW 1960, 494).

4   **Zuständig** für die Entscheidung über die Revision bei „Überspringen" der Berufungsinstanz ist stets das **OLG** (**Abs. 2,** § 121 Abs. 1 Nr. 1 GVG iVm § 312). Da jedes Rechtsmittel beim judex a quo einzulegen ist (§§ 314 Abs. 1, 341 Abs. 1), entscheidet zunächst das AG, ob das Rechtsmittel eine Berufung (dann Behandlung nach §§ 319ff.) oder eine Revision ist (dann Behandlung nach §§ 346, 347). Hält nach Vorlage gem. § 321 das Berufungsgericht das Rechtsmittel für eine Revision, so legt es selbst nach § 347 Abs. 2 vor oder gibt die Akten zur Nachholung des Verfahrens nach § 347 Abs. 1 an das AG zurück (str., vgl. KK-Kuckein Rn. 8; Meyer-Goßner Rn. 20). Das Revisionsgericht kann die Sache durch Beschluss entspr. § 348 als Berufung an das LG zurückgeben (BGH 31, 183 = NJW 1983, 1437; NJW 1993, 1808; vgl. § 348 Rn. 3).

5   Im Fall der **Annahmeberufung** (§ 313) ist stets zunächst Berufung beim AG einzulegen; dieses verfährt nach §§ 319 Abs. 1, 320f. Das Berufungsgericht hat über die Annahme zu entscheiden (§ 322a); erst dann ist ein Übergang zur Revision möglich, wenn die Frist des § 345 Abs. 1 noch nicht abgelaufen ist (Meyer-Goßner Rn. 21; Ostendorf ZRP 1994, 338). Die **Gegenansicht** (OLG Karlsruhe StV 1994, 292; OLG Zweibrücken StV 1994, 119; OLG Düsseldorf StV 1995, 70; Tolksdorf FS Salger S. 402) läuft dem Zweck des RPflEntlG (§§ 313, 322a S. 2) zuwider und widerspricht dem Wortlaut des Abs. 1 iVm § 313 Abs. 1 S. 1. Auch eine Verlagerung der Zulässigkeitsprüfung auf das Revisionsgericht (vgl. BayObLG 1993, 147 = StV 1993, 572) ist mit § 322a nicht zu vereinbaren. Dass in der Praxis damit schon wegen des Fristlaufs nach § 345 Abs. 1 die Sprungrevision – durch Rechtsmittelwechsel nach Annahme der Berufung – weitgehend ausgeschlossen sein dürfte, ist hinzunehmen; die Sprungrevision kann in Bagatellsachen nicht weiter gehen als diejenige nach § 333. Ist nach Annahme (§ 313 Abs. 2 S. 1) ein Wechsel noch rechtzeitig erfolgt, so ist bei der Entscheidung nach § 349 Abs. 2 das Revisionsgericht an die Entscheidung des LG nach § 313 Abs. 2 S. 1 nicht gebunden (Meyer-Goßner Rn. 21). Ein **Annahmebeschluss** des Berufungsgerichts wird **gegenstandslos,** wenn der Beschwerdeführer innerhalb der Revisionsbegründungsfrist zur **Sprungrevision** übergeht (OLG Stuttgart NStZ-RR 1996, 75). Die endgültige Wahl des Rechtsmittels **(Berufung oder Revision)** muss in der für die Einlegung dieses Rechtsmittels vorgeschriebenen Form sowie gegenüber dem Gericht erklärt werden, dessen Urteil angefochten worden ist (BayObLG NStZ-RR

1998, 51). Zur Annahmeberufung und Sprungrevision s. Meyer-Goßner NStZ 1998, 19).

Beim **Zusammentreffen von Berufung und Revision** durch verschiedene 6 Rechtsmittelführer hat die **Berufung den Vorrang** (**Abs. 3 S. 1**; s. § 313 Rn. 3). Das gilt auch bei Verfahrenstrennung **nach** dem 1. Urteil (OLG Zweibrücken MDR 1986, 778; KK-Kuckein Rn. 10; **aA** KMR-Paulus Rn. 14). **Voraussetzung** für eine Behandlung der Revision als Berufung ist ihre **zulässige Einlegung** (§ 341); in diesem Fall bleibt die Revision bedingt eingelegt, bis das Berufungsgericht in der Sache entschieden hat (OLG Düsseldorf MDR 1988, 165) oder die Berufung nicht mehr zurückgenommen werden kann (vgl. BayObLG 1970, 41 = NJW 1970, 1202). Wenn die Berufung zurückgenommen oder als unzulässig verworfen wird (nicht bei Verwerfung nach § 329 Abs. 1, str., vgl. KK-Kuckein Rn. 11), so wird das Rechtsmittel als Revision behandelt; **nur für diesen Fall** kommt es auf die Einhaltung der Formvorschriften nach **Abs. 3 S. 2** an. Wird das Rechtsmittel als Berufung durchgeführt, so gelten für das Urteil keine Besonderheiten (**Abs. 3 S. 3**).

Beim Zusammentreffen von **Ordnungswidrigkeiten und Straftaten** gilt, wenn 7 die Verurteilung verschiedene Taten (§ 264) betrifft, nach § 83 Abs. 2 S. 1 OWiG eine Abs. 3 entsprechende Regelung (vgl. OLG München NJW 1970, 261; KK-Kuckein Rn. 17); betrifft das Urteil nur eine prozessuale Tat, so sind allein die Rechtsmittel der Verfahrensart statthaft, in der es ergangen ist (BGH 35, 290, 292 = NJW 1987, 3214; vgl. § 296 Rn. 1).

§ 336 [Vorentscheidungen der Vorinstanz]

¹**Der Beurteilung des Revisionsgerichts unterliegen auch die Entscheidungen, die dem Urteil vorausgegangen sind, sofern es auf ihnen beruht.** ²**Dies gilt nicht für Entscheidungen, die ausdrücklich für unanfechtbar erklärt oder mit der sofortigen Beschwerde anfechtbar sind.**

Die Vorschrift **ergänzt** § 305 S. 1. Dem Urteil **vorausgegangen (S. 1)** sind 1 nur **gerichtliche** Entscheidungen einschließlich Verfügungen des Vorsitzenden (BGH 7, 281, 282 = NJW 1955, 957) in dem Verfahren, in dem das angefochtene Urteil ergangen ist. Grds. **nicht umfasst** sind Entscheidungen vor dem Eröffnungsbeschluss (BGH 15, 40, 44 = NJW 1960, 2106), aus früheren, insb. ausgesetzten Hauptverhandlungen (BGH 31, 15 = NJW 1982, 1712) sowie aus einem vorinstanzlichen Verfahren. Eine **Ausnahme** gilt nur dann, wenn solche Entscheidungen in der späteren Verhandlung und Entscheidung **weiterwirken** (zB Entscheidungen über Ablehnungsgesuche; Nebenklagezulassung, vgl. dazu § 396 Rn. 4; KK-Kuckein Rn. 8; Verteidigerbestellung). Wirksame, aber fehlerhafte **Eröffnungsbeschlüsse** sind grds. nicht anfechtbar (vgl. KK-Kuckein Rn. 7 mwN); ansonsten fehlt es an einer Verfahrensaussetzung (BGH 29, 94, 96 = NJW 1979, 2483; 33, 167, 168 = NJW 1985, 1720; vgl. Nelles NStZ 1982, 96).

Die **Ausnahmen** des **S. 2** gelten auch für den Fall, dass das Urteil auf einer 2 **unanfechtbaren** (vgl. §§ 28 Abs. 1, 30, 46 Abs. 2, 138 d Abs. 6 S. 3, 201 Abs. 2, 202 S. 2, 210 Abs. 1, 212 b Abs. 2 S. 2, 229 Abs. 3 S. 2, §§ 52, 54, 171 b GVG) oder mit **sofortiger Beschwerde** anfechtbaren (vgl. §§ 28 Abs. 1 S. 1, 46 Abs. 3, 81, 138 d, 206 a Abs. 2, 206 b S. 2, 210 Abs. 2, 225 a Abs. 3 S. 2, Abs. 4, 231 a Abs. 3 S. 3, 270 Abs. 3 S. 2) Entscheidung **beruht**. Unanfechtbarkeit nach § 305 S. 1 fällt nicht unter S. 2 (KK-Kuckein Rn. 11). Ob tatsächlich sofortige Beschwerde eingelegt war, ist gleichgültig. Anfechtbarkeit mit der einfachen Beschwerde schließt die Revision nicht aus (Rieß NStZ 1981, 447).

Einstellungsbeschlüsse nach §§ 153 Abs. 2, 153 a Abs. 2, 154 Abs. 2 können 3 mit der Revision nicht angegriffen werden (vgl. Meyer-Goßner Rn. 5 mwN). **Stets**

revisibel sind Vorentscheidungen, aus denen sich zusätzliche absolute Revisionsgründe ergeben oder die die Rüge nach § 338 Nr. 8 begründen (vgl. KK-Kuckein Rn. 13).

§ 337 [Revisionsgründe]

(1) Die Revision kann nur darauf gestützt werden, daß das Urteil auf einer Verletzung des Gesetzes beruhe.

(2) Das Gesetz ist verletzt, wenn eine Rechtsnorm nicht oder nicht richtig angewendet worden ist.

Übersicht

Wesen der Revision	1
Rechtsfehler	2
Formelles und materielles Recht	3
Verfahrensvoraussetzungen	4
Verstöße gegen Verfahrensrecht	5–9
Verstöße gegen sachliches Recht	10–16
Feststellungsmängel	11
Beweiswürdigung	12–14
Gesetzesanwendung	15
Rechtsfolgenausspruch	16
Beruhen auf Gesetzesverletzung	17, 18
Beschwer	19
Verlust von Verfahrensrügen	20

1   **Wesen der Revision.** Die Revision ist als Rechtsbeschwerdeinstanz ausgestaltet (vgl. § 333 Rn. 1). § 337 bestimmt daher nicht nur inhaltliche Erfordernisse der Revisionsbegründung, sondern zugleich Gegenstand und Umfang der revisionsgerichtlichen Prüfung. Dabei ist die Aufgabenabgrenzung zwischen Tat- und Revisionsgericht zu beachten: Während der Tatrichter den ihm unterbreiteten **Sachverhalt** umfassend aufzuklären (§ 244 Abs. 2) und rechtlich zu würdigen hat (§ 261), ist Gegenstand des Revisionsverfahrens die **Prüfung des tatrichterlichen Urteils** auf seine Gesetzmäßigkeit **(Abs. 1).** Damit ist zugleich ausgeschlossen, dass das Revisionsgericht eine **eigene Beweisaufnahme** in der Sache durchführt oder die tatrichterliche Beweisaufnahme wiederholt, rekonstruiert oder ergänzt (BGH 31, 139, 140 = NJW 1983, 186). Das Revisionsgericht ist an die tatrichterlichen Feststellungen, Schlussfolgerungen, Auslegungen und Deutungen **grds. gebunden** (BGH 2, 248, 249 = NJW 1952, 675; 21, 149 = NJW 1967, 219; 38, 15 = NJW 1892, 252), soweit sie tatsächliche Fragen betreffen. Seine Kompetenz beschränkt sich auf die Prüfung, ob **Rechtsfehler** vorliegen, auf welchen das Urteil beruht (Abs. 1; vgl. § 333 Rn. 1 f.).

2   **Rechtsfehler. Rechtsfehler** liegen vor, wenn eine Rechtsnorm (§ 7 EGStPO) nicht oder nicht richtig angewendet wurde **(Abs. 2). Gesetze** iSd Abs. 2 sind daher alle Vorschriften des gesetzten und ungesetzten Rechts, die im konkreten Fall anwendbar sind (vgl. i. E. KK-Kuckein Rn. 8 ff.; Meyer-Goßner Rn. 2 ff.; LR-Hanack Rn. 6 ff.), einschließlich ausländischer Rechtsvorschriften, allgemeiner Regeln des Völkerrechts (vgl. Art. 25 GG), Gewohnheitsrecht, Handelsbräuchen sowie allgemein anerkannter Regeln der Auslegung und der Rechtsanwendung (KK-Kuckein Rn. 16 f., 19). **Keine Gesetze iSd Abs. 2** sind Verwaltungs- und Dienstvorschriften (BGH NStZ 1982, 321) einschließlich der **RiStBV**, allgemeine Geschäftsbedingungen und **Geschäftsverteilungspläne** von Gerichten (RG 76, 283; vgl.

Revision **§ 337**

§ 338 Rn. 5 f.). Bei Normen, die die Schuld- und Rechtsfolgenfrage betreffen, kommt es auf ihre Geltung zur **Tatzeit** an (Art. 103 Abs. 2 GG, § 2 StGB), bei Verfahrensnormen grds. auf die Geltung zum Zeitpunkt der **Hauptverhandlung** (vgl. § 354a Rn. 1; LK-Gribbohm § 2 Rn. 6 mwN). Verstöße gegen **Ordnungs- und Sollvorschriften** stellen Gesetzesverletzungen iSd Abs. 1 dar (vgl. BGH 3, 384 = NJW 1953, 515); jedoch ist idR ein Beruhen des Urteils auf dem Verstoß zu verneinen (vgl. BGH 30, 255, 257 = NJW 1982, 293; i. E. str.; vgl. KK-Kuckein Rn. 13).

Verletzt sein kann **formelles** oder **materielles Recht.** Zum **Verfahrensrecht** 3 gehören alle Normen, die die Einleitung und den Fortgang des Verfahrens, somit den **Weg** bestimmen, auf welchem das Urteil gefunden wird, gleichgültig, ob sie innerhalb oder außerhalb der StPO geregelt sind (BGH 8, 133 = NJW 1955, 1565; 19, 275 = NJW 1965, 1254). Zum **sachlichen Recht** gehören alle anderen Normen (BGH 12, 1 = NJW 1958, 1643). Dazu gehören auch der Grundsatz **in dubio pro reo,** die **Denkgesetze** (Regeln der Logik) sowie manche Verstöße gegen **Verwertungsverbote** (i. e. str.; vgl. u. Rn. 16 sowie Meyer-Goßner Rn. 8 mwN). Geht der Tatrichter von einem **nicht bestehenden Erfahrungssatz** aus, so liegt darin ein Mangel, den das Revisionsgericht auf die Sachrüge berücksichtigt (BGH NStZ 2001, 323). Die Unterscheidung von sachlichem und Verfahrensrecht ist für das Revisionsverfahren von größter Bedeutung, denn **Verfahrensmängel** werden grds. nur dann berücksichtigt, wenn sie gem. § 344 Abs. 2 S. 2 **gerügt** und **bewiesen** sind (vgl. u. Rn. 5 f.); der Grundsatz in dubio pro reo gilt hier nicht. Kann letztlich nicht geklärt werden, ob ein Verfahrenverstoß vorliegt, ist von einem rechtmäßigen Verfahren auszugehen (BGH 16, 167 = NJW 1963, 1979; Beulke Strafprozessrecht Rn. 564; s. Rn. 6) Demgegenüber prüft das Revisionsgericht die richtige Anwendung materiellen Rechts bereits auf die **allgemeine Sachrüge** hin umfassend. Eine Gesetzesverletzung kann zugleich formellem und materiellem Recht widersprechen (vgl. BGH StV 1981, 127); bei der revisionsrechtlichen Behandlung ist dann nach Sach- und Verfahrensmangel zu differenzieren. Auf das **Verschulden** des Tatrichters an der Gesetzesverletzung kommt es regelmäßig nicht an (vgl. BGH 22, 266, 267 = NJW 1969, 61; BGH StV 1988, 89).

Verfahrensvoraussetzungen sind vAw. im Freibeweisverfahren zu prüfen 4 (BGH 22, 213, 216 = NJW 1968, 2253). Voraussetzung ist eine zulässig eingelegte (§§ 341, 344) Revision, wenn Verfahrenshindernisse **vor Erlass** des angefochtenen Urteils eingetreten sind (BGH 25, 259, 261 = NJW 1974, 373); sind sie nach Urteilserlass eingetreten, so reicht es aus, dass die Sache beim Revisionsgericht anhängig ist (§§ 346 Abs. 2, 349 Abs. 1). Zu den einzelnen Verfahrensvoraussetzungen vgl. Einl. Rn. 15; KK-Pfeiffer Einl. Rn. 130 ff.; KK-Kuckein Rn. 25; jeweils mwN). An Feststellungen des Tatgerichts zu den Prozessvoraussetzungen ist das Revisionsgericht **nicht gebunden** (BGH 14, 137, 139 = NJW 1964, 1116); eine **Ausnahme** gilt insoweit für **doppelrelevante Tatsachen,** die auch den Schuldspruch betreffen und im Strengbeweis festgestellt worden sind (i. E. str.; vgl. Meyer-Goßner Rn. 6 mwN).

Verstöße gegen Verfahrensrecht liegen vor, wenn gesetzlich vorgeschriebene 5 Verfahrenshandlungen unterblieben sind oder fehlerhaft oder wenn unzulässige Verfahrenshandlungen vorgenommen wurden. S. auch § 344 Rn. 7. Sie müssen gem. § 344 Abs. 2 S. 2 gerügt werden; ihr **Vorliegen muss bewiesen sein** (BGH 16, 164, 167 = NJW 1961, 1979; 21, 10 = NJW 1966, 603). Dem Recht des **Neben-klägers** auf Erwiderung kommt verfahrensrechtlich nicht dasselbe Gewicht zu wie dem letzten Wort des Angeklagten (BGH NJW 2001, 3137). Zur Zulässigkeit von Verfahrensrügen in der Rspr. des BGH s. Miebach/Sander NStZ-RR 1999, 1. Bei der Beurteilung kommt es grds. auf die **wirkliche Sachlage** und auf die Rechtslage zurzeit der Revisionsentscheidung an (BGH 10, 304 = NJW 1957, 1325); eine **Ausnahme** gilt nur dann, wenn es bei der Verfahrenshandlung gerade auf den

§ 337

Drittes Buch. 4. Abschnitt

damaligen Verfahrensstand ankam (zB § 60 Nr. 2; vgl. BGH 10, 358, 365 = NJW 1957, 1604). Ob eine ausweislich der Sitzungsniederschrift unterbliebene Entscheidung des Vorsitzenden über **Vereidigung** oder **Nichtvereidigung** eines Zeugen auf Revision zur Aufhebung des Urteils führt, ist eine Frage des Einzelfalls. Entscheidend ist, ob das Revisionsgericht ausschließen kann, dass der Zeuge, wäre er vereidigt worden, andere Angaben gemacht hätte und dass gegebenenfalls eine andere Angabe des Zeugen zu einer dem Beschwerdeführer günstigeren Entscheidung geführt hätte. Grundlage einer solchen Annahme kann je nach den Umständen des Falles sein zB die Eindeutigkeit des übrigen Beweisergebnisses, die geringe Bedeutung der Beweisfrage, zu der sich der zu Unrecht nicht vereidigte Zeuge geäußert hat, oder auch die Persönlichkeit des Zeugen im Zusammenhang mit seinem Bezug zu der von ihm bekundeten Tatsache (BGH NStZ-RR 1997, 302).

6 **Bewiesen** werden Verfahrensverstöße idR durch das Protokoll der Hauptverhandlung (vgl. § 274). Eine eigene Beweiserhebung des Revisionsgerichts im **Freibeweisverfahren** ist zulässig und geboten, wenn die Beweiskraft des Protokolls fehlt (BGH NJW 1976, 977; vgl. § 274 Rn. 3) oder wenn Verstöße gegen das Gebot des rechtlichen Gehörs geltend gemacht werden (BGH 19, 141 = NJW 1964, 308; 22, 26 = NJW 1968, 997). **Verfahrensmängel** können sich auch aus dem angefochtenen **Urteil** selbst ergeben (BayObLG 1953, 151 = MDR 1954, 121). Eine Rekonstruktion der Hauptverhandlung oder eine Ergänzung der Beweisaufnahme durch das Revisionsgericht sind unzulässig (BGH 31, 139, 140 = NJW 1983, 186). Ein **Gegenbeweis** gegen die Urteilsfeststellungen lässt sich daher auch im Bereich der Verfahrensrügen weder mit Protokollierungen nach § 273 Abs. 2 (vgl. BGH 38, 14, 16 = NJW 1992, 252) noch durch Mitschriften von Verfahrensbeteiligten oder durch Verweise auf den Akteninhalt führen. **Zweifel** am Vorliegen eines Verfahrensmangels gehen zu Lasten des Revisionsführers (BGH 16, 164, 167 = NJW 1961, 1979). Zum **Begründungserfordernis** bei Verfahrensrügen vgl. Rn. 5 und § 344 Rn. 7 ff.; zum Prüfungsumfang des Revisionsgerichts § 352 Rn. 4.

7 Die zulässig erhobene **Aufklärungsrüge** (vgl. § 244 Rn. 49) eröffnet dem Revisionsgericht im Umfang der Beanstandung den **Zugriff auf den Akteninhalt.** Drängte sich eine Beweiserhebung nach Aktenlage auf und ist sie ausweislich des Sitzungsprotokolls und der Urteilsfeststellungen rechtsfehlerhaft unterblieben, so kann bei entsprechender Rüge das Revisionsgericht die den Verfahrensmangel begründenden Tatsachen dem in der Revisionsbegründung vorgetragenen Akteninhalt selbst entnehmen (vgl. auch § 344 Rn. 7). Dasselbe gilt bei der Rüge des Verstoßes gegen **§ 261,** wenn Urteilsfeststellungen dem Inhalt einer in der Hauptverhandlung verlesenen (vgl. §§ 273 Abs. 1, 274) Urkunde (BGH NStZ 1988, 212) oder eines nach § 251 Abs. 1 oder Abs. 2 verlesenen Vernehmungsprotokolls (vgl. BGH 29, 18, 21 = NJW 1979, 2318; BGH StV 1983, 121) widersprechen. Die Grenze revisionsgerichtlicher Nachprüfung ist auch hier stets da erreicht, wo mit der Revision fehlerhafte Auslegungen oder Bewertungen gerügt werden; die **normative Bewertung** von Beweistatsachen obliegt in allen Fällen bis zur Grenze der Unvertretbarkeit allein dem Tatgericht.

8 Hieraus folgt, dass die **(Verfahrens-)Rüge der „Aktenwidrigkeit"** der **Urteilsgründe** regelmäßig **unzulässig** ist. Das gilt auch für das **alternative Rügevorbringen,** über bestimmte, sich aus den Akten ergebende Tatsachen sei **entweder** unter Verstoß gegen § 244 Abs. 2 nicht Beweis erhoben worden **oder** das Beweisergebnis sei unter Verstoß gegen § 261 im Urteil nicht verwertet worden (BGH NJW 1992, 2840; BGH NStZ 1997, 98; 1997, 294; Meyer-Goßner Rn. 15a; vgl. auch Foth NStZ 1992, 446). Eine verfahrensrechtlich begründete Ausweitung des revisionsrechtlichen Zugriffs auf die tatrichterliche Überzeugungsbildung (vgl. insb. Herdegen StV 1992, 590 ff.; KK-Herdegen § 244 Rn. 40; Herdegen FS Salger S. 318) überschreitet hier die durch § 344 Abs. 2 S. 2 gezogene Grenze; eine erhöhte Richtigkeitsgewähr ergibt sich jedenfalls nicht daraus, dass das

Revision § 337

Revisionsgericht Urteil und Akteninhalt vergleicht (vgl. Foth NStZ 1992, 446 und u. Rn. 14).

Ermessensentscheidungen des Tatrichters bei der Anwendung von Verfahrens- 9 recht prüft das Revisionsgericht nicht auf ihre Zweckmäßigkeit, sondern allein darauf, ob ihnen **Rechtsfehler** zugrundeliegen. Das ist der Fall, wenn Rechtsbegriffe verkannt oder die Grenzen des Ermessensspielraums überschritten wurden oder wenn die Entscheidung die gesetzlichen Wertmaßstäbe mißachtet und objektiv willkürlich ist (BGH 18, 238 = NJW 1963, 869). An tatsächliche Feststellungen zur Ausfüllung eines **Beurteilungsspielraums** ist das Revisionsgericht gebunden, sofern nicht Rechtsbegriffe verkannt wurden oder das Tatgericht sich der Möglichkeit und Notwendigkeit einer Ermessensausübung gar nicht bewusst war (BGH 22, 266, 267 = NJW 1969, 61).

Verstöße gegen sachliches Recht können vor allem die Feststellung des Sach- 10 verhalts im Urteil (u. Rn. 11), die Beweiswürdigung (u. Rn. 12), die Anwendung materiellen Rechts auf den festgestellten Sachverhalt (u. Rn. 12) oder die Rechtsfolgenzumessung (u. Rn. 16) betreffen. Eine zulässig erhobene **Sachrüge** setzt voraus, dass die Revision – allein oder neben der Verfahrensrüge – zweifelsfrei erkennbar auf die **Verletzung sachlichen Rechts** gestützt wird. S. auch § 344 Rn. 6. Die den Inhalt der Sachrüge ausmachende – schlüssige – Behauptung, dass auf den im Urteil festgestellten Sachverhalt materielles Recht falsch angewendet worden sei, muss der Revisionsbegründung zu entnehmen sein. Eine derartige – schlüssige – Behauptung kann insbesondere nicht in der bloßen Erklärung der Revisionseinlegung und in der Feststellung, der Tatrichter hätte zu einem Freispruch gelangen müssen, gesehen werden (BGH 25, 275 = NJW 1974, 655; BGH NStZ 1991, 597; 1993, 31). **Grundlage der Prüfung** sind stets allein die schriftlichen Urteilsgründe (§ 267) einschließlich der Abbildungen, auf welche zulässig verwiesen worden ist (§ 267 Abs. 1 S. 3; vgl. BGH 35, 238, 241 = NJW 1988, 3161), sowie offenkundige Tatsachen (BayObLG 1987, 171, 173 = JZ 1988, 420; vgl. Meyer-Goßner, FS für Tröndle S. 563). **Ergänzende Beweisaufnahmen**, insb. durch Inaugenscheinnahme von Lichtbildern (BGH 29, 18, 22 = NJW 1979, 2318), Skizzen oder Tonträgern (BGH 23, 64, 78 = NJW 1969, 1970), darf das Revisionsgericht nicht durchführen. Den **Akteninhalt** darf es bei der Prüfung der **Sachrüge** selbst dann nicht berücksichtigen, wenn er ihm durch eine zulässige Aufklärungsrüge zugänglich ist (str.; vgl. Meyer-Goßner Rn. 23). Unberücksichtigt bleiben Abweichungen der schriftlichen von den mündlich mitgeteilten Urteilsgründen, vom Inhalt des Hauptverhandlungsprotokolls (vgl. § 273 Abs. 2) sowie von Schriftstücken, die als Anlagen zum Protokoll genommen wurden (vgl. KK-Kuckein Rn. 27 mwN); auf solche Widersprüche kann die Sachrüge nur dann gestützt werden, wenn sie sich aus den Urteilsgründen selbst ergeben (BGH StV 1992, 2). Bei der Auswertung von **Lichtbildern** ist das Revisionsgericht an Feststellungen des Tatgerichts zum Beweiswert jedenfalls dann gebunden (BGH 29, 18, 23 = NJW 1979, 2318), wenn die Urteilsgründe die wesentlichen Anknüpfungstatsachen schlüssig mitteilen.

Feststellungsmängel liegen vor, wenn tatsächliche Feststellungen gänzlich feh- 11 len (vgl. auch § 338 Nr. 7) oder wenn die Feststellungen **widersprüchlich, unklar oder unvollständig** sind, etwa weil Wahrunterstellungen nicht eingehalten wurden (vgl. § 244 Rn. 39), weil bei mehrtägigen Delikten Feststellungen zum Gesamtschuldumfang fehlen oder weil tatsächliche Grundlagen der Strafbarkeit (zB Besteuerungsgrundlagen bei Steuerstraftaten; Leistungsfähigkeit bei § 170 b StGB; tatsächliche Grundlagen von Einschränkungen der Schuldfähigkeit, Schadensberechnungen oder Prognoseentscheidungen) nicht angegeben sind (vgl. KK-Kuckein Rn. 28 mwN). Ein Urteil, das im Hinblick auf den Angeklagten weder **Beweisgründe noch Beweiswürdigung** enthält, ist auf Sachrüge aufzuheben (BGH NStZ-RR 1999, 45). Dabei ist zu beachten, dass die Urteilsgründe eine **Einheit**

§ 337 Drittes Buch. 4. Abschnitt

bilden und tatsächliche Feststellungen sich auch aus Erörterungen zur Beweiswürdigung, zur rechtlichen Würdigung oder zum Rechtsfolgenausspruch ergeben können. Die Abgrenzung zwischen Darstellungsmängeln und Fehlern der Beweiswürdigung ist nicht stets eindeutig.

12 Die **Beweiswürdigung** ist rechtsfehlerhaft, wenn sie in sich **widersprüchlich** (BGH 15, 1, 3 = NJW 1960, 2060), **lückenhaft** (BGH 25, 285 = NJW 1974, 869) oder **unklar** ist oder **gegen Denkgesetze** (BGH 19, 33, 34 = NJW 1964, 57; BGH NJW 1980, 2423; vgl. Fischer StV 1993, 670) oder **Erfahrungssätze** (BGH 31, 86, 89 = NJW 1982, 2455; BGH NStZ-RR 2000, 171; s. § 337 Rn. 12) verstößt, wenn das Tatgericht überspannte Anforderungen an die für eine Verurteilung **erforderliche Gewissheit** gestellt hat (BGH NStZ 1988, 212) oder wenn seine Überzeugungsbildung erkennbar allein auf **Vermutungen** (BGH NStZ 1990, 501) gestützt ist, welche in den Feststellungen keine hinreichende Grundlage finden (vgl. § 261 Rn. 13; § 267 Rn. 11; Meyer-Goßner Rn. 26 ff.; Maul FS Pfeiffer S. 409, jeweils mwN). Aus den Urteilsgründen muss sich ergeben, dass das Tatgericht alle entscheidungserheblichen Umstände bedacht (BGH 14, 162, 164 = NJW 1960, 1397) und nahe liegende Möglichkeiten abweichender Würdigung in Betracht gezogen hat (BGH 18, 204, 207 = NJW 1963, 1019; NStZ 1987, 473). Fehlerhaft ist es, wenn bei mittelbaren (Zeugen vom Hörensagen) oder Indizienbeweisen Erörterungen zum **Beweiswert** fehlen (vgl. BGH NStZ 1988, 144), wenn einzelne Beweisanzeichen erkennbar unberücksichtigt geblieben sind (BGH 12, 311, 315 = NJW 1959, 780) oder wenn es an der erforderlichen **Gesamtabwägung** mangelt (vgl. § 261 Rn. 14 f.).

13 Zu beachten ist, dass das Revisionsgericht allein **Rechtsfehler** zu prüfen hat. Es darf die Beweiswürdigung des Tatrichters nicht durch seine eigene ersetzen (BGH 10, 208, 210 = NJW 1957, 1039). Schlüsse des Tatrichters müssen nicht zwingend, sondern nur möglich sein (BGH 29, 18, 20 = NJW 1979, 2318); sind nahe liegende andere Möglichkeiten nicht übersehen worden, so hat das Revisionsgericht die tatrichterlichen Schlussfolgerungen hinzunehmen. Auch die **Auslegung** von Äußerungen, Urkunden und bildlichen Darstellungen obliegt regelmäßig dem Tatrichter; das Revisionsgericht hat nur zu prüfen, ob die Auslegung alle nahe liegenden Möglichkeiten einbezogen hat und nicht gegen die Gesetze der Sprach- und Denkgesetze, Erfahrungssätze sowie allgemeine Auslegungsregeln verstößt (vgl. BGH 25, 365, 367 = NJW 1974, 2030; BayObLG NJW 1990, 922). Aber das Revisionsgericht hat zu prüfen, ob ein **Lichtbild** für Beweiszwecke überhaupt „ergiebig" ist (BGH 41, 382 = NJW 1996, 1420). An Auslegungen, die solche Rechtsfehler nicht enthalten, ist das Revisionsgericht gebunden (BGH 37, 55, 61 = NJW 1990, 3026).

14 **Überzogene Anforderungen** an die Darstellung der Überzeugungsbildung dürfen nicht gestellt werden; insb. kann die Sachrüge nicht darauf gestützt werden, der Tatrichter habe nicht den gesamten Inhalt der Beweisergebnisse im Urteil wiedergegeben oder nicht jede auch fern liegende Möglichkeit anderen Geschehensablaufs erörtert (vgl. Meyer-Goßner NStZ 1988, 532). Die Rüge nicht hinreichender Ausschöpfung eines Beweismittels kann nur ausnahmsweise und nur dann Erfolg haben, wenn sich der Mangel aus den Urteilsgründen selbst ergibt (vgl. BGH NJW 1986, 2063; StV 1992, 2 zu § 244 Abs. 2). Eine Sachrüge „nicht hinreichender **Wahrscheinlichkeit**" (vgl. KK-Herdegen § 244 Rn. 4, 26) kann es nicht geben, wenn nicht die Struktur des Revisionsrechts wesentlich verändert werden soll (vgl. auch § 261 Rn. 20; Einzelheiten zur Entwicklung der Rechtsprechung des BGH bei Schäfer StV 1995, 147).

15 Für die **Anwendung des Strafgesetzes** auf den festgestellten Sachverhalt gelten allgemeine Regeln, die zwar keinen eigenen Normencharakter haben, die aber die Rechtsanwendung beeinflussen können. Hierzu rechnen die Grundsätze über die **Methoden** der Rechtsfindung und die **Auslegung** von Rechtsvorschriften (vgl. Gribbohm MDR 1966 976) unter Berücksichtigung des in § 1 StGB, Art. 103

Revision **§ 337**

Abs. 2 GG; Art. 7 MRK niedergelegten **Analogieverbots** („nullum crimen, nulla poena sine lege"). Soweit der Tatrichter sich mit **unbestimmten Rechtsbegriffen** (zB besonders schwerer Fall, besondere Umstände in der Tat und in der Persönlichkeit des Verurteilten) oder allgemein mit Fragen der Rechtsfolgenzumessung zu befassen hat, treten Anforderungen an die sachgerechte Ausübung der dem Tatrichter insoweit gewährten **Ermessensfreiheit** (Beurteilungsfreiheit) hinzu. Ermessensentscheidungen können allerdings mit der Revision grundsätzlich nur angegriffen werden, wenn sie auf **Rechtsirrtum** beruhen, also etwa auf der Verkennung eines Rechtsbegriffs, oder wenn der Tatrichter seine Ermessensfreiheit **überschritten** oder **missbraucht** hat (BGH 6, 298, 300 = NJW 1954, 1087; KK-Kuckein Rn. 19). **Rechtsfehler bei der Gesetzesanwendung** können in der unzutreffenden Auslegung von gesetzlichen Tatbestandsmerkmalen oder in fehlerhafter Subsumtion liegen.

Rechtsfehler im Rechtsfolgenausspruch (der Rechtsfolgenausspruch ist als **16** Rechtsanwendung von dem Revisionsgericht überprüfbar) liegen vor, wenn eine Zumessungsentscheidung, etwa zu einer Einzelstrafe oder zur Gesamtstrafe, gänzlich fehlt (vgl. BGH 12, 1 = NJW 1958, 1643); wenn der anzuwendende Strafrahmen falsch bestimmt ist (BGH NJW 1978, 174), etwa weil Erörterungen zu den Voraussetzungen eines besonders schweren oder minder schweren Falls (vgl. auch § 267 Abs. 3 S. 2), eingeschränkter Schuldfähigkeit, zur Versuchsmilderung (§ 23 Abs. 2 StGB) oder zur Strafrahmensenkung nach § 49 StGB fehlen oder rechtsfehlerhaft sind; wenn die Strafzumessungserwägungen widersprüchlich oder lückenhaft sind (BGH 16, 360, 364 = NJW 1962, 498); wenn gegen das Verbot der Doppelverwertung (§ 46 Abs. 3 StGB) verstoßen wurde; wenn anerkannte Strafzumessungsgesichtspunkte erkennbar außer Betracht geblieben oder unzulässige Gesichtspunkte herangezogen wurden (vgl. i. E. § 267 Rn. 14 ff. mwN). Auch der Verstoß gegen Verwertungsverbote kann uU mit der Sachrüge angegriffen werden (BGH 25, 100 = NJW 1973, 523; vgl. Meyer-Goßner Rn. 8 mwN). Unzulässig sind hypothetische Strafzumessungserwägungen (BGH 7, 359 = NJW 1955, 1159). Eine **erschöpfende Darstellung** aller für die Zumessung bestimmenden Erwägungen kann nicht verlangt werden (vgl. § 267 Abs. 3 S. 1, 2. HS; BGH 24, 268 = NJW 1972, 454). Eine umfassende „Richtigkeits"kontrolle durch das Revisionsgericht ist ausgeschlossen (BGH 27, 2, 3 = NJW 1976, 2355); im Zweifel ist die Zumessungsentscheidung des Tatrichters hinzunehmen (BGH NJW 1977, 639). Wenn die für die Rechtsfolgenbemessung entscheidenden Umstände und Gesichtspunkte widerspruchsfrei und vollständig im Urteil dargelegt sind (BGH 16, 360, 364 = NJW 1962, 498), kann das Revisionsgericht in die konkrete Zumessungsentscheidung nur eingreifen, wenn die Strafe **unvertretbar hoch oder niedrig** erscheint (BGH 17, 35, 37 = NJW 1962, 748), so dass sie sich „von ihrer Bestimmung löst, gerechter Schuldausgleich zu sein" (BGH 29, 319, 320). Das wird regelmäßig nur bei **groben** Mißgriffen der Fall sein, die anerkannte Strafzwecke rechtsfehlerhaft anwenden (BGH 17, 35) oder – etwa zugunsten generalpräventiver Überlegungen – den Grundsatz individueller Schuld- und Strafzumessung und damit den Verhältnismäßigkeitsgrundsatz verletzen (vgl. BVerfG 63, 131, 144 = NJW 1983, 1179; vgl. auch Foth NStZ 1992, 444 und von allem § 333 Rn. 1). Der Ausspruch **besonderer Schwere der Schuld** (§ 57 a Abs. 1 Nr. 2 StGB) bei Verurteilung zu lebenslanger Freiheitsstrafe ist auf die Sachrüge zu prüfen (BGH NJW 1993, 1084; i. E. str.; vgl. Meyer-Goßner Rn. 35 a; KK-Fischer § 454 Rn. 46; Stree NStZ 1992, 465, jeweils mwN; und zwar hinsichtlich der Gewichtung als auch der diesen zugrundeliegenden Feststellungen (Meyer-Goßner Rn. 35 a). Ein fehlender Ausspruch zur besonderen Schwere der Schuld beschwert den Angeklagten nicht (BGH NStZ 1993, 134) und er kann auch nicht (Verbot der Schlechterstellung) nachgeholt werden (BGH NStZ 2000, 194; Tröndle/Fischer StGB § 57 a Rn. 19). S. hierzu vor allem § 454 Rn. 15). Dasselbe gilt für die Anwendung der Vorschriften über die Strafaussetzung zur Bewährung (§ 56 StGB), über die Anordnung von Maßregeln (§§ 61 ff. StGB; vgl. § 267 Rn. 6) sowie über andere Nebenfolgen. Auch wenn **mehrere Angeklagte** in **einem** Verfahren abgeurteilt werden, muss für jeden von ihnen der Schuldgehalt der Tat besonders bestimmt und danach die jeweils schuldangemessene Strafe „aus der Sache selbst" gefunden werden. Doch darf der Gesichtspunkt, dass gegen **Mittäter** verhängte Strafen auch in einem gerechten Verhältnis zueinander stehen sollen, nicht außer Betracht bleiben. Unterschiede der Bestrafung müssen daher jedenfalls dann näher begründet werden, wenn sie sich nicht von selbst verstehen (BGH NStZ-RR 1998, 50).

17   **Beruhen des Urteils auf der Gesetzesverletzung (Abs. 1).** Ein Gesetzesverstoß bleibt folgenlos, wenn das Urteil auf ihm nicht **beruht.** Der Kausalzusammenhang muss sowohl bei Verstößen gegen Verfahrensrecht als auch bei solchen gegen sachliches Recht **nicht bewiesen** sein; ausreichend ist die **Möglichkeit,** dass das Urteil (§ 260) ohne den Fehler anders ausgefallen wäre (BGH 1, 346, 350 = NJW 1952, 192; 22, 278, 280 = NJW 1969, 473; BGH NJW 1988, 1214; vgl. KK-Kuckein Rn. 33 ff.; Meyer-Goßner Rn. 36 ff., jeweils mwN). Eine rein theoretische Möglichkeit reicht nicht aus (BGH NJW 1988, 1223); im Übrigen setzt die **Verneinung des Beruhens** einen sicheren Ausschluss der Kausalität voraus (BGH 23, 224 = NJW 1970, 767). Das ist grds. bei Verfahrensfehlern **vor Eröffnung des Hauptverfahrens** der Fall, da das Urteil auf der Hauptverhandlung beruht (§ 261). **Ausnahmen** gelten insoweit für fehlerhafte Entscheidungen, die im Urteil **fortwirken** (vgl. § 336 Rn. 1) sowie im Einzelfall bei der Verletzung von **Beweiserhebungs- und -verwertungsverboten** (i. e. str.; vgl. Einl. Rn. 14; KK-Pfeiffer Einl. Rn. 119 ff.; KK-Kuckein Rn. 38 mwN). Auch auf Rechtsfehlern nach Urteilserlass (Ausnahme: § 338 Nr. 7), auf Mängeln des Protokolls (vgl. § 271 Rn. 9) sowie auf solchen Verfahrensfehlern, die in zulässiger Weise wirksam **geheilt** worden sind, kann das Urteil nicht beruhen. Geheilt werden können Verfahrensfehler durch Nachholung unterlassener oder Zurücknahme fehlerhafter Verfahrenshandlungen oder Entscheidungen sowie durch fehlerfreie Wiederholung von Verfahrensteilen (BGH 13, 399 = NJW 1960, 639; 21, 332 = NJW 1968, 167; Meyer-Goßner Rn. 39, § 338 Rn. 3 mwN). Im letzteren Fall genügt die bloße Bekanntgabe des bisherigen Verfahrensverlaufs durch den Vorsitzenden nach Behebung des Mangels idR nicht (BGH 30, 74, 76 = NJW 1981, 1568; BayObLG NStZ 1990, 250); vielmehr ist der Verfahrensteil so, wie er gesetzlich vorgeschrieben ist, vollständig zu wiederholen. Auf die Wiederholung einer fehlerhaft durchgeführten Zeugenvernehmung kann im Einzelfall verzichtet werden, wenn alle Verfahrensbeteiligten die Aussage übereinstimmend für bedeutungslos halten (BGH 33, 99 = NJW 1985, 100). Es kommt insoweit auf die möglichen Auswirkungen des Verfahrensfehlers an; der Verzicht schließt eine spätere Aufklärungsrüge nicht aus (vgl. u. Rn. 20). **Ausgeschlossen** werden kann das Beruhen, wenn sich aus den Urteilsgründen zweifelsfrei ergibt, dass das Tatgericht ohne den Fehler zu demselben Ergebnis gelangt wäre (vgl. BGH 33, 99 = NJW 1985, 1848). Nicht heilbare Verstöße (zB unzulässige Vereidigung von Zeugen; unzulässige Beweiserhebungen) wirken sich dann nicht aus, wenn der Tatrichter die fehlerhaft gewonnenen Beweisergebnisse nach Hinweis an die Verfahrensbeteiligten ausdrücklich **nicht verwertet** hat (vgl. KK-Kuckein Rn. 37). Bei Verstößen gegen **Ordnungsvorschriften** (vgl. o. Rn. 2) kann das Beruhen grds. ausgeschlossen (BGH 30, 355, 257 = NJW 1982, 293). Zur **Darlegungslast** des Revisionsführers vgl. § 344 Rn. 7 ff.

18   Die Regel des Abs. 1 gilt für alle – zahlenmäßig unbegrenzten – Revisionsgründe. Bei den in **§ 338** aufgeführten Verfahrensmängeln wird das Beruhen des Urteils auf der Gesetzesverletzung **unwiderleglich vermutet;** es handelt sich daher um **absolute Revisionsgründe.**

19   **Beschwer.** Auch bei Beruhen des Urteils auf einer Gesetzesverletzung ist die Revisionsrüge nur erfolgreich, wenn der Beschwerdeführer durch den Rechtsfehler

beschwert ist (BGH 12, 2 = NJW 1958, 1643). Ausreichend ist eine **mittelbare Beschwer,** wenn sich nicht ausschließen lässt, dass der einen anderen Verfahrensbeteiligten betreffende Rechtsfehler sich auch zu Lasten des Revisionsführers ausgewirkt hat (vgl. Meyer-Goßner Rn. 18 mwN; KK-Kuckein Rn. 41). Bei **Revision der StA** kommt es auf eine Beschwer nicht an, weil es ihre Aufgabe ist, jeder Rechtsverletzung nachzugehen und dabei auch die Interessen des Angeklagten zu wahren.

Ein **Verlust von Verfahrensrügen** kann durch **Zeitablauf** (nach §§ 6a S. 3, 16 S. 2, 25, 217 Abs. 2, 218 S. 2, 222b Abs. 1 S. 1, 246 Abs. 2 S. 2, § 345 Abs. 1) oder durch **ausdrücklichen Verzicht** auf die Einhaltung von Verfahrensnormen, soweit dies zulässig ist (§§ 35a, 201, 215, 216, 218, 222, 224, 316 Abs. 2; vgl. Meyer-Goßner Rn. 43 ff. mwN) eintreten. Dagegen ist eine **Verwirkung** von Rügen, die den Verstoß gegen zwingende Verfahrensnormen geltend machen, regelmäßig auch dann ausgeschlossen, wenn der Verstoß vom Revisionsführer selbst durch **arglistiges Verhalten** herbeigeführt wurde (BGH NStZ 1993, 198; Schlüchter Meyer-GedSch S. 457; Meyer-Goßner Rn. 47 mwN). Zur Verwirkung durch **Nichtbeanstanden** von Anordnungen des Vorsitzenden nach § 238 Abs. 2 s. dort. 20

§ 338 [Absolute Revisionsgründe]

Ein Urteil ist stets als auf einer Verletzung des Gesetzes beruhend anzusehen,

1. wenn das erkennende Gericht nicht vorschriftsmäßig besetzt war; war nach § 222a die Mitteilung der Besetzung vorgeschrieben, so kann die Revision auf die vorschriftswidrige Besetzung nur gestützt werden, soweit
    a) die Vorschriften über die Mitteilung verletzt worden sind,
    b) der rechtzeitig und in der vorgeschriebenen Form geltend gemachte Einwand der vorschriftswidrigen Besetzung übergangen oder zurückgewiesen worden ist,
    c) die Hauptverhandlung nicht nach § 222a Abs. 2 zur Prüfung der Besetzung unterbrochen worden ist oder
    d) das Gericht in einer Besetzung entschieden hat, deren Vorschriftswidrigkeit es nach § 222b Abs. 2 Satz 2 festgestellt hat;
2. wenn bei dem Urteil ein Richter oder Schöffe mitgewirkt hat, der von der Ausübung des Richteramtes kraft Gesetzes ausgeschlossen war;
3. wenn bei dem Urteil ein Richter oder Schöffe mitgewirkt hat, nachdem er wegen Besorgnis der Befangenheit abgelehnt war und das Ablehnungsgesuch entweder für begründet erklärt war oder mit Unrecht verworfen worden ist;
4. wenn das Gericht eine Zuständigkeit mit Unrecht angenommen hat;
5. wenn die Hauptverhandlung in Abwesenheit der Staatsanwaltschaft oder einer Person, deren Anwesenheit das Gesetz vorschreibt, stattgefunden hat;
6. wenn das Urteil auf Grund einer mündlichen Verhandlung ergangen ist, bei der die Vorschriften über die Öffentlichkeit des Verfahrens verletzt sind;
7. wenn das Urteil keine Entscheidungsgründe enthält oder diese nicht innerhalb des sich aus § 275 Abs. 1 Satz 2 und 4 ergebenden Zeitraums zu den Akten gebracht worden sind;
8. wenn die Verteidigung in einem für die Entscheidung wesentlichen Punkt durch einen Beschluß des Gerichts unzulässig beschränkt worden ist.

Übersicht

Absolute Revisionsgründe 1
Vorschriftswidrige Besetzung (Nr. 1) 2–11
Mitwirkung eines ausgeschlossenen Richters (Nr. 2) 12
Mitwirkung eines abgelehnten Richters (Nr. 3) 13
Unzuständigkeit des Gerichts (Nr. 4) 14–16
Vorschriftswidrige Abwesenheit (Nr. 5) 17–21
Verstoß gegen den Öffentlichkeitsgrundsatz (Nr. 6) 22–26
Fehlen oder verspätete Urteilsbegründung (Nr. 7) 27–30
Unzulässige Beschränkung der Verteidigung (Nr. 8) 31–33

1 **Absolute Revisionsgründe.** Die Vorschrift enthält eine **abschließende Aufzählung** solcher Verfahrensmängel, bei denen das **Beruhen** des Urteils auf der Gesetzesverletzung (vgl. § 337 Abs. 1) **unwiderleglich vermutet** wird; nur ausnahmsweise kann es im Einzelfall denkgesetzlich ausgeschlossen sein (RG 54, 316, 317; BGH 27, 98 = NJW 1977, 1829). Im Übrigen gelten die allgemeinen Regeln: Der Verfahrensmangel muss bis zum Urteil bestanden oder bis zur Entscheidung fortgewirkt haben (BGH 33, 99 = NJW 1985, 1848); eine wirksame **Heilung** (vgl. § 337 Rn. 17) entzieht der Rüge die Grundlage. Der Fehler muss **ordnungsgemäß gerügt** werden (§ 344 Abs. 2); er muss den Revisionsführer **beschweren** (vgl. § 337 Rn. 19) und muss **bewiesen** sein (vgl. § 337 Rn. 5f.). Stellen absolute Revisionsgründe **zugleich Verfahrenshindernisse** dar (sachliche Zuständigkeit eines höheren Gerichts, Nr. 4), so sind sie ohne Rüge vAw. zu beachten (BGH 18, 79, 83 = NJW 1963, 60; vgl. § 337 Rn. 4). „Ein durch rechtsstaatswidrige **Verfahrensverzögerung** bewirkter Verstoß gegen Art. 6 Abs. 1 S. 1 MRK kann in **außergewöhnlichen** Einzelfällen, wenn eine angemessene Berücksichtigung des Verstoßes im Rahmen einer Sachentscheidung bei umfassender Gesamtwürdigung nicht mehr in Betracht kommt, zu einem Verfahrenshindernis führen, das vom Tatrichter zu beachten und vom **Revisionsgericht** von Amts wegen zu berücksichtigen ist" (BGH NJW 2001, 1146). Nach § 358 Abs. 1 ist nach Aufhebung einer Verurteilung und **Zurückweisung** einer Sache der neue Tatrichter bei seiner Entscheidung auch an die Auffassung des Revisionsgerichts zur Beweiswürdigung **gebunden,** wenn das Urteil an lückenhaften Feststellungen und Mängeln bei der Würdigung von Beweisen leidet. Die Mißachtung dieser Bindungswirkung im sachlich-rechtlichen Bereich ist auf die Sachrüge hin bei der erneuten Revision zu beachten (BGH StV 2002, 14).

2 **Vorschriftswidrige Besetzung (Nr. 1).** Die Vorschrift sichert das **Recht auf den gesetzlichen Richter** (Art. 101 Abs. 1 S. 2 GG, § 16 GVG). Der **Verstoß** gegen das **Verbot der Entziehung des gesetzlichen Richters** stellt grundsätzlich einen Verfahrensmangel (§ 338 Nr. 1 StPO), also einen **absoluten Revisionsgrund** dar (Meyer-Goßner Rn. 8). Das gilt auch bei Unanfechtbarkeit eines Beschlusses nach § 336 S. 2 StPO (OLG Karlsruhe NStZ 1981, 272). Den Vorwurf einer gegen Art. 101 Abs. 1 S. 2 und § 16 S. 2 verstoßenden Richterentziehung rechtfertigt nach der Rspr. des BVerfG und des BGH **nur ein Handeln aus Willkür,** nicht ein Handeln aus Irrtum. „Durch einen **error in procedendo** wird niemand seinem gesetzlichen Richter entzogen" (BVerfGE 3, 359 = NJW 1954, 593). Nicht jeder **„error in procedendo",** also nicht jede **irrtümliche** Überschreitung der den Fachgerichten gezogenen Grenzen stellt einen Verstoß gegen Art. 101 Abs. 1 S. 2 GG dar (BVerfGE 87, 282 = NJW 1993, 381; BGH NJW 1993, 1607 st. Rspr.). Auch nicht jede fehlerhafte Anwendung oder Nichtbeachtung einer einfachgesetzlichen Verfahrensvorschrift ist zugleich eine Verfassungsverletzung. Das gilt zB für die vertretbare Beantwortung einer gesetzlich nicht

Revision **§ 338**

geregelten Zweifelsfrage bei der **Schöffenheranziehung** (BGH NStZ 1982, 476) oder die versehentliche fehlerhafte Zuteilung einer Sache (BGH NStZ 1984, 181). Die Grenze zur Verfassungswidrigkeit ist erst überschritten, wenn die fehlerhafte Auslegung und Anwendung des einfachen Rechts **willkürlich** ist (BVerfGE 3, 359 = NJW 1954, 593; 87, 282 = NJW 1993, 381). Eine verfassungswidrige Zuständigkeitsentscheidung liegt auch dann vor, wenn das Gericht Bedeutung und Tragweite von Art. 101 GG grundlegend verkennt (BVerfGE 82, 286 = NJW 1991, 217; Kissel Rn. 32). Die **Entziehung des gesetzlichen Richters** kann auch dann mit der Revision gerügt werden, wenn sonst keine Rüge zulässig ist (BGH 46, 238, 246 = NJW 2002, 1359). In der Rspr. ist anerkannt, dass eine Änderung der Geschäftsverteilung im laufenden Geschäftsjahr, wenn sie sachlich veranlasst ist, auch bereits **anhängige** Verfahren erfassen darf (BVerfGE 95, 332; BGH 44, 161, 165 = NJW 1998, 154). Ein Problem zu den ausgelosten Schöffen ist nun gelöst: „Beginnt eine Hauptverhandlung nach begründetem **Besetzungseinwand neu,** sind die für den Tag des neuen Sitzungsbeginns **ausgelosten Schöffen** zur Mitwirkung berufen; das gilt auch dann, wenn die neue Hauptverhandlung an einem Tag beginnt, der von Anfang an als (Fortsetzung-)Sitzungstag bestimmt war. In einem solchen Fall setzt die Zulässigkeit einer auf § 338 Nr. 1 lit. b gestützten Rüge nicht stets die namentliche Mitteilung der ordnungsgemäßen Schöffenbesetzung voraus" (BGH NJW 2002, 2963). Aber die auf die fehlende Verhinderung der ordentlichen Beisitzer der StrK gestützte Besetzungsrüge ist unbegründet, wenn eine **offenkundige Verhinderung** der Beisitzer **aus tatsächlichen Gründen** gegeben ist. In einem solchen Fall ist die Feststellung der Verhinderung durch den LG-Präsidenten entbehrlich, auch wenn sie sich auf andere Kammern auswirkt (BGH NStZ 2001, 491).

Rügepräklusion (Nr. 1, 2. HS). Die Rüge nach Nr. 1 ist in den Fällen **aus-** 3 **geschlossen,** in denen für den Beschwerdeführer die verfahrensrechtlich gesicherte Möglichkeit bestand, eine von ihm erkannte fehlerhafte Besetzung bereits vor Urteilserlass geltend zu machen. Auch von Verfassungs wegen ist die hierin liegende Vorverlagerung der Prüfung auf Beschwerdeführer und Tatgericht nicht zu beanstanden (BVerfG NStZ 1984, 370). Eine **Präklusion tritt nicht ein** in allen Fällen, in denen eine Mitteilung nach § 222 a nicht vorgeschrieben ist (erstinstanzliche Verfahren vor dem AG; Berufungsverfahren; Verfahren vor dem LG und OLG nach erfolgreichem Besetzungseinwand, § 222 a Abs. 2 S. 3), auf persönlichen Mängeln eines Richters beruht (vgl. u. Rn. 10) oder erst im Lauf der Hauptverhandlung eingetreten ist (BGH 35, 164 = NJW 1988, 1333; NStZ 1986, 518). Für die gesetzlich bestimmte Präklusion der **Besetzungsrüge** kommt es entscheidend darauf an, dass der Besetzungsfehler zu dem Zeitpunkt, als der Besetzungseinwand zu erheben war, **objektiv** erkennbar war (BGH NStZ 1996, 48). Die Verfahrensrüge (§ 338 Nr. 1), das Gericht sei nicht vorschriftsmäßig besetzt gewesen, ist unzulässig, wenn der Beschwerdeführer weder den zur Erhaltung der Rüge erforderliche Einwand erhoben (§ 222 b Abs. 1 S. 1) noch die Unterbrechung der Hauptverhandlung zur Prüfung der Besetzung (§ 222 a Abs. 2) beantragt hat, obwohl die fehlerhafte Besetzung objektiv erkennbar, offensichtlich muss der Besetzungsfehler nicht sein (BGH NJW 1997, 403). „Die **Zulässigkeit** der Besetzungsrüge setzt voraus (§ 338 Abs. 1 Nr. 1 Buchst. b), dass der Besetzungseinwand bereits in der Hauptverhandlung vor dem LG ‚rechtzeitig und in der vorgeschriebenen Form geltend gemacht worden ist'. Die Vorschrift des § 338 Abs. 1 Nr. 1 Buchst. b) nimmt damit Bezug auf § 222 b Abs. 1 S. 2, der bestimmt, dass die Tatsachen, aus denen sich die vorschriftswidrige Besetzung ergeben soll, anzugeben sind. Um die Formerfordernisse erfüllen zu können, gibt § 222 a Abs. 3 ein Einsichtsrecht in die für die Besetzung maßgebenden Unterlagen" (BGH 44, 162 = NJW 1999, 154). „Bei **fehlender Vereidigung eines Schöffen** ist das Gericht im Sinne des § 338 Nr. 1 nicht vorschriftsmäßig besetzt. Die Revision kann jedoch regelmäßig auf den Besetzungsfehler nur gestützt

§ 338 Drittes Buch. 4. Abschnitt

werden, wenn der Beschwerdeführer den Einwand der vorschriftswidrigen Besetzung in der Hauptverhandlung rechtzeitig gemäß § 222 b Abs. 1 Satz 1 erhoben hat" (BGH 48, 290; vgl. BGH NJW 2001, 3062). Der das Hauptverfahren eröffnenden StrK steht bei der Entscheidung über die Besetzung in der Hauptverhandlung **mit 2 oder 3 Berufsrichtern** kein Ermessen zu; sie verfügt jedoch bei der Auslegung der Tatbestandsmerkmale Umfang und Schwierigkeit der Sache über einen weiten Spielraum, aber über „kein Ermessen" (BGH 44, 329 = NJW 1999, 1644). Hat sie diesen in unvertretbarer Weise überschritten und damit objektiv willkürlich die Besetzung mit nur 2 Berufsrichtern beschlossen, so kann der Vorstoß gegen § 76 Abs. 2 GVG die Revision begründen. Für eine solche Verfahrensrüge gelten die **Präklusionsvorschriften** der §§ 338 Nr. 1 Halbs. 2, 222 b entsprechend (BGH 44, 328 = NJW 1999, 1644; BGH NStZ-RR 2004, 175). „Der absolute Revisionsgrund nach § 338 Nr. 1 ist gegeben, wenn an der Hauptverhandlung einer großen StK neben den beiden Schöffen nur **2 Berufsrichter** teilnehmen, obwohl über eine **umfangreiche Wirtschaftsstrafsache** zu entscheiden ist" (BGH NStZ 2004, 56). Zwar sieht § 76 Abs. 2 GVG nach seinem Wortlaut die Möglichkeit für die große Strafkammer, über ihre variable Besetzung zu beschließen, (nur) „bei der Eröffnung des Hauptverfahrens" vor. Nach Sinn und Zweck dieser durch das Gesetz zur Entlastung der Rechtspflege vom 11. Januar 1993 (BGBl. I S. 50) eingeführten Regelung, nach Art. 15 Abs. 2 RpflEntlG verlängert bis 31. 12. 2002, kann aber nichts anderes gelten, wenn die Zuständigkeit des Landgerichts durch eine Verweisung der Sache nach §§ 225 a, 270 begründet wird (BGH NStZ 2001, 244).

4   Im Übrigen tritt, sofern eine Mitteilung nach § 222 a vorgeschrieben ist, eine Rügepräklusion in den HS 2 genannten **4 Fällen** nicht ein: **a)** Wenn die Mitteilung unterlassen wurde, unrichtig oder unvollständig war, verspätet erfolgt ist (§ 222 a Abs. 1 S. 1 u. 3) oder dem Beschwerdeführer kein ausreichender Einblick in die Besetzungsunterlagen (§ 222 a Abs. 3) gewährt wurde (vgl. Rieß NJW 1978, 2265, 2269); **b)** wenn ein **Besetzungseinwand** form- und fristgerecht erhoben (§ 222 b Abs. 1), aber entweder übergangen oder zurückgewiesen worden ist. Der Revisionsführer selbst muss den Einwand erhoben haben (BGH NStZ 1985, 495); die Verfahrensrüge kann sich nur auf solche Tatsachen stützen, die bereits mit dem Einwand vorgetragen wurden (vgl. § 222 b Abs. 1 S. 3); **c)** wenn das Tatgericht entgegen einem Antrag nach § 222 a Abs. 2 die Hauptverhandlung nicht oder nicht ausreichend lange (BGH 29, 283 = NJW 1980, 2364) unterbrochen hat. Das muss der Beschwerdeführer bereits in der Hauptverhandlung beanstandet haben (BGH StV 1987, 3). Fehlt es an einer schriftlichen Besetzungsmitteilung oder ist sie verspätet, so bleibt die Besetzungsrüge daher nur dann erhalten, wenn der Beschwerdeführer rechtzeitig einen Unterbrechungsantrag gestellt und die darauf ergehende Gerichtsentscheidung ausdrücklich beanstandet hat; **d)** wenn das Tatgericht sich über einen eigenen Beschluss nach § 222 b Abs. 2 S. 2 hinweggesetzt hat. **In allen Fällen** muss der Revisionsführer in der Rügebegründung sämtliche Tatsachen mitteilen, die der Präklusion entgegenstehen, insb. die Rechtzeitigkeit seines Einwands (BGH StV 1986, 516) und den Wortlaut eines zurückweisenden Beschlusses (BGH NJW 1990, 3219). „Die Revisionsrüge kann auf die Verfahrensrüge, das LG habe in erster Instanz fehlerhaft in der Besetzung **mit zwei statt mit drei Berufsrichtern** verhandelt, weil kein Beschluss nach § 76 Abs. 2 GVG gefasst wurde, nur dann gestützt werden, wenn dieser Einwand rechtzeitig und in der vorgeschriebenen Form in der Hauptverhandlung geltend gemacht worden ist" (BGH 44, 361 = NJW 1999, 1724).

5   Ein **Besetzungsmangel** liegt vor, wenn das erkennende Gericht nach der Geschäftsverteilung **nicht zuständig** oder **personell falsch besetzt** war. Verstöße gegen die örtliche, sachliche oder funktionelle Zuständigkeit unterfallen Nr. 4. Die Rüge nach **Nr. 1** ist gegeben, wenn der **Geschäftsverteilungsplan** des Gerichts (§ 21 e GVG) nach seinem Regelungsinhalt unrechtmäßig ist, die Sachen also nicht

Revision § 338

nach abstrakten Merkmalen auf die Spruchkörper verteilt werden (vgl. BVerfG 30, 149, 152 = NJW 1971, 1029; BGH 15, 116 = NJW 1960, 2109). Gerügt werden kann auch das fehlerhafte Zustandekommen des Geschäftsverteilungsplans (BGH 3, 353 = NJW 1953, 353), etwa ohne Mitwirkung des Präsidiums, nicht aber die fehlerhafte Zusammensetzung des Präsidiums selbst (BVerfG 31, 47, 53; BGH 12, 227 = NJW 1959, 685). **Regelungsfehler** des Geschäftsverteilungsplans liegen ua. vor, wenn er eine Zuständigkeitsbestimmung für einzelne Sachen enthält (BGH 20, 37 = NJW 1964, 2432), wenn ein Spruchkörper so übersetzt ist, dass er gleichzeitig in verschiedener Besetzung zwei Hauptverhandlungen führen könnte (BGH 18, 386 = NJW 1963, 1882; vgl. aber BGH 33, 234 = NJW 1985, 2840; Rieß NStZ 1986, 36), wenn die Leitung eines Spruchkörpers durch einen Vorsitzenden nicht gewährleistet ist (BGH 8, 17 = NJW 1955, 1447), wenn bei Zuteilung eines Richters zu verschiedenen Spruchkörpern eine Vorrangsregelung fehlt (BGH 25, 163 = NJW 1973, 1291) oder wenn eine lückenlose generelle **Vertretungsregelung** fehlt (BGH NJW 1988, 502; vgl. KK-Kuckein Rn. 34). Die allein bruchteilsmäßige **Unterbesetzung** von Spruchkörpern (zB die Besetzung der Schwurgerichts- oder großen JugendK mit 1 1/2 Beisitzern) ist zulässig, denn geteilt wird hier allein die Arbeitskraft eines Richters. Fehlerhaft können auch **Änderungen** des Geschäftsverteilungsplans während des Geschäftsjahres sein (vgl. KK-Kuckein Rn. 30), etwa bei auf Dauer angelegter Bildung von **Hilfsstrafkammern** (BGH 33, 303 = NJW 1986, 144). Die **vorübergehende** Überlastung einer ordentlichen StrK (als Voraussetzung für die Bildung einer Hilfsstrafkammer) ist ein unbestimmter Rechtsbegriff, bei dessen Anwendung das Präsidium ein **weiter Beurteilungsspielraum** zusteht (BGH NJW 2000, 1580). Die fehlerhafte Besetzung eines anderen Spruchkörpers führt nicht zu der auch des erkennenden Gerichts (BGH 9, 203, 207 = NJW 1956, 1326), wenn der Mangel sich insoweit nicht unmittelbar ausgewirkt hat. Wird die Rüge auf eine rechtsfehlerhafte Änderung des Geschäftsverteilungsplans gestützt, so muss die Revision auch eine evtl. Stellungnahme des Präsidiums zum Grund der Änderung mitteilen (BGH NStZ 1994, 537, 539).

Anwendungsmängel der Geschäftsverteilung begründen die Rüge nach **Nr. 1** 6 nur dann, wenn in missbräuchlicher Weise **grob fehlerhaft** vom Geschäftsverteilungsplan abgewichen (BGH 25, 66, 72 = NJW 1973, 476) und der Angeklagte **objektiv willkürlich** seinem gesetzlichen Richter entzogen wurde, denn der Geschäftsverteilungsplan ist kein Gesetz iSd § 337 Abs. 1 (vgl. § 337 Rn. 2).

Hat ein **Verhinderungsfall** vorgelegen und ist die planmäßige Vertretungsre- 7 gelung nicht zu beanstanden, so kann die Revision nur rügen, dass der Begriff des Vertretungsfalls verkannt oder die Feststellung des Verhinderungsfalls durch den Präsidenten (BGH 25, 122 = NJW 1973, 860) oder durch den Vorsitzenden des allein betroffenen Spruchkörpers (BGH NJW 1968, 512) unvertretbar gewesen ist (BGH 26, 382 = NJW 1976, 2029; 27, 397 = NJW 1978, 1444; vgl. KK-Kuckein Rn. 36 mwN). Die Feststellung der **Verhinderung** eines Schöffen durch den StrKVorsitzenden mit der Folge des Eintritts des **Ergänzungsschöffen** ist vom Revisionsgericht nicht nur auf Willkür zu überprüfen (BGH 47, 220 = NJW 2002, 1508, Ergänzung von BGH 35, 366 = NJW 1989, 1681). Auf Besetzungsmängel in der Person eines später durch einen **Ergänzungsrichter abgelösten Richters** ist der absolute Revisionsgrund des § 338 Nr. 1 nicht anwendbar (BGH 47, 220 = NJW 2002, 1508).

Die einfache **Überbesetzung** eines Spruchkörpers ist unschädlich (BGH 28, 8 183, 185 = NJW 1979, 2256). In diesem Fall ist die Geschäftsverteilung innerhalb des Spruchkörpers vom Vorsitzenden vor Beginn des Geschäftsjahres nach abstraktgenerellen Maßnahmen zu bestimmen, welche Mitglieder bei den einzelnen richterlichen Geschäften mitwirken (BVerfG NJW 1997, 1497; vgl. § 21g GVG Rn. 2). Verstöße können nach Nr. 1 gerügt werden, wenn entweder die Grundsätze selbst – etwa durch Einzelzuweisung – oder ihre Anwendung willkürlich oder

§ 338

missbräuchlich dem Gebot des gesetzlichen Richters widersprechen (BGH 29, 162 = NJW 1980, 951; vgl. BVerfG 42, 237, 241 = NJW 1976, 2128). Die Bestimmung des **Berichterstatters** kann nicht gerügt werden.

9 **Fehler bei der Schöffenbesetzung** können grds. nur dann gerügt werden, wenn der Fehler im Bereich der Justiz liegt. Mängel des **Wahlverfahrens** sind daher unschädlich (BGH 22, 122 = NJW 1968, 1436: fehlerhafte Vorschlagslisten; 33, 290 = NJW 1986, 1356: Fehlen von Vorschlagslisten; 37, 245, 247 = NJW 1991, 1764; fehlerhafte Zusammensetzung des Wahlausschusses), wenn nicht **offenkundige schwere** Gesetzesverletzungen vorliegen (BGH 35, 190 = NJW 1988, 316: unwirksame Wahl; 33, 41 = NJW 1984, 2839: Auslosung statt Wahl; vgl. KK-Kuckein Rn. 39 mwN). Auch ein Verstoß gegen den Wohnsitzgrundsatz des § 33 Nr. 3 GVG begründet die Revision nicht (BGH NStZ 1995, 20). „Bei **fehlender Vereidigung** eines **Schöffen** ist das Gericht iSd § 338 Nr. 1 nicht vorschriftsmäßig besetzt. Die Revision kann jedoch regelmäßig auf den Besetzungsfehler nur gestützt werden, wenn der Beschwerdeführer den Einwand der vorschriftswidrigen Besetzung in der Hauptverhandlung rechtzeitig gemäß § 222 b Abs. 1 S. 1 erhoben hat" (BGH NJW 2003, 2545 im Anschluss an BGH NJW 2001, 3062). Stets gerügt werden können Fehler bei der **Auslosung und Verteilung** der Schöffen (§§ 45, 48, 77 GVG), bei Fehlen der **Vereidigung** (§ 45 Abs. 2–5 DRiG) eines mitwirkenden Schöffen, bei Abweichungen von der durch Auslosung festgelegten **Reihenfolge** der Heranziehung (BGH StV 1982, 358), bei der Heranziehung von **Hilfsschöffen** (vgl. i. E. KK-Kuckein Rn. 39 ff.) sowie bei der Entscheidung über die Unerreichbarkeit, Verhinderung oder Streichung von Schöffen aus der Schöffenliste (§§ 52 Abs. 1 und 2, 54 Abs. 1 und 2 GVG). Da die letzteren Entscheidungen unanfechtbar sind (§§ 52 Abs. 4, 54 Abs. 3 GVG), kommt eine Rüge nach Nr. 1 nur bei willkürlicher Entziehung des gesetzlichen Richters in Betracht (vgl. § 16 GVG Rn. 4). Die **Revisionsbegründung** muss mitteilen, welche Schöffen bei richtiger Gesetzesanwendung zur Mitwirkung berufen waren (BGH 36, 138, 139 = JR 1989, 479 m. Anm. Katholnigg).

10 **Mängel in der Person** eines Richters oder Schöffen können (neben Nrn. 2 und 3) die Rüge nach **Nr. 1** begründen, so insb. die Mitwirkung eines verhandlungs- oder erkenntnisunfähigen Richters (BGH 18, 51 = NJW 1962, 2361). **Kurzfristige Unaufmerksamkeit** steht dem nicht gleich, wohl aber Übermüdung, Ablenkung durch andere Tätigkeiten oder gar Schlaf über einen nicht gänzlich unerheblichen Zeitraum (BGH 2, 14 = NJW 1952, 354; 11, 74, 77 = NJW 1958, 31; NStZ 1982, 41). Das gilt auch für den **schlafenden Schöffen** (BGH NStZ 1982, 41). Die Mitwirkung **stummer** oder **tauber** – hör- und sprachbehinderter (verhandlungsunfähiger) – Richter ist stets fehlerhaft (BGH 4, 191 = NJW 1953, 1115); die eines **blinden** Richters jedenfalls als Vorsitzender einer erstinstanzlichen Strafkammer (BGH 35, 164 = NJW 1988, 1333) sowie dann, wenn es auf optische Wahrnehmungen in der Hauptverhandlung ankommt, zB Augenschein (BGH 34, 236 = NJW 1987, 2110; 35, 164 = NJW 1988, 1333; BVerfG 1992, 2075). Im Übrigen können grundsätzlich blinde Richter Tatrichter sein (BGH StV 1989, 143), auch Vorsitzende einer BerufungsStrK (BVerfG NJW 1992, 2075; OLG Zweibrücken NJW 1992, 2437), und auch Vorsitzender einer Beschwerdekammer (OLG Frankfurt ZMR 1995, 166; Kissel § 16 Rn. 65). Ein blinder Richter kann grundsätzlich auch dann als **Einzelrichter einer Strafvollstreckungskammer** entscheiden, wenn das Gesetz eine mündliche Anhörung von Verfahrensbeteiligten vorschreibt oder Beweisaufnahme durchgeführt wird. Die von der Rspr. für die Hauptverhandlung in Strafsachen entwickelten Grundsätze sind insoweit auf das Verfahren vor der Strafvollstreckungskammer nicht anwendbar (OLG Hamburg NStZ 2000, 616).

11 Die **Revisionsbegründung** hat – neben den Tatsachen zum Ausschluss der Rügepräklusion, vgl. o. Rn. 4 – alle Tatsachen genau anzugeben, aus denen sich der Besetzungsmangel ergibt (vgl. i. E. KK-Kuckein Rn. 52). Dazu gehört regelmäßig

Revision **§ 338**

die Angabe der Namen betroffener Richter, der Gründe, die ihrer Mitwirkung entgegenstanden, sowie der tatsächlichen Grundlagen richtiger Gesetzesanwendung (vgl. BGH NJW 1994, 2703; NStZ 1995, 221; Meyer-Goßner Rn. 21 mwN). Ggf. muss mitgeteilt werden, welche Schöffen bei richtiger Gesetzesanwendung zur Mitwirkung berufen waren (BGH 36, 139). Eine **Ausnahme** gilt nur für solche Tatsachen, die **gerichtsintern** und dem Beschwerdeführer nicht zugänglich sind (vgl. BGH 29, 162, 164 = NJW 1980, 951).

Mitwirkung eines ausgeschlossenen Richters (Nr. 2). Die gesetzlichen Ausschließungsgründe sind in §§ 22, 23, 31, 148 Abs. 2 S. 1 aufgeführt. Vom absoluten Revisionsgrund der Nr. 2 erfasst ist nur die Mitwirkung **am Urteil,** nicht schon, wenn ein ausgeschlossener Richter am **Eröffnungsbeschluss** (BGH 29, 351, 355 = NJW 1981, 133) mitgewirkt oder Verfügungen zur **Vorbereitung der Hauptverhandlung** (BGH JZ 1956, 409) getroffen hat. Die Rüge nach Nr. 2 geht derjenigen nach Nr. 1 als lex specialis vor; die Präklusion der Nr. 1, 2. HS greift nicht ein. 12

Mitwirkung eines abgelehnten Richters (Nr. 3). Die Rüge greift insb. dann ein, wenn ein Ablehnungsgrund zu Unrecht verworfen worden ist, aber auch bei Äußerungen in **Vorberatungen** für Absprachen (BGH 46, 312 = NJW 2000, 965). Die Ablehnung vor Eröffnung des Hauptverfahrens oder im 1. Rechtszug genügt nicht (Meyer-Goßner Rn. 24). Rügeberechtigt ist der Angeklagte, der den Richter abgelehnt hat, **nicht ein Mitangeklagter** (BGH MDR 1985, 981). In der Revisionsbegründung sind das Ablehnungsgesuch sowie der hierauf ergangene Beschluss genau mitzuteilen (BGH 21, 334, 340 = NJW 1968, 710), ebenfalls der Wortlaut der dienstlichen Äußerung des abgelehnten Richters; die Mitteilung dessen, was im Rahmen des Ablehnungsverfahrens auf die dienstliche Äußerung erwidert wurde, ersetzt deren Mitteilung nicht (BGH StV 1996, 2; BGH MDR 1972, 387) sowie der vollständige Verfahrensablauf bei Verwerfung des Gesuchs als verspätet (vgl. KK-Pfeiffer § 28 Rn. 6). Auf die zulässige Rüge prüft das Revisionsgericht **nach Beschwerdegrundsätzen,** dh. **in der Sache selbst,** ob das Ablehnungsgesuch zulässig und begründet war (BVerfG NJW 1977, 1815; BGH, 18, 200, 203 = NJW 1963, 964; NJW 1985, 443; StV 1991, 49); dies kann das Revisionsgericht im Freibeweisverfahren aufklären (BGH 1, 34 = NJW 1951, 323). Auf den im Verwerfungsbeschluss angegebenen Grund kommt es daher nicht an; unschädlich ist auch eine fehlerhafte Verwerfung als unzulässig, wenn das Gesuch in der Sache unbegründet war (vgl. BGH 23, 265 = NJW 1970, 1558; KK-Kuckein Rn. 59). Das kann allerdings dann nicht gelten, wenn der Verwerfungsbeschluss nach § 26 a auf offenkundig willkürlicher Gesetzesauslegung beruht. Auch kann die Rüge nach **Nr. 3** nicht damit begründet werden, dass einer der mitwirkenden Richter hätte **abgelehnt werden können** oder dass er seine **Selbstablehnung** hätte erklären müssen (BGH MDR 1966, 24). Beim **Revisionsvorbringen** ist die Formvorschrift des § 344 **Abs. 2** zu beachten (BGH NStZ-RR 2002, 134). Der Beschwerdeführer muss idR wörtlich (BGH StV 1996, 2) vorbringen das Ablehnungsgesuch und den ablehnenden Gerichtsbeschluss (BGH NJW 1979, 2160; OLG Düsseldorf NJW 1992, 585), den Inhalt der dienstlichen Äußerung nach § 26 Abs. 3 (BGH StV 1981, 163; 1996, 2); sonstiges zum Verständnis der Rüge erforderliches Vorbringen (BGHR § 344 Abs. 2 S. 2 Befangenheitsrüge 1). Bei der Rüge, der Antrag sei zu Unrecht nach § 26 a Abs. 1 Nr. 1 als **verspätet** verworfen worden, auch den Verfahrensablauf, aus dem sich die Rechtzeitigkeit beurteilen lässt (BGH MDR 1977, 109; Meyer-Goßner Rn. 29). 13

Unzuständigkeit des Gerichts (Nr. 4). Die Rüge betrifft die **sachliche, örtliche und funktionelle Zuständigkeit** des erkennenden Spruchkörpers als ganzes, **nicht** die Besetzung des Spruchkörpers im Einzelnen und seine geschäftsplanmäßige Zuständigkeit (insoweit Nr. 1). War ein **höherrangiges** Gericht zuständig, so liegt ein vAw. zu berücksichtigendes Verfahrenshindernis vor (§ 6; vgl. 14

§ 338

Drittes Buch. 4. Abschnitt

BGH 18, 79, 83 = NJW 1963, 60); die Zuständigkeit eines **niedrigeren** Gerichts ist dagegen unschädlich (§ 269; vgl. BGH 21, 334, 358 = NJW 1968, 710), sofern nicht **Willkür** vorliegt (BGH 38, 172, 176 = NJW 1992, 1775; OLG Hamm StV 1995, 182; dazu Neuhaus StV 1995, 212; vgl. § 270 Rn. 11; Rieß NStZ 1992, 548 mwN). Der Prüfung durch das Revisionsgericht, ob das LG einem Fall rechtfehlerfrei **besondere Bedeutung gemäß § 24 Abs. 1 Nr. 3 GVG** zugemessen hat, ist die objektive Sachlage zum Zeitpunkt der Eröffnungsentscheidung zugrunde zu legen. Allein das Ziel, einem Kind als Opfer einer Sexualstraftat eine weitere Vernehmung in der zweiten Tatsacheninstanz zu ersparen, vermag die besondere Bedeutung eines Falles iSv § 24 Abs. 1 Nr. 3 GVG nicht zu begründen (BGH NJW 47, 16 = 2001, 2984). Die Zuständigkeit ist auf der Grundlage der **Urteilsfeststellungen** nach objektiven Gesichtspunkten zu beurteilen; es kommt darauf an, ob das erkennende Gericht zum Zeitpunkt des Urteilserlasses zuständig war (BGH NStZ 1991, 503). Danach ist auch die auf Nr. 4 gestützte Rüge zu beurteilen, eine **Verweisung nach § 270** sei zu Unrecht erfolgt oder nicht erfolgt (vgl. BGH 47, 311 = NJW 2002, 2483).

15 Die Nichtbeachtung der Zuständigkeit der **Jugendgerichte** wird nur auf Rüge nach **Nr. 4** berücksichtigt (BGH-GrS 18, 79 = NJW 1963, 60; str.); § 6 a gilt insoweit nicht (BGH 30, 260 = NJW 1982, 454). Nicht gerügt werden kann, dass statt des sachlich zuständigen allgemeinen das Jugendgericht entschieden hat (§ 47 a JGG; die Unzuständigkeit des allgemeinen Gerichts nach § 103 Abs. 2 S. 1 JGG kann auch der Erwachsene rügen (BGH 30, 260). Eine Zuständigkeit, die **durch die Verbindung** zusammenhängender Strafsachen geschaffen worden ist, bleibt auch dann bestehen, wenn der Grund der Verbindung nach Eröffnung des Hauptverfahrens wegfällt (BGH NStZ 2004, 100).

16 **Mängel der funktionellen Zuständigkeit** (vgl. § 74 e GVG) können nur dann zulässig gerügt werden, wenn der Einwand nach § 6 a rechtzeitig erhoben war. Auf einen Verstoß gegen § 74 c Abs. 1 Nr. 6 GVG kann die Rüge nach Nr. 4 nicht gestützt werden (BGH NStZ 1985, 464), ebenso nicht auf Verstöße gegen §§ 26, 74 b GVG in **Jugendschutzsachen** (KK-Kuckein Rn. 68).

17 **Vorschriftswidrige Abwesenheit (Nr. 5).** Die Rüge betrifft Verstöße gegen diejenigen Vorschriften, die die notwendige Anwesenheit von Verfahrensbeteiligten regeln (§§ 145, 226, 230 ff., 247, § 185 GVG, § 50 Abs. 3 JGG); also ständig anwesend müssen ua. sein der StA u. auch der Urkundsbeamte der Geschäftsstelle – wenn nicht etwas anderes angeordnet wurde – (BayObLG NStZ-RR 2002, 16) sowie der notwendige Verteidiger (§ 140).). Die Abwesenheit von **Berufs- und Laienrichtern** begründet idR bereits die Rüge nach Nr. 1 (BGH 44, 365 = NJW 1999, 1724). Der **Angeklagte** muss körperlich anwesend und verhandlungsfähig sein; bei Verhandlungsunfähigkeit liegt ein **Prozesshindernis** vor (vgl. § 230 Rn. 3). Der absolute Revisionsgrund des § 338 Nr. 5 ist idR gegeben, wenn der Angeklagte während der Verhandlung und Entscheidung über die Vereidigung eines Zeugen von der Hauptverhandlung ausgeschlossen war. Dies gilt auch dann, wenn der Zeuge als Verletzter unvereidigt geblieben ist (BGH NStZ-RR 1997, 105). Nur die Abwesenheit bei einem **wesentlichen** Teil der Hauptverhandlung begründet die Revision (BGH 26, 91 = NJW 1975, 885). Der Angeklagte kann auf seine vorgeschriebene Anwesenheit wirksam **verzichten;** auch kann ihn das Gericht nicht von seiner Anwesenheitspflicht **entbinden,** es sei denn, dass die Voraussetzungen einer im Gesetz geregelten **Ausnahmen** vorliegen (BGH NJW 1973, 522), also etwa der Fall der Beurlaubung nach § 231 c (BGH NStZ 1995, 29; 1996, 22). Es können auch besondere Gründe vorliegen, die ein Weiterverhandeln ohne Anwesenheit des Angeklagten gestatten, so namentlich **eigenmächtige Entfernung** (§ 231), **Ausschluss** wegen ordnungswidrigen Benehmens (§ 232 b) und **Entfernung** nach § 247. § 247 S. 1 ist „als **Ausnahmevorschrift** eng auszulegen und sein Anwendungsbereich streng auf den Wortlaut des Gesetzes zu beschränken;

Revision **§ 338**

der zeitweise Ausschluss des Angeklagten ist stets durch **Gerichtsbeschluss** anzuordnen, der sich nicht auf eine bloß förmliche Begründung beschränken darf; bleibt wegen des Fehlens einer ausreichenden Begründung zweifelhaft, ob das Gericht von zulässigen Erwägungen ausgegangen ist, so ist der unbedingte Revisionsgrund nach § 338 Nr. 5 gegeben" (BGH 22, 18 = NJW 1968, 806; BGH NJW 2000, 1146). Eines begründeten Beschlusses zur Entfernung des Angeklagten aus der Hauptverhandlung bedarf es auch dann, wenn **sämtliche Beteiligten** einschl. des Angeklagten mit der Anordnung **einverstanden** sind (BGH StV 2002, 8). **Eigenmächtige Abwesenheit** des Angeklagten liegt vor, wenn der auf freiem Fuß befindliche (BGH NJW 1977, 1928) Angeklagte seine Pflicht zum Verbleiben oder Wiedererscheinen während eines wesentlichen Teils der Hauptverhandlung ohne Rechtfertigungs- oder Entschuldigungsgründe wissentlich verletzt, ohne dabei die Ansicht haben zu müssen, die Fortsetzung der Verhandlung überhaupt zu vereiteln (BGH 37, 254 = NJW 1991, 1364). Stellt sich noch **vor** Urteilsverkündung heraus, dass eine Abwesenheit des Angeklagten **unfreiwillig** war, so ist der betreffende Verfahrensabschnitt zu **widerholen;** das gilt auch bei Verspätung (KK-Kuckein Rn. 76). Eine Entfernung des Angeklagten gemäß § 247 S. 1 kann nicht darauf gestützt werden, dass ein gemäß § 1997 BGB bestellter **Betreuer** der Vernehmung des **Betreuten** in Anwesenheit des Angeklagten widersprochen hat. Wird ohne Anwesenheit des Angeklagten verhandelt (§ 230 Abs. 1), stellt dieser Rechtsfehler einen absoluten Revisionsgrund nach § 338 Nr. 5 dar (BGH NJW 2000, 3795). Die bloße Unterrichtung genügt nicht (BGH 30, 74 = NJW 1981, 1568). Entfernt sich der **Verteidiger** eigenmächtig vor der Urteilsverkündung, so ist eine hierauf gestützte Rüge nach § 338 Nr. 5 **verwirkt** (BGH NStZ 1998, 209). Wird der (notwendige) **Verteidiger als Zeuge** vernommen, so ist er während dieser Zeit „abwesend", so dass ein anderer Verteidiger an seine Stelle treten muss (RG 54, 175; BGH StV 1996, 469; vor § 48 Nr. 2). Für den **Privatkläger** gilt § 391. Der **Nebenkläger** muss nicht anwesend sein (vgl. § 397 Abs. 1 S. 2); Verletzungen seines Rechts auf Anwesenheit kann er nach § 337 rügen. Der **Vertreter der StA** ist auch abwesend, wenn er **sachlich unzuständig** ist (§§ 142, 142 a GVG), nicht bei örtlicher Unzuständigkeit oder Vernehmung als Zeuge (vgl. BGH 21, 85 = NJW 1966, 2321; NStZ 1986, 133). Die Revision ist nicht begründet, wenn an Stelle des nach der Sollvorschrift des § 36 JGG berufenen **Jugendstaatsanwalts** ein anderer StA aufgetreten ist (BGH GA 1961, 358; OLG Karlsruhe NStZ 1988, 241; s. auch § 142 GVG Rn. 4). Ein **Wechsel** mehrerer Sitzungsvertreter ist zulässig (§ 227); dasselbe gilt für Urkundsbeamte der Geschäftsstelle (vgl. KK-Kuckein Rn. 73 mwN). Ein **Dolmetscher** muss nach § 185 Abs. 1 GVG grundsätzlich während der ganzen Hauptverhandlung zugegen sein. Ist dies nicht der Fall, greift der absolute Revisionsgrund des § 338 Nr. 5 StPO. Etwas anderes gilt nur, wenn sich der Angeklagte auch in der deutschen Sprache verständigen kann (BGH StV 2002, 296). Die dauernde Anwesenheit eines **Dolmetschers** (§ 185 GVG) ist dann nicht erforderlich, wenn der Angeklagte die deutsche Sprache wenigstens teilweise beherrscht (BGH 3, 285 = NJW 1953, 114; vgl. KK-Kuckein Rn. 80). Der **Sachverständige** braucht – abgesehen von einer Weisung des Gerichts – nicht ständig anwesend sein. Seine Abwesenheit kann aber zur Rüge nach § 337 führen (Meyer-Goßner Rn. 43; Dahs/Dahs, Die Revision Rn. 192).

Die Abwesenheit muss **wesentliche Verfahrensteile** betreffen (BGH 26, 84, 91 **18** = NJW 1975, 885), nur dann wird das Beruhen unwiderleglich vermutet (BGH StV 1986, 465). Die Abwesenheit bei **unwesentlichen Verhandlungsteilen** kann nach § 337 gerügt werden. **Wesentlich** sind insb.: Vernehmung des Angeklagten zur Person und zur Sache (BGH 9, 243, 244 = NJW 1956, 1366), Verlesung des Anklagesatzes oder des erstinstanzlichen Urteils (BGH 9, 243, 244; OLG Zweibrücken StV 1986, 240), die gesamte **Beweisaufnahme** einschließlich Vernehmung von Mitangeklagten (BGH StV 1986, 288), Augenscheinseinnahmen außerhalb des

§ 338

Sitzungssaals (BGH 3, 187 = NJW 1952, 1306), Erörterungen über Beweisanträge, Zeugenvereidigungen, sofern nicht § 60 Nr. 1 vorliegt (BGH NJW 1986, 267), und Ausschluss der Öffentlichkeit (BGH NJW 1979, 276), Feststellungen von Vorstrafen, sofern sie zu Lasten des Angeklagten verwertet wurden (BGH NJW 1972, 2006; NStZ 1993, 30), die **Schlussvorträge** sowie das letzte Wort auch von Mitangeklagten und die Verkündung der Urteilsformel (BGH 16, 178, 180 = NJW 1961, 1980). Eine **Ortsbesichtigung** und eine Zeugenvernehmung sind Teile der Hauptverhandlung, für die die StPO die Anwesenheit des Angeklagten zwingend vorschreibt (BGH NStZ 1998, 467). Die Abwesenheit des Angeklagten während einer Augenscheinseinnahme kann nur durch Wiederholung geheilt werden; ansonsten liegt stets ein Revisionsgrund nach Nr. 5, nicht nur Unverwertbarkeit vor (BGH StV 1989, 192). War der Angeklagte beurlaubt (§ 231 c) oder das Verfahren gegen ihn zeitweilig abgetrennt, so ist die Rüge nach Nr. 5 begründet, wenn im Verfahren gegen Mitangeklagte Tatsachen erörtert werden, die auch ihn selbst betreffen können (BGH 32, 100 = NJW 1984, 501; 32, 270, 273 = NJW 1984, 1245). **Nicht wesentlich** sind der Aufruf von Zeugen und Sachverständigen (BGH 15, 263 = NJW 1961, 1419) sowie ihre Belehrung, die Mitteilung der Urteilsgründe (BGH 16, 178, 180) und die Verkündung von Beschlüssen nach §§ 268 a, 268 b (BGH 25, 333 = NJW 1974, 1518).

19 Die Rüge nach **Nr. 5** ist bei Abwesenheit des Angeklagten auch dann begründet, wenn das Gericht gegen §§ 230, 231, 231 c oder 247 verstoßen hat. Ein **Verzicht** auf eine vom Gericht zunächst für notwendig erachtete **Zeugenvernehmung** ist auch für den Angeklagten ein wesentlicher Teil der Hauptverhandlung, der nicht vom Gericht entgegengenommen werden darf, ohne dass der Angeklagte daran mitwirkt. Seine Abwesenheit begründet eine **Verletzung des § 338 Nr. 5** (BGH NStZ 1996, 351; s. auch § 245 Rn. 4). Der Verzicht des Angeklagten auf die Einhaltung der Ladungsfrist beinhaltet nicht schon vorab den Verzicht auf die Geltendmachung des absoluten Revisionsgrund des § 338 Nr. 5 (OLG Hamm NStZ-RR 1998, 243).

20 Die **Abwesenheit des Verteidigers** unterfällt **Nr. 5** nur bei notwendiger Verteidigung (§ 140). § 338 Nr. 5 liegt nur bei einer **körperlichen Abwesenheit** oder **erkennbaren Verhandlungsunfähigkeit des Verteidigers** im Falle einer **notwendigen Verteidigung** vor. Ein **nicht informierter** Verteidiger, der zu einer sachgerechten Verteidigung nicht in der Lage ist, steht einem abwesenden Verteidiger **nicht** gleich. So kann der neu bestellte Verteidiger die Aussetzung oder die Unterbrechung des Verfahrens gemäß § 145 Abs. 3 beantragen. Wenn das Gericht über diesen Antrag nicht ermessensfrei entscheidet, ist der Angeklagte dadurch ausreichend geschützt, dass er dies gemäß § 338 Nr. 8 oder § 337 mit der Revision rügen kann (BGH NStZ 2000, 212). Ein absoluter Revisionsgrund gemäß § 338 Nr. 5 kann vorliegen, wenn der Vorsitzende – auch einen vom Beschuldigten bezeichneten – Pflichtverteidiger bestellt hat, der aus einem wichtigen Grund (zB gegen Interessenkollision) mit dieser Funktion nicht hätte betraut werden dürfen (BGH NJW 2003, 1331). Entfernt sich der Verteidiger **eigenmächtig** von der Urteilsverkündung, so ist eine hierauf gestützte Rüge nach § 338 Nr. 5 **verwirkt** (BGH NJW 1998, 2542). Hat der Angeklagte mehrere Wahl- oder Pflichtverteidiger, so genügt die Anwesenheit eines von ihnen auch im Fall der Arbeitsteilung (BGH MDR 1981, 457). Unzureichende Prozessvorbereitung oder mangelhafte Verteidigung in der Hauptverhandlung begründen die Revision regelmäßig nicht (BGH NJW 1964, 1485), wohl aber Verhandlungsunfähigkeit des Verteidigers.

21 Die Rüge nach **Nr. 5** kann nur von demjenigen erhoben werden, der durch die vorschriftswidrige Abwesenheit **betroffen** war. Die Verhandlung über die Entlassung eines Zeugen während der nach § 274 angeordneten **Abwesenheit des Angeklagten** bedeutet einen absoluten Revisionsgrund iSd § 338 Nr. 5 (BGH NStZ 1999, 44). Ohne den Angeklagten darf also weder die Verhandlung über die

Vereidigung eines Zeugen noch die Verhandlung über die **Entlassung des Zeugen** stattfinden, weil die Anwesenheit des Angeklagten hierbei sein Recht auf effektive Ausübung des Fragerechts sichert. Sowohl die Verhandlung über die Vereidigung als auch die Verhandlung über die Entlassung des Zeugen sind wesentlicher Teil der Hauptverhandlung (BGH StV 2000, 653). Allerdings könnte etwas anderes gelten, wenn die Abwesenheit des Angeklagten **keinen wesentlichen Teil** der Hauptverhandlung betrifft, weil er nach den besonderen Umständen des Einzelfalles die Frage der **Vereidigung** auch im Falle seiner Anwesenheit nicht hätte beeinflussen können (BGH NStZ 1999, 522; 2000, 440). Will ein aus der Hauptverhandlung entfernter Angeklagter eine unzulässige **Beschränkung der Verteidigung** rügen, weil er über die Fragen des Gerichts an einen in seiner Abwesenheit vernommenen Zeugen nicht unterrichtet worden sei, setzt dies voraus, dass er, als er wieder anwesend war, den Vorsitzenden um Mitteilung der gestellten Fragen gebeten und ggf. einen Gerichtsbeschluss herbeigeführt hat (BGH StV 2000, 654). Die zeitweilige Abwesenheit eines notwendigen Verteidigers oder von Mitangeklagten kann daher von dem Angeklagten nicht gerügt werden, wenn während des betreffenden Verfahrensteils nur Vorgänge erörtert wurden, die ausschließlich Mitangeklagte betrafen (BGH 32, 100 = NJW 1984, 501). Führt die im **beschleunigten Verfahren** in allen Verfahrenabschnitten erforderliche Prognose hinsichtlich der Straferwartung erst in der Urteilsberatung zu einer Freiheitsstrafe von **mindestens 6 Monaten**, so ist gleichwohl vor Verkündung des Urteils die Bestellung eines Verteidigers nach § 418 Abs. 4 notwendig (BayObLG NStZ 1998, 372). Der **Nebenkläger** kann auch die Abwesenheit des Angeklagten rügen (BGH 37, 249, 250 = NJW 1991, 1364). Die **Revisionsbegründung** muss den von dem Fehler betroffenen Verhandlungsteil genau bezeichnen (BGH MDR 1983, 450); der Inhalt von Beweiserhebungen und Erörterungen muss dagegen nur dann vorgetragen werden, wenn zweifelhaft sein kann, ob sie den Revisionsführer betrafen (BGH 30, 74, 75 = NJW 1981, 1568). „Hat sich der Angeklagte nach seiner Unterrichtung über den Inhalt einer in seiner Abwesenheit erfolgten Zeugenaussage hierzu geäußert, muss die Revision zur Begründung einer Rüge nach § 247 S. 1, § 338 Nr. 5 den wesentlichen Inhalt dieser Äußerung vortragen, mithin wie die nahe Möglichkeit besteht, der Angeklagte habe auf weitere Fragen an den zuvor in seiner Abwesenheit entlassenen Zeugen verzichtet" (BGH NJW 1998, 2541). Beanstandet der Angeklagte, ihm sei kein Pflichtverteidiger beigeordnet worden, während sein Verteidiger in der Hauptverhandlung als Zeuge vernommen worden sei, dann muss die Revisionsbegründung mindestens angeben, zu welchem Thema der Verteidiger vernommen wurde; andernfalls ist die Rüge unzulässig (OLG Brandenburg NStZ 1997, 612). Zum Rügevorbringen bei Abwesenheitsverhandlung infolge Beurlaubung vgl. BGH StV 1995, 175.

Vorschriftswidrige Einschränkung der Öffentlichkeit (Nr. 6). Die Öffentlichkeit der Hauptverhandlung (§ 169 GVG) gehört zu den Grundprinzipien des rechtsstaatlichen Strafverfahrens (BGH 3, 386, 387 = NJW 1953, 712). S. vor allem § 169 GVG. Der nach § 174 Abs. 1 S. 2 GVG zwingend vorgeschriebene **Gerichtsbeschluss** kann durch eine Anordnung des Vorsitzenden nicht ersetzt werden und begründet grundsätzlich den absoluten Revisionsgrund des § 338 Nr. 6 StPO (BGH NStZ 1999, 371). Die Rüge nach Nr. 6 ist nur dann begründet, wenn die Öffentlichkeit ungesetzlich **eingeschränkt** wurde (BGH 23, 176, 178 = NJW 1970, 523). Eine rechtsfehlerhafte **Erweiterung** der Öffentlichkeit kann nur nach § 337 gerügt werden; das gilt auch bei einem Verstoß gegen § 48 Abs. 1 JGG (BGH 23, 173; BGH MDR 1988, 791; NStZ 1994, 230). Sind Gegenstand der Anklage Taten, die der Angeklagte **teils als Jugendlicher, teils als Heranwachsender** begangen hat, so findet die Hauptverhandlung auch dann noch unter Ausschluss der Öffentlichkeit statt, wenn in ihrem Verlauf das Verfahren wegen der Taten, die er als Jugendlicher begangen hat, nach § 154 Abs. 2 vorläufig eingestellt worden ist (BGH NJW 44, 43 = 1998, 2066 in Fortentwicklung v. BGH 22, 21 = NJW 1968, 457). Nicht unter Nr. 6 fallen daher alle Verfahrensfehler, durch die die Öffentlichkeit in unzulässiger Weise **ausgedehnt** wurde (zB Verstoß gegen § 169 S. 2 GVG; str., vgl. BGH 36, 119 = NJW 1989, 1741; Meyer-Goßner Rn. 47; KK-Kuckein Rn. 84 mwN). War die Öffentlichkeit unzulässig beschränkt, so kann dies umgekehrt auch derjenige nach Nr. 6 rügen, der die rechtsfehlerhafte Einschränkung selbst beantragt hat (BGH NJW 1967, 687; vgl. § 337 Rn. 20). „Ist die Öffentlichkeit zu Unrecht während eines Hinweises gem. § 265 ausgeschlossen gewesen, so greift § 338 Nr. 6 nicht ein, wenn sich der Hinweis allein auf einen Teil des Tatgeschehens bezog, der im weiteren Verlauf der Hauptverhandlung gem. § 154 a Abs. 1 Nr. 1, Abs. 2 von der Strafverfolgung ausgeschlossen wurde" (BGH NJW 1996, 138). Für die Anordnung, den Angeklagten **während der informatorischen Befragung** einer Zeugin aus dem Sitzungssaal zu entfernen, um zu klären, ob eine Vernehmung der Zeugin in Anwesenheit des Angeklagten stattfinden kann, ist ein Gerichtsbeschluss nach § 247 S. 1 nicht erforderlich. Der Angekl. muss über das Ergebnis auch nicht förmlich gemäß § 247 S. 4 unterrichtet werden (BGH NStZ 2002, 46). Auch die Befugnis des **Vorsitzenden,** als Zuhörer **anwesende Zeugen aus dem Sitzungssaal zu weisen,** besteht unabhängig davon, ob der betroffene Zuhörer bereits als Zeuge zur Hauptverhandlung geladen worden ist, oder die Absicht der Zeugenvernehmung erst zu einem Zeitpunkt gefasst wird, als sich der betreffende Zeuge bereits als Zuhörer im Sitzungssaal befindet. Dafür reicht es aus, wenn der Zuhörer nach vorläufiger tatrichterlicher Auffassung als Zeuge in Betracht kommt; ob er später tatsächlich gehört wird, ist unerheblich (BGH StV 2002, 5). Für einen (zulässigen) Ausschluss von Zuhörern von der weiteren Teilnahme an der Hauptverhandlung mit der Begründung, sie könnten Tatzeuge sein, ist Voraussetzung, dass das Gericht tatsächliche Anhaltspunkte dafür hat, dass jeder Einzelne von der Maßnahme Betroffene Sachdienliches zur Aufklärung beitragen kann und deshalb als potentieller Zeuge in Betracht kommt (BGH NStZ 2004, 453). Handlungen, die **außerhalb der Hauptverhandlung** vorgenommen werden dürfen, können auch im Rahmen der Hauptverhandlung während des Ausschlusses der Öffentlichkeit erledigt werden. Ein Verstoß gegen den Grundsatz der Öffentlichkeit liegt hierin nicht (BGH NStZ 2002, 106).

23 Die Öffentlichkeit ist **unzulässig beschränkt,** wenn gegen § 169 S. 1 GVG iVm §§ 171 a–173, 175, 177 GVG, § 48 JGG verstoßen wurde oder wenn die Einschränkung verfahrensfehlerhaft vorgenommen wurde (§ 174 GVG). Ein Verstoß gegen § 174 Abs. 1 S. 3 GVG kann nur nach § 337 gerügt werden (BGH NStZ 1982, 169). Nach Nr. 6 gerügt werden kann auch die Überschreitung der durch Beschluss nach § 174 GVG bestimmten Dauer einer Beschränkung (BGH 7, 218 = NJW 1955, 759), eine unzulässige **Auswahl** einzelner ausgeschlossener oder zugelassener Personen sowie eine sachlich nicht gerechtfertigte Einschränkung der **Zugangsmöglichkeit** (vgl. KK-Kuckein Rn. 85 ff.) ebenso eine Umgehung der §§ 171 a ff. GVG durch eine vom Vorsitzenden an alle Zuschauer gerichtete „Bitte", den Sitzungssaal zu verlassen (BGH NStZ 1993, 450; OLG Braunschweig StV 1994, 474). Der Anspruch auf Öffentlichkeit ist nicht unbeschränkt. Erforderlich, aber auch ausreichend ist die Gewährleistung ungehinderten Zugangs für jedermann in den Grenzen, welche durch die örtlichen Gegebenheiten und Besonderheiten des Verfahrensgangs gezogen sind. Bei Hauptverhandlungen im Gerichtsgebäude (vgl. RiStBV Nr. 124 Abs. 2) ist ein dem öffentlichen Interesse entsprechend ausreichend großer Sitzungssaal zu wählen; auf den Ort der Verhandlung ist durch Aushang hinzuweisen; die Türen zum Zuschauerraum sind unverschlossen zu halten. Die Ausgabe von **Platzkarten** in der Reihenfolge der Nachfrage, **Durchsuchungen** und **Identitätskontrollen** von Zuschauern verletzen den Öffentlichkeitsgrundsatz nicht, sofern sie sachlich gerechtfertigt sind (vgl. i. E. BGH 27, 13 = NJW 1977, 157; KK-Kuckein Rn. 88; KK-Diemer GVG § 169 Rn. 6 ff.;

Revision **§ 338**

LR-Hanack Rn. 110, jeweils mwN). Die durch solche Kontrollen verursachten Zeitverzögerungen sind bei der Verhandlungsleitung zu berücksichtigen. Die Rüge nach Nr. 6 ist begründet, wenn das Gericht mit der Verhandlung beginnt, bevor allen rechtzeitig erschienenen Zuschauern Einlass gewährt wurde (BGH NJW 1995, 3197). Der Grundsatz der Öffentlichkeit ist verletzt, wenn die Hauptverhandlung – teilweise – **außerhalb des Gerichtsgebäudes** an der Tatörtlichkeit stattfindet, jedoch weder in dem Aushang vor dem Gerichtssaal noch in einem zuvor verkündeten Beschluss die Tatörtlichkeit genau angegeben wird. Die pauschale Bezeichnung „Tatörtlichkeit" genügt nicht (OLG Hamm StV 2002, 474). Auf Grund des Hinweises am Gerichtseingang „Das Amtsgericht ist freitags ab 13.00 Uhr geschlossen" kann eine Hauptverhandlung, die nach diesem Zeitpunkt stattfindet, gegen den Grundsatz der Öffentlichkeit verstoßen (OLG Zweibrücken NJW 1995, 3333).

Besonderheiten des Verfahrens können eine Einschränkung der Öffentlichkeit 24 rechtfertigen. Werden in der Hauptverhandlung **Abbildungen** in Augenschein genommen, so müssen sie der Öffentlichkeit nicht gezeigt werden; entsprechendes gilt grds. für die Inaugenscheinnahme von **Videofilmen**. Grds. öffentlich sind auch Hauptverhandlungsteile **außerhalb der Gerichtsstelle** (vgl. KK-Kuckein Rn. 86). Nach den Umständen des Einzelfalls (vgl. BGH NStZ 1984, 470; 1992, 225) ist insb. bei Augenscheinseinnahmen der Ort der (Weiter-)Verhandlung bekanntzumachen (vgl. BGH NStZ 1995, 221) und der Öffentlichkeit der Zutritt zu gestatten. Finden Verhandlungsteile in Privatwohnungen statt, so kann die Öffentlichkeit gegen den Willen des Hausrechtsinhabers nicht durchgesetzt werden (BGH NStZ 1981, 311; vgl. Meyer-Goßner GVG § 169 Rn. 6).

Der Grundsatz der Öffentlichkeit verbietet auch eine sachlich nicht gerechtfer- 25 tigte Beschränkung der Informationsmöglichkeit von **Medienvertretern** (vgl. RiStBV Nrn. 23, 129). Andererseits haben Verfahrensbeteiligte keinen durch Nr. 6 iVm § 169 GVG geschützten Anspruch auf ausufernde „Darstellung" in Massenmedien. **Zulassungsbeschränkungen** sind daher nach Maßgabe des Einzelfalls zulässig und häufig im Interesse von Verfahrensbeteiligten geboten. Verstöße gegen § 169 S. 2 GVG sowie die Zulassung von Bildaufnahmen unter Verstoß gegen § 23 Nr. 1 und 2 KUG können nur nach § 337 gerügt werden (vgl. BGH 36, 119 = NJW 1989, 1741).

Der Verfahrensverstoß muss seine Ursache im **Verantwortungsbereich des** 26 **Gerichts** haben (BGH 21, 72, 74 = NJW 1966, 1570; 22, 297, 301 = NJW 1969, 756; i. E. str., vgl. Meyer-Goßner Rn. 49; KK-Pikart Rn. 89; LR-Hanack Rn. 113, jeweils mwN), das eine **Kontrollpflicht** gegenüber Beamten der Justizverwaltung hat. Beschränkungen, die dem Gericht trotz ausreichender Kontrolle (vgl. Kuhlmann NJW 1974, 1231) nicht bekannt sind oder auf Zufällen beruhen (vgl. BGH 21, 72), begründen die Rüge nach Nr. 6 nicht. Die Revision ist daher unbegründet, wenn zwar die Tür zum Zuschauerraum verschlossen, dies dem Vorsitzenden aber nicht zuzurechnen war und wenn er alsbald nach Bekanntwerden die Öffnung veranlasst hat (BGH NStZ 1995, 143). Die **Revisionsbegründung** muss die Umstände vortragen, aus denen sich ergibt, dass das Gericht den Verstoß zu vertreten hat (BayObLG 1994, 41 = VRS 87, 139; Meyer-Goßner Rn. 50 a).

Fehlen oder verspätete Fertigstellung der Urteilsgründe (Nr. 7). Die 27 schriftlichen Urteilsgründe (§ 267) **fehlen** dann, wenn sie entweder **gar nicht** oder nicht in **endgültiger**, von der Unterschrift der an der Beratung beteiligten Richter gedeckter Form vorliegen oder wenn die Urteilsgründe **verlorengegangen** sind und nicht wiederhergestellt werden können. Das **Fehlen der Unterschrift** eines Richters bzw. des entsprechenden Verhinderungsvermerks ist auf die **Sachrüge** nicht zu beachten. Dieser Mangel „hätte vielmehr mit einer **Verfahrensrüge** beanstandet werden müssen. Die Unterzeichnung des Urteils durch die mitwirkenden Berufsrichter ist ausschließlich in einer Norm des Verfahrensrechts (§ 275

§ 338 Drittes Buch. 4. Abschnitt

Abs. 2 StPO) vorgesehen. Rechtsfehler müssen daher mit der Verfahrensbeschwerde (§ 338 Nr. 7 StPO) geltend gemacht werden. Hiergegen kann auch nicht eingewandt werden, dass ein Urteil, welches nicht von allen Richtern unterschrieben worden ist, keine – endgültig fertiggestellten – Entscheidungsgründe enthalten könnte. Wird das Urteil innerhalb der Frist zu seiner Absetzung (§ 275 Abs. 1) von einem der mitwirkenden Richter entgegen § 275 **nicht unterzeichnet** bzw. entgegen § 275 Abs. 2 S. 2 StPO der Verhinderungsvermerk nicht angebracht, so ist der Revisionsgrund des § 338 Nr. 7 Abs. 2 S. 1 gegeben. Allerdings verhindert die fehlende Unterschrift nicht, dass mit Zustellung des verfahrensfehlerhaft zu Stande gekommenen Urteils die **Revisionsbegründungsfrist zu laufen** beginnt, von dass das Urteil nur auf entsprechende Verfahrensrüge und nur zu Gunsten des Angeklagten aufzuheben ist, der sie form- und fristgerecht erhoben hat (BGH NStZ-RR 2003, 85). Auf **Sachrüge** darf ein solcher Mangel nur beachtet werden, wenn die Gründe völlig fehlen (BGHR StPO § 338 Nr. 7 StPO Entscheidungsgründe 2; Kuckein in: KK-StPO § 338 Rn. 94; Meyer-Goßner, § 338 Rn. 52); nicht anders wird es sich verhalten, wenn das Urteil keine Unterschrift trägt" (BGH 46, 206 = NJW 2001, 839). Die Urteilsgründe müssen das Beratungsergebnis vollständig und wahrheitsgetreu wiedergeben (BGH 12, 374 = NJW 1959, 899); dies muss von allen beteiligten Berufsrichtern bestätigt sein (§ 275 Abs. 2 S. 1). Die Gründe fehlen daher, wenn eine Einigung über das Beratungsergebnis nicht erzielt werden kann (BGH MDR 1954, 337), wenn ein Richter vor der Abfassung aus dem Richterdienst ausscheidet (BayObLG 1967, 51 = NJW 1967, 1578) oder wenn nachträgliche wesentliche Änderungen des (Entwurfs-)Textes von der vorab geleisteten Unterschrift des Entwurfsverfassers nicht getragen werden (BGH 27, 334 = NJW 1978, 899). Eine Beratung der schriftlichen Gründe im **Umlaufverfahren** ist mit dieser Einschränkung zulässig.

28 Ausreichend ist es, wenn sich in den Akten eine Abschrift oder Ablichtung der Gründe befindet. Das gilt auch dann, wenn die Originalurkunde verlorengegangen ist (vgl. OLG Stuttgart JR 1977, 126 m. Anm. Lintz), nicht jedoch, wenn rekonstruierte Urteilsgründe von der ursprünglichen Fassung wesentlich abweichen (BGH MDR 1983, 450).

29 Fehlen die Urteilsgründe **teilweise** und betrifft dieser Mangel eine selbstständige Tat iSd. § 264, so führt die Rüge nach Nr. 7 zur Teilaufhebung des Urteils. Sonstige **Unvollständigkeit** der Gründe fällt nicht unter Nr. 7, sondern ist auf die Verfahrens- (§ 267) oder Sachrüge nach § 337 zu prüfen.

30 Eine **Überschreitung der Frist des § 275 Abs. 1** (zu den verschiedenen Fristen s. § 275 Rn. 2) führt zwingend zur Urteilsaufhebung (BGH NStZ 1985, 184; BGH NStZ-RR 2003, 6). Der absolute Revisionsgrund des § 338 Nr. 7 ist gegeben, wenn „das Urteil der in § 275 Abs. 1 S. 2 bezeichneten Frist nicht vollständig, nämlich nicht mit den nach § 275 Abs. 2 zwingend vorgeschriebenen **richterlichen Unterschriften** zu den Akten gebracht worden ist" (BGH NStZ 1995, 220). Auch die St kann sich hierauf berufen (BGH NStZ 1885, 184). Die Fristwahrung kann durch den Vermerk der Geschäftsstelle nach § 275 Abs. 1 S. 5 oder auf andere Weise bewiesen werden; die Frist ist gewahrt, wenn das vollständige und unterschriebene Urteil am letzten Tag der Frist **auf den Weg** zur Geschäftsstelle gebracht wurde (BGH 29, 43 = NJW 1980, 298); es muss dort noch nicht eingegangen sein und auch nicht in die Akte eingefügt sein. Ob die Voraussetzungen des § 275 Abs. 1 S. 4 oder eine Verhinderung nach § 275 Abs. 2 vorgelegen haben, prüft das Revisionsgericht auf entsprechende Rüge im Freibeweisverfahren, soweit nicht der angegebene Verhinderungsgrund allgemein geeignet ist, eine Verhinderung zu begründen (BGH 28, 194 = NJW 1979, 663 m. Anm. Foth NJW 1979, 1310; 31, 212, 214 = NJW 1983, 1745). Lässt sich die Rechtzeitigkeit nicht sicher feststellen, so ist die Rüge nach Nr. 7 begründet (OLG Stuttgart GA 1977, 26). Zu Einzelheiten der **Fristüberschreitung** s. § 275 Rn. 2. Die **Revisionsbegründung** muss die Zahl

Revision **§ 338**

der Verhandlungstage, das Verkündungsdatum, die sich daraus ergebende Frist sowie den Zeitpunkt mitteilen, zu dem das Urteil tatsächlich zu den Akten gebracht wurde (BGH 29, 203 = NJW 1980, 1292; vgl. KK-Kuckein Rn. 98).

Unzulässige Beschränkung der Verteidigung (Nr. 8). Aufgrund der Einschränkung ihres Anwendungsbereiches auf „für die Entscheidung wesentliche" Verfahrensverstöße stellt die Rüge nach Nr. 8 **keinen absoluten Revisionsgrund** dar (BGH 30, 131, 135 = NJW 1981, 2267; Meyer-Goßner Rn. 58). Die Rüge greift nur durch, wenn eine **besondere Verfahrensvorschrift** verletzt wurde, die der **Sicherung der Verteidigung** dient (BGH 21, 334, 360 = NJW 1968, 710), oder wenn das Gericht gegen **allgemeine Verfahrensgrundsätze** verstoßen hat, die das Recht auf Verteidigung schützen (vgl. KK-Kuckein Rn. 100). In Betracht kommen insb. Verstöße gegen den Grundsatz des **fairen Verfahrens** (vgl. Meyer-Goßner NStZ 1982, 362) und gegen die gerichtliche **Fürsorgepflicht** (vgl. KK-Pfeiffer Einl. Rn. 20; KK-Kuckein Rn. 101; Meyer-Goßner Rn. 59; jeweils mwN zu Einzelfällen), **bspw.** durch Versagung von **Akteneinsicht** (BVerfG NStZ 1985, 228), Weigerung, Anträge entgegenzunehmen (BGH JR 1980, 218), Verhandlung trotz unzumutbarer räumlicher Verhältnisse (vgl. OLG Köln NJW 1980, 302), Ablehnung eines Aussetzungsantrags wegen verspäteter Ladung des Verteidigers (BGH StV 1995, 57), Zurückweisung von Fragen oder Beschneidung des Fragerechts (BGH NStZ 1982, 170) oder Ablehnung von Beweisanträgen ohne inhaltliche Prüfung (BGH 29, 149 = NJW 1980, 1533; BGH NStZ 1992, 140). „Die auf § 338 Nr. 8 gestützte Rüge der unzulässigen Beschränkung der Verteidigung, weil das Gericht vor Vorlage weiteren Aktenmaterials durch die StA ihren Aussetzungsantrag zurückgewiesen hatte, muss sich zwar nicht mit der Frage des Zusammenhangs zwischen dem (behaupteten) Verfahrensverstoß und der Sachentscheidung befassen, sie muss jedoch Tatsachen vortragen, die dem Revisionsgericht die Prüfung des Beruhens ermöglichen" (BGH NStZ 1998, 369; vgl. auch BGH 30, 135 = NJW 1981, 2267). Mit dem Einwand **sachwidriger Einengung der Beweisbehauptung** kann die Revision dann nicht gehört werden, wenn nicht vorgetragen ist, dass eine entsprechende Beanstandung bereits in der Hauptbehandlung vorgebracht wurde; dies ist als Reaktion auf den verkündeten ablehnenden Gerichtsbeschluss unerlässlich (BGH StV 2001, 436). Bei Missbrauch des Beweisantragsrechts durch den Angeklagten kann die Antragstellung über den Verteidiger verlangt werden (BGH 38, 111, 113 = NJW 1992, 1245). 31

Nr. 8 betrifft nur die Verteidigung des **Angeklagten**. Die Vorschrift gilt **nicht für andere Verfahrensbeteiligte**, auch wenn sie die Befugnisse eines Angeklagten haben (§ 433 Abs. 1), sowie für Privat- und Nebenkläger (LR-Hanack Rn. 131). Erforderlich ist „eine **unzulässige** Beschränkung der Verteidigung. Davon kann nur die Rede sein, wenn die Zurückweisung einer Prozesshandlung der Verteidigung nicht durch eine Verfahrensvorschrift gedeckt ist, sondern einer Norm des Prozessrechts zuwiderläuft" (BGH 30, 137 = NJW 1981, 2267). Rügt die Revision, die Angaben des Angeklagten bei seiner polizeilichen Vernehmung und der darauf bezugnehmenden richterlichen Vernehmung hätten nicht verwertet werden dürfen, da das Recht des Angeklagten **auf Zuziehung eines Verteidigers beschränkt worden sei,** bedarf es neben der Angabe des Inhalts der jeweiligen Vernehmungen einer Schilderung sämtlicher Umstände, die bzgl. des Zustandekommens der Aussagebereitschaft von Bedeutung sein können. „Dazu gehört insbesondere die Mitteilung, ob auf den von dem Beschuldigten erklärten Wunsch auf Zuziehung eines Verteidigers die Vernehmung unterbrochen worden ist ..., welchen Inhalt die im Anschluss daran geführten Gespräche ... im Einzelnen hatten und ob der Beschuldigte vor der Vernehmung erneut auf sein Recht auf Zuziehung eines Verteidigers hingewiesen worden ist oder ob Umstände ersichtlich waren, aus denen sich ergibt, dass sich der Beschuldigte dieses Rechts zweifelsfrei bewusst war" (BGH NStZ 1999, 154). Bei Zusammentreffen besonderer Umstände – hier: besonderes Vertrau- 32 ensverhältnis zwischen RA und Angeklagten und langer U-Haft in weiter Entfernung vom Gerichtsort – kann auch die Bestellung eines **auswärtigen Verteidigers** geboten sein und die **Ablehnung** der Bestellung Gegenstand einer Verfahrensrüge sein (BGH 43, 153 = NJW 1997, 3385).

33 **Unzulässig** ist die Verteidigungsbeschränkung **nur**, wenn sie eine besondere **Verfahrensvorschrift** verletzt (BGH 21, 334 = NJW 1968, 710; 30, 137 = NJW 1981, 2267; BGH NStZ 1981, 361), wobei zwischen dem Verfahrensfehler und dem Urteil eine **konkret-kausale** Beziehung bestehen muss (BGH 30, 135 = NJW 1981, 2267; BGH NStZ 2000, 212). Sie kommt jedoch auch dann in Betracht, wenn das Gericht gegen den Grundsatz des fairen Verfahrens NVerstGH oder seine Fürsorgepflicht nicht beachtet hat (BGH 43, 153 = NJW 1997, 3385; Berz in FS-Meyer-Goßner 2001, 676). Als Verstöße gegen folgende Grundsätze kommen auch in Betracht (Meyer-Goßner § 338 Rn. 59): Weigerung, Anträge des Verteidigers entgegenzunehmen; Nichtzulassung einer Frage der Verteidigung (BGH NStZ-RR 2001, 138); Weigerung, Pressevertreter auszuschließen (BGH NJW 1964, 1485); Weigerung, dem Verteidiger einen angemessenen Sitzplatz zuzuweisen (OLG Köln NJW 1980, 302); Verhandeln entgegen Zusicherung in Abwesenheit des Verteidigers (OLG Celle StV 1989, 8). Die Beschränkung muss „**in einem für die Entscheidung wesentlichen Punkt**" liegen; dies hat die **Revisionsbegründung** darzulegen (BGH StV 2000, 248). Ferner muss die Beschränkung in einem in der Hauptverhandlung ergangenen **Gerichtsbeschluss** enthalten sein; auch das muss die Revisionsbegründung angeben (BGH NStZ 1993, 31; BGH NJW 1996, 2383). Ein Beschluss **vor oder außerhalb** der Hauptverhandlung genügt nicht (BGH 21, 359 = NJW 1968, 710; auch nicht eine Anordnung des Vorsitzenden (OLG Stuttgart StV 1988, 145). Das Unterlassen des Gerichts – nicht des Vorsitzenden allein –, einen Antrag zu bescheiden, steht dem gleich (OLG Düsseldorf StV 1983, 269; Meyer-Goßner Rn. 60).

§ 339 [Rechtsnormen zugunsten des Angeklagten]

Die Verletzung von Rechtsnormen, die lediglich zugunsten des Angeklagten gegeben sind, kann von der Staatsanwaltschaft nicht zu dem Zweck geltend gemacht werden, um eine Aufhebung des Urteils zum Nachteil des Angeklagten herbeizuführen.

1 Die Vorschrift gilt nur für Revisionen der StA, soweit diese lediglich zuungunsten des Angeklagten eingelegt sind; entsprechend gilt sie für Revisionen von **Privat-** und **Nebenkläger** (BGH MDR 1968, 18; KK-Kuckein Rn. 1). **Nicht anwendbar** ist sie bei Revisionen zugunsten des Angeklagten sowie bei Revisionen zu seinen Ungunsten, wenn die Verletzung von Rechtsnormen zu seinem Vorteil gerügt wird (vgl. Meyer-Goßner Rn. 1).

2 In ihrem Anwendungsbereich stellt die Vorschrift eine **Ausnahme von § 337** dar, da es auf die **Beschwer** des Revisionsführers (BGH 12, 1, 2 = NJW 1958, 1643) sowie das **Beruhen** des Urteils auf dem Verstoß nicht ankommt, wenn der Verfahrensverstoß in den **Rechtskreis** des Rechtsmittelführers nicht eingreift (vgl. KK-Kuckein Rn. 1).

3 § 339 betrifft **nur Verfahrensvorschriften** (Meyer-Goßner Rn. 3 mwN), die ausschließlich Rechte des Angeklagten auf umfassende Verteidigung (insb. §§ 140, 145, 257, 258 Abs. 2 u. 3, 265) sowie auf Belehrungen (insb. §§ 136 Abs. 1 S. 2, 228 Abs. 3, 243 Abs. 4 S. 1) absichern. Auch die Auffangvorschrift des § 338 Nr. 8 gehört dazu. **Nicht allein zugunsten** des Angeklagten wirken alle Vorschriften, die zugleich dem **öffentlichen Interesse** an Verahrensfortgang sowie an der Ermittlung der Wahrheit dienen (vgl. BGH NStZ 1995, 610; BGH 37, 250 = NJW 1991, 1364) und auf deren Beachtung der Angeklagte nicht verzichten kann (vgl.

Meyer-Goßner Rn. 5; KK-Kuckein Rn. 3; LR-Hanack Rn. 4 jew. mwN), zB §§ 22, 23, 136a, 230 Abs. 1, 231 Abs. 1, 275; § 169 GVG. § 244 Abs. 3 S. 2 unterfällt § 339 nur insoweit, als wahr unterstellte Tatsachen nicht zulasten des Angeklagten verwertet werden dürfen (OLG Stuttgart NJW 1967, 1627; BGH DAR 1994, 189).

Der Vorschrift wird über ihren Wortlaut hinaus der **allgemeine Grundsatz** ent- 4 nommen, dass kein Verfahrensbeteiligter zu Lasten seines Gegners Verfahrensverstöße rügen kann, deren Vermeidung dem Gegner nur einen Vorteil hätte bringen können (BGH NStZ 1995, 610).

§ 340 (weggefallen)

§ 341 [Form und Frist]

(1) **Die Revision muß bei dem Gericht, dessen Urteil angefochten wird, binnen einer Woche nach Verkündung des Urteils zu Protokoll der Geschäftsstelle oder schriftlich eingelegt werden.**

(2) **Hat die Verkündung des Urteils nicht in Anwesenheit des Angeklagten stattgefunden, so beginnt für diesen die Frist mit der Zustellung, sofern nicht in den Fällen der §§ 234, 387 Abs. 1, § 411 Abs. 2 und § 434 Abs. 1 Satz 1 die Verkündung in Anwesenheit des mit schriftlicher Vollmacht versehenen Verteidigers stattgefunden hat.**

Für die Revisionseinlegung gelten zunächst die **allgemeinen Regeln** über die 1 Einlegung von Rechtsmitteln (vgl. vor § 296 Rn. 1 ff.). Vor Einlegung der Revision ist die **Prüfung geboten,** ob das Urteil mit der Revision angegriffen werden kann und wer Revisionsberechtigter ist (Dahs/Dahs Die Revision Rn. 21). Einlegung iSd Abs. 1 ist auch eine Erklärung, die die genaue Bezeichnung des Rechtsmittels offenhält, eine Berufungseinlegung (§ 314) ist als Revisionseinlegung zu behandeln, wenn innerhalb der Revisionsbegründungsfrist in zulässiger Weise ein Wechsel des Rechtsmittels erfolgt (vgl. § 335 Rn. 2).

Die Erklärung muss sich gegen ein **bereits verkündetes,** bestimmtes Urteil 2 richten, muss einen **bestimmten Revisionsführer** erkennen lassen (BGH 5, 183 = NJW 1954, 243) und darf nicht an **Bedingungen** geknüpft sein (BVerfG 40, 272, 274 = NJW 1976, 141; vgl. i. E. KK-Kuckein Rn. 3). Erklärungen verschiedener Verfahrensbeteiligter sind selbstständig zu behandeln; allein Revisionen des Angeklagten und seines Verteidigers sind als einheitliches Rechtsmittel anzusehen (vgl. BGH 10, 245 = NJW 1957, 1040).

Adressat der Erklärung ist das Gericht, das die angefochtene Entscheidung 3 erlassen hat **(Abs. 1).** Wird sie beim unzuständigen Gericht eingelegt, so ist die Frist nur gewahrt, wenn das Schriftstück innerhalb der Frist an das zuständige Gericht weitergeleitet wird (BGH NJW 1975, 2294; vgl. i. e. KK-Kuckein Rn. 21). Die Revision gegen Urteile einer auswärtigen StrK kann bei dieser oder bei dem Stammgericht eingelegt werden (BGH NJW 1967, 107).

Für die **Form** der Einlegung gilt dasselbe wie für Berufung und Beschwerde. 4 Danach ist der **Schriftform** auch durch Einlegung per **Telefax, Telegramm** oder **Fernschreiben** genügt (BGH 30, 64 = NJW 1981, 1627; BVerfG NJW 1996, 2857; s. § 43 Rn. 2; KK-Kuckein Rn. 12 mwN); **telefonische** Einlegung zu Protokoll der Geschäftsstelle reicht nicht aus (BGH 30, 64 = NJW 1981, 1627). Stets muss die Erklärung in **deutscher Sprache** abgefasst (BGH 30, 182 = NJW 1982, 532) und grundsätzlich **unterschrieben** sein. Aber die in § 341 Abs. 1 für die Einlegung der Revision gebotene Schriftform verlangt nicht unbedingt eine Unterschrift. Es genügt vielmehr zur Wahrung der Schriftform, dass aus dem Schriftstück in einer jeden Zweifel ausschließenden Weise ersichtlich ist, **von wem**

§ 342

Drittes Buch. 4. Abschnitt

die Erklärung herrührt (BGH NStZ 2002, 558; BGH 12, 317 = NJW 1959, 739). Daher soll eine Rechtsmitteleinlegung durch nicht unterschriebenen **Computerfax** zulässig sein, wenn der Absender hinreichend sicher daraus hervorgeht (OLG München NJW 2003, 3429). Wird die Revision durch einen **Vertreter** eingelegt, so hängt die Wirksamkeit vom Bestehen einer Vertretungsbefugnis im Zeitpunkt der Erklärung ab. Der **Verteidiger** handelt als Vertreter kraft eigenen Rechts (§ 297). Zu **Verzicht und Rücknahme** vgl. § 302.

5   Die **Wochenfrist** beginnt im Fall des Abs. 1 mit der Urteilsverkündung (§ 268 Abs. 2 S. 1; vgl. BGH 18, 21, 24 = NJW 1962, 2262), im Fall des Abs. 2 mit der Zustellung des schriftlichen Urteils; sie ist nach § 43 zu berechnen und kann nicht verlängert werden. Das **Fehlen einer Rechtsmittelbelehrung** (§ 35a) hindert den Fristablauf nicht (BGH NJW 1974, 1335), sondern begründet einen Anspruch auf Wiedereinsetzung. **In Abwesenheit des Angeklagten** ist das Urteil stets dann verkündet **(Abs. 2),** wenn er, gleichgültig aus welchem Grund, bei der Verkündung nach § 268 Abs. 2 ganz oder teilweise nicht zugegen war (BGH 15, 263, 265 = NJW 1961, 419; 25, 234 = NJW 1979, 66). Die Frist zur Einlegung der Revision gegen ein nach § 329 Abs. 1 S. 1 ergangenes **Verwerfungsurteil beginnt** für den Angeklagten auch dann erst mit der Zustellung des Urteils, wenn er bei dessen Verkündung anwesend, nach den Urteilsfeststellungen (selbstverschuldet) **verhandlungsunfähig** war. In diesem Zusammenhang kommt es nicht darauf an, ob das LG den Angeklagten zu Recht als abwesend behandelt hat (BayObLG NStZ-RR 1998, 368). Die **Zustellung** des Urteils an den empfangsberechtigten Verteidiger reicht aus (§ 145a Abs. 1; vgl. BGH NStZ 1991, 28), Ersatzzustellung an den Lebensgefährten nicht (BGH 34, 250 = NJW 1987, 1562). Wird an Angeklagten und Verteidiger zugestellt, so ist für den Fristbeginn die **letzte Zustellung** maßgeblich (§ 37 Abs. 2).

6   Abs. 2 gilt für den **Nebenkläger,** wenn er in der Hauptverhandlung nicht anwesend oder vertreten war (§ 401 Abs. 2 S. 2); dasselbe gilt für den **Privatkläger** (KK-Kuckein Rn. 20; KMR-Paulus § 314 Rn. 11; **aA** Meyer-Goßner Rn. 10); die Abwesenheit nur während der Urteilsverkündung reicht hier nicht aus. Für die StA gilt Abs. 2 nicht (KK-Kuckein Rn. 20; **aA** Meyer-Goßner Rn. 10); für **gesetzliche Vertreter** vgl. § 298 Abs. 1, für **Einziehungsbeteiligte** § 436 Abs. 4 S. 1. Gegen die Versäumung der Frist zur Einlegung der Revision kann ggf. Wiedereinsetzung in den vorigen Stand nachgesucht werden (§ 44 Rn. 1 ff.).

§ 342 [Revision und Antrag auf Wiedereinsetzung]

(1) **Der Beginn der Frist zur Einlegung der Revision wird dadurch nicht ausgeschlossen, daß gegen ein auf Ausbleiben des Angeklagten ergangenes Urteil eine Wiedereinsetzung in den vorigen Stand nachgesucht werden kann.**

(2) [1] **Stellt der Angeklagte einen Antrag auf Wiedereinsetzung in den vorigen Stand, so wird die Revision dadurch gewahrt, daß sie sofort für den Fall der Verwerfung jenes Antrags rechtzeitig eingelegt und begründet wird.** [2] **Die weitere Verfügung in bezug auf die Revision bleibt dann bis zur Erledigung des Antrags auf Wiedereinsetzung in den vorigen Stand ausgesetzt.**

(3) **Die Einlegung der Revision ohne Verbindung mit dem Antrag auf Wiedereinsetzung in den vorigen Stand gilt als Verzicht auf die letztere.**

1   Die Vorschrift **gilt** in den Fällen der §§ 235 S. 1, 329 Abs. 3, 412 S. 1; dem entspricht für die Berufung § 315. Wiedereinsetzungsantrag und Revision stehen in diesen Fällen **selbstständig** nebeneinander, jedoch wird die zugleich eingelegte Revision bis zur Entscheidung über die Wiedereinsetzung als vorsorglich betrachtet und zurückgestellt. Revisionseinlegung und Wiedereinsetzungsantrag können in einem einheitlichen Schriftsatz enthalten sein; ist das nicht der Fall, so muss der

Wiedereinsetzungsantrag jedenfalls **zugleich** mit der Revisionserklärung eingehen (OLG Stuttgart NJW 1984, 2900).

Wird **Wiedereinsetzung gewährt**, so fällt das angefochtene Urteil ohne weiteres weg; die Revision wird gegenstandslos. Erst bei rechtskräftiger **Verwerfung des Wiedereinsetzungsantrags** wird über sie entschieden; **nur in diesem Fall** kommt es auf die Einhaltung der Fristen nach §§ 341, 345 Abs. 1 an. 2

Die **unwiderlegbare Vermutung** des **Abs. 3** gilt auch, wenn die Revision unstatthaft (zB § 55 Abs. 2 JGG), unzulässig oder zurückgenommen ist. Sie schließt auch eine Wiedereinsetzung vAw. (§ 45 Abs. 2 S. 3) aus (OLG Düsseldorf NStZ 1984, 320). Der Wiedereinsetzungsantrag kann nicht nachträglich gestellt oder „vorbehalten" werden (vgl. KK-Kuckein Rn. 7); eine Wiedereinsetzung gegen seine Verspätung ist nicht möglich (OLG Stuttgart NJW 1984, 2900). **Umgekehrt** gilt die Vermutung nicht; die Revision kann nach dem Wiedereinsetzungsantrag eingelegt werden, wenn die Frist eingehalten und die „Verbindung" des Abs. 2 S. 1 erklärt wird (KK-Kuckein Rn. 8). Ist der Angeklagte zur Berufungshauptverhandlung **nicht wirksam geladen** und wird seine Berufung nach § 329 Abs. 1 verworfen, so ist ihm (auch) von Amts wegen Wiedereinsetzung in den vorherigen Stand zu gewähren. Die Verzichtsvermutung des **§ 342 Abs. 3** gilt für diese Wiedereinsetzung **nicht** (OLG Hamburg, NStZ 2001, 302). Für **Nebenkläger** und **Privatkläger** (vgl. §§ 401 Abs. 3 S. 2, 391 Abs. 4) gilt § 342 entsprechend. 3

§ 343 [Hemmung der Rechtskraft] RiStBV 154

(1) **Durch rechtzeitige Einlegung der Revision wird die Rechtskraft des Urteils, soweit es angefochten ist, gehemmt.**

(2) **Dem Beschwerdeführer, dem das Urteil mit den Gründen noch nicht zugestellt war, ist es nach Einlegung der Revision zuzustellen.**

Die Vorschrift entspricht § 316. Eine **Hemmung der Rechtskraft** tritt ein, wenn die Revision **statthaft** und **rechtzeitig eingelegt** (§ 341) ist; bei zulässiger Teilanfechtung (vgl. § 318) betrifft sie nur den angefochtenen Teil. Sie verhindert die Vollstreckbarkeit des Urteils (§ 449). Hemmung der Rechtskraft tritt auch ein, wenn die Revision aus anderen Gründen als wegen Unstatthaftigkeit oder verspäteter Einlegung unzulässig ist (BGH 25, 259, 260 = NJW 1974, 373; KK-Kuckein Rn. 3); sie dauert bis zur endgültigen Entscheidung (§§ 346, 349, 353 ff.). 1

Die fortbestehende Rechtshängigkeit ist Voraussetzung für die Prüfung von **Prozessvoraussetzungen**. Sind Verfahrenshindernisse bereits **vor** dem angefochtenen Urteil entstanden und übersehen worden, so sind sie nur bei insgesamt zulässiger Revision (§ 347 Abs. 1) zu beachten (BGH 16, 115 = NJW 1961, 1684); sind sie **nach** dem angefochtenen Urteil entstanden, so reicht die Rechtzeitigkeit der Revisionseinlegung (BGH 22, 213, 217 = NJW 1968, 2253); das Verfahren ist dann vom Tatrichter und nach Aktenvorlage vom Revisionsgericht im Umfang des Prozesshindernisses einzustellen, auch wenn das Urteil nur teilweise angefochten ist (BGH 11, 393, 394 = NJW 1958, 1307). 2

Das vollständige schriftliche Urteil (Ausnahme: § 40 Abs. 2 S. 2) ist dem Revisionsführer, wenn es nicht schon nach § 341 Abs. 2 zugestellt wurde, nach Revisionseinlegung **zuzustellen** (§§ 36 ff.). Voraussetzung ist, dass die Revision **statthaft** und die **Frist** des § 341 eingehalten ist; anderweitige Unzulässigkeit schadet nicht (KK-Kuckein Rn. 5). Wird dem Revisionsführer Wiedereinsetzung gegen die Versäumung der Einlegungsfrist gewährt oder einem Antrag nach § 346 Abs. 2 stattgegeben, so ist das Urteil **nachträglich** zuzustellen. Zugestellt wird regelmäßig eine **Ausfertigung** des Urteils; eine beglaubigte Abschrift reicht aus (BGH 26, 140, 141 = NJW 1975, 1612). Die Zustellung setzt die **Revisionsbegründungsfrist** (§ 345 Abs. 1) in Lauf. 3

§ 344 [Revisionsbegründung]   RiStBV 150, 156

(1) **Der Beschwerdeführer hat die Erklärung abzugeben, inwieweit er das Urteil anfechte und dessen Aufhebung beantrage (Revisionsanträge), und die Anträge zu begründen.**

(2) [1] **Aus der Begründung muß hervorgehen, ob das Urteil wegen Verletzung einer Rechtsnorm über das Verfahren oder wegen Verletzung einer anderen Rechtsnorm angefochten wird.** [2] **Ersterenfalls müssen die den Mangel enthaltenden Tatsachen angegeben werden.**

1   Die Vorschrift ist im Zusammenhang mit § 352 zu sehen. Sie regelt **Zulässigkeitsvoraussetzungen** der Revision, die im Übrigen statthaft und fristgerecht eingelegt (§ 341) sein muss. Die erforderliche Begründung umfasst eine eventuelle **Rechtsmittelbeschränkung** (u. Rn. 2), die **Anträge** (u. Rn. 3) sowie die **Begründung der Anträge** (u. Rn. 4 ff.).

2   Die Revision kann **unbeschränkt oder beschränkt** eingelegt werden. Für den zulässigen Umfang der Beschränkung gilt das zu § 318 Gesagte (vgl. § 318 Rn. 2 ff.); eine unzulässige Beschränkung führt zur Überprüfung des Urteils in vollem Umfang. Die Revision kann auch auf die erfolgte oder fehlende Feststellung **besonderer Schwere der Schuld** (§ 57 a Abs. 1 S. 1 Nr. 2 StGB) bei Verurteilung zu lebenslanger Freiheitsstrafe beschränkt werden (BGH 39, 208 = NJW 1993, 1999 = JR 1994, 164 m. Anm. Stree). „Eine Beschränkung der Revision auf die Frage der besonderen Schwere der Schuld iS von § 57 a Abs. 1 S. 1 Nr. 2 StGB (in der Auslegung durch BVerfGE 86, 288) ist auch zulässig, wenn der Angeklagte wegen Mordes zu lebenslanger Freiheitsstrafe verurteilt worden ist und auf Grund der getroffenen Feststellungen die Bejahung eines weiteren Mordmerkmals in Betracht kommt" (BGH 41, 57 = NJW 1995, 2365). Obwohl sich die Feststellungen zu Schuld und **Schuldschwere** berühren, lässt die Bejahung oder Verneinung der **besonderen Schuldschwere** den Schuldspruch nach § 211 StGB und die Verhängung der lebenslangen Freiheitsstrafe unberührt (BGH 39, 208 = NJW 1993, 1999; Meyer-Goßner Rn. 7 a; LR-Hanack Rn. 47 a; Sarstedt/Hamm Revision Rn. 78). Die Beschränkung der Revision auf den **Strafausspruch** hat zur Folge, dass grundsätzlich auch alle weiteren Rechtsfolgen der Tat nachzuprüfen sind. Die Revision erstreckt sich damit ohne weiteres auf die Verhängung der **Gesamtstrafe,** auf die Frage der **Aussetzung der Strafvollstreckung** und auf **Unterbringungsanordnungen** (KK-Kuckein Rn. 11); die Nichtanwendung des § 64 StGB kann der Angeklagte aber grundsätzlich von seinem Rechtsmittelangriff ausnehmen (BGH 38, 362 = NJW 1993, 477). **Nicht** unbedingt erfasst werden jedoch die **Entziehung der Fahrerlaubnis** (BGH 10, 379 = NJW 1957, 1726; 24, 12 = NJW 1971, 105; vgl. Sarstedt/Hamm Reivison Rn. 154), die **Einziehungsanordnung** (OLG Düsseldorf GA 1977, 21) und die **Verfallerklärung** (RG 67, 30; KK-Kuckein Rn. 11). Die Beschränkung der Revision auf den Strafausspruch ist unwirksam, wenn eine erhebliche **Verminderung der Schuldfähigkeit** nicht rechtsfehlerfrei beründet wurde und Schuldunfähigkeit nicht auszuschließen ist (BGH 46, 257 = NJW 2001, 1435). Die Beschränkung kann **ausdrücklich erklärt** werden oder sich aus der Begründung ergeben (vgl. KK-Kuckein Rn. 5; Gribbohm NStZ 1983, 97); im letzteren Fall ist wegen § 473 Abs. 1 u. 3 ggf. zu klären, ob die Revision von Anfang an beschränkt eingelegt war oder ob eine **Teilrücknahme** vorliegt (vgl. BGH NStZ 1992, 126). Aus dem Fehlen einer ausreichenden Begründung zu einzelnen, abtrennbaren Urteilsteilen kann aber idR nicht auf eine wirksame Beschränkung des Rechtsmittels geschlossen werden; vielmehr ist die Revision insoweit als unzulässig zu verwerfen (vgl. Meyer-Goßner Rn. 6 mwN). Bei Einlegung oder Begründung der Revision zu Protokoll der Geschäftsstelle (§§ 341 Abs. 1, 345 Abs. 2) ist RiStBV Nr. 150 zu beachten. Die nachträgliche **Erweiterung** einer zunächst beschränkt

Revision **§ 344**

eingelegten Revision ist nur bis zum Ablauf der Frist des § 341 zulässig (BGH 38, 366 = NJW 1993, 476).

Die **Revisionsanträge** sind stets vorab **schriftlich** und regelmäßig **ausdrücklich** 3 zu stellen; ihr Fehlen ist aber unschädlich, wenn sich das Ziel der Revision zweifelsfrei aus der Begründung oder dem Verfahrensgang ergibt (BGH JZ 1988, 367).

Bei der **Begründung** der Revision ist zwischen der **Verfahrens-** und der 4 **Sachrüge** zu unterscheiden (**Abs. 2 S. 1;** vgl. § 337 Rn. 3 ff.). Für diese **Unterscheidung** setzt 344 Abs. 2 voraus, dass es Rechtsnormen „über das Verfahren" (**Verfahrensrüge**) und „andere Rechtsnormen" (**Sachrüge**) gibt. Die Rspr. verwendet für die Verfahrensrüge eine Formel wonach **Verfahrensregeln den Weg bestimmen,** auf welchem der Richter zur Urteilsfindung berufen gelangt (BGH 19, 273 = NJW 1964; 25, 100 = NJW 1973, 523; BGH JR 1981, 432). Als die „anderen Rechtsnormen" wird das **materielle Recht** verstanden. Man könnte auch die Straftat als Ausgangspunkt nehmen und die Abgrenzung dahin vornehmen, dass alles zum materiellen Recht gehört (Sachrüge), was die rechtliche Einordnung und die Bewertung der Tat bestimmt (Jähnke in FS-Goßner, 2001 S. 559). Dabei kommt es nicht auf die Bezeichnung der Rüge an, sondern allein darauf, ob sie sich gegen Rechtsfehler bei der Anwendung von sachlichem oder Verfahrensrecht richtet (BGH 19, 273, 275 = NJW 1964, 1234). Das muss sich aus der Begründung zweifelsfrei ergeben (vgl. KK-Kuckein Rn. 20 f. mwN); allgemeine Erklärungen (etwa, das Urteil werde „insgesamt" angefochten) reichen nicht aus (Meyer-Goßner Rn. 11 mwN).

Verfahrenshindernisse sind vom Revisionsgericht stets vAw. zu beachten 5 (BGH 22, 213 = NJW 1968, 2253); eine spezielle Rüge ist nicht erforderlich. Die Prüfung der Verfahrensvoraussetzungen ist also nicht davon abhängig, ob eine **Sachbeschwerde** erhoben ist, die das Revisionsgericht zu umfassender Nachprüfung der Rechtsanwendung verpflichtet, oder ob der Beschwerdeführer lediglich **Verletzung einzelner verfahrensrechtlicher Bestimmungen** gerügt hat. Die Prüfungspflicht des Revisionsgerichts besteht auch in Fällen der Rechtsmittelbeschränkung; sie wird also auch durch Rechtskraft von Teilen des angefochtenen Urteils nicht gehindert. Die Feststellung eines Verfahrenshindernisses hat dann grundsätzlich zur Folge, dass das Verfahren **insgesamt** einzustellen ist (BGH 11, 393, 395 = NJW 1958, 1307; 13, 128 = NJW 1959, 1331), es sei denn, dass das eingetretene Hindernis, so zB Strafverfolgungsverjährung, sich seiner Natur nach auf einen rechtlich selbstständigen Gegenstand der Verurteilung beschränkt (KK-Kuckein Rn. 23). Sind die Verfahrenshindernisse **vor Erlass** des angefochtenen Urteils entstanden, muss die Revision ordnungsgemäß begründet und insgesamt zulässig sein (BGH 16, 115 = NJW 1967, 1684); bei Verfahrenshindernissen **nach** Urteilserlass reicht es, dass die Revision statthaft und rechtzeitig eingelegt ist (BGH 22, 213).

Inhalt der Sachrüge ist, dass das materielle Recht falsch angewendet worden sei 6 und das angefochtene Urteil darauf beruhe. Ziel der Sachrüge ist die Kontrolle der zutreffenden Anwendung des auf den festgestellten Sachverhalt (BGH NStZ 1993, 594). S. auch § 337 Rn. 3 ff. Eine zulässig erhobene **Sachrüge** setzt voraus, dass die Revision – allein oder neben der Verfahrensrüge – zweifelsfrei erkennbar auf die **Verletzung sachlichen Rechts** gestützt wird (BGH NStZ-RR 2000, 295). Die den Inhalt der Sachrüge ausmachende – schlüssige – Behauptung, dass auf den im Urteil festgestellten Sachverhalt materielles Recht falsch angewendet worden sei, muss der Revisionsbegründung zu entnehmen sein. Eine derartige – schlüssige – Behauptung kann insbesondere nicht in der bloßen Erklärung der Revisionseinlegung und in der Feststellung, der Tatrichter hätte zu einem Freispruch gelangen müssen, gesehen werden (BGH 25, 275 = NJW 1974, 655; BGH NStZ 1991, 597; 1993, 31; OLG Hamm wistra 2000, 39). Von wesentlicher Bedeutung ist also, dass das Revisionsgericht bei Prüfung der Rechtsanwendung von dem **im Urteil festgestellten Sachverhalt** auszugehen hat (BGH 15, 347 =

859

NJW 1961, 789; 21, 149 = NJW 1967, 213). Die tatrichterlichen **Feststellungen** können mit der Sachbeschwerde nur dann erfolgreich angegriffen werden, wenn sich **aus dem Urteil selbst ergibt,** dass ihnen sachlich-rechtliche Mängel anhaften (35, 241 = NJW 1988, 3161; BGH NStZ 1993, 501). Hierher gehören **Unklarheiten, Widersprüche,** Verstöße gegen die **Denkgesetze, Fehlen wesentlicher Feststellungen** oder erkennbare und ausfüllungsbedürftige **Lücken** der Beweiswürdigung (KK-Kuckein Rn. 27). Eine nähere Begründung der Sachrüge ist nicht vorgeschrieben; für die **StA** ist freilich RiStBV Nr. 156 zu beachten. Den Anforderungen des **Abs.** 2 genügt die Erklärung, **es werde die Verletzung materiellen Rechts gerügt;** schon diese Erklärung führt zur umfassenden sachlich-rechtlichen Überprüfung durch das Revisionsgericht (BGH 25, 100 = NJW 1973, 523); zugleich liegt in der **allgemeinen Sachrüge** regelmäßig die Erklärung, das Urteil werde unbeschränkt angefochten (Gribbohm NStZ 1983, 97). Hieraus folgt, dass die **bestimmte Behauptung** einer Rechtsverletzung nicht erforderlich ist (Meyer-Goßner Rn. 16; einschr. KK-Kuckein Rn. 26), wenn nicht die Begründung eine Distanzierung von dem Verlangen nach umfassender Prüfung enthält (BGH 25, 272, 275 = NJW 1974, 655). Andererseits sind **Einzelausführungen** zur Sachrüge nicht unzulässig und häufig geboten. Sie führen nicht zu einer Beschränkung der sachlich-rechtlichen Prüfung. Erschöpfen sie sich aber in Angriffen gegen mit der Revision nicht angreifbare Feststellungen, so kann dies das Rechtsmittel insgesamt unzulässig machen (BGH 25, 272, 275; OLG Düsseldorf NStZ 1993, 99; vgl. Gribbohm NStZ 1983, 97, 99). Aber allein der Antrag, die im angefochtenen Urteil abgedruckte **Unterbringung** aufzuheben, enthält noch keine zulässig erhobene Sachrüge (BGH NStZ-RR 1998, 18). Die Revision des **Nebenklägers** bedarf grundsätzlich der Spezifizierung (BGHR § 344 Abs. 1 Antrag 1; § 400 Abs. 1 Zulässigkeit 2, 5; KK-Kuckein Rn. 25).

7 **Verfahrensrügen** müssen stets ausgeführt werden **(Abs. 2 S. 2);** eine „allgemeine Verfahrensrüge" gibt es nicht (vgl. BVerfG NJW 1985, 125). S. auch § 337 Rn. 3 ff. Der Beschwerdeführer muss **die den Mangel begründenden Tatsachen** vollständig angeben, soweit sie ihm zugänglich sind (vgl. BGH 29, 162, 164 = NJW 1980, 951). So muss die Revision auch die vom Tatgericht **übersehene Verfahrenshindernisse** ordnungsgemäß begründen (16, 115 = NJW 1967, 1684; 46, 235 = NJW 2001, 1509). Die Revision hat zB den Beschluss der StrK, durch den diese den Besetzungseinwand zurückgewiesen hat, vollständig **mitzuteilen.** Die **vollständige** Wiedergabe gehört zum notwendigen Revisionsvorbringen (BGH NStZ 2001, 491; BGHR StPO § 344 Abs. 2 S. 2 Besetzungsrüge 2). Äußerungen der StrK zur **Vertretungsmöglichkeit** sind ebenfalls mitzuteilen. Ggf. ist **bekanntzugeben,** wie der Geschäftsverteilungsplan des LG die Rangordnung zwischen Sitzungstätigkeit in der eigenen Kammer und Inanspruchnahme als Vertreter geregelt hat (BGH NStZ 2001, 491). Dieser Vortrag muss so **vollständig** sein, dass das Revisionsgericht allein anhand der Revisionsbegründung in die Lage versetzt wird zu prüfen, ob ein Verfahrensfehler vorliegt (BGH 3, 213, 214 = NJW 1952, 1386; 29, 203 = NJW 1980, 1292; vgl. KK-Kuckein Rn. 39 mwN). Will ein Beschwerdeführer rügen, dass durch das Verfahren das **Beschleunigungsgebot** des Art. 6 Abs. 1 S. 1 MRK **verletzt** worden ist, so hat er die diesen Verfahrensverstoß belegenden Tatsachen gemäß § 344 Abs. 2 S. 2 in der Revisionsbegründung darzulegen, um dem Revisionsgericht eine entsprechende Nachprüfung zu ermöglichen. Entsprechendes muss auch dann gelten, wenn der Beschwerdeführer rügt, dass das Urteil zwar vom Vorliegen einer Verfahrensverzögerung pauschal ausgegangen ist, aber Art, Ausmaß und Umstand dieser Verzögerung nicht festgestellt hat (BGH NStZ 1999, 95). Die **Behauptung des Revisionsverfahrens,** das Verfahren sei nicht in der nach Art. 6 I 1 EMRK gebotenen Weise **beschleunigt** worden, prüft das Revisionsgericht grundsätzlich nur auf eine den Erfordernissen des § 344 Abs. 2 S. 2 entsprechenden **Verfahrensrüge.** Diese muss Angaben zur Dauer des bisheri-

gen Verfahrens enthalten, damit das Revisionsgericht prüfen kann, ob diese von den Strafverfolgungsbehörden zu verantworten ist. Wird die behauptete Verfahrensverzögerung darauf gestützt, dass die zunächst zum Strafrichter erhobene Anklage zurückgenommen und anschließend − erneut − Anklage zum Schöffengericht erhoben worden ist, so muss dargelegt werden, warum diese Verfahrensweise fehlerhaft gewesen sei. „Zur Begründung der Verfahrensrüge mit der die **Verletzung des Akteneinsichtsrechts während** der Hauptverhandlung geltend gemacht wird, reicht es nicht aus, wenn nur der Akteneinsichtsantrag und die daraufhin ergangene Entscheidung des Tatrichters mitgeteilt wird. Vielmehr muss ggf. auch noch vorgetragen werden, dass die Akte zum Zeitpunkt der Einsichtnahme nicht vollständig gewesen ist und welche Bestandteile gefehlt haben, sowie vor allem, welche Gründe einer − ggf. nochmaligen − erneuten und dann vollständigen Akteneinsicht entgegengestanden haben" (OLG Hamm NStZ 2004, 166). Auf die **Sachrüge** kann die revisionsgerichtliche Prüfung, ob das Beschleunigungsgebot des Art. 6 I 1 MRK verletzt worden ist, allenfalls dann erfolgen, wenn die Urteilsgründe ausreichende Angaben zum Verfahrensgang und zur Verfahrensdauer enthalten (OLG Düsseldorf NStZ-RR 2001, 144) zur Verfahrensverzögerung im Ausnahmefall s. Einl. 10 u. § 338 Rn. 1. Die Verfahrensrüge **(Aufklärungsrüge)** ist nur dann in zulässiger Weise erhoben, wenn − neben der Benennung einer Beweistatsache und eines bestimmten Beweismittels − diejenigen Umstände und Vorgänge dargelegt werden, die für die Beurteilung der Frage, ob sich dem Gericht die vermisste Beweiserhebung aufdrängen musste, bedeutsam sein konnten. Das bedeutet für den Fall der vermissten Anhörung eines **etwaigen Zeugen,** dass zumindest mitgeteilt werden muss, ob und in welcher prozessualen Rolle (als Beschuldiger oder als Zeuge) die Auskunftsperson bereits vernommen ist und welche Aussagen dabei gemacht worden sind (BGH NStZ 1999, 45). Soll im Fall der Aussageverweigerung eines Zeugen nach § 52 mit der Verfahrensrüge als Verstoß gegen § 244 Abs. 2 oder 3 beanstandet werden, dass kein Beweis über frühere spontan, aus freien Stücken gegenüber einer Amtsperson gemachte Äußerungen dieses Zeugen erhoben worden sei, müssen zur Wahrung der Darlegungsanforderungen nach § 344 Abs. 2 S. 2 der genaue Inhalt und die näheren Umstände der früheren Angaben in der Revisionsbegründung mitgeteilt werden (= NJW 1998, 2229). Soll mit der Revision die **unterbliebene Ladung des Verteidigers** gerügt werden, handelt es sich um eine Verfahrensrüge, zu deren Zulässigkeit nicht nur dargelegt werden muss, dass die Ladung des Verteidigers unterblieben, sondern auch, dass die Wahl des Verteidigers dem Gericht rechtzeitig mitgeteilt worden ist (OLG Hamm wistra 1998, 238). **Bezugnahmen** auf Aktenteile oder andere Schriftstücke sind grds. unzulässig; vielmehr sind diese regelmäßig durch Zitate oder Einfügung von Ablichtungen in die Revisionsbegründungen aufzunehmen (vgl. Meyer-Goßner Rn. 21 mwN). Dabei kann die Zulässigkeit der Rüge schon daran scheitern, dass Verfahrenstatsachen − etwa Anträge, darauf ergehende Entscheidungen oder dienstliche Erklärungen − nicht **vollständig** und **im Wortlaut** wiedergegeben werden. Ein Wiedereinsetzungsantrag nach Versäumung der Frist zur **Begründung** der Revision ist nur zulässig, wenn die nachgeholte Handlung den **Formerfordernissen** der §§ 344 Abs. 1, Abs. 2, S. 1, 345 Abs. 2 genügt. Ob die ausgeführte Revisionsbegründung auch § 344 Abs. 2 S. 2 entspricht, ist hingegen nur im **Revisions- und nicht im Wiedereinsetzungsverfahren** zu prüfen (BGH NJW 1997, 1516). Die Auslegung des Abs. 2 S. 2 durch die Revisionsgerichte ist häufig sehr eng (vgl. Ventzke StV 1992, 338), erscheint daher bisweilen zu formal und mag dann das Vorurteil der „Unberechenbarkeit" der Revision bestärken. Über Verweisungen auf die Ablehnung von **Hilfsbeweisanträgen** in den Urteilsgründen (BayObLG 1987, 33, 35 = NJW 1987, 3091) hinaus sollten daher einzelne, genau bezeichnete Bezugnahmen zugelassen werden.

Die Verfahrenstatsachen sind **erschöpfend und schlüssig** vorzutragen. Das setzt **8** die Angabe **konkreter Tatsachen** voraus, die **bestimmt behauptet** werden müs-

§ 344

sen (BGH 19, 273, 276 = NJW 1964, 1234; 25, 272, 274 = NJW 1974, 655); die Angabe der bloßen **Möglichkeit** genügt nicht (BGH 29, 203 = NJW 1980, 1292; BGH NJW 1953, 836). Mit dem Einwand **sachwidriger Einengung der Beweisbehauptung** kann die Revision dann nicht gehört werden, wenn nicht vorgetragen ist, dass eine entsprechende Beanstandung bereits in der Hauptverhandlung vorgebracht wurde; dies ist als Reaktion auf den verkündeten ablehnenden Gerichtsbeschluss unerlässlich (BGH StV 2001, 436). Die Angabe von **Beweismitteln,** insbesondere die Bezeichnung der Aktenstellen, aus denen sich die Tatsachen ergeben, ist nicht erforderlich, aber zulässig (BGH NStZ 1982, 190). Beweisangebote sind Anregungen für die Überprüfung im **Freibeweisverfahren** (vgl. § 337 Rn. 6). Dabei ist zu beachten, dass **Protokollrügen** unzulässig sind (vgl. § 273 Rn. 11). Soweit die Beweiskraft des Protokolls reicht (§ 274), werden durch die Niederschrift Verfahrensmängel bewiesen, die sich **aus ihr** ergeben; protokollierte Förmlichkeiten gelten als geschehen, nicht protokollierte als nicht geschehen. Auf der Fehlerhaftigkeit des Protokolls selbst kann aber das Urteil nicht beruhen; ein Verfahrensfehler des Verstoßes gegen § 273 Abs. 1 durch **Nichtprotokollierung** fehlerhafter Verfahrensvorgänge kann mit der Revision nicht angegriffen werden (BGH 19, 273, 276 = NJW 1964, 1234). Möglich ist ein Antrag auf Berichtigung des Protokolls (BGH 1, 259). Umgekehrt ist eine Protokollberichtigung, die einer bereits zulässig erhobenen Verfahrensrüge die Tatsachengrundlage entzieht, unbeachtlich (BGH 10, 342, 343 = NJW 1957, 1527; vgl. § 271 Rn. 7).

9 Zum notwendigen Vortrag gehört auch die bestimmte Erklärung, **welcher Verfahrensmangel** sich aus den Tatsachen ergibt, welches Gesetz also verletzt wurde (vgl. § 337 Abs. 1). Dagegen sind Ausführungen zur **Beruhensfrage** (vgl. § 337 Rn. 17 f.) nicht erforderlich (BGH 30, 131, 135 = NJW 1981, 2267); im Einzelfall kann aber eine erweiterte Darlegung erforderlich sein, insb. wenn Belehrungen oder Hinweise nicht erteilt wurden und das Beruhen des Urteils auf dem Mangel zweifelhaft erscheinen kann (BGH NStZ 1992, 294, 295; vgl. KK-Kuckein Rn. 65). Für die Behauptung der **Beschwer** gilt das nämliche. Die Zustimmung zur Verlesung einer polizeilichen Zeugenaussage kann als **Prozesshandlung** im Wege der Revision nicht angefochten werden (BGH NStZ 1997, 611). Auch **Protokollrügen** sind unzulässig. Nicht die Fehlerhaftigkeit der Sitzungsniederschrift, sondern Mängel des Verfahrens begründen die Revision. Auf einem Mangel des Protokolls kann das Urteil nicht beruhen (BGH 7, 162 = NJW 1955, 641), auch nicht auf dem Fehlen des Protokolls (BGH NStZ 1991, 502; Meyer-Goßner Rn. 26).

10 Eine **Ergänzung** des Revisionsvorbringens ist innerhalb der Frist des § 345 Abs. 1 möglich. Nach Ablauf dieser Frist ist weder das Nachschieben neuer Rügen noch neuen Tatsachenstoffs zu bereits erhobenen Verfahrensrügen (vgl. BGH 18, 214 = NJW 1963, 821) zulässig. Rechtsausführungen zu Verfahrensmängeln sowie Ausführungen zur Sachrüge können noch in der Revisionshauptverhandlung vorgetragen werden. Eine Wiedereinsetzung in die Frist des § 345 Abs. 1 zum Nachschieben von Verfahrensrügen ist grds. ausgeschlossen (BGH 14, 330 = NJW 1960, 1775; vgl. § 345 Rn. 5 f.; s. § 44 Rn. 4). Da Verfahrensfehler **nachgewiesen** sein müssen und der Grundsatz „in dubio pro reo" insoweit nicht gilt (BGH 16, 167 = NJW 1961, 1979; BGH NStZ 1994, 196), kann dem Beschwerdeführer nicht verwehrt werden, **Beweis anzubieten.** Solche Beweisangebote sind aber im Freibeweis nicht mehr als **Anregungen,** denen das Revisionsgericht allenfalls im Rahmen seiner Aufklärungspflicht nachkommen muss. Sie sind deshalb auch im Grunde genommen entbehrlich. Die Angabe von Beweismitteln gehört nicht zum notwendigen Inhalt der Begründung einer Verfahrensrüge, ebenso wenig die Glaubhaftmachung des Rügevorbringens (BGH NStZ 1982, 190; KK-Kuckein Rn. 41). „Soll im Fall der **Aussageverweigerung eines Zeugen** nach § 52 mit der Verfahrensrüge als Verstoß gegen § 244 Abs. 2 oder 3 beanstandet werden, dass kein Beweis über frühere spontan, aus freien Stücken gegenüber einer Amtsperson gemachte Äußerungen dieses Zeugen erhoben worden sei, müssen zur Wahrung der **Darlegungsaufforderungen** nach § 344 Abs. 2 S. 2 der genaue Inhalt und die näheren Umstände der früheren Angaben in der Revisionsbegründung mitgeteilt werden" (BGH NJW 1998, 2229). Ein Verstoß gegen § 171 a GVG durch **Ablehnung** eines beantragten Ausschlusses der Öffentlichkeit kann regelmäßig nur über eine **Aufklärungsrüge** geltend gemacht werden (BGH NStZ 1998, 586). Kommen nach den vorgetragenen Tatsachen **mehrere Verfahrensmängel** in Betracht, muss vom Beschwerdeführer innerhalb der Revisionsbegründungsfrist die Angriffsrichtung der Rüge deutlich gemacht und dargetan werden, **welcher Verfahrensmangel** geltend gemacht wird (BGH 44, 121 = NJW 1999, 157). Das notwendige Revisionsvorbringen ist grundsätzlich bei den einzelnen Vorschriften dargelegt. Die Unzulässigkeit der Verfahrensrüge führt bei **Fehlen der Sachrüge** zur Unzulässigkeit der Revision (BGH NStZ-RR 2000, 294).

§ 345 [Revisionsbegründungsfrist]   RiStBV 149, 150 Abs. 2 bis 6, 160

(1) ¹**Die Revisionsanträge und ihre Begründung sind spätestens binnen eines Monats nach Ablauf der Frist zur Einlegung des Rechtsmittels bei dem Gericht, dessen Urteil angefochten wird, anzubringen.** ²**War zu dieser Zeit das Urteil noch nicht zugestellt, so beginnt die Frist mit der Zustellung.**

(2) **Seitens des Angeklagten kann dies nur in einer von dem Verteidiger oder einem Rechtsanwalt unterzeichneten Schrift oder zu Protokoll der Geschäftsstelle geschehen.**

Die **Revisionsbegründungsfrist** beträgt einen Monat; sie kann nicht verlängert 1 werden (BGH NStZ 1988, 20). Sie sollte im Interesse einer angemessenen Vorbereitung der Verteidigung (vgl. Art. 6 Abs. 3 lit. b EMRK) auf Antrag verlängert werden können (Grabenwarter NJW 2002, 109 mwN). Sie ist nach § 43 zu berechnen und **beginnt** idR mit der Zustellung des Urteils nach § 343 Abs. 2; im Fall der Zustellung nach § 341 Abs. 2 schließt sie sich unmittelbar an die Einlegungsfrist an (BGH 36, 241 = NJW 1990, 460). Innerhalb der Revisionsbegründungsfrist muss spätestens auch die in § 335 vorgesehene **Wahl zwischen Berufung und Revision** vorgenommen werden (BGH 13, 392 = NJW 1960, 494; 40, 398 = NJW 1995, 2367; KK-Kuckein Rn. 2). Wird gegen die Versäumung der Frist des § 341 **Wiedereinsetzung** gewährt, so beginnt die Begründungsfrist mit der Zustellung des Wiedereinsetzungsbeschlusses (vgl. BGH 30, 335 = NJW 1982, 1110); entsprechendes gilt im Fall des § 346 Abs. 2, wenn das Revisionsgericht den Verwerfungsbeschluss aufhebt. Erlässt das Tatgericht einen **Berichtigungsbeschluss** (vgl. § 267 Rn. 27), so ist dessen Zustellung für den (neuen) Fristbeginn maßgeblich (BGH 12, 374 = NJW 1959, 899; vgl. BGH 30, 335; NStZ 1991, 195). Werden die Gründe nach § 267 Abs. 4 S. 3 **ergänzt**, so beginnt die Frist mit der Zustellung des ergänzten Urteils. Eine Zustellung vor Fertigstellung des Sitzungsprotokolls (vgl. § 273 Abs. 4) setzt die Frist nicht in Lauf (BGH 27, 80 = NJW 1977, 541); dasselbe gilt, wenn der Zustellung Protokollberichtigungen nachfolgen, die (noch) nicht von beiden Urkundsbeamten getragen sind (BGH 37, 287 = NJW 1991, 1902). Für die Revision des **Nebenklägers** ist § 401 zu beachten. Der **Privatkläger** kann Revisionsanträge nur mittels einer von einem RA unterzeichneten Schrift anbringen (§ 390 Abs. 2). Das gilt auch für den Nebenkläger (BGH NJW 1992, 1398; KK-Kuckein Rn. 23). Beide haben also kein Recht auf Erklärung der Revisionsbegründung zu Protokoll.

Voraussetzung für den Fristbeginn ist eine **wirksame Zustellung** (§§ 37, 40, 41; 2 zu Einzelheiten vgl. auch KK-Kuckein Rn. 4 ff.). „Eine Urteilszustellung ist **unwirksam,** wenn das Hauptverhandlungsprotokoll zum Zeitpunkt der Zustellung

§ 345

zwar vom Urkundsbeamten und vom Vorsitzenden unterschrieben worden ist, der Urkundsbeamte sich aber zu den vom Vorsitzenden eingefügten sachlichen Ergänzungen noch nicht erklärt hat. In diesem Fall beginnt die **Revisionsbegründungsfrist** des § 345 Abs. 1 S. 2 auch dann nicht, wenn die Protokollergänzungen für die eingereichte Revisionsbegründung ohne Bedeutung sind" (BGH 37, 287 = NJW 1991, 1902). Aber „das **Fehlen einer Unterschrift** oder eines Verhinderungsvermerks im Urteil macht dessen Zustellung **nicht unwirksam,** wenn das zugestellte Schriftstück der Urschrift entspricht. Ein solcher Mangel des Urteils ist nur auf eine Verfahrensbeschwerde, nicht aber auf die Sachrüge zu beachten" (BGH 46, 204 = NJW 2001, 838). Hat der Richter nach **§ 77 b OWiG** zunächst von einer schriftlichen Begründung des Urteils abgesehen, **beginnt die Frist** zur Begründung der Rechtsbeschwerde für die StA, die an der Hauptverhandlung nicht teilgenommen hat, allein mit der Zustellung eines mit Gründen versehenen Urteils (BGH 44, 190 = NStZ 1999, 139). Abgesehen vom Fall des § 40 Abs. 2 S. 2 ist stets das vollständige Urteil (Tenor, Urteilsgründe, Unterschriften) zuzustellen; ein lückenhaftes Rubrum kann unschädlich sein (vgl. BGH NStZ 1989, 584). Der Fristlauf beginnt auch dann, wenn die vollständige Urteilsformel zugestellt wird, die Urteilsgründe aber fehlen; auch die Rüge nach § 338 Nr. 7 muss fristgemäß begründet werden. Das Institut der **Wiedereinsetzung** in den vorigen Stand gegen die Versäumung der Revisionsbegründungsfrist kann nicht dazu dienen, die Form- und Fristgebundenheit der Revisionsbegründung nach den §§ 344 Abs. 2 S. 2, 345 zu unterlaufen. Nur im Ausnahmefall kann ein Wiedereinsetzungsantrag zur Nachholung einzelner Verfahrensrügen erhoben werden, wenn dargelegt wird, welche Verfahrensrügen erhoben werden sollten und inwieweit der Revisionsführer ohne sein Verschulden konkret daran gehindert war (BGH NStZ-RR 1996, 201). Ist ein Revisionsführer zunächst gehindert, seine **Revision** fristgerecht zu begründen, so führt die Wochenfrist des § 45 Abs. 1 iVm § 45 Abs. 2 S. 2 grundsätzlich dazu, dass sich die Revisionsbegründungsfrist des § 345 Abs. 1 auf eine Woche ab Wegfall des Hindernisses verkürzt. Allerdings kann die Überlagerung beider Fristen in Ausnahmefällen auch dazu führen, dass dem Antragsteller für ein Wiedereinsetzungsgesuch die Monatsfrist eingeräumt wird (BGH NStZ-RR 1997, 267).

3 Die **Formvorschrift des Abs. 2** gilt über ihren Wortlaut hinaus für **alle** Revisionsführer mit **Ausnahme** der **StA,** für die die einfache Schriftform genügt (RiStBV Nr. 149; vgl. GmS-OGB NJW 1980, 172), des **Privatklägers** (§ 390 Abs. 2) und des **Nebenklägers** (BGH NJW 1992, 1398). Der **Verteidiger** kann die Begründung nicht zu Protokoll der Geschäftsstelle erklären (OLG Düsseldorf MDR 1975, 72), wohl aber gesetzliche Vertreter, Erziehungsberechtigte und Einziehungsbeteiligte. **Zweck der Vorschrift** ist die Gewährleistung gesetzmäßigen und sachgerechten Vorbringens (BVerfG 64, 135, 152 = NJW 1983, 2762; BGH 32, 326 = NJW 1984, 2480). Abs. 2 gilt auch für zulässig nachgeschobene Ausführungen (OLG Stuttgart JR 1982, 167; vgl. § 344 Rn. 10). Der **Schriftform** ist auch durch **Telefax,** Telebrief, Fernschreiben oder Telegramm genügt (BGH 30, 64 = NJW 1981, 1627; BVerfG NJW 1996, 2857; § 43 Rn. 2; KK-Kuckein Rn. 17), auch durch nicht unterschriebenem **Computerfax** (OLG München NJW 2003, 3429).

4 **Verteidiger** iSd. Abs. 2 kann der bereits in der Vorinstanz Tätige (§§ 138 Abs. 1 und 2, 139, 141) oder neu Bestellte sein; im ersteren Fall ist eine besondere **Vollmacht** nicht erforderlich, im letzteren Fall muss sie innerhalb der Frist des Abs. 1 wirksam – auch mündlich – erteilt sein. Eine **Unterbevollmächtigung** ist unzulässig (BGH StV 1981, 393). Die Beiordnung als Pflichtverteidiger für die Tatsacheninstanz umfasst auch diejenige zur Revisionsbegründung (OLG Stuttgart NJW 1979, 1373); allein für die Wahrnehmung der Revisionshauptverhandlung bedarf es einer besonderen Bestellung durch den Vorsitzenden des Revisionsgerichts (BGH 19, 258 = NJW 1964, 1035). Neben dem Verteidiger kann auch ein im Geltungsbereich der StPO zugelassener **Rechtsanwalt** unterzeichnen. Der Umstand, dass die

Revisionsbegründung nicht vom bestellten Verteidiger unterzeichnet ist, macht die Erklärung nicht unwirksam, wenn davon auszugehen ist, dass der unterzeichnende RA **als allgemeiner Vertreter** (§ 53 Abs. 2 S. 1 BRAGO) des Verteidigers handelt (BGH NStZ-RR 2002, 12). Die Bevollmächtigung muss vor Ablauf der Frist des Abs. 1 erfolgt sein (BVerfG NJW 1996, 713). Ist der **Angeklagte selbst zugelassener Rechtsanwalt,** so kann er unterschreiben (RG 69, 377).

Die **Unterschrift** des Verteidigers oder Rechtsanwalts (zur Form vgl. BGH 12, 5 317 = NJW 1959, 734) muss die Revisionsbegründung **inhaltlich decken;** beigefügte Anlagen müssen ausdrücklich in Bezug genommen werden. Eine inhaltliche **Distanzierung,** die Zweifel daran begründet, dass der Unterzeichnende die **volle Verantwortung** für den gesamten Text übernimmt, macht die Begründung unzulässig (BGH 25, 272, 273 = NJW 1974, 655; Dahs/Dahs, Die Revision Rn. 60); soweit der Vorbehalt reicht (KK-Kuckein Rn. 16). Das kann sich aus der Unterzeichnung grob laienhafter Ausführungen des Angeklagten (BGH NStZ 1984, 563) oder aus distanzierenden Bemerkungen des Rechtsanwalts selbst ergeben (vgl. Meyer-Goßner Rn. 16) und gilt auch für die allgemeine Sachrüge (BGH 25, 272; KK-Kuckein Rn. 15; LR-Hanack Rn. 29; **aA** Meyer-Goßner Rn. 17). Unterzeichnet ein RA als Verteidiger die Revisionsbegründungsschrift, muss er für ihren Inhalt die **volle Verantwortung** übernehmen. Tut er das nicht oder verbleiben daran nur Zweifel, ist die Revision unzulässig (OLG Hamm NStZ-RR 1999, 20). Auch bei der von einem RA unterzeichneten Revisionsbegründung darf also kein Zweifel bestehen, dass der RA die **volle Verantwortung** für den Inhalt der Schrift übernommen hat, andernfalls ist die Revisionsbegründung unzulässig (BGH 25, 274 = NJW 1974, 655; BGH NStZ 2000, 211; 2004, 166). Der Verteidiger muss die Revisionsschrift grundsätzlich selbst verfassen, **zumindest an ihr gestaltend mitwirken.** Dabei darf kein Zweifel bestehen, dass der Rechtsanwalt die volle Verantwortung für den Inhalt der Schrift übernimmt (BGH NStZ-RR 2002, 309). Das Unterzeichnen der Rechtsbeschwerdebegründung mit dem Zusatz „iV" spricht dafür, dass der unterzeichnende RA nicht eigenverantwortlicher Verfasser der Rechtsbeschwerdebegründung gewesen ist und kann zur Unzulässigkeit der Rechtsbeschwerde führen (OLG Hamm NStZ 2001, 250). **Fehlt** es wegen der unzulässigen Unterzeichnung der Revisionsbegründung durch einen Sozius des Pflichtverteidigers an einer rechtswirksamen **Unterschrift,** so ist allein wegen dieses Formfehlers auf Antrag gegen die Versäumung der Frist zur Begründung der Revision Wiedereinsetzung in den vorigen Stand zu gewähren (BGH NStZ 2003, 615). Ein **Verschulden des Verteidigers** an der Unzulässigkeit der Revisionsbegründung, das dem Angeklagten nicht zuzurechnen ist (BGH 25, 89, 92 = NJW 1973, 521), begründet einen **Wiedereinsetzungsanspruch** des Angeklagten in die Frist des Abs. 1 (vgl. KK-Kuckein Rn. 25 mwN).

Für die Aufnahme der Erklärung zu **Protokoll der Geschäftsstelle** ist der 6 Rechtspfleger bei dem Gericht zuständig (§ 24 RPflG), das das angefochtene Urteil erlassen hat; für inhaftierte Angeklagte gilt § 299. Das Recht des Revisionsführers, die Revision zu Protokoll der Geschäftsstelle zu erklären, kann nur innerhalb der **normalen Dienststunden** bestehen (BGH NStZ 1996, 353). Bei der Protokollierung ist RiStBV Nr. 150 zu beachten (zu Einzelheiten vgl. Meyer-Goßner Einl. Rn. 131 ff.). Der Rechtspfleger ist verpflichtet, auf die Stellung sachdienlicher Anträge und Begründungen hinzuwirken; ein nicht völlig abweiges Vorbringen muss er aber stets protokollieren (BVerfG 10, 274, 282 = NJW 1960, 427). In die Niederschrift aufgenommene Vorbehalte machen die Begründung grds. nicht unzulässig (vgl. KK-Kuckein Rn. 18), wohl aber das bloße Abschreiben oder Mitunterschreiben eines Schriftsatzes des Angeklagten oder die Anfertigung eines nur formalen Protokolls, das auf den Schriftsatz Bezug nimmt (vgl. BGH NStZ 1988, 449; Meyer-Goßner Rn. 21 mwN). Die vom Angeklagten in der Form eines Protokolls persönlich gefertigte und vom Rechtspfleger – abgesehen von unwesent-

§ 346

lichen Änderungen – unterzeichnete Revisionsbegründung entspricht nicht den Erfordernissen einer ordnungsgemäßen Protokollierung gemäß § 345 Abs. 2 und ist damit unzulässig erhoben (BGH NStZ-RR 1997, 8). Die **bloße Übergabe** einer vom Angeklagten selbst verfassten Revisionsbegründung an den Rechtspfleger genügt nicht; dieser Formmangel ist **selbst verschuldet,** so dass auch eine Wiedereinsetzung in den vorigen Stand zur Nachholung von Verfahrensrügen ausscheidet (BGH NStZ-RR 1999, 110). Beruht die Unzulässigkeit der Begründung auf einem Verschulden des Rechtspflegers, so ist dem Angeklagten **Wiedereinsetzung** zu gewähren. Wird mit der Revision geltend gemacht, **fehlende Akteneinsicht** habe die formgerechte Formulierung einer Verfahrensrüge verhindert, muss die Rüge im **Antrag auf Wiedereinsetzung** gegen die Versäumung der **Revisionsbegründungsfrist** so genau mitgeteilt werden, wie dies dem Beschwerdeführer ohne Akteneinsicht möglich ist (BGH NStZ-RR 1996, 140). Die Wiedereinsetzung in den vorigen Stand zur Nachholung von Verfahrensrügen kann – trotz **fristgerechter** Begründung mit der Sachrüge – ausnahmsweise dann erfolgen, wenn dem Verteidiger trotz angemessener Bemühungen bis kurz vor Ablauf der Revisionsbegründungsfrist Akteneinsicht nicht gewährt wurde und Verfahrensbeschwerden erhoben werden sollen, die ohne Kenntnis der Akten nicht begründet werden können. Der Beschwerdeführer muss dann für jede Rüge ausreichend darlegen, dass er gerade durch die fehlende Akteneinsicht an einer ordnungsgemäßen Begründung gehindert war. Nach Gewährung der Akteneinsicht sind die Verfahrensbeschwerden grundsätzlich innerhalb der Wochenfrist des §§ 45 Abs. 1, 2 S. 2 formgerecht nachzuholen (BGH NStZ-RR 1997, 302).

7   Eine **Mehrheit** von Revisionsbegründungen, auch in unterschiedlicher Form, ist zulässig und bildet, auch bei widersprechenden Ausführungen, eine Einheit. Die nicht rechtzeitig oder nicht ordnungsmäßige Anbringung der Revisionsanträge und ihrer Begründung führt dazu, dass die Revision durch das Gericht, dessen Urteil angefochten wird (vgl. § 46), oder spätestens durch das Revisionsgericht (vgl. § 349 Abs. 1 und 5) als unzulässig verworfen werden muss. **Mit Ablauf der Revisionseinlegungsfrist** tritt automatisch **Rechtskraft** des Urteils ein. Der Verwerfungsbeschluss nach § 346 Abs. 1 und die nachfolgend bestätigende Entscheidung nach § 346 Abs. 2 haben nur feststellende Wirkung. Bei rechtzeitiger Einlegung der Revision ist dagegen der Eintritt der Rechtskraft gehemmt (§ 343 Abs. 1).

§ 346 [Verspätete und formwidrige Einlegung]   RiStBV 163 Abs. 2

(1) **Ist die Revision verspätet eingelegt oder sind die Revisionsanträge nicht rechtzeitig oder nicht in der in § 345 Abs. 2 vorgeschriebenen Form angebracht worden, so hat das Gericht, dessen Urteil angefochten wird, das Rechtsmittel durch Beschluß als unzulässig zu verwerfen.**

(2) ¹**Der Beschwerdeführer kann binnen einer Woche nach Zustellung des Beschlusses auf die Entscheidung des Revisionsgerichts antragen.** ²**In diesem Falle sind die Akten an das Revisionsgericht einzusenden; die Vollstreckung des Urteils wird jedoch hierdurch nicht gehemmt.** ³**Die Vorschrift des § 35 a gilt entsprechend.**

1   Die **Verwerfungsbefugnis des Tatrichters** dient der Verfahrensvereinfachung. Die **Zuständigkeit des Tatgerichts (Abs. 1)** entspricht § 319 Abs. 1 und gilt nur in den Fällen der Versäumung der Fristen der §§ 341 und 345 Abs. 1 sowie der Nichteinhaltung der Formvorschriften der §§ 345 Abs. 2 und 390 Abs. 2). Die dem Tatrichter – bei der Sprungrevision dem AG (BGH 40, 398 = NJW 1995, 2367) – eingeräumte Zuständigkeit erstreckt sich also nur auf die Frage, ob Revision fristgerecht eingelegt sowie unter Einhaltung von Frist und Form des § 345 begründet worden ist. Über die Unzulässigkeit der Revision, die sich aus

Revision **§ 346**

anderen Gründen ergibt, hat allein das Revisionsgericht zu entscheiden, das sich nach § 349 Abs. 1 ohnehin erneut und umfassend mit dem Gesamtkomplex der Zulässigkeit befassen muss (BGH MDR 1959, 507; BGH NStZ 2000, 217). Jede **andere Zulässigkeitsprüfung** durch den Tatrichter ist **ausgeschlossen;** insb. die der Statthaftigkeit des Rechtsmittels (BayObLG NJW 1963, 63), der Bestimmtheit des Tatsachenvortrags in der Begründung (vgl. § 344 Rn. 7 f.), der Übernahme der Verantwortung durch den Rechtsanwalt (BayObLG 1975, 152 = MDR 1976, 248; vgl. § 345 Rn. 5), die fehlende Bevollmächtigung zur Revisionseinlegung oder -begründung (LR-Hanack Rn. 10) oder der Wirksamkeit eines vorher erklärten Verzichts (BGH NJW 1984, 1974). **Oder mit anderen Worten:** Die Befugnis des **Tatrichters** zur Verwerfung der Revision ist auf diejenigen Fälle **beschränkt,** in denen der Beschwerdeführer die für die **Einlegung und Begründung** des Rechtsmittels **vorgeschriebenen Formen und Fristen** nicht gewahrt hat (§ 346 Abs. 1). Soweit die Revision dagegen aus einem anderen Grund als unzulässig zu verwerfen ist, steht die Befugnis hierzu allein dem **Revisionsgericht** zu. Das gilt auch dann, wenn ein solcher Grund mit Mängeln der Form- oder Fristeinhaltung zusammentrifft, also etwa die Revision nach wirksamem Rechtsmittelverzicht verspätet eingelegt worden ist (BGH NStZ 2000, 217; BGH NStZ-RR 2004, 50; s. § 349 Rn. 1). Das **Verwerfungsmonopol** der fehlenden Vertretungsmacht wird von der Verwerfungskompetenz des Tatgerichts nach § 346 Abs. 1 nicht erfasst (BGH NStZ-RR 2001, 12). Eine **Ausnahme** gilt nur für die Prüfung von **Verfahrenshindernissen,** die nach dem angefochtenen Urteil entstanden sind; liegt ein solches vor, so hat der Tatrichter das Verfahren einzustellen, solange die Akten noch nicht nach § 347 Abs. 2 vorgelegt sind (BGH 22, 213 = NJW 1968, 2253; vgl. § 344 Rn. 5 und u. Rn. 5). Überschreitet der Tatrichter seine Kompetenz, so bleibt der Verwerfungsbeschluss wirksam, wenn er nicht nach Abs. 2 aufgehoben wird (BayObLG 1962, 207 = NJW 1963, 63).

Der **Verwerfungsbeschluss** nach Abs. 1 ergeht **vAw.** nach Ablauf der Fristen 2 der §§ 341, 345 Abs. 1; die Einholung einer Stellungnahme des Revisionsgegners ist nicht erforderlich, die Anhörung der StA schreibt § 33 Abs. 2 vor. Der Beschluss ist zu begründen (§ 34); die **Kostenentscheidung** ergeht nach § 473 Abs. 1. Er ist mit der **Rechtsmittelbelehrung** nach Abs. 2 S. 3 iVm § 35 a dem Revisionsführer förmlich **zuzustellen** (BGH NStZ 1988, 214); den anderen Verfahrensbeteiligten wird er formlos bekanntgegeben. Der Verwerfungsbeschluss gemäß Abs. 1 muss die **Unterschriften** dreier Berufsrichter tragen (BGH NStZ-RR 1997, 205). Die **Rechtskraft des Urteils** ist bei Versäumung der Frist des § 341 nicht gehemmt; im Übrigen tritt sie mit Rechtskraft des Beschlusses durch Fristablauf oder Verwerfung des Antrags nach Abs. 2 ein (KK-Kuckein Rn. 27 mwN; str.). Zur **vorläufigen Vollstreckbarkeit** nach Abs. 2 S. 2, 2. HS vgl. § 449 Rn. 1.

Der Antrag auf Entscheidung des Revisionsgerichts (Abs. 2) ist ein 3 Rechtsmittel eigener Art (BGH 16, 111, 118 = NJW 1961, 1781; i. E. str.), der die **Beschwerde** ausschließt (BGH 10, 88, 91 = NJW 1957, 637). Er kann nur vom Revisionsführer, dessen Revision nach Abs. 1 verworfen wurde, gestellt werden; vom Angeklagten auch bei Verwerfung der Revisionen seines gesetzlichen Vertreters oder Erziehungsberechtigten (Meyer-Goßner Rn. 9). Die Vollmacht des Verteidigers zur Revisionseinlegung erstreckt sich regelmäßig auch auf den Antrag nach Abs. 2. Der Antrag bedarf der **Schriftform;** eine Unterzeichnung ist nicht zwingend erforderlich (BGH 11, 152, 154 = NJW 1958, 509). Er muss bei dem Gericht eingehen, dessen Entscheidung angefochten wird (BGH NJW 1977, 964). Eine Abhilfeentscheidung des Tatrichters ist unzulässig und wirkungslos (Meyer-Goßner Rn. 6 mwN; umgekehrt muss der Tatrichter den Antrag auch dann dem Revisionsgericht vorlegen, wenn die **Frist** des Abs. 2 S. 1 versäumt ist (KK-Kuckein Rn. 18). Die Akten sind idR über die StA vorzulegen; die RiStBV Nr. 163 Abs. 2 zu beachten hat; § 347 gilt aber insoweit nicht.

§ 347

4 Das **Revisionsgericht** prüft zunächst die **Zulässigkeit des Antrags,** ist diese gegeben, die **Zulässigkeit der Revision in vollem Umfang** entspr. § 349 Abs. 1; eine Beschränkung auf die Prüfungskompetenz des Tatrichters (Abs. 1) besteht nicht (BGH 22, 213 = NJW 1968, 2253). Erweist sich der **Antrag als unzulässig oder unbegründet,** so ist er zu verwerfen (i. E. str.; vgl. Meyer-Goßner Rn. 10; KK-Kuckein Rn. 22). Ist die Revision aus Gründen unzulässig, die der Tatrichter nach Abs. 1 nicht prüfen durfte, so wird der Verwerfungsbeschluss aufgehoben und durch einen Beschluss nach § 349 Abs. 1 ersetzt (BGH 16, 115, 118 = NJW 1961, 1684). Wenn der Antrag begründet ist, hebt das Revisionsgericht den Verwerfungsbeschluss auf und leitet die Akten an das Tatgericht zur Einhaltung des Verfahrens nach § 347 zurück. Eine **Kostenentscheidung** ergeht mit dem Beschluss nach Abs. 2 nicht (KK-Kuckein Rn. 23), wohl aber, wenn nach § 349 Abs. 1 entschieden wird. Ergibt sich im Verfahren nach Abs. 2, dass die Revision aus einem nur vom Rechtsmittelgericht zu beurteilenden Gründen – etwa wegen eines Rechtsmittelverzichts – unzulässig ist, so ist die Entscheidung des Tatgerichts über das Rechtsmittel aufzuheben und die Verwerfung durch das Revisionsgericht in eigener Zuständigkeit auszusprechen (BGH NStZ-RR 1997, 205).

5 Für die Berücksichtigung von **Verfahrenshindernissen** durch das Revisionsgericht ist zu unterscheiden (vgl. o. Rn. 1, § 344 Rn. 5): Sind sie vor Erlass des angefochtenen Urteils entstanden, so können sie nur auf eine **insgesamt zulässige** Revision berücksichtigt werden (BGH 25, 259, 261 = NJW 1974, 373). Nachträglich entstandene Prozesshindernisse führen zur Verfahrenseinstellung, wenn die Revision **rechtzeitig eingelegt** ist (BGH 22, 213 = NJW 1968, 2253). Im Verfahren nach Abs. 2 sind sie daher auch dann nicht zu beachten, wenn der Beschluss nach Abs. 1 sich auf die Versäumung der Frist des § 341 stützt, denn in diesem Fall ist bereits Rechtskraft eingetreten (**anders** Meyer-Goßner Rn. 11).

6 Ist zugleich mit dem Antrag nach Abs. 1 ein **Wiedereinsetzungsantrag** wegen Versäumung der Einlegungs- oder Begründungsfrist gestellt worden oder kommt eine Wiedereinsetzung vAw. in Betracht, so hat hierüber das Revisionsgericht zu entscheiden (§ 46 Abs. 1). Der Tatrichter darf in diesem Fall die Revision nicht nach Abs. 1 verwerfen, sondern muss die Akten vorlegen. Das Revisionsgericht prüft zunächst, ob überhaupt eine Fristversäumung vorliegt (vgl. BGH 11, 159, 164 = NJW 1958, 509); ist das der Fall, so ist über die Wiedereinsetzung zu entscheiden: wird sie nicht gewährt und liegt noch kein Beschluss nach Abs. 1 vor, so entscheidet das Revisionsgericht nach § 349 Abs. 1 (BayObLG 1974, 98 = MDR 1975, 1; vgl. LR-Hanack Rn. 38); bei Vorliegen eines Beschlusses ist über den Antrag nach Abs. 2 zu entscheiden. Wenn Wiedereinsetzung gewährt wird, sind die Akten an den Tatrichter zurückzugeben, der die Revision aus einem anderen Grund (erneut) nach Abs. 1 verwerfen kann oder nach § 347 verfährt. Liegt zugleich ein **Wiedereinsetzungsantrag nach § 342** vor, ist stets vorab über diesen zu entscheiden. Wiedereinsetzung kann schließlich auch – allein iVm dem Antrag nach Abs. 2 oder zugleich mit einem Antrag auf Wiedereinsetzung in die Fristen der §§ 341, 345 Abs. 1 – gegen die Versäumung der Frist des Abs. 2 beantragt werden. Hat entgegen § 46 Abs. 1 der Tatrichter die Wiedereinsetzung abgelehnt und das Rechtsmittel verworfen, so kann das Revisionsgericht nach Abs. 2 auch den Wiedereinsetzungsbeschluss aufheben. An eine fehlerhafte Gewährung der Wiedereinsetzung ist es gebunden (OLG Düsseldorf NStZ 1988, 238).

§ 347 [Zustellung; Gegenerklärung; Aktenvorlage]
RiStBV 156, 162 bis 166, 168

(1) ¹**Ist die Revision rechtzeitig eingelegt und sind die Revisionsanträge rechtzeitig und in der vorgeschriebenen Form angebracht, so ist die Revisionsschrift dem Gegner des Beschwerdeführers zuzustellen.** ²**Diesem steht**

Revision **§ 348**

frei, binnen einer Woche eine schriftliche Gegenerklärung einzureichen.
³Der Angeklagte kann letztere auch zu Protokoll der Geschäftsstelle abgeben.

(2) **Nach Eingang der Gegenerklärung oder nach Ablauf der Frist sendet die Staatsanwaltschaft die Akten an das Revisionsgericht.**

Kommt eine Verwerfung nach § 346 Abs. 1 nicht in Betracht, so hat das **Tatgericht** die Revisionsbegründung (§ 344 Abs. 1) dem **Gegner** des Revisionsführers **zuzustellen** (§§ 37 ff.). Das sind bei Revisionen des Angeklagten, seines gesetzlichen Vertreters oder seines Erziehungsberechtigten die StA sowie Privat- oder Nebenkläger; entsprechendes gilt umgekehrt. Nicht zur Revisionsbegründung iSd Abs. 1 zählen verspätet vorgetragene Verfahrensrügen sowie nachträgliche Ausführungen zur Sachrüge (vgl. § 344 Rn. 10). Dem Angeklagten ist auch die zu seinen Gunsten eingelegte Revision der StA zuzustellen (KK-Kuckein Rn. 4). 1

Eine **Gegenerklärung (Abs. 1 S. 2)** ist nicht vorgeschrieben; für die StA ist sie nach RiStBV Nr. 162 Abs. 2 obligatorisch, wenn nicht allein die Sachrüge erhoben ist (RiStBV Nr. 162 Abs. 1). Die **Frist** des Abs. 1 S. 2 ist keine Ausschlussfrist. Die Gegenerklärung kann schriftlich oder zu Protokoll der Geschäftsstelle des Tatgerichts abgegeben werden (Abs. 1 S. 3). Ist sie nicht vom StA nach RiStBV Nr. 162 Abs. 3 S. 1 dem Beschwerdeführer mitgeteilt worden, so wird sie durch das Gericht formlos mitgeteilt, bei Vortrag **neuer Tatsachen** im Hinblick auf Art. 103 Abs. 2 GG zugestellt (BVerfG 7, 725 = JZ 1958, 433 m. Anm. Peters; str.; vgl. Meyer-Goßner Rn. 3 mwN). 2

Nach Ablauf der Frist des Abs. 1 S. 2 oder Eingang einer Gegenerklärung leitet das Tatgericht die Akten an die StA (RiStBV Nr. 162 Abs. 4), die sie nach Prüfung der Formalitäten (RiStBV Nr. 163 Abs. 3) mit einem **Übersendungsbericht** (RiStBV Nrn. 164–166) regelmäßig über den GenStA weiterleitet (RiStBV Nr. 163 Abs. 1). Dieser legt sie dem OLG vor oder übersendet sie dem GBA zur Vorlage an den BGH (vgl. RiStBV Nr. 163 Abs. 1 S. 1). In jedem Fall ist das **Beschleunigungsgebot** zu beachten (BGH 35, 137 = NJW 1988, 2188). Eine allein von den Justizbehörden zu vertretende Verletzung des Beschleunigungsgebots bei der Zuleitung der Akten nach § 347 Abs. 2 muss bei der Strafzumessung zugunsten des Angeklagten berücksichtigt werden. Dies gilt in besonderem Maße dann, wenn es sich um einen jugendlichen Angeklagten handelt, der sich schon längere Zeit in U-Haft befindet (BGH NStZ 1997, 29). 3

Beim Revisionsgericht anhängig wird die Sache mit Vorlage der Akten nach Abs. 2 (BGH 12, 217 = NJW 1959, 248; vgl. KK-Kuckein Rn. 11). Der **Tatrichter** bleibt zuständig für Wiedereinsetzungsanträge nach § 342 (BGH 22, 52 = NJW 1968, 557) sowie für Entscheidungen, die mit dem Revisionsverfahren nicht in Zusammenhang stehen, insb. für **Haftentscheidungen** (§ 126 Abs. 2 S. 2). War mangels wirksamer Zustellung die Revisionsbegründungsfrist nicht in Lauf gesetzt (vgl. § 343 Rn. 3), so leitet das Revisionsgericht die Akten zur erneuten Zustellung und Vorlage nach § 347 an den Tatrichter zurück (OLG Düsseldorf MDR 1994, 87). 4

§ 348 [Unzuständigkeit des Gerichts]

(1) **Findet das Gericht, an das die Akten gesandt sind, daß die Verhandlung und Entscheidung über das Rechtsmittel zur Zuständigkeit eines anderen Gerichts gehört, so hat es durch Beschluß seine Unzuständigkeit auszusprechen.**

(2) **Dieser Beschluß, in dem das zuständige Revisionsgericht zu bezeichnen ist, unterliegt keiner Anfechtung und ist für das in ihm bezeichnete Gericht bindend.**

(3) **Die Abgabe der Akten erfolgt durch die Staatsanwaltschaft.**

§ 349 Drittes Buch. 4. Abschnitt

1 Die Vorschrift betrifft nach ihrem Wortlaut nur die **sachliche Zuständigkeit** des Revisionsgerichts; entsprechend ist sie auf die **örtliche** Zuständigkeit anzuwenden (KK-Kuckein Rn. 1). Das Gericht, dem die Akten nach § 347 Abs. 2 zugeleitet werden, entscheidet **unwiderruflich** und **bindend** über die Zuständigkeit; eine Entscheidungskompetenz des höheren Revisionsgerichts (BGH) besteht hier nicht; § 269 gilt nicht (LR-Hanack Rn. 1).
2 Die sachliche Unzuständigkeit kann sich beim OLG insb. daraus ergeben, dass das Berufungsgericht als erstinstanzliches Gericht entschieden hat (vgl. KK-Kuckein Rn. 1), beim BGH daraus, dass er nur für einzelne mehrerer verbundener Verfahren zuständig ist (vgl. BGH 35, 195 = NJW 1988, 2808; 37, 15 = NJW 1991, 239).
3 Entsprechend anzuwenden ist die Vorschrift bei Zweifeln über die Art eines unbenannten Rechtsmittels (vgl. § 335 Rn. 2), wenn das Revisionsgericht eine nach § 347 Abs. 2 oder zur Entscheidung nach § 346 Abs. 2 vorgelegte Sprungrevision als Berufung ansieht (BGH 31, 183 = NJW 1983, 1437 m. Anm. Meyer JR 1983, 343; BGH NJW 1993, 1808).
4 Die Entscheidung ergeht durch **Beschluss** außerhalb der Verhandlung nach Anhörung der StA (§ 33 Abs. 2; KMR-Paulus Rn. 2; **aA** Meyer-Goßner Rn. 2; KK-Kuckein Rn. 2) oder in der Revisionshauptverhandlung. Er ist **bindend** und **unanfechtbar**, auch wenn er fehlerhaft ist. Eine Bindung an die rechtliche Auffassung des verweisenden Gerichts besteht nicht (RG 35, 157). Hat das sachlich unzuständige Gericht über die Revision entschieden, statt nach § 348 zu verweisen, so ist seine Entscheidung unanfechtbar (vgl. KK-Kuckein Rn. 5).

§ 349 [Verwerfung ohne Hauptverhandlung]

(1) **Erachtet das Revisionsgericht die Vorschriften über die Einlegung der Revision oder die über die Anbringung der Revisionsanträge nicht für beobachtet, so kann es das Rechtsmittel durch Beschluß als unzulässig verwerfen.**

(2) **Das Revisionsgericht kann auf einen Antrag der Staatsanwaltschaft, der zu begründen ist, auch dann durch Beschluß entscheiden, wenn es die Revision einstimmig für offensichtlich unbegründet erachtet.**

(3) ¹**Die Staatsanwaltschaft teilt den Antrag nach Absatz 2 mit den Gründen dem Beschwerdeführer mit.** ²**Der Beschwerdeführer kann binnen zwei Wochen eine schriftliche Gegenerklärung beim Revisionsgericht einreichen.**

(4) **Erachtet das Revisionsgericht die zugunsten des Angeklagten eingelegte Revision einstimmig für begründet, so kann es das angefochtene Urteil durch Beschluß aufheben.**

(5) **Wendet das Revisionsgericht Absatz 1, 2 oder 4 nicht an, so entscheidet es über das Rechtsmittel durch Urteil.**

1 Das Revisionsgericht, dem die Akten nach § 347 Abs. 2 vorgelegt sind, hat folgende **Möglichkeiten der Entscheidung: a)** Verweisung durch Beschluss nach § 348 bei Unzuständigkeit; **b)** Verwerfung der Revision als unzulässig durch Beschluss nach Abs. 1; **c)** Verwerfung der Revision als offensichtlich unbegründet durch einstimmigen Beschluss nach Abs. 2; **d)** Aufhebung des angefochtenen Urteils durch Beschluss nach Abs. 4; **e)** Entscheidung durch Beschluss in gesetzlich geltenden Sonderfällen (§§ 153 Abs. 2, 153 b Abs. 2, 153 c Abs. 2, 153 d Abs. 2, 153 e Abs. 2, 154 Abs. 2, 154 a Abs. 2, 154 b Abs. 4, 206 a, 206 b, 437 Abs. 4, 441 Abs. 4); **f)** Entscheidung durch Urteil in allen anderen Fällen. Im **OWi-Verfahren** gilt § 349 entsprechend (Ausnahme: § 79 Abs. 5 OWiG). Auf eine **Gegenvorstellung** kann das Revisionsgericht seine Entscheidung nur aufheben oder ändern,

Revision **§ 349**

wenn diese unter Verletzung des Grundsatzes des rechtlichen Gehörs ergangen ist (BGH wistra 1999, 28). Ist die Revision aus einem anderen Grunde als dem, dass die für die Einlegung und Begründung des Rechtsmittels vorgesehenen Formen und Fristen nicht gewahrt sind, als unzulässig zu verwerfen, so steht die **Verwerfungskompetenz allein dem Revisionsgericht zu.** Dies gilt auch dann, wenn ein solcher Grund mit Mängeln der Form- und Fristeinhaltung zusammentrifft (hier: verspätete Revisionseinlegung nach wirksamem Rechtsmittelverzicht) (BGH NStZ-RR 2004, 50; s. § 346 Rn. 1).

Unzulässig (Abs. 1) ist die Revision, wenn die Vorschriften der §§ 341, 344, 2 345 nicht eingehalten oder sonstige Zulässigkeitsvoraussetzungen nicht gegeben sind (vgl. KK-Kuckein Rn. 5 ff.), insb. auch dann, wenn eine **Beschwer** des Revisionsführers fehlt oder wenn entgegen § 337 Abs. 1 **keine Rechtsfehler** gerügt oder Verfahrensrügen nicht nach § 344 Abs. 2 S. 2 begründet sind. Der Zulässigkeitsmangel muss **feststehen,** ggf. ist das im Freibeweisverfahren zu klären; zu Beweisergebnissen sind die Verfahrensbeteiligten zu hören (BVerfG 10, 274 = NJW 1960, 247). Liegt ein Mangel vor, so ist die Revision auch dann zwingend zu verwerfen, wenn **Verfahrenshindernisse** vor Erlass des angefochtenen Urteils entstanden und nicht beachtet wurden (vgl. § 346 Rn. 5). Die Entscheidung ergeht durch **Beschluss** nach Abs. 1 mit einfacher Mehrheit (§ 196 Abs. 2 GVG) oder nach Hauptverhandlung durch **Urteil.** Für die **Kostenentscheidung** gilt § 473 Abs. 1. Die Verwerfung führt mit Ablauf des Tags der Entscheidung zur **Rechtskraft** des angefochtenen Urteils (§ 34 a), wenn diese nicht schon durch Fristversäumung eingetreten ist (vgl. § 346 Rn. 2).

Die **Verwerfung nach Abs. 2** setzt einen **Antrag** der StA (GenStA oder GBA), 3 eine **Stellungnahme** des Beschwerdeführers (Abs. 3) sowie eine **einstimmige** Entscheidung des Revisionssenats voraus. Die Entscheidung durch **Beschluss** ist nicht zwingend; zahlenmäßig steht sie mit etwa 75% (s. § 333 Rn. 6) der Revisionsentscheidungen im Vordergrund; das ist verfassungsrechtlich unbedenklich (vgl. BVerfG NJW 1982, 925; 1987, 2219). Das Revisionsgericht ist nicht gehindert, bei der StA die Stellung eines Antrages gemäß § 349 Abs. 2 **anzuregen** (OLG Zweibrücken StV 2002, 16; vgl. auch BVerfG NStZ 2000, 382). Dem Anspruch des Revisionsführers auf rechtliches Gehör (Art. 103 I GG) wird im Verfahren nach § 349 II) dadurch Rechnung getragen, dass eine Verwerfung nur auf einen zu begründenden und ihm zuzustellenden Antrag der StA ergehen kann. Ein Anspruch auf mündliche Verhandlung wird durch Art. 103 I GG nicht begründet (BVerfG NJW 2002, 815). **Begründet** der Bf. die zunächst nur allgemein erhobene Sachrüge **erst im Rahmen der Gegenerklärung,** hat er weder einen Anspruch auf erneute Befassung der StA noch auf eine ausdrückliche Bescheidung der nachgeschobenen Gründe durch das Revisionsgericht. Durch das Zurückhalten von Einzelausführungen kann der Bf. nicht erzwingen, dass ihm das rechtliche Gehör auf andere Weise gewährt wird, als dies im Beschlussverfahren vorgesehen ist (BGH NStZ 2003, 101). Eine Entscheidung durch Urteil ist jederzeit zulässig (BGH 38, 177, 178 = NJW 1992, 2037). Abs. 2 gilt entsprechend bei Revision des **Nebenklägers** und des **Privatklägers** (vgl. KK-Kuckein Rn. 32). Auch **Revisionen der StA** können nach Abs. 2 verworfen werden, wenn nicht die einlegende StA oder der GenStA (vgl. RiStBV Nr. 168) die Revision auf Anregung des GBA zurücknimmt (BGH MDR 1975, 726; vgl. § 302 Rn. 7; Meyer-Goßner Rn. 8).

Offensichtlich unbegründet. Bei der Definition dieses Begriffs ist zunächst auf 4 die Überlegungen des Initiators der Einführung des Beschlussverfahrens am 8. 7. 1922 (RGBl. I 509) – lex Lobe – zurückzugehen. Dieser hielt eine Revision für offensichtlich unbegründet, wenn sich „die Unbegründetheit mit dem Blick eines sachverständigen Beurteilers sofort aufdrängt" (Lobe JW 1925, 1612). Die hM in der Literatur hat diese Auslegung des Begriffs mit geringen Abweichungen übernommen (vgl. die Nachweise bei LR-Hanack § 349 Rn. 8). „In der höchstrichter-

§ 349

lichen Rspr. hat sich das Verständnis von ‚offensichtlicher' Unbegründetheit seit Einführung der Beschlussverwerfung, die zunächst ohne Antrag der StA und ohne entsprechendes rechtliches Gehör des Angeklagten erfolgen konnte, jedoch gewandelt. Ohne Festlegung auf eine jeden Einzelfall erfassende Definition entspricht es st. Spruchpraxis, dass eine Revision auch dann durch Beschluss verworfen werden kann, wenn der **jeweilige Spruchkörper einhellig die Auffassung vertritt, dass die von der Revision aufgeworfenen Rechtsfragen zweifelsfrei zu beantworten sind und dass auch die Durchführung der Hauptverhandlung keine neuen Erkenntnisse tatsächlicher oder rechtlicher Art** erwarten lässt, die das gefundene Ergebnis in Zweifel ziehen könnte. Diese Praxis richtet sich eng an Sinn und Zweck der Regelung des § 349 Abs. 2 aus, die dem RevGer. den Aufwand einer Hauptverhandlung ersparen will, wenn rechtsstaatliche Garantien des Beschwerdeführers nicht in Gefahr geraten" (BGH NJW 2001, 85; BVerfG NJW 1982, 925; NJW 2002, 815; Tolksdorf in FS-Salger 1995, 5925). Eine besonders negative Beurteilung des Revisionsvorbringens ist mit der Beschlussverwerfung nicht verbunden (vgl. Dahs NStZ 1981, 205 f.).

5   Der **Antrag der StA** bei dem Revisionsgericht (§ 142 Abs. 1 iVm § 147 Nr. 3 GVG; Art. 13 BayAGGVG) ist **zwingende Voraussetzung** einer Verwerfung nach Abs. 2; fehlt er, so verstößt sie gegen das Willkürverbot (BVerfG 59, 98 = NJW 1982, 324). Die **Verwerfungspraxis** auf **Bestellung** (durch das Revisionsgericht) gibt das Antragserfordernis des § 349 Abs. 2 und damit die verfahrensrechtliche Hauptsicherung des revisionsrechtlichen Beschlussverfahrens unter Verstoß gegen Grundrechte preis. Diese mit der gesetzlichen Regelung unvereinbare Normgestaltung ist unzulässig (Gieg/Widmaier NVStZ 2001, 57 mwN). Seine **Begründung** muss zu erhobenen Verfahrensrügen Stellung nehmen; die Ausführungen zur Sachrüge können nach Lage des Einzelfalls pauschal deren Unbegründetheit darlegen (Schoreit FS Pfeiffer S. 406; vgl. Meyer-Goßner Rn. 13). Eine Bindung des Revisionsgerichts an die Begründung besteht nicht (KK-Kuckein Rn. 16 mwN; Gribbohm NStZ 1983, 97). Die **Kombination** von (Teil-)Entscheidungen im Beschlussverfahren nach Abs. 2 und Abs. 4 ist zulässig. Aus der in Abs. 5 getroffenen Regelung ergibt sich, dass auch das kombinierte Beschlussverfahren einer Entscheidung durch Urteil auf Grund einer Hauptverhandlung vorgeht (BGH 43, 31 = NJW 1997, 2061).

6   Die **Mitteilung nach Abs. 3 S. 1** nimmt idR die StA zugleich mit der Zuleitung an das Revisionsgericht vor; mitzuteilen ist **nur an den Verteidiger** (BGH NStZ 1991, 95; 1995, 21; 1999, 41). Die Mitteilung ist **zuzustellen** und setzt die Frist des Abs. 3 S. 2 in Lauf, die **keine Ausschlussfrist** ist (BGH MDR 1966, 728). Ist eine Erklärung eingegangen, so kann auch vor Fristablauf entschieden werden; eine verspätete Erklärung ist bis zur Entscheidung zu berücksichtigen (KK-Kuckein Rn. 19). Eine Pflicht zur **Gegenerklärung** besteht nicht; einfache Schriftform genügt. Eine Ergänzung des Revisionsvorbringens in tatsächlicher Hinsicht ist unzulässig (vgl. § 344 Rn. 10). Die Gegenerklärung ist dem Revisionsgericht gegenüber abzugeben; eine nochmalige Anhörung des Gegners ist nicht vorgeschrieben.

7   Die **Einstimmigkeit** des Revisionssenats muss auch die wesentlichen Punkte der Verwerfungsbegründung umfassen. Die nach Abs. 2 geforderte Einstimmigkeit muss sich also auf die **Offensichtlichkeit** wie auf die **Unbegründetheit** beziehen (LR-Hanack Rn 12). Ist Einstimmigkeit in der Beschlussberatung nicht zu erzielen, so wird Termin zur Hauptverhandlung bestimmt, der bei überbesetztem Senat die Richter **derselben Sitzgruppe** teilzunehmen haben. Die Fassung der Beschlussformel nach Abs. 2 „steht im Ermessen des Gerichts. Das Merkmal der ‚offensichtlichen Unbegründetheit' braucht nicht ausdrücklich hervorgehoben zu werden" (BGH NStZ 1994, 353). Der Beschluss braucht nicht begründet zu werden, aber in der Praxis wird er gelegentlich mit Gründen versehen. Grundsätzlich bedürfen mit ordentlichen Rechtsbehelfen nicht mehr anfechtbare letztinstanzliche gerichtliche

Revision **§ 349**

Entscheidungen von Verfassungs wegen keiner Begründung (BVerfG NJW 1997, 1693 mwN). Er kann auf einzelne von mehreren Revisionen in derselben Sache ergehen (krit. KK-Kuckein Rn. 34) und ist mit einer **Kostenentscheidung** zu versehen (§§ 464, 473 Abs. 1). Er führt zur **Rechtskraft** der angefochtenen Entscheidung (vgl. § 34 a) und ist der Aufhebung und Abänderung grds. entzogen (vgl. KK-Kuckein Rn. 47 ff.). **Vor der Hinausgabe** des Beschlusses kann aber, wenn ein weiterer Schriftsatz des Revisionsführers eingeht, von jedem Richter des Senats eine neue Beratung verlangt werden (Meyer-Goßner Rn. 24). Ist der Beschluss mit **Außenwirkung** erlassen, so kommt eine Zurücknahme nur noch in Betracht, wenn überhaupt keine Revision eingelegt (OLG Köln NJW 1954, 692; vgl. BGH 17, 94, 97 = NJW 1962, 818 zu § 335 Abs. 3) oder das Rechtsmittel vor Beschlusserlass zurückgenommen (BGH NStZ 1992, 225) oder der Angeklagte zum Zeitpunkt der Verwerfung verstorben war (OLG Schleswig NJW 1978, 1016). Eine **Schuldspruchberichtigung** kann auch im Beschluss nach Abs. 2 vorgenommen werden (BGH NJW 1982, 190; OLG Düsseldorf MDR 1984, 253; vgl. Meyer-Goßner Rn. 2 mwN). Eine **Wiedereinsetzung** in den vorigen Stand ist nach Verwerfung nach Abs. 2 nicht möglich (BGH 25, 89, 91 = NJW 1973, 521; str., vgl. Meyer-Goßner Rn. 25 mwN); ist der Anspruch auf **rechtliches Gehör** verletzt worden, so ist nach § 33 a zu verfahren (BVerfG 42, 243 = JZ 1977, 21 m. Anm. Goerlich; vgl. KK-Kuckein Rn. 49). Nach Erlass des Verwerfungsbeschlusses kann ein mitwirkender Richter nicht mehr **abgelehnt** werden (BGH NStZ-RR 2001, 130; BGH NStZ 1993, 600).

Eine **Aufhebung des angefochtenen Urteils** durch Beschluss nach **Abs. 4** setzt **8 Einstimmigkeit** in der Beschlussberatung voraus; sonstige formelle Anforderungen bestehen nur insoweit, als die Revision **zugunsten des Angeklagten** eingelegt sein muss. „Die Vorschrift des § 301 ermöglicht es dem Senat, auch über die Revision der StA durch Beschluss nach Abs. 4 zu entscheiden, obwohl mit diesem Rechtsmittel eine dem Angeklagten nachteilige Entscheidung erstrebt wird (BGH NStZ 1997, 379). Der **Inhalt der Entscheidung** bestimmt sich nach § 353; eine eigene **Sachentscheidung** (§ 354 Abs. 1) sowie eine Aufhebung und Zurückverweisung nach §§ 354 Abs. 2 u. 3, 355 sind zulässig (vgl. LR-Hanack Rn. 34). Nach Abs. 4 ist auch zu entscheiden, wenn ein vor Erlass des angefochtenen Urteils entstandenes **Verfahrenshindernis** vorliegt (Meyer-Goßner Rn. 29; str.). Der Beschluss nach Abs. 4 kann auch entgegen einem Antrag der StA ergehen (KMR-Paulus Rn. 30); er ist zu **begründen** (KK-Kuckein Rn. 40) und den Verfahrensbeteiligten formlos bekanntzumachen (§ 35 Abs. 2 S. 2). Über die **Kosten** der Revision ist nur bei eigener Sachentscheidung des Revisionsgerichts zu entscheiden, da eine das Verfahren abschließende Entscheidung (§ 464 Abs. 2) bei Zurückverweisung nicht vorliegt. Der Beschluss erlangt mit Ablauf des Tags seines Ergehens **formelle** Rechtskraft; **materielle** Rechtskraft tritt nur im Fall des § 354 Abs. 1 ein. Ein Antrag auf **Wiedereinsetzung** gegen eine rechtskräftige **Sachentscheidung** ist wie im Fall des Abs. 2 unzulässig (vgl. KK-Kuckein Rn. 47). Die Aufhebung nach Abs. 4 erstreckt sich ggf. auch auf **Mitangeklagte,** die keine Revision eingelegt haben (BGH 24, 208 = NJW 1971, 2272; vgl. § 357). Eine **Verbindung** von Beschlüssen nach Abs. 4 mit solchen nach Abs. 2 ist zulässig, soweit über **abtrennbare Teile** der Revision entschieden werden kann (s. Rn 5). „Die Verfahrensweise, über die **Revision der StA** auf Grund mündlicher Verhandlung durch Urteil und über die **Revision des Angeklagten** im Beschlusswege gemäß § 349 Abs. 2 oder Abs. 4 **getrennt** zu entscheiden, ist rechtlich grundsätzlich zulässig" (BGH NJW 1999, 2199; BGH NStZ 1992, 30; BVerfG Beschl. v. 11. 4. 1991 – 2 BvR 402/91 – keine verfassungsrechtliche Bedenken; aA Bauer wistra 2000, 252 mwN). Der BHG begründet diese Verfahrensweise wie folgt: „Weder der Grundsatz der sog. Waffengleichheit noch Gründe der Widerspruchsfreiheit der Sachentscheidung gebieten es im Falle gleichzeitiger Revision der StA, auch über das Rechtsmittel des Angeklagten auf Grund einer Hauptverhandlung zu befinden. Vielmehr, ergibt sich die rechtliche Möglichkeit formal getrennter Entscheidungen aus der grundsätzlichen Selbstständigkeit der Rechtsmittel" (BGH NStZ 1992, 30). Zu **Nebenentscheidungen** gilt folgendes: Abgesehen von den bei abschließenden notwendigen **Kostenentscheidungen** obliegt es dem Revisionsgericht auch, über **Kostenbeschwerden** zu entscheiden, die im Zusammenhang mit einer Revision eingelegt worden sind (§ 464 Abs. 3); solange das Revisionsgericht noch mit der Sache befasst ist, also zB nicht mehr nach Rücknahme des Rechtsmittels oder nach Entscheidung über die Revision und Rücksendung der Akten (KK-Kuckein Rn. 44). In den Zuständigkeitsbereich des noch mit der Sache befassten Revisionsgerichts fällt unter den gleichen Voraussetzungen die Entscheidung über die **Zubilligung einer Entschädigung** für Verfolgungsmaßnahmen nach § 8 StrEG. Jedoch kann es diese Entscheidung, die ihrem Wesen nach tatrichterlicher Art ist, dem Tatgericht überlassen, wenn sie im Revisionsverfahren nicht ohne weiteres getroffen werden kann (BGH MDR 1977, 811; KK-Kuckein Rn. 45).

9   Werden Abs. 1, 2 oder 4 nicht angewendet und liegen auch sonst keine gesetzlichen Gründe für eine Beschlussentscheidung vor (vgl. o. Rn. 1), so entscheidet das Revisionsgericht auf Grund einer Hauptverhandlung (§ 350) durch **Urteil** (Abs. 5).

§ 350 [Hauptverhandlung]

(1) ¹Dem Angeklagten und dem Verteidiger sind Ort und Zeit der Hauptverhandlung mitzuteilen. ²Ist die Mitteilung an den Angeklagten nicht ausführbar, so genügt die Benachrichtigung des Verteidigers.

(2) ¹Der Angeklagte kann in der Hauptverhandlung erscheinen oder sich durch einen mit schriftlicher Vollmacht versehenen Verteidiger vertreten lassen. ²Der Angeklagte, der nicht auf freiem Fuße ist, hat keinen Anspruch auf Anwesenheit.

(3) ¹Hat der Angeklagte, der nicht auf freiem Fuße ist, keinen Verteidiger gewählt, so wird ihm, falls er zu der Hauptverhandlung nicht vorgeführt wird, auf seinen Antrag vom Vorsitzenden ein Verteidiger für die Hauptverhandlung bestellt. ²Der Antrag ist binnen einer Woche zu stellen, nachdem dem Angeklagten der Termin für die Hauptverhandlung unter Hinweis auf sein Recht, die Bestellung eines Verteidigers zu beantragen, mitgeteilt worden ist.

1   Die **Nachricht vom Termin** der Revisionshauptverhandlung ist keine Ladung; §§ 217, 218, 145a Abs. 2 gelten nicht. Die Terminsmitteilung ist allen Verfahrensbeteiligten zu machen; **zuzustellen** ist sie nur im Fall des Abs. 3 S. 1 (KK-Kuckein Rn. 5). Die Vorlage einer „Verteidigervollmacht" ist nicht erforderlich; eine „Anzeige" des Verteidigers genügt (BGH 36, 260 = NJW 1990, 586). **Ladungsfristen** müssen nicht eingehalten werden. Im Fall des Abs. 1 S. 2 wird nur der Verteidiger benachrichtigt; hat der Angeklagte in diesem Fall keinen Verteidiger, so kann die Mitteilung nach § 40 öffentlich zugestellt werden, bei Revision der StA freilich nur, wenn die Revisionsschrift persönlich zugestellt war (BayObLG 1962, 84 = JR 1962, 309).

2   Eine **Anwesenheitspflicht des Angeklagten** und des Verteidigers sowie sonstiger Verfahrensbeteiligter mit **Ausnahme** der StA besteht nicht **(Abs. 2).** Diese Regelung verstößt nicht gegen Art. 103 Abs. 1 GG (BVerfGE 54, 116 = NJW 1980, 1943; 65, 171 = NJW 1984, 113). Ein **Anwesenheitsrecht** des Angeklagten besteht nur, wenn er sich auf freiem Fuß befindet (Abs. 2 S. 2). Auch wenn das nicht der Fall ist, kann sein Erscheinen nicht erzwungen werden; § 231 Abs. 1 gilt nicht (Meyer-Goßner Rn. 3 mwN). Eine **Verhinderung** des Angeklagten steht der Hauptverhandlung nicht entgegen; §§ 235, 315, 329 Abs. 3 sind nicht anwendbar

Revision **§ 350**

(KK-Pikart Rn. 10 mwN). Ob er auf Antrag oder vAw. **vorzuführen** ist, entscheidet der Vorsitzende des Revisionssenats; in der Praxis ist die Vorführung aus der Haft eine seltene Ausnahme. Der Angeklagte kann sich stets von einem Verteidiger vertreten lassen (Abs. 2 S. 1). Auch für den **Verteidiger** besteht **keine Anwesenheitspflicht**. Das gilt auch im Fall der notwendigen Verteidigung; § 145 ist durch Abs. 2 verdrängt. Eine Verhandlung in Abwesenheit des Verteidigers, der sein Kommen angekündigt hat, kann aber gegen das Gebot eines fairen Verfahrens verstoßen (BVerfG 65, 171 = NJW 1984, 113). In der **Hauptverhandlung vor dem Revisionsgericht** kann der Verteidiger neben der Wahrnehmung der eigenen Rechte als Verteidiger auch die des Angeklagten ausüben, wenn dieser nicht anwesend ist oder aus sonstigen Gründen zu einer Entscheidung über eine Antragstellung selbst nicht in der Lage ist (BGH 41, 69 = NStZ 1995, 393).

Die **Beiordnung eines Verteidigers** für die Tatsacheninstanz nach §§ 140, 141 **3** wirkt für Einlegung und Begründung der Revision sowie für die Gegenerklärungen nach §§ 347 Abs. 1 S. 2, 349 Abs. 3 S. 2 fort, **nicht** aber für die Revisionshauptverhandlung (BGH 19, 258 = NJW 1964, 1035). **Abs. 3 S. 1** gebietet die Beiordnung eines Verteidigers durch den Vorsitzenden des Revisionsgerichts stets, wenn der nicht verteidigte Angeklagte nicht auf freiem Fuß ist und den **Antrag** in der Frist des Abs. 3 S. 2 stellt. Darüber hinaus kann der Grundsatz des **fairen Verfahrens** in schwerwiegenden Fällen eine Verteidigerbestellung gebieten (BVerfG 46, 202 = NJW 1978, 151; BGH 19, 258; OLG Düsseldorf NStZ 1984, 43). Wird einem **mittellosen** Angeklagten kein Verteidiger bestellt, so verstößt das gegen Art. 6 Abs. 3 Buchst. c MRK (EGMR NStZ 1983, 373). Erhält ein RA – obwohl nicht als gewählter Verteidiger ausgewiesen – zur Revisionsverhandlung eine **Terminsnachricht** und tritt er in der Hauptverhandlung als Verteidiger des Angeklagten auf, so kann in einem solchen Verfahren eine stillschweigende Bestellung liegen, wenn die Mitwirkung eines Verteidigers in der Revisionshauptverhandlung rechtlich geboten erscheint (BGH NStZ 1997, 299). Die **Vergütung** des für die Revisionsverhandlung bestellten Pflichtverteidigers erfolgt nach den Gebührensätzen der §§ 97 BRAGO. Bei erhöhtem Arbeitsaufwand kann eine Pauschvergütung beantragt werden, über deren Zuerkennung das Revisionsgericht zu beschließen hat (§ 99 BRAGO). **Prozesskostenhilfe** kann im Strafverfahren lediglich dem Privat- oder Nebenkläger (§§ 379 Abs. 3, 397 a) oder dem Antragsteller im Klageerzwingungsverfahren (§ 172 Abs. 3 S. 2) gewährt werden, nicht dagegen dem Angeklagten im Offizialverfahren; er ist darauf angewiesen, die Bestellung eines Pflichtverteidigers zu beantragen (KK-Kuckein Rn. 17). Im **Beschlussverfahren** ist eine Verteidigerbestellung idR nicht erforderlich. **Wiedereinsetzung in den vorigen Stand** bei unverschuldeter Versäumung der Revisionsverhandlung sieht das Gesetz nicht vor; die §§ 235, 329 Abs. 3 gelten nicht (BGH MDR 1975, 25; Meyer-Goßner Rn. 11). Ist der Angeklagte persönlich erschienen, sollte alsbald geklärt werden, ob er in der Verhandlung auftreten möchte. Die Frage, ob für das Revisionsverfahren die **Verhandlungsfähigkeit** des Angeklagten ist, ist im Einzelnen umstritten: erforderlich ist jedenfalls, dass der Angeklagte die Fähigkeit hatte, über die Einlegung des Rechtsmittels verantwortlich zu entscheiden (BGH 41, 16, 19 = NJW 1995, 1973). Darüber hinaus muss er grundsätzlich auch in der Lage sein, während des Revisionsverfahrens mit seinem Verteidiger über die Fortführung oder Rücknahme des Rechtsmittels eine Entscheidung zu treffen (vgl. BVerfG NStZ 1995, 391, 392; BGH 41, 69, 71 = NStZ 1995, 393; BGH NStZ 1996, 242). Weitergehende Anforderungen an die Verhandlungsfähigkeit des Angeklagten im Revisionsverfahrens bestehen aber nicht (KK-Kuckein Rn. 1). „In der Hauptverhandlung vor dem Revisionsgericht kann der **Verteidiger** neben der Wahrnehmung der eigenen Rechte als Verteidiger auch die des Angeklagten ausüben, wenn dieser nicht anwesend ist oder aus sonstigen Gründen zu einer Entscheidung über eine Antragstellung selbst nicht in der Lage ist" (BGH 41, 69 = NStZ 1995, 393).

§ 351 [Gang der Hauptverhandlung]

(1) Die Hauptverhandlung beginnt mit dem Vortrag eines Berichterstatters.

(2) ¹Hierauf werden die Staatsanwaltschaft sowie der Angeklagte und sein Verteidiger mit ihren Ausführungen und Anträgen, und zwar der Beschwerdeführer zuerst, gehört. ²Dem Angeklagten gebührt das letzte Wort.

1   Abs. 1 entspricht § 324 Abs. 1 S. 1. Der **Berichterstatter** trägt die für das Revisionsverfahren wesentlichen Ergebnisse des bisherigen Verfahrens vor, insb. die Formalien der Revision, den wesentlichen Inhalt des angefochtenen Urteils sowie die erhobenen **Verfahrensrügen** einschließlich der insoweit zu berücksichtigenden Tatsachen. Sind alle Mitglieder des Gerichts hierüber vorab informiert, so kann der Bericht sich auf die wesentlichen Punkte beschränken. Darstellung und Ausführungen zur **Sachrüge** werden idR dem anwesenden Revisionsführer überlassen.

2   Nach dem Vortrag des Berichterstatters werden die Verfahrensbeteiligten gehört; von der **Reihenfolge** des **Abs. 2 S. 1** kann im Einverständnis abgewichen werden. Eine **Beweisaufnahme** zur Tatfrage findet nicht statt; über tatsächliche Voraussetzungen von Prozesshindernissen und zulässig erhobenen Verfahrensrügen kann **Freibeweis** erhoben werden (BGH NStZ 1993, 349), zur Sachrüge nur, soweit ein Erfahrungssatz oder der Inhalt ausländischen Rechts festzustellen ist (Meyer-Goßner Rn. 3). Beim **Freibeweis** ist das Revisionsgericht – vor oder in der Hauptverhandlung – nicht an die strengen Regeln des prozessualen Beweisrechts gebunden; ihm stehen **alle Beweismittel** zur Verfügung. Es kann somit Zeugen und Sachverständige vernehmen, etwa zur Frage, ob ein Grund für den Ausschluss der Öffentlichkeit vorlag (RG 66, 113; KK-Kuckein Rn. 12), ob der Vernehmung eines Zeugen in der Hauptverhandlung Hindernisse entgegenstanden (BGH NStZ 1993, 350; BayObLG NJW 1960, 687) oder – im Rahmen der Prüfung eines Verstoßes gegen Verfassungsrecht – ob ein verwertetes Vernehmungsprotokoll dem Angeklagten vorgehalten wurde (BGH 22, 26 = NJW 1968, 997); ebenso kann das Revisionsgericht das persönliche Erscheinen des Angeklagten anordnen, um ihn zu prozessualen Vorgängen zu befragen (OLG Koblenz NJW 1958, 2027; KK-Kuckein Rn. 12). Das Gericht ist zur **Mitteilung** von im Freibeweis festgestellten Tatsachen sowie zu **Hinweisen** auf zu erörternde Fragen, nicht jedoch zu einem allgemeinen **Rechtsgespräch** verpflichtet (BVerfG NJW 1965, 147; 1967, 30; BGH 22, 336, 339 = NJW 1969, 941; vgl. KK-Kuckein Rn. 4). Form und Ablauf der Anhörung (Abs. 2 S. 1) bestimmt der Vorsitzende. Das **letzte Wort (Abs. 2 S. 2)** wird dem Verteidiger erteilt, wenn der Angeklagte nicht anwesend ist (BGH MDR 1978, 460).

3   Für die Revisionshauptverhandlung gelten im Übrigen die allgemeinen Vorschriften, soweit nicht Besonderheiten des Revisionsverfahrens entgegenstehen, insb. also §§ 226, 243 Abs. 1, 271 ff., § 169 S. 1 GVG.

4   Die abschließende **Beratung** findet nach der Hauptverhandlung statt; eine **Vorberatung** ist zulässig (KK-Kuckein Rn. 6; Meyer-Goßner Rn. 7). Die Vorlage eines begründeten **Entscheidungsvorschlags** (Votums) durch den Berichterstatter schon zur Vorbereitung der Hauptverhandlung ist zulässig und üblich, ebenso die Teilnahme **wissenschaftlicher Mitarbeiter** an den Beratungen der Senate des BGH. Für die **Abstimmung** gilt grds. § 196 GVG, im Fall einer eigenen Sachentscheidung des Revisionsgerichts (§ 354 Abs. 1) § 263 Abs. 1 (Zweidrittelmehrheit). Zur **Verkündung** vgl. § 356. Zum **Sitzungsprotokoll** gelten die §§ 271 ff. sinngemäß (LR-Hanack Rn. 9; KK-Kuckein Rn. 9).

§ 352 [Umfang der Urteilsprüfung]

(1) Der Prüfung des Revisionsgerichts unterliegen nur die gestellten Revisionsanträge und, soweit die Revision auf Mängel des Verfahrens gestützt wird, nur die Tatsachen, die bei Anbringung der Revisionsanträge bezeichnet worden sind.

(2) Eine weitere Begründung der Revisionsanträge als die in § 344 Abs. 2 vorgeschriebene ist nicht erforderlich und, wenn sie unrichtig ist, unschädlich.

Die Vorschrift ist im Zusammenhang mit § 344 zu sehen (BGH 15, 203, 208 = NJW 1961, 225) und bestimmt die Grenzen der Prüfungspflicht des Revisionsgerichts (vgl. KK-Kuckein Rn. 1). 1

Die **Zulässigkeit der Revision** ist auch in der Hauptverhandlung nach den Maßstäben des § 349 Abs. 1 zu prüfen; bei Unzulässigkeit wird die Revision durch **Urteil** verworfen. **Prozessvoraussetzungen** und **Verfahrenshindernisse** werden in jeder Lage des Verfahrens vAw. geprüft, auch wenn bereits Teilrechtskraft eingetreten war (BGH 21, 242, 243 = NJW 1967, 1476; vgl. KK-Kuckein Rn. 3 mwN). Richtet sich die Revision gegen ein **Berufungsurteil,** so wird auch die **Zulässigkeit der Berufung** vAw. geprüft (OLG Frankfurt StV 1987, 289), ebenso die **Wirksamkeit einer Berufungsbeschränkung** (BGH 27, 70 = NJW 1977, 442). Bei Unzulässigkeit der Berufung wird das Urteil aufgehoben und die Berufung als unzulässig verworfen; war eine vom Berufungsgericht als zulässig behandelte Beschränkung unwirksam, so ist nach Aufhebung und Zurückverweisung insgesamt neu zu verhandeln (OLG Hamm NJW 1973, 1141, 1143; vgl. KK-Kuckein Rn. 22 f. mwN). 2

Der **Prüfungsumfang** bestimmt sich nach den **Revisionsanträgen,** insb. nach der Reichweite der Anfechtung. Bei Teilanfechtung ist die Wirksamkeit der Beschränkung zu prüfen (vgl. BGH 29, 359 = NJW 1981, 589; BGH NStZ 1992, 126). Auch bei Teilrechtskraft kann eine weitergehende Überprüfung nach Maßgabe des § 354 a oder im Einzelfall bei durchgreifenden Bedenken auch gegen den nicht angefochtenen Teil geboten sein (vgl. KK-Kuckein Rn. 6); das gilt auch bei einer Revision des **Nebenklägers,** wenn das Nebenklagedelikt in **Tateinheit** oder Gesetzeskonkurrenz mit einem Offizialdelikt steht (vgl. BGH 13, 143 = NJW 1959, 1740). 3

Verfahrensmängel werden nur insoweit geprüft, als ordnungsgemäß erhobene und begründete Verfahrensrügen (§ 344 Abs. 2) vorliegen. Das **revisionsrechtliche Freibeweisverfahren** bei der Prüfung von Verfahrensvoraussetzungen findet seine Grenze nicht nur in der Bindung an vom Tatrichter festgestellte doppelrelevante Tatsachen; ihm sind vielmehr auch Zeugen entzogen, die vom Tatrichter im Strengbeweisverfahren vernommen worden sind, sofern die auf ihren Angaben (mit)beruhenden Feststellungen die Entscheidung in der Sache (mit)tragen (BayObLG NStZ-RR 2001, 271; vgl. § 244 Rn. 4). In die rechtliche Prüfung einzubeziehen ist ausschließlich nach § 345 Abs. 1 (ggf. nach Wiedereinsetzung) rechtzeitig vorgetragene und **bewiesene** Tatsachen (vgl. § 344 Rn. 8). Soweit § 274 nicht eingreift, sind entscheidungserhebliche Verfahrenstatsachen im Freibeweis zu klären; Zweifel gehen zu Lasten des Beschwerdeführers (BGH NJW 1978, 1390). Eine Ersetzung vorgetragener, zur Rügebegründung ungeeigneter Tatsachen durch andere, die Rüge begründen lassen, ist regelmäßig unzulässig; möglich ist aber die **Umdeutung von Verfahrensrügen** auf der Grundlage des zulässigen und bewiesenen Tatsachenvorbringens (BGH MDR 1978, 805; vgl. LR-Hanack Rn. 7). 4

Die **Sachrüge** führt, soweit das Urteil angefochten ist, auch dann zu seiner **umfassenden** sachlich-rechtlichen Überprüfung, wenn die Begründung sich auf einzelne Punkte beschränkt; Grundlage der Prüfung sind insoweit allein das angefochtene Urteil sowie die Anklage und der Eröffnungsbeschluss. 5

§ 353

6 **Unrichtiger Tatsachenvortrag** und unzutreffende Rechtsausführungen (Abs. 2) sind **unschädlich,** soweit sie über das Begründungserfordernis des § 344 Abs. 2 hinausgehen, denn es kommt auf sie für die Entscheidung nicht an. Die Ausführungen können bis zur Entscheidung ergänzt werden (BGH NStZ 1988, 20).

7 Werden **mehrere Rügen** erhoben, so müssen alle nur dann geprüft werden, wenn die Revision verworfen werden soll; im Übrigen gilt der Grundsatz des **Vorrangs des weitestreichenden Revisionsgrundes** (LR-Hanack Rn. 12 ff. mwN). Ein Anspruch des Revisionsführers auf Prüfung sämtlicher Rügen oder auf eine bestimmte Prüfungsreihenfolge besteht nicht. Verfahrensrügen können, auch im Fall des § 338, dahingestellt bleiben, wenn **die Sachrüge durchgreift** (BGH 17, 253 = NJW 1962, 1452); das nämliche gilt umgekehrt. Das gilt auch dann, wenn die Beschränkung auf eine durchgreifende Verfahrensrüge dazu führt, dass die Wirkungen der §§ 357, 358 Abs. 1 nicht eintreten (Meyer-Goßner Rn. 11; **aA** Jagusch NJW 1962, 141, 1419). Aber ein **Vorrang der sachlich-rechtlichen Prüfung** vor der Untersuchung von Verfahrensrügen kann sich zB daraus ergeben, dass es mit der Sachbeschwerde gelingen könnte, nicht nur die erreichbare Aufhebung, sondern eine **freisprechende Entscheidung** nach § 354 Abs. 1 zu erlangen (BGH 17, 235 = NJW 1962, 1452; KK-Kuckein Rn. 19).

§ 353 [Inhalt des Revisionsurteils]

(1) **Soweit die Revision für begründet erachtet wird, ist das angefochtene Urteil aufzuheben.**

(2) **Gleichzeitig sind die dem Urteil zugrunde liegenden Feststellungen aufzuheben, sofern sie durch die Gesetzesverletzung betroffen werden, wegen deren das Urteil aufgehoben wird.**

1 **Entscheidungsmöglichkeiten.** Ergibt sich in der Hauptverhandlung die Unzulässigkeit oder Unbegründetheit der Revision, so ist sie durch Urteil zu **verwerfen.** Zugleich wird über die **Kosten** (§ 473 Abs. 1) sowie über Rechtsmittel nach §§ 305 a, 464 Abs. 1 S. 1, 1. HS, § 8 Abs. 3 S. 1 StrEG entschieden. Eine **Schuldspruchberichtigung** (vgl. § 354 Rn. 5 ff.) ist ebenso wie eine Berichtigung der Liste der angewendeten Vorschriften (vgl. BGH NJW 1979, 1259, 1260) zulässig. Eine **Einstellung** durch **Beschluss** in der Hauptverhandlung ist nach §§ 153 Abs. 2, 153 b Abs. 2, 153 c Abs. 3, 153 e Abs. 2, 154 Abs. 2, 154 a Abs. 2, 154 b Abs. 4, 430 Abs. 1 möglich, nicht aber nach §§ 153 a Abs. 2, 154 e Abs. 2. Ergibt sich in der Hauptverhandlung ein **Prozesshindernis,** so wird das angefochtene Urteil aufgehoben und das Verfahren durch **Prozessurteil** nach § 260 Abs. 3 eingestellt.

2 Die **Aufhebung des angefochtenen Urteils (Abs. 1)** erfolgt, wenn und soweit die **Revision begründet** ist. Dabei ist der **Rahmen** einer möglichen Aufhebung grds. durch die Revisionsanträge bestimmt (vgl. § 352); in Ausnahmefällen, insb. beim Fehlen von **Prozessvoraussetzungen,** erfasst der Mangel auch nicht angefochtene Urteilsteile (vgl. BGH 33, 167, 168 = NJW 1985, 1720). Eine über eine zulässige Anfechtungsbeschränkung hinausgehende Aufhebung ist auch erforderlich, wenn der rechtsfehlerhafte Teil des Urteils sachlich nicht isoliert betrachtet werden kann (vgl. KK-Kuckein Rn. 7). Eine **Teilaufhebung** ist zulässig, soweit eine Rechtsmittelbeschränkung zulässig wäre. Sie erfolgt, wenn einzelne der Revisionen mehrerer Beschwerdeführer begründet sind, wenn eine Revision nur teilweise oder wenn eine beschränkte Revision ganz oder teilweise begründet ist. Erfasst die Aufhebung den angefochtenen Teil nicht vollständig, so ist die Revision **im Übrigen zu verwerfen.** Mit der Aufhebung werden die Entscheidungen nach §§ 354, 355 verbunden. Hat das Berufungsgericht ein Verwerfungsurteil nach § 412 fehlerhaft bestätigt, trotz Rechtskraft des Strafbefehls entschieden oder gegen § 328

Revision **§ 353**

Abs. 2 verstoßen, so ist neben dem Berufungsurteil auch das erstinstanzliche Urteil aufzuheben (Meyer-Goßner Rn. 5).

Begründet ist die Revision, wenn ein Verfahrens- oder Sachmangel festgestellt 3 ist, auf dem das angefochtene Urteil **beruhen kann** (§ 337 Abs. 1), und wenn der Beschwerdeführer durch diesen Rechtsfehler **beschwert** ist. Der **Schuldspruch** ist rechtsfehlerhaft, wenn der zugrundegelegte Sachverhalt verfahrensfehlerhaft festgestellt wurde, wenn die Feststellungen sachlich-rechtliche Mängel aufweisen oder wenn das Strafgesetz auf den festgestellten Sachverhalt fehlerhaft angewendet wurde. Ist die Verurteilung nur wegen einer Tat (§ 264) erfolgt, so ist ein rechtsfehlerhafter Schuldspruch grds. **ganz aufzuheben** (vgl. i. E. KK-Kuckein Rn. 12 f.). Zur **Schuldspruchberichtigung** vgl. § 354 Rn. 5 ff.

Die Aufhebung des Schuldspruchs erfasst grds. auch den **Rechtsfolgenaus-** 4 **spruch.** Umgekehrt führt die Aufhebung des Strafausspruchs dann zur Gesamtaufhebung des Urteils, wenn nur so eine fehlerfreie Grundlage für die Festsetzung einer schuldangemessenen Rechtsfolge gewonnen werden kann, insb. bei fehlerhaften Feststellungen zu **doppelrelevanten Tatsachen** oder zu wesentlichen Umständen des Tathergangs (BGH StV 1984, 188). Innerhalb des Rechtsfolgenausspruchs kann die Aufhebung insb. auf die fehlerhafte Anwendung der §§ 42 (RG 64, 207, 208), 51 Abs. 1 S. 2 (BGH 7, 124), 51 Abs. 4 S. 2 (BGH NJW 1982, 1236), 55 (BGH 35, 243, 246 = NJW 1988, 2749) und 63 ff. StGB (BGH NJW 1984, 622, 623) beschränkt werden. Wird eine **Einzelstrafe** aufgehoben, so kann die **Gesamtstrafe** nur dann bestehen bleiben, wenn angesichts der Anzahl und Höhe aufrechterhaltener weiterer Einzelstrafen ausgeschlossen werden kann, dass der Wegfall die Gesamtstrafe beeinflusst (vgl. KK-Kuckein Rn. 21; Meyer-Goßner Rn. 7). Umgekehrt führt die Fehlerhaftigkeit einer Einzelstrafe zur Aufhebung weiterer Rechtsfolgenaussprüche, wenn sich nicht ausschließen lässt, dass deren Bemessung durch den Rechtsfehler beeinflusst wurde (BGH NJW 1981, 2204, 2206).

Die **Urteilsfeststellungen** werden aufgehoben, wenn und soweit sich der 5 Rechtsfehler auf sie ausgewirkt haben kann **(Abs. 2).** Für die Frage, welche tatsächlichen Feststellungen trotz Rechtsfehlerhaftigkeit des Urteils aufrechterhalten bleiben können, ist zu prüfen, ob die von dem Rechtsfehler betroffenen Feststellungen von anderen Urteilsteilen **isoliert** werden können. Das ist nicht der Fall, wenn andere Feststellungen auf ihnen beruhen (vgl. BGH 14, 30, 35 = NJW 1960, 1393). Greifen **Verfahrensrügen** durch, so sind grds. die dem betroffenen Urteilsteil zugrundeliegenden Feststellungen mit aufzuheben (KK-Kuckein Rn. 28); bei **Sachrügen** ist das idR nur dann der Fall, wenn Mängel der Urteilsfeststellungen selbst oder der Beweiswürdigung zur Rechtsfehlerhaftigkeit führen. **Aufrechterhalten** können die Feststellungen zur **äußeren Tatseite** idR bleiben, wenn der Rechtsfehler nur die Schuldfähigkeitsprüfung (BGH 14, 30, 34 = NJW 1960, 1393), Feststellungen zur Vorsatzform (BGH StV 1983, 360) oder solche zu subjektiven Tatbestandsmerkmalen betrifft (vgl. BGH NJW 1992, 382, 384; Meyer-Goßner Rn. 15 mwN). Im Urteilsspruch des Revisionsgerichts wird die Aufhebung der Feststellungen regelmäßig **ausdrücklich** ausgesprochen; erforderlich ist ein ausdrücklicher Ausspruch in jedem Fall, wenn einzelne Feststellungen aufrechterhalten bleiben (vgl. KK-Kuckein Rn. 24). Fehlt bei Aufhebung des gesamten oder eines abtrennbaren Teils des Urteils ein Ausspruch nach Abs. 2, so sind die Feststellungen zu diesem Teil im vollen Umfang aufgehoben (LR-Hanack Rn. 18). Wird ein Urteil im Rechtsfolgeausspruch mit den dazu gehörigen tatsächlichen Feststellungen aufgehoben, weil der Ausschluss erheblich verminderter Schuldfähigkeit iSd **§ 21 StGB** nicht tragfähig begründet ist, so ist der neue Tatrichter an die tatsächlichen Feststellungen des früheren Urteils zu dieser Frage in keiner Weise gebunden (BGH NStZ-RR 1997, 237). Wird ein Urteil nur im **Strafausspruch** aufgehoben, so bedeutet das regelmäßig, dass die Aufhebung allein **diejenigen Feststellungen** ergreift, die sich **ausschließlich** auf den Strafausspruch beziehen (BGH 24, 275 =

NJW 1972, 548; KK-Kuckein Rn. 25), während alle den **Schuldspruch** tragenden Feststellungen bestehen bleiben, also im Allgemeinen auch die Feststellungen, aus denen sich Regelbeispiele für besonders schwere Fälle der Tatbegehung ergeben (BGH 29, 359 = NJW 1981, 589). Die Revisionsgerichte sollten in Zweifelsfällen einen ausdrücklichen Ausspruch über die Feststellungen bzw. ihren Umfang treffen. Ist das nicht geschehen, wird der neue Tatrichter davon ausgehen dürfen, dass die **speziellen Strafzumessungserwägungen** aufgehoben sind, er insoweit also neue Feststellungen treffen kann (LR-Hanack Rn. 25; vgl. auch OLG Köln NJW 1953, 356). Die **Aufhebung des Maßregelungsausspruchs** nach § 63 StGB „mit den zugehörigen Feststellungen" erfasst auch diejenigen, die sich auf die rechtswidrigen Taten beziehen (LR-Hanack Rn. 25).

6 Eine **Bindung des neuen Tatrichters** nach Aufhebung und Zurückverweisung (§§ 354 Abs. 2, 355) besteht nach Maßgabe des § 358 Abs. 1; im Übrigen besteht keine Bindung, soweit das Urteil und die zugrundeliegenden Feststellungen aufgehoben sind. Das neue Tatgericht hat die Beweise zur Tatfrage insoweit neu zu erheben; eine **Verweisung** auf aufgehobene Feststellungen des Ersturteils ist unzulässig (BGH 24, 274 = NJW 1972, 548). Ist das Urteil nur **teilweise** aufgehoben, so besteht **Teilrechtskraft** auch hinsichtlich der den nicht aufgehobenen Teil tragenden Feststellungen. An sie ist der neue Tatrichter gebunden, auch wenn es sich um **doppelrelevante Tatsachen** handelt (BGH 29, 359 = NJW 1981, 589; 24, 274). **Ergänzende** Feststellungen sind zulässig, dürfen aber den aufrechterhaltenen nicht widersprechen (BGH 24, 106, 108 = NJW 1971, 1189), auch wenn diese sich in der neuen Verhandlung als unzutreffend erweisen (vgl. BGH 7, 283 = NJW 1955, 917) und wenn sie im ersten Urteil nur nach dem Zweifelssatz zugunsten des Angeklagten angenommen wurden (BGH NStZ 1988, 88). **Dasselbe** gilt, wenn Feststellungen nach Abs. 2 aufrechterhalten wurden (o. Rn. 5; vgl. KK-Kuckein Rn. 34 mwN). Hat das Revisionsgericht ein Urteil **nur im Strafausspruch** mit den dazugehörigen Feststellungen aufgehoben, so dürfen die vom neuen Tatrichter getroffenen Feststellungen zum Schuldumfang nicht in Widerspruch zu den Feststellungen zum Schuldumfang stehen, die dem vom Revisionsgericht im Schuldspruch bestätigten früheren Urteil zugrundeliegen. Gleichwohl getroffene, den Feststellungen zum Schuldumfang des ersten Urteils zuwiderlaufende Feststellungen dürfen der Strafzumessung nicht zugrunde gelegt werden (BGH NStZ-RR 1996, 203). **Nicht zur Tatfrage** gehören Feststellungen über das Vorliegen eines besonders schweren oder minder schweren Falles (BGH StV 1984, 497), über die tatsächlichen Voraussetzungen einer **Unterbringung** (BGH NJW 1989, 1556) sowie zur Frage des Teilnahmeverdachts gegen einen Zeugen (§ 60 Abs. 2; BGH NJW 1985, 638). Stellt das **Revisionsgericht** das Verfahren wegen **Verjährung teilweise** ein, werden die **Feststellungen** zu den verjährten Taten nicht von selbst gegenstandslos. Diese sind, sofern sie das Revisionsgericht nicht aufhebt, für das weitere Verfahren bindend (BGH 41, 305 = NJW 1996, 1293). Eine **Ausnahme** von der Bindung besteht auch dann, wenn sich in der neuen Verhandlung die Unschuld des Angeklagten zweifelsfrei ergibt (LR-Hanack Rn. 29; Meyer-Goßner Rn. 21). Wegen der uU erheblichen Schwierigkeiten, welche die widerspruchsfreie Kombination aufrechterhaltener und neuer Tatsachenfeststellungen dem neuen Tatrichter bereiten kann, sollte die Aufrechterhaltung von Feststellungen auf klar abgrenzbare Teile beschränkt werden.

§ 354 [Eigene Sachentscheidung; Zurückverweisung]

(1) **Erfolgt die Aufhebung des Urteils nur wegen Gesetzesverletzung bei Anwendung des Gesetzes auf die dem Urteil zugrunde liegenden Feststellungen, so hat das Revisionsgericht in der Sache selbst zu entscheiden, sofern ohne weitere tatsächliche Erörterungen nur auf Freisprechung oder**

Revision **§ 354**

auf Einstellung oder auf eine absolut bestimmte Strafe zu erkennen ist oder das Revisionsgericht in Übereinstimmung mit dem Antrag der Staatsanwaltschaft die gesetzlich niedrigste Strafe oder das Absehen von Strafe für angemessen erachtet.

(1 a) ¹Wegen einer Gesetzesverletzung nur bei Zumessung der Rechtsfolgen kann das Revisionsgericht von der Aufhebung des angefochtenen Urteils absehen, sofern die verhängte Rechtsfolge angemessen ist. ²Auf Antrag der Staatsanwaltschaft kann es die Rechtsfolgen angemessen herabsetzen.

(1 b) ¹Hebt das Revisionsgericht das Urteil nur wegen Gesetzesverletzung bei Bildung einer Gesamtstrafe (§§ 53, 54, 55 des Strafgesetzbuches) auf, kann dies mit der Maßgabe geschehen, dass eine nachträgliche gerichtliche Entscheidung über die Gesamtstrafe nach den §§ 460, 462 zu treffen ist. ²Entscheidet das Revisionsgericht nach Absatz 1 oder Absatz 1 a hinsichtlich einer Einzelstrafe selbst, gilt Satz 1 entsprechend. ³Die Absätze 1 und 1 a bleiben im Übrigen unberührt.

(2) ¹In anderen Fällen ist die Sache an eine andere Abteilung oder Kammer des Gerichtes, dessen Urteil aufgehoben wird, oder an ein zu demselben Land gehörendes anderes Gericht gleicher Ordnung zurückzuverweisen. ²In Verfahren, in denen ein Oberlandesgericht im ersten Rechtszug entschieden hat, ist die Sache an einen anderen Senat dieses Gerichts zurückzuverweisen.

(3) Die Zurückverweisung kann an ein Gericht niederer Ordnung erfolgen, wenn die noch in Frage kommende strafbare Handlung zu dessen Zuständigkeit gehört.

Eigene Sachentscheidung. Die Urteilsaufhebung (§ 353 Abs. 1) kann mit **1** einer eigenen Sachentscheidung des Revisionsgerichts verbunden werden, wenn nur **sachlich-rechtliche Mängel** oder **Prozesshindernisse** vorliegen und die **Feststellungen** von dem Mangel **nicht betroffen** sind und daher aufrechterhalten bleiben können (BGH 13, 268, 274 = NJW 1959, 2272). Neben den in **Abs. 1** genannten Entscheidungsmöglichkeiten kommt auch eine **Korrektur** des Schuld- oder Rechtsfolgenausspruchs in Betracht (vgl. u. Rn. 5 ff.).

Freispruch ist nur möglich, wenn die Feststellungen fehlerfrei und vollständig **2** und weitere Feststellungen nicht zu erwarten sind (BGH 28, 162, 164 = NJW 1979, 378) und wenn sich der Angeklagte hiernach unter keinem rechtlichen Gesichtspunkt strafbar gemacht hat (vgl. BGH 13, 274 = NJW 1960, 52). Erscheinen schuldbegründende neue Feststellungen nicht ausgeschlossen, so ist zurückzuverweisen. Ein **Teilfreispruch** ist zulässig, wenn er sich auf einen abtrennbaren Schuldvorwurf bezieht; jedoch muss dann idR zur Bildung einer neuen Gesamtstrafe zurückverwiesen werden, wenn nicht ausgeschlossen werden kann, dass sich die aufgehobene Einzelstrafe ausgewirkt hat (vgl. Meyer-Goßner Rn. 4 mwN).

Einstellung oder Teileinstellung (§ 260 Abs. 3) des Verfahrens kommt bei Vorliegen **3** von Prozesshindernissen in Betracht. Kann eine fehlende Prozessvoraussetzung noch geschaffen werden, so ist zurückzuverweisen (BGH 8, 151, 154 = NJW 1955, 1804). Rechtfertigen die erschöpfenden fehlerfreien Feststellungen einen Freispruch, so geht dieser der Verfahrenseinstellung vor (BGH 20, 333, 335 = NJW 1966, 460; OLG Celle NJW 1968, 2120). Stellt das Revisionsgericht das Verfahren wegen Verjährung teilweise ein, werden die Feststellungen zu den verjährten Taten nicht von selbst gegenstandslos. Diese sind, sofern sie das Revisionsgericht nicht aufhebt, für das weitere Verfahren bindend (BGH 41, 305 = NJW 1996, 1293).

Eine **Straffestsetzung** durch das Revisionsgericht ist in engen Grenzen möglich. **4** Das ist neben der Verhängung der **absoluten Strafe** (§§ 211, 220 a Abs. 1 Nr. 1

§ 354

StGB) der Fall bei Festsetzung einer neuen Gesamtstrafe unter Beachtung der **Mindesthöhe** (§§ 54 Abs. 1 S. 1, 39 StGB), einer Einzel- anstelle einer gleich hohen rechtsfehlerhaften Gesamtstrafe (BGH 1991, 2715; BGH NStZ 1992, 78) oder der **zulässigen Höchststrafe** anstelle einer den Strafrahmen unzulässig überschreitenden Strafe, wenn es nach den Urteilserwägungen als sicher erscheint, dass der Tatrichter bei zutreffender Rechtsanwendung auf diese Strafe erkannt hätte (OLG Neustadt MDR 1962, 324; 1964, 692; OLG Celle NJW 1953, 1683), bei Festsetzung der Mindestfrist des Vorwegvollzugs nach § 67 Abs. 2 StGB (BGH NStZ 1992, 205; vgl. Fischer NStZ 1991, 324) sowie auf **Antrag der StA** bei Festsetzung der gesetzlichen **Mindeststrafe** (vgl. BGH 39, 353, 371 = NJW 1994, 267; BGH NStZ 1989, 238) oder der **günstigsten Nebenfolge** (BGH 3, 76), etwa der Strafaussetzung zur Bewährung (BGH StV 1996, 266). Schließlich kann mit Zustimmung der StA auch **von Strafe abgesehen** werden; hierunter fällt nicht die Straffreiheitserklägung nach §§ 199, 23.

4 a „Die **Strafzumessung** ist Sache des **Tatrichters,** der sich allein auf Grund der Hauptverhandlung ein umfassendes Bild von der Person des Angeklagten und seiner Tat zu bilden vermag und Verantwortung für die richtige Abwägung der Strafzwecke zu tragen hat" (BGH 17, 36 = NJW 1962, 748). Allerdings hat sich inzwischen die sog. Kontrolldichte in Bezug auf den Strafausspruch erhöht (Dahs/Dahs, Die Revision Rn. 437 mwN). Die Beispiele aus der Rspr. zeigen, dass diese Kontrolle sich in einem engen Rahmen hält. Die Fehler bei der Strafzumessung führen überwiegend zur Aufhebung des Strafausspruchs und nicht zu einer Korrektur durch das Revisionsgericht (vgl. § 267 Rn. 14). Das Revisionsgericht kann sich grundsätzlich nicht im Hinblick auf den gesetzlichen (Art. 101 Abs. 1 S. 2 GG) beim Ausspruch über die Rechtsfolgen an die Stelle des zuständigen Tatrichters setzen (BVerfG NJW 2004, 1790). Allerdings belasten Gesetzesverletzungen bei der Strafzumessung die Strafgerichte nicht unerheblich. Mit den **Abs. 1 a und 1 b** idF des 1. Justizmodernisierungsgesetzes hat der Gesetzgeber zum Zweck der Verfahrensbeschleunigung die Kompetenz des Revisionsgerichts zur Prüfung und Entscheidung über die Strafzumessung begrenzt erweitert. Nach **Abs. 1 a** kann das Revisionsgericht wegen Gesetzesverletzung bei Zumessung der Rechtsfolgen von der Aufhebung des angefochtenen Urteils **absehen,** sofern die Rechtsfolge **angemessen** ist. Der StA kann eine Herabsetzung beantragen. Das wird vor allem dann in Betracht kommen, wenn zwischen Schuldspruch und erneuter Entscheidung eine längere Zeit verstrichen ist. Nach **Abs. 1 b** kann das Revisionsgericht das Urteil wegen Gesetzesverletzung bei **Bildung einer Gesamtstrafe** (§§ 53, 54, 55 StGB) aufheben und bestimmen, dass eine nachträgliche gerichtliche Entscheidung über die Gesamtstrafe nach den §§ 460, 462 zu treffen ist (vgl. § 55 StGB). Diese erweiterte Kompetenz des Revisionsgerichts dient dem Beschleunigungsgebot und dem Verhältnismäßigkeitsgrundsatz und lässt das Gebot der schuldangemessenen Strafe unberührt.

5 **Schuldspruchberichtigungen** sind nach allg. Ansicht in entspr. Anwendung von Abs. 1 zur Verfahrensvereinfachung und -verkürzung zulässig, wenn sie ohne Änderung oder Ergänzung der tatrichterlichen Feststellungen möglich sind (BGH 32, 357, 361 = NJW 1984, 2711 m. Anm. Fezer NStZ 1986, 28) und wenn nicht ein **Hinweis nach § 265 Abs. 1** erforderlich ist (BGH NJW 1981, 1744, 1745). Auf einen solchen kommt es dar an, wenn sich der Angeklagte nicht anders als geschehen verteidigen könnte; dies beurteilt das Revisionsgericht auf der Grundlage der Feststellungen und Beweiserwägungen des angefochtenen Urteils (BGH 33, 44, 49 = NJW 1985, 443). Voraussetzung ist eine **zulässig erhobene Sachrüge.** Eine Änderung des Schuldspruchs **zuungunsten** des Angeklagten ist auch bei nur von ihm oder zu seinen Gunsten eingelegter Revision zulässig (vgl. § 358 Abs. 2 S. 1). **Möglich** sind danach **insb.** der Wegfall einer tateinheitlichen Verurteilung (BGH 10, 404, 405 = NJW 1957, 1845), die Hinzunahme eines rechtlichen Ge-

Revision **§ 354**

sichtspunkts bei Tateinheit (BGH 12, 30 = NJW 1958, 1692), die Ersetzung der angeklagten Strafvorschrift durch eine andere (BGH NJW 1964, 736), die Änderung des Konkurrenzverhältnisses (vgl. Meyer-Goßner Rn. 22 mwN) sowie die Ersetzung einer bestimmten durch eine wahldeutige Verurteilung (BGH 25, 182, 186 = NJW 1973, 1466). Die **Verurteilung** eines vom Tatrichter **freigesprochenen** Angeklagten unter Zurückweisung im Rechtsfolgenausspruch kann allenfalls in Ausnahmefällen in Betracht kommen (vgl. BVerfG NStZ 1991, 499 m. Anm. Foth NStZ 1992, 444; BGH 36, 277, 283; Meyer-Goßner Rn. 23), insb. wenn der Angeklagte vor dem Tatrichter geständig war und nur wegen eines Subsumtionsfehlers freigesprochen wurde (OLG Düsseldorf NJW 1986, 2518).

In der Regel ist bei Änderung des Schuldspruchs der **Rechtsfolgenausspruch** 6 aufzuheben und die Sache insoweit zurückzuverweisen. Das gilt aber dann nicht, wenn das Revisionsgericht ausschließen kann, dass auf der Grundlage des geänderten Schuldspruchs eine andere als die festgesetzte Strafe verhängt worden wäre (zu Einzelheiten vgl. KK-Kuckein Rn. 18, Meyer-Goßner Rn. 24 ff., jeweils mwN).

Im Einzelfall sind auch **Änderungen des Rechtsfolgenausspruchs** durch das 7 Revisionsgericht zulässig, so etwa bei Änderung des **Konkurrenzverhältnisses** (KK-Kuckein Rn. 19) sowie bei fehlerhafter **Strafaussetzung zur Bewährung** (BGH NStZ 1983, 167). Zulässig sind auch die Herabsetzung der Strafe auf das gesetzliche Höchstmaß, wenn ersichtlich ist, dass der Tatrichter das Höchstmaß aus Rechtsirrtum überschritten hat und ohne diesen Irrtum auf die zulässige Höchststrafe erkannt hätte (OLG Bremen NJW 1962, 1217; OLG Schleswig SchlHA 1962, 201); die Herabsetzung einer unter Verletzung des Verbots der Schlechterstellung (§§ 331, 358 Abs. 2) erhöhten Strafe auf das zulässige Maß ist unbedenklich zulässig (BGH NJW 1991, 1764; BayObLG JZ 1975, 538); wenn der Tatrichter rechtsfehlerhaft nach § 51 Abs. 1 S. 2 StGB von der Anrechnung der U-Haft abgesehen hat, darf das Revisionsgericht sie vornehmen (OLG Düsseldorf NJW 1969, 44; OLG Köln NJW 1965, 2310); das Revisionsgericht darf die Einziehung anordnen, wenn der Tatrichter das aus Rechtsgründen irrtümlich für unzulässig gehalten hat und die Einziehung zwingend vorgeschrieben ist oder ohne Ermessensfehler nicht abgelehnt werden könnte (BGH 14, 299 = NJW 1960, 1307; 16, 57 = NJW 1961, 1364; 26, 266 = NJW 1976, 575; LR-Hanack Rn. 37 ff.). Zulässig ist auch die Korrektur von Anrechnungsentscheidungen (BGH NJW 1978, 1636; MDR 1986, 271; NJW 1986, 1555, 1557; StV 1994, 603). **Unterbringungsanordnungen** nach §§ 63, 64, 66 StGB sowie Entscheidungen nach §§ 67 Abs. 2, 69 StGB kann das Revisionsgericht wegfallen lassen oder selbst aussprechen, wenn und soweit eine abweichende tatrichterliche Entscheidung ausgeschlossen werden kann (vgl. i. E. Meyer-Goßner Rn. 32 mwN). Auch **Nebenentscheidungen** über Verfall und Einziehung können nachgeholt werden, wenn eine andere tatrichterliche Entscheidung ausgeschlossen erscheint (BGH 26, 258, 266 = NJW 1976, 575).

Eine **Berichtigung offenkundiger Fehler** ist dem Revisionsgericht stets mög- 8 lich, wenn die Fehlerhaftigkeit sich aus der Urteilsurkunde ergibt, so insb. bei Abweichungen von Urteilsformel und -gründen (vgl. KK-Kuckein Rn. 20 mwN) sowie zur Ergänzung offenkundiger **Lücken** des Urteilsspruchs und zur **Klarstellung** (BGH NStZ 1992, 551; vgl. KK-Kuckein Rn. 21 f.; Meyer-Goßner Rn. 33). Berichtigt werden kann auch die Liste der angewendeten Vorschriften (§ 260 Abs. 5).

Soweit eine eigene Sachentscheidung des Revisionsgerichts zur Verfahrensbeen- 9 digung führt, sind eine **Kostenentscheidung** (§ 473) sowie ggf. eine Entscheidung nach § 8 StrEG zu treffen; wird auch nur teilweise zurückverwiesen, so ist die Entscheidung über die Kosten des gesamten Verfahrens idR dem neuen Tatrichter vorzubehalten.

Zurückverweisung (Abs. 2, 3). Die Zurückverweisung zur neuen Verhand- 10 lung und Entscheidung an einen neuen Tatrichter ist bei Urteilsaufhebung erforder-

§ 354

lich, wenn das Revisionsgericht nicht selbst nach Abs. 1 in der Sache entscheiden kann. Regelmäßig wird an das Gericht zurückverwiesen, das das angefochtene Urteil erlassen hat, ausnahmsweise nicht an das Berufungs-, sondern an das erstinstanzliche Gericht, wenn neben dem Berufungsurteil auch das Ersturteil des AG aufgehoben wurde (vgl. § 353 Rn. 5). Wenn kein Fall des Abs. 3 oder des § 355 vorliegt, ist regelmäßig an eine andere Abteilung oder Kammer **gleicher Art** oder einen anderen Senat des Gerichts zurückzuverweisen, dessen Urteil aufgehoben wird. Eine genaue **Bezeichnung des Spruchkörpers** ist nicht erforderlich; er ergibt sich aus der Geschäftsverteilung (vgl. BGH NStZ 1982, 211). Besondere funktionelle Zuständigkeiten (vgl. §§ 74 e GVG, 47 a JGG) sind zu beachten, wenn sich die Zuständigkeit nicht inzwischen geändert hat (vgl. KK-Kuckein Rn. 31). Fehlt ein anderer Spruchkörper der gleichen Art, so muss notfalls der Geschäftsverteilungsplan entspr. § 21 e GVG ergänzt und ein **Auffangspruchkörper** eingerichtet werden (vgl. BGH NStZ 1981, 489: zweimalige Aufhebung und Zurückverweisung).

11   Abs. 2 verlangt die Entscheidung eines **anderen,** nicht aber eines **anders besetzten** Spruchkörpers (vgl. BVerfG DRiZ 1968, 141). Einer oder mehrere Richter des ursprünglichen Spruchkörpers, die geschäftsplanmäßig dem Auffangspruchkörper angehören, sind daher weder von Gesetzes wegen (§ 23) **ausgeschlossen** (BVerfG 30, 149, 154 = NJW 1971, 1029; BGH 21, 1432 = NJW 1967, 62) noch besteht grds. ein Ablehnungsrecht nach § 24 (BGH 24, 336 = NJW 1972, 1288); auch die Bestellung desselben Richters zum Berichterstatter ist zulässig (BGH NStZ 1981, 298). Im Einzelfall kann sich die **Befangenheit** eines bereits am ersten Urteil mitwirkenden Richters insb. aus den Urteilsgründen ergeben (BGH 24, 336 m. Anm. Arzt JZ 1973, 33). Die Einrichtung von „Auffangspruchkörpern", die von vornherein identisch mit den erstentscheidenden Spruchkörpern besetzt sind, ist unzulässig.

12   In Einzelfällen kann das Revisionsgericht die Sache an ein **Gericht gleicher Ordnung** zurückverweisen, insb. wenn die neue Verhandlung aus einer der Rechtsfindung ungünstigen örtlichen Atmosphäre herausgenommen werden soll. Das Revisionsgericht hat insoweit ein **Auswahlermessen** (BVerfG 20, 336 = NJW 1967, 99). Der BGH kann an jedes Gericht desselben Bundeslandes, das OLG an ein Gericht in seinem Bezirk zurückverweisen (BGH 21, 191, 192 = NJW 1967, 789; Meyer-Goßner Rn. 41). Hatte das Revisionsgericht die Sache gem. § 354 Abs. 2 S. 1 an ein anderes Gericht gleicher Ordnung zurückverwiesen, ist zur Entscheidung im Wiederaufnahmeverfahren grundsätzlich das nach § 140 a Abs. 2 GVG bestimmte Ersatzgericht für das zuletzt entscheidende Gericht örtlich zuständig. Das gilt auch dann, wenn das Ersatzgericht mit derselben Sache bereits **vorbefasst** ist (OLG Koblenz NJW 1996, 1072). Bei **verbundenen Verfahren** gegen Erwachsene und Jugendliche ist, wenn das Verfahren gegen einen von ihnen beendet ist, idR an den für den verbliebenen Angeklagten besonders zuständigen Spruchkörper zu verweisen (BGH 35, 267 = NJW 1988, 3216; vgl. BGH StV 1994, 415 m. Anm. Schneider).

13   An ein **Gericht niederer Ordnung (Abs. 3)** kann zurückverwiesen werden, wenn für den noch zu verhandelnden Teil dessen Zuständigkeit ausreicht (BGH 14, 64, 68 = NJW 1960, 545). Auch insoweit steht dem Revisionsgericht ein **Ermessen** zu; eine Pflicht besteht wegen § 269 nicht (Meyer-Goßner Rn. 42 mwN). Obgleich die allgemeine gegenüber der besonderen Strafkammer kein Gericht niederer Ordnung ist (vgl. § 209 a Nr. 1), ist eine Zurückverweisung nach Abs. 3 insoweit ebenso möglich (BGH MDR 1987, 335) wie die einer SchöffG-Sache an den Strafrichter, nicht aber die einer Sache des erweiterten SchG an das SchG (RG 62, 265, 270).

14   **Verfahren vor dem neuen Tatrichter.** Die Zurückverweisung erfolgt „zu neuer Verhandlung und Entscheidung", führt also idR zu einer neuen tatrichterlichen Hauptverhandlung. Es kommt aber auch eine Entscheidung durch **Beschluss**

(§§ 153 Abs. 2, 153 a Abs. 2, 154 Abs. 2, 206 a) oder im **Nachverfahren** (§§ 439, 460) in Betracht. In der Hauptverhandlung ist der neue Tatrichter an die Rechtsauffassung gebunden, die der Aufhebung zugrundeliegt (§ 358 Abs. 1). Zur Feststellung der Bindungswirkung, insb. auch von aufrechterhaltenen Urteilsteilen, ist das Ersturteil zu **verlesen** (§ 249 Abs. 1) oder sonst bekanntzumachen (BGH NJW 1962, 59). Die **Beweisaufnahme** richtet sich nach §§ 244 ff.; eine Bindung an frühere Beweismittel besteht nicht (BGH MDR 1974, 547). Beweis erhoben werden kann auch über die Ergebnisse der früheren Beweisaufnahme (BGH MDR 1952, 18). Im **neuen Urteil** ist jede **Bezugnahme** auf die früheren, aufgehobenen Feststellungen unzulässig (BGH 24, 274 = NJW 1972, 548); insb. auch zu den persönlichen Verhältnissen (BGH NStZ 1992, 29) und zur Straffrage (BGH NStZ 1983, 213). Jedoch ist eine wörtliche Übernahme identischer Feststellungen möglich (BGH MDR 1958, 15). Zur Bindungswirkung aufrechterhaltener Feststellungen vgl. § 353 Rn. 6. Auf aufrechterhaltene Feststellungen kann Bezug genommen werden (BGH 33, 59 = NJW 1985, 1089). Das neue **Urteil** unterliegt denselben Anforderungen wie das Ersturteil (KK-Kuckein Rn. 45). Es enthält eine **Kostenentscheidung** über das Gesamtverfahren einschließlich des Revisionsverfahrens (vgl. § 473 Rn. 2).

Wegen der Zuständigkeit für **Nachtragsentscheidungen** bei der Strafvollstreckung s. 462 a Abs. 6. Im Falle der Zurückverweisung nach Abs. 3 ist stets das Gericht niederer Ordnung zuständig (LR-Hanack Rn. 74; Meyer-Goßner Rn. 47). Wegen der Zuständigkeit im Wiederaufnahmeverfahren s. § 140 a Rn. 5. Das mit dem neuen tatrichterlichen Verfahren befasste Gericht hat auch über die **Kosten** des Gesamtverfahrens zu befinden. Jedoch ist nach Zurückverweisung der Sache an ein anderes Gericht das **zuerst mit der Sache** befasste Gericht für das Kostenfestsetzungsverfahren zuständig; es ist „Gericht des ersten Rechtszuges" iSd §§ 464 b StPO, 103 ff. ZPO (BGH NStZ 1991, 145; OLG Stuttgart NStZ-RR 2003, 127). 15

§ 354 a [Entscheidung bei Gesetzesänderung]

Das Revisionsgericht hat auch dann nach § 354 zu verfahren, wenn es das Urteil aufhebt, weil zur Zeit der Entscheidung des Revisionsgerichts ein anderes Gesetz gilt als zur Zeit des Erlasses der angefochtenen Entscheidung.

Die Vorschrift überträgt die Regelung des **§ 2 Abs. 3 StGB** auf das Revisionsverfahren. **Anderes Gesetz** ist jedes Gesetz, das die Voraussetzungen und den Umfang einer strafrechtlichen Verurteilung regelt. In Betracht kommen daher nur Änderungen des **sachlichen Rechts.** Dazu zählen insb. auch Milderungen der Strafdrohung (BGH 20, 116, 118 = NJW 1965, 453), der Wegfall von Strafschärfungsgründen (BGH 23, 237, 238), Erweiterungen der Möglichkeit zur Strafaussetzung (BGH 26, 1, 2 = NJW 1975, 63) sowie die Einführung von Verwertungsverboten (BGH 27, 108, 109 = NJW 1977, 816). Änderungen, die nur den Rechtsfolgenausspruch betreffen, sind auch bei Rechtskraft des Schuldspruchs zu berücksichtigen (vgl. BGH 20, 116). **Voraussetzung** der Berücksichtigung ist eine zulässig erhobene **Sachrüge.** Auf Mitangeklagte, die keine Revision eingelegt haben, erstreckt sich die Aufhebung nach § 354 a nicht (BGH 20, 77, 78 = NJW 1965, 52). Keine Erstreckung der Urteilsaufhebung auf Nichtrevidenten bei **Normrichtigkeit** (s. § 357 Rn. 2). Eine Erstreckung der Urteilsaufhebung auf einen Mitangeklagten ist nicht möglich, wenn das Urteil im Zeitpunkt seines Erlasses rechtsfehlerfrei war und die Urteilsaufhebung hinsichtlich des Revisionsführers auf einer von Revisionsgericht zu beachtenden, inzwischen eingetretenen Gesetzesänderung beruht (BGH NStZ-RR 1999, 15). Im **Rechtsbeschwerdeverfahren** gilt die Vorschrift entsprechend (§ 79 Abs. 3 OWiG). 1

2 **Änderungen des Verfahrensrechts** sind vom Zeitpunkt ihres Inkrafttretens im Verfahren zu berücksichtigen und wirken sich auf zurückliegende Verfahrenshandlungen idR nicht aus (BGH 26, 288, 289 = NJW 1976, 1275). Das Urteil ist rechtsfehlerfrei, wenn der Tatrichter vom Zeitpunkt des Inkrafttretens an nach den neuen prozessualen Bestimmungen verfahren ist. Bei gesetzlichem Wegfall eines Rechtsmittels bleibt ein bereits eingelegtes Rechtsmittel zulässig, sofern das Gesetz dies nicht ausdrücklich anders regelt (BVerfG NJW 1993, 1123).

3 **Verfahrenshindernisse** sind in jeder Lage des Verfahrens vAw. zu beachten. Werden sie durch Gesetzesänderung neu geschaffen, so sind sie so zu behandeln, als hätten sie von Anfang an vorgelegen (BGH 21, 367, 369 = NJW 1968, 900); bei Wegfall bleiben sie insgesamt unberücksichtigt (BGH 20, 22, 27 = NJW 1964, 2359).

4 Das **Verfahren des Revisionsgerichts** richtet sich nach § 354. Milderungen der die Rechtsfolgen betreffenden Vorschriften sind auch bei Rechtskraft des Schuldspruchs zu berücksichtigen; das gilt auch dann, wenn nachträglich die Strafbarkeit ganz entfällt (BGH 20, 116 = NJW 1965, 453). In diesem Fall ist idR nach § 206 b einzustellen. **Entspr.** ist § 354 a anzuwenden, wenn nach Erlass des tatrichterlichen Urteils gegen das **Beschleunigungsgebot** verstoßen wurde (BGH NJW 1995, 1101). Das **Verfahren des Revisionsgerichts** richtet sich nach § 354. Das Revisionsgericht kann den Angeklagten freisprechen, den Schuldspruch berichtigen (BGH 20, 121 = NJW 1965, 453; BayObLG NJW 1998, 3366) oder die Sache unter Aufhebung des Urteils zurückverweisen, wenn weitere Feststellungen erforderlich sind. Bei Herabsetzung der Höchststrafe durch das neue Gericht ist idR die Aufhebung des Strafausspruchs geboten (Meyer-Goßner Rn. 6; LR-Hanack Rn. 11). § 357 ist nicht anwendbar; die **Aufhebung** des tatrichterlichen Urteils gemäß § 354 a ist – weil die Aufhebung hier nicht wegen einer „Gesetzesverletzung bei Anwendung des Strafgesetzes" erfolgt – **nicht auf Mitangeklagte** zu erstrecken, die zwar von der Gesetzesänderung mitbetroffen sind, aber keine Revision eingelegt haben (BGH 20, 77, 79 = NJW 1965, 52; 41, 6, 7 = NJW 1995, 2424; KK-Kuckein Rn. 14).

§ 355 [Verweisung an das zuständige Gericht]

Wird ein Urteil aufgehoben, weil das Gericht des vorangehenden Rechtszuges sich mit Unrecht für zuständig erachtet hat, so verweist das Revisionsgericht gleichzeitig die Sache an das zuständige Gericht.

1 Die Vorschrift verdrängt § 354 Abs. 2 für den Fall der sachlichen, örtlichen und funktionellen Unzuständigkeit des Tatgerichts (vgl. § 338 Nr. 4). Sie ist auch anzuwenden, wenn ein nach dem Geschäftsverteilungsplan unzuständiger Spruchkörper entschieden hat (BGH 38, 376, 380 = NJW 1993, 672). Überschreitungen der sachlichen Zuständigkeit sind vAw. zu beachten; die Unterschreitung begründet wegen § 269 die Revision nicht. Verstöße gegen die örtliche und funktionelle Zuständigkeit sind nur auf zulässige Verfahrensrüge zu beachten (vgl. §§ 6 a, 16). Für die Beurteilung kommt es auf die objektive Rechtslage, nicht auf die Ansicht des Tatrichters an (vgl. Meyer-Goßner Rn. 3).

2 Die Vorschrift ist auch anwendbar, wenn ein anderer Aufhebungsgrund vorliegt, die Sache aber vor ein Gericht höherer Ordnung oder ein ihm nach § 209 a gleichstehendes Gericht gehört (BGH 13, 382 = NJW 1960, 493; OLG Stuttgart Justiz 1995, 100), oder wenn sich ein zuständiges Gericht zu Unrecht für unzulässig erklärt hat (BGH NStZ 1969, 346; 1996, 346), oder wenn eine nach dem Geschäftsverteilungsplan unzuständige StrK entschieden hat (BGH 38, 380 = NJW 1993, 672). In BGH 26, 191, 202 = NJW 1975, 2304) ist unrichtig festgestellt, dass die Revision der StA unbegründet ist, weil der Tatrichter das Verfahren zu Recht wegen sachlicher Unzuständigkeit eingestellt hat (vgl. Meyer-Goßner Rn. 1).

Revision §§ 356, 357

Die **Verweisung** wird im Beschluss nach § 349 Abs. 4 oder im Revisionsurteil 3 ausgesprochen; sie kann durch Beschluss **nachgeholt** werden (KK-Kuckein Rn. 6). Für ihre **Form** und Wirkung gilt § 270 entsprechend.

Die **sachliche Zuständigkeit** ist in bestimmten Fällen **von Amts wegen** bei 4 zulässiger Revision (§ 6) zu prüfen (BGH 18, 81 = NJW 1963, 60). Die Verweisung wegen **örtlicher** Unzuständigkeit setzt dagegen einen rechtzeitigen Einwand nach § 16 voraus. Sind mehrere Gerichte örtlich zuständig, so wählt das Revisionsgericht nach Anhörung der StA eines von ihnen aus. Die Verweisung an ein Gericht außerhalb des eigenen Bezirkes durch das OLG kommt nur in Betracht, wenn im eigenen Bereich kein Gericht zuständig ist (LR-Hanack Rn. 8). Wenn der **sachlich** unzuständige Strafrichter statt des SchG entschieden und das Berufungsgericht dies übersehen hat, so holt das Revisionsgericht die Verweisung an das SchG nach § 328 Abs. 2 nach (vgl. Meyer-Goßner Rn. 5). In **Jugendsachen** kommt es bei der Revision gegen **Berufungsurteile** allein darauf an, welches Gericht im ersten Rechtszug entschieden hat (§ 47 a JGG; BGH 22, 48 = NJW 1968, 952). Waren Verfahren gegen Jugendliche und Erwachsene **verbunden** und ist nur eines von ihnen weiterzuführen, so erfolgt die Verweisung an das für diesen Angeklagten zuständige Gericht (BGH 35, 267, 269 = NJW 1988, 3216). Die Verbindung von Strafsachen, die nicht nur die örtliche, sondern auch die sachliche Zuständigkeit betrifft, kann nicht durch Vereinbarung der beteiligten Gerichte (§ 13 Abs. 2), sondern nur durch Entscheidung des gemeinschaftlichen oberen Gerichts (§ 4 Abs. 2) herbeigeführt werden; ein hiergegen verstoßender Verbindungsbeschluss ist **unwirksam**. Die Revision führt – in Abweichung von BGH NStZ 1982, 294 – nicht zur Verfahrenseinstellung, sondern zur Urteilsaufhebung und Zurückverweisung der Sache (BGH NStZ 1996, 47). Eine hiergegen verstoßende Verbindung kann aber im Revisionsverfahren nachgeholt werden, wenn das Revisionsgericht Spruchkörper des gemeinschaftlichen oberen Gerichts ist (BGH NStZ-RR 1997, 170).

§ 356 [Urteilsverkündung]

Die Verkündung des Urteils erfolgt nach Maßgabe des § 268.

Für die Urteilsverkündung gelten § 268 Abs. 1 u. 2 und §§ 173 GVG, 48 Abs. 1 1 JGG. Für einen besonderen **Verkündungstermin** gilt die Frist des § 268 Abs. 3 S. 1 (KK-Engelhardt § 268 Rn. 10; aA KK-Kuckein Rn. 2; LR-Hanack Rn. 1; Meyer-Goßner Rn. 1). Der Anwesenheit des Angeklagten oder seiner Vertretung bedarf es nicht (vgl. § 350).

Rechtskraft des Revisionsurteils tritt mit Verkündung ein, diejenige des tat- 2 richterlichen Urteils nur insoweit, als das Revisionsgericht eine endgültige Entscheidung durch Einstellung des Verfahrens, Verwerfung der Revision oder eigene Entscheidung in der Sache trifft. War die Frist des § 341 versäumt, so wirkt das Revisionsurteil nur deklaratorisch (§ 343; vgl. § 346 Rn. 2).

Für die Absetzung des schriftlichen Urteils gelten die Fristen des § 275 Abs. 1 3 S. 2–5 nicht (Meyer-Goßner Rn. 3); für die Unterzeichnung gilt § 275 Abs. 2 S. 1 u. 2. Eine förmliche **Zustellung** ist nicht erforderlich, kann aber tunlich sein. Wegen Fehlens eines Rechtsmittels gegen eine Revisionsentscheidung ist eine **Rechtsmittelbelehrung nicht** vorgesehen. Auch auf die Möglichkeit einer Verfassungsbeschwerde braucht nicht hingewiesen zu werden.

§ 357 [Revisionserstreckung auf Mitverurteilte]

Erfolgt zugunsten eines Angeklagten die Aufhebung des Urteils wegen Gesetzesverletzung bei Anwendung des Strafgesetzes und erstreckt sich das

§ 357

Drittes Buch. 4. Abschnitt

Urteil, soweit es aufgehoben wird, noch auf andere Angeklagte, die nicht Revision eingelegt haben, so ist zu erkennen, als ob sie gleichfalls Revision eingelegt hätten.

1   Die Vorschrift gilt **nur im Revisionsverfahren** und ist auf Beschwerde (OLG Hamm MDR 1973, 1042) und Berufung (KG JR 1956, 308) nicht entspr. anwendbar. Sie dient der materiellen Gerechtigkeit (BGH 12, 335, 341 = NJW 1959, 894); die im Einzelfall beschwerenden Folgen sind bei **einschränkender Auslegung** (BGH NJW 1965, 1934) daher hinzunehmen (BGH 20, 77, 80 = NJW 1965, 52). Im **Rechtsbeschwerdeverfahren** gilt die Vorschrift entsprechend (§ 79 Abs. 3 OWiG).

2   **Voraussetzung** der Erstreckung ist eine Aufhebung des angefochtenen Urteils zugunsten eines Angeklagten wegen **sachlich-rechtlicher Mängel.** Gleichgültig ist, ob durch Urteil oder Beschluss nach § 349 Abs. 4 entschieden wird (BGH 24, 208, 213 = NJW 1971, 2272), auf wessen Revision die Aufhebung zugunsten eines Angeklagten erfolgt und ob die Aufhebung mit einer Zurückverweisung oder einer eigenen Sachentscheidung verbunden wird. Eine Erstreckung der Aufhebung auf Nichtrevidenten kommt nur in Betracht, wenn sie **zugunsten** des Nichtrevidenten wirkt (KK-Kuckein Rn. 16). Auch die **teilweise Aufhebung** löst in ihrem Umfang die Rechtsfolge des § 357 aus. Eine Erstreckung einer Urteilsaufhebung auf einen Nichtrevidenten kommt nicht in Betracht, wenn die Aufhebung darauf beruht, dass eine Gesetzesnorm zwischenzeitlich vom **BVerfG für nichtig erklärt** worden ist (BGH 41, 6 = NJW 1995, 2424); ebenso nicht, „wenn die Aufhebung nicht auf eine Gesetzesverletzung bei Erlass des Urteils sondern auf einer **nachträglichen Rechtsänderung** beruht" (BGH NStZ-RR 2003, 335). Eine Erstreckung der Urteilsaufhebung auf einen Mitangeklagten ist auch nicht möglich wenn das Urteil im Zeitpunkt seines Erlasses rechtsfehlerfrei war und die Urteilsaufhebung hinsichtlich des Revisionsführers auf einer vom Revisionsgericht zu beachtenden, inzwischen eingetretenen Gesetzesänderung beruht (BGH NStZ-RR 1999, 15).

3   Erfolgt die Aufhebung allein wegen **Verfahrensmängeln,** so gilt § 357 nicht; erforderlich ist vielmehr, dass ein sachlicher Aufhebungsgrund die Entscheidung zumindest **mitträgt.** Dass das Revisionsgericht bei Vorliegen von Verfahrens- und Sachmängeln die Anwendung des § 357 daher steuern kann (vgl. § 352 Rn. 7), ist verfassungsrechtlich nicht zu beanstanden (BVerfG NJW 1985, 125). Gesetzesverletzung iSd Vorschrift ist auch die Nichtbeachtung von **Verfahrenshindernissen,** die vor Urteilserlass entstanden sind und den Nichtrevidenten betreffen (BGH 10, 137, 141 = NJW 1957, 719; BGH NStZ 1987, 239). Eine Aufhebung nach **§ 354 a** erstreckt sich auf Mitangeklagte nicht (BGH 20, 77, 78 = NJW 1965, 52; str.).

4   Die Mitangeklagten müssen wegen **derselben Tat** iSd § 264 verurteilt worden sein (BGH 12, 335 = NJW 1959, 894). Auf eine **rechtliche** Differenzierung etwa der Tatbeteiligung kommt es nicht an (BGH NStZ 1983, 501, 503); vielmehr müssen die Mitangeklagten an demselben geschichtlichen Vorgang in derselben Richtung mitgewirkt haben, oder ihre wechselseitig gegeneinander gerichteten Tatanteile müssen inhaltlich untrennbar verknüpft sein (BGH 12, 335, 341 = NJW 1959, 894; vgl. KK-Kuckein Rn. 8 ff.; Meyer-Goßner Rn. 13, jeweils mwN). Die Verurteilung muss durch **dasselbe Urteil** erfolgt sein; dass sie im selben Verfahren erfolgt ist, reicht nicht aus (OLG Stuttgart NJW 1970, 66).

5   Revisionsführer und Nichtrevidenten müssen durch **denselben Rechtsfehler** betroffen sein. Ausreichend ist, dass es sich um eine **gleichartige Verletzung** des sachlichen Rechts handelt und dass der Rechtsfehler, der der Urteilsaufhebung zugrundeliegt, auch bei Mitangeklagten zur Aufhebung geführt hätte (vgl. KK-Kuckein Rn. 13 ff. mwN). Dies ist zB bei **Feststellungsmängeln** der Fall, die mehrere Angeklagte betreffen; ebenso bei rechtsfehlerhafter Beurteilung der **Tatbeteiligung** (BGH 11, 18 = NJW 1957, 1888; **aA** Hanack JZ 1973, 780). Dass der

Revision **§ 358**

Schuldspruch betroffen ist, ist nicht erforderlich; § 357 ist auch bei Fehlern der **Rechtsfolgenentscheidung,** etwa zur Strafaussetzung zur Bewährung (BGH StV 1992, 417) oder zur Einziehungsfrage (BGH 21, 66, 69 = NJW 1966, 1465) anzuwenden. Voraussetzung ist stets, dass die Aufhebung **zugunsten** des Nichtrevidenten wirkt.

Die Erstreckung erfolgt in der aufhebenden Entscheidung **vAw.**, ohne Rücksicht 6
auf den **Willen** des Nichtrevidenten (BGH 20, 77, 80 = NJW 1965, 52) und grds. ohne dessen Anhörung (Meyer-Goßner Rn. 16; **aA** LR-Hanack Rn. 24). Von der Erstreckung kann **abgesehen** werden, wenn **ausgeschlossen** ist, dass sie zu einer Strafmilderung führen könnte, insb., wenn allein eine Änderung des Schuldspruchs in Betracht kommt (BGH 37, 5, 9 = NJW 1990, 2143; vgl. KK-Kuckein Rn. 17). Eine **Nachholung** der Entscheidung ist unzulässig (BGH StV 2002, 12).

In der **neuen Verhandlung** wird der Nichtrevident so behandelt wie der Ange- 7
klagte, auf dessen Revision die Aufhebung erfolgte. An der Verhandlung muss er im Falle der Aufhebungserstreckung teilnehmen, auch wenn es auf die „Vergünstigung" des § 357 keinen Wert legt (KK-Kuckein Rn. 21). Das **Verschlechterungsverbot** des § 358 Abs. 2 gilt auch für ihn (RG 70, 231; 72, 26; Meyer-Goßner Rn. 17); bei Verurteilung trifft ihn die Kostenfolge des § 465. Gegen das neue Urteil hat er die allgemein statthaften Rechtsmittel.

§ 358 [Bindung des Untergerichts; Verbot der reformatio in peius]

(1) **Das Gericht, an das die Sache zur anderweiten Verhandlung und Entscheidung verwiesen ist, hat die rechtliche Beurteilung, die der Aufhebung des Urteils zugrunde gelegt ist, auch seiner Entscheidung zugrunde zu legen.**

(2) ¹**Das angefochtene Urteil darf in Art und Höhe der Rechtsfolgen der Tat nicht zum Nachteil des Angeklagten geändert werden, wenn lediglich der Angeklagte, zu seinen Gunsten die Staatsanwaltschaft oder sein gesetzlicher Vertreter Revision eingelegt hat.** ²**Diese Vorschrift steht der Anordnung der Unterbringung in einem psychiatrischen Krankenhaus oder einer Entziehungsanstalt nicht entgegen.**

Die **Bindungswirkung** des Abs. 1 gilt für jeden Tatrichter, der nach der Zu- 1
rückverweisung mit der Sache befasst wird, also auch für das Berufungsgericht nach Zurückverweisung an das AG (OLG Koblenz NJW 1983, 1921). Auch das Revisionsgericht selbst ist bei erneuter Revision grds. an die Auffassung gebunden (BVerfG 4, 5 = NJW 1954, 1153; vgl. u. Rn. 3). Auf die Verweisung nach § 328 Abs. 2 ist Abs. 1 nicht entspr. anzuwenden (Meyer-Goßner Rn. 2).

Gebunden ist der Tatrichter an die **Aufhebungsansicht** des Revisionsgerichts, 2
also an diejenigen rechtlichen Erwägungen, die die Aufhebung **tragen.** Gleichgültig ist, ob die Aufhebungsansicht Verfahrens- oder materielles Recht betrifft. Auch die Beurteilung von **Vorfragen** gehört dazu, ebenso die Feststellung von **Erfahrungssätzen** (Meyer-Goßner Rn. 6) sowie Ausführungen zur **Verfassungsmäßigkeit** anzuwendender Gesetze; der neue Tatrichter darf daher die Sache nicht nach Art. 100 Abs. 1 GG vorlegen (BVerfG 6, 222, 242 = NJW 1957, 625, 627). Ergeben sich aus der Revisionsentscheidung **mehrere Aufhebungsgründe** (vgl. BGH 37, 350, 352 = NJW 1990, 2300 zur Aufhebung wegen Verfahrens- und Sachmangel), so sind sämtliche Rechtsansichten bindend; anders ist es, wenn die Entscheidung **Haupt- und Hilfsbegründungen** enthält (vgl. KK-Kuckein Rn. 5). Nach § 358 Abs. 1 ist nach Aufhebung einer Verurteilung und Zurückverweisung einer Sache der neue Tatrichter bei seiner Entscheidung auch an die Auffassung des Revisionsgerichts zur **Beweiswürdigung** gebunden, wenn das Urteil an lückenhaften Feststellungen und Mängeln bei der Würdigung von Beweisen

§ 358

leidet. Die Missachtung dieser Bindungswirkung im sachlich-rechtlichen Bereich ist auf die Sachrüge hin bei der erneuten Revision zu beachten (BGH StV 2002, 14). Zur Verletzung des Beschleunigungsgebots mit Verschlechterungsverbot s. Einl. Rn. 10. **Ohne Bindungswirkung** sind Ausführungen, die Rechtsansichten des Tatrichters **billigen,** weiterhin solche **„obiter dicta",** die nur nebenbei Erwähnung finden und für die Aufhebung auch nicht mittelbar maßgebend waren (vgl. BGH 18, 376, 378 = NJW 1963, 1627), „Hinweise" an den neuen Tatrichter (BGH 33, 172, 174 = NJW 1985, 415) sowie Erwägungen zu Rechtsfragen, die ausdrücklich „dahingestellt" bleiben.

3 Die **Bindungswirkung entfällt** bei nachträglicher **Gesetzesänderung** (vgl. §§ 206 b, 354 a) sowie bei einer **Änderung der Rechtsprechung** des Revisionsgerichts, jedenfalls dann, wenn dieses seine Rechtsauffassung nicht erst anlässlich der neuen Entscheidung in **derselben Sache** ändern will (vgl. GmS-OGB BGHZ 60, 392, 396 = NJW 1973, 1273; BGH 33, 356, 360 f. = NJW 1986, 1764; str.; vgl. Meyer-Goßner Rn. 10; KK-Kuckein Rn. 13). Sie setzt stets eine gleich bleibende Verfahrens- und **Sachlage** voraus.

4 Ob der neue Tatrichter Abs. 1 in sachlich-rechtlicher Hinsicht beachtet hat, ist bei erneuter Revision auf die allgemeine Sachrüge zu prüfen; die Überprüfung der Beachtung von Verfahrensrecht setzt eine ordnungsgemäße Verfahrensrüge voraus (vgl. KK-Kuckein Rn. 15).

5 Das **Verbot der Schlechterstellung (Abs. 2)** entspricht § 331 und gilt für die eigene Sachentscheidung des Revisionsgerichts sowie für den neuen Tatrichter nach Zurückverweisung. Das Verbot gilt auch, wenn die zuungunsten des Angeklagten eingelegte Revision der StA gem. § 301 nur zu dessen Gunsten erfolgreich war (BGH 38, 66, 67 = NJW 1992, 516). Es beschränkt sich auf Art und Höhe der **Rechtsfolgenentscheidung** (BGH 7, 86 = NJW 1955, 600); einer Verschärfung des **Schuldspruchs** steht es ebenso wenig entgegen (vgl. BGH 21, 256 = NJW 1967, 1972) wie der Verschlechterung der **Kostenentscheidung** (BGH 5, 52 = NJW 1954, 122). Das Verschlechterungsverbot gebietet dem neuen Tatrichter nicht, das Ausmaß der Kompensation für die Verletzung des **Beschleunigungsgebotes** nach Art. 6 Abs. 1 Satz 1 MRK im Vergleich zu der bisherigen Strafe des früheren Tatrichters zu bestimmen; er hat vielmehr die an sich – ohne die Verletzung des Beschleunigungsgebotes – verwirkte Strafe in einem neuen, eigenständigen Strafzumessungsvorgang zu ermitteln, ohne an die Höhe der früheren Strafe gebunden zu sein. Diese bildet erst die Obergrenze für die um das Ausmaß der Kompensation reduzierte, letztlich verhängte Strafe (BGH, 45, 308 = NJW 2000, 748). Ausgeschlossen ist die Nachholung der Feststellung **besonderer Schwere der Schuld** iSd § 57 a Abs. 1 S. 1 Nr. 2 StGB (BVerfG 86, 288 = NJW 1992, 2947). Die Erhöhung einer Freiheitsstrafe unter gleichzeitigem Wegfall einer Vermögensstrafe verstößt gegen das Verschlechterungsverbot (BGH NJW 1997, 2335). Einen **Verstoß** gegen Abs. 2 prüft das Revisionsgericht auf zulässige Erhebung der **Sachrüge** vAw (BGH 14, 5, 7 = NJW 1960, 732; Meyer-Goßner Rn. 12; **aA** LR-Hanack Rn. 23). Zu **Einzelheiten** vgl. die Erläuterungen zu § 331 sowie KK-Kuckein Rn. 18 ff.

6 Das Verbot der **reformatio in peius** gilt grds. auch für **Maßregelanordnungen. Abs. 2 S. 2** nimmt davon die Maßregeln nach §§ 63 und 64 StGB aus; ist von der Revision des Angeklagten nicht ausdrücklich oder konkludent die Nichtanwendung von § 64 StGB ausgenommen (vgl. BGH 38, 362 = NJW 1993, 477), so ist das Revisionsgericht an einer Zurückverweisung zur Nachholung dieser Entscheidung durch Abs. 2 nicht gehindert (BGH 37, 5 = NJW 1990, 2143). Nach Ansicht des BGH begründet das Verbot des **Abs. 2** eine einseitige, nur zugunsten des Angeklagten wirksame Rechtskraft, die als **Verfahrenshindernis** von Amts wegen zu berücksichtigen ist (BGH 11, 322 = NJW 1958, 1059; BGH NJW 1979, 936). Daher prüft der BGH den Verstoß gegen Abs. 2 auch ohne entsprechende Verfahrensrüge (BGH 12, 94 = NJW 1959, 56; 14, 7 = NJW 1960, 732; Meyer-Goßner Rn. 12).

Viertes Buch.
Wiederaufnahme eines durch rechtskräftiges Urteil abgeschlossenen Verfahrens

Vorbemerkungen

Das Wiederaufnahmeverfahren dient der Durchsetzung der Prinzipien der **Wahr-** 1
heit und **Gerechtigkeit** im Strafprozess und damit auch dem **Rechtsfrieden.** Die
Durchbrechung der Rechtskraft steht insoweit in Konflikt mit dem Gebot der
Rechtssicherheit, das sich gleichermaßen aus dem **Rechtsstaatsprinzip** (Art. 20
Abs. 3 GG) ergibt (BVerfG NJW 1994, 510). Das Rechtsinstitut der Wiedereinsetzung steht im **Spannungsverhältnis** zwischen dem **Erfordernis der materiellen Gerechtigkeit und der Rechtssicherheit** (Kummer Rn. 5). „Die Vorschriften über die Wiederaufnahme eines abgeschlossenen Verfahrens regeln die Durchbrechung der Rechtskraft von Urteilen in bewusst **engen Grenzen.** Denn es
müssen die beiden aus dem Rechtsstaatsprinzip abgeleiteten widerstreitenden
Grundsätzen der Gerechtigkeit im Einzelfall einerseits und des rechtskräftigen und
damit endgültigen Abschlusses eines Verfahrens andererseits im Einklang gebracht
werden" (BGH 39, 78 = NJW 1993, 1481; vgl. auch BVerfG NJW 1995, 2024;
LR-Gössel vor § 359 Rn. 188). Die §§ 359 ff. regeln neben § 79 Abs. 1 BVerfG
und § 18 ZEG **abschließend** die Fälle der Rechtskraftdurchbrechung. Ihre Grenzen sind im Interesse der Rechtssicherheit eng gezogen; sie beschänkt sich auf solche
Fälle, in denen die Aufrechterhaltung rechtskräftiger Erkenntnisse unter dem Gesichtspunkt der Einzelfallsgerechtigkeit unerträglich wäre (vgl. Pfeiffer, Festg für
Graßhof S. 271).

Die Wiederaufnahme setzt ein **rechtskräftiges Sachurteil** voraus (BGH NStZ 2
1994, 25; 1995, 221). Rechtskraft des **Schuldspruchs** reicht aus (OLG Hamm
NStZ-RR 1987, 371; OLG Celle StV 1990, 537; KK-Schmidt vor § 359
Rn. 12 f.), stets auch **vertikale Teilrechtskraft** hinsichtlich eines von mehreren
Angeklagten oder einer von mehreren selbstständigen Taten (BGH 14, 85, 88 =
NJW 1960, 780; vgl. KK-Schmidt vor § 359 Rn. 11). Für rechtskräftige **Strafbefehle** gilt § 373 a. Auf Einstellungsurteile nach § 260 Abs. 3 ist das Verfahren
nicht anwendbar. Bei **Beschlüssen** ist zu unterscheiden: Die Wiederaufnahme ist
gegen solche Beschlüsse zulässig, die das Verfahren anstelle eines Urteils abschließen,
namentlich nach § 349 Abs. 2 und Abs. 4. Als Wiederaufnahmegründe kommt hier
nur § 359 Nr. 3 und § 362 Nr. 3 in Betracht; im Übrigen richtet sich die Wiederaufnahme gegen das rechtskräftig gewordene Urteil. Sonderregelungen enthalten
§§ 153 ff., 174 Abs. 2, 211, 383 Abs. 2. Für Beschlüsse nach §§ 56 f, 67 g StGB und
Gesamtstrafenbeschlüsse nach § 460 bedarf es einer Wiederaufnahme nicht (vgl.
KK-Fischer § 458 Rn. 15 mwN). Die Feststellung der **Nichtigkeit** von Urteilen
ist im Wiederaufnahmeverfahren nicht möglich (vgl. KK-Schmidt Rn. 15 a).

Die Wiederaufnahme kann **zugunsten** (§ 359) oder **zuungunsten** (§ 362) des 3
Verurteilten erfolgen. Voraussetzung des Antrags ist eine **Beschwer** (vgl. vor § 296
Rn. 3 ff.), wenn der Antrag nicht von der StA gestellt wird (vgl. (Meyer-Goßner
Rn. 6). Zur Antragsberechtigung vgl. § 365. Das **Verfahren** gliedert sich in die
Prüfung der **Zulässigkeit** (§ 368) und der Begründetheit (§§ 369, 370).

§ 79 Abs. 1 BVerfG enthält einen selbstständigen Wiederaufnahmegrund für 4
den Fall, dass das Urteil auf einer von BVerfG für verfassungswidrig erklärten Norm
oder einer mit dem GG unvereinbaren Auslegung beruht; im Fall der Entscheidung
auf eine Verfassungsbeschwerde gilt das entsprechend (§ 95 Abs. 3 S. 3 BVerfGG;
vgl. BVerfG 12, 338, 340 = NJW 1961, 1203; Einzelheiten bei KK-Schmidt

§ 359   Viertes Buch

Rn. 17 ff.). Für das **Verfahren** gelten die §§ 360, 361, 365, 366, 373 a (vgl. BGH 18, 339, 343 = NJW 1963, 1364). „Konnte der besondere verfassungsrechtliche Strafmilderungsgrund, welchen das Bundesverfassungsgericht durch Beschluss vom 15. Mai 1995 (BVerfGE 92, 277) für MfS-Agenten entwickelt hat, die nach § 99 StGB strafbare Handlungen auch auf dem Gebiet der Bundesrepublik Deutschland begangen haben, im rechtskräftigen Strafurteil noch nicht berücksichtigt werden, so ist eine Wiederaufnahme des Verfahrens analog § 79 Abs. 1 BVerfGG nur in den seltenen Fällen möglich, in denen der Tatrichter diesen Strafmilderungsgrund auch der Sache nach entweder überhaupt nicht berücksichtigt oder in seiner generellen Tragweite grundsätzlich verkannt hat" (BGH 42, 314 = NJW 1997, 668). „Konnte das besondere Verfolgungshindernis, welches das Bundesverfassungsgericht in dem Beschluss vom 15. Mai 1995 zur Frage der Strafbarkeit früherer MfS-Agenten wegen geheimdienstlicher Agententätigkeit zum Nachteil der Bundesrepublik Deutschland aus der Verfassung abgeleitet hat (BVerfGE 92, 277), im Strafurteil noch nicht berücksichtigt werden, so ist eine Wiederaufnahme des Verfahrens nach § 79 Abs. 1 Alt. 3 BVerfGG möglich" (BGH 42, 324 = NJW 1997, 670). **Entscheidungen des EGMR,** mit denen die Verletzung der **MRK** durch das Strafurteil eines deutschen Gerichts festgestellt worden sind, **berechtigen** zur Wiederaufnahme des Verfahrens nach § 359 Nr. 6, falls das Urteil auf der Verletzung beruht. Die entgegenstehende frühere Rspr. (BVerfG NJW 1986, 1425) ist durch die Gesetzesänderung überholt.

5   Für rechtsstaatswidrige Urteile von Gerichten der **ehemaligen DDR** gilt das **StrRehaG** vom 29. 10. 1992, nach dessen Vorschriften auch noch nicht abgeschlossene **Kassations- und Rehabilitierungsverfahren** fortgeführt werden (§ 26 Abs. 1 StrRehaG; vgl. Bruns/Schröder/Tappert NJ 1992, 394 ff., 436 ff., 485 ff.; Keck/Schröder/Tappert DtZ 1993, 2). Der Möglichkeit der **Wiederaufnahme** nach § 359 ff. besteht auch gegen Urteile von Gerichten der ehemaligen DDR. Unabhängig vom StrRehaG und von §§ 359 ff. kann die gerichtliche Feststellung der Unzulässigkeit der Vollstreckung einer durch Gerichte der ehemaligen DDR verhängten Strafe beantragt werden (vgl. vor § 449 Rn. 3).

§ 359 [Wiederaufnahme zugunsten des Verurteilten]

Die Wiederaufnahme eines durch rechtskräftiges Urteil abgeschlossenen Verfahrens zugunsten des Verurteilten ist zulässig,

1. **wenn eine in der Hauptverhandlung zu seinen Ungunsten als echt vorgebrachte Urkunde unecht oder verfälscht war;**
2. **wenn der Zeuge oder Sachverständige sich bei einem zuungunsten des Verurteilten abgelegten Zeugnis oder abgegebenen Gutachten einer vorsätzlichen oder fahrlässigen Verletzung der Eidespflicht oder einer vorsätzlichen falschen uneidlichen Aussage schuldig gemacht hat;**
3. **wenn bei dem Urteil ein Richter oder Schöffe mitgewirkt hat, der sich in Beziehung auf die Sache einer strafbaren Verletzung seiner Amtspflichten schuldig gemacht hat, sofern die Verletzung nicht vom Verurteilten selbst veranlaßt ist;**
4. **wenn ein zivilgerichtliches Urteil, auf welches das Strafurteil gegründet ist, durch ein anderes rechtskräftig gewordenes Urteil aufgehoben ist;**
5. **wenn neue Tatsachen oder Beweismittel beigebracht sind, die allein oder in Verbindung mit den früher erhobenen Beweisen die Freisprechung des Angeklagten oder in Anwendung eines milderen Strafgesetzes eine geringere Bestrafung oder eine wesentlich andere Entscheidung über eine Maßregel der Besserung und Sicherung zu begründen geeignet sind,**

Wiederaufnahme eines abgeschlossenen Verfahrens **§ 359**

6. **wenn der Europäische Gerichtshof für Menschenrechte eine Verletzung der Europäischen Konvention zum Schutze der Menschenrechte und Grundfreiheiten oder ihrer Protokolle festgestellt hat und das Urteil auf dieser Verletzung beruht.**

Übersicht

Relative und absolute Wiederaufnahmegründe	1
Unechte oder verfälschte Urkunden (Nr. 1)	2
Aussagedelikte (Nr. 2)	3
Strafbare Amtspflichtverletzungen (Nr. 3)	4
Aufhebung eines zivilrechtlichen Urteils (Nr. 4)	5
Neue Tatsachen oder Beweismittel (Nr. 5)	6–16
Neuheit von Tatsachen oder Beweismitteln	6–12
Entscheidung des EGMR (Nr. 6)	7a
Eignung zur Herbeiführung einer anderen Entscheidung	13–15
Zulässigkeitsvoraussetzungen	16

Die Vorschrift enthält den **abschließenden Katalog** der Wiederaufnahme- 1 gründe **zugunsten** des Verurteilten. Die Nrn. 1, 2 und 5 enthalten **relative** Wiederaufnahmegründe, die das Merkmal „zuungunsten des Verurteilten" oder der Eignung zur Erwirkung eines günstigeren Urteils voraussetzen; Nrn. 3 und 4 führen dagegen **absolute** Wiederaufnahmegründe auf (vgl. KK-Schmidt Rn. 2). Mehrere Gründe können nebeneinander bestehen. Zum Verhältnis von Nr. 5 zu § 364 vgl. dort Rn. 1; KK-Schmidt Rn. 3, zur **Beschränkung** des Antrags vor § 359 Rn. 2. Durch die Wiederaufnahme der **Ermittlungen** seitens der StA ist das Klageerzwingungsverfahren in der Regel nicht erledigt (OLG Hamm NStZ-RR 1999, 148). Zu den Mitwirkungspflichten der StA im Wiederaufnahmeverfahren zugunsten des Verurteilten s. Grüner/Wasserburg NStZ 1999, 286.

Unechte oder verfälschte Urkunden (Nr. 1). Es gilt der **materielle** Urkun- 2 denbegriff des § 267 StGB (Meyer-Goßner Rn. 4 mwN); auch **technische Aufzeichnungen** sind umfasst (KK-Schmidt Rn. 5 mwN). Materiellrechtlich ist auch zu beurteilen, ob die Urkunde falsch oder verfälscht ist; eine **schriftliche Lüge** reicht nicht. Die Urkunde muss **vorgebracht** und zum Beweis für ihren Inhalt **verwertet** worden sein. Dass das Vorbringen der Urkunde eine **Straftat** darstellt (vgl. § 364 S. 1), ist nicht erforderlich; ein versehentliches Vorbringen reicht aus (Meyer-Goßner Rn. 6; **aA** KK-Schmidt Rn. 9, jeweils mwN). **Zuungunsten** des Angeklagten ist die Urkunde dann vorgebracht worden, wenn es möglich ist, dass sie zu seinem Nachteil verwertet wurde (vgl. § 370 Abs. 1). Das ist im **Antrag** darzulegen.

Aussagedelikte (Nr. 2). Wiederaufnahmegrund ist jeder **strafbare** Verstoß 3 gegen §§ 153–155, 163 StGB (OLG Hamburg NJW 1969, 2159). Der Vorschrift kommt praktisch keine Bedeutung zu (LR-Gössel Rn. 3). Dem Sachverständigen ist der **Dolmetscher** gleichgestellt. Ob die Aussage des Zeugen oder Sachverständigen in der Hauptverhandlung oder in anderen Verfahrensabschnitten gemacht wurde, ist unerheblich, wenn sie in die Hauptverhandlung eingeführt wurde (KK-Schmidt Rn. 10). Die Aussage muss verwertet worden sein und muss sich **gerade in ihrem falschen Teil** zuungunsten des Verurteilten auf das Urteil ausgewirkt haben können (BGH 31, 365, 371 = NJW 1983, 424). Der Zeugenvernehmung steht die **Verlesung** nach § 251 gleich.

Strafbare Amtspflichtverletzungen (Nr. 3). In Betracht kommen insb. Straf- 4 taten nach §§ 239, 240, 257, 267, 331, 332, 336, 343, 344 StGB. Die Straftat muss

§ 359

in Beziehung auf das Verfahren begangen worden sein; eine davon unabhängige Tat rechtfertigt die Wiederaufnahme nicht. Nr. 3 ist **ausgeschlossen,** wenn die Tat auf Veranlassung des Verurteilten oder eines Dritten mit seinem Einverständnis begangen wurde oder „wenn die behauptete Amtspflichtverletzung im ersten Rechtszug begangen und das Urteil in einer Rechtsmittelinstanz mit dem Erfolg überprüft worden ist, dass mögliche Auswirkungen des Verfahrensmangels ausgeschlossen sind" (BGH 31, 365, 372 = NJW 1983, 424). Wegen des Beratungsgeheimnisses muss ein **Beruhen** des Urteils auf dem Mangel nicht dargetan werden (BGH 31, 372). Auf andere Verfahrensbeteiligte ist Nr. 3 nicht entsprechend anwendbar.

5 **Aufhebung eines zivilgerichtlichen Urteils (Nr. 4).** Umfasst sind auch Urteile von Arbeits-, Finanz-, Sozial- und Verwaltungsgerichten. Eine **Bindungswirkung** iSd § 262 ist nicht erforderlich (KK-Schmidt Rn. 15); „gegründet" ist das Strafurteil auf die aufgehobene Entscheidung auch dann, wenn sie als urkundliche Beweisgrundlage (§ 249 Abs. 1 S. 2) verwertet worden ist. Auf aufgehobene **Verwaltungsakte** ist Nr. 4 nicht anwendbar (BGH 23, 86, 94 = NJW 1969, 2023). Der **Antrag** muss den ursächlichen Zusammenhang zwischen Zivil- und Strafurteil darlegen (LR-Gössel Rn. 50).

6 **Neue Tatsachen oder Beweismittel (Nr. 5).** Der Tatsachenbegriff iSd Nr. 5 ist weit zu fassen (vgl. KK-Schmidt Rn. 17 mwN). Er umfasst alle tatsächlichen Umstände, die eine für den Verurteilten günstigere Entscheidung möglich erscheinen lassen (vgl. Meyer-Goßner Rn. 22 ff. mwN). Eine Tatsache, die sich gegen die **Glaubwürdigkeit eines Belastungszeugen** richtet, auf dessen Bekundungen der Schuldspruch beruht, kann neu iSd Nr. 5 sein. Jedoch ist allein der Umstand, dass ein anderes Gericht einen anderen Angeklagten trotz der belastenden Aussage desselben Zeugen freigesprochen hat, keine Tatsache, die geeignet ist, die Wiederaufnahme des Verfahrens zu rechtfertigen (OLG Düsseldorf NStZ-RR 1999, 245). Die **Neuheit** ist **Zulässigkeitsvoraussetzung.** Durch die **bloße Behauptung** des Gegenteils einer festgestellten Tatsache wird nicht bereits eine **neue Tatsache** (§ 259 Nr. 5) beigebracht; denn es ist anerkannt, dass in der Regel das erkennende Gericht mit der Feststellung einer Tatsache denknotwendig deren Gegenteil als nicht vorliegend bedacht hat. Erst dann, wenn das Gegenteil durch bisher nicht berücksichtigte (neue) Tatsachen substantiiert vorgetragen bzw. dargetan wird, so sind allein diese (Zusatz-)Tatsachen, die den Schluss auf das Gegenteil getroffenen Feststellungen tragen sollen, neu (BGH NStZ 2000, 218). Der **Widerruf eines Geständnisses,** das der Angeklagte nach einer Absprache mit dem Gericht nur abgelegt hat, um eine angekündigte höhere Bestrafung zu verhindern und dafür in Aussicht gestellte Verschonung vom weiteren Vollzug der Untersuchungshaft zu erreichen, kann ein Grund für die Wiederaufnahme des nach absprachegemäß erklärten **Rechtsmittelverzicht** rechtskräftig beendeten Verfahrens sein (OLG Stuttgart NJW 1999, 375). Wird die Wiederaufnahme darauf gestützt, dass nunmehr die Vernehmung von Zeugen beantragt wird, deren Vernehmung vom Verurteilten in der Hauptverhandlung vereitelt worden ist, muss der Verurteilte zur Zulässigkeit seines Wiederaufnahmeantrags darlegen, aus welchem Grund die Vernehmung vereitelt wurde (OLG Hamm NStZ-RR 2000, 85). Ausgeschlossen sind allein solche Tatsachen, die sich **ausschließlich** auf **Verfahrensfehler** beziehen (RG 19, 321). **Rechtstatsachen** (vgl. LR-Gössel Rn. 66) und **Bewertungen** sind keine Tatsachen iSd Nr. 5, wohl aber eine Doppelverurteilung (KK-Schmidt Rn. 20), der Wegfall eines Beweismittels etwa durch Widerruf einer Aussage oder eines Geständnisses (BGH NJW 1977, 59) und die Zuverlässigkeit der verwerteten Beweismittel (Meyer-Goßner Rn. 23 mwN). Sachlich-rechtliche Fehler (BGH MDR 1993, 167) oder abweichende rechtliche oder tatsächliche Beurteilungen im Verfahren gegen einen Mittäter (BGH wistra 1991, 30) rechtfertigen die Wiederaufnahme nach Nr. 5 nicht. „Sowohl **§ 359 Nr. 5** als auch **§ 368 Abs. 1** verlangen

nicht nur den schlüssigen Vortrag des Wiederaufnahmegrundes sondern auch die **Darlegung der Geeignetheit** des neuen Beweismittels" (OLG Stuttgart NStZ-RR 2003, 210).

Beweismittel iSd **Nr. 5** sind nur die förmlichen Beweismittel des Strengbeweisverfahrens. Der Verurteilte selbst ist kein Beweismittel (KG JR 1976, 76; str.). Beim Zeugen- und Sachverständigenbeweis sind stets die Personen selbst die Beweismittel, nicht ihre Aussage. Veränderte Aussageinhalte können aber neue Tatsachen enthalten (KK-Schmidt Rn. 23).

Nr. 6 ist durch das Gesetz v. 9. 7. 1998 (BGBl. I S. 1802) eingefügt worden und ist im Zusammenhang mit Nr. 4 (Rn. 5) zu sehen. Stellt der EGMR die Verletzung einer Verfahrensnorm der **Menschenrechtskonvention** durch ein deutsches Gericht fest, so muss der darauf gestützte Wiederaufnahmeantrag des Verurteilten oder der Angehörigen des verstorbenen Verurteilten eine aus sich heraus verständliche, in sich geschlossene Sachverhaltsdarstellung enthalten, bei deren unterstellter Richtigkeit die Wiederaufnahme des Verfahrens gerechtfertigt wäre (OLG Stuttgart NStZ-RR 2000, 243). Zur Prüfung des Antrags auf Wiederaufnahme eines **Rehabilitätsverfahrens** ist das ursprünglich zuständige LG berufen. Das gilt auch, wenn das Rehabilitätsbegehren auf Beschwerde geprüft worden war und sich der Antrag gegen die Entscheidung des OLG wendet. § 140 a Abs. 1 S. 1 GVG ist im Rehabilitationsverfahren nicht anwendbar (OLG Brandenburg NStZ-RR 2000, 308).

Tatsachen sind **neu**, wenn sie dem erkennenden Gericht bei der Urteilsberatung **nicht bekannt waren** und **deshalb** nicht berücksichtigt werden konnten (OLG Düsseldorf NJW 1987, 2030). Unerheblich ist, ob sie der Verurteilte gekannt hat, ob sie dem Gericht, insb. aus dem Akteninhalt, hätten bekannt sein müssen (OLG Frankfurt NJW 1978, 841) oder ob das Gegenteil der behaupteten Tatsache im Urteil festgestellt ist, wenn nicht diese Feststellung denknotwendig deren Bekanntheit voraussetzt (vgl. Meyer-Goßner Rn. 31). In der Hauptverhandlung erörterte Tatsachen sind niemals neu, auch wenn sie unter Verstoß gegen § 261 nicht berücksichtigt wurden (Meyer-Goßner Rn. 30; **aA** KK-Schmidt Rn. 24, jeweils mwN). Beim Strafbefehl bedeutet Neuheit Aktenkundigkeit (Meyer-Goßner Rn. 28).

Beweismittel sind **neu**, wenn sie dem Gericht bei der Entscheidung **unbekannt** waren oder wenn sie **nicht benutzt** worden sind. **Zeugen** sind danach stets neue Beweismittel, wenn sie in der Hauptverhandlung nicht vernommen wurden, etwa weil sie unerreichbar waren (OLG Hamm NJW 1956, 803), nicht erschienen sind (vgl. OLG Oldenburg MDR 1985, 518), die Aussage verweigert haben (OLG Hamm JR 1981, 439 m. Anm. Peters) oder weil auf ihre Vernehmung verzichtet worden ist (OLG Köln NJW 1963, 968). Dem steht es gleich, wenn die frühere Vernehmung sich auf ein **anderes Beweisthema** bezog. **Nicht neu** sind Zeugen, die nachträglich eidesmündig geworden sind, und solche, die im Verfahren mitangeklagt waren (OLG Düsseldorf JZ 1985, 452; Meyer-Goßner Rn. 33; **aA** LR-Gössel Rn. 102). „Benennt der Antragsteller Beweismittel, die ihm bereits **in der Hauptverhandlung bekannt** waren, muss er einleuchtende Gründe dafür anführen, warum er das Beweismittel nicht bereits früher zu seiner Entlastung benutzt hat, dies aber nunmehr – im Wiederaufnahmeverfahren mit seinen nach §§ 359 ff. StPO beschränkten Möglichkeiten – für geboten hält" (OLG Stuttgart NStZ-RR 2003, 210).

Sachverständige sind neue Beweismittel, wenn das Gericht aus eigener Sachkunde ohne Anhörung eines Sachverständigen entschieden hat (LR-Gössel Rn. 106) oder wenn die früheren Beweisergebnisse keinen Anlass zur Beiziehung eines Sachverständigen gegeben hatten (Meyer-Goßner Rn. 34). Ein **weiterer Sachverständiger** ist regelmäßig kein neues Beweismittel, auch wenn er über größere Sachkunde verfügt oder der Antragsteller behauptet, er werde auf derselben Anknüpfungsgrundlage zu einem **anderen Ergebnis** gelangen (BGH 31, 365, 370; KG NJW 1991, 2505, 2507). **Neu** ist das Beweismittel, wenn die Voraussetzungen

§ 359

des § 244 Abs. 4 S. 2, 2. HS, vorliegen (OLG Düsseldorf NStZ 1987, 245; vgl. BGH 39, 75, 84 = NJW 1993, 1481) oder wenn das verwertete Gutachten von unzutreffenden Anknüpfungstatsachen ausging (OLG Frankfurt NJW 1966, 2423 f.), widersprüchlich oder lückenhaft war. In diesen Fällen liegen idR **neue Tatsachen** vor, so dass es auf die Neuheit des Beweismittels nicht ankommt.

11 Der **Augenschein** ist ein neues Beweismittel, wenn durch ihn im Urteil verwertete Aussagen von Zeugen oder Sachverständigen widerlegt oder ihre Glaubwürdigkeit erschüttert werden soll (OLG Frankfurt NJW 1966, 2423). Dass früher eine Augenscheinseinnahme nicht stattgefunden hat, reicht nicht aus (Meyer-Goßner Rn. 36; KK-Schmidt Rn. 28; a**A** LR-Gössel Rn. 110). **Urkunden** sind auch dann neue Beweismittel, wenn sie sich **in den Akten** befinden, vom Gericht jedoch nicht herangezogen wurden.

12 Die **Neuheit** der Tatsachen oder Beweismittel ist **Zulässigkeitsvoraussetzung** des Wiederaufnahmeantrags. Sie muss feststehen und ist ggf. im Freibeweisverfahren zu klären (KK-Schmidt Rn. 25). **Maßgeblicher Zeitpunkt** für die Neuheit ist der des Urteilserlasses. Zu der Neuheit muss die **Eignung treten,** allein oder in Verbindung mit den früher erhobenen Beweisen die Freisprechung oder die geringere Bestrafung auf Grund eines anderen und milderen Strafgesetzes oder eine wesentlich andere Entscheidung über Sicherungsmaßregeln herbeizuführen. Geeignet **zur Herbeiführung eines Freispruchs** sind alle Tatsachen und Beweismittel, die die Täterschaft ausschließen oder Rechtfertigungs-, Schuldausschließungs- oder persönliche Strafausschließungsgründe behaupten. Welche Anforderungen an die Erheblichkeit der nova zu stellen sind, ist umstritten. Die beigebrachten neuen Tatsachen müssen jedenfalls geeignet sein, den Schuldspruch zu erschüttern oder der angeordneten Anwendung des strengen Gesetzes usw. den Boden zu entziehen. Notwendig, aber auch genügend ist, dass sie **ernstliche Zweifel** an der Richtigkeit der Verurteilung in tatsächlicher Hinsicht zu bgründen geeignet sind (KK-Schmidt Rn. 30).

13 **Nr. 5** ist ein **relativer Wiederaufnahmegrund** (vgl. o. Rn. 1). **Zusätzlich** zur Neuheit von Tatsachen oder Beweismittel ist daher für die **Zulässigkeit** des Antrags (vgl. § 368 Rn. 1) ihre **Eignung** erforderlich, zusammen mit anderen, früheren Beweisergebnissen die in Nr. 5 bezeichneten günstigeren Folgen für den Verurteilten herbeizuführen. Zur **Herbeiführung eines Freispruchs** sind alle Tatsachen geeignet, die die Täterschaft ausschließen oder Rechtfertigungs-, Schuld- oder Strafausschließungsgründe begründen; bei neuen Beweismitteln kommt es darauf an, ob sie zum Beweis solcher Tatsachen vorgebracht werden. Straffreierklärungen nach §§ 199, 233 StGB stehen dem Freispruch nicht gleich (Meyer-Goßner Rn. 38). Die Begehung einer **anderen Tat** iSd § 264, etwa nach §§ 145 d, 164, 258 StGB bei Aufsichnehmen einer fremden Tat, schließt die Wiederaufnahme nicht aus (vgl. BGH 32, 146, 148 = NJW 1984, 260). Bei **wahlweiser Verurteilung** genügt wegen des Zweifelssatzes die Möglichkeit des Ausschlusses einer der zur Wahl stehenden Delikte. Bei Verurteilung wegen in **Tatmehrheit** stehender Taten kann die Wiederaufnahme auf einen Teilfreispruch abzielen (vgl. vor § 359 Rn. 2). Im Fall der Verurteilung wegen **fortgesetzter Tat** kommt Freispruch nur in Betracht, wenn alle oder alle Teilakte bis auf einen angegriffen werden (KK-Schmidt Rn. 33 mwN), da dann der Fortsetzungszusammenhang entfällt und bezüglich der anderen Teilakte freigesprochen werden muss (OLG Oldenburg NJW 1952, 1029; OLG Schleswig, SchlHA 1978, 190). Bei einer Verurteilung wegen einer fortgesetzten Handlung (s. BGH 40, 138 = NJW 1994, 1663) kann im Wege der Wiederaufnahme nicht der Wegfall von Einzelakten erreicht werden, da dies nur den Rechtsfolgenausspruch betrifft. Daran hat sich durch BGH 40, 138 nichts geändert (Meyer-Goßner Rn. 38; KK-Schmidt Rn. 33). Der Freisprechung gleichgestellt ist eine **Verfahrenseinstellung** wegen Fehlens von **Prozessvoraussetzungen,** die unmittelbar tatbezogen sind, insb. Strafantrag (OLG Bamberg NJW 1955,

1122), Unverjährtheit und Strafmündigkeit (vgl. KK-Schmidt Rn. 34), sowie wegen Verstoßes gegen das Verbot der Doppelbestrafung (LR-Gössel Rn. 72). Nicht ausreichend sind allein verfahrensbezogene Prozessvoraussetzungen (insb. Verhandlungsfähigkeit) sowie Einstellungen nach §§ 153 ff.

Eine **geringere Bestrafung** ist dann zulässiges Antragsziel, wenn die Herabsetzung der **Hauptstrafe** angestrebt wird (Meyer-Goßner Rn. 40 mwN). Ist wegen tateinheitlich begangener Delikte verurteilt worden, so kommt es wegen § 52 StGB auf die schwerere Strafvorschrift an. Erforderlich ist stets, dass die Verurteilung auf Grund eines **milderen und anderen Gesetzes** angestrebt wird. Zum Begriff des **anderen Gesetzes** vgl. § 363. **Milder** ist eine gesetzliche Vorschrift, deren Strafandrohung insgesamt geringer ist; es gelten die Grundsätze des § 2 Abs. 3 StGB. Unzulässig ist die Wiederaufnahme mit dem Ziel der Annahme eines minder schweren Falles, der Gewährung von Strafaussetzung zur Bewährung sowie in den in § 363 genannten Fällen. 14

Bei **Sicherungsmaßregeln** (§ 61 StGB) ist die Anwendung eines **anderen Gesetzes** nicht erforderlich. **Wesentlich anders** wird entschieden, wenn die Maßregel aufgehoben, erheblich verkürzt oder durch eine objektiv mildere ersetzt wird (Marxen/Tiemann StV 1992, 537). Auf Nebenstrafen und Nebenfolgen ist die Vorschrift nicht entsprechend anwendbar. 15

Zur **Antragsbegründung** gehören der bestimmte Vortrag von **Tatsachen,** die hinreichend genaue Bezeichnung von **Beweismitteln** sowie im Einzelfall die Darlegung der **Erheblichkeit** (BGH NJW 1977, 59; vgl. i. E. § 368 Rn. 3) und der Geeignetheit (LR-Gössel Rn. 185). 16

Nr. 6: Verletzungen der MRK. Nach dem bisher geltenden Recht war eine Wiederaufnahme des Verfahrens ausgeschlossen, wenn der EGMR angerufen worden ist und eine Konventionsverletzung ausdrücklich festgestellt hat (vgl. BVerfG NJW 1986, 1425, 1426 f.). Mit der **Erweiterung der Wiederaufnahmegründe durch die Nr. 6** wurde nun dem Prinzip der konventionsfreundlichen Ausgestaltung des innerstaatlichen Rechts Rechnung getragen (BT-Drucks. 13/10333 S. 4). Allerdings rechtfertigt nicht schlechthin jede Konventionsverletzung eine Wiederaufnahme; es ist vielmehr vorauszusetzen, dass das Urteil auf dem vom EGMR festgestellten Verstoß beruht. Eine gesetzliche Vermutung der Kausalität zwischen einem Verstoß gegen ein Verfahrensgrundrecht nach der MRK und dem rechtskräftigem Urteil gibt es nicht. Die Erweiterung der Wiederaufnahmegründe kommt deshalb nur den Verurteilten zugute, die in eigner Person vor dem EGMR ein **obsiegendes Urteil erstritten** haben, in welchem die Unvereinbarkeit von Rechtsnormen, auf denen das bundesdeutsche Strafurteil gegen sie beruhte, mit den Bestimmungen der MRK festgestellt wurde (KK-Schmidt Rn. 40 mw Hinweisen). 17

§ 360 [Keine Hemmung der Vollstreckung]

(1) **Durch den Antrag auf Wiederaufnahme des Verfahrens wird die Vollstreckung des Urteils nicht gehemmt.**

(2) **Das Gericht kann jedoch einen Aufschub sowie eine Unterbrechung der Vollstreckung anordnen.**

Eine die Vollstreckung **aufschiebende Wirkung** haben weder der Wiederaufnahmeantrag noch der Zulassungsbeschluss nach § 368, sondern erst der Beschluss über die Wiederaufnahme nach § 370 Abs. 2. 1

Um Härten im Einzelfall zu vermeiden, kann nach **Abs. 2** das Gericht **Aufschub oder Unterbrechung** (vgl. § 455) der Vollstreckung anordnen, wenn der Wiederaufnahmeantrag Erfolgsaussichten hat (OLG Hamm JMBlNW 1980, 276; Meyer-Goßner Rn. 3). Die Entscheidung kann auch freiheitsentziehende **Maßregeln** sowie ein **Berufsverbot** betreffen, nicht aber die Entziehung der **Fahrerlaub-** 2

§§ 361, 362

nis (KK-Schmidt Rn. 6 mwN). Sie kann sich auf eine **Einzelstrafe** beschränken; über die Vollstreckung der anderen Einzelstrafen ist dann von der StrVollstrK zu entscheiden.

3 **Voraussetzung** einer Anordnung ist eine hinreichende Erfolgsaussicht des Wiederaufnahmeantrags (OLG Hamm MDR 1978, 691); seine Zulässigkeit reicht nicht aus. Bei Wegfall der Voraussetzung kann die Anordnung wieder aufgehoben werden.

4 Über die Anordnung entscheidet das Gericht **auf Antrag oder vAw.** durch Beschluss. Die StA ist zu hören, wenn sie nicht selbst den Antrag gestellt hat (LR-Gössel Rn. 7). **Zuständig** ist das Wiederaufnahmegericht (§ 367, § 140 a GVG, im Beschwerdeverfahren nach § 372 S. 1 das Beschwerdegericht. Die Möglichkeit eines Aufschubs durch die **Vollstreckungsbehörde** ist durch Abs. 2 nicht ausgeschlossen (Meyer-Goßner Rn. 4; str.). Gegen die Entscheidung ist **sofortige Beschwerde** statthaft (§ 372 S. 1; BGH NJW 1976, 431; OLG Frankfurt NJW 1965, 314; KK-Schmidt Rn. 4). Entscheidungen des Beschwerdegerichts sind unanfechtbar (OLG Düsseldorf 1958, 1248).

§ 361 [Vollstreckung und Tod keine Ausschlußgründe]

(1) **Der Antrag auf Wiederaufnahme des Verfahrens wird weder durch die erfolgte Strafvollstreckung noch durch den Tod des Verurteilten ausgeschlossen.**

(2) **Im Falle des Todes sind der Ehegatte, der Lebenspartner, die Verwandten auf- und absteigender Linie sowie die Geschwister des Verstorbenen zu dem Antrag befugt.**

1 Die Wiederaufnahme dient auch der Wiederherstellung des Rufs des Verurteilten. Vollstreckung oder Tod stehen ihr daher nicht entgegen. Der Vollstreckung **gleichgestellt** sind Vollstreckungsverjährung, Begnadigung, Amnestie, Tilgung der Verurteilung im BZR (§§ 45 ff. BZRG) und das Verbot des § 51 BZRG.

2 Tod oder Todeserklärung hindern nur die Wiederaufnahme nach § 362, nicht die zugunsten des Verurteilten. Das Verfahren ist einzustellen, wenn an die Stelle des verstorbenen Antragstellers nicht ein anderer Beteiligter getreten ist; erforderlich ist eine ausdrückliche Erklärung eines nach § 361 Abs. 2 antragsberechtigten nahen Angehörigen, das Wiederaufnahmeverfahren weiterzubetreiben (BGH 43, 169 = NJW 1997, 2762). Nicht anwendbar ist die Vorschrift, wenn der Angeklagte vor Urteilsrechtskraft verstorben ist (BGH NStZ 1983, 179). Der Kreis der **Antragsberechtigten** ergibt sich aus **Abs. 2;** daneben hat stets die **StA** ein Antragsrecht. Gesetzliche Vertreter und Erziehungsberechtigte sowie der geschiedene Ehegatte haben kein Antragsrecht, wohl aber der nach der Verwitwung Wiederverheiratete. Entsprechend anwendbar ist Abs. 2, wenn jemand unter dem Namen eines Verstorbenen verurteilt wurde (LR-Gössel Rn. 10). Ist die Sach- oder Rechtslage schwierig, so muss den in § 361 Abs. 2 bezeichneten Angehörigen des verstorbenen Verurteilten für das Wiederaufnahmeverfahren in entsprechender Anwendung von § 364 a ein **Pflichtverteidiger** bestellt werden (OLG Stuttgart NStZ 1999, 587). Für das **Verfahren** gilt § 371.

§ 362 [Wiederaufnahme zuungunsten des Angeklagten]

Die Wiederaufnahme eines durch rechtskräftiges Urteil abgeschlossenen Verfahrens zuungunsten des Angeklagten ist zulässig,

1. **wenn eine in der Hauptverhandlung zu seinen Gunsten als echt vorgebrachte Urkunde unecht oder verfälscht war;**

Wiederaufnahme eines abgeschlossenen Verfahrens **§ 362**

2. wenn der Zeuge oder Sachverständige sich bei einem zugunsten des Angeklagten abgelegten Zeugnis oder abgegebenen Gutachten einer vorsätzlichen oder fahrlässigen Verletzung der Eidespflicht oder einer vorsätzlichen falschen uneidlichen Aussage schuldig gemacht hat;
3. wenn bei dem Urteil ein Richter oder Schöffe mitgewirkt hat, der sich in Beziehung auf die Sache einer strafbaren Verletzung seiner Amtspflichten schuldig gemacht hat;
4. wenn von dem Freigesprochenen vor Gericht oder außergerichtlich ein glaubwürdiges Geständnis der Straftat abgelegt wird.

Die Vorschrift stellt – verfassungsrechtlich unbedenklich (vgl. BVerfG 12, 62, 66 = NJW 1961, 867; BGH 5, 323, 328 = NJW 1954, 609) – eine **Ausnahme vom Verbot der Doppelbestrafung** dar. Dieses Verbot steht auch sachlich nicht veranlassten neuen Ermittlungen der antragsberechtigten StA entgegen. Bei **hinreichenden tatsächlichen Anhaltspunkten** folgt die Ermittlungs- und Antragspflicht aber aus dem **Legalitätsgrundsatz** des § 152 Abs. 2 (KK-Schmidt Rn. 4; LR-Gössel Rn. 1; **aA** Meyer-Goßner Rn. 1; KMR-Paulus § 365 Rn. 2). Die **Strafverfolgungsverjährung** steht einer Wiederaufnahme nach § 362 entgegen (OLG Nürnberg NStZ 1988, 555; KK-Schmidt Rn. 7; Tröndle/Fischer StGB § 78 b Rn. 11; **aA** BGH GA 1974, 154; OLG Düsseldorf NJW 1988, 2251; LR-Gössel Rn. 3 und NStZ 1988, 537, jeweils mwN). Der **Nebenkläger** kann den Antrag nur stellen, wenn er schon im Ausgangsverfahren zugelassen war (vgl. § 395 Rn. 9, § 401 Rn. 6). 1

Die **Wiederaufnahmegründe der Nrn. 1–3** entsprechen § 359 Nrn. 1–3; der Angeklagte muss die Pflichtverletzung jedoch nicht veranlasst haben. Der Antrag kann sich gegen einen Freispruch oder gegen eine Verurteilung richten; im letzteren Fall gilt § 363 entsprechend. Ein **Einstellungsurteil** (§ 260 Abs. 3) kann in Ausnahmefällen angegriffen werden (vgl. KK-Schmidt Rn. 10 mwN). Stets setzt die Wiederaufnahme die Möglichkeit voraus, dass sich der Fehler zugunsten des Angeklagten auf das Urteil ausgewirkt hat. 2

Nr. 4 setzt einen **völligen Freispruch** voraus. Eine fehlerhafte Verurteilung wegen einer minderschweren Tat genügt nicht (RG 3, 399; KK-Schmidt Rn. 9; LR-Gössel Rn. 8). Daneben kann eine Maßregel verhängt sein. Eine Verurteilung wegen einer zu milden Vorschrift genügt nicht (Meyer-Goßner Rn. 4 mwN), auch nicht die Einbeziehung weiterer Teilakte einer fortgesetzten Handlung. Bei **Teilfreispruch** ist die Wiederaufnahme in diesem Umfang zulässig. Dem Freispruch **gleichgestellt** ist die Verhängung von Maßregeln gegen einen Schuldunfähigen im Sicherungsverfahren nach §§ 413 ff. (KK-Schmidt Rn. 9). 3

Ein **Geständnis** liegt vor, wenn der Angeklagte den äußeren Tatbestand der Handlung, die angeklagt war, oder einer damit nach § 264 zusammenhängenden Tat insgesamt einräumt. Bestreiten von Rechtswidrigkeit oder Schuld schadet nicht, wohl aber das Bestreiten einzelner äußerer Tatbestandsmerkmale (vgl. KK-Schmidt Rn. 11). War der Angeklagte nur mangels Rechtswidrigkeit oder Schuld freigesprochen worden, so muss das Geständnis gerade deren Voraussetzungen betreffen (LR-Gössel Rn. 15; Meyer-Goßner Rn. 5). Das Geständnis muss **nach Erlass des letzten tatrichterlichen Urteils** erfolgt sein; der Verurteilte selbst, nicht ein Mittäter, muss es abgelegt haben (BayObLG 26, 172). Das Geständnis muss **glaubwürdig** sein; hierüber entscheidet das Wiederaufnahmegericht nach pflichtgemäßem Ermessen. 4

Der **Antrag** muss angeben, wann und vor wem das Geständnis abgelegt wurde; er muss seinen Inhalt wiedergeben und zur Glaubwürdigkeit Stellung nehmen. 5

Eine vor dem Beitritt durch ein Gericht der **ehemaligen DDR** angeordnete Wiederaufnahme zuungunsten des Verurteilten gilt als Beschluss über die Zulässigkeit der Wiederaufnahme (EV Anl. I Kap. III SG A Abschn. III Nr. 14 g). 6

§ 363 [Unzulässigkeit]

(1) **Eine Wiederaufnahme des Verfahrens zu dem Zweck, eine andere Strafbemessung auf Grund desselben Strafgesetzes herbeizuführen, ist nicht zulässig.**

(2) **Eine Wiederaufnahme des Verfahrens zu dem Zweck, eine Milderung der Strafe wegen verminderter Schuldfähigkeit (§ 21 des Strafgesetzbuches) herbeizuführen, ist gleichfalls ausgeschlossen.**

1 Die Beschränkung gilt für Wiederaufnahmen **zugunsten und zuungunsten** des Verurteilten. Für die erneute Hauptverhandlung nach Wiederaufnahme hat sie keine Bedeutung; hier gilt § 373 Abs. 2. „§ 363 I findet auf einen Wiederaufnahmeantrag, der eine **Änderung des Schuldspruchs** zum Ziel hat, keine Anwendung" (BGH 48, 153 = NStZ 2003, 678).

2 Eine andere Strafbemessung ist **nur dann zulässiges Wiederaufnahmeziel**, wenn sie auf ein **anderes Strafgesetz** gestützt ist (**Abs. 1;** vgl. § 359 Nr. 5). Das ist jede Vorschrift, die Tatbestandsmerkmale enthält, bei deren Vorliegen die Strafdrohung erhöht oder vermindert wird (vgl. BGH 11, 361, 362 f. = NJW 1958, 1309), zB wegen Beihilfe statt wegen Täterschaft (BVerfG NStZ 1996, 82). Unzulässig ist die Wiederaufnahme mit dem Ziel, einen **unbenannten minder schweren** oder **besonders schweren Fall** anzunehmen; **benannte** Strafänderungsgründe (zB § 213, 1. Alt. StGB) stehen anderen Gesetzen gleich (KK-Schmidt Rn. 7; LR-Gössel Rn. 8 f.). **Regelbeispiele** sind kein anderes Strafgesetz iSd. Abs. 1 (OLG Düsseldorf NStZ 1984, 571). Ein anderes Gesetz liegt vor bei Wechsel der Teilnahmeform (vgl. KK-Schmidt Rn. 5 f.) sowie bei Anwendung von Jugendstatt Erwachsenenstrafrecht (OLG Hamburg NJW 1952, 1150), nicht aber bei Strafaussetzung zur Bewährung (OLG Hamm NJW 1955, 565). Aufhebung einer **Maßregel** oder ihre Ersetzung durch eine wesentlich andere ist keine Frage des Maßes (vgl. § 359 Nr. 5).

3 **Abs. 2** schließt die Wiederaufnahme mit dem Ziel der Anwendung des benannten Strafmilderungsgrunds des **§ 21 StGB** aus; nach Abs. 1 wäre sie zulässig (vgl. KK-Schmidt Rn. 11). Die Vorschrift ist mit dem Grundgesetz vereinbar (BVerfG 5, 22 = NJW 1956, 1026) und gilt auch, wenn die Anwendung des § 21 StGB zum Absehen von der Verhängung lebenslanger Freiheitsstrafe führen könnte (Meyer-Goßner Rn. 6). Abs. 2 gilt entsprechend, wenn die Wiederaufnahme bei Verurteilung wegen heimtückisch begangenen Mordes unter Hinweis auf BGH 30, 105 = NJW 1981, 1695 wegen außergewöhnlicher Umstände begehrt wird (OLG Bamberg NJW 1982, 1714).

§ 364 [Behauptung einer Straftat]

¹**Ein Antrag auf Wiederaufnahme des Verfahrens, der auf die Behauptung einer Straftat gegründet werden soll, ist nur dann zulässig, wenn wegen dieser Tat eine rechtskräftige Verurteilung ergangen ist oder wenn die Einleitung oder Durchführung eines Strafverfahrens aus anderen Gründen als wegen Mangels an Beweis nicht erfolgen kann.** ²**Dies gilt nicht im Falle des § 359 Nr. 5.**

1 Die Vorschrift bezieht sich auf die Wiederaufnahmegründe nach §§ 359 Nrn. 1–3, 362 Nr. 1–3 (KG JZ 1997, 629; Meyer-Goßner Rn. 1). Grundsätzlich ist die **rechtskräftige Verurteilung** des Täters, die nicht auf eine Wahlfeststellung gestützt sein darf, zur Zulässigkeit des Antrags erforderlich. Nach Sinn und Zweck des Gesetzes ist allerdings Voraussetzung für die Zulässigkeit einer Wiederaufnahme nach diesen Vorschriften, dass sich die angegriffenen Urkunden bzw. Zeugen- oder Sachverständigenaussagen überhaupt auf das Urteil ausgewirkt haben können (BGH 31, 365, 371 =

Wiederaufnahme eines abgeschlossenen Verfahrens § 364 a

NStZ 1983, 424, 425; KK-Schmidt Rn. 5). Stehen der Verurteilung andere Hindernisse als die Nichterweislichkeit der Tat entgegen (zB Tod, Verjährung, Amnestie, Verhandlungsunfähigkeit), so bleibt die Wiederaufnahme zulässig, wenn sich aus der Antragsbegründung ein **konkreter Tatverdacht** ergibt (OLG Düsseldorf GA 1980, 393).

S. 2 regelt eine Ausnahme für den Fall des § 359 Nr. 5. Auf **neue Tatsachen** 2 **oder Beweismittel** kann der Antrag daher auch dann gestützt werden, wenn er nach S. 1 unzulässig wäre. Dies hat insb. Bedeutung für solche Tatsachen und Beweismittel, die die **Unglaubwürdigkeit** eines Belastungszeugen darlegen (vgl. KK-Schmidt Rn. 1). Die Wiederaufnahmegründe des § 359 Nr. 2 und Nr. 5 können grds. **wahlweise** geltend gemacht werden; ist aber bereits ein rechtskräftiges Urteil gegen den Zeugen oder Sachverständigen ergangen, so ist der Antrag auf § 359 Nr. 2 zu stützen (Meyer-Goßner Rn. 3). Eine entsprechende Anwendung von S. 2 auf die Fälle des § 362 Nrn. 1–3 ist nicht möglich. Wurde der Beschuldigte **freigesprochen** oder erging sonst eine Sachentscheidung ohne Schuldspruch, so ist der Wiederaufnahmeantrag unzulässig (KK-Schmidt Rn. 6). Bei **Schuldunfähigkeit** zZt. der Tat liegt weder eine Straftat vor, noch ist die Einleitung durch Durchführung eines Strafverfahrens durch ein entgegenstehendes Hindernis beschränkt. Geisteskrankheit nach der Tat ist dagegen ein Verfahrenshindernis, das die Zulässigkeit der Wiederaufnahme nicht beeinflusst. Die Geisteskrankheit eines Zeugen ist ein Umstand, der seine Glaubwürdigkeit erschüttern und deshalb nach § 359 Nr. 5 zur Wiederaufnahme führen kann (KK-Schmidt Rn. 8).

§ 364 a [Bestellung eines Verteidigers]

Das für die Entscheidungen im Wiederaufnahmeverfahren zuständige Gericht bestellt dem Verurteilten, der keinen Verteidiger hat, auf Antrag einen Verteidiger für das Wiederaufnahmeverfahren, wenn wegen der Schwierigkeit der Sach- oder Rechtslage die Mitwirkung eines Verteidigers geboten erscheint.

Die dem Verteidiger im früheren Verfahren erteilte Vollmacht oder seine Bestel- 1 lung gilt auch für das Wiederaufnahmeverfahren bis zur Rechtskraft des Beschlusses nach § 370 Abs. 2 (OLG Düsseldorf NStZ 1983, 235). § 364 a greift daher nur dann ein, wenn der Verurteilte im früheren Verfahren nicht verteidigt war oder die Vollmacht erloschen ist (Meyer-Goßner Rn. 2). Der Gesetzgeber hat mit den neu eingefügten §§ 364 a und 364 b für das Wiederaufnahmeverfahren eine spezielle und **abschließende Regelung** geschaffen, die daneben eine entsprechende Anwendung des **§ 140 Abs. 2 ausschließt**. Eine auf die sofortige Beschwerde gegen die Verwerfung der Wiederaufnahme beschränkte Bestellung eines Pflichtverteidigers ist deswegen unzulässig (OLG Stuttgart NStZ-RR 2003, 114).

Einen Anspruch auf Beiordnung eines Verteidigers hat nur der **Verurteilte** für 2 **seinen eigenen** Wiederaufnahmeantrag; für die nach § 361 Abs. 2 Antragsberechtigten gilt die Vorschrift nicht (Meyer-Goßner Rn. 1 mwN). Aber das OLG Stuttgart ist der Auffassung, dass bei schwieriger Sach- und Rechtslage den in § 361 Abs. 2 bezeichneten Angehörigen des verstorbenen Verurteilten für das Wiederaufnahmeverfahren – in entsprechender Anwendung des § 364 a – ein Pflichtverteidiger beigeordnet werden muss (OLG Stuttgart NStZ 1999, 319; Egon Müller NStZ-RR 2001, 100). Im Fall des § 362 kann sich die Verpflichtung zur Beiordnung aus § 140 und Art. 6 Abs. 3 Buchst. c MRK ergeben (OLG Düsseldorf NJW 1989, 676).

Im Fall des § 364 a kommt es auf die Schwere der Tat (§ 140 Abs. 2) nicht an, 3 ebenso wenig auf den Rang des Wiederaufnahmegerichts und die früher verhängte Rechtsfolge. **Voraussetzung** der Bestellung ist **Schwierigkeit der Sach- oder**

§ 364 b

Rechtslage; dabei darf die Vorschrift nicht eng ausgelegt werden (vgl. KK-Schmidt Rn. 4). Darüber hinaus ist eine **hinreichende Erfolgsaussicht** erforderlich. An dieser mangelt es nicht schon bei Zweifeln am Erfolg des Antrags (LR-Gössel Rn. 6); ausgeschlossen ist eine Verteidigerbestellung jedoch bei **offenkundig** aussichtslosen oder mutwilligen Anträgen.

4   Die Bestellung setzt stets einen **Antrag** voraus. **Antragsberechtigt** sind der Verurteilte, der gesetzliche Vertreter, der Erziehungsberechtigte sowie die StA. Der Antrag kann schon vor dem eigentlichen Wiederaufnahmeantrag gestellt werden; soll dieser erst – insb. durch Nachforschungen – **vorbereitet** werden, so gilt § 364 b. Der Antrag muss Tatsachen vortragen, welche die Beurteilung der Voraussetzungen einer Bestellung (o. Rn. 3) ermöglichen. Er kann beim Wiederaufnahmegericht oder bei dem Gericht gestellt werden, dessen Urteil angegriffen wird (§ 367 Abs. 1 S. 2).

5   **Zuständig** für die Entscheidung ist das Wiederaufnahmegericht (§ 140 a GVG). Es entscheidet durch **Beschluss** nach Anhörung der StA (§ 33 Abs. 2) ohne mündliche Verhandlung. Eine vom Vorsitzenden allein verfügte Beiordnung ist jedoch nicht unwirksam (LR-Gössel Rn. 13; KMR-Paulus Rn. 9; **aA** KK-Schmidt Rn. 7; Meyer-Goßner Rn. 8). Für die **Auswahl** des Verteidigers gilt § 142 Abs. 1 entsprechend. Die Beiordnung verpflichtet den Verteidiger zur Antragstellung (LR-Gössel Rn. 6); sie endet mit dem Beschluss nach § 370 Abs. 2, gilt also nicht für das wiederaufgenommene Verfahren. In diesem muss nach § 140 erneut über eine Verteidigerbestellung entschieden werden, ebenso bei noch fortwirkender Vollmacht aus dem früheren Verfahren, da diese zum gleichen Zeitpunkt endet (KK-Schmidt Rn. 6).

6   Gegen die Entscheidung, auch die Auswahlentscheidung, ist **einfache Beschwerde** (§ 304) statthaft; § 372 S. 1 ist nicht anwendbar (BGH NJW 1976, 431). Entscheidungen des OLG sind nicht anfechtbar (BGH aaO). Beschwerdeberechtigt sind der Verurteilte und die StA (KK-Schmidt Rn. 9).

§ 364 b [Bestellung eines Verteidigers zur Vorbereitung]

(1) ¹**Das für die Entscheidungen im Wiederaufnahmeverfahren zuständige Gericht bestellt dem Verurteilten, der keinen Verteidiger hat, auf Antrag einen Verteidiger schon für die Vorbereitung eines Wiederaufnahmeverfahrens, wenn**

1. **hinreichende tatsächliche Anhaltspunkte dafür vorliegen, daß bestimmte Nachforschungen zu Tatsachen oder Beweismitteln führen, welche die Zulässigkeit eines Antrags auf Wiederaufnahme des Verfahrens begründen können,**
2. **wegen der Schwierigkeit der Sach- oder Rechtslage die Mitwirkung eines Verteidigers geboten erscheint und**
3. **der Verurteilte außerstande ist, ohne Beeinträchtigung des für ihn und seine Familie notwendigen Unterhalts auf eigene Kosten einen Verteidiger zu beauftragen.**

²**Ist dem Verurteilten bereits ein Verteidiger bestellt, so stellt das Gericht auf Antrag durch Beschluß fest, daß die Voraussetzungen der Nummern 1 bis 3 des Satzes 1 vorliegen.**

(2) **Für das Verfahren zur Feststellung der Voraussetzungen des Absatzes 1 Satz 1 Nr. 3 gelten § 117 Abs. 2 bis 4 und § 118 Abs. 2 Satz 1, 2 und 4 der Zivilprozeßordnung entsprechend.**

1   In Ergänzung des § 364 a lässt die Vorschrift die Bestellung eines Verteidigers schon zur **Vorbereitung** eines Wiederaufnahmeantrags nach **§ 359** zu; idR wird es um einen solchen nach § 359 Nr. 5 gehen.

Voraussetzung ist wie bei § 364 a, dass der Verurteilte keinen Verteidiger hat 2
(vgl. § 364 a Rn. 1). Daneben verlangt **Abs. 1** kumulativ das Vorliegen der drei
genannten Voraussetzungen. Die **Erfolgsaussicht (Nr. 1)** verlangt eine nicht nur
entfernte Möglichkeit oder Vermutung; sie muss auf tatsächliche Anhaltspunkte
gegründet sein. Eine Antragsreife nach § 359 Nr. 5 ist nicht erforderlich (KK-
Schmidt Rn. 4). Die **Schwierigkeit der Sach- und Rechtslage (Nr. 2)** muss
gerade die Vorbereitung des Wiederaufnahmeverfahrens betreffen (LG Köln MDR
1991, 666). Der Nachweis der **Mittellosigkeit (Nr. 3)** ist nach den in Abs. 2
genannten Vorschriften der ZPO zu führen.

Aufgabe des nach Abs. 1 bestellten Verteidigers ist es, Nachforschungen zur 3
Vorbereitung eines Wiederaufnahmeantrags anzustellen. Er kann Zeugen ermitteln
und befragen, Auskünfte und Sachverständigengutachten einholen und Einsicht in
Verfahrensakten und polizeiliche Spurenakten (BVerfG NStZ 1983, 273) nehmen.
Der Verteidiger ist bei seinen Ermittlungen, beispielsweise bei der Befragung von
Zeugen, an die allgemeinen Grenzen anwaltlicher Ermittlungstätigkeit gebunden,
die sich in erster Linie aus dem Standesrecht und auch aus dem Strafrecht (zB § 258
StGB) ergeben (KK-Schmidt Rn. 2). Eine Mitwirkungspflicht der StA besteht
nicht, wohl aber eine Auskunftspflicht von StA und Gericht (KK-Schmidt Rn. 2).
Der Gebührenanspruch des Verteidigers ergibt sich aus § 90 Abs. 1 S. 2 BRAGO,
der Anspruch auf Ersatz von Auslagen aus § 97 Abs. 2 S. 3 BRAGO (vgl. Krägeloh
NJW 1975, 140). Wird ein Wiederaufnahmeantrag gestellt, so gelten für die **Kostenentscheidung** die §§ 464 a Abs. 1 S. 3, 473 Abs. 6 Nr. 1.

Die Bestellung erfolgt nur auf **Antrag** des Verurteilten oder der StA, in dem die 4
tatsächlichen Voraussetzungen des Abs. 1 im Einzelnen darzulegen sind (OLG
Düsseldorf MDR 1991, 984; vgl. i. E. KK-Schmidt Rn. 7). **Zuständig** für die
Entscheidung ist das Wiederaufnahmegericht (vgl. § 364 a Rn. 5); der Antrag kann
auch beim Erstgericht gestellt werden (§ 367 Abs. 1 S. 2).

Wenn dem Verurteilten schon früher ein Verteidiger bestellt worden war, so 5
ergeht auf **Antrag** ein feststellender Beschluss nach Abs. 1 S. 2, der den Gebühren-
und Auslagenanspruch des Verteidigers sichert (vgl. KK-Schmidt Rn. 8).

Gegen die Entscheidung ist **einfache Beschwerde** statthaft (vgl. § 364 a Rn. 6). 6

§ 365 [Allgemeine Vorschriften für den Antrag]

Die allgemeinen Vorschriften über Rechtsmittel gelten auch für den Antrag auf Wiederaufnahme des Verfahrens.

Die Vorschrift gilt für das Wiederaufnahmeverfahren bis zur Rechtskraft der 1
Entscheidung nach § 370, nicht für das Verfahren nach Wiederaufnahme. Es
gelten die §§ 296–302 mit den Abweichungen, die sich aus §§ 359 ff. und der
Natur des Wiederaufnahmeverfahrens ergeben; die Vorschriften über die Rechtsmittelbeschränkung (§§ 318, 327, 344 Abs. 1, 352 Abs. 1) gelten entsprechend
(BGH 11, 361, 363 = NJW 1958, 1309). Eine Fristbestimmung ergibt sich nur aus
§ 372.

Für die Anwendung der §§ 296–303 gilt folgendes: 2

§ 296 Abs. 1 gilt uneingeschränkt. Antragsberechtigt sind die StA und jeder 3
Verurteilte, der verhandlungsfähig ist, nach seinem Tod die in § 361 Abs. 2 Genannten. Die StA kann auch gegen den Willen des Verurteilten und nach seinem
Tod Anträge zu seinen Gunsten stellen (§ 296 Abs. 2). Zuständig ist die StA beim
Wiederaufnahmegericht (vgl. RiStBV Nr. 170 Abs. 1). Der früher mit der Sache
befasste StA „soll in der Regel in dem vom Verurteilten beantragten Wiederaufnahmeverfahren nicht mitwirken" (RiStBV Nr. 170 Abs. 1), ist aber nicht ausgeschlossen (Meyer-Goßner Rn. 2; KK-Schmidt Rn. 3).

4 § **297:** Antragsberechtigt ist der Verteidiger, dessen Bestellung fortgilt (vgl. § 364 a Rn. 1) oder der neu bestellt oder bevollmächtigt ist. Gegen den Willen des Verurteilten und nach dessen Tod kann er den Antrag nicht stellen.

5 § **298:** Gesetzliche Vertreter und Erziehungsberechtigte können den Antrag auch gegen den Willen des Verurteilten stellen. Bei Beendigung der Vertretung oder Volljährigkeit vor der Entscheidung nach § 370 muss der Verurteilte in das Verfahren eintreten, sonst wird der Antrag unzulässig (LR-Gössel Rn. 6; **aA** Meyer-Goßner Rn. 4).

6 §§ **299–301** gelten ohne Besonderheiten, § 301 aber erst im wiederaufgenommenen Verfahren.

7 § **302** ist nur teilweise anwendbar. **Verzicht** und **Verwirkung** gibt es nicht. Eine **Rücknahme** des Antrags ist bis zur Entscheidung nach § 370 oder § 371 möglich; § 303 hat daher keine Bedeutung. Hat die StA den Antrag zugunsten des Verurteilten gestellt, so kann er nur noch mit seiner Zustimmung zurückgenommen werden (KK-Schmidt Rn. 10). Der Verteidiger bedarf zur Rücknahme einer besonderen, auf das Wiedeaufnahmeverfahren bezogenen Vollmacht.

8 **Privatkläger** sind nur zuungunsten des Verurteilten antragsberechtigt (§ 390 Abs. 1 S. 2). Der **Nebenkläger** hat – nach der Neufassung des § 397 Abs. 1 durch das Opferschutzgesetz v. 18. 12. 1986 – kein eigenes Antragsrecht (KK-Schmidt Rn. 13; Meyer-Goßner Rn. 8); er kann sich dem Antrag eines anderen Antragsberechtigten **anschließen,** wenn er schon vor Urteilserlass als Nebenkläger zugelassen war (OLG Stuttgart NStZ 1988, 15). Ein Anschluss zur Antragstellung (vgl. § 401 Abs. 1 S. 2) ist unzulässig (vgl. KK-Schmidt Rn. 13 ff.; Rieß NStZ 1988, 15 f.). Für **Einziehungsbeteiligte** gilt § 439 Abs. 6.

§ 366 [Inhalt und Form des Antrages]

(1) In dem Antrag müssen der gesetzliche Grund der Wiederaufnahme des Verfahrens sowie die Beweismittel angegeben werden.

(2) Von dem Angeklagten und den in § 361 Abs. 2 bezeichneten Personen kann der Antrag nur mittels einer von dem Verteidiger oder einem Rechtsanwalt unterzeichneten Schrift oder zu Protokoll der Geschäftsstelle angebracht werden.

1 **Abs. 1** bezeichnet den notwendigen Inhalt des Wiederaufnahmeantrags. Erforderlich ist eine genaue Bezeichnung des angegriffenen Urteils und des Anfechtungsumfangs (vgl. OLG Koblenz NStZ-RR 1997, 111). Der **gesetzliche Grund** (§§ 359, 362) muss genau bezeichnet und, ebenso wie die Tatsachen, auf die der Antrag gestützt ist, in einer geschlossenen, aus sich heraus verständlichen Darstellung vorgetragen werden; Bezugnahmen sind idR unzulässig (vgl. Meyer-Goßner Rn. 1). **Beweismittel** müssen so genau angegeben werden, dass das Gericht sie beiziehen kann. Bei fehlerhaften oder lückenhaften Anträgen ist dem Antragsteller Gelegenheit zur Vervollständigung zu geben (OLG Hamm NJW 1980, 717); ein Nachschieben neuer Tatsachen oder Beweismittel im Beschwerdeverfahren (§ 372) ist aber unzulässig (OLG München MDR 1982, 250, str.; vgl. KK-Schmidt § 372 Rn. 6 mwN). Zum Antragsinhalt i. E. vgl. KK-Schmidt Rn. 3 ff.

2 Die **Formvorschrift** des **Abs. 2** entspricht § 345 Abs. 2. Sie gilt für alle Antragsteller außer der StA (einfache Schriftform genügt) und dem Privatkläger (§ 390 Abs. 2). Es gelten im Übrigen die Erläuterungen zu § 345 Abs. 2. Wird der Antrag zu Protokoll der Geschäftsstelle gestellt, so ist die Geschäftsstelle des Wiederaufnahmegerichts (§ 140 a GVG) zuständig (§ 367 Abs. 1 S. 1); der Antrag kann aber auch bei dem Gericht gestellt werden, dessen Urteil angefochten wird (§ 367 Abs. 1 S. 2). Bei Unzulässigkeit wegen Formmangels kann ein neuer Antrag gestellt werden (KK-Schmidt Rn. 17).

§ 367 [Gerichtszuständigkeit; Verfahren]

(1) ¹Die Zuständigkeit des Gerichts für die Entscheidungen im Wiederaufnahmeverfahren und über den Antrag zur Vorbereitung eines Wiederaufnahmeverfahrens richtet sich nach den besonderen Vorschriften des Gerichtsverfassungsgesetzes. ²Der Verurteilte kann Anträge nach den §§ 364 a und 364 b oder einen Antrag auf Zulassung der Wiederaufnahme des Verfahrens auch bei dem Gericht einreichen, dessen Urteil angefochten wird; dieses leitet den Antrag dem zuständigen Gericht zu.

(2) Die Entscheidungen über Anträge nach den §§ 364 a und 364 b und den Antrag auf Zulassung der Wiederaufnahme des Verfahrens ergehen ohne mündliche Verhandlung.

Die **Zuständigkeit des Wiederaufnahmegerichts** ergibt sich aus § 140 a **1** GVG. Am Ausgangsverfahren beteiligte **Richter** sind ausgeschlossen (§ 23 Abs. 2), auch im Verfahren über Anträge nach §§ 364 a und 364 b. Auf Seiten der **StA** ist die StA beim Wiederaufnahmegericht zuständig (§ 143 Abs. 1 GVG); die Zuständigkeit für die Vollstreckung (§ 451) ändert sich dadurch nicht.

Zur Zuständigkeit für Wiederaufnahmen gegen Urteile des **RG** und von **Wehr-** **2** **machts- und Sondergerichten** vgl. KK-Schmidt Rn. 3 f. Über Wiederaufnahmeanträge gegen ein im Revisionsverfahren erlassenes Urteil entscheidet gemäß § 140 a Abs. 1 S. 2 GVG iVm § 367 Abs. 1 S. 1 nicht der BGH, sondern ein anderes Gericht derjenigen Tatsacheninstanz, in der das mit der Revision angefochtene Urteil ergangen war (BGHR StPO § 367 Zuständigkeit 1); das gilt auch dann, wenn mit dem Wiederaufnahmeantrag ausschließlich ein Mangel des revisionsgerichtlichen Verfahrens geltend gemacht wird (BGH NStZ-RR 1999, 176; vgl. auch § 140 a GVG Rn. 2).

Anträge sind grds. beim Wiederaufnahmegericht zu stellen. Der Verurteilte und **3** die für ihn Antragsberechtigten, nicht aber StA und Privatkläger, können den Antrag auch beim Ausgangsgericht stellen, Abs. 1 S. 2.

Alle Entscheidungen im Wiederaufnahmeverfahren ergehen ohne mündliche **4** Verhandlung durch **Beschluss** (Abs. 2) ohne Mitwirkung von Schöffen (§ 76 Abs. 1 S. 2 GVG). Bei Entscheidungen des **unzuständigen Gerichts** gilt folgendes: Hat das **sachlich** unzuständige LG anstelle des zuständigen AG entschieden, so ist die Entscheidung wirksam. Umgekehrt ist das LG an den Beschluss des sachlich unzuständigen AG, der die Wiederaufnahme für zulässig erklärt, gebunden. Wenn die sachliche Unzuständigkeit nach Zulassung des Antrags erkannt wird, ist das Verfahren an das zuständige Gericht abzugeben. Das **örtlich** unzuständige Gericht, das die Wiederaufnahme rechtskräftig für zulässig erklärt hat, muss auch über die Begründetheit entscheiden (KK-Schmidt Rn. 8; Meyer-Goßner Rn. 5). Auf sofortige Beschwerde wird der Beschluss des unzuständigen Gerichts aufgehoben und die Sache an das zuständige Gericht verwiesen.

§ 368 [Verwerfung wegen Unzulässigkeit]

(1) Ist der Antrag nicht in der vorgeschriebenen Form angebracht oder ist darin kein gesetzlicher Grund der Wiederaufnahme geltend gemacht oder kein geeignetes Beweismittel angeführt, so ist der Antrag als unzulässig zu verwerfen.

(2) Andernfalls ist er dem Gegner des Antragstellers unter Bestimmung einer Frist zur Erklärung zuzustellen.

Zulässigkeitsvoraussetzungen des Wiederaufnahmeantrags sind **Beschwer** des **1** Antragstellers durch das angefochtene Urteil, Einhaltung der **Form** des § 366

Abs. 2, Geltendmachung der **gesetzlichen Gründe** der §§ 359 oder 362, **Antragsberechtigung,** Anführung eines geeigneten **Beweismittels** und **Geeignetheit** der unter Beweis gestellten Tatsache, soweit es sich um relative Wiederaufnahmegründe handelt. „Im Rahmen der Zulässigkeitsprüfung muss das Wiederaufnahmegericht die Geeignetheit des Wiederaufnahmevorbringens unter Zugrundelegung des Standpunktes und nach der Rechtsauffassung des Gerichts beurteilen, das den Angeklagten **verurteilt** hat" (BGH 39, 86 = NJW 1993, 1481; vgl. BVerfG NJW 1994, 510). Das Wiederaufnahmegericht ist also an die (denkgesetzlich mögliche) Beweiswürdigung und an die (nicht offensichtlich unhaltbare) Rechtsauffassung des erkennenden Gerichts gebunden. Weicht das Wiederaufnahmegericht von den genannten Grundsätzen im Sinne einer wesentlichen Verschlechterung der Chancen des Verurteilten auf Erlangung eines gerechten Richterspruches ab, so verfehlt er das Ziel des Wiederaufnahmeverfahrens, den Konflikt zwischen materialer Gerechtigkeit und Rechtssicherheit angemessen zu lösen (BVerfG NJW 1995, 2024). Die Richtigkeit des Vorbringens wird bei der Zulässigkeitsprüfung unterstellt (BGH 17, 303, 304 = NJW 1962, 1520); seine sachliche Richtigkeit wird erst im Verfahren über die Begründetheit geprüft, so etwa die Glaubhaftigkeit eines Geständnisses im Fall des § 362 Nr. 4. Der Grundsatz **„in dubio pre reo"** gilt bei der Zulässigkeitsprüfung nicht (BGH 39, 85 = NJW 1993, 1481; OLG Düsseldorf NStZ-RR 1999; 245; OLG Karlsruhe GA 1984, 250); er ist eine Beweisregel und betrifft nur die Feststellung von Tatsachen (KK-Schmidt Rn. 13).

2   **In den Fällen der §§ 359 Nr. 1–3, 362 Nr. 1–3** gehören zum notwendigen Vorbringen die Darlegung der Straftat, der rechtskräftigen Verurteilung (§ 364 S. 1) oder des konkreten Verdachts der Tat (KK-Schmidt Rn. 5). **Unzulässig** ist der Antrag in den Fällen der Nrn. 1 und 2, wenn ein ursächlicher Zusammenhang der Tat mit dem Urteil von vornherein ausgeschlossen ist, im Fall des § 359 Nr. 4, wenn das Strafurteil auf das aufgehobene Urteil nicht **gegründet** ist (KK-Schmidt Rn. 6).

3   Im Fall des § 359 Nr. 5 gehören zur Zulässigkeit die **Neuheit** der Tatsachen oder Beweismittel sowie ihre **Geeignetheit.** Die **Neuheit** von Beweismitteln (vgl. § 359 Rn. 9 ff.) ergibt sich aus **ihrer Nichterwähnung im** Protokoll der Hauptverhandlung; § 274 gilt. Zur Neuheit von Tatsachen vgl. § 359 Rn. 8. Bleibt die Neuheit zweifelhaft, so ist der Antrag unzulässig (OLG Frankfurt NJW 1978, 841; KK-Schmidt Rn. 8 mwN). An der **Geeignetheit** von Beweismitteln fehlt es, wenn ihre Benutzung unzulässig ist (§ 244 Abs. 3 S. 1) oder wenn sie unerreichbar oder völlig ungeeignet sind (vgl. OLG München NStZ 1984, 380). Die neuen Tatsachen und Beweismittel müssen nämlich **geeignet** sein, das angegriffene Urteil zu erschüttern (OLG Düsseldorf NJW 1993, 504). Dies hat der Antragsteller darzulegen, wenn dies nicht offensichtlich ist (BGH NJW 1977, 59). Bei der Zulässigkeitsprüfung wird unterstellt, dass die behaupteten Tatsachen richtig und die Beweismittel erforderlich sind; die Prüfung beschränkt sich auf die **Schlüssigkeit** des Vorbringens (BGH 17, 303, 304 = NJW 1962, 1520), wenn es nicht offensichtlich unwahr ist (BGH NJW 1977, 59). Auch die **Erheblichkeit** ist zu prüfen. Erheblich ist das Wiederaufnahmevorbringen, wenn die neuen Tatsachen oder Beweise geeignet sind, die den Schuldspruch tragenden Feststellungen des Urteils zu erschüttern (OLG Celle JR 1967, 150). Auch bei der Prüfung der Erheblichkeit ist für die Anwendung des **Zweifelssatzes** kein Raum (OLG Düsseldorf NStZ-RR 1999, 245; s. auch Rn. 1). Eine **Beweisantizipation** ist grds. zulässig; die Beweiskraft der beigebrachten Beweismittel ist zu werten, soweit dies ohne förmliche Beweisaufnahme möglich ist (BGH 17, 304). Vom **Standpunkt des erkennenden Gerichts** hat das Wiederaufnahmegericht zu prüfen, ob das Urteil unter Berücksichtigung der neuen Tatsachen oder Beweismittel anders ausgefallen wäre (BGH 17, 303; 18, 225, 226 = NJW 1963, 1019, str.; vgl. KK-Schmidt Rn. 10 ff.; Meyer-Goßner Rn. 9 f., jeweils mwN). Dabei ist der gesamte Akteninhalt zu berücksichtigen (vgl.

KG NJW 1992, 450). An die denkgesetzlich mögliche Beweiswürdigung und an die nicht offenkundig fehlerhafte Rechtsauffassung des erkennenden Gerichts ist das Wiederaufnahmegericht **gebunden** (BGH 18, 226). Die Zulässigkeit des Antrags verlangt eine ernsthafte **Wahrscheinlichkeit** dafür, dass das Antragsvorbringen zu einem anderen Urteil führen werde. Der **Zweifelssatz** gilt insoweit nicht, auch nicht mittelbar im Wege einer Prognose über seine Anwendung in einer neuen Hauptverhandlung (s. Rn. 1). **Grenzen der Beweisantizipation** sind insoweit zu beachten, als es die verfassungsrechtliche Garantie effektiven Rechtsschutzes verbietet, „im Zulassungsverfahren im Wege der Eignungsprüfung Beweise zu würdigen und Feststellungen zu treffen, die nach der Struktur des Strafprozesses der Hauptverhandlung vorbehalten sind" (BVerfG NStZ 1995, 43, 44). Daher „muss jedenfalls die Feststellung solcher Tatsachen, die den Schuldspruch wesentlich tragen ..., der Hauptverhandlung vorbehalten bleiben", so etwa die Feststellung des Tatzeitpunkts oder solcher Tatsachen, die im Verteidigungskonzept des Angeklagten eine hervorragende Rolle spielen (BVerfG NStZ 1995, 44),

Ist der Antrag unzulässig, so wird er nach **Anhörung** der StA (§ 33 Abs. 2) sowie 4 des Privat- oder Nebenklägers (OLG Stuttgart NStZ 1988, 42) ohne mündliche Verhandlung (§ 367 Abs. 2) durch begründeten **Beschluss** verworfen. Der Anhörung des Antragsgegners bedarf es nicht (Abs. 2; vgl. BVerfG 15, 303, 307 = NJW 1963, 758). **Kosten:** § 473 Abs. 6 Nr. 1. Der Beschluss ist den Beschwerdeberechtigten zuzustellen.

Ergibt die Prüfung, dass der Antrag nicht unzulässig ist, so ist er dem Antrags- 5 gegner zuzustellen (Abs. 2). Eine **Bindung** an die Zulässigkeitsbeurteilung liegt darin nicht, sonst wäre die Erklärungsfrist überflüssig. Die Zustellung an den Gegner dient daher nicht nur der Unterrichtung und Vorbereitung des weiteren Verfahrens (so Meyer-Goßner Rn. 13); er kann sich vielmehr zur Zulässigkeit erklären. Die Frist des Abs. 2 ist **keine Ausschlussfrist.** Eine Erklärungsfrist besteht nicht; § 366 Abs. 2 gilt nicht.

Der **Zulassungsbeschluss** ergeht ohne mündliche Verhandlung (§ 367 Abs. 2). 6 Er ist auch bei offenkundiger Begründetheit des Antrags unerlässlich; er kann auf einzelne von mehreren abgeurteilten Taten (BGH 14, 85, 88 = NJW 1960, 780) sowie auf einzelne von mehreren Wiederaufnahmegründen (OLG Hamburg GA 1967, 317) und auf die Rechtsfolgenfrage (BGH 11, 361 = NJW 1958, 1309) **beschränkt** werden. **Bindungswirkung** hat er nur hinsichtlich der Einhaltung der Form des § 366 Abs. 2; im Übrigen kann der Antrag auch noch im Beschluss nach § 370 als unzulässig verworfen werden (KK-Schmidt Rn. 19; Meyer-Goßner § 370 Rn. 2).

Gegen die Entscheidung ist **sofortige Beschwerde** statthaft (§ 372 S. 1). Der 7 Verwerfungsbeschluss, der auf die Ungeeignetheit der vorgebrachten Tatsachen oder Beweismittel gestützt ist, **verbraucht** diese für einen neuen Antrag (KK-Schmidt Rn. 20). Das Beschwerdegericht kann mit der Zulassung zugleich die Wiederaufnahme nach § 370 Abs. 2 anordnen (OLG Bremen GA 1960, 216).

§ 369 [Beweisaufnahme über das Begründetsein]

(1) **Wird der Antrag für zulässig befunden, so beauftragt das Gericht mit der Aufnahme der angetretenen Beweise, soweit dies erforderlich ist, einen Richter.**

(2) **Dem Ermessen des Gerichts bleibt es überlassen, ob die Zeugen und Sachverständigen eidlich vernommen werden sollen.**

(3) ¹**Bei der Vernehmung eines Zeugen oder Sachverständigen und bei der Einnahme eines richterlichen Augenscheins ist der Staatsanwaltschaft, dem Angeklagten und dem Verteidiger die Anwesenheit zu gestatten.** ²**§ 168 c**

§ 369

Abs. 3, § 224 Abs. 1 und § 225 gelten entsprechend. ³Befindet sich der Angeklagte nicht auf freiem Fuß, so hat er keinen Anspruch auf Anwesenheit, wenn der Termin nicht an der Gerichtsstelle des Ortes abgehalten wird, wo er sich in Haft befindet, und seine Mitwirkung der mit der Beweiserhebung bezweckten Klärung nicht dienlich ist.

(4) Nach Schluß der Beweisaufnahme sind die Staatsanwaltschaft und der Angeklagte unter Bestimmung einer Frist zu weiterer Erklärung aufzufordern.

1   Eine Anordnung der Wiederaufnahme ohne Prüfung der Beweise oder unter Wahrunterstellung der vorgetragenen Tatsachen, ist unzulässig (LR-Gössel Rn. 4). Eine Beweisaufnahme nach § 369 ist **nicht erforderlich,** wenn sich die Begründetheit des Antrags **ohne weiteres** aus rechtskräftigen Urteilen (§§ 359 Nrn. 1–4, 362 Nrn. 1–3), aus notariellen Urkunden (§ 362 Nr. 4), aus offenkundigen Tatsachen oder aus mit dem Antrag vorgelegten Urkunden ergibt. Über die Entbehrlichkeit einer Beweiserhebung ist duch **Beschluss** zu entscheiden (LR-Gössel Rn. 6). Die **Beweisaufnahme** dient der **Vorbereitung** der Entscheidung nach § 370; sie berührt die Rechtskraft des angefochtenen Urteils nicht und nimmt die Beweisaufnahme in einer neuen Hauptverhandlung nicht vorweg (BGH 17, 303 = NJW 1962, 1520). Sie ist nach Erlass des Zulassungsbeschlusses durchzuführen.

2   Die **angetretenen Beweise** werden vAw. erhoben. **Vorermittlungen** von Polizei und StA können sie nicht ersetzen (OLG Celle MDR 1991, 1077). Eine Ausnahme gilt auch nicht für den Fall, dass die richterliche Vernehmung für längere Zeit unmöglich ist; denn § 251 Abs. 2 ist in § 369 nicht entsprechend für anwendbar erklärt und mit der Bedeutung dieser Vorschrift nicht vereinbar (Meyer-Goßner Rn. 3). Auf die im Antrag bezeichneten Beweismittel ist das Gericht nicht beschränkt (vgl. KK-Schmidt Rn. 2 f.), wohl aber auf den zulässig geltend gemachten Wiederaufnahmegrund.

3   IdR wird beim Kollegialgericht ein Richter mit der Beweiserhebung **beauftragt (Abs. 1);** das Gericht kann sie aber auch in voller Besetzung vornehmen. Beim AG und der kleinen StK hat der Vorsitzende die Beweise zu erheben. Die Beauftragung erfolgt durch **Beschluss,** in welchem der Umfang der Beweisaufnahme genau zu bezeichnen ist; er kann mit dem Zulassungsbeschluss verbunden werden. Der beauftragte Richter hat die gleiche Stellung wie im Fall des § 223. Von der weiteren Mitwirkung im Wiederaufnahmeverfahren ist er nicht ausgeschlossen (BGH NJW 1954, 891).

4   Für die Beweisaufnahme gelten dieselben Regeln wie in der Hauptverhandlung. Eidesstattliche Erklärungen sind als Beweismittel unzulässig (BGH 17, 303 = NJW 1962, 1520), schriftliche Gutachten nur nach Maßgabe des § 256 verwertbar. Über die **Vereidigung** von Zeugen und Sachverständigen (Abs. 2) entscheidet das Gericht nach pflichtgemäßem Ermessen in dem Anordnungsbeschluss; Vereidigung ist nun die Ausnahme, §§ 59 ff. Aber die Beweisaufnahme in diesem sog. Probationsverfahren erfordert nicht die Verlesung einer Urkunde zu Beweiszwecken nach § 249, wenn diese den **Beteiligten bekannt** ist und das Gericht deren Verwertung bei der Beweisaufnahme durch Vorhalte an Zeugen zu erkennen gibt (OLG Jena NStZ-RR 1997, 47).

5   Ein **Anwesenheitsrecht** nach **Abs. 3** haben StA, Verurteilter, sofern nicht ein Fall des Abs. 3 S. 2 vorliegt, und Verteidiger sowie Privat- und Nebenkläger (§§ 385 Abs. 1 S. 1, 397 Abs. 1), die sich auch eines Beistands bedienen oder vertreten lassen können (entspr. § 378), gesetzliche Vertreter, Erziehungsberechtigte und Antragsteller nach § 361 Abs. 2. Der Begriff der **Dienlichkeit** in Abs. 3 S. 2 ist weit auszulegen (OLG Frankfurt StV 1990, 538; KK-Schmidt Rn. 10). Für die **Benachrichtigung** gilt § 224 Abs. 1 (vgl. Meyer-Goßner Rn. 11). Die **Protokolle** über die Beweiserhebung sind StA und Verteidiger stets **vorzulegen** (Abs. 3

Wiederaufnahme eines abgeschlossenen Verfahrens § 370

S. 2 iVm § 224 Abs. 1 S. 3), auch wenn sie anwesend waren (BGH 25, 357 = NJW 1974, 2294).

Die **Schlussanhörung (Abs. 4)** ist zwingende Voraussetzung der Entscheidung **6** nach § 370, auch wenn der Erklärungsberechtigte bei der Beweiserhebung anwesend war oder schon Erklärungen abgegeben hat (Meyer-Goßner Rn. 13 mwN). Anzuhören sind alle Anwesenheitsberechtigten; über das Ergebnis der Beweiserhebung werden sie ggf. unterrichtet. Die zu bestimmende Frist ist keine Ausschlussfrist. Die Erklärung kann neue Beweisanträge enthalten; führt sie zu einer weiteren Beweiserhebung, so gilt Abs. 4 erneut.

Beschwerde gegen Art und Umfang der Beweiserhebung ist nicht statthaft **7** (OLG Frankfurt NJW 1965, 314); gegen eine Ausschließung nach § 168c Abs. 3 und die Ablehnung eines Antrags auf Anwesenheit (Abs. 3 S. 2) ist einfache Beschwerde zulässig. Ist Abs. 4 verletzt, so wird auf **sofortige Beschwerde** (§ 372 S. 1) der Beschluss nach § 370 aufgehoben und die Sache zurückverwiesen (OLG Frankfurt NStZ 1983, 427; vgl. § 372 Rn. 3).

§ 370 [Entscheidung über das Begründetsein]

(1) **Der Antrag auf Wiederaufnahme des Verfahrens wird ohne mündliche Verhandlung als unbegründet verworfen, wenn die darin aufgestellten Behauptungen keine genügende Bestätigung gefunden haben oder wenn in den Fällen des § 359 Nr. 1 und 2 oder des § 362 Nr. 1 und 2 nach Lage der Sache die Annahme ausgeschlossen ist, daß die in diesen Vorschriften bezeichnete Handlung auf die Entscheidung Einfluß gehabt hat.**

(2) **Andernfalls ordnet das Gericht die Wiederaufnahme des Verfahrens und die Erneuerung der Hauptverhandlung an.**

Verwerfung des Wiederaufnahmeantrags (Abs. 1). Voraussetzung der Be- **1** gründetheitsprüfung ist der Zulassungsbeschluss nach § 368; bei Entbehrlichkeit einer Beweiserhebung (vgl. § 369 Rn. 1) können die Entscheidungen nach § 368 und § 370 verbunden werden (Meyer-Goßner Rn. 2 mwN). Zur **Bindung** an den Zulassungsbeschluss vgl. § 368 Rn. 6.

Die Prüfung beschränkt sich auf die geltend gemachten Wiederaufnahmegründe. **2** In den Fällen der **§§ 359 Nrn. 1–2, 362 Nrn. 1–2** kommt es bei Vorliegen einer Verurteilung (§ 364 S. 1) nur auf den ursächlichen Zusammenhang an; er wird gesetzlich widerleglich vermutet (BGH 19, 365). Liegt eine Verurteilung aus den in § 364 S. 1 genannten Gründen nicht vor, so ist zu prüfen, ob die behauptete Straftat erwiesen ist; im **Zweifel** ist der Antrag unbegründet. In den Fällen der **§§ 359 Nr. 3, 362 Nr. 3** begründet die rechtskräftige Verurteilung ohne weiteres die Wiederaufnahme (KK-Schmidt Rn. 3). Bei **§ 359 Nr. 4** ist zu prüfen, ob das angefochtene auf das aufgehobene Urteil gegründet war, bei **§ 362 Nr. 4,** ob das Geständnis des Angeklagten glaubhaft ist.

Mit Ausnahme der Fälle der §§ 359 Nrn. 1 u. 2 und 362 Nrn. 1 u. 2 kommt es, **3** insb. auch bei **§ 359 Nr. 5,** darauf an, ob die Behauptungen des Antrags eine **genügende Bestätigung** gefunden haben. Das ist der Fall, wenn die Beweiserhebungen nach § 369 eine **hinreichende Wahrscheinlichkeit** ihrer Richtigkeit ergeben haben. Es reicht aus, dass die Feststellungen des angegriffenen Urteils ernsthaft in Frage gestellt werden (BVerfG NStZ 1990, 499; BVerfG 42, 323 = NJW 1997, 670; OLG Frankfurt StV 1996, 139; KK-Schmidt Rn. 5), es muss als sicher oder nahe liegend erscheinen, dass eine neue Hauptverhandlung zu einem anderen Ergebnis führen würde. Das Wiederaufnahmegericht hat die Wertungen des früher erkennenden Gerichts zugrundezulegen, soweit sie nicht gerade durch Beweiserhebungen im Wiederaufnahmeverfahren erschüttert sind (KK-Schmidt Rn. 2; Meyer-Goßner Rn. 4, jeweils mwN). Ein **sicherer Beweis** ist nicht erforderlich (BVerfG

§ 371 Viertes Buch

NStZ 1990, 499), der **Zweifelssatz** ist nicht anwendbar; seine Geltung in einer neuen Hauptverhandlung ist aber zu berücksichtigen (OLG Köln NJW 1968, 2119).

4   Der **Verwerfungsbeschluss** ergeht ohne mündliche Verhandlung (§ 367 Abs. 2); er ist zu begründen (§ 34) und den Anfechtungsberechtigten zuzustellen. Die Begründung nicht genügender Bestätigung oder fehlenden ursächlichen Zusammenhangs kann im Gegensatz zum Zulassungsbeschluss stehen (Meyer-Goßner Rn. 6). Für die **Kostenentscheidung** gilt § 473 Abs. 6 Nr. 1. Die Verwerfung durch Sachentscheidung **verbraucht** das Antragsvorbringen (OLG Braunschweig NJW 1966, 994).

5   **Anordnung der Wiederaufnahme (Abs. 2).** Erweist sich der Antrag als begründet, so ist die Wiederaufnahme anzuordnen. Das gilt nicht im Fall des § 371 (Meyer-Goßner § 371 Rn. 1; **aA** KK-Schmidt Rn. 11; KMR-Paulus Rn. 2); dort tritt an ihre Stelle die Aufhebung des früheren Urteils (§ 371 Abs. 3). Eine **beschränkte** Wiederaufnahme ist zulässig; betrifft sie eine in eine Gesamtstrafe einbezogene Einzelstrafe, so entfällt zugleich eine Gesamtstrafe (BGH 14, 85, 89 = NJW 1960, 780). Der **Beschluss,** der ohne mündliche Verhandlung ergeht (§ 367 Abs. 2), ist zu begründen (§ 34) und wird in das BZR eingetragen (§ 16 Abs. 1 BZRG).

6   Der Beschluss nach Abs. 2 ist **Prozessvoraussetzung** für das weitere Verfahren (BGH 18, 339, 341 = NJW 1963, 1364). Er führt zur **Beseitigung der Rechtskraft** (BGH 19, 280, 282) und versetzt das Verfahren in den Zustand nach Erlass des Eröffnungsbeschlusses oder nach Anberaumung der Berufungsverhandlung. Mit Rechtskraft des Beschlusses entfallen die Wirkungen des früheren Urteils, insb. seine **Vollstreckbarkeit,** im Umfang der Wiederaufnahme ohne weiteres (Meyer-Goßner Rn. 11 ff. mwN); ob das Urteil selbst beseitigt wird, ist umstritten (vgl. i. E. KK-Schmidt Rn. 13 ff.). Die **Vollstreckung** aus dem früheren Urteil ist sofort zu beenden; ggf. kann aber ein **Haft- oder Unterbringungsbefehl** ergehen. Eine Maßregel nach § 69 StGB kann nicht rückwirkend aufgehoben werden (KK-Schmidt Rn. 18; **aA** BayObLG NJW 1992, 1120, 1121). Die **Verfolgungsverjährung** beginnt mit Rechtskraft des Beschlusses wieder zu laufen; die Verjährungsfrist beginnt neu (mwN KK-Schmidt Rn. 19; **aA** LR-Gössel Rn. 40).

7   Die **Erneuerung der Hauptverhandlung** ist im Beschluss nach Abs. 2 anzuordnen; das Fehlen der ausdrücklichen Anordnung ist unschädlich (LR-Gössel Rn. 46). **Zuständig** für die Durchführung der Hauptverhandlung ist das Wiederaufnahmegericht (§ 140 a GVG). § 354 Abs. 3 ist entspr. anwendbar; es kann daher die erneute Hauptverhandlung vor einem zuständigen niedrigeren oder im Fall des § 362 vor dem höheren Gericht angeordnet werden (Meyer-Goßner Rn. 17; KK-Schmidt Rn. 20; vgl. auch BGH 14, 68 = NJW 1960, 545). Zu JGG-Sachen s. § 140 a GVG Rn. 5.

8   Gegen den Verwerfungsbeschluss nach Abs. 1 ist **sofortige Beschwerde** statthaft (§ 372 S. 1), die ins. auch auf die Verletzung von § 369 gestützt werden kann. Der Beschluss nach Abs. 2 ist unanfechtbar (§ 372 S. 2).

§ 371 [Freisprechung ohne Hauptverhandlung]   RiStBV 171

(1) **Ist der Verurteilte bereits verstorben, so hat ohne Erneuerung der Hauptverhandlung das Gericht nach Aufnahme des etwa noch erforderlichen Beweises entweder auf Freisprechung zu erkennen oder den Antrag auf Wiederaufnahme abzulehnen.**

(2) **Auch in anderen Fällen kann das Gericht, bei öffentlichen Klagen jedoch nur mit Zustimmung der Staatsanwaltschaft, den Verurteilten sofort freisprechen, wenn dazu genügende Beweise bereits vorliegen.**

Wiederaufnahme eines abgeschlossenen Verfahrens **§ 371**

(3) ¹Mit der Freisprechung ist die Aufhebung des früheren Urteils zu verbinden. ²War lediglich auf eine Maßregel der Besserung und Sicherung erkannt, so tritt an die Stelle der Freisprechung die Aufhebung des früheren Urteils.

(4) Die Aufhebung ist auf Verlangen des Antragstellers durch den Bundesanzeiger bekanntzumachen und kann nach dem Ermessen des Gerichts auch durch andere Blätter veröffentlicht werden.

Eine **Hauptverhandlung** nach dem **Tod des Verurteilten (Abs. 1)** ist unzulässig. Ein Wiederaufnahmeverfahren ist zulässig, kann aber nur zum (Teil-)Freispruch oder zur Ablehnung des Antrags führen. Dabei ist zu **unterscheiden:** Verstirbt der Verurteilte **nach der Antragstellung,** so wird das Wiederaufnahmeverfahren im Fall des § 362 **eingestellt,** im Fall des § 359 **fortgesetzt,** wenn der StA einen Antrag zugunsten der Verurteilten gestellt hatte oder einer der nach § 361 Abs. 1 Antragsberechtigten in das Verfahren eintritt (BGH 21, 373; KK-Schmidt Rn. 4). Ziel des Verfahrens kann dann nur noch die **Freisprechung** sein. Ist der Verurteilte schon **vor Antragstellung** verstorben, gilt von vornherein § 361. Im Fall dauerhafter **Verhandlungsunfähigkeit** des Verurteilten nach Anordnung der Erneuerung der Hauptverhandlung ist das Verfahren nach § 206a einzustellen (KK-Schmidt § 370 Rn. 15 mwN; str.). 1

Die Beweisaufnahme erfolgt im Fall des **Abs. 1** nach § 369; § 369 **Abs. 2** gilt nicht. Der **Zweifelssatz** ist anzuwenden, denn das Verfahren nach Abs. 1 tritt an die Stelle der Hauptverhandlung (Meyer-Goßner Rn. 4). 2

In **anderen Fällen (Abs. 2)** sind Freisprechung oder Verfahrenseinstellung wegen eines Prozesshindernisses (vgl. LR-Gössel Rn. 11 f.) möglich, wenn die mit dem Antrag vorgelegten oder nach § 369 erhobenen Beweise zur Beurteilung ausreichen. Der **Zweifelssatz** ist auch hierin anzuwenden; es reicht daher aus, dass der Nachweis der Schuld nicht zu erbringen ist (LR-Gössel Rn. 9). Eine **Teilfreisprechung** ist möglich (BGH 8, 383, 388 = NJW 1956, 478); in dem Beschluss kann ggf. eine **neue Gesamtstrafe** gebildet werden (BGH 14, 85, 89 = NJW 1960, 780). Die **Zustimmung der StA** ist, außer im Privatklageverfahren, erforderlich (vgl. RiStBV Nr. 171), die des Verurteilten, des **Privat-** und **Nebenklägers** nicht (Meyer-Goßner Rn. 9). Die Entscheidung nach Abs. 2 steht im **pflichtgemäßem Ermessen** des Gerichts. Beruht die Freisprechung auf der **Schuldunfähigkeit** des Verurteilten, so kann zugleich seine Unterbringung angeordnet werden (§ 373 Abs. 2 S. 2). 3

Die Entscheidung ergeht in beiden Fällen durch **Beschluss** ohne mündliche Verhandlung; zugleich ist das **frühere Urteil aufzuheben (Abs. 3)**. Die **öffentliche Bekanntmachung (Abs. 4)** ersetzt die Rehabilitierung durch Freisprechung in öffentlicher Hauptverhandlung. Sie wird zugleich mit dem Beschluss nach Abs. 1–3 oder nachträglich angeordnet. **Antragsberechtigt** ist der Freigesprochene im Fall des Abs. 2, der Antragsteller im Fall des Abs. 1, nicht aber die StA (KK-Schmidt Rn. 8). Eine **Frist** für den Antrag gibt es nicht. Veröffentlicht wird der Tenor des Beschlusses. Für die **Vollstreckung** gelten die §§ 36 Abs. 2, 463c Abs. 3 und 4. 4

Die Anfechtung erfolgt durch **sofortige Beschwerde** sowohl gegen den freisprechenden als auch gegen den ablehnenden Beschluss (BGH 8, 383 = NJW 1956, 478; BGH NJW 1976, 431; Gössel LR Rn. 30 mwN). Eine Abänderung des Beschlusses durch das beschließende Gericht ist unzulässig. Ist die sofortige Freisprechung wegen Fehlens der Zustimmung der StA abgelehnt worden, so ist die Beschwerde des Verurteilten unbegründet. Hatte die StA der sofortigen Freisprechung zugestimmt, kann sie den Freisprechungsbeschluss nicht anfechten (KK-Schmidt Rn. 9). 5

§ 372 [Sofortige Beschwerde]

¹Alle Entscheidungen, die aus Anlaß eines Antrags auf Wiederaufnahme des Verfahrens von dem Gericht im ersten Rechtszug erlassen werden, können mit sofortiger Beschwerde angefochten werden. ²Der Beschluß, durch den das Gericht die Wiederaufnahme des Verfahrens und die Erneuerung der Hauptverhandlung anordnet, kann von der Staatsanwaltschaft nicht angefochten werden.

1 Die **sofortige Beschwerde** (§ 311) ist statthaft gegen alle Entscheidungen, die das Wiederaufnahmegericht (§ 140 a GVG) über Zulässigkeit und Begründetheit des Wiederaufnahmeantrags trifft (BGH 37, 356, 357 = NJW 1990, 2916), also nach §§ 360 Abs. 2, 368 Abs. 1, 370 Abs. 1 und 2, 371. Für andere Entscheidungen, insb. nach §§ 364 a, 364 b, 369, gilt § 304.

2 **Anfechtungsberechtigt** sind der Antragsteller und die StA. Deren Anfechtungsrecht ist durch **S. 2** eingeschränkt; dies gilt entspr. für Privat- und Nebenkläger (KK-Schmidt Rn. 3 mwN). Die Entscheidungen nach §§ 368, 371 können von der StA stets angefochten werden, auch wenn sie mit einem unanfechtbaren Beschluss nach § 370 Abs. 2 verbunden sind (Meyer-Goßner Rn. 4 mwN); dieser wird bei Begründetheit des Rechtsmittels gegenstandslos. Der **Nebenkläger** kann sich dem Verfahren zur Einlegung der sofortigen Beschwerde anschließen (OLG Stuttgart NStZ 1988, 43; KK-Schmidt Rn. 1).

3 Für die **Form** der sofortigen Beschwerde gilt nicht § 366 Abs. 2, sondern § 306 Abs. 1. § 305 ist entsprechend anzuwenden (KK-Schmidt Rn. 4). Mit der Beschwerde können bereits im Antrag vorgetragene Tatsachen ergänzt und bereits angebotene Beweismittel konkretisiert werden; **Nachschieben** neuer Tatsachen und Beweismittel ist hingegen unzulässig (BGHR StPO § 359 Neue Tatsache 6; OLG München NJW 1971, 577; KK-Schmidt Rn. 6 mwN). **Beschwerdegericht** ist das dem Wiederaufnahmegericht übergeordnete Gericht. Grds. entscheidet das Beschwerdegericht in der Sache selbst (§ 309 Abs. 2). Eine Aufhebung und **Zurückverweisung** ist erforderlich, wenn bei formgerechtem Antrag gegen § 23 Abs. 2 verstoßen wurde (OLG Bremen NJW 1966, 605), wenn das rechtliche Gehör nach § 369 Abs. 4 nicht gewährt wurde (OLG Hamm NJW 1974, 689) oder wenn bei der Entscheidung nach § 370 Abs. 1 unzulässige Beweismittel verwendet wurden (LR-Gössel § 370 Rn. 50). Eine fehlerhafte Verwerfung nach § 368 Abs. 1 zwingt nur dann zur Zurückverweisung, wenn sie sich allein auf § 366 stützt und eine Sachentscheidung fehlt (aA Meyer-Goßner Rn. 8). **Kosten:** § 473 Abs. 6 Nr. 1. Die Beschwerdeentscheidung ist unanfechtbar.

4 Eine **rechtskräftige Sachentscheidung** verbraucht die vorgebrachten Wiederaufnahmegründe. Eine **Wiederholung** des Antrags ist nur zulässig, wenn er wegen Formmangels verworfen wurde (vgl. Meyer-Goßner Rn. 9 mwN).

§ 373 [Urteil nach erneuter Hauptverhandlung; Verbot der reformatio in peius] RiStBV 171

(1) In der erneuten Hauptverhandlung ist entweder das frühere Urteil aufrechtzuerhalten oder unter seiner Aufhebung anderweit in der Sache zu erkennen.

(2) ¹Das frühere Urteil darf in Art und Höhe der Rechtsfolgen der Tat nicht zum Nachteil des Verurteilten geändert werden, wenn lediglich der Verurteilte, zu seinen Gunsten die Staatsanwaltschaft oder sein gesetzlicher Vertreter die Wiederaufnahme des Verfahrens beantragt hat. ²Diese Vorschrift steht der Anordnung der Unterbringung in einem psychiatrischen Krankenhaus oder einer Entziehungsanstalt nicht entgegen.

Wiederaufnahme eines abgeschlossenen Verfahrens **§ 373**

Zuständig für die erneute Hauptverhandlung ist das in § 140 a GVG bezeich- 1
nete Gericht in **demselben Rechtszug** und mit derselben besonderen Zuständigkeit wie das Gericht, dessen Urteil angegriffen wurde (BGH 14, 64, 66 = NJW 1960, 545). **Ausgeschlossen** sind Richter nach § 23 Abs. 2, nicht jedoch Richter, die im Wiederaufnahmeverfahren mitgewirkt haben (KK-Schmidt Rn. 2).

Die nach § 370 Abs. 2 angeordnete Hauptverhandlung ist **völlig neu;** das Ge- 2
richt ist an den **Umfang** des Wiederaufnahmebeschlusses, nicht aber an die Wiederaufnahmegründe, neue Tatsachen oder Beweismittel gebunden (vgl. Meyer-Goßner Rn. 2 mwN). Der Beschluss nach § 370 Abs. 2 darf nur auf seine Rechtswirksamkeit geprüft werden (BGH 18, 339, 341 = NJW 1963, 1364); die Richtigkeit des Wiederaufnahmegrundes ist der Prüfung entzogen (BGH 14, 85, 88 = NJW 1960, 780).

Für die Hauptverhandlung gelten diejenigen Vorschriften, die von dem Gericht 3
anzuwenden waren, dessen Urteil angegriffen wurde. Die Sache wird ohne Bindung an frühere Entscheidungen **neu und selbstständig verhandelt** (BGH 14, 66; vgl. i. E. KK-Schmidt Rn. 3 ff., Meyer-Goßner Rn. 2, jeweils mwN). Der Anklagesatz (§ 243 Abs. 3 S. 1) muss verlesen werden (KK-Schmidt Rn. 3). Die früheren **Zeugen** sind **neu zu vernehmen und zu vereidigen.** Ehemalige Mitangeklagte haben in dem neuen Verfahren die Stellung von Zeugen (KK-Schmidt Rn. 4; vgl. BGH NStZ 1984, 464). Wird die Beeidigung eines Zeugen angeordnet, so kann der Eid nicht durch Berufung auf den in einer früheren Hauptverhandlung (§ 67) oder auf den in der Beweisaufnahme geleisteten Eid ersetzt werden (RG 38, 419; LR-Gössel Rn. 12). Die Frage, ob Vereidigungsverbote bestehen oder andere Vereidigungsfragen, richten sich nach dem zZt. der neuen Hauptverhandlung geltenden Recht. Niederschriften über frühere richterliche und nichtrichterliche Vernehmungen und schriftliche Äußerungen dürfen nur im Rahmen des § 251 Abs. 1 und 2 verlesen werden (KK-Schmidt Rn. 4). Für den **Nebenkläger** des früheren Verfahrens ist ein neuer Beschluss nicht erforderlich (OLG Köln JMBlNW 1984, 21; LR-Gössel Rn. 14). **Neues Vorbringen** ist unbeschränkt zulässig; das Urteil ist völlig neu zu finden (BGH 19, 280, 282). Der **Zweifelssatz** gilt ohne Einschränkung; § 2 Abs. 3 StGB ist anzuwenden (OLG München StV 1984, 471).

Im neuen Verfahren kann die StA die Klage (§ 411 Abs. 3) oder die Berufung 4
zurücknehmen (str.; aA Meyer-Goßner Rn. 4 mwN). Eine **Verwerfung der Berufung** nach § 329 Abs. 1 ist zulässig; § 329 Abs. 1 S. 2 ist auf die Hauptverhandlung nach Wiederaufnahme nicht übertragbar (KK-Schmidt Rn. 11; **aA** Meyer-Goßner Rn. 4; LR-Gössel Rn. 19). Eine **Verfahrenseinstellung** nach §§ 153 ff. ist zulässig; liegt ein **Prozesshindernis** vor, so ist nach § 206 a oder § 260 Abs. 3 einzustellen (vgl. i. E. KK-Schmidt Rn. 5, § 370 Rn. 16). Eine Verweisung nach § 270 ist gleichfalls möglich.

Das **frühere Urteil** ist **aufrechtzuerhalten,** wenn sich die Entscheidung des 5
neuen Gerichts in **allen** Punkten mit ihm deckt (LR-Gössel Rn. 27). Das Urteil wird dann nicht aufgehoben und durch eine inhaltsgleiche Verurteilung ersetzt. Sachliche Bedeutung hat die im Gesetz vorgeschriebene Form aber nicht (RG 57, 317; OLG Bremen NJW 1956, 316). Die Neufassung des Urteilsspruchs zur Anpassung an zwischenzeitliche Gesetzesänderungen ist nicht ausgeschlossen (Meyer-Goßner Rn. 6). Bei Verhängung einer milderen Strafe wird das ganze Urteil neu gefasst (LR-Gössel Rn. 28). Für den **Urteilsinhalt** gilt § 267. Auf die Feststellungen des aufrechterhaltenen Urteils darf nicht Bezug genommen werden (Meyer-Goßner Rn. 7). Wenn aber von dem früheren Urteil abgewichen wird, ist die **Aufhebung des früheren Urteils** notwendig; es wird dann anderweitig in der Sache erkannt; im Revisionsverfahren auf Aufhebung und Zurückweisung, wenn das Rechtsmittel begründet ist (Meyer-Goßner Rn. 5). Bei einer **Gesamtstrafenbildung** sind die Voraussetzungen der §§ 53, 55 StGB vom jetzigen Standpunkt, nicht von dem des früheren Urteils aus zu prüfen (OLG Bremen NJW 1956, 316).

§ 373 a

Bei der **Rechtsfolgenentscheidung** ist das **Verbot der Schlechterstellung (Abs. 2)** zu beachten; es entspricht §§ 331, 358 Abs. 2. Das Verschlechterungsverbot gebietet dem neuen Tatrichter nicht, das Ausmaß der Kompensation für die Verletzung des Beschleunigungsgebots nach Art. 6 Abs. 1 S. 1 MRK im Vergleich zu der bisherigen Strafe des früheren Tatrichters zu bestimmen; er hat vielmehr die an sich – ohne die Verletzung des Beschleunigungsgebots – verwirkte Strafe in einem neuen, eigenständigen Strafzumessungsvorgang zu ermitteln, ohne an die Höhe der früheren Strafe gebunden zu sein. Diese bildet erst die Obergrenze für die um das Ausmaß der Kompensation reduzierte, letztlich verhängte Strafe (BGH 45, 308 = NJW 2000, 748; s. auch § 331 Rn. 9, § 358 Rn. 5).

6 Bereits **vollstreckte Strafen** werden, soweit sie gleichartig waren, ohne besonderen Ausspruch nach § 51 Abs. 2 StGB angerechnet; eine Geldstrafe ist ggf. nach § 51 Abs. 4 S. 1 umzurechnen. Bei Freispruch werden Geldstrafen und Kosten zurückerstattet; Einziehungsgegenstände werden bei Wegfall der Einziehung zurückgegeben; entsprechendes gilt bei Verfall. Die **Entziehung der Fahrerlaubnis** (§ 69 StGB) kann nicht rückgängig gemacht werden; wird sie erneut angeordnet, so ist die frühere Sperrfrist anzurechnen. Für die **Kostenentscheidung** gilt § 473 Abs. 6 Nr. 1. **Rechtsmittel** sind gegen das neue Urteil nach den allgemeinen Vorschriften statthaft. Auch ein erneuter Wiederaufnahmeantrag ist zulässig.

§ 373 a [Verfahren bei Strafbefehl]

(1) Die Wiederaufnahme eines durch rechtskräftigen Strafbefehl abgeschlossenen Verfahrens zuungunsten des Verurteilten ist auch zulässig, wenn neue Tatsachen oder Beweismittel beigebracht sind, die allein oder in Verbindung mit den früheren Beweisen geeignet sind, die Verurteilung wegen eines Verbrechens zu begründen.

(2) Im übrigen gelten für die Wiederaufnahme eines durch rechtskräftigen Strafbefehl abgeschlossenen Verfahrens die §§ 359 bis 373 entsprechend.

1 Die Vorschrift ergänzt die Wiederaufnahmegründe des § 362 für den Fall, dass die frühere Verurteilung durch rechtskräftigen **Strafbefehl** ergangen ist. Eine Wiederaufnahme zuungunsten des Verurteilten ist danach zulässig, wenn die Tat (§ 264) auf Grund neuer Tatsachen oder Beweismittel **nachträglich** als Verbrechen (§ 12 Abs. 1 StGB) beurteilt werden könnte. Ist sie im Strafbefehl **nur rechtlich** fehlerhaft gewertet worden, so ist die Wiederaufnahme ausgeschlossen (KK-Schmidt Rn. 7; Neumann NJW 1984, 780). Dasselbe gilt, wenn die Tat auch als Verbrechen **verjährt** wäre (KK-Schmidt Rn. 6, § 362 Rn. 7). Die **entsprechende Geltung der §§ 359 bis 373** gemäß **Abs. 2** bedeutet, dass im Wiederaufnahmeverfahren gegen einen Strafbefehl zunächst nach § 368 über die Zulässigkeit des Antrags entschieden wird. Zur Beurteilung, ob neue Tatsachen oder Beweismittel vorliegen, ist auf die Aktenlage abzustellen (BVerfG NJW 1993, 2735), da der Strafbefehl ohne mündliche Verhandlung auf der Grundlage der Akten ergeht. Im Übrigen gelten für das Beibringen neuer Tatsachen oder Beweismittel keine Besonderheiten. Die **Begriffe** sind die gleichen wie in § 359 Nr. 5. Sie haben keine andere Bedeutung (BT-Drucks. 10/1313 S. 33; KK-Schmidt Rn. 7). Wird der Antrag für zulässig befunden, folgt nach gemäß § 369 durchgeführter Beweisaufnahme die Entscheidung über die Begründetheit (§ 370). Wird der Beschluss nach § 370 Abs. 2 rechtskräftig, hat der Strafbefehl für das weitere Verfahren die Bedeutung eines Eröffnungsbeschlusses (Meyer-Goßner Rn. 4). Wenn nicht nach § 371 (Freisprechung ohne Hauptverhandlung) verfahren wird, muss in dem wiederaufgenommenen Verfahren auf Grund einer Hauptverhandlung entschieden werden. § 412 ist nicht anwendbar. In der neuen Hauptverhandlung wird der Strafbefehl aufrechter-

halten oder unter Aufhebung anderweitig entschieden (Meyer-Goßner Rn. 4; LR-Gössel Rn. 5).

Bei der Wiederaufnahme zwecks Verurteilung wegen eines **Verbrechens** trifft 2
der nach § 140 a GVG zuständige Amtsrichter die Entscheidungen nach §§ 368 ff. Hatte der **Strafrichter** (§ 25 GVG) den Strafbefehl erlassen, verweist der Amtsrichter nach Anordnung der Wiederaufnahme des Verfahrens und der Erneuerung der Hauptverhandlung gemäß § 370 Abs. 2 die Sache nach § 225 a Abs. 1 an das zur Aburteilung des Verbrechens zuständige Gericht. Das gilt auch bei Straferlass durch das SchöffenG, falls dessen Strafgewalt nicht ausreicht oder eine Spezialzuständigkeit des LG oder OLG besteht. Lehnt das höhere Gericht die Übernahme ab, muss das AG die Hauptverhandlung durchführen, in der es entweder die Sache gemäß § 370 Abs. 1 an das höhere Gericht verweist oder, wenn es die Meinung des Gerichts entgegen der im Beschluss nach § 370 Abs. 2 vertretenen Ansicht als zutreffend erachtet, den Strafbefehl aufrechterhält (so Meyer-Goßner Rn. 5). Das SchöffenG kann allerdings – im Rahmen des § 24 Abs. 2 GVG – auch unter Aufhebung des Strafbefehls wegen Verbrechen verurteilen (Meyer-Goßner Rn. 5).

**Fünftes Buch.
Beteiligung des Verletzten am Verfahren**

Erster Abschnitt. Privatklage

Vorbemerkungen

1   Das **Privatklageverfahren** ist bei den in § 374 abschließend bestimmten leichten Vergehen zulässig. Es dient wie das Offizialverfahren dem Ziel, eine Entscheidung über die Verhängung einer Strafe herbeizuführen (KK-Senge Rn. 1). Nach der Intention des Gesetzgebers soll die Verfolgung eines Privatklagedelikts durch die StA **die Ausnahme,** die Verweisung auf den Privatklageweg die Regel sein (Heghmanns Rn. 718). Soweit §§ 374 ff. nichts abweichendes bestimmen, gelten die allgemeinen Regeln der StPO. Im Verfahren gegen **Jugendliche** ist die Privatklage unzulässig (§ 80 JGG); gegen Heranwachsende ist sie zulässig (§§ 2, 101 Abs. 1 JGG).

2   Die **StA** verfolgt Privatklagedelikte nur bei öffentlichem Interesse an der Strafverfolgung (§§ 376, 377 Abs. 2). Der **Privatkläger** übt kein öffentliches Amt aus; gleichwohl kann weder er noch sein gesetzlicher Vertreter als **Zeuge** auftreten (BayObLG 1961, 191 = NJW 1961, 2318; Meyer-Goßner Rn. 6 mwN). Seine Erklärungen sind wie die des Angeklagten zu verwerten (§ 261). An das **Legalitätsprinzip** ist der Privatkläger nicht gebunden (KK-Senge Rn. 5); er kann die Klage nach seinem Belieben gegen einzelne von mehreren Tätern richten, **zurücknehmen** (§ 391 Abs. 1) oder auf sie **verzichten.** Auch eine Verfahrensbeendigung durch **Vergleich** ist möglich (vgl. § 391 Rn. 2).

3   **Zuständig** für die Privatklageverfahren ist der Strafrichter (§ 25 Nr. 1 GVG), im Verfahren gegen Heranwachsende der Jugendrichter (§ 108 Abs. 2 JGG). Durch Verbindung (§ 4) kann das SchöffenG oder die große StrafK, nicht aber das SchwurG (§ 384 Abs. 5), zuständig werden. Für die **örtliche** Zuständigkeit ist bei Beleidigung durch Druckschriften § 7 Abs. 2 zu beachten; dabei geht der Gerichtsstand nach § 7 Abs. 2 S. 2 dem des S. 1 vor (BGH 11, 56 = NJW 1958, 229).

§ 374 [Zulässigkeit; Klageberechtigte]

(1) **Im Wege der Privatklage können vom Verletzten verfolgt werden, ohne daß es einer vorgängigen Anrufung der Staatsanwaltschaft bedarf,**

1. **ein Hausfriedensbruch (§ 123 des Strafgesetzbuches),**
2. **eine Beleidigung (§§ 185 bis 189 des Strafgesetzbuches), wenn sie nicht gegen eine der in § 194 Abs. 4 des Strafgesetzbuches genannten politischen Körperschaften gerichtet ist,**
3. **eine Verletzung des Briefgeheimnisses (§ 202 des Strafgesetzbuches),**
4. **eine Körperverletzung (§§ 223 und 229 des Strafgesetzbuches),**
5. **eine Bedrohung (§ 241 des Strafgesetzbuches),**
5 a. **eine Bestechlichkeit oder Bestechung im geschäftlichen Verkehr (§ 299 des Strafgesetzbuches),**
6. **eine Sachbeschädigung (§ 303 des Strafgesetzbuches),**
6 a. **eine Straftat nach § 323 a des Strafgesetzbuches, wenn die im Rausch begangene Tat ein in den Nummern 1 bis 6 genannten Vergehen ist,**
7. **eine Straftat nach den §§ 16 bis 19 des Gesetzes gegen den unlauteren Wettbewerb,**

Privatklage **§ 374**

8. eine Straftat nach § 142 Abs. 1 des Patentgesetzes, § 25 Abs. 1 des Gebrauchsmustergesetzes, § 10 Abs. 1 des Halbleiterschutzgesetzes, § 39 Abs. 1 des Sortenschutzgesetzes, § 143 Abs. 1, § 143a Abs. 1 und § 144 Abs. 1 und 2 des Markengesetzes, § 51 Abs. 1 und § 65 Abs. 1 des Geschmacksmustergesetzes, den §§ 106 bis 108 sowie § 168b Abs. 1 und 2 des Urheberrechtsgesetzes und § 33 des Gesetzes betreffend das Urheberrecht an Werken der bildenden Künste und der Photographie.

(2) ¹Die Privatklage kann auch erheben, wer neben dem Verletzten oder an seiner Stelle berechtigt ist, Strafantrag zu stellen. ²Die in § 77 Abs. 2 des Strafgesetzbuches genannten Personen können die Privatklage auch dann erheben, wenn der vor ihnen Berechtigte den Strafantrag gestellt hat.

(3) Hat der Verletzte einen gesetzlichen Vertreter, so wird die Befugnis zur Erhebung der Privatklage durch diesen und, wenn Körperschaften, Gesellschaften und andere Personenvereine, die als solche in bürgerlichen Rechtsstreitigkeiten klagen können, die Verletzten sind, durch dieselben Personen wahrgenommen, durch die sie in bürgerlichen Rechtsstreitigkeiten vertreten werden.

Der **Katalog** der Privatklagedelikte **(Abs. 1)** ist **abschließend.** Antrags- und 1 Privatklagedelikte decken sich nicht (vgl. Meyer-Goßner Rn. 6). In der Erhebung der Privatklage durch den Berechtigten innerhalb der Antragsfrist liegt die Antragstellung (KK-Senge Rn. 4; vgl. Rieß NStZ 1989, 103). Vollrausch (§ 323a StGB) ist auch dann kein Privatklagedelikt, wenn die Rauschtat es wäre (Meyer-Goßner Rn. 2). Trifft das Privatklagedelikt **in einer Tat** (§ 264) mit einem **Offizialdelikt** zusammen, so ist die Privatklage ausgeschlossen (KK-Senge Rn. 7ff. mwN); sie ist zurückzuweisen, wenn hinreichender Verdacht eines Offizialdelikts besteht. Handelt es sich aber um **zwei Taten im verfahrensrechtlichen Sinn** (§ 264), so kann neben der Anklage im Offizialverfahren wegen des Privatklagedelikts Privatklage erhoben werden.

Der **Verletzte** ist privatklageberechtigt. Er muss aber durch die Tat unmittelbar 2 in seinen Rechten beeinträchtigt sein, zB bei der Sachbeschädigung (§ 303 StGB) der Eigentümer und der Besitzer, aber nicht der Versicherer (BGH 31, 210 = NJW 1983, 1919; Meyer-Goßner Rn. 5).

Die meisten Privatklagedelikte sind **Antragsdelikte** (Ausnahme § 241 StGB). 3 Handelt es sich um ein Antragsdelikt, so setzt die Befugnis des Verletzten zur Erhebung der Privatklage voraus, dass er selbst oder ein für befugten Handelnden (Abs. 3) rechtzeitig und wirksam einen **Strafantrag** nach § 77 StGB gestellt hat. In der Erhebung der Privatklage innerhalb der Antragsfrist liegt die Antragstellung (KK-Senge Rn. 4).

Abs. 2 Privatklagerecht anderer Personen. Neben dem Verletzten – oder an 4 seiner Stelle (Abs. 2 S. 1) können der Dienstvorgesetzte nach §§ 194 Abs. 3, 230 Abs. 2 StGB, bei den Straftaten §§ 4, 6c, 12 UWG andere Gewerbetreibende und gewerbliche Interessenverbände (§ 22 Abs. 2 iVm § 13 Abs. 2 Nr. 1, 2, 4, Abs. 3 UWG) Privatklage erheben; ausgenommen die auch ohne Antrag verfolgbaren Straftaten nach §§ 4, 6c UWG (Meyer-Goßner Rn. 7). Die in § 77 Abs. 2 StGB bezeichneten Angehörigen (Abs. 2 S. 2) sind nach dem Tod des Verletzten zur Erhebung der Privatklage auch berechtigt, wenn nur der von ihnen Berechtigte oder der Verletzte vor seinem Tod den Strafantrag gestellt hat (s. näher Tröndle/Fischer § 77 Rn. 4ff.).

Verfahrensvoraussetzung, Abs. 3 ist die Prozessfähigkeit des Privatklägers; 5 §§ 51, 52 ZPO (OLG Hamm NJW 1961, 2322). Hat der Verletzte einen **gesetzlichen Vertreter,** so muss dieser die Privatklage für ihn erheben; Privatkläger ist aber der Verletzte (KK-Senge Rn. 13).

§§ 375, 376

6 Bei **juristischen Personen oder rechtsfähigen oder nicht rechtsfähigen Vereinigungen** regelt sich die Vertretung nach den zivilrechtlichen Vorschriften. Möglich ist die Privatklage hier bei **Vermögens- oder Ehrverletzungen** (BGH 6, 186 = NJW 1954, 1412), aber auch bei **politischen Parteien** und gewerblichen Interessenverbänden, §§ 13 Abs. 13 Abs. 1, 22 UWG (KK-Senge Rn. 3).

§ 375 [Mehrere Klageberechtigte]

(1) **Sind wegen derselben Straftat mehrere Personen zur Privatklage berechtigt, so ist bei Ausübung dieses Rechts ein jeder von dem anderen unabhängig.**

(2) **Hat jedoch einer der Berechtigten die Privatklage erhoben, so steht den übrigen nur der Beitritt zu dem eingeleiteten Verfahren, und zwar in der Lage zu, in der es sich zur Zeit der Beitrittserklärung befindet.**

(3) **Jede in der Sache selbst ergangene Entscheidung äußert zugunsten des Beschuldigten ihre Wirkung auch gegenüber solchen Berechtigten, welche die Privatklage nicht erhoben haben.**

1 Die Vorschrift betrifft die Fälle der Verletzung mehrerer Personen durch eine Tat nach § 374 Abs. 1 und der Klageberechtigung nach § 374 Abs. 2 neben der des Verletzten. Bei Privatklagedelikten, die zugleich **Antragsdelikte** sind, muss jeder Kläger wirksam Strafantrag gestellt haben (vgl. KK-Senge Rn. 2).

2 Eine **gemeinsame Klageerhebung** mehrerer Berechtigter ist zulässig. **Gleichzeitig** unabhängig voneinander erhobene Klagen werden vAw. verbunden (KK-Senge Rn. 4). Nach Erhebung einer Privatklage können andere Berechtigte dieser Klage nur noch beitreten, **Abs. 2;** eine später erhobene Klage ist als Beitritt zu behandeln.

3 Der **Beitritt** ist bis zum rechtskräftigen Abschluss des Verfahrens zulässig; er kann auch zur Einlegung eines Rechtsmittels und zum Zweck der Wiederaufnahme erklärt werden (KK-Senge Rn. 6 mwN). Die Beitrittserklärung bedarf nicht der **Form** des § 381; eine mündliche Erklärung in der Hauptverhandlung reicht aus. Ein Sühneversuch (§ 380) ist nicht erforderlich. Über die Zulässigkeit des Beitritts entscheidet das Gericht durch **Beschluss.** Dieser ist für den Beschuldigten unanfechtbar; der Beitretende kann die Ablehnung mit der **Beschwerde** (§ 304 Abs. 1) anfechten.

4 Durch den Beitritt wird der Beigetretene selbstständiger Privatkläger; er wird durch Unzulässigkeit oder Rücknahme der Klage, der er beigetreten ist, nicht berührt. Seine Rechte bestimmen sich nach der Verfahrenslage, in welcher er beigetreten ist **(Abs. 2, 2. HS).**

5 Eine **rechtskräftige Sachentscheidung** (vgl. Meyer-Goßner Rn. 8) über das Privatklagedelikt **verbraucht die Strafklage** gegenüber allen Klageberechtigten (Abs. 3). Auch Übernahme durch die StA (§ 377 Abs. 2) und öffentliche Klage (§ 376) sind ausgeschlossen.

§ 376 [Erhebung der öffentlichen Klage] RiStBV 87, 172, 229 bis 235

Die öffentliche Klage wird wegen der in § 374 bezeichneten Straftaten von der Staatsanwaltschaft nur dann erhoben, wenn dies im öffentlichen Interesse liegt.

1 Der Begriff des **öffentlichen Interesses** (ein unbestimmter Rechtsbegriff – kein freies Ermessen der StA) stimmt mit dem des § 153 Abs. 1 S. 1 überein; seine Auslegung durch die StA bestimmt sich nach **RiStBV** Nrn. 86 Abs. 2, 229 Abs. 1, 232 Abs. 1, 233, 260 Abs. 1, 261. Das **besondere öffentliche Interesse** (§§ 183

Privatklage **§ 377**

Abs. 2, 230 Abs. 1, 248 a, 257 Abs. 4 S. 2, 263 Abs. 4, 265 a Abs. 3, 266 Abs. 3 StGB; vgl. RiStBV Nrn. 234 Abs. 1, 243 Abs. 1 u. 3) ist davon zu unterscheiden. Seine Bejahung macht Antrags- zu Offizialdelikten (vgl. Meyer-Goßner Rn. 3; KK-Senge Rn. 5).

Eine **Prüfungspflicht** der StA ergibt sich aus RiStBV Nr. 86 Abs. 1; nach 2 Nr. 86 Abs. 3 können Vorermittlungen nach §§ 160 ff. geführt werden. Führt die Prüfung zur **Verneinung** des öffentlichen Interesses, so stellt die StA das Ermittlungsverfahren ein und verweist den Anzeigenden auf den Privatklageweg; dies ist auch noch möglich, wenn das öffentliche Interesse zunächst bejaht wurde. Gegen die Entscheidung ist ein **Rechtsmittel** nicht gegeben (Meyer-Goßner Rn. 7).

Bei **Bejahung** des öffentlichen Interesses hat die StA Anklage zu erheben; die 3 Entscheidung ist gerichtlich nicht überprüfbar (BGH 16, 225 = NJW 1961, 2120). Die Klage kann bei **Änderung der Beurteilung** bis zur Eröffnung des Hauptverfahrens zurückgenommen werden (§ 156); danach kommt nur noch eine Zustimmung nach § 153 Abs. 2 in Betracht (Meyer-Goßner Rn. 8). Bei Rücknahme der Klage bleibt eine vorher erhobene Privatklage anhängig.

Treffen **Privat- und Offizialdelikte** in einer Tat (§ 264) zusammen, so hat stets 4 das Offizialdelikt den Vorrang; das Privatklagedelikt ist dann unabhängig von § 376 mitzuverfolgen. Eine **Einstellung** des Verfahrens nach §§ 153 oder 153 a verbraucht die Strafklage insgesamt (vgl. KK-Senge Rn. 8 f. mwN). Beim Zusammentreffen von Privatklagedelikt und **OWi** stellt die StA bei Verneinung des öffentlichen Interesses das Verfahren ein und gibt die Sache an die Verwaltungsbehörde ab (§ 43 Abs. 1 OWiG). Ist keine Privatklage erhoben, so ist das gerichtliche Verfahren nach Einspruch des Betroffenen nach § 81 OWiG in das Strafverfahren überzuleiten und das Privatklagedelikt mit abzuurteilen (BayObLG 1976, 117 = MDR 1977, 246; vgl. auch Göhler § 43 Rn. 10 ff.).

Gegen Tatzeit noch **Jugendliche** ist nach § 80 Abs. 1 S. 1 JGG die Privat- 5 klage unzulässig. Die StA kann diese Privatklagedelikte nur verfolgen, wenn nicht nur das öffentliche Interesse, sondern auch Gründe der Erziehung oder ein berechtigtes Interesse des Verletzten, das dem Erziehungszweck nicht entgegensteht, es erfordert, § 80 Abs. 1 S. 2 JGG. Die Nebenklage ist ausgeschlossen, § 80 Abs. 3 JGG (KK-Senge Rn. 10).

§ 377 [Mitwirkung des Staatsanwalts; Übernahme] RiStBV 172

(1) ¹**Im Privatklageverfahren ist der Staatsanwalt zu einer Mitwirkung nicht verpflichtet.** ²**Das Gericht legt ihm die Akten vor, wenn es die Übernahme der Verfolgung durch ihn für geboten hält.**

(2) ¹**Auch kann die Staatsanwaltschaft in jeder Lage der Sache bis zum Eintritt der Rechtskraft des Urteils durch eine ausdrückliche Erklärung die Verfolgung übernehmen.** ²**In der Einlegung eines Rechtsmittels ist die Übernahme der Verfolgung enthalten.**

Eine **Pflicht zur Mitwirkung** der StA besteht nicht **(Abs. 1);** im Rechtsmittel- 1 verfahren gilt § 390 Abs. 3 S. 1. Ein **Recht zur Mitwirkung,** insb. durch Antragstellung, besteht bis zur Übernahme gleichfalls nicht (Meyer-Goßner Rn. 2; **aA** KK-Senge Rn. 1 f.; LR-Wendisch Rn. 2; jeweils mwN). **Akteneinsicht** kann die StA zur Prüfung der Übernahme jederzeit erlangen. Eine **Vorlagepflicht** besteht, wenn das Gericht die Übernahme für geboten hält (Abs. 1 S. 2). **Zuständig** ist nur die StA bei dem LG in dessen Bezirk die Privatklage anhängig ist. Selbst wenn für eine andere StA ein Gerichtsstand gegeben wäre, könnte diese ein Teilnahmerecht nicht ausüben (BGH 11, 56, 61 = NJW 1958, 229; KK-Senge Rn. 3).

Das **Recht zur Übernahme (Abs. 2)** kann die StA vom Zeitpunkt der An- 2 hängigkeit des Verfahrens (vgl. BGH 26, 214 = NJW 1976, 336) in jeder Verfahrenslage bis zum Eintritt der Rechtskraft ohne Zustimmung und auch gegen den Willen des Privatklägers ausüben. **Grund** für die Übernahme ist idR das Vorliegen des öffentlichen Interesses nach § 376, für das die RiStBV Nr. 86 Abs. 2 Richtlinien gibt (KK-Senge Rn. 4).

3 Das **Übernahmerecht endet** mit dem Eintritt der Rechtskraft. Für die Wiederaufnahme des Verfahrens ist die Übernahme nicht zulässig (BayObLG 30, 19; Meyer-Goßner Rn. 5; KK-Senge Rn. 5). Die Übernahme erfordert, wenn sie nicht in einer Rechtsmittelerklärung enthalten ist (Abs. 2 S. 2), eine **ausdrückliche Erklärung** (Abs. 2 S. 1) gegenüber dem Gericht; diese ist bedingungsfeindlich und unwiderruflich (OLG Saarbrücken NJW 1959, 163). Im Fall des Abs. 1 S. 2 genügt ein schlüssiges Handeln (KK-Senge Rn. 6). Ist die Übernahme vor Eröffnung des Privatklageverfahrens (§ 383 Abs. 1) erfolgt, so kann die Klage nicht mehr zurückgenommen und das Verfahren nicht mehr nach § 170 Abs. 1 eingestellt werden (Meyer-Goßner Rn. 7). Eine neue **Anklageschrift** ist nicht erforderlich (vgl. aber KK-Senge Rn. 6). Eine **Begründung** für die Übernahme muss die Erklärung in keinem Fall enthalten. Wird die Übernahme durch Rechtsmitteleinlegung erklärt, so läuft für die StA **keine neue Frist,** auch wenn sie von der Entscheidung keine Kenntnis hatte. Die Wirkung des Abs. 2 S. 2 tritt auch durch ein Rechtsmittel zugunsten des Angeklagten ein (KK-Senge Rn. 7). Von der Übernahme ist der Privatkläger zu **benachrichtigen** (RiStBV Nr. 172 Abs. 2 S. 1).

4 **Folge** der Übernahme ist die Umwandlung der Privat- in eine öffentliche Klage. Das Verfahren wird vom Zeitpunkt der Übernahme als gewöhnliches Strafverfahren **weitergeführt** (BGH 11, 56, 61 = NJW 1958, 229). Eine etwa erhobene **Widerklage** (§ 388) verwandelt sich in eine reine Privatklage (KK-Senge Rn. 12); nach Übernahme kann sie nicht mehr erhoben werden. Die **Zuständigkeit** des Strafrichters bleibt erhalten, auch wenn für die Offizialverfahren das SchöffG zuständig gewesen wäre (BGH 11, 61). Der **Privatkläger scheidet aus dem Verfahren aus**; er kann, sofern er nebenklageberechtigt ist (§ 395), seinen Anschluss als **Nebenkläger** erklären; dazu bedarf es dann einer Anschlusserklärung nach § 396). Für seine **Auslagen** gilt § 472 Abs. 3 S. 2.

§ 378 [Beistand und Vertreter des Klägers]

¹ **Der Privatkläger kann im Beistand eines Rechtsanwalts erscheinen oder sich durch einen mit schriftlicher Vollmacht versehenen Rechtsanwalt vertreten lassen.** ² **Im letzteren Falle können die Zustellungen an den Privatkläger mit rechtlicher Wirkung an den Anwalt erfolgen.**

1 Die Einschaltung eines RA ist für den Privatkläger grds. nicht vorgeschrieben; **Ausnahmen** enthalten §§ 385 Abs. 3, 390 Abs. 2. Er kann seine Rechte selbst oder durch einen Bevollmächtigten wahrnehmen. **In der Hauptverhandlung** kann als Beistand oder Vertreter nur ein RA auftreten; dieser kann sich vertreten lassen (§§ 387 Abs. 2, 139). **Hochschullehrer** (KK-Senge Rn. 2) und **Rechtsbeistände** (BayObLG 1952, 188 = NJW 1953, 76) sind ausgeschlossen. Die **Vertretungsvollmacht** muss für die Hauptverhandlung schriftlich erteilt sein.

2 Durch die Bevollmächtigung eines RA verliert der Privatkläger seine prozessualen Rechte, insb. das Recht auf Teilnahme an der Hauptverhandlung, **nicht.** Auch der Vertretene muss persönlich erscheinen, wenn dies angeordnet ist (§ 387 Abs. 3). **Zustellungen** können, müssen aber nicht an den RA gerichtet werden; eine Zustellung an den Privatkläger ist wirksam. Für **Ladungen** gelten §§ 145 a Abs. 2, 217, 218 S. 1 entspr. (OLG Celle MDR 1966, 256). Zur Frage der Wiedereinsetzung bei Verschulden des RA s. § 44 Rn. 6.

Privatklage **§§ 379, 379 a**

§ 379 [Sicherheitsleistung; Prozeßkostenhilfe]

(1) **Der Privatkläger hat für die dem Beschuldigten voraussichtlich erwachsenden Kosten unter denselben Voraussetzungen Sicherheit zu leisten, unter denen in bürgerlichen Rechtsstreitigkeiten der Kläger auf Verlangen des Beklagten Sicherheit wegen der Prozeßkosten zu leisten hat.**

(2) **Die Sicherheitsleistung ist durch Hinterlegung in barem Geld oder in Wertpapieren zu bewirken.**

(3) **Für die Höhe der Sicherheit und die Frist zu ihrer Leistung sowie für die Prozeßkostenhilfe gelten dieselben Vorschriften wie in bürgerlichen Rechtsstreitigkeiten.**

Eine **Verpflichtung zur Sicherheitsleistung** besteht nur für den Privatkläger, 1
der **Ausländer oder Staatenloser** ohne Inlandswohnsitz ist (§ 110 Abs. 1 ZPO), sofern ihm nicht **Prozesskostenhilfe** bewilligt ist (§ 122 Abs. 1 Nr. 2 ZPO), und wenn der Beklagte **dies verlangt.** Im **Rechtsmittelverfahren** sind §§ 111, 112 Abs. 3 ZPO zu beachten (vgl. OLG Frankfurt NJW 1980, 2032). Mit der **Anordnung** der Sicherheitsleistung bestimmt das Gericht eine **Frist** für ihre Erbringung (§ 113 S. 1 ZPO); bei Fristversäumung gilt § 113 S. 2 ZPO; § 391 Abs. 2 gilt nicht (vgl. KK-Senge Rn. 3 mwN). Für die **Höhe** gilt § 112 Abs. 2 u. 2.

Prozesskostenhilfe kann dem Privatkläger nach Maßgabe der §§ 114 ff. ZPO 2 gewährt werden, ebenso dem Beschuldigten, wenn und soweit er **Widerkläger** ist; die Kosten der Verteidigung sind davon nicht umfasst (OLG Düsseldorf NStZ 1989, 92). Für das **Bewilligungsverfahren** gelten die Regeln der StPO (RG 30, 143; KK-Senge Rn. 4 mwN). **Voraussetzung** der Bewilligung ist neben dem wirtschaftlichen Unvermögen des Privatklägers (§§ 114 S. 1, 115 ZPO) eine hinreichende Aussicht auf Erfolg; diese fehlt, wenn eine Einstellung nach § 383 Abs. 2 S. 1 zu erwarten ist (Meyer-Goßner Rn. 9). Die **Beiordnung eines RA** kann der Privatkläger verlangen, wenn dessen Mitwirkung vorgeschrieben (§§ 385 Abs. 3, 390 Abs. 2) ist oder erforderlich erscheint (§ 121 Abs. 1, Abs. 2 S. 1, 1. Alt. ZPO), § 121 Abs. 2 S. 1, **2. Alt.** ZPO gilt nicht (vgl. BVerfG 63, 380 = NJW 1983, 1599; Meyer-Goßner Rn. 10 mwN).

Der **Antrag** auf Bewilligung von PKH muss bei dem für die Privatklage zustän- 3 digen Gericht gestellt werden. Für die Antragstellung gelten die §§ 117 Abs. 2 u. 4, 118 Abs. 2 ZPO. Über die Bewilligung entscheidet das Gericht durch **Beschluss,** der im Fall der Ablehnung zu begründen ist (§ 34); für eine Ratenfestsetzung gilt § 120 Abs. 1 ZPO. Die **Bewilligung** kann der Beschuldigte nicht anfechten (vgl. KK-Senge Rn. 6; i. E. str.). Der Privatkläger kann die **Versagung** der beantragten PKH mit der **Beschwerde** nach § 304 Abs. 1 anfechten; § 127 ZPO gilt nicht (OLG Hamburg NJW 1969, 944), ebenso nicht die Wertgrenze des § 304 Abs. 2. Der **Bezirksrevisor** ist nicht beschwerdeberechtigt (Meyer-Goßner Rn. 18 mwN). Weitere Beschwerde ist ausgeschlossen (§ 310 Abs. 2).

§ 379 a [Gebührenvorschuß]

(1) **Zur Zahlung des Gebührenvorschusses nach § 16 Abs. 1 des Gerichtskostengesetzes soll, sofern nicht dem Privatkläger die Prozeßkostenhilfe bewilligt ist oder Gebührenfreiheit zusteht, vom Gericht eine Frist bestimmt werden; hierbei soll auf die nach Absatz 3 eintretenden Folgen hingewiesen werden.**

(2) **Vor Zahlung des Vorschusses soll keine gerichtliche Handlung vorgenommen werden, es sei denn, daß glaubhaft gemacht wird, daß die Verzögerung dem Privatkläger einen nicht oder nur schwer zu ersetzenden Nachteil bringen würde.**

§ 380

(3) ¹Nach fruchtlosem Ablauf der nach Absatz 1 gestellten Frist wird die Privatklage zurückgewiesen. ²Der Beschluß kann mit sofortiger Beschwerde angefochten werden. ³Er ist von dem Gericht, das ihn erlassen hat, von Amts wegen aufzuheben, wenn sich herausstellt, daß die Zahlung innerhalb der gesetzten Frist eingegangen ist.

1   Die Pflicht zum **Gebührenvorschuss** ergibt sich aus § 67 Abs. 1 GKG; er beträgt 60,– DM (Kostenverzeichnis GKG Nr. 6540). Der **Widerkläger** hat keine Vorschusspflicht (§ 67 Abs. 1 S. 2 GKG). Für den **Auslagenvorschuss** (§ 68 GKG) gilt § 379 a nicht (vgl. dazu Meyer-Goßner Rn. 13).

2   Die **Fristsetzung** nach Abs. 1 ist **zwingend** (Meyer-Goßner Rn. 2); sie erfolgt durch **Gerichtsbeschluss** (KK-Senge Rn. 2). Der Beschluss muss den **Hinweis** auf Abs. 3 S. 1 enthalten und eine **angemessene Frist** bestimmen; er ist nach § 35 **zuzustellen**. Eine unangemessene kurze Fristbestimmung ist unwirksam; auch bei Forderung eines zu hohen Vorschusses gilt Abs. 3 S. 1 nicht (BayObLG 1954, 74 = NJW 1954, 1735). Die Frist kann nachträglich verändert werden (OLG Hamm NJW 1973, 1206). Stellt der Privatkläger nach Fristsetzung einen Antrag auf Gewährung von **Prozesskostenhilfe**, so muss nach Ablehnung eine neue Frist gewährt werden (Meyer-Goßner Rn. 4). Im **Rechtsmittelzug** gilt § 379 a entsprechend (§ 390 Abs. 4).

3   **Gerichtliche Handlungen** und Entscheidungen sind wirksam, auch wenn sie unter Verstoß gegen Abs. 2 vorgenommen werden (KK-Senge Rn. 2). **Nachteil** iSd **Abs. 2** kann insb. die Gefahr der Wiederholung der Straftat sein (Meyer-Goßner Rn. 6). Für die **Glaubhaftmachung** gelten die Grundsätze des § 45 Abs. 2.

4   Bei **Fristversäumnis (Abs. 3 S. 1)** wird die Privatklage ohne Rücksicht auf ein Verschulden durch **Beschluss** zurückgewiesen; bei unverschuldeter Versäumung kann **Wiedereinsetzung** verlangt werden. Zur Rechtzeitigkeit der Zahlung vgl. KK-Senge Rn. 3 mwN. Die nach Abs. 3 S. 1 rechtskräftig zurückgewiesene Privatklage kann **nicht neu erhoben** werden (§§ 391 Abs. 2, 392, str., vgl. KK-Senge Rn. 5 mwN).

5   **Sofortige Beschwerde (Abs. 3 S. 2)** ist gegen den Zurückverweisungsbeschluss nach **Abs. 3 S. 1** statthaft. Eine **Abhilfe** ist nach **Abs. 3 S. 3** in Abweichung von § 311 Abs. 3 S. 1 möglich. Gegen den Beschluss nach Abs. 1 ist **einfache Beschwerde** statthaft. Der **Beschuldigte** hat kein Anfechtungsrecht.

§ 380 [Sühneversuch]

(1) ¹Wegen Hausfriedensbruchs, Beleidigung, Verletzung des Briefgeheimnisses, Körperverletzung (§§ 223 und 229 des Strafgesetzbuches), Bedrohung und Sachbeschädigung ist die Erhebung der Klage erst zulässig, nachdem von einer durch die Landesjustizverwaltung zu bezeichnenden Vergleichsbehörde die Sühne erfolglos versucht worden ist. ²Gleiches gilt wegen einer Straftat nach § 323 a des Strafgesetzbuches, wenn die im Rausch begangene Tat ein in Satz 1 genanntes Vergehen ist. ³Der Kläger hat die Bescheinigung hierüber mit der Klage einzureichen.

(2) Die Landesjustizverwaltung kann bestimmen, daß die Vergleichsbehörde ihre Tätigkeit von der Einzahlung eines angemessenen Kostenvorschusses abhängig machen darf.

(3) Die Vorschriften der Absätze 1 und 2 gelten nicht, wenn der amtliche Vorgesetzte nach § 194 Abs. 3 oder § 230 Abs. 2 des Strafgesetzbuches befugt ist, Strafantrag zu stellen.

(4) Wohnen die Parteien nicht in demselben Gemeindebezirk, so kann nach näherer Anordnung der Landesjustizverwaltung von einem Sühneversuch abgesehen werden.

Privatklage **§ 381**

Ein **Sühneverfahren** ist nur bei den in **Abs. 1 S. 1** abschließend aufgezählten 1
Straftaten nach § 374 Abs. 1 Nrn. 1–6 erforderlich. Treffen sie mit Straftaten nach
§ 374 Abs. 1 Nrn. 7 oder 8 in einer Tat (§ 264) zusammen, so gilt § 380 nicht. Das
Sühneverfahren **entfällt** auch im Fall des **Abs. 3**, gleichgültig, ob der Dienstvorgesetzte Strafantrag gestellt hat oder nicht (KK-Senge Rn. 9), für die **Widerklage**
(OLG Hamburg NJW 1956, 1890), den **Beitritt** (§ 375 Abs. 2) sowie im Fall einer
Nachtragsanklage (LR-Wendisch § 384 Rn. 17). Eine **Befreiung** nach Abs. 4
bei verschiedenen Wohnorten der Parteien ist in Bayern allgemein angeordnet
(Art. 49 Abs. 2 AGGVG); im Übrigen kann sie nach Ermessen des Gerichts auf
Antrag gewährt werden.

Der vor der von der Landesjustizverwaltung eingerichteten Vergleichsbehörde 2
(zur **Zuständigkeit** in den einzelnen Bundesländern vgl. Meyer-Goßner Rn. 3
oder KK-Senge Rn. 2; zur rechtlichen Stellung BGHZ 36, 193 = NJW 1962, 485)
durchzuführende Sühneversuch ist **Klagevoraussetzung.** Fehlt er bei Klageerhebung, so wird die Privatklage mit der Kostenfolge des § 471 Abs. 2 zurückgewiesen
(KK-Senge Rn. 4 mwN); das soll auch dann gelten, wenn die Landesjustizbehörde
(noch) gar keine Vergleichsbehörde eingerichtet hat (LG Neubrandenburg NStZ
1995, 149; zw.). Durch den Erlass eines **Eröffnungsbeschlusses** wird sein Fehlen
geheilt (BayObLG NJW 1958, 1149, 1151).

Ein erfolgreicher Sühneversuch führt zum **außergerichtlichen Vergleich.** Dieser enthält einen Verzicht auf das Privatklagerecht; eine dennoch erhobene Klage ist 3
nach § 383 Abs. 1 zurückzuweisen (KG NJW 1960, 2207; vgl. Meyer-Goßner vor
§ 374 Rn. 17 mwN). Die Vereinbarung der Rücknahme eines Strafantrags ist
möglich. Der Vergleich ist nach § 779 Abs. 1 BGB zu beurteilen; zur Zwangsvollstreckung vgl. Drischler Rpfleger 1984, 308. Auf die Rechte der **StA** und anderer
Klageberechtigter hat der Vergleich keinen Einfluss.

Der Sühneversuch muss **vor Klageerhebung** stattfinden, der **Nachweis** seiner 4
erfolglosen Durchführung **(Abs. 1 S. 2)** kann nachgereicht werden (KK-Senge
Rn. 5 mwN). Wird die Privatklage wegen Fehlens der Klagevoraussetzung nach
§ 383 Abs. 1 zurückgewiesen, so ist eine erneute Klageerhebung nach Beseitigung
des Hindernisses zulässig (OLG Hamm NJW 1984, 249; str., vgl. Meyer-Goßner
Rn. 12 mwN).

§ 381 [Klageerhebung]

¹**Die Erhebung der Klage geschieht zu Protokoll der Geschäftsstelle oder durch Einreichung einer Anklageschrift.** ²**Die Klage muß den in § 200 Abs. 1 bezeichneten Erfordernissen entsprechen.** ³**Mit der Anklageschrift sind zwei Abschriften einzureichen.**

Die Privatklage ist beim **örtlich zuständigen** AG zu erheben; ggf. wird sie vom 1
unzuständigen Gericht weitergeleitet. Der Privatkläger kann sich ohne Bindung an
§ 378 eines **Bevollmächtigten** bedienen.

Inhaltlich gelten die Anforderungen des S. 2 iVm § 200 Abs. 1; ein wesentliches 2
Ermittlungsergebnis (§ 200 Abs. 2) muss nicht mitgeteilt werden. Für den **Beitritt**
(§ 375) gilt S. 2 nicht. **Beizufügen** sind die Abschriften gem. S. 3, die Sühnebescheinigung (§ 380 Abs. 1 S. 2), ggf. Abschriften sämtlicher Schriftstücke, auf die in
der Klage Bezug genommen ist, sowie, wenn nicht Prozesskostenhilfe gewährt ist,
der Nachweis der Zahlung des Gebührenvorschusses (§ 379 a).

Bei **Mängeln der Klageerhebung** ist idR eine Frist zur Behebung zu geben; 3
bei Nichtbehebbarkeit oder fruchtlosem Fristablauf wird die Klage durch **Beschluss**
zurückgewiesen, gegen den **einfache Beschwerde**, im Fall des § 379 a Abs. 3 S. 2
sofortige Beschwerde statthaft ist. Eine **erneute Klageerhebung** ist zulässig (vgl.
Meyer-Goßner § 383 Rn. 8).

§ 382 [Mitteilung der Klage]

Ist die Klage vorschriftsmäßig erhoben, so teilt das Gericht sie dem Beschuldigten unter Bestimmung einer Frist zur Erklärung mit.

1   **Vorschriftsmäßig erhoben** ist die Privatklage, wenn sie den Erfordernissen der §§ 379–381 entspricht. Die Prüfung nach § 382 beschränkt sich hierauf; Prozessvoraussetzungen und Zulässigkeit im Übrigen sind erst im Rahmen des § 383 zu prüfen (**Ausnahmen** bei Exterritorialität und Immunität des Beschuldigten). Nur die **Exterritorialität** des Beschuldigten und seine **Immunität** als Abgeordneter muss das Gericht bereits vor der Mitteilung der Klage an ihn beachten. Stehen sie der Ausübung der Gerichtsbarkeit entgegen – die Genehmigung des Parlaments muss der Privatkläger nach RiStBV Nr. 192 Abs. 2 selbst beschaffen –, so wird die Klage sofort abgewiesen (Meyer-Goßner Rn. 1).

2   Die **Mitteilung** erfolgt durch **Zustellung** an den Beschuldigten oder seinen Verteidiger (§ 145 a). Für die **Fristsetzung** gilt § 201 Abs. 1. Die Mitteilung führt nicht zur Unterbrechung der Verjährung nach § 78 c Abs. 1 Nr. 1 StGB (BayObLG MDR 1978, 72); bei Zurückweisung wegen nicht vorschriftsmäßiger Klageerhebung unterbleibt sie. Der **StA** wird die Klage nur im Rahmen des § 377 Abs. 1 S. 2 mitgeteilt.

3   Genügt die Klage den Erfordernissen der §§ 379–381 nicht, so wird sie durch **Beschluss** zurückgewiesen; hiergegen ist, außer im Fall des § 379 a Abs. 3 S. 2, einfache Beschwerde statthaft. Eine wegen **Verfahrensfehlern** rechtskräftig zurückgewiesene Privatklage kann nach Beseitigung des Hindernisses neu erhoben werden (Meyer-Goßner § 383 Rn. 8).

§ 383 [Eröffnungsbeschluß; Zurückweisung; Einstellung]

(1) ¹Nach Eingang der Erklärung des Beschuldigten oder Ablauf der Frist entscheidet das Gericht darüber, ob das Hauptverfahren zu eröffnen oder die Klage zurückzuweisen ist, nach Maßgabe der Vorschriften, die bei einer von der Staatsanwaltschaft unmittelbar erhobenen Anklage anzuwenden sind. ²In dem Beschluß, durch den das Hauptverfahren eröffnet wird, bezeichnet das Gericht den Angeklagten und die Tat gemäß § 200 Abs. 2 Satz 1.

(2) ¹Ist die Schuld des Täters gering, so kann das Gericht das Verfahren einstellen. ²Die Einstellung ist auch noch in der Hauptverhandlung zulässig. ³Der Beschluß kann mit sofortiger Beschwerde angefochten werden.

1   Für das **Eröffnungsverfahren** gelten die §§ 201 ff. entsprechend; die Anordnung von Untersuchungshaft (§ 207 Abs. 4) scheidet aus. Die **Entscheidung** über die Eröffnung ergeht nach Eingang der Erklärung nach § 382 oder Fristablauf; **Beweiserhebungen** (§ 202 S. 1) können auf Antrag oder vAw. durchgeführt werden (OLG Zweibrücken NJW 1966, 685; BayVerfGH NJW 1962, 531; vgl. KK-Senge Rn. 5). Bei richterlichen Beweiserhebungen haben Privatkläger und Beschuldigter (§§ 168 c, 168 d) ein Anwesenheitsrecht; vor nachteiliger Berücksichtigung von Beweisergebnissen ist den Parteien rechtliches Gehör zu gewähren (BVerfG 8, 184 = NJW 1958, 1723).

2   Das Gericht **prüft** im Eröffnungsverfahren die allgemeinen Verfahrensvoraussetzungen, die formellen (§§ 379–381) und sachlichen Voraussetzungen der Privatklage sowie den hinreichenden Tatverdacht (vgl. KK-Senge Rn. 2 ff.). Die **Eröffnung** des Hauptverfahrens erfolgt durch **Beschluss** entspr. § 203 in der **Form** des **Abs. 1 S. 2** (vgl. § 384 Abs. 2). Er ist nach § 35 bekanntzumachen und kann weder vom Beschuldigten noch vom Privatkläger angefochten werden (§ 210 Abs. 1).

Privatklage **§ 384**

Eine **Zurückweisung** der Klage erfolgt, wenn eine Voraussetzung der Eröffnung 3
des Hauptverfahrens fehlt. Das gilt auch, wenn der hinreichende Tatverdacht eines
Offizialdelikts besteht und die StA das Verfahren nicht nach § 377 Abs. 1 S. 2,
Abs. 2 übernimmt. Der **Beschluss** über die Zurückverweisung muss eine **Kostenentscheidung** enthalten (§ 471 Abs. 2). Er ist zu begründen (§ 34), dem Privatkläger zuzustellen (§ 35 Abs. 2 S. 1) und für diesen mit der **sofortigen Beschwerde** anfechtbar (§ 390 Abs. 1 S. 1 iVm § 210 Abs. 2). Eine erneute Klageerhebung
nach rechtskräftiger Zurückweisung aus **sachlichen** Gründen ist nur entspr. § 211
möglich; für Verfahrensfehler vgl. § 382 Rn. 3.

Die **Einstellung wegen geringer Schuld (Abs. 2)** verdrängt §§ 153, 153 a. 4
Die Einstellung setzt eine erfolglose Durchführung des Sühneversuchs (§ 380) voraus (Meyer-Goßner Rn. 11). Ihre **sachlichen Voraussetzungen** entsprechen
§ 153 Abs. 2; auf das Fehlen eines öffentlichen Interesses (§ 376) kommt es nicht
an. Der **Zustimmung** der Beteiligten bedarf es nicht; sie sind aber anzuhören (vgl.
KK-Senge Rn. 10 mwN). Zulässig ist die Einstellung **in jeder Lage des Verfahrens** (vgl. Abs. 2 S. 2) einschließlich des Revisions- und Beschwerdeverfahrens
(KK-Senge Rn. 11 mwN), nicht aber vor der Mitteilung nach § 382 (Meyer-Goßner Rn. 14 mwN). Abs. 2 gilt auch für die **Widerklage** (vgl. § 388 Abs. 3). Im
Berufungsrechtszug gilt § 390 Abs. 5 S. 1.

Die **Einstellung** erfolgt durch **Beschluss,** der zu begründen (§ 34) und nach 5
§ 35 bekanntzumachen ist. Für die **Kostenentscheidung** gilt § 471 Abs. 2, Abs. 3
Nr. 2. Die **Ablehnung** eines Antrags auf Einstellung bedarf keiner ausdrücklichen
Entscheidung; sie bindet das Gericht nicht.

Sofortige Beschwerde (Abs. 2 S. 3) kann der Privatkläger gegen den Ein- 6
stellungsbeschluss des AG, nicht jedoch des Berufungsgerichts (§ 390 Abs. 5 S. 2)
einlegen; der Beschuldigte ist nicht beschwert (Meyer-Goßner Rn. 22 mwN). Für
die Anfechtung der Kostenentscheidung gilt § 464 Abs. 3 S. 1. Die sofortige Beschwerde der StA ist zugleich als Übernahme nach § 377 Abs. 2 S. 2) zu behandeln. Das
Beschwerdegericht kann das Rechtsmittel verwerfen oder den Beschluss aufheben
und zugleich das Hauptverfahren eröffnen oder die Privatklage zurückweisen. Hat
das AG in der Hauptverhandlung zu Unrecht eingestellt, so ist der Beschluss
aufzuheben und die Sache zurückzuverweisen (vgl. § 309 Rn. 4).

Die rechtskräftige Einstellung nach **Abs. 2** verbraucht grds. die Strafklage; für eine 7
erneute Erhebung gilt § 211 entspr. Eine Wiederaufnahme (§§ 359 ff.) ist unzulässig
(OLG Bremen NJW 1959, 353, KK-Senge Rn. 17; LR-Wendisch Rn. 43).

§ 384 [Weiteres Verfahren]

(1) ¹Das weitere Verfahren richtet sich nach den Vorschriften, die für das
Verfahren auf erhobene öffentliche Klage gegeben sind. ²Jedoch dürfen
Maßregeln der Besserung und Sicherung nicht angeordnet werden.

(2) § 243 ist mit der Maßgabe anzuwenden, daß der Vorsitzende den
Beschluß über die Eröffnung des Hauptverfahrens verliest.

(3) Das Gericht bestimmt unbeschadet des § 244 Abs. 2 den Umfang der
Beweisaufnahme.

(4) Die Vorschrift des § 265 Abs. 3 über das Recht, die Aussetzung der
Hauptverhandlung zu verlangen, ist nicht anzuwenden.

(5) Vor dem Schwurgericht kann eine Privatklagesache nicht gleichzeitig
mit einer auf öffentliche Klage anhängig gemachten Sache verhandelt werden.

Nach Eröffnung des Hauptverfahrens gelten für das Privatklageverfahren grds. die 1
Vorschriften für das Offizialverfahren; **Ausnahmen** bestimmen **Abs. 1 S. 2,**

§ 385

Abs. 2–5, §§ 385 ff. **Anwendbar** sind danach insb. die §§ 48 ff., 206 a, 213 ff., 226 ff., 296 ff., 359 ff., 449 ff., 464 ff. Für die Vereidigung von Zeugen gilt § 62. Der Privatkläger kann **nicht Zeuge** sein, anders der Nebenklägr (BayObLG NJW 1961, 2318). **Nicht anwendbar** sind § 225 a und § 270. **Haftbefehl** und **Unterbringung zur Beobachtung** (§ 81) sind unzulässig (vgl. § 387 Abs. 3), wenn nicht die StA die Verfolgung übernommen hat. Zwangsmaßnahmen nach §§ 51, 70, 77, Beschlagnahme (§§ 94, 111 b ff.) sowie Durchsuchung zum Zweck der Beschlagnahme (§§ 102 ff., 111 b Abs. 3) sind zulässig, ebenso sitzungspolizeiliche Maßnahmen nach §§ 176 ff. GVG (vgl. Meyer-Goßner Rn. 4 ff. mwN). Die **Hinweispflicht** nach § 265 besteht auch im Privatklageverfahren; Aussetzung (§ 265 Abs. 3) kann nicht verlangt werden (Abs. 4).

2   **Sicherungsmaßregeln** (§§ 61 ff. StGB) dürfen im Privatklageverfahren nicht verhängt werden (Abs. 1 S. 2). Wenn eine Maßregel erforderlich erscheint, ist, wenn die Sache nicht nach § 377 Abs. 1 S. 2 der StA vorgelegt und von dieser übernommen wird, die Klage zurückzuweisen (§ 383 Abs. 1), nach Eröffnung des Hauptverfahrens ist das Verfahren nach § 206 a, in der Hauptverhandlung nach § 389 Abs. 1 einzustellen.

3   Der **Eröffnungsbeschluss,** der in der Form des § 383 Abs. 1 S. 2 zu fassen ist, wird vom Vorsitzenden verlesen; Abs. 2 tritt an die Stelle von § 243 Abs. 3 S. 1.

4   Die Regeln des **Strengbeweises** gelten auch im Privatklageverfahren. Nach **Abs. 3** bestimmt aber das Gericht den **Umfang der Beweisaufnahme.** Dabei ist es im Rahmen pflichtgemäßen Ermessens an das **Aufklärungsgebot** (§ 244 Abs. 2) gebunden; auch § 246 gilt. **Beweisanträge** nach § 244 Abs. 3–5 sind nur Anregungen; sie sind nach § 244 Abs. 6 zu bescheiden, jedoch ist das Gericht an die Ablehnungsgründe des §§ 244 Abs. 3 u. 4, 245 Abs. 2 S. 2 u. 3 nicht gebunden. Wird ein Antrag aus einem dieser Gründe abgelehnt, so müssen dessen Voraussetzungen vorliegen (Meyer-Goßner Rn. 15). Zulässig ist aber auch eine Ablehnung mit der Begründung, das **Gegenteil** der behaupteten Tatsache sei bereits bewiesen und das Beweismittel nicht geeignet, diese Überzeugung des Gerichts zu erschüttern (OLG Hamm NJW 1969, 2161), oder der Sachverhalt sei bereits hinreichend geklärt (vgl. BayObLG 1970, 41 = NJW 1970, 1202; KK-Senge Rn. 3 mwN). Der Privatkläger kann **nicht Zeuge** sein, anders als der Nebenkläger (BayObLG NJW 1961, 2318). Die **Revision** kann die Verletzung der Aufklärungspflicht rügen.

5   Vor dem **Schwurgericht** kann im Privatklageverfahren nicht verhandelt werden **(Abs. 5).** Das käme nur bei Verbindung mit einem die Schwurgerichtszuständigkeit begründenden Offizialverfahren in Betracht (vgl. vor § 374 Rn. 3). Die Vorschrift bezieht sich allein auf das Verfahren; bei Übernahme der Sache durch die StA gilt sie nicht.

6   Im **Berufungsverfahren** gelten die §§ 324, 325 entspr. Der Privatkläger muss den Verfahrensvereinfachungen zustimmen; er ist nicht auf ein Anhörungsrecht beschränkt (KK-Senge § 386 Rn. 4). Mit der **Revision** kann die Verletzung der Aufklärungspflicht (§ 244 Abs. 2) sowohl vom Beschuldigten als auch vom Privatkläger gerügt werden (KK-Senge Rn. 3).

§ 385 [Stellung des Privatklägers; Ladungen; Akteneinsicht]

(1) ¹ Soweit in dem Verfahren auf erhobene öffentliche Klage die Staatsanwaltschaft zuzuziehen und zu hören ist, wird in dem Verfahren auf erhobene Privatklage der Privatkläger zugezogen und gehört. ² Alle Entscheidungen, die dort der Staatsanwaltschaft bekanntgemacht werden, sind hier dem Privatkläger bekanntzugeben.

Privatklage **§ 385**

(2) **Zwischen der Zustellung der Ladung des Privatklägers zur Hauptverhandlung und dem Tag der letzteren muß eine Frist von mindestens einer Woche liegen.**
(3) ¹**Das Recht der Akteneinsicht kann der Privatkläger nur durch einen Anwalt ausüben.** ²**§ 147 Abs. 4 und 7 sowie § 477 Abs. 5 gelten entsprechend.**
(4) **In den Fällen der §§ 154a und 430 ist deren Absatz 3 Satz 2 nicht anzuwenden.**
(5) ¹**Im Revisionsverfahren ist ein Antrag des Privatklägers nach § 349 Abs. 2 nicht erforderlich.** ²**§ 349 Abs. 3 ist nicht anzuwenden.**

Der Privatkläger hat im Verfahren grds. die **Funktion** und die **Rechte** der 1
StA (**Abs. 1**), insb. das Recht zur **Anwesenheit** bei Beweiserhebungen und in der Hauptverhandlung, das **Fragerecht** nach § 240 Abs. 2 S. 1, das Recht, Beweisanträge und Anträge zur Sachleitung zu stellen, sowie das Vortragsrecht aus § 258. **Rechtliches Gehör** ist ihm stets zu gewähren (vgl. KK-Senge Rn. 5). Die **Bekanntgabe von Entscheidungen** (Abs. 1 S. 2) erfolgt nach §§ 35, 37, 378 S. 2, nicht nach § 41; im Fall des § 35a ist eine **Rechtsmittelbelehrung** zuzustellen.

Die **Pflichten der StA** hat der Privatkläger nicht. Es ist weder zur Durchführung 2
von **Ermittlungen** noch zur **Objektivität** (§ 160 Abs. 2) und zur Stellung von **Anträgen** verpflichtet, wohl aber zu wahrheitsgemäßen Angaben (vgl. KK-Senge Rn. 1 mwN).

Die **Ladung des Privatklägers (Abs. 2)** erfolgt wie die des Angeklagten. 3
§ 145a gilt auch bei Anordnung des persönlichen Erscheinens nach § 387 Abs. 3. Die **Ladungsfrist** entspricht § 217 Abs. 1; ein Verzicht (entspr. § 217 Abs. 3) ist möglich. Statt des Hinweises nach § 216 Abs. 1 S. 1 enthält die Ladung den Hinweis auf die Rechtsfolgen des § 391 Abs. 2 u. 3.

Der durch das StVÄG 1999 v. 2. 8. 2000 neu eingestellte § 385 Abs. 3 **S. 2** ist 4
eine Folgeänderung zu § 147 Abs. 7 und zu § 477 Abs. 5. Die dort geregelte Zweckbindung soll auch für Informationen gelten, die der Privatkläger und gemäß § 397 Abs. 1 S. 2 der Nebenkläger durch Akteneinsicht erhalten hat. Will der Privatkläger (Nebenkläger) die Informationen nicht zur Verfolgung seiner Interessen als Verletzter der Straftat bzw. Beteiligter des Strafverfahrens, zu denen auch die Verfolgung von Ansprüchen nach § 403 gehört, sondern zu sonstigen Zwecken verwenden, die nicht mit seiner Stellung als Verletzter bzw. Verfahrensbeteiligter zusammenhängen, so hat er entsprechend § 477 Abs. 5 S. 2 hierfür die Zustimmung der Stelle einzuholen, die Akteneinsicht gewährt hat. Durch die Verweisung auf § 147 Abs. 4 wird klargestellt, dass der Anwalt des Privatklägers im Rahmen der Akteneinsicht auch die dort genannten Rechte hat. Beantragt der Privatkläger (Nebenkläger) nicht über einen Rechtsanwalt Akteneinsicht, sondern ersucht er selbst um eine Auskunft, die ihm entsprechend § 406e Abs. 5 erteilt werden kann, so gilt gleichfalls die in § 477 Abs. 5 S. 1 und 2 geregelte Zweckbindung, auf die er entsprechend § 477 Abs. 5 S. 3 hinzuweisen ist. **Akteneinsicht (Abs. 3)** kann der Privatkläger wie der Angeklagte (§ 147) auch dann nicht persönlich erhalten, wenn er selbst Rechtsanwalt ist (Hilger LR Rn. 9; Meyer-Goßner Rn. 9). **S. 2** eingefügt durch Art. 1 Nr. 11 StVÄG 1999, erklärt § 147 Abs. 4 und 7 sowie § 477 Abs. 5 für entsprechend anwendbar; danach hat der Anwalt des Privatklägers im Rahmen der Akteneinsicht **die in § 147 Abs. 4 genannten Rechte** und dem anwaltlich nicht vertretenen Privatkläger können nach Maßgabe des § 147 Abs. 7 Auskünfte und Abschriften aus den Akten erteilt werden. Die so erlangten Informationen dürfen außerhalb des Privatklageverfahrens nur mit Zustimmung der Akteneinsicht gewährenden Stelle verwendet werden § 477 Abs. 5 (KK-Senge Rn. 8).

5   Eine **Beschränkung der Strafverfolgung (Abs. 4)** nach §§ 154 a, 430 ist nur mit Zustimmung des Privatklägers zulässig. Die StA hat vor Übernahme der Sache kein Antragsrecht (KK-Senge Rn. 9; str.). Eine **Wiedereinbeziehung** ist auch gegen den Willen des Privatklägers möglich; einem entsprechenden Antrag (§§ 154 a Abs. 3 S. 1, 430 Abs. 3 S. 1) muss nicht entsprochen werden. **§ 154** ist im Privatklageverfahren nicht anwendbar (LG Regensburg NJW 1990, 1742 m. Anm. Hilger JR 1990, 256; KK-Senge Rn. 9).

6   Im Verfahren über die **Revision** des Angeklagten oder des Privatklägers (OLG Stuttgart NJW 1967, 792) ist § 390 zu beachten. Im Fall des § 349 Abs. 2 bedarf es keines Antrags (Abs. 5); § 349 Abs. 3 ist nicht anzuwenden. Das gilt sowohl für die Revision des Angeklagten als auch für die des Privatklägers.

§ 386 [Ladung von Zeugen und Sachverständigen]

(1) Der Vorsitzende des Gerichts bestimmt, welche Personen als Zeugen oder Sachverständige zur Hauptverhandlung geladen werden sollen.

(2) Dem Privatkläger wie dem Angeklagten steht das Recht der unmittelbaren Ladung zu.

1   Die **Herbeischaffung von Beweismitteln** (vgl. § 214 Abs. 4) und die **Ladung von Beweispersonen** (Abs. 1) obliegt im Privatklageverfahren dem Gericht. An Anträge der Prozessbeteiligten ist der Vorsitzende nicht gebunden. Er entscheidet im Rahmen des § 244 Abs. 2; § 219 gilt nicht (Meyer-Goßner Rn. 2; **aA** KK-Senge Rn. 1). Für die **Namhaftmachung** gilt § 222 Abs. 1 S. 1.

2   Das Recht der **unmittelbaren Ladung (Abs. 2)** nach §§ 220, 38 haben den Privatkläger und sein Rechtsanwalt (§ 378), der Angeklagte und sein Verteidiger (§ 387). Die unmittelbar Geladenen sind dem Gericht und dem Gegner namhaft zu machen (entspr. § 222 Abs. 2). Für ihre Entschädigung gilt § 220 Abs. 3.

§ 387 [Vertretung in der Hauptverhandlung]

(1) In der Hauptverhandlung kann auch der Angeklagte im Beistand eines Rechtsanwalts erscheinen oder sich auf Grund einer schriftlichen Vollmacht durch einen solchen vertreten lassen.

(2) Die Vorschrift des § 139 gilt für den Anwalt des Klägers und für den des Angeklagten.

(3) Das Gericht ist befugt, das persönliche Erscheinen des Klägers sowie des Angeklagten anzuordnen, auch den Angeklagten vorführen zu lassen.

1   Grds. besteht **Anwesenheitspflicht** für den Privatkläger und den Angeklagten. Dieser kann sich nach **Abs. 1** wie der Privatkläger (§ 378 S. 1) in der Hauptverhandlung **vertreten** lassen, wenn nicht nach Abs. 3 sein persönliches Erscheinen angeordnet ist, oder im **Beistand eines RA** erscheinen; § 138 Abs. 2 gilt in diesem Fall nicht (Meyer-Goßner Rn. 2 mwN). Für die **Vertretungsvollmacht (Abs. 1)** gelten die Grundsätze des § 234. Für die Beiordnung eines **Pflichtverteidigers** gilt § 140 Abs. 2 (BVerfG 63, 380 = NJW 1983, 1599; KK-Senge Rn. 5). Die Aufgaben des Verteidigers sowie des RA des Privatklägers können auf **Rechtsreferendare** übertragen werden (**Abs. 2 iVm § 139**).

2   Das **persönliche Erscheinen** des Angeklagten und des Privatklägers kann nach **Abs. 3** angeordnet werden. **Voraussetzung** der Anordnung ist, dass die persönliche Anwesenheit das Verfahren fördern oder zu einem Vergleich (§ 391 Rn. 2) führen kann. **Abs. 3** gilt auch im Berufungsrechtszug, nicht aber für die Revision. Die Anordnung ist nicht anfechtbar (OLG Celle NJW 1953, 1933). Die **Ladung** des Privatklägers ist ihm selbst oder dem bevollmächtigten Rechtsanwalt zuzustellen.

Der Angeklagte ist stets persönlich zu laden; für die Ladung des Verteidigers gilt § 218. Bleibt der **Angeklagte,** dessen persönliches Erscheinen angeordnet ist, unentschuldigt aus, so kann ein **Vorführungsbefehl** ergehen (Abs. 3); ein **Haftbefehl** (§ 230 Abs. 2) ist unzulässig. Im Übrigen gelten die §§ 230–233, nach § 384 Abs. 1 S. 1 auch im Berufungsrechtszug. Ist der Angeklagte Berufungsführer, so gilt § 329. Bleibt der **Privatkläger** trotz Anordnung nach Abs. 3 und ordnungsgemäßem Hinweis aus, so ergeben sich die Rechtsfolgen aus § 391 Abs. 2 u. 3.

Für die **Rechtsmittelfrist** des nicht anwesenden Angeklagten gelten die §§ 314   3
Abs. 2, 341 Abs. 2 iVm § 145 a Abs. 1. Für den Privatkläger gilt § 401 Abs. 2 S. 1 nicht entspr. (KK-Senge Rn. 7).

§ 388 [Widerklage]

(1) **Hat der Verletzte die Privatklage erhoben, so kann der Beschuldigte bis zur Beendigung des letzten Wortes (§ 258 Abs. 2 Halbsatz 2) im ersten Rechtszug mittels einer Widerklage die Bestrafung des Klägers beantragen, wenn er von diesem gleichfalls durch eine Straftat verletzt worden ist, die im Wege der Privatklage verfolgt werden kann und mit der den Gegenstand der Klage bildenden Straftat in Zusammenhang steht.**

(2) ¹**Ist der Kläger nicht der Verletzte (§ 374 Abs. 2), so kann der Beschuldigte die Widerklage gegen den Verletzten erheben.** ²**In diesem Falle bedarf es der Zustellung der Widerklage an den Verletzten und dessen Ladung zur Hauptverhandlung, sofern die Widerklage nicht in der Hauptverhandlung in Anwesenheit des Verletzten erhoben wird.**

(3) **Über Klage und Widerklage ist gleichzeitig zu erkennen.**

(4) **Die Zurücknahme der Klage ist auf das Verfahren über die Widerklage ohne Einfluß.**

Die Widerklage ist eine **besondere Form der Privatklage.** Sie ist auch gegen   1
Jugendliche zulässig (§ 80 Abs. 2 JGG), allerdings kann der Strafrichter gegen jugendliche Widerbeklagte nur auf Zuchtmittel erkennen, Jugendstrafe ist ausgeschlossen (§ 80 Abs. 2 S. 2 JGG), Erziehungsmaßregeln fallen in die Zuständigkeit des Vormundschaftsrichters, § 104 Abs. 4 S. 1 JGG (KK-Senge Rn. 1); erhoben werden kann sie nur durch Prozessfähige (vgl. § 374 Abs. 3). Für die Widerklage gelten grds. die **Regeln des Privatklageverfahrens;** Sicherheitsleistung (§ 379), Gebührenvorschuss (§ 379 a) und Sühneverfahren (§ 380) entfallen. PKH kann bewilligt werden (OLG Düsseldorf NStZ 1989, 92; vgl. § 379 Rn. 2); für den Auslagenvorschuss gilt § 68 GKG.

Voraussetzung der Widerklage ist eine **zulässig erhobene Privatklage,** die   2
noch nicht erledigt sein darf; auf den hinreichenden Tatverdacht kommt es nicht an. Erweist sich die anfängliche Unzulässigkeit der Privatklage erst nach Erhebung der Widerklage, wird auch diese unzulässig; tritt die Unzulässigkeit der Klage erst später ein (zB durch Rücknahme des Strafantrags oder Übernahme nach § 377 Abs. 2), so bleibt die Widerklage als Privatklage zulässig (vgl. KK-Senge Rn. 4; str.). Betrifft sie ein **Antragsdelikt,** so muss der Strafantrag rechtzeitig gestellt sein; eine **Fristverlängerung** kann nach § 77 c StGB eintreten (vgl. BayObLG 1958, 279 = NJW 1959, 304).

Die Widerklage muss sich auf ein **Privatklagedelikt** (§ 374 Abs. 1) beziehen.   3
Zwischen beiden Taten muss ein **Zusammenhang** bestehen, wobei ein loser sachlicher Zusammenhang ausreicht (BGH 17, 184, 197 = NJW 1962, 1069; vgl. KK-Senge Rn. 7). Die **Taten,** auf welche sich Klage und Widerklage beziehen, müssen stets zwischen **denselben Personen** stattgefunden haben. Dagegen ist im Fall des **Abs. 2 iVm § 374 Abs. 2** ausnahmsweise eine **Identität der Parteien** nicht

erforderlich (anders KK-Senge Rn. 8); die Widerklage ist in diesem Fall gegen den **Verletzten** zu erheben (Abs. 2 S. 1).

4   Für die **Erhebung** der Widerklage gilt grds. § 381; daneben ist eine mündliche Erhebung in der Hauptverhandlung zulässig (Abs. 1); spätester Termin ist die Beendigung des letzten Wortes in der Hauptverhandlung des ersten Rechtszugs. **Inhaltlich** muss die Widerklage den Anforderungen des § 381 S. 2 entsprechen. Sie wird vom Gericht zunächst nach §§ 382, 383 geprüft und dem Privatkläger ggf. zugestellt; in der Hauptverhandlung wird er mündlich gehört. Ein förmlicher **Eröffnungsbeschluss** (§ 383 Abs. 1) ist auch bei der Widerklage stets erforderlich, um den Klagegegenstand festzulegen (§ 383 Abs. 1 S. 2) und um unzulässige Widerklagen frühzeitig auszuscheiden (Meyer-Goßner Rn. 14; **aA** KK-Senge Rn. 2, jeweils mwN); Abs. 3 steht dem nicht entgegen.

5   **Zuständig** für die Widerklage ist stets das Privatklagegericht, auch wenn nach §§ 7 ff. ein anderes AG zuständig wäre. Wird die Klage jedoch – was dem Beschuldigten freisteht (Meyer-Goßner Rn. 2) – als **selbstständige Privatklage** erhoben, so gelten die allgemeinen Vorschriften; die Umdeutung in eine Widerklage ist nicht zulässig (OLG Düsseldorf NJW 1954, 123). Sind selbstständige Privatklagen beim selben Gericht erhoben, so ist eine **Verbindung** nach § 237 zulässig (KK-Senge Rn. 8).

6   **Gleichzeitige Entscheidung** über Klage und Widerklage schreibt Abs. 3 vor. Die Vorschrift gilt für die Sachentscheidung durch **Urteil** (vgl. KK-Senge Rn. 11). Sie steht einer getrennten Entscheidung **nicht entgegen**, wenn eine der beiden Klagen nach § 383 Abs. 1 zurückzuweisen ist oder nach § 383 Abs. 2 eingestellt werden soll (i. E. str.; vgl. BGH 17, 194 = NJW 1962, 1069; KK-Senge Rn. 11; Meyer-Goßner Rn. 15, jeweils mwN). Die Verknüpfung besteht so lange, wie beide Klagen **im selben Rechtszug** anhängig sind (vgl. BayObLG 1958, 84 = NJW 1958, 1149).

7   Wird die **Klage zurückgenommen (Abs. 4),** so wandelt sich die Widerklage in eine selbstständige Privatklage um; das gilt auch bei Einstellung der Privatklage nach § 383 Abs. 2 und bei ihrer Übernahme durch die StA (vgl. o. Rn. 2; KK-Senge Rn. 12 mwN).

§ 389 [Einstellungsurteil]

(1) **Findet das Gericht nach verhandelter Sache, daß die für festgestellt zu erachtenden Tatsachen eine Straftat darstellen, auf die das in diesem Abschnitt vorgeschriebene Verfahren nicht anzuwenden ist, so hat es durch Urteil, das diese Tatsachen hervorheben muß, die Einstellung des Verfahrens auszusprechen.**

(2) **Die Verhandlungen sind in diesem Falle der Staatsanwaltschaft mitzuteilen.**

1   Das Gericht prüft **in jeder Lage des Verfahrens vAw,** ob ein Privatklagedelikt vorliegt. Ergibt sich schon aus dem Klagevorbringen der hinreichende Verdacht eines Offizialdelikts, so wird die Privatklage zurückgewiesen (§ 383 Abs. 1 S. 1). Wenn der Verdacht erst nach Eröffnung des Hauptverfahrens entsteht, so wird das Verfahren außerhalb der Hauptverhandlung nach § 206 a eingestellt, in der Hauptverhandlung durch **Urteil nach Abs. 1**. Das gilt auch dann, wenn das Vorliegen eines Privatklagedelikts zunächst fehlerhaft angenommen wurde und sich die Tat später als Offizialdelikt erweist (vgl. KK-Senge Rn. 1 f.).

2   Das **Einstellungsurteil** setzt hinreichenden Tatverdacht (vgl. § 203) voraus. Eine vorherige Aktenvorlage an die StA (§ 377 Abs. 1 S. 2) ist nicht zwingend, aber tunlich (KK-Senge Rn. 3). **Abs. 2** schreibt jedenfalls eine nachträgliche Zuleitung vor.

Das Einstellungsurteil können der Angeklagte, der Privatkläger sowie die StA 3
zum Zweck der Übernahme (§ 377 Abs. 2 S. 2) mit den **allgemeinen Rechtsmitteln** anfechten. Wird es **rechtskräftig,** so ist eine neue Privatklage wegen desselben
Sachverhalts unzulässig, **Strafklageverbrauch** tritt bei einem fehlerhaft entgegen
Abs. 1 erlassenen **Sachurteil** ein (KK-Senge Rn. 4 mwN). Die **StA** ist an die
rechtskräftige Einstellung **nicht gebunden.** Dies folgt aus dem Grundsatz gegenseitiger Unabhängigkeit von Gericht und StA, der sich aus der Gewaltenteilung
ergibt. Der StA ist lediglich verpflichtet, im Rahmen des Legalitätsprinzips zu prüfen, ob wegen des Offizialdeliktes eine Weiterverfolgung durch ihn erfolgen muss
(KK-Senge Rn. 8; Meyer-Goßner Rn. 5). War der Angeklagte in 1. Instanz zu
Strafe verurteilt worden und kommt es erst auf sein Rechtsmittel zum Einstellungsurteil, so gilt im nachfolgenden Offizialverfahren das **Verschlechterungsverbot**
der §§ 331, 358 Abs. 2 (RG 9, 332; BayObLG NJW 1971, 1481, str.; **aA** Meyer-Goßner Rn. 6 mwN).

§ 390 [Rechtsmittel des Privatklägers]

(1) ¹**Dem Privatkläger stehen die Rechtsmittel zu, die in dem Verfahren
auf erhobene öffentliche Klage der Staatsanwaltschaft zustehen.** ²**Dasselbe
gilt von dem Antrag auf Wiederaufnahme des Verfahrens in den Fällen des
§ 362.** ³**Die Vorschrift des § 301 ist auf das Rechtsmittel des Privatklägers
anzuwenden.**

(2) **Revisionsanträge und Anträge auf Wiederaufnahme des durch ein
rechtskräftiges Urteil abgeschlossenen Verfahrens kann der Privatkläger
nur mittels einer von einem Rechtsanwalt unterzeichneten Schrift anbringen.**

(3) ¹**Die in den §§ 320, 321 und 347 angeordnete Vorlage und Einsendung
der Akten erfolgt wie im Verfahren auf erhobene öffentliche Klage an und
durch die Staatsanwaltschaft.** ²**Die Zustellung der Berufungs- und Revisionsschriften an den Gegner des Beschwerdeführers wird durch die Geschäftsstelle bewirkt.**

(4) **Die Vorschrift des § 379a über die Zahlung des Gebührenvorschusses
und die Folgen nicht rechtzeitiger Zahlung gilt entsprechend.**

(5) ¹**Die Vorschrift des § 383 Abs. 2 Satz 1 und 2 über die Einstellung
wegen Geringfügigkeit gilt auch im Berufungsverfahren.** ²**Der Beschluß ist
nicht anfechtbar.**

Der Privatkläger hat **dieselben Rechtsmittel** wie die StA im Offizialverfahren 1
(Abs. 1 S. 1). Wiederaufnahme (Abs. 1 S. 2) kann er nur zuungunsten des
Angeklagten beantragen (§ 362). Als **Widerbeklagter** hat er die Rechtsmittel des
Angeklagten; der **Widerkläger** steht dem Privatkläger gleich. Der **gesetzliche
Vertreter** des Privatklägers hat keine eigene Rechtsmittelbefugnis. Aber der **gesetzliche Vertreter** des Angeklagten hat eine selbstständige Rechtsmittelbefugnis
nach § 298 Abs. 1. Der **Dienstvorgesetzte** ist nur rechtsmittelbefugt, wenn er
selbst Privatklage erhoben hat (§ 374 Abs. 2). Die **Rechtsmittelfrist** beginnt für
den Privatkläger, auch wenn er bei Urteilsverkündung weder anwesend noch
vertreten war, nach §§ 314 Abs. 1, 341 Abs. 1 entsprechend § 401 Abs. 2 S. 1 mit
der **Urteilsverkündung** (OLG Frankfurt NStZ-RR 1996, 42), mit der **Urteilszustellung** nur, wenn ihm der Verkündungstermin nicht bekanntgegeben worden ist
(Meyer-Goßner Rn. 4).

Rechtsmittelvoraussetzung ist stets eine **Beschwer** des Privatklägers. Sie besteht 2
auch dann, wenn der Angeklagte verurteilt wurde, der Privatkläger aber Verschärfung des Rechtsfolgenausspruchs anstrebt (Meyer-Goßner Rn. 3). Eine Befugnis,

§ 391 Fünftes Buch. 1. Abschnitt

Rechtsmittel zur **Klärung von Rechtsfragen** einzulegen, hat der Privatkläger ebenso wenig wie die, Rechtsmittel allein zugunsten des Angeklagten einzulegen (§ 296 Abs. 2; vgl. BGH 37, 136, 137 = NJW 1990, 2479 zur Nebenklage; KK-Senge Rn. 4). Auf sein zuungunsten des Angeklagten eingelegtes Rechtsmittel kann zu dessen Gunsten entschieden werden (**Abs. 1 S. 3** iVm § 301).

3   **Revisions- und Wiederaufnahmeanträge (Abs. 2)** kann der Privatkläger nur in der Form des Abs. 2, nicht zu Protokoll der Geschäftsstelle erklären. Bei Gewährung von PKH kann ein RA für die Begründung **beigeordnet** werden (vgl. § 379 Rn. 2); zuständig ist das Rechtsmittelgericht.

4   Die StA wirkt im Rechtsmittelverfahren nach **Abs. 3 S. 1** mit (vgl. §§ 320, 321, 347 Abs. 2); dies dient zugleich der Prüfung einer **Übernahme** nach § 377 Abs. 2. Die **Zustellung der Rechtsmittelschriften (Abs. 3) S. 2** ordnet der Vorsitzende an.

5   Die **Vorschusspflicht (Abs. 4)** trifft nur den Privatkläger oder Widerkläger. Eine Frist entspr. § 379 a Abs. 1 darf erst nach Ablauf der Rechtsmittelbegründungsfrist gesetzt werden (KK-Senge Rn. 7 mwN).

6   Zur **Einstellung wegen Geringfügigkeit (Abs. 5)** vgl. § 383 Rn. 4. **Unanfechtbar** ist die Entscheidung auch, wenn sie irrtümlich durch Urteil (BayObLG 1951, 302) oder unter Verletzung des rechtlichen Gehörs (OLG Celle MDR 1956, 759) ergangen ist; zur Abhilfe vgl. §§ 33 a, 311 a. Für die **Kostenentscheidung** gilt § 464 Abs. 3 S. 1, 2. HS.

§ 391 [Klagerücknahme; Wiedereinsetzung]

(1) ¹**Die Privatklage kann in jeder Lage des Verfahrens zurückgenommen werden.** ²**Nach Beginn der Vernehmung des Angeklagten zur Sache in der Hauptverhandlung des ersten Rechtszuges bedarf die Zurücknahme der Zustimmung des Angeklagten.**

(2) **Als Zurücknahme gilt es im Verfahren des ersten Rechtszuges und, soweit der Angeklagte die Berufung eingelegt hat, im Verfahren des zweiten Rechtszuges, wenn der Privatkläger in der Hauptverhandlung weder erscheint noch durch einen Rechtsanwalt vertreten wird oder in der Hauptverhandlung oder einem anderen Termin ausbleibt, obwohl das Gericht sein persönliches Erscheinen angeordnet hatte, oder eine Frist nicht einhält, die ihm unter Androhung der Einstellung des Verfahrens gesetzt war.**

(3) **Soweit der Privatkläger die Berufung eingelegt hat, ist sie im Falle der vorbezeichneten Versäumungen unbeschadet der Vorschrift des § 301 sofort zu verwerfen.**

(4) **Der Privatkläger kann binnen einer Woche nach der Versäumung die Wiedereinsetzung in den vorigen Stand unter den in den §§ 44 und 45 bezeichneten Voraussetzungen beanspruchen.**

1   Die **Klagerücknahme (Abs. 1)** ist bis zum rechtskräftigen Abschluss des Privatklageverfahrens zulässig. Sie enthält nicht notwendig die Rücknahme des Strafantrags (§ 77 b Abs. 2 StGB); ein Offizialverfahren bleibt möglich. Die Rücknahme ist schriftlich, in der Hauptverhandlung mündlich zu erklären; in diesem Fall ist sie zu protokollieren (§ 273 Abs. 1). Eine besondere Rücknahmevollmacht des RA (§ 378) ist nicht erforderlich. Eine **Teilrücknahme** ist zulässig, wenn sie sich auf einen abtrennbaren Teil bezieht (vgl. KK-Senge Rn. 2). Eine **Zustimmung des Angeklagten** ist nur im Fall des **Abs. 1 S. 2** erforderlich. Die **Wirksamkeit der Rücknahme** tritt mit Eingang bei dem mit der Sache befassten Gericht ein. Die Rücknahmeerklärung ist bedingungsfeindlich, unanfechtbar (OLG Neustadt NJW 1961, 1984) und unwiderruflich (KK-Senge Rn. 8). **Folge der Rücknahme** ist

Privatklage **§ 391**

die **Einstellung** des Verfahrens durch besonderen **Beschluss** (KK-Senge Rn. 10); für die **Kostenentscheidung** gilt § 471 Abs. 2. Bei Zurücknahme vor Eröffnung des Hauptverfahrens ist die Privatklage zurückzuweisen (§ 383 Abs. 1). Auf die Zulässigkeit der Privatklage eines anderen Berechtigten sowie der erhobenen **Widerklage** (§ 388 Abs. 4) hat die Rücknahme keinen Einfluss; die Widerklage wird als selbstständige Privatklage fortgeführt.

Vergleich. IdR wird die Klagerücknahme im Rahmen eines **gerichtlichen** 2 **Vergleichs** erklärt (zum außergerichtlichen Vergleich § 380 Rn. 3). Inhalt des Vergleichs ist die Rücknahme der **Privatklage** oder der **Widerklage** sowie uU des **Strafantrags** (vgl. § 77 d StGB); der Angeklagte verpflichtet sich zur Abgabe einer Ehrenerklärung, zur Schadensersatz- oder Geldbußenzahlung. Die **Vergleichserklärungen** sind in der Hauptverhandlung abzugeben und ins **Sitzungsprotokoll** aufzunehmen (§ 273 Abs. 1). Der Vergleich kann unter Widerrufsvorbehalt geschlossen werden (vgl. Meyer-Goßner vor § 374 Rn. 11; KK-Senge Rn. 3 ff.; Haas NJW 1988, 1346, jeweils mwN). Bei Unwiderruflichkeit des Vergleichs entsteht ein **Verfahrenshindernis;** das Verfahren ist durch Beschluss nach Abs. 1 einzustellen. Der Vergleich ist **nicht anfechtbar.** Er ist **Vollstreckungstitel** iSd § 794 Abs. 1 Nr. 1 ZPO; eine **Kostenentscheidung** nach § 464 Abs. 1 u. 2 iVm 464 b ersetzt er nicht (Meyer-Goßner Rn. 13 mwN). Das Verfolgungsrecht der **StA** wird durch den Vergleich grds. nicht berührt.

Die **Rücknahmefiktion (Abs. 2)** tritt bei unentschuldigtem **Nichterscheinen** 3 des Privatklägers ein. Für den **Widerkläger** gilt die Vorschrift entspr. Dabei ist zu unterscheiden, ob sein persönliches Erscheinen angeordnet war (§ 387 Abs. 3): Ist es nicht angeordnet, so muss der Privatkläger oder ein ihn vertretender RA (§ 378) in der Hauptverhandlung erscheinen. Bei Anordnung des persönlichen Erscheinens in der Hauptverhandlung oder einem **anderen Termin** (zB nach §§ 223, 225) treten die Folgen der Abs. 2 u. 3 unabhängig vom Erscheinen eines Vertreters ein, wenn der Privatkläger nicht erscheint oder sich eigenmächtig vorzeitig entfernt (vgl. OLG Bremen NJW 1957, 474; i. E. str., vgl. KK-Senge Rn. 12 mwN). Im **Berufungsrechtszug** kommt es darauf an, ob der **Privatkläger allein** Berufung eingelegt hat: In diesem Fall ist bei seinem Nichterscheinen die Berufung sofort durch **Urteil** zu verwerfen, wenn der Angeklagte in 1. Instanz freigesprochen wurde; bei erstinstanzlicher Verurteilung und der Möglichkeit eines für ihn günstigeren Ausgangs ist ohne den Privatkläger zu verhandeln (**Abs. 3** iVm § 301; vgl. KK-Senge Rn. 14; Rieß NJW 1975, 90). Hat auch oder nur der **Angeklagte** Berufung eingelegt, so gilt Abs. 2; bei Nichterscheinen des Privatklägers ergeht wegen der Rücknahmefiktion **Einstellungsurteil** nach § 260 Abs. 3 (Meyer-Goßner Rn. 16; **aA** LR-Wendisch Rn. 37).

Die Fiktion des Abs. 2 gilt daneben bei **Nichteinhaltung einer Frist (Abs. 2,** 4 **letzter HS),** die **nach Eröffnung** des Hauptverfahrens (OLG Düsseldorf NJW 1959, 2080) mit der Androhung der Verfahrenseinstellung zur **Behebung eines Hindernisses** für den Fortgang des Verfahrens vom Vorsitzenden gesetzt wurde. Handlungen, zu denen keine **Rechtspflicht** besteht, können mit der Androhung nicht erzwungen werden (vgl. Meyer-Goßner Rn. 15 mwN). Für den **Gebührenvorschuss** gilt ausschließlich § 379 a, für den **Auslagenvorschuss** § 68 GKG (OLG Hamm NJW 1965, 878).

Wiedereinsetzung (Abs. 4) kann unter den Voraussetzungen der §§ 44, 45 in 5 **allen Fällen** der Abs. 2 u. 3 beansprucht werden. Die **Frist** des § 45 Abs. 1 S. 1 beginnt mit dem Termin oder dem Ablauf der Frist (LR-Wendisch Rn. 41).

Sofortige Beschwerde steht dem Privatkläger, dem Angeklagten sowie zur 6 Übernahme der Verfolgung (§ 377 Abs. 2 S. 2) der StA gegen den Einstellungsbeschluss nach Abs. 1 u. 2 zu (§ 383 Abs. 2 S. 2). Gegen das Einstellungsurteil sowie das Verwerfungsurteil im Fall des Abs. 3 sind die **allgemeinen Rechtsmittel** (Berufung, Revision) statthaft. Die Ablehnung eines Einstellungsantrags durch Be-

§§ 392–394

schluss außerhalb der Hauptverhandlung ist mit **einfacher Beschwerde** anfechtbar (Meyer-Goßner Rn. 19; str.).

§ 392 [Wirkung der Rücknahme]

Die zurückgenommene Privatklage kann nicht von neuem erhoben werden.

1   Der **Ausschluss einer Neuerhebung** der Privatklage oder Widerklage gilt im Fall der Zurücknahme und der Rücknahmefiktion (§ 391 Abs. 1 u. 2). Eine vor Klagerücknahme erhobene Widerklage bleibt zulässig (§ 388 Abs. 4); entsprechendes gilt im umgekehrten Fall. Die Vorschrift **gilt nicht,** wenn die Rücknahme allein wegen der **Unzulässigkeit** der Privatklage erklärt wurde (Meyer-Goßner Rn. 2 mwN).

2   Der Ausschluss gilt nur gegenüber **demselben Beschuldigten.** Auf **andere Klageberechtigte** (§§ 374 Abs. 2, 375) erstreckt er sich nicht (KK-Senge Rn. 1). Die Möglichkeit der **öffentlichen Klage** wird nicht berührt.

§ 393 [Tod des Privatklägers]

(1) **Der Tod des Privatklägers hat die Einstellung des Verfahrens zur Folge.**

(2) **Die Privatklage kann jedoch nach dem Tode des Klägers von den nach § 374 Abs. 2 zur Erhebung der Privatklage Berechtigten fortgesetzt werden.**

(3) **Die Fortsetzung ist von dem Berechtigten bei Verlust des Rechts binnen zwei Monaten, vom Tode des Privatklägers an gerechnet, bei Gericht zu erklären.**

1   Beim **Tod des Angeklagten** endet das Verfahren, ohne dass ein entsprechender Beschluss erforderlich ist (BayObLG NJW 1960, 2065). Dennoch ist ein (deklaratorischer) Beschluss möglich, in Einzelfällen sogar sinnvoll (KK-Senge Rn. 4). Teilrechtskraft steht der Einstellung nicht entgegen, auch wenn nur noch die Kostenentscheidung angefochten ist (OLG Hamm NJW 1978, 654; Meyer-Goßner Rn. 1). Der Einstellungsbeschluss ist aufzuschieben, wenn eine Fortsetzung nach Abs. 2 in Betrachtung kommt. Zugleich mit der Einstellung wird eine **Kostenentscheidung** (§ 471 Abs. 2) zu Lasten der Erben getroffen; falls nur einer von mehreren Privatklägern stirbt, ergeht insoweit ein selbstständiger Kostenbeschluss (vgl. KK-Senge Rn. 1).

2   **Fortsetzungsberechtigt (Abs. 2)** sind die nach § 374 Abs. 2 Klageberechtigten (vgl. KK-Senge Rn. 2). Die Fortsetzung ist innerhalb der **Ausschlussfrist** des Abs. 3 gegenüber dem Gericht zu erklären; sie kann auch in der Beschwerde gegen den Einstellungsbeschluss liegen (LR-Wendisch Rn. 6 f.). Bei wirksamer Fortsetzungserklärung wird das Verfahren in der Lage fortgesetzt, in der es sich zum Zeitpunkt des Todes des Privatklägers befunden hat (vgl. i. E. Meyer-Goßner Rn. 4).

§ 394 [Bekanntmachung an den Beschuldigten]

Die Zurücknahme der Privatklage und der Tod des Privatklägers sowie die Fortsetzung der Privatklage sind dem Beschuldigten bekanntzumachen.

1   Die Mitteilung an den Beschuldigten erfolgt grds. formlos (§ 35 Abs. 2 S. 2), weil eine Frist nicht in Lauf gesetzt wird.

Eine förmliche **Zustellung** ist geboten, wenn das Verhalten des Beschuldigten 2 für den Fortgang des Verfahrens entscheidend ist (§ 391 Abs. 1 S. 2) oder wenn eine Fortsetzungserklärung (§ 393 Abs. 2) vorliegt.

Zweiter Abschnitt. Nebenklage

Vorbemerkungen

Die **Nebenklage** ist nicht, wie die Privatklage, ein selbstständiges Verfahren, 1 sondern gibt besonders schutzwürdigen Geschädigten ein **umfassendes Beteiligungsrecht** unabhängig von der StA im Rahmen des **Offizialverfahrens** (vgl. KK-Senge Rn. 1; Rieß NStZ 1989, 104). Der Nebenkläger übt kein öffentliches Amt aus und nimmt nicht öffentliche, sondern persönliche Interessen wahr (BGH 28, 272, 273 = NJW 1979, 1310). Zur Objektivität ist er nicht verpflichtet.

Die Nebenklage ist im **gewöhnlichen Strafverfahren** auf öffentliche Klage 2 (§ 395 Abs. 1) zulässig. Der BGH hat nunmehr unter Aufgabe der bisherigen Rspr. entschieden, dass die Nebenklage im Sicherungsverfahren **zulässig** ist (BGH 47, 202 = NJW 2002, 692).

Im Verfahren gegen **Jugendliche** ist die Nebenklage unzulässig (§§ 80 Abs. 3, 3 104 Abs. 1 Nr. 14 JGG). Auch nach der Aufgabe der Rechtsprechung zur Unzulässigkeit der Nebenklage im Sicherungsverfahren (BGH 47, 202) ist in Strafverfahren gegen Jugendliche weiterhin weder die Nebenklage zulässig noch § 406 g anwendbar (OLG Stuttgart NStZ-RR 2003, 29; s. auch § 406 g Rn. 1). Gegen **Heranwachsende** ist sie zulässig. Das gilt auch bei verbundenen Verfahren gegen Jugendliche und Heranwachsende (BGH 41, 288 = NJW 1996, 1007; OLG Düsseldorf NStZ 1994, 299 m. Anm. Eisenberg). Der Jugendliche kann Nebenkläger sein. Für den nicht Prozessfähigen muss der **gesetzliche Vertreter** den Anschluss erklären und die Nebenklagerechte wahrnehmen; dieser hat aber kein eigenes Anschlussrecht (Meyer-Goßner Rn. 7 mwN).

Der Nebenkläger kann zugleich **Zeuge** (vgl. § 397 Abs. 1 S. 1), uU auch 4 **Sachverständiger** sein (vgl. Meyer-Goßner Rn. 11). Unzulässig ist die Nebenklage eines an der Tat **Beteiligten**, wenn und solange gegen ihn selbst wegen Mittäterschaft oder Teilnahme die öffentliche Klage erhoben und noch nicht erledigt ist; die Stellung als **Mitangeklagter** schließt, wenn die Anklage eine **andere Tat** betrifft, die Nebenklage nicht aus (BGH NJW 1978, 330).

Ein **Verzicht** auf die Nebenklage ist zulässig und macht, wenn er eindeutig 5 erklärt ist (vgl. BGH NStZ 1986, 209), einen späteren Anschluss unzulässig. Der Verzicht kann insb. im Rahmen eines **Vergleichs** erklärt werden (vgl. § 391 Rn. 2; Haas NJW 1988, 1347).

§ 395 [Befugnis zum Anschluß als Nebenkläger]

(1) **Der erhobenen öffentlichen Klage oder dem Antrag im Sicherungsverfahren kann sich mit der Nebenklage anschließen, wer**
1. **durch eine rechtswidrige Tat**
    a) **nach den §§ 174 bis 174 c, 176 bis 181 a und 182 des Strafgesetzbuches,**
    b) **nach den §§ 185 bis 189 des Strafgesetzbuches,**
    c) **nach den §§ 221, 223 bis 226 und 340 des Strafgesetzbuches,**
    d) **nach den §§ 234 bis 235 und 239 Abs. 3 und den §§ 239 a und 239 b des Strafgesetzbuches,**
    e) **nach § 4 des Gewaltschutzgesetzes,**

§ 395

2. durch eine versuchte rechtswidrige Tat nach den §§ 211 und 212 des Strafgesetzbuches verletzt ist oder
3. durch einen Antrag auf gerichtliche Entscheidung (§ 172) die Erhebung der öffentlichen Klage herbeigeführt hat.

(2) Die gleiche Befugnis steht zu

1. den Eltern, Kindern, Geschwistern und dem Ehegatten oder Lebenspartner eines durch eine rechtswidrige Tat Getöteten,
2. demjenigen, der nach Maßgabe des § 374 in den in § 374 Abs. 1 Nr. 7 und 8 genannten Fällen als Privatkläger aufzutreten berechtigt ist, und dem durch eine rechtswidrige Tat nach § 142 Abs. 2 des Patentgesetzes, § 25 Abs. 2 des Gebrauchsmustergesetzes, § 10 Abs. 2 des Halbleiterschutzgesetzes, § 39 Abs. 2 des Sortenschutzgesetzes, § 143 Abs. 2 des Markengesetzes, § 51 Abs. 2 und § 65 Abs. 2 des Geschmacksmustergesetzes und den §§ 108 a und 108 b Abs. 3 des Urheberrechtsgesetzes Verletzten.

(3) **Wer durch eine rechtswidrige Tat nach § 229 des Strafgesetzbuches verletzt ist, kann sich der erhobenen öffentlichen Klage als Nebenkläger anschließen, wenn dies aus besonderen Gründen, namentlich wegen der schweren Folgen der Tat, zur Wahrnehmung seiner Interessen geboten erscheint.**

(4) ¹Der Anschluß ist in jeder Lage des Verfahrens zulässig. ²Er kann nach ergangenem Urteil auch zur Einlegung von Rechtsmitteln geschehen.

1 Nachdem der BGH seine frühere Rspr. aufgegeben und die Nebenklage für das Sicherungsverfahren für zulässig erklärt (BGH 47, 202 = NJW 2002, 692), wird dies gesetzlich ausdrücklich klargestellt. Mit der **Neufassung des Kataloges der Nebenklagedelikte** durch das Opfer RRG wird dieses Rechtsinstitut auf die Straftaten konzentriert, die ihm seine Legitimation und Notwendigkeit verleihen. Die Funktion und die Rechtfertigung der Nebenklage bestehen darin, dem Verletzten durch aktive Teilhabe am Strafverfahren Genugtuung für das erlittene Unrecht erfahren zu lassen, Schuldzuweisungen des Angeklagten entgegentreten zu können sowie verfahrensmäßig abgesicherten Schutz und Beistand zu gewähren. Der Katalog der Nebenklagedelikte steht damit auch in direktem Bezug zu den mit der Nebenklage verbundenen besonderen Rechten. Unter Zugrundelegung dieser Prämissen ist der weitere Verbleib der **Beleidigungsdelikte** als einer eher geringeren Form des Unrechts und der auf Bundespräsident und Verfassungsorgane bezogenen **Staatsschutzdelikte der §§ 90, 90 b des Strafgesetzbuches** im Katalog der Nebenklagedelikte nicht gerechtfertigt. Sie werden daher aus dem Katalog gestrichen. Andererseits handelt es sich bei den Opfern einer Ausbeutung von Prostituierten (§ 180 a des Strafgesetzbuches) und den Opfern einer Zuhälterei (§ 181 a des Strafgesetzbuches) um Personen, deren Nebenklageberechtigung nach allen die Nebenklage legitimierenden und erfordernden Gesichtspunkten, nicht zuletzt im Hinblick auf ein typischerweise besonders ausgeprägtes Bedürfnis nach Schutz und Beistand im Verfahren, sich geradezu aufdrängt. Der **Katalog** wird daher um die entsprechenden Straftatbestände **ergänzt**.

Mit der Streichung des § 239 Abs. 4 StGB aus der bisherigen Nummer 1 Buchstabe d wird ein Redaktionsversehen beseitigt; denn bei Verwirklichung dieser Qualifikation – Tod des Opfers – lebt der Nebenklageberechtigte nicht mehr. Die Nebenklagebefugnis besteht in diesen Fällen weiterhin nach § 395 Abs. 2 Nr. 1 StPO für die nächsten Angehörigen des Getöteten (BT-Drucks. 15/1967 S. 73). **Anschlussberechtigt** ist der in **Abs. 1–3** abschließend aufgezählte Personenkreis; mit dem in § 374 genannten Kreis der Privatklageberechtigten stimmt dieser nicht überein. Die Nebenklagebefugnis besteht schon dann, wenn nach der Sachlage

Nebenklage **§ 395**

oder auf Grund des tatsächlichen Vorbringens des Antragstellers die Verurteilung des Angeklagten wegen eines Nebenklagedelikts **rechtlich möglich** erscheint. In den Fällen des § 395 Abs. 2 Nr. 1 genügt es deshalb, dass nach dem von der Anklage umfassten Sachverhalt (§ 264) die Verurteilung wegen eines Tötungsdelikts materiell-rechtlich in Betracht kommt. Die Nebenklagebefugnis setzt auch keinen dringenden oder auch nur hinreichenden Tatverdacht für eine zum Anschluss berechtigende Straftat voraus (OLG Düsseldorf NStZ 1997, 204). **Rechtswidrige Tat** (vgl. § 11 Abs. 1 Nr. 5 StGB) sind auch in den Fällen des Abs. 1 Nr. 1 **Vollendung und Versuch** der genannten Taten; Abs. 1 Nr. 2 ist im Zusammenhang mit Abs. 2 Nr. 1 zu sehen (u. Rn. 5). Der **Versuch der Beteiligung** (§ 30 StGB) steht der versuchten Tat nicht gleich (OLG Stuttgart NStZ 1990, 298). Die Nebenklagebefugnis besteht auch, wenn das Nebenklagedelikt in **Tateinheit oder Gesetzeskonkurrenz** zu einem Delikt steht, das nicht zur Nebenklage berechtigt (BGH 29, 216, 218 = NJW 1980, 1586), gleichgültig, ob die StA ihre rechtliche Beurteilung darauf stützt (Meyer-Goßner Rn. 4 mwN).

§ 395 stellt auf die **rechtswidrige Tat** ab; Schuldfähigkeit des Beschuldigten ist 2 nicht erforderlich. Eine Straftat nach § 323 a StGB berechtigt zur Nebenklage, wenn eines der in § 395 Abs. 1 Nrn. 1 oder 2 bezeichneten Delikte die **Rauschtat** ist (BGH NStZ-RR 1998, 305). Die Nebenklage ist im Sicherungsverfahren **unzulässig** (s. vor § 395 Rn. 2); auch wenn die Anlasstat zu den in § 395 aufgeführten Taten zählt. Ein großer Teil der dort genannten Straftaten (zB Beleidigungen, Körperverletzungen) scheiden von vornherein für eine Maßregel aus, weil der Verhältnismäßigkeitsgrundsatz (§ 62 StGB) entgegensteht; andererseits fehlen die schweren Straftaten, die von schuldunfähigen und verhandlungsunfähigen Tätern begangen werden können.

Bei **Antragsdelikten** ist ein wirksamer Strafantrag Prozessvoraussetzung (BGH 3 31, 132, 133 = NJW 1983, 1385); die Nebenklage ist aber zulässig, wenn die StA das besondere öffentliche Interesse bejaht (§ 232 Abs. 1 StGB) oder der Dienstvorgesetzte Strafantrag gestellt hat (§§ 194 Abs. 3, 232 Abs. 2 StGB; BGH NStZ 1992, 452).

Der erfolgreiche **Antragsteller im Klageerzwingungsverfahren** ist nach 4 **Abs. 1 Nr. 3** nebenklageberechtigt. Die Befugnis besteht auch dann, wenn es zu einer Anordnung des OLG nach § 175 nicht gekommen ist, sondern der GStA die Anklageerhebung angeordnet hat (OLG Frankfurt NJW 1979, 994; Meyer-Goßner Rn. 6; jeweils mwN; vgl. Rieß NStZ 1990, 10).

Nahen Angehörigen eines Getöteten steht die Nebenklagebefugnis nach 5 **Abs. 2 Nr. 1** zu. Rechtswidrige Taten iSd Nr. 1 sind neben Taten nach §§ 211 ff. StGB auch solche, die durch den Tötungserfolg **qualifiziert** sind. Jeder der Genannten hat ein selbstständiges Anschlussrecht; entferntere werden durch nähere Verwandte nicht ausgeschlossen (OLG Neustadt NJW 1956, 1611). Großeltern (BGH NJW 1967, 454) und geschiedene Ehegatten haben kein Anschlussrecht (KK-Senge Rn. 8). **Stirbt** das Opfer einer Körperverletzung, so geht seine Nebenklagebefugnis nach der Änderung des Rechts der Nebenklage durch das Opferschutzgesetz v. 18. 12. 1986 (Neuregelung der §§ 395 ff.) nicht mehr auf seine in § 77 Abs. 2 StGB bezeichneten Angehörigen über (BGH 44, 97 = NJW 1998, 3069 unter Aufgabe von BGH 33, 114 = NJW 1985, 1175).

Zum Kreis der nach **Abs. 2 Nr. 3** iVm § 374 Abs. 1 Nrn. 7 u. 8 Berechtigten 6 vgl. § 374 Rn. 2.

Bei **fahrlässiger Körperverletzung** (§ 230 StGB) gibt **Abs. 3** eine einge- 7 schränkte Nebenklagebefugnis. Über das Vorliegen besonderer Gründe (vgl. Meyer-Goßner Rn. 11 mwN) entscheidet das Gericht durch unanfechtbaren Beschluss nach § 396 Abs. 2. Nach **Rechtskraft** des Urteils kann die Nebenklage in den Fällen des § 395 Abs. 3 nicht mehr zugelassen werden, auch wenn die Zulassung bereits in einem früheren Verfahrensstadium beantragt war (BGH NStZ-RR 1997, 11).

§ 396   Fünftes Buch. 2. Abschnitt

8   Frühester **Anschlusszeitpunkt (Abs. 4)** ist der der Erhebung der öffentlichen Klage (vgl. Abs. 1, 1. HS) oder gleichgestellter Verfahrenshandlungen (vgl. § 396 Abs. 1 S. 2 u. 3); die **Erklärung** kann auch früher abgegeben werden. Nach diesem Zeitpunkt ist der Anschluss in jeder Lage des Verfahrens bis zur Rechtskraft des Schuldspruchs (vgl. § 400 Abs. 1) möglich. Die Zulassung der Nebenklage kann in jeder Lage des Verfahrens wieder **aufgehoben** werden, wenn sich ergibt, dass ihr von vornherein die **rechtliche** Grundlage gefehlt hat (BayObLGSt 1952, 270; OLG Düsseldorf NStZ 1997, 204). Aber ein Widerruf der Zulassung zur Nebenklage lässt sich nicht darauf stützen, dass die **tatsächlichen** Voraussetzungen des Nebenklagedelikts nicht nachweisbar seien oder sich die entsprechenden Behauptungen des Nebenklägers nachträglich als unrichtig erwiesen hätten; denn die Nebenklagebefugnis setzt keinen dringenden oder auch nur hinreichenden Tatverdacht für eine zum Anschluss berechtigende Straftat voraus (OLG Düsseldorf NStZ 1997, 204; s. auch Rn. 1). Eine **Wiedereinsetzung** ist ausgeschlossen; ein Anschluss zur Antragstellung im **Wiederaufnahmeverfahren** ist unzulässig (vgl. § 401 Rn. 6). Zur Nebenklage gegen **Jugendliche,** Heranwachsende usw. s. vor § 395 Rn. 3. Dem Angeklagten sind nach Maßgabe des § 472 Abs. 1 die **notwendigen Auslagen** des nach § 395 Abs. 2 Nr. 1 zugelassenen Nebenklägers auch dann aufzuerlegen, wenn er auf Grund desselben Sachverhalts, der zur Eröffnung des Hauptverfahrens wegen Totschlags führte, stattdessen wegen unterlassener Hilfeleistung verurteilt wird (BGH NJW 2002, 1356).

§ 396 [Anschlußerklärung]

(1) ¹**Die Anschlußerklärung ist bei dem Gericht schriftlich einzureichen.** ²**Eine vor Erhebung der öffentlichen Klage bei der Staatsanwaltschaft oder dem Gericht eingegangene Anschlußerklärung wird mit der Erhebung der öffentlichen Klage wirksam.** ³**Im Verfahren bei Strafbefehlen wird der Anschluß wirksam, wenn Termin zur Hauptverhandlung anberaumt (§ 408 Abs. 3 Satz 2, § 411 Abs. 1) oder der Antrag auf Erlaß eines Strafbefehls abgelehnt worden ist.**

(2) ¹**Das Gericht entscheidet über die Berechtigung zum Anschluß als Nebenkläger nach Anhörung der Staatsanwaltschaft.** ²**In den Fällen des § 395 Abs. 3 entscheidet es nach Anhörung auch des Angeschuldigten darüber, ob der Anschluß aus den dort genannten Gründen geboten ist; diese Entscheidung ist unanfechtbar.**

(3) **Erwägt das Gericht, das Verfahren nach § 153 Abs. 2, § 153 a Abs. 2, § 153 b Abs. 2 oder § 154 Abs. 2 einzustellen, so entscheidet es zunächst über die Berechtigung zum Anschluß.**

1   Die **Anschlusserklärung (Abs. 1)** ist schriftlich oder zu Protokoll der Geschäftsstelle abzugeben; auch die in der Hauptverhandlung mündlich abgegebene und ins Protokoll aufgenommene Erklärung ist wirksam (BayObLG 1958, 118 = NJW 1958, 1598). **Vertretung** bei der Abgabe der Erklärung ist zulässig. **Adressat** der Erklärung ist das Gericht, das über die Anschlussbefugnis zu entscheiden hat, im Vorverfahren kann der Anschluss gegenüber der StA erklärt werden (Abs. 1 S. 2). Die **Wirksamkeit** der Anschlusserklärung tritt erst zu dem in Abs. 1 S. 2 u. 3 genannten Zeitpunkt ein. Wird der beantragte **Strafbefehl** erlassen, so ergeht ein Beschluss über die Zulassung nur, wenn Einspruch eingelegt und Hauptverhandlungstermin bestimmt wird (Meyer-Goßner Rn. 6); wird der Erlass abgelehnt, so ist zugleich über die Anschlussbefugnis zu entscheiden (Abs. 1 S. 3, letzter HS; vgl. KK-Senge Rn. 3).

2   Die **Entscheidung über die Anschlussbefugnis (Abs. 2)** trifft das Gericht, bei dem die Sache anhängig ist, im Fall des § 395 Abs. 4 S. 2 das Rechtsmittelge-

Nebenklage **§ 396**

richt (BGH 6, 104; KK-Senge Rn. 4 mwN). Zuständig ist das Gericht, nicht der Vorsitzende allein. Zu **prüfen** sind im Fall des **Abs. 2 S. 1** die Prozessfähigkeit des Nebenklägers, die Wirksamkeit der Anschlusserklärung sowie die sachlichen Voraussetzungen des § 395. **Begründet** ist die Anschlusserklärung, wenn die **Möglichkeit** einer Verurteilung wegen eines Nebenklagedelikts besteht (BGH MDR 1978, 461; StV 1981, 535), auch wenn dieses in Tateinheit oder Gesetzeskonkurrenz zu anderen Taten steht (Meyer-Goßner Rn. 10 mwN). Die Anschlusserklärung ist **unwirksam,** wenn Ziel der Nebenklage ausschließlich der **Freispruch** des Angeklagten ist (OLG Schleswig NStZ-RR 2000, 270). Nach **Rechtskraft** des Urteils kann der Anschluss als Nebenkläger in der Regel nicht mehr erklärt werden; auch die Bestellung eines Beistandes ist dann nicht mehr möglich. Etwas anderes gilt allerdings, wenn die Anschlusserklärung auf Grund von **Verzögerungen bei den Justizbehörden** nicht rechtzeitig zur Akte gelangt ist (OLG Hamm NStZ-RR 2003, 335). Im Fall des **Abs. 2 S. 2** iVm § 395 Abs. 3 ist zudem das Vorliegen **besonderer Gründe** zur Zulassung zu prüfen. Die StA ist stets, der Angeschuldigte nur im Fall des **Abs. 2 S. 2 anzuhören.**

Die **Zulasung** erfolgt durch **Beschluss.** Er hat in den Fällen des § 395 Abs. 1 3 und Abs. 2 – anders als im Falle des § 395 Abs. 3 (OLG Düsseldorf NStZ-RR 1996, 310) – lediglich deklaratorische Bedeutung (BGH 41, 188, 289 = NJW 1996, 1007); allein die wirksame Anschlusserklärung hat konstitutive Wirkung (OLG Köln NJW 1960, 306; OLG Celle NJW 1961, 378). Demzufolge begründet eine rechtsfehlerhafte Zulassung eines nicht Nebenklageberechtigten zur Nebenklage auch keine wirksame Nebenklägerstellung (OLG Stuttgart NJW 1970, 822; KK-Senge Rn. 9). Dieser Beschluss ist **nicht rechtskräftig.** Er kann deshalb in jeder Lage des Verfahrens, insbesondere dann wieder aufgehoben werden, wenn sich nachträglich das Fehlen einer verfahrensrechtlichen Grundlage herausstellt (OLG Köln NJW 1952, 678; OLG Schleswig NStZ-RR 2000, 270). Umgekehrt kann auch nach zuerst negativer Entscheidung eine Sachverhaltsänderung zu erneuter Prüfung und Bejahung der Berechtigung führen (BayObLG JW 1929, 1064). Wird ein Nebenklageberechtigter nach abgegebener Anschlusserklärung in der Hauptverhandlung wie ein zugelassener Nebenkläger behandelt, liegt darin die **stillschweigende Zulassung** (BayObLG GA 1971, 23; KK-Senge Rn. 8).

Gegen den Beschluss ist **einfache Beschwerde** (§ 304) statthaft; § 305 S. 1 steht 4 nicht entgegen. **Beschwerdebefugt** sind gegen die Nichtzulassung die StA und der Antragsteller, gegen die Zulassung die StA und der Angeschuldigte. Die Entscheidung nach Abs. 2 S. 2 ist unanfechtbar.

Bei **Rechtsmitteln des Nebenklägers** ist seine Anschlussberechtigung Zulässig- 5 keitsvoraussetzung (BGH 29, 216, 217 = NJW 1980, 1586); sie ist vom Rechtsmittelgericht ohne Bindung an den Zulassungsbeschluss vAw. zu prüfen (vgl. KK-Senge Rn. 12). Im Hinblick auf § 400 Abs. 1 bedarf es bei **Revisionen** des Nebenklägers regelmäßig eines Revisionsantrages, der deutlich macht, dass der Beschwerdeführer ein zulässiges Ziel verfolgt (BGH NStZ 1997, 97). Die gesetzwidrige Nichtzulassung eines Nebenklägers ist – wie die gesetzwidrige Zulassung – nach stRspr. (BGH StV 1981, 535; RG 66, 346; 59, 100) ein relativer Revisionsgrund, der dann nicht durchgreift, wenn das Urteil nicht auf der Verletzung des Gesetzes beruht, § 337 Abs. 1 (BGH NStZ 1997, 97). Der Nebenkläger kann mit der Revision seine fehlerhafte Nichtzulassung, seine verspätete Zulassung jedoch nur dann rügen, wenn sein Antrag auf Wiederholung von Verfahrensteilen in der Hauptverhandlung abgelehnt wurde (BGH MDR 1952, 660). Die unberechtigte Nichtzulassung ist für den Nebenkläger nur dann ein durchgreifender Revisionsgrund, wenn nicht auszuschließen ist, dass er Tatsachen hätte vorbringen und/oder Beweismittel benennen können, die für den Schuldspruch wesentliche Bedeutung haben könnte (BGH NStZ 1997, 97; KK-Senge Rn. 13 mwN). Die nach Abs. 2 S. 2 Halbs. 2 unanfechtbare Entscheidung über das Vorliegen der sachlichen Anschlussvoraussetzungen des § 395 Abs. 3 ist der Prüfung durch das Revisionsgericht entzogen (§ 336 S. 2); ein erneuter Antrag auf Zulassung der Nebenklage in der Rechtsmittelinstanz ist unzulässig (OLG Düsseldorf NStZ 1994, 49; Meyer-Goßner Rn. 23; KK-Senge Rn. 12).

§ 397 [Rechte des Nebenklägers]

(1) ¹Der Nebenkläger ist nach erfolgtem Anschluß, auch wenn er als Zeuge vernommen werden soll, zur Anwesenheit in der Hauptverhandlung berechtigt. ²Im übrigen gelten die §§ 378 und 385 Abs. 1 bis 3 entsprechend. ³Die Befugnis zur Ablehnung eines Richters (§§ 24, 31) oder Sachverständigen (§ 74), das Fragerecht (§ 240 Abs. 2), das Recht zur Beanstandung von Anordnungen des Vorsitzenden (§ 238 Abs. 2) und von Fragen (§ 242), das Beweisantragsrecht (§ 244 Abs. 3 bis 6) sowie das Recht zur Abgabe von Erklärungen (§§ 257, 258) steht auch dem Nebenkläger zu.

(2) ¹Wird die Verfolgung nach § 154 a beschränkt, so berührt dies nicht das Recht, sich der erhobenen öffentlichen Klage als Nebenkläger anzuschließen. ²Wird der Nebenkläger zum Verfahren zugelassen, so entfällt eine Beschränkung nach § 154 a Abs. 1 oder 2, soweit sie die Nebenklage betrifft.

1   Das **Anwesenheitsrecht (Abs. 1)** besteht nach wirksamem Anschluss und umfasst auch vorweggenommene Hauptverhandlungsteile (§§ 223, 225). Ist der Nebenkläger zugleich **Zeuge,** so verdrängt Abs. 1 S. 1 die §§ 58 Abs. 1, 243 Abs. 2 S. 1. Eine Entfernung aus dem Sitzungssaal entspr. § 247 ist unzulässig (Meyer-Goßner Rn. 2). Eine **Anwesenheitspflicht** des Nebenklägers besteht nicht, so dass seine Abwesenheit nicht der Regelung des § 338 Nr. 5 unterfällt. Sein persönliches Erscheinen kann nur erzwungen werden, wenn und soweit er zugleich Zeuge ist. Im **Berufungsverfahren** ist § 401 Abs. 3 zu beachten. Einen Nebenkläger steht – anders als einem Angeklagten gemäß Art. 6 III e MRK – kein Anspruch auf unentgeltliche Beiziehung eines **Dolmetschers** zu (BGH NStZ 2003, 218).

2   Nach **Abs. 1 S. 2** sind die **§§ 378, 385 Abs. 1–3** entspr. anwendbar. Die **Rechte** des Nebenklägers sind in **Abs. 1** abschließend bestimmt. Sie bestehen in folgendem: **Anwesenheit** in der Hauptverhandlung, selbst wenn er als **Zeuge** geladen ist; **Beistand** oder Vertretung durch einen RA; Anspruch auf **rechtliches Gehör; Mitteilung** von Entscheidungen und Terminen sowie Einhaltung der Ladefrist; Recht auf **Akteneinsicht** durch den RA; **Ablehnungsbefugnis** gemäß §§ 24, 31, 74; **Fragerecht** nach § 240 Abs. 2; **Beanstandung** von Sachleitungsanordnungen des Vorsitzenden, § 238 Abs. 2 und von Fragen, § 242; **Beweisantragsrecht,** § 244 Abs. 3 bis 6; Erklärungsrecht nach §§ 257, 258 einschließlich des Rechts auf Erwiderung gemäß § 258 Abs. 2 sowie ein allgemeines Antragsrecht; Schlusswort, und zwar vor dem Angeklagten und nach dem StA sowie Erwiderung auf das Schlusswort des Angeklagten (BGH NJW 2001, 3137; vgl. Meyer-Goßner Rn. 10). Das Recht auf **unmittelbare Ladung** von Beweispersonen, §§ 222, 245 Abs. 2, ist umstritten (Meyer-Goßner Rn. 10; KK-Senge Rn. 6). Da der Nebenkläger seit der Neufassung des Nebenklageverfahrens durch das Opferschutzgesetz v. 18. 12. 1986 nur die Stellung „eines mit selbstständigen Rechten ausgestatteten Prozessbeteiligten" hat (BT-Drucks. 10/5305 S. 13 f.) und nicht mehr als „Gehilfe der StA" (BayObLG 30, 151) anzusehen ist, fehlt es an einer Rechtsgrundlage, dem Nebenkläger ein Recht auf unmittelbare Ladung von Beweispersonen einzuräumen.

3   Eine **Verfolgungsbeschränkung nach § 154 a (Abs. 2)** tritt hinter das Interesse des Nebenklägers zurück. Sein Antragsrecht bleibt auch nach Abtrennung erhalten; seine Zulassung bewirkt den Wegfall der Beschränkung, der durch **deklaratorischen Beschluss** festzustellen ist (Meyer-Goßner Rn. 13). Auf den Fall des § 430 ist Abs. 2 nicht entspr. anwendbar (KK-Senge Rn. 9).

Nebenklage § 397 a

§ 397 a [Bestellung eines Rechtsanwalts als Beistand]

(1) ¹Auf Antrag des Nebenklägers ist diesem ein Rechtsanwalt als Beistand zu bestellen, wenn die Berechtigung zum Anschluß als Nebenkläger auf § 395 Abs. 1 Nr. 1 Buchstabe a, Nr. 2 oder Abs. 2 Nr. 1 beruht und die zum Anschluß berechtigende Tat ein Verbrechen ist. ²Hat der Nebenkläger bei Antragstellung das sechzehnte Lebensjahr noch nicht vollendet oder kann er seine Interessen ersichtlich nicht selbst ausreichend wahrnehmen, so ist ihm ein Rechtsanwalt als Beistand auch dann zu bestellen, wenn die Tat im Sinne des Satzes 1 ein Vergehen ist oder er durch eine rechtswidrige Tat nach § 225 des Strafgesetzbuches verletzt ist. ³Der Antrag kann schon vor der Erklärung des Anschlusses gestellt werden. ⁴Für die Bestellung des Rechtsanwalts gilt § 142 Abs. 1 entsprechend.

(2) ¹Liegen die Voraussetzungen für eine Bestellung nach Absatz 1 nicht vor, so ist dem Nebenkläger für die Hinzuziehung eines Rechtsanwalts auf Antrag Prozeßkostenhilfe nach denselben Vorschriften wie in bürgerlichen Rechtsstreitigkeiten zu bewilligen, wenn die Sach- oder Rechtslage schwierig ist, der Verletzte seine Interessen selbst nicht ausreichend wahrnehmen kann oder ihm dies nicht zuzumuten ist. ²Absatz 1 Satz 3 und 4 gilt entsprechend. ³§ 114 zweiter Halbsatz und § 121 Abs. 1 bis 3 der Zivilprozeßordnung sind nicht anzuwenden.

(3) ¹Über die Bestellung des Rechtsanwalts und die Bewilligung der Prozeßkostenhilfe entscheidet das mit der Sache befaßte Gericht. ²In den Fällen des Absatzes 2 ist die Entscheidung unanfechtbar.

Diese Vorschrift ist durch das Zeugenschutzgesetz vom 30. 4. 1998 neu gefasst 1
worden mit Folgeänderungen in §§ 406 g, 406 h. Sie hat die Möglichkeiten, dem nebenklageberechtigten Verletzten auf **Kosten des Staates** einen RA als Beistand zu bestellen, nicht unerheblich erweitert (Rieß NJW 1998, 3242). Durch die Einführung des sogenannten „**Opferanwalts**" für bestimmte Nebenklageberechtigte sollte besonders schutzbedürftigen Opfern die Wahrnehmung ihrer Interessen erleichtert werden. Die **Rechtsstellung des anwaltschaftlichen Beistandes** bestimmt sich nach § 397 iVm §§ 378, 385 Abs. 1 bis 3. Die Beiordnung eines RA nach Abs. 1 schließt die Bestellung eines Zeugenbeistandes nach § 68 b aus; Abs. 1 geht dem Abs. 2 vor (Meyer-Goßner Rn. 2).

Abs. 1 stellt sich als eine Spezialregelung im Verhältnis zu 68 h (anwaltschaftlicher 2
Beistand für Zeugen) dar. Im Falle einer **Nebenklageberechtigung** wegen der in § 395 Abs. 1 Nr. 1 a genannten Verbrechen (§ 176 a StGB – schwerer sexueller Missbrauch von Kindern –; § 177 StGB – sexuelle Nötigung, Vergewaltigung –; § 178 StGB – sexuelle Nötigung und Vergewaltigung mit Todesfolge –; § 181 StGB – schwerer Menschenhandel –) oder wegen eines versuchten Tötungsdelikts iSv § 395 Abs. 1 Nr. 2 hat der Nebenkläger einen **Rechtsanspruch** auf Bestellung eines anwaltschaftlichen Beistandes auf **Kosten der Staatskasse, Abs. 1 S. 1** (KK-Senge Rn. 1 b). Ist dem Nebenkläger nach § 397 a Abs. 1 S. 1 ein RA als Beistand bestellt worden, so **gilt diese Beiordnung** – anders als nach § 397 a Abs. 2 – bis zum rechtskräftigen Abschluss des Verfahrens (OLG Düsseldorf NStZ-RR 2000, 148), also in der Hauptverhandlung vor dem Revisionsgericht (BGH NJW 2000, 3222). „Dieses Ergebnis entspricht dem Gebot der Prozeßökonomie sowie dem Grundsatz der Rechtsklarheit und Rechtssicherheit im Verfahrensrecht" (BGH NJW 2000, 3222). Nur **auf Antrag (Abs. 1 S. 3)** wird dem Nebenkläger ein RA als Beistand bestellt (BGH NStZ 2001, 106). Wird dem Nebenkläger gemäß § 397 a Abs. 1 ein RA als Beistand bestellt, so erstreckt sich die Beiordnung **nicht** auch auf das **Adhäsionsverfahren** (BGH NJW 2001, 2486; s. auch § 404 Rn. 8). Der Antrag muss bei demjenigen Gericht gestellt werden, das für die Entscheidung über

§ 397 a

die Anschlussbefugnis zuständig ist. Er kann schon vor der Anschlusserklärung gestellt werden, aber nicht bevor sie nach § 396 Abs. 1 S. 2, 3 wirksam werden kann, also noch nicht im Vorverfahren (Meyer-Goßner Rn. 4). Zur rückwirkenden Bestellung s. Rn. 7. Ergibt sich das in **S. 1 und 2** vorausgesetzte Nebenklagedelikt nicht aus der öffentlichen Klage, so muss der Antragsteller die Tatsachen angeben, die das Vorliegen einer solchen Straftat rechtlich möglich erscheinen lassen (Meyer-Goßner Rn. 4). Ist der Nebenkläger zum Zeitpunkt der Antragstellung noch **kein 16 Jahre** alt, so besteht der Anspruch auf Bestellung eines RAs **zusätzlich** in allen Fällen, in denen es sich um zum Anschluss berechtigende Delikte und **Vergehen** oder um eine **rechtswidrige Tat nach § 225 StGB** handelt **(Abs. 1 S. 2).** Damit hat das Opfer einer in § 395 Abs. 1 Nr. 1a genannten Sexualstraftat, die als Vergehen ausgestaltet ist (§§ 174–176, 179–180, 182 b 182 StGB) ebenfalls einen **Rechtsanspruch** auf Beiordnung eines anwaltlichen Bestandes (KK-Senge Rn. 1 c). Ist eine Straftat zurzeit der Urteilsverkündung und des Revisionsverfahrens ein Verbrechen, so ist dies für die Bestellung eines Rechtsanwalts als Beistand des Nebenklägers in der Revisionsinstanz (§ 397 a I 1 StPO) maßgebend, auch wenn die Straftat zum Zeitpunkt ihrer Begehung lediglich die Voraussetzungen eines Vergehenstatbestands erfüllt (BGH NStZ 1999, 365; Egon Müller NStZ-RR 2001, 98).

3 **Abs. 1 S. 4** verweist für die Bestellung des Anwalts auf § 142 Abs. 1. Die Bestellung des anwaltlichen Beistandes wirkt, sofern sie nicht entsprechend § 143 zurückgenommen wird oder der Nebenkläger aus dem Verfahren ausscheidet, für das gesamte Verfahren bis zu seinem rechtskräftigen Abschluss (s. Rn. 2). Zur Entscheidung über die Bestellung s. Rn. 6. Darauf, ob die Sache- und Rechtslage schwierig ist oder die Besorgnis besteht, der Nebenkläger könne nicht in der Lage sein, seine verfahrensrechtlichen Befugnisse sachgerecht wahrzunehmen, kommt es bei der Bestellung des anwaltschaftlichen Beistandes nach Abs. 1 nicht an (s. auch Rn. 7). Die Bestellung des Beistandes kann entsprechend § 143 **zurückgenommen** werden (BGH NStZ-RR 2002, 104).

4 Nach **Abs. 2** erhält der Nebenkläger, sofern die Voraussetzungen für die Bestellung eines anwaltschaftlichen Beistandes nach Abs. 1 **nicht vorliegen, auf Antrag,** der auch schon vor der Anschlusserklärung gestellt werden kann, **Prozesskostenhilfe,** er ist außerstande ist, ohne Beeinträchtigung seines und seiner Familie notwendigen Unterhalts die Kosten für die Beauftragung eines RA zu bestreiten (Kurth NStZ 1997, 1; KK-Senge Rn. 2). Die Bewilligung von Prozesskostenhilfe (§ 397 a Abs. 2) kommt also nur in Betracht, wenn die Voraussetzungen für die Bestellung eines Beistands (§ 397 a Abs. 1) nicht vorliegen (BGH NStZ 2000, 218). Prozesskostenhilfe ist für jeden Rechtszug **gesondert** zu gewähren (Abs. 1 S. 1 iVm § 119 ZPO). Das erfordert die erneute Darlegung der wirtschaftlichen Verhältnisse des Antragstellers. In Sonderfällen kann die Bezugnahme auf die in der Vorinstanz abgegebenen Erklärungen ausreichen, wenn sich die maßgeblichen Verhältnisse nicht geändert haben BGH NJW 1983, 2145; BGH NStZ 1988, 214; KK-Senge Rn. 2; Kurth NStZ 1997, 1 mwN).

5 Die **Gebühren** für den RA, der als Beistand **Abs. 1** bestellt ist, richten sich allein **gegen den Staat,** und zwar gemäß § 102 Abs. 2 BRAGO grundsätzlich nach § 97 BRAGO. Wird die **Prozesskostenhilfe nach Abs. 2** bewilligt, hat der beigeordnete RA einen Gebührenanspruch aus der Staatskasse (§§ 102, 98 BRAGO) und diese kann ggf. einen Erstattungsanspruch gegen den Nebenkläger. Bei Verurteilung und Einstellung nach § 153 a hat der kostenpflichtige Angeklagte grundsätzlich auch die Kosten des dem Nebenkläger beigeordneten RA zu tragen (KK-Senge Rn. 4).

6 **Zuständig** zur Entscheidung über den Antrag auf Bestellung eines anwaltschaftlichen Beistandes und über den Antrag auf Bewilligung von Prozesskostenhilfe ist das mit der Sache befasste Gericht **(Abs. 3 S. 1).** Aber die Auswahl des zu bestellenden oder beizuordnenden RA erfolgt entsprechend § 142 Abs. 1 durch den

Vorsitzenden, Abs. 1 S. 4 (KK-Senge Rn. 5). Die Entscheidungen nach Abs. 1 und 2 ergehen durch **Beschluss.**

Die Entscheidung über die Bestellung eines RA als Beistand nach **Abs. 1** kann mit der **Beschwerde** nach § 304 Abs. 1 angefochten werden, auch wenn diese Entscheidung in der Hauptverhandlung ergangen ist (OLG Köln NStZ-RR 2000, 285; KK-Senge Rn. 6). Gegen den **ablehnenden Beschluss** können also die StA und der Antragsteller Beschwerde einlegen, gegen die Bestellung steht der StA Beschwerde zu. Mit der **Revision** kann der Nebenkläger die Ablehnung seines Antrags auf Bestellung eines RA als Beistand rügen; auf dem Rechtsfehler kann das Urteil jedoch nur beruhen, wenn nicht auszuschließen ist, dass der Nebenkläger, hätte er im Beistand seines RA an der Hauptverhandlung teilgenommen, Tatsachen hätten vorbringen oder Beweismittel hätten benennen können, die für den Schuldspruch wesentliche Bedeutung haben können (Meyer-Goßner Rn. 20). Das **Revisionsgericht** ist erst ab Eingang der Akten iSd § 397a Abs. 3 mit der Sache befasst und damit für die Entscheidung über die Bestellung eines Beistandes zuständig (BGH NJW 1999, 2380). Ist eine Straftat zurzeit der **Urteilsverkündung und des Revisionsverfahrens** ein Verbrechen, so ist dies für die Bestellung eines RA als Beistand des Nebenklägers in der Revisionsinstanz maßgebend, auch wenn die Straftat zum Zeitpunkt ihrer Begehung lediglich die Voraussetzungen eines Vergehenstatbestand erfüllt. § 2 Abs. 3 StBG gilt für die bei § 397a Abs. 1 S. 1 vorzunehmende Bewertung der Tat nicht (BGH NJW 1999, 1647). Auf die Zulassung der Nebenklage und Bestellung eines RA als Beistand des Nebenklägers kann auch **nach rechtskräftigem Abschluss des Verfahrens** erkannt werden, wenn dies während des laufenden Verfahrens begründet beantragt wurde. Die Bestellung des Beistandes erfolgt dann rückwirkend auf den Zeitpunkt der Antragstellung (OLG Nürnberg NJW 1999, 3647). 7

Im Falle des **Abs. 2** kann der Beschluss weder vom Nebenkläger gegen die **Versagung der Prozesskostenhilfe** oder die Beiordnung eines **bestimmten RA** (OLG Düsseldorf NStZ-RR 1999, 115) noch vom Beschuldigten bei Bewilligung und auch nicht vom StA angefochten werden **Abs. 3 S. 2.** Diese **Unanfechtbarkeit** beruht auf Gründen der Prozessökonomie und dem Bedürfnis nach schneller Klärung der Rechtslage hinsichtlich der Prozesskostenhilfe (KK-Senge Rn. 5). Dies gilt auch dann, wenn ein unzuständiges Gericht Prozesskostenhilfe bewilligt hat (BGH NJW 1990, 460), nicht aber bei der Ablehnung durch dieses (Meyer-Goßner Rn. 21). Die **Revision,** die auf die Fehlerhaftigkeit der Entscheidung über die Prozesskostenhilfe gestützt ist, ist **unzulässig** (Meyer-Goßner Rn. 21). Für die Nebenklagebefugnis reicht die – wenn auch nur geringe – Möglichkeit aus, dass der Angeklagte wegen einer nebenklagefähigen Katalogtat verurteilt wird. Dies kommt auch noch im Revisionsverfahren, in dem nur der Angeklagte ein unbeschränktes Rechtsmittel eingelegt hat, in Betracht, das das Verbot einer **reformatio in peius** einer **Schuldspruchänderung** zu Lasten des Angeklagten nicht entgegensteht (BGH NStZ-RR 2002, 340). 8

§ 398 [Verfahren]

(1) **Der Fortgang des Verfahrens wird durch den Anschluß nicht aufgehalten.**

(2) **Die bereits anberaumte Hauptverhandlung sowie andere Termine finden an den bestimmten Tagen statt, auch wenn der Nebenkläger wegen Kürze der Zeit nicht mehr geladen oder benachrichtigt werden konnte.**

Der Nebenkläger tritt dem Verfahren in der Lage bei, in der es sich zum Anschlusszeitpunkt befindet; eine **Hemmung** tritt nicht ein **(Abs. 1).** Der Nebenkläger kann daher, wenn die Entscheidung nach § 396 Abs. 2 ohne vermeidbare 1

§§ 399, 400

Verzögerung ergangen ist (vgl. § 396 Rn. 5), keine Wiederholung von Verfahrensteilen verlangen. Eine **Pflicht** des Nebenklägers zur Anwesenheit und Mitwirkung in der Hauptverhandlung besteht nicht (§ 397 Rn. 1).

2   Ist der Anschluss rechtzeitig erklärt worden, so gelten die **Ladungsfristen** der §§ 397 Abs. 1 S. 2, 385 Abs. 2 iVm §§ 217 f. (vgl. § 397 Rn. 2). Bei verspäteter Anschlusserklärung **(Abs. 2)** entfällt die Pflicht zur Ladung; kann der Nebenkläger zwar noch geladen werden, ist jedoch verhindert, so kann in diesem Fall die Hauptverhandlung ohne ihn durchgeführt werden (BGH 28, 272, 273 = NJW 1979, 1310); das Urteil ist ihm dann zuzustellen (KK-Senge Rn. 3).

3   Die **Revision** kann der Nebenkläger mit der Verfahrensrüge auf die Verletzung des Abs. 2 stützen.

§ 399 [Bekanntmachung früherer Entscheidungen]

(1) **Entscheidungen, die schon vor dem Anschluß ergangen und der Staatsanwaltschaft bekanntgemacht waren, bedürfen außer in den Fällen des § 401 Abs. 1 Satz 2 keiner Bekanntmachung an den Nebenkläger.**

(2) **Die Anfechtung solcher Entscheidungen steht auch dem Nebenkläger nicht mehr zu, wenn für die Staatsanwaltschaft die Frist zur Anfechtung abgelaufen ist.**

1   Die Vorschrift ist im **Zusammenhang mit § 398 Abs. 1** zu lesen; den bisherigen Verfahrensgang bis zur Anschlusserklärung muss der Nebenkläger gegen sich gelten lassen. Mit der **Ausnahme** des **Abs. 1** iVm § 401 Abs. 1 S. 2 sind ihm Entscheidungen erst vom Zeitpunkt des Wirksamwerdens seiner Anschlusserklärung an bekanntzumachen, auch wenn ein Zulassungsbeschluss nach § 396 Abs. 2 noch nicht ergangen ist.

2   Abs. 2 betrifft nur Entscheidungen nach Abs. 1. Bei Anschlusserklärung zur Rechtsmitteleinlegung (§§ 395 Abs. 4 S. 2, 401 Abs. 1 S. 2) läuft daher für den Nebenkläger **keine eigene Rechtsmittelfrist** (BGH NStZ 1988, 214); sein Rechtsmittel ist unzulässig, wenn die für die StA laufende Frist abgelaufen ist oder die StA auf Rechtsmittel verzichtet. Die **Wiedereinsetzung in den vorigen Stand** kann der Nebenkläger bei verspäteter Anfechtung im Fall des Abs. 2 nicht verlangen. Da gegen ihn keine eigene Frist lief, konnte er auch keine Frist iSd § 44 versäumen (BGH NStZ 1988, 214). Die Wiedereinsetzung soll aber möglich sein, wenn der Anschluss innerhalb der Anfechtungsfrist für die StA erklärt und nur die Anfechtung verspätet vorgenommen worden ist (RG 76, 178; OLG Hamm NJW 1964, 265; KK-Senge Rn. 4). Für die **Rechtsmittelbegründungsfrist** nach §§ 317, 345 Abs. 1 hat Abs. 2 keine Bedeutung, insoweit gilt § 401 Abs. 1 S. 2 (Meyer-Goßner Rn. 4).

§ 400 [Rechtsmittelbefugnis des Nebenklägers]

(1) **Der Nebenkläger kann das Urteil nicht mit dem Ziel anfechten, daß eine andere Rechtsfolge der Tat verhängt wird oder daß der Angeklagte wegen einer Gesetzesverletzung verurteilt wird, die nicht zum Anschluß des Nebenklägers berechtigt.**

(2) ¹**Dem Nebenkläger steht die sofortige Beschwerde gegen den Beschluß zu, durch den die Eröffnung des Hauptverfahrens abgelehnt oder das Verfahren nach den §§ 206 a und 206 b eingestellt wird, soweit er die Tat betrifft, auf Grund deren der Nebenkläger zum Anschluß befugt ist.** ²**Im übrigen ist der Beschluß, durch den das Verfahren eingestellt wird, für den Nebenkläger unanfechtbar.**

Nebenklage **§ 400**

Der Nebenkläger hat eine **eigene Rechtsmittelbefugnis** (vgl. §§ 395 Abs. 4 **1**
S. 2, 401 Abs. 1 S. 1) unabhängig von der StA, **soweit** er durch die Entscheidung
in seiner Stellung **beschwert** ist (BGH 29, 216, 217 = NJW 1980, 1586; vgl.
Meyer-Goßner Rn. 1 mwN). Seine Befugnis, sich am Verfahren über das Rechtsmittel anderer Prozessbeteiligter zu beteiligen, bleibt von Abs. 1 unberührt (KK-Senge Rn. 3).

Die Anfechtung durch den Nebenkläger ist **ausgeschlossen (Abs. 1),** wenn er **2**
nur eine **andere** oder eine **weitere,** bislang nicht angeordnete Rechtsfolge anstrebt
(BGH AnwBl 1989, 688; BGH 41, 144 = NJW 1995, 2301). Er kann auch kein
Rechtsmittel **zugunsten** des Angeklagten einlegen (§ 296 Abs. 2), vor allem nicht
mit dem Zeil des Freispruchs (OLG Schleswig NStZ-RR 2000, 270); jedoch wirkt
das Rechtsmittel nach § 301 auch **zugunsten** des Angeklagten (BGH NStZ-RR
1996, 130; KK-Senge Rn. 1). Unzulässig ist ein gegen den **Schuldumfang** gerichtetes Rechtsmittel, besonders **schwerer Fall,** eine weitere **Tatbestandsalternative**
(BGH NStZ-RR 1997, 371), **weiteres Mordmerkmal** (KK-Senge Rn. 1; Meyer-Goßner Rn. 3). Der Nebenkläger kann nicht rügen die **Anwendung von § 213
StGB** (BGH NStZ-RR 2000, 40), die Annahme eines **minder schweren Falles**
und die **Feststellung der Schuldschwere nach § 57a Abs. 1 StGB** (KK-Senge
Rn. 1). Begehrt zB der Nebenkläger eine Verurteilung des Angeklagten **wegen
Vergewaltigung statt wegen sexueller Nötigung,** so zielt seine Revision nicht
auf die Anwendung eines Qualifikationstatbestandes sondern lediglich einer Strafzumessungsvorschrift; sein Rechtsmittel ist unzulässig (BGH NStZ-RR 2003, 306).
Der **Freispruch** wegen **Schuldunfähigkeit** kann aber angegriffen werden, auch
wenn eine Maßregel nach § 63 StGB angeordnet wurde (Meyer-Goßner Rn. 3).
Der Nebenkläger kann auch das Rechtsmittel auf die unterbliebene Anordnung
nach § 63 StGB beschränken (KK-Senge Rn. 1). Oder mit den Worten des BGH:
„Zulässig ist auch die Beschränkung des Rechtmittels auf die Nichtanordnung der
Maßregel der Unterbringung in einem psychiatrischen Krankenhaus, BGHSt 5,
267; 15, 279, 285; BGH NJW 1963, 1414; GA 1968, 148" (so BGH NStZ 1995,
609).

Das Rechtsmittel kann nur darauf gestützt werden, dass Rechtsvorschriften hin- **3**
sichtlich des **Nebenklagedelikts** verletzt wurden (BGH NStZ 1987, 211). Sofern
eine Verurteilung wegen eines Nebenklagedelikts erfolgt ist, sind die nicht näher
begründeten Berufung sowie die auf die allgemeine Sachrüge gestützte Revision des
Nebenklägers idR unzulässig (BGH NStZ 1989, 221; vgl. KK-Senge Rn. 1). Steht
das Nebenklagedelikt in **Tat- oder Gesetzeseinheit** mit einem anderen, nicht zur
Nebenklage berechtigenden Delikt, so bleibt dies bei der Prüfung der Zulässigkeit
des Rechtsmittels, die sich stets vAw. auf die **Anschlussbefugnis** erstreckt (vgl.
§ 396 Rn. 5), außer Betracht (vgl. Meyer-Goßner Rn. 7 mwN). Hatte der Nebenkläger einer Beschränkung nach § 154a zugestimmt (vgl. § 397 Abs. 2), so entfällt
in soweit seine Rechtsmittelbefugnis (BGH NStZ 1992, 30). Die **Revision** des
Nebenklägers mit dem Ziel, über die Annahme eines dem Angeklagten im Ergebnis
ungünstigeren Konkurrenzverhältnis die Verhängung einer Gesamtstrafe und
damit einer insgesamt schwereren Rechtsfolge zu erreichen, ist zulässig. Denn „Tatbestände, die sog. Nebenklagedelikte sind, werden im Rahmen des Schuldspruchs
nur dann richtig angewandt, wenn bei ihrem Zusammentreffen auch das Konkurrenzverhältnis zutreffend gewürdigt wird. Hieran kann der Nebenkläger ein gesetzlich anerkanntes Interesse haben, weil die Annahme von Tatmehrheit anstatt Tateinheit auch den Unrechtsgehalt und die Schuld des Täters zweier zur Nebenklage
berechtigender Gesetzesverletzungen kennzeichnen. Das Konkurrenzverhältnis
prägt in solchen Fällen den Schuldspruch mit. Hier steht das Verhältnis der sexuellen
Nötigung zu den anderen Gesetzesverhältnisse in Rede, darunter die ebenfalls zur
Nebenklage berechtigende gefährlichen Körperverletzung (vgl. § 395 Abs. 1
Nr. 1a und c StPO). Das führt zur Zulässigkeit der Revision" (BGH NStZ 2000,

219). Bei einer **Revision** des Nebenklägers bedarf es grundsätzlich der Mitteilung, dass das Urteil mit dem Ziel einer **Änderung des Schuldspruchs** hinsichtlich der zum Anschluss als Nebenkläger berechtigenden Gesetzverletzung angefochten wird. Die **gesetzwidrige Nichtzulassung** eines Nebenklägers ist wie die **gesetzwidrige Zulassung** ein **relativer Revisionsgrund,** der voraussetzt, dass das Urteil auf der Verletzung des Gesetzes beruht (§ 337 Abs. 1). Ein **Beruhen** ist dann anzunehmen, wenn nicht auszuschließen ist, dass der Nebenkläger Tatsachen hätte vorbringen oder Beweismittel benennen können, die für den Schuldspruch wesentliche Bedeutung haben können (BGH NStZ 1999, 259). Die Rüge von **Verfahrensfehlern** ist nur zulässig, wenn sich der Rechtsfehler auf die Entscheidung über das Nebenklagedelikt ausgewirkt haben kann; in diesem Fall kommt es aber nicht darauf an, ob der Verfahrensfehler gerade gegenüber dem Nebenkläger begangen wurde (vgl. KK-Senge § 401 Rn. 1). Eine zulässige **Revision** des Nebenklägers erstreckt sich auch dann nur auf die richtige Anwendung der Vorschriften über das Nebenklagedelikt, wenn dieses mit einem nicht zur Nebenklage berechtigenden Delikt in **Tateinheit** steht oder – bei Nichtverurteilung wegen des Nebenklagedelikts – stehen würde (BGH 43, 15 = NJW 1997, 2123).

4 Die **sofortige Beschwerde (Abs. 2)** steht dem Nebenkläger gegen die **Nichteröffnung des Hauptverfahrens** (§ 204), die **Ablehnung des Strafbefehlserlasses** (§ 408 Abs. 2 S. 2) sowie gegen die **Einstellungsbeschlüsse** nach §§ 206 a, 206 b zu, soweit diese Entscheidungen das Nebenklagedelikt betreffen. **Beschlüsse** nach §§ 153 Abs. 2, 153 a Abs. 2, 153 b Abs. 2, 154 Abs. 2, 205, 209 Abs. 1, 210 Abs. 2 kann der Nebenkläger nicht anfechten. Gegen das **Einstellungsurteil** nach § 260 Abs. 3 hat er die allgemeinen Rechtsmittel mit der Beschränkung des Abs. 1.

§ 401 [Rechtsmittel des Nebenklägers]

(1) ¹Der Rechtsmittel kann sich der Nebenkläger unabhängig von der Staatsanwaltschaft bedienen. ²Geschieht der Anschluß nach ergangenem Urteil zur Einlegung eines Rechtsmittels, so ist dem Nebenkläger das angefochtene Urteil sofort zuzustellen. ³Die Frist zur Begründung des Rechtsmittels beginnt mit Ablauf der für die Staatsanwaltschaft laufenden Frist zur Einlegung des Rechtsmittels oder, wenn das Urteil dem Nebenkläger noch nicht zugestellt war, mit der Zustellung des Urteils an ihn auch dann, wenn eine Entscheidung über die Berechtigung des Nebenklägers zum Anschluß noch nicht ergangen ist.

(2) ¹War der Nebenkläger in der Hauptverhandlung anwesend oder durch einen Anwalt vertreten, so beginnt für ihn die Frist zur Einlegung des Rechtsmittels auch dann mit der Verkündung des Urteils, wenn er bei dieser nicht mehr zugegen oder vertreten war; er kann die Wiedereinsetzung in den vorigen Stand gegen die Versäumung der Frist nicht wegen fehlender Rechtsmittelbelehrung beanspruchen. ²Ist der Nebenkläger in der Hauptverhandlung überhaupt nicht anwesend oder vertreten gewesen, so beginnt die Frist mit der Zustellung der Urteilsformel an ihn.

(3) ¹Hat allein der Nebenkläger Berufung eingelegt, so ist diese, wenn bei Beginn einer Hauptverhandlung weder der Nebenkläger noch für ihn ein Rechtsanwalt erschienen ist, unbeschadet der Vorschrift des § 301 sofort zu verwerfen. ²Der Nebenkläger kann binnen einer Woche nach der Versäumung unter den Voraussetzungen der §§ 44 und 45 die Wiedereinsetzung in den vorigen Stand beanspruchen.

(4) **Wird auf ein nur von dem Nebenkläger eingelegtes Rechtsmittel die angefochtene Entscheidung aufgehoben, so liegt der Betrieb der Sache wiederum der Staatsanwaltschaft ob.**

Nebenklage **§ 401**

Die **Rechtsmittelbefugnis des Nebenklägers (Abs. 1 S. 1)** ist von der der 1
StA unabhängig (vgl. § 400 Rn. 1). Daher kann er auch Verfahrensfehler rügen, die
gegenüber der StA begangen sind (zB gesetzwidrige Behandlung der Beweisanträge). Der Nebenkläger kann, wenn er zugleich seinen Anschluss erklärt (§ 395
Abs. 4 S. 1) oder wirksam zugelassen ist (vgl. § 396 Rn. 3, 5), Rechtsmittel **nur
zuungunsten** des Angeklagten einlegen (BGH 37, 136 = NJW 1990, 2479); § 301
gilt aber auch für sein Rechtsmittel. Das Rechtsmittel des Nebenklägers setzt stets
seine **Beschwer** voraus (BGH 29, 217 = NJW 1980, 1586). Der Nebenkläger kann
entweder in seiner Funktion als privates Kontrollorgan der staatsanwaltschaftlichen
Strafverfolgung oder durch unrichtige Behandlung des Nebenklagedelikts verletzt
sein. Eine **Beschwer** liegt mithin immer vor, wenn das Nebenklagedelikt nicht in
den Schuldspruch aufgenommen oder beim Rechtsfolgenausspruch nicht berücksichtigt wurde (BGH 13, 145 = NJW 1959, 1740; BGH NJW 1970, 205). Unzulässig mangels Beschwer ist die gegen die Nichtverhängung der Sicherungsverwahrung gerichtete Revision (KK-Senge Rn. 3 mwN). Eine etwaige Beschränkung
der Strafverfolgung nach § 154 a Abs. 1 oder 2 entfällt (§ 397 Abs. 2). Aus der
Funktion des Nebenklägers folgt, dass er bei Entscheidungen über U-Haft oder die
vorläufige Unterbringung des Angeklagten und den entsprechenden Vollzug nicht
beschwert ist; er hat daher keine Beschwerdebefugnis (OLG Karlsruhe MDR 1974,
332; OLG Frankfurt StV 1995, 594; KK-Senge Rn. 3).

In der Einlegung, Begründung, Durchführung und Rücknahme seiner Rechts- 2
mittel ist der Nebenkläger von der StA **unabhängig,** soweit nicht §§ 399 Abs. 2,
401 Abs. 1 S. 3 formelle Zulässigkeitsgrenzen setzen. Auf die **Revisionsbegründung** des Nebenklägers ist § 390 Abs. 2 entspr. anzuwenden (Meyer-Goßner
Rn. 2).

Bei **Anschluss zur Einlegung eines Rechtsmittels** (§ 395 Abs. 4 S. 2) ist das 3
Urteil dem Nebenkläger sofort zuzustellen **(Abs. 1 Satz 2);** eine vorherige Entscheidung nach § 396 Abs. 2 ist nicht erforderlich. Die **Begründungsfrist** beginnt
dann mit Ablauf der für die StA geltenden Einlegungsfrist, wenn das Urteil bis dahin
zugestellt war, sonst mit Urteilszustellung **(Abs. 1 S. 3);** auf den Zeitpunkt der
Zulassungsentscheidung nach § 396 Abs. 2 kommt es nicht an (vgl. KK-Senge
Rn. 6). Nach **rechtskräftigem Verfahrensabschluss** kann sich der Nebenklageberechtigte dem Verfahren nicht mehr anschließen (BGH NStZ-RR 1997, 136).
Rechtsmittel **zugunsten des Angeklagten** (§ 296 Abs. 2) kann der Nebenkläger
ebenso wenig wie der Privatkläger einlegen; er ist nicht beschwert (BGH 37, 136 =
NJW 1990, 2479). Das **zuungunsten** des Angeklagten eingelegte Rechtsmittel
kann jedoch auch zugunsten des Angeklagten wirken (BGH NJW 1993, 1521;
BGHR StPO § 401 Abs. 3 S. 1). Wollte jedoch der Nebenkläger eine härtere
Bestrafung erreichen und kann er dieses Ziel nicht verwirklichen, ist seine Revision
mit der Kostenfolge aus § 473 Abs. 1 sofort zu verwerfen (KK-Senge Rn. 12).

Für den **bereits zugelassenen Nebenkläger (Abs. 2)** beginnt die **Einlegungs-** 4
frist stets mit der Urteilsverkündung, wenn er in der Hauptverhandlung **zumindest
teilweise** zugegen oder vertreten war (Abs. 2 S. 1; vgl. BGH NStZ 1995, 21). War
er bei keinem Teil der Hauptverhandlung anwesend oder vertreten, so beginnt die
Frist mit Zustellung der Urteilsformel (Abs. 2 S. 2); auf die Zustellung der Gründe
kommt es insoweit nicht an. Der Nebenkläger ist nicht in dieser Eigenschaft in der
Hauptverhandlung anwesend, wenn er **nur als Zeuge** im Rahmen der Beweisaufnahme an dieser teilnimmt. Mithin beginnt für ihn die Frist für die Einlegung des
Rechtsmittels mit der Zustellung der Urteilsformel an ihn oder den von ihm bevollmächtigten RA (OLG Karlsruhe NStZ-RR 2000, 16). Für die **Begründungsfrist**
gelten die allgemeinen Regeln (Abs. 1 S. 3; vgl. KK-Senge Rn. 7).

Die **Berufung des ausgebliebenen Nebenklägers (Abs. 3)** kann sofort ver- 5
worfen werden **(Abs. 3 S. 1);** denn die alleinige Berufung des Nebenklägers
begründet für diesen eine Erscheinungspflicht für die Hauptverhandlung (KK-Senge

§ 402, Vor § 403

Rn. 8). Anders als im Fall des § 329 Abs. 1 S. 1 ist eine Verhandlung zur Sache jedoch nicht ausgeschlossen, wenn nach Aktenlage eine für den Angeklagten günstigere Entscheidung zu erwarten ist (Abs. 3 S. 1 iVm § 301). Erscheint in diesem Fall der Nebenkläger nachträglich, so kann seine Berufung auch dann nicht mehr nach S. 1 verworfen werden, wenn das Ergebnis der Hauptverhandlung eine für den Angeklagten günstigere Entscheidung nicht rechtfertigt (**aA** Meyer-Goßner Rn. 6; KMR-Müller Rn. 17), denn die Regelung sanktioniert im Interesse der Verfahrensökonomie allein die formale Säumnis des Nebenklägers, die sachliche Berechtigung hierzu entfällt aber, wenn tatsächlich eine Verhandlung zur Sache stattfindet. Wenn **auch der Angeklagte oder die StA** Berufung eingelegt haben, gilt Abs. 3 nicht, wenn nicht ein Fall des § 329 Abs. 1 S. 1 vorliegt oder die anderen Berufungen zurückgenommen werden (LR-Wendisch Rn. 28). Gegen die Verwerfung nach Abs. 3 S. 1 kann vom Nebenkläger die **Wiedereinsetzung** beantragt werden (Abs. 3 S. 2).

6   Die **Wiederaufnahme** des Verfahrens kann der Nebenkläger zuungunsten des Angeklagten beantragen (§ 362), wenn er bereits im Ausgangsverfahren zugelassen war (vgl. § 395 Rn. 9; KK-Senge Rn. 13).

7   Der **Betrieb der Sache (Abs. 4)** obliegt der StA, wenn auf ein Rechtsmittel des Nebenklägers das Urteil aufgehoben und zur neuen Verhandlung **zurückverwiesen** wurde; ein Ausscheiden des Nebenklägers ist für den Fortgang des Verfahrens unschädlich. Bei der neuen Sachentscheidung erstreckt sich die Kognitionspflicht des Gerichts auf die gesamte Tat im materiellen Sinne, also auch auf Nichtnebenklagedelikte (OLG Frankfurt NStZ-RR 2001, 22). Bei abschließender Entscheidung durch das Revisionsgericht ist die Vorschrift gegenstandslos (KK-Senge Rn. 14).

§ 402 [Widerruf; Tod des Nebenklägers]

Die Anschlußerklärung verliert durch Widerruf sowie durch den Tod des Nebenklägers ihre Wirkung.

1   Ein **Widerruf der Anschlusserklärung** ist in jeder Verfahrenslage bis zum rechtskräftigen Abschluss möglich; er ist gegenüber dem mit der Sache befassten Gericht **formlos** zu erklären (Meyer-Goßner Rn. 1; str.). Der Widerruf wirkt nur für die Zukunft (RG 64, 60, 62). Er schließt eine Entscheidung nach § 472 und damit einen Anspruch auf Auslagenerstattung aus. Die Erklärung des **Verzichts** des Geschädigten auf sein Recht, auf das weitere Verfahren als Nebenkläger einzuwirken, steht der Berechtigung zu erneutem **Anschluss** als Nebenkläger entgegen (BGH NStZ-RR 1998, 305).

2   Der **Tod des Nebenklägers** beendet die Nebenklage ohne weiteres. Eine Fortführung durch seine Angehörigen ist nunmehr nach dem Opferschutzgesetz v. 1998 nicht zulässig (BGH NJW 1998, 3069; s. § 395 Rn. 5). Ein noch nicht beschiedenes Rechtsmittel wird gegenstandslos; die **Kostenentscheidung** folgt aus § 473 Abs. 1 S. 3 (vgl. i. E. Meyer-Goßner Rn. 6 mwN).

3   Widerruf und Tod des Nebenklägers haben keinen Einfluss auf ein bereits ergangenes Urteil, auch wenn es auf Rechtsmittel des Nebenklägers ergangen ist.

Dritter Abschnitt. Entschädigung des Verletzten

Vorbemerkung

1   Das **Adhäsionsverfahren** (§§ 403–406 d) soll eine prozeßökonomisch sinnvolle gleichzeitige Entscheidung über Strafsachen und aus der Tat entstandene bürgerlichrechtliche Ansprüche, insb. auf Schadensersatz, ermöglichen. Es folgt im Wesent-

Entschädigung des Verletzten **§ 403**

lichen den Regeln des Strafverfahrens (§ 403 Abs. 1); eine Verurteilung hat dieselben Wirkungen wie ein im bürgerlichen Rechtsstreit ergangenes Urteil (§ 406 Abs. 3 S. 1). Die Entscheidung über den Anspruch ist an die Verurteilung des Angeklagten im Strafverfahren gebunden (§§ 405 S. 1, 406 a Abs. 3, 406 c Abs. 2); eine negative Sachentscheidung zuungunsten des Antragstellers ergeht in keinem Fall (§§ 405, 406 Abs. 3 S. 1).

Das Verfahren nach §§ 403 ff. hat kaum praktische Bedeutung. Dies liegt weniger 2 an seiner grundsätzlichen Ungeeignetheit (vgl. Meyer-Goßner Rn. 2) als vielmehr an einer zu weitgehenden Auslegung des § 405 S. 2. Abhilfe könnte nur eine gesetzliche Verpflichtung zur Entscheidung schaffen.

§ 403 [Voraussetzungen] RiStBV 173, 174

Der Verletzte oder sein Erbe kann gegen den Beschuldigten einen aus der Straftat erwachsenen vermögensrechtlichen Anspruch, der zur Zuständigkeit der ordentlichen Gerichte gehört und noch nicht anderweit gerichtlich anhängig gemacht ist, im Strafverfahren geltend machen, im Verfahren vor dem Amtsgericht ohne Rücksicht auf den Wert des Streitgegenstandes.

Antragsberechtigt im Adhäsionsverfahren ist der **Verletzte,** dh derjenige, der 1 aus der Straftat **unmittelbar** einen vermögensrechtlichen Anspruch erworben hat. Das kann auch sein, wer durch die Straftat selbst nur mittelbar verletzt ist, zB der Ehegatte des Getöteten (vgl. § 844 Abs. 2 BGB) oder bei Sachbeschädigung der dinglich oder schuldrechtlich zur Nutzung Berechtigte (KK-Engelhardt Rn. 5). Nicht Verletzter iSd Abs. 1 ist der **Versicherer** des Geschädigten (OLG Karlsruhe MDR 1984, 336). Der **Konkursverwalter** kann den Antrag stellen (i. E. str.; vgl. Meyer-Goßner Rn. 5), nicht jedoch **Einzelrechtsnachfolger.** Dem Verletzten gleichgestellt sind seine **Erben.** Den Antrag kann jeder Miterbe stellen; Leistung kann nur an alle gefordert werden. Auch der Erbeserbe ist antragsberechtigt (KK-Engelhardt Rn. 9). Der Antragsteller muss **prozessfähig** oder gesetzlich vertreten sein.

Der Antrag muss sich **gegen den Beschuldigten** richten. Ansprüche gegen 2 Mithaftende, insb. gegen Versicherer, können nach § 403 nicht geltend gemacht werden. Gegen **Jugendliche** ist das Adhäsionsverfahren ausgeschlossen (§ 81 JGG); gegen **Heranwachsende** findet es nur statt, wenn Erwachsenenrecht angewendet wird (§§ 109 Abs. 2 iVm 81 JGG). Der Beschuldigte muss **verhandlungsfähig** sein; auf seine **Geschäftsfähigkeit** kommt es nicht an, wenn nicht ein **Vergleich** geschlossen wird (vgl. § 404 Rn. 6).

Geltend gemacht werden können **vermögensrechtliche Ansprüche,** die un- 3 mittelbar aus der Straftat erwachsen sind, insb. Ansprüche auf Schadensersatz und Schmerzensgeld (vgl. BGH MDR 1993, 408), Herausgabe- und Bereicherungsansprüche, Unterlassungsansprüche, soweit wirtschaftliche Interessen verfolgt werden, im Einzelfall auch Widerrufs- und Feststellungsansprüche (vgl. Meyer-Goßner Rn. 10; Granderath NStZ 1984, 400) sowie Ansprüche nach § 110 Abs. 1 UrhG. Die Verurteilung zu **Schmerzensgeld** verlangt nicht in jedem Fall die ausdrückliche Erörterung der wirtschaftlichen Verhältnisse von Schädiger und Geschädigtem (BGH NJW 1995, 1438). Eine **formelhafte** Begründung des zuerkannten Schmerzensgeldanspruchs ist im Einzelfall dann ausreichend, wenn sich dessen zivilrechtliche Berechtigung aus dem Gesamtzusammenhang der Urteilsgründe ergibt (BGH NStZ-RR 1996, 109; s. auch § 406 Rn. 1).

Der Anspruch muss zur **Zuständigkeit der ordentlichen** Gerichte gehören. 4 Arbeitsrechtliche Ansprüche sind ausgeschlossen (BGH 3, 210). Die Zuständigkeit ist in jedem Rechtszug vAw. zu prüfen; eine fehlerhafte Beurteilung hindert die

§ 404 Fünftes Buch. 3. Abschnitt

Wirksamkeit einer rechtskräftigen Verurteilung jedoch nicht. Auf die Höhe des **Streitwerts** (vgl. § 23 Abs. 1 GVG) kommt es nicht an.

5   Der Anspruch kann **in jedem Strafverfahren** geltend gemacht werden, auch im Privatklageverfahren, nicht jedoch im Strafbefehlsverfahren vor Bestimmung eines Termins zur Hauptverhandlung.

§ 404 [Antrag des Verletzten] RiStBV 173, 174

(1) ¹Der Antrag, durch den der Anspruch geltend gemacht wird, kann schriftlich oder mündlich zur Niederschrift des Urkundsbeamten, in der Hauptverhandlung auch mündlich bis zum Beginn der Schlußvorträge gestellt werden. ²Er muß den Gegenstand und Grund des Anspruchs bestimmt bezeichnen und soll die Beweismittel enthalten. ³Ist der Antrag außerhalb der Hauptverhandlung gestellt, so wird er dem Beschuldigten zugestellt.

(2) ¹Die Antragstellung hat dieselben Wirkungen wie die Erhebung der Klage im bürgerlichen Rechtsstreit. ²Sie treten mit Eingang des Antrages bei Gericht ein.

(3) ¹Ist der Antrag vor Beginn der Hauptverhandlung gestellt, so wird der Antragsteller von Ort und Zeit der Hauptverhandlung benachrichtigt. ²Der Antragsteller, sein gesetzlicher Vertreter und der Ehegatte oder Lebenspartner des Antragsberechtigten können an der Hauptverhandlung teilnehmen.

(4) Der Antrag kann bis zur Verkündung des Urteils zurückgenommen werden.

(5) ¹Dem Antragsteller und dem Angeschuldigten ist auf Antrag Prozeßkostenhilfe nach denselben Vorschriften wie in bürgerlichen Rechtsstreitigkeiten zu bewilligen, sobald die Klage erhoben ist. ²§ 121 Abs. 2 der Zivilprozeßordnung gilt mit der Maßgabe, daß dem Angeschuldigten, der einen Verteidiger hat, dieser beigeordnet werden soll; dem Antragsteller, der sich im Hauptverfahren des Beistandes eines Rechtsanwalts bedient, soll dieser beigeordnet werden. ³Zuständig für die Entscheidung ist das mit der Sache befaßte Gericht; die Entscheidung ist nicht anfechtbar.

1   Der **Antrag** ist Verfahrensvoraussetzung für die Adhäsionsentscheidung; sein Vorliegen ist in jedem Rechtszug vAw. zu prüfen (BGH NStZ 1988, 470). Der Antragsteller muss **prozessfähig** (§§ 51 ff. ZPO) oder wirksam vertreten sein; er muss zur Geltendmachung des Anspruchs befugt sein. Der Antrag muss in der **Form** des **Abs. 1** gestellt werden; wird er mündlich in der Hauptverhandlung gestellt, so ist er in die Sitzungsniederschrift aufzunehmen (§ 273 Abs. 1).

2   Form und **Inhalt** müssen den Erfordernissen einer Zivilklage (vgl. § 253 ZPO) entsprechen. Der **Gegenstand** ist bestimmt zu bezeichnen, Geldforderungen sind idR zu beziffern; Schadensersatz, Schmerzensgeld und Zinsen sind gesondert zu beantragen. Ein Schmerzensgeldanspruch muss nicht beziffert werden (BGHR StPO § 404 Abs. 1 Antragstellung 3; KK-Engelhardt Rn. 5). Zu Zulässigkeit eines **Grundurteils** namentlich bei Schmerzensgeldansprüchen (BGH NJW 2002, 3560; vgl. BGH 44, 202 = NJW 1999, 437). Der **Grund** des Anspruchs sind die Tatsachen, aus welchen er sich schlüssig ergibt. Das Gericht hat ggf. entspr. § 139 ZPO auf Ergänzung hinzuwirken (KK-Engelhardt Rn. 5). **Beweismittel** sollen angegeben werden. Ihr Fehlen ist unschädlich, weil § 244 Abs. 2 gilt (Meyer-Goßner Rn. 3).

3   Der **Zeitpunkt** des Antrags ist nicht vorgeschrieben. Er kann schon vor gerichtlicher Anhängigkeit bei der StA gestellt werden; **wirksam** wird er erst mit Eröffnung des Hauptverfahrens oder Terminsbestimmung im Strafbefehlsverfahren. Spä-

950

tester **Zeitpunkt** ist der Beginn der Schlussvorträge in der Hauptverhandlung (BGH StV 1988, 515), auch noch im Berufungsrechtszug (Meyer-Goßner Rn. 4 mwN). Die Stellung eines Adhäsionsantrages erst nach dem Schlussvortrag der StA ist **verspätet**. Die Rechtzeitigkeit des Antrags ist als **Verfahrensvoraussetzung** von Amts wegen zu beachten (BGH NStZ 1998, 477). Je später der Antrag allerdings gestellt wird, desto größer ist die Gefahr einer Anwendung von § 405 S. 2 (KK-Engelhardt Rn. 3). Bei Antragstellung außerhalb der Hauptverhandlung ist der Antrag dem Beschuldigten förmlich **zuzustellen (Abs. 1 S. 3).**

Die **Wirkungen der Antragstellung (Abs. 2)** entsprechen denen der Klageerhebung vor dem Zivilgericht. Rechtshängigkeit tritt bereits mit Antragserhebung in der Hauptverhandlung, sonst mit Zustellung ein (KK-Engelhardt Rn. 8; **aA** Meyer-Goßner Rn. 6). 4

Der Antragsteller hat ein **Recht zur Teilnahme** an der Hauptverhandlung **(Abs. 3 S. 2),** neben ihm die in Abs. 3 S. 2 bezeichneten Personen. Anwaltszwang besteht nicht; der Antragsteller kann aber im **Beistand** eines RA erscheinen. Er kann sich auch von einem RA oder einem anderen Bevollmächtigten vertreten lassen. Ist er als **Zeuge** geladen, so gilt § 58 Abs. 1 nicht. Das Recht auf Teilnahme umfasst das Recht, **angehört** zu werden, **Beweisanträge,** Anträge nach § 238 Abs. 2 und Fragen (§ 240) zu stellen, sowie das Recht zum **Schlussvortrag** (§ 258). Vom Termin wird der Antragsteller im Fall des Abs. 3 S. 1 **benachrichtigt;** eine förmliche Ladung ist nicht erforderlich, wenn er nicht als Zeuge gehört werden soll. 5

Das **weitere Verfahren** richtet sich nach den Vorschriften der StPO (BGH 37, 260 = NJW 1991, 1243). Widerklage, Verzicht und Anerkenntnis sind ausgeschlossen; § 288 ZPO gilt nicht. Die Sachaufklärung richtet sich nach § 244 Abs. 2; es gilt das Strengbeweisverfahren (vgl. Meyer-Goßner Rn. 11 mwN). § 308 Abs. 1 ZPO ist anzuwenden; eine Verurteilung ist daher nur im Rahmen des Antrags zulässig. Die **Angeklagte** muss zum Antrag **gehört** werden (BGH 37, 260); für die **Beteiligung der StA** gilt RiStBV Nr. 174. Ein gerichtlicher **Vergleich** ist möglich (i. E. str.; vgl. Meyer-Goßner Rn. 12 mwN); aus ihm kann vollstreckt werden (§ 794 Abs. 1 Nr. 1 ZPO). 6

Eine **Zurücknahme des Antrags (Abs. 4)** ist bis zum Beginn der Urteilsverkündung, auch noch im Berufungsrechtszug, möglich. Der Zustimmung des Angeklagten bedarf es nicht. Ein neuer Antrag im selben Verfahren ist zulässig (KK-Engelhardt Rn. 13). 7

Prozesskostenhilfe (Abs. 5) kann dem Antragsteller und dem Angeschuldigten auf **Antrag** bewilligt werden, sobald die Anklageschrift eingereicht oder Termin zur Hauptverhandlung im Strafbefehlsverfahren bestimmt ist. Die **Bewilligung** richtet sich nach §§ 114 ff. ZPO (vgl. i. E. Meyer-Goßner Rn. 14 ff.); sie erfolgt für jeden Rechtszug gesondert. Die **Beiordnung eines RA** (Abs. 5 S. 2) setzt einen Antrag sowie die Erforderlichkeit einer Vertretung oder die Vertretung des Gegners (§ 121 Abs. 2 S. 1 ZPO) voraus. Dem Angeschuldigten ist regelmäßig sein Verteidiger, dem Antragsteller sein Beistand beizuordnen. **Zuständig** ist das mit der Sache befasste Gericht (Abs. 5 S. 3, 1. HS), das Berufungsgericht nach Aktenvorlage (§ 321 S. 2). „Wird dem Nebenkläger gemäß § 397 a Abs. 1 ein RA als Beistand bestellt, so erstreckt sich die Beiordnung nicht auch auf das **Adhäsionsverfahren.** Der RA ist daher nicht befugt, für den Nebenkläger vermögensrechtliche Ansprüche gegen den Angeklagten im Adhäsionsverfahren einzuklagen und seine diesbezüglichen Gebühren gegen die Staatskasse geltend zu machen, es sei denn er wurde dem Nebenkläger im Rahmen der Gewährung von Prozesskostenhilfe gemäß § 404 Abs. 5 S. 2 StPO, § 121 Abs. 2 ZPO gesondert für das Adhäsionsverfahren beigeordnet" (BGH NJW 2001, 2486). Der Antrag auf Gewährung von PKH kann schon vor der Antragstellung nach Abs. 1 und zu deren Vorbereitung gestellt werden. Die Entscheidung des Gerichts ist **unanfechtbar;** § 127 ZPO gilt nicht (Meyer-Goßner Rn. 18). 8

§ 405

§ 405 [Aufnahme eines Vergleichs in das Protokoll] RiStBV 173

(1) ¹Auf Antrag des Verletzten oder seines Erben und des Angeklagten nimmt das Gericht einen Vergleich über die aus der Straftat erwachsenen Ansprüche in das Protokoll auf. ²Es soll auf übereinstimmenden Antrag der in Satz 1 Genannten einen Vergleichsvorschlag unterbreiten.

(2) Für die Entscheidung über Einwendungen gegen die Rechtswirksamkeit des Vergleichs ist das Gericht der bürgerlichen Rechtspflege zuständig, in dessen Bezirk das Strafgericht des ersten Rechtszuges seinen Sitz hat.

1   Mit den im Regelungsgehalt **völlig neuen** § 405 wird die Möglichkeit eines **vollstreckbaren Vergleiches** über die aus der Straftat erwachsenen Ansprüche geschaffen. Sein Abschluss ist – im Gegensatz zur streitigen Entscheidung des Gerichts über den geltend gemachten Anspruch im Adhäsionsverfahren unabhängig davon möglich, ob der Angeklagte verurteilt wird oder nicht (BT-Drucks. 15/1976 S. 14).

2   Der Kreis der Personen, die den Vergleich abschließen können, ist identisch mit den Parteien im Adhäsionsverfahren, ermöglicht daher im Gegensatz zum Entwurf des Bundesrates auch dem Erben den Vergleichsabschluss. Bezugpunkt des Vergleichs ist die Straftat iSv § 264 StPO, hier also die Tat im prozessualen Sinn, aus der der zu vergleichende Anspruch erwachsen ist. Ist der Anspruch im Strafverfahren rechtshängig gemacht worden, folgt bereits aus der insoweit maßgeblichen Parteiautonomie, dass eine Beschränkung der rechtlichen Bewertung nach § 154 a StPO oder eine Beschränkung des Prozessstoffes nach § 154 StPO den Abschluss des Vergleiches nicht hindern.

Der Vergleichsgegenstand ist gegenüber dem für einen Adhäsionsantrag nach den §§ 403, 404 StPO maßgeblichen Anspruch insoweit erweitert, als er nicht auf „vermögensrechtliche" Ansprüche begrenzt ist, so dass beispielsweise auch der Anspruch auf Abgabe einer Ehrenerklärung ohne wirtschaftliche Bedeutung verglichen werden kann. Dies ist im Hinblick darauf, dass mit einem Vergleich häufig ein umfassender „Schlussstrich" unter streitige Rechtsverhältnisse gezogen werden soll sachgerecht und vergrößert den Spielraum für eine gütliche Beilegung. Bitten der Verletzte oder sein Erbe und der Angeklagte das Gericht um einen Vergleichsvorschlag, soll es einen solchen unterbreiten. Das bedeutet, dass das Gericht im Regelfall einer solchen Bitte entspricht, bei gewichtigen Gründen aber auch davon absehen kann. Insbesondere im Stadium des Ermittlungsverfahrens (Abs. 2) kann ein solcher Grund auch darin liegen, dass das bisher noch nicht mit der Sache befasste Gericht sich mit unverhältnismäßigem Aufwand in den ihm noch unbekannten Sachverhalt einarbeiten müsste. Da sowohl der Verletzte oder sein Erbe als auch der Angeklagte das Gericht um einen Vergleichsvorschlag ersuchen, vermag dessen daraufhin unterbreiteter Vorschlag in der Regel eine Ablehnung des Richters wegen Besorgnis der Befangenheit (§ 24) nicht zu rechtfertigen. Weil aber ein die Sach- und Rechtslage (einseitig) grob verkennender Inhalt des Vorschlags oder aber Begleitumstände (wie eine unsachgemäße Begründung des Vorschlags) im Einzelfall Misstrauen gegen die Unparteilichkeit des Richters begründen können, soll die Stellung eines Befangenheitsantrags nicht generell ausgeschlossen sein.

3   **Abs. 2** ermöglicht den Abschluss eines Vergleichs bereits vor Eröffnung des Hauptverfahrens und räumt damit den Parteien die Möglichkeit einer frühzeitigen Schadensregulierung ein. Entsprechend anderweitiger Zuständigkeiten für gerichtliche Entscheidungen im Stadium des Ermittlungs- oder Zwischenverfahrens (vgl. § 81 Abs. 3, § 141 Abs. 4) erfolgt die Befassung durch das für die Eröffnung des Hauptverfahrens zuständige Gericht.

Einer gesonderten Regelung zur Vollstreckbarkeit des Vergleichs bedarf es nicht. Es gelten die allgemeinen Vorschriften. Bereits de lege lata ist anerkannt, dass vor dem Strafrichter abgeschlossene Vergleiche – soweit sie überhaupt für zulässig gehalten werden – dem § 794 Abs. 1 Nr. 1 ZPO unmittelbar unterfallen (vgl. Zöller-Stöber, ZPO, 23. Aufl., § 794 Rn. 5 mwN). Die Tatbestandsmerkmale dieser Norm sind sämtlich erfüllt. Insoweit für das Merkmal „zur Beilegung eines Rechtsstreits" die Rechtshängigkeit des Antrags erforderlich und ausreichend ist, ist dem im Adhäsionsverfahren durch die stets zu fordernde Antragstellung nach § 404 Abs. 1 Satz 1 mit den in § 404 Abs. 2 beschriebenen Folgen Genüge getan. Entsprechendes gilt für den Abschluss eines Vergleichs in den in Absatz 2 beschriebenen Fällen.

Abs. 3 regelt die gerichtliche Zuständigkeit für die Entscheidung über Einwendungen gegen die Rechtswirksamkeit des Vergleichs (BT-Drucks. 15/1975 S. 15). 4

§ 406 [Entscheidung]

(1) ¹Das Gericht gibt dem Antrag in dem Urteil statt, mit dem der Angeklagte wegen einer Straftat schuldig gesprochen oder gegen ihn eine Maßregel der Besserung und Sicherung angeordnet wird, soweit der Antrag wegen dieser Straftat begründet ist. ²Die Entscheidung kann sich auf den Grund oder einen Teil des geltend gemachten Anspruchs beschränken; § 318 der Zivilprozessordnung gilt entsprechend. ³Das Gericht sieht von einer Entscheidung ab, wenn der Antrag unzulässig ist oder soweit er unbegründet erscheint. ⁴Im Übrigen kann das Gericht von einer Entscheidung nur absehen, wenn sich der Antrag auch unter Berücksichtigung der berechtigten Belange des Antragstellers zur Erledigung im Strafverfahren nicht eignet. ⁵Der Antrag ist insbesondere dann zur Erledigung im Strafverfahren nicht geeignet, wenn seine weitere Prüfung, auch soweit eine Entscheidung nur über den Grund oder einen Teil des Anspruchs in Betracht kommt, das Verfahren erheblich verzögern würde. ⁶Soweit der Antragsteller den Anspruch auf Zuerkennung eines Schmerzensgeldes (§ 253 Abs. 2 des Bürgerlichen Gesetzbuches) geltend macht, ist das Absehen von einer Entscheidung nur nach Satz 3 zulässig.

(2) Erkennt der Angeklagte den vom Antragsteller gegen ihn geltend gemachten Anspruch ganz oder teilweise an, ist er gemäß dem Anerkenntnis zu verurteilen.

(3) ¹Die Entscheidung über den Antrag steht einem im bürgerlichen Rechtsstreit ergangenen Urteil gleich. ²Das Gericht erklärt die Entscheidung für vorläufig vollstreckbar; die §§ 708 bis 712 sowie die §§ 714 und 716 der Zivilprozessordnung gelten entsprechend. ³Soweit der Anspruch nicht zuerkannt ist, kann er anderweit geltend gemacht werden. ⁴Ist über den Grund des Anspruchs rechtskräftig entschieden, so findet die Verhandlung über den Betrag nach § 304 Abs. 2 der Zivilprozeßordnung vor dem zuständigen Zivilgericht statt.

(4) Der Antragsteller erhält eine Abschrift des Urteils mit Gründen oder einen Auszug daraus.

(5) ¹Erwägt das Gericht, von einer Entscheidung über den Antrag abzusehen, weist es die Verfahrensbeteiligten so früh wie möglich darauf hin. ²Sobald das Gericht nach Anhörung des Antragstellers die Voraussetzungen für eine Entscheidung über den Antrag für nicht gegeben erachtet, sieht es durch Beschluss von einer Entscheidung über den Antrag ab.

Abs. 1 Satz 1 stellt den Grundsatz voran, dass die Entscheidung über den 1 geltend gemachten Anspruch die Regel ist und diese – insoweit wie bisher – mit dem verurteilenden Erkenntnis ergeht. Nach wie vor bleibt es bei der geltenden

§ 406 a

Regelung, dass im Adhäsionsverfahren keine den Anspruch aberkennenden Entscheidungen möglich sind. Soweit das Gericht den Antrag für unzulässig oder unbegründet hält, ergeht keine Entscheidung über ihn und seine anderweitige gerichtliche Geltendmachung bleibt möglich (nunmehr geregelt in Absatz 3 Satz 3). Mit **Satz 1** wird darüber hinaus klargestellt, dass es alleine auf eine Sanktionierung wegen der Tat (iSv § 264 StPO) ankommt, aus der die Ansprüche im Adhäsionsverfahren abgeleitet werden. Eine Sanktionierung wegen anderer Taten bietet wegen des fehlenden Sachzusammenhanges insoweit keine Entscheidungsgrundlage.

2   Mit **Satz 2** wird § 406 Abs. 1 Satz 2 StPO des geltenden Rechts übernommen.

3   **Satz 3** bewirkt die Umkehrung des bisherigen Verhältnisses, nach dem de facto das Absehen von einer Entscheidung über den geltend gemachten Anspruch (wegen angenommener Nichteignung zur Erledigung im Strafverfahren) die Regel, und eine Entscheidung über den Anspruch die Ausnahme ist. Die berechtigten Belange des Antragstellers, unter denen die Zuerkennung eines angemessenen Schmerzensgeldes besonders hervorgehoben wird, werden bei der Prüfung, ob sich der Antrag zur Erledigung im Strafverfahren eignet, ausdrücklich in die Abwägung mit einbezogen. Den wichtigsten Fall der Nichteignung, nämlich eine durch die Prüfung des Anspruchs verursachte Verzögerung des Verfahrens, die – im Gegensatz zum bisher geschriebenen Recht – erheblich sein muss, nennt **Satz 4**. Dies ist insbesondere im Interesse des Angeklagten an einer möglichst schnellen Entscheidung legitimiert. Wann die Verzögerung erheblich ist, hängt von den Umständen des Einzelfalles ab. Insoweit ist ausdrücklich auch der Erlass eines Grund- oder Teilurteils in Betracht zu ziehen.

4   Im Zusammenspiel der **Sätze 3 und 4** ergibt sich danach für den besonders wichtigen Fall der Zuerkennung eines Schmerzensgeldes, dass jedenfalls der Erlass eines Grundurteils regelmäßig erfolgen wird. Da mit einer Verurteilungsreife im Strafverfahren grundsätzlich die Voraussetzungen für die Zuerkennung eines Anspruchs nach § 847 BGB „dem Grunde nach" als gegeben anzusehen sind, dürften damit keine unvertretbaren Verfahrensverzögerungen einhergehen. Schon im Hinblick darauf, dass nach neuem Recht der Abschluss eines Vergleichs ermöglicht wird, bestehen keine Bedenken dagegen, mit dem neuen **Absatz 2** auch den Erlass einer Anerkenntnisentscheidung, die in den Voraussetzungen dem neuen § 307 Abs. 1 ZPO entspricht, zuzulassen (vgl. BT-Drucks. 15/1976 S. 16).

5   **Abs. 2.** Erkennt der Angeklagte den Anspruch ganz oder teilweise an, ist gemäß dem Anerkenntnis zu verurteilen.

6   **Abs. 3.** Die Entscheidung über den Antrag steht einem im bürgerlichen Rechtsstreit ergangenen Urteil gleich. Die Rechtskraft tritt nach den Regeln der StPO ein.

7   **Abs. 4.** Der Antragsteller erhält eine Abschrift des Urteils oder einen Auszug; denn er muss erkennen, welcher Anspruch ihm zugesprochen worden ist.

8   **Abs. 5.** Erwägt das Gericht, von der Entscheidung über den Antrag abzusehen, hat es den Verfahrensbeteiligten entsprechend zu informieren.

§ 406 a [Rechtsmittel]

(1) ¹**Gegen den Beschluss, mit dem nach § 406 Abs. 5 Satz 2 von einer Entscheidung über den Antrag abgesehen wird, ist sofortige Beschwerde zulässig, wenn der Antrag vor Beginn der Hauptverhandlung gestellt worden und solange keine den Rechtszug abschließende Entscheidung ergangen ist.** ²**Im Übrigen steht dem Antragsteller ein Rechtsmittel nicht zu.**

(2) ¹**Soweit das Gericht dem Antrag stattgibt, kann der Angeklagte die Entscheidung auch ohne den strafrechtlichen Teil des Urteils mit dem sonst zulässigen Rechtsmittel anfechten.** ²**In diesem Falle kann über das Rechtsmittel durch Beschluss in nichtöffentlicher Sitzung entschieden**

Entschädigung des Verletzten § 406 b

werden. ³Ist das zulässige Rechtsmittel die Berufung, findet auf Antrag des Angeklagten oder des Antragstellers eine mündliche Anhörung der Beteiligten statt.

(3) ¹Die dem Antrag stattgebende Entscheidung ist aufzuheben, wenn der Angeklagte unter Aufhebung der Verurteilung wegen der Straftat, auf welche die Entscheidung über den Antrag gestützt worden ist, weder schuldig gesprochen noch gegen ihn eine Maßregel der Besserung und Sicherung angeordnet wird. ²Dies gilt auch, wenn das Urteil insoweit nicht angefochten ist.

In **Abs.** 1 wird für den Antragsteller das Rechtsmittel der **sofortigen Beschwer-** 1 **de** gegen den Beschluss des Gerichtes nach § 406 Abs. 5 Satz 2, über den geltend gemachten Anspruch nicht zu entscheiden, eröffnet. Wenn dem Antragsteller mit der Absehensentscheidung auch die Möglichkeit bleibt, den Anspruch vor dem Zivilgericht geltend zu machen, hat er doch ein anerkennenswertes Rechtsschutzinteresse an einer Überprüfung der Entscheidung des (ersten) Tatrichters, weil er jedenfalls insoweit beschwert ist, als ihm die Möglichkeit zeitnahen Schadensausgleichs im Strafverfahren genommen wird. Darüber hinaus kann die Eröffnung eines Rechtsmittels dazu beitragen, dass der Tatrichter verstärkt veranlasst wird, nicht vorschnell (weil nicht überprüfbar) von der Entscheidung abzusehen. Nicht zuletzt wird mit einem Rechtsmittel die Entwicklung einheitlicher Kriterien für ein Absehen von der Entscheidung durch obergerichtliche Rechtsprechung ermöglicht.

Das Rechtsmittel der sofortigen Beschwerde ist vorgesehen, um unzuträglichen 2 Verzögerungen entgegenzuwirken. Mit der Beschwerde ist grundsätzlich keine Vollzugshemmung der angefochtenen Entscheidung verbunden (§ 307 Abs. 1); auch bei besonders gesetzlich angeordneter aufschiebender Wirkung der Beschwerde oder bei Anordnung der Aussetzung der Vollziehung (§ 307 Abs. 2) wäre zumindest zweifelhaft, ob damit in Anbetracht des auf die Absehensentscheidung begrenzten Beschwerdegegenstandes der zwischenzeitliche Abschluss des Strafverfahrens durch ein Urteil gesperrt wäre. Ein besonderes gesetzliches Verbot, das Strafverfahren bis zum Abschluss des Beschwerdeverfahrens zu beenden, wird aber schon im Hinblick auf das Interesse des Angeklagten an einer zügigen Entscheidung nicht in Betracht gezogen.

Der Vorschlag zu **Abs.** 2 zielt darauf ab, das Rechtsmittelverfahren bei isolierter 3 Anfechtung des zivilrechtlichen Ausspruches durch den Angeklagten aufzuwerten. Bislang ermöglicht Satz 2 eine Entscheidung über das Rechtsmittel auch durch Beschluss in nichtöffentlicher Sitzung. Für den Fall der Berufung führt der neue **Satz** 3 auf Antrag des Angeklagten oder des Antragstellers jedenfalls einen **mündliche Anhörung der Parteien** (außerhalb einer Hauptverhandlung) ein. Für den Fall der Revision ist eine entsprechende Änderung indes bereits deswegen nicht sachgerecht, da sonst ein Ungleichgewicht zu der Anfechtung auch (oder nur) des Straufausspruches entstehen würde, die das Revisionsgericht durch Beschluss verwerfen kann.

Die Regelung in **Abs.** 3 greift § 406 a Abs. 3 StPO in der geltenden Fassung auf, 4 passt sie aber § 406 Abs. 1 Satz 1 StPO – neu – an (BT-Drucks. 15/1976 S. 17).

§ 406 b [Vollstreckung]

¹**Die Vollstreckung richtet sich nach den Vorschriften, die für die Vollstreckung von Urteilen und Prozessvergleichen in bürgerlichen Rechtsstreitigkeiten gelten.** ²**Für das Verfahren nach den §§ 323, 731, 767, 768, 887 bis 890 der Zivilprozeßordnung ist das Gericht der bürgerlichen Rechtspflege zuständig, in dessen Bezirk das Strafgericht des ersten Rechtszuges seinen Sitz hat.** ³**Einwendungen, die den im Urteil festgestellten Anspruch**

§ 406 c, Vor § 406 d

selbst betreffen, sind nur insoweit zulässig, als die Gründe, auf denen sie beruhen, nach Schluß der Hauptverhandlung des ersten Rechtszuges und, wenn das Berufungsgericht entschieden hat, nach Schluß der Hauptverhandlung im Berufungsrechtszug entstanden sind.

1 Bei diesen Änderungen durch das OpferRRG handelt es sich um Folgeregelungen zu § 405 StPO – neu –, welche für die Vollstreckung von Prozessvergleichen auf die maßgeblichen Vorschriften in bürgerlichen Rechtsstreitigkeiten verweisen. Außerdem wird die Zuständigkeit für die Entscheidung über Abänderungsklagen, die schon nach geltendem Recht zulässig sind, mit einem Verweis auf § 323 ZPO ausdrücklich geregelt.

§ 406 c [Wiederaufnahme des Verfahrens]   RiStBV 182 bis 188

(1) ¹**Den Antrag auf Wiederaufnahme des Verfahrens kann der Angeklagte darauf beschränken, eine wesentlich andere Entscheidung über den Anspruch herbeizuführen.** ²**Das Gericht entscheidet dann ohne Erneuerung der Hauptverhandlung durch Beschluß.**

(2) **Richtet sich der Antrag auf Wiederaufnahme des Verfahrens nur gegen den strafrechtlichen Teil des Urteils, so gilt § 406 a Abs. 3 entsprechend.**

1 Auch für den bürgerlich-rechtlichen Teil des Urteils gelten die Wiederaufnahmevorschriften der §§ 359 ff. Antragsberechtigt ist nur der Angeklagte (Meyer-Goßner Rn. 1).

2 Eine **Beschränkung** nach Abs. 1 S. 1 ist zulässig, wenn der Wiederaufnahmeantrag auf eine Aufhebung der bürgerlich-rechtlichen Verurteilung oder eine wesentliche Herabsetzung des Anspruchs gerichtet ist. Das gilt auch für Schmerzensgeldansprüche (Meyer-Goßner Rn. 2; str.). Im Fall der Beschränkung nach Abs. 1 S. 1 ergeht die Entscheidung bei Begründetheit des Wiederaufnahmeantrags entgegen § 370 Abs. 2 durch **Beschluss** (Abs. 1 S. 2).

3 Bei Wiederaufnahme nur gegen den **strafrechtlichen** Teil des Urteils (Abs. 2) wird entspr. § 406 a Abs. 3 der bürgerlich-rechtliche Teil aufgehoben, wenn eine strafrechtliche Verurteilung entfällt.

Vierter Abschnitt. Sonstige Befugnisse des Verletzten

Vorbemerkungen

1 Der Begriff des **Verletzten** iSd §§ 406 d ff. stimmt mit dem des § 172 überein (OLG Koblenz StV 1988, 332); er ist im jeweiligen Sachzusammenhang zu bestimmen (vgl. Meyer-Goßner vor § 406 d Rn. 2). Erforderlich ist stets die **unmittelbare** Beeinträchtigung einer Rechtsposition durch die Straftat. Der Konkursverwalter ist nicht Verletzter (OLG Hamm NStZ-RR 1996, 11; OLG Frankfurt NJW 1996, 1484).

2 Die durch das OpferschutzG v. 18. 12. 1986 eingeführten §§ 406 d–406 h geben dem Verletzten, auch wenn er nicht Privat- oder Nebenkläger ist, die Position eines **selbstständigen Verfahrensbeteiligten** mit eigenen Rechten, von denen er nach seinem Belieben Gebrauch machen kann. Voraussetzung dafür ist das Recht zur Information (§§ 406 d, 406 e); zur Geltendmachung kann sich der Verletzte anwaltlichen Beistands bedienen (§§ 406 f, 406 g). Auf die ihm zustehenden Beteiligungsrechte ist er hinzuweisen (§ 406 h).

§ 406 d [Mitteilungen an den Verletzten]

(1) Dem Verletzten sind auf Antrag die Einstellung des Verfahrens und der Ausgang des gerichtlichen Verfahrens mitzuteilen, soweit es ihn betrifft.

(2) ¹Dem Verletzten ist auf Antrag mitzuteilen, ob freiheitsentziehende Maßnahmen gegen den Beschuldigten oder Verurteilten angeordnet oder beendet oder ob erstmalig Vollzugslockerungen oder Urlaub gewährt werden, wenn er ein berechtigtes Interesse darlegt und kein überwiegendes schutzwürdiges Interesse des Betroffenen am Ausschluss der Mitteilung vorliegt. ²In den in § 395 Abs. 1 Nr. 1 Buchstabe a, c und d und Nr. 2 genannten Fällen bedarf es der Darlegung eines berechtigten Interesses nicht.

(3) ¹Mitteilungen können unterbleiben, sofern sie nicht unter einer Anschrift möglich sind, die der Verletzte angegeben hat. ²Hat der Verletzte einen Rechtsanwalt als Beistand gewählt, ist ihm ein solcher beigeordnet worden oder wird er durch einen solchen vertreten, so gilt § 145 a entsprechend.

In § 406 d idF des OpferRRG sind die **Informationsrechte des Verletzten** 1 ausgebaut. Nach **Abs. 1** kann sich der Verletzte grundsätzlich während des gesamten Verfahrens informieren. Auf **Antrag** erhält er Auskunft über den Sachstand. Seine jeweilige konkrete Nachfrage zum Verfahrensstand, ob schriftlich, elektronisch oder telefonisch, stellt eine solche Anfrage dar; nicht ausreichend ist jedoch ein pauschaler Antrag. Auf Antrag ist dem Verletzten die Einstellung des Verfahrens mitzuteilen. Diese Vorschrift erhält dann einen über § 171 hinausgehenden Gehalt, wenn der **Verletzte nicht Antragsteller** war, aber im Nachhinein dennoch gern erfahren würde, ob das Verfahren eingestellt wurde.

Vor allem Opfer von Gewaltdelikten befürchten eine Begegnung mit dem Beschuldigten oder Verurteilten. Aus diesem Grund ist in **Abs. 2** vorgesehen, den Verletzten auf Antrag darüber zu informieren, ob sich der Beschuldigte in Haft befindet oder untergebracht ist, ob eine Entlassung vorgesehen ist. Das gilt auch für Vollzugslockerungen. 2

Auch den Interessen des Betroffenen ist Rechnung zu tragen. Daher erfolgt eine Mitteilungspflicht grundsätzlich nur dann, wenn der Verletzte in **berechtigtes Interesse** darlegt und **kein überwiegendes schutzwürdiges Interesse** des Betroffenen am Ausschluss der Mitteilung besteht. Dieser Darlegungspflicht **entfällt** bei den in § 395 Abs. 1 Nr. 1 und 2 genannten Delikten. 3

Nach Abs. 3 kann eine Mitteilungspflicht gemäß Abs. 1 oder 2 unterbleiben, wenn sie nicht unter der Anschrift möglich ist, die der Verletzte angegeben hat. Hat der Verletzte einen Verteidiger, so können Mitteilungen an diesen erfolgen. 4

§ 406 e [Akteneinsicht]   RiStBV 182 bis 188

(1) ¹Für den Verletzten kann ein Rechtsanwalt die Akten, die dem Gericht vorliegen oder diesem im Falle der Erhebung der öffentlichen Klage vorzulegen wären, einsehen sowie amtlich verwahrte Beweisstücke besichtigen, soweit er hierfür ein berechtigtes Interesse darlegt. ²In den in § 395 genannten Fällen bedarf es der Darlegung eines berechtigten Interesses nicht.

(2) ¹Die Einsicht in die Akten ist zu versagen, soweit überwiegende schutzwürdige Interessen des Beschuldigten oder anderer Personen entgegenstehen. ²Sie kann versagt werden, soweit der Untersuchungszweck gefährdet erscheint oder durch sie das Verfahren erheblich verzögert würde.

§ 406 e Fünftes Buch. 4. Abschnitt

(3) ¹Auf Antrag können dem Rechtsanwalt, soweit nicht wichtige Gründe entgegenstehen, die Akten mit Ausnahme der Beweisstücke in seine Geschäftsräume oder seine Wohnung mitgegeben werden. ²Die Entscheidung ist nicht anfechtbar.

(4) ¹Über die Gewährung der Akteneinsicht entscheidet im vorbereitenden Verfahren und nach rechtskräftigem Abschluß des Verfahrens die Staatsanwaltschaft, im übrigen der Vorsitzende des mit der Sache befaßten Gerichts. ²Gegen die Entscheidung der Staatsanwaltschaft nach Satz 1 kann gerichtliche Entscheidung nach Maßgabe des § 161 a Abs. 3 Satz 2 bis 4 beantragt werden. ³Die Entscheidung des Vorsitzenden ist unanfechtbar. ⁴Diese Entscheidungen werden nicht mit Gründen versehen, soweit durch deren Offenlegung der Untersuchungszweck gefährdet werden könnte.

(5) Unter den Voraussetzungen des Absatzes 1 können dem Verletzten Auskünfte und Abschriften aus den Akten erteilt werden; die Absätze 2 und 4 sowie § 478 Abs. 1 Satz 3 und 4 gelten entsprechend.

(6) § 477 Abs. 5 gilt entsprechend.

1 **Gegenstand** des Akteneinsichtsrechts sind nur die Akten, die dem Gericht bereits vorliegen oder im Falle der öffentlichen Klage vorzulegen wären (**Abs. 1 S. 1);** insoweit besteht kein Unterschied zum Umfang des dem Verteidiger zustehenden Akteneinsichtsrechts (vgl. § 147). Wie der Beschuldigte nur durch einen Verteidiger (§ 147), kann der Verletzte das Akteneinsichtsrecht **nur durch** einen RA ausüben (**Abs. 1 S. 1).** Im Regelfall setzt die Einsichtnahme die Darlegung eines **berechtigten Interesses** voraus (**Abs. 1 S. 1);** lediglich der Verletzte, der zum Anschluss als Nebenkläger befugt ist (§ 395), ist davon befreit (Abs. 1 S. 2) (KK-Engelhardt Rn. 2).

2 Im Fall des **Abs. 1 S. 2** wird das berechtigte Interesse (unwiderleglich) **vermutet;** auch bei Nebenklageberechtigung ist aber eine **Abwägung nach Abs. 2** vorgeschrieben. Sie führt im Fall des **Abs. 2 S. 1 zwingend** zur Versagung; im Fall des **Abs. 2 S. 2** zu einer durch pflichtgemäßen **Ermessen.** Andere Personen iSd Abs. 2 S. 1 sind insb. Zeugen; überwiegende Interessen können namentlich solche an der Geheimhaltung persönlicher Daten und Lebensumstände sein. Die **Gefährdung des Untersuchungszwecks (Abs. 2 S. 2)** rechtfertigt die Versagung abweichend von § 147 Abs. 2 auch noch nach Klageerhebung, namentlich wenn der Verletzte als Zeuge in Betracht kommt (OLG Düsseldorf StV 1991, 202; vgl. Schlothauer StV 1988, 332). Stets ist zu prüfen, ob Akteneinsicht **teilweise** gewährt werden kann (RiStBV Nr. 187 Abs. 1; vgl. auch RiStBV Nr. 16 Abs. 2 S. 2). Eine **Verfahrensverzögerung** muss **erheblich** sein; sie muss gerade durch die Gewährung von Akteneinsicht entstehen.

3 Grds. darf der RA die Akten nur in der **Geschäftsstelle** der StA oder des Gerichts einsehen (RiStBV Nr. 189 Abs. 3). Eine **Mitgabe der Akten (Abs. 3)** oder ihre Übersendung steht im Ermessen von Gericht oder StA; Beweisstücke verbleiben stets in amtlicher Verwahrung. Die Entscheidung ist unanfechtbar.

4 **Zuständig** für die Entscheidung (**Abs. 4 S. 1)** ist im Vorverfahren und nach Verfahrensabschluss die StA, sonst der Vorsitzende des Gerichts, den des Rechtsmittelgerichts ab Aktenvorlage (§§ 321 S. 2, 347 Abs. 2). Dem Beschuldigten ist vor der Entscheidung rechtliches Gehör zu gewähren (Meyer-Goßner Rn. 9). Bei Versagung der Akteneinsicht ist ein **Bescheid** nach RiStBV Nr. 188 zu erteilen. Die **richterliche Entscheidung** ist in keinem Fall anfechtbar.

5 Gegen die Entscheidung der StA kann nach **Abs. 4 S. 1** gerichtliche Entscheidung beantragt werden.

6 **Auskunftserteilung (Abs. 5).** Dem Verletzten, der ein berechtigtes Interesse darlegt, kann nach Abs. 5 1 zuständige StA oder Gerichtsvorsitzende **ohne**

Einschaltung eines **RA** Auskünfte und Abschriften aus den Akten erteilen (OLG Karlsruhe NStZ 1994, 50). Er entscheidet darüber nach pflichtgemäßem Ermessen. Die StA kann die Polizei zur Auskunftserteilung ermächtigen, wogegen die Entscheidung der StA eingeholt werden kann (Abs. 5 iVm § 478 Abs. 1 S. 3 und 4). Die Gewährung und Ablehnung der Auskunfts- und Abschriftenerteilung ist – wie die Verweisung in Abs. 5 klarstellt – nach Abs. 4 unanfechtbar (Meyer-Goßner Rn. 12).

Die Verweisung in **Abs. 6** auf § 477 Abs. 5 ist durch das StVÄG 1999 eingefügt 7 worden. Eines der Ziele dieses Gesetzes war es, für die Verwendung von personenbezogenen Informationen, die in einem Strafverfahren erhoben worden sind, die Rechtsgrundlage zu schaffen. Dazu gehört auch die in § 477 Abs. 5 grundsätzlich bestimmte **Zweckbindung.** Durch eine entsprechende Anwendung dieser Vorschrift soll sichergestellt werden, dass auch der Verletzte die durch die Akteneinsicht, Auskünfte oder Abschriften erlangten Informationen **nur zu dem Zweck** verwendet, für den die Einsicht oder Auskunft gewährt wurde (BT-Drucks. 14/1484 S. 25; Kurth in HK-StPO Rn. 18). Im **Rahmen der Zweckbindung** bleibt der Verletzte immer dann, wenn er die erlangten Informationen verwendet, um auf eine Bestrafung des Täters hinzuwirken oder Ersatz für den durch die Tat eingetretenen Schaden zu erlangen. Bei Verstößen gegen dieses Verbot entsteht im gerichtlichen Verfahren ein **Verwertungsverbot.** Werden nach Abs. 5 dem Verletzten selbst Auskünfte oder Abschriften erteilt, so muss er gemäß **§ 477 Abs. 5 S. 3** zugleich auf die Zweckverbindung besonders hingewiesen werden, um deren Beachtung sicherzustellen. Keine Hinweispflicht besteht, wenn die Auskunft usw an einen RA erfolgt (Kurth in HK-StPO Rn. 18).

§ 406 f [Beistand und Vertreter des Verletzten]

(1) **Der Verletzte kann sich im Strafverfahren des Beistands eines Rechtsanwalts bedienen oder sich durch einen solchen vertreten lassen.**

(2) ¹**Bei der Vernehmung des Verletzten durch das Gericht oder die Staatsanwaltschaft ist dem Rechtsanwalt die Anwesenheit gestattet.** ²**Er kann für den Verletzten dessen Recht zur Beanstandung von Fragen (§ 238 Abs. 2, § 242) ausüben und den Antrag auf Ausschluß der Öffentlichkeit nach § 171 b des Gerichtsverfassungsgesetzes stellen, nicht jedoch, wenn der Verletzte widerspricht.**

(3) ¹**Wird der Verletzte als Zeuge vernommen, so ist, wenn er dies beantragt, einer Person seines Vertrauens die Anwesenheit zu gestatten, es sei denn, die Anwesenheit könnte den Untersuchungszweck gefährden.** ²**Die Entscheidung trifft derjenige, der die Vernehmung leitet; sie ist nicht anfechtbar.** ³**Die Gründe einer Ablehnung sind aktenkundig zu machen.**

Die Vorschrift gilt für **nicht nebenklageberechtigte Verletzte.** Sie können 1 sich nach **Abs. 1** des Beistands eines RA bedienen oder sich durch ihn vertreten lassen; eine **Beiordnung** im Rahmen von Prozesskostenhilfe kommt für sie, anders als in § 406 g Abs. 3, nicht in Betracht. Die **Kosten** trägt, auch im Fall der Verurteilung des Angeklagten, stets der Verletzte selbst. Die Annahme, **ein RA** könne als Zeugenbeistand nach pflichtgemäßem Ermessen **durch die StA ausgeschlossen** werden, verletzt Art. 12 Abs. 1 GG (BVerfG NJW 2000, 2660).

Die **Befugnisse des Verletztenbeistands** regelt **Abs. 2.** Das **Anwesenheits-** 2 **recht** besteht nur während der Vernehmung des Verletzten als Zeuge (vgl. § 406 g Abs. 2); eine Benachrichtigung oder Ladung des Beistands erfolgt nicht. Die Verhinderung des Beistands gibt dem Verletzten kein Zeugnisverweigerungsrecht (Meyer-Goßner Rn. 3 mwN). Das Beanstandungs- (§§ 238, 242) und Antragsrecht

§ 406 g   Fünftes Buch. 4. Abschnitt

(§ 171 b GVG) übt er für den Verletzten aus; er hat kein eigenes Recht (vgl. Hilger NStZ 1989, 441).

3 Der durch das OpferRRG neu gefasste **Abs. 3** sieht das Anwesenheitsrecht des nichtanwaltlichen Beistands auf Antrag des Verletzten nunmehr **zwingend** vor. Der Beistand kann nicht mehr ohne Begründung abgelehnt werden. Im Interesse einer effektiven Strafverfolgung muss das Anwesenheitsrecht jedoch dort seine Grenze haben, wo der Untersuchungszweck gefährdet ist. Wird die Anwesenheit abgelehnt, sind die Gründe aktenkundig zu machen. Mit dieser Vorschrift wird die Rechtsposition des Verletzten und seines Beistands gestärkt. Für einen Verletzten, insbesondere für Opfer von Gewaltdelikten, kann eine Vertrauensperson bei der Vernehmung eine erhebliche Erleichterung sein. Der Anspruch auf Beistand und die Begründung der Ablehnung im Ausnahmefall, auch wenn die Entscheidung **nicht anfechtbar** ist, schaffen hier ein Mehr an Rechtssicherheit.

§ 406 g [Beistand des nebenklageberechtigten Verletzten]

(1) ¹Wer nach § 395 zum Anschluss als Nebenkläger befugt ist, ist zur Anwesenheit in der Hauptverhandlung berechtigt. ²Er kann sich auch vor der Erhebung der öffentlichen Klage des Beistands eines Rechtsanwalts bedienen oder sich durch einen solchen vertreten lassen, auch wenn ein Anschluss als Nebenkläger nicht erklärt wird. ³Ist zweifelhaft, ob eine Person nach Satz 1 zur Anwesenheit berechtigt ist, entscheidet das Gericht nach Anhörung der Person und der Staatsanwaltschaft über die Berechtigung zur Anwesenheit; die Entscheidung ist unanfechtbar.

(2) ¹Der Rechtsanwalt ist über die in § 406 f Abs. 2 bezeichneten Befugnisse hinaus zur Anwesenheit in der Hauptverhandlung berechtigt, auch soweit diese nicht öffentlich ist. ²Ihm ist bei richterlichen Vernehmungen und bei der Einnahme eines richterlichen Augenscheins die Anwesenheit zu gestatten, wenn dadurch der Untersuchungszweck gefährdet wird; die Entscheidung ist unanfechtbar. ³Für die Benachrichtigung gelten § 168 c Abs. 5 und § 224 Abs. 1 entsprechend.

(3) ¹§ 397 a gilt entsprechend für
1. die Bestellung eines Rechtsanwalts und
2. die Bewilligung von Prozeßkostenhilfe für die Hinzuziehung eines Rechtsanwalts.

²Im vorbereitenden Verfahren entscheidet das Gericht, das für die Eröffnung des Hauptverfahrens zuständig wäre.

(4) ¹Auf Antrag dessen, der zum Anschluß als Nebenkläger berechtigt ist, kann in den Fällen des § 397 a Abs. 2 einstweilen ein Rechtsanwalt als Beistand bestellt werden, wenn
1. dies aus besonderen Gründen geboten ist,
2. die Mitwirkung eines Beistands eilbedürftig ist und
3. die Bewilligung von Prozeßkostenhilfe möglich erscheint, eine rechtzeitige Entscheidung hierüber aber nicht zu erwarten ist.

²Für die Bestellung gelten § 142 Abs. 1 und § 162 entsprechend. ³Die Bestellung endet, wenn nicht innerhalb einer vom Richter zu bestimmenden Frist ein Antrag auf Bewilligung von Prozeßkostenhilfe gestellt oder wenn die Bewilligung von Prozeßkostenhilfe abgelehnt wird.

1 Gemäß **Abs. 1** ist der Nebenkläger nach § 395 zur Anwesenheit in der Hauptverhandlung berechtigt. Er kann sich bereits vor der Erhebung der öffentlichen Klage des Beistands eines RA bedienen, der ihn auch vertreten kann. Dies entscheidet nach entsprechender Anhörung das Gericht, und zwar unanfechtbar. Im Straf-

Sonstige Befugnisse des Verletzten § 406 h

verfahren gegen einen **Jugendlichen** ist § 406 g nicht anwendbar, weil die dort geregelten Befugnisse in einem engen Zusammenhang mit der nach §§ 2, 80 Abs. 3 JGG im Jugendstrafverfahren unzulässigen Nebenklage stehen (OLG Stuttgart NJW 2001, 1588; OLG Zweibrücken NStZ 2002, 496; vgl. auch BVerfG NJW 2002, 1487). Auch nach der Aufgabe der Rspr. zur Unzulässigkeit der Nebenklage im Sicherungsverfahren (BGH 47, 202 = NJW 2002, 692) ist im Strafverfahren gegen Jugendliche weiterhin weder die Nebenklage zulässig nach § 406 g anwendbar (OLG Stuttart NStZ-RR 2003, 29; s. auch vor § 395 Rn. 3).

Der Beistand hat ein **uneingeschränktes Anwesenheitsrecht** während der 2 ganzen Hauptverhandlung, auch wenn sie nicht öffentlich ist **(Abs. 2 S. 1).** Von Terminen nach **Abs. 2 S. 2** ist er entspr. §§ 168 c Abs. 5, 224 Abs. 1 zu benachrichtigen (vgl. i. E. Meyer-Goßner Rn. 4). Die **Kosten** für die Heranziehung des Beistands werden wie Nebenklagekosten behandelt (§§ 472 Abs. 3 S. 1, 473 Abs. 1 S. 2).

Abs. 3 und 4 sind durch das Zeugenschutzgesetz neu gefasst. Nach Abs. 3 ist 3 für die Entscheidung das **Gericht** zuständig, nicht der Vorsitzende. Abs. 4 regelt die **einstweilige** Bestellung eines Beistandes. Die Bestellung **endet,** wenn der Antrag nicht fristgerecht gestellt oder abgelehnt wird. Das ist ausdrücklich festzustellen.

§ 95 Halbs. 2 BRAGO erfasst die Tätigkeit des RA als Beistand oder Vertreter 4 sowohl eines nicht nebenklageberechtigten Verletzten nach § 406 f als auch eines nebenklageberechtigten Verletzten nach § 406 g. Kommt es bei Letzterem wegen Verfahrenseinstellung durch die StA nicht mehr zur Nebenklage, kann es unbillig sein, dass der Rechtsanwalt lediglich die Hälfte der Gebühren für das Vorverfahren erhält; eine Korrektur dieses Ergebnisses steht aber wegen des eindeutigen Gesetzeswortlauts nur dem Gesetzgeber zu (OLG Köln NStZ-RR 2001, 127).

§ 406 h [Hinweis auf Befugnisse] RiStBV 4 d

(1) ¹**Der Verletzte ist auf seine Befugnisse nach den §§ 406 d, 406 e, 406 f und 406 g sowie auf seine Befugnis, sich der erhobenen öffentlichen Klage als Nebenkläger anzuschließen (§ 395) und die Bestellung oder Hinzuziehung eines Rechtsanwalts als Beistand zu beantragen (§ 397 a), hinzuweisen.**

(2) **Der Verletzte oder sein Erbe ist in der Regel und so früh wie möglich darauf hinzuweisen, dass und in welcher Weise er einen aus der Straftat erwachsenen vermögensrechtlichen Anspruch nach den Vorschriften des Dritten Abschnitts geltend machen kann.**

(3) **Der Verletzte soll auf die Möglichkeit, Unterstützung und Hilfe auch durch Opferhilfeeinrichtungen zu erhalten, hingewiesen werden.**

(4) § 406 d Abs. 3 Satz 1 gilt jeweils entsprechend.

Der Ausbau der Rechte des Verletzten allein ist ungenügend. Er muss auch um 1 seine Rechte wissen. Daher ist die Information des Verletzten gemäß **Abs. 1** (idF des Opfer RRG) **zwingend** vorgesehen.

Abs. 2 ersetzt die bisherige Obliegenheit des § 403 Abs. 2 StPO, den Verletzten 2 oder seinen Erben über die Möglichkeit, vermögensrechtliche Ansprüche aus der Straftat im Strafverfahren geltend zu machen, zu informieren. Gegenüber der geltenden Soll-Regelung wird diese Verpflichtung dadurch verstärkt, dass in der Regel eine **Unterrichtung,** und zwar so früh wie möglich, erfolgen muss. Das Absehen hiervon wird damit zum Ausnahmefall, der beispielsweise im Hinblick auf Massenverfahren mit Hunderten betrugsgeschädigten Anlegern nicht völlig verzichtbar erscheint. Die Verpflichtung, den Verletzten über das Ob und Wie der

§ 406 h

Möglichkeit, Ersatzansprüche geltend zu machen, zu informieren, schließt notwendigerweise eine Unterrichtung darüber ein, dass in dieser Sache ein Strafverfahren geführt wird, ohne dass dies im Gesetzestext ausdrücklicher Erwähnung bedarf. Neu ist auch die **ausdrückliche Verpflichtung,** über die Weise zu informieren, in welcher der vermögensrechtliche Anspruch im Strafverfahren geltend gemacht werden kann. Zu einer effizienten und für den Verletzten hilfreichen Umsetzung dieser Obliegenheit könnte es beitragen, bundeseinheitliche Formulare zu entwickeln, die unter Berücksichtigung der Erfahrungen mit Modellprojekten zum Adhäsionsverfahren insbesondere auch leicht handhabbare Antragsformulare einschließen sollten.

3 Für den Verletzten ist es aber nicht nur von Bedeutung zu wissen, **welche Rechte** er hat, sondern auch wo er Hilfe bekommen kann. Da aber die Frage nach der Information über die Opferhilfeeinrichtungen vom jeweiligen Einzelfall abhängt, soll sie nach **Abs. 3** nur dort gegeben werden, wo sie für den Verletzten erkennbar von Bedeutung ist. Dies wird insbesondere bei Delikten gegen die körperliche Unversehrtheit in Betracht kommen.

4 Soweit Mitteilungen nicht unter einer seitens des Verletzten angegebenen Anschrift oder an seinen Rechtsanwalt möglich sind, können sie nach **Absatz 4** entsprechend § 406 d Abs. 3 Satz 1 unterbleiben.

Sechstes Buch. Besondere Arten des Verfahrens

Erster Abschnitt. Verfahren bei Strafbefehlen

Vorbemerkungen

Das Strafbefehlsverfahren ist ein **summarisches Verfahren** (BVerfG 3, 248, 253 1
= NJW 1954, 69; BGH 29, 305, 307 = NJW 1980, 2364) zur Erledigung einfach
gelagerter Fälle von geringerer Schuldschwere; auf Bagatellfälle ist es nicht beschränkt. Es ermöglicht eine einseitige Straffestsetzung ohne Hauptverhandlung und
Urteil (EGMR NJW 1993, 717). Bei Vorliegen der Voraussetzungen besteht für die
StA eine Ermessensbindung, dem Strafbefehlsverfahren den Vorrang vor dem regulären Verfahren einzuräumen. Der Beschuldigte hat jedoch **keinen Anspruch**
darauf, dass gegen ihn im Strafbefehlsverfahren entschieden wird (Ranft Strafprozessrecht Rn. 2300). Der Strafbefehl ergeht im **schriftlichen Verfahren**; die Prüfung der Beweislage durch das Gericht erfolgt allein auf Grund der Aktenlage. Das
Strafbefehlsverfahren ist ausschließlich vor dem **AG** zulässig (§ 407 Abs. 1); § 407
Abs. 2 enthält einen abschließenden Katalog möglicher **Rechtsfolgen.** Der Strafbefehl ist auf dem Vormarsch. Er hat in der Rechtspraxis außerordentliche Bedeutung erlangt. Mehr als die Hälfte aller öffentlichen Klagen und etwa **drei Viertel**
der vor dem Strafrichter erhobenen öffentlichen Klagen werden durch Strafbefehlsantrag erhoben; etwa 99% der Strafbefehle werden antragsgemäß erlassen; etwa zwei
Drittel werden ohne Einspruch rechtskräftig (KK-Fischer vor § 407 Rn. 1; Böttcher, FS für Odersky S. 299 ff.).

Der Strafbefehl ist ein **vorläufiges Erkenntnis,** das durch Nichtanfechtung 2
rechtskräftig werden kann und in diesem Fall grds. einem rechtskräftigen Urteil
gleichsteht (§ 410 Abs. 3). Eine Ausnahme gilt insoweit nur hinsichtlich des Umfangs des **Strafklageverbrauchs** (§ 373 a). Durch rechtzeitigen **Einspruch** (§ 410
Abs. 1), der Suspensiv-, nicht aber Devolutiveffekt hat, kann der Angeklagte, für
ihn auch sein Verteidiger und ggf. sein gesetzlicher Vertreter (§ 410 Abs. 1 S. 2 iVm
§§ 297, 298), die Wirkungen des Strafbefehls beseitigen; das Verfahren wird dann
vor dem AG als **ordentliches Verfahren** weitergeführt, für das grds. die allgemeinen Regeln gelten (Ausnahmen: §§ 411 Abs. 2, Abs. 3 S. 1, 412). Das **Verschlechterungsverbot** gilt im Strafbefehlsverfahren nicht (§ 411 Abs. 4). Unter den Voraussetzungen des § 408 a kann umgekehrt das ordentliche in ein Strafbefehlsverfahren umgewandelt werden; für das weitere Verfahren gelten dann die §§ 409 ff.

§ 407 [Zulässigkeit] RiStBV 175 bis 177

(1) ¹**Im Verfahren vor dem Strafrichter und im Verfahren, das zur Zuständigkeit des Schöffengerichts gehört, können bei Vergehen auf schriftlichen Antrag der Staatsanwaltschaft die Rechtsfolgen der Tat durch
schriftlichen Strafbefehl ohne Hauptverhandlung festgesetzt werden.** ²**Die
Staatsanwaltschaft stellt diesen Antrag, wenn sie nach dem Ergebnis der
Ermittlungen eine Hauptverhandlung nicht für erforderlich erachtet.** ³**Der
Antrag ist auf bestimmte Rechtsfolgen zu richten.** ⁴**Durch ihn wird die
öffentliche Klage erhoben.**

(2) ¹**Durch Strafbefehl dürfen nur die folgenden Rechtsfolgen der Tat,
allein oder nebeneinander, festgesetzt werden:**

§ 407

1. Geldstrafe, Verwarnung mit Strafvorbehalt, Fahrverbot, Verfall, Einziehung, Vernichtung, Unbrauchbarmachung, Bekanntgabe der Verurteilung und Geldbuße gegen eine juristische Person oder Personenvereinigung,
2. Entziehung der Fahrerlaubnis, bei der die Sperre nicht mehr als zwei Jahre beträgt, sowie
3. Absehen von Strafe.

²Hat der Angeschuldigte einen Verteidiger, so kann auch Freiheitsstrafe bis zu einem Jahr festgesetzt werden, wenn deren Vollstreckung zur Bewährung ausgesetzt wird.

(3) Der vorherigen Anhörung des Angeschuldigten durch das Gericht (§ 33 Abs. 3) bedarf es nicht.

1   Für den **Antrag (Abs. 1)** auf Erlass eines Strafbefehls ist das AG zuständig (§§ 24, 25 GVG). Innerhalb der amtsgerichtlichen Zuständigkeit ist seit der Neufassung von § 25 Nr. 2 GVG durch das RpflEG für den Erlass eines Strafbefehls ohne Rücksicht auf Umfang und Bedeutung der Sache allein der **Strafrichter** zuständig, und zwar für alle Vergehen, bei denen keine höhere Strafe als zwei Jahre Freiheitsstrafe zu erwarten ist. Allerdings bleibt die Zuständigkeit des Schöffengerichts in den Fällen des Übergangs zum Strafbefehlsverfahren bestehen, wenn das Verfahren wegen einer erwarteten höheren Strafe ursprünglich bei diesem Gericht angeklagt worden war (OLG Koblenz MDR 1996, 1172; Kurth in HK-StPO § 407 Rn. 6; LR-Wendisch § 2 Rn. 39). Der Strafbefehlsantrag kommt nur bei **Vergehen** (§ 12 Abs. 2 StGB) geringerer Bedeutung in Betracht. Gegen einen **Jugendlichen** darf ein Strafbefehl weder beantragt noch erlassen werden (§ 79 Abs. 1 JGG). Statt dessen gibt es das vereinfachte Jugendverfahren nach §§ 76 bis 78 JGG, ferner das Verfahren nach § 45 JGG. **Maßgeblicher Zeitpunkt** ist nach § 1 Abs. 2 JGG das Alter **zurzeit der Tat**, nicht zurzeit des Strafbefehlsantrages oder des Strafbefehlserlasses (KK-Fischer Rn. 23). Gegen **Heranwachsende** (§ 1 Abs. 2 JGG) darf ein Strafbefehl nur erlassen werden, wenn nicht Jugend-, sondern **Erwachsenenstrafrecht** angewendet wird (§ 109 Abs. 2 S. 1 JGG). Zuständig ist der Jugendrichter (§ 108 Abs. 2 JGG) oder der Vorsitzende des Jugendschöffengerichts (§ 108 Abs. 3 JGG mit § 30 Abs. 2 GVG). Wurde **versehentlich** gegen einen Heranwachsenden ein Strafbefehl beim Erwachsenengericht beantragt oder gegen einen Erwachsenen beim Jugendgericht, so ist der Antrag formlos an den zuständigen Richter weiterzuleiten. Wurde der Strafbefehl vom unzuständigen Gericht erlassen, so wird das Verfahren nach Einspruch an das zuständige Gericht gleicher Ordnung abgegeben; die Abgabe an ein Gericht niederer Ordnung ist hingegen wegen § 269 unzulässig (BGH 18, 173 = NJW 1963, 500). Die **Abgabe** an das Jugendgericht eines anderen Gerichtsbezirks nach § 42 Abs. 3 JGG ist nur durch das Jugendgericht (BGH 18, 173, 176) und erst in der Hauptverhandlung zulässig (BGH 13, 186 = NJW 1959, 1695). Ist **versehentlich gegen** einen **Jugendlichen** oder gegen einen Heranwachsenden, gegen den Jugendstrafrecht angewendet wurde, ein **Strafbefehl** erlassen worden, so ist dieser **nicht unwirksam**. Das weitere Verfahren wird dadurch nicht etwa unzulässig; hat der Angeschuldigte gegen den Strafbefehl Einspruch eingelegt, so ersetzt der Strafbefehlsantrag für die Hauptverhandlung die Anklage und der Strafbefehl den Eröffnungsbeschluss; der dem Verfahren bisher anhaftende Mangel ist damit geheilt (BayObLG NJW 1957, 838). Umgekehrt kann ein Heranwachsender, gegen den unter Anwendung von Erwachsenenstrafrecht ein Strafbefehl erging, in der Hauptverhandlung nach Jugendstrafrecht abgeurteilt werden (KK-Fischer Rn. 26). Ist der gegen einen Jugendlichen oder einen nach Jugendstrafrecht beurteilten Heranwachsenden ergangene Strafbefehl **rechtskräftig** geworden, so ist er gleichwohl wirksam (BayObLG NJW 1957, 838). Anders als bei Festsetzung von gesetzlich nicht zulässigen Rechtsfolgen kann die Vollstreckung nicht nach § 458

Verfahren bei Strafbefehlen **§ 407**

Abs. 1 angegriffen werden; im Einzelfall kann im Gnadenweg abgeholfen werden. Die Nichtbeachtung von § 109 Abs. 3 JGG begründet, jedenfalls wenn das Geburtsdatum des Beschuldigten im Strafbefehl aufgeführt ist, auch keinen Wiederaufnahmegrund nach § 359 Nr. 5 (KK-Fischer Rn. 27). Gegen **Abwesende** (§ 276) wird ein Strafbefehl nicht beantragt (vgl. RiStBV Nr. 175 Abs. 2), wenn nicht der Beschuldigte einen Zustellungsbevollmächtigten bestellt hat (§§ 116 a Abs. 3, 127 a Abs. 2, 132 Abs. 1 Nr. 2; vgl. KK-Fischer Rn. 35). Bei **Aufenthalt im Ausland** steht dem Erlass eines Strafbefehls nichts entgegen, wenn der Aufenthaltsort des Beschuldigten bekannt und eine Zustellung des Strafbefehls im Wege der Rechtshilfe (vgl. Greßmann NStZ 1991, 216) oder nach § 37 Abs. 2 möglich ist; im Bereich des Schengener Durchführungsübereinkommens gilt Art. 52 Abs. 1 SDÜ (KK-Fischer Rn. 35).

Unter der Voraussetzung des **Abs. 1 S. 2** ist die StA zur Stellung eines Strafbefehlsantrags **verpflichtet;** im **Steuerstrafverfahren** die Finanzbehörde (§§ 386 Abs. 2, 400 AO). Auf die Frage, ob ein Einspruch des Beschuldigten zu erwarten ist, kommt es nicht an (vgl. RiStBV Nr. 175 Abs. 3 S. 2). Eine Hauptverhandlung ist **nicht erforderlich,** wenn Abweichungen vom Ergebnis der Ermittlungen nicht zu erwarten sind (hinreichender Tatverdacht) und sich die angemessenen Rechtsfolgen ohne Hauptverhandlung festlegen lassen (KK-Fischer Rn. 5; Beulke Strafprozessrecht Rn. 527); auch aus spezial- oder generalpräventiven Erwägungen kann vom Strafbefehlsantrag abgesehen werden (RiStBV Nr. 175 Abs. 3 S. 1). Ein Rechtsanspruch des Beschuldigten auf Durchführung des Strafbefehlsverfahrens besteht nicht. 2

Der Strafbefehlsantrag tritt an die **Stelle der Anklageerhebung** nach §§ 199, 200 **(Abs. 1 S. 4);** hinsichtlich des hinreichenden Tatverdachts müssen daher die gleichen Voraussetzungen erfüllt sein. Bei **mehreren Beschuldigten** genügt ein einheitlicher Antrag. Der Richter kann aber im Wege der Verfahrenstrennung gegen den einzelnen Beschuldigten Strafbefehl erlassen und gegen andere Hauptverhandlung anberaumen, wenn er insoweit Bedenken hat, § 408 Abs. 3 (KK-Fischer Rn. 22). 3

Der Antrag muss den in § 409 Abs. 1 Nr. 1–6 **vorgeschriebenen Inhalt** haben, da er nur bei Übereinstimmung von Richter und StA erlassen werden darf (§ 408 Abs. 3). Er ist auf eine **bestimmte Rechtsfolge** nach **Abs. 2** zu richten **(Abs. 1 S. 3);** im Übrigen gilt für ihn § 200 mit der Maßgabe, dass die Darstellung des **wesentlichen Ermittlungsergebnisses** entfällt. Die StA, im **Steuerstrafverfahren** auch die Finanzbehörde (§§ 386 Abs. 2, 400 AO), legt idR einen **Entwurf** mit beigefügtem Antrag vor (RiStBV Nrn. 176, 177). 4

Die **zulässigen Rechtsfolgen** sind in **Abs. 2** abschließend aufgeführt: **Freiheitsstrafe (Abs. 2 S. 2)** von bis zu 1 Jahr bei Strafaussetzung zur Bewährung darf nur verhängt werden, wenn der Angeschuldigte **verteidigt** ist; der Entlastungseffekt dieser durch das RPflEntlG geschaffenen Möglichkeit ist sehr zweifelhaft (vgl. KK-Fischer Rn. 8 a ff.). Gegen **Heranwachsende** darf Freiheitsstrafe nicht verhängt werden (§ 109 Abs. 3 JGG; s. Rn. 1). 5

Geldstrafe (§ 40 StGB) kann nach den Bestimmungen des StGB, auch in den Fällen der §§ 47 Abs. 2, 49 Abs. 2 StGB, festgesetzt werden. Angegeben werden nur **Anzahl und Höhe** der Tagessätze; die Angabe der Gesamtsumme ist unschädlich. Ein Hinweis auf die Dauer der **Ersatzfreiheitsstrafe** ist nicht erforderlich (OLG Bremen NJW 1975, 1524); eines **Anrechnungsausspruchs** nach § 51 Abs. 1 S. 1 StGB bedarf es nicht. **Zahlungserleichterungen** (§ 42 StGB) sind vollständig in den Antrag aufzunehmen. Auch eine **Vermögensstrafe** (§ 43 a StGB) kann beantragt werden (vgl. dazu KK-Fischer Rn. 9). 6

Wird **Verwarnung mit Strafvorbehalt** (§§ 59–59 c StGB) festgesetzt, so ist zugleich ein **Bewährungsbeschluss** (§ 268 a) zu erlassen; insoweit ist das Gericht an einen Antrag der StA nicht gebunden. Für die erforderliche Belehrung gilt § 409 Abs. 1 S. 2 iVm § 268 a Abs. 3. 7

§ 407 Sechstes Buch. 1. Abschnitt

8 Als **Nebenfolgen** können neben den in Abs. 2 Nr. 1 genannten auch Verfall und Einziehung von Wertersatz (§§ 73 a, 74 c StGB) angeordnet werden. Für **Einziehungsbeteiligte** gelten §§ 432, 438 Abs. 1 S. 1 (vgl. KK-Fischer Rn. 14). Die **Bekanntgabe der Verurteilung** kann angeordnet werden, wenn sie nach materiellrechtlichen Vorschriften zulässig ist. Die Art der Bekanntmachung muss bereits im Strafbefehlsantrag genau bezeichnet werden. Der Strafbefehl ist auch dem Berechtigten zuzustellen (§ 463 c Abs. 1). Wird eine **Geldbuße** gegen **eine juristische Person oder Personenvereinigung** festgesetzt (§ 30 OWiG), so ist nach § 444 zu verfahren.

9 Als einzige **Maßregel** kommt die Entziehung der Fahrerlaubnis (§ 69 StGB) in Betracht (**Abs. 2 Nr. 2**). Auch die **Sperrfrist** (§ 69 a StGB) muss bereits im Antrag bezeichnet werden. Der Verkündung des Urteils iSd § 69 Abs. 5 StGB steht der **Erlass** des Strafbefehls, nicht erst seine Zustellung gleich (vgl. KK-Fischer Rn. 17).

10 Die Möglichkeit des **Absehens von Strafe** (Abs. 2 S. 1 Nr. 3 iVm § 60 StGB) hat kaum praktische Bedeutung (vgl. KK-Fischer Rn. 18).

11 Die in **Abs. 2** genannten Rechtsfolgen können **allein oder nebeneinander** festgesetzt werden. Eine Kombination ist aber nur zulässig, soweit das materielle Recht gestattet (vgl. LR-Gössel Rn. 25). Eine Entziehung der Fahrerlaubnis bei Schuldunfähigkeit des Täters (§§ 69 Abs. 1 S. 1, 71 Abs. 2 StGB) kann nur im Sicherungsverfahren (§§ 413 ff.) ausgesprochen werden; die Festsetzung von Nebenfolgen ohne Verhängung einer Hauptstrafe ist unzulässig.

12 Eine **Anhörung des Angeschuldigten** durch das Gericht ist nicht erforderlich (**Abs. 3**). Der Beschuldigte ist im **Ermittlungsverfahren** nach Maßgabe des § 163 a Abs. 1 zu hören; ist das nicht geschehen, so ist der Strafbefehl dennoch wirksam (Meyer-Goßner Rn. 24 mwN); die Möglichkeit **des Einspruchs** sichert den Anspruch auf rechtliches Gehör (BVerfG 25, 158, 165 f. = NJW 1969, 1103; KK-Fischer Rn. 20); denn dadurch kann er eine Hauptverhandlung erlangen.

13 Für die **Tenorierung** im Strafbefehl gilt § 260 Abs. 4. Richtet sich das Verfahren gegen **mehrere Tatbeteiligte**, so kann auch im Strafbefehlsverfahren ein Antrag gegen mehrere Beschuldigte gestellt werden; nach dem Ermessen des Gerichts können die Verfahren getrennt und gesondert entschieden werden (vgl. KK-Fischer Rn. 21).

14 Steht mit der Straftat eine **Ordnungswidrigkeit** in Tateinheit, so gilt § 21 Abs. 1 S. 1 OWiG; die OWi wird im Strafbefehl nicht erwähnt. Im Fall der Tatmehrheit kann eine Geldbuße neben der Strafe verhängt werden (vgl. § 64 OWiG). Bei sachlichem Zusammenhang (§ 42 OWiG) kann auch eine Geldbuße gegen eine und eine Strafe gegen eine andere Person festgesetzt werden; ein getrennter Strafbefehl ist dann nicht zulässig (vgl. LR-Gössel vor § 407 Rn. 43; KK-Fischer Rn. 33 mwN); bei Einspruch des Betroffenen gilt § 411, nicht § 72 OWiG; gegen das Urteil ist Rechtsbeschwerde statthaft (vgl. § 83 Abs. 1 OWiG). Da im Strafbefehlsverfahren eine Hauptverhandlung nicht stattfindet, wenn der Strafbefehl rechtskräftig wird, kann in einem Strafbefehl nicht auf eine Entschädigung des Verletzten (**Adhäsionsverfahren**) nach § 403 erkannt werden (BGH NJW 1982, 1048). Wie bei der Nebenklage kann der Anspruch aber vorzeitig geltend gemacht werden und erlangt dann Wirksamkeit, wenn es zur Hauptverhandlung kommt (KK-Fischer Rn. 30). In **Steuerstrafverfahren** ist außer der StA auch die Finanzbehörde gemäß § 400 AO zur Stellung eines Strafbefehlsantrages beim Strafrichter oder SchöffG berechtigt, falls sie das Ermittlungsverfahren gemäß § 386 Abs. 2 AO selbstständig führt. Die Finanzbehörde nimmt die Rechte und Pflichten der StA wahr, solange es nicht zur Hauptverhandlung kommt (§ 406 Abs. 1 AO). Der Angehörige eines steuerberatenden Berufs kann den Einspruch nicht als Alleinverteidiger einlegen, da er nach § 392 Abs. 1 AO nur **Verteidiger** sein kann, soweit die Finanzbehörde das Verfahren selbstständig durchführt (KK-Fischer Rn. 31). Zum Antrag auf Erlass eines Strafbefehls als eines Steuerstrafverfahrens i. E. s. Dißars wistra 1997, 331.

Zum Steuergeheimnis und nichtsteuerliche Straftat s. Spriegel wistra 1997, 321. Bei **unbekanntem Aufenthalt** des Beschuldigten kommt die vorläufige Einstellung des Verfahrens nach § 205 in Betracht. Die **öffentliche Zustellung** des Strafbefehls nach § 40 Abs. 1 ist im Hinblick auf Art. 103 Abs. 1 GG unzulässig (KK-Fischer Rn. 36 mwN; s. auch § 408 Rn. 8).

§ 408 [Entscheidungsmöglichkeiten des Richters]   RiStBV 178

(1) ¹**Hält der Vorsitzende des Schöffengerichts die Zuständigkeit des Strafrichters für begründet, so gibt er die Sache durch Vermittlung der Staatsanwaltschaft an diese ab; der Beschluß ist für den Strafrichter bindend, der Staatsanwaltschaft steht sofortige Beschwerde zu.** ²**Hält der Strafrichter die Zuständigkeit des Schöffengerichts für begründet, so legt er die Akten durch Vermittlung der Staatsanwaltschaft dessen Vorsitzenden zur Entscheidung vor.**

(2) ¹**Erachtet der Richter den Angeschuldigten nicht für hinreichend verdächtig, so lehnt er den Erlaß eines Strafbefehls ab.** ²**Die Entscheidung steht dem Beschluß gleich, durch den die Eröffnung des Hauptverfahrens abgelehnt worden ist (§§ 204, 210 Abs. 2, § 211).**

(3) ¹**Der Richter hat dem Antrag der Staatsanwaltschaft zu entsprechen, wenn dem Erlaß des Strafbefehls keine Bedenken entgegenstehen.** ²**Er beraumt Hauptverhandlung an, wenn er Bedenken hat, ohne eine solche zu entscheiden, oder wenn er von der rechtlichen Beurteilung im Strafbefehlsantrag abweichen oder eine andere als die beantragte Rechtsfolge festsetzen will und die Staatsanwaltschaft bei ihrem Antrag beharrt.** ³**Mit der Ladung ist dem Angeklagten eine Abschrift des Strafbefehlsantrags ohne die beantragte Rechtsfolge mitzuteilen.**

Entscheidungsmöglichkeiten. Das Strafbefehlsverfahren kennt keinen Eröffnungsbeschluss. Der Richter hat vielmehr allein darüber zu entscheiden, ob er den Strafbefehl in der beantragten Form erlässt (**Abs. 3 S. 1**) oder den Erlass ablehnt (**Abs. 2**). Dem geht die Prüfung der sachlichen (**Abs. 1**) und örtlichen Zuständigkeit voraus. In den Fällen des **Abs. 3 S. 2** kann sogleich Termin zur Hauptverhandlung bestimmt werden. Einer **Einstellung** des Verfahrens nach §§ 153 ff. steht der Strafbefehlsantrag nicht entgegen (vgl. KK-Fischer Rn. 3). 1

Eine sachliche Zuständigkeit des **SchöffenG** ist regelmäßig nicht gegeben, da es für die Zuständigkeit des Strafrichters (§ 25 GVG) auf die Bedeutung der Sache nicht mehr ankommt. Das SchöffenG kann einen Strafbefehl nur im Fall des § 408 a erlassen (Meyer-Goßner Rn. 6; vgl. OLG Oldenburg NStZ 1994, 449). Ist dennoch Antrag zum SchöffenG gestellt, so gibt dieses die Sache durch **Beschluss** an den Strafrichter ab (**Abs. 1 S. 1**). Hält das AG die **Zuständigkeit** eines **höheren Gerichts** für gegeben, so gilt § 209 Abs. 2 nicht, weil eine Anklage nicht vorliegt; eine Ablehnung nach Abs. 2 kommt wegen ihrer Rechtskraftwirkung nicht in Betracht (**aA** LR-Gössel Rn. 16 f.). Das AG hat daher seine Unzuständigkeit durch Beschluss auszusprechen; dieser ist mit einfacher Beschwerde anfechtbar (Meyer-Goßner Rn. 4). 2

Dasselbe gilt bei **örtlicher Unzuständigkeit.** Eine Verweisung an das örtlich zuständige Gericht ist unzulässig (BGH 16, 391, 392 = NJW 1962, 499; 23, 82 = NJW 1969, 1820). 3

Der **Erlass des Strafbefehls (Abs. 2)** setzt **hinreichenden Tatverdacht** voraus (vgl. § 203). Der Richter muss nach Überprüfung in tatsächlicher und rechtlicher Hinsicht zu der **Überzeugung** gelangen, dass der Angeschuldigte die ihm zur Last gelegte Tat begangen hat (LR-Gössel vor § 407 Rn. 11; Rieß JR 1988, 134; Beulke Strafprozessrecht Rn. 527). Dabei muss der Richter sich darüber im Klaren sein, 4

§ 408

dass die Tatsachengrundlage der auf freier Beweiswürdigung beruhenden Überzeugung im Strafbefehlsverfahren eine quantitativ andere als bei der Urteilsfindung auf Grund Hauptverhandlung (§ 261) ist (KK-Fischer Rn. 9). Der Erlass ist auch abzulehnen, wenn eine Strafbarkeit aus rechtlichen Gründen nicht besteht oder wenn ein **Verfahrenshindernis** besteht. Bestehen aus tatsächlichen Gründen Zweifel, so kann der Richter die Sache mit der Bitte um Nachermittlungen an die StA zurückleiten; will diese weitere Ermittlungen nicht durchführen, so kann das Gericht entspr. § 202 selbst Beweise erheben (Meyer-Goßner Rn. 7; LR-Gössel Rn. 19). Liegen beim Richter **Zweifel** vor, deren Klärung in einer Hauptverhandlung zu erwarten ist, so ist nach **Abs. 3 S. 2** zu verfahren. Erscheinen die Zweifel schon jetzt unüberwindlich, fehlt es an erforderlicher **hinreichenden Tatverdacht** (KK-Fischer Rn. 9; LR-Gössel Rn. 18). Die **Ablehnung des Antrags** erfolgt auch, wenn die dem Angeschuldigten vorgeworfene Tat aus Rechtsgründen nicht strafbar ist oder wenn ein nicht behebbares Verfahrenhindernis besteht. Aus dem Ablehnungsbeschluss muss hervorgehen, ob er auf **tatsächlichen oder auf Rechtsgründen** beruht, **Abs. 2 S. 2** iVm § 204 Abs. 2 (KK-Fischer Rn. 9).

5 Eine **Teilablehnung** ist nur zulässig, wenn der Antrag sich auf prozessual selbstständige Taten (§ 264) bezieht (LG München II NStZ 1990, 452; **aA** KMR-Fezer Rn. 20). Abgesehen von diesem Fall kann der Strafbefehl stets nur einheitlich erlassen oder der Erlass abgelehnt werden. Wenn bei Nichterweislichkeit der Straftat die Tat als **OWi** zu beurteilen wäre, so führt die rechtskräftige Ablehnung auch insoweit zum eingeschränkten Strafklageverbrauch nach § 211 (BayObLG NStZ 1983, 418). Der Richter muss daher, wenn er den hinreichenden Verdacht einer Straftat verneint, den einer OWi jedoch bejaht, nach Abs. 3 S. 1 verfahren oder die StA zur Zurücknahme des Antrags veranlassen (BGH 23, 342, 340 = NJW 1970, 2255). Stehen Straftat und OWi nach dem Antrag **selbstständig** nebeneinander (vgl. § 407 Rn. 14), so nimmt die StA nach rechtskräftiger Teilablehnung den Antrag im Übrigen zurück und gibt die Sache an die Verwaltungsbehörde ab.

6 Der ablehnende **Beschluss** steht dem Beschluss nach § 204 gleich (Abs. 2 S. 2). Er muss daher **begründet** und der StA nach § 41 **zugestellt** werden. Dem Angeschuldigten, der zum Antrag nicht gehört wird (§ 407 Abs. 3), ist er formlos mitzuteilen (Abs. 2 S. 2 iVm § 204 Abs. 2; vgl. RiStBV Nr. 178 Abs. 5; **aA** Meyer-Goßner Rn. 8: Zustellung); dabei ist entspr. Abs. 3 S. 3 eine Abschrift des Antrags ohne Rechtsfolgenantrag beizufügen. Dem **Nebenklageberechtigten,** der bereits seinen Anschluss erklärt hat (§ 396 Abs. 1 S. 2), ist der Beschluss zuzustellen (vgl. §§ 396 Abs. 1, S. 3, 400 Abs. 2 S. 1). Dem **Verletzten** wird die Ablehnung auf Antrag mitgeteilt (§ 406 d). Der Beschluss kann von der **StA** (Abs. 2 S. 2 iVm § 210 Abs. 2) und vom **Nebenkläger** (§ 400 Abs. 2 S. 1) mit **sofortiger Beschwerde** angefochten werden. Das Beschwerdegericht kann bei Begründetheit der Beschwerde nicht nach § 309 Abs. 2 in der Sache selbst entscheiden; vielmehr wird der Beschluss aufgehoben und die Sache zurückverwiesen. Der Richter kann dann den Strafbefehl erlassen oder nach Abs. 3 S. 2 verfahren (vgl. KK-Fischer Rn. 14 mwN). Wird die Ablehnung rechtskräftig, so gilt § 211.

7 Der **Erlass** des Strafbefehls **(Abs. 3 S. 1)** setzt **vollständige Übereinstimmung** zwischen Richter und StA hinsichtlich der rechtlichen Bewertung und der anzuordnenden Rechtsfolgen voraus. In diesem Fall ist der Strafbefehl **zwingend** zu erlassen (Abs. 3 S. 2) nicht entgegenstehen. „Die Frage nach der **Schuldfähigkeit** als Voraussetzung für eine etwaige Bestrafung muss bereits **vor** und nicht erst nach Erlass des Strafbefehls und Einlegung des Einspruchs erfolgen, weil nur so dem Grundsatz „**nulla poene sinde culpa**" Rechnung getragen werden kann" (BerlVerfGH NStZ-RR 2000, 143). Wird der Strafbefehl ohne Zustimmung der StA mit Abweichungen erlassen, so ist er wirksam; ein Beschwerderecht der StA besteht nicht (LR-Gössel Rn. 42; vgl. KK-Fischer Rn. 19). Zur **Zustellung** des Strafbefehls vgl. § 409 Rn. 10.

Verfahren bei Strafbefehlen § 408 a

Die **Anberaumung einer Hauptverhandlung (Abs. 3 S. 2)** setzt hinreichen- 8
den Tatverdacht (§ 203), nicht jedoch Überzeugung von der Schuld des Angeschuldigten voraus (vgl. o. Rn. 4). **Bedenken** am Erlass des Strafbefehls können den **Schuldspruch** oder den **Rechtsfolgenausspruch** betreffen (vgl. KK-Fischer Rn. 21 f.). In diesen Fällen ist zunächst eine **Einigung** mit der StA zu versuchen (vgl. RiStBV Nr. 178 Abs. 1 u. 2). Bedenken können aber auch hinsichtlich der **Form** der Aburteilung bestehen, etwa wenn die Bedeutung der Sache der Erledigung im Strafbefehlsverfahren entgegensteht (Meyer-Goßner Rn. 12). „Nach § 408 Abs. 3 hat der Richter Hauptverhandlung anzuberaumen, wenn er **Bedenken** hat, durch Strafbefehl zu entscheiden. Dies gilt insbesondere dann, wenn zwar hinreichender Tatverdacht besteht, der Richter die beantragte Rechtsfolge auch für vertretbar, gleichwohl aber die Aburteilung im Beschlussverfahren für bedenklich hält. Diese Bedenken können sich insbesondere daraus ergeben, dass eine Hauptverhandlung zur vollständigen Klärung auch der **Nebenumstände** zweckmäßig erscheint oder der Richter sich von dem Angeklagten einen **persönlichen Eindruck** verschaffen will. Auch hier hat sich der Richter bei der Beurteilung der Sach- und Rechtslage an den durch die Verfassung gesetzten grundrechtlichen Maßstäben zu orientieren" (BerlVerfGH NStZ-RR 2000, 143). Die Befürchtung, der Angeschuldigte werde Einspruch einlegen, reicht nicht aus (vgl. RiStBV Nr. 175 Abs. 3), wohl aber die nahe liegende Möglichkeit, dass in naher Zukunft noch **schwerere Folgen der Tat** eintreten werden (OLG Saarbrücken JR 1969 m. Anm. Koffka; KK-Fischer Rn. 20). Eine **Anfechtung** der Entscheidung ist ausgeschlossen. Die Vorbereitung der Hauptverhandlung richtet sich nach §§ 213 ff. Der Angeklagte wird erstmals (vgl. § 407 Abs. 3) mit der Ladung vom Strafbefehlsantrag unterrichtet (Abs. 3 S. 3). In der nach Abs. 3 S. 2 anberaumten Hauptverhandlung gelten die §§ 411 Abs. 2 u. 3, 412 nicht. Die **Einstellung** des Verfahrens nach **§§ 153, 153 a** ist mit Zustimmung der StA zulässig; im Fall des § 153 muss auch der Beschuldigte zustimmen, falls die Ausnahme des § 153 Abs. 2 S. 2 nicht vorliegt (Meyer-Goßner Rn. 16). Stellt sich nach Eingang des Strafbefehlsantrages heraus, dass der Beschuldigte **nicht auffindbar** ist, so muss das Verfahren nach § 205 vorläufig eingestellt werden (RiStBV Nr. 175 Abs. 2; Meyer-Goßner Rn. 16; s. § 407 Rn. 14). Steht dem Erlass des Strafbefehls ein **Verfahrenshindernis** entgegen, so ist nicht nach § 206 a einzustellen, sondern der Erlass des Strafbefehls nach Abs. 2 abzulehnen; gleiches gilt im Fall des § 206 b (KK-Fischer Rn. 5).

§ 408 a [Strafbefehlsantrag nach Eröffnung des Hauptverfahrens]
RiStBV 175 a

(1) ¹**Ist das Hauptverfahren bereits eröffnet, so kann im Verfahren vor dem Strafrichter und dem Schöffengericht die Staatsanwaltschaft einen Strafbefehlsantrag stellen, wenn die Voraussetzungen des § 407 Abs. 1 Satz 1 und 2 vorliegen und wenn der Durchführung einer Hauptverhandlung das Ausbleiben oder die Abwesenheit des Angeklagten oder ein anderer wichtiger Grund entgegensteht.** ²**In der Hauptverhandlung kann der Staatsanwalt den Antrag mündlich stellen; der wesentliche Inhalt des Strafbefehlsantrages ist in das Sitzungsprotokoll aufzunehmen.** ³**§ 407 Abs. 1 Satz 4, § 408 finden keine Anwendung.**

(2) ¹**Der Richter hat dem Antrag zu entsprechen, wenn die Voraussetzungen des § 408 Abs. 3 Satz 1 vorliegen.** ²**Andernfalls lehnt er den Antrag durch unanfechtbaren Beschluß ab und setzt das Hauptverfahren fort.**

Die Vorschrift soll die Erledigung „steckengebliebener" Verfahren ermöglichen; 1
sie hat nur geringe praktische Bedeutung. Durchgreifende rechtssystematische Be-

denken (vgl. Meyer-Goßner NJW 1987, 1166) gegen sie bestehen nicht (vgl. KK-Fischer Rn. 2 mwN).

2   **Voraussetzung** eines nachträglichen Strafbefehlserlasses ist, dass die StA zunächst Anklage wegen eines Vergehens (Meyer-Goßner Rn. 3; str.) erhoben und das Hauptverfahren **vor dem AG** bereits eröffnet (§ 207) worden ist **(Abs. 1 S. 1).** Im **beschleunigten Verfahren** ist die Vorschrift daher nicht anwendbar (vgl. §§ 418 Abs. 1, 419 Abs. 3). Dass schon eine Hauptverhandlung stattgefunden hat, ist nicht erforderlich. Der Durchführung einer Hauptverhandlung muss ein **wichtiger Grund** entgegenstehen (Abs. 1 S. 1). Dabei ist insb. an die Fälle gedacht, in denen der Angeklagte mit bekanntem Aufenthalt im Ausland wohnt (§ 276, 2. Alt.), in denen die Vorführung des weit entfernt wohnenden Angeklagten unverhältnismäßig wäre oder in denen der Beweisaufnahme Hinderungsgründe entgegenstehen, die nicht im Weg des § 251 Abs. 2 behoben werden können (vgl. Meyer-Goßner Rn. 1; KK-Fischer Rn. 9 f.).

3   Der Erlass setzt einen **Antrag der StA** voraus; dieser kann entsprechend dem Beschleunigungsgrundsatz nach Abs. 1 S. 2 auch **mündlich** gestellt werden – mit Aufnahme des wesentlichen Inhalts in das Sitzungsprotokoll, damit für alle Beteiligten Klarheit besteht, welchen Antrag die St gestellt hat. Der Angeklagte hat kein formelles Antragsrecht; idR wird es aber zur vorherigen Klärung und zu **Absprachen** über die Verfahrenserledigung nach § 408 a kommen, wenn die Anwendung der Vorschrift überhaupt einen praktischen Nutzen haben soll; das erscheint bedenklich (vgl. KK-Fischer Rn. 13). Der **Inhalt des Antrags** muss § 409 Abs. 1 Nr. 1–6 entsprechen.

4   Der **Erlass des Strafbefehls** setzt auch im Fall des § 408 a **vollständige Übereinstimmung** zwischen Gericht und StA voraus; eine nachträgliche **Einigung** über den Antragsinhalt (§ 408 a Abs. 1 S. 2) ist ausgeschlossen **(Abs. 1 S. 2).** Der Richter muss den Antrag unter den Voraussetzungen des § 408 Abs. 3 S. 1 entsprechen **(Abs. 2 S. 1).** Der Strafbefehl ist dem Angeklagten, seinem Verteidiger oder Zustellungsbevollmächtigten zuzustellen; StA und Nebenkläger wird er formlos mitgeteilt.

5   Hat das Gericht Bedenken (vgl. § 408 Rn. 8), so ist der Erlass durch ausdrücklichen **Beschluss** abzulehnen und das Hauptverfahren fortzusetzen **(Abs. 2 S. 2).** Eine Begründung ist nicht erforderlich; der Beschluss ist unanfechtbar und formlos mitzuteilen. Die Ablehnung steht der Ablehnung nach § 408 Abs. 2 nicht gleich. Eine Rechtskraftwirkung entfaltet sie nicht; die Stellung eines neuen Antrags ist daher zulässig (vgl. KK-Fischer Rn. 18). **Teilerlass** und **Teilablehnung** sind möglich, wenn sie sich auf selbstständige Taten beziehen (vgl. § 408 Rn. 5). Ein **Teilfreispruch** ist im Strafbefehlsverfahren nicht möglich, ggf. kann nach §§ 154 Abs. 2, 154 a Abs. 2 verfahren werden.

6   Wird nachträglich ein Strafbefehl erlassen, so richtet sich das **weitere Verfahren** nach §§ 410 ff.; auch §§ 411 Abs. 2, Abs. 3 S. 1 u. 2, 412 sind anwendbar. Eine **Rücknahme der Klage** ist ausgeschlossen (§ 411 Abs. 3 S. 3). Im Verfahren nach Einspruch ist das Gericht an den Ausspruch im Strafbefehl nicht gebunden. Bei einem nur mündlich gestellten oder inhaltlich mangelhaften Strafbefehlsantrag sowie bei fehlender Übereinstimmung zwischen Antrag und Strafbefehl liegt kein Verfahrenshindernis vor (OLG Hamburg JR 1989, 169) und die **Revision** wird im Allgemeinen keinen Erfolg haben; das Urteil wird auf diesen Fehlern nicht nach § 337 beruhen können (Meyer-Goßner Rn. 7).

§ 408 b [Bestellung eines Verteidigers]

¹**Erwägt der Richter, dem Antrag der Staatsanwaltschaft auf Erlaß eines Strafbefehls mit der in § 407 Abs. 2 Satz 2 genannten Rechtsfolge zu ent-**

Verfahren bei Strafbefehlen § 409

sprechen, so bestellt er dem Angeschuldigten, der noch keinen Verteidiger hat, einen Verteidiger. ²§ 141 Abs. 3 findet entsprechende Anwendung.

Die **Bestellung eines Pflichtverteidigers** kommt im Strafbefehlsverfahren nur 1 im Fall des § 407 Abs. 2 S. 2 in Betracht; sie ist geboten, um der Gefahr einer Verkennung der belastenden Folgen einer solchen Entscheidung zu begegnen (vgl. Meyer-Goßner Rn. 1; KK-Fischer Rn. 1, § 407 Rn. 8 a). Die Vorschrift erscheint wenig durchdacht und führt zu zahlreichen systematischen und praktischen Schwierigkeiten (vgl. Meyer-Goßner Rn. 6; KK-Fischer Rn. 6).

Voraussetzung der Bestellung ist, dass dem Gericht ein Strafbefehlsantrag vor- 2 liegt, der auf die Verhängung einer Freiheitsstrafe gerichtet ist. Der Richter muss **erwägen,** den Strafbefehl zu erlassen; der Erlass muss somit ernstlich in Betracht kommen. Will der Richter nach § 408 Abs. 2 oder Abs. 3 S. 2 verfahren, so ist eine Verteidigerbestellung nicht erforderlich. Von **praktischer Bedeutung** ist der Unterschied zwischen dem Erlass des Strafbefehls und seiner Erwägung nur in dem Fall, dass der Richter eine Abweichung vom Antrag im Einvernehmen mit der StA anstrebt (vgl. § 408 Rn. 8; RiStBV Nr. 178 Abs. 1 u. 2); in diesem Fall ist sogleich ein Verteidiger zu bestellen.

Der Verteidiger muss möglichst frühzeitig bestellt werden (vgl. **S. 2** iVm § 141 3 Abs. 3). Das Verfahren nach § 142 muss nicht eingehalten werden (Meyer-Goßner Rn. 4). Mit der Bestellung ist dem Verteidiger eine Abschrift des Antrags zu übersenden; dem Angeschuldigten sind die Bestellung sowie der Antrag gleichfalls mitzuteilen. Zugleich ist eine angemessene **Frist zur Äußerung** (entspr. § 201 Abs. 1) einzuräumen (Meyer-Goßner Rn. 3).

Die **Bestellung gilt nur für das Strafbefehlsverfahren** einschließlich der Ein- 4 legung eines Einspruchs, nicht aber für die Hauptverhandlung; insoweit gilt § 140 (OLG Düsseldorf NStZ 2002, 390).

Ist entgegen § 408 b der Strafbefehl **ohne Verteidigerbestellung** erlassen wor- 5 den, so berührt dies seine Wirksamkeit nicht; eine Wiedereinsetzung ist ausgeschlossen. Der Beschuldigte kann nur Einspruch einlegen; liegt kein Fall des § 140 Abs. 2 vor, so bleibt der Verstoß gegen § 408 b insoweit folgenlos. Gegen die **Auswahl** des bestellten Verteidigers ist nach den für § 142 geltenden Regeln **Beschwerde** zulässig; eine Verletzung der Fürsorgepflicht kann auch mit der **Revision** geltend gemacht werden (KK-Fischer Rn. 9).

§ 409 [Inhalt des Strafbefehls] RiStBV 177, 179

(1) ¹**Der Strafbefehl enthält**
1. **die Angaben zur Person des Angeklagten und etwaiger Nebenbeteiligter,**
2. **den Namen des Verteidigers,**
3. **die Bezeichnung der Tat, die dem Angeklagten zur Last gelegt wird, Zeit und Ort ihrer Begehung und die Bezeichnung der gesetzlichen Merkmale der Straftat,**
4. **die angewendeten Vorschriften nach Paragraph, Absatz, Nummer, Buchstabe und mit der Bezeichnung des Gesetzes,**
5. **die Beweismittel,**
6. **die Festsetzung der Rechtsfolgen,**
7. **die Belehrung über die Möglichkeit des Einspruchs und die dafür vorgeschriebene Frist und Form sowie den Hinweis, daß der Strafbefehl rechtskräftig und vollstreckbar wird, soweit gegen ihn kein Einspruch nach § 410 eingelegt wird.**

²**Wird gegen den Angeklagten eine Freiheitsstrafe verhängt, wird er mit Strafvorbehalt verwarnt oder wird gegen ihn ein Fahrverbot angeordnet, so**

§ 409

ist er zugleich nach § 268a Abs. 3 oder § 268c Satz 1 zu belehren. [3] § 267 Abs. 6 Satz 2 gilt entsprechend.

(2) **Der Strafbefehl wird auch dem gesetzlichen Vertreter des Angeklagten mitgeteilt.**

1   Abs. 1 beschreibt den **notwendigen Inhalt** des Strafbefehls. Nrn. 1–5 entsprechen § 200 Abs. 1 S. 1 u. 2; dazu treten nach Nr. 6 die Bestimmung der Rechtsfolgen und nach Nr. 7 die Belehrung über Einspruch und Rechtskraft. Ein wesentliches Ermittlungsergebnis (§ 200 Abs. 2) enthält der Strafbefehl nicht. IdR reicht die StA einen Entwurf mit dem Antrag ein, diesen zu erlassen (vgl. RiStBV Nr. 176).

2   Die **Angaben zur Person (Nr. 1)** müssen die Person genau bezeichnen (vgl. RiStBV Nr. 110 Abs. 2a), um eine Identifizierung zu ermöglichen (vgl. BGH 23, 336, 339 = NJW 1970, 2222). Die Angaben können in die Anschrift aufgenommen werden; Fehler berühren die Wirksamkeit idR nicht.

3   Der **Verteidiger (Nr. 2)** ist entspr. §§ 200 Abs. 1 S. 2, 275 Abs. 3 anzugeben.

4   Die **Tat und ihre gesetzlichen Merkmale (Nr. 3)** sind wie im Anklagesatz (§ 200 Abs. 1 S. 1) anzugeben, um den Verfahrensgegenstand und den Umfang der Rechtskraft zu bestimmen (BGH 23, 336 = NJW 1970, 2222; OLG Düsseldorf NJW 1989, 2145). Der historische Lebenssachverhalt, auf der der Schuldspruch gestützt wird, muss vollständig dargestellt werden; es muss deutlich werden, was der Angeklagte zu einer bestimmten Zeit an einem bestimmten Ort getan hat (OLG Düsseldorf NJW 1989, 2145). Die Darstellung darf sich nicht auf die Wiedergabe des Gesetzeswortlauts beschränken (vgl. RiStBV Nr. 177 Abs. 1; OLG Düsseldorf NStZ 1991, 99).

5   Die **angewendeten Vorschriften (Nr. 4)** sind entspr. § 260 Abs. 5 anzugeben. Hierzu gehört auch die **rechtliche Bezeichnung der Tat** nach § 260 Abs. 4 S. 1 (Meyer-Goßner Rn. 5).

6   Die **Beweismittel (Nr. 5)** müssen so genau angegeben werden, dass der Beschuldigte die Beweisgrundlage prüfen kann. Bei Zeugen sind idR Name und Anschrift aufzuführen; Urkunden sind genau zu bezeichnen.

7   Die **Rechtsfolgen (Nr. 6)** sind so genau festzusetzen, dass aus dem Strafbefehl vollstreckt werden kann. Eine **Begründung** ist nur im Fall des **Abs. 1 S. 3** erforderlich, wenn von der Entziehung der **Fahrerlaubnis** oder der Verhängung einer isolierten Sperre (§§ 69 f. StGB) abgesehen wird. Wegen der Bindung der Verwaltungsbehörde an die Entscheidung (§ 4 Abs. 3 S. 1 StVG) ist diese entspr. § 267 Abs. 6 S. 2 zu begründen. Von der Entziehung kann der Richter nur im Einverständnis mit der StA absehen. An die Begründung sind keine großen Anforderungen zu stellen; fehlt die Begründung, so entfällt die Bindung der Verwaltungsbehörde. Ist die Fahrerlaubnis im Strafbefehl nicht entzogen, die Ungeeignetheit des Angeklagten festgestellt, so kann die Verwaltungsbehörde nach § 4 StVG entziehen (OVG Lüneburg ZfS 1995, 438; KK-Fischer Rn. 10). Auf eine Begründung für die Verhängung einer **Freiheitsstrafe** kann schon im Hinblick auf § 47 Abs. 1 StGB nicht verzichtet werden. Das gilt auch für die Strafaussetzungsentscheidung im Hinblick auf § 56 Abs. 1 S. 2 StGB, da sonst jeder konkrete Anknüpfungspunkt für die Begründung einer eventuellen Widerrufsentscheidung fehlt. Formelhafte oder gar formularmäßige „Begründungen" erheblicher Freiheitsstrafen verfehlen ihren Zweck (KK-Fischer Rn. 8a). Die Notwendigkeit einer **Kostenentscheidung** ergibt sich aus § 464 Abs. 1; über die Möglichkeit der sofortigen Beschwerde (§ 464 Abs. 3) ist der Angeklagte stets zu **belehren** (aA Meyer-Goßner Rn. 8; vgl. KK-Fischer Rn. 9). Eine **Auslagenentscheidung** ergeht nur im Fall des § 472 Abs. 3 S. 1 iVm § 406g (vgl. KK-Fischer Rn. 29); über eine evtl. erforderliche **Entschädigung** nach § 8 Abs. 1 StrEG zu entscheiden.

8   **Belehrungen** über Möglichkeit, Form und Frist des Einspruchs sowie über die Folgen der Nichteinlegung (§ 410 Abs. 3) sind nach **Abs. 1 S. 1 Nr. 7** in den

Strafbefehl aufzunehmen. Ein Hinweis an den gesetzlichen Vertreter (vgl. Abs. 2) über sein eigenes Einspruchsrecht ist nicht erforderlich. Auch **Nebenbeteiligte** sind über das ihnen zustehende Einspruchsrecht zu belehren. Fehlt die Belehrung nach Nr. 7, so kann bei Versäumung der Einspruchsfrist **Wiedereinsetzung** verlangt werden (§ 44 Abs. 2). Bei Verurteilung zu **Freiheitsstrafe** (§ 407 Abs. 1 S. 2), Verwarnung mit Strafvorbehalt und Verhängung eines Fahrverbots sind die Belehrungen nach § 268a Abs. 3 oder § 268c S. 1 aufzunehmen (Abs. 1 S. 2).

Eine **Unterschrift** des Richters ist in § 409 nicht zwingend vorgeschrieben; idR **9** wird jedoch der **Erlass** des Strafbefehls, der eine Verfahrensvoraussetzung ist, ohne Unterzeichnung nicht nachweisbar sein (vgl. Meyer-Goßner Rn. 13; KK-Fischer Rn. 13 f. mwN); das Verfahren ist dann einzustellen (**aA** BayObLG NJW 1961, 1782). Ein **Hand- oder Faksimilezeichen** genügt, wenn daraus die Person des Richters zweifelsfrei festgestellt werden kann (OLG Saarbrücken NJW 1973, 2041; Meyer-Goßner Rn. 13; KK-Fischer Rn. 13). Aber das völlige Fehlen der Unterzeichnung ist ein wesentlicher Mangel, der zur Unwirksamkeit des Strafbefehls führt (OLG Karlsruhe Justiz 1993, 203; Meyer-Goßner Rn. 13). Fehlt das **Datum** der Unterzeichnung, so berührt das die Wirksamkeit des Strafbefehls ebenso wenig wie der Verlust der Urschrift, sofern der Erlass sicher festzustellen ist (BGH 23, 280, 281 = NJW 1970, 1634). Der Strafbefehl ist **erlassen,** wenn er unterzeichnet und in den Geschäftsgang gegeben wurde (BGH 33, 230, 232 = NJW 1986, 200). Eine Rücknahme des Antrags sowie **Änderung** oder Zurücknahme des Strafbefehls sind dann nicht mehr zulässig; eine **Berichtigung** offensichtlicher Versehen bleibt möglich.

Der Strafbefehl ist förmlich **zuzustellen** (vgl. § 410 Abs. 1 S. 1). Eine **münd-** **10** **liche** Bekanntgabe nach § 35 Abs. 1 kommt nicht in Betracht (BGH 33, 232 = NJW 1986, 200; vgl. KK-Fischer Rn. 16). Ist der Angeklagte der deutschen Sprache nicht mächtig, so ist der Strafbefehl einschließlich der Belehrungen zu **übersetzen** (BVerfG 40, 95 = NJW 1975, 1597; vgl. BVerfG 42, 120 = NJW 1976, 1021). Die Zustellung ordnet der Richter an (§ 36 Abs. 1). Sie kann auch an einen **Zustellungsbevollmächtigten** erfolgen (§§ 116a Abs. 3, 127a Abs. 2, 132 Abs. 1 Nr. 2). **Ersatzzustellung** nach §§ 181, 182 ZPO ist zulässig (BVerfG 26, 315, 319 = NJW 1969, 1531); § 232 Abs. 4 findet keine Anwendung (BGH 22, 52, 55 = NJW 1968, 557); öffentliche Zustellung (§ 40) ist unzulässig. Ist der Angeklagte **verteidigt,** so gilt § 145a. Dem **gesetzlichen Vertreter** wird der Strafbefehl formlos mitgeteilt (Abs. 2), dem einspruchsberechtigten **Nebenbeteiligten** ist er zuzustellen, dem **Nebenklageberechtigten** nur im Fall einer Entscheidung nach § 472 Abs. 3 S. 1. Eine Mitteilung an die StA erfolgt nicht.

Wirksam ist der Strafbefehl auch dann, wenn die Tat nicht hinreichend beschrie- **11** ben ist **(Abs. 1 S. 1 Nr. 3);** bei Rechtskraft kann er vollstreckt werden; auf Einspruch ist das Verfahren einzustellen (BGH 23, 336, 340 = NJW 1970, 2222). Fehlt die Festsetzung von Rechtsfolgen, so ist der Strafbefehl **unwirksam,** wenn kein Einspruch eingelegt wird; dasselbe gilt bei Festsetzung unzulässiger Rechtsfolgen (i. E. str.; vgl. KK-Fischer Rn. 24 ff. mwN). Wird die **Dauer eines Fahrverbots** nicht bestimmt, so gilt dasselbe wie bei Fehlen einer Strafe: Das Fahrverbot ist **nicht vollstreckbar;** es darf nicht etwa einfach von der gesetzlichen Mindestdauer ausgegangen werden. Wurde die Dauer **unter** dem gesetzlichen Mindestmaß festgesetzt, so hat es bei Rechtskraft des Strafbefehls – ähnlich wie bei zu niedriger Tageszahl oder einer unter dem Mindestmaß des § 18 Abs. 1 S. 1 liegenden Jugendstrafe (BGH 27, 176 = NJW 1977, 1544) – damit sein Bewenden (KK-Fischer Rn. 26). Ist bei dem Entzug der Fahrerlaubnis die Festsetzung einer **Sperrfrist** nach § 69a StGB vergessen worden, so ist eine nachträgliche Ergänzung des Strafbefehls nicht zulässig; es darf auch hier nicht das gesetzliche Mindestmaß der Sperre festgesetzt werden (LR-Gössel Rn. 18; KK-Fischer Rn. 27). Sobald der Strafbefehl **erlassen** ist, dürfen nur noch **offensichtliche Schreibfehler** oder **Fassungsver-**

§ 410

sehen berichtigt werden – wie bei der Berichtigung des Urteilstenors, vgl. § 260 Rn. 24 –; eine sachliche Änderung ist ausgeschlossen (KK-Fischer Rn. 17; LR-Gössel Rn. 46). **Unvollständiger und fehlerhafter Strafbefehl:** Ist die dem Angeklagten zur Last gelegte **Tat** so **unzureichend beschreiben,** dass Zweifel über die Identität der Tat nicht behoben werden können, macht das den Strafbefehl zwar **nicht unwirksam,** steht also seiner Vollstreckung nach Eintritt der Rechtskraft nicht entgegen (KK-Fischer Rn. 23). Auf Einspruch ist das Verfahren jedoch wegen Fehlens einer Prozessvoraussetzung einzustellen, eine Ergänzung mit Hilfe des Akteninhalts ist unzulässig (BGHSt. 23, 336, 340 = NJW 1970, 2222). Hingegen ist die **fehlende Angabe von Beweismitteln oder** des angewendeten **Strafgesetzes** rechtlich bedeutungslos (OLG Frankfurt NJW 1970, 160; OLG Celle NJW 1970, 441; OLG Hamm NJW 1970, 579; KK-Fischer Rn. 23). Erhält der Strafbefehl **keine Festsetzung von Rechtsfolgen,** so ist er unwirksam (OLG Düsseldorf MDR 1984, 690; Kurth in HK-StPO Rn. 9), wenn ein Einspruch nicht erfolgt. Materielle Rechtskraft tritt nicht ein; die StA kann daher einen neuen Antrag stellen. Wurde gegen den Strafbefehl jedoch Einspruch eingelegt, so reicht er als Verfahrensgrundlage aus, vgl. §§ 408 Abs. 3 S. 2, 411 Abs. 4 (KK-Fischer Rn. 24).

§ 410 [Einspruchsfrist; Rechtskraft]

(1) ¹**Der Angeklagte kann gegen den Strafbefehl innerhalb von zwei Wochen nach Zustellung bei dem Gericht, das den Strafbefehl erlassen hat, schriftlich oder zu Protokoll der Geschäftsstelle Einspruch einlegen.** ²**Die §§ 297 bis 300 und § 302 Abs. 1 Satz 1, Abs. 2 gelten entsprechend.**

(2) **Der Einspruch kann auf bestimmte Beschwerdepunkte beschränkt werden.**

(3) **Soweit gegen einen Strafbefehl nicht rechtzeitig Einspruch erhoben worden ist, steht er einem rechtskräftigen Urteil gleich.**

1   Der **Einspruch** ist der einzige Rechtsbehelf gegen den Strafbefehl; er ist **kein Rechtsmittel**, weil ihm der Devolutiveffekt fehlt. Die allgemeinen Vorschriften über Rechtsmittel sind aber anwendbar **(Abs. 1 S. 2).**

2   **Einspruchsberechtigt** sind der Angeklagte, Nebenbeteiligte, soweit sie beschwert sind, sowie der Betroffene, wenn nur eine OWi abgeurteilt ist (vgl. § 407 Rn. 14). Auch der **gesetzliche Vertreter** kann, selbst gegen den Willen des Angeklagten, Einspruch einlegen; in diesem Fall gilt § 411 Abs. 4 nicht (vgl. KK-Fischer Rn. 2 mwN).

3   Die **Frist** für die Einlegung beträgt **zwei** Wochen; sie ist nach § 43 zu berechnen. Der Einspruch kann aber schon vor Zustellung, jedoch erst ab Erlass (vgl. § 409 Rn. 10) eingelegt werden. Die **Form** ergibt sich aus **Abs. 1 S. 1; fernschriftliche** Einlegung und durch Telefax ist zulässig. Aber **fernmündliche** Einlegung ist unzulässig (BGH 30, 64 = NJW 1981, 1627). Im Falle des Einspruchs ist die eigenhändige Unterzeichnung keine wesentliche Voraussetzung der **Schriftlichkeit.** Vielmehr genügt es, wenn aus dem Schriftstück ansonsten in einer jeden Zweifel ausschließenden Weise ersichtlich ist, von wem die Erklärung herrührt und das kein bloßer Entwurf vorliegt. Eine diesbezügliche, an den Umständen des Einzelfalls ausgerichtete Prüfung ist von Verfassungs wegen zur effektiven Rechtsschutzgewährung geboten (BVerfG NJW 2002, 3534). Eine **Begründung** ist nicht erforderlich. **Verzicht** und **Einspruchsrücknahme** bedürfen der gleichen Form wie die Einlegung. Wird **Wiedereinsetzung** gegen die Versäumung der Einspruchsfrist beantragt, so ist, da es hier um den „ersten Zugang zum Gericht" geht, ein großzügiger Verschuldensmaßstab anzuwenden (BVerfG 40, 237, 241 f. = NJW 1976, 25; vgl. KK-Fischer Rn. 8 mwN).

Verfahren bei Strafbefehlen **§ 411**

Eine **Einspruchsbeschränkung (Abs. 2)** ist im gleichen Umfang möglich wie 4
die Rechtsmittelbeschränkung nach §§ 318, 344 Abs. 1 (vgl. BayObLG NStZ
1988, 267); auf die dortigen Erläuterungen wird verwiesen (vgl. i. E. KK-Fischer
Rn. 9 ff.). Eine unzulässige Beschränkung führt zur unbeschränkten Anfechtung
(vgl. Meyer-Goßner Rn. 5). Die Beschränkung kann bis zur Verkündung des Urteils im ersten Rechtszug erklärt werden (§ 411 Abs. 3 S. 1). Die **Kostenentscheidung** bei beschränkter Einspruchseinlegung beruht nicht auf § 473, sondern auf
§ 465 (OLG Stuttgart NStZ 1989, 589; aA OLG München NStZ 1988, 241); der
Angeklagte trägt daher auch bei vollem Erfolg seines auf den Rechtsfolgenausspruch
beschränkten Einspruchs grds. (vgl. § 465 Abs. 2) die gesamten Kosten. Das ist oft
unbillig und führt zu sachwidriger Verfahrenausweitung (vgl. KK-Fischer Rn. 14 a).

Rechtskraft des Strafbefehls (Abs. 3) tritt mit Ablauf der Einspruchsfrist ein, 5
vorher bei Verzicht oder Einspruchsrücknahme, nachher bei Verwerfung des Einspruchs nach § 411 Abs. 1 S. 1 oder § 412. Bei anfänglicher oder nachträglicher
Beschränkung wird der nicht angefochtene Teil rechtskräftig; legt **einer von mehreren** Einspruchsberechtigten Einspruch ein, so erlangt der Strafbefehl gegen die
übrigen Rechtskraft (vgl. Meyer-Goßner Rn. 9). Wenn nur ein **Verfalls- oder
Einziehungsbeteiligter** oder nur eine **bußgeldbeteiligte** juristische Person oder
Personenvereinigung Einspruch einlegen, so wird nach § 438 Abs. 2 entspr. §§ 439
Abs. 3 S. 1, 444 Abs. 2 S. 3, 444 Abs. 2 S. 2 ein **Beschlussverfahren** durchgeführt.

Der Strafbefehl hat grds. **volle Rechtskraftwirkung (Abs. 3)**. Nur wenn sich 6
die Tat nachträglich als **Verbrechen** herausstellt, kann sie im Wege der **Wiederaufnahme** (§ 373 a Abs. 1) noch einmal verfolgt werden. Im Übrigen ist der Einspruch
vollstreckbar (§§ 409 Abs. 1 Nr. 7, 449) und verbraucht die Strafklage; auch im
Hinblick auf den **Bewährungswiderruf** nach § 56 Abs. 1 S. 1 Nr. 1 StGB steht er
einem rechtskräftigen Urteil gleich (i. E. str.; vgl. KK-Fischer Rn. 16). „Die einen
rechtskräftigen Strafbefehl tragenden tatsächlichen Feststellungen sind für die Entscheidung im **anwaltsgerichtlichen** Verfahren nicht bindend." (BGH 45, 46 =
NStZ 1999, 410).

§ 411 [Verwerfung wegen Unzulässigkeit; Termin zur Hauptverhandlung]

(1) ¹**Ist der Einspruch verspätet eingelegt oder sonst unzulässig, so wird
er ohne Hauptverhandlung durch Beschluß verworfen; gegen den Beschluß
ist sofortige Beschwerde zulässig.** ²**Andernfalls wird Termin zur Hauptverhandlung anberaumt.** ³**Hat der Angeklagte seinen Einspruch auf die Höhe
der Tagessätze einer festgesetzten Geldstrafe beschränkt, kann das Gericht
mit Zustimmung des Angeklagten, des Verteidigers und der Staatsanwaltschaft ohne Hauptverhandlung durch Beschluss entscheiden; von der Festsetzung im Strafbefehl darf nicht zum Nachteil des Angeklagten abgewichen werden; gegen den Beschluss ist sofortige Beschwerde zulässig.**

(2) ¹**Der Angeklagte kann sich in der Hauptverhandlung durch einen mit
schriftlicher Vollmacht versehenen Verteidiger vertreten lassen.** ² **§ 420 ist
anzuwenden.**

(3) ¹**Die Klage und der Einspruch können bis zur Verkündung des Urteils
im ersten Rechtszug zurückgenommen werden.** ² **§ 303 gilt entsprechend.**
³**Ist der Strafbefehl im Verfahren nach § 408 a erlassen worden, so kann die
Klage nicht zurückgenommen werden.**

(4) **Bei der Urteilsfällung ist das Gericht an den im Strafbefehl enthaltenen Ausspruch nicht gebunden, soweit Einspruch eingelegt ist.**

Ein **verspäteter** (§ 410 Abs. 1) oder sonst **unzulässiger** Einspruch ist durch 1
Beschluss nach Anhörung der StA (§ 33 Abs. 2) zu verwerfen, **Abs. 1 S. 1.** Dieser

§ 411

enthält **keine Kostenentscheidung,** da § 473 für den Einspruch nicht gilt (vgl. § 410 Rn. 4). Das Gericht ist bei der Prüfung der Frage, ob ein Einspruch **rechtzeitig** eingelegt worden ist, zu besonderer Sorgfalt verpflichtet (BVerfG NJW 2001, 1563), da es sich idR um den ersten Zugang des Angeklagten zum Gericht handelt. Ist **nicht sicher feststellbar,** ob die Einspruchsfrist gewahrt worden ist, muss der Einspruch als richtig eingelegt behandelt, also als zulässig erachtet werden (BayObLG NJW 1966, 947; KK-Fischer Rn. 2). Gegen den Verwerfungsbeschluss ist **sofortige Beschwerde** statthaft (Abs. 1 S. 1 iVm § 311). Wenn die Unzulässigkeit erst in der **Hauptverhandlung** bemerkt wird, so muss der Einspruch durch **Urteil** verworfen werden (Meyer-Goßner Rn. 12); auch dieses bedarf keiner Kostenentscheidung (vgl. KK-Fischer Rn. 3; aA Meyer-Goßner Rn. 12). Bemerkt erst das **Rechtsmittelgericht** die Unzulässigkeit, so hebt es das amtsgerichtliche Sachurteil auf und verwirft den Einspruch (BGH 13, 306 = NJW 1960, 109). Wenn das erstinstanzliche Urteil eine Rechtsfolgenmilderung gegenüber dem Strafbefehl enthielt, erfolgt wegen der Geltung des **Verschlechterungsverbots** (§§ 331 Abs. 1, 358 Abs. 2) die Verwerfung mit der Maßgabe, dass es bei der gemilderten Rechtsfolge verbleibt (BGH 18, 127, 130 = NJW 1963, 166; vgl. i. E. Meyer-Goßner Rn. 12; KK-Fischer Rn. 5). Das Verwerfungsurteil ist mit den allgemeinen Rechtsmitteln anfechtbar. Hat der Angeklagte seinen Einspruch auf die **Höhe der Tagessätze** beschränkt, ist sie mit den genannten Zustimmungen ohne weiteres durch Beschluss gemäß **Abs. 1 S. 2** zu entscheiden.

2 Bei **zulässigem Einspruch (Abs. 1 S. 2)** wird, wenn das Verfahren nicht eingestellt wird (§§ 153 ff., 206 a), **Termin zur Hauptverhandlung** bestimmt. Der Strafbefehl ersetzt den Eröffnungsbeschluss (BGH 23, 339 = NJW 1970, 22). Mit der Anberaumung wird ein **Nebenklageantrag** wirksam (§ 396 Abs. 1 S. 3). In der Hauptverhandlung ersetzt der Strafbefehlsantrag die Anklage (BGH 23, 339 = NJW 1970, 2222); es ist nach § 243 Abs. 3 S. 1 ohne den Rechtsfolgenantrag zu verlesen. Die Hauptverhandlung wird nach den allgemeinen Vorschriften (§§ 243 ff.) durchgeführt.

3 **Vertretung (Abs. 2 S. 1)** des Angeklagten in der Hauptverhandlung ist, anders als im ordentlichen Strafverfahren (§ 230 Abs. 1) und in der nach § 408 a Abs. 3 S. 2 anberaumten Hauptverhandlung, zulässig. Die Vertretungsmöglichkeit gilt auch im Berufungsrechtszug (OLG Düsseldorf NStZ 1984, 524). **Verteidigung** und **Vertretung** sind voneinander zu trennen; wirksame Vertretung (§ 234) setzt eine ausdrückliche **schriftliche Vertretungsvollmacht** voraus; eine vom Vertreter erteilte **Untervollmacht** bedarf der Schriftform nicht (Meyer-Goßner Rn. 6). Eine **spätere schriftliche Bestätigung** einer zunächst nur **mündlich** erteilten Vollmacht genügt für das Verfahren nach § 411 Abs. 2 **nicht** (OLG Saarbrücken NStZ 1999, 265). Auf die Möglichkeit der Vertretung ist der Angeklagte in der Ladung **hinzuweisen** (OLG Bremen StV 1989, 54). Gegen den Willen des Angeklagten, ist nicht eigenmächtig ferngeblieben ist, darf auch bei Anwesenheit des Vertreters nicht verhandelt werden (OLG Karlsruhe StV 1986, 289).

4 Eine **ordnungsgemäße Vertretung** liegt auch dann vor, wenn der Vertreter sich nicht zur Sache einlässt (vgl. § 243 Abs. 4), **nicht aber,** wenn er erklärt, er könne sich mangels Information nicht äußern, und allein die Aussetzung der Hauptverhandlung beantragt; in diesem Fall ist der Einspruch nach § 412 zu verwerfen (Meyer-Goßner Rn. 7 mwN). Wenn trotz ordnungsgemäßer Vertretung ein Verwerfungsurteil ergangen ist, so kann der Angeklagte **Wiedereinsetzung** beantragen; legt er Rechtsmittel ein, so hebt das Rechtsmittelgericht das Urteil auf und verweist die Sache zur Sachverhandlung an das AG zurück (BGH 36, 139 = NJW 1989, 1869; aA OLG Düsseldorf NStZ 1988, 290; vgl. KK-Fischer Rn. 16 mwN). **Umgekehrt** hat das Berufungsgericht ein trotz nicht ordnungsgemäßer Vertretung ergangenes Sachurteil auf Berufung des Angeklagten oder der StA aufzuheben und nach §§ 412, 329 Abs. 1 **selbst zu entscheiden** (LR-Gössel Rn. 33; KMR-Fezer

Verfahren bei Strafbefehlen **§ 411**

§ 412 Rn. 20; **aA** Meyer-Goßner § 412 Rn. 10; vgl. KK-Fischer Rn. 17 und § 412 Rn. 20).

Trotz **Abs. 2 S. 1** ist das Gericht stets befugt, nach § 236 das **persönliche** 5 **Erscheinen des Angeklagten** anzuordnen (BGH 9, 356, 357 = NJW 1956, 1727). Bei Nichterscheinen kann der Angeklagte dann **vorgeführt** werden (OLG Celle NJW 1970, 906); eine Verwerfung nach § 412 ist aber nicht zulässig, wenn ein Vertreter erschienen ist (OLG Düsseldorf StV 1985, 52).

Für die **Beweisaufnahme** in der Hauptverhandlung nach Einspruch, **nicht** aber 6 nach Terminsbestimmung nach § 408 Abs. 3 S. 2, gilt das **vereinfachte Verfahren des § 420 (Abs. 2 S. 2)**. Das gilt auch, wenn nach § 408 a ins Strafbefehlsverfahren übergegangen wurde. Die vereinfachte Beweisaufnahme des beschleunigten Verfahrens idF durch das Verbrechensbekämpfungsgesetz v. 28. 10. 1994 gilt in der Hauptverhandlung nach Einspruch gegen einen Strafbefehl. Danach können mit Zustimmung des Angeklagten, des Verteidigers und der Staatsanwaltschaft (§ 420 Abs. 3) Vernehmungen durch Verlesung früherer Vernehmungsprotokolle und schriftlicher Äußerungen ersetzt werden (§ 420 Abs. 1). Über den Bereich des § 256 hinaus können weiterhin unter denselben Voraussetzungen behördliche Erklärungen über dienstliche Wahrnehmungen, Untersuchungen und Erkenntnisse, etwa in Form von Aktenvermerken oder Untersuchungsprotokollen, verlesen werden (§ 420 Abs. 2). Die Regelung entspricht § 77 a Abs. 1 OWiG. § 251 Abs. 1 Nr. 1–3, Abs. 2 S. 2, Abs. 3 u. 4 sowie §§ 252, 253 bleiben unberührt (KK-Fischer Rn. 19). Nach Abs. 2 S. 2 iVm § 420 Abs. 4 gilt im Verfahren vor dem **Strafrichter** § 244 Abs. 3–5 nicht. Für die Behandlung von Anträgen zur Beweisaufnahme gilt daher allein das **Aufklärungsgebot** des § 244 Abs. 2 (KK-Fischer Rn. 20). Im **Berufungsverfahren** sowie bei erstinstanzlicher Verhandlung vor dem **SchöffenG** nach Einspruch gilt § 420 Abs. 1–3, nicht jedoch § 420 Abs. 4 (vgl. Meyer-Goßner § 420 Rn. 12; KK-Fischer Rn. 21).

Die **Zurücknahme der Klage (Abs. 3)** ist vor Erlass des Strafbefehls unbe- 7 schränkt möglich, nach Erlass des Strafbefehls, in Abweichung von § 156, nach Maßgabe des **Abs. 3 S. 1**. **Voraussetzung** ist, dass gegen den Strafbefehl ein **zulässiger und unbeschränkter** Einspruch eingelegt worden ist (vgl. KK-Fischer Rn. 20, 25). Letztmöglicher Rücknahmezeitpunkt ist der Beginn der Urteilsverkündung im ersten Rechtszug. In der Hauptverhandlung, dh. nach Aufruf der Sache (§ 243 Abs. 1), bedarf es zur Rücknahme der **Zustimmung des Gegners (Abs. 3 S. 2** iVm § 303); das sind der Angeklagte und eventuelle Nebenbeteiligte, nicht der Nebenkläger. Wurde das Urteil im Rechtsmittelzug aufgehoben und an das AG zurückverwiesen, so lebt die Rücknahmemöglichkeit wieder auf (Meyer-Goßner Rn. 8). **Wirkung der Klagerücknahme** ist, dass das Verfahren in den Stand des staatsanwaltschaftlichen Ermittlungsverfahrens zurückversetzt wird; ein **gerichtlicher** Einstellungsbeschluss ist daher unzulässig. Die StA muss eine neue **Abschlussverfügung** treffen; die Erhebung einer erneuten Klage ist nicht ausgeschlossen (vgl. KK-Fischer Rn. 22 ff.). War die **Hauptverhandlung nach § 408 Abs. 3 S. 2** anberaumt worden, so kommt eine Klagerücknahme nicht in Betracht **(Abs. 3 S. 3)**.

Für die **Zurücknahme des Einspruchs (Abs. 3)** sowie die **Teilrücknahme** 8 durch nachträgliche Beschränkung gelten die Erläuterungen Rn. 6 entsprechend. **Gegner** des Angeklagten ist nur die StA, nicht der Nebenkläger (Abs. 3 S. 2 iVm § 303). Die Rücknahmemöglichkeit lebt nach Zurückverweisung durch das Rechtsmittelgericht wieder auf; die Zustimmung des Gegners ist dann stets erforderlich (LR-Gössel Rn. 51). Mit Einspruchsrücknahme erlangt der Strafbefehl urteilsgleiche Rechtskraft (§ 410 Abs. 3). Eine **Kostenentscheidung** ergeht grds. nicht, wenn nicht ein Nebenkläger sich erst nach Einspruchseinlegung angeschlossen hatte; in diesem Fall ist eine isolierte Kostenentscheidung nach § 472 zu treffen (LG Rottweil NStZ 1988, 523).

9 Das **Urteil (Abs. 4)** ergeht **unabhängig** vom Strafbefehl, dessen Wirkungen bereits durch den Einspruch beseitigt sind. Er wird grds. weder im Urteilstenor noch in den Gründen **erwähnt;** etwas anderes gilt nur, wenn der Einspruch auf die Rechtsfolgenentscheidung beschränkt war (zur **Tenorierung** vgl. KK-Fischer Rn. 30. „Der Angeklagte wird wegen des im Strafbefehl vom ... bezeichneten Diebstahls zu einer Geldstrafe von ... verurteilt"). Im Umfang des wirksamen Einspruchs ist das Gericht an Schuld- und Rechtsfolgenausspruch des Strafbefehls nicht gebunden; das **Verschlechterungsverbot gilt nicht** (vgl. i. E. Meyer-Goßner Rn. 11). Etwas anderes gilt nur dann, wenn allein der **gesetzliche Vertreter** des Angeklagten Einspruch eingelegt hat (LR-Gössel Rn. KMR-Fezer Rn. 39; **aA** Meyer-Goßner Rn. 11, vgl. KK-Fischer § 410 Rn. 2). Auf die Verschärfungsmöglichkeit muss der Angeklagte vom Gericht ebenso wenig hingewiesen werden wie auf die konkrete Absicht, die Rechtsfolgen zu verschlechtern (OLG Hamm NJW 1980, 1587).

10 Das auf Grund des Einspruchs ergangene **Urteil** steht einem im ordentlichen Verfahren ergangenen **vollständig gleich.** Dem nach Abs. 2 vertretenen Angeklagten muss das Urteil zugestellt werden (§§ 35 Abs. 2 S. 1, 145 a); § 232 Abs. 4 gilt nicht. Mit der Zustellung an den Angeklagten beginnt dessen Rechtsmittelfrist (§§ 314 Abs. 2, 341 Abs. 2).

§ 412 [Ausbleiben des Angeklagten]

¹**Ist bei Beginn einer Hauptverhandlung der Angeklagte weder erschienen noch durch einen Verteidiger vertreten und ist das Ausbleiben nicht genügend entschuldigt, so ist § 329 Abs. 1, 3 und 4 entsprechend anzuwenden.** ²**Hat der gesetzliche Vertreter Einspruch eingelegt, so ist auch § 330 entsprechend anzuwenden.**

1 **Voraussetzung des Verwerfungsurteils** ist, dass der Angeklagte beim Aufruf der Sache (§ 243 Abs. 1) in einer auf seinen zulässigen Einspruch anberaumten erstinstanzlichen Hauptverhandlung unentschuldigt nicht erscheint oder nicht wirksam vertreten ist. **Nicht anwendbar** ist § 412 im Fall einer Hauptverhandlung nach § 408 Abs. 3 S. 2, wenn ein Bußgeldverfahren nach § 81 Abs. 2 OWiG in das Strafverfahren übergeleitet worden ist (OLG Celle MDR 1974, 600) und wenn nach Wiederaufnahme des Verfahrens eine neue Hauptverhandlung anberaumt wurde (OLG Oldenburg MDR 1971, 680). War die Hauptverhandlung **unterbrochen** (§ 229), so gilt § 412 für den Fortsetzungstermin nicht, wohl aber bei Neubeginn nach **Aussetzung,** ebenso, wenn gegen eine frühere Verwerfung entspr. § 329 Abs. 3 Wiedereinsetzung gewährt oder die Sache vom Rechtsmittelgericht nach Aufhebung des Verwerfungsurteils an das AG zurückverwiesen wurde. Ist ein früheres **Sachurteil** aufgehoben und die Sache zurückverwiesen worden, so ist die Verwerfung unzulässig (Meyer-Goßner Rn. 4).

2 Es muss ein **zulässiger Einspruch** vorliegen; die Verwerfung nach § 411 Abs. 1 geht der nach § 412 vor. Der **Strafbefehl** muss wirksam erlassen und ordnungsgemäß zugestellt sein (BayObLG NStZ-RR 1999, 243; OLG Karlsruhe StV 1995, 8); der Nachweis förmlicher Zustellung ist nicht erforderlich, wenn der Zugang feststeht (OLG Zweibrücken NStZ 1994, 602). Voraussetzung für eine Verwerfung des Einspruchs gegen einen Strafbefehl wegen **unentschuldigten Ausbleibens** des Angeklagten wie für das gesamte weitere Verfahren ist die **wirksame Zustellung** des Strafbefehls (BayObLG NStZ-RR 1999, 243; OLG Karlsruhe StV 1995, 8). Ob das auch für den Fall gilt, dass der Zugang des Strafbefehls an den Angeklagten auf andere Weise oder zumindest die sichere Kenntnis des Angeklagten von dessen Erlass und Inhalt feststehen (so OLG Zweibrücken NStZ 1994, 602), bleibt offen (BayObLG NStZ-RR 1999, 243). Der Angeklagte muss zum Hauptverhandlungs-

Verfahren bei Strafbefehlen **§ 412**

termin **geladen** worden sein; in der Ladung ist auf die Folgen des Ausbleibens ausdrücklich **hinzuweisen** (OLG Köln NJW 1969, 246). Die Einhaltung der **Ladungsfrist** setzt die Verwerfung nicht voraus, sie kann aber für die Frage der genügenden Entschuldigung von Bedeutung sein (BGH 24, 143, 152 = NJW 1971, 1278).

Der Angeklagte darf nicht **durch einen Verteidiger vertreten** sein **(S. 1).** 3 Erscheint ein Vertreter (§ 411 Abs. 2), so ist eine Verwerfung nach § 412 auch dann ausgeschlossen, wenn das persönliche Erscheinen des Angeklagten nach § 236 angeordnet war (OLG Düsseldorf StV 1985, 52); der Angeklagte kann in diesem Fall entspr. § 329 Abs. 4 vorgeführt werden (OLG Celle NJW 1970, 906). Nicht wirksam vertreten ist der Angeklagte, wenn der Vertreter mangels hinreichender Information allein eine Aussetzung der Hauptverhandlung beantragt; dass er zur Sache nichts sagt (vgl. § 243 Abs. 4), rechtfertigt die Verwerfung hingegen nicht (vgl. KK-Fischer § 411 Rn. 15 mwN).

Beim Vorliegen eines **Verfahrenshindernisses** ist ein Verwerfungsurteil nach 4 § 412 ausgeschlossen, unabhängig davon, ob das Hindernis vor oder nach Erlass des Strafbefehls entstanden ist (OLG Karlsruhe NJW 1978, 840; LR-Gössel Rn. 34 ff.; KMR-Fezer Rn. 11 ff.; **aA** Meyer-Goßner Rn. 2), denn Prozesshindernisse schließen jede auf andere Gründe als ihr Fehlen gestützte verfahrensbeendende Entscheidung aus (vgl. KK-Fischer Rn. 12 mwN).

Der **Beginn der Hauptverhandlung** ist der Aufruf der Sache (§ 243 Abs. 1). 5 Das Gericht hat auf Grund seiner Fürsorgepflicht eine **Wartepflicht,** die idR 15 Minuten betragen wird (OLG Düsseldorf NStZ 2001, 303); im Einzelfall, insb. bei ausdrücklicher Ankündigung des Erscheinens, ist länger zu warten. Die genaue Uhrzeit des Verwerfungsurteils sollte im Sitzungsprotokoll vermerkt werden (OLG Stuttgart NJW 1962, 2023). Für die Beurteilung der **genügenden Entschuldigung** gelten die gleichen Grundsätze wie bei § 329 Abs. 1. Es kommt nicht darauf an, ob sich der Angeklagte entschuldigt hat, sondern ob er tatsächlich **entschuldigt ist.** An den Begriff der **„genügenden"** Entschuldigung dürfen keine überspannten Anforderungen gestellt werden. Der Angeklagte kann zB auf die Auskunft seines Verteidigers vertrauen, wenn er keine Anhaltspunkte für deren Unrichtigkeit hat. In einem solchen Fall besteht keine Pflicht zu einer weiteren Nachfrage bei Gericht (OLG Köln NStZ-RR 1997, 208).

Der **Urteilstenor** beschränkt sich auf die Entscheidung, dass der Einspruch des 6 Angeklagten oder des gesetzlichen Vertreters „gegen den Strafbefehl vom ... verwerfen wird". Eine **Kostenentscheidung** ergeht nicht (Meyer-Goßner Rn. 8). Für die **Begründung** gilt nicht § 267, sondern § 34. Das Urteil ist dem Angeklagten oder seinem Verteidiger (§ 145 a) **zuzustellen;** Ersatzzustellung ist zulässig (vgl. KK-Fischer Rn. 16).

Wiedereinsetzung gegen das Urteil kann der Angeklagte entspr. § 329 Abs. 3 7 beantragen; auf die dortigen Erläuterungen wird verwiesen. Zum Zusammentreffen mit der Berufung vgl. § 315, mit der Revision § 342. Wird Wiedereinsetzung gewährt, so ist das Verwerfungsurteil gegenstandslos. In der neuen Hauptverhandlung ist § 412 erneut anwendbar.

Berufung gegen das Verwerfungsurteil ist ohne die Einschränkung des § 313 8 stets zulässig. Das Berufungsgericht prüft nur, ob die Voraussetzungen des § 412 vorgelegen haben; neue Tatsachen und Entschuldigungsgründe sind zu berücksichtigen (BayObLG 1953, 51 = NJW 1953, 1196). Ist im Berufungsverfahren zu prüfen, ob der Einspruch gemäß § 412 S. 1 zu Recht vom AG verworfen wurde, hat das LG auch **neues Entschuldigungsvorbringen** zu berücksichtigen. Dieses ist lückenlos im Urteil darzustellen und umfassend zu würdigen. Dabei ist grundsätzlich eine weite Auslegung zugunsten des Angeklagten geboten. Auf dem fehlerhaften Unterlassen der umfassenden Darstellung bzw. Würdigung des Entschuldigungsvorbringens beruht das angefochtene dann nicht, wenn das Vorbringen ganz

§ 413

offensichtlich ungeeignet wäre, das Ausbleiben zu entschuldigen (BayObLG NJW 2001, 1438). Die Frage, ob das Ausbleiben vor dem Amtsgericht genügend entschuldigt war, ist im Strengbeweisverfahren zu klären (OLG Naumburg NStZ-RR 2001, 87, 88). Erweist sich die Verwerfung als fehlerhaft, so hebt das LG das Urteil auf und verweist die Sache an das AG zurück (BGH 36, 139 = NJW 1989, 1869; vgl. KK-Fischer Rn. 19 mwN). Hat hingegen das AG **in der Sache** entschieden, statt den Einspruch nach § 412 zu verwerfen, so hebt das LG das Urteil auf und entscheidet selbst nach §§ 412, 329 Abs. 1; eine Zurückverweisung ist ausgeschlossen (BGH aaO; LR-Gössel Rn. 48; **aA** Meyer-Goßner Rn. 10). Hat das AG die **Unzulässigkeit** des Einspruchs übersehen, so ist das Verwerfungsurteil aufzuheben und der Einspruch nach § 411 Abs. 1 zu verwerfen. War die **Zurücknahme** des Einspruchs übersehen worden, so wird das Verwerfungsurteil aufgehoben und das Verfahren eingestellt (vgl. LR-Gössel § 411 Rn. 11). Zur Wiedereinsetzung bei unzulässiger Berufung vgl. KG NStZ 1994, 603.

9   Mit der **Sprungrevision** kann gleichfalls nur das Fehlen der Voraussetzungen des § 412 gerügt werden; das Revisionsgericht prüft sie auf die Verfahrensrüge (vgl. KK-Ruß § 329 Rn. 14), aber auch auf die allgemeine Sachrüge (BGH 21, 242 = NJW 1967, 1476; vgl. KK-Fischer Rn. 22); es ist an die tatsächlichen Feststellungen des Verwerfungsurteils gebunden (BGH 28, 384 = NJW 1979, 2319). Die Nichtbeachtung des § 412 kann gleichfalls mit der Verfahrensrüge angegriffen werden.

10   Haben AG und LG die Voraussetzungen des § 412 zu Unrecht angenommen, so werden auf die **Revision** gegen das Berufungsurteil beide Urteile aufgehoben; die Sache wird an das AG zurückverwiesen (vgl. Meyer-Goßner Rn. 11 mwN). Hält das Revisionsgericht im Gegensatz zum Berufungsgericht die Anwendung des § 412 für zutreffend, so hebt es das Berufungsurteil auf und verwirft die Berufung (BayObLG MDR 1975, 597; LR-Gössel Rn. 50); der Strafbefehl wird damit rechtskräftig.

Zweiter Abschnitt. Sicherungsverfahren

§ 413 [Voraussetzungen]

Führt die Staatsanwaltschaft das Strafverfahren wegen Schuldunfähigkeit oder Verhandlungsunfähigkeit des Täters nicht durch, so kann sie den Antrag stellen, Maßregeln der Besserung und Sicherung selbständig anzuordnen, wenn dies gesetzlich zulässig ist und die Anordnung nach dem Ergebnis der Ermittlungen zu erwarten ist (Sicherungsverfahren).

1   Das **Sicherungsverfahren** nach §§ 413–416 ergänzt die materiellrechtlichen Vorschriften, nach denen Maßregeln der Besserung und Sicherung **selbständig,** (vgl. Sëyfi S. 95 ff.), dh. ohne gleichzeitige Verhängung einer Strafe, festgesetzt werden können (§ 71 iVm §§ 63, 64, 69, 70 StGB; vgl. BGH 31, 132, 134 = NJW 1983, 1385). Das Verfahren bezweckt die Sicherung der Allgemeinheit vor gefährlichen Straftätern (BGH 22, 1, 3 = NJW 1968, 412), gegen die die Verhängung einer Strafe wegen ihrer **Schuld- oder Verhandlungsunfähigkeit** nach **vorläufiger Beurteilung** (vgl. § 416) nicht in Betracht kommt. Das Sicherungsverfahren ist auch gegen **Jugendliche** und **Heranwachsende** zulässig, soweit die Verhängung einer Maßregel nach materiellem Recht möglich ist (§§ 2, 7, 105 JGG). Dass dem Jugendlichen **nur mangels Reife** nach § 3 JGG die strafrechtliche Verantwortlichkeit fehlt, reicht nicht aus (BayObLGSt. 1958, 263). Jedoch ist über die Unterbringung eines Jugendlichen in einem psychiatrischen Krankenhaus auch dann sachlich zu entscheiden, wenn seine Verantwortlichkeit mangels Reife ausgeschlossen ist (BGH 26, 67 = NJW 1975, 1469; KK-Fischer Rn. 2). Ergibt sich im Laufe einer Hauptverhandlung die **dauernde Verhandlungsunfähigkeit** des Angeklag-

ten, ist das Verfahren einzustellen. Ein Übergang entsprechend § 416 ist ein Sicherungsverfahren mit dem Ziel der Anordnung einer Maßregel nach § 71 StGB **ist nicht zulässig** (BGH 46, 345 = NJW 2001, 3277).

Voraussetzung des Sicherungsverfahrens ist, dass eine **rechtswidrige Tat** vorliegt und dass das Strafverfahren wegen dauerhafter Schuld- oder Verhandlungsunfähigkeit des Beschuldigten nicht durchgeführt werden kann. Es kann auch eingeleitet werden, wenn das Gericht nach Anklageerhebung die Eröffnung des Hauptverfahrens aus einem dieser Gründe abgelehnt hat (§ 224; vgl. LR-Gössel Rn. 3). Die **Schuldunfähigkeit** (§ 20 StGB) muss nicht sicher feststehen; es reicht, dass sie nicht sicher ausgeschlossen werden kann (BGH 22, 1 = NJW 1968, 412; vgl. KK-Fischer Rn. 10 mwN). **Verminderte Schuldfähigkeit** (§ 21 StGB) steht hingegen dem Strafverfahren nicht entgegen (BGH 31, 132, 136 = NJW 1983, 1385). Das gilt entsprechend für die **Verhandlungsunfähigkeit** des Beschuldigten (KK-Fischer Rn. 9; Meyer-Goßner Rn. 5). Ist sie nur vorübergehend, so ist nach § 205 zu verfahren. Auf die **Gründe** und ein **Verschulden** an dem Zustand kommt es nicht an (vgl. aber § 231 a). 2

Die **Anordnung** einer der genannten Maßregeln muss **zu erwarten sein;** bei der Beurteilung gelten die Maßstäbe des § 203 entspr. (vgl. Meyer-Goßner Rn. 6; LR-Gössel Rn. 20). Nicht vorausgesetzt ist, dass die Anlasstat eine **Symptomtat** ist; es kommt vielmehr allein auf die Beurteilung der materiellrechtlichen Anordnungsvoraussetzungen an (vgl. BGH 24, 134 = NJW 1971, 1849). Auch der Verhältnismäßigkeitsgrundsatz ist zu beachten (BGH 20, 233; BGH NJW 1971, 1093; 1849; KK-Fischer Rn. 11). 3

Andere Gründe als Schuld- oder Verhandlungsunfähigkeit dürfen dem Strafverfahren nicht entgegenstehen; dies gilt insb. vom Fehlen einer **Prozessvoraussetzung** (BGH 31, 132), dem Vorliegen eines **Strafaufhebungsgrundes** (etwa § 24 StGB) oder dem Eintritt der **Verfolgungsverjährung** (§ 78 Abs. 1 StGB). 4

Für die Antragstellung gilt das **Opportunitätsprinzip.** Die StA stellt den Antrag nach **pflichtgemäßem Ermessen;** § 152 Abs. 2 gilt nicht (RG 72, 143, 144). Wäre das Strafverfahren bei Vorliegen von Schuld- und Verhandlungsfähigkeit gem. § 170 Abs. 2 einzustellen, so darf ein Antrag nach § 413 nicht gestellt werden. Die **Unterbringung** nach **landesrechtlichen Vorschriften** steht der Durchführung des Sicherungsverfahrens grds. nicht entgegen (BGH 24, 98 = NJW 1971, 1093), jedoch ist im Einzelfall zu prüfen, ob der Schutz der Allgemeinheit unter Beachtung des **Verhältnismäßigkeitsprinzips** die Anordnung einer Sicherungsmaßregel erfordert (vgl. LR-Gössel Rn. 23; s. Rn. 4). 5

§ 414 [Verfahren]

(1) **Für das Sicherungsverfahren gelten sinngemäß die Vorschriften über das Strafverfahren, soweit nichts anderes bestimmt ist.**

(2) ¹**Der Antrag steht der öffentlichen Klage gleich.** ²**An die Stelle der Anklageschrift tritt eine Antragsschrift, die den Erfordernissen der Anklageschrift entsprechen muß.** ³**In der Antragsschrift ist die Maßregel der Besserung und Sicherung zu bezeichnen, deren Anordnung die Staatsanwaltschaft beantragt.** ⁴**Wird im Urteil eine Maßregel der Besserung und Sicherung nicht angeordnet, so ist auf Ablehnung des Antrages zu erkennen.**

(3) **Im Vorverfahren soll einem Sachverständigen Gelegenheit zur Vorbereitung des in der Hauptverhandlung zu erstattenden Gutachtens gegeben werden.**

Das Sicherungsverfahren folgt grds. den **Regeln des Strafverfahrens (Abs. 1),** soweit nichts anderes bestimmt ist oder sich aus Sinn und Zweck des Sicherungsverfahrens ergibt (vgl. KK-Pfeifer Einl. Rn. 199 ff.). **Abweichungen vom Strafver-** 1

§ 414 Sechstes Buch. 2. Abschnitt

fahren ergeben sich daraus, dass das Legalitätsprinzip (§ 152 Abs. 2) nicht gilt und insbesondere aus der durch § 415 eröffneten Möglichkeit, die Hauptverhandlung in **Abwesenheit des Beschuldigten** durchzuführen. Wird das Sicherungsverfahren wegen Verhandlungsunfähigkeit des Beschuldigten durchgeführt, ist § 205 schon begrifflich unanwendbar; bei Schuldunfähigkeit des Beschuldigten ist hingegen auch gem. § 205 eine vorläufige Einstellung des Sicherungsverfahrens möglich (KK-Fischer Rn. 5). Nach § 140 Abs. 1 Nr. 7 liegt stets **notwendige Verteidigung** vor; der Antrag auf Bestellung ist nach § 141 Abs. 3 S. 2 von der StA zu stellen, wenn sie eine Antragstellung im Sicherungsverfahren beabsichtigt. Notwendige Verteidigung liegt daneben auch bei einer Unterbringung zur Beobachtung (§ 81) vor (§ 140 Abs. 1 Nr. 6). Der BGH hat nunmehr unter Aufgabe der bisherigen Rspr. entschieden, dass die **Nebenklage** im Sicherungsverfahren **zulässig** ist (BGH 47, 202 = NJW 2002, 692). Im **Vorverfahren** ist grds. ein **Sachverständiger** beizuziehen **(Abs. 3).**

2   Die **Antragsschrift (Abs. 2)** ist eine Prozessvoraussetzung; sie wird durch eine Anklageschrift nicht ersetzt (LR-Gössel Rn. 18). Ein **hilfsweise** der Anklage beigefügter Antrag ist zulässig (vgl. Meyer-Goßner Rn. 3 mwN). Zur Stellung des Antrags s. § 416 Rn. 1. **Inhaltlich** entspricht die Antragsschrift weitgehend der Anklageschrift nach § 200 (Abs. 2 S. 2); im wesentlichen Ermittlungsergebnis sind insb. die ärztlichen Befunde zur Schuld- oder Verhandlungsfähigkeit mitzuteilen (vgl. § 246 a). Der **Antragssatz** bezeichnet die Tat sowie die Sicherungsmaßregel, deren Anordnung die StA anstrebt **(Abs. 2 S. 3);** hieran ist das Gericht nicht gebunden (vgl. § 265 Abs. 2). Der Antrag ist an das **zuständige Gericht** zu richten. Die **Zuständigkeit des Gerichts** richtet sich nach den allgemeinen Vorschriften. Das **AG** darf gemäß § 24 Abs. 2 GVG nicht auf die Unterbringung in einem psychiatrischen Krankenhaus allein oder neben einer Strafe erkennen. Ist aber die Unterbringung in einer Entziehungsanstalt, die Anordnung eines Berufsverbots oder die Entziehung der Fahrerlaubnis beantragt, so kann der Antrag an das AG gerichtet werden. Eine Zuständigkeit des SchöffenG wird idR nicht gegeben sein (KK-Fischer Rn. 14). Die **StrK** ist zuständig, wenn die Unterbringung in einem psychiatrischen Krankenhaus beantragt ist oder die StA einen Fall von besonderer Bedeutung annimmt (§ 74 Abs. 1 GVG). Fällt die Tat unter den Katalog des § 74 Abs. 2 GVG, so ist das SchwurG zuständig, nicht die allgemeine StrK (OLG Stuttgart NStZ 1087, 292). Auch die Zuständigkeitsregelungen der §§ 74 a, 74 c GVG gelten (BGHR StPO § 354 Abs. 2 WirtschaftsStrK 1); § 209 a ist anzuwenden (Meyer-Goßner Rn. 8). In den Fällen des § 120 GVG ist das OLG zuständig (LR-Gössel Rn. 13). § 76 Abs. 2 GVG – Besetzung der Kammer – ist verletzt, wenn der „**Umfang der Sache** – auch unter Berücksichtigung des weiten Beurteilungsspielraums, der ihr bei der Prüfung dieser Voraussetzung zusteht –. Die **Mitwirkung eines dritten Berufsrichters** notwendig macht" (BGH NStZ-RR 2004, 175; BGH 44, 328 = NJW 1999, 1644; s. § 338 Rn. 2). **Für Jugendliche und Heranwachsende** ist grundsätzlich das Jugendschöffengericht beim AG zuständig (§ 40 Abs. 1 JGG). Das gilt auch für die Anordnung der Unterbrngung eines Jugendlichen oder Heranwachsenden (§ 108 Abs. 1 JGG) im psychiatrischen Krankenhaus (OLG Saarbrücken NStZ 1985, 93). Für die Jugendkammer kann sich aus § 41 Abs. 1 JGG eine Zuständigkeit für das Sicherungsverfahren ergeben, also bei Schwurgerichtssachen, Sachen besonderen Umfangs oder bei der Verbindung von Jugend- und Erwachsenenstrafsachen. Auch die Jugendschutzkammer kann unter den Voraussetzungen des § 26 GVG zuständig sein (OLG Hamm JMBlNRW 1963, 34; KK-Fischer Fn. 16). Der Antrag auf Durchführung des Sicherungsverfahrens kann von der StA als **Hilfsantrag** mit einer Klageschrift verbunden oder im weiteren Verlauf des Zwischenverfahrens gestellt werden. Auch in diesem Fall ist das Einleitungsermessen der StA gewahrt. Im Übrigen ist die StA bis zu einer Eröffnungsentscheidung des Gerichts ohnehin

befugt, die Anklageschrift zurückzunehmen und eine Antragsschrift nach § 414 Abs. 2 neu einzureichen. Die **Stellung** eines Sicherungsverfahrens**antrags** ist darüber hinaus auch noch im **Beschwerdeverfahren nach Ablehnung der Eröffnung** des Hauptverfahrens möglich (BGH 47, 52 = NJW 2001, 3561).

Das **Zwischenverfahren** entspricht § 201; über die **Eröffnung des Hauptverfahrens** entscheidet das Gericht entspr. §§ 203, 204. Während auf eine Anklage das Hauptverfahren nicht im Sicherungsverfahren eröffnet werden kann (o. Rn. 2), ist umgekehrt eine Eröffnung im Strafverfahren zulässig. Ist bereits Anklage erhoben und nicht zurückgenommen, so steht die Rechtshängigkeit einem Sicherungsverfahren entgegen; auch eine **Verbindung** ist unzulässig, soweit sich die Verfahren auf **dieselbe Tat** beziehen (BGH 22, 185 = NJW 1968, 1730; vgl. KK-Fischer Rn. 12 mwN). 3

Die Entscheidung ergeht durch **Urteil** auf Grund einer Hauptverhandlung, zu 4 der regelmäßig ein Sachverständiger beizuziehen ist (§ 246 a; vgl. Abs. 3) und für welche die allgemeinen Regeln mit der Abweichung nach § 415 gelten. Im **Urteilstenor** wird der Antrag der StA **abgelehnt** (Abs. 2 S. 4) oder die beantragte Maßregel **angeordnet;** die Anlasstat findet im Urteilsspruch keine Erwähnung (BGH MDR 1985, 449). Eine **Freisprechung** ist nicht möglich; auch eine Verfahrenseinstellung nach §§ 153 Abs. 2, 153 a Abs. 2 ist unzulässig. §§ 154 Abs. 2, 154 a Abs. 2 sind dagegen anwendbar. Für die Entscheidung **gilt der Zweifelssatz;** der Antrag ist abzulehnen, wenn die Täterschaft des Beschuldigten zweifelhaft bleibt oder wenn nicht geklärt werden kann, ob ihm die Tat aus anderen Gründen als dem der Schuldunfähigkeit nicht vorgeworfen werden kann (BGH 13, 91, 94 = NJW 1959, 1185). Die **Kostenentscheidung** folgt bei Anordnung aus § 465, bei Ablehnung aus § 467. Für die **Urteilsgründe** gilt § 267 entspr. Bei Aussetzung der Maßregel zur Bewährung (§ 67 b StGB) ist ein **Bewährungsbeschluss** zu erlassen (§ 268 a).

Das Urteil ist mit den **allgemeinen Rechtsmitteln** (§§ 312, 333) anfechtbar. 5 Ein **Rechtsmittelverzicht** ist auch bei Schuldunfähigkeit wirksam möglich (vgl. BGH NStZ 1984, 181). Für die **Vollstreckung** gilt § 463.

Das rechtskräftige Sicherungsurteil bewirkt **Strafklageverbrauch** wie ein Freispruch (BGH 16, 198, 199 = NJW 1961, 2170); eine spätere Anklage mit der Behauptung, der Verurteilte sei in Wahrheit schuld- oder verhandlungsfähig gewesen, ist unzulässig. Dasselbe gilt umgekehrt nach rechtskräftigem Abschluss des Strafverfahrens. Zur **Wiederaufnahme** des Verfahrens vgl. KK-Fischer Rn. 24. 6

§ 415 [Hauptverhandlung ohne Beschuldigten]

(1) **Ist im Sicherungsverfahren das Erscheinen des Beschuldigten vor Gericht wegen seines Zustandes unmöglich oder aus Gründen der öffentlichen Sicherheit oder Ordnung unangebracht, so kann das Gericht die Hauptverhandlung durchführen, ohne daß der Beschuldigte zugegen ist.**

(2) **¹In diesem Falle ist der Beschuldigte vor der Hauptverhandlung durch einen beauftragten Richter unter Zuziehung eines Sachverständigen zu vernehmen. ²Von dem Vernehmungstermin sind die Staatsanwaltschaft, der Beschuldigte, der Verteidiger und der gesetzliche Vertreter zu benachrichtigen. ³Der Anwesenheit des Staatsanwalts, des Verteidigers und des gesetzlichen Vertreters bei der Vernehmung bedarf es nicht.**

(3) **Fordert es die Rücksicht auf den Zustand des Beschuldigten oder ist eine ordnungsgemäße Durchführung der Hauptverhandlung sonst nicht möglich, so kann das Gericht im Sicherungsverfahren nach der Vernehmung des Beschuldigten zur Sache die Hauptverhandlung durchführen, auch wenn der Beschuldigte nicht oder nur zeitweise zugegen ist.**

§ 415

(4) ¹Soweit eine Hauptverhandlung ohne den Beschuldigten stattfindet, können seine früheren Erklärungen, die in einem richterlichen Protokoll enthalten sind, verlesen werden. ²Das Protokoll über die Vorvernehmung nach Absatz 2 Satz 1 ist zu verlesen.

(5) ¹In der Hauptverhandlung ist ein Sachverständiger über den Zustand des Beschuldigten zu vernehmen. ²Hat der Sachverständige den Beschuldigten nicht schon früher untersucht, so soll ihm dazu vor der Hauptverhandlung Gelegenheit gegeben werden.

1 Für die **Hauptverhandlung** im Sicherungsverfahren gelten grds. die §§ 230 Abs. 1, 231. § 415 lässt hiervon in bestimmten Fällen **Ausnahmen** von der Anwesenheitspflicht zu. Diese gelten stets nur für den Beschuldigten selbst; der notwendige **Verteidiger** muss ständig anwesend sein. Nimmt der Beschuldigte an der Hauptverhandlung teil, so kann er seine prozessualen Rechte wahrnehmen (Meyer-Goßner Rn. 1).

2 Eine **Verhandlung in Abwesenheit des Beschuldigten (Abs. 1)** ist entweder wegen seines Zustands oder aus Gründen der öffentlichen Sicherheit und Ordnung zulässig. Der **Zustand** des Beschuldigten steht seiner Anwesenheit insb. entgegen, wenn die Teilnahme an der oder der Transport zur Hauptverhandlung eine Verschlimmerung seines Leidens besorgen ließen (vgl. LR-Gössel Rn. 2). Verhandlungsunfähigkeit, die allein auf dem Geisteszustand des Beschuldigten beruht, macht seine Teilnahme nicht stets unmöglich. Gründe der **öffentlichen Sicherheit und Ordnung** können insb. bei nahe liegender Gefahr von tätlichen Angriffen oder Tobsuchtsanfällen die Ausschließung rechtfertigen (KK-Fischer Rn. 4 ff.).

3 Die Entscheidung nach Abs. 1 ergeht durch **Beschluss,** in dem regelmäßig zugleich die **Vorvernehmung nach Abs. 2** anzuordnen ist. Sie kann ausschließlich vom **beauftragten Richter** durchgeführt werden (Abs. 2 S. 1); dieser muss jedoch an der späteren Hauptverhandlung, in der das Vernehmungsprotokoll zu verlesen ist (Abs. 4 S. 2), nicht teilnehmen (BGH 2, 1, 4 = NJW 1952, 478; vgl. i. E. KK-Fischer Rn. 6). Als **Sachverständiger** ist regelmäßig der Arzt zuzuziehen, der nach **Abs. 5** in der Hauptverhandlung vernommen werden. Er muss grds. während der ganzen Vernehmung anwesend sein (vgl. LR-Gössel Rn. 4). Für die **Benachrichtigungs- und Anwesenheitspflicht** gilt Abs. 2 S. 2 u. 3. Ist der Beschuldigte auf freiem Fuß, so ist er entspr. § 216 S. 1 förmlich zu **laden** (Meyer-Goßner Rn. 7).

4 **Teilweise** kann in Abwesenheit des Beschuldigten verhandelt werden (Abs. 3), wenn die Voraussetzungen des Abs. 1 nicht vorliegen, der Beschuldigte erscheint und sich nach seiner Vernehmung zur Sache (§ 243 Abs. 4) entfernt. Ist ein Fall des Abs. 1 nicht gegeben und erscheint der Beschuldigte nicht, gilt nicht Abs. 3, sondern § 230. **Entbehrlich** ist die weitere Anwesenheit des Beschuldigten, wenn seine weitere Teilnahme eine Verschlechterung seiner Gesundheit befürchten lässt oder wenn die ordnungsgemäße Durchführung der Hauptverhandlung, bspw. durch ständige Störungen, gefährdet ist (vgl. Meyer-Goßner Rn. 8). Für die **zwangsweise Entfernung** des Beschuldigten aus dem Sitzungssaal gilt nicht Abs. 3, sondern § 247 und § 177 GVG. Auch im Fall des Abs. 3 muss eine Entscheidung durch **Beschluss** des Gerichts ergehen (vgl. KK-Fischer Rn. 9). Kehrt der Beschuldigte später zurück, so ist eine Unterrichtung entspr. § 247 S. 4 nicht zwingend vorgeschrieben; Fürsorge- und Aufklärungspflicht können sie aber gebieten.

5 Abs. 4 erweitert im Fall der Abwesenheitsverhandlung die Möglichkeit des **Urkundenbeweises** nach § 254. Verlesen werden können alle richterlichen Vernehmungsprotokolle, die sich auf die verfahrensgegenständliche Tat beziehen, auch solche aus einem zunächst betriebenen Strafverfahren (LR-Gössel Rn. 6). Das Protokoll der Vorvernehmung nach Abs. 2 ist zwingend zu verlesen (Abs. 4 S. 2). Die Verlesung **ordnet der Vorsitzende an;** ein Beschluss ist entgegen § 251 Abs. 4 S. 1 nicht erforderlich.

Sicherungsverfahren **§ 416**

Abs. 5 schreibt **zwingend** die Vernehmung eines Sachverständigen (zur Auswahl 6 vgl. KK-Fischer Rn. 7 mwN) vor; dies gilt, anders als im Fall des § 246a, auch dann, wenn es um die Anordnung **nicht freiheitsentziehender Maßregeln** geht. Die ständige Anwesenheit des Sachverständigen in der Hauptverhandlung ist nicht erforderlich (LR-Gössel Rn. 10). Es wird regelmäßig nahe liegen, im Sicherungsverfahren und vor einer Unterbringung des Angeklagten im Strafverfahren den **Betreuer** als Zeugen zu hören, sofern nicht bereits der nach §§ 246a, 415 Abs. 5 zu vernehmende Sachverständige diese Beweisquelle ausgeschöpft hat (BGH NStZ 1996, 610).

Der **Beschluss** nach Abs. 1 oder Abs. 3 ist nicht mit der **Beschwerde** anfechtbar 7 (§ 305 S. 1); § 231a Abs. 3 S. 3 gilt nicht entsprechend (OLG Koblenz MDR 1976, 602). Die Fehlerhaftigkeit der Entscheidungen kann, wenn in Abwesenheit des Beschuldigten verhandelt wurde, mit der **Revision** gerügt werden (§ 338 Nr. 5).

§ 416 [Übergang zum Strafverfahren]

(1) ¹**Ergibt sich im Sicherungsverfahren nach Eröffnung des Hauptverfahrens die Schuldfähigkeit des Beschuldigten und ist das Gericht für das Strafverfahren nicht zuständig, so spricht es durch Beschluß seine Unzuständigkeit aus und verweist die Sache an das zuständige Gericht.** ²**§ 270 Abs. 2 und 3 gilt entsprechend.**

(2) ¹**Ergibt sich im Sicherungsverfahren nach Eröffnung des Hauptverfahrens die Schuldfähigkeit des Beschuldigten und ist das Gericht auch für das Strafverfahren zuständig, so ist der Beschuldigte auf die veränderte Rechtslage hinzuweisen und ihm Gelegenheit zur Verteidigung zu geben.** ²**Behauptet er, auf die Verteidigung nicht genügend vorbereitet zu sein, so ist auf seinen Antrag die Hauptverhandlung auszusetzen.** ³**Ist auf Grund des § 415 in Abwesenheit des Beschuldigten verhandelt worden, so sind diejenigen Teile der Hauptverhandlung zu wiederholen, bei denen der Beschuldigte nicht zugegen war.**

(3) **Die Absätze 1 und 2 gelten entsprechend, wenn sich im Sicherungsverfahren nach Eröffnung des Hauptverfahrens ergibt, daß der Beschuldigte verhandlungsfähig ist und das Sicherungsverfahren wegen seiner Verhandlungsunfähigkeit durchgeführt wird.**

Diese Vorschrift lässt die **Überleitung des Sicherungsverfahrens in das Straf-** 1 **verfahren** zu, nicht aber die Überleitung des Strafverfahrens in das Sicherungsverfahren (BGH 46, 345 = NJW 2001, 3277). Das gilt schon im Eröffnungsverfahren. Das Gericht darf das Sicherungsverfahren auf eine Anklageschrift nur eröffnen, wenn die StA das hilfsweise beantragt hat. Der Antrag kann von der StA im Strafverfahren aber auch noch im Beschwerdeverfahren „nach Ablehnung der Eröffnung des Hauptverfahrens gestellt werden" (BGH 47, 52 = NJW 2001, 3560). Nach Eröffnung des Hauptverfahrens muss das Strafverfahren durchgeführt werden (Meyer-Goßner Rn. 1). Bei **Schuldunfähigkeit** ist der Angeklagte freizusprechen und ein Sicherungsverfahren anzuordnen, wenn das zulässig und geboten ist. Stellt sich eine **dauernde Verhandlungsunfähigkeit** heraus, so wird das Verfahren nach § 206a oder § 260 Abs. 3 eingestellt (BGH 46, 345 = NJW 2001, 3277). Die Überleitung des Sicherungsverfahrens in das Strafverfahren erfolgt durch einen **konstitutiven Verfahrensakt, der den „Beschuldigten"** zum „Angeklagten" macht (KK-Fischer Rn. 2).

Die Überleitung muss **zwingend** stattfinden, wenn sich die Schuld- oder Ver- 2 handlungsfähigkeit (vgl. Abs. 3) des Beschuldigten **ergibt (Abs. 1 S. 1, Abs. 2 S. 1).** Hierfür reicht **Wahrscheinlichkeit** nicht aus; es muss vielmehr nach Überzeugung des Gerichts **feststehen,** dass die bei Eröffnung des Hauptverfahrens für sicher oder möglich gehaltene Schuld- oder Verhandlungsunfähigkeit nicht vorliegt (BGH 16, 199 = NJW 1961, 2170; KK-Fischer Rn. 1). **Neue Tatsachen oder Beweismittel** müssen nicht vorliegen; ausreichend ist eine veränderte Beurteilung.

3   Ist das Gericht, bei dem das Sicherungsverfahren anhängig ist, für das Strafverfahren **sachlich unzuständig (Abs. 1),** so wird zugleich mit der Überleitung die Sache an das **zuständige Gericht** verwiesen. **§ 269 gilt nicht;** es kann auch an ein Gericht niedrigerer Ordnung verwiesen werden (BGH 21, 334, 357 = NJW 1968, 710; vgl. KK-Fischer Rn. 3). An ein Gericht mit **besonderer Zuständigkeit** (§ 74 e GVG) kann nur verwiesen werden, wenn der Einwand nach § 6 a rechtzeitig erhoben war; fehlt es hieran, so ist vor der allgemeinen Strafkammer weiterzuverhandeln (vgl. BGH 30, 187 = NJW 1981, 2311). Der **Inhalt** des Verweisungsbeschlusses richtet sich nach § 270 Abs. 2; seine Wirkung ergibt sich aus § 270 Abs. 3.

4   Ist das Gericht **auch für das Strafverfahren** sachlich zuständig **(Abs. 2),** so kann grds. ohne weiteres im Strafverfahren weiterverhandelt werden, wenn der Beschuldigte auf die Veränderung **hingewiesen** wurde (Abs. 2 S. 1) und daraufhin nicht die **Aussetzung** des Verfahrens beantragt hat (Abs. 2 S. 2). War eine Abwesenheitsverhandlung nach § 415 Abs. 1 oder Abs. 3 vorausgegangen, so sind diese Verhandlungsteile grds. vollständig zu **wiederholen** (Abs. 2 S. 3); die Ergebnisse der Abwesenheitsverhandlung sind unverwertbar (Meyer-Goßner Rn. 8; vgl. KK-Fischer Rn. 6). Der **rechtliche Hinweis** ergeht durch **Verfügung des Vorsitzenden,** die zu protokollieren ist (§ 273 Abs. 1).

5   Der **Antrag auf Aussetzung (Abs. 2 S. 2)** führt **zwingend** (BGH 13, 337, 342 = NJW 1960, 253) zur Aussetzung (§ 228), nicht nur zur Unterbrechung des Verfahrens. Zur Begründung reicht die einfache Behauptung nicht genügender Vorbereitung; sie ist vom Gericht nicht überprüfbar (vgl. KK-Fischer Rn. 5). Statt der Aussetzung kann der Beschuldigte auch **Unterbrechung** der Hauptverhandlung für eine **Mindestfrist** im Rahmen des § 229 beantragen (BGH 13, 121, 123 = NJW 1959, 1332). Den Antrag nach Abs. 2 S. 2 muss der Beschuldigte **unverzüglich** nach dem rechtlichen Hinweis stellen. Eine **Belehrung** über das Antragsrecht ist idR nicht erforderlich. Es darf nicht dadurch ausgeschaltet werden, dass **vorsorglich** darauf hingewiesen wird, **möglicherweise** komme eine Überleitung in Betracht.

6   Die Überleitungsmöglichkeit besteht **schon im Eröffnungsverfahren,** da die Antragsfrist stets zugleich hilfsweise eine Anklageschrift ist (vgl. § 414 Rn. 3; Meyer-Goßner Rn. 4). Die Überleitung erfolgt in diesem Fall durch Eröffnung im Strafverfahren; sie ist zu begründen, um die Verfahrensbeteiligten über die abweichende rechtliche Beurteilung des Gerichts zu informieren. Nach Eröffnung des Sicherungsverfahrens besteht die Überleitungsmöglichkeit **während der ganzen Dauer der Hauptverhandlung;** sie entfällt erst mit Verkündung des Urteils (Meyer-Goßner Rn. 5). Bei **Aufhebung** des Urteils durch das Revisionsgericht und Zurückverweisung entsteht sie neu (BGH 11, 319 = NJW 1958, 1050); gilt das Verschlechterungsverbot (§ 358 Abs. 2), so ist die Verhängung einer Strafe im neuen Verfahren ausgeschlossen (vgl. KK-Fischer Rn. 8). **Rechtskraft und Sicherungsverfahren:** War das Sicherungsverfahren wegen **Schuldunfähigkeit** betrieben worden, so **verbraucht** ein rechtskräftiges, auf Aufhebung der Maßregel oder Ablehnung des Antrags der StA lautendes Urteil die **Strafklage** sowohl für den Strafanspruch als auch für den Sicherungsanspruch (BGH 11, 322 = NJW 1958, 1050). Das rechtskräftige Urteil im Sicherungsverfahren wegen **Verhandlungsunfähigkeit verbraucht die Strafklage** ebenfalls im vollen Umfang (Meyer-Goßner Rn. 9). Umgekehrt hindert ein Strafverfahren wegen derselben Tat den Antrag nach § 413. Das gilt auch dann, wenn die StA von vornherein nur eine begrenzte Sachentscheidung erstrebt hat (Meyer-Goßner Rn. 9).

2a. Abschnitt. Beschleunigtes Verfahren

Vorbemerkungen

Der Abschnitt ist durch das VerbrechensbekämpfungsG vom 28. 10. 1994 eingeführt worden und ersetzt die bisherigen §§ 212–212 b. **Ziel der Neuregelung** war eine Ausdehnung des bislang praktisch kaum bedeutsamen beschleunigten Verfahrens, um durch Entlastung von StA und Gerichten eine rasche Aburteilung minder schwerer Straftaten zu ermöglichen (vgl. BT-Drs. 12/6853 S. 34 f.). Das beschleunigte Verfahren **endet** mit Verkündung des Urteils 1. Instanz. Es geht mit Einlegung eines Rechtsmittels ohne weiteres in das Normalverfahren über. Ein **beschleunigtes Berufungsverfahren** kennt die StPO nicht (OLG Hamburg StV 2000, 299; OLG Stuttgart StV 1998, 587). Auch wenn das mit der Sprungrevision angerufene OLG die Sache an das AG zurückverweist, lebt das beschleunigte Verfahren nicht wieder auf (KK-Tolksdorf vor § 417 Rn. 3). Da das beschleunigte Verfahren weder eine schriftliche Anklage noch einen Eröffnungsbeschluss kennt, hindert deren Fehlen die Fortsetzung des Verfahrens als „Normalverfahren" nicht (vgl. OLG Düsseldorf NJW 2003, 1470). Die **Verbindung** eines beschleunigten mit einem normalen Verfahren **nach § 4** ist nur mit der Folge möglich, dass sich der weitere Verfahrensverlauf nach den Vorschriften über die Durchführung des normalen Verfahrens richtet (s. § 419 Rn. 4). Deshalb verlieren aber die für das beschleunigte Verfahren bis dahin geltenden Sondervorschriften – insbesondere auch, was die Entbehrlichkeit eines Eröffnungsbeschlusses betrifft (§ 418 Abs. 1) – nicht rückwirkend ihre verfahrensrechtliche Wirkung (BayObLG 1997, 15; OLG Düsseldorf NJW 2003, 1470 unter Aufgabe des Urteils NStZ 1987, 613; vgl. KK-Tolksdorf vor § 417 Rn. 1). Die Attraktion des beschleunigten Verfahrens ist in den einzelnen Bezirken unterschiedlich (Jostes S. 222). 1

§ 417 dehnt den **Anwendungsbereich** des beschleunigten Verfahrens auch auf solche Fälle aus, in denen der Sachverhalt nicht einfach gelagert ist. Das Ermessen von StA (§ 417) und Gericht (§ 419 Abs. 1 S. 1) ist reduziert, das **Verfahren** zur Durchführung einer Hauptverhandlung vereinfacht (§ 419 Abs. 3). § 420 enthält Erleichterungen der **Beweisaufnahme,** die § 387 Abs. 3 und § 77 a Abs. 1 u. 2 OWiG entsprechen. 2

Dass die Neuregelung zu einer wesentlich erweiterten Anwendung in der Praxis führen wird, muss bezweifelt werden. Auch dem Gesetzgeber war klar, dass dies erheblicher organisatorischer Änderungen und Mittelaufwendungen bedürfte (vgl. BT-Drs. 12/6853 S. 35), deren Bereitstellung derzeit wenig wahrscheinlich erscheint. Der Ausdehnung auf nicht einfache Sachverhalte und damit in den Bereich mittlerer Kriminalität steht die – rechtsstaatlich gebotene – Anordnung **notwendiger Verteidigung** (§ 418 Abs. 4) entgegen. Das Recht des Beschuldigten auf einen Pflichtverteidiger seines Vertrauens (vgl. § 142 Rn. 1) dürfte in einer Vielzahl von Fällen zur Ungeeignetheit des beschleunigten Verfahrens führen, da eine Aburteilung „in kurzer Frist" (§ 418 Abs. 1) praktisch unmöglich wird. Die größte praktische Bedeutung der Neuregelung liegt in der Verweisung des § 411 Abs. 2 S. 2 (vgl. § 411 Rn. 6). Mit dem Gesetz zur Änderung der StPO v. 17. 6. 1997 (BGBl. I S. 1822) hat der Gesetzgeber für das beschleunigte Verfahren mit § 127 b die sog. **Hauptverhandlungshaft** eingeführt; er hat eine Spezialregelung über die vorläufige Festnahme und Inhaftierung geschaffen. Schon in der gesetzestechnischen Ausgestaltung unterscheidet sich diese Hauptverhandlungshaft vom allgemeinen Haftrecht, indem § 127 b Abs. 1 zunächst die vorläufige Festnahme regelt und § 127 b Abs. 2 daran anknüpfend die Voraussetzungen des vom Richter anzuordnenden Haftbefehls bestimmt (vgl. KK-Boujong § 127 b Rn. 1 ff.; Hellmann NJW 1997, 2145). 3

§ 417 [Antrag der Staatsanwaltschaft]

Im Verfahren vor dem Strafrichter und dem Schöffengericht stellt die Staatsanwaltschaft schriftlich oder mündlich den Antrag auf Entscheidung im beschleunigten Verfahren, wenn die Sache auf Grund des einfachen Sachverhalts oder der klaren Beweislage zur sofortigen Verhandlung geeignet ist.

1   **Ziel** des beschleunigten Verfahrens nach dessen Neuregelung in den §§ 417 ff. ist es, in einfach liegenden Fällen eine Aburteilung zu ermöglichen, die der Tat auf dem Fuße folgt. Dieses Ziel wird verfehlt, wenn die Hauptverhandlung nicht kurze Zeit nach Tatbegehung und nach Antragstellung der StA stattfindet (OLG Stuttgart NJW 1998, 3134). Das beschleunigte Verfahren kann nach Abschluss der Ermittlungen (§ 169a) bis zur Eröffnung des Hauptverfahrens (§ 203) beantragt werden. Vgl. Loos/Radtke NStZ 1995, 569 ff. und 1996, 7 ff. Es ist **ausgeschlossen** im Verfahren gegen **Jugendliche** (§ 79 Abs. 2 JGG; vgl. §§ 76 ff. JGG), gegen Mitglieder einer **ausländischen Truppe**, eines zivilen Gefolges oder gegen Angehörige (Art. 27 NTS-ZA) sowie im **Privatklageverfahren.** Ein Antrag zum erweiterten Schöffengericht kommt nicht in Betracht, weil ein Eröffnungsbeschluss (vgl. § 29 Abs. 2 S. 1 GVG) nicht erlassen wird (§ 418 Abs. 1). Beim **SchöffenG** ist für das beschleunigte Verfahren nach der Neufassung nur noch Raum bei Verbrechen, falls die Verhängung der Mindeststrafe genügt, oder wenn wegen eines eingreifenden Strafmilderungsgrundes (zB §§ 21, 23 Abs. 2, 27 Abs. 2 S. 2 StGB) nur eine Freiheitsstrafe bis zu einem Jahr zu erwarten ist (Loos/Radtke NStZ 1996, 8).

2   Der (schriftliche oder mündliche) **Antrag** der StA ist **Prozessvoraussetzung** (Schlüchter/Fülber/Putzke Beschleunigtes Verfahren S. 83; Meyer-Goßner Rn. 9). Neben einem **mündlichen oder schriftlichen Antrag** der StA auf Entscheidung im beschleunigten Verfahren bedarf es entweder einer schriftlichen oder in der Hauptverhandlung erhobenen mündlichen **Anklage,** die in jedem Fall den **Anforderungen des § 200 Abs. 1 S. 1** genügen muss (OLG Hamburg StV 2000, 127). Die StA darf ihn jedenfalls bis zu jenem Zeitpunkt **zurücknehmen,** in dem das Gericht die Entscheidung im beschleunigten Verfahren ablehnen darf (BayObLG NJW 1998, 2152). Andere Verfahrensbeteiligte haben kein Antragsrecht. Der Antrag kann ohne Anklageschrift eingereicht werden (§ 418 Abs. 3); seine **Rücknahme** ist bis zum Beginn der Vernehmung des Beschuldigten zur Sache möglich (OlG Oldenburg NJW 1961, 1127; Meyer-Goßner Rn. 13; aA KK-Tolksdorf Rn. 6 Rücknahme bis zur Verkündung des Urteils möglich). Der Stellung eines **Strafbefehlsantrags** kommt Vorrang zu, wenn eine Hauptverhandlung nicht erforderlich und die Sache zur Erledigung im Strafbefehlsverfahren geeignet erscheint (BT-Drs. 12/6853 S. 35).

3   **Voraussetzung** des Antrags im beschleunigten Verfahren sind, abweichend von § 212 aF, ein **einfacher Sachverhalt** oder eine **klare Beweislage,** die die Sache als **zur sofortigen Verhandlung geeignet** erscheinen lassen. „Ungeeignet ist die Sache, wenn **Verfahrensvoraussetzungen fehlen** oder **kein hinreichender Tatverdacht** besteht" (BGH NStZ 2000, 442). „Die Eignung der Sache für das beschleunigte Verfahren setzt jedoch voraus, dass von den äußeren Gegebenheiten her die Möglichkeit **sofortiger Verhandlung** besteht. Dazu ist erforderlich, dass eine Hauptverhandlung sofort oder in erheblich kürzerer Zeit als im Normalverfahren durchgeführt werden kann". Wird die Hauptverhandlung erst auf einen späteren Zeitpunkt terminiert, kann darin die Ablehnung liegen, im beschleunigten Verfahren zu entscheiden (OLG Düsseldorf NStZ 1997, 613 m. Anm. Radke NStZ 1998, 370).

Die Voraussetzungen der einfachen Sachlage oder der klaren Beweislage, die erst im Gesetzgebungsverfahren alternativ aufgenommen wurden (vgl. BT-Drs. 12/6853

Beschleunigtes Verfahren **§ 418**

S. 10, 34 f.; BT-Drs. 12/7837 S. 2), überschneiden sich. Der **Sachverhalt ist einfach,** wenn der Beschuldigte geständig ist oder andere Beweismittel ohne weiteres zur Verfügung stehen (vgl. RiStBV Nr. 146 Abs. 1). Eine **klare Beweislage** erlaubt den Antrag auch bei nicht einfachem Sachverhalt. Die Sache muss **zur sofortigen Verhandlung** geeignet sein. Das ist der Fall, „wenn eine rasche Aufklärung des Tatgeschehens in der Hauptverhandlung und ein kurzfristiger Verfahrensabschluss realistisch erscheinen" (BT-Drs. 12/6853 S. 35); aber grundsätzlich innerhalb einer Frist von 2 Wochen (OLG Düsseldorf StV 1999, 202, OLG Stuttgart NJW 1999, 511). Dies setzt Verfügbarkeit der Beweismittel und eines Hauptverhandlungstermines binnen kurzer Frist voraus. Die Eignung zur sofortigen Verhandlung hat nicht erst das Gericht zu prüfen (§ 419 Abs. 1 S. 1) sondern auch – bereits bei der Antragstellung – die StA (KK-Tolksdorf Rn. 12). Die Notwendigkeit umfangreicher Sachverhalts- und Persönlichkeitserforschung steht dem Verfahren auch weiterhin entgegen; es scheidet auch im Fall des § 140 Abs. 2 aus, nicht aber in den Fällen des § 140 Abs. 1 Nrn. 2, 5 u. 8. Die **Verteidigungsmöglichkeiten** des Beschuldigten dürfen nicht beschränkt werden (vgl. Art. 6 Abs. 3 b MRK; RiStBV Nr. 146 Abs. 1 S. 2). „Die Eignung einer Strafsache für das beschleunigte Verfahren setzt voraus, dass eine Hauptverhandlung **sofort** oder in **erheblich kürzerer Zeit** als im Normalverfahren durchgeführt werden kann" (OLG Düsseldorf NStZ 1997, 613).

Liegen die Voraussetzungen des beschleunigten Verfahrens nach der Beurteilung 4 der StA vor, so ist die Antragstellung, abweichend von § 212 aF, **zwingend** vorgeschrieben; dem entspricht § 419 Abs. 1 S. 1. Ob der Entscheidungsspielraum dadurch wirksam eingeschränkt wird (vgl. BT-Drs. 12/6853 S. 35), erscheint zweifelhaft.

Der Antrag kann nur im Verfahren vor dem Strafrichter und dem Schöffengericht 5 gestellt werden (vgl. o. Rn. 1). Die **Rechtsfolgengrenze** des § 419 Abs. 1 ist zu beachten. Die Zulässigkeit des beschleunigten Verfahrens wird im **Rechtsmittelverfahren** geprüft; **Beschwerde** gegen seine Durchführung ist nicht statthaft. Die Beurteilung der **Eignungsfrage** (§§ 417, 418 Abs. 1 S. 1) wird vom Rechtsmittelgericht nicht geprüft.

§ 418 [Hauptverhandlung]

(1) ¹Stellt die Staatsanwaltschaft den Antrag, so wird die Hauptverhandlung sofort oder in kurzer Frist durchgeführt, ohne daß es einer Entscheidung über die Eröffnung des Hauptverfahrens bedarf. ²Zwischen dem Eingang des Antrags bei Gericht und dem Beginn der Hauptverhandlung sollen nicht mehr als sechs Wochen liegen.

(2) ¹Der Beschuldigte wird nur dann geladen, wenn er sich nicht freiwillig zur Hauptverhandlung stellt oder nicht dem Gericht vorgeführt wird. ²Mit der Ladung wird ihm mitgeteilt, was ihm zur Last gelegt wird. ³Die Ladungsfrist beträgt vierundzwanzig Stunden.

(3) ¹Der Einreichung einer Anklageschrift bedarf es nicht. ²Wird eine solche nicht eingereicht, so wird die Anklage bei Beginn der Hauptverhandlung mündlich erhoben und ihr wesentlicher Inhalt in das Sitzungsprotokoll aufgenommen. ³§ 408 a gilt entsprechend.

(4) Ist eine Freiheitsstrafe von mindestens sechs Monaten zu erwarten, so wird dem Beschuldigten, der noch keinen Verteidiger hat, für das beschleunigte Verfahren vor dem Amtsgericht ein Verteidiger bestellt.

Die **Hauptverhandlung** findet auf schriftlichen oder mündlichen Antrag statt. 1 Der Antrag kann (und soll, vgl. RiStBV Nr. 136 Abs. 2) mit einer **Anklageschrift** verbunden werden; im Übrigen werden Antrag und Anklage protokolliert (Abs. 3). Die Anklage muss den Anforderungen des § 200 genügen; ihr Fehlen führt zum

§ 418

Ablehnungsbeschluss (§ 419 Abs. 2). Im beschleunigten Verfahren prüft das Gericht **vor** Anberaumung eines Hauptverhandlungstermins die Eignung der Sache zur Erledigung der Sache im Verfahren nach den §§ 417 ff. **Ungeeignet** ist die Sache, wenn Verfahrensvoraussetzung fehlen oder kein hinreichender Tatverdacht besteht (BGH NStZ 2000, 442; OLG Hamburg NStZ 1999, 257). Das Vorliegen der **Progressvoraussetzungen** ist – wie im gewöhnlichen Strafverfahren von Amts wegen zu prüfen. Die Prüfung der örtlichen Zuständigkeit endet mit dem Beginn der Vernehmung des Angeklagten zur Sache (KK-Tolksdorf Rn. 3). In diesem Zeitpunkt tritt die **Rechtshängigkeit** ein. Es begründet ein zur Verfahrenseinstellung führendes Verfahrenshindernis, wenn in einem beschleunigten Verfahren der Inhalt der schriftlich fixierten mündlichen Anklageerhebung nicht erkennen lässt, was dem **Angeklagten konkret vorgeworfen** wird (OLG Frankfurt StV 2000, 299). Indem zB „das AG in den beiden beschleunigten Verfahren jeweils Termin zur Hauptverhandlung bestimmt hat, hat es **inzidenter** die Eröffnungsvoraussetzungen bejaht" (BGH NStZ 2000, 442).

2   **In kurzer Frist** wird nach Antragstellung die Hauptverhandlung durchgeführt; sofort oder in kurzer Frist (Abs. 1 S. 1). Im beschleunigten Verfahren darf die Frist zwischen der Antragstellung der StA und der Hauptverhandlung vor dem AG nicht überzogen werden. Der Verstoß hiergegen begründet einen Verfahrensmangel, den der Angeklagte im Wege der **Sprungrevision** mit einer formgültigen Verfahrensrüge beanstanden kann (OLG Stuttgart NJW 1999, 511). Bei Fehlen einer Prozessvoraussetzung oder hinreichenden Tatverdachts ist die Verhandlung im beschleunigten Verfahren abzulehnen (vgl. § 419 Abs. 3).

3   Der **Ladung** des Beschuldigten bedarf es nur im Fall des Abs. 2 S. 1. Die **Vorführung** erfolgt nach § 128 oder aus sonstiger Verwahrung. Die **Mitteilung** des Angeklagevorwurfs (**Abs. 2 S. 2**) erfolgt durch Übersendung der Anklageschrift, wenn eine solche eingereicht ist; im Übrigen bestimmt der Vorsitzende den Inhalt der Mitteilung, die jedenfalls den genauen Tatvorwurf und die heranzuziehenden Beweismittel enthalten muss. Die **Ladung** hat §§ 214, 216, 218 zu genügen; die Frist des **Abs. 2 S. 3** ist von der Stunde der Zustellung an zu berechnen. Die **Anklageerhebung** ist auch im beschleunigten Verfahren Prozessvoraussetzung. Nur bedarf es nicht der Einreichung einer Anklageschrift, **§ 418 Abs. 3 S. 3**. Liegt eine **schriftliche** Anklage vor, wird in der Hauptverhandlung der Anklagesatz verlesen, § 418 Abs. 3 S. 1, OLG Köln NStZ-RR 2003, 18). Wird eine Anklageschrift nicht eingereicht, so wird die Anklage bei Beginn der Hauptverhandlung **mündlich erhoben,** im Hauptverhandlungsprotokoll zu vrmerken ist (vgl. § 273 Abs. 1, OLG Frankfurt StV 2001, 341). Auch die mündliche Anklage muss die in § 200 Abs. 1 S. 1 geforderten Angaben enthalten (OLG Hamburg StV 2000, 127). Ihr wesentlicher Inhalt ist in die Sitzungsniederschrift aufzunehmen (§ 218 Abs. 3 S. 2). Die Einhaltung dieser Voraussetzung kann nur durch das Protokoll bewiesen werden (OLG Köln NStZ 2003, 18).

4   Ein Fall **notwendiger Verteidigung (Abs. 4)** liegt vor, wenn eine Freiheitsstrafe von mindestens 6 Monaten nach vorläufiger Beurteilung zu erwarten ist. Sie soll bei den verfahrenstechnischen Vereinfachungen im beschleunigten Verfahren der Gefahr für die Wahrheitsfindung und für die Verteidigungsmöglichkeiten beggnen (Schlüchter/Fülber/Putzke Beschleunigtes Verfahren S. 18). Die Bestellung erfolgt durch ausdrückliche Verfügung, wobei ihm muss hervorgehoben, dass sie nur für das beschleunigte Verfahren gilt. Sie endet also, wenn das Gericht in der Hauptverhandlung die Entscheidung im beschleunigten Verfahren (§ 419 Abs. 2) ablehnt (KK-Tolksdorf Rn. 14). Im Hinblick auf die Wichtigkeit der Beschleunigung kann der Beschuldigte die Bestellung des Verteidigers nicht anfechten (KK-Tolksdorf Rn. 17; Meyer-Goßner Rn. 16; aA noch Voraufl.). Diese neu eingeführte Regelung trägt der Ausdehnung des Anwendungsbereichs (vgl. § 417) und der Vereinfachung der Beweisaufnahme (§ 420) Rechnung. Andererseits wird sie

Beschleunigtes Verfahren **§ 419**

in der Praxis zu einer Fülle von Problemen und insb. zu einer weitgehenden Einschränkung der Möglichkeit einer Verhandlung „sofort oder in kurzer Frist" (Abs. 1) führen. Führt die im beschleunigten Verfahren in allen Verfahrensabschnitten erforderliche Prognose hinsichtlich der Strafewartung erst in der Urteilsberatung zu einer Freiheitsstrafe von **mindestens 6 Monaten,** so ist gleichwohl vor Verkündung des Urteils die Bestellung eines Verteidigers nach § 418 Abs. 4 notwendig (BayObLG NStZ 1998, 372; OLG Karlsruhe NJW 1999, 3061). Für die Auswahl gilt § 142; die Bestellung erfolgt vAw. oder auf Antrag durch Verfügung des Vorsitzenden.

Für die **Durchführung der Hauptverhandlung** gelten die allgemeinen Vorschriften, § 243 Abs. 3 S. 1 vorbehaltlich einer schriftlichen Anklage. **Vorführung** nach § 230 kann angeordnet werden. Zur Hauptverhandlungshaft s. vor § 417 Rn. 3. Ist der Angeklagte im beschleunigten Verfahren ohne Verteidiger zu einer Freiheitsstrafe **von 6 Monaten oder mehr** verurteilt worden, so liegt der zwingende Revisionsgrund des § 338 Nr. 5 vor (OLG Düsseldorf NStZ-RR 2000, 18). Dies gilt auch dann, wenn beim Tatrichter vor der Urteilsverkündung noch die Erwartung einer geringeren Strafe bestand (OLG Karlsruhe NJW 1999, 3061). Die Hauptverhandlung ist ggf. zu unterbrechen und in Anwesenheit eines Verteidigers – in ihren wesentlichen Teilen – zu wiederholen, wenn sich erst während der **Urteilsberatung** die Notwendigkeit einer Freiheitsstrafe von sechs Monaten oder mehr ergibt (BayObLG NStZ 1998, 372; Egon Müller NStZ-RR 2001, 34). 5

Revision. Bei Abwesenheit des nach Abs. 4 notwendigen Verteidigers während eines wesentlichen Teils der Hauptverhandlung ist der absolute Revisionsgrund nach § 338 Nr. 5 gegeben (OLG Düsseldorf StV 2000, 588; OLG Karlsruhe NJW 1999, 3061). Beanstandet der Revisionsführer, das Amtsgericht habe im beschleunigten Verfahren entgegen § 418 die Hauptverhandlung **nicht innerhalb kurzer Frist** durchgeführt, so sind im Rahmen der insoweit zu erhebenden Verfahrensrüge Tatsachen darzulegen, aus denen sich ergibt, dass das Urteil möglicherweise anders ausgefallen wäre, wenn es im Normalverfahren ergangen wäre (OLG Stuttgart NStZ-RR 2002, 339). Aber hat der Tatrichter unter (möglicher) Verkennung der kurzen Frist des § 418 Abs. 1 im beschleunigten Verfahren verhandelt, so stellt der fehlende Eröffnungsbeschluss kein von Amts wegen zu beachtendes Verfahrenshindernis dar. Einen solchen Mangel hat das **Revisionsgericht** nur auf eine ordnungsgemäß erhobenen **Verfahrensrüge** zu berücksichtigen (OLG Düsseldorf NJW 2003, 1470 unter Aufgabe des Urteils NStZ 1997, 613). 6

§ 419 [Höchststrafe; Entscheidung]

(1) ¹**Der Strafrichter oder das Schöffengericht hat dem Antrag zu entsprechen, wenn sich die Sache zur Verhandlung in diesem Verfahren eignet.** ²**Eine höhere Freiheitsstrafe als Freiheitsstrafe von einem Jahr oder eine Maßregel der Besserung und Sicherung darf in diesem Verfahren nicht verhängt werden.** ³**Die Entziehung der Fahrerlaubnis ist zulässig.**

(2) ¹**Die Entscheidung im beschleunigten Verfahren kann auch in der Hauptverhandlung bis zur Verkündung des Urteils abgelehnt werden.** ²**Der Beschluß ist nicht anfechtbar.**

(3) **Wird die Entscheidung im beschleunigten Verfahren abgelehnt, so beschließt das Gericht die Eröffnung des Hauptverfahrens, wenn der Angeschuldigte einer Straftat hinreichend verdächtig erscheint (§ 203); wird nicht eröffnet und die Entscheidung im beschleunigten Verfahren abgelehnt, so kann von der Einreichung einer neuen Anklageschrift abgesehen werden.**

Die Vorschrift entspricht weitgehend § 212b aF Abs. 1 S. 1 orientiert sich an § 408a Abs. 2 S. 1; er stellt klar, dass bei Vorliegen der Eignung der Sache die 1

§ 420

Entscheidung im beschleunigten Verfahren **zwingend** ist. Die Sache ist **ungeeignet,** wenn eine Prozessvoraussetzung oder der hinreichende Tatverdacht fehlen, wenn eine der Voraussetzungen des § 417, 2. HS nicht vorliegt oder die **Strafrahmengrenze** des Abs. 1 S. 2 überschritten werden soll. Auch die Notwendigkeit einer **Unterbrechung** oder **Aussetzung** der Hauptverhandlung wird idR zur Ungeeignetheit führen.

2 Der **Ablehnungsbeschluss** kann nur bis zum Zeitpunkt des Abs 2 S. 1 ergehen. Für den Beschluss gelten die §§ 34, 35. Eine **Kosten- und Auslagenentschädigung** enthält er nicht, denn er schließt das Verfahren nicht ab. Bei Einstellung nach Ablehnung gilt § 467 a.

3 Das Gericht muss nach **Abs. 3** das **Hauptverfahren** im normalen Verfahren **eröffnen,** wenn zwar die Aburteilung im beschleunigten Verfahren abgelehnt wird, der Beschuldigte aber hinreichend verdächtig erscheint (§ 203); einer neuen Anklageerhebung (§ 212 b Abs. 3 aF) bedarf es in diesem Fall nicht. Wird das beschleunigte Verfahren abgelehnt und das Hauptverfahren nicht eröffnet, so erlangt die StA wieder volle Entscheidungsfreiheit (BGH 15, 314 = NJW 1961, 789) mit Ausnahme eines erneuten Antrags nach § 417 (OLG Hamburg NJW 1964, 2123). Wird die Hauptverhandlung erst auf einen **späteren Zeitpunkt terminiert,** kann darin die Ablehnung liegen, im beschleunigten Verfahren zu entscheiden (OLG Düsseldorf NStZ 1997, 613).

4 Die **Strafgrenze** des Abs. 1 S. 2 **(höchstens 1 Jahr)** gilt auch für die Gesamtstrafe nach § 55 StGB (OLG Celle NStZ 1983, 233; **aA** BGH 35, 251 = NJW 1989, 46); das ergibt sich aus der Formulierung „in diesem Verfahren". Eine **Verbindung** eines beschleunigten mit einem Normalverfahren ist an sich nach § 237 zulässig (s. auch vor § 417 Rn. 1). Eine Gesamtstrafe kann aber nicht gebildet werden. Daher ist es zweckmäßig, zunächst das beschleunigte Verfahren durchzuführen; eine dort verhängte Strafe kann dann – nach Eintritt der Rechtskraft – im anschließenden Normalverfahren gemäß § 55 StGB einbezogen werden. Bei Verhängung von Geldstrafe ist § 43 S. 2 StGB zu beachten. Die **Maßregel nach §§ 69, 69 a** StGB ist ohne Begrenzung zulässig (Abs. 1 S. 3), ebenfalls die Verhängung eines **Fahrverbots** (§ 44 StGB).

5 Bei **Überschreitung der Grenze** des **Abs. 1 S. 2** gilt § 328 Abs. 2 nicht, da § 24 Abs. 2 GVG nicht verletzt ist (BGH 35, 251 = NJW 1989, 46); das Berufungsgericht kann die Strafe daher herabsetzen (str.; vgl. Meyer-Goßner Rn. 15). Bei einer Überschreitung der Rechtsfolgenschranken des Abs. 1 S. 2 durch das AG ist das **Berufungsgericht** nicht gehindert, auf Grund des von ihm durchgeführten **Normalverfahrens** auf dieselbe Sanktion zu erkennen. Solange sich das AG innerhalb seiner Zuständigkeit nach § 24 Abs. 2 GVG gehalten hat, liegt ein Verfahrenshindernis nicht vor; denn § 419 Abs. 1 S. 2 begründet lediglich eine Rechtsfolgengrenze für das beschleunigte Verfahren der 1. Instanz (BGH 35, 251, 255 = NJW 1989, 46). Wenn das Berufungsgericht eine Strafe innerhalb des von Abs. 1 S. 2 gesetzten Rahmens für zu milde und deswegen nicht mehr schuldangemessen hält, hat es ohne Bindung an diese Rechtsfolgengrenze – jedoch unter Beachtung des Verbots der reformatio in peius, § 331 – auf die von ihm für angemessen erachtete Sanktion zu erkennen (KK-Tolksdorf Rn. 19; vgl. auch BGH 35, 255; aA Meyer-Goßner Rn. 14). Die Vorschrift über Rechtsmittel gelten im beschleunigten Verfahren unverändert. Das **Revisionsgericht** prüft die Überschreitung nur auf entsprechende Rüge (§ 344 Abs. 2 S. 2; str.).

§ 420 [Beweisaufnahme]

(1) **Die Vernehmung eines Zeugen, Sachverständigen oder Mitbeschuldigten darf durch Verlesung von Niederschriften über eine frühere Verneh-**

mung sowie von Urkunden, die eine von ihnen stammende schriftliche Äußerung enthalten, ersetzt werden.

(2) Erklärungen von Behörden und sonstigen Stellen über ihre dienstlichen Wahrnehmungen, Untersuchungen und Erkenntnisse sowie über diejenigen ihrer Angehörigen dürfen auch dann verlesen werden, wenn die Voraussetzungen des § 256 nicht vorliegen.

(3) Das Verfahren nach den Absätzen 1 und 2 bedarf der Zustimmung des Angeklagten, des Verteidigers und der Staatsanwaltschaft, soweit sie in der Hauptverhandlung anwesend sind.

(4) Im Verfahren vor dem Strafrichter bestimmt dieser unbeschadet des § 244 Abs. 2 den Umfang der Beweisaufnahme.

Die Vorschrift enthält Regelungen zur **Vereinfachung der Beweisaufnahme** 1 im beschleunigten Verfahren. Sie enthält ein erhebliches Beschleunigungspotential (Schlüchter/Fülber/Putzke Beschleunigtes Verfahren S. 102). Abs. 4 entspricht der für das Privatklageverfahren geltenden Regelung des § 384 Abs. 3; er gilt nur im Verfahren vor dem **Strafrichter**. Dieser ist – auch wenn **Beweisanträge** uneingeschränkt gestellt werden können – an die Ablehnungsgründe der §§ 244 Abs. 3 und 4, 245 nicht gebunden. Beweisanträge sind als **Beweisanregungen** zu behandeln; sie sind durch begründeten **Beschluss** (§ 244 Abs. 6) abzulehnen. Die gegen die Neuregelung erhobenen rechtsstaatlichen Bedenken greifen iE nicht durch (vgl. § 411 Rn. 6 mwN). Im **Berufungsverfahren** muss die Beweisaufnahme nach den für das Normalverfahren geltenden Vorschriften durchgeführt werden (s. vor § 417 Rn. 1). Aber im Berufungsverfahren begründet das Fehlen des **Eröffnungsbeschlusses** in derartigen Fällen kein Verfahrenshindernis (OLG Stuttgart NJW 1999, 511; OLG Düsseldorf NJW 2003, 1470).

Abs. 1 und 2 entsprechen der Regelung des § 77 a Abs. 1 u. 2 OWiG. Sie regeln 2 Ausnahmen von dem Gebot der Verwertung des sachnächsten Beweismittels. Auch bei Zustimmung durch die Verfahrensbeteiligten (Abs. 3) kann aber die Aufklärungspflicht die persönliche Vernehmung der Beweisperson gebieten.

Das **Zustimmungserfordernis (Abs. 3)** gilt nur bei Anwesenheit in der 3 Hauptverhandlung. §§ 251 Abs. 1 Nr. 1–3, Abs. 2 S. 2, Abs. 3 u. 4, 252–254 bleiben unberührt.

Ein Verfahrensfehler, der mit der **Sprungrevision** gerügt werden kann, liegt 4 zB vor, wenn die Verlesung von Urkunden auf Grund der Abs. 1 und 2 ohne die nach Abs. 3 erforderliche Zustimmung erfolgt ist (KK-Tolksdorf Rn. 9). Ist unter Verletzung der Aufklärungspflicht vom Gericht nach Abs. 1 oder 2 verfahren oder ein Beweisantrag nach Abs. 4 abgelehnt worden, begründet die ordnungsgemäß erhobene Aufklärungsrüge (vgl. § 244 Rn. 51) die **Revision** (Meyer-Goßner Rn. 13).

§§ 421–429 e *(weggefallen)*

Dritter Abschnitt. Verfahren bei Einziehungen und Vermögensbeschlagnahmen

Vorbemerkungen

Der Abschnitt regelt das Verfahren bei **Einziehungen** (§§ 74–74 f, 76 a StGB), 1 **Verfall** (§§ 73–73 e, 76 a StGB) und anderen, nach § 442 Abs. 1 gleichstehenden Nebenfolgen. Die Vorschriften betreffen überwiegend die Beteiligung von der Nebenfolge betroffener Personen im subjektiven, dh. gegen eine bestimmte Person

§ 430

gerichteten **Strafverfahren.** § 444 ergänzt das für die Beteiligung juristischer Personen und Personenvereinigungen, gegen die im Strafverfahren eine Geldbuße festgesetzt werden soll (§ 30 OWiG). Im **Bußgeldverfahren** gelten die §§ 430 ff. entspr. (§ 46 Abs. 1 OWiG). §§ 440, 441 betreffen das **selbstständige (objektive) Verfahren** zur Anordnung von Nebenfolgen, wenn aus rechtlichen oder tatsächlichen Gründen wegen der Straftat eine natürliche Person nicht verfolgt werden kann (vgl. § 76 a StGB). § 439 betrifft die Geltendmachung von Beteiligungsrechten im **Nachverfahren,** wenn der Nebenfolgebetroffene im rechtskräftig abgeschlossenen Verfahren ohne eigenes Verschulden seine Rechte nicht geltend machen konnte.

2 Die Anordnung der Einziehung ist nicht erforderlich, wenn eine **formlose Einziehung** vorgenommen werden kann (vgl. RiStBV Nr. 180 Nr. 4). Dies setzt voraus, dass Beteiligte nicht vorhanden sind, auf ihre Rechte verzichtet haben oder dass ihre Anhörung nicht in Betracht kommt. Das Einverständnis des Beschuldigten reicht nicht aus (BGH NStZ 1990, 580).

3 Zur **Vollstreckung** von Nebenfolgen vgl. § 459 g, zur Sicherung zukünftiger Vollstreckung §§ 111 b ff., 111 d, 111 o, 111 p.

4 Die **Vermögensbeschlagnahme** (§ 443) gehört systematisch eher zum Ermittlungsverfahren; sie dient nicht der Sicherung der Vollstreckung künftiger Einziehungs- oder Verfallsanordnungen, sondern als Zwangsmittel, um den Beschuldigten zur Teilnahme am Verfahren zu zwingen.

5 Über die **Entschädigung** bei Einziehung (§ 74 f StGB) wird im Strafverfahren nicht entschieden (§ 436 Abs. 3; Ausnahme; § 74 f Abs. 3 StGB); sie sind vor dem Zivilgericht geltend zu machen (KG NJW 1978, 2406); für das **Bußgeldverfahren** vgl. § 28 OWiG.

§ 430 [Verzicht auf die Einziehung]

(1) **Fällt die Einziehung neben der zu erwartenden Strafe oder Maßregel der Besserung und Sicherung nicht ins Gewicht oder würde das Verfahren, soweit es die Einziehung betrifft, einen unangemessenen Aufwand erfordern oder die Herbeiführung der Entscheidung über die anderen Rechtsfolgen der Tat unangemessen erschweren, so kann das Gericht mit Zustimmung der Staatsanwaltschaft in jeder Lage des Verfahrens die Verfolgung der Tat auf die anderen Rechtsfolgen beschränken.**

(2) ¹**Im vorbereitenden Verfahren kann die Staatsanwaltschaft die Beschränkung vornehmen.** ²**Die Beschränkung ist aktenkundig zu machen.**

(3) ¹**Das Gericht kann die Beschränkung in jeder Lage des Verfahrens wieder aufheben.** ²**Einem darauf gerichteten Antrag der Staatsanwaltschaft ist zu entsprechen.** ³**Wird die Beschränkung wieder aufgehoben, so gilt § 265 entsprechend.**

1 Die Vorschrift knüpft an **§ 154 a** an und ermöglicht es, im Interesse der Verfahrensvereinfachung die Einziehung und die ihr gleichstehenden Rechtsfolgen (§ 442 Abs. 1) in jeder Lage des Verfahrens **auszuscheiden.** § 430 ist **anwendbar,** wenn die Tat wegen der übrigen Sanktionen verfolgt wird, **nicht** also, wenn nur die Einziehung Verfahrensgegenstand ist (LR-Gössel Rn. 2), auch nicht im selbstständigen Einziehungsverfahren (vgl. § 440 Abs. 3; **aA** LR-Gössel Rn. 41).

2 **Nicht ins Gewicht** fällt die Maßnahme, wenn die sonstigen Rechtsfolgen, die wahrscheinlich verhängt werden, zum Schutz der Rechtsordnung ausreichen. Wegen **unangemessenen Verfahrensaufwands** kann auch dann beschränkt werden, wenn das Gewicht der Maßnahme nicht zurücktritt. Er liegt insb. bei unverhältnismäßigem **Zeit- oder Kostenaufwand** vor (vgl. KK-Boujong Rn. 4 mwN). Eine

Verf. b. Einziehungen u. Vermögensbeschlagnahmen **§ 431**

Erschwerung der übrigen Entscheidung kann insb. durch Verfahrensverzögerungen entstehen.

Zuständig für die Beschränkung ist nach Anklageerhebung das mit der Sache 3 befasste **Gericht** (Abs. 1), das der Zustimmung der StA, nicht aber der des **Nebenklägers** bedarf; § 397 Abs. 2 gilt nicht (Meyer-Goßner Rn. 7). **Privatklageverfahren** entscheidet der Richter allein; die Beschränkung bedarf der Zustimmung des Privatklägers (vgl. § 385 Abs. 1 S. 1). Im **Ermittlungsverfahren** ist die StA zuständig **(Abs. 2),** die Zustimmung des Gerichts ist nicht erforderlich.

Die **Wiedereinbeziehung (Abs. 3)** ist in jeder Verfahrenslage zulässig. Einem 4 Antrag der StA ist stets zu entsprechen (Abs. 3 S. 2); das gilt nicht für einen Antrag des Privatklägers (§ 385 Abs. 4). § 265 ist, anders als im Fall des § 154 a Abs. 3 S. 3, insgesamt anwendbar (Abs. 3 S. 3).

Die Entscheidung des Gerichts über Beschränkung und Wiedereinbeziehung 5 ergeht nach Anhörung der Verfahrensbeteiligten durch **Beschluss,** gegen den **Beschwerde** nicht statthaft ist (§ 305 S. 1, aA Meyer-Goßner Rn. 9). Der Angeklagte kann die **Revision** nicht darauf stützen, dass das Gericht rechtsfehlerhaft das Verfahren beschränkt oder von der Beschränkungsmöglichkeit keinen Gebrauch gemacht hat (KK-Boujoung Rn. 9; LG-Gössel Rn. 21).

§ 431 [Beteiligung Dritter am Verfahren]

(1) ¹Ist im Strafverfahren über die Einziehung eines Gegenstandes zu entscheiden und erscheint glaubhaft, daß

1. der Gegenstand einem anderen als dem Angeschuldigten gehört oder zusteht oder
2. ein anderer an dem Gegenstand ein sonstiges Recht hat, dessen Erlöschen im Falle der Einziehung angeordnet werden könnte (§ 74 e Abs. 2 Satz 2 und 3 des Strafgesetzbuches),

so ordnet das Gericht an, daß der andere an dem Verfahren beteiligt wird, soweit es die Einziehung betrifft (Einziehungsbeteiligter). ²Das Gericht kann von der Anordnung absehen, wenn infolge bestimmter Tatsachen anzunehmen ist, daß die Beteiligung nicht ausführbar ist. ³Das Gericht kann von der Anordnung auch dann absehen, wenn eine Partei, Vereinigung oder Einrichtung außerhalb des räumlichen Geltungsbereichs dieses Gesetzes zu beteiligen wäre, die Bestrebungen gegen den Bestand oder die Sicherheit der Bundesrepublik Deutschland oder gegen einen der in § 92 Abs. 2 des Strafgesetzbuches bezeichneten Verfassungsgrundsätze verfolgt, und wenn den Umständen nach anzunehmen ist, daß diese Partei, Vereinigung oder Einrichtung oder einer ihrer Mittelsmänner den Gegenstand zur Förderung ihrer Bestrebungen zur Verfügung gestellt hat; in diesem Falle genügt es, vor der Entscheidung über die Einziehung des Gegenstandes den Besitzer der Sache oder den zur Verfügung über das Recht Befugten zu hören, wenn dies ausführbar ist.

(2) **Das Gericht kann anordnen, daß sich die Beteiligung nicht auf die Frage der Schuld des Angeschuldigten erstreckt, wenn**

1. die Einziehung im Falle des Absatzes 1 Nr. 1 nur unter der Voraussetzung in Betracht kommt, daß der Gegenstand dem Angeschuldigten gehört oder zusteht, oder
2. der Gegenstand nach den Umständen, welche die Einziehung begründen können, dem Einziehungsbeteiligten auch auf Grund von Rechtsvorschriften außerhalb des Strafrechts ohne Entschädigung dauernd entzogen werden könnte.

§ 431

(3) Ist über die Einziehung des Wertersatzes gegen eine juristische Person oder eine Personenvereinigung zu entscheiden (§ 75 in Verbindung mit § 74c des Strafgesetzbuches), so ordnet das Gericht deren Beteiligung an.

(4) Die Verfahrensbeteiligung kann bis zum Ausspruch der Einziehung und, wenn eine zulässige Berufung eingelegt ist, bis zur Beendigung der Schlußvorträge im Berufungsverfahren angeordnet werden.

(5) ¹Der Beschluß, durch den die Verfahrensbeteiligung angeordnet wird, kann nicht angefochten werden. ²Wird die Verfahrensbeteiligung abgelehnt oder eine Anordnung nach Absatz 2 getroffen, so ist sofortige Beschwerde zulässig.

(6) Erklärt jemand bei Gericht oder bei der Staatsanwaltschaft schriftlich oder zu Protokoll oder bei einer anderen Behörde schriftlich, daß er gegen die Einziehung des Gegenstandes keine Einwendungen vorbringen wolle, so wird seine Verfahrensbeteiligung nicht angeordnet oder die Anordnung wieder aufgehoben.

(7) Durch die Verfahrensbeteiligung wird der Fortgang des Verfahrens nicht aufgehalten.

1   Die Vorschrift regelt die Zuziehung von **Nebenbeteiligten,** dh. Einziehungsbeteiligten und nach § 442 Abs. 1 gleichgestellten Personen, als Verfahrensbeteiligte mit eigenen prozessualen Rechten. Auf den **Verfallsbeteiligten** (vgl. §§ 442 Abs. 2, 459g Abs. 1) ist § 431 entspr. anzuwenden (vgl. Meyer-Goßner Rn. 4). Vor der förmlichen Zuziehung sind diese Personen **Beteiligungsinteressenten;** für sie gilt § 432.

2   **Voraussetzungen der Beteiligung (Abs. 1).** Über die **Einziehung** ist zu entscheiden, wenn ihre Anordnung nach materiellem Recht zulässig und im Einzelfall wahrscheinlich ist (vgl. i.E. str.; KK-Boujong Rn. 3 mwN); bei **Einziehung des Wertersatzes** (§ 74c StGB) findet eine Nebenbeteiligung nicht statt (vgl. Meyer-Goßner Rn. 4). An Anträge der StA, insb. in der Anklageschrift, ist das Gericht nicht gebunden. Ist das Verfahren nach § 430 beschränkt worden, so ist eine Entscheidung nicht zu treffen. Die **Verfallsbeteiligung** regelt § 442 Abs. 2 (vgl. KK-Boujong Rn. 4).

3   Nebenbeteiligt kann nur **ein anderer als der Angeschuldigte** sein **(Abs. 1 S. 1 Nr. 1);** er darf nicht im selben Verfahren **Mitbeschuldigter** sein (vgl. OLG Karlsruhe NJW 1974, 709, 712).

4   Der Dritte ist zu beteiligen **(Abs. 1 S. 1 Nrn. 1 u. 2),** wenn **glaubhaft erscheint,** dass ihm die Sache gehört oder das Recht zusteht. Ein voller Nachweis ist nicht erforderlich; die ernsthafte Möglichkeit reicht aus (vgl. KK-Boujong Rn. 11 mwN). **Glaubhaftmachung** kann nicht verlangt werden. Teil- oder Gesamthandseigentum reichen aus; bei Sicherungs- und Vorbehaltseigentum kommt es allein auf die formale Rechtsstellung an (BGH 25, 10 = NJW 1972, 2053). Auch die dingliche Anwartschaft begründet ein Beteiligungsrecht. **Sonstige Rechte** iSd Nr. 2 sind nur **beschränkt dingliche Rechte** (OLG Karlsruhe NJW 1974, 709; vgl. i.E. KK-Boujong Rn. 7 mwN). Der Inhaber ist nur zu beteiligen, wenn im Fall der **Einziehung** das **Erlöschen des Rechts** angeordnet werden kann (§ 74e Abs. 2 StGB). Beim **Verfall** ist eine Erlöschungsanordnung ausgeschlossen (§ 73 Abs. 1 S. 2 StGB). Bei Einziehung von **Schriften** (§ 74d StGB) sind Besteller und Adressaten vor Eigentumserwerb nicht zu beteiligen (Meyer-Goßner Rn. 9; vgl. LR-Gössel Rn. 17 ff.).

5   Die **Anordnung der Beteiligung** ergeht vAw. durch **Beschluss (Abs. 5 S. 1),** wenn nicht nach **Abs. 1 S. 2 u. 3** von der Anordnung **abgesehen** wird oder der **Verzicht** auf die Beteiligung erklärt wurde **(Abs. 6).** Die Anordnung der Verfahrensbeteiligung eines Dritten, gegen den sich der Verfall richtet, ist **zwin-**

Verf. b. Einziehungen u. Vermögensbeschlagnahmen **§ 431**

gend vorgeschrieben und nicht von einem Antrag der StA abhängig. Im Berufungsverfahren hat dies vom Amts wegen noch bis zur Beendigung der Schlussverträge zu geschehen (OLG Düsseldorf wistra 1999, 477).

Nicht ausführbar (Abs. 1 S. 2) ist die Beteiligung insb. bei unbekanntem **6** Aufenthalt (vgl. OLG Karlsruhe NJW 1974, 709) sowie bei Verschleierungsmaßnahmen (vgl. Meyer-Goßner Rn. 12). Übermäßiger Verfahrensaufwand rechtfertigt das Absehen idR nicht; ihm kann nach § 430 begegnet werden (KK-Boujong Rn. 16). Erscheint schon die Berechtigung nicht glaubhaft **(Abs. 1 S. 1),** so kommt es auf die Voraussetzungen des Abs. 1 S. 2 u. 3 nicht an. Die Annahme der Nichtausführbarkeit muss auf **bestimmte Tatsachen** gegründet sein und bedarf idR vorheriger Ermittlungen. Aus Gründen des **Staatsschutzes** kann von der Beteiligung in den Fällen des **Abs. 1 S. 3** abgesehen werden (vgl. i. E. KK-Boujong Rn. 17). Eine Organisation besteht auch dann außerhalb des Geltungsbereichs der StPO, wenn sie organisatorisch dessen Grenzen überschreitet (Meyer-Goßner Rn. 13). Auf Organisationen im räumlichen Geltungsbereich der StPO findet die Vorschrift keine Anwendung.

Der **Verzicht** auf Einwendungen **(Abs. 6)** beschränkt sich auf die Erklärung, auf **7** die Gewährung rechtlichen Gehörs und die Verfahrensbeteiligung zu verzichten; er beinhaltet nicht den Verzicht auf das Recht am Einziehungsgegenstand (KK-Boujong Rn. 29). Die **materiellrechtlichen** Voraussetzungen der Maßnahme sind daher in vollem Umfang zu prüfen. Der Verzichtende kann als Zeuge gehört werden; seine Anwesenheit kann nur in diesem Fall nach § 51 Abs. 1 S. 2, nicht nach § 433 Abs. 2 erzwungen werden. Ist die Beteiligung bereits angeordnet, so wird die Anordnung bei nachträglichem Verzicht durch **Beschluss** aufgehoben. Die **Verzichtserklärung** kann außer gegenüber Gericht und StA auch gegenüber **anderen Behörden,** insb. Polizeibehörden, abgegeben werden.

Verfahren. Die Anordnung der Beteiligung ist vom **Zeitpunkt** der Anklageerhebung, im Strafbefehlsverfahren von dem des Eingangs des Strafbefehlsantrags an **8** zulässig. Mit Erlass des **Strafbefehls** erlischt die Anordnungsmöglichkeit; nach Einspruch lebt sie wieder auf. **Späteste Zeitpunkte** sind in erster Instanz die Urteilsverkündung, im Berufungsrechtszug die Beendigung der Schlussverträge **(Abs. 4).** Im Revisionsrechtszug kann die Anordnung nicht mehr getroffen werden; der Dritte kann, wenn die Beteiligungsanordnung nicht bis zu dem in Abs. 4 genannten Zeitpunkt ergangen ist, seine Rechte nur im **Nachverfahren** (§ 439) geltend machen. Der Anordnungsbeschluss ergeht nach **Anhörung** der Beteiligten (§ 33) und wird den Beteiligungsinteressenten (§ 432) formlos mitgeteilt (OLG Karlsruhe NJW 1974, 709). Die Ablehnung der Beteiligungsanordnung sowie eine Anordnung nach Abs. 2 wird den Beschwerdeberechtigten (u. Rn. 11) **zugestellt.**

Ausschluss der Schuldfrage (Abs. 2). Grds. wird der Dritte an dem Verfahren **9** beteiligt, soweit es die Einziehung betrifft (Abs. 1 S. 1); das umfasst regelmäßig auch die **Vorfrage** der Schuld. Durch ausdrückliche Anordnung nach Abs. 2 kann der Umfang der **Beteiligung beschränkt** werden. Für den **Verfall** spielt die Vorschrift keine Rolle, da er materiellrechtlich Schuld nicht voraussetzt (§ 73 Abs. 1 S. 1 StGB; i. E. str.; vgl. KK-Boujong Rn. 20 mwN). Im **Fall des Abs. 2 Nr. 1** (iVm Abs. 1 S. 1 Nr. 1, § 74 Abs. 1, 2 Nr. 1 StGB) fehlt dem Beteiligten die sachliche Legitimation, zur Schuldfrage Stellung zu nehmen; seine Beteiligung beschränkt sich auf die Klärung der Rechtsverhältnisse am Einziehungsgegenstand. Kommt eine Einziehung nach § 74a StGB (vgl. LR-Gössel Rn. 55) oder eine Anordnung nach § 74e Abs. 2 S. 2 u. 3 StGB in Betracht, ist Abs. 2 Nr. 1 nicht anwendbar (KK-Boujong Rn. 22). **Abs. 2 Nr. 2** gilt im Fall des § 74f Abs. 2 Nr. 3 StGB, da hier die Straftat nicht Grund, sondern nur Anlass der Einziehung ist. Ist die Beteiligung nach Abs. 2 beschränkt, so hat der Nebenbeteiligte hinsichtlich der Schuldfrage nicht die Befugnisse eines Angeklagten (§ 433 Abs. 1), sondern kann als **Zeuge** vernommen werden (BGH 9, 250, 251 = NJW 1956, 1448).

§ 432 Sechstes Buch. 3. Abschnitt

10 **Erweiterte Verfahrenbeteiligung (Abs. 3).** Juristische Personen oder Personenvereinigungen können Einziehungsbeteiligte nach Abs. 1 u. 2 sein, soweit es um die Einziehung eines Gegenstandes geht (vgl. § 75 iVm §§ 74–74 b StGB). Abs. 3 **erweitert** das für den Fall der wahrscheinlichen Einziehung des Wertersatzes (§ 75 iVm § 74 e StGB).

11 **Anfechtbarkeit (Abs. 5).** Die Anordnung der Beteiligung kann weder mit der Beschwerde angefochten noch mit der Revision gerügt werden (Abs. 5 S. 1). Wird sie nachträglich vAw. oder auf Antrag **aufgehoben,** so ist dagegen **sofortige Beschwerde** statthaft (Meyer-Goßner Rn. 25). der **ablehnende Beschluss** kann vom Angeklagten (OLG Celle NJW 1987, 78), dem Beteiligungsinteressenten (vgl. § 304 Abs. 2) sowie von der StA mit **sofortiger Beschwerde** angefochten werden (vgl. i. E. Meyer-Goßner Rn. 26). Dasselbe gilt von der Beschränkungsanordnung nach Abs. 2; ihre Rücknahme ist nicht anfechtbar (KK-Boujong Rn. 20). Der rechtskräftige Ablehnungsbeschluss gilt für das ganze Verfahren; er kann aber auf Grund neuer Tatsachen oder Beweismittel **widerrufen** werden (Meyer-Goßner Rn. 26).

12 **Keine Hemmung des Verfahrens (Abs. 7)** tritt durch die Verfahrensbeteiligung ein. Verfahrensteile vor der Beteiligungsanordnung müssen grds. nicht wiederholt werden. Im Einzelfall ist der Anspruch des Nebenbeteiligten auf rechtliches Gehör mit den Interessen des Angeklagten auszugleichen (vgl. Meyer-Goßner Rn. 31; KK-Boujong Rn. 33).

§ 432 [Anhörung des Einziehungsbeteiligten]

(1) ¹ **Ergeben sich im vorbereitenden Verfahren Anhaltspunkte dafür, daß jemand als Einziehungsbeteiligter in Betracht kommt, so ist er zu hören, wenn dies ausführbar erscheint.** ² **§ 431 Abs. 1 Satz 3 gilt entsprechend.**

(2) **Erklärt derjenige, der als Einziehungsbeteiligter in Betracht kommt, daß er gegen die Einziehung Einwendungen vorbringen wolle, und erscheint glaubhaft, daß er ein Recht an dem Gegenstand hat, so gelten, falls er vernommen wird, die Vorschriften über die Vernehmung des Beschuldigten insoweit entsprechend, als seine Verfahrensbeteiligung in Betracht kommt.**

1 Die Vorschrift regelt die Stellung von **Beteiligungsinteressenten** (vgl. § 431 Rn. 1). **Abs. 1 S. 1** ordnet ihre Anhörung im **Ermittlungsverfahren** für den Fall an, dass sich konkrete tatsächliche Anhaltspunkte für eine Nebenbeteiligung ergeben. Die Anhörungspflicht **entfällt,** wenn eine Anhörung nicht ausführbar erscheint (vgl. § 431 Rn. 6), sowie im Fall des Abs. 1 S. 2 iVm § 431 Abs. 1 S. 3. Sie ist **entbehrlich,** wenn mit der Einstellung des Ermittlungsverfahrens (§ 170 Abs. 2) zu rechnen ist und auch kein selbstständiges Einziehungsverfahren nach § 440 zu erwarten ist, wenn die Rechtsfolge nach § 430 ausgeschieden wird und wenn auf die Erhebung von Einwänden bereits verzichtet wurde (§ 431 Abs. 6).

2 **Zweck der Anhörung** ist einerseits die Sachverhaltsaufklärung, vor allem aber die Klärung der Frage, ob und inwieweit Einwendungen gegen die in Betracht kommende Maßnahme erhoben werden oder auf sie verzichtet wird. Eine bestimmte **Form** der Anhörung nach Abs. 1 ist nicht vorgeschrieben.

3 Erklärt der Beteiligungsinteressent vor oder bei der Anhörung nach **Abs. 1,** dass er Einwendungen erheben wolle, und erscheint die Behauptung seines Rechts glaubhaft, so sind von diesem Zeitpunkt an die Vorschriften über die Vernehmung des Beschuldigten (§ 163 a) anzuwenden, **wenn** er förmlich vernommen wird (Abs. 2). Hieraus ergibt sich **kein Anspruch** auf förmliche Vernehmung. Die Ermittlungsbehörde kann sich auch im Fall des **Abs. 2** auf eine Anhörung beschränken (KK-Boujong Rn. 6).

Soweit sich der Einziehungsinteressent zur Einziehung äußert, tut er dies in 4
eigener Sache und **nicht als Zeuge.** Im Übrigen kann er als Zeuge vernommen
werden (KK-Boujong Rn. 7; LR-Gössel Rn. 12). Beschränkungen nach § 431
Abs. 2 können im Ermittlungsverfahren nicht angeordnet werden.

Die **Anklage muss im Anklagesatz auch eine angestrebte** Nebenfolge gegen 5
einen Nebenbeteiligten (§§ 431 Abs. 1 S. 1, 442) mit Angabe der sie stützenden
Tatsachen und Vorschriften enthalten. Der **Antrag auf Erlass eines Strafbefehls**
muss die bezeichnete Nebenfolge ebenfalls als Inhalt des beantragten Straferkenntnisses (§ 438) enthalten (Meyer-Goßner Rn. 4, 5).

§ 433 [Rechte und Pflichten des Einziehungsbeteiligten]

(1) ¹**Von der Eröffnung des Hauptverfahrens an hat der Einziehungsbeteiligte, soweit dieses Gesetz nichts anderes bestimmt, die Befugnisse, die einem Angeklagten zustehen.** ²**Im beschleunigten Verfahren gilt dies vom Beginn der Hauptverhandlung, im Strafbefehlsverfahren vom Erlaß des Strafbefehls an.**

(2) ¹**Das Gericht kann zur Aufklärung des Sachverhalts das persönliche Erscheinen des Einziehungsbeteiligten anordnen.** ²**Bleibt der Einziehungsbeteiligte, dessen persönliches Erscheinen angeordnet ist, ohne genügende Entschuldigung aus, so kann das Gericht seine Vorführung anordnen, wenn er unter Hinweis auf diese Möglichkeit durch Zustellung geladen worden ist.**

Der Nebenbeteiligte hat von den in **Abs. 1** bezeichneten Zeitpunkten an die 1
Befugnisse, grds. jedoch **nicht die Pflichten** eines Angeklagten, wenn und soweit
die Nebenbeteiligung angeordnet worden ist (§§ 431, 442) und das Gesetz nichts
anderes bestimmt (vgl. insb. §§ 436 Abs. 2, 437 Abs. 1). Eine **Gleichstellung** mit
dem Angeklagten ergibt sich daraus nicht (KG NJW 1978, 2406). Er hat Anspruch
auf **rechtliches Gehör**, kann Anträge mit der Einschränkung des § 436 Abs. 2
stellen, Beweispersonen **unmittelbar laden** (§ 220) und **Rechtsbehelfe** einlegen
(OLG Düsseldorf NStZ 1988, 289). Vom Hauptverhandlungstermin wird er benachrichtigt (§ 435 Abs. 1); er hat auch das Recht zum **letzten Wort** (BGH 17, 28,
32 f. = NJW 1962, 500). Soweit er nach §§ 431, 433 beteiligt ist, kann er nicht
Zeuge sein (vgl. § 431 Rn. 9).

Der Nebenbeteiligte muss **verhandlungsfähig**, nicht aber geschäftsfähig sein 2
(Meyer-Goßner Rn. 7; KK-Boujong Rn. 5; i. E. str.). **Stirbt** der Nebenbeteiligte
während des Verfahrens, so hängt die Frage, ob seine **Erben** an seine Stelle treten,
vom rechtlichen Charakter der Maßnahme ab, um deren Anordnung es geht (vgl.
i. E. KK-Boujong Rn. 6; LR-Gössel Rn. 29 ff. mwN).

Dem Nebenbeteiligten steht die Teilnahme an der Hauptverhandlung grds. frei 3
(§ 436 Abs. 1); er kann sich auch vertreten lassen (§ 434). Sein **persönliches
Erscheinen** kann das Gericht aber zur **Aufklärung des Sachverhalts** anordnen
(Abs. 2 S. 1); handelt es sich um eine juristische Person oder Personenvereinigung,
so wird das Erscheinen der vertretungsberechtigten Person angeordnet. **Abs. 2 S. 2**
enthält die Befugnis zur **zwangsweisen Vorführung**, wenn das persönliche Erscheinen angeordnet, der Nebenteiligte unter Hinweis auf diese Möglichkeit förmlich geladen wurde und ohne genügende Entschuldigung (vgl. §§ 230 Abs. 2, 236,
329 Abs. 4, 387 Abs. 3, 412) nicht erscheint; auf die wirksame Vertretung kommt es
in diesem Fall nicht an. Kann der Einziehungsbeteiligte ausnahmsweise auch als
Zeuge gehört werden, so findet die Vorschrift keine Anwendung, da das Erscheinen
mit Hilfe der weitreichenden Maßnahmen nach den §§ 48, 51 sichergestellt werden
kann (LR-Boujong Rn. 7; Meyer-Goßner Rn. 5).

4 Im **Bußgeldverfahren** hat der Einziehungsbeteiligte vom Erlass des Bußgeldbescheides an die Befugnisse eines Betroffenen (§ 87 Abs. 2 S. 1 OWiG). Im gerichtlichen Bußgeldverfahren erlangt der Einziehungsbeteiligte die Rechtsstellung des Betroffenen mit der Anordnung der Verfahrenbeteiligung, wenn sie erst in diesem Stadium getroffen werden (KK-Boujong Rn. 11; Göhler § 87 Rn. 23).

§ 434 [Vertretung durch Verteidiger]

(1) ¹**Der Einziehungsbeteiligte kann sich in jeder Lage des Verfahrens auf Grund einer schriftlichen Vollmacht durch einen Rechtsanwalt oder eine andere Person, die als Verteidiger gewählt werden kann, vertreten lassen.** ²**Die für die Verteidigung geltenden Vorschriften der §§ 137 bis 139, 145a bis 149 und 218 sind entsprechend anzuwenden.**

(2) **Das Gericht kann dem Einziehungsbeteiligten einen Rechtsanwalt oder eine andere Person, die als Verteidiger bestellt werden darf, beiordnen, wenn die Sach- oder Rechtslage schwierig ist oder wenn der Einziehungsbeteiligte seine Rechte nicht selbst wahrnehmen kann.**

1 Der Nebenbeteiligte kann sich durch eine der in §§ 138, 139 genannten Personen **vertreten** lassen (**Abs. 1 S. 1**). Die Vorschriften über die Verteidigung gelten für den Wahl-Vertreter entsprechend (**Abs. 1 S. 2**). Danach darf die Zahl der Vertreter drei nicht übersteigen; **Mehrfachvertretung** sowie gleichzeitige **Verteidigung** des Beschuldigten sind unzulässig (vgl. KK-Boujong Rn. 3 mwN). Ein Rechtsanwalt (Hochschullehrer usw.) darf auch nicht den Angeklagten verteidigen und **zugleich** einen Einziehungs- oder Verfallsbeteiligten vertreten (OLG Düsseldorf NStZ 1988, 289; Gössel LR Rn. 3; KK-Boujong Rn. 3). Die Bevollmächtigung bedarf der **Schriftform.**

2 Der Vertreter wird als **Beistand** des Nebenbeteiligten tätig. Die Vertretungsbefugnis umfasst nicht nur die prozessualen Rechte des Nebenbeteiligten selbst, sondern auch das Recht auf **Akteneinsicht** (§ 147), auch schon im Ermittlungsverfahren (Meyer-Goßner Rn. 1), sowie das Recht zur Einlegung von Rechtsbehelfen und **Rechtsmitteln;** hierbei gelten die Beschränkungen der §§ 297, 302 Abs. 2. Eine **Verzichtserklärung** nach § 431 Abs. 6 bedarf der besonderen Ermächtigung durch den Nebenbeteiligten. Dem Vertreter ist eine **Terminsnachricht** zuzustellen (Abs. 1 S. 2 iVm § 218); eine **Ladungsfrist** muss nicht eingehalten werden (KK-Boujong Rn. 5 mwN).

3 **Abs. 2** lässt die **Beiordnung eines Vertreters,** auch für bestimmte Verfahrensabschnitte (LR-Gössel Rn. 12), zu. Sie kann auf Antrag oder vAw. beschlossen werden; **zuständig** ist nicht der Vorsitzende, sondern das mit der Sache befasste Gericht. Die **Schwierigkeit der Sach- und Rechtslage** ist nur an dem Verfahrensteil und an den Sach- und Rechtsfragen zu messen, welche die Beteiligung betreffen (Meyer-Goßner Rn. 4; vgl. OLG Frankfurt NJW 1983, 1208). **Unfähigkeit,** seine Rechte selbst sachgerecht wahrzunehmen, kann auch bei einfacher Verfahrenslage gegeben sein.

4 Der beigeordnete Vertreter hat dieselben Befugnisse wie der gewählte (o. Rn. 2). Die Beiordnung kann, muss aber nicht zurückgenommen werden, wenn nachträglich ein anderer Vertreter gewählt wird (entspr. § 143) oder wenn die Voraussetzungen nachträglich entfallen (KK-Boujong Rn. 8).

5 **Anfechtbar** ist die **Beiordnung** einer nicht vertretungsberechtigten Person sowie die **Ablehnung** der Bestellung. In beiden Fällen ist **einfache Beschwerde** statthaft; § 305 S. 1 steht nicht entgegen. **Beschwerdeberechtigt** sind der Nebenbeteiligte und die StA, nicht der Beschuldigte. Die **Revision** kann mit der Rüge des § 338 Nr. 8 die Ermessensfehlerhaftigkeit der Entscheidung rügen (vgl. KK-Boujong Rn. 9; LR-Gössel Rn. 13).

§ 435 [Ladung zur Hauptverhandlung]

(1) Dem Einziehungsbeteiligten wird der Termin zur Hauptverhandlung durch Zustellung bekanntgemacht; § 40 gilt entsprechend.

(2) Mit der Terminsnachricht wird ihm, soweit er an dem Verfahren beteiligt ist, die Anklageschrift und in den Fällen des § 207 Abs. 2 der Eröffnungsbeschluß mitgeteilt.

(3) Zugleich wird der Einziehungsbeteiligte darauf hingewiesen, daß
1. auch ohne ihn verhandelt werden kann und
2. über die Einziehung auch ihm gegenüber entschieden wird.

Die Teilnahme an der Hauptverhandlung steht dem Nebenbeteiligten und seinem   1
Vertreter (§ 434) grds. frei (vgl. § 433 Abs. 2). Eine **Ladung** erfolgt daher nicht, wohl aber eine **Terminsmitteilung,** die förmlich **zuzustellen** ist. Öffentliche Zustellung ist zulässig **(Abs. 1, 2. HS** iVm § 40). Eine **Ladungsfrist** muss nicht eingehalten werden (KK-Boujong Rn. 4). Dasselbe gilt für den gewählten oder bestellten **Vertreter** (§ 434).

Nach **Abs. 2** ist dem Nebenbeteiligten mit der Terminsmitteilung die **Anklage-**   2
schrift mitzuteilen, **soweit** ihr Inhalt für die Einziehungsfrage von Bedeutung ist; eine eingeschränkte Bekanntgabe kommt insbesondere in Betracht, wenn die Anklage mehrere Taten betrifft, die Einziehungsfrage aber nur mit einer von ihnen zusammenhängt. Über die Beschränkung entscheidet der **Vorsitzende.** Bei öffentlicher Zustellung der Terminsmitteilung sowie im beschleunigten Verfahren (§§ 417 ff.) entfällt die Mitteilung der Anklage. Im **Strafbefehlsverfahren** gilt § 438 Abs. 1. Die Mitteilung ist auch dann erforderlich, wenn die Nebenbeteiligung erst im Laufe der Hauptverhandlung angeordnet wird (KK-Boujong Rn. 6). Der **Eröffnungsbeschluss** wird nur dann mitgeteilt, wenn er Änderungen oder Abweichungen zur Anklageschrift enthält (§ 207 Abs. 2) und diese die Einziehungs- oder Verfallsfrage betreffen.

Die Hinweise nach **Abs. 3** werden auch bei einer öffentlichen Zustellung (Abs. 1   3
Halbs. 2 iVm § 40) gegeben. Durch den Hinweis **Nr. 1** soll der Einziehungsbeteiligte über die Folgen seines Ausbleibens in der Hauptverhandlung (§ 436 Abs. 1 S. 1) und durch den Hinweis nach **Nr. 2** über die Tragweite der (möglichen) Entscheidung nach § 74 e Abs. 1, Abs. 2 S. 2, 3 StGB unterrichtet werden. Im Strafbefehlsverfahren gilt § 438 Abs. 1 S. 2. Die Belehrung nach § 436 Abs. 3 S. 3 kann ebenfalls mit der Terminsnachricht erteilt werden (KK-Boujong Rn. 9).

Zu den Folgen nicht ordnungsgemäßer Bekanntmachung vgl. § 436 Rn. 2.   4

§ 436 [Ausbleiben in der Hauptverhandlung]

(1) ¹Bleibt der Einziehungsbeteiligte in der Hauptverhandlung trotz ordnungsgemäßer Terminsnachricht aus, so kann ohne ihn verhandelt werden. ²§ 235 ist nicht anzuwenden.

(2) Auf Beweisanträge des Einziehungsbeteiligten zur Frage der Schuld des Angeklagten ist § 244 Abs. 3 Satz 2, Abs. 4 bis 6 nicht anzuwenden.

(3) ¹Ordnet das Gericht die Einziehung auf Grund von Umständen an, die einer Entschädigung des Einziehungsbeteiligten entgegenstehen, so spricht es zugleich aus, daß dem Einziehungsbeteiligten eine Entschädigung nicht zusteht. ²Dies gilt nicht, wenn das Gericht eine Entschädigung des Einziehungsbeteiligten für geboten hält, weil es eine unbillige Härte wäre, sie zu versagen; in diesem Falle entscheidet es zugleich über die Höhe der Entschädigung (§ 74 f Abs. 3 des Strafgesetzbuches). ³Das Gericht weist den Einziehungsbeteiligten zuvor auf die Möglichkeit einer solchen Entscheidung hin und gibt ihm Gelegenheit, sich zu äußern.

§ 437 Sechstes Buch. 3. Abschnitt

(4) ¹War der Einziehungsbeteiligte bei der Verkündung des Urteils nicht zugegen und auch nicht vertreten, so ist ihm das Urteil zuzustellen. ²Das Gericht kann anordnen, daß Teile des Urteils, welche die Einziehung nicht betreffen, ausgeschieden werden.

1 **Abs. 1** knüpft an § 431 Abs. 7 an. Ist der Nebenbeteiligte ordnungsgemäß vom Termin benachrichtigt worden (§ 435), so kann die Hauptverhandlung unabhängig von seinem oder dem Erscheinen eines Vertreters (§ 434) stattfinden. Das gilt auch bei Anordnung des persönlichen Erscheinens (§ 433 Abs. 2 S. 1); die Vorführung steht im Ermessen des Gerichts. Entfernt sich der erschienene Nebenbeteiligte später aus der Hauptverhandlung, so gilt Abs. 1 entspr. (LR-Gössel Rn. 4).

2 **Wiedereinsetzung** kann der Nebenbeteiligte auch dann nicht verlangen, wenn sein Ausbleiben genügend entschuldigt war (Abs. 1 S. 2 iVm § 235). Da auch § 235, 2. HS ausgeschlossen ist, rechtfertigt auch das Fehlen oder die Unvollständigkeit der Terminsmitteilung (§ 435) die Wiedereinsetzung nicht; der Nebenbeteiligte ist auf die Rechtsmitteleinlegung (vgl. § 338 Nr. 5) oder das Nachverfahren (§ 439) beschränkt.

3 Das **Beweisantragsrecht** des Nebenbeteiligten ist eingeschränkt **(Abs. 2).** Die Vorschrift setzt voraus, dass der Umfang der Beteiligung nicht schon nach § 431 Abs. 2 beschränkt ist. Über Beweisanträge des Nebenbeteiligten, die die **Schuldfrage** betreffen, entscheidet das Gericht nach pflichtgemäßem Ermessen im Rahmen der **Aufklärungspflicht** (§ 244 Abs. 2). Die Anträge sind wie Beweisanregungen zu behandeln; ein **Ablehnungsbeschluss** (§ 244 Abs. 6) ist nicht erforderlich. Auch § 245 gilt insoweit zugunsten des Nebenbeteiligten nicht (KK-Boujong Rn. 5).

4 Über **Entschädigungsansprüche** Dritter **(Abs. 3,** § 74f StGB) entscheidet grds. das Zivilgericht. Abs. 3 regelt **zwei Ausnahmen:** Umstände, die einer Entschädigung entgegenstehen **(Abs. 3 S. 1),** liegen vor, wenn sich aus der Bejahung der Einziehungsvoraussetzungen **unmittelbar** ergibt, dass eine Entschädigung nicht in Betracht kommt (vgl. §§ 74 Abs. 2 Nr. 1, 74a Nrn. 1 u. 2, 74f Nrn. 1 u. 2 StGB). Die Vorschrift ist eng auszulegen; der Zivilrichter ist an die rechtskräftige Versagungsentscheidung des Strafgerichts gebunden. Eine **Billigkeitsentschädigung (Abs. 3 S. 2** iVm § 74f Abs. 3 StGB) kann das Strafgericht sowohl dem Grund als auch der Höhe nach zusprechen (vgl. OLG Hamm NJW 1970, 1754, 1757). Die Entscheidung nach **Abs. 3 S. 1 u. 2** ist **vAw.** nach **Anhörung** des Nebenbeteiligten (Abs. 3 S. 3) zu treffen. Die Belehrung kann schon mit der Terminsmitteilung (§ 435) verbunden werden. Ist der Nebenbeteiligte nicht erschienen oder vertreten, so entfällt die Pflicht nach Abs. 3 S. 3. Zur Entscheidung in der Rechtsmittelinstanz vgl. § 437 Abs. 4. Das **Verschlechterungsverbot** steht der Nachholung einer Entscheidung nach **Abs. 3 S. 1 u. 2** nicht entgegen (vgl. OLG Hamm NJW 1970, 1754, 1757; KK-Boujong Rn. 11).

5 **Zustellung des Urteils (Abs. 4)** an den nicht erschienenen oder vertretenen Nebenbeteiligten ist auch erforderlich, wenn Einziehung oder Verfall nicht angeordnet wurden; dasselbe gilt, wenn eine Terminsmitteilung (§ 435) unterblieben war. § 145a gilt entspr.; bei unbekanntem Aufenthalt ist öffentlich zuzustellen (§ 40). Mit der Zustellung beginnt die **Rechtsmittelfrist** des Nebenbeteiligten.

§ 437 [Rechtsmittelverfahren]

(1) ¹Im Rechtsmittelverfahren erstreckt sich die Prüfung, ob die Einziehung dem Einziehungsbeteiligten gegenüber gerechtfertigt ist, auf den Schuldspruch des angefochtenen Urteils nur, wenn der Einziehungsbeteiligte insoweit Einwendungen vorbringt und im vorausgegangenen Verfahren ohne sein Verschulden zum Schuldspruch nicht gehört worden ist. ²Erstreckt sich hiernach die Prüfung auch auf den Schuldspruch, so legt das

Gericht die zur Schuld getroffenen Feststellungen zugrunde, soweit nicht das Vorbringen des Einziehungsbeteiligten eine erneute Prüfung erfordert.

(2) Im Berufungsverfahren gilt Absatz 1 nicht, wenn zugleich auf ein Rechtsmittel eines anderen Beteiligten über den Schuldspruch zu entscheiden ist.

(3) Im Revisionsverfahren sind die Einwendungen gegen den Schuldspruch innerhalb der Begründungsfrist vorzubringen.

(4) ¹Wird nur die Entscheidung über die Höhe der Entschädigung angefochten, so kann über das Rechtsmittel durch Beschluß entschieden werden, wenn die Beteiligten nicht widersprechen. ²Das Gericht weist sie zuvor auf die Möglichkeit eines solchen Verfahrens und des Widerspruchs hin und gibt ihnen Gelegenheit, sich zu äußern.

Der Nebenbeteiligte ist **rechtsmittelbefugt** (§ 433 Abs. 1 S. 1), wenn der Anordnungsbeschluss (§ 431 Abs. 1) bereits **vor Urteilserlass** ergangen ist (BGH NStZ 1985, 248). Sein Rechtsmittel setzt voraus, dass er durch die Entscheidung **beschwert** ist (vgl. i. E. KK-Boujong Rn. 1). Rechtsmittelbefugt sind auch der Vertreter (§ 434 iVm § 297) sowie der gesetzliche Vertreter (§ 298). 1

Abs. 1 u. 2 haben **keine Bedeutung**, wenn das Gericht eine Beschränkung der Beteiligung angeordnet hat (§ 431 Abs. 2). Ist das nicht der Fall, dann kann der Nebenbeteiligte mit seinem Rechtsmittel gleichwohl den Schuldspruch grds. nicht angreifen (Abs. 1); vielmehr ist er auf die Einwendung beschränkt, die **Einziehungs- oder Verfallsvoraussetzungen** hätten nicht vorgelegen. 2

Ausnahmsweise überprüft das Rechtsmittelgericht auch den Schuldspruch, wenn der Nebenbeteiligte auch insoweit Einwendungen erhebt, mit denen er im Verfahren **ohne eigenes Verschulden** nicht gehört wurde **(Abs. 1 S. 1).** Die Frage der **unverschuldeten Nichtanhörung** hat das Rechtsmittelgericht von **Amts wegen** nachzuprüfen. Dabei geht es nach den Regeln des Freibeweises vor (BayObLG NStZ 1994, 442). Unverschuldete Nichtanhörung liegt insbesondere vor, wenn eine Terminsmitteilung (§ 435) nicht oder zu spät erfolgt ist (vgl. KK-Boujong Rn. 3). Auch in diesem Fall ist aber die Beschwer des Nebenbeteiligten (o. Rn. 1) nicht erweitert; **soweit** es zur Überprüfung der Einziehungs- oder Verfallsentscheidung auf den Schuldspruch ankommt, sind daher die Urteilsfeststellungen hierzu für das Rechtsmittelgericht grds. bindend **(Abs. 1 S. 2, 1. HS).** Das gilt nur dann nicht, wenn die Einwendungen des Nebenbeteiligten gegen den Schuldspruch eine neue Tatsachenprüfung nach dem **pflichtgemäßem Ermessen des Gerichts** erfordern. **Abs. 1 S. 2** gilt seiner Natur nach nur für das Berufungsverfahren, denn im Revisionsverfahren findet eine tatsächliche Überprüfung nicht statt. 3

Im **Berufungsverfahren (Abs. 2)** gilt Abs. 1 dann nicht, wenn außer dem an der Schuldfrage beteiligten Nebenbeteiligten ein anderer Verfahrensbeteiligter Berufung auch gegen den Schuldspruch eingelegt hat, denn in diesem Fall muss der Nebenbeteiligte die Möglichkeit haben, zu neuen Tatsachen und Beweismitteln Stellung zu nehmen. § 436 Abs. 2 gilt auch im Berufungsrechtszug. 4

In der **Revisionsinstanz (Abs. 3)** müssen die gegen den Schuldspruch gerichteten **Rechtsrügen** iSd § 337 (BayObLG NStZ 1994, 442; Boujong Rn. 8) des Nebenbeteiligten, auch wenn sie nur **Sachrügen** sind, in der Frist des § 345 Abs. 1 vorgetragen werden. Hat auch ein anderer Verfahrensbeteiligter Revision eingelegt, so richtet sich die Frist des Abs. 3 nach seiner Begründungsfrist (KK-Boujong Rn. 8). 5

Das Rechtsmittel des Nebenbeteiligten richtet sich stets nur gegen die ihn betreffende Entscheidung. Hat sein Rechtsmittel Erfolg, so wird nur die Einziehungs- oder Verfallsentscheidung aufgehoben, auch wenn er insoweit den Schuldspruch angegriffen hat. Das gilt selbst im Fall eines vor Urteilserlass entstandenen **Verfahrenshindernisses** (KK-Boujong Rn. 6; **aA** KMR-Paulus Rn. 6). 6

7   Abs. 4 bezieht sich auf § 436 Abs. 3 S. 2. Die Regelung gilt für Berufung und Revision; § 349 bleibt unberührt. Die Anhörung nach **Abs. 4 S. 2** ist nur erforderlich, wenn das Rechtsmittelgericht im Beschlussverfahren entscheiden will (vgl. Meyer-Goßner Rn. 7). Eine **Beschlussentscheidung** kommt insb. in Betracht, wenn der Sachverhalt hinreichend geklärt erscheint (KK-Boujong Rn. 10). Hierüber entscheidet das Rechtsmittelgericht, ggf. nach Durchführung von Ermittlungen geringeren Umfangs (§ 308 Abs. 2 entspr.), nach pflichtgemäßem Ermessen. Der **Widerspruch** eines Beteiligten, auch der StA, schließt das Beschlussverfahren aus. Er bedarf keiner Begründung und keiner besonderen Form.

§ 438 [Einziehung durch Strafbefehl]

(1) ¹Wird die Einziehung durch Strafbefehl angeordnet, so wird der Strafbefehl auch dem Einziehungsbeteiligten zugestellt. ²§ 435 Abs. 3 Nr. 2 gilt entsprechend.

(2) Ist nur über den Einspruch des Einziehungsbeteiligten zu entscheiden, so gelten § 439 Abs. 3 Satz 1 und § 441 Abs. 2 und 3 entsprechend.

1   Durch **Strafbefehl** können auch die Einziehung und gleichgestellte Nebenfolgen (§ 442) angeordnet werden (vgl. § 407 Abs. 2 S. 1 Nr. 1). Der Beteiligungsinteressent wird regelmäßig schon im Ermittlungsverfahren gehört (§ 432 Abs. 1). Die Beteiligungsanordnung (§ 431 Abs. 1) ergeht idR zusammen mit dem Strafbefehl, in dem auch die Entscheidung über die Nebenfolge ergeht.

2   Der Strafbefehl ist in diesem Fall dem Nebenbeteiligten **zuzustellen (Abs. 1 S. 1),** er ist über die Einspruchsmöglichkeit zu belehren (vgl. Meyer-Goßner Rn. 3 KK-Boujong Rn. 3). Eine **beschränkte Mitteilung** entspr. §§ 435 Abs. 2, 436 Abs. 4 S. 2 ist zulässig (LR-Gössel Rn. 8). Die Zustellung an den Nebenbeteiligten oder seinen Vertreter (§ 145 a) setzt die Einspruchsfrist für ihn in Lauf.

3   **Einspruch** kann der Nebenbeteiligte nur einlegen, wenn **spätestens im Strafbefehl** seine Verfahrensbeteiligung angeordnet wurde; andernfalls ist er auf das Nachverfahren (§ 439) beschränkt. Wenn aber der **Angeklagte** Einspruch einlegt, so lebt die Möglichkeit einer Beteiligungsanordnung wieder auf (vgl. § 431 Rn. 8).

4   Legt **nur oder auch der Angeklagte** Einspruch ein, so erhält der Nebenbeteiligte Terminsnachricht nach § 435; für die Hauptverhandlung gilt § 436. § 412 ist bei Nichterscheinen des Angeklagten auch dann anzuwenden, wenn der Nebenbeteiligte erscheint; gegenüber diesem gilt § 412 nicht (KK-Boujong Rn. 5).

5   **Abs. 2** trifft eine Sonderregelung (Verfahrensvereinfachung) für den Fall, dass **nur der Nebenbeteiligte** Einspruch eingelegt hat. Der **Schuldspruch** wird nicht nachgeprüft, wenn eine Beschränkungsanordnung nach § 431 Abs. 2 schon erfolgt ist oder im Fall eines Einspruchs des Angeklagten zulässig wäre (Abs. 2 iVm § 439 Abs. 3 S. 1; vgl. KK-Boujong Rn. 7 f.). Über den Einspruch wird grds. durch **Beschluss** entschieden (Abs. 2 iVm § 441 Abs. 2 u. 3). Der Beschluss kann mit **sofortiger Beschwerde** angefochten werden. Zur mündlichen Hauptverhandlung (§ 441 Abs. 3; §§ 435, 436) vgl. Meyer-Goßner Rn. 8 f.

6   Hat der Einspruch des Nebenbeteiligten Erfolg, so wird der Strafbefehl, soweit er ihn betrifft, **aufgehoben,** andernfalls wird der Einspruch **verworfen.** Für die **Kostenentscheidung** gilt § 472 b.

§ 439 [Nachverfahren]

(1) ¹Ist die Einziehung eines Gegenstandes rechtskräftig angeordnet worden und macht jemand glaubhaft, daß er

Verf. b. Einziehungen u. Vermögensbeschlagnahmen **§ 439**

1. zur Zeit der Rechtskraft der Entscheidung ein Recht an dem Gegenstand gehabt hat, das infolge der Entscheidung beeinträchtigt ist oder nicht mehr besteht, und
2. ohne sein Verschulden weder im Verfahren des ersten Rechtszuges noch im Berufungsverfahren die Rechte des Einziehungsbeteiligten hat wahrnehmen können,

so kann er in einem Nachverfahren geltend machen, daß die Einziehung ihm gegenüber nicht gerechtfertigt sei. ²§ 360 gilt entsprechend.

(2) ¹Das Nachverfahren ist binnen eines Monats nach Ablauf des Tages zu beantragen, an dem der Antragsteller von der rechtskräftigen Entscheidung Kenntnis erlangt hat. ²Der Antrag ist unzulässig, wenn seit Eintritt der Rechtskraft zwei Jahre verstrichen sind und die Vollstreckung beendet ist.

(3) ¹Das Gericht prüft den Schuldspruch nicht nach, wenn nach den Umständen, welche die Einziehung begründet haben, im Strafverfahren eine Anordnung nach § 431 Abs. 2 zulässig gewesen wäre. ²Im übrigen gilt § 437 Abs. 1 entsprechend.

(4) Wird das vom Antragsteller behauptete Recht nicht erwiesen, so ist der Antrag unbegründet.

(5) Vor der Entscheidung kann das Gericht mit Zustimmung der Staatsanwaltschaft die Anordnung der Einziehung aufheben, wenn das Nachverfahren einen unangemessenen Aufwand erfordern würde.

(6) **Eine Wiederaufnahme des Verfahrens nach § 359 Nr. 5 zu dem Zweck, die Einwendungen nach Absatz 1 geltend zu machen, ist ausgeschlossen.**

Das Nachverfahren gewährt dem **Nebenbeteiligten** (vgl. § 442 Abs. 1) und **1** **Beteiligungsinteressenten** (vgl. § 432) nachträglich das **rechtliche Gehör,** wenn er ohne eigenes Verschulden seine Rechte im rechtskräftig abgeschlossenen Verfahren nicht geltend machen konnte und durch die Entscheidung **beschwert** ist. Zum **Verfahren** vgl. § 441. Das Nachverfahren findet nur auf **Antrag** des Betroffenen statt und dient der Prüfung, ob die rechtskräftig angeordnete Nebenfolge ihm gegenüber gerechtfertigt ist. Im **OWi-Verfahren** gilt § 439 sinngemäß nach Maßgabe des § 87 Abs. 4 u. 5 OWiG.

Antragsberechtigt sind der Nebenbeteiligte oder Beteiligungsinteressent, sein **2** gesetzlicher Vertreter (§ 434). **Zulässig** ist der Antrag, wenn die Voraussetzungen des Abs. 1 S. 1 Nr. 1 u. 2 **glaubhaft** gemacht sind. Auch der bereits im Strafverfahren Beteiligte ist zur Glaubhaftmachung verpflichtet (LR-Gössel Rn. 23). **Unmöglich** war die Rechtswahrnehmung (**Abs. 1 Nr. 2**) auch dann, wenn der Beteiligte seine Rechte nur im **Revisionsverfahren** geltend machen konnte (KK-Boujong Rn. 6), **nicht** aber, wenn das Gericht rechtsfehlerhaft eine Beschränkung nach § 431 Abs. 2 angeordnet oder das Vorbringen des Beteiligten unzutreffend gewürdigt hat; hiergegen hat er die allgemeinen Rechtsmittel.

Die **Antragsfrist (Abs. 2 S. 1)** beginnt am Tag nach Kenntniserlangung von der **3** rechtskräftigen Entscheidung; sie ist nach § 43 zu berechnen. Die Frist des Abs. 2 S. 2 ist eine absolute Ausschlussfrist; Wiedereinsetzung ist nicht möglich (Meyer-Goßner Rn. 8).

Durch den Antrag im Nachverfahren wird die **Vollstreckung nicht gehemmt. 4** Sie kann jedoch auf Antrag oder vAw. aufgeschoben oder unterbrochen werden (Abs. 1 S. 2 iVm § 360). Die materiellrechtlichen Wirkungen der Nebenfolgenanordnung bleiben hiervon unberührt (vgl. KK-Boujong Rn. 7).

Ist der Antrag **zulässig** (o. Rn. 2, 3), so wird ohne weiteren Zulassungsbeschluss **5** seine **Begründetheit** geprüft. Ist im Strafverfahren eine Beschränkungsanordnung nach § 431 Abs. 2 rechtmäßig ergangen oder wäre sie zulässig gewesen **(Abs. 3**

§ 440 Sechstes Buch. 3. Abschnitt

S. 1), so ist das Gericht im Nachverfahren an den Schuldspruch gebunden. Ist das nicht der Fall, so wird der Schuldspruch in den Grenzen des § 437 Abs. 1 nachgeprüft. Grundlage für die Prüfung sind die Gründe des rechtskräftigen Urteils. Der Antrag kann nur begründet sein, wenn das vom Antragsteller behauptete Recht **(Abs. 1 S. 1 Nr. 1) feststeht (Abs. 4)**; Zweifel gehen zu seinen Lasten (KK-Boujong Rn. 12). Ist das Recht erwiesen, so prüft das Gericht, ob die Nebenfolge gegenüber dem Antragsteller **gerechtfertigt** ist.

6 Wenn der zulässige Antrag **begründet** ist, so hebt das Gericht die Anordnung der Nebenfolge auf; dadurch wird rückwirkend der Eigentums- oder Rechtsübergang auf den Staat beseitigt. Eine Aufhebung kommt auch in Betracht, wenn das Nachverfahren einen **unangemessenen Aufwand** erfordern würde **(Abs. 5)**. Eine Entscheidung über die Entschädigung (§ 74f StGB) oder die Herausgabe des Erlöses bei zwischenzeitlicher Verwertung ergeht im Nachverfahren nicht; der Anspruch ist zivilrechtlich geltend zu machen. Der **unzulässige** oder **unbegründete** Antrag wird verworfen. Für die **Kosten** gilt bei Verwerfung § 473 Abs. 1, Abs. 6 Nr. 2, bei Erfolg des Antrags § 473 Abs. 3, Abs. 6 Nr. 2 (KK-Boujong Rn. 17); im Fall des **Abs. 5** gilt § 472b Abs. 2 entspr. (LR-Gössel Rn. 39).

7 Eine **Wiederaufnahme (Abs. 6)** des Verfahrens nach § 359 Nr. 5 zum Zweck der Beseitigung der rechtskräftig angeordneten Nebenfolge ist unzulässig, sie wird durch die Möglichkeit des Nachverfahrens verdrängt. Die übrigen Wiederaufnahmegründe können geltend gemacht werden. Im Bußgeldverfahren ist § 439 sinngemäß anzuwenden (§ 46 Abs. 1 OWiG). Ergänzungen finden sich in § 87 Abs. 4, 5 OWiG (KK-Boujong Rn. 18).

§ 440 [Objektives Verfahren] RiStBV 180

(1) **Die Staatsanwaltschaft und der Privatkläger können den Antrag stellen, die Einziehung selbständig anzuordnen, wenn dies gesetzlich zulässig und die Anordnung nach dem Ergebnis der Ermittlungen zu erwarten ist.**

(2) ¹**In dem Antrag ist der Gegenstand zu bezeichnen.** ²**Ferner ist anzugeben, welche Tatsachen die Zulässigkeit der selbständigen Einziehung begründen.** ³**Im übrigen gilt § 200 entsprechend.**

(3) **Die §§ 431 bis 436 und 439 gelten entsprechend.**

1 Diese Vorschrift oder ihre rechtmäßige Anwendung verstößt weder gegen die Unschuldsvermutung noch gegen die Eigentumsgarantie (Brandenburg. VerfGH NJW 1997, 451). Die §§ 40, 401 enthalten nur **Verfahrensvorschriften**. Die materiellrechtlichen Voraussetzungen, unter denen auf Verfall oder Einziehung des Gegenstandes oder des Wertersatzes (§§ 73a, 73c StGB) oder auf Unbrauchbarmachung selbstständig erkannt werden kann, sind in § 75a StGB geregelt (KK-Boujong Rn. 2). Das selbstständige Einziehungsverfahren (**objektives Verfahren**) ist nicht gegen einen bestimmten Beschuldigten gerichtet, sondern hat die selbstständige Anordnung der Einziehung oder einer ihr gleichstehenden Nebenfolge (§ 442 Abs. 1) zum Gegenstand, **Tat- und Schuldfrage** werden nur indizent geprüft, soweit sie materiellrechtliche Voraussetzungen der Nebenfolgenanordnung betreffen (vgl. RiStBV Nr. 180). Im **OWi-Verfahren** gelten §§ 27, 87 Abs. 3 OWiG sowie § 440 entspr.

2 Die **gesetzliche Zulässigkeit (Abs. 1)** der Anordnung ergibt sich aus dem materiellen Recht; auf die Kommentierungen des **§ 76a StGB** wird verwiesen (vgl. auch KK-Boujong Rn. 2). Auch die **Verhältnismäßigkeit** des Eingriffs (vgl. §§ 73c, 74b, 74d Abs. 5 StGB) ist Voraussetzung seiner gesetzlichen Zulässigkeit. Die **Nichtverfolgbarkeit** einer bestimmten Person (§ 76a Abs. 1 StGB) ist Verfahrensvoraussetzung des objektiven Verfahrens; sie ist vom **Gericht** unabhängig von der Beurteilung durch die StA in jeder Lage des Verfahrens vAw. zu prüfen (BGH

Verf. b. Einziehungen u. Vermögensbeschlagnahmen **§ 440**

21, 55 = NJW 1966, 127; str., vgl. Meyer-Goßner Rn. 8; KK-Boujong Rn. 3, jeweils mwN). Die **Verfolgungsverjährung** steht dem objektiven Verfahren nicht entgegen (§§ 76a Abs. 2 S. 1 Nr. 1, 78 Abs. 1 S. 2 StGB).

Antragsberechtigt sind StA und Privatkläger **(Abs. 1)** sowie die Finanzbehörde 3 (§ 401 AO iVm § 386 Abs. 2 AO). Auch wenn materiellrechtlich die Nebenfolge zwingend vorgeschrieben ist, gilt für die StA das **Opportunitätsprinzip** (BGH 7, 356, 357 = NJW 1955, 1160; vgl. RiStBV Nr. 180). Die Möglichkeit einer formlosen Einziehung macht den Antrag überflüssig (BGH 20, 253, 257). Die StA kann ihren Antrag **beschränken** (OLG Celle NJW 1966, 1135) und in jeder Lage des Verfahrens **zurücknehmen** (Meyer-Goßner Rn. 5); § 156 gilt nicht (aA LR-Gössel Rn. 29f.). Dasselbe gilt für den **Privatkläger** (entspr. § 391 Abs. 1 S. 1). **Nebenklage** ist im objektiven Verfahren unzulässig. Im **Strafbefehlsverfahren** kann der Antrag nicht gestellt werden.

Der schriftliche Antrag setzt voraus, dass die Nebenfolge **zu erwarten** ist 4 **(Abs. 1);** ihre Anordnung muss nach dem Ergebnis der Ermittlungen wahrscheinlich sein (vgl. KK-Boujong Rn. 7). Fehlt es daran, so ist der Antrag entspr. § 204 durch Beschluss zu verwerfen. Eine Zulassungsentscheidung entspr. § 203 ergeht hingegen nicht (BGH 17, 28, 30 = NJW 1962, 500).

Für den **Antragsinhalt** gilt **Abs. 2** iVm § 200. Der Gegenstand der Maßnahme 5 muss genau bezeichnet werden; die tatsächlichen und rechtlichen Grundlagen der erstrebten Anordnung sind entspr. dem **Anklagesatz** darzustellen; das **wesentliche** Ermittlungsergebnis ist mitzuteilen.

Auch im selbstständigen Verfahren gelten die Vorschriften über die **Beteiligung** 6 **(Abs. 3** iVm § 431); schon im Vorverfahren ist § 432 anzuwenden. Die Beteiligungsanordnung (§ 431 Abs. 1 S. 1) kann erst nach Eingang des Antrags beim zuständigen Gericht ergehen; die Befugnisse nach § 433 erlangt der Beteiligte mit der Anordnung. Will das Gericht im **Beschlussverfahren** entscheiden (§ 441 Abs. 2), so ist dem Beteiligten die Antragsfrist mitzuteilen; über sein Recht aus § 441 Abs. 3 wird er belehrt (vgl. KK-Boujong Rn. 10).

Zur **Zuständigkeit** für die Entscheidung vgl. § 441 Abs. 1. Ist der Antrag 7 unzulässig oder sachlich nicht begründet, so wird er verworfen. Fehlt es an einer Verfahrensvoraussetzung, so ist das Verfahren einzustellen. Bei Begründetheit wird die beantragte Nebenfolge oder eine mildere Maßnahme (§ 74b Abs. 2 u. 3 StGB) angeordnet oder ein Ausspruch über die Entschädigung getroffen (§ 436 Abs. 3 S. 1 u. 2). Die Entscheidung ergeht durch **Beschluss** (§ 441 Abs. 2) oder **Urteil** (§ 441 Abs. 3). Im Entscheidungstenor muss der von der Maßnahme betroffene Gegenstand **genau bezeichnet** werden, um eine Vollstreckung zu ermöglichen (BGH 9, 88, 89 = NJW 1956, 799); bei chemischen Substanzen (Btm) ist die Menge genau anzugeben (BGH NStZ 1989, 472; 1992, 226; 1994, 175). Bei der **Einziehung einer Schrift** muss in den Gründen der Entscheidung ihr wesentlicher Kern dargestellt werden (BGH 17, 388, 390 = NJW 1962, 1925). Eine Bezugnahme auf die Antragsschrift ist unzulässig (BGH StV 1981, 396). Die Entscheidung ergeht mit **einfacher Mehrheit** (§ 196 GVG); § 263 gilt nicht. Die gesamten **Verfahrenskosten** trägt der Nebenbeteiligte in keinem Fall; bei Anordnung der Maßnahme gilt aber § 472b Abs. 1. Wird der Antrag zurückgewiesen, so gilt für die **notwendigen Auslagen** des Beteiligten § 472b Abs. 2 (vgl. KK-Boujong Rn. 14).

Eine Entscheidung ergeht nur insoweit, wie eine Nebenfolge beantragt ist. Ein 8 erneuter Antrag nach **Abs. 1** ist, soweit er nicht denselben Inhalt hat, zulässig (Meyer-Goßner Rn. 18; KK-Boujong § 441 Rn. 13). Zur **Anfechtung** vgl. § 441 Abs. 2 u. 3. Ein **Nachverfahren** (Abs. 3 iVm § 439) ist nach rechtskräftigem Verfahrensabschluss zulässig.

Ein **Übergang** vom objektiven zum subjektiven Verfahren ist ausgeschlossen 9 (Meyer-Goßner Rn. 19); **umgekehrt** ist ein Übergang zulässig, wenn der Durchführung des Strafverfahrens ein endgültiges Verfahrenshindernis entgegensteht, das nicht zugleich die Nebenfolge betrifft (BGH 37, 55, 68 f. = NJW 1990, 3026; i. E. str.; vgl. KK-Boujong Rn. 15 mwN). Die selbstständige Anordnung der Einziehung oder Unbrauchbarmachung kann, wenn diese Maßnahmen Sicherungscharakter haben, auch im weiter anhängigen Strafverfahren ergehen, wenn der Angeklagte freigesprochen oder das Verfahren wegen eines Verfahrenshindernisses eingestellt worden ist (BGH 6, 62 = NJW 1954, 1129; 21, 367, 370 = NJW 1968, 900). Die nach **Einstellung** des Steuerstrafverfahrens angeordnete selbstständige **Einziehung** unversteuerter Waren verstößt weder gegen die **Unschuldsvermutung** noch gegen die **Eigentumsgarantie** (Brandenb. VerfG NJW 1997, 451; s. auch Rn. 1).

10 Im **Bußgeldverfahren** kann die Entscheidung des Gerichts über die Einziehung eines Gegenstandes nur angefochten werden, wenn dessen Wert 200,– DM übersteigt (Boujong Rn. 14). „Im selbstständigen Verfahren der Einziehung ist gemäß §§ 87, 46 Abs. 1 OWiG, §§ 440, 441 Abs. 2 StPO gegen den Beschluss des AG das **Rechtsmittel** der sofortigen Beschwerde zum LG gegeben" (BGH 39, 164 = NJW 1993, 1808). Hat das AG (ausnahmsweise) die Einziehung auf Grund einer Hauptverhandlung durch **Urteil** angeordnet, so kann diese Entscheidung allein mit der **Rechtsbeschwerde** angefochten werden (OLG Düsseldorf NJW 1996, 2944). Im selbstständigen Einziehungsverfahren muss der Verfahrensbeteiligte sich das **Verschulden des Vertreters,** das zur Versäumung der Frist zur Einlegung der sofortigen Beschwerde geführt hat, wie eigenes zurechnen lassen (OLG Düsseldorf NStZ-RR 2001, 335).

§ 441 [Zuständigkeit im Nachverfahren und im objektiven Verfahren]
RiStBV 180

(1) ¹**Die Entscheidung über die Einziehung im Nachverfahren (§ 439) trifft das Gericht des ersten Rechtszuges, die Entscheidung über die selbständige Einziehung (§ 440) das Gericht, das im Falle der Strafverfolgung einer bestimmten Person zuständig wäre.** ²**Für die Entscheidung über die selbständige Einziehung ist örtlich zuständig auch das Gericht, in dessen Bezirk der Gegenstand sichergestellt worden ist.**

(2) **Das Gericht entscheidet durch Beschluß, gegen den sofortige Beschwerde zulässig ist.**

(3) ¹**Über einen zulässigen Antrag wird jedoch auf Grund mündlicher Verhandlung durch Urteil entschieden, wenn die Staatsanwaltschaft oder sonst ein Beteiligter es beantragt oder das Gericht es anordnet; die Vorschriften über die Hauptverhandlung gelten entsprechend.** ²**Wer gegen das Urteil eine zulässige Berufung eingelegt hat, kann gegen das Berufungsurteil nicht mehr Revision einlegen.**

(4) **Ist durch Urteil entschieden, so gilt § 437 Abs. 4 entsprechend.**

1 Die Vorschrift enthält gemeinsame Regelungen für das **Nachverfahren** (§ 439) und das **objektive** Verfahren (§ 440).

2 **Zuständig (Abs. 1)** für das **Nachverfahren** ist das erstinstanzliche Gericht; das gilt auch bei Aufhebung und Zurückverweisung nach § 354 Abs. 2. Im **objektiven Verfahren** kommt es, wenn mehrere Straftaten Grundlage der Maßnahme sein könnten, darauf an, auf welche von ihnen die StA nach ihrem Ermessen den Antrag stützt (OLG Celle MDR 1966, 1135). Im Fall des § 440 gilt neben §§ 7 ff. die Sonderregelung des Abs. 1 S. 2 für die **örtliche Zuständigkeit.**

3 Die Entscheidung ergeht grds. durch **Beschluss (Abs. 2).** StA und Nebenbeteilige sind anzuhören; bei Antragstellung durch den **Privatkläger** bedarf es der Anhörung der StA nicht (vgl. § 377 Abs. 1). Das Gericht kann nach seinem Ermessen im Freibeweisverfahren **Ermittlungen** anstellen. Der Beschluss ist zu be-

Verf. b. Einziehungen u. Vermögensbeschlagnahmen §§ 442, 443

gründen (§ 34) und mit Rechtsmittelbelehrung (§ 35a) **zuzustellen**. Er ist mit **sofortiger Beschwerde** anfechtbar.

Eine Entscheidung durch **Urteil (Abs. 3)** auf Grund mündlicher Hauptverhand- 4 lung ergeht auf **Antrag** oder bei entsprechender Anordnung des Gerichts; diese ist durch unanfechtbaren (§ 305 S. 1) Beschluss zu treffen. Der Antrag bedarf keiner Form; er kann bis zur Entscheidung im Beschlussverfahren gestellt werden (KK-Boujong Rn. 8). War mündliche Verhandlung nicht beantragt, so kann das Gericht nachträglich zum Beschlussverfahren übergehen (LR-Gössel Rn. 11). Für die mündliche Verhandlung gelten die Vorschriften über die **Hauptverhandlung** entspr. (Abs. 3 S. 1, 1. HS). Analog § 243 Abs. 3 S. 1 wird die Antragsschrift verlesen. Für die **Beweisaufnahme** sind § 431 Abs. 2, 436 Abs. 2, 439 Abs. 3 zu beachten. Der Angeklagte des rechtskräftig abgeschlossenen Strafverfahrens kann im Nachverfahren **Zeuge** sein (vgl. KK-Boujong Rn. 9 mwN).

Die **Anfechtung des Urteils** ist nach **Abs. 3 S. 2** entsprechend § 55 Abs. 2 S. 1 5 JGG eingeschränkt; es steht nur ein Rechtsmittel zur Verfügung. Wird das Urteil nur wegen der **Höhe der Entschädigung** angefochten, so gilt § 437 Abs. 4 entspr. (Abs. 4; vgl. § 437 Rn. 7).

§ 442 [Verfall; Vernichtung; Unbrauchbarmachung]

(1) **Verfall, Vernichtung, Unbrauchbarmachung und Beseitigung eines gesetzwidrigen Zustandes stehen im Sinne der §§ 430 bis 441 der Einziehung gleich.**

(2) ¹**Richtet sich der Verfall nach § 73 Abs. 3 oder § 73a des Strafgesetzbuches gegen einen anderen als den Angeschuldigten, so ordnet das Gericht an, daß der andere an dem Verfahren beteiligt wird.** ²**Er kann seine Einwendungen gegen die Anordnung des Verfalls im Nachverfahren geltend machen, wenn er ohne sein Verschulden weder im Verfahren des ersten Rechtszuges noch im Berufungsverfahren imstande war, die Rechte des Verfahrensbeteiligten wahrzunehmen.** ³**Wird unter diesen Voraussetzungen ein Nachverfahren beantragt, so sollen bis zu dessen Abschluß Vollstreckungsmaßnahmen gegen den Antragsteller unterbleiben.**

Abs. 1 erstreckt die Verfahrensvorschriften der §§ 430–441, die ausdrücklich nur 1 die Einziehung betreffen, auf die genannten sonstigen Nebenfolgen.

Abs. 2 bestimmt, wer **Verfallsbeteiligter** ist, und regelt seine Beteiligung abweichend 2 von §§ 431 ff., soweit es um Anordnungen nach §§ 73 Abs. 3, 73a StGB gilt. Im Übrigen (§§ 73 Abs. 4, 74a StGB) gelten die §§ 431 ff. unmittelbar. Die Anordnung der Verfahrensbeteiligung eines Dritten, gegen den sich der Verfall richtet, ist **zwingend** vorgeschrieben und nicht von einem Antrag der StA abhängig. Im Berufungsverfahren hat dies von Amts wegen noch bis zur Beendigung der Schlussvorträge zu geschehen (OLG Düsseldorf wistra 1999, 477). Die **Revision** kann wirksam auf die Anordnung des (erweiterten) Verfalls beschränkt werden (BGH NStZ-RR 1997, 270).

§ 443 [Vermögensbeschlagnahme]

(1) ¹**Das im Geltungsbereich dieses Gesetzes befindliche Vermögen oder einzelne Vermögensgegenstände eines Beschuldigten, gegen den wegen einer Straftat nach**

1. **den §§ 81 bis 83 Abs. 1, den §§ 94 oder 96 Abs. 1, den §§ 97a oder 100, den §§ 129 oder 129a, auch in Verbindung mit § 129b Abs. 1, des Strafgesetzbuches,**

§ 444

2. einer in § 330 Abs. 1 Satz 1 des Strafgesetzbuches in Bezug genommenen Vorschrift unter der Voraussetzung, daß der Beschuldigte verdächtig ist, vorsätzlich Leib oder Leben eines anderen oder fremde Sachen von bedeutendem Wert gefährdet zu haben, oder unter einer der in § 330 Abs. 1 Satz 2 Nr. 1 bis 3 des Strafgesetzbuches genannten Voraussetzungen oder nach § 330 Abs. 2, § 330 a Abs. 1, 2 des Strafgesetzbuches,
3. §§ 51, 52 Abs. 1, 2 Buchstabe c und d, Abs. 5, 6 des Waffengesetzes, § 34 Abs. 1 bis 6 des Außenwirtschaftsgesetzes oder nach § 19 Abs. 1 bis 3, § 20 Abs. 1 oder 2, jeweils auch in Verbindung mit § 21, oder § 22 a Abs. 1 bis 3 des Gesetzes über die Kontrolle von Kriegswaffen oder
4. einer in § 29 Abs. 3 Satz 2 Nr. 1 des Betäubungsmittelgesetzes in Bezug genommenen Vorschrift unter den dort genannten Voraussetzungen oder einer Straftat nach den §§ 29 a, 30 Abs. 1 Nr. 1, 2, 4, § 30 a oder § 30 b des Betäubungsmittelgesetzes

die öffentliche Klage erhoben oder Haftbefehl erlassen worden ist, können mit Beschlag belegt werden. ²Die Beschlagnahme umfaßt auch das Vermögen, das dem Beschuldigten später zufällt. ³Die Beschlagnahme ist spätestens nach Beendigung der Hauptverhandlung des ersten Rechtszuges aufzuheben.

(2) ¹Die Beschlagnahme wird durch den Richter angeordnet. ²Bei Gefahr im Verzug kann die Staatsanwaltschaft die Beschlagnahme vorläufig anordnen; die vorläufige Anordnung tritt außer Kraft, wenn sie nicht binnen drei Tagen vom Richter bestätigt wird.

(3) **Die Vorschriften der §§ 291 bis 293 gelten entsprechend.**

1   Die Vorschrift gehört **systematisch** eher in das Ermittlungsverfahren (vgl. §§ 111 b, 111 c, 111 n, 111 p). Der **Katalog** der Straftaten, bei denen eine Vermögensbeschlagnahme in Betracht kommt, ist durch das OrgKG vom 15. 7. 1992 (BGBl. I S. 1302) und bezüglich **Abs. 1 S. 1 Nr. 2** durch das 31. StrÄndG v. 27. 6. 1994 (BGBl. I S. 1440) erweitert worden. Der Anwendungsbereich des § 443 überschneidet sich mit dem des § 111 p (vgl. KK-Boujong Rn. 2); liegen die Voraussetzungen beider Vorschriften vor, so kann die Anordnung wahlweise auf eine von ihnen gestützt werden. Bei Aufhebung einer Beschlagnahme nach **Abs. 1 S. 3** kann zugleich, wenn im ersten Rechtszug eine Vermögensstrafe verhängt wurde, eine Beschlagnahme nach § 111 p erfolgen (Rieß NJ 1992, 497).

2   Die **Zuständigkeitsregelung (Abs. 2)** entspricht § 111 p iVm § 111 o Abs. 3; die Frist für die richterliche Bestätigung ist auf 3 Tage verkürzt. Die **Prüfung** durch den Richter erstreckt sich nicht auf die Beurteilung der StA, es sei Gefahr im Verzug (KK-Boujong Rn. 3).

3   Für die **Wirkungen** der Beschlagnahme gilt Abs. 3 iVm §§ 291–293. Die Beschlagnahme ist dem Beschuldigten grds. bekanntzumachen (vgl. Meyer-Goßner Rn. 3). Vorgeschrieben ist die **Veröffentlichung** im BAnz. nach § 292, mit der die dort bezeichnete Wirkung eintritt (absolutes Veräußerungsverbot iSd § 134 BGB). Die Entscheidung ist mit **einfacher** Beschwerde anfechtbar.

Vierter Abschnitt. Verfahren bei Festsetzung von Geldbuße gegen juristische Personen und Personenvereinigungen

§ 444

(1) ¹Ist im Strafverfahren über die Festsetzung einer Geldbuße gegen eine juristische Person oder eine Personenvereinigung zu entscheiden (§ 30 des Gesetzes über Ordnungswidrigkeiten), so ordnet das Gericht deren Beteili-

Verfahren bei Festsetzung von Geldbuße gegen JP u. a. **§ 444**

gung an dem Verfahren an, soweit es die Tat betrifft. ²§ 431 Abs. 4, 5 gilt entsprechend.

(2) ¹Die juristische Person oder die Personenvereinigung wird zur Hauptverhandlung geladen; bleibt ihr Vertreter ohne genügende Entschuldigung aus, so kann ohne sie verhandelt werden. ²Für ihre Verfahrensbeteiligung gelten im übrigen die §§ 432 bis 434, 435 Abs. 2 und 3 Nr. 1, § 436 Abs. 2 und 4, § 437 Abs. 1 bis 3, § 438 Abs. 1 und, soweit nur über ihren Einspruch zu entscheiden ist, § 441 Abs. 2 und 3 sinngemäß.

(3) ¹Für das selbständige Verfahren gelten die §§ 440 und 441 Abs. 1 bis 3 sinngemäß. ²Örtlich zuständig ist auch das Gericht, in dessen Bezirk die juristische Person oder die Personenvereinigung ihren Sitz oder eine Zweigniederlassung hat.

Die Vorschrift ist im Zusammenhang mit § 30 OWiG zu lesen. Die Entscheidung **1** über eine gegen eine juristische Person **(JP)** oder Personenvereinigung **(PV)** zu verhängende Geldbuße ergeht grds. **einheitlich** mit der Entscheidung über die von der natürlichen Person verübte Tat im **Strafverfahren;** ausnahmsweise wird ein selbständiges Verfahren gegen die JP oder PV durchgeführt. Diese hat im Verfahren die Stellung eines **Nebenbeteiligten.**

Schon im **Vorverfahren** ist zu prüfen, ob die Voraussetzungen des § 30 Abs. 1 **2** OWiG vorliegen; die JP oder PV wird dann **gehört** (Abs. 2 S. 2 iVm § 432 Abs. 1 S. 1); die Vertretungsberechtigten sind nach Maßgabe des § 432 Abs. 2 zu **vernehmen.** Die **Anklage** oder der **Strafbefehlsantrag** richten sich gegen die natürliche Person; wird die Festsetzung einer Geldbuße angestrebt, so ist die JP oder PV als Nebenbeteiligte aufzuführen und die Beteiligungsanordnung zu beantragen. Die Frage der Geldbußenfestsetzung kann nach § 154 a oder § 430 **ausgeschieden** werden (Meyer-Goßner Rn. 5; KK-Boujong Rn. 6).

Die **Anordnung der Verfahrensbeteiligung (Abs. 1)** entspricht weitgehend **3** § 431 Abs. 1. Zulässig ist sie erst nach Anklageerhebung oder Eingang des Strafbefehlsantrags gegen die natürliche Person. Die Beteiligung wird vAw. oder auf Antrag angeordnet, wenn die Voraussetzungen des § 30 Abs. 1 OWiG wahrscheinlich vorliegen und die Festsetzung einer Geldbuße in Betracht kommt (vgl. KK-Boujong Rn. 2 mwN). Mit der unanfechtbaren (Abs. 1 S. 2 iVm § 431 Abs. 5 S. 1) Anordnung wird die JP oder PV **Verfahrensbeteiligte** des Strafverfahrens. Die **Ablehnung** der Anordnung ist für die StA mit der **sofortigen Beschwerde,** für die JP oder PV nicht anfechtbar (Meyer-Goßner Rn. 10). Sind **mehrere Taten** Gegenstand des Verfahrens, so kann die Beteiligung auf diejenigen **beschränkt** werden, die Grundlage der Geldbußenfestsetzung sind; die Schuldfrage kann wegen § 30 OWiG von der Beteiligung nicht ausgeschlossen werden (Meyer-Goßner Rn. 8; KK-Boujong Rn. 3, 5 mwN). Eine Erklärung, keine Einwendungen gegen eine etwaige Geldbuße vorbringen zu wollen (§ 431 Abs. 6), hindert die Beteiligung nicht.

Die **Wirkung der Beteiligungsanordnung** bestimmt sich nach § 433; für die **4** **Verfahrensbeteiligung** gilt Abs. 2. Die JP oder PV wird durch ihr Vertretungsorgan vertreten. Der Vertreter wird nach § 432 gehört und übt die Befugnisse nach § 433 Abs. 1 aus. Die Wahl oder Bestellung eines **Vertreters** nach § 434 ist möglich; in diesem Fall gilt § 145 a entspr. **Vernommen** nach § 432 Abs. 2 werden die vertretungsberechtigten Personen; sie können nicht Zeugen sein. Andere Angehörige der JP oder PV können als Zeugen vernommen werden (KK-Boujong Rn. 7 mwN).

Zur **Hauptverhandlung** wird die JP oder PV **geladen (Abs. 2 S. 1, 1. HS); 5** bei **Ausbleiben** des Vertreters gilt **Abs. 2 S. 1, 2. HS.** § 436 Abs. 1 iVm § 235 gilt nicht; Wiedereinsetzung ist daher möglich. Das **Beweisantragsrecht** der JP oder PV ist nach § 436 Abs. 2 eingeschränkt. Im **Urteil** wird die JP oder PV sowie

1011

das vertretungsberechtigte Organ **genau bezeichnet,** um eine Vollstreckung zu ermöglichen (KK-Boujong Rn. 11). War sie bei Urteilsverkündung nicht vertreten, so ist das Urteil zuzustellen (§ 436 Abs. 4). Für die **Kosten der Beteiligung** gilt § 472 b. Die **Vollstreckung** der im Strafverfahren festgesetzten Geldbuße erfolgt nach §§ 89, 91 ff., 99 OWiG.

6   Für die **Anfechtung des Urteils** gilt § 437 Abs. 1–3 entspr. (**Abs. 2 S. 2;** vgl. i. E. § 437 Rn. 3 ff. und KK-Boujong Rn. 8 mwN). Bei Festsetzung einer Geldbuße durch **Strafbefehl** kann die JP oder PV Einspruch einlegen (§ 438 Abs. 1 S. 1); § 441 Abs. 2 u. 3 gilt entspr. Ein **Nachverfahren** (§ 439) kommt nicht in Betracht, weil die Festsetzung einer Geldbuße gegen eine JP oder PV stets deren Beteiligung voraussetzt.

7   Im **selbstständigen Verfahren** (§ 440) kann eine Geldbuße gleichfalls festgesetzt werden (**Abs. 3).** Zur Antragsbefugnis der **Finanzbehörde** vgl. § 406 Abs. 2 AO. Die materiellrechtlichen Voraussetzungen regelt § 30 Abs. 4 OWiG. Für das Verfahren gelten die §§ 440, 441 Abs. 1–3 entspr.; Abs. 3 S. 2 bestimmt einen weiteren **Gerichtsstand.** Nach Abs. 3 S. 1 iVm § 440 Abs. 2 S. 2 ist stets eine **bestimmte Geldbuße** zu beantragen. § 437 Abs. 4 findet bei der Anfechtung der Geldbußenhöhe keine Anwendung. Ein **Übergang** vom Strafverfahren in das selbstständige Verfahren ist zulässig, wenn die Nebenbeteiligung der JP oder PV angeordnet war und diese auf die Möglichkeit der selbstständigen Anordnung hingewiesen wird (KK-Boujong Rn. 16 mwN). Im **Bußgeldverfahren** gilt § 444 entspr. (§§ 46 Abs. 1, 88 OWiG), wenn als Nebenfolge der Ordnungswidrigkeit einer natürlichen Person eine Geldbuße gemäß § 30 OWiG gegen die JP oder PV festgesetzt werden soll (s. OLG Dresden NStZ 1997, 348). Ergänzende Regelungen enthält § 88 OWiG (KK-Boujong Rn. 19).

§§ 445–448 *(weggefallen)*

# Siebentes Buch.
Strafvollstreckung und Kosten des Verfahrens

Erster Abschnitt. Strafvollstreckung

Vorbemerkungen

Die Strafvollstreckung **ieS** umfasst alle Maßnahmen und Anordnungen, die auf **1**
Verwirklichung des Rechtsfolgenausspruchs gerichtet sind. Umfasst sind die
Regelungen über nachträgliche Änderungen (§§ 453–454 b, § 459 a) sowie die
befristete (§§ 455, 455 a, 456, 456 c) oder endgültige Aufhebung (§§ 456 a, 459 d,
459 f) der Entscheidung. **Rechtsgrundlagen** der Vollstreckung sind neben
§§ 449 ff. die StVollstrO, die als Verwaltungsvorschrift das Gericht nicht bindet
(BVerfG 29, 312, 315 = NJW 1970, 2287), sowie bei Geldstrafenvollstreckung die
JBeitrO v. 11. 3. 1937 (BGBl. III 365–1, Schönfelder Nr. 122) und die EBAO v.
25. 11. 1974 (BAnz. Nr. 230). Für **Jugendliche** und nach Jugendrecht verurteilte
Heranwachsende gelten die §§ 82 ff. JGG (vgl. KK-Fischer Rn. 7). Gemäß Art. 5
Abs. 1 EGWStG wird **Strafarrest** an **Soldaten der Bundeswehr** von den Behörden der Bundeswehr vollzogen. Auf Ersuchen der Vollstreckungsbehörde (§ 451)
werden außerdem **Freiheitsstrafen** von nicht mehr als sechs Monaten Dauer,
Ersatzfreiheitsstrafen sowie **Jugendarrest** gegen Soldaten der Bundeswehr von
deren Behörden – wie Strafarrest – vollzogen (Art. 5 Abs. 2 EGWStG). Soweit
nicht § 5 BwVollzO etwas anderes bestimmt, gilt die StVollstrO (KK-Fischer vor
§ 449 Rn. 8). Zur Strafverwirklichung und damit zur Strafvollstreckung **iwS** gehört
der **Strafvollzug,** dessen Durchführung insb. im StVollzG sowie in §§ 90 ff. JGG
geregelt ist (vgl. i. E. KK-Fischer Rn. 7 ff.).

Die Strafvollstreckung ieS ist nur **erforderlich,** wenn die Wirksamkeit der **2**
verhängten Rechtsfolge sich nicht schon unmittelbar aus der Rechtskraft der Entscheidung ergibt; in diesen Fällen (§§ 44 Abs. 3, 45 iVm 45 a Abs. 1, 69 Abs. 3
S. 1, 70 Abs. 4 S. 1, 73 e Abs. 1, 74 e Abs. 1 StGB) regeln die §§ 449 ff. nur die
zusätzlichen Maßnahmen zur Verwirklichung oder Abänderung.

Rechtshilfe. Wegen der Rechtshilfe bei der Vollstreckung von Freiheitsstrafen **3**
im Inland vgl. §§ 162, 163 GVG. Aufgrund einer Ländervereinbarung v. 8. 6.
1999 sind die Vollstreckungsbehörden befugt, Verurteilte unmittelbar zum Strafantritt in die zuständige JVA eines anderen Landes zu laden. Wegen einer Strafe, die
ein Gericht im Bundesgebiet gegen einen Ausländer oder gegen einen Deutschen
verhängt hat, kann ein **ausländischer Staat** um Vollstreckung ersucht werden,
wenn der Verurteilte sich in dem ausländischen Staat aufhält und nicht ausgeliefert
wird, § 71 IRG (vgl. auch Art. 2 des Zusatzprotokolls v. 18. 12. 1997 zu dem
Übereinkommen über die Überstellung verurteilter Personen (abgedr. in BR-Drs.
221/02). Für die Vollstreckung **ausländischer Urteile** im Inland im Wege der
Rechtshilfe gelten die §§ 48 ff. IRG, das ÜberstellungsÜbk v. 21. 3. 1983
(BGBl. 1991 II S. 1006; 1992 II S. 98; ÜberstellungsausführungsG v. 26. 9. 1991,
BGBl. I S. 1954) sowie das Schengener DurchführungsÜbk. v. 19. 6. 1990
(BGBl. 1993 II S. 1013, 1045 ff.); vgl. dazu das von Deutschland gezeichnete, aber
noch nicht ratifizierte Zusatzprotokoll v. 18. 12. 1997 zum Überstellungs-Übk.
(hierzu Entwurf eines Ausführungsgesetzes, BR-Drs. 220/02) sowie das EG-VollstrÜbk. v. 13. 11. 1991 (BGBl. 1997 II S. 1351); dazu auch Schomburg NJW 1996,
3329 und NStZ 1998, 142 (KK-Fischer vor § 449 Rn. 16).. Zur Vollstreckung von

§ 449

Entscheidungen von Gerichten der **ehemaligen DDR** vgl. EV Art. 18 Abs. 1, Anh. I Kap. III SG A Abschn. III Nr. 14 (vgl. dazu Kemper/Lehner NJW 1991, 330), zum **Bußgeldverfahren** § 91 OWiG, zur **Erzwingungshaft** § 97 OWiG.

4   **Zuständig** für Entscheidungen im Vollstreckungsverfahren ist die StA als Vollstreckungsbehörde (§ 451 Abs. 1); die Geschäfte sind grds. dem **Rechtspfleger** übertragen (§ 31 Abs. 2 S. 1 RPflG iVm § 1 der BegrenzungsVO). Gegen seine Anordnungen kann die Entscheidung des **StA** beantragt werden (§ 31 Abs. 6 S. 1 RPflG); gegen dessen Entscheidung sind die Rechtsbehelfe nach §§ 458, 459 h, 461 Abs. 2 gegeben. Daneben kommt ein Antrag nach §§ 23 ff. EGGVG in Betracht (vgl. die Erläuterungen zu den einzelnen Vorschriften).

§ 449 [Vollstreckbarkeit]

Strafurteile sind nicht vollstreckbar, bevor sie rechtskräftig geworden sind.

1   Vor dem Eintritt **formeller Rechtskraft** dürfen Strafurteile nicht vollstreckt werden; im OWi-Verfahren gilt § 89 OWiG; eine **vorläufige Vollstreckbarkeit** gibt es nur im Ausnahmefall einer rechtzeitig eingelegten, aber nicht form- und fristgerecht begründeten Revision in der Zeitspanne zwischen dem Verwerfungsbeschluss nach § 346 Abs. 1 und dem Beschluss des Rechtsmittelgerichts nach § 346 Abs. 2 (str.; vgl. Meyer-Goßner § 346 Rn. 5, 15; KK-Fischer Rn. 8 f. mwN). Eine Pflicht zur Vollstreckung ist nicht ausdrücklich ausgesprochen; sie erschien dem Gesetzgeber im Zeichen des **Legalitätsprinzips** (§ 152) selbstverständlich (LR-Wendisch Rn. 6).

2   Dem **Strafurteil gleich** stehen alle vollstreckungsfähigen Erkenntnisse, die an die Stelle von Urteilen treten, also Strafbefehle, Gesamtstrafenbeschlüsse (§ 460), Beschlüsse, die die Vollstreckbarkeit eines Erkenntnisses herstellen (insb. §§ 56 f, 56 Abs. 2, 57 Abs. 3, 59 b 67 g Abs. 1–3 StGB), sowie Beschlussentscheidungen über Nebenfolgen (§§ 437 Abs. 4, 438 Abs. 2, 441 Abs. 2, 442, 444 Abs. 2 u. 3).

3   **Formelle Rechtskraft** tritt ein, wenn eine Entscheidung mit Rechtsmitteln nicht mehr angefochten werden kann. Dabei kommt es auf die **absolute Rechtskraft** gegenüber allen Rechtsmittelberechtigten an (Meyer-Goßner Rn. 5). **Unanfechtbare** Entscheidungen, insb. solche des Revisionsgericht, werden mit ihrem **Erlass** rechtskräftig. Wird eine Entscheidung nicht fristgerecht angefochten, so tritt Rechtskraft mit **Fristablauf** ein (vgl. BGH 22, 219 = NJW 1968, 2018), bei allseitigem **Rechtsmittelverzicht** mit dem Zeitpunkt der Wirksamkeit der (letzten) Erklärung; das gilt entsprechend bei **Rechtsmittelrücknahme**.

4   **Teilrechtskraft** und damit **Teilvollstreckbarkeit** kann eintreten, wenn Rechtskraft nur hinsichtlich eines Teils der Urteilsformel eintritt; sie ist möglich als **vertikale** (bei mehreren Angeklagten oder einer Mehrzahl von Taten) oder **horizontale** (bei mehreren für einzelner Teile der Entscheidung wegen einer Tat) Teilrechtskraft möglich. Vertikale Teilrechtskraft tritt bei Anfechtung nur durch einen von mehreren Angeklagten **trotz § 357** ein; im Fall des § 357 entfällt sie rückwirkend (vgl. i. E. KK-Fischer Rn. 12 f.). Ist nur **eine von mehreren Einzelstrafen** gegen einen Angeklagten rechtskräftig, so können diese vollstreckt werden, jedoch insgesamt allenfalls bis zur Höhe der **geringst möglichen** späteren Gesamtstrafe (i. E. str.; vgl. Meyer-Goßner Rn. 11; KK-Fischer Rn. 14 ff.; LR-Wendisch Rn. 26 ff.; jeweils mwN). Besteht die Möglichkeit, dass die neu zu bildende Gesamtstrafe zur Bewährung ausgesetzt wird, so dürfen die rechtskräftigen Einzelstrafen nicht vollstreckt werden. Ist bei **horizontaler Teilrechtskraft** das Urteil wegen einer Tat im Rechtsfolgenausspruch nur teilweise angefochten und die Teilanfechtung, zB wegen Nebenfolgen, nach §§ 318, 344 Abs. 1 unzweifelhaft zulässig, so kann die rechtskräftig gewordene Strafe vollstreckt werden (Meyer-Goßner Rn. 12).

Teilvollstreckung sollte in jedem Fall nur bei **unabweisbarem Bedürfnis** von der Vollstreckungsbehörde (§ 451) angeordnet werden, der hierbei trotz der grds. bestehenden **Vollstreckungspflicht** (vgl. KK-Fischer Rn. 1) ein Ermessensspielraum eingeräumt ist.

Eine gesetzlich normierte **Ausnahme von** § 449 stellt die Teilvollstreckung nach 5 § 56 Abs. 1 JGG dar, die im Interesse der Erziehungswirkung der Jugendstrafe vollstreckungsrechtliche Konsequenzen aus dem Prinzip der **Einheitsstrafe** zieht.

Bei **nachträglicher Gesamtstrafenbildung** (§ 55 StGB, § 460) bleiben die 6 rechtskräftig festgesetzten Einzelstrafen bis zur Rechtskraft der Gesamtstrafenentscheidung vollstreckbar (BGH NJW 1956, 110; OLG Frankfurt NJW 1956, 1932).

Vollstreckungshindernisse machen die Vollstreckung unzulässig; sie sind vAw. 7 zu beachten. Sie können sich ergeben aus dem Eintritt der Vollstreckungsverjährung (§§ 79–79 b StGB), Amnestie, Begnadigung (§ 452), Vollzugsuntauglichkeit (vgl. § 455), Vollstreckungsaufschub (§ 456), Strafaussetzung zur Bewährung (§ 56 StGB) und Strafrestaussetzung (§§ 57, 57 a StGB) bis zur Rechtskraft des Widerrufsbeschlusses, aus der **Immunität** von Abgeordneten (vgl. Art. 46 Abs. 3 GG, § 152 a, § 5 Abs. 2 EuAbgG, RiStBV Nr. 192 b) sowie aus dem **Grundsatz der Spezialität** bei Einlieferung eines Verurteilten aus dem Ausland (vgl. i. E. KK-Fischer Rn. 23 mwN).

§ 450 [Anrechnung von Untersuchungshaft und Führerscheinentziehung]

(1) **Auf die zu vollstreckende Freiheitsstrafe ist unverkürzt die Untersuchungshaft anzurechnen, die der Angeklagte erlitten hat, seit er auf Einlegung eines Rechtsmittels verzichtet oder das eingelegte Rechtsmittel zurückgenommen hat oder seitdem die Einlegungsfrist abgelaufen ist, ohne daß er eine Erklärung abgegeben hat.**

(2) **Hat nach dem Urteil eine Verwahrung, Sicherstellung oder Beschlagnahme des Führerscheins auf Grund des § 111 a Abs. 5 Satz 2 fortgedauert, so ist diese Zeit unverkürzt auf das Fahrverbot (§ 44 des Strafgesetzbuches) anzurechnen.**

Der **Anwendungsbereich des Abs. 1** ist seit Einführung von § 51 Abs. 1 S. 1 1 StGB durch das 2. StrRG eingeschränkt. Die U-Haft wird danach **kraft Gesetzes** auf die Strafe angerechnet, sofern das Gericht nicht nach § 51 Abs. 1 S. 2 StGB anordnet, dass die Anrechnung ganz oder teilweise unterbleibt; eines besonderen Ausspruchs bedarf es nicht (BGH 27, 287, 288 = NJW 1978, 229); auch nicht, wenn die Strafe nach Ansicht des Gerichts durch die angerechnete UHaft erledigt ist (BGH NStZ 1983, 524). In die **Urteilsformel** ist aber die völlige oder teilweise Nichtanrechnungsanordnung nach § 51 Abs. 2 S. 1 oder nach §§ 52, 52a S. 2 JGG (BGH 37, 75 = NJW 1990 2698) aufzunehmen und in den Gründen ist auszuführen, weshalb die Anrechnung unterblieben ist; auch bei **ausländischer Freiheitsentziehung** ist der Umrechnungsmaßstab im Tenor gemäß § 51 Abs. 4 S. 2 StGB anzugeben (BGH NStZ 1984, 214; BGHR JGG § 52 a Anrechnung 3). Wenn auf Freiheits- und Geldstrafe nebeneinander erkannt ist, muss schon im Urteil darüber entschieden werden, auf welche der beiden und in welcher Weise (Reihenfolge) die Freiheitsentziehung anzurechnen ist (BGH 24, 29 = NJW 1971, 290; Meyer-Goßner/Appl Rn. 100). Eine Bestimmung darüber, auf welche von zwei im Urteil verhängten **Gesamtfreiheitsstrafen** die UHaft anzurechnen ist, ist nicht erforderlich; das in Sache der Vollstreckungsbehörde (BGHR Urteilsspruch 3; Meyer-Goßner § 260 Rn. 35; KK-Fischer Rn. 3; vgl. § 260 Rn. 18). Das gilt auch für die Zeit **relativer Rechtskraft,** wenn der **Angeklagte** (oder sein **Verteidiger,** § 297) alles seinerseits dazu erforderliche dazu getan hat, um die Rechtskraft herbeizuführen (vgl. BGH NJW 1955, 1488), also auf Rechtsmittel verzichtet hat oder

§ 450 a   Siebentes Buch. 1. Abschnitt

die Rechtsmittelfrist ungenutzt hat verstreichen lassen; auch der Fall der verspäteten Rechtsmitteleinlegung gehört dazu. Die Anrechnung der U-Haft nach § 51 Abs. 1 S. 1 StGB erfasst daher den gesamten Zeitraum bis zum Eintritt der **absoluten Rechtskraft** (vgl. Meyer-Goßner Rn. 3 ff.; KK-Fischer Rn. 2 ff., jeweils mwN). **Insoweit** hat Abs. 1 keine Bedeutung. Wird jedoch **ausnahmsweise** durch ausdrückliche Entscheidung nach **§ 51 Abs. 1 S. 2** StGB angeordnet, dass die Anrechnung ganz oder teilweise unterbleibt, so greift **in diesem Fall** Abs. 1 zugunsten des Angeklagten für den Zeitraum relativer Rechtskraft ein, weil für den Angeklagten insoweit kein Nachteil aus dem Prozessverhalten anderer Verfahrensbeteiligter erwachsen soll (OLG Frankfurt NJW 1970, 1140). Zur Anrechnung **verfahrensfremder** U-Haft vgl. i. E. BGH 43, 112 = NJW 1997, 2392; KK-Fischer Rn. 2. **Wie ein Rechtsmittel des Angeklagten** zählt für die Anwendung des Abs. 1 das seines Vertreters (§ 298; zur Übernahme nach Volljährigkeit vgl. LG Bamberg NJW 1967, 68), des Erziehungsberechtigten (§ 67 Abs. 3 JGG) und das von der StA zu seinen Gunsten eingelegte Rechtsmittel (§ 296 Abs. 2). Der Einspruch gegen einen Strafbefehl steht dem Rechtsmittel iSd Abs. 1 gleich.

2   **Relative Teilrechtskraft.** Tritt relative Rechtskraft nur hinsichtlich eines abtrennbaren **Urteilsteils** ein, so gilt **Abs. 1** hinsichtlich dieses Teils (BGH NJW 1955, 1488). Ist in diesem Fall eine nicht angefochtene Einzelstrafe zu vollstrecken, so wird die U-Haft bis zu deren voller Höhe angerechnet (BGH MDR 1956, 528; **aA** LR-Wendisch Rn. 14; vgl. KK-Fischer Rn. 5 mwN). Für die **Strafzeitberechnung** bei Anrechnung gilt § 39 Abs. 4 StVollstrO.

3   **Umstritten** ist die Bedeutung der **absoluten Rechtskraft** für die U-Haft (vgl. dazu Seebode StV 1988, 119); hierbei geht es um **Rechtsgrundlage** und **Ausgestaltung** des Freiheitsentzugs zwischen Eintritt der absoluten Rechtskraft und Einleitung der Vollstreckung (vgl. § 451 Abs. 1) und damit um die Frage der **Zuständigkeit** für Haftentscheidungen. Nach einer Ansicht wandelt sich die U-Haft mit Rechtskraft **automatisch** in Strafhaft um (BGH 38, 63 = NJW 1991, 2779; OLG Stuttgart NJW 1979, 884; Meyer-Goßner § 120 Rn. 15; KK-Boujong § 120 Rn. 22). Nach **anderer Ansicht** liegt eine spezifische **Vollstreckungshaft** vor, während derer der Verurteilte einem nach § 457 Verhafteten gleichgestellt ist (OLG Düsseldorf StV 1988, 110). **Zutreffend** erscheint dagegen die Ansicht, die U-Haft dauere bis zur förmlichen Einleitung der Strafvollstreckung an (OLG Frankfurt MDR 1979, 75). Hierfür spricht schon der Wortlaut des § 451 Abs. 1; UVollzO Nr. 91 Abs. 1 steht dem nicht entgegen (vgl. i. E. KK-Fischer Rn. 10 ff. mwN).

4   Im **Verfahren gegen Jugendliche und Heranwachsende** gilt gem. § 2 JGG die Anrechnungsvorschrift des Abs. 1 gleichfalls (OLG München NJW 1971, 2275). Die beiden in § 52 a Abs. 1 S. 2 JGG genannten Nichtanrechnungsgründe dürfen nicht vermengt werden (BGH NStZ 1990, 540). Bei einstweiliger Unterbringung in einem Erziehungsheim (§§ 71 Abs. 2, 72 Abs. 3 JGG) gilt Abs. 1 entspr. Zur Vollstreckung von **Jugendarrest** vgl. § 87 Abs. 2 JGG.

5   Ist ein **Fahrverbot (Abs. 2)** nach § 44 StGB noch nicht rechtskräftig, so kann die Rückgabe des Führerscheins nach § 111 a Abs. 5 S. 2 aufgeschoben werden, wenn der Angeklagte nicht widerspricht. Diese Zeit des freiwilligen Verzichts ist nach Rechtskraft des Urteils auf das Fahrverbot anzurechnen (vgl. auch § 463 b, §§ 59 a, 87 Abs. 2 a StVollstrO).

§ 450 a [Anrechnung von Auslieferungshaft]

(1) ¹**Auf die zu vollstreckende Freiheitsstrafe ist auch die im Ausland erlittene Freiheitsentziehung anzurechnen, die der Verurteilte in einem Auslieferungsverfahren zum Zwecke der Strafvollstreckung erlitten hat.** ²**Dies**

Strafvollstreckung **§ 451**

gilt auch dann, wenn der Verurteilte zugleich zum Zwecke der Strafverfolgung ausgeliefert worden ist.

(2) Bei Auslieferung zum Zwecke der Vollstreckung mehrerer Strafen ist die im Ausland erlittene Freiheitsentziehung auf die höchste Strafe, bei Strafen gleicher Höhe auf die Strafe anzurechnen, die nach der Einlieferung des Verurteilten zuerst vollstreckt wird.

(3) ¹Das Gericht kann auf Antrag der Staatsanwaltschaft anordnen, daß die Anrechnung ganz oder zum Teil unterbleibt, wenn sie im Hinblick auf das Verhalten des Verurteilten nach dem Erlaß des Urteils, in dem die dem Urteil zugrunde liegenden tatsächlichen Feststellungen letztmalig geprüft werden konnten, nicht gerechtfertigt ist. ²Trifft das Gericht eine solche Anordnung, so wird die im Ausland erlittene Freiheitsentziehung, soweit ihre Dauer die Strafe nicht überschreitet, auch in einem anderen Verfahren auf die Strafe nicht angerechnet.

Die Vorschrift stellt den im Inland Verurteilten, der im Ausland ergriffen und **zur** 1 **Strafvollstreckung** eingeliefert wird, hinsichtlich der Anrechnung demjenigen gleich, der **zur Strafverfolgung** eingeliefert und im Urteil nach § 51 Abs. 1 StGB zu behandeln ist; sie ergänzt § 51 Abs. 3 S. 2 StGB (BVerfG 29, 312 = NJW 1970, 2287). Die Anrechnung erfolgt im Rahmen der **Strafzeitberechnung** durch die Vollstreckungsbehörde (OLG Düsseldorf MDR 1989, 90), die auch die **Umrechnung** entspr. § 51 Abs. 4 S. 2 StGB vorzunehmen hat (OLG Frankfurt StV 1988, 20).

Angerechnet wird nur die Haft in **einem Auslieferungsverfahren (Abs. 1** 2 **S. 1).** Der Begriff ist weit auszulegen (vgl. Meyer-Goßner Rn. 2); ob es tatsächlich zur Auslieferung kommt, ist unerheblich. **Abschiebehaft** wird nicht angerechnet (OLG Hamm NJW 1979, 2484). Die **Strafzeit** beginnt mit der Übernahme des Verurteilten durch deutsche Beamte (§ 38 Buchst. b, 2. HS StVollstrO).

Wenn eine Auslieferung zugleich zur Strafvollstreckung und zur Strafverfolgung 3 erfolgt **(Abs. 1 S. 2),** so geht die Anrechnung nach **Abs. 1** derjenigen nach § 51 Abs. 3 StGB vor; eine Doppelanrechnung ist ausgeschlossen (BGH NStZ 1985, 497).

Bei **mehreren** zu vollstreckenden (Rest-)Strafen **(Abs. 2)** erfolgt die Anrech- 4 nung auf die höchste **erkannte** Strafe, nicht auf den höchsten Strafrest. Nichtverbrauchte Teile werden auf die nächsthöhere Strafe angerechnet.

Die **Nichtanrechnung (Abs. 3)** bedarf als **Ausnahme** der ausdrücklichen ge- 5 richtlichen Anordnung; diese setzt stets einen **Antrag** der StA als Strafverfolgungsbehörde voraus. **Zuständig** ist die Strafvollstreckungskammer (§§ 462, 462a). **Voraussetzung** sind **gewichtige Gründe** im Verhalten des Verurteilten nach Erlass des letzten tatrichterlichen Urteils. Dies kann zB bei gewalttätigem Ausbruch aus der Strafanstalt oder Verbringen von Tatbeute ins Ausland der Fall sein (vgl. BGH 33, 307 = NJW 1970, 1752). Die bloße Flucht ins Ausland reicht nicht aus (OLG Karlsruhe MDR 1984, 165), auch nicht die Ausnutzung von Hafturlaub (OLG Koblenz GA 1986, 181; OLG Zweibrücken GA 1983, 280; LR-Wendisch Rn. 17).

§ 451 [Vollstreckungsbehörden]

(1) **Die Strafvollstreckung erfolgt durch die Staatsanwaltschaft als Vollstreckungsbehörde auf Grund einer von dem Urkundsbeamten der Geschäftsstelle zu erteilenden, mit der Bescheinigung der Vollstreckbarkeit versehenen, beglaubigten Abschrift der Urteilsformel.**

(2) **Den Amtsanwälten steht die Strafvollstreckung nur insoweit zu, als die Landesjustizverwaltung sie ihnen übertragen hat.**

§ 451

(3) ¹Die Staatsanwaltschaft, die Vollstreckungsbehörde ist, nimmt auch gegenüber der Strafvollstreckungskammer bei einem anderen Landgericht die staatsanwaltschaftlichen Aufgaben wahr. ²Sie kann ihre Aufgaben der für dieses Gericht zuständigen Staatsanwaltschaft übertragen, wenn dies im Interesse des Verurteilten geboten erscheint und die Staatsanwaltschaft am Ort der Strafvollstreckungskammer zustimmt.

1 **Zuständig für die Strafvollstreckung (Abs. 1)** ist grds. die StA (LR-Wendisch Rn. 5). **Ausnahmen** von diesem Grundsatz sind die Zuständigkeit des **Jugendrichters** im Vollstreckungsverfahren gegen Jugendliche und Heranwachsende (§§ 82 ff., 110 JGG, vgl. vor § 449 Rn. 1) und die von **Bundeswehrbehörden** für die Strafvollstreckung gegen Soldaten (Art. 5 Abs. 1 EGWStG). **Amtsanwaltschaften** können Vollstreckungsbehörde nur in solchen Sachen sein, die zur Zuständigkeit der Amtsgerichte gehören. Eine **Übertragung (Abs. 2)** dieser Aufgabe ist nur im Freistaat Bayern vorgenommen worden (Bek. v. 15. 10. 1968, BayJMBl. S. 103). Das **Gericht** ist mit der Strafvollstreckung regelmäßig nur im Rahmen von Nachtragsentscheidungen sowie zur Klärung von Zweifelsfragen (§§ 458, 462 f.) befasst.

2 Die Geschäfte der Strafvollstreckungsbehörde sind grds. **dem Rechtspfleger übertragen** (§ 31 Abs. 2 S. 1 RPflG); **Ausnahmen** bestimmen §§ 1 u. 2 BegrVO. Prozesshandlungen gegenüber dem Gericht nimmt stets der StA vor. Er kann dem RPfl. **Weisungen** erteilen und entscheidet über **Einwendungen** gegen dessen Maßnahmen (§ 31 Abs. 6 RpflG).

3 **Sachlich zuständig** ist grds. die StA beim LG (§ 4 StVollstrO), die StA beim OLG, wenn das OLG in 1. Instanz entschieden hat und nicht der GBA zuständig ist (Art. 96 Abs. 5 GG, §§ 120, 142 a GVG). Hilfsweise besteht eine **Notzuständigkeit** der StA beim OLG (§ 6 StVollstrO); daneben gilt § 143 Abs. 2 GVG.

4 **Örtlich zuständig** ist die StA des 1. Rechtszugs (§§ 141, 143 Abs. 1 GVG, § 7 StVollstrO). Nach **Zurückverweisung** durch das Revisionsgericht an ein anderes Gericht (§§ 354 Abs. 2, 355) ist dieses Gericht das von 1. Rechtszugs (§ 462 Abs. 6, § 7 Abs. 2 S. 1 StVollstrO); dasselbe gilt für das **Wiederaufnahmegericht** im Fall des § 373 (§ 462 a Abs. 6, § 7 Abs. 2 S. 2 StVollstrO). Bei **nachträglicher Gesamtstrafe** ist Vollstreckungsbehörde die StA bei dem Gericht, das diese Strafe gebildet hat (§§ 460, 462, 462 a Abs. 3, § 8 Abs. 1 StVollstrO, vgl. KK-Fischer Rn. 11). Bei **Gefahr im Verzug** gilt für dringliche Maßnamen § 7 Abs. 3 StVollstrO. Bei **Kompetenzkonflikten** entscheidet die **höhere Vollstreckungsbehörde;** das ist idR der GStA (§ 147 Nr. 3 GVG, § 21 Buchst. a StVollstrO; vgl. i. E. Meyer-Goßner Rn. 9 f.; KK-Fischer Rn. 13).

5 **Vollstreckungshilfe** durch die Vollstreckungsbehörde eines anderen Bundeslandes ist nach § 9 Abs. 1 S. 1 StVollstrO zulässig (vgl. §§ 162, 163 GVG); der Verurteilte kann, wenn er außerhalb des Landes der Vollstreckungsbehörde wohnt, auch unmittelbar zum Strafantritt in die JVA eines anderen Landes geladen werden (vgl. KK-Fischer Rn. 15 f.).

6 Die **Vollstreckbarkeitsbescheinigung (Abs. 1)** ist eine mit der Bescheinigung der Vollsteckbarkeit versehene, beglaubigte Abschrift der Urteilsformel (§ 268 Abs. 2). Sie ist als urkundliche Grundlage der Vollstreckung erforderlich (OLG Hamburg StV 2000, 518). Ob (schon) eine Urteilsurkunde iSd. § 275 vorliegt, ist ohne Bedeutung (§ 13 Abs. 2 S. 2 StVollstrO). Die Bescheinigung muss angeben, dass und wann die (absolute) **Rechtskraft** der Entscheidung eingetreten ist (§ 13 Abs. 2 S. 1 StVollstrO). Abs. 1 gilt auch für den **Strafbefehl,** den Gesamtstrafenbeschluss nach § 460, für urteilsvertretende Beschlüsse über Nebenfolgen (§§ 437 Abs. 4, 438 Abs. 2, 441 Abs. 2, 444 Abs. 2 u. 3) und für Nachtragsentscheidungen iSd § 14 StVollstrO. **Zuständig** ist der Urkundsbeamte der Geschäftsstelle beim Gericht des 1. Rechtszugs, beim Berufungsgericht nur, wenn ein Berufungs-

Strafvollstreckung **§ 452**

urteil rechtskräftig ist (§ 13 Abs. 3 StVollstrO); bei Revisionseinlegung gilt § 13 Abs. 4 StVollstrO. Die Bescheinigung ist zu erteilen, wenn absolute Rechtskraft eingetreten oder ausnahmsweise vor ihrem Eintritt das Urteil vollstreckbar geworden ist (§§ 319 Abs. 2 S. 2, 346 Abs. 2 S. 2).

Bei **Teilrechtskraft** (vgl. § 449 Rn. 4) ist eine eingeschränkte Bescheinigung zu erteilen (vgl. Meyer-Goßner Rn. 14; LR-Wendisch § 449 Rn. 32). 7

Vollstreckungshindernisse prüft der UrkB nicht. Hat er **Zweifel** an der Vollstreckbarkeit, so hat er die Sache der Vollstreckungsbehörde vorzulegen. Er muss aber stets in der Sache selbst entscheiden; eine Vorlage an das Gericht ist unzulässig (vgl. KK-Fischer Rn. 22 mwN). Stellt sich nachträglich die Fehlerhaftigkeit der Bescheinigung heraus, so hat der UrkB sie zu **widerrufen** (LR-Wendisch Rn. 39). 8

Gegen die Erteilung der Bescheinigung kann der Verurteilte, gegen die Nichterteilung die StA die **Entscheidung des Gerichts** beantragen, gegen dessen Entscheidung ist einfache Beschwerde statthaft. Eine Nachprüfung der Bescheinigung durch die Vollstreckungsbehörde findet nicht statt (Meyer-Goßner Rn. 18). 9

Zur Übertragung der Strafvollstreckung auf **Amtsanwaltschaften** (Abs. 2) vgl. o. Rn. 1. 10

Auch bei der **Strafvollstreckungskammer eines anderen Bezirks (Abs. 3),** die eine Konzentrationszuständigkeit nach § 462a Abs. 1 hat (vgl. KK-Fischer Rn. 25), nimmt die StA als Vollstreckungsbehörde ihre Aufgaben wahr, auch wenn sie in einem anderen Bundesland liegt (Abs. 3 S. 1). Sie kann diese Aufgabe aber nach Abs. 3 S. 2 **übertragen;** damit geht auch die Rechtsmittelberechtigung im Vollstreckungsverfahren auf die StA am Ort der StVollstrK über. Abs. 3 S. 2 gilt entspr., wenn das Gericht des 1. Rechtszugs die nach § 453 zu treffenden Entscheidungen an das **Wohnsitzgericht** des Verurteilten abgibt (§ 462a Abs. 2 S. 2). Endet die Zuständigkeit der StVollstrK, so endet auch die durch die Übernahme begründete Zuständigkeit der StA. 11

Über **Beschwerden** gegen Entscheidungen der Strafvollstreckungskammern entscheidet das diesen übergeordnete OLG. Verfahrensbeteiligt ist der GStA bei dem für die Entscheidung zuständigen OLG, nicht der GStA, der der außerhalb des Bezirks gelegenen StA übergeordnet ist. 12

§ 452 [Begnadigungsrecht]

¹**In Sachen, in denen im ersten Rechtszug in Ausübung von Gerichtsbarkeit des Bundes entschieden worden ist, steht das Begnadigungsrecht dem Bund zu.** ²**In allen anderen Sachen steht es den Ländern zu.**

Begnadigung ist der vollständige oder zeitweise Erlass rechtskräftig ausgesprochenes belastender Rechtsnachteile im Wege einer auf den Einzelfall bezogenen Ermessensentscheidung der Exekutive. Der Zustimmung des Betroffenen bedarf sie nicht. 1

Dem **Bund** steht das Begnadigungsrecht nur in den Fällen des § 120 Abs. 1 u. 2 iVm § 142a GVG, Art. 96 Abs. 5 GG (Staatsschutzstrafsachen) zu. Zuständig ist der **Bundespräsident** (Art. 60 Abs. 2 GG), der seine Befugnisse übertragen kann (Art. 60 Abs. 3 GG; vgl. Meyer-Goßner Rn. 3). Das gilt auch, wenn ein Gericht der **ehemaligen DDR** in einer Sache entschieden hat, die der Gerichtsbarkeit des Bundes unterfiele (EV Anl. I Kap. III SG A Abschn. III Nr. 14 I). 2

In allen anderen Fällen haben die **Länder** das Begnadigungsrecht, deren Gerichte im 1. Rechtszug entschieden haben; bei **Gesamtstrafenentscheidungen,** in die Einzelstrafen verschiedener (Bundes- oder Landes-)Gerichtsbarkeiten einbezogen sind, ist der Gnadenrechtsträger zuständig, dessen Gerichtsbarkeit das Gericht bei der Gesamtstrafenentscheidung ausgeübt hat (vgl. i. E. Schätzler, Hdb. des Gnadenrechts, Abschn. 2.4). Stattgebende oder ablehnende Gnadenentscheidungen sind regelmäßig **nicht anfechtbar** (BVerfGE 25, 357 = NJW 1969, 1895; BVerfG NJW 3

1019

§ 453

1984, 2341; BVerwG NJW 1983, 187). Aber Rücknahme und Widerruf von Gnadenakten sind nach §§ 23 ff. EGGVG anfechtbar (BVerfGE 45, 245 = NJW 1066, 363; KK-Fischer Rn. 6).

§ 453 [Nachträgliche Entscheidung über Strafaussetzung zur Bewährung oder Verwarnung mit Strafvorbehalt]

(1) ¹Die nachträglichen Entscheidungen, die sich auf eine Strafaussetzung zur Bewährung oder eine Verwarnung mit Strafvorbehalt beziehen (§§ 56a bis 56g, 58, 59a, 59b des Strafgesetzbuches), trifft das Gericht ohne mündliche Verhandlung durch Beschluß. ²Die Staatsanwaltschaft und der Angeklagte sind zu hören. ³Hat das Gericht über einen Widerruf der Strafaussetzung wegen Verstoßes gegen Auflagen oder Weisungen zu entscheiden, so soll es dem Verurteilten Gelegenheit zur mündlichen Anhörung geben. ⁴Ist ein Bewährungshelfer bestellt, so unterrichtet ihn das Gericht, wenn eine Entscheidung über den Widerruf der Strafaussetzung oder den Straferlaß in Betracht kommt; über Erkenntnisse, die dem Gericht aus anderen Strafverfahren bekannt geworden sind, soll es ihn unterrichten, wenn der Zweck der Bewährungsaufsicht dies angezeigt erscheinen läßt.

(2) ¹Gegen die Entscheidungen nach Absatz 1 ist Beschwerde zulässig. ²Sie kann nur darauf gestützt werden, daß eine getroffene Anordnung gesetzwidrig ist oder daß die Bewährungszeit nachträglich verlängert worden ist. ³Der Widerruf der Aussetzung, der Erlaß der Strafe, der Widerruf des Erlasses, die Verurteilung zu der vorbehaltenen Strafe und die Feststellung, daß es bei der Verwarnung sein Bewenden hat (§§ 56f, 56g, 59b des Strafgesetzbuches), können mit sofortiger Beschwerde angefochten werden.

1   **Nachtragsentscheidungen nach Abs. 1** sind solche, die Entscheidungen nach §§ 56, 59 iVm § 268a wegen **nachträglich hervorgetretener Umstände ändern** (§§ 56a Abs. 2 S. 2, 56e StGB) oder den **Widerruf** der Strafaussetzung (§ 56f StGB), den **Straferlass** oder dessen Widerruf (§ 56g StGB) betreffen oder bei Verwarnung mit Strafvorbehalt eine Änderung von Auflagen (§ 59a Abs. 2 StGB) oder die Verurteilung zur vorbehaltenen Strafe anordnen oder aussprechen, dass es bei der Verwarnung sein Bewenden habe (§ 59b Abs. 2 StGB). Abs. 1 regelt das **Verfahren** bei dessen **nach Rechtskraft des Urteils** zu treffenden Entscheidungen. **Entspr. anwendbar** ist § 453, wenn die Entscheidung nach § 268a unterblieben ist, sowie bei der Vollstreckung von **Maßregeln** (§ 463 Abs. 2). Voraussetzung ist stets, dass im Urteil oder der urteilsvertretenden Entscheidung (vgl. § 449 Rn. 2) eine Grundentscheidung über die Frage der Strafaussetzung zur Bewährung getroffen ist (Meyer-Goßner Rn. 2; **aA** Gössel NStZ 1991, 556).

2   **Zuständig** ist das in § 462a bezeichnete Gericht, grds. also das Gericht des 1. Rechtszugs, die StrafvollstrK nur, wenn sich der Verurteilte in Strafhaft befindet (zur Fortwirkungszuständigkeit vgl. § 462a Abs. 1 S. 2).

3   Die Entscheidung ergeht **ohne mündliche Verhandlung durch Beschluss (Abs. 1 S. 1).** Eine **mündliche Anhörung** ist in den Fällen des § 56f Abs. 1 Nr. 2 u. 3 StGB regelmäßig geboten **(Abs. 1 S. 3);** die Anhörung ist **zwingend,** wenn eine weitere Sachaufklärung möglich erscheint (vgl. KG JR 1988, 39) und ihr keine **schwerwiegenden Gründe** entgegenstehen (OLG Düsseldorf NStZ 1988, 243; OLG Koblenz MDR 1988, 999). Die Verpflichtung zur **mündlichen** Anhörung (§ 453 Abs. 1 S. 3) vor dem Widerruf der Aussetzung der (Rest-)Freiheitsstrafe zur Bewährung ist **zwingend,** wenn der Widerrufsgrund des gröblichen und beharrlichen Verstoßes gegen die dem Verurteilten erteilte Therapieweisung in

Strafvollstreckung **§ 453**

Rede steht. Gleiches gilt für den Widerruf der Aussetzung einer (restlichen) Unterbringung jedenfalls dann, wenn die Freiheitsstrafe und die Maßregel in einem einheitlichen Strafurteil verhängt wurden und die Widerrufsgründe identisch sind (so OLG Frankfurt NStZ-RR 1996, 91). Ist sie, etwa wegen unbekannten Aufenthalts des Verurteilten, unmöglich, so kann sie unterbleiben oder wenn er ausdrücklich auf mündliche Anhörung verzichtet hat (OLG Düsseldorf NStZ 1988, 243; OLG Frankfurt NStZ-RR 1996, 91). Andererseits soll als „Anhörung" iSd Norm es nicht genügen, dem Verurteilten lediglich auf dem **Postwege** die Möglichkeit mitteilen, einen Termin zur mündlichen Anhörung zu vereinbaren. Der Verurteilte ist vielmehr zu laden (LG Saarbrücken NStZ-RR 2000, 245). Die Anhörung kann nicht erzwungen werden (LR-Wendisch Rn. 7 b), ein **Sicherungshaftbefehl** zur Erzwingung des rechtlichen Gehörs ist unzulässig (vgl. KK-Fischer Rn. 11; str.).

Auch in anderen Fällen ist eine mündliche Anhörung zulässig und nach Sachlage **4** nicht selten geboten; eine **schriftliche Anhörung** schreibt **Abs. 1 S. 2** zwingend vor. Ist sie unmöglich, so kann dennoch entschieden und die Entscheidung auch öffentlich zugestellt werden (§ 40); das **rechtliche Gehör** wird entspr. § 33 a nachgeholt (BGH 26, 127, 129 = NJW 1975, 2211). Stets zu hören ist die **StA** (Abs. 1 S. 2); der **Bewährungshelfer** ist im Fall des Abs. 1 S. 4 zu unterrichten und sollte zur mündlichen Anhörung nach Abs. 1 S. 3 zugezogen werden. Das Gericht kann sich zur Aufklärung auch der **Gerichtshilfe** bedienen (§ 463 d, 2. HS).

Einfache **Beschwerde** (Abs. 2 S. 1 iVm § 304) ist gegen alle Nachtragsentschei- **5** dungen zulässig, die die **Vollstreckbarkeit** des Urteils nicht unmittelbar herbeiführen oder das Verfahren in sonstiger Weise bestimmen oder das Verfahren in sonstiger Weise beenden (Meyer-Goßner Rn. 10); gegen diese Entscheidung ist nach Abs. 2 S. 3 die **sofortige Beschwerde** gegeben. Einen **eingeschränkten Prüfungsumfang** schreibt **Nr. 2 S. 2** bei der einfachen Beschwerde gegen nachträgliche Auflagen und Weisungen oder die nachträgliche Beiordnung eines Bewährungshelfers vor. Das Beschwerdegericht prüft nur die **Gesetzmäßigkeit** der Anordnung. Die **Prüfung** der Gesetzmäßigkeit umfasst das Vorliegen einer gesetzlichen Grundlage der Entscheidung, die Beachtung des Verhältnismäßigkeitsgrundsatzes sowie die Einhaltung der Ermessensgrenzen (vgl. Meyer-Goßner Rn. 12 mwN).

Abs. 2 S. 2 gilt auch für die Entscheidung, **keine** nachträglichen Auflagen oder **6** Weisungen zu erteilen (OLG München NStZ 1988, 524; **aA** OLG Stuttgart NStZ 1995, 53 mwN). Versäumt es das Gericht in der Hauptverhandlung, den gemäß § 268 a erforderlichen Bewährungsbeschluss zu erlassen, so darf es dem Verurteilten bei der Nachholung dieser Entscheidung jedenfalls nicht die Zahlung einer Geldbuße gemäß § 56 b Abs. 2 Nr. 4 StGB aufgeben. Eine solche Anordnung ist iSv § 305 Abs. 1 S. 2 gesetzwidrig (OLG Köln NStZ-RR 2000, 338). Die Gesetzeswidrigkeit muss der Beschwerdeführer **schlüssig vortragen;** Abs. 2 S. 2 normiert insoweit auch eine **Begründungspflicht** (OLG München NStZ 1988, 524; **aA** Meyer-Goßner Rn. 11). Die Entscheidung, die **Bewährungszeit** nachträglich zu **verlängern,** ist **uneingeschränkt** überprüfbar (Abs. 2 S. 2, 2. Alt.), nicht aber die Ablehnung der Verlängerung oder die nachträgliche Verkürzung (§ 56 a Abs. 2 S. 2 StGB) bei Beschwerde der StA. Das OLG Stuttgart hat nun entschieden: Die Ablehnung der von der StA beantragten nachträglichen Verlängerung der Bewährungszeit ist nur mit der einfachen und nur dem eingeschränkten Prüfungsumfang nach § 453 Abs. 2 S. 1 Alt. 1 eröffnenden Beschwerde anfechtbar (OLG Stuttgart NStZ 2009, 500).

Auf die **sofortige Beschwerde** in den Fällen des **Abs. 2 S. 3** prüft das Beschwer- **7** degericht die angefochtene Entscheidung in vollem Umfang und entscheidet in der Sache selbst (§ 309 Abs. 2). Wird der Widerrufsgrund (§ 56 f StGB) **ausgetauscht,** so ist dem Verurteilten zuvor rechtliches Gehör zu gewähren (OLG Düsseldorf MDR 1983, 68). Sofortige Beschwerde ist nicht statthaft gegen die **Ablehnung** einer der in Abs. 2 S. 3 genannten Anordnungen, auch wenn diese mit einer Maßnahme nach S. 1 verbunden wird (OLG Hamburg MDR 1980, 60, LR-Wendisch Rn. 16; **aA** OLG Hamm NStZ 1988, 291; Meyer-Goßner Rn. 14; vgl. KK-Fischer Rn. 16 mwN). Das gilt auch für die Anfechtung der Ablehnung des Widerrufs der Strafaussetzung durch die StA (**aA** OLG Stuttgart NStZ 1995, 53; wie hier OLG Stuttgart MDR 1994, 195; OLG Köln NStZ 1995, 151 mwN).

8   In den Fällen des **Abs. 2 S. 3** ist die **Rechtskraft** des Widerrufsbeschlusses Voraussetzung für die Strafvollstreckung (OLG Hamm NStZ 1983, 459; vgl. § 449 Rn. 2). Die **Zurücknahme des rechtskräftigen Widerrufs** ist entspr. § 359 Nr. 5 zulässig (vgl. Meyer-Goßner Rn. 17 mwN).

§ 453 a [Belehrung bei Strafaussetzung oder Verwarnung mit Strafvorbehalt]

(1) ¹Ist der Angeklagte nicht nach § 268a Abs. 3 belehrt worden, so wird die Belehrung durch das für die Entscheidungen nach § 453 zuständige Gericht erteilt. ²Der Vorsitzende kann mit der Belehrung einen beauftragten oder ersuchten Richter betrauen.

(2) Die Belehrung soll außer in Fällen von geringer Bedeutung mündlich erteilt werden.

(3) ¹Der Angeklagte soll auch über die nachträglichen Entscheidungen belehrt werden. ²Absatz 1 gilt entsprechend.

1   Die **Belehrung nach § 268a Abs. 3** kann versehentlich oder aus anderen Gründen (Abwesenheit, Unzweckmäßigkeit) bei der Urteilsverkündung unterbleiben. Sie ist nach Abs. 1 durch das **Gericht des 1. Rechtszugs** (§§ 453, 462a Abs. 2) nachzuholen; die StVollstrK ist nur zuständig, wenn der Verurteilte sich in anderer Sache in Strafhaft befindet (§ 462a Abs. 4 S. 3). Grds. hat der **Vorsitzende** die Belehrung zu erteilen; er kann einen anderen Richter damit betrauen (Abs. 1 S. 2). Über die Belehrung ist ein **Aktenvermerk** zu fertigen. Wird sie nicht nachgeholt, so hat das keine Auswirkung auf die Wirksamkeit des Urteils; ein Widerruf nach § 56f StGB kann aber in Frage gestellt sein (vgl. KK-Fischer Rn. 1).

2   Die Belehrung ist grds. **mündlich** zu erteilen **(Abs. 2).** Der Verurteilte wird vorgeladen; sein Erscheinen kann nicht durch Vorführung erzwungen werden (OLG Celle MDR 1963, 523). Bei Nichterscheinen sowie in Fällen geringerer Bedeutung ist er schriftlich zu belehren.

§ 453 b [Überwachung des Verurteilten]

(1) **Das Gericht überwacht während der Bewährungszeit die Lebensführung des Verurteilten, namentlich die Erfüllung von Auflagen und Weisungen sowie von Anerbieten und Zusagen.**

(2) **Die Überwachung obliegt dem für die Entscheidungen nach § 453 zuständigen Gericht.**

1   Die Vorschrift regelt die **Überwachungszuständigkeit** in den Fällen der §§ 56, 59 StGB; entspr. gilt sie bei Aussetzung des Strafrests (§§ 57, 57a StGB) und von Sicherungsmaßregeln (§§ 67b, 67c Abs. 2 S. 4, 70a StGB, vgl. § 463). Sie gilt nicht bei Strafaussetzung im Weg der **Gnade,** hier ist die Gnadenbehörde zuständig. Ist **Führungsaufsicht** angeordnet, so gilt nur § 68a StGB. § 453b enthält nur eine **Aufgabenzuweisung;** Rechtsgrundlage für Eingriffe ist die Vorschrift nicht. Eine Rechtsgrundlage für **Eingriffe** gibt § 453b nicht ab (BVerfG NJW 1995, 2279: KK-Fischer Rn. 1a).

2   **Lebensführung** ist das gesamte Verhalten des Verurteilten, soweit es für die Nachtragsentscheidungen von Bedeutung sein kann.

§ 453 c [Haftbefehl bei Widerruf]

(1) **Sind hinreichende Gründe für die Annahme vorhanden, daß die Aussetzung widerrufen wird, so kann das Gericht bis zur Rechtskraft des Widerrufsbeschlusses, um sich der Person des Verurteilten zu versichern, vorläufige Maßnahmen treffen, notfalls, unter den Voraussetzungen des § 112 Abs. 2 Nr. 1 oder 2, oder, wenn bestimmte Tatsachen die Gefahr begründen, daß der Verurteilte erhebliche Straftaten begehen werde, einen Haftbefehl erlassen.**

(2) ¹**Die auf Grund eines Haftbefehls nach Absatz 1 erlittene Haft wird auf die zu vollstreckende Freiheitsstrafe angerechnet.** ²**§ 33 Abs. 4 Satz 1 sowie die §§ 114 bis 115 a und § 119 gelten entsprechend.**

Aussetzung iSd **Abs. 1** sind die Strafaussetzung zur Bewährung nach §§ 56, 1 183 Abs. 3 u. 4 StGB, §§ 20 ff. JGG, § 14 a WStG, die Strafrestaussetzung nach §§ 57, 57 a StGB, § 454 Abs. 3 und die Aussetzung freiheitsentziehender Maßregeln nach §§ 67 b, 67 c StGB (vgl. § 463 Abs. 1). Die im **Gnadenweg** erfolgte Aussetzung unterfällt der Vorschrift nicht, ebenso nicht die Aussetzung eines Berufsverbots (§§ 70 a, 70 b StGB), die Verwarnung mit Strafvorbehalt (§ 59 a StGB) und die Änderung der Vollstreckungsreihenfolge (§ 67 Abs. 2 u. 3 StGB).

Voraussetzung der Anordnung von Sicherungsmaßnahmen **(Abs. 1)** ist das 2 Vorliegen **hinreichender Gründe** für die Annahme, die Aussetzung werde widerrufen werden. Das ist der Fall, wenn nach gegenwärtiger Beurteilung der Widerruf mit **hoher Wahrscheinlichkeit** zu erwarten ist (vgl. Meyer-Goßner Rn. 3 f.; KK-Fischer Rn. 3, jeweils mwN). Ein Widerruf wegen einer **neuen Tat** (§ 56 f Abs. 1 Nr. 1 StGB) ist idR unzulässig, wenn insoweit noch kein **rechtskräftiges Urteil** vorliegt. Das gilt aber nicht, wenn ein glaubwürdiges **Geständnis** vorliegt oder Täterschaft und Schuld in anderer **zweifelsfreier** Weise festgestellt sind (i. E. str.; vgl. BVerfG NStZ 1991, 30; OLG Düsseldorf NJW 1992, 1183; Stree NStZ 1992, 153; Meyer-Goßner Rn. 4 mwN). Der Widerruf auf Grund rechtskräftigen **Strafbefehls** begegnet keinen rechtsstaatlichen Bedenken (vgl. KK-Fischer vor § 407 Rn. 4). **Abs. 1** ist nicht anwendbar, wenn **mildere Maßnahmen** (§ 56 f Abs. 2 StGB) als der Widerruf ausreichen.

Die Notwendigkeit, sich der **Person des Verurteilten zu versichern,** besteht, 3 wenn er für die Anhörung nach § 453 Abs. 1 nicht erreichbar und, insb. bei unbekanntem Aufenthalt, damit zu rechnen ist, dass er sich der Strafvollstreckung entziehen werde.

Vorläufige Maßnahmen iSd. Abs. 1 sind solche, die milder sind als ein Haftbefehl. 4 In Betracht kommen insb. Fahndungsmaßnahmen sowie die Auferlegung einer Meldepflicht (§ 56 c Abs. 2 Nr. 2 StGB). Die entspr. Anwendbarkeit von § 116 Abs. 1 ergibt sich aus dem Begriff der „Vorläufigen" (vgl. u. Rn. 7).

Sicherungshaftbefehl ergeht, wenn vorläufige Maßnahmen nicht ausreichen. Er 5 ist nur zulässig wegen Flucht oder Fluchtgefahr (§ 112 Abs. 2 Nr. 1 u. 2) sowie bei konkreter Gefahr erheblicher Straftaten; diese wird insb. bei den Widerrufsgründen nach § 56 f Abs. 1 Nr. 2 und § 67 a Abs. 2 StGB in Betracht kommen. Der Haftbefehl dient allein der Sicherung der Vollstreckung, nicht der Erzwingung rechtlichen Gehörs (vgl. § 453 Rn. 3). Ist Widerrufsgrund eine neue Straftat, so kann der Sicherungshaftbefehl entbehrlich sein, wenn wegen der neuen Tat ein Haftbefehl nach §§ 112 ff. ergeht (Meyer-Goßner Rn. 9). Statt eines Sicherungshaftbefehls kann bei Unmöglichkeit der Anhörung nach § 453 Abs. 1 S. 3 auch der Widerrufsbeschluss erlassen und öffentlich zugestellt werden (vgl. Meyer-Goßner Rn. 11 mwN). Ist der Widerruf rechtskräftig angeordnet worden, so gilt § 457 Abs. 2.

Zuständig für den Erlass des Sicherungshaftbefehls ist das Gericht, das über den 6 Widerruf zu entscheiden hat (§ 462 a Abs. 2, Abs. 4 S. 3), im Verfahren gegen

Jugendliche gelten §§ 58 Abs. 1 S. 1, Abs. 2, 82 Abs. 1 S. 2 JGG (vgl. KK-Fischer Rn. 8). Der Haftbefehl muss **inhaltlich** dem U-Haftbefehl entsprechen (Abs. 2 S. 2 iVm § 114); für das Verfahren gelten die §§ 114a–115a.

7   Die **Vollstreckung des Sicherungshaftbefehls** gehört bis zur Rechtskraft des Widerrufsbeschlusses noch nicht zur Strafvollstreckung. Der Verhaftete wird wie ein Untersuchungsgefangener behandelt, Abs. 2 S. 2. §§ 117, 118 sind nicht anwendbar; eine Haftprüfung nach §§ 121, 122 findet gleichfalls nicht statt (vgl. Meyer-Goßner Rn. 16 mwN). Wenn sich nach Ergreifung des Verurteilten ergibt, dass mildere Maßnamen (o. Rn. 4) ausreichen. Sind nach Abs. 1 „vorläufige", also über die Fahndung hinausgehende Maßnahmen zulässig, so kann ihre nachträgliche Anordnung nicht unzulässig sein.

8   Für den **Vollzug** der Sicherungshaft gilt § 171 StVollzG. Mit Rechtskraft des Widerrufsbeschlusses endet die Zuständigkeit des Gerichts nach § 453c und diejenige der Vollstreckungsbehörde nach § 451 beginnt; die Sicherungshaft geht **ohne weiteres** in Strafhaft über (Meyer-Goßner Rn. 14). Wird die Strafaussetzung nicht widerrufen, so kommt eine **Entschädigung** nach § 2 Abs. 1 StrEG nicht in Betracht (OLG Düsseldorf MDR 1982, 958). Die Sicherungshaft wird nach **Abs. 2 S. 1** auf die zu vollstreckende Strafe **angerechnet,** auch wenn der Widerruf der Aussetzung erst zu einem späteren Zeitpunkt aus neuem Anlass eintritt (OLG Karlsruhe MDR 1977, 600). Angerechnet wird auf den noch zu verbüßenden Rest der **erkannten Strafe;** ein möglicher früherer Entlassungszeitpunkt ist nicht zu berücksichtigen (BGH 34, 319 = NJW 1987, 1833). Bei Widerruf der **Maßregelaussetzung** wird die Sicherungshaft auf die Höchstfrist des § 67d StGB angerechnet.

9   Gegen den Sicherungshaftbefehl ist **einfache Beschwerde** zulässig (§ 304); **weitere Beschwerde** nach § 310 Abs. 1 ist ausgeschlossen (OLG Frankfurt NStZ-RR 2002, 15).

§ 454 [Aussetzung des Strafrestes]

(1) ¹Die Entscheidung, ob die Vollstreckung des Restes einer Freiheitsstrafe zur Bewährung ausgesetzt werden soll (§§ 57 bis 58 des Strafgesetzbuches) sowie die Entscheidung, daß vor Ablauf einer bestimmten Frist ein solcher Antrag des Verurteilten unzulässig ist, trifft das Gericht ohne mündliche Verhandlung durch Beschluß. ²Die Staatsanwaltschaft, der Verurteilte und die Vollzugsanstalt sind zu hören. ³Der Verurteilte ist mündlich zu hören. ⁴Von der mündlichen Anhörung des Verurteilten kann abgesehen werden, wenn
1. die Staatsanwaltschaft und die Vollzugsanstalt die Aussetzung einer zeitigen Freiheitsstrafe befürworten und das Gericht die Aussetzung beabsichtigt,
2. der Verurteilte die Aussetzung beantragt hat, zur Zeit der Antragstellung
   a) bei zeitiger Freiheitsstrafe noch nicht die Hälfte oder weniger als zwei Monate,
   b) bei lebenslanger Freiheitsstrafe weniger als dreizehn Jahre
   der Strafe verbüßt hat und das Gericht den Antrag wegen verfrühter Antragstellung ablehnt oder
3. der Antrag des Verurteilten unzulässig ist (§ 57 Abs. 6, § 57a Abs. 4 des Strafgesetzbuches).

⁵Das Gericht entscheidet zugleich, ob eine Anrechnung nach § 43 Abs. 10 Nr. 3 des Strafvollzugsgesetzes ausgeschlossen wird.

(2) ¹Das Gericht holt das Gutachten eines Sachverständigen über den Verurteilten ein, wenn es erwägt, die Vollstreckung des Restes
1. der lebenslangen Freiheitsstrafe auszusetzen oder

2. einer zeitigen Freiheitsstrafe von mehr als zwei Jahren wegen einer Straftat der in § 66 Abs. 3 Satz 1 des Strafgesetzbuches bezeichneten Art auszusetzen und nicht auszuschließen ist, daß Gründe der öffentlichen Sicherheit einer vorzeitigen Entlassung des Verurteilten entgegenstehen.

²Das Gutachten hat sich namentlich zu der Frage zu äußern, ob bei dem Verurteilten keine Gefahr mehr besteht, daß dessen durch die Tat zutage getretene Gefährlichkeit fortbesteht. ³Der Sachverständige ist mündlich zu hören, wobei der Staatsanwaltschaft, dem Verurteilten, seinem Verteidiger und der Vollzugsanstalt Gelegenheit zur Mitwirkung zu geben ist. ⁴Das Gericht kann von der mündlichen Anhörung des Sachverständigen absehen, wenn der Verurteilte, sein Verteidiger und die Staatsanwaltschaft darauf verzichten.

(3) ¹Gegen die Entscheidungen nach Absatz 1 ist sofortige Beschwerde zulässig. ²Die Beschwerde der Staatsanwaltschaft gegen den Beschluß, der die Aussetzung des Strafrestes anordnet, hat aufschiebende Wirkung.

(4) ¹Im übrigen gelten die Vorschriften der §§ 453 und 453 a Abs. 1 und 3 sowie der §§ 453 b, 453 c und 268 a Abs. 3 entsprechend. ²Die Belehrung über die Aussetzung des Strafrestes wird mündlich erteilt; die Belehrung kann auch der Vollzugsanstalt übertragen werden. ³Die Belehrung soll unmittelbar vor der Entlassung erteilt werden.

Die Vorschrift regelt das **Verfahren bei Reststrafenaussetzung** (§§ 57 ff. StGB). Sie gilt nach § 463 Abs. 3 überdies entspr. für freiheitsentziehende **Maßregeln** und Führungsaufsicht. Wegen der **materiellrechtlichen Voraussetzungen** wird auf die Kommentierungen zum StGB verwiesen. Aber die Vollzugsbehörde darf nicht ohne hinreichenden Grund – etwa nur auf der Grundlage bloßer pauschaler Verfügung oder mit dem Hinweis auf eine abstrakte Flucht- oder Missbrauchsgefahr – jene **Vollzugslockerungen** verweigern, die regelmäßig einer Entscheidung über die Aussetzung der Vollstreckung einer lebenslangen Freiheitsstrafe vorausgehen (BVerfG NJW 1998, 2202).

Die Entscheidung über die Reststrafenaussetzung ist **auf Antrag oder vAw.** zu treffen. Über einen **Antrag** ist **stets** und in angemessener Frist (OLG Karlsruhe MDR 1977, 861) zu entscheiden, auch wenn er unzulässig oder offensichtlich unbegründet ist. Über die **Halbstrafenaussetzung** nach § 57 Abs. 2 **Nr. 2** StGB wird grds. nur auf **Antrag** entschieden; **vAw.** ist zu entscheiden, wenn der Verurteilte demnächst ²/₃ einer zeitigen oder 15 Jahre einer lebenslangen Freiheitsstrafe verbüßt haben wird (BGH 27, 302, 304 = NJW 1978, 551), ebenso über eine Halbstrafenaussetzung bei **Erstverbüßen** (§ 57 Abs. 2 **Nr. 1** StGB; vgl. § 454 b Abs. 2 Nr. 1). Die Prüfung vAw. **unterbleibt**, wenn der Verurteilte die Einwilligung nach § 57 Abs. 1 S. 1 Nr. 3, Abs. 1 S. 1 Nr. 3 StGB nicht erteilt (OLG Hamburg MDR 1979, 516; vgl. KK-Fischer Rn. 7 mwN). Ein Gerichtsbeschluss über die Nichtaussetzung einer Restfreiheitsstrafe iSd § 454, § 57 StGB erübrigt sich dann, wenn der Verurteilte in eine bedingte Reststrafenaussetzung **nicht einwilligt.** Der Grund für den Ausschluss einer vorzeitigen Entlassung kann in diesem Fall in einem Aktenvermerk niedergelegt werden. Der Inhalt des Aktenvermerks ist allerdings zusammen mit dem Hinweis, dass die Einwilligung jederzeit erteilt werden kann, dem Verurteilten mitzuteilen. Ein entsprechender Beschluss der Strafvollstreckungskammer ist rein deklaratorischer Natur, ein dagegen gerichtetes Rechtsmittel des Verurteilten mangels Beschwer unzulässig (OLG Zweibrücken NStZ-RR 2001, 311). Erwägt das Gericht, eine angeordnete Reststrafenaussetzung zur Bewährung noch vor der Haftentlassung des Verurteilten infolge neuer Tatsachen aufzuheben oder zu widerrufen, so kann es, wenn eine ausreichende Klärung dieser neuen Tatsachen bis zum vorgesehenen Entlassungstermin nicht herbeigeführt wer-

§ 454

den kann, nach § 454a Abs. 2 auch einen (zunächst nur vorläufigen) Aufschub der Haftentlassung anordnen. Das gilt jedenfalls, wenn noch ungeklärt ist, ob vorrangig ein Widerruf der Strafaussetzung auszusprechen ist (OLG Hamburg NStZ 1999, 55).

3 Zur **Vorbereitung der Entscheidung** holt die Vollstreckungsbehörde (§ 451 Abs. 1) die **Stellungnahme der Vollzugsanstalt** (§ 36 Abs. 2 S. 1 StVollstrO) rechtzeitig vor dem maßgeblichen Zeitpunkt ein. Die Anstalt ist außer im Fall des Abs. 1 S. 4 Nr. 3 stets zu hören; **zuständig** ist diejenige Vollzugsanstalt, in der der Verurteilte sich zum Zeitpunkt des Verfahrens befindet (vgl. KK-Fischer Rn. 11); ist er auf freiem Fuß, diejenige, in der er sich zuletzt befunden hat (OLG Hamm MDR 1978, 592). Die Stellungnahme, die ein **eindeutiges Votum** zur Frage der bedingten Entlassung enthalten muss, ist kein Verwaltungsakt; sie kann nicht (nach §§ 23 ff. EGGVG) angefochten werden (OLG Karlsruhe NJW 1965, 1454; Meyer-Goßner Rn. 14).

4 Die **StA** ist gleichfalls nach **Abs. 1 S. 2** zu hören. Die Vollzugsanstalt leitet die Akten nach § 36 Abs. 2 S. 3 StVollstrO mit ihrer Stellungnahme der **StA als Strafverfolgungsbehörde** zu. Diese kann eigene Ermittlungen anstellen; sie legt die Akten dem Gericht mit einem bestimmten **Antrag** vor. Der Vermerk des Vorsitzenden der Strafvollstreckungskammer über ein vor der mündlichen Anhörung des Verurteilten geführtes Telefongespräch mit einem Bediensteten der Justizvollzugsanstalt zur Frage der **bedingten Entlassung** aus der Strafhaft (§ 57 Abs. 1 StGB) kann die verantwortliche Stellungnahme der Justizvollzugsanstalt **nicht ersetzen. Die Stellungnahme** muss idR **schriftlich** erfolgen (OLG Hamm NStZ-RR 2000, 316).

5 Der **Verurteilte** ist regelmäßig mündlich anzuhören **(Abs. 1 S. 3),** sofern nicht nach **Abs. 1 S. 4** davon abgesehen werden kann (s. Rn. 7). Von der mündlichen Anhörung kann über die im Gesetz genannten Ausnahmen hinaus auch dann **abgesehen** werden, wenn der Verurteilte ausdrücklich erklärt hat, er wolle nicht angehört werden (BGH NStZ 2000, 279 im Anschluss an BGH NStZ 1995, 610). Die Strafvollstreckungskammer kann vor ihrer Entscheidung über die Aussetzung der Reststrafe zur Bewährung von der Einholung eines Sachverständigengutachtens absehen, wenn eine Aussetzung offensichtlich nicht verantwortet werden kann und das Gericht deshalb die Strafaussetzung nicht in Betracht zieht (BGH NStZ 2000, 279). Die mündliche Anhörung kann auch aus **tatsächlichen Gründen** unterbleiben, wenn zB der Verurteilte aus Deutschland ausgewiesen ist (OLG Düsseldorf NStZ 2000, 333). Die mündliche Anhörung darf nicht deshalb unterbleiben, weil die vollstreckte Strafe nur aus angerechneter U-Haft besteht und der Verurteilte sich auf freiem Fuß befindet (OLG Hamm MDR 1978, 592; **aA** OLG Karlsruhe MDR 1978, 1046). Spätestens bei der Anhörung ist dem Verurteilten **rechtliches Gehör** zu den Stellungnahmen der Vollzugsanstalt und der StA zu gewähren (BVerfG NJW 1964, 293). Dem **Verteidiger** ist zumindest schriftlich Gelegenheit zur Stellungnahme zu geben.

6 Die Anhörung erfolgt **durch das Gericht.** Eine Übertragung auf die JVA ist unzulässig (OLG Düsseldorf MDR 1975, 597). Ist ein **Kollegialgericht zuständig,** so muss die Anhörung nicht in jedem Fall von allen Mitgliedern durchgeführt werden (BGH 28, 138 = NJW 1979, 116). Bei geringerer Bedeutung des persönlichen Eindrucks ist die Übertragung auf einen **beauftragten Richter** zulässig, in Ausnahmefällen, insb. bei weiter Entfernung, auch die auf einen **ersuchten Richter** (BVerfG NJW 1992, 2947, 2954; OLG Rostock NStZ 2002, 109): Die mündliche Anhörung des Verurteilten durch die Strafvollstreckungskammer muss durch den **erkennenden Richter erfolgen;** denn es ist erforderlich, dass sich der entscheidende Richter einen eigenen persönlichen Eindruck vom Verurteilten verschafft (OLG Nürnberg NStZ 1998, 376 mwN). Eine Anhörung nach § 454 I 3 StPO ist im Falle der Entscheidungskompetenz eines Kollegialgerichts grundsätzlich

Strafvollstreckung **§ 454**

durch alle zur Entscheidung berufenen Richter zu treffen. In besonderen Fällen kann jedoch ausnahmsweise auch die Anhörung des Verurteilten oder Untergebrachten durch den beauftragten Richter genügen (OLG Rostock NStZ 2002, 109). Die **Gründe** für das Abweichen von der Regel (der Kollegialanhörung) sind im Übertragungsbeschluss anzugeben (OLG Stuttgart NStZ 1983, 92). Im Fall des § 57 a StGB muss stets das Kollegialgericht anhören (vgl. Meyer-Goßner Rn. 20 ff.; KK-Fischer Rn. 14 ff., jeweils mwN). Der **Ort der Anhörung** ist nicht vorgeschrieben, ihre **Form** gesetzlich nicht geregelt. Eine förmliche **Ladung** von StA und Verteidiger ist nicht erforderlich. Der **Verteidiger** hat ein **Teilnahmerecht** (BVerfG NJW 1993, 2301); er ist bei kurzfristig angesetzten Terminen zu benachrichtigen (BVerfG StV 1994, 552). Einem Verteidiger ist **Akteneinsicht** zu gewähren. Auch die StA hat ein Anwesenheitsrecht (OLG Düsseldorf NStZ 1989, 291). Ein **Protokoll** muss nicht aufgenommen werden; erforderlich ist jedoch zumindest ein **Aktenvermerk** darüber, was der Verurteilte vorgebracht hat (OLG Düsseldorf NJW 1975, 1526).

Ausnahmen von der mündlichen Anhörung regelt Abs. 1 S. 4; daneben 7 kann von der Anhörung abgesehen werden, wenn sie für die Entscheidung **ohne Bedeutung** wäre (OLG Düsseldorf NStZ 1987, 524) oder wenn der Verurteilte ausdrücklich erklärt, **er wolle nicht angehört** werden (BGH NStZ 2000, 279 im Anschluss an BGH NStZ 1995, 610; s. Rn. 5); das ist zu dokumentieren. Bei **Missbrauch der Anhörung** zu Beleidigungen, Hetzreden und anderen unsachlichen Unmutsäußerungen kann eine laufende Anhörung abgebrochen und von künftigen mündlichen Anhörungen Abstand genommen werden, falls eine Wiederholungsgefahr anzunehmen ist (vgl. OLG Düsseldorf NStZ 1987, 524; 1988, 243; OLG Frankfurt NStZ-RR 1997, 28; Wendisch LR Rn. 48; KK-Fischer Rn. 28). **Abs. 1 S. 4 Nr. 1** setzt voraus, dass StA und Vollzugsanstalt die Aussetzung **befürworten** und das Gericht dem voll entsprechen will. Sollen schärfere als die vorgeschlagenen Auflagen festgesetzt werden, so ist eine Anhörung erforderlich (OLG Düsseldorf MDR 1985, 868). Im Fall verfrühter Antragstellung **(Abs. 1 S. 4 Nr. 2)** wird der Antrag ohne Sachprüfung verworfen, eine mündliche Anhörung ist daher nicht erforderlich. **Entspr.** gilt Nr. 2, wenn der Verurteilte entgegen § 57 Abs. 2 Nr. 1 StGB die Aussetzung schon nach Verbüßung der Hälfte einer Strafe von weniger als 1 Jahr beantragt (OLG Düsseldorf NStZ 1981, 454; **aA** OLG Frankfurt NStZ 1981, 454), **nicht** aber, wenn sich nach Verbüßung von weniger als zwei Dritteln der Strafe aus der Aktenlage zweifelsfrei ergibt, dass besondere Umstände iSd § 57 Abs. 2 Nr. 2 StGB nicht vorliegen (OLG Zweibrücken StV 1989, 542, **aA** OLG Karlsruhe NJW 1976, 302; vgl. KK-Fischer Rn. 23). Nach **Abs. 1 S. 4 Nr. 3** kann von der Anhörung bei Unzulässigkeit des Antrag angesehen werden (vgl. OLG Düsseldorf MDR 1983, 247). Die **Frist** nach §§ 57 Abs. 6, 57 a Abs. 4 StPO beginnt mit dem Erlass des Beschlusses, nicht erst mit seiner Rechtskraft (OLG Hamm MDR 1976, 159).

Sonstige Ausnahmen von der Pflicht zur mündlichen Anhörung sind aner- 8 kannt, wenn der Verurteilte ausdrücklich erklärt, er sei mit der Aussetzung des Strafrests nicht einverstanden (§ 57 Abs. 1 Nr. 3 StGB; vgl. OLG Hamburg MDR 1979, 516), wenn er auf die mündliche Anhörung ausdrücklich verzichtet (OLG Düsseldorf NStZ 1988, 243), wenn auf Grund früherer Erfahrungen allein ein Missbrauch der Anhörung durch den Verurteilten zu erwarten ist (LR-Wendisch Rn. 50) oder wenn, etwa wegen einer erst kurz zuvor stattgefundenen Anhörung (OLG Düsseldorf NStZ 1988, 95) oder der Geisteskrankheit des Verurteilten (OLG Düsseldorf NStZ 1985, 94), eine Beeinflussung der Entscheidung ausgeschlossen werden kann. Die bloße Versäumnis des Anhörungstermins oder der Verzicht auf die Vorführung rechtfertigen ein Absehen von der Anhörung nicht, wohl aber die Weigerung, sich zu einem bereits anberaumten Termin vorführen zu lassen (OLG Celle NStZ 1987, 524).

§ 454 Siebentes Buch. 1. Abschnitt

9   Ein **Sachverständiger** muss im Fall des **Abs. 2** iVm § 66 Abs. 3 S. 1 StGB stets gehört werden, auch wenn der Verurteilte bei Tatbegehung psychisch gesund war und im Strafvollzug keine psychischen Auffälligkeiten gezeigt hat (BGH StV 1994, 252 m. Anm. Schüler-Springorum). Die durch die Strafvollstreckungskammer unterlassene Anordnung der Begutachtung kommt durch **das OLG im Beschwerdeverfahren** im Regelfall nicht in Betracht; sie obliegt dann der Strafvollstreckungskammer, an die die Sache **zurückzuverweisen ist** (OLG Köln NStZ-RR 2000, 317). Aber nicht **jede** auf Antrag oder von Amts wegen vorzunehmende Prüfung einer Aussetzung iSv § 454 Abs. 2 S. 1 löst die Pflicht zur Begutachtung des Verurteilten aus. Erst wenn die Strafvollstreckungskammer zu der Auffassung gelangt ist, das Verhalten des Strafgefangenen innerhalb und außerhalb des Vollzugs – nach erfolgreich absolvierten Lockerungen – lasse die Aussetzung **verantwortbar erscheinen**, hat sie seine Begutachtung zu veranlassen, um die dann von ihm noch ausgehende Gefahr zuverlässiger einschätzen zu können (OLG Celle NStZ-RR 1999, 179). Die Strafvollstreckungskammer kann auch vor ihrer Entscheidung über die Aussetzung des Reststrafe zur Bewährung von der Einholung eines Sachverständigengutachtens absehen, wenn eine Aussetzung offensichtlich nicht verantwortet werden kann und das Gericht deshalb die Strafaussetzung nicht in Betracht zieht (BGH NStZ 2000, 279). Als Gutachter ist idR ein Psychiater hinzuzuziehen (vgl. Meyer-Goßner Rn. 37, zur Prognoseentscheidung vgl. BVerfG NStZ 1992, 405, 406; Rasch NStZ 1993, 509). Zur Erlangung einer gutachterlichen Stellungnahme kann sich die StrVollstrk der **Astaltspsychologen** bedienen. Im Allgemeinen sollte jedoch nicht der den Verurteilten behandelnde Psychologe herangezogen werden (KG NJW 1999, 1797). Eine mündliche Anhörung des Sachverständigen ist idR (Abs. 2 S. 7) erforderlich; eine Anordnung nach § 81 ist unzulässig. Verweigert der Verurteilte die Mitwirkung bei der Begutachtung, so ist die Aussetzung idR ausgeschlossen (vgl. OLG Karlsruhe NStZ 1991, 207). Will das Gericht die Aussetzung wegen besonderer Schwere der Schuld (§ 57 a Abs. 1 Nr. 2 StGB; vgl. u. Rn. 15) ablehnen, so kann von der Anhörung eines Sachverständigen abgesehen werden. Von der Einholung eines Sachverständigengutachtens gemäß § 454 Abs. 2 S. 1 Nr. 2 kann nur abgesehen werden, wenn alle für die Prognoseentscheidungen gemäß § 57 Abs. 1 StGB heranzuziehenden Umstände zweifelsfrei die Beurteilung zulassen, dass vom Verurteilten praktisch keine Gefahr für die öffentliche Sicherheit mehr ausgeht (OLG Frankfurt NStZ 1998, 639). Eine Verpflichtung zur Einholung eines Sachverständigengutachtens nach § 454 Abs. 2 Nr. 2 besteht bei Vollstreckung einer zwei Jahre übersteigenden Gesamtfreiheitsstrafe grundsätzlich nur dann, wenn mindestens eine der dieser **Gesamtfreiheitsstrafe** zu Grunde liegenden Einzelstrafen, die für die Begehung einer Straftat der in § 66 Abs. 3 S. 1 StGB nF bezeichneten Art verhängt wurden, **zwei Jahre übersteigt** (OLG Stuttgart NStZ-RR 2000, 86). Ist eine lebenslange Freiheitsstrafe im **Gnadenweg** in eine zeitige Strafe umgewandelt worden, so gilt **Abs. 1 S. 5** nicht (vgl. KK-Fischer Rn. 41), auch nicht bei Umwandlung einer durch ein DDR-Gericht verhängten lebenslangen Freiheitsstrafe durch Amnestie des Staatsrats der DDR (OLG Brandenburg NStZ 1995, 102; vgl. BVerfG NStZ 1995, 205). Die Anordnung, ein Sachverständigengutachten einzuholen, ist **unanfechtbar** (Meyer-Goßner Rn. 37). Für die Entscheidung über die **Erinnerung** des Verurteilten gegen den **Ansatz der Kosten** eines nach § 454 Abs. 2 Satz 1 Nr. 2 StPO erhobenen Sachverständigengutachtens in der Kostenrechnung der Staatsanwaltschaft ist das Gericht der ersten Instanz zuständig (BGH NJW 2000, 1128).

10   Die **Entscheidung** ergeht ohne mündliche Verhandlung durch **Beschluss (Abs. 1 S. 1),** der die Aussetzung der Vollstreckung des Strafrests zur Bewährung anordnet oder ablehnt und nach § 34 zu begründen ist. Kein Beschluss bei Nichteinwilligung des Verurteilten (s. Rn. 2). Bei Aussetzung sind Anordnungen nach §§ 57 Abs. 3, 57 a Abs. 3 StGB aufzunehmen, bei Ablehnung die Bestimmung

Strafvollstreckung **§ 454**

einer Frist nach §§ 57 Abs. 6, 57a Abs. 4 StGB. Auch bei Prüfung vAw. darf der Beschluss nicht durch einen (negativen) Aktenvermerk ersetzt werden (OLG Zweibrücken MDR 1974, 329, Meyer-Goßner Rn. 39; **aA** OLG Celle NJW 1972, 2054). In dem Beschluss ist der Entlassungszeitpunkt kalendermäßig zu bestimmen; eine rückwirkende Aussetzung ist unzulässig (OLG Zweibrücken JR 1977, 292). Zum Entscheidungszeitpunkt vgl. auch § 454a. Eine **rückwirkende** Anordnung der Aussetzung ist unzulässig (OLG Zweibrücken JR 1977, 292). Der Beschluss ist **zuzustellen;** seine Verkündung im Anhörungstermin ist unzulässig (OLG München NJW 1976, 254). Er wird mit seiner Rechtskraft wirksam.

Für die **Belehrung** über die Aussetzung der Vollstreckung gilt § 268a Abs. 3 **11** entspr.; sie kann vom Vorsitzenden entspr. § 453a Abs. 1 S. 1 einem anderen Richter oder nach **Abs. 3 S. 2** der Vollzugsanstalt übertragen werden. Für die **Nachtragsentscheidungen** gilt Abs. 3 S. 1 iVm §§ 453, 453a Abs. 1 u. 3, 453b, 453c.

Sofortige Beschwerde (Abs. 3) ist gegen die Entscheidung nach Abs. 1 zuläs- **12** sig. **Beschwerdeberechtigt** sind der Verurteilte (unter Widerruf der Einwilligung; vgl. OLG Koblenz MDR 1981, 425) und die StA, nicht aber Dritte (Meyer-Goßner Rn. 44). Ist die Strafe während des Beschwerdeverfahrens voll verbüßt, so entfällt die Beschwerde (vgl. aber OLG Koblenz MDR 1986, 423). Die Ablehnung, eine Entscheidung nach Abs. 1 zu treffen, ist mit **einfacher Beschwerde** anfechtbar (OLG Düsseldorf NStZ 1994, 454). Die Beschwerde der StA (Abs. 2 S. 2) und die auf den Widerruf der Einwilligung gestützte Beschwerde des Verurteilten gegen die Aussetzung haben **aufschiebende Wirkung;** eine Entlassung des Verurteilten vor Rechtskraft ist grds. ausgeschlossen (vgl. OLG Karlsruhe NJW 1976, 814; KK-Fischer Rn. 33). Im **Beschwerdeverfahren** gilt Abs. 1 S. 3 (mündliche Anhörung) nicht (BVerfG NJW 1988, 1715; vgl. Meyer-Goßner Rn. 46). Das Beschwerdegericht entscheidet ohne die Beschränkung des § 453 Abs. 2 S. 2 in der Sache selbst (§ 309 Abs. 2); eine **Zurückverweisung** ist erforderlich, wenn die mündliche Anhörung des Verurteilten zu Unrecht unterblieben ist (OLG Düsseldorf NStZ 1993, 406).

Die Festsetzung der Bewährungszeit und die Anordnung von Auflagen und **13** Weisungen kann nur unter den Voraussetzungen des § 453 Abs. 2 S. 2 mit **einfacher Beschwerde** angefochten werden, auch wenn sie im Aussetzungsbeschluss selbst getroffen sind. Wurden Anordnungen nach §§ 56ff. StGB erwogen, aber abgelehnt, oder sind sie versehentlich unterblieben, so ist dagegen **sofortige Beschwerde** zulässig; § 453 Abs. 2 S. 2 gilt nicht (vgl. KK-Fischer Rn. 38a).

Ist die Aussetzung abgelehnt worden, so steht die Rechtskraft der Entscheidung **14** einer **nochmaligen Prüfung** nach angemessener Zeit nicht entgegen; ist keine Frist nach §§ 57 Abs. 6, 57a Abs. 4 StGB bestimmt, so kann der Verurteilte einen neuen Antrag stellen. Auch die Feststellung, wegen besonderer Schwere der Schuld (§ 57a Abs. 1 S. 1 Nr. 2 StGB) sei die weitere Vollstreckung bis zu einem bestimmten Zeitpunkt erforderlich, ist nicht bindend (OLG Frankfurt NStZ 1983, 555). Ist die bedingte Entlassung **widerrufen** worden, so kann die noch zu vollstreckende Reststrafe erneut ausgesetzt werden (OLG Frankfurt StV 1985, 25; vgl. § 454b Rn. 5).

Bei der Aussetzung einer **lebenslangen Freiheitsstrafe** hat das **Vollstreckungs-** **15** **gericht** nach der „Schwurgerichtslösung" des BVerfG (BVerfG 86, 288; BGH 39, 121, 125 = NJW 1993, 1084; BGH 39, 208, 209 = NJW 1993, 1999; vgl. dazu umfassend Tröndle/Fischer StGB § 57a Rn. 1ff. mwN) auf der Grundlage der vom Tatgericht zu treffenden Entscheidung über die besondere **Schwere der Schuld** (§ 57a Abs. 1 S. 1 Nr. 2) darüber zu entscheiden, **ob** die Vollstreckung auszusetzen ist und **bis wann** sie im Fall der Ablehnung wegen besonderer Schuldschwere fortzusetzen ist. Dabei ist eine **vollstreckungsrechtliche Gesamtwürdigung** vorzunehmen, in die das Sachverständigengutachten nach Abs. 2 (o. Rn. 9) einzubeziehen ist (vgl. KK-Fischer Rn. 44ff.; zu den materiellrechtlichen Voraussetzungen BGH-GrS NStZ 1995, 122 und Tröndle/Fischer StGB § 57a Rn. 7ff.

§ 454 a   Siebentes Buch. 1. Abschnitt

mwN). Die **Verneinung** der besonderen Schuldschwere ist nicht im Tenor auszusprechen, sondern in den **Urteilsgründen** darzulegen (BGH NJW 1993, 2001). Die **Bejahung** bedarf stets eines Ausspruchs im Urteilstenor (BGH 39, 121 = NJW 1993, 1084). Will die Schwurgerichtskammer die **besondere schwere Schuld** des Angeklagten iSd §§ 57a Abs. 1 S. 1 Nr. 2, 57 b StGB bejahen, so muss diese Feststellung im **Urteilsspruch** getroffen werden; die Feststellung in den Urteilsgründen genügt nicht. Liegt kein offensichtliches Verkündungsversehen vor, ist ein entsprechender Berichtigungsbeschluss unbeachtlich (BGH NStZ 2000, 194; Detter NStZ 2000, 189). Eine entsprechende Ergänzung in der Revisionsinstanz kommt auch nicht in Betracht (BGH NStZ 2000, 194). In allen Fällen der Verurteilung zu lebenslanger Freiheitsstrafe hat das Tatgericht zu entscheiden, ob die **Schuld** des Angeklagten **besonders schwer** wiegt; an seine Gewichtung ist das Vollstreckungsgericht bebunden (BGH 44, 350 = NJW 1999, 1269 in Ergänzung zu BVerfGE 86, 288 = NJW 1992, 2947). „Das Gericht" iSv § 454 Abs. 1, § 462 a ist das **Tatgericht.** Einer generell gesetzlichen **Obergrenze** für die aus Gründen besonderen Schwere der Schuld zu verbüßenden lebenslangen Freiheitsstrafe bedarf es zurzeit nicht (KK-Fischer Rn. 45). S. auch § 337 Rn. 16.

§ 454 a [Verlängerung der Bewährungszeit; Aufhebung der Aussetzung des Strafrestes]

(1) **Beschließt das Gericht die Aussetzung der Vollstreckung des Restes einer Freiheitsstrafe mindestens drei Monate vor dem Zeitpunkt der Entlassung, so verlängert sich die Bewährungszeit um die Zeit von der Rechtskraft der Aussetzungsentscheidung bis zur Entlassung.**

(2) **¹Das Gericht kann die Aussetzung der Vollstreckung des Restes einer Freiheitsstrafe bis zur Entlassung des Verurteilten wieder aufheben, wenn die Aussetzung aufgrund neu eingetretener oder bekanntgewordener Tatsachen unter Berücksichtigung des Sicherheitsinteresses der Allgemeinheit nicht mehr verantwortet werden kann; § 454 Abs. 1 Satz 1 und 2 sowie Abs. 3 Satz 1 gilt entsprechend. ²§ 57 Abs. 3 Satz 1 in Verbindung mit § 56 f des Strafgesetzbuches bleibt unberührt.**

1   Über die Aussetzung der Vollstreckung eines Strafrests (§§ 57, 57 a StGB, § 454) soll **frühzeitig** entschieden werden, um genügend Zeit für die Entlassungsvorbereitungen zu schaffen (OLG Zweibrücken NStZ 1992, 148; OLG Hamm NStZ-RR 1996, 30). Eine zeitliche Begrenzung enthält § 454 a nicht; die Entscheidung kann auch wesentlich **früher als 3 Monate** vor dem Entlassungszeitpunkt getroffen werden (OLG Karlsruhe NStZ 1991, 207). Für die Aussetzung freiheitsentziehender **Maßregeln** gilt § 454 a entspr. (§ 463 Abs. 1). Die Vorschrift des § 454 a Abs. 1 setzt voraus, dass bereits im Zeitpunkt der Entscheidung über die Frage einer bedingten Entlassung eine günstige Sozialprognose des Verurteilten gesichert ist. Die Anordnung seiner bedingten Entlassung bereits zum Entscheidungszeitpunkt darf ausschließlich daran scheitern, dass entweder formelle Aussetzungsvoraussetzungen nicht vorliegen, etwa die Mindestverbüßungsdauer noch nicht erreicht ist, im Anschluss notierte Strafen noch nicht ausreichend teilverbüßt sind oder die Einwilligung des Verurteilten erst zu einem späteren Zeitpunkt erteilt ist, oder aber unabdingbare Entlassungsvorbereitungen noch durchzuführen sind. Den Vollstreckungsgerichten ist durch den von Verfassungs wegen gegen die Vollzugsbehörden bestehenden Anspruch des Verurteilten auf zeitgerechte Vorbereitung seiner bedingten Entlassung nicht die eigenständige prognostische Einschätzung verwehrt, dass ohne eine erfolgreiche und längerfristige Bewältigung von Vollzugslockerungen die Erwartung künftiger Legalbewährung (noch) nicht gerechtfertigt ist. Es sprechen überwiegende Gründe dafür, dass bei rechtsfehlerhafter oder bestandskräftiger Versa-

1030

Strafvollstreckung § 454 b

gung von Lockerungen durch die Vollzugsbehörde und dadurch bedingter Vereitelung einer zeitgerechten Entscheidung über eine bedingte Entlassung des Verurteilten keine Möglichkeit besteht, dessen Freiheitsanspruch nach Maßgabe des § 454 a StPO Geltung zu verschaffen (OLG Frankfurt NStZ-RR 2001, 311).

Eine **Verlängerung der Bewährungszeit (Abs. 1)** tritt bei Entscheidung mindestens 3 Monate vor dem Entlassungszeitpunkt ein. Maßgebend für die Dauer der Verlängerung ist der Tag der Rechtskraft des Aussetzungsbeschlusses; mit diesem Tag beginnt die Bewährungszeit zu laufen (vgl. § 56 a Abs. 2 StGB), auch wenn der Verurteilte noch nicht entlassen ist (Meyer-Goßner Rn. 2; anders KK-Fischer Rn. 4). Die im Aussetzungsbeschluss festgesetzte Bewährungszeit beginnt mit der Entlassung aus der Haft. Straftaten während der Vorbereitung der Entlassung als Freigänger oder während eines Urlaubs können daher den Widerruf der Reststrafenaussetzung (§§ 57 Abs. 3 S. 1 iVm § 56 f Abs. 1 Nr. 1) rechtfertigen. 2

Die **Aufhebung des rechtskräftigen Aufhebungsbeschlusses (Abs. 2)** ist bis zur Entlassung des Verurteilten auch dann zulässig, wenn Widerrufsgründe nach § 57 Abs. 3 S. 1 iVm § 56 f StGB nicht vorliegen; damit kann den Gefahren einer frühzeitig bejahten positiven Sozialprognose begegnet werden. **Voraussetzung** für die Aufhebung ist das Hervortreten **neuer Tatsachen,** die ernsthaft Zweifel an der positiven Sozialprognose begründen. „Neue Tatsachen" iSv § 454 a Abs. 2 sind auch solche, die zwar bereits vor der ursprünglichen Aussetzungsentscheidung geschaffen, aber erst danach bekannt geworden sind (OLG Hamm NStZ-RR 1998, 112; OLG Schleswig NStZ 1988, 243; OLG Stuttgart MDR 1989, 1016). Ein **Widerruf** nach § 57 Abs. 3 S. 1 iVm § 56 f StGB ist auch in der Zeit bis zur Entlassung möglich **(Abs. 2 S. 2);** liegen seine Voraussetzungen vor, so geht er der Aufhebung nach **Abs. 2 S. 1** vor (vgl. KK-Fischer Rn. 7). Die Einhaltung der **Formvorschriften eines freiheitsbeschränkenden Gesetzes** ist ein Verfassungsgebot. Dieses Gebot gilt auch für die Entscheidung über die Wiederaufhebung eines Strafaussetzungsbeschlusses gemäß § 454 a Abs. 3. Die Wiederaufhebung der Strafaussetzung setzt voraus, dass sich der Verurteilte zu Recht in **Strafhaft** befindet (BVerfG NJW 2001, 2247). 3

Das **Verfahren** bei der Aufhebung bestimmt sich entspr. § 454 Abs. 1 S. 1 u. 2, Abs. 2 S. 1. Das nach § 462 a zuständige Gericht entscheidet nach Anhörung der StA, des Verurteilten und der Vollzugsanstalt durch **Beschluss.** Eine mündliche Anhörung des Verurteilten ist nicht zulässig (Meyer-Goßner Rn. 5). Der Beschluss lautet auf Aufhebung des Aussetzungsbeschlusses; er ist zu begründen (§ 34) und förmlich zuzustellen. Die Aufhebung **enthält zugleich die Ablehnung der Aussetzung** zum gegenwärtigen Zeitpunkt. Lag dem aufgehobenen Beschluss ein **Antrag** des Verurteilten zugrunde, so muss über diesen daher nicht zusätzlich (neu) entschieden werden (vgl. KK-Fischer Rn. 8). 4

Gegen den Beschluss ist **sofortige Beschwerde** zulässig (**Abs. 2 S. 1, 2. HS** iVm § 454 Abs. 2 S. 1). Eine Entlassung des Verurteilten vor Rechtskraft ist grds. ausgeschlossen (§ 307 Abs. 1; vgl. KK-Fischer Rn. 9). Erwägt das Gericht, eine angeordnete Reststrafenaussetzung zur Bewährung noch vor der Haftentlassung des Verurteilten infolge neuer Tatsachen aufzuheben oder zu widerrufen, so kann es, wenn eine ausreichende Klärung dieser neuen Tatsachen bis zum vorgesehenen Entlassungstermin nicht herbeigeführt werden kann, nach § 454 Abs. 2 auch einen (zunächst nur vorläufigen) Aufschub der Haftentlassung anordnen. Das gilt jedenfalls dann, wenn noch ungeklärt ist, ob vorrangig ein Widerruf der Strafaussetzung auszusprechen ist (OLG Hamburg NStZ 1999, 55). 5

§ 454 b [Vollstreckung von Freiheitsstrafen und Ersatzfreiheitsstrafen]

(1) **Freiheitsstrafen und Ersatzfreiheitsstrafen sollen unmittelbar nacheinander vollstreckt werden.**

§ 454 b

(2) ¹Sind mehrere Freiheitsstrafen oder Freiheitsstrafen und Ersatzfreiheitsstrafen nacheinander zu vollstrecken, so unterbricht die Vollstreckungsbehörde die Vollstreckung der zunächst zu vollstreckenden Freiheitsstrafe, wenn
1. unter den Voraussetzungen des § 57 Abs. 2 Nr. 1 des Strafgesetzbuches die Hälfte, mindestens jedoch sechs Monate,
2. im übrigen bei zeitiger Freiheitsstrafe zwei Drittel, mindestens jedoch zwei Monate, oder
3. bei lebenslanger Freiheitsstrafe fünfzehn Jahre

der Strafe verbüßt sind. ²Dies gilt nicht für Strafreste, die auf Grund Widerrufs ihrer Aussetzung vollstreckt werden.

(3) Hat die Vollstreckungsbehörde die Vollstreckung nach Absatz 2 unterbrochen, so trifft das Gericht die Entscheidungen nach den §§ 57 und 57 a des Strafgesetzbuches erst, wenn über die Aussetzung der Vollstreckung der Reste aller Strafen gleichzeitig entschieden werden kann.

1   Werden **mehrere Freiheitsstrafen oder Ersatzfreiheitsstrafen** nacheinander vollstreckt (**Abs. 1;** vgl. § 43 StVollstrO), so kann eine Sozialprognose über die zukünftige Legalbewährung sinnvoll nur **einheitlich** erfolgen. Das Verfahren hierbei regelt § 454 b. Die Vorschrift ist nicht anwendbar, wenn aus den mehreren Freiheitsstrafen eine **Gesamtstrafe** zu bilden ist (§ 460). **Jugendstrafe** ist keine Freiheitsstrafe iSd § 454 b StPO (OLG Stuttgart Die Jusitz 1987, 436; OLG Düsseldorf MDR 1990, 774). Das gilt auch dann, wenn Jugendstrafe gegen Heranwachsende verhängt worden ist (§ 110 Abs. 1 JGG) und gemäß § 92 Abs. 2 JGG nach den Vorschriften des Erwachsenenvollzugs vollzogen wird (Eisenberg NStZ 1987, 167, 169) und auch bei Zusammentreffen von Jugendstrafe mit Freiheitsstrafe (OLG Düsseldorf GA 1987, 511; MDR 1994, 744; KK-Fischer Rn. 3).

2   Um eine einheitliche und gleichzeitige Entscheidung nach Abs. 3 zu ermöglichen, ordnet **Abs. 2 S. 1** die Unterbrechung der zunächst zu vollstreckenden **Freiheitsstrafe,** nicht aber der Ersatzfreiheitsstrafe, zu den in §§ 57 Abs. 1, Abs. 2 Nr. 1, 57a Abs. 1 genannten Zeitpunkten an. Im Fall des § 57 Abs. 2 Nr. 2 gilt die Vorschrift nicht (OLG Hamm NStZ 1993, 302). **Erstverbüßung** iSd § 57 Abs. 2 Nr. 1 StGB ist nicht nur die Verbüßung der an **erster Stelle** stehenden Freiheitsstrafe (so OLG Stuttgart StV 1994, 250; Meyer-Goßner Rn. 2; Tröndle/Fischer StGB § 57 Rn. 9; LK-Gribbohm StGB § 57 Rn. 37), sondern liegt vor, wenn der Verurteilte sich **erstmals im Strafvollzug** befindet; die Halbstrafenunterbrechung ist dann auch bei mehreren nacheinander zu vollstreckenden Freiheitsstrafen für jede von ihnen vorzunehmen (OLG München NStZ 1988, 601; OLG Düsseldorf StV 1989, 215; vgl. Maatz StV 1987, 71; LK-Gribbohm StGB § 57 Rn. 32; KK-Fischer Rn. 10 ff., jeweils mwN). Das **Unterbrechungsgebot** ist strikt zu beachten; ein den Vollstreckungsbehörden unterlaufendes Verschulden darf einem Verurteilten nicht zum Nachteil gereichen (BVerfG NStZ 1988, 474). **Keine Erstverbüßung** liegt vor, wenn der Verurteilte bereits Jugendstrafe verbüßt hat (OLG Karlsruhe NStZ 1989, 323), wenn Freiheitsentzug nach § 57 Abs. 4 anzurechnen ist (str.; vgl. KK-Fischer Rn. 14 mwN) oder wenn Freiheitsstrafe in der **ehemaligen DDR** wegen einer Straftat verbüßt wurde, die auch in der Bundesrepublik zur Verurteilung geführt hätte (OLG Zweibrücken MDR 1992, 175). Vorverbüßung von Ersatzfreiheitssrafe hindert die Anwendung der Erstverbüßerregelung nicht (OLG Zweibrücken MDR 1988, 984).

3   Grundlage des § 454 b ist die **vollstreckungsrechtliche Selbstständigkeit** der einzelnen Strafen (BGH 34, 159, 161 = NJW 1987, 1211); mehrere nacheinander zu vollstreckende Strafen sind hinsichtlich des Höchstmaßes nach § 57 Abs. 2 Nr. 1 StGB nicht zusammenzurechnen (OLG Düsseldorf StV 1989, 215; str.). Die Unter-

brechung nach Abs. 2 ist **zwingend**. Sind **mehrere lebenslange Freiheitsstrafen** aus verschiedenen Urteilen nacheinander zu vollstrecken und wurde die Vollstreckung der zunächst zu vollstreckenden lebenslangen Freiheitsstrafe nach § 454 b Abs. 2 S. 1 Nr. 3 unterbrochen, so hat das Gericht die Entscheidungen nach § 57 a StGB für beide Strafen gleichzeitig zu treffen, und zwar auf Grund einer **Gesamtschau,** bei der für beide Strafen die wegen der besonderen Schwere der Schuld gebotenen Vollstreckungsdauer zu bestimmen und die Dauer der Vollstreckung vor der Unterbrechung zu berücksichtigen ist (OLG Nürnberg NStZ 1999, 269). Eine **rückwirkende** Anordnung der Unterbrechung scheidet in diesem Fall aus (**aA** OLG Celle NStZ 1990, 252; OLG Frankfurt NStZ 1990, 254); vielmehr ist die Mindestverbüßungszeit der §§ 57, 57 a um die Dauer der Verspätung zu mindern (OLG Stuttgart NStZ 1991, 150; Maatz NStZ 1990, 214; vgl. KK-Fischer Rn. 5 ff. mwN). Ist die Aussetzung einer Reststrafe rechtswidrig abgelehnt worden und stellt sich nun heraus, dass eine Anschlussstrafe zu vollstrecken ist, so ist die zuerst vollstreckte Strafe zu unterbrechen, um eine gemeinsame Entscheidung nach Abs. 3 sicherzustellen (OLG Düsseldorf StV 1990, 121). **Ersatzfreiheitsstrafen** werden nicht nach **Abs. 2** unterbrochen. Sie sind deshalb in vollem Umfang von oder nach den jeweils unterbrochenen Freiheitsstrafen zu vollstrecken (OLG Bamberg NStZ-RR 1998, 380; KK-Fischer Rn. 4).

Liegen die Voraussetzungen des § 57 Abs. 2 Nr. 1 StGB nicht vor, so **kann** die 4 Vollstreckungsbehörde auf **Antrag** des Verurteilten die Vollstreckung einer Strafe dennoch zum Halbstrafzeitpunkt anordnen, wenn mindestens 6 Monate verbüßt sind und erwartet wird, dass die Voraussetzungen des § 57 Abs. 2 **Nr. 2** zum Zeitpunkt der Entscheidung nach Abs. 3 vorliegen. Wenn das Gericht zu diesem Zeitpunkt eine Aussetzung ablehnt, ist die Reststrafe nach Abs. 2 S. 1 Nr. 2 zwingend zum Zweidrittelzeitpunkt wieder zu unterbrechen (OLG Zweibrücken NStZ 1989, 592; str.).

Strafreste, die nach Widerruf ihrer Aussetzung vollstreckt werden, dürfen nicht 5 erneut unterbrochen werden **(Abs. 2 S. 2);** sie sind vollständig vorwegzuvollstrecken (§ 43 Abs. 2 a S. 2 StVollstrO). An die Entscheidung der Vollstreckungsbehörde über die Reihenfolge der Vollstreckung von Freiheitsstrafen und Strafresten ist die StVK gebunden (OLG Hamburg StV 1993, 256). Gegen die Ablehnung eines Antrags auf Unterbrechung (vgl. § 43 Abs. 4 StVollstrO) ist der Rechtsweg nach §§ 23 ff. EGGVG gegeben (BGH NJW 1991, 2030). Abs. 2 S. 2 betrifft nur Strafreste nach vorheriger Teilverbüßung; nach Aussetzungswiderruf gem. § 56 f StGB zu vollstreckende Strafe fällt nicht darunter. Die Möglichkeit einer erneuten Aussetzung des Strafrests ist durch **Abs. 2 S. 2** nicht ausgeschlossen (vgl. § 454 Rn. 14).

Die Unterbrechung nach **Abs. 2** ist auch dann vorzunehmen, wenn neben einer 6 oder mehreren Freiheitsstrafen eine **freiheitsentziehende Maßregel** angeordnet ist. Ist nach § 67 Abs. 2 StGB der Vorwegvollzug der gesamten Strafe angeordnet worden, so wird, wenn nicht zuvor eine Anordnung nach § 67 Abs. 3 StGB ergeht, im Zeitpunkt des Abs. 3 zugleich nach § 67 c Abs. 1 S. 1 entschieden (vgl. KK-Fischer Rn. 22 ff.). Die **Zurückstellung** der Vollstreckung einer Strafe nach **§ 35 BtMG** lässt § 454 b unberührt (vgl. dazu Körner NStZ 1995, 63).

Zuständig für die Anordnung der Unterbrechung ist die Vollstreckungsbehörde 7 (§ 451; § 31 Abs. 2 S. 1 RPflG). Die Entscheidung über die Reststrafenaussetzung (Abs. 3) trifft die StVK **gleichzeitig,** dh. erst vor dem Ende der letzten Anschlussvollstreckung, bei Bestehen einer Sperre nach §§ 57 Abs. 6, 57 a Abs. 4 erst nach deren Ablauf (OLG München MDR 1987, 782). Ein auf frühere Einzelentscheidung gerichteter Antrag des Verurteilten ist als unzulässig zu verwerfen (vgl. Greger JR 1986, 353). Die Voraussetzungen der §§ 57, 57 a StGB sind für jede Freiheitsstrafe **gesondert,** jedoch im Rahmen einer **Gesamtschau** zu prüfen (OLG Hamm MDR 1987, 512); eine unterschiedliche Entscheidung ist nicht ausgeschlossen (vgl.

Meyer-Goßner Rn. 6 mwN). Bei insgesamt negativer Entscheidung sind die noch nicht verbüßten Strafreste entsprechend der ursprünglichen Reihenfolge weiterzuvollstrecken; regelmäßig ist eine Frist für den nächsten einheitlichen Entscheidungszeitpunkt festzusetzen (vgl. KK-Fischer Rn. 24).

8 **Rechtsbehelfe.** Gegen die Festsetzung der Vollstreckungsreihenfolge und des Unterbrechungszeitpunkts durch die Vollstreckungsbehörde kann der Verurteilte **Einwendungen** erheben; bei Nichtabhilfe entscheidet das Gericht nach § 458 Abs. 2. Gegen seine Entscheidung ist **sofortige Beschwerde** zulässig (§ 462 Abs. 3). Gegen die **Ablehnung einer Unterbrechung** ist der Rechtsweg nach §§ 23 ff. EGGVG eröffnet (OLG Hamburg StV 1993, 246); dasselbe gilt für die Entscheidung, die Vollstreckung eines Strafrests, dessen Aussetzung widerrufen wurde, nicht erneut zu unterbrechen, Abs. 2 S. 2 (BGH NJW 1991, 2030). Sind mehrere StAen als Vollstreckungsbehörden zuständig, kann jede StA die Entscheidung nur hinsichtlich derjenigen Strafe anfechten, für die sie als Vollstreckungsbehörde zuständig ist, das Beschwerdegericht auch nur insoweit entscheiden (Meyer-Goßner Rn. 7). Die Beschwerde der StA kann nach § 301 auch zu einer für den Verurteilten günstigeren Entscheidung führen (OLG Frankfurt NStZ-RR 1996, 221).

§ 455 [Aufschub der Vollstreckung einer Freiheitsstrafe]

(1) **Die Vollstreckung einer Freiheitsstrafe ist aufzuschieben, wenn der Verurteilte in Geisteskrankheit verfällt.**

(2) **Dasselbe gilt bei anderen Krankheiten, wenn von der Vollstreckung eine nahe Lebensgefahr für den Verurteilten zu besorgen ist.**

(3) **Die Strafvollstreckung kann auch dann aufgeschoben werden, wenn sich der Verurteilte in einem körperlichen Zustand befindet, bei dem eine sofortige Vollstreckung mit der Einrichtung der Strafanstalt unverträglich ist.**

(4) ¹**Die Vollstreckungsbehörde kann die Vollstreckung einer Freiheitsstrafe unterbrechen, wenn**
1. **der Verurteilte in Geisteskrankheit verfällt,**
2. **wegen einer Krankheit von der Vollstreckung eine nahe Lebensgefahr für den Verurteilten zu besorgen ist oder**
3. **der Verurteilte sonst schwer erkrankt und die Krankheit in einer Vollzugsanstalt oder einem Anstaltskrankenhaus nicht erkannt oder behandelt werden kann**

und zu erwarten ist, daß die Krankheit voraussichtlich für eine erhebliche Zeit fortbestehen wird. ²**Die Vollstreckung darf nicht unterbrochen werden, wenn überwiegende Gründe, namentlich der öffentlichen Sicherheit, entgegenstehen.**

1 Die Vorschrift regelt den **Strafausstand,** der vor Beginn der Vollstreckung **(Strafaufschub, Abs. 1–3)** oder nach deren Beginn **(Strafunterbrechung, Abs. 4)** angeordnet werden kann (vgl. § 46 StVollstrO). Nicht unter den Begriff des Strafausstands fallen tatsächliche Unterbrechungen nach §§ 13 ff., 35 f. StVollzG; diese Urlaubszeiten gelten vielmehr als verbüßte Strafe iSd § 57 StGB. Zur Anwendung des § 455 auf freiheitsentziehende **Maßregeln** vgl. § 463 Abs. 1 u. 4. Bei Vollzug der Strafe durch die Bundeswehr (vgl. vor § 449 Rn. 1) gilt Art. 6 EGWStG. Für den Vollzug von U-Haft gilt § 455 nicht.

2 **Strafaufschub** ist in den Fällen des **Abs. 1 und 2 zwingend** zu gewähren. **Voraussetzung** des **Abs. 1** ist das Verfallen in Geisteskrankheit; das liegt auch vor, wenn eine bereits vor der Verurteilung bestehende Erkrankung erst nachträglich festgestellt wird. Sie muss einen solchen Grad erreicht haben, dass ein Behandlungs-

vollzug aussichtslos erscheint (vgl. OLG München NStZ 1981, 240). Tritt die Krankheit nur in Schüben auf, so ist der Aufschub nur für deren Dauer zu bewilligen.

Abs. 2 setzt die Besorgnis **naher Lebensgefahr** voraus. Die bloße **Möglichkeit,** 3 dass sich die bestehende Krankheit entsprechend verschlechtern könnte, reicht nicht aus (OLG Düsseldorf NJW 1991, 765); bei langdauernden Strafen sind an die Wahrscheinlichkeit hohe Anforderungen zu stellen. Vollzugsinterne Behandlungsmöglichkeiten sind vorrangig auszuschöpfen (OLG Karlsruhe NStZ 1991, 53). Abs. 2 scheidet aus, wenn die Gefahren der Krankheit außerhalb des Vollzugs in gleicher Weise bestehen (OLG Düsseldorf NJW 1991, 765). **Selbstmordgefahr** rechtfertigt den Aufschub nicht (KG NStZ 1994, 255); dasselbe gilt für eine **HIV-Infektion** ohne Ausbruch der Krankheit. Auch die Drohung eines **nahen Angehörigen,** sich im Fall der Verweigerung eines Aufschubs zu töten, scheidet als Aufschubgrund aus (OLG Köln MDR 1985, 695).

Im Fall des **Abs. 3** steht die Anordnung des Aufschubs im **pflichtgemäßen** 4 **Ermessen** der Vollstreckungsbehörde. **Unverträglichkeit der sofortigen Vollstreckung** liegt insb. vor, wenn die Behandlung oder Pflege des Verurteilten im Vollzug nicht möglich wäre (BGH 19, 148, 150 = NJW 1965, 166).

Die **Dauer des Aufschubs** ist in § 455 nicht geregelt. Sie hängt vom Wiedereintritt 5 der Vollzugstauglichkeit ab. IdR wird der Aufschub nur für einen bestimmten Zeitraum gewährt, während dessen die **Vollstreckungsverjährung** ruht (§ 79 a Nr. 2 a StGB).

Unterbrechung der Vollstreckung (Abs. 4) kommt außer in den Fällen des 6 Abs. 4 S. 1 Nr. 1 u. 2, die Abs. 1 und 2 entsprechen, bei **sonstiger schwerer Erkrankung** (Nr. 3) in Betracht, wenn ihre Behandlung im Vollzug nicht möglich ist (vgl. OLG Karlsruhe NStZ 1991, 53). Die Erkrankung muss voraussichtlich **erhebliche Zeit** fortbestehen; unabsehbar muss dieser Zeitraum nicht sein (Meyer-Goßner Rn. 11). Die Unterbrechung ist **ausgeschlossen (Abs. 4 S. 2),** wenn der Verurteilte trotz oder gerade wegen seiner Erkrankung eine erhebliche Gefahr für die öffentliche Sicherheit darstellt.

Verfahren. Über den Strafausstand entscheidet die Vollstreckungsbehörde auf 7 Antrag oder vAw. Der Strafaufschub kann durch förmliche Anordnung oder formlos durch Hinausschieben des Strafantritts gewährt werden; die Unterbrechung bedarf regelmäßig einer förmlichen Entscheidung (vgl. § 46 Abs. 1 StVollstrO). Sie wird mit Zugang wirksam und endet, wenn Maßnahmen ergriffen werden, um die Strafvollstreckung fortzusetzen (Meyer-Goßner Rn. 14). Wird ein erkrankter Gefangener in eine Krankenanstalt außerhalb des Vollzugs verlegt, so **kann** hierin eine Unterbrechung nach **Abs. 4** liegen. Eine nach § 461 anzurechnende Fortdauer des Freiheitsentzugs liegt vor, wenn die Vollstreckungsbehörde die **Verfügungsgewalt** über den Verurteilten, bspw. durch Bewachung, aufrechterhält oder wieder herstellt.

Rechtsbehelfe. Über **Einwendungen** gegen Entscheidungen der Vollstrek- 8 kungsbehörde entscheidet nach § 458 Abs. 2 das Gericht (OLG Karlsruhe NStZ 1988, 525), gegen seine Entscheidung ist **sofortige Beschwerde** zulässig (§ 462 Abs. 3).

§ 455 a [Aufschub oder Unterbrechung aus Gründen der Vollzugsorganisation]

(1) **Die Vollstreckungsbehörde kann die Vollstreckung einer Freiheitsstrafe oder einer freiheitsentziehenden Maßregel der Besserung und Sicherung aufschieben oder ohne Einwilligung des Gefangenen unterbrechen, wenn dies aus Gründen der Vollzugsorganisation erforderlich ist und überwiegende Gründe der öffentlichen Sicherheit nicht entgegenstehen.**

§ 456 Siebentes Buch. 1. Abschnitt

(2) **Kann die Entscheidung der Vollstreckungsbehörde nicht rechtzeitig eingeholt werden, so kann der Anstaltsleiter die Vollstreckung unter den Voraussetzungen des Absatzes 1 ohne Einwilligung des Gefangenen vorläufig unterbrechen.**

1   Die Vorschrift regelt den Strafausstand (§ 455 Rn. 1) aus Gründen der **Vollzugsorganisation.** Sie dürfen nicht in der **Person** des Gefangenen liegen (KG NStZ 1983, 334). In Betracht kommen insb. Überbelegung, Umbaumaßnahmen, Seuchen- oder Katastrophenfälle oder die Notwendigkeit, Haftplätze für Gefangene schwererer Kriminalität freizumachen. § 455 a enthält keine abschließende Regelung (LR-Wendisch Rn. 6).

2   **Überwiegende Gründe der öffentlichen Sicherheit** stehen dem Strafausstand entgegen; das gilt auch für die Unterbrechung in Eilfällen nach **Abs. 2.** Die Gründe können allgemeiner Art sein oder in der Person des Gefangenen liegen, insb. wenn die Besorgnis besteht, er werde neue erhebliche Straftaten begehen oder sich dem Vollzug dauerhaft entziehen.

3   **Zuständig** für die Anordnung nach **Abs. 1** ist die Vollstreckungsbehörde (§ 451 Abs. 1; § 31 Abs. 2 S. 1, Abs. 6 S. 3 RPflG), in **Eilfällen (Abs. 2)** der Anstaltsleiter, der die Vollstreckungsbehörde unverzüglich unterrichten muss. Diese hat die Zustimmung der obersten Justizbehörde einzuholen (vgl. § 46 a Abs. 1 u. 2 StVollstrO). Der **Zustimmung** des Gefangenen bedarf es nicht. Während des Strafausstands ruht die Vollstreckungsverjährung (§ 79 a Nr. 2 a StGB). Die Anordnung ist **unanfechtbar;** bei Wiederaufnahme der Vollstreckung sind § 456, 458 Abs. 2 anwendbar.

§ 456 [Vorübergehender Aufschub]

(1) **Auf Antrag des Verurteilten kann die Vollstreckung aufgeschoben werden, sofern durch die sofortige Vollstreckung dem Verurteilten oder seiner Familie erhebliche, außerhalb des Strafzwecks liegende Nachteile erwachsen.**

(2) **Der Strafaufschub darf den Zeitraum von vier Monaten nicht übersteigen.**

(3) **Die Bewilligung kann an eine Sicherheitsleistung oder andere Bedingungen geknüpft werden.**

1   Die Vorschrift regelt den **Vollstreckungsaufschub in persönlichen Härtefällen;** eine **Unterbrechung** kann nicht angeordnet werden (BGH 19, 148, 150). § 456 gilt entspr. für freiheitsentziehende **Maßregeln** mit Ausnahme der Sicherungsverwahrung, für die Vollstreckung des **Strafrests** und für **Nebenstrafen** und **Nebenfolgen,** die einer Vollstreckung bedürfen. Zur **Geldstrafe** vgl. auch § 459 a, zur **Ersatzfreiheitsstrafe** § 459 f. **Nicht anwendbar** ist § 456 beim **Berufsverbot** (hier ist die Spezialvorschrift des § 456 c maßgebend) sowie auf Nebenstrafen und Nebenfolgen, die mit der Rechtskraft der Entscheidung (automatisch) wirksam werden, so auf das **Fahrverbot** (§ 44 Abs. 3 S. 1 StGB) auf den **Verlust von Fähigkeiten, Rechtsstellungen und Rechten** (§ 45 a Abs. 1 StGB) und den Rechtsübergang bei **Verfall** und **Einziehung** (§§ 73 e Abs. 1, 74 e Abs. 1 StGB). Bei **Geldstrafen** hat § 456, wenn sie auch vom Wortlaut der Vorschrift erfasst werden, keine praktische Bedeutung, da hier die weitergehenden Möglichkeiten der §§ 459 a–d zur Verfügung stehen (KK-Fischer Rn. 3 mwN).

2   Der Aufschub nach **Abs. 1** setzt **erhebliche Nachteile** voraus. Das sind nur solche Folgen persönlicher, wirtschaftlicher oder ideeller Art, die über das gewöhnliche Strafübel hinausgehen und durch den Aufschub **vermeidbar** sind, zB bei schwerer Erkrankung des Ehepartners bei unversorgten Kindern, kurz bevorstehen-

Strafvollstreckung **§ 456 a**

dem Abschluss einer Ausbildung, geschäftlich zwingender Anwesenheit eines Selbstständigen (vgl. OLG Frankfurt NStZ 1989, 93; OLG Düsseldorf JR 1992, 435). Keine Berücksichtigung können solche Nachteile finden, die auf vom Verurteilten in Kenntnis der Verurteilung bewusst herbeigeführten Umständen beruhen (OLG Schleswig NStZ 1992, 558; KK-Fischer Rn. 5).

Die **Höchstdauer (Abs. 2)** von 4 Monaten darf der Aufschub nicht überschreiten. Die Frist ist nach § 43 zu berechnen und beginnt mit dem Tag, für den der Verurteilte zum Strafantritt geladen worden ist (OLG Düsseldorf JR 1992, 435; OLG Stuttgart MDR 1982, 601) und sie läuft unabhängig vom Zeitpunkt der Entscheidung über den Antrag (OLG Stuttgart NStZ 1985, 331). Über die Frist des Abs. 2 hinaus kann Aufschub nur im **Gnadenweg** bewilligt werden. 3

Für die **Sicherheitsleistung (Abs. 3)** gelten die §§ 116 Abs. 1 Nr. 4, 116 a Abs. 1 u. 2, 123, 124 entspr. Den Verfall der Sicherheit darf nur das Gericht anordnen. Andere Bedingungen können zB die Auferlegung einer Meldepflicht oder die Hinterlegung von Reisedokumenten sein. 4

Der Aufschub kann **nur auf Antrag** gewährt werden; dieser muss vor Beginn der Vollstreckung gestellt sein (OLG Schleswig SchlHA 2000, 149) und hat **keine aufschiebende Wirkung;** beginnt die Vollstreckung vor der Entscheidung, so bleibt der Antrag bestehen (OLG Stuttgart NStZ 1985, 331). **Zuständig** für die Entscheidung ist die Vollstreckungsbehörde (§ 451 Abs. 1). 5

Der Verurteilte hat Anspruch auf **ermessensfehlerfreie Entscheidung.** Über **Einwendungen** gegen die Entscheidung der Vollstreckungsbehörde entscheidet nach § 458 Abs. 2 das Gericht, auch wenn die Vollstreckung inzwischen begonnen hat (OLG Stuttgart NStZ 1985, 331; **aA** OLG München NStZ 1988, 294). Gegen die gerichtliche Entscheidung ist **sofortige Beschwerde** zulässig (§ 462 Abs. 3) und bei deren Begründetheit das Beschwerdegericht den Aufschub selbst **bewilligt** (OLG Karlsruhe StV 2000, 213). 6

§ 456 a [Absehen von Vollstreckung bei Auslieferung oder Landesverweisung]

(1) **Die Vollstreckungsbehörde kann von der Vollstreckung einer Freiheitsstrafe, einer Ersatzfreiheitsstrafe oder einer Maßregel der Besserung und Sicherung absehen, wenn der Verurteilte wegen einer anderen Tat einer ausländischen Regierung ausgeliefert, an einen internationalen Strafgerichtshof überstellt oder wenn er aus dem Geltungsbereich dieses Bundesgesetzes ausgewiesen wird.**

(2) **¹Kehrt der Ausgelieferte, der Überstellte oder der Ausgewiesene zurück, so kann die Vollstreckung nachgeholt werden. ²Für die Nachholung einer Maßregel der Besserung und Sicherung gilt § 67 c Abs. 2 des Strafgesetzbuches entsprechend. ³Die Vollstreckungsbehörde kann zugleich mit dem Absehen von der Vollstreckung die Nachholung für den Fall anordnen, dass der Ausgelieferte, der Überstellte oder Ausgewiesene zurückkehrt, und hierzu einen Haftbefehl oder Unterbringungsbefehl erlassen sowie die erforderlichen Fahndungsmaßnahmen, insbesondere die Ausschreibung zur Festnahme, veranlassen; § 131 Abs. 4 sowie § 131 a Abs. 3 gelten entsprechend. ⁴Der Verurteilte ist zu belehren.**

Die Vorschrift ergänzt § 154 b Abs. 2 u. 3 und dient der Entlastung des Vollzugs. Wenn eine Strafe oder Maßregel im Ausland vollstreckt werden kann (§ 71 IRG), kommt eine Anordnung nach Abs. 1 nicht in Betracht (vgl. Groß StV 1987, 37, 39). 1

Für die **Auslieferung** gelten die §§ 2 ff. IRG, für die **Ausweisung** §§ 45 ff. AuslG. Die Pflicht zur Ausreise (§ 45 AuslG), die Abschiebung (§ 49 AuslG) und die Zurückschiebung (§ 61 AuslG) stehen der Ausweisung gleich (OLG Hamm NStZ 2

§ 456 b

1983, 524). Eine Anordnung nach Abs. 1 ist nur zulässig, wenn diese Maßnahmen **rechtskräftig angeordnet** sind und demnächst vollzogen werden sollen (LR-Wendisch Rn. 6; KK-Fischer Rn. 3). „Dass die StA nach § 456 a Abs. 1 von der weiteren Vollstreckung der Freiheitsstrafe abgesehen hat, steht einer Entscheidung nach § 57 StGB nicht entgegen. Durch die Entscheidung der Vollstreckungsbehörde ist die Strafvollstreckung nicht endgültig erledigt, sondern sie kann gemäß § 456 a Abs. 2 nach Rückkehr des Ausgewiesenen nachgeholt werden" (OLG Düsseldorf NStZ 2000, 333).

3   Die **Vollstreckungsbehörde** (§ 451 Abs. 1) kann **nach ihrem Ermessen** auf Antrag oder vAw **ganz oder teilweise** von der Vollstreckung einer Freiheitsstrafe oder freiheitsentziehenden Maßregel absehen. **Abzuwägen** sind die Umstände der Tat, die Schwere der Schuld, die Dauer des bisher verbüßten Teils der Strafe, das öffentliche Interesse an nachhaltiger Strafvollstreckung und die persönliche Lage des Verurteilten (vgl. KG StV 1992, 428; OLG Stuttgart StV 1993, 258; zu den von den Ländern erlassenen **Richtlinien** vgl. Groß StV 1987, 37). Die Entscheidung, die nicht dem RPfl übertragen ist (§ 1 Nr. 1 BegrVO), muss schriftlich begründet werden (KG StV 1989, 26). Bei Ablehnung des Absehens von der weiteren Vollstreckung einer **lebenslangen Freiheitsstrafe** muss die Dauer der weiteren Vollstreckung nicht festgelegt werden (OLG Frankfurt NStZ 1993, 303).

4   Die **Nachholung der Vollstreckung (Abs. 2)** ist zulässig, wenn der Verurteilte **freiwillig** in die BRD zurückkehrt und noch keine Vollstreckungsverjährung (§ 79 StGB) eingetreten ist. Für die Vollstreckung von Maßregeln gelten die Einschränkungen des § 67 c Abs. 2 StGB. Ein ausgewiesener Verurteilter **kehrt** iSd § 456 a Abs. 2 S. 1 **zurück,** wenn er wieder in den Geltungsbereich der StPO eintritt. Ob er iSd § 59 Abs. 2 S. 1 AuslG in das Bundesgebiet eingereist ist, bleibt ohne Bedeutung. Die Rückkehr setzt als eine tatsächliche Bedingung für die Nachholung der Strafvollstreckung nach § 456 a Abs. 2 S. 1 **kein Verschulden** voraus. Die Neufassung von § 456 a Abs. 2 S. 3 durch das StVÄG 1999 v. 2. 8. 2000, der bisher in der Formulierung an § 131 der geltenden Fassung anknüpft, ist eine Anpassung an die neuen Vorschriften der Fahndung (§§ 131 f.). Die Vollstreckungsbehörde kann unter denselben Voraussetzungen, unter denen sie bisher zu Vollstreckungszwecken einen Steckbrief erlassen durfte, eine Ausschreibung zur Festnahme oder zur Aufenthaltsermittlung und die **erforderlichen Fahndungsmaßnahmen anordnen.** Die für die Ausschreibung geltenden Vorschriften über die Bezeichnung der gesuchten Person (§ 131 Abs. 4) und über die Voraussetzungen einer Öffentlichkeitsfahndung (§ 131 a Abs. 3) gelten entsprechend.

5   Gegen den **ablehnenden Bescheid** der VollstrB nach Abs. 1 ist nach durchgeführtem **Beschwerdeverfahren** nach § 21 VollstrO der Antrag gemäß § 23 EGGVG zulässig (OLG Celle StV 2000, 380). Allerdings hat das OLG nur zu prüfen, ob die StA von einem zutreffenden Sachverhalt ausgegangen ist und von ihrem Ermessen in rechtlich nicht zu beanstandender Weise Gebrauch gemacht hat (OLG Koblenz NStZ 1996, 255). Das **Absehen von der Vollstreckung** ist vom Verurteilten nicht anfechtbar „Die Nichtanfechtbarkeit einer positiven Entscheidung nach § 456 a folgt aus dem Zweck dieser Vorschrift. Mit der Einführung des § 456 a sollte im öffentlichen Interesse unter Durchbrechung des grundsätzlich auch für die Vollstreckung geltenden Legalitätsprinzips die Möglichkeit geschaffen werden, die Justizvollzugsanstalten von der Last der Vollstreckung von Strafen gegen Ausländer zu befreien" (OLG Frankfurt NStZ 1999, 122). Gegen die Anordnung nach Abs. 2 kann der Verurteilte Einwendungen erheben, über die das nach § 462 zuständige Gericht nach §§ 458 Abs. 2, 462 entscheidet (Meyer-Goßner Rn. 9).

§ 456 b *(weggefallen)*

§ 456 c [Aufschub und Aussetzung des Berufsverbotes]

(1) ¹Das Gericht kann bei Erlaß des Urteils auf Antrag oder mit Einwilligung des Verurteilten das Wirksamwerden des Berufsverbots durch Beschluß aufschieben, wenn das sofortige Wirksamwerden des Verbots für den Verurteilten oder seine Angehörigen eine erhebliche, außerhalb seines Zweckes liegende, durch späteres Wirksamwerden vermeidbare Härte bedeuten würde. ²Hat der Verurteilte einen gesetzlichen Vertreter, so ist dessen Einwilligung erforderlich. ³§ 462 Abs. 3 gilt entsprechend.

(2) Die Vollstreckungsbehörde kann unter denselben Voraussetzungen das Berufsverbot aussetzen.

(3) ¹Der Aufschub und die Aussetzung können an die Leistung einer Sicherheit oder an andere Bedingungen geknüpft werden. ²Aufschub und Aussetzung dürfen den Zeitraum von sechs Monaten nicht übersteigen.

(4) Die Zeit des Aufschubs und der Aussetzung wird auf die für das Berufsverbot festgesetzte Frist nicht angerechnet.

Das Berufsverbot (§ 70 Abs. 1 StGB) wird mit Rechtskraft des Urteils wirksam 1
(§ 70 Abs. 4 S. 1 StGB). § 456 c erlaubt bei Vorliegen der **Voraussetzungen des § 456** den Aufschub und die Unterbrechung der Maßregel. Auf das **Fahrverbot** (§ 44 StGB) ist die Vorschrift nicht entspr. anwendbar (Meyer-Goßner Rn. 1; str.).

Das **erkennende Gericht (Abs. 1)** kann das Wirksamwerden des Berufsverbots 2
durch **besonderen Beschluss aufschieben.** Er ergeht zusammen mit dem Urteil in der Hauptverhandlung und kann nicht nachgeholt werden (vgl. KK-Fischer Rn. 2). Erforderlich ist ein **Antrag** des Angeklagten, bei Entscheidung vAw. seine **Einwilligung.** Wird ein Antrag abgelehnt, so ist der Beschluss zu begründen (§ 34). **Materielle Voraussetzung** für den Aufschub ist eine erhebliche Härte für den Verurteilten oder seine Angehörigen (§ 11 Abs. 1 Nr. 1 StGB), die über den normalen Zweck der Maßregel hinausgehen und durch den Aufschub **vermeidbar** sind. Härten für **Dritte** (Arbeitgeber oder Arbeitnehmer des Verurteilten) sind nicht zu berücksichtigen.

Die **Vollstreckungsbehörde (Abs. 2)** kann nach Urteilsrechtskraft unter den- 3
selben formellen und materiellen Voraussetzungen **Aufschub oder Unterbrechung** des Berufsverbots anordnen. Hatte das Gericht einen entspr. Antrag abgelehnt, so kommt die Anordnung nur bei Vorliegen neuer Tatsachen in Betracht; § 55 Abs. 2 u. 3 StVollstrO ist zu beachten.

Aufschub oder Unterbrechung dürfen in den Fällen des Abs. 1 u. 2 die Dauer 4
von **6 Monaten** nicht überschreiten **(Abs. 3 S. 2).** Die Frist beginnt mit Rechtskraft des Urteils. Das Gericht kann die im Beschluss bestimmte Frist nicht nachträglich verändern; die Vollstreckungsbehörde kann den Aufschub nachträglich bis zur Dauer der Höchstfrist verlängern (vgl. KK-Fischer Rn. 8).

Zur **Sicherheitsleistung (Abs. 3 S. 1)** vgl. § 456 Abs. 3. Eine Geldbuße darf 5
auch für den Fall einer Zuwiderhandlung gegen andere Bedingungen, zB das Verbot bestimmter Tätigkeiten oder Kontrollauflagen, nicht auferlegt werden. Soweit das Verbot bestehen bleibt, unterfällt ein Verstoß § 145 c StGB.

Rechtsbehelfe. Gegen die Anordnung nach Abs. 1 hat die StA die **sofortige** 6
Beschwerde (Abs. 1 S. 3 iVm § 462 Abs. 3), gegen die Ablehnung eines Antrags und die Auferlegung von Bedingungen der Verurteilte. Über Einwendungen gegen Entscheidungen der Vollstreckungsbehörde (Abs. 2) entscheidet das Gericht nach § 456 Abs. 2; hiergegen ist die sofortige Beschwerde (§ 462 Abs. 3) statthaft (KK-Fischer Rn. 9).

§ 457 [Haftbefehl]

(1) § 161 gilt sinngemäß für die in diesem Abschnitt bezeichneten Zwecke.

(2) ¹Die Vollstreckungsbehörde ist befugt, zur Vollstreckung einer Freiheitsstrafe einen Vorführungs- oder Haftbefehl zu erlassen, wenn der Verurteilte auf die an ihn ergangene Ladung zum Antritt der Strafe sich nicht gestellt hat oder der Flucht verdächtig ist. ²Sie kann einen Vorführungs- oder Haftbefehl auch erlassen, wenn ein Strafgefangener entweicht oder sich sonst dem Vollzug entzieht.

(3) ¹Im übrigen hat in den Fällen des Absatzes 2 die Vollstreckungsbehörde die gleichen Befugnisse wie die Strafverfolgungsbehörde, soweit die Maßnahmen bestimmt und geeignet sind, den Verurteilten festzunehmen. ²Bei der Prüfung der Verhältnismäßigkeit ist auf die Dauer der noch zu vollstreckenden Freiheitsstrafe besonders Bedacht zu nehmen. ³Die notwendig werdenden gerichtlichen Entscheidungen trifft das Gericht des ersten Rechtszuges.

1   Die Vorschrift erlaubt Zwangsmaßnahmen der Vollstreckungsbehörde, um den Vollzug einer Freiheitsstrafe oder Ersatzfreiheitsstrafe (§ 50 Abs. 1 StVollstrO) sicherzustellen (vgl. Hilger NStZ 1992, 523). Sie gilt für die Vollstreckung freiheitsentziehender **Maßregeln** (§ 463 Abs. 1), für die Vollstreckung von Erzwingungshaft (§ 97 OWiG) und von gerichtlich verhängter Ordnungs- und Zwangshaft entspr. § 96 OWiG gilt entspr. (BT-Drucks. 12/989 S. 45; Meyer-Goßner Rn. 1).

2   **Ermittlungshandlungen (Abs. 1)** kann die Vollstreckungsbehörde nach Maßgabe des § 161 zur Ergreifung eines Verurteilten durchführen, wenn dieser sich nicht zum Strafantritt stellt, der Flucht verdächtig ist oder aus dem Strafvollzug entwichen ist (vgl. Rieß NJW 1992, 497).

3   Ein **Vorführbefehl (Abs. 2 S. 1)** kommt in Betracht, wenn der Aufenthaltsort des Verurteilten in der näheren Umgebung der Vollzugsanstalt liegt und damit zu rechnen ist, dass er in der Wohnung angetroffen wird. Bei Notwendigkeit von Fahndungsmaßnahmen ist idR ein **Haftbefehl** zu erlassen. **Voraussetzung** ist, dass der auf freiem Fuß befindliche Verurteilte entweder zum Strafantritt förmlich geladen wurde und zum Termin (§ 27 Abs. 2 StrVollstrO) ohne ausreichende Entschuldigung (vgl. § 33 Abs. 1 S. 1 StVollstrO) nicht in der JVA erschienen ist, oder dass auf Grund bestimmter Tatsachen **Fluchtverdacht** oder die Befürchtung besteht, der Verurteilte werde sich der Strafvollstreckung auf irgendeine Weise entziehen. Die Ankündigung des **Selbstmords** erfüllt diese Voraussetzung nicht. Ist der Verurteilte bereits geflohen oder hält sich verborgen, so steht das dem Fluchtverdacht gleich. Bei Fluchtverdacht wird von der Ladung zum Strafantritt abgesehen und sogleich eine Zwangsmaßnahme nach **Abs. 2** erlassen. Bei Notwendigkeit der **Zurückführung** nach Entweichen oder Fernbleiben nach Freigang, Ausgang oder Urlaub kann nach **Abs. 2 S. 2** gleichfalls ein Vorführungs- oder Haftbefehl ergehen (vgl. i. E. Meyer-Goßner Rn. 6). Nach **§ 33 Abs. 2 StVollstrO** ist die Anordnung von Zwangsmaßnahmen nach Abs. 2 bereits bei der Ladung zum Strafantritt **vorsorglich** für den Fall zulässig, dass sich der Verurteilte nicht fristgemäß stellt. Ein **Vollstreckungssteckbrief** kann nach **Abs. 1 u. 3** unter den Voraussetzungen des § 131 erlassen werden (vgl. § 34 Abs. 2 StVollstrO). Bei der Anordnung von Fahndungs- und Zwangsmaßnahmen ist der Verhältnismäßigkeitsgrundsatz zu beachten (Abs. 3 S. 2, § 34 Abs. 4 StVollstrO; vgl. KK-Fischer Rn. 9).

4   **Zuständig** für den Erlass ist die Vollstreckungsbehörde (§ 451 Abs. 1), die Aufgabe ist auf den Rpfl. übertragen. Soweit sonstige Maßnahmen der Ermittlung oder Fahndung **gerichtliche Entscheidungen (Abs. 3 S. 3)** erforderlich machen, ist hierfür das Gericht des 1. Rechtszugs zuständig. Die Vorschriften der **§§ 112 ff.** sind auf den Vollstreckungshaftbefehl nicht anwendbar.

Strafvollstreckung　　　　　　　　　　　　　　　　　　　　　　　　**§ 458**

Die **Vollziehung** des Vorführ- oder Haftbefehls erfolgt durch die Polizei, bei　5
Soldaten auch durch Feldjägereinheiten. Neben den Polizeidienststellen des eigenen
Landes können auch solche eines anderen Bundeslandes unmittelbar um die Ausführung ersucht werden (vgl. KK-Fischer Rn. 8). Eine **Wohnungsdurchsuchung**
zum Zweck der Ergreifung des Verurteilten bedarf nach der ausdrücklichen Regelung des **Abs. 3 S.** 3 eines **richterlichen Durchsuchungsbefehls** entspr. § 105
Abs. 1 (zur Rechtslage vor Erlass des OrgKG OLG Düsseldorf NJW 1981, 2133;
vgl. KK-Fischer Rn. 9).

Mit der Überführung des Verurteilten in den Strafvollzug wird der Vollstre-　6
ckungshaftbefehl gegenstandslos (OLG Hamm NStZ 1982, 524). Als Zeitpunkt des
Strafbeginns gilt derjenige der Festnahme (§ 38 Buchst. b StVollstrO).

Ein Antrag nach § 458 Abs. 2 ist gegen die Maßnahmen nach § 457 nicht　7
zulässig; statthaft ist nur **Beschwerde** nach § 21 StVollstrO und danach ein Antrag
nach **§ 23 EGGVG** (OLG Hamm NStZ 1982, 524); nach der Ergreifung kommt
allein § 28 EGGVG in Betracht (OLG Hamm MDR 1987, 519; vgl. OLG Celle
NStZ 1995, 255). Die Anfechtung gerichtlich angeordneter Maßnahmen (Abs. 3
S. 3) richtet sich nach den jeweiligen Vorschriften.

§ 458 [Gerichtliche Entscheidungen bei Strafvollstreckung]

**(1) Wenn über die Auslegung eines Strafurteils oder über die Berechnung
der erkannten Strafe Zweifel entstehen oder wenn Einwendungen gegen
die Zulässigkeit der Strafvollstreckung erhoben werden, so ist die Entscheidung des Gerichts herbeizuführen.**

**(2) Das Gericht entscheidet ferner, wenn in den Fällen des § 454 b Abs. 1
und 2 sowie der §§ 455, 456 und 456 c Abs. 2 Einwendungen gegen die
Entscheidung der Vollstreckungsbehörde erhoben werden oder wenn die
Vollstreckungsbehörde anordnet, daß an einem Ausgelieferten oder Ausgewiesenen die Vollstreckung einer Strafe oder einer Maßregel der Besserung und Sicherung nachgeholt werden soll, und Einwendungen gegen
diese Anordnung erhoben werden.**

**(3) ¹Der Fortgang der Vollstreckung wird hierdurch nicht gehemmt; das
Gericht kann jedoch einen Aufschub oder eine Unterbrechung der Vollstreckung anordnen. ²In den Fällen des § 456 c Abs. 2 kann das Gericht
eine einstweilige Anordnung treffen.**

Abs. 1 eröffnet den Rechtsweg für **Einwendungen** grundsätzlicher Art gegen　1
Entscheidungen der Vollstreckungsbehörde und weist dem Gericht die Klärung von
Zweifelsfragen zu. Die Einwendungen nach **Abs.** 2 betreffen einzelne Anordnungen der Vollstreckungsbehörde. **Andere Einwendungen,** insb. gegen die Rechtmäßigkeit des Straferkenntnisses, sind unzulässig. Für die Vollstreckung von **Maßregeln**
gilt § 458 entspr. (§ 463 Abs. 1). Für Vollzugsmaßnahmen gelten die §§ 109 ff.
StVollzG; § 459 h geht in seinem Anwendungsbereich § 458 vor. Gerichtliche
Entscheidungen über Vollstreckungsmaßnahmen, gegen die ein Rechtsbehelf der
StPO nicht gegeben ist, können im Rechtsweg nach §§ 23 ff. EGGVG angegriffen
werden (Meyer-Goßner Rn. 15). § 458 gilt auch im Zeitraum zwischen absoluter
Rechtskraft des Urteils und förmlicher Einleitung der Vollstreckung. Zur **Abgrenzung** der Aufgaben von Vollstreckungsbehörde und Gericht vgl. KK-Fischer
Rn. 3 f. mwN.

Zweifel über die Auslegung eines Strafurteils (Abs. 1) sind stets vAw. zu　2
beheben. Sie können den Rechtsfolgenausspruch ganz oder teilweise betreffen.
Abs. 1 gilt auch bei Widersprüchen zwischen Urteilstenor und Gründen. Sie bestehen auch, wenn bei Verlust der Akten über den Inhalt des Urteils Zweifel bestehen
(BGH 8, 66 = NJW 1956, 270); ebenso bei „Zweifeln über die Auslegung der

§ 458 Siebentes Buch. 1. Abschnitt

Kostenentscheidung" (OLG Düsseldorf NStZ-RR 2000, 287). Sachliche Änderungen und Ergänzungen sind unzulässig.

3 **Zweifel über die Strafberechnung (Abs. 1)** können insb. hinsichtlich der **Anrechnung** von Freiheitsentziehung (§ 51 Abs. 1 StGB, § 52 a JGG, §§ 450, 450 a) entstehen. Die Berechnung ist Aufgabe der Vollstreckungsbehörde (§§ 47 ff. StVollstrO; vgl. BGH 27, 287, 290 = NJW 1978, 229). Hat sie Zweifel, so legt sie die Sache dem Gericht vor, das dann an ihrer Stelle die Strafzeit berechnet (vgl. i. E. KK-Fischer Rn. 6 f. mwN). Auch bei Zweifeln über den Umfang einer ausländischen **Auslieferungsbewilligung** ist Abs. 1 entspr. anwendbar (Meyer-Goßner Rn. 3; LR-Wendisch Rn. 4; aA OLG Stuttgart NJW 1980, 1230; vgl. KK-Fischer Rn. 8 mwN). Die Anrechnung sog. **verfahrensfremder Untersuchungshaft** auf eine Haft in anderer Sache in analoger Anwendung des § 51 Abs. 1 S. 1 StGB kann gemäß Art. 2 Abs. 2 S. 2 iVm Art. 3 Abs. 1 GG **verfassungsrechtlich** geboten sein (BVerfG NJW 1999, 125). Aber die **Strafzeitberechnung** (§§ 37 ff. StVollStrO) ist Aufgabe der Vollstreckungsbehörde (BGH 27, 290 = NJW 1978, 229; BGH NStZ 1983, 524).

4 **Einwendungen gegen die Zulässigkeit der Strafvollstreckung** nach Abs. 1 betreffen nur das „**Ob**" der Vollstreckung; sie richten sich gegen das Bestehen des staatlichen Vollstreckungsanspruchs überhaupt oder zurzeit oder in dem von der Vollstreckungsbehörde angenommenen Umfang (OLG Düsseldorf NJW 1977, 117). Einwendungen gegen das „**Wie**" der Vollstreckung, insb. gegen einzelne Vollzugsmaßnahmen, werden nach §§ 109 ff. StVollzG oder §§ 23 ff. EGGVG behandelt (BGH 19, 240 = NJW 1964, 780), soweit sie nicht **Abs. 1** unterfallen. Nach Abs. 1 können insbesondere **Vollstreckungshindernisse** geltend gemacht werden (zB fehlende Rechtskraft, Verjährung, Begnadigung, Strafaussetzung zur Bewährung; vgl. KK-Fischer Rn. 12 mwN). **Bestand** und Rechtmäßigkeit des **Urteils** können grds. nicht angegriffen werden (Ausnahme: Nichtigkeit, KG NStZ 1982, 241), ebenfalls nicht die Rechtmäßigkeit eines Widerrufsbeschlusses nach § 56 f StGB (OLG Düsseldorf JR 1992, 126; vgl. i. E. KK-Fischer Rn. 15 mwN), der Einwand der Doppelbestrafung (OLG Düsseldorf NJW 1988, 2811; **aA** OLG Koblenz NStZ 1981, 195; vgl. Rieß JR 1981, 520; Feiber NStZ 1989, 44), Entscheidungen nach § 456 a Abs. 1, 457 sowie die Vollstreckung einer Jugendstrafe in einer Erwachsenenanstalt (KG NJW 1978, 284; vgl. i. ü. Meyer-Goßner Rn. 8 ff.; KK-Fischer Rn. 12 ff., jeweils mwN).

5 **Einwendungsberechtigt** sind der Verurteilte, sein Verteidiger und Bevollmächtigter sowie der gesetzliche Vertreter oder Erziehungsberechtigte, weiterhin Nebenbeteiligte (§§ 431, 442), nicht jedoch Beteiligungsinteressenten (§ 432), die auf das Verfahren nach § 439 beschränkt sind. Auch **Dritte** können mit der Behauptung Einwendungen erheben, gegen sie werde unzulässig vollstreckt (vgl. BGH 44, 22 = NJW 1998, 2066; OLG Düsseldorf NStZ-RR 1997, 220). Die Einwendungen sind gegenüber der **Vollstreckungsbehörde** zu erheben; eine **Form** ist nicht vorgeschrieben. Die Vollstreckungsbehörde kann abhelfen; andernfalls legt sie die Sache dem Gericht vor. **Eigene Zweifel** kann die Vollstreckungsbehörde nicht gerichtlich klären lassen (OLG Rostock NStZ 1994, 304). Die StA ist auch als Strafverfolgungsbehörde nicht einwendungsberechtigt (Meyer-Goßner Rn. 7). Hat sich eine Vollstreckungsmaßnahme während des Laufs des Verfahrens über ihre Zulässigkeit gem. § 458 Abs. 1 **erledigt,** so ist für das Begehren, ihre Rechtswidrigkeit festzustellen, der Rechtsweg gem. §§ 23 ff. EGGVG nicht eröffnet. Vielmehr kann die Prüfung des Fortsetzungsfeststellungsbegehrens nur dem für das Verfahren gem. §§ 458, 462 a zuständigen Gericht obliegen. Für seine Zulässigkeit sprechen gewichtige Gründe, wenn die beanstandete Vollstreckungsmaßnahme einen gravierenden **Grundrechtseingriff** (hier: Vollzug eines Fahrverbotes) beinhaltet OLG Frankfurt NJW 1998, 1165; vgl. auch BVerfG NJW 1987, 2163).

Strafvollstreckung **§ 459**

Einwendungen nach Abs. 2 betreffen einzelne Anordnungen der Vollstre- 6
ckungsbehörde nach §§ 454 b Abs. 1, 455, 456, 456 a, 457 c Abs. 2. **Unanwendbar**
ist Abs. 2 auf Maßnahmen nach §§ 455 a, 457, gegen die Ablehnung einer Anordnung nach § 456 a Abs. 1 sowie einer Vollstreckungsunterbrechung nach § 456
(LR-Wendisch Rn. 17). Einwendungen gegen Entscheidungen des Rechtspflegers
müssen zunächst beim StA erhoben werden (§ 31 Abs. 6 S. 1 RPflG).
Nach **Abs. 3 S. 1** wird der Fortgang der Vollstreckung durch Einwendungen 7
nach Abs. 1 oder Abs. 2 **nicht gehemmt**. Auf Antrag oder vAw. kann das Gericht
bei Zweifeln an der Zulässigkeit der Vollstreckung Aufschub oder Unterbrechung
bis zur Entscheidung über die Einwendung anordnen, wenn dies nicht schon die
Vollstreckungsbehörde getan hat. **Abs. 3 S. 2** erlaubt eine vorläufige Regelung des
Berufsverbots durch einstweilige Anordnung.
Gegen den im Verfahren nach §§ 458, 462 ergehenden **Beschluss** des Gerichts 8
ist **sofortige Beschwerde** zulässig (§ 462 Abs. 3). **Beschwerdeberechtigt** sind
der Betroffene sowie die StA als Strafverfolgungsbehörde. Die sofortige Beschwerde
der StA gegen eine nach Abs. 3 angeordnete Vollstreckungsunterbrechung hat
aufschiebende Wirkung (§ 462 Abs. 3 S. 2). Weitere Beschwerde ist ausgeschlossen.
Neue Einwendungen sind nach rechtskräftigem Abschluss des Verfahrens zulässig,
sofern sie auf neue Tatsachen und Beweismittel gestützt werden (OLG Düsseldorf
MDR 1993, 67; KK-Fischer Rn. 13). Nach Abschluss der Strafvollstreckung sind
sie ausgeschlossen. Der **Rechtsweg nach §§ 23 ff. EGGVG** ist ausgeschlossen,
soweit § 458 die gerichtliche Entscheidung zulässt (OLG Frankfurt NJW 1998,
1165).

§ 459 [Vollstreckung der Geldstrafe]

**Für die Vollstreckung der Geldstrafe gelten die Vorschriften der Justiz-
beitreibungsordnung, soweit dieses Gesetz nichts anderes bestimmt.**

Grds. gelten für die Vollstreckung der **Geldstrafe** und von **Nebenfolgen**, die zu 1
einer Geldzahlung verpflichten (§ 459 g Abs. 2), die subsidiären Vorschriften der
JBeitrO, der StVollstrO und der Einforderungs- und Beitreibungsanordnung
(EBAO) v. 25. 11. 1974 (BAnz. Nr. 230). **Verfahrenskosten** werden zusammen
mit der Geldstrafe beigetrieben (vgl. KK-Fischer Rn. 4). **Vollstreckungsbehörde**
ist die StA (§ 451 Abs. 1); die Geschäfte sind dem Rechtspfleger übertragen (§ 31
Abs. 2 S. 1 RPflG).
Die **Einforderung** der Geldstrafe erfolgt durch Übersendung einer Zahlungsauf- 2
forderung (§§ 3, 5 Abs. 1 EBAO); nach Ablauf der Zahlungsfrist und fruchtloser
Mahnung leitet die Vollstreckungsbehörde die **Beitreibung** ein, die nach den
Vorschriften der ZPO erfolgt (§ 8 EBAO, §§ 6 ff. JBeitrO); statt des Gerichtsvoll-
ziehers wird der Justizvollzugsbeamte tätig (§ 6 Abs. 3 S. 1 JBeitrO); die Abnahme
der eidesstattlichen Versicherung (§ 807 ZPO) und die Vollstreckung in das unbewegliche Vermögen beantragt er beim zuständigen AG (§ 7 S. 1 JBeitrO). Zur
Anordnung des **dinglichen Arrests** vgl. § 111 d. Eine **Wohnungsdurchsuchung**
ist nur auf Grund richterlichen Durchsuchungsbefehls zulässig (BVerfG 51, 97 =
NJW 1979, 1529); zuständig ist das Gericht des 1. Rechtszugs. Bei Gefahr im
Verzug genügt die Anordnung der Vollstreckungsbehörde (vgl. Kaiser NJW 1980,
875; BVerfGE 51, 97). Den Durchsuchungsbefehl erlässt das nach §§ 462, 462 a
zuständige Gericht (KK-Fischer Rn. 6).
Einwendungen gegen die Zulässigkeit der Vollstreckung und wegen der An- 3
wendung der §§ 459 a, 459 e, 459 e richten sich nach §§ 458, 459 h. Gegen die **Art
und Weise** der Vollstreckung sind die Rechtsbehelfe des § 6 Abs. 1 Nr. 1 JBeitrO
gegeben.

1043

§ 459 a [Zahlungserleichterungen]

(1) ¹Nach Rechtskraft des Urteils entscheidet über die Bewilligung von Zahlungserleichterungen bei Geldstrafen (§ 42 des Strafgesetzbuches) die Vollstreckungsbehörde. ²Sie kann Zahlungserleichterungen auch gewähren, wenn ohne die Bewilligung die Wiedergutmachung des durch die Straftat verursachten Schadens durch den Verurteilten erheblich gefährdet wäre; dabei kann dem Verurteilten der Nachweis der Wiedergutmachung auferlegt werden.

(2) ¹Die Vollstreckungsbehörde kann eine Entscheidung über Zahlungserleichterungen nach Absatz 1 oder nach § 42 des Strafgesetzbuches nachträglich ändern oder aufheben. ²Dabei darf sie von einer vorausgegangenen Entscheidung zum Nachteil des Verurteilten nur auf Grund neuer Tatsachen oder Beweismittel abweichen.

(3) ¹Entfällt die Vergünstigung nach § 42 Satz 2 des Strafgesetzbuches, die Geldstrafe in bestimmten Teilbeträgen zu zahlen, so wird dies in den Akten vermerkt. ²Die Vollstreckungsbehörde kann erneut eine Zahlungserleichterung bewilligen.

(4) ¹Die Entscheidung über Zahlungserleichterungen erstreckt sich auch auf die Kosten des Verfahrens. ²Sie kann auch allein hinsichtlich der Kosten getroffen werden.

1 Die Vorschrift ergänzt § 42 StGB. Sie gilt entspr. für **Nebenfolgen,** die zu einer Geldleistung verpflichten (§ 459 g Abs. 2). Die **Zuständigkeit** für die Gewährung, die Änderung und den Widerruf bereits gewährter Zahlungserleichterungen (Stundung und Ratenzahlung) geht mit der Rechtskraft des Urteils auf die Vollstreckungsbehörde über; die Entscheidung ist dem **Rechtspfleger** übertragen (§ 31 Abs. 2 S. 1 RPflG). Die Rechtskraft gerichtlicher Anordnungen nach § 42 StGB steht unter dem Vorbehalt nachträglicher Veränderungen nach § 459 a. **Aufschub** der Vollstreckung ist auch nach § 456 möglich.

2 **Zahlungserleichterungen** (Stundung oder Ratenzahlung) sind nach **Abs. 1 S. 2 zwingend** zu gewähren, wenn die Voraussetzungen des § 42 StGB vorliegen, Abs. 1 S. 1 (BGH NStZ 1990, 578; OLG Stuttgart MDR 1993, 996). Die Vollstreckungsbehörde hat nur das in § 42 StGB genannte Entschließungsermessen. Die Prüfung erfolgt von Amts wegen. In der Regel wird ein Antrag des Verurteilten Veranlassung zu einer Entscheidung geben. Die Vollstreckungsbehörde ist an eine Ablehnung von Zahlungserleichterungen im Erkenntnisverfahren nicht gebunden. Bei Bewilligung von Ratenzahlungen hat sie die Befugnis nach § 42 S. 2 StGB (Anordnung einer Verfallsklausel). Wenn Zahlungen von vornherein nicht zu erwarten sind, ist Abs. 1 S. 1 nicht anzuwenden (BGH 13, 356 = NJW 1960, 251; OLG Stuttgart MDR 1993, 996; KK-Fischer Rn. 3). An die Entscheidung im Erkenntnisverfahren ist die Vollstreckungsbehörde nicht gebunden. Eine Verfallsklausel nach § 42 S. 2 StGB kann angeordnet werden.

3 **Abs. 1 S. 2** gestattet die Anordnung bei Konkurrenz von Geldstrafe und Kosten einerseits und **Ersatzansprüchen des Verletzten** andererseits. Voraussetzung ist eine erhebliche Gefährdung der Wiedergutmachung durch die vorrangige Vollstreckung der Geldstrafe. Die Gefahr einer erheblichen Verzögerung reicht aus (Meyer-Goßner Rn. 3). Die Bewilligung von Zahlungserleichterungen steht im pflichtgemäßem **Ermessen** der Vollstreckungsbehörde. IdR ist dem Verurteilten bei Gewährung von Erleichterungen der Nachweis aufzuerlegen, dass er sie zur Wiedergutmachung nutzt; ist das nicht der Fall, so ist sie nach Abs. 2 S. 2 aufzuheben.

4 **Änderung und Aufhebung (Abs. 2)** von eigenen und gerichtlichen Anordnungen stehen gleichfalls im pflichtgemäßen Ermessen der Vollstreckungsbehörde; sie entscheidet auf Antrag oder vAw. Mehrfache Änderungen sind zulässig. Bei Änderun-

gen **zugunsten** des Verurteilten ist der Zweck der Geldstrafe zu beachten (vgl. KK-Fischer Rn. 5). Änderungen **zuungunsten** des Verurteilten (Abs. 2 S. 2) dürfen nur auf Grund von Tatsachen oder Beweismitteln angeordnet werden, die bei der vorausgegangenen Entscheidung unbekannt waren (Meyer-Goßner Rn. 5).

Der **Wegfall der Vergünstigung (Abs. 3)** nach § 42 S. 3 StGB tritt ohne 5 Rücksicht auf ein Verschulden des Verurteilten **von selbst** ein, wenn er einen Teilbetrag nicht rechtzeitig zahlt. Einer Entscheidung darüber bedarf es nicht; der **Aktenvermerk** (Abs. 3 S. 1) dient nur der Klarstellung; er ist **unanfechtbar**. **Einwendungen** des Verurteilten können eine erneute Anordnung nach Abs. 3 S. 2 rechtfertigen. Entspr. § 56f Abs. 1 StGB kann die Bewilligung von Zahlungserleichterungen auch dann aufgehoben werden, wenn eine Anordnung nach § 42 S. 2 StGB nicht getroffen wurde, der Verurteilte seine Zahlungspflicht jedoch gröblich oder beharrlich verletzt.

Verfahrenskosten (Abs. 4) werden von der Bewilligung von Zahlungserleichte- 6 rungen nur dann erfasst, wenn diese nachträglich durch die Vollstreckungsbehörde angeordnet wurde (Abs. 4 S. 1). Die Behörde kann die Kosten von der Vergünstigung ausnehmen; umgekehrt kann sie nach Abs. 4 S. 2 eine **isolierte Kostenzahlungsvergünstigung** anordnen (vgl. KK-Fischer Rn. 8).

Über **Einwendungen** des Verurteilten gegen Anordnungen des Rechtspflegers 7 entscheidet der StA (§ 31 Abs. 6 S. 1 RPflG); gegen seine Entscheidung können Einwendungen nach § 459h beim zuständigen Gericht erhoben werden, idR beim Gericht des 1. Rechtszugs (§ 462a Abs. 2 S. 1). Ist die Zuständigkeit der StVK nach § 462a Abs. 1 begründet, so entscheidet diese auch im Fall des § 459h. Gegen den Gerichtsbeschluss ist **sofortige Beschwerde** zulässig (§ 462 Abs. 3).

§ 459b [Verrechnung von Teilbeträgen]

Teilbeträge werden, wenn der Verurteilte bei der Zahlung keine Bestimmung trifft, zunächst auf die Geldstrafe, dann auf die etwa angeordneten Nebenfolgen, die zu einer Geldzahlung verpflichten, und zuletzt auf die Kosten des Verfahrens angerechnet.

Für die **Anrechnung von Teilzahlungen** ist in erster Linie die Bestimmung des 1 Verurteilten maßgebend. Im Übrigen regelt § 459b die Anrechnung im Interesse des Verurteilten so, dass die ihm jeweils nachteilige Schuld zuerst getilgt wird. Da nur die Nichtzahlung der Geldstrafe unter der Sanktion der Ersatzfreiheitsstrafe steht (§ 459e Abs. 4 S. 1), wird auf sie zuerst angerechnet. Für die Vollstreckung der **Vermögensstrafe** gilt die Vorschrift entspr. (§ 459i Abs. 1), ebenso bei der Vollstreckung **mehrerer** Strafekenntnisse (Meyer-Goßner Rn. 3); in diesem Fall ist § 366 Abs. 2 BGB entspr. anwendbar (LR-Wendisch Rn. 6).

Nicht nur bei Zahlungserleichterungen gilt § 459b, sondern auch in allen 2 anderen Fällen nicht hinreichender Geldleistung auf den eingeforderten Betrag. Die Vorschrift ist auch bei **zwangsweiser Beitreibung** von Teilbeträgen anzuwenden; der Verurteilte hat auch in diesem Fall ein Bestimmungsrecht (hM; Meyer-Goßner Rn. 4; Wendisch LR Rn. 3). § 459b gilt auch bei Teilleistungen auf **Gesamtgeldstrafen**. Hat der Verurteilte auf einzelne Geldstrafen vor Rechtskraft einer **nachträglich** gebildeten Gesamtgeldstrafe Teilzahlungen geleistet, so bestimmt sich nach BGH 28, 360, 364 = NJW 1979, 2523). Der Maßstab für die Anrechnung nach der jeweiligen Tagessatzhöhe der Einzelstrafe, auf welche die Zahlung erfolgt ist, also entspr. § 51 Abs. 4 StGB (KK-Fischer Rn. 3).

Gegen Anrechnungsanordnungen der Vollstreckungsbehörde ist der Antrag nach 3 **§§ 23 ff. EGGVG** zulässig; § 459h gilt nicht (aA LR-Wendisch Rn. 7: entsprechende Anwendung von § 459h).

§§ 459 c, 459 d

§ 459 c [Beitreibung der Geldstrafe]

(1) **Die Geldstrafe oder der Teilbetrag der Geldstrafe wird vor Ablauf von zwei Wochen nach Eintritt der Fälligkeit nur beigetrieben, wenn auf Grund bestimmter Tatsachen erkennbar ist, daß sich der Verurteilte der Zahlung entziehen will.**

(2) **Die Vollstreckung kann unterbleiben, wenn zu erwarten ist, daß sie in absehbarer Zeit zu keinem Erfolg führen wird.**

(3) **In den Nachlaß des Verurteilten darf die Geldstrafe nicht vollstreckt werden.**

1   **Fälligkeit** von Geldstrafe und Kosten tritt grds. mit Rechtskraft des Urteils ein (§ 449, § 63 Abs. 2 GKG), bei Gewährung von Zahlungserleichterungen zu den festgesetzten Terminen. In allen Fällen ist die Beitreibung vor Ablauf der Schonfrist des Abs. 1 grds. ausgeschlossen. IdR ist der Verurteilte zunächst zur Zahlung aufzufordern und zu mahnen (§ 5 Abs. 2 BeitrO, § 7 Abs. 1 EBAO). Die **sofortige Vollstreckung** ist nur unter den Voraussetzungen des Abs. 1 zulässig, etwa wenn der Verurteilte Vermögenswerte beiseiteschafft; ein bloßer Verdacht reicht nicht aus (Meyer-Goßner Rn. 3). Eine zu unrecht vor Fristablauf durchgeführte Vollstreckung ist wirksam.

2   Die **Beitreibung** richtet sich nach §§ 6 ff. BeitrO. **Zuständig** ist der Rechtspfleger. Es sind die Vollstreckungsmaßnahmen anzuwenden, die nach Lage des Einzelfalls am schnellsten und sichersten zum Ziel führen. Im **Konkurs- und Vergleichsverfahren** können Geldstrafen und Nebenfolgen nicht geltend gemacht werden (§ 63 Nr. 3 KO, § 29 Nr. 3 VerglO), wohl aber die Verfahrenskosten (vgl. KK-Fischer Rn. 5).

3   Die **Unterbleibensanordnung (Abs. 2)** eröffnet die Möglichkeit, die Vollstreckung der **Ersatzfreiheitsstrafe** anzuordnen (§ 459 e Abs. 2). Die Vorschrift ist **eng auszulegen.** Die Geldstrafe ist grds. erst dann **uneinbringlich** (§ 43 StGB), wenn die Beitreibung erfolglos versucht wurde. Nur im Fall der **Aussichtslosigkeit** auf unabsehbare Zeit lässt Abs. 2 das Absehen vom Versuch der Beitreibung zu. Die Annahme der Ausichtslosigkeit muss auf **bestimmte Tatsachen** gegründet sein (vgl. Meyer-Goßner Rn. 5). Die Beitreibung kann auch nach der Unterbleibensanordnung versucht werden, soweit sie nicht durch Verbüßung der Ersatzfreiheitsstrafe erledigt ist.

4   Mit dem **Tod des Verurteilten (Abs. 3)** endet das Vollstreckungsverhältnis. Eine Vollstreckung in den Nachlass findet nicht statt; die nicht vollstreckte Geldstrafe erlischt (Meyer-Goßner Rn. 7). Abs. 3 gilt nicht für **Nebenfolgen** (§ 459 g Abs. 2) und **Kosten** (§ 456 Abs. 3); insoweit kann in den Nachlass vollstreckt werden.

5   Über **Einwendungen** gegen Entscheidungen des Rechtspflegers nach **Abs. 1** entscheidet der StA (§ 31 Abs. 6 S. 1 RPflG); gegen seine Entscheidung ist der Rechtsbehelf des § 459 h zulässig. Entscheidungen nach **Abs. 2** sind unanfechtbar; der Verurteilte muss sich gegen die Anordnung nach § 459 e wenden.

§ 459 d [Unterbleiben der Vollstreckung]

(1) **Das Gericht kann anordnen, daß die Vollstreckung der Geldstrafe ganz oder zum Teil unterbleibt, wenn**

1. in demselben Verfahren Freiheitsstrafe vollstreckt oder zur Bewährung ausgesetzt worden ist oder

2. in einem anderen Verfahren Freiheitsstrafe verhängt ist und die Voraussetzungen des § 55 des Strafgesetzbuches nicht vorliegen

und die Vollstreckung der Geldstrafe die Wiedereingliederung des Verurteilten erschweren kann.

Strafvollstreckung § 459 e

(2) **Das Gericht kann eine Entscheidung nach Absatz 1 auch hinsichtlich der Kosten des Verfahrens treffen.**

Abs. 1 unterscheidet zwei Fälle des Absehens von der Geldstrafenvollstreckung. **1**
Abs. 1 Nr. 1 ergänzt § 41; danach hat bereits das erkennende Gericht zu prüfen, ob die Verhängung einer Geld- neben einer Freiheitsstrafe die Wiedereingliederung des Verurteilten gefährden könnte. Die Anordnung im Vollstreckungsverfahren setzt voraus, dass Wiedereingliederungschwierigkeiten auf Grund **nachträglich** eingetretener oder bekannt gewordener Umstände zu erwarten sind (OLG Koblenz MDR 1981, 870); eine andere Bewertung bereits bekannter Tatsachen reicht nicht aus. Die Anordnung ist zulässig, wenn die Freiheitsstrafe **vollstreckt** oder zur Bewährung **ausgesetzt** ist (BGH 30, 263 = NJW 1982, 393), auch bei Reststrafenaussetzung nach § 57 StGB (Meyer-Goßner Rn. 5). Bei Verhängung von **Vermögensstrafe** (§ 43 a StGB) gilt § 459 d nicht.

Abs. 1 S. 2 gilt bei Zusammentreffen von Freiheits- und Geldstrafe in **verschiedenen Verfahren**. Voraussetzung ist, dass eine nachträgliche Gesamtstrafenbildung rechtlich nicht möglich ist. Die Anordnung kann idR erst nach (Teil-)Vollstreckung der Freiheitsstrafe oder Aussetzung der Strafe oder des Strafrests zur Bewährung ergehen (Meyer-Goßner Rn. 7; str.). **2**

Die Anordnung hat **Ausnahmecharakter** (OLG Koblenz MDR 1978, 248; Meyer-Goßner Rn. 6 mwN). Sie ist zeitlich **unbeschränkt** und **unwiderruflich**; obwohl sie keinen Straferlass enthält, führt sie praktisch zum Wegfall der Geldstrafe. Vorrangig ist stets zu prüfen, ob **Zahlungserleichterungen** (§ 459 a) ausreichen, um die Wiedereingliederung zu sichern; auch eine Anordnung nach § 459 f geht vor (vgl. KK-Fischer Rn. 4). **3**

Die **Beitreibung der Kosten (Abs. 2)** ist von einer Anordnung nach Abs. 1 nicht erfasst. Nach Abs. 2 kann auch insoweit von einer Beitreibung abgesehen werden, wenn der Verurteilte (auch) zu einer Geldstrafe verurteilt worden ist (BGHG 31, 244, 246 = NJW 1983, 1687) und die Voraussetzungen des Abs. 1 Nr. 1 oder Nr. 2 vorliegen. Ist **nur** eine Freiheitsstrafe verhängt worden, so ist Abs. 2 nicht anwendbar (BGH 31, 244). Die Entscheidungen nach Abs. 1 und Abs. 2 müssen inhaltlich nicht übereinstimmen; eine Beschränkung der Unterbleibensanordnung allein auf die Kosten ist unzulässig (vgl. KK-Fischer Rn. 7). **4**

Zuständig ist das nach §§ 462, 462 a zu bestimmende Gericht. Die Entscheidung ergeht **auf Antrag oder vAw** (BGH 30, 263 = NJW 1982, 393) ohne mündliche Verhandlung durch **Beschluss** (vgl. i. E. KK-Fischer Rn. 8), der zu begründen ist. Gegen den ablehnenden Beschluss hat der Verurteilte, gegen die Anordnung nach Abs. 1 oder 2 hat die StA die **sofortige Beschwerde** (§ 462 Abs. 3 S. 1). **5**

§ 459 e [Vollstreckung der Ersatzfreiheitsstrafe]

(1) **Die Ersatzfreiheitsstrafe wird auf Anordnung der Vollstreckungsbehörde vollstreckt.**

(2) **Die Anordnung setzt voraus, daß die Geldstrafe nicht eingebracht werden kann oder die Vollstreckung nach § 459 c Abs. 2 unterbleibt.**

(3) **Wegen eines Teilbetrages, der keinem vollen Tage Freiheitsstrafe entspricht, darf die Vollstreckung der Ersatzfreiheitsstrafe nicht angeordnet werden.**

(4) ¹**Die Ersatzfreiheitsstrafe wird nicht vollstreckt, soweit die Geldstrafe entrichtet oder beigetrieben wird oder die Vollstreckung nach § 459 d unterbleibt.** ²**Absatz 3 gilt entsprechend.**

Die **Ersatzfreiheitsstrafe** tritt an die Stelle einer uneinbringlichen Geldstrafe (§ 43 S. 1 StGB). Sie wird nach §§ 22 ff., 50 Abs. 1 StVollstrO vollstreckt; die **1**

§ 459 f

Geschäfte führt der Rechtspfleger (§ 31 Abs. 2 S. 1 RPflG). Für die Ersatzfreiheitsstrafe bei Vermögensstrafe (§ 43 a Abs. 3 StGB) gilt § 459 e entspr. (§ 459 i Abs. 1). Die Vollstreckung wird förmlich angeordnet (Abs. 1). Rechtliches Gehör muss dem Verurteilten zuvor nicht gewährt werden (Meyer-Goßner Rn. 2 mwN; str.).

2 **Voraussetzung** der Anordnung (**Abs. 2**) ist, dass **Hindernisse** der Vollstreckung nicht entgegenstehen. Diese können sich aus §§ 459 a, 459 c, 459 d, 459 f ergeben. Eine ablehnende gerichtliche Entscheidung nach § 459 d oder § 459 f muss nicht vorliegen; die Vollstreckungsbehörde prüft aber vAw., ob Veranlassung zu entsprechenden Anregungen besteht. Eine Anfrage beim Verurteilten, ob hierzu Tatsachen vorgetragen werden sollen, ist nicht erforderlich.

3 **Abs. 3** zieht die vollstreckungsrechtliche Folgerung aus § 43 S. 3 StGB. Angeordnet wird die Vollstreckung so vieler Tage Ersatzfreiheitsstrafe, wie **volle Tagessätze** der Geldstrafe uneinbringlich geblieben sind. Im Fall der **Vermögensstrafe** ist die nach § 43 a Abs. 3 StGB festgesetzte Ersatzfreiheitsstrafe zur Vermögensstrafe in Beziehung zu setzen und eine **fiktive Tagessatzhöhe** zu bestimmen.

4 Der Verurteilte kann die Vollstreckung der Ersatzfreiheitsstrafe jederzeit **abwenden,** indem er den ausstehenden Betrag bezahlt (**Abs. 4;** vgl. § 51 StVollstrO). Dasselbe gilt, wenn der Betrag nachträglich beigetrieben wird oder eine Anordnung nach § 459 d ergeht. **Teilbeträge** werden verrechnet. Befindet sich der Verurteilte bei Entstehen des Vollstreckungshindernisses in Haft, so ist er sogleich zu entlassen. Nach **Abs. 4** S. 2 ist der Verurteilte nach Verbüßung des Tages zu entlassen, der dem letzten uneinbringlichen vollen Tagessatz entspricht. Eine **Strafrestaussetzung zur Bewährung** ist bei Ersatzfreiheitsstrafe unzulässig (**aA** OLG Koblenz NStZ 1995, 254; vgl. KK-Fischer Rn. 8 mwN).

5 Über **Einwendungen** entscheidet zunächst der StA (§ 31 Abs. 6 S. 1 RPflG), hiergegen ist der Rechtsbehelf nach § 459 h gegeben.

6 Zur **Abwendung der Vollstreckung durch freie Arbeit** (vgl. Meyer-Goßner Rn. 7; KK-Fischer Rn. 9 mwN).

§ 459 f [Absehen von Vollstreckung der Ersatzfreiheitsstrafe]

Das Gericht ordnet an, daß die Vollstreckung der Ersatzfreiheitsstrafe unterbleibt, wenn die Vollstreckung für den Verurteilten eine unbillige Härte wäre.

1 Für den Bereich der **Ersatzfreiheitsstrafe** verdrängt die Vorschrift § 456. Für die **Vermögensstrafe** gilt sie entspr. (§ 459 i Abs. 1).

2 Eine **unbillige Härte** liegt nicht schon bei Mittellosigkeit des Verurteilten vor, auch wenn diese unverschuldet ist (OLG Düsseldorf MDR 1985, 76). Es muss vielmehr zusätzlich zu erwarten sein, dass der Verurteilte auch bei äußerster Anstrengung seiner Kräfte nicht in der Lage sein werde, sich die Mittel für eine wenigstens ratenweise Abzahlung der Geldstrafe zu beschaffen; die Vollstreckung der Ersatzfreiheitsstrafe muss eine **außerhalb des Strafzwecks** liegende Härte bedeuten (BGH 27, 90, 93 = NJW 1977, 815; OLG München GA 1984, 187). Zur **Vermögenslosigkeit** müssen besondere Umstände hinzutreten, die eine Ersatzvollstreckung als geradezu „ungerecht" erscheinen lassen (LR-Wendisch Rn. 5). Bei ungünstiger Legalprognose und der Notwendigkeit nachhaltiger Einwirkung auf den Verurteilten ist eine Anordnung nach § 459 f ausgeschlossen (BGH 27, 93 = NJW 1977, 815; Meyer-Goßner Rn. 2).

3 Die Entscheidung trifft das **Gericht** (§§ 462, 462 a) **auf Antrag oder vAw.;** die Vollstreckungsbehörde kann sie anregen (vgl. § 49 Abs. 2 S. 1 StVollstrO). Die **Wirkung** der Anordnung besteht im **Aufschub** der Vollstreckung, nicht im Erlass der Strafe. Ein **Widerruf der Anordnung** ist bei nachträglichem Wegfall der unbilligen Härte jederzeit möglich.

Gegen die Anordnung hat die StA, gegen die einen Antrag ablehnende Entschei- 4
dung der Verurteilte die **sofortige Beschwerde** (§ 463 Abs. 3 S. 1).

§ 459 g [Vollstreckung von Nebenfolgen]

(1) ¹Ist der Verfall, die Einziehung oder die Unbrauchbarmachung einer Sache angeordnet worden, so wird die Anordnung dadurch vollstreckt, daß die Sache dem Verurteilten oder dem Verfalls- oder Einziehungsbeteiligten weggenommen wird. ²Für die Vollstreckung gelten die Vorschriften der Justizbeitreibungsordnung.

(2) Für die Vollstreckung von Nebenfolgen, die zu einer Geldzahlung verpflichten, gelten die §§ 459, 459 a, 459 c Abs. 1 und 2 und § 459 d entsprechend.

Abs. 1 regelt die Vollstreckung solcher Nebenfolgen, die auf Besitzeinräumung 1
an einer Sache abzielen; ergänzend gelten die §§ 60 ff. StVollstrO. Das **Eigentum** an dem Gegenstand geht mit Rechtskraft der Anordnung der Einziehung oder des Verfalls auf den Landesfiskus über (§§ 73 e Abs. 1 S. 1, 74 e Abs. 1 StGB, § 60 Abs. 1 StVollstrO). Das gilt auch für unbewegliche Sachen und den Kfz-Brief eines eingezogenen oder für verfallen erklärten Kfz (BGH NJW 1964, 1413). Bei isolierter Anordnung der **Unbrauchbarmachung** hat der Berechtigte einen Anspruch auf Rückgabe nach Unbrauchmachung (§ 63 Abs. 3 StVollstrO). Die rechtskräftige Anordnung ist gegen den Verurteilten und den Nebenbeteiligten **Vollstreckungstitel**. Bei Verfall oder Einziehung von **Rechten** ist eine Vollstreckung nicht erforderlich, weil der Fiskus mit Rechtskraft der Entscheidung die Gläubigerstellung erwirbt (vgl. § 61 Abs. 5 StVollstrO).

Die Nebenfolge wird durch **Wegnahme** vollstreckt **(Abs. 1),** wenn die Sache 2
sich im Besitz des Verurteilten befindet und nicht freiwillig herausgegeben wird. Begründung mittelbaren Besitzes (§ 868 BGB) reicht aus. Befindet sich die Sache im Besitz eines Dritten, so muss ggf. Klage auf Herausgabe (§ 985 BGB) erhoben werden (vgl. KK-Fischer Rn. 5). Verweigert der Nebenbeteiligte die Herausgabe unter Berufung auf ein beschränktes dingliches Recht, so kann der Besitz nur dann entzogen werden, wenn das Erlöschen des Rechts angeordnet wurde (§ 74 e Abs. 2 StGB); ansonsten ist gleichfalls Klage zu erheben (vgl. § 61 Abs. 3 StVollstrO).

Die **Vollstreckung** richtet sich nach den Vorschriften der JBeitrO **(Abs. 1 S. 2),** 3
die auf diejenigen der ZPO verweist (§ 6 Nr. 1 JBeitrO; vgl. Meyer-Goßner Rn. 6).

Ist die Anordnung **unausführbar,** weil der Gegenstand nicht mehr vorhanden 4
oder mit Rechten Dritter belastet ist oder eine der Voraussetzungen der §§ 73 a, 74 c StGB vorliegt, so kann die Vollstreckungsbehörde einen Antrag nach § 76 StGB bei dem nach §§ 462, 462 a zuständigen Gericht stellen (vgl. § 62 Abs. 2 StVollstrO).

Der **Tod des Verurteilten** oder Nebenbeteiligten lässt den Eigentumserwerb des 5
Fiskus unberührt, wenn er nach Rechtskraft der Entscheidung eintritt. Stirbt er vor Rechtskraft, so geht das Eigentum nicht mehr über.

An **Nebenfolgen,** die zu einer **Geldzahlung** verpflichten (§§ 73 a, 74 c StGB, 6
§ 8 WiStG), sind die in **Abs. 2** bezeichneten Vorschriften anzuwenden. § 459 c Abs. 3 gilt nicht; es kann daher in den Nachlass vollstreckt werden.

Für **Einwendungen** gegen Entscheidungen der Vollstreckungsbehörde gilt 7
§ 459 h.

§ 459 h [Rechtsbehelf]

Über Einwendungen gegen die Entscheidungen der Vollstreckungsbehörde nach den §§ 459 a, 459 c, 459 e und 459 g entscheidet das Gericht.

§§ 459 i, 460 *Siebentes Buch. 1. Abschnitt*

1   **Entscheidungen der Vollstreckungsbehörde** iSd § 459 h sind alle tatsächlichen Maßnahmen oder ausdrücklichen Anordnungen, die im Vollzug der §§ 459 a, 459 c, 459 e, 459 g ergehen und den Betroffenen beschweren. Nicht darunter fallen innerdienstliche und klarstellende Verfügungen wie der Vermerk nach § 459 a Abs. 3 S. 1. Auch Einwendungen, die sich allein gegen die **Art und Weise** der Ausführung der Vollstreckung richten, unterfallen § 459 nicht; über sie entscheidet das Zivilvollstreckungsgericht (vgl. KK-Fischer Rn. 3). § 459 h schließt in seinem Anwendungsbereich § 458 und §§ 23 ff. EGGVG aus (vgl. § 48 Rn. 1); § 458 gilt für Einwendungen gegen den Bestand des Vollstreckungsanspruchs selbst. § 439 verdrängt, soweit er anwendbar ist, § 459 h. Die Entscheidung der Vollstreckungsbehörde, mit der sie den Antrag, die Vollstreckung einer **Ersatzfreiheitsstrafe durch Arbeit** zu gestatten, ablehnt, ist im Rechtsweg nach §§ 23 ff. EGGVG, nicht nach §§ 462 a Abs. 1 S. 1, 462 a Abs. 1 S. 1, 458 Abs. 1, 2, 459 h StPO anfechtbar. Hat die StrVK durch eine Entscheidung nach § 462 a Abs. 1 S. 1 den falschen Rechtsweg eröffnet, ist das Rechtsmittelgericht nach § 17 a Abs. 5 GVG in entsprechender Anwendung daran gebunden; hierdurch wird das Zulässigkeitserfordernis, das Vorschaltverfahren nach § 24 Abs. 2 EGGVG durchzuführen, nicht berührt (OLG Dresden NStZ 1999, 160).

2   **Zuständig** für die Entscheidungen ist der Rechtspfleger (§ 31 Abs. 2 S. 1 RPflG). Über Einwendungen dagegen, die der Verurteilte oder sonst von der Entscheidung unmittelbar Betroffene erheben kann, entscheidet zunächst der StA (§ 31 Abs. 6 S. 1 RPflG); gegen seine Entscheidung kann das nach §§ 462, 462 a zuständige Gericht angerufen werden, gegen dessen Beschluss die **sofortige Beschwerde** gegeben ist (§ 462 Abs. 3).

§ 459 i [Vollstreckung der Vermögensstrafe]

(1) **Für die Vollstreckung der Vermögensstrafe (§ 43 a des Strafgesetzbuches) gelten die §§ 459, 459 a, 459 b, 459 c, 459 e, 459 f und 459 h sinngemäß.**

(2) **In den Fällen der §§ 111 o, 111 p ist die Maßnahme erst nach Beendigung der Vollstreckung aufzuheben.**

1   Nach der Entscheidung des BVerfG v. 20. 3. 2002 (BGBl. I 1340) ist § 43 a StGB verfassungswidrig und nichtig. Für die Vorschrift besteht kein Anwendungsbereich mehr.

§ 460 [Nachträgliche Gesamtstrafenbildung]

[1]**Ist jemand durch verschiedene rechtskräftige Urteile zu Strafen verurteilt worden und sind dabei die Vorschriften über die Zuerkennung einer Gesamtstrafe (§ 55 des Strafgesetzbuches) außer Betracht geblieben, so sind die erkannten Strafen durch eine nachträgliche gerichtliche Entscheidung auf eine Gesamtstrafe zurückzuführen.** [2]**Werden mehrere Vermögensstrafen auf eine Gesamtvermögensstrafe zurückgeführt, so darf diese die Höhe der verwirkten höchsten Strafe auch dann nicht unterschreiten, wenn deren Höhe den Wert des Vermögens des Verurteilten zum Zeitpunkt der nachträglichen gerichtlichen Entscheidung übersteigt.**

1   Das Verfahren nach § 460 dient zur **Nachholung einer unterlassenen Gesamtstrafenbildung nach § 55 StGB** und setzt voraus, dass im Erkenntnisverfahren die zwingend gebotene (BGH-GrS 12, 1 = NJW 1958, 1643; BGH 32, 190 = NJW 1984, 375) Gesamtstrafenbildung **„außer Betracht"** geblieben ist. Das ist der Fall, wenn die frühere Verurteilung dem Tatrichter nicht bekannt war (BayObLG 1979, 105 = JR 1980, 378), wenn die Gesamtstrafenbildung wegen noch fehlender Rechtskraft einer Vorverurteilung nicht zulässig war (BGH 20, 292, 294 = NJW

Strafvollstreckung **§ 460**

1966, 114), wenn die Vorstrafenakten nicht zur Verfügung standen (BGH 23, 98 = NJW 1969, 2210), wenn die Strafgewalt des Tatgerichts für die Gesamtstrafe nicht ausreichte (BGH 34, 204, 208 = NJW 1987, 204), wenn der Tatrichter wegen eines aussichtsreichen Widereinsetzungsantrags hinsichtlich der Versäumung einer Rechtsmittelfrist oder aus anderen Gründen (vgl. KK-Fischer Rn. 6 mwN) von der Anwendung des § 55 StGB absehen durfte (BGH 23, 98) oder wenn er irrtümlich die Voraussetzungen der Gesamtstrafenbildung übersehen und nicht geprüft hat (BGH 35, 208, 214 = NJW 1989, 45), **nicht aber,** wenn § 55 StGB aus **Rechtsirrtum** fehlerhaft nicht angewendet wurde (BGH-GrS 12, 1; OLG Hamburg NStZ 1992, 607 m. Anm. Maatz; vgl. KK-Fischer Rn. 4 mwN). **Entsprechende Anwendung** findet § 460, wenn im Wiederaufnahmeverfahren eine nicht zur Bewährung ausgesetzte Gesamtfreiheitsstrafe entfallen ist und das Gericht versäumt hat, über die Strafaussetzung einer nach Aufhebung einzelner Verurteilungen verbleibenden, in der früheren Gesamtstrafe einbezogene Freiheitsstrafe zu entscheiden (OLG Koblenz NStZ 1991, 555; OLG Zweibrücken NStZ 1996, 303). Zuständig ist daher für die nachträgliche Entscheidung das Gericht des ersten Rechtszugs; § 458 ist nicht anwendbar (KK-Fischer Rn. 6). Im **Jugendstrafverfahren** gilt § 66 JGG.

Bei der Anwendung des § 460 darf der Verurteilte **nicht schlechter, aber auch** 2 **nicht besser** gestellt werden, als hätte schon der Tatrichter nach § 55 StGB entschieden (BGH 32, 190, 193 = NJW 1984, 375). Der Beschlussrichter entscheidet daher grds. vom Standpunkt des letzten Tatrichters. Voraussetzung ist das Vorliegen **verschiedener Urteile;** dabei ist für die Anwendung des § 55 auf den **Zeitpunkt des Erlasses,** nicht der Rechtskraft abzustellen. Auch bei **Strafbefehlen,** die Urteilen gleichgestellt sind (§ 410 Abs. 3), kommt es auf den Zeitpunkt des Erlasses an (BGH NJW 1991, 1763). Zu berücksichtigen sind auch **Beschlüsse** nach § 453 und § 59 b StGB; **nicht** aber frühere Gesamtstrafenbeschlüsse nach § 460; insoweit kommt es auf den Zeitpunkt an, zu dem die einbezogenen Urteile ergangen sind. Ob die früheren Urteile ihrerseits Gesamtstrafen gebildet haben, ist ohne Belang, denn in die nachträgliche Gesamtstrafe werden **nicht Urteile** (vgl. § 66 JGG), sondern die **Einzelstrafen der früheren Urteile** einbezogen (BGH MDR 1979, 280). Früher gebildete Gesamtstrafen werden daher nach Maßgabe des § 55 StGB **aufgelöst** (BGH 35, 208, 214 = NStZ 1988, 284; Meyer-Goßner Rn. 10; vgl. i. E. KK-Fischer Rn. 7 a mwN).

Die früheren Urteile müssen **rechtskräftig** sein **(S. 1).** Hierbei kommt es auf 3 den Zeitpunkt der Beschlussfassung nach § 460 an. Hinsichtlich der **Erledigung** (Verbüßung, Verjährung, Erlass) der früheren Verurteilungen ist zu unterscheiden: War eine Strafe bereits im Zeitpunkt des letzten tatrichterlichen Urteils erledigt, so war schon damals § 55 StGB und ist daher jetzt § 460 ausgeschlossen (Bringewat NStZ 1990, 51). Ist die Erledigung erst **nach Erlass** des letzten Urteils eingetreten, so steht das einer Anwendung des § 460 grds. nicht entgegen (BGH GA 1982, 177; BayObLG 1957, 185 = NJW 1957, 1810; vgl. Meyer-Goßner Rn. 13 mwN). Das gilt auch, wenn im letzten tatrichterlichen Urteil die Gesamtstrafenbildung fehlerhaft unterblieben war, das Revisionsgericht die Sache **zur Gesamtstrafenbildung zurückverwiesen** hat und die Voraussetzungen des § 55 StGB im zweiten tatrichterlichen Urteil nicht mehr vorlagen (BGH 15, 66, 71 = NJW 1960, 2006), nicht aber, wenn **aus anderen Gründen** zurückverwiesen wurde und wegen zwischenzeitlicher Erledigung einzelner Strafen eine Gesamtstrafenbildung im neuen Urteil nicht mehr in Betracht kam (BGH 12, 94 = NJW 1959, 56). **Einbezogen** werden auch solche Strafen, die nach dem letzten tatrichterlichen Urteil im **Gnadenweg** erlassen (vgl. KK-Fischer Rn. 13 mwN) wurden oder hinsichtlich derer **Vollstreckungsverjährung** eingetreten ist (vgl. BGH NJW 1982, 114; Meyer-Goßner Rn. 13; KK-Fischer Rn. 15 mwN); sie sind von der neu gebildeten Gesamtstrafe abzusetzen. Nicht einbezogen werden können hingegen Strafen, die nach Ablauf der Bewährungszeit nach § 56 g StGB **erlassen** worden sind, denn

1051

§ 460

durch den Erlass hat der Verurteilte einen nicht mehr entziehbaren Vorteil erlangt (KG JR 1976, 202; **aA** LR-Wendisch Rn. 17). Ist die **Bewährungszeit abgelaufen,** die Strafe aber noch nicht erlassen, so ist die Konkurrenz zwischen § 56 g StGB und § 460 nach Lage des Einzelfalls unter Beachtung des Verhältnismäßigkeitsgrundsatzes zu entscheiden (BVerfG wistra 1990, 262; BGH NStZ 1991, 330; **aA** Meyer-Goßner Rn. 13: Vorrang des § 56 g StGB; vgl. KK-Fischer Rn. 14).

4   **Ausgeschlossen** ist die Anwendung von § 460 erst, wenn sämtliche Strafen, die für eine Gesamtstrafenbildung in Betracht genommen wären, **vollständig erledigt** sind. Ansonsten sind Strafen, die wegen ihrer Erledigung in die nachträgliche Gesamtstrafenbildung nicht einbezogen werden können, im Wege des **Härteausgleichs** zu berücksichtigen (vgl. dazu Bringewat NStZ 1987, 386 mwN). Hierbei darf erforderlichenfalls die Untergrenze des § 54 Abs. 1 S. 1 StGB unterschritten werden (BGH 31, 102 = NJW 1983, 260 m. Anm. Loos).

5   Die **Bildung der nachträglichen Gesamtstrafe** erfolgt nach den Grundsätzen des § 55 iVm §§ 53, 54 StGB; einzubeziehen sind lebenslange und zeitige Freiheitsstrafen sowie Geldstrafen, **nicht** aber Jugendstrafen (BGH 36, 295 = NJW 1990, 920), Ersatzfreiheitsstrafen (Dreher/Tröndle StGB § 53 Rn. 1; **aA** S/S-Stree StGB § 53 Rn. 26), ausländische Strafen (OLG Düsseldorf GA 1991, 271) und Geldbußen. Die **Bemessung** der Gesamtstrafe darf nicht zur **Urteilskorrektur** führen (vgl. Bringewat NStZ 1988, 72); die Angemessenheit der einzubeziehenden Strafen hat nach das Beschlussgericht nicht zu prüfen. An die tatsächlichen Feststellungen der früheren Urteile ist das Gericht gebunden. Wegen der **materiellen** Voraussetzungen und Regeln nachträglicher Gesamtstrafenbildung wird auf die Kommentierungen zu § 55 StGB verwiesen.

6   **Nebenstrafen, Nebenfolgen und Maßnahmen** nach § 11 Abs. 1 Nr. 8 StGB, auf die in einem der einbezogenen Urteile erkannt worden ist, müssen im Beschluss nach § 460 ausdrücklich aufrechterhalten werden (vgl. § 55 Abs. 2 StGB); eine Nachholung dieser Anordnung ist ausgeschlossen (Meyer-Goßner Rn. 18). Auch eine erstmalige Anordnung im Beschluss nach § 460 ist unzulässig (LR-Wendisch Rn. 18 ff.).

7   Das **Verschlechterungsverbot** gilt mit Einschränkungen auch im Verfahren nach § 460 (vgl. § 331). Es findet seine Grenze an dem Grundsatz, dass der Verurteilte durch die nachträgliche Gesamtstrafenbildung nicht schlechter, aber auch nicht besser gestellt werden soll; § 460 ist keine ausschließlich zugunsten des Verurteilten wirkende Norm (BGH 35, 208, 214 = NJW 1989, 45). Die **neue Gesamtstrafe** darf die Summe der einbezogenen Einzelstrafen nicht erreichen und muss höher sein als die Einsatzstrafe (§ 54 StGB). War bereits früher eine Gesamtstrafe gebildet worden und wird diese nun aufgelöst (o. Rn. 2), so soll nach hM die **frühere Gesamtstrafe** insofern weiterwirken, als die neue Gesamtstrafe die Summe der früheren und der neu einzubeziehenden Einzelstrafen nicht erreichen darf (BGH 15, 164, 166 = NJW 1960, 2153; Meyer-Goßner Rn. 19; LR-Wendisch Rn. 24; jeweils mwN); zugleich soll die Höhe der alten Gesamtstrafe die unterste Grenze der neu zu bildenden Gesamtstrafe sein (BGH 7, 180, 183 = NJW 1955, 758; Meyer-Goßner Rn. 15). Für diese Begünstigung des Verurteilten fehlt eine Berechtigung. Das Nachtragsverfahren soll den Verurteilten so stellen, wie er bei Entscheidung durch den Tatrichter nach § 55 gestanden hätte. Die Gesamtstrafenzumessung nach § 460 ist daher auch nach Durchbrechung der Rechtskraft und Auflösung früherer Gesamtstrafen eine eigenständige materiellrechtliche Entscheidung (vgl. BGH 24, 268 = NJW 1972, 454), bei der § 54 Abs. 1 S. 2 anzuwenden ist (wie hier Bringewat, 47, Die Bildung der Gesamtstrafe, Rn. 349; StV 1993, 47; S/S-Stree StGB § 55 Rn. 40).

8   Bei der Einbeziehung von **Geld- und Freiheitsstrafen** gilt folgendes: hat der letzte Tatrichter nach § 53 Abs. 2 S. 2, 1. HS StGB ausdrücklich von der Bildung einer Gesamtfreiheitsstrafe abgesehen, so muss dieser Vorteil dem Verurteilten auch

Strafvollstreckung **§ 460**

im Nachverfahren erhalten bleiben (OLG Düsseldorf StV 1993, 31 und 34). Anders ist es, wenn die Vorverurteilung zu Geldstrafe dem Tatrichter **unbekannt** war (BGH 35, 208 = JR 1989, 203 m. Anm. Böttcher; vgl. KK-Fischer Rn. 22 f. mwN).

Ist in eine nachträglich zu bildende Gesamtstrafe eine **lebenslange Freiheits-** 9 **strafe** einbezogen, so kann das Beschlussgericht in Anwendung des § 57 b StGB nachträglich die besondere Schwere der Schuld bejahen (Meyer-Goßner Rn. 20 a).

War in einem oder mehreren der früheren Urteile **Strafaussetzung zur Be-** 10 **währung** bewilligt worden, so fällt diese bei Vorliegen der Voraussetzungen des § 460 ohne weiteres weg; die Aussetzungsfrage wird für die neu gebildete Gesamtstrafe eigenständig geprüft (BGH 8, 254, 260 = NJW 1956, 151). Für die Entscheidung ist die Sachlage zum **Beschlusszeitpunkt** maßgeblich (BGH 30, 168, 170 = NJW 1981, 2311; vgl. Horn NStZ 1991, 117). Die Nichtaussetzung der neuen Gesamtstrafe ist auch dann zulässig, wenn alle einbezogenen Einzelstrafen ausgesetzt waren (OLG Hamm MDR 1975, 948). Umgekehrt kann die Gesamtstrafe auch dann zur Bewährung ausgesetzt werden, wenn keine der Einzelstrafen ausgesetzt war (aA Meyer-Goßner Rn 17; LR-Wendisch Rn. 32). Zur **Anrechnung** von Leistungen nach § 56 b Abs. 2 Nr. 2 StGB vgl. BayObLG NStZ 1994, 588.

Bei der Bemessung der **Gesamtgeldstrafe** ist Einsatzstrafe die Einzelstrafe mit 11 der höchsten Tagessatzzahl (BGH 27, 359 = NJW 1978, 1169). Bei der Bemessung der **Tagessatzhöhe** der Gesamtgeldstrafe ist von den wirtschaftlichen Verhältnissen des Verurteilten zum Zeitpunkt der Letzten **tatrichterlichen** Entscheidung auszugehen (LG Freiburg NStZ 1991, 135; Horn NStZ 1991, 117 mwN; str.; vgl. KK-Fischer Rn. 30). Das **Verschlechterungsverbot** gilt nicht für die Höhe des einzelnen Tagessatzes, sondern für die Summe der Gesamtgeldstrafe (vgl. BGH 27, 359 = NJW 1978, 1169; 28, 360 = NJW 1979, 2523; vgl. KK-Fischer Rn. 30 a). Bereits erbrachte Tilgungsleistungen werden mit dem Maßstab **angerechnet**, der zum Zeitpunkt der Zahlung galt (BGH 28, 360; vgl. i. E. Meyer-Goßner NStZ 1991, 434). Zur Bemessung bei besonders hohen Geldstrafen vgl. Heghmanns NStZ 1994, 519.

Für die Regelung zur nachträglichen **Gesamtvermögensstrafe (S. 2)** ist kein 12 Anwendungsbereich mehr gegeben, nachdem das BVerfG § 43 a StGB durch Urteil v. 20. 1. 2002 (NJW 2002, 1779) für verfassungswidrig erklärt hat.

Verfahren. Die Entscheidung nach § 460 ergeht **vAw. oder auf Antrag** des 13 Verurteilten oder der StA als Strafverfolgungsbehörde. Der Verurteilte, der keinen Antrag gestellt hat, ist zu hören (§ 462 Abs. 2). **Zuständig** ist das **Gericht des 1. Rechtszugs;** welches Gericht das im Einzelfall ist, bestimmt sich nach § 462 a Abs. 3. Die **Entscheidung** ergeht ohne mündliche Verhandlung durch **Beschluss** (§ 462 Abs. 1 S. 1), der nach § 34 zu begründen ist. Die **Begründung** muss die einzelnen Tat- und Urteilszeitpunkte genau darlegen. Von der Wiederholung der Strafzumessungsgründe für die Einzelstrafen ist abzusehen (Meyer-Goßner Rn. 16); die Gesamtstrafenentscheidung ist entspr. § 267 Abs. 3 S. 1 zu begründen (OLG Düsseldorf MDR 1993, 375).

Gegen die Entscheidung ist **sofortige Beschwerde** zulässig (§ 462 Abs. 3 S. 1). 14 Die Anfechtung kann entspr. §§ 318, 344 Abs. 1 beschränkt werden. Bei Beschwerden des Verurteilten oder der StA zu seinen Gunsten gilt das Verschlechterungsverbot (OLG Zweibrücken NJW 1968, 310). Das Beschwerdegericht entscheidet auch dann in der Sache selbst (§ 309 Abs. 2), wenn der Beschluss mangelhaft begründet ist (OLG Düsseldorf MDR 1993, 375).

Der rechtskräftige Beschluss nach § 460 hat die gleichen **Wirkungen** wie ein 15 nach § 55 StGB ergangener rechtskräftiger Urteilsspruch. Eine **nachträgliche Änderung** des Beschlusses ist unzulässig (Meyer-Goßner Rn. 25; LR-Wendisch Rn. 42; str.). Die **Vollstreckung** erfolgt allein auf der Grundlage des Beschlusses; für diesen gilt § 451 Abs. 1 entspr. Ist die neue Gesamtfreiheitsstrafe zur **Bewährung** ausgesetzt worden, so ist ein Widerruf wegen solcher Taten unzulässig, die vor

Erlass des Beschlusses begangen wurden (OLG Düsseldorf StV 1991, 30; OLG Stuttgart MDR 1992, 1067). Für die Überwachung der Lebensführung (§ 453 b) und die die Gesamtstrafe betreffenden **Folgeentscheidungen** ist das Gericht des 1. Rechtszugs zuständig (vgl. KK-Fischer Rn. 32 a). Wird die Gesamtstrafe nicht zur Bewährung ausgesetzt, so ist eine einbezogene, bereits vollzogene Einzelstrafe so zu behandeln, als sei sie bereits aus dem Gesamtstrafenbeschluss vollstreckt worden (vgl. § 51 Abs. 2 StGB). Die zwischenzeitliche Entlassung ist als Unterbrechung zu betrachten; daher ist für die Folgeentscheidungen (§ 454) in diesem Fall die StVK zuständig (str.; vgl. KK-Fischer Rn. 32 a). Die **Vollstreckungsverjährung** hinsichtlich der neuen Gesamtstrafe beginnt mit Rechtskraft des Beschlusses nach § 460 (OLG Zweibrücken NStZ 1991, 454; offengelassen von BGH 34, 304 = NJW 1988, 645).

§ 461 [Anrechnung von Krankenhausaufenthalt]

(1) **Ist der Verurteilte nach Beginn der Strafvollstreckung wegen Krankheit in eine von der Strafanstalt getrennte Krankenanstalt gebracht worden, so ist die Dauer des Aufenthalts in der Krankenanstalt in die Strafzeit einzurechnen, wenn nicht der Verurteilte mit der Absicht, die Strafvollstreckung zu unterbrechen, die Krankheit herbeigeführt hat.**

(2) **Die Staatsanwaltschaft hat im letzteren Falle eine Entscheidung des Gerichts herbeizuführen.**

1 Erkrankt ein Verurteilter so schwer, dass eine stationäre Behandlung erforderlich ist, so bietet das Gesetz **drei Möglichkeiten:** IdR ist der Gefangene in eine besondere Abteilung der JVA oder in ein **Anstaltskrankenhaus** zu verlegen (§ 65 Abs. 1 StVollzG). Unter den Voraussetzungen des § 455 Abs. 4 kann die Vollstreckung **unterbrochen** werden; in diesem Fall ist § 461 vom Zeitpunkt der Unterbrechung an nicht anzuwenden, die Unterbrechungsfrist wird in die Strafzeit nicht eingerechnet (OLG Stuttgart MDR 1989, 1124). Schließlich kann eine Behandlung außerhalb des Vollzugs, jedoch unter Fortdauer des vollstreckungsrechtlichen Gewahrsamsverhältnisses erfolgen. **Diesen Fall** regelt § 461. **Abs. 1,** ohne dass zuvor die Unterbrechung der Strafvollstreckung nach § 455 Abs. 4 (OLG Hamburg NStZ 1999, 589; OLG Stuttgart NStZ 1999, 552) oder im Gnadenweg (OLG Celle MDR 1968, 782) angeordnet wurde.

2 **Krankheit** iSd **Abs. 1** ist aus der Sicht der die Verlegung indizierenden Diagnose zu verstehen. Voraussetzung des Abs. 1 ist die Verlegung „wegen Krankheit". Das ist auch bei später unbestätigtem **Verdacht** sowie bei **Simulation** der Fall (vgl. aber u. Rn. 5); die Simulation schon vom **Anwendungsbereich** des Abs. 1 auszunehmen (Meyer-Goßner Rn. 5; LR-Wendisch Rn. 6), besteht kein Anlass. Die geistige steht der körperlichen Erkrankung gleich; wird von vornherein eine **Maßregel** vollstreckt, so gilt § 461 über § 463 Abs. 1 entspr. S. auch zur Geisteskrankheit Rn. 5.

3 **Von der JVA getrennt** ist eine Krankenanstalt dann, wenn sie organisatorisch und verwaltungstechnisch nicht in den Vollzug eingegliedert ist und eine weisungsunabhängige Leitung hat. Innerhalb einer Anstalt können verschiedene **Abteilungen** unterschiedlich zu beurteilen sein.

4 Der Verurteilte ist in die Krankenanstalt **gebracht,** wenn er unabhängig von seinem Willen dorthin überführt worden ist und sich weiterhin unter der **Verfügungsgewalt** der Vollstreckungsbehörde befindet (OLG Stuttgart MDR 1989, 1124). Eine vorherige Aufnahme in den Strafvollzug ist nicht erforderlich (vgl. KK-Fischer Rn. 4). § 461 gilt auch, wenn sich der Verurteilte während eines oder im Anschluss an einen **Urlaub** selbst in Krankenhausbehandlung begibt (OLG Hamm

Strafvollstreckung **§ 462**

NStZ 1983, 287), nicht aber, wenn er während einer Strafunterbrechung ein Krankenhaus aufsucht (OLG Celle MDR 1968, 782).

Die **Nichtanrechnung (Abs. 1, 2. HS)** setzt voraus, dass der Verurteilte die 5 **Verbringung „wegen Krankheit"** selbst mit der Absicht herbeigeführt hat, eine **faktische** Vollstreckungsunterbrechung zu erreichen. Hauptfälle sind Selbstbeschädigungen und die Simulation körperlicher oder geistiger Erkrankung; in diesen Fällen soll dem Verurteilten der Vorteil der Anrechnung nicht zugute kommen. Auf weitergehende Zwecke (zB Fluchtvorbereitung, Vermeidung von Arbeit) kommt es nicht an (LR-Wendisch Rn. 5). Liegt objektiv eine behandlungsbedürftige Krankheit vor, so ist eine Absicht iSd HS 2 unschädlich.

Über die Nichtanrechnung **entscheidet** das nach §§ 462, 462a Abs. 1 zustän- 6 dige Gericht **(Abs. 2).** Die Entscheidung ergeht auf **Antrag** der StA als Strafverfolgungsbehörde (vgl. Katholnigg NStZ 1982, 195) durch **Beschluss**, gegen den **sofortige Beschwerde** zulässig ist. Weigert sich die Vollstreckungsbehörde, einen Krankenhausaufenthalt in die Strafzeit einzurechnen, so kann der Verurteilte die gerichtliche Entscheidung nach § **458** Abs. 1 beantragen. Gegen die Anordnung der Unterbrechung nach § 455 Abs. 4 ist der Antrag nach § **458 Abs.** 2 zulässig.

§ 462 [Verfahren bei gerichtlicher Entscheidung]

(1) ¹**Die nach § 450a Abs. 3 Satz 1 und den §§ 458 bis 461 notwendig werdenden gerichtlichen Entscheidungen trifft das Gericht ohne mündliche Verhandlung durch Beschluß.** ²**Dies gilt auch für die Wiederverleihung verlorener Fähigkeiten und Rechte (§ 45b des Strafgesetzbuches), die Aufhebung des Vorbehalts der Einziehung und die nachträgliche Anordnung der Einziehung eines Gegenstandes (§ 74b Abs. 2 Satz 3 des Strafgesetzbuches), die nachträgliche Anordnung von Verfall oder Einziehung des Wertersatzes (§ 76 des Strafgesetzbuches) sowie für die Verlängerung der Verjährungsfrist (§ 79b des Strafgesetzbuches).**

(2) ¹**Vor der Entscheidung sind die Staatsanwaltschaft und der Verurteilte zu hören.** ²**Das Gericht kann von der Anhörung des Verurteilten in den Fällen einer Entscheidung nach § 79b des Strafgesetzbuches absehen, wenn infolge bestimmter Tatsachen anzunehmen ist, daß die Anhörung nicht ausführbar ist.**

(3) ¹**Der Beschluß ist mit sofortiger Beschwerde anfechtbar.** ²**Die sofortige Beschwerde der Staatsanwaltschaft gegen den Beschluß, der die Unterbrechung der Vollstreckung anordnet, hat aufschiebende Wirkung.**

Die Vorschrift enthält die **Grundregeln** für die Nachtragsentscheidungen im 1 Strafvollstreckungsverfahren. **Besondere Regelungen** trefen §§ 453, 454 für die Entscheidungen, die sich auf die Strafaussetzung zur Bewährung beziehen. Die Aufzählung in Abs. 1 ist nicht abschließend (LR-Wendisch Rn. 2).

Die Entscheidungen nach **Abs. 1** ergehen nach Aktenlage durch **Beschluss**, der 2 nach § 34 zu **begründen** und förmlich **zuzustellen** ist. Eine mündliche Verhandlung ist unzulässig. Eine mündliche **Anhörung** ist aber möglich und kann im Einzelfall geboten sein (Meyer-Goßner Rn. 3). Das Gericht kann im **Freibeweisverfahren** (vgl. § 244 Rn. 7) alle erforderlichen Ermittlungen anstellen und Polizei, StA und Gerichtshilfe (§ 463d) mit Mitwirkung ersuchen. Mit der Beweisrhebung kann auch ein beauftragter oder ersuchter Richter betraut werden. Die Vereidigung von Zeugen ist zulässig. Unzulässig ist die **Verkündung** der Entscheidung in einem Anhörungstermin; § 35 Abs. 1 S. 1 ist nicht anwendbar (vgl. Treptow NJW 1975, 1105).

Die **Anhörungspflicht (Abs. 2)** besteht gegenüber der StA als Strafverfolgungs- 3 behörde, dem Verurteilten und sonstigen durch die Entscheidung unmittelbar Betroffenen. Ein Antrags- oder Anhörungsrecht der Vollstreckungsbehörde besteht

1055

§ 462 a

nicht. Wer einen Antrag gestellt hat, muss zu allen Tatsachen gehört werden, die nachträglich vorgetragen oder ermittelt werden (Meyer-Goßner Rn. 2). Die **mündliche** Anhörung des Verurteilten ist nicht vorgeschrieben, aber zulässig und kann im Einzelfall geboten sein. Die **Ausnahme des Abs. 2 S. 3** verstößt nicht gegen Art. 103 Abs. 1 GG. Die Unerreichbarkeit der Auslieferung schließt nicht ohne weiteres die Unausführbarkeit der Anhörung ein; es müssen weitere Tatsachen hinzukommen. Der Beschluss nach § 79 b StGB kann öffentlich zugestellt werden (§ 40); rechtliches Gehör wird im Verfahren nach § 33 a oder §§ 44 ff. gewährt.

4 Sofortige Beschwerde **(Abs. 3)** ist gegen den Beschluss des Gerichts nach Abs. 1 zulässig, wenn dieses **in der Sache selbst** entschieden hat. Beschlüsse, die nur Verfahrensvoraussetzungen betreffen, sind mit **einfacher Beschwerde** anfechtbar (OLG Düsseldorf NStZ 1981, 366). Bei Entscheidungen des OLG als Gericht des 1. Rechtszuges gilt § 304 Abs. 4 S. 2 Nr. 5 (vgl. BGH 30, 25 = NJW 1982, 115; 30, 168 = NJW 1981, 2311; NStE § 462 a Nr. 11). Sofortige Beschwerde ist auch gegeben, wenn das Tatgericht schon im Urteil eine Entscheidung nach § 57 StGB getroffen hat (BGH 25, 242 = 1974, 154; BGH StV 1982, 61). **Beschwerdeberechtigt** sind die StA als Strafverfolgungsbehörde, der Verurteilte und sonstige von der Entscheidung unmittelbar Betroffene. Das Beschwerdegericht entscheidet auch dann in der Sache selbst (§ 309 Abs. 2), wenn statt der zuständigen StVK das Gericht des 1. Rechtszugs entschieden hat oder wenn gegen die Anhörungspflicht nach Abs. 2 verstoßen wurde (KG NStZ 1994, 255; **aA** OLG Hamburg NStZ 1991, 356; StV 1992, 587; vgl. KK-Fischer Rn. 4). Das Gleiche gilt, wenn statt der nach § 78 b GVG zuständigen großen die kleine StrVollstrK entschieden hat (OLG Hamm NStZ 1992, 407; 1994, 146; KK-Fischer Rn. 4). **Aufschiebende Wirkung (Abs. 3 S. 2)** hat die sofortige Beschwerde der StA im Fall des § 455 Abs. 4; im Übrigen gilt § 307 Abs. 1 (vgl. § 455 Rn. 8).

§ 462 a [Gerichtliche Zuständigkeit]

(1) ¹Wird gegen den Verurteilten eine Freiheitsstrafe vollstreckt, so ist für die nach den §§ 453, 454, 454 a und 462 zu treffenden Entscheidungen die Strafvollstreckungskammer zuständig, in deren Bezirk die Strafanstalt liegt, in die der Verurteilte zu dem Zeitpunkt, in dem das Gericht mit der Sache befaßt wird, aufgenommen ist. ²Diese Strafvollstreckungskammer bleibt auch zuständig für Entscheidungen, die zu treffen sind, nachdem die Vollstreckung einer Freiheitsstrafe unterbrochen oder die Vollstreckung des Restes der Freiheitsstrafe zur Bewährung ausgesetzt wurde. ³Die Strafvollstreckungskammer kann einzelne Entscheidungen nach § 462 in Verbindung mit § 458 Abs. 1 an das Gericht des ersten Rechtszuges abgeben; die Abgabe ist bindend.

(2) ¹In anderen als den in Absatz 1 bezeichneten Fällen ist das Gericht des ersten Rechtszuges zuständig. ²Das Gericht kann die nach § 453 zu treffenden Entscheidungen ganz oder zum Teil an das Amtsgericht abgeben, in dessen Bezirk der Verurteilte seinen Wohnsitz oder in Ermangelung eines Wohnsitzes seinen gewöhnlichen Aufenthaltsort hat; die Abgabe ist bindend.

(3) ¹In den Fällen des § 460 entscheidet das Gericht des ersten Rechtszuges. ²Waren die verschiedenen Urteile von verschiedenen Gerichten erlassen, so steht die Entscheidung dem Gericht zu, das auf die schwerste Strafart oder bei Strafen gleicher Art auf die höchste Strafe erkannt hat, und falls hiernach mehrere Gerichte zuständig sein würden, dem Gericht, dessen Urteil zuletzt ergangen ist. ³War das hiernach maßgebende Urteil

Strafvollstreckung § 462 a

von einem Gericht eines höheren Rechtszuges erlassen, so setzt das Gericht des ersten Rechtszuges die Gesamtstrafe fest; war eines der Urteile von einem Oberlandesgericht im ersten Rechtszuge erlassen, so setzt das Oberlandesgericht die Gesamtstrafe fest. ⁴Wäre ein Amtsgericht zur Bildung der Gesamtstrafe zuständig und reicht seine Strafgewalt nicht aus, so entscheidet die Strafkammer des ihm übergeordneten Landgerichts.

(4) ¹Haben verschiedene Gerichte den Verurteilten in anderen als den in § 460 bezeichneten Fällen rechtskräftig zu Strafe verurteilt oder unter Strafvorbehalt verwarnt, so ist nur eines von ihnen für die nach den §§ 453, 454, 454 a und 462 zu treffenden Entscheidungen zuständig. ²Absatz 3 Satz 2 und 3 gilt entsprechend. ³In den Fällen des Absatzes 1 entscheidet die Strafvollstreckungskammer; Absatz 1 Satz 3 bleibt unberührt.

(5) ¹An Stelle der Strafvollstreckungskammer entscheidet das Gericht des ersten Rechtszuges, wenn das Urteil von einem Oberlandesgericht im ersten Rechtszuge erlassen ist. ²Das Oberlandesgericht kann die nach den Absätzen 1 und 3 zu treffenden Entscheidungen ganz oder zum Teil an die Strafvollstreckungskammer abgeben. ³Die Abgabe ist bindend; sie kann jedoch vom Oberlandesgericht widerrufen werden.

(6) Gericht des ersten Rechtszuges ist in den Fällen des § 354 Abs. 2 und des § 355 das Gericht, an das die Sache zurückverwiesen worden ist, und in den Fällen, in denen im Wiederaufnahmeverfahren eine Entscheidung nach § 373 ergangen ist, das Gericht, das diese Entscheidung getroffen hat.

Übersicht

Normzweck..	1
Zuständigkeit der StVK (Abs. 1)	2–8
Zuständigkeit des Gerichts des 1. Rechtszugs (Abs. 2)	9–11
Zuständigkeit bei Gesamtstrafenentscheidungen (Abs. 3).............	12
Zuständigkeitskonzentration (Abs. 4)..................................	13–15
Zuständigkeit des OLG (Abs. 5)	16
Zuständigkeit bei wiederholter erstinstanzlicher Entscheidung (Abs. 6)...	17

Die Vorschrift regelt die sachliche und örtliche **Zuständigkeit** der Strafvollstrek- **1** kungskammer (StrVollstrK) für Nachtragsentscheidungen und grenzt sie von derjenigen des Gerichts des 1. Rechtszugs ab. Die Zuständigkeit der StrVollstrK wird bereits mit der **Aufnahme** des Verurteilten in eine **JVA ihres Bezirks** begründet und nicht erst dann, wenn sie mit einer bestimmten Entscheidung befasst ist; letztes hindert lediglich bis zur abschließenden Entscheidung den Wechsel der örtlichen Zuständigkeit. Die so begründete Zuständigkeit entfällt auch nicht dadurch, dass der Verurteilte in sein Heimatland abgeschoben wird (BGH NStZ 2000, 111). Stellt sich der Verurteilte entgegen der Ladung in einer anderen Vollzugsanstalt und wird nach wenigen Tagen in die vorgesehene Anstalt überführt, so begründet dies nicht die Aufnahme in der ersten Anstalt iSv § 462 a Abs. 1 S. 1. Die örtliche Zuständigkeit der StVK richtet sich dann nach dem Sitz der Vollzugsanstalt, in die der **Verurteilte geladen war** (OLG Zweibrücken NStZ 2003, 54). Die StrVollstrK sind nach § 78 a Abs. 1 S. 1 GVG als Strafkammern mit besonderer **funktioneller** Zuständigkeit bei allen LGen gebildet, in deren Bezirk sich Anstalten zum Vollzug von Freiheitsstrafen und freiheitsentziehenden Maßregeln befinden. Sie sind für die Entscheidungen nach §§ 462, 463 zuständig (§ 78 a Abs. 1 S. 2 Nr. 1 GVG), soweit

§ 462 a

sich aus der StPO nichts anderes ergibt. Die Zuständigkeit der StVK verdrängt grds. die des **Gerichts des 1. Rechtszugs;** das gilt auch dann, wenn das Gericht des ersten Rechtszuges eine Restfreiheitsstrafe nach § 36 BtMG zu Bewährung ausgesetzt hat (BGH NStZ 2001, 110). Die **allgemeine Fortsetzungszuständigkeit** der Strafvollstreckungskammer wird **durch § 36 V 1 BtMG nicht aufgehoben.** Danach ist zwar für die Entscheidung über die Strafaussetzung zur Bewährung in den Fällen des § 36 BtMG das Gericht des ersten Rechtszugs zuständig; jedoch ist die Frage, welches Gericht nach einer solchen Entscheidung die Bewährungsaufsicht zu führen hat, in § 36 V BtMG nicht geregelt. Insoweit bleibt es bei der allgemeinen Zuständigkeit und damit dem in §§ 462 a I 2, IV 1, 3 StPO geregelten Vorrang der Strafvollstreckungskammer (BGH NStZ-RR 2001, 343). Wird eine Geldstrafe durch Aufrechnung mit einem Kostenerstattungsanspruch vollstreckt, richtet sich die Zuständigkeit zur Entscheidung über Einwendungen gegen die Wirksamkeit der Aufrechnung nach § 462 a (BGH 44, 19 = NJW 1998, 2066). Die Entscheidung der Vollstreckungsbehörde, mit der sie den Antrag, die Vollstreckung einer **Ersatzfreiheitsstrafe durch Arbeit** zu gestatten, ablehnt, ist im Rechtsweg nach §§ 23 ff. EGGVG, nicht nach §§ 462 a Abs. 1 S. 1, 462 Abs. 1 S. 1, 458 Abs. 1, 2, 259 h StPO anfechtbar. Hat die StrVollstrK durch eine Entscheidung nach § 462 a Abs. 1 S. 1 StPO den falschen Rechtsweg eröffnet, ist das Rechtsmittelgericht nach § 17 a Abs. 5 GVG in entsprechender Anwendung daran gebunden; hierdurch wird das Zulässigkeitserfordernis, das Vorschaltverfahren nach § 24 Abs. 2 EGGVG durchzuführen, nicht berührt (OLG Dresden NStZ 1999, 160). Die Entscheidung über die Nachholung des **rechtlichen Gehörs** in einem Fall, in dem der ohne Anhörung des Verurteilten ergangene Widerrufsbeschluss vor dessen Aufnahme in eine Strafanstalt ergangen war, obliegt dem Gericht, das die Sachentscheidung getroffen hat (BGH NStZ 1999, 362).

2 Die **Zuständigkeit der StrVollstrK** bestimmt die Grundregel des **Abs. 1 S. 1. „Vor tatsächlichem Vollzugsbeginn"** zur Verbüßung einer Strafhaft oder zum Vollzug einer Maßregel tritt in Fällen der vorliegenden Art die sachliche Zuständigkeit einer StrVollstrK jedoch nicht ein. Solange der Vollzug einer Strafhaft oder einer Maßregel nicht begonnen hat, ist für eine **Nachtragsentscheidung** (Bewährungsaufsicht) das Gericht des ersten Rechtszuges weiterhin zuständig" (OLG Hamm NStZ 1998, 479). **Freiheitsstrafe** iSd Abs. 1 ist nur die Erwachsenen-Freiheitsstrafe (§ 38 StGB), die **Ersatzfreiheitsstrafe** nach § 43 StGB (BGH 30, 223 = NJW 1982, 248) sowie **Strafarrest** gegen Soldaten nach § 9 WStG (BGH 26, 391 = NJW 1976, 2356). **Jugendstrafe** (und nach EV Anl I Kap. III Abschn. III Ziff. 3 Buchst. f § 2 gleichgestellte Freiheitsstrafe) zählt nicht dazu; insoweit tritt der Jugendrichter als Vollstreckungsleiter an die Stelle der StrVollstrK (§§ 82 Abs. 1 S. 2, 110 Abs. 1 JGG). Der Jugendrichter bleibt für die Vollstreckung der Jugendstrafe zuständig, auch wenn der Verurteilte später zu einer Freiheitsstrafe verurteilt wird, diese in einer Erwachsenenanstalt verbüßt und insoweit die StrVollstrK zuständig ist (BGH 27, 207 = NJW 1977, 1973), ebenso, wenn die Jugendstrafe gem. § 92 Abs. 2 JGG in einer Erwachsenenanstalt vollzogen wird (BGH 27, 329, 332 = NJW 1978, 835; vgl. KK-Fischer Rn. 5 mwN); in diesem Fall ist für die Entscheidungen über **Vollzugs**maßnahmen (§§ 109 ff. StVollzG) jedoch die StrVollstrK zuständig (BGH 29, 33, 36 = NJW 1980, 351). **Untersuchungshaft** begründet keine Zuständigkeit der StrVollstrK; diese beginnt erst, wenn U-Haft in Strafhaft **übergeht** (BGH 38, 63 = NJW 1992, 518; vgl. i. E. KK-Fischer Rn. 9 mwN). Maßgebend ist der Tag der Einleitung der Vollstreckung (**aA** die hM: Tag der Rechtskraft; vgl. § 450 Rn. 3; Meyer-Goßner Rn. 6). Während der Vollstreckung einer Freiheitsstrafe ist die Strafvollstreckungskammer für die Entscheidung über die vom Verurteilten begehrte vorzeitige Aufhebung der Sperre gem. § 69 a VII StGB zuständig (**Führerscheinsperre** – OLG Karlsruhe NStZ-RR 2001, 253). Zum „befasst" iSv § 462 a Abs. 1 S. 1 s. BGH NStZ 2000, 391.

Strafvollstreckung § 462 a

Der Verurteilte muss **zum Zweck der Vollstreckung in die Anstalt aufgenommen** sein. Vor tatsächlichem Vollzugsbeginn tritt die Zuständigkeit der StrVollstrK nicht ein; die Einleitung der Vollstreckung (§ 451 Abs. 1) reicht nicht aus. **Aufnahme** ist auch diejenige nach Strafunterbrechung, Verlegung und Widerruf der Strafaussetzung (Meyer-Goßner Rn. 5). Befindet sich der Verurteilte bei Übergang der U-Haft in Strafhaft in Haft, so wird die für diese Anstalt zuständige StrVollstrK zuständig, auch wenn eine Verlegung in eine nach dem Strafvollstreckungsplan zuständige andere JVA zu erwarten ist (BGH 38, 63 = NJW 1991, 2779); ist er auf freiem Fuß, so bleibt das erkennende Gericht für eine auf Grund Anrechnung von U-Haft mögliche Entscheidung nach § 57 StGB zuständig (Meyer-Goßner Rn. 6 mwN). Eröffnet das Landesrecht (hier: § 13 Abs. 2 MaßregelvollzG) die Möglichkeit, den Untergebrachten in eine **andere** als die vom Vollstreckungsplan vorgesehene Einrichtung zu **verlegen,** so ist bei **erfolgter Verlegung** diese Einrichtung die **zuständige Anstalt** iSd § 462 a Abs. 1 S. 1 (BGH NStZ-RR 1998, 155). 3

Eine **Ausnahme von Abs. 1 S. 1** bestimmt **Abs. 5** für den Fall, dass das OLG Gericht des 1. Rechtszugs ist. Zur Abgabe nach Abs. 5 S. 2 vgl. u. Rn. 16. 4

Eine **Fortwirkung der sachlichen Zuständigkeit** bestimmt **Abs. 1 S. 2.** Als Ausnahme vom Grds. des Abs. 1 S. 1 ist die Vorschrift **eng auszulegen** (OLG Hamburg NStZ 1982, 48). **Voraussetzung** der Fortwirkungszuständigkeit ist, dass zunächst die örtlich zuständige (BGH NStZ 1985, 428) StrVollstrK auf Grund Abs. 1 S. 1 bereits tätig geworden ist (BGH NJW 1975, 1130 = JR 1975, 205 m. Anm. Peters). Der Unterbrechung und der Aussetzung des Strafrests sind das **Absehen** von der Vollstreckung (§ 456 a; vgl. BGH GA 1984, 513) sowie das **Entweichen** des Verurteilten aus dem Vollzug gleichgestellt (Meyer-Goßner Rn. 15; str.). Die sachliche Zuständigkeit der StrVollstrK **endet** in diesem Fall erst, wenn die Vollstreckung **aller Strafen,** hinsichtlich derer ihre Zuständigkeit auf Grund des Konzentrationsprinzips entstanden ist, vollständig erledigt ist. Ein **Zuständigkeitswechsel** tritt nur ein, wenn durch Aufnahme des Verurteilten in eine JVA die originäre Zuständigkeit einer anderen StrVollstrK begründet wird (vgl. BGH 30, 189 = NJW 1982, 2766; u. Rn. 14) oder wenn alle betroffenen, zur Bewährung ausgesetzten Strafen nachträglich (§ 460) in eine Gesamtstrafe einbezogen werden (vgl. Meyer-Goßner Rn. 15; KK-Fischer Rn. 13, jeweils mwN). 5

Die **örtliche Zuständigkeit der StrVollStrK (Abs. 1 S. 1)** bestimmt sich nach dem Sitz der JVA, in die der Verurteilte zur Vollstreckung aufgenommen ist (zur Vollstreckung in einer Außenstelle vgl. BGH 28, 135 = NJW 1978, 2561). Dabei kommt es auf den **Zeitpunkt des Befasstseins** des Gerichts an. Befasst ist das Gericht mit einer Sache, sobald eine Entscheidung nach § 462 auf Antrag oder vAw. **erforderlich** wird, unabhängig davon, ob es tatsächlich tätig wird; „befasst" wird das Gericht also mit einer Sache schon dann, wenn Tatsachen aktenkundig werden, die eine Entscheidung, zB einen Widerruf, rechtfertigen **können** (BGH 30, 189 = NJW 1981, 2766; BGH NStZ 1990, 230; 1993, 31). Das gilt auch dann, wenn die Kammer zunächst nichts veranlasst, sondern den Ausgang des neuen Verfahrens abwartet, aus dem sich Widerrufsgründe ergeben können (OLG Düsseldorf NStZ 1982, 47; KK-Fischer Rn. 17). Stets befasst ist das Gericht, wenn ein **Antrag** eingeht, mag er auch unzulässig oder offensichtlich unbegründet sein (BGH NStZ 1996, 13; OLG Frankfurt NStZ-RR 1996, 154). Befasst sein muss **ein Gericht,** nicht notwendig das letztlich zuständige (BGH NStZ 1984; 525). Daher reicht der Eingang bei einem Gericht aus, dessen Zuständigkeit nicht von vornherein **ausgeschlossen** erscheint (BGH 26, 214 = NJW 1976, 336; vgl. Meyer-Goßner Rn. 10; KK-Fischer Rn. 19 mwN). Muß das Gericht **vAw.** entscheiden, so ist der Zeitpunkt maßgebend, an dem es tätig werden musste (BGH 30, 189, 191; NStZ 1993, 100). 6

Eine **Beendigung des Befasstseins** tritt erst ein, wenn in der Sache abschließend entschieden worden ist (BGH 26, 165, 166 = NJW 1976, 860; BGH NStZ 7

§ 462 a Siebentes Buch. 1. Abschnitt

1984, 480). Das ist nach **Ablehnung eines Antrags** auf Aussetzung des Strafrests auch dann der Fall, wenn die erneute Prüfung vorbehalten wurde (OLG Stuttgart NJW 1976, 436; vgl. i. E. KK-Fischer Rn. 23 mwN). Das Befasstsein endet auch mit Rücknahme eines Antrags (BGH 26, 278, 279 = NJW 1976, 860), durch Widerruf der Einwilligung nach § 57 Abs. 1 S. 1 Nr. 3 StGB (OLG Karlsruhe MDR 1992, 595), durch Zurückstellung eines verfrühten Antrags mit Zustimmung des Verurteilten (OLG Düsseldorf MDR 1982, 429) sowie bei Erledigung in sonstiger Weise (OLG Düsseldorf NStZ 1985, 333).

8   Besteht **Fortwirkungszuständigkeit** nach **Abs. 1 S. 2,** dann bleibt die StrVollstrK mit einem Antrag des auf freiem Fuß befindlichen Verurteilten auch dann befasst, wenn dieser sich zum **Entscheidungszeitpunkt** in einem anderen Bezirk erneut in Strafhaft befindet (BGH 30, 189; OLG Düsseldorf NJW 1980, 1009). Die Fortwirkungszuständigkeit einer StrVollstrK **endet** jedoch, wenn sie nicht mit einer konkreten Sache befasst ist und der Verurteilte in die JVA eines anderen Bezirks aufgenommen wird; entscheidend ist der tatsächliche Aufenthalt des Verurteilten in einer Vollzugsanstalt (BGH 36, 229 = NJW 1990, 264; Meyer-Goßner Rn. 14; vgl. KK-Fischer Rn. 25 mwN). **Vorübergehende Aufenthalte** in einer anderen JVA, etwa zur Verlegung oder auf Grund Ergreifung nach Entweichen, führen einen Wechsel der Zuständigkeit nicht herbei (Meyer-Goßner Rn. 13 mwN). Zur **Abgabe von Entscheidungen** durch die StrVollstrK an das Gericht des 1. Rechtszugs vgl. Abs. 1 S. 3. Abgegeben werden können nur die in Abs. 1 S. 3 genannten Entscheidungen; eine entspr. Anwendung auf Entscheidungen nach §§ 453, 454 ist ausgeschlossen (BGH 26, 352 = NJW 1976, 1646). Über die Abgabe entscheidet die StrVollstrK **vAw. oder auf Antrag** durch **Beschluss;** das Gericht des 1. Rechtszugs ist nicht anzuhören (Meyer-Goßner Rn. 16). Die Abgabe ist **bindend** (Abs. 1 S. 3, 2. HS); sie kann vom abgebenden Gericht **widerrufen** werden (LR-Wendisch Rn. 36; vgl. u. Rn. 11 aE).

9   Die **Zuständigkeit des Gerichts des 1. Rechtszugs (Abs. 2)** ist grds. subsidiär und besteht, mit **Ausnahme** des Abs. 5 S. 1, nur dann, wenn die Strafvollstreckung noch nicht begonnen hat (vgl. BGH NStZ 1995, 221). Eine primäre Zuständigkeit besteht idR nur, wenn **ausschließlich Geldstrafe** zu vollstrecken oder eine zur **Bewährung** ausgesetzte Strafe zu überwachen ist. Das erstinstanzliche Gericht ist auch für die **Aussetzung eines Strafrests** (§ 57 Abs. 1) zuständig, wenn zum Zeitpunkt der Verurteilung bereits zwei Drittel der Strafe durch Anrechnung von U-Haft als verbüßt gelten und Freiheitsstrafe nicht vollstreckt wurde (OLG Düsseldorf StV 1989, 216), ebenso für den Widerruf einer nach § 36 BtMG bewilligten Strafaussetzung (OLG Düsseldorf MDR 1993, 464). Gericht des ersten Rechtszugs iSv § 40 Abs. 2 ist bei öffentlichen Zustellungen in **Strafvollstreckungssachen** das zur erstinstanzlichen Vollstreckungsentscheidung gemäß § 462 a berufene Gericht (BGH NStZ-RR 2000, 83).

10 **Gericht des 1. Rechtszugs** ist das Gericht, das in erster Tatsacheninstanz mit der Sache befasst war, das AG auch dann, wenn erst das Berufungsgericht verurteilt hat. Das LG ist Gericht des 1. Rechtszugs, wenn es auf eine Berufung als erstinstanzliches Gericht entschieden hat. Wenn bei Vollstreckungsbeginn ein Rechtsmittel gegen die Entscheidung des Gerichts des 1. Rechtszugs noch nicht erledigt ist, so ist während der Dauer des Rechtsmittelverfahrens das Rechtsmittelgericht zuständig (BGH 33, 8, 11 = NJW 1985, 1404). Nach **Abs. 6** ist bei Zurückverweisung durch das Revisionsgericht (§§ 354 Abs. 2, 355) und Wiederaufnahme des Verfahrens (§ 373 iVm § 140 a GVG) das nunmehr zuständige andere Gericht dasjenige des 1. Rechtszugs.

11 Eine **Abgabe an das Wohnsitzgericht (Abs. 2 S. 2)** kann das Gericht des 1. Rechtszugs hinsichtlich der Nachtragsentscheidungen nach § 453 anordnen; auf Entscheidungen nach §§ 57, 57 a StGB ist das nicht übertragbar (BGH 26, 352 = NJW 1976, 1646). Nach Abgabe der nachträglichen Entscheidungen an das Wohn-

Strafvollstreckung **§ 462 a**

sitzgericht ist dieses kraft seiner nach § 462 a Abs. 2 S. 2 abgeleiteten Zuständigkeit auch für die auf Grund anderer Urteile angefallenen Bewährungsaufsichten zuständig, sofern in diesen Urteilen auf eine geringere Strafe erkannt worden ist (BGH NStZ-RR 2000, 83). Das Berufungs- oder Beschwerdegericht darf nicht abgeben. Die Abgabe erfolgt **ganz oder teilweise;** die Entscheidungen, die von der Abgabe übernommen werden, sind in dem Beschluss genau zu bezeichnen. Abgegeben wird an das **AG des Wohnsitzes** oder Aufenthaltsorts; wann der Verurteilte dort seinen Wohnsitz begründet hat, ist unerheblich (Meyer-Goßner Rn. 21). Die Abgabe erfolgt vAw. oder auf Antrag durch **Beschluss,** der für das Wohnsitzgericht grds. bindend ist, wenn er nicht **objektiv willkürlich** erfolgt; das Fehlen von Gründen, die die Abgabe als zweckmäßig erscheinen lassen, soll die Annahme von Willkür noch nicht begründen (BGH NStZ 1992, 399; 1993, 200; BGH NStZ-RR 2003, 242). Das **abgebende Gericht** ist an die Entscheidung **nicht gebunden** (BGH 11, 80 = NJW 1958, 191; OLG Düsseldorf MDR 1986, 607). Will es die Sache wieder an sich ziehen, so bedarf es eines entsprechenden **Beschlusses;** ein stillschweigender Widerruf durch (konkurrierende) Entscheidung in der Sache ist ausgeschlossen. Das Wohnsitzgericht kann die Sache nicht **weiterübertragen;** ändern sich Wohnsitz oder Aufenthaltsort, so hat das zuständige Gericht des 1. Rechtszugs die Übertragung abzuändern (BGH 26, 204 = NJW 1976, 154). Die örtliche Zuständigkeit der **Vollstreckungsbehörde** bleibt von **Abs. 2 S. 2** unberührt (str.; vgl. Meyer-Goßner Rn. 24 mwN).

Die **Zuständigkeit für Gesamtstrafenentscheidungen nach** § 460 bestimmt 12 Abs. 3 abweichend von Abs. 1 S. 1; zuständig ist stets das Gericht des 1. Rechtszugs, auch wenn sich der Verurteilte in Strafhaft befindet (BGH MDR 1976, 680). Welches Gericht im Einzelfall zuständig ist, ergibt sich aus **Abs. 3 S. 2 u. 3.** Für die **Strafhöhe** iSd Abs. 3 S. 2 kommt es stets nur auf die höchste **Einzelstrafe** an; bereits gebildete **Gesamtstrafen** bleiben außer Betracht (BGH NJW 1986, 1117). Es ist allein auf verhängte **Hauptstrafen** abzustellen; nicht berücksichtigt werden Nebenstrafen, Nebenfolgen und Sicherungsmaßregeln (BGH 11, 293 = NJW 1958, 876). Beim Vergleich von **Geldstrafen** kommt es auf die **Anzahl der Tagessätze,** nicht auf deren Höhe an; bei gleicher Anzahl der Tagessätze ist das Gericht zuständig, das zuletzt entschieden hat (Abs. 3 S. 2; vgl. BGH NJW 1986, 1117). Wenn es auf den Zeitpunkt der Entscheidung ankommt (Abs. 3 S. 2), so ist der des **Berufungsurteils** auch dann maßgebend, wenn die Berufung verworfen wurde, der der **Revisionsentscheidung** nur im Fall des § 354 Abs. 1. Wenn die **Strafgewalt** des an sich zuständigen AG für die Gesamtstrafbildung nicht ausreicht, so ist das übergeordnete LG zuständig (vgl. Meyer-Goßner Rn. 28 mwN), an das entspr. § 270 zu verweisen ist. Sind nach § 460 iVm § 55 StGB **mehrere Gesamtstrafen** zu bilden, so ist das zur Bildung der ersten Gesamtstrafe zuständige Gericht insgesamt zur Entscheidung berufen (BayObLG 1955, 112).

Den Grundsatz der **Zuständigkeitskonzentration** enthält **Abs. 4 S. 1.** Allein 13 die Möglichkeit, die nach § 453 zu treffenden Entscheidungen gemäß § 462 a Abs. 2 bindend an das Wohnsitzgericht abzugeben, setzt die Zuständigkeitskonzentration des § 462 a Abs. 4 nicht außer Kraft (BGH NStZ 1998, 586). Stehen Nachtragsentscheidungen iSv § 462 a Abs. 4 nur bei einem Gericht an, bestimmt sich die Zuständigkeit nicht nach dieser Vorschrift, sondern nach § 462 a Abs. 2 S. 1 (BGH NStZ 1999, 215). Durch § 462 a Abs. 4 wird die Zuständigkeit **eines** Gerichts für nachträgliche Entscheidungen in allen Verfahren begründet, auch wenn die Zuständigkeit in dem Einzelverfahren, in dem die Entscheidungen zu treffen sind, an sich nicht gegeben wäre (BGH NStZ 2000, 446). Dabei verdrängt die Zuständigkeit der StrVollStrK stets die Zuständigkeit des Gerichts des ersten Rechtszuges (BGH NStZ 2001, 222). Für einen Verurteilten, gegen den mehrere Urteile vollstreckt werden, ohne dass eine nachträgliche Gesamtstrafenbildung möglich ist, ist stets **nur ein Vollstreckungsgericht** zuständig. Dabei ist, wenn der Verurteilte

1061

§ 462 a

nicht in **Strafhaft** ist, das nach Maßgabe des S. 2 iVm Abs. 3 S. 2 u. 3 zu bestimmende **Tatgericht** für alle Nachtragsentscheidungen zuständig, die in sämtlichen Verfahren erforderlich werden (BGH 26, 118, 119 = NJW 1975, 1238; OLG Düsseldorf NStZ 1988, 46). **Anders** ist es jedenfalls dann, wenn bei einer von zwei Verurteilungen Nachtragsentscheidungen rechtlich **ausgeschlossen** sind (OLG Schleswig MDR 1987, 606; str.). Das wird man dahin zu erweitern haben, dass Gerichte des 1. Rechtszugs, die aus Rechtsgründen Nachtragsentscheidungen hinsichtlich ihrer Verurteilung nicht zu treffen haben, aus der Bestimmung des Abs. 4 S. 2 ausscheiden. Sind nach Abs. 4 S. 2 iVm Abs. 3 S. 2 verschiedene **Gesamtstrafen** zu vergleichen, so kommt es, anders als im Fall § 460 iVm Abs. 3, nicht auf die höchste Einzelstrafe, sondern auf die höchste Gesamtstrafe an (BGH 27, 68, 70 = NJW 1977, 397).

14 Die **Zuständigkeit der StrVollstrK (Abs. 4 S. 3 iVm Abs. 1 S. 1)** verdrängt die des Gerichts des 1. Rechtszugs, wenn der Verurteilte sich, gleichgültig in welcher Sache, in Strafhaft befindet (BGH NStZ 2001, 222; vgl. BGH 30, 189 = NJW 1981, 2766). Das gilt grds. auch dann, wenn vor Beginn der Vollstreckung eine Entscheidung des Gerichts des 1. Rechtszugs zu treffen gewesen wäre, dies jedoch unterblieben ist (BGH NStZ 1995, 221). Örtlich zuständig ist die StrVollstrK, in deren Bezirk die JVA liegt, in die der Verurteilte aufgenommen ist. Die Befassung mit einer konkreten Nachtragsentscheidung ist nicht erforderlich (BGH NStZ 1984, 380); die Zuständigkeit der StrVollstrK bleibt bis zur Erledigung aller Verurteilungen erhalten. Die StrVollstrK entscheidet nach Aufnahme des Verurteilten in eine JVA auch über den Widerruf einer nach **§ 36 BtMG** bewilligten Strafaussetzung (BGH 37, 338 = NJW 1991, 2162). Ist die StrVollstrK mit einer konkreten Nachtragsentscheidung **befasst,** so trifft sie diese Entscheidung auch dann noch, wenn der Verurteilte zwischenzeitlich in eine JVA des Bezirks einer anderen StrVollstrK aufgenommen wurde (BGH 30, 189; OLG Düsseldorf NStZ 1988, 46). Zu weitgehend und dem Zweck der Vorschrift nicht entsprechend ist die Annahme, die Zuständigkeitsfixierung der StrVollstrK nach **Abs. 4 S. 3** bleibe bis zur Erledigung sämtlicher Verurteilungen unabhängig davon bestehen, ob der Verurteilte zwischenzeitlich in eine andere JVA aufgenommen wurde und ob die StrVollstrK in der Zeit, in der er in ihrem Bezirk eine Strafe verbüßte, überhaupt mit irgendeiner Nachtragsentscheidung befasst war (so Meyer-Goßner Rn. 34).

15 Auf die **Zuständigkeit der Vollstreckungsbehörde** (§ 451 Abs. 1) wirkt sich die Zuständigkeitskonzentration nach Abs. 4 nicht aus (vgl. KK-Fischer Rn. 55 mwN). Örtlich zuständig ist die StA bei dem Gericht des 1. Rechtszugs für die **jeweilige** Verurteilung (vgl. § 451 Abs. 3).

16 Die **Zuständigkeit des OLG (Abs. 5)** verdrängt diejenige der StVK nach Abs. 1 und Abs. 4 S. 3; das OLG bleibt für die Nachtragsentscheidungen auch dann zuständig, wenn der Verurteilte sich in Strafhaft befindet. Eine **Abgabe** (Abs. 5 S. 2) ist wie im Fall des Abs. 2 ganz oder teilweise möglich; sie erfolgt durch unanfechtbaren **Beschluss,** der für die StVK **bindend** ist, vom OLG aber jederzeit widerrufen werden kann.

17 **Gericht des 1. Rechtszugs** ist bei wiederholter erstinstanzlicher Entscheidung **(Abs. 6)** nach **Aufhebung und Zurückverweisung** an ein anderes Gericht oder einen anderen Spruchkörper desselben Gerichts (§§ 354 Abs. 2, 355) das neu entscheidende Tatgericht, auch wenn nur im Strafausspruch aufgehoben und zurückverwiesen wurde, nicht aber, wenn nur über Nebenstrafen oder Nebenfolgen neu zu verhandeln ist (Meyer-Goßner Rn. 37). Wird nur hinsichtlich einzelner von **mehreren Angeklagten** aufgehoben und zurückverwiesen, so gilt Abs. 6 nur für diese (OLG Frankfurt NJW 1972, 1066). Dasselbe gilt nach Anordnung der **Wiederaufnahme des Verfahrens;** Gericht des 1. Rechtszugs ist das nach § 140 a GVG zuständige Gericht, das nach § 373 neu entschieden hat. In den Fällen des Abs. 6 tritt auch ein Wechsel in der Zuständigkeit der **Vollstreckungsbehörde** ein

Strafvollstreckung **§ 463**

(vgl. § 143 Abs. 1 GVG, § 7 Abs. 2 S. 1 StVollStrO). Auf die **StA** wirkt sich die **Konzentration** der Entscheidungszuständigkeit bei einem Gericht **nicht** aus. Örtlich zuständige Vollstreckungsbehörde ist die StA bei dem Gericht des ersten Rechtszugs für die **jeweilige** Verurteilung, § 7 Abs. 1 StVollstrO. Nur bei nachträglicher Gesamtstrafenbildung wird Vollstreckungsbehörde die StA des Gerichts, das die Strafe gebildet hat, § 7 Nr. 4 StVollstrO (KK-Fischer Rn. 35; Meyer-Goßner Rn. 15).

Besetzung der Strafvollstreckungskammern. Die klStrVollstrK (1 Richter) 18 und die grStrVollstrK (3 Richter) sind nach hM ein einheitlicher Spruchkörper (Katholnigg § 78 b GVG Rn. 1). Nach § 78 b Abs. 1 Nr. 2 GVG entscheiden, soweit sich aus der StPO nicht etwas anderes ergibt, die StrVollstrK in den Fällen nach § 462 a, 463 **grundsätzlich durch einen Richter (klStrVollstrK),** und zwar ohne Rücksicht auf die Höhe der zugrundeliegende Freiheitsstrafe (LR-Wendisch Rn. 85). Die grStrVollstrK (mit 3 Richtern) ist nur noch in den Fällen vorgesehen, wo über die Aussetzung der Vollstreckung einer lebenslangen Freiheitsstrafe nach § 57 a StGB oder die Aussetzung der Unterbringung in einem psychiatrischen Krankenhaus nach § 63 StGB oder in der Sicherungsverwahrung nach § 66 StGB zu entscheiden ist.

Zuständigkeit des Jugendrichter. Die Aufgaben, die § 462 a der StrVollstrK 19 zuweist, nimmt bei jugendlichen Verurteilten und bei Heranwachsenden, die nach Jugendstrafrecht verurteilt worden sind, nach §§ 82 Abs. 1, 110 Abs. 1 JGG der Jugendrichter als Vollstreckungsleiter wahr, auch soweit es um den Vollzug einer Unterbringung nach § 7 JGG geht (BGH 26, 162 = NJW 1975, 1 846; 27, 189 = NJW 1977, 2222). Das gilt auch, wenn gegen den Verurteilten nach § 92 Abs. 2 S. 3 JGG Jugendstrafe im Erwachsenvollzug vollstreckt wird (BGH 27, 25; BGH NStZ 1985, 92; Meyer-Goßner Rn. 40). Über die sofortige Beschwerde gegen eine Entscheidung des Jugendrichters hat die Jugendkammer zu befinden (OLG Karlsruhe NStZ 1993, 104). Die Zuständigkeitskonzentration nach Abs. 4 gilt nicht, wenn gegen denselben Verurteilten Jugendstrafe und Freiheitsstrafe zu vollstrecken sind; die StrVollstrK ist nur für die Freiheitsstrafe zuständig (BGH 27, 207 = NJW 1977, 1973; BGH NStZ 1985, 92; 1997, 104). Mit der Vollstreckungsabgabe nach §§ 89 a Abs. 3, 85 Abs. 6 JGG wird für die Entscheidung über die Aussetzung eines Restes der Jungendstrafe aber die StrVollstrK zuständig (BGH NStZ 1997; OLG Düsseldorf NStZ 1992, 606).

§ 463 [Vollstreckung von Maßregeln der Besserung und Sicherung]

(1) **Die Vorschriften über die Strafvollstreckung gelten für die Vollstreckung von Maßregeln der Besserung und Sicherung sinngemäß, soweit nichts anderes bestimmt ist.**

(2) **§ 453 gilt auch für die nach den §§ 68 a bis 68 d des Strafgesetzbuches zu treffenden Entscheidungen.**

(3) ¹**§ 454 Abs. 1, 3 und 4 gilt auch für die nach § 67 c Abs. 1, § 67 d Abs. 2 und 3, § 67 e Abs. 3, den §§ 68 e, 68 f Abs. 2 und § 72 Abs. 3 des Strafgesetzbuches zu treffenden Entscheidungen.** ²**In den Fällen des § 68 e des Strafgesetzbuches bedarf es einer mündlichen Anhörung des Verurteilten nicht.** ³**§ 454 Abs. 2 findet unabhängig von den dort genannten Straftaten in den Fällen des § 67 d Abs. 2 und 3, des § 67 c Abs. 1 und des § 72 Abs. 3 des Strafgesetzbuches entsprechende Anwendung.** ⁴**Zur Vorbereitung der Entscheidung nach § 67 d Abs. 3 des Strafgesetzbuches sowie der nachfolgenden Entscheidungen nach § 67 d Abs. 2 des Strafgesetzbuches hat das Gericht das Gutachten eines Sachverständigen namentlich zu der Frage einzuholen, ob von dem Verurteilten aufgrund seines Hanges**

§ 463

weiterhin erhebliche rechtswidrige Taten zu erwarten sind. [5] Dem Verurteilten, der keinen Verteidiger hat, bestellt das Gericht für das Verfahren nach Satz 4 einen Verteidiger.

(4) [1] § 455 Abs. 1 ist nicht anzuwenden, wenn die Unterbringung in einem psychiatrischen Krankenhaus angeordnet ist. [2] Ist die Unterbringung in einer Entziehungsanstalt oder in der Sicherungsverwahrung angeordnet worden und verfällt der Verurteilte in Geisteskrankheit, so kann die Vollstreckung der Maßregel aufgeschoben werden. [3] § 456 ist nicht anzuwenden, wenn die Unterbringung des Verurteilten in der Sicherungsverwahrung angeordnet ist.

(5) § 462 gilt auch für die nach § 67 Abs. 3 und Abs. 5 Satz 2, den §§ 67 a und 67 c Abs. 2, § 67 d Abs. 5 und 6, den §§ 67 g und 69 a Abs. 7 sowie den §§ 70 a und 70 b des Strafgesetzbuches zu treffenden Entscheidungen.

(6) Für die Anwendung des § 462 a Abs. 1 steht die Führungsaufsicht in den Fällen des § 67 c Abs. 1, des § 67 d Abs. 2, 4 und des § 68 f des Strafgesetzbuches der Aussetzung eines Strafrestes gleich.

1   Für die Vollstreckung von **Maßregeln** (§ 61 StGB) gelten die §§ 455 a, 456 c unmittelbar. Im Übrigen sind die §§ 449 ff. entspr. anwendbar (Abs. 1), soweit Abs. 2–6 nichts anderes bestimmen. **Abweichungen** ergeben sich zT auch aus dem materiellen Recht, etwa den Prüfungsfristen des § 67 e StGB (vgl. OLG Karlsruhe NStZ 1992, 456).

2   § 453, insb. das dort eigenständig geregelte Rechtsmittelrecht, gilt nach **Abs. 2** auch für Nachtragsentscheidungen über die Führungsaufsicht. Abs. 2 enthält eine reine **Rechtsfolgenverweisung**; Abs. 6 enthält insoweit allein eine Zuständigkeitsregelung und verweist nicht auf § 454.

3   § 454 gilt nach **Abs. 3** auch für Aussetzungsentscheidungen über Maßregeln, die den §§ 57, 57 a StGB entsprechen. Der Verurteilte ist auch hier, vom Fall des Abs. 3 S. 2 iVm § 68 e StGB abgesehen, grds. **mündlich zu hören** (OLG Düsseldorf MDR 1986, 255), auch wenn das Gericht die Voraussetzungen des § 68 f Abs. 2 StGB vAw. prüft (OLG Zweibrücken MDR 1992, 1166 mwN; str.). Im Einzelfall kommt eine **Verwirkung** des Anhörungsrechts in Betracht (OLG Hamm MDR 1988, 74). Beteiligt iSd § 454 Abs. 1 S. 2 ist die StA als Strafverfolgungsbehörde. Auch eine Stellungnahme der Aufsichtsstelle und des Bewährungshelfers ist einzuholen. **Abs. 3 S. 2** enthält eine über § 454 Abs. 1 S. 4 hinausgehende Einschränkung der Pflicht zur mündlichen Anhörung (Meyer-Goßner Rn. 9). Vor der Entscheidung über die Aussetzung der weiteren Vollstreckung der Maßregel der Unterbringung in einer Entziehungsanstalt zur Bewährung hat die StrVollstrK stets das **Gutachten eines Sachverständigen** einzuholen; das „folgt aus § 463 Abs. 3 S. 5 § 454 Abs. 2 – jeweils in der seit dem 31. 1. 1998 geltenden Fassung (Art. 6 Nr. 2 und 4 des Gesetzes zur Bekämpfung von Sexualdelikten und anderen gefährlichen Straftaten v. 26. 1. 1998, BGBl. I 160 f.)". Nach **Abs. 3 S. 5** ist dem Verurteilten ggf. ein Verteidiger zu bestellen.

4   **Abs. 4** regelt Ausnahmen von der Möglichkeit, grds. auch die Vollstreckung freiheitsentziehender Maßregeln aufzuschieben oder zu unterbrechen (§§ 455, 456). Eine Unterbrechung der Sicherungsverwahrung ist unter den Voraussetzungen des § 455 Abs. 2 zulässig (OLG Celle NJW 1967, 692). Ein Aufschub der Unterbringung nach § 63 StGB nach § 455 Abs. 1 ist unzulässig (Abs. 4 S. 1); Unterbringungen nach § 64 und § 66 StGB können nach § 455 Abs. 1 aufgeschoben werden (Abs. 4 S. 2). Ein vorübergehender Aufschub der Sicherungsverwahrung nach § 456 ist ausgeschlossen (Abs. 4 S. 3). Zum Berufsverbot vgl. § 456 c Abs. 2.

5   **Abs. 5** zählt diejenigen Entscheidungen bei der Maßregelvollstreckung auf, die von Abs. 2 u. 3 nicht erfasst sind. Hinsichtlich des **Verfahrens** und der **Anfecht-**

Strafvollstreckung § 463 a

barkeit gilt für sie § 462; die Zuständigkeitsregelung des § 462 a iVm Abs. 1 bleibt unberührt (Meyer-Goßner Rn. 11). Bei nachträglicher **Änderung der Vollstreckungsreihenfolge** (§ 67 Abs. 3 StGB) ist die StVK erst zuständig, wenn mit dem Vollzug der Unterbringung bereits begonnen wurde. Über die **Reihenfolge** der Vollstreckung von Freiheitsstrafen und Maßregeln aus **verschiedenen Strafurteilen** entscheidet die Vollstreckungsbehörde nach § 44 a Abs. 1 S. 2 StVollstrO (OLG München NStZ 1988, 93 m. Anm. Chlosta, str.; vgl. Meyer-Goßner Rn. 13; KK-Fischer Rn. 6, jeweils mwN). Für die Entscheidung nach **§ 69 Abs. 7 StGB** ist nach vollständiger Verbüßung der Strafe das Gericht des 1. Rechtszugs zuständig (OLG Düsseldorf NZV 1990, 238; Dreher/Tröndle StGB § 69 a Rn. 15 b; str.), wenn nicht die StVK wegen der nach § 68 f Abs. 1 eintretenden Führungsaufsicht gem. Abs. 6 iVm § 462 a Abs. 1 S. 1 zuständig bleibt (OLG Hamburg NStZ 1988, 197). Gegen die Ablehnung des Antrags der StA auf **Widerruf** einer zur **Bewährung ausgesetzten Unterbringung in einem psychiatrischen Krankenhaus** ist die sofortige Beschwerde statthaft (OLG Nürnberg NStZ-RR 1998, 242). Die von der StrVollstrK gemäß § 67 Abs. 5 StGB ausgesprochene Erledigung der Maßregel wegen Erfolglosigkeit der Behandlung in der Entziehungsanstalt beschwert regelmäßig den davon Betroffenen. Gegen diese Entscheidung ist das Rechtsmittel der **sofortigen Beschwerde** gemäß §§ 463 Abs. 5, 462 Abs. 3 gegeben (OLG Celle NStZ-RR 1997, 240).

Abs. 6 regelt die Zuständigkeit der StVK über die Verweisung des Abs. 1 iVm 6 § 462 a hinaus. Für freiheitsentziehende Maßregeln gilt § 462 a schon nach Abs. 1. Abs. 6 enthält eine **gesetzliche Fiktion,** die die Nachtragsentscheidungen nach §§ 67 c Abs. 1, 67 d Abs. 2 S. 4, 68 f StGB, die die **nicht freiheitsentziehende** Maßregel der Führungsaufsicht betreffen, der Aussetzung des Strafrests gleichstellt; hierdurch wird die Zuständigkeit der StrVollstrK nach § 462 a Abs. 1 S. 2 auch für diese Entscheidungen begründet (vgl. Meyer-Goßner Rn. 12 mwN). Sie besteht darüber hinaus für Entscheidungen bei einer nach § 68 StGB angeordneten Führungsaufsicht, die nach Vollverbüßung einer Strafe von weniger als zwei Jahren wirksam wird; sonst gilt ohnehin § 68 f StGB.

Nachtragsentscheidungen im **Jugendstrafrecht** trifft der Jugendrichter als Voll- 7 streckungsleiter (§§ 82 Abs. 1, 84 JGG), auch wenn der Verurteilte inzwischen erwachsen ist (OLG Celle NJW 1975, 2253) oder kraft Gesetzes Führungsaufsicht eintritt (OLG Koblenz GA 1975, 285). Zur **örtlichen Zuständigkeit** des Jugendrichters vgl. BGH 26, 162, 164 = NJW 1975, 1846; 27, 189, 190 = NJW 1977, 2222; i. E. KK-Fischer Rn. 8).

Hatte ein Gericht der **ehemaligen DDR** die Einweisung eines Angeklagten in 8 eine psychiatrische Einrichtung angeordnet (§§ 15 Abs. 2, 16 Abs. 3 StGB-DDR, § 148 Abs. 1 Nr. 1 StPO-DDR) und war dieser dort nach dem EinweisungsG-DDR untergebracht worden, so ist für die Nachtragsentscheidungen nicht das Vollstreckungsgericht, sondern das Vormundschaftsgericht zuständig (OLG Dresden NStZ 1994, 146; vgl. BVerfG NStZ 1995, 399).

§ 463 a [Befugnisse und Zuständigkeit der Aufsichtsstellen]

(1) **Die Aufsichtsstellen (§ 68 a des Strafgesetzbuches) können zur Überwachung des Verhaltens des Verurteilten und der Erfüllung von Weisungen von allen öffentlichen Behörden Auskunft verlangen und Ermittlungen jeder Art, mit Ausschluß eidlicher Vernehmungen, entweder selbst vornehmen oder durch andere Behörden im Rahmen ihrer Zuständigkeit vornehmen lassen.**

(2) **¹Die Aufsichtsstelle kann für die Dauer der Führungsaufsicht oder für eine kürzere Zeit anordnen, daß der Verurteilte zur Beobachtung anläßlich**

§ 463 b

von polizeilichen Kontrollen, die die Feststellung der Personalien zulassen, ausgeschrieben wird. ²§ 163 e Abs. 2 gilt entsprechend. ³Die Anordnung trifft der Leiter der Führungsaufsichtsstelle. ⁴Die Erforderlichkeit der Fortdauer der Maßnahme ist mindestens jährlich zu überprüfen.

(3) ¹Örtlich zuständig ist die Aufsichtsstelle, in deren Bezirk der Verurteilte seinen Wohnsitz hat. ²Hat der Verurteilte keinen Wohnsitz im Geltungsbereich dieses Gesetzes, so ist die Aufsichtsstelle örtlich zuständig, in deren Bezirk er seinen gewöhnlichen Aufenthaltsort hat und, wenn ein solcher nicht bekannt ist, seinen letzten Wohnsitz oder gewöhnlichen Aufenthaltsort hatte.

1   **Führungsaufsicht** (§ 61 Nr. 4 StGB) wird vom Gericht angeordnet (§ 68 StGB) oder tritt kraft Gesetzes ein (§§ 67 b, 67 c, 67 d Abs. 2, 4 u. 5, 68 f). In allen Fällen untersteht der Verurteilte der **Aufsichtsstelle** (§§ 68 a, 68 g Abs. 1 S. 1 StGB), die idR beim LG eingerichtet ist (zur Organisation vgl. Art. 295 EGStGB). § 463 a regelt die eigenständigen Auskunftsrechte und Ermittlungsbefugnisse der Aufsichtsstelle zur Erfüllung ihrer Überwachungspflicht (§ 68 a Abs. 3 StGB).

2   **Unmittelbare Auskunft** ohne Einhaltung des Dienstwegs kann die Auskunftsstelle von allen öffentlichen Behörden verlangen (**Abs. 1);** dies umfasst das Recht zur **Akteneinsicht.** Die Behörden sind zur Auskunft verpflichtet, wenn nicht besondere gesetzliche Verschwiegenheitspflichten entgegenstehen. **Ermittlungen aller Art** kann die Aufsichtsstelle selbst durchführen oder veranlassen; insb. Vernehmungen vornehmen und Sachverständigengutachten einholen (vgl. i. E. Meyer-Goßner Rn. 4). Eidliche Vernehmungen sind ausgeschlossen. **Zwangsmittel** stehen der Aufsichtsstelle nicht zur Verfügung; Ladungen, auch des Verurteilten, kann sie nicht durchsetzen, Beweismittel nicht beschlagnahmen lassen. Für den Verurteilten gilt § 145 a StGB; gegen Weigerungen von Behörden, nach Abs. 1 mitzuwirken, ist nur die Aufsichtsbeschwerde möglich. Die Aufsichtsstelle kann aber stets das **Gericht** einschalten; dieses kann zur Vorbereitung der eigenen Entscheidung die gesetzlichen Zwangsmittel anwenden.

3   Die **polizeiliche Beobachtung (Abs. 2)** entspr. § 163 e Abs. 1 u. 2 kann durch die Aufsichtsstelle angeordnet werden (zum Normzweck vgl. KK-Fischer Rn. 5 a mwN). Zulässig ist die Registrierung des Verurteilten (§ 163 e Abs. 1) und seines Kfz (Abs. 2 S. 2 iVm § 163 e Abs. 2), nicht jedoch die von Kontaktpersonen und Begleitern. Die **Überprüfungspflicht (Abs. 2 S. 4)** entspricht § 163 e Abs. 4 S. 5.

4   **Örtlich zuständig** ist die in **Abs. 3** bezeichnete Führungsstelle. Das Gericht kann den Verurteilten anweisen, sich unmittelbar nach der Entlassung bei der Führungsstelle zu melden, die für den von ihm **angegebenen Entlassungsort** zuständig ist (vgl. KK-Fischer Rn. 6).

5   Das **Gericht** (§§ 68 a, 68 b–68 g StGB), mit dem die Aufsichtsstelle zusammenzuwirken hat und das die ggf. erforderlichen Entscheidungen trifft, ist die **StrVollstrK,** wenn Führungsaufsicht nach Entlassung des Verurteilten aus dem Vollzug einer Freiheitsstrafe oder freiheitsentziehenden Maßregel kraft Gesetzes eintritt (§§ 463 Abs. 6, 462 a Abs. 1; vgl. i. E. KK-Fischer Rn. 8 mwN), das **Gericht des 1. Rechtszugs,** wenn sich der Verurteilte vor Eintritt der Führungsaufsicht nicht im Vollzug befunden hat (vgl. KK-Fischer Rn. 9).

§ 463 b [Beschlagnahme von Führerscheinen]

(1) **Ist ein Führerschein nach § 44 Abs. 2 Satz 2 und 3 des Strafgesetzbuches amtlich zu verwahren und wird er nicht freiwillig herausgegeben, so ist er zu beschlagnahmen.**

Strafvollstreckung § 463 c

(2) **Ausländische Führerscheine können zur Eintragung eines Vermerks über das Fahrverbot oder über die Entziehung der Fahrerlaubnis und die Sperre (§ 44 Abs. 2 Satz 4, § 69 b Abs. 2 des Strafgesetzbuches) beschlagnahmt werden.**

(3) ¹**Der Verurteilte hat, wenn der Führerschein bei ihm nicht vorgefunden wird, auf Antrag der Vollstreckungsbehörde bei dem Amtsgericht eine eidesstattliche Versicherung über den Verbleib abzugeben.** ²**§ 883 Abs. 2 bis 4, die §§ 899, 900 Abs. 1 und 4 sowie die §§ 901, 902, 904 bis 910 und 913 der Zivilprozeßordnung gelten entsprechend.**

Bei Anordnung eines **Fahrverbots** (§ 44 StGB) bleibt der Führerschein im 1 Eigentum des Verurteilten; das gilt für ausländische Führerscheine auch bei Entziehung der Fahrerlaubnis (§ 69 b StGB). Der Führerschein ist im Fall des § 44 StGB amtlich zu verwahren (§ 44 Abs. 2 Satz 2 und 3 StGB). Wird er auf Aufforderung der Vollstreckungsbehörde nicht herausgegeben, so ergeht die Anordnung der **Beschlagnahme**, mit deren Durchführung die Polizei beauftragt wird. Dass die Anordnung ohne weiteres die **Durchsuchung der Wohnung** des Verurteilten rechtfertigt (Meyer-Goßner Rn. 1; LR-Wendisch Rn. 1), erscheint zweifelhaft (vgl. § 457 Abs. 3 S. 3, § 457 Rn. 5). Zur Durchsuchung der Wohnung des Betroffenen wird eine Anordnung nach § 105 erforderlich sein. Zur **Verwahrung** und **Rücksendung** vgl. § 59 a StVollstrO.

§ 463 c [Vollzug der öffentlichen Bekanntmachung]

(1) **Ist die öffentliche Bekanntmachung der Verurteilung angeordnet worden, so wird die Entscheidung dem Berechtigten zugestellt.**

(2) **Die Anordnung nach Absatz 1 wird nur vollzogen, wenn der Antragsteller oder ein an seiner Stelle Antragsberechtigter es innerhalb eines Monats nach Zustellung der rechtskräftigen Entscheidung verlangt.**

(3) ¹**Kommt der Verleger oder der verantwortliche Redakteur einer periodischen Druckschrift seiner Verpflichtung nicht nach, eine solche Bekanntmachung in das Druckwerk aufzunehmen, so hält ihn das Gericht auf Antrag der Vollstreckungsbehörde durch Festsetzung eines Zwangsgeldes bis zu fünfundzwanzigtausend Euro oder von Zwangshaft bis zu sechs Wochen dazu an.** ²**Zwangsgeld kann wiederholt festgesetzt werden.** ³**§ 462 gilt entsprechend.**

(4) **Für die Bekanntmachung im Rundfunk gilt Absatz 3 entsprechend, wenn der für die Programmgestaltung Verantwortliche seiner Verpflichtung nicht nachkommt.**

Die **öffentliche Bekanntmachung der Verurteilung** kann nach §§ 103 1 Abs. 2, 165 Abs. 1, 200 Abs. 1 StGB, § 23 Abs. 1 UWG, § 111 UrhG, § 142 Abs. 3 PatG angeordnet werden. Die förmliche **Zustellung** (Abs. 1 iVm § 37) des erkennenden Teils des Urteils an den Berechtigten auf Kosten des Verurteilten ist erforderlich, um die Monatsfrist des Abs. 2 in Lauf zu setzen. Zum Umfang der zuzustellenden Ausfertigung vgl. § 59 Abs. 1 StVollstrO. **Berechtigter** ist derjenige, auf dessen Verlangen oder Antrag die Veröffentlichung angeordnet wurde, sowie ein an seiner Stelle Antragsberechtigter (vgl. §§ 77 Abs. 2 u. 3, 165 Abs. 1 S. 2 StGB).

Die **Vollziehung der Anordnung (Abs. 2)** ist Aufgabe der Vollstreckungsbe- 2 hörde (§ 451 Abs. 1, § 31 Abs. 2 S. 1 RPflG). Voraussetzung der Vollziehung ist ein Verlangen des Berechtigten; für die Fristberechnung gilt § 43. Die Vollstreckungsbehörde ersucht die Zeitung oder Rundfunkanstalt um die Veröffentlichung in einer bestimmten Ausgabe oder Sendung entspr. dem Entscheidungstenor; der **Umfang** der Veröffentlichungsbefugnis wird gleichfalls im Urteil festgelegt (vgl.

§ 463 d, Vor § 464   Siebentes Buch. 2. Abschnitt

KK-Fischer Rn. 4 sowie RiStBV Nr. 231). Die **Kosten** der Bekanntmachung trägt zunächst die Staatskasse; sie sind Kosten iSd §§ 464 a Abs. 1 S. 2, 465 Abs. 1 S. 1 (vgl. § 59 Abs. 2 S. 2 StVollstrO).

3   **Zwangsmittel (Abs. 3 u. 4)** nach Art. 6 ff. EGStGB setzt das **Gericht des 1. Rechtszugs** (BGH NStZ 1987, 428) auf Antrag der Vollstreckungsbehörde gegen den Verpflichteten fest, wenn er die Veröffentlichung ohne hinreichenden Grund verweigert. Die **Unzumutbarkeit** der Veröffentlichung kann der Verpflichtete im Verfahren über die Zwangsgeldfestsetzung einwenden, in dem er zu hören ist (Abs. 3 S. 3 iVm § 462 Abs. 2 S. 1). Das Höchstmaß des Abs. 3 S. 1 gilt auch bei wiederholter Festsetzung; für den Gesamtbetrag bei Wiederholung gilt keine Begrenzung.

§ 463 d [Gerichtshilfe]

Zur Vorbereitung der nach den §§ 453 bis 461 zu treffenden Entscheidungen kann sich das Gericht oder die Vollstreckungsbehörde der Gerichtshilfe bedienen; dies kommt insbesondere vor einer Entscheidung über den Widerruf der Strafaussetzung oder der Aussetzung des Strafrestes in Betracht, sofern nicht ein Bewährungshelfer bestellt ist.

1   Die **Gerichtshilfe** kann zur Vorbereitung von Entscheidungen im Vollstreckungsverfahren vom zuständigen Gericht, von der Vollstreckungsbehörde, aber auch von der StA als Strafverfolgungsbehörde eingeschaltet werden. Eine **Pflicht** zur Heranziehung besteht auch im Fall des **HS 2** nicht (KG JR 1988, 39); die Nichteinschaltung kann jedoch einen zur Aufhebung im Beschwerdeverfahren führenden Ermessensfehler darstellen, wenn die Ermittlung für die Entscheidung bedeutsamer Umstände zu erwarten war.

2   Der **schriftliche Bericht** der Gerichtshilfe wird Bestandteil der Akten; er ist vom Recht auf **Akteneinsicht** (§ 147) umfasst. Vor seiner Verwertung ist demjenigen, zu dessen Nachteil Tatsachen oder Ermittlungsergebnisse verwertet werden sollen, **rechtliches Gehör** zu gewähren (§ 33 Abs. 3).

Zweiter Abschnitt. Kosten des Verfahrens

Vorbemerkungen

1   Die §§ 464–473 enthalten **verfahrensrechtliche** (§§ 464–464 b, 464 d) und **materiellrechtliche** (§§ 464 c, 465–473) Vorschriften über die Kosten des Verfahrens iwS, also über die Gebühren und Auslagen der Staatskasse (§ 464 a Abs. 1) sowie die notwendigen Auslagen von Verfahrensbeteiligten (§ 464 a Abs. 2). **Ergänzt** werden sie durch §§ 51 Abs. 1 S. 1, 70 Abs. 1 S. 1, 77 Abs. 1 S. 1, 81 c Abs. 6 S. 1, 138 c Abs. 6, 145 Abs. 4, 161 a Abs. 1 S. 1, 177, §§ 74, 109 Abs. 2 JGG. Die Regelung ist nicht abschließend; die Vorschriften sind ggf. entspr. anzuwenden (BGH 17, 376, 381 = NJW 1962, 1926).

2   Grundlage der Kostenverteilung ist das **Veranlassungsprinzip** (OLG München NJW 1983, 1688), das insb. in § 465 zum Ausdruck kommt (vgl. BVerfG 18, 302, 304 = NJW 1965, 387; BGH 25, 109, 118 = NJW 1973, 665). Daneben gilt in einigen Vorschriften der **Verschuldensgrundsatz** (vgl. § 467 Abs. 2 u. 3); auch Gesichtspunkte der **Billigkeit** werden herangezogen (vgl. § 467 Abs. 4).

3   Eine **Sicherung** voraussichtlich entstehender Ansprüche des Staats wegen der Kosten ist durch **dinglichen Arrest** möglich (§§ 111 d, 111 e); auch können in bestimmten Fällen **Sicherheitsleistungen** verlangt werden (§§ 127 a Abs. 1 Nr. 2, 132 Abs. 1 S. 1 Nr. 1, 176).

§ 464 [Kostenentscheidung]

(1) **Jedes Urteil, jeder Strafbefehl und jede eine Untersuchung einstellende Entscheidung muß darüber Bestimmung treffen, von wem die Kosten des Verfahrens zu tragen sind.**

(2) **Die Entscheidung darüber, wer die notwendigen Auslagen trägt, trifft das Gericht in dem Urteil oder in dem Beschluß, der das Verfahren abschließt.**

(3) ¹**Gegen die Entscheidung über die Kosten und die notwendigen Auslagen ist die sofortige Beschwerde zulässig; sie ist unzulässig, wenn eine Anfechtung der in Absatz 1 genannten Hauptentscheidung durch den Beschwerdeführer nicht statthaft ist.** ²**Das Beschwerdegericht ist an die tatsächlichen Feststellungen, auf denen die Entscheidung beruht, gebunden.** ³**Wird gegen das Urteil, soweit es die Entscheidung über die Kosten und die notwendigen Auslagen betrifft, sofortige Beschwerde und im übrigen Berufung oder Revision eingelegt, so ist das Berufungs- oder Revisionsgericht, solange es mit der Berufung oder Revision befaßt ist, auch für die Entscheidung über die sofortige Beschwerde zuständig.**

Einen ausdrücklichen Kostenausspruch (**Abs. 1**) müssen alle **verfahrensbeendenden Entscheidungen** enthalten. Kommt es nicht zu einem gerichtlichen Verfahren (vgl. §§ 469, 470) oder erledigt sich das gerichtliche Verfahren ohne Endentscheidung (vgl. §§ 467 a Abs. 2, 473 Abs. 1), so ergeht ein **isolierter Kostenbeschluss** (vgl. u. Rn. 5). Unterbleibt eine ausdrückliche Kostenentscheidung, so trägt die Staatskasse die Kosten (OLG Stuttgart MDR 1973, 869); die Nachholung nach Rechtskraft ist unzulässig (vgl. Meyer-Goßner Rn. 8; KK-Franke Rn. 4 mwN). Entschieden wird über die **Pflicht**, die Kosten zu tragen, nicht über deren Höhe (vgl. § 464 b). Die ausdrückliche Kostenentscheidung ist auch dann erforderlich, wenn sich die Kostenfolge unmittelbar aus dem Gesetz ergibt; Kostentitel ist allein der gerichtliche Ausspruch (KK-Franke Rn. 4). Es ist aber nicht erforderlich, den Angeklagten von dem Teil der Kosten, die durch gesonderten Beschluss einem Dritten auferlegt worden sind, in der Kostenentscheidung des gegen ihn ergehenden Urteils **ausdrücklich freizustellen** (BGH 43, 146 = NJW 1997, 2963).

Urteile und Strafbefehle müssen eine Kostenentscheidung enthalten, sofern sie **2** **verfahrensabschließend** sind. **Zurückverweisende** Urteile (§§ 328 Abs. 2, 354 Abs. 2, 355) müssen die Kostenentscheidung auch hinsichtlich des Rechtsmittelverfahrens dem Gericht überlassen, an das zurückverwiesen wird. Das gilt nur dann nicht, wenn auf ein zuungunsten des Angeklagten eingelegtes Rechtsmittel das Urteil gem. § 301 allein zu seinen Gunsten aufgehoben wird; die Kosten des Rechtsmittels sind dann dem Rechtsmittelführer aufzuerlegen (KK-Schimansky Rn. 3). Urteilen und Strafbefehlen **gleichgestellt** sind die **urteilsvertretenden Beschlüsse** nach §§ 206 a, 206 b, 319 Abs. 1, 322 Abs. 1, 346 Abs. 1, 349 Abs. 1, 2 u. 4, 441 Abs. 2.

Andere Einstellungsbeschlüsse erfordern eine Kostenentscheidung, wenn sie **3** das Verfahren **endgültig abschließen.** Abs. 1 gilt daher in den Fällen der §§ 153 Abs. 2, 153 b Abs. 2, 154 Abs. 2 und 154 b Abs. 4 (str.; vgl. Meyer-Goßner Rn. 6; KK-Franke Rn. 2, jeweils mwN) sowie für den endgültig einstellenden Beschluss nach § 153 a, weiterhin für den Nichteröffnungsbeschluss nach § 204 und für Beschlüsse, die einen **selbstständigen Verfahrensabschnitt** oder ein von der Hauptsache unabhängiges **Zwischenverfahren** abschließen (vgl. Huber NStZ 1985, 18), insb. Ausschließungs- (§§ 138 a ff.), Wiedereinsetzungs- (vgl. § 473 Abs. 7) und Beschwerdeverfahren (vgl. KK-Franke Rn. 3 mwN). **Nicht anwendbar** ist Abs. 1 bei **vorläufigen Einstellungen** nach §§ 153 a Abs. 2, 205 und im Fall des § 154 a Abs. 2, wenn nicht materiell-rechtlich selbstständige Tatteile ausgeschieden werden (vgl. BGH StV 1993, 135).

§ 464

4 Eine **Auslagenentscheidung (Abs. 2)** muss gleichfalls in dem verfahrensabschließenden Urteil oder Beschluss ergehen. Abs. 2 bestimmt nicht, **wann** eine solche Entscheidung notwendig ist, sondern allein den **Ort** des Auslagenausspruchs; unrichtig ist daher die Praxis, mit **jeder** Kostenentscheidung eine solche nach Abs. 2 zu verbinden und etwa dem verurteilten Angeklagten seine „notwendigen" Auslagen aufzuerlegen (BGH 36, 27, 28 = NJW 1989, 464). Als **Grds** gilt vielmehr, dass jeder Verfahrensbeteiligte seine (**gesamten**, nicht nur notwendigen) Auslagen selbst trägt, wenn nicht ausdrücklich anders entschieden wird; nur bei Abweichen von dieser Regel ist eine Entscheidung nach Abs. 2 erforderlich. Zulässig ist sie nur in verfahrensabschließenden Entscheidungen (o. Rn. 2, 3); in Zwischenverfahren ist sie unzulässig (OLG Düsseldorf NStZ 1988, 194; OLG Hamburg NStZ 1991, 100; vgl. Meyer-Goßner Rn. 11 mwN). **Fehlt** eine ausdrückliche Entscheidung, so verbleiben die Auslagen bei dem, dem sie entstanden sind. Eine Ergänzung der Entscheidung ist nur im Beschwerdeverfahren nach Abs. 3 möglich (vgl. OLG Stuttgart StV 1993, 651). **Unterbleibt** im Urteil versehentlich die Kostenentscheidung, „ist für eine nachträgliche Ergänzung oder Berichtigung kein Raum" (BGH NStZ-RR 1996, 352).

5 **Selbstständige Kosten- und Auslagenentscheidungen** (vgl. §§ 467a, 469, 470, 473 Abs. 1 S. 1, 1. Alt.) sind erforderlich, wenn das Verfahren ohne gerichtliche Entscheidung abgeschlossen wird, so insb. bei Rücknahme des Rechtsmittels und bei Rücknahme des Einspruchs gegen den Strafbefehl hinsichtlich der Entscheidung nach § 472. Bei Rechtsmittelrücknahme ist das Rechtsmittelgericht für die Entscheidung zuständig, sobald ihm die Akten vorgelegt sind (vgl. BGH 12, 217 = NJW 1959, 348). Beim Tode des Angeklagten ist das Verfahren durch förmlichen Beschluss nach § 206a einzustellen und über die Kosten des Verfahrens und die notwendigen Auslagen des Angeklagten nach §§ 464 Abs. 1, 467 zu entscheiden (OLG Celle NJW 2002, 3720).

6 **Sofortige Beschwerde (Abs. 3)** ist gegen die Kosten- und Auslagenentscheidung zulässig, unabhängig davon, ob sie neben einer Hauptentscheidung oder selbstständig ergangen ist. Gegen die Kostenentscheidung als solche ist ein anderes Rechtsmittel nicht gegeben (BGH 25, 77 = NJW 1973, 336); ein auf diesen Entscheidungsteil beschränktes Rechtsmittel ist als Beschwerde zu behandeln (vgl. § 300). Die Beschwerde muss ggf. **ausdrücklich** neben der Anfechtung der Hauptentscheidung eingelegt werden; sinnvoll ist das nur, wenn eine Änderung der Kostenentscheidung auch bei Verwerfung des Rechtsmittels gegen die Hauptentscheidung erstrebt wird (vgl. Meyer-Goßner Rn. 20). Dass und aus welchen Gründen die Hauptentscheidung nicht geprüft wird, ist für die Zulässigkeit der Beschwerde unerheblich (vgl. OLG Koblenz GA 1986, 461). Zulässig ist sie auch gegen die **Unterlassung** einer Entscheidung nach Abs. 1 u. 2 (OLG Düsseldorf MDR 1988, 164). Die Erklärung eines **unbenannten Rechtsmittels** gegen die Entscheidung schließt die Beschwerde nicht ein (BGH 26, 126 = NJW 1975, 1332). Für ihre ausdrückliche Einlegung gilt die **Frist** des § 311 Abs. 2 S. 1; das unbenannte Rechtsmittel kann nach Fristablauf insoweit nicht mehr ausgedehnt werden (BGH 25, 77, 81). Ein Versäumnis des Verteidigers ist dem Angeklagten zuzurechnen (BGH 26, 126). Eine **Begründung** der Beschwerde ist nicht erforderlich. Ein umfassender **Rechtsmittelverzicht** in Kenntnis des Beschwerderechts umfasst auch die Kostenbeschwerde (OLG Köln MDR 1973, 516).

7 **Einschränkungen der Zulässigkeit** ergeben sich aus **Abs. 3 S. 1, 2. HS**, daneben aus § 304 Abs. 3 (Wertgrenze) und § 304 Abs. 4 S. 1 (Entscheidungen des BGH und des OLG; vgl. BGH 27, 96 = NJW 1977, 1829). Nach **Abs. 3 S. 1, 2. HS** ist die Kostenentscheidung nicht weiter anfechtbar als die Hauptentscheidung; das ist verfassungsrechtlich unbedenklich (BVerfG NStZ 1985, 181). **Ausgeschlossen** ist die Kostenbeschwerde daher stets, wenn die Hauptentscheidung ausdrücklich unanfechtbar ist (vgl. insb. §§ 46 Abs. 2, 153 Abs. 2 S. 4, 153a Abs. 2

Kosten des Verfahrens **§ 464**

S. 4 u. 5, 161a Abs. 3 S. 4, 304 Abs. 4, 310 Abs. 2, 390 Abs. 5 S. 2, 400 Abs. 2 S. 2, 406a Abs. 1, § 55 Abs. 2 JGG), daneben auch in den Fällen der §§ 154 Abs. 2, 154a Abs. 2, 154b Abs. 4, 163a Abs. 3 S. 3 (vgl. i. E. KK-Fischer Rn. 8 mwN). Gegen **tatrichterliche** Beschlüsse, in denen die Erforderlichkeit einzelner Kosten, beispielsweise von Reisekosten eines Verteidigers, festgestellt wird, ist „die Beschwerde mangels Bindungswirkung nicht statthaft" (OLG Düsseldorf NStZ-RR 1999, 320).

Zulässig ist die Beschwerde, wenn die Rechtsmittel des Beschwerdeführers 8 gegen die Hauptentscheidung nur mangels Beschwer unzulässig ist (§§ 209, 260 Abs. 3, 383 Abs. 2), ebenso, wenn das Rechtsmittel in der Hauptsache überholt ist (BayObLG 1987, 151 = MDR 1988, 603; vgl. Meyer-Goßner Rn. 19 mwN). Im Übrigen gilt die Einschränkung der Statthaftigkeit unabhängig davon, ob die Kostenentscheidung **gesetzwidrig** ist (OLG Düsseldorf MDR 1993, 376). Steht das Unterlassen einer Auslagenentscheidung nach Abs. 2 iVm § 467 Abs. 1 bei unanfechtbarer Hauptentscheidung (zB. § 47 Abs. 2 OWiG) in Kollision mit der Unschuldsvermutung, so kommt, wenn das Nachverfahren nach § 33a nicht gegeben ist, allenfalls die Verfassungsbeschwerde in Betracht.

Beschwerdeberechtigt ist jeder Verfahrensbeteiligte und Dritte, der durch den 9 Inhalt oder das Unterlassen der Kostenentscheidung beschwert ist, der gesetzliche Vertreter und der Erziehungsberechtigte (§ 67 Abs. 1 u. 3 JGG). Auch die **StA** ist befugt, zu Gunsten des Nebenklägers gegen eine Kostenentscheidung Beschwerde einzulegen (OLG Dresden NStZ 2000, 54). Zur Beschwerdeberechtigung bei **Tod** des Angeklagten vor Verfahrensabschluss vgl. BGH 34, 184 = NJW 1987, 661 sowie Meyer-Goßner Rn. 22 mwN. Hat nur der Angeklagte gegen das Urteil Revision, der **Nebenkläger** dagegen **Kostenbeschwerde** eingelegt, so entscheidet über die Beschwerde das Beschwerdegericht (BGH NStZ-RR 1997, 238).

Das **Beschwerdegericht** prüft die Entscheidung im zulässig angefochtenen Umfang; eine **Beschränkung** ist möglich (BGH NJW 1992, 1182). Das Gericht ist an 10 tatsächliche Feststellungen, auf denen die Kostenentscheidung beruht, gebunden **(Abs. 3 S. 2),** nicht aber an Vermutungen, Rechtsauffassungen und Ermessensentscheidungen des Erstgerichts. Bei isolierter Kostenbeschwerde wird die Richtigkeit der Hauptentscheidung nicht geprüft (OLG Stuttgart MDR 1984, 512). Fehlen Feststellungen oder sind sie unvollständig, so ist die Entscheidung idR aufzuheben und die Sache **zurückzuverweisen,** wenn die Tatsachen sich nicht zweifelsfrei aus dem Akteninhalt ergeben (BGH 26, 29 = NJW 1975, 1182; vgl. KK-Franke Rn. 11 mwN). Das **Verschlechterungsverbot** gilt für die Kostenbeschwerde nicht (BGH 5, 52, 53 = NJW 1954, 122). Wenn ein gegen die Hauptentscheidung eingelegtes Rechtsmittel **Erfolg** hat und zum Freispruch, zur Verfahrenseinstellung oder zur Zurückverweisung nach §§ 328 Abs. 2, 354 Abs. 2, 355 führt, so wird die Kostenbeschwerde gegenstandslos; die Aufhebung umfasst auch ohne besonderen Anspruch stets die Kostenentscheidung. Das neue Tatgericht trifft auf der Grundlage seiner eigenen Hauptentscheidung eine Kosten- und Auslagenentscheidung für das **ganze** Verfahren. Umgekehrt wird bei Verwerfung des allein gegen die Hauptentscheidung eingelegten Rechtsmittels die Kostenentscheidung nicht geprüft (OLG Karlsruhe MDR 1990, 464; vgl. KK-Schimansky Rn. 14). Das Beschwerdegericht hat stets auch über die Kosten des Rechtsmittels zu entscheiden (§ 473). **Weitere Beschwerde** ist ausgeschlossen (§ 310 Abs. 2).

Die **Zuständigkeit** des Beschwerdegerichts richtet sich grds. nach den allgemei- 11 nen Regeln. Hiervon macht **Abs. 3 S. 3** eine **Ausnahme** für den Fall, dass **gleichzeitig** mit der Kostenbeschwerde Berufung oder Revision eingelegt ist. Auf Anträge nach §§ 319 Abs. 2, 346 Abs. 2 ist die Regelung nicht entspr. anwendbar (OLG Düsseldorf MDR 1985, 785). **Befasst** ist das Rechtsmittelgericht mit der Sache, sobald ihm die Akte zur Sachprüfung vorgelegt ist (vgl. KK-Franke Rn. 13 mwN). Das ist nicht der Fall, wenn das Rechtsmittel nach §§ 322, 349 Abs. 1 als

§ 464 a

unzulässig zu verwerfen ist. Die Rechtsmittel müssen von **demselben Beschwerdeführer** eingelegt sein (BGH NStZ 1985, 496; 1993, 31). Die Befassung **endet** mit Rücknahme des Rechtsmittels in der Hauptsache oder mit der Entscheidung darüber, auch wenn die Kostenbeschwerde zu diesem Zeitpunkt entscheidungsreif wäre (BGH MDR 1978, 282; KK-Franke Rn. 13; aA KG JR 1973, 427; Meyer-Goßner Rn. 25; LR-Hilger Rn. 65). Das Rechtsmittelgericht kann von einer Entscheidung über die Kostenbeschwerde **absehen,** wenn diese nicht, wohl aber das Rechtsmittel in der Hauptsache entscheidungsreif ist (BGH 29, 168, 173). Nach Ende des Befasstseins fällt die Zuständigkeit an das Beschwerdegericht zurück. Dieses entscheidet stets auch über die isolierte Kostenbeschwerde eines anderen Verfahrensbeteiligten. Das **Verbot der Schlechterstellung** gilt für die Entscheidungen des Rechtsmittelgerichts nicht (OLG Düsseldorf JurBüro 1983, 728; Hilger-LR Rn. 65; Meyer-Goßner Rn. 26).

§ 464 a [Begriff der Kosten]

(1) ¹**Kosten des Verfahrens sind die Gebühren und Auslagen der Staatskasse.** ²**Zu den Kosten gehören auch die durch die Vorbereitung der öffentlichen Klage entstandenen sowie die Kosten der Vollstreckung einer Rechtsfolge der Tat.** ³**Zu den Kosten eines Antrags auf Wiederaufnahme des durch ein rechtskräftiges Urteil abgeschlossenen Verfahrens gehören auch die zur Vorbereitung eines Wiederaufnahmeverfahrens (§§ 364 a und 364 b) entstandenen Kosten, soweit sie durch einen Antrag des Verurteilten verursacht sind.**

(2) **Zu den notwendigen Auslagen eines Beteiligten gehören auch**
1. **die Entschädigung für eine notwendige Zeitversäumnis nach den Vorschriften, die für die Entschädigung von Zeugen gelten, und**
2. **die Gebühren und Auslagen eines Rechtsanwalts, soweit sie nach § 91 Abs. 2 der Zivilprozeßordnung zu erstatten sind.**

1 Abs. 1 betrifft die **Kosten des Verfahrens** i. E. Sinne. Das sind nach Abs. 1 S. 1 die **Gebühren** (§§ 40–47 GKG, KVGKG Nrn. 6110 ff.) und **Auslagen** (KVGKG Nrn. 9000 ff.) der Staatskasse. Zu den Auslagen gehören auch die **Pflichtverteidigervergütungen** (BGH RPfleger 1979, 412; OLG München NJW 1981, 534). Gebühren **anderer Behörden** werden nur erhoben, soweit sie KVGVG Nrn. 9012, 9013 unterfallen, **Dolmetscher- und Übersetzerkosten** nur im Fall des § 464 c (vgl. dazu KK-Franke Rn. 4 a). Wird aber ein bei der Zentrale für Wirtschaftsstrafsachen tätiger Wirtschaftsreferent vom StA oder Gericht mit der Erstellung eines **Gutachtens** beauftragt, so sind diese Kosten des Verfahrens den Verurteilten anzusetzen (OLG Koblenz wistra 1998, 160). **Mietkosten der Polizei für Computer** zur Aufzeichnung einer Telefonüberwachung sind keine gerichtlichen Auslagen iSd § 464 a Abs. 1 und deshalb in den Kostenansatz nach § 5 Abs. 4 KostVfg nicht aufzunehmen (OLG Celle NStZ 2001, 221).

2 **Kosten der Vorbereitung der öffentlichen Klage (Abs. 1 S. 2)** sind Auslagen, die zur Aufklärung der Tat aufgewendet worden sind und nicht ausschließlich einen Dritten betroffen haben. Dazu gehören auch Kosten der Polizei und von Verwaltungsbehörden. **Vollstreckungskosten (Abs. 1 S. 2)** sind die nach Rechtskraft des Urteils entstehenden Kosten der Vollstreckung wegen der Rechtsfolgen der Tat (vgl. i. ü. §§ 50, 199 Abs. 2 Nr. 3 StVollzG, §§ 9, 10 JVKostO, § 11 JBeitrO, § 47 GKG).

3 Kosten der **Vorbereitung eines Wiederaufnahmeantrags** iSd **Abs. 3 S. 1** sind die Auslagen, die in den Fällen der §§ 364 a, 364 b entstehen; sie werden von der Entscheidung nach § 473 Abs. 6 Nr. 1, umfasst (vgl. KK-Franke § 473 Rn. 14 mwN).

Notwendige Auslagen eines Beteiligten (Abs. 2) gehören nicht zu den 4
Kosten. Abs. 2 ist **nicht abschließend.** Auslagen sind vermögenswerte Aufwendungen eines Verfahrensbeteiligten zur Rechtsverfolgung im konkreten Fall. **Notwendig** sind sie, wenn sie zurzeit ihrer Entstehung – auch als Verbindlichkeit – nach objektiven Kriterien zur zweckentsprechenden Rechtsverfolgung oder -verteidigung erforderlich waren. Aufwendungen eines **Dritten** zählen dann dazu, wenn der Verfahrensbeteiligte ihm zum Ersatz verpflichtet ist. Umgekehrt schließt die Erstattungspflicht eines Dritten (insb. Rechtsschutzversicherung, Schadensersatzschuldner) den Erstattungsanspruch des Verfahrensbeteiligten nicht aus (vgl. i. E. KK-Franke Rn. 6 f. mwN).

Nach **Abs. 2 Nr. 1** gehört zu den notwendigen Auslagen auch die Entschädigung 5
für **notwendige Zeitversäumnis,** soweit sie nach dem ZSEG zu erstatten ist. Die **Streitfrage,** ob Abs. 2 Nr. 1 eine **Rechtsgrundverweisung** darstellt und daher nur solche Aufwendungen für Reisekosten und Verdienstausfall betrifft, die infolge der Heranziehung durch Gericht oder StA entstanden sind (OLG Hamm NJW 1973, 259; Meyer-Goßner Rn. 6 mwN), oder ob es sich um eine **Rechtsfolgenverweisung** handelt, die u. a. auch Aufwendungen zum Verteidiger umfasst (OLG Karlsruhe MDR 1986, 694; KK-Franke Rn. 8 mwN), kann i. E. **dahinstehen.** Da das normative Merkmal der Notwendigkeit in Abs. 2 Nr. 1 ausdrücklich aufgeführt ist, verweist die Vorschrift im Zusammenhang mit dem nicht abschließend formulierten Vorsatz („auch") auf allgemeine Grundsätze der Auslagenerstattung (o. Rn. 4). Waren die nicht gerichtlich veranlassten Aufwendungen zur zweckentsprechenden Rechtsverfolgung erforderlich, so sind sie schon hiernach zu ersetzen; auf Abs. 2 Nr. 1 kommt es nicht an.

Eigene Ermittlungen des Beschuldigten. Es ist von der Rspr. anerkannt, dass 6
die Verteidigung eigene Ermittlungen anstellen kann; sie kann innerhalb und außerhalb der Hauptverhandlung Zeugen, Sachverständige und Mitbeschuldigte befragen (BGH 46, 4 = NJW 2000, 1277). Es entspricht dem Rechtsstaatprinzip, dass der Beschuldigte nicht ohne Kontrollmöglichkeiten dem Fachwissen der Verfolgungsorgane ausgesetzt werden kann. Wenn der Verteidiger den Eindruck hat, dass er durch Anträge und Anregungen gegenüber StA, Ermittlungsrichter oder Gericht nicht die wesentlichen **entlastenden** Tatsachen in die Ermittlungen einbringen kann, folgt aus seiner Hilfspflicht gegenüber dem Mandanten, dass diese Ermittlungen selbst geführt werden können, so dass diese Aufwendungen **notwendige Auslagen** iSv § 464 a sind (OLG Frankfurt StV 1981, 28; vor § 137 Rn. 1; Kühne Rn. 227 mwN).

Gebühren und Auslagen eines RA (Abs. 2 Nr. 2) sind nach Maßgabe des 7
§ 91 Abs. 2 ZPO zu erstatten. Der RA kann als Verteidiger, Vertreter oder Beistand tätig geworden sein. Ihm sind Hochschullehrer (§ 138 Abs. 1) und zugelassene Rechtsbeistände (§ 138 Abs. 2) gleichgestellt. Auf die **Notwendigkeit** der Mitwirkung des RA kommt es nicht an; sie ist im Kostenfestsetzungsverfahren ebenso wenig zu prüfen wie die Angemessenheit seiner Zuziehung. Ausreichend ist vielmehr, dass die Tätigkeit des RA **nach der StPO zulässig** war (vgl. i. E. Meyer-Goßner Rn. 9; KK-Franke Rn. 9 f., jeweils mwN). Eine **Ausnahme** gilt für zulässige, aber **zwecklose** Tätigkeiten des RA (zB bei Erscheinen des Verteidigers in der HV bei schuldhafter Abwesenheit des Angeklagten), nicht aber für Schriftsätze des Verteidigers während der Begründungsfrist für den von der StA eingelegten Rechtsmittels; OLG Stuttgart StV 1993, 651; **aA** OLG Düsseldorf NStZ 1992, 299; vgl. i. E. KK-Franke Rn. 10 mwN). Wird der **Sachverständige vom Angekl. geladen** oder von diesem in der Sitzung gestellt, stellen die Kosten für das von ihm veranlasste Gutachten nur ausnahmsweise notwendige Auslagen iSd § 464 a II StPO dar (OLG Stuttgart NStZ-RR 2003, 127).

Erstattet werden nach **Abs. 2 Nr. 2** iVm § 91 Abs. 2 ZPO nur die **gesetzlichen** 8
Gebühren (§§ 25 ff., 83 ff. BRAGO); eine **Honorarvereinbarung** bleibt außer

Betracht (BVerfG 68, 237 = NJW 1985, 727; BGH RPfleger 1979, 412; OLG Düsseldorf MDR 1986, 167). Auch besonderer Umfang oder Schwierigkeit rechtfertigen keine Ausnahme. Im Übrigen steht das einem **Wahlverteidiger** versprochene, die gesetzlichen Gebühren übersteigende **Honorar** diesem nur zu, wenn er in der **Hauptverhandlung** selbst aufgetreten ist (KG NStZ-RR 2000, 191). **Auslagen** des RA werden erstattet (§§ 25 ff. BRAGO), soweit sie notwendig waren (vgl. Meyer-Goßner Rn. 11). Die durch die Zuziehung eines **auswärtigen RA** entstehenden Mehrkosten werden nur erstattet, wenn die Zuziehung erforderlich war (OLG Düsseldorf MDR 1985, 696; vgl. Kotz MDR 1990, 422); ein besonderes Vertrauensverhältnis ist idR nicht ausreichend (vgl. OLG Düsseldorf MDR 1987, 79; OLG Köln NJW 1992, 586; OLG Celle StV 1993, 135). Unzulässig ist die Beiordnung eines auswärtigen Pflichtverteidigers zu den Gebühren eines ortsansässigen RA, es sei denn, der RA ist damit einverstanden (OLG Celle StV 1981, 227). Bei besonders schwerwiegenden Vorwürfen und Spezialkenntnissen des RA kann die Zuziehung eines auswärtigen RA notwendig sein (vgl. i. E. KK-Franke Rn. 12 mwN), bei Inhaftierung im Ausland im Einzelfall die eines **ausländischen RA** (OLG Hamburg NStZ 1988, 370). Ist dem freigesprochenen Angeklagten ein **auswärtiger Pflichtverteidiger** beigeordnet worden, so können die Kosten der Vorbereitung der Hauptverhandlung dienenden Besuche des Angeklagten bei seinem Verteidiger als notwendige Auslagen auch dann gegen die Staatskasse festgesetzt werden, wenn die Besuche vor der Beiordnung des Verteidigers stattgefunden haben (OLG Düsseldorf NStZ-RR 2000, 320).

9 Die Kosten **mehrerer RAe** werden, außer im Fall eines vom Verfahrensbeteiligten nicht zu vertretenden Anwaltswechsels (vgl. OLG Hamm NStZ 1983, 284; OLG Hamburg NJW 1991, 1191), nur in Höhe der Kosten **eines** RA erstattet (Abs. 2 Nr. 2 iVm § 91 Abs. 2 S. 3 ZPO), unabhängig vom Umfang und der Schwierigkeit der Sache. Zum Anspruch des der deutschen Sprache nicht mächtigen Angeklagter auf unentgeltlich Beiziehung eines **Dolmetschers** zur Besprechung mit seinem Verteidiger, nicht mit mehreren Verteidigern s. § 259 Rn. 1 u. § 185 GVG Rn. 4. Sind **Pflicht- und Wahlverteidiger nacheinander** tätig, dann wird von den Wahlverteidigerkosten nur der Unterschiedsbetrag zu den Pflichtverteidigerkosten erstattet; das Gleiche gilt, wenn **neben** dem Wahl- ein Pflichtverteidiger aus Gründen bestellt wurde, die vom Angeklagten oder seinem Verteidiger zu vertreten sind (BVerfG 66, 313 = NJW 1984, 2403; OLG München NStZ 1981, 194; OLG Düsseldorf NStZ 1985, 234; vgl. KK-Franke Rn. 13 mwN). Erfolgt die Pflichtverteidigerbestellung nur **vorsorglich** zur Sicherung des Verfahrensfortgangs, so sind die Wahlverteidigerkosten in voller Höhe zu erstatten (vgl. Bringewat JZ 1981, 451; Neumann NJW 1991, 266). Die Kosten eines **Verkehrsanwalts** sind nicht erstattungsfähig. Das **Bestehen einer Rechtsschutzversicherung, die den Verteidiger bestellt hat,** ist für die Erstattungsfähigkeit ohne Einfluss (OLG Frankfurt NJW 1970, 1695). Das Gleiche gilt bei Kostenübernahme durch Berufsverband, Arbeitgeber, Gewerkschaft usw (OLG Celle NJW 1968, 1735; OLG Frankfurt MDR 1966, 258; Meyer-Goßner Rn. 8).

10 In **eigener Sache** erhält der RA **keine** Gebühren. Aber als **Privat- und Nebenkläger** kann der RA Gbühren und Auslagen in dem in § 91 Abs. 2 S. 4 ZPO bestimmten Umfang erstattet verlangen (OLG Hamm Rpfleger 1999, 565; Meyer-Goßner Rn. 14).

§ 464 b [Kostenfestsetzung] RiStBV 145

¹Die Höhe der Kosten und Auslagen, die ein Beteiligter einem anderen Beteiligten zu erstatten hat, wird auf Antrag eines Beteiligten durch das Gericht des ersten Rechtszuges festgesetzt. ²Auf Antrag ist auszusprechen, dass die festgesetzten Kosten und Auslagen von der Anbringung des Fest-

Kosten des Verfahrens § 464 b

setzungsantrags an zu verzinsen sind. ³Auf die Höhe des Zinssatzes, das Verfahren und auf die Vollstreckung der Entscheidung sind die Vorschriften der Zivilprozessordnung entsprechend anzuwenden.

Die **Grundentscheidung** über Kosten und Auslagen ergeht nach § 464 durch 1
das Gericht. Im **Kostenfestsetzungsverfahren** wird über die **Höhe** der zu erstattenden Kosten und Auslagen entschieden. Dazu gehören **nicht** die Gerichtskosten (§ 464 a Abs. 1) und die Pflichtverteidigergebühren; sie werden im Verfahren nach § 4 GKG, § 98 BRAGO festgesetzt. Die **Grundentscheidung** ist für die Kostenfestsetzung **bindend,** auch bei offensichtlichen Rechtsfehlern (Meyer-Goßner Rn. 1 mwN); eine **Auslegung** unklarer Entscheidungen ist zulässig.

Die Kostenfestsetzung erfolgt nur auf **Antrag** eines Beteiligten. **Antragsberech-** 2
tigt sind der Erstattungsverpflichtete und der Erstattungsberechtigte sowie ihre Rechtsnachfolger. Bei einer Mehrheit von Verpflichteten kann der Gläubiger die Leistung von jedem fordern (§ 421 BGB). Das Verfahren nach § 464 b gehört nicht mehr zum Strafverfahren; der Verteidiger bedarf daher zur Antragstellung für den Angeklagten einer **besonderen Vollmacht** (KK-Franke Rn. 3). Vor der Festsetzung ist dem Antragsgegner oder dem Vertreter der Staatskasse (Bezirksrevisor) **rechtliches Gehör** zu gewähren (vgl. RiStBV Nr. 145 Abs. 1). Der Ausspruch über die **Verzinsung** (S. 2) ergeht gleichfalls nur auf Antrag. Wird das Festsetzungsgesuch schon vor Rechtskraft der Kostengrundentscheidung angebracht, so beginnt die Verzinsung erst mit dem Zeitpunkt der Rechtskraft.

Für das Verfahren gelten die Vorschriften der ZPO **(S. 3),** für die Festsetzung also 3
§§ 103 ff. ZPO, für die Vollstreckung §§ 794 Abs. 1 Nr. 3, 795. **Zuständig** ist der Rechtspfleger (§ 21 Nr. 1 RPflG) des Gerichts des 1. Rechtszugs (§§ 103 Abs. 2, 104 Abs. 1 S. 1 ZPO), nach Zurückverweisung (§ 354 Abs. 2) an ein anderes Gericht der Rechtspfleger des ersten Gerichts (BGH NStZ 1991, 145). Der Rechtspfleger prüft die **Notwendigkeit** der geltend gemachten Auslagen und die Gebührenbestimmung durch den Rechtsanwalt (vgl. i. E. KK-Franke Rn. 3 mwN). Die Entscheidung ergeht durch **Beschluss,** der zu **begründen** und mit einer Rechtsbehelfsbelehrung **zuzustellen** ist. Der rechtskräftige Beschluss ist Vollstreckungstitel iSd. § 794 Abs. 1 Nr. 2 ZPO.

Gemäß § 11 Abs. 1 RPflG idF v. 6. 8. 1990 ist gegen die Entscheidung des 4
Rechtspflegers das **Rechtsmittel** gegeben, das nach den allgemeinen verfahrensrechtlichen Vorschriften zulässig ist, hier also gemäß § 464 b S. 3 StPO, § 104 Abs. 3 S. 1 ZPO die **sofortige Beschwerde;** für die Einlegung gilt die Wochenfrist des § 311 Abs. 2 S. 1 (OLG Celle Rechtspfleger 2001, 97). Für diese ist gemäß § 577 Abs. 3 ZPO eine Abhilfemöglichkeit des erstinstanzlichen Gerichts nicht vorgesehen. Diese besteht nach § 11 Abs. 2 RPflG nF nur noch in Bezug auf Entscheidungen, gegen die nach den allgemeinen Verfahrensvorschriften kein Rechtsmittel gegeben ist. Dies betrifft im Kostenfestsetzungsverfahren idR Fälle, in denen der Beschwerdewert des § 567 Abs. 2 S. 2 ZPO nicht erreicht ist. Also nach der Neufassung des § 11 RPflG hat der **Rechtspfleger** im Kostenfestsetzungsverfahren **keine Abhilfeentscheidung** mehr zu treffen (OLG Hamm NJW 1999, 3726; so auch OLG Brandenburg NJW 1999, 1268; OLG Saarbrücken Rpfleger 1999, 175; OLG Frankfurt NJW 1999, 1265; OLG Karlsruhe NJW 1999, 1266; aA OLG Stuttgart NJW 1999, 368; OLG München JurBüro 1999, 86: der Rechtspfleger habe eine Pflicht, die Abhilfeentscheidung zu treffen; das sei seit 100 Jahren fester Bestandteil der Rechtsordnung). Das Beschwerdeverfahren richtet sich nach hM nach StPO-Grundsätzen. Das **Verbot der Schlechterstellung besteht nicht** (KG JR 1981, 391; OLG Karlsruhe MDR 1986, 694). Weitere Beschwerde ist ausgeschlossen. Die Rechtsbeschwerde **zum BGH** in Kostenfestsetzungsverfahren in Strafsachen ist **nicht statthaft** (BGH 48, 106 = NJW 2003, 763).

1075

§ 464 c [Kosten für Dolmetscher]

Ist für einen Angeschuldigten, der der deutschen Sprache nicht mächtig, hör- oder sprachbehindert ist, ein Dolmetscher oder Übersetzer herangezogen worden, so werden die dadurch entstandenen Auslagen dem Angeschuldigten auferlegt, soweit er diese durch schuldhafte Säumnis oder in sonstiger Weise schuldhaft unnötig verursacht hat; dies ist außer im Falle des § 467 Abs. 2 ausdrücklich auszusprechen.

1   Die Auslagen für einen Dolmetscher oder Übersetzer dürfen nach Art. 6 Abs. 3 e MRK dem Angeklagten **grds. nicht** auferlegt werden, auch wenn er verurteilt worden ist (vgl. KVGKG Nr. 9005); eines besonderen Ausspruchs hierüber bedarf es nicht. § 464 c regelt eine **Ausnahme** von diesem Grundsatz.

2   Ist der Angeschuldigte **freigesprochen,** die Eröffnung des Verfahrens abgelehnt oder das Verfahren eingestellt worden (vgl. § 467 Abs. 1), so können dem Angeschuldigten Kosten nach § 467 Abs. 2 auferlegt werden. Dieser Ausspruch umfasst ohne weiteres auch die Dolmetscher- und Übersetzerkosten **(2. HS).**

3   Ist der Angeklagte **verurteilt** worden, so bedarf es zur Auferlegung eines besonderen Ausspruchs. Das ist namentlich dann geboten, wenn der Angeklagte seine Sprachunkundigkeit vorgespiegelt hat. Fehlt ein gesonderter Ausspruch über die Dolmetscher- und Übersetzerkosten, so trägt sie die Staatskasse.

§ 464 d [Verteilung der Auslagen]

Die Auslagen der Staatskasse und die notwendigen Auslagen der Beteiligten können nach Bruchteilen verteilt werden.

1   Die Vorschrift ist durch das KostRÄndG 1994 v. 24. 6. 1994 (BGBl. I S. 1325) eingefügt worden. Sie gestattet eine Aufteilung der Auslagen nach Bruchteilen. Eine Bruchteilsscheidung ist auch im **Kostenfestsetzungsverfahren** nach § 464 b möglich (vgl. BT-Drs. 12/6962 S. 11).

2   Die Entscheidung steht im Ermessen des erkennenden Gerichts, das in einfachen Fällen (zB nach §§ 465 Abs. 2, 468, 469 Abs. 1, 472 Abs. 1 S. 2) die Quoten der Erstattungspflicht selbst festsetzen kann. Andernfalls trifft es eine abstrakte Grundentscheidung; die Berechnung erfolgt dann im Verfahren nach § 464 b.

§ 465 [Kostenpflicht des Verurteilten]

(1) ¹Die Kosten des Verfahrens hat der Angeklagte insoweit zu tragen, als sie durch das Verfahren wegen einer Tat entstanden sind, wegen derer er verurteilt oder eine Maßregel der Besserung und Sicherung gegen ihn angeordnet wird. ²Eine Verurteilung im Sinne dieser Vorschrift liegt auch dann vor, wenn der Angeklagte mit Strafvorbehalt verwarnt wird oder das Gericht von Strafe absieht.

(2) ¹Sind durch Untersuchungen zur Aufklärung bestimmter belastender oder entlastender Umstände besondere Auslagen entstanden und sind diese Untersuchungen zugunsten des Angeklagten ausgegangen, so hat das Gericht die entstandenen Auslagen teilweise oder auch ganz der Staatskasse aufzuerlegen, wenn es unbillig wäre, den Angeklagten damit zu belasten. ²Dies gilt namentlich dann, wenn der Angeklagte wegen einzelner abtrennbarer Teile einer Tat oder wegen einzelner von mehreren Gesetzesverletzungen nicht verurteilt wird. ³Die Sätze 1 und 2 gelten entsprechend für die notwendigen Auslagen des Angeklagten.

Kosten des Verfahrens **§ 465**

(3) **Stirbt ein Verurteilter vor eingetretener Rechtskraft des Urteils, so haftet sein Nachlaß nicht für die Kosten.**

Die Vorschrift beruht auf dem **Veranlassungsprinzip;** sie ist verfassungsrechtlich unbedenklich (BVerfG 18, 302 = NJW 1965, 387). Für **Nebenbeteiligte** gilt § 472 b. Im **Jugendstrafrecht** kann von der Auferlegung von Kosten und Auslagen anderer Beteiligter abgesehen werden (§§ 74, 109 Abs. 2 JGG); seine eigenen Auslagen trägt auch der verurteilte Jugendliche selbst (BGH 36, 27 = NJW 1989, 464; OLG Frankfurt GA 1994, 286; str., vgl. Brummer NStZ 1989, 239). 1

Eine **Verurteilung (Abs. 1 S. 1)** liegt vor, wenn das Urteil eine Schuldfeststellung trifft und eine Rechtsfolge anordnet (BGH 14, 391, 393 = NJW 1960, 1867). Darunter fallen auch die Entscheidungen nach §§ 9 ff., 13 ff., 27 JGG. Der Verurteilung gleich steht die Anordnung einer **Maßregel** nach § 61 StGB neben einem Freispruch oder im Sicherungsverfahren. Die Verwarnung mit Strafvorbehalt (§ 59 StGB) und das Absehen von Strafe (zB §§ 113 Abs. 4, 157, 158, 174 Abs. 4, 316 a Abs. 2 StGB, § 29 Abs. 5 BtmG) stehen nach **Abs. 1 S. 2** einer Verurteilung ebenfalls gleich. Dasselbe gilt, wenn der Angeklagte nur wegen der **Sperrwirkung** der §§ 331, 358 Abs. 2, 373 Abs. 2 nicht zur Strafe verurteilt wird. **Nicht** von Abs. 1 erfasst ist die Anordnung von **Nebenfolgen** neben einem Freispruch oder im objektiven Verfahren nach §§ 440, 442 (BGH 21, 367, 371 = NJW 1968, 900; vgl. § 472 b). 2

Nach dem **Grds. des Abs. 1 S. 1** hat der verurteilte Angeklagte die wegen der Tat (§ 264), wegen der er verurteilt worden ist, entstandenen Kosten zu tragen. Dass er seine **eigenen** Auslagen trägt, ist selbstverständlich und bedarf keines besonderen Anspruchs (vgl. § 464 Rn. 4). Der verurteilte Angeklagte hat auch die Auslagen für die **Beförderung inhaftierter Zeugen** zu tragen. Dazu gehören idR auch die Kosten, die durch einen Einzeltransport entstanden sind (OLG Hamm NStZ-RR 2000, 320). Die Zahlungspflicht besteht für die Kosten des **gesamten Verfahrens;** sie bilden auch dann eine Einheit (BGH 18, 231 = NJW 1963, 724; BGH NStZ 1987, 86; BGH NStZ-RR 1999, 63), wenn **mehrere Verhandlungen** notwendig geworden sind die Verurteilung erst in der Berufungsinstanz oder nach Aufhebung eines freisprechenden ersten Urteils und Zurückverweisung erfolgt ist. Die durch die Notwendigkeit der Beiziehung von **Dolmetschern** und die Herstellung von **Übersetzungen** verursachten Kosten sind Teil der Gerichtskosten, die nach § 465 Abs. 1 grds. von dem Verurteilten zu tragen sind. Zur Tragung von Kosten eines der deutschen Sprache nicht mächtigen Beschuldigten s. § 259 Rn. 1 und § 185 GVG Rn. 4. Grds. muss der Angeklagte auch alle Kosten einer **unrichtigen Sachbehandlung** durch das Gericht tragen (vgl. BGH 13, 306, 311 = NJW 1960, 109; von der Erhebung ist im Einzelfall nach § 8 GKG abzusehen (vgl. Meyer-Goßner Rn. 11; KK-Franke Rn. 3 a mwN). Das kommt vor allem bei **groben Verfahrensfehlern** in Betracht, die zur Aufhebung und Zurückverweisung geführt haben (vgl. BGH NStZ 1989, 191; OLG Köln NJW 1979, 1834). 3

Eingeschränkt ist die Kostentragungspflicht, soweit Kosten einzelner Verfahrensteile durch **besonderen Beschluss** (zB §§ 51 Abs. 1 S. 1, 138 c Abs. 6) **Dritten** auferlegt sind; diese Kosten hat der Angeklagte nicht zu tragen (BGH 10, 126 = NJW 1957, 550). „Es ist nicht erforderlich, den Angeklagten von dem Teil der Kosten, die durch gesonderten Beschluss einem Dritten auferlegt worden sind, in der Kostenentscheidung des gegen ihn ergehenden Urteils **ausdrücklich** festzustellen" (BGH 43, 146 = NJW 1997, 2963). Wird der Beschluss nachträglich aufgehoben (zB § 51 Abs. 2 S. 3), so trägt der Verurteilte die Kosten. 4

Die **Freistellung von besonderen Auslagen (Abs. 2)** ist eine weitere Einschränkung des Abs. 1. Umfasst sind alle **Mehrkosten** (BGH 25, 109, 116 = NJW 1973, 665) der Staatskasse und des Angeklagten (Abs. 2 S. 3), die durch die Aufklärung bestimmter Umstände verursacht wurden, welche zugunsten des Angeklagten 5 ausgegangen sind. In Betracht kommen namentlich (Abs. 2 S. 2) Ermittlungshandlungen zu einzelnen tateinheitlichen Taten, wegen derer eine Verurteilung nicht erfolgt (sog. **fiktiver Teilfreispruch;** vgl. OLG Düsseldorf StV 1985, 142). Nicht ausreichend ist, dass die Verurteilung weniger schwer wiegt als der Anklagevorwurf (BGH NStZ 1982, 80) oder dass eine Milderung der Verurteilung erst nach Aufhebung durch das Revisionsgericht erfolgt ist (BGH NStZ 1986, 210). **Besondere Auslagen** entstehen idR auch dann, wenn wegen einer Verkehrsstraftat (zB § 316 StGB) angeklagt und nur wegen einer OWi (zB § 24 a StVG) verurteilt wurde und anzunehmen ist, dass der Verurteilte einen Bußgeldbescheid hingenommen hätte (BGH 25, 109, 118); ebenso, wenn bei sachgerechter Behandlung von vornherein eine Anklage beim AG statt beim LG nahegelegen hätte (BGH 26, 29, 34 = NJW 1975, 699). Zu **Einzelfällen** vgl. D. Meyer JurBüro 1994, 519, 520.

6 Die Auslagenteilung nach **Abs. 2** kann schon im Urteil nach **Bruchteilen** erfolgen (§ 464 d); das Gericht kann die besonderen Auslagen iSd Abs. 2 aber auch **der Sache nach** bezeichnen (vgl. Bsp. bei Meyer-Goßner Rn. 8) und der Staatskasse auferlegen; die genaue Abgrenzung erfolgt dann im Kostenansatz- und -festsetzungsverfahren (vgl. Sommermeyer MDR 1991, 931; zur Berechnung der **besonderen Verteidigerkosten** OLG Düsseldorf NJW 1971, 394; OLG Köln NStZ 1990, 423; KK-Franke Rn. 7 mwN).

7 Bei **Teilverurteilung und Teilfreispruch** ist nach § 465 und § 467 zu entscheiden; dasselbe gilt bei **Teileinstellung** und teilweiser **Nichteröffnung** des Hauptverfahrens. Der Verurteilte hat dann die Kosten des Verfahrens zu tragen, **soweit** er verurteilt worden ist (§ 465); soweit er freigesprochen oder das Verfahren eingestellt worden ist, hat die Staatskasse die Kosten des Verfahrens und die notwendigen Auslagen des Angeklagten zu tragen (§ 467). Eine **Bruchteilsentscheidung** ist auch in diesem Fall zulässig (§ 464 d); auf die „Ausscheidbarkeit" der Kosten einer rechnerischen Trennbarkeit kommt es wie im Fall des Abs. 2 nicht an (BGH 25, 109, 116). Tritt die Bedeutung des Teilfreispruchs neben der des verurteilenden Teils zurück, so hat der Angeklagte seine Auslagen idR ganz zu tragen.

8 Der **Tod des Beschuldigten (Abs. 3)** vor Eintritt der Rechtskraft beendet das Verfahren nicht ohne weiteres von selbst. Eine nicht rechtskräftig gewordene Entscheidung wird nicht gegenstandslos, das Verfahren ist **förmlich** gemäß § 206 a **einzustellen** (BGH 45, 108 = NJW 1999, 3644 unter Aufgabe von BGH 34, 184 = NJW 1987, 661, aA Voraufl.). Damit ist eine Kosten- und Auslagenentscheidung zu verbinden, regelmäßig nach § 467 Abs. 1, weil § 467 Abs. 3 S. 2 Nr. 2 nur im Ausnahmefall zur Anwendung kommt (Krehl in HK-StPO Rn. 7).

§ 466 [Haftung Mitverurteilter]

¹**Mitangeklagte, gegen die in bezug auf dieselbe Tat auf Strafe erkannt oder eine Maßregel der Besserung und Sicherung angeordnet wird, haften für die Auslagen als Gesamtschuldner.** ²**Dies gilt nicht für die durch die Tätigkeit eines bestellten Verteidigers oder eines Dolmetschers und die durch die Vollstreckung, die einstweilige Unterbringung oder die Untersuchungshaft entstandenen Kosten sowie für Auslagen, die durch Untersuchungshandlungen, die ausschließlich gegen einen Mitangeklagten gerichtet waren, entstanden sind.**

1 **Voraussetzung** der **gesamtschuldnerischen Haftung** mehrerer Angeklagter (S. 1) ist eine Verurteilung iSd Abs. 1 wegen **derselben Tat** (§ 264), nicht notwendig in demselben Urteil (vgl. OLG Hamm NJW 1962, 2120). Die Mitangeklagten müssen **kollusiv** und **in derselben Richtung** zusammengewirkt haben (zB als Mittäter, Teilnehmer, bei Beteiligung an einer Schlägerei, als Dieb und Hehler, als Bestechender und Bestochener); bei fahrlässiger **Nebentäterschaft** liegt S. 1

nicht vor (aA Meyer-Goßner Rn. 1), ebenso nicht bei **wechselseitigen** Straftaten (vgl. OLG Hamm NJW 1961, 1833).

Die gesamtschuldnerische Haftung tritt im Fall des **S. 1 kraft Gesetzes** ein; sie 2 bedarf keines gesonderten Ausspruchs. Sie betrifft nur die **Auslagen der Staatskasse** (vgl. § 464a Abs. 1) im 1. Rechtszug, **nicht** die Gerichtsgebühren und die notwendigen Auslagen anderer Verfahrensbeteiligter sowie Auslagen durch die Verfolgung anderer Taten, an denen nur einzelne der Verurteilten beteiligt waren. Stets endet die Gesamthaftung mit dem Ausscheiden eines Mittäters aus dem Verfahren. Die Abgrenzung der Auslagen erfolgt im Kostenansatzverfahren (BGH NStZ 1986, 210). Der Ausgleichsanspruch (§ 426 BGB) ist zivilrechtlich geltend zu machen.

Ausnahmen regelt S. 2 hinsichtlich der Aufwendungen für solche Maßnahmen, 3 die ihrer Natur nach ausschließlich einem Mitangeklagten zugute kamen oder gegen ihn gerichtet waren. Zu den von S. 2 erfassten Untersuchungshandlungen zählen auch Unterbringungen nach § 81 und § 73 JGG sowie Untersuchungen nach § 81a. Im Urteil braucht die Befreiung von der Mithaft nicht ausgesprochen zu werden; sie wird erst im Kostenansatzverfahren berücksichtigt (BGH NStZ 1986, 210; OLG Karlsruhe MDR 1990, 464; Meyer-Goßner Rn. 3). Wird bei nach § 103 JGG verbundenen Verfahren gemäß § 74 JGG von der Auferlegung von Kosten abgesehen, **haftet der Erwachsene** nur für den auf ihn entfallende Anteil nach Kopfteilen (OLG Koblenz NStZ-RR 1999, 160).

§ 467 [Kosten bei Freispruch]

(1) **Soweit der Angeschuldigte freigesprochen, die Eröffnung des Hauptverfahrens gegen ihn abgelehnt oder das Verfahren gegen ihn eingestellt wird, fallen die Auslagen der Staatskasse und die notwendigen Auslagen des Angeschuldigten der Staatskasse zur Last.**

(2) ¹**Die Kosten des Verfahrens, die der Angeschuldigte durch eine schuldhafte Säumnis verursacht hat, werden ihm auferlegt.** ²**Die ihm insoweit entstandenen Auslagen werden der Staatskasse nicht auferlegt.**

(3) ¹**Die notwendigen Auslagen des Angeschuldigten werden der Staatskasse nicht auferlegt, wenn der Angeschuldigte die Erhebung der öffentlichen Klage dadurch veranlaßt hat, daß er in einer Selbstanzeige vorgetäuscht hat, die ihm zur Last gelegte Tat begangen zu haben.** ²**Das Gericht kann davon absehen, die notwendigen Auslagen des Angeschuldigten der Staatskasse aufzuerlegen, wenn er**

1. **die Erhebung der öffentlichen Klage dadurch veranlaßt hat, daß er sich selbst in wesentlichen Punkten wahrheitswidrig oder im Widerspruch zu seinen späteren Erklärungen belastet oder wesentliche entlastende Umstände verschwiegen hat, obwohl er sich zur Beschuldigung geäußert hat, oder**
2. **wegen einer Straftat nur deshalb nicht verurteilt wird, weil ein Verfahrenshindernis besteht.**

(4) **Stellt das Gericht das Verfahren nach einer Vorschrift ein, die dies nach seinem Ermessen zuläßt, so kann es davon absehen, die notwendigen Auslagen des Angeschuldigten der Staatskasse aufzuerlegen.**

(5) **Die notwendigen Auslagen des Angeschuldigten werden der Staatskasse nicht auferlegt, wenn das Verfahren nach vorangegangener vorläufiger Einstellung (§ 153a) endgültig eingestellt wird.**

Abs. 1 regelt den **Grundsatz** der Kostenpflicht der Staatskasse bei Nichtverur- 1 teilung, also bei Freispruch ohne gleichzeitige Maßregelanordnung (vgl. § 465 Rn. 2), bei Ablehnung der Eröffnung des Hauptverfahrens (§ 204) sowie bei end-

§ 467

Siebentes Buch. 2. Abschnitt

gültiger Verfahrenseinstellung (§§ 206 a, 206 b, 260 Abs. 3). **Ausnahmen** vom Grds. des Abs. 1 regeln die Abs. 2–5 sowie §§ 470 S. 2, 472 a Abs. 2, 472 b Abs. 2. Die Kostentragungspflicht eines **Dritten** (vgl. § 465 Rn. 4) bleibt im Ausspruch nach § 467 unberücksichtigt; insoweit hat die Staatskasse Regress zu nehmen. Die Geltendmachung des Auslagenerstattungsanspruchs erfolgt im Verfahren nach § 464 b.

2 Zum **Begriff** der Kosten und notwendigen Auslagen vgl. § 464 a. Der Erstattungsanspruch nach **Abs. 1** umfasst nur diejenigen notwendigen Auslagen, die bis zum Zeitpunkt der Kostenentscheidung angefallen sind; weiter entstehende Auslagen sind Gegenstand der Rechtsmittelentscheidung (§ 473 Abs. 2 S. 1).

3 Die Kosten- und Auslagenfolge muss in der verfahrensabschließenden Entscheidung **ausdrücklich** ausgesprochen werden (§ 464 Abs. 1 u. 2). Fehlt der Ausspruch über die notwendigen Auslagen, so kann die Auferlegung der Kosten auf die Staatskasse nicht dahin ausgelegt werden, dass auch die notwendigen Auslagen des Angeklagten zu erstatten sind (OLG Düsseldorf MDR 1986, 76; vgl. Mümmler JurBüro 1989, 845; 1992, 759; i. E. str.). Ein Freispruch „auf Kosten der Landeskasse" umfasst die notwendigen Auslagen nicht.

4 Ein **allgemeines Prinzip,** wonach dem nichtverurteilten Beschuldigten unter allen Umständen sämtliche Auslagen erstattet werden müssten, gibt es nicht (BVerfG NJW 1985, 727, 728). **Einschränkungen der Erstattungspflicht** ergeben sich namentlich aus der Anwendung des **Verschuldensprinzips** (vgl. vor § 464 Rn. 2).

5 **Schuldhafte Säumnis (Abs. 2)** ist insb. die verschuldete Versäumung eines Termins oder einer Frist (OLG Stuttgart NJW 1974, 512). Prozessverschleppung oder Nachlässigkeit bei der Prozessführung reichen nicht aus. Bei Einstellung wegen **Verjährung** gilt Abs. 3 S. 2 Nr. 2, nicht Abs. 2 (BVerfG NStZ 1993, 195). Die Kostenfolge des Abs. 2 ist **zwingend.** Der Beschuldigte hat in diesem Fall auch dem Privat- oder Nebenkläger die durch seine Säumnis entstandenen Auslagen zu erstatten (OLG Stuttgart NJW 1974, 512).

6 Eine **unrichtige Selbstanzeige (Abs. 3 S. 1)** liegt nicht nur bei förmlicher Anzeige nach § 158 vor; auch der Tatbestand des § 145 d StGB muss nicht erfüllt sein. Ausreichend ist, dass der Beschuldigte die öffentliche Klage durch irgendeine **Selbstbezichtigung** gegenüber einer Strafverfolgungsbehörde oder einer zur Anzeige verpflichteten Behörde veranlasst hat (Meyer-Goßner Rn. 5). Die Gründe für die Selbstbezichtigung sind ohne Belang. Führt sie nicht zur Klageerhebung, so gilt § 469. Die Regelung des Abs. 3 S. 1 ist **zwingend.** Legt die StA erfolglos Rechtsmittel gegen die freisprechende Entscheidung ein, so gilt Abs. 3 S. 1 im Rechtsmittelverfahren nicht (KK-Franke Rn. 5).

7 Eine **wahrheitswidrige Selbstbelastung (Abs. 3 S. 2 Nr. 1. Alt.)** unterscheidet sich von der Selbstbezichtigung des Abs. 3 S. 1 dadurch, dass bereits Verdachtsgründe vorlagen. Der Beschuldigte muss die belastende Erklärung nach Einleitung des Ermittlungsverfahrens als Beschuldigter (OLG Koblenz NStZ 1992, 245) abgegeben und ihre belastende Wirkung erkannt oder schuldhaft verkannt haben (Meyer-Goßner Rn. 8; LR-Hilger Rn. 35; **aA** OLG Braunschweig NJW 1973, 158; KK-Franke Rn. 7: Vorsatz). Durch die Selbstbelastung muss die Anklageerhebung (mit-)verursacht worden sein. Eine entspr. Anwendung auf das Verfahren nach Anklageerhebung – wahrheitswidrige Selbstbelastung in der Hauptverhandlung 1. Instanz – ist nicht zulässig (OLG Koblenz MDR 1982, 252; Meyer-Goßner Rn. 11; **aA** OLG Düsseldorf NStZ 1992, 557).

8 Bei einer Selbstbelastung im **Widerspruch zu späteren Erklärungen (Abs. 3 S. 2 Nr. 1, 2. Alt.)** kommt es nicht darauf an, ob die Selbstbelastung oder ihr Widerruf wahr oder unwahr sind (LR-Hilger Rn. 40). Erforderlich ist auch hier, dass durch die frühere Erklärung die Anklageerhebung veranlasst wurde. Das ist auch dann der Fall, wenn der Widerruf nicht geeignet war, den auf Grund der früheren Erklärung entstandenen Tatverdacht auszuräumen.

Das **Verschweigen wesentlicher entlastender Umstände (Abs. 3 S. 2 Nr. 1,** 9
3. Alt.) kann die Kostenfolge des Abs. 3 nur dann auslösen, wenn der Verurteilte sich im Ermittlungsverfahren als Beschuldigter **zur Sache geäußert** hat. Eine entspr. Anwendung für den Fall, dass der Beschuldigte sich erstmals in der Hauptverhandlung äußert und entlastende Umstände vorträgt, ist unzulässig (OLG Koblenz MDR 1982, 252; **aA** OLG München NStZ 1984, 185; vgl. Meyer-Goßner Rn. 13 mwN). **Wesentliche Umstände** sind **Tatsachen,** die für den Schuldspruch von wesentlicher Bedeutung sind (zB Alibi, Voraussetzungen einer Notwehrlage oder eines Irrtums, Täterschaft eines anderen, Nachtrunk), **nicht** aber Beweismittel, Vermutungen und Möglichkeiten (vgl. KK-Franke Rn. 8 mwN). Der **Name** des wirklichen Täters ist kein wesentlicher Umstand (vgl. Götz MDR 1977, 1042). Das Verschweigen muss für die Anklageerhebung **ursächlich** gewesen sein; das ist nicht der Fall, wenn die Tatsache vor Anklageerhebung auf andere Weise bekannt wird.

In den Fällen des **Abs. 3 S. 2 Nr. 1** steht die Entscheidung im **Ermessen des** 10
Gerichts. Für die Ermessensausübung ausschlaggebend ist, ob der Beschuldigte billigenswerte Gründe für sein Aussageverhalten hatte. Das liegt insb. dann nahe, wenn er die Strafverfolgung eines nahen Angehörigen verhindern wollte (vgl. LR-Hilger Rn. 49 mwN).

Die **Einstellung wegen eines Verfahrenshindernisses (Abs. 3 S. 2 Nr. 2)** 11
betrifft den Fall, dass eine Verurteilung trotz feststehender Schuld wegen eines Verfahrenshindernisses nicht möglich ist. Voraussetzung der Freistellung der Staatskasse von den notwendigen Auslagen des Angeschuldigten ist, dass er ohne das Vorliegen des Verfahrenshindernisses **mit Sicherheit verurteilt** worden wäre (OLG Köln NJW 1991, 506). Das ist auf der Grundlage der bisherigen Beweisaufnahme zu beurteilen; die Schuldfeststellung ist regelmäßig nur auf der Grundlage einer bis zur Schuldspruchreife unter voller Wahrung der Verteidigungsrechte des Angeklagten durchgeführten Hauptverhandlung möglich (BVerfG 82, 106 = NJW 1990, 2741; EGMR NJW 1988, 3257). Eine Anwendung bei **Einstellung außerhalb der Hauptverhandlung** ist daher idR ausgeschlossen (KG NJW 1994, 600 mwN); ein hinreichender Tatverdacht reicht nicht aus (i. E. str.; vgl. BVerfG NJW 1992, 1611; 1992, 1612, 1613; OLG Köln NJW 1991, 506; Meyer-Goßner Rn. 16; KK-Franke Rn. 10 a, jeweils mwN). Der BGH hat nun festgestellt: „Stellt das Gericht das Verfahren durch Beschluss **außerhalb der Hauptverhandlung** wegen eines **Verfahrenshindernisses** ein, so kann es davon absehen, die notwendigen Auslagen des Angeklagten der Staatskasse aufzuerlegen, wenn ein auf die bisherige Beweisaufnahme der ausgesetzten Hauptverhandlung gestützter erheblicher Tatverdacht besteht und keine Umstände erkennbar sind, die bei einer neuen Hauptverhandlung die Verdichtung des Tatverdachts zur prozeßordnungsgemäßen Feststellung der Tatschuld in Frage stellen würden." (BGH NJW 2000, 1427; OLG Frankfurt NStZ-RR 2002, 246). Die **Unschuldsvermutung** darf in keinem Fall unterlaufen werden (vgl. BVerfG NJW 1993, 997). Bleibt die **Schuld zweifelhaft,** so gilt Abs. 1. „Eine Auslagenentscheidung des OLG in einem das Verfahren wegen eines **Verfahrenshindernisses** einstellenden Beschluss ist **grundsätzlich nicht isoliert anfechtbar"** (BGH NJW 2000, 1427).

Bei Einstellung nach **§ 206 b** ist **Abs. 3 S. 2 Nr. 2 nicht anwendbar** (OLG 12
München NJW 1974, 873), ebenso nicht bei **Tod** des Angeklagten (vgl. § 464 Rn. 5). Zur Einstellung bei Zurücknahme des **Strafantrags** vgl. § 470. Anwendbar ist die Vorschrift, wenn bei mehreren tateinheitlich angeklagten Taten die schwerere Tat nicht erwiesen ist und der Verurteilung wegen der leichteren Tat ein Verfahrenshindernis entgegensteht (OLG Karlsruhe NStZ 1981, 228); in diesem Fall können die durch die leichtere Tat verursachten besonderen Auslagen dem Angeklagten auferlegt werden (vgl. KK-Franke Rn. 10 mwN).

Für die **Ermessensentscheidung** ist ausschlaggebend, ob **besondere Um-** 13
stände die Belastung der Staatskasse mit den Auslagen des Angeschuldigten als

unbillig erscheinen lassen (OLG Düsseldorf MDR 1990, 359). Solche Umstände dürfen nicht in der voraussichtlichen Verurteilung gefunden werden, sondern müssen in einem vorwerfbaren prozessualen Fehlverhalten liegen (OLG Köln NJW 1991, 506; vgl. KK-Franke Rn. 10 b mwN). War das Verfahrenshindernis bereits **vor Anklageerhebung** eingetreten, so hat die Staatskasse idR die Auslagen des Angeschuldigten zu tragen (BGH wistra 1984, 63; KG StV 1991, 479). Tritt es später ein, so ist zu prüfen, ob die Anwendung des Abs. 1 im konkreten Fall unbillig wäre (OLG Düsseldorf MDR 1990, 359); das ist jedenfalls der Fall, wenn der Angeschuldigte das Verfahrenshindernis vorwerfbar herbeigeführt hat (vgl. Meyer-Goßner Rn. 18 mwN).

14   Bei **Verfahrenseinstellung nach Ermessen (Abs. 4)** gilt grds. **Abs. 1**. Bei **endgültiger** Einstellung durch das Gericht kann hiervon abgesehen werden. Dabei darf die **Stärke des Tatverdachts** berücksichtigt werden (EGMR NJW 1988, 3257; BVerfG 82, 106 = NJW 1990, 2741 m. Anm. Paulus NStZ 1990, 600); andererseits darf nicht durch Schuldzuweisung gegen die Unschuldsvermutung verstoßen werden (vgl. KK-Franke Rn. 1 mwN). Bei prozeßordnungsgemäß festgestellter Schuld kann die Entscheidung nach Abs. 4 hierauf gestützt werden (BVerfG NStZ 1992, 238; vgl. Meyer-Goßner Rn. 19 mwN). Stets zulässig ist die Freistellung der Staatskasse, wenn der Angeschuldigte sich zur Tragung seiner Auslagen bereit erklärt. Eine **Aufteilung nach Instanzen** ist zulässig (BGH NStZ 1991, 47). Zu den notwendigen Auslagen des **Nebenklägers** vgl. § 472 Abs. 2 S. 1. Bei **endgültiger Einstellung nach § 153 a** trägt der Angeschuldigte seine Auslagen **zwingend** selbst **(Abs. 5);** seine Rechte sind dadurch gewahrt, dass die Einstellung nach § 153 a von seiner Zustimmung abhängig ist. Abs. 5 gilt auch bei einer Einstellung nach § 37 BtMG (§ 37 Abs. 3 BtMG). Für den **Nebenkläger** gilt § 472 Abs. 2 S. 2.

15   **Verteilung der Auslagen.** Die Ermächtigung, alle notwendigen Auslagen des Angeschuldigten ihm oder der Staatskasse aufzuerlegen, schließt grundsätzlich die Befugnis zur Aufteilung ein (OLG Hamburg NJW 1971, 292). Das gilt insbesondere im Fall des Abs. 4 (Meyer-Goßner Rn. 21).

§ 467 a [Klagerücknahme oder Einstellung durch Staatsanwaltschaft]

(1) ¹**Nimmt die Staatsanwaltschaft die öffentliche Klage zurück und stellt sie das Verfahren ein, so hat das Gericht, bei dem die öffentliche Klage erhoben war, auf Antrag der Staatsanwaltschaft oder des Angeschuldigten die diesem erwachsenen notwendigen Auslagen der Staatskasse aufzuerlegen.** ²**§ 467 Abs. 2 bis 5 gilt sinngemäß.**

(2) **Die einem Nebenbeteiligten (§ 431 Abs. 1 Satz 1, §§ 442, 444 Abs. 1 Satz 1) erwachsenen notwendigen Auslagen kann das Gericht in den Fällen des Absatzes 1 Satz 1 auf Antrag der Staatsanwaltschaft oder des Nebenbeteiligten der Staatskasse oder einem anderen Beteiligten auferlegen.**

(3) **Die Entscheidung nach den Absätzen 1 und 2 ist unanfechtbar.**

1   Die Vorschrift enthält eine **abschließende Regelung** für den Fall der Verfahrenseinstellung durch die StA **nach Klagerücknahme.** Die Einstellung schon vor Klageerhebung wird mit einer Kostenentscheidung nicht verbunden (vgl. § 464 Abs. 1); für die Einstellung durch das Gericht gilt § 467. Eine entspr. Anwendung des § 467 a auf zeitlich frühere Einstellungen ist unzulässig (BGH 30, 152, 157 = NJW 1981, 2651; OLG München NJW 1969, 1449); in Betracht kommt insofern nur ein Anspruch aus §§ 2, 9 StrEG. Bei Zurücknahme der **Privatklage** gilt § 471 Abs. 2.

2   **Voraussetzung** des **Abs. 1** ist, dass die öffentliche Klage wirksam erhoben und zurückgenommen wurde (§§ 153 c Abs. 3, 153 d Abs. 2, 156, 411 Abs. 3). **Gleich-**

Kosten des Verfahrens **§ 468**

gestellt sind die **Rücknahme des Strafbefehlsantrags** sowie die Rücknahme des Antrags im beschleunigten Verfahren. Sodann muss das Verfahren durch die StA **endgültig eingestellt** worden sein. Der Grund hierfür ist gleichgültig; § 467a gilt daher bei Einstellungen nach §§ 153 Abs. 1, 153b Abs. 1, 153c Abs. 3, 153d Abs. 2, 154 Abs. 1, 154b Abs. 1, 170 Abs. 2, **nicht** aber bei vorläufiger Einstellung nach § 154d und entspr. § 205. Im Fall des § 153a gilt § 467 Abs. 5 entspr. (Abs. 1 S. 2).

Auf **Antrag** der StA oder des Angeschuldigten entscheidet das **Gericht,** bei dem 3
die Klage erhoben war, auch wenn es für die Durchführung des Hauptverfahrens unzuständig gewesen wäre (OLG Düsseldorf NStZ 1996, 245; KK-Franke Rn. 2). Dem Antragsgegner ist **rechtliches Gehör** zu gewähren, wenn eine ihm nachteilige Entscheidung getroffen werden soll. Die StA ist stets zu hören. An die Einstellungsverfügung und -gründe ist das Gericht gebunden; das Verfahren ist aber auszusetzen, solange auf Rechtsbehelf die öffentliche Klage herbeigeführt werden kann oder die Ermittlungen wieder aufgenommen sind. Die Auferlegung der notwendigen Auslagen des Angeschuldigten ist **grds. zwingend** (Abs. 1 S. 1); das Gericht hat nach **Abs. 1 S. 2** ggf. im Freibeweis zu prüfen, ob **besondere Umstände** nach § 467 Abs. 2–5 dem entgegenstehen. Eine **Aufteilung** ist zulässig (Meyer-Goßner Rn. 5), auch eine solche nach Bruchteilen (§ 464d); über die Höhe wird im Verfahren nach § 464b entschieden.

Nebenbeteiligte iSd Abs. 2 sind Einziehungs- und Verfallsbeteiligte (§ 431 4
Abs. 1 S. 1, 442) sowie juristische Personen und Personenvereinigungen, gegen die die Festsetzung einer Geldbuße (§ 444 Abs. 1 S. 1) oder die Einziehung des Wertersatzes (§ 431 Abs. 3) in Betracht kommt. Ausreichend ist das Vorliegen der **materiellen Voraussetzungen** der Beteiligung; eine Anordnung der Beteiligung nach § 431 muss nicht vorliegen. Der Zurücknahme des Klage **gleichgestellt** ist die Zurücknahme des Antrags im objektiven Verfahren (§§ 440, 442 Abs. 1).

Die notwendigen Auslagen des Nebenbeteiligten können nach dem **Ermessen** 5
des Gerichts der Staatskasse ganz oder zum Teil auferlegt werden, einem anderen Beteiligten (Beschuldigter, Privatkläger, Nebenkläger, anderer Nebenbeteiligter), wenn sein Verhalten für das Bestehen der Auslagen ursächlich war, insb. wenn er durch unwahre Angaben die Zuziehung des Nebenbeteiligten verursacht hat (Meyer-Goßner Rn. 8). Eine Aufteilung ist auch zwischen Staatskasse und anderen Beteiligten möglich. Die Belastung des Anzeigeerstatters regelt § 469 Abs. 1 S. 2, die des Strafantragstellers § 470.

Die Entscheidungen nach Abs. 1 und 2 ergehen durch gerichtlichen **Beschluss,** 6
der **unanfechtbar** ist **(Abs. 3).**

§ 468 [Straffreierklärung]

Bei wechselseitigen Beleidigungen wird die Verurteilung eines oder beider Teile in die Kosten dadurch nicht ausgeschlossen, daß einer oder beide für straffrei erklärt werden.

In den Fällen der §§ 199 und 233 StGB gilt § 465 Abs. 1 nicht zwingend. Die 1
Kostenfolge ist nach § 468 in das **pflichtgemäße Ermessen** des Gerichts gestellt, das die Kosten dem für straffrei Erklärten ganz oder zum Teil auferlegen, sie auf beide Angeklagte verteilen oder von der Auferlegung ganz absehen kann (vgl. KK-Franke Rn. 1). Die Entscheidung betrifft nur die **Auslagen des Gerichts,** nicht die Auslagen der Beteiligten. Eine Gerichtsgebühr entsteht nicht (§ 40 GKG).

§ 468 gilt auch ein **Privatklageverfahren.** Daneben ergibt sich die Möglich- 2
keit der Verteilung auch der notwendigen Auslagen der Beteiligten aus § 471 Abs. 3 Nr. 1. Einem **Zeugen** dürfen nach § 468 keine Kosten aufgebürdet werden (RG 12, 421; Meyer-Goßner Rn. 3). Geschieht dies doch, so kann er diesen

§ 469

Siebentes Buch. 2. Abschnitt

Teil der Entscheidung wie ein Angeklagter, in dessen Rolle er gedrängt ist, mit der sofortigen Beschwerde nach § 464 Abs. 3 anfechten (LR-Hilger Rn. 4).

§ 469 [Kostenpflicht des Anzeigeerstatters]   RiStBV 92, 139 Abs. 2

(1) ¹**Ist ein, wenn auch nur außergerichtliches Verfahren durch eine vorsätzlich oder leichtfertig erstattete unwahre Anzeige veranlaßt worden, so hat das Gericht dem Anzeigenden, nachdem er gehört worden ist, die Kosten des Verfahrens und die dem Beschuldigten erwachsenen notwendigen Auslagen aufzuerlegen.** ²**Die einem Nebenbeteiligten (§ 431 Abs. 1 Satz 1, §§ 442, 444 Abs. 1 Satz 1) erwachsenen notwendigen Auslagen kann das Gericht dem Anzeigenden auferlegen.**

(2) **War noch kein Gericht mit der Sache befaßt, so ergeht die Entscheidung auf Antrag der Staatsanwaltschaft durch das Gericht, das für die Eröffnung des Hauptverfahrens zuständig gewesen wäre.**

(3) **Die Entscheidung nach den Absätzen 1 und 2 ist unanfechtbar.**

1 Die Vorschrift regelt die Kostentragungspflicht des Urhebers einer **unwahren Anzeige.** Anzeigender ist auch der **RA,** der eine Anzeige im Auftrag seines Mandanten erstattet. Für **Amtsträger,** die zur Anzeige verpflichtet sind, gilt § 469 nur im Fall der strafrechtlich (§ 344 StGB) oder disziplinarrechtlich zu ahndenden Pflichtwidrigkeit (Meyer-Goßner Rn. 1). Im Privatklageverfahren gilt § 471 Abs. 2.

2 **Anzeige** iSd **Abs. 1 S. 1** ist nicht nur die förmliche Anzeige iSd § 158. Ausreichend ist die öffentlich oder gegenüber einem Amtsträger aufgestellte Behauptung eines Sachverhalts, der geeignet ist, ein Ermittlungsverfahren zu veranlassen (vgl. § 164 StGB). Die Anzeige muss sich nicht gegen einen bestimmten Dritten richten. Auch die falsche **Selbstbezichtigung** ist Anzeige iSd Abs. 1 S. 1; bei Anklageerhebung gilt § 467 Abs. 3 S. 1.

3 Die **Unwahrheit** der Anzeige muss **feststehen.** Bleibt nach Einstellung oder Freispruch ein Tatverdacht bestehen, so gilt § 469 nicht. Weitere Voraussetzung sind **vorsätzliches oder leichtfertiges** Verhalten des Anzeigeerstatters (vgl. hierzu Tröndle/Fischer § 15 Rn. 1 und 20) in Bezug auf die objektive Unwahrheit der Behauptung sowie Ursächlichkeit der Anzeige für die Einleitung oder Fortführung (OLG Hamm NJW 1973, 1850) des Strafverfahrens.

4 Die Kostenfolge des **Abs. 1 S. 1** ist **zwingend.** Die notwendigen Auslagen von **Nebenbeteiligten** (vgl. § 467 Rn. 4) können dagegen nach dem **pflichtgemäßen Ermessen** des Gerichts dem Anzeigenden ganz oder zum Teil auferlegt werden **(Abs. 1 S. 2).**

5 **Zuständig** für die Entscheidung nach § 469 ist das Gericht, das den Angeklagten freigesprochen oder das Verfahren eingestellt hat, vor Anklageerhebung das Gericht, das für die Eröffnung des Hauptverfahrens zuständig gewesen wäre, wenn sich die Behauptung des Anzeigenden als wahr erwiesen hätte **(Abs. 2).** Die Entscheidung ergeht stets durch **unanfechtbaren Beschluss (Abs. 3),** im Fall des Abs. 2 nur auf **Antrag der StA** (Abs. 2; vgl. RiStBV Nr. 92), im Fall des Abs. 1 vAw oder auf Antrag der StA (vgl. RiStBV Nr. 139 Abs. 2), des Angeschuldigten oder eines Nebenbeteiligten. Dem Anzeigenden ist rechtliches Gehör zu gewähren. Der **Beschluss** kann, wenn das Gericht mit dem Hauptverfahren befasst ist, zugleich mit der freisprechenden Entscheidung oder später erlassen werden. **In jedem Fall** ist eine Kostenentscheidung nach § 467 Abs. 1 zu treffen (BayObLG NJW 1958, 1933; vgl. KK-Franke Rn. 3); der Freigesprochene muss sich nicht auf den Erstattungsanspruch gegen den Anzeigenden verweisen lassen. Staatskasse und Anzeigender haften als Gesamtschuldner (§ 421 BGB).

§ 470 [Kosten bei Zurücknahme des Strafantrags]

¹Wird das Verfahren wegen Zurücknahme des Antrags, durch den es bedingt war, eingestellt, so hat der Antragsteller die Kosten sowie die dem Beschuldigten und einem Nebenbeteiligten (§ 431 Abs. 1 Satz 1, §§ 442, 444 Abs. 1 Satz 1) erwachsenen notwendigen Auslagen zu tragen. ²Sie können dem Angeklagten oder einem Nebenbeteiligten auferlegt werden, soweit er sich zur Übernahme bereit erklärt, der Staatskasse, soweit es unbillig wäre, die Beteiligten damit zu belasten.

Voraussetzung der Anwendung von § 470 ist, dass die verfahrensgegenständliche Tat nur auf Antrag verfolgbar ist und dass ein **Strafantrag** wirksam gestellt und zurückgenommen wurde. Das Verfahren ist durch einen Antrag **nicht bedingt,** wenn die StA Tateinheit mit einem Offizialdelikt angenommen oder das besondere öffentliche Interesse an der Strafverfolgung bejaht hatte. Bei Einleitung des Verfahrens auch wegen eines Offizialdelikts und Fortsetzung nur wegen des Antragsdelikts gilt § 470 von diesem Zeitpunkt an (Meyer-Goßner Rn. 2). **Strafantrag** iSd Vorschrift ist nur derjenige nach § 77 StGB; auf die Fälle des § 77e StGB ist § 470 nicht anwendbar (KK-Franke Rn. 1). Das Verfahren muss nicht zur Erhebung der öffentlichen Klage geführt haben; **§ 469 Abs. 2** gilt entspr. (OLG Bremen JZ 1953, 471). 1

Dem Antragsteller sind bei wirksamer Antragsrücknahme die Kosten und notwendigen Auslagen (§ 464a Abs. 2) des Beschuldigten und des Nebenbeteiligten (vgl. § 467 a Rn. 4) aufzuerlegen; mehrere Antragsteller werden gemeinsam belastet und haften als Gesamtschuldner (KK-Franke Rn. 2). 2

Eine **Abweichung** von der Regel des S. 1 ist im Fall S. 2 nach **pflichtgemäßem Ermessen** des Gerichts zulässig. Die Vorschrift gilt nur nach Eröffnung des Hauptverfahrens (Meyer-Goßner Rn. 5; **aA** KK-Franke Rn. 3). Der Angeklagte oder Nebenbeteiligte kann mit den vollen Kosten und notwendigen Auslagen auch des Antragstellers belastet werden, wenn er sich zur Übernahme **ausdrücklich** bereit erklärt. Die Antragsrücknahme kann an die **Bedingung** geknüpft werden, dass der Antragsteller freigestellt wird (BGH 16, 105, 107 = NJW 1961, 1684). Bei mehreren Übernahmebereiten können Kosten und Auslagen aufgeteilt werden (vgl. i. E. KK-Franke Rn. 3). Der **Staatskasse** dürfen die Kosten und Auslagen nur ausnahmsweise auferlegt werden (S. 2, 2. HS). 3

Zuständig ist das mit der Sache befasste Gericht. Die Entscheidung ergeht in dem Einstellungsurteil nach § 260 Abs. 3 oder im Beschluss nach § 206a **vAw. oder auf Antrag.** Der Antragsgegner ist zu hören. Unabhängig von § 470 muss das Gericht stets eine Kostenentscheidung nach § 467 zugunsten des Angeschuldigten treffen (vgl. § 469 Rn. 5). War noch kein Gericht mit der Sache befasst, so gilt § 469 Abs. 2 entspr. Die Entscheidung ist zu begründen (§ 34). Gegen sie ist **sofortige Beschwerde** nach § 464 Abs. 3 statthaft, auch wenn durch Urteil entschieden ist. Beschwerdeberechtigt ist neben der StA, wer durch die Entscheidung beschwert ist. 4

§ 471 [Privatklagekosten]

(1) **In einem Verfahren auf erhobene Privatklage hat der Verurteilte auch die dem Privatkläger erwachsenen notwendigen Auslagen zu erstatten.**

(2) **Wird die Klage gegen den Beschuldigten zurückgewiesen oder wird dieser freigesprochen oder wird das Verfahren eingestellt, so fallen dem Privatkläger die Kosten des Verfahrens sowie die dem Beschuldigten erwachsenen notwendigen Auslagen zur Last.**

§ 471

(3) **Das Gericht kann die Kosten des Verfahrens und die notwendigen Auslagen der Beteiligten angemessen verteilen oder nach pflichtgemäßem Ermessen einem der Beteiligten auferlegen, wenn**
1. **es den Anträgen des Privatklägers nur zum Teil entsprochen hat;**
2. **es das Verfahren nach § 383 Abs. 2 (§ 390 Abs. 5) wegen Geringfügigkeit eingestellt hat;**
3. **Widerklage erhoben worden ist.**

(4) [1]**Mehrere Privatkläger haften als Gesamtschuldner.** [2]**Das gleiche gilt hinsichtlich der Haftung mehrerer Beschuldigter für die dem Privatkläger erwachsenen notwendigen Auslagen.**

1   Im Privatklageverfahren gelten die allgemeinen Kostenvorschriften, soweit § 471 nichts anderes bestimmt (OLG Stuttgart NJW 1974, 512). An die Stelle der StA oder der Staatskasse tritt der Privatkläger (BGH 17, 376, 380 = NJW 1962, 1926). § 471 gilt für alle Rechtszüge. Wegen der **Rechtsmittelkosten** vgl. § 473 Rn. 15, zur **Sicherheitsleistung** § 379.

2   Die Regelung des Abs. 1 gilt bei **Verurteilung** des Angeklagten. Dieser hat dem Privatkläger auch die **vor Klageerhebung** entstandenen notwendigen Auslagen (§ 464 a Abs. 2) zu erstatten; dazu gehören insb. die Kosten des Sühneversuchs (§ 380) sowie die Gebühr des Prozessbevollmächtigten für das vorbereitende Verfahren (§§ 94 Abs. 1, 84 BRAGO: vgl. KK-Franke Rn. 2 mwN).

3   Bei **Nichtverurteilung (Abs. 2)** hat der Privatkläger die Kosten des Verfahrens und die notwendigen Auslagen des Beschuldigten zu tragen. Das gilt bei Zurückweisung (§ 383 Abs. 1 S. 1), Freispruch, endgültiger Einstellung sowie bei Zurücknahme der Privatklage und bei Rücknahmefiktion nach § 391 Abs. 2 (vgl. Meyer-Goßner Rn. 3 mwN). Zur **Einstellung wegen Geringfügigkeit** vgl. Abs. 3 Nr. 2, zur **Widerklage** Abs. 3 Nr. 3, zur Auslagenentscheidung bei **Übernahme** durch die StA § 472 Abs. 3 S. 2. Der **Tod des Privatklägers** hat die Einstellung des Verfahrens zur Folge, wenn das Verfahren nicht von den nach § 374 Abs. 2 zur Erhebung der Privatklage Berechtigten fortgesetzt wird (§ 393); mit der Einstellung ist die Kostenentscheidung nach **Abs. 2** zu verbinden (BayObLG NJW 1960, 2065; KK-Franke Rn. 3). Wenn einer von mehreren Privatklägern verstirbt, so ist über die durch seine Klage verursachten Kosten und Auslagen **gesondert** zu entscheiden; sie dürfen nicht zwischen den übrigen Privatklägern und dem Angeklagten verteilt werden (BayObLG NJW 1960, 2065; KK-Franke Rn. 3). Der **Tod des Angeklagten** führt zur unmittelbaren Beendigung des Verfahrens; es ergeht keine Kostenentscheidung (vgl. § 464 Rn. 5). Bei schuldhafter **Säumnis des Beschuldigten** gilt § 467 Abs. 2 (OLG Stuttgart NJW 1974, 512), bei **Teilfreispruch** Abs. 3 Nr. 1. Der **jugendliche Privatkläger** kann nicht nach § 74 JGG freigestellt werden.

4   Eine **Aufteilung** oder die **Belastung eines Beteiligten** ist nach **Abs. 3** zulässig. Die Vorschrift gilt für alle Rechtszüge. Möglich ist auch, die Auslagenansprüche der Beteiligten gegeneinander aufzuheben.

5   Ein **Teilerfolg des Privatklägers (Abs. 3 Nr. 1)** liegt vor, wenn der Verfahrensausgang hinter der zugelassenen Klage zurückbleibt, insb. wenn ein Urteil nicht wegen aller angeklagter **selbstständiger Taten** ergeht, wenn der Privatkläger einzelne **Klagepunkte zurückgenommen** hat oder wenn auf Grund einer **milderen Vorschrift** verurteilt oder wenn von Strafe abgesehen (§§ 199, 233 StGB) wird (vgl. KK-Franke Rn. 3 mwN), ebenso, wenn nicht wegen aller in **Tateinheit** stehenden Delikte verurteilt wird (aA Meyer-Goßner Rn. 5). Auf den **Rechtsfolgenantrag** des Privatklägers kommt es nicht an. Abs. 3 gilt auch, wenn von **mehreren Angeklagten** nur einzelne verurteilt, andere freigesprochen wurden; die Kosten des Verfahrens gegen den Freigesprochenen dürfen dann nicht dem Verurteilten auferlegt werden (BayObLG 1957, 190 = JZ 1958, 180). Die Kosten der **Vollstreckung** trägt stets der Verurteilte (vgl. § 466 S. 2).

Bei **Einstellung wegen Geringfügigkeit (Abs. 3 Nr. 2)** nach §§ 383 Abs. 2, 390 Abs. 5 darf die Belastung des Beschuldigten mit Kosten und Auslagen nur dann mit **Schuldgesichtspunkten** begründet werden, wenn die Hauptverhandlung bis zur Entscheidungsreife durchgeführt worden ist (BVerfG 74, 358 = NJW 1987, 2427; NJW 1990, 2741). Im Fall der **Einstellung wegen Geringfügigkeit** darf also der Beschuldigte mit Kosten oder Auflagen nur dann belastet werden, wenn entweder seine Schuld erwiesen ist (BVerfG NJW 1992, 1611) oder anderweitige – von einer Schuldfeststellung unabhängige – Erwägungen zur Kostenfeststellung angestellt werden; dabei kann auch berücksichtigt werden, inwieweit der Beschuldigte nachvollziehbaren Anlass zur Erhebung der Privatklage gegeben hat (BVerfGE 74, 358 = NJW 1987, 2427; BVerfG NJW 1991, 829; 1992, 1611). Eine Belastung der Staatskasse ist regelmäßig ausgeschlossen (Meyer-Goßner Rn. 6). 6

Bei **Widerklage (Abs. 3 Nr. 3)** ist über die Verteilung der Kosten und Auslagen ohne Rücksicht auf den Ausgang der Privatklage zu entscheiden (vgl. BGH 17, 376 = NJW 1962, 1926; KK-Franke Rn. 5). Wird nur ein Beteiligter im angestrebten Umfang verurteilt, der andere freigesprochen, so bleibt es idR beim Grds. der Abs. 1 u. 2. Im Übrigen können Aufteilungskriterien das jeweilige Maß der Schuld sowie das kostenverursachende Prozessverhalten sein. 7

Durch einen **gerichtlichen oder außergerichtlichen Vergleich** können Privatkläger und Beschuldigter die Kostenentscheidung des Gerichts beeinflussen. Bei Rücknahme des Strafantrags gegen Bereiterklärung der Kostenübernahme gilt § 470 S. 2 entspr. (KK-Franke Rn. 6). Wird die Kosten- und Auslagenvereinbarung in die gerichtliche Entscheidung nach Abs. 3 übernommen, so ist der Vergleich Grundlage der Kostenfestsetzung nach § 464 b; bei Vereinbarung einer **bestimmten Summe** ist der protokollierte Vergleich Vollstreckungstitel iSd § 794 Abs. 1 Nr. 1 ZPO (vgl. Meyer-Goßner vor § 374 Rn. 13 mwN). Bei vom Parteiwillen abweichender Entscheidung des Gerichts gelten die Erklärungen der Parteien im Innenverhältnis; gegenüber der Staatskasse gilt § 54 Nr. 2 GKG. 8

Mehrere Privatkläger (Abs. 4) haften im Fall des Abs. 2 als **Gesamtschuldner**, im Fall des Abs. 3, soweit sie gemeinsam belastet werden. **Mehrere Beschuldigte** haften im Fall des Abs. 1 gesamtschuldnerisch, soweit sie wegen derselben Tat (§ 264) verurteilt worden sind, im Falle des Abs. 3, soweit ihnen Auslagen gemeinsam auferlegt werden. Eine ausdrückliche Anordnung der gesamtschuldnerischen Haftung ist nicht erforderlich. Für die Auslagen der Staatskasse haften Mitbeschuldigte als Gesamtschuldner (§ 466). Die Gerichtsgebühren werden von jedem Verurteilten gesondert erhoben (§§ 45, 42 Abs. 1 GKG). 9

§ 472 [Nebenklagekosten]

(1) ¹**Die dem Nebenkläger erwachsenen notwendigen Auslagen sind dem Angeklagten aufzuerlegen, wenn er wegen einer Tat verurteilt wird, die den Nebenkläger betrifft.** ²Hiervon kann ganz oder teilweise abgesehen werden, soweit es unbillig wäre, den Angeklagten damit zu belasten.

(2) ¹Stellt das Gericht das Verfahren nach einer Vorschrift, die dies nach seinem Ermessen zuläßt, ein, so kann es die in Absatz 1 genannten notwendigen Auslagen ganz oder teilweise dem Angeschuldigten auferlegen, soweit dies aus besonderen Gründen der Billigkeit entspricht. ²Stellt das Gericht das Verfahren nach vorangegangener vorläufiger Einstellung (§ 153 a) endgültig ein, gilt Absatz 1 entsprechend.

(3) ¹Die Absätze 1 und 2 gelten entsprechend für die notwendigen Auslagen, die einem zum Anschluß als Nebenkläger Berechtigten in Wahrnehmung seiner Befugnisse nach § 406 g erwachsen sind. ²Gleiches gilt für

§ 472

die notwendigen Auslagen eines Privatklägers, wenn die Staatsanwaltschaft nach § 377 Abs. 2 die Verfolgung übernommen hat.

(4) § 471 Abs. 4 Satz 2 gilt entsprechend.

1   **Grundsätzlich** hat der Angeklagte die notwendigen Auslagen des Nebenklägers zu tragen, wenn er wegen einer den Nebenkläger betreffenden Tat – nicht notwendig eines Nebenklagedelikts – (§ 264; vgl. BGH 38, 93 = NJW 1992, 1182) verurteilt **(Abs. 1 S. 1)** oder wenn das Verfahren insoweit nach § 153 a endgültig eingestellt wird **(Abs. 2 S. 2).** Dem Angeklagten sind nach Maßgabe des § 472 Abs. 1 StPO die notwendigen Auslagen des nach § 395 Abs. 2 Nr. 1 StPO zugelassenen Nebenklägers auch dann aufzuerlegen, wenn er auf Grund desselben Sachverhalts, der zur Eröffnung des Hauptverfahrens wegen Totschlags führte, stattdessen wegen unterlassener Hilfeleistung verurteilt wird (BGH NStZ 2002, 385). Eine Verurteilung iSd **Abs. 1** liegt auch bei Schuldspruch nach § 323 a StGB vor, wenn sich die **Rauschtat** gegen den Nebenkläger gerichtet hat (BGH 20, 284 = NJW 1966, 115), ebenso bei Anordnung einer **Maßregel** (vgl. OLG Hamm NStZ 198, 379) oder Verurteilung wegen einer **OWi,** die Schutzcharakter gegenüber dem Nebenkläger hat (vgl. BGH 11, 195, 198 = NJW 1958, 511). Eine Verurteilung auf Grund einer Norm, die nur die allgemeine Verkehrssicherheit (zB §§ 142, 316, 323 c StGB; i. E. str., vgl. Meyer-Goßner Rn. 6 mwN) oder die Allgemeinheit schützt, reicht nicht aus (vgl. KK-Franke Rn. 3 mwN). Wird ein Urteil durch **teilweise Verwerfung der Revision** des Angeklagten im Schuldspruch rechtskräftig, im **Strafausspruch** aber aufgehoben und insoweit die Sache **zurückverwiesen,** so hindert § 400 Abs. 1 nicht daran, dem Angeklagten die danach entstandenen notwendigen Auslagen des Nebenklägers aufzuerlegen (OLG Brandenburg NStZ 1998, 255). Die Regelung des **Abs. 2 S. 2** entspricht § 467 Abs. 5; die Vorschrift ist verfassungsrechtlich unbedenklich, da die **Einstellung nach § 153 a** die Zustimmung des Angeschuldigten voraussetzt.

2   Voraussetzung der Erstattung in den Fällen des **Abs. 1 S. 1, Abs. 2 S. 2** ist die wirksame **Zulassung** des Nebenklägers. Für den **Umfang** der notwendigen Auslagen gilt § 464 a Abs. 2; umfasst sind auch solche Auslagen, die zeitlich in das Vorverfahren fallen (Meyer-Goßner Rn. 8 mwN). Ist der Nebenkläger zugleich **Mitangeklagter** (vgl. zu § 395 Rn. 4), so richtet sich der Anspruch auf den Mehrbetrag der Nebenklagevertretung gegenüber der Verteidigergebühr (KK-Franke Rn. 9 mwN).

3   Durch **Billigkeitsentscheidung** nach **Abs. 1 S. 2** kann von der Regel des Abs. 1 S. 1 abgewichen werden. Grundlage der Entscheidung kann insb. sein, dass der Beschuldigte durch sein Verhalten keinen vernünftigen **Anlass** zum Anschluss als Nebenkläger gegeben hat (vgl. BGH 38, 93 = NJW 1992, 1182). Bei der Billigkeitsentscheidung sind also die Umstände des Einzelfalles umfassend gegeneinander abzuwägen, „insbesondere, ob und inwieweit den Verletzten ein Mitverschulden trifft oder ob der Angeklagte überhaupt einen vernünftigen Anlass für einen Anschluss gegeben hat" (BGH NStZ 1999, 261) oder ob der Nebenkläger durch sein Prozessverhalten schuldhaft vermeidbare Auslagen verursacht hat indem dieser zB „Beweisanträge gestellt hat, die nicht dem Schutzzweck der Nebenklage dienten und zu Verfahrensverzögerungen führten" (KG NStZ-RR 1999, 223). Bei erfolglosem **Rechtsmittel** des Angeklagten gilt nicht Abs. 1 S. 2, sondern § 473 Abs. 1 S. 2. Im Fall des **Abs. 2 S. 2** gelten diese Grundsätze entsprechend.

4   Über die notwendigen Auslagen des Nebenklägers ist idR **ausdrücklich** zu entscheiden (§ 464 Abs. 2; vgl. KG JR 1989, 392). Fehlt eine Entscheidung, so trägt der Nebenkläger seine Auslagen selbst; eine Nachholung der Entscheidung ist unzulässig. Ein Anspruch **entfällt,** wenn die Anschlusserklärung zurückgenommen wird, ebenso bei Tod des Beschuldigten vor rechtskräftigem Abschluss des Verfahrens. Verstirbt der Nebenkläger vor Rechtskraft der Entscheidung, so bleibt sein Anspruch bestehen (Meyer-Goßner Rn. 1; **aA** KK-Franke Rn. 2 mwN).

Kosten des Verfahrens **§ 472 a**

Wenn der Angeklagte **freigesprochen,** das Hauptverfahren nicht eröffnet oder 5
das Verfahren nach §§ 206 a, 206 b, 260 Abs. 3 eingestellt wird, so trägt der Nebenkläger seine Auslagen selbst (BGH wistra 1999, 426); ein besonderer Ausspruch hierüber ist nicht erforderlich. Für die notwendigen Auslagen des Angeklagten gilt § 467; § 471 Abs. 2 ist nicht entspr. anwendbar. Eine Kostenerstattung kann dann auch im Zivilrechtsweg nicht verlangt werden (BGHZ 24, 263 = NJW 1957, 1593). Die **Staatskasse** trägt die Auslagen des Nebenklägers in keinem Fall; auch im Fall des § 74 JGG tritt sie insoweit nicht an die Stelle des Angeklagten.

Im **Strafbefehlsverfahren** trägt der Nebenkläger seine Auslagen selbst, wenn 6
kein Einspruch gegen den Strafbefehl eingelegt wird. Dem Angeklagten sind nach **Abs. 3 S. 1** die Auslagen aufzuerlegen, die dem Nebenklagberechtigten im Vorverfahren aus der Beiziehung eines RA (§ 406 g) entstanden sind. Der Ausspruch muss in den Strafbefehl ausdrücklich aufgenommen sein (§ 464 Abs. 2). Entsprechendes gilt bei Rücknahme des Einspruchs vor Durchführung der Hauptverhandlung sowie bei Verwerfung des Einspruchs nach § 412 (vgl. Meyer-Goßner Rn. 10 a). Der Nebenkläger hat gegen das Unterlassen einer ausdrücklichen Kostengrundentscheidung die **sofortige Beschwerde** nach § 464 Abs. 3.

Bei **teilweiser Verurteilung** gilt **Abs. 1** schon dann, wenn der Nebenkläger 7
eine Ahndung des ihm zugefügten Unrechts erreicht, auch wenn nicht wegen des Nebenklagedelikts verurteilt wird (KK-Franke Rn. 7; vgl. o. Rn. 1). **Anders** ist es, wenn die Verurteilung nur wegen einzelner von mehreren selbstständigen Taten erfolgt oder nur einzelne von mehreren Angeklagten verurteilt werden. In diesem Fall hat die Nebenklage nur teilweise Erfolg; eine Auslagenverteilung entspr. **Abs. 1 S. 2** ist zulässig (KK-Franke Rn. 7).

Bei **Verfahrenseinstellung nach Ermessen** des Gerichts (§§ 153 ff.) gilt 8
Abs. 2 S. 1. Die endgültige Einstellung nach § 153 a ist der Verurteilung gleichgestellt (Abs. 2 S. 2). **Grds.** trägt der Nebenkläger seine Auslagen bei Einstellung nach §§ 153, 154 ff. selbst; nur **besondere Gründe** rechtfertigen es, sie ganz oder teilweise dem Angeschuldigten aufzuerlegen. Voraussetzung ist wie bei § 467 Abs. 4, dass die Schuld feststeht; besondere Gründe können dann insb. darin liegen, dass der Angeschuldigte durch die feststehenden Tatsachen verständlichen Anlass zur Nebenklage gegeben hat (BVerfG StV 1988, 31). Auch in den Fällen des Abs. 2 ist stets eine ausdrückliche Kostengrundentscheidung zu treffen.

Abs. 3 S. 1 stellt den **nebenklageberechtigten Verletzten** im Hinblick auf die 9
Kosten aus der Beiziehung eines RA nach § 406 g dem Nebenkläger gleich (vgl. o. Rn. 6). Dasselbe gilt für den **früheren Privatkläger** nach Übernahme durch die StA (Abs. 3 S. 2).

Nach **Abs. 4** iVm § 471 Abs. 4 S. 2 haften mehrere Angeschuldigte, denen die 10
notwendigen Auslagen des Nebenklägers auferlegt sind, als Gesamtschuldner (vgl. § 471 Rn. 9).

Im **Kostenfestsetzungsverfahren** (§ 464 b) kann die Anschlussberechtigung 11
nicht mehr in Frage gestellt werden. Ist der Anschlussberechtigte (Abs. 3) übergangen worden, so kann die Entscheidung nicht nachgeholt werden; der Berechtigte ist auf die **sofortige Beschwerde** (§ 464 Abs. 3) beschränkt. Der nach § 397 Abs. 1 dem Nebenkläger **beigeordnete RA** kann seine Gebühren und Auslagen im eigenen Namen geltend machen (§ 126 ZPO; vgl. KK-Franke Rn. 9 mwN).

§ 472 a [Adhäsionsverfahren]

(1) **Soweit dem Antrag auf Zuerkennung eines aus der Straftat erwachsenen Anspruchs stattgegeben wird, hat der Angeklagte auch die dadurch entstandenen besonderen Kosten und die notwendigen Auslagen des Verletzten zu tragen.**

§ 472 b

(2) ¹Sieht das Gericht von der Entscheidung über den Antrag ab, wird ein Teil des Anspruchs dem Verletzten nicht zuerkannt oder nimmt der Verletzte den Antrag zurück, so entscheidet das Gericht nach pflichtgemäßem Ermessen, wer die insoweit entstandenen gerichtlichen Auslagen und die insoweit den Beteiligten erwachsenen notwendigen Auslagen trägt. ²Die gerichtlichen Auslagen können der Staatskasse auferlegt werden, soweit es unbillig wäre, die Beteiligten damit zu belasten.

1 Die Vorschrift regelt die Kostenfolgen des **Adhäsionsverfahrens** (§§ 403 ff.). Nach **Abs. 1** trägt der Angeklagte bei vollem Erfolg des Adhäsionsantrags auch die insoweit entstandenen besonderen Kosten und notwendigen Auslagen des Antragstellers (vgl. KVGKG Nr. 6800, § 89 BRAGO).

2 Bei **Teilerfolg,** Absehen von einer Entscheidung (§ 405) oder Rücknahme des Antrags (§ 404 Abs. 4) entscheidet das Gericht über die Auslagenverteilung nach **pflichtgemäßem Ermessen. (Abs. 2 S. 1);** eine Verteilung ist zulässig (OLG Nürnberg NJW 1972, 67, 69). War nur ein **Grund- oder Teilurteil** (§ 406 Abs. 1 S. 2) beantragt, so gilt Abs. 1; ergeht es in Abweichung von dem bezifferten Antrag, so ist Abs. 2 anzuwenden. Eine Belastung der **Staatskasse** nach **Abs. 2 S. 2** kommt insb. im Fall des § 405 S. 2 in Betracht (Meyer-Goßner Rn. 2). Die notwendigen Auslagen der Beteiligten dürfen der Staatskasse nicht auferlegt werden.

3 Die Entscheidung ist in jedem Fall durch **ausdrückliche Anordnung** in dem Urteil oder Beschluss zu treffen, in dem über den Adhäsionsantrag entschieden wird. Der Angeklagte kann **sofortige Beschwerde** (§ 464 Abs. 3 S. 1) erheben, soweit ihm Kosten und Auslagen auferlegt werden. Für den Antragsteller ist die Entscheidung unanfechtbar (§ 464 Abs. 3 S. 2, 2. HS iVm § 406 a).

§ 472 b [Kosten der Nebenbeteiligten]

(1) ¹Wird der Verfall, die Einziehung, der Vorbehalt der Einziehung, die Vernichtung, Unbrauchbarmachung oder Beseitigung eines gesetzwidrigen Zustandes angeordnet, so können dem Nebenbeteiligten die durch seine Beteiligung erwachsenen besonderen Kosten auferlegt werden. ²Die dem Nebenbeteiligten erwachsenen notwendigen Auslagen können, soweit es der Billigkeit entspricht, dem Angeklagten, im selbständigen Verfahren auch einem anderen Nebenbeteiligten auferlegt werden.

(2) Wird gegen eine Geldbuße gegen eine juristische Person oder eine Personenvereinigung festgesetzt, so hat diese die Kosten des Verfahrens entsprechend den §§ 465, 466 zu tragen.

(3) Wird von der Anordnung einer der in Absatz 1 Satz 1 bezeichneten Nebenfolgen oder der Festsetzung einer Geldbuße gegen eine juristische Person oder eine Personenvereinigung abgesehen, so können die dem Nebenbeteiligten erwachsenen notwendigen Auslagen der Staatskasse oder einem anderen Beteiligten auferlegt werden.

1 Die Vorschrift regelt die Kostenfolge der Nebenbeteiligung. Sie gilt im subjektiven und objektiven Verfahren. Bei **Anordnung** der Nebenfolge **(Abs. 1)** können dem Nebenbeteiligten nach dem **Ermessen des Gerichts** die besonderen Kosten seiner Beteiligung auferlegt werden **(Abs. 1 S. 1).** Das sind die besonderen Auslagen der Staatskasse; eine Gebühr entsteht nicht (§ 40 Abs. 5 S. 1 GKG). Eine Belastung kommt insb. in Betracht, wenn besondere Auslagen, zB für Beweiserhebungen, durch unbegründete Einwendungen des Nebenbeteiligten entstanden sind. Wird von einer Anordnung nach Abs. 1 S. 1 abgesehen, so trägt derjenige die Kosten, dem sie nach den allgemeinen Regeln zur Last fallen, also im subjektiven

Kosten des Verfahrens **§ 473**

Verfahren der Angeklagte, im objektiven Verfahren die Staatskasse (BGH 21, 367, 371 = NJW 1968, 900).

Seine **notwendigen Auslagen** trägt der Nebenbeteiligte grds. selbst. Die Belastung eines anderen Verfahrensbeteiligten nach **Abs. 1 S. 2** kann aus Billigkeitsgründen ganz oder zum Teil angeordnet werden, insb. wenn der Nebenbeteiligte gutgläubig war (vgl. Meyer-Goßner Rn. 3). 2

Bei Verhängung einer Geldbuße gegen eine juristische Person oder Personenvereinigung (§ 30 OWiG; vgl. § 444) wird diese nach **Abs. 2** iVm § 465 einem Angeklagten gleichgestellt. Wenn die JP oder PV neben einer natürlichen Person verurteilt wird, so haften beide entspr. § 466 als Gesamtschuldner. 3

Bei **Nichtanordnung** der Nebenfolge **(Abs. 3)** trägt die Kosten der verurteilte Angeklagte oder die Staatskasse (§§ 465, 467); der Nebenbeteiligte trägt seine Auslagen grds. selbst. Eine Belastung der Staatskasse oder eines anderen Beteiligten (Angeklagter, Privatkläger, Nebenkläger, anderer Nebenbeteiligter) mit den notwendigen Auslagen des Nebenbeteiligten ist nach dem **Ermessen des Gerichts** ganz oder teilweise zulässig. Auf den Grund der Nichtanordnung der Nebenfolge kommt es nicht an. **Abs. 3** gilt auch im objektiven Verfahren. Zum **Rechtsmittelverfahren** vgl. § 473 Rn. 2. 4

§ 473 [Erfolglose Rechtsmittel]

(1) ¹Die Kosten eines zurückgenommenen oder erfolglos eingelegten Rechtsmittels treffen den, der es eingelegt hat. ²Hat der Beschuldigte das Rechtsmittel erfolglos eingelegt oder zurückgenommen, so sind ihm die dadurch dem Nebenkläger oder dem zum Anschluß als Nebenkläger Berechtigten in Wahrnehmung seiner Befugnisse nach § 406 g erwachsenen notwendigen Auslagen aufzuerlegen. ³Hat im Falle des Satzes 1 allein der Nebenkläger ein Rechtsmittel eingelegt oder durchgeführt, so sind ihm die dadurch erwachsenen notwendigen Auslagen des Beschuldigten aufzuerlegen. ⁴Für die Kosten des Rechtsmittels und die notwendigen Auslagen der Beteiligten gilt § 472 a Abs. 2 entsprechend, wenn eine zulässig erhobene sofortige Beschwerde nach § 406 a Abs. 1 Satz 1 durch eine den Rechtszug abschließende Entscheidung unzulässig geworden ist.

(2) ¹Hat im Falle des Absatzes 1 die Staatsanwaltschaft das Rechtsmittel zuungunsten des Beschuldigten oder eines Nebenbeteiligten (§ 431 Abs. 1 Satz 1, §§ 442, 444 Abs. 1 Satz 1) eingelegt, so sind ihr die erwachsenen notwendigen Auslagen der Staatskasse aufzuerlegen. ²Dasselbe gilt, wenn das von der Staatsanwaltschaft zugunsten des Beschuldigten oder eines Nebenbeteiligten eingelegte Rechtsmittel Erfolg hat.

(3) Hat der Beschuldigte oder ein anderer Beteiligter das Rechtsmittel auf bestimmte Beschwerdepunkte beschränkt und hat ein solches Rechtsmittel Erfolg, so sind die notwendigen Auslagen des Beteiligten der Staatskasse aufzuerlegen.

(4) ¹Hat das Rechtsmittel teilweise Erfolg, so hat das Gericht die Gebühr zu ermäßigen und die entstandenen Auslagen teilweise oder auch ganz der Staatskasse aufzuerlegen, soweit es unbillig wäre, die Beteiligten damit zu belasten. ²Dies gilt entsprechend für die notwendigen Auslagen der Beteiligten.

(5) Ein Rechtsmittel gilt als erfolglos, soweit eine Anordnung nach § 69 Abs. 1 oder § 69 b Abs. 1 des Strafgesetzbuches nur deshalb nicht aufrechterhalten wird, weil ihre Voraussetzungen wegen der Dauer einer vorläufigen Entziehung der Fahrerlaubnis (§ 111 a Abs. 1) oder einer Verwahrung,

§ 473 Siebentes Buch. 2. Abschnitt

Sicherstellung oder Beschlagnahme des Führerscheins (§ 69 a Abs. 6 des Strafgesetzbuches) nicht mehr vorliegen.

(6) Die Absätze 1 bis 4 gelten entsprechend für die Kosten und die notwendigen Auslagen, die durch einen Antrag

1. auf Wiederaufnahme des durch ein rechtskräftiges Urteil abgeschlossenen Verfahrens oder
2. auf ein Nachverfahren (§ 439)

verursacht worden sind.

(7) Die Kosten der Wiedereinsetzung in den vorigen Stand fallen dem Antragsteller zur Last, soweit sie nicht durch einen unbegründeten Widerspruch des Gegners entstanden sind.

Übersicht

Anwendungsbereich	1, 2
Zurücknahme des Rechtsmittels (Abs. 1)	3, 4
Erfolglosigkeit des Rechtsmittels (Abs. 1, Abs. 2 S. 1, Abs. 5)	5, 6
Rechtsmittel der StA (Abs. 2)	7–9
Voller Erfolg des unbeschränkten Rechtsmittels	10
Beschränktes Rechtsmittel (Abs. 3)	11, 12
Teilerfolg des Rechtsmittels (Abs. 4)	13, 14
Kostenentscheidung im Privatklageverfahren	15
Wiederaufnahme und Nachverfahren (Abs. 6)	16
Wiedereinsetzung (Abs. 7)	17

1 Die Vorschrift gilt für alle **Rechtsmittel** (Berufung, Revision, Beschwerde), nach Abs. 6 für das Wiederaufnahmeverfahren und das Nachverfahren sowie nach Abs. 7 für das Wiedereinsetzungsverfahren. Da der **Einspruch gegen den Strafbefehl** kein Rechtsmittel ist, gilt § 473 auch bei erfolgreichem Teileinspruch (§ 410 Abs. 2) nicht (OLG Stuttgart NStZ 1989, 589 mwN; aA OLG München NStZ 1988, 241; vgl. KK-Fischer § 410 Rn. 14 f. mwN); die unbillige und prozeßökonomische wenig sinnvolle Anwendung des § 465 Abs. 1 kann im Einzelfall nach § 465 Abs. 2 gemildert werden (KK-Franke Rn. 1).

2 Die Rechtsmittelentscheidung muss stets eine Kostenentscheidung enthalten, wenn und soweit über den **endgültigen Erfolg** des Rechtsmittels entschieden ist. Bei Aufhebung der angefochtenen Entscheidung und **Zurückverweisung** (§§ 328 Abs. 2, 354 Abs. 2 u. 3, 355) gilt § 473 daher grds. nicht; anders ist es nur, wenn ein zuungunsten des Angeklagten eingelegtes Rechtsmittel nach § 301 zur Aufhebung allein zu seinen Gunsten führt (KK-Franke Rn. 3). Rechtsmittel **verschiedener Verfahrensbeteiligter** sind kostenrechtlich getrennt zu behandeln (BGH 19, 226 = NJW 1964, 875).

3 Bei **Zurücknahme des Rechtsmittels (Abs. 1)** ist idR eine selbstständige Kostenentscheidung zu treffen. Die Kosten treffen den Rechtsmittelführer (**Abs. 1 S. 1;** vgl. i. E. KK-Franke Rn. 2); der Angeklagte trägt auch die Kosten eines Rechtsmittels seines Verteidigers. Gesetzliche Vertreter und Erziehungsberechtigte haften nur mit dem Vermögen des Angeklagten (BGH 19, 196, 199 = NJW 1964, 674). Ein vollmachtloser Vertreter trägt die Kosten selbst (OLG Frankfurt NJW 1991, 3164). Im **Jugendstrafverfahren** gilt § 74 JGG. Der Angeklagte hat im Fall der Rücknahme auch die notwendigen Auslagen des Nebenklägers und des Nebenklagebereichtigten zu tragen **(Abs. 1 S. 2);** umgekehrt trägt der Nebenkläger, der alleiniger Rechtsmittelführer ist, bei Zurücknahme auch die notwendigen Auslagen

Kosten des Verfahrens **§ 473**

des Beschuldigten **(Abs. 1 S. 3).** Die **Staatskasse** trägt die notwendigen Auslagen des Beschuldigten oder eines Nebenbeteiligten in den Fällen des **Abs. 2,** also bei Zurücknahme eines zuungunsten des Beschuldigten und bei Erfolg eines zu seinen Gunsten eingelegten Rechtsmittels. Bei Zurücknahme zugleich eingelegter Rechtsmittel der StA und des Angeklagten sind der Staatskasse nur die **Mehrauslagen** des Angeklagten aufzuerlegen, die durch das Rechtsmittel der StA verursacht worden sind (OLG Zweibrücken NJW 1974, 659). Die Vorschrift über die **Nichterhebung** von Gebühren und Auslagen der Staatskasse bei **unrichtiger Sachbehandlung** (§ 8 Abs. 1 S. 1 GKG), ist auf die notwendigen Auslagen des Angeklagten nicht anwendbar (BGH NStZ 2000, 499). Bei dem durch das OpferRRG eingefügten **Abs. 1 S. 4** handelt es sich um eine redaktionelle Korrektur. Der frühere § 233 StGB, der eine Regelung für wechselseitig begangene Körperverletzungen enthalten hat, ist mit dem 6. Gesetz zur Reform des Strafrechts (6. StRG) vom 26. Januar 1998 aufgehoben worden (BT-Drucks. 15/1976 S. 19).

Zuständig ist das im Zeitpunkt der Rücknahme (§ 302) mit der Sache befasste 4 Gericht, vor Aktenvorlage an das Rechtsmittelgericht also das Gericht, dessen Entscheidung angefochten war (BGH 12, 217 = NJW 1959, 348). Bei Berufungsrücknahme nach Aufhebung und Zurückverweisung durch das Revisionsgericht entscheidet das Berufungsgericht über die Kosten der Berufung und der Revision (OLG Hamm NJW 1973, 772). Mit der Kostenentscheidung der **Vorinstanz** hat es sein Bewenden.

Bei **Erfolglosigkeit des Rechtsmittels (Abs. 1, Abs. 2 S. 1)** gelten dieselben 5 Grundsätze wie bei der Zurücknahme. **Erfolglos** ist ein Rechtsmittel, wenn es als unzulässig oder unbegründet verworfen wird, weiterhin, wenn es nur einen ganz unwesentlichen Teilerfolg hat (vgl. u. Rn. 13). Zur Beurteilung des **Erfolgs** ist die angefochtene Entscheidung, soweit sie vom Rechtsmittelgericht zu prüfen war, mit dem Ergebnis des Rechtsmittelverfahrens zu vergleichen (vgl. KK-Franke Rn. 4 mwN). Bei **Zurückverweisung** kann das Ergebnis des Rechtsmittelverfahrens und damit der Erfolg des Rechtsmittels erst in der neuen Sachentscheidung beurteilt werden. Kommt es, wenn auch aus einem anderen Rechtsgrund (BGH JR 1956, 69), zu einer im Wesentlichen gleichen Entscheidung, so war auch das Rechtsmittel erfolglos (vgl. Meyer-Goßner Rn. 7 mwN). Dies gilt aber nicht für einen Verurteilten, der selbst kein Rechtsmittel eingelegt hatte und auf den sich die Aufhebung nach § 357 erstreckte; er trägt zwar gem. § 465 Abs. 1 auch die Kosten der neuen Hauptverhandlung, nicht aber die Rechtsmittelkosten. Bei Freispruch oder Verfahrenseinstellung nach Zurückverweisung gilt § 467, bei Teilerfolg Abs. 4.

Kein Erfolg ist der Wegfall einer Maßregel nach §§ 69 Abs. 1, 69 b Abs. 1 StGB 6 allein wegen Zeitablaufs **(Abs. 5).** Entfällt die Anordnung der Maßregel auch wegen der Veränderung anderer Umstände, so gilt Abs. 5 ebenso wenig wie bei Wegfall der Fahrerlaubnisentziehung ohne vorherige vorläufige Entziehung oder bei Verwerfung der nach einer längeren Sperrfrist eingelegten Berufung der StA (vgl. Meyer-Goßner Rn. 30). Eine **abschließende Regelung** enthält Abs. 5 nicht; nach dem Rechtsgedanken der Vorschrift liegt daher ein Erfolg eines Rechtsmittels stets dann nicht vor, wenn eine Rechtsfolgenmilderung **allein** auf den Zeitablauf, etwa auf die Tilgungsreife einer Vorstrafe, gestützt ist (OLG Düsseldorf NStZ 1985, 380).

Bei **Rechtsmitteln der StA** gilt Abs. 2. Die Staatskasse trägt die Kosten des 7 Rechtsmittels und die notwendigen Auslagen des Rechtsmittelgegners, wenn sie ihr zu seinen Ungunsten eingelegtes Rechtsmittel zurücknimmt, wenn es erfolglos ist und wenn nach § 301 allein zugunsten des Beschuldigten oder Nebenbeteiligten entschieden wird (Abs. 2 S. 1). § 467 Abs. 3 S. 2 gilt nicht entspr. (OLG Koblenz MDR 1982, 252; **aA** OLG München NStZ 1984, 185 m. Anm. Schikora). Führt die Revision der StA zur Aufhebung und Zurückverweisung und bleibt es in der

1093

§ 473

neuen Verhandlung bei der früheren Verurteilung, so trägt der Angeklagte die Kosten des gesamten Verfahrens mit Ausnahme der Kosten des Revisionsverfahrens und der ihm insoweit entstandenen notwendigen Auslagen; diese trägt die Staatskasse (BGH 18, 231 = NJW 1963, 724). Bei Erfolg des – beschränkten oder unbeschränkten (OLG Düsseldorf MDR 1982, 518) – Rechtsmittels der StA nach Zurückverweisung trägt der Rechtsmittelgegner nach § 465 auch die Kosten und Auslagen des Rechtsmittelverfahrens (BGH 19, 226, 229 = NJW 1964, 875). **Weder zugunsten noch zuungunsten** des Beschuldigten wird ein Rechtsmittel eingelegt, mit dem die StA nur ihre Aufgabe wahrnimmt, Gerichtsentscheidungen ohne Rücksicht darauf, welche Wirkungen damit für den Verurteilten erzielt wird, mit dem Gesetz im Einklang zu bringen; idR trägt dann die Staatskasse die Kosten und die notwendigen Auslagen des Angeklagten (BGH 18, 268 = NJW 1963, 820; OLG Düsseldorf NStZ-RR 1998, 195; 2002, 223; Meyer-Goßner Rn. 17).

8   Ist das Rechtsmittel der StA allein **zugunsten** des Beschuldigten oder Nebenbeteiligten eingelegt, so wird dieser bei Erfolg so behandelt, als habe er selbst das Rechtsmittel eingelegt **(Abs. 2 S. 2);** die Kosten und notwendigen Auslagen trägt die Staatskasse.

9   Wenn **StA und Angeklagter** Rechtsmittel eingelegt haben, so werden diese getrennt behandelt (BGH 19, 226). Bei Erfolglosigkeit oder Zurücknahme beider Rechtsmittel trägt die Staatskasse die notwendigen Auslagen des Angeklagten, soweit sie durch das Rechtsmittel der StA verursacht wurden (i. E. str.; vgl. Meyer-Goßner Rn. 18 mwN).

10 Bei **vollem Erfolg eines unbeschränkten Rechtsmittels** trägt der Rechtsmittelgegner die Kosten des Rechtsmittels und die notwendigen Auslagen des Rechtsmittelführers. Wenn das Rechtsmittel des Angeklagten zum Freispruch oder zur Verfahrenseinstellung führt, gilt § 467 (OLG Karlsruhe NJW 1974, 469). Bei erfolgreicher Beschwerde des Beschuldigten gilt § 467 Abs. 3 S. 2 Nr. 1 auch dann nicht entspr., wenn der Beschwerdeführer die den Erfolg begründenden Tatsachen erst mit der Beschwerde vorgetragen hat (LR-Hilger Rn. 15; **aA** Meyer-Goßner Rn. 2 mwN). Ob der Erfolg der Beschwerde nur auf einer von der Erstentscheidung abweichenden Ermessensentscheidung beruht, ist gleichgültig; § 467 Abs. 4 gilt nicht entspr. (Meyer-Goßner Rn. 2; **aA** OLG Hamburg NJW 1974, 425).

11 Für **beschränkte Rechtsmittel** gilt **Abs. 3,** wenn die Beschränkung schon bei Einlegung oder Begründung wirksam erklärt wurde (vgl. §§ 318 S. 1, 344 Abs. 1). Eine spätere Beschränkung wird als **Teilrücknahme** nach Abs. 1 behandelt; der Rechtsmittelführer trägt daher die Kosten und seine notwendigen Auslagen insoweit, als sie bei sofortiger Beschränkung vermeidbar gewesen wären (OLG Bremen StV 1994, 995). Bei vollem Erfolg eines erst **nachträglich beschränkten Rechtsmittels** des Angeklagten werden die Kosten des Rechtsmittels und die dem Angeklagten entstandenen notwendigen Auslagen der Staatskasse auferlegt, mit Ausnahme der gerichtlichen und außergerichtlichen Auslagen, die bei einer von vornherein beschränkten Rechtsmitteleinlegung vermeidbar gewesen wären; letztere hat der Angeklagte zu tragen (OLG Hamm NStZ-RR 1999, 95).

12 Das beschränkte Rechtsmittel hat **vollen Erfolg,** wenn der Rechtsmittelführer sein Ziel im Wesentlichen erreicht (OLG Düsseldorf NStZ 1985, 380). Wenn das Ziel des Rechtsmittels von vornherein klar bezeichnet ist und erreicht wird, schadet es nicht, wenn das Rechtsmittel aus Rechtsgründen auf dieses Ziel nicht beschränkt werden konnte (BGH 19, 226, 229 = NJW 1964, 785; OLG Düsseldorf StV 1988, 71). Bei der Beurteilung des Erfolgs einer **Strafmaßberufung** kommt es nicht auf den Schlussantrag des Berufungsführers, sondern nur auf den Vergleich zwischen den in 1. und 2. Instanz verhängten Rechtsfolgen an (OLG Köln StV 1993, 649). Ein voller Erfolg liegt daher stets vor, wenn die Strafe **wesentlich, dh. um min-**

destens ein Viertel (OLG Frankfurt NJW 1979, 1519, Meyer-Goßner Rn. 21 mwN) herabgesetzt wird, bei Geldstrafe auch dann, wenn die Herabsetzung der Tagessatzhöhe nur auf der Veränderung der wirtschaftlichen Verhältnisse des Angeklagten beruht (str.; vgl. Meyer-Goßner Rn. 21). Auch bei beschränktem Rechtsmittel gilt aber Abs. 5, so dass ein Erfolg allein wegen Zeitablaufs nicht in Betracht kommt (vgl. o. Rn. 6).

Ein **Teilerfolg (Abs. 4)** liegt vor, wenn das erklärte Ziel eines **unbeschränkten** 13 **oder beschränkten** Rechtsmittels nicht in vollem Umfang erreicht wird. Der Teilerfolg muss sich auf eine Tat iSd. § 264 beziehen; bei Teilfreispruch oder Teileinstellung wegen selbstständiger Taten gilt insoweit nicht Abs. 4, sondern § 467 (BGH 5, 52 = NJW 1954, 122). In einer Schuldspruchänderung ohne wesentliche Änderung des Rechtsfolgenausspruchs liegt kein Teilerfolg (BGH JR 1956, 69; OLG Hamm MDR 1993, 376.

Abs. 4 gilt nur für die Kosten des Rechtsmittels. Voraussetzung einer Entlastung 14 von Gebühren und einer von Abs. 1 abweichenden Auslagenverteilung ist die **Unbilligkeit** der Belastung der Beteiligten. Davon ist jedenfalls dann auszugehen, wenn anzunehmen ist, dass der Beschwerdeführer das Rechtsmittel nicht eingelegt hätte, wenn schon die angefochtene Entscheidung so gelautet hätte wie die Rechtsmittelentscheidung (BGH NStZ 1987, 86). Maßgebend ist vor allem der **Umfang des Teilerfolgs;** ist dieser groß, „so kann die Erwägung, ob der Beschwerdeführer darüber hinaus einen Freispruch oder die Einstellung des Verfahrens erstrebt hat, demgegenüber an Bedeutung ganz zurücktreten" (BGH NStZ 1989, 221). Die **Gebührenermäßigung** kann nach Bruchteilen oder nach einem bestimmten Betrag bestimmt werden; zulässig ist auch, die Gebühr ganz entfallen zu lassen (OLG Hamm MDR 1981, 427). Die **Auslagen** der Staatskasse (Abs. 4 S. 1) und die notwendigen Auslagen der Beteiligten (Abs. 4 S. 2) können gleichfalls nach Bruchteilen oder auf Grund sachlicher Zuordnung verteilt werden; auch Einzelposten können verteilt werden. Die Staatskasse trägt die vollen Auslagen des Rechtsmittelführers nur bei Vorliegen besonderer Umstände. Auf die Verteilung der notwendigen Auslagen zwischen Angeklagtem und **Nebenkläger** ist bei Teilerfolg eines von ihnen eingelegten Rechtsmittels nicht § 471 Abs. 3 Nr. 1, sondern Abs. 4 S. 2 entspr. anzuwenden (OLG Düsseldorf NStZ 1992, 250; Meyer-Goßner Rn. 29 mwN).

Im **Privatklageverfahren** trägt der Privatkläger bei Rücknahme oder Erfolglo- 15 sigkeit seines Rechtsmittels die Kosten nach Abs. 1, die notwendigen Auslagen des Angeklagten nach § 471 Abs. 2. Bei vollem Erfolg des Rechtsmittels gelten §§ 465, 471 Abs. 1, bei Teilerfolg § 471 Abs. 3 Nr. 1. Für das Rechtsmittel des Angeklagten gilt Abs. 1 auch hinsichtlich der notwendigen Auslagen des Privatklägers; bei vollem Erfolg des Rechtsmittels gilt § 471 Abs. 2 in den dort genannten Fällen, bei Teilerfolg und bei vollem Erfolg eines beschränkten Rechtsmittels gilt § 471 Abs. 3 Nr. 1 entspr. (BGH 17, 376 = NJW 1962, 1926). Bei Erfolglosigkeit beider Rechtsmittel ist § 471 Abs. 3 Nr. 1, bei Widerklage § 471 Abs. 3 Nr. 3 anzuwenden (Meyer-Goßner Rn. 35 mwN).

Für **Wiederaufnahme** (§§ 359 ff.) und **Nachverfahren** (§ 439) gelten die 16 Abs. 1–4 entspr **(Abs. 6)**. Die Entscheidung nach § 370 Abs. 2 bedarf keiner Kostenentscheidung; diese ergeht erst in der neuen Hauptverhandlung und umfasst das gesamte Verfahren (vgl. KK-Schimansky Rn. 14 mwN). Bei Freispruch und Einstellung gilt § 467, bei erneuter Verurteilung § 465. Bleibt das neue Urteil hinter dem Ziel des Wiederaufnahmeantrags zurück, ist Abs. 4 entspr. anzuwenden. Zum Umfang der Kosten vgl. § 464a Abs. 1 S. 2.

Die **Kosten der Wiedereinsetzung (Abs. 7)** trägt, wenn der Antrag verworfen 17 wird, der Antragsteller, ohne dass es eines besonderen Ausspruchs hierüber bedarf (KG JR 1983, 214, 215). Bei Erfolg des Wiedereinsetzungsantrags sind die Kosten nach Abs. 7 aus den sonstigen Verfahrenskosten herausgenommen; das gilt auch bei

Wiedereinsetzung vAw. (KK-Franke Rn. 16). Die Entscheidung nach Abs. 7 erfolgt im Wiedereinsetzungsbeschluss oder in der Enscheidung, die das Hauptverfahren abschließt; sie ist unanfechtbar (§ 464 Abs. 3 S. 1 iVm § 46 Abs. 2). Legt der Antragsteller gegen die Ablehnung des Antrags sofortige Beschwerde ein, so gelten für die Rechtsmittelkosten die allgemeinen Regeln.

Achtes Buch.
Erteilung von Auskünften und Akteneinsicht, sonstige Verwendung von Informationen für verfahrensübergreifende Zwecke, Dateiregelungen, länderübergreifendes staatsanwaltschaftliches Verfahrensregister

Erster Abschnitt.
Erteilung von Auskünften und Akteneinsicht, sonstige Verwendung von Informationen für verfahrensübergreifende Zwecke

Vorbemerkung

§§ 474–491 wurden durch das **Strafverfahrensänderungsgesetz 1999** (StVÄG 1999, BGBl. 2000 I, 1253 ff.) eingefügt. §§ 492–495, die das *länderübergreifende staatsanwaltschaftliche Verfahrensregister* regeln, waren schon zuvor mit dem Gesetz zur Änderung des Strafgesetzbuches, der Strafprozessordnung und anderer Gesetze **(Verbrechensbekämpfungsgesetz)** vom 28. Oktober 1994 (BGBl. 1994, 3186) als §§ 474 ff. in die Strafprozessordnung aufgenommen worden; das StVÄG 1999 hat lediglich ihren Standort verschoben. Zur Gesetzesgeschichte Brodersen NJW 2000, 25, 36.

Mit den Regelungen des Achten Buchs soll dem aus dem allgemeinen Persönlichkeitsrecht gemäß Art. 2 Abs. 1 iVm Art. 1 Abs. 1 GG abgeleiteten Recht auf informationelle Selbstbestimmung Rechnung getragen werden. Nach dem **„Volkszählungsurteil"** des Bundesverfassungsgerichts vom 15. Dezember 1983 (BVerfGE 65, 1 ff.) ist es das Recht des Einzelnen zu bestimmen, wann und innerhalb welcher Grenzen persönliche Lebenssachverhalte offenbart werden sollen. Zum Schutz des Einzelnen gegen unbegrenzte Erhebung und Verwendung seiner persönlichen Daten setzt ein Zwang zur Abgabe personenbezogener Daten voraus, daß der Gesetzgeber den Verwendungszweck bereichsspezifisch und präzise bestimmt. (Temming in HK-StPO vor § 474). Zu den Materialien s. LR-Hilger vor 474.

§ 474 [Auskünfte und Akteneinsicht für Justizbehörden und andere öffentliche Stellen]

(1) **Gerichte, Staatsanwaltschaften und andere Justizbehörden erhalten Akteneinsicht, wenn dies für Zwecke der Rechtspflege erforderlich ist.**

(2) ¹**Im Übrigen sind Auskünfte aus Akten an öffentliche Stellen zulässig, soweit**

1. **die Auskünfte zur Feststellung, Durchsetzung oder zur Abwehr von Rechtsansprüchen im Zusammenhang mit der Straftat erforderlich sind,**
2. **diesen Stellen in sonstigen Fällen auf Grund einer besonderen Vorschrift von Amts wegen personenbezogene Informationen aus Strafverfahren übermittelt werden dürfen oder soweit nach einer Übermittlung von Amts wegen die Übermittlung weiterer personenbezogener Informationen zur Aufgabenerfüllung erforderlich ist oder**
3. **die Auskünfte zur Vorbereitung von Maßnahmen erforderlich sind, nach deren Erlass auf Grund einer besonderen Vorschrift von Amts wegen personenbezogene Informationen aus Strafverfahren an diese Stellen übermittelt werden dürfen.**

§ 474

²Die Erteilung von Auskünften an die Nachrichtendienste richtet sich nach § 18 des Bundesverfassungsschutzgesetzes, § 10 des MAD-Gesetzes und § 8 des BND-Gesetzes sowie den entsprechenden landesrechtlichen Vorschriften.

(3) Unter den Voraussetzungen des Absatzes 2 kann Akteneinsicht gewährt werden, wenn die Erteilung von Auskünften einen unverhältnismäßigen Aufwand erfordern würde oder die Akteneinsicht begehrende Stelle unter Angabe von Gründen erklärt, dass die Erteilung einer Auskunft zur Erfüllung ihrer Aufgabe nicht ausreichen würde.

(4) Unter den Voraussetzungen der Absätze 1 oder 3 können amtlich verwahrte Beweisstücke besichtigt werden.

(5) Akten können in den Fällen der Absätze 1 und 3 zur Einsichtnahme übersandt werden.

(6) Landesgesetzliche Regelungen, die parlamentarischen Ausschüssen ein Recht auf Akteneinsicht einräumen, bleiben unberührt.

1   Die Vorschrift regelt die **Gewährung von Akteneinsicht** und die **Erteilung von Auskünften** aus Akten eines Strafverfahrens einschließlich beigezogener Akten an amtliche Stellen. Ziel der Gewährung von Akteneinsicht und Auskünften ist die Übermittlung von Informationen für **verfahrensexterne Zwecke.** Demgemäß unterfällt zB die Vorlage von Akten an im Verfahren mitwirkende Stellen, übergeordnete oder untergeordnete Instanzgerichte bzw. Behörden nicht den Begrenzungen der §§ 474, 477, 478, sondern folgt ggf. speziellen Regelungen (vgl. zB § 27 Abs. 3, §§ 41, 163 Abs. 2, § 306 Abs. 2, §§ 320, 321, 347, 354, 355), soweit diese Stellen die Akten für die Erfüllung ihrer verfahrensbezogenen Aufgaben benötigen; dazu gehört auch die Wahrnehmung von Aufsichts-, Kontroll- und Weisungsbefugnissen übergeordneter Stellen.

2   Nach **Abs. 1** erhalten Gerichte, Staatsanwaltschaften und Justizbehörden (vgl. § 23 EGGVG) zu **Zwecken der Rechtspflege** grundsätzlich die erforderliche **Akteneinsicht,** mithin auch die strafverfolgend tätige **Polizei und die Finanzbehörden,** soweit sie bei Steuerstraftaten als Ermittlungsbehörden tätig sind (§ 386 Abs. 2, § 399 Abs. 1 AO). Die Einsicht wird der ersuchenden Stelle jeweils für ein bestimmtes Verfahren oder einen bestimmten Vorgang erteilt. Dadurch ergänzt die Regelung die §§ 161, 163, soweit die Informationsübermittlung von Polizei, Staatsanwaltschaften und Gerichten zu Ermittlungszwecken begehrt wird. Darüber hinaus ist nach Abs. 1 Gerichten und Staatsanwaltschaften sowie den Justizbehörden des Bundes und der Länder Akteneinsicht zu erteilen, soweit sie funktional als Justizbehörden in sonstiger Weise im Rahmen der Rechtspflege tätig werden; dazu gehört auch die Akteneinsicht zur Verfolgung von **Ordnungswidrigkeiten** (vgl. § 46 Abs. 2 OWiG) sowie entsprechend § 23 EGGVG für Aufgaben nach dem Bundeszentralregistergesetz und für Gnadensachen. Die Regelung in **Abs. 1 S. 1** verdeutlicht, dass nach dem allgemeinen Verhältnismäßigkeitsprinzip die **Erforderlichkeit** selbstverständliche Voraussetzung einer jeden Akteneinsicht ist, und geht davon aus, dass die Akteneinsicht grundsätzlich notwendig ist, ohne dass dies einer näheren Darlegung bedarf, wenn sie von den genannten Stellen mit dieser Zweckbestimmung begehrt wird. Die Erforderlichkeit hat die Akteneinsicht begehrende Stelle zu prüfen. Die ersuchte Stelle kann und muss ggf. von deren Vorliegen ausgehen, wenn eine der in Abs. 1 genannten Stellen Akteneinsicht für Zwecke der Rechtspflege begehrt. Dies gilt insbesondere, wenn die Akten auf Grund eines Beschlusses eines Gerichts für Zwecke eines anderen Verfahrens angefordert werden, zumal wenn in diesen Verfahren der Amtsermittlungsgrundsatz gilt und die andere Verfahrensordnung ein Akteneinsichts- bzw. Auskunftsrecht gegenüber den Ermittlungsbehörden nor-

miert (zB § 99 Abs. 1 Satz 1 VwGO oder § 86 Abs. 1 Satz 1 FGO, § 120 Abs. 1 SGG).

Nach **Abs. 2** sollen öffentliche Stellen grundsätzlich nur **Auskünfte aus Akten** 3 erhalten. Die Auskünfte können erteilt werden, soweit sie für die in Abs. 2 genannten Zwecke erforderlich sind oder soweit besondere gesetzliche Regelungen, wie etwa die durch das Justizmitteilungsgesetz eingeführten §§ 12 ff. EGGVG, Übermittlungen von Amts wegen vorsehen. Die Informationsübermittlung speziell an Polizeibehörden für Zwecke der Gefahrenabwehr unterfällt nicht Abs. 2, sondern ist in § 481 geregelt.

Abs. 3 erlaubt in den Fällen des Abs. 2, falls die Voraussetzungen für eine Aus- 4 kunftserteilung grundsätzlich erfüllt sind, ausnahmsweise die Gewährung von Akteneinsicht, soweit die Erteilung von Auskünften einen **unverhältnismäßigen Aufwand** erfordern würde. Die Vorschrift dient damit der erforderlichen Entlastung der Justiz. Außerdem darf unter den Voraussetzungen des Abs. 2 den dort genannten Stellen ausnahmsweise Akteneinsicht gewährt werden, soweit unter Angabe von Gründen erklärt wird, dass die Erteilung nur von Auskünften für die Erfüllung einer bestimmten, der ersuchenden Stelle obliegenden Aufgabe nicht ausreichen würde. Die über das Ersuchen entscheidende Stelle kann sich auf die begründete Erklärung der ersuchenden Behörde stützen.

Abs. 4 regelt die Zulässigkeit der **Besichtigung** amtlich verwahrter Beweis- 5 stücke für den Fall, dass die Voraussetzungen des Abs. 1 oder 3 erfüllt sind, also zB eine Auskunftserteilung über die Beweisstücke zur Erfüllung der Aufgabe der ersuchenden Stelle nicht ausreichen würde. In allen anderen Fällen darf über die verwahrten Beweisstücke nur Auskunft erteilt werden. Abs. 5 erlaubt die Übersendung von Akten zu Zwecken der Akteneinsicht.

Abs. 6 stellt klar, dass landesgesetzliche Regelungen, die parlamentarischen Ausschüssen ein Recht auf Akteneinsicht einräumen, unberührt bleiben (vgl. BVerwGE 109, 258). Nicht erforderlich erscheint es dagegen, auch parlamentarische Untersuchungsausschüsse des Deutschen Bundestages als akteneinsichts- oder auskunftsberechtigte Stellen zu nennen. Gemäß Artikel 44 Abs. 2 GG sind auf Beweiserhebungen eines parlamentarischen Untersuchungsausschusses die Vorschriften über den Strafprozess sinngemäß anzuwenden. Gerichte und Behörden sind gemäß Art. 44 Abs. 3 GG gegenüber parlamentarischen Untersuchungsausschüssen zur Rechts- und Amtshilfe verpflichtet. Eines Rückgriffs auf § 474 bedarf es daher nicht. In Abweichung vom üblichen Rechtsweg (§ 40 VwGO) ist der **Rechtsweg nach § 23 EGGVG** gegeben, wenn eine Streitigkeit über die von einem parlamentarischen Untersuchungsausschuss begehrte Einsicht in staatsanwaltliche Akten eines laufenden Ermittlungsverfahrens besteht (BGH NJW 2001, 1077; KK-Franke Rn. 6).

§ 475 [Auskünfte und Akteneinsicht für Privatpersonen]

(1) ¹**Für eine Privatperson und für sonstige Stellen kann, unbeschadet der Vorschrift des § 406 e, ein Rechtsanwalt Auskünfte aus Akten erhalten, die dem Gericht vorliegen oder diesem im Falle der Erhebung der öffentlichen Klage vorzulegen wären, soweit er hierfür ein berechtigtes Interesse darlegt.** ²**Auskünfte sind zu versagen, wenn der hiervon Betroffene ein schutzwürdiges Interesse an der Versagung hat.**

(2) **Unter den Voraussetzungen des Absatzes 1 kann Akteneinsicht gewährt werden, wenn die Erteilung von Auskünften einen unverhältnismäßigen Aufwand erfordern oder nach Darlegung dessen, der Akteneinsicht begehrt, zur Wahrnehmung des berechtigten Interesses nicht ausreichen würde.**

§ 475 Achtes Buch. 1. Abschnitt

(3) ¹Unter den Voraussetzungen des Absatzes 2 können amtlich verwahrte Beweisstücke besichtigt werden. ²Auf Antrag können dem Rechtsanwalt, soweit Akteneinsicht gewährt wird und nicht wichtige Gründe entgegenstehen, die Akten mit Ausnahme der Beweisstücke in seine Geschäftsräume oder seine Wohnung mitgegeben werden. ³Die Entscheidung ist nicht anfechtbar.

(4) Unter den Voraussetzungen des Absatzes 1 können auch Privatpersonen und sonstigen Stellen Auskünfte aus den Akten erteilt werden.

1   Die Vorschrift regelt die Informationsübermittlung an **Private,** die nicht Beschuldigte, Privatkläger, Nebenkläger, Verletzte oder Einziehungsbeteiligte sind, „Privatperson" iSd § 475 ist auch ein **Zeuge,** soweit er nicht wegen einer gleichzeitigen anderen Verfahrensstellung speziellen Regelungen des Auskunfts- bzw. Akteneinsichtsrechts (als Nebenkläger §§ 397 Abs. 1 S. 2, 385 Abs. 3, als Verletzter § 406 e) unterfällt (OLG Hamburg NJW 2002, 1590). Beantragt der **Rechtsanwalt in eigener** Sache Akteneinsicht bei der StA nach § 475 Abs. 1, so ist, wenn ein berechtigtes Interesse vorliegt, sie ihm selbst zu gewähren, weil er nicht nur „Privatperson", sondern auch „Rechtsanwalt" iSd Vorschrift ist (LG Regensburg NJW 2004, 530). S. vor allem § 147 Rn. 1), denn deren Akteneinsicht richtet sich nach § 147, § 385 Abs. 3, § 397 Abs. 1, § 406 e, § 433. Die Regelung erfasst auch Auskunftsbegehren von Angehörigen (Angestellten) privater Einrichtungen, die für deren Zwecke Auskunft oder Akteneinsicht (zB Kreditinstitute; Versicherungsunternehmen; Interessenschutzverbände) beantragen. Sie betrifft laufende sowie abgeschlossene Verfahren. Gemäß **Abs. 1** ist die Informationserteilung wie in den Fällen der §§ 147, 385, 406 e grundsätzlich nur über einen **Rechtsanwalt** möglich (BVerfG NJW 2002, 2307). Dessen Vorschaltung dient im Interessen der Rechtspflege und soll gewährleisten, dass das Recht auf informationelle Selbstbestimmung nach allen Seiten ausreichend geschützt wird, ohne dass die Informationsmöglichkeiten unvertretbar eingeengt würden. Private Interessen erlauben im Übrigen die Auskunftserteilung nicht ausnahmslos, sondern nur soweit sie **berechtigt** sind, etwa zur Verfolgung oder Abwehr rechtlicher Ansprüche. Ein berechtigtes Interesse eines Antragstellers an einer Aktenauskunft ergibt sich auch nicht schon allein daraus, dass die Akte ihn betreffende personenbezogene Daten enthält. Der Antragsteller hat nach Abs. 1 **sein berechtigtes Interesse,** also Tatsachen, aus denen sich Grund und Umfang der benötigten Auskunft ergeben, **darzulegen.** Dies ist weniger als eine Glaubhaftmachung (OLG Stuttgart NStZ-RR 2000, 2307). Aus Abs. 1 („soweit") ergibt sich, dass Auskunft, je nach dem Inhalt der Darlegung und dem Gewicht des berechtigten Interesses, auch nur teilweise gegeben werden kann. Die Auskunft ist zu **versagen (S. 2),** wenn ein **schutzwürdiges Interesse des Betroffenen** vorliegt und dieses das berechtigte Interesse des Antragstellers überwiegt. § 30 AO bleibt unberührt; dies ergibt sich aus § 477 Abs. 2 S. 1.

2   Zu **Abs. 2** wird auf die entsprechend geltenden Ausführungen zu § 474 Abs. 3 verwiesen. **Abs. 3 S. 1** bestimmt, dass auch amtlich verwahrte Beweisstücke **besichtigt** werden können, falls die Voraussetzungen des Absatzes 2 erfüllt sind, also wenn eine Auskunftserteilung einen unverhältnismäßigen Aufwand erfordern würde oder wenn nach Darlegung dessen, der die Besichtigung der Beweisstücke begehrt, die Erteilung einer Auskunft hierzu nicht zur Wahrnehmung des berechtigten Interesses ausreichen würde. **Abs. 3 S. 2** entspricht im Wesentlichen § 406 e Abs. 3; es wird klargestellt, dass eine Mitgabe von Akten ein Recht auf Akteneinsicht (nicht nur auf Auskunft) voraussetzt, weil die Mitgabe von Akten stets die Möglichkeit einer umfassenden Einsichtnahme eröffnet. **Abs. 4** ermöglicht eine Auskunftserteilung an **Privatpersonen** (ohne RA) und sonstige Stellen. Die eine Auskunftserteilung bzw. Akteneinsicht an den Zeugenbeistand betreffende Entscheidung des Vorsitzenden ist

unanfechtbar (OLG Hamburg NJW 2002, 1590). Zu Rechtsbehelfen und zur Zuständigkeit s. bei § 478.

§ 476 [Übermittlung personenbezogener Informationen zu Forschungszwecken]

(1) ¹Die Übermittlung personenbezogener Informationen in Akten an Hochschulen, andere Einrichtungen, die wissenschaftliche Forschung betreiben, und öffentliche Stellen ist zulässig, soweit
1. dies für die Durchführung bestimmter wissenschaftlicher Forschungsarbeiten erforderlich ist,
2. eine Nutzung anonymisierter Informationen zu diesem Zweck nicht möglich oder die Anonymisierung mit einem unverhältnismäßigen Aufwand verbunden ist und
3. das öffentliche Interesse an der Forschungsarbeit das schutzwürdige Interesse des Betroffenen an dem Ausschluss der Übermittlung erheblich überwiegt.

²Bei der Abwägung nach Satz 1 Nr. 3 ist im Rahmen des öffentlichen Interesses das wissenschaftliche Interesse an dem Forschungsvorhaben besonders zu berücksichtigen.

(2) ¹Die Übermittlung der Informationen erfolgt durch Erteilung von Auskünften, wenn hierdurch der Zweck der Forschungsarbeit erreicht werden kann und die Erteilung keinen unverhältnismäßigen Aufwand erfordert. ²Andernfalls kann auch Akteneinsicht gewährt werden. ³Die Akten können zur Einsichtnahme übersandt werden.

(3) ¹Personenbezogene Informationen werden nur an solche Personen übermittelt, die Amtsträger oder für den öffentlichen Dienst besonders Verpflichtete sind oder die zur Geheimhaltung verpflichtet worden sind. ²§ 1 Abs. 2, 3 und 4 Nr. 2 des Verpflichtungsgesetzes findet auf die Verpflichtung zur Geheimhaltung entsprechende Anwendung.

(4) ¹Die personenbezogenen Informationen dürfen nur für die Forschungsarbeit verwendet werden, für die sie übermittelt worden sind. ²Die Verwendung für andere Forschungsarbeiten oder die Weitergabe richtet sich nach den Absätzen 1 bis 3 und bedarf der Zustimmung der Stelle, die die Übermittlung der Informationen angeordnet hat.

(5) ¹Die Informationen sind gegen unbefugte Kenntnisnahme durch Dritte zu schützen. ²Die wissenschaftliche Forschung betreibende Stelle hat dafür zu sorgen, dass die Verwendung der personenbezogenen Informationen räumlich und organisatorisch getrennt von der Erfüllung solcher Verwaltungsaufgaben oder Geschäftszwecke erfolgt, für die diese Informationen gleichfalls von Bedeutung sein können.

(6) ¹Sobald der Forschungszweck es erlaubt, sind die personenbezogenen Informationen zu anonymisieren. ²Solange dies noch nicht möglich ist, sind die Merkmale gesondert aufzubewahren, mit denen Einzelangaben über persönliche oder sachliche Verhältnisse einer bestimmten oder bestimmbaren Person zugeordnet werden können. ³Sie dürfen mit den Einzelangaben nur zusammengeführt werden, soweit der Forschungszweck dies erfordert.

(7) ¹Wer nach den Absätzen 1 bis 3 personenbezogene Informationen erhalten hat, darf diese zur veröffentlichen, wenn dies für die Darstellung von Forschungsergebnissen über Ereignisse der Zeitgeschichte unerlässlich

§ 476   Achtes Buch. 1. Abschnitt

ist. ²Die Veröffentlichung bedarf der Zustimmung der Stelle, die die Informationen übermittelt hat.

(8) **Ist der Empfänger eine nichtöffentliche Stelle, finden die Vorschriften des Dritten Abschnitts des Bundesdatenschutzgesetzes auch Anwendung, wenn die Informationen nicht in oder aus Dateien verarbeitet werden.**

1   Die Vorschrift regelt die Informationsübermittlung für **wissenschaftliche Zwecke**. Mit wissenschaftlicher Forschung, sei sie Eigen- oder Auftragsforschung, ist stets unabhängige wissenschaftliche Forschung gemeint. Nach **Abs. 1 S. 1** können den dort genannten Stellen (Hochschulen, andere Einrichtungen, die **wissenschaftliche Forschung** betreiben, öffentliche Stellen) personenbezogene Informationen, die in Akten enthalten sind, mitgeteilt werden, soweit ein Erfordernis für die Durchführung einer bestimmten wissenschaftlichen Forschungsarbeit – als Eigen- oder Auftragsforschung – dargelegt, die Nutzung anonymisierter Daten nicht hinreicht oder die Anonymisierung mit einem unverhältnismäßigen Aufwand verbunden ist und das öffentliche Interesse an der Forschungsarbeit das schutzwürdige Interesse des Betroffenen am Ausschluss der Akteneinsicht erheblich überwiegt. Aus der Formulierung ergibt sich, dass die Stelle, die die personenbezogenen Informationen erbittet, das Vorliegen der gesetzlichen Voraussetzungen für die Mitteilung der nicht-anonymisierten Informationen im Einzelnen darlegen muss. Die Darlegung der Erforderlichkeit einer Mitteilung nicht-anonymisierter Daten ist geboten, um der zuständigen Stelle (§ 478 Abs. 1 Satz 1) die Möglichkeit zu geben, die Berechtigung des Ersuchens sachgerecht prüfen zu können. Zur Darlegung einer Erforderlichkeit für die Durchführung einer bestimmten wissenschaftlichen Forschungsarbeit gehören insbesondere die thematische Festsetzung, die Umgrenzung der benötigten Informationen sowie die Festsetzung des Personenkreises, der das Forschungsvorhaben durchführen und dabei Zugang zu den personenbezogenen Informationen haben soll. Für die Einsichtnahme ist ferner die Darlegung nötig, dass der Zweck der Forschung nicht durch die Verwendung anonymisierter Daten erreicht werden kann. Die Erlaubnis ist eine Entscheidung, die der zuständigen Stelle (§ 478 Abs. 1 S. 1) einen **Ermessensspielraum** belässt. Sie kann deshalb, ohne dass es hierfür einer besonderen gesetzlichen Regelung bedarf, in diesem Rahmen die Erlaubnis mit Auflagen verbinden, die der Konkretisierung der rechtlichen Regelungen des Datenschutzes dienen. Einzelheiten zu Art und Umfang der Auflagen können in Anlehnung an die bisherige Praxis, die bereits Auflagen kennt (RiStBV Nr. 185 a). Als weitere Zulässigkeitsvoraussetzungen ist erforderlich, dass das öffentliche Interesse an dem Forschungsvorhaben gegenüber dem schutzwürdigen Interesse des Betroffenen an dem Ausschluss der Akteneinsicht **erheblich überwiegt**.

2   **Abs. 1 Nr. 3** stellt eine **Abwägung** zwischen dem Grundrecht auf informationelle Selbstbestimmung und der durch Artikel 5 Abs. 3 GG geschützten Freiheit von Wissenschaft und Forschung dar. Grundsätzlich liegen die Erkenntnisse, die von dem Forschungsvorhaben zu erwarten sind, auch im öffentlichen Interesse. Nicht im öffentlichen Interesse liegen naturgemäß Forschungsarbeiten, die methodisch unzulänglich sind, bei denen der Verdacht besteht, sie seien in Wahrheit der Ausspionierung personenbezogener Informationen dienen sollen, oder die offensichtlich als Instrument im wirtschaftlichen Konkurrenzkampf gedacht sind. Das Gesetz erwähnt, weil selbstverständlich, nicht, dass die Akteneinsicht usw. auch zulässig ist, wenn die Betroffenen eingewilligt haben. Für die Abwägung nach **Nummer 3** ist es allerdings keine Voraussetzung, dass die Einholung der Einwilligung unmöglich oder unzumutbar ist.

3   **Abs. 2** sieht vor, dass auch bei Vorliegen der Voraussetzungen des Abs. 1 lediglich **Auskunft aus den Akten** erteilt werden darf, wenn die erteilten Auskünfte für die Durchführung der Forschungsarbeit ausreichen und wenn mit der Auskunftsertei-

1102

Erteilung von Auskünften und Akteneinsicht **§ 476**

lung für die auskunftserteilende Stelle kein unverhältnismäßiger Aufwand verbunden ist. Die Akten können aber auch zur Akteneinsicht übersandt werden.

Abs. 3 verpflichtet auch die Personen zur **Geheimhaltung,** die nicht als Amts- 4 träger oder als für den öffentlichen Dienst besonders Verpflichtete bereits entsprechend eingebunden sind. Die Verpflichtung erfolgt nach der im Verpflichtungsgesetz vom 2. März 1974 (BGBl. I S. 469, 547 iVm dem Gesetz zur Änderung des EG-StGB v. 15. August 1974, BGBl. I S. 1942) geregelten Form. Die Ergänzung des § 203 StGB durch Artikel 3 knüpft an die Nichtbeachtung der nach Abs. 3 eingegangenen Geheimhaltungspflicht eine strafrechtliche Sanktion.

Abs. 4 S. 1 beschränkt die Zulässigkeit der Verwendung der übermittelten 5 Informationen grundsätzlich auf die **Zwecke des Forschungsvorhabens,** für das die Auskunft oder die Akteneinsicht gewährt wurde. Das gilt auch für die personenbezogenen neuen Informationen, die der Forscher durch die Untersuchung gewonnen hat. Die Vorschrift soll eine zweckfremde Verwendung der erlangten Kenntnisse verhindern. Die Zweckbindung bewirkt auch, dass die Verwendung für eine andere Forschungsarbeit oder die Weitergabe der Information an Personen, auf die sich die erteilte Genehmigung nicht bezieht, unzulässig ist. Eine Verwendung der personenbezogenen Informationen für eine anderen wissenschaftlichen Zweck oder eine Weitergabe darf nur nach **vorheriger Zustimmung** der die Akteneinsicht oder die Auskunftserteilung genehmigenden Stelle erfolgen, wobei diese für die Zustimmung prüft, ob auch für die Verwendung oder die Weitergabe die Voraussetzungen nach den Abs. 1 bis 3 vorliegen. Die **Zustimmung** wird regelmäßig dann zu erteilen sein, wenn zwischen der Forschungsarbeit, für die die personenbezogenen Daten verwendet worden sind, und der anderen Forschungsarbeit ein enger inhaltlicher Zusammenhang besteht, es sei denn, in der Verwendung oder Weitergabe liegt ein neuer wesentlicher Eingriff in die schutzwürdigen Interessen des Betroffenen. Damit wird der grundgesetzlich erforderlichen Abwägung zwischen der Freiheit zweckfreier Forschung (Artikel 5 Abs. 3 GG) einerseits und dem Persönlichkeitsschutz (Artikel 2 Abs. 1 GG) andererseits angemessen Rechnung getragen.

Abs. 5 S. 1 bestimmt, dass die Informationen gegen **unbefugte Kenntnis-** 6 **nahme** durch Dritte zu schützen sind. Hierzu gehören Vorkehrungen, die sicherstellen, dass nur die Personen, die zu dem Forschungsvorhaben gehören, von den Informationen Kenntnis erlangen können. Außerdem ist gemäß **S. 2** erforderlichenfalls sicherzustellen, dass die Verwendung der Informationen räumlich und organisatorisch getrennt von anderen Aufgaben und Geschäftszwecken erfolgt.

Die **Abs. 6 und 7** enthalten **datenschutzrechtliche** Regelungen. Nach **Abs. 6** 7 sind Informationen zum frühestmöglichen Zeitpunkt zu anonymisieren. Die Vorschrift beschreibt besondere Schutzvorkehrungen, solange die Anonymisierung aus Gründen des Forschungsvorhabens noch nicht möglich ist. **Abs. 7** erlaubt die Veröffentlichung personenbezogener Informationen, wenn dies aus Gründen der Darstellung von Forschungsergebnissen über Ereignisse der Zeitgeschichte unerlässlich ist. Im Hinblick auf die besondere Sensibilität der Daten ist außerdem die Zustimmung der Stelle erforderlich, die diese Informationen übermittelt hat. Lassen sich Einzelangaben, zB in Einzelfalldarstellungen, nur mit einem unverhältnismäßig großen Aufwand an Zeit, Kosten und Arbeitskraft einer bestimmten Person zuordnen, so können sie veröffentlicht werden, auch wenn die Voraussetzungen des Abs. 7 nicht vorliegen. Auch ist eine Veröffentlichung zulässig, wenn der Betroffene eingewilligt hat.

Abs. 8 regelt die **Kontrolle** der Datenschutzbestimmungen bei nicht-öffentlichen 8 Stellen. Er erweitert die Kontrollbefugnisse der Aufsichtsbehörden nach § 38 BDSG in zweifacher Hinsicht. Sie dürfen Daten in Strafakten prüfen, ohne dass Anhaltspunkte für eine Rechtsverletzung vorliegen müssen. Zudem besteht eine Kontrollmöglichkeit auch dann, wenn der Empfänger die Informationen nicht in Daten verarbeitet (vgl. Bundesrat Drucks. 65/99 S. 55 ff.). Zu Rechtsbehelfen s. bei § 478.

§ 477 [Zulässigkeit der Informationsübermittlung]

(1) Auskünfte können auch durch Überlassung von Abschriften aus den Akten erteilt werden.

(2) ¹Auskünfte aus Akten und Akteneinsicht sind zu versagen, wenn der Übermittlung Zwecke des Strafverfahrens oder besondere bundesgesetzliche oder entsprechende landesgesetzliche Verwendungsregelungen entgegenstehen. ²Informationen, die erkennbar durch eine Maßnahme nach den §§ 98 a, 100 a, 100 c Abs. 1 Nr. 2 und 3, §§ 110 a und 163 f ermittelt worden sind, dürfen nur für Zwecke eines Strafverfahrens, zur Abwehr von erheblichen Gefahren und für die Zwecke, für die eine Übermittlung nach § 18 des Bundesverfassungsschutzgesetzes zulässig ist, übermittelt werden. ³Eine Verwendung nach § 476 ist zulässig, wenn Gegenstand der Forschung eine der in Satz 2 genannten Vorschriften ist. ⁴§ 481 bleibt unberührt.

(3) In Verfahren, in denen
1. der Angeklagte freigesprochen, die Eröffnung des Hauptverfahrens abgelehnt oder das Verfahren eingestellt wurde oder
2. die Verurteilung nicht in ein Führungszeugnis für Behörden aufgenommen wird und seit der Rechtskraft der Entscheidung mehr als zwei Jahre verstrichen sind,

dürfen Auskünfte aus den Akten und Akteneinsicht an nichtöffentliche Stellen nur gewährt werden, wenn ein rechtliches Interesse an der Kenntnis der Information glaubhaft gemacht ist und der frühere Beschuldigte kein schutzwürdiges Interesse an der Versagung hat.

(4) ¹Die Verantwortung für die Zulässigkeit der Übermittlung trägt der Empfänger, soweit dieser eine öffentliche Stelle oder ein Rechtsanwalt ist. ²Die übermittelnde Stelle prüft in diesem Falle nur, ob das Übermittlungsersuchen im Rahmen der Aufgaben des Empfängers liegt, es sei denn, dass besonderer Anlass zu einer weitergehenden Prüfung der Zulässigkeit der Übermittlung besteht.

(5) ¹Die nach den §§ 474, 475 erlangten personenbezogenen Informationen dürfen nur zu dem Zweck verwendet werden, für den die Auskunft oder Akteneinsicht gewährt wurde. ²Eine Verwendung für andere Zwecke ist zulässig, wenn dafür Auskunft oder Akteneinsicht gewährt werden dürfte und im Falle des § 475 die Stelle, die Auskunft oder Akteneinsicht gewährt hat, zustimmt. ³Wird eine Auskunft ohne Einschaltung eines Rechtsanwalts erteilt, so ist auf die Zweckbindung hinzuweisen.

1 § 477 fasst im Wesentlichen für die Akteneinsicht und Auskünfte (§§ 474 bis 476) geltende Regelungen zusammen. **Abs. 1** stellt für alle Fälle der Auskunftserteilung (vgl. § 474 Abs. 1 Satz 2, Abs. 2, § 475 Abs. 1, § 476 Abs. 3) klar, dass die Auskunft durch die **Überlassung von Abschriften** aus den Akten erteilt werden kann. Selbstverständlich ist, dass der Umfang der Abschriften, da es sich nur um eine vereinfachte Form der Auskunftserteilung handelt, wie die Auskunft selbst auf das Erforderliche zu beschränken ist.

2 Nach **Abs. 2 S. 1** sind Auskünfte aus Akten und Akteneinsicht zu **versagen,** wenn Zwecke des Strafverfahrens (Strafverfolgung, Strafvollstreckung) oder besondere bundesgesetzliche oder entsprechende landesgesetzliche Verwendungsregelungen entgegenstehen. Zu **Zwecken des Strafverfahrens** kann die Notwendigkeit gehören, Gefährdungen des Untersuchungszwecks oder unverhältnismäßige bzw. überflüssige Verfahrensverzögerungen oder Belastungen, etwa wenn die Einholung einer Registerauskunft dem Informationsinteresse genügen würde, zu vermeiden. Soweit andere Verfahrensordnungen (zB § 99 Abs. 1 S. 1 VwGO oder § 68 Abs. 1

Erteilung von Auskünften und Akteneinsicht § 477

S. 1 FGO, § 128 Abs. 1 SGG) grundsätzlich ein Akteneinsichts- bzw. Auskunftsrecht normieren, dieses Recht ihrerseits aber wieder einschränken, wie in § 99 Abs. 1 S. 2 VwGO, der bestimmt, dass die Akteneinsicht oder Auskunft verweigert werden kann, wenn das Bekanntwerden des Inhalts dem Wohle des Bundes oder eines deutschen Landes Nachteile bereiten würde oder wenn die Vorgänge nach einem Gesetz oder ihrem Wesen nach geheimgehalten werden müssen, wird diese Klausel im Wesentlichen die Fälle abdecken, in denen aus staatsanwaltschaftlicher Sicht die Akteneinsicht wegen entgegenstehender Zwecke des Strafverfahrens verweigert werden muss. Soweit darüber hinaus weitgehend Zwecke des Strafverfahrens einer Akteneinsicht entgegenstehen können, sind diese ebenfalls über § 477 Abs. 2 zu berücksichtigen. Allerdings kann eine Versagung der Akteneinsicht hier wohl nur bei einer schwerwiegenden Gefährdung des Untersuchungszwecks oder einer erheblichen zeitlichen Verzögerung des Strafverfahrens in Betracht kommen. Schon im Hinblick auf die allgemeine Begrenzung, dass Akteneinsicht nur soweit erforderlich gewährt werden darf (§ 474 Abs. 2, § 475, § 476), sind die Strafverfahrensakten so zu führen, dass ggf. Teile von Akten, zB Berichte der Jugendgerichtshilfe oder Sachverständigengutachten, besonders gekennzeichnet sind und im Falle eines grundsätzlich berechtigten Verlangens nach Akteneinsicht von den übrigen Akten ohne unverhältnismäßigen Aufwand getrennt werden können. Andernfalls wäre die gesamte Akte für das grundsätzlich berechtigte Einsichtsverlangen gesperrt.

Abs. 2 **S. 2 schränkt** die Übermittlung von Informationen ein, die durch Strafverfolgungsmaßnahmen gewonnen wurden, die mit einem **tiefgehenden Eingriff in Grundrechte** verbunden sind, zB Rasterfahndung, Überwachung des Fernmeldeverkehrs, Einsatz technischer Mittel, akustische Wohnraumüberwachung oder Einsatz eines Verdeckten Ermittlers, wenn und soweit für die Ermittlungsbehörden erkennbar, also ohne weitere Nachforschungen ersichtlich ist, dass die Informationen gerade und nur durch eine der genannten, besonderen Maßnahmen gewonnen wurden. Die Übermittlung dieser Erkenntnisse ist beschränkt auf die Abwehr einer erheblichen Gefahr, die Zwecke, für die eine Übermittlung nach § 18 des Bundesverfassungsschutzgesetzes zulässig ist sowie die Zwecke eines – anderen – Strafverfahrens. Unberührt bleiben die an anderen Stellen der StPO getroffenen Regelungen über die Verwendung auf Grund besonderer Ermittlungsmaßnahmen erlangter Erkenntnisse in anderen Strafverfahren (zB §§ 100 b Abs. 5, 100 d Abs. 5). Durch die Regelung in **S. 3** sollen **wissenschaftliche Forschungen** auch im Hinblick auf die in S. 2 genannten Maßnahmen, also zB die Telefonüberwachung, ermöglicht werden. **S. 4** stellt schließlich klar, dass für die Verwendung personenbezogener Informationen aus Strafverfahren durch die Polizei **§ 481 als Spezialvorschrift** gilt. 3

Abs. 3 schränkt die Auskunftserteilung und Akteneinsicht an nicht-öffentliche Stellen ein. In Fällen des Freispruchs, der Ablehnung der Eröffnung des Hauptverfahrens, der Verfahrenseinstellung oder einer nicht in das Führungszeugnis aufzunehmenden (§ 32 Abs. 2 BZRG), seit mehr als zwei Jahren rechtskräftigen Entscheidung, setzt Akteneinsicht oder Auskunftserteilung ein glaubhaft gemachtes rechtliches Interesse an der Kenntnis und das Fehlen eines schutzwürdigen Interesses des Betroffenen an der Versagung der Akteneinsicht bzw. Auskunftserteilung voraus. **Abs. 4** stellt die Verantwortlichkeit für die Zulässigkeit der Übermittlung klar. 4

Gemäß **Abs. 5** dürfen personenbezogene Informationen, die nach den §§ 474, 475 übermittelt worden sind, grundsätzlich nur **zu dem Zweck verwendet werden,** für den die Auskunft oder Akteneinsicht nach diesen Vorschriften gewährt wurde. Eine Verwendung für andere Zwecke ist zulässig, soweit dafür Auskunft oder Akteneinsicht gewährt werden dürfte und im Falle des § 475 die Stelle, die Auskunft oder Akteneinsicht gewährt hat, der beabsichtigten Verwendung für den anderen Zweck zustimmt. Außerdem ist in den in **S. 3** genannten Fällen einer Auskunftserteilung der Empfänger auf die Zweckbindung hinzuweisen. Mit diesen 5

Regelungen soll eine unzulässige zweckfremde Verwendung erlangter Informationen verhindert werden. **S. 1** stellt grundsätzlich die Zweckbindung klar. Dies verpflichtet die in den §§ 474, 475 genannten Stellen, also auch **Rechtsanwälte** und ihre Mandanten, die Auskünfte erhalten haben, die erlangten Erkenntnisse nur zu dem Zweck zu verwenden, für den die Auskunft oder Akteneinsicht gewährt wurde. **S. 2** erlaubt jedoch eine Verwendung auch für andere Zwecke, die für den Fall der Auskunftsgewährung oder Akteneinsicht an private Stellen enger ausgestaltet ist als für den Fall des § 474, weil zusätzlich für die weitergehende Verwendung die Zustimmung der Stelle einzuholen ist, die ursprünglich die Auskunft oder Akteneinsicht gewährt hat. Selbstverständlich ist, dass die übermittelten Informationen auch dann für einen anderen Zweck verwendet werden dürfen, soweit eine spezialgesetzliche Regelung ausdrücklich und gerade die Verwendung von Informationen aus einem Strafverfahren auch für einen bestimmten anderen Zweck erlaubt. Die in **S. 3** geregelte Verpflichtung, auf die Zweckbindung besonders hinzuweisen, wenn personenbezogene Informationen ohne Einschaltung eines **Rechtsanwaltes** übermittelt worden sind, will die Beachtung der Zweckbindung sicherstellen. Es liegt in der Natur der Sache und bedarf daher keiner ausdrücklichen gesetzlichen Regelung, dass der Hinweis auf die Zweckbindung durch die Auskunft gewährende Stelle zu erfolgen hat. Keine Hinweispflicht besteht, wenn die Auskunft oder Akteneinsicht an einen Rechtsanwalt erfolgt, weil es ebenso wenig wie im Fall der Übermittlung von Informationen an öffentliche Stellen erforderlich ist, einen als Organ der Rechtspflege tätigen Rechtsanwalt auf die Zweckbindung hinzuweisen.

6 Die Vorschrift regelt keine Pflicht, den **Betroffenen davon zu unterrichten,** dass einer privaten Stelle (§ 475) Auskunft oder Akteneinsicht gewährt wurde. Abgesehen davon, dass eine solche Mitteilungspflicht zu einer nicht vertretbaren Belastung der Strafjustiz und in Einzelfällen sogar zur Gefährdung des Untersuchungszwecks führen könnte, besteht hierfür kein Bedürfnis. Denn es ist davon auszugehen, dass diejenigen, die von einer Auskunft oder Akteneinsicht gemäß § 475 betroffen werden könnten (im wesentlichen Beschuldigte oder durch die Straftat Verletzte), in der Regel damit rechnen werden, dass sie betreffende Informationen aus dem Strafverfahren an private Stellen mit schutzwürdigen Interessen übermittelt werden könnten, zumal der Empfängerkreis schon nach § 475 eng begrenzt ist (vgl. zu § 475) und die Übermittlung durch § 477 Abs. 2 und 3 weiter eingeschränkt wird (Bundesrat Drucks. 65/99 S. 58 ff.).

§ 478 [Entscheidung über Auskunftserteilung und Akteneinsicht; beigezogene Akten]

(1) ¹Über die Erteilung von Auskünften und die Akteneinsicht entscheidet im vorbereitenden Verfahren und nach rechtskräftigem Abschluss des Verfahrens die Staatsanwaltschaft, im Übrigen der Vorsitzende des mit der Sache befassten Gerichts. ²Die Staatsanwaltschaft ist auch nach Erhebung der öffentlichen Klage befugt, Auskünfte zu erteilen. ³Die Staatsanwaltschaft kann die Behörden des Polizeidienstes, die die Ermittlungen geführt haben oder führen, ermächtigen, in den Fällen des § 475 Akteneinsicht und Auskünfte zu erteilen. ⁴Gegen deren Entscheidung kann die Entscheidung der Staatsanwaltschaft eingeholt werden. ⁵Die Übermittlung personenbezogener Informationen zwischen Behörden des Polizeidienstes oder eine entsprechende Akteneinsicht ist ohne Entscheidung nach Satz 1 zulässig.

(2) Aus beigezogenen Akten, die nicht Aktenbestandteil sind, dürfen Auskünfte nur erteilt werden, wenn der Antragsteller die Zustimmung der Stelle nachweist, um deren Akten es sich handelt; Gleiches gilt für die Akteneinsicht.

§ 478

(3) ¹In den Fällen des § 475 kann gegen die Entscheidung der Staatsanwaltschaft nach Absatz 1 gerichtliche Entscheidung nach Maßgabe des § 161a Abs. 3 Satz 2 bis 4 beantragt werden. ²Die Entscheidung des Vorsitzenden ist unanfechtbar. ³Diese Entscheidungen werden nicht mit Gründen versehen, soweit durch deren Offenlegung der Untersuchungszweck gefährdet werden könnte.

Die Vorschrift enthält **Verfahrensregelungen** zur Auskunftserteilung aus Akten 1 eines Strafverfahrens und zur Akteneinsicht. Sie erfasst damit auch die Verhandlungen der Polizei nach § 163 Abs. 2 S. 1. Abs. 1 und 3 entsprechen im Wesentlichen § 406 e Abs. 4. Die Vereinheitlichung der Regelungen über die Zuständigkeit und die Rechtsmittelbefugnis ist sachgerecht.

Abs. 1 S. 1 begründet für die Entscheidung über die Auskunftserteilung und die 2 Gewährung der Akteneinsicht die **Zuständigkeit** der jeweils aktenführenden Stelle. Auch wenn sich die Ermittlungsakten bei der Polizei befinden, entscheidet grundsätzlich die gemäß Abs. 1 S. 1 zuständige Stelle. Will die Polizei Akteneinsicht in bei ihr befindliche Strafverfahrensakten oder Auskünfte aus diesen erteilen, etwa für Schadensersatzansprüche, so ist die Entscheidung der **nach Abs. 1 S. 1** zuständigen Stelle herbeizuführen. Diese Regelung entspricht bereits geltendem Recht (§ 406 e Abs. 4) und folgt insbesondere aus der Leitungsfunktion und der Verantwortung der Abs. 1 S. 1 genannten Stellen für das Verfahren. Soweit und solange einer Finanzbehörde staatsanwaltschaftliche Befugnisse zustehen (§ 386 Abs. 1, 2 AO), ist sie nach Abs. 1 S. 1 entscheidungsbefugt. Abs. 1 S. 1 gilt auch für die Akteneinsicht nach § 476. Dies erscheint grundsätzlich erforderlich, weil nur die das Verfahren führende **Staatsanwaltschaft und das Gericht** unter Berücksichtigung der jeweiligen Verfahrenssituationen im Einzelfall beurteilen können, ob die Akten für wissenschaftliche Zwecke im Zeitpunkt der Anforderung zur Verfügung gestellt werden können oder wichtige, gemäß §§ 476, 477 zu beachtende Gründe entgegenstehen. Die Regelung entspricht damit weitgehend Nr. 185a Abs. 3 RiStBV. Sie schließt nicht aus, dass für wissenschaftliche Vorhaben, bei denen Akten mehrerer Staatsanwaltschaften benötigt werden, die gemeinschaftliche übergeordnete Behörde durch entsprechende Berichtspflichten und Weisungen auf eine einheitliche Entscheidung hinwirkt; hierzu bedarf es keiner Regelung in der StPO. **S. 2 und 3** erlaubt der **StA** auch nach Klageerhebung Auskünfte zu erteilen und im Ermittlungsverfahren die Polizeibehörden, bei der sich die Akten zu Ermittlungszwecken befinden, zur Auskunftserteilung und Akteneinsicht an andere Strafverfolgungsbehörden und private Stellen (§ 475) zu ermächtigen. Die Befugnis zur Ermächtigung der Polizeibehörde entspricht der Leitungsfunktion der StA, dient deren Entlastung und legalisiert eine derzeit in einigen Ländern geübte Praxis. **S. 4** stellt die Informationsübermittlung zwischen Polizeibehörden für Zwecke der Strafverfolgung (vgl. § 474 Abs. 1) von der Entscheidung nach S. 1 frei. Dies dient der Vereinfachung und Beschleunigung der Information und damit der Effektuierung der Strafverfolgung.

Abs. 2 berücksichtigt, dass die gemäß Abs. 1 zur Entscheidung berufene Stelle 3 hinsichtlich beigezogener Akten möglicherweise nicht hinreichend beurteilen kann, ob und welche Bedenken gegen eine Auskunftserteilung oder Einsichtsgewährung bestehen. Er stellt des Weiteren klar, dass eine **Zustimmung** anderer Stellen zur Auskunftserteilung oder Akteneinsicht nur erforderlich ist, wenn und soweit deren Akten nicht Aktenbestandteile bei der Auskunft erteilenden oder Akteneinsicht gewährenden Behörde geworden sind. Werden etwa Verfahren miteinander verbunden oder aus beigezogenen Akten Fotokopien gefertigt und diese dann zu den Akten des Strafverfahrens genommen, ist eine Zustimmung nicht erforderlich. Die nach Abs. 1 zuständige Stelle trägt dann jedoch die Verantwortung für die Entscheidung auch bzgl. der Aktenbestandteil gewordenen Informationen. Sie hat insbesondere zu prüfen, ob der Informationsübermittlung aus diesen Aktenteilen besondere spezialgesetzliche Verwendungsregelungen, die etwa mit der ursprünglichen Informationserhebung zu anderen Zwecken zusammenhängen, zB nach der AO oder dem SGB, entgegenstehen. Meint die nach Abs. 1 entscheidungsbefugte Stelle, dies nicht hinreichend beurteilen zu können, so ist es ihr unbenommen, die Entscheidung von einer Zustimmung der Stelle abhängig zu machen, aus deren Akten diese Aktenteile stammen. Abs. 2 regelt ferner, dass der Antragsteller sich um eine ggf. erforderliche Zustimmung der anderen Stellen kümmern und sie nachweisen muss. Hierdurch wird verhindert, dass die Justizbehörden durch Nachfragen bei anderen Stellen mit weiterem Verwaltungsaufwand belastet werden.

4 **Abs. 3** entspricht § 406 e Abs. 4. Unberührt von der Regelung des § 478 Abs. 3 bleibt die spezielle Verfahrensvorschrift in § 99 Abs. 2 VwGO: Die Regelung des Rechtsmittels in § 478 Abs. 3 gilt nur für den Fall der Akteneinsicht oder Auskunft an Private gemäß § 475. Das Verwaltungsgericht erhält aber Akteneinsicht nach § 474, so dass in diesen Fällen auch die spezielle Verfahrensvorschrift des § 99 Abs. 2 VwGO heranzuziehen ist (Bundesrat Drucks. 65/99 S. 61 ff.).

5 Einen **Rechtsbehelf** sieht Abs. 3 in den Fällen des § 475 dann vor, wenn die StA nach Abs. 1 S. 1, 2 oder 4 (stattgebend oder ablehnend) entschieden hat. Die Entscheidung des Vorsitzenden ist unanfechtbar (OLG Hamburg NJW 2002, 1590). Die Regelung entspricht § 406 e Abs. 4 S. 2 bis 4. Soweit in den Fällen der §§ 474, 476 der Antragsteller im Einzelfall Träger eigener Rechte iSd § 24 Abs. 1 EGGVG ist und jedenfalls eine Verletzung seines Anspruchs auf ermessensfehlerfreie Entscheidung geltend machen kann, steht ihm gegen Entscheidungen der **StA** über Akteneinsicht oder Auskunft (auch nach rechtskräftigen Abschluss des Verfahrens) der Rechtsweg nach §§ 23 ff. EGGVG offen, ebenso dem dadurch beschwerten Beschuldigten. Gegen positive wie negative Entscheidung des **Vorsitzenden** nach §§ 474, 476 ist, wenn im Einzelfall eine Beschwerdeberechtigung gegeben ist, die Beschwerde zulässig, auch für nichtverfahrensbeteiligte Antragsteller (§ 304 Abs. 2), denen demgegenüber kein Antragsrecht nach §§ 23 ff. EGGVG zusteht. Unberührt bleiben in den Fällen des § 474 Abs. 1 die speziellen Verfahrensvorschriften der § 99 Abs. 2 VwGO, 86 Abs. 2 FGO (Kleinknecht/Meyer-Goßner Rn. 4). Im Übrigen gilt der Grundsatz, dass eine **Beschränkung** des Akteneinsichtsrechts mit Art. 103 Abs. 1 GG vereinbar ist, wenn sich erst durch diese Beschränkung der von Art. 19 Abs. 4 GG gebotene effektive Rechtsschutz ermöglichen lässt (BVerfG NJW 2000, 1175).

§ 479 [Informationsübermittlung von Amts wegen]

(1) **Von Amts wegen dürfen personenbezogene Informationen aus Strafverfahren Strafverfolgungsbehörden und Strafgerichten für Zwecke der Strafverfolgung sowie den zuständigen Behörden und Gerichten für Zwecke der Verfolgung von Ordnungswidrigkeiten übermittelt werden, soweit diese Informationen aus der Sicht der übermittelnden Stelle hierfür erforderlich sind.**

(2) **Die Übermittlung personenbezogener Informationen von Amts wegen aus einem Strafverfahren ist auch zulässig, wenn die Kenntnis der Informationen aus der Sicht der übermittelnden Stelle erforderlich ist für**

1. **die Vollstreckung von Strafen oder von Maßnahmen im Sinne des § 11 Abs. 1 Nr. 8 des Strafgesetzbuches oder die Vollstreckung oder Durchführung von Erziehungsmaßregeln oder Zuchtmitteln im Sinne des Jugendgerichtsgesetzes,**
2. **den Vollzug von freiheitsentziehenden Maßnahmen,**
3. **Entscheidungen in Strafsachen, insbesondere über die Strafaussetzung zur Bewährung oder deren Widerruf, in Bußgeld- oder Gnadensachen.**

(3) § 477 Abs. 1, 2 und 5 sowie § 478 Abs. 1 und 2 gelten entsprechend; die Verantwortung für die Zulässigkeit der Übermittlung trägt die übermittelnde Stelle.

Die Vorschrift regelt die Zulässigkeit der Informationsübermittlung **von Amts wegen für Zwecke der Strafverfolgung (Abs. 1)** und für die in **Abs. 2 Nummern 1 bis 3** genannten Zwecke. Der Sache nach handelt es sich um eine „Spontanauskunft" ohne Auskunftsersuchen. Diese kann zB notwendig sein, wenn eine Strafverfolgungsbehörde erkennt, dass die in einem Strafverfahren angefallenen Erkenntnisse auch für Zwecke der Strafverfolgung in einem anderen Strafverfahren, das bei einer anderen Strafverfolgungsbehörde anhängig ist, erforderlich sind. Mitteilungen für verfahrensbezogene und verfahrensinterne Zwecke, wie zB zur Durchführung des Täter-Opfer-Ausgleichs in anhängigen Verfahren, unterfallen nicht § 479. 1

Absatz 3 regelt Grenzen der Übermittlungsbefugnis sowie die Zuständigkeit. Die Verantwortung der übermittelnden Stelle für die Zulässigkeit der Mitteilung von Amts wegen ist datenschutzrechtlichen Grundsätzen (§ 15 Abs. 2 Satz 1 BDSG) nachgebildet (KK-Franke Rn. 3). 2

§ 480 [Unberührt bleibende Vorschriften]

Besondere gesetzliche Bestimmungen, die die Übermittlung personenbezogener Informationen aus Strafverfahren anordnen oder erlauben, bleiben unberührt.

Die Vorschrift stellt klar, dass **besondere gesetzliche Regelungen,** die die Übermittlung personenbezogener Informationen aus Strafverfahren zulassen, **unberührt** bleiben. Solche besonderen gesetzlichen Übermittlungsregelungen, die ein Akteneinsichts- bzw. Auskunftsrecht begründen können, finden sich zB in § 117 b BRAO. Hierzu gehören auch die Regelungen, die eine Auskunftspflicht gegenüber den Rechnungshöfen statuieren (zB in § 95 BHO). Für die **Geheimdienste** gilt § 474 Abs. 2 S. 2. 1

§ 481 [Verwendung personenbezogener Informationen durch die Polizeibehörden]

(1) ¹Die Polizeibehörden dürfen nach Maßgabe der Polizeigesetze personenbezogene Informationen aus Strafverfahren verwenden. ²Zu den dort genannten Zwecken dürfen Strafverfolgungsbehörden an Polizeibehörden personenbezogene Informationen aus Strafverfahren übermitteln. ³Die Sätze 1 und 2 gelten nicht in den Fällen, in denen die Polizei ausschließlich zum Schutz privater Rechte tätig wird.

(2) Die Verwendung ist unzulässig, soweit besondere bundesgesetzliche oder entsprechende landesgesetzliche Verwendungsregelungen entgegenstehen.

§ 481 regelt, unter welchen Voraussetzungen die **Polizeibehörden** personenbezogene Informationen aus Strafverfahren **für Zwecke der Gefahrenabwehr** verwenden dürfen. Eine solche Öffnungsklausel ist vor dem Hintergrund der verfassungsrechtlichen Rechtsprechung erforderlich, weil Informationen, die ausschließlich für Zwecke der Strafverfolgung erhoben worden sind, bei einer Nutzung für präventive Zwecke eine Zweckänderung erfahren, auch wenn die Polizei bereits im Besitz der fraglichen Informationen ist. 1

Abs. 1 gestattet in einer Generalklausel die Verwendung personenbezogener Informationen aus Strafverfahren nach Maßgabe der **Polizeigesetze** für Zwecke 2

§ 482

der Gefahrenabwehr. Damit ist auch die **vorbeugende Verbrechensbekämpfung** umfasst. Der weitgefasste, generelle Rückgriff auf die Polizeigesetze ist als grundsätzlicher Maßstab sachgerecht, weil ansonsten die effektive Erfüllung der Aufgabe Gefahrenabwehr beeinträchtigt werden könnte. Es wäre schwer verständlich, wenn die Polizei Informationen, über die sie verfügt und die sie damit nicht noch einmal erheben muss, nicht zur Gefahrenabwehr nutzen dürfte, nur weil die Informationen aus Strafverfahren stammen. Der am Sprachgebrauch des Bundesdatenschutzgesetzes ausgerichtete Begriff des Verwendens umfasst – wie dort – das Verarbeiten und Nutzen der Daten. **Abs.** 2 schließt die Verwendung von Repressivkenntnissen für präventive Zwecke für die Fälle aus, in denen besondere bundesgesetzliche oder entsprechende landesgesetzliche Verwendungsregelungen entgegenstehen.

§ 482 [Information der befassten Polizeibehörde durch die Staatsanwaltschaft]

(1) **Die Staatsanwaltschaft teilt der Polizeibehörde, die mit der Angelegenheit befasst war, ihr Aktenzeichen mit.**

(2) [1] **Sie unterrichtet die Polizeibehörde in den Fällen des Absatzes 1 über den Ausgang des Verfahrens durch Mitteilung der Entscheidungsformel, der entscheidenden Stelle sowie des Datums und der Art der Entscheidung.** [2] **Die Übersendung eines Abdrucks der Mitteilung zum Bundeszentralregister ist zulässig, im Falle des Erforderns auch des Urteils oder einer mit Gründen versehenen Einstellungsentscheidung.**

(3) **In Verfahren gegen Unbekannt sowie bei Verkehrsstrafsachen, soweit sie nicht unter die §§ 142, 315 bis 315 c des Strafgesetzbuches fallen, wird der Ausgang des Verfahrens nach Absatz 2 von Amts wegen nicht mitgeteilt.**

(4) **Wird ein Urteil übersandt, das angefochten worden ist, so ist anzugeben, wer Rechtsmittel eingelegt hat.**

1 Die Vorschrift ersetzt an systematisch richtiger Stelle die als Übergangsregelung konzipierte gleich lautende Vorschrift des Artikels 32 des Justizmitteilungsgesetzes. Zu den Polizeibehörden im Sinne der Vorschrift gehören auch die in den §§ 402, 404 AO genannten zuständigen Finanzbehörden, die Zollfahndungsämter (einschließlich des Zollkriminalamtes gem. § 5 a Abs. 3 FVG) und die mit der Steuerfahndung betrauten Dienststellen der Landesfinanzbehörden (Bundesrat Drucks. 65/99 S. 64).

2 **Absatz 2 Satz 2** ist die Übersendung eines Urteils oder einer mit Gründen versehenen Einstellungsentscheidung zulässig, wenn die Polizeibehörde eine solche anfordert. Datenschutzrechtliche Gesichtspunkte hat die Staatsanwaltschaft bei ihrer insoweit zu treffenden Ermessensentscheidung zu berücksichtigen (Meyer-Goßner Rn. 1); KK-Franke Rn. 2).

3 **Absatz 3** enthält eine Beschränkung der Unterrichtungspflicht in Verkehrsstrafsachen und bestimmt, dass in Verfahren gegen unbekannt eine Unterrichtung gänzlich zu unterbleiben hat. Dies betrifft indessen nur die Unterrichtung von Amts wegen; im Einzelfall können der Polizei auf ihr Ersuchen hin die ihr erforderlich erscheinenden Informationen durch Auskunft oder Akteneinsicht übermittelt werden (KK-Franke Rn. 3).

4 **Abs. 4** bestimmt, dass der Rechtsmittelführer in den Fällen anzugeben ist, in denen eine nicht rechtskräftige Entscheidung übersandt wird (KK-Franke Rn. 3).

Zweiter Abschnitt. Dateiregelungen

§ 483 [Datenverarbeitung für Zwecke des Strafverfahrens]

(1) **Gerichte, Strafverfolgungsbehörden einschließlich Vollstreckungsbehörden, Bewährungshelfer, Aufsichtsstellen bei Führungsaufsicht und die Gerichtshilfe dürfen personenbezogene Daten in Dateien speichern, verändern und nutzen, soweit dies für Zwecke des Strafverfahrens erforderlich ist.**

(2) **Die Daten dürfen auch für andere Strafverfahren, die internationale Rechtshilfe in Strafsachen und Gnadensachen genutzt werden.**

(3) **Erfolgt in einer Datei der Polizei die Speicherung zusammen mit Daten, deren Speicherung sich nach den Polizeigesetzen richtet, so ist für die Verarbeitung und Nutzung personenbezogener Daten und die Rechte der Betroffenen das für die speichernde Stelle geltende Recht maßgeblich.**

Diese Vorschrift regelt die Zulässigkeit der **Speicherung, des Veränderns und Nutzens** personenbezogener Daten durch Strafverfolgungsbehörden, Gerichte und Vollstreckungsbehörden für Zwecke des Strafverfahrens. 1

Abs. 1 gestattet in einer Generalklausel das **Speichern, Verändern und Nutzen** der Daten für Zwecke des – also eines **bestimmten** – Strafverfahrens, soweit dies für das der Speicherung zugrundeliegende Strafverfahren erforderlich ist. Da das Strafverfahren aus den Verfahrensabschnitten Ermittlungsverfahren oder vorbereitendes Verfahren, Zwischenverfahren, Hauptverfahren, Rechtsmittelverfahren bis zur Rechtskraft der gerichtlichen Entscheidung und Vollstreckungsverfahren besteht, umfasst die Zweckbestimmung der Vorschrift **alle Abschnitte des Strafverfahrens.** Die Vorschrift enthält keine Ermächtigung zur Erhebung personenbezogener Informationen. Sie setzt vielmehr eine solche Erhebungsbefugnis voraus, d. h., geregelt wird allein die Befugnis zur Speicherung, Veränderung und Nutzung von Daten, die gestützt auf die Generalermittlungsklausel des § 161 oder durch eine spezielle Ermittlungsmaßnahme – zB wie polizeiliche Beobachtung oder durch den Einsatz technischer Mittel – erhoben worden sind. 2

Die gewählten **Begriffe** „speichern, verändern und nutzen" entstammen dem Sprachgebrauch des Bundesdatenschutzgesetzes und sind dementsprechend zu interpretieren. Unter **Speichern** ist das „Erfassen, Aufnehmen oder Aufbewahren personenbezogener Daten auf einem Datenträger zum Zwecke ihrer weiteren Verarbeitung oder Nutzung" zu verstehen (§ 3 Abs. 5 Nr. 1 BDSG). **Verändern** meint das „inhaltliche Umgestalten gespeicherter personenbezogener Daten" (§ 3 Abs. 5 Nr. 2 BDSG). „**Nutzen** ist jede Verwendung personenbezogener Daten, soweit es sich nicht um Verarbeitung handelt" (§ 3 Abs. 6 BDSG). Die Bindung der Befugnis an **„Zwecke des Strafverfahrens"** stellt klar, dass die Befugnis nur für Daten, die aus dem jeweiligen Strafverfahren stammen, eingeräumt wird. Die Bindung an den Erhebungszweck bleibt demnach erhalten. Soweit solche Daten gespeichert werden dürfen, erfasst diese Befugnis – ohne ausdrückliche Erwähnung im Gesetz – zugleich die Zulässigkeit der automatisierten Verarbeitung der Daten durch die speichernde Stelle, zB also die automatisierte Bearbeitung im Strafbefehlsverfahren. Aus der Befugnis zur Speicherung, Veränderung und Nutzung, nur soweit dies für Zwecke des Strafverfahrens **erforderlich** ist, folgt, dass die Aufrechterhaltung einer Speicherung trotz rechtskräftigen Freispruchs, unanfechtbarer Ablehnung der Eröffnung des Hauptverfahrens oder nicht nur vorläufiger Einstellung einer besonderen Prüfung bedarf. Nach Verfahrensabschluss werden die Verfahren überwiegen, in denen die Erforderlichkeit der Fortdauer einer Speicherung nicht gegeben ist. Im Einzelfall kann indes die Erforderlichkeit für eine weitere Speicherung bestehen. Sie 3

§ 484

wird zB zu bejahen sein bei einem rechtskräftigen Freispruch im Falle eines von der Staatsanwaltschaft in Erwägung gezogenen Wiederaufnahmeverfahrens (§§ 359 ff.), bei einer unanfechtbaren Ablehnung der Eröffnung des Hauptverfahrens im Falle der Erwartung neuer Tatsachen oder Beweismittel (§ 211), bei einer Einstellung im Falle der Möglichkeit der Wiederaufnahme der Ermittlungen (zB § 154 Abs. 3, 4) usw. Bei Verfahrenseinstellungen nach § 170 Abs. 2 kann die Erforderlichkeit der Fortdauer der Speicherung insbesondere in den Fällen bestehen, in denen der Täter nicht zu ermitteln war, in denen ein genügender Anlass zur Erhebung der öffentlichen Klage nicht bejaht wurde, aber vor Ablauf der Verjährungsfrist neue Beweise erwartet werden, und in den Fällen, in denen die Möglichkeit der Klageerzwingung noch besteht (§§ 172 f.).

4 **Abs. 2** stellt klar, dass eine Nutzung der gespeicherten Daten für **andere Strafverfahren** zulässig ist. Einmal für Zwecke eines Strafverfahrens erhobene Daten dürfen, soweit nicht besondere Verwendungsbeschränkungen bestehen, auch für andere Strafverfahren genutzt werden. Dem trägt die Vorschrift Rechnung, indem sie ausdrücklich klarstellt, dass die zunächst in Abs. 1 ausgesprochene strenge Bindung an ein Strafverfahren nicht gilt, soweit es um die Nutzung der Informationen geht. Es wäre auch nicht verständlich, wenn bereits gespeicherte und damit vorhandene Informationen nicht für ein anderes Verfahren genutzt werden dürften, etwa Informationen zum persönlichen Umfeld eines Beschuldigten in einem späteren Verfahren gegen denselben Beschuldigten. Eine solche Beschränkung würde zu unnötigen Doppelerhebungen und -speicherungen führen. Gleiches gilt für **Gnadensachen** und die **internationale Rechtshilfe** in Strafsachen. Unberührt bleiben des Weiteren die Verwendungs- und die Übermittlungsbefugnisse nach den §§ 481, 488.

5 **Abs. 3** bestimmt, dass sich die Verarbeitung und Nutzung personenbezogener Daten in Dateien der Polizei und die Rechte der Betroffenen nach dem für die speichernde Stelle **geltenden Polizeigesetz** richten, wenn in der polizeilichen Datei neben Strafverfahrensdaten auch Daten gespeichert sind, deren Speicherung sich nach den Polizeigesetzen richtet. Diese Regelung trägt dem Umstand Rechnung, dass der polizeiliche Datenbestand weitestgehend multifunktional (repressiv und präventiv zugleich) ist und sich das einzelne Datum häufig nicht eindeutig als Strafverfahrens- oder als Gefahrenabwehrinformation bezeichnen lässt. Sie vermeidet außerdem in solchen Fällen einen erhöhten Verwaltungsaufwand der Polizei (Bundesrat Drucks. 65/99 S. 64 ff.).

§ 484 [Datenverarbeitung für Zwecke künftiger Strafverfahren]

(1) **Strafverfolgungsbehörden dürfen für Zwecke künftiger Strafverfahren**
1. **die Personendaten des Beschuldigten und, soweit erforderlich, andere zur Identifizierung geeignete Merkmale,**
2. **die zuständige Stelle und das Aktenzeichen,**
3. **die nähere Bezeichnung der Straftaten, insbesondere die Tatzeiten, die Tatorte und die Höhe etwaiger Schäden,**
4. **die Tatvorwürfe durch Angabe der gesetzlichen Vorschriften,**
5. **die Einleitung des Verfahrens sowie die Verfahrenserledigungen bei der Staatsanwaltschaft und bei Gericht nebst Angabe der gesetzlichen Vorschriften**

in Dateien speichern, verändern und nutzen.

(2) [1]**Weitere personenbezogene Daten von Beschuldigten und Tatbeteiligten dürfen sie in Dateien nur speichern, verändern und nutzen, soweit dies erforderlich ist, weil wegen der Art oder Ausführung der Tat, der Persönlichkeit des Beschuldigten oder Tatbeteiligten oder sonstiger Er-**

Dateiregelungen **§ 484**

kenntnisse Grund zu der Annahme besteht, dass weitere Strafverfahren gegen den Beschuldigten zu führen sind. ²Wird der Beschuldigte rechtskräftig freigesprochen, die Eröffnung des Hauptverfahrens gegen ihn unanfechtbar abgelehnt oder das Verfahren nicht nur vorläufig eingestellt, so ist die Speicherung, Veränderung und Nutzung nach Satz 1 unzulässig, wenn sich aus den Gründen der Entscheidung ergibt, dass der Betroffene die Tat nicht oder nicht rechtswidrig begangen hat.

(3) ¹Das Bundesministerium der Justiz und die Landesregierungen bestimmen für ihren jeweiligen Geschäftsbereich durch Rechtsverordnung das Nähere über die Art der Daten, die nach Absatz 2 für Zwecke künftiger Strafverfahren gespeichert werden dürfen. ²Dies gilt nicht für Daten in Dateien, die nur vorübergehend vorgehalten und innerhalb von drei Monaten nach ihrer Erstellung gelöscht werden. ³Die Landesregierungen können die Ermächtigung durch Rechtsverordnung auf die zuständigen Landesministerien übertragen.

(4) Die Verwendung personenbezogener Daten, die für Zwecke künftiger Strafverfahren in Dateien der Polizei gespeichert sind oder werden, richtet sich, ausgenommen die Verwendung für Zwecke eines Strafverfahrens, nach den Polizeigesetzen.

Die Vorschrift regelt die Zulässigkeit der Speicherung, Veränderung und Nutzung 1
personenbezogener Daten aus Strafverfahren **für Zwecke künftiger Strafverfahren**. Sie erlaubt keine Datenerhebung, sondern nur das vorsorgliche Aufbewahren von Daten, die bereits in einem Strafverfahren für dessen Zwecke erhoben wurden. Zulässigkeit und Grenzen der Übermittlung und Nutzung dieser Daten für sonstige Zwecke ergeben sich – wie bei § 483 – aus §§ 481, 488.

Abs. 1 regelt den Umfang der Daten, die gespeichert, verändert und genutzt 2
werden dürfen, enumerativ. Der Datenumfang begrenzt die Dateien auf sog. Aktenhinweissysteme. Die Begriffe „speichern, verändern und nutzen" sind im Sinne der Begriffsbestimmung des Bundesdatenschutzgesetzes zu verstehen; insoweit wird auf die Ausführungen zu § 483 Bezug genommen.

Abs. 2 gestattet unter einengenden Voraussetzungen die Speicherung, Verände- 3
rung und Nutzung weiterer personenbezogener Daten **von Beschuldigten und Tatbeteiligten**. Über die in **Abs. 1** genannten Daten hinausgehende weitere Daten von **Beschuldigten** und **Tatbeteiligten** können danach für Zwecke künftiger Strafverfahren bevorratet werden, wenn Grund zu der Annahme besteht, dass **weitere Strafverfahren gegen den Beschuldigten** zu führen sind, sei es, dass die Gefahr einer künftigen Straftatbegehung begründet erscheint, sei es, dass Anhaltspunkte dafür vorliegen, dass mit einem künftigen Strafverfahren wegen einer bereits begangenen Straftat zu rechnen ist. Bei Bewertung dieser Frage sind neben der Persönlichkeit des Beschuldigten oder Tatbeteiligten alle Umstände des Strafverfahrens zu berücksichtigen, die Rückschlüsse auf ein Erfordernis einer Speicherung personenbezogener Daten für Zwecke künftiger Strafverfahren über Abs. 1 hinausgehend zulassen. Nicht ausreichend ist, dass weitere gegen den Beschuldigten oder Tatbeteiligten zu führende Strafverfahren nicht ausgeschlossen werden können. Vielmehr muss **positiv** festgestellt werden, ob **Anhaltspunkte** hierfür vorliegen. S. 2 bestimmt, dass eine Speicherung personenbezogener Daten für Zwecke künftiger Strafverfahren in Fällen eines **rechtskräftigen Freispruchs,** einer unanfechtbaren **Ablehnung der Eröffnung** des Hauptverfahrens oder einer nicht nur vorläufigen **Einstellung unzulässig** ist, wenn sich aus den Gründen der Entscheidung ergibt, dass der Betroffene die Tat nicht oder nicht rechtswidrig begangen hat. Dies entspricht der auch in § 8 Abs. 3 BKAG enthaltenen Regelung.

Abs. 3 bestimmt, dass für ihren Geschäftsbereich das Bundesministe- 4
rium der Justiz und die Landesregierungen die näheren Einzelheiten durch Rechts-

1113

verordnung festlegen. Es ist dabei lediglich eine Rechtsverordnung für alle Dateien in dem jeweiligen Geschäftsbereich erforderlich; es bedarf nicht für jede einzelne Datei einer Rechtsverordnung. In der Rechtsverordnung sind die erforderlichen Konkretisierungen für die Speicherung weiterer Daten für Zwecke künftiger Strafverfahren gemäß Abs. 2 S. 1 vorzunehmen, insbesondere das Nähere über die Art der zu speichernden Daten festzulegen. Dies ist erforderlich, weil Abs. 2 generalklauselartig gestaltet ist. Da in der gesetzlichen Regelung darauf verzichtet wurde, die verschiedenen Arten der einzelnen Dateien festzulegen und durch Aufzählung von Datenfeldern die Daten gesetzlich zu umschreiben, die gemäß Abs. 2 S. 1 gespeichert werden dürfen, sind diese Eingrenzungen jeweils in einer Rechtsverordnung vorzunehmen. **S. 2** stellt klar, dass eine Rechtsverordnung nicht für „flüchtige" Dateien (§ 18 Abs. 3 BDSG) erforderlich ist.

5   **Abs. 4** regelt, dass sich die der Gefahrenabwehr dienenden Polizeidateien und die Verwendung der darin enthaltenen personenbezogenen Informationen grundsätzlich nach den einzelnen Polizeigesetzen der Länder richten, bei Verwendung der Daten für Zwecke eines **konkreten Strafverfahrens** jedoch die **Vorschriften der StPO maßgebend** sind.

§ 485 [Datenverarbeitung für Zwecke der Vorgangsverwaltung]

¹**Gerichte, Strafverfolgungsbehörden einschließlich Vollstreckungsbehörden, Bewährungshelfer, Aufsichtsstellen bei Führungsaufsicht und die Gerichtshilfe dürfen personenbezogene Daten in Dateien speichern, verändern und nutzen, soweit dies für Zwecke der Vorgangsverwaltung erforderlich ist.** ²**Eine Nutzung für die in § 483 bezeichneten Zwecke ist zulässig.** ³**Eine Nutzung für die in § 484 bezeichneten Zwecke ist zulässig, soweit die Speicherung auch nach dieser Vorschrift zulässig wäre.** ⁴**§ 483 Abs. 3 ist entsprechend anwendbar.**

1   Die Vorschrift regelt die Zulässigkeit der Speicherung, Veränderung und Nutzung personenbezogener Daten in Dateien für Zwecke der **Vorgangsverwaltung**. Aus den in den Erläuterungen zu § 483 genannten Gründen verzichtet die Vorschrift auf eine differenzierte, einzelne Daten bezeichnende gesetzliche Regelung und lässt gemäß **S. 1** eine Speicherung in dem Umfange zu, in dem diese für Zwecke der Vorgangsverwaltung erforderlich ist. Die **Erforderlichkeit** stellt zugleich die Begrenzung der Zulässigkeit des Speicherungsumfanges dar.

2   Nach **S. 2** ist eine Nutzung der nach dieser Vorschrift für Zwecke der Vorgangsverwaltung gespeicherten Daten über die reine Vorgangsverwaltung hinaus auch **für Zwecke des Strafverfahrens** zulässig; für Zwecke **künftiger** Strafverfahren ist eine Nutzung zulässig, soweit die Speicherung auch nach § 484 zulässig wäre. Diese Erweiterung der Nutzungsbefugnis über die reine Vorgangsverwaltung hinaus verfolgt den Zweck, die Stellen, die nur Speicherungen nach § 485 vornehmen und auf zulässige Speicherungen nach §§ 483 und 484 verzichten, nicht schlechter zu stellen als die Stellen, die darüber hinaus entsprechende Speicherungen vornehmen.

§ 486 [Gemeinsame Dateien]

(1) **Die personenbezogenen Daten können für die in den §§ 483 bis 485 genannten Stellen in gemeinsamen Dateien gespeichert werden.**

(2) **Bei länderübergreifenden gemeinsamen Dateien gilt für Schadenersatzansprüche eines Betroffenen § 8 des Bundesdatenschutzgesetzes entsprechend.**

Dateiregelungen § 487

Aus **Abs. 1** ergibt sich, dass eine Speicherung der personenbezogenen Daten für 1
die in den §§ 483 bis 485 genannten Stellen auch in **gemeinsamen Dateien**
zulässig ist.

Abs. 2 bestimmt für **Schadensersatzansprüche** eines **Betroffenen**, dass bei 2
länderübergreifenden gemeinsamen Dateien § 8 des Bundesdatenschutzgesetzes
entsprechend gilt. Daraus folgt, dass bei gemeinsamen Dateien innerhalb eines
Landes auch insoweit die jeweiligen landesrechtlichen Regelungen greifen.

§ 487 [Übermittlung gespeicherter Daten]

(1) ¹Die nach den §§ 483 bis 485 gespeicherten Daten dürfen den zuständigen Stellen übermittelt werden, soweit dies für die in diesen Vorschriften genannten Zwecke, für Zwecke eines Gnadenverfahrens oder der internationalen Rechtshilfe in Strafsachen erforderlich ist. ²§ 477 Abs. 2 und § 485 Satz 3 gelten entsprechend.

(2) ¹Außerdem kann Auskunft aus einer Datei erteilt werden, soweit nach den Vorschriften dieses Gesetzes Akteneinsicht oder Auskunft aus den Akten gewährt werden könnte. ²Entsprechendes gilt für Mitteilungen nach den §§ 479, 480 und 481 Abs. 1 Satz 2.

(3) ¹Die Verantwortung für die Zulässigkeit der Übermittlung trägt die übermittelnde Stelle. ²Erfolgt die Übermittlung auf Ersuchen des Empfängers, trägt dieser die Verantwortung. ³In diesem Falle prüft die übermittelnde Stelle nur, ob das Übermittlungsersuchen im Rahmen der Aufgaben des Empfängers liegt, es sei denn, dass besonderer Anlass zu einer weitergehenden Prüfung der Zulässigkeit der Übermittlung besteht.

(4) ¹Die nach den §§ 483 bis 485 gespeicherten Daten dürfen auch für wissenschaftliche Zwecke übermittelt werden. ²§ 476 gilt entsprechend.

(5) Besondere gesetzliche Bestimmungen, die die Übermittlung von Daten aus einem Strafverfahren anordnen oder erlauben, bleiben unberührt.

(6) ¹Die Daten dürfen nur zu dem Zweck verwendet werden, für den sie übermittelt worden sind. ²Eine Verwendung für andere Zwecke ist zulässig, soweit die Daten auch dafür hätten übermittelt werden dürfen.

§ 487 regelt Zulässigkeit und Umfang der Übermittlung der gespeicherten Da- 1
ten. **Abs. 1** gestattet **die Übermittlung** der nach den §§ 483, 484 gespeicherten Daten sowie der nach § 485 gespeicherten Daten, soweit dies für die in diesen Vorschriften genannten Zwecke sowie für Zwecke eines Gnadenverfahrens oder der internationalen Rechtshilfe in Strafsachen erforderlich ist. Um Lücken zu vermeiden, verzichtet die Vorschrift auf die Benennung eines abgeschlossenen Empfängerkreises und gestattet die Übermittlung an die **„zuständigen Stellen"**. Dies werden in erster Linie die in § 483 Abs. 1 genannten Stellen, die Vornahmebehörden und Bewilligungsbehörden für Zwecke der internationalen Rechtshilfe in Strafsachen und die Gnadenbehörden für Zwecke eines Gnadenverfahrens sein, aber auch die Jugendgerichtshilfe. Zulässig ist somit die Übermittlung der nach §§ 483, 484 gespeicherten Daten für bzw. in den Strafverfahren, in denen die Informationen ermittelt worden sind, an alle anderen Strafverfahren, zu denen auch die Vollstreckung gehört, sowie für die internationale Rechtshilfe in Strafsachen und Gnadensachen.

Abs. 2 bestimmt, dass eine **Dateiauskunft** anstelle einer Akteneinsichtsgewäh- 2
rung oder Auskunftserteilung aus den Akten zulässig ist, wenn und soweit nach den Vorschriften der StPO Akteneinsicht erteilt oder Auskunft aus den Akten gewährt werden könnte. Dies gilt allgemein, und damit auch für die Übermittlung von Informationen aus Strafverfahren an Polizeibehörden zur Abwehr von Gefahren; die

§ 488

Vorschrift ergänzt insoweit § 481. Voraussetzung und Rahmen einer Auskunft aus einer Datei sind identisch mit Voraussetzung und Rahmen einer Akteneinsichtsgewährung oder Auskunftserteilung aus den Akten. Die Vorschrift dient der Entlastung der Justiz. Sie wird insbesondere in den Fällen zur Anwendung kommen, in denen eine Dateiauskunft weniger arbeitsbelastend und schneller als Informationsbedürfnis des Anfragenden befriedigen kann als die Gewährung von Akteneinsicht oder Erteilung von Auskünften aus den Akten. Da Voraussetzung und Umfang einer Dateiauskunft identisch sind mit der Akteneinsichtsgewährung oder Auskunftserteilung aus den Akten, gestattet Abs. 2 **keine** über eine Akteneinsicht oder Aktenauskunft hinausgehende Auskunftserteilung. So sind zB Registeranfragen dahingehend, ob gegen eine bestimmte Person **ein Verfahren anhängig** ist oder gewesen ist, nicht gestattet.

3   **Abs. 3** stellt die **Verantwortlichkeit** für die Zulässigkeit der Datenübermittlung klar. **Abs. 4** klärt, dass die nach den §§ 483 bis 485 gespeicherten Daten auch für **wissenschaftliche Zwecke** übermittelt werden dürfen. § 476 ist entsprechend anwendbar.

4   **Abs. 5** bestimmt, dass nach **spezialgesetzlichen** Vorschriften zulässige Übermittlungen, soweit diese Übermittlungen von Daten aus einem Strafverfahren zulassen, durch die Vorschrift nicht gesperrt werden. Diese Spezialregelungen müssen sich ausdrücklich auf Daten aus Strafverfahren beziehen. Im Übrigen ist diese strafverfahrensrechtliche Übermittlungsregelung abschließend. **Abs. 6** enthält die notwendige **Zweckbindungsregelung**. Übermittelte Daten dürfen nur zu dem Zweck verwendet werden, für den sie übermittelt worden sind oder hätten übermittelt werden dürfen (vgl. § 477 Abs. 5).

§ 488 [Automatisierte Datenübermittlung]

(1) ¹**Die Einrichtung eines automatisierten Abrufverfahrens oder eines automatisierten Anfrage- und Auskunftsverfahrens ist für Übermittlungen nach § 487 Abs. 1 zwischen den in § 483 Abs. 1 genannten Stellen zulässig, soweit diese Form der Datenübermittlung unter Berücksichtigung der schutzwürdigen Interessen der Betroffenen wegen der Vielzahl der Übermittlungen oder wegen ihrer besonderen Eilbedürftigkeit angemessen ist.** ²**Die beteiligten Stellen haben zu gewährleisten, dass dem jeweiligen Stand der Technik entsprechende Maßnahmen zur Sicherstellung von Datenschutz und Datensicherheit getroffen werden, die insbesondere die Vertraulichkeit und Unversehrtheit der Daten gewährleisten; im Falle der Nutzung allgemein zugänglicher Netze sind dem jeweiligen Stand der Technik entsprechende Verschlüsselungsverfahren anzuwenden.**

(2) ¹**Für die Festlegung zur Einrichtung eines automatisierten Abrufverfahrens gilt § 10 Abs. 2 des Bundesdatenschutzgesetzes entsprechend.** ²**Diese bedarf der Zustimmung der für die speichernde und die abrufende Stelle jeweils zuständigen Bundes- und Landesministerien.** ³**Die speichernde Stelle übersendet die Festlegungen der Stelle, die für die Kontrolle der Einhaltung der Vorschriften über den Datenschutz bei öffentlichen Stellen zuständig ist.**

(3) ¹**Die Verantwortung für die Zulässigkeit des einzelnen Abrufs trägt der Empfänger.** ²**Die speichernde Stelle prüft die Zulässigkeit der Abrufe nur, wenn dazu Anlass besteht.** ³**Die speichernde Stelle hat zu gewährleisten, dass die Übermittlung personenbezogener Daten zumindest durch geeignete Stichprobenverfahren festgestellt und überprüft werden kann.** ⁴**Sie soll bei jedem zehnten Abruf zumindest den Zeitpunkt, die abgerufenen Daten, die Kennung der abrufenden Stelle und das Aktenzeichen**

Dateiregelungen **§ 489**

des Empfängers protokollieren. ⁵Die Protokolldaten dürfen nur für die Kontrolle der Zulässigkeit der Abrufe verwendet werden und sind nach zwölf Monaten zu löschen.

Die Vorschrift regelt die Zulässigkeit einer Einrichtung eines **automatisierten** 1 **Abrufverfahrens** (on-line-Verfahren) für die Übermittlung von Daten nach § 487 Abs. 1 zwischen den in § 483 Abs. 1 genannten **Stellen,** also an Strafverfolgungsbehörden und Strafgerichte und, soweit es sich um Übermittlungen der nach den §§ 483, 485 gespeicherten Daten handelt, darüber hinaus an Vollstreckungsbehörden, Bewährungshelfer, Aufsichtsstellen bei Führungsaufsicht und Gerichtshilfe für die in den jeweiligen Vorschriften bezeichneten Zwecke. Die Vorschrift legt die **Voraussetzungen** nach Abs. 1 für die Einrichtung eines automatisierten Abrufverfahrens fest. Dieses Verfahren muss unter Berücksichtigung der **schutzwürdigen Interessen** der Betroffenen und der Erfüllung der Aufgaben des Empfängers **angemessen** sein. Die Angemessenheit kann zB bei einem Bedürfnis nach besonders schneller Auskunft gegeben sein sowie bei einem sehr großen Umfang von Übermittlungen (Massenübermittlungen).

Abs. 2 schreibt durch die entsprechende Anwendbarkeit des § 10 Abs. 2 BDSG 2 vor, welche **Einzelheiten** über das automatisierte Abrufverfahren vor Einrichtung festzulegen sind. Dies sind: Anlass und Zweck des Abrufverfahrens, Datenempfänger, Art der zu übermittelnden Daten und die nach § 9 des BDSG erforderlichen technischen und organisatorischen Maßnahmen, soweit diese nicht schon durch § 486 sichergestellt sind. Die schriftlichen Festlegungen bedürfen der Zustimmung der für die am automatisierten Abrufverfahren Beteiligten zuständigen **Landesjustizverwaltungen** oder – bei Speicherung oder Abruf durch eine öffentliche Stelle des Bundes – des **Bundesjustizministeriums.**

Abs. 3 regelt die **Verantwortlichkeit** für die Zulässigkeit der Abrufe im Einzel- 3 fall und stellt sicher, dass die Übermittlung personenbezogener Daten zumindest durch geeignete Stichprobenverfahren festgestellt und überprüft werden kann. Die in **S. 5** enthaltene Zweckbindung der Verwendung der bei den Stichproben anfallenden Protokolldaten umfasst, also erlaubt auch die Verwendung zur Ahndung unbefugter Abrufe.

§ 489 [Berichtigung, Löschung und Sperrung gespeicherter Daten]

(1) **Personenbezogene Daten in Dateien sind zu berichtigen, wenn sie unrichtig sind.**

(2) ¹Sie sind zu löschen, wenn ihre Speicherung unzulässig ist oder sich aus Anlass einer Einzelfallbearbeitung ergibt, dass die Kenntnis der Daten für die in den §§ 483, 484, 485 jeweils bezeichneten Zwecke nicht mehr erforderlich ist. ²Es sind ferner zu löschen

1. nach § 483 gespeicherte Daten mit der Erledigung des Verfahrens, soweit ihre Speicherung nicht nach den §§ 484, 485 zulässig ist,
2. nach § 484 gespeicherte Daten, soweit die Prüfung nach Absatz 4 ergibt, dass die Kenntnis der Daten für den in § 484 bezeichneten Zweck nicht mehr erforderlich ist und ihre Speicherung nicht nach § 485 zulässig ist,
3. nach § 485 gespeicherte Daten, sobald ihre Speicherung zur Vorgangsverwaltung nicht mehr erforderlich ist.

(3) ¹Als Erledigung des Verfahrens gilt die Erledigung bei der Staatsanwaltschaft oder, sofern die öffentliche Klage erhoben wurde, bei Gericht. ²Ist eine Strafe oder eine sonstige Sanktion angeordnet worden, ist der Abschluss der Vollstreckung oder der Erlass maßgeblich. ³Wird das Verfahren eingestellt und hindert die Einstellung die Wiederaufnahme der Verfol-

gung nicht, so ist das Verfahren mit Eintritt der Verjährung als erledigt anzusehen.

(4) ¹Die speichernde Stelle prüft nach festgesetzten Fristen, ob nach § 484 gespeicherte Daten zu löschen sind. ²Die Frist beträgt
1. bei Beschuldigten, die zur Zeit der Tat das achtzehnte Lebensjahr vollendet hatten, zehn Jahre,
2. bei Jugendlichen fünf Jahre,
3. in den Fällen des rechtskräftigen Freispruchs, der unanfechtbaren Ablehnung der Eröffnung des Hauptverfahrens und der nicht nur vorläufigen Verfahrenseinstellung drei Jahre,
4. bei nach § 484 Abs. 1 gespeicherten Personen, die zur Tatzeit nicht strafmündig waren, zwei Jahre.

(5) Die speichernde Stelle kann in der Errichtungsanordnung nach § 490 kürzere Prüffristen festlegen.

(6) ¹Werden die Daten einer Person für ein weiteres Verfahren in der Datei gespeichert, so unterbleibt die Löschung, bis für alle Eintragungen die Löschungsvoraussetzungen vorliegen. ²Absatz 2 Satz 1 bleibt unberührt.

(7) ¹An die Stelle einer Löschung tritt eine Sperrung, soweit
1. Grund zu der Annahme besteht, dass schutzwürdige Interessen einer betroffenen Person beeinträchtigt würden,
2. die Daten für laufende Forschungsarbeiten benötigt werden oder
3. eine Löschung wegen der besonderen Art der Speicherung nicht oder nur mit unverhältnismäßigem Aufwand möglich ist.

²Personenbezogene Daten sind ferner zu sperren, soweit sie nur zu Zwecken der Datensicherung oder der Datenschutzkontrolle gespeichert sind. ³Gesperrte Daten dürfen nur für den Zweck verwendet werden, für den die Löschung unterblieben ist. ⁴Sie dürfen auch verwendet werden, soweit dies zur Behebung einer bestehenden Beweisnot unerlässlich ist.

(8) Stellt die speichernde Stelle fest, dass unrichtige, zu löschende oder zu sperrende personenbezogene Daten übermittelt worden sind, so ist dem Empfänger die Berichtigung, Löschung oder Sperrung mitzuteilen, wenn dies zur Wahrung schutzwürdiger Interessen des Betroffenen erforderlich ist.

(9) Anstelle der Löschung der Daten sind die Datenträger an ein Staatsarchiv abzugeben, soweit besondere archivrechtliche Regelungen dies vorsehen.

1 Die Vorschrift regelt die Berichtigung, Löschung und Sperrung von Daten in Dateien nach den §§ 483 bis 485. Sie gilt nicht, soweit sich die Verwendung nach dem Polizeirecht richtet (§ 484 Abs. 4). Abs. 1 verpflichtet die speichernde Stelle, unrichtige personenbezogene Daten zu **berichtigen.** Diese Verpflichtung besteht **unabhängig von einem Antrag des Betroffenen,** zB, wenn sich die Unrichtigkeit anlässlich einer Bearbeitung ergibt.

2 Abs. 2 bestimmt, dass in Dateien gespeicherte personenbezogene Daten **zu löschen** sind, wenn ihre Speicherung unzulässig ist, oder wenn sich aus Anlass einer Einzelfallbearbeitung ergibt, dass die Kenntnis der Daten für die in den jeweiligen Vorschriften bezeichneten Speicherzwecke (§ 483 – für Zwecke des Strafverfahrens; § 484 – für Zwecke künftiger Strafverfahren; § 485 – für Zwecke der Vorgangsverwaltung) nicht mehr erforderlich ist. S. 2 bestimmt weitere **Löschungsvoraussetzungen** differenziert nach dem Speicherzweck. Danach sind zu löschen in einer Strafverfahrensdatei (§ 483) gespeicherte Daten grundsätzlich mit **Verfahrenserle-**

Dateiregelungen **§ 489**

digung, in einer Datei für Zwecke künftiger Strafverfahren (§ 484) gespeicherte Daten, soweit das Ergebnis der nach Absatz 4 vorzunehmenden Prüfung ist, dass die Kenntnis der Daten für den Speicherzweck **nicht mehr erforderlich** ist, und in einer Vorgangsverwaltungsdatei (§ 485) gespeicherte Daten **nach Wegfall der Erforderlichkeit** der Speicherung.

Abs. 3 bestimmt, was als Verfahrenserledigung gilt. **S. 3** ermöglicht, die für 3 Zwecke des Strafverfahrens gespeicherten Daten so lange verfügbar zu halten, wie das Strafverfahren betrieben bzw. fortgesetzt werden kann.

Abs. 4 bestimmt **Aussonderungsprüffristen** bei Speicherungen für Zwecke 4 künftiger Strafverfahren (§ 484). Die Fristen betragen (entsprechend der in § 32 Abs. 3 BKAG enthaltenen Regelung) bei Beschuldigten, die zur Tatzeit das **achtzehnte Lebensjahr** vollendet hatten, **zehn Jahre,** bei **Jugendlichen fünf Jahre,** in den Fällen des **rechtskräftigen Freispruchs,** der unanfechtbaren Ablehnung der Eröffnung des Hauptverfahrens und der nicht nur vorläufigen Verfahrenseinstellung **drei Jahre,** bei zur Tatzeit **nicht Strafmündigen zwei Jahre.** Die letztgenannte Frist trifft keine Aussage über die Frage einer grundsätzlichen Zulässigkeit einer solchen Speicherung entsprechender personenbezogener Informationen. Im Regelfall werden Speicherungen personenbezogener Informationen von zur Tatzeit Strafunmündigen nicht erforderlich und deswegen unzulässig sein. Es sind jedoch Einzelfälle nicht auszuschließen, in denen Daten von zur Tatzeit Strafunmündigen gespeichert worden sind, etwa wenn ihr Alter im Zeitpunkt der Speicherung nicht bekannt war. Für diese Fälle ist die Aussonderungsprüffrist von Bedeutung.

Abs. 5 bestimmt, dass die speichernde Stelle an die Aussonderungsprüffristen 5 insoweit nicht gebunden ist, als die **kürzere Prüffristen** festlegen kann. **Abs. 6** regelt, dass eine Löschung unterbleibt, wenn vor Fristablauf ein weiteres Verfahren gespeichert wird, es sei denn, eine Speicherung ist unzulässig oder die Kenntnis der Daten für den jeweiligen Zweck nicht mehr erforderlich.

Abs. 7 regelt weitere Fälle, in denen ausnahmsweise eine Löschung der Daten 6 unterbleibt. Die Regelung in **S. 1 Nummer 1** verfolgt das Ziel, für den Betroffenen potentiell günstige Informationen verfügbar zu erhalten. Dieser soll davor geschützt werden, dass er durch den endgültigen Verlust von Daten oder Beweismitteln Nachteile erleidet. Wann eine Beeinträchtigung **schutzwürdiger Belange** der betroffenen Person vorliegt, lässt sich nicht abstrakt – generell definieren. Vielmehr muss unter Berücksichtigung der Umstände des Einzelfalls geprüft werden, ob dem Betroffenen durch die Löschung Nachteile entstehen. Auch soweit die Behebung einer bestehenden Beweisnot ausschließlich durch Aufrechterhaltung der Speicherung möglich ist, unterbleibt eine Löschung. Ein weiterer Fall des Unterbleibens der Löschung von Daten trotz Eintritts der Löschungsreife ist die Notwendigkeit zusätzlicher Nutzung der für andere Zwecke gespeicherten Daten in einem bereits laufenden Forschungsvorhaben **(Nummer 2).** Des Weiteren werden die Daten nur gesperrt, wenn eine Löschung wegen der Art der Speicherung nicht oder nur mit unverhältnismäßigem Aufwand möglich ist **(Nummer 3).** Sperren bedeutet das Kennzeichnen gespeicherter personenbezogener Daten, um ihre weitere Verarbeitung oder Nutzung auszuschließen. **S. 2** regelt den Fall der Sperrung, wenn Daten nur zur Datensicherung oder Datenschutzkontrolle gespeichert sind. S. 3 enthält eine Zweckbindungsklausel.

Abs. 8 regelt eine **Nachberichtspflicht.** Die Mitteilung kann unterbleiben, 7 wenn keine Anhaltspunkte bestehen, dass sie zur Wahrung schutzwürdiger Interessen des Betroffenen erforderlich ist. Nach **Abs. 9** können die Datenträger anstelle der Löschung der Daten an ein Staatsarchiv abgegeben werden, soweit besondere archivrechtliche Regelungen dies vorsehen. In diesen Fällen verbleiben keine Daten, insbesondere keine Kopien bei der speichernden Stelle. Die Regelung soll ermöglichen, dass personenbezogene Daten, die zu löschen wären, einem Staatsarchiv angeboten werden können und, sofern ihnen zB bleibender Wert im Sinne von § 3

1119

§§ 490, 491   Achtes Buch. 2. Abschnitt

Bundesarchivgesetz zukommt, übergeben werden können. **Abs. 9** stellt somit klar, dass § 490 keine archivrechtlichen Regelungen vorgehende Rechtsvorschrift über die Vernichtung von Unterlagen ist (vgl. Bundesrat Drucks. 65/99 S. 71 ff.).

§ 490 [Errichtungsanordnung für automatisierte Dateien]

¹ **Die speichernde Stelle legt für jede automatisierte Datei in einer Errichtungsanordnung mindestens fest:**
1. die Bezeichnung der Datei,
2. die Rechtsgrundlage und den Zweck der Datei,
3. den Personenkreis, über den Daten in der Datei verarbeitet werden,
4. die Art der zu verarbeitenden Daten,
5. die Anlieferung oder Eingabe der zu verarbeitenden Daten,
6. die Voraussetzungen, unter denen in der Datei verarbeitete Daten an welche Empfänger und in welchem Verfahren übermittelt werden,
7. Prüffristen und Speicherungsdauer.

² Dies gilt nicht für Dateien, die nur vorübergehend vorgehalten und innerhalb von drei Monaten nach ihrer Erstellung gelöscht werden.

1   Die Vorschrift regelt das Erfordernis einer **Errichtungsanordnung** sowie deren Inhalt durch die speichernde Stelle. Die Errichtungsanordnung dient sowohl der Eigenkontrolle der Stelle, die eine Datei errichtet, als auch der externen Kontrolle, zB durch den Beauftragten für den Datenschutz. Sie ist im Übrigen für einen geordneten Betrieb einer Datei unerlässliche Voraussetzung.

2   S. 2 enthält eine Ausnahme für die sog. **Kurzzeitdateien.** Bei Errichtung einer solchen Datei wäre der mit der Festlegung einer Errichtungsanordnung verbundene Aufwand in der Regel unverhältnismäßig (LR-Hilger Rn. 10; KK-Franke Rn. 2).

§ 491 [Auskunft an Betroffene]

(1) ¹Dem Betroffenen ist, soweit die Erteilung oder Versagung von Auskünften in diesem Gesetz nicht besonders geregelt ist, entsprechend § 19 des Bundesdatenschutzgesetzes Auskunft zu erteilen. ²Auskunft über Verfahren, bei denen die Einleitung des Verfahrens bei der Staatsanwaltschaft im Zeitpunkt der Beantragung der Auskunft noch nicht mehr als sechs Monate zurückliegt, wird nicht erteilt. ³Die Staatsanwaltschaft kann die Frist des Satzes 2 auf bis zu 24 Monate verlängern, wenn wegen der Schwierigkeit oder des Umfangs der Ermittlungen im Einzelfall ein Geheimhaltungsbedürfnis fortbesteht. ⁴Über eine darüber hinausgehende Verlängerung der Frist entscheidet der Generalstaatsanwalt, in Verfahren der Generalbundesanwaltschaft der Generalbundesanwalt. ⁵Die Entscheidungen nach den Sätzen 3 und 4 und die Gründe hierfür sind zu dokumentieren. ⁶Der Antragsteller ist unabhängig davon, ob Verfahren gegen ihn geführt werden oder nicht, auf die Regelung in den Sätzen 2 bis 5 hinzuweisen.

(2) ¹Ist der Betroffene bei einer gemeinsamen Datei nicht in der Lage, die speichernde Stelle festzustellen, so kann er sich an jede beteiligte speicherungsberechtigte Stelle wenden. ²Über die Erteilung einer Auskunft entscheidet diese im Einvernehmen mit der Stelle, die die Daten eingegeben hat.

1   **Abs. 1** regelt, dass die Auskunftserteilung an einen **Betroffenen** nach § 19 des Bundesdatenschutzgesetzes erfolgt. Der **Begriff des Betroffenen** richtet sich dabei nach § 3 BDSG. Die Regelung gilt nicht für Verfahrensbeteiligte und für Auskünfte und Akteneinsicht nach § 475. Die Auskunft aus Akten wird durch die Regelung

nicht berührt; sie richtet sich nach den Datenschutzgesetzen, die allgemein einen Anspruch des Betroffenen auf Auskunft aus Akten öffentlicher Stellen vorsehen.

Nach **Abs.** 2 kann sich der Betroffene, sofern er bei gemeinsamen Dateien die speichernde Stelle nicht feststellen kann, an jede an der gemeinsamen Datei beteiligte speicherungsberechtigte Stelle wenden, die den sich aus § 19 des Bundesdatenschutzgesetzes ergebenden Auskunftspflichten im Einvernehmen mit der Stelle nachkommen muss, die die Daten in die gemeinsame Datei eingegeben hat (Bundesrat Drucks. 65/99 S. 74). 2

Dritter Abschnitt. Länderübergreifendes
staatsanwaltschaftliches Verfahrensregister

§ 492 [Zentrales staatsanwaltschaftliches Verfahrensregister]

(1) **Bei dem Bundeszentralregister wird ein zentrales staatsanwaltschaftliches Verfahrensregister geführt.**

(2) ¹**In das Register sind**
1. **die Personendaten des Beschuldigten und, soweit erforderlich, andere zur Identifizierung geeignete Merkmale,**
2. **die zuständige Stelle und das Aktenzeichen,**
3. **die nähere Bezeichnung der Straftaten, insbesondere die Tatzeiten, die Tatorte und die Höhe etwaiger Schäden,**
4. **die Tatvorwürfe durch Angabe der gesetzlichen Vorschriften,**
5. **die Einleitung des Verfahrens sowie die Verfahrenserledigungen bei der Staatsanwaltschaft und bei Gericht nebst Angabe der gesetzlichen Vorschriften**

einzutragen. ²**Die Daten dürfen nur für Strafverfahren gespeichert und verändert werden.**

(3) ¹Die Staatsanwaltschaften teilen die einzutragenden Daten der Registerbehörde zu dem in Absatz 2 Satz 2 genannten Zweck mit. ²Auskünfte aus dem Verfahrensregister dürfen nur Strafverfolgungsbehörden für Zwecke eines Strafverfahrens erteilt werden. ³§ 5 Abs. 5 Satz 1 Nr. 2 des Waffengesetzes bleibt unberührt; die Auskunft über die Eintragung wird insoweit im Einvernehmen mit der Staatsanwaltschaft, die die personenbezogenen Daten zur Eintragung in das Verfahrensregister mitgeteilt hat, erteilt, wenn hiervon eine Gefährdung des Untersuchungszwecks nicht zu besorgen ist.

(4) ¹Die in Absatz 2 Satz 1 Nr. 1 und 2 genannten Daten dürfen nach Maßgabe des § 18 Abs. 3 des Bundesverfassungsschutzgesetzes, auch in Verbindung mit § 10 Abs. 2 des Gesetzes über den Militärischen Abschirmdienst und § 8 Abs. 3 des Gesetzes über den Bundesnachrichtendienst, auf Ersuchen auch an die Verfassungsschutzbehörden des Bundes und der Länder, das Amt für den Militärischen Abschirmdienst und den Bundesnachrichtendienst übermittelt werden. ²§ 18 Abs. 5 Satz 2 des Bundesverfassungsschutzgesetzes gilt entsprechend.

(4 a) ¹Kann die Registerbehörde eine Mitteilung oder ein Ersuchen einem Datensatz nicht eindeutig zuordnen, übermittelt sie an die ersuchende Stelle zur Identitätsfeststellung Datensätze zu Personen mit ähnlichen Personalien. ²Nach erfolgter Identifizierung hat die ersuchende Stelle alle Daten, die sich nicht auf den Betroffenen beziehen, unverzüglich zu löschen. ³Ist eine Identifizierung nicht möglich, sind alle übermittelten Daten zu löschen. ⁴In der Rechtsverordnung nach § 494 Abs. 4 ist die Anzahl

§ 493

Achtes Buch. 3. Abschnitt

der Datensätze, die auf Grund eines Abrufs übermittelt werden dürfen, auf das für eine Identifizierung notwendige Maß zu begrenzen.

(5) ¹Die Verantwortung für die Zulässigkeit der Übermittlung trägt der Empfänger. ²Die Registerbehörde prüft die Zulässigkeit der Übermittlung nur, wenn besonderer Anlaß hierzu besteht.

(6) **Die Daten dürfen unbeschadet des Absatzes 3 Satz 3 und des Absatzes 4 nur in Strafverfahren verwendet werden.**

1   Registerbehörde ist der **GBA**; das Register wird beim BZR geführt **(Abs. 1)**. Nähere Einzelheiten der Einrichtung regelt die Errichtungsanordnung v. 7. 8. 1995 (BAnz. Nr. 163) abgedruckt nach den Erläuterungen zu § 476.

2   Gespeichert werden nach **Abs. 2 S. 1** alle staatsanwaltschaftlichen Ermittlungsverfahren, die gegen einen bestimmten, bekannten Täter gerichtet sind. Eine Beschränkung auf Daten aus Straftaten erheblicher oder überörtlicher Bedeutung findet nicht statt (vgl. BT-Drs. 12/6853 s. 37; Hoffmann ZRP 1990, 59). Speicherung und Veränderung der Angaben nach Abs. 2 S. 1 Nr. 1–5 sind **nur für Strafverfahren** zulässig **(Abs. 2 S. 2)**, eine Speicherung für OWi-Verfahren ist unzulässig.

3   Die StA hat eine **Mitteilungspflicht (Abs. 3 S. 1)**. Stets müssen die Einleitung eines Verfahrens sowie die Art der Erledigung durch die StA (Einstellung, Anklageerhebung, Strafbefehlsantrag) und durch das Gericht (Nichteröffnung, Einstellung auch nach § 205, Verurteilung, Freispruch) mitgeteilt werden (Abs. 2 S. 1 Nr. 5). **Auskünfte** sind nur nach Maßgabe des **Abs. 3 S. 2** zulässig; sie dürfen nur an Strafverfolgungsbehörden (StA, Finanzbehörden in den Fällen der §§ 399, 386 und § 402 AO, Steuer- und Zollfahndungsdienststellen), **nicht** aber an Verwaltungsbehörden für Bußgeldverfahren und auch nicht an **Gerichte** erteilt werden. **Abs. 4** erweitert die Auskunftsberechtigung auf die Verfassungsschutzbehörden, den MAD und den BND. Soweit diese Dienste berechtigt sind, die StA um Auskünfte zu ersuchen, können die Ersuchen direkt an die Registerbehörde gerichtet werden; die direkte Auskunft ist aber nach Abs. 4 auf die Angaben nach Abs. 2 Nr. 1 u. 2 **beschränkt.** Weitergehende Auskünfte erhalten die Dienste von der StA auf gesonderten Nachweis von Zweck und Veranlassung der Anfrage (Abs. 4 S. 2 iVm § 18 Abs. 5 S. 2 BVerfSchG). **Abs. 4 a** regelt die Tatsache, wenn die Registerbehörde eine Mitteilung oder ein Ersuchen einem Datensatz nicht zuordnen kann.

4   Die **Verantwortung** für die Zulässigkeit einer Datenübermittlung trägt grds. der Anfragende (**Abs. 5 S. 1;** vgl. § 15 Abs. 2 S. 2 u. 3 BDSG). Die Registerbehörde nimmt nur **Anlassprüfungen** nach **Abs. 3 S. 2** vor; der Anfragende muss dann die zur Prüfung der Zulässigkeit erforderlichen Angaben machen.

5   Die **Zweckbindungsklausel** des **Abs. 6** entspricht Abs. 3 S. 2; eine **Verwertung** der übermittelten Daten ist nur im Strafverfahren zulässig. Der Begriff des Strafverfahrens umfasst die Strafverfolgung, die Strafvollstreckung einschließlich der Bewährungsaufsicht, das Gnadenwesen, die internationale Rechtshilfe und die Dienstaufsicht (KK-Franke Rn. 11 mwN). Es muss sich nicht um das Verfahren handeln, in welchem die Übermittlung erfolgt ist (vgl. BT-Drs. 12/6853 S. 38).

§ 493 [Automatisiertes Abrufverfahren]

(1) ¹**Die Übermittlung der Daten erfolgt im Wege eines automatisierten Abrufverfahrens oder eines automatisierten Anfrage- und Auskunftsverfahrens, im Falle einer Störung der Datenfernübertragung oder bei außergewöhnlicher Dringlichkeit telefonisch oder durch Telefax.** ²**Die beteiligten Stellen haben zu gewährleisten, dass dem jeweiligen Stand der Technik entsprechende Maßnahmen zur Sicherstellung von Datenschutz und Datensicherheit getroffen werden, die insbesondere die Vertraulichkeit und Unversehrtheit der Daten gewährleisten; im Falle der Nutzung allgemein**

zugänglicher Netze sind dem jeweiligen Stand der Technik entsprechende Verschlüsselungsverfahren anzuwenden.

(2) ¹Für die Festlegungen zur Einrichtung eines automatisierten Abrufverfahrens findet § 10 Abs. 2 des Bundesdatenschutzgesetzes Anwendung. ²Die Registerbehörde übersendet die Festlegungen dem Bundesbeauftragten für den Datenschutz.

(3) ¹Die Verantwortung für die Zulässigkeit des einzelnen automatisierten Abrufs trägt der Empfänger. ²Die Registerbehörde prüft die Zulässigkeit der Abrufe nur, wenn dazu Anlaß besteht. ³Sie hat bei jedem zehnten Abruf zumindest den Zeitpunkt, die abgerufenen Daten, die Kennung der abrufenden Stelle und das Aktenzeichen des Empfängers zu protokollieren. ⁴Die Protokolldaten dürfen nur für die Kontrolle der Zulässigkeit der Abrufe verwendet werden und sind nach sechs Monaten zu löschen.

(4) Die Absätze 2 und 3 gelten für das automatisierte Anfrage- und Auskunftsverfahren entsprechend.

Diese Vorschrift regelt die Übermittlung der Daten im Wege eines automatisierten Abrufverfahrens oder eines automatisierten Anfrage- und Auskunftsverfahrens. Es müssen nach dem jeweiligen Stand der Technik entsprechende Maßnahmen zum Datenschutz getroffen werden. 1

§ 494 [Berichtigung und Löschung der Daten]

(1) ¹Die Daten sind zu berichtigen, wenn sie unrichtig sind. ²Die zuständige Stelle teilt der Registerbehörde die Unrichtigkeit unverzüglich mit; sie trägt die Verantwortung für die Richtigkeit und die Aktualität der Daten.

(2) ¹Die Daten sind zu löschen,
1. wenn ihre Speicherung unzulässig ist oder
2. sobald sich aus dem Bundeszentralregister ergibt, daß in dem Strafverfahren, aus dem die Daten übermittelt worden sind, eine nach § 20 des Bundeszentralregistergesetzes mitteilungspflichtige gerichtliche Entscheidung oder Verfügung der Strafverfolgungsbehörde ergangen ist.

²Wird der Beschuldigte rechtskräftig freigesprochen, die Eröffnung des Hauptverfahrens gegen ihn unanfechtbar abgelehnt oder das Verfahren nicht nur vorläufig eingestellt, so sind die Daten zwei Jahre nach der Erledigung des Verfahrens zu löschen, es sei denn, vor Eintritt der Löschungsfrist wird ein weiteres Verfahren zur Eintragung in das Verfahrensregister mitgeteilt. ³In diesem Fall bleiben die Daten gespeichert, bis für alle Eintragungen die Löschungsvoraussetzungen vorliegen. ⁴Die Staatsanwaltschaft teilt der Registerbehörde unverzüglich den Eintritt der Löschungsvoraussetzungen oder den Beginn der Löschungsfrist nach Satz 2 mit.

(3) § 489 Abs. 7 und 8 gilt entsprechend.

(4) Das Bundesministerium der Justiz bestimmt durch Rechtsverordnung mit Zustimmung des Bundesrates die näheren Einzelheiten, insbesondere
1. die Art der zu verarbeitenden Daten,
2. die Anlieferung der zu verarbeitenden Daten,
3. die Voraussetzungen, unter denen in der Datei verarbeitete Daten an welche Empfänger und in welchem Verfahren übermittelt werden,
4. die Einrichtung eines automatisierten Abrufverfahrens,
5. die nach § 9 des Bundesdatenschutzgesetzes erforderlichen technischen und organisatorischen Maßnahmen.

§ 494

1 Eine **Berichtigung** unrichtiger Daten **(Abs. 1)** erfolgt auf Mitteilung der datenerhebenden Stelle (StA), die die Verantwortung für die Richtigkeit und Aktualität der Daten trägt.

2 Eine **Löschung** gespeicherter Daten **(Abs. 2)** erfolgt bei Unzulässigkeit der Speicherung (vgl. § 474 Abs. 2), bei Eingang eintragungspflichtiger Mitteilungen an das BZR (§ 20 BZRG), um Doppelspeicherungen zu vermeiden, sowie bei Verfahrenserledigung in den Fällen des Abs. 2 S. 2. Bei Einstellung nach § 205 erfolgt keine Löschung, wohl aber bei Einstellung nach §§ 153 ff., 170 Abs. 2 (Meyer-Goßner Rn. 6). Die **Löschungsfrist** beginnt mit der Rechtskraft der Verfahrenserledigung; das genaue Datum ist unverzüglich mitzuteilen (Abs. 2 S. 4). Die Löschungsfrist ist auch in den Fällen des Freispruchs, der Ablehnung der Eröffnung und der Einstellung nach §§ 206 a, 206 b rechtsstaatlich unbedenklich (**aA** Meyer-Goßner Rn. 9).

3 Eine **Sperrung** gespeicherter Daten statt ihrer Löschung tritt unter den Voraussetzungen des Abs. 2 in den Fällen des **Abs. 3** ein. Die Ausnahme von der **Zweckbindungsklausel** des Abs. 3 S. 3 bei Beweisnot ist restriktiv auszulegen; die Unerlässlichkeit der Verwertung ist von der anfragenden Behörde im Einzelnen darzulegen.

4 Eine **Benachrichtigungspflicht** der Registerbehörde gegenüber dem Übermittlungsempfänger (§ 474 Abs. 3 S. 2, Abs. 4) regelt **Abs. 4**. Die Mitteilung kann unterbleiben, wenn keine Anhaltspunkte dafür bestehen, dass sie zur Wahrung schutzwürdiger Interessen des Betroffenen erforderlich ist.

5 Die **Errichtungsanordnung** nach **Abs. 5** v. 7. 8. 1995 BAnz. Nr. 163 lautet:

Allgemeine Verwaltungsvorschrift über eine Errichtungsanordnung für das länderübergreifende staatsanwaltschaftliche Verfahrensregister
Nach § 476 StPO idF der Bekanntm. v. 7. 4. 1987 (BGBl. I S. 1074, 1319), geändert durch Art. 4 des Ges. v. 28. 10. 1994 (GBl. I S. 3186), erlässt der Bundesminister der Justiz folgende allgemeine Verwaltungsvorschrift

   1. Bezeichnung der Datei
   Staatsanwaltschaftliches Verfahrensregister
   2. Zweck der Datei
   2.1 Die Datei dient der Verarbeitung von Daten aller im Bundesgebiet anhängigen Ermittlungs- und Strafverfahren und somit der Verbesserung des Informationsstandes der Auskunftsberechtigten.
   2.2 Die Datei wird bei dem Generalbundesanwalt bei dem Bundesgerichtshof – Dienststelle Bundeszentralregister – (Registerbehörde) geführt.
   3. Rechtsgrundlage
   3.1 Für die Führung der Datei sind Rechtsgrundlagen die §§ 474 ff. StPO.
   3.2 Für die Datenanlieferung durch die Staatsanwaltschaften und die in steuerstrafrechtlichen Angelegenheiten diesen gleichgestellten Finanzbehörden (§§ 399, 386 AO) ist Rechtsgrundlage der § 474 Abs. 3 StPO.
   4. Betroffener Personenkreis
   Aufnahme in die Datei finden Daten aller Beschuldigten in einem Ermittlungs- und Strafverfahren einschließlich steuerstrafrechtlicher Verfahren.
   5. Arten der zu verarbeitenden Daten
   5.1 Rechtmäßige Personalien / andere Personalien
     – Geburtstag
     – Geburtsname
     – Familienname, bei Abweichung von Geburtsnamen
     – Vorname(n)
     – Geburtsort
     – Staatsangehörigkeit
     – letzte bekannte Anschrift (Straße und Hausnummer, Postleitzahl und Ortsname, oder Anschrift der Justizvollzugsanstalt mit Gefangenenbuchnummer)

Länderübergreifendes staatsanwaltschaftl. Verfahrensregister **§ 494**

- *Geschlecht*
- *abweichende Personendaten (zB Geschiedenen-, Verwitweten-, früherer, Alias-, Arbeits-, Künstler-, Deck-, Spitz-, sonstiger Name) und besondere körperliche Merkmale, unveränderliche Kennzeichen (Muttermale, Narben, Tätowierungen pp.)*

5.2 Vorgangsdaten
- *zuständige Staatsanwaltschaft bzw. Finanzbehörde, soweit diese das Ermittlungsverfahren nach §§ 399, 386 AO selbstständig führt*
- *Aktenzeichen*
- *sachbearbeitende Polizeibehörde/-dienststelle, Zollfahndungsstelle oder Dienststelle der Steuerfahndung und deren Aktenzeichen (Tagebuchnummer)*
- *Zeit(en), Zeitraum der Tatbegehung*
- *verletzte(s) Gesetz(e)*
- *verletzte Norm(en)*
- *Klassifizierung der Straftat(ent) (zB Handtaschenraub, Straßenraub, Beschaffungsdelikt usw.)*
- *Hinweis auf Mitbeschuldigte*
- *Stand des Verfahrens (insbesondere gem. Anlage)*

6. Anlieferung und Auskunftsersuchen
6.1 Alle Staatsanwaltschaften der Bundesrepublik Deutschland und die in steuerstrafrechtlichen Angelegenheiten diesen gleichgestellten Finanzbehörden beginnen mit der Übermittlung der Daten an die Registerbehörde in eine eigens für Zwecke der Anlieferung bereitgestellte „Anlieferungsdatei", sobald die Registerbehörde die dafür erforderlichen EDV-technischen Voraussetzungen geschaffen hat. Weitere Mitteilungen erfolgen bei jeder Änderung der Daten im Sinne von Ziff. 5. Die Unrichtigkeit von Daten ist gemäß § 476 Abs. 1 StPO der Registerbehörde unverzüglich mitzuteilen.
6.2 Die Übermittlung der Daten an die Registerbehörde erfolgt per Leitung. Sie ist grundsätzlich zeitgleich mit der Einleitung eines Ermittlungsverfahrens vorzunehmen. Stehen Gründe einer außergewöhnlichen Geheimhaltungsbedürftigkeit einer Übermittlung von Daten an die Registerbehörde bei Einleitung eines Ermittlungsverfahrens entgegen, so entscheidet der Behördenleiter oder eine von diesem bestimmte Person über Zeitraum und ggf. Umfang der Zurückstellung der Übermittlung unter Berücksichtigung der gebotenen Vollständigkeit des staatsanwaltschaftlichen Verfahrensregisters.
6.3 Eine Übermittlung unterbleibt,
  a) solange diese durch Entscheidung des Behördenleiters oder durch eine von diesem bestimmte Person wegen außergewöhnlicher Geheimhaltungsbedürftigkeit zurückgestellt ist,
  b) im Falle der Ablehnung der Einleitung eines Ermittlungsverfahrens.
6.4 Auskunftsersuchen werden per Leitung übermittelt. In Ausnahmefällen können die Staatsanwaltschaften und die in steuerstrafrechtlichen Angelegenheiten diesen gleichgestellten Finanzbehörden auch telefonisch oder fernschriftlich um Auskunft ersuchen.

7. Auskunftsbetrieb / Übermittlung
7.1 Die Registerbehörde nimmt den Auskunftsbetrieb aus dem staatsanwaltschaftlichen Verfahrensregister drei Monate nach Beginn der Übermittlungen durch die Staatsanwaltschaften auf.
7.2 Die Übermittlung der in Ziff. 5 genannten Daten erfolgt an die Staatsanwaltschaft bzw. an die in steuerstrafrechtlichen Angelegenheiten dieser gleichgestellten Finanzbehörde, von der eine Mitteilung über ein neues Ermittlungsverfahren eingeht. Ferner darf eine Übermittlung dieser Daten auf Ersuchen der Strafverfolgungsbehörden erfolgen. Zu diesen gehören Staatsanwaltschaften, Finanzbehörden, soweit diese die Ermittlungsverfahren nach §§ 399, 386 AO selbstständig führen, Polizei-/Sonderpolizeibehörden, soweit sie im Einzelfall repressiv tätig sind, Finanzbehörden in Ermittlungsverfahren nach § 402 AO sowie Steuer- und Zollfahndungsdienststellen. Auf Ersuchen dürfen nach Maßgabe der in § 474 Abs. 4 StPO genannten Bestimmungen die in Nr. 5.1 genannten Daten mit der Angabe der zuständigen Staatsanwaltschaft und deren Geschäftszeichen sowie der sachbearbeitenden Polizeibehörde/-dienststelle auch an die Verfassungsschutzbehörden des Bundes und der Länder, an das Amt für den Militärischen Abschirmdienst und an den Bundesnachrichtendienst übermittelt werden. Kann die Registerbehörde in den Fällen der Sätze 1 bis 3 eine Mitteilung oder ein Ersuchen einem Datensatz nur teilweise zuordnen, darf sie zur Identitätsprüfung auch die Angaben derjenigen Ermittlungsverfahren übermitteln, die im staatsanwaltschaftlichen Verfahrensregister unter abweichenden, aber ähnlichen Personendaten gespeichert sind. Nach erfolgter Identifizierung sind die ähnlichen, jedoch andere Personen betreffenden Daten zu vernichten, soweit sie für das weitere Verfahren nicht mehr von Bedeutung sind. Ist eine Identifizierung nicht möglich, sind alle übermittelten Daten zu vernichten.
7.3 Die Daten werden per Leitung übermittelt. In Ausnahmefällen sind auch telefonische oder fernschriftliche Datenübermittlungen für Auskunftszwecke zulässig.

§ 495 Achtes Buch. 3. Abschnitt

7.4 Zum unmittelbaren Abruf aus dem Strafverfahrensregister sind unter den in § 475 Abs. 1 genannten Voraussetzungen nur Staatsanwaltschaften und die in steuerstrafrechtlichen Angelegenheiten diesen gleichgestellte Finanzbehörden befugt.

8. **Speicherungsdauer / Löschung**
Wegen der Speicherungsdauer/Löschung der Daten wird auf § 476 Abs. 2 StPO Bezug genommen.

9. **Technische und organisatorische Maßnahmen nach § 9 BDSG**
Die in das zentrale staatsanwaltschaftliche Verfahrensregister aufzunehmenden Daten sind besonders sensibel. Aus diesem Grund sind aus datenschutz- und datensicherheitsmäßigen Gründen besondere Maßnahmen erforderlich, um
– *Verfügbarkeit*
– *Integrität*
– *Vertraulichkeit*
der gespeicherten Daten zu sichern.

9.1 Automatisierte Einspeicherung und Übernahme in die Datenbank
Die mitgeteilten Daten werden zunächst in die Anlieferungsdatei übernommen. Die in diese Datei eingestellten Daten werden überprüft; dies geschieht automatisiert. Aus der Anlieferungsdatei werden die geprüften Daten automatisch in die Datenbank des zentralen staatsanwaltschaftlichen Verfahrensregisters übernommen.

9.2 Einhaltung internationaler Normen
Die in § 475 StPO aufgestellte Forderung nach wirksamen Schutz gegen den unbefugten Zugriff Dritter kann nur durch die Anwendung internationaler Normen gewährleistet werden.

10. **Organisatorisch-technische Leitlinien**
Organisatorische und technische Einzelheiten, insbesondere zur Kommunikation zwischen den anliefernden Behörden und der Registerbehörde und zu Datenschutz und Datensicherheit (zB Fragen der Verschlüsselung der Daten auf dem Transportweg) sind in organisatorisch-technischen Leitlinien von dem Bundesministerium der Justiz und den Landesjustizverwaltungen sowie den obersten Finanzbehörden des Bundes und der Länder einvernehmlich zu regeln.

11. **Inkrafttreten**
Diese allgemeine Verwaltungsvorschrift tritt am Tage nach der Veröffentlichung in Kraft.
Der Bundesrat hat zugestimmt.

§ 495 [Auskunftserteilung]

¹Dem Betroffenen ist entsprechend § 19 des Bundesdatenschutzgesetzes Auskunft aus dem Verfahrensregister zu erteilen; § 491 Abs. 1 Satz 2 bis 6 gilt entsprechend. ²Über die Erteilung einer Auskunft entscheidet die Registerbehörde im Einvernehmen mit der Staatsanwaltschaft, die die personenbezogenen Daten zur Eintragung in das Verfahrensregister mitgeteilt hat. ³Soweit eine Auskunft aus dem Verfahrensregister an eine öffentliche Stelle erteilt wurde und der Betroffene von dieser Stelle Auskunft über die so erhobenen Daten begehrt, entscheidet hierüber diese Stelle im Einvernehmen mit der Staatsanwaltschaft, die die personenbezogenen Daten zur Eintragung in das Verfahrensregister mitgeteilt hat.

1   **Auskünfte** nach § 19 BDSG an den Betroffenen darf die Registerbehörde nur im Einvernehmen mit der StA erteilen, die die Daten mitgeteilt hat, da der Registerbehörde die bei der Entscheidung zu berücksichtigenden Tatsachen idR unbekannt sind. Nach § 19 Abs. 4 BDSG **unterbleibt** die Auskunftserteilung, wenn dadurch die ordnungsgemäße Aufgabenerfüllung der speichernden Stelle gefährdet würde, eine Geheimhaltung wegen schutzwürdiger Interessen Dritter geboten ist oder eine Gefährdung der öffentlichen Sicherheit oder Ordnung eintreten bzw. dem Wohl des Bundes oder eines Landes sonst Nachteile entstehen würde. Die Registerbehörde hat idR nicht die ausreichende Tatsachenkenntnis für die zu treffende (KK-Franke Rn. 1). Die Auskunft ist § 19 Abs. 2 unentgeltlich.

2   Bei **Verweigerung** der Auskunft kann der Betroffene verlangen, daß sie dem Bundesbeauftragten für den Datenschutz erteilt wird (§ 19 Abs. 6 BDSG). S. i. E. KK-Franke Rn. 1 ff.

Anhang 1.
Gerichtsverfassungsgesetz (GVG)

vom 27. 1. 1877 (RGBl 41; III 300-1) letztes ÄndG vom 24. 8. 2004 (BGBl I S. 2198).

– Auszug –

§ 175 [Versagung des Zutritts]

(1) **Der Zutritt zu öffentlichen Verhandlungen kann unerwachsenen und solchen Personen versagt werden, die in einer der Würde des Gerichts nicht entsprechenden Weise erscheinen.**

(2) ¹**Zu nicht öffentlichen Verhandlungen kann der Zutritt einzelnen Personen vom Gericht gestattet werden.** ²**In Strafsachen soll dem Verletzten der Zutritt gestattet werden.** ³**Einer Anhörung der Beteiligten bedarf es nicht.**

(3) **Die Ausschließung der Öffentlichkeit steht der Anwesenheit der die Dienstaufsicht führenden Beamten der Justizverwaltung bei den Verhandlungen vor dem erkennenden Gericht nicht entgegen.**

Abs. 1 ermöglicht es, einzelne Zuhörer wegen ihrer **äußeren Erscheinung** den 1 Zutritt zum Verhandlungsraum zu verwehren. Zuständig ist der Vorsitzende; eine Anrufung des Gerichts ist nicht möglich, da es sich um die Ausübung der Sitzungspolizei handelt. Der Vorsitzende wird vom **Justizwachtmeister** unterstützt, der ggf. selbstständig eingreifen kann (RiStBV Nr. 128 Abs. 3), aber auf Antrag des Ausgeschlossenen die Entscheidung des Vorsitzenden herbeiführen muss (Katholnigg Rn. 1). **Schutzgut** ist das Ansehen des Gerichts als Institution in der sozialen Gemeinschaft (OLG Düsseldorf JZ 1985, 1012; OLG Nürnberg JZ 1969, 150; Meyer-Goßner Rn. 2). Die Vorschrift ist nur anwendbar auf **Zuhörer,** nicht auf Verfahrensbeteiligte (Kissel Rn. 2). Hatten die in Frage kommenden Personen bereits den Zutritt erlangt und stellt sich der Versagungsgrund erst **nachträglich** heraus, kann der Zutritt auch nachträglich versagt werden; ggf. muss der Betreffende aus dem Sitzungssaal gewiesen werden, ggf. zwangsweise, § 177 (Kissel Rn. 1).

Bei dem **Unerwachsenen** geht es nach seiner Reife unter Berücksichtigung der 2 Umstände des Falles, wobei das äußere Erscheinungsbild einen Anhalt bietet (RG 47, 374; Kissel Rn. 3). Ab 18 ist jeder erwachsen (Katholnigg Rn. 1). Zur **Würde des Gerichts** gehört das Ansehen des Gerichts (s. Rn. 1) und der ungestörte Verfahrensablauf. **Zurückzuweisen** sind zB: Angetrunkene, Randalierer, Personen, die mit geeigneten Gegenständen (Trillerpfeifen) stören, Verwahrloste, anstößig Entkleidete (Katholnigg Rn. 1). Fehlen Jacketts und Schlipse, offene Hemdkragen, hochgekrempelte Ärmel, Freizeitkleidung – ein alltägliches Erscheinungsbild auf den Straßen – können kaum die Würde des Gerichts oder die Gerichtsverhandlung beeinträchtigen (Kissel Rn. 7). Die Maßnahmen des Vorsitzenden sind **unanfechtbar.**

Nach **Abs. 2** kann zu einer nichtöffentlichen Verhandlung – kraft Gesetzes oder 3 auf Grund eines Beschlusses nach §§ 171 ff. – das Gericht **einzelnen** Personen den **Zutritt gestatten.** Eine Anhörung ist nach S. 3 nicht erforderlich; daher ist eine stillschweigende Zulassung (BGH NStZ 1981, 297) oder stillschweigende Billigung der Zulassung durch den Vorsitzenden möglich, zB bei Referendaren oder wartenden RAen, die bei Einwand eines Beteiligten aber durch formellen Beschluss ersetzt werden muss (Katholnigg Rn. 2). Im Verfahren nach dem **JGG** entscheidet, soweit die Öffentlichkeit nach § 48 Abs. 1 JGG kraft Gesetzes ausgeschlossen ist, über die Zulassung von Personen, denen die Anwesenheit nicht kraft Gesetzes gestattet ist, der Vorsitzende gemäß § 48 Abs. 2 JGG (Meyer-Goßner Rn. 7). § 238 Abs. 2 StPO gilt insoweit nicht (Eisenberg, § 48 JGG Rn. 18). Wenn in einem Verfahren gegen einen Heranwachsenden die Öffentlichkeit nach § 109 Abs. 1 S. 4 JGG ausgeschlossen wird, kann den Eltern der Zutritt nach § 48 Abs. 2 JGG gestattet werden, auch bei Widerspruch des Angeklagten; jedoch ist der Zutritt nur zu erlauben, wenn dies dem Ausschließungsgrund „Im Interesse des Heranwachsenden" nicht zuwiderläuft (Meyer-Goßner Rn. 7).

4   Nach **Abs. 3** ist die Anwesenheit in jeder nichtöffentlichen Verhandlung – kraft Gesetzes oder auf Grund eines Beschlusses nach §§ 171 ff. – stets den die **Dienstaufsicht führenden Beamten der Justizverwaltung** gestattet (Kissel Rn. 19). Die Beobachtung der Vorgänge im Gerichtssaal ist eine Frage der Dienstaufsicht. Der Präsident kann sich dabei auch einer Hilfsperson (zB des Pressereferenten) bedienen. Abs. 3 gilt auch für die nichtöffentliche Ausschließungsverhandlung gemäß § 174 Abs. 1 S. 1 (Meyer-Goßner Rn. 8). Aber für die Organe der Standesaufsicht der RAe kommt nur ein Zutritt gemäß Abs. 2 in Betracht (Katholnigg Rn. 3).

5   Ist einer Person ohne Vorliegen eines Grundes unzulässig der Zutritt gemäß Abs. 1 versagt worden, liegt eine unzulässige Beschränkung der Öffentlichkeit und daher ein **absoluter Revisionsgrund** vor (RG 47, 375; OLG Hamm NJW 1967, 1289; Kissel Rn. 11). Allerdings ist § 338 Nr. 6 StPO nur anwendbar, wenn das Gericht oder der Vorsitzende eine die Öffentlichkeit beschränkende Anordnung getroffen oder eine ihnen bekannte Beschränkung nicht beseitigt hat (BGH 22, 301 = NJW 1969, 756; s. näher § 169 Rn. 7).

§ 176 [Sitzungspolizei] RiStBV 125, 128
Die Aufrechterhaltung der Ordnung in der Sitzung obliegt dem Vorsitzenden.

1   Diese Vorschrift ist die Rechtsgrundlage für die **Sitzungspolizei**. Sie umfasst alle Befugnisse und Maßnahmen, die erforderlich sind, um – letztlich im Interesse der Wahrheitsfindung – den ungestörten äußeren Verlauf der Sitzung zu sichern. Hierzu gehört über die Gewährleistung des ordnungsgemäßen Ablaufs der unmittelbaren, prozessual vorgeschriebenen und inhaltsbestimmten Verhandlung hinaus auch der Schutz der Verfahrensbeteiligten, insbesondere der Zeugen (BGH NJW 1998, 1420; BVerfGE 50, 242 = NJW 1979, 1400). Die Sitzungspolizei obliegt dem **Vorsitzenden** als eigene Aufgabe. Sie ist Ausfluss der unabhängigen richterlichen Gewalt (BGH 17, 204 = NJW 1962, 1260; 24, 330 = NJW 1972, 1144). Der **Inhalt** der Sitzungspolizei ist im Gesetz nicht umschrieben; er richtet sich nach der konkreten Situation (Kissel Rn. 13). Eine abschließende Katalogisierung ist nicht möglich. So war das **Aufstehen** der Anwesenden bei Eintritt des Gerichts, bei der Vereidigung von Zeugen und Sachverständigen sowie der Urteilsverkündung (RiStBV Nr. 124 Abs. 2) früher eine Selbstverständlichkeit. Eine zwangsweise Durchsetzung ist zulässig, aber sollte wohl als bloße Flegelei unbeachtet bleiben (Kissel Rn. 21). Der bloße Umstand, dass sich ein Verfahrensbeteiligter oder ein Zuhörer **Aufzeichnungen** macht, die nicht stören, rechtfertigt grundsätzlich nicht, ihm das weitere Mitschreiben zu untersagen oder ihn gar des Sitzungssaals zu verweisen (BGH NStZ 1982, 389). Der Verstoß des RAs gegen die Pflicht, **in Robe aufzutreten**, kann bei grundsätzlicher Weigerung in Anwendung des § 176 nach hM zur Zurückweisung für die betreffende Sitzung führen (BVerfGE 28, 21 = NJW 1970, 851; 34, 138; BGH 27, 38 = NJW 1977, 309; Meyer-Goßner Rn. 11 mwN). Bei störendem Verhalten eines Verteidigers kommt auch der Abbruch der Sitzung und die Einleitung standesrechtlicher Maßnahmen in Betracht (BGH 27,

Gerichtsverfassungsgesetz **§ 176 GVG**

34; KK-Diemer Rn. 4). Zur Anwendbarkeit der §§ 176 ff. GVG auf den **Strafverteidiger** s. NStZ 1998, 389.

Der Begriff der **Sitzung** in dieser Vorschrift ist weiter als der in § 169 (KK- **2** Diemer Rn. 2). Die **zeitliche** Ausdehnung der Sitzungspolizei reicht vom ersten Betreten bis zum letzten Verlassen des Sitzungssaals durch das Gericht einschließlich Nebenverhandlung (OLG Düsseldorf MDR 1986, 428; OLG Hamm NJW 1956, 1552) und auch von dem Öffnen des Gerichtssaales bis zum Verlassen des letzten Zuhörers (Kissel Rn. 9; Katholnigg Rn. 2). Als Sicherungsmaßnahmen (nach Absprachen mit der Polizei und der Justizverwaltung) kommen in Betracht: Ausgabe von Einlasskarten (OLG Karlsruhe JR 1976, 383); Ausweiskontrollen (BGH 27, 13 = NJW 1977, 157); Durchsuchung der Personen – auch der Verteidiger – und der von ihnen mitgeführten Gegenstände (BVerfGE 48, 123 = NJW 1978, 1048; BGH MDR 1979, 247; BVerfG NJW 1998, 296).

Räumlich beziehen sich die sitzungspolizeilichen Befugnisse des Vorsitzenden **3** „auf den gesamten Bereich der Sitzung, das heißt alle für die Verhandlung erforderlichen Räumlichkeiten mit Einschluss des Beratungszimmers des Gerichts und der unmittelbar daran angrenzenden Räume wie Flure und Korridore", und das gilt auch entsprechend für den Bereich, in dem üblicherweise Zeugen auf ihre Vernehmung warten (BGH 44, 24 = NJW 1998, 1420). In **personeller Hinsicht** unterliegen der Sitzungspolizei des Vorsitzenden **alle Personen** im räumlichen und zeitlichen Umfang der Sitzungspolizei (also zB auch StA, RA und Gerichtsmitglieder), soweit nicht die §§ 177 ff. eine abweichende Regelung treffen (OLG Karlsruhe NJW 1977, 309; Kissel Rn. 39; Katholnigg Rn. 4). Das BVerfG hat neuerdings ausdrücklich festgestellt, dass eine sitzungspolizeiliche Verfügung zulässig ist, der zufolge auch der **Verteidiger** bei bestimmten Umständen vor Betreten des Sitzungssaals nach Waffen und gefährlichen Werkzeugen zu durchsuchen ist (BVerfG NJW 1998, 296). Der Verstoß des RA gegen die Pflicht, **in Robe aufzutreten,** kann bei grundsätzlicher Weigerung in Anwendung des § 176 zur Zurückweisung für die **betreffende Sitzung** führen (VerfGE 28, 21 = NJW 1970, 851; 34, 138; BGH 27, 38; BayVerfG AnwBl. 1972, 228; Meyer-Goßner Rn. 11; aA Kissel Rn. 20). Ein besonderes Verfahren ist hierfür nicht vorgesehen. Wenn der Verteidiger in der Hauptverhandlung **keine weiße Krawatte** trägt, rechtfertigt dieser Umstand nicht die Bestellung eines (weiteren) Pflichtverteidigers (OLG Zweibrücken NStZ 1988, 144).

Von der Sitzungspolizei ist das **Hausrecht,** das der Gerichtsverwaltung zuzurech- **4** nen ist, zu unterscheiden; es erstreckt sich grundsätzlich auf alle Räumlichkeiten im Gebäude (Kissel Rn. 3). Im Verhältnis zum Hausrecht **geht die Sitzungspolizei vor** (BGH 24, 330 = NJW 1972, 1144). Maßnahmen des Hausrechts zum Schutz anderer Sitzungen muss der Vorsitzende hinnehmen (BGH 27, 13 = NJW 1977, 157). Die Ausübung des Hausrechts kann dem Vorsitzenden für die Sitzung – auch stillschweigend – übertragen werden (Katholnigg Rn. 5).

Den **störungsfreien äußeren Sitzungsablauf** – insbesondere auch im Interesse **5** der Wahrheitsfindung – zu sichern, gehört zur **Sitzungspolizei** (BVerfGE 50, 242 = NJW 1979, 1400; BGH 44, 23 = NJW 1998, 1420). Sie obliegt dem **Vorsitzenden** als eigene Aufgabe, und zwar als Teil der Verhandlungsleitung (§ 238 Abs. 1), als „ein Ausfluss der unabhängigen **richterlichen Gewalt**" (BGH 17, 204 = NJW 1962, 1260; Meyer-Goßner Rn. 4). Anordnungen, die anstelle des Vorsitzenden das Gericht trifft, sind nicht unwirksam (OLG Karlsruhe NJW 1977, 311; KK-Diemer Rn. 6). Die **Befugnisse des Vorsitzenden** nach § 176 sind durch Sonderregelungen begrenzt, insbesondere durch die §§ 177, 178 und die §§ 169 ff. (Katholnigg Rn. 7). Die Maßnahmen des Vorsitzenden nach § 176 unterliegen weder der Anrufung des Gerichts nach § 238 Abs. 2 StPO noch der **Beschwerde**. „Sitzungspolitische Maßnahmen des Vorsitzenden als solche können mit der **Revision** nicht angegriffen werden (vgl. BGH NJW 1957, 271 Nr. 21), wohl aber dann, wenn sie die Verteidigung des Angeklagten unzulässig beschränken, die wahrheitsgemäße Ermittlung des Sachverhalts gefährden oder „die Grundsätze über die Öffentlichkeit verletzen (§ 169 GVG)" (BGH 17, 202 = NJW 1962, 1260). Obwohl eine Maßnahme nach § 176 nicht zu protokollieren ist (vgl. § 182), sollten sie bei besonderen Umständen daher doch festgehalten werden (Katholnigg Rn. 10). **Sicherstellungen** im Wege der Sitzungspolizei unterliegen jedenfalls dann nicht der Beschwerde, wenn sie von einem OLG getroffen worden sind und die Hauptverhandlung noch andauert (BGH 44, 23 = NJW 1998, 1420).

§ 177 [Maßnahmen zur Aufrechterhaltung der Ordnung]

¹Parteien, Beschuldigte, Zeugen, Sachverständige oder bei der Verhandlung nicht beteiligte Personen, die den zur Aufrechterhaltung der Ordnung getroffenen Anordnungen nicht Folge leisten, können aus dem Sitzungszimmer entfernt sowie zur Ordnungshaft abgeführt und während einer zu bestimmenden Zeit, die vierundzwanzig Stunden nicht übersteigen darf, festgehalten werden. ²Über Maßnahmen nach Satz 1 entscheidet gegenüber Personen, die bei der Verhandlung nicht beteiligt sind, der Vorsitzende, in den übrigen Fällen das Gericht.

1   Diese Vorschrift regelt **Schutz- und Sicherungsmaßnahmen,** die gegen Personen getroffen werden können, die den zur Aufrechterhaltung der Ordnung getroffenen Anordnungen **nicht Folge leisten.** Es handelt sich idR um Anordnungen, die der Vorsitzende nach § 176 erlassen hat, aber ggf. auch vom Justizwachtmeister (RiStBV Nr. 128 Abs. 3 S. 3; s. auch § 175 Rn. 1). **Verschulden** ist nicht erforderlich; denn § 177 gibt die Zwangsmittel nur im Interesse der ordnungsgemäßen Durchführung der Verhandlung (KK-Diemer Rn. 5; Kissel Rn. 1). In Ausnahmefällen sind die Maßnahmen auch ohne vorherige Anordnung zulässig, zB bei tätlichem Angriff (Katholnigg Rn. 2 mwN).

2   Der erfasste **Personenkreis** ist gegenüber § 176 enger gefasst. Zu **Parteien** zählen: Privatkläger (§§ 374 ff. StPO; Nebenkläger (§§ 395 ff. StPO); Einziehungsbeteiligte (§ 431 StPO); Verfallbeteiligte (§ 442 StPO; Beteiligte nach § 444 StPO; Vertreter der Verwaltungsbehörde nach § 76 OWiG; Antragsteller im Adhäsionsverfahren nach § 403 StPO (Kissel Rn. 13). Bei der Verhandlung **nicht beteiligte Personen sind Zuhörer,** aber auch StA und RA, die während der Verhandlung einer anderen Sache im Saal auf den Aufruf ihrer Sache **warten.** Mitglieder des Gerichts, der StA, der **RA,** Schöffen, der UrkB und die Gerichtswachtmeister **fallen nicht** unter § 177 (Katholnigg Rn. 3). Aber für den RA **als Beistand des Zeugen** (406f) gelten die rechtlichen Möglichkeiten des §§ 176 ff (BVerfGE 38, 105 = NJW 1975, 103), also auch die des § 177; dagegen gilt § 177 nicht für den Beistand nach § 68 b oder § 406 g (Meyer-Goßner Rn. 4).

3   Zur **Entfernung aus dem Sitzungssaal** zählt die Anordnung der Entfernung sowie die zwangsweise Durchsetzung, wenn ihr nicht freiwillig gefolgt wird (Kissel Rn. 2). Ist Polizei im Sitzungssaal anwesend, so kann die Anordnung auch darin bestehen, dass der Sitzungssaal zB von den offensichtlich am Krawall beteiligten Zuhörern zu räumen sei. Ist eine Unterscheidung nicht möglich, dann kann die **Entfernung aller anwesenden Zuhörer** angeordnet werden. Wenn die Maßnahmen nach § 177 nicht ausreichen, kommt die Ausschließung der Öffentlichkeit wegen Gefährdung der öffentlichen Ordnung in Betracht (Meyer-Goßner Rn. 9). Wird die Öffentlichkeit nicht ausgeschlossen, muss auch nach Räumung des Zuhörerraums anderen Personen der Zutritt ungehindert gestattet werden. Jedoch kann den Personen, die vorher nach § 177 entfernt worden waren, der erneute Zutritt versagt werden (RG 30, 104; 64, 385; Kissel Rn. 3).

Gerichtsverfassungsgesetz § 178 GVG

Die **Ordnungshaft** muss in angemessenem Verhältnis zum Schutz- und Siche- 4
rungszwecke stehen. Die Einschließung muss nicht in einer Vollzugsanstalt oder
einer Gerichtszelle vollzogen werden; ein entsprechender verschlossener Raum
genügt. Ordnungshaft ist keine Strafe, sondern ausschließlich Mittel zur Durchführung der ordnungsgemäßen Verhandlung und ist nicht auf die Strafe anzurechnen
(Kissel Rn. 4). Die Ordnungshaft, deren **Dauer** im Beschluss anzugeben ist, endet
grundsätzlich mit Sitzungsende, aber kann nachwirken, bis alle Beteiligten das
Gerichtsgebäude verlassen haben. Die Höchstdauer − auch bei mehrtägigen Verhandlungen − beträgt 24 Stunden. Bei erneuter Störung ist aber wieder Ordnungshaft möglich (Katholnigg Rn. 6).

Nach **Abs. 2** ist **zuständig** für die Anordnung der Maß- und Durchführung der 5
Maßnahmen nach § 177 das Gericht oder der Vorsitzende. Gegenüber **nicht am
Verfahren beteiligten Personen** (s. Rn. 2) ist allein der **Vorsitzende** zuständig.
Gegenüber **Parteien** (s. Rn. 2), Beschuldigten, Zeugen und Sachverständigen ist
das **Gericht** − in der für die Verhandlung vorgeschriebenen Besetzung − zuständig
(BGH NJW 1988, 1276). Hat der Vorsitzende eine derartige Maßnahme angeord-
net, kann das Gericht angerufen werden, das aufhebt oder bestätigt (Kissel Rn. 24).

Die Maßnahmen sind in das **pflichtgemäße Ermessen** des Gerichts oder des 6
Vorsitzenden gestellt; der Grundsatz der Verhältnismäßigkeit ist zu beachten. Sie
werden **von Amts wegen** getroffen; Anträge können gestellt werden (Kissel
Rn. 10, 11). Dem Betroffenen ist **rechtliches Gehör** (§ 33 StPO) zu gewähren.
Eine vorangegangene Verwahrung oder Abmahnung kann ausreichen (BGH 39, 72
= NJW 1993, 1343). Die Anhörung kann entfallen, wenn sie wegen des Ausmaßes
der Störung nicht sinnvoll möglich ist (Katholnigg Rn. 8; KK-Diemer Rn. 7).
„Eines gesonderten Beschlusses nach § 231 b StPO über die Fortsetzung der Hauptverhandlung in Abwesenheit des Angeklagten bedarf es neben einer Entscheidung
nach § 177 GVG nicht" (BGH 39, 72).

Gegen Anordnungen des Vorsitzenden und des Gerichts ist eine selbstständige 7
Beschwerde **nicht statthaft** (RGZ 43, 424; OLG Schleswig NJW 1971, 1321; KK-
Diemer Rn. 8; Kissel Rn. 30 mwN). Wird aber zB ein Zuhörer als ein der
Verhandlung nicht beteiligte Person unzulässig aus dem Sitzungssaal gewiesen, so
sind die Vorschriften über die Öffentlichkeit des Verfahrens verletzt und der **absolute Revisionsgrund** nach § 338 Nr. 5 und Nr. 6 StPO ist gegeben (BGH NStZ
1982, 389; KK-Diemer Rn. 8; s. auch § 175 Rn. 5).

§ 178 [Ordnungsmittel wegen Ungebühr]

(1) ¹**Gegen Parteien, Beschuldigte, Zeugen, Sachverständige oder bei der
Verhandlung nicht beteiligte Personen, die sich in der Sitzung einer Ungebühr schuldig machen, kann vorbehaltlich der strafgerichtlichen Verfolgung ein Ordnungsgeld bis zu eintausend Euro oder Ordnungshaft bis zu
einer Woche festgesetzt und sofort vollstreckt werden.** ²**Bei der Festsetzung
von Ordnungsgeld ist zugleich für den Fall, daß dieses nicht beigetrieben
werden kann, zu bestimmen, in welchem Maße Ordnungshaft an seine
Stelle tritt.**

(2) **Über die Festsetzung von Ordnungsmitteln entscheidet gegenüber
Personen, die bei der Verhandlung nicht beteiligt sind, der Vorsitzende, in
den übrigen Fällen das Gericht.**

(3) **Wird wegen derselben Tat später auf Strafe erkannt, so sind das
Ordnungsgeld oder die Ordnungshaft auf die Strafe anzurechnen.**

§ 178 bildet die Rechtsgrundlage für die **Ahndung ungebührlichen Verhal-** 1
tens in der Sitzung mit Ordnungsgeld oder Ordnungshaft durch das Gericht
selbst. Über den räumlichen und zeitlichen Anwendungsbereich (vgl. § 176 Rn. 3).

Ungebühr wird von der hM als Verletzung der Würde des Gerichts und auch der Störung in der Sitzung definiert (OLG Düsseldorf wistra 1997, 319; OLG Düsseldorf NStZ 1997, 370; Katholnigg Rn. 1). Mit dieser Vorschrift sollen vor allem tätliche und verbale Angriffe und Störungen abgewehrt werden, die den ordnungs- und gesetzmäßigen Ablauf der Verhandlung und geordneten Wahrheitsfindung behindern oder gefährden und die Autorität des Gerichts vor Einbußen bewahren (KK-Diemer Rn. 2). **Verschulden** ist gesetzlich vorausgesetzt und zwar Verschulden schlechthin und damit auch Fahrlässigkeit (KK-Diemer Rn. 5; Katholnigg Rn. 2; Kissel Rn. 32). Nach dem Sinn und Zweck der Vorschrift wird aber **vorsätzliches** Handeln gemeint sein (OLG Schleswig SchlHA 1962, 84; 1983, 106; OLG Stuttgart Justiz 1986, 228; Meyer-Goßner Rn. 4). Zurechnungsfähigkeit ist erforderlich, Verhandlungsfähigkeit nicht unbedingt (Katholnigg Rn. 2).

2   Erst durch die Gesamtschau aller Umstände lässt sich beurteilen, ob im konkreten Fall eine Ungebühr vorliegt. **Beispiele:** Tätlichkeiten im Gerichtssaal, ehrverletzende Äußerungen über einen Richter oder einen Verfahrensbeteiligten (BGH JZ 1951, 791; OLG Hamm NJW 1963, 1791); Erscheinen im Zustand der Trunkenheit (OLG Düsseldorf NJW 1989, 241); provokatives Türenzuschlagen (OLG Stuttgart Justiz 1962, 185; OLG Hamm JMBlNW 1975, 196); demonstratives Entkleiden
3   (OLG Hamm NJW 1969, 1919). **Keine Ungebühr** ist idR: ein Verhalten, das lediglich prozessualen Vorschriften zuwiderläuft (OLG Stuttgart NStZ 1991, 297); Mitschreiben eines Zuhörers (BGH NStZ 1982, 389; OLG Hamm JMBlNW 1990, 42); spontanes Klatschen (OLG Saarbrücken NJW 1961, 890; Lutschen eines Hustenbonbons bei Erkältung (OLG Schleswig NStE Nr. 10). „Nicht jede Störung der Sitzungsordnung muss jedoch zugleich einen erheblichen Angriff auf die Würde und das Ansehen des Gerichts enthalten. Eine Ahndung mit einem Ordnungsmittel nach § 178 GVG kann entbehrlich sein, wenn eine augenblickliche, aus einer gereizten Verhandlungssituation geborene Entgleisung vorliegt" (OLG Düsseldorf wistra 1997, 319; OLG Düsseldorf NStZ 1997, 370). Gegen eine Ungebühr kann nach § 178 nur vorgegangen werden, wenn sie **in der Sitzung** begangen wurde. Die Vorgänge müssen sich in derselben Sitzung (Gerichtsverhandlung) ereignet haben, in der das Ordnungsmittel verhängt wird (OLG Stuttgart NJW 1969, 627). Die Vorschrift gilt also nicht für Ungebühr auf der Geschäftsstelle (OLG Schleswig SchlA 1967, 152) und nicht bei Äußerungen in Schriftsätzen (Katholnigg Rn. 4). Mit dem Abschluss der Hauptverhandlung **endet** die Sitzungsgewalt des Gerichts (OLG Hamburg NJW 1999, 2607).
4   Der **Personenkreis** entspricht dem des § 177 (§ 177 Rn. 2). Gegen einen **Verteidiger** darf ein Ordnungsmittel wegen Ungebühr nicht verhängt werden. Dies gilt auch für einen Rechtsreferendar, der in Untervollmacht des von dem Betroffenen beauftragten RA als Verteidiger an der Hauptverhandlung teilnimmt (OLG Düsseldorf wistra 1994, 79; Katholnigg Rn. 5; E. Müller NStZ 1997, 329).
5   Das **Ordnungsgeld** beträgt nach Art. 6 Abs. 1 EGStGB mindestens 5 Euro und nach § 178 höchstens 1000 Euro. Die Dauer der **Ordnungshaft** beträgt nach Art. 6 Abs. 2 EGStGB mindestens 1 Tag und nach § 178 höchstens eine Woche und ist nach vollen Tagen festzusetzen (OLG Hamm NJW 1960, 2305). Nach Abs. 1 S. 2 ist bei Ordnungsgeld zugleich Ersatzordnungshaft im gleichen Rahmen festzusetzen. Unterbleibt dies, ist die nachträgliche Umwandlung bei Nichtbeitreibbarkeit möglich (Art. 8 Abs. 1 EGStGB; Katholnigg Rn. 6).
6   **Zuständig** für die Festsetzung der Ordnungsmittel ist zwischen Vorsitzenden und Gericht nach den betroffenen Personen aufgeteilt. Gegenüber Personen, die an der Verhandlung **nicht beteiligt** sind, ist der Vorsitzende **zuständig** und gegen **Parteien, Beschuldigte, Zeugen und Sachverständige** das gesamte **Kollegium** (Kissel Rn. 38, 39; s. auch oben Rn. 4). An der Zuständigkeit des Gerichts ändert sich auch dann nichts, wenn die Ungebühr in einem Verhalten **gegen das Gericht** liegt; die Ablehnung eines Richters schließt dessen Mitwirkung ebenfalls nicht aus

(OLG Hamburg GA 1970 (1926), 54; Katholnigg Rn. 7; Kissel Rn. 41). Unschädlich ist, wenn das Gericht anstelle des Vorsitzenden entscheidet (KK-Diemer Rn. 7).

Die Entscheidung, ob ein Ordnungsmittel festgesetzt wird, steht im **pflichtgemäßen Ermessen** des Vorsitzenden bzw. des Gerichts (OLG Stuttgart NStZ 1991, 297). Im Allgemeinen wird vorher eine **Abmahnung** nach § 176 angezeigt sein (OLG Schleswig SchlHA 1962, 84; Kissel Rn. 42). Grundsätzlich ist die **Anhörung** des Betroffenen erforderlich. Nachträgliche Anhörung im unmittelbaren Anschluss an die Entscheidung bei andauernder Sitzung kann genügen (OLG Stuttgart Justiz 1991, 27). Eine Anhörung ist **nicht erforderlich,** wenn sie dem Gericht nicht zugemutet werden kann (OLG Saarbrücken NJW 1961, 890), zB wegen Art und Ausmaß der Störung (OLG Düsseldorf NStZ 1988, 238; OLG Hamm JMBlNW 1977, 94); wenn der Betroffene weggeht oder nicht ansprechbar ist (OLG Düsseldorf JMBlNW 1988, 177; OLG Stuttgart NJW 1969, 627); wenn der Betroffene sie unmöglich macht (OLG Düsseldorf NJW 1989, 241; Katholnigg Rn. 8; Kissel Rn. 46). Die **Anhörung des StA** ist zu empfehlen, ihre Unterlassung ist aber wegen des sitzungspolizeilichen Bereichs keine Verletzung des § 33 Abs. 1 StPO (Meyer-Goßner Rn. 15). Der **Beschluss** muss möglichst in derselben Sitzung ergehen (OLG Stuttgart NStZ 1991, 297; Meyer-Goßner Rn. 16), ggf. am nächsten Verhandlungstag (OLG Schleswig MDR 1980, 76; Katholnigg Rn. 9) und ist dem Betroffenen zu verkünden; er ist aber zuzustellen, wenn er sich entfernt hat (Katholnigg Rn. 9). Der Beschluss ist zu begründen. Die Gründe können sich ggf. auch aus dem Protokoll festgestellten Sachverhalt ergeben (OLG Düsseldorf NStZ 1988, 238; OLG Stuttgart Justiz 1991, 27; Kissel Rn. 49).

Die **Vollstreckung** kann nach **Abs. 1 S. 1** sofort erfolgen. Die Vollstreckungsverjährung beträgt nach Art. 9 Abs. 2 EGStGB 2 Jahre. **Strafrechtliche Verfolgung** wegen desselben Sachverhalts ist zulässig; jedoch ist nach Abs. 3 das Ordnungsmittel auf die Strafe anzurechnen. Auch **Disziplinarmaßnahmen** sind zusätzlich möglich; zB gegen Untersuchungs- und Strafgefangene (Katholnigg Rn. 11). 8

Die **Beschwerde** gegen Ordnungsmittel ist in § 181 geregelt. Eine Rechtsmittelbelehrung ist nach § 35a StPO erforderlich (Kissel Rn. 51). Das „Prinzip, dass Haftsachen besonders zügig zu bearbeiten sind, gilt für Maßnahmen nach § 178 Abs. 1 S. 1, 2. Alt. GVG in **gleicher Weise**". Daher ist eine Beschwerde sofort dem Beschwerdegericht vorzulegen (BGH 47, 105 = NJW 2001, 3275). 9

§ 179 [Vollstreckung der Ordnungsmittel]

Die Vollstreckung der vorstehend bezeichneten Ordnungsmittel hat der Vorsitzende unmittelbar zu veranlassen.

Diese Vorschrift korrespondiert mit § 36 Abs. 2 S. 2 StPO. Vollstreckungsbehörde ist nicht die StA, sondern der **Vorsitzende,** jedoch ist die gerichtliche Vollstreckung von Ordnungs- und Zwangsmitteln dem Rechtspfleger übertragen, soweit sich nicht im Einzelfall der Vorsitzende die Vollstreckung vorbehält (§ 31 Abs. 3 RPflG). Unmittelbarer Zwang des Vorsitzenden ist zulässig (RG 15, 227; Katholnigg Rn. 1). 1

Entfernung aus dem Sitzungssaal kann nur sofort vollstreckt werden. Mit der Anordnung hat der Vorsitzende sie vollstrecken zu lassen, also die Justizwachtmeister – notfalls mit Hilfe der Polizei – zu beauftragen, die Person aus dem Sitzungssaal zu bringen. Damit ist dieses Ordnungsmittel vollstreckt (Kissel Rn. 2). Bei der **Ordnungshaft** kann der Vorsitzende die sofortige Vollstreckung dadurch einleiten, dass er denjenigen, gegen den die Ordnungshaft festgesetzt wurde, zur sofortigen Vollstreckung **abführen** lässt. Im Übrigen richtet sich die Vollstreckung nach § 171 StVollzG (Kissel Rn. 3). Die Vollstreckung von **Ordnungsgeld** richtet sich nach § 1 Abs. 1 Nr. 3 JBeitrO. 2

§ 180 [Befugnisse außerhalb der Sitzung]

Die in den §§ 176 bis 179 bezeichneten Befugnisse stehen auch einem einzelnen Richter bei der Vornahme von Amtshandlungen außerhalb der Sitzung zu.

1 „Außerhalb der Sitzung" wird ein Richter tätig, wenn keine unmittelbar auf die Entscheidung in der Sache selbst ausgerichtete Verhandlung stattfindet (Kissel Rn. 1). Das ist der Fall beim beauftragten Richter, beim Ermittlungsrichter (§§ 162, 169 StPO), beim Rechtshilfeverfahren ersuchten Richter (§ 157), beim Richter in Haftsachen (zB §§ 114a, 115, 115l, 117 StPO), Richter in Vollstreckungssachen. Aber immer muss es sich um eine **richterliche** Handlung handeln (Kissel Rn. 1). Nicht hierher gehören zB der Besuch eines Verfahrensbeteiligten im richterlichen Dienstzimmer, der Aufenthalt des Richter in der Geschäftsstelle und schriftliche Eingaben (Katholnigg Rn. 1; Kissel Rn. 2; KK-Diemer Rn. 1).

2 Die **Vollstreckung** obliegt dem betroffenen Richter; sie ist gemäß § 178 Abs. 1 S. 1 sofort zulässig. Aber die Beschwerdemöglichkeit nach § 181 Abs. 2 ist zu berücksichtigen.

3 Soweit nicht die Voraussetzungen von § 180 (keine Amtshandlung) vorliegen, kommt bei Störungen usw. das allgemeine Notwehrrecht und die Ausübung des Hausrechts in Betracht (Kissel Rn. 2). Außerdem ist im Strafverfahren neben § 180 auch § 164 StPO (Festnahme von Störern) anwendbar KK-Diemer Rn. 2). die eine Bestimmung schließt die Anwendbarkeit der anderen nicht aus (OLG Celle MDR 1955, 692; Meyer-Goßner Rn. 1).

§ 181 [Beschwerde gegen Ordnungsmittel]

(1) Ist in den Fällen der §§ 178, 180 ein Ordnungsmittel festgesetzt, so kann gegen die Entscheidung binnen der Frist von einer Woche nach ihrer Bekanntmachung Beschwerde eingelegt werden, sofern sie nicht von dem Bundesgerichtshof oder einem Oberlandesgericht getroffen ist.

(2) Die Beschwerde hat in dem Falle des § 178 keine aufschiebende Wirkung, in dem Falle des § 180 aufschiebende Wirkung.

(3) Über die Beschwerde entscheidet das Oberlandesgericht.

1 Dieses Rechtsmittel ist nach hM eine **sofortige Beschwerde** (OLG München NJW 1968, 308; OLG Schleswig NJW 1971, 1321; Kissel Rn. 2; KK-Diemer Rn. 1). Das erkennende Gericht kann die Entscheidung nicht abändern, außer im Fall des § 311 Abs. 3 S. 2 StPO (Katholnigg Rn. 1). Die Wochenfrist beginnt mit der Verkündung, wenn der Betroffene anwesend ist, andernfalls mit der Zustellung (§ 35 StPO). Die **Vollstreckung** macht die Beschwerde nicht gegenstandslos (OLG Düsseldorf NJW 1992, 1712). Gegen die unverschuldete Fristversäumung ist auf Antrag **Wiedereinsetzung in den vorigen Stand** zu gewähren, zB bei einer Nichtbelehrung nach § 35a StPO (OLG Düsseldorf RPfleger 1994, 429; Kissel Rn. 5; Meyer-Goßner Rn. 4). Aber ein Beschluss, durch den ein wegen Ungebühr (§§ 178, 180 GVG) verhängtes Ordnungsgeld nachträglich gemäß Art. 8 EGStGB in **Ordnungshaft umgewandelt** wurde, kann mit der Beschwerde nach § 304 Abs. 1, 2 StPO, nicht nach § 181 GVG angefochten werden (OLG Celle NStZ-RR 1998, 210).

2 **Beschwerdeberechtigt** ist nur der durch die Maßnahme Betroffenen, nicht auch die StA (Katholnigg Rn. 2; Kissel Rn. 10). Die Beschwerde kann bei dem Gericht eingelegt werden, dessen Entscheidung angegriffen wird. Sie kann aber auch nach Abs. 3 beim OLG eingelegt werden (Kissel Rn. 6). **Aufschiebende Wirkung** hat die Beschwerde nur, wenn sie sich gegen eine nach § 180 festgesetztes

Gerichtsverfassungsgesetz §§ 182, 183 GVG

Ordnungsmittel richtet (KK-Diemer Rn. 4). Das **OLG** entscheidet über die Beschwerde in der **Besetzung** von 3 Richtern (§ 122 Abs. 1 GVG). Das gilt trotz § 80a OWiG auch für Beschwerden gegen im Bußgeldverfahren festgesetzte Ordnungsmittel (OLG Hamm DAR 2001, 134; Meyer-Goßner Rn. 8).

Das Beschwerdegericht (das OLG) kann die Strafe **mildern** oder ganz von Strafe 3 absehen (OLG Köln NJW 1986; Kissel Rn. 14); eine **Verschärfung** ist unzulässig (Katholnigg Rn. 6). Auch eine **Zurückverweisung** ist nicht möglich, da die Sitzungsgewalt Voraussetzung für die Maßnahme ist und diese mit der Sitzung endet (Katholnigg Rn. 6). Die Beschwerdeentscheidung ist gebührenfrei, da § 1 GKG das GVG nicht erwähnt (Kissel Rn. 19). Eine weitere Beschwerde ist nicht statthaft.

§ 182 [Protokollierung]

Ist ein Ordnungsmittel wegen Ungebühr festgesetzt oder eine Person zur Ordnungshaft abgeführt oder eine bei der Verhandlung beteiligte Person entfernt worden, so ist der Beschluß des Gerichts und dessen Veranlassung in das Protokoll aufzunehmen.

Der **Geltungsbereich** dieser Vorschrift umfasst die Maßnahmen der §§ 177, 1 178, auch die durch den Richter des § 180, aber nicht die Entfernung einer bei der Verhandlung nicht beteiligten Person (Katholnigg Rn. 1; KK-Diemer Rn. 1). Die notwendige Protokollierung umfasst den **Vorgang,** der die Ungebühr darstellt und ferner den **Beschluss.**

Das Protokoll muss den **Vorgang** (den Sachverhalt) so **deutlich und bestimmt** 2 darstellen, dass das Beschwerdegericht oder ggf. das Revisionsgericht die Entscheidung ohne eigene Erhebungen nachprüfen kann (BGH 9, 77, 82 = NJW 1956, 873; OLG Düsseldorf NStZ 1988, 238; OLG Stuttgart Justiz 1993, 147). Vor allem **wörtliche Beleidigungen** des Gerichts oder Verfahrensbeteiligter müssen ihrem wesentlichen Inhalt nach ins Protokoll aufgenommen werden und Tätlichkeiten müssen konkret beschrieben werden (BGH 9, 82; Kissel Rn. 3). Das Protokoll kann ggf. nach Beschwerdeeinlegung ergänzt werden (OLG Celle MDR 1958, 256; OLG Hamm NJW 1969, 1920; Katholnigg Rn. 2).

Auch der **Beschluss** selbst mit Begründung muss protokolliert werden. Das gilt 3 auch, wenn der Beschluss vom Vorsitzenden erlassen ist. Der Beschluss ist aufzuheben, wenn er oder die Begründung nicht entsprechend protokolliert sind. Das Fehlen der Begründung ist aber unschädlich, wenn der Protokollvermerk die Nachprüfung des Beschlusses ermöglicht (OLG Düsseldorf NStZ 1988, 238; OLG Stuttgart Justiz 1991, 27; KK-Diemer Rn. 3).

§ 183 [Straftaten in der Sitzung]

¹Wird eine Straftat in der Sitzung begangen, so hat das Gericht den Tatbestand festzustellen und der zuständigen Behörde das darüber aufgenommene Protokoll mitzuteilen. ²In geeigneten Fällen ist die vorläufige Festnahme des Täters zu verfügen.

Straftat iS dieser Vorschrift ist jede tatbestandsmäßig rechtswidrige und schuld- 1 hafte Handlung, die in einem Gesetz mit Strafe bedroht ist, auch Antragsdelikte, aber nicht Ordnungswidrigkeiten. In Betracht kommen vor allem Aussagedelikte, Beleidigung und Nötigung, aber nicht nur solche, die den Gerichtsfrieden stören (KK-Diemer Rn. 1). Die Straftat muss „in der Sitzung" begangen sein. Zum Begriff der Sitzung s. § 186 Rn. 2. Ein Antrag der StA ist für das Verfahren nach § 183 nicht Voraussetzung (Meyer-Goßner Rn. 1).

Die **Feststellung** des Sachverhalts obliegt dem Gericht. Das **Protokoll** über 2 diese Feststellungen ist der zuständigen Stelle mitzuteilen; das ist gemäß § 152 StPO,

1135

GVG § 183

§ 142 die StA, ggf. in Eilfällen der Richter des § 165 StPO (Kissel Rn. 4). Diese Regelung ist zwingend (Katholnigg Rn. 2).

3   Neben der Feststellung des Tatbestandes und der Weiterleitung ist in geeigneten Fällen die **vorläufige Festnahme** des Täters vom Gericht (nicht vom Vorsitzenden) zu verfügen. In einer Sitzung, an der ein StA teilnimmt, wird dieser die Festnahme veranlassen. Die vorläufige Festnahme gemäß § 183 ist identisch mit der des § 127 StPO (OLG Hamm NJW 1949, 191; Kissel Rn. 6). Das Gericht kann keinen Haftbefehl gemäß §§ 114, 125 StPO erlassen; eine Ausnahme ist nur gegeben, wenn die Straftat in der Sitzung des AG (Einzelrichter) begangen worden ist (Kissel Rn. 6).

Anhang 2
Konvention zum Schutze der Menschenrechte und Grundfreiheiten

Vom 4. November 1950 (BGBl. 1952 II 685)
in der Fassung vom 17. Mai 2002 (BGBl. II S. 1054)

– Auszug –

Art. 1 Verpflichtung zur Achtung der Menschenrechte

Die Hohen Vertragsparteien sichern allen ihrer Hoheitsgewalt unterstehenden Personen die in Abschnitt I bestimmten Rechte und Freiheiten zu.

Abschnitt I. Rechte und Freiheiten

Art. 2 Recht auf Leben

(1) Das Recht jedes Menschen auf Leben wird gesetzlich geschützt. Niemand darf absichtlich getötet werden, außer durch Vollstreckung eines Todesurteils, das ein Gericht wegen eines Verbrechens verhängt hat, für das die Todesstrafe gesetzlich vorgesehen ist.

(2) Eine Tötung wird nicht als Verletzung dieses Artikels betrachtet, wenn sie durch eine Gewaltanwendung verursacht wird, die unbedingt erforderlich ist, um
a) jemanden gegen rechtswidrige Gewalt zu verteidigen;
b) jemanden rechtmäßig festzunehmen oder jemanden, dem die Freiheit rechtmäßig entzogen ist, an der Flucht zu hindern;
c) einen Aufruhr oder Aufstand rechtmäßig niederzuschlagen.

Art. 3 Verbot der Folter

Niemand darf der Folter oder unmenschlicher oder erniedrigender Strafe oder Behandlung unterworfen werden.

Art. 4 Verbot der Sklaverei und der Zwangsarbeit

(1) Niemand darf in Sklaverei oder Leibeigenschaft gehalten werden.

(2) Niemand darf gezwungen werden, Zwangs- oder Pflichtarbeiten zu verrichten.

(3) Nicht als „Zwangs- oder Pflichtarbeit" im Sinne dieses Artikels gilt:
a) eine Arbeit, die üblicherweise von einer Person verlangt wird, der unter den Voraussetzungen des Artikels 5 die Freiheit entzogen oder die bedingt entlassen worden ist;
b) eine Dienstleistung militärischer Art oder eine Dienstleistung, die an die Stelle des im Rahmen der Wehrpflicht zu leistenden Dienstes tritt, in Ländern, wo die Dienstverweigerung aus Gewissensgründen anerkannt ist;
c) eine Dienstleistung, die verlangt wird, wenn Notstände oder Katastrophen das Leben oder das Wohl der Gemeinschaft bedrohen;
d) eine Arbeit oder Dienstleistung, die zu den üblichen Bürgerpflichten gehört.

Art. 5 Recht auf Freiheit und Sicherheit

(1) Jede Person hat das Recht auf Freiheit und Sicherheit. Die Freiheit darf nur in den folgenden Fällen und nur auf die gesetzlich vorgeschriebene Weise entzogen werden:
a) rechtmäßige Freiheitsentziehung nach Verurteilung durch ein zuständiges Gericht;
b) rechtmäßige Festnahme oder Freiheitsentziehung wegen Nichtbefolgung einer rechtmäßigen gerichtlichen Anordnung oder zur Erzwingung der Erfüllung einer gesetzlichen Verpflichtung;
c) rechtmäßige Festnahme oder Freiheitsentziehung zur Vorführung vor die zuständige Gerichtsbehörde, wenn hinreichender Verdacht besteht, dass die betreffende Person eine Straftat begangen hat, oder wenn begründeter Anlass zu der Annahme besteht, dass es notwendig ist, sie an der Begehung einer Straftat oder an der Flucht nach Begehung einer solchen zu hindern;
d) rechtmäßige Freiheitsentziehung bei Minderjährigen zum Zweck überwachter Erziehung oder zur Vorführung vor die zuständige Behörde;
e) rechtmäßige Freiheitsentziehung mit dem Ziel, eine Verbreitung ansteckender Krankheiten zu verhindern, sowie bei psychisch Kranken, Alkohol- oder Rauschgiftsüchtigen und Landstreichern;
f) rechtmäßige Festnahme oder Freiheitsentziehung zur Verhinderung der unerlaubten Einreise sowie bei Personen, gegen die ein Ausweisungs- oder Auslieferungsverfahren im Gange ist.

(2) Jeder festgenommenen Person muss innerhalb möglichst kurzer Frist in einer ihr verständlichen Sprache mitgeteilt werden, welches die Gründe für ihre Festnahme sind und welche Beschuldigungen gegen sie erhoben werden.

(3) Jede Person, die nach Absatz 1 Buchstabe c von Festnahme oder Freiheitsentziehung betroffen ist, muss unverzüglich einem Richter oder einer anderen gesetzlich zur Wahrnehmung richterlicher Aufgaben ermächtigten Person vorgeführt werden; sie hat Anspruch auf ein Urteil innerhalb angemessener Frist oder auf Entlassung während des Verfahrens. Die Entlassung kann von der Leistung einer Sicherheit für das Erscheinen vor Gericht abhängig gemacht werden.

(4) Jede Person, die festgenommen oder der die Freiheit entzogen ist, hat das Recht zu beantragen, dass ein Gericht innerhalb kurzer Frist über die Rechtmäßigkeit der Freiheitsentziehung entscheidet und ihre Entlassung anordnet, wenn die Freiheitsentziehung nicht rechtmäßig ist.

(5) Jede Person, die unter Verletzung dieses Artikels von Festnahme oder Freiheitsentziehung betroffen ist, hat Anspruch auf Schadensersatz.

Art. 6 Recht auf ein faires Verhalten

(1) Jede Person hat ein Recht darauf, dass über Streitigkeiten in Bezug auf ihre zivilrechtlichen Ansprüche und Verpflichtungen oder über eine gegen sie erhobene strafrechtliche Anklage von einem unabhängigen und unparteiischen, auf Gesetz beruhenden Gericht in einem fairen Verfahren, öffentlich und innerhalb angemessener Frist verhandelt wird. Das Urteil muss öffentlich verkündet werden; Presse und Öffentlichkeit können jedoch während des ganzen oder eines Teiles des Verfahrens ausgeschlossen werden, wenn dies im Interesse der Moral, der öffentlichen Ordnung oder der nationalen Sicherheit in einer demokratischenGesellschaft liegt, wenn die Interessen von Jugendlichen oder der Schutz des Privatlebens der Prozessparteien es verlangen oder – soweit das Gericht es für unbedingt erforderlich hält – wenn unter besonderen Umständen eine öffentliche Verhandlung die Interessen der Rechtspflege beeinträchtigen würde.

(2) Jede Person, die einer Straftat angeklagt ist, gilt bis zum gesetzlichen Beweis ihrer Schuld als unschuldig.

(3) Jede angeklagte Person hat mindestens folgende Rechte:
a) innerhalb möglichst kurzer Frist in einer ihr verständlichen Sprache in allen Einzelheiten über Art und Grund der gegen sie erhobenen Beschuldigung unterrichtet zu werden;
b) ausreichende Zeit und Gelegenheit zur Vorbereitung ihrer Verteidigung zu haben;
c) sich selbst zu verteidigen, sich durch einen Verteidiger ihrer Wahl verteidigen zu lassen oder, falls ihr die Mittel zur Bezahlung fehlen, unentgeltlich den Beistand eines Verteidigers zu erhalten, wenn dies im Interesse der Rechtspflege erforderlich ist;
d) Fragen an Belastungszeugen zu stellen oder stellen zu lassen und die Ladung und Vernehmung der Entlastungszeugen unter denselben Bedingungen zu erwirken, wie sie für Belastungszeugen gelten;
e) unentgeltliche Unterstützung durch einen Dolmetscher zu erhalten, wenn sie die Verhandlungssprache des Gerichts nicht versteht oder spricht.

Art. 7 Keine Strafe ohne Gesetz

(1) Niemand darf wegen einer Handlung oder Unterlassung verurteilt werden, die zur Zeit ihrer Begehung nach innerstaatlichem oder internationalem Recht nicht strafbar war. Es darf auch keine schwerere als die zur Zeit der Begehung angedrohte Strafe verhängt werden.

(2) Dieser Artikel schließt nicht aus, dass jemand wegen einer Handlung oder Unterlassung verurteilt oder bestraft wird, die zur Zeit ihrer Begehung nach den von den zivilisierten Völkern anerkannten allgemeinen Rechtsgrundsätzen strafbar war.

Art. 8 Recht auf Achtung des Privat- und Familienlebens

(1) Jede Person hat das Recht auf Achtung ihres Privat- und Familienlebens, ihrer Wohnung und ihrer Korrespondenz.

(2) Eine Behörde darf in die Ausübung dieses Rechts nur eingreifen, soweit der Eingriff gesetzlich vorgesehen und in einer demokratischen Gesellschaft notwendig ist für die nationale oder öffentliche Sicherheit, für das wirtschaftliche Wohl des Landes, zur Aufrechterhaltung der Ordnung, zur Verhütung von Straftaten, zum Schutz der Gesundheit oder der Moral oder zum Schutz der Rechte und Freiheiten anderer.

Art. 9 Gedanken-, Gewissens- und Religionsfreiheit

(1) Jede Person hat das Recht auf Gedanken-, Gewissens- und Religionsfreiheit; dieses Recht umfasst die Freiheit, seine Religion oder Weltanschauung zu wechseln, und die Freiheit, seine Religion oder Weltanschauung einzeln oder gemeinsam mit anderen öffentlich oder privat durch Gottesdienst, Unterricht oder Praktizieren von Bräuchen und Riten zu bekennen.

(2) Die Freiheit, seine Religion oder Weltanschauung zu bekennen, darf nur Einschränkungen unterworfen werden, die gesetzlich vorgesehen und in einer demokratischen Gesellschaft notwendig sind für die öffentliche Sicherheit, zum Schutz der öffentlichen Ordnung, Gesundheit oder Moral oder zum Schutz der Rechte und Freiheiten anderer.

Art. 10 Freiheit der Meinungsäußerung

(1) Jede Person hat das Recht auf freie Meinungsäußerung. Dieses Recht schließt die Meinungsfreiheit und die Freiheit ein, Informationen und Ideen ohne behördliche Eingriffe und ohne Rücksicht auf Staatsgrenzen zu empfangen und weiterzugeben. Dieser Artikel hindert die Staaten nicht, für Hörfunk-, Fernseh- oder Kinounternehmen eine Genehmigung vorzuschreiben.

(2) Die Ausübung dieser Freiheiten ist mit Pflichten und Verantwortung verbunden; sie kann daher Formvorschriften, Bedingungen, Einschränkungen oder Strafdrohungen unterworfen werden, die gesetzlich vorgesehen und in einer demokratischen Gesellschaft notwendig sind für die nationale Sicherheit, die territoriale Unversehrtheit oder die öffentliche Sicherheit, zur Aufrechterhaltung der Ordnung oder zur Verhütung von Straftaten, zum Schutz der Gesundheit oder der Moral, zum Schutz des guten Rufes oder der Rechte anderer, zur Verhinderung der Verbreitung vertraulicher Informationen oder zur Wahrung der Autorität und der Unparteilichkeit der Rechtsprechung.

Art. 11 Versammlungs- und Vereinigungsfreiheit

(1) Jede Person hat das Recht, sich frei und friedlich mit anderen zu versammeln und sich frei mit anderen zusammenzuschließen; dazu gehört auch das Recht, zum Schutz seiner Interessen Gewerkschaften zu gründen und Gewerkschaften beizutreten.

(2) Die Ausübung dieser Rechte darf nur Einschränkungen unterworfen werden, die gesetzlich vorgesehen und in einer demokratischen Gesellschaft notwendig sind für die nationale oder öffentliche Sicherheit, zur Aufrechterhaltung der Ordnung oder zur Verhütung von Straftaten, zum Schutz der Gesundheit oder der Moral oder zum Schutz der Rechte und Freiheiten anderer. Dieser Artikel steht rechtmäßigen Einschränkungen der Ausübung dieser Rechte für Angehörige der Streitkräfte, der Polizei oder der Staatsverwaltung nicht entgegen.

Art. 12 Recht auf Eheschließung

Männer und Frauen im heiratsfähigen Alter haben das Recht, nach den innerstaatlichen Gesetzen, welche die Ausübung dieses Rechts regeln, eine Ehe einzugehen und eine Familie zu gründen.

Art. 13 Recht auf wirksame Beschwerde

Jede Person, die in ihren in dieser Konvention anerkannten Rechten und Freiheiten verletzt worden ist, hat das Recht, bei einer innerstaatlichen Instanz eine wirksame Beschwerde zu erheben, auch wenn die Verletzung von Personen begangen worden ist, die in amtlicher Eigenschaft gehandelt haben.

Art. 14 Diskriminierungsverbot

Der Genuss der in dieser Konvention anerkannten Rechte und Freiheiten ist ohne Diskriminierung insbesondere wegen des Geschlechts, der Rasse, der Hautfarbe, der Sprache, der Religion, der politischen oder sonstigen Anschauung, der nationalen oder sozialen Herkunft, der Zugehörigkeit zu einer nationalen Minderheit, des Vermögens, der Geburt oder eines sonstigen Status zu gewährleisten.

Art. 15 Abweichen im Notstandsfall

(1) Wird das Leben der Nation durch Krieg oder einen anderen öffentlichen Notstand bedroht, so kann jede Hohe Vertragspartei Maßnahmen treffen, die von den in dieser Konvention vorgesehenen Verpflichtungen abweichen, jedoch nur, soweit es die Lage unbedingt erfordert und wenn die Maßnahmen nicht im Widerspruch zu den sonstigen völkerrechtlichen Verpflichtungen der Vertragspartei stehen.

(2) Aufgrund des Absatzes 1 darf von Artikel 2 nur bei Todesfällen infolge rechtmäßiger Kriegshandlungen und von Artikel 3, Artikel 4 Absatz 1 und Artikel 7 in keinem Fall abgewichen werden.

(3) Jede Hohe Vertragspartei, die dieses Recht auf Abweichung ausübt, unterrichtet den Generalsekretär des Europarats umfassend über die getroffenen Maßnahmen und deren Gründe. Sie unterrichtet den Generalsekretär des Europarats auch über den Zeitpunkt, zu dem diese Maßnahmen außer Kraft getreten sind und die Konvention wieder volle Anwendung findet.

Art. 16 Beschränkungen der politischen Tätigkeit ausländischer Personen

Die Artikel 10, 11 und 14 sind nicht so auszulegen, als untersagten sie den Hohen Vertragsparteien, die politische Tätigkeit ausländischer Personen zu beschränken.

Art. 17 Verbot des Missbrauchs der Rechte

Diese Konvention ist nicht so auszulegen, als begründe sie für einen Staat, eine Gruppe oder eine Person das Recht, eine Tätigkeit auszuüben oder eine Handlung vorzunehmen, die darauf abzielt, die in der Konvention festgelegten Rechte und Freiheiten abzuschaffen oder sie stärker einzuschränken, als es in der Konvention vorgesehen ist.

Art. 18 Begrenzung der Rechtseinschränkungen

Die nach dieser Konvention zulässigen Einschränkungen der genannten Rechte und Freiheiten dürfen nur zu den vorgesehenen Zwecken erfolgen.

Sachverzeichnis

Fette Zahlen bedeuten ohne Zusatz die Paragraphen der StPO, römische Ziffern deren Absatz, arabische Ziffern dessen Satz. Der vorausgestellte Zusatz GVG oder MRK bezieht sich auf das auszugsweise abgedruckte GVG oder die MRK.
Magere Zahlen bezeichnen die Randnummern der Erläuterungen.

Abbildungen
Verweisung auf – **267 I** 3
Abgabe
von Vollstreckungsentscheidungen **462 a I** 3, **II** 2, **V** 2
Abgekürzte Urteilsgründe 267 IV, V 2
Abgeordnete
Aussagegenehmigung **54 II**
vorläufiges Berufsverbot **132 a** 4
Beschlagnahme bei **97 III**
Blutprobenentnahme **81 a** 7
Immunität **152 a**
Ladung zur Vernehmung **133** 4
Ordnungsmittel gegen **70** 3
Strafverfolgung von – **152 a**
Vernehmung als Zeuge **50 I**
Abhilfe
bei Beschwerde **306 II**
bei sofortiger Beschwerde **311 III**
-entscheidung **306** 3
Teil – **306** 3
Abhören
des nichtöffentlich gesprochenen Worts **100 c**
von Telefongesprächen **100 a, 100 b**
Verwertungsverbot bei Fernmeldeverkehr **100 a** 11
Abhörmaßnahmen 100 c 1 Nr. 2
Anordnung **100 d**
Benachrichtigung **101**
Verwertungsverbot bei Fernmeldeverkehr **100 a** 11
Ablehnung
Entscheidung über – **27**
Entscheidungszeitpunkt **29**
– von Richtern **24**
– von Sachverständigen **74** 4
– von Schöffen **31 1**
Unverzüglichkeit der – **25 II Nr. 2**
unzulässige – **26 a**
Verfahren über – **26–28**
Verspätung der – **26 a 1 Nr. 1**
Ablehnungsgesuch
Entscheidung über – **27**
gegen Sachverständige **74** 4
Zeitpunkt des -s **25**
Ablehnungsgrund 24 I, II
Dienstliche Äußerung über – **26 III**
Glaubhaftmachung **26 II**
gegen Sachverständige **74 I** 1, **74** 1 f.
Ablehnungsrecht 24 111, **24** 4

Ablehnungsverfahren 26
Entscheidung im – **27**
Entscheidungszeitpunkt **29 II**
Rechtsmittel im – **28**
Ablehnungszeitpunkt 25
Abschiebehaft
Anrechnung von **450 a** 2
Abschiedsbrief 94 4, **97** 2
Abschluss der Ermittlungen 169 a,
Vermerk über – **169 a**
Abschrift
der Entscheidung **145 a III**
des Haftbefehls **114 a II**
verkündeter Entscheidungen **35 I** 2
aus Verfahrensakten für Verletzten **406 e V**
Absehen
von der Einziehung **430**
von der Entscheidung im Adhäsionsverfahren **405**
von der Festnahme **127 a**
von Strafe **153 b, 267 III** 4, **354 I, 407 II**
von Vereidigung **61 59 ff.**
von der Vollstreckung bei Auslieferung und Ausweisung **456 a**
von der Vollstreckung der Ersatzfreiheitsstrafe **459 f.**
von der Vollstreckung von Geldstrafen **459 c II, 459 d, 459 g II**
Absehen von der Entscheidung
im Adhäsionsverfahren **vor 403** 2, **405 S. 2**
Absehen von Klage 153 b
Absehen von Strafe 153 b, 267 II 4, **354 I, 407 II**
Kosten bei – **465 I** 2
Absehen von der Verfolgung
bei Auslandstaten **153 ff.**
bei Auslieferung **154 b**
bei Drohung mit Strafanzeige **154 c**
wegen Geringfügigkeit **153**
bei Nebenstraftätern **154 I**
bei politischen Straftaten **153 d**
bei tätiger Reue **153 e**
Absetzungsfristen für Urteile **275** 2
Absprachen im Strafprozess Einl. 16, 136 a 10
u. Rechtsmittelverzicht **Einl. 16, 302** 4
über Jugendstrafrecht bei Heranwachsenden **Einl.** 16 ff.
Abstimmung 263
Offenbarung des -sergebnisses **263** 5
Teil – **263** 2

Sachverzeichnis

fette Zahlen = §§

absolute Revisionsgründe 338
Abtrennbare Tatteile 154 a, 207 II Nr. 2, 465 II 2
Abwesende,
  Aufforderung zum Erscheinen 288
  Benachrichtigung 287
  Beschlagnahme statt Haftbefehl 290–293
  Kommissarische Beweisaufnahme 289
  Kein Strafbefehl gegen – 407 1
  Verfahren gegen – 276 ff.
  Verteidiger 286
Abwesenheit des Angeklagten 231, 231 a, 231 b, 231 c, 232, 233
  Heilung 247 1
  Vertretung bei – 234
Abwesenheit in der Hauptverhandlung
  des Angeklagten 230 ff., 276, 285 ff.
  bei Verhandlung über Vereidigung oder Entlassung des Zeugen 247 1, 338 21
  von Nebenbeteiligten 436 I, 442, 444 II
  notwendiger Personen 338 Nr. 5
  im Sicherungsverfahren 415
  s. a. Anwesenheit
Abwesenheitspflegschaft 292 II
Abwesenheitsurteil
  Rechtsmittelbelehrung bei – 35 a 1
Abwesenheitsverhandlung 231 a, 231 b, 231 c, 232, 233
  Berufungsfrist bei – 314 II
  letztes Wort 258 7
  präsente Beweismittel in – 245 4
  Wiedereinsetzung bei – 235
Adhäsionsverfahren 403–406 c
  Absehen von Entscheidung 405
  Antragsberechtigung 403 I
  Antragsrücknahme 404 IV
  Antragstellung 404 I
  Entscheidung im – 406
  Grundurteil 404 2
  Kostenentscheidung im – 472 a
  Prozesskostenhilfe 404 V
  Rechtsmittel 406 a
  Vollstreckung 406 b
  Wiederaufnahme 406 c
Adoption
  Zeugnisverweigerungsrecht nach 52 4
Ärztliches Attest 256 I
agent provocateur vor 48–71 4, 110 a 1
  Rechtmäßigkeit des Einsatzes **vor** 48 4
  Unerreichbarkeit als Beweismittel **vor** 48 4
  Verstoß gegen Grundsatz des fairen Verfahrens **vor** 48–71 4
  Tatprovokation und Verfahrenshindernis **vor** 48 4, 110 a, 110 c 2, 206 a 4
Akkusationsprinzip Einl. 1
Akten
  Übersendung an Berufungsgericht 321
  Übersendung an Revisionsgericht 347 II
  Vorlegung in StA 320 S. 1
  Vorlegung von – 96
Akteneinsicht u. Auskunft 147, 406 e, 474 ff.
  Beschwerde 147
  in Beweismittel 147 I
  Dauer 147 2
  Entscheidung über – 147 V
  Geheimschutz 147 5
  Grundsätze für – 147, 406 e, 474 ff
  bei Haftbefehl 147 2
  Ort der – 147 IV, 147 6
  RA in eigener Sache 147 1, 475 1
  durch Sachverständigen 80 II
  in Spurenakten 147 3
  Umfang 147 3 ff.
  des Schöffen 31 1
  des Verletzten 406 e I
  in Vernehmungsprotokolle 147 III
  des Verteidigers 147
  im Vorverfahren 147 II
Akteninhalt 261 4
Aktenvermerk
  über Abschluss der Ermittlungen 169 a
  über Beschränkung der Verfolgung 154 a I 3, 430 II
  über Ergebnis von Unternehmungshandlungen 168 b I
Aktenwidrigkeit 337 8
Alibi-Beweis 261 5
Allgemeine Vereidigung
  von Sachverständigen 79 II
Allgemeines Persönlichkeitsrecht 81, 1
Alkohol
  Auswirkungen auf Erinnerungsfähigkeit 244 41
  Messung im Blut 81 a, 4, 261 13, 267 10
Allgemeinkundigkeit 244 26 f.
Alternatives Rügevorbringen 244 50, 337 8
Amtliche Schriftstücke 96
Amtsanwalt
  Rechtsmitteleinlegung durch – 296 2
  bei Strafvollstreckung 451 II
Amtshaftung 152 5
Amtspflichtverletzung 359 Nr. 3, 362 Nr. 3
  der StA 152 5, 160 6
Amtsträger und Verschwiegenheitspflicht 54 1
anderes Gericht
  Verweisung im Eröffnungsverfahren 210 III
Angabe
  des RA über Tätigkeits- und Interessenschwerpunkte **vor** 137 2
Anfangsverdacht 152 1 a, 3
  bei Rasterfahndung 98 a 2
Angehöriger
  Benachrichtigung bei Exhumierung 87 IV
  Benachrichtigung bei Freiheitsentziehung 163 c II
  Benachrichtigung bei Verhaftung 114 b
  Eidesverweigerungsrecht 63
  bloßstellende Fragen hinsichtlich – 68 a I

magere Zahlen = Randnummern

Sachverzeichnis

eines früheren Mitbeschuldigten als Zeuge **252** 6
Recht zur Gutachtensverweigerung **52, 76 I, 161 a**
Nebenklageberechtigung **395 II**
Fortsetzung der Privatklage **393 II, 374 II**
Ablehnung als Sachverständiger **74, 161 a**
als Vertreter bei Abwesenheit **286**
Wiederaufnahmeantrag bei Tod des Verurteilten **361 II**
Zeugnisverweigerungsrecht **52, 161 a, 163 a V**
Zuziehung bei Durchsuchung **106**
Angeklagter 157
Anwesenheitspflicht **230 I, 230 lf., 231**
Anwewenheitsrecht **230** 1
Ausbleiben im Strafbefehlsverfahren **412**
Ausbleiben in der Hauptverhandlung **230**
Ausbleiben in der Hauptverhandlung durch vorsätzlich herbeigeführte Verhandlungsunfähigkeit **231 a** 2
Begriff **157**
Beurlaubung **231 c**
Entfernung aus dem Sitzungssaal **247**
Entfernung wegen ordnungswidrigen Benehmens **231 b I**
Entfernung zwangsweise **230** 1
Entfernung und Zwangsmittel **230** 4
Erkrankung während Unterbrechung **229 II**
Form der Äußerung **243** 10
Fragerecht **240 II**
Haftbefehl wegen Ausbleibens **230 II**
Ladung zur Hauptverhandlung **216**
letztes Wort **258 II**
als Nebenkläger bei Verfahrensverbindung **237** 4
Recht zum Schlussvortrag **258** 3
Sacherklärung des Verteidigers **261** 3
Schweigerecht **243 IV** 1
Verlesung richterlicher Vernehmung **232 III, 233 III** 2
Vernehmung vor Verlesung des Anklagesatzes **243** 10
Vernehmung über persönliche Verhältnisse **243 II** 2
Vernehmung zur Sache **136 II, 243 IV** 2
Vertretung **234**
Verwertung früherer Einlassungen **243** 13
Vorführung **230 II**
Feststellung von Vorstrafen **243 IV** 3, 4
Angeschuldigter 157
Beweisanträge im Zwischenverfahren **201**
Mitteilung der Anklageschrift **201**
Angewendete Vorschriften
Liste im Urteil **260 V**
Anhörung
des Angeklagten bei Nachtragsentscheidungen **453 I** 2, 3
des Beschuldigten bei Verfall der Sicherheit **124 II**

des Betroffenen bei Haftprüfung **122 II** 1
der Beteiligten **33 I, III, IV** 2
außerhalb der Hauptverhandlung **33 II, III**
in der Hauptverhandlung **33 I**
nachträgliche – **33 a**
der StA **33 II**
des Verteidigers **33** 1
vorherige – bei Durchsuchung **105** 2
vorherige – bei Postbeschlagnahme **100** 1
Anhörungsbogen 163 a 13
Anhörungspflicht
bei Nachtragsentscheidungen **462 II**
Anklageerhebung
Anordnung im Klageerzwingungsverfahren **175**
Anklagegrundsatz 151 1
Anklageprinzip Einl. 2
Anklagesatz 200 2
Verlesung in der Hauptverhandlung **243 III** 1, 6
Übersetzung bei Verlesung **243** 7
unterbliebene Verlesung **243** 6
Anklageschrift 200
Berücksichtigung von Änderungen **243 III**
abweichende Würdigung im Eröffnungsbeschluss **207 II**
Funktion **200** 1
im beschleunigten Verfahren **4181 II**
Inhalt **200**
Mängel der – **200** 10
Mitteilung an Angeschuldigten **201**
neue – **207 III**
Erörterung von Staatsgeheimnissen **200** 9
Anklagezustellung 201
Verteidigerbestellung bei – **141 I**
Anknüpfungstatsachen vor 72 1
Anlasstat im Sicherungsverfahren **vor 395** 2, **395** 2
bei U-Haft wegen Wiederholungsgefahr **112** 2 ff.
Annahme der Berufung 313
Entscheidung über – **322 a**
bei Sprungrevision **335** 2
Anonyme Zeugen und Verurteilung **vor 48–71** 4, **100 a** 1, **261** 13
Anordnung
der Zustellung **36 I** 2
Anrechnung
in der Urteilsformel **260** 8
von Auslandshaft **450 a**
von Führerscheinentziehung **450 II**
von Krankenhausaufenthalt auf Vollstreckungsdauer **461**
von Sicherungshaft **453 c** 11
von Unterbringung **81** 3
von Untersuchungshaft **450 I**
Anschlusserklärung 396
Entscheidung über – **396 II**
Fortgang des Verfahrens **398**
zur Rechtsmitteleinlegung **401**

1145

Sachverzeichnis

fette Zahlen = §§

Anstaltskrankenhaus 461 1
Antragsdelikte
 Haftbefehl bei – **130**
Antrag im Sicherungsverfahren 413, 414 II
 Ablehnung des – **414** II 4
Anwaltlicher Zeugenbeistand 161 a 10
Anwaltskanzlei
 Durchsuchung **102,** 1; **vor 137** 3
Anwaltssozietät u. Verteidigung 137 1, **146** 1
Anwaltswerbung vor 137 1
Anwesenheit
 Feststellung bei Aufruf der Sache **243** I 2
 Entscheidungen in – **35** I
 von Gerichtspersonen in der Hauptverhandlung **226**
 des Privatklägers **387**
 in der Revisionshauptverhandlung **350** II
 bei richterlichem Augenschein **243**
 bei Vernehmungen der StA **168 a** III, **168 c** I, V
 von Person des Vertrauens bei Vernehmung des Verletzten **406 f** III
 des Verletztenbeistands in der Hauptverhandlung **406 g** II
 bei richterlichen Vernehmungen im Vorverfahren **168 c**
 bei Beweisaufnahme im Wiederaufnahmeverfahren **369** III
Anwesenheitspflicht 338 Nr. 5
 des Angeklagten **217** 5, **230** I, **231** ff.
 Ausnahmen von – **247, 329, 350** II, III, **411** II
 Entbindung des Angeklagten von – **233**
 in der Hauptverhandlung **226, 338** 17
Anwesenheitspflicht in der Hauptverhandlung: Angeklagter, Dolmetscher, Nebenkläger, Richter u. Schöffen, Sachverständiger, StA, Urkundsbeamter sofern zugezogen, Verteidiger **338** 17
Anwesenheitsrecht
 bei kommissarischer Vernehmung **224** 3
 des Nebenklägers **397** I 1
 bei richterlicher Vernehmung **168 c**
 des Sachverständigen **80** II
 des StA **136** I
 des Verteidigers bei Vernehmung **136** 8
 trotz Zeugeneigenschaft **243** 4
Anzeige
 von Ablehnungsgründen **30**
 der Beschlagnahme **98** III
 Kosten bei unwahrer – **469**
 von Todesfällen durch Polizei **159**
 s. a. Strafanzeige
Anzeigepflicht 158 1
Apotheker 53 I Nr. 3
ärztliche Atteste, Verlesung **256** I
Ärztliche Eingriffe
 beim Beschuldigten **81 a**
 beim Zeugen **81 c**

Arzt 81 a 6
 Anhörung zur Verhandlungsfähigkeit **231 a** III 1
 Attest **329** 6
 Beschlagnahmeverbot **97**
 Leichenöffnung **87**
 Leichenöffnung und Weitergabe von Daten **53** 3, **161** 2
 körperliche Untersuchung einer Frau **81 d**
 Zeugnisverweigerungsrecht **53** 2
Atemalkoholkonzentration-Messgerät 261 13
audiovisuelle Zeugenvernehmung 247 a
Aufenthaltsort, gewöhnlicher **8** 2
 Gerichtsstand des -s **8** II
Auffangspruchkörper 354 10, 11
Aufklärungspflicht 244 II
 für Angeklagten keine **53** 1
 bei Antrag auf Augenschein **244** 47
 bei Antrag auf Vernehmung von Auslandszeugen **244** 18
 Einschränkungen **244** 1
 Inhalt **244** 8 ff.
 bei präsenten Beweismitteln **245** 5
 Verhältnis zur Wahrunterstellung **244** 38
Aufklärungsrüge 244 49, **337** 7
 gegen Nichtanordnung persönlichen Erscheinens **236** 4
 bei Beschränkung des Fragerechts **241** 6
Auflagen
 bei Aussetzung des Haftbefehls **116** I
 bei Rückgabe beschlagnahmter Sachen **111 c** VI 3
 nachträgliche Änderung **153 a** I 3
 bei Strafaussetzung zur Bewährung **265 a, 268 a, 305 a**
 Überwachung durch das Gericht **453 b**
 bei vorläufiger Verfahrenseinstellung **153 a** I
Aufrechterhaltung der Ordnung **GVG 177**
Aufruf der Sache 243 II, **324**
Aufschiebende Wirkung
 Anordnung der – **307** II
 der Berufung **3161**
 der Beschwerde **81** IV, **231 a** III, **307** I, **454** II
 der Revision **343** I
Aufschub
 des Berufsverbots **456 c**
 der Vollstreckung von Freiheitsstrafen **455** I–III, **455 a**
 der Vollstreckung bei Wiedereinsetzungsantrag **47** II
 vorübergehender – der Vollstreckung **456**
Aufsichtsbeschwerde vor 296 8
Aufsichtsstellen 463 a
Augenschein
 Gegenstand des -s **86** 4 f.
 in der Hauptverhandlung **86** 5
 Protokollierung **86**
 richterlicher – **86, 168 d, 225, 249** I, **369** III
 Unerreichbarkeit **244** 36

magere Zahlen = Randnummern

Sachverzeichnis

Augenscheinsbeweis
Ablehnung von Antrag auf – **244 V 1**
Vorrang des Personalbeweises **250 2**
Augenscheinseinnahme
vor der Hauptverhandlung **225**
Öffentlichkeit bei – **338** 24
Augenscheinsgegenstände 86 4 f
Herausgabe **86** 5
Augenscheinsgehilfe 86 3
Augenscheinsprotokolle
Aufnahme von -n **86**
Verlesung **249 I**
Ausfertigung des Urteils 275 IV
ausgeschlossener Richter 338 Nr. 2
Auskunft
aus den Akten **147 VII, 161 ff., 406 e, 474 ff**
über Telekommunikationsverbindungen **100 g, 100 h**
aus dem Verfahrensregister **477**
Auskünfte und Akteneinsicht 144, 406 a, 474 ff.
Auskunftsersuchen der StA 161 S. 1, 161 2, 474 ff
Auskunftsperson 86 3
Auskunftsverweigerung 55
Belehrung über Recht zur – **55 II**
Berufung auf Recht zur – **55** 2
Herausgabe von Beweismitteln bei Recht zur – **95** 2
Protokollverlesung bei – **251** 10
keine Gleichstellung mit Unerreichbarkeit **251** 9
V-Leute **53** 49, **100 a** 1 ff.
Auslagen
von Beteiligten **464 a II Nr. 1**
des Rechtsanwalts **464 a II Nr. 2**
der Staatskasse **464 a II**
Auslagenentscheidung 464 II
Erforderlichkeit **464** 4
Auslagenverteilung nach Bruchteilen 464 d
Ausland
Ladung von Zeugen im – **244 V 2**
Pflichtverteidiger **140** 7, **259** 1
Protokolle von Vernehmungen im – **251** 2
Taten im – **153 c**
Ausländer
vorläufige Festnahme **127 a**
Sicherheitsleistung **127 a, 132**
als Zeuge **244** 48
ausländischer Beschuldigter und Dolmetscher **259** 1
ausländische Fahrausweise 463 b II
ausländische Rechtsanwälte 138
Auslandshaft 450 a
Auslandstaten
Nichtverfolgung **153 c**
Zuständigkeitsbestimmung
Auslandszeuge 244 48
Ablehnung eines Antrags auf Vernehmung **244 V 2**

Auslieferung
Absehen von Vollstreckung bei – **456 a**
von Akten **96**
Einstellung des Verfahrens **145 a**
Auslieferungsersuchen 276 2
Schengen **Einl.** 26
Auslieferungsverfahren 450 a
Aussage gegen Aussage 261 8, **267** 9
Aussagedelikte 359 Nr. 2, 362 Nr. 2
Aussagefreiheit Einl. 11, **136** 4, **141** 2
Belehrung über – **136 I 2, 136** 4, 9
Aussagegenehmigung 54
Einholung der – **54** 3
für V-Mann **53** 4 a, **54** 3, **100 a** 1 ff.
Widerruf der – **54** 4
Ausschließung
bei Mitwirkung in früheren Verfahren **23**
des Protokollführers **31**
als Revisionsgrund **338 Nr. 2**
eines Richters **22**
von Schöffen **31**
des Überwachungsrichters **148 a II**
des Verteidigers **138 a ff.**
Ausschließung von der Verhandlung
des Angeklagten **247**
Ausschließung der Öffentlichkeit
s. Öffentlichkeit
außerdienstlich erlangtes Wissen
der StA **160** 3
der Polizei **163** 4
„Außerordentliche Beschwerde" keine **33 a** 2, **304** 6
Aussetzung des Vollzugs des Haftbefehls **116, 116 a**
zur Klärung zivilrechtlicher Vorfragen **262 II**
Aussetzung der Hauptverhandlung 228
bei verspäteten Beweisanträgen **246 II, III**
Entscheidung über – **228 I**
nach rechtlichem Hinweis **265 III**
wegen Nichteinhaltung der Ladungsfrist **217 II, 228 III**
bei veränderter Sachlage **265 IV**
bei Wechsel des Verteidigers **228** 3, **265** 15
Verfahrensrüge **228** 5, **338** 33
Aussetzung des Haftvollzugs
durch Vorsitzenden **126 II 4**
Zuständigkeit für weitere Entscheidungen **126**
Aussetzung des Strafrests 454, 454 a
Aufhebung der – **454 a II**
Belehrung bei – **454 II**
Entscheidung über – **454 II, 454** 10
bei lebenslanger Freiheitsstrafe **454 I 5**
Aussetzung des Verfahrens
bei Pflichtverteidigerbestellung **145 II, III**
Aussetzung zur Bewährung 260 IV
Befragung des Angeklagten **265 a**
Begründung **267 III 4**
Belehrung bei – **268 a III, 453 a**
Haftbefehl der – **453 c**

1147

Sachverzeichnis

fette Zahlen = §§

Nachtragentscheidungen über – **453**
Überwachung durch das Gericht **453 b**
Auswahl des Sachverständigen **73** 1
Automatische Datenregelung 483 ff.
Automatisiertes Abrufverfahren 475, 488

Bagatellstrafsachen 812, 81 b 3, 313 1
Bandenkriminalität
  Rasterfahndung **98 a Nr. 6**
Bankgeheimnis 95 1, **161** 3
Beamter
  Aussagegenehmigung **54**
  deutscher – im Ausland, Gerichtsstand **11**
  als Sachverständiger **72** 2, **76 II**
Beanstandung
  durch Nebenkläger **397 I**
  der Sachleitung **238 II**
Beauftragter Richter 223 I, 223 8, 225
  Ablehnung **26 a II**
  im Verfahren gegen Abwesende **289**
  Beschwerde gegen Verfügungen **304 I, 306 III**
  im Klageerzwingungsverfahren **173 III**
  im Sicherungsverfahren **415 II**
  Vernehmung des Angeklagten **233**
  Vernehmung von Zeugen u. Sachverständigen **51 III, 66 b, 70 III, 223**
  Verwertung von Wahrnehmungen **223** 8, **251** 2, **261** 3, 4
  Wahrnehmungen zur Schuldfrage **251** 2
  im Wiederaufnahmeverfahren **369**
Bedeutungslosigkeit
  Ablehnung von Beweisanträgen wegen – **244 II 2**
Bedingter Beweisantrag 244 15
Befangenheit
  s. Besorgnis der Befangenheit
Befangenheitsrüge 338 Nr. 3
  Prüfung nach Beschwerdegrundsätzen **338** 13
Befragung des Angeklagten 257 I
  Befragung durch Sachverständigen während der Hauptverhandlung keine Untersuchung iSd § 246 a **78** 2, **246 a** 3
Befundtatsachen vor 72 1
  Erstreckung des Eids auf – **79** 3
Befugnisse außerhalb der Sitzung **GVG 180**
Begleiter 163 e III
Begnadigungsrecht 452
Begründung
  von anfechtbaren Entscheidungen **34**
  der Berufung **317**
  von Ermessensentscheidungen **34** 1
  des Haftbefehls **114 II, III**
  der Revision **344**
  des Urteils **267, 268 II 1**
Begünstigung
  Ausschließung des Verteidigers **138 a I Nr. 3**
  Beschlagnahmefähigkeit **97 II 3**
  Durchsuchung **103**
  Vereidigungsverbot **60 Nr. 2**

Beisitzender Richter
  Fragerecht **240 I**
Beistand
  des Angeklagten **149 I, 296** 4
  Ehegatte als – **149 I**
  des Verletzten **397 a Abs 1, 406 f, 406 g**,
  des Zeugen **vor 48** 1, **68 b**
  im Protokoll **272 Nr. 4**
  des Privatklägers **379**
  einstweiliger – **406 g IV**
  Mitteilung des Verfahrensausgangs an – **406 d II 2**
  des Nebenklägers **397 a**
  des nebenklageberechtigten Verletzten **406 g**
  des Privatklägers **378**
  des nicht nebenklageberechtigten Verletzten **406 f.**
  Gesetzlicher Vertreter als – **149 II**
  des Zeugen durch RA **161 a** 1
  Zulassung als – **149 III**
Bekanntmachung
  der Beschlagnahme gegen Abwesende **291, 292, 293 II**
  des Durchsuchungszwecks **106 II, 111 III**
  des Haftbefehls **114 a**
  im Privatklageverfahren **385 I, 394**
  des Urteils **463 c**
Belastungszeuge einziger **261** 8
Belehrung
  des Betroffenen bei Beschlagnahme **98** 7
  des Beschuldigten bei Vernehmung **136 I, 163 a IV**
  über Eidesverweigerungsrecht **63**
  über Beginn des Fahrverbots **268 c**
  über Recht zur Auskunftsverweigerung **55 II**
  über Rechtsmittel **35 a**
  über Strafaussetzung **268 a III**
  des Verletzten über Befugnisse **406 h**
  über Verteidigerkonsultation **136** 4, 5
  von Zeugen **57**
  über Zeugnisverweigerungsrecht **52 III 1**
  über berufliches Zeugnisverweigerungsrecht **53** 2
Belehrungspflicht
  bei Vernehmung des Beschuldigten **136 I 2, 136** 4, 9, **163 a IV**
benachbartes Gericht
  Eröffnung vor – **210 III**
Benachrichtigung
  von Angehörigen bei Verhaftung **114 b**
Benachrichtigungspflicht
  bei richterlichem Augenschein **168 d I**
  bei richterlicher Vernehmung **168 c V**
Beobachtung
  des Angeklagten durch Sachverständigen während der Hauptverhandlung keine Untersuchung iSd § 246 a **78** 1, **246 a** 3
  Unterbringung zur – **81, 140 I Nr. 2, 304 IV Nr. 1**
  Beratung **260** 1

1148

magere Zahlen = Randnummern

Sachverzeichnis

Abstimmung 263
Teilnahme wissenschaftlicher Mitarbeiter 351 4
Beratungsstelle, Mitarbeiter einer – 53 I Nr. 3 a, 3 b, 97
Bereitschaftsdienst nächtlicher des Ermittlungsrichters 104 2
Berichterstatter
in der Berufungsverhandlung 324 I
in der Revisionshauptverhandlung 351 I
Berichtigung
des Sitzungsprotokolls 271 7 f.
der Urteilsformel 260 8
der Urteilsgründe 267 27
Berichtspflicht der StA bei technischen Maßnahmen 100 e
Berufshelfer 53 a
Berufsgeheimnis
Zeugnisverweigerungsrecht 53, 53 a
Berufshaftpflicht des RA vor 137 3
Berufsverbot
Aufschub und Aussetzung 456 c
Einstweilige Anordnung über Aussetzung des -s 458 III 2
Beschwerde gegen vorläufiges – 305 S. 2
Pflichtverteidigung bei – 140 I Nr. 3
Tenorierung 260 II
vorläufiges – 132 a
Berufung 312–332
Annahme der – 313
Begründung 317
Beschränkung 318
Wirkung der Einlegung 316
Form, Frist 314
Statthaftigkeit 312
Umfang der Prüfung 327
Berufsurteil 328
Verschlechterungsverbot 331
durch gesetzlichen Vertreter 330
Verwerfung bei Ausbleiben 329
Verwerfung bei Unzulässigkeit 322
Verwerfung bei Verspätung 319
– und Wiedereinsetzungsantrag 315
Prüfung der Zulässigkeit durch Revisionsgericht 352 2
Zuständigkeit 312 3
Berufungsbegründung 317
Berufungsgericht 312 3
Aktenweitergabe an – 321
Entscheidung über Berufungsannahme 322 a, 335
Berufungsurteil 328, 329, 331
Berufungsverhandlung 323–326
Ausbleiben des Angeklagten 329 I
Gang der – 324 I
anzuwendende Regeln 332
Schlussvorträge 326
Vertretung 329 II
Vorbereitung 323
Beruhen 377 I, 338, 337 17
Darlegungslast 344 7 ff.

Beschlagnahme vor 94 1
Anhörung bei Anordnung 33 IV
Anordnung der – 98, 111 e
Aufhebung 98 8
Aufrechterhaltung für befristeten Zeitraum 111 I
ausländischer Fahrausweise 463 b II
von Beförderungsmitteln 132 III
Befriedigung von Ansprüchen des Verletzten 111 9
in Dienstgebäuden der Bundeswehr 98 IV
von beweglichen Sachen 111 c I
von dinglichen Rechten 111 c II
von Druckwerken und Schriften 111 m, 111 n
Durchführung 111 f I, II
Durchsuchung zur – 111 b 3
von Einziehungsgegenständen 111 b 3, 111 c
E-Mail-Nachricht 94 1
Erlöschen 98 8
durch Ermittlungsrichter 98 1
von Forderungen 111 c III
von Führerscheinen 94 III, 463 b I
bei Gefahr im Verzug 98 II
Gegenstand der – 94
von Grundstücken 111 c II
in Krankenanstalt 97 II 2
Notveräußerung beschlagnahmter Gegenstände 111 l
Sicherstellung durch – 111 c
Rechtsmittel gegen erledigte – 98 9
Rückgabe in Verletzten 111 k
von Schiffen und Luftfahrzeugen 111 c IV
Sicherheitsleitung bei – 111 c VI 3
von Tagebüchern und Notizkalendern 94 4, 97 6, 249 3
-verbote 97
von Verteidigungsunterlagen 97
Wirkung der – 111 c V
beschlagnahmefreie Gegenstände 97
bei Presse/Rundfunk/Fernsehen – Mitarbeiter 97 10
Beschlagnahmeverbote 97 Verwertungsverbot 97 II
Beschleunigtes Verfahren 417–420
Ablehnung der Entscheidung im – 419 II, III
Anklageschrift im – 418 III, 419 III
Beweisaufnahme im – 420
kein Eröffnungsbeschluss im – 418 I
Ladung 418 III
Pflichtverteidiger im – 418 V
Rechtsfolgengrenze 419 I
Beschleunigungsgebot Einl. 10
in Haftsachen vor 112 5, 116 1
bei Entscheidung über Unerreichbarkeit 244 32
und Verschlechterungsverbot 331 9, 358 5, 373 5
bei Verstoß Einl. 10

1149

Sachverzeichnis

fette Zahlen = §§

Beschränkung
der Akteneinsicht **147, 406 e, 474 ff.**
der Berufung **318, 473 III**
des Einspruchs gegen Strafbefehl **410 II**
hinsichtlich Einziehung **430** der Revision **344 I, 473 III**
der Strafverfolgung **154, 154 a**
der Verteidigung als Revisionsgrund **338 Nr. 8**
der Verteidigerzahl **137**
der vorläufigen Entziehung der Fahrerlaubnis **111 a I**
beschränktes Rechtsmittel
Kosten **473 III, 473 11 f.**
Beschuldigter
Anwesenheit bei richterlicher Vernehmung **168 c II, III**
Anwesenheit im Sicherungsverfahren **415**
Ausschreibung zur polizeilichen Beobachtung **163 e**
Begriff **52** 5 **163 a** 1
Belehrung bei erster Vernehmung **136 I**
Belehrung bei Vernehmung **136 I 2–4, 163 a IV**
Beweisanträge bei richterlicher Vernehmung **166**
erste Vernehmung **136, 163 a**
Identitätsfeststellung **136** 3
körperliche Untersuchung **81 a**
Ladung zur Vernehmung **133 I, 163 a** 11
Rechtsmittel zu Protokoll der Geschäftsstelle **299**
schriftliche Äußerung **163 a I** 2
sofortige Vorführung **134**
Aufklärung über Tatvorwurf **MRK** 16 III a
Teilnahme in Hauptverhandlung im Sicherungsverfahren **415**
Vernehmung **133 ff, 163 a**
Vernehmungsprotokoll **168 b II**
Verteidigerbesuch bei Haft **148 II**
Recht auf Verteidigung **MRK 6 III b, c**
Vorführung zur Vernehmung **133 II, 135**
keine Wahrheitspflicht **136** 8
als Zeuge **52** 5
Beschwer vor 296 3 ff., **337** 19
des Revisionsführers **339** 2
Beschwerde 304–311 a
Abhilfe **306 II**
Adressat der – **306** 1
nachträgliche Anhörung **311 a**
aufschiebende Wirkung **307**
Ausschluss der – **304** 6, **305 S. 1**
außerordentliche (keine) **33 a** 2, **304** 6
Einlegung **306** 1
Entscheidung über – **309**
Gegenerklärung **308 I**
gegen Haftbefehl **114 II, 115** 7 f
gegen Ordnungsmittel **GVG 181**
wegen Verletzung der MRK **MRK** 13
sofortige – **311**
Statthaftigkeit **304, 305**
weitere – **310**

Vorlage an Beschwerdegericht **306 II**
Zuständigkeit des Revisionsgerichts **305 a II**
Beschwerdeverfahren 306, 308, 309
Beschwerdewert **304 III**
Besetzung des Gerichts 222 a, 222 b, 338 Nr. 1
Besetzung der StrK mit 2 oder 3 Berufsrichter **1383, 414** 2
Besetzungsänderung **222 a I 3, 222 b II 3**
Besetzung mit Ergänzungsrichter oder -schöffe nach Beginn der Hauptverhandlung **222 b 2, 338 Nr. 1** 2
Besetzungseinwand 222 b I, 338 Nr. 1
Aussetzung bei begründetem – **222 b** 3
Besetzungsunterlagen 222 a III
Besetzungsrüge 338 Nr. 1
zur Zulässigkeit der – **338** 3
besondere Auslagen 465 II
besondere Bedeutung des Falles GVG 338 14
besondere Schwere der Schuld 267 14, **337** 16, **454** 15
bei nachträglicher Gesamtstrafenbildung **460** 9
besonders schwere Fälle 267 III 3, 267 17
besondere Zuständigkeit 1 2, **2 I** 2, **6 a, 209 a**
Einwand gegen – **6 S.** 2
Prüfung der – **6**
Rangfolge **209 a**
Besorgnis der Befangenheit
Ablehnung wegen unrichtiger Zwischenentscheidung **24** 2
Ablehnung eines Richters wegen – **24**
als Revisionsgrund **338 Nr. 3**
Ablehnung eines StA wegen – **24** 3
Unmutsäußerungen des Richters **24** 2
Bestattung
Genehmigung durch StA **159**
Bestellung
öffentliche – zum Gutachter **75 I**
Besuchserlaubnis **119** 8
Besuchsüberwachung **119** 8
Besuchsraum der Haftanstalt 100 c 2
Betäubungsmittelabhängigkeit 260 V 2
Betäubungsmittelstraftaten 98 a II Nr. 1, 100 a Nr. 4, 110 II Nr. 1, 110 a II Nr. 1, 112 a II Nr. 2, 153 4
Beteiligte
Anhörung **33**
nachträgliche Anhörung **33 a**
s. a. Nebenbeteiligte
Beteiligungsinteressent 432
Beteuerungsforrnel
eidesgleiche Bekräftigung **65**
Betreuer 22 Nr. 2, 52 II, 81 c III
Richter als – eines Verfahrensbeteiligten **22 Nr. 2**
Beugehaft 70 II, 70 2
Beurlaubung des Angeklagten von der Hauptverhandlung **231 c**

magere Zahlen = Randnummern

Sachverzeichnis

Bewährungsauflagen
  s. *Auflagen*
Bewährungszeit
  Beginn bei Reststrafenaussetzung **454 a I**
Beweisanregung **244** 18
Beweisantizipation **244** 11, 24
Beweisantrag
  Ablehnungsgründe **244 III–V**
  bei Abwesenheitsverhandlung **233** 5
  Anordnung schriftlicher Antragstellung **257 a**
  Antragsberechtigung **244** 20
  Antragstellung (Zeitpunkt) **244** 20
  Bedingter – **244** 15
  Begriff **244** 14
  im beschleunigten Verfahren **420** 1
  des Beschuldigten bei richterlicher Vernehmung **166**
  des Beschuldigten im Ermittlungsverfahren **163 a II**
  Entscheidung über – **244** 21, **244 V**
  Hilfs- **244** 16
  bei Vorlage an höheres Gericht **225 a II**
  vor der Hauptverhandlung **219 I**
  bei unmittelbarer Ladung **245 II**
  durch Nebenbeteiligte **436 II**
  im Privatklageverfahren **384 III**
  Rüge bei rechtsfehlerhafter Behandlung **244** 51
  Mitteilung an StA **219 II**
  im Strafbefehlsverfahren **411 II 2**
  Verspäteter – **246**
  bei Verweisung **270 IV**
  im Zwischenverfahren **201**
Beweisantragsakte **244** 48
Beweisaufnahme
  im Adhäsionsverfahren **404** 6
  – während Vernehmung des Angeklagten **243** 9
  im Berufungsverfahren **324, 325**
  im beschleunigten Verfahren **420**
  Form **244** 4ff
  Gegenstand der – **244**
  im Privatklageverfahren **384 III, 386**
  Schluss der – **258 I**
  im Strafbefehlsverfahren **411 II 2**
  Umfang der – **244 II, 245**
  über Wiederaufnahmeantrag **369**
  Wiedereintritt in die – **258** 1
  Zeitpunkt der – in der Hauptverhandlung **244 I, 244** 20
Beweis des ersten Anscheins **261** 2
Beweiserhebung
  Anordnung der – **244** 21
  Unzulässigkeit der – **244 III 1, 244** 25
  im Zwischenverfahren **202**
Beweiserhebungsverbote **Einl. 14**
Beweisermittlungsantrag **244** 14, 178
  vor der Hauptverhandlung **219** 2
Beweiskraft des Protokolls **274 S. 1, 1**
Beweismittel **94** 1
  Akteneinsicht des Verteidigers **94** 6

Angabe in der Anklageschrift **200**
Beschlagnahme **94**
Herausgabepflicht **95**
herbeigeschaffte – **245 I, II**
Herbeischaffung von – **214 IV, 221**
im Strafbefehl **490 I Nr. 5**
Nichterschöpfung der – **244** 8
sachnäheres zur sachferneres **244** 12
Zulässigkeit von **110 a 2, 247 a 1**
Beweisprognose **244 II**
Beweisregeln **211** 7
Beweissicherung
  im Abwesenheitsverfahren **285**
  bei vorläufiger Einstellung **205 S. 2**
Beweisverbot Einl. 14, 261 11
  und Beweiswürdigung – Lösung **250** 3
  wegen Verletzung des Belehrungsgebots **136** 4, 9
  Fernwirkung **136 a** 14
  wegen verbotener Vernehmungsmethoden **136 a** 13
  s. a. *Verwertungsverbot*
Beweisvermutungen **261** 12
Beweisverwertungsverbote Einl. 14
Beweiswürdigung **267** 12, **267** 9 ff.
  Fehlen der – **337** 11
  Freispruch und – **261** 1, **267** 24
  Grundsatz der freien – **Einl. 11, 261**
  Prüfung der – durch Revisionsgericht **261** 20, **337** 12
Bezugnahmen
  auf Abbildungen **267 I 3**
  bei abgekürztem Urteil **267 IV 1**
  auf erstinstanzliches Urteil **267** 3
  in den Urteilsgründen **267** 3 f.
Bildaufzeichnung
  Anordnung **100 d**
  Benachrichtigung **101**
  heimliche Herstellung **100 c I**
  in der Hauptverhandlung **Einl. 31**
Bild-Ton-Aufzeichnung
  vor 48–71 Rn. 5
  – bei besonders schutzbedürftigen Zeugen **580**
  – getrennte Durchführung der Zeugenvernehmung **168 e**
Bindung
  des Gerichts an Entscheidungen anderer Gerichte **262** 4
  des Gerichts bei Kostenbeschwerde **464 III 2**
  keine – des Gerichts an Anträge der StA **206**
  des Tatrichters an Revisionsurteil **353** 6, **358 I**
  blinder Richter **338** 10
Blutalkoholbestimmung **81 a** 4, **267** 10
Blutalkoholgutachten Verlesung **256 I**
Blutentnahme
  ärztlicher Bericht **256 I**
  bei Verkehrsstraftaten **RiStBV** 243 II
Blutgruppengutachten **256 I**

Sachverzeichnis

fette Zahlen = §§

Blutprobe
  des Beschuldigten **81 a I** 2
  anderer Personen **81 c II, III**
Blutprobenentnahme
  Anfechtung **81 a** 8
  Festnahme zur – **81 a** 6
Brechmittel **136 a** 7; **81 a** 1
Briefgeheimnis **99** 1
Briefverkehr
  Achtung des -s **MRK** 8 I
  Eingriff in – **MRK** 8 II
  von Untersuchungsgefangenen **119** 11 ff.
Buchprüfer **53 I** Nr. 3
Bundesanzeiger **111 d IV, 111 e IV, 111 p IV, 291, 292 I, 371 IV, 443 III**
Bundesgerichtshof
  Belassung **333** 6
  Beschwerde gegen Entscheidungen **304 IV 1, V**
  Erfolgs-Quote von Revisionen **333** 6
  Erledigungszahlen **333** 6
  Ermittlungsrichter **169 I, 304 V**
  Verfahrensdauer **333** 6
Bundeskriminalamt **161** 10, **163** 2
Bundespräsident
  Begnadigungsrecht **452**
  als Nebenkläger **395 II**
  Vernehmung als Zeuge **49**
  Zeugnisverweigerungsrecht **54 III**
Bundeswehr
  Beschlagnahme im Bereich der – **98 IV, 111 f** 1
  Durchsuchung im Bereich der – **105 III**
Bußgeldkatalog **267** 14

Chemiker **91 I**
Computer
  Mietkosten **464 a** 1

Datenabgleich **483** ff.
  zur Aufklärung einer Straftat **98 c**
  bei Rasterfahndung **98 a I** 1
  und Unschuldsvermutung **Einl.** 25
Datenabruf **483** ff.
Datenberichtigung **483** ff.
Datenlöschung **489**
Datenschutz **476** 11 Nr. 5
Datenschutzbeauftragter
  Unterrichtung bei Rasterfahndung **98 b IV** 2
Datenspeicherung **483** ff.
  bei Schleppnetzfahndung **163 d**
Datensperre **489 VII**
Datenträger **98 b III**
  Beschlagnahmeverbot **97 V**
Datenübermittlung **163 d I** 3, **474 III** 1, **IV, V**
  automatisierte – **483** ff.
  bei Rasterfahndung **98 a II, III** 1, **98 b I** 6, **III**
  Vorschriften über – **476 V** Nr. 3

Datenverwendung **483** ff.
Datenverwertung **483** ff.
Dauerstraftat **260** 7
Deal im Verfahren **Einl.** 16
Derselben Tat
  in 121 **121** 4
  Tat in § 264 **264** 2
Dienstaufsichtsbeschwerde vor **296** 1
Dienstliche Äußerung **25** 1
  über Ablehnungsgrund **26 III**
  Dienstliche Erklärungen **250** 1, **261** 4
Dienstliches Wissen und Äußerungen **261** 4
Dinglicher Arrest
  Anordnung **111 e**
  Aufhebung **459 i II**
  Befriedigung des Verletzten **111 h**
  Durchführung **111 f III**
  Notveräußerung gepfändeter Gegenstände **111 l**
  Sicherstellung durch – **111 d, 111 f** 4
  wegen Vermögensstrafe **111 o**
  bei Verfall und Einziehung von Wertersatz **111 b II**
Disziplinarmaßnahmen
  gegen Untersuchungsgefangene **119 III, 119** 20 ff.
Disziplinarverfahren
  Einstellung bei – **154 e**
DNA-Analyse, **81 a** 4, **vor 81 e, 81 e** ff.
DNA-Identifizierungsgesetz
  v. 7. 9. 1998 idF des G v. 2. 6. 1999 u.
  2. 8. 2000 (BGBl. I 1253)
  – Anhörung **81 g** 11
  – Anordnungskompetenz **81 g** 7
  – Auskünfte **81 g** 12
  – Bewährungsstrafe **81 g** 3
  – Negativprognose **81 g** 3
  – Rechtsmittel **81 g** 13, 14
  – Straftat von erheblicher Bedeutung **81 g** 3
  – Verhältnismäßigkeitsgrundsatz **81 g** 1
  – Verwendung und Vernichtung **81 g** 6
  – und Untersuchungsanordnung **81 g** 9
  – Voraussetzungen **81 g** 1
  – Wiederholungsgefahr **81 g** 5
  – Zuständigkeit des Richters **81 g** 7, 8
Dolmetscher **259**
  ausländischer Beschuldigter **140** 7, **259** 1
  ununterbrochene Anwesenheit **226** 2
  Recht auf unentgeltliche Beiziehung **MRK** 6 III c
  Kosten **464 c**
  u. Nebenkläger **397** 1
  bei Vereidigung **GVG 185**
  in Verhandlungen **35** 4
Doppelakten **147** 2
Doppelrelevante Tatsachen **244** 5, **353** 4, 6
Dreierbesetzung der StrK mit
  Berufsrichtern **338** 2
Dreimonatsfrist bei Abhören **100 b** 2
Dringender Tatverdacht **112 I, 112** 2
  vorläufige Festnahme bei – **127** 2

magere Zahlen = Randnummern

Begründung im Haftbefehl **114 II Nr. 4**
Wegfall **120** 2
Drohung
bei Vernehmung des Beschuldigten **136 a** 13
Druckwerke Beschlagnahme von periodischen -n **111 n, 111 n**
Gerichtsstand 7
Durchsicht von Papieren 110, 111 III
Durchsuchung
Anordnung **105 I**
Anwaltskanzlei **102** 1, **vor § 137** 3
Ausführung **105 II, III**
Mitteilung an Betroffenen **107 S. 1**
Zuziehung des Inhabers **106**
an Kontrollstellen **111 I 2**
zur Nachtzeit **104**
bei Nichtverdächtigen **103 I 1**
von Personen und Sachen **163 b I 3**
beim Verdächtigen **102**
des Verteidigers **148**
Verzeichnis beschlagnahmter Gegenstände **107 S. 2**
von Wohnungen **102 ff., 105** 9
Durchsuchungsgegenstände 102 2
Durchsuchungsziele 102 3
Durchsuchungszeugen 105 II

Ehegatte
Auskunftsverweigerungsrecht **55, 161 a, 163 a V**
– als Beistand **149 I**
Eidesverweigerungsrecht **63, 161 a**
Gutachtensverweigerung **76 I**
Nebenklagebefugnis **395 II Nr. 1**
Richter als – eines Verfahrensbeteiligten **22 Nr. 2**
Ablehnung als Sachverständiger **74**
Antrag im Wiederaufnahmeverfahren **361 II**
Zeugnisverweigerungsrecht **52 I Nr. 2, 161 a, 163 a V**
Ehrenschutz
von Zeugen **68** 1
Ehrengerichtliches Verfahren 138 a III Nr. 2, 3
Eid 59 ff.
Berufung auf früheren – **67**
des Dolmetschers **GVG 189**
des Sachverständigen **79**
des Zeugen **59**
Eidesform 66 c
Eidesgleiche Bekräftigung 66 d
Eidesleistung Hör- u. Sprachbehinderter **66 e**
eidesstaatliche Versicherung
über Verbleib des Führerscheins **463 b III**
Eidesunfähigkeit 66, 61
Eidesverweigerung 63
Eidesverweigerungsrecht 63
Eigene Ermittlungen des Verteidigers **vor 137** 1, **464 a** 6

Sachverzeichnis

Eigene Sachkunde des Gerichts **244** 41
Eigenmächtigkeit
des Ausbleibens **230** 3, **231** 2, **232** 2
einfacher Tatverdacht 97 7
Eingriff, körperlicher 81 a, 81 c, 136 a
Einschreiben
Zustellung durch – **37 II**
Einspruch
Beschränkung des -s **410 I 1**
Form **410** 3
Frist **410 II**
gegen Strafbefehl **410 I**
Verwerfung wegen Unzulässigkeit **411 I 1**
Einspruchrücknahme 411 III
Einstellung des Verfahrens
bei Absehen von Strafe **153 b**
Auslagen des Angeschuldigten bei – **467 IV, V**
bei Auslieferung **154 a IV**
Bescheidung des Antragstellers **171**
endgültige – **153 a** 9
endgültige – wegen Verfahrenshindernis **206 a**
bei Erfüllung von Auflagen und Weisungen **153 a**
durch das Gericht **153 II, 153 a II**
Entscheidung nach 153 a **153 a** 1, 7
wegen Geringfügigkeit **153**
wegen Gesetzesänderung **206 b**
im Jugendstrafverfahren **153 a** 1
bei Nebenklage **396 III**
bei Nebenstraftaten **154 II**
durch Prozessurteil **260 III**
– durch StA **170 II**
Kosten der Staatskasse **467 a**
bei Straf- oder Disziplinarverfahren **154 e**
Teil- **171** 2
wegen Verfahrenshindernis **Einl.** 13
vorläufige – wegen Verfahrenshindernis **205**
wegen Verfahrensverzögerung **Einl.** 10
bei zivilrechtlicher Vorfrage **154 S. 3**
Einstellungsbescheid 171
Anfechtung **172 ff.**
Begründung **171** 3
Belehrung des Antragstellers bei – **171 S. 2**
Einstellungsbeschwerde 172 4 f.
Einstellungsurteil 260 III
Begründung **267** 26
Einstimmigkeit bei Revisionsentscheidung **349 II, IV**
Einstweilige Beschlagnahme 108
Einstweilige Unterbringung 126 a
Anordnung **126 a II 1, 126 a** 4
Aufhebung **126 a III**
keine Außervollzugsetzung **126 a** 4
Beschwerde gegen – **304 IV 2, V, 305 S. 2, 310 I**
Entscheidung über Fortdauer **207 IV, 268 b**
keine Haftprüfung bei – **121** 1
Verhältnis zur landesrechtlichen Unterbringung **126 a** 2

1153

Sachverzeichnis

fette Zahlen = §§

Voraussetzungen **126 a** 3
Einzelrichter außerhalb der Sitzung **GVG 180**
Einziehung 430 ff.
  Absehen von der – **430**
  selbstständige Anordnung **440, 441**
  Beschlagnahme zur Sicherung der – **111 b ff.**
  Beschwerde **304 IV 2 Nr. 5**
  Entschädigung **436** 111, **437 IV, 441 IV**
  nachträgliche Entscheidung **462 I**
  Kosten bei -beteiligung **472 b**
  gleichstehende Rechtsfolgen **442**
  im Strafbefehl **407**
  Vollstreckung **459 g I**
  Einziehung des **Wertersatzes 431 III, 440 I**
  dinglicher Arrest zur Sicherung **111 d, 111 e, 111 f III, 111 h**
  Vollstreckung **459 g II, 462 I**
Einziehungsbeteiligte
  s. Nebenbeteiligte
Einziehungsbeteiligung 431
  Anordnung der – **431**
  bei Einziehung des Wertersatzes **431 III**
  Wirkung **431 VII**
  Zeitpunkt der Anordnung **431 IV**
Einziehungsgegenstände
  Beschlagnahme **111 b ff.**
  Wegnahme **459 g I**
Einziehungsverfahren 431 ff.
  Nachverfahren **439, 441**
  selbstständiges – **440, 441**
Einziger Belastungszeuge 261 8
E-Mail-Nachricht **94** 1
Empfangsbekenntnis 37 4
endgültige Einstellung
  Auslagen des Angeschuldigten bei – **467 V**
Entfernung
  Entfernung des Angeklagten **247**
  Verlesung von Vernehmungsprotokoll wegen großer – **251 I Nr. 3**
Entlassung
  von Beweispersonen **248**
Entlastende Umstände
  bei Schweigen **261** 7
Entlastungsvorbringen
  (unwahres) des Angeklagten **261** 5
Entschädigung
  – Dritter bei Einziehung **436 III, 437 IV, 441 IV**
  der Sachverständigen **84**
  wegen Sicherstellung **94** 6
  der Zeugen **71**
  der vom Angeklagten geladenen Zeugen **220**
Entschädigung für **Strafverfolgungsmaßnahmen 403 ff.**
Entschädigung des Verletzten 403–406 c
  s. a. Adhäsionsverfahren
Entscheidungen
  Änderung von – **33 a S. 2**

Anhörung bei – **33**
Begründung von – **34**
Bekanntmachung **35**
formlose Mitteilung – **35 II 2**
Übersetzung **35** 4
Verkündung von – **35 I**
Entweichen
  Steckbrief nach – **131 II**
Entziehung der Fahrerlaubnis 212 b I, 232 I, 233 I, 267 VI
  bei Abwesenheitsverhandlung **232** 13
  durch Strafbefehl **407 II Nr. 2**
  Vollstreckung **463 V**
  vorläufige – **111 a, 305**
Entziehungsanstalt 80 a, 265 a S. 2
  Sachverständiger bei Unterbringung **246 a**
  einstweilige Unterbringung **126 a I**
Erbe
  des Verletzten **403**
Erfahrungssätze
  Verwertung **261** 4
Ergänzungsrichter 275 3
  Anwesenheitspflicht **226** 1
  Fragerecht **240** 1
  Mitteilung der – **222 a I 2**
  Eintritt bei Richterablehnung **29** 3
  Teilnahme an Beratung **260** 1
Ergänzungsschöffen
  Anwesenheitspflicht **226** 1
  Beiziehung nach Beginn der Hauptverhandlung **222 b 2, 338 Nr. 1** 2
  Fragerecht **240** 1
  Namhaftmachung **222 a I 2**
Ergreifung des Beschuldigten 115 2
erloschene Vollmacht 145 a 1
Erkennender Richter 28
Erkennungsdienstliche Maßnahmen 81 b
  zur Identitätsfeststellung **163 b I 3, II 2**
Erklärungen zur Beweiserhebung 257
  Entziehung des Wortes **257** 3
Erkrankung
  des Angeklagten während Unterbrechung **229 III**
  des Verurteilten während Vollstreckung **461** 1
Ermessensentscheidungen 337 9
Ermittlungen des Gerichts **147** 3
Ermittlungsbeamte der StA
  Abhören des Fernsprechverkehrs **100 b III**
  Beschlagnahme **98, 111 e I, 132 III**
  Beschlagnahmevollzug **111 II**
  Durchsuchung **105**
  Einsatz technischer Mittel **100 b III**
  körperliche Untersuchung **81 c II, 81 c V**
  Kontrollstelleneinrichtung **111 II**
  Notveräußerung **111l III**
  Schleppnetzfahndung **163 d**
  Sicherstellung der Strafverfolgung **132 II**
Ermittlungsergebnis
  wesentliches – in Anklageschrift **200** 11

magere Zahlen = Randnummern

Sachverzeichnis

Ermittlungsgrundsatz 155 II
Ermittlungsrichter 162, 165
  Ablehnung des -s beim OLG und BGH 27 3
  nächtlicher Bereitschaftsdienst 104 2
  bei OLG und BGH 169, 304 V
  Bestellung eines Verteidigers 141 2
  Ermittlungsverfahren 152 1 a 158, 160 ff.
  Ermittlungsverfahren im Vorfeld 152 1 b f.
  Akteneinsicht im – 147 II
  – Bindung an Antrag des StA 116
  Form 163 9
  Aufgaben der Polizei 163
  richterliche Untersuchungshandlungen 162
  Vernehmung durch StA 162 a
  Ermüdung des Beschuldigten 136 a 7
Eröffnung des Hauptverfahrens vor 198 1, 199, 203, 207, 209, 210
  Ablehnung der – 204
  Antrag auf – 199 II
  Eröffnungsbeschluss 203
  keine Klagerücknahme nach – 156
  Trennung und Verbindung nach – 41
  Verfahrenshindernis 309 1
Eröffnungsbeschluss 203
  Berichtigung 207 11
  Abweichungen von Anklage 207 II
  Anfechtbarkeit 210
  – im beschleunigten Verfahren 418
  Begründung 207 6
  Inhalt 207
  Mängel des – 207 10 f.
  im Privatklageverfahren 383 I, 384 II
  Verlesung im Privatklageverfahren 38 411
  Zustellung 215 S. 1
Eröffnungszuständigkeit 209
Ersatzfreiheitsstrafe
  Absehen von Vollstreckung 459 f.
  Aussetzung zur Bewährung 459 e 4
  Berechnung 459 e 3
  Tenorierung 260 15
  Unterbrechung 454 b
  Vollstreckung 459 e, 462 a 2
Ersatzzustellung 37 5
Ersetzungsbefugnis 296 2, 302 7
Erster Zugriff 163 I
Erstverbüßung 454 b 2
Ersuchter Richter 223 1223 9, 225
  Ablehnung 26 a II
  im Verfahren gegen Abwesende 289
  Beschwerde gegen Verfügungen 304 I, 306 III
  Belehrung bei Strafaussetzung 453 a 1
  Vernehmungen durch – 511 II, 66 b, 70 III, 223
Erwachsenen- oder Jugendstrafrecht 2 3
Erwiesenheit von Tatsachen 244 11, 12, 244 29
Erziehungsberechtigter
  Recht zum Schlussvortrag 258 3
  Terminsmitteilung 224 1

Erziehungszweck 267 14
Erzwingungshaft 70 II
  Vollstreckung 36 4
EU-Rechtsanwalt 138 1
Europäischer Haftbefehl vor 112 3
Eventualbegründung 267 18
Exhumierung 87 III, IV, RiStBV 34
Exploration des Sachverständigen in Abwesenheit des Verteidigers 80 3
Exterritorialität 51 6
  Gerichtsstand 11

Fachanwaltsbezeichnung vor 137 2
Fachbehörde
  Gutachten 83 III, 91 I, 256 II
Fachbuchschullehrer
  als Verteidiger 138 2
Fahndung 131–131 c
  – nach dem Beschuldigten 131–131 c
  Inanspruchnahme von Publikationsorganen 131 b, 131 c
  durch die StA 131 c
  – nach einem Zeugen 131 e
Fahrerlaubnis
  Entziehung 212 b I, 232 I, 233 I, 267 VI
  Entziehung im Strafbefehl 407 II Nr. 2
  Vollstreckung der Entziehung 463 V
  vorläufige Entziehung 111 a
  und Arbeitsstelle 111 a 1
  und Grundsatz der Verhältnismäßigkeit 111 a 1
fahrlässige Körperverletzung
  Nebenklage wegen – 395 III
Fahrtenschreiberauswertung 256 I, 256 5
Fahrverbot 111 a V, 232 I, 233 I
  Anrechnung 450 II
  Belehrung über Beginn des -s 268 c, 409 I
  Vollstreckung 463 b
  Wirksamkeit bei Wiedereinsetzungsantrag 47 1
fair-trial-Grundsatz Einl. 21, 338 31
  und Geheimhaltung des Staates **Einl.** 21
Falschaussagen
Falsche Verdächtigung
  vorläufige Einstellung 154 e
  Kostenlast des Anzeigenden 469
falscher Name des Angeklagten 155 1, 230 7
Fangfragen 136 a 8
Feiertage
  Fristablauf bei -n 43 II
Fernmeldegeheimnis 100 a 1
Fernmeldeverkehr 100 a 3
  Fernwirkung bei Verstoß 100 a 11
  öffentliche Fernsprechzelle 100 a 7
  Überwachung von 94 2, 100 a, 100 b
  Verwertungsverbot 100 a 6 ff.
Fernschreiben
  Fristwahrung durch – 43 2
Fernsehen
  Inanspruchnahme bei Fahndung 131–131 c

1155

Sachverzeichnis

fette Zahlen = §§

Fertigstellung
des Sitzungsprotokolls **271 I 2**
-svermerk **271** 6
Fesselung
in der Hauptverhandlung **119 V 2**
in der U-Haft **119 V, 119** 20
fester Wohnsitz 127 a I
Festnahme
Absehen von – **127 a**
von Störern **164**
Überprüfung der – entspr. **98** Abs. 2, **98** 9, **127** 11
Vorführung nach – **128, 129**
s. a. vorläufige Festnahme
Feststellungsmängel 337 II
Feststellungsverfahren
über Verteidigerausschluss **138 c V**
Fingerabdrücke
des Beschuldigten **81 b**
Flucht
Haftgrund bei – **112 II Nr. 1**
Steckbrief **131 I**
Fluchtgefahr
Aussetzung des Haftbefehls bei – **116 I**
Absehen von vorläufiger Festnahme **127 a**
Haftgrund bei – **112 II Nr. 2, 113 II, III**
Fluchtverdacht
vorläufige Festnahme wegen – **127 I**
Vollstreckungshaftbefehl bei – **457 I**
Folter 136 a, MRK 3
formelle Rechtskraft 449 3
Fortdauer der U-Haft 121
Entscheidung über – **207 IV**
Fortgesetzte Handlung 200 4, **206** 6, **264** 3, **267** 7
Fortsetzung des Verfahrens
ohne Belehrung des Angeklagten **231** 2
nach vorläufiger Einstellung **205** 4
Fortsetzungstermin
in Abwesenheit des Angeklagten **231 a I**
Ladung zum – **216** 1, **218** 1
Fortwirkungszuständigkeit der StVK 462 a I 2
Fotographien
heimliche – durch Polizei **163** 7
Wiedererkennen nach – **261** 3, **269** 4
Fragen
Recht zur Stellung von – **240**
Stellung über Vorsitzenden **241 a II**
Entscheidung über Zulässigkeit **242**
Zurückweisung von – **241**
Fragerecht 240
Ausübung **240** 3
Beschränkung durch Vorsitzenden **241**
Einschränkung des -s **68 a** 3
des Mitangeklagten **240 II 2**
des Nebenklägers **397 I**
des Sachverständigen **80 II**
Umfang **240** 3
Freibeweis 244 4, 7
im Zwischenverfahren **202** 2
Freispruch **267** 24

Freie Beweiswürdigung Einl. 11, 261, 261 7 ff.
Grenzen **261** 13
Freiheit, Recht auf MRK 5
Freiheitsentziehung
zur Identitätsfeststellung **163 c**
Freilassung
nach vorläufiger Festnahme **128 II 1**
Freispruch
Begründung **267 V I**
Beweiswürdigung **261** 1, **267** 24
Datenlöschung bei – **476 II 2**
Aufhebung des Haftbefehls bei – **120 I 1**
Kostenentscheidung bei – **467**
durch Revisionsgericht **354 I**
Tenorierung **260** 19
im Wiederaufnahmeverfahren **371**
frische Tat 127 3
Fristen 42, 43
Ausschöpfung von – **43** 2
Berechnung von – **43** 3
gesetzliche – **43** 1
richterliche – **43** 1
Versäumung von Rechtsmittel – **44 S. 2**
Fristsetzung
zur Gutachtenerstattung **73 I, 77 II**
zur Strafantragstellung **130**
Führerschein
ausländischer – **111 a VI, 463 b II**
Beschlagnahme **94 III, 98** 1, 2 **111 c** 3, **463 b I**
richterliche Entscheidung über Beschlagnahme **111 a III, IV**
Rückgabe **111 a V**
Fürsorgepflicht
des Gerichts **Einl. 23, 338** 31
Führungsaufsicht 463 VI
Aufsichtsstellen **463 a**
Polizeiliche Beobachtung **463 a II**
funktionelle Zuständigkeit 270 4, **338** 16

Gebrechlichkeit 223 I
Gebührenermäßigung 473 IV
Gebührenvorschuss
des Privatklägers **379 a, 390 IV**
Gefahr in Verzug
bei dinglichem Arrest wegen Vermögensstrafe **111 o III 1**
Beschlagnahme bei – **98 II**
bei Einsatz verdeckter Ermittler **110 b I**
bei Fernmeldeüberwachung **100 b I 2**
Kontrollstellen **111 II**
gerichtliche Notkompetenz bei – **21**
bei Postbeschlagnahme **100 I**
Anordnung von Sicherheitsleistung **132 II**
bei Sicherstellung **111 e I**
Vereidigung bei – **65 Nr. 1**
vorläufige Festnahme bei – **127 II**
Gefährdung
von Zeugen **68 II, III**
Gegenerklärung
des Beschwerdegegners **308 I**

magere Zahlen = Randnummern **Sachverzeichnis**

des Revisionsführers 349 III
des Revisionsgegners 347 I 2, 3
Gegenüberstellung 58 II, 58 2
Gegenvorstellung 339 1, vor 296 8
Revision und – **33 a** 1, 349 1
Geheimhaltung und Verfassungsbeschwerde **33 a** 1
Geheimhaltungsinteressen und faires Verfahren **Einl.** 21, 54 3, 261 3
Geheimnis
Ausschluss der Öffentlichkeit zum Schutz von -sen 172 **Nr.** 2, 3
Geheimschutz/Akten 147 5
Geisteskrankheit
von Beweispersonen 251 I **Nr.** 1
Strafausstand wegen Verfallen in – **455 I, IV Nr.** 1
Geistliche
Zeugnisverweigerungsrecht 53 I **Nr.** 1
Geldbuße gegen juristische Person
Kosten bei Verhängung von – **472 b**
Geld- oder Wertzeichenfälschung 92
Geldstrafe
Absehen von Vollstreckung **459 d**
Beitreibung **459 c I**
im Strafbefehl 407 II **Nr.** 1
Verrechnung von Teilbeträgen **459 b**
Tenorierung 260 IV 3
Unterbleiben der Vollstreckung **459 c II**
Vollstreckung 459
Entscheidung über Zahlungserleichterungen **459 a**
Geldwäsche u. Verteidigerhonorar vor 137 3
Gemeingefährliche Straftaten
Rasterfahndung 98 a I **Nr.** 3
Gemeinnützige Leistungen 153 a 1 Nr. 3
Gemeinschaftlicher Verteidiger 146
Gemeinschaftliches Oberes Gericht
Bindungswirkung der Entscheidung 19 2
Zuständigkeitsbestimmung durch – bei negativem Kompetenzkonflikt 19
Entscheidung über Verbindung 13 II 2
Entscheidung über Zuständigkeitsstreit 14
Generalbundesanwalt
Staatsschutzsachen 153 c–153 e
Zuständigkeit 138 c 1, 1691
Generalprävention 153 3
Generalstaatsanwalt
Genehmigung der Akteneinsicht **RiStBV** 184
Prüfung der Revision der StA **RiStBV** 168
Gericht des ersten Rechtszugs 462 a II, III
Gericht eigene Sachkunde des – 244 41
Gericht höherer Ordnung
Vorlage zur Eröffnung 209 II
Jugendgericht als – **225 a** 2
Rangfolge 209 a
Verweisung in der Hauptverhandlung 270
Vorlage nach Eröffnung **225 a** 1

Gericht niederer Ordnung 269
Anfechtung bei Eröffnung vor 210 II
Eröffnung vor – 209 I
Zurückverweisung an – 354 III
Gerichtsarzt 87 II 2
gerichtsärztlicher Dienst 256 I
Gerichtsbeschluss
bei Beanstandungen der Sachleistung 238 11
Beschränkung der Verteidigung durch – 338 **Nr.** 8
Gerichtshilfe 463 d
Gerichtskundigkeit 244 26, 27
Gerichtssprache
und ausländischer Beschuldigter 140 7, 259 1
Gerichtsstand 7 ff.
des gewöhnlichen Aufenthalts 8 II
für deutsche Beamte im Ausland 11
Bestimmung durch BGH 13 a
des Ergreifungsorts 9
bei Privatklage wegen Beleidigung 7 II 2
der Presse 7 II
Prüfung des -s 16
bei Straftaten auf Schiffen oder Luftfahrzeugen 10
des Tatorts 7
der Übertragung 15
bei Straftaten gegen die Umwelt 10 a
des Wohnsitzes 8
des Zusammenhangs 13
Zusammentreffen von -en 12
Gerichtstafel 40 I, II
Gerichtsvollzieher
unmittelbare Ladung 38
Zustellung durch – 37 3
Gesamtgeldstrafe
nachträgliche – **460 II**
Gesamtschuld
für Auslagen 466
von Privatklägern für Kosten 471 IV
Gesamtstrafe
Auflösung früherer – 460 2
Begründung 267 15
nachträgliche Bildung der – 460
Gesamtvermögensstrafe
nachträgliche Bildung 460 S. 2
Geschäftsverteilung
innerhalb des Spruchkörpers 338 5
Gesetzesänderung 354 a
Einstellung wegen – 206 b
Gesetzesverletzung 337
Gesetzliche Fristen 43 1
Wiedereinsetzung in – 44 3
Gesetzlicher Richter Einl. 19, 338 6
Gesetzlicher Vertreter 52 II, III, 81 c III, 330, 374 III, 409 II, 415 II
Ausbleiben nach Einspruch 412 S. 2
als Beistand 149 II
Rechtsmittelberechtigung 298
Recht zum Schlussvertrag 258 3
Verteidigerwahl durch – 137 II

1157

Sachverzeichnis

Geständnis Einl. 16 b, 254 1, 243 11, 261 3, 5
Erklärungen des Verteidigers als –
des Angeklagten 261 3
Widerruf bei Absprachen 136 a 10; 359 6
Wiederaufnahme bei nachträglichem – 362 Nr. 4
Beweisaufnahme durch Verweisung 254 I
Würdigung bei widerrufenem – 254 2
Gestellung 123 III, 290 ff.
Glaubhaftmachung
des Ablehnungsgrundes 2611, 26 2, 74 111
des Grundes der Aussageverweigerung 56
von Entschuldigungsgründen 51 II
Mittel der – 45 2
von Wiedereinsetzungsgründen 45 II 1
Glaubwürdigkeit von geschützten Zeugen 68 IV
Glaubwürdigkeitsbewertung 244 42, **261** 8, 10
Glaubwürdigkeitsgutachten vor 48–71 2, 73 1, 244 42, 261 8, 10
Verlesung 256 3
Global Positioning System (GPS) 100 c 3
Gnadenentscheidungen 452
Großer Lauschangriff 100 c 2
Grundrechtsschutz 98 9, **127** 11
Grundurteil im Adhäsionsverfahren **404** 2
Gutachten
Verlesung von Behörden – 256
Erstattungspflicht 75
Fristabsprache 73 I, 77 II, 161 a
neues – 83
über psychischen Zustand des Beschuldigten 81, 140 I Nr. 6
bei Erwartung der Unterbringung 80 a, 246 a
Vorbereitung 80 im Vorverfahren 82, 414 III
Gutachter
s. Sachverständiger
Gutachtensverweigerungsrecht 76

Härteausgleich 460 4
Haftbefehl
Abschrift für Beschuldigten 114 a II
Akteneinsicht 147 2
Antrag der StA 114 9
bei Antragsdelikten 130
Aufhebung 120
Aufhebung durch Revisionsgericht 126 III
Aufhebung durch Vorsitzenden 126 II 4
Aufrechterhaltung des -s 115 IV, 115 a III
wegen Ausbleibens in der Hauptverhandlung 230 II
Aussetzung des Vollzugs 117
Aussetzung durch Vorsitzenden 126 II 4
Bekanntgabe 114 a
wegen einzelner Taten 121 3
durch örtlich unzuständiges AG 112 1
Erlass durch Beschwerdegericht 126 I 2
bei Anordnung persönlichen Erscheinens 236
mit oder ohne Schöffen 125 3, 126 2

nach vorläufiger Festnahme 128 II
bei Freispruch 120 5
Inhalt des -s 114 II
mehrere -e **vor** 112 3
Rechtsmittel gegen – 114 11, 115 7, 117
Verhältnismäßigkeit 112 9
Vollstreckung 114 10
durch Vollstreckungsbehörde 457 II
Vorführung nach – 115, 115 a
Zuständigkeit für Erlass 125
Haftbefehlsantrag 114 9
Haftbeschwerde 114 11, **115** 7 f.
keine – neben Haftprüfung 117 II
mündliche Verhandlung über 118 II, 118 2
Haftgründe 112, 112 a
Angabe der – im Haftbefehl 114 II
Annahme von -n 112 4
Feststellung der – 112 7
mehrere – 114 5
Wegfall 120 2
Haftpflichtversicherung des RA vor 137 3
Haftprüfung 117, 118, 121 f.
– von Amts wegen **117** V
– Unterrichtung über Inhalt der Ermittlungsakten **115** 3
Antrag auf – **118 b**
– neben Beschwerde **117** II
Entscheidung über – **118 a** IV
keine – während Hauptverhandlung **118** IV
mündliche Verhandlung **118, 118 a**
Verhandlung über – **118**
weitere – **122** IV
Handakten der StA 199 2
Handlungseinheit 264 3
Handy s. Mobilfunk
Haupttatsachen 244 3, **261** 15
Hauptverfahren 199 ff.
Ablehnung der Eröffnung 204
Antrag auf Eröffnung des – **199** II
Eröffnung 203
bei Privatklage 383
Hauptverhandlung 226–258
Anberaumung nach Strafbefehlsantrag **408** III 2
– ohne den Angeklagten **230** ff.
ohne Belehrung **231** 2
Anhörung bei Entscheidungen **33** I
Anwesenheitspflicht **226, 230**
trotz Ausbleibens des Angeklagten **232**
im beschleunigten Verfahren **418, 420**
über Berufung **324, 325**
Beurkundung der – **273** I
nach Einspruch gegen Strafbefehl **411 I 2**
Ergebnisse der – **273** I
Erneuerung der – **370** II
Gang der – **243**
Ladung zur – **214**
Leitung der – **238**
neue – nach Wiederaufnahme **373**
über Revision **349** 9, **350, 351**

magere Zahlen = Randnummern

Sachverzeichnis

im Sicherungsverfahren 415
Störung der – durch Angeklagten 231 b
Unterbrechung 228, 229
Vertretung in der – 234, 329 I, 350 II, 387 I, 411 II
Video-Vernehmung 58 a, 168 p, 247 a, 255 a
Zutritt zur – GVG 175
Hebamme 53 I Nr. 3
Heilbehandlung 265 a S. 2
Heilberufe
Beschlagnahmeverbote 97 II 2
Zeugnisverweigerungsrecht 53
Heilung
von Verfahrensmängeln 337 20
von Zustellungsmängeln 37 11
Heimliche Tonaufnahmen
bei Vernehmung 136 a 8
Hemmung
des Vollzugs bei Beschwerde 307
der Rechtskraft 316, 343
der Unterbrechungsfrist 229 III
keine – der Vollstreckung bei Nachverfahren 439 I
bei Wiederaufnahmeantrag 360
bei Wiedereinsetzungsantrag 47 1
Heranwachsende
Jugend- oder Erwachsenenstrafrecht 2 3, 270, 2
und keine Anwendung von Jugendstrafrecht durch Absprache **Einl.** 16 b
Herausgabe
von beschlagnahmten Sachen 111 k
von Beweismitteln 95
von amtlichen Schriftstücken 96
Hilfsbeweisantrag 244 16
Ablehnung wegen Verschleppungsabsicht 244 37
Bescheidung im Urteil 244 16, 267 11
vor der Hauptverhandlung 219 2
Hilfsstrafkammer 2, 338 5
Hilfstatsachen 244 3, 261 15
Hinreichender Tatverdacht 138 a I, 170 I, 203
Holocaust Verharmlosen durch Verteidigerhandeln **vor 137–149** 1
Honecker-Fall 112 10
Honorarvereinbarung 464 a 8
Hörbehinderte 66
Hörfalle 58 2, **81 b**, **136 a 2**
Hörensagen, Zeuge vom 250 3

Identitätsfeststellung
Festhalten zur – 163 c
Festnahme zur – 127 I
an Kontrollstellen 111 I 2
Unterlagen über – 163 c IV
beim Unverdächtigen 163 b II
beim Verdächtigen 163 b I
Identifizierung 111 I, 111, 127 I, 163 b, 163 c
vor Leichenöffnung 88

Maßnahmen zur – **81 b**
durch Wahlgegenüberstellung 58 2
Immunität 51 6, **152 a**
vorläufige Einstellung wegen – 205 2
Inbegriff der Verhandlung 261
„**in camera**"-Verfahren 96 1, 250 3, 261 3
Indemnität 152 a 1
Indizien
-beweis 261 15
Erörterung in den Urteilsgründen 267 II
in dubio pro reo Einl. 12
Zweifelssatz
Informant 110 a 1
Informatorische Befragung 163 a 4, 163 a 1
des Angeklagten 136 a 4, 243 13
Verwertbarkeit 136 a 4, 252 7
Informelles Schuldinterlokut 258 2
Ingewahrsamnahme
des Angeklagten 231 I 2
Inhaltsprotokoll 273 II
Beweiskraft 274 2
isolierter Kostenbeschluss 464 1, 5

Jugendgerichte
besondere Zuständigkeit **209 a Nr. 2, 225 a** I
Prüfung der Zuständigkeit 338 15
Jugendlicher
Verbindung mit Verfahren gegen Erwachsene 2 3
als Zeuge **521** I, **241 a, 247**
Jugendschutzgericht
als Gericht höherer Ordnung **209 a Nr. 2 a, 225 a** 2
Jugendschutzkammer 209 a Nr. 2
Jugend- oder Erwachsenenstrafrecht bei Heranwachsenden 2 3
Jugendstrafe
Vollstreckung **462 a 2**
Jugendstrafverfahren
Abwesenheitsverhandlung im – **232 I, 233** 1
kein Strafbefehl im – **407** 1
Teileinstellung im – **154** 1
juristische Personen
Einziehung gegenüber – **431 III**
Geldbuße gegen – **407 11 Nr. 1, 444**

Kaufhausbesucher u. Videoüberwachung **100 a 1**
Kassation vor 359 3
Kaution
s. Sicherheitsleistung
Kennzeichnung
beschlagnahmter Gegenstände **109**
Kfz-Kennzeichen 163 e II
Kinder
Vereidigungsverbot **60 Nr. 1**
als Zeugen **52 II, 241 a, 247**
Klage
Absehen von – **153 ff.**
Mitteilung der – **381**

Sachverzeichnis

fette Zahlen = §§

öffentliche – **151 ff.**
im Privatklageverfahren **380**
Klageberechtigung
bei Privatklage **374** 2, **375**
Klageerhebung
Genügender Anlass zur – **170** 1
im beschleunigten Verfahren **417, 418**
Entscheidung der StA zur – **170 I**
Festnahme nach – **129**
Form **170 I**
im Privatklageverfahren **381 I**
durch Antrag im Sicherungsverfahren **414 III**
durch Strafbefehlsantrag **407 I 4**
Klageerweiterung 266
Klageerzwingungsverfahren 172–177
Antragsbegründung im – **172** 9
Belehrung über – **171 S. 2, 172 II 2**
Entscheidung des Gerichts **174, 175**
gerichtliches Verfahren **173**
Kosten **177**
Nebenklageberechtigung nach – **395 I Nr. 3**
Prozesskostenhilfe **172 III 2**
Sicherheitsleistung **176**
Sicherheitsleistung im – **176**
Unzulässigkeit des – **172 II 3**
Klagerücknahme
keine – nach Eröffnung des Hauptverfahrens **156**
Kosten der Staatskasse **467 a**
im Privatklageverfahren **388 IV, 391, 392, 394**
in Staatsschutzsachen **153 c III, 153 d II**
im Strafbefehlsverfahren **411 III**
Kollegiale Fachbehörde 256 II
Körperverletzung
Kosten bei wechselseitiger – **468**
Privatklage wegen – **374 I Nr. 4, 380 I**
im Straßenverkehr **395 I, III**
Beweiserhebung durch Urkundenverlesung **256 I**
Körperliche Eingriffe 81 a, 81 c 1, 136 a
Körperliche Untersuchung
des Beschuldigten **81** 2, **81 a**
bei Frauen **81 d**
anderer Personen **81 c**
Umfang **81 a** 3
Kommissarische Vernehmung
des Angeklagten **70 III, 233**
Benachrichtigung **224**
von Beweispersonen **51 III, 66 b, 223**
Form **223** 8 ff.
Protokoll **224 I 3**
Verwertung **223** 1
im Zwischenverfahren **202** 2
Kompetenzkonflikt Entscheidung bei örtlichem – **14**
negativer – **19**
Konkurrenzverhältnis
rechtlicher Hinweis **265** 3
im Urteil **260** 14

Konnexitat zwischen Beweistatsache und Beweismittel **244** 14
Kontaktpersonen 163 e 13
Kontaktsperre 119 1
Konkursverwalter Adhäsionsantrag **403** 1
Kontrollstellen 111
Anordnung **111 II**
Durchsuchung an – **111 I 2**
Identitätsfeststellung an – **111 I 2**
Konzentrationsprinzip Einl. 9
Konzentrationswirkung
bei Beschlagnahmen **98** 4
Kosten
Auferlegung der – auf Zeugen und Sachverständige **51, 70, 77, 161 a**
bei Aussetzung der Hauptverhandlung **138 c IV, 145 IV**
des Klageerzwingungsverfahrens **177**
des unentschuldigten Ausbleibens **51**
der Zeugnisverweigerung **70** 1
Kostenbeschwerde 464 III, 464 6 ff.
Kostenentscheidung
Anfechtung **304 III, 464 III**
bei vorläufiger Einstellung **153 a** 7
Erforderlichkeit **464 I, II**
isolierte – **464** 1, 5
Kostenfestsetzung 464 b
keine Abhilfe durch Rechtspfleger **464 b** 4
Kostenverteilung
nach Bruchteilen **464 d**
im Privatklageverfahren **471 III**
Kosten des Verfahrens 464–473
im Adhäsionsverfahren **472 a**
bei unwahrer Anzeige **469**
Begriff **464 a I**
Entscheidung über – **464 I**
bei Freispruch **467**
im Klageerzwingungsverfahren **177**
im Nachverfahren **473 VI Nr. 2**
bei Nebenbeteiligten **472 b**
bei **Nichteröffnung 467** 1
bei zurückgenommenem oder erfolglosem Rechtsmittel **473 I–V**
bei schuldhafter Säumnis **467 II**
Sicherheitsleistung für die – **127 a, 132, 176, 379**
bei Straffreierklärung **468**
bei Teilverurteilung **465** 7
Tod des Angeklagten **206 a** 4, **464** 1
Umfang **464 a**
bei Verfahrenseinstellung **467 IV, V, 467 a**
bei Verurteilung **465**
Absehen von Vollstreckung **459 d II**
im Wiederaufnahmeverfahren **473 VI Nr. 1**
bei Wiedereinsetzung **473 VII**
Zahlungserleichterungen **459 a IV**
Kosten der Vollstreckung 464 a I 2
Kosten des Wiederaufnahmeantrags 464 a I 3
Kostenpflicht des Verteidiger **145** 6

magere Zahlen = Randnummern

Sachverzeichnis

Kraftfahrzeug
Beschlagnahme **132 III**
Krankenanstalt
Beschlagnahme in – **97 II 2**
Krankenhaus
öffentliches psychiatrisches – **81 I, 81** 3
Krankenhausaufenthalt
Anrechnung auf Vollstreckungsdauer **461**
Krankenunterlagen 97 3
Kreuzverhör 239
Entziehung des Fragerechts **241 I**
Kurzzeit-Dateien 163 d 1

Ladung
des Angeklagten zur Hauptverhandlung **216**
durch den Angeklagten **220**
Ausführung der – **214 I 2**
zur Berufungsverhandlung **323 I, II**
im beschleunigten Verfahren **418 II**
des Beschuldigten zur Vernehmung **133 I**
des Beschuldigten über Verteidiger **145 a II**
-sfrist **217**
zur Hauptverhandlung **214**
Mängel der – **216** 4
des Nebenbeteiligten **218** 2
des Nebenklägers **218** 2
des Privatklägers **218** 2
unmittelbare – **38**
des Verteidigers zur Hauptverhandlung **218**
von Zeugen **48**
Ladung des Angeklagten
bei Entbindung von der Anwesenheitspflicht **233** 5
Wiedereinsetzung bei Fehlen der – **235**
durch öffentliche Zustellung **232 II**
Ladungen im Ausland
Unausführbarkeit **40 I**
Ladungsfähige Anschrift 68 I 2, 200 I 3, 4, 222 2
Ladungsfrist 217, 218 S. 2
im beschleunigten Verfahren **418 II 2**
im Privatklagesachen **385 II** Verzicht auf – **217 III**
Landesverweisung 456 a
Einstellung bei – **154 a**
Lauschangriff, großer 100 c 2
Lebensführung
Überwachung der – **265 a, 453 b**
Lebensgefährte
Zustellung an – **37** 6
lebenslange Freiheitsstrafe 267 14
besonders schwere Schuld **267** 14
Aussetzung des Strafrests **454 I 5, 454 15**
keine Sicherungsverfahren **267** 14
Legalitätsprinzip Einl. 4, 152 II, 160 I
Leiche
Ausgrabung einer – **87 III, IV**
Identifizierung **88**

Leichenfund 159
Leichenöffnung 87
Identifizierung der – **88**
bei ungeborenem Kind **90**
bei Verdacht einer Vergiftung **91**
Leichenschau 87
Ergebnis der – **87** 2, **168 b I**
Letztes Wort 258 II
bei Abwesenheitsverhandlung **258** 7
Erziehungsberechtigte und gesetzlicher Vertreter **258** 8
Form **258** 8
Missbrauch **258** 8
Nebenbeteiligte **258**
nicht übertragbar **258** 7
Leumundszeugnis 256 I
Lichtbilder
Anordnung **100 d**
Benachrichtigung des Beschuldigten **81 b**
heimliche Herstellung **100 c I**
Verweisung auf – im Urteil **267 I 3**
Wiedererkennen nach – **58** 2, **261** 3, 7, **267** 4
Lockspitzel s. agent provocateur
Lügen des Angeklagten 261 5
Lügendetektor 136 a 11, 244 30

Maßregel
keine Anordnung in Abwesenheit **233**
Aussetzung zur Bewährung **268 a II**
Begründung der Anordnung **267 IV**
Kosten bei Anordnung **465**
keine Anordnung im Privatklageverfahren **384 I**
Anordnung im Sicherungsverfahren **413, 414 II** 4
rechtlicher Hinweis **265** 7
Tenorierung **260 IV** 4
Verschlechterungsverbot bei **331 II, 358 II, 373 II**
Vollstreckung **463**
Absehen von Vollstreckung **456 a**
Wiederaufnahme des Verfahrens **359 Nr. 5, 371**
Medienmitarbeiter und Zeugnisverweigerungsrecht **53** 3
Medizinische Behandlung des verhandlungsunfähigen Angeklagten **231 a 2**
Mehrauslagen
im Rechtsmittelverfahren **473** 3
Mehrfachverteidigung 146
Sukzessive – **146** 1
Zustellung bei – **37** 2, **145 a 1**
Merkblatt
und Rechtsmittelbelehrung **44** 1
Mehrkosten
bei auswärtigem RA **464 a** 8
bei mehreren RAen **464 a** 9
bei Nebenfolgenanordnung **472 b**
bei Verurteilung **465 11, 465** 5 f.
Meldegeheimnis 161 6

1161

Sachverzeichnis

fette Zahlen = §§

Menschenwürde 136 a 1
Messverfahren 267 10
Minderjährige
  Entbindung von der Schweigepflicht durch – 53 4
  Zustellung an – 37 2
Minderjährige Zeugen
  Entfernung des Angeklagten 247
  Vernehmung durch Vorsitzenden 241
Minder schwerer Fall
  Begründung 267 III 2, 267 17
Missbrauch prozessualer Rechte Einl. 26
  Aussagegenehmigung 54 II, 54 5
  als Zeuge 50 I
Mitangeklagte
  Entfernung des Angeklagten während Vernehmung 247
  Erstreckung der Aufhebung auf – 357
  Erstreckung des Ausschlussgrundes auf – 24 1
  Erstreckung der Richterablehnung auf – 27 5
  Fragerecht 240 II 2
  Haftung für Auslagen 466
Mitbeschuldigter
  Angehörige früherer – 252 6
  Verlesung von Vernehmungsprotokollen 251
  als Zeuge vor 48 3, 52 5
Mitteilung
  der Anklageschrift 201 I
  von Beschlagnahme und Arrest 111 e III
  von der Durchsuchung 107
  der Einstellungsverfügung 170 II, 171
  gerichtlicher Entscheidungen 35
  der Gerichtsbesetzung 222 a
  der Ladung von Beweispersonen 222
  des Termins zur Revisionsverhandlung 350
  des Strafbefehls an gesetzlichen Vertreter 409 II
Mittelbare Vernehmung 241 a II
Mitverurteilte
  Revisionserstreckung auf – 357
Mobilfunk 100 a 1
Monatsfrist 43
Mündliche Anhörung
  bei **Nachtragsentscheidungen** 453 I 3
  bei Aussetzung des Strafrests 454 I 3, 4
mündliche Verhandlung
  über Haftprüfung 118, 118 a, 122 II 2
  über Verteidigerausschluss 138 d
Mündlichkeitsgrundsatz Einl. 7
  Beschränkung durch schriftliche Antragstellung 257 a 1
  Durchbrechung im Selbstleseverfahren 249 II

Nacheid 59 1
  kein Voreid 59 2
Nachholung
  der versäumten Handlung 45 II 2

Nachlasshaftung 465 III
  keine – für Geldstrafen 459 c III
Nachtbriefkasten 43 2
Nachtragsentscheidungen
  Belehrung über – 453 a I
  über Strafaussetzung zur Bewährung 453
Nachträgliche Gesamtstrafenbildung 460
  bei Geld- und Freiheitsstrafe 460 8
  Verschlechterungsverbot bei – 460 7
  Zuständigkeit 462 a III
Nachtragsanklage 266
  Entscheidung über – 266 4 f.
  Form 266 II
  Protokollierung 266 II 3
  Unterbrechung bei – 266 III
Nachtzeit 104 III
  Durchsuchung zur – 104
Nachverfahren 439
  Entscheidung im – 441
  Kosten des -s 473 VI Nr. 2
Nächtliche Hausdurchsuchung 104
Namensverwechslung 271 7
Namhaftmachung
  Aussetzungsantrag wegen verspäteter – 246 II
  der entscheidenden Gerichtspersonen 24 III 2
  des Sachverständigen 74 II 2
  von Urkunden 222 1
  von Zeugen und Sachverständigen 222
Nämlichkeit der Tat 264 6
Nebenbeteiligter
  Anwesenheit in der Hauptverhandlung 226 2, 436 I
  Auslagen bei unwahrer Anzeige 469 I 2
  Beiordnung eines Rechtsanwalts 434 II
  Beteiligung im Strafbefehlsverfahren 438
  Beweisanträge 433 II
  persönliches Erscheinen 433 II
  notwendige Auslagen 467 a II, 472 b
  Rechtsmittel 437
  Recht zum Schlussvortrag 258 3
  Stellung im Hauptverfahren 433
  Auslagen bei Rücknahme des Strafantrags 470
  Terminsnachricht 224 1, 435 I
  Vertretung 434
  Vorführung 433 II, 433 3
  Zustellung des Urteils 436 IV
Nebenbeteiligung 430 ff.
Nebenfolgen
  Abstimmung über – 263 I
  Aufrechterhaltung bei nachträglicher Gesamtstrafe 460 6
  Ausscheidung von – 430
  Kosten 472 b
  im Strafbefehlsverfahren 407 II Nr. 1
  Vollstreckung 459 g
Nebenentscheidung
  Begründung 267 21

magere Zahlen = Randnummern

Sachverzeichnis

Nebenkläger
Angeklagter als – bei Verbindung **237** 4
Anhörung zu Beweisanträgen **219** 3
Anwesenheitspflicht **226** 2
Anwesenheit in der Hauptverhandlung **397 I**
Ausbleiben in Berufungshauptverhandlung **401 III**
notwendige Auslagen **472**
Beistand eines RA **397 a**
Befugnis zum Anschluss als – **395**
Dolmetscher **397** 1
Prüfung der Anschlussbefugnis **396** 2 ff.
Anschlusserklärung **386**
Anschlusszeitpunkt **395 IV**
Bekanntmachung früherer Entscheidungen an – **399**
Beweisantragsrecht **397** 2
Fragerecht **240** 1
Ladung des -s **398 II**
Ladung zur Hauptverhandlung **218** 2
Wirkung der Nichteröffnung **211** 3
Prozesskostenhilfe **397 a**
Rechte des -s **397**
keine Anfechtung der Rechtsfolgenentscheidung **400 I, 400** 2
Rechtsmittel des – **401**
Rechtsmittelbefugnis **401** 1
Recht zum Schlussvortrag **258** 3
Auslagen im Strafbefehlsverfahren **472** 6
Terminsmitteilung **224** 1
Tod des -s **402**
Auslagen bei Verfahrenseinstellung **472** 8
Zustimmung zur Rechtsmittelrücknahme **303 S. 2**
Zustimmungs- und Verzichtsrechte **397** 2
Nebenklage 395–402
bei Konkurrenzverhältnis **400** 3
Sicherungsverwahrung **395** 1
bei Verfolgungsbeschränkung **397 II**
Wegfall der – **402**
Widerruf der – **402**
unmittelbare Ladung von Beweispersonen **397** 2
Unzulässigkeit im Sicherungsverfahren **vor 395** 2, **395** 2, **414** 1 str.
Nebenklageantrag 396
Wirksamwerden im Strafbefehlsverfahren **396 I 3, 411** 2
Nebenklageberechtigter
notwendige Auslagen **472 III**
Nebenklagedelikte 395
Nebenklagekosten 472
Nebenstrafe
Aufrechterhaltung bei nachträglicher Gesamtstrafenbildung **460** 6
ne bis in idem Einl. 26
Negativprognose 81 g 3
Neue Anklageschrift
Verlesung in der Hauptverhandlung **243 III 2**
Zustellung **215 S.** 2

Neue Beweismittel 359 9
im Berufungsverfahren **323 III**
Wiederaufnahme wegen – **359 Nr. 5, 373 a**
Neue Tatsachen 359 8
im Berufungsverfahren **323 III**
Wiederaufnahme wegen – **359 Nr. 5, 373 a**
Neugeborenes Kind 90
Nichteheliche Lebensgemeinschaft 52 2
Nichteröffnung des Hauptverfahrens 204
Anfechtung **210**
Beschwerde gegen – **210 II, 304 IV 2 Nr. 2**
Datenlöschung **476 II 2**
Wirkung **211**
Nichtverdächtiger 100 a S. 2
Durchsuchung **103** 1
Nichtvereidigung 60, 61
Begründung der – **60** 1, **64**
Protokollvermerk bei – **64**
Niederlegung bei der Post 37 7
Notar
Zeugnisverweigerungsrecht **53** 1 **Nr. 3**
Notebook
des Verteidigers in JVA **148** 3
Notfristen 37 I 2
Notizkalender
Beschlagnahme **94** 4, **97** 6, **249** 3
Notkompetenz 21
Notveräußerung 111 l
Anhörung vor – **111 l III**
Notwendige Auslagen
bei unwahrer Anzeige **469**
Entscheidung über – **464 II, 464** 4
Festsetzung **464 b**
des Angeklagten bei Freispruch **467 I, III**
des Nebenbeteiligten **467 a II, 469 I 2, 470**
des Nebenklägers **472**
im Privatklageverfahrens **471**
Umfang **464 a II, 464 a** 4 ff.
Notwendige Verteidigung 140 ff.
im Verfahren gegen Abwesende **286** 1
bei Abwesenheitsverhandlung **231 a IV**
Anwesenheitspflicht **226** 1
Verhinderung **145, 228** 1
Verteidigerwechsel **227** 1
s. a. Pflichtverteidiger
notwendiger Teilnehmer
Vereidigung **60** 1

Obduktion 87
Oberlandesgericht
Beschwerde gegen Beschlüsse **304 IV 2**
Haftprüfung durch – **121, 122**
Entscheidung im Klageerzwingungsverfahren **172 IV, 172** 6, **173**
Zuständigkeit im Vollstreckungsverfahren **462 a V**

Sachverzeichnis

fette Zahlen = §§

Oberste Dienstbehörde 96 2
Sperrerklärung 96
objektives Verfahren 440
Entscheidung im – 441
Observation planmäßige 163 f
Offenkundigkeit
Ablehnung von Beweißanträgen wegen –
244 II 9
Offensichtlich unbegründet 349 4
Öffentliche Behörden 256 I
Öffentliche Bekanntmachung der Verurteilung 463 e
Öffentliche Klage 151, 152 I
Erhebung 152 I
Formen der – 151 1
bei Privatklagedelikten 376
Wirkung 151 2
Öffentliche Ladung
des Beschuldigten 163 a 5
Öffentliche Sicherheit 126 I, 163 d V
Gefährdung durch Verhandlung bei bestimmtem Gericht 15
Öffentliches Interesse 153, 153 a, 153 c III, 153 d
bei Privatklage 376
öffentliche Zustellung 40
Anordnung der – 40 3
an Ausländer 40 1
im Berufungsverfahren 40 III
Durchführung der – 40 4
Öffentlicher Dienst
Sachverständiger im – 76 II
Öffentlichkeit der Hauptverhandlung 338 Nr. 6
Öffentlichkeit
Beschränkung der – 338 Nr. 6
Vermerk im Sitzungsprotokoll 272 Nr. 5
Öffentlichkeitsgrundsatz Einl. 13, 338 Nr. 6
Offenkundigkeit
Ablehnung von Beweisanträgen wegen –
244 II 2
offensichtlich unbegründet 349 4
Offizialprinzip Einl. 3
Ordnungsgeld
bei Nichtherausgabe von Beweismitteln 95 II
gegen Sachverständige 77, 161 a II
bei Verweigerung der körperlichen Untersuchung 81 c IV
gegen Zeugen 51 I 2, 70, 161 a II
Ordnungshaft
zur Herausgabe von Beweismitteln 95 II
gegen Zeugen 51, 70, 161 a II
Ordnungsmittel
gegen Kinder 70 1
gegen Sachverständige 77
wegen Ungebühr **GVG 178**
Vollstreckung 70 3
wegen Zeugnisverweigerung 51, 70
Opportunitätsprinzip Einl. 5, 152 4, 172 10

Patentanwalt
Zeugnisverweigerungsrecht 53 I Nr. 3
Person des Vertrauens 406 f III
Persönliches Erscheinen 236
Anordnung im Privatklageverfahren
387 III, 391 II
Anordnung im Strafbefehlsverfahren **411** 5
– des Nebenbeteiligten 433 II
Persönliche Verhältnisse
Vernehmung des Angeklagten über – 243 112
Personenvereinigungen 444
als Privatkläger 374 III
Persönlichkeitsrecht allgemeines 81 1
Pflegeeltern
Zeugnisverweigerungsrecht 52 4
Pfleger 406 g 1
Pflichtverteidiger 140 ff.
Anrechnung auf Verteidigerzahl 137 2
Anwesenheitpflicht 226 1
Ausbleiben in der Hauptverhandlung 145 1
Auswahl 142
im beschleunigten Verfahren 418 IV
Beschränkung der Bestellung 140 2
Bestellung 140 7, 141
Ermittlungsverfahren 141 2
mehrere 141 1
für mündliche Haftprüfung 118 a II 3
für **Revisionshauptverhandlung** 350 III 1, 350 3
im Strafbefehlsverfahren 408 b
bei U-Haft 117 IV
Verhinderung in der Hauptverhandlung 145, 228 3
neben Wahlverteidiger 140 1
-wechsel 227 1
im Wiederaufnahmeverfahren 364 a, 364 b, 367
Zurücknahme der Bestellung 143
Pflichtverteidiger und Wahlverteidiger 141 1
Pflichtverteidigervergütung 464 a 1
Phallomatrie 136 a 11
Polygraph 136 a 11, 244 30
Polizei
Aufgaben im Ermittlungsverfahren **163**
außerdienstlich erlangtes Wissen 163 4
Belehrungspflichten 163 a IV, V
Umfang der Ermittlungsbefugnis 163 4
vorläufige Festnahme 163 6
Festnahme von Störern 164
Legalitätsprinzip 163 1
Notwehrrecht 163 6
Pflichtwidrigkeit/Missbrauch 161 2
Rechtsbehelfe gegen Maßnahmen der – 163 12 f.
Überprüfung **durch EGMR** der Maßnahmen der – 163 13
Schlussbericht 163 10
Weisungsbefugnis der StA 161

magere Zahlen = Randnummern

Sachverzeichnis

erster Zugriff 163 I
Zwangsbefugnisse 163 5
polizeiliche **Beobachtung** 163 e
Anordnung 163 e IV
Ausschreibung zur – 163 e
von Begleitern 163 e III
des Beschuldigten 163 e I 2
bei Führungsaufsicht 463 a II
Kfz-Kennzeichen 163 e II
von Kontaktpersonen 163 e 13
polizeiliche **Vernehmung** 163 8, 163 a
Postbeschlagnahme 99
Aufhebung der – 100 3
Ende der – 100 3
Zuständigkeit 100
Postgeheimnis 99 1, 100 a 1
Postpendenz 260 13
Präsenzfeststellung 243 I 2
Protokollierung 243 3
präsente Beweismittel 245
Verzicht auf Verwendung 245 I 2
Presse
Beschlagnahmeverbote 97 V
Beschlagnahme in Räumen der – 98 I 2
Information durch StA 161 9
Presseerklärung der StA im Ermittlungsverfahren 152 1 a
Pressemitarbeiter und Zeugnisverweigerungsrecht 53 3
Privatkläger 374 II, 375
Akteneinsicht für – 385 III
Anfechtung der Nichteröffnung 210 2
Beistand und Vertreter 378
Anordnung persönlichen Erscheinens 387 III
Fragerecht 240 1
Gebührenvorschuss 379 a
Ladung des – s 385 II
Ladung zur Hauptverhandlung 218 2
Prozesskostenhilfe 379 III
Rechte des – 385
Rechtsmittel des -s 390
Recht zum Schlussvortrag 258 3
Sicherheitsleistung für Kosten 379
Terminermittlung 224 1
Tod des – 393
als Zeuge vor 48 3
Privatklage 374–394
Beitritt zur – 375 II
-berechtigung 374 II 375
-delikte 374 1
Gerichtsstand bei – wegen Beleidigung 7 II 2
keine – gegen Jugendliche **vor** 374 3
Klageerhebung 381
Kosten bei Rücknahme 471 II
Prüfungspflicht der StA 376 2
Rücknahme der – 388 IV, 391, 392, 394
Sühneversuch 380
Übernahme durch die StA 377 11, 377 3 f.
Unzulässigkeit nach Nichteröffnung 211 1

Verfahren 380 ff.
Vergleich 380 3
durch gesetzlichen Vertreter 374 III, 374 3
Wirkung der Entscheidung 375 III
Zurückweisung mangels Gebührenvorschuss 379 a III 1
Privatklagedelikte 374 1
Einstellung des Verfahrens durch StA bei -n 170 3
öffentliche Klage bei -n 376
Unzulässigkeit der Klageerzwingung 172 II 3
Zusammentreffen mit Offizialdelikt 376 4
Privatklagekosten 471
Privatklageverfahren 380 ff.
Einstellung wegen Offizialdelikt 389
Einstellung wegen geringer Schuld 383 II, 390 V
Eröffnung des Hauptverfahrens 383 I
Mitwirkung der StA 377 II
Sicherheitsleistung im – 379
Keine U-Haft im – vor 112 2
Vereidigung im – 62
Widerklage 388
Privatklageweg 170 3
Privatperson (475) 475 1
Beweiskraft des – 274 3
Einsicht durch Verteidiger 271 9
Protokollvermerk
Änderungen und Berichtigungen 271 7
bei Anhörung der Beteiligten 33
zum Gegenstand der Hauptverhandlung gemacht 249 2, 274 2
bei richterlichem Augenschein 86, 168, 168 a, 249 I 2
bei Ausschließung des Verteidigers 138 d IV 3
Beweiskraft 274
im Ermittlungsverfahren 168–168 b
im Haftprüfungsverfahren 118 a III
der Hauptverhandlung 271 ff.
bei Namensverwechslung 271 7
bei richterlichen Untersuchungshandlungen 168, 168 a
bei staatsanwaltschaftlichen Untersuchungshandlungen 168 b
über Vernichtung von Unterlagen 100 b V
Vorlegung zur Durchsicht 168 a III
s. a. Sitzungsprotokoll
Protokoll der Geschäftsstelle
Beschwerde 306 I
Berufung 314, 317
bei Ordnungsmittelbeschluss GVG 182
Privatklage 381
Rechtsmitteleinlegung verhafteter Angeklagter 299
Revision 341, 345 II, 347 I
Strafantrag zu – 158 II
Wiederaufnahmeantrag 366 II
Protokollfälschung 274 S. 2

1165

Sachverzeichnis

fette Zahlen = §§

Protokollführer
　Ablehnung des -s **31 I**
　bei richterlicher Untersuchung **168** S. 2, 3, **168 a** IV, **168 b** II
　s. a. *Urkundsbeamter der Geschäftsstelle*
Protokollgenehmigung 168 a III, **168 a** 3 f
Protokollierung
　von Ordnungsmittel **GVG 182**
　der Urkundenverlesung **255**
　der (Nicht-)Vereidigung **64, 66 a**
　wörtliche – **273 III**
Protokollierungsantrag 273 III
Protokollverlesung
　bei Zeugnisverweigerung **252**
　s. a. *Verlesung von Protokollen*
　Änderungen u. Berichtigungen **271** 7
Prozessbeobachter vor 48 3
Prozessgegenstand 155 1
Prozesskostenhilfe
　im Adhäsionsverfahren **404 V**
　im Klageerzwingungsverfahren **172 III**
　für nebenklageberechtigten Verletzten **406 g III**
　für Nebenkläger **397 a**
　für Privatkläger **379 III, 379 a I**
prozessuale Überholung 98 9, **105** 6, **vor 296** 6, **304** 6
prozessualer Tatbegriff 264 2
　prozessuales Verhalen des Verteidigers **vor 137** 1
Prozessurteil 260 20 ff.
　Prozessverschleppung **244,** 21, 37
Psychiatrisches Krankenhaus 80 a
　einstweilige Unterbringung **126 a I**
　Sachverständiger bei Unterbringung **246 a**
　Unterbringung zur Beobachtung **81 I**
　Vollstreckung der Unterbringung **463**

Qualifikationen
　rechtlicher Hinweis **265** 6

Rache bei Zeugenaussage **261** 6
Rangfolge der Gerichte 209 a, 269 2, **270,** 2
Rasterfahndung 98 a–98 c
　Anordnung **98 b**
　Anordnungsverbote **98 b** 1
　Verwertung von Erkenntnissen **98 b** 3
　Ziel der – **98 a** 4
Raumgespräche
　Abhören von – **100 a** 2
Razzia 163 6
rechtlicher Hinweis 264 1, 7, **265**
　Aussetzung nach – **265**
　im Ermittlungsbeschluss **207** 5
Rechtliches Gehör Einl. 20, **136** 8
　im Ablehnungsverfahren **30** 1
　bei gerichtlichen Entscheidungen **33**
　durch nachträgliche Anhörung **311 a**
　nachträgliche Gewährung **33 a**
　nachträgliches – bei Haftbefehl **114 a I**

Verfassungsbeschwerde wegen Verletzung **33 a** 2
　durch Wiedereinsetzung **44** 1
Rechtsanwalt
　Angabe über Tätigkeits- und Interessenschwerpunkte **vor 137** 2
　Akteneinsicht für Verletzten **406 e**
　Beiordnung im Adhäsionsverfahren **404 V**
　Beiordnung bei Nebenbeteiligung **434 II**
　als Beistand des Privatklägers **378**
　als Beistand des nicht nebenklageberechtigten Verletzten **406 f**
　als Beistand des nebenklageberechtigten Verletzten **406 g**
　Berufshaftpflichtversicherung **vor 137** 3
　Beschlagnahmeverbot **97**
　als Beschuldigter **138 I**
　als einstweiliger Beistand **406 g IV**
　Antrag im Klageerzwingungsverfahren **172 III** 2
　Fachanwaltsbezeichnung **vor 137** 2
　Unterzeichnung der Revisionsbegründung **345 II**
　Ausschließung als Richter **22 Nr. 4**
　Ablehnung als Sachverständigen **74**
　Schadensersatzpflicht **vor 137** 3
　als Verteidiger **138 I**
　Verteidiger in eigener Sache **vor 137** 2
　als Vertreter des Angeklagten im Privatklageverfahren **378**
　als Vertreter des Nebenbeteiligten **434**
　als Vertreter des Privatklägers **378**
　Zeugnisverweigerungsrecht **53** 2
Rechtsanwaltsgebühren 464 a II Nr. 2
Rechtsanwaltskammer
　Mitteilung über Verteidigerausschluss **138 c II 3**
Rechtsanwaltskanzlei
　Durchsuchung **102** 1; **vor 137** 3
Rechtsbehelfe vor 296 1 ff.
Rechtsfehler 337
Rechtsfolgenanspruch
　Abstimmung über – **263 I**
　Änderung **354** 4 a
　Antrag im Strafbefehlsverfahren **407 I** 3
　Begründung **267** 14 ff.
　Mängel des -s **337** 16 ff.
　Tenorierung **260** 15 ff.
Rechtsfolgenerwartung
　bei Abwesenheitsverhandlung **232 I, 233 I**
Rechtshängigkeit
　doppelte – **12** 1
　der öffentlichen Klage **156** 1
　Vereinbarung bei doppelter – **13 II** 1
Rechtskraft
　formelle – **449** 3
　Hemmung bei Berufung **316**
　Hemmung bei Einspruch **410 III**
　Hemmung bei Revision **343 I**
　durch Beschluss **34 a**
　relative – **450** 1

magere Zahlen = Randnummern

Sachverzeichnis

Teil- **449** 4
Zeitpunkt der – **34 a**
Rechtskreistheorie 337 19
Rechtslehrer
  als Verteidiger **138 I, 138** 2
  keine Pflicht, sich bestellen zu lassen **138** 2
Rechtsmissbrauch vor 296 7
Rechtsmittel des Angeklagten zu Protokoll
befristete – **35 a** 1
falsche Bezeichnung **300**
Erfolg des -s **473** 5 ff.
Kosten **473**
des Nebenbeteiligten **437**
des Nebenklägers **400, 401**
des Privatklägers **390**
Rücknahme **302**
des StA **296 I, II, 301**
Statthaftigkeit **vor 296** 2
unbenanntes – **335** 1
Wechsel des – **335** 3
Rechtsmittelbelehrung 35 a, 171, 172 112, **319 II, 346 II, 409 I Nr.** 7
bei Abwesenheitsurteil **35 a** 1
Fehlen der – **35 a** 2
Form der – **35 a** 1
schriftliche – **35 a** 2
Rechtsmittelberechtigung 296, 298, 296 4, **390, 401**
Rechtsmittelbeschränkung 318
Rechtsmittelfrist
bei Berufung **314 I**
bei Revision **341 I**
bei sofortiger Beschwerde **311 II**
Rechtsmittelkosten 473
bei erfolglosem Rechtsmittel **473** 1
im Privatklageverfahren **473** 15
bei Teilerfolg **473 IV**
bei vollem Erfolg **473** 10
bei Zurücknahme **473 I**
Rechtsmittelrücknahme
Zustimmung des Gegners **303**
Rechtsmittelverzicht 302
bei Absprachen **Einl.** 16, 16 e, **265,** 4, **267** 14, **302** 4
Vollmacht **302** 8
rechtsstaatliches Verfahren MRK 6
Rechtsstaatsgrundsatz Einl. 1, 17
fair-trial-Prinzip **Einl.** 21
Redakteur
Zeugnisverweigerungsrecht **53** 1 **Nr.** 5
Referendar
Bestellung als Pflichtverteidiger **142 II**
Verteidigung durch – **139**
reformatio in peius
s. Verschlechterungsverbot
Rehabilitierungsverfahren vor 359 5
relative Rechtskraft 450 1
Revision 333–358
Begründung **344**
Begründungsfrist **345**
Berechtigung zur – **333** 4
Beschränkung **344** 2, **267** 28

Entscheidung über – **349**
Erledigungszahlen (BGH) **333** 6
Erfolgsquote (BGH) **333** 6
Form und Frist der Einlegung **341**
Gegenerklärung **347 I** 2, 3
Hauptverhandlung **350, 351**
Statthaftigkeit **333, 335**
und Strafzumessung **313** 1, **354** 4 a
Umfang der Prüfung **352**
-s Urteil **353**
verspätete und formwidrige Einlegung **346**
Verwerfung durch Tatgericht **346 I**
Verwerfung durch Beschluss **349 I, II**
und auf „Bestellung" des Revisionsgerichts **349** 5
Wesen der – **337** 1
– und Wiedereinsetzungsantrag **342, 346** 6
Wirkung der Einlegung **343 I**
Zuständigkeit **333** 5, **335 II**
Zusammentreffen mit Berufung **335 III**
Zustellung an Gegner **347 I**
Revisionsanträge 344 I
des Privatklägers **390 II**
Verspätung **346**
Revisionsbegründung 344 II
Form **345 II**
Frist **345 I**
Verspätung **346**
Revisionserstreckung 357
Revisionsgericht
Anhängigkeit **347** 4
Aktenübersendung an – **347 II**
Entscheidungsmöglichkeiten **349** 1
eigene Sachentscheidung **353** 1, **354**
Entscheidung über Verwertung **346 II**
Zurückverweisung durch – **354 II, III, 355**
Zuständigkeit des -s **348**
Revisionsgründe 337
Revisionsurteil 353, 354
Erstreckung auf Mitverurteilte **357**
Verkündung **356**
Wirkung des -s **358**
Richter
Ablehnung **24** ff.
Aussagegenehmigung **54**
Ausschließung **22** ff.
Beiziehung erst nach Beginn der Hauptverhandlung **222 b** 2, **338 Nr. 1** 2
gesetzlicher – **Einl.** 19
Mängel in der Person des -s **338 Nrn.** 2, 3
zB blind, taub, verhandlungsunfähig usw **338** 10
als NotStA **165**
als Sachverständiger **76**
Unabhängigkeit **Einl.** 18
Wiederaufnahme wegen Amtspflichtverletzung **359 Nr.** 3, **362 Nr.** 3
als Zeuge vor **48** 2

1167

Sachverzeichnis

fette Zahlen = §§

Richterablehnung
  s. *Ablehnung eines Richters*
richterliche Bestätigung
  des dinglichen Arrests wegen Vermögensstrafe **111 a III**
  der Beschlagnahme **98 II**
  der Beschlagnahme von Schriften **111 m I 3**
  von Beschlagnahme und Arrest **111 a II**
richterliche Entscheidung über Beschlagnahme **98 II**
  über Beschlagnahme des Führerscheins **111 a III, IV, 111 a 6**
  über Postbeschlagnahme **100 IV**
richterliche Fristen 43 1
  Wiedereinsetzung in – **44** 3
Richterliche Nothandlungen 165
Richterliche Unabhängigkeit Einl. 18
Richterliche Untersuchungshandlungen 162, 163 II, 165, 168, 168 a, 168 c, 168 d, 169 II
richterliche Vernehmung
  Anwesenheitsrecht **168 c**
  Benachrichtigung von – **168 c V**
  des Beschuldigten **136**
  des Angeklagten im Hauptverfahren **232 III, 233 II**
  nach Verhaftung **115 II, III, 115** 3, **115 a II**
  Verlesung des Protokolls **251 I, 254**
  des Angeklagten im Vorverfahren **136**
Richterliche Zustimmung
  zum Einsatz von verdeckten Ermittlern **110 b II**
richterlicher Augenschein 86, 168, 168 d, 225, 249 1, **369 III**
Rückfrage bei fehlender Rechtsmittelbelehrung u. Merkblatt **44** 1
Rücknahmefiktion
  bei Nichterscheinen des Privatklägers **391 II, 391** 3
Rügepräklusien 338 3
Rundfunk
  Beschlagnahmeverbote **97 V**
  Beschlagnahme in Räumen des –s **98 I 2**

Sacheinlassung des Angeklagten
  Belehrung über Freiheit zur – **243 IV** 1
  Rechtsfolge der – **243** 12
  Verwertbarkeit **243** 13
Sacherklärung
  des Verteidigers für Beschuldigten **261** 3
Sachkunde
  eigene – des Gerichts **244 IV** 1, **244** 41
Sachleitung 238 I, II
sachliche Zuständigkeit 1 ff., 209, 225 a, 269, 270
  – als Prozessvoraussetzung **6** 1
  Prüfung durch Revisionsgericht **6** 1
  Prüfung von Amts wegen **6**
Sachmängel 337 10 ff.
sachnäheres, sachferneres
  Beweismittel **244** 12

Sachrüge 337, 344 6
  Sachrüge/Verfahrensrüge **344** 4
Sachverständiger 72 ff.
  Ablehnung **74;** u. Revision **74** 7
  Ablehnung eines Antrags auf Vernehmung **244 IV**
  Akteneinsicht **80 II**
  Anhörung bei Abwesenheitsverhandlung **231 a III 1**
  Anhörung bei Aussetzung lebenslanger Freiheitsstrafe **454 I 5**
  Anwesenheitsrecht **80 II**
  Aufgabe vor **72** 1, **244** 41, **261** 9
  Auswahl durch Gericht **73**
  Auswirkungen von Alkohol u. Medikamente auf Erinnerungsfähigkeit **244** 41
  Beamte und Richter als – **76 II**
  Beauftragung **73** 2
  Befragung durch Verfahrensbeteiligte **240**
  Beweiserhebungen durch – **80** 2
  Bewertung der Glaubwürdigkeit um Zeugenaussagen durch **244** 42
  Entlassung nach Vernehmung **248**
  Expiration ohne Anwesenheit des Verteidigers **80** 3
  Entschädigung **84**
  bei Geld- oder Wertzeichenfälschung **92**
  Glaubwürdigkeitsgutachten **244** 42
  Gutachten im Vorverfahren **82**
  neues Gutachten **83**
  Haftung **75** 2
  Pflicht zur Gutachtenserstattung **75**
  Gutachtensverweigerungsrecht **76**
  Beiziehung von Hilfskräften **75** 2
  Ladung im Privatklageverfahren **386**
  Ladung durch StA **161 a I**
  unmittelbare Ladung **220**
  richterliche Leitung der Tätigkeit **78**
  Namhaftmachung **222**
  öffentlich bestellter – **73 II**
  Ordnungsmittel gegen – **77**
  zur Schriftvergleichung **93**
  Sachdienlichkeit **220** 5
  selbstgeladener **73** 1
  Ungeeignetheit **73** 3
  Vereidigung **79**
  Verlesung von Gutachten **251, 256**
  Vernehmung als Zeuge **74 I 2, 74** 5
  kommissarische Vernehmung **223, 224**
  Vernehmung durch – **80 I**
  Vernehmung durch StA **161 a I**
  Vernehmungsprotokoll **168 b II, 251**
  Vernehmung eines Richters als – **22 Nr. 5**
  Verzicht auf Vernehmung **245 I**
  Vorbereitung des Gutachtens **80**
  Vorführung durch StA **161 a II, III**
  im Vorverfahren **161 a** 8
  weiterer – **244 IV** 2
  Zuziehung im Sicherungsverfahren **414 111, 415 111, V**

magere Zahlen = Randnummern **Sachverzeichnis**

Zuziehung im Vorverfahren **80 a**
Zuziehung bei Unterbringung **246 a**
Sachverständigengutachten
 Beweiswürdigung **267** 10
 Grundlage des Schuldspruchs **267** 10
 Verlesung **251, 256**
 Verwertung **261** 9
 s. a. Sachverständiger
sachverständiger Zeuge vor 72 3, **74** 5, **85** 1
Schadensersatzansprüche gegen Verteidiger vor 137 3
Schadenswiedergutmachung 153 a I Nr. 1
Schätzung des Schuldumfangs **261** 13
Scheinverteidiger 138 2, **140** 9, **302** 2, **338** 17
Schleppnetzfahndung 163 d
 Anordnung **163 d II, III**
 Beendigung **163 d IV**
 Benachrichtigung **163 d V**
Schlussanhörung 369 IV
Schlussbericht der Polizei 163 10
Schluss der Beweisaufnahme 258 I, 258 1
Schlussvortrag 258 I, II
 des Nebenklägers **397 I**
 Übersetzung **259**
 des Verteidigers **258** 4
 Vortragsberechtigung **258** 3
 keine Vorwegnahme **257 III**
Schöffen
 Ablehnung von – **31 I**
 Akteneinsicht **31** 1
 Fragerecht **240 II**
 bei Haftentscheidungen **126** 2
 Mängel der Besetzung **338** 9
 neue Hauptverhandlung **338** 2
 Verhinderung des Schöffen **338** 7
 Wiederaufnahme bei Amtspflichtverletzung **359 Nr. 3, 362 Nr. 3**
 als Zeugen **vor 48** 2
Schöffengericht
 beschleunigtes Verfahren beim – **417, 419 I**
 Inhaltsprotokoll beim – **273 II**
Schreibmaschine
 in U-Haft **119** 16
Schriften
 Beschlagnahme **97 V, 111 m, 111 n**
Schriftgutachten 93
Schriftliche Antragstellung 257 a
 Umfang **257 a** 3
 Voraussetzung der Anordnung **257 a** 2
Schriftliche Erklärungen
 Verlesung von – **251 II**
Schriftliche Mitteilungen 97 2
Schriftstücke
 Verlesung **249**
 Vorbehalt von -n **249** 11
 s.a. Urkundsbeweis
Schriftvergleichung 93

Schriftverkehr
 Überwachung des – mit Verteidiger **148 II, 148** 2
 Überwachung in U-Haft **119** 10 f.
Schuld
 und Täter-Opfer-Ausgleich **153 a** 1
 besonders schwerwiegende – **454** 15
Schuldumfang u. Schätzung **261** 13
Schuldinterlokut 258 2
Schuldfähigkeit
 Klärung der – **81** 1
Schuldspruchberichtigung 353 1, **354** 5 ff.
Schuldspruchänderung u. reformatio in peius **397 a** 2
Schuldfähigkeit
 Beobachtung **81 a**
 Sicherungsverfahren wegen – **413 ff.**
 einstweilige Unterbringung **126 a**
Schusswaffengebrauch 127 7
Schwägerschaft
 Zeugenverweigerungsrecht **52** 1 Nr. 3
Schweigen des Angeklagten 136 4, **261**, 3, 5
 Belehrung über Recht zum – **136, 243 IV** 1
 u. belastende Umstände **261** 7
 Verwertung **243** 14, **261** 5
Schweigen eines Zeugen
 Verwertung **261** 6
Schwere der Tat
 Pflichtverteidigung wegen – **140 II**
Schwerkriminalität
 Aussetzung des Haftbefehls bei – **116 III**
 Haftgrund der – **112 II**
 keine Privatklagesachen vor – **384 V**
Sechsmonatsfrist 121
Selbstablehnung 30
Selbstgeladener (von Verteidigung) Sachverständiger **73** 1
Selbstständiges Einziehungsverfahren 440
Selbstanzeige
 wegen Befangenheit **30** 1
Selbstbelastung, Auslagen bei wahrheitswidriger 467 III 2 Nr. 1
Selbstleseverfahren 249 II
 Anordnung durch Vorsitzenden **249** 6
 bei Anordnung schriftlicher Antragstellung **257 a** 7
 Durchführung des -s **249** 8
 Protokollierung **273 I**
 Widerspruch gegen – **249 II** 2
Selbstmordgefahr
 Fesselung in der U-Haft wegen – **119 V Nr. 3**
 kein Haftgrund wegen – **112** 6
Selbstmordversuch 231 a 2
Serientaten 267 7
Sexualstraftaten an Kindern 200 3
Sich-Entziehen 124 2
Sicheres Geleit 295
Sicherheit, Recht auf MRK 5

1169

Sachverzeichnis

fette Zahlen = §§

Sicherheitsleistung
Aufschub des Berufsverbots **456 c III**
Außervollzugsetzung des Haftbefehls **116 I Nr. 4, 116 a**
von Beschuldigten ohne festen Wohnsitz **127 a 1 Nr. 2**
Freigabe **123 II, III**
für Kosten im Klageerzwingungsverfahren **176**
des Privatklägers **379**
Verfall der Sicherheit **124**
Wirkung des Verfalls **124 6**
bei Fehlen von Wohnsitz oder Aufenthaltsort **132 1 Nr. 1**
Sicherstellung von Beweismitteln **94, 111 b**
durch dinglichen Arrest **111 d**
von Gegenständen **111 b**
von Verfalls- und Einziehungsgegenständen **111 b ff.**
Sicherungshaft bei Wiederholungsgefahr **112 a I, 112 a 1**
Sicherungshaftbefehl 453 c
Vollstreckung **453 c 7**
Sicherungshypothek 111 d, 111 g I, 111 h
Sicherungsverfahren 413–416
Antrag im – **413, 414 II**
Ausschluss des Angeklagten im – **247 S. 3**
Besetzung mit 2 oder 3 Berufsrichtern **414 2**
Beiziehung von Sachverständigen **414 III**
Hauptverhandlung im – **415**
Nebenklage im – **vor 395 2, 395 1**
Pflichtverteidigung im – **140 I Nr. 7**
Protokollverlesung im – **415 IV**
Übergang zum Strafverfahren **416**
Verfahren **414**
Verlesung des Antrags in der Hauptverhandlung **243 6**
Sicherungsverwahrung 80 a
Zuziehung eines Sachverständigen **246 a**
Sitzungspolizei **GVG 176**
Sitzungsprotokoll 271 ff.
Berichtigung **271 7 f.**
Beweiskraft **274 3**
Fertigstellung **271 I 2, IV**
Form **271 2**
Herstellung **271 3**
Inhalt **272**
wörtliche Niederschrift im – **273 III**
Rechtsmittelverzicht im – **302 3**
bei Verhandlung vor dem AG **273 II**
Sofortige Beschwerde 311; 28 II 1, 46 III, 81 IV, 111 g II 2, 124 I 2, 138 d VI 6, 206 a II, 206 b S. 2, 210 II, 231 a III 3, 270 III 2, 322 II, 372, 379 a III 2, 383 II 3, 408 I 3, 431 V 2, 441 II, 453 II 2, 454 II, 462 III, 464 III, GVG 181, A 6 8 III
gegen Nichteröffnungsbeschluss **210 II**
gegen Vorlegungsbeschluss **225 a III 3**
im Wiederaufnahmeverfahren **372**

gegen Ablehnung der Wiedereinsetzung **46 III**
Vollstreckung gegen – vor **449 2**
Sorbische Sprache 35 4
Sozialgeheimnis 161 5
Sozietät u. Verteidigung 137 1, 146 1
Speicheltest **81 c 1**
Speicheltest 81 c 1, 81 g 6, 261 6
Sperrerklärung
der obersten Dienstbehörde **96**
für Behördenakten **96**
Verwaltungsrechtsweg für Streit über – **96 4**
für V-Leute und verdeckte Ermittler **96 3**
Sperrwirkung
der Nichteröffnung **211 1**
Sprechbehinderte 66
Sprungrevision 335
bei Annahmeberufung **335 5**
Zuständigkeit **335 II**
Spuren
Feststellung von körperlichen **81 c I**
Spurenakten 147 3
Staatsanwalt
Ablehnung des – **24 3**
Amtspflichtverletzung **152 5, 160 6**
Ausschluss des – **22 1, 226 1**
außerdienstlich erlangtes Wissen **160 3**
Verlesung des Anklagesatzes **243 III**
Anwesenheit bei richterlicher Vernehmung **168 c I, II, 224**
Anwesenheitspflicht in der Hauptverhandlung **226**
Ausschließung **22 3**
Erklärungsrecht **157 II**
Fragerecht **240**
Leichenschau und Leichenöffnung **87**
mehrere -e in der Hauptverhandlung **227**
Pflicht zum Schlussvortrag **258 I**
Pflichtwidrigkeit/Missbrauch **160 8**
Presseerklärung im Ermittlungsverfahren **159 1 a**
Protokoll über Untersuchungshandlungen **168 b**
Tätigkeit eines Richters als – **22 Nr. 4**
Unerreichbarkeit **165**
als Zeuge vor **48 2**
Staatsanwaltschaft 160 1
Absehen von der Verfolgung **153 ff.**
Amtspflichtverletzung **152 5, 160 6**
Anhörung der – **33 II, 309, 454 I, 402 II**
Aufklärungspflicht **160 II**
außerdienstlich erlangtes Wissen **160 3**
Bindung an Rspr. **152 2**
Ermittlungen durch – **161**
ersuchte – **161 a IV**
Klageerhebung **170 I**
öffentliche Klage bei Privatklagedelikten **376**
Übernahme der Privatklage **377**
Umfang der Prüfung durch – **155 I**
Pflicht zur Objektivität **160 3**
Rechtsmittel **296, 301**

magere Zahlen = Randnummern

Vernehmung durch die – **161 a, 163 a III, IV, 168 b II**
Vernehmung von Zeugen und Sachverständigen **161 a I**
Verpflichtung zur Objektivität **160 II, 160 5**
Vollstreckung von Entscheidungen **36 II 1**
als Vollstreckungsbehörde **451**
Vorführung von Zeugen und Sachverständigen **161 a II**
Weisungsbefugnis gegenüber Polizei **161**
Zustellung an die – **41**
staatsanwaltschaftliches Verfahrensregister
s. Verfahrensregister
bei Aktenvorlage **96**
Absehen von der Strafverfolgung **153 c IV, 153 d, 153 e**
Vermögensbeschlagnahme **443**
Verteidigerausschluss **138 b**
Staatsschutzsachen
Haftprüfung in – **121 IV, 121 9**
Staatsschutzkammer 21, 6 a, 209 a, 225 a IV
Staatssicherheit
Ausschluss der Öffentlichkeit
Gefährdung der – **114 II Nr. 4**
Statthaftigkeit
der Berufung **312, 313**
der Beschwerde **304, 305**
von Rechtsmitteln vor **296 1**
der Revision **333, 335**
Steckbrief = Fahndung 131
Fahndungsmaßnahmen **131 ff.**
Steuerberater 53 I Nr. 3
Steuerbevollmächtigter 53 I Nr. 3
Stimmenvergleich/Stimmenfalle 58 2, 81 b 2
Störer 164
Störungen von strafprozessualen Amtshandlungen 164
Strafantrag 158 II
durch Anschlusserklärung des Nebenklägers **158 5**
– unter Bedingungen **158 8**
Frist zur Stellung des – **158 5**
Form **158 II**
Kosten bei Rücknahme **470**
Strafanzeige 158 1, 158 2 ff.
Strafarrest 462 a 2
Strafaussetzung zur Bewährung
Belehrung bei – **268 a III, 453 a**
Beschluss bei – **268 a**
Beschwerde gegen Beschluss über – **304 IV Nr. 5, 305 a**
bei nachträglicher Gesamtstrafenbildung **460 10**
Haftbefehl bei Widerruf **453 c**
nachträgliche Entscheidungen **453, 462**
Überwachung des Verurteilten **453 b**
Widerruf der – **453 c**
Strafausstand 455 1
Strafbarkeit des Verteidigers vor 137 1, 3

Sachverzeichnis

Strafbefehl 407 ff.
Einspruch gegen – **410 I, II**
Erlass **408 II, III 1**
Inhalt **409**
zulässige Rechtsfolgen **407 II**
Rechtskraft des -s **410 III**
Rücknahme des Antrags **411 III**
Unterzeichnung des -s **409 9**
Wiederaufnahme gegen – **373 a**
Zulässigkeit **407 I**
Zustellung **409 10, 410 I 1**
Strafbefehlsantrag 407 I
Ablehnung **408 II**
nach Eröffnung des Hauptverfahrens **408**
Teilablehnung 408 5 Verpflichtung zum – **407 2**
Strafbefehlsverfahren 407–412
Anberaumung der Hauptverhandlung **408 III 2, 411 I 2**
Antrag im – **407**
Ausbleiben des Angeklagten **412**
Auslagen des Nebenklägers **472 6**
Entscheidungsmöglichkeiten des Richters **408**
kein – gegen jugendliche **407 1**
Wesen des -s vor **407 1**
Strafe, Verbot erniedrigender **MRK 12 3**
bei vorläufiger Festnahme **127 a 1 Nr. 7**
Straffreierklärung
Kosten **468**
Strafklageverbrauch Einl. 26
bei Einstellung im Privatklageverfahren **389 3**
beim Strafbefehl **410**
bei Verwerfung des Klageerzwingungsantrags **174 II**
Strafmaß **267 14**
Strafrestaussetzung 454
Strafrichter
Zuständigkeit **125**
Straftaten in der Sitzung **GVG 183**
Strafurteile
Verlesung **249 I**
Strafvereitelung
Ausschließung des Verteidigers **138 a II Nr. 3**
keine Beschlagnahmefreiheit **97 II 3**
Durchsuchung **102**
durch Verteidiger **vor 137–149** 1
Nichtvereidigung **60 Nr. 2**
Zusammenhang **3**
Strafvollstreckung 449–463 d
von Urteilen der ehemaligen DDR **vor 449 2**
Gerichtliche Entscheidung bei – **458**
Rechtsgrundlagen **vor 449 1**
Zulässigkeit der – **458 I**
Zuständigkeit für – **vor 449 4, 451**
Strafvollstreckungskammer
Fortwirkungszuständigkeit **462 a I 2**
Zuständigkeit **462 a 18, 463, 462 a 18**
Zuständigkeitskonzentration **462 a IV 1**

1171

Sachverzeichnis

fette Zahlen = §§

Strafvorschriften
Angabe anzuwendender –
in der Anklageschrift **200 I**
im Haftbefehl **114 II Nr. 2**
im Strafbefehl **409 1 Nr. 4**
im Urteil **260 IV, V, 267 III**
Strafzumessung
Begründung der – **267 III, 267 14**
und Revisionsgericht **313** 1, **354** 4 a
Strengbeweis 244 4, 6
Unmittelbarkeitsgrundsatz im -verfahren
250 1
Suchtberatungsstelle 53 I Nr. 3 b
Sühneversuch 380
Suggestivfragen 241 4

Täter-Opfer-Ausgleich 153 a Abs. 1 S. 2 Nr. 5, 155 a, 155 b
– und Schuld **153 a** 1
– und Steuerdelikte **153 a** 1
Täuschung
des Beschuldigten bei Vernehmung **136 a I**
Tagebuchaufzeichnung 94 4, **97** 6, **249** 3
Tagesfrist 42
Tat 264
im materiellrechtlichem Sinn **264** 3
im prozessalen Sinn **264** 2
in der Anklageschrift **200 I**
Bezeichnung im Haftbefehl **114 1 Nr. 2**
im Strafbefehl **409 I Nr. 3**
im Urteil **260 IV**
Tatbeteiligung 60 Nr. 2, 60 2 ff.
Ausschließung des Verteidigers wegen –
138 a I Nr. 1
Tatmotiv 261 8
Tatort 7 1
s. a. Gerichtsstand
Tatprovokation s. agent provokateur
Tatsachen 244 2 f.
Tatsachenalternativität 260 9
Tatprovokation vor **48** 4
Tatverdacht 152, 153 a 2
dringender – **81 II, 112 I, 138 a I**
bei Überwachung des Fernmeldeverkehrs
100 a 6
hinreichender – **170 I, 203 I**
Täter und Wiedererkennen 261 7
Technische Mittel (TM) 100 c
Teilabstimmung 263 2
Teilanfechtung 318
Teilaufhebung 353 2
Teilbeträge
der Geldstrafe **459 b**
Teilerfolg des Rechtsmittels 473 IV
Teilfreispruch 260 9
Kosten **465** 7
Teilrechtskraft 318, 353 6
Teilurteil 260 3
Teilvereidigung 59 1, **60** 7
Teilverweisung 270 5
Telefax
Fristwahrung durch – **43** 2, **341** 4

Telegramm 43 2
Fristwahrung durch – **43** 2
Telekommunikation 100 a ff.
Überwachung **100 a**
Zuständigkeit **100 b**
Telekommunikationsverbindungen, Auskunft 100 g, 100 h
Terminsbestimmung 213
Anfechtung **213** 3, 4
Zuständigkeit für – **213** 2
Terminsnachricht
Zustellung an Nebenbeteiligten **435 I**
Terminsverlegung
Antrag auf – **213** 3
Terrorismusbekämpfungsgesetz v. 9. 1. 2002 **Vorwort**
terroristische Vereinigung
Tod
des Angeklagten **206** 4, **464** 1, 5
des Nebenklägers **402**
des Privatklägers **393, 394**
des Verurteilten **465 III**
Einstellung des Verfahrens durch
Beschluss **206 a** 4
Kosten **206 a** 4, **464** 1
Todesstrafe MRK 2 I
Tonaufnahme
-gerät zur Protokollierung **168 a II**
in der Hauptverhandlung **GVG 169**
Ton- und Bildträger
Beschlagnahme **111 m, 111 n**
Beschlagnahmeverbot **97 V**
Aufnahme des Fernmeldeverkehrs **100 a, 100 b**
private – **97** 6
Trennscheibe 148 5
Trennung von Verfahren 2 II, 237 5
– nach Eröffnung des Hauptverfahrens **4 I; 2** 3, 4 3

Überlegene Forschungsmittel 244 IV 2, **244 45**
Überleitung des Sicherungs- ins Strafverfahren **416**
Übermaßverbot Einl. 23
Übernahme durch Gericht höherer Ordnung **225 I** 2
der Privatklage durch StA **377**
Übernahmebeschluss 225 a III
Übernahme der Verfolgung
wegen Privatklagedelikt **377**
Überraschende Maßnahmen
Anhörung **33** 3
Überschießende Aufklärung 244 8
Überschießende Tatsachenfeststellungen
264 9
Überschreiten der Urteilsabsetzungsfrist
275 3
Übersetzerkosten 464 c
Übersetzung von Entscheidungen **35** 4
von Rechtsmittelbelehrungen **35 a** 2
Überstellungshaftbefehl vor 112 3

magere Zahlen = Randnummern

Sachverzeichnis

Übertragung der Zuständigkeit **12 II, 15, 19**
Überschreibung bei Zeugenaussagen **261** 6
Überwachung
während der Führungsaufsicht **463 a**
des Schriftverkehrs mit Verteidiger **148 II, 148 a**
des Verurteilten während Bewährungszeit **453 b**
mit Video **100 c** 1
Überwachung des Fernmeldeverkehrs 100 a
Anordnung **100 b**
Beendigung der – **100 b IV**
Benachrichtigung **101**
Überzeugung
richterliche – **261, 261** 1 f.
Umgestaltung der Strafklage 264 1, 7, **265**
Unabhängigkeit, richterliche Einl. **18**
Unaufschiebbare Amtshandlungen 29
unbestimmte Rechtsbegriffe 337 15
Unbrauchbarmachung 111 b 1
Anordnung im Strafbefehl **407 II Nr. 1**
Beschlagnahme zur Sicherstellung der – **111 m I**
Kosten **472 b**
Verfahren **442**
Vollstreckung **459 g**
Unerreichbarkeit von Beweismitteln 244 32–36
Ablehnung von Beweisanträgen wegen – **244 III 2**
Ungebühr, Ordnungsmittel **GVG 178**
Ungeeignetheit von Beweismitteln 244 30, 31
Ablehnung von Beweisanträgen wegen – **244 III 2**
Ungehorsamsfolgen GVG 177
Unmenschliche Behandlung
Verbot **MRK 3**
Unmittelbare Ladung 38, 220 I, 323 II, 386 IV
Befugnis zur – **38** 1
Beweisantrag **245 II**
Bewirkung durch Gerichtsvollzieher **38**
Namhaftmachung bei – **222**
Nebenkläger **397** 2
Unmittelbarer Zwang
in der U-Haft **119** 1
Unmittelbarkeitsgrundsatz Einl. **8, 250**
Ausnahmen **251, 253, 256, 257 a, 325**
Unmutsäußerungen des Richters und Befangenheit **24** 2
Unnatürlicher Tod 159
Unparteilichkeit 24 II
unrichtige Selbstanzeige 467 III 1
Unschuldsvermutung MRK 6 II, Einl. **25, 119** 2, **153** a 3, **261** 7
Untätigkeit Einl. **10**
Unterbrechung
bei Anschlussvollstreckung **454 b**
der U-Haft **vor 112** 4
der Vollstreckung **360 II, 455 IV, 455 a, 458 III**
Unterbrechung der Hauptverhandlung 138 c IV, 145 III, 222 a II, 228, 229, 266 III
bei Beschwerde gegen Abwesenheitsverhandlung **231 a III 4**
Anordnung **228 I 2**
wegen verspäteter Besetzungsmitteilung **222 a II**
Höchstdauer **229**
bei rechtlichem Hinweis **265 III, IV**
Unterbrechungsfrist 229
Berechnung **229** 1
Hemmung der – **229 III**
Unterbringung
zur Beobachtung **81**
Beschwerde **304 IV Nr. 1**
einstweilige – **126 a**
Pflichtverteidigung bei – **140 1 Nr. 5**
Zuziehung von Sachverständigen **80 a, 246 a**
im Sicherungsverfahren **413 ff.**
Verschlechterungsverbot **331 II, 358 II**
Vollstreckung **456 b, 463**
Unterbringungsbefehl
Erlass **126 a II 1, 126 a** 4
nach vorläufiger Festnahme **128 II 2**
Unterbringung zur Beobachtung 81
Unterhaltspflichten 153 a 1 Nr. 4
Unterlassen von Entscheidungen 238 6
Unterlassen pflichtgemäß gebotener Handlungen **160** 8, **161** 2
Unterrichtung
des Angeklagten nach Ausschließung **247 S. 4**
von Zustellung **145 a III**
Unterschrift
Fehlen der Unterschrift **275** 5, **338** 27
Untersuchung des Angeklagten
des psychischen Zustands **81**
bei Unterbringung **246 a**
Untersuchungsgrundsatz 155
Untersuchungshaft
Anhörung bei Anordnung **33 IV**
Anordnung **114**
Anrechnung von – **450** 1
Aufhebung von Aussetzungsanordnungen **123**
Bequemlichkeiten **119 IV, 119** 17
Beschäftigung in der – **119 IV**
Beschluss über Fortdauer **268 b**
Beschränkungen in der – **119 III**
Besuche in – **119** 8
Briefverkehr **119** 10 ff.
Disziplinarmaßnahmen **119 III, 119** 20 ff.
Bezug von Druckerzeugnissen **119** 14
Ersatzmittel für – **116, 117**
Entscheidung über Fortdauer **207 IV**
Haftprüfung **117 ff.**
– über ein Jahr **122 a**
bei Kleinkriminalität **113**

1173

Sachverzeichnis

fette Zahlen = §§

– über 6 Monate **121**
Pflichtverteidiger bei – **117 III, 140 I**
keine – im Privatklageverfahren
  vor 112 2
Rechtsmitteleinlegung **299**
Rundfunk- und Fernsehempfang **119** 15
Schreibmaschine in – **119** 16
keine Zuständigkeit der StVK **462 a** 2
kein Anspruch auf Taschengeld **119** 18
Telefongespräche in – **119** 9, **148** 1
Umwandlung in Strafhaft **450** 3
Unterbrechung **vor 112** 4
Verhältnismäßigkeit **vor 112** 1, **112 I** 2, **112** 3
Vollzug **119**
Voraussetzungen **112**
Zusammentreffen mit Strafhaft **119** 6
Zuständigkeit für weitere Entscheidungen **126**
Zweck der – **vor 112** 1, **119** 5
Untersuchungshandlungen
  richterliche – **162**
  der StA im Vorverfahren **161, 161 a**
Untersuchungsverweigerungsrecht 81 c III
  Belehrung über – **81 c** 4
Untervollmacht vor 137 2
  Zustellungsvollmacht **145 a** 2
Unverzüglichkeit
  der Richterablehnung **25 II Nr. 2, 252**
  der Vorführung **115, 115 a, 128, 135, 163 c I**
  unwahre Angaben des Verteidigers **243** 13
unzulässige Vernehmungsmethoden 69 3, **136 a**
Unzuständiges Gericht
  Einwand **6 a, 16**
  Fristwahrung bei Eingang bei – **43** 2
  als Revisionsgrund **338 Nr. 4**
  in der Revisionsinstanz **348**
  Wirksamkeit einzelner Untersuchungshandlungen **20**
Urkunden 249 2
  Bericht des Vorsitzenden **249** 9
  -beweis **249 ff.**
  Selbstleseverfahren **249 II**
  Unerreichbarkeit **244** 36
  Verlesung **249 I**
  unechte – als Wiederaufnahmegrund **359 Nr. 1, 362 Nr. 1**
Urkundsbeweis 249–256
  durch Bericht des Vorsitzenden **249** 9
  Vorrang des Personalbeweises **250**
  Protokollierung **255, 273 I**
  im Selbstleseverfahren **249 II**
  durch Verlesung **249 I**
  kein – durch Vorhalt **249 II, 251** 4
  Vorhandensein einer Urkunde **244** 6
  Zulässigkeit **249** 3
Urkundenfälschung 359 Nr. 1, 362 Nr. 1
Urkundenverlesung
  Protokollierung **273 I**

Urkundsbeamter der Geschäftsstelle
  Anwesenheitspflicht **226**
  Ausschließung und Ablehnung **31**
  als Protokollführer in der Hauptverhandlung **271, 272 Nr. 2**
  im Urteil **275 III**
  Urteilsausfertigung **275 IV**
  Vollstreckbarkeitsbescheinigung **451 I**
  im vorbereitenden Verfahren **168**
Urteil 260, 328, 353
  Absetzung **275**
  Absetzungsfristen **275**
  Zustellung bei Abwesenheitsverhandlung **232 IV**
  Ausfertigung **275**
  im Berufungsverfahren **328**
  Fehlen einer Unterschrift oder Verhinderungsvermerk **275** 5, **338** 27
  freisprechendes **261** 1, **267** 24
  Gegenstand **264**
  Inhalt **260** 3 ff.
  Zustellung an Nebenbeteiligte **436 IV**
  im Revisionsverfahren **353**
  Urteilsgründe **267**
  u. Sachverständigengutachten **267** 10
  Verlesung **249 I**
  – unter falschem Namen **155** 1, **230** 7
Urteilsabsetzungsfrist 275
  – bei Erkrankung des Berichterstatters **275** 2
  Überschreitung **275**
  Vollstreckbarkeit **449**
Urteilsberichtigung 260 24
  – bei Zählfehler der abgeurteilten Fälle **260** 24
Urteilsfeststellungen 267 I, II, IV 1, **267** 7 f.
  Aufhebung **353 II**
  Prüfung auf die Sachrüge **337** 10 ff.
Urteilsfolgen, Entschädigung für – StrEG 1
Urteilsformel 260 IV, 260 10 ff., **268 III, 373 I**
  nachträgliche Änderung **260** 2
  Verlesung **268 II** 1, 3
  bei Verurteilung **260** 10
Urteilsgründe 267
  Abänderung **275** 6
  abgekürzte – **267 IV, V** 2
  Absetzungsfrist **275, 338 Nr. 7**
  Aufgabe **267** 1 ff.
  Ausfertigung der – **275 IV**
  Berichtigung **267** 27
  Beweiswürdigung **267 I** 2, **267** 9 ff.
  Eröffnung **268 II** 2
  Fehlen der – **338 Nr. 7**
  Fertigstellung der – **275** 1, **275** 7
  bei Freispruch **267** 24 f
  Persönliche Verhältnisse **267** 14
  Unterzeichnung **275 II**
  bei Verurteilung **267** 5 ff.
  Zustellung **341 II, 343 II**
Urteilsrubrum 275 111

magere Zahlen = Randnummern

Urteilsverkündung 260 I, 260 2, 268, 314, 341, 356
 Aussetzung der – **268 IV**
 Zeitpunkt der – **268** 5
Urteilszustellung
 bei Abwesenheitsverhandlung **232 IV**
 – nach Fertigstellung des Protokolls **273 IV**
 – an Nebenbeteiligte **436 IV**
 – an Rechtsmittelführer **316 II, 343 II**

Veränderte Sachlage 265 IV, 265 8, 14 f.
Veränderung des rechtlichen Gesichtspunkts 265
Veräußerungsverbot 111 c V, 111 g III
 Schadensersatz wegen – **111 g IV**
 bei Vermögensbeschlagnahme **111 p** 4
Veranlassungsprinzip vor 464 2
Verbindung 2, 4 I
 zur gleichzeitigen Verhandlung **237**
 – von Strafsachen mit OWi-Verfahren **2** 3
 bei mehrfacher Rechtshängigkeit **13 II, III**
Verbrechen
 Pflichtverteidigung bei – **140 I Nr. 2**
Verdacht
 Anfangs – **160 I**
 dringender Tat – **81 II, 112, 138 a I**
 hinreichender Tat – **170 I, 203, 408 II, III** 1
 der Tatbeteiligung **60 Nr. 2, 138 a 1 Nr. 1**
Verdächtiger 163 a 1, 163 b 5
 Durchsuchung **105**
 Identitätsfeststellung **163 b, 163 c**
Verdeckter Ermittler vor 48 4, 110 a
 Anschriftenermittlung **161** 6
 Ausschluss des Angeklagten bei Vernehmung **247 S. 3**
 Befugnisse des verdeckten Ermittlers **100 c**
 Begriff **110 a II 1**
 Benachrichtigung über Einsatz **110 d**
 Einsatzvoraussetzungen **110 a I**
 Geheimhaltung der Identität **110 b III**
 Sperrerklärung **96** 3
 Verwendung personenbezogener Informationen **110 e**
 Verwertungsverbot **110 b** 5
 als Zeuge vor **48** 4
 Zustimmung zum Einsatz **110 b I, II**
Verdunkelungsgefahr
 Aussetzung des Haftbefehls bei – **116 II**
 Haftgrund bei – **112 II Nr. 3**
 keine U-Haft wegen Kleinkriminalität **113**
 – nach Urteilsverkündung **268 b** 2
Vereidigung 59 ff.
 Ausschluss des Angeklagten bei Verhandlung über – **247** 5
 Nachholung bei Protokollverlesung **251 IV** 4
 im Privatklageverfahren **62**
 Protokollvermerk bei – **66 a**
 Umfang der – **59** 1
 Verbot der – **60**

 im vorbereitenden Verfahren **65**
 bei wiederholter Vernehmung **67**
 Zeitpunkt der – **59** 1
 von Zeugen **59**
Vereidigungsverbote 60
Verfahrensbeteiligung 430 ff.
Verfahrensdauer
 Vermeidung überlanger – **154 I Nr. 2, 154 a I 2**
Verfahrensfremde Zwecke
 – bei Ablehnungsgesuch **26 a I Nr. 3**
Verfahrenshindernis Einl. 15
 in Ausnahmefällen bei Verfahrenverzögerung **Einl.** 10
 Auslagen bei Einstellung wegen – **467 III** 2
 Begriff **206 a** 4
 Berücksichtigung im Revisionsverfahren **349** 2
 Einstellung wegen – **206 a**
 Eröffnungsverfahren **302** 1
 kein Verwerfungsurteil bei – **412** 4
Verfahrensrecht 337 3
Verfahrensregister 474–477
 Auskünfte für Privatpersonen **475**
 Inhalt **474**
 Zweck **474** 2
Verfahrensrügen
 Begründung **344 II 2, 344** 7 ff.
 Darstellung **344 I** 2
 und Sachrügen **344** 4
 Verlust durch Zeitablauf **334** 20
 Verwirkung **344 I** 2
 Wiedereinsetzung zur Nachholung **44** 4
Verfahrensverbindung
 s. Verbindung
Verfahrensverzögerung Einl. 10, 338 1, 344 7
Verfahrensvoraussetzungen Einl. 15
 Prüfung im Revisionsverfahren **337** 4
 s. a. Verfahrenshindernis
Verfall
 nachträgliche Entscheidungen über – **462**
Verfallsanordnung
 Beschlagnahme zur Sicherung **111 b** ff.
 dinglicher Arrest zur Sicherung **111 d, 111 e, 111 f III, 111 g, 111 h**
 Kosten **472 b**
 im Strafbefehl **407 II Nr. 1**
 Verfahren **442**
 Vollstreckung **459 g I**
Verfallsbeteiligung 442
Verfall der Sicherheit 124
Verfassungsbeschwerde
 – bei Verletzung des rechtlichen Gehörs **33 a** 2
Vergehen
 Nichtverfolgung bei geringer Schuld **153, 383 II**
 Strafbefehl bei – **407 I** 1
Vergiftung
 Leichenuntersuchung bei Verdacht **91**

Sachverzeichnis

fette Zahlen = §§

Vergleich
  außergerichtlicher – 380 3
  gerichtlicher – 391 2
  Kosten des -s 471 8
  im Privatklageverfahren vor 374 1
Vergleichsbehörde 380 2
Verhältnismäßigkeit vor 94 1
  bei Durchsuchung 102 1, 103 1, 105 2
  der einstweiligen Unterbringung 126 a 5
  bei Haftbefehl 112 9
  bei Überwachung des Fernmeldegeheimnisses 100 a 1
  bei Postbeschlagnahme 99 4
  der Räuberfahndung 98 a 3
  der U-Haft vor 112 1, 112 3, 9, 114 III, 116 1, 120 3, 121 I
  des vorläufigen Berufsverbots 132 a 1
  bei vorläufiger Festnahme 127 7, 127 a 1
Verhältnismäßigkeitsgrundsatz Einl. 5, 22
Verhaftung
  bei Ausbleiben 230 II, 329 IV
  Benachrichtigung von Angehörigen 114 b
  Beschwerde gegen – 304 IV 2, V, 305 S. 2
  Vernehmung nach – 115 II, III
  Vorführung beim nächsten Amtsgericht 115 a
  Vorführung vor zuständigen Richter 115
Verhandlungsfähigkeit Einl. 15 a, 205 1, 231 a 2
  zweifelhafte – 205 6
Verhandlungsleitung 238
Verhandlungsunfähigkeit Einl. 15 a
  Abwesenheitsverhandlung bei – 231 II, 231 a
  des Angeklagten 230 3, 231 2, 231 a
  Sicherungsverfahren bei – 413
  vorsätzlich herbeigeführte – 231 a
Verhinderung
  bei Fertigstellung des Sitzungsprotokolls 271 5
  des zuständigen Gerichts 15
  Prüfung der – 338 7
  bei Urteilsunterzeichnung 275 II 2
  des Verteidigers 228 II
Verhinderungsvermerk 275 II 2
  unter Urteil 275 5, 338 27
Verhör
  von Zeugen 69 II
Verhörsperson
  Protokollverlesung bei Vernehmung der – 253 1
Verjährung 154 IV, 263 III
  keine Verjährungsunterbrechung bei verfassungsrechtlichen unzulässigen richterlichen Durchsuchungsanordnungen 102 6
  Ruhen während vorläufiger Einstellung 153 a III, 154 e III
  bei Verfolgungsbeschränkung 154 a 9

Verkündung
  von Entscheidungen 35 I 1, 35 1, 118 a IV, 138 d V, 268 a I, 268 b S. 2
  des Haftbefehls 114 a
Verkündungstermin 268 5
Verleger
  Zeugnisverweigerungsrecht 53 I Nr. 5
Verlesung
  des Ersturteils 324 I 2
  von Urkunden im Berufungsverfahren 325
  von Urkunden im beschleunigten Verfahren 420 II
Verlesung von Schriftstücken 249
Verlesung von Protokollen
  zur Aufklärung von Widersprüchen 253 II, 254 II
  bei Auskunftsverweigerungsrecht 251 10
  zur Beweisaufnahme über ein Geständnis 254 I
  zur Gedächtnisunterstützung 253 I
  zur Entscheidung über die Ladung 251 III
  – nichtrichterlicher Vernehmungen 251 II
  – richterlicher Vernehmungen 251 I
  Umfang der – 251 4
  bei Zeugnisverweigerungsrecht 251 5, 252
Verletzter
  Akteneinsichtsrecht 406 e
  Anwesenheit der Vernehmung des – 406 f II
  Befriedigung bei Arrest 111 h
  Belehrung über Befugnisse 406 h
  Befriedigung bei Beschlagnahme 111 g
  Entschädigung im Strafverfahren 403 I
  gesetzlicher Vertreter 374 III
  Hinweis auf Adhäsionsverfahren 403 II
  Klageerzwingungsverfahren 172–177
  Mitteilung des Verfahrensausgangs 406 d
  nebenklageberechtigter – 406 g
  nicht neben klageberechtigter – 406 f
  notwendige Auslagen 472 II
  Personenverein als – 374 III
  Privatklage 374 II
  Prozesskostenhilfe 406 g III
  Richter als – 22 Nr. 1
  Rückgabe beweglicher Sachen 111 k
  sonstige Befugnisse des – 406 d–406 h
  Umfang der Akteneinsicht 406 e 2
  Vereidigung 61 Nr. 2
  Vernehmung als Zeuge 406 f III
  Widerklage 388
Verlobter
  Eidesverweigerungsrecht 63
  Zeugnisverweigerungsrecht 52 I Nr. 1
Vermögensbeschlagnahme 111 p, 443
  Aufhebung 459 i II
Vermögensdelikte 153 5
Vermögensstrafe
  dinglicher Arrest wegen – 111 o
  Ersatzfreiheitsstrafe bei – 459 i 1
  nachträgliche Gesamt – 460 S. 2

magere Zahlen = Randnummern

Sachverzeichnis

Vermögensbeschlagnahme **111 p**
Vollstreckung **459 i**
Vermögensverwalter 111 p V
Vernehmung
  nach vorläufiger Festnahme **128 I 2**
  kommissarische – **223, 51 III, 66 b**
  des Nebenbeteiligten **432**
  von Zeugen und Sachverständigen **58, 68, 69, 161 a, 163 a V, 168, 168 a, 168 b II, 250**
Vernehmung des Beschuldigten 133 ff., 163 a
  Belehrungspflichten **1361, 163 a IV, V**
  erste – **136**
  zum Haftbefehl **115 11, 111, 115 a II**
  Protokollabschriften **163 a 10**
  Protokollierung **163 a 10**
  Unverwertbarkeit der – **250 2**
  Video-Vernehmung **7**
  nach vorläufiger Festnahme **128**
Vernehmung des Angeklagten 243 IV
  – zur Person **243 II 2**
  – zur Sache **243 IV 2**
  Unterbrechung durch Beweiserhebung **243 9**
  unzureichende – **243 16**
  bei Vertretung **243 11**
Vernehmungsmethoden, verbotene 136 a
  Verwertungsverbot **136 a III 2**
  gegenüber Zeugen und Sachverständigen **136 a 3**
Vernehmungsprotokoll
  Verlesung in der Hauptverhandlung **50 IV 2, 232 III, 233 III 2, 251, 253, 254**
Versagung des Zutritts GVG 175
Verschlechterungsverbot 331, 358 II, 373 II
  und Schuldspruchänderung **397 a 8**
  bei Verstoß gegen Beschleunigungsgebot **331 9, 358 5, 373 5**
  bei Bewährungsbeschluss **268 a 1**
  bei Kostenbeschwerde **464 10**
  bei Kostenfestsetzungsverfahren **464 b 4**
  bei nachträglicher Gesamtstrafenbildung **460 7**
  im Strafbefehlsverfahren vor **407 2, 411 IV**
Verschleppungsabsicht 244 III 2, 244 21, 37
  bei Ablehnungsgesuch **26 a I Nr. 3**
Verschlusssachen 147 5
Verschmelzung von Verfahren 5 1
Verschwägerung
  eines Richters mit Verfahrensbeteiligten **22 Nr. 3**
  als Zeugnisverweigerungsgrund **52 I Nr. 3**
Verschweigen entlastender Umstände 467 III 2 Nr. 1
Verschwiegenheitspflicht und beschuldigte Amtsträger **54 1**

Verspätete Beweisanträge 246 I
Verständigung im Strafverfahren Einl. 16
Verteidiger vor 137 1
  Abwesenheit **338 Nr. 5**
  Akteneinsicht **147**
  Akteneinsicht in eigener Sache **147 1, 475 1**
  andere Personen als – **138 II, 138 3**
  Angabe über Tätigkeits- und Interessenschwerpunkte **vor 137 2**
  Anwesenheit bei polizeilicher Vernehmung **163 8**
  Anwesenheit bei richterlicher Vernehmung **168 c I, II, 224**
  Anwesenheitspflicht **226**
  Anzahl der – **137 I 2**
  Aufgaben vor **137 1**
  ausländischer Rechtsanwalt **138 1**
  Ausschließung **138 a ff.**
  Aussetzung wegen Verhinderung **228 II**
  Belehrung über Recht auf Hinzuziehung **136 4, 163 a 6**
  Besprechung vor Vernehmung des Beschuldigten **vor 137 1**
  Durchsuchung **148 3**
  eigene Ermittlungen **vor 137–149 1, 464 a 6**
  Erklärungen als Geständnis des Angeklagten **261 3**
  Fachhochschullehrer **138 2**
  Garant der Unschuldsvermutung iSd Art. 6 Abs. 2 MRK **vor 213 3**
  Gemeinschaftlicher – **146**
  Honorar u. Geldwäsche **vor 137 3**
  in eigener Sache **138 b 2**
  Kosten der Aussetzung **145 IV**
  Kostenpflicht **145 6**
  Ladung des Beschuldigten über **145 a II**
  Ladung zur Hauptverhandlung **218**
  mehrere – **227**
  notwendiger – **140**
  Mehrfachverteidigung **146**
  Missbrauch **Einl. 26 a**
  Protokolleinsicht durch Verteidiger **271 9**
  Prozessuales Verhalten **vor 137 1**
  Recht zum Schlussvortrag **258 3**
  Rechtsanwalt als – **138 I**
  Rechtslehrer als – **138 I, 138 2**
  Rechtsmissbrauch des Verteidigers **vor 137 1**
  Rechtsmittelberechtigung **297**
  Rechtsmittelrücknahme **302 II**
  Ruhen der -rechte **138 c III**
  Schadensersatzansprüche (zivile) gegen – **vor 137 3**
  Scheinverteidiger **302 2**
  Strafbarkeit **vor 137-148 1, 3**
  Strafvereitelung **vor 137–148 1**
  tatsächliche und rechtliche Erklärungen des – **243 11, 261 3**
  Überwachung des Schriftverkehrs **148 II**
  unwahre Angaben **243 13**

1177

Sachverzeichnis

Verhandlungsfähigkeit **145** 1
Verhinderung **145** 2
Verkehr mit Beschuldigtem **148**
Verletzung von Rechtspflichten **vor 137** 3
Verschulden an Fristversäumnis **44** 6
Verschwiegenheitspflicht **vor 137** 1
Vertretung durch – **234, 329 I, 350 II, 387 I, 411 II 1, 434 I 1, 444 II 2**
Verzicht auf Rechtsmittel **302 II**
Volksverhetzung – Verharmlosendes Holocaust durch Verteidigerhandeln **vor 137–149** 1
Vollmacht des Verteidigers **vor 137** 2
Wahl des -s **137**
Wahrheitspflicht vor **137** 1
Wechsel des – **265** 15
Werbung **vor 137** 1
als Zeuge **vor 48** 2, **338** 17
Zeugenbefragung in und außerhalb der Hauptverhandlung **vor 137–149** 1, **vor 137** 1
Zeugnisverweigerungsrecht **53 I Nr. 2**
Zustellung an – **145 a**
Verteidigerausschluss 138 a ff.
Beschwerde **304** 5
Feststellungsverfahren **138 c V**
Kosten **138 c VI**
Pflichtverteidigung bei – **140 I Nr. 8**
Verfahren **138 c, 138 d**
Wirkungen **138 a** 5
Zuständigkeit **138 c**
Verteidigerbestellung
Aufhebung **140 III**
Dauer **vor 137** 2, **302** 2
durch Vorsitzenden **141 IV**
Zeitpunkt **141**
Verteidigerpost 148
Verteidigervollmacht vor 137 2
Verteidigerwechsel 227 1
während der Hauptverhandlung **145** 4
Verteidigerunterlagen 148 3
Beschlagnahme **97** 6
Verteidigung 137 ff.
bei Ausschließung des Verteidigers **138 a IV, V**
durch ausländischen Rechtsanwalt **138** 1
durch EU-Rechtsanwalt **138** 1
unzulässige Beschränkung **338 Nr. 8**
in Gemeinschaft **138 II, 2. HS, 138** 4
Recht auf- **vor 137** 1
Übertragung auf Referendar **139**
Vertrauensperson
Benachrichtigung bei Freiheitsentzug **163 c II**
Richtlinien über Einsatz polizeilicher -en
s. a. *Verdeckter Ermittler*
s. a. *V-Leute*
Vertraulichkeitszusage 244 34
Vertreter 234, 329 I, 350 II, 387 I, 411 II
Fragerecht **240** 1
des Nebenbeteiligten **434 I, 442, 444 II**
des Privatklägers **378**

Vertretung des Angeklagten
bei Abwesenheit in der Hauptverhandlung **234, 329 I, 350 II, 411 II**
Anordnung persönlichen Erscheinens **236** 1
in Privatklageverfahren **387**
Verurteilungsformel 260 16
Verwandtschaft
Ablehnungsgrund als Sachverständiger **74**
Absehen von Vereidigung **61 Nr. 2**
Eidesverweigerungsrecht **63**
von Richtern mit Verfahrensbeteiligten **22 Nr. 3**
Zeugnisverweigerungsrecht **52 I Nr. 3**
Verwarnung mit Strafvorbehalt 232 I, 233 I, 260 IV, 265 a, 267 III, 268 a, 304 IV Nr. 5, 407 II, 409 I S. 2, 453, 453 a, 462 a IV
Belehrung bei – **268 c III, 453 a**
Beschluss bei – **268 a I**
Kosten bei – **465 I 2**
nachträgliche Entscheidungen **453**
Überwachung des Verurteilten **453 b**
Verweigerung
der Eidesleistung **70**
der Gutachtenserstattung **76, 77**
der Herausgabe von Gegenständen **95 II**
der körperlichen Untersuchung **81 c IV**
des Zeugnisses **70**
Verweisung
auf Abbildungen **267 I 3**
Verweisung an anderes Gericht
in der Berufungsinstanz **328 II**
im Eröffnungsbeschluss **209 I, 210 II, III**
in der Hauptverhandlung **269, 270**
vor der Hauptverhandlung **225 a IV 2**
in der Revisionsinstanz **355**
im Sicherungsverfahren **416 I, III**
Verwerfung
der Berufung **319, 322, 324, 329**
der Berufung des Nebenklägers **401 III**
der Beschwerde **309** 3
des Einspruchs gegen Strafbefehl **411 I, 412**
des Klageerzwingungsantrags **174**
der Revision **346, 349**
der Richterablehnung **26 a, 28 II**
des Wiederaufnahmeantrags **368, 370**
Verwerfungsurteil 329 I, 412 S. 1
Urteilstenor bei – **412** 6
kein – bei Verfahrenshindernis **412** 4
Wiedereinsetzung gegen – **329 III, 412 S. 1, 412** 8
Verwertung
mittelbare – **136 a** 14
Verwertungsverbot
– bei Abhörmaßnahmen **100 a** 11
bei Auskunftsverweigerung **252** 4
wegen unterlassener Belehrung des Beschuldigten **136** 4, 9
für Beweismittel **95** 2, **97** 11
bei Fernmeldeüberwachung **100 a** 11

magere Zahlen = Randnummern

Sachverzeichnis

wegen verbotener Vernehmungsmethoden **136 a III**
bei Zeugenaussagen **52** 8
bei Zeugnisverweigerung **252** 1 ff.
Verzicht
auf Beweiserhebung **245 I** 2
auf Ladungsfrist **217 III**
auf Rechtsmittel **267 IV, V, 302**
auf Urteilsverlesung **324 I** 2
auf Verteidigung **61 Nr. 5**
auf Wiedereinsetzung **315 III, 342 III**
auf Zeugnisverweigerungsrecht **252** 2
Verzinsung von Kosten und Auslagen 464 b S. 2
Verzögerung Einl. 10
Videoaufzeichnung 58 a, 168 e, 247 a, 255 a
von Gegenüberstellung **81 b** 2
in der Hauptverhandlung **vor 48–71** 5, **58 a, 168 e**
heimliche – **163** 7
– von Zeugenvernehmungen am anderen Ort (audiovisuelle) **247 a**
– von Zeugenvernehmungen im **Ausland 247 a** 1
Videoüberwachung
von Kaufhausbesucher **100 c** 1
V-Leute vor 78 4, **53** 4 a, **110 b** 2
Anschriftenermittlung **161** 6
Ausschluss des Angeklagten bei Vernehmung **247** 2
Aussagegenehmigung **53** 4 a, **54** 3
Sperrerklärung **96** 3
als Zeugen **vor 48** 4, **53** 4 a
Zeugnis- und Auskunftsverweigerungsrecht **53** 4 a
Vollmacht
erloschene **145 a** 1
Unter- **vor 137** 2, **137** 1
des Verteidigers **vor 137** 2, **234, 434**
Zustellung von Ladungen bei – **145 a II**
vollständige Niederschreibung 273 III
Beweiskraft **274** 2
Vollstreckbarkeit 449
Teil- **449** 4
Vollstreckbarkeitsbescheinigung 451 I
Vollstreckung
Absehen von – bei Auslieferung **456 a**
Absehen von – der Geldstrafe **459 d**
im Adhäsionsverfahren **406 b**
der Arrestanordnung **111 f III**
Aufschub bei Wiedereinsetzungsantrag **47 II**
Aufschub der – von Freiheitsstrafen **455 I–III**
der Beschlagnahmeanordnung **111 f I, II**
von Entscheidungen **36 II**
der Ersatzfreiheitsstrafe **459 e**
der Geldstrafe in den Nachlass **459 c III**
keine Hemmung durch Wiederaufnahmeantrag **360**
keine Hemmung durch Wiedereinsetzungsantrag **47 I**

von Ordnungsmittel **GVG 178**
von Nebenfolgen **459 g**
Reihenfolge der – von Freiheitsstrafen **454 b**
Unterbrechung der – von Freiheitsstrafen **455 IV**
der Vermögensstrafe **459 i**
Wiederaufnahme trotz – **361**
Vollstreckungsanstalt
Aufnahme in – **462 a** 3
Vollstreckungsaufschub 455–456, 456 c, 458 III, 463 IV
Anordnung bei Wiederaufnahme **360 II**
bei Antrag auf Nachverfahren **439 I**
beim Wiedereinsetzungsantrag **47 II**
Vollstreckungsbehörde 451
Einwendungen gegen Entscheidungen **459 h**
Entscheidung über Zahlungserleichterungen **459 a**
örtliche Zuständigkeit **451 III, 451** 4
sachliche Zuständigkeit **451** 3
Zwangsmaßnahmen durch – **457**
Vollstreckungsgericht
im Adhäsionsverfahren **406 b S. 2**
Vollstreckungshaftbefehl 457 II
keine Vorführung bei – **115** 1
Vollstreckungshindernis 449 7, **451** 8
Vollstreckungskosten 464 a I 2
Vollstreckungsreihenfolge 463 5
Vollstreckungsunterbrechung 454 b, 455 II, 455 a, 458 III
bei Wiederaufnahmeantrag **360 II**
Vollzug
der Beschlagnahme **111 f**
Maßnahmen im – der U-Haft **126 II** 3
der U-Haft **119**
Völkerstrafgesetzbuch **153 f** 6
Vorberatung 260 1, **351** 4
Voreid 59 1
Vorermittlungsverfahren (staatsanwaltschaftliches) 152 1 c
Vorfeldermittlung (polizeiliches) 152 1 b
Vorfragen
Zivil- und verwaltungsrechtliche **154 d, 262, A 5** 396, 410
Vorführung
des Angeklagten **230 II, 236, 239, 329 IV, 330 I, 350 III**
des Beschuldigten **133 II, 134, 135, 163 a III**
des Festgehaltenen bei Identitätsfeststellung **163 c I**
des Festgenommenen **128** 1, **129**
von Nebenbeteiligten **433 II**
bei Privatklage **387 III**
des Verhafteten **115** 1, **115 a I, III**
zur Vollstreckung **457 II**
von Zeugen **51 I** 3, **135, 161 a II**
Vorhalt von Schriftstücken 249 11, **253**
Verwertung **249** 12

1179

Sachverzeichnis

fette Zahlen = §§

Vorläufige Aufzeichnungen
über Protokollinhalt 168 a II
Vorläufige Einstellung des Verfahrens
153 a, 154, 154 b IV, 205
Vorläufige Entziehung der Fahrerlaubnis
111 a
Anordnung 111 a 3
Aufhebung 111 a II
Beschwerde 305
Wirkung 111 a III
Vorläufige Festnahme 127
bei Antragsdelikten 127 III
von ausländischen Beschuldigten 127 a
bei Gefahr im Verzug 127 II
Gesundheit des Straftäters 127 1
durch jedermann 127 I
körperliche Gewalt 127 7
im Steuerstrafverfahren 127 1
Vorführung nach – 128
von Beschuldigten ohne festen Wohnsitz
127 a
Vorläufige Vollstreckbarkeit im Adhäsionsverfahren 406 II
Vorläufiges Berufsverbot 132 a
gegen Abgeordnete 132 a 3
Beschwerde 305
Vorlegung Vermerk des Datums der – 41
Vormund Ablehnungsgrund als SV 74
Richter als – eines Verfahrensbeteiligten 22
Nr. 2
Vorrang des Verletzten
bei Beschlagnahme von Verfallsgegenständen 111 g
bei Sicherungshypothek 111 h
Vorrichtungen
zur Beschränkung des Verteidigerverkehrs
148 a II
zur Herstellung von Schriften 111 m, 111 n
Vorschuss im Privatklageverfahren 379 a,
390 IV
Vorsitzender
Anordnungen in der Hauptverhandlung
238 3
Aufgaben 238 1
Ladungsanordnung 214
Sachleitung 238 I
Sitzungspolizei GVG 176
Terminsbestimmung 213
Verhandlungsleitung 238 ff.
Zustellungsanordnung 36 I
Zeitpunkt der Erörterung 243 IV 3, 4
von Zeugen 68 a II
Vorverfahren
Notveräußerung im – 111 l III
Zuziehung von Sachverständigen 80 a, 82
Verteidigerbestellung 141 III
Votum 351 4

Wahlfeststellung 260 13, 261 19
Wahlgegenüberstellung 58 2
Wahlverteidiger 138
Anzahl 137 I 2

Honorar 138 2, 464 8
Zulassung als – 138 II
s. a. Verteidiger
Wahlverteidiger und Pflichtverteidiger
141 1
– und Vollmacht vor 137 2
Wahrheit
forensische 261 1
Wahrscheinlichkeit
Anforderungen an – 337 14
Wahrunterstellung 244 III 2, 244 38, 39
Verhältnis zur Aufklärungspflicht 244 38
bei Beweisantrag vor der Hauptverhandlung 219 4 f.
Rechtsfolge der – 244 39
im Zwischenverfahren 201 5
Wartepflicht des Gerichts 329 5, 412 5
Weisungen 265 a, 268 a, 305 a, 453 b I
Weitere Beschwerde 310
Weitere Haftprüfung 122 IV
Weiterer Sachverständiger 244 IV 2
Werbung des Anwalts vor 137 1
Wertersatz
dinglicher Arrest 111 b II
wesentliche Förmlichkeiten 168 a I, 273 3
wesentliches Ermittlungsergebnis 200 II
Wichtiger Grund
für Fortdauer der U-Haft 121 I, 121 5 ff.
Widerklage 388
Erhebung 388 4
Kosten 471 III Nr. 3
bei Rücknahme der Privatklage 388 7
Voraussetzung 388 2
Zuständigkeit 388 5
Widerruf der Strafaussetzung 453 c 1
Vorläufige Maßnahmen vor – 453 c
Wiederaufnahme des Verfahrens 359–373
bei Adhäsionsverfahren 406 c
Anordnung der – 370 II
Antrag 365, 366
Freisprechung 371
Kosten 473 VI Nr. 1
durch Privatkläger 390 II
nach Teileinstellung 154 III–V
bei Tod des Verurteilten 361
Verfahren 368, 369, 370
Verhältnis zur Rehabilitation vor 359 5
trotz Vollstreckung 361
zugunsten des Verurteilten 359, 361
Zulässigkeit 363, 368
zuungunsten des Verurteilten 362
Zustellung an neuen Verteidiger 145 a 3
Wiederaufnahmeantrag 365, 366
Beweisaufnahme 369
Entschädigung bei Begründetheit StrEG 14
Entscheidung über Begründetheit 370
Entscheidung über Zulässigkeit 368, 369 I
Wiederaufnahmegründe 359, 362
relative und absolute – 359 1
Wiedereinbeziehung
ausgeschiedener Tatteile 154 a III

magere Zahlen = Randnummern

Wiedereinsetzung in den vorigen Stand 44 ff.
von Amts wegen **45 II 3**
Antrag **45**
Antragsadressat **44 3**
Antragsberechtigung **44 2**
neben Berufung **315**
gegen Berufungsverwerfung **329 III**
gegen Einspruchsverwerfung **412, 329 III**
Entscheidung **46**
Glaubhaftmachung **45 II 1**
Kosten **473 VII**
bei Fehlen der Ladung **235**
zur Nachholung von Verfahrensrügen **44 4**
des Privatklägers **391 IV**
Rechtsfolgen der – **44 8**
wegen unterbliebener Rechtsmittelbelehrung **44 S. 3, 44 7**
neben Revision **342**
stillschweigende Gewährung **46 1**
Voraussetzung der – **44 5**
Wiedereinsetzungskosten 473 VII
Wiedereintritt in die Beweisaufnahme 258 1
Wiedererkennen
des Beschuldigten **58 2, 261 3, 7, 267 4**
nach Lichtbild **261 3, 7**
der Stimme **58 2, 261 3, 7**
des Täters **58 2, 261 3, 7**
Wiederholungsgefahr
Außervollzugsetzung des Haftbefehls bei – **116 6**
Haftgrund bei – **112 a I**
keine U-Haft über ein Jahr wegen – **122 a**
Wiederholtes Wiedererkennen 261 7
Wirtschaftsprüfer
Zeugnisverweigerungsrecht **53 I Nr. 3**
Wirtschaftsstrafkammer GVG 74 c
Wochenfrist 43
wörtliche Protokollierung 273 III
Wohnort
Angabe des -s durch Zeugen **58**
Wohnsitz
Gerichtsstand des -es **8 1**
Wohnraumüberwachung Einl. 30
Wohnsitzgericht 462 a II
Wohnung
Zustellung in der – **37 5**
Wohnungsdurchsuchung 102 ff., 105 1
bei Vollstreckungshaftbefehl **457 5**

Zahlungserleichterungen 459 a
zentrales Verfahrensregister 474–477
Verlesung von Auskünften **249 4**
Zeugen vor 48 1 ff., 48 ff.
anonyme – und Verurteilung **vor 48–71 4, 110 a 1, 261 13**
und Verrteidiger **vor 48 2, 338 17**
Anwesenheit in der Hauptverhandlung **243 II 1, 397 I**
im Ausland **244 48**
Entlassung nach Vernehmung **248**

Sachverzeichnis

Auslands- **244 V 2, 247 a 1, 251 2**
Aussagepflicht **161 a 2**
Befragung durch Verfahrensbeteiligte **240**
Entfernung des Angeklagten während Vernehmung von – **247**
Folgen des Ausbleibens **51**
Fragen nach entstehenden Tatsachen **68 a I**
Fragen zur **Glaubwürdigkeit 68 IV, 244 42**
geistig erkrankter – **vor 48 2, 244 42**
kommissarische Vernehmung **223, 224**
Identitätsangaben **68 III**
Ladung **48**
Ladung durch StA **161 a I**
Minderjähriger **vor 48–71 2, 252 1**
Namhaftmachung **222**
Ausschluss der Öffentlichkeit bei Vernehmung **171 b, 172**
Ladung von – im Privatklageverfahren **386**
Richter als – **22 Nr. 5**
Vernehmung durch StA **161 a I**
Vorführung durch StA **161 a II, III**
Tatbeteiligte als – **60 Nr. 2**
unmittelbare Ladung **220**
Unverwertbarkeit früherer Vernehmung **250 2**
verbotene Vernehmungsmethoden **136 a 3**
Vereidigung **59 ff.**
Vernehmung Minderjähriger – **241 a**
Vernehmung zur Person **68**
Vernehmung zur Sache **69**
Vernehmungsprotokoll **168 b II**
Verzicht auf Vernehmung **245 I**
Vorstrafen **68 a II**
Angabe des Wohnorts **68 II, III**
zwangsweise Vorführung **51 3, 261 7, 267 4**
Zeugen vom Hörensagen vor 48 4, 250 3, 267, 9
Zeugenaussagen
Begutachtung der Glaubhaftigkeit **vor 48–71 2, 244 42**
Rachemotiv **261 6**
Wiedergabe in den Urteilsgründen **267 10**
auf Bild-Ton-Träger (Video) **58 a, 247 a, 255 a**
Zeugenbeistand vor 48 2, 68 b, 406 f, 406 g
Zeugenbefragung durch Verteidiger vor Hauptverhandlung vor 137 1
Zeugenbelehrung 57
Zeugenbeweis
Gegenstand des -es **vor 48 1**
Zeugenentschädigung 71
Zeugenladung 48
Zeugenpflicht vor 48 1
keine Entbindung von der – **52 1**
Zeugenschutz vor 48–71 5
Zeugnis
Leumunds- **256 I**
Zeugnisfähigkeit vor 48 2

Sachverzeichnis

fette Zahlen = §§

Zeugenvernehmung 58
  an einem anderen Ort (audiovisuelle) **247 a**
  kommissarische – **223**
  von Minderjährigen **241 a, 247**
  zur Person **68**
  durch Polizei **163 a V**
  zur Sache **69**
  durch StA **161 a**
Zeugnisverweigerung
  grundlose – **70**
Zeugnisverweigerungsrecht 52 ff.
  – aus beruflichen Gründen **53 2**
  Begründung für Ausübung **52 6**
  Belehrung über – **52 III 1, 52** 7 f.
  der Berufshelfer **53 a**
  aus beruflichen Gründen **53**
  Beschlagnahmefreiheit wegen – **97**
  Medienmitarbeiter und – **97** 10
  Pflicht zum Erscheinen trotz – **52** 1
  Pflicht zum Erscheinen trotz – **51** 4
  Herausgabe von Beweismitteln **95 II 2**
  von Minderjährigen **52 II**
  aus persönlichen Gründen **52**
  Protokollverlesung bei – **252**
  Untersuchungsverweigerungsrecht **81 c III 1**
  Verzicht auf – **252 2**
  V-Leute **23** 4 a, **110**
Zivilrechtliche Vorfrage 154 d, 262
Zivilurteil
  Bindungswirkung **262**
  Wiederaufnahme nach Aufhebung **359 Nr. 4**
Zufallsfunde 108, 111 III
  bei Überwachung des Fernmeldeverkehrs **100 a 10, 100 b V**
  bei Schleppnetzfahndung **163 d 3**
Zulassung
  von Beiständen **149**
  der Rangänderung bei Sicherungshypothek **111 h II**
  des Wiederaufnahmeantrags **367 ff.**
  der Zwangsvollstreckung in beschlagnahmte Gegenstände **111 g II**
Zulassungsbeschluss bei Zwangsvollstreckung **111 g 1**
Zulässigkeit von Beweismitteln 110 a 2, 247 a 1
Zumutbarkeit
  von körperlichen Untersuchungen **81 c IV**
Zurückweisung von Fragen 241
Zurückverweisung 328 II, 354 II, III, 355
  an anderes Gericht **354 III**
  an anderen Spruchkörper **354 III**
  Ausschließung nach – **23** 2
  durch Beschwerdegericht **309** 4
  durch Berufungsgericht **328 II**
  an Gericht niederer Ordnung **354 III**
  an zuständiges Gericht **355**

Zusammenhang 3
  Gerichtsstand des -s **13**
  persönlicher – **3** 2
  sachlicher – **3** 2
Zusatztatsachen vor 72 1
  Erstreckung des Sachverständigeneids auf – **79** 3
Zuschauer
  Durchsuchung **338** 23
  Identitätsfeststellung **338** 23
Zuständigkeit
  besondere – **209 a**
  bei Beschlagnahme **98 II**
  Bestimmung durch BGH **13 a**
  Fehlen sachlicher – **338 Nr. 4**
  funktionelle – **1** 1
  Bestimmung durch gemeinschaftliches oberes Gericht **13 II**
  des Gerichts **1** 1
  örtliche **7 ff.**
  Prüfung der – **6, 6 a, 16, 209, 210, 225 a, 270**
  sachliche – **1, 209, 225, 269, 270**
  der StA **GVG 142, 142 a, 143**
  im Wiederaufnahmeverfahren **367**
  willkürliche Annahme **269** 3
Zuständigkeitsänderung
  im Eröffnungsverfahren **209**
  in der Hauptverhandlung **270**
  vor der Hauptverhandlung **225 a**
  bei Beschlagnahme **98 II**
  bei richterlichen Untersuchungshandlungen **162**
  für Vollstreckungsentscheidungen **462 a IV**
Zuständigkeitsstreit
  s. Kompetenzkonflikt
Zustellung
  des Abwesenheitsurteils **232 IV**
  der Anklageschrift **201**
  Anordnung der – **36 II**
  im Ausland **37** 11, **37** 10
  Bewirkung der – **36 I 2**
  von Entscheidungen **46 II**
  des Eröffnungsbeschlusses **215**
  Ersatzzustellung **37** 5 ff.
  Form der – **36** 2
  an Gefangene **37** 9
  durch die Geschäftsstelle **36 I, 390 III**
  Mängel der – **37** 11
  bei Mehrfachverteidigung **37** 2, **145** 1
  an Minderjährige **37** 5 ff.
  an Nebenbeteiligte **436 IV, 438 I**
  öffentliche – **40**
  des Urteils an Rechtsmittelführer **316 II, 343 III**
  von Schriftstücken im europäischen Justizraum **37** 10
  an Seeleute **37** 9
  an die StA **41**
  des Strafbefehls **409** 8
  bei Urteilsbekanntmachung **463 c I**

magere Zahlen = Randnummern

Sachverzeichnis

Verfahren bei – 37
an den Verteidiger **36** 2, **145 a**
Voraussetzungen der – **35** 2
des Wiederaufnahmeantrags **368 II**
Zustellungsadressat 37 2
Zustellungsbevollmächtigter 132 1 **Nr. 2**
  bei Sicherheitsleistung **116 a III**
Zustellungsmängel 37 II
Zustimmungsrecht
  Ausübung bei Abwesenheit **232** 3
  bei Vertretung des Angeklagten **234 a**
  Zutritt zur öffentlichen Verhandlung **GVG 175**
Zwangsarbeit MRK 4 II, III

Zwangsgeld
  gegen Rundfunkverantwortlichen **463 c IV**
Zwangsmaßnahmen
  im Ermittlungsverfahren **94 ff.**
  zur Herausgabe von Beweismitteln **95 II**
  zweifelhafte Verhandlungsfähigkeit **205** 6
Zweierbesetzung des StrK mit Berufsrichtern **338** 2
Zweifelssatz Einl. 12, **261** 16 ff.
Zweifelsatz bei mehreren Angeklagten **261** 16
Zwischenberatung 260 1, **265 a** 3
Zwischenurteil 260 3
Zwischenverfahren vor 198 1, **199–211**

Buchanzeigen

Lackner / Kühl
Strafgesetzbuch (StGB)
25. Auflage. 2004. In Leinen
ISBN 3 406 52295 5

Knapp, konzentriert und leicht verständlich
vermittelt das Werk
- präzise Information zu allen Vorschriften des Strafgesetzbuches
- sicheres Verständnis der Systematik sowie der inneren Struktur jeder einzelnen Vorschrift
- zuverlässigen Überblick über die wichtige und aktuelle höchstrichterliche Rechtsprechung und Literatur.

Die 25. Auflage
verarbeitet alle seit Erscheinen der Vorauflage in Kraft getretenen Änderungen, von denen über 60 Paragrafen des Strafgesetzbuches betroffen sind. Besonders hervorzuheben sind hierbei
- das 34. und 35. Strafrechtsänderungsgesetz; letzteres mit der Neufassung des § 152 a und der Einfügung des neuen Tatbestandes des § 152 b betreffend die Fälschung von Zahlungskarten mit Garantiefunktion und Vordrucken für Euroschecks
- das am 1. April 2004 in Kraft getretene Gesetz zur Änderung der Vorschriften über die Straftaten gegen die sexuelle Selbstbestimmung und zur Änderung anderer Vorschriften
- das **Gesetz zur Einführung der nachträglichen Sicherungsverwahrung** mit dem neuen § 66 b, in Kraft seit dem 29. 7. 2004, sowie
- das 36. Strafrechtsänderungsgesetz vom 30. 7. 2004 mit dem neuen § 201 a.

Die Autoren
Seit der 21. Auflage ist Dr. Dr. Kristian Kühl, o. Professor an der Universität Tübingen, zusammen mit Dr. Karl Lackner an der Fortführung des Werkes beteiligt gewesen. Die Neuauflage wird erstmals von ihm allein bearbeitet. Professor Kühls fachliche und didaktische Kompetenz gewährleisten eine Kommentierung, die wissenschaftlich fundiert, gut verständlich und zugleich ganz an den Erfordernissen der juristischen Ausbildungspraxis orientiert ist.

Verlag C. H. Beck · 80791 München

Ihr neuer Kommentar zum StVollzG

Arloth / Lückemann
StVollzG – Strafvollzugsgesetz
2004. In Leinen
ISBN 3 406 51146 5

Exakt und **konsequent orientiert an den Bedürfnissen der Praxis** erläutert diese Neuerscheinung die Vorschriften des Strafvollzugsgesetzes mit Blick auf die höchstrichterliche Rechtsprechung. Dabei sind u. a. auch die in der Datenbank »juris« veröffentlichten Entscheidungen erfasst.

Die handliche Arbeitshilfe für Strafverteidiger, Strafrichter, Staatsanwälte, Kriminalbeamte, Bewährungshelfer und Mitarbeiter im Strafvollzug.

Der sehr benutzerfreundliche Kommentar überzeugt durch

- **besonders gute Lesbarkeit** und eine **übersichtliche Gliederung**
- **hohe Aktualität:** das Werk verarbeitet alle Entwicklungen in Rechtsprechung und Gesetzgebung bis 31. 12. 2003, u. a. das Sechste Gesetz zur Änderung des StVollzG mit der Einfügung des neuen § 86 a betreffend die Aufnahme und Nutzung von Lichtbildern der Gefangenen
- Abdruck der bundeseinheitlichen Verwaltungsvorschriften zum StVollzG jeweils nach dem Gesetzestext
- Anhang mit Verwaltungsvorschriften, die auch veröffentlichte ergänzende **Regelungen einzelner Länder** enthalten.

Verlag C. H. Beck · 80791 München